NEURO PSICOLOGIA
CLÍNICA
AVALIAÇÃO, REABILITAÇÃO E INTERVENÇÕES COMPORTAMENTAIS

O GEN | Grupo Editorial Nacional – maior plataforma editorial brasileira no segmento científico, técnico e profissional – publica conteúdos nas áreas de ciências da saúde, exatas, humanas, jurídicas e sociais aplicadas, além de prover serviços direcionados à educação continuada e à preparação para concursos.

As editoras que integram o GEN, das mais respeitadas no mercado editorial, construíram catálogos inigualáveis, com obras decisivas para a formação acadêmica e o aperfeiçoamento de várias gerações de profissionais e estudantes, tendo se tornado sinônimo de qualidade e seriedade.

A missão do GEN e dos núcleos de conteúdo que o compõem é prover a melhor informação científica e distribuí-la de maneira flexível e conveniente, a preços justos, gerando benefícios e servindo a autores, docentes, livreiros, funcionários, colaboradores e acionistas.

Nosso comportamento ético incondicional e nossa responsabilidade social e ambiental são reforçados pela natureza educacional de nossa atividade e dão sustentabilidade ao crescimento contínuo e à rentabilidade do grupo.

NEURO PSICOLOGIA CLÍNICA
AVALIAÇÃO, REABILITAÇÃO E INTERVENÇÕES COMPORTAMENTAIS

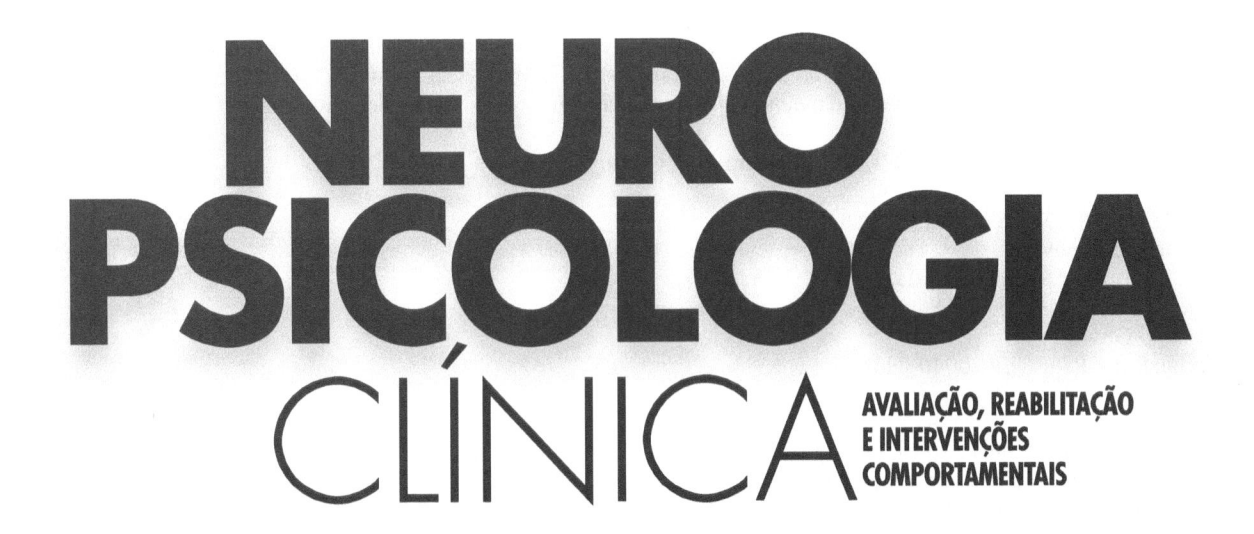

Eliane Correa Miotto

Professora Livre-docente e orientadora plena de mestrado e doutorado na área de neuropsicologia da Pós-Graduação do Departamento de Neurologia da Faculdade de Medicina da Universidade de São Paulo (FMUSP).
PhD em Neuropsicologia pela Universidade de Londres.
Coordenadora e docente de cursos de formação em neuropsicologia e reabilitação neuropsicológica pelo Centro de Neurologia da Divisão de Clínica Neurológica do Hospital das Clínicas da FMUSP.
Consultora de pesquisa e ensino pela Universidade de Michigan e pelo Comitê Educacional da International Neuropsychological Society.
Especialista em Neuropsicologia pelo Conselho Federal de Psicologia e pela British Psychological and Neuropsychological Society.

gen | ROCA

- A autora deste livro e a editora empenharam seus melhores esforços para assegurar que as informações e os procedimentos apresentados no texto estejam em acordo com os padrões aceitos à época da publicação, *e todos os dados foram atualizados pela autora até a data do fechamento do livro.* Entretanto, tendo em conta a evolução das ciências, as atualizações legislativas, as mudanças regulamentares governamentais e o constante fluxo de novas informações sobre os temas que constam do livro, recomendamos enfaticamente que os leitores consultem sempre outras fontes fidedignas, de modo a se certificarem de que as informações contidas no texto estão corretas e de que não houve alterações nas recomendações ou na legislação regulamentadora.

- Data do fechamento do livro: 24/02/2025.

- A autora e a editora se empenharam para citar adequadamente e dar o devido crédito a todos os detentores de direitos autorais de qualquer material utilizado neste livro, dispondo-se a possíveis acertos posteriores caso, inadvertida e involuntariamente, a identificação de algum deles tenha sido omitida.

- **Atendimento ao cliente: (11) 5080-0751 | faleconosco@grupogen.com.br**

- Direitos exclusivos para a língua portuguesa
  Copyright © 2025 by
  Editora Guanabara Koogan Ltda.
  Uma editora integrante do GEN | Grupo Editorial Nacional
  Travessa do Ouvidor, 11
  Rio de Janeiro – RJ – CEP 20040-040
  www.grupogen.com.br

- Reservados todos os direitos. É proibida a duplicação ou reprodução deste volume, no todo ou em parte, em quaisquer formas ou por quaisquer meios (eletrônico, mecânico, gravação, fotocópia, distribuição pela Internet ou outros), sem permissão, por escrito, da EDITORA GUANABARA KOOGAN LTDA.

- Capa: Bruno Sales

- Editoração eletrônica: R.O. Moura

- Ficha catalográfica

CIP-BRASIL. CATALOGAÇÃO NA PUBLICAÇÃO
SINDICATO NACIONAL DOS EDITORES DE LIVROS, RJ

M631n

    Miotto, Eliane Correa
       Neuropsicologia clínica : avaliação, reabilitação e intervenções comportamentais / Eliane Correa Miotto. - 1. ed. - [Reimpr.] - Rio de Janeiro : Guanabara Koogan, 2025.
       il. ; 28 cm.

    Inclui bibliografia e índice
    ISBN 978-85-277-4020-3

    1. Neuropsicologia. 2. Neuropsicologia clínica. I. Título.

24-93878   CDD: 616.8914
                                CDU: 615.89

Meri Gleice Rodrigues de Souza - Bibliotecária - CRB-7/6439

Respeite o direito autoral

Colaboradores

Adalberto Studart-Neto
Médico. Graduado em Medicina pela Universidade Federal do Ceará. Especialista em Neurologia pelo Hospital das Clínicas da Faculdade de Medicina da Universidade de São Paulo (HCFMUSP). Doutor em Ciências pela Faculdade de Medicina da USP. Membro Titular da Academia Brasileira de Neurologia. Membro do Grupo de Neurologia Cognitiva e do Comportamento da Clínica Neurológicas do HCFMUSP.

Alexandro Luis Losano Curti
Médico. Graduado em Medicina pela Faculdade de Medicina do ABC. Especialista em Radiologia e Diagnóstico por Imagem pelo Instituto de Radiologia do Hospital das Clínicas da Faculdade de Medicina da Universidade de São Paulo (InRad-HCFMUSP). Neurorradiologista pelo InRad-HCFMUSP.

Amanda Soares
Psicóloga. Graduada em Psicologia pelo Centro Universitário Santo Agostinho. Especialista em Neuropsicologia pelo Centro Universitário Christus. Mestre em Ciências da Saúde pela Faculdade de Ciências Médicas da Santa Casa de Misericórdia de São Paulo. Doutoranda com ênfase em Neurociências e Comportamento pela Universidade de São Paulo.

Ana Jo Jennings Moraes
Psicóloga. Graduada em Psicologia pela Universidade Estadual Paulista Campus Bauru. Especialista em Neuropsicologia pelo Instituto de Psiquiatria do Hospital das Clínicas da Faculdade de Medicina da Universidade de São Paulo (USP). Mestre em Neurociências pelo Departamento de Neurociências do Instituto de Psicologia da USP.

Ana Luiza Pilla Luce
Medica pediatra. Graduada em Medicina pela Fundação Faculdade Federal de Ciências Médicas de Porto Alegre. Especialista em Genética Médica pela Universidade Federal de São Paulo (Unifesp). Mestre em Pediatria pela Unifesp.

Ana Maria Alvarez
Fonoaudióloga. Graduada em Fonoaudiologia pela Universidade Federal de São Paulo. Especialista em Linguagem pelo Conselho Federal de Fonoaudiologia. Doutora em Ciências pela Faculdade de Medicina da Universidade de São Paulo. Membro da Sociedade Brasileira de Fonoaudiologia.

Anna Carolina Rufino Navatta
Psicóloga. Graduada em Psicologia pela Universidade Presbiteriana Mackenzie. Especialista em Neuropsicologia pelo Conselho Regional de Psicologia, em Psicologia Clínica da Reabilitação pela Divisão de Medicina de Reabilitação do Hospital das Clínicas da Faculdade de Medicina da Universidade de São Paulo (FMUSP) e em Terapia Cognitivo-Comportamental pelo Instituto de Controle do Stress Marilda Lipp. Mestre em Ciências da Pediatria pelo Departamento de Pediatria da Universidade Federal de São Paulo. Professora Convidada no Curso de Neuropsicologia e de Reabilitação Neuropsicológica do Hospital das Clínicas da FMUSP.

Artur Martins Novaes Coutinho
Médico. Graduado em Medicina pela Universidade do Estado do Pará. Especialista em Medicina Nuclear pela Universidade de São Paulo (USP). Doutor em Ciências pelo Programa de Radiologia da USP.

Arthur Berberian
Psicólogo. Graduado em Psicologia pela Universidade São Francisco (USF). Especialista em Terapia Cognitivo-Comportamental pela Universidade de São Paulo e em Neuropsicologia pelo Conselho Federal de Psicologia. Mestre em Psicologia pela USF. Doutor em Psiquiatria e Psicologia Médica pela Universidade Federal de São Paulo.

Bruna Carraro Burkot de Alencar
Psicóloga. Graduada em Psicologia pela Universidade Federal do Pararã. Especialista com Aprimoramento Profissional em Psicologia Clínica Hospitalar em Reabilitação pelo Instituto de Medicina Física e Reabilitação do Hospital das Clínicas da Faculdade de Medicina da Universidade de São Paulo e em Neuropsicologia pelo Conselho Federal de Psicologia. Formação em Terapia Cognitivo-Comportamental pelo Centro de Estudos em Terapia Cognitivo-Comportamental. Atua como Supervisora do Curso de Especialização em Neuropsicologia do Hospital Israelita Albert Einstein. Atua em consultório particular no atendimento de adultos e idosos em Psicoterapia Clínica, de Reabilitação e Neuropsicologia.

Bruna Tonietti Trevisan
Psicóloga. Graduada em Psicologia pela Universidade São Francisco. Especialista em Terapia Cognitivo-Comportamental na Infância e Adolescência pelo Centro de Terapia Cognitiva Veda. Mestre em Distúrbios do Desenvolvimento pela Universidade Presbiteriana Mackenzie (UPM). Doutora em Distúrbios do Desenvolvimento pela UPM. Professora Convidada no Hospital das Clínicas da Faculdade de Medicina da Universidade de São Paulo e na Universidade Federal de São Paulo.

Bruno Sini Scarpato
Psicólogo. Graduado em Psicologia pela Pontifícia Universidade Católica de São Paulo. Especialista em Terapia Comportamental Cognitiva em Saúde Mental pelo Hospital das Clínicas da

Universidade de São Paulo, em Neuropsicologia pelo Conselho Federal de Psicologia e em Psicologia da Saúde pelo Departamento de Psiquiatria da Universidade Federal de São Paulo (Unifesp). Mestre em Psiquiatria e Psicologia Médica pelo Departamento de Psiquiatria da Unifesp. Doutor em Ciências pelo Departamento de Psiquiatria da Unifesp.

Camila de Masi Teixeira
Psicóloga. Graduada em Psicologia pela Universidade Paulista. Especialista em Neuropsicologia pela Faculdade de Ciências Médicas da Santa Casa de São Paulo e em Terapia Cognitivo-Comportamental e Distúrbios do Sono pela Universidade Federal de São Paulo (Unifesp). Mestre em Ciências pela Unifesp. Certificada como Psicóloga do Sono pela Associação Brasileira de Sono.

Camila León
Pedagoga e psicopedagoga. Graduada em Pedagogia e licenciada em Letras pelo Claretiano Centro Universitário e Universidade do Vale do Paraíba. Especialista em Psicopedagogia pela Universidade Presbiteriana Mackenzie (UPM). Mestre e Doutora em Distúrbios do Desenvolvimento pela UPM. Professora convidada de diversos cursos de especialização e de extensão em Neurociência Aplicada à Educação da Faculdade de Ciências Médicas da Santa Casa de São Paulo, Neuropsicologia da Universidade Federal de São Paulo, Psicopedagogia Institucional da Universidade Federal de Santa Catarina e do curso de Reabilitação Neuropsicológica do Centro de Estudos de Neurologia Prof. Dr. Antonio Branco Lefèvre, vinculado à Divisão de Clínica Neurológica do Instituto Central do Hospital das Clínicas da Faculdade de Medicina da Universidade de São Paulo (FMUSP). Membro do Grupo de Pesquisa em Neuropsicologia Infantil da UPM. Conselheira Estadual da Associação Brasileira de Psicopedagogia Seção São Paulo (ABPp-SP) (2020 a 2022 e 2023 a 2025). Possui título de Psicopedagoga Titular da ABPp Nacional nº 418 e ABPp-SP nº 376.

Camila Teles de Souza Nunes
Neuropsicóloga. Graduada em Psicologia pela Uninove. Especialista em Neuropsicologia pela Faculdade de Ciências Médicas da Santa Casa de São Paulo. Mestre em Ciências – Educação e Saúde na Infância e Adolescência pela Universidade Federal de São Paulo (Unifesp). Possui Qualificação Profissional na Abordagem Neuropsicológica Multidisciplinar em Transtornos do Desenvolvimento pela Unifesp. Formada em Reabilitação Neuropsicológica pela Faculdade de Medicina da Universidade de São Paulo. Educadora parental certificada em Disciplina Positiva. Psicóloga clínica especialista em Terapia Cognitivo-Comportamental. Formada em Terapia do Esquema. Atualmente, especializa-se em Terapia Comportamental Dialética e em Transtorno do Déficit de Atenção e Hiperatividade: Avaliação e Intervenção. Pesquisadora e membro de comissão de apoio vinculada ao Núcleo de Atendimento Neuropsicológico Infantil e Interdisciplinar do Centro Paulista de Neuropsicologia (AFIP-Unifesp).

Candida Helena Pires de Camargo
Neuropsicóloga e psicóloga clínica. Graduada em Psicologia Clínica pela Pontifícia Universidade Católica de São Paulo. Especialista em Neuropsicologia pelo Conselho Federal de Psicologia (CFP). Membro da Academia Brasileira de Neuropsicologia. Em 1972, iniciou na Divisão de Neurocirurgia Funcional do pelo Instituto de Psiquiatria do Hospital das Clínicas da Faculdade de Medicina da Universidade de São Paulo (IPq-HCFMUSP), a implantação da Avaliação Neuropsicológica como método de diagnóstico para identificar lesão e disfunção regional em áreas cerebrais em pacientes epilépticos, contribuindo para seleção e tratamento cirúrgico e/ou mudanças no tratamento clínico, usando inicialmente o método de A. R. Luria. Em 1975, iniciou a divulgação do método e os resultados cirúrgicos, apresentando trabalhos em congressos no exterior e no Brasil e publicações a partir de 1978. Além disso implantou programa de estágio em Neuropsicologia, preparando alunos para atuar em Serviços Neurocirúrgicos e Psiquiátricos. Em 2003, estabeleceu, com um grupo de colegas, os parâmetros norteadores da especialidade, junto ao CFP. Permaneceu no IPq-HCFMUSP até sua aposentadoria, em 2006, como Diretora da Unidade de Neuropsicologia da Divisão de Neurocirurgia Funcional e do Serviço de Psicologia. Atende em seu consultório privado, até o momento.

Carla Guariglia
Médica. Graduada em Medicina pela Universidade Santo Amaro. Especialista em Neurologia pelo Hospital do Servidor Público Estadual – Instituto de Assistência Médica ao Servidor Público Estadual. Mestre em Ciências pela Faculdade de Medicina da Universidade de São Paulo.

Carlos A. Buchpiguel
Médico. Graduado em Medicina pela Faculdade de Medicina da Pontifícia Universidade Católica de São Paulo. Especialista em Medicina Nuclear pela Faculdade de Medicina da Universidade de São Paulo (FMUSP). Doutor em Radiologia pela FMUSP. Professor Titular e membro na FMUSP.

Carlos Eduardo Borges Passos-Neto
Médico neurologista. Graduado em Medicina pela Universidade Federal da Bahia. Especialista em Neurologia pelo Hospital das Clínicas da Faculdade de Medicina da Universidade de São Paulo (HCFMUSP). Membro da Academia Brasileira de Neurologia. Especialista em Neurologia da Cognição e Comportamento pelo HCFMUSP.

Carolina Nascimento Rodrigues
Neuropsicóloga. Graduada em Psicologia pela Universidade Metodista de São Paulo. Especialista em Neuropsicologia e Reabilitação Cognitiva pelo Hospital das Clínicas da Faculdade de Medicina da Universidade de São Paulo. Especialista em Psicopedagogia pela Universidade Presbiteriana Mackenzie.

Caroline Gama
Psicóloga e neuropsicóloga. Graduada em Psicologia pela Universidade São Judas Tadeu. Especialista em Neuropsicologia no Contexto Hospitalar Psiquiátrico pelo Hospital das Clínicas da Faculdade de Medicina da Universidade de São Paulo.

Clara Nardini Souto
Psicóloga. Graduada em Psicologia pela Universidade Presbiteriana Mackenzie. Especialista em Neuropsicologia e

Psicopatologia pelo Instituto de Psiquiatria da Universidade de São Paulo (USP). Colaboradora e pesquisadora no Programa de Transtorno Bipolar, no Instituto de Psiquiatria do Hospital das Clínicas da Faculdade de Medicina da USP.

Claudia Berlim de Mello

Psicóloga. Graduada em Psicologia pela Universidade Federal do Rio de Janeiro. Especialista em Neuropsicologia pelo Conselho Federal de Psicologia. Mestre em Desenvolvimento Humano no Contexto Sociocultural pela Universidade de Brasília. Doutora em Neurociências e Comportamento pela Universidade de São Paulo. Professora Adjunta na Universidade Federal de São Paulo. Membro da Associação Nacional em Pesquisa e Pós-Graduação em Psicologia.

Claudia da Costa Leite

Médica. Graduada em Medicina pela Universidade de São Paulo (USP). Especialista e Doutora em Radiologia pela USP. Professora Associada no Departamento de Radiologia e Oncologia da USP. Membro da Colégio Brasileiro de Radiologia.

Cristiana Castanho de Almeida Rocca

Psicóloga. Graduada em Psicologia pelo Centro Universitário FMU. Especialista em Neuropsicologia e em Terapia Cognitivo-Comportamental pelo Instituto de Psiquiatria do Hospital das Clínicas da Faculdade de Medicina da Universidade de São Paulo (IPq-HCFMUSP). Mestre e Doutora em Ciências pela FMUSP. Professora Colaboradora na FMUSP. Membro da Associação Brasileira de Psicologia da Saúde.

Daniel Donadio de Mello

Psicólogo. Graduado em Psicologia pela Universidade Presbiteriana Mackenzie. Doutor em Ciências pela Universidade de São Paulo.

Daniele de Paula Faria

Pesquisadora. Graduada em Farmácia pela Universidade Positivo. Doutora em Ciências Médicas pela Universidade de Groningen, Holanda. Professora Livre-docente na Faculdade de Medicina da Universidade de São Paulo (USP). Membro da Faculdade de Medicina da USP.

Danielle de Souza Costa

Psicóloga. Graduada em Psicologia pela Universidade Federal de Minas Gerais (UFMG). Mestre e Doutora em Medicina Molecular pela UFMG. Membro do Laboratório de Psicologia Médica e Neuropsicologia.

Danielle Rossini-Dib

Psicóloga. Graduada em Psicologia pelo Centro Universitário FMU. Mestre em Ciências pelo Hospital das Clínicas da Faculdade de Medicina da Universidade de São Paulo.

Debora A. do Val

Psicóloga. Graduada em Psicologia pelo Centro Universitário Salesiano de São Paulo Campus Lorena. Especialista em Neuropsicologia pelo Conselho Regional de Psicologia da 6ª Região. Mestranda pelo Instituto de Psicologia da Universidade de São Paulo. Especialista em Psicopatologia e Prática Clínica na Instituição Psiquiátrica pela Faculdade de Medicina da Universidade de São Paulo.

Deise Lima Fernandes

Neuropsicóloga. Graduada em Psicologia pela Universidade Presbiteriana Mackenzie. Especialista em Terapia Cognitivo-Comportamental e Hipnoterapia pelo ACT Institute. Mestre em Neurociência pela Universidade Federal de São Paulo.

Egberto Reis Barbosa

Médico. Graduado em Medicina pela Faculdade de Medicina da Universidade de São Paulo (FMUSP). Especialista em Neurologia pelo Hospital das Clínicas da FMUSP. Mestre e Doutor em Neurologia pela FMUSP. Professor Livre-docente na FMUSP.

Elizabeth Prado Teixeira

Psicóloga. Graduada em Psicologia pela Organização Santamarense de Educação e Cultura. Psicóloga Hospitalar pelo Centro de Estudos Psico-Cirúrgicos do Hospital das Clínicas da Faculdade de Medicina da Universidade de São Paulo. Terapeuta Ayurveda pelo Centro Gujarat Ayurved University e Escola de Ayurveda.

Emanuel Henrique Gonçalves Querino

Psicólogo. Graduado em Psicologia pela Universidade Federal de Minas Gerais (UFMG). Mestre em Medicina Molecular pela UFMG.

Fábio Perin

Psicólogo. Graduado em Psicologia pela Universidade Federal de Santa Catarina (UFSC). Especialista em Neuropsicologia pelo Centro de Estudos Psico-Cirúrgicos do Hospital das Clínicas da Faculdade de Medicina da Universidade de São Paulo. Mestre em Neurociências e Comportamento pela UFSC. Diretor clínico na Perin Neuropsicologia, psicólogo clínico, supervisor e professor de pós-graduação. Também tem feito um importante trabalho de divulgação científica nas redes sociais.

Fabricia Q. Loschiavo Avares

Terapeuta ocupacional. Graduada em Terapia Ocupacional pela Universidade Federal de Minas Gerais (UFMG). Especialista em Neuropsicologia pela Universidade Fundação Mineira de Educação e Cultura. Mestre em Ciências do Esporte pela UFMG. Duplo PhD em Neurociências pela UFMG e Universidade de Cambridge. Membro da Word Federation of Neuropsychological Rehabilitation.

Gabriel Brito

Psicopedagogo. Graduado em Pedagogia pela Universidade Luterana. Especialista em Psicopedagogia pela Universidade Presbiteriana Mackenzie (UPM). Mestre e Doutor em Distúrbios do Desenvolvimento pela UPM. Pesquisador do grupo de Neuropsicologia Infantil da UPM. Coordenador do Espaço Cume. Atuou como coordenador voluntário no Projeto Primeiros Passos, com foco na estimulação das funções executivas de crianças pré-escolares em situação de vulnerabilidade junto à ONG Novo Sertão – Piauí. Autor de artigos, livros e instrumentos de avaliação, dentre os quais se destacam a Bateria de Avaliação Cognitiva da Leitura e o livro *Superação, dislexia tem solução*.

Gean Antonio de Paula

Psicólogo. Graduado em Psicologia pela Universidade Federal do Paraná. Especialista em Neuropsicologia pelo Hospital das Clínicas da Faculdade de Medicina da Universidade de São Paulo.

Geise Aline de Almeida Silva

Neuropsicóloga. Graduada em Psicologia pela Universidade Braz Cubas. Especialista em Terapia Comportamental Cognitiva pelo Instituto de Psicologia da Universidade de São Paulo, em Psicopatologia e Prática em Instituição Psiquiátrica pelo Instituto de Psiquiatria do Hospital das Clínicas da Faculdade de Medicina da Universidade de São Paulo (IPq-HCFMUSP) e em formação em Neuropsicologia pelo Centro de Estudos de Neurologia Prof. Dr. Antonio Branco Lefèvre do HCFMUSP. Mestranda em Neurologia pela FMUSP. Pesquisadora voluntária junto ao Departamento de Neurologia e no Instituto de Radiologia (InRad) do HCFMUSP.

Guilherme Alves da Silva Bueno

Médico psiquiatra. Graduado em Medicina e Residência Médica em Psiquiatria pela Faculdade de Medicina de Marília Especialista em Terapia Cognitivo-Comportamental pelo Centro de Terapia Cognitiva Veda e em Transtornos do Uso de Substâncias pela Unidade de Pesquisa em Álcool e Drogas. Treinamento Intensivo em Dialética Comportamental (DBT) pela Behavioral Tech.

Guilherme C. P. Francisco

Psicólogo. Graduado em Psicologia pela Universidade Cruzeiro do Sul. Especialista em Neuropsicologia e em Terapia Cognitivo-Comportamental pelo Centro de Estudos em Terapia Cognitivo-Comportamental (CETCC). Mestre em Distúrbios do Desenvolvimento pela Universidade Presbiteriana Mackenzie (UPM). Doutorando em Ciências do Desenvolvimento Humano pela UPM. Coordenador do curso de Neuropsicologia do CETCC. Membro Associado à Federação Brasileira de Terapias Cognitivas.

Guilherme Diogo Silva

Médico neurologista. Graduado em Medicina pela Universidade de São Paulo (USP). Especialista em Neurologia e Neuroimunologia pela USP. Membro titular da Academia Brasileira de Neurologia.

Helena Alessi

Neuropsicóloga. Graduada em Psicologia pela Pontifícia Universidade Católica de São Paulo. Doutora em Neurociências pela Escola Paulista de Medicina da Universidade Federal de São Paulo.

Hilda Gardênia Barros Guedes

Neuropsicóloga. Graduada em Psicologia pela Universidade Estadual do Piauí. Especialista em Neuropsicologia pelo Hospital das Clínicas da Faculdade de Medicina da Universidade de São Paulo (HCFMUSP) e em Saúde da Família na Atenção Primária pela Faculdade de Tecnologia. Mestre em Psicologia Médica pela Universidade Federal de São Paulo. Professora da Formação em Neuropsicologia do Departamento de Neurologia do HCFMUSP. Membro da Sociedade Brasileira de Neuropsicologia. Neuropsicóloga hospitalar voluntária e pesquisadora colaboradora na Divisão de Neurocirurgia do Instituto do Câncer do Estado de São Paulo. Formação em Reabilitação Neuropsicológica pelo Departamento de Neurologia do HCFMUSP. Professora Colaboradora da Liga Acadêmica Piauiense de Neurociências da Universidade Federal do Delta do Paranaíba.

Isabel Junqueira de Almeida

Fonoaudióloga. Graduada em Fonoaudiologia e Linguística pela Universidade de São Paulo (USP). Mestre em Ciências pela USP. Pesquisadora colaboradora do Grupo de Neurologia Cognitiva e do Comportamento da USP.

Ivan Hideyo Okamoto

Médico. Graduado em Medicina pela Universidade Federal de São Paulo (Unifesp). Especialista em Neurologia pela Unifesp. Mestre em Neurologia pela Unifesp. Doutor em Medicina pela Unifesp. Membro da Academia Brasileira de Neurologia. Neurologista do Núcleo de Excelência em Memória do Hospital Israelita Albert Einstein.

Jacy Bezerra Parmera

Médica neurologista. Graduada em Medicina pela Universidade Federal de Pernambuco. Especialista em Neurologia pelo Hospital das Clínicas da Faculdade de Medicina da Universidade de São Paulo (USP). Doutora em Ciências pela Faculdade de Medicina da USP (FMUSP). Pós-doutoranda pela FMUSP. Membro da Academia Brasileira de Neurologia e da Movement Disorders Society. Clinical-Research Fellow na Queen Square Institute of Neurology.

Jennifer Nayara Höring

Graduanda em Psicologia pela Universidade do Vale do Taquari.

Jerusa Smid

Médica neurologista. Graduada em Medicina pela Faculdade de Medicina da Universidade de São Paulo (FMUSP). Especialista em Neurologia pela FMUSP. Doutora em Ciências Médicas pelo Departamento de Neurologia da FMUSP. Membro da Academia Brasileira de Neurologia. Especialista em Neurologia Cognitiva e do Comportamento. Neurologista no Grupo de Neurologia Cognitiva e do Comportamento da FMUSP, no Instituto de Infectologia Emílio Ribas e no Grupo Médico-Assistencial de Memória e Cognição do Hospital Israelita Albert Einstein.

Juliana Gomes Pereira

Médica psiquiatra. Graduada em Medicina pela Faculdade de Medicina de Itajubá. Especialista em Psiquiatria pela Universidade Federal do Paraná. Membro da Associação Brasileira de Psiquiatria. Diretora Científica do Movimento Médicos Atletas.

Juliana Negreiros
Psicóloga. Graduada em Psicologia pela Pontifícia Universidade Católica de São Paulo. Especialista em Psicologia Escolar pela University of British Columbia. Mestre e Doutora em Psicologia pela University of British Columbia. Membro da College of Psychologists of British Columbiua. Pós-doutora pelo British Columbia Children's Hospital Pediatric OCD and Psychiatry (POP) Research Program.

Kenia R. Campanholo
Neuropsicóloga. Graduada em Psicologia pela Universidade Estadual de Maringá. Especialista em Neuropsicologia pelo Centro de Estudos Psico-Cirúrgicos do Hospital das Clínicas da Faculdade de Medicina da Universidade de São Paulo (FMUSP). Mestre e Doutora em Ciências pela FMUSP.

Laís L. Freitas
Psicóloga. Graduada em Psicologia pelo Centro Universitário de Viçosa. Mestre e Doutora em Ciências pela Universidade Federal de São Paulo.

Larissa Botelho Gaça
Psicóloga. Graduada em Psicologia pela Universidade Estadual de Londrina. Especialista em Terapia Cognitivo-Comportamental pelo Centro de Terapia Cognitiva Veda e em Neuropsicologia pelo Centro de Diagnóstico Neuropsicológico. Mestre e Doutora em Ciências pela Universidade Federal de São Paulo.

Larissa Salustiano E. Pimenta
Neuropsicóloga clínica. Graduada em Psicologia pela Universidade do Vale do Sapucaí. Especialista em Neuropsicologia pelo Conselho Federal de Psicologia. Mestre em Ciências pela Faculdade de Medicina da Universidade de São Paulo (FMUSP). Doutoranda no Programa de Pediatra da FMUSP. Professora Contratada no Centro Universitário UNA. Docente na Graduação de Psicologia UNA/Ânima. Professora na Pós-Graduação em Saúde e Educação. Formadora no Projeto pela Primeira Infância. Membro do Conselho Consultivo da Casa Hunter.

Laura Figueiredo Ludgero
Estudante. Graduanda em Psicologia pela Universidade Federal de Minas Gerais (UFMG). Pesquisadora Júnior no Laboratório de Psicologia Médica e Neuropsicologia da Faculdade de Medicina da UFMG.

Leandro Fernandes Malloy-Diniz
Neuropsicólogo. Graduado em Psicologia pela Universidade Federal de Minas Gerais (UFMG). Mestre em Psicologia pela UFMG. Doutor em Farmacologia Bioquímica pela UFMG. Professor Associado na Faculdade de Medicina da UFMG. Membro da Academia Brasileira de Neuropsicologia.

Leticia Lessa Mansur (*In memoriam*)
Fonoaudióloga. Especialista em Linguagem e Neuropsicologia pelo Conselho Federal de Fonoaudiologia. Mestre em Fonoaudiologia pela Pontifícia Universidade Católica de São Paulo. Doutora em Linguística pela Universidade de São Paulo (USP). Professora Associada no Departamento de Fisioterapia, Fonoaudiologia e Terapia Ocupacional da Faculdade de Medicina da USP.

Lenisa Brandão
Professora. Graduada em Fonoaudiologia pela Universidade Federal de Santa Maria (UFSM). Especialista em Ciência do Movimento Humano pela UFSM. Mestre em Psicologia pela Universidade Federal do Rio Grande do Sul (UFRGS). Doutora em Psicologia pela UFRGS. Professora Associada no Departamento de Fonoaudiologia da UFSM.

Leonardo de Moura Sousa Júnior
Médico. Graduado em Medicina pela Universidade Federal do Piauí. Especialista em Neurocirurgia pela Faculdade de Medicina da Universidade de São Paulo (FMUSP). Doutor em Neurologia pelo Hospital das Clínicas (HC) da FMUSP. Membro da Sociedade Brasileira de Neurocirurgia. Pesquisador Associado no HCFMUSP.

Leonel T. Takada
Médico. Graduado em Medicina pela Faculdade de Medicina da Universidade de São Paulo (FMUSP). Especialista em Neurologia pelo Hospital das Clínicas (HC) da FMUSP. Doutor em Neurologia pelo HCFMUSP.

Luan Batista de Carvalho
Psicólogo clínico. Graduado em Psicologia pela Universidade Nove de Julho. Especialista em Neuropsicologia pelo Departamento de Neurologia da Faculdade de Medicina da Universidade de São Paulo (FMUSP). Professor Supervisor no Curso de Neuropsicologia do Departamento de Neurologia da FMUSP. Formação em Ensino e Supervisão em Terapia Cognitivo-Comportamental pelo Beck Institute e em Terapia de Aceitação e Compromisso (ACT) pela Práxis. Conduz grupos de estudos e supervisão em ACT, além de ministrar *workshops* em terapias comportamentais contextuais.

Luciana Cassimiro
Neuropsicóloga. Graduada em Psicologia pela Universidade de Guarulhos. Especialista em Neuropsicologia pela Faculdade de Ciências Médicas da Santa Casa de São Paulo. Mestre e Doutoranda em Ciências pela Faculdade de Medicina da Universidade de São Paulo.

Luciana Mello Di Benedetto
Neuropsicóloga. Graduada em Psicologia pela Universidade Presbiteriana Mackenzie. Especialista em Neuropsicologia pele Centro de Diagnóstico Neuropsicológico da Universidade Federal de São Paulo (Unifesp). Mestre em Ciência pela Unifesp.

Luciane Simonetti
Psicóloga. Graduada em Psicologia pela Universidade para o Desenvolvimento do Alto Vale do Itajaí. Especialista em Neuropsicologia pelo Conselho Federal de Psicologia, em Terapia Cognitiva pelo Centro de Terapia Cognitiva Veda, e em Altas Habilidades/Superdotação pelo Sapiens Instituto de Psicologia. Mestre e Doutora em Ciências pela Universidade Federal de São Paulo.

Luciane Viola Ortega
Neuropsicóloga. Graduada em Psicologia pelo Centro Universitário UniAnchieta. Especialista em Psicologia Hospitalar pelo Hospital das Clínicas da Faculdade de Medicina da Universidade de São Paulo (HCFMUSP). Mestre em Ciência pelo Instituto de Psiquiatria do HCFMUSP. Doutora em Gerontologia pela Universidade Estadual de Campinas. Membro da Sociedade Brasileira de Geriatria e Gerontologia.

Luzia Flavia Coelho
Psicóloga. Graduada em Psicologia pela Universidade Ibirapuera. Especialista em Neuropsicologia pelo Conselho Federal de Psicologia. Mestre em Psiquiatria e Psicologia Médica pela Universidade Federal de São Paulo (Unifesp). Doutora em Psicobiologia pela Unifesp. Professora Convidada na Faculdade de Medicina da Universidade de São Paulo. Especialista em Terapia Cognitivo-Comportamental na Infância e Adolescência pelo Instituto de Psicologia e Controle do Stress. Proficiente em Terapia Cognitivo-Comportamental pelo Centro de Terapia Cognitiva Veda (CTC Veda). Professora da especialização em Terapia Cognitivo-Comportamental do CTC Veda. Professora convidada da Especialização em Reabilitação Neuropsicológica Albert Eistein.

Maira Okada de Oliveira
Psicóloga. Graduada em Psicologia pela Universidade Presbiteriana Mackenzie. Especialista em Neuropsicologia pelo Centro de Estudos Psico-Cirúrgicos do Hospital das Clínicas da Faculdade de Medicina da Universidade de São Paulo (FMUSP). Mestre em Ciências pelo Departamento de Neurologia pela FMUSP. Doutora em Ciências pelo Departamento de Neurologia pela FMUSP. Membro da Alzheimer's Association. Atlantic Senior Fellow for Equity in Brain Health no Global Brain Health Institute da University of California San Francisco, Memory and Aging Center. Pós-doutora pelo Research Department of Psychiatry at Massachusetts General Hospital da Harvard Medical School.

Marcela Lima Silagi
Fonoaudióloga. Graduada em Fonoaudiologia pela Universidade Federal de São Paulo (Unifesp). Especialista em Linguagem pelo Conselho Federal de Fonoaudiologia. Mestre em Ciências pelo Programa de Neurologia da Faculdade de Medicina da Universidade de São Paulo (FMUSP). Doutora em Ciências pelo Programa de Distúrbios da Comunicação Humana da FMUSP. Professora Adjunta no Departamento de Fonoaudiologia da Unifesp. Membro da Sociedade Brasileira de Fonoaudiologia e do Grupo de Neurologia Cognitiva e do Comportamento do Departamento de Neurologia da FMUSP.

Marcelo Camargo Batistuzzo
Professor. Graduado em Psicologia pela Pontifícia Universidade Católica de São Paulo (PUC-SP). Especialista em Neuropsicologia e Avaliação Psicológica pelo Conselho Federal de Psicologia. Doutor em Ciências pelo Departamento de Neurologia da Faculdade de Medicina da Universidade de São Paulo. Professor na PUC-SP. Pesquisador do Programa Transtornos do Espectro Obsessivo-Compulsivo.

Márcia Radanovic
Médica neurologista. Graduada em Medicina pela Faculdade de Medicina da Universidade de São Paulo (USP). Especialista em Neurologia pelo Hospital das Clínicas da Faculdade de Medicina da USP (HCFMUSP). Mestre e Doutora em Neurologia pela FMUSP. Professora na Pós-Graduação do Programa de Psiquiatria na FMUSP. Membro da Academia Brasileira de Neurologia. Pós-doutora em Psiquiatria pela FMUSP.

Marcos Castello B. Oliveira
Médico. Graduado em Medicina pela Faculdade de Medicina da Universidade de São Paulo (FMUSP). Especialista em Neurologia e em Distúrbios do Movimento pelo Hospital das Clínicas da FMUSP. Research Fellow em Distúrbios do Movimento no Queen Square Brain Bank e no National Hospital for Neurology and Neurosurgery na University College London.

Maria da Graça Morais Martin
Médica. Graduada em Medicina pela Faculdade de Medicina da Universidade de São Paulo (FMUSP). Especialista e Doutora em Radiologia pela FMUSP.

Maria Elisa Gisbert Cury
Psicóloga. Graduada em Psicologia pela Pontifícia Universidade Católica de Campinas. Especialista em Transtornos Alimentares pela Universidade Federal de São Paulo (Unifesp) e em Neuropsicologia pela Universidade de São Paulo. Mestre em Psicologia pela Unifesp. Doutoranda pela Unifesp.

Maria Fernanda Batista C. Fonseca
Psicopedagoga. Graduada em Pedagogia pela Faculdade Franciscana. Especialista em Psicopedagogia pela Universidade Ibirapuera. Mestre em Ciências da Educação pela Universidade Federal de São Paulo (Unifesp). Doutora em Ciências pela Unifesp. Membro da equipe multidisciplinar do Centro Paulista de Neuropsicologia – Núcleo Infantil do Departamento de Psicobiologia da Unifesp, mantido pela Associação Fundo de Incentivo à Pesquisa.

Maria Niures Pimentel dos Santos Matioli
Médica geriatra. Graduada em Medicina pela Faculdade de Ciências Médicas de Santos. Especialista em Geriatria e Gerontologia pelo Hospital das Clínicas da Faculdade de Medicina da Universidade de São Paulo (FMUSP). Mestre e Doutora em Ciências pela FMUSP. Membro da Sociedade Brasileira de Geriatria e Gerontologia de São Paulo.

Maria Teresa Carthery-Goulart
Fonoaudióloga. Graduada em Fonoaudiologia pela Faculdade de Medicina da Universidade de São Paulo (FMUSP). Especialista em Neurolinguística pelo Hospital das Clínicas (HC) da FMUSP. Mestre em Psicologia, Neurociências e Comportamento pelo Instituto de Psicologia da USP. Doutora em Ciências e Neurologia pela FMUSP. Professora Associada na Universidade Federal do ABC. Membro do Grupo de Neurologia Cognitiva e do Comportamento, Clínica Neurológica, do HCFMUSP.

Current Affiliation na Human Communication, Learning, and Development Unit, Faculty of Education, The University of Hong Kong, Hong Kong SAR.

Marianna Barbosa Yamaguchi
Gerontóloga. Graduada em Gerontologia pela Escola de Artes, Ciências e Humanidades da Universidade de São Paulo (USP) e em Psicologia pela Universidade São Judas Tadeu. Especialista em Reabilitação Neuropsicológica: Tópicos Básicos para Atendimento da Criança ao Idoso pela Universalidade Federal de São Carlos e em Clínica Analítico-Comportamental pelo Instituto Par. Mestre em Ciências pela USP.

Marina Rodrigues Alves
Psicóloga. Graduada em Psicologia pela Universidade São Marcos. Especialista em Neuropsicologia pelo Centro de Estudos Psico-Cirúrgicos (CEPSIC) da Divisão de Psicologia do Instituto Central do Hospital das Clínicas da Faculdade de Medicina da Universidade de São Paulo (IC-HCFMUSP), em Análise do Comportamento Aplicada ao Transtorno do Espectro Autista pelo Instituto Par, em Neuroaprendizagem, Psicomotricidade e Cognição pelo Instituto Saber, mantida pelo Instituto de Educação Verbo Ltda., em Neuropsicologia e em Reabilitação Neuropsicológica pelo Centro de Neurologia do IC-HCFMUSP, e em Psicologia Hospitalar pelo (CEPSIC) da Divisão de Psicologia do IC-HCFMUSP.

Mauricio Silva Teixeira
Médico. Graduado em Medicina pela Universidade Estadual de Santa Cruz. Neurologista pelo Hospital das Clínicas da Faculdade de Medicina da Universidade de São Paulo (HCFMUSP). Membro do Grupo de Neurologia Cognitiva e do Comportamento do HCFMUSP.

Mauro Muszkat
Médico neurologista. Graduado em Medicina pela Santa Casa de Misericórdia de São Paulo. Especialista em Neurologia pela Faculdade de Medicina da Universidade de São Paulo. Mestre e Doutor em Neurologia pela Universidade Federal de São Paulo (Unifesp). Professor Associado do Departamento de Psicobiologia da Unifesp. Professor na Pós-Graduação em Educação e Saúde da Infância e Adolescência da Unifesp. Coordenador do Núcleo de Atendimento Neuropsicológico Infantil Interdisciplinar da Unifesp.

Michelle Salvi
Neuropsicóloga. Graduada em Psicologia pela Universidade Bandeirante de São Paulo. Especialista em Neuropsicologia pelo Centro de Estudos em Terapia Cognitivo-Comportamental.

Milena M. Ouchar Sabino
Médica radiologista. Graduada em Medicina pela Universidad Nacional del Este. Especialista em Radiologia pelo Hospital Israelita Albert Einstein e em Neurorradiologia pelo Hospital das Clínicas da Faculdade de Medicina da Universidade de São Paulo.

Milena Sales Pitombeira
Médica neurologista. Graduada em Medicina pela Universidade Federal do Ceará. Especialista em Neuroimunologia pelo Hospital das Clínicas da Universidade de São Paulo (FMUSP). Doutora em Neurologia pela FMUSP. Membro do Comitê Brasileiro de Tratamento e Pesquisa em Esclerose Múltipla e Doenças Neuroimunológicas.

Mirna Lie Hosogi
Fonoaudióloga. Graduada em Fonoaudiologia pela Universidade de São Paulo (USP). Mestre em Neurociências e Comportamento pelo Instituto de Psicologia da USP. Doutora em Fisiopatologia Experimental pela Faculdade de Medicina da USP (FMUSP). Membro da Grupo de Neurologia Cognitiva e do Comportamento da FMUSP.

Mônica Sanches Yassuda
Psicóloga. Graduada em Psicologia pela Universidade de São Paulo (USP). Mestre e Doutora em Psicologia do Desenvolvimento Humano pela Universidade da Flórida. Professora Titular na USP. Membro da Sociedade Brasileira de Geriatria e Gerontologia. Pesquisa e leciona temas relacionados à Neuropsicologia Geriátrica.

Nathália Galbes Breda de Lima
Neurologista. Graduada em Medicina pela Universidade Estadual Paulista. Especialista em Neurologia pelo Hospital Israelita Albert Einstein. Complementação Especializada em Neurologia Cognitiva e do Comportamento pelo Hospital das Clínicas da Faculdade de Medicina da Universidade de São Paulo. Possui título de Especialista em Neurologia pela Academia Brasileira de Neurologia.

Nicolle Zimmermann
Psicóloga. Graduada em Psicologia pela Universidade do Vale do Rio dos Sinos. Especialista em Princípios e Práticas de Pesquisas Clínicas pela Harvard University. Mestre em Psicologia – Cognição Humana pela Pontifícia Universidade Católica do Rio Grande do Sul. Doutora em Ciências – Radiologia pela Universidade Federal do Rio de Janeiro. Formação em Terapia do Esquema pela Wainer Psicologia – International Society of Schema Therapy.

Patricia Pimentel Gomes
Psicóloga clínica e neuropsicóloga. Graduada em Psicologia pelo Centro Universitário FMU. Especialista em Neuropsicologia pela Divisão de Psicologia do Instituto Central do Hospital das Clínicas da Faculdade de Medicina da Universidade de São Paulo (HCFMUSP). Professora e Supervisora do Curso de Formação em Reabilitação Neuropsicológica/Cognitiva no HCFMUSP. Professora do Curso de Especialização em Reabilitação Neuropsicológica do Hospital Israelita Albert Einstein (HIAE). Professora e Supervisora do Curso de Especialização em Neuropsicologia do HIAE. Psicóloga clínica e de reabilitação e neuropsicóloga em consultório particular.

Paulo Caramelli
Médico e professor universitário. Graduado em Medicina pela Faculdade de Medicina da Universidade de São Paulo (FMUSP).

Especialista em Neurologia pelo Hospital das Clínicas da FMUSP. Doutor em Neurologia pela FMUSP, com período de Doutorado sanduíche na Universidade de Montréal no Canadá. Professor Titular na Faculdade de Medicina da Universidade Federal de Minas Gerais. Membro da Academia Brasileira de Neurologia. Bolsista de produtividade em pesquisa do Conselho Nacional de Desenvolvimento Científico e Tecnológico.

Priscilla Brandi Gomes Godoy
Psicóloga. Graduada em Psicologia pela Universidade Federal de São Paulo (Unifesp). Especialista em Neuropsicologia pela Faculdade de Medicina da Universidade de São Paulo (FMUSP). Mestre em Ciências pela Unifesp. Doutora em Psiquiatria pela FMUSP. Sócia-fundadora da PACT Brasil e Coordenadora do Núcleo de Memória do Hospital Alemão Oswaldo Cruz.

Rafael Tomio Vicentini Otani
Médico neurologista. Graduada em Medicina e Residência em Neurologia pela Faculdade de Medicina da Universidade de São Paulo (FMUSP). Especialista em Neurologia Cognitiva e do Comportamento pelo Hospital das Clínicas da FMUSP. Membro da Academia Brasileira de Neurologia.

Raphael Ribeiro Spera
Médico neurologista. Graduado em Medicina pela Universidade Federal de Juiz de Fora. Especialista em Neurologia e em Neurologia Cognitiva e do Comportamento pelo Hospital das Clínicas da Faculdade de Medicina da Universidade de São Paulo. Membro da Academia Brasileira de Neurologia.

Rauni Jandé Roama-Alves
Psicólogo. Graduado em Psicologia pela Universidade Estadual de Londrina. Especialista em Neuropsicologia pelo Conselho Federal de Psicologia. Mestre e Doutor em Psicologia pela Pontifícia Universidade Católica de Campinas. Professor Adjunto na Universidade Federal de Mato Grosso.

Renata Ávila
Neuropsicóloga. Graduada em Psicologia pela Universidade Federal de Santa Catarina. Especialista em Neuropsicologia pelo Instituto de Psiquiatria do Hospital das Clínicas da Faculdade de Medicina da Universidade de São Paulo (IPq-HCFMUSP). Mestre em Ciências pelo Departamento de Fisiopatologia Experimental da FMUSP. Doutora em Ciências pelo IPq-HCFMUSP.

Renata Curvello Neves de Souza
Neuropsicóloga. Graduada em Psicologia pela Pontifícia Universidade Católica de Campinas. Especialista em Neuropsicologia e em Psicopatologia pelo Instituto de Psiquiatria do Hospital das Clínicas da Faculdade de Medicina da Universidade de São Paulo (IPq-HCFMUSP) e em Neuropsicologia pelo Instituto Israelita de Ensino e Pesquisa Albert Einstein. Colaboradora no Hospital Dia Adulto e membro do Programa de Transtorno Bipolar, ambos do IPq-HCFMUSP.

Renata Vieira
Psicóloga. Graduada em Psicologia pela Universidade São Judas Tadeu. Especialista em Terapia Cognitivo-Comportamental pelo Instituto de Terapia Cognitiva de São Paulo. Mestre e Doutora em Processos Interativos dos Órgãos e Sistemas pelo Instituto de Ciências da Saúde da Universidade Federal da Bahia.

Renato Anghinah
Médico. Graduado em Medicina pela Universidade Santo Amaro. Especialista em Neurologia pela Universidade Federal de São Paulo. Mestre em Medicina pelo Instituto de Assistência Médica ao Servidor Público Estadual. Doutor em Ciências pela Faculdade de Medicina da Universidade de São Paulo (FMUSP). Professor Colaborador Médico no Departamento de Neurologia do Hospital das Clínicas da FMUSP. Membro da Miami Health Academy.

Ricardo Nitrini
Professor. Graduado em Medicina pela Universidade de São Paulo (USP). Especialista, Mestre e Doutor em Neurologia pela Faculdade de Medicina da USP (FMUSP). Professor-Sênior Titular na FMUSP.

Rodrigo de Almeida Luz
Psiquiatra. Graduado em Medicina pela Universidade de Ribeirão Preto. Especialista em Psiquiatria da Infância e Adolescência pela Universidade Federal de São Paulo (Unifesp) e em Análise do Comportamento pela Pontifícia Universidade Católica de São Paulo. Supervisor dos ambulatórios de psiquiatria da infância e adolescência da Unifesp nos ambulatórios de cognição social e nos ambulatórios UPIA e DICA.

Roselaine Pontes de Almeida
Professora. Graduada em Pedagogia – Licenciatura Plena pela Universidade Bandeirante de São Paulo. Especialista em Psicopedagogia pela Universidade Presbiteriana Mackenzie. Mestre em Educação e Saúde na Infância e Adolescência pela Universidade Federal de São Paulo. Membro da Rede de Especialistas em Aprendizagem do Instituto ABCD.

Sabrina Helena Bandini Ribeiro
Psicóloga. Graduada em Psicologia pela Universidade Presbiteriana Mackenzie (UPM). Especialista em Análise do Comportamento Aplicada ao Autismo pelo Núcleo Paradigma. Mestre em Distúrbios do Desenvolvimento pela UPM. Doutora em Psiquiatria e Psicologia Médica pela Universidade Federal de São Paulo (Unifesp). Trabalha com avaliação e intervenção de pessoas com transtorno do espectro autista há mais de 25 anos. Já foi colaboradora do Ambulatório de Avaliação Neuropsicológica da UPM e do TEAMM – Ambulatório de Cognição Social Marcos Mercadante, da Unifesp.

Samuel A. Leite
Neuropsicólogo. Graduado em Neuropsicologia pelo Hospital das Clínicas. Especialista em Neuropsicologia pela Faculdade de Medicina da Universidade de São Paulo (FMUSP).

Mestre em Psiquiatria pela FMUSP. Professor Associado na Escola de Educação Permanente do Hospital das Clínicas. Membro do Programa Esquizofrenia do Instituto de Psiquiatria do Hospital das Clínicas.

Sharon Sanz Simon

Psicóloga. Graduada em Psicologia pela Pontifícia Universidade Católica de São Paulo. Especialista em Neuropsicologia pelo Conselho Federal de Psicologia. Doutora em Ciências pela Faculdade de Medicina da Universidade de São Paulo. Doutorado sanduíche no Brigham and Women's Hospital na Universidade Harvard. Pós-doutorado na Divisão de Neurociência Cognitiva da Universidade Columbia. Atualmente, é Pesquisadora Associada na Universidade Columbia em Nova York. Tem experiência clínica em avaliação neuropsicológica, psicoterapia e reabilitação cognitiva no espectro do envelhecimento.

Silvia de Freitas Assis Rocha

Estudante. Graduanda em Psicologia pela Faculdade de Ciências Médicas de Minas Gerais.

Silvia Feldberg

Psicopedagoga. Graduada em Pedagogia pela Unifai – Centro Universitário Assunção. Especialista em Psicopedagogia pela Pontifícia Universidade Católica de São Paulo (PUC-SP). Mestre em Psicologia da Educação pela PUC-SP. Doutora em Ciências pela Universidade Federal de São Paulo. Pós-doutoranda em Fonoaudiologia pela Universidade Estadual Paulista Campus Marília.

Sueli Rizzutti

Pediatra e neuropediatra. Graduada em Medicina pela Universidade de Mogi das Cruzes. Especialista em Pediatria e Neuropediatria pela Santa Casa de São Paulo. Mestre em Neurologia pela Universidade Federal de São Paulo (Unifesp). Doutora em Ciências pela Unifesp. Professora na Pós-Graduação em Educação e Saúde da Unifesp. Membro da Diretoria Financeira da Associação Paulista de Medicina. Coordenadora do Núcleo de Avaliação Interdisciplinar da Infância e Adolescência – Centro Paulista de Neuropsicologia/Associação Fundo de Incentivo à Pesquisa/Unifesp.

Tallis Perin Soares

Psicólogo. Graduado em Psicologia pela Universidade Paulista. Especialista em Neuropsicologia pelo Hospital Israelita Albert Einstein e em Psicologia Clínica pelo Centro Universitário São Camilo. Formado em Reabilitação Neuropsicológica pelo Centro de Estudos de Neurologia Prof. Dr. Antonio Branco Lafèvre da Divisão de Clínica Neurológica do Hospital das Clínicas da Faculdade de Medicina da Universidade de São Paulo e em Terapia Cognitivo-Comportamental pelo Centro de Terapia Cognitiva VEDA.

Tamirys Rocha Donadio

Psicóloga. Graduada em Psicologia pela Universidade do Grande ABC. Especialista em Terapia Focada no Esquema e em Terapia Cognitivo-Comportamental, ambas pelo Centro de Estudos em Terapia Cognitivo-Comportamental. Professora Associada na instituição Terapia Cognitivo Comportamental Integrado (TCCi). Membro da Neuroway e da TCCi.

Tatiana de Cassia Nakano

Psicóloga. Graduada em Psicologia pela Pontifícia Universidade Católica de Campinas (PUC-Campinas). Mestre e Doutora em Psicologia pela PUC-Campinas. Docente Permanente na PUC-Campinas.

Tatiana Pontrelli Mecca

Psicóloga. Graduada em Psicologia pela Universidade Presbiteriana Mackenzie (UPM). Mestre e Doutora em Distúrbios do Desenvolvimento pela UPM. Professora Assistente na Faculdade de Ciências Médicas da Santa Casa de São Paulo. Membro dos Grupos de Trabalho em Transtorno do Espectro Autista da Associação Nacional de Pesquisa e Pós-Graduação em Psicologia e Sociedade Brasileira de Neuropsicologia.

Thais Bento Lima da Silva

Professora universitária e gerontóloga. Graduada em Gerontologia pela Universidade de São Paulo (USP). Especialista em Neurociências pela Faculdade de Medicina do ABC – Fundação do ABC. Mestre e Doutora em Neurologia Cognitiva e do Comportamento pela Faculdade de Medicina da USP. Professora Associada no Bacharelado em Gerontologia e no Programa de Mestrado em Gerontologia da Escola de Artes, Ciências e Humanidades da USP. Membro da diretoria científica da Associação Brasileira de Gerontologia (gestão 2023 a 2025) e da diretoria da Associação Brasileira de Alzheimer – Regional São Paulo (gestão 2024 a 2027). Coordenadora do Grupo de Estudos em Treino Cognitivo da USP.

Tharsila Moreira Gomes da Costa

Fonoaudióloga. Graduada em Fonoaudiologia pela Universidade Estadual Paulista. Especialista em Neurogeriatria pelo Hospital das Clínicas da Faculdade de Medicina da Universidade de São Paulo (USP). Mestre em Ciências da Reabilitação pela USP.

Thiago da Silva Gusmão Cardoso

Professor. Graduado em Psicologia pela Universidade Federal do Recôncavo da Bahia. Especialista em Neuropsicologia pelo Conselho Federal de Psicologia. Mestre e Doutor em Educação e Saúde na Infância e Adolescência pela Universidade Federal de São Paulo. Professor Titular na Universidade Paulista. Membro do Instituto NeuroSaber.

Valeria Trunkl Serrao

Neuropsicóloga. Graduada em Psicologia pela Universidade Paulista (UNIP). Especialista em Neuropsicologia pelo Hospital das Clínicas da Faculdade de Medicina da Universidade de São Paulo (FMUSP). Mestre em Ciências pela FMUSP.

Wellington Lourenço Oliveira

Professor universitário, pesquisador e psicólogo. Graduado em Psicologia pela Universidade Nove de Julho. Especialista em Psicologia em Saúde pelo Conselho Federal de Psicologia. Mestre em Gerontologia pela Universidade de São Paulo. Professor Celetista na Faculdade Nove de Julho.

Prefácio

Desde a implantação da neuropsicologia no Brasil, no início da década de 1970, até o momento atual, os profissionais que atuam nessa área partiram de uma base científica sólida, porém com recursos escassos, evoluindo para a riqueza de instrumentos e conhecimentos avançados atuais. Esta obra tem como objetivo tornar público os avanços e as atualizações na área clínica de neuropsicologia, reabilitação cognitiva e intervenções comportamentais. Por se tratar de uma multidisciplina, os temas abordados são de interesse de um púbico diverso, incluindo alunos de graduação e pós-graduação nas áreas de psicologia, medicina, neuropsicologia, neurologia, psiquiatria, fonoaudiologia, psicopedagogia, geriatria, gerontologia, terapia ocupacional, dentre outras. Além de atualização na área, a obra se propõe a apresentar recursos e ferramentas que visam auxiliar o profissional no processo de investigação, avaliação, raciocínio clínico, diagnóstico neuropsicológico e intervenções voltadas às alterações cognitivas e comportamentais que acompanham os diversos quadros neurológicos e psiquiátricos da infância ao envelhecimento. Para consolidar ainda mais os conhecimentos na prática clínica, o livro traz a apresentação de casos clínicos que ilustram e demonstram o passo a passo de como iniciar e conduzir as etapas de avaliação neuropsicológica e intervenções cognitivas e comportamentais.

O resultado deste livro foi possível graças à relevante contribuição e dedicação de diversos profissionais que possuem vasta experiência clínica e acadêmica, bem como conhecimentos especializados em assuntos e temas distintos e relacionados com neuropsicologia e intervenções cognitivas e comportamentais. Finalmente, agradecemos especialmente os pacientes e nossos familiares que possibilitaram, apoiaram e promoveram avanços nessas temáticas.

Eliane Correa Miotto

Origens da Neuropsicologia no Brasil

Candida Helena Pires de Camargo • Clara Nardini Souto • Renata Curvello Neves

Introdução

O convite de Eliane Miotto para escrever este texto me fez pensar em qual seria o interesse em voltar a esse assunto. "Convoquei" minhas atuais colaboradoras (Clara Nardini Souto e Renata Curvello) a encontrarem os trabalhos na literatura e verificamos que há inúmeros deles com informações que abrangem todos os tópicos passíveis de interesse pelos leitores, como formação e publicações dos praticantes dessa área no país (Alvarez *et al.*, 2002; Christensen, 1974; Hazin *et al.*, 2019; Hécaen, 1972; Julia, 1986; Reitan, 2009; Tarter *et al.*, 1988; Miotto *et al.*, 2017; Miotto, 2015). Há, porém, uma quase ausência de informações que esclareçam como, por que, por quem e onde se deram a implantação da neuropsicologia como método de diagnóstico e área de pesquisa e a sua difusão como prática e disciplina no Brasil.

Por outro lado, de forma recorrente, é veiculada, nas publicações, discussões pontuais em congressos e nas divulgações de cursos da área, a ideia de que teria havido uma neuropsicologia no país, "antiga", artesanal, em nada comparável com a atual, moderna, científica e precisa, subentendendo-se que não valeria a pena alguém se deter sobre o assunto.

Creio que talvez nesse contexto se situe uma das possíveis explicações. A neuropsicologia, como foi praticada no início e difundida no Brasil, era uma extensão da neurologia, como entendiam Henri Hecaèn, Julian de Ajuriaguerra e outros franceses eminentes (em cujos serviços passaram alguns dos que contribuíram para a instalação dessa área no país), e se situava, por um lado, na encruzilhada entre as neurociências (neurologia, neuroanatomia, neurofisiologia e neuroquímica), e, por outro, nas ciências do comportamento e das relações inter-humanas (psicologia experimental, psicologia genética, psicolinguística e linguística) (Hécaen, 1972). Quando essa prática deixou de ser exclusiva do neurologista, sendo realizada por psicólogos, passou a ser executada mediante procedimentos e testes experimentais (Julia, 1986), construídos com base em achados clínicos derivados de acidentes da natureza, dos estudos de caso e de pequenos grupos (Code *et al.*, 1996), mas ainda eram muito ligados à neurologia. Porém, conforme a psicologia passou a lidar com a cognição, aquilo que se passava no cérebro foi sendo posto de lado, cedendo espaço a medidas controladas e tratamentos estatísticos complexos, principalmente ao entrarem em voga os testes computadorizados, desembocando no objeto de desejo atual de se tornar conforme a moderna "Neuropsicologia 3.0" (Bilder, 2010). Esta, sim, reuniria as condições para situar a neuropsicologia na interface com a biologia básica, as ciências clínicas e as ciências da computação, finalmente possibilitando fazer a interconexão com as outras áreas da ciência.

Guardadas as proporções e dimensões que os vários campos implicados no conhecimento do cérebro e seu funcionamento ganharam nos últimos 50 anos, possibilitando visualizá-lo em estudos programados, em ação ou repouso, em essência, o cerne da neuropsicologia permanece o mesmo, ao menos na clínica, tendo como objetivos básicos ampliar o conhecimento teórico sobre os quadros de qualquer natureza que acometem pessoas e se expressam nos seus comportamentos, partindo do que já foi angariado pelas diferentes áreas (das ciências básicas e humanas) sobre as relações cérebro-comportamento, e usar esse referencial para estabelecer o diagnóstico das condições apresentadas pelas pessoas, sejam essas de desenvolvimento, sejam essas adquiridas, mostrando as raízes das dificuldades dos sujeitos e propondo meios de tratamento de acordo com os achados.

O pedido da profa. Dra. Miotto, atual Livre-docente do Departamento de Neurologia da Faculdade de Medicina da Universidade de São Paulo (FMUSP), eminente neuropsicóloga que iniciou sua formação em 1988 no nosso Centro de Neuropsicocirurgia, onde começou a história da neuropsicologia no Brasil, praticada com esses objetivos, faz então, sentido.

O leitor poderá estranhar o fato de que narrarei esta história da perspectiva em que a vivi, concentrada principalmente entre 1972 e 2006, decisão tomada ao verificar que a maior parte dos companheiros de percurso está bastante representada na literatura. Também por isso, mencionarei apenas algumas pessoas, escolhidas pela inestimável contribuição para o desenvolvimento dessa área, que, trabalhando em hospitais e/ou faculdades, abraçaram a neuropsicologia como método de exame e diagnóstico e a incluíram em projetos de pesquisas, criaram cursos, enfim, ensinaram e treinaram psicólogos para desenvolverem trabalhos acadêmicos ou clínicos com esse enfoque.

Centro de Neuropsicocirurgia da Divisão de Neurocirurgia Funcional do Instituto de Psiquiatria, Hospital das Clínicas da FMUSP (CENEPSI/DNCF, IPq-HCFMUSP)

O fato de que, até a metade do século XX, a neuropsicologia era a extensão direta da neurologia clínica, praticada no exame neurológico clássico que incluía as funções superiores, levou-a a um lugar essencial no arsenal utilizado para diagnóstico, o qual, somente muito mais tarde, veio a ser tomado pelo instrumental e equipamentos de imagem que vieram dar suporte à medicina. Assim, não é de admirar que seus maiores usuários tenham sido, justamente, neurologistas e neurocirurgiões, só mais tarde sendo adotada por psiquiatras (ainda que, no passado, já fosse praticada por eles como método de exame e ponto de partida para a reabilitação [Will; Stein; Brailowsky, 1997]), e, depois, absorvida por outras áreas da medicina (Tarter; Van Thiel; Edwards, 1988). Foi essa a neurologia que encontrei quando passei a frequentar o CENEPSI em 1971.

Não encontrei referências anteriores a essa época sobre essa prática no Brasil, e, dessa forma, creio ser possível considerar que seu início aqui esteja intimamente ligado à cirurgia de epilepsia. Minha entrada nessa história resultou de um conjunto de circunstâncias felizes que foi contado em um livro (Pereira; Ortega, 2021), em vídeos e entrevistas veiculados nas redes institucionais e na imprensa, valendo, porém, relembrar esse percurso.

Quando ingressei, em 1970, no último curso de Psicologia com 6 anos de duração, na Pontifícia Universidade Católica (PUC) – São Bento, entre as cadeiras se incluíam 3 anos de Neurologia. Sua inclusão, porém, na prática, ocorreu no primeiro ano, quando eu e a colega de "panela", Eleonora Pereira de Almeida Rosset, iniciamos o estágio oferecido pela Clínica Neurológica (anexa à Clínica Psicológica da PUC). Dirigida pelo nosso professor de Neurologia, Dr. José Salomão Schwartzman, a clínica atendia crianças com suspeita de quadros neurológicos, e, sob a monitoria de psicólogas seniores, fazíamos as anamneses, aplicávamos os testes do Roteiro Psiconeurológico desenvolvido pela profa. Ana Maria Poppovic e assistíamos às discussões de casos com os neurologistas. O contato com a neuropsicologia, no entanto, ocorreu no segundo ano (1971), quando a (hoje emérita) profa. Dra. Rosa Maria de Macedo, que ministrava a cadeira de Desenvolvimento, deu-nos como trabalho ler e debater um número da revista *Psychology Today*, dedicada aos "três gigantes da psicologia soviética" (Luria, Vygotsky e Leontiev) – com essa leitura, a neuropsicologia traçou o destino do nosso interesse: era o que gostaríamos de fazer; porém onde e como?

Semanas depois, o acaso nos colocou diante do Dr. Raul Marino Junior, neurocirurgião, que nos disse que precisaria de neuropsicólogos para compor o grupo com o qual fundaria, na Clínica Psiquiátrica do HCFMUSP (posteriormente chamada de Instituto de Psiquiatria – IPq-HCFMUSP), um serviço voltado para psicocirurgia, cirurgias de epilepsia, transtornos do movimento e neuroendocrinológicos. Tal como ele conta em seu livro (Marino Jr., 2020), depois de complementar sua formação nos EUA, foi no Instituto Neurológico de Montreal, no Canadá, que conta com eminentes professores e pesquisadores das áreas de neurocirurgia funcional e de epilepsia, que ele teve contato com a neuropsicologia. Durante seu período de treino com o Dr. Theodore Rasmunssen, ele testemunhou o quanto as avaliações neuropsicológicas pré, intra e pós-cirúrgicas que a psicóloga Brenda Milner efetuava nos pacientes (principalmente epilépticos) contribuíam para identificar o local da lesão, opinar sobre o sucesso cirúrgico e/ou sobre repercussões cognitivas, particularmente na memória (Scoville; Milner, 1957). Esses achados, que modificaram inteiramente o que se sabia sobre memória, tornaram-se a preocupação central dos cirurgiões ao fazerem lobectomias temporais, pois precisavam, então, ter claro o nível prévio de comprometimento de memória em cada hemisfério cerebral e planejar a extensão da ressecção temporal dentro de limites seguros, ou seja, que preservariam mais a cognição, especialmente a memória (Marino; Rasmussen, 1968). O indiscutível apreço do Dr. Marino pela neuropsicologia vem da sua experiência naquele serviço.

Apesar da nossa precária qualificação, fomos convidadas a assistir às reuniões de discussão de caso com a finalidade de aprendermos a linguagem e o que fosse possível, o que fizemos religiosamente, anotando tudo e consultando os livros para entender o que era discutido. Por meses comparecemos às reuniões no anfiteatro da clínica (embora passássemos a assinar o livro de presença apenas em maio de 1972, constrangidas em constar entre os ilustres que compareciam), e, enquanto a área destinada para o centro era reformada e equipada para possibilitar as intervenções cirúrgicas, também passamos a acompanhar as visitas médicas.

O exame neurológico, que incluía a avaliação das funções superiores, era completado pela discussão ao pé do leito, e casos complexos eram discutidos extensamente nas reuniões gerais, juntamente com os exames clínicos obtidos por outros métodos. A maneira como as reuniões se desenrolavam foi atraindo neurologistas, psiquiatras e outros profissionais do HC, das áreas de ciências básicas da USP, da Escola Paulista de Medicina da Universidade Federal de São Paulo (Unifesp) e outras instituições, propiciando aos participantes contribuírem para a análise dos casos sob a perspectiva das próprias formação e experiência. Essa integração de saberes, que dava margem à formação de hipóteses e teorias na ausência de exames complementares, abrilhantava as reuniões, de forma que rapidamente ganhou fama, atraindo mais e mais pessoas de várias especialidades. Finalmente, com o avanço da reforma da área física que iria ocupar no prédio da Psiquiatria, o CENEPSI foi oficialmente inaugurado em junho de 1972, com a equipe formada, na maior parte, pelos participantes das reuniões.

Naquela altura, os pacientes eram avaliados pela psicóloga Belkiss Romano, do Serviço de Psicologia do IPq, todavia, como a crescente demanda de avaliações inviabilizava sua participação em todos os casos, o Dr. Marino nos intimou a "pôr a mão na massa". Tínhamos claro que precisávamos nos guiar pelos modelos da neurologia das funções superiores e do comportamento, e, apesar de haver publicações com estudos de casos, como o notável livro de Henri Hecaen *Introduction à la Neuropsychologie* (Hécaen, 1972), ficava evidente que era preciso dominar ao máximo os conhecimentos das relações cérebro-comportamento para utilizarmos adequadamente as manobras e breves provas descritas.

Tínhamos conhecimento, e até mesmo cogitamos comprar, da bateria de Halstead (Reitan, 1986), inicialmente idealizada para estudar a base biológica da inteligência e posteriormente proposta para estabelecer localizações hemisféricas com base nas escalas Wechsler de Inteligência (Wechsler, 1955) e de Memória (Wechsler, 1945) e no Minesotta Multiphasic Personality Inventory (Hathaway; McKinley, 1970), mas não servia aos nossos propósitos.

Dessa forma, ao ler uma resenha sobre a versão americana do livro de A. R. Luria (Luria, 1966) em um número da revista *Brain* (Will; Stein; Brailowsky, 1997), adquirimos o livro, o que nos abriu a porta para o universo da neuropsicologia, pois fornecia o modelo anatômico e a dinâmica cerebral do funcionamento cognitivo, envolvendo as três grandes unidades funcionais. Além disso, o livro oferecia uma série de procedimentos simples para examinar as diferentes funções, relacionando os erros ou as falhas na *performance* com os locais prováveis de lesão, considerando a participação de cada unidade e o modelo de *diaschisis* (Christensen, 1974), realmente possibilitando a realização dos exames.

Arrolamos o Dr. Claudio Rossi, residente do IPq (posteriormente nosso professor de Psicopatologia na PUC, que assistia regularmente às reuniões), a fazer parte do CENEPSI e desenvolver os testes conosco. Traduzir e adaptar a linguagem em instruções (como se faz nos testes), copiar ou criar os materiais para compor os testes de cada área a ser examinada foi uma empreitada extremamente laboriosa, pois tudo era cuidadosamente feito à mão, em cartões numerados nas sequências de apresentação e guardados em envelopes separados nas pastas que correspondiam às funções. A isso agregávamos e adaptávamos material de artigos e livros estrangeiros, trocando correspondência (que guardo até hoje) com os autores que se interessavam em divulgar seus trabalhos.

Não tínhamos conhecimento de que outros psicólogos e/ou serviços estivessem fazendo avaliações neuropsicológicas, em São Paulo ou outro lugar do Brasil, com os quais pudéssemos trocar conhecimentos e experiência. Assim, pelo fim de 1972, com a nossa versão dos testes de Luria pronta, as baterias montadas, passamos a examinar os pacientes, sofrendo a intensa ansiedade, quase paralisante, de ter que escrever relatórios e apresentá-los nas discussões dos casos. Sabíamos que o relatório de avaliação psicológica não servia como modelo, sendo muito estressante criar a maneira como fazê-los, mas, finalmente, chegamos ao formato baseando-nos em Luria, descrevendo como o paciente executava as tarefas de cada função e o raciocínio por trás das conclusões. Essa forma nova de apresentação de relatórios permitiu tornar a linguagem acessível a médicos e profissionais de outras especialidades, propagando-se e fincando as primeiras raízes da avaliação neuropsicológica no Brasil, pois, como ouvi com frequência, "vocês estão ensinando a neuropsicologia para os médicos".

Nosso "batismo de fogo" ocorreu em uma reunião em que estava presente o prof. Pacheco e Silva, titular da Psiquiatria, onde se discutia um paciente particularmente complexo, portador de epilepsia temporal de longuíssima data, canhoto e, a julgar pelo eletroencefalograma (EEG), com foco bilateral, sendo que a questão era saber de que lado operar – não havia dados prévios ou achados dos outros exames nos quais se fiar, restando a nossa avaliação. Assim, cada uma de nós leu um trecho do relatório, no qual concluímos por maior preservação das funções do hemisfério não dominante e que a linguagem estava distribuída em ambos os hemisférios, ao que Dr. Marino perguntou: "então opera ou não?". E à nossa resposta, "sim, à esquerda", seguiu-se um silêncio angustiante (pois se tratava de algo nunca visto por aqui: um neurocirurgião consultar a opinião de psicólogas). Naquele momento, o prof. Pacheco, que seguira a apresentação de cenho fechado, comentou: "até que enfim uma psicologia à altura da medicina". Transcrevo esse evento apenas para mostrar o cenário em que as discussões se desenrolavam, sem outros exames que aportassem certeza às decisões de tratamento, e, mais ainda, pela ousadia do prof. Marino ao conferir essa responsabilidade a duas alunas do terceiro ano da faculdade de Psicologia que integravam o grupo na qualidade de voluntárias.

Depois de terminada a reforma, o CENEPSI passou a ocupar boa parte do IPq, no segundo andar, com centro cirúrgico, anfiteatro, sala de recuperação pós-cirúrgica, enfermaria exclusiva para nossos pacientes, uma enorme sala de reunião com uma mesa gigante (da qual acabamos tomando posse para corrigir os testes, discutir com médicos e enfermeiros), posto de enfermagem e salas de consulta na própria enfermaria (em uma das quais, mais tarde, foi colocado um espelho através do qual estagiários e residentes observavam nossas avaliações). Com isso, ficou mais fácil juntar os dados, já que dispúnhamos dos prontuários e da evolução diária feita pelos enfermeiros, assistíamos aos exames clínicos feitos pelos neurologistas, examinávamos pacientes sob várias condições, armazenávamos os nossos relatórios na própria unidade, anexando uma cópia ao prontuário, onde também fazíamos a evolução. Assim, a avaliação neuropsicológica ficou naturalmente incluída como exame complementar na rotina pré-cirúrgica, fato que valida e marca a diferença entre a neuropsicologia no nosso serviço e as que surgiram depois.

Evidentemente, a oportunidade de se fazerem hipóteses de lesão no período pré-cirúrgico não se baseava apenas no raciocínio neurológico, nos testes e nas modificações do comportamento, procurando-se outras evidências. Essas hipóteses vinham do EEG e dos raios X, sendo este o único exame de imagem realizado via pneumoencefalografia e que só permitia ver as margens dos ventrículos após o ar ser injetado na coluna do paciente sentado e preso a uma cadeira que ia girando em rotação constante até que o radiologista constatasse a presença, ou não, de irregularidades nos contornos dos ventrículos e da linha média. Em epilepsia, porém, nem sempre há lesões anatômicas observáveis macroscopicamente, ou pelo menos que aparecessem na pneumo, contando-se, então, para definir o local do foco a ser tratado cirurgicamente, além dos mencionados, com o exame neurológico e a avaliação neuropsicológica. Assim, era apenas no pós-cirúrgico que as hipóteses levantadas eram suportadas pelos achados do exame anatomopatológico, e também pela evolução clínica e comportamental dos pacientes.

É importante ressaltar que nossa capacidade de fazer os diagnósticos veio, na maior parte, da aprendizagem com os excepcionais médicos da equipe inicial: os neurocirurgiões Raul Marino, Maciel Yamashita, Pedro Arlant, Evandro de Oliveira e Mario Lorenzi, os neurologistas Daniele Riva, Flávio Huck, João Radvany e José Ávila, os psiquiatras Claudio Rossi e Eunofre Marques, os neurofisiologistas Paulo Ragazzo e Gary Gronich, os neuroendocrinologistas Marcelo Bronstein e Malebranche Carneiro da Cunha, com os quais discutíamos e confrontávamos os dados das nossas avaliações com os achados obtidos por cada especialista.

Além disso, a maior parte dos pacientes do CENEPSI era de portadores de epilepsia que ficavam internados por meses, sendo estudados até a decisão cirúrgica, ou outra, ser tomada. Era uma fonte inesgotável de aprendizagem.

Como os poucos anticonvulsivantes da época (como fenobarbital, fenitoína e primidona) tinham que ser retirados lentamente para que as crises pudessem ser registradas, era possível estudar cada paciente com dosagens menores, depois de alterações de remédios, sem medicação e, ainda, logo antes, no decorrer ou depois de uma crise. Essas observações colhidas no dia a dia durante a avaliação neuropsicológica nos permitiram separar efeito de fármaco de efeito de crise clínica, identificar crises não epilépticas e, também, perceber que havia crises subclínicas, fato que ainda não estava descrito na literatura.

Em paralelo, acompanhávamos as cirurgias que duravam horas, fosse do anfiteatro cirúrgico, ouvindo a descrição que ia sendo feita passo a passo, ou na cena cirúrgica, ao lado do Dr. Marino, que ia mostrando as estruturas e explicando cada ação que executava, ou, ainda, quando já familiarizadas com os procedimentos, testávamos os pacientes intracirurgicamente, na fase da estimulação elétrica para mapeamento das áreas. Todo esse processo aguçava nosso interesse e a necessidade de saber o que iríamos ver no pós-operatório, de forma que procurávamos estar ao pé do leito quando o paciente acordava, tanto para confortá-lo como para testá-lo de forma reduzida imediatamente após a cirurgia, 1 semana mais tarde, 15 dias e ampliando progressivamente as provas: 1 mês, 6 meses, 1 ano e, depois, anualmente. Meu trabalho redobrou com a saída da Eleonora na metade de 1975, mas, ainda assim, segui muitos dos pacientes operados por mais de 20 anos.

Além de essa prática de rotina dar segurança no trabalho, certamente não se teria aprendido tanto se os pacientes apresentassem apenas alterações cognitivas e comportamentais fixas e relacionadas com um local de lesão – portadores de epilepsia apresentavam quadros muito ricos e diversos em paralelo ao espraiamento das descargas epilépticas (quadro relatado como "síndrome da disfunção cognitiva em epilepsia", apresentado inicialmente em 1975, em um congresso em Boston, pelo Dr. Marino e, depois, no International Congress of Functional Neurosurgery, em 1978. A partir desses achados, propusemos que a mudança cognitiva benéfica após cirurgia justificava sua realização muito mais cedo do que se fazia (geralmente quando os pacientes estavam na casa dos 50 anos, incapacitados para o trabalho e a vida social), pois, ainda que, em alguns casos, pudesse haver dificuldades seletivas de memória, o restante da cognição ficava livre da interferência de crises subclínicas. Além dessas constatações, as inúmeras reavaliações após intervenções medicamentosas ou cirúrgicas trouxeram informações valiosas e, posteriormente, rendeu-nos o Prêmio Mindlin, em 1980, com o trabalho *O tratamento cirúrgico das epilepsias, experiência com 61 casos operados*.

Vale ressaltar novamente que não tivemos conhecimento de que a avaliação neuropsicológica fosse praticada ou que fizesse parte de exames regulares, com protocolos específicos, em quaisquer outros lugares do país até por volta do final de 1975, quando soubemos, por intermédio do Dr. Daniele Riva, neurologista que passara a fazer parte da nossa equipe, que a psicóloga Beatriz Lefèvre, retornando da França, onde conhecera Luria e seu trabalho, estava traduzindo os "testes", e, a pedido do Dr. Riva, enviamos-lhe a nossa versão da bateria. Apesar de Beatriz ter criado baterias e procedimentos principalmente dirigidos a crianças, o que ela descreve em seu livro, e de ter feito um excepcional trabalho, implantando a área de neuropsicologia em meio à psicologia hospitalar da Divisão de Psicologia do HCF-MUSP, onde também formou neuropsicólogos e assistiu à neurologia do HC, nunca tivemos a oportunidade de trabalharmos juntas, pois nossos serviços estavam alocados em lugares diferentes do complexo do HC e fazíamos trabalhos que nada tinham em comum – cirurgias funcionais se concentravam no CENEPSI, IPq.

Retomando, nossa outra fonte prática e riquíssima de aprendizado veio com o aumento das solicitações de avaliação de pacientes psiquiátricos, portadores de diferentes quadros, com regimes medicamentosos muito diversos dos que estávamos acostumadas. Rever pacientes sob os novos fármacos que vinham sendo introduzidos, tanto em psiquiatria como para epilepsia, que modificavam muito a expressão cognitiva e comportamental das doenças, aportou uma nova dimensão à perspectiva pela qual passamos a "ver" doenças e doentes. Além disso, já estavam em marcha os programas de tratamento por cirurgia estereotáxica para pacientes refratários a tratamento medicamentoso, pacientes com depressão, transtorno obsessivo-compulsivo, desordens do movimento, além das cirurgias transfenoidais para desordens neuroendocrinológicas.

Assim, em 1976, com a abertura de concurso para psicólogos na DNCF, eu (que, apesar da responsabilidade, até então era voluntária) e as psicólogas Eliana Palma Perosa e Maria Cristina Petroucic Rosenthal, que vinham da psiquiatria e dominavam essa área, entramos oficialmente para a equipe e nosso protocolo de exame passou a integrar a avaliação de personalidade. Juntar dados do exame psiquiátrico, conduzido inicialmente pelo Dr. Claudio Rossi, com os do exame neurológico, das avaliações neuropsicológicas e de personalidade pela prova de Rorschach (que vinha sendo realizada na mesma amostra de pacientes epilépticos estudados antes e após cirurgias, inicialmente, pela psicóloga Dra. Latife Yazigi, emprestada da Escola Paulista de Medicina, e, depois, pelos novos integrantes do grupo), era um esforço hercúleo, tendo em vista que ainda não havia exames que mostrassem imagens anatômicas do cérebro ou deste em ação.

Sintetizar todos os achados dentro do modelo neuropsicológico e eleger alvos cirúrgicos se tornaram ações muito mais complexas nas desordens em que a localização dos danos era ainda menos detectável, como no caso das cirurgias para depressão, endocrinológicas e das calosotomias parciais, nas quais, idealizadas para tratamento de portadores de epilepsias multiformes refratárias a tratamento medicamentoso, o fato de não haver foco ou área epileptogênica visível nos demais exames adicionava um problema sobre as áreas envolvidas no disparo e na propagação das crises – embora houvesse evidências de que ocorriam via corpo caloso, não se sabia exatamente por onde, nessa estrutura, e em qual local interromper a propagação. No centro que mais praticava essa cirurgia nos EUA, ela era realizada em duas etapas, iniciando-se pela parte posterior do corpo caloso e, depois de breve período, seccionando-se a parte anterior sem que houvesse um fundamento lógico convincente por trás dessa prática. No nosso serviço, com base nos achados neuropsicológicos desses pacientes, a decisão foi iniciar pela parte anterior e prosseguir até o ponto em que o EEG (feito ao longo da cirurgia) acusasse a interrupção das descargas, não ultrapassando, assim, os dois terços anteriores do corpo caloso (Marino Jr., 2020).

Essa abordagem, que nos possibilitou descrever outras síndromes pré e pós-cirúrgicas em calosotomia não relatadas nos trabalhos de outros centros, revelou-se benéfica na redução das crises, o que era o alvo dessas cirurgias, visto que esses pacientes viviam acamados ou em cadeira de rodas e usando capacetes, tamanha era a quantidade de crises com queda violenta ao solo (Avila et al., 1980; Huck et al., 1980; Marino et al., 1990). Calosotomias também foram empregadas como substitutas da hemisferectomia no tratamento da síndrome de Rasmussen, exigindo aplicar a prova de Wada (Mäder; Romano, 2001) também a pacientes com menos idade, de forma que, antes feita pontualmente, passou a ser rotina. Cabe aqui mencionar o fato de que, antes de se proceder a qualquer cirurgia de epilepsia, era fundamental identificar claramente a dominância hemisférica da linguagem, e, nesse sentido, temos que agradecer à fonoaudióloga Ana Maria Alvarez por sua contribuição inestimável para a adaptação de um teste de audição dicótica para a nossa população (Alvarez; Sameshima; Bottino, 2002) – esse teste, que era o primeiro a sinalizar a dominância hemisférica da linguagem, foi-nos cedido pelas psicólogas do Hôpital Saint Anne, de Montreal, e, embora a tradução e a escolha das palavras não fossem problema, o registro da prova em CD requereu um *tour de force* para envolver o engenheiro Marcos Pires de Camargo e a equipe da Rádio Transamérica na gravação.

Adaptar os testes para a prova de Wada também demandou muito esforço e treino de pacientes antes de qualquer aplicação, pois a sequência de pequenas provas tinha que ser aplicada em curtíssimo tempo para não exceder a duração da anestesia no hemisfério oposto ao que estava sendo testado e pôr em evidência qual o hemisfério da linguagem e qual dava suporte para a memória. O nível de responsabilidade e de precisão necessários era imenso, não só em relação ao paciente, mas também à equipe, a qual, envolvia por vezes, 12 a 15 pessoas, entre as quais anestesistas, eletroencefalografista, cinegrafista, enfermeiros, residentes, eu e mais uma psicóloga que ia me passando as pranchas dos testes e os objetos a serem mostrados durante a aplicação, feita em sequências precisas. Nosso primeiro protocolo veio do próprio Dr. Jun Wada, amigo pessoal do Dr. Marino; depois, passamos a usar o proposto por David Loring e, finalmente, temos que agradecer a Maria Joana Mader, que, mais tarde, cedeu-nos um protocolo mais prático e veio aplicar a prova em um caso difícil.

Divulgação da neuropsicologia

Entre 1975 e o final da década de 1990, as possibilidades que o método neuropsicológico originava, tanto no plano prático como na ampliação do conhecimento teórico, foram intensamente veiculadas em congressos e simpósios por nós e outros colegas (médicos, geralmente) que incluíam a avaliação em suas práticas e serviços. Nesse sentido, a partir do fim da década de 1970, há inestimáveis contribuições de pessoas como prof. Jaime Maciel (Universidade Estadual de Campinas [Unicamp]), Dr. Paulo Bertolucci (Unifesp), Benito Damasceno (Universidade Federal de Goiás e Unicamp), Norberto Rodrigues, Paulo Brito, Paulo Marques, Paulo Mattos e Lucia Mendonca, citando alguns daqueles que ocuparam a presidência da Sociedade Brasileira de Neuropsicologia desde seu início. Incentivados pela criação da Sociedade Latino-Americana de Neuropsicologia (SLAN) em junho de 1989, na ocasião do XIII Congresso de Neurologia em 1990, graças à iniciativa do Dr. Maciel e membros da SLAN, entre os quais Maria Alice Parente, criamos a Sociedade Brasileira de Neuropsicologia (SBNp).

A partir do 1º Congresso da SBNp em 1991, em São Paulo, em conjunto com o da SLAN, o envolvimento de médicos interessados em desenvolver essa área em seus serviços se ampliou enormemente e, tenho certeza, também contribuiu para aumentar exponencialmente a participação de psicólogos nesses eventos. As apresentações de trabalhos neuropsicológicos criaram um sem-número de solicitações para auxiliarmos na criação de cursos de neuropsicologia em outros locais da cidade de São Paulo e fora do estado e para aceitarmos estagiários e *trainees*. Assim, contribuímos para os cursos de especialização e/ou complementação da Universidade Federal do Rio de Janeiro (UFRJ), Fundação Mineira de Educação e Cultura, e Universidade Federal do Ceará e abrimos as portas para estágios de psicólogos de outros serviços, como os da Unifesp, e para treinamentos supervisionados para Serviços de Epilepsia, como os da FMUSP Ribeirão Preto e Unicamp.

A expansão da aplicabilidade da avaliação neuropsicológica para fins de auxílio diagnóstico em outras áreas ocorreu naturalmente por conta das demandas que eram feitas. No início, em relação a pacientes psiquiátricos; depois, nas desordens de aprendizagem (como eram denominadas na década de 1980), e, então, nas diferentes áreas da medicina principalmente, como já ocorria fora do Brasil. Também passamos a convidar professores, psicopedagogas, terapeutas ocupacionais e fonoaudiólogas para participarem dos nossos cursos internos e visitas programadas com o objetivo de introduzir a visão neuropsicológica na análise de casos.

Um avanço importante na área veio com as trocas de conhecimento com psiquiatras – a neuropsicologia passou a estabelecer a ponte entre neurologia, neurocirurgia e psiquiatria. Com o exame neuropsicológico fazendo parte da avaliação de pacientes psiquiátricos, rapidamente também passou a ser incluído nos projetos de pesquisa, mestrados e doutorados no IPq. Essa imbricação já vinha sendo particularmente incentivada pelo prof. Dr. Valetim Gentil, que, desde seu retorno da Inglaterra, promovia as discussões entre neurologistas e psiquiatras e convidava os mais destacados por suas contribuições teóricas e clínicas, como Michael Trimble, a vir para uma série de conferências – seu livro *The Bridge Between Neurology and Psychiatry* (Reynolds; Trimble, 1989) era, para mim, um referencial. O prof. Gentil também criou a Sociedade Brasileira de Psiquiatria Biológica em 1986, da qual fui membro e secretária, incentivando uma mudança de perspectiva na psiquiatria brasileira, e a junção de tudo isso alavancou a vida acadêmica. O suporte para a neuropsicologia continuou com a entrada do prof. Dr. Wagner Gattaz como titular do IPq e com a criação dos Laboratórios de Investigação Médica (LIM).

O inabalável amparo dado pelos professores, assistentes e residentes fortaleceu o prestígio do nosso serviço, de forma que os convites para cerimônias, congressos e eventos abriram ainda mais as oportunidades para expormos o nosso trabalho e a nossa visão de doenças e doentes. Assim, em 1997, pela iniciativa dos profs. Valentim Gentil e Wagner Gattaz, o IPq realizou o notável evento Psiquiatria no Século XXI, dentro do qual ministramos um curso de neuropsicologia em 3 dias, exibimos um filme sobre a rotina da neuropsicologia e da psicologia que passava continuamente, editamos uma revista e tivemos a maior frequência de todo o congresso. O fato de que me foi dada a incumbência de representar o IPq na Comissão de Ética para Análise de Projetos de Pesquisa da FMUSP, indo às reuniões contribuir para o julgamento dos projetos apresentados à Comissão de Ética entre 1994 e 2006, quando me aposentei, não só elevou o meu conhecimento, como também elevou a neuropsicologia à ciência das outras áreas da medicina.

A divulgação da neuropsicologia propiciou que, em 2001, fosse dado um passo importante para o seu reconhecimento como profissão, quando o Ministério do Trabalho e Emprego me convocou para participar e indicar outros profissionais destacados na discussão para definir em que consistiriam a área e a prática profissional dos psicólogos em neuropsicologia, que acabou sendo incluída no catálogo da Classificação Brasileira de Ocupações (CRP, 2018) sob o código 2515-45. O passo maior foi a regulamentação, em 2004, da neuropsicologia e da reabilitação neuropsicológica como especialidade e prática de psicólogos pelo Conselho Federal de Psicologia. Esse assunto já vinha originando inúmeras cartas de apelo e arrazoados da minha parte (e de outras colegas, como Maria Joana Mader) para que essa área não fosse incluída como parte da psicologia hospitalar ou da psicologia clínica, o que culminou com o convite para que eu escrevesse as definições e diretrizes para a área. Na verdade, essas já estavam escritas, visto que constavam na documentação utilizada para o estabelecimento da Unidade de Neuropsicologia e Reabilitação Neuropsicológica na DNCF/IPq-HC, porém convidei as colegas que se destacavam na implementação dessa área no país – Maria Joana Mader (HC-Unifesp), Anita Taub (IPq; Sociedade Beneficente Israelita Brasileira Hospital Albert Einstein), Irani Argimon (PUC-Rio Grande do Sul), Silvia Bolognani e Alessandra Molina Fabrício (IPq; Unifesp/Associação Fundo de Incentivo à Psicofarmacologia) a revisarem as definições do que seriam as qualificações e atribuírem os descritores e os espaços da prática profissional.

Ao longo do tempo, a colaboração de estagiários foi essencial para chegarmos a esse ponto, já que, por anos a fio, foram eles que nos auxiliaram a dar conta de todos os pedidos de avaliação, das traduções e adaptações de testes e procedimentos, da documentação dos casos e da geração dos dados que deram base às publicações. As primeiras estagiárias chegaram em 1983 (Marcia Pires de Camargo Reaoch, Margy Kalil e Silvia Puppo Neto) e, então, vieram tantas e tantos outros. Muitos se tornaram pesquisadores nas áreas clínica, experimental e de imagem (os leitores interessados podem consultar na referência de livro anexa) (Pereira; Ortega, 2021), outros se envolveram na vida acadêmica e na clínica, em hospitais ou particulares. Não será difícil ao leitor verificar o quanto a neuropsicologia participou da vida acadêmica e clínica, consultando as plataformas de pesquisa e as teses.

Foi também graças às estagiárias que pudemos levar adiante a ideia de que havia a necessidade de irmos além do diagnóstico neuropsicológico, o que nasceu naturalmente ao acompanharmos evolução dos pacientes e com as informações preciosas providas por enfermeiros e assistentes sociais, expandindo o cenário dentro do qual esses pacientes viviam antes e depois das cirurgias, facilitando a discriminação de cada componente de suas vidas nos quadros. A entrada da terapeuta ocupacional Shizuka Nomura, em 1978, merece menção especial por ter introduzido na DNCF/IPq-HC um grupo de reabilitação psicossocial, com programas de hospital-dia, hospital-noite e trabalho abrigado, algo notável na época. Mais tarde, na década de 1990, foi criado um programa de treinamento em reabilitação neuropsicológica com a colaboração de profissionais que generosamente supervisionavam os responsáveis por cada atividade programada para os grupos de pacientes tanto no hospitalar quanto no ambiente externo: as psicólogas Isabella de Santis, Olga Maria Pires de Camargo e Carmem Carvalho, a prof.ª de educação física Maya Bezerra e a fonoaudióloga Ana Maria Alvarez. Esta se tornou uma incansável colaboradora ao longo da jornada da neuropsicologia dentro da nossa instituição, contribuindo nas traduções e na criação e adaptação de testes, como o anteriormente citado de audição dicótica. Cabe assinalar que Carmem Carvalho e Shizuka Nomura construíram e publicaram a primeira Bateria de Reabilitação Neuropsicológica com material próprio de explicações sobre o uso.

Enquanto os alunos da Unidade de Neuropsicologia se destacaram na clínica e na vida acadêmica, estendendo suas pesquisas às especialidades em psiquiatria e neuroimagem, a partir de 1994, a convite do prof. Dr. Valentim Gentil, recém-titular do Instituto de Psiquiatria, passei a dirigir também o Serviço de Psicologia, o qual exigiu enorme esforço de todos os profissionais, pois, durante um tempo, eles precisaram abdicar do trabalho como vinha sendo feito até então, passando a dar destaque às medidas psicológicas, suas correlações com quadros, estados, traços, impacto dos remédios, exames de neuroimagem cerebral e diferentes intervenções. Isso potencializou a prática do serviço, fornecendo uma nova e ampla ótica, na qual os pacientes sentiam-se mais compreendidos, e as informações dessa prática foram sendo mais integradas ao diagnóstico e ao tratamento dos pacientes. Como corolário natural, alunos e profissionais membros da nossa equipe passaram a desenvolver trabalhos sistemáticos que se notabilizaram pelo auxílio à recuperação de pacientes psiquiátricos (Camargo, 1983; Falcão; Yokomizo, 2018; Flaks et al., 2009; Gouveia, 1999; Gomes et al., 2019; Memória et al., 2012; Pereira, 2010; Rocca, 2006; Siqueira et al., 2017; Taub et al., 2007; Viola et al., 2011; Yokomizo; Oliveira; Sallet, 2012; Miotto; Lucia; Scaff, 2017; Miotto, 2015). Aos leitores que tiverem interesse nesses trabalhos, recomendamos acessar o *link* disponível na sequência das referências bibliográficas.

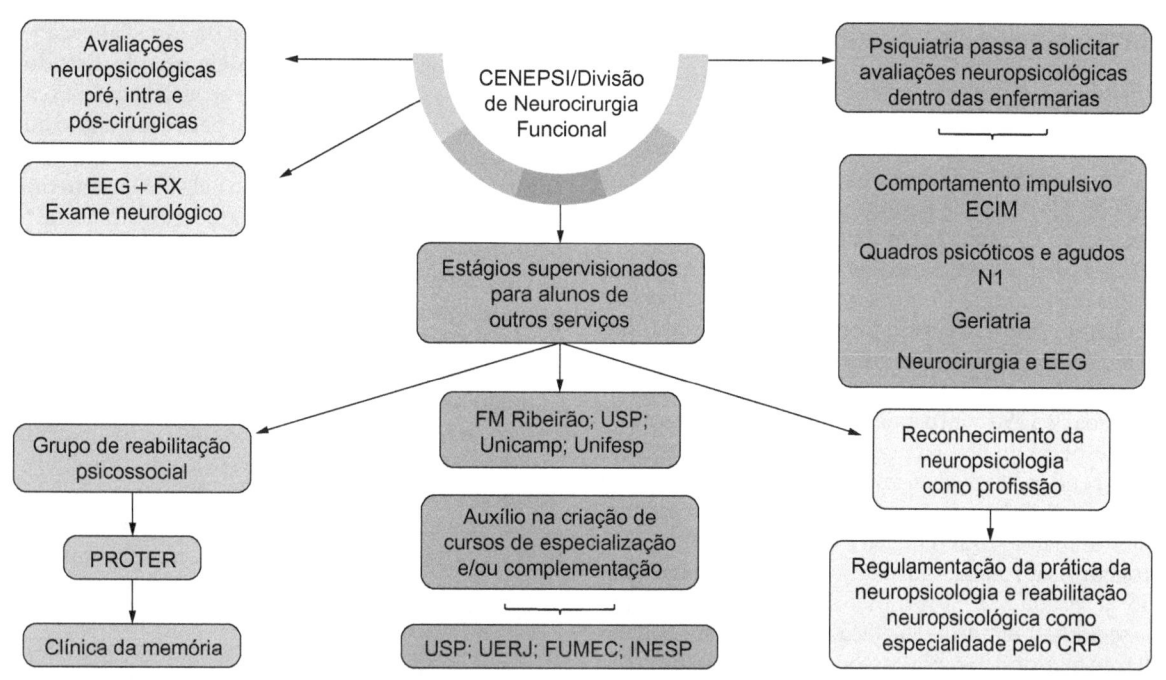

Figura 1 Alguns dos serviços criados e/ou oferecidos que contaram com a colaboração da Divisão de Neurocirurgia Funcional do Instituto de Psiquiatria do Hospital das Clínicas da Faculdade de Medicina da Universidade de São Paulo. CENEPSI: Centro de Neuropsicocirurgia; ECIM: Enfermaria de Comportamento Impulsivo; EEG: eletroencefalograma; FM: Faculdade de Medicina; RX: radiografia; UERJ: Universidade do Estado do Rio de Janeiro; Unicamp: Universidade Estadual de Campinas; Unifesp: Universidade Federal de São Paulo; USP: Universidade de São Paulo.

Figura 2 Desenho dos integrantes do Centro de Neuropsicocirurgia da Divisão de Neurocirurgia Funcional (1978) – IPq/HCFMUSP. Instituto de Psiquiatria do Hospital das Clínicas da Faculdade de Medicina da Universidade de São Paulo.

Reabilitação neuropsicológica no IPq

Ao se consultar o que já havia sido feito em reabilitação neuropsicológica nas publicações, verifica-se que os primeiros trabalhos foram realizados por profissionais que usavam o modelo ou a formação em neurolinguística, como a fonoaudióloga Maria Alice Parente e o Dr. Jaime Maciel, cuja ênfase estava na reabilitação da linguagem e praxia.

No IPq, o trabalho sistemático de reabilitação neuropsicológica feito inicialmente em pacientes do Projeto Terceira Idade, conduzido pelo Dr. Cássio Bottino, também foi fundamental para a sua implantação em outros grupos do instituto. A reabilitação neuropsicológica foi se consolidando ao longo da década de 1990 com o estabelecimento de protocolos desenhados especialmente para os pacientes neuropsiquiátricos, compreendendo atividades que possibilitavam resgatar ou aprender as habilidades cotidianas, inclusive na rua, com os pacientes treinando usar o metrô e ir ao banco.

Os programas de reabilitação neuropsicológica que haviam se iniciado na década de 1980 no nosso serviço se expandiram na década seguinte, quando a solicitação para montar equipes de reabilitação neuropsicológica passou a ser demandada para atendimento sistemático e formalizado de pacientes da DNCF e da psiquiatria. A partir de 1990, a Unidade de Neurocirurgia Funcional fornecia estágio e participação nos grupos que incluíram a reabilitação neuropsicológica na sua prática. Assim, diretamente saída do nosso serviço, em 1994, Anita Taub, psicóloga que iniciara estágio na DNCF como aluna do terceiro ano da PUC, implantou o Serviço de Psicologia e de Reabilitação Neuropsicológica no Hospital Israelita Albert Einstein, também promovendo cursos e estágios.

Em 1996, foi criada a Clínica de Memória no IPq, com atividades de contextualização de tarefas de vida diária, algo que continua sendo promovido até hoje, envolvendo psicólogas, terapeutas ocupacionais e fonoaudiólogas colaborando no grupo.

Em 2000, ao assistir à intervenção realizada pela psicóloga Dra. Monica Yassuda, ao término de sua apresentação em um congresso, não deixei escapar a oportunidade de convencê-la a colaborar com o IPq, selando seu ingresso no LIM-27, coordenado pelo prof. Dr. Orestes Forlenza. A Dra. Yassuda não só dirigiu um grupo de intervenção nos pacientes, como instigou a entrada desses psicólogos na vida acadêmica, dando uma contribuição essencial para a formação e a qualidade nos trabalhos. Nas enfermarias do IPq, importantes trabalhos de reabilitação foram desenvolvidos pelas profissionais do Serviço de Psicologia, como a implementação de um modelo de reabilitação neuropsicológica no Hospital Dia Infantil, na Enfermaria do Comportamento Impulsivo, Enfermaria de Quadros Psicóticos Agudos (1N) e Enfermaria da Neurocirurgia e EEG. Diversos trabalhos iniciados ainda se mantêm ativos, mesmo que adaptados ao contexto atual (Miguel *et al.*, 2023).

Também em 2000, após retornar de um período acadêmico e profissional de 9 anos na Inglaterra, onde concluiu o PhD em Neuropsicologia Clínica pela Universidade de Londres e trabalhou em hospitais e centros de neuropsicologia, a psicóloga Eliane Miotto passou a atuar diretamente com os pacientes ambulatoriais e de enfermaria da Divisão de Clínica Neurológica do HCFMUSP. Tornou-se Diretora Técnica do Serviço da Divisão de Psicologia do HCFMUSP em 2005, coordenou os cursos de especialização em neuropsicologia oferecidos pelo Centro de Estudos Psico-Cirúrgicos e criou um curso de especialização e reabilitação neuropsicológica, contribuindo para a formação de diversos alunos na área. Em 2010, passa a ser Livre-docente e orientadora de mestrado e doutorado pelo Departamento de Neurologia da FMUSP, motivo de orgulho para todos os neuropsicólogos, e continua atuando em pesquisa e ensino na coordenação e docência de cursos de formação em neuropsicologia e reabilitação neuropsicológica.

O lugar de respeito que a neuropsicologia merece ficou evidente nos tributos prestados em 2006, quando o meu nome foi dado ao Serviço de Psicologia e Neuropsicologia do IPq, na ocasião da reinauguração do instituto, sendo ressaltada a contribuição dada pela neuropsicologia para a união das disciplinas e o engrandecimento do Instituto de Psiquiatria. Também ficou patente na homenagem apoiada pelo Departamento de Psiquiatria, em que houve, em paralelo ao lançamento de um adorável livro com relatos dos meus colegas e inúmeros alunos, editado por Fernanda Pereira e Luciana Viola 2021 (Pereira; Ortega, 2021), os depoimentos dos profs. Drs. Valentim Gentil, Eurípedes Constantino Miguel, Orestes Forlenza, Beny Lafer e Raul Marino Jr. reconhecendo o papel que a neuropsicologia desempenhou na DNCF e no IPq.

Instalação da neuropsicologia nos outros centros e serviços do país

A consolidação e a divulgação dessa área no Brasil foram feitas por inúmeras pessoas, em grande parte neurologistas, psiquiatras e psicólogos, dentro de serviços médicos dos hospitais públicos e privados. Uma parcela importante dessas pessoas ocupou a presidência da Sociedade Brasileira de Neuropsicologia desde a sua criação, em 1990, como já referido.

Cabe mencionar que os trabalhos realizados tanto na área de ensino como na de pesquisa podem ser acessados facilmente mediante uma busca nas plataformas disponíveis para trabalhos acadêmicos, entre eles o desenvolvido pelo Dr. Benito Damasceno, que, formado em Medicina pela Universidade Federal de Goiás em 1973, teve contato com a neuropsicologia em 1977, quando fez especialização em neurologia e neuropsicologia no Hospital Sahlgrenska da Universidade de Gotemburgo, Suécia. Ao retornar ao Brasil, entre 1984 e 1986, foi o responsável pelas avaliações neuropsicológicas pré-operatórias das cirurgias para o tratamento de epilepsia resistente à terapia medicamentosa realizadas pelo Dr. Luís Fernando Martins no Instituto Neurológico de Goiânia. Lá, também aplicava o teste de Wada aos pacientes cogitados para a cirurgia, sob a monitorização eletroencefalográfica simultânea feita pelo Dr. Paulo Ragazzo, neurofisiologista. Há de se notar que o Dr. Ragazzo fez parte da nossa equipe por anos e o Dr. Luis treinou com o Dr. Marino na DNCF-HCFMUSP.

Na Unicamp, entre 1988 e 1989, também foi desenvolvido trabalho de avaliação e reabilitação neuropsicológica e neurolinguística de pacientes afásicos por Maria Irma Hadler Coudry e Edwiges Maria Morato na Unidade de Neuropsicologia e Neurolinguística do Departamento de Neurologia (IEL/Unicamp). Lá também foi criado um espaço voltado para a reabilitação linguístico-cognitiva, o Centro de Convivência de Afásicos, com o intuito de prover abordagens não médicas às afasias e produzir estudos (neuro)linguísticos em um contexto de práticas sociais e discursivas mais diversas.

Entre 1994 e 1998, o Dr. Benito passou a chefiar o Departamento de Neurologia da Unicamp, partindo dele a solicitação para treinar a psicóloga, hoje prof. Dra. Andréa Alessio, na DNCF para assumir as avaliações neuropsicológicas pré e pós-operatórias dos pacientes epiléticos, inclusive o teste de Wada, compondo a equipe do Serviço de Cirurgia de Epilepsia, aberto em 1997.

A partir do fim da década de 1980, algumas psicólogas que foram fazer seu treinamento fora do país desenvolveriam importante trabalho nas áreas da pesquisa e da clínica. Maria Joana Mader, que em 1987 iniciara seu treinamento na equipe de Neurologia do Hospital Nossa Senhora da Graças (HNSG), em Curitiba, foi para o Charlfont Centre for Epilepsy, Inglaterra, em 1988, e, ao voltar, em 1989, retomou as atividades na Clínica do HNSG, passando a fazer parte do quadro do Serviço de Psicologia do Hospital de Clínicas da Universidade do Paraná (HC-UFPR), sendo a psicóloga responsável pelas avaliações neuropsicológicas a partir de 1994, quando se constituiu o Serviço de Epilepsia do HC-UFPR. Nesse serviço, Maria Joana recebeu psicólogos e estagiários para treinarem técnicas da avaliação neuropsicológica.

Seu papel e sua contribuição, entretanto, foram além, participando de comissões internacionais em que se discutiu a adaptação cultural de testes. Também coordenou o primeiro grupo de trabalho (GT) sobre neuropsicologia vinculado ao Conselho Regional de Psicologia do Paraná (CRP 08), abrindo espaço para discussão sobre questões técnicas e para a produção de um documento informativo sobre a neuropsicologia como ciência e método de atuação clínica, apresentado em plenária. A partir desse GT os psicólogos especialistas em neuropsicologia do Paraná participaram ativamente da Comissão de Avaliação Psicológica do CRP 08 e, em 2017, foi criada a Comissão de Neuropsicologia do CRP 08. Além disso, Maria Joana contribuiu para a formação de psicólogas de Santa Catarina, que passaram a integrar a equipe do Centro de Epilepsia de Santa Catarina do Hospital Governador Celso Ramos, em Florianópolis.

No Rio Grande do Sul, importante polo de desenvolvimento e difusão da neuropsicologia e das neurociências, a psicóloga Dra. Mirna Wetters Portuguez, que já era professora na PUC-RS, em 1990, passou a ser membro da equipe do Programa de Cirurgia da Epilepsia (PCE) e, também, do Serviço de Neurologia do PCE, fazendo avaliações neuropsicológicas em pacientes com epilepsia refratária. Cabe comentar que o Dr. Jarderson Costa da Costa e o Dr. André Palmini, destacados membros desse grupo, também completaram sua formação no Instituto Neurológico de Montreal, de maneira que a Dra. Mirna usava os mesmos protocolos de exame neuropsicológico que eram padrão para essas cirurgias. Importa assinalar que, além das realizações científicas, esse grupo vem se notabilizando por ter criado um congresso anual, a partir de 2005 (Brain Behavior and Emotions), que é referência para profissionais de diferentes áreas que se interessam pelo conhecimento das relações entre cérebro e comportamento, congregando anualmente pesquisadores de ponta e promovendo cursos intracongresso.

Como já comentado, a implantação e a difusão da neuropsicologia no Brasil foi particularmente estimulada por médicos e professores que se empenharam em incluir essa área nos seus centros universitários e cursos de extensão. Assim, na década de 1980, o Dr. Paulo Bertolucci, do Departamento de Neurologia/Neurocirurgia da então Escola Paulista de Medicina, já fazia pesquisas e desenvolvia essa disciplina, envolvendo-se em inúmeras atividades de pesquisa, particularmente nas criadas no Instituto da Memória dessa faculdade, sobre comprometimento cognitivo leve amnéstico, neuroimagem funcional e outros transtornos mentais em portadores de outras doenças.

Contribuições fundamentais para o ensino, a pesquisa e a difusão da neuropsicologia também vêm sendo dadas pelo prof. Dr. Paulo Mattos desde 1986, quando introduziu essa avaliação no seu mestrado na UFRJ, avaliando déficits cognitivos em pacientes com o vírus da imunodeficiência humana, bem como no doutorado, em 1991, sobre o perfil neuropsicológico da doença de Alzheimer. Dr. Mattos criou cursos de formação na área e se empenhou enormemente na sua difusão nos períodos em que presidiu a Sociedade Brasileira de Neuropsicologia (2003 a 2005 e 2007 a 2009) e como professor na UFRJ e na Pós-Graduação em Ciências Médicas do Instituto D'Or de Pesquisa e Ensino. Suas pesquisas se estenderam às áreas de transtorno do déficit de atenção e hiperatividade, envelhecimento e demência e em neuropsicologia.

Em 1998, o prof. Dr. Orlando Francisco Amodeo Bueno, do Departamento de Psicobiologia da Unifesp, fundou o Centro Paulista de Neuropsicologia (CPN), em que os profissionais da neuropsicologia provinham, em boa parte, da DNCF-HC, do IPq-HCFMUSP, e os médicos, da própria Unifesp.

Inicialmente, o REAB atendia a adultos com lesão encefálica adquirida, sendo o trabalho feito por Alexandra Bezerra, pelas psicólogas Juliana Lemos Garcia-Ferreira, Silvia Adriana Prado Bolognani, Paula Adriana Rodrigues de Gouveia e Flavia Gusmão Eid, pelos neurologistas Paulo Bertolucci e Sonia Mara Dozzi Brucki e pelo psiquiatra Dr. José Carlos Fernandes Galduróz. No ano seguinte, o CPN inaugurou outro grupo de atuação, o Serviço de Atendimento e Reabilitação do Idoso para a população de idosos com demências, sob a coordenação da psicóloga Dra. Jaqueline Abrisqueta Gomez. Em 2003, o grupo do prof. Orlando Bueno fundou sua terceira área de atuação, o Núcleo de Atendimento Neuropsicológico Interdisciplinar da Infância, idealizado pela psicóloga Dra. Mônica Carolina Miranda e pelo neurologista Dr. Mauro Muzkat.

Desde então, os profissionais do CPN desenvolvem pesquisa, assistência e modelos de atuação clínica, além de formarem profissionais, oferecendo estágios, programas de aprimoramento, cursos de extensão *lato sensu* e pós-graduação *stricto sensu*.

Considerações finais

A história da neuropsicologia no Brasil foi construída mediante o extraordinário esforço desenvolvido por profissionais que se dispuseram a ensinar os psicólogos a pensarem segundo os modelos da neurologia, os conhecimentos da neurocirurgia, da psiquiatria, das ciências básicas e das demais áreas da medicina e da psicologia. Graças a isso e aos incondicionais apoio e reconhecimento da importância da neuropsicologia pelas pessoas que ocupavam os cargos mais importantes nos departamentos e na administração das universidades, principalmente da USP, foi possível construir serviços a partir dos quais a neuropsicologia foi semeada em diferentes locais deste país. O trabalho desenvolvido nesses serviços iniciais contribuiu para grandes mudanças no diagnóstico e no tratamento de pacientes, e não só foi como continua sendo primordial para o diagnóstico, a reabilitação, o ensino e a pesquisa. Seu papel na ampliação dos conhecimentos auxilia, sobretudo os profissionais que se ocupam do funcionamento e da adaptação das pessoas às demandas de cada etapa da vida.

Referências bibliográficas

ALVAREZ, A. M. M. A.; SAMESHIMA, K.; BOTTINO, C. Contribuição de uma avaliação de audição dicótica para diagnóstico da doença de Alzheimer. 2002. Tese (Doutorado) – Faculdade de Medicina, Universidade de São Paulo, São Paulo, 2011.

AVILA, J. O.; RADVANY, J.; HUCK, F. R. et al. Anterior callosotomy as a substitute for hemispherectomy. In: GILLINGHAM, F. J., HITCHCOCK, E. R., TURNER, J. W. (eds.). Advances in stereotactic and functional neurosurgery. Berlim: Springer, 1980, p. 137-143.

BILDER, R. M. Neuropsychology 3.0: Evidence-based science and practice. Journal of the International Neuropsychological Society, v. 17, n. 1, 2010.

CONSELHO REGIONAL DE PSICOLOGIA DA 8ª REGIÃO. Caderno Temático de Neuropsicologia. Curitiba: CRP-PR, 2018. 60 p.

CAMARGO, C. H. P. Avaliação neuropsicológica em epilepsia. In: MARINO JR, R. (ed.) Epilepsias. São Paulo: Savier, 1983. p. 49-52

Christensen, A-L. Luria's neuropsychological investigation (Text). Copenhagen: Munksgaard, 1974.

CODE, C.; JOANETTE, Y.; LECOURS, A. R. et al. Classic cases in neuropsychology. Oxfordshire: Routledge, 1996.

REYNOLDS E. H.; TRIMBLE, M. R. The bridge between neurology and psychiatry. Edinburgh: Churchill Livingstone, 1989.

FALCÃO, M. I.; YOKOMIZO, J. E. Atendimento psicológico na enfermaria geriátrica. In: SERAFIM, A. P.; SAFFI, F.; YOKOMIZO, J. E. et al. Psicologia hospitalar em psiquiatria. São Paulo: Vetor, 2018.

FLAKS, M. K.; FORLENZA, O. V.; PEREIRA, F. S. et al. Short cognitive performance test: diagnostic accuracy and education bias in older brazilian adults. Archives of Clinical Neuropsychology, v. 24, n. 3, p. 301-306, 2009.

GOMES, B. C.; ROCCA, C. C.; BELIZARIO, et al. Cognitive behavioral rehabilitation for bipolar disorder patients: a randomized controlled trial. Bipolar Disorders, v. 21, n. 7, p. 621-633, 2019.

GOUVEIA, F. A. C. Qualidade de Vida e Qualidade Devida: a vida COM e SEM crises epilépticas. 1999. Dissertação (Mestrado) – Pontifícia Universidade Católica de São Paulo, São Paulo, 1999.

HATHAWAY, S. R.; MCKINLEY, C. J. Inventário Multifásico Minnesota de Personalidade (MMPI). (Manual Técnico). Tradução e adaptação de Antonius Benkö e R. J. P. Simões. Rio de Janeiro: CEPA, 1970. 64 p.

HAZIN, I.; FERNANDES, I.; GOMES, E. et al. Neuropsicologia no Brasil: passado, presente e futuro. Estudos e Pesquisas em Psicologia, v. 18, n. 4, p. 1137-1154, 2019.

HÉCAEN, H. Introduction à la neuropsychologie. Paris: Librairie Larousse, 1972.

HUCK, F. R.; RADVANY, J.; AVILA, J. O. et al. Anterior callosotomy in epileptics with multiform seizures and bilateral synchronous spike and wave EEG pattern. In: Advances in stereotactic and functional neurosurgery. Berlim: Springer, 1980, p. 127-135.

JULIA, H. H. Experimental techniques in human neuropsychology. Oxford: Oxford University Press, 1986.

KRISTENSEN, C. H.; ALMEIDA, R. M. M.; GOMES, W. B. Desenvolvimento histórico e fundamentos metodológicos da neuropsicologia cognitiva. Psicologia: Reflexão e Crítica, v. 14, n. 2, p. 2059-274, 2001.

LURIA, A. R. Higher cortical functions in man. Nova York: Basic Books, 1966.

MÄDER, M. J.; ROMANO, B. W. Teste de Wada: A diversidade de protocolos. Brazilian Journal of Epilepsy and Clinical Neurophysiology, Porto Alegre, v. 7, n. 2, p. 70-75, 2001.

MARINO JR, R. Um cirurgião sob o olhar de Deus. Barueri: Manole, 2020.

MARINO, R.; RASMUSSEN, T. Visual field changes after temporal lobectomy in man. Neurology, v. 18, n. 9, p. 825, 1968.

MARINO, R.; RADVANY, J.; HUCK, F. R., et al. Selective electroencephalograph-guided microsurgical callosotomy for refractory generalized epilepsy. Surgical Neurology, v. 34, n. 4, p. 219-228, 1990.

MEMÓRIA, C. M.; YASSUDA, M. S.; NAKANO, et al. Brief screening for mild cognitive impairment: validation of the Brazilian version of the Montreal cognitive assessment. International Journal of Geriatric Psychiatry, v. 28, n. 1, 34-40, 2012.

MIGUEL, E. C; LAFER, B.; ELKIS, H. et al. Clínica Psiquiátrica de Bolso. 3. ed. Barueri: Manole, 2023.

MIOTTO, E. C. Reabilitação Neuropsicológica e Intervenções Comportamentais. Rio de Janeiro: Roca, 2015.

MIOTTO, E. C.; LUCIA, M. C. S.; SCAFF, M. Neuropsicologia Clínica. Rio de Janeiro: Roca, 2017.

PEREIRA, F. S. Funções executivas e funcionalidade no envelhecimento cognitivo normal, comprometimento cognitivo leve e doença de Alzheimer. 2010. Tese (Doutorado) – Universidade de São Paulo, São Paulo, 2010.

PEREIRA, F. S.; ORTEGA, L. F. V. O que aprendi com Cândida. São Paulo: Ed. do Autor, 2021.

RAMOS, A. A.; HAMDAN, A. C. O crescimento da avaliação neuropsicológica no Brasil: uma revisão sistemática. Psicologia: Ciência e Profissão, v. 36, n. 2, p. 471-485, 2016.

REITAN R., WOLFSON D. Neuropsychological assessment of neuropsychiatric and neuromedical disorders. 3. ed. Oxford: Oxford University Press, 2009.

REITAN, R. M. Theoretical and methodological bases of the Halstead–Reitan Neuropsychological Test Battery. In: GRANT, I.; ADAMS, K. M. (eds.) Neuropsychological assessment of neuropsychiatric disorders. Oxford: Oxford University Press, 1986, p. 3-30.

ROCCA C. C. A. Estudo controlado das funções executivas no transtorno bipolar. 2006. Tese (Doutorado) – Universidade de São Paulo, São Paulo, 2006.

SCOVILLE, W. B.; MILNER, B. Loss of recent memory after bilateral hippocampal lesions. Journal of Neurology, Neurosurgery & Psychiatry, v. 20, p. 11-21, 1957.

SIQUEIRA, A. S. S.; YOKOMIZO, J. E.; JACOB-FILHO, W. et al. Review of decision-making in game tasks in elderly participants with alzheimer disease and mild cognitive impairment. Dementia and Geriatric Cognitive Disorders, v. 43, n. 1-2, p. 81-88, 2017.

TARTER, R. E.; VAN THIEL, D. H.; EDWARds, K. L. Medical neuropsychology. Nova York: Springer US, 1988.

TAUB, A.; WILSON, B.; GOUVEIA, P. et al. Avaliação e reabilitação do paciente vítima de traumatismo crânio-encefálico. In: GREVE, J. (org.) Tratado de Medicina de Reabilitação. Rio de Janeiro: Roca, 2007, p. 744-753.

VIOLA, L. F.; NUNES, P. V.; YASSUDA, M. S. et al. Effects of a multidisciplinar cognitive rehabilitation program for patients with mild Alzheimer's disease. Clinics, v. 66, n. 8, p. 1395-1400, 2011.

WECHSLER, D. Wechsler memory scale. Psychological Corporation, 1945.

WECHSLER, D. Wechsler adult intelligence scale: manual. The Psychological Corporation, 1955.

WILL, B.; STEIN, D. G.; BRAILOWSKY, S. Brain repair. Oxford: Oxford University Press, Incorporated, 1997.

YOKOMIZO, J. E.; OLIVEIRA, G. M. R.; SALLET, P. C. Poster #158 Social Skills Training With Inpatients Using a Soap-Opera TV Show: A Brazilian Experience. Schizophrenia Research, v. 136, p. S337-S338, 2012.

Sumário

Parte 1 • Introdução, 1

1. Neuropsicologia, Avaliação Neuropsicológica e Funções Cognitivas, 3
2. Neuroanatomia da Cognição e do Comportamento e Sistema Neurovascular, 20
3. Neuroimagem Estrutural, Funcional e Molecular, 26
4. Psicofarmacologia: Efeitos Cognitivos Esperados e Colaterais, 46
5. Modelos de Diagnóstico em Saúde Mental: CID, DSM e HiTOP, 56

Parte 2 • Alterações Cognitivas e Comportamentais Associadas aos Quadros Neurológicos e Psiquiátricos em Crianças e Adolescentes, 61

Anna Carolina Rufino Navatta • Bruna Tonietti Trevisan • Luan Batista de Carvalho

6. Neurodesenvolvimento Típico e Atípico, 63
7. Conceitos de Inteligência e Avaliação Neuropsicológica de Altas Habilidades, 86
8. Transtorno do Desenvolvimento Intelectual, 95
9. Lesões Adquiridas na Infância, 103
10. Alterações Cognitivas e Comportamentais em Crianças com Síndromes Genéticas, 114
11. Transtorno Específico da Aprendizagem, 128
12. Transtorno de Aprendizagem Não Verbal, 139
13. Transtorno do Espectro Autista, 151
14. Transtorno por Uso Excessivo de Eletrônicos, 169
15. Transtorno do Déficit de Atenção e Hiperatividade e Transtorno de Oposição Desafiante, 180
16. Transtornos Depressivos, de Ansiedade e Bipolar, 199
17. Transtorno Obsessivo-Compulsivo, 209
18. Transtornos Disruptivos, do Controle de Impulsos e da Conduta, 222
19. Avaliação Neuropsicológica nos Transtornos Psicóticos na Infância e na Adolescência, 236
20. Devolutiva na Avaliação Neuropsicológica, 250

Parte 3 • Alterações Cognitivas e Comportamentais Associadas aos Quadros Neurológicos e Psiquiátricos em Adultos, 257

21. Acidentes Vasculares Encefálicos, 259
22. Epilepsias, 266
23. Traumatismo Cranioencefálico, 279
24. Doença de Parkinson e Outras Formas de Parkinsonismo, 288
25. Esclerose Múltipla, 309
26. Afasias Decorrentes de Acidente Vascular Encefálico, 324
27. Avaliação Neuropsicológica no Contexto Neurocirúrgico e em Casos de Tumores Cerebrais, 341
28. Encefalites Autoimunes e Virais, 356
29. Transtorno do Déficit de Atenção e Hiperatividade, 366
30. Transtornos Depressivos, de Ansiedade e Obsessivos-Compulsivos, 376
31. Transtornos Alimentares, 392
32. Transtorno Bipolar, 399
33. Transtornos de Personalidade *Borderline* e Antissocial, 409
34. Esquizofrenia, 415
35. Transtornos Relacionados com o Uso de Substâncias, 426

Parte 4 • Alterações Cognitivas e Comportamentais Associadas aos Quadros Neurológicos e Psiquiátricos em Idosos, 433

36 Conceito de Demência, 435
37 Classificação das Demências, 439
38 Declínio Cognitivo Subjetivo, 444
39 Comprometimento Comportamental Leve, 449
40 Comprometimento Cognitivo Leve, 453
41 Doença de Alzheimer, 462
42 Demência Frontotemporal, 470
43 Afasias Progressivas Primárias, 477
44 Afasia Progressiva Primária Semântica e Demência Semântica, 488
45 Demências com Acometimento dos Circuitos Frontostriatais, 495
46 Demências Rapidamente Progressivas, 501
47 Comprometimento Cognitivo Vascular, 510
48 Demência da Doença de Parkinson e Demência com Corpos de Lewy, 516

Parte 5 • Reabilitação Cognitiva e Intervenções Comportamentais, 523

49 Introdução à Reabilitação Neuropsicológica, 525
50 Introdução à Reabilitação/Habilitação Cognitiva Infantil, 530
51 Integração da Neuropsicologia e da Terapia Cognitivo-Comportamental, 540

Parte 6 • Reabilitação Cognitiva e Intervenções Comportamentais em Crianças e Adolescentes, 547

Anna Carolina Rufino Navatta • Bruna Tonietti Trevisan • Luan Batista de Carvalho

52 Transtornos Específicos de Aprendizagem, 549
53 Intervenções Neuropsicológicas na Escola, 560
54 Transtorno do Déficit de Atenção e Hiperatividade, 566
55 Transtorno do Espectro Autista, 582
56 Transtorno do Desenvolvimento Intelectual, 591
57 Intervenções Cognitivas e Comportamentais no Traumatismo Cranioencefálico e Lesões Adquiridas na Infância, 600

Parte 7 • Reabilitação Cognitiva e Intervenções Comportamentais em Adultos e Idosos, 607

58 Reabilitação Neuropsicológica nas Disfunções Executivas e Déficits Atencionais, 609
59 Reabilitação Neuropsicológica nas Alterações de Memória, 616
60 Reabilitação Neuropsicológica de Pacientes com Lesão Encefálica Adquirida na Fase Crônica de Evolução, 622
61 Reabilitação Neuropsicológica Individual e em Grupo no Transtorno Neurocognitivo Leve e no Transtorno Neurocognitivo Maior, 634
62 Doença de Alzheimer: Intervenções Cognitivas Junto ao Paciente e à Família, 646
63 Estimulação Cognitiva em Pessoas Idosas, 657
64 Treinamento da Cognição no Envelhecimento Saudável, 673
65 Novas Tecnologias em Reabilitação Neuropsicológica, 684
66 Reabilitação Neuropsicológica nos Transtornos Neuropsiquiátricos em Adultos: da Teoria à Prática, 691
67 Alterações do Sono, 699

Índice Alfabético, 717

Parte 1

Introdução

Capítulo 1 Neuropsicologia, Avaliação Neuropsicológica e Funções Cognitivas, 3

Capítulo 2 Neuroanatomia da Cognição e do Comportamento e Sistema Neurovascular, 20

Capítulo 3 Neuroimagem Estrutural, Funcional e Molecular, 26

Capítulo 4 Psicofarmacologia: Efeitos Cognitivos Esperados e Colaterais, 46

Capítulo 5 Modelos de Diagnóstico em Saúde Mental: CID, DSM e HiTOP, 56

1 Neuropsicologia, Avaliação Neuropsicológica e Funções Cognitivas

Eliane Correa Miotto

Introdução

A neuropsicologia é a área da psicologia e das neurociências que estuda as relações entre o sistema nervoso central, o funcionamento cognitivo e o comportamento. Suas principais atuações abrangem o diagnóstico complementar e intervenções clínicas voltadas para os diversos quadros patológicos decorrentes de alterações do sistema nervoso central, bem como pesquisa experimental e clínica na presença ou não de patologias. Essa especialidade faz interface com as áreas da neurologia, psicologia, geriatria, pediatria, psiquiatria, fonoaudiologia, pedagogia, forense e, mais recentemente, com economia e marketing.

No contexto clínico, os principais objetivos da avaliação neuropsicológica podem ser resumidos em:

- Auxiliar no diagnóstico diferencial de quadros neurológicos e transtornos psiquiátricos
- Investigar a natureza e o grau de alterações cognitivas e comportamentais
- Monitorar a evolução de quadros neurológicos e psiquiátricos, tratamentos clínicos medicamentosos e cirúrgicos
- Planejar programas de reabilitação voltados para as alterações cognitivas, comportamentais e de vida diária dos pacientes.

É importante ressaltar que a avaliação neuropsicológica não se limita à mera aplicação e correção de testes cognitivos. Ela possibilita o raciocínio de hipóteses diagnósticas, identifica de maneira pormenorizada o tipo e a extensão da alteração cognitiva, discrimina as funções cognitivas preservadas e comprometidas, a existência de alteração comportamental e de humor, bem como o impacto que elas têm em atividades de vida diária (AVD), dentre elas, ocupacional, social e pessoal do indivíduo.

Contextualização histórica da neuropsicologia

Desde a descoberta, em 3000 a.C., do papiro de Edwin Smith com a descrição de casos de traumas cranianos no antigo Egito, diversos estudos sobre a cognição foram registrados ao longo da história. Em 1809, Gall propôs em sua doutrina, a frenologia, que a superfície do cérebro fosse associada a diferentes órgãos cerebrais, cada órgão com uma função e traços de caráter. Em 1861, por meio de estudos anatômicos e clínicos, Paul Broca sugeriu que o hemisfério cerebral esquerdo estava relacionado com a linguagem, particularmente com a fala e a dominância manual. Broca denominou os distúrbios nessa região cerebral *afasia motora*. Embora o termo *neuropsicologia* tenha sido utilizado pela primeira vez em 1913 por William Osler em uma conferência nos EUA, para muitos pesquisadores os estudos de Paul Broca marcaram o início dessa especialidade. Em 1874, Carl Wernicke descreveu a associação entre lesão no giro temporal dominante e a afasia sensorial ou de compreensão. Também fez registro de outro quadro de afasia, a afasia de condução, na qual a lesão ocorre no fascículo arqueado que conecta as áreas de Broca e de Wernicke no hemisfério esquerdo, com compreensão e expressão razoavelmente preservadas no contexto de dificuldade de repetição de palavras ou frases e algumas parafasias.

As pesquisas sobre a subdivisão e localização de centros específicos da linguagem formaram uma nova escola, a *localizacionista*. Diversos outros estudos foram publicados associando áreas cerebrais a determinadas funções cognitivas. Em 1849, John Harlow descreveu alterações de comportamento no caso Phineas Gage após lesão na área frontal. Em 1855, Panizza relacionou o quadro de cegueira com a região occipital.

No século XX, Vygotsky e Luria propuseram uma abordagem alternativa à localizacionista, baseada em três princípios centrais das funções corticais: plasticidade; sistemas funcionais dinâmicos; e perspectiva a partir da mente humana.

Em 1950, por meio da teoria baseada no *processamento de informações*, a psicologia cognitiva se propôs a estudar em indivíduos saudáveis os processos cerebrais e cognitivos, entre os quais memória, linguagem, pensamento e funções perceptivas.

No final da década de 1960, na Inglaterra, surge a *neuropsicologia cognitiva*, baseada em paradigmas de processamento de informações para a análise dos subcomponentes das habilidades cognitivas, ou seja, em como a informação é transformada e processada para se atingir um fim específico. Essa investigação dos subcomponentes das funções cognitivas se apoia nos métodos de dissociação e dupla dissociação (McCarthy; Warrington, 1990). Pela dissociação, pode-se constatar uma diferença no desempenho de duas tarefas, como desempenho normal na tarefa *A*, mas insatisfatório na tarefa *B*. Isso pode ser observado em casos de afasia de Wernicke, na qual o desempenho é normal quanto à linguagem de expressão (tarefa *A*) e alterado em testes de linguagem de compreensão (tarefa *B*). Entretanto, por si só, essa constatação não é suficiente para se concluir que esses dois processos da linguagem (expressão e compreensão) são distintos e independentes. Por outro lado, a confirmação de dupla dissociação deve ser feita mediante a constatação em outro sujeito com um desempenho normal na tarefa *B* e alterado na tarefa *A*, tornando mais robusto o argumento de que esses dois processos da linguagem se baseiam em sistemas de processamento cerebral independentes. Esses métodos possibilitaram o fracionamento ou a subdivisão de diversas outras funções cognitivas, incluindo memória, atenção, funções executivas e visuoespaciais.

Com o avanço das técnicas de neuroimagem, tornou-se possível investigar a relação entre a localização, a dimensão de lesões cerebrais, a natureza e o grau das alterações cognitivas, assim como o padrão de ativação e interconectividade cerebral em sujeitos saudáveis e com quadros neurológicos e psiquiátricos.

A origem da neuropsicologia no Brasil foi descrita no texto introdutório deste livro, *Origem da Neuropsicologia no Brasil*, no qual o leitor poderá acompanhar sua implantação e trajetória que fundamentaram a base da neuropsicologia existente atualmente no Brasil.

Avaliação neuropsicológica

Além do exame das funções cognitivas, a avaliação neuropsicológica deve abranger a investigação das alterações de humor, do comportamento e impacto dessas alterações nas AVD. Essas etapas da avaliação neuropsicológica serão discutidas a seguir e uma descrição detalhada dos instrumentos e o passo a passo para realizar a avaliação neuropsicológica encontram-se nos *Manuais de Avaliação Neuropsicológica*, vol. 1 e vol. 2 (Miotto *et al.*, 2023).

Anamnese ou entrevista clínica

A avaliação neuropsicológica se inicia com a *anamnese* ou *entrevista clínica*. Por intermédio desta, é possível obter informações detalhadas sobre a história do quadro atual, alterações no plano cognitivo e comportamental, início, frequência e intensidade das alterações ou sintomas, bem como sobre o impacto na funcionalidade ou AVD, como também nas atividades ocupacional, educacional, social e pessoal. Nesta etapa também é necessário obter informações sobre antecedentes pessoais e familiares, ou seja, história clínica pregressa dos pacientes e familiares, além de uso de substâncias como álcool, cigarro, drogas ilícitas e medicações, para que possíveis correlações possam ser realizadas com os resultados do exame neuropsicológico. Essas informações devem ser obtidas ou confirmadas por um familiar ou cuidador, principalmente em caso de pacientes com alterações de memória, linguagem, funcionamento intelectual, comportamento, com possível doença degenerativa e em casos de crianças e adolescentes (ver roteiro detalhado de anamnese em Miotto *et al.*, 2023).

É fundamental conhecer o grau de escolaridade, tipo de escola frequentada (pública ou privada), nível cultural e social, ocupação, profissão prévia e atual, pois inexistem testes padronizados que avaliam na população brasileira o funcionamento cognitivo pré-mórbido, ou seja, prévio a uma patologia, havendo apenas tarefas clínicas qualitativas. Esses dados possibilitam interpretar os resultados da avaliação de maneira mais fidedigna, pois fornecem informações a respeito do funcionamento pré-mórbido ou prévio. Por exemplo, em casos de queixa de memória em sujeitos com pós-graduação e com profissões altamente demandantes do ponto de vista intelectual, o desempenho cognitivo dentro da faixa média em testes de memória pode sugerir ineficiência no desempenho, visto que o esperado para esses sujeitos é um desempenho acima da faixa média na maioria das funções avaliadas. Em contrapartida, resultados na faixa média-inferior ou limítrofe obtidos em sujeitos com baixa escolaridade não indicam necessariamente presença de alteração cognitiva, sobretudo se as normas dos testes aplicados não incluem sujeitos com baixa escolaridade. Essas considerações são de extrema relevância, pois determinam e direcionam a interpretação dos resultados. Além disso, ressaltam a importância da criação de normas para o uso dos testes cognitivos na população brasileira, abrangendo sujeitos com baixa e alta escolaridade.

Antes do início da avaliação, também é necessário saber se o paciente está sob uso de medicamentos que podem interferir nos resultados dos testes, se apresenta fadiga, insônia, engajamento reduzido, deficiências motoras ou sensoriais e agitação. Essas informações podem determinar se a avaliação deve ser agendada para uma nova ocasião ou a escolha de testes mais específicos e breves, não expondo o paciente a períodos prolongados de exame.

Humor

Para a investigação do humor, deve-se complementar a anamnese com o uso de escalas, como as escalas de ansiedade, depressão, desesperança e ideação suicida de Beck (Miotto *et al.*, 2023), a escala hospitalar de ansiedade de depressão (Miotto *et al.*, 2023), a *Entrevista clínica estruturada para os transtornos do DSM-5: SCID-5-CV versão clínica* (First *et al.*, 2017) – uma entrevista semiestruturada que possibilita o diagnóstico dos transtornos de humor pelo sistema DSM-5, as escalas de depressão e ansiedade geriátrica (Miotto *et al.*, 2023). Essas escalas são instrumentos úteis para a identificação da presença e grau de sintomas de depressão e ansiedade. Sabe-se que vários quadros neurológicos ou psiquiátricos estão associados ou podem ocasionar ou acentuar alterações de humor e de comportamento que, por sua vez, podem interferir no desempenho de testes cognitivos, em particular testes de atenção e memória episódica de evocação imediata e/ou tardia. Isso ocorre porque testes que demandam participação importante dos processos atencionais e executivos, como estratégias eficientes para a evocação de informações, são mais suscetíveis a fatores funcionais, como ansiedade, depressão e fadiga (Heilman *et al.*, 2003). Em testes de memória de reconhecimento, o desempenho de pacientes com alteração de humor pode estar preservado em função da apresentação de pistas durante a evocação, o que gera menor demanda da capacidade atencional e estratégica. Em outras palavras, testes de memória de reconhecimento facilitam o acesso às informações que foram armazenadas. Essa constatação é fundamental em se tratando do diagnóstico diferencial entre demência e depressão, assim como em casos em que as queixas de memória necessitam de maior exploração.

Atividades da vida diária

A investigação da capacidade funcional do indivíduo, no que tange à realização das AVD de modo *independente, parcialmente dependente* ou *totalmente dependente*, contribui como um dos fatores diagnósticos diferenciais mais relevantes, particularmente em casos de demências. Quanto às atividades *básicas* de vida diária, é importante investigar a capacidade do paciente para realizar as seguintes ações com ou sem auxílio:

- Usar o toalete
- Tomar banho
- Vestir-se
- Locomover-se
- Alimentar-se
- Ter controle esfincteriano.

Com relação às atividades *instrumentais* da vida diária, a avaliação inclui a capacidade do paciente para realizar atividades complexas com ou sem auxílio, como:

- Utilizar a medicação
- Administrar as finanças
- Lembrar-se de compromissos
- Manusear dinheiro
- Fazer compras
- Sair de casa desacompanhado
- Dirigir.

No contexto clínico, são utilizadas escalas preenchidas por familiares ou cuidadores para se avaliar o grau de independência em tais atividades (Miotto *et al.*, 2023). Entre algumas das principais escalas empregadas para se avaliar a capacidade funcional ou as AVD básicas e instrumentais, encontram-se as escalas Katz (Katz *et al.*, 1963) e Pfeffer (Pfeffer *et al.*, 1982).

Avaliação neuropsicológica para fins de intervenção comportamental e reabilitação cognitiva

Além de auxiliar no diagnóstico diferencial de quadros neurológicos e neuropsiquiátricos, o exame neuropsicológico é essencial para o planejamento e a estruturação de intervenções neuropsicológicas e comportamentais desses quadros. Se o objetivo da avaliação é voltado para a intervenção, deve-se estender o espectro de investigação com um exame mais aprofundado de áreas, como do comportamento, da funcionalidade, das estratégias utilizadas para conviver com as alterações cognitivas, incapacidades e desvantagens.

Para se atingir esse objetivo, além das já descritas investigações por meio da anamnese, do humor e das AVD, é necessário incluir avaliação ecológica e análise funcional do comportamento (Miotto, 2015). Essas etapas da avaliação neuropsicológica serão descritas a seguir.

Instrumentos ecológicos

Muitos dos testes cognitivos padronizados existentes são insensíveis ou incapazes de captar os problemas da vida diária dos pacientes. Por isso, sempre que possível, devem ser complementados, tanto por instrumentos ecológicos que possuem maior interface com as atividades da vida real quanto por escalas e inventários. Os principais instrumentos ecológicos utilizados na prática clínica, embora ainda não padronizados para a população brasileira, são:

- *Behavioural Assessment of the Dysexecutive Syndrome* (BADS, www.pearsonassessments.com): avalia componentes das funções executivas. Os subtestes incluem: Mudança de Regras de Cartões; Teste de Programação de Ação; Procura da Chave; Julgamento Temporal; Mapa do Zoológico; e Teste Modificado dos Seis Elementos
- *Rivermead Behavioural Memory Test* (RBMT, www.pearsonassessments.com): avalia diversos sistemas de memória. Os subtestes incluem: Recordação do Nome de Duas Faces; Recordação dos Pertences Escondidos; Evocação de Perguntas Relacionadas com o Futuro após 25 minutos; Reconhecimento de Figuras; Evocação de Estória; Reconhecimento de Faces, trajeto, mensagem, orientação temporoespacial
- *Virtual Planning Test* (Miotto, 1998): instrumento ecológico realizado no consultório, baseado em atividades cotidianas que necessitam ser realizadas durante a semana e em atividades vinculadas a uma viagem que será realizada no final da mesma semana. Examina a capacidade de planejamento, organização, sequenciamento, bem como a inibição de respostas irrelevantes
- O questionário disexecutivo (DEX) – da bateria BADS –, que avalia alteração de comportamento, personalidade e motivação decorrentes de disfunção executiva e o *Everyday Memory Questionnaire*. Ambos são escalas que avaliam alterações cognitivas e comportamentais no contexto da vida real.

Qualitativamente, é possível avaliar o desempenho de pacientes em tarefas cotidianas, como planejar e preparar uma refeição, receber e transmitir recados, realizar tarefas múltiplas como fazer compras. Em um estudo (Miotto *et al.*, 2009) realizado em colaboração com o Centro para Reabilitação Neuropsicológica Oliver Zangwill em Ely, Cambridge, pacientes com lesões crônicas adquiridas nas regiões frontais receberam uma intervenção voltada para as disfunções executivas e atencionais denominada *attention and problem solving* (APS). Nesse estudo, todos os participantes foram avaliados na fase pré e pós-intervenção com instrumentos neuropsicológicos padronizados e tarefas ecológicas. Os efeitos benéficos da intervenção APS foram observados principalmente nas tarefas ecológicas. Dentre elas, havia a tarefa de múltiplas incumbências na qual foi solicitado aos participantes que realizassem, em uma rua próxima ao local da avaliação, 10 atividades, que estavam redigidas em um cartão e incluíam:

1. Verificar o horário de funcionamento da farmácia
2. Escrever o horário no papel
3. Verificar o preço de um caderno universitário na papelaria
4. Escrever o preço do caderno no papel
5. Comprar um jornal na banca com até R$ 15
6. Verificar o preço de uma revista
7. Escrever o preço da revista no papel
8. Devolver o troco à instrutora
9. Devolver papel e lápis emprestados
10. Retornar ao ponto inicial em horário combinado.

A realização bem-sucedida dessas tarefas em apenas 15 minutos dependia de um prévio planejamento e da inibição de comportamentos impulsivos ou irrelevantes, pois caso o paciente executasse as tarefas na sequência em que estavam redigidas, transitaria pela rua retornando várias vezes aos mesmos pontos, o que o impossibilitaria de completar todas as atividades em 15 minutos (Figura 1.1).

Na avaliação pré-intervenção, a maioria dos pacientes apresentou respostas impulsivas e não conseguiu finalizar com êxito a tarefa no período de 15 minutos. Após a intervenção APS, utilizando-se novas atividades na tarefa funcional, os pacientes demonstraram melhora do desempenho, maior eficiência e redução de comportamentos irrelevantes. Os resultados obtidos nessa tarefa ecológica corroboram estudos com outras populações de pacientes que receberam treino cognitivo de caráter ecológico (Hampstead et al., 2011; Miotto, 2007). Tarefas semelhantes podem ser utilizadas de maneira qualitativa, como instrumento de investigação do desempenho em atividades associadas ao cotidiano dos pacientes em se tratando de avaliação neuropsicológica com objetivo de planejar programas de reabilitação neuropsicológica.

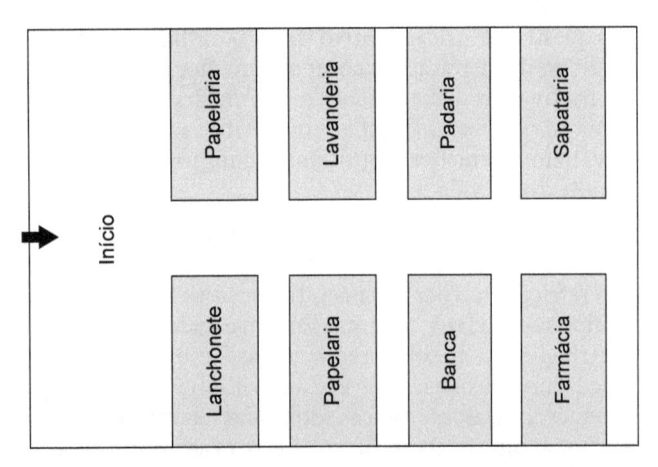

Figura 1.1 Representação esquemática dos locais a serem visitados durante a tarefa ecológica. (Adaptada de Miotto et al., 2009.)

Análise funcional do comportamento

Além do uso de tarefas ecológicas, mediante o contexto de avaliação neuropsicológica visando à estruturação de intervenções, é importante aprofundar-se na investigação comportamental. Um dos métodos que pode ser utilizado é a análise funcional do comportamento, que pressupõe a avaliação dos *antecedentes e consequentes do comportamento* (ACC) em pacientes com lesões cerebrais adquiridas (Wilson, 2009). A análise dos ACC permite identificar possíveis desencadeadores de comportamentos mal adaptados. Como exemplo da aplicação dessa análise funcional, podemos considerar um caso clínico de um paciente com lesão cerebral adquirida que apresentava comportamento de agitação e inquietação durante a sessão de terapia de orientação para a realidade (TOR) com o neuropsicólogo. Ao se analisar os antecedentes, constatou-se que o paciente realizava uma sessão de fisioterapia antes da TOR, o que gerava um estado de fadiga. Iniciar a TOR sem um intervalo apropriado de descanso estava associado ao comportamento de agitação e inquietação durante a sessão. Após a introdução desse intervalo, foi observada a diminuição e, posteriormente, a extinção desse comportamento, possibilitando o engajamento do paciente na terapia. A análise funcional do comportamento é uma ferramenta relevante em diversos momentos da avaliação e intervenção de pacientes de qualquer faixa etária.

Métodos e técnicas de avaliação neuropsicológica

Testes cognitivos ou psicométricos padronizados são instrumentos utilizados para comparação dos resultados obtidos com os de uma amostra representativa da população saudável. Testes que possuem normas satisfatórias abrangem o maior número de fatores que influenciam no desempenho, por exemplo, idade, escolaridade e gênero. Os resultados brutos obtidos por meio desses testes são convertidos em média e desvio-padrão ou nota ponderada ou T escore ou Z escore ou percentil, esse último indicando a porcentagem do grupo de referência que pontua na mesma faixa que o paciente (Tabelas 1.1 e 1.2) (Miotto et al., 2023).

Tabela 1.1 Tabela de conversão utilizando diferentes métricas.

Escore padrão/QI	T escore	Ponderado	Percentil	Z escore (+)	Escore padrão/QI	T escore	Ponderado	Percentil	Z escore (−)
≥ 145	≥ 80	≥ 19	> 99,9	≥ 3,00	100	50	10	50	0/−0,01
140 a 144	77 a 99	18	> 99	2,99/2,67	–	–	–	49	−0,02/−0,03
133 a 139	73 a 76	17	99	2,66/2,20	–	–	–	48	−0,04/−0,06
130 a 132	70 a 72	16	98	2,19/1,96	99	–	–	47	−0,07/−0,08
128 a 129	69	–	97	1,95/1,82	–	49	–	46	−0,09/−0,11
126 a 127	67 a 68	–	96	1,81/1,70	98	–	–	45	−0,12/−0,13
124 a 125	66	15	95	1,69/1,60	–	–	–	44	−0,14/−0,16
123	–	–	94	1,59/1,52	–	–	–	43	−0,17/−0,18
122	65	–	93	1,51/1,44	97	48	–	42	−0,19/−0,21

(continua)

Tabela 1.1 Tabela de conversão utilizando diferentes métricas. (*Continuação*)

Escore padrão/QI	T escore	Ponderado	Percentil	Z escore (+)	Escore padrão/QI	T escore	Ponderado	Percentil	Z escore (−)
121	64	–	92	1,43/1,38	–	–	–	41	−0,22/−0,24
120	–	14	91	1,37/1,32	–	–	–	40	−0,25/−0,26
119	63	–	90	1,31/1,26	96	–	–	39	−0,27/−0,29
–	–	–	89	1,25/1,21	–	47	–	38	−0,30/−0,31
118	62	–	88	1,20/1,16	95	–	9	37	−0,32/−0,34
117	–	–	87	1,15/1,11	–	–	–	36	−0,35/−0,37
116	61	–	86	1,10/1,06	–	–	–	35	−0,38/−0,39
–	–	–	85	1,05/1,02	94	46	–	34	−0,40/−0,42
115	60	13	84	1,01/0,98	–	–	–	33	−0,43/0,45
–	–	–	83	0,97/0,94	93	–	–	32	−0,46/−0,48
114	59	–	82	0,93/0,90	–	45	–	31	−0,49/−0,51
113	–	–	81	0,89/0,86	92	–	–	30	−0,52/−0,53
–	–	–	80	0,85/0,83	–	–	–	29	−0,54/−0,56
112	58		79	0,82/0,79	–	–	–	28	−0,57/−0,59
–	–	–	78	0,78/0,76	91	44	–	27	−0,60/−0,62
111	–	–	77	0,75/0,73	–	–	–	26	−0,63/−0,65
–	57	–	76	0,72/0,70	90	–	8	25	−0,66/−0,69
110		12	75	0,69/0,66	–	43	–	24	−0,70/−0,72
–	–	–	74	0,65/0,63	89	–	–	23	−0,73/−0,75
109	56	–	73	0,62/0,60	–	–	–	22	−0,76/−0,78
–	–	–	72	0,59/0,57	88	42	–	21	−0,79/−0,82
–	–	–	71	0,56/0,54	–	–	–	20	−0,83/0,85
108	–	–	70	0,53/0,52	87	–	–	19	−0,86/−0,89
	55	–	69	0,51/0,49	86	41	–	18	−0,90/−0,93
107	–	–	68	0,48/0,46	–	–	–	17	−0,94/−0,97
–	–	–	67	0,45/0,43	85	40	7	16	−0,98/−1,01
106	54	–	66	0,42/0,40	–	–	–	15	−1,02/−1,05
–	–	–	65	0,39/0,38	84	39	–	14	−1,06/−1,10
–	–	–	64	0,37/0,35	83	–	–	13	−1,11/−1,15
105		11	63	0,34/0,32	82	38	–	12	−1,16/−1,20
–	53	–	62	0,31/0,30	–	–	–	11	−1,21/−1,25
104	–	–	61	0,29/0,27	81	37	–	10	−1,26/−1,31
–	–	–	60	0,26/0,25	80	–	6	9	−1,32/−1,37
–	–	–	59	0,24/0,22	79	36	–	8	−1,38/−1,43
103	52	–	58	0,21/0,19	78	35	–	7	−1,44/−1,51
–	–	–	57	0,18/0,17	77	–	–	6	−1,52/−1,59
–	–	–	56	0,16/0,14	75 a 76	34	5	5	−1,60/−1,69
102	–	–	55	0,13/0,12	73 a 74	32 a 33	–	4	−1,70/−1,81
–	51	–	54	0,11/0,09	71 a 72	31	–	3	−1,82/−1,95
101	–	–	53	0,08/0,07	68 a 70	28 a 30	4	2	−1,96/−2,19
–	–	–	52	0,06/0,04	61 a 67	24 a 27	3	1	−2,20/−2,66
–	–	–	51	0,03/0,02	56 a 60	21 a 23	2	< 1	−2,67/−2,99
100	50	10	50	0,01/0,00	≤ 55	≤ 20	≤ 1	≤ 0,1	≤ −3,00

Fonte: Miotto *et al.*, 2023.

Tabela 1.2 Sistemas de classificação de percentis.

Percentil	Classificação de Wechsler	Classificação de Guilmette et al.
< 98	Muito superior	Extremamente superior
91 a 97	Superior	Superior à média
75 a 90	Médio-alto	Média superior
25 a 74	Médio	Média
9 a 24	Médio-baixo	Média inferior
2 a 8	Limítrofe	Inferior à média
< 2	Extremamente baixo	Extremamente inferior

Fontes: Wechsler, 2013; Guilmette, 2020.

Esses escores permitem classificar os resultados em diferentes faixas e interpretar o desempenho do examinando em preservado ou, em caso de não preservado, o grau do comprometimento cognitivo (leve, moderado ou grave). Considere-se um sujeito que possui funcionamento intelectual, história educacional e ocupacional compatíveis com a classificação 'médio' (percentil 25 a 74). Se esse sujeito apresentar resultados com classificação 'médio-baixo' em testes de memória (percentil 9 a 24), tal resultado pode indicar ineficiência, apesar de estar na variação da média. Se os resultados forem 'limítrofe' (percentil 2 a 8), podem indicar dificuldade moderada; e, se forem 'extremamente baixo' (percentil < 2), uma dificuldade grave. Em sujeitos com alta escolaridade e funcionamento cognitivo geral na classificação superior, resultados na faixa média em algum teste podem sugerir ineficiência da função cognitiva avaliada.

Embora os testes padronizados sejam considerados os melhores instrumentos para quantificar o grau de comprometimento de uma função cognitiva, como memória, é importante considerar aspectos qualitativos como a observação do comportamento durante o exame e o grau de engajamento do sujeito nas atividades propostas.

Administração de testes

A escolha entre baterias fixas ou testes específicos depende de vários fatores, como objetivo da avaliação, tempo disponível, local do exame e características do sujeito a ser avaliado, como idade e escolaridade. Em caso de indivíduos com baixa escolaridade ou tempo de avaliação limitado, a escolha de testes específicos pode ser a mais adequada.

Nesse contexto, a seleção dos testes a serem administrados depende em grande parte da pergunta clínica ou do motivo do encaminhamento. Se, por exemplo, a pergunta é investigar o funcionamento cognitivo e o comportamento de portadores de quadros neurológicos a esclarecer, os testes selecionados devem abranger o maior número possível de funções cognitivas, levando-se em consideração a escolaridade e a idade do paciente. Em casos mais específicos, como traumatismo cranioencefálico (TCE), é importante incluir o exame da amnésia pós-traumática (APT) e alterações comportamentais. Se, por outro lado, o motivo do encaminhamento é avaliar a dificuldade de memória de um paciente com epilepsia decorrente de esclerose temporomesial esquerda, é desejável que um número maior de testes que avaliem as funções mnésticas e a linguagem seja incluído e, em tais casos, baterias fixas de memória podem ser úteis. É sempre recomendável avaliar o maior número de funções cognitivas para se obter diversos parâmetros de comparações entre elas.

Em um protocolo típico, sugere-se a aplicação de testes de funcionamento intelectual, memória de curto prazo, aprendizagem de novas informações, memória episódica de evocação imediata, evocação tardia e de reconhecimento verbal e visuoespacial, memória semântica, linguagem de nomeação, expressão, compreensão, repetição, leitura, escrita, cálculo, funções visuoperceptivas e visuoespaciais, praxia construtiva, ideomotora e orofacial, funções executivas, atenção seletiva, atenção alternada, atenção dividida, atenção sustentada e atenção concentrada. Esse protocolo deve ser complementado por escalas de humor e de AVD. A Tabela 1.3 apresenta a descrição de alguns testes neuropsicológicos padronizados

Tabela 1.3 Sugestão de testes neuropsicológicos a serem utilizados na avaliação das funções cognitivas de adultos e crianças.[8]

Função cognitiva	Testes neuropsicológicos[8]
Funções intelectuais	WAIS-III,* WISC-IV,* WASI,* Son-R*
Memória de curto prazo ou memória operacional	Dígitos (WAIS-III e WISC-IV),* Span Espacial (WMS-III) Sequência Número e Letra (WAIS-III),* NEPSY
Memória episódica verbal: evocação imediata, tardia e reconhecimento	RAVLT,* HVLT,* Memória Lógica* (WMS-III e WMS-R), Pares Associados (WMS-III), Reconhecimento de Palavras (*Warrington Recognition, Camden Memory Tests*), *Rivermead Behavioural Memory Test*, NEPSY, Três Figuras e Três Palavras (Mesulam)
Memória episódica visuoespacial: evocação imediata, tardia e reconhecimento	Figura de Rey,* BVMT,* *Pictorial e Topographical Memory Test* (*Camden Memory Tests*), *Rey Visual Design Learning Test*, Três Figuras e Três Palavras (Mesulam), NEPSY
Memória semântica	Vocabulário e Informação (WAIS-III, WASI),* *Pyramid Palm and Trees*, Fluência categórica (Animais)*

(continua)

Tabela 1.3 Sugestão de testes neuropsicológicos a serem utilizados na avaliação das funções cognitivas de adultos e crianças.[6] (*Continuação*)

Função cognitiva	Testes neuropsicológicos[6]
Memória implícita	Figuras e Palavras Fragmentadas de Gollins
Linguagem	*Boston Naming Test* e Teste de Nomeação Brasil (Nomeação),* *Token Test*, Vocabulário-WAIS-III* ou WASI* (Compreensão), Bateria Montreal de Avaliação da Comunicação – Bateria MAC,* Descrição de Cena do *Boston Diagnostic Aphasia Examination* (linguagem expressiva)
Habilidades acadêmicas	Teste de Desempenho Escolar* (leitura, escrita e cálculo), Aritmética (WAIS-III e WISC-III),* Prolec,* Anele*
Funções visuoperceptivas e visuoespaciais	VOSP, CORVIST, Completar Figuras (WAIS-III)*
Praxias	Cubos – WAIS-III* (praxia construtiva), desenho do relógio e cópia da Figura de Rey* (praxia construtiva), imitação do uso de objetos (praxia ideomotora), movimentos orofaciais (praxia bucofacial)
Funções executivas e atencionais	FDT,* WCST, Estimação Cognitiva, Semelhanças e Arranjo de Figuras (WAIS-III),* Hayling* e Brixton Testes, Fluência Verbal Nominal (FAS)* e Categórica (Animais),* Provérbios, BADS, *Stroop Test*,* *Trail Making Test*,* *Symbol Digit*, Códigos e Raciocínio Matricial (WAIS-III),* AC,* AC-15,* D2-R,* BPA-2*
Investigação de demência	MoCa,* MEEM,* *Dementia Rating Scale* ou Escala Mattis,* ACE,* CERAD,* ADAS-Cog,* CDR
Humor	Escalas Beck* (ansiedade, depressão, desesperança e ideação suicida), HADS,* *Hamilton Scale*, GDS,* GAI*

AC: Atenção Concentrada ; ACE: *Addenbrooke's Cognitive Examination-Revised*; ADAS-Cog: *Alzheimer's Disease Assessment Scale*; BPA-2: Bateria psicológica para avaliação da atenção; BVMT: *Brief Visual Memory Test*; CDR: *Clinical Dementia Rating*; CERAD: *Consortium to Establish a Registry for Alzheimer's Disease*; CORVIST: *Cortical Vision Screening Test*; D2-R: Teste de Atenção Concentrada; FDT: Teste dos Cinco Dígitos (do inglês *Five Digit Test*); GAI: Inventário de Ansiedade Geriátrica; GDS: Escala de Depressão Geriátrica; HADS: Escala hospitalar de ansiedade e depressão (do inglês *Hospital Anxiety and Depression Scale*); HVLT: *Hopkins Verbal Learning Test*; MAC: Bateria Montreal de Avaliação da Comunicação; MEEM: Miniexame do Estado Mental; NEPSY: Avaliação Neuropsicológica do Desenvolvimento; RAVLT: Teste de Aprendizagem Auditivo-Verbal de Rey (do inglês *Rey Auditory Verbal Learning Test*); VOSP: *Visual Object and Spatial Perception Battery*; WAIS: Escala de Inteligência Wechsler para Adultos; WASI: Escala de Inteligência Wechsler Abreviada; WCST: Teste Wisconsin de Classificação de Cartas (do inglês *Wisconsin Card Sort Test*); WISC: Escala Wechler de Inteligência para Crianças (do inglês *Wechsler Intelligence Scale for Children*); WMS: Escala Wechsler de Memória. A descrição e aplicação dos testes citados podem ser encontradas em publicações anteriores (Miotto *et al.*, 2023). *Testes com padronização ou dados preliminares normativos publicados para a população brasileira.

ou com dados normativos preliminares para a população brasileira e outros sem padronização que devem ser usados de maneira qualitativa.

Funções cognitivas e testes neuropsicológicos

Funcionamento pré-mórbido

A avaliação do funcionamento cognitivo pré-mórbido é fundamental, uma vez que permite determinar a presença de declínio ou déficits cognitivos atuais (Miotto *et al.*, 2008). Na grande maioria dos casos, não é possível obter resultados de avaliações neuropsicológicas antes da instalação de um quadro neurológico ou incidente gerador de lesão cerebral, por isso faz-se necessário lançar mão de instrumentos ou informações que auxiliem na identificação desse funcionamento prévio. Nos países de língua inglesa, foram desenvolvidos testes de estimação do funcionamento intelectual pré-mórbido baseados na capacidade de leitura de palavras, uma vez que essa habilidade se apresenta razoavelmente preservada mesmo na presença de demência. Entre esses testes, há o *National Adult Reading Test* (Nelson, 1982) baseado na leitura de palavras irregulares, e o *Wechsler Test of Adult Reading* (WTAR, www.pearsonassessments.com). Há também testes de decisão lexical – como o *Spot-the-Word Test* (www.pearsonassessments.com) – que possuem a mesma proposta de obtenção do quociente intelectual (QI) pré-mórbido, porém baseado na capacidade de decisão lexical. Esse teste foi adaptado e publicado em uma amostra da população brasileira, e, embora não tenha sido padronizado, pode ser usado como tarefa clínica (Serrao *et al.*, 2015).

Devido à ausência, até o momento, de testes padronizados de funcionamento pré-mórbido no Brasil, é necessário estimar esse funcionamento com base em pelo menos dois aspectos. O primeiro consiste em obter informações pertinentes à escolaridade, à ocupação e à profissão do paciente. O segundo envolve o melhor resultado obtido em um dos testes administrados como base para a estimação do funcionamento prévio. Pode-se também estimar esse funcionamento com base no desempenho de testes de inteligência cristalizada, como o subteste Vocabulário ou Informação das Escalas Wechsler de Inteligência. Vale ressaltar que esses aspectos devem ser analisados caso a caso, em vista da grande diversidade da população brasileira em termos de escolaridade, nível socioeconômico e cultural. Por exemplo, no caso de uma pessoa analfabeta funcional é possível estimar seu funcionamento pré-mórbido entre as faixas limítrofe e média-inferior em termos de desempenho nos testes cognitivos padronizados. Isso ocorre porque a maioria dos testes padronizados não abrange normas para a população de baixa escolaridade ou analfabeta. Esse problema se torna crítico quando se trata de testes com normas para a população americana ou europeia. Seria precipitado e provavelmente errôneo afirmar que tal paciente apresenta um déficit de memória se o seu desempenho nesses testes estivesse na faixa média-inferior. Entretanto, para um indivíduo que tenha cursado a universidade e exercido uma atividade profissional demandante do ponto de vista intelectual, espera-se que o funcionamento pré-mórbido se situe acima da faixa média em comparação a sujeitos da mesma faixa etária. Portanto, é fundamental levar todos esses fatores em consideração quando se estima o funcionamento pré-mórbido de um sujeito.

Funcionamento intelectual

A avaliação das funções intelectuais possibilita não apenas identificar um possível declínio em relação ao funcionamento pré-mórbido, como também ressaltar alterações em áreas específicas que necessitam investigação mais detalhada. O conceito de inteligência abrange a capacidade de pensamento racional e ação propositada para resolver problemas e lidar efetivamente com o meio. Em 1927, Spearman propôs uma análise fatorial de dimensões que refletem o fator geral de inteligência ou *fator g*. Muitos dos testes atuais incluem a investigação desses fatores.

Em 1971, Cattell propôs o conceito de *Culture-Fair Test of g*, criando testes menos suscetíveis a fatores culturais, como os testes de *inteligência fluida* com resolução de problemas, no qual se inferem e compreendem relações entre conceitos independentemente de conhecimentos prévios acumulados. Testes desta natureza incluem as Matrizes Progressivas de Raven, Raciocínio Matricial e Códigos do WAIS-III, entre outros. Por outro lado, a *inteligência cristalizada* abrange o arcabouço mental de experiências culturais e educacionais adquiridas desde os primeiros anos escolares. Ela está intimamente relacionada com o nível de escolaridade e com o acesso ao conhecimento adquirido ao longo dos anos. Entre os instrumentos que avaliam esse tipo de inteligência encontram-se os subtestes Vocabulário, Informação e Compreensão das Escalas Wechsler.

Em 1993, John Carroll propôs um modelo que concebia a inteligência dentro de uma estrutura hierárquica: a teoria das três camadas. Neste modelo, as capacidades intelectuais são compreendidas em três camadas. A camada I é formada por capacidades específicas, a camada II, por capacidades gerais e a III, por uma única capacidade geral (Carroll, 1993). A camada mais alta, a III, corresponde ao fator geral de inteligência *g*. A camada II influencia diversos comportamentos e habilidades, incluindo oito fatores gerais: inteligência fluida, inteligência cristalizada, memória e aprendizagem, percepção visual, percepção auditiva, capacidade de recordação, rapidez cognitiva e velocidade de processamento (Carroll, 1993). Em cada um desses oito fatores gerais há uma associação com uma inteligência geral que inclui habilidades específicas encontradas na camada I, por exemplo, para inteligência fluida existe uma relação direta com a capacidade de raciocínio sequencial, indução, raciocínio quantitativo, raciocínio piagetiano e velocidade de raciocínio.

Posteriormente, o modelo de inteligência de Carroll-Horn-Cattell ou modelo CHC expandiu o conceito de inteligência, incluindo não apenas as habilidades cognitivas complexas como inteligência fluida, inteligência cristalizada, memória de curto e longo prazo, processamento de informações, como também fatores primários, como escrita, leitura e tempo de reação, enfatizando que a inteligência é composta por capacidades múltiplas e passíveis de estimulação (Flanagan; McGrew, 1998). Nesse modelo, o raciocínio quantitativo passou a ser considerado uma capacidade específica da inteligência fluida, já o conhecimento matemático e o desempenho matemático permaneceram associados ao raciocínio e conhecimento quantitativo. A memória visual ficou relacionada ao fator processamento visual e a memória associativa permaneceu incluída no fator armazenamento e recordação associativa a longo prazo. Além disso, novos fatores foram incluídos, como conhecimento matemático, desempenho matemático, informação geral, informação sobre a cultura, informação sobre ciência, desempenho em geografia, conhecimento da língua nativa, totalizando 73 capacidades (Flanagan; McGrew, 1998).

Essas teorias baseadas em análises fatoriais sustentam a multiplicidade dos fatores de inteligência e a relativa independência desses fatores. Enfatizam a importância de se avaliar a inteligência com instrumentos mais abrangentes das habilidades e funções cognitivas.

As escalas Wechsler de Inteligência padronizadas na população brasileira (WAIS-III, WASI, WISC-IV) vêm adotando a evolução dos conceitos anteriormente descritos. Em adultos, no plano verbal a escala WAIS-III, para a faixa etária de 16 a 89 anos, inclui os seguintes subtestes:

- Vocabulário: inclui questões como: "Qual o significado da palavra inverno?". Avalia a capacidade de derivar significado de palavras, a memória semântica e a inteligência *cristalizada*
- Semelhanças: inclui questões como: "De que maneira a laranja e a banana são semelhantes?". Avalia a capacidade de raciocínio abstrato e formação de conceitos
- Informação: questões como "Quantas semanas há em 1 ano?" examinam conhecimentos gerais, inteligência *cristalizada*
- Compreensão: questões como "Por que são necessárias leis que regem o trabalho infantil?" avaliam julgamento social e compreensão de padrões sociais
- Aritmética: questões como "Se você tem 18 reais e gasta 7 reais e 50 centavos, quanto lhe restará?" medem raciocínio matemático, memória operacional, resolução de problemas e processos atencionais
- Dígitos: repetir uma sequência de números na mesma ordem avalia a memória de curto prazo imediata (amplitude atencional ou *span*), e na ordem inversa avalia a memória operacional
- Sequência de Número e Letra (repetir uma sequência de letras e números em ordem ascendente para os números e ordem alfabética para as letras, por exemplo, para a sequência 8 – D – 6 – G – 1, a resposta deve ser 1 – 6 – 8 – D – G): avalia memória operacional.

No plano de execução (não verbal), são usados os seguintes subtestes:

- Completar figuras: examina a capacidade de análise e síntese visuoperceptiva: solicita-se ao sujeito que examine uma série de figuras em até 20 segundos e determine o que de mais relevante está faltando na figura (em cada uma delas)
- Arranjo de figuras: mede raciocínio e organização lógica e sequencial: pede-se ao indivíduo que organize uma quantidade de cartões com desenhos de cenas na sequência correta, a fim de formar uma história coerente
- Cubos: avalia a praxia construtiva e a habilidade visuoespacial por meio da reprodução de desenhos com cubos tridimensionais coloridos
- Raciocínio matricial: avalia o raciocínio indutivo e lógico não verbal, a resolução de problemas e a inteligência fluida: pede-se ao sujeito que complete o desenho de uma figura escolhendo uma entre cinco alternativas
- Códigos: mede a velocidade de processamento de informações, a coordenação grafomotora e a atenção sustentada

e alternada: solicita-se ao sujeito que copie os símbolos pareados a números em uma sequência aleatória de números em um período de 120 segundos
- Armar objetos: mede a capacidade de planejamento antecipatório, síntese e análise perceptiva, coordenação visuomotora: o indivíduo é solicitado a agrupar partes isoladas de figuras apresentadas no formato de quebra-cabeça.

Os resultados brutos obtidos nesses subtestes são transformados em nota ponderada, e a soma dessas notas produz os índices de quociente intelectual (QI) verbal, QI de execução e QI geral.

Há também a Escala de Inteligência Wechsler Abreviada (WASI, do inglês *Wechsler abbreviated scale of intelligence*, www.pearsonassessments.com), uma escala abreviada de inteligência para crianças, adultos e idosos que abrange os subtestes Vocabulário, Raciocínio Matricial, Semelhanças e Cubos. Esses subtestes possuem estímulos diferentes daqueles do WAIS-III ou WISC-IV. Por meio do WAIS, é possível obter QI verbal e de execução com quatro subtestes ou o QI global com quatro ou dois subtestes, e a padronização inclui sujeitos entre 6 e 89 anos.

Na avaliação de crianças e adolescentes, utiliza-se o WISC-IV com subtestes semelhantes aos do WAIS-III e acréscimo de novos subtestes e pode ser utilizado dentro da faixa etária de 6 a 16 anos.

Memória

No início da década de 1970 se demonstrou que a memória não é um sistema unitário. Desde essa época, diversos modelos teóricos e métodos de avaliação foram desenvolvidos e aprimorados. Estudos recentes sugerem que a memória é formada por múltiplos e complexos sistemas mediados por diferentes circuitos e mecanismos neurais (Squire, 1986; Baddeley; Hitch, 1974; Tulving, 2002).

A Figura 1.2 apresenta os diferentes tipos de memória que, embora didáticos e heuristicamente relevantes, estão sendo revisados.

Além disso, a memória processa informações por três estágios: (1) codificação, aquisição ou registro inicial da informação; (2) armazenamento ou estocagem; (3) evocação ou recordação.

Memória de curto prazo ou operacional

A memória de curto prazo pode ser dividida em subsistemas específicos e independentes para diferentes modalidades de estímulos, incluindo a alça fonológica e o esboço visuoespacial (Baddeley; Hitch, 1974). Por se tratar de sistemas independentes, uma alteração na memória de curto prazo para estímulos verbais não necessariamente compromete a memória para estímulos visuoespaciais e vice-versa. A memória de curto prazo operacional é responsável pelo armazenamento de informações por segundos ou poucos minutos e pela manutenção e manipulação da informação para a execução de funções cognitivas superiores, como linguagem, planejamento e solução de problemas, cálculo, compreensão, raciocínio etc. (Baddeley; Hitch, 1974). Ela é formada por uma série de subsistemas (Figura 1.3), entre os quais o *executivo central*, um sistema modulador da atenção sem especificidade modal, com capacidade limitada e

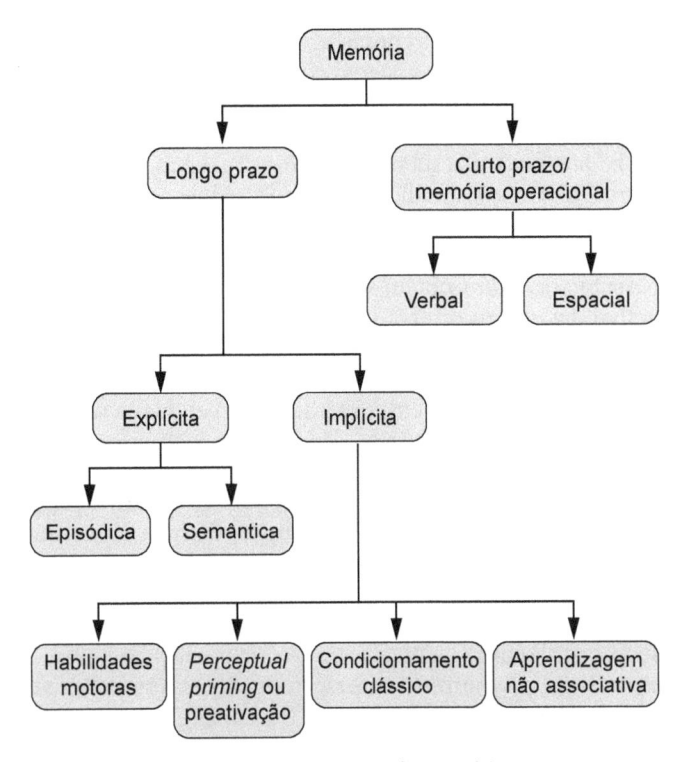

Figura 1.2 Taxonomia da memória.

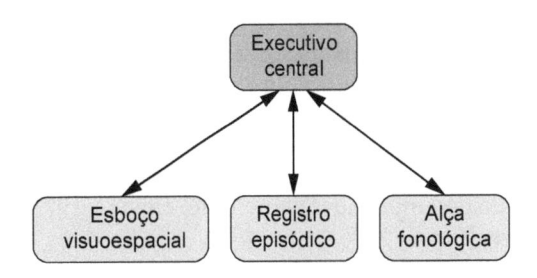

Figura 1.3 Modelo de memória de curto prazo operacional proposto por Baddeley e Hitch (1974) e atualizado por Baddeley (2000).

responsável pela organização e processamento de tarefas cognitivas. Esse sistema está associado ao *córtex pré-frontal*.

Existem também os subsistemas específicos para modalidades diferentes de estímulos, verbais e visuoespaciais, com capacidade limitada e subordinados ao *executivo central*. Entre estes, a *alça fonológica*, associada ao *lobo parietal em hemisfério dominante*, codifica informações verbais fonéticas, mantendo-as por curto período de tempo e atualizando-as por intermédio de um subcomponente, a alça articulatória. O *esboço visuoespacial*, associado ao *lobo parietal em hemisfério não dominante*, codifica e mantém temporariamente informações visuoespaciais e tem subcomponentes, um especializado em material visual e o outro em material espacial. Foram também propostos outros sistemas de memória de curto prazo, como a memória sensorial tátil.

Posteriormente, outro componente foi acrescentado, o *registro episódico* ou *episodic buffer*, também subordinado ao *executivo central* e responsável por armazenar por um período maior de tempo informações ou episódios (ver Figura 1.3). Esse componente permite a integração de diferentes sistemas e é acessível à consciência, o que possibilita o processo de evocação de material com significado, formando um elo com a memória episódica e semântica.

No contexto clínico, a memória de curto prazo pode ser avaliada através dos subtestes *Dígitos e Sequência Número e Letra* (informações audioverbais) e *Span Visuoespacial* (informações visuoespaciais) das escalas Wechsler de Inteligência e de Memória (esta última não padronizada no Brasil). No subteste *Dígitos*, obtém-se o *span* ou amplitude atencional verbal: na ordem direta, denominada memória imediata, avalia-se o máximo de dígitos reproduzidos pelo indivíduo na mesma ordem falada pelo examinador, comumente 7 dígitos (+ ou − 2, ou seja, entre 5 e 9 dígitos repetidos na mesma ordem), e na ordem indireta, denominada memória operacional, avalia-se o máximo de dígitos reproduzidos pelo indivíduo na ordem inversa da sequencia falada pelo examinador, podendo variar em 2 dígitos do *span* da ordem direta (Miller, 1956). No subteste *Span Visuoespacial*, o sujeito deve reproduzir uma sequência de blocos apontada pelo examinador, tanto na ordem direta (memória imediata visuoespacial) como na inversa (memória operacional visuoespacial). O *span* normalmente esperado para essa modalidade é 1 ou 2 dígitos abaixo do *span* obtido em Dígitos.

Memória de longo prazo

A memória de longo prazo pode ser didaticamente dividida em: (1) memória declarativa ou explícita, que inclui as memórias episódica e semântica; e (2) memória não declarativa ou implícita, que abrange um conjunto de sistemas compreendendo habilidades motoras, perceptuais e cognitivas, pré-ativação, condicionamento clássico, habituação, sensitização e tudo que foi aprendido, mas só pode ser aferido através do desempenho (Squire, 1986; Tulving, 1972, 2002; Moscovitch *et al.*, 2005).

Memória não declarativa ou implícita

A memória não declarativa ou implícita é o sistema relacionado com a capacidade de adquirir, gradualmente, uma habilidade perceptomotora por meio da exposição repetida e abrange um conjunto de subsistemas que incluem pré-ativação, memória procedural, formação de hábito. Essa memória é chamada de "implícita" porque não depende da consciência e pode ser avaliada pelo desempenho. A pré-ativação atua dentro do sistema perceptual junto com palavras, objetos e imagens. Esse subsistema pode ser avaliado, por exemplo, pela aprendizagem de novas informações mediante a apresentação de palavras ou imagens e, em seguida, fragmentos dessas palavras ou imagens.

Sabe-se que pacientes com amnésia anterógrada, ou seja, com alteração da capacidade de armazenar e evocar novas informações de maneira consciente, são capazes de aprender por meio desse subsistema ou pré-ativação. A memória procedural é responsável pela capacidade de aprendizagem de atos motores, como andar de bicicleta, tocar piano, jogar golfe ou tênis, dirigir, entre outros.

Esses subsistemas estão associados a estruturas como os *gânglios da base e cerebelo* para memória procedural, o *córtex cerebral posterior* para memória implícita perceptual e o *lobo temporal lateral e o córtex frontal inferior* para memória implícita conceptual (Baddeley; Hitch, 1974).

Memória declarativa ou explícita

A memória declarativa ou explícita é o sistema responsável pela capacidade de armazenar e evocar/recordar ou reconhecer fatos e eventos de maneira consciente. Participam desse sistema a *formação hipocampal (giro denteado, o corno de Amon, o subículo e o córtex entorrinal), o córtex perirrinal e para-hipocampal e suas conexões com o neocórtex associativo posterior*.

Memória episódica

Tulving (1972, 2002) propôs uma classificação e definição para as memórias episódica e semântica. A memória episódica é responsável pelo armazenamento de informações e eventos pessoalmente vividos em um determinado tempo e espaço. Permite lembrar informações como saber onde estivemos e o que fizemos no último Natal ou hoje pela manhã. É informalmente referida como memória recente. Subdivide-se em "evocação imediata" (recordação livre após a apresentação de uma lista de palavras ou estória), "evocação tardia" (recordação livre da lista ou estória após passagem de tempo, geralmente 30 minutos depois da apresentação) e *reconhecimento* (recordação mediante a apresentação de pistas e/ou estímulos corretos e distratores). De acordo com Moscovitch (2005), os correlatos neurais desse sistema abrangem a *região temporomesial e mais especificamente o hipocampo e córtex perirrinal* (especialmente para o reconhecimento) e suas conexões com o *córtex pré-frontal e sistema límbico* (particularmente para a evocação livre imediata e tardia).

Na década de 1970 foi demonstrado que o hemisfério esquerdo estava associado ao processamento episódico de informações verbais (informações lidas, ouvidas e escritas, utilizando-se estímulos como números e letras), ao passo que o hemisfério direito, associado a informações não verbais ou visuoespaciais (Milner, 1975). Atualmente, essa distinção tem sido questionada, embora não esteja claro se esse questionamento decorra de dificuldades relacionadas com os procedimentos dos testes utilizados ou da validade do construto de memória não verbal.

Os principais testes que avaliam a memória episódica abrangem testes específicos e baterias de memória. No plano verbal, entre os testes específicos, o Teste de Aprendizagem Auditivo-Verbal de Rey (do inglês *Rey Auditory Verbal Learning Test*, www.vetoreditora.com.br) utiliza 15 palavras apresentadas em cinco tentativas (A1-A5), seguidas de uma nova lista (Lista B) de interferência, em seguida há evocação da primeira lista (A6), e após 20 minutos evocação tardia (A7) e reconhecimento. Há outros instrumentos que não possuem padronização brasileira, apenas estudos, tradução e adaptação na população brasileira, incluindo o *Hopkins Verbal Learning Test* que avalia a aprendizagem verbal, evocação imediata e tardia, bem como o reconhecimento de uma lista com 12 palavras e seis versões paralelas dessas listas (Miotto *et al.*, 2012). O *Buschke Selective Reminding Test* (Strauss; Sherman; Spreen, 2006) avalia evocação imediata, tardia e o reconhecimento de uma lista de 12 palavras não relacionadas.

No plano visuoespacial, a Figura Complexa de Rey (www.valordoconhecimento.com.br) é um teste padronizado na população brasileira e avalia a memória episódica visuoespacial (evocação tardia após 3 minutos), bem como a habilidade visuoconstrutiva e organização visuoespacial (durante a cópia da figura). Há instrumentos não padronizados, mas validados em amostras brasileiras de memória episódica visuoespacial como o *Brief Visuospatial Memory Test* (BVMT) (Miotto et al., 2012) que consiste na apresentação de seis figuras geométricas em três tentativas, evocação imediata após cada apresentação, evocação tardia e reconhecimento.

Memória semântica

A memória semântica é responsável pelo processamento de informações associadas ao conhecimento geral sobre o mundo, ou seja, fatos, conceitos, vocabulário, independentemente do contexto e momento em que essas informações foram memorizadas pela primeira vez (Tulving, 1972, 2002). Esse sistema permite saber que uma águia é um animal e mais especificamente um pássaro, que Brasil é um país da América do Sul. O substrato neural desse sistema está relacionado com as *áreas de associação e neocórtex temporal e mais recentemente incluiu-se o polo temporal*.

Os testes que avaliam a memória semântica incluem Vocabulário e Informação (WAIS ou WISC), testes de nomeação, Fluência Categórica (animais ou itens de supermercado).

Linguagem

A avaliação da linguagem, particularmente em pacientes com lesões adquiridas e quadro de afasia, deve abranger pelo menos quatro aspectos: produção oral, compreensão, repetição e nomeação. A avaliação da escrita, leitura e cálculo complementam as habilidades anteriores. A seguir, essas habilidades linguísticas serão descritas junto com suas alterações nos diferentes quadros de afasia e com alguns dos principais testes neuropsicológicos utilizados na avaliação.

Produção oral

A produção e a fluência da fala são um aspecto fundamental na classificação das afasias associadas a lesões cerebrais anteriores ou posteriores à fissura Sylviana (Figura 1.4). Em afasias decorrentes de lesões anteriores à fissura Sylviana, a produção oral é caracterizada por fala não fluente, laboriosa, com articulação, ritmo e melodia alterados, frases curtas, uso preferencial de substantivos, agramatismos ou simplificação e redução da função de palavras como preposições e artigos, podendo chegar à *fala telegráfica*. Esse quadro é comumente encontrado nas afasias de Broca (afasia de produção ou expressão) e transcortical motora. Em contrapartida, a fala fluente produzida com ritmo, articulação e melodia preservados é geralmente associada a quadros com alterações posteriores à fissura Sylviana, dentre eles, a afasia de Wernicke (afasia sensorial ou de compreensão), transcortical sensorial, condução e anômica (Tabela 1.4).

Na avaliação da produção oral, é possível se administrar tarefas de Descrição de Cenas, como o *Roubo dos Biscoitos* da bateria *Boston Diagnostic Aphasia Examination* (BDAE,

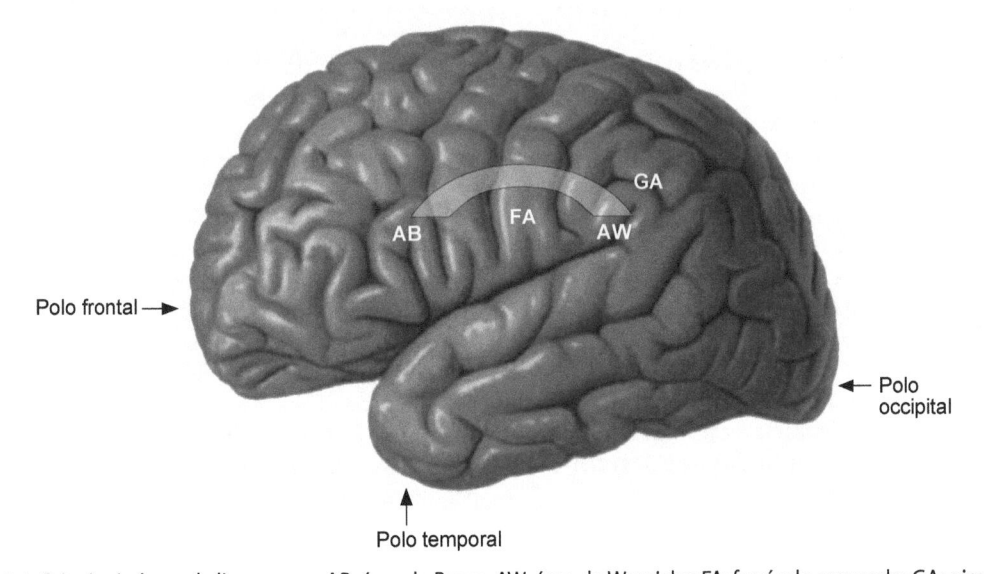

Figura 1.4 Principais áreas da linguagem. AB: área de Broca; AW: área de Wernicke; FA: fascículo arqueado; GA: giro angular.

Tabela 1.4 Classificação didática das afasias.

Tipo	Produção oral	Compreensão	Repetição	Nomeação
Broca	–	+	–	–
Wernicke	+	–	–	–
Condução	+	+	–	–
Global	–	–	–	–
Transcortical motora	–	+	+	–
Transcortical sensorial	+	–	+	–
Anômica	+	+	+	–

–: alterada; +: preservada.

www.pearsonassessments.com). É também relevante analisar o discurso espontâneo do paciente, observando-se a presença de erros parafásicos, apraxia da fala (iniciar e sequenciar movimentos articulatórios), anomias, prosódia e pragmatismo.

Compreensão

A compreensão oral pode estar alterada, mesmo em níveis sutis, na maioria dos pacientes afásicos. Naqueles em que o grau de alteração é significativo, incluindo quadros de afasia de Wernicke e transcortical sensorial, o paciente pode não compreender comandos e sentenças simples, o que inviabiliza a comunicação. A área cerebral classicamente associada a esse quadro é o lobo temporal posterior dominante, embora outros estudos demonstrem também a participação do lobo parietal e occipital dominantes.

Entre os testes utilizados para avaliação da compreensão, encontra-se o *Token Test*, que é composto por círculos e quadrados em tamanhos e cores diferentes, na versão original, e com acréscimo de triângulos na versão reduzida. O sujeito é solicitado a apontar ou executar uma série de comandos (p. ex., colocar o quadrado azul embaixo do círculo amarelo). O Vocabulário do WAIS/WISC também pode ser utilizado como teste de compreensão oral. Para o propósito de avaliações qualitativas, pede-se ao sujeito que execute comandos simples, como *levantar a mão esquerda*, *tocar no ombro direito com a mão esquerda*, dentre outros.

Repetição

A capacidade de repetir fonemas, palavras e frases é uma característica diferencial nos quadros de afasia transcortical motora (ATM) e sensorial (ATS). A alteração da repetição está comumente relacionada com a região perissilviana, podendo envolver a área de Broca, o córtex insular anterior, a área de Wernicke posterior e o fascículo arqueado entre ambas as áreas (ver Figura 1.4). Em casos em que a repetição se encontra preservada, a lesão ocorre fora da área de Broca, envolvendo a região da área suplementar motora na superfície medial do hemisfério esquerdo (ATM) ou na junção parietotemporal (ATS).

As baterias BDAE e PALPA oferecem testes de repetição de letras, fonemas, sílabas, palavras e frases. Há também o teste qualitativo de repetição de Luria, baseado na repetição de letras, fonemas, palavras e frases.

Nomeação

A habilidade de nomear objetos e desenhos por confrontação visual ou descrição oral está comprometida em diferentes níveis na maioria dos afásicos. O tipo de erro e o quanto o paciente se beneficia ou não de pistas semânticas ou fonêmicas são fatores que se diferem de acordo com o tipo de afasia. Por exemplo, na afasia de Broca há alteração da nomeação, mas o paciente pode se beneficiar da pista fonêmica (primeira sílaba da palavra). Além disso, podem ser observadas algumas parafasias fonológicas ("rateti" para "raquete"). Em contrapartida, na afasia de Wernicke esse benefício da pista fonêmica geralmente não ocorre, e as respostas produzidas são caracterizadas por parafasias semânticas ou neologismos (p. ex., "pijama" para estímulo visual "cama"; "Ito" para camelo).

Um dos testes mais utilizados para se avaliar a nomeação é o *Boston Naming Test* da bateria BDAE. Ele consiste em 60 desenhos em preto e branco de objetos apresentados individualmente ao sujeito, que é solicitado a nomear cada desenho espontaneamente em 20 segundos. Caso não consiga ou produza uma resposta incorreta, é fornecida uma pista semântica (p. ex., para o estímulo "sanfona": é um instrumento musical). Caso a resposta seja novamente incorreta dentro de 20 segundos, é fornecida uma pista fonêmica (seguindo o exemplo anterior, "Começa com san___").

Dados normativos para a população brasileira do *Boston Naming Test* foram obtidos utilizando-se a versão original e outra adaptada para a cultura brasileira (Miotto et al., 2010). Nas baterias BDAE e PALPA, existem testes de nomeação visual e descritiva (ou seja, sem apresentação de estímulo visual) para uso em indivíduos com deficiências visuais ou déficits visuoperceptivos.

Escrita, leitura e cálculo

Existem vários testes de leitura, escrita e cálculo padronizados no Brasil, dentre eles, a coleção Anele 1 a 5 (www.vetoreditora.com.br), o Teste de Desempenho Escolar 2ª Edição (www.vetoreditora.com.br), o PROLEC-SE-R (www.hogrefe.com.br) que avaliam crianças e adultos.

Para a habilidade de cálculo em adultos e crianças existe o subteste Aritmética, do WAIS-III e WISC-IV (www.valordoconhecimento.com.br) e o Teste de Desempenho Escolar 2ª Edição (www.vetoreditora.com.br).

Funções visuoperceptivas

Os principais processos cognitivos associados à identificação e ao reconhecimento de objetos incluem os processos visuais primários, perceptivos e associativos.

Processos visuais primários

Esses processos têm relação com acuidade visual, discriminação de formas, cor, textura, movimentos e posição. Seus correlatos neurais incluem as *áreas cerebrais de projeções primárias (BA 17), tanto no hemisfério esquerdo como no direito*. Os instrumentos neuropsicológicos e baterias mais utilizados na avaliação desses processos são: *Cortical Vision Screening Test* (CORVIST, www.psychcorp.co.uk) e a bateria *Visual Object and Space Perception* (VOSP, www.pearsonassessments.com). A Tabela 1.5 descreve as funções avaliadas por esses testes.

Processos perceptivos

Esses processos integram os processos visuais primários em estruturas perceptivas coerentes, possibilitando perceber a forma de um objeto. Áreas visuais associativas, como o *córtex parietal e o têmporo-occipital no hemisfério direito* estão particularmente relacionadas com essas funções. A alteração desses processos pode produzir o quadro de *agnosia visual aperceptiva*, no qual o indivíduo não é capaz de nomear ou reconhecer um objeto visualmente apresentado, apesar de consegui-lo através de outras vias sensoriais, como a tátil, gustativa ou auditiva. Entre os instrumentos administrados para avaliação desses processos, encontram-se o CORVIST, a VOSP e o teste de nomeação de Boston usado de maneira qualitativa para identificação das figuras.

Tabela 1.5 Instrumentos utilizados na avaliação das funções visuoperceptivas.

Processos primários
Acuidade (CORVIST)
Localização e contagem de pontos (CORVIST e VOSP)
Figura e fundo (CORVIST e VOSP)
Discriminação de formas (CORVIST e VOSP)
Discriminação de cor (CORVIST)
Agnosia aperceptiva
Letras e números fragmentados (VOSP e CORVIST)
Decisão de objetos e silhuetas (VOSP e Boston Naming)
Figuras sobrepostas (Luria)
Perspectivas não usuais (VOSP)
Cópia de figuras
Agnosia associativa
Pyramids and Palm Tree Test
Perguntas sobre nomes, cor, tamanho, local e funções de objetos
Classificar de acordo com suas categorias
Agrupar objetos que são visualmente dissimilares, mas não têm a mesma função

CORVIST: *Cortical Vision Screening Test*; VOSP: *Visual Object and Spatial Perception Battery*.

Processos associativos

Os processos associativos são responsáveis pela análise semântica do objeto ou pelo reconhecimento de seu significado. Estão vinculados às *regiões têmporo-occipitais nos dois hemisférios cerebrais*. A alteração desses processos pode produzir o quadro de *agnosia visual associativa*. Os testes que examinam tais processos incluem o *Pyramids and Palm Trees Test*, o *Boston Naming Test*, a nomeação de figuras de animais, ferramentas, utensílios domésticos acompanhados de perguntas sobre as propriedades desses objetos, onde podem ser encontrados, como agrupá-los de acordo com o seu uso ou a categoria à qual pertencem (p. ex., agrupar animais selvagens e domésticos, utensílios de cozinha e ferramentas, frutas e verduras etc.).

Prosopagnosia

Este quadro consiste na incapacidade de reconhecer faces familiares e famosas como consequência de comprometimento da *região têmporo-occipital, especialmente do giro fusiforme, no hemisfério direito* (não dominante). A presença desse quadro pode ser avaliada por meio de fotografias de pessoas famosas e familiares, e em instrumentos de discriminação de faces (variando da mais jovem à mais velha) como o da bateria CORVIST.

Afasia ótica

Neste quadro raro, ocorre a presença de déficit de nomeação de objetos visualmente apresentados no contexto de preservação do reconhecimento desses objetos, avaliado por imitação de seu uso, nomeação tátil ou descrição oral. Esse quadro é ocasionado pela desconexão entre áreas têmporo-occipitais no hemisfério esquerdo decorrente, por exemplo, de acidente vascular isquêmico no território da artéria cerebral posterior esquerda. Diferentemente da agnosia visual aperceptiva, não há alteração visuoperceptiva propriamente dita sendo possível copiar ou descrever visualmente esses objetos. Diferentemente da agnosia associativa, não há alteração da linguagem, memória semântica ou compreensão da função dos objetos. A avaliação desse quadro pode ser realizada mediante a apresentação de objetos e solicitando-se ao sujeito que os nomeie primeiramente por (1) confrontação visual; e, posteriormente, por (2) via tátil; (3) por meio de descrição verbal fornecida pelo examinador; e (4) por imitação de seu uso. Além disso, é necessário avaliar os processos visuoperceptivos e visuoespaciais.

Funções visuoespaciais

O processamento visuoespacial nos permite localizar objetos no espaço e em relação a nós mesmos. O comprometimento da região cerebral parietal direita (hemisfério não dominante) pode ocasionar déficits topográficos e de análise espacial.

Desorientação topográfica e espacial

Nesses quadros, ocorre uma alteração da capacidade de análise espacial de identificar trajetos e locais, mesmo que familiares. Instrumentos utilizados para avaliação desse quadro incluem a Cópia da Figura de Rey, desenho de um relógio, Localização de Números, Discriminação de Posição e Análise de Cubos da bateria VOSP.

Visuoconstrução ou praxia construtiva

A habilidade visuoconstrutiva, também conhecida como praxia construtiva, consiste em reproduzir ou executar desenhos, *construções* ou modelos de maneira apropriada e organizada utilizando, no contexto clínico, materiais como blocos, varetas ou papel e lápis. Testes que avaliam essas funções incluem Cubos do WAIS/WISC, Desenho do Relógio, Cópia da Figura de Rey, cópia de desenhos tridimensionais ou bidimensionais (Cubo, Pentágonos do Miniexame do Estado Mental). Lesões na *região parietal direita ou esquerda* podem gerar alterações dessas funções. No entanto, é comum verificar que *lesões na região parietal esquerda* ocasionam erros de simplificação no contexto de preservação espacial razoável, sugerindo alteração da organização das ações necessárias para a construção de tarefas. Em contrapartida, *lesões na região parietal direita* estão associadas a uma produção mais elaborada, em geral com elementos fragmentados e espacialmente desorganizados.

Negligência visual unilateral ou heminegligência

Este fenômeno refere-se à incapacidade de direcionar a atenção ou de perceber o meio externo e o hemicorpo contralateral à lesão, sendo mais comumente observado em lesões do hemisfério direito acometendo sobretudo os lobos parietal e frontal. Em casos mais extremos, pode-se observar quadro de *anosagnosia*, no qual o paciente não percebe ou não está atento aos seus déficits ou alterações neurológicas ou neuropsicológicas decorrentes da lesão cerebral. A ocorrência de negligência visual unilateral ou heminegligência persistente é mais comumente encontrada em lesões do lobo parietal direito e região dorsolateral do córtex pré-frontal direito. Os instrumentos utilizados para avaliação desse quadro consistem em testes de cancelamento (letras, estrelas, sinos etc.), desenhos ou cópia de objetos (relógio, cubo, bicicleta, casa, árvore, vaso com flores etc.). A Figura 1.5 mostra exemplos da cópia de figuras realizada por um paciente com lesão na região parietal direita.

Funções executivas e atencionais

Funções executivas

O termo "funções executivas" compreende as habilidades necessárias para se formular objetivos, planejar e organizar ações pertinentes a esses objetivos, monitorar o comportamento, resolver novos problemas, inibir ou iniciar comportamentos apropriados a um contexto, tomar decisões, raciocinar e abstrair, entre outras habilidades (Norman; Shallice, 1986; Miotto, 2015). Essas funções estão diretamente associadas a regiões pré-frontais, e seus circuitos ou conexões a outras áreas cerebrais corticais e subcorticais. O comprometimento dessas áreas pode ocasionar uma série de alterações, tanto no plano cognitivo como no comportamental. Por exemplo, o paciente pode apresentar alteração de raciocínio, pensamento concreto e inflexível, impulsividade, apatia, autocrítica reduzida, ausência de planejamento e organização na sequência e execução de atividades diárias, confabulação, desinibição, perseverança e agressividade.

Os principais *circuitos frontossubcorticais* relacionados com a cognição e o comportamento incluem o *pré-frontal dorsolateral, o orbitofrontal e o do cíngulo anterior* (Cummings, 1993) (Figura 1.6). O *circuito pré-frontal dorsolateral* tem origem na convexidade do lobo frontal, áreas 9 e 10 de Brodmann, com projeções para a região dorsolateral do núcleo caudado, do globo pálido interno e parte rostral da substância negra, pela via direta, e para o globo pálido e núcleo subtalâmico, pela via indireta, e por meio dessa via para os núcleos ventrais e dorsolaterais do tálamo que, por sua vez, se projetam de volta para o córtex pré-frontal dorsolateral.

Figura 1.5 Exemplos de heminegligência em cópia de figuras realizada por paciente com lesão parietal direita (na *parte superior*, são apresentados os desenhos a serem copiados, e na *parte inferior*, a cópia realizada pelo paciente).

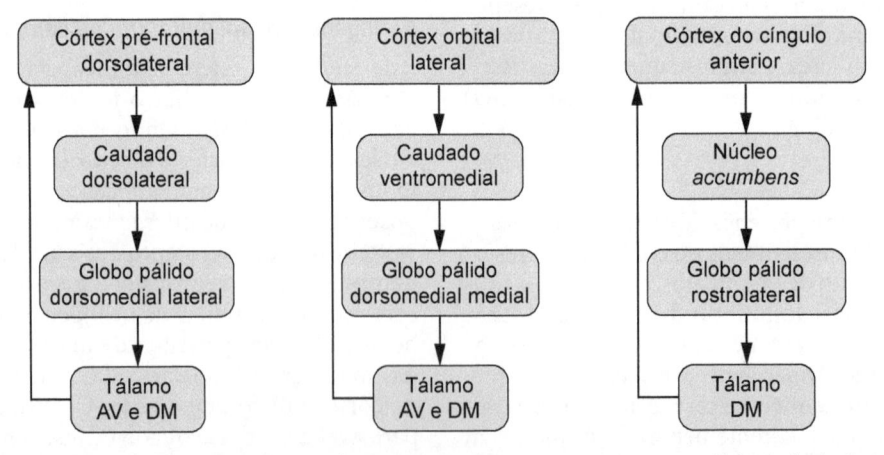

Figura 1.6 Circuitos frontossubcorticais relacionados com a cognição e o comportamento. (Adaptada de Cummings, 1993.)

O comprometimento desse circuito está relacionado com déficits cognitivos executivos e programação motora, como déficit de planejamento, sequenciamento motor, criação de estratégias, flexibilidade mental, formação de conceitos.

O *circuito orbitofrontal lateral* tem início no córtex pré-frontal inferolateral, área 10 de Brodmann, e se projeta para a área ventromedial do núcleo caudado. Pela via direta, conecta-se com o globo pálido interno e substância negra; pela via indireta, projeta-se para o globo pálido externo, núcleo subtalâmico e pálido interno, que, por sua vez, se projeta para o tálamo e, por intermédio deste, de volta para o córtex pré-frontal orbitofrontal. O comprometimento desse circuito está associado a alterações do comportamento e personalidade, como redução da iniciativa e do interesse, irritabilidade, labilidade emocional e redução do controle inibitório.

O *circuito do cíngulo anterior* se origina no giro do cíngulo anterior, área 24 de Brodmann, e se projeta para o estriado ventral, que inclui o núcleo acúmbens e área ventromedial do caudado e putame. O estriado também recebe projeções das regiões do sistema límbico como hipocampo, amígdala e córtex entorrinal. As projeções do estriado continuam para o pálido ventral, substância negra, tálamo, hipotálamo e amígdala e, por meio do tálamo, as projeções para o córtex do giro do cíngulo anterior completa o circuito. O comprometimento desse circuito está associado à alteração da motivação, quadros de apatia, abulia, mutismo acinético, indiferença, ausência de autocrítica.

Uma das teorias mais influentes sobre as funções executivas propõe a associação entre os lobos frontais e suas principais conexões e o sistema atencional supervisor (SAS) (Norman; Shallice, 1986). Este é formado por uma série de subsistemas e – em situações novas ou de resolução de problemas que exigem capacidade de planejamento, criação de metas, estratégias eficientes, tomada de decisões e monitoramento de ações – atua sob os comportamentos previamente aprendidos (*schemas*), modulando-os por processos de inibição ou ativação.

Há, também, o modelo de unidade e diversidade de funções executivas, descrito por Miyake *et al.* (2000). Neste modelo, existem três domínios executivos, incluindo: (1) inibição de respostas automáticas, (2) alternância entre diferentes tarefas, e (3) atualização do conteúdo da memória de curto prazo. Recentemente foi publicada a bateria de testes de funções executivas adaptada para uso no Brasil (bateria FREE – *Free Research Executive Evaluation*) de acesso aberto (sem direitos autorais) com base no modelo de Miyake *et al.* (2000). Essa bateria pode ser acessada em: https://doi.org/10.17605/OSF.IO/2BX8N (Zanini *et al.*, 2023).

Existem diversos instrumentos que podem ser utilizados para avaliar as funções executivas na prática clínica, dentre eles, fluência verbal nominal e categórica, como o FAS (fluência verbal nominal), itens de supermercado e animais avaliam a capacidade de gerar e monitorar palavras utilizando estratégias e inibição de respostas irrelevantes dentro de um período limitado de tempo. No FAS, deve-se produzir oralmente o máximo de palavras começando com as letras F, A e S no prazo de 1 minuto para cada letra. No entanto, é necessário evitar nomes próprios, repetição da mesma palavra e derivados. A fluência categórica pode ser avaliada solicitando-se ao sujeito que produza oralmente o máximo de nomes de animais ou itens de supermercado no prazo de 1 minuto. Os resultados para ambos os instrumentos podem ser avaliados por meio de dados normativos preliminares com amostras brasileiras, considerando-se a idade e escolaridade do sujeito (Campanholo *et al.*, 2017).

O *Wisconsin Card Sorting Test* (WCST, www.valordoconhecimento.com.br) avalia flexibilidade mental, resolução de problemas, formação de estratégias, categorização e mudança de contexto. O sujeito é solicitado a combinar cartas apresentadas pelo examinador com uma de quatro cartas-modelo que permanecem diante do paciente. É possível combinar as cartas de acordo com três categorias, pela cor, forma e quantidade de estímulos em cada carta. Pacientes com lesões frontais apresentam dificuldades nesse teste em decorrência de diversos fatores, como rigidez mental e consequente dificuldade de identificar mais de uma ou duas categorias, presença de erros perseverativos, dificuldade de manter a resposta correta. Na versão reduzida do WCST-Nelson, com 48 cartas (Nelson, 1976), foram retiradas aquelas com estímulos ambíguos, ou seja, agrupadas por diferentes critérios, e o sujeito é informado sobre a mudança de categoria. As cartas da versão original que permaneceram na versão reduzida são as de número 2, 3, 8, 9, 10, 11, 13, 14, 15, 20, 24, 25, 26, 36, 39, 42, 45, 50, 53, 54, 55, 56, 57 e 64.

O BADS (www.pearsonassessments.com) é uma bateria de testes ecológicos que pode ser aplicada em sujeitos entre 16 e 87 anos, porém de forma qualitativa, pois não possui padronização brasileira. Há um total de seis testes que são semelhantes a atividades da vida diária e que avaliam aspectos diversos das funções executivas (Teste de Mudança de Regras de Cartões, Teste de Programação de Ação, Procura da Chave, Julgamento Temporal, Mapa do Zoológico e Teste Modificado dos Seis Elementos). A bateria também oferece um questionário que investiga alterações executivas na vida diária (DEX), preenchido pelo paciente e pelo cuidador ou familiar, o que permite uma comparação dos resultados entre ambos. É comum que os pacientes relatem menor número de dificuldades em comparação com os cuidadores, o que demonstra a presença de autocrítica ou *insight* reduzidos por parte dos pacientes.

O teste de Hayling (Siqueira *et al.*, 2016; Zimmermann *et al.*, 2017) possui adaptação brasileira e avalia a capacidade de inibição de respostas inapropriadas, planejamento, formação de estratégias, flexibilidade mental e monitoramento de respostas.

Qualitativamente, é possível avaliar a capacidade de abstração e o pensamento lógico solicitando-se ao paciente que explique o significado de alguns provérbios populares (p. ex., *Quem tem boca vai a Roma, Nem tudo que reluz é ouro, De grão em grão a galinha enche o papo, Uma andorinha não faz verão*).

Na avaliação do comportamento, o já mencionado questionário DEX da bateria BADS tem sido de grande utilidade na identificação de problemas executivos encontrados na vida diária, pois possibilita a comparação dos resultados entre pacientes e cuidadores ou familiares. Qualitativamente, por intermédio dos pacientes e familiares, pode-se realizar o levantamento de queixas sobre as dificuldades na vida real, o que auxilia na compreensão das manifestações comportamentais das alterações executivas.

Processos atencionais

Os processos atencionais associados às funções executivas não são unitários e, do ponto de vista didático, podem ser classificados em pelo menos quatro tipos: (1) atenção sustentada ou vigilância; (2) atenção alternada; (3) atenção dividida; e (4) atenção seletiva (Mirsky *et al.*, 1991; Muir, 1996; Posner; Pertersen, 1990).

A atenção sustentada é um estado de prontidão para identificar e responder a estímulos por período prolongado de tempo. Testes específicos para atenção sustentada abrangem o Teste de Atenção Concentrada (AC e AC-15, www.vetoreditora.com.br), D2-R (www.valordoconhecimento.com.br), Bateria Psicológica para Avaliação da Atenção BPA-2 (www.vetoreditora.com.br).

A atenção alternada envolve a capacidade de atender a duas ou mais fontes de estimulação alternadamente e pode ser avaliada pelos testes *Trail Making* A e B. No *Trail* A, o sujeito é solicitado a, com um lápis, unir em ordem crescente uma série de círculos contendo números. No *Trail* B, além de números há também círculos com letras que devem ser unidos na ordem crescente e alfabética, alternando-se entre números e letras. Há também a Bateria Psicológica para Avaliação da Atenção BPA-2 (www.vetoreditora.com.br), e a Coleção TEALT-2 – Teste de Atenção Alternada (www.vetoreditora.com.br).

A atenção dividida envolve a capacidade de prestar atenção em dois ou mais estímulos de maneira simultânea e pode ser avaliada pela Coleção TEADI-2 Teste de Atenção Dividida (www.vetoreditora.com.br) e pela Bateria Psicológica para Avaliação da Atenção BPA-2 (www.vetoreditora.com.br).

A atenção seletiva refere-se à habilidade de direcionar e manter a atenção em uma determinada fonte de estímulo, ignorando estímulos não relevantes. Ela pode ser avaliada por meio do *Stroop Test*, que avalia também a inibição de respostas irrelevantes. Na versão Vitória do *Stroop Test* (Campanholo *et al.*, 2017), três cartões são apresentados ao sujeito (I, II e III): no cartão I, ele é solicitado a dizer as cores que estão impressas dentro de retângulos; no cartão II, deve dizer as cores em que palavras neutras foram escritas e não ler as palavras; no cartão III, deve continuar a dizer as cores em que as palavras foram escritas e não ler as palavras (p. ex., a palavra *azul* escrita com tinta na cor verde deve ser lida *verde*). Para se resolver essa situação conflito, o sujeito deve inibir a resposta preponderante – ou seja, ler o que está escrito (no exemplo anterior, ler a palavra *azul*) – para dizer a cor em que a palavra foi impressa (*verde*).

Considerações finais

A avaliação neuropsicológica é um método de investigação diagnóstica das alterações cognitivas e comportamentais associadas a quadros neurológicos e transtornos neuropsiquiátricos. Por possibilitar o raciocínio de hipóteses diagnósticas, a natureza e o grau de alterações cognitivas e o impacto destas nas atividades da vida diária, deve ser realizada por profissionais especializados e treinados para este fim.

A neuropsicologia foi reconhecida pelo Conselho Federal de Psicologia como especialidade da psicologia. No entanto, como área das neurociências é considerada multidisciplinar e, como tal, possui interface e complementaridade com campos da neurologia e psicologia cognitiva, psiquiatria, geriatria, fonoaudiologia, entre outros. Apesar do estabelecimento relativamente recente no Brasil, na década de 1970 (ver mais detalhes no texto introdutório deste livro, *Origem da Neuropsicologia no Brasil*) sua expansão tem sido observada em diversos centros e regiões. Cabe a todos os profissionais envolvidos nessa área continuar a realizar pesquisas de ponta e contribuir para o avanço no âmbito nacional e internacional.

Referências bibliográficas

BADDELEY, A. D. The episodic register: A new component of working memory? Trends in Cognitive Sciences, v. 4, p. 417-23, 2000.

BADDELEY, A. D.; HITCH, G. J. Working memory. *In*: Bower, G. A. (Ed.). Recent advances in learning and motivation. Nova York: New York Academic Press, v. 8. p. 47-89, 1974.

CAMPANHOLO, K. R. et al. Impact of sociodemographic variables on executive functions. Dementia & neuropsychologia, v. 11, n. 1, p. 62-68, 2017.

CARROLL, J. B. Human cognitive abilities: a survey of factor-analytic studies Nova York: Cambridge University Press, 1993.

CUMMINGS, J. L. Frontal-subcortical circuits and human behavior. Archives of Neurology, v. 50, n. 8, p. 873-80, 1993.

FIRST, M. B. et al. Entrevista clínica estruturada para os transtornos do DSM-5: SCID-5-CV versão clínica. Porto Alegre: Artmed, 2017.

FLANAGAN, D. P.; MCGREW, K. S. Interpreting intelligence tests from contemporary Gf-Gc theory: joint confirmatory factor analysis of the WJ-R and KAIT in a non-white sample. Journal of School Psychology, v. 36, n. 2, p. 151-82, 1998.

GUILMETTE, T. J. et al. American Academy of Clinical Neuropsychology consensus conference statement on uniform labeling of performance test scores. The Clinical Neuropsychologist. v. 34, n. 3, p. 437-53, 2020.

HAMPSTEAD, B. M. et al. Activation and effective connectivity changes following explicit-memory training for face-name pairs in patients with mild cognitive impairment: A pilot study. Neurorehabilitation and Neural Repair, v. 25, n. 3, p. 210-22, 2011.

HEILMAN, K. M. et al. Emotional Disorders associated with neurological diseases. *In*: HEILMAN, K. M.; VALENSTEIN, E (ed.). Clinical Neuropsychology. 4th ed., Nova York: Oxford University Press, 2003. p. 447-78.

KATZ, S. et al. Studies of illness in the aged. The index of ADL: a standardized measure of biological and psychosocial function. JAMA, v. 185, n. 12, p. 914-9, 1963.

MCCARTHY, R. A.; WARRINGTON, E. K. Cognitive neuropsychology: A clinical introduction. Londres: Academic Press, 1990.

MILLER, G. A. The magical number seven, plus or minus two: Some limits on our capacity for processing information. Psychological Review, v. 63, p. 81-97, 1956.

MILNER, B. Psychological aspects of focal epilepsy and its neurosurgical management. Advances in Neurology, v. 8, p. 299-321, 1975.

MIOTTO, E. C. Cognitive rehabilitation of amnesia after virus encephalitis: a case report. Neuropsychological Rehabilitation, v. 17, p. 551-66, 2007.

MIOTTO, E. C. Conceitos fundamentais, história e modelos teóricos em reabilitação neuropsicológica. *In*: MIOTTO, E. C. Reabilitação Neuropsicológica e Intervenções Comportamentais. São Paulo: Editora Roca, 2015.

MIOTTO, E. C. et al. Hopkins verbal learning test-revised and brief visuospatial memory test-revised: preliminary normative data for the Brazilian population. Arquivos de Neuropsiquiatria, v. 70, p. 962-5, 2012.

MIOTTO, E. C. et al. Manual de avaliação neuropsicológica: a prática da testagem cognitiva. São Paulo: Editora Memnon, 2023. 2 v.

MIOTTO, E. C. et al. Spot-the-Word Test como instrumento neuropsicológico para avaliação de inteligência pré-mórbida em idosos: revisão da literatura. Jornal Brasileiro de Neurocirurgia, v. 19, n. 3, p. 20-5, 2008.

MIOTTO, E. C. et al. Development of an adapted version of the Boston Naming Test for Portuguese speakers. Brazilian Journal of Psychiatry, v. 32, n. 3, p. 279-82, 2010.

MIOTTO, E. C. et al. Rehabilitation of executive dysfunction: A controlled trial of an attention and problem solving treatment group. Neuropsychological Rehabilitation, v. 19, n. 4, p. 517-40, 2009.

MIOTTO, E. C. Reabilitação da disfunção executiva. *In*: Miotto, E. C. Reabilitação neuropsicológica e intervenções comportamentais. Rio de Janeiro: Roca, 2015.

MIOTTO, E. C.; MORRIS, R. G. Virtual planning in patients with frontal lobe lesions. Cortex, v. 34, n. 5, p. 639-57, 1998.

MIRSKY, A. F. et al. Analysis of the elements of attention: a neuropsychological approach. Neuropsychology review, v. 2, p. 109-45, 1991.

MIYAKE, A. et al. The unity and diversity of executive functions and their contributions to complex "frontal lobe" tasks: A latent variable analysis. Cognitive psychology. v. 41, n. 1, p. 49-100, 2000.

MOSCOVITCH, M. et al. Functional neuroanatomy of remote episodic, semantic and spatial memory: A unified account based on multiple trace theory. Journal of Anatomy, v. 207, p. 35-66, 2005.

MUIR, J. L. Attention and stimulus processing in the rat. Cognitive brain research, v. 3, p. 215-25, 1996.

NELSON, H. E. A modified card sorting test sensitive to frontal lobe defects. Cortex, v. 12, n. 4, p. 313-24, 1976.

NELSON, H. E. The National Adult Reading Test (NART): test manual. Upton Park, UK: NFER-Nelson, 1982.

NORMAN, D. A.; SHALLICE, T. Attention to action: Willed and automatic control of behaviour. In: DAVIDSON, R. J.; SCHWARTS, G. E.; SHAPIRO, D. (ed.). Consciousness and self-regulation: Advances in research and theory. New York: Plenum, v. 4, p. 1-18, 1986.

PFEFFER, R. I. et al. Measurement of functional activities in older adults in the community. Journal of Gerontology, v. 37, n. 3, p. 323-29, 1982.

POSNER, M. I.; PETERSEN, S. E. The attention system of the human brain. Annual review of Neuroscience, v. 13, p. 182-196, 1990.

SERRAO, V. T. et al. Performance of a sample of patients with Mild Cognitive Impairment (MCI), Alzheimer's Disease (AD) and healthy elderly on a lexical decision test (LDT) as a measure of pre-morbid intelligence. Dementia & Neuropsychologia, v. 9, p. 265-69, 2015.

SIQUEIRA, L. S. et al. Development of the Brazilian version of the Child Hayling Test. Trends in Psychiatry and Psychotherapy, v. 38, n. 3, p. 164-74, 2016.

SQUIRE, L. R. Mechanisms of memory. Science, v. 232, p. 1612-9, 1986.

STRAUSS, E.; SHERMAN, E. M. S.; SPREEN, O. A Compendium of Neuropsychological Tests. 3rd ed. Oxford: Oxford University Press, 2006.

SUNDERLAND, A.; HARRIS, J. E.; BADDELEY, A. D. Do laboratory tests predict everyday memory? A neuropsychological study. Journal of Verbal Learning and Verbal Behavior, v. 22, n. 3, p. 341-57, 1988.

TULVING, E. Episodic and semantic memory. In: Tulving, E; Donaldson, W. (Ed.). Organization of Memory. Nova York: Academic, 1972. p. 381-403.

TULVING, E. Episodic memory: From mind to brain. Annual Review of Psychology, v. 53, p. 1-25, 2002.

WECHSLER, D. Escala Weschsler de inteligência para crianças-WISC-IV: manual técnico. Tradução do manual original Maria de Lourdes Duprat. 4. ed. São Paulo: Casa do Psicólogo, 2013.

WILSON, B. A. Memory rehabilitation: Integrating theory and practice. The Guilford Press, 2009.

ZANINI, G. A. V. et al. An adaptable, open-access test battery to study the fractionation of executive-functions in diverse populations. Frontiers in psychology, v. 12, p. 627219, 2023.

ZIMMERMANN, N. et al. Brazilian norms and effects of age and education on the Hayling and Trail Making Tests. Trends in psychiatry and psychotherapy, v. 39, n. 3, p. 188-95, 2017.

2 Neuroanatomia da Cognição e do Comportamento e Sistema Neurovascular

Carlos Eduardo Passos • Adalberto Studart-Neto

Introdução

O sistema nervoso (SN), dentre outras funções, é responsável pela interação do indivíduo com o meio externo e consigo mesmo. De maneira simplista, informações ambientais de diferentes modalidades sensoriais (visão, audição, tato, olfato, paladar e propriocepção) chegam constantemente para uma pessoa, são processadas e geram respostas tanto ao meio externo quanto ao meio interno – respostas essas que são constantemente monitoradas e reprocessadas (Junqueira, 2017).

Esse processamento do constante fluxo de informações ambientais e reprocessamento de respostas envolve diversos mecanismos especializados, organizados de forma complexa e hierarquizada, e permite a constante capacidade de interação. A esse conjunto de mecanismos que permite aquisição, seleção, armazenamento, modulação e recuperação de informações chamamos "cognição" (Harvey, 2019; Mesulam, 2000).

Definir quais regiões do cérebro são responsáveis por esses mecanismos é tema de alta relevância já há bastante tempo nas neurociências. Historicamente, diferentes correntes disputavam a hegemonia teórica a respeito da fisiologia da cognição, grupos de tendência localizacionista tentavam correlacionar regiões específicas a funções cognitivas, enquanto grupos de tendência holista defendiam que os processos ocorriam de forma difusa no cérebro. O avanço tecnológico, no entanto, possibilitou a aproximação de um modelo teórico menos polarizado, e capaz de explicar de forma mais consistente os achados da prática clínica, abarcando ideias de ambas as correntes teóricas precedentes (Mesulam, 2000).

O modelo teórico mais aceito atualmente postula que funções cognitivas são mediadas pela disposição de neurônios em redes de larga escala, organizadas em torno de centros corticais reciprocamente interconectados. Essas redes teriam então áreas (grupos de neurônios, corticais ou subcorticais) de grande relevância para determinadas funções (chamados de "hubs") e áreas auxiliares, de papel adjuvante. (Harvey, 2019; Mesulam, 2000; Menon, 2019).

Organização anatômica do sistema nervoso

O SN divide-se em um componente dito periférico (SNP) e um central (SNC). O SNC localiza-se dentro do esqueleto axial (crânio ósseo e coluna vertebral) e é formado pelo encéfalo e pela medula espinhal.

O encéfalo é o componente do SNC localizado dentro do crânio e é formado pelo cérebro, cerebelo e tronco encefálico (Figura 2.1). O cérebro, por sua vez, é formado pelo

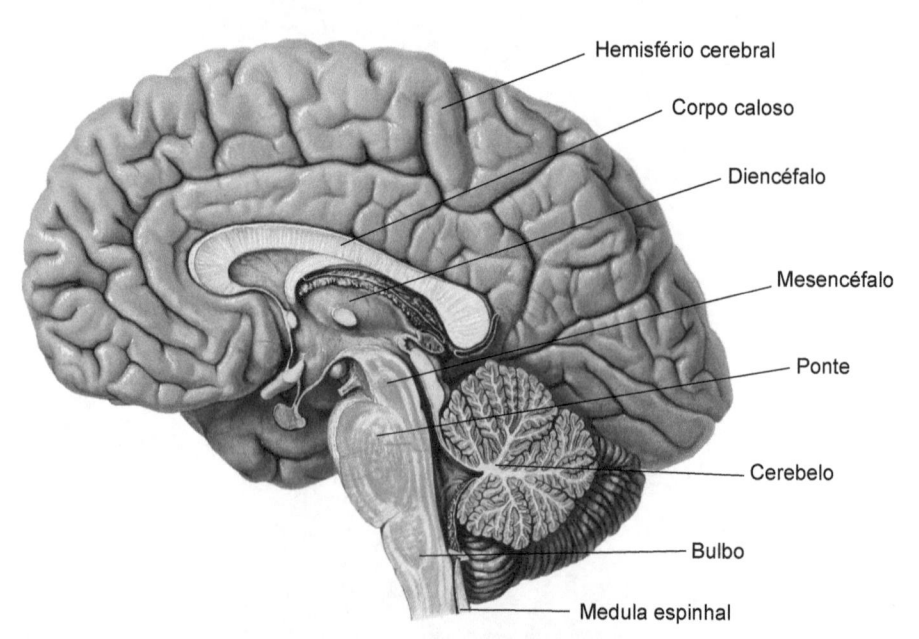

Figura 2.1 Representação esquemática simplificada do sistema nervoso central.

telencéfalo (constituído por dois hemisférios cerebrais) e pelo diencéfalo (tálamo e hipotálamo são os dois principais componentes). E o tronco encefálico é dividido em mesencéfalo, ponte e bulbo.

Anatomia macroscópica do telencéfalo

O telencéfalo é formado por dois hemisférios separados por uma fissura longitudinal, mas conectados por fibras inter-hemisféricas. Sua estrutura interna é dividida didaticamente em córtex cerebral, substância branca e núcleos da base (Figura 2.2). (Machado, 2014; Brucki, 2011 *apud* Nitrini, 2011)

Externamente, cada hemisfério tem cinco lobos com seus sulcos e giros que seguem um padrão bem estabelecido.

Lobo frontal. Separado do lobo temporal pelo sulco lateral e do lobo parietal pelo sulco central. Em sua superfície lateral apresenta um sulco verticalizado que delimita o giro pré-central (área motora primária) e dois sulcos horizontalizados que delimitam os giros frontais superior, médio e inferior. Em sua superfície medial, compartilha com o lobo parietal, o giro do cíngulo (abaixo do qual está o corpo caloso, unindo os dois hemisférios) e próximo a sua superfície inferior, apresenta o giro reto. Já na sua superfície inferior, é possível visualizar o bulbo olfatório, separando o giro reto (medial) dos giros orbitais (laterais).

Lobo parietal. Separado do lobo occipital pelo sulco parieto-occipital medialmente. Tem ainda um grande sulco com três divisões que delimita seus demais giros, o sulco

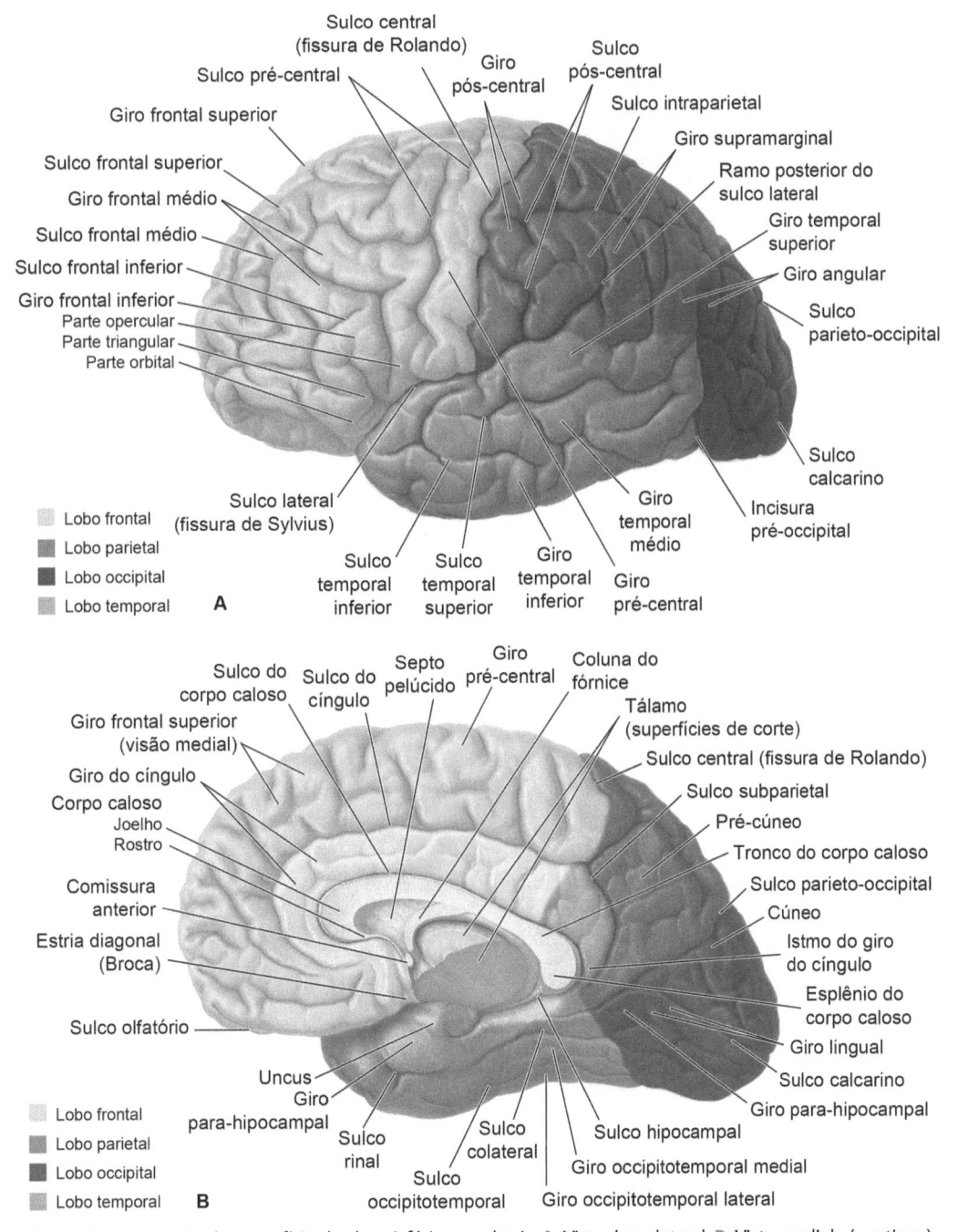

Figura 2.2 Anatomia de superfície dos hemisférios cerebrais. **A.** Vista dorsolateral. **B.** Vista medial. *(continua)*

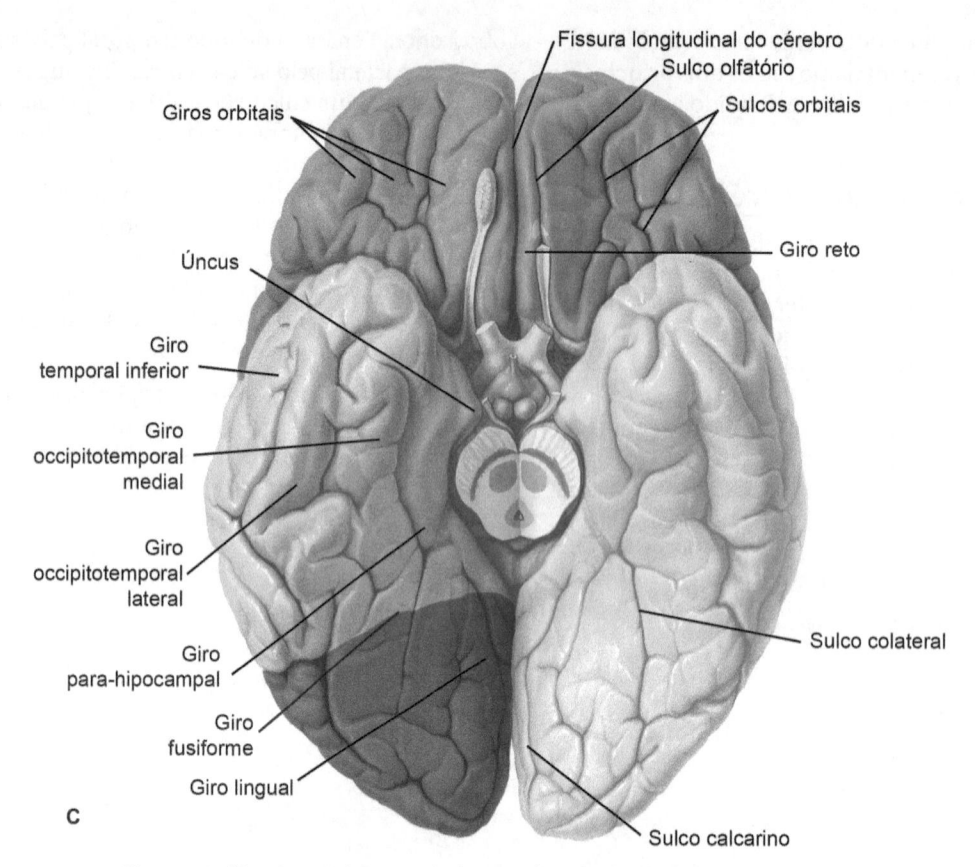

Figura 2.2 (*Continuação*) Anatomia de superfície dos hemisférios cerebrais. C. Vista ventral.

intraparietal; sua porção ascendente delimita o giro pós-central (área somatossensorial primária) e o separa do lóbulo parietal inferior; as porções ascendente e horizontal separam o lóbulo parietal inferior (formado pelos giros supramarginal e angular) do lóbulo parietal superior. Medialmente, visualiza-se a parte do lóbulo parietal superior denominada pré-cúneo.

Lobo temporal. Apresenta em sua superfície lateral dois sulcos horizontalizados que delimitam os giros temporal superior (no qual está situada a área auditiva primária), médio e inferior. Sua superfície inferior apresenta três sulcos relevantes; os sulcos occipitotemporal, colateral e do hipocampo, que delimitam os giros occipitotemporal lateral (fusiforme), occipitotemporal medial e para-hipocampal.

Lobo occipital. Esse lobo tem giros e sulcos menos consistentes entre indivíduos, mas eventualmente é possível localizar três deles (os giros superior, médio e inferior) em sua porção lateral e dois sulcos de grande relevância na porção medial, o sulco calcarino (cujas bordas abrigam a área visual primária) e o sulco parieto-occiptal.

Lobo da ínsula. Localizado internamente ao sulco lateral, apresenta lateralmente os sulcos circular e central, que separam o lobo em giros curtos e longo.

Internamente, axônios dos neurônios corticais permitem a conexão de diferentes áreas no mesmo hemisfério (fibras intra-hemisféricas), dos diferentes hemisférios (inter-hemisféricas) e com estruturas subcorticais, infratentoriais e medulares (de projeção) (Machado, 2014).

Córtex cerebral e suas conexões

O córtex cerebral consiste em uma lâmina de substância cinzenta com cerca de 1 cm de espessura situada na superfície dos hemisférios cerebrais. Essa estrutura é a base para a compreensão da complexa fisiologia da cognição. Para possibilitar o funcionamento em redes, neurônios corticais possuem organização altamente especializada. Duas correntes teóricas se debruçaram sobre a fisiologia do córtex: uma corrente arquitetônica e uma funcional. A primeira (arquitetônica) postula uma divisão que atribuía funções a regiões bem delimitadas no córtex, chegando a propor mapas funcionais extremamente detalhados para cada giro cortical (como se neurônios daquela região fossem especializados diretamente para aquela função); contudo, a prática clínica e avanço tecnológico com exames de neuroimagem não favorecem correlação tão precisa entre regiões e funções.

A segunda corrente (funcional) postula a organização do córtex cerebral em subdivisões, com cinco subtipos funcionais do córtex (Mesulam, 2000; Brucki, 2011):

1. Córtex límbico (formações corticoides e alocorticoides)
2. Córtex paralímbico (mesocórtex)
3. Córtex associativo heteromodal (córtex homotípico)
4. Córtex associativo unimodal (córtex homotípico)
5. Córtex primário (sensoriais e motor) (córtex idiotípico).

Cada um desses subtipos corticais teria uma diferente disposição citoarquitetônica de neurônios que se relaciona com as informações dos meios interno e externo.

Características de cada subtipo de córtex e suas interações é que permitiriam a emergência das funções cognitivas (Mesulam, 2000).

Os córtices idiotípicos são relacionados às informações que chegam do meio externo através das áreas sensoriais primárias (p. ex., visual, sensitiva e auditiva) e das respostas a esse meio através do córtex primário motor; enquanto os córtices límbico e paralímbico teriam maior relação com informações e respostas do meio interno, associadas ao hipotálamo. Já os córtices associativos uni e heteromodais (homotípicos) estariam relacionados aos diferentes graus de processamento dessas informações (Figura 2.3), estando as áreas unimodais relacionadas intimamente a alguma modalidade sensorial específica (geralmente em áreas adjacentes às regiões primárias), enquanto as áreas heteromodais recebem informações de diferentes modalidades e de outras áreas heteromodais (Mesulam, 2000; Nitrini, 2011).

Cada região funcional tem conexões entre neurônios da mesma região (intramurais) e entre neurônios de áreas diferentes (extramurais), além de conexões com estruturas subcorticais moduladoras, como núcleos da base e estruturas diencefálicas. As conexões extramurais ocorrem com mais intensidade nas duas zonas funcionais adjacentes e formam intricadas redes que possibilitam o processamento integrado de informações. É essa estrutura que viabiliza os desfechos da chamada cognição (Mesulam, 2000; Nitrini, 2011).

Redes neurais e cognição

Estudos com neuroimagem funcional possibilitaram a compreensão funcional dessa intrincada neuroanatomia e permitiram a descrição de redes responsáveis por diferentes funções cognitivas. Uma teoria recente aponta a presença de três grandes redes moduladoras (Menon, 2019).

Rede de saliência. Responsável pela convergência de informações sensoriais, afetivas e cognitivas, passadas e presentes, e que funciona como um radar e filtro de estímulos de diferentes origens. Componentes dessa rede incluem a ínsula anterior, o córtex do cíngulo anterior dorsal, o estriado ventral, o tegmento ventral e a amígdala (Menon, 2019).

Rede modo padrão. Ativa quando dados são interpretados e integrados em um fluxo de consciência não direcionado a uma tarefa específica, uma rede com papel importante no nível de consciência e voltada para autorreferência, divagação e reminiscência. Componentes dessa rede incluem principalmente o córtex pré-frontal medial, o córtex cingulado posterior, o pré-cúneo e o córtex parietal lateral (Menon, 2019).

Rede tarefa-positiva. Engloba a rede central-executiva e frontoparietal e é responsável pelas reações emocionais consistentes e/ou atividades direcionadas a tarefas específicas, que recrutaria redes mais especializadas para atingir um determinado objetivo (Menon, 2019).

O funcionamento harmonioso entres essas três redes permite a orquestra de informações responsável pelas capacidades cognitivas plenas. A partir dessa interação, redes subordinadas (com grau variável de sobreposição a essas redes superiores) são mais ou menos acionadas para a execução de diferentes tarefas ou reações, através de conexões mais próximas com regiões primárias. Pelo menos cinco dessas redes, de grande relevância, e seus epicentros são descritas em literatura (Mesulam, 2000):

1. Rede de atenção espacial (frontoparietal): córtex parietal posterior dorsal, campos oculares frontais e giro do cíngulo (predominantemente no hemisfério direito)
2. Rede central executiva: córtex pré-frontal lateral, córtex orbitofrontal e córtex parietal posterior
3. Rede de linguagem: áreas de Broca e de Wernicke (localizadas no hemisfério esquerdo)
4. Rede de memória e emoções: região hipocampo-entorrinal e complexo amigdaloide
5. Rede de identificação de face e objetos: córtex temporal lateral e temporopolar.

Como forma de tornar a avaliação cognitiva do paciente prática, costuma-se dividi-la em domínios cognitivos: atenção, linguagem, memória, funções executivas, funções visuoespaciais, funções visuoperceptivas e praxias (Harvey, 2019; Nitrini, 2011).

Tarefas e baterias foram desenvolvidas para avaliar separadamente esses domínios e subdomínios e possibilitar a realização de um diagnóstico sindrômico e topográfico com base no conhecimento das redes e seus elementos (Harvey, 2019; Nitrini, 2011).

Figura 2.3 Organização cortical e relação com o meio. (Adaptada de Mesulam, 2000.)

Sistema vascular e cognição

Para suprir as demandas energéticas desse sistema tão complexo, o encéfalo é ricamente suprido por um sistema vascular arterial (Figura 2.4). Esse sistema vascular é formado por uma circulação anterior (representada pelas artérias carótidas internas e seus ramos) e uma circulação posterior (representada pelas artérias vertebrais e basilar) (Machado, 2014).

A circulação anterior é responsável pela irrigação das partes anteriores e dorsolaterais do encéfalo, com a artéria cerebral média responsável pela irrigação da parte lateral dos lobos frontais, parietais e temporais, e a artéria cerebral anterior, pela irrigação da porção inferior do lobo frontal e medial dos lobos frontais e temporais. Enquanto a circulação posterior é responsável pela irrigação pela parte ventral e medial dos lobos occipitais e temporais. Essas duas porções se comunicam através do polígono de Willis (Machado, 2014).

Essas artérias então dão origem a uma vasta rede cerebrovascular através de suas ramificações com arteríolas, capilares, vênulas e veias que drenam finalmente para seios venosos. Ramos de grande relevância clínica são as artérias perfurantes que saem do polígono em direção a estruturas subcorticais como núcleos da base e tálamos (Machado, 2014; Gupta, 2021).

Pela alta demanda energética do encéfalo e por não dispor de reservas de energia, a vasculatura cerebral é especializada a ponto de permitir alto fluxo sanguíneo constante e ainda ser capaz de ajustar o fluxo sanguíneo cerebral para áreas específicas sob maior demanda durante diferentes tarefas (Machado, 2014; Gupta, 2021; Rundek *et al.*, 2022).

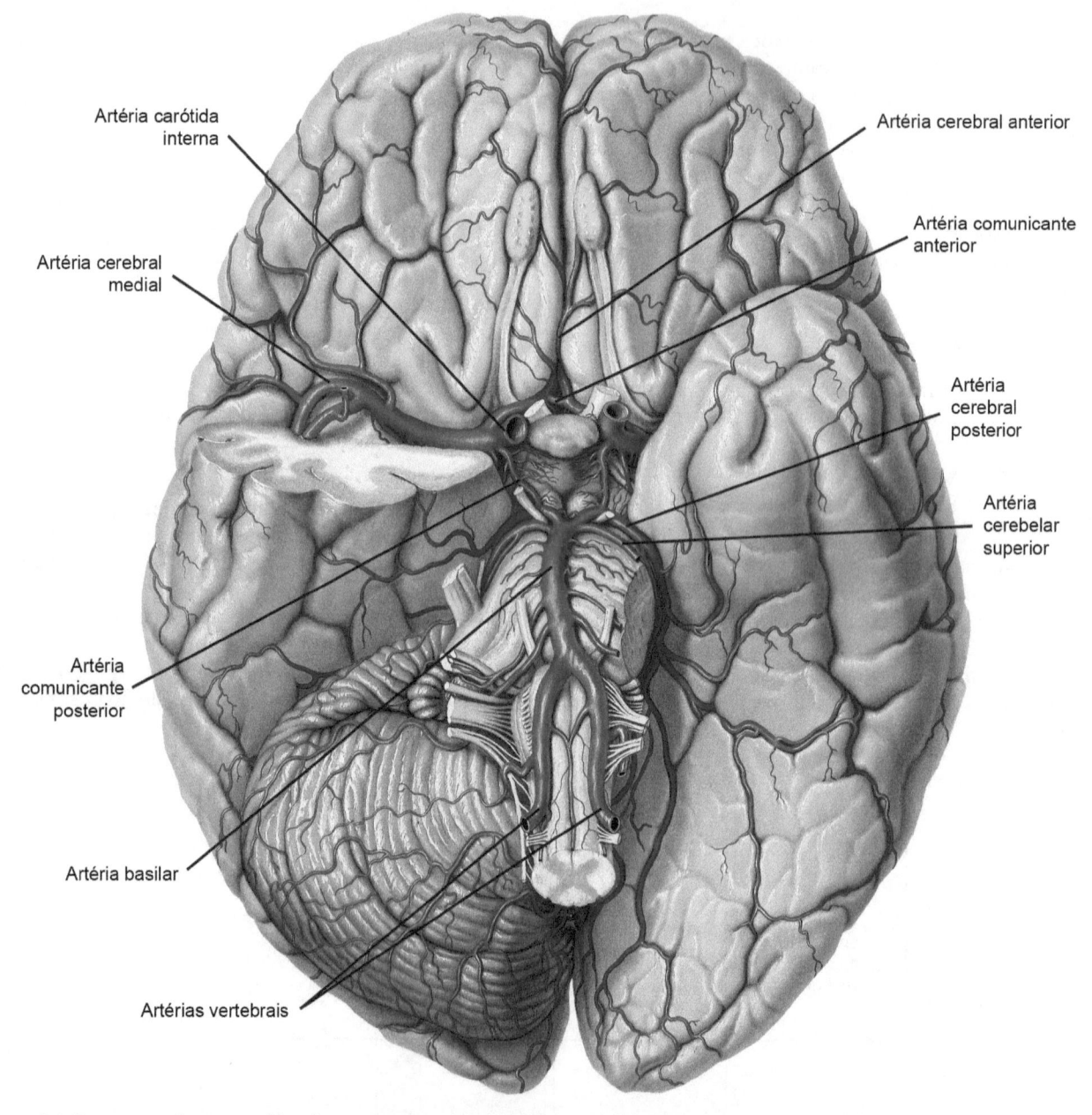

Figura 2.4 Representação esquemática demonstrando a vascularização arterial do sistema nervoso central pela visão da face ventral do telencéfalo. Por essa visão, observa-se o polígono de Willis.

Tabela 2.1 Mecanismos de declínio cognitivo de etiologia vascular.

Múltiplos infartos
Lesão estratégica
Lesão subcortical
Hipoperfusão
Hemorragia
Formas mistas

Ainda por conta dessa demanda altamente especializada, doenças cerebrovasculares são fonte potencial de comprometimento das funções cognitivas. Há descrição na literatura de diversos mecanismos como causa de comprometimento cognitivo vascular, como apontado na Tabela 2.1 (Nitrini, 2011; Rundek et al., 2022).

Considerações finais

Avanços tecnológicos das últimas décadas, principalmente em exames de neuroimagem, permitiram um aumento relevante no conhecimento dos substratos anatômicos e fisiológicos da cognição. O modelo vigente postula que funções cognitivas derivam de redes de neurônios hierarquizadas e parcialmente sobrepostas, modelo que permite melhor compreensão de fenômenos clínicos que não corroboravam os modelos precedentes.

Para possibilitar essa complexa fisiologia, é necessário um sistema vascular altamente especializado capaz de manter alta demanda energética e ainda direcionar maior aporte para regiões em plena atividade. Doenças cerebrovasculares, portanto, têm íntima relação com declínio cognitivo por diversos mecanismos variados.

Referências bibliográficas

GUPTA, A.; RARICK, K. R.; RAMCHANDRAN, R. Established, new and emerging concepts in brain vascular development. Frontiers in Physiology, v. 12, p. 636736, 2021.

HARVEY, P. D. Domains of cognition and their assessment. Dialogues in Clinical Neuroscience, v. 21, n. 3, p. 227-37, 2019.

JUNQUEIRA, L. C. U.; CARNEIRO, J.; ABRAHAMSOHN, P. Histologia Básica. Textos e Atlas. 13. ed. Rio de Janeiro: Guanabara-Koogan, 2017.

MACHADO, A. Neuroanatomia funcional. 3. ed. São Paulo: Editora Atheneu, 2014.

MENON, B. Towards a new model of understanding – The triple network, psychopathology and the structure of the mind. Medical Hypotheses, v. 133, p. 109385, 2019.

MESULAM, M. M. Principles of behavioral and cognitive neurology. 2. ed. New York: Oxford University Press, 2000.

NITRINI, R. Neuroanatomia da cognição e do comportamento. In: BRUCKI, S. M. D. et al. (ed.). Demências – enfoque multidisciplinar: das bases fisiopatológicas ao diagnóstico e tratamento. São Paulo: Editora Atheneu, 2011. p. 27-39.

RUNDEK, T. et al. Vascular Cognitive Impairment (VCI). Neurotherapeutics, v. 19, n. 1, p. 68-88, 2022.

3 Neuroimagem Estrutural, Funcional e Molecular

Alexandro Luis Losano • Milena Maria Ouchar Sabino • Artur Martins Novaes Coutinho • Carlos Buchpiguel • Claudia da Costa Leite • Maria da Graça Morais Martin

Tomografia computadorizada

Idealizada por Sir Godfrey Hounsfield, a tomografia computadorizada (TC) utiliza raios X na composição da imagem do segmento de interesse. Embora o princípio seja semelhante ao de uma radiografia, na qual uma ampola de raios X produz radiação ionizante por meio de um campo elétrico de alta intensidade quando elétrons colidem com o cátodo em alta velocidade, a TC trouxe ganhos expressivos com as imagens seccionais ante as projeções ortogonais dos raios X e com a diferenciação entre os tecidos com base em densidades.

De maneira simplificada, o tomógrafo é constituído de um tubo de raios X e de um detector, oposto à ampola, que captará a radiação emitida e atenuada pelos tecidos expostos. Durante a aquisição das imagens, o tubo de raios X e, consequentemente, o detector, realizam um movimento circular que percorre a área de interesse e que, associado ao movimento da mesa do tomógrafo, resulta em uma helicoide. Como cada tecido apresenta uma densidade diferente, cada projeção apresentará uma atenuação distinta dos feixes de raios X. Dessa forma, e usando múltiplas aquisições em planos distintos, as diferenças de atenuação entre os tecidos permitem reconstruir imagens em múltiplos planos com mais detalhes e maior diferença de contraste, possibilitando um estudo mais detalhado do parênquima encefálico e dos ossos do crânio, o que, até então, não era viável pelas radiografias.

A reconstrução das imagens ocorre por intermédio de uma escala de cinza que traduz o valor numérico da atenuação dos tecidos – a escala Hounsfield. Os extremos da escala são caracterizados pela atenuação do ar (−1.000 UH) e por materiais metálicos e calcificações densas (+1.000 UH). A água tem valor 0 atribuído, o tecido encefálico apresenta atenuação de cerca de 30 a 40 UH e o sangue, entre 60 e 75 UH.

Graças ao grande número de valores da escala, que por vezes resultam em tons de cinza indistinguíveis aos olhos, criaram-se os conceitos de janela e nível. O primeiro limita a extensão da escala a ser exibida, reduzindo a amplitude e propiciando maior contraste entre atenuações mais próximas.

O meio de contraste utilizado na TC é o iodo. "Os compostos iodados aumentam a atenuação dos tecidos, são seguros" e, por vezes, indispensáveis aos estudos propostos, permitindo avaliações aprofundadas, principalmente nos estudos angiográficos, disponibilizando informações relevantes e melhor delimitação dos processos patológicos diversos. Nos últimos anos, em virtude do abandono dos meios de contraste hiperosmolares, houve um grande aumento na segurança e redução expressiva dos efeitos adversos relacionados com o meio de contraste.

A injeção de contraste é indicada para auxílio nas investigações neurológicas, particularmente na fase aguda de trauma cranioencefálico e de hemorragias intracranianas, para avaliação pré-trombólise em infarto cerebral isquêmico em janela de tratamento e outras indicações diversas, embora, em muitos casos, a ressonância magnética, por ter melhor acurácia, seja a indicação principal.

Ressonância magnética

O estudo por ressonância magnética (RM) trouxe grandes avanços para as avaliações anatômica e funcional do encéfalo e de suas doenças.

A técnica consiste em inserir o paciente em um campo magnético de alta intensidade, relativamente homogêneo e constante. Nesse ambiente, os *spins* dos núcleos dos átomos de hidrogênio se alinham no sentido do campo magnético, resultando em um vetor de magnetização total paralelo ao campo, e iniciam um movimento de precessão, em uma frequência específica para cada átomo e relacionada com o campo magnético, conhecida como frequência de Larmor.

Uma vez estabelecido esse estado estacionário, pulsos de radiofrequência desviam o sentido desse vetor de magnetização inicial em relação ao do campo magnético, por curtos períodos, com transferência de energia ao paciente, sendo considerado um método de baixo risco e pouca exposição do paciente.

Após desligados os pulsos de radiofrequência, os prótons começam a voltar ao seu estado de equilíbrio, processo chamado relaxamento, dissipando a energia depositada pelos pulsos de radiofrequência. Essa energia, expressa como pequenas variações do campo magnético, induz uma corrente de fraca intensidade nas bobinas receptoras. Esse sinal é captado, processado e produzirá as imagens do estudo.

A grande capacidade de originar imagens com acentuado contraste entre os tecidos se deve principalmente aos momentos de aquisição desse sinal. Cada tecido tem uma quantidade e um arranjo diferente dos átomos de hidrogênio em suas moléculas e, por conseguinte, terão tempos de relaxamento diferentes, o que resultará nos contrastes entre os tecidos. T1 é, portanto, o tempo necessário para 63% da magnetização longitudinal inicial serem recuperados; T2 se refere à magnetização transversa, sendo o tempo necessário para 63% da magnetização transversa inicial serem recuperados.

Diversas sequências são usadas para caracterizar diferentes comportamentos dos tecidos ante as variações dos campos magnéticos, pormenorizando e direcionando o raciocínio diagnóstico. Dois parâmetros importantes nesse contexto são os tempos de eco (TE) e de recuperação (TR). O primeiro se diz respeito ao tempo transcorrido entre o pulso de radiofrequência aplicado e o tempo de captação do sinal (eco), enquanto o segundo se refere ao tempo entre o primeiro pulso de radiofrequência e o início de sua repetição. Diferentes combinações entre esses parâmetros resultarão em imagens com diferentes ponderações em T1 e T2, além de alterações de sinal decorrentes das modificações do campo magnético induzidas por outras substâncias (calcificações, sangue, meio de contraste).

O meio de contraste usado na RM é o gadolínio, um metal do grupo das terras raras. As macromoléculas do meio de contraste envolvem o íon do gadolínio em seu interior de maneira estável, sendo excretadas com segurança pela filtração renal ou, por vezes, pelas vias biliares e do trato gastrointestinal, com raros eventos adversos relacionados com o seu uso. O meio de contraste tem a função de alterar o campo magnético ao redor, aproximando as linhas de campo no local em que está e alterando os tempos de relaxamento do tecido em questão. Como resultado, as imagens costumam apresentar realce mais notado nas sequências ponderadas em T1, com redução da intensidade do sinal em T2.

Além das imagens estruturais, como as sequências spin-eco ponderadas em T1, T2 e o FLAIR (do inglês *fluid attenuated inversion recovery*), também é possível adquirir informações fisiológicas e funcionais, como as sequências de difusão (que avaliam o movimento das moléculas de água), perfusão (que avaliam volume e fluxo sanguíneo cerebral, além de avaliação da velocidade do fluxo), tractografia e as técnicas funcionais. A correta interpretação depende do conhecimento anatômico, estrutural, da doença em questão e da profunda correlação entre os achados de imagem e o *status* clínico do paciente.

Métodos de medicina nuclear (SPECT e PET)

Os exames de medicina nuclear (tomografia computadorizada por emissão de fóton único [SPECT] e tomografia por emissão de pósitrons [PET]) consistem em métodos nos quais substâncias radioativas (átomos instáveis ou radioisótopos) são sintetizados em conjunto com compostos "traçadores" de uma certa atividade fisiológica. Essas substâncias, após a conjugação entre o elemento radioativo e a molécula traçadora, passam a ser denominadas radiofármacos ou, mais corretamente, radiotraçadores. Os radiotraçadores são injetados pela circulação periférica nos pacientes e emitem raios gama de acordo com a área de referência a ser estudada, tendo as máquinas a função de captação das imagens por meio de detectores. A diferença entre as máquinas SPECT e PET consiste no tipo de tecnologia usada para detectar a radiação emitida, que será diferente nos traçadores PET (emissores de pósitrons) e SPECT (emissores de fóton único). Essas diferenças serão detalhadas a seguir.

SPECT

A SPECT é uma técnica de imagem que possibilita a reconstrução tridimensional da cintilografia convencional adquirida em câmaras de cintilação, permitindo que a distribuição do radionuclídeo (radiotraçador) seja demonstrada com melhor detalhamento, contraste e informação espacial em comparação com as técnicas de medicina nuclear planas.

O equipamento contém um a quatro detectores (mais comumente, dois) de radiação gama (*gamma* câmara ou câmara de cintilação) que rotacionam ao redor do paciente, provendo informações quanto à distribuição do radiotraçador nos tecidos. Os dados de projeção obtidos pelas câmaras são então reconstruídos nas imagens tridimensionais.

A meia-vida dos marcadores da SPECT é maior do que a dos marcadores da PET, portanto a logística de funcionamento é mais simples e com menor custo operacional. Os radiotraçadores da SPECT utilizados em neuroimagem podem ser divididos em duas classes, de acordo com a sua habilidade ou não de atravessar a barreira hematoencefálica.

Os radiotraçadores não difusíveis são compostos de íons ou moléculas polares incapazes de cruzar a dupla camada lipídica das membranas celulares. Com isso, nas condições com alteração de permeabilidade da barreira hematoencefálica, ocorrerá acúmulo desses radiotraçadores. Poucos traçadores cerebrais atualmente utilizam esse mecanismo de captação, principalmente no contexto de avaliação cognitiva. Os radiotraçadores difusíveis são moléculas de baixo peso molecular, lipofílicas e neutras que conseguem atravessar a barreira hematoencefálica. De acordo com o seu mecanismo de ação, podem ser subclassificados em radiotraçadores de perfusão ou ligados aos receptores.

Os radiotraçadores de perfusão estão localizados no tecido cerebral proporcionalmente ao fluxo sanguíneo (p. ex., tecnécio 99m marcando o dímero de etilcisteinato [99mTc]-ECD). Uma vez superada a barreira hematoencefálica, ocorre um verdadeiro "aprisionamento metabólico": a interação do radiotraçador com as enzimas celulares produz metabólitos intermediários, incapazes de atravessar a membrana celular. Esses são o raciocínio e o mecanismo conhecidos da SPECT para avaliação de perfusão cerebral.

Os radiotraçadores de ligação a receptores (p. ex., 123I-ioflupano e [99mTc]-TRODAT-1) interagem seletivamente com receptores cerebrais específicos (p. ex., no caso dos traçadores citados, transportadores de dopamina nigroestriatais pré-sinápticos). Sua distribuição é, portanto, mais ampla nas áreas do cérebro que expressam seletivamente os receptores-alvo (no caso deste exemplo, axônios terminais dos núcleos da base, representando o trato nigroestriatal). A principal indicação da utilização desses radiotraçadores é a investigação das síndromes parkinsonianas. Os pacientes com doença de Parkinson e parkinsonismos atípicos demonstram redução da captação nos núcleos estriados, ao passo que, em parkinsonismos não degenerativos, doenças degenerativas sem parkinsonismo e tremores essenciais, o exame costuma ser normal.

PET

A PET propicia o detalhamento de fenômenos fisiológicos ou biológicos por meio da administração de radiofármacos emissores de pósitrons. A distribuição biológica dos marcadores cria mapas fisiológicos de função celular e/ou expressão molecular dependentes do produto farmacêutico utilizado. A maioria dos aparelhos comercializados hoje em dia é de PET-CT. A TC adquirida simultaneamente fornece detalhes anatômicos com resolução espacial superior à da PET. O corregistro dos dados de imagem PET e TC permite a localização anatômica precisa de áreas com aumento ou redução da captação pelo radiofármaco. Aparelhos híbridos PET-RM também são produzidos, sendo a metodologia de excelência em neuroimagem, visto fornecer todos os dados multiparamétricos e estruturais da RM acoplados às informações moleculares da PET. Seu preço proibitivo, contudo, limitou o método a grandes centros de medicina privada ou institutos de pesquisa.

A grande vantagem dos traçadores PET com relação aos da SPECT está ligada à maior resolução espacial da PET, que assegura imagens com melhor definição tanto para uso na prática clínica quanto para atividades de pesquisa, inclusive pela maior facilidade com que é feito seu registro com imagens de ressonância magnética.

Os radiotraçadores PET são constituídos de uma molécula traçadora acoplada a uma substância radioativa emissora de pósitrons. Em geral os isótopos PET têm meia-vida ultracurta, como carbono-11 (cerca de 20 minutos) e flúor-18 (cerca de 110 minutos). A síntese dos radiotraçadores PET inicia-se em cíclotrons, com a formação de pequenas moléculas chamadas precursores. A principal restrição à utilização da PET na prática clínica é o seu elevado custo, haja vista que os precursores têm vida média extremamente curta e devem, com isso, ser produzidos no próprio local de uso ou nos arredores. Em alguns casos, traçadores marcados com flúor-18 podem ser distribuídos por via respiratória por terem meia-vida de 110 minutos. Se produzidos em larga escala, podem ter seu preço reduzido e se tornar mais acessíveis.

O radiotraçador fluordesoxiglicose marcado com flúor-18 (18F-FDG ou simplesmente FDG) é o composto mais utilizado nos exames de PET. Trata-se de um isótopo flúor-18 ligado à 2-desoxi-2-glicose, um análogo da glicose. O ligante 2-desoxi-2-glucose é um substrato para as enzimas hexoquinase/glucoquinase, as quais são envolvidas no metabolismo inicial dos hidratos de carbono; assim, o FDG está quimicamente ligado à atividade metabólica celular. É o método PET mais popular e acessível. Atualmente também estão disponíveis na prática clínica os traçadores PET de detecção de placas beta-amiloide extracelulares ("PET amiloide"), que identifica *in vivo* a principal caraterística patológica da doença de Alzheimer.

A PET-FDG é o método mais sensível e específico para detectar os padrões das diferentes doenças neurodegenerativas, seja na doença de Alzheimer e suas variantes linguística, atrofia cortical posterior, motora ou frontal (todas as formas têm em comum o hipometabolismo no córtex de associação temporoparietal, pré-cúneo e cíngulo posterior), seja em parkinsonismos (apresenta padrões na doença com corpos de Lewy – acometimento parieto-occipital, incluindo córtex visual, demência da doença de Parkinson, atrofia de múltiplos sistemas, paralisia supranuclear progressiva e síndrome corticobasal de diferentes etiologias), e degeneração lobar frontotemporal e suas variantes frontal e linguísticas (afasias progressivas primárias semântica e não fluente – agramática), em que há acometimento frontal polar e basal e/ou temporal nos seus aspectos polares e neocorticais mais anteriores. A PET-FDG também é utilizada na avaliação pré-operatória interictal/intercrítica para auxílio na localização dos focos epileptogênicos, na estimação do grau de malignidade dos gliomas e na diferenciação com linfomas primários do sistema nervoso central (SNC) (nesses também usada para controle de resposta terapêutica), além de na avaliação das consequências funcionais de isquemias e acidentes vasculares encefálicos.

O conhecimento de como a idade e a cognição estão associadas à neuropatologia da deposição dos agregados de proteína β-amiloide foi aprimorado pelo desenvolvimento dos radiofármacos que se ligam aos peptídeos β-amiloide depositados em placas extracelulares *in vivo* e podem ser visualizados com a PET. O composto-B de Pittsburgh marcado com carbono-11 (11C-PiB) foi o primeiro radiofármaco desenvolvido e utilizado para a avaliação dos pacientes com declínio cognitivo. Há, atualmente, traçadores análogos ao PiB marcados com flúor-18 disponíveis comercialmente e que cumprem o mesmo papel. Essa técnica demonstra elevado valor preditivo negativo, ou seja, quando negativo, a probabilidade de presença de processo patológico relacionado com a doença de Alzheimer é muito baixa (exame francamente negativo exclui a doença). Além disso, novos marcadores têm ampliado sobremaneira a utilização da PET no diagnóstico da doença de Alzheimer e na sua diferenciação com outras síndromes demenciais, como o caso de análogos da proteína tau fosforilada (PET-tau).

Casos clínicos

Caso 1: comprometimento cognitivo leve por doença de Alzheimer

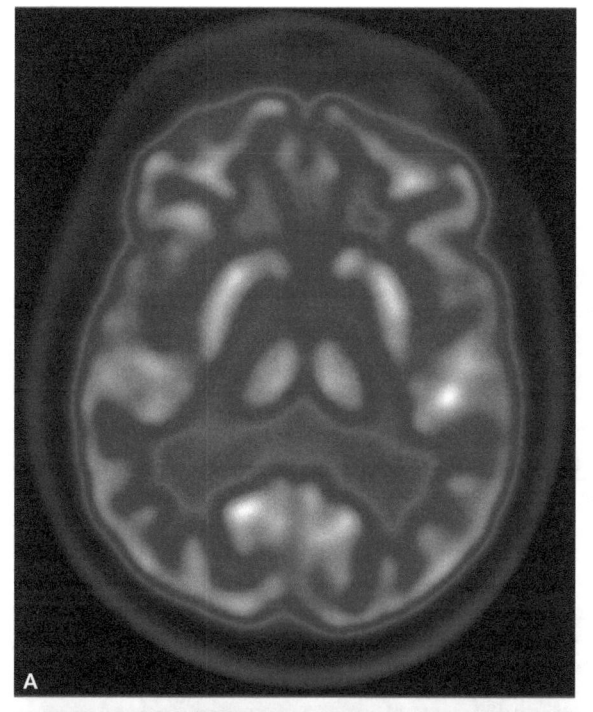

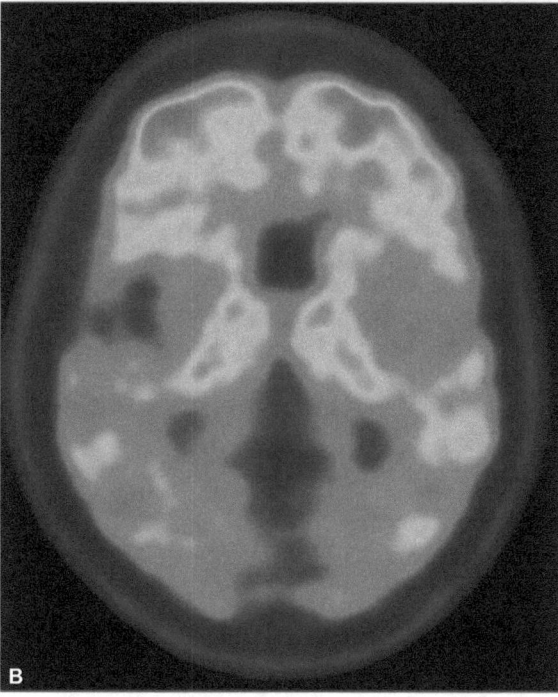

Figura 3.1 Paciente com comprometimento cognitivo leve amnésico demonstrando PET-FDG com metabolismo glicolítico normal (ausência de neurodegeneração, em **A**), porém com positividade à PET amiloide com [11C]PiB (**B**). Esse paciente deve ser classificado como "A+N−", ou seja, em fase inicial do processo patológico da doença de Alzheimer, em que já há sintomas sem comprometimento da funcionalidade e deposição amiloide cortical, porém sem sinais claros de neurodegeneração ao exame funcional metabólico.

Caso 2: demência por doença de Alzheimer

Paciente do sexo feminino, 67 anos, apresenta declínio cognitivo progressivo, com perda gradual da memória episódica. Passou a apresentar dificuldades para as atividades diárias, necessitando de apoio familiar para tarefas diárias que antes desempenhava sozinha. Diagnóstico clínico de doença de Alzheimer (Figura 3.2).

A imagem por RM tem papel auxiliar no diagnóstico, sendo que a ressonância ajuda a identificar áreas de redução volumétrica que, na doença, incluem o córtex entorrinal, o sistema límbico/hipocampo e o neocórtex, geralmente durante a evolução da doença. A redução volumétrica, no entanto, não é perceptível nas fases iniciais. Algumas escalas de avaliação visual são utilizadas para auxílio diagnóstico, como a análise de atrofia temporal, as escalas de atrofia cortical entorrinal (ERICA) e de atrofia do lobo temporal medial (MTA – ou escala de Scheltens), e, para avaliação de

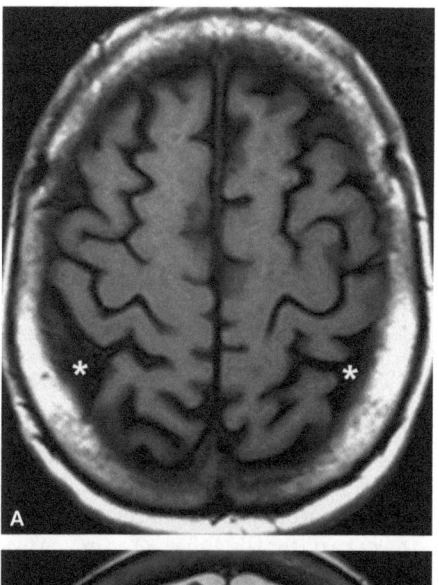

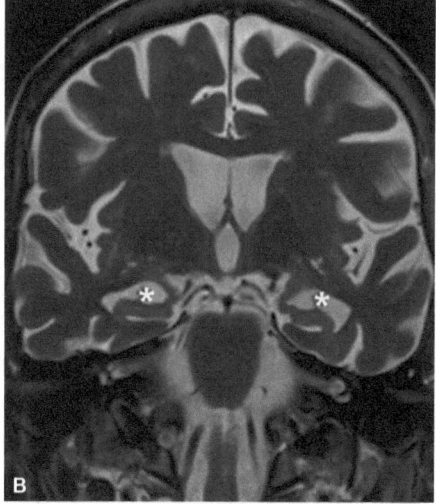

Figura 3.2 Estudo por ressonância magnética do encéfalo. **A.** Imagem axial pesada em T1. **B.** Imagem coronal pesada em T2. Nota-se redução volumétrica do parênquima encefálico, que é caracterizada pelo alargamento dos sulcos corticais (**A**, *asteriscos*) e discreta ectasia ventricular, com acometimento mais acentuado temporal medial, com aumento compensatório dos espaços liquóricos peri-hipocampais (**B**, *asteriscos*).

atrofia parietal, a escala de Koedam. Há, ainda, a escala de atrofia global. A imagem por ressonância magnética é importante também para descartar outras causas que poderiam explicar a sintomatologia.

Há auxílio crescente de outros biomarcadores no diagnóstico – fragmentos das proteínas tau com fosforilação em aminoácidos específicos, beta-amiloide e neurofilamentos de cadeia leve, tanto séricos quanto liquóricos, para auxílio diagnóstico.

Além disso, a imagem de medicina nuclear possibilita avaliação metabólica e de marcação amiloide (Figura 3.3).

Caso 3: demência vascular

Paciente do sexo masculino, 65 anos, com quadro clínico de perda progressiva de funcionalidade, declínio progressivo do desempenho cognitivo e episódios de piora em surtos. Estudos de imagem mostraram diversos eventos isquêmicos pregressos (Figura 3.4).

Os estudos de imagem são fundamentais no diagnóstico das lesões vasculares. Tanto a TC quanto a RM são capazes de identificar as lesões isquêmicas, no entanto, a RM é mais sensível, especialmente à alteração isquêmica de pequenos vasos da substância branca, bem como às micro-hemorragias

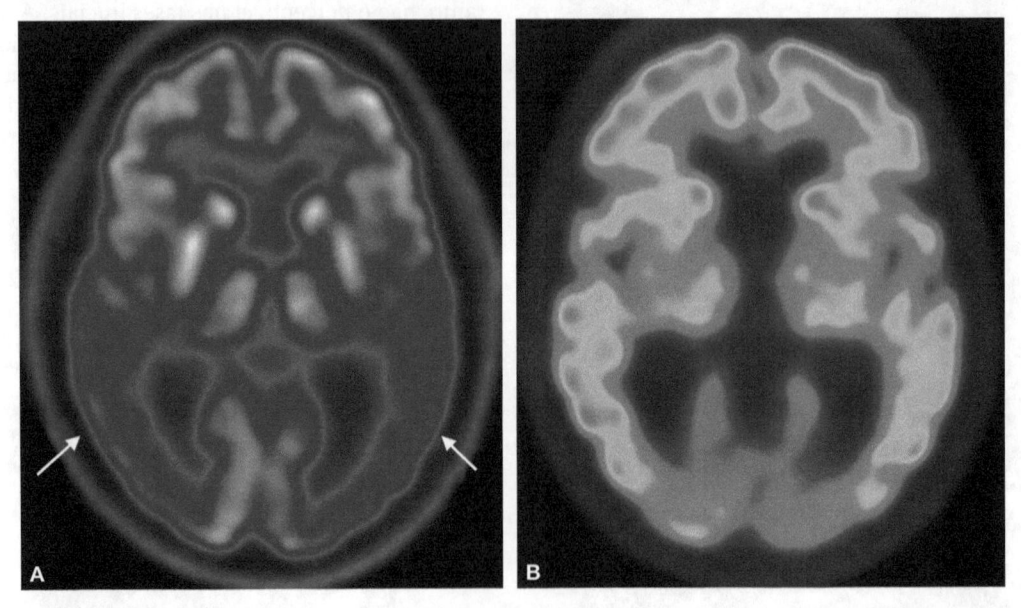

Figura 3.3 Outro paciente com diagnóstico clínico de demência relacionada com a doença de Alzheimer. PET-FDG com hipometabolismo glicolítico temporoparietal posterior típico da doença (presença de neurodegeneração indicada pelas *setas brancas*, em A), associado a positividade à PET amiloide com [11C]PiB (B). Esse paciente, assim, deve ser classificado como "A+N+", ou seja, em fase avançada do processo patológico da doença de Alzheimer, em que há sintomas comprometendo a funcionalidade associados a sinais claros de deposição amiloide cortical e neurodegeneração típica da doença de Alzheimer ao exame funcional metabólico.

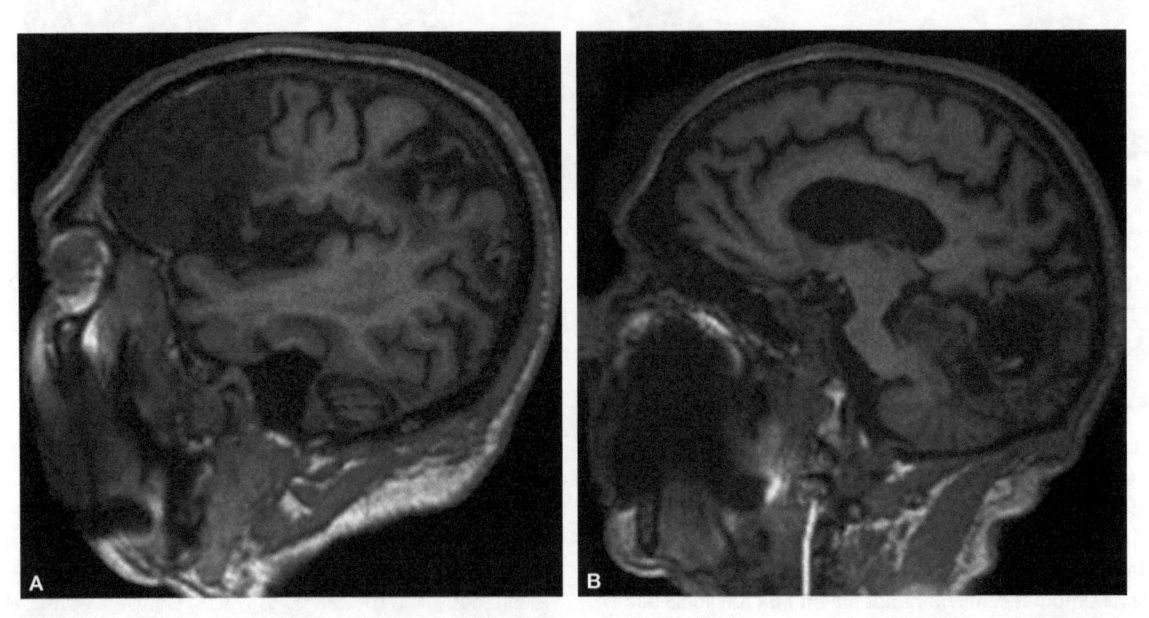

Figura 3.4 Imagens sagitais ponderadas em T1 mostram sequelas dos eventos isquêmicos nos lobos frontal (A) e occipital e no cerebelo (B) esquerdos. (*Continua*)

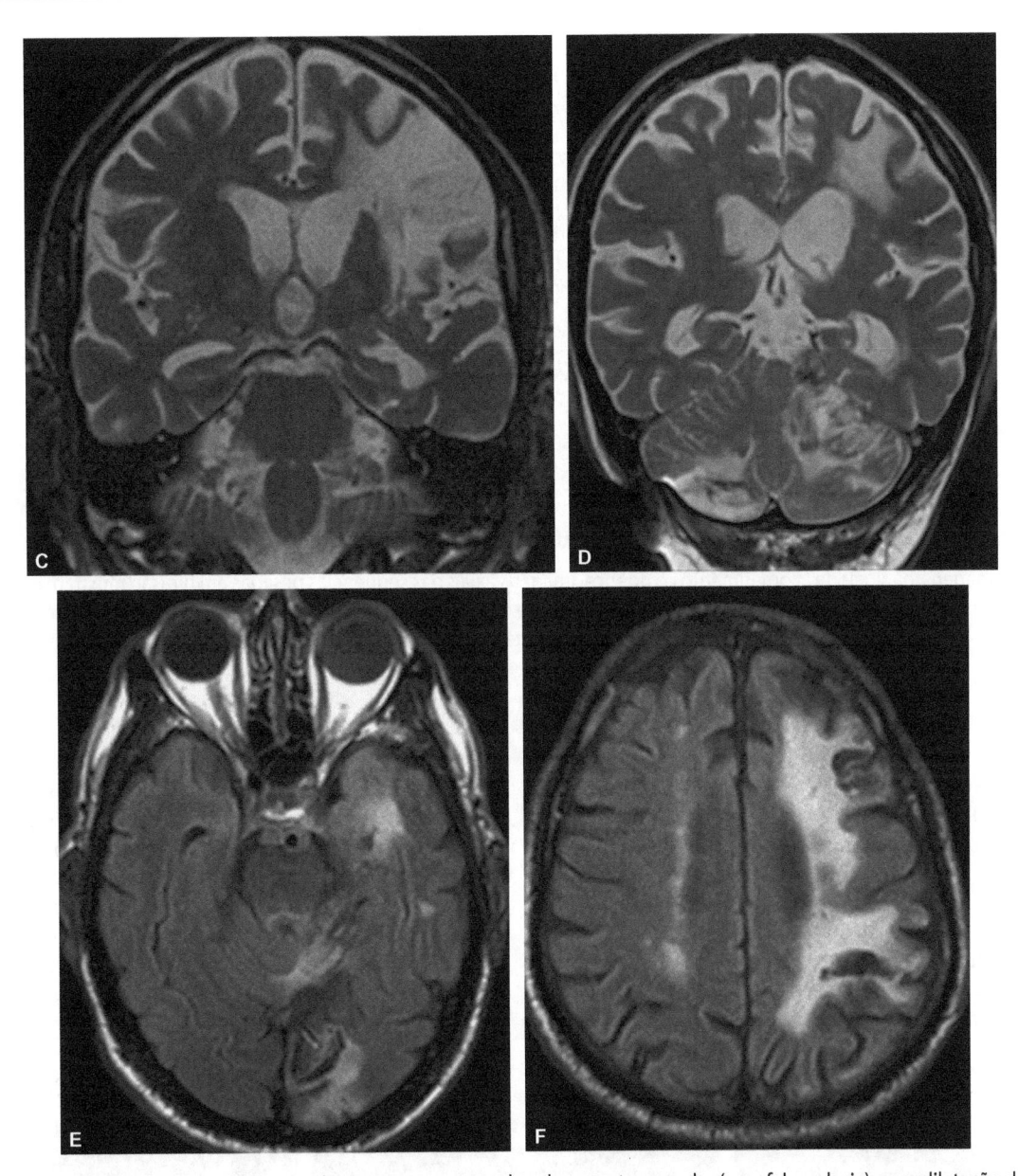

Figura 3.4 (*Continuação*) As mesmas áreas anteriormente representadas, de aspecto sequelar (encefalomalacia), com dilatação dos sulcos corticais e do ventrículo lateral esquerdo, em imagens coronais ponderadas em T2 (**C** e **D**). Imagens axiais da sequência FLAIR mostram aumento do sinal da substância branca profunda adjacente às áreas sequelares de infarto à esquerda e alterações focais de sinal sugestivas de doença de pequenos vasos à direita nas regiões periventriculares e no centro semioval desse lado (**E** e **F**).

antigas, observadas na angiopatia amiloide cerebral e na encefalopatia hipertensiva crônica. Podem ser identificadas alterações focais de sinal na substância branca, comumente relacionadas com doença de pequenos vasos, assim como infartos cerebrais, tanto nas fases agudas quanto crônicas e nas hemorragias cerebrais.

Caso 4: doença de Creutzfeldt-Jakob

Paciente com 62 anos, sexo masculino, apresentando alterações de humor, insônia, desinibição comportamental, afasia e alucinações visuais de conteúdo variado, evoluindo em meses com ataxia, mioclonias e hiper-reflexia. Durante a investigação, apresentou imagem com padrão típico da doença de Creutzfeldt-Jakob (Figura 3.5) e foi detectada a proteína 14-3-3 no liquor.

Demência causada por partículas proteicas desprovidas de material genético (DNA ou RNA). A doença progride rapidamente após o início dos sintomas, que são caracterizados por perda cognitiva, sintomas motores (que sugerem acometimentos piramidal e extrapiramidal), mioclonias e mutismo.

A imagem por RM tem papel fundamental no diagnóstico, sendo os achados caracterizados por sinal hiperintenso no DWI (e geralmente FLAIR) em regiões da substância cinzenta cerebral (córtex, seguido pelo corpo estriado, seguido pelo tálamo).

O diagnóstico, uma vez que a suspeita clínica surja e a imagem seja compatível, pode ser auxiliado, ainda, por marcadores bioquímicos no liquor, como a proteína 14-3-3, a proteína tau, a proteína S100 e a enolase neurônio-específica.

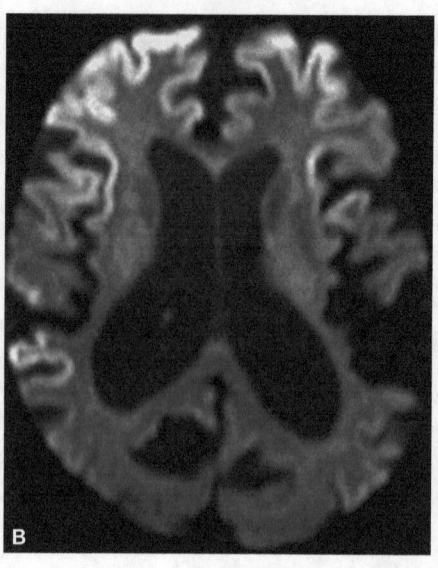

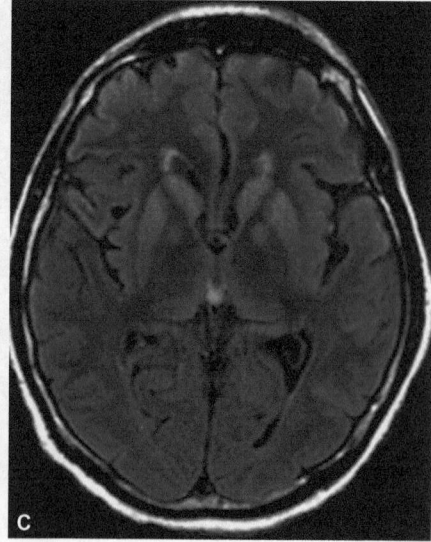

Figura 3.5 Nas imagens, há sinais de acometimento da doença. Imagens axiais das sequências pesadas em difusão mostram o acometimento predominantemente da substância cinzenta cortical frontal, do núcleo caudado e dos putâmens bilateralmente e dos pulvinares dos tálamos (A e B). Imagem axial da sequência FLAIR mostra o hipersinal da substância cinzenta profunda, principalmente dos núcleos caudados e dos putâmens (C).

Caso 5: demência frontotemporal

Paciente do sexo masculino, 67 anos, iniciou, há cerca de 5 anos, alterações comportamentais, caracteristicamente desinibido, com toques e comentários inadequados a terceiros associados a afastamento e desinteresse por familiares próximos. Passou a apresentar compulsão alimentar e aumento do consumo de tabaco, desenvolvendo agressividade e apatia com o decorrer do tempo, sem significativa perda da funcionalidade. O diagnóstico clínico foi aventado e solicitado o estudo do encéfalo por ressonância magnética, que mostrou o padrão apresentado nas Figuras 3.6 e 3.7.

Caso 6: doença de Parkinson

Paciente de 64 anos, sexo masculino, iniciou quadro de tremores há cerca de 5 anos na mão direita, em repouso. Houve piora progressiva do tremor e acometimento de membro superior esquerdo, pernas e lábios. O paciente gradativamente perdeu a funcionalidade relacionada com as dificuldades com tarefas que envolviam coordenação motora e rigidez. Durante a avaliação neurológica, a investigação excluiu outra causa que explicasse os sintomas, além de melhora significativa dos tremores com a introdução da terapia dopaminérgica.

A imagem por RM historicamente tem o papel de afastar outras causas, mas, recentemente, as imagens dirigidas para

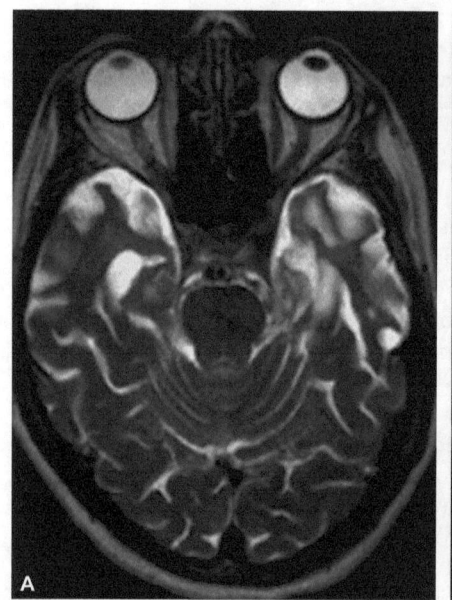

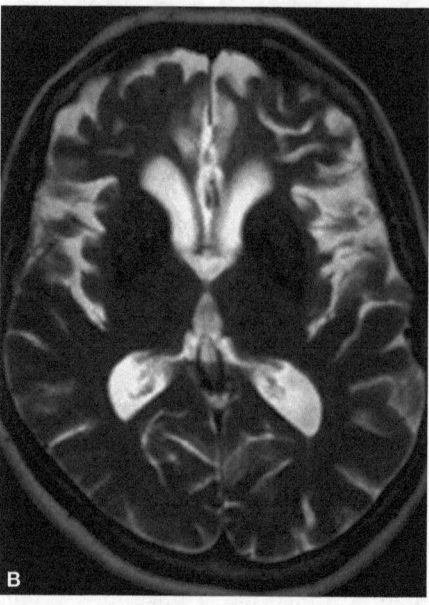

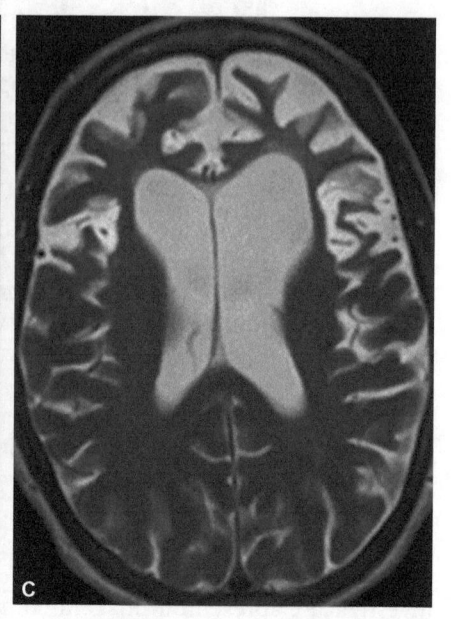

Figura 3.6 Demência frontotemporal. Imagens axiais de sequências ponderadas em T2 demonstram redução volumétrica do parênquima encefálico, com predileção pelos lobos frontais e temporais (A a C). (*Continua*)

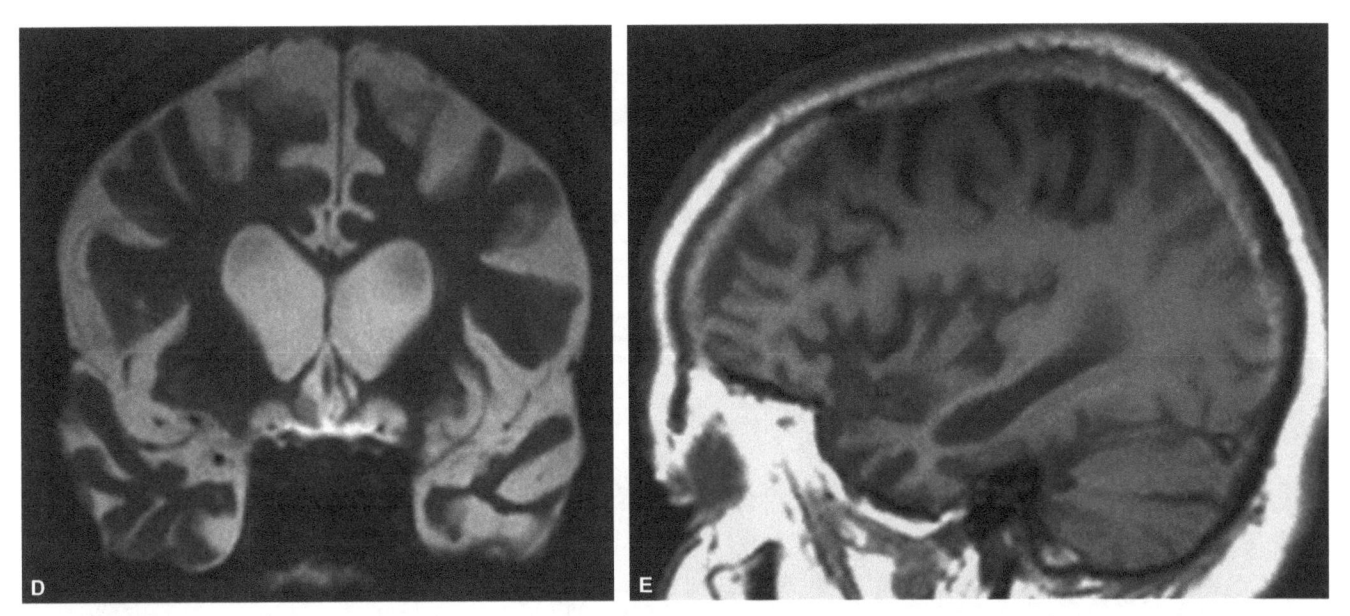

Figura 3.6 (*Continuação*) Demência frontotemporal. Há proeminência dos sulcos corticais dos lobos frontais e do polo anterior dos lobos temporais. Corte coronal ponderado em T2 mostra o alargamento dos espaços liquóricos em detrimento do parênquima frontotemporal (**D**). Imagem sagital paramediana ponderada em T1 (**E**). Observa-se a assimetria do acometimento frontotemporal com relação aos lobos parietal e occipital, razoavelmente preservados.

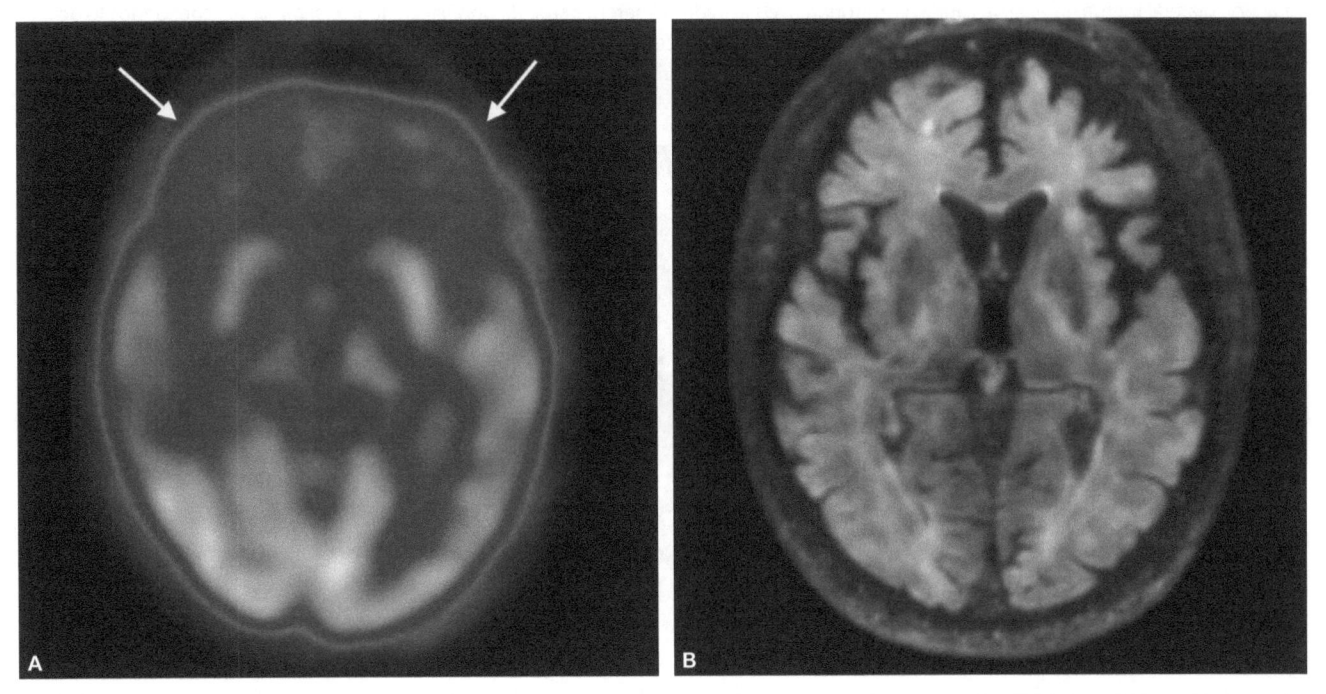

Figura 3.7 Outro paciente com diagnóstico clínico de demência frontotemporal, variante comportamental (vcDFT). PET-FDG com hipometabolismo glicolítico frontal bilateral típico da doença (presença de neurodegeneração identificada por *setas brancas*, em **A**). Há negatividade à PET amiloide com [11C]PiB, representada na imagem **B** em fusão com sequência FLAIR de ressonância magnética (adquirida em aparelho PET/RM). Notam-se ausência de concentração do traçador no córtex cerebral e atividade restrita à substância branca (concentração fisiológica em mielina). Na ressonância magnética (B) nota-se discreta atrofia frontal e peri-insular, mais evidente do lado esquerdo da imagem.

avaliação da substância negra têm contribuído para o diagnóstico da doença de Parkinson (Figura 3.8). A perda do sinal da cauda da andorinha, ou hipersinal nigral dorsolateral, identificada nas imagens de suscetibilidade magnética tem precisão diagnóstica de mais de 90% para a doença de Parkinson. Estudos recentes com RM de campo ultra-alto (7T) têm mostrado resultados promissores tanto em relação à sensibilidade quanto à especificidade da perda desse sinal. Pode-se também perceber redução do hipersinal em T1 relacionada com neuromelanina no *locus ceruleus* e na substância *nigra*. A medicina nuclear também tem papel importante nessa investigação (Figura 3.9).

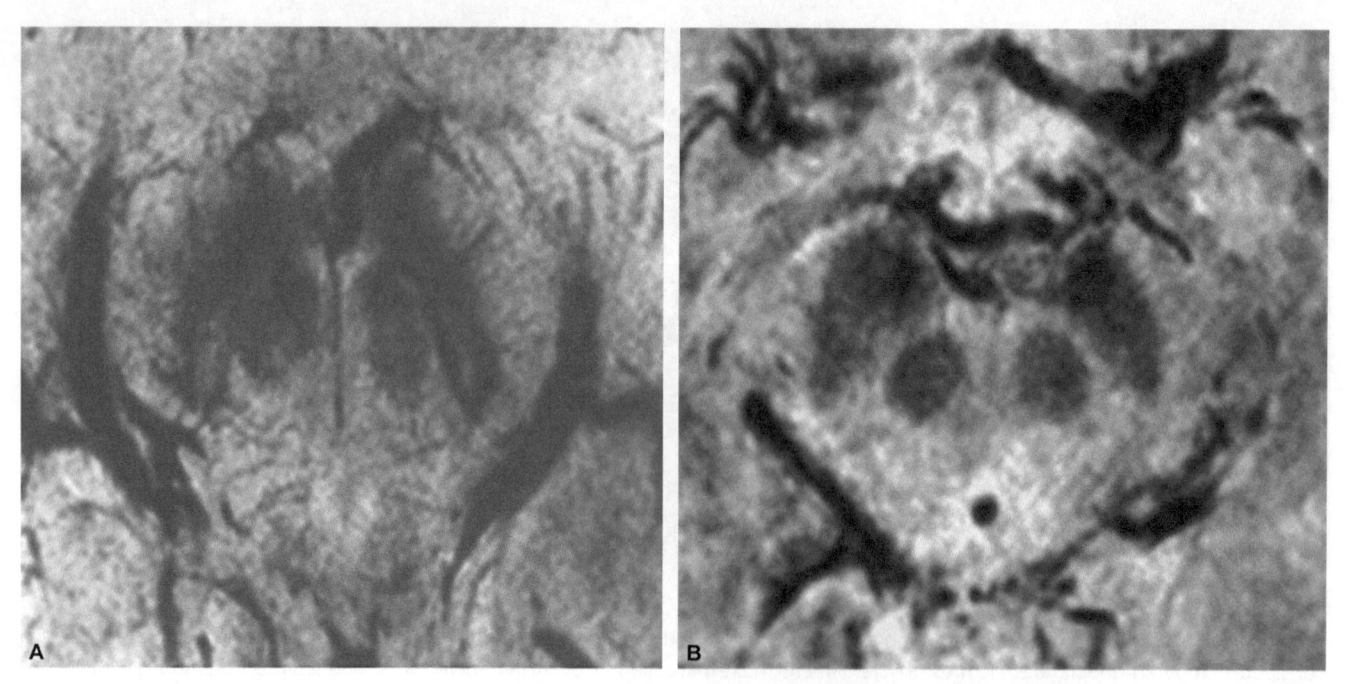

Figura 3.8 Imagens axiais do mesencéfalo ponderadas em suscetibilidade magnética (SWI) de alta resolução usadas para a avaliação da anatomia da substância negra. **A.** Imagem controle de indivíduo jovem saudável demonstrando hipersinal nigral dorsolateral, descrito como sinal da cauda da andorinha. **B.** Paciente com doença de Parkinson – nota-se perda das relações anatômicas habituais, não se caracterizando o hipersinal nigral dorsolateral (perda do sinal da cauda da andorinha). Os achados sugerem perda da população neuronal dessa via, com depósito de ferro associado, que sugere redução da população neuronal da substância negra. Essa perda neuronal nas vias dopaminérgicas (anteriormente representadas) é um dos processos fisiopatológicos aceitos da doença de Parkinson.

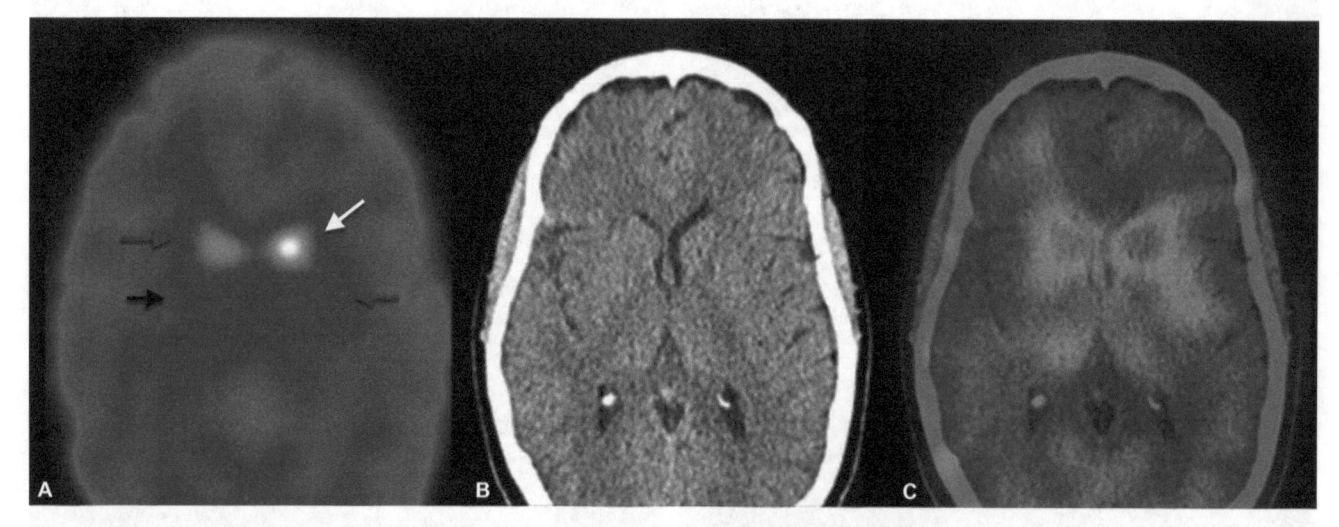

Figura 3.9 Paciente com diagnóstico clínico de doença de Parkinson. **A.** Imagem de SPECT/CT com 99mTc-TRODAT-1 demonstrando redução da densidade dos transportadores dopaminérgicos pré-sinápticos do trato nigroestriatal em diferentes intensidades, em grau acentuado no putâmen direito (*seta preta*) e em grau discreto no caudado direito e putâmen esquerdo (*setas cinza*), com atividade preservada no núcleo caudado esquerdo (*seta branca*). **B.** Tomografia computadorizada do paciente. **C.** Fusão das imagens SPECT/CT para localização anatômica dos achados da imagem molecular.

Caso 7: trauma cranioencefálico

Paciente do sexo masculino, 28 anos, sofreu acidente automobilístico com trauma cranioencefálico. Avaliação por imagem foi solicitada (Figura 3.10), demonstrando múltiplas lesões.

A tomografia computadorizada é o estudo de escolha para a avaliação inicial do trauma cranioencefálico. Tem excelente sensibilidade para detectar fraturas e hemorragias agudas, que são as principais lesões relacionadas com o trauma. As contusões podem ser identificadas pela tomografia ou, mais facilmente, pela ressonância magnética. A lesão axonal traumática é mais bem identificada pela ressonância magnética, assim como micro-hemorragias parenquimatosas. As lesões vasculares podem ser avaliadas por angiorressonância ou angiotomografia.

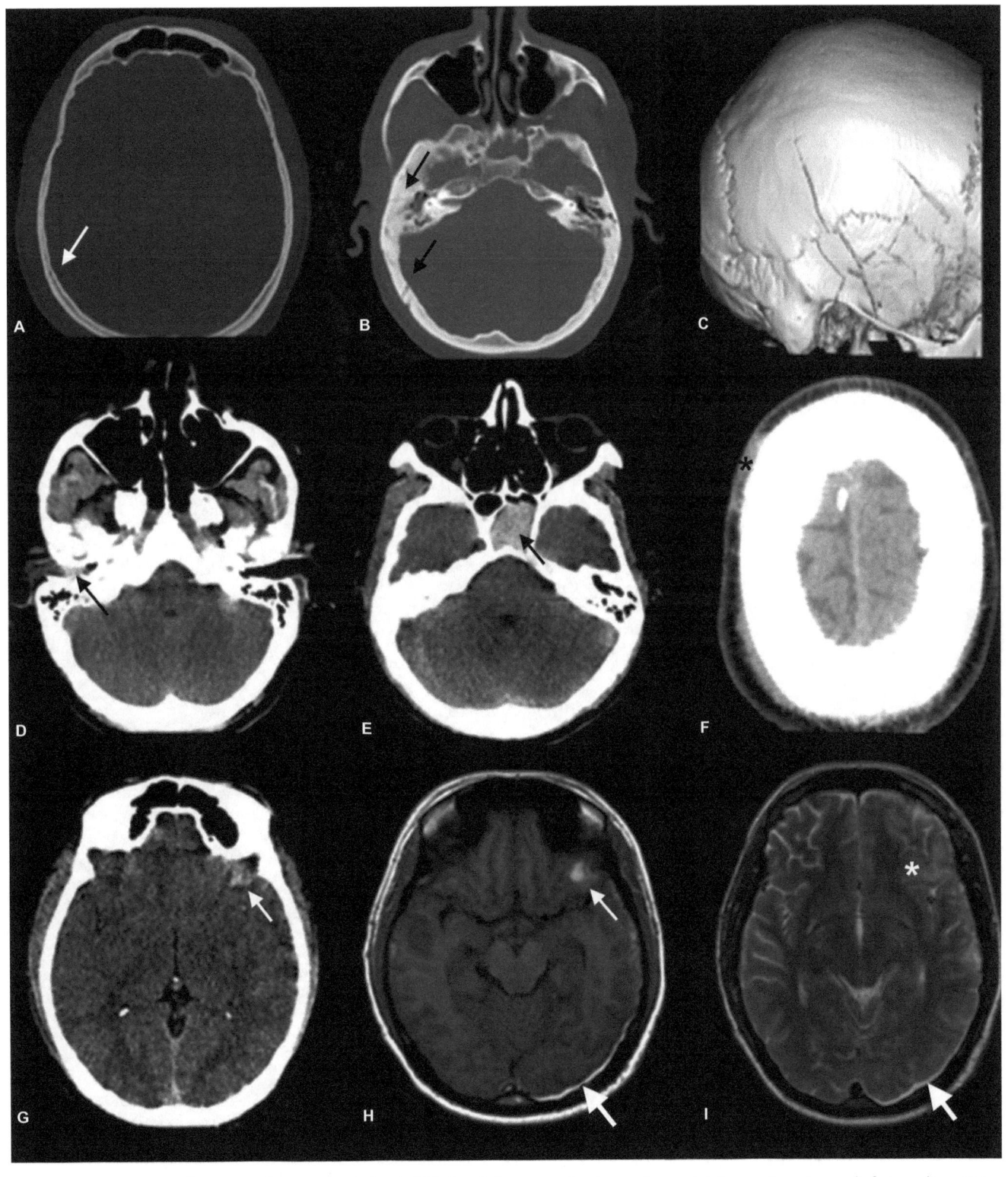

Figura 3.10 As imagens da tomografia computadorizada (TC) de crânio sem contraste no plano axial demonstram traços de fraturas lineares no osso parietal direito (**A**, *seta branca*) que se estendem à mastoide e à escama temporal direitas (**B**, *setas pretas*). A reconstrução 3D facilita a caracterização dessas fraturas (**C**). Há material hiperatenuante no conduto auditivo externo direito (**D**, *seta preta*), assim como no seio esfenoidal esquerdo (**E**, *seta preta*), compatível com componente hemático no contexto de trauma recente. Imagem axial de TC sem contraste na janela de partes moles evidencia hematoma subgaleal frontoparietal direito (**F**, *asterisco preto*). A imagem da TC de crânio sem contraste evidencia foco hiperatenuante no polo frontal esquerdo, compatível com contusão intraparenquimatosa (**G**, *seta branca*). O controle de imagem realizado por ressonância magnética 10 dias após o traumatismo cranioencefálico demonstra essa mesma contusão na sequência T1 sem contraste, caracterizada por foco com alto sinal, representando meta-hemoglobina extracelular (**H**, *seta branca*) e hipersinal subcortical na sequência T2, representando área de edema e/ou gliose (**I**, *asterisco branco*). Também é possível caracterizar hematoma subdural laminar parieto-occipitotemporal esquerdo, caracterizado por hipersinal nas sequências T1 e T2 (*setas brancas e grossas*).

Caso 8: glioblastoma

Paciente do sexo feminino, de 49 anos, com queixa de hemiparesia desproporcionada completa à esquerda progressiva e cefaleia constante na região parietal direita, apresentou uma crise convulsiva seguida de piora da coordenação para andar e segurar objetos. Foi realizado estudo de ressonância magnética, que identificou lesão expansiva intraparenquimatosa, ilustrada na Figura 3.11.

A ressonância magnética identificou lesão expansiva neoplásica frontal direita, que, após avaliação patológica, foi definida como glioblastoma. O glioblastoma é o tipo mais comum e mais agressivo de tumor maligno primário do sistema nervoso central em adultos, grau 4, segundo a classificação dos tumores do SNC de 2021 da Organização Mundial da Saúde (OMS). Ocorre mais frequentemente após os 40 anos, com pico de incidência entre 65 e 75 anos. Apresenta-se clinicamente com convulsões, sinais de hipertensão intracraniana, cefaleia e/ou déficits neurológicos focais progressivos.

Caso 9: tumor glial de baixo grau

Paciente do sexo masculino, 35 anos, com história de cefaleia e primeira crise convulsiva. Ao estudo de ressonância magnética, foi identificada lesão expansiva corticossubcortical frontal direita (Figura 3.12).

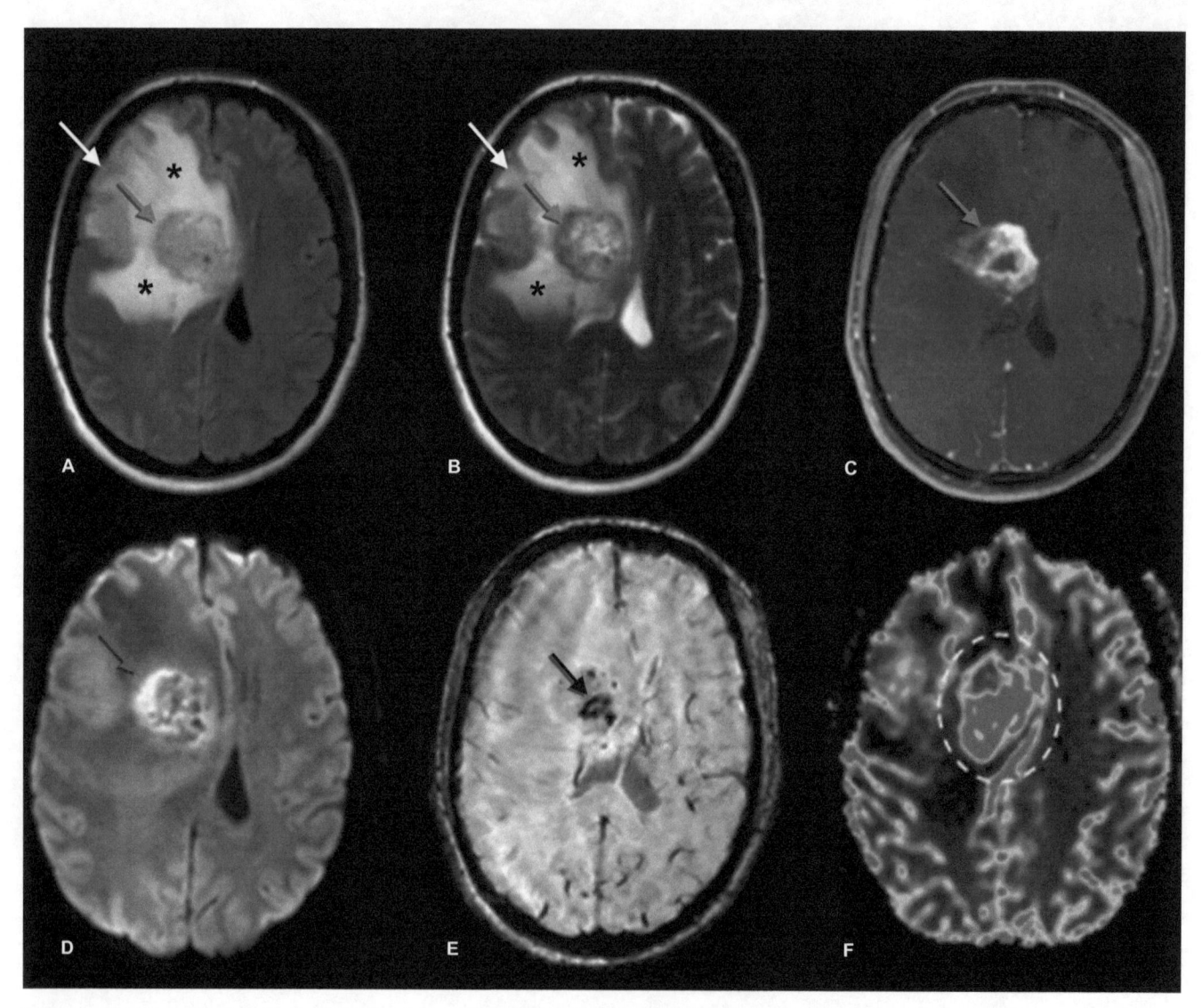

Figura 3.11 Imagens axiais. **A.** FLAIR. **B.** T2. **C.** T1+Gd. **D.** Difusão. **E.** SWI. **F.** Perfusão. O estudo de ressonância magnética com contraste paramagnético evidencia uma lesão sólida infiltrativa corticossubcortical, com limites mal definidos, localizada no lobo frontal direito. A lesão caracteriza-se por hipersinal heterogêneo em T2/FLAIR (**A** e **B**), restrição à difusão das moléculas de água, achado sugestivo de alta celularidade (**D**), com depósitos de hemossiderina de permeio, bem como raros focos de calcificação (**E**), realce heterogêneo pelo gadolínio, delimitando centro necrótico/liquefeito (**C**). O estudo da perfusão demonstra áreas de aumento significativo do volume sanguíneo cerebral relativo (rCBV) (**F**, *linha tracejada*). O hipersinal em T2/FLAIR na substância branca circunjacente representa provável predomínio de edema vasogênico, não sendo possível excluir sobreposição com infiltração tumoral (**A** e **B**, *asteriscos*). Nota-se, também, infiltração cortical (**A** e **B**). O conjunto dos achados determina efeito compressivo, caracterizado por apagamento dos sulcos corticais regionais e compressão do ventrículo lateral direito, promovendo consequente desvio das estruturas da linha mediana para a esquerda. O diagnóstico histopatológico foi de glioblastoma (IDH selvagem).

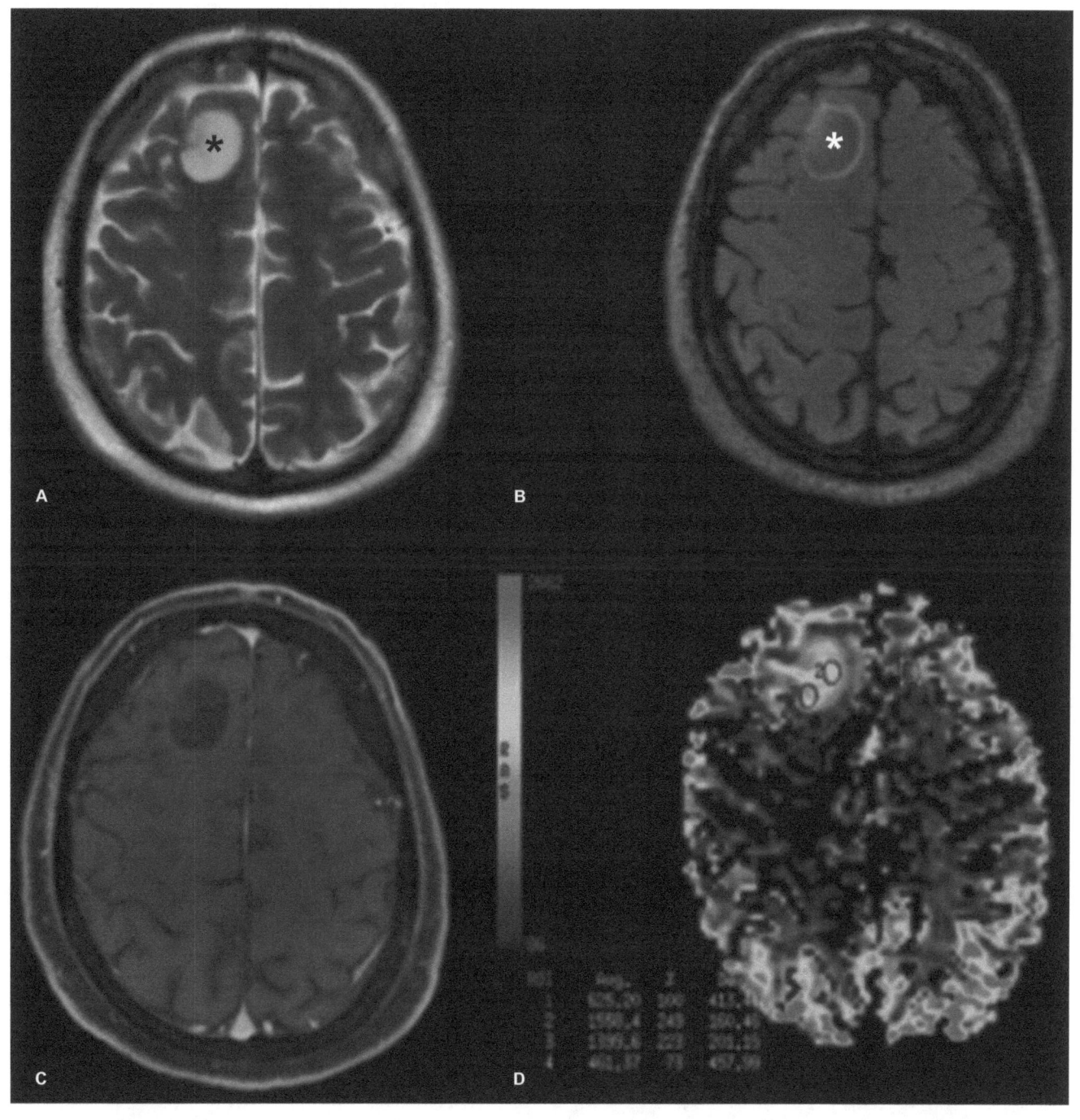

Figura 3.12 Imagens axiais de RM. **A.** T2. **B.** FLAIR. **C.** T1+Gd. **D.** Mapa rCBV de perfusão cerebral. O estudo de ressonância magnética do crânio evidenciou uma lesão expansiva sólida corticossubcortical no giro frontal superior direito, de contornos regulares e limites bem definidos, sem restrição à difusão ou realce significativo pelo meio de contraste (**C**). O estudo da perfusão cerebral demonstrou aumento do rCBV de até 2,5 vezes com relação à substância branca contralateral. O resultado histopatológico foi de astrocitoma IDH mutado, 1 p19q não codeletado. Observa-se que essa lesão apresenta hipersinal na sequência T2 (**A**, *asterisco preto*) e queda do sinal na sequência FLAIR (**B**, *asterisco branco*). Esse sinal é conhecido como *mismatch* T2/FLAIR, e, apesar de pouco sensível, é altamente específico para o reconhecimento dos astrocitomas de baixo grau (neoplasia glial difusa do adulto com mutação IDH, 1 p19q não codeletado), uma das principais neoplasias gliais difusas do adulto. Nota-se, também, que a lesão não apresenta realce significativo pelo gadolínio ou edema vasogênico circunjacente, achados que habitualmente estão mais associados a neoplasias de alto grau. Frequentemente, as neoplasias de baixo grau apresentam valores de rCBV inferiores a duas vezes o parênquima contralateral.

Os astrocitomas podem apresentar grau 2, 3 ou 4, segundo a classificação de tumores do sistema nervoso central de 2021 da OMS.

Caso 10: meningioma

Paciente do sexo masculino, 57 anos, com história de cefaleia crônica (Figura 3.13).

Os meningiomas são lesões extra-axiais e representam as neoplasias mais frequentes das meninges. Podem ser grau 1, 2 ou 3, segundo a classificação dos tumores do sistema nervoso central de 2021 da OMS. São mais comuns em mulheres de meia-idade. Em casos de múltiplos meningiomas em pacientes jovens, deve-se levantar a hipótese de neurofibromatose tipo 2. Os meningiomas pequenos são frequentemente assintomáticos.

Caso 11: metástase cerebral

Paciente do sexo feminino, 51 anos, em seguimento de neoplasia de mama. Apresentou cefaleia progressiva, que se tornou mais intensa nos últimos 15 dias. Após a realização do estudo de RM do crânio (Figura 3.14), foi evidenciada doença metastática para o sistema nervoso central.

A incidência de metástases no SNC vem aumentando no mundo todo. As metástases cerebrais são não apenas uma das principais causas de mortalidade por câncer, como também as neoplasias mais comuns no SNC em adultos; sendo aproximadamente 10 vezes mais frequentes que os tumores malignos primários do SNC. O envelhecimento populacional, o aprimoramento das técnicas de imagem e os novos tratamentos oncológicos possibilitam que pacientes com neoplasias primárias em outras localizações sobrevivam por mais tempo.

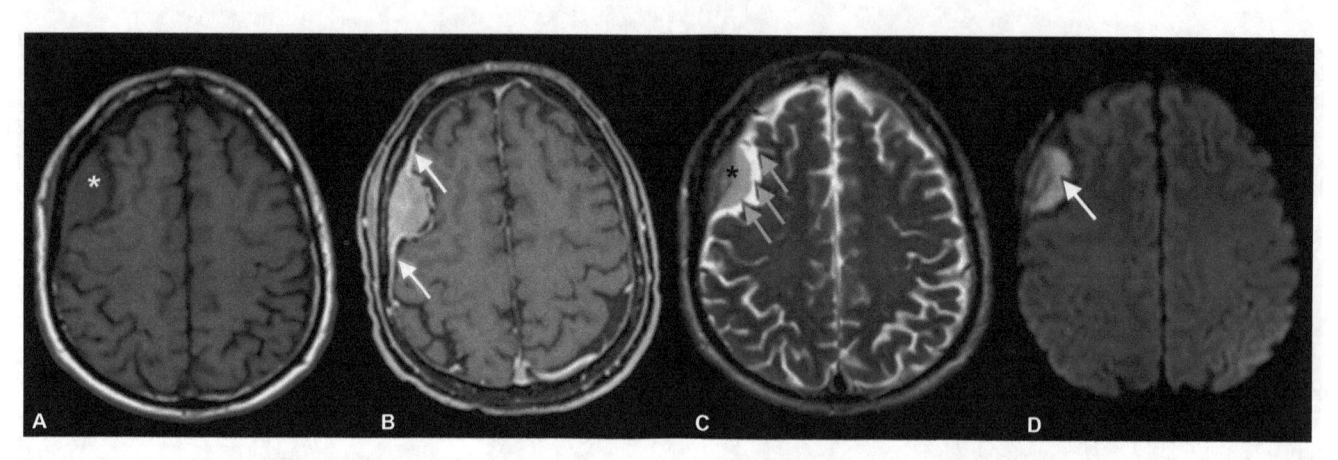

Figura 3.13 Ressonância magnética (RM), imagens axiais. **A.** T1. **B.** T1+Gd. **C.** T2. **D.** Difusão. O estudo de RM do encéfalo evidenciou uma lesão extra-axial caracterizada por isossinal em T1 e T2 (**A** e **C**), intenso realce pelo gadolínio (**B**) e restrição à difusão (**D**, *seta branca*). Alguns achados típicos que ajudam no diagnóstico das lesões extra-axiais são o sinal da cauda dural (**B**), resultando do espessamento e realce da dura-máter, e o sinal da rima liquórica, que consiste em uma camada de liquor que separa o parênquima cerebral da lesão dural (**C**).

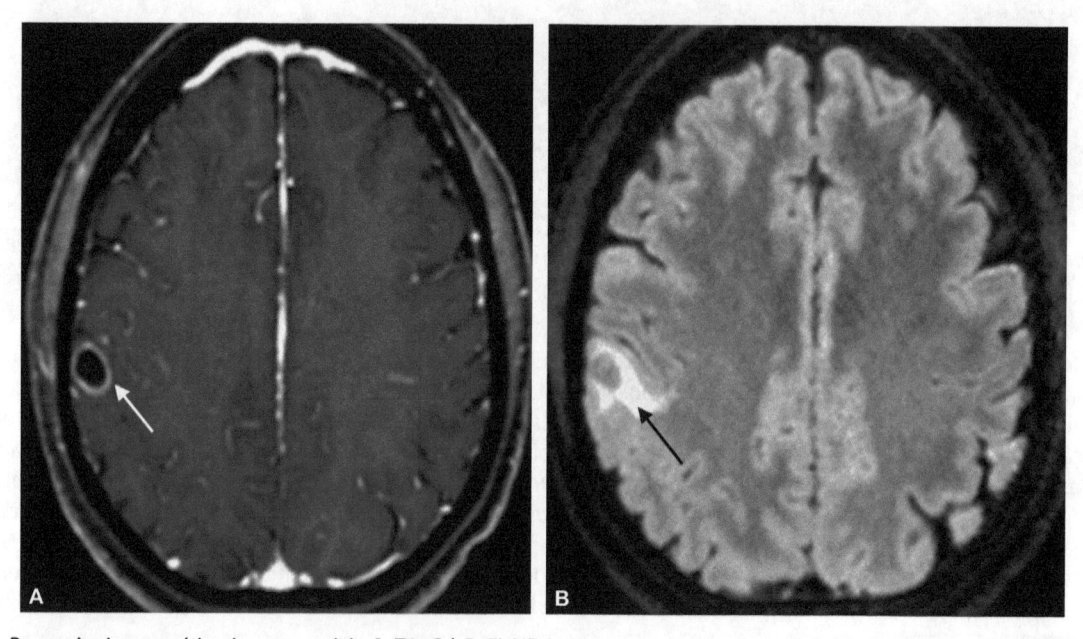

Figura 3.14 Ressonância magnética, imagens axiais. **A.** T1+Gd. **B.** FLAIR. Lesão expansiva corticossubcortical no lobo parietal inferior direito caracterizada por realce anelar (**A**), conteúdo predominantemente hiperproteico e edema vasogênico circunjacente à lesão (**B**, *seta preta*), determinando discreto efeito expansivo sobre o parênquima cerebral.

Caso 12: evento vascular hemorrágico

Paciente do sexo feminino, 50 anos, com histórico prévio de hipertensão arterial mal controlada, apresentou cefaleia intensa súbita e desvio do olhar para a esquerda. O estudo de TC identificou hematoma nucleocapsular à esquerda (Figura 3.15).

Existem múltiplas causas de hemorragias intracranianas não traumáticas. O papel da imagem nesses casos é localizar o hematoma, estimar o tempo de evolução a partir das características de imagem e tentar identificar possíveis causas subjacentes, além das complicações. Etiologias mais frequentes de hemorragia intraparenquimatosa em pacientes mais velhos incluem hipertensão arterial sistêmica e angiopatia amiloide. A hipertensão arterial sistêmica mal controlada de longa data pode levar a uma série de alterações nos vasos intracranianos, evoluindo com hemorragias. As localizações mais acometidas por hemorragia intraparenquimatosa em pacientes com hipertensão são a região nucleocapsular (mais especificamente, a porção lenticuloestriada), a ponte e o cerebelo. Nos pacientes jovens, malformações vasculares, síndrome de vasoconstrição cerebral e trombose venosa são importantes etiologias a serem consideradas.

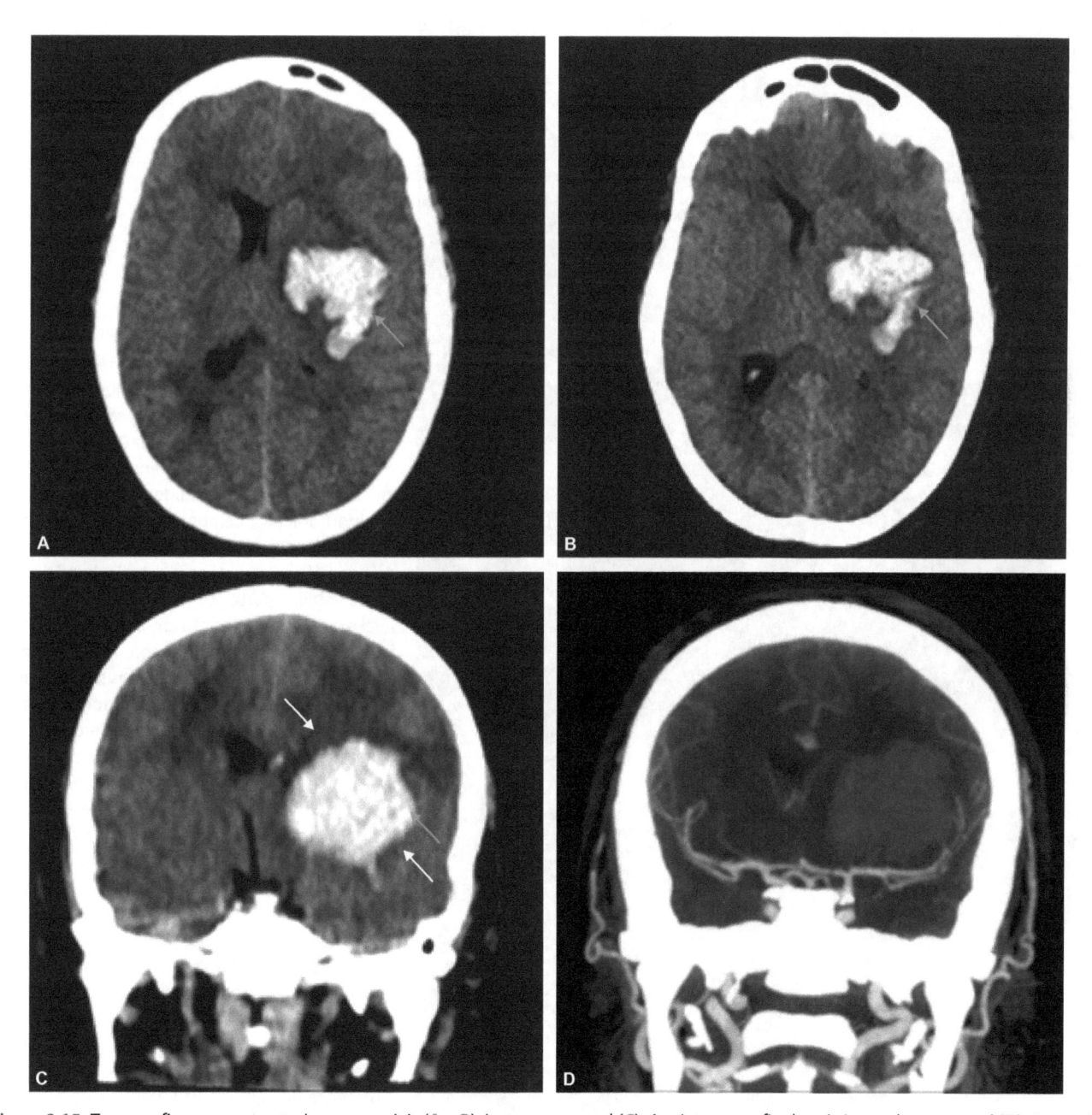

Figura 3.15 Tomografia sem contraste. Imagens axiais (A e B). Imagem coronal (C). Angiotomografia de crânio no plano coronal (D). O estudo tomográfico sem contraste evidencia um volumoso hematoma intraparenquimatoso (C, *seta cinza*) na região nucleocapsular esquerda circundado por um halo hipoatenuante subcortical, provavelmente representando edema vasogênico (C, *setas brancas*). O conjunto dos achados determina efeito compressivo sobre o parênquima encefálico caracterizado por apagamento dos sulcos e giros locorregionais e compressão do corno anterior do ventrículo lateral esquerdo, além de deslocamento das estruturas da linha mediana para a direita. O estudo angiotomográfico não demonstrou alterações significativas (D).

Caso 13: acidente vascular encefálico isquêmico

Paciente do sexo masculino, 39 anos, evoluindo com quadro súbito de hemiplegia direita e afasia. À imagem, identificado infarto isquêmico no território da artéria cerebral média esquerda (Figura 3.16).

Caso 14: encefalite herpética

Paciente de 72 anos, do sexo masculino, apresentou cefaleia associada a confusão mental, febre e episódios de esquecimento. Após 2 dias, passou a apresentar dificuldade para andar e fraqueza nos membros superior e inferior esquerdos. Foi-lhe, então, solicitada a ressonância magnética (Figura 3.17).

A encefalite herpética é uma doença agressiva e rapidamente progressiva que acomete, preferencialmente, o parênquima do lobo temporal, tanto dos polos temporais quanto das estruturas mesiais, da ínsula e das regiões basais dos lobos frontais, com um padrão de imagem de aspecto tumefativo e expansivo, tipicamente bilateral e assimétrico, frequentemente com restrição à difusão.

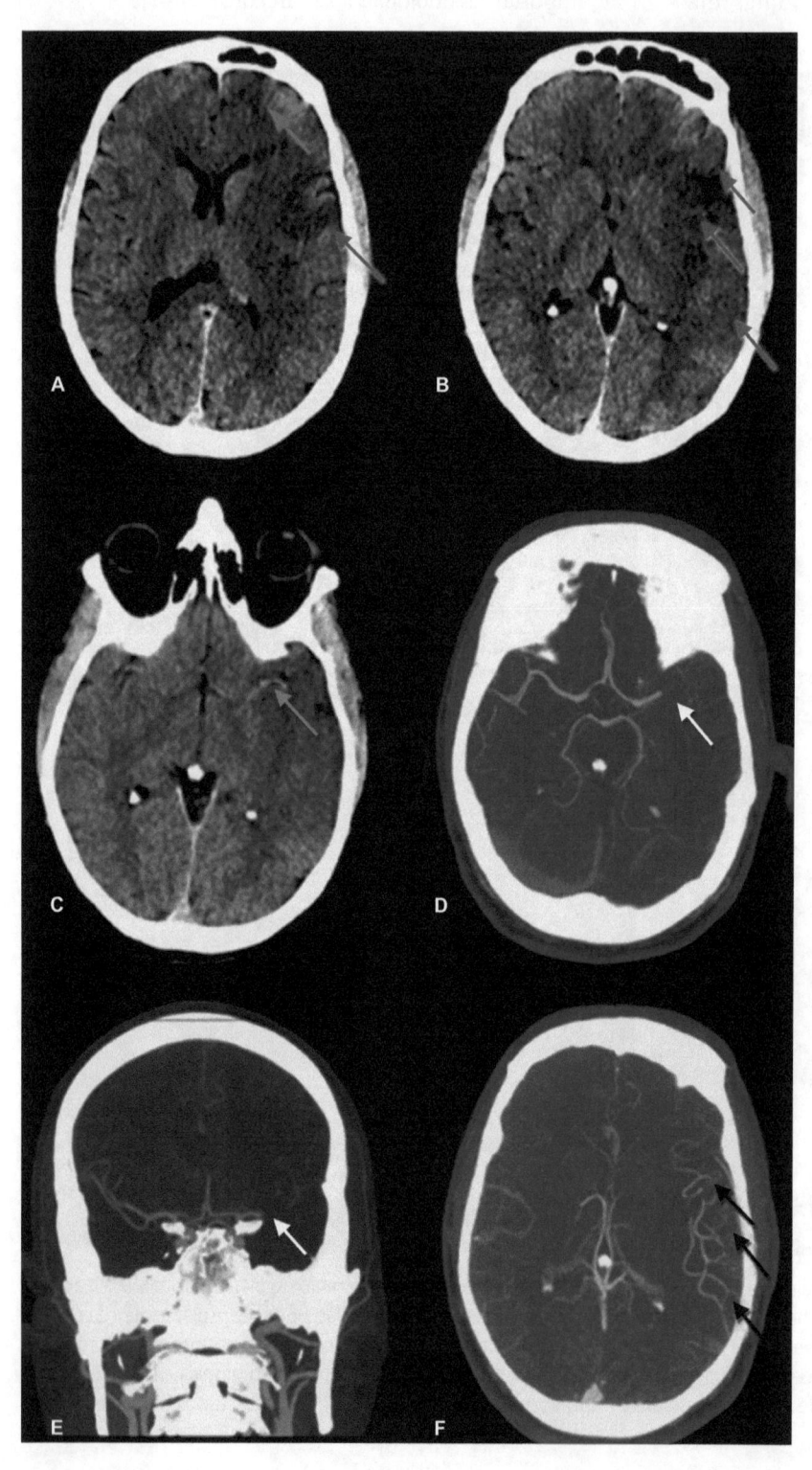

Figura 3.16 Imagens axiais de tomografia computadorizada sem contraste (A-C). Fase arterial de angiotomografia, imagens axial e coronal, respectivamente (D e E). Fase venosa de angiotomografia, plano axial (F). O estudo de tomografia computadorizada (TC) demonstra área hipoatenuante corticossubcortical acometendo a superfície lateral do hemisfério cerebral esquerdo, incluindo o giro frontal inferior, parte dos giros fronto-orbitários lateral e posterior, a transição entre os giros frontal inferior e médio e a ínsula, assim como hipoatenuação do núcleo lentiforme. Esses achados são sugestivos de insulto isquêmico recente no território da artéria cerebral média esquerda. O conjunto determina apagamento dos sulcos corticais regionais e da fissura sylviana desse lado, além de leve compressão sobre o ventrículo lateral direito. É possível evidenciar o trombo intraluminal na porção distal do segmento M1 da artéria cerebral média esquerda (C) caracterizado pelo sinal da artéria hiperdensa no estudo sem contraste, assim como a falha de enchimento ocluindo o mesmo no estudo angiotomográfico (D e E) em correspondência ao trombo. Na aquisição tardia, é possível identificar padrão de boa circulação colateral (F). A principal função do estudo de TC em pacientes com suspeita de acidente vascular encefálico agudo em tempo para trombólise é descartar a presença de hemorragia intracraniana. Uma vez excluída a hemorragia intracraniana, se houver tempo para trombectomia, é importante determinar se há oclusão arterial de grande vaso cerebral. O estudo de perfusão por TC ou RM objetiva avaliar que parte do cérebro foi irreversivelmente danificada e determinar se há áreas potencialmente recuperáveis.

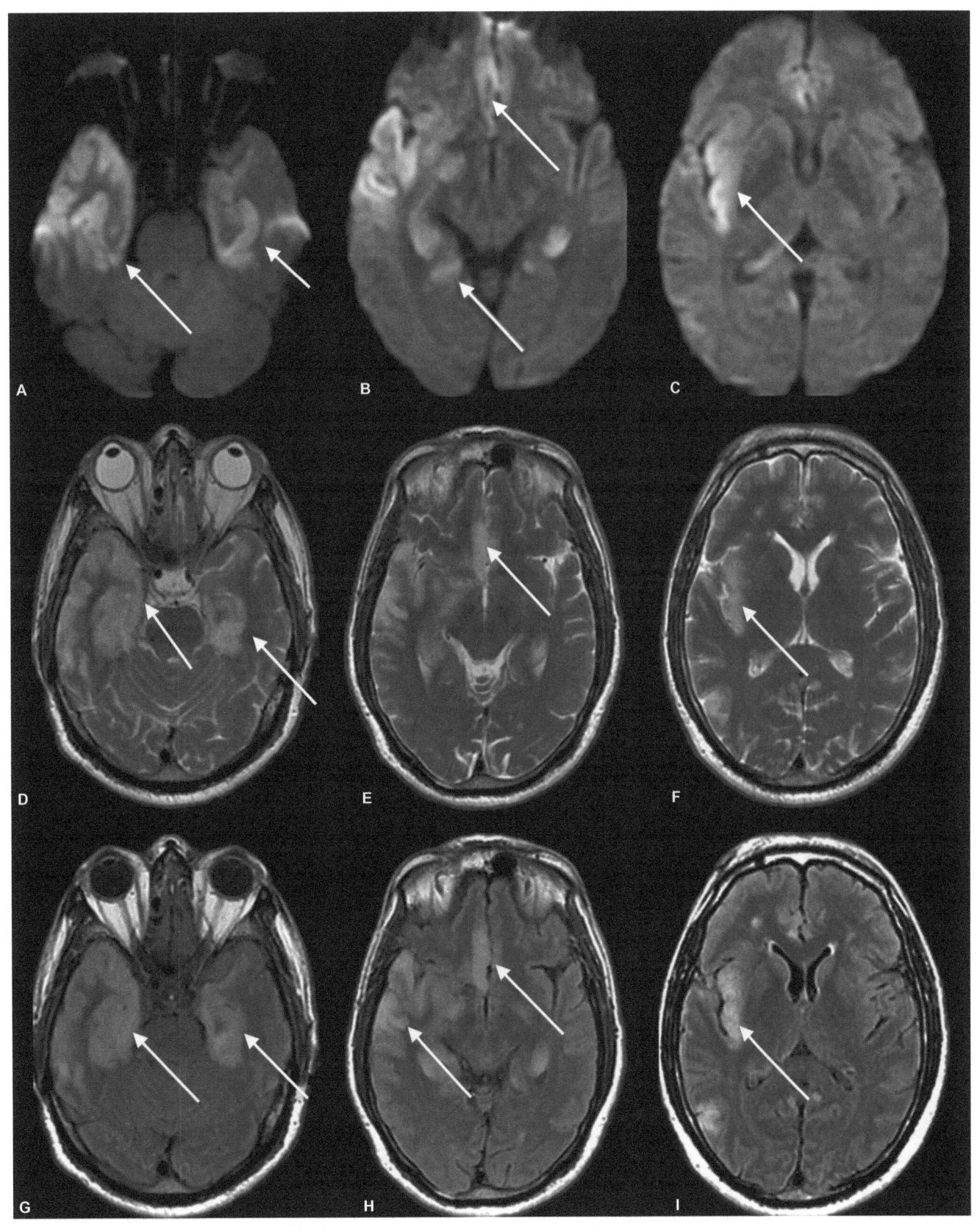

Figura 3.17 Imagens axiais pesadas em difusão (**A** a **C**) demonstram áreas de restrição à difusão acometendo o parênquima dos polos e das regiões mesiais temporais. **B.** Restrição à difusão no opérculo, além do envolvimento assimétrico dos giros para-hipocampais e dos giros retos, mais evidente à direita. **C.** A *seta* mostra restrição à difusão na ínsula direita. Cortes axiais pesados em T2 (**D** a **F**) e FLAIR (**G** a **I**) mostram hipersinal nas mesmas regiões descritas, além do aspecto tumefativo do parênquima acometido, caracterizado pelo hipersinal nas regiões corticossubcorticais descritas e pela redução dos sulcos corticais regionais. O padrão de imagem da ressonância magnética é fortemente sugestivo de encefalite viral, principalmente pelo herpes-vírus.

Caso 15: leucoencefalopatia multifocal progressiva

Paciente do sexo masculino apresenta cefaleia, letargia e rebaixamento do nível de consciência, com quadro clínico de rápida progressão (Figura 3.18).

Concluiu-se o diagnóstico de leucoencefalopatia multifocal progressiva, uma infecção oportunista do sistema nervoso central causada pelo vírus JC. O vírus é bastante difundido na população e tem sua reativação e invasão em

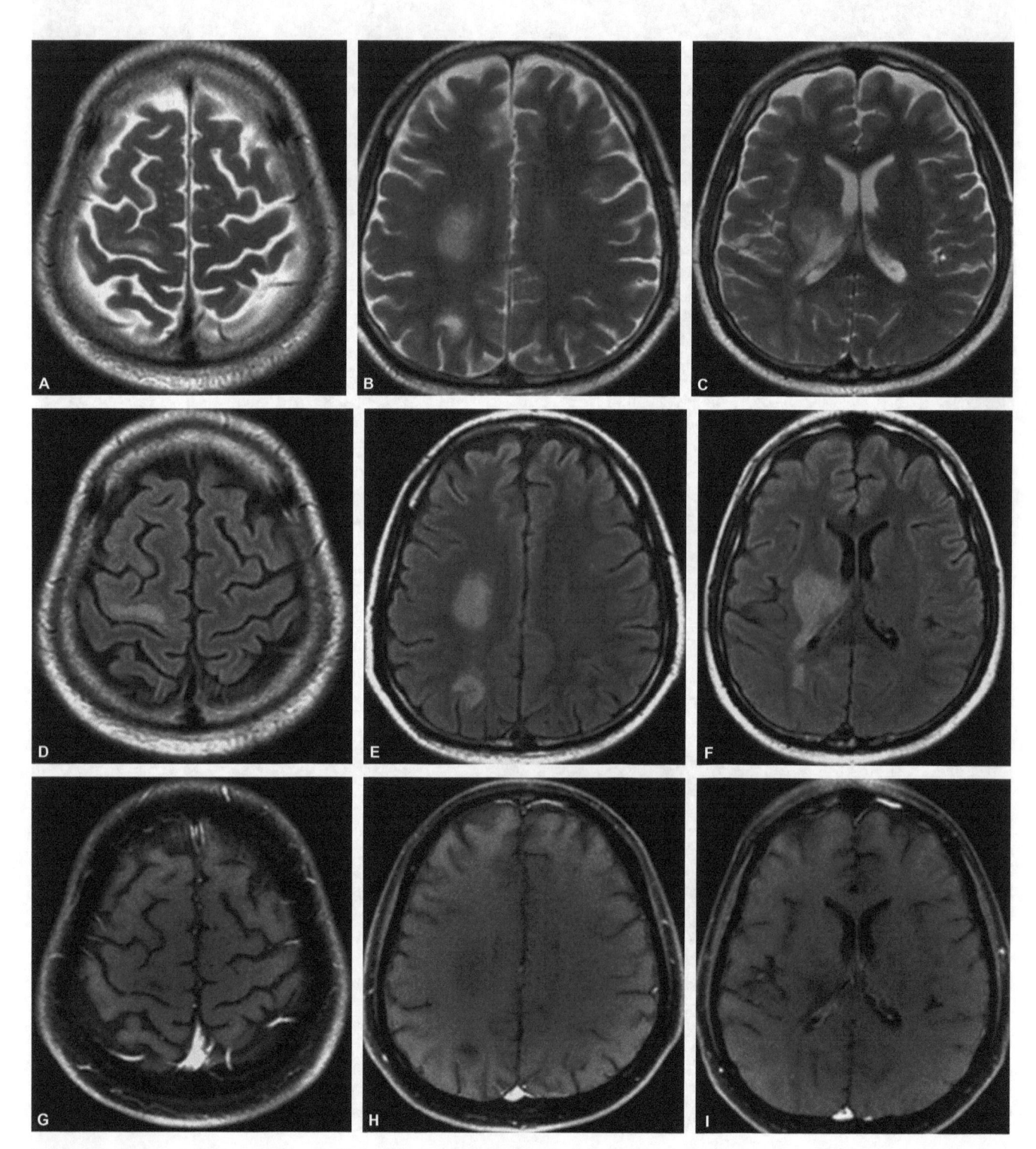

Figura 3.18 Imagens axiais ponderados em T2. Lesões esparsas pela substância branca cerebral, acometendo o giro pré-frontal (A), o centro semioval, o lobo parietal (B), a região nucleocapsular e o tálamo direitos (C). As lesões apresentam hipersinal de aspecto heterogêneo, com alguns focos de marcado hipersinal no interior das lesões (sinal da via láctea). Imagens axiais em FLAIR evidenciam o acometimento das lesões da região subcortical e das fibras em U, poupando o córtex, característica da doença (D a F). Imagens axiais pesadas em T1 adquiridas após o uso do meio de contraste paramagnético não demonstram realce das lesões (G a I). O realce pode ser caracterizado caso haja acometimento inflamatório agudo da lesão durante a fase ativa ou a reconstituição imune do paciente imunossuprimido.

situações de imunossupressão (HIV/AIDS, doenças linfoproliferativas, pacientes em quimioterapia ou em uso de imunossupressores). Infecta os oligodendrócitos, causando lesões multifocais com predomínio pela substância branca frontal e parieto-occipital e da fossa posterior (cerebelo e pedúnculos cerebelares, principalmente). Os sintomas incluem cefaleia, letargia, ataxia, confusão e rebaixamento do nível de consciência. Sintomas focais e progressivos também fazem parte do espectro clínico, com variações de acordo com o local acometido pela lesão.

Caso 16: encefalite autoimune

Paciente do sexo masculino, 19 anos, apresentou início recente de convulsões, alterações comportamentais e esquecimentos. Ressonância de crânio evidenciou as alterações demonstradas na Figura 3.19.

A investigação subsequente excluiu tumores e processos infecciosos, com detecção de anticorpos antiampa no liquor, concluindo-se pelo diagnóstico de encefalite límbica autoimune.

A encefalite autoimune é uma doença rara que consiste em um processo inflamatório do encéfalo mediado por vários anticorpos. Pode acometer diversas partes do encéfalo, sendo o sistema límbico um alvo frequente. Essa entidade apresenta um amplo espectro de manifestações clínicas, incluindo manifestações iniciais insidiosas com comprometimento cognitivo leve, podendo também apresentar alterações psiquiátricas, déficits neurológicos focais ou até formas mais complexas de encefalopatia, com crises convulsivas refratárias.

Devido às suas diversas formas de apresentação clínica, que podem mimetizar uma variedade de outros processos patológicos, a encefalite autoimune representa um desafio

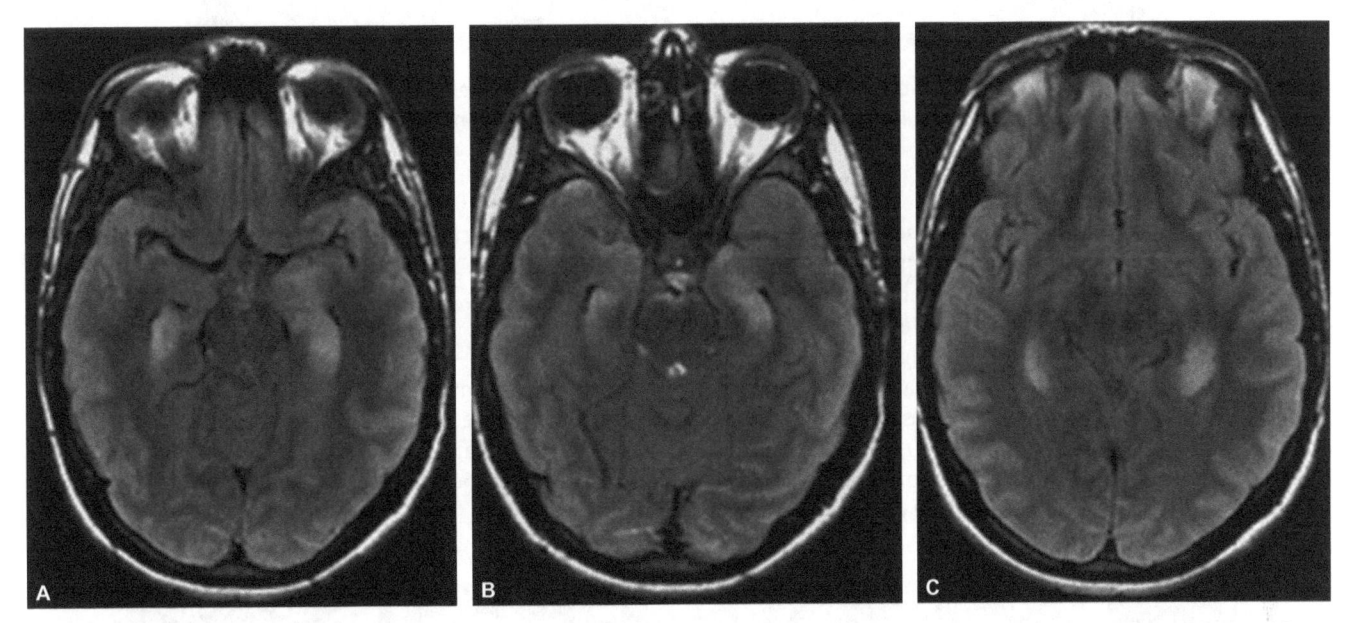

Figura 3.19 Imagens axiais em FLAIR demonstram hipersinal nas formações hipocampais e na amígdala esquerda. Não há restrição à difusão nem realce pelo meio de contraste paramagnético.

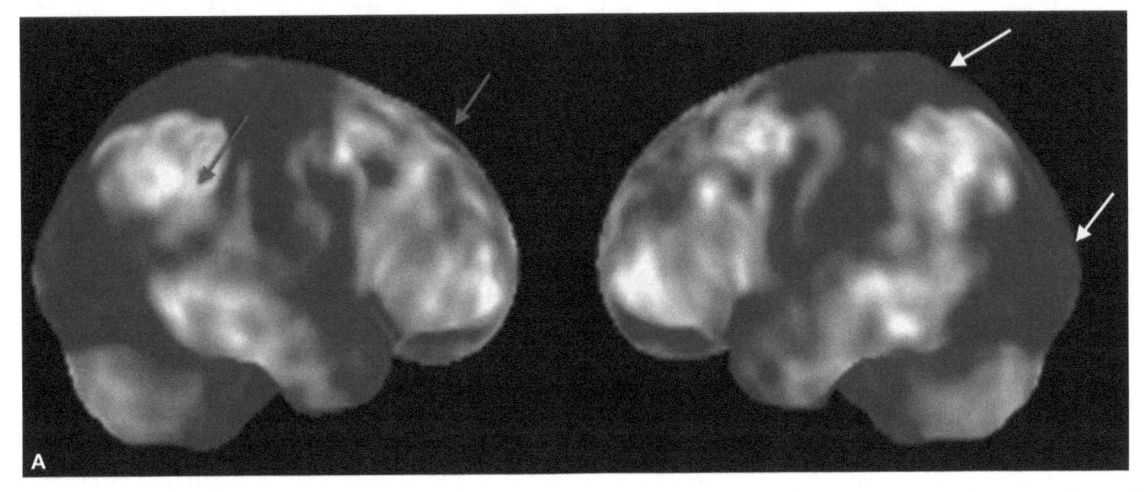

Figura 3.20 A. Imagens de PET com [18F]FDG mediante a projeção de superfície estatística tridimensional (3D-SSP) em caso de encefalite anti-NMDAr, demonstrando redução do metabolismo glicolítico nos lobos parietais em seu aspecto posterior e nos occipitais bilaterais associada a relativo aumento cortical do metabolismo nos lobos frontais, transições temporoparietais e temporais neocorticais. (Continua)

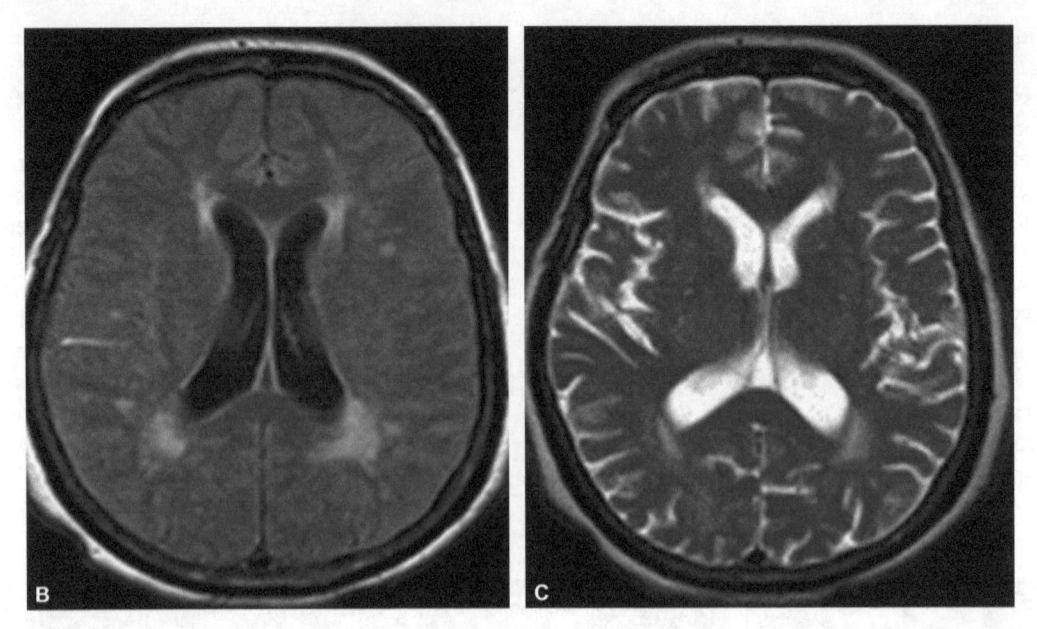

Figura 3.20 *(Continuação)* **B** e **C.** Imagens de ressonância magnética em T2/FLAIR e T2 sem alterações corticais. Esse padrão de imagem (achados de PET com hipermetabolismo anterior e hipometabolismo posterior) em RM dentro dos limites normais é tipicamente descrito em encefalite por anti-NMDAr.

diagnóstico para os médicos. Muitos casos não apresentam achados de imagem, especialmente no início do curso da doença. A RM com contraste é considerada a modalidade de imagem mais sensível, e os achados estão presentes em mais da metade dos indivíduos. As topografias mais comumente acometidas são os lobos temporais mesiais e os sistemas límbicos, tipicamente por espessamento cortical e aumento da intensidade do sinal T2/FLAIR dessas regiões. O envolvimento bilateral é mais comum (60%), embora frequentemente assimétrico. Apesar de com muito menos frequência, essencialmente qualquer parte do sistema nervoso central pode ser acometida.

Considerações finais

Os estudos por imagem encefálica têm função importante no diagnóstico neuropsiquiátrico, tanto para identificar a etiologia como para a programação e o acompanhamento de resposta terapêutica, sendo uma ferramenta médica indispensável.

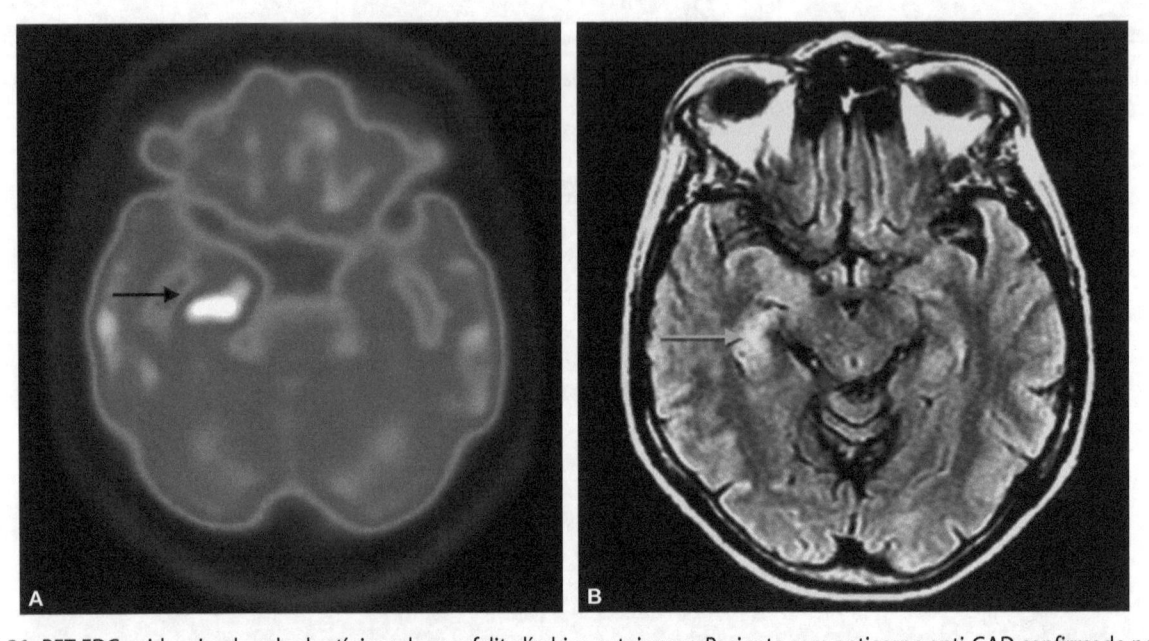

Figura 3.21 PET-FDG evidenciando achados típicos de encefalite límbica autoimune. Paciente com anticorpo anti-GAD confirmado no líquido cefalorraquidiano (LCR), notando-se intenso aumento focal do metabolismo no hipocampo direito, correspondendo à região com hipersinal em T2/FLAIR na ressonância magnética (RM). Em geral, esse achado acontece em fases mais precoces da doença e tende a evoluir para redução do metabolismo em fases sequelares. Caso ocorra em fases muito precoces, a RM pode se apresentar normal.

Referências bibliográficas

ALAOUI, A. et al. MRI role in Creutzfeldt-Jakob disease: about a case. Pan African Medical Journal, v. 32, n. 95, 2019.

ARAI, N. et al. Visualization of nigrosome 1 from the viewpoint of anatomic structure. American Journal of Neuroradioly, v. 41, n. 1, p. 86-91, 2020.

ATKINSON-CLEMENT, C. et al. Diffusion tensor imaging in Parkinson's disease: review and meta-analysis. Neuroimage Clinical, v. 16, p. 98-110, 2017.

BALDWIN, K. J.; CUMMINGS, C. L. Herpesvirus infections of the nervous system. Continuum, v. 24, n. 5, p. 1349-1369, 2018.

BALDWIN, K. J.; CORRELL, C. M. Prion disease. Seminars in Neurology, v. 39, n. 4, p. 428-439, 2019.

BARTSCH, T. et al. The spectrum of progressive multifocal leukoencephalopathy: a practical approach. European Journal of Neurology, v. 26, n. 4, 2019.

BHARTI, K. et al. Neuroimaging advances in Parkinson's disease with freezing of gait: a systematic review. Neuroimage Clinical, v. 24, 2019.

BRADSHAW, M. J.; LINNOILA, J. J. An overview of autoimmune and paraneoplastic encephalitides. Seminars in Neurology, v. 38, n. 3, p. 330-343, 2018.

CHANDRA, A. et al. Applications of amyloid, tau, and neuroinflammation PET imaging to Alzheimer's disease and mild cognitive impairment. Human Brain Mapping, v. 40, n. 18, p. 5424-5442, 2019.

FINK, K.; FINK, J. Imaging of brain metastases. Surgical Neurology International, v. 4, n. 5, p. 209-219, 2013.

GREBENCIUCOVA, E.; BERGER, J. R. Progressive multifocal leukoencephalopathy. Neurologic Clinics, v. 36, n. 4, p. 739-750, 2018.

GROVEMAN, B. R. et al. Sporadic Creutzfeldt-Jakob disease prion infection of human cerebral organoids. Acta Neuropathologica Communications, v. 7, n. 90, 2019.

HEDLUND, G. L.; OSBORN, A. G.; SALZMAN, K. L. Osborn's Brain: imaging, pathology, and anatomy. Amsterdam: Elsevier, 2017.

HUANG, Q. et al. Three-dimensional pseudocontinuous arterial spin labeling and susceptibility-weighted imaging associated with clinical progression in amnestic mild cognitive impairment and Alzheimer's disease. Medicine (Baltimore), v. 98, n. 23, 2019.

IORIO, R. et al. Clinical characteristics and outcome of patients with autoimmune encephalitis: clues for paraneoplastic etiology. European Journal of Neurology, v. 27, n. 10, p. 2062-2071, 2020.

SALA, P. L. et al. Cortical hypointensity in T2-weighted gradient-echo sequences in patients with progressive multifocal leukoencephalopathy. Radiologia, v. 62, n. 1, p. 59-66, 2020.

LOUIS, D. N. et al. The 2021 WHO Classification of Tumors of the Central Nervous System: a summary. Neuro-Oncology, v. 23, n. 8, p. 1231-1251, 2021. DOI: 10.1093/neuonc/noab106.

LYNDON, D. et al. Dural masses: meningiomas and their mimics. Insights into Imaging, v. 10, n. 11, 2019.

MARINO, B. L. B. et al. Parkinson's disease: a review from the pathophysiology to diagnosis, new perspectives for pharmacological treatment. Mini-Reviews Medicinal Chemistry, v. 20, n. 9, p. 754-767, 2020.

MATSUDA, H.; SHIGEMOTO, Y.; SATO, N. Neuroimaging of Alzheimer's disease: focus on amyloid and tau PET. Japanese Journal of Radiology, v. 37, n. 11, p. 735-749, 2019.

MONGAY-OCHOA, N. et al. Anti-Hu-associated paraneoplastic syndromes triggered by immune-checkpoint inhibitor treatment. Journal of Neurology, v. 267, p. 2154-2156, 2020.

RABINOVICI, G. D. et al. Association of Amyloid Positron Emission Tomography With Subsequent Change in Clinical Management Among Medicare Beneficiaries With Mild Cognitive Impairment or Dementia. JAMA, v. 321, n. 13, p. 1286-1294, 2019.

RABINSTEIN, A. A. Herpes virus encephalitis in adults: current knowledge and old myths. Neurologic Clinics, v. 35, n. 4, p. 695-705, 2017.

SCHWEITZER, A. D. et al. Traumatic Brain Injury: imaging patterns and complications. RadioGraphics, v. 39, n. 6, p. 1571-1595, 2019.

STAHL, J. P.; MAILLES, A. Herpes simplex virus encephalitis update. Current Opinion in Infectious Diseases, v. 32, n. 3: p. 239-243, 2019.

STEINER, I.; BENNINGER, F. Manifestations of herpes virus infections in the nervous system. Neurologic Clinics, v. 36, n. 4, p. 725-38, 2018.

THURNHER, M. M. et al. Susceptibility-weighted mr imaging hypointense rim in progressive multifocal leukoencephalopathy: the end point of neuroinflammation and a potential outcome predictor. American Journal of Neuroradiology, v. 40, n. 6, p. 994-1000, 2019.

VIJVERBERG, E. G. et al. Diagnostic accuracy of MRI and additional [18F] FDG-PET for behavioral variant frontotemporal dementia in patients with late onset behavioral changes. Journal of Alzheimer's Disease, v. 53, n. 4, p. 1287-1297, 2016.

VOGRIG A. et al. Central nervous system complications associated with immune checkpoint inhibitors. Journal of Neurology, Neurosurgery & Psychiatry, v. 91, n. 7, p. 772-778, 2020.

WILSON, H.; PAGANO, G.; POLITIS, M. Dementia spectrum disorders: lessons learnt from decades with PET research. Journal of Neural Transmission, v. 126, n. 3, p. 233-251, 2019.

4 Psicofarmacologia: Efeitos Cognitivos Esperados e Colaterais

Mauricio Silva Teixeira • Adalberto Studart-Neto

Introdução

Os tratamentos dos transtornos psiquiátricos e neurológicos muitas vezes envolvem o uso de fármacos que agem no sistema nervoso central. A maioria deles atua nas sinapses, modulando a ação dos diversos neurotransmissores envolvidos nas síndromes neuropsiquiátricas. Esses fármacos podem agir de diversas formas nos receptores sinápticos pré e pós-sinápticos, atuando em um espectro de agonismo (agonismo completo, agonismo parcial, agonismo inverso ou antagonismo), bem como podendo modular positiva ou negativamente em determinados receptores (Stahl, 2021).

O desenvolvimento dos fármacos psicotrópicos teve um grande impacto no tratamento dessas condições, muitas vezes substituindo outros tratamentos mais invasivos, assim como algumas cirurgias em casos de epilepsia. Em muitos transtornos psiquiátricos, particularmente nos transtornos de humor, a psicoterapia isolada pode ser suficiente para o manejo em quadros de intensidade leve. Entretanto, em casos mais complexos, pode ser necessário o uso de psicotrópicos para auxiliar na psicoterapia ou mesmo permitir que esta seja realizada. De forma similar, ao lidar com condições neurológicas que podem predispor a confusão mental e alterações do comportamento (como agitação e irritabilidade), em geral as primeiras medidas são as de controle ambiental e mudança de hábitos, sendo indicado tratamento farmacológico quando essas medidas se tornam insuficientes.

É importante conhecer as características principais dessas substâncias, tendo em vista que podem haver interações importantes, efeitos colaterais indesejados e piora de alguns sintomas neuropsiquiátricos, caso a sua indicação não seja precisa. Nos próximos tópicos, serão abordadas as principais classes de psicofármacos, seus mecanismos de ação, indicações, efeitos cognitivos esperados, efeitos adversos e interações medicamentosas.

Medicações utilizadas em doença de Alzheimer e outras demências

Os inibidores da acetilcolinesterase (IAChE) e a memantina são fármacos bem estabelecidos para o tratamento sintomático de algumas síndromes demenciais, em especial a doença de Alzheimer (DA). Não são fármacos modificadores da doença, ou seja, não atuam no processo fisiopatológico nem mudam o curso da doença. Mas diminuem a velocidade de progressão do declínio cognitivo e funcional e auxiliam no controle de sintomas comportamentais, como veremos a seguir.

Inibidores da acetilcolinesterase

Na DA há uma neurodegeneração precoce dos neurônios colinérgicos do núcleo basal de Meynert, localizado na região do prosencéfalo basal, e que se projetam para o córtex cerebral. Os IAChE são substâncias que inibem a enzima acetilcolinesterase (AChE). O papel da AChE é degradar a acetilcolina na fenda sináptica. Desse modo, há um aumento de acetilcolina na fenda e, consequentemente, da atividade dos neurônios colinérgicos.

A tacrina foi o primeiro IAChE aprovado, mas, devido à alta frequência de efeitos colaterais, ela foi abandonada. A donepezila, rivastigmina e galantamina são os três IAChE usados até hoje no tratamento da DA (Tabela 4.1). Os IAChE agem preferencialmente no sistema nervoso central, porém também têm alguma atuação no sistema nervoso

Tabela 4.1 Principais conceitos sobre inibidores da acetilcolinesterase e memantina.

Fármaco	Mecanismo	Efeitos adversos	Particularidades
Donepezila	Inibição da AChE	Principais: náuseas, vômitos, diarreia, hipersalivação (mais importantes com rivastigmina), bradicardia	Titulação mais rápida
Galantamina	Inibição da AChE e modulador do receptor nicotínico de ACh		Mais estudado para demência mista
Rivastigmina oral	Inibição da AChE e BuChE		Único aprovado para demência da doença de Parkinson
Rivastigmina transdérmica	Inibição da AChE e BuChE	Principal: bradicardia	Útil em paciente com disfagia e sintomas gastrointestinais importantes
Memantina	Antagonismo NMDA	Mínimos	Redução de dose em insuficiência renal

AChE: acetilcolinesterase; BuChE: butirilcolinesterase; NMDA: receptor N-metil-D-aspartato.

periférico, o que pode levar aos efeitos colaterais mais comuns, que serão abordados adiante. De forma geral, as três medicações necessitam de uma titulação gradual em semanas a meses para chegar à dose alvo. Para a descontinuação delas, recomenda-se da mesma maneira a sua suspensão gradual, exceto quando os efeitos adversos forem importantes (p. ex., bradicardia com hipotensão arterial).

Donepezila

A donepezila é uma inibidora seletiva da AChE. Possui meia-vida longa (cerca de 70 horas) e, por isso, pode ser administrada 1 vez/dia. A sua dosagem de 5 mg já é terapêutica e sua dose alvo é de 10 mg 1 vez/dia, a ser atingida em 1 mês após o início do uso. Essas características dão mais comodidade posológica e garantem uma dose terapêutica desde o início do tratamento, por isso tem sido o IAChE de escolha por muitos profissionais, apesar de seu efeito clínico ser similar ao dos outros fármacos dessa classe.

Rivastigmina

A rivastigmina atua fazendo uma inibição da AChE e da butirilcolinesterase (BuChE). A enzima BuChE possui uma expressão maior no trato gastrointestinal do que a AChE, o que indica porque os efeitos adversos gastrointestinais costumam ser maiores com a rivastigmina.

A rivastigmina possui duas formas de apresentação: comprimido (via oral [VO]) e adesivo transdérmico. A forma transdérmica pode ser uma boa opção para pacientes com dificuldade de deglutição ou para aqueles com efeitos adversos gastrointestinais intoleráveis com os IAChE administrados por via oral.

Galantamina

A galantamina é um fármaco que atua como inibidor da acetilcolinesterase e modulador alostérico positivo do receptor nicotínico de acetilcolina. Em teoria, essa modulação positiva do receptor nicotínico poderia gerar um aumento maior da carga colinérgica, entretanto o efeito da galantamina foi similar ao dos outros IAChE nos estudos para o tratamento da DA. Uma característica dessa medicação é que ela foi mais extensamente estudada para pacientes com demência mista (quando há demência neurodegenerativa associada a demência vascular).

A galantamina possui duas formas de apresentação: comprimido de liberação imediata e cápsula de liberação prolongada. Atualmente, apenas a galantamina de liberação prolongada tem sido comercializada e distribuída no Sistema Único de Saúde (SUS).

Indicações clínicas e efeito cognitivo

Os IAChE citados anteriormente (donepezila, rivastigmina e galantamina) são medicações já bem estabelecidas no tratamento da DA. Algumas metanálises de ensaios clínicos avaliando o uso de IAChE na DA mostraram não haver diferença estatística em termos de eficácia entre essas três medicações (Birks, 2006; Lanctôt et al., 2003). Apesar de um tamanho de efeito modesto, as três medicações apresentaram desfechos positivos em escalas cognitivas, de funcionalidade e de comportamento/humor. Ensaios clínicos foram feitos em pacientes com comprometimento cognitivo leve (CCL), mas não foi demonstrado benefício clínico. Por isso são indicados apenas para o estágio de demência.

Apesar de serem inicialmente desenvolvidos para DA, os IAChE também são benéficos em outros quadros demenciais, como a demência com corpos de Lewy (DCL), demência da doença de Parkinson (DDP) e em alguns tipos de demência vascular (DV) (Battle et al., 2021; McKeith et al., 2017; Rolinski et al., 2012).

Efeitos adversos

Apesar do efeito desses três IAChE ser majoritariamente no sistema nervoso central, ainda há algum efeito nos sistemas nervoso periférico e nervoso entérico. Tendo em vista que a acetilcolina é o principal neurotransmissor do sistema nervoso parassimpático, os efeitos adversos principais se darão na exacerbação dessas funções. Os efeitos adversos mais comuns são os gastrointestinais (náuseas, vômitos, diarreia, dor abdominal, hipersalivação), que são mais frequentes com as formulações orais, especialmente a rivastigmina. Outro efeito adverso importante é a bradicardia, por isso, é contraindicado o uso dessas medicações em pacientes com cardiopatias como bradiarritmias ou insuficiência cardíaca grave. Outros efeitos adversos possíveis são cefaleia, agitação, tontura e tremores. No caso do adesivo transdérmico, pode haver reações alérgicas locais, sendo recomendada a troca para formulação oral, se possível.

Memantina

A memantina é uma medicação da classe dos antagonistas do receptor N-metil-D-aspartato (NMDA) de glutamato. Há evidências de que estimulação glutamatérgica excessiva possa levar a lesão neuronal, o que é chamado de excitotoxicidade. A memantina faz um bloqueio reversível e não competitivo dos receptores NMDA, possivelmente diminuindo a lesão por excitotoxicidade. Vale ressaltar que os receptores NMDA são os receptores de glutamato que estão mais presentes no circuito de formação das memórias, o que justifica o racional para o seu uso.

Indicações clínicas e efeito cognitivo

A principal indicação da memantina se dá nas fases moderadas a avançadas da demência devido à DA. Nesse grupo de pacientes, há evidência de menor declínio nos desfechos cognitivo e funcional, estando relacionado com melhora comportamental e diminuição de estresse do cuidador (Reisberg et al., 2003). Não há indicação nas fases leves da demência devida à DA.

A memantina também pode ser prescrita em outros quadros demenciais (como na DV, DDP e DCL), bem como para prevenção de declínio cognitivo em pacientes pós-quimioterapia. Entretanto, existe uma evidência menor do benefício nessas condições (Orgogozo et al., 2002; McKeith, 2018; Brown et al., 2013).

Efeitos adversos

A memantina é uma medicação muito bem tolerada, com incidência de efeitos adversos comparável ao placebo (Reisberg et al., 2003). Entretanto, seu uso deve ser feito com cuidado em pacientes com insuficiência renal. Como sua excreção é primariamente renal, sem metabolismo hepático relevante, em pacientes com insuficiência renal importante, a dose da memantina deve ser reduzida pela metade.

Fármacos anticrise epiléptica

Epilepsia é uma doença cerebral crônica caracterizada por predisposição sustentada à ocorrência de crises epilépticas. As crises epilépticas decorrem de uma disfunção temporária de um conjunto de neurônios, e são caracterizadas com base no seu início como em: início focal e início generalizado. As crises de início generalizado se originam em algum lugar no cérebro e rapidamente envolvem redes distribuídas bilateralmente nos dois hemisférios. Geralmente estão associadas a síndromes epilépticas genéticas e costumam se manifestar na infância e adolescência. Já as crises de início focal originam-se em redes limitadas a um hemisfério cerebral. Costumam estar associadas a lesões focais no cérebro e, portanto, geralmente se apresentam com maior frequência a partir da idade adulta. É importante diferenciar os tipos de epilepsias, pois algumas medicações podem ser mais eficazes em um tipo do que em outro (Yacubian; Manreza; Terra, 2020).

Os fármacos anticrise epiléptica (FAC) em geral têm seu mecanismo de ação baseado na interação dos canais iônicos dos neurônios, diminuindo sua hiperexcitabilidade e, consequentemente, a possibilidade de crise epiléptica (Tabela 4.2).

Indicações clínicas

Os FAC têm como sua indicação principal o tratamento das epilepsias. A maioria tem boa ação contra as crises de início focal. O valproato, lamotrigina, topiramato, levetiracetam e os benzodiazepínicos também são medicações utilizadas para o tratamento das crises de início generalizado. Outras indicações mais específicas serão abordadas nos tópicos de cada fármaco.

Efeitos cognitivos esperados

Em geral, a maioria dos FAC pode causar algum tipo de alteração cognitiva leve, principalmente de predomínio disexecutivo. Entretanto, algumas medicações se destacam, como o fenobarbital, valproato, topiramato e fenitoína. Detalhes sobre as alterações específicas estarão nos tópicos relacionados a cada um desses fármacos.

Importante destacar que o levetiracetam, apesar de não ser tipicamente associado a alteração cognitiva, pode levar a piora de sintomas psiquiátricos, especialmente distúrbios de humor (Abou-Khalil, 2022). Por isso, deve-se ter cautela com o levetiracetam em pacientes depressivos e ansiosos, principalmente naqueles com sintomas mal controlados.

Efeitos adversos gerais

Existem efeitos adversos comuns a toda essa classe. Os efeitos colaterais podem ser divididos em dose-dependente, cuja presença e intensidade dependem da dose da medicação, e idiossincráticos, cujo surgimento não possui relação com a

Tabela 4.2 Principais conceitos sobre fármacos anticrise epiléptica.

Fármaco	Mecanismo	Efeitos cognitivos	Outros efeitos específicos
Fenobarbital	Modulação alostérica positiva do receptor GABA tipo A (GABAA)	Sonolência Lentificação de pensamento Desatenção Disexecução	Farmacodermia
Fenitoína	Bloqueio dos canais de sódio voltagem-dependente	Redução de concentração Alteração de memória episódica Redução da velocidade de processamento	Acne Hirsutismo Hipertrofia gengival Atrofia cerebelar
Carbamazepina e oxcarbazepina	Bloqueio dos canais de sódio voltagem-dependente	Sonolência	Hiponatremia
Lacosamida	Bloqueio dos canais de sódio voltagem-dependente (inativação lenta)	Nenhum efeito maior	Nenhum específico
Lamotrigina	Bloqueio dos canais de sódio voltagem-dependente	Nenhum efeito maior	Farmacodermia
Valproato	Bloqueio dos canais de sódio voltagem-dependente Aumenta transmissão GABAérgica Antagonista dos canais de cálcio tipo T	Sonolência Disexecução Alteração de memória episódica Encefalopatia hiperamonêmica	Tremores Parkinsonismo Alopecia
Topiramato	Bloqueio dos canais de sódio voltagem-dependente Modulação alostérica positiva GABAA Antagonismo AMPA	Sonolência Lentificação psicomotora Redução da fluência verbal Word-finding	Fadiga Perda de peso Cálculos renais
Levetiracetam	Ligação à proteína SVA2 nas vesículas sinápticas	Sonolência	Piora de distúrbios de humor
Benzodiazepínicos	Modulação alostérica positiva GABAA	Sonolência Possível risco de demência	Uso abusivo e dependência Quedas

AMPA: ácido alfa-amino-3-hidroxi-5-metil-4-isoxazol propiônico; GABA: ácido gama-aminobutírico.

dose da medicação, mas com a resposta de cada indivíduo. Dentre os efeitos dose-dependente mais comuns, estão sonolência, tontura e alteração de coordenação. Dentre os idiossincráticos, o principal são as farmacodermias, que podem ter gravidade variável e frequência maior com a lamotrigina e a fenitoína, por isso deve-se ter atenção especial com alterações cutâneas, principalmente no início do uso dessas medicações. Algumas farmacodermias, principalmente as mais brandas (*rash* cutâneo), podem ser dose-dependentes.

Vale frisar que a maioria dos FAC tem algum grau de teratogenicidade, sendo os principais o valproato, o fenobarbital, a fenitoína e a carbamazepina, devendo ser evitados, se possível, em mulheres em idade fértil.

Fenobarbital

O fenobarbital é uma medicação da classe dos barbitúricos e um dos FAC mais antigos, ainda utilizado atualmente, apesar de ser cada vez menos prescrito devido ao surgimento de novas medicações com melhor perfil de tolerabilidade e efeitos adversos. Atua como modulador alostérico positivo dos receptores GABA tipo A (GABAA), ou seja, se liga a uma porção dos receptores GABAA diferente da qual o ácido gama-aminobutírico (GABA) se liga, favorecendo ainda mais a abertura dos canais iônicos produzida pela ligação do GABA, que possui função inibitória sobre as descargas neuronais. É um FAC de amplo espectro, apresentando uma formulação intravenosa que pode ser usada em casos de estado de mal epiléptico. Dentre os principais efeitos adversos, destacam-se a sedação, o comprometimento cognitivo e as alterações de humor, particularmente depressão. Os pacientes podem apresentar lentificação do pensamento, alteração de atenção e memória operacional (Livanainen; Savolainen, 1983). Entretanto, em locais em que não haja disponibilidade de medicações com melhor perfil farmacológico, o tratamento das crises epilépticas pode reduzir o risco de piora cognitiva associada com a epilepsia, mesmo com o uso do fenobarbital (Ding *et al.*, 2012).

Bloqueadores de canais de sódio

Os principais fármacos dessa classe são a carbamazepina, oxcarbazepina, fenitoína, lamotrigina e lacosamida. Todos os fármacos dessa classe fazem algum tipo de bloqueio dos canais de sódio voltagem-dependente. Isso faz com que a membrana celular dos neurônios fique mais estável, diminuindo sua frequência de disparos. É importante salientar que alguns fármacos dessa classe (fenitoína, carbamazepina, oxcarbazepina) podem piorar crises de mioclonias, não sendo indicados quando há esse tipo de crise.

Fenitoína

A fenitoína foi um dos primeiros FAC desenvolvidos e uma medicação ainda muito utilizada na prática clínica, especialmente por ser uma das poucas na qual existe uma formulação intravenosa. A fenitoína possui uma característica de ser altamente ligada a proteínas plasmáticas, por isso, quando se deseja saber o seu nível no sangue, deve-se utilizar uma fórmula específica que corrige o valor dosado pelo nível de albumina no sangue. Sua meia-vida é bastante variável, dependendo da dose e da ligação proteica.

Com relação ao impacto cognitivo, o uso da fenitoína pode estar implicado em redução da concentração, memória, velocidade de processamento mental e funções visuomotoras (Andrewes *et al.*, 1986; Gillham *et al.*, 1990; Pulliainen; Jokelainen, 1995). Dentre os outros efeitos adversos, destaca-se a farmacodermia, hipertrofia gengival, acne, hirsutismo e atrofia cerebelar.

Carbamazepina e oxcarbazepina

Essas duas medicações têm estruturas moleculares semelhantes e possuem indicações e efeitos similares, apesar de algumas particularidades.

Sua principal indicação se dá para o tratamento das epilepsias focais. Entretanto, também pode ser indicada em outras situações, como no transtorno bipolar e no tratamento de manutenção da neuralgia do trigêmeo, sendo a medicação de escolha para essa última.

O efeito adverso mais específico da carbamazepina e da oxcarbazepina é a hiponatremia, geralmente mais pronunciada com a oxcarbazepina. Portanto, deve-se monitorizar o sódio regularmente, especialmente em pacientes de maior risco para hiponatremia, como os idosos.

Por serem indutoras das enzimas hepáticas, podem reduzir o nível sérico de diversas medicações (incluindo anticoncepcionais), devendo-se ter muita cautela em caso de politerapia.

Lamotrigina

A lamotrigina é um FAC que, além de bloquear os canais de sódio voltagem-dependente, parece também atuar reduzindo a liberação de glutamato (neurotransmissor excitatório), por isso é considerado fármaco de amplo espectro, eficaz tanto em epilepsias focais quanto nas generalizadas. Também possui outras indicações, como o tratamento do transtorno bipolar, a profilaxia de algumas cefaleias trigeminoautonômicas e como opção à carbamazepina no tratamento da neuralgia do trigêmeo.

É uma medicação que costuma ser muito bem tolerada, com poucos efeitos adversos. Entretanto, de todos os FAC é o que tem o maior risco de farmacodermia, que pode ser grave. Por isso, é recomendado introduzir essa medicação em dose baixa e com uma titulação muito lenta, ao longo de semanas a meses, para evitar ou identificar precocemente as alterações cutâneas.

Lacosamida

A lacosamida é um dos FAC mais recentemente desenvolvidos. Tem como mecanismo de ação uma inativação lenta dos canais de sódio (diferente dos outros bloqueadores de canal de sódio clássicos, que prolongam a inativação rápida). Possui uma boa tolerabilidade, com poucos efeitos adversos. Uma porcentagem pequena apresenta queixas de memória (7%), porém não parece haver diferença para o grupo placebo (Rosenfeld *et al.*, 2014). Ademais, conta com a vantagem de ter formulação intravenosa.

Valproato

O valproato é uma medicação que possui múltiplos mecanismos de ação, tanto atuando positivamente sobre os receptores GABA, quanto antagonizando os receptores de sódio e cálcio. Apresenta um amplo espectro para as diferentes crises epilépticas, bem como pode ser utilizado no tratamento do transtorno bipolar e na profilaxia de enxaqueca. Dentre os efeitos cognitivos, podem ocorrer sonolência e quadros de comprometimento cognitivo disexecutivo e mnéstico, podendo chegar à demência, quadro possivelmente reversível com a suspensão da medicação (Evans; Shinar; Yaari, 2011). É possível também o desenvolvimento de um quadro encefalopático secundário à hiperamonemia, mesmo em pacientes com função hepática normal. Outros efeitos possíveis são parkinsonismo (reversível com a suspensão da medicação), tremores, tontura, sintomas gastrointestinais e alopecia.

Topiramato

Assim como o valproato, o topiramato também atua por diversos mecanismos, tanto em receptores GABA, canais de sódio voltagem-dependente, como agonista de receptores de AMPA. As principais indicações do topiramato são no tratamento de amplo espectro para epilepsias e na profilaxia de enxaqueca. Como efeitos na cognição, esse medicamento pode levar, de forma dose-dependente, a lentificação psicomotora e o comprometimento cognitivo mnéstico e disexecutivo, porém um efeito peculiar relatado é a alteração de linguagem, com pacientes apresentando redução de fluência verbal causada por dificuldade de recuperação fonológica (*word-finding*) (Mula et al., 2003; Tatum et al., 2001).

Benzodiazepínicos

Os benzodiazepínicos, assim como os barbitúricos, são moduladores alostéricos positivos dos receptores GABAA, com a diferença de se ligarem em sítios diferentes do último. Sendo o GABA o principal neurotransmissor inibitório do sistema nervoso central, sua atuação leva aos principais efeitos dessa classe no nível de consciência (sedação), humor (ansiólise), epilepsia (redução das crises), tônus muscular (relaxamento), entre outros aspectos. Estudos sugerem que o uso crônico de benzodiazepínicos pode estar associado ao aumento do risco de demência (Billioti de Gage et al., 2012). Por isso, deve-se ter muita cautela com seu uso em pacientes idosos ou com queixas cognitivas.

O principal benzodiazepínico utilizado no tratamento crônico adjuntivo da epilepsia é o clobazam, que possui menos efeito sedativo que os outros fármacos dessa classe e meia-vida muito longa, o que diminui o risco de dependência. No contexto agudo de crises epilépticas e estado de mal epiléptico, existem formulações intravenosas e intramusculares que podem ser utilizadas, como diazepam e midazolam.

Os benzodiazepínicos também são medicações amplamente utilizadas no contexto de transtornos de humor, devido ao seu bom poder ansiolítico. Entretanto, ressalvas devem ser feitas ao seu uso indiscriminado, tendo em vista o risco de uso abusivo e dependência que essas medicações têm. Os principais fármacos utilizados com objetivo ansiolítico são clonazepam, diazepam, bromazepam, alprazolam e lorazepam.

Outros fármacos anticrise

Vale a pena mencionar outros fármacos comumente utilizados na prática. O levetiracetam é uma medicação com ótimo perfil de tolerabilidade e com poucos efeitos adversos, entretanto, pode reduzir a liberação de serotonina e noradrenalina na fenda sináptica, acarretando piora de distúrbios de humor e comportamento. Outras medicações utilizadas em epilepsia e no tratamento de dor neuropática são os gabapentinoides (gabapentina e pregabalina). Não costumam causar prejuízos significativos exuberantes, porém uma parcela significativa dos usuários evolui com sonolência.

Medicações utilizadas em distúrbios do humor

A fisiopatologia dos distúrbios de humor é complexa e depende de uma combinação entre fatores genéticos e ambientais. Sabe-se hoje que algumas redes neurais e neurotransmissores específicos (especialmente serotonina e noradrenalina) possuem um papel importante nesses distúrbios, sendo alvos da maior parte dos fármacos utilizados no tratamento (Tabela 4.3).

Tabela 4.3 Principais conceitos sobre fármacos para transtornos de humor.

Fármaco	Mecanismo	Efeitos cognitivos	Outros efeitos
Tricíclicos	Bloqueio da NET e SERT Antagonismo H1 Antagonismo M1 Antagonismo alfa-1 adrenérgico	Sonolência Desatenção	Ganho de peso Constipação Boca seca Tontura Hipotensão
Inibidores seletivos da recaptação de serotonina (ISRS)	Bloqueio da SERT	Nenhum maior (exceto a paroxetina)	Disfunção sexual Irritabilidade
Inibidores da recaptação de serotonina e noradrenalina (IRSN)	Bloqueio da NET e SERT	Nenhum maior	Irritabilidade
Antidepressivos atípicos	Mecanismos variados	Sonolência (mirtazapina e trazodona) Possível efeito pró-cognitivo (vortioxetina)	Ganho de peso (mirtazapina) Antifissura (bupropiona)
Quetamina e esquetamina	Antagonismo NMDA em interneurônios GABAérgicos	Sintomas dissociativos Psicose	Potencial de uso abusivo

NET: receptores de noradrenalina nos neurônios pré-sinápticos; SERT: receptores de serotonina nos neurônios pré-sinápticos.

Indicações clínicas

Os fármacos deste tópico são classicamente utilizados para tratar os distúrbios de humor, particularmente o transtorno depressivo maior e o transtorno de ansiedade generalizada. Outros transtornos de humor, como o transtorno bipolar, também utilizam no seu tratamento algumas dessas medicações, porém com algumas particularidades que não serão discutidas neste capítulo.

Efeitos cognitivos esperados

Pacientes com quadros de ansiedade e depressão descompensados podem apresentar queixas cognitivas atencionais, mnésticas e disexecutivas. O tratamento eficaz dos distúrbios de humor pode acarretar melhora das queixas cognitivas secundárias a esses distúrbios. Entretanto, deve-se atentar para alguns fármacos com ação anticolinérgica central, como os antidepressivos tricíclicos, os quais podem levar a piora cognitiva em pacientes com maior risco.

Efeitos adversos gerais

Em geral, todas as medicações deste tópico podem levar a efeitos adversos gastrointestinais, como náuseas, vômitos e dor abdominal. Medicações que atuam aumentando os níveis de serotonina possuem um risco maior de levar a disfunção sexual e impotência. Outros efeitos esperados são agitação e piora de irritabilidade quando se usa inibidores seletivos da recaptação de serotonina e os antidepressivos duais. Medicações com maior efeito histaminérgico (p. ex., tricíclicos, mirtazapina, trazodona) podem causar sonolência. Outros efeitos adversos mais específicos serão discutidos adiante.

Antidepressivos tricíclicos

Os principais fármacos dessa classe são a amitriptilina, nortriptilina, imipramina e doxepina. Essa classe possui mecanismo de ação diverso. Inibe a recaptação de serotonina e noradrenalina pelo neurônio pré-sináptico, porém também possui efeitos centrais anti-histaminérgico e anticolinérgico, o que explica alguns dos seus efeitos adversos. O antagonismo dos receptores M1 de acetilcolina pode levar a sonolência e redução da atenção, por isso deve-se ter cautela na prescrição dessa classe para pacientes idosos ou com comprometimento cognitivo. Outros efeitos anticolinérgicos possíveis são constipação intestinal, boca seca, visão turva. O efeito anti-histamínico também gera sonolência e pode levar a ganho de peso. Deve-se preferir sua prescrição à noite devido à sonolência. Essa classe também pode levar a bloqueio de receptores noradrenérgicos alfa-1, precipitando a hipotensão. Ademais, pode atuar nos canais de sódio voltagem-dependente no coração e no sistema nervoso central, aumentando o risco de arritmias e crise epiléptica em pacientes predispostos.

Inibidores seletivos da recaptação de serotonina

Essa classe tem a característica de inibir a recaptação de serotonina através do bloqueio dos receptores de serotonina (SERT) nos neurônios pré-sinápticos. Os principais fármacos são fluoxetina, sertralina, paroxetina, citalopram, escitalopram e fluvoxamina. São medicações relativamente bem toleradas. Em geral, não costumam prejudicar a cognição, podendo inclusive melhorar algumas queixas cognitivas secundárias a distúrbios de humor. Uma exceção é a paroxetina, que possui efeito anticolinérgico e tem maior chance de causar sedação e alguma piora das queixas cognitivas. Existe evidência de melhora de agitação com uso de citalopram em pacientes com DA (Porsteinsson et al., 2014). Há um estudo em andamento avaliando esse benefício para o escitalopram (Ehrhardt et al., 2019). Dentre os efeitos adversos mais específicos, importante citar a disfunção sexual e a perda de libido, que podem ocorrer com a maioria dessas medicações.

Inibidores da recaptação de serotonina e noradrenalina

Também chamados de antidepressivos duais, possuem a característica de inibir a recaptação de serotonina e noradrenalina através do bloqueio da SERT e do receptor pré-sináptico de noradrenalina (NET). Os principais medicamentos dessa classe são venlafaxina, desvenlafaxina e duloxetina. Além de serem indicados no tratamento dos transtornos de ansiedade generalizada e depressivo maior, devido ao seu efeito noradrenérgico também podem ser eficazes no tratamento de algumas síndromes dolorosas crônicas, como na dor neuropática e na fibromialgia. Não são indicados para tratamento de transtorno bipolar, pois podem favorecer uma virada maníaca. É uma classe que não traz prejuízos à cognição. Entretanto, pode ter um efeito ativador, principalmente no início do tratamento, podendo piorar irritabilidade e agitação. Esses efeitos costumam melhorar ao passar das semanas de tratamento. Essa classe costuma ser um pouco menos tolerada que os ISRS, podendo suscitar mais efeitos gastrointestinais e adrenérgicos (como palpitações e hipertensão arterial). Assim como os ISRS, também podem estar relacionados a disfunção sexual.

Antidepressivos atípicos

Essa classe possui essa denominação pelo fato de agirem em outros mecanismos que não apenas o bloqueio dos transportadores de monoaminas. As principais medicações dessa classe são mirtazapina, trazodona, bupropiona e vortioxetina.

A mirtazapina atua antagonizando alguns receptores serotoninérgicos (5HT2A, 5HT2C e 5HT3), levando a uma maior ação da serotonina no receptor 5HT1A. Atua também como antagonista dos receptores H1 de histamina, levando a sonolência e ganho ponderal. A trazodona possui um espectro de efeito dose-dependente. Doses menores (até 150 mg) têm ação predominantemente hipnótica pelo antagonismo dos receptores H1, enquanto doses acima de 150 mg levam a um efeito serotoninérgico e noradrenérgico. Tanto a mirtazapina quanto a trazodona costumam causar sonolência, por isso devem ser administradas à noite. Entretanto, são fármacos relativamente seguros do ponto de vista cognitivo.

A bupropiona age inibindo os receptores de recaptação de dopamina (DAT) e NET. Possui um bom efeito antifissura, podendo ser prescrita também em contexto de cessação de tabagismo. Entretanto, deve-se ter cautela em pacientes epilépticos, pois a bupropiona pode reduzir o limiar convulsivo e precipitar crises.

A vortioxetina é uma medicação que foi aprovada em 2013 pela Food and Drug Administration (FDA) para o tratamento da depressão e apresenta mecanismo de ação complexo sobre diversos receptores serotoninérgicos. Além disso, possui uma boa ação antidepressiva, podendo ter um efeito pró-cognitivo segundo alguns estudos (McIntyre *et al.*, 2016).

Quetamina e esquetamina

São fármacos que possuem uma atuação diferente dos demais no tratamento dos transtornos de humor. Em vez de atuarem sobre as vias serotoninérgicas ou noradrenérgicas, possuem ação antagonista dos receptores NMDA em interneurônios GABA, resultando em um aumento da liberação de glutamato no córtex cerebral.

Possuem indicação no tratamento de depressão resistente e evidência de benefício em redução de ideação suicida. Ademais, existem estudos sugerindo que o aumento do glutamato possa levar a aumento da neuroplasticidade e de fatores neurotróficos, como o fator neurotrófico derivado do cérebro (BDNF), além de aumento de conectividade em estudo de ressonância magnética funcional em pacientes depressivos (Woelfer *et al.*, 2020).

Diferentemente das outras medicações utilizadas para tratamento da depressão, a quetamina e a esquetamina são utilizadas em doses espaçadas entre dias a semanas, a depender do quadro clínico, via intravenosa (quetamina) ou intranasal (quetamina e esquetamina).

Os principais efeitos cognitivos relacionados a esses fármacos são os sintomas dissociativos (em cerca de um terço dos pacientes) e psicóticos (mais associado ao uso abusivo da medicação). Por isso, é contraindicado o uso em pacientes com depressão psicótica. Seu uso, mesmo o intranasal, deve ser feito em ambiente controlado e monitorado, com o paciente mantido em observação por pelo menos 2 horas. Devido ao potencial risco de uso abusivo e dependência, sua indicação e dosagem devem ser acompanhadas de perto por um especialista.

Antipsicóticos

Os antipsicóticos são fármacos que possuem potencial para tratar quadros de agitação, agressividade, irritabilidade, delírios e psicoses, tanto de origem psiquiátrica quanto neurológica. A principal atuação dessa classe se dá através do efeito antagonista dopaminérgico nas suas diversas vias (mesolímbica, mesocortical, tuberoinfundibular e nigroestriatal), o que também faz desencadear seus principais efeitos adversos. Outros mecanismos também podem estar associados, como atuação em receptores serotoninérgicos e glutamatérgicos.

Os antipsicóticos podem ser divididos em típicos e atípicos. Os antipsicóticos típicos foram os primeiros a serem desenvolvidos e, entre outras características, possuem um efeito maior na via nigroestriatal, predispondo a mais efeitos adversos motores. Os antipsicóticos atípicos foram introduzidos posteriormente aos típicos, têm um melhor perfil de efeitos adversos, apesar de maior risco de síndrome metabólica e com um custo mais elevado (Tabela 4.4).

Indicações clínicas

As principais indicações desta classe são para o tratamento das psicoses primárias (psiquiátricas) ou de origem orgânica (p. ex., secundárias a síndromes demenciais). Também podem ser indicados para o tratamento de *delirium*, transtorno de estresse pós-traumático, transtorno do espectro autista, transtorno obsessivo-compulsivo e como tratamento adjunto em transtornos de humor. Ademais, os antipsicóticos, especialmente os típicos, são indicados como tratamento sintomático da doença de Huntington, por levarem a uma melhora da coreia devido aos seus efeitos extrapiramidais.

Efeitos cognitivos esperados

O principal efeito dos antipsicóticos na cognição é a sonolência. Alguns antipsicóticos podem ter um efeito anticolinérgico variável, o que poderia em tese levar a uma redução da atenção e concentração e piora de queixas mnésticas. Entretanto, em casos de surtos psicóticos ou irritabilidade/agressividade, esses fármacos podem ter um efeito positivo na cognição por aliviarem esses sintomas.

Efeitos adversos

Os principais efeitos adversos dos antipsicóticos, especialmente os típicos, são os motores ou extrapiramidais. Se usadas as formulações parenterais (intramuscular ou intravenosa), o risco desses efeitos é maior. Os principais efeitos adversos motores são o parkinsonismo medicamentoso (também chamado de parkinsonismo secundário), distonia, acatisia e discinesia tardia.

Uma complicação rara, porém grave, é a síndrome neuroléptica maligna, na qual o paciente pode evoluir com febre, rigidez intensa e alteração do nível de consciência. O risco é maior naqueles que fazem uso de doses iniciais altas ou de formulação parenteral. Caso ocorra, há necessidade de hospitalização urgente, inicialmente em unidade de tratamento intensivo (UTI), para monitoração e tratamento adequado com medicações que revertam os sintomas.

Tabela 4.4 Principais conceitos sobre antipsicóticos.

Fármaco	Mecanismo	Efeitos cognitivos	Outros efeitos
Antipsicótico típico	Principal: antagonismo D2	Sonolência Efeitos variáveis	Efeitos motores mais proeminentes Hiperprolactinemia
Antipsicótico atípicos	Antagonismo D2 Atuação variada em receptores serotoninérgicos	Sonolência Efeitos variáveis	Menos efeitos motores Maior incidência de síndrome metabólica Melhora de agitação e psicose em demência

Outro efeito adverso é a hiperprolactinemia, que ocorre devido a perda da inibição para produção de prolactina na via tuberoinfundibular. Os principais sintomas são galactorreia (saída de leite pela mama na ausência de gestação ou puerpério), disfunção sexual, alterações menstruais, infertilidade e osteoporose.

Um efeito adverso que também deve ser levado em consideração, principalmente em indivíduos idosos, é a síndrome metabólica, podendo se caracterizar com aumento de peso, hipertensão arterial, diabetes *mellitus* e dislipidemia. É uma síndrome mais frequentemente desenvolvida com uso dos antipsicóticos atípicos e que aumenta o risco cardiovascular, levando a um maior risco de infarto do miocárdio e acidente vascular cerebral.

Ademais, antes de se iniciar o uso de qualquer antipsicótico, deve-se acessar o risco cardíaco dos pacientes (história de arritmia, cardiopatia, uso de medicações arritmogênicas), por causa do risco de aumento do intervalo QT no eletrocardiograma, podendo desencadear arritmias graves em pacientes predispostos, especialmente com o uso parenteral dessas medicações.

Por fim, existe uma associação entre uso de antipsicóticos e aumento de mortalidade em pacientes com demência, devendo-se ter cautela com a prescrição dessa classe para essa população. Caso prescrita, preferir medicações que possuam menor associação com aumento de mortalidade, como quetiapina em doses baixas (Maust *et al.*, 2015).

Antipsicóticos típicos

Apesar de poderem atuar antagonizando outros neurotransmissores (histamina, acetilcolina, noradrenalina), o principal efeito dos antipsicóticos típicos se dá no antagonismo dos receptores D2 de dopamina no sistema nervoso central.

O fármaco mais utilizado dessa classe é o haloperidol. Além da formulação oral, possui duas formulações parenterais: o lactato de haloperidol, utilizado por via intramuscular ou intravenosa em contextos agudos de agressividade ou agitação importante; e o decanoato, formulação intramuscular de depósito que pode ser administrada uma vez por mês. As formulações parenterais possuem um risco maior de efeitos colaterais motores e cardíacos. Além das indicações citadas anteriormente, o haloperidol também é útil no tratamento de náuseas e vômitos induzidos por quimioterapia e no tratamento de obstruções intestinais secundárias a tumores intra-abdominais.

Outro antipsicótico típico é a clorpromazina. Também possui formulação parenteral (podendo ser usada de forma intramuscular ou intravenosa). Possui outras indicações mais específicas, além das já citadas, como no tratamento abortivo para crises de cefaleia, tratamento de soluços incoercíveis e na hiperêmese gravídica com náuseas e soluços refratários.

Dentre outros fármacos desta classe, encontram-se a levomepromazina, pimozida, trifluoperazina, sulpirida e zuclopentixol, a maioria desses utilizada no tratamento da esquizofrenia.

Antipsicóticos atípicos

Em geral, a não ser em algumas situações específicas descritas anteriormente, quando da necessidade de uso de um antipsicótico, dá-se preferência para a utilização de um atípico. A principal vantagem é a menor frequência de efeitos adversos motores. Isso se torna especialmente importante no tratamento de pacientes com síndromes demenciais (nas quais sintomas motores podem propiciar instabilidade e quedas) e em pacientes com parkinsonismo (que pode ser exacerbado com os fármacos). Nesses casos, mesmo entre os antipsicóticos atípicos existem alguns cujo risco de sintomas extrapiramidais é menor, como clozapina, quetiapina, aripiprazol, brexpiprazol e pimavanserina.

A clozapina, a despeito de apresentar ótima eficácia, possui um risco de desenvolvimento de agranulocitose (redução acentuada do número de leucócitos no sangue). Dessa forma, deve-se ter muita cautela na sua introdução e, a fim de monitorar essa complicação, realizar hemogramas semanais por pelo menos 6 meses. Ademais, também é um dos antipsicóticos que mais predispõe à síndrome metabólica.

A quetiapina é um fármaco que possui espectro de dose amplo (podendo variar de 12,5 a 800 mg/dia). Doses menores (12,5 a 50 mg) possuem efeito predominantemente sedativo devido ao agonismo de receptores H1. Doses entre 150 e 300 mg/dia possuem efeito antidepressivo e doses entre 400 e 800 mg, efeito antipsicótico mais importante. No caso de psicose e agitação secundárias a quadros demenciais, doses mais baixas podem ser suficientes para manejo dos sintomas.

A olanzapina e a risperidona são fármacos de boa eficácia antipsicótica, porém com risco de sintomas extrapiramidais maior do que clozapina e quetiapina e com alguns efeitos adversos mais proeminentes. A olanzapina é um dos antipsicóticos que mais levam à síndrome metabólica e ganho de peso. A risperidona, por outro lado, possui um alto risco de promover hiperprolactinemia. Ambas possuem formulações intramusculares, sendo a da risperidona de depósito, podendo-se realizar aplicações quinzenais a depender da indicação.

O aripiprazol e o brexpiprazol possuem menor risco de efeitos adversos extrapiramidais, além de possuírem bom efeito antidepressivo, por atuarem como agonista parcial D2 e atuarem em receptores serotoninérgicos. O brexpiprazol, em particular, parece ter eficácia no controle de agitação em pacientes com demência da DA, segundo ensaios clínicos recentes (Grossberg *et al.*, 2020; Lee *et al.*, 2023).

A pimavanserina é o único fármaco dessa classe que não atua nos receptores dopaminérgicos, possuindo seu efeito antipsicótico pelo agonismo inverso dos receptores 5HT2A de serotonina. Dessa forma, praticamente não apresenta sedação e não possui efeito adverso motor. Foi a primeira medicação a ser aprovada pela FDA para tratamento da psicose na doença de Parkinson (Cummings *et al.*, 2014) e possui evidência de benefício também em psicoses secundárias a outros quadros demenciais (Tariot *et al.*, 2021).

Outros antipsicóticos atípicos são paliperidona, lurasidona, ziprasidona e amissulprida, utilizados mais em contexto de esquizofrenia, agitação e em alguns casos de transtornos de humor, como no transtorno afetivo bipolar.

Psicoestimulantes

O córtex pré-frontal, particularmente a sua área dorsolateral, desempenha um papel no controle executivo do foco atencional e nas funções executivas. Condições que levem a uma hipofunção do córtex pré-frontal podem estar relacionadas a desatenção e disfunção executiva. É o caso, por exemplo, do transtorno do déficit de atenção e hiperatividade (TDAH), no qual há uma alteração nas vias noradrenérgicas e dopaminérgicas que se dirigem ao córtex pré-frontal, levando aos sintomas clássicos do transtorno (Tabela 4.5).

Indicações clínicas e efeitos cognitivos

Por aumentarem o foco atencional pelo estímulo no córtex pré-frontal, os psicoestimulantes metilfenidato e lisdexanfetamina são as principais medicações utilizadas no tratamento do TDAH, sendo os fármacos de primeira escolha para essa condição. O metilfenidato também pode ser utilizado na narcolepsia pelo seu efeito promotor da vigília, enquanto a lisdexanfetamina também possui indicação em pacientes com transtorno de compulsão alimentar devido ao seu alto poder anorexígeno.

As principais indicações para o uso da modafinila e amordafilina são para o tratamento de narcolepsia e sonolência diurna excessiva refratária associada à apneia do sono. Também podem ser prescritas para trabalhadores de turnos noturnos que necessitam se manter em vigília no período. Apesar de poderem ser prescritas para TDAH, a eficácia é menor do que a do metilfenidato e da lisdexanfetamina.

Efeitos adversos

De modo geral, os psicoestimulantes podem ter efeitos adversos semelhantes decorrentes da hiperativação catecolaminérgica e do sistema ativador reticular ascendente (SARA), como insônia, perda do apetite, euforia, irritabilidade, taquicardia e hipertensão. Deve-se evitar essa classe de medicações em pacientes cardiopatas por causa do risco de descompensação da doença de base. Outros efeitos que podem ocorrer são boca seca, náuseas, cefaleia e dor abdominal. Todos esses fármacos possuem o risco de levar a malformações fetais, bem como podem ser excretados no leite materno, devendo-se pesar o risco-benefício da sua prescrição em mulheres em idade fértil.

Metilfenidato

O metilfenidato é uma medicação que estimula o córtex pré-frontal através do bloqueio dos receptores que recaptam noradrenalina e dopamina nos neurônios pré-sinápticos (NET e DAT, respectivamente), dessa forma, aumentando a disponibilidade dessas substâncias na fenda sináptica. Também atua estimulando as vias do SARA, promovendo a vigília. Existem formulações de meia-vida mais curta (3 a 5 horas) e formulações de ação mais prolongada, podendo ser administradas apenas uma vez pela manhã. Possui metabolização hepática e pouca interação com outros fármacos. Dentre os principais efeitos adversos estão insônia, taquicardia, sudorese.

Lisdexanfetamina

Dentre os psicoestimulantes descritos neste capítulo, a lisdexanfetamina é a única anfetamina. As anfetaminas atuam aumentando a ação das catecolaminas (adrenalina, noradrenalina, dopamina) no sistema nervoso central através da inibição da sua recaptação no neurônio pré-sináptico e através da inibição do transportador vesicular de monoaminas (VMAT), permitindo uma maior liberação de catecolaminas na fenda sináptica. Dessa forma, possui maior potência do que o metilfenidato ao aumentar a transmissão catecolaminérgica central, porém com maior risco de tolerância e dependência. A lisdexanfetamina é uma pródroga, convertida em dextroanfetamina para ter o seu efeito terapêutico. Possui uma meia-vida longa (chegando a 12 horas). É metabolizada pelo fígado e pode interagir com outros psicotrópicos, devendo-se ter atenção a politerapia quando da sua prescrição.

Modafinila e amordafinila

A modafinila e a amordafinila são fármacos cujo objetivo principal é o auxílio à manutenção da vigília. Atuam inibindo o DAT, que faz a recaptação de dopamina na fenda sináptica, bem como estimulando as vias relacionadas ao SARA. A diferença entre essas substâncias é que a modafinila é uma mistura racêmica entre enantiômeros dextrógiros e levógiros, enquanto a amordafilina consiste apenas no enantiômero dextrógiro. Biologicamente, isso configura a amordafilina com uma meia-vida mais longa. Em geral, deve ser administrada uma dose pela manhã ou logo antes do trabalho, em caso de uso por trabalhadores de turno noturno. Ambas as medicações possuem metabolização hepática e podem interferir com outros fármacos, inclusive diminuindo a ação de anticoncepcionais. A modafinila, em particular, pode levar a quadros de reações cutâneas (farmacodermias), que em alguns casos podem ser graves.

Considerações finais

Durante a avaliação de pacientes com queixas cognitivas, é fundamental a revisão das medicações em uso, especialmente quando diante do uso de psicotrópicos. Como visto nos tópicos

Tabela 4.5 Principais conceitos sobre psicoestimulantes.

Fármaco	Mecanismo	Efeitos cognitivos	Outros efeitos
Metilfenidato	Bloqueio da DAT e NET	Aumento do foco atencional	Insônia
Lisdexanfetamina	Bloqueio da DAT e NET + VMAT	Aumento do foco atencional	Euforia
Modafinila e amordafinila	Bloqueio da DAT + outros mecanismos	Promotor da vigília	Perda de apetite Irritabilidade Taquicardia, hipertensão Risco maior de uso abusivo e dependência (lisdexanfetamina) Farmacodermia (modafinila)

DAT: transportador de dopamina; NET: transportador de noradrenalina; VMAT: transportador vesicular de monoaminas.

anteriores, algumas dessas medicações podem influenciar positivamente a cognição e o comportamento, enquanto outras podem piorar as queixas. Deve-se ter atenção aos pacientes idosos, pois possuem um risco maior de efeitos adversos e interações medicamentosas, visto que nessa faixa etária há uma incidência maior de polifarmácia. Existem ferramentas *on-line* que permitem avaliar os riscos de cada interação (p. ex., Medscape®, Lexicomp®), devendo-se sempre checá-las em caso de dúvidas.

O uso de psicotrópicos vem crescendo de forma significativa nos últimos anos. Dessa forma, para os profissionais da saúde mental, conhecer as características desses fármacos torna-se fundamental para lidar melhor com as queixas dos pacientes e na identificação de possíveis efeitos adversos.

Referências bibliográficas

ABOU-KHALIL, B. W. Update on antiseizure medications 2022. Continuum: Lifelong Learning in Neurology, v. 28, n. 2, p. 500-35, 2022.

ANDREWES, D. G. *et al*. A comparative study of the cognitive effects of phenytoin and carbamazepine in new referrals with epilepsy. Epilepsia, v. 27, n. 2, p. 128-34, 1986.

BATTLE, C. E. *et al*. Cholinesterase inhibitors for vascular dementia and other vascular cognitive impairments: a network meta-analysis. Cochrane Database of Systematic Reviews, n. 2, v. 2, CD013306, 2021.

Birks, J. Cholinesterase inhibitors for Alzheimer's disease. The Cochrane database of systematic reviews, v. 2006, 1 CD005593, 2006.

BROWN, P. D. *et al*. Memantine for the prevention of cognitive dysfunction in patients receiving whole-brain radiotherapy: a randomized, double-blind, placebo-controlled trial. Neuro-oncology, v. 15, n. 10, p. 1429-37, 2013.

CUMMINGS, J. *et al*. Pimavanserin for patients with Parkinson's disease psychosis: a randomised, placebo-controlled phase 3 trial. The Lancet, v. 383, n. 9916, p. 533-40, 2014.

DE GAGE, S. B. *et al*. Benzodiazepine use and risk of dementia: prospective population based study. BMJ, v. 345, e6231, 2012.

DING, D. *et al*. Cognitive and mood effects of phenobarbital treatment in people with epilepsy in rural China: a prospective study. Journal of Neurology, Neurosurgery & Psychiatry, v. 83, n. 12, p. 1139-44, 2012.

EHRHARDT, S. *et al*. Escitalopram for agitation in Alzheimer's disease (s-citad): methods and design of an investigator-initiated, randomized, controlled, multicenter clinical trial. Alzheimer's & Dementia: The Journal of the Alzheimer's Association, v. 15, n. 11, p. 1427-1436, 2019.

EVANS, M. D.; SHINAR, R.; YAARI, R. Reversible dementia and gait disturbance after prolonged use of valproic acid. Seizure, v. 20, n. 6, p. 509-11, 2011.

GILLHAM, R. A. *et al*. Cognitive function in adult epileptic patients established on anticonvulsant monotherapy. Epilepsy research, v. 7, n. 3, p. 219-225, 1990.

GROSSBERG, G. T. *et al*. Efficacy and safety of brexpiprazole for the treatment of agitation in Alzheimer's dementia: two 12-week, randomized, double-blind, placebo-controlled trials. The American journal of geriatric psychiatry: official journal of the American Association for Geriatric Psychiatry, v. 28, n. 4, p. 383-400, 2020.

LIVANAINEN, M.; SAVOLAINEN, H. Side effects of phenobarbital and phenytoin during long-term treatment of epilepsy. Acta Neurologica Scandinavica, v. 68, p. 49-67, 1983.

LANCTÔT, K. L. *et al*. Efficacy and safety of cholinesterase inhibitors in Alzheimer's disease: a meta-analysis. Cmaj, v. 169, n. 6, p. 557-564, 2003.

LEE, D. *et al*. Brexpiprazole for the treatment of agitation in Alzheimer dementia: a randomized clinical trial. JAMA neurology, v. 80, n. 12, p. 1307-1316, 2023.

Maust, D. T. *et al*. Antipsychotics, other psychotropics, and the risk of death in patients with dementia: number needed to harm. JAMA psychiatry, v. 72, n. 5, p. 438-445, 2015.

MCINTYRE, R. S. *et al*. The effects of vortioxetine on cognitive function in patients with major depressive disorder: a meta-analysis of three randomized controlled trials. International Journal of Neuropsychopharmacology, v. 19, n. 10, p. pyw055, 2016.

MCKEITH, I. G. Author response: diagnosis and management of dementia with Lewy bodies: fourth consensus report of the DLB consortium. Neurology, v. 90, n. 6, p. 300-301, 2018.

MCKEITH, I. G. *et al*. Diagnosis and management of dementia with Lewy bodies: fourth consensus report of the DLB consortium. Neurology, v. 89, n. 1, p. 88-100, 2017.

MULA, M., *et al*. Topiramate and word-finding difficulties in patients with epilepsy. Neurology, v. 60, n. 7, p. 1104-1107, 2003.

ORGOGOZO, J.-M. *et al*. Efficacy and safety of memantine in patients with mild to moderate vascular dementia: a randomized, placebo-controlled trial (MMM 300). Stroke, v. 33, n. 7, p. 1834-1839, 2002.

PORSTEINSSON, A. P. *et al*. Effect of citalopram on agitation in Alzheimer disease: the CitAD randomized clinical trial. Jama, v. 311, n. 7, p. 682-691, 2014.

PULLIAINEN, V.; JOKELAINEN, M. Comparing the cognitive effects of phenytoin and carbamazepine in long-term monotherapy: a two-year follow-up. Epilepsia, v. 36, n. 12, p. 1195-1202, 1995.

REISBERG, B. *et al*. Memantine in moderate-to-severe Alzheimer's disease. New England Journal of Medicine, v. 348, n. 14, p. 1333-1341, 2003.

ROLINSKI, M. *et al*. Cholinesterase inhibitors for dementia with Lewy bodies, Parkinson's disease dementia and cognitive impairment in Parkinson's disease. Cochrane Database of Systematic Reviews, n. 3, 2012.

ROSENFELD, W. I. Safety and efficacy of adjunctive lacosamide among patients with partial-onset seizures in a long-term open-label extension trial of up to 8 years. Epilepsy & Behavior, v. 41, p. 164-170, 2014.

STAHL, S. M.; STAHL, S. M. Essential psychopharmacology: Neuroscientific basis and practical applications. Cambridge university press, 2000.

TARIOT, P. N. *et al*. Trial of pimavanserin in dementia-related psychosis. New England Journal of Medicine, v. 385, n. 4, p. 309-319, 2021.

TATUM IV, W. O. *et al*. Postmarketing experience with topiramate and cognition. Epilepsia, v. 42, n. 9, p. 1134-1140, 2001.

WOELFER, M. *et al*. Ketamine-induced changes in plasma brain-derived neurotrophic factor (BDNF) levels are associated with the resting-state functional connectivity of the prefrontal cortex. The World Journal of Biological Psychiatry, v. 21, n. 9, p. 696-710, 2020.

YACUBIAN, E. M. T.; MANREZA, M. L.; TERRA, V. C. Purple Book: Guia Prático para o Tratamento de Epilepsias: Recomendações para Tratamento de Crises e Síndromes Epiléticas de um Grupo de Especialistas Brasileiros. 2. ed. São Paulo: Planmark, 2020.

5 Modelos de Diagnóstico em Saúde Mental: CID, DSM e HiTOP

Bruno Sini Scarpato

Introdução

A formação do neuropsicólogo clínico envolve estudo conceitual dos domínios neurocognitivos, inimidade com os testes e enfrentar o desafio de interpretar os resultados da avaliação neurocognitiva. No entanto, as demandas de avaliação neuropsicológica são, em sua maior parte, relacionadas a casos de transtornos psiquiátricos, exigindo um repertório de conhecimento prévio dos transtornos mentais. Nesse cenário, o plano de avaliação neuropsicológica, a compreensão do caso e o diagnóstico são pautados no arcabouço teórico da psicopatologia, para que se possa entender a natureza, a etiologia e as manifestações dos transtornos mentais.

O processo de diagnóstico em saúde mental é multifacetado, influenciado por diversos modelos teóricos e práticos. Os manuais de classificação diagnóstica em saúde mental desempenham um papel crucial no campo da psicologia e da psiquiatria, fornecendo a profissionais de saúde e pesquisadores diretrizes sistemáticas para a identificação e categorização de transtornos mentais, de forma consistente e fidedigna, entre clínicos diferentes. A ausência de padronização inviabilizaria estudos epidemiológicos que fundamentam políticas públicas em saúde mental ou mesmo estudos de eficácia de tratamento com grandes amostras populacionais. Contudo, é fundamental que esses manuais sejam periodicamente revisados para refletir avanços na compreensão científica e considerar as críticas válidas da comunidade acadêmica e clínica.

Atualmente os principais manuais adotados são a 11ª versão da *Classificação Internacional de Doenças* (CID-11) (WHO, 2019), a 5ª edição revisada do *Manual Diagnóstico e Estatístico de Transtorno Mentais* (DSM-5-TR) (APA, 2022) – mais tradicionais e mundialmente adotados – e o mais recente modelo de *Taxonomia Hierárquica da Psicopatologia* (HiTOP, do inglês *Hierarchical Taxonomy Of Psychopathology*) (Kotov et al., 2017). As vantagens e desvantagens de cada um desses recursos, em síntese, permeia especificidades relacionadas a critérios de diagnóstico, dados de prevalência e nomeação e classificação de estados subclínicos. A estrutura desses instrumentos geralmente é regida por modelos de classificação e diagnóstico embasados em evidências, hoje no centro de discussões de estudiosos e clínicos, especialmente em relação às vantagens e desvantagens de abordagens categóricas *versus* modelos dimensionais. A abordagem categórica da avaliação baseia-se em critérios diagnósticos para determinar a presença ou ausência de comportamentos perturbadores ou outros comportamentos anormais, enquanto abordagens dimensionais colocam tais comportamentos em um *continuum* de frequência e/ou gravidade, com a possibilidade de intersecção entre grupos diagnósticos.

CID-11: um enfoque global

A *Classificação Internacional de Doenças* (CID) foi idealizada pelo estatístico francês Jacques Bertillon (1851-1922) como um sistema para coletar dados estatísticos referentes à mortalidade. Apresentada na Conferência Internacional de Estatísticos em 1893, foi adotada pela Organização Mundial de Saúde (OMS) e passou por diversas modificações, evoluindo para uma proposta de classificação abrangente das várias condições de saúde. Como o próprio nome sugere, o sistema buscou fornecer uma linguagem comum que permitisse aos profissionais de saúde o compartilhamento global de informações de saúde padronizadas, alcançando consenso nos critérios de classificação e diagnóstico das doenças. O sistema taxonômico da CID-11 atualmente é a referência para a identificação de tendências e estatísticas de saúde no mundo nas áreas primárias, secundárias e terciárias de saúde. Isso foi possível graças a uma abordagem participativa, que contou com a contribuição de diversos especialistas e profissionais de saúde de diferentes regiões e contextos.

Assim como no DSM-5-TR, a CID-11 adota um modelo politético-categórico, que implica a definição de transtornos mentais específicos pela combinação de múltiplos sintomas, dos quais nem todos são necessários para considerar um transtorno mental presente em um indivíduo (Krueger; Bezdjian, 2009). O modelo categórico da CID, que agrupa sinais e sintomas para definir categorias únicas e independentes, facilita o processo de ensino e treinamento e, na sua 11ª versão, tornou o projeto mais acessível eletronicamente, reduzindo barreiras para a integração de sistemas de informação de saúde em todo o mundo (Gaebel; Stricker; Kerst, 2020; WHO, 2019). Outra vantagem é o alinhamento de sua estrutura com ferramentas da Família de Classificações Internacionais da Organização Mundial de Saúde (WHO-FIC, do inglês *WHO Family of International Classifications*), como a Classificação Internacional de Funcionalidade, Incapacidade e Saúde (CIF, do inglês *International Classification of Functioning, Disability and*

Health) (WHO, 2001) e a Classificação Internacional de Intervenções em Saúde (ICHI, do inglês *International Classification of Health Interventions*) (WHO, 2020), que são utilizadas em conjunto com a CID-11.

O modelo categórico de classificação dos transtornos mentais está associado a várias limitações, incluindo grande heterogeneidade na expressão do quadro dentro da categoria, comorbidades que dificultam a alocação de quadros completos em uma única categoria diagnóstica e dificuldades em representar sintomatologia em estados limítrofes ou subclínicos (Gaebel; Stricker; Kerst, 2020; Krueger; Bezdjian, 2009).

A categorização tende a trazer limitações também nos estudos científicos no campo da saúde mental. As combinações de sintomas e características de um indivíduo acometido por um transtorno, que poderiam ser representadas em parâmetros com quase infinitas possibilidades, são "simplificadas" quando categorizam alguém que "tem" ou "não tem" um transtorno específico. Em outras palavras, quando medidas contínuas (diferentes combinações de sintomas, com nuances de intensidade) são dicotomizadas (p. ex., "doente" ou "não doente"), ocorre a perda de poder explicativo (Beauchaine, 2003; Moreland; Dumas, 2008). Essa limitação é remediada por meio da criação de instrumentos como escalas que investigam sintomas em suas variações de frequência, intensidade e contextos de manifestação das experiências emocionais ou comportamentais, capturando variações dentro da mesma categoria nosológica. Estudos científicos muitas vezes medem mudanças nas pontuações dessas escalas de sintomas, capturando suas variações ainda que não haja mudança nos critérios da categoria, para determinar, por exemplo, os efeitos no mundo real das intervenções em saúde mental (tratamento farmacológico, psicoterapia etc.).

As informações referentes a classificações diagnósticas em saúde mental se encontram no Capítulo 6 da CID-11, "Transtornos mentais, comportamentais e do neurodesenvolvimento", com dez agrupamentos a mais do que na versão anterior (CID-10). Os cerca de 17 mil códigos únicos para lesões, doenças e outros parâmetros de saúde identificam essas condições e são usados como referência pelos planos de saúde, de modo que atualizações do sistema impactam significativamente não somente as estatísticas de saúde e políticas públicas, como também os critérios de liberação de reembolso de convênios e seguros de saúde, por exemplo.

DSM-5: modelo categórico de visão abrangente

O *Diagnostic and Statistical Manual of Mental Disorders* (DSM) foi publicado pela primeira vez em 1952 pela Associação Americana de Psiquiatria (APA) e, desde então, passa por revisões periódicas – a versão mais recente (DSM-5) foi publicada em 2013 e revisada em 2022 (DSM-5-TR). Trata-se da principal referência para diagnósticos psiquiátricos nos EUA, publicada originalmente apenas em inglês. Assim como a CID, o DSM também adota um modelo politético-categórico, identificando os transtornos em "classes" com a intenção de agrupar os semelhantes, particularmente aqueles que são suspeitos de compartilhar mecanismos etiológicos ou apresentar sintomas em comum. Semelhante à CID, a idealização das categorias é ancorada em critérios etiológicos objetivos, mas foi criado para atender às demandas do próprio país, ao menos inicialmente. DSM-5-TR oferece uma estrutura para formulação cultural de referência a fim de mitigar esses vieses socioculturais.

O modelo foi alvo de elogios e críticas de nosologia psiquiátrica. As críticas, em sua maior parte, referem-se a questões técnicas como a modificação ou criação de categorias ou melhor definição de algum dos critérios. O sistema *per se*, de modo geral, é entendido como epistemologicamente adequado e benéfico, visto que permitiu aumento de confiabilidade no diagnóstico clínico, ou seja, reduziu as discrepâncias entre profissionais nas hipóteses diagnósticas. Ainda assim, a prática clínica desafia o modelo, em especial nas condições limítrofes entre quadros. Consideremos, por exemplo, o conceito de **protótipo**, que ocupa a posição central dentro de uma categoria. Dentro de uma categoria nosológica psiquiátrica é comum termos um diagnóstico que melhor representa a categoria, e aqueles que apresentam características que, na prática clínica, aproximam-se muito de outros quadros. Por exemplo, assim como na categoria "aves" há bem-te-vis e pardais, nessa mesma categoria também há pinguins e avestruzes, o que causa grande estranhamento para aqueles que não têm em seu repertório informações mais específicas de como esses agrupamentos foram criados (p. ex., tetrápodes, presença de penas, ovíparos etc.) (Parnas, 2015). Com o avanço da ciência, cada vez mais elementos são considerados na taxonomia dos transtornos psiquiátricos, como os **biomarcadores**, que são alterações celulares, bioquímicas ou moleculares mensuráveis por meio de exames laboratoriais e que estão se tornando cada vez mais comuns na prática clínica psiquiátrica. São diversos os tipos de biomarcadores, que podem ter funções diagnósticas (p. ex., níveis de proteína Aβ42 e T-*tau* em quadros de demência), monitoramento, resposta à medicação, predição de efeitos adversos à medicação ou até mesmo como medida de risco para indivíduos desenvolverem um transtorno mental específico, como acontece nas análises de polimorfismo genético e risco para esquizofrenia (García-Gutiérrez *et al.*, 2020).

Na prática clínica, com frequência nos deparamos com casos que denunciam essa dimensionalidade intrínseca às categorias – com uma diluição gradativa de tipicidade de sintomas em direção às suas fronteiras –, as quais, ao final, sobrepõem-se a "protótipos" vizinhos (Parnas, 2015). Indivíduos em estado de mania, com histórico familiar de transtorno bipolar, parecem "bons protótipos" de transtorno bipolar do tipo I; no entanto, existem casos de transtornos de humor com sintomas próximos a quadros de transtorno de personalidade *borderline* que desafiam o processo de diagnóstico e, por consequência, o plano de tratamento. Mudanças na organização social e nos comportamentos tidos como geracionais também desafiam o clínico, como os casos de retraimento social extremo em jovens no Japão, chamado de *hikikomori* (Muris; Ollendick, 2023). Esse perfil, em sua maioria composto de adultos jovens, é uma realidade em diversas culturas e compartilha de características como solidão, déficits executivos e nas habilidades sociais, histórico de experiências negativas nas relações com pares e uso excessivo de internet. A condição é de difícil enquadramento em uma única categoria nosológica, como personalidade esquizoide, transtorno do déficit de atenção ou transtorno do espectro autista (TEA).

O DSM-5 trouxe novas propostas dimensionais quando comparado às edições anteriores, levantando questões multidisciplinares importantes. Embora os transtornos ainda permaneçam dentro de categorias específicas, surgiram as opções de uso de medidas de grau de acuidade ou intensidade dentro de uma categoria, como o caso do TEA, que combinou transtornos categóricos diferentes – como transtorno autista, transtorno de Asperger, transtorno desintegrativo da infância ou o diagnóstico genérico de transtorno invasivo do desenvolvimento sem outra especificação – dentro de um espectro focado na comunicação social disfuncional e em comportamentos ou interesses restritos e repetitivos. Os códigos para o grau de comprometimento e gravidade dos sintomas dentro do TEA permitem ao clínico levar em conta tais variações dentro de cada caso. Outra mudança foi a alteração do sistema multiaxial, combinando os três primeiros eixos em um único eixo.

O sistema multiaxial tinha o objetivo de direcionar a atenção dos profissionais da saúde e pesquisadores para os diagnósticos do eixo II. DSM-5 combinou os três primeiros eixos em um só para eliminar distinções vistas como artificiais entre os diagnósticos.

A interface entre psicopatologia e personalidade também foi abordada no DSM-5-TR por meio de um modelo multidimensional do funcionamento e de traços de personalidade presente na seção III do manual que se refere a medidas e modelos emergentes. Na mesma seção, o manual também apresenta instrumentos de investigação diagnóstica que buscam captar variações específicas de características dentro de cada transtorno, auxiliando não somente o clínico, mas também beneficiando o campo de pesquisas em saúde mental à medida que fornecem dados mais precisos de intensidade, duração e funcionamento (APA, 2022).

HiTOP: uma taxonomia dimensional

A *Taxonomia Hierárquica de Psicopatologia* (HiTOP) foi desenvolvida por um consórcio com pesquisadores de diversos países e apresentada em 2015. O modelo surge como uma alternativa aos sistemas de classificação e diagnóstico predominantes, a CID e o DSM (Renaissance School of Medicine, 2024). A compreensão da psicopatologia em uma perspectiva dimensional implica acomodar os transtornos psiquiátricos em um *continuum* de variação de características psicológicas de um indivíduo, que vão de manifestação adaptadas e funcionais até condições desajustadas, as quais geralmente trazem sofrimento e prejuízo funcional. Uma pessoa poderia, por exemplo, antecipar um desfecho negativo para uma reunião de trabalho, sentir-se pouco motivada a comparecer ao evento e avaliar se haveria alguma forma de solucionar o problema em potencial. Outro indivíduo, diante da mesma situação, poderia analisar o problema de trabalho como se fosse o reflexo de um defeito pessoal, portanto, pouco passível de uma solução objetiva, fosse ela concatenada por ele próprio ou com auxílio de outra pessoa, despertando sentimentos como vergonha, culpa, desesperança e desamparo, comuns a quadros depressivos. A variação dimensional distribuída em um *continuum* à população também pode ser organizada de forma hierárquica; por exemplo, como **componentes de sintomas homogêneos ou traços desadaptados** aproximados dentro de uma mesma constelação (Kotov et al., 2017).

A proposta de classificação parte especialmente de avanços em modelos estatísticos de análise de agrupamentos de sintomas (*clusters*), portanto, uma taxonomia pautada em pesquisa quantitativa na organização da psicopatologia. No campo de estudos em psiquiatria e psicologia, entende-se que transtornos mentais compartilham variâncias em seus sintomas, de modo que é possível compor fatores gerais de psicopatologia (fator-*p*) por meio de modelos matemáticos. Esse princípio é análogo ao conceito de Fator-*g* de inteligência global, mas no caso do fator-*p*, valores altos estariam associados a maiores prejuízos funcionais, pior história de desenvolvimento, maior compartilhamento de características entre familiares e comprometimento precoce das funções cerebrais (Caspi et al., 2014). Esse modo de analisar e interpretar informações coletadas em pesquisas não é de todo novo, sendo empregado nos últimos 30 anos tanto na psiquiatria, para identificar subtipos de quadros dentro de uma mesma categoria, como também na psicologia, na definição de subcomponentes que compõem um domínio neurocognitivo (p. ex., funções executivas) ou fatores de determinado traço de personalidade (p. ex., *big five* ou modelo de cinco fatores). O modelo HiTOP também pode ser entendido como um desmembramento de um movimento anterior iniciado pelo órgão de saúde estadunidense National Institute of Mental Health (NIMH), que, em 2009, lançou o Research Domain Criteria (RdoC) que tinha como objetivo dar ênfase a uma psiquiatria translancional, lançando mão dos recentes recursos advindos dos avanços em neurociência, para oferecer um referencial biológico na compreensão dos transtornos mentais em detrimento de sintomas (NIMH, 2009).

Na estrutura do modelo HiTOP, abaixo de um fator mais global de psicopatologia (superespectro), subfatores também tenderiam a compartilhar características da doença, tornando-se cada vez mais específicos conforme vão sendo estratificados, até chegar às 11 principais classes diagnósticas do DSM-5, incorporadas ao modelo HiTOP (Figura 5.1). Abaixo do superespectro, segundo o modelo original, estaria o grupo **espectros** (no original em inglês, ***spectra***), que envolve principalmente características relacionadas a sintomas de transtornos externalizantes e internalizantes.

Esses elementos fundamentais do agrupamento espectro, nas suas diversas combinações, produziriam fenômenos mentais e comportamentais que, agrupados por fatores, compõem outra camada no modelo chamada **subfatores**. O espectro dos transtornos internalizantes poderia se manifestar em agrupamentos que, por sua vez, são compostos de sinais e sintomas que definem transtornos específicos, próximo àquilo que é apresentado no DSM-5 e na CID-11. Desse modo, transtornos internalizantes que teriam como experiência mental fundamental o medo, poderiam cursar para quadros ou síndromes como fobia social, agorafobia, fobia específica, ansiedade de separação, pânico ou TOC (ver Figura 5.1).

Superespectra
Dimensões de ordem superior (fator-p)

Espectra
- Somatoforme
- Internalizante
- Transtornos do pensamento
- Externalizante desinibido
- Externalizante antagonista
- Distanciamento

Subfatores
- Problemas sexuais
- Comer patológico
- Medo
- Estresse
- Mania
- Abuso de substâncias
- Comportamento antissocial

Síndromes/transtornos

• Trantornos somáticos • Transtornos ansiosos	• Baixo desejo • Dificuldades na excitação • Função orgástica • Dor no ato sexual	• Bulimia nervosa • Anorexia nervosa • Transtorno de compulsão alimentar	• Fobia social • Agorafobia • Fobia específica • Transtorno do pânico • TOC	• TDM • Distimia • Agorafobia • TAG • TEPT • TP *borderline*	• TB I e II	• Transtorno do espectro da esquizofrenia • Transtorno do humor com psicose • TP esquizoide, esquizotípica e paranóide	• TP antissocial • Transtorno de conduta • TOD • TDAH • TEI	• TP narcisita, histriônica, paranóide, *borderline*	• TP esquizóide, evitativa, histriônica

• Transtorno relacionado a substâncias

Componentes
Componentes dos sintomas e traços desadaptados

Sintomas
Sinais e sintomas

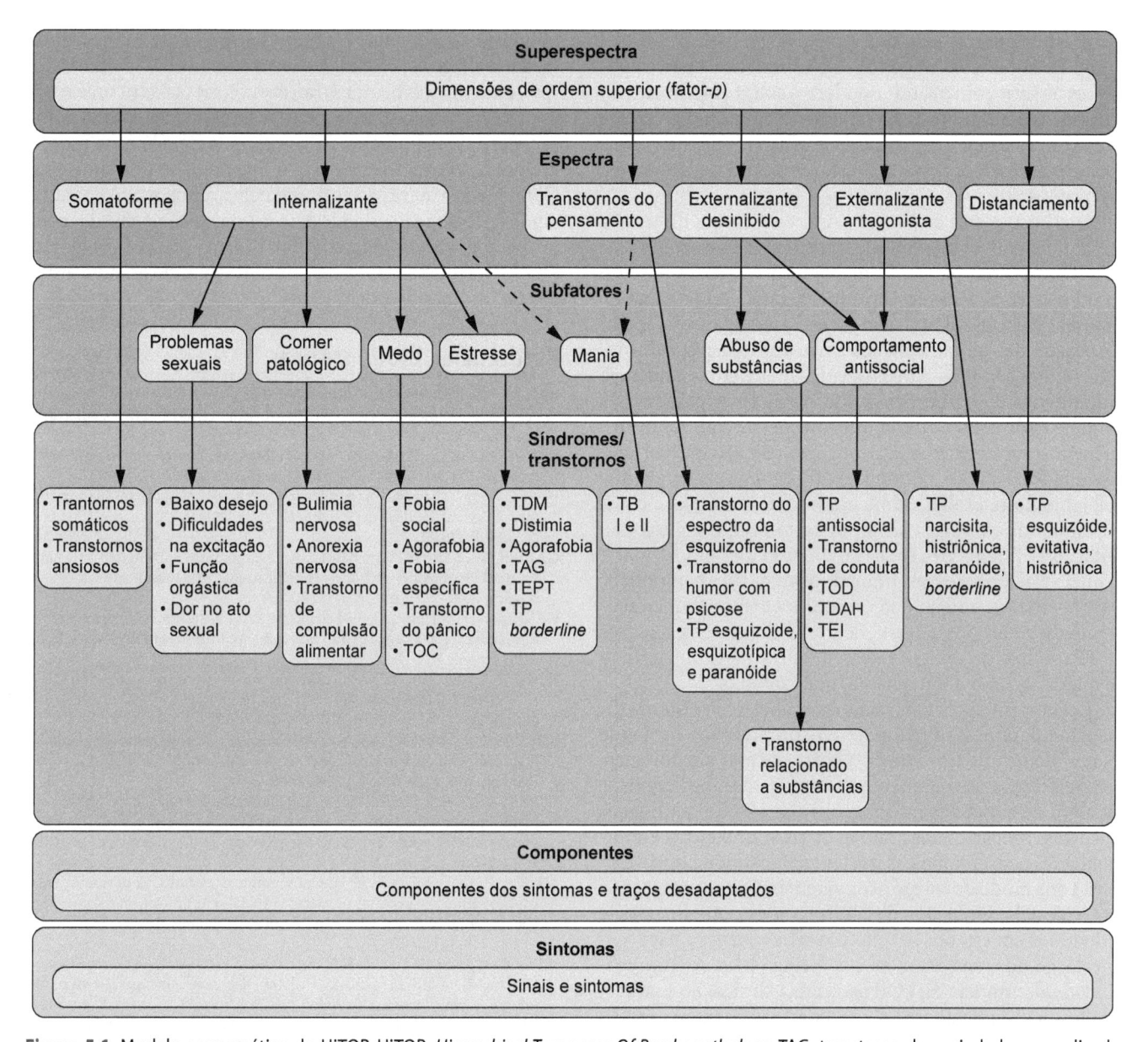

Figura 5.1 Modelo esquemático do HiTOP. HiTOP: *Hierarchical Taxonomy Of Psychopathology*; TAG: transtorno de ansiedade generalizada; TB: transtorno bipolar; TDAH: transtorno do déficit de atenção e hiperatividade; TEI: transtorno explosivo intermitente; TEPT: transtorno do estresse pós-traumático; TOC: transtorno obsessivo-compulsivo; TOD: transtorno opositor desafiador; TP: transtorno de personalidade. (Adaptada de Kotov *et al.*, 2017; Renaissance School of Medicine, 2024.)

Nos espectros de transtornos internalizantes, predominam sintomas ansiosos e depressivos e, no caso do espectro externalizante, sintomas como comportamento agressivo, impulsividade e atitude desafiadora. O espectro externalizante pode ser estratificado no subtipo desinibido e antagonista. O espectro externalizante desinibido se caracteriza por comportamentos como falta de inibição ou restrição nas interações sociais ou controle de impulsos. Pode incluir impulsividade, comportamentos de risco, dificuldade em seguir regras e mau julgamento em situações sociais e uso abusivo de drogas ilícitas. Esses comportamentos são associados com frequência a síndromes e transtornos como TDAH, transtorno de conduta ou certos transtornos do neurodesenvolvimento e transtorno de personalidade antissocial (TPAS). O espectro externalizante antagonista se refere a comportamentos caracterizados por hostilidade, agressão, desafio ou oposição a outros. Pode incluir agressão verbal ou física, desafio a figuras de autoridade e tendência a culpar os outros por problemas ou conflitos. Indivíduos com comportamentos externalizantes antagonistas podem ter dificuldade em controlar a raiva, resolver conflitos ou ter empatia com as perspectivas dos outros. Esses comportamentos são observados com frequência em condições como transtorno opositor desafiador (TOD), transtorno de conduta (TC) e TP.

Estudos mais recentes acrescentaram outras três dimensões relacionadas com sintomas somatoformes, transtornos do pensamento e do distanciamento (Kotov *et al.*, 2017). Os componentes do espectro somatoforme referem-se a uma categoria de sintomas e transtornos que envolvem manifestações físicas ou somáticas sem causa médica identificável. Esses sintomas somáticos em geral estão associados a preocupações excessivas com a saúde e podem resultar em sofrimento significativo ou prejuízo no funcionamento diário. Indivíduos com essas características exacerbadas tendem a conversões, somatizações e mal-estares, como desconfortos gastrintestinais.

O espectro do pensamento refere-se a uma dimensão que abrange uma variedade de transtornos e características relacionadas com pensamento, cognição e processamento de informações. Esse espectro inclui uma ampla gama de sintomas e traços mentais, como pensamento desorganizado, paranoide, delirante ou obsessivo-compulsivo, ruminações, rigidez cognitiva e pensamento autista, o que evidencia dificuldades na compreensão de pistas sociais, teoria da mente e processamento de informações sociais, com frequência associadas ao TEA, mas que não são exclusivas a esse quadro. Por fim, no modelo HiTOP, o espectro do distanciamento refere-se a um conjunto de sintomas e comportamentos caracterizados por retraimento emocional, evitação de interações sociais e dificuldades em formar e manter relacionamentos. Indivíduos com esses componentes exacerbados podem parecer indiferentes ou emocionalmente distantes dos outros. Tal perfil é comum a quadros de TP esquizoide, evitativa, dependente e histriônica, além de quadros como TP narcisista, por exemplo.

Como principais vantagens da proposta do sistema dimensional, temos a facilitação da compreensão de saúde mental dentro de um espectro entre normal e patológico, personalização de tratamento e abordagem transdiagnóstica, além de sintetizar informações sobre vulnerabilidades genéticas compartilhadas, fatores de risco ambientais e anormalidades neurobiológicas que têm se mostrado pouco aderentes aos modelos categóricos vigentes. Outra vantagem é que o modelo dimensional viabiliza o acompanhamento de indivíduos em estados subclínicos até a transição para manifestação do transtorno em sua forma plena. A empregabilidade do modelo HiTOP na prática clínica, no entanto, ainda está distante de ser uma realidade, visto que o modelo é complexo, dificultando o processo de treinamento, e com ainda baixa aceitação e consenso entre especialistas.

Considerações finais

Os modelos atuais de psicopatologia, como DSM-5 e CID-11, apresentam vantagens e desvantagens. A padronização do diagnóstico viabilizada por modelos categóricos ainda se faz útil para a padronização do diagnóstico e operacionalização de seguros de saúde e políticas públicas. Muitos transtornos mentais compartilham sintomas semelhantes, o que pode tornar o diagnóstico difícil e levar à comorbidade excessiva (presença de dois ou mais transtornos mentais em uma mesma pessoa). A abordagem dimensional permite uma compreensão mais holística da psicopatologia, além de refletir melhor a sobreposição e a heterogeneidade dos sintomas. Comparada a outras áreas da medicina, a psicopatologia atual ainda encontra dificuldade para validação biológica das condições que não se enquadram de forma plena a categorias específicas, mas ainda assim vem apresentando grandes avanços nas últimas décadas.

Referências bibliográficas

AMERICAN PSYCHIATRIC ASSOCIATION (APA). Diagnostic and statistical manual of mental disorders. Text revision (DSM-5-TR). 5. ed. Washington, DC: APA, 2022.

BEAUCHAINE, T. Taxometrics and developmental psychopathology. Development and Psychopathology, [s. l.], v. 15, n. 3, p. 501-527, 2003.

CASPI, A. et al. The p Factor: one general psychopathology factor in the structure of psychiatric disorders? Clinical Psychological Science, [s. l.], v. 2, n. 2, p. 119-137, 2014.

GAEBEL, W.; STRICKER, J.; KERST, A. Changes from ICD-10 to ICD-11 and future directions in psychiatric classification. Dialogues in clinical neuroscience, [s. l.], v. 22, n. 1, p. 7-15, 2020.

GARCÍA-GUTIÉRREZ, M. S. et al. Biomarkers in psychiatry: concept, definition, types and relevance to the clinical reality. Frontiers in Psychiatry, [s. l.], v. 11, artigo 432, p. 1-14, 2020.

KOTOV, R. et al. The Hierarchical Taxonomy of Psychopathology (HiTOP): A dimensional alternative to traditional nosologies. Journal of Abnormal Psychology, [s. l.], v. 126, n. 4, p. 454-477, 2017.

KRUEGER, R. F.; BEZDJIAN, S. Enhancing research and treatment of mental disorders with dimensional concepts: toward DSM-V and ICD-11. World Psychiatry, [s. l.], v. 8, n. 1, p. 3-6, 2009.

MORELAND, A. D.; DUMAS, J. E. Categorical and dimensional approaches to the measurement of disruptive behavior in the preschool years: a meta-analysis. Clinical Psychology Review, [s. l.], v. 28, n. 6, p. 1059-1070, 2008.

MURIS, P.; OLLENDICK, T. H. Contemporary hermits: A developmental psychopathology account of extreme social withdrawal (hikikomori) in young people. Clinical Child and Family Psychology Review, [s. l.], v. 26, n. 2, p. 459-481, 2023.

NATIONAL INSTITUTE OF MENTAL HEALTH (NIMH). Research Domain Criteria (RDoC). Bethesda: NIMH, 2009. Disponível em: https://www.nimh.nih.gov/research/research-funded-by-nimh/rdoc. Acesso em: 5 abr. 2024.

PARNAS, J. Differential diagnosis and current polythetic classification. World Psychiatry, [s. l.], v. 14, n. 3, p. 284-287, 2015.

RENAISSANCE SCHOOL OF MEDICINE. The Hierarchical Taxonomy Of Psychopathology (HiTOP). Stony Brook University. Stony Brook, 2024. Disponível em: https://renaissance.stonybrookmedicine.edu/HITOP. Acesso em: 5 abr. 2024.

WORLD HEALTH ORGANIZATION (WHO). International Classification of Diseases 11th Revison. WHO. [S. l.], 2019. Disponível em: https://icd.who.int/. Acesso em: 5 abr. 2024.

WORLD HEALTH ORGANIZATION (WHO). International Classification of Functioning, Disability and Health: ICF. Geneva: WHO, 2001.

WORLD HEALTH ORGANIZATION (WHO). International Classification of Health Interventions (ICHI). Geneva: WHO, 2020.

Parte 2

Alterações Cognitivas e Comportamentais Associadas aos Quadros Neurológicos e Psiquiátricos em Crianças e Adolescentes

Capítulo 6 Neurodesenvolvimento Típico e Atípico, **63**

Capítulo 7 Conceitos de Inteligência e Avaliação Neuropsicológica de Altas Habilidades, **86**

Capítulo 8 Transtorno do Desenvolvimento Intelectual, **95**

Capítulo 9 Lesões Adquiridas na Infância, **103**

Capítulo 10 Alterações Cognitivas e Comportamentais em Crianças com Síndromes Genéticas, **114**

Capítulo 11 Transtorno Específico da Aprendizagem, **128**

Capítulo 12 Transtorno de Aprendizagem Não Verbal, **139**

Capítulo 13 Transtorno do Espectro Autista, **151**

Capítulo 14 Transtorno por Uso Excessivo de Eletrônicos, **169**

Capítulo 15 Transtorno do Déficit de Atenção e Hiperatividade e Transtorno de Oposição Desafiante, **180**

Capítulo 16 Transtornos Depressivos, de Ansiedade e Bipolar, **199**

Capítulo 17 Transtorno Obsessivo-Compulsivo, **209**

Capítulo 18 Transtornos Disruptivos, do Controle de Impulsos e da Conduta, **222**

Capítulo 19 Avaliação Neuropsicológica nos Transtornos Psicóticos na Infância e na Adolescência, **236**

Capítulo 20 Devolutiva na Avaliação Neuropsicológica, **250**

6 Neurodesenvolvimento Típico e Atípico

Camila Teles de Souza Nunes • Mauro Muszkat • Rodrigo de Almeida Luz • Sueli Rizzutti

Introdução

O termo "neurodesenvolvimento" refere-se ao processo pelo qual o cérebro forma e modifica redes neurais, influenciando diversos aspectos da funcionalidade e do desempenho cognitivo. Isso abrange domínios como funcionamento intelectual, compreensão leitora, habilidades sociais, capacidades mnemônicas, atenção e concentração. A aquisição de novas competências contribui para a expansão e reconfiguração neural. O progresso no neurodesenvolvimento de um sujeito pode ser evidenciado à medida que este adquire habilidades como ciclismo, execução musical, proficiência em esportes, entre outras atividades. A neuroplasticidade assegura que modificações cerebrais adquiridas sejam mantidas, especialmente quando o indivíduo mantém um registro consciente dessas evoluções.

Assim como um indivíduo empenha-se em treinos diários para aprimorar sua execução ao piano, estratégias análogas podem ser empregadas para potencializar habilidades leitoras, resolução de problemas matemáticos, competências sociais, coordenação motora e foco atencional. É pertinente ressaltar que algumas crianças podem não requerer um período extenso de prática para excelência em determinadas atividades, como tocar piano. Estas podem ser categorizadas como "talentosas", "inatas" ou com "altas habilidades" naquela área específica. Contrariamente, outras necessitarão de um investimento temporal e esforço considerável para otimização de habilidades, como tocar um instrumento musical, leitura, eloquência, interação social ou capacidade atencional.

Por outro lado, há indivíduos que apresentam um desenvolvimento menos acelerado quando comparado com seus pares. Deficiências ou atrasos no desenvolvimento são categorizados como "transtornos do neurodesenvolvimento", e são comumente diagnosticados em estágios precoces da infância, frequentemente antes da iniciação escolar, podendo perdurar ao longo de toda a vida. Tais transtornos, decorrentes de anomalias na função cerebral, podem afetar domínios como emoção, comportamento, memória, atenção, capacidade de aprendizado, habilidades sociais e autorregulação. Os comprometimentos podem ser específicos, como déficits atencionais, ou mais abrangentes, afetando, por exemplo, o quociente intelectual, a aprendizagem ou as interações sociais. O *Manual diagnóstico e estatístico de transtornos mentais* (DSM-5-TR) classifica pertencentes à categoria de transtornos do neurodesenvolvimento condições como: transtorno do desenvolvimento intelectual, transtornos da comunicação, transtorno do espectro autista (TEA), transtorno do déficit de atenção e hiperatividade (TDAH), transtornos motores – incluindo tiques – e algumas dificuldades específicas de aprendizado. A comorbidade entre essas condições é uma ocorrência frequentemente observada.

A meta principal do neurodesenvolvimento é alcançar o ápice funcional cognitivo de um indivíduo. Nesse viés, ao abordar transtornos neurodesenvolvimentais, cada criança, adolescente e jovem adulto deve ser percebido e tratado holisticamente, como um ser único, e não meramente como portador de um conjunto de sintomas a serem tratados. Este capítulo concentra-se na temática do neurodesenvolvimento e dos concomitantes transtornos.

Teorias do neurodesenvolvimento

O desenvolvimento humano é multifacetado e aborda as inúmeras mudanças que ocorrem ao longo da vida de um indivíduo. Cientificamente, para uma melhor compreensão e categorização, esse desenvolvimento pode ser segmentado em três domínios fundamentais: físico, cognitivo e psicossocial (Papalia; Martorell, 2022).

O domínio físico engloba as alterações morfológicas e fisiológicas do corpo humano, bem como o aperfeiçoamento de habilidades motoras. Esse espectro se estende desde a fase embrionária, caracterizada por um crescimento acelerado, até os estágios senescentes da vida, onde se observa a regressão de algumas capacidades. Esse domínio não se limita apenas às transformações anatômicas, mas também abrange a evolução e modulação de sistemas complexos, como o endócrino, que é responsável pela regulação hormonal em vida (Caviness *et al.*, 1996).

Por sua vez, o desenvolvimento cognitivo foca as transformações e a maturação dos processos mentais. Essa dimensão envolve a capacidade de pensar, raciocinar, memorizar e adquirir novos conhecimentos. Por meio dessa evolução cognitiva, um indivíduo remodela constantemente sua percepção e interpretação do mundo, adaptando-se e aprendendo a interagir de maneira mais sofisticada com o ambiente ao seu redor (Papalia; Martorell, 2022).

Por último, mas não menos importante, o domínio psicossocial abarca as mudanças nas emoções, na formação da personalidade e nas interações sociais de um indivíduo. Esse aspecto trata das intrincadas redes de relações humanas, englobando desde a autopercepção e autoestima até as relações interpessoais e o papel do indivíduo em sua comunidade. Ele delineia como uma pessoa se vê, como se relaciona com os outros e como se insere na sociedade e influencia seu contexto social (Papalia; Martorell, 2022).

Esses três domínios, embora distintos em suas definições, estão inexoravelmente interligados, formando a trama densa e multifacetada do desenvolvimento humano. Eles se entrelaçam e se influenciam mutuamente, tecendo a rica tapeçaria da jornada humana desde o nascimento até a velhice (Papalia; Martorell, 2022). Em suma, o neurodesenvolvimento é um processo prolongado, que inclui a reorganização das áreas de associação e o aprimoramento da conectividade estrutural e funcional. Esse desenvolvimento continua ao longo da adolescência e envolve regiões cerebrais extensas (O'Hearn et al., 2008).

Devido à complexidade desse processo, há inúmeros estudos sendo desenvolvidos nas mais diversas áreas do neurodesenvolvimento. Com o avanço da tecnologia e as recentes descobertas genéticas, esses estudos tendem a se aprofundar. De maneira ilustrativa, seguem duas teorias expositivas e complementares: a teoria do desenvolvimento celular (teoria sináptica do desenvolvimento) e a teoria cognitivo-social (teoria da mente) de modo abrangente, para em seguida aprofundarmos no neurodesenvolvimento motor, da linguagem, cognitivo e psicossocial.

Teoria sináptica do desenvolvimento

No momento do nascimento, a maioria dos mais de 100 bilhões de neurônios já está formada no cérebro humano. No entanto, nos primeiros meses de vida, começa a ocorrer um decréscimo na quantidade de células neuronais, como parte de um processo conhecido como "poda neuronal". Esse fenômeno envolve a eliminação seletiva de neurônios que não estão sendo efetivamente utilizados, em um processo que visa otimizar a eficiência do sistema nervoso (Bystron et al., 2006).

Em uma das fases mais intrigantes do desenvolvimento humano, testemunhamos um notável aumento na proliferação de dendritos e na formação de conexões sinápticas, que ocorre principalmente nos últimos 2 meses e meio de gestação, estendendo-se até os primeiros 2 anos de vida. Esse processo acelerado desempenha um papel fundamental tanto no substancial crescimento do cérebro quanto no desencadeamento das habilidades perceptuais, cognitivas e motoras, que estabelecem as bases para uma interação mais enriquecedora da criança com o seu ambiente (Papalia; Martorell, 2022).

É importante ressaltar que essa perda de neurônios não é prejudicial, pois ocorre em fases específicas e é parte natural do desenvolvimento do cérebro. Além disso, essa poda neuronal está acompanhada de um contínuo desenvolvimento das células neuronais restantes. Elas não apenas crescem em tamanho, mas também aumentam o número de sinapses, as conexões especializadas entre neurônios. Esse refinamento das sinapses e o aprimoramento das conexões neuronais são essenciais para o desenvolvimento e a plasticidade do cérebro, permitindo que ele se adapte e aprenda ao longo da vida (Bystron et al., 2006).

A podotomia neuronal, também designada como "poda neural", refere-se a um fenômeno crítico no desenvolvimento neurobiológico, caracterizado pela eliminação seletiva de conexões sinápticas no sistema nervoso central. Tal processo culmina na constituição de uma matriz neural mais sofisticada e funcionalmente otimizada, sendo uma consequência direta da interação contínua entre o organismo e o ambiente circundante. Durante os estágios iniciais do desenvolvimento pós-natal, observa-se uma proliferação exuberante de sinapses no tecido cerebral humano. Contudo, com a progressão do tempo, muitas dessas conexões são submetidas a um processo degenerativo. Desde a fase infantil até o início da maturidade, as sinapses subutilizadas ou obsoletas são seletivamente abolidas, enquanto as conexões regularmente estimuladas são consolidadas e potencializadas. Esse mecanismo de refinamento sináptico é fundamental para a acomodação cerebral às demandas ambientais, maximizando competências cognitivas e destrezas motoras (O'Hearn et al., 2008).

Concomitantemente a esse florescimento de neurônios, dois processos cruciais entram em ação: a integração e a diferenciação. Através do processo de integração, ocorre uma coordenação complexa na qual neurônios encarregados do controle de múltiplos grupos musculares sincronizam suas atividades, possibilitando a criação de movimentos e respostas coordenadas. Em contrapartida, o processo de diferenciação permite que cada neurônio, qual um artífice dedicado, refine sua estrutura, assumindo uma função única e especializada dentro da vasta rede neural. Juntos, esses processos moldam a arquitetura cerebral, resultando em um órgão de notável capacidade e diversidade funcional (Papalia; Martorell, 2022).

A neuropsicóloga americana, Heidelise Als, desenvolveu o modelo de desenvolvimento sináptico, que oferece uma abordagem alternativa para acessar o desenvolvimento cerebral por meio da observação do comportamento de crianças. Nesse cenário, recém-nascidos prematuros e neonatos podem se comunicar por meio do comportamento e, apenas observando, é possível estabelecer caminhos de cuidado adequados. O processo de assistência é visto como uma ação de corregulação e colaboração para permitir e sustentar o equilíbrio dos vários subsistemas. O desenvolvimento sináptico melhora a aparente capacidade da criança de lidar com eventos ambientais, em vez de suas habilidades específicas (Roan; Bell, 2017). Cinco subsistemas compõem o processo de desenvolvimento: o sistema neurovegetativo/autonômico, o sistema motor, o sistema comportamental, o sistema de atenção e o sistema de autorregulação.

Esses sistemas se desenvolvem de forma independente e seguem uma sequência bem estabelecida no embrião, feto e recém-nascido. Apesar de sua interdependência, os cinco sistemas são constantemente influenciados pelo ambiente à medida que crescem. O funcionamento e a estabilidade de cada sistema promovem o desenvolvimento do sistema seguinte, enquanto a instabilidade e o desarranjo de cada sistema afetam negativamente o funcionamento e o desenvolvimento dos outros.

De acordo com Gibbins *et al.* (2008), a sequência de desenvolvimento é: sistema nervoso, sistema motor, estados comportamentais, sistema de atenção-interação e sistema de autorregulação.

Sistema nervoso. Observável por meio de atividades vitais, como respiração e frequência cardíaca, regulação da temperatura, cor da pele, funções viscerais, como excreção, vômitos, soluços e regurgitação, e funções motoras, como contrações, sustos e tremores.

Sistema motor. É avaliado observando-se as diversas posturas do recém-nascido (mãos na boca, mãos no rosto, abraços, sucção), a natureza e a variedade de seus movimentos de membros e tronco, suas técnicas de autocontrole, bem como quantidade e qualidade dos movimentos.

Estados comportamentais. A existência e a duração de cada estado, bem como o estado individual de agitação, alerta, sono e consciência, são observados. O sono profundo (silencioso), sono leve (ativo), sonolência (dormindo) e acordado são os diferentes estados de consciência. O estado necessário para interagir com uma criança é o estado calmo/ativo, definido por uma atividade muscular reduzida, abertura e alargamento dos olhos, um olhar concentrado em resposta a estímulos auditivos e visuais, e uma taxa de respiração regular.

Sistema de atenção-interação. Avalia a capacidade da criança de manter um estado de alerta atencioso, que pode ser observado em sua relação com o ambiente e os cuidadores.

Sistema de autorregulação. Após 36 semanas de gestação, esse sistema pode ser avaliado observando-se como o corpo mantém um equilíbrio estável e como os subsistemas interagem. Para ajudar a criança a atingir essa organização, a qualidade e o tipo de facilitação ambiental devem ser avaliados, caso o lactente não consiga estabelecer uma conexão consistente entre os subsistemas.

Esses subsistemas amadurecem durante o desenvolvimento neuromotor de acordo com uma sequência necessária que é dividida em três estágios/fases, cada um dos quais com atributos específicos em cada nível de estado.

Fase de estabilização (entre 24 e 29 semanas)
- A alimentação e a respiração não são autônomas, e o sistema autônomo/neurovegetativo não é estável
- Controle postural fraco e sistema motor instável
- Devido aos ciclos de calma e movimento, assim como de sono e vigília, o sistema comportamental não é avaliado
- Sistema de atenção-interação: durante o desenvolvimento fetal, as habilidades interativas são formadas. Os sentidos vestibular, auditivo, doloroso, proprioceptivo e tátil ajudam o feto a perceber estímulos e responder a eles. Após o nascimento, a comunicação ocorre por meio da linguagem corporal, bem como de várias pistas visuais, auditivas, gustativas e térmicas
- O sistema de autorregulação ainda é bastante deficiente (Kenner; Lott, 2007).

Fase de organização (entre 30 e 35 semanas)
- A alimentação está associada à coordenação das atividades de sucção, deglutição e respiração, e o sistema neurovegetativo se torna mais estável. A respiração frequentemente se torna independente
- O controle postural começa a evoluir e o sistema motor se torna mais estável como resultado da aprendizagem de técnicas antigravitacionais
- Sistema comportamental: nesta fase, os vários estados podem ser distinguidos, há uma alternância entre vigília e sono, entre soluços e conforto, entre o estado de quietude e atividade, e, devido ao desenvolvimento das habilidades visuais, o estado de alerta também aparece
- Sistema de atenção-interação: a criança é capaz de breves interações sociais e parece ter habilidades de alerta e atenção mais estáveis, respondendo com sucesso a um estímulo de cada vez
- O sistema de autorregulação está mostrando sinais de desenvolvimento, mas ainda requer facilitações (Kenner; Lott, 2007).

Fase de integração (entre 36 e 40 semanas)
- O sistema nervoso autônomo ainda está estável. Tanto os sistemas de alimentação quanto de respiração operam de forma independente
- O controle postural adquirido e as maiores habilidades antigravitacionais, visíveis em diferentes posturas, prona e supina, aumentam a estabilidade do sistema motor
- O sistema comportamental está claramente definido e possui uma organização cíclica bem definida que alterna entre diversos estados de vigília/sono, choro/consolo e movimento/repouso
- Sistema de atenção-interação: há mais estabilidade e positividade nas conexões sociais
- Sistema de autorregulação: a facilitação externa é necessária à medida que a capacidade de autorregulação aumenta (Kenner; Lott, 2007).

Teoria da mente

As interações sociais das crianças, com adultos e seus pares, estimulam e apoiam o desenvolvimento natural da teoria da mente (TM) que se encontra evidente por volta dos 3 a 4 anos, sem necessidade de ensino formal ou esforço explícito, baseado em antecedentes e na incorporação de várias outras funções cognitivas. Primeiramente, a criança deve estabelecer a distinção entre o fato de que itens físicos e comportamentos explícitos são concretos, evidentes e manifestos, enquanto processos mentais são intangíveis, subjetivos e abstratos. Em segundo lugar, as crianças começam a compreender ocorrências psicológicas como estados com conteúdo, que servem de justificativa para o comportamento. Por exemplo, "Quando alguém recebe uma recompensa, fica feliz" (Leslie; Friedman; German, 2004). Eles aprendem a criar sensações vivenciadas de diferentes maneiras por diferentes pessoas, compreendem os motivos por trás das ações de outros e aprendem a deduzir, pela direção de um olhar, o que alguém está pensando ou o que essa pessoa pode desejar. Eles fazem isso associando coisas não observáveis, como desejos ou crenças, a eventos para explicá-los.

A compreensão de falsas crenças é um dos principais componentes da TM, que essencialmente se baseia na "cognição emocional", e, como resultado, os conceitos de simulação, desejo e crença constituem os três principais pilares dessa estrutura (Leslie; Friedman; German, 2004).

O funcionamento adequado dos sistemas de memória, incluindo memória declarativa de curto e longo prazo, memória operacional e vários tipos de memória implícita, como a memória emocional, é crucial para o desenvolvimento da TM. Embora este esteja essencialmente alinhado com o desenvolvimento da memória autobiográfica em termos de idade, pesquisas recentes sugerem que o funcionamento da TM é parcialmente independente da memória episódica (Rosenbaum et al., 2007). No entanto, para construir uma TM, é necessário um certo nível de memória operacional, pois as crianças pequenas não conseguem conceituar o que se passa na mente de outras pessoas até que possam manter simultaneamente em mente vários pontos de vista. Entre 18 e 24 meses, as crianças podem modificar as informações armazenadas na memória. Ao perceberem que outras pessoas podem não conhecer seus pensamentos, elas estão livres para comparar e contrastar diferentes linhas de pensamento. Essa capacidade de considerar simultaneamente o cenário real e a versão fictícia do mesmo cenário, alternando entre acontecimentos externos e representações internas, desenvolve-se entre 18 e 24 meses (Kizildere et al., 2020).

Uma vez que nunca pode existir uma teoria sem linguagem, a linguagem é essencial para o desenvolvimento da TM. Em crianças com desenvolvimento típico, o desenvolvimento precoce da linguagem tem sido um indicador confiável da futura competência em TM. Ordens superiores de TM dependem da cognição verbal, embora formas mais simples dependam da imagética visual. Uma etapa específica na evolução da TM pode ser vista na transição de noções naturais para concepções sociais. Até os 3 anos, as crianças aprendem e usam palavras como "saber", "pensar" e "fingir" à medida que aprendem terminologia semântica para estados de espírito que envolvam outros, começando pelo uso de palavras que exprimem sentimento, como "feliz" e "triste", e que exprimem desejo, como "querer", "gostar" e "precisar" (Jenkins et al., 2003). Aos 4 anos, uma criança compreende que desejos e crenças são pessoais, flexíveis e independentes de mudanças no estado externo da realidade (Brüne; Brüne-Cohrs, 2006). A TM é crucial para habilidades narrativas como contar histórias e pragmática, ou a capacidade de usar a linguagem de maneira eficaz em situações sociais. Crianças com autismo, que apresentam deficiências em TM em diferentes graus, têm compreensão limitada e uso escasso de terminologia referente a estados mentais, bem como dificuldade em compreender metáforas e idiomatismos.

Crianças de 4 anos também podem diferenciar entre aprender algo diretamente por meio da experiência e aprender por meio do ensino. Crianças típicas começam a reconhecer suas próprias concepções anteriores, bem como as concepções errôneas de outras pessoas, por volta dos 4 ou 5 anos. Por volta dos 5 ou 6 anos, elas têm uma compreensão sofisticada das emoções, após aprenderem que as emoções dependem das crenças das pessoas e não de medidas objetivas da realidade (Rieffe et al., 2005). Várias funções executivas (FE), incluindo os processos de análise, raciocínio, dedução e estimativa, são necessárias para o desenvolvimento de uma TM completa. Embora FE e TM estejam intimamente relacionadas, elas são funções distintas. Em adultos, alguns componentes da TM se desenvolvem junto com a FE, enquanto outros o fazem separadamente (Qureshi; Apperly; Samson, 2010). Alcançar um determinado nível de FE não garante um bom desempenho em TM. A FE pode ser melhor ou preservada em pessoas com autismo, por exemplo.

Um dos principais elementos da TM é a tomada de perspectiva, que exige compreender que cada pessoa tem um ponto de vista único e necessita fazer distinções entre si mesmo e os outros (Doherty, 2011). "Colocar-se no lugar de alguém" refere-se a retirar-se da própria perspectiva e desenvolver a habilidade de distinguir os sinais externos das intenções e desejos de outras pessoas. Há evidências de que fatores sociais/ambientais e não hereditários têm um impacto significativo no desenvolvimento da TM. A elaboração conversacional da mãe ou dos pais é um forte preditor do sucesso das crianças na TM (Su; Liu, 2013). O uso apropriado dos pronomes "eu" e "você", bem como o uso frequente de "pensar" e "saber", encoraja as crianças a terem um melhor desempenho nas atividades da TM posteriormente. Ter irmãos também pode ajudar as crianças a terem um melhor desempenho na TM. O grau de interação entre irmãos e membros da família estendida e o comportamento social da criança, como a quantidade de colaboração e conversa sobre estados emocionais com irmãos, impactam o desenvolvimento da TM nas crianças (Pears; Fisher, 2005). Por exemplo, há diferenças notáveis entre culturas ocidentais e asiáticas, e a TM aparece em tempos significativamente diferentes em diferentes línguas e culturas. O ambiente socioeconômico em que uma criança é criada tem um impacto significativo na rapidez com que sua TM se desenvolve. Além disso, a privação social e o abuso têm o potencial de prejudicar o desenvolvimento da TM (Pears; Fisher, 2005). Crianças criadas em casa têm uma melhor chance de desenvolver a TM aprimorada do que crianças institucionalizadas.

Na prática, o desenvolvimento e o aprimoramento das habilidades da TM ocorrem desde a idade do jardim de infância até a conclusão do ensino secundário. Ao longo da vida adulta, a habilidade da pessoa em compreender os pensamentos dos outros continua a ser aperfeiçoada. Espera-se que, com o passar do tempo, a capacidade de aplicar descobertas da TM em contextos mais complexos e com maior flexibilidade aumente. As variações individuais no desempenho da TM persistem na vida adulta e ao longo dos anos acadêmicos (Tompkins, 2022).

Mensuração da teoria da mente em crianças

Até o momento, dezenas de testes experimentais foram desenvolvidos para avaliar a TM em crianças. Vale destacar que os testes de TM foram inicialmente utilizados em pesquisas sobre autismo (Doherty, 2011). Muitos desses testes envolvem a narração de uma história curta, seguida por perguntas que precisam ser respondidas corretamente utilizando habilidades de TM sólidas. Os testes de crença falsa, que são frequentemente usados para avaliar a proficiência em TM, se baseiam na ideia de que uma das etapas mais significativas no desenvolvimento da TM é aprender a reconhecer quando outras pessoas têm crenças falsas sobre o mundo. Uma história é encenada usando bonecas e outros objetos no tradicional "teste de crença falsa", criado por psicólogos.

Uma "tarefa de primeira ordem" que requer a leitura/compreensão do estado mental de outra pessoa está presente no tradicional "teste de Sally e Anne". Por volta dos 3 a 4 anos, crianças com desenvolvimento típico passam facilmente por este teste. Tipicamente, crianças autistas não passam, e aquelas que passam, o fazem em uma idade posterior do que crianças neurotípicas. Compreender os pensamentos sequenciais de duas pessoas é um desafio de "segunda ordem" de crença falsa, como em "Gerald pensa no que Jane pensa". Testes de segunda ordem são frequentemente passados por crianças com desenvolvimento típico aos 6 anos. Esses testes também podem ser passados por crianças autistas de alto funcionamento, mas não até a adolescência (Liddle; Nettle, 2006). Crianças entre 10 e 11 anos já dominaram os quebra-cabeças de TM de primeira e segunda ordens. Testes de terceira e quarta ordens para adolescentes e adultos são raros, o que sugere que fenômenos importantes podem ter sido negligenciados quando a atenção empírica estava concentrada em uma pequena faixa etária de crianças em idade pré-escolar (Liddle; Nettle, 2006).

Além dos testes de história explicados anteriormente, existem vários testes de TM não verbais. Esses testes incluem o teste de fotografia falsa de Zaitchik (1990) e o teste de tarefas de desenhos animados de Gallagher (2000). Existem testes para medir níveis mais avançados de TM, bem como vários aspectos da cognição social, incluindo humor, sarcasmo e compreensão de metáforas. Três desses testes mais difíceis, que são mais frequentemente utilizados, são o teste de histórias estranhas de Happe (1994), o teste de reconhecimento de Faux Pas de Baron-Cohen e O'Riordan (1999) e o teste de fotografia meta de Egeth e Kurzban (2008) (Egeth; Kurzban, 2009). Por exemplo, o teste de leitura da mente nos olhos de Baron-Cohen (2002), um teste mais voltado para adultos, inclui atividades visuais que não são muito exigentes em termos de habilidades executivas. Esses testes são principalmente estáticos. Em casos leves e adultos com TEA, o uso de testes comportamentais mais dinâmicos, como clipes de filmes de interações sociais encenadas ou naturais ou um jogo de interação digital em que a perspectiva do interlocutor precisa ser considerada, pode ser mais sensível às deficiências na leitura da mente. O desempenho interessante desses testes por pessoas com TEA sugere que é improvável que tenham uma TM consistentemente deficiente, e, portanto, a avaliação minuciosa da TM deve levar em consideração os diversos elementos e dimensões que compõem as habilidades de TM (Begeer et al., 2010). Mesmo as porções não verbais desses testes exigem alguma proficiência linguística, portanto pequenos ajustes nas instruções do teste podem melhorar o desempenho. No entanto, o nível de desempenho é afetado pela variação cultural, e as crianças se saem de maneira diferente entre os países, variando de um desempenho particularmente forte na Austrália a um desempenho fraco no Japão (Doherty, 2011).

Neurodesenvolvimento motor

O desenvolvimento motor humano pode ser subdividido em duas vertentes que ocorrem simultaneamente: o desenvolvimento cefalocaudal e o desenvolvimento próximo-distal. O desenvolvimento motor cefalocaudal se refere à tendência observada, principalmente, durante a infância, em que o controle motor e o crescimento físico progridem predominantemente da região cefálica para a caudal, ou seja, da cabeça para baixo, do topo para a base do corpo. Isso significa que, antes de uma criança adquirir controle sobre seus quadris e pernas, ela primeiro desenvolve o controle sobre o pescoço e a cabeça. Essa progressão pode ser observada nas primeiras fases de vida, em que um recém-nascido inicialmente ganha a habilidade de sustentar a cabeça, seguida pelo controle do tronco, culminando na capacidade de engatinhar e, eventualmente, andar. Esse padrão cefalocaudal não apenas reflete o amadurecimento dos músculos e do esqueleto, mas também está associado ao desenvolvimento neural, destacando a complexa interconexão entre o cérebro e o corpo durante as fases iniciais da vida (Papalia; Martorell, 2022).

O princípio do desenvolvimento próximo-distal é um dos fundamentos essenciais para descrever a direção do desenvolvimento motor e físico em seres humanos. Ele postula que o desenvolvimento ocorre de maneira centrípeta, ou seja, a partir do centro do corpo em direção às extremidades. Isso implica que os indivíduos inicialmente adquirem controle sobre os músculos próximos ao núcleo do corpo, como os músculos do tronco, antes de dominarem os músculos mais distantes, como os das mãos e dedos (Papalia; Martorell, 2022).

Uma ilustração clara desse princípio pode ser observada em crianças durante o processo de aquisição da habilidade de manipular objetos. Inicialmente, eles podem segurar objetos com a palma da mão (preensão palmar), porém, à medida que se desenvolvem, adquirem a capacidade de utilizar os dedos de maneira mais precisa (como na preensão de pinça). Esse princípio próximo-distal reflete o amadurecimento progressivo do sistema nervoso, no qual as áreas do cérebro responsáveis por movimentos mais amplos e grosseiros amadurecem antes daquelas responsáveis por movimentos mais refinados e específicos (Papalia; Martorell, 2022).

Um indivíduo deve desenvolver seu sistema motor para interagir com o ambiente. Novas oportunidades de interações sociais com colegas e cuidadores surgem à medida que uma criança aprende a engatinhar, apontar e andar (Iverson, 2010). De acordo com o DSM-5-TR, os transtornos do neurodesenvolvimento (TND) são um conjunto diversificado de doenças marcadas por atrasos ou irregularidades em vários domínios de desenvolvimento, incluindo deficiências nas habilidades motoras. O TEA, um subconjunto dos TND, é identificado com base em déficits fundamentais nas habilidades de comunicação social. O primeiro sinal de desenvolvimento atípico pode ser o déficit motor, que é particularmente comum no TEA (Fournier et al., 2010).

Com avanços nos testes genéticos, variantes de número de cópias e anormalidades genéticas únicas que aumentam o risco de TEA também foram identificadas com mais frequência (Bishop et al., 2017). Crianças com tipos sindrômicos de TEA podem ter déficits motores com mais frequência, porque frequentemente são a primeira evidência de desenvolvimento aberrante nessas variantes genéticas (Bishop et al., 2017). Atrasos motores precoces podem, portanto, ser um sinal de alguém com maior probabilidade de desenvolver um distúrbio genético. O uso de exames padronizados, que se concentram principalmente em marcos de desenvolvimento e dependem da capacidade de uma pessoa de compreender atividades complexas, dificultou a quantificação de habilidades motoras no TEA, apesar de seu valor clínico (Allen et al., 2017). Os resultados desses testes frequentemente não conseguem capturar com precisão as habilidades motoras ou os déficits de uma criança. Devido a isso, os pesquisadores criaram e estão utilizando testes quantitativos de função motora para identificar com mais precisão deficiências motoras no TEA, o que ajudará no diagnóstico precoce e na criação de terapias especializadas.

A capacidade de uma criança desenvolver suas habilidades motoras está relacionada à sua capacidade de desenvolver habilidades verbais, cognitivas e sociais, e pode ser um sinal de uma psicopatologia do desenvolvimento emergente (Iverson, 2010). O início de déficits motores em recém-nascidos com alto risco de TEA ou que foram oficialmente diagnosticados com o transtorno é relatado em estudos retrospectivos dessas crianças. É amplamente reconhecido que o início precoce de déficits motores afeta aspectos importantes do desenvolvimento comunicativo e social, reduzindo a capacidade de uma criança de fazer gestos e participar de interações lúdicas com outras crianças (Iverson, 2010).

A ligação entre déficits motores, linguísticos e déficits cognitivos de nível superior persiste na infância. Estudos indicaram uma conexão entre déficits motores e alterações no funcionamento comportamental e emocional, conforme medido na Lista de Comportamento do Desenvolvimento (*Developmental Behavior Checklist*), na idade escolar, quando as crianças podem enfrentar maiores demandas de desenvolvimento. Essa conexão pode ser explicada pela possibilidade de que crianças com problemas motores mais graves também possam enfrentar eventos de vida mais desfavoráveis, como exclusão de jogos no pátio da escola e dificuldades com tarefas escolares como a escrita à mão, o que resultaria em níveis mais elevados de psicopatologia (Papadopoulos et al., 2011).

Pesquisas recentes em lactentes irmãos com alto risco de TEA examinaram a relação entre melhorias no sentar-se e na locomoção prona e no desenvolvimento comunicativo (Lebarton; Iverson, 2016). A Escala de Movimento Infantil de Alberta (AIMS), um teste observacional de posturas prona usadas em sentar-se e mobilidade, foi usada para avaliar as habilidades motoras grosseiras de 37 crianças de alto risco com idades entre 5 e 14 meses (Piper; Darrah, 2022).

Também foi observado quando a comunicação não verbal e verbal começou pela primeira vez. Todas as observações revelaram atrasos motores, com uma porcentagem maior de participantes apresentando esses atrasos entre as idades de 5 e 6 meses. O surgimento de marcos na comunicação verbal e não verbal foi correlacionado com o desenvolvimento motor, que foi acompanhado mensalmente com a AIMS. A locomoção prona está associada a marcos na comunicação não verbal, que incluíam gestos de mostrar e apontar, enquanto a capacidade de sentar-se sozinho estava relacionada tanto à comunicação verbal (balbucio replicativo) quanto à comunicação não verbal. De acordo com os autores, alcançar o sentar-se independente promove o uso de movimentos manuais para interagir com pessoas e permite que uma criança coordene atividades, como manter contato visual com várias pessoas ao mesmo tempo (Lebarton; Iverson, 2016). Portanto, melhorias nas habilidades motoras grosseiras podem servir de base para interações comportamentais e sociais mais complexas, além da relação entre habilidades motoras e outros domínios, incluindo comunicação e linguagem. Além disso, se o desenvolvimento motor for prejudicado, pode haver repercussões duradouras.

Outro estudo que examinou infantes irmãos com alto risco (classificados como tendo um irmão com TEA) investigou como as habilidades motoras estão relacionadas à função executiva, que é um grupo de habilidades cognitivas de ordem superior que inclui planejamento, memória operacional e atenção. Focado nas idades de 12 e 24 meses, esse estudo avaliou a ligação entre habilidades motoras e função executiva em crianças de alto risco (aqueles que posteriormente receberam um diagnóstico de TEA e aqueles testados negativos) e crianças de baixo risco (caracterizadas pela ausência de irmãos com TEA ou história familiar). A Escala de Aprendizagem Precoce de Mullen (MSEL), um teste que investiga o crescimento cognitivo de crianças desde o nascimento até 68 meses (Mullen, 1995), foi usada para avaliar a função motora. Aos 12 meses, não houve diferenças entre os grupos, mas, aos 24 meses, todas as crianças de alto risco tinham inibição de resposta e memória operacional mais fracas do que as crianças de baixo risco. Além disso, habilidades motoras grosseiras mais fracas em todos os grupos foram relacionadas a uma inibição de resposta mais fraca (John et al., 2016).

Neurodesenvolvimento da linguagem

O desenvolvimento da linguagem durante o período que vai do nascimento até os 3 anos é uma jornada notável de aquisição e aprimoramento. Nos primeiros meses de vida, mesmo antes de produzirem suas primeiras palavras, as crianças já desempenham um papel ativo como receptores da linguagem. Eles respondem aos tons de voz dos pais, conseguem discernir entre diferentes sons linguísticos e começam a balbuciar, experimentando uma variedade de sons e entonações. O balbucio é um marco inicial de grande importância, uma vez que, mesmo carecendo de significado discernível, esses sons servem como os precursores da fala, possibilitando que as crianças pratiquem padrões sonoros que, posteriormente, serão a base para a formação de palavras (Owens, 2019).

A aquisição da linguagem é um processo complexo e fascinante que ocorre ao longo dos primeiros anos de vida de um ser humano. Esse processo envolve uma série de etapas e marcos importantes, e sua compreensão tem sido objeto de estudo de diversas áreas, incluindo a psicologia, a linguística e a neurociência. Algumas das principais etapas e aspectos envolvidos na aquisição da linguagem, de acordo com Owens (2019) são: período pré-linguístico, balbucio, primeiras palavras, explosão vocabular, desenvolvimento gramatical e sintático, desenvolvimento pragmático e aquisição da escrita.

Período pré-linguístico. Nos primeiros meses de vida, as crianças começam a desenvolver as habilidades auditivas e vocais necessárias para a linguagem. Eles começam a discriminar sons da fala e a produzir vocalizações, como choros, gorjeios e balbucios. Essa fase é fundamental para o desenvolvimento posterior da linguagem, pois permite que as crianças pratiquem a produção de sons.

Balbucio. Por volta dos 6 meses, as crianças entram na fase do "balbucio". Eles começam a produzir sequências de sons repetitivos, muitas vezes usando consoantes e vogais, como "bababa" ou "dadada". Essa atividade prepara a criança para a produção de palavras.

Primeiras palavras. Entre 10 e 15 meses, a maioria das crianças começa a produzir suas primeiras palavras significativas. Geralmente, essas palavras se referem a objetos ou pessoas familiares, como "mama", "papa" ou "água". Esse é um marco importante na aquisição da linguagem, pois indica a capacidade da criança de associar sons a objetos e conceitos específicos.

Explosão vocabular. Após a aquisição das primeiras palavras, as crianças entram em uma fase de rápido crescimento vocabular. Elas começam a aprender novas palavras em um ritmo acelerado e a combiná-las para formar frases simples. Durante essa fase, também desenvolvem a compreensão da gramática da língua, embora ainda cometam erros.

Desenvolvimento gramatical e sintático. Nos anos seguintes, as crianças continuam a expandir seu vocabulário e a aprimorar suas habilidades gramaticais e sintáticas. Elas aprendem regras gramaticais, como a concordância de gênero e número, a formação de plurais e a utilização correta de verbos e tempos verbais.

Desenvolvimento pragmático. Além da gramática, as crianças também desenvolvem habilidades pragmáticas, como a compreensão das normas sociais de comunicação, a capacidade de interpretar o contexto e ajustar sua linguagem de acordo com a situação e a audiência.

Aquisição da escrita. Por volta dos 5 ou 6 anos, as crianças começam a aprender a ler e escrever. Isso envolve a associação de sons (fonemas) a letras (grafemas) e o desenvolvimento da habilidade de decodificar palavras escritas.

É importante notar que a aquisição da linguagem varia de uma criança para outra, e cada uma segue seu próprio ritmo. Além disso, o ambiente linguístico e cultural em que a criança é criada desempenha um papel crucial na aquisição da linguagem. A interação com cuidadores e o ambiente de fala rico são fatores essenciais para o desenvolvimento adequado da linguagem.

Neurodesenvolvimento cognitivo

O neurodesenvolvimento cognitivo denota um aumento na eficácia operacional. A cognição é a capacidade de ver, compreender e conceber, ou simplesmente de saber, e requer pensamento, atenção e memória. O crescimento cognitivo é o processo de aprendizado, compreensão ou entendimento. A interação com o ambiente e a maturidade promovem o desenvolvimento cognitivo (Papalia; Martorell, 2022). Um dos principais expoentes da teoria do neurodesenvolvimento cognitivo é Jean Piaget, portanto a seguir há uma breve descrição dos princípios postulados por ele.

Teoria construtivista de Piaget

A relevância da progressão sequencial no desenvolvimento foi previamente observada por Jean Piaget, um eminente psicólogo do desenvolvimento. Embora Piaget não tenha direcionado seu foco para a neurociência, suas teorias concernentes aos estágios cognitivos no desenvolvimento infantil possuem profundas implicações para o campo do neurodesenvolvimento. Piaget postulou que crianças atravessam uma série de estágios sequenciais, a saber, sensorimotor, pré-operacional, operações concretas e operações formais, cada um correspondendo a um nível específico de maturação cognitiva. Embora suas proposições tenham se originado a partir de observações comportamentais, pesquisas contemporâneas na área da neurociência têm investigado os substratos neurais que podem estar subjacentes a esses estágios. Essas investigações indicam que as transformações cognitivas identificadas por Piaget estão intrinsecamente ligadas ao desenvolvimento de regiões cerebrais particulares e às conexões neurais, reforçando assim a conexão entre a teoria piagetiana e os processos de neurodesenvolvimento (Papalia; Martorell, 2022).

Piaget pesquisou como crianças pequenas adquirem a capacidade de pensamento lógico e científico. A acomodação e a assimilação são cruciais para a aprendizagem bem-sucedida, de acordo com o psicólogo. Em contraste com a acomodação, que modifica noções para se adequarem a novas experiências, a assimilação modifica novas experiências para se encaixarem em conceitos já estabelecidos. Os dois processos resultam tanto em aprendizado a curto prazo quanto em mudanças no desenvolvimento a longo prazo, e a teoria cognitiva de Piaget se concentra em ambos esses resultados. Piaget estabeleceu várias suposições sobre as crianças ao desenvolver a teoria cognitiva, incluindo o seguinte: 1) as crianças aprendem por meio da experiência; 2) as crianças aprendem coisas de forma independente; e 3) as crianças têm naturalmente um impulso para aprender. Maturação, experiência, transmissão social e equilíbrio são os quatro componentes fundamentais do desenvolvimento cognitivo (Huitt; Hummel, 2003).

Estágios do desenvolvimento cognitivo

De acordo com Piaget, o desenvolvimento cognitivo ocorre em estágios separados. Os estágios seguem o paradigma da escada do desenvolvimento. Nenhum deles é pulado e eles ocorrem na mesma ordem. Cada estágio é uma metamorfose do anterior. Os estágios anteriores são incorporados ao estágio subsequente. Objetivos adequados à idade das crianças são incluídos em cada um dos estágios de Piaget (Parke; Gauvain; Schmuckler, 2010).

Estágio sensorimotor: nascimento até os 2 anos

Nesta fase, as crianças pensam por meio de suas ações motoras e sentidos. Ao morder, ouvir, olhar ou tocar coisas, eles adquirem conhecimento sobre o mundo. Isso ajuda no desenvolvimento de concepções básicas de objetos nas crianças (Donald *et al*., 2020). Esta fase é marcada pela atividade motora sem o uso de símbolos, e o principal método de aprendizado é por tentativa e erro. O desenvolvimento cognitivo é marcado por comportamentos direcionados a objetivos, compreensão da permanência do objeto, representação mental, relações de causa e efeito e coordenação espacial.

Comportamento direcionado por objetivos. Durante a fase sensorimotora, há uma cessação da ação reflexa, dando início à emergência de comportamentos direcionados. Três reflexos básicos, incluindo sucção, seguimento visual e preensão palmar, estão presentes nos infantes. No entanto, aproximadamente em torno de 6 semanas de idade, essa atividade reflexiva transforma-se em uma ação voluntária direcionada por objetivos, como o ato intencional de agarrar.

Conceito de permanência do objeto. Durante a fase sensorimotora, as crianças adquirem a compreensão de que um objeto continua a existir, mesmo quando está oculto da visão (Baillargeon, 1987).

Representação mental. A criança aprende a manter uma imagem mental de uma situação, mesmo após vivenciá-la diretamente. Por exemplo, uma criança pode começar a fazer birra após presenciar outra criança fazendo o mesmo, fenômeno conhecido como imitação diferida.

Relação causa e efeito. A criança é introduzida ao conceito de causalidade objetiva. Ela começa a compreender que existe uma relação de causa e efeito. Por exemplo, uma criança pode usar diferentes ruídos para atrair a atenção dos adultos.

Espaço coordenado. Durante a fase sensorimotora, a criança aprende que existe coordenação entre diversos elementos e entre o corpo e os objetos. Por exemplo, a criança aprende que um chocalho produz som quando é agitado. Neste estágio, a compreensão de que o "eu" não é uma extensão do ambiente e que existe uma fronteira entre os dois é estabelecida.

Estágio pré-operacional: 2 aos 7 anos

Nesta fase, o desenvolvimento cognitivo é caracterizado por seriação, curiosidade, irreversibilidade, concentração, funcionamento simbólico, egocentrismo, artificialismo, animismo e raciocínio transdutivo.

Seriação. A criança demonstra dificuldade em categorizar itens em diferentes grupos.

Curiosidade. A criança manifesta uma curiosidade acentuada e começa a fazer muitas perguntas.

Irreversibilidade. Uma vez adquirido ou realizado um conhecimento ou ação, a criança não consegue desfazê-lo.

Concentração. A criança aprende a focar sua atenção em apenas um aspecto de uma situação de cada vez.

Funcionamento simbólico. A criança aprende a usar símbolos para expressar-se.

Egocentrismo. Nesta etapa, a criança acredita que todos os demais percebem, sentem e veem o mundo exatamente como ela.

Artificialismo. A criança acredita que os seres humanos controlam as características físicas do ambiente.

Animismo. Surge a ideia de que objetos inanimados possuem vida e livre-arbítrio.

Raciocínio transdutivo. A criança começa a associar dois eventos distintos que, na realidade, não estão relacionados, mostrando uma inabilidade em compreender a relação de causa e efeito (Newcombe, 2013).

Estágio operacional concreto: 7 aos 11 anos

Na fase concreta do desenvolvimento cognitivo, as crianças empregam pensamento lógico. O desenvolvimento, nesta etapa, é evidenciado pela eliminação do egocentrismo, transitividade, classificação, relações de causa e efeito, reversibilidade, vigilância e raciocínio lógico (Falck, 2021).

Eliminação do egocentrismo. A criança começa a levar em consideração as opiniões de outras pessoas.

Transitividade. A criança estabelece conclusões ao integrar racionalmente relações.

Classificação. As crianças adquirem a capacidade de agrupar objetos com base em suas características. Surge a habilidade de ordenar objetos, como de leve para pesado ou de fino para grosso.

Relação de causa e efeito. As crianças compreendem que há uma causa para cada evento, por exemplo, associam que a presença de nuvens no céu é a razão para a chuva.

Reversibilidade. As crianças conseguem reverter seus pensamentos, visualizando, por exemplo, a viagem de retorno após familiarizarem-se com um trajeto.

Vigilância. A criança aprende a focar sua atenção em múltiplos componentes de uma situação simultaneamente.

Pensamento lógico. O raciocínio lógico e concreto substitui o pensamento ilógico, como irreversibilidade, artificialismo e animismo (Piaget, 1977).

Estágio operacional formal: a partir de 11 anos

Neste estágio, o desenvolvimento cognitivo é caracterizado pelo egocentrismo adolescente, pensamento hipotético, resolução de problemas, raciocínio dedutivo e pensamento abstrato (Wilks *et al*., 2010). Vale ressaltar que nem todos atingem o estágio operacional formal.

Egocentrismo adolescente. Nessa fase, a criança exibe altos níveis de autoconsciência, acreditando, por exemplo, que está sob o olhar constante de um "público imaginário".

Pensamento hipotético. A criança desenvolve a habilidade de fazer suposições sobre consequências potenciais.

Resolução de problemas. A criança agora é capaz de resolver problemas de maneira lógica e metódica.

Raciocínio dedutivo. A criança aprende a usar uma regra geral para prever resultados específicos, como na relação A=C se A=B e B=C.

Pensamento abstrato. As crianças começam a visualizar e prever os resultados de ações, além de desenvolver habilidades de planejamento a longo prazo (Lehman; Nisbett, 1990).

Neurodesenvolvimento psicossocial

O desenvolvimento psicossocial no período que vai do nascimento aos 3 anos é profundamente influenciado pelas interações que a criança estabelece com seus cuidadores e com o ambiente que a cerca. Essas experiências moldam a sua compreensão de si mesma e do seu papel no mundo. Nos primeiros meses de vida, o conceito de apego assume um papel central nesse processo. A capacidade da criança de formar um vínculo seguro com seus cuidadores é de extrema importância. Isso é frequentemente manifestado por meio de comportamentos como sorrir, chorar e buscar conforto. Esse vínculo seguro é essencial para a construção de um sentimento de segurança e confiança no mundo. Além de ser o alicerce para relacionamentos interpessoais futuros, o apego seguro também exerce influência sobre a autoestima e autoconfiança da criança (Papalia; Martorell, 2022).

Conforme a criança entra nos segundos e terceiros anos de vida, o desenvolvimento do senso de "eu" se torna mais evidente. Elas começam a reconhecer a si mesmas em espelhos, a expressar sentimentos de posse e a explorar um crescente senso de autonomia. Esse é também o período em que o jogo se torna mais sofisticado, passando de atividades solitárias para jogos paralelos e, eventualmente, interações mais cooperativas com outras crianças. Simultaneamente, surgem desafios associados à busca de autonomia, durante as quais a criança testa limites e expressa sua vontade e independência. Durante esses primeiros anos, a base da identidade da criança, sua compreensão das relações sociais e sua capacidade de autorregulação começam a ser estabelecidas, preparando-a para lidar com as complexidades das interações sociais nos anos que se seguem (Papalia; Martorell, 2022). Portanto, são intrínsecas a formação psicossocial e a história gestacional do indivíduo, uma vez que essa última é a base para a integração da criança com o mundo e a formação de suas características individuais.

Numerosas adaptações fascinantes trazidas pela evolução da espécie humana são evidenciadas através de uma ampla gama de características visíveis. Notavelmente, a literatura médica tem ressaltado elementos-chave que auxiliam os seres humanos a se adaptarem ao seu ambiente em constante transformação. Especificamente, as modificações associadas à reprodução exemplificam eficazmente como os humanos superam múltiplos obstáculos à sobrevivência. Considerando a postura quase vertical dos humanos e o crescente volume craniano dos neonatos, o desafio para as crianças passarem pelo canal de parto no momento crítico do parto intensificou-se. Uma adaptação específica foi adotada para contornar essa situação: os recém-nascidos humanos são sempre prematuros. Portanto, as repercussões dessa estratégia podem ser observadas em mulheres grávidas, nos recém-nascidos e, possivelmente, em seus pais. É amplamente reconhecido que as mulheres não possuem um mecanismo único para desencadear o parto; em vez disso, vários processos coexistem, e se um falha, outro intervém para induzir o trabalho de parto. Elementos de plasticidade anatômica, como a diástase anterior e posterior, são ativados durante o parto. As fontanelas anterior e posterior conferem flexibilidade craniana e, dado que as camadas externas do neocórtex da criança ainda estão em desenvolvimento no nascimento, isso previne lesões nessas regiões do cérebro. Essas fontanelas, juntamente com outras características anatômicas, convergem para assegurar um "parto antecipado" bem-sucedido. Por fim, mudanças endócrinas em pais expectantes, como o aumento da prolactina ou a diminuição da testosterona, são interpretadas como evidências da adaptação masculina para cooperar mais com a mãe durante o parto (Storey et al., 2000).

A partir de uma perspectiva psicológica, no meio do século XX, diversos indícios no desenvolvimento de gestantes foram descobertos, fornecendo um forte ímpeto para a investigação científica de tudo que poderia ser interpretado como um investimento parental ou maternal em prol de uma maternidade e paternidade mais saudáveis e informadas. A proteção, caracterizada durante a gravidez, "preocupação maternal primária" (Winnicott, 1958) e a ideia de que a gestação humana não é apenas um período de desenvolvimento biológico, mas também um período de desenvolvimento psicológico (Bibring, 1959), foram propostas após algumas contribuições seminais. Semelhante ao desenvolvimento cognitivo das crianças, as gestantes devem passar por uma série de estágios, cada um com seus próprios objetivos, atividades, ferramentas e mudanças em diversas facetas da vida cotidiana.

A gravidez também é abordada, sob uma perspectiva médica, como uma série de estágios no desenvolvimento de estruturas embrionárias. O primeiro trimestre é o momento para o surgimento dessas estruturas, o segundo trimestre, um tempo para sua expansão, e o terceiro trimestre um estágio exclusivo para a maturação dessas estruturas. Embora seja difícil afirmar com certeza, é possível que essa noção tenha inspirado a contribuição de Bibring (1959) para a discussão sobre o desenvolvimento psicológico de gestantes. Ela sugeriu que: 1) a integração da gravidez seria o objetivo principal da primeira fase, coincidindo com o primeiro trimestre da gestação, quando a gestante revisita sua infância e expande sua relação com sua mãe através da técnica psicológica conhecida como introspecção; 2) uma segunda fase, correspondente ao segundo trimestre da gravidez, cujo objetivo principal seria a diferenciação mãe-feto, envolveria a gestante reajustando-se ao presente e reinterpretando sua relação com seu parceiro usando uma técnica psicológica chamada "extrospecção". Colman e Colman (1971) concluíram que deveria haver uma terceira fase durante o terceiro trimestre da gravidez com o objetivo principal de separar a mãe do filho. Essa fase baseia-se na progressão da mulher grávida em relação ao momento em que a criança já estará nascida, e envolve a reelaboração de sua relação com seu futuro descendente através de uma ferramenta psicológica que poderia ser denominada "separação maternal".

Juntamente com as diversas incertezas levantadas por esses três estágios do desenvolvimento maternal durante a gravidez, surge uma questão particularmente intrigante: o que motiva as mulheres grávidas a transitarem rapidamente de uma fase para a próxima? Foi sugerido que o fator determinante para a mudança da primeira para a segunda fase é o início da percepção maternal dos movimentos fetais. Deve-se entender que o início dessa percepção ocorre tipicamente no início do segundo trimestre. Agora, em relação à mudança da segunda para a terceira fase, pesquisas sobre o comportamento fetal indicam que o comportamento em crianças ainda não nascidas tende a se tornar mais padronizado à medida que se aproxima a transição do segundo para o terceiro trimestre (Einspieler; Prayer; Prechtl, 2012). Nesse ponto, as gestantes começam a prever quando as manifestações comportamentais de seus filhos ainda não nascidos são mais prováveis de ocorrer. Essas mães frequentemente afirmam que seus filhos ainda não nascidos já possuem relógios internos.

Essa visão ampla sobre o curso "natural" da gestação também pode ser útil caso eventos perigosos, estressantes ou mesmo situações médicas surjam no futuro próximo. Uma espécie de "reação de espera" pode ser encontrada por parte do funcionamento psicológico maternal se o prognóstico físico da mãe ou do feto se deteriorar. Se isso ocorrer, o desenvolvimento psicológico será interrompido e a capacidade das mulheres para uma conexão emocional intensa ficará estagnada. Além disso, o uso de defesas relacionadas ao enfrentamento de comportamentos impulsivos diminuirá, enquanto as defesas relacionadas à racionalização, negação e reversão de circunstâncias desagradáveis aumentarão (Einspieler; Prayer; Prechtl, 2012).

Uma vez que as emoções pré-natais maternas têm uma base fisiológica, a pesquisa sobre períodos psicológicos pré-natais tem se aprofundado. Primeiramente, crianças que são expostas a altas quantidades de cortisol durante a gravidez têm maior probabilidade de nascer prematuramente e tendem a chorar mais, ficar mais inquietas e apresentar expressões faciais mais desagradáveis (Weerth; van Hees; Buitelaar, 2003). Deve-se estar especialmente atento à sensibilidade materna pré e pós-natal, pois mulheres grávidas com maiores índices de aversão ao choro de crianças dão à luz a crianças que, aos 3 meses, são classificadas como tendo níveis mais altos de comportamento difícil e errático (Pedersen *et al.*, 1996). O choro de uma criança pode ser visto como uma das primeiras e mais significativas interações que as crianças fazem ao interagir com suas mães, e o *feedback* negativo pré-natal da mãe em relação à comunicação da criança pode ser visto como um sinal de cautela no campo das transações emocionais nos primeiros estágios da vida humana.

Pesquisas mostram uma relação entre os níveis de cortisol materno durante a gravidez e o crescimento nos primeiros 12 meses de vida de uma criança, sendo ainda mais interessante que essa associação é não linear (Davis; Sandman, 2010). Na 15ª semana de gravidez, níveis mais baixos de cortisol indicam que a criança se desenvolverá mentalmente mais rápido aos 3, 6 e 12 meses, com melhores resultados cognitivos no final da avaliação. Na 37ª semana de gravidez, níveis mais altos de cortisol indicam que a criança se desenvolverá mentalmente mais rápido nos três momentos de avaliação pós-natal, resultando em um desempenho cognitivo mais eficaz aos 12 meses. As crianças expostas a um determinado padrão de cortisol durante a vida intrauterina mostraram os melhores resultados no desenvolvimento cognitivo aos 12 meses (Davis; Sandman, 2010). Os efeitos do cortisol materno no início e mais tarde na gravidez não são mais significativos quando a inclinação do cortisol é levada em consideração na análise de regressão, indicando que o perfil de cortisol ao longo da gestação é consideravelmente mais relevante do que os níveis de cortisol.

Dada a nocividade do estresse materno e sua manifestação precoce no desenvolvimento fetal, ao abordar famílias enfrentando inúmeros desafios durante a transição para a parentalidade, profissionais de diversas áreas podem se sentir sobrecarregados por expectativas desfavoráveis. No entanto, pesquisas têm evidenciado que o comportamento das mães, especialmente durante as interações com seus filhos no primeiro ano de vida, é fundamental para a remediação de problemas de desenvolvimento. Ao integrar estados emocionais maternos desagradáveis pré-natais, observações de interações mãe-infante em ambientes laboratoriais estressantes e avaliações do desenvolvimento neonatal, pode-se extrair as seguintes conclusões: a) a sensibilidade materna atua como um moderador significativo na relação entre ansiedade durante a gravidez e o comportamento do infante na situação de face neutra (Grant *et al.*, 2010); b) a sensibilidade materna pode também moderar a relação entre a ansiedade durante a gravidez e o desenvolvimento mental do infante (Grant *et al.*, 2010); e c) o estilo de apego influencia o efeito da exposição ao cortisol pré-natal no desenvolvimento cognitivo da criança (Bergman *et al.*, 2010).

Essas contribuições inicialmente parecem impor uma pressão significativa sobre as habilidades e competências das mães. Pode-se questionar se a resiliência materna é suficiente para promover interações positivas com as crianças, especialmente quando situações objetivas atuam a favor do estresse e contra a saúde. Os profissionais que trabalham com famílias devem lembrar-se de duas coisas a respeito desse assunto. Primeiro, a comunicação fetal e infantil possui qualidades gratificantes que, quando empregadas adequadamente, pode fazer a diferença na tenacidade das mães e das famílias. Para que as mães e famílias evoluam de forma saudável, é necessário um reforço positivo da resiliência materna e familiar nos momentos em que os especialistas destacam a comunicação gratificante dos infantes. A capacidade dos investimentos maternos de promover o crescimento da criança durante estressores pré-natais e ajudar a superar seus efeitos posteriores permite duas conclusões: 1) o crescimento, desenvolvimento e maturação das crianças são possibilidades constantes, apesar dos obstáculos clínicos e sociais, e 2) o auxílio mais valioso que uma criança pode receber para fortalecer sua vontade de viver é a informação proveniente de sua mãe e direcionada exclusivamente à sua iniciativa.

Marcos do neurodesenvolvimento de acordo com a idade

As manifestações lúdicas, capacidades de aprendizado, padrões de fala, comportamento e movimento de uma criança oferecem *insights* significativos sobre sua evolução desenvolvimental. Marcos do desenvolvimento referem-se a habilidades específicas que, até uma determinada idade, a vasta maioria das crianças (aproximadamente 75%) demonstra ser capaz de realizar.

Desenvolvimento: 0 a 3 meses

Marcos do desenvolvimento motor

- Propulsão utilizando os braços enquanto posicionado em decúbito ventral
- Elevação e sustentação da cabeça quando deitado sobre o abdômen
- Capacidade de abrir e fechar os punhos com destreza
- Habilidade de levar as mãos à boca de forma coordenada
- Elevação concomitante de braços e pernas a partir da superfície subjacente em momentos de satisfação ou alegria (Wells, 2018).

Marcos do desenvolvimento sensorial

- Esforço para alcançar um objeto posicionado acima do tórax enquanto repousa em decúbito dorsal
- Capacidade de rastrear visualmente um brinquedo em movimento de um lado para o outro enquanto está deitado de costas
- Manutenção da cabeça centralizada enquanto está em decúbito dorsal, observando pessoas ou brinquedos com atenção
- Demonstração de habilidade para se autoconsolar através de mecanismos como balanço, carícias e sons suaves
- Preferência por se movimentar de diversas maneiras, explorando o ambiente ao seu redor (Wells, 2018).

Marcos da comunicação

- Reage com sorrisos ou se acalma ao ouvir uma voz ou som
- Gira o corpo ou a cabeça em direção à origem de uma voz ou som, demonstrando capacidade de localização auditiva
- Observa e analisa objetos ou situações com curiosidade e interesse evidente
- Fixa o olhar diretamente na câmera, indicando foco e atenção
- Emite diferentes tipos de choro em resposta a diferentes necessidades, permitindo, por exemplo, discernir entre fome e cansaço
- Alterna entre manifestações de choro e expressões de alegria e contentamento (Wells, 2018).

Marcos da alimentação

- Prende-se adequadamente ao mamilo ou ao bico da mamadeira, demonstrando reflexo de sucção eficaz
- Durante a sucção, realiza movimentos anteroposteriores com a língua, facilitando a extração do leite ou fórmula
- Ingere em média de 60 a 180 mℓ (2 a 6 onças) de líquidos por alimentação, repetindo esse processo aproximadamente 6 vezes/dia
- Exibe um padrão de sucção e deglutição coordenados e confortáveis, sem sinais de desconforto ou dificuldade (Wells, 2018).

Desenvolvimento: 4 a 6 meses

Marcos do desenvolvimento motor

- Ao sentar-se, consegue manter-se ereto com o auxílio das mãos, demonstrando força nas costas e no tronco
- Adquire a capacidade de rolar do decúbito dorsal para o ventral e vice-versa, indicando desenvolvimento motor global e coordenação
- Quando em posição ereta e com suporte, consegue sustentar todo o seu peso nas pernas, mostrando fortalecimento dos membros inferiores
- Em decúbito ventral, estende os braços para alcançar brinquedos próximos, evidenciando coordenação motora fina
- Ao repousar em decúbito dorsal, estende ambos os braços para brincar com os pés, demonstrando flexibilidade e exploração corporal
- Transfere brinquedos de uma mão para a outra enquanto deitado de costas, sinalizando desenvolvimento da coordenação bimanual (Wells, 2018).

Marcos do desenvolvimento sensorial

- Demonstra habilidades táteis e de preensão avançadas ao explorar brinquedos com ambas as mãos, indicando desenvolvimento da coordenação motora fina
- Exibe um temperamento geralmente equilibrado, mantendo-se contente quando suas necessidades básicas, como fome e sono, são atendidas
- Mostra curiosidade oral ao levar objetos e suas próprias mãos aos lábios, um comportamento típico dessa fase de desenvolvimento
- Possui habilidades autonômicas de autorregulação, conseguindo acalmar-se através de movimentos de balanço, carícias e sons suaves, evidenciando maturidade no sistema nervoso autônomo
- Demonstrando habituação a estímulos sonoros recorrentes, permanece indiferente a ruídos comuns, mostrando capacidade de filtrar estímulos
- Exibe prazer na movimentação e exploração corporal, gostando de se mover de diversas maneiras, o que indica um desenvolvimento motor saudável e natural (Wells, 2018).

Marcos da comunicação

- Mostra reatividade a estímulos sonoros fortes ou inesperados, indicando uma consciência aguda do ambiente sonoro ao redor
- Exibe uma tendência de responder quando é chamado ou falado, mostrando que reconhece e processa a voz humana
- Começa a balbuciar com sons que incluem consoantes, como "dadada", marcando um estágio importante no desenvolvimento da fala
- Usa uma variedade de sons para expressar diferentes sentimentos, mostrando o início da modulação vocal baseada no estado emocional

- Demonstra interesse em brinquedos que fazem barulho, o que pode ajudar no desenvolvimento cognitivo e na coordenação olho-mão
- Usa o balbucio não apenas como uma forma de experimentar sons, mas também como uma maneira de chamar a atenção, indicando um desejo de se comunicar e interagir com os outros (Wells, 2018).

Marcos da alimentação
- Demonstra um desejo claro de comer, que pode ser manifestado através de gestos ou sons quando vê comida ou utensílios relacionados à alimentação, como uma colher
- Exibe um reflexo natural de abertura da boca quando uma colher se aproxima, indicando prontidão para começar a consumir alimentos mais sólidos
- Tem a habilidade de mover alimentos pastosos ou purê da parte da frente para a parte de trás da boca, o que é essencial para engolir com segurança esses novos tipos de alimentos
- Começa a receber alimentos mais sólidos em sua dieta, inicialmente com cereais infantis e alimentos puros e macios de um único ingrediente. Essa abordagem permite que os pais ou cuidadores verifiquem possíveis alergias ou intolerâncias a cada novo alimento introduzido. Alimentos como peras, maçãs, abóboras, batatas-doces e cenouras são comuns devido à sua textura suave e sabor agradável para as crianças (Wells, 2018).

Desenvolvimento: 7 a 9 meses
Marcos do desenvolvimento motor
- Capacidade de sentar-se sem apoio, indicando um desenvolvimento muscular e de equilíbrio, o que permite observar o mundo a partir de uma nova perspectiva
- Enquanto sentados, tentam alcançar e agarrar brinquedos, mostrando coordenação entre a visão e os movimentos das mãos
- Habilidade de realizar transição de deitar-se para sentar-se, mostrando a crescente força do núcleo e habilidades motoras
- Início do movimento como rastejar ou engatinhar, sendo um marco significativo nessa fase, pois indica a capacidade de se deslocar de um lugar para outro, explorando o ambiente de forma mais ativa
- Durante os momentos de decúbito ventral (tempo de barriga para baixo), levanta a cabeça e empurra através dos cotovelos, fortalecendo os músculos do pescoço e das costas
- Vira a cabeça para olhar objetos, mostrando interesse e curiosidade pelo ambiente
- Demonstrando mais controle ao sentar-se e rolar, a criança evita quedas e navega melhor pelo espaço
- Usa os dedos e o polegar para pegar pequenos objetos, demonstrando um sinal do desenvolvimento da motricidade fina, essencial para habilidades futuras como escrever
- Imita outros indivíduos em jogos simples, indicando desenvolvimento social e cognitivo, à medida que a criança começa a entender a causa e o efeito e a se relacionar com os outros (Wells, 2018).

Marcos do desenvolvimento sensorial
- O prazer em uma variedade de movimentos mostra que a criança está descobrindo e desfrutando das capacidades físicas de seu corpo. Balançar e pular são ações que ajudam no desenvolvimento do equilíbrio e da coordenação
- Usa a boca e as mãos para explorar objetos, pois esta é uma maneira natural de aprender sobre o mundo. A boca é uma zona sensorial rica para as crianças, ajudando-as a descobrir textura, forma e temperatura
- Vira várias páginas de um livro grande ao mesmo tempo, indicando um interesse em explorar e uma crescente coordenação motora
- Experimenta pegar objetos para determinar a força necessária para segurá-los, mostrando um pensamento investigativo e o desenvolvimento de habilidades motoras finas
- Foca em objetos próximos e distantes, indicando desenvolvimento visual e crescente consciência espacial
- Analisa texturas, tamanhos e formas dos brinquedos, o que ajuda a criança a compreender as diferenças e semelhanças fundamentais para o pensamento lógico e a resolução de problemas
- Observa o ambiente em diferentes posições, mostrando a adaptabilidade da criança e o interesse em obter diferentes perspectivas do mundo ao seu redor (Wells, 2018).

Marcos da comunicação
- Aumenta o alcance dos sons e sílabas no balbucio, mostrando que a criança está experimentando diferentes combinações de sons, um precursor importante para a fala
- Olha para itens e pessoas reconhecíveis quando nomeados, indicando uma conexão entre palavras e seus significados e mostrando que a criança está começando a entender o conceito de linguagem
- Sabe como o próprio nome soa, sendo este um marco significativo, pois a criança começa a reconhecer a si mesma como uma entidade separada
- Engaja-se em comunicação bidirecional, significando que a criança não apenas fala, mas também responde, o que indica uma compreensão de como funciona a conversa
- Obedece a algumas instruções padrão quando combinadas com gestos, mostrando que a criança está começando a entender comandos e pode seguir instruções simples, especialmente quando reforçadas visualmente
- Demonstra conhecimento de palavras frequentemente usadas, mostra um vocabulário em crescimento e a capacidade de associar palavras a significados
- Usa gestos simples, como balançar a cabeça para significar "não", indicando uma compreensão da comunicação não verbal
- Imita sons, revelando a habilidade da criança de ouvir, processar e replicar informações auditivas, o que é fundamental para o desenvolvimento da linguagem (Wells, 2018).

Marcos da alimentação
- Segura uma garrafa enquanto está sentada em uma cadeira alta e bebe dela, indicando um desenvolvimento motor fino, no qual a criança começa a dominar o controle de objetos em suas mãos e mostrar um grau de independência

- Começa a consumir alimentos mais espessos e amassados, mostrando uma transição da alimentação infantil tradicional para alimentos mais sólidos, o que é um sinal de maturidade do sistema digestivo da criança
- Gosta de mastigar brinquedos que podem ajudar a aliviar a dor e o inchaço das gengivas no caso de a criança estar dentando, indicando um comportamento natural de busca de alívio. Isso também mostra que a criança está no estágio de erupção dentária
- Não sentir fome por mais tempo após comer pode ser um indicativo de que a criança está recebendo nutrição adequada e que seu estômago está se adaptando a refeições maiores
- Busca e estende a mão para objetos próximos, como alimentos, demonstrando curiosidade e um desejo de explorar seu ambiente. Além disso, indica um desenvolvimento contínuo da coordenação mão-olho
- Reage fortemente a novos sabores e odores, mostrando que a criança está desenvolvendo suas preferências alimentares e indica uma resposta sensorial aguçada ao ambiente (Wells, 2018).

Desenvolvimento: 10 a 12 meses

Marcos do desenvolvimento motor

- Levanta-se e desliza ao longo dos móveis – um precursor da caminhada. Esta ação demonstra o desejo da criança de mover-se e explorar, bem como o desenvolvimento da força nas pernas
- Dá vários passos independentes enquanto está de pé sozinha, indicando que a criança está no limiar da caminhada independente, um marco significativo no desenvolvimento motor
- Muda frequentemente de postura para explorar o ambiente e obter brinquedos desejados, mostrando a mobilidade crescente e a curiosidade da criança sobre o mundo ao seu redor
- Mantém o equilíbrio ao jogar objetos enquanto está sentada demonstra coordenação e força central, permitindo que a criança realize múltiplas tarefas ao mesmo tempo
- Bate palmas, demonstrando uma habilidade motora fina que também pode indicar a capacidade da criança de se envolver em jogos interativos e responder a estímulos musicais ou aplausos
- Solta coisas em uma caixa com uma abertura considerável, demonstrando coordenação mão-olho e a habilidade de entender relações espaciais
- Pega pequenos objetos com o polegar e o dedo indicador, conhecido como preensão de pinça – um indicativo do desenvolvimento de habilidades motoras finas que são cruciais para tarefas mais complexas no futuro, como escrever (Petty, 2015).

Marcos do desenvolvimento sensorial

- Aprecia música, indicando que a criança está desenvolvendo uma resposta emocional aos estímulos auditivos. Isso pode ser usado como uma ferramenta de aprendizado, já que muitas crianças aprendem através de canções e ritmos. A música também pode ser uma forma de acalmar ou entreter a criança
- Brincar com brinquedos usando a boca e os dedos é um comportamento típico do desenvolvimento sensorial e motor. A boca é uma das áreas mais sensíveis do corpo da criança, e elas exploram o mundo ao seu redor, muitas vezes levando objetos à boca para aprender mais sobre sua textura, gosto e forma. Isso também indica o desenvolvimento de habilidades motoras finas à medida que manipulam objetos com os dedos
- Rasteja em direção a objetos distantes ou afasta-se deles, mostrando que a criança está desenvolvendo uma percepção de profundidade e uma compreensão espacial. A ação de rastejar também indica o desenvolvimento de habilidades motoras e força. A motivação para se mover em direção a um objeto indica curiosidade e interesse, enquanto se afastar pode indicar cautela ou desinteresse (Petty, 2015).

Marcos da comunicação

- Demonstra a capacidade eficaz de vocalizar fonemas primários, especificamente os associados às designações "papa" e "mama"
- Responde prontamente a comandos simples emitidos, exemplificando através da instrução "vem aqui"
- Engaja na produção de sequências prolongadas de jargões, indicativo de desenvolvimentos na comunicação social
- Vocaliza ocasionalmente um ou dois léxicos discerníveis
- Imita com precisão os padrões sonoros da fala humana, refletindo os primeiros estágios de aquisição da linguagem
- Nuances sonoras e ritmos característicos estão evidentemente presentes em seus balbucios, demonstrando as fases iniciais da linguagem emergente
- Exibe uma atenção focada ao direcionamento indicado por gestos, acompanhando visualmente tanto o apontamento quanto o objeto ou área de interesse
- Reconhece e reage ao comando negativo "não", indicando compreensão preliminar de restrições ou proibições
- Inicia a utilização de gestos manuais para expressar necessidades e desejos, como exemplificado pelo gesto de estender os braços, sinalizando o desejo de ser levantado ou acolhido (Petty, 2015).

Marcos da alimentação

- O indivíduo manifesta habilidades autônomas de autoalimentação, demonstrando coordenação motora fina ao recorrer ao uso dos dedos como principal instrumento. Esta etapa é crucial, pois não apenas permite maior independência, como também estimula o desenvolvimento motor e cognitivo
- À medida que cresce, o espectro alimentar do indivíduo se expande, integrando uma diversidade mais ampla de alimentos em sua dieta. Essa ampliação não apenas favorece uma nutrição equilibrada, mas também prepara o paladar para diferentes texturas e sabores, fundamentais para uma aceitação alimentar diversificada no futuro
- Em um marco de desenvolvimento notável, o indivíduo inicia a habilidade de consumir líquidos a partir de um recipiente aberto. Isso sugere um avanço na coordenação oromotora, pois exige que o indivíduo controle a ingestão sem o auxílio de bicos ou tampas

- Demonstra prontidão para degustar alimentos mais complexos em sua composição e textura. Frutas macias e vegetais cozidos, como massas e fatias de banana, não apenas oferecem uma variedade nutricional, como desafiam e desenvolvem sua capacidade mastigatória
- Em paralelo ao desenvolvimento motor, o indivíduo evidencia uma possível preparação para o manuseio inicial de utensílios de alimentação, como colheres. Esta etapa é essencial, pois marca a transição de uma alimentação predominantemente manual para uma que incorpora ferramentas, indicando um amadurecimento nas habilidades de autoalimentação
- Exibe uma apreciação diversificada por diferentes sabores e aromas, o indivíduo indica um desenvolvimento gustativo mais refinado. Essa fase, onde se expande o leque de aceitação de sabores, é fundamental para estabelecer hábitos alimentares saudáveis e diversificados ao longo da vida (Petty, 2015).

Desenvolvimento: 13 a 18 meses
Marcos do desenvolvimento motor
- Demonstração de locomoção autônoma e independente
- Capacidade de se inclinar para coletar objetos lúdicos do solo
- Habilidade na manipulação e organização de objetos, empilhando dois consecutivamente (Petty, 2015).

Marcos do desenvolvimento sensorial
- Demonstra colaboração durante os processos de vestir e desvestir-se
- Mantém uma rotina de sono consistente e regular
- Apresenta uma dieta diversificada, incorporando uma variedade ampliada de alimentos (Petty, 2015).

Marcos da comunicação
- Aos 15 meses:
  - Demonstração de competência linguística, articulando entre cinco e dez palavras
  - Combinação eficaz de gestos e vocalizações sonoras
  - Capacidade de imitar ações e palavras de baixa complexidade
  - Atende com regularidade a instruções simples apresentadas
  - Exibe um apreciável interesse por representações gráficas e imagens
  - Reconhece e identifica entre uma e duas partes do corpo humano quando verbalmente mencionadas
  - Compreende mais de 50 palavras (Petty, 2015).
- Aos 18 meses:
  - Manifesta reações adequadas diante de questionamentos diretos
  - Evidencia a capacidade de repetir frases captadas em diálogos, prosseguindo com vocalizações que imitam padrões discursivos
  - Reconhece entidades e objetos familiares representados em imagens
  - Compreende os conceitos espaciais representados pelos termos "em" e "sobre"
  - Emprega gestos de cabeça, afirmativos ou negativos, em resposta a indagações que demandem respostas de "sim" ou "não", conforme observado por Petty (2015).

Marcos da alimentação
- Expande a variedade de alimentos sólidos consumidos, optando por itens que são picados
- Demonstra habilidade manual ao segurar um copo e consume líquidos dele (Petty, 2015).

Desenvolvimento: 19 a 24 meses
Marcos do desenvolvimento motor
- Inicia movimentos de saltar, elevando ambos os pés do chão simultaneamente
- Manifesta a capacidade de arrastar brinquedos enquanto caminha
- Demonstração de corrida com movimentos contínuos
- Fica na ponta dos pés, elevando o calcanhar
- Escala mobílias de baixa altura com autonomia
- Executa movimentos de chutar, direcionando a força a uma bola de grande dimensão
- Ascende e desce escadas contando com auxílio (Petty, 2015).

Marcos do desenvolvimento sensorial
- Manifesta habilidade em acionar interruptores, ligando e desligando-os
- Realiza marcações em papel, utilizando marcadores, canetas e giz de cera
- Demonstra aptidão para categorizar por cores e formas distintas
- Empilha cinco ou mais objetos lúdicos ou pequenos blocos uns sobre os outros
- Reconstrói brinquedos após sua desmontagem, conforme observado por Petty (2015).

Marcos da comunicação
- Aos 21 meses:
  - Utiliza no mínimo 50 palavras distintas
  - Imita constantemente novas palavras que ouve
  - Nomeia imagens e objetos com precisão
  - Demonstra compreensão dos pronomes básicos
  - Identifica de três a cinco partes do corpo quando nomeadas
  - Absorve rapidamente o significado de novas palavras (Petty, 2015).
- Aos 24 meses:
  - Inicia a utilização de construções frasais compostas por dois elementos léxicos
  - Emprega os pronomes pessoais da língua, especificamente "eu", "você" e o pronome possessivo "meu"
  - Demonstra habilidade cognitiva ao reconhecer verbos que denotam ações
  - Integra vocabulário e gestos corpóreos durante atividades lúdicas simuladas, evidenciando capacidade de abstração e representação
  - Exibe competência em seguir comandos compostos, exemplificado pela capacidade de atender a instruções bipartidas como "pegue aquele copo e traga-o"

- Exibe uma predileção pelo consumo de narrativas literárias ou contos, refletindo o desenvolvimento de habilidades auditivas e cognitivas relacionadas à compreensão e interpretação de histórias (Petty, 2015).

Desenvolvimento: 2 a 3 anos

Marcos da comunicação

- Aos 30 meses:
  - Demonstra capacidade linguística ao formular construções frasais compostas por dois a três elementos léxicos de maneira consistente
  - Apresenta habilidade em empregar preposições espaciais específicas, como "em cima de", "dentro de"
  - Pelo menos aproximadamente 50% das expressões verbais emitidas pelo indivíduo são compreendidas pelo responsável ou cuidador
  - Evidencia habilidade cognitiva em atender a instruções bipartidas que não estão relacionadas entre si, como "Entregue-me o copo e dirija-se ao pai"
  - Reconhece e identifica substantivos comuns e pronomes, demonstrando aquisição e compreensão lexical
  - Compreende a distinção possessiva expressa pelos termos "seu" e "meu" (Scott, 2004).
- Aos 36 meses:
  - Demonstração de habilidade para formular perguntas interrogativas utilizando os pronomes "onde" e "o que"
  - Utiliza corretamente a forma plural em sua fala, como, por exemplo, "gatos" em vez de "gato"
  - A maior parte da fala do indivíduo é compreendida pelo cuidador, indicando um grau significativo de compreensão verbal
  - Evidencia uma compreensão rudimentar de conceitos abstratos como tempo, espaço e cor, demonstrando desenvolvimento cognitivo
  - Capaz de entender perguntas que envolvem a razão ou o motivo por trás de ações, expressas pelo termo "por que"
  - Compreende a maioria das afirmações simples, indicando proficiência na compreensão de comunicações verbais básicas (Scott, 2004).

Em casos de atrasos ou perdas de sucessivos marcos do desenvolvimento infantil é aconselhável agendar uma consulta com um médico e consultá-lo sobre as estratégias para auxiliar a criança a recuperar o ritmo adequado. É importante ter em mente que cada criança é única e que os marcos do desenvolvimento geralmente ocorrem em uma faixa etária ampla. A detecção precoce e a intervenção são fundamentais, uma vez que os primeiros anos de vida de uma criança estão entre os mais cruciais para o seu desenvolvimento (Scott, 2004).

Transtornos do neurodesenvolvimento

Os transtornos do neurodesenvolvimento (TND) representam um conjunto de diversas enfermidades que interferem no desenvolvimento e funcionamento do cérebro. Esses transtornos podem resultar em problemas relacionados a fala, autodisciplina, aprendizado, comportamento, memória e outros aspectos da saúde. A maioria deles frequentemente apresenta seus sintomas nos primeiros anos de vida e pode perdurar até o início da idade adulta, ou passar despercebidos e não serem tratados por anos. Embora uma criança com um TND possa, ocasionalmente, superar seus sintomas, na maioria dos casos, isso não acontece, e a condição continua a afetá-las na vida adulta (Zablotsky et al., 2019).

Existem inúmeras doenças do neurodesenvolvimento. Pesquisas indicam que as doenças do TND afetam de 15 a 20% da população infantil (Zablotsky et al., 2019). Por fim, de acordo com um estudo intitulado *Envelhecimento com Transtornos do Neurodesenvolvimento*, publicado na *Frontiers in Integrative Neuroscience*, tem-se observado um aumento na prevalência de TND entre pessoas de meia-idade e idosos, que não foram diagnosticados, mas que apresentam a condição nas últimas décadas. Por exemplo, prevê-se que até 2030 haverá 700 mil adultos nos EUA sofrendo de TEA (Zablotsky et al., 2019).

Condições associadas aos transtornos do neurodesenvolvimento

De acordo com o DSM-5-TR (2023), existem sete categorias de TND, que se subdividem em condições específicas, e algumas serão descritas a seguir:

- Transtorno do desenvolvimento intelectual (TDI)
- Transtornos da comunicação
- Transtorno do espectro autista (TEA)
- Transtorno do déficit de atenção e hiperatividade (TDAH)
- Transtornos de aprendizagem
- Transtornos motores
- Outros TND.

Transtorno do desenvolvimento intelectual

O TDI descreve problemas relacionados com a capacidade cognitiva, habilidades e comportamento adaptativo. Isso inclui dificuldades nas habilidades sociais, autocuidado e comunicação. As deficiências intelectuais podem se manifestar das seguintes maneiras: alcançando marcos do desenvolvimento mais tarde do que os pares, dificuldade em entender regras sociais, dificuldade de memória, incapacidade de ver os efeitos de suas ações e dificuldade em resolver problemas. Embora esses problemas sejam frequentemente negligenciados, pesquisas indicam que de 30 a 70% das crianças com deficiências intelectuais também têm transtornos neurodesenvolvimentais e problemas de saúde mental concomitantes (Chen et al., 2020). Os efeitos físicos das deficiências intelectuais incluem dificuldade em se vestir ou usar o banheiro sem assistência, atraso significativo na consecução de marcos do desenvolvimento e necessidade de apoio diário. Da mesma forma, os transtornos têm efeitos comportamentais que incluem dificuldades na formação de laços sociais, explosões frenéticas, agressão, falta de paciência e até pensamentos suicidas (Moeschler; Shevell, 2014).

Transtornos da comunicação

Os transtornos da comunicação se referem a condições neurodesenvolvimentais caracterizadas por limitações na capacidade de uma pessoa transmitir, detectar, processar ou compreender a fala, informações ou linguagem.

Seus sintomas incluem dificuldade em reproduzir sons da fala, dificuldade em pronunciar adequadamente os sons, sons repetitivos, atraso na fala, escolha restrita de palavras para a idade, dificuldade em manter a atenção e a fala de palavras fora de ordem. Os transtornos da comunicação, ao contrário de outros transtornos neurodesenvolvimentais, caracterizam-se por problemas duradouros com linguagem e fala. De acordo com informações de uma pesquisa nacional sobre como as dificuldades de comunicação afetam as relações sociais de adultos mais velhos, os transtornos da comunicação têm efeitos físicos, como comprometimento do funcionamento imunológico, diminuição da saúde autorrelatada, aumento na incidência de doenças e aumento da mortalidade. Do mesmo modo, esse tipo de transtorno pode gerar efeitos comportamentais, como agressão, isolamento social, diminuição da interação social, desregulação emocional e dificuldades acadêmicas (Silva et al., 2019).

Transtorno do espectro autista

O TEA é uma condição neurológica e do desenvolvimento caracterizada por dificuldades crônicas na interação social, comportamentos repetitivos e interesses restritos. Algumas de suas manifestações incluem aversão a ruídos altos, dificuldade em expressar ideias e emoções, desafios em manter contato visual, incapacidade de utilizar pistas não verbais, dificuldade em se adaptar a mudanças de rotina e tendência a focar de forma obsessiva determinados tópicos. O TEA se diferencia de outros distúrbios do desenvolvimento pela maneira como os indivíduos interagem com o ambiente ao seu redor. Sendo um transtorno "do espectro", o TEA afeta cada pessoa de forma diferente e em graus variados. Por exemplo, enquanto algumas crianças com TEA podem se expressar verbalmente, outras o fazem de maneira não verbal (Zhou et al., 2021).

Conforme indicado em um estudo recente de Keller (2022), o TEA também se manifesta por meio de sintomas físicos, como distúrbios do sono, problemas digestivos, baixa tonicidade muscular, dificuldades nas habilidades motoras finas, falta de coordenação e padrões de marcha irregulares. Além disso, os sintomas comportamentais do transtorno incluem desafios nas habilidades sociais, movimentos corporais repetitivos, hostilidade, dificuldade em compreender as emoções alheias, dificuldade em expressar suas próprias emoções e falta de atenção ao ambiente ao redor. Essa complexidade e variação nos sintomas do TEA destacam a importância de abordagens personalizadas no diagnóstico e tratamento dessa condição.

Transtorno do déficit de atenção e hiperatividade

Como uma condição médica, o TDAH é caracterizado por um padrão persistente de comportamento hiperativo-impulsivo e falta de atenção. É uma das neurodivergências mais prevalentes que afetam crianças. Os sintomas do TDAH incluem interrupção de conversas, inquietude, dificuldade em concentrar-se em uma tarefa, movimentos frequentes e problemas ao compartilhar o foco de atenção, bem como fala excessiva. Distinguir entre TDAH e autismo pode ser desafiador, pois seus sintomas ocasionalmente se sobrepõem, especialmente em crianças pequenas. Problemas de comunicação são uma característica de ambas as condições, mas, em crianças com TDAH, esses problemas podem se manifestar de diversas maneiras. Por exemplo, uma pessoa com autismo pode evitar iniciar conexões sociais, enquanto uma pessoa com TDAH fala ininterruptamente e interrompe os outros (Keller, 2022).

De acordo com o estudo recente de Keller (2022), as consequências físicas do TDAH incluem crises espontâneas, enxaquecas, eczema atópico, desregulação imunológica, rinite alérgica e asma. Além disso, o TDAH apresenta sintomas comportamentais, como explosões de raiva, resistência, crises emocionais, falta de atenção, agitação e comportamento agressivo. Esses aspectos demonstram a complexidade dessa condição e a importância de abordagens multidisciplinares no diagnóstico e tratamento do TDAH.

Transtornos de aprendizagem

Os transtornos de aprendizagem são uma categoria de doenças de base neurológica que prejudicam um ou mais domínios de aprendizado. Eles apresentam sintomas como atraso na fala quando se compara crianças da mesma idade, dificuldade em seguir instruções, baixa capacidade de atenção, dificuldade em se concentrar, alterações de memória, irritabilidade e desafios em matemática, escrita ou leitura. Os transtornos de aprendizagem, ao contrário das deficiências intelectuais, afetam apenas o processamento de informações de uma criança em algumas áreas acadêmicas. Os transtornos não têm impacto no funcionamento geral ou na capacidade intelectual de uma criança (Chen et al., 2020).

Fisicamente, uma criança que sofre de transtornos de aprendizagem pode experimentar problemas com movimento e coordenação, dificuldade em abotoar botões ou amarrar cadarços, dificuldade em correr ou pular e coordenação mão-olho fraca. Comportamentalmente, essa criança pode exibir impulsividade, desobediência, baixa autoestima, imagem negativa de si mesma, acessos de raiva, habilidades organizacionais deficientes e oscilações de humor (Chen et al., 2020).

Transtornos motores

O termo "transtornos motores do neurodesenvolvimento" refere-se a disfunções do sistema neural que resultam em movimentos anormais, excessivos ou incontroláveis do corpo. Esses transtornos também podem causar inatividade ou movimentos excessivamente repetitivos. Eles apresentam sintomas como incapacidade de se mover, músculos inflexíveis ou rígidos, espasmos, solavancos, tremores, dificuldades de equilíbrio, dificuldade na fala e deglutição, movimentos lentos, problemas de marcha e tremores. A paralisia cerebral, no entanto, se refere especificamente a uma condição causada por danos ao cérebro em desenvolvimento, sendo os transtornos motores neurodesenvolvimentais caracterizados por fala e movimentos incontroláveis ou tiques. Esses tiques podem ser físicos e verbais. Fisicamente, os transtornos podem fazer com que a pessoa experimente quedas frequentes, desajeitamento, instabilidade, espasmos musculares, dificuldade em coordenar movimentos, fraqueza muscular e dificuldade para caminhar (Chen et al., 2020).

Outros transtornos do neurodesenvolvimento

Nessa categoria, podemos encontrar outros transtornos tão ou mais prevalentes quanto aos anteriores, e uma vasta gama de novos estudos tem sido realizados e evidenciam que outros transtornos podem ter origem na infância, mas com sintomas que seriam identificáveis em sua maioria, somente na adolescência ou vida adulta. Além disso, há duas subcategorias que merecem destaque: a paralisia cerebral e os transtornos relacionados a conduta.

Paralisia cerebral

A paralisia cerebral (PC) refere-se a um grupo de deficiências do desenvolvimento que afetam a coordenação muscular, postura, movimento, equilíbrio e tônus muscular. Ela ocorre quando os músculos não recebem as instruções adequadas do cérebro sobre como se mover suavemente ou de forma coordenada. Seus sintomas incluem pernas ou braços fracos, dificuldades na fala, incapacidade de sustentar a própria cabeça ao sentar em uma superfície de apoio, espasmos musculares, salivação excessiva, movimentos inquietos incomuns e membros/músculos flácidos ou rígidos. A paralisia cerebral frequentemente resulta de um único incidente que causa danos ao cérebro, ao contrário de outros transtornos neurodesenvolvimentais que frequentemente surgem como resultado de uma combinação de fatores genéticos e ambientais. Os efeitos físicos da condição incluem marcha instável, tremores, fraqueza muscular, movimentos incontroláveis ou imprevisíveis, falta de coordenação muscular, postura anormal e reflexos aumentados. Por outro lado, uma pessoa com paralisia cerebral pode apresentar distúrbios comportamentais, como dependência, hiperatividade, desobediência, ansiedade, problemas de raiva e dificuldade em interagir com os pares (Keller, 2022).

Transtornos de conduta

Os transtornos de conduta, um grupo de transtornos emocionais e comportamentais caracterizados por um padrão recorrente e persistente de empatia reduzida e normas sociais não interiorizadas, são outro exemplo de transtornos neurodesenvolvimentais. Os sintomas desses transtornos incluem brigas físicas, *bullying*, incêndios criminosos, mentiras, trapaças e desobediência frequente às instruções dos pais. De acordo com a pesquisa, os transtornos de conduta diferem de outros transtornos neurodesenvolvimentais porque seus comportamentos associados frequentemente infringem os direitos de outras pessoas e vão contra figuras de autoridade e normas sociais. Os efeitos comportamentais dos transtornos de conduta incluem mentiras ou manipulação, início de brigas físicas, agressão contra animais e pessoas, envolvimento em comportamentos autolesivos e pensamentos suicidas. Os efeitos físicos incluem danos a si mesmo ou a outros, infecções sexualmente transmissíveis e, em casos extremos, a morte (Keller, 2022).

Causas dos transtornos do neurodesenvolvimento

Na fase crucial de formação do cérebro, é importante destacar que o órgão está particularmente sensível. Qualquer exposição a substâncias prejudiciais, seja por meio de drogas, toxinas do ambiente ou até mesmo situações de estresse vivenciadas pela mãe, tanto antes quanto depois do nascimento, tem o potencial de prejudicar gravemente o desenvolvimento cerebral. Além disso, a desnutrição pode atrapalhar o progresso cognitivo adequado, limitando o potencial total da criança (Papalia; Martorell, 2022).

Eventos traumáticos, como abusos ou a falta de estímulos sensoriais adequados nos primeiros anos de vida, não apenas deixam marcas profundas no cérebro, mas também influenciam a adaptação do cérebro a um ambiente potencialmente adverso. Isso pode resultar em atrasos no desenvolvimento neural e, em alguns casos, em mudanças permanentes na estrutura cerebral. Isso reforça a importância crítica de proporcionar cuidados e ambientes favoráveis durante a infância para garantir um desenvolvimento neural saudável e adequado (Papalia; Martorell, 2022).

As causas dos TND são complexas e multifatoriais, envolvendo diversos elementos que desempenham um papel em seu desenvolvimento. A seguir estão listados alguns dos fatores que contribuem para a origem desses transtornos, conforme descrito por Miranda, Muskat e Mello (2013):

- Estresse: experiências de estresse durante a gravidez ou na infância podem influenciar o desenvolvimento cerebral e aumentar o risco de TND
- Doenças: algumas infecções ou condições de saúde durante a gravidez ou na infância podem afetar o desenvolvimento neurológico e contribuir para a manifestação de desordens do neurodesenvolvimento
- Trauma: traumas físicos ou emocionais, especialmente durante a infância, podem ter um impacto negativo no desenvolvimento do cérebro e na função neurológica
- Substâncias tóxicas no ambiente: a exposição a substâncias químicas tóxicas no ambiente, como pesticidas ou poluentes atmosféricos, pode estar associada a TND
- Baixo peso ao nascer: recém-nascidos com baixo peso podem ter maior risco de desenvolver TND devido à imaturidade do sistema nervoso
- Exposição do feto a fumo, álcool, medicamentos ou drogas recreativas durante a gravidez: o consumo dessas substâncias pode ter efeitos prejudiciais no desenvolvimento do cérebro do feto, aumentando o risco de consequências negativas para o desenvolvimento.

É importante destacar que os TND são frequentemente resultado da interação complexa entre fatores genéticos e ambientais. Cada indivíduo pode ter uma combinação única de fatores que contribuem para o desenvolvimento desses transtornos. Além disso, a pesquisa contínua está sendo conduzida para entender melhor esses fatores e desenvolver estratégias de prevenção e tratamento mais eficazes.

Estresse

O estresse se refere à resposta natural do corpo a uma circunstância ou evento que parece esmagador e fora do controle de alguém. Embora seja normal sentir-se estressado ao lidar com as pressões comuns da vida, o estresse excessivo persistente pode levar a doenças mais graves, incluindo TND. De acordo com pesquisas sobre estresse, o estresse pré-natal pode ter impactos negativos e de longa duração nas diversas partes do cérebro em desenvolvimento, o que pode posteriormente resultar em TND e seus sintomas.

Como o estresse pode afetar negativamente o desenvolvimento do cérebro de uma criança e possivelmente prever resultados cognitivos e de desenvolvimento prejudicados no futuro, ele é uma das principais causas dos transtornos neurodesenvolvimentais (Kumar et al., 2018).

Morbidades

Uma doença é um estado de saúde negativo que pode afetar a mente ou o corpo de uma pessoa. Ela ocorre quando o estado mental, emocional ou físico é significativamente perturbado, tornando impossível para o corpo ou mente funcionar normalmente. A transmissão congênita de doenças ou doenças infecciosas durante a gravidez pode afetar o neurodesenvolvimento de um feto. Por exemplo, complicações neurológicas podem surgir de infecções como o vírus da imunodeficiência humana (HIV), encefalite e meningite. Outras condições como diabetes, hipertensão, doenças imunológicas também podem impactar o desenvolvimento cerebral do feto. As doenças podem culminar em TND porque têm sintomas que podem tornar o feto potencialmente suscetível a uma interação com um ambiente extrauterino prejudicial (Kumar et al., 2018).

Evento traumático

O trauma é uma reação emocional que pode persistir por muito tempo após uma situação ou evento extremamente angustiante ter sido vivido ou testemunhado. Violência sexual, abuso ou negligência infantil, acidentes, desastres naturais, abuso durante guerras ou lesões graves são alguns exemplos de eventos que podem resultar em trauma. Pesquisas revelam que, quando uma mãe é exposta a traumas na infância, o neurodesenvolvimento de seu criança pode ser negativamente afetado, uma vez que a função e a estrutura de seu cérebro podem ser alteradas. Devido à possibilidade de que o estado emocional de uma mãe durante a gravidez possa impactar negativamente o desenvolvimento do feto, o trauma é uma fonte potencial de TND (Kumar et al., 2018).

Substâncias tóxicas

Produtos químicos tóxicos são substâncias perigosas que podem prejudicar a saúde humana e são encontradas no ambiente. Exemplos incluem mercúrio, cádmio, amianto, arsênio e chumbo. De acordo com um estudo de 2018 sobre "os mecanismos ambientais de toxicidade neurodesenvolvimental", publicado em *Current Environmental Health Reports*, esses agentes tóxicos ambientais podem danificar a arquitetura do cérebro em desenvolvimento causando mudanças indesejadas, duradouras ou permanentes em sua função e forma. A exposição a produtos químicos ambientais durante a gravidez está entre os fatores associados aos TND, uma vez que esses produtos são perigosos e podem alterar a expressão genética (Rock; Patisaul, 2018).

Baixo peso ao nascer e prematuridade

O baixo peso ao nascer é geralmente definido como um peso ao nascer de menos de 2.500 gramas. Pode ocorrer devido a uma variedade de razões, incluindo nascimento prematuro (nascimento antes de 37 semanas de gestação) e restrição de crescimento intrauterino (quando o feto não cresce adequadamente no útero). Os nascimentos prematuros podem causar mudanças no neurodesenvolvimento, na arquitetura de redes e na conectividade do cérebro. Isso pode levar a comprometimento da função neurocognitiva e persistir até a idade adulta. O baixo peso ao nascer pode ocasionar problemas no neurodesenvolvimento porque um sistema nervoso imaturo torna o cérebro mais propenso a danos e crescimento anormal (Ball et al., 2015).

Anualmente, em todo o mundo, aproximadamente 1 a cada 10 recém-nascidos é prematuro, conforme relatado pela Organização Mundial da Saúde. Somente em 2020 foram 13,4 milhões de recém-nascidos prematuros (OMS, 2023). No Brasil, essa questão é especialmente relevante, já que 11,5% de todos os nascimentos no país é de prematuros, divididos em 4,9% de extrema prematuridade, 9,2% de prematuridade muito precoce e 86% de prematuridade moderada à tardia (OMS, 2021). É importante destacar que a prematuridade é identificada como a principal causa de mortalidade infantil durante os primeiros 5 anos de vida, conforme indicado por estudos conduzidos por Leal et al. em 2016 e França et al. em 2017.

Além das implicações críticas para a sobrevivência, a prematuridade também está fortemente associada a deficiências no neurodesenvolvimento. Recém-nascidos extremamente prematuros enfrentam taxas consideráveis de deficiências neurológicas severas, variando de 17% a 59%, incluindo TDI com incidências entre 5 e 36% e paralisia cerebral entre 9 e 18%. Recém-nascidos prematuros moderados a tardios também são afetados, com relatos de baixas pontuações em habilidades de linguagem, habilidades motoras e habilidades cognitivas. A prematuridade, portanto, representa um desafio crítico para a saúde pública, requerendo atenção e intervenções adequadas para melhorar o prognóstico e a qualidade de vida dessas crianças (Valentini et al., 2021).

Exposição do feto ao tabagismo, ao consumo de álcool, a medicamentos ou a drogas recreativas durante a gravidez

O uso de substâncias durante a gravidez é a situação em que uma mulher grávida consome álcool, nicotina, drogas ilegais e medicamentos prescritos. Uma criança não nascida que é exposta a essas substâncias tóxicas pode enfrentar uma variedade de problemas de saúde. Por exemplo, o consumo de álcool pode prejudicar o desenvolvimento fetal ao atravessar a placenta e afetar o desenvolvimento físico e mental da criança, causando uma síndrome que leva a sintomas graves, como a síndrome alcoólica fetal. Por sua vez, o tabagismo expõe o feto à nicotina, o que pode prejudicar o desenvolvimento do cérebro e dos pulmões. As drogas recreativas podem potencialmente passar para a placenta, aumentando o risco de aborto espontâneo e natimorto. A exposição relacionada à gravidez a substâncias ilícitas pode potencialmente causar sintomas de abstinência em recém-nascidos, como agitação, problemas de alimentação e dificuldade para dormir. Além disso, alguns medicamentos, como aqueles usados para tratar doenças crônicas e dor, podem não ser seguros para usar durante a gravidez. O risco de problemas no neurodesenvolvimento em crianças expostas a certos medicamentos durante a gravidez pode ser maior. Um feto pode ser prejudicado por comportamentos não saudáveis, como fumar, consumir álcool e usar drogas, uma vez que eles absorvem grande parte do que suas mães consomem, inalam e exalam essas substâncias (Kumar et al., 2018).

Sintomas comuns aos transtornos do neurodesenvolvimento

Os primeiros sinais de TND geralmente aparecem quando uma criança está na pré-escola. A seguir estão listados sinais e sintomas comuns segundo Miranda, Muskat e Mello (2013).

Problemas com linguagem e fala. Pode incluir atrasos no desenvolvimento da fala, dificuldade em pronunciar palavras corretamente, ou dificuldade em expressar ideias de maneira clara.

Habilidades motoras prejudicadas. Envolve dificuldades na coordenação motora, como dificuldade em realizar tarefas que requerem movimentos finos ou grossos.

Comportamentos anormais. Abrange uma variedade de comportamentos atípicos, como repetições excessivas de certos gestos ou ações, movimentos estereotipados e comportamentos autolesivos.

Dificuldades de aprendizado. Crianças com TND podem ter problemas para adquirir e aplicar conhecimentos em várias áreas, como matemática, leitura e escrita.

Problemas de fala. Além das dificuldades na linguagem, podem ocorrer problemas na produção da fala, como gagueira ou dificuldade em articular palavras.

Déficits nas habilidades sociais. Crianças com esses transtornos podem apresentar dificuldades em interagir e se comunicar efetivamente com os outros, como dificuldade em fazer amigos ou entender regras sociais.

Regulação emocional precária. Pode se manifestar como dificuldade em controlar as emoções, como acessos de raiva frequentes, ansiedade intensa ou dificuldade em lidar com situações emocionalmente desafiadoras.

É importante notar que esses sintomas podem variar amplamente em gravidade e combinação, dependendo do tipo específico de TND que uma criança pode ter. Além disso, o diagnóstico e tratamento precoces são fundamentais para ajudar as crianças a superar essas dificuldades e alcançar seu potencial máximo.

Déficits na linguagem

Os problemas de linguagem são deficiências que impedem as pessoas de aprender, entender e utilizar idiomas. Esses problemas prejudicam significativamente o funcionamento comportamental, social e acadêmico de uma pessoa e muitas vezes persistem na idade adulta. Portanto, esses problemas se enquadram como sintomas de TND, uma vez que essas pessoas têm dificuldade em coordenar os músculos ao redor dos lábios ou organizar seus pensamentos, além de poderem desenvolver uma variedade de problemas com a linguagem e a fala. Indicadores comuns desses problemas incluem a repetição de sons ou frases, numerosas pausas nas sentenças, fala arrastada, dificuldade em compreender os outros, uso excessivo de preenchimentos nas sentenças e dificuldades em aprender novas palavras (Nicholls, 2018).

Alterações na fala

Problemas de fala referem-se a dificuldades na produção ou emissão dos sons da fala necessários para a comunicação interpessoal. Muitas crianças que sofrem de TND experimentam perda significativa de habilidades de comunicação. Essas dificuldades se tornam evidentes precocemente no desenvolvimento da criança, principalmente quando questões de comunicação tornam difícil para elas o reconhecimento de sinais sociais e a interpretação de tons vocais, tornando-se assim sintomas de TND. Padrões de fala anormais indicam problemas subjacentes de TND, pois essas deficiências são frequentemente observadas em crianças que sofrem desses transtornos. Especificamente, esses sintomas incluem dificuldades no desenvolvimento de habilidades de comunicação, processamento de linguagem lento ou danos à área de seus cérebros que controla a fala. Além disso, os distúrbios de fala podem ser reconhecidos como um sintoma de TND ao observar certos indicadores de alerta, como dificuldade em ouvir a linguagem falada, problemas de atenção, repetição de sons ou frases, pausas prolongadas entre as frases e qualidade vocal irregular (Nardi; Silva; Quevedo, 2022).

Déficits motores

As habilidades motoras denotam a coordenação e o movimento dos músculos, que são essenciais para realizar tarefas diárias. Essas habilidades permitem que os seres humanos executem tarefas cotidianas, como correr, escrever, levantar objetos, falar ou caminhar. Como observado por Nicholls (2018), crianças diagnosticadas com TND frequentemente apresentam graus variáveis de dificuldades nas habilidades motoras finas e grossas, o que pode se tornar um sintoma de vários tipos diferentes de problemas do neurodesenvolvimento. Devido a variações significativas na forma como seus cérebros estão conectados e a comprometimentos no funcionamento cerebral, as dificuldades de movimento se qualificam como um dos sintomas dos TND, uma vez que são comuns e crônicas em muitas crianças que foram diagnosticadas com esses transtornos. Quando as crianças parecem estar ficando para trás em relação aos colegas da mesma idade em tarefas apropriadas para a idade, como pegar ou lançar uma bola, comer com uma colher ou garfo, abotoar botões ou segurar um lápis, isso pode ser um sinal de que elas têm habilidades motoras inadequadas.

Comportamentos dissonantes

Comportamentos anormais são fenômenos estatisticamente incomuns ou comportamentos aberrantes que podem prejudicar um indivíduo ou pessoas próximas a ele. De acordo com Nicholls (2018), comportamentos anormais frequentemente são sinais de instabilidade emocional ou mental. Quando os problemas comportamentais são perturbadores e desafiadores o suficiente para ter um impacto na vida cotidiana de uma criança e daqueles ao seu redor, esses problemas se tornam um sintoma de TND. Devido à sua origem na falta de autorregulação, o que é altamente comum em crianças com esses transtornos, essas interações negativas são consideradas um dos indicadores dos TND. Questões comportamentais em crianças com TND podem ser identificadas ao observar indicadores de alerta, incluindo mudanças comportamentais abruptas, explosões e acessos frequentes de raiva, ameaças de prejudicar a si mesmas, outras pessoas ou animais de estimação, e desafio persistente às figuras de autoridade.

Dificuldades de aprendizado

As dificuldades de aprendizado são problemas que interferem na aquisição de conhecimento em áreas como ortografia, matemática, escrita e leitura. Essas dificuldades também podem prejudicar habilidades mais complexas, como memória de curto e longo prazo, raciocínio abstrato e organização. Dificuldades de aprendizado podem sinalizar um TND se elas se estenderem para fora da sala de aula e, eventualmente, influenciarem como a criança se relaciona com sua família e amigos. Conforme analisado por Nardi, Silva e Quevedo (2022), as dificuldades de aprendizado são identificadas como um dos sintomas dos TND, uma vez que crianças com esses transtornos também experimentam dificuldades que podem prejudicar sua capacidade de estudar na escola. Crianças com TND que têm dificuldades acadêmicas podem ser reconhecidas observando-se sinais típicos de alerta, como dificuldade em prestar atenção, memória fraca, devaneios frequentes, absenteísmo frequente, problemas com matemática, escrita ou leitura e lentidão na execução de trabalhos.

Déficits nas habilidades sociais

Déficits nas habilidades sociais se referem a comportamentos sociais incomuns e falta de interesse em interações profundas com outras pessoas. Geralmente, essas dificuldades são observadas em crianças com TND. A habilidade prejudicada de funcionar socialmente torna-se um sintoma em muitas crianças com TND, porque frequentemente resulta de outros desafios que elas já enfrentam, como dificuldade em regular emoções, dificuldade em captar pistas sociais, hábito de interromper conversas ou parecer desinteressado durante conversas (Nicholls, 2018). Todos esses aspectos podem fazê-las parecer inadvertidamente rudes, o que faz com que seus pares as evitem. Porque as deficiências nas habilidades sociais são uma característica comum de todos os TND, elas são vistas como indicadores desses transtornos. As deficiências nas habilidades sociais podem ser detectadas observando indicadores comuns que podem incluir dificuldade em iniciar discussões, diminuição do interesse por colegas, falta de contato visual, diminuição no compartilhamento de objetos e evitação social (Nardi; Silva; Quevedo, 2022).

Déficits na regulação emocional

Conforme destacado por Paulus *et al.* (2021), a regulação emocional deficiente refere-se à incapacidade de uma pessoa em controlar ou regular suas reações emocionais a situações perturbadoras. A regulação emocional deficiente tem sido há muito tempo considerada um sinal de TND, uma vez que é comum em pessoas que sofrem desses transtornos. A impulsividade emocional e a sensibilidade a gatilhos emocionais são ainda mais influenciadas pelo geralmente fraco controle da função executiva que as pessoas com esses transtornos tipicamente apresentam. Para identificar a regulação emocional deficiente como um sintoma de TND, pode-se observar comportamentos como acessos de raiva extremos, explosões de raiva, crises que duram horas, agressão e baixa tolerância à frustração.

Diagnóstico de transtornos do neurodesenvolvimento em crianças

Um TND em crianças pode ser diagnosticado com a ajuda de vários testes e escalas, incluindo testes de desenvolvimento, exames neurológicos, exames físicos, exames laboratoriais e imagens cerebrais. Contudo, na grande maioria dos casos, o diagnóstico é clínico e os exames ajudam a afastar outras condições. Os resultados desses testes podem ajudar a compreender como a doença da criança afetou sua saúde e quais tratamentos possíveis têm maior probabilidade de serem bem-sucedidos. Os resultados também auxiliarão na elaboração de uma estratégia de tratamento adequada às necessidades específicas da criança, determinando o curso ou a progressão esperada do problema (Kumar *et al.*, 2018). A avaliação do neurodesenvolvimento da criança seria realizada por uma equipe multidisciplinar que pode incluir enfermeiro especializado, psicólogo, fisioterapeuta, audiologista, oftalmologista, neurologista, pediatra e psiquiatra. O ideal é que essas condições sejam diagnosticadas por médicos especializados, contudo no Brasil temos uma rede extensa de saúde primária, com profissionais qualificados que podem iniciar o processo de investigação e serem resolutivos com a maioria dos casos. Ou seja, um bom diagnóstico é realizado por profissionais qualificados munidos de instrumentos que auxiliem na melhor tomada de decisão (Tabela 6.1).

Tabela 6.1 Principais instrumentos utilizados na avaliação do desenvolvimento infantil.

Instrumentos	Idade	Descrição
DENVER II – Teste de triagem do desenvolvimento	0 a 6 anos	Instrumento multidisciplinar para triagem do desenvolvimento. Utilizado para identificar crianças com atraso no desenvolvimento, e para identificar mudanças no escore ou padrões ao decorrer do tempo. Avalia as seguintes áreas: pessoal, social, motora-fina adaptativa, linguagem e motora grossa
Bayley III – Escalas de desenvolvimento da criança e do lactante	1 a 42 meses	Escala que avalia o desenvolvimento de crianças pequenas, ou seja, identifica atrasos no desenvolvimento, possíveis problemas de desenvolvimento infantil, déficits, e providencia informações para o planejamento de intervenções em cinco domínios: cognitivo, linguagem, motor, socioemocional, comportamento adaptativo
Inventário Portage operacionalizado	0 a 6 anos	Instrumento para avaliação e acompanhamento do desenvolvimento infantil. Possibilita a verificação e análise de 580 comportamentos distribuídos em cinco áreas do desenvolvimento humano: cognição, linguagem, desenvolvimento motor, socialização e autocuidado

(continua)

Tabela 6.1 Principais instrumentos utilizados na avaliação do desenvolvimento infantil. *(Continuação)*

Instrumentos	Idade	Descrição
IDADI – Inventário dimensional de avalição do desenvolvimento infantil	4 a 72 meses	Instrumento multidimensional para avaliação abrangente do desenvolvimento infantil, que investiga sete domínios: cognitivo, socioemocional, comunicação e linguagem receptiva, comunicação e linguagem expressiva, motricidade ampla, motricidade fina e comportamento adaptativo. Pode ser usado para a avaliação de suspeita de atrasos ou de transtornos do neurodesenvolvimento, para o monitoramento longitudinal do desenvolvimento infantil e para o acompanhamento da efetividade ou eficácia de intervenções na primeira infância
Víneland-3 – Escalas de comportamento adaptativo Víneland	0 a 90 anos	Tem como objetivo medir o comportamento adaptativo de indivíduos com possível déficit intelectual, mas também pode ser usada em outros transtornos de desenvolvimento. É composta por três formulários de aplicação: Formulário de Entrevista; Formulário de Pais/Cuidadores; Formulário dos Professores. Os principais domínios avaliados são: comunicação, habilidades cotidianas, socialização, habilidades motoras, comportamentos mal-adaptados
Perfil sensorial 2	0 a 14 anos e 11 meses	Conjunto de ferramentas que tem por objetivo avaliar os padrões de processamento sensorial da criança no contexto da vida cotidiana, além de revelar como esses padrões apoiam e/ou interferem no desempenho funcional em casa, na escola e na comunidade
Inventário de comportamentos de crianças entre 1 1/2 e 5 anos – *Child Behavior Checklist* (CBCL)	18 meses a 5 anos	Escala utilizada para avaliar problemas comportamentais e sociais de crianças e adolescentes, preenchida pelos pais/responsáveis e com análise informatizada. Fornece subescalas para avaliar problemas de externalização e internalização
SRS-2 – Escala de responsividade social	Pré-escolar – 2 anos e meio a 4 anos e meio; Escolar – 4 a 18 anos; Adulto – autorrelato e heterorrelato – a partir de 18 anos	Escala destinada a mensurar sintomas associados ao transtorno do espectro autista, bem como a classificá-los em níveis leves, moderados ou severos
PROTEA R	24 a 60 meses	Instrumento interdisciplinar com o objetivo de rastrear a presença de comportamentos inerentes à sintomatologia do transtorno do espectro autista
NEPSY II	3 a 16 anos	Bateria neuropsicológica para avaliação do desenvolvimento neuropsicológico de crianças e adolescentes. Fornece medidas do desenvolvimento sensorimotor, linguagem, processamento visuoespacial, memória e aprendizagem, atenção/funções executivas e percepção social
SON-R 2 1/2-7	2 anos e meio a 7 anos	Teste utilizado para a avaliação geral do desenvolvimento e das habilidades cognitivas, por meio de quatro subtestes, que avaliam habilidades espaciais e visuomotoras e raciocínio abstrato e concreto. Os subtestes podem ser agrupados em dois tipos: testes de raciocínio (categorias e situações) e testes de execução com enfoque espacial e visuomotor (mosaicos e padrões)
Escala de maturidade mental Columbia 3	3 anos a 9 anos e 11 meses	Avalia a capacidade de raciocínio geral de crianças
TIME-R – Teste infantil de memória	3 a 6 anos e 11 meses	Teste que avalia os processos de memória de curto prazo nas fases iniciais do desenvolvimento, especialmente os seus componentes fonológicos e visuoespaciais, em crianças com queixas de atrasos no desenvolvimento, suspeita de transtornos do neurodesenvolvimento ou queixas de dificuldade escolares/pré-escolares. Utiliza seis subtestes que apresentam sequências variadas em relação à quantidade de estímulos (palavras e figuras) que devem ser memorizados pelo examinado
ABAS II – Escala de avaliação do comportamento adaptativo	0 a 89 anos	Avalia o comportamento adaptativo em 10 domínios: comunicação, uso comunitário, acadêmico funcional, vida doméstica, saúde e segurança, lazer, autocuidados, autodirecionamento, vida social
ADL 2 – Avaliação do desenvolvimento da linguagem	1 a 6 anos e 11 meses	Tem como objetivo avaliar o desenvolvimento da linguagem em crianças. É composta por duas escalas: linguagem compreensiva e linguagem expressiva, que possibilitam a avaliação de cada domínio da linguagem, de forma separada

Identificação de crianças em risco de desenvolver transtornos do neurodesenvolvimento

Anteriormente, já foram mencionados vários fatores de risco predisponentes ao TND. Contudo, os dados para identificar o papel de cada fator independente ainda são incipientes. Recentemente, dois fatores de risco têm atraído mais atenção da comunidade científica ao abordar os TND: a prematuridade e o baixo peso ao nascer. Conforme uma metanálise e revisão sistemática sobre o risco de TND em crianças nascidas a partir de várias técnicas de reprodução assistida, publicada em dezembro de 2020 no *Journal of Neurodevelopmental Disorders*, crianças com histórico de nascimento prematuro e baixo peso ao nascer estão em maior risco (Djuwantono et al., 2020). Além disso, de acordo com os autores desse estudo, TEA, TDI e paralisia cerebral são TND para os quais um risco elevado é observado em casos de histórico de nascimento prematuro ou baixo peso ao nascer.

Prevenção e intervenções no tempo adequado

A maioria dos TND não possui medidas preventivas precoces. No entanto, para transtornos hereditários e ambientais, receber cuidados pré-natais adequados aumenta a possibilidade de gerar uma criança saudável e a termo, com menor probabilidade de problemas neurológicos. A escolha de opções saudáveis durante a gravidez e o desenvolvimento de hábitos saudáveis antes da concepção podem melhorar as chances de uma mãe dar ao seu lactente não nascido um começo saudável e proporcionar-lhe uma sensação maior de tranquilidade (Keller, 2019).

A modernização da sociedade traz consigo novas demandas e expectativas, que também se refletem no contexto do desenvolvimento infantil. É fundamental reconhecer que o desenvolvimento humano é um processo contínuo e dinâmico, caracterizado por uma série de mudanças que abrangem aspectos culturais, regionais, bem como transformações físicas, emocionais e mentais, que ocorrem de maneira sequencial e interconectada. Cada fase subsequente de desenvolvimento emerge a partir dos alicerces estabelecidos nas fases anteriores, criando um contínuo de crescimento e aprendizado. Nesse contexto, o desenvolvimento se manifesta quando uma criança consegue adquirir habilidades e competências distintas em áreas como movimento, linguagem, raciocínio e habilidades interpessoais. Esse processo dinâmico é responsável por conduzir a transição de um indivíduo inicialmente dependente para um ser progressivamente autônomo e independente. A formação desse ser ocorre de maneira gradual e é influenciada tanto por características intrínsecas, como aptidões naturais, quanto por fatores ambientais e contextuais aos quais a criança está exposta (Assumpção; Kuczynski, 2023).

O êxito em alcançar um desenvolvimento integral e maximizado resulta em um adulto que é competente tanto do ponto de vista biológico quanto social. Esse adulto é capacitado para enfrentar e resolver os desafios que a vida apresenta, adaptando-se às demandas da sociedade moderna. Portanto, compreender e apoiar o desenvolvimento infantil é de fundamental importância para criar adultos capazes de contribuir positivamente para o mundo em constante evolução (Assumpção; Kuczynski, 2023).

Referências bibliográficas

ALLEN, K. A. et al. Test of gross motor development-3 (TGMD-3) with the use of visual supports for children with autism spectrum disorder: Validity and reliability. Journal of autism and developmental disorders, v. 47, p. 813-833, 2017.

AMERICAN PSYCHOLOGICAL ASSOCIATION. Understanding psychotherapy and how it works. American Psychological Association. Washington, DC, 2012. Disponível em: https://www.apa.org/topics/psychotherapy/understanding.

ASSUMPÇÃO JÚNIOR, F. B.; KUCZYNSKI, E; ASSUMPÇÃO, T. M. Tratado de psiquiatria da infância e da adolescência. 4. ed. São Paulo: Atheneu, 2023.

BAILLARGEON, R. Object permanence in 31/2- and 41/2-month-old infants. Developmental psychology, v. 23, n. 5, p. 655-664, 1987.

BALL, G. et al. Thalamocortical connectivity predicts cognition in children born preterm. Cerebral cortex, v. 25, n. 11, p. 4310-4318, 2015.

BEGEER, S. et al. Using theory of mind to represent and take part in social interactions: Comparing individuals with high-functioning autism and typically developing controls. European Journal of Developmental Psychology, v. 7, p. 104-122, 2010.

BERGMAN, K. et al. Maternal prenatal cortisol and infant cognitive development: Moderation by infant-mother attachment. Biological Psychiatry, v. 67, p. 1026-1032, 2010.

BIBRING, G. Some considerations of the psychological processes in pregnancy. The psychoanalytic study of the child, v. 14, n. 1, p. 113-121, 1959.

BISHOP, S. L. et al. Identification of developmental and behavioral markers associated with genetic abnormalities in autism spectrum disorder. American Journal of Psychiatry, v. 174, n. 6, p. 576-585, 2017.

BRÜNE, M.; BRÜNE-COHRS, U. (2006). Theory of mind–evolution, ontogeny, brain mechanisms and psychopathology. Neuroscience & Biobehavioral Reviews. v. 30, n. 4, p. 437-455, 2006.

BYSTRON, I. et al. The first neurons of the human cerebral cortex. Nature neuroscience, v. 9, n. 7, p. 880-886, 2006.

CAVINESS JR, V. S. et al. The developing human brain: A morphometric profile. In: THATCHER, R. W. et al. (ed.). Developmental neuroimaging: mapping the development of brain and behavior. San Diego: Academic Press, 1996, p. 3-14.

CHEN, B. et al. (ed.). Neurodevelopmental disorders: comprehensive developmental neuroscience. Elsevier Science, 2020.

COLLIN, G.; VAN DER HEUVEL, M. P. The ontogeny of the human connectome: development and dynamic changes of brain connectivity across the life span. The Neuroscientist, v. 19, n. 6, p. 616-628, 2013.

COLMAN, A. D.; COLMAN, L. L. Pregnancy: The psychological experience. Pennsylvania State University: Herder & Herder, 1971.

DAVIS, E. P.; SANDMAN, C. A. The timing of prenatal exposure to maternal cortisol and psychosocial stress is associated with human infant cognitive development. Child development, v. 81, n. 1, p. 131-148, 2010.

DJUWANTONO, T. et al. Risk of neurodevelopmental disorders in children born from different art treatments: a systematic review and meta-analysis. Journal of neurodevelopmental disorders, v. 12, p. 1-12, 2020.

DOHERTY, M. J. Theory of mind: How children understand others' thoughts and feelings. New York: Psychology Press, 2008.

DONALD, D. R. et al. Educational psychology in social context: Ecosystemic applications in southern Africa. Southern Africa: Oxford University Press, 2020.

EGETH, M.; KURZBAN, R. Representing metarepresentations: Is there theory of mind-specific cognition? Consciousness and cognition, v. 18, n. 1, p. 244-254, 2009.

EINSPIELER, C.; PRAYER, D.; PRECHTL, H. Fetal behaviour: A neurodevelopmental approach. London: Mac Keith Press, 2012.

FALCK, S. The psychology of intelligence. Londond: Routledge, 2020.

FOURNIER, K. A. et al. Motor coordination in autism spectrum disorders: A synthesis and meta-analysis. Journal of autism and developmental disorders, v. 40, p. 1227-1240, 2010.

FRANÇA, E. B. et al. Leading causes of child mortality in Brazil, in 1990 and 2015: estimates from the Global Burden of Disease study. Revista brasileira de Epidemiologia, v. 20, p. 46-60, 2017.

GIBBINS, S. et al. The universe of developmental care: a new conceptual model for application in the neonatal intensive care unit. Advances in Neonatal Care, v. 8, n. 3, p. 141-147, 2008.

GRANT, K.-A. et al. (2010b). Maternal sensitivity moderates the impact of prenatal anxiety disorder on infant responses to the still-face procedure. Infant Behavior and Development, v. 33, n. 4, p. 453-462, 2010.

HUITT, W.; HUMMEL, J. Piaget's theory of cognitive development. Educational Psychology Interactive, v. 3, n. 2, p. 1-5, 2003.

IVERSON, J. M. Developing language in a developing body: The relationship between Motor Development and Language Development. Journal of Child Language, v. 37, n. 2, p. 229-261, 2010.

JENKINS, J. M. et al. A longitudinal investigation of the dynamics of mental state talk in families. Child Development, v. 74, n. 3, p. 905-920, 2003.

ST JOHN, T. et al. Emerging executive functioning and motor development in infants at high and low risk for autism spectrum disorder. Frontiers in Psychology, v. 7, p. 203981, 2016.

KELLER, A. Handbook of neurodevelopmental disorders. New York: American Medical Publishers, 2022.

KELLER, A. Neurodevelopmental disorders: Advanced research and clinical care. New York: Foster Academics, 2019.

KENNER, C.; LOTT, J. W. Comprehensive neonatal care: an interdisciplinary approach. Saunders Elsevier, 2007.

KIZILDERE, E. et al. A multidimensional investigation of pretend play and language competence: Concurrent and longitudinal relations in preschoolers. Cognitive Development, v. 54, p. 100870, 2020.

KUMAR, R. et al. Emerging trends in the diagnosis and intervention of neurodevelopmental disorders. IGI Global. 2018.

LEAL, M. D. et al. Prevalence and risk factors related to preterm birth in Brazil. Reproductive health, v. 13, p. 163-174, 2016.

LEBARTON, E. S.; IVERSON, J. M. Associations between gross motor and communicative development in at-risk infants. Infant Behavior and Development, v. 44, p. 59-67, 2016.

LEHMAN, D. R.; NISBETT, R. E. A longitudinal study of the effects of undergraduate training on reasoning. Developmental Psychology, v. 26, n. 6, p. 952-960, 1990.

LESLIE, A. M.; FRIEDMAN, O.; GERMAN, T. P. 'Core mechanisms in "theory of mind"'. Trends in cognitive sciences, v. 8, n. 12, p. 528-533, 2004.

LIDDLE, B.; NETTLE, D. Higher-order theory of mind and social competence in school-Age children. Journal of Cultural and Evolutionary Psychology, v. 4, n. 3-4, p. 231-244, 2006.

MIRANDA, M. C.; MUSKAT, M.; MELLO, C. B. Neuropsicologia do desenvolvimento: transtornos no neurodesenvolvimento. Rio de Janeiro: Rubio; 2013.

MOESCHLER, J. B.; SHEVELL, M.; Committee on Genetics. Comprehensive evaluation of the child with intellectual disability or global developmental delays. Pediatrics, v. 134, n. 3, p. e903-e918, 2014.

MULLEN, E. Mullen scales of early learning. Circle Pines, MN: AGS, 1995.

NARDI, A. E.; SILVA, A. G.; QUEVEDO, J. Tratado de Psiquiatria da Associação Brasileira de Psiquiatria. Porto Alegre: Artmed, 2022.

NEWCOMBE, N. S. Cognitive development: changing views of cognitive change. WIREs Cognitive Science, v. 4, n. 5, p. 479-491, 2013.

NICHOLLS, C. J. Neurodevelopmental disorders in children and adolescents: A guide to evaluation and treatment. Routledge, 2018.

O'HEARN, K. et al. Neurodevelopment and executive function in autism. Development and Psychopathology, v. 20, n. 4, p. 1103, 2008.

ORGANIZAÇÃO MUNDIAL DE SAÚDE (OMS). Survive and thrive: transforming care for every small and sick newborn. [s. l.]: World Health Organization, 2018. Disponível em: https://www.who.int/publications/i/item/9789241515887.

OWENS, R. E. Language development: an introduction 10th. ed. Pearson, 2019.

PAPADOPOULOS, N. et al. Motor proficiency and emotional/behavioural disturbance in autism and asperger's disorder: Another piece of the neurological puzzle? Autism, v. 16, n. 6, p. 627-640, 2011.

PAPALIA, D. E; MARTORELL, G. Desenvolvimento humano. 14. ed. Porto Alegre: Artmed, 2022.

PARKE, R. D.; GAUVAIN, M.; SCHMUCKLER, M. A. Child psychology: A contemporary viewpoint. New York: McGraw-Hill Ryerson, 2010.

PAULUS, F. W. et al. Emotional dysregulation in children and adolescents with psychiatric disorders. A narrative review. Frontiers in psychiatry, v. 12, p. 628252, 2021.

PEARS, K. C.; FISHER, P. A. Emotion understanding and theory of mind among maltreated children in foster care: Evidence of deficits. Development and psychopathology, v. 17, n. 1, p. 47-65, 2005.

PEDERSEN, F. A. et al. Prenatal maternal reactivity to infant cries predicts postnatal perceptions of infant temperament and marriage appraisal. Child Development, v. 67, n. 1, p. 2541-2552, 1996.

PETTY, K. Developmental milestones of young children. Estados Unidos: Redleaf Press, 2015.

PIAGET, J. Epistemology and psychology of functions. Boston: Reidel, 1977.

PIPER, M. C.; DARRAH, J. Motor assessment of the developing infant: Alberta Infant Motor Scale (aims). Elsevier, 2022.

QURESHI, A. W.; APPERLY, I. A.; SAMSON, D. Executive function is necessary for perspective selection, not level-1 visual perspective calculation: Evidence from a dual-task study of adults. Cognition, v. 117, n. 2, p. 230-236, 2010.

RIEFFE, C.; TERWOGT, M. M.; COWAN, R. Children's understanding of mental states as causes of emotions. Infant and Child Development, v. 14, n. 3, p. 259-272, 2005.

ROAN, C.; BELL, A. Occupational therapy in the neonatal intensive care unit for a neonate with perinatal stroke: A case report. Physical & occupational therapy in pediatrics, v. 37, n. 3, p. 283-291, 2017.

ROCK, K. D.; PATISAUL, H. B. Environmental mechanisms of neurodevelopmental toxicity. Current environmental health reports, v. 5, p. 145-157, 2018.

ROSENBAUM, R. S. et al. Theory of mind is independent of episodic memory. Science, v. 318, n. 5854, p. 1257-1257, 2007.

SCOTT, J. Early developmental milestones: A tool for observing & measuring a child's development: Ages 2 1/2 to 6 1/2 years. Greenville: Super Duper Publications, 2004.

SILVA, D. R. O. D. et al. Influence of speech-language therapy on P300 outcome in patients with language disorders: a meta-analysis. Brazilian journal of otorhinolaryngology, v. 85, n. 4, p. 510-519, 2019.

STOREY, A. E. et al. Hormonal correlates of paternal responsiveness in new and expectant fathers. Evolution and Human Behavior, v. 21, n. 2, p. 79-95, 2000.

SU, Y. J.; LIU, Y. C. Parent-child communications and children's theory of mind development: Cultural perspectives. Advances in Psychological Science, v. 20, n. 3, p. 317-327, 2013.

TOMPKINS, V. Relations between the Home Literacy Environment and Young Children's theory of mind. Cognitive Development, v. 62, p. 101179, 2022.

TUCKER, D.; LUU, P. Cognition and neural development. Oxford University Press, USA, 2012.

VALENTINI, N. C. et al. Early Detection of cognitive, language, and motor delays for low-income preterm infants: a brazilian cohort longitudinal study on infant neurodevelopment and maternal practice. Frontiers in psychology, v. 12, p. 753551, 2021.

WEERTH, C.; VAN HEES, Y.; BUITELAAR, J. K. Prenatal maternal cortisol levels and infant behavior during the first 5 months. Early Human Development, v. 74, p. 139-151, 2003.

WELLS, S. Early developmental stages: Newborn to toddler: step by step stages of your baby's psychological development. Aidie London, 2018.

WILKS, T.; GERBER, R. J.; ERDIE-LALENA, C. Developmental milestones: Cognitive development. Pediatrics in Review, v. 31, n. 9, p. 364-367, 2010.

WINNICOT, D. Primary maternal preoccupation. In: Winnicot, D. Collected Papers: Through pediatrics to psycho-analysis. London: Tavistock, 1958.

ZABLOTSKY, B. et al. Prevalence and trends of developmental disabilities among children in the US: 2009-2017. Pediatrics, v. 144, n. 4, e20190811, 2019.

7 Conceitos de Inteligência e Avaliação Neuropsicológica de Altas Habilidades

Rauni Jandé Roama Alves • Tatiana de Cassia Nakano

Inteligência: histórico e compreensões

O conceito de inteligência se confunde com a história de avaliação psicológica, visto que as teorias sobre esse construto se desenvolveram em conjunto com experimentos e ferramentas para sua avaliação (Segabinazi; Zamo, 2016). A inteligência tem sido intensamente estudada nas últimas décadas, compreendida em termos de diferenças individuais, habilidades cognitivas e aptidões (Yekovich, 1994), dado seu impacto em resultados em diferentes âmbitos, incluindo realização acadêmica, anos de escolarização, desempenho laboral, renda e comportamentos relacionados à saúde (Caemmerer; Zeith; Reynolds, 2020). Esse construto pode ser definido como a capacidade do indivíduo de processar informações, produzir respostas úteis e adequadas aos estímulos recebidos, capacidade de compreender ideias complexas e adaptar-se ao meio (Valentini et al., 2022).

Dada sua relevância, diferentes modelos teóricos têm sido desenvolvidos para explicar esse construto; os principais são focados na abordagem psicométrica, os quais visam catalogar as diferentes habilidades que compõem a inteligência, e que serão apresentados neste texto. As diferenças individuais na inteligência são foco de interesse dos modelos psicométricos, cujos objetivos se baseiam na investigação de quais e quantas são as capacidades cognitivas que compõem a inteligência, ou seja, sua estrutura e definição (Primi; Nakano, 2015).

Um dos primeiros modelos explicativos foi desenvolvido por Spearman, o qual propôs que a inteligência seria uma capacidade intelectual geral e que as pessoas que a detinham em nível mais desenvolvido também teriam outras habilidades intelectuais elevadas (Schelini, 2021). Essa capacidade foi chamada de fator geral da inteligência (fator g), um importante marco na corrente psicométrica, embasando o chamado quociente de inteligência (QI). Esse modelo considera que as habilidades cognitivas podem ser interpretadas como uma dimensão única, a qual engloba processos cognitivos comuns aos diferentes tipos de atividades mentais (Primi et al., 2023).

Posteriormente, essa capacidade única foi questionada por Cattell e Horn, de modo a dar origem à teoria "Gf-Gc", que especifica a existência de dois fatores amplos: inteligência fluida e inteligência cristalizada, argumentando que a inteligência seria um construto latente dividido em dois componentes (Primi; Nakano, 2015). Nele, a inteligência fluida é entendida como um potencial que representa a capacidade de raciocinar e resolver problemas e situações novas ou desconhecidas, para as quais não há conhecimento ou respostas prontas, armazenadas na memória (Jesus Junior et al., 2020). Envolve o uso de operações mentais que incluem formação de conceitos, inferências, classificação, geração e avaliação de hipóteses, identificação de relações, compreensão de implicações, extrapolação e transformação da informação (McGrew, 2009), por meio de habilidades não verbais e culturalmente independentes, estando relacionada ao potencial para aprender.

Já a inteligência cristalizada envolve riqueza, amplitude e profundidade do conhecimento adquirido ao longo da vida, relacionando-se a fatores culturais e educacionais, da experiência acumulada de outras pessoas e do conhecimento transmitido de geração para geração, via escolarização formal e informal (Primi et al., 2023). Mais comumente conhecido como "raciocínio matemático", conhecimento acumulado, informação geral e vocabulário (Ávila; Rincón, 2018). Tal habilidade é considerada a base potencial para aprendizagem, visto que envolve a resolução de problemas por meio do uso de estoque acumulado de conhecimentos ou estratégias aprendidas no passado (Primi et al., 2023).

Posteriormente, Carroll estabeleceu um modelo que considera a inteligência como multidimensional, caracterizada não só por um fator geral, mas também por capacidades gerais e específicas (Schelini, 2021). O autor desenvolveu a teoria dos três estratos da inteligência, utilizando-se de técnicas estatísticas, especialmente a análise fatorial, para melhor definir e compreender esse construto (Segabinazi; Zamo, 2016). Devido à semelhança entre os modelos de Cattel, Caroll e Horn, o modelo foi revisto e ampliado, sendo conhecido como Cattell-Horn-Carrol (CHC) e, atualmente, é o modelo mais aceito (McGrew et al., 2023). Dado o seu reconhecimento, esse modelo tem influenciado as teorias psicométricas de inteligência, o desenvolvimento de testes, pesquisa e práticas interpretativas (McGrew, 2023), sendo considerada, pelos pesquisadores da área, como uma das mais completas descrições da inteligência disponíveis, e, consequentemente, tomada como uma taxonomia e nomenclatura padrão no entendimento do construto (Primi et al., 2023).

Tal modelo compreende a inteligência como uma habilidade hierárquica e que envolve três níveis. No primeiro nível haveria um fator geral de inteligência, o qual é capaz de prever importantes resultados educacionais e profissionais. No segundo estrato haveria habilidades amplas e, no terceiro, habilidades específicas, relacionadas às habilidades amplas (Schneider; McGrew, 2018). O movimento do nível mais alto (fator g) em direção ao nível mais baixo (habilidades específicas), indica uma especialização das habilidades cognitivas (Primi *et al.*, 2023). A Tabela 7.1 apresenta as habilidades amplas do modelo, que basicamente são os construtos da inteligência que o compõem.

Apesar da diversidade de habilidades amplas, é importante ressaltar que somente parte dessas capacidades amplas são avaliadas nos testes de inteligência, especialmente a inteligência fluida e a cristalizada, o processamento visual e a velocidade de processamento (Primi *et al.*, 2023). Nesse sentido, segundo McGrew (2023), ainda são necessárias pesquisas para melhor mapear e compreender os domínios relativamente novos ou menos pesquisados do modelo CHC, os quais incluem: inteligência emocional (Ge), habilidades olfatórias (Go), habilidades táteis (Gh), habilidades cinestésicas (Gk), habilidades psicomotoras (Gp) e velocidade psicomotora (Gps), praticamente ausentes nas baterias de avaliação da inteligência.

Convém destacar, no entanto, que o modelo CHC permite a compreensão do perfil intelectual do indivíduo em termos de facilidades e dificuldades. Fornece informações importantes para a elaboração de um plano de intervenção eficaz, incluindo seu uso no contexto escolar e na identificação de habilidades que podem estar prejudicando a aprendizagem (Schelini, 2021).

Além do modelo CHC, convém citar outro modelo amplamente reconhecido na temática, o qual foi desenvolvido por Gardner (1993). O autor propôs a teoria das inteligências múltiplas, na qual afirma a existência de dez tipos de inteligência relativamente independentes: lógico-matemática, linguística, musical, espacial, corporal-cinestésica,

Tabela 7.1 Habilidades amplas do modelo CHC de inteligência.

Categorias	Habilidade	Definição
Capacidades gerais	Gf	Capacidade de raciocinar e resolver problemas usando informações desconhecidas ou procedimentos novos que não podem ser executados automaticamente
	Gsm	Capacidade de codificar, manter e transformar a informação na memória imediata
	Gl	Habilidade de estocar informações e fortalecer seu registro na memória, de modo a recuperá-la posteriormente
	Ge	Capacidade de percepção de expressões emocionais
	Gr	Envolve fluidez e diversidade de ideias ao se recuperar, por associação, informações armazenadas na memória de longo prazo
	Gwm	Capacidade de direcionar o foco da atenção para executar manipulações, combinações e transformações das informações na memória de curto e de longo prazo
	Gs	Habilidade de realizar tarefas cognitivas simples e repetitivas, de forma rápida e fluente
	Gt	Definida como a habilidade de reagir, tomar decisões e realizar julgamentos em tarefas complexas
	Gps	Velocidade e fluidez com que os movimentos do corpo podem ser realizados
Conhecimento	Grw	Inclui os conhecimentos relacionados à amplitude e à profundidade relacionados com a linguagem escrita
	Gq	Definido como amplitude e profundidade do conhecimento relacionado com a matemática
	Gkn	Envolve profundidade, amplitude e domínio de um tipo de conhecimento especializado, adquiridos por meio de demandas profissionais, *hobby* e outros tipos de interesse
	Gc	Extensão e profundidade de domínio de conhecimentos e comportamentos valorizados em determinada cultura. Envolve o conhecimento de fatos, ideias e conceitos, bem como a capacidade de raciocinar fazendo uso de procedimentos aprendidos previamente
Sensorimotora	Gv	Habilidade de gerar, perceber, armazenar, analisar, manipular e transformar imagens visuais como parte da solução de problemas
	Go	Capacidade de detectar e processar informações relacionadas com odores e sistema olfatório, atribuindo significado a eles
	Ga	Habilidade de detectar processos que envolvem informação não verbal, sob a forma de som
	Gk	Capacidade de detectar e processar informações que envolvem sensações prioperceptivas (posição dos membros e movimentos musculares)
	Gp	Garante a execução de movimentos corporais e físicos, incluindo força, coordenação, destreza, pontaria, equilíbrio e estabilidade
	Gh	Detectar e processar informações relacionadas com sensações táteis, ou seja, interpretação das sensações que envolvem o tato

CHC: modelo Cattell-Horn-Carrol; Ga: processamento auditivo; Gc: inteligência cristalizada; Ge: inteligência emocional; Gf: inteligência fluida; Gh: habilidade tátil; Gk: habilidade cinestésica; Gkn: conhecimento de domínios específicos; Gl: eficiência de aprendizagem; Go: habilidade olfatória; Gp: habilidade psicomotora; Gps: velocidade psicomotora; Gq: conhecimento quantitativo; Gr: fluência de recuperação; Grw: leitura e escrita; Gs: velocidade de processamento; Gsm: memória de armazenamento; Gt: velocidade de decisão; Gv: processamento visual; Gwm: memória de curto prazo. (Fonte: Campos; Zaia; Primi, 2019; Primi; Nakano, 2015.)

interpessoal, intrapessoal, naturalística, existencial e espiritual (Almeida *et al.*, 2009). Um detalhamento de cada tipo de inteligência é apresentado na Tabela 7.2.

O modelo das inteligências múltiplas compreende esse construto como um potencial biopsicológico, o qual pode ser influenciado pela experiência, pela cultura e por fatores motivacionais, o que definiu esse construto como a capacidade de resolver problemas e criar produtos socialmente valorizados. Cada tipo de inteligência é considerado independente, de forma que o sujeito pode apresentar diferentes níveis em cada um deles (Albino; Barros, 2021). Na prática, ressalta-se que tal teoria apresenta escassez em dados que assegurem seu suporte empírico (Almeida *et al.*, 2009).

Apesar disso, tal teoria foi recebida de forma positiva, especialmente por pais e educadores, visto que reconhecia que as crianças apresentam capacidades únicas e diversas, de modo a confirmar que elas aprendem de formas diferentes (Visser; Ashton; Vernon, 2006). Segundo os autores, a teoria das inteligências múltiplas defendia a ideia de que uma criança que apresenta baixo desempenho em matemática e leitura, por exemplo, poderia ser bem-sucedida em outras áreas, como música, arte ou geografia. Assim, todos seriam considerados inteligentes de alguma forma.

A avaliação cognitiva, indiferentemente do modelo teórico adotado, também se mostra importante na compreensão de indivíduos que apresentam habilidades consideradas fora do esperado, incluindo-se aqueles que apresentam um rebaixamento cognitivo a ponto de caracterizar uma deficiência intelectual ou uma habilidade elevada correspondente à uma alta habilidade/superdotação (Schelini, 2021). O tópico a seguir vai focar nessa segunda condição.

Inteligência no contexto das altas habilidades/superdotação

A alta habilidade/superdotação (AH/SD) é compreendida como um alto potencial, combinado ou isolado, nas áreas intelectual, acadêmica, de liderança e psicomotricidade, além de manifestar uma elevada criatividade, um alto envolvimento com a aprendizagem e, também, com a realização de tarefas de seu interesse (Brasil, 2010). Tal definição tem guiado as políticas públicas brasileiras, de forma a reconhecer tal fenômeno dentro de uma compreensão multidimensional.

Ao revisar a temática, veremos que a inteligência foi tomada, durante muito tempo, como sinônimo de superdotação, sendo avaliada por meio de testes de inteligência e desempenho acadêmico (Nakano; Campos, 2019). Mais comumente, o critério mais amplamente utilizado para identificação das AH/SD envolve o resultado, em teste de inteligência, igual ou maior do que dois desvios-padrões acima da média normativa (McIntosh; Dixon; Pierson, 2018). É importante esclarecer que o potencial elevado na área relacionada com a capacidade intelectual geral é somente um dos tipos de superdotação. Qualquer outra área do desenvolvimento marcada pela presença de um potencial elevado também é considerada AH/SD (p. ex., criativa, psicomotora, liderança). Dado o fato de que o capítulo foca no construto da inteligência, esse tipo de AH/SD será aprofundado adiante.

Entre as principais características da superdotação acadêmica, a literatura tem enfatizado (Nakano, 2021):

- Presença de flexibilidade
- Fluência de pensamento
- Alta capacidade de pensamento abstrato, fazer associações e resolver problemas
- Velocidade de processamento em destaque
- Capacidade de compreensão
- Memória elevada, habilidade verbal e raciocínio bem desenvolvido – inclui a manifestação de potencial elevado em domínios relacionados às realizações intelectuais (Stricker *et al.*, 2019).

A partir da avaliação das AH/SD, busca-se identificar aqueles indivíduos que apresentam algum tipo de habilidade acima da média (ou mais de um tipo), não só com o objetivo

Tabela 7.2 Inteligências múltiplas.

Tipo de inteligência	Definição
Linguística	Envolve competências relacionadas ao uso da linguagem, a capacidade oral, escrita, narrativa e poesia
Lógico-matemática	Descreve a capacidade de pensamento lógico, detectar padrões, fazer cálculos e resolver problemas abstratos que exigem conhecimento de números e lógica
Musical	Permite a produção, compreensão e identificação de diferentes tipos de som, bem como o reconhecimento de padrões associados ao tom, melodias e ritmo
Espacial	Relacionada à percepção visual e espacial, intepretação de padrões, movimentos e criação de imagens visuais e pictóricas
Corporal-cinestésica	Capacidade de usar o corpo de forma diferenciada, controlar os movimentos corporais, envolvendo coordenação e expressão corporal
Interpessoal	Capacidade de reconhecer e compreender desejos, sentimentos motivações e intenções de outras pessoas, incluindo a capacidade de relacionamento com outros
Intrapessoal	Capacidade de compreender seus próprios sentimentos, motivações e desejos, controlar suas atitudes de emoções
Naturalista	Capacidade para classificar e reconhecer espécies no seu ambiente
Espiritual	Aptidão para lidar com conceitos abstratos e estados de consciência individuais
Existencial	Capacidade para questionar e localizar aspectos importantes da condição humana

Fonte: Gardner *apud* Albino; Barros, 2021; Almeida *et al.*, 2009.

de traçar um diagnóstico, mas, principalmente, possibilitar atendimento diferenciado de modo a favorecer o desenvolvimento adequado desse potencial (Sabatella, 2008). Dessa forma, a avaliação da AH/SD se mostra eficaz na confirmação do quadro, na descrição do perfil psicológico do indivíduo, no fomento ao desenvolvimento de suas potencialidades, no oferecimento de suporte nas fragilidades relacionadas ao desenvolvimento e ao comportamento, bem como auxiliar na decisão acerca das medidas educativas mais adequadas ao sujeito (Almeida et al., 2016). Esse último ponto revela-se como um dos mais importantes no processo de identificação. Isso porque, a avaliação não deve ser encerrada no diagnóstico, e sim incluir também acompanhamento e análise dos efeitos dos programas de intervenção oferecidos ao sujeito após a confirmação da alta habilidade/superdotação (Nakano; Campos, 2019).

A neuropsicologia, como área de especialidade do psicólogo no Brasil, tem auxiliado nesses processos. Especificamente a avaliação neuropsicológica tem se consolidado como uma grande área de atuação sobre as AH/SD. Em sua atuação profissional reconhece e utiliza princípios da área da inteligência a fim de identificar a condição, além de proporcionar a descrição de programas de intervenção. Contudo, é interessante que as áreas das AH/SD e da neuropsicologia apresentem ainda mais integração teórica e científica. Nos próximos tópicos essa integração será abordada.

Avaliação intelectual e sua importância na avaliação neuropsicológica

A avaliação da inteligência desempenha um papel fundamental na avaliação neuropsicológica, pois fornece *insights* valiosos sobre o funcionamento cognitivo de um indivíduo. Uma das ferramentas mais comumente utilizadas nesse contexto é o teste de QI, com as escalas de inteligência Wechsler, no Brasil, consideradas "padrão-ouro" (Meyer; Figueiredo, 2017). O uso de testes desse tipo favorece a avaliação de critérios diagnósticos para condições como o transtorno do desenvolvimento intelectual (TDI), e não menos importante, podem auxiliar na identificação das AH/SD, como visto no tópico anterior.

Os testes de QI são projetados para avaliar diversas áreas cognitivas, como raciocínio verbal, raciocínio matemático, memória operacional, habilidades visuoespaciais e muito mais. Auxiliam neuropsicólogos a identificarem possíveis déficits ou habilidades acima da média em âmbitos cognitivos e, de maneira colateral, auxiliam no diagnóstico de condições neuropsicológicas, como as duas citadas antes. O conhecimento de tais diagnósticos favorece o acesso a políticas públicas e à elaboração de planos de tratamento e intervenções personalizadas, que quanto mais cedo forem realizados, melhor será o prognóstico (Guralnick, 2017).

No entanto, ressalta-se que a avaliação da inteligência, que é um construto complexo, não deve se limitar apenas à medida do QI. Por exemplo, para a confirmação de casos de DI e AH/SD os neuropsicólogos devem lançar mão de uma variedade de outros testes e técnicas de avaliação comportamental, como a observação clínica/qualitativa, a fim de compreender se o perfil impacta de fato o funcionamento social do avaliado (Francis; Hawes; Abbott, 2016; Tassé; Luckasson; Schalock, 2016). Nesse quesito, é comum também se seguir princípios multimétodos, nos quais serão obtidas várias fontes de informações que serão confrontadas e auxiliarão na decisão diagnóstica de forma mais concreta (Valentini et al., 2022).

Assim, é importante notar que a avaliação da inteligência não se limita apenas à aplicação de testes de inteligência, mas também considera fatores emocionais, sociais e culturais que podem influenciar o desempenho nos testes. Os neuropsicólogos estão cientes da importância de levar em conta a diversidade cultural e a sensibilidade cultural ao realizar avaliações de inteligência. Isso garante que os resultados sejam interpretados de maneira precisa e justa, levando em consideração as possibilidades de diferenças interindividuais (Hazin et al., 2018).

Além disso, a avaliação da inteligência na avaliação neuropsicológica também pode ser usada para monitorar o progresso ao longo do tempo. Isso é especialmente importante no tratamento de condições, como DI e AH/SD, em que a cognição do paciente pode mudar ao longo do tempo. A reavaliação periódica da inteligência pode ajudar os profissionais de saúde a ajustarem os planos de tratamento e oferecerem suporte adequado de modo contínuo (Malloy-Diniz et al., 2018).

É sabido que a avaliação da inteligência desempenha um papel crucial na avaliação neuropsicológica, fornecendo informações valiosas sobre o funcionamento cognitivo de um indivíduo e ajudando no diagnóstico e no tratamento de condições neurológicas. Porém, é notável que existe uma lacuna, principalmente teórica, entre as definições e as aplicabilidades dos construtos neuropsicológicos e da área da inteligência.

Relações entre inteligência e neuropsicologia

Por mais relacionados que pareçam ser os instrumentos e conceitos entre inteligência e neuropsicologia na prática profissional do psicólogo, por vezes, apresentam desenvolvimentos teóricos e científicos diferenciados. Suas relações práticas são reforçadas por escritos de Lezak, Howieson e Loring (2004), que afirmaram que a avaliação neuropsicológica do comportamento tem sido tradicionalmente vista ou organizada usando um esquema tridimensional. Tal estrutura inclui o foco explícito em um componente intelectual e dois componentes não intelectuais, motivação e funções executivas (ou seja, a capacidade de iniciar e realizar atividades direcionadas a objetivos).

Porém, em âmbitos teóricos, há poucas descrições na literatura sobre suas relações. Provavelmente essa independência deveu-se aos estudos sobre inteligência apresentarem pouca preocupação clínica. É comum pesquisas psicométricas dessa área visarem a um número cada vez maior de participantes da população geral – que de fato não é uma problemática quando pensada a via nomotética – mas, infelizmente, preocuparem-se pouco, por exemplo, com grupos diagnósticos como da DI ou das AH/SD (Hoelzle, 2008).

Por sua vez, em neuropsicologia uma boa avaliação visa identificar déficits sutis, em oposição aos facilmente observados (p. ex., afasia de Broca) – dado esse que reconhece consistentemente o valor de uma avaliação idiográfica. É essencial que os clínicos considerem o grupo de comparação mais apropriado ao interpretar os déficits cognitivos. Por exemplo, considere o desempenho de um indivíduo com DI em uma tarefa visuoespacial. Seus resultados podem ser interpretados de maneiras bastante diferentes, dependendo do grupo de referência selecionado pelo clínico. Com relação a uma amostra normativa, o desempenho pode ser gravemente comprometido, mas quando comparado a um grupo de indivíduos com habilidades gerais semelhantes ou ao próprio nível de habilidade, o desempenho pode ser visto como acima da média (Strauss; Sherman; Spreen, 2006). Esses dados são muito relevantes clinicamente para serem pensadas as intervenções e não somente o diagnóstico.

Há uma variabilidade na gama de funções cognitivas avaliadas por medidas e tarefas neuropsicológicas que devem ser descritas a fim de serem estimuladas, tanto na DI como nas AH/SD, tanto quando em déficits como quando acima da média. Os instrumentos que compõem uma bateria neuropsicológica incluem instrumentos que avaliam uma função específica (p. ex., funções motoras), enquanto outros fornecem dados relacionados a múltiplas funções (p. ex., aprendizado e memória). Por sua vez, testes de inteligência buscam uma medida geral ou diversas medidas que possam explicar tal construto, e é apenas um dos construtos a serem avaliados.

Além disso, há uma presença de teorias neuropsicológicas que subjazem o desenvolvimento de seus testes desde o princípio de suas produções. Por exemplo, o modelo clássico de Luria (*apud* Glozman; Nemeth, 2020) incluía três unidades funcionais. A primeira unidade é responsável pela atenção e pelo estado de alerta; a segunda, processa material de forma simultânea ou sucessiva; e a unidade restante é instrumental na avaliação e no planejamento de funções cognitivas. Tais teorias subjacentes são menos comuns à área da inteligência.

Com relação ao desenvolvimento da inteligência, Taylor (1994) sugeriu que, na maioria das vezes, são os modelos de abordagens psicométricas que o define. Seriam os mais clássicos e buscam avaliar o desempenho de um indivíduo ao longo de uma ou mais dimensões que compõem a estrutura fundamental da inteligência. Flanagan, McGrew e Ortiz (2000) consideram essa abordagem como a mais empiricamente respaldada. Além disso, eles afirmam que as teorias psicométricas produziram inúmeros instrumentos eficientes e práticos. Contudo, a crítica a tais modelos é a de que esses conceitos são orientados por dados e nem tanto por teorias, o que pode torná-los excessivamente sensíveis a decisões metodológicas arbitrárias, por exemplo, decisões relacionadas à retenção de fatores e ao método de rotação (Taylor, 1994).

Todavia, muitas novas medidas de inteligência amplas ou revisadas têm sido desenvolvidas, como a CHC, que tem apresentado maior utilidade clínica em razão de suas diversas habilidades avaliativas propostas. Dada a prevalência da teoria CHC em novas baterias de inteligência, será vantajoso para os neuropsicólogos entenderem como os instrumentos neuropsicológicos usados com frequência se encaixam com esse modelo. Esse conhecimento promoveria uma síntese e uma interpretação mais precisas dos dados coletados durante uma avaliação clínica. Portanto, seria ideal fechar a lacuna entre a teoria e a prática (Canivez; Youngstrom, 2019).

A integração da avaliação neuropsicológica e da teoria CHC seria benéfica tanto para os clínicos praticantes quanto para os pesquisadores. Parece que a ampla variedade de habilidades incluídas no quadro CHC se ajustaria especialmente à avaliação neuropsicológica, pois elas têm o potencial de ser mais sensíveis do ponto de vista diagnóstico do que as conceitualizações históricas de inteligência baseadas em um ou dois fatores. A integração forneceria aos neuropsicólogos uma nova maneira de conceituar os dados obtidos durante uma avaliação. Por exemplo, o modelo poderia servir como base para selecionar medidas, organizar os dados coletados e interpretar os resultados (Alfonso; Flanagan; Radwan, 2005). Por sua vez, a teoria CHC seria tremendamente fortalecida se os processos neurológicos subjacentes às habilidades amplas e específicas pudessem ser mais bem estabelecidos. Essa compreensão ajudaria a superar a lacuna entre a teoria da inteligência e da avaliação neuropsicológica.

Dessa forma, a fim de auxiliar nessa integração de forma empírica, Buczyłowska, Petermann e Daseking (2020) realizaram uma investigação que teve como objetivo explorar a relação entre as funções executivas (FE), um construto exaustivamente neuropsicológico, e a inteligência, examinando a estrutura latente da escala de inteligência para adultos de Wechsler (WAIS-IV) e do módulo de funções executivas da bateria de avaliação neuropsicológica (NAB).

O objetivo também foi testar a correspondência das duas medidas com a teoria CHC. Foram administrados NAB e WAIS-IV a 205 participantes saudáveis, com idades entre 18 e 89 anos. A análise fatorial confirmatória (AFC) foi utilizada para explorar os construtos latentes subjacentes às duas baterias de testes. Como resultado, verificou-se que os modelos embasados na estrutura de índices atual do WAIS-IV apresentaram pior ajuste ao modelo do que modelos embasados na teoria CHC. Em particular, os fatores construídos pelo modelo CHC demonstraram melhoria no ajuste ao modelo, a saber: inteligência cristalizada (Gc), inteligência fluida (Gf), processamento visual (Gv), velocidade de processamento (Gs) e capacidade de memória operacional (Gwm).

No entanto, o melhor ajuste ao modelo foi fornecido quando combinada as habilidades Gf e Gwm, o que reforçaria relações entre FE e inteligência. Além disso, os resultados demonstram relações fortes entre WAIS-IV e NAB, e sugeriram novamente uma considerável sobreposição entre as FE e a inteligência. Desse modo, pode-se inferir que as atividades avaliadas no teste de inteligência em questão podem representar FE, como já aplicado em práticas clínicas em neuropsicologia, em que para além de aferir o QI, tais testes são utilizados na compreensão de habilidades cognitivas independentes.

Avaliação neuropsicológica das AH/SD

A avaliação neuropsicológica desempenha um papel fundamental na identificação de AH/SD. Essa avaliação oferece uma abordagem abrangente e científica para entender o funcionamento cognitivo de indivíduos com habilidades elevadas. A avaliação neuropsicológica pode ajudar a distinguir entre superdotação e transtornos capazes de se manifestar de maneira semelhante topograficamente, como o transtorno do déficit de atenção e hiperatividade (TDAH) ou transtornos do espectro autista (TEA), bem como identificar quando se apresentam concomitantemente, em casos denominados de "dupla-excepcionalidade" (Roama Alves; Nakano, 2021). Isso evita diagnósticos mais precisos e garante que as necessidades específicas do paciente sejam atendidas adequadamente.

Assim, a avaliação neuropsicológica pode identificar áreas específicas de força e fraqueza cognitiva em pessoas superdotadas. Isso permite um planejamento educacional personalizado, adaptando o currículo para desafiar o aluno nas áreas em que ele se destaca, ao mesmo tempo que oferece apoio adicional nas áreas em que pode precisar de mais ajuda. É importante ressaltar que as habilidades se manifestam em uma área e menos frequentemente em duas ou mais, bem como pode haver déficits em alguma(s) habilidade(s) cognitiva(s) (Cross, J. R.; Cross, T. L., 2015).

A avaliação neuropsicológica também desempenha um papel crucial na identificação de talentos ocultos ou subdesenvolvidos. Nem sempre as habilidades superdotadas são óbvias, e a avaliação pode revelar áreas nas quais a criança tem potencial não explorado. Isso pode direcionar programas de desenvolvimento de talentos para ajudar a criança a alcançar seu pleno potencial. Desse modo, a identificação poderá ser realizada posteriormente a essa estimulação (Peters, 2022).

Além disso, a avaliação neuropsicológica ajuda a lidar com desafios emocionais e sociais que podem surgir em crianças superdotadas. Muitas vezes, essas crianças se sentem isoladas ou enfrentam dificuldades para se ajustar socialmente. A avaliação neuropsicológica possibilita identificar esses desafios e orientar intervenções apropriadas, como aconselhamento ou grupos de apoio (Tasca *et al.*, 2022).

A avaliação da inteligência pode desempenhar um papel relevante na identificação das AH/SD durante a avaliação neuropsicológica. Testes de inteligência, como as escalas de inteligência Wechsler (WISC, WAIS, WASI etc.), são ferramentas valiosas para medir o potencial cognitivo de uma criança. Pessoas superdotadas muitas vezes obtêm pontuações significativamente mais altas nesses testes, indicando um nível excepcional de capacidade intelectual (Silverman; Gilman, 2020).

No entanto, é fundamental que os profissionais da avaliação neuropsicológica levem em consideração que a superdotação não se resume apenas a pontuações elevadas em testes de inteligência. Ela engloba uma gama diversificada de talentos e habilidades, incluindo criatividade, liderança, habilidades artísticas, entre outras. Portanto, uma abordagem holística na avaliação é essencial para identificar adequadamente as altas habilidades. Cabe lembrar que a inteligência é um conceito complexo que não pode ser reduzido a um único número (Peters, 2022).

Além disso, a avaliação da inteligência deve ser complementada por outros instrumentos e observações clínicas que ajudam a entender melhor o funcionamento da criança em contextos do mundo real. Isso inclui avaliar seu desempenho acadêmico, suas interações sociais, seu interesse e sua motivação em áreas específicas e sua capacidade de resolução de problemas (Ambrose; Machek, 2015).

Outro ponto crítico é o acompanhamento longitudinal. A avaliação neuropsicológica deve ser repetida ao longo do tempo para acompanhar o desenvolvimento das habilidades da criança superdotada e garantir que ela continue recebendo o apoio adequado em seu crescimento intelectual e emocional (VanTassel-Baska, 2021).

É também importante tomar alguns cuidados ao avaliar a inteligência de pessoas com AH/SD. Um dos principais é utilizar testes neuropsicológicos que sejam adequados para a faixa etária e o nível de desenvolvimento da pessoa. Testes que são muito difíceis podem apresentar resultados subestimados, enquanto os que são muito fáceis podem apresentar resultados superestimados. Novamente, ressalta-se a importância da avaliação multitraço e multimétodo (Ambrose; Machek, 2015).

Outro cuidado importante é considerar os fatores ambientais que podem influenciar o desempenho nos testes. Por exemplo, pessoas que vivem em ambientes desprivilegiados possivelmente não têm as mesmas oportunidades de aprender e se desenvolver que pessoas que vivem em ambientes privilegiados. Isso pode resultar em testes de inteligência que não refletem de forma precisa o potencial intelectual da pessoa (VanTassel-Baska, 2021).

A fim de compreender o que a literatura científica tem demonstrado sobre o perfil neuropsicológico das AH/SD, Bucaille *et al.* (2022) realizaram uma revisão sistemática compilando dados de estudos empíricos sobre funções cognitivas (linguagem, habilidades motoras, processamento visuoespacial, memória, atenção e FE, cognição social e emocional) e desempenho acadêmico em crianças com o quadro. A busca na literatura resultou em 658 artigos, dos quais somente 15 atenderam aos critérios de seleção de acordo com o modelo Preferred Reporting Items for Systematic Reviews and Meta-Analyses (PRISMA). Os resultados demonstraram que crianças com AH/SD exibiram habilidades superiores às crianças típicas em diversos domínios, incluindo atenção, linguagem, matemática, memória de trabalho verbal, mudança de foco e resolução de problemas sociais. No entanto, os dois grupos tiveram habilidades compatíveis no processamento visuoespacial, memória, planejamento, inibição, memória de trabalho visual e reconhecimento facial.

Em estudo nacional realizado por Hazin *et al.* (2009) intentou-se oferecer dados acerca da contribuição da 3ª edição da Escala Wechsler de Inteligência para Crianças (WISC-III) na investigação do perfil cognitivo de crianças com AH/SD. Foram investigadas 16 crianças identificadas com a condição com idades entre 6 e 14 anos, oriundas de escolas da rede pública e particular de ensino. Todas foram submetidas à aplicação da WISC-III, em sessão única, dividida em duas etapas com intervalo de 30 minutos.

Os resultados apontam para uma discrepância significativa entre os QI verbal e QI de execução em 50% dos participantes, com melhor desempenho no primeiro. Houve também discrepância entre os índices de compreensão verbal e o índice velocidade de processamento, com melhor desempenho no primeiro. Ou seja, pode-se dizer que a WISC-III não apenas contribuiu para o cômputo de QI, mas para a descrição do perfil neuropsicológico desses casos. É importante ressaltar que perfis de desempenho para pessoas com AH/SD podem ser corriqueiramente assíncronos nas escalas Wechsler, o que reforça que o desempenho elevado não será generalizado a todas as habilidades cognitivas nesses quadros. Estudos internacionais confirmam que os perfis encontrados têm sido variáveis nesse teste, alguns demonstram habilidades verbais elevadas em relação às outras, enquanto outros demonstram o contrário (Silverman; Gilman, 2020).

Em casos avaliados por um dos autores deste capítulo, discrepâncias intraindividuais, bem como desempenhos medianos em algumas ou diversas habilidades são comuns de serem encontradas no teste de QI das escalas Wechsler em casos de AH/SD. A fim de exemplificá-los, no próximo tópico serão apresentados dois relatos.

Caso clínico

A., 12 anos, estudante o 7º ano do ensino fundamental, foi encaminhado por uma psiquiatra. As queixas eram de agitação, impulsividade, "não ter medo de consequências sobre seus comportamentos" e oposição às normas escolares. O estudante nunca repetiu de série, mas, no último ano, tem tirado notas baixas, o que nunca tinha acontecido. A avaliação neuropsicológica contou com uma série de instrumentos para avaliar diversas habilidades cognitivas. Houve também entrevista de anamnese com a mãe e entrevista na escola. Entretanto, o foco aqui é a análise somente do teste de QI como parte da avaliação e do perfil obtido do paciente. Na Figura 7.1 encontra-se tal resultado, referente à 4ª edição da Escala Wechsler de Inteligência para Crianças (WISC-IV).

O paciente apresentou QI total de 125 pontos, considerado superior. Dentre seus componentes, apresentou índice de compreensão verbal (ICV) superior (128 pontos compostos), índice de organização perceptual (IOP) médio (108 pontos compostos), índice de memória operacional (IMO) médio-superior (118 pontos compostos) e índice de velocidade de processamento (IVP) superior (121 pontos compostos). Houve diferença estatisticamente significativa entre os índices de ICV e IOP, com melhor desempenho no primeiro. O mesmo ocorre entre IVP e IOP, com melhor desempenho no primeiro.

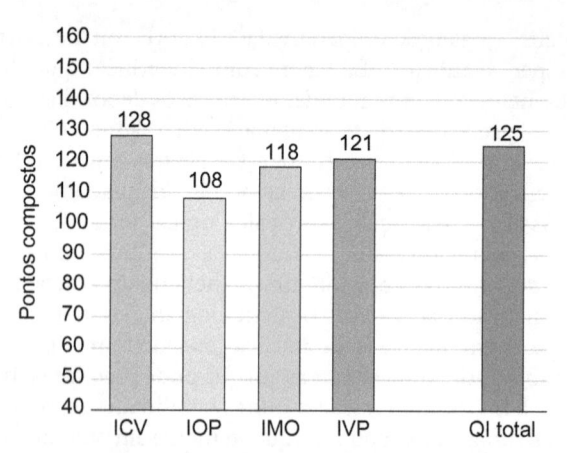

Figura 7.1 Desempenho obtido na WISC-IV de um paciente com TDAH e AH/SD subtipo intelectual em habilidades verbais. ICV: índice de compreensão verbal; IOP: índice de organização perceptual; IMO: índice de memória operacional; IVP: índice de velocidade de processamento; QI: quociente de inteligência; WISC-IV: 4ª edição da Escala Wechsler de Inteligência para Crianças; TDAH: transtorno do déficit de atenção e hiperatividade; AH/SD: alta habilidade/superdotação.

Para identificar a hipótese de TDAH devido à queixa de agitação e impulsividade, foi aplicada a escala de transtorno do déficit de atenção e hiperatividade. Os resultados indicaram pontuação elevada em impulsividade e hiperatividade, tanto na autoavaliação quanto na avaliação respondida pelos pais. A conclusão diagnóstica do quadro foi de TDAH e AH/SD subtipo intelectual em habilidades verbais.

No segundo caso, B., uma jovem de 20 anos, encaminhada pela psicóloga por alta ansiedade, pensamentos repetitivos em alta intensidade, impulsividade exacerbada e excesso de sentimentos de tristeza. Houve entrevista de anamnese com a mãe, entrevista na escola e com a psicóloga. Na Figura 7.2 pode ser observado o resultado obtido na WAIS-III.

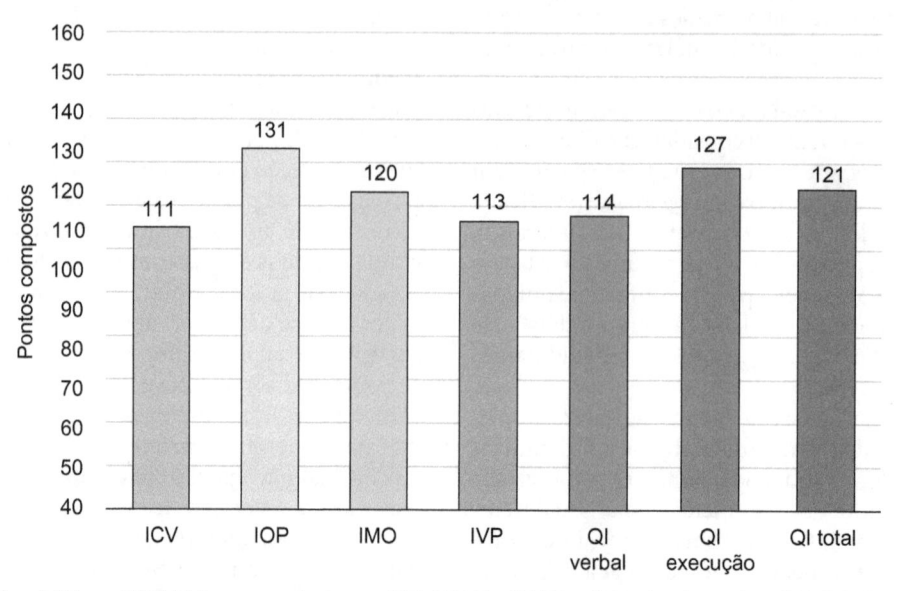

Figura 7.2 Desempenho obtido na WAIS-III de uma paciente com TEA, TDAH e AH/SD subtipo intelectual em habilidades visuoespaciais. ICV: índice de compreensão verbal; IOP: índice de organização perceptual; IMO: índice de memória operacional; IVP: índice de velocidade de processamento; QI: quociente de inteligência; WAIS-III: 3ª edição da Escala de Inteligência Wechsler para Adultos; TDAH: transtorno do déficit de atenção e hiperatividade; AH/SD: alta habilidade/superdotação.

A paciente apresentou QI total de 121 pontos, considerado superior. Dentre seus componentes, apresentou ICV médio-superior (111 pontos compostos), IOP muito superior (131 pontos compostos); IMO superior (120 pontos compostos) e IVP médio-superior (113 pontos compostos). Houve diferença estatisticamente significativa entre os QI verbal e QI de execução, com melhor desempenho no segundo. O IOP obteve maiores pontuações estatisticamente significativas que os outros três índices.

Na escala de TDAH, desatenção, impulsividade, aspectos emocionais e hiperatividade mostraram-se elevados (percentil acima de 96). Na sintomatologia para TEA, B. apresentou nota de corte superior tanto na medida de autopercepção quanto na avaliação respondida pela mãe. A conclusão diagnóstica do quadro foi de TEA, TDAH e AH/SD subtipo intelectual em habilidades visuoespaciais.

Considerações finais

A avaliação da inteligência no processo de avaliação neuropsicológica é uma etapa essencial, visto que seus resultados podem auxiliar na descrição dos casos para além do diagnóstico cognitivo. Ela permite compreender as habilidades bem desenvolvidas e aquelas que se encontram prejudicadas, por meio tanto de testes psicológicos como da avaliação de comportamentos adaptativos, de modo a conhecer o perfil do indivíduo e, consequentemente, traçar um plano adequado de intervenção.

Quando realizada em conjunto com a investigação de outras queixas, a avaliação da inteligência pode ser útil em processos que exigem um diagnóstico diferencial, como nos exemplos aqui apresentados. Pode-se pensar, por exemplo, no TEA com prejuízo cognitivo ou sem o prejuízo cognitivo. Da mesma forma, pode-se usar a medida de inteligência para avaliar quadros em que desempenhos extremos se fazem presentes, como no caso do DI ou AH/SD cognitiva.

A compreensão das AH/SD como um processo complexo, muito mais que a administração de testes de inteligência, também se beneficia de princípios da avaliação neuropsicológica, incluindo a investigação do perfil completo do indivíduo. Especialmente nos casos em que há a combinação de mais de um quadro associado à superdotação, também chamado de dupla excepcionalidade, quando há a presença de um potencial elevado com um déficit ou transtorno, a avaliação da inteligência se faz essencial.

Nesse sentido, podemos afirmar que a área da inteligência é repleta de teorias, assim como a da neuropsicologia. Na prática, elas podem ser integradas na identificação das AH/SD, dada a multiplicidade de áreas em que o potencial criativo pode se mostrar elevado, incluindo a possibilidade de haver uma falta de sincronia entre o desenvolvimento cognitivo e o desenvolvimento em outras áreas, por exemplo, emocional ou social.

Referências bibliográficas

ALBINO, L. M. S.; BARROS, S. G. A teoria das inteligências múltiplas de Gardner e sua contribuição para a educação. Revista Acadêmica Educação e Cultura em Debate, Goiânia, v. 7, n. 1, p. 148-168, 2021.

ALFONSO, V. C.; FLANAGAN, D. P.; RADWAN, S. The impact of the Cattell-Horn-Carroll Theory on test development and interpretation of cognitive and academic abilities. In: FLANAGAN, D. P.; HARRISON, P. L. (ed.). Contemporary intellectual assessment: Theories, tests, and issues. 2. ed. New York: Guilford, 2005. p. 185-202.

ALMEIDA, L. S. et al. Challenges in the identification of giftedness: Issues related to psychological assessment. Anales de Psicología, Murcia, v. 32, n. 3, p. 621-627, 2016.

ALMEIDA, L. S. et al. Inteligências múltiplas de Gardner: é possível pensar a inteligência sem um factor g? Psychologica, Coimbra, v. 50, p. 41-55, 2009.

AMBROSE, L.; MACHEK, G. R. Identifying creatively gifted students: Necessity of a multi-method approach. Contemporary School Psychology, [s. l.], v. 19, p. 121-127, 2015.

ÁVILA, Y. R. P.; RINCÓN, C. F. Inteligência fluida, cristalizada y desempeño académico. Revista Intercontinental de Psicología y Educación, Ciudad de México, v. 20, n. 1-1, p. 133-149, 2018.

BRASIL. Ministério da Educação. Secretaria de Educação Especial. Políticas públicas para altas habilidades/superdotação. Brasília: Ministério da Educação, [2010]. Disponível em: https://www.senado.gov.br/comissoes/CE/AP/AP20080626_superdotados_Cl%C3%A1udiaGriboski.pdf. Acesso em: 19 abr. 2024.

BUCAILLE, A. et al. Neuropsychological profile of intellectually gifted children: A systematic review. Journal of the International Neuropsychological Society, [s. l.], v. 28, n. 4, p. 424-440, 2022.

BUCZYŁOWSKA, D.; PETERMANN, F.; DASEKING, M. Executive functions and intelligence from the CHC theory perspective: Investigating the correspondence between the WAIS-IV and the NAB Executive Functions Module. Journal of Clinical and Experimental Neuropsychology, [s. l.], v. 42, n. 3, p. 240-250, 2020.

CAEMMERER, J. M.; ZEITH, T. Z.; REYNOLDS, M. R. Beyond individual intelligence tests: Application of Cattell-Horn-Carroll Theory. Intelligence, [s. l.], v. 79, 2020.

CAMPOS, C. R.; ZAIA, P.; PRIMI, R. Avaliação psicológica da inteligência. In: BAPTISTA, M. N. et al. (org.). Compêndio de avaliação psicológica. Petrópolis: Vozes, 2019. p. 349-363.

CANIVEZ, G. L.; YOUNGSTROM, E. A. Challenges to the Cattell-Horn-Carroll theory: Empirical, clinical, and policy implications. Applied Measurement in Education, [s. l.], v. 32, n. 3, p. 232-248, 2019.

CROSS, J. R.; CROSS, T. L. Clinical and mental health issues in counseling the gifted individual. Journal of Counseling & Development, [s. l.], v. 93, n. 2, p. 163-172, 2015.

FLANAGAN, D. P.; McGREW, K. S.; ORTIZ, S. O. The Wechsler Intelligence Scales and Gf-Gc theory: A contemporary approach to interpretation. Boston: Allyn & Bacon, 2000.

FRANCIS, R.; HAWES, D. J.; ABBOTT, M. Intellectual giftedness and psychopathology in children and adolescents: A systematic literature review. Exceptional Children, [s. l.], v. 82, n. 3, p. 279-302, 2016.

GARDNER, H. Frames of mind: The theory multiple intelligences. New York: Basic Books, 1993.

GLOZMAN, J.; NEMETH, D. G. The contributions of Luria and Reitan to developmental neuropsychology and to the understanding of neuropsychologically compromised children. In: GLOZMAN, J.; NEMETH, D. G. Evaluation, and treatment of neuropsychologically compromised children. [S. l.]: Elsevier, 2020. p. 1-26.

GURALNICK, M. J. Early intervention for children with intellectual disabilities: An update. Journal of Applied Research in Intellectual Disabilities, [s. l.], v. 30, n. 2, p. 211-229, 2017.

HAZIN, I. et al. Contribuições do WISC-III para a compreensão do perfil cognitivo de crianças com altas habilidades. Avaliação Psicológica, Campinas, v. 8, n. 2, p. 255-265, 2009.

HAZIN, I. et al. Neuropsicologia no Brasil: passado, presente e futuro. Estudos & Pesquisas em Psicologia, Rio de Janeiro, v. 18, n. 4, p. 1137-1154, 2018.

HOELZLE, J. B. Neuropsychological assessment and the Cattell-Horn-Carroll (CHC) cognitive abilities model. Tese (Doutorado) – University of Toledo, Toledo, 2008.

JESUS JUNIOR, A. G. et al. Inteligência fluida como preditora do desempenho acadêmico em língua portuguesa e matemática. Psicologia em Pesquisa, Juiz de Fora, v. 14, n. spe, p. 221-238, 2020.

LEZAK, M. D.; HOWIESON, D. B.; LORING, D. W. Neuropsychological assessment. 4. ed. Oxford: Oxford University Press, 2004.

MALLOY-DINIZ, L. F. et al. Avaliação neuropsicológica. 2. ed. Porto Alegre: Artmed, 2018.

McGREW, K. S. Carroll's three-stratum (3S) cognitive ability theory at 30 years: Impact, 3S-CHC theory clarification, structural replication, and cognitive-achievement psychometric network analysis extension. Intelligence, [s. l.], v. 11, n. 2, p. 32, 2023.

McGREW, K. S. CHC theory and the human cognitive abilities project: Standing on the shoulders of the giants of psychometric intelligence research. Intelligence, [s. l.], v. 37, n. 1, p. 1-10, 2009.

McGREW, K. S. et al. A psychometric network analysis of CHC intelligence measures: Implications for research, theory, and interpretation of broad CHC Scores "Beyond g". Journal of Intelligence, [s. l.], v. 11, n. 19, 2023.

McINTOSH, D. E.; DIXON, F. A.; PIERSON, E. E. Use of intelligence tests in the identification of giftedness. In: FLANAGAN, D. P.; McDONOUGH, E. M. (ed.). Contemporary intellectual assessment: Theories, tests, and issues. New York: The Guilford Press, 2018. p. 587-607.

MEYER, T. S.; FIGUEIREDO, V. L. M. de. Proposta de uma forma reduzida do WISC-IV para avaliação intelectual de surdos. Avaliação Psicológica, Campinas, v. 16, n. 3, p. 310-317, 2017.

NAKANO, T. C. Triagem de indicadores de altas habilidades/superdotação: versão professor. São Paulo: Vetor, 2021.

NAKANO, T. C.; CAMPOS, C. R. Avaliação psicológica das altas habilidades/superdotação: problemas e desafios. In: CAMPOS, C. R.; Nakano; T. C. (org.). Avaliação psicológica direcionada a populações específicas: técnicas, métodos e estratégias. São Paulo: Vetor, 2019. p. 99-128, v. 2.

PETERS, S. J. The challenges of achieving equity within public school gifted and talented programs. Gifted Child Quarterly, [s. l.]. v. 66, n. 2, p. 82-94, 2022.

PRIMI, R. et al. Inteligência: como é concebida com base nos modelos psicométricos? In: INSTITUTO AYRTON SENNA (org.). Educação no século XXI: inteligência, pensamento crítico e criatividade. São Paulo: Instituto Ayrton Senna, 2023. p. 13-76.

PRIMI, R.; NAKANO, T. C. Inteligência. In: SANTOS, F. H.; ANDRADE, V. M.; BUENO, O. F. A. (org.). Neuropsicologia hoje. Porto Alegre: Artmed, 2015. p. 49-58.

ROAMA ALVES, R. J.; NAKANO, T. C. Dupla excepcionalidade: altas habilidades/superdotação nos transtornos neuropsiquiátricos. São Paulo: Vetor, 2021.

SABATELLA, M. L. P. Talento e superdotação: Problema ou solução? Curitiba: Ibpex, 2008.

SCHELINI, P. W. Avaliação cognitiva em crianças e adolescentes. In: MANSUR-ALVES, M. et al. (org.). Avaliação psicológica na infância e adolescência. Petrópolis: Vozes, 2021. p. 246-258.

SCHNEIDER, W. J.; McGREW, K. S. The Cattell-Horn-Carroll theory of intelligence. In: FLANAGAN, D. P.; McDONOUGH, E. M. (ed.). Contemporary intellectual assessment. 4. ed. New York: Guilford Press, 2018. p. 73-163.

SEGABINAZI, J. D.; ZAMO, R. S. Psicodiagnóstico e inteligência. In: HUTZ, C. S. et al. (org.). Psicodiagnóstico. Porto Alegre: Artmed, 2016.

SILVERMAN, L. K.; GILMAN, B. J. Best practices in gifted identification and assessment: lessons from the WISC-V. Psychology in the Schools, [s. l.], v. 57, n. 10, p. 1569-1581, 2020.

STRAUSS, E.; SHERMAN, E. M.; SPREEN, O. A compendium of neuropsychological tests: Administration, norms, and commentary. New York: American Chemical Society, 2006.

STRICKER, J. et al. Intellectual giftedness and multidimensional perfectionism: a meta-analytic review. Educational Psychology Review, [s. l.], v. 32, n. 2, p. 391-414, 2019.

TASCA, I. et al. Behavioral and socio-emotional disorders in intellectual giftedness: A systematic review. Child Psychiatry & Human Development, [s. l.], p. 1-22, 2022.

TASSÉ, M. J.; LUCKASSON, R.; SCHALOCK, R. L. The relation between intellectual functioning and adaptive behavior in the diagnosis of intellectual disability. Intellectual and Developmental Disabilities, [s. l.], v. 54, n. 6, p. 381-390, 2016.

TAYLOR, T. R. A review of three approaches to cognitive assessment, and a proposed integrated approach based on a unifying theoretical framework. South African Journal of Psychology, [s. l.], v. 24, n. 4, p. 184-193, 1994.

VALENTINI, F. et al. Uso da modelagem multitraço-multimétodo no teste de raciocínio abstrato e espacial (TRAE). Psico, Porto Alegre, v. 53, n. 1, p. e36638-e36638, 2022.

VanTASSEL-BASKA, J. Alternative assessments with gifted and talented students. London: Routledge, 2021.

VISSER, B. A.; ASHTON, M. C.; VERNON, P. A. Beyond g: putting multiple intelligences theory to the test. Intelligence, [s. l.], v. 34, p. 487-502, 2006.

YEKOVICH, F. R. Current issues in research on intelligence. Practical Assessment, Research, and Evaluation, [s. l.], v. 4, n. 4, 1994.

8 Transtorno do Desenvolvimento Intelectual

Anna Carolina Rufino Navatta • Carolina Nascimento Rodrigues

Definição de transtorno do desenvolvimento intelectual

O diagnóstico de transtorno do desenvolvimento intelectual (TDI) segue, de acordo com a 5ª edição do *Manual diagnóstico e estatístico de transtornos mentais* (DSM-5-TR), três critérios fundamentais:

- Déficit global das funções intelectuais, com ênfase no raciocínio lógico e abstrato, planejamento, solução de problemas, juízo crítico e na capacidade para aprendizagem
- Déficits nas funções adaptativas, que limitam o desenvolvimento do indivíduo nas suas atividades diárias, assim como na comunicação, socialização e autonomia
- Período de início dos sintomas, que deverá ser no período de desenvolvimento, isto é, durante a infância e adolescência, quando se identifica que o desenvolvimento não ocorre dentro dos marcos esperados (APA, 2022).

O transtorno do desenvolvimento intelectual (TDI) é uma condição heterogênea, que pode ser atribuída a ampla variedade de causas, assim como transcorrer de diferentes formas ao longo da vida do indivíduo, a depender de características individuais e do ambiente no qual está inserido. Hoje, entende-se que há uma prevalência de cerca de 1% de indivíduos com TDI na população, sendo cerca de seis casos graves a cada 1.000 pessoas (APA, 2022).

Atualmente, a American Association on Intellectual and Developmental Disabilities (AAIDD) considera os mesmos critérios para descrever o TDI, destacando ainda os déficits no comportamento adaptativo como um conjunto de habilidades conceituais, sociais e práticas aprendidas e praticadas pelo indivíduo no seu cotidiano, sendo estas:

- Habilidades conceituais: uso da linguagem, letramento e conceituação numérica no cotidiano e para orientação pessoal
- Habilidades sociais: habilidades interpessoais, compreensão e seguimento de leis e regras, resolução de problemas sociais, responsabilidade social e autoestima
- Habilidades práticas: autocuidado, cuidado com saúde e segurança, habilidades ocupacionais, organização de rotina, atividades de vida diária (AAIDD, 2018).

Comportamento adaptativo

Compreender e analisar os déficits no comportamento adaptativo do indivíduo com TDI é de fundamental relevância, pois a partir destes é feita a identificação e descrição dos perfis e necessidades de apoio – sendo os níveis de QI nem sempre tão relevantes para este fim. É importante destacar que se trata de uma condição que perdura por toda a vida do indivíduo, porém a sua gravidade pode alterar-se ao longo do desenvolvimento. Atualmente, o DSM-5-TR apresenta quatro diferentes níveis para o quadro, sendo estes: leve, moderado, grave e profundo. Para cada nível são descritas características específicas, considerando o comportamento adaptativo nos âmbitos conceitual, social e prático.

A avaliação do comportamento adaptativo complementa a avaliação do funcionamento intelectual (QI) e oferece uma visão mais ampla sobre o indivíduo, pode oferecer informações relevantes a respeito das habilidades do paciente, da sua funcionalidade, assim como quais são suas principais necessidades de suporte, ao passo que a avaliação do QI evidencia os prejuízos cognitivos existentes (Mattie *et al.*, 2023). Informações como estas são de extrema importância para direcionar intervenções – estruturando plano de estimulação ou selecionando estratégias e/ou adaptações que ofereçam maior qualidade de vida ao paciente.

O funcionamento adaptativo pode evoluir com o passar do tempo, uma vez que sofre influência tanto do processo natural de desenvolvimento, como também do ambiente. A avaliação do comportamento adaptativo permite, portanto, oferecer ao paciente um projeto interventivo direcionado pelas suas necessidades individuais, tornando o programa de reabilitação mais adequado e eficaz, além de possibilitar o acompanhamento da sua evolução clínica (Selau *et al.*, 2020).

Perfil neuropsicológico do desenvolvimento intelectual

A avaliação neuropsicológica pode auxiliar a esclarecer se o rendimento da criança acontece de maneira típica ou com alguma alteração. A precocidade na identificação de atrasos no desenvolvimento é extremamente importante para nortear o trabalho de estimulação e indicar possíveis modificações e estratégias de suporte ao ambiente, além de proporcionar à criança melhor adaptação e inserção social (em ambiente escolar, domiciliar e terapias).

Alguns estudos apontam para perfis de funcionamento neuropsicológico mais tipicamente encontrados em crianças com TDI. De maneira didática, serão elucidadas a seguir, por áreas, as disfunções mais comumente descritas.

Funções executivas

As crianças com TDI apresentam atrasos no desenvolvimento das funções executivas, sendo estas as áreas comumente afetadas: iniciativa, controle inibitório, controle emocional, memória operacional, planejamento, organização, capacidade de automonitoramento, tomada de decisões e resolução de problemas. Memisevic e Sinanovic (2014) apontam que crianças com TDI apresentam maior dificuldade em iniciar tarefas, usar criatividade (possuem falhas em criar novas ideias), resolver problemas e manipular mentalmente as informações, indicando déficits mais significativos nas funções executivas de iniciativa e memória operacional.

Atenção

As funções atencionais em geral mostram-se mais comprometidas em crianças com TDI, pois nestas o transtorno do déficit de atenção e hiperatividade (TDAH) é mais prevalente. Deve-se considerar a etiologia do TDI como um fator preditivo importante acerca do tipo de atenção mais ou menos alterada, sendo conhecido que a atenção seletiva, a dividida e a alternada são em geral mais deficitárias em indivíduos com síndrome do X frágil e síndrome de Down, por exemplo (Hronis et al., 2017).

Memória operacional

Indivíduos com TDI comumente apresentam dificuldade para armazenar e manipular informações visuais e auditivas, com prejuízos no funcionamento da memória operacional fonológica, importante para a aprendizagem. Como consequência, um menor número de informações é armazenado na memória de longo prazo (Hronis et al., 2017).

Memória e aprendizagem

No geral, os processos de aprendizagem e memória são prejudicados em indivíduos com TDI, tanto no armazenamento, como na recuperação de informações aprendidas. A habilidade de adquirir e processar o conhecimento é crucial para sustentar o desenvolvimento em diversos âmbitos, como o acadêmico, o social, a autonomia etc., o que justifica o déficit cognitivo global de indivíduos com o transtorno. Entende-se que indivíduos com TDI apresentem melhor aprendizagem para informações curtas e simples através de métodos implícitos, como jogos, *role plays* e estratégias como "pensar em voz alta". Já para conteúdos mais complexos, métodos explícitos e mais concretos podem ser mais eficazes (Hronis et al., 2017).

Linguagem

Frequentemente, indivíduos com TDI apresentam atrasos no desenvolvimento da fala e da linguagem, com prejuízos expressivos na produção e inteligibilidade da fala e na sintaxe, assim como limitações na aprendizagem do vocabulário. Esses prejuízos parecem estar relacionados também com o déficit na memória operacional fonológica (Jarrold et al., 2004). Tais dificuldades culminam no prejuízo da aprendizagem da leitura e escrita, com desempenho inferior no processamento fonológico e ortográfico, na nomeação seriada rápida e na decodificação.

Parece existir uma correlação entre melhor funcionamento da memória verbal e compreensão, resultando em maior capacidade de inserção em atividades laborais do indivíduo com TDI. Ou seja, quando existe maior impacto de disfunções em memória verbal e compreensão, o prejuízo nas funções adaptativas do dia a dia são mais significativos. Essas observações, quando identificadas na avaliação, podem ser úteis na implementação de modelos preditores de funcionamento, inserção em programas de reabilitação e compensação de déficits mais adequados a esse grupo (Su et al., 2007).

Avaliação neuropsicológica no TDI

A avaliação neuropsicológica pode cumprir muitos propósitos que partem da definição e apoio a diagnósticos, passam pela identificação do perfil de funcionamento do indivíduo (identificação de habilidades e dificuldades), chegando aos objetivos de montagem de processos de intervenção. Assim, muito além do diagnóstico do TDI, a avaliação pode identificar os impactos presentes no funcionamento diário do indivíduo, para definir qual tipo de suporte se faz necessário (Echavarría-Ramírez; Tirapu-Ustárroz, 2021). Para uma avaliação completa, indica-se identificar etiologias genéticas e não genéticas, a existência ou não de condições médicas associadas e comorbidades (APA, 2022).

Estudos apontam índices mais elevados de comorbidades entre crianças e adolescentes com TDI, com presença de maior sintomatologia de ansiedade/depressão, dentre outros sintomas externalizantes. O prejuízo na habilidade comunicativa de pacientes com TDI pode ter como consequência a presença de comportamentos disruptivos e agressivos. A falta de consciência acerca de perigos, maior credulidade e ingenuidade são fatores que colocam esses indivíduos com maior frequência em situações de risco. Pessoas com diagnóstico de TDI apresentam também elevado risco de tentativas de suicídio, o que faz relevante a investigação de pensamentos suicidas e potencialmente arriscados no processo de avaliação (APA, 2022). Dessa maneira, avaliações precoces podem reduzir danos futuros, garantindo atendimentos mais adequados (Furlin et al., 2021).

Em geral, os neuropsicólogos podem se deparar com pontuações todas em percentis muito rebaixados em casos de TDI, sendo necessário fazer a seleção dos testes e instrumentos com muito cuidado, atentando para a identificação de habilidades e déficits cognitivos e comportamentais dentro das individualidades do caso (no qual, por exemplo, um funcionamento em percentil 15 pode ser considerado como "potencialidade" em vista a outra área com classificação em percentil 1). Por não haver testes específicos que considerem a variabilidade "intraindividual" entre os casos de TDI, e as diferenças sutis no rendimento intelectual de indivíduos com maiores prejuízos cognitivos (Echavarria-Ramirez; Tirapu-Ustarroz, 2021), faz-se necessária uma investigação clínica muito além da aplicação de instrumentos padronizados, com um olhar apurado para aspectos qualitativos (Tabela 8.1).

Investigações qualitativas, adaptações de instrumentos, anamneses bem estruturadas, aplicações de escalas comportamentais e de habilidades adaptativas são indispensáveis para que a avaliação cumpra seu papel, além da observação comportamental direta. Obter pareceres de múltiplos informantes pode ser uma estratégia pertinente para identificar a existência de sintomas em diferentes contextos (p. ex., em casa e na escola), assim como para observar se há divergências na percepção e compreensão do quadro do paciente entre familiares ou profissionais que o acompanham (Furlin et al., 2021).

Tabela 8.1 Sugestões de instrumentos padronizados para avaliação neuropsicológica.

Funções neuropsicológicas	Teste (editora)	Idade de aplicação	Descrição do teste
Nível intelectual	Teste não verbal de inteligência SON-R 2 1/2 – 7 [a] (Hogrefe) SON-R 6-40 (Hogrefe)	2 anos e 6 meses a 7 anos e 11 meses 6 a 40 anos	Avalia o desenvolvimento e as habilidades cognitivas através de quatro subtestes, que analisam habilidades espaciais e visuomotoras e raciocínio abstrato e concreto. Os subtestes podem ser agrupados em dois tipos: testes de raciocínio (categorias e situações) e testes de execução com enfoque espacial e visuomotor (mosaicos e padrões). Por não depender de habilidades verbais, é adequado a crianças com necessidades especiais de linguagem, fala ou comunicação, como surdez, autismo e transtornos de desenvolvimento
	WISC-IV – Escala Wechsler de Inteligência para Crianças (Pearson) WAIS-III – Escala de Inteligência Wechsler para Adultos (Pearson)	6 meses a 16 anos e 11 meses 16 a 89 anos	Avaliam o desempenho cognitivo, a capacidade intelectual e o processo de resolução de problemas em crianças e adultos através de subtestes principais e suplementares, que abrangem os quatro índices fatoriais: compreensão verbal, organização perceptual, memória operacional e velocidade de processamento
Habilidades adaptativas	Vineland-3 – Escalas de Comportamento Adaptativo Vineland (Pearson)	0 a 90 anos	O instrumento consiste em uma entrevista semiestruturada em formato de questionário. Possibilita a compreensão das necessidades individuais de cada pessoa, considerando os aspectos de toda a vida. Quando associada a testes de inteligência, a Vineland-3 fornece dados críticos que ajudam no diagnóstico de deficiências intelectuais e de desenvolvimento, além de contribuir com uma visão geral das forças e fraquezas do examinado, informações estas valiosas para a elaboração de planos educacionais e de intervenção
Atenção e funções executivas	Dígitos (WISC-IV e WAIS III) Códigos (WISC-IV e WAIS III) Procurar Símbolos (WISC-IV e WAIS-III) (Pearson)	6 a 16 anos e 11 meses 16 a 89 anos	Esses subtestes fazem parte das Escalas Wechsler de Inteligência. Dígitos – Avalia habilidades como atenção e memória operacional, em tarefa de evocação imediata de uma sequência de numerais. A cada etapa há um aumento da quantidade de elementos Códigos – Avalia a coordenação e o processamento de informações visuais e motoras, habilidade de *scanning* visual, flexibilidade cognitiva, atenção e motivação. Através de tarefa gráfica que envolve o pareamento entre estímulos Procurar símbolos – Avalia o processamento e a coordenação visuomotora, atenção, flexibilidade e velocidade de processamento; em tarefa gráfica que envolve o rastreio e busca visual; e seleção de estímulos
	TAVIS 4 – Teste de Atenção Visual (Hogrefe)	6 a 17 anos e 11 meses	Investiga os processos atencionais visuais ao longo dos anos do desenvolvimento da infância até a adolescência. Trata-se de uma tarefa computadorizada, que se destina a avaliar a atenção visual utilizando medidas que mensuram o desempenho do sujeito nas tarefas: Tempo Médio de Reação (TMR), Erros por Omissão (EO) e Erros por Ação (EA). Há também a possibilidade de criação automática de relatórios
	FDT – Teste dos Cinco Dígitos (Hogrefe)	A partir dos 6 anos, adultos e idosos	Através de quatro tarefas de conteúdo idêntico, porém com dificuldade cognitiva crescente, avalia as reações automáticas do indivíduo, a velocidade de processamento cognitivo, a capacidade de focar e reorientar a atenção e a capacidade de lidar com interferências

(continua)

Tabela 8.1 Sugestões de instrumentos padronizados para avaliação neuropsicológica. (*Continuação*)

Funções neuropsicológicas	Teste (editora)	Idade de aplicação	Descrição do teste
	Teste de Trilhas – Versão Brasileira (Memnon)	A partir dos 5 anos	Avalia a flexibilidade cognitiva, além de habilidades de percepção visual, velocidade de processamento, rastreamento visuomotor e atenção sustentada. É dividido em duas etapas, nas quais são apresentados itens que devem ser ligados segundo uma sequência predeterminada. Na primeira, é avaliada a atenção e a busca visual. Na segunda, atenção, velocidade e flexibilidade são requeridas. A realização demanda do avaliado o conhecimento prévio da ordem alfabética e numérica
Linguagem	Vocabulário (WISC-IV e WAIS-III) (Pearson)	6 meses a 16 anos e 11 meses 16 a 89 anos	Subteste das Escalas Wechsler de Inteligência. Avalia a amplitude de vocabulário, formação e repertório de conceitos verbais
	Teste de Nomeação de Boston	A partir dos 5 anos	Avalia a capacidade de nomeação verbal através da confrontação de uma sequência de imagens
Visuoconstrução	Figuras Complexas de Rey (Pearson)	5 a 88 anos	Avalia as funções neuropsicológicas de percepção visual e memória imediata em duas fases: de cópia de uma figura geométrica complexa e de reprodução de memória, verificando assim o modo como o sujeito percebe e apreende os dados que lhe são apresentados, além do que foi conservado pela memória em etapa de recuperação tardia
	Cubos (WISC-IV e WAIS-III) (Pearson)	6 meses a 16 anos e 11 meses 16 a 89 anos	Subteste das Escalas Wechsler de Inteligência, avalia a percepção e organização visual, processamento simultâneo, coordenação visuomotora; através de tarefa de montagem de modelo 3D, baseado em imagem (modelo 2D), com o uso de cubos
Memória	Teste de Aprendizagem Auditivo-Verbal de Rey – RAVLT	6 a 92 anos	É um teste de aprendizagem verbal, no qual é apresentada uma lista de 15 palavras e que permite estabelecer uma curva de aprendizagem ao longo de tentativas de evocação imediata, após apresentação de estímulo distrator, e em evocação tardia. Avalia a capacidade de aprendizagem, o efeito das repetições, a interferência do distrator e a velocidade de esquecimento ao longo do tempo
	Memória Narrativa (NEPSY II – Bateria Neuropsicológica) (Hogrefe)	3 a 16 anos	Subteste parte da Bateria Neuropsicológica Nepsy-II, destinado a avaliar a memória episódica verbal, assim como a compreensão da narrativa e retenção a longo prazo. Trata-se de uma tarefa com a exposição verbal de histórias (leitura por parte do avaliador), com a solicitação da evocação e reconto da história por parte do avaliado. São oferecidos também estímulos para recuperação de informações, com perguntas sobre a história lida
	Dígitos (WISC-IV e WAIS-III) (Pearson)	6 meses a 16 anos e 11 meses 16 a 89 anos	Subteste parte das Escalas Wechsler de Inteligência, avalia habilidades de memória operacional, em tarefa de evocação imediata de uma sequência de numerais. A cada etapa há um aumento da quantidade de elementos
Habilidades escolares	TDE II – Teste de Desempenho Escolar (Vetor)	Crianças do 1º ao 9º ano do ensino fundamental, tanto de escolas públicas quanto privadas	Avalia através de tarefas gráficas divididas em três subtestes, habilidades básicas de leitura, escrita e aritmética. Permite um mapeamento da aprendizagem escolar, baseado em padrões normativos para cada fase da vida escolar, no contexto do ensino particular ou público. Sua aplicação pode ser individual ou coletiva

(*continua*)

Tabela 8.1 Sugestões de instrumentos padronizados para avaliação neuropsicológica. (*Continuação*)

Funções neuropsicológicas	Teste (editora)	Idade de aplicação	Descrição do teste
	THCP – Teste de Habilidades e Conhecimento Pré-Alfabetização (Vetor)	Crianças com idade entre 4 e 7 anos que estejam no início do processo formal ou informal de alfabetização	Identifica as habilidades e o nível de conhecimento pré-alfabetização de crianças pequenas. Auxilia na identificação das necessidades educacionais de cada criança, através de tarefas divididas em cinco subescalas: habilidades perceptuais, linguagem, pensamento quantitativo, memória e atenção concentrada
Aspectos comportamentais e emocionais	CBCL – *Child Behavior Checklist*	Crianças de 1 ano e meio a 5 anos e crianças e adolescentes de 6 a 18 anos	Com este inventário é possível obter informações acerca de aspectos emocionais, comportamentais e sociais do avaliado, assim como sobre habilidades e dificuldades nas atividades de vida diária. Pode ser usado também para avaliar possíveis mudanças de comportamento após um período de intervenção. O preenchimento é indicado aos pais ou responsáveis pelo paciente

Aspectos da vida prática, funcionalidade e adaptação às demandas cotidianas são sobremaneira relevantes na investigação neuropsicológica. A identificação de quais suportes e em que intensidade são necessários, com enfoque na avaliação das habilidades adaptativas é essencial.

A avaliação qualitativa pode ser necessária quando as dificuldades cognitivas e ou comportamentais do indivíduo com TDI são muito graves e impossibilitam ou restringem a aplicação de instrumentos estandardizados. Métodos de avaliação considerados mais "ecológicos" podem avaliar o sujeito dentro de seu contexto, consiste em observações que podem ser realizadas em ambientes e situações naturalísticas, em que o paciente pode ser avaliado em situações domiciliares e escolares, brincadeiras, interações. Tal tipo de avaliação pode incluir como método:

- Entrevistas clínicas bem estruturadas (definição de queixas e seus impactos diários, histórico, tipos de terapias e estimulações já realizadas)
- Observações comportamentais
- Avaliação funcional.

Algumas sugestões de observações a serem feitas pelo neuropsicólogo em situação de avaliação são:

- Maneirismos comportamentais: dificuldades de linguagem (trocas/omissões de fonemas, formação de frases, organização do discurso)
- Alterações físicas: aspectos psicomotores (p. ex., andar, movimentos motores finos, grafomotores)
- Cooperação a situação de troca social: habilidades de interação
- Humor/afeto/estado emocional: tolerância a frustração
- Cooperação a situação de avaliação: autopercepção de seus próprios déficits.

Na Tabela 8.2 são apresentadas sugestões de tarefas para contribuir com a observação clínica e a realização da avaliação qualitativa.

Outra possível adaptação consiste na possibilidade de utilização de testes que sejam destinados e normalizados para populações mais jovens do que o paciente que está sendo avaliado. A escolha de testes direcionados a crianças menores pode possibilitar que o paciente demonstre suas

Tabela 8.2 Sugestões de tarefas para avaliação qualitativa.

Funções neuropsicológicas	Sugestões de atividades
Memória	• Memorizar sequências (objetos, cores, numerais) • Recordação de eventos – questionar sobre situações recentes e antigas • Recontar histórias • Dar uma sequência de instruções/ações para o avaliado realizar
Atenção e funções executivas	• Propor jogos que demandem atenção concentrada e controle inibitório – com alternância entre participantes, tempo de espera, sequência de ações a serem seguidas, seguimento de regras • Observar comportamento frente a situações problema – verificando reações e estratégias adotadas • Observar organização com materiais e ações em diferentes atividades
Linguagem	• Estratégias lúdicas com criação de pequenas histórias, sequências, diálogos • Nomeação de objetos, brinquedos, cores etc.
Visuoconstrução e visuomotor	• Montagem com blocos, lego, ou jogos de quebra-cabeça • Atividades com recortes e colagem • Atividades direcionadas com massinha • Uso de material gráfico, desenho livre, cópia, colorir

atuais habilidades e servir como estimativa de sua idade de desenvolvimento. Ressaltando aqui que se deve ter muita cautela nas interpretações, as quais devem seguir a linha qualitativa e não quantitativa, pois não estarão pautadas em dados normativos etários comparativos, além de serem descritas e justificadas em laudo apropriado (*Determination of Intellectual Disability Best Practice Guidelines*, 2022).

Outro aspecto de grande importância a ser abordado e detalhado na avaliação neuropsicológica de pacientes com TDI são as habilidades escolares. Reconhecer as potencialidades e dificuldades específicas do paciente nas disciplinas escolares, com destaque para o raciocínio aritmético, leitura e escrita, contribui para maior instrumentalização do processo interventivo clínico, e também para o planejamento das adaptações necessárias a que a educação inclusiva se propõe, alinhando a oferta escolar ao nível de desenvolvimento no qual o aluno se encontra. Segundo Glat e Estef (2021), alunos com TDI geralmente não contam com experiências escolares adequadas, prejudicando sua participação, aprendizagem e inclusão social. A representação social do aluno com TDI costuma basear-se na "incapacidade cognitiva", o que contribui para prejuízos na sua autoimagem, autonomia e participação social (Reis; Araújo; Glat, 2019), o que pode acentuar os níveis de sintomas depressivos e ansiosos.

O papel da avaliação neuropsicológica nos casos de TDI deve ter como finalidade não apenas a identificação e conclusão diagnóstica, mas também a descrição clara e detalhada do funcionamento cognitivo atual do paciente, identificando aspectos que se encontram em defasagem e de que forma esses aspectos podem impactar nas suas esferas cognitiva, emocional e social (Echavarria-Ramirez; Tirapu-Ustarroz, 2021); e tendo como objetivo instrumentalizar e direcionar o trabalho de intervenção e reabilitação.

Caso clínico

Identificação: S., 10 anos.
Histórico: genitores referem gestação e parto sem intercorrências, nascimento às 38 semanas, Apgar 9-10. Amamentação natural até os 9 meses e boa aceitação da alimentação sólida. Engatinhou aos 10 meses, iniciou marcha sem apoio com 1 ano e 2 meses, porém com prejuízo no equilíbrio e coordenação motora, machucava-se com frequência e não conseguia pular. Iniciou fala de palavras isoladas aos 2 anos e meio, formando frases apenas após os 3 anos. Apresentava dificuldade para organizar discurso e narrativas mesmo após os 5 anos. Até os 5 anos apresentava enurese.

Devido ao atraso no desenvolvimento da fala, desde os 2 anos realizou acompanhamento fonoaudiológico e exames para descartar outras condições clínicas e auditivas. Exames como potencial evocado auditivo do tronco encefálico (BERA), audiometria e eletroencefalograma não apresentaram alterações. S. mostrava prejuízos na interação e comunicação, apresentando comportamentos de agressividade frente a frustrações. Foi acompanhada por alguns profissionais da psicologia que realizaram trabalho focado em questões emocionais e comportamentais, não realizando exame detalhado dos aspectos cognitivos. Aos 8 anos, recebeu como hipótese o diagnóstico de transtorno do espectro do autista (TEA).

Queixas familiares: significativa dificuldade de aprendizagem, não conseguiu se alfabetizar. Apresenta comportamento infantilizado e tem preferência por estar com crianças menores, interagindo melhor com elas. É ansiosa, agitada e tem pouca autonomia, dependendo de auxílio para diversas atividades de vida diária, como vestir-se, alimentar-se etc. Está cursando o quarto ano do ensino fundamental e a escola oferece pouco suporte na adaptação curricular.

Na Tabela 8.3 estão descritos os instrumentos utilizados na avaliação referente ao caso clínico apresentado. Os resultados obtidos pela paciente são apresentados na Tabela 8.4.

S. apresentou desempenho intelectual considerado "muito inferior" ao esperado para a sua idade, com QI de 53 pontos. Obteve resultados significativamente abaixo da média em todos os testes da avaliação realizada, conforme Tabela 8.4, evidenciando um prejuízo cognitivo global. O perfil neuropsicológico apresentado é compatível com o TDI. A avaliação evidenciou também prejuízos significativos nas habilidades adaptativas (conceituais, sociais e práticas), que impactam na comunicação e interação social da paciente, o que faz necessária investigação e análise clínica para um diagnóstico diferencial, considerando as hipóteses diagnósticas levantadas anteriormente. Segundo o DSM-5, para o diagnóstico da comorbidade de TEA e TDI, a comunicação social deve estar abaixo do esperado para o nível geral de desenvolvimento. Contudo, na avaliação clínica de S., foi observada capacidade simbólica, imaginativa e interação ao brincar; intencionalidade comunicativa, com troca e reciprocidade na interação social, no que esteve ao alcance da sua compreensão. Quando compreendia o conteúdo, respondia com prontidão às perguntas realizadas. Não foi identificada a presença de estereotipias ou disfunções sensoriais. Os resultados obtidos através da aplicação da Escala de Responsividade Social (SRS-2) evidenciaram também a ausência de prejuízos nos domínios relacionados com a percepção, motivação e comunicação social. Os dados obtidos pela observação clínica, histórico da paciente e resultado de escala específica, apoiaram a exclusão da hipótese diagnóstica de TEA.

Tabela 8.3 Exemplo de instrumentos utilizados na avaliação neuropsicológica do caso clínico apresentado.

Entrevista de Anamnese
Escala de Inteligência Wechsler para Crianças e Adolescentes – 4ª Edição (WISC-IV)
Teste Gestáltico Visomotor de Bender
Coleção Neupsilin – Instrumento de Avaliação Neuropsicológica Breve – Atenção Visual, Leitura e Escrita, Memória, Fluência Verbal, Nomeação
Memória para Histórias – *Wide Range Assessment of Memory and Learning* (WRAML)
Teste de Atenção por Cancelamento (Montiel e Seabra, 2012)
Compreendendo Instruções – Bateria Neuropsicológica Nepsy II
THCP – Teste de Habilidades e Conhecimento Pré-Alfabetização
Vineland-3 – Escalas de Comportamento Adaptativo
Escala de Responsividade Social (SRS-2)

Tabela 8.4 Resultados da avaliação neuropsicológica do caso clínico apresentado.

Teste	Pontos brutos	QI	Percentil	Classificação
Funções Intelectuais – WISC-IV				
QI total	33	53	0,1	Inferior
Compreensão verbal	13	67	1	Inferior
Organização perceptual	11	61	0,5	Inferior
Memória operacional	2	45	–0,1	Inferior
Velocidade de processamento	6	58	0,3	Inferior
Teste Gestáltico Visomotor de Bender				
Teste Gestáltico de Bender	18			Inferior
Neupsilin – Instrumento de Avaliação Neuropsicológica Breve				
Fluência verbal ortográfica	2		0,1	Inferior
Fluência verbal semântica	10		18	Médio inferior
Leitura de palavras	0		–	Inferior
Escrita de palavras	0		–	Inferior
Memória auditiva	2		–	Inferior
Memória narrativa	10		0,2	Inferior
Memória episódico-semântica visuoverbal – Recordação	5		24	Médio inferior
Memória Operacional Visuoespacial	0		–	Inferior
Nomeação	9		52	Médio
Lista de palavras – Evocação imediata	2		–	Inferior
Lista de palavras – Evocação tardia	1		–	Inferior
Atenção visual (Neupsilin)	27		–	inferior
Memória para Histórias – *Wide Range Assessment of Memory and Learning* (WRAML)				
Memória para Histórias (WRAML)	2		< 25	Inferior
Teste de Atenção por Cancelamento (Montiel e Seabra, 2012)				
Atenção por cancelamento (1 estímulo)	12		Prejudicado	
Atenção por cancelamento (2 estímulos)	1		Prejudicado	
Atenção por cancelamento (diversos estímulos)	5		Prejudicado	
Bateria Neuropsicológica Nepsy-II				
Compreensão de instruções	15		0,1	Inferior
THCP – Teste de Habilidades e Conhecimento Pré-Alfabetização				
Pensamento quantitativo	5		< 25	Inferior
Atenção concentrada	22		< 25	Inferior
Habilidades perceptomotoras	7		< 25	Inferior
Linguagem	6		< 25	Inferior

Escala de Responsividade Social – SRS-2 (Idade Escolar)

Domínio avaliado	Escore T	Classificação
Percepção social	52	Normal
Cognição social	47	Normal
Comunicação social	55	Normal
Motivação social	59	Normal
Comunicação e interação social	56	Normal
Padrões restritos e repetitivos	54	Normal
Escore total	56	Normal

O caso clínico apresentado trata-se de exemplo importante quanto ao papel da avaliação neuropsicológica como apoio ao diagnóstico em casos de TDI, assim como quanto à definição de programas de intervenção mais condizentes às necessidades do paciente. Alguns sintomas em geral, encontrados em quadros de TEA, como prejuízo na manutenção do contato de olho, dificuldade de interação com os seus pares, e isolamento, podem também ser decorrentes do perfil neuropsicológico do TDI, mas em razão de falhas primárias na manutenção da atenção dirigida, imaturidade emocional, prejuízos em resolução de problemas e repertório social aquém ao esperado à sua idade cronológica. Dessa forma, o esclarecimento quanto às funções cognitivas defasadas, funcionalidade e comportamento adaptativo, assim como da conexão quanto aos seus impactos cotidianos na vida do indivíduo são de demasiada relevância para melhor busca de recursos que se adequem às reais necessidades da pessoa com o TDI.

Considerações finais

O TDI pode apresentar diferentes etiologias, assim como variadas apresentações clínicas quanto a intensidade dos déficits cognitivos e funcionais do sujeito. A compreensão diagnóstica deve passar por uma avaliação cuidadosa, tecnicamente bem embasada, realizada por profissionais dentro de uma equipe multidisciplinar, que envolva médicos, terapeutas, professores e família, assim como outros profissionais e pessoas que estejam envolvidos nos cuidados e assistência a esse público.

Nesse cenário, a avaliação neuropsicológica pode contribuir com informações valiosas acerca de habilidades e déficits cognitivas/mentais, levantamento de comportamentos adaptativos e funcionalidade. Avaliações qualitativas, ecológicas e contextualizadas devem ser utilizadas também. Dessa forma, podem ser definidos planos terapêuticos e interventivos que melhor se adequem às necessidades do paciente.

Referências bibliográficas

AMERICAN ASSOCIATION ON INTELLECTUAL AND DEVELOPMENTAL DISABILITIES. Definição de deficiência intelectual. Disponível em: https://aaidd.org/homehttps://aaidd.org/home. Acesso em: 11 de maio de 2023.

AMERICAN PSYCHIATRIC ASSOCIATION (APA). Diagnostic and Statistical Manual of Mental Disorders (5th-TR). American Psychiatric Association, 2022.

AMERICAN PSYCHOLOGICAL ASSOCIATION et al. Guidelines for assessment of and intervention with persons with disabilities. The American Psychologist, v. 67, n. 1, p. 43-62, 2012.

DETERMINATION OF INTELLECTUAL DISABILITY: BEST PRACTICE GUIDELINES. Texas Health and Human Service. 2022. 94 p. Disponível em: https://www.hhs.texas.gov/sites/default/files/documents/doing-business-with-hhs/providers/long-term-care/lidda/did-best-practice-guidelines.pdf. Acesso em: 25 de novembro de 2023.

ECHAVARRIÍA-RAMIÍREZ, L. M., TIRAPU-USTÁARROZ, J. Exploración neuropsicológica en niños con discapacidad intelectual. Revista de Neurologia, v. 73, n. 2, p. 66-76, 2021.

FURLIN, V. et al. Neuropsychological and behavioural profiles of students with intellectual development disorder on parents and teachers' perceptions. Texas, Journal of Intellectual Disability Research, Texas, v. 65, n. 7, p. 626-637, 2021.

GLAT, R.; ESTEF, S. Experiências e vivências de escolarização de alunos com deficiência intelectual. Bauru, Revista Brasileira de Educação Especial, Bauru, v. 27, 2021.

HRONIS, A., ROBERTS, L., KNEEBONE, I. I. A review of cognitive impairments in children with intellectual disabilities: Implications for cognitive behaviour therapy. United States: British Journal of Clinical Psychology, United States, v. 56, n. 2, p. 189-207, 2017.

JARROLD, C. et al. What links verbal short-term memory performance and vocabulary level? Evidence of changing relationships among individuals with learning disability. Journal of Memory and Language, v. 50, p. 134-148, 2004.

MATTIE, L. J. et al. Perspectives on adaptive functioning and intellectual functioning measures for intellectual disabilities behavioral research. Switzerland: Frontiers in Psychology, Switzerland, v. 14, 2023.

MEMISEVIC, H.; SINANOVIC, O. Executive function in children with intellectual disability – the effects of sex, level and etiology of intellectual disability. Journal of intellectual disability research: JIDR, v. 58, p. 830-837, 2014.

REIS, J. G.; ARAÚJO, S. M.; GLAT, R. Autopercepção de pessoas com deficiência intelectual sobre deficiência, estigma e preconceito. Revista Educação Especial, [s. l.], v. 32, p. 103, 2019.

SELAU, T. et al. Evidence of validity and reliability of the adaptive functioning scale for intellectual disability (EFA-DI). Porto Alegre: Psicologia: Reflexão e Crítica, Porto Alegre, v. 33, n. 1, 2020.

SU, C.-Y. et al. Neuropsychological predictors of everyday functioning in adults with intellectual disabilities. England: Journal of Intellectual Disability Research, England, v. 52, n. 1, 2007.

9 Lesões Adquiridas na Infância

Geise Aline de Almeida Silva • Debora Almeida do Val

Introdução

A lesão encefálica adquirida (LEA) é uma condição de caráter não congênito, adquirida após o nascimento e não relacionada a uma doença degenerativa. É definida por um conjunto de lesões traumáticas do sistema nervoso, sendo elas externas ou internas, como observado no caso de tumores, acidente vascular encefálico (AVE), infecções virais no sistema nervoso, traumatismo cranioencefálico (TCE) dentre outros. Crianças nessas condições tendem a apresentar alterações significativas em seu desenvolvimento psicológico e social, resultando em alterações funcionais que podem ser a curto ou longo prazo, com prejuízos cognitivos, psicológicos e emocionais, por exemplo, comportamentos impulsivos, ansiedade e/ou depressão, dificuldade na tomada de decisão, na concentração e velocidade de processamento, memória, coordenação motora e habilidades visuoespaciais (Feitosa *et al.*, 2021; Nguyen *et al.*, 2021; Guinn *et al.*, 2019; Camm *et al.*, 2021).

A análise das consequências da lesão no cérebro pode ser muito variada, no entanto, deve ser realizada a partir do local do trauma, isto é, em relação à estrutura cerebral principal e suas subdivisões. As lesões podem ser corticais, subcorticais, com acometimento somente no hemisfério direito, esquerdo ou bilateral. Dessa maneira, como exemplo podem ser citadas algumas consequências em lesões no lobo mesial temporal esquerdo, na qual há prejuízo na memória anterógrada de conteúdo verbal, enquanto no lobo direito pode acarretar amnésia anterógrada para conteúdo não verbal (Harel; Tranel, 2007).

A compreensão entre a relação dos danos em áreas específicas do cérebro e seus respectivos déficits no comportamento foi estudada inicialmente por Paul Broca e Carl Wernicke na segunda metade do século XIX, e a neuropsicologia assume um papel importante na associação entre áreas cerebrais, funções cognitivas e comportamento. Um dos métodos de estudo para o entendimento das funções exercidas pelo cérebro envolve a análise dos impactos decorrentes de lesões no sistema nervoso, como danos em estruturas macroscópicas cerebrais e sua inter-relação com as funções cognitivas e o comportamento. Importante ressaltar que uma lesão grave adquirida afeta muitos aspectos na vida do indivíduo e não somente as disfunções relacionadas às áreas lesionadas. Pode impactar diretamente o convívio social, a capacidade de aprendizagem, as atividades de vida diária e lazer, a participação na sociedade e qualidade de vida, e, consequentemente, trazer prejuízos psiquiátricos, como depressão e ansiedade (Chevignard *et al.*, 2012; Harel; Tranel, 2007; Lumba-Brown *et al.*, 2018).

A compreensão sobre os danos e suas implicações em um cérebro em desenvolvimento é de extrema importância, uma vez que apresentam particularidades que diferem de um cérebro adulto, como apresentar lesões mais difusas (Palanivel *et al.*, 2021). Um entendimento desses acometimentos garante um melhor manejo e tratamento dessas crianças, visto que dados estatísticos na população pediátrica apontam que dentre 70 e 80% dessas crianças se recuperarão bem, alcançando o mesmo estado pré-dano e não reportarão déficits significativos que perdurariam por mais de 1 a 3 meses (Lumba-Brown *et al.*, 2018) e somente 5% delas serão classificadas com um trauma severo (Palanivel *et al.*, 2021).

O impacto da LEA na vida do indivíduo não se limita apenas ao momento do evento traumático, ele pode revelar-se em outro período da vida e/ou persistir por um longo tempo após o trauma. Durante o seu desenvolvimento, a interação da criança com o mundo pode ficar cada vez mais complexa, exigindo cada vez mais esforço e adaptação na aquisição de novos conhecimentos ou até mesmo para atingir as exigências acadêmicas com o avançar dos anos, visto que as dificuldades podem se tornar mais evidentes nesse estágio (Palanivel *et al.*, 2021).

Dessa forma, reconhecer o impacto da lesão encefálica, reduzir os danos por meio de tratamento precoce da condição neurológica atual e prevenir lesões secundárias estão entre os *guidelines* e protocolos especializados nesse tipo de atendimento (Class; Bonifacio, 2018).

Apresentação clínica e tipos de lesões

Inúmeros são os fatores que podem influenciar o neurodesenvolvimento normal em crianças, cujas consequências afetam as funções e estruturas cerebrais (Ashwal, 2018). As etiologias são muito variadas e podem incluir:

- Infecções
- Inflamações
- Traumas
- Concussões
- Neoplasias
- Doenças vasculares
- Infecções focais
- Hidrocefalias

- Encefalopatia hipóxico-isquêmica (AVE)
- Desordens metabólicas
- Aspectos nutricionais
- Toxinas exógenas ou venenos
- Encefalopatia hipertensiva
- Queimaduras.

Nos casos de nascimento pré-termo, as consequências podem ser ainda mais graves, tendo em vista tratar-se de uma fase de muita vulnerabilidade para danos, pois os ossos cranianos são mais finos e flexíveis, a cabeça maior e mais pesada quando comparada ao restante do corpo, e o pescoço, pequeno e mais fraco, o que pode levar a um movimento mais brusco durante uma batida, por exemplo (Palanivel et al., 2021). Esse é um período em que o cérebro está em grande crescimento e organização e com vários processos em curso, como migração neuronal e mielinização (Duncan; Matthews, 2018), e os cuidados intensivos do neonatal é uma subespecialidade que vem crescendo frente à compreensão dos impactos negativos de uma doença grave em um cérebro em desenvolvimento, assim como das sequelas a longo prazo, como paralisia cerebral, epilepsia, transtorno do desenvolvimento intelectual e alterações comportamentais (Class; Bonifacio, 2018).

As condições mais comuns nessa população incluem encefalopatia, hemorragias periventriculares, leucomalácia periventricular, dilatação persistente dos ventrículos, convulsões, doenças pulmonares crônicas e meningite neonatal. Alguns fatores de risco para lesões merecem ser observados, como baixo peso ao nascer (menos de 750 g e menos de 25 semanas de gestação), circunferência da cabeça abaixo do normal, uso abusivo de drogas ilícitas pela mãe, baixa condição socioeconômica, privação parental e malformações (Duncan; Matthews 2018; Class; Bonifacio, 2018).

A maior incidência de lesão são aquelas decorrentes de TCE moderado (TCEm) que, em crianças e adolescentes de 18 anos ou menos, é considerado uma questão de saúde pública e que merece atenção (Lumba-Brown et al., 2018). Estudos sobre esse tipo de lesão tem se tornado cada vez mais relevantes, tendo em vista sua relação com inúmeras doenças degenerativas, e consequentemente aumentado o interesse por diagnósticos e melhores planos de intervenções (Kochanek et al., 2015; Lumba-Brown et al., 2018).

As lesões encefálicas são divididas em traumáticas e não traumáticas, e suas manifestações clínicas dependerão da natureza de cada insulto. Na Figura 9.1 serão apresentados os tipos de lesão e suas apresentações clínicas.

Lesões não traumáticas (internas)

Uma lesão cerebral não traumática é aquela que não fraturou o crânio, ou seja, que não foi causada por uma força física externa. Pode ser resultado de hipoxia, tumores, AVE (hemorrágico ou isquêmico), experiência de quase afogamento, dentre outros. As consequências são comparáveis a de um TCE, contudo o efeito não traumático cerebral tem a capacidade de se espalhar para todas as áreas do cérebro, diferentemente do TCE que acomete áreas focais (Giustini et al., 2013). A seguir serão apresentados os tipos dessas lesões.

Tumores

Os tumores cerebrais são classificados como primários ou decorrentes de uma metástase (Price; Goetz; Lovel, 2007).

Os tumores primários são divididos em duas principais categorias: (1) tumores gliais e (2) tumores neuronais. Os tumores cerebrais primários sólidos são heterogêneos em sua histopatologia, nas características moleculares e no prognóstico. Dentre os gliomas em crianças, os mais comuns são astrocitomas, oligodendrogliomas, ependimomas, gliomas do tronco cerebral e gliomas do nervo óptico. Já os tumores neuronais, a maioria são embrionários, sendo os mais comuns os de meduloblastoma, tumores teratoides rabdoides atípicos e tumores neuroectodérmicos primitivos do sistema nervoso central, craniofaringiomas (Adel; Scheurer, 2021).

Os tumores sólidos estão entre os mais comuns em crianças e adolescentes. Eles representam cerca de 15 a 20% dos tumores e são as causas mais comuns de mortalidade infantil se comparados a outros tipos de cânceres (Udaka; Packer, 2018; Keng; Stewart; Sheehan, 2022; Feitosa et al., 2021). A apresentação clínica na infância dependerá da idade da criança, da localização e dos padrões de crescimento do tumor. A taxa de incidência desse quadro em idades entre 0 e 19 anos varia de 3,3 a 4,5 casos por 100.000/ano (Packer, 2018).

Os declínios cognitivos são significativos e perduram mesmo após o tratamento. Dentre os déficits encontrados, podemos destacar prejuízos na atenção, velocidade de

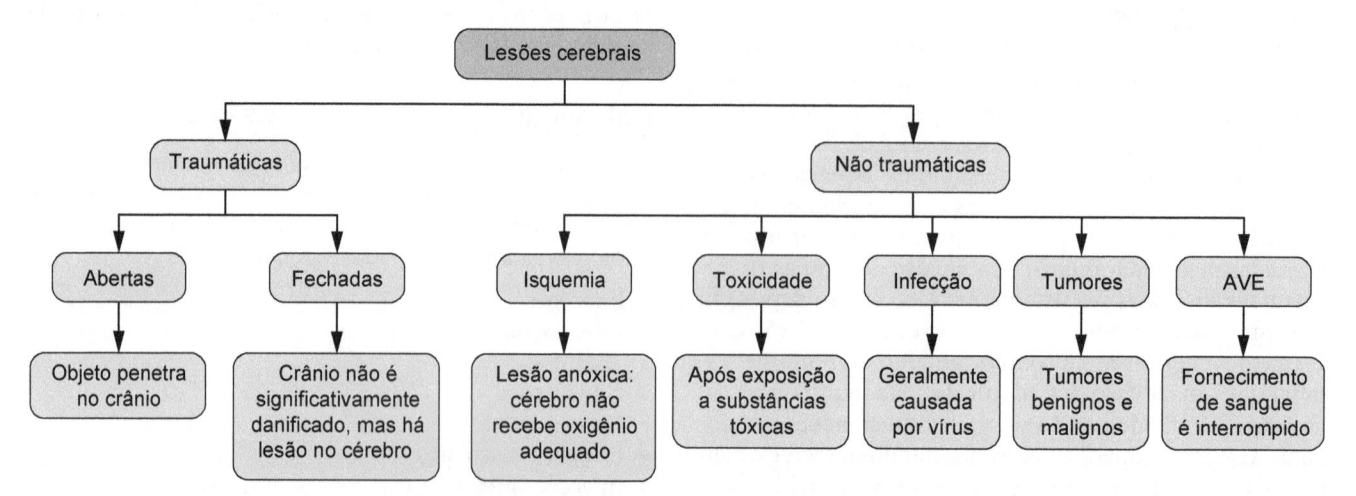

Figura 9.1 Fluxograma com apresentação dos tipos de lesões. (Adaptada de Najem et al., 2018.)

processamento e na memória operacional, visto que esses são subjacentes a problemas com o desenvolvimento intelectual da criança. As sequelas, neurocognitivas, socioemocionais ou de humor, como depressão e ansiedade, afetam negativamente o desenvolvimento da criança e do adolescente, que precisará muitas vezes de suporte psicossocial (Stavinoha et al., 2018).

Infecções cerebrais

Outro tipo de lesão não traumática são as infecções cerebrais, que, embora consideradas relativamente raras, os resultados podem ser graves, levando tanto a sequelas permanentes, como a morte (Weinberg; Thomson-Stone, 2018). Para esse tipo de lesão os dados epidemiológicos nos EUA indicaram 10 a 20 casos em cada 100.000 crianças/ano (Sarrazin; Bonneville; Martin-Blondel, 2012; Autore et al., 2021).

As infecções cerebrais são caracterizadas de acordo com o microrganismo causador, conforme o tipo de paciente: se recém-nascido, idoso ou imunodepressor, ou conforme sua apresentação clínica. Os agentes patogênicos incluem bactérias, parasitas, fungos, vírus e príon. A contaminação pode ocorrer por três principais vias: sanguíneas, áreas adjacentes e via neuronal, as quais serão apresentadas pela Figura 9.2.

Tendo em vista que a maioria das infecções virais se inicia com a entrada e replicação do vírus na pele ou nas células que revestem o trato respiratório e gastrointestinal, fatores como a resposta imunológica da criança e a integridade das barreiras protetoras serão determinantes para o combate à infecção (Bonthius; Bale, 2018).

A meningite é um exemplo de infecção e caracteriza-se por um processo inflamatório das meninges. O processo diagnóstico baseia-se principalmente na apresentação clínica e na análise do líquido cefalorraquidiano (Mount; Boyle, 2017). Esse quadro pode ser causado tanto pela invasão de um patógeno, como por uma alta resposta inflamatória (Weinberg; Thomson-Stone, 2018). As meningites bacterianas são exemplos de infecções no sistema nervoso central e têm consequências graves que podem levar a morte da pessoa acometida ou sequelas neurológicas severas e permanentes. Nas meningites bacterianas, 85% dos casos são decorrentes de meningococo ou pneumococo e requerem atenção, uma vez que nas de causa por pneumococo o risco de mortalidade chega a 20% e causam sequelas que variam de 30 a 50% dos casos (Sarrazin et al., 2012).

A meningite asséptica mais comum é a viral e esta é estabelecida também após a inflamação das meninges. Dos casos apontados em estudos prévios, os enterovírus são responsáveis por mais de 80% dos casos em que o agente etiológico foi identificado, contudo outros agentes virais também podem estar envolvidos, como é o caso do arbovírus (vírus da caxumba), herpesvírus e adenovírus (Santos, 2012).

A subnotificação pode dificultar a real incidência dos casos de meningite, porém, baseando-se em estudos europeus, a incidência de casos em crianças com menos de 1 ano é de 70 para 100.000 e em crianças entre 1 e 14 anos, 5,2 para 100.000 crianças (Mount; Boyle, 2017).

Acidente vascular encefálico

O AVE pode ocorrer em qualquer idade, porém é uma condição muito rara em crianças. A incidência na faixa pediátrica é variada e a literatura aponta uma estimativa entre 2,5 e 13 casos por 100.000/ano, sendo a maior incidência entre meninos e crianças negras quando comparada às caucasianas e asiáticas. A taxa de morbidade e mortalidade está mais associada à demora no diagnóstico e ao tratamento recebido (Hollist et al., 2021).

Em crianças menores de 1 ano, o AVE pode gerar sintomas clínicos como convulsões e alteração do estado mental, enquanto nas mais velhas a apresentação de déficits neurológicos focais são os mais comuns, dentre eles a hemiplegia – paralisia em um dos lados do corpo (Feitosa et al., 2021). Na população pediátrica, os fatores de risco para AVE isquêmico (AVEi) são variados e incluem a anemia falciforme e as cardiopatias (congênitas ou adquiridas) como doença de base, contudo os fatores de risco para o AVE hemorrágico (AVEh) incluem malformações vasculares e trauma (Mekitarian; Carvalho, 2009).

Com relação ao impacto cognitivo nas crianças acometidas pelo AVE, observou-se que o AVEi está associado a piores resultados em relação às habilidades de atenção e ao funcionamento executivo em comparação ao AVEh, e a convulsão está associada a maiores prejuízos nas funções executivas (Champigny et al., 2023).

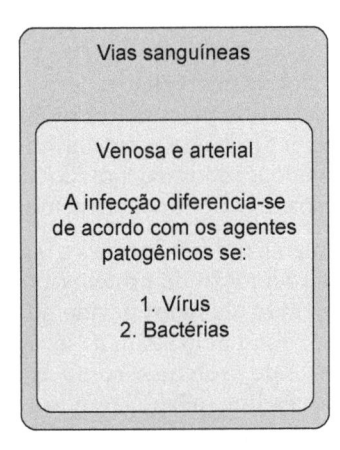

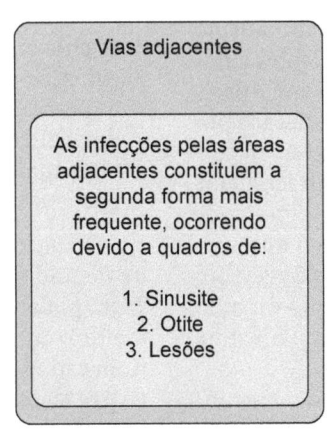

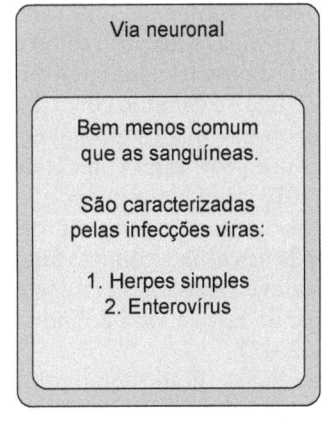

Vias sanguíneas	Vias adjacentes	Via neuronal
Venosa e arterial A infecção diferencia-se de acordo com os agentes patogênicos se: 1. Vírus 2. Bactérias	As infecções pelas áreas adjacentes constituem a segunda forma mais frequente, ocorrendo devido a quadros de: 1. Sinusite 2. Otite 3. Lesões	Bem menos comum que as sanguíneas. São caracterizadas pelas infecções viras: 1. Herpes simples 2. Enterovírus

Figura 9.2 Apresentação das principais vias de contaminação. (Adaptada de Sarrazin; Bonneville; Martin-Blondel, 2012.)

Como o cérebro ainda está em pleno desenvolvimento, o impacto do AVE em crianças difere dos adultos, sendo importante ressaltar que alguns déficits cognitivos, comportamentais e motores aparecerão somente no período escolar ou na adolescência. Por esse motivo, estudos longitudinais sobre a trajetória da recuperação e de uma avaliação que investigue possíveis associações entre os comportamentos atuais com as possíveis lesões adquiridas pós-AVE são importantes (Malone *et al.*, 2023).

Sendo assim, as sequelas neurológicas e comprometimentos neuropsicomotores a longo prazo são comuns e estarão fortemente ligados à doença de base e à extensão das lesões cerebrais (Mekitarian Filho; Carvalho, 2009).

Toxicidade química

Desde a vida intrauterina até a primeira infância o cérebro em desenvolvimento se mostra mais vulnerável à exposição de produtos químicos tóxicos e lesões dessa natureza, uma vez que mesmo baixos níveis de exposição podem causar mais danos que no cérebro de um adulto (Grandjean; Landrigan, 2014).

Um estudo de Grandjean e Landrigan (2014) nessa população com o cérebro em desenvolvimento apontou os principais tipos de produtos químicos neurotóxicos e suas consequências cognitivas e comportamentais a longo prazo. Dentre eles, citam o chumbo, metilmercúrio, bifenilos policlorados, arsênico e tolueno. Os danos da neurotoxicidade no sistema nervoso central são intratáveis e permanentes, e suas consequências podem acarretar inteligência reduzida (observada em perda de pontos em testes de QI), desempenho escolar abaixo do esperado para a idade e alterações comportamentais significativas, por exemplo, comportamento antissocial e criminoso, violência e uso abusivo de substâncias. Esses eventos neurotóxicos se comparam às perdas associadas a eventos médicos, como prematuridade, TCE, tumores cerebrais e doenças cardíacas congênitas.

Lesões traumáticas (abertas e fechadas)

Traumatismo cranioencefálico

O TCE é considerado um evento traumático externo muito comum e com uma taxa anual de internações de 200 para cada 100.000 habitantes, sendo um dos principais fatores de óbitos no mundo. O trauma pode ocasionar lesão anatômica ou comprometimento funcional nas estruturas do crânio ou do encéfalo (Pimentel, 2021). O traumatismo pode ocorrer em diversas situações, como acidentes automobilísticos, quedas, esportes agressivos ou violência física (Goldman *et al.*, 2022) e é definido como lesão causada por algum objeto penetrante que fraturou o crânio ou decorrente de impactos que provocaram uma lesão intracraniana (Fuentes *et al.*, 2013). Em consequência, o trauma pode resultar em alterações da atividade neuronal comprometendo a integridade física, bem como as funções do cérebro e, em casos mais graves, causar sangramentos ou formação de coágulos, gerando risco à vida do indivíduo (Giustini; Pistarini; Pisoni, 2013).

O TCE pode ser classificado como primário ou secundário. O primário está relacionado diretamente ao momento em que o evento traumático ocorreu e é causado por mecanismos diretos, como um impacto, desaceleração ou trauma penetrante, tendo como consequência o surgimento de hematomas epidurais ou subdurais, contusões corticais e/ou cisalhamento axonal. Já o TCE secundário está relacionado ao momento posterior ao trauma, com duração de horas ou dias como resultado indireto do insulto (Najem *et al.*, 2018).

Epidemiologia

Muitos estudos relacionam o TCE como um problema de saúde pública, pois causam impactos econômicos elevados, além de danos permanentes no indivíduo que precisará de programas de reabilitação e cuidados intensivos no decorrer da vida (Pimentel, 2021). No Brasil, a principal causa de óbitos em crianças maiores de 5 anos é devido ao TCE, e em adolescentes é a que corresponde a 50% das mortes (Brasil, 2015).

Um estudo epidemiológico descritivo, realizado em 2020 no estado do Ceará, levantou dados de 1.612 crianças entre 0 e 4 anos que estavam internadas em caráter de emergência, e concluiu que o sexo masculino possuía o maior índice de internação por TCE, justificando que essa predominância de meninos se deve à suas brincadeiras mais aventureiras que as do sexo feminino, além da influência dos cuidados dos pais (Pimentel, 2021; Amorim *et al.*, 2017).

Entre as crianças com 1 ano, 95,65% apresentaram queda como causador do trauma, assim como sustenta a literatura que, em menores de 3 anos, as quedas são frequentes causadoras de lesão cerebral, pois crianças dessa idade são vulneráveis a queimaduras, afogamentos, quedas e intoxicações. Os acidentes de trânsito (8,45%) destacam-se como a segunda causa de atendimento de emergência por causas externas e ocupam a primeira posição entre crianças de 1 a 9 anos (Amorim *et al.*, 2017).

Estudos atuais identificaram uma associação entre as lesões traumáticas moderadas ou repetitivas com transtornos neurodegenerativos futuros. Porém, os mecanismos que conduzem aos potenciais efeitos cerebrais decorrentes dos traumas agudos ou múltiplos e repetitivos são pouco conhecidos. Eles apontam para alterações na homeostase neuronal e nas funções regulatórias com hipóteses relacionadas à:

- Diminuição da reserva cognitiva
- Inflamação crônica com liberação de substâncias como as citocinas
- Ativação crônica da micróglia
- Suprarregulação dos precursores da proteína amiloide (APP), pois os níveis dessa proteína no córtex temporal aumentam em poucas horas depois do insulto grave, impactando a estrutura e o funcionamento dos neurônios.

O funcionamento normal do cérebro inclui mecanismos de degradação e remoção de proteínas, que, no caso do TCE, podem ter sido alterados devido ao processo inflamatório crônico, resultando assim na incapacidade de eliminação eficiente de proteínas, como as beta-amiloides (Aβ) e tauopatia cerebral (pTau), levando a possível relação com os processos neurodegenerativos futuros (Dekosky; Asken, 2017).

Traumatismo cranioencefálico na infância

A principal causa de TCE em crianças menores de 14 anos são as quedas, os acidentes relacionados à bicicleta ou os de trânsito, contudo a taxa de hospitalização de crianças menores de 2 anos em decorrência de traumatismo craniano abusivo (TCA) é de 30 bebês para cada 100.000, o que é comparável a meningite neonatal e a leucemia linfocítica aguda. O TCA ocorre quando o bebê é sacudido, quando recebe um impacto direto no crânio ou até mesmo em ambas as situações; muitos desses casos podem resultar em um comprometimento da consciência, apresentação de quadros convulsivos, vômitos e, em casos mais graves, atrasos nos marcos do desenvolvimento (Araki; Yokota; Morita, 2017; Paulino, 2021).

Diante de uma suscetibilidade fisiológica do desenvolvimento infantil, como um crânio mais flexível, a cabeça maior, com mais água e menos mielina no cérebro e com os músculos do pescoço mais fracos, as chances da ocorrência de TCE nas crianças são maiores (Najem *et al.*, 2018). Dessa forma, as manifestações clínicas podem variar conforme a gravidade do trauma, sendo a escala de coma de Glasgow pediátrica (ECG-P) (Tabela 9.1) para lactentes e maiores de 2 anos recomendada para melhor entendimento do nível de consciência do paciente ou da duração da amnésia pós-traumática, visto que os déficits neurológicos observados na criança no momento da lesão, assim como cefaleia, tontura, vômito ou desatenção (sinais clínicos) podem indicar uma progressão das alterações fisiopatológicas (Paulino, 2021).

A ECG-P deve ser aplicada nas primeiras 24 horas e a soma da pontuação obtida a partir dos três parâmetros oferece uma rápida avaliação da gravidade da lesão do paciente, que poderá ser leve, uma pontuação 13-15, intermediária, 9-12, e grave com pontuação < 8.

O TCE leve é o resultado de uma perda de consciência ou amnésia pós-traumática com menos de 1 hora e pontuação na ECG-P entre 13 e 15. A avaliação primária consistirá na história clínica do trauma, uso de neuroimagem e ECG-P com base na orientação do Ministério da Saúde no atendimento desses pacientes (Brasil, 2015). Os sintomas decorrentes do trauma normalmente se resolvem em 4 semanas e o manejo clínico inicial envolve o descanso das atividades físicas e mentais por um período de 24 a 48 horas. Pesquisas apontam para o acometimento entre 1 e 6 milhões de crianças por ano em todo o mundo (Yengo-Kahn; Reynolds; Bonfield, 2021), e aproximadamente 50 a 75% de todos esses casos serão classificados como traumas leves (Semrud-Clikeman, 2001).

No caso de TCE moderado, decorrente de acidente por energia mecânica, sua apresentação é heterogênea e com resultados variados, como com ou sem presença de insulto intracraniano, cujos sintomas iniciais podem incluir (Lumba-Brown *et al.*, 2018):

- Confusão mental
- Desorientação
- Perda da consciência por 30 minutos
- Amnésia pós-traumática por menos de 24 horas
- Outras alterações neurológicas, como sinais focais, tonturas e escore na ECG-P entre 9 e 12 após 30 minutos do incidente.

Já os casos de TCE grave são descritos pela perda de consciência ou amnésia pós-traumática por mais de 24 horas e com pontuação na ECG-P de 3 a 8 pontos. As crianças nessas condições necessitarão de assistência médica imediatamente e apresentarão prejuízos psicológicos e resultados neuropsicológicos também considerados severos (Semrud-Clikeman, 2001).

Tabela 9.1 Escala de coma de Glasgow pediátrica.

Parâmetro	Lactente	Criança	Pontos
Abertura ocular	Abre espontaneamente	Abre espontaneamente	4
	Ao comando verbal	Ao comando verbal	3
	Ao estímulo doloroso	Ao estímulo doloroso	2
	Nenhuma	Nenhuma	1
Resposta verbal	Balbuciar, murmurar	Orientada, apropriada	5
	Choro irritável	Confusa	4
	Choro em resposta à dor	Palavras inapropriadas	3
	Gemidos em resposta à dor	Sons incompreensíveis	2
	Nenhuma	Nenhuma	1
Resposta motora	Movimento espontâneo e proposital	Obedece aos comandos	6
	Retirada ao toque	Localiza estímulo doloroso	5
	Retirada em resposta a dor	Retirada do membro à dor	4
	Flexão anormal	Flexão anormal	3
	Extensão anormal	Extensão anormal	2
	Nenhuma	Nenhuma	1

Adaptada de Davis *et al.*, 1987; James; Anas; Perkin, 1985; Morray *et al.*, 1984.

Avaliação neuropsicológica

A avaliação neuropsicológica (AN) segundo Wilson, Herbet e Shiel (2004) é a coleção sistemática, organizada e interpretada de informações sobre o estado atual do indivíduo que sofreu um trauma cerebral. É frequentemente solicitada para oferecer informações adicionais sobre uma variedade de transtornos do neurodesenvolvimento, alterações genéticas, concussões, TCE, recuperação pós-tumores cerebrais e problemas neurofisiológicos, como epilepsia e transtornos do movimento em crianças expostas a substâncias teratogênicas (Wilson; Herbet; Shiel, 2004; Semrud-Clideman, 2001).

Sendo assim, a AN acessará as funções cerebrais fazendo inferências sobre a cognição, habilidade sensorimotora, estado emocional e comportamento social, buscando compreender a relação entre cérebro, comportamento e as consequências psicossociais dos danos cerebrais acometidos (Howieson; Lezak, 2007).

A fim de compreender a extensão funcional da lesão cerebral adquirida, a AN assume um papel investigativo da cognição e do comportamento e tem o objetivo de determinar o nível evolutivo da criança acometida pela LEA (Tabaquim; Lima; Ciasca, 2012). Para isso, deverão ser administrados instrumentos padronizados ou tarefas clínicas para avaliar os domínios cognitivos conforme apresentados na Figura 9.3.

A seleção dos testes neuropsicológicos deverá ser flexível, visto que mudanças comportamentais e cognitivas podem surgir ao longo da recuperação desse indivíduo. Dessa forma, optar por uma testagem que atenda inicialmente os sintomas apresentados, considerando a necessidade de cada paciente e seu nível de habilidade após a injúria, é comumente recomendado (Mayo *et al.*, 2019).

Os resultados desse processo assumem um caráter importante no auxílio das decisões sobre o tratamento, no planejamento de intervenções e para a elaboração de programas de reabilitação (Miotto, 2017). Diante da complexidade do cérebro, em particular daquele em desenvolvimento, a utilização de uma abordagem transacional para estudo e tratamento de crianças e adolescentes nessa condição é o mais apropriado, visto que esta abordagem considera o resultado da avaliação neuropsicológica com a análise clínica do médico, interação da família e da escola, no sentido de promover e identificar fortalezas e dificuldades dessa criança e, consequentemente, promover um plano de intervenção individualizado e adequado.

Crianças acometidas por LEA terão grande impacto em seu desenvolvimento global e na aprendizagem, assim como aquelas com TCE grave, nas quais comprometimento de funções executivas, competência social e dificuldade no desenvolvimento das emoções foram observados (Tabaquim; Lima; Ciasca, 2012). Sendo assim, uma investigação com instrumentos específicos para avaliar os casos de TCE incluirá exames neurológicos, exames de imagem, como tomografia e/ou ressonância magnética, avaliação eletrofisiológica e comportamental por meio de escalas específicas. A AN investigará as funções cognitivas afetadas pelo TCE que incluirá testes para avaliar funções atencionais, inteligência, memória, funções executivas, habilidade verbal e de resolução e problemas (Silver; Hales; Yudofsky, 2007).

Neste capítulo, o TCE é descrito como uma das causas mais comuns de LEA, e, por se tratar de incidências tão variadas na população geral em todo mundo, recomendações diagnósticas do Centers for Disease Control and Preventions (Lumba-Brown *et al.*, 2018) são voltadas para o uso de critérios a fim de ser ter uma avaliação detalhada do estado pré-mórbido e das características específicas da lesão adquirida pelo TCE. Baseiam-se também na consideração sobre os critérios para a solicitação de exames de imagens, sendo a tomografia computadorizada a mais recomendada, no uso de escalas de sintomas de Glasgow, testes cognitivos e biomarcadores. Esses *guidelines* têm por objetivo melhorar o atendimento desses pacientes, além de fornecer recomendações, monitorar sintomas, orientar sobre repouso pós-injúria e, sobretudo, auxiliar em tratamentos futuros.

Já nos casos de tumores cerebrais, a avaliação assumirá um importante papel na compreensão global e no manejo futuro desses pacientes, pois incluirá uma análise entre a extensão da lesão e suas possíveis disfunções cognitivas, e, consequentemente, uma elaboração de linha de base nos casos pré-cirúrgicos e pré-tratamentos, além do fornecimento de documento formal sobre as mudanças cognitivas pós-cirurgia e pós-tratamento, e no monitoramento efetivo do plano de intervenção desses pacientes (Price; Goetz; Lovel, 2007). Dentre os déficits encontrados, pode-se destacar prejuízos na atenção, velocidade de processamento, na memória operacional e no controle visuomotor. Em funções executivas, observam-se prejuízos no processo de iniciação, planejamento, resolução de problemas e flexibilidade cognitiva, visto que estes são subjacentes a problemas com o desenvolvimento intelectual da criança (Oyefiade *et al.*, 2021).

Os prejuízos cognitivos envolvidos em quadros de AVE dependerão do local e da extensão da lesão, considerando também o tempo entre a ocorrência e o atendimento, a idade e a escolaridade do paciente. As alterações de linguagem, percepção, memória, praxias, funções executivas e atenção

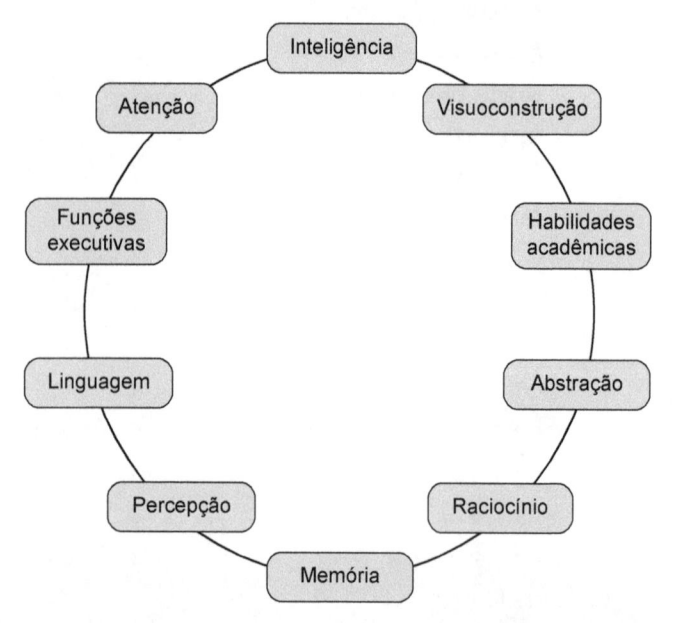

Figura 9.3 Funções cognitivas avaliadas na lesão encefálica adquirida.

estão dentre os declínios comumente apresentados nesses casos, além de quadros neuropsiquiátricos (Pavan *et al.*, 2015). Embora o AVE seja relativamente raro em crianças, quando há a apresentação desse quadro, a AN contribuirá para o entendimento dos déficits cognitivos e de sua gravidade. A lateralidade e localização do dano possibilitará um panorama dos prejuízos apresentados, visto que lesões no hemisfério esquerdo apresentarão déficits de memória semântica, linguagem, compreensão e habilidades visuoespaciais, enquanto no hemisfério direito a apresentação de prejuízos de imagem corporal, atenção espacial e habilidades visuomotoras são observadas (Augusto; Ciasca, 2015).

Um estudo de Augusto e Ciasca (2015), que avaliou a memória em crianças após AVE, incluiu 32 crianças com idades entre 7 e 15 anos, divididas em três grupos: 7 com diagnóstico comprovado de AVE; 10 com queixas de dificuldades escolares; e 15 sem queixas de dificuldades escolares. A Figura 9.4 mostra testes incluídos por pesquisadores no protocolo de avaliação neuropsicológica.

Os resultados mostraram que o grupo de crianças acometidas pelo AVE e com déficits de aprendizagem tiveram mais dificuldades na realização dos subtestes que avaliaram memória operacional (SNL; Dígitos OI e Corsi OI), sendo os escores mais baixos apresentados no grupo de crianças com AVE. Já os resultados obtidos em testes de memória de curto prazo imediata para material auditivo (RAVLT A1-A5, Dígitos OD), o grupo com AVE obteve desempenho inferior em relação aos dois outros grupos, assim como nos testes de memória de longo prazo. Com relação a habilidade visuoespacial (cópia de Figuras Complexas de Rey), desempenho significativamente baixo foi encontrado no grupo com AVE. Diante disso, os pesquisadores concluíram que crianças e adolescentes com AVE e aquelas com dificuldades escolares apresentaram declínios significativos de memória operacional e de curto prazo, porém o primeiro grupo demonstrou maior dificuldade na retenção de informações ao longo do tempo, além de apresentarem alterações significativas de aprendizagem.

Em suma, mesmo a maior incidência de LEA ser em casos de TCE, a lesão não traumática mostrou um desfecho neurológico negativo no que se refere aos déficits sensoriomotores e de linguagem, mostrando o efeito da baixa escolaridade como pior evolução, pois a criança apresenta menor reserva cognitiva e menor capacidade no recrutamento de redes alternativas quando necessário (Lambregts *et al.*, 2018).

Sendo assim, o estabelecimento da reabilitação cognitiva será de suma importância, pois envolverá intervenções baseadas nos déficits cognitivos adquiridos pela injúria podendo ser administrados por diferentes profissionais, dentre eles, psicólogos, neuropsicólogos, terapeutas ocupacionais, fonoaudiólogos, médicos. Exemplos de reabilitação incluem o treino cognitivo que visa restaurar os domínios cognitivos prejudicados pela lesão e a compensação funcional, que auxiliará no desenvolvimento de estratégias e utilização das habilidades preservadas para a conclusão de tarefas diárias do indivíduo, a fim de amenizar os danos causados pelo trauma (Nowell *et al.*, 2020).

A lesão encefálica na infância requer intervenção por meio da reabilitação e de suportes educacionais para melhorar os domínios comumente afetados, como atenção, memória operacional e velocidade de processamento (Stavinoha *et al.*, 2018), visto que o foco também estará na funcionalidade e reintegração da criança em seu meio.

Caso clínico

E., sexo feminino, 11 anos, filha única, sem apresentação de atrasos nos marcos do neurodesenvolvimento e cursando o ensino fundamental. Aos 4 anos, apresentou um quadro de infecção encefálica diagnosticada como de "causa desconhecida", fazendo com que perdesse os movimentos dos membros inferiores e superiores e a visão do olho esquerdo, contudo, quanto a esta, não houve confirmação diagnóstica se foi em decorrência da infecção ou anterior ao quadro. Após alta e com 1 ano de reabilitação com fisioterapia, E. apresentou melhoras nos movimentos das pernas e braços, porém no início de sua alfabetização apresentou dificuldades significativas de leitura, escrita e na linguagem expressiva, mas com compreensão preservada. Foi encaminhada para avaliação neuropsicológica (resultados apresentados na Tabela 9.2) devido a dificuldades de aprendizagem, desregulação emocional frequente, apatia, ansiedade, irritabilidade com apresentação de comportamentos autolesivos e agressivos com familiares e amigos.

Um exame de ressonância magnética (RM) de crânio foi solicitado em consulta com neuropediatra, e os resultados apontaram para sequelas de processos desmielinizantes prévios comprometendo a substância branca dos centros semiovais, regiões periventriculares, subcortical frontoparietal esquerda e, de maneira mais evidente, subcortical frontoparietal direita, conforme apresenta a Figura 9.5.

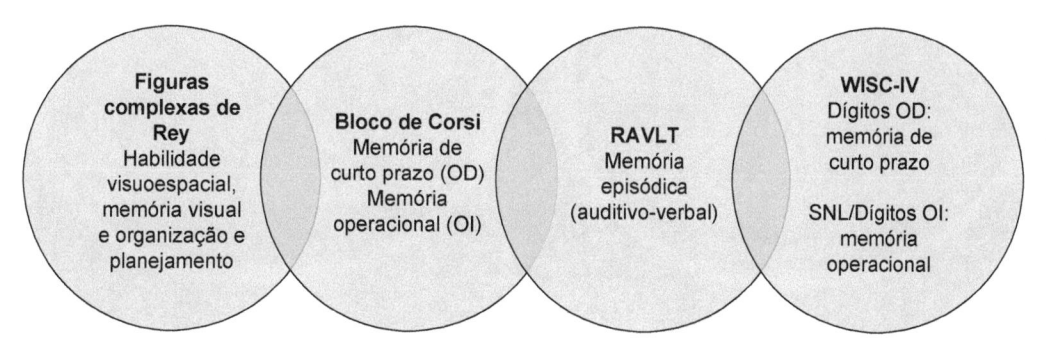

Figura 9.4 Testes utilizados em pesquisa com crianças após acidente vascular encefálico. OD: ordem direta; OI ordem inversa; SNL: sequência de números e letras.

Tabela 9.2 Resultados da avaliação neuropsicológica de E.

Funções avaliadas	Instrumentos utilizados	Resultados*
Inteligência		
	WISC-IV	Médio inferior (QI = 85)
Memória		
Operacional	Dígitos (OI) e SNL	Médio inferior
Curto prazo	Dígitos (OD)	Inferior à média
Semântica	Vocabulário e Informação	Média
Episódica visuoespacial	FCR (memória)	Inferior à média
Episódica auditivo-verbal	RAVLT	Médio superior
Funções executivas		
Controle inibitório	FDT	Médio inferior
Flexibilidade cognitiva	FDT	Inferior à média
Atenção		
Atenção automática e velocidade de processamento	FDT (leitura) FDT (contagem)	Médio inferior Extremamente inferior
Atenção controlada e controle executivo	FDT (escolha) FDT (alternância)	Inferior à média Inferior à média
Atenção concentrada	D2-R	Média
Visuoconstrução		
	FCR (cópia)	Extremamente inferior
Velocidade de processamento		
	WISC-IV	Inferior à média
Compreensão verbal		
	WISC-IV	Média superior
Organização perceptual		
	WISC-IV	Inferior à média

WISC-IV: 4ª edição da Escala Wechsler de Inteligência para Crianças (Wechsler, 2013); QI: quociente de inteligência; Dígitos OI: dígitos ordem inversa; SNL: sequência de números e letras; Dígitos OD: dígitos ordem direta; FCR: Figuras Complexas de Rey (Oliveira; Rigoni; Rey, 2017); RAVLT: Teste de Aprendizagem Auditivo-Verbal de Rey (De Paula; Malloy-Diniz, 2018); FDT: *Five Digits Test* (Sedó; De Paula; Malloy-Diniz, 2015); d2-R: Teste d2 revisado (Malloy-Diniz; Schlottfeldt, Serpa; 2018). *Classificação de Guilmette *et al.*, 2020.

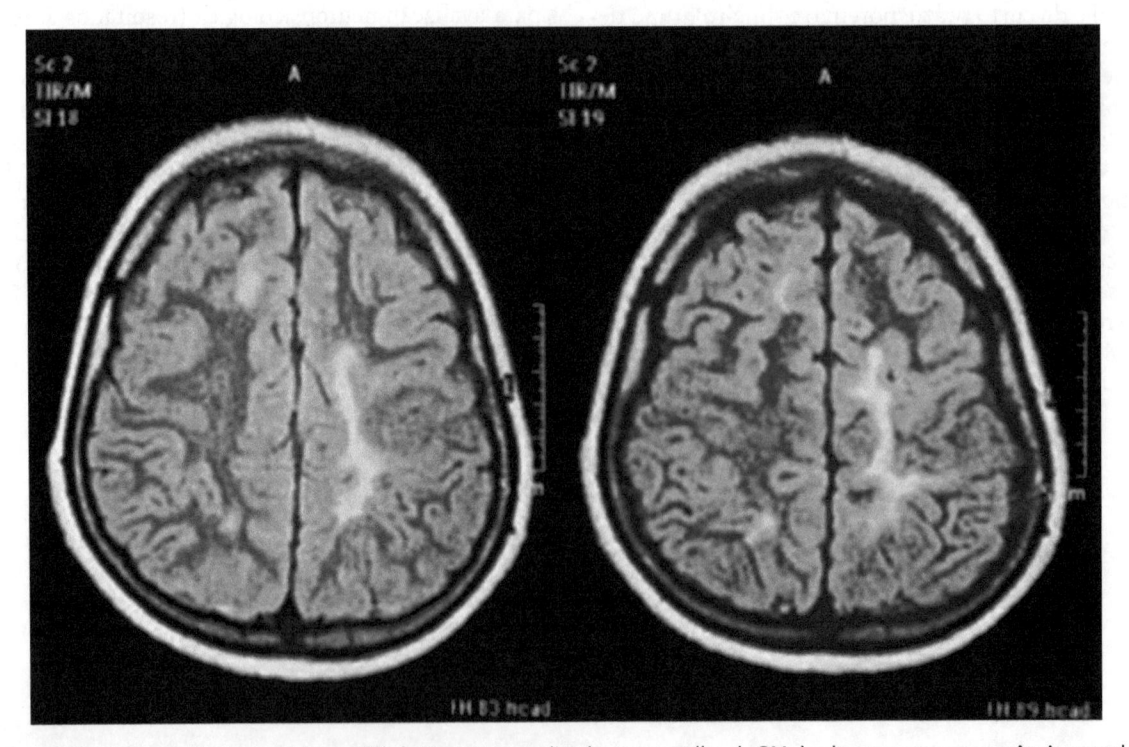

Figura 9.5 Imagem de ressonância magnética (RM) de E. – exame realizado em aparelho de RM de alto campo, nas sequências ponderadas em T1, T2, difusão e após infusão do agente paramagnético (GD-DTPA).

Os resultados da avaliação neuropsicológica apontaram para prejuízos das funções executivas no que tange a controle inibitório e flexibilidade cognitiva, corroborando as queixas trazidas pelos pais de dificuldades em inibir ações e com impulsividade aparente.

E. apresentou uma *performance* mais lenta no processamento das informações e com oscilação do foco atencional, tanto em processos controlados da atenção, como nos mais automáticos, resultados comparados a estudos prévios sobre infecções em crianças nas quais déficits de funções executivas, atenção e habilidades sociais foram apresentados.

Com relação ao domínio memória, apresentou desempenho abaixo do esperado para a idade no que se refere à memória episódica visuoespacial, operacional e de curto prazo, mostrando dificuldades na manipulação mental da informação de forma eficiente. Esses resultados corroboram a literatura (Chan *et al.*, 2016) que afirma que as lesões encefálicas de causas infecciosas, além de serem mais comuns em crianças, são persistentes e frequentemente relatadas, assim como os déficits na cognição, memória e habilidade motora, que no caso de E. foram observadas dificuldades moderadas a graves nas habilidades grafomotoras (escrita), visuoespaciais (praxia construtiva simples e complexas). Importante ressaltar que a evocação da memória episódica visual (Figuras Complexas de Rey) foi prejudicada devido à dificuldade visuoespacial da cópia. Por outro lado, observa-se um desempenho na faixa média superior no teste de memória episódica auditiva verbal (RAVLT), que parece ser um ponto forte da criança como uma estratégia compensatória. Os desenhos das figuras serão apresentados nas Figuras 9.6 e 9.7.

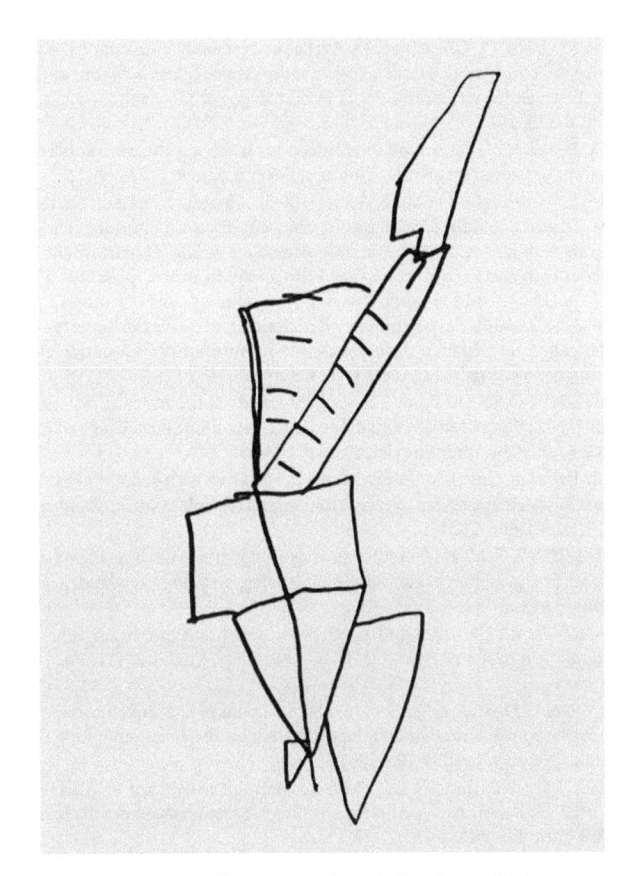

Figura 9.7 Figura complexa de Rey (memória).

Figura 9.6 Figura complexa de Rey (cópia) de E.

Sendo assim, a avaliação neuropsicológica apontou resultados compatíveis com os estudos mencionados neste capítulo, mostrando que, além de alterações comportamentais e de humor, as disfunções cognitivas persistiram a longo prazo após a infecção encefálica, assim como os déficits cognitivos envolvendo processos atencionais, de função executiva, declínio nas habilidades motoras, visuoespaciais e de memória. As dificuldades cognitivas geraram um impacto significativo na funcionalidade e no desempenho acadêmico de E., visto que adaptações e suportes pedagógicos foram inseridos a fim de suprir suas necessidades acadêmicas.

Portanto, a avaliação neuropsicológica contribui para a análise do perfil cognitivo de pacientes acometidos por LEA, podendo ser administrada em diversos estágios pós-trauma e, acima de tudo, auxiliar na criação de programas de reabilitação desse indivíduo.

Referências bibliográficas

ADEL FAHMIDEH, M.; SCHEURER, M. E. Pediatric brain tumors: descriptive epidemiology, risk factors, and future directions. Cancer Epidemiology, Biomarkers & Prevention, Philadelphia, v. 30, n. 5, p. 813-821, 2021.

AMORIM, E. S. *et al*. Perfil epidemiológico de crianças vítimas de trauma cranioencefálico. Revista de enfermagem. UFPE *on-line*, Recife (PE), v. 11, n. 10, p. 4150-4156, 2017. Disponível em: https://periodicos.ufpe.br/revistas/index.php/revistaenfermagem/article/view/231177/25151. Acesso em: 26 mar. 2024.

ARAKI, T.; YOKOTA, H.; MORITA, A. Pediatric traumatic brain injury: characteristic features, diagnosis, and management. Neurologia medico-chirurgica, Tokyo, v. 57, n. 2, p. 82-93, 2017.

ASHWAL, S. Disorder of Consciousness in Children. *In*: ASHWAL, S. *et al.* (ed.). Swaiman's pediatric neurology: Principles and practice. 6. ed. New York: Elsevier, 2018. p. 767-780.

AUGUSTO, J. A. O., CIASCA, S. M. Avaliação da memória em crianças e adolescentes com histórico de acidente vascular cerebral e crianças com queixas de dificuldades escolares. Revista Psicopedagogia, São Paulo, v. 32, n. 98, p. 128-135, 2015.

AUTORE, G. et al. Update on viral infections involving the central nervous system in pediatric patients. Children, Basel, v. 8, n. 9, p. 782, 2021.

BRASIL. Ministério da Saúde. Secretaria de Atenção à Saúde. Diretrizes de atenção à reabilitação da pessoa com traumatismo cranioencefálico/Ministério da Saúde. Secretaria de Atenção à Saúde. Departamento de Ações Programáticas Estratégicas. – Brasília: Ministério da Saúde, 2015. 132 p. Disponível em: https://www.gov.br/saude/pt-br/assuntos/saude-de-a-a-z/s/saude-da-pessoa-com-deficiencia/publicacoes/diretrizes-de-atencao-a-reabilitacao-da-pessoa-com-traumatismo-cranioencefalico.pdf/@@download/file. Acesso em: 6 ago. 2023

BONTHIUS, D. J.; BALE, Jr., J. F. Viral infections of the nervous system. In: ASHWAL, S. et al. (ed). Swaiman's pediatric neurology: Principles and practice. 6. ed. New York: Elsevier, 2018. p. 895-917.

CAMM, S. et al. Cognitive interventions for children with acquired brain injury: A systematic review. Neuropsychological rehabilitation, England, v. 31, n. 4, p. 621-666, 2021.

CHAMPIGNY, C. M. et al. Predictors of neurocognitive outcome in pediatric ischemic and hemorrhagic stroke. Child neuropsychology, England, p. 1-18, 2023.

CHAN, V. et al. Children and youth with non-traumatic brain injury: a population based perspective. BMC neurology, England, v. 16, p. 1-10. 2016.

CHEVIGNARD, M. P. et al. Ecological assessment of cognitive functions in children with acquired brain injury: a systematic review. Brain injury, England, v. 26, n. 9, p. 1033-1057, 2012.

CLASS, H. C.; BONIFACIO, S. L. Neonatal Neurointensive Care. In: ASHWAL, S. et al. (ed). Swaiman's pediatric neurology: Principles and practice. 6. ed. New York: Elsevier, 2018. p. 123-128.

DAVIS, R. J. et al. Head and spinal cord injury. In: ROGERS, M. C. Textbook of Pediatric Intensive Care. 2. ed. Baltimore: Williams and Wilkens, 1992. p. 805-857.

DE PAULA, J. J., MALLOY-DINIZ, L. F. RAVLT: Teste de Aprendizagem Auditivo-Verbal de Rey. São Paulo: Vetor. 2018

DEKOSKY, S. T.; ASKEN, B. M. Injury cascades in TBI-related neurodegeneration. Brain injury, London, v. 31, n. 9, p. 1177-1182, 2017.

DUNCAN, A. F.; MATTHEWS, M. A. Neurodevelopmental outcomes in early childhood. Clinics in perinatology, v. 45, n. 3, p. 377-392, 2018.

FEITOSA, I. B. et al. Perfil epidemiológico sobre lesão encefálica adquirida na infância em centro de reabilitação/Epidemiological profile of childhood-acquired brain injury in a rehabilitation center. Brazilian Journal of Health Review, [S. l], v. 4, n. 6, p. 28821-28830, 2021.

FUENTES, D. et al. Neuropsicologia: teoria e prática. 2. ed. Porto Alegre: Artmed, 2014.

GIUSTINI, A.; PISTARINI, C.; PISONI, C. Traumatic and nontraumatic brain injury. Handbook of clinical neurology. Elsevier, Amsterdam, v. 110, p. 401-409, 2013.

GOLDMAN, L. et al. Understanding Acquired Brain Injury: A Review. Biomedicines, Basel, Switzerland, v. 10, n. 9, p. 2167, 2022.

GUILMETTE, T. J. et al. Conference Participants. American Academy of Clinical Neuropsychology consensus conference statement on uniform labeling of performance test scores. Clin Neuropsychol, v. 34, n. 3, p. 437-453, 2020.

GUINN, A. S. et al. Associations between adverse childhood experiences and acquired brain injury, including traumatic brain injuries, among adults: 2014 BRFSS North Carolina. Injury prevention, London, v. 25, n. 6, p. 514-520, 2019.

GRANDJEAN, P.; LANDRIGAN, P. J. Neurobehavioural effects of developmental toxicity. The Lancet. Neurology, London, v. 13, n. 3, p. 330-338, 2014.

HAREL, B. T.; TRANEL, D. Functional Neuroanatomy: Neurpsychological Correlates of Cortical and Sucortical Damege, In: YUDOFSKY, S. C.; HALES, R. E. (Eds.). The American psychiatric publishing textbook of neuropsychiatry and behavioral neuroscience. 5th ed, p. 45-91, 2008. American Psychiatric Association Publishing, Inc.

HOLLIST, M. et al. Pediatric stroke: overview and recent updates. Aging and disease, USA, v. 12, n. 4, p. 1043, 2021.

HOWIESON, D. B.; LEZAK, M. D. The neuropsychological Evaluation. In Yudofsky, S. C.; HALES, R. E. (ed.). The American psychiatric publishing textbook of neuropsychiatry and behavioral neuroscience (5th ed.). American Psychiatric Publishing, Inc., Washington, DC, 2007.

JAMES, H.; ANAS, N.; PERKIN, R. M. Brain Insults in Infants and Children. New York: Grune & Stratton, 1985.

KENG, A.; STEWART, D. E.; SHEEHAN, K. A. Neuropsychiatric Symptoms After Brain Tumor Resection in Children and Adolescents: A Scoping Review. Journal of the Academy of Consultation-Liaison Psychiatry, Washington, v. 63, n. 2, p. 110-118, 2022.

KOCHANEK, P. M. et al. Emerging therapies in traumatic brain injury. Seminars in neurology, New York, v. 35, n. 1, p. 83-100, 2015.

LAMBREGTS, S. A. M. et al. Neurological outcome in children and youth with acquired brain injury 2-year post-injury. Developmental neurorehabilitation, England, v. 21, n. 7, p. 465-474, 2018.

LUMBA-BROWN, A. et al. Centers for Disease Control and Prevention Guideline on the Diagnosis and Management of Mild Traumatic Brain Injury Among Children. JAMA Pediatrics, v. 172, n. 11, p. e182853, 2018.

MALLOY-DINIZ, L. F., SCHLOTTFELDT, C. G. F. M., SERPA, A. L. O. d2-R: Teste d2 – revisado/Rolf Brickeenkamp, Lothaar Schimidt-Atzert, Detlev Liepmann. São Paulo: Hogrefe, 2018.

MALONE, L. A. et al. Neurological and Functional Outcomes after Pediatric Stroke. Seminars in Pediatric Neurology, 44, 100991. 2022.

MAYO, C. D. et al. Neuropsychological assessment of traumatic brain injury: Current ethical challenges and recommendations for future practice. Applied neuropsychology. Adult, v. 26, n. 4, p. 383-391, 2019.

MEKITARIAN FILHO, E.; CARVALHO, W. B. Stroke in children. Journal de pediatria, v. 85, n. 6, p. 469-479, 2009.

MIOTTO, E. C. Avaliação neuropsicológica e funções cognitivas. In: MIOTTO, E. C.; DE LUCIA, M. C. S, SCAFF, M. Neuropsicologia clínica. 2. ed. São Paulo: Roca, 2016.

MORRAY, J. P. et al. Coma scale for use in brain-injured children. Critical Care Medicine, v. 12, p. 1018-1020, 1984.

MOUNT, H. R.; BOYLE, S. D. Aseptic and Bacterial Meningitis: Evaluation, Treatment, and Prevention. American family physician, New York, v. 96, n. 5, p. 314-322, 2017.

NAJEM, D. et al. Traumatic brain injury: classification, models, and markers. Biochemistry and cell biology, Canada, v. 96, n. 4, p. 391-406, 2018.

NGUYEN, C. et al. Examining the Relationship Between Community Integration and Mental Health Characteristics of Individuals With Childhood Acquired Neurological Disability. Frontiers in pediatrics, Lausanne, v. 9, n. 767206, 2021.

NOWELL, C. et al. Current practice of cognitive rehabilitation following traumatic brain injury: An international survey. Neuropsychological rehabilitation, v. 30, n. 10, p. 1976-1995, 2020.

OLIVEIRA, M. S.; RIGONI, M. S.; REY, A. Figuras complexas de Rey: teste de cópia e de reprodução de memória de figuras geométricas complexas. São Paulo: Pearson Clinical Brasil, 2017.

OYEFIADE, A. et al. Cognitive risk in survivors of pediatric brain tumors. Journal of clinical oncology, Oxford, v. 39, n. 16, p. 1718-1726, 2021.

PACKER, R. J. Pediatric Neuro-Oncology: An Overview. In: ASHWAL, S. et al. (ed). Swaiman's pediatric neurology: Principles and practice. 6. ed. New York: Elsevier, 2018. p. 957-962.

PALANIVEL, V.; BURROUGH, M. Acquired brain injury in children, and their rehabilitation: where we are now? Paediatrics and Child Health, Chichester, v. 31, n. 5, p. 176-180, 2021.

PAULINO, S. G. S. Traumatismo cranioencefálico na infância: perfil clínico-epidemiológico em um serviço de emergência. 2021. Trabalho de Graduação (Bacharel em Medicina) – Universidade Federal Fronteira Sul, Passo Fundo, Rio Grande do Sul, 2021.

PAVAN, L. S. et al. Avaliação neuropsicológica no acidente vascular cerebral: um estudo de caso. Distúrbios da Comunicação, São Paulo, v. 27, n. 4, 2015.

PIMENTEL, B. N (org.). Lesões neurológicas: da fisiopatologia à repercussão social. Atena, Ponta Grossa – PR, p. 57-69, 2021.

PRICE, T. R. P.; Goetz, K. L.; LOVELL, M. R. Neuropsychiaric Aspects of Brain Tumors. In: YUDOFSKY, S. C.; HALES, R. E. (ed.). The American psychiatric publishing textbook of neuropsychiatry and behavioral neuroscience. 5th ed. American Psychiatric Association Publishing. 2007.

SANTOS, G. P. L. Meningites e meningoencefalites assépticas: estudos de detecção e variabilidade genética de agentes etiológicos virais. 2012. Tese (Doutorado em Vigilância Sanitária) – Instituto Nacional de Controle de

Qualidade em Saúde da Fundação Oswaldo Cruz (INCQS/FIOCRUZ), Rio de Janeiro, 2012.

SARRAZIN, J.-L.; BONNEVILLE, F.; MARTIN-BLONDEL, G. Brain infections. Diagnostic and Interventional Imaging, v. 93, n. 6, p. 473-490, 2012.

SEDÓ, M.; DE PAULA, J. J.; MALLOY-DINIZ, L. F. O teste dos cinco dígitos. São Paulo: Hogrefe, 2015.

STAVINOHA, P. L. et al. Neurocognitive and Psychosocial Outcomes in Pediatric Brain Tumor Survivors. Bioengineering, Basel, Switzerland, v. 5, n. 3, p. 73, 2018.

SEMRUD-CLIKEMAN, M. Traumatic brain injury in children and adolescents: assessment and intervention. New York: Guilford press, 2001.

SILVER, J.M.; HALES, R. E.; YODOFSKY, S. C. In: YUDOFSKY, S. C.; HALES, R. E. (ed.). The American psychiatric publishing textbook of neuropsychiatry and behavioral neuroscience. 5. ed. American Psychiatric Association Publishing, Inc., 2007. p. 595-647.

TABAQUIM, M. L. M., LIMA, M. P., CIASCA, S. M. Avaliação neuropsicológica de sujeitos com lesão cerebral: uma revisão bibliográfica. Revista Psicopedagogia, v. 29, n. 89, p. 236-243, 2012.

THOMAS, J. et al. American Academy of Clinical Neuropsychology consensus conference statement on uniform labeling of performance test scores. The Clinical Neuropsychologist, v. 34, n. 3, p. 437-453, 2020.

UDAKA, Y. T.; PACKER, R. J. Pediatric brain tumors. Neurologic clinics, v. 36, n. 3, p. 533-556, 2018.

WEINBERG, G. A.; THOMPSON-STONE, R. Bacterial Infection of the Nervous System. In: ASHWAL, S. et al. (ed). Swaiman's pediatric neurology: Principles and practice. 6. ed. New York: Elsevier, 2018. p. 883-894.

WILSON, B. A.; HERBERT, C. M.; SHIEL, A. Behavioural approaches in neuropsychological rehabilitation. Psychology Press. Oxford, p. 7-16, 2004.

YENGO-KAHN, A. M.; REYNOLDS, R. A.; BONFIELD, C. M. Mild Traumatic Brain Injury in Children. Pediatric clinics of North America, Philadelphia, v. 68, n. 4, p. 857-874, 2021.

10 Alterações Cognitivas e Comportamentais em Crianças com Síndromes Genéticas

Priscilla Brandi Gomes Godoy • Ana Luiza Pilla Luce • Luciane Simonetti • Luciana Mello Di Benedetto • Larissa Salustiano Evangelista Pimenta • Claudia Berlim de Mello

Introdução

Dados de prevalência de doenças genéticas, especialmente em países em desenvolvimento, ainda são pouco conhecidos. Considerando apenas as doenças monogênicas, como a síndrome do X-frágil e a hemofilia, estimativas da Organização Mundial da Saúde (OMS) indicam que 1 a cada 1.000 pessoas, ou seja, entre 70 e 80 milhões de pessoas no mundo, é afetada (Gillentine; Wang; Eichler, 2022). Nas últimas décadas, estudos de associação genômica ampla (GWAS, do inglês *Genome-wide association studies* – http://www.genome.gov/gwastudies/) têm contribuído substancialmente para a identificação de associações entre variantes genéticas localizadas e traços fenotípicos (Uffelmann; Huang; Munug, 2021). Apesar dos avanços, o diagnóstico ainda é eminentemente clínico. Nesta perspectiva, a caracterização fenotípica assume grande importância para o seguimento dos indivíduos.

Segundo o National Human Genome Research Institute (NHGRI), organização norte-americana dedicada a catalisar avanços genômicos que venham a contribuir para o estudo e tratamento de doenças, "fenótipo refere-se às características observáveis de um indivíduo, como altura, cor dos olhos e tipo sanguíneo; o fenótipo de uma pessoa é determinado tanto por sua composição genômica (genótipo) quanto por fatores ambientais" (NATIONAL..., 2024). O fenótipo neurocognitivo, por sua vez, diz respeito ao conjunto de traços cognitivos e comportamentais, determinados por uma complexa associação entre fatores genéticos, influências ambientais e experiências pessoais (Congdon; Poldrack; Freezer, 2010). Reflete certo padrão de forças e fraquezas em domínios da cognição, da aprendizagem, da regulação do comportamento e da socialização, observado na grande maioria dos indivíduos diagnosticados. Por exemplo, indivíduos podem se destacar em habilidades de comunicação verbal, enquanto são especialmente desafiados em atividades que demandam orientação espacial ou raciocínio matemático. Na caracterização fenotípica, é relevante a descrição de discrepâncias entre modalidades verbais e não verbais do funcionamento cognitivo, bem como entre domínios da cognição social e da cognição não social. Tais domínios se diferenciam conforme o quanto as interações sociais imediatas são determinantes para a organização do comportamento. Cognição social inclui a percepção de pistas emocionais no ambiente, como em faces ou prosódia, empatia e atribuição de estados mentais ao outro. Memória operacional, atenção, linguagem e resolução de problemas são exemplos de habilidades de cognição não social.

A relevância da identificação de um fenótipo neurocognitivo associado a uma condição genética específica reside em vários aspectos.

Clareza no diagnóstico. Identificação de características cognitivas pode ajudar os médicos a diferenciar as várias síndromes com apresentações clínicas semelhantes, possibilitando a seleção dos testes genéticos mais adequados e favorecendo o acompanhamento a longo prazo.

Planejamento do tratamento. Entendimento de fragilidades e habilidades cognitivas esperadas favorece os profissionais de saúde e educação no desenvolvimento de estratégias de intervenção personalizadas. Em terapias comportamentais ou no contexto pedagógico, por exemplo, estratégias podem ser ancoradas em habilidades preservadas ou direcionadas para compensar fragilidades.

Prevenção. Conhecimentos sobre a trajetória de desenvolvimento neurocognitivo observada em síndromes genéticas específicas podem ajudar clínicos e famílias a antecipar desafios sociais e de aprendizagem que possivelmente surgirão ao longo do tempo, permitindo planejamento e suporte proativos.

Pesquisa e desenvolvimento terapêutico. Informações sobre fenótipos cognitivos podem ser relevantes para pesquisas sobre as complexas associações entre os mecanismos neurobiológicos e as bases genéticas relacionadas ao desenvolvimento cognitivo. Essas informações podem ainda contribuir para o direcionamento de terapias ou intervenções destinadas a melhorar o funcionamento cognitivo e a qualidade de vida dos indivíduos diagnosticados.

Aconselhamento familiar. Famílias de indivíduos com síndromes genéticas podem se beneficiar de informações sobre o fenótipo neurocognitivo associado à condição. Esse conhecimento pode ajudar as famílias a entender o que esperar e como melhor apoiar seus entes queridos, tanto em termos de necessidades educacionais quanto psicológicas.

Em resumo, o fenótipo neurocognitivo é um aspecto crucial da compreensão dos sinais e sintomas e do acompanhamento clínico em síndromes genéticas. Sua caracterização desempenha um papel fundamental no diagnóstico, no planejamento do tratamento, no prognóstico, na pesquisa e no apoio à família, contribuindo para melhorar os resultados e a qualidade de vida dos indivíduos diagnosticados. Neste capítulo, serão apresentadas características fenotípicas de algumas síndromes genéticas conhecidas, visando uma discussão sobre a relevância deste conhecimento no contexto da abordagem clínica e multiprofissional. Consideramos as seguintes condições: síndrome de Down, síndrome de Turner, síndrome de Klinefelter, síndrome do sítio frágil do X, síndrome de Williams, síndrome de deleção do cromossomo 22 (SD22q11.2) e síndrome de Prader-Willi. Ênfase será dada em características principais do espectro cognitivo das síndromes, em especial a variabilidade intelectual e das expressões de habilidades de cognição social e não social.

Caracterização clínica e do fenótipo neurocognitivo de síndromes genéticas conhecidas

Síndrome de Down

Caracterização clínica

A síndrome de Down (SD) é a síndrome cromossômica mais comum e a principal causa de transtorno do desenvolvimento intelectual (TDI) nos seres humanos. Sua incidência é de 1:660 nascidos vivos, independentemente de grupo étnico (Jones; Jones; Campo, 2022). Descrita clinicamente em 1866 por John Langdon Down, médico inglês, a etiologia dessa condição só foi desvendada em 1959, concomitantemente, por Lejeune e Jacobs (Lejeune; Gautier; Turpin, 1959; Jacobs; Baikie; Court Brown, 1959).

O número de cromossomos em geral presentes nas células dos seres humanos é 46. Destes, 23 cromossomos são provenientes da mãe e os outros 23, do pai. O mais comum é possuirmos 23 pares de cromossomos, sendo 22 pares de cromossomos autossômicos, que contêm as informações genéticas para o desenvolvimento das características comuns a todos os seres humanos. Os representantes de cada par são denominados "cromossomos homólogos", pois têm tamanhos e características muito similares em termos genéticos, como genes nas mesmas posições. O 23º par é composto pelos cromossomos sexuais, que determinam o sexo cromossômico: par XX para o sexo feminino e par XY para o sexo masculino.

Ao observar os cromossomos, identificam-se dois segmentos distintos (braços), separados por uma zona de constrição (centrômero). De acordo com a posição do centrômero, há diferença entre os tamanhos dos braços de cada cromossomo, havendo um braço longo (q) e um braço curto (p). A depender da posição do centrômero, os cromossomos são classificados como acrocêntricos, metacêntricos ou submetacêntricos.

Nas pessoas com SD, observa-se, ao exame de cariótipo, a presença de material cromossômico extra do cromossomo 21. Este excesso de genes do cromossomo 21, especialmente os genes localizados no braço longo do 21, ocasiona as alterações fenotípicas que caracterizam a SD. O terço distal do braço longo do 21 contém a região crítica para o fenótipo da SD, região 21q22.3, menor segmento desse cromossomo capaz de determinar as alterações fenotípicas que caracterizam essa condição.

Cerca de 94% das pessoas com SD apresentam uma trissomia completa do cromossomo 21 (trissomia "livre" do 21), possuindo, além de um par de cromossomos autossômicos 21, outro cromossomo 21 inteiro adicional em suas células. Isso resulta da não disjunção na meiose, ou seja, de uma falha na segregação (separação) de um par de cromossomos 21 durante a formação dos gametas, mais comumente dos gametas de origem materna e ocorre *de novo* (de modo espontâneo, sem que os genitores em questão tenham essa alteração).

Aproximadamente 2,4% das pessoas com SD apresentam mosaicismo, condição caracterizada pela presença de células trissômicas para o cromossomo 21 e células comuns (com um par de cromossomos 21). O mosaicismo resulta, mais comumente, de uma não disjunção dos cromossomos que adveio após a fecundação, durante o processo de divisão (mitose) das células embrionárias.

Em 3,3% dos casos, observa-se a presença de uma translocação cromossômica robertsoniana não balanceada, envolvendo todo um cromossomo 21 ou, mais raramente, uma parcela dele. Esse cromossomo extra constitui-se de um cromossomo 21, ou parte do 21, fusionado com outro cromossomo acrocêntrico (cromossomo dos pares 13, 14, 15, 21 ou 22). Na maioria das vezes, essa translocação não é herdada de um dos genitores, ou seja, ela ocorre ao acaso, como um evento novo (*de novo*). Cerca de um terço das translocações não balanceadas são herdadas de um genitor com translocação balanceada, havendo risco elevado de recorrência para a prole do genitor.

O diagnóstico da SD é eminentemente clínico, sendo em geral identificável ao nascimento, podendo prescindir do exame de cariótipo. O cariótipo, no entanto, é solicitado principalmente para distinguir o mecanismo genético da condição (trissomia livre, translocação ou mosaicismo), no intuito de identificar os casos com translocação não balanceada, auxiliando na avaliação do risco de recorrência e aconselhamento genético da família.

Hall (1966) descreveu as principais manifestações nos recém-nascidos (Tabela 10.1), os quais apresentam quatro ou mais delas, e 89% dos casos, seis ou mais delas.

Além dos sinais cardinais descritos por Hall, diversos outros dismorfismos podem estar presentes nas pessoas com SD, havendo grande variação fenotípica. Destaque para as malformações cardíacas, presentes em 50% ou mais dos casos (Jones *et al.*, 2022).

Outras condições comumente associadas à SD são:

- Malformações craniofaciais, renais e urogenitais, pulmonares, diafragmáticas, abdominais, gastrointestinais e anais
- Alterações endocrinológicas, especialmente disfunção tireoidiana
- Deficiência auditiva, principalmente condutiva, e problemas otorrinolaringológicos crônicos ou recorrentes
- Alterações oculares, especialmente estrabismo, nistagmo, catarata congênita, blefarite
- Alterações dentárias, como agenesia de um ou mais dentes, malformações dentárias, atraso na erupção dentária

Tabela 10.1 Sinais cardinais de Hall.

Sinais	Percentual
Face com perfil achatado	90%
Reflexo de Moro ausente ou incompleto	85%
Fendas palpebrais com inclinação ascendente	80%
Hipotonia muscular global	80%
Hiperflexibilidade articular	80%
Excesso de prega cutânea nucal (pele redundante na nuca)	80%
Displasia da pelve (achado ao exame radiológico)	70%
Orelhas pequenas e/ou displásicas	60%
Displasia da falange média (clinodactilia) do quinto quirodáctilo	60%
Prega única de flexão palmar	45%

Adaptada de Hall, 1966.

- Problemas osteoarticulares: instabilidade atlantoaxial, risco aumentado de luxações e subluxações articulares
- Alterações hematológicas e imunológicas.

As pessoas com SD tendem a evoluir com deficiências de crescimento pondero-estatural e do desenvolvimento neuropsicomotor. As características fenotípicas e de desenvolvimento não podem ser previstas pelo resultado do exame de cariótipo.

O diagnóstico da SD e a detecção precoces das condições associadas possibilitam estabelecer os cuidados preventivos de saúde, intervenções e apoios necessários para o melhor desenvolvimento, prognóstico evolutivo e qualidade de vida. Protocolos específicos para o seguimento da SD e curvas de crescimento para crianças com SD colaboram para o manejo apropriado da condição (Bull *et al.*, 2022; Brasil, 2013). A interação entre fatores genéticos, ambientais, educacionais, apoios e intervenções adequadas tem relação com a variabilidade de neurodesenvolvimento entre pessoas com SD.

Caracterização do fenótipo neurocognitivo

Estudos que caracterizam o perfil neurocognitivo na SD revelam um padrão de fragilidades e potencialidades no que diz respeito ao desenvolvimento neurocognitivo, com foco especial no TDI (Chapman; Hesketh, 2002; Vicari, 2006; Daunhauer *et al.*, 2014). De acordo com dados epidemiológicos, estima-se que aproximadamente 95% das pessoas com SD apresentam algum grau de TDI, que pode variar de leve a moderado, embora os casos graves sejam menos comuns. Além do TDI, geralmente enfrentam desafios em áreas como linguagem, memória de curto prazo e habilidades de resolução de problemas. Dificuldades no desenvolvimento motor, particularmente em termos de controle motor fino e coordenação motora também ocorrem na maioria dos casos.

As habilidades acadêmicas de pessoas com SD frequentemente variam de acordo com a gravidade da deficiência cognitiva e o acesso a intervenções precoces e educação inclusiva. É importante reconhecer que, embora essas habilidades possam ser mais desafiadoras em comparação com seus pares típicos, muitas pessoas com SD podem fazer progressos significativos com o apoio adequado.

A leitura e a escrita costumam ser áreas que demandam atenção especial. Muitos indivíduos podem enfrentar dificuldades na aquisição dessas habilidades, tornando necessárias abordagens de ensino adaptadas e métodos específicos para aqueles que estejam enfrentando dificuldades de aprendizado. As habilidades matemáticas também podem ser um desafio, requerendo abordagens mais visuais e práticas para o ensino. No entanto, vale ressaltar que a memória de longo prazo pode ser uma área de destaque, facilitando a lembrança de detalhes e informações especialmente em tópicos de seu interesse (Daunhauer *et al.*, 2014).

Assim como na maioria das demais síndromes, existe grande variabilidade entre os indivíduos, e muitas pessoas com SD demonstram pontos fortes em habilidades sociais e emocionais, como empatia e habilidades interpessoais (Daunhauer *et al.*, 2014).

Síndrome de Turner (ST; 45,X)

Em 1938, Turner observou sete pessoas do sexo feminino com baixa estatura e que também apresentavam pescoço alado, cúbito valgo e infantilismo sexual. Mais tarde, constatou-se que elas apresentavam apenas resquícios de suas gônadas (disgenesia gonadal).

A etiologia da síndrome de Turner (ST) só foi descoberta posteriormente, em 1959, quando Ford *et al.* identificaram a monossomia do cromossomo X, ou seja, a presença de apenas um representante do par de cromossomos sexuais ao exame de cariótipo, sendo este representante o cromossomo X, razão pela qual pessoas com esta condição são fenotipicamente do sexo feminino. Em cerca de 50% dos casos encontramos cariótipo 45,X (monossomia completa do X). Inúmeras outras variantes cromossômicas, envolvendo ausência total ou parcial de um cromossomo X, podem gerar um quadro clínico similar. O isocromossomo X – duplicação do braço longo do X – é observado em cerca de 10 a 15% dos casos (cariótipo 46,X,i(Xq)). Nos demais, são encontrados mosaicismos (cariótipo 45,X/46,XX) e outras variantes citogenéticas. Baixa estatura e disgenesia gonadal são achados comuns a todas essas variantes citogenéticas. Gônadas disgenéticas são gônadas que, devido às alterações cromossômicas ou gênicas, sofrem diferenciação incompleta, têm estrutura fibrótica e grande prejuízo na produção hormonal e de gametas.

A ST ocorre em 1:2.500 recém-nascidos vivos (RNV) do sexo feminino (Jones *et al.*, 2022). Existe grande variabilidade fenotípica na síndrome. Os principais desvios fenotípicos menores observados em pessoas com monossomia completa do X são descritos a seguir.

Em meninas com ST, encontramos comumente déficit de crescimento de início pré-natal (comprimento ao nascer abaixo do percentil 3). Também ao nascimento é frequente uma aparência edemaciada (linfedema congênito) da região dorsal de mãos e pés ou até de todo o membro inferior, achado que regride espontaneamente com o passar do tempo. O pescoço costuma ser curto e/ou alado, com excesso de pele na região posterior e baixa implantação dos cabelos na nuca.

Características faciais descritas são pregas epicânticas, palato estreito, mandíbula pequena, malformações de orelhas. Alterações ungueais, como unhas hiperconvexas, estreitas e/ou profundas, são referidas em 70% dos casos. O tórax costuma ser alargado com aumento da distância entre os mamilos (hipertelorismo mamário). Alterações ortopédicas mais frequentemente relatadas são: alterações de cotovelo, como cúbito valgo (aumento do ângulo interno do cotovelo), encurtamento do quarto metatarso e/ou metacarpo, alterações de joelhos, luxação de quadril.

Malformações congênitas cardíacas e renais estão presentes em, respectivamente, até 50% e 60% das pacientes. As mais comuns cardiopatias congênitas são valva aórtica bicúspide e coarctação da aorta. Pacientes adultas podem ter cardiopatias adquiridas, como hipertensão arterial sistêmica (HAS), esta podendo se iniciar na infância, dilatação aórtica e doença isquêmica do coração. Deficiência auditiva condutiva é comum (50% dos casos) e histórico de otites médias de repetição na primeira infância. Alterações oftalmológicas, como ptose palpebral, estrabismo, ambliopia (redução da acuidade visual) e catarata, são descritas.

Outras condições associadas à ST que merecem destaque são: hemangiomas, doenças endocrinológicas (hipotireoidismo primário, diabetes *mellitus*), doenças autoimunes (tireoidite de Hashimoto, retocolite ulcerativa, doença de Crohn), doença celíaca. Com relação ao crescimento, o usual é estar adequado nos primeiros 3 anos de vida, acompanhado por um atraso de idade óssea. A partir de então, a velocidade de crescimento se lentifica e a maturação óssea aproxima-se do esperado para a idade cronológica. A partir dos 12 anos, observa-se uma redução marcada na velocidade de crescimento com lentificação da maturação óssea e tendência a ganho de peso. O estirão puberal (aceleração do crescimento nesta fase) não se manifesta. A baixa estatura pode ocorrer sem as demais características fenotípicas que caracterizam a ST. Portanto, meninas com baixa estatura de causa não identificada devem ser encaminhadas para avaliação genética clínica com cariótipo, já que a disgenesia gonadal não será evidente nessa faixa etária. O diagnóstico precoce apoia a investigação complementar das malformações associadas e encaminhamento para acompanhamento com protocolo específico de seguimento (Gravholt *et al.*, 2017). Curvas de crescimento para ST auxiliam na avaliação do desenvolvimento pondero-estatural. Um ponto essencial do seguimento é a instituição do tratamento com hormônio do crescimento (GH), ainda que o déficit de GH seja exceção nas meninas com ST. Quando bem orientada por endocrinopediatra e instituída ao menos 4 anos antes da puberdade, essa intervenção costuma resultar em um ganho de 5 a 8 cm na estatura final. Na ausência de tratamento com GH, a estatura final média esperada é de 1 metro e 43 cm (Jones *et al.*, 2022).

Comumente, o desenvolvimento de caracteres sexuais secundários não é observado devido à secreção inadequada de estrógenos. Assim, há indicação de terapia de reposição hormonal feminina a partir de 11 ou 12 anos. Não obstante, cerca de 10 a 20% das meninas com ST podem iniciar desenvolvimento puberal mesmo na ausência de tratamento hormonal. Igualmente, entre 2 e 5% dos casos apresentará menarca, embora o ciclo menstrual subsequente não se mantenha de modo consistente. Devido à disfunção gonadal, as mulheres com ST raramente são férteis, mas há descrição de gestação espontânea em algumas delas.

Caracterização do fenótipo neurocognitivo

Na ST, é bem conhecido o perfil de desempenho intelectual marcado por QI global na faixa média, com importante discrepância entre o domínio verbal e o não verbal, sendo o verbal melhor desenvolvido (Hong; Scaletta; Kesler, 2009).

Os domínios cognitivos de maior fragilidade que caracterizam o fenótipo neurocognitivo na ST incluem déficits no processamento de informações visuoespaciais (Mazzocco, 2006), no funcionamento executivo (Haberecht *et al.*, 2001; Green *et al.*, 2015) e principalmente de cognição social (Bondy, 2007; Lepage, 2013). Fragilidades visuoespaciais podem justificar o típico baixo desempenho em testes de reconhecimento de figuras sobrepostas e de rotação mental (Mazzocco *et al.*, 2006), bem como risco aumentado de discalculia (Kesler *et al.*, 2006; Murphy *et al.*, 2006).

Quanto à cognição social, têm sido descritas dificuldades na percepção de sinais não verbais de comunicação, no reconhecimento de expressões emocionais em faces, bem como na atribuição de estados mentais no outro, ou seja, teoria da mente (ToM), de forma semelhante ao que se observa no TEA (Lawrence *et al.*, 2003; Skuse *et al.*, 2005; Mazzola *et al.*, 2006; Lawrence *et al.*, 2007; Hong *et al.*, 2011). No domínio de linguagem, predominam problemas pragmáticos e de narrativa, enquanto habilidades de compreensão e expressão verbal, em geral, se mostram adequadas (Hong; Scaletta; Kesler, 2009; Ross *et al.*, 2003). O estudo de Mazzola *et al.* (2006), que associou medidas de *eye-tracking* em tarefas de reconhecimento facial, demonstrou menor exploração da região dos olhos em comparação a controles.

Um estudo brasileiro desenvolvido por Di Benedetto (2017) analisou se alterações de cognição social na ST poderiam ser mais bem explicadas por prejuízos no funcionamento executivo. Uma amostra de 20 adolescentes, com idades entre 13 e 18 anos, diagnosticadas com ST, e 40 adolescentes com desenvolvimento típico foram submetidas à avaliação neuropsicológica. As participantes do grupo clínico apresentaram quociente intelectual (QI) médio variando entre limítrofe e faixa média (81,05; desvio-padrão 5,8), melhor no domínio verbal (QIV 91,25; desvio-padrão 6,9) em comparação ao de execução (QIE 76, 25; desvio-padrão 7,5). Dentre as várias medidas adotadas, habilidades de cognição social foram avaliadas por meio das provas de Teoria da Mente e de Reconhecimento Emocional em Faces da bateria NEPSY-II (Argollo *et al.*, 2009). O desempenho em funções executivas enfatizou medidas ecológicas baseadas no Breve Inventário das Funções Executivas – BRIEF (Carim; Miranda; Bueno, 2010). Resultados das análises fatoriais revelaram que as medidas de cognição social não foram consistentemente associadas às de funções executivas, sugerindo assim que se trata de um prejuízo mais primário na ST.

Alterações na cognição social também têm sido descritas em outras condições genéticas relacionadas ao cromossomo X, como a síndrome do X-frágil (Thurman *et al.*, 2015) e a síndrome de Klinefelter (Tartaglia *et al.*, 2010).

Tais evidências apontam assim que déficits de cognição social estejam associados a alterações na expressão de genes no cromossomo X. Em estudo seminal, Skuze *et al.* (1997) descreveram aspectos do funcionamento cognitivo em uma amostra de 80 mulheres entre 6 e 25 anos com monossomia e 8 com deleções parciais do cromossomo X. Dentre as primeiras, 55 apresentavam o cromossomo X de origem materna (45,Xm) e 25 de origem paterna (45,Xp). Os autores observaram que as participantes do grupo 45,Xp apresentaram um QI verbal significativamente mais alto e melhores escores em tarefas de controle inibitório em comparação às do grupo 45,Xm. Também eram significativamente mais bem ajustadas socialmente, tal como investigado em uma escala comportamental. Os autores interpretaram esses achados como sugerindo a existência de um *locus* genético para cognição social que não é expresso pelo cromossomo X de origem materna.

Síndrome de Klinefelter (SK)

Caracterização clínica

Esta condição foi descrita clinicamente em 1942, por Klinefelter. É comum o diagnóstico só ocorrer na idade adulta, em função de infertilidade. De fato, a síndrome de Klinefelter (SK) é a principal causa isolada de infertilidade e hipogonadismo em homens, incidindo em 1:500 RNV do sexo masculino (Jones *et al.*, 2022). O achado à análise cromossômica é a presença de material extra do cromossomo X. Um cariótipo 47,XXY tipicamente caracteriza a SK, sendo encontrado em 80% dos casos. Cerca de 3% dos homens com infertilidade apresentam cariótipo 47,XXY. Em 20% dos casos, observa-se outras variantes cromossômicas: mais de duas cópias do cromossomo X (cariótipos 47,XXXY ou 47,XXXXY) ou diferentes formas de mosaicismo. O excesso de material cromossômico dos cromossomos sexuais implica alterações fenotípicas e neurocognitivas. Quanto maior o número de cromossomos X supranumerários, mais intensas tendem a ser as manifestações clínicas (hipogenitalismo, deficiência de crescimento) e alterações cognitivas associadas. Em meninos com três ou mais cromossomos X, são encontrados retardo de crescimento intrauterino, dismorfias faciais, alterações esqueléticas e atraso de neurodesenvolvimento.

As pessoas do sexo masculino com SK em geral apresentam alterações fenotípicas sutis, que podem não chamar a atenção para a suspeita diagnóstica na infância. Tendem a ser mais altas e esguias, com membros inferiores longos em relação ao tronco. A estatura pode variar entre os percentis 25 e 99 (estatura média no percentil 75) (Jones *et al.*, 2022). O pênis e os testículos costumam ser de tamanho inferior ao esperado para a idade cronológica. Na adolescência, a puberdade costuma iniciar-se em idade adequada. Devido à baixa produção de testosterona, é comum haver desenvolvimento incompleto e/ou inadequado dos caracteres sexuais secundários (virilização parcial). Observa-se ginecomastia indolor em cerca de 30% dos adolescentes. A distribuição corporal de tecido gorduroso e a pilificação assumem características mais femininas. A microrquidia (testículos pequenos) torna-se pronunciada. A partir dessa fase, a desarmonia nas proporções corporais costuma se evidenciar, com membros superiores e inferiores mais alongados e ascensão da estatura na curva de crescimento. Há hipogonadismo hipogonadotrófico ou primário.

Um aumento nos níveis séricos de hormônio folículo-estimulante (FSH) acompanha a produção inadequada de andrógenos. Este excesso de gonadotrofinas repercute sobre a estrutura e função testiculares, com consequente infertilidade ou azoospermia (ausência de espermatozoides viáveis no líquido seminal ejaculado). A função testicular tende a ser menos comprometida em pacientes com mosaicismo cromossômico 47,XXY/46,XY. A terapia de reposição hormonal androgênica pode ser iniciada a partir da adolescência, a depender de indicação endocrinológica após cuidadosa avaliação. Benefícios descritos são aumento da pilosidade facial e pubiana, densidade mineral óssea, força muscular e atividade sexual. Também pode repercutir sobre os aspectos emocional e neuropsicológico, com redução da irritabilidade, melhora da autoestima e pensamento dirigido (aprendizagem de conceitos, raciocínio, resolução de problemas).

Caracterização do fenótipo neurocognitivo

O perfil neurocognitivo na SK é marcado por importante heterogeneidade, o que parece resultar de uma complexa associação entre aspectos genéticos, endocrinológicos e da maturação cerebral (Verri, 2017; Samango-Sprouse, Stapleton *et al.*, 2018; Gravholt, Chang *et al.*, 2018; Skakkebæk, Nielsen *et al.*, 2018).

A variabilidade cognitiva e comportamental tem sido atribuída a alterações no processo de maturação cerebral regulado por genes localizados no cromossomo X. Envolveria, por exemplo, prejuízos em linguagem, funcionamento executivo e socioemocionais frequentemente descritos nos indivíduos diagnosticados (Giagulli *et al.*, 2019). Risco aumentado para transtornos psiquiátricos na SK, incluindo depressão, ansiedade e esquizofrenia também parece estar relacionado à aneuploidia (Giagulli *et al.*, 2019). Adicionalmente, alterações estruturais em regiões sensorimotoras e parieto-occipitais, bem como em ínsula, hipocampo, amígdala e putâmen, entre outras estruturas, evidenciadas em estudos com neuroimagem, foram atribuídas a uma influência de dose gênica ligada ao X sobre a maturação cerebral na SK (Skakkebæk *et al.*, 2014b). Outros estudos têm destacado o papel que as flutuações hormonais no ciclo de vida exercem no funcionamento cognitivo (Samango-Sprouse, Sadeghin *et al.*, 2013; Samango-Sprouse *et al.*, 2015).

Investigações em crianças, adolescentes e adultos com SK têm revelado um QI variando entre a faixa média e média inferior (Skakkebæk *et al.*, 2014a; van Rijn; Swaab, 2015), mas casos de QI limítrofe ou deficitário também têm sido descritos (Tartaglia *et al.*, 2010; Brandenburg-Goddard, 2014; Verri, 2017). Em geral, é relatada uma discrepância significativa entre o funcionamento verbal e não verbal, sendo pior em habilidades não verbais (Lee *et al.*, 2011; Skakkebæk *et al.*, 2014a; Samango-Sprouse *et al.*, 2019; Foland-Ross; Ross; Reiss, *et al.*, 2019). No entanto, outros estudos mostraram um padrão inverso, com melhor desempenho em tarefas verbais comparadas às tarefas não verbais (van Rijn, 2012; Verri, 2017).

Em estudo com casuística brasileira de 25 pacientes adultos, atendidos no serviço de endocrinologia da Universidade Federal de São Paulo (Unifesp), Simonetti *et al.* (2021) identificaram indicadores de QI variando entre 68 e 111 (média = 86,2; DP = 13,1; mediana = 83). O QI de execução variou entre 70 e 112 (média = 92,6; DP = 16,7; mediana = 85) foi relativamente maior em relação ao verbal, que variou entre 66 e 102 (média = 82; DP = 10,7; mediana = 80). A importante variabilidade fenotípica na SK é ilustrada nos resultados relativos ao desenvolvimento das habilidades adaptativas expressos nos escores obtidos por meio da escala Vineland-3 na amostra, incluindo quatro crianças diagnosticadas. As observações indicam tendência a um melhor desenvolvimento nos domínios da motricidade (média = 95,7; DP = 18,7; mediana = 94; mín-máx = 40-121) e de autonomia em atividades de vida diária (média = 82,9; DP = 22,5; mediana = 87; mín-máx = 31-116) em comparação aos domínios da comunicação (média = 72,3; DP = 23,6; mediana = 67; mín-máx = 21-107) e da socialização (média = 79; DP = 26,8; mediana = 85; mín-máx = 20-121).

Partindo da hipótese de que a heterogeneidade do perfil neurocognitivo na SK estaria associada a um desequilíbrio na expressão de genes do cromossomo X, Simonetti *et al.* (2021) investigaram, em uma amostra de 11 indivíduos brasileiros, associações entre o padrão de inativação e a expressão de sete genes relacionados ao desenvolvimento neurocognitivo (*GTPBP6, EIF2S3, ITM2A, HUWE1, KDM5C, GDI1* e *VAMP7*). Os resultados evidenciaram escores de QI significativamente mais baixos (média = 76,83) naqueles que apresentaram padrão de inativação randômica em comparação àqueles com padrão de inativação distorcida (média = 93,75). Os indivíduos com padrão de inativação randômica apresentaram ainda maior expressão do gene *GTPBP6* em comparação a controles. Essas observações parecem reforçar que o desenvolvimento cognitivo na SK seja regulado por padrões de inativação do cromossomo X.

Síndrome do sítio frágil do X (FraX)

Caracterização clínica

A síndrome do sítio frágil do X (FraX), também denominada "síndrome de Martin-Bell" (MIM# 300624), é caracterizada por TDI, transtornos de aprendizagem, comportamento e linguagem, sendo a mais frequente causa herdada de TDI de etiologia monogênica (Jones *et al.*, 2022). A incidência é estimada em 1:5.000 RNV do sexo masculino (Jones *et al.*, 2022).

Descrita inicialmente em 1943, recebeu esse nome devido ao achado, ao exame de cariótipo de algumas pessoas com DI, de um sítio frágil (região com falha na condensação adequada da cromatina durante a mitose) na região distal do braço longo do cromossomo X (região Xq27.3). Posteriormente, descobriu-se a causa de tal achado: a mutação de um gene específico no cromossomo X, gene *FMR1* (*FraX Mental Retardation* 1). Na região Xq27.3, ao nível do DNA, existe uma sequência de repetições de trinucleotídeos CGG (Citosina-Guanina-Guanina). Neste local, o esperado é haver entre 6 e 54 repetições CGG. Considera-se uma pré-mutação quando são encontradas entre 54 e 200 repetições, seja em pessoas do sexo masculino, seja no sexo feminino. As manifestações clínicas que constituem a síndrome FraX são observadas em pessoas com um número superior a 200 repetições CGG. Tal achado, denominado uma expansão de repetições de trinucleotídeos, implica um silenciamento total ou parcial do gene *FMR1* e consequente produção deficitária da proteína que ele codifica (*fragile X mental retardation protein – FMRP*), relacionada à formação e à plasticidade das sinapses neuronais. Além das mutações de expansão, mutações com perda de função nessa região ou deleções do gene *FMR1* repercutem no funcionamento dele, gerando manifestações clínicas.

Os meninos com síndrome FraX podem apresentar características físicas, como macrocrania (crânio de tamanho aumentado), supercrescimento na infância e uma face característica: testa alta, face alongada (aparência de rosto comprido e fino), queixo proeminente, orelhas grandes e proeminentes, assim como palato arqueado e dentes apinhados. Macrorquidia (supercrescimento dos testículos) pode ocorrer a partir da puberdade. Alterações de tecido conjuntivo, com hiperextensibilidade articular, escoliose, pés planos, malformações cardíacas e hipotonia muscular são outros achados contumazes. Atraso do neurodesenvolvimento, TDI e indicadores do TEA são frequentes: 1 a 3% das pessoas com uma ou mais dessas condições apresentam a síndrome FraX (Jones *et al.*, 2022). Nas mulheres com síndrome FraX (mutação completa), não se observam dismorfias, sendo descritas falência ovariana prematura (menopausa precoce) e alterações cognitivas, comportamentais e socioemocionais leves.

Caracterização do fenótipo neurocognitivo

A síndrome FraX é conhecida como a forma mais frequente de TDI herdável em seres humanos (Gallagher; Hallahan, 2012) e uma das causas genéticas do TEA. Estima-se que indicadores de TEA estejam presentes em 50 a 60% dos indivíduos do sexo masculino e 20% dos indivíduos do sexo feminino com síndrome FraX (Saldarriaga *et al.*, 2020).

A gravidade do comprometimento cognitivo geral tem sido associada aos níveis de redução da *FMRP* (Huddleston; Visootsak; Sherman, 2014). Ao atingir a fase adulta, os indivíduos apresentam um QI 50 em média. O melhor desempenho intelectual entre as mulheres é atribuído à presença do alelo *FMR1* de tamanho normal no cromossomo X ativo. Além do sexo, a heterogeneidade cognitiva na síndrome é associada a variáveis genéticas e epigenéticas.

Uma síntese do perfil de funcionamento neurocognitivo é encontrada em Cornish *et al.* (2012) e Rosot, Franco e Riechi (2017). Em termos de linguagem oral, os domínios da fluência verbal, sintaxe e pragmática constituem áreas de maior fragilidade, frequentemente resultando em uma fala repetitiva e pouco sintonizada na comunicação, em contraste ao perfil observado na síndrome de Williams. Prejuízos no funcionamento executivo são característicos e persistentes no ciclo de vida, e se expressam especialmente em dificuldades de controle inibitório e para mudar o foco da atenção conforme as demandas ambientais, levando a um comportamento repetitivo. São ainda frequentes indicadores de ansiedade social e evitação de contato visual.

Memória operacional tende a ser melhor no domínio verbal do que visuoespacial. Déficits de processamento visuoespacial também são relatados e predominam em tarefas visuoconstrutivas e visuomotoras (Cornish; Munir; Cross, 1999). Problemas pragmáticos da linguagem, comportamento inflexível e esquiva a interação social são características do TEA.

Estudo brasileiro comparou os escores da escala Wechsler de inteligência em amostras de crianças de 11 anos em média com SW (n = 10), SPW (n = 11) e síndrome FraX (n = 13). Especificamente em comparação ao grupo com SW, o grupo com síndrome FraX apresentou escores significativamente mais baixos nos subtestes vocabulário, compreensão, cubos e armar objetos, e maior frequência de indicadores de problemas comportamentais de socialização (Pegoraro et al., 2014).

Síndrome de Williams

Caracterização clínica

A síndrome de Williams (SW) (MIM# 194050) ou síndrome de Williams-Beuren (SWB) se caracteriza, principalmente, por cardiopatia congênita, baixa estatura, dismorfias faciais e um fenótipo cognitivo comportamental particular. Sua prevalência é de 1:7.500, em ambos os sexos (Morris; Braddock, 2020). A etiologia citogenética está associada à deleção em um dos cromossomos 7. Assim, encontra-se uma perda de um pequeno segmento no braço longo (região 7q11.23) em um dos representantes do par número 7 de cromossomos autossômicos. Esta região deletada é submicroscópica, não visível ao exame de cariótipo, com tamanho entre 1,5 e 1,8 milhão de pares de bases (Mpb ou Mb), e contém cerca de 26 a 28 genes. A SBW é considerada uma síndrome de genes contíguos, sendo sua expressão clínica vinculada à ausência de diversos genes na região deletada. Um dos principais genes deletados é o gene da elastina (*ELN*). Essa deleção é associada à ocorrência de malformações cardiovasculares, como a estenose aórtica supravalvar (EASV). A SW ocorre em ambos os sexos com uma incidência estimada em 1:10.000 RNV. A maioria dos casos de SWB ocorre de modo esporádico, mas há relatos de transmissão da condição de genitores para os filhos (padrão de herança autossômica dominante).

O fenótipo facial, embora muito conhecido, se torna mais evidente com o crescimento. Destacam-se: hipoplasia de face média; aumento do tecido subcutâneo na região periorbital (confere aspecto de "olhos inchados"), bochechas proeminentes; pregas epicânticas; filtro longo; olhos com íris estrelada, alterações de acuidade visual; nariz com narinas antevertidas, ponte nasal hipoplásica; lábios grossos e proeminentes; dentição: má oclusão oral, defeitos de formação do esmalte, microdontia ou hipodontia. Outros achados clínicos incluem baixa estatura, atraso de crescimento de início pré-natal; pele com cútis laxa (aparência de pele "macia e frouxa"), hipermobilidade articular e desvios de coluna (escoliose, acentuação da cifose dorsal e/ou lordose lombar).

Caracterização do fenótipo neurocognitivo

O fenótipo neurocognitivo na SW é caracterizado por marcada variabilidade que se expressa em importante perfil de forças e fraquezas em termos cognitivos e comportamentais, a depender dos genes deletados na região, como descrito por Mervis e Velleman (2011). Alterações comportamentais e cognitivas estão associadas à deleção dos genes *LIM-K1* e *GTF2I*.

O QI costuma variar entre 40 e 90 (Bellugi et al., 2000), podendo então estar presente ou não um quadro de TDI. Com relação ao domínio da linguagem, boas competências em termos de aquisição de vocabulário e expressão verbal contrastam com dificuldades receptivas e pragmáticas, ou seja, na adaptação da comunicação verbal conforme o contexto social.

Indicadores de transtorno do déficit de atenção e hiperatividade (TDAH) têm sido observados em 65% dos casos. Adicionalmente, transtorno de ansiedade generalizada (TAG) costuma estar presente em 14% de indivíduos entre 7 e 10 anos e em 23% daqueles entre 11 e 16 anos (Leyfer et al., 2006).

Pesquisadores brasileiros têm se dedicado à investigação de aspectos cognitivos e comportamentais na SW. Em 2012, Hayashiuchi et al. investigaram indicadores de desempenho intelectual, escolar e comportamental em uma amostra de 22 crianças e adolescentes, entre 7 e 18 anos (média de idade 11,6; desvio padrão 3,7). O QI estimado variou entre 45 e 88, expressando a conhecida variabilidade de desempenho intelectual frequentemente observada na síndrome. Respostas dos cuidadores ao inventário *Child Behavior Checklist* expressaram as características de boas habilidades de socialização. Sinais do TDAH foram identificados em 90% dos participantes.

Síndrome da deleção 22q11.2 (SD22q11.2)

Caracterização clínica

A SD22q11.2 (MIM # 192430, # 188400), também conhecida como síndrome velocardiofacial, síndrome de Shprintzen ou síndrome de Di-George, é uma condição genética causada por uma microdeleção localizada no braço longo do cromossomo 22. Estima-se que sua prevalência seja de 1:4.000 a 1:6.000 nascimentos (Jones et al., 2022; Sullivan, 2007; McDonald-McGinn et al., 2015; Devriendt et al. 1998). Cerca de 85 a 90% dos casos apresentam uma deleção *de novo*. Nos demais, a deleção é herdada de um dos genitores, que pode ou não ter diagnóstico prévio da condição (Jones et al., 2022; McDonald-McGinn et al., 2015; Ryan et al., 1997; Leana-Cox et al., 1996). A SD22q11.2 também representa uma síndrome de genes contíguos, uma vez que as manifestações clínicas estão vinculadas ao conjunto de genes deletados, havendo grande variabilidade de expressão fenotípica.

A apresentação fenotípica mais comum na SD22q11.2 abrange cardiopatia congênita (85% dos casos), anomalias craniofaciais, defeitos de fechamento do palato (fenda palatina), insuficiência velofaríngea (67%), mãos com dedos longos e hiperextensíveis, hipoparatireoidismo, imunodeficiência de células T com agenesia de timo, atraso no desenvolvimento da fala, prejuízos cognitivos e altos índices de comorbidades psiquiátricas (esquizofrenia, transtorno de ansiedade, transtornos de humor, transtorno de desatenção e hiperatividade, comportamentos de TEA na infância) (Jones et al., 2022; Gothelf et al., 2009; Sullivan, 2007).

Caracterização do fenótipo neurocognitivo

O perfil cognitivo dos pacientes é bastante heterogêneo e consiste em apresentação de QI entre médio e limítrofe (cerca de 70) com variação entre 55 e 85. Nos casos de deleção herdada, a presença de TDI é maior do que nos casos *de novo* (McDonald-McGinn *et al.*, 2015; Zinkstok; Amelsvoort, 2005). Contudo, a predominância dos casos se dá por deleções *de novo*, de modo que a comorbidade com TDI grave não é descrita como típica na literatura internacional (Swillen; McGinn, 2015; De Smedt *et al.*, 2009; Swillen *et al.*, 2018).

Em estudo brasileiro, Pimenta *et al.* (2019) investigaram a variabilidade intelectual de uma amostra de 21 crianças e adolescentes diagnosticados com SD22q11.2 a partir dos índices da bateria *Wechsler Intelligence Scale for Children - 4th edition*. Os autores identificaram QI variando entre 42 e 104 e uma discrepância significativa entre os índices de compreensão verbal e organização perceptual em 42% dos casos. Um melhor resultado foi verificado no subteste semelhanças, que avalia abstração verbal e formação de conceitos. Resultados mais baixos foram observados nos subtestes cubos, raciocínio matricial, dígitos e sequência de números e letras, que demandam habilidades complexas associadas ao funcionamento executivo, incluindo memória operacional.

A discrepância significativa entre o QI verbal e o QI executivo, caracterizada com melhor desempenho nos índices verbais, tem sido atribuída a prejuízos nas habilidades de orientação visuoespacial, planejamento, memória operacional e atenção presentes na síndrome (Biria *et al.*, 2017). Esses prejuízos inclusive são norteadores para caracterização das dificuldades de aprendizagem especialmente no domínio da matemática, que depende fortemente do bom desenvolvimento das habilidades de orientação visuoespacial e memória operacional (McDonald-McGinn *et al.*, 2015; Zinkstok; Amelsvoort, 2005; Sobin *et al.*, 2005). Estudos também relatam alterações na linguagem receptiva e expressiva, apesar da boa pontuação nos índices verbais, como descrito por Glaser *et al.* (2002). Esses autores consideraram a hipótese de que a habilidade de linguagem receptiva dos indivíduos atinge um pico durante o desenvolvimento quando então se estabiliza, enquanto as habilidades expressivas continuam se desenvolvendo ao longo da vida.

Uma questão de grande relevância na SD22q11.2 é a elevada ocorrência de esquizofrenia nos casos. A síndrome é conhecida como a doença genética com maior comorbidade com esquizofrenia, embora os mecanismos diretos dessa associação ainda sejam objeto de estudo (Van; Boot; Bassett, 2017; Bassett *et al.*, 2003). Um declínio cognitivo parece preceder a emergência de psicose (Vorstman *et al.*, 2015). Para uma investigação de aspectos fenotípicos comuns entre as condições clínicas, Zinkstok *et al.* (2005) compararam os perfis neuropsicológicos de amostras de adultos diagnosticados com e sem esquizofrenia. O grupo com a deleção e esquizofrenia apresentou desempenho significativamente inferior ao grupo não esquizofrênico em testes de memória operacional espacial, reconhecimento visual e atenção (sustentação e inibição de resposta), bem como no subteste semelhanças da escala Wechsler de Inteligência para Adultos (WAIS). Entretanto, os autores não encontraram diferenças entre os grupos em testes de planejamento, resolução de problemas e raciocínio social abstrato, indicando que tais prejuízos podem ser fenotípicos da síndrome e não causados pela comorbidade com a esquizofrenia.

Síndrome de Prader-Willi

Caracterização clínica

A síndrome de Prader-Willi (SPW) (MIM# 176270) está vinculada à ausência de expressão de uma série de genes localizados no cromossomo 15 de herança paterna. Sua prevalência é estimada em 1:15.000 (Jones *et al.*, 2022).

As características dismórficas incluem face com olhos amendoados, hipogenitalismo e criptorquidia. É marcante o apetite insaciável (hiperfagia) com início mais frequente a partir dos 2 anos de idade, levando a obesidade com distribuição centrípeta de gordura corporal (Jones *et al.*, 2022; Driscoll *et al.*, 1998). O tratamento é crucial para prevenir diversas complicações clínicas decorrentes da obesidade, como apneia obstrutiva do sono, cardiopatias e diabetes.

São conhecidos os mecanismos genéticos subjacentes à etiologia da SPW: (a) em cerca de 70% dos casos, o cromossomo de origem paterna apresenta uma deleção em seu braço longo, na região 15q11-q13; (b) aproximadamente 25 a 30% dos pacientes possuem dois cromossomos 15 completos, sendo ambos de origem materna (dissomia uniparental), estando ausente a cópia paterna do cromossomo; (c) em até 5% dos casos, identifica-se uma mutação no centro de *imprinting* (Jones *et al.*, 2022; Driscoll *et al.*, 1998). Neste caso, um pai, ao transmitir seu alelo de herança materna para sua prole, não poderá alterar o padrão de *imprinting* do mesmo, sendo transmitido um *imprinting* do tipo materno; (d) outra situação possível é haver uma translocação balanceada envolvendo o cromossomo 15 que impacte o funcionamento do centro de *imprinting*. Essas diferentes possibilidades geram a ausência de cópias funcionais na região crítica para a SPW, no braço longo do cromossomo 15, resultando na expressão clínica dessa condição.

A complexidade dos mecanismos genéticos subjacentes à SPW merece consideração. Alguns genes sofrem um processo de "silenciamento" conhecido como *imprinting* genômico. Isto constitui uma exceção à regra mais usual. Em grande parte do nosso genoma, as duas formas alternativas de um gene (alelos) que ocupa a mesma posição (*locus*) em um determinado par de cromossomos (cromossomos homólogos) têm funcionamento equivalente. No processo de *imprinting* genômico, ocorre inativação de um determinado segmento gênico de um dos cromossomos homólogos. Tal inativação pode ocorrer no cromossomo de origem materna ou paterna. O fenômeno de *imprinting*, em seres humanos, acontece em algumas regiões cromossômicas determinadas. Assim, a depender do cromossomo e da região, a informação genética será derivada de apenas um dos alelos de um dos cromossomos homólogos. Uma mulher, ao transmitir a sua prole às regiões com *imprinting* dos cromossomos que recebeu de seu pai, deverá converter o *imprinting* paterno em materno. A situação inversa vale para um homem, em relação aos cromossomos que recebeu de sua mãe. No braço longo do cromossomo 15 de herança materna, em geral ocorre o *imprinting* de genes na região 15q11-q13. Desta forma, a informação oriunda desta região será derivada unicamente do cromossomo de herança paterna, uma vez que os genes maternos estão silenciados.

Caracterização do fenótipo neurocognitivo

Presença de TDI na SPW, com escores de QI variando entre 60 e 70, é observada na maioria dos casos (Driscoll *et al.*, 1998). É conhecido, entretanto, que pessoas com SPW podem apresentar habilidades visuoespaciais bem desenvolvidas, expressas, por exemplo, em bom desempenho na execução de quebra-cabeças com base no uso de estratégias de observação do formato das peças (Verdine *et al.*, 2008).

Transtornos do neurodesenvolvimento e neuropsiquiátricos são frequentemente relatados. Ansiedade, comportamentos obsessivo-compulsivos, sintomas externalizantes, como acessos de raiva e impulsividade, além de traços do TDAH, são particularmente fenotípicos (Driscoll *et al.*, 1998). Estudo brasileiro com casuística de 10 crianças e adolescentes com 12 anos em média (± 2,4) identificou, com base nos indicadores da versão brasileira do inventário *Child Behavior Checklist* (CBCL), indicadores de problemas de socialização, de organização do pensamento e de modulação da atenção, além de sintomas externalizantes como violação de regras e agressividade (Garzuzi *et al.*, 2009). Tais sintomas foram significativamente mais elevados quando comparados a uma amostra de 10 controles com obesidade de causas exógenas, pareados por sexo e idade. Estudos de metanálise relatam alta prevalência de TEA em 210 (26,7%) participantes entre 785 (Bennet *et al.*, 2015) e de psicose (Yang *et al.*, 2013). O risco para transtornos psiquiátricos na SPW é maior na dissomia uniparental materna (Yang *et al.*, 2013).

A Tabela 10.2 sintetiza os fenótipos neurocognitivos observados nas principais síndromes genéticas.

Tabela 10.2 Caracterização dos fenótipos neurocognitivos mais frequentes em cada síndrome.

Síndrome	Características do fenótipo neurocognitivo
Síndrome de Down	*Cognição geral* • Variedade significativa entre os indivíduos • TDI em 95% dos casos • Desafios em linguagem, memória de curto prazo e habilidades de resolução de problemas • Dificuldades no desenvolvimento motor, especialmente controle motor fino e coordenação motora • Memória de longo prazo pode ser uma área de destaque em alguns casos • Variação nas habilidades acadêmicas: leitura e escrita podem demandar atenção especial *Habilidades socioemocionais e condições psíquicas* • Fortes habilidades sociais e emocionais, como empatia e habilidades interpessoais
Síndrome de Turner (45X)	*Cognição geral* • QI global na faixa média • Discrepância entre domínio verbal e não verbal, com melhor desenvolvimento verbal • Dificuldades em processamento visuoespacial, funcionamento executivo e cognição social *Habilidades socioemocionais e condições psíquicas* • Dificuldades na percepção de sinais não verbais e na teoria da mente • Problemas pragmáticos na linguagem • Melhor ajuste social em alguns casos
Síndrome de Klinefelter (SK)	*Cognição geral* • Importante heterogeneidade no perfil neurocognitivo • Variação no QI entre faixa média e média inferior • Discrepância entre funcionamento verbal e não verbal *Habilidades socioemocionais e condições psíquicas* • Risco aumentado para transtornos psiquiátricos
Síndrome do sítio frágil do X	*Cognição geral* • Forma mais frequente de TDI herdável • Dificuldades de linguagem, funcionamento executivo e processamento visuoespacial *Habilidades socioemocionais e condições psíquicas* • Indicadores de TEA em uma proporção significativa
Síndrome de Williams (SW)	*Cognição geral* • Variabilidade no QI (40 a 90) • Boas competências em vocabulário e expressão verbal • Dificuldades receptivas e pragmáticas na linguagem • Déficits de processamento visuoespacial *Habilidades socioemocionais e condições psíquicas* • Indicadores de TDAH e TAG em alguns casos • Comportamento repetitivo

(*continua*)

Tabela 10.2 Caracterização dos fenótipos neurocognitivos mais frequentes em cada síndrome. (*Continuação*)

Síndrome	Características do fenótipo neurocognitivo
Síndrome da deleção 22q11.2	*Cognição geral* • Heterogeneidade no QI (médio a limítrofe) • Discrepância entre QI verbal e executivo • Prejuízos em habilidades visuoespaciais, planejamento e memória operacional *Habilidades socioemocionais e condições psíquicas* • Elevada comorbidade com esquizofrenia • Declínio cognitivo precedendo a emergência de psicose em alguns casos
Síndrome de Prader-Willi (SPW)	*Cognição geral* • Presença comum de TDI (QI 60 a 70) • Habilidades visuoespaciais desenvolvidas • Transtornos do neurodesenvolvimento e neuropsiquiátricos frequentes *Habilidades socioemocionais e condições psíquicas* • Ansiedade e comportamentos obsessivo-compulsivos são frequentes • Traços de TDAH • Alta prevalência de TEA • Risco de psicose em alguns casos

TDI: transtorno do desenvolvimento intelectual; QI: quociente de inteligência; TEA: transtorno do espectro autista; TDAH: transtorno do déficit de atenção e hiperatividade; TAG: transtorno de ansiedade generalizada.

Avaliação neuropsicológica

A avaliação neuropsicológica de pessoas com síndromes genéticas pode ser um processo complexo a depender das características específicas de cada síndrome. Essa avaliação é importante para ajudar a compreender as necessidades individuais, forças e fraquezas em cada caso e para desenvolver estratégias de intervenção adequadas a fim de promover um melhor desenvolvimento e qualidade de vida. Deve ser um processo abrangente, incluindo informações clínicas, observações comportamentais e testes específicos para determinar a eficiência intelectual e as demais habilidades cognitivas.

As síndromes genéticas estão associadas a uma ampla variedade de alterações cognitivas, que podem variar de leves a graves. Cada síndrome genética possui suas próprias características cognitivas distintas, como citado anteriormente, mas algumas alterações comuns, as quais serão descritas a seguir, podem ocorrer em várias síndromes.

TDI. O transtorno do desenvolvimento intelectual é uma característica comum em muitas síndromes genéticas, como a síndrome da deleção do 22q11.2, a síndrome do sítio frágil do X e a síndrome de Down, já citadas neste capítulo. Ela envolve um funcionamento intelectual significativamente abaixo da média, afetando habilidades cognitivas gerais, como raciocínio, aprendizado, memória, resolução de problemas, compreensão verbal e cognição social. Em geral, a deficiência intelectual nas síndromes genéticas é avaliada por meio de testes de QI, de preferência não verbais e/ou com foco na avaliação da inteligência cristalizada. Os testes padronizados para a população brasileira infantil e atualmente considerados favoráveis pelo Sistema de Avaliação de Teste Psicológicos (SATEPSI) são:

- Escala de Inteligência Wechsler para Crianças (WISC) (Wechsler, 2014)
- Matrizes Progressivas Coloridas de Raven (Raven, 2008)
- SON-R 2 ½ – 7/SON-R 6 – 40 – Teste Não Verbal de Inteligência (Laros *et al.*, 2010)
- Coleção R-2 – Teste Não Verbal de Inteligência para Criança (Oliveira; Rosa, 2000)
- CMMS 3 – Escala de Maturidade Mental Colúmbia 3 (Burgemeister; Blum; Lorge, 2001).

Atraso no desenvolvimento. Muitas síndromes genéticas estão associadas a atrasos no desenvolvimento, tanto cognitivo quanto motor. Isso significa que as crianças podem demorar mais tempo para atingir marcos importantes no desenvolvimento, como sentar, engatinhar, falar e aprender novas habilidades cognitivas.

Existem diferentes métodos de avaliação do desenvolvimento, mas os mais utilizados incluem escalas de observação do comportamento da criança e questionários ou entrevistas com pais e cuidadores. Alguns instrumentos utilizados para avaliação do desenvolvimento, incluem:

- **Escala Bayley de desenvolvimento infantil III (Madaschi, 2016)**: instrumento de avaliação do desenvolvimento de crianças de 1 mês a 42 meses. Foi projetada para avaliar o desenvolvimento cognitivo, motor e da linguagem. Durante o teste, o avaliador interage com a criança de maneira estruturada e registra suas respostas e desempenho
- **Escala de desenvolvimento de Denver (Sabatés *et al.*, 2013)**: instrumento de avaliação utilizado para avaliar o desenvolvimento de crianças desde o nascimento até os 6 anos. Ela foi projetada para avaliar quatro áreas principais de desenvolvimento: pessoal-social, motor grosso, motor fino e linguagem. A escala é composta por uma série de itens que descrevem habilidades e comportamentos esperados em cada faixa etária. Durante a avaliação, o avaliador interage com a criança e observa seu desempenho em tarefas específicas, como segurar objetos, rolar, sentar, engatinhar, andar, falar e interagir socialmente. Com base nas respostas e desempenho da criança, o avaliador determina em qual

faixa etária a criança se enquadra para cada área de desenvolvimento
- **Inventário Dimensional de Avaliação do Desenvolvimento Infantil (IDADI) (Silva; Mendonça Filho; Bandeira, 2020)**: instrumento de avaliação do desenvolvimento infantil através de entrevista com pais ou cuidadores, com foco em sete domínios: cognitivo, socioemocional, comunicação e linguagem receptiva, comunicação e linguagem expressiva, motricidade ampla, motricidade fina e comportamento adaptativo.

Comportamento adaptativo. Crianças com síndromes genéticas podem ter dificuldades em habilidades práticas e sociais que permitem que uma pessoa funcione de forma independente e autônoma em seu ambiente. Para essa avaliação, são comumente utilizadas escalas ou entrevistas com pais, professores ou cuidadores, como:

- Escala Vineland de Comportamento Adaptativo (*Vineland Adaptive Behavior Scales*) (Sparrow; Cicchetti; Saulnier, 2019): uma das escalas mais amplamente utilizadas para avaliar o comportamento adaptativo em crianças, abrangendo áreas como comunicação, habilidades sociais, habilidades da vida diária e habilidades motoras
- Inventário de Comportamento Adaptativo (*Adaptive Behavior Assessment System* – ABAS-III) (Harrison; Oakland, 2015): conjunto de questionários que avalia o comportamento adaptativo em crianças e adolescentes. Ele fornece uma visão abrangente das habilidades adaptativas em áreas como comunicação, habilidades acadêmicas, interação social e autocuidado.

Essas escalas ajudam a identificar as habilidades e as dificuldades específicas de uma criança para realização de atividades da vida diária e fornecem informações sobre a quantidade e qualidade de apoio que a criança pode precisar ao longo do tempo. Além delas, os profissionais podem realizar observações sistemáticas do comportamento da criança, como no uso funcional de objetos ou de suas ações em brincadeiras simbólicas, em diversos ambientes, como em casa, na escola ou em clínicas. Essas observações ajudam a obter informações sobre interações sociais, habilidades de comunicação, comportamentos estereotipados, entre outros aspectos relevantes.

É importante ressaltar que as alterações cognitivas podem variar em gravidade e características entre as síndromes genéticas e também entre indivíduos com a mesma síndrome. Cada criança é única e pode apresentar uma combinação específica de habilidades e desafios cognitivos. Outras dificuldades comumente encontradas podem incluir limitações nas habilidades sociais e de comunicação, prejuízos na atenção e dificuldades específicas de aprendizagem. Portanto, é fundamental realizar uma avaliação individualizada para entender as necessidades e potenciais de cada criança com uma síndrome genética específica.

Caso clínico

M., sexo feminino, 11 anos e 1 mês, diagnóstico de síndrome de X-Frágil. Primogênita dos dois filhos do casal. O irmão, de 7 anos, tem o mesmo diagnóstico genético.

Síntese do acompanhamento neuropsicológico

M. nasceu com 39 semanas de gestação, com 2.550 g e 48 cm, de parto cesáreo. Teve alta com a mãe. Apresentou atraso no desenvolvimento neuropsicomotor, que levou à investigação clínica e diagnóstico sindrômico aos 18 meses de vida. M. foi submetida a uma avaliação neuropsicológica por indicação do neuropediatra aos 8 anos, em função de dificuldades persistentes na alfabetização e na aquisição dos conteúdos básicos em matemática.

Verificou-se na ocasião desempenho intelectual global compatível à idade (QI 92), com discrepância entre o domínio verbal (QIV 106, médio) e não verbal (QIE 77, limítrofe). A compreensão verbal revelou-se como área cognitiva de melhor desenvolvimento. Observamos ainda boas capacidades de engajamento da atenção (teste de cancelamento) e de memorização de conteúdo verbal em situações de aprendizagem serial (teste de lista de palavras), embora tenham sido observadas dificuldades de acesso ativo ao conhecimento aprendido (memória tardia). As dificuldades específicas de evocação ativa foram inferidas pelo bom desempenho na etapa de reconhecimento das palavras. Por outro lado, áreas de maior fragilidade se revelaram nas habilidades visuoconstrutivas (cópia de figura complexa) e no funcionamento executivo, especialmente no que concerne à flexibilidade cognitiva (tarefa de fluência de desenhos). Com relação às questões acadêmicas, verificou-se que a maior dificuldade estava na matemática. A avaliação fonoaudiológica revelou tônus de lábios e bochechas diminuídos, mas boas capacidades de expressão e compreensão verbal (à exceção de discurso descontextualizado).

Foi realizada reavaliação neuropsicológica aos 11 anos, por solicitação dos pais. As queixas principais incluíam dificuldades de socialização e tendência a apresentar comportamentos inapropriados ao contexto, bem como persistente baixo desempenho em matemática e em leitura e escrita. Nesta época, M. cursava o 4º ano do ensino fundamental em escola particular, com algumas adaptações pedagógicas (aulas extras com conteúdo do 3º ano). Há cerca de 2 anos era acompanhada por psicopedagoga.

Observações dos pais, referendadas por dados descritos em relatório escolar, indicavam que M. estava evoluindo bem na leitura, mas frequentemente mostrava-se impulsiva ao ler enunciados e na execução das tarefas acadêmicas, resultando em erros constantes. Na matemática, mostrava aquisições típicas do 1º ano: conhecimento de números até a dezena e, apesar de um entendimento dos processos de adição e subtração, não dominava regras operatórias básicas. No relacionamento social, mostrava-se ingênua e resistindo a mudanças de rotina, e eram observados sinais de ansiedade, especialmente em interações sociais. Não houve relato de oscilações de humor ou dificuldades para lidar com frustrações. M. estava em uso de metilfenidato e, segundo os pais, com melhora comportamental.

Durante o processo de avaliação, M. manteve bom contato com os examinadores, e em geral mostrou-se cooperativa na realização das atividades, apesar de resistência inicial. Com certa frequência, entretanto, foi necessária mediação para que concluísse tarefas com maior demanda de concentração.

Resultados

Desempenho intelectual

Investigação do desempenho intelectual global foi realizada por meio da escala WISC-IV. Os resultados aferidos nos diversos subtestes revelaram desempenho intelectual global compatível à idade cronológica, com uma discrepância importante entre a compreensão verbal e a organização perceptual. Uma área de maior fragilidade pode ser notada no que se refere à memória operacional. Em avaliação complementar com base em escala que prioriza o domínio da cognição não verbal – Matrizes Coloridas de Raven – M. apresentou um desempenho médio inferior em relação a normas de sua faixa etária (percentil 20).

Perfil neurocognitivo

M. mostrou desempenho adequado em provas de percepção visual simples, mas teve importantes dificuldades na execução de tarefas visoconstrutivas (cópia de figura complexa), o que parece consolidar as observações que se trata de área cognitiva de maior fragilidade. O desenho da figura humana também se revelou relativamente imaturo para a idade.

Em procedimentos que investigam atenção visual, M. apresentou boas capacidades para focar a atenção em estímulos relevantes à tarefa, para inibir respostas automáticas e para manter o foco por períodos mais prolongados de tempo. Observou-se assim boa evolução das funções de atenção seletiva e sustentada nas provas adotadas.

Na prova de memória episódica auditivo-verbal, que envolve a repetição de uma lista de palavras em ensaios sucessivos, M. lembrou-se de um adequado número de palavras ao final dos ensaios (embora em nível médio inferior), mas teve algumas dificuldades na recordação tardia (após 30 minutos). Por outro lado, lembrou-se bem das palavras em prova subsequente de reconhecimento auditivo-verbal. Essas observações sugerem que ela pode ter dificuldades eventuais no acesso ativo ao conteúdo aprendido.

A memória operacional diz respeito a capacidades de manutenção temporária e manipulação mental de informações, o que é necessário para a realização das mais diversas tarefas cognitivas. Formas tradicionais de investigação envolvem a repetição de sequências aleatórias e progressivamente mais longas de dígitos (memória operacional verbal) ou de cubos dispostos de forma desorganizada em frente à pessoa (memória operacional não verbal). O desempenho de M. nessas tarefas indica tratar-se da área cognitiva a de maior fragilidade em seu desenvolvimento.

Na avaliação de funções executivas, por meio de análises qualitativas, verificou-se adequadas habilidades de automonitoramento, possivelmente mediadas pelas capacidades de engajamento da atenção, mas M. teve dificuldades em atividades com maior demanda de planejamento.

Quanto à linguagem oral, verificamos que M. manteve contato visual, iniciou e manteve diálogos e respeitou a troca de turnos. À observação clínica, não apresentou alterações articulatórias. Mostrou adequadas habilidades de compreensão e de expressão verbal, no nível linguístico, e vocabulário rotineiro para a idade. Maiores dificuldades foram evidentes na narrativa no contexto da interação, sugestivas de problemas nas funções mais instrumentais da linguagem (organização do pensamento). M. escreveu textos curtos com bom domínio das regras ortográficas básicas. Em avaliação ampla no domínio da matemática, foi firmado diagnóstico de discalculia.

Resultado final

Em suma, no novo exame neuropsicológico a que M. foi submetida, foram obtidos indicadores quantitativos e qualitativos de um perfil neurocognitivo atual caracterizado por desempenho intelectual global médio, associado a um significativo melhor desempenho do domínio verbal em relação ao não verbal (de execução). A memória operacional revelou-se como área de maior fragilidade.

Observamos boa evolução das habilidades de atenção, bem como das aquisições em leitura e escrita, mas as dificuldades na consolidação de conhecimentos em matemática são persistentes e compatíveis com quadro de discalculia. Problemas visoconstrutivos se mostraram mais persistentes e, associados aos indicadores de dificuldades de cognição social (no que se refere a questões de pragmática e ingenuidade nas relações sociais) e à discalculia, são sugestivos do perfil neuropsicológico conhecido como transtorno de aprendizagem não verbal, que tem sido evidenciado na síndrome de X-frágil.

Sugestões de acompanhamento incluíram: (a) no âmbito pedagógico: adaptações curriculares amplas no que concerne à matemática; trabalho mediado para ampliar as habilidades na elaboração de textos; (b) no âmbito terapêutico: intervenções em terapia cognitivo-comportamental com foco em habilidades socioemocionais, incluindo identificação de pistas emocionais no outro, regulação da comunicação e assertividade no contexto das interações. Com relação às fragilidades de memória operacional, a orientação aos pais e professores foi em especial evitar instruções verbais muito longas, e em tarefas mais complexas certificarem-se da compreensão e, caso necessário, incorporarem recursos visuais de passo a passo.

Considerações finais

O estudo da variabilidade da expressão dos fenótipos cognitivos, que nos torna únicos, na perspectiva da herdabilidade, tem se fortalecido com os avanços no campo da genética, neurociências e psicologia cognitiva. A investigação da contribuição isolada ou em interação de variáveis genéticas e socioambientais na modulação do mosaico de habilidades e fraquezas cognitivas esperadas em doenças genéticas conhecidas pode contribuir para o planejamento de estratégias de estimulação precoce, ou ainda estratégias compensatórias, que permitam ampliar a aprendizagem, promover desenvolvimento.

A neuropsicologia aplicada às síndromes genéticas representa uma área de pesquisa rica e desafiadora, que nos permite compreender as complexas interações entre os genes, o cérebro e o comportamento humano. Os estudos nessa área vêm demonstrando a importância da individualidade e da abordagem personalizada no acompanhamento neuropsicológico e escolar de pessoas com diferentes fenótipos neurocognitivos. Nesse sentido, as estratégias de intervenção bem-sucedidas levam em consideração a singularidade de cada indivíduo, suas potencialidades e desafios, sendo promotoras de bem-estar e qualidade de vida.

Referências bibliográficas

ARGOLLO, N. et al. Avaliação transcultural da bateria NEPSY – Avaliação neuropsicológica do desenvolvimento: estudo piloto. Avaliação Psicológica, Ribeirão Preto, v. 8, n. 1, 2009.

BASSETT, A. S. et al. The schizophrenia phenotype in 22q11 deletion syndrome. American Journal of Psychiatry, v. 160, n. 9: p. 1580-1586, 2003.

BELLUGI, U. The Neurocognitive Profile of Williams Syndrome: A Complex Pattern of Strengths and Weaknesses. Journal of Cognitive Neuroscience, v. 12 (Supplement 1), p. 7-29, 2000.

BENNETT, J. A. et al. Autism spectrum disorder in Prader-Willi syndrome: a systematic review. American journal of medical genetics Part A, Hoboken, v. 167, n. 12, p. 2936-2944, 2015.

BIRIA, M. et al. Visual processing deficits in 22q11.2 deletion syndrome. NeuroImage: Clinical, Netherlands, v. 17, p. 976-986, 2018.

BONDY, C. A. Care of girls and women with Turner syndrome: a guideline of the Turner syndrome study group, The Journal of Clinical Endocrinology & Metabolism, v. 92, n. 1, p. 10-25, 2007.

BRANDENBURG-GODDARD, M. N. et al. A comparison of neural correlates underlying social cognition in Klinefelter syndrome and autism. Social Cognitive and Affective Neuroscience, v. 9, n. 12, p. 1926-1933, 2014.

BULL, M. J. et al. Health supervision for children and adolescents with Down syndrome. Pediatrics, United States, v. 149, n. 5, p. e2022057010, 2022.

BURGEMEISTER, B. B.; BLUM, L. H.; LORGE, I. Escala de maturidade mental Columbia 3. São Paulo: Editora Vetor, 2001.

CARIM, D.; MIRANDA, M. C.; BUENO, O. F. A. Validação da versão brasileira do Breve inventário de funções executivas. Psicologia reflexão e crítica, Porto Alegre, v. 25, n. 4, 2012.

CHAPMAN, R. S.; HESKETH, L. J.; KISTLER, D. J. Predicting longitudinal change in language production and comprehension in individuals with down syndrome. Journal of Speech, Language, and Hearing Research, 2002. Disponível em: https://doi.org/10.1044/1092-4388(2002/073). Acesso em: 15 jun. 2024.

CONGDON, E.; POLDRACK, R. A.; FREIMER, N. B. Neurocognitive phenotypes and genetic dissection of disorders of brain and behavior. Neuron, Cambridge, v. 68, n. 2, p. 218-230, 2010.

CORNISH, K. et al. Does Attention Constrain Developmental Trajectories in Fragile X Syndrome? A 3-Year Prospective Longitudinal Study. American Journal on Intellectual and Developmental Disabilities, v. 117, n. 2, p. 103-120, 2012.

CORNISH, K. M.; MUNIR, F.; CROSS, G. Spatial cognition in males with Fragile-X syndrome: evidence for a neuropsychological phenotype. Cortex, v. 35, n. 2, p. 263-271, 1999.

DAUNHAUER, L. A. et al. Profiles of everyday executive functioning in young children with down syndrome. American Journal on Intellectual and Developmental Disabilities, v. 119, n. 4, p. 303-318, 2014.

DE SMEDT, B. et al. Mathematical learning disabilities in children with 22q11. 2 deletion syndrome: a review. Developmental Disabilities Research Reviews, v. 15, n. 1, p. 4-10, 2009.

DEVRIENDT, K. et al. The annual incidence of DiGeorge/velocardiofacial syndrome. Journal of Medical Genetics, England, v. 35, n. 9, p. 789-790, 1998.

DI BENEDETTO, L. M. Cognição social e funções executivas em adolescentes com síndrome de Turner. 2017. Dissertação (Mestrado em Ciência) - Escola Paulista de Medicina, Universidade Federal de São Paulo (UNIFESP), São Paulo, 2017.

DRISCOLL, D. J et al. Prader-Willi syndrome. In: ADAM, M. P. et al. (ed.). GeneReviews®, University of Washington, Seattle, 1993.

FOLAND-ROSS, L. C.; ROSS, J. L.; REISS, A. L. Androgen treatment effects on hippocampus structure in boys with Klinefelter syndrome. Psychoneuroendocrinology, v. 100, p. 223-228, 2019.

FORD, C. E. et al. A sex-chromosome anomaly in a case of gonadal dysgenesis (Turner's syndrome). Lancet, v. 1, n. 7075, p. 711-713, 1959.

GALLAGHER, A.; HALLAHAN, B. Fragile X-associated disorders: a clinical overview. Journal of Neurology, Germany, v. 259, p. 401-413, 2012.

GARZUZI, Y. et al. Perfil comportamental de crianças e adolescentes com síndrome de Prader-Willi e obesidade exógena. Psicologia: teoria e prática, v. 11, n. 1, p. 167-178, 2009.

GIAGULLI, V. A. et al. Neuropsychiatric aspects in men with klinefelter syndrome. Endocrine, Metabolic & Immune Disorders – Drug Targets, v. 19, n. 2, p. 109-115, 2019.

GILLENTINE, M. A.; WANG, T.; EICHLER, E. E. Estimating the Prevalence of De Novo Monogenic Neurodevelopmental Disorders from Large Cohort Studies.

GLASER, B. et al. Language skills in children with velocardiofacial syndrome (deletion 22q11.2). The Journal of pediatrics, v. 140, n. 6, p. 753-8, 2002.

GOTHELF, D. et al. Velo-Cardio-Facial Syndrome. Journal of Mental Health Research in Intellectual Disabilities, v. 2, n. 2, p. 149-167, 2009.

GRAVHOLT, C. H. et al. Klinefelter syndrome: integrating genetics, neuropsychology, and endocrinology. Endocrine Reviews, v. 39, n. 4, p. 389-423, 2018.

GRAVHOLT, C. H. et al. Clinical practice guidelines for the care of girls and women with Turner syndrome: proceedings from the 2016 Cincinnati International Turner Syndrome Meeting. European Journal of Endocrinology, v. 177, n. 3, p. G1-G170, 2017.

GREEN, T. et al. Elucidating X chromosome influences on Attention Deficit Hyperactivity Disorder and executive function. Journal of Psychiatric Research, v. 68, p. 217-225, 2015.

HABERECHT, M. F. et al. Functional neuroanatomy of visuo-spatial working memory in turner syndrome. Human Brain Mapping, v. 14, n. 2, p. 96-107.

HALL, B. Mongolism in newborn infants. An examination of the criteria for recognition and some speculations on the pathogenic activity of the chromosomal abnormality. Clinical Pediatrics, Philadelphia, v. 5, n. 1, p. 4-12, 1966.

HARRISON, P. L.; OAKLAND, T. Adaptive Behavior Assessment System. Third ed. Torrance: WPS, 2015.

HAYASHIUCHII, A. Y. et al. Competências escolares e sociais em crianças e adolescentes com Síndrome de Williams. Revista Brasileira de Educação especial, Rio de Janeiro, v. 18, n. 3, 2012.

HONG, D. S.; DUNKIN, B.; REISS, A. L. Psychosocial Functioning and Social Cognitive Processing in Girls with Turner Syndrome. Journal of Developmental & Behavioral Pediatrics, v. 32, n. 7, p. 512-520, 2011.

HONG, D.; SCALETTA KENT, J.; KESLER, S. Cognitive profile of Turner syndrome. Developmental disabilities research reviews, United States, v. 15, n. 4, p. 270-278, 2009.

HUDDLESTON, L. B.; VISOOTSAK, J.; SHERMAN, S. L. Cognitive aspects of Fragile X syndrome. Wiley Interdisciplinary Reviews: Cognitive Science, United States, v. 5, n. 4, p. 501-508, 2014.

JACOBS, P. A.; BAIKIE, A. G. COURT BROWN, W. M. The somatic chromosomes in mongolism. The Lancet, London, v. 273, n. 7075, p. 710, 1959.

JONES, K. L.; JONES, M. C.; CAMPO, M. D. Smith's Recognizable Patterns of Human Malformation. 8th ed. Philadelphia: Elsevier, 2022.

KESLER, S. R. MENON, V.; REISS, A. L. Neurofunctional Differences Associated with Arithmetic Processing in Turner Syndrome. Cerebral Cortex, v. 16, n. 6, p. 849-856, 2006.

LAROS, J. A.; REIS, R. F.; TELLEGEN, P. J. Indicações da validade convergente do teste não-verbal de inteligência SON-R 2½-7 [a]. Avaliação Psicológica, v. 9, n. 1, p. 43-52, 2010.

LAWRENCE, K. et al. Interpreting gaze in Turner syndrome: impaired sensitivity to intention and emotion, but preservation of social cueing. Neuropsychologia, v. 41, n. 8, p. 894-905, 2003.

LAWRENCE, K. et al. The development of mental state attributions in women with X-monosomy, and the role of monoamine oxidase B in the sociocognitive phenotype. Cognition, v. 102, n. 1, p. 84-100, 2007.

LEANA-COX, J. et al. Familial DiGeorge/velocardiofacial syndrome with deletions of chromosome area 22q11.2: report of five families with a review of the literature. American journal of medical genetics, United States, v. 65, n. 4, p. 309-316, 1996.

LEE, N. R. et al. Executive Function in Young Males with Klinefelter (XXY) Syndrome with and without Comorbid Attention-Deficit/Hyperactivity Disorder. Journal of the International Neuropsychological Society, v. 17, n. 3, p. 522-530, 2011.

LEJEUNE, J.; GAUTIER, M.; TURPIN, R. Study of somatic chromosomes from 9 mongoloid children. CR Hebd Seances Acad Sci, France, v. 248, p. 1721-1722, 1959.

LEPAGE, J. F. et al. Impact of cognitive profile on social functioning in prepubescent females with Turner syndrome. Child Neuropsychology, v. 19, n. 2, p. 161-172, 2012.

LEYFER, O. T. et al. Prevalence of psychiatric disorders in 4 – 16-year-olds with Williams syndrome. American Journal of Medical Genetics Part B: Neuropsychiatric Genetics, United States, v. 141, n. 6, p. 615-622, 2006.

MADASCHI, V. et al. Bayley-III scales of infant and toddler development: transcultural adaptation and psychometric properties. Paidéia, Ribeirão Preto, v. 26, p. 189-197, 2016.

MAZZOCCO, M. M. M. The cognitive phenotype of Turner syndrome: Specific learning disabilities. International Congress Series, v. 1298, p. 83-92, 2006.

MAZZOLA, F. et al. Eye tracking and fear recognition deficits in Turner syndrome. Social Neuroscience, v. 1, n. 3-4, p. 259-269, 2006.

MCDONALD-MCGINN, D. M. et al. 22q11. 2 deletion syndrome. Nature reviews Disease Primers, v. 1, n. 1, p. 1-19, 2015.

MCDONALD-MCGINN, D. M. et al. 22q11.2 deletion syndrome. Nature Reviews Disease Primers, England, v. 1, p. 15071, 2015.

MERVIS, C. B.; VELLEMAN, S. L. Children with Williams syndrome: Language, cognitive, and behavioral characteristics and their implications for intervention. Perspectives on language learning and education, v. 18, n. 3, p. 98-107, 2011.

MORRIS, C. A.; BRADDOCK, S. R. Health care supervision for children with Williams syndrome. Pediatrics, United States, v. 145, n. 2, 2020.

MURPHY, M. M. et al. Mathematics learning disability in girls with Turner syndrome or fragile X syndrome. Brain and Cognition, v. 61, n. 2, p. 195-210, 2006.

NATIONAL HUMAN GENOME RESEARCH INSTITUTE. Phenotype. 2024. Disponível em: https://www.genome.gov/genetics-glossary/Phenotype. Acesso em: 14 jun. 2024.

OLIVEIRA, R. de, ROSA, H. R. R-2: teste não-verbal de inteligência para crianças; manual. São Paulo: Editora Vetor, 2000.

PEGORARO, L. F. L. et al. Cognitive and behavioral heterogeneity in genetic syndromes. Jornal de pediatria, Rio de Janeiro v. 90, n. 2, p. 155-160, 2014.

PIMENTA, L. S. E. et al. Intellectual performance profile of a sample of children and adolescents from Brazil with 22q11.2 Deletion Syndrome (22q11.2DS) based on the Wechsler Scale. Estudos de Psicologia, Campinas, v. 36, p. e180101, 2019.

RAVEN, J. C. Raven's Coloured Progressive Matrices. In: SPIES R. A.; CARLSON, J. F.; GEISINGER, K. F. The 18th Mental Measurements Yearbook. Lincoln, NE: Buros Institute of Mental Measurements, 2008. p. 912-913

RIJN, S.; SWAAB, H. Executive dysfunction and the relation with behavioral problems in children with 47,XXY and 47,XXX. Genes, Brain and Behavior, v. 14, n. 2, p. 200-208, 2015.

ROSOT, N.; FRANCO, V. D. F.; RIECHI, T. I. J. S. A síndrome do X frágil e o estabelecimento de fenótipos cognitivo-comportamentais: uma revisão sistemática da literatura. Ciências & Cognição, Rio de Janeiro, v. 22, n. 1, p. 30-40, 2017.

ROSS, J. L. et al. Androgen-Responsive Aspects of Cognition in Girls with Turner Syndrome. The Journal of Clinical Endocrinology & Metabolism, v. 88, n. 1, p. 292-296, 2003.

RYAN, A. K. et al. Spectrum of clinical features associated with interstitial chromosome 22q11 deletions: a European collaborative study. Journal of medical genetics, London, v. 34, n. 10, p. 798-804, 1997.

SABATÉS, A. L. et al. Teste de triagem do desenvolvimento Denver II: adaptação transcultural para a criança brasileira. Com autorização do autor Frankenburg. WK. São Paulo. 2013.

SALDARRIAGA, W. et al. Double genetic hit: fragile X syndrome and partial deletion of protein patched homolog 1 antisense as cause of severe autism spectrum disorder. Journal of Developmental & Behavioral Pediatrics, v. 41, n. 9, p. 724-728, 2020.

SAMANGO-SPROUSE, C. A. et al. Positive effects of early androgen therapy on the behavioral phenotype of boys with 47,XXY. American Journal of Medical Genetics Part C: Seminars in Medical Genetics, v. 169, n. 2, p. 150-157, 2015.

SAMANGO-SPROUSE, C. A. et al. Positive effects of short course androgen therapy on the neurodevelopmental outcome in boys with 47,XXY syndrome at 36 and 72 months of age. American Journal of Medical Genetics Part A, v. 161, n. 1, p. 77-85, 2013.

SAMANGO-SPROUSE, C. A. et al. Update On The Clinical Perspectives And Care Of The Child With 47,XXY (Klinefelter Syndrome). The Application of Clinical Genetics, v. 12, p. 191-202, 2019.

SAMANGO-SPROUSE, C. et al. International investigation of neurocognitive and behavioral phenotype in 47,XXY (Klinefelter syndrome): Predicting individual differences. American Journal of Medical Genetics Part A, v. 176, n. 2, p. 330-340, 2018.

SILVA, M. A.; MENDONÇA FILHO, E. J.; BANDEIRA, D. R. IDADI – Inventário Dimensional de Avaliação do Desenvolvimento Infantil. São Paulo: Vetor, 2020.

SIMONETTI L. et al. Intelligence Quotient Variability in Klinefelter Syndrome Is Associated With GTPBP6 Expression Under Regulation of X-Chromosome Inactivation Pattern. Frontiers in Genetics, v. 12, p. 724625, 2021.

SKAKKEBÆK, A. et al. Neuroanatomical correlates of Klinefelter syndrome studied in relation to the neuropsychological profile. NeuroImage: Clinical, v. 4, p. 1-9, 2014a.

SKAKKEBÆK, A. et al. Neuropsychology and brain morphology in Klinefelter syndrome – the impact of genetics. Andrology, v. 2, n. 4, p. 632-640, 2014b.

SKUSE, D. H. Evidence from Turner's syndrome of an imprinted X-linked locus affecting cognitive function. Nature, v. 387, p. 705-708, 1997.

SKUSE, D. H.; MORRIS, J. S.; DOLAN, R. J. Functional dissociation of amygdala-modulated arousal and cognitive appraisal, in Turner syndrome. Brain, v. 128, n. 9, p. 2084-2096, 2005.

SOBIN, C. et al. Neuropsychological characteristics of children with the 22q11 deletion syndrome: a descriptive analysis. Child Neuropsychology, v. 11, n. 1, p. 39-53, 2005.

SPARROW, S. S.; CICCHETTI, D. V.; SAULNIER, C. A. Vineland-3 Escalas de Comportamento Adaptativo Vineland – Manual. Pearson Clinical Brasil, 2019.

SULLIVAN, K. E. DiGeorge syndrome/velocardiofacial syndrome: the chromosome 22q11.2 deletion syndrome. Immune-Mediated Diseases, v. 601, p. 37-49, 2007.

SWILLEN, A.; MOSS, E.; DUIJFF, S. Neurodevelopmental outcome in 22q11.2 deletion syndrome and management. American Journal of Medical Genetics Part A, v. 176, n. 10, p. 2160-2166, 2018.

TARTAGLIA, N. et al. The spectrum of the behavioral phenotype in boys and adolescents 47,XXY (Klinefelter syndrome). Pediatric Endocrinology Reviews, v. 8, Suppl 1(01), p. 151-159, 2010.

TELLEGEN, P. J. et al. SON-R 2½-7 and SON-R 6-40, Non-verbal intelligence tests for young children and adults. São Paulo: Hogrefe & Huber Publishers, 2005.

THURMAN, A. J. et al. Autism Symptomatology in Boys with Fragile X Syndrome: A Cross Sectional Developmental Trajectories Comparison with Nonsyndromic Autism Spectrum Disorder. Journal of Autism and Developmental Disorders, v. 45, n. 9, p. 2816-2832, 2015.

UFFELMANN, E.; HUANG, Q. Q.; MUNUNG, N. S. Genome-wide association studies. Nature reviews methods primers, United Kingdom, v. 1, n. 59, 2021.

VAN, L.; BOOT, E.; BASSETT, A. S. Update on the 22q11.2 deletion syndrome and its relevance to schizophrenia. Current opinion in psychiatry, v. 30, n. 3, p. 191-196, 2017.

VAN RIJN, S. et al. Neural systems for social cognition in Klinefelter syndrome (47,XXY): Evidence from fMRI. Social Cognitive and Affective Neuroscience, v. 7, n. 6, p. 689-697, 2012.

VERDINE, B. N. et al. Strategies and correlates of jigsaw puzzle and visuospatial performance by persons with Prader-Willi syndrome. American Journal on Mental Retardation, v. 113, n. 5, p. 343-355, 2008.

VERRI, A. et al. Variability in cognitive behavioral phenotypes in Klinefelter syndrome (KS) and other sex chromosomal aneuploidies (SCAs). Andrology, Los Angeles, v. 6, n. 1, p. 2167-0250.1000175, 2017.

VICARI, S. Motor development and neuropsychological patterns in persons with down syndrome. Behavior Genetics, v. 36, p. 355-364, 2006.

VORSTMAN, J. A. et al. Cognitive decline preceding the onset of psychosis in patients with 22q11.2 deletion syndrome. JAMA psychiatry, United States v. 72, n. 4, p. 377-385, 2015.

WECHSLER, D. WISC-V: Escala de Inteligência Wechsler para Crianças – Quinta Edição. Pearson Clinical Brasil, 2014.

YANG, L. et al. Psychiatric illness and intellectual disability in the Prader-Willi syndrome with different molecular defects-a meta analysis. PloS One, United States, v. 8, n. 8, p. e72640, 2013.

ZINKSTOK, J.; AMELSVOORT, T. Neuropsychological profile and neuroimaging in patients with 22Q11.2 deletion syndrome: a review keywords. Child Neuropsychology, v. 11, n. 1, p. 21-37, 2005.

11 Transtorno Específico da Aprendizagem

Camila Barbosa Riccardi León • Gabriel Rodriguez Brito • Bruna Tonietti Trevisan

Introdução

Este capítulo está dividido em três partes. Na primeira, aborda-se o transtorno específico da aprendizagem quanto à sua definição e critérios diagnósticos, conforme o *Manual diagnóstico e estatístico dos transtornos mentais* – DSM-5-TR (APA, 2023). Na segunda parte, apresenta-se a diferenciação do quadro em função dos domínios acadêmicos (leitura, escrita e matemática) e sub-habilidades prejudicados, assim como a necessidade de se especificar o nível de gravidade atual (leve, moderado ou grave). Então, apresentam-se as comorbidades frequentes e questões relacionadas ao diagnóstico diferencial do transtorno específico da aprendizagem. Por fim, na terceira parte, são apresentadas algumas das contribuições para a avaliação neuropsicológica de tal transtorno, o que pode ser relevante para além de questões diagnósticas, auxiliando no delineamento de perfis de funcionamento e possibilitando uma compreensão mais aprofundada das habilidades e dificuldades do indivíduo, ponto de partida para qualquer plano terapêutico. Ao final, é descrito um estudo de caso para ilustrar o raciocínio clínico de um indivíduo com transtorno específico da aprendizagem.

Transtorno específico da aprendizagem

De acordo com o DSM-5-TR (APA, 2023), o transtorno específico da aprendizagem insere-se na classificação diagnóstica dos transtornos do neurodesenvolvimento. Trata-se de uma categoria ampla, que abarca quadros que normalmente se manifestam no início do desenvolvimento e cujos déficits variam desde limitações específicas na aquisição da linguagem, aprendizagem acadêmica ou no controle das funções executivas até prejuízos mais globais em habilidades sociais ou inteligência. Tais déficits acarretam prejuízos no funcionamento pessoal, social, acadêmico ou ocupacional do indivíduo. A Figura 11.1 ilustra os quadros agrupados sob a classificação dos transtornos do neurodesenvolvimento.

O transtorno específico da aprendizagem refere-se a dificuldades específicas e significativas em adquirir habilidades acadêmicas fundamentais (p. ex., leitura, escrita, matemática), com início durante os anos de escolarização formal. Diferentemente de outras habilidades, que emergem naturalmente com a maturação cerebral, como andar e falar, as habilidades acadêmicas devem ser ensinadas e aprendidas de forma explícita. Deste modo, o transtorno específico da aprendizagem trata-se de uma perturbação do padrão normal de aprendizagem de habilidades acadêmicas. Sua prevalência é de 5 a 15% entre crianças em idade escolar no Brasil, Irlanda do Norte e EUA, sendo desconhecida a prevalência em adultos (APA, 2023).

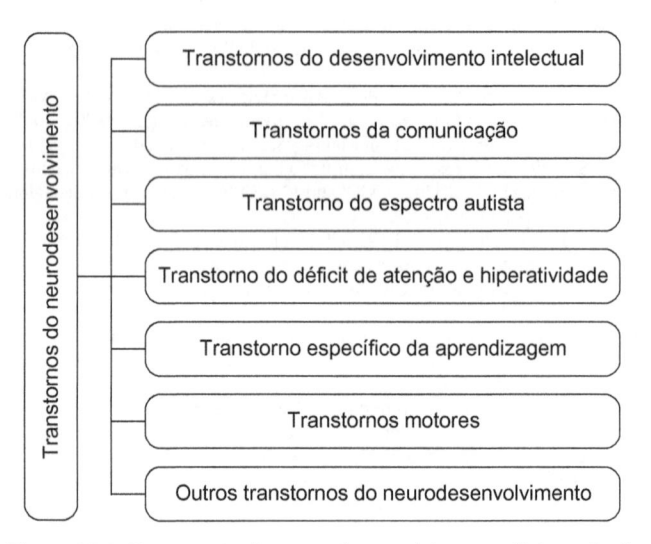

Figura 11.1 Transtornos do neurodesenvolvimento. (Adaptada de APA, 2023.)

Transtornos do neurodesenvolvimento:
- Transtornos do desenvolvimento intelectual
- Transtornos da comunicação
- Transtorno do espectro autista
- Transtorno do déficit de atenção e hiperatividade
- Transtorno específico da aprendizagem
- Transtornos motores
- Outros transtornos do neurodesenvolvimento

Para o diagnóstico, há quatro critérios que devem ser cumpridos: A, B, C e D. Conforme o **critério A** do DSM-5-TR (APA, 2023), os sintomas devem persistir por mais de 6 meses, mesmo quando o indivíduo recebe instrução dirigida a essas dificuldades e tem oportunidades adequadas de aprendizado. A Tabela 11.1 apresenta a lista de dificuldades ou sintomas que devem ser observados em uma hipótese de transtorno específico da aprendizagem, de acordo com cada área de domínio acadêmica, segundo o DSM-5-TR (APA, 2023). Para cumprir com este critério diagnóstico, o indivíduo precisa apresentar pelo menos um dos sintomas descritos. Além disso, as dificuldades devem ser confirmadas por medidas de desempenho padronizadas e administradas individualmente, além de avaliação clínica abrangente (**critério B**).

Ainda de acordo com o **critério B**, as habilidades acadêmicas devem estar substancialmente abaixo do esperado para a idade do indivíduo, além de impactar seu funcionamento. Ou seja, essas dificuldades causam prejuízo significativo no desempenho acadêmico ou profissional ou em suas atividades cotidianas.

Tabela 11.1 Critério A do DSM-5-TR para o diagnóstico de transtorno específico da aprendizagem, conforme cada área de domínio prejudicada.

Domínio	Dificuldades ou sintomas que devem estar presentes
Leitura	1. Leitura de palavras de forma imprecisa ou com esforço (p. ex., lê palavras isoladas em voz alta de modo incorreto ou lento e hesitante, frequentemente adivinha palavras, tem dificuldade de soletrá-las)
Leitura	2. Dificuldade em compreender o sentido do que é lido (p. ex., pode ler o texto com precisão, mas não compreende a sequência, as relações, as inferências ou os sentidos mais profundos do que é lido)
Escrita	3. Dificuldades para ortografar ou escrever corretamente (p. ex., pode adicionar, omitir ou substituir vogais e consoantes)
Escrita	4. Dificuldades com a expressão escrita (p. ex., comete múltiplos erros de gramática ou pontuação nas frases; emprega organização inadequada de parágrafos: a expressão escrita de ideias não tem clareza)
Matemática	5. Dificuldades para dominar o senso numérico, fatos numéricos ou cálculo (p. ex., pode ter dificuldades para entender números sua magnitude e relações de modo satisfatório; pode contar com dedos para adicionar números de um dígito, em vez de lembrar o fato aritmético, como fazem os colegas; pode perder-se no meio de cálculos aritméticos e pode trocar as operações)
Matemática	6. Dificuldades no raciocínio matemático (p. ex., tem grave dificuldade em aplicar conceitos, fatos ou operações matemáticos para solucionar problemas quantitativos)

Fonte: APA, 2023.

O **critério C** destaca que as dificuldades de aprendizagem normalmente começam a ser observadas durante os primeiros anos escolares. Contudo, em alguns casos podem não se manifestar plenamente até que as exigências excedam as capacidades limitadas do indivíduo.

Por fim, o **critério D** indica a necessidade de certificar de que as dificuldades de aprendizagem apresentadas pelo indivíduo não são mais bem explicadas por outras condições, como transtorno do desenvolvimento intelectual (TDI), deficiência visual ou auditiva não corrigida, outros transtornos mentais ou neurológicos ou ainda condições ambientais como adversidade psicossocial, proficiência na língua de instrução acadêmica ou instrução educacional insuficiente ou inadequada.

Conforme o DSM-5-TR (APA, 2023), o transtorno específico da aprendizagem deve ser especificado de acordo com os domínios e sub-habilidades prejudicados (leitura, escrita e matemática). Assim, a partir das dificuldades enumeradas na Tabela 11.1, é possível delimitar o domínio e as sub-habilidades comprometidas. Esse grau de especificidade colabora para compreensão da dificuldade específica do indivíduo, auxiliando no delineamento de intervenções focais a cada caso. Os domínios e sub-habilidades comprometidos no transtorno específico da aprendizagem são apresentados na Figura 11.2.

Como também está ilustrado na Figura 11.2, os termos alternativos *dislexia* e *discalculia* podem ser utilizados, segundo o DSM-5-TR (APA, 2023), desde que se refiram a prejuízos nas sub-habilidades mais básicas, ou seja, trata-se como dislexia quando o indivíduo preenche os critérios para o transtorno específico da aprendizagem, sendo o critério A preenchido por déficits nas habilidades básicas (reconhecimento de palavras ou fluência de leitura), mas não inclui dificuldades primárias de compreensão. Do mesmo modo, ainda é possível a utilização do termo *discalculia* quando há dificuldades nas habilidades matemáticas básicas (senso numérico, memorização de fatos aritméticos ou cálculo), mas não inclui dificuldades primárias de raciocínio matemático. A seguir, o transtorno específico da aprendizagem com prejuízo em cada um dos três domínios será descrito mais detalhadamente.

Sub-habilidades prejudicadas

- Com prejuízo na leitura
  - Precisão na leitura de palavras (dislexia)
  - Velocidade ou fluência da leitura (dislexia)
  - Compreensão de leitura
- Com prejuízo na expressão escrita
  - Precisão na ortografia
  - Precisão na gramática e na pontuação
  - Clareza na organização da expressão escrita
- Com prejuízo na matemática
  - Precisão no senso numérico (discalculia)
  - Precisão na memorização dos fatos aritméticos (discalculia)
  - Precisão na fluência de cálculo (discalculia)
  - Precisão no raciocínio matemático

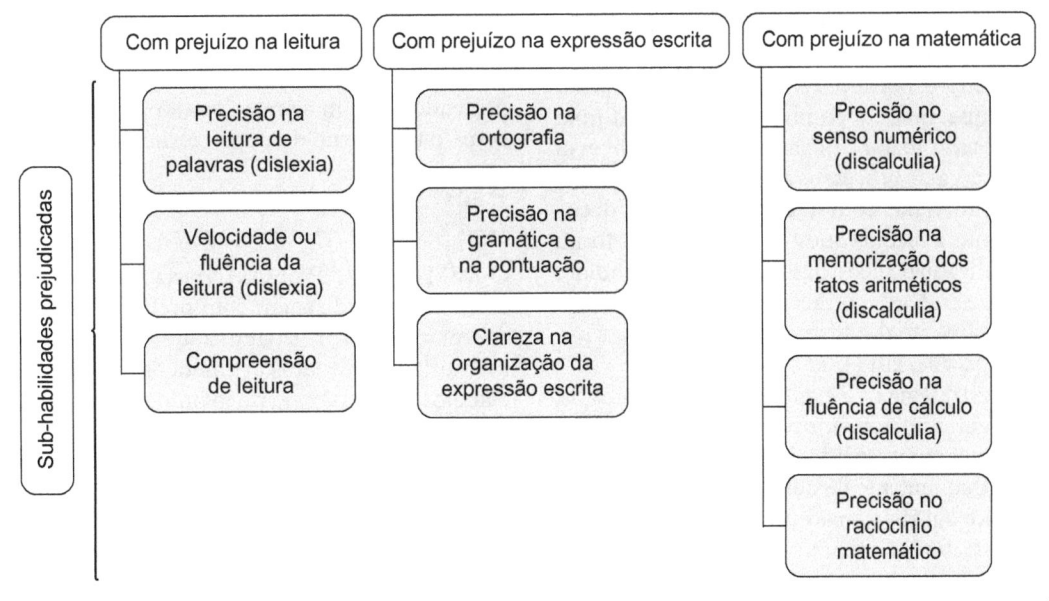

Figura 11.2 Domínios e sub-habilidades que podem estar comprometidos no transtorno específico da aprendizagem, segundo o DSM-5-TR (APA, 2023).

Transtorno específico da aprendizagem com prejuízo na leitura

O transtorno específico da aprendizagem com prejuízo na leitura é caracterizado por dificuldades persistentes na aquisição da leitura. Envolve dificuldades no reconhecimento preciso das palavras, na fluência ou velocidade da leitura, ou na compreensão de leitura (APA, 2023). Conforme abordamos, o termo *dislexia* deve ser usado quando há dificuldades nas habilidades básicas (reconhecimento ou fluência), mas não inclui dificuldades primárias de compreensão. Desse modo, de acordo com o DSM-5-TR (APA, 2023), a dificuldade de aprender a relacionar letras com sons e ler palavras impressas, frequentemente chamada de dislexia, é uma das manifestações mais comuns do transtorno específico da aprendizagem.

A dislexia é descrita como uma dificuldade específica de aprendizagem com origem neurobiológica, que se manifesta por meio de dificuldades no reconhecimento preciso e/ou fluente de palavras, com habilidades subdesenvolvidas de soletração e decodificação. Tais dificuldades geralmente derivam de um déficit no componente fonológico da linguagem, que é inesperado, considerando outras habilidades cognitivas e a oferta de instrução eficaz em sala de aula. Como resultado, podem surgir problemas na compreensão da leitura e uma experiência diminuída de leitura, o que, por sua vez, pode limitar o desenvolvimento do vocabulário e do conhecimento geral (Lyon *et al.*, 2003).

O déficit no componente fonológico da linguagem está intimamente ligado às dificuldades específicas na leitura. Assim, na dislexia, nem todas as três estratégias utilizadas para a leitura são afetadas da mesma forma. De acordo com Frith (1997), as estratégias de leitura são: logográfica, alfabética e ortográfica. A primeira consiste no uso de pistas contextuais e não linguísticas, como cor, fundo e forma das palavras, tratando a palavra como um desenho, similar à leitura de rótulos por crianças ainda não alfabetizadas. Essa estratégia de leitura geralmente é a primeira a se desenvolver, quando comparada às demais.

A estratégia alfabética, por outro lado, depende do conhecimento da relação entre letras e sons pelo leitor. Nesse estágio, o leitor compreende a palavra como um conjunto de letras ou sons que, quando combinados, formam uma unidade de significado maior. Inicialmente, esse processo pode exigir sobrecarga de processos atencionais e mnemônicos, levando o leitor a não compreender o que está decodificando. No entanto, à medida que a decodificação se torna automática, o significado do texto passa a ser compreendido. Por fim, a terceira estratégia, conhecida como ortográfica, envolve o reconhecimento das formas ortográficas das palavras (Seabra; Capovilla, 2011).

Embora uma estratégia não exclua a outra, leitores ou escritores competentes podem empregar as três estratégias conforme o tipo de texto a ser lido. No entanto, os indivíduos com dislexia frequentemente demonstram habilidades sólidas na leitura logográfica, mas enfrentam dificuldades na leitura pelas estratégias alfabética ou ortográfica. Isso ocorre porque essas pessoas enfrentam desafios significativos no processamento fonológico, o que as mantém predominantemente no estilo de leitura logográfica. Como resultado, elas têm dificuldade em dominar a leitura alfabética e, consequentemente, em progredir para a leitura ortográfica (Seabra, 2011).

Transtorno específico da aprendizagem com prejuízo na expressão escrita

Segundo o DSM-5-TR (APA, 2023), o transtorno específico da aprendizagem com prejuízo na expressão escrita envolve dificuldades específicas, como ortografia imprecisa, problemas com gramática ou pontuação, ou dificuldades em organizar a expressão escrita. Apesar do termo ter sido excluído desde a penúltima edição do DSM-5 (APA, 2013), este transtorno está intimamente relacionado ao conceito de disortografia. Caracterizado por uma escrita lenta e ineficiente, pode também apresentar confusões entre palavras similares, trocas e omissões de letras, influenciadas por um sistema fonológico deficiente.

Retomando o conceito de estratégias de leitura descrito por Frith (1997), as mesmas estratégias se aplicam à habilidade da escrita. Neste sentido, na estratégia logográfica, a escrita é tratada como a execução de um desenho. Na alfabética, a escrita depende da conversão de estímulos fonológicos em estímulos gráficos. Na ortográfica, a escrita ocorre pela reprodução das formas ortográficas de palavras previamente memorizadas.

Quando há alterações no processamento fonológico, as estratégias alfabética e ortográfica tendem a estar comprometidas, com um predomínio do uso da estratégia logográfica. Isso significa que indivíduos com disortografia podem apresentar dificuldades em transformar sons em símbolos escritos e em reproduzir corretamente a ortografia das palavras, preferindo uma abordagem mais visual na escrita.

Ainda considerando prejuízos na expressão escrita, a neuropsicologia também aborda o conceito de disgrafia, que se refere a uma dificuldade na produção relacionada aos mecanismos da escrita (Rosenblum; Weiss; Parush, 2004). Essa condição está mais intimamente ligada a um tipo de apraxia que afeta o sistema visuomotor (Rodrigues, 2009). No entanto, de acordo com a definição do DSM-5-TR (APA, 2023), observa-se que esse transtorno essencialmente gráfico não se enquadra na classificação de transtorno específico da aprendizagem, podendo estar mais relacionado aos transtornos motores, como o transtorno do desenvolvimento da coordenação.

Transtorno específico da aprendizagem com prejuízo na matemática

O DSM-5-TR (APA, 2023) destaca que o transtorno específico da aprendizagem com prejuízo na matemática é caracterizado por dificuldades em senso numérico, memorização de fatos aritméticos, precisão ou fluência de cálculos, e precisão no raciocínio matemático. O termo *discalculia* deve ser usado quando há dificuldades nas habilidades matemáticas básicas (senso numérico, memorização de fatos aritméticos ou cálculo), mas não inclui dificuldades primárias de raciocínio matemático.

O **senso numérico** refere-se à capacidade de "representar e manipular magnitudes numéricas de forma não verbal em uma linha numérica internalizada" (iABCD, 2015, p. 8), sendo dividida em dois sistemas distintos: a capacidade de realizar aproximações numéricas e a capacidade de representar entidades de forma precisa. De maneira geral, o senso numérico envolve cinco sub-habilidades: senso de magnitude, cardinalidade, comparação, medição e estimativa, as quais serão descritas a seguir.

O **senso de magnitude** refere-se à comparação do tamanho (p. ex., grande ou pequeno) ou posição (p. ex., longe ou perto) de um objeto (ou quantidade) a outro da mesma espécie (iABCD, 2015). Trata-se de uma habilidade não exclusiva dos humanos. Há experimentos com animais mostrando que eles também são capazes de diferenciar quantidades de 1 a 4 elementos (Dantzig, 2007).

Embora as habilidades do senso numérico estejam presentes nos seres humanos desde a infância, o desenvolvimento de algumas delas é amplamente dependente do ensino formal, tais como as demais sub-habilidades que envolvem o senso numérico. A **cardinalidade**, por exemplo, envolve a habilidade de pensar em uma unidade em relação à outra, em termos de posição (p. ex., superior, inferior ou igual) (iABCD, 2015). Por exemplo, em uma linha numérica indicando somente o numeral zero no início e o 100 no final, pedir a uma criança para indicar onde ela pensa que o numeral 50 deveria ser posicionado na reta numérica.

Já a **comparação** refere-se à "avaliação de características de objetos para fazer um julgamento de algum tipo" (iABCD, 2015, p. 9). Pode ser não simbólica, como mostrar dois conjuntos com bolinhas e pedir que a criança aponte qual deles tem mais elementos. Também pode ser simbólica, como mostrar algumas bolinhas e compará-las ao numeral: mostram-se a uma criança duas bolinhas, ao lado do numeral 2; a criança deve dizer se é igual ou diferente.

A quarta sub-habilidade do senso numérico é a **medição**, que corresponde à capacidade de associar uma grandeza física (como o comprimento ou o peso) com uma unidade que a descreve (p. ex., centímetro, quilograma). Por fim, a quinta e última sub-habilidade do senso numérico é a **estimativa**, que se refere à substituição de uma quantidade por outra que é mais simples, porém ainda significativa (iABCD, 2015). Por exemplo, indicar, sem contar, qual conjunto de bolinhas parece conter 20 bolinhas. Ou, indicar se o resultado da soma 8+5 está mais próximo do número 12 ou do número 23.

Retomando as habilidades matemáticas básicas que podem estar prejudicadas na discalculia, além das dificuldades no senso numérico ou em cálculo, é possível haver prejuízos na memorização de fatos aritméticos/numéricos. Tal habilidade "refere-se à habilidade de alcançar a resposta correta de forma rápida e precisa, sem a necessidade de recorrer a expedientes auxiliares, como a contagem" (Costa *et al.*, 2012, p. 1152). Por exemplo, saber prontamente, sem a realização de cálculos ou contagem, a resposta de 5+5, 2+3, 8x1, 5x9 etc. Ou seja, a memorização de fatos aritméticos relaciona-se à memorização do resultado da soma e da multiplicação de um algarismo para um algarismo. É importante haver o ensino da aquisição dessa habilidade para facilitar outros processos mais complexos, tais como processos de decomposição, cálculos multidigitais ou com outras operações matemáticas básicas (subtração e divisão) etc. (Costa *et al.*, 2012).

De acordo com a revisão de Dias e Seabra (2013), a competência aritmética, que constitui a base da matemática, pode ser compreendida por meio de diversos modelos teóricos, como o de McCloskey, Caramazza e Basili (1985). Dois componentes principais se destacam: o processamento numérico e o cálculo. O primeiro engloba o conhecimento e a compreensão dos símbolos numéricos e suas quantidades, como na leitura, escrita e contagem de números, além da recuperação de fatos aritméticos. O segundo, envolve o processamento dos símbolos matemáticos operacionais e a execução de cálculos aritméticos.

Apesar de a discalculia incluir possíveis déficits no raciocínio matemático, o déficit subjacente ao transtorno ocorre em habilidades numéricas mais fundamentais, como a comparação entre números, refletindo-se em um distúrbio na noção de senso numérico (Dehaene, 2001). Isso significa que, apesar de afetar o cálculo, a alteração primária na discalculia está nas habilidades mais básicas.

Como pode ser observado, o transtorno específico da aprendizagem abrange uma variedade de possíveis déficits, tornando seu diagnóstico um processo complexo. É crucial delimitar os domínios e as habilidades envolvidas, além de dispor de instrumentos adequados para sua avaliação. Outros aspectos que devem ser considerados, segundo o DSM-5-TR (APA, 2023), são os níveis de gravidade, as comorbidades frequentes e a importância do diagnóstico diferencial. Os próximos tópicos discorrerão sobre tais aspectos.

Níveis de gravidade

Considerando a interferência das questões ambientais na evolução do quadro diagnóstico do transtorno específico da aprendizagem, tanto nos aspectos clínicos quanto nos educacionais, é importante que os profissionais que fazem o diagnóstico indiquem o nível de gravidade atual. Os níveis de gravidade relacionam-se ao grau de impacto de um quadro diagnóstico em atividades da vida diária e à quantidade de adaptações educacionais necessárias para oferecer o suporte adequado ao indivíduo que se encontra em processo educacional (Mousinho; Navas, 2016).

Uma das mudanças propostas pelo DSM-5 (APA, 2013) e mantidas na versão TR (APA, 2023) foi a mudança do paradigma de um diagnóstico dicotômico para um diagnóstico dimensional. Neste sentido, tais manuais recomendam que deve constar no laudo o nível de gravidade atual do caso, classificando-o em leve, moderado ou grave. A Tabela 11.2 apresenta os níveis de gravidade, conforme o DSM-5-TR (APA, 2023).

Destaca-se que classificar um indivíduo em um dos níveis de gravidade não é algo fixo, uma vez que se espera evolução do quadro clínico. Ou seja, espera-se que o indivíduo com transtorno específico da aprendizagem precise cada vez menos de adaptações educacionais e ambientais, diminuindo o nível de gravidade, com menor impacto na vida escolar e profissional (Mousinho; Navas, 2016).

Comorbidades frequentes e diagnóstico diferencial

O transtorno específico da aprendizagem geralmente ocorre com outros transtornos do neurodesenvolvimento (p. ex., transtorno do déficit de atenção e hiperatividade (TDAH), transtornos da comunicação, transtorno do desenvolvimento

Tabela 11.2 Níveis de gravidade do transtorno específico da aprendizagem segundo o DSM-5-TR.

Nível	Explicação
Leve	Alguma dificuldade em aprender habilidades em um ou dois domínios acadêmicos, mas com gravidade suficientemente leve que permita ao indivíduo ser capaz de compensar ou funcionar bem quando lhe são propiciados adaptações ou serviços de apoio adequados, especialmente durante os anos escolares
Moderado	Dificuldades acentuadas em aprender habilidades em um ou mais domínios acadêmicos, de modo que é improvável que o indivíduo se torne proficiente sem alguns intervalos de ensino intensivo e especializado durante os anos escolares. Algumas adaptações ou serviços de apoio por pelo menos parte do dia na escola, no trabalho ou em casa podem ser necessários para completar as atividades de forma precisa e eficiente
Grave	Dificuldades graves em aprender habilidades afetando vários domínios acadêmicos, de modo que é improvável que o indivíduo aprenda essas habilidades sem um ensino individualizado e especializado contínuo durante a maior parte dos anos escolares. Mesmo com um conjunto de adaptações ou serviços de apoio adequados em casa, na escola ou no trabalho, o indivíduo pode não ser capaz de completar todas as atividades de forma eficiente

Fonte: APA, 2023, p. 67.

da coordenação, transtorno do espectro autista ou com outros transtornos mentais (p. ex., transtornos de ansiedade e depressão) (APA, 2023). Há estimativas de comorbidade também entre os domínios do transtorno específico da aprendizagem; o DSM-IV (APA, 1995) apontou para uma prevalência de 1 em cada 5 casos de transtorno específico da aprendizagem é diagnosticado como transtorno específico da aprendizagem com prejuízo na leitura "sozinho" ou comorbidade com prejuízos em outros domínios. Atualmente, as estimativas da comorbidade no transtorno específico da aprendizagem com prejuízos em diferentes domínios variam dependendo dos testes aplicados para definir as sub-habilidades prejudicadas, uma vez que o mesmo sintoma pode estar associado a diferentes déficits cognitivos (APA, 2023).

As possíveis comorbidades entre transtorno específico da aprendizagem e os transtornos do neurodesenvolvimento não excluem necessariamente o diagnóstico de transtorno específico da aprendizagem, mas podem dificultar a sua testagem e o seu diagnóstico diferencial, pois em ambos pode haver prejuízos em atividades da vida diária, incluindo questões de aprendizagem (APA, 2023). Por exemplo, um indivíduo com TDAH pode apresentar prejuízos na aquisição de leitura verificados por medidas padronizadas aplicadas individualmente. Para tanto, será necessário analisar os demais critérios diagnósticos para se excluir ou confirmar a origem das dificuldades específicas de aprendizagem apresentadas.

Transtorno específico da aprendizagem e transtorno do déficit de atenção e hiperatividade (TDAH)

Segundo o DSM-5-TR (APA, 2023), o TDAH é uma condição neurobiológica originada na infância que pode se estender até a vida adulta, marcada por um padrão de desatenção, hiperatividade e impulsividade que afeta o desempenho diário e o desenvolvimento individual. A prevalência global do TDAH é estimada em aproximadamente 7,2% entre crianças e adolescentes e 2,5% em adultos, embora esse número varie entre diferentes regiões (APA, 2023). Os principais sintomas identificados no quadro clínico envolvem desatenção, hiperatividade e impulsividade.

Resumidamente, os sintomas de desatenção abrangem: dificuldade para focar em detalhes ou manter a atenção; aparentemente não escutar quando falado diretamente; falhar em seguir instruções completamente e em finalizar tarefas; problemas em organizar tarefas e atividades; resistência ou desinteresse por tarefas que requerem esforço mental contínuo; perda de objetos necessários para tarefas ou atividades; ser facilmente distraído e esquecer de atividades do dia a dia. Os sintomas de hiperatividade e impulsividade incluem: movimentar-se ou inquietar-se frequentemente; dificuldade em permanecer sentado e quieto em situações nas quais isso é requerido; correr ou escalar de maneira inapropriada; dificuldades em participar de atividades calmas; agitação motora ou excesso de falatório; interrupção ou dificuldade em esperar a vez; interromper ou invadir o espaço dos outros (APA, 2023).

O DSM-5-TR (APA, 2023) destaca que a coocorrência do transtorno específico da aprendizagem com o TDAH é comum, sublinhando a importância de se realizar ambos os diagnósticos quando os critérios para cada um são atendidos. De fato, estima-se que a incidência de comorbidade entre o TDAH e a dislexia varia de 25 a 40% devido ao compartilhamento de fatores etiológicos de risco (McGrath; Stoodley, 2019). O tópico a seguir discorrerá especificamente sobre a avaliação neuropsicológica do transtorno específico da aprendizagem, a fim de apresentar aspectos que devem ser observados desde a observação clínica até a testagem cognitiva para sintomas e sinais característicos deste quadro diagnóstico.

Avaliação neuropsicológica

O diagnóstico do transtorno específico da aprendizagem é multiprofissional, de modo que a avaliação psicológica ou neuropsicológica sozinha não é suficiente para identificar o quadro. No entanto, ela é parte importante do processo e possibilita perceber as habilidades afetadas e o quanto estão abaixo do esperado para a idade cronológica ou a série escolar do indivíduo. Especificamente no que tange à avaliação neuropsicológica, sua contribuição está no estabelecimento de áreas de dificuldades ou perfis de funcionamento, o que poderá colaborar para o diagnóstico diferencial e o delineamento de intervenções.

Conhecer a história prévia e o desenvolvimento do indivíduo, além de ter clareza da queixa e das dificuldades experimentadas nos diversos ambientes (escola, casa, trabalho) são a parte inicial do processo e mune o profissional com informações relevantes à escolha e à interpretação dos demais instrumentos. Nessa etapa, convém descartar outras condições que possam explicar as dificuldades apresentadas, como TDI, problemas sensoriais, condições neurológicas ou mesmo instrução ou estimulação inadequadas do meio. Para tal, a atuação em equipe multiprofissional é fundamental.

O processo de avaliação neuropsicológica pode incluir tanto dados qualitativos quanto quantitativos. A avaliação qualitativa deve incluir entrevistas com os pais ou responsáveis e com a criança, observação clínica e análise de informações e registros escolares. A Tabela 11.3 apresenta um conjunto de sinais que podem indicar dislexia, disortografia e discalculia, conforme diversas referências da área (Capellini; Cunha; Batista, 2009; British Dyslexia Association – BDA, 2016; Chadha, 2008; Westwood, 2004). Tais sinais não são determinantes do quadro, mas podem sugerir risco. Logo, a criança que apresenta tais sinais não necessariamente tem o transtorno.

Além da avaliação qualitativa, a avaliação quantitativa deve ser usada. Ela possibilita analisar os aspectos específicos de cada domínio, bem como de outras habilidades cognitivas relevantes, visto que uma avaliação ampla das dificuldades é importante para o estabelecimento do perfil de desempenho do indivíduo. Para tanto, convém dispor de instrumentos psicometricamente adequados que contemplem, minimamente, as áreas apresentadas a seguir.

Leitura. A leitura deve ser avaliada em seus distintos componentes, ou seja, reconhecimento de palavras/pseudopalavras por meio de distintas estratégias, fluência e compreensão.

Escrita. Analogamente à leitura, deve contemplar a avaliação da escrita de palavras e pseudopalavras em prova de ditado (aspectos ortográficos) e observação de aspectos gramaticais e de pontuação, além de produção textual.

Linguagem oral. Deve incluir a avaliação de compreensão auditiva, consciência fonológica e vocabulário.

Memória. É importante contemplar uma medida de memória de curto prazo fonológica e de acesso lexical, como por meio de uma tarefa de nomeação.

Matemática. A avaliação deve contemplar os componentes da competência aritmética, como processamento numérico e cálculo.

Atenção e funções executivas. Medidas de atenção seletiva e de funções executivas, principalmente memória operacional, podem ser úteis, sobretudo nas queixas relacionadas com o domínio da matemática.

Inteligência. Especialmente raciocínio não verbal, mas são bem-vindas medidas padrão-ouro que contemplem avaliação do raciocínio verbal e não verbal.

Apesar da sugestão desse protocolo mínimo, uma das características centrais da avaliação neuropsicológica é a flexibilidade. Assim, tal protocolo pode ser ajustado às necessidades e hipóteses particulares de cada caso. Por exemplo, outras habilidades podem compor o protocolo de avaliação, entre elas, habilidades visuoconstrutivas e processamento

Tabela 11.3 Características comuns de sinais que podem indicar dislexia, disortografia e discalculia em crianças.

Características comuns da dislexia	<ul><li>Dificuldade especial em aprender a ler e escrever</li><li>Dificuldade em aprender o alfabeto, as tabuadas e as sequências, como os meses do ano</li><li>Falta de atenção ou concentração pobre</li><li>Dificuldade continuada com algumas atividades motoras, como amarrar cadarços de sapato, agarrar bolas, saltar etc.</li><li>Dificuldade com direita e esquerda</li><li>Inversão de letras e números (15 a 51; b-d)</li><li>Frustração crescente, podendo levar a problemas comportamentais</li></ul>
Características comuns da disortografia	<ul><li>Dizer palavras em voz alta enquanto as escreve</li><li>Apoio persistente na oralidade (p. ex., "felis"; "muinto"; "boquece")</li><li>Substituições de letras por outras com som parecido (p. ex., surdas/sonoras: f-v)</li><li>Omissão de letras/sons nas palavras (p. ex., "paca" para "placa")</li><li>Não finalização de palavras ou omissão destas em sentenças</li><li>Inversões (p por q; b por d; 51 por 15)</li><li>Dificuldade de organizar os pensamentos no papel</li><li>Grande diferença entre uso da linguagem oral e desempenho na escrita</li></ul>
Características comuns da discalculia	<ul><li>Uso frequente dos dedos durante a contagem para realizar comparação de números ou tarefas de adição, para além da idade em que isso pode ser considerado normal</li><li>Dificuldades na realização de tarefas de estimativa, comparação entre quantidades ou de aproximação</li><li>Dificuldades no uso dos procedimentos de cálculo</li><li>Dificuldades metacognitivas, como falha na verificação de suas respostas</li><li>Dificuldades de organização, como disposição de números e contas de maneira desorganizada, o que prejudica o processo de resolução</li><li>Problemas com o senso numérico, os quais envolvem dificuldades mais básicas como tamanho, distância, além da própria noção de número e quantidade</li></ul>

visuoespacial (percepção e memória visuais), além de outras habilidades linguísticas (como vocabulário e consciência sintática) e de atenção e funções executivas (atenção sustentada, flexibilidade cognitiva, inibição, planejamento) que, apesar de não estarem diretamente relacionadas com o transtorno específico da aprendizagem, podem estar presentes como comorbidades e, consequentemente, necessitar de intervenções específicas.

Para a avaliação da integridade das três estratégias de leitura propostas por Frith (1997), por meio da manipulação das características psicolinguísticas dos itens (lexicalidade, regularidade das correspondências letra-som envolvidas, comprimento e frequência de ocorrência na língua), podem ser usados instrumentos padronizados como a Prova de Leitura em Voz Alta (Seabra; Capovilla, 2011), as Provas de avaliação dos processos de leitura – PROLEC (Capellini; Oliveira; Cuetos, 2014), a Avaliação de Leitura de Palavras e Pseudopalavras Isoladas (LPI), volume 1 da coleção Avaliação Neuropsicológica da Leitura e Escrita – ANELE (Salles; Piccolo; Miná, 2017), a Tarefa de Leitura de Palavras e Pseudopalavras (TLPP), volume 4 – ANELE (Rodrigues; Miná; Salles, 2018), o Teste de Competência de Leitura de Palavras e Pseudopalavras – TCLPP (Seabra; Capovilla, 2023) e o Teste de Reconhecimento de Palavras (TRP) da Bateria de Avaliação Cognitiva de Leitura (BACOLE) (Brito; Trevisan; Seabra, 2023a). Alguns deles serão descritos a seguir.

No TCLPP (Seabra; Capovilla, 2023), há itens compostos por uma figura e uma palavra escrita cada. A criança deve aceitar os pares figura-palavra corretos e rejeitar os incorretos. Há sete diferentes tipos de itens: palavras corretas regulares (CR), como a palavra escrita "FADA" sob a figura de uma fada; palavras corretas irregulares (CI), como "BRUXA", sob a figura de uma bruxa; palavras com incorreção semântica (VS), como "RADIO", sob a figura de um telefone; pseudopalavras com trocas visuais (VV), como "TEIEUISÃO", sob a figura de televisão; pseudopalavras com trocas fonológicas (VF), como "MÁCHICO", sob a figura de um mágico; pseudopalavras homófonas (PH), como "TÁCSI", sob a figura de um táxi; e pseudopalavras estranhas (PE), como "MELOCE" sob a figura de um palhaço. Itens do tipo CR, VS e PE podem ser lidos corretamente mesmo recorrendo à estratégia logográfica. As trocas VV e VF podem ser lidas somente pelas estratégias alfabética e ortográfica. Logo, erros nesses itens sugerem ausência de leitura alfabética e ortográfica. Aqueles do tipo CI podem ser lidos por similaridade visual, recorrendo à estratégia logográfica ou à ortográfica. Por fim, itens PH apenas podem ser lidos corretamente pela estratégia ortográfica. Logo, a análise conjunta dos padrões de acerto e erro das crianças possibilita ao examinador compreender as estratégias usadas.

A Prova de Leitura em Voz Alta (Seabra; Capovilla, 2011) baseia-se na apresentação de itens isolados para que a criança leia em voz alta. Tem duas versões, a original, com 90 itens, e a reduzida, com 36 itens. Em ambas as versões, são controladas as características psicolinguísticas, como lexicalidade (palavras *versus* pseudopalavras), frequência de ocorrência na língua, regularidade e comprimento dos itens. Contempla normas para Pré 3 (último ano da educação infantil), 1º e 2º anos do ensino fundamental.

O TRP (Brito; Trevisan; Seabra, 2023a) envolve uma tarefa de leitura de palavras isoladas, com demandas de reconhecimento fonológico e lexical, na qual o aluno deve indicar se a palavra está escrita de forma correta ou errada. Possui dados normativos para crianças e adolescentes entre 9 e 15 anos, estudantes do 4º ao 9º ano do ensino fundamental.

Há também tarefas de escrita desenvolvidas para investigar a integridade das estratégias logográfica, alfabética e ortográfica, conforme proposto por Frith (1997). São exemplos a Prova de Escrita sob Ditado – PED-vr (Seabra; Capovilla, 2013) e a Tarefa de Escrita de Palavras e Pseudopalavras (TEPP), volume 3 da coleção ANELE (Rodrigues; Miná; Salles, 2017). Na PED-vr (Seabra; Capovilla, 2013), a criança é solicitada a escrever alguns itens mediante tomada de ditado. Os itens também variam em termos de suas características psicolinguísticas, como lexicalidade, frequência, regularidade e comprimento. Assim, há itens de alta e baixa frequência na língua; com correspondências grafofonêmicas regulares, regradas por posição e irregulares; dissílabas e trissílabas. A PED-vr foi validada e normatizada para a avaliação de crianças entre 6 e 11 anos.

Já a TEPP (Rodrigues; Miná; Salles, 2017) tem normas para adultos e idosos entre 34 e 82 anos. Também se trata de uma tarefa de ditado, em que são apresentadas 48 palavras (entre regulares e irregulares, curtas e longas, frequentes e não frequentes) e 24 pseudopalavras (entre curtas e longas) para serem escritas em uma folha em branco.

O protocolo de avaliação das dificuldades em habilidades acadêmicas também deve contemplar habilidades de compreensão. O Teste Contrastivo de Compreensão Auditiva e de Leitura TCCAL (Capovilla; Seabra, 2013) possibilita avaliar essas duas habilidades de compreensão, diferenciando entre um déficit específico de compreensão de leitura e um déficit mais geral de compreensão linguística. O Teste Cloze de Compreensão de Leitura (TCCL) da BACOLE (Brito; Trevisan; Seabra, 2023b) avalia a compreensão textual por meio da apresentação e leitura de um texto narrativo e um texto expositivo. Em ambos, as palavras são sistematicamente omitidas e o examinando deve escolher a palavra mais adequada entre quatro opções para preencher as lacunas. Possui normas para estudantes do 4º ao 9º ano do ensino fundamental, com idades entre 9 e 15 anos.

Além disso, pode ser incluída no protocolo de avaliação a Prova de Consciência Fonológica por Produção Oral – PCFO (Seabra; Capovilla, 2012) para investigar a consciência fonológica, que tem sido o componente do processamento fonológico mais fortemente relacionado com a aquisição da linguagem escrita. Já o Teste de Repetição de Palavras e Pseudopalavras – TRPP (Seabra, 2012) pode ser usado para avaliar a memória fonológica de curto prazo, a qual também tem sido relacionada com a alfabetização. Por fim, o Teste de Nomeação Automática – TENA (Silva; Mecca; Macedo, 2018) pode ser utilizado para avaliar a nomeação automática rápida de cores, objetos, letras e números. Possui normas para crianças entre 3 anos a 9 anos e 11 meses. E, com isso, fecha-se a tríade das habilidades que compõem o processamento fonológico (consciência fonológica, memória fonológica de curto prazo e nomeação automática rápida), as quais encontram-se na base das dificuldades de leitura e de escrita (Lopes-Silva *et al.*, 2016).

Especificamente sobre a avaliação da habilidade aritmética, é relevante avaliar os dois componentes que a constituem: o "processamento numérico", que alude à compreensão e à produção numérica, ou seja, envolve os aspectos de compreensão e conhecimento dos símbolos numéricos e de suas quantidades, leitura, escrita e contagem de números, além da recuperação de fatos aritméticos básicos; e o "cálculo", que consiste no processamento dos símbolos matemáticos operacionais e na execução de cálculos aritméticos propriamente (McClokey et al., 1985).

Um instrumento padronizado e consistente com o modelo teórico de McClokey et al. (1985) é a Prova de Aritmética – PA (Seabra; Montiel; Capovilla, 2013), desenvolvida e disponível no Brasil. A PA oferece, para além de um escore total, índices de desempenho em tarefas de processamento numérico e cálculo. O instrumento pode ser aplicado a crianças do ensino fundamental, com idades entre 6 e 11 anos, e tem seis subtestes: leitura e escrita numéricas; contagem numérica; comparação de magnitude; cálculo; cálculo (montagem e solução); e solução de problemas. Assim, a PA possibilita, para além do desempenho geral, a avaliação e a identificação de áreas específicas de dificuldades. Isso, seja em um caso de discalculia ou apenas de dificuldade em matemática, pode ser de grande utilidade ao profissional para orientar sua intervenção, tanto no contexto clínico quanto no escolar.

Também é possível avaliar as habilidades básicas de leitura, escrita e matemática por meio do Teste de Desempenho Escolar TDE II (Stein; Giacomoni; Fonseca, 2019), bastante usado no Brasil conforme apontam as revisões de León et al. (2016) e Dias et al. (2016). Outros instrumentos de avaliação estão disponíveis no Brasil, porém, não serão abordados neste capítulo. Para tanto, recomenda-se olhar nas sugestões de instrumentos não restritos para a avaliação das habilidades relacionadas ao desempenho acadêmico disponíveis no *Manual de avaliação neuropsicológica – a prática da testagem cognitiva* (Miotto et al., 2023).

Caso clínico

P., 12 anos, cursando o 7º ano do ensino fundamental, compareceu para avaliação neuropsicológica a pedido de seus pais e de sua fonoaudióloga, devido a preocupações persistentes relacionadas ao seu desenvolvimento acadêmico, emocional e comportamental. P. apresentava desafios notáveis na retenção de informações e na organização pessoal. Ele demonstrava dificuldades no desenvolvimento de um raciocínio lógico coerente, com uma tendência a produzir redações curtas e desorganizadas. Sua leitura era caracterizada como lenta, com uma decodificação ineficiente, mesmo de palavras familiares. A procrastinação era uma preocupação constante, afetando tanto suas tarefas escolares quanto atividades cotidianas.

P. nasceu com 35 semanas e meia, pequeno para a idade gestacional, com necessidade de breve internação em uma incubadora devido à baixa força de sucção e dificuldades iniciais de alimentação. Durante seus primeiros anos, P. apresentou vários problemas de saúde, como refluxo gastroesofágico, que exigiram tratamentos contínuos e atenção especializada. Seu desenvolvimento neuropsicomotor foi cuidadosamente monitorado, evidenciando atrasos. P. começou a andar com 1 ano e 4 meses e teve um desenvolvimento da fala em tempo correto, porém com trocas persistentes, embora tenha sido prontamente acompanhado por fonoaudióloga.

Desde o ingresso na escola, P. mostrou-se desafiado pela dinâmica escolar convencional. Ainda na pré-escola, seus professores notaram dificuldades de atenção, hiperatividade e desafios na interação social. Apesar de inteligente e capaz de entender conceitos complexos quando interessado, ele frequentemente se distraía e mostrava pouca tolerância a frustrações, o que gerava comportamentos disruptivos em sala de aula. P. demonstrava dificuldade em organizar seus materiais, perdia seus pertences com frequência e tinha problemas para seguir rotinas estabelecidas. Seus pais e educadores observaram que, embora ele tivesse capacidade para realizar suas tarefas escolares, havia uma grande discrepância entre seu potencial e seu desempenho efetivo.

O pedido de avaliação neuropsicológica surgiu como um desdobramento natural de uma série de preocupações que incluíam a gestão das dificuldades de aprendizado de P. e seus comportamentos relacionados. A fonoaudióloga, que acompanhava P. desde o início da alfabetização, suspeitava que as alterações persistentes de processamento auditivo e de leitura poderiam justificar, em parte, suas dificuldades de retenção e processamento de informações. Além disso, havia histórico familiar importante de dificuldades escolares. A escola e os pais estavam preocupados com a crescente aversão de P. às tarefas escolares e a necessidade constante de inclusão de estratégias para manejar sua frustração e ansiedade em um ambiente acadêmico.

Para compreender melhor o perfil cognitivo de P. e oferecer suporte para um diagnóstico diferencial e plano de tratamento, a avaliação abordou habilidades relacionadas à eficiência intelectual, atenção, funções executivas, memória, linguagem e habilidades acadêmicas. Também foram investigados aspectos comportamentais relacionados à aprendizagem, conforme descrito a seguir.

A avaliação de inteligência de P. foi realizada utilizando a Escala Wechsler de Inteligência para Crianças – 4ª edição (WISC-IV) (Wechsler, 2013). P. alcançou um Quociente de Inteligência Total (QIT) de 96, situando-se dentro da média e indicando que suas habilidades intelectuais gerais estão adequadas para sua faixa etária. Os resultados detalhados indicam um desempenho variável nos índices componentes, com destaque para seu Índice de Velocidade de Processamento (109), acima da média, sugerindo eficiência no processamento de informações simples. Em contraste, seu Índice de Memória Operacional (88) foi relativamente mais baixo, apontando para possíveis desafios em manter e manipular informações ativamente.

Os resultados obtidos no Teste de Atenção Visual – 4ª edição (TAVIS-4) (Mattos, 2019) indicam que P. apresentou, em termos de tempo, resultado acima do esperado em tarefa que avalia atenção seletiva, respondendo rapidamente aos estímulos, porém com um elevado nível de erros (tanto por deixar de selecionar o estímulo-alvo [omissão], quanto por selecionar erroneamente estímulos distratores [ação]). Em tarefa que avalia atenção alternada, apresentou desempenho abaixo do esperado em relação ao tempo de reação aos estímulos realizados corretamente, com maior número de erros por ação e omissão que grande parte das pessoas de sua idade. Por fim, na avaliação de atenção sustentada, apresentou um menor número de erros, com tempo de reação muito abaixo do esperado para sua idade. Pode-se perceber que o aumento da velocidade de execução das tarefas atencionais, tanto no TAVIS como nos subtestes da WISC-IV, indicaram a consequência do aumento do número de erros. A avaliação da atenção por meio do teste D2-R (Brickenkamp et al., 2018) indicou medidas de acurácia e número de erros dentro do esperado, porém com velocidade de execução do teste e desempenho de concentração acima do esperado. Desse modo, P. apresenta menor dificuldade atencional em tarefas mais simples. Porém, apresenta maior dificuldade em tarefas mais longas, com mais estímulos ou que exijam maior velocidade e divisão atencional, tendendo a necessitar de mais tempo (menor velocidade) para cometer menos erros, e apresentando mais erros em tarefas com apresentação de estímulos rápidos. Durante toda a execução das tarefas ele se mostrou ansioso, principalmente para terminar o mais rápido possível, e essa inquietude resultou em um aumento de erros significativo, possivelmente pela ansiedade ter potencializado a dificuldade atencional.

A capacidade de visuoconstrução foi avaliada por meio da parte de cópia do teste Figuras Complexas de Rey (Oliveira; Rigoni, 2010), na qual P. obteve desempenho médio superior (percentil 70), com tempo de execução acima do esperado para sua idade, indicando boa capacidade de percepção visual com cópia precisa e bem estruturada, contudo, apresentou dificuldade na administração do tempo gasto na execução da tarefa. Deste modo, P. apresenta capacidade dentro do esperado quanto à percepção de estímulos visuais e em atividades visuoconstrutivas de cópia, apresentando dificuldade na manipulação de figuras tridimensionais, no planejamento de tempo e devido à impulsividade na execução das tarefas.

De modo geral, P. demonstrou desempenho dentro do esperado no Teste de Aprendizagem Auditiva-Verbal de Rey – RAVLT (Malloy-Diniz; Paula, 2018) e capacidade de aprendizagem, com maior dificuldade na primeira repetição, o que possivelmente sofreu influência atencional. Esses resultados indicam que P. se beneficia da estratégia de repetição para memorização, apresentando perda de apenas uma informação após apresentação de estímulo distrator e nenhuma com a passagem do tempo. Porém, apresenta dificuldade quando a informação nova é apresentada apenas uma vez, sendo notória a importância da repetição para aquisição e consolidação da informação. Foi beneficiado com pistas, com tendência de utilizar estratégia semântica para recuperação da informação. Na parte de reprodução de memória da figura A do teste Figuras Complexas de Rey (Oliveira; Rigoni, 2010), obteve desempenho médio superior, com percentil 70 a 75. Esse percentil denota capacidade adequada em memória visual, na qual a pessoa consegue lembrar adequadamente os elementos e as suas localizações. No decorrer da evocação da memória, a criança verbalizou que iria aproveitar para corrigir um erro que havia cometido na cópia, demonstrando novamente a melhoria de desempenho com repetição da tarefa.

Em termos de funções executivas, em tarefa de fluência verbal (Oliveira et al., 2016), a qual envolve habilidade de evocação lexical e automonitoramento, apresentou resultados dentro da média-inferior à limítrofe para a idade na maior parte das tarefas semânticas e fonêmicas. Isso pode indicar que P. apresenta relativa dificuldade para observar e regular seu próprio comportamento em função do objetivo da tarefa, com melhoria de desempenho no decorrer da tarefa. Em tarefas que exigem planejamento prévio à execução, apresentou desempenho relativamente insatisfatório, com comportamento impulsivo e ansiedade para o término, demonstrando dificuldade quanto a se organizar e estruturar a tarefa de modo a otimizar o alcance de um determinado objetivo. Essa dificuldade pode estar presente quando P. precisa realizar tarefas e problemas novos e, principalmente, quando precisa planejar suas ações antes de iniciar atividades. No Teste dos cinco dígitos (FDT) (Sedó; Paula; Malloy-Diniz, 2015) obteve os desempenhos relativamente abaixo do seu potencial cognitivo geral, com percentis entre 5 e 25 nos subtestes que avaliam inibição e flexibilidade cognitiva.

Quanto à habilidade de leitura, verificada pela Avaliação de Leitura de Palavras e Pseudopalavras Isoladas (ANELE 1: LPI) (Salles; Piccolo; Miná, 2017), P. apresenta desenvolvimento abaixo do esperado quanto à capacidade de reconhecimento de palavras e de pseudopalavras (percentil > 2,5), com dificuldade em palavras regulares e irregulares, o que indica rota lexical e fonológica ainda em desenvolvimento. Na parte de Leitura de Palavras do TDE-II (Stein; Giacomoni; Fonseca, 2019), ele apresentou resultado em leitura de palavras acima do esperado para a idade, com velocidade de leitura muito abaixo do esperado, com indicativo para déficit moderado no coeficiente de eficiência de aprendizagem da leitura. Quanto à habilidade de leitura, verificada por meio da ANELE 2 (COMTEXT), apresentou um tempo longo de leitura silenciosa; e embora sua capacidade de memória episódica esteja adequada, apresenta dificuldade de compreensão de leitura por meio de reconto, sendo necessário o uso de perguntas direcionadas para que P. possa recuperar adequadamente a compreensão que obteve a partir da leitura do texto e mesmo com as perguntas de auxílio, nas questões inferenciais (cujas respostas precisaram ser inferidas do que foi lido no texto); seu desempenho foi considerado abaixo do esperado para a idade indicando dificuldade de compreensão leitora com reconto incompleto.

Com relação à habilidade de escrita, apresenta padrão semelhante, com alguns erros relacionados à correspondência grafofonêmica, em sua maior parte relacionados às palavras com regras, irregulares ou pseudopalavras. Seu desempenho esteve abaixo do esperado para a idade. Na escrita de redação com tema livre apresentou dificuldade para iniciar a história, principalmente para encontrar um tema. Fez uma história coerente, com início, meio e fim. Contudo, não apresentou um texto coeso, com erros de grafia e organização textual, sem ponto final nas frases, vírgulas em locais errados e sem separação entre os parágrafos. Os erros de grafia foram de uso predominante de rota fonológica.

A habilidade de aritmética, avaliada pelos subtestes de Aritmética do Teste de Desempenho escolar (TDE-II) (Stein; Giacomoni; Fonseca, 2019), apresentou resultado com déficit moderado em relação ao número de acertos na prova escrita e dentro da média (ponderada 10) para o oral. Sua velocidade esteve abaixo do esperado para a idade. A análise qualitativa indicou que seus erros no TDE-II estiveram relacionados à distração e à dificuldade na organização durante a resolução das tarefas.

Na avaliação das habilidades da linguagem oral, especialmente relacionadas à aquisição de linguagem escrita, apresentou muitas dificuldades (apesar das intervenções fonoaudiológicas consistentes dirigidas a elas). No Teste Infantil de Nomeação (TIN) (Seabra; Trevisan; Capovilla, 2012), obteve escore ponderado muito abaixo do esperado. Na Prova de Consciência Fonológica por produção oral (PCFO) (Seabra; Capovilla, 2012), também apresentou resultado abaixo do esperado para a idade com as maiores dificuldades em aliteração, segmentação silábica, transposição silábica e fonêmica. No entanto, no Teste de Repetição de Palavras e Pseudopalavras (TRPP) (Seabra, 2012), o desempenho foi classificado como dentro da média, indicando boa capacidade em reter e recuperar informações fonológicas por curtos períodos, diferente do acesso lexical que se demonstrou comprometido com o teste de nomeação.

Os resultados da presente avaliação indicaram que P. apresenta eficiência intelectual dentro do esperado para sua idade. Além disso, as habilidades visuoperceptivas e visuoconstrutivas, bem como a capacidade de memória (memória operacional, memória imediata visual, memória episódica verbal e capacidade de aprendizagem por repetição) também se apresentam dentro do esperado para sua faixa etária. No entanto, apresentou dificuldade quanto às habilidades atencionais, de funções executivas, e em leitura e escrita. Apesar de ter obtido desempenho abaixo do esperado na habilidade aritmética, a partir da análise qualitativa dos tipos de erros cometidos, seu desempenho não parece estar relacionado à dificuldade propriamente em cognição numérica, mas secundária às dificuldades de atenção, funções executivas e compreensão de leitura.

Por outro lado, as dificuldades em leitura e escrita indicam um padrão de dificuldades específico, incluindo dificuldades relacionadas à rota fonológica, o que é bastante inesperado em relação à idade e à estimulação oferecida. Em função deste padrão sugere-se a hipótese diagnóstica de transtorno específico de leitura (dislexia). Ainda, considerando a presença significativa de sintomas de desatenção e os prejuízos secundários a esses sintomas, bem como um perfil cognitivo de dificuldades em atenção e funções executivas, sugere-se investigação médica para a hipótese de transtorno do déficit de atenção e hiperatividade (TDAH) com apresentação predominante de desatenção.

Assim, fez-se necessário: dar continuidade ao acompanhamento fonoaudiológico com objetivo de desenvolvimento especialmente das dificuldades em leitura e escrita; iniciar acompanhamento em terapia cognitivo-comportamental ou reabilitação neuropsicológica em função das dificuldades em atenção e funções executivas; conduzir avaliação e acompanhamento médico neurológico ou psiquiátrico, de modo a complementar a visão multidisciplinar necessária.

Considerações finais

O capítulo apresentou a definição do transtorno específico da aprendizagem, abrangendo os domínios de leitura, escrita e matemática. Com base na neuropsicologia, foi sugerida uma abordagem de avaliação quanti-qualitativa abrangente e detalhada, especialmente devido à inclusão, no DSM-5-TR, dessas variações sob o mesmo transtorno. Foram indicados instrumentos disponíveis no Brasil para realizar essa avaliação. Esse processo cuidadoso e teoricamente embasado de avaliação é essencial para traçar o perfil cognitivo do examinando, identificando áreas de maior prejuízo e direcionando a intervenção de forma adequada.

Referências bibliográficas

AMERICAN PSYCHIATRIC ASSOCIATION (APA). Manual diagnóstico e estatístico de transtornos mentais: DSM-IV. 4. ed. rev. Porto Alegre: Artmed, 1995.

AMERICAN PSYCHIATRIC ASSOCIATION (APA). Manual diagnóstico e estatístico de transtornos mentais: DSM-5. 5. ed. rev. Porto Alegre: Artmed, 2013.

AMERICAN PSYCHIATRIC ASSOCIATION (APA). Manual diagnóstico e estatístico de transtornos mentais: DSM-5-TR. 5. ed. rev. Porto Alegre: Artmed, 2023.

BRICKENKAMP, R.; SCHMIDT-ATZERT, L.; LIEPMANN, D. D2-R: Teste D2 – revisado. São Paulo: Hogrefe, 2018.

BRITISH DYSLEXIA ASSOCIATION – BDA. Indicators of dyslexia. Disponível em: www.bdadyslexia.org.uk/parent/indication-of-dyslexia. Acesso em: 19 jul. 2024.

BRITO, G.; TREVISAN, B.; SEABRA, A. G. (Org.). Bateria de avaliação cognitiva de leitura – BACOLE – Teste de reconhecimento de palavras. v. 2. São Paulo: Memnon, 2023a.

BRITO, G.; TREVISAN, B.; SEABRA, A. G. (Org.). Bateria de avaliação cognitiva de leitura – BACOLE – Teste Cloze de compreensão de leitura. v. 2. São Paulo: Memnon, 2023b.

CAPELLINI, A. S.; CUNHA, V. L. O.; BATISTA, A. O. Disortografia: avaliação e intervenção baseada na semiologia do erro. In: MONTIEL, J. M.; CAPOVILLA, F.C. (Orgs.) Atualização em transtornos de aprendizagem. São Paulo: Artes Médicas, 2009.

CAPELLINI, S. A.; OLIVEIRA, A. M.; CUETOS, F. PROLEC: Provas de avaliação dos processos de leitura. 3. ed. São Paulo: Casa do Psicólogo, 2014.

CAPOVILLA, F. C.; SEABRA, A. G. Teste contrastivo de compreensão auditiva e de leitura. In: SEABRA, A. G.; DIAS, N. M.; CAPOVILLA, F. C. (Org.) Avaliação neuropsicológica cognitiva: leitura, escrita e aritmética. v. 3. 1. ed. São Paulo: Memnon, 2013.

CHADHA, A. Child psychology. Nova Deli: New Delhi APH, 2008.

COSTA, A. C.; ROHDE, L. A.; DORNELES, B. V. Desenvolvimento de fatos numéricos em estudantes com transtornos de aprendizagem. Bolema: Boletim de Educação Matemática, v. 26, p. 1151-1170, 2012.

DANTZIG, T.; MAZUR, J. Number: the language of science. Penguin, 2007.

DEHAENE, S. Précis of the number sense. Mind & language, v. 16, n. 1, p. 16-36, 2001.

DIAS, N. M.; SEABRA, A. G. Evidências de validade e fidedignidade da Prova de Aritmética. In: SEABRA, A. G.; DIAS, N. M.; CAPOVILLA, F. C. (Org.). Avaliação neuropsicológica cognitiva: leitura, escrita e aritmética. v. 3. São Paulo: Memnon, 2013.

DIAS, N. M. et al. Avaliação da leitura no Brasil: revisão da literatura no recorte 2009-2013. Psicologia: Teoria e Prática, v. 18, p. 113-128, 2016.

FRITH, U. Brain, mind and bahaviour in dyslexia. In: HULME, C.; SNOWLING, M. (Org). Dyslexia, biology, cognition and intervention. Londres: Whurr Publishers, 1997.

INSTITUTO ABCD (iABCD). Apostila do Módulo 6 – Habilidades matemáticas: o que são, como avaliar e como melhorar? Programa Todos Aprendem – iABCD. São Paulo, 2015.

LEÓN, C. B. R. et al. Como avaliar a escrita? Revisão de instrumentos a partir das pesquisas nacionais. Psicopedagogia (São Paulo), v. 33, p. 331-345, 2016.

LOPES-SILVA, J. B. et al. What is specific and what is shared between numbers and words? Frontiers in psychology, v. 7, p. 173057, 2016.

LYON, G. R.; SHAYWITZ, S. E.; SHAYWITZ, B. A. A definition of dyslexia. Annals of dyslexia, v. 53, p. 1-14, 2003.

MALLOY-DINIZ, L. F.; DE PAULA, J. J. Teste de aprendizagem auditiva-verbal de Rey – RAVLT. São Paulo: Vetor, 2018.

MATTOS, P. Tavis 4: teste de atenção visual. 4. ed. São Paulo: Hogrefe Cetepp, 2019.

MCCLOSKEY, M.; CARAMAZZA, A.; BASILI, A. Cognitive mechanisms in number processing and calculation: evidence from dyscalculia. Brain and cognition, v. 4, n. 2, p. 171-196, 1985.

MCGRATH, L. M.; STOODLEY, C. J. Are there shared neural correlates between dyslexia and ADHD? A meta-analysis of voxel-based morphometry studies. Journal of Neurodevelopmental Disorders, v. 11, p. 1-20, 2019.

MIOTTO, E. C. et al. (Org.) Manual de avaliação neuropsicológica: a prática da testagem cognitiva. 2. ed. São Paulo: Memnon, 2023.

MOUSINHO, R.; NAVAS, A. L. Mudanças apontadas no DSM-5 em relação aos transtornos específicos de aprendizagem em leitura e escrita. Debates em Psiquiatria, v. 6, n. 3, p. 38-46, 2016.

OLIVEIRA, M.; RIGONI, M. Figuras complexas de Rey: teste de cópia e de reprodução de memória de figuras geométricas complexas. São Paulo: Casa do Psicólogo, 2010.

OLIVEIRA, R. M. et al. Normative data and evidence of validity for the Rey auditory verbal learning test, verbal fluency test, and stroop test with Brazilian children. Psychology & Neuroscience, v. 9, n. 1, p. 54-67, 2016.

RODRIGUES, J. C.; MINA, C.; SALLES, J. Coleção ANELE 3: Tarefa de escrita de palavras e pseudopalavras (TEPP). São Paulo: Vetor, 2017.

RODRIGUES, J. C.; MINÁ, C.; SALLES, J. Coleção ANELE 4: Tarefa de leitura de palavras e pseudopalavras (TLPP). São Paulo: Vetor, 2018.

RODRIGUES, S. D. Disgrafia: aspectos psicopedagógicos. In: MONTIEL, J. M.; CAPOVILLA, F. C. (Org.) Atualização em transtornos de aprendizagem. São Paulo: Artes Médicas, 2009.

ROSENBLUM, S.; WEISS, P. L.; PARUSH, S. Handwriting evaluation for developmental dysgraphia: Process *versus* product. Reading and writing, v. 17, n. 5, p. 433-458, 2004.

SALLES, J.; PICCOLO, L.; MINÁ, C. LPI: Avaliação de leitura de palavras e pseudopalavras. Coleção ANELE, v. 1. São Paulo: Vetor, 2017.

SEABRA, A. G. A criança com dislexia: conceituação teórica e direcionamento para avaliação e intervenção. Temas sobre Desenvolvimento, v. 18, p. 121-132, 2011.

SEABRA, A. G. Teste de repetição de palavras e pseudopalavras. *In*: SEABRA, A. G.; DIAS, N. M. (Org.). Avaliação neuropsicológica cognitiva: linguagem oral. São Paulo: Memnon, 2012.

SEABRA, A. G.; CAPOVILLA, F. C. Problemas de leitura e escrita: como identificar, prevenir e remediar numa abordagem fônica. São Paulo: Memnon, 2011.

SEABRA, A. G.; CAPOVILLA, F. C. Prova de consciência fonológica por produção oral. *In*: SEABRA, A. G. DIAS, N. M. (Org.) Avaliação neuropsicológica cognitiva: linguagem oral. São Paulo: Memnon, 2012.

SEABRA, A. G.; CAPOVILLA, F. C. Prova de escrita sob ditado – versão reduzida. *In*: SEABRA, A. G.; DIAS, N. M.; CAPOVILLA, F. C. (Org.) Avaliação neuropsicológica cognitiva: leitura, escrita e aritmética. v. 3. São Paulo: Memnon, 2013.

SEABRA, A. G.; CAPOVILLA, F. C. (Org.) Teste de competência de leitura de palavras e pseudopalavras. 2. ed. São Paulo: Memnon, 2023.

SEABRA, A. G.; MONTIEL, J. M.; CAPOVILLA, F. C. Prova de aritmética. *In*: SEABRA, A. G.; DIAS, N. M.; CAPOVILLA, F. C. (Org.) Avaliação neuropsicológica cognitiva: leitura, escrita e aritmética. v. 3. São Paulo: Memnon, 2013.

SEABRA, A.; TREVISAN, B. T.; CAPOVILLA, F. C. Teste Infantil de Nomeação. *In*: SEABRA, A. G.; DIAS, N. M. (Eds.) Avaliação neuropsicológica cognitiva: linguagem oral. São Paulo: Memnon, 2012.

SEDÓ, M.; PAULA, J. J.; MALLOY-DINIZ, L. F. O teste dos cinco dígitos. São Paulo: Hogrefe, 2015.

SILVA, P. B.; MECCA, T. P.; Macedo, E. C. Teste de nomeação automática – TENA: manual. São Paulo: Hogrefe, 2018.

STEIN, L. M.; GIACOMONI, C. H.; FONSECA, R. P. Teste de desempenho escolar – TDE II. São Paulo: Vetor, 2019.

WECHSLER, D. WISC-IV: Escala Wechsler de inteligência para crianças – manual de instruções para aplicação e correção. 4. ed. São Paulo: Casa do Psicólogo, 2013.

WESTWOOD, P. Learning and learning difficulties: a handbook for teachers. Victoria: ACER Press, 2004.

12 Transtorno de Aprendizagem Não Verbal

Marina Rodrigues Alves • Michelle de Araujo Salvi • Guilherme C. P. Francisco

Introdução

No contexto da neuropsicologia em idade escolar, pode-se afirmar que as principais queixas relatadas pelos pais e pela escola são as dificuldades de aprendizado ou dificuldades escolares. Essas dificuldades de aprendizado podem ser causadas por vários motivos, tais como fatores pedagógicos, problemas emocionais e comportamentais, fatores ambientais, culturais, nutricionais ou até mesmo alterações cognitivas específicas (Tabaquim, 2016; Arruda, 2015). Com o intuito de garantir a qualidade na prestação de serviços na área da neuropsicologia e o encaminhamento adequado, é preciso conhecer os transtornos de aprendizagem mais e menos conhecidos.

O transtorno de aprendizagem não verbal (TANV) é considerado uma alteração específica no processo cognitivo, caracterizada por prejuízos marcantes no raciocínio matemático, na cognição visuoespacial, na coordenação motora, na percepção sensorial e nas habilidades sociais (Columé et al., 2009). O TANV é um tipo específico de transtorno de aprendizagem (TA) pouco conhecido e divulgado na área médica, pois não é considerado um diagnóstico clínico como os demais TA, contemplados na atual edição do *Manual diagnóstico e estatístico de transtornos mentais* – DSM-5-TR (APA, 2023) e na *Classificação Internacional de Doenças* – CID-10 (OMS, 2023). Esse motivo pode ser considerado um dificultador para os profissionais que precisam direcionar adequadamente crianças e adolescentes para um acompanhamento interdisciplinar.

Historicamente, o primeiro relato de TANV foi feito em 1971, no livro *Learning disabilities: educational principles and practices*, por Johnson e Myklebust, que descrevem crianças com dificuldades para compreender o significado do contexto social e aspectos não verbais básicos da vida diária, apresentando inteligência e habilidades verbais preservadas (Melchior; López, 2016). Na década de 1970, Myklebust acrescenta que a criança apresenta dificuldades com relações sociais, habilidades de autocuidado limitado, dificuldade em aprender lateralidade (diferenciar direita e esquerda), contar horas, ler mapas ou seguir instruções e dar significado nas ações dos outros. Posteriormente, em 1985, Rourke referiu-se a um modelo etiológico do TANV pautado nas diferenças funcionais entre hemisférios direito e esquerdo, relacionando que alguns sintomas do TANV seriam ocasionados em função de dano ou disfunção da substância branca (fibras largas mielinizadas) (Melchior; Lópes, 2015; Fisher et al., 2022).

Estudos de neuroimagem mostram leves alterações no funcionamento hemisférico de indivíduos com características de TANV, especialmente nas fibras que conectam os hemisférios direito e esquerdo. Na avaliação neuropsicológica, podem ser observadas falhas nas funções que ficam sob responsabilidade do hemisfério direito, sendo os déficits nas noções espaciais, compreensão da linguagem não verbal e dificuldades na interação social, processamento simultâneo, raciocínio matemático e alinhamento dos números nos cálculos (García-Nonell; Rigau-Ratera; Artigas-Pallarés, 2006). Rourke, em 1989, apontou que os principais prejuízos das pessoas com TANV estão nas habilidades motoras/psicomotoras, táteis/perceptivas, visuoespaciais, de resolução de problemas e habilidades aritméticas.

Vale ressaltar que esses indivíduos se sobrecarregam facilmente por novas situações, tendem a apresentar sintomas ansiosos significativos, chegando a níveis patológicos, como crises de pânico. Ainda, são encontradas altas prevalências para o desenvolvimento de problemas emocionais e comportamentais internalizantes, como depressão, ao final da adolescência (Melchior; Lopes, 2016). Dentre os principais critérios diagnósticos para o TANV, podem se encontrar os seguintes critérios:

- Déficits bilaterais na percepção tátil, geralmente mais acentuados à esquerda do corpo
- Déficits bilaterais na coordenação psicomotora, geralmente mais acentuados à esquerda do corpo
- Habilidades visuoespaciais e de organização comprometidas
- Dificuldades significativas em lidar com situações ou novas informações complexas
- Déficits importantes na solução de problemas não verbais, formação de conceitos e testagem de hipóteses
- Distorções na orientação e percepção temporal
- Habilidades verbais preservadas (p. ex., vocabulário, facilidade para decorar instruções verbais)
- Verbosidade rotineira e repentina, com alterações no conteúdo da linguagem e dificuldades nos aspectos pragmáticos da comunicação
- Déficit significativo em aritmética e na compreensão de leitura de textos, quando comparado com a leitura de palavras isoladas
- Déficits significativos na percepção, juízo e interação social, podendo levar a isolamento social. Pode apresentar estresse em situações sociais novas, ansiedade social, crises de pânico.

Por se tratar de um transtorno heterogêneo, com pouca definição, os estudos de prevalência ainda são imprecisos. Estima-se que o TANV ocorra em cerca de 1 a 25% de crianças, sendo mais provável estimativas mais baixas. Em um estudo recente, autores levantam a hipótese de uma prevalência de sintomas em crianças e adolescentes americanos com TANV entre 3 e 4% (Margolis *et al.*, 2020).

Alterações cognitivas e comportamentais no transtorno de aprendizagem não verbal

Além de problemas cognitivos, indivíduos com TANV apresentam problemas emocionais e comportamentais, como citados anteriormente. Os déficits dependerão da apresentação de sintomas e déficits peculiares. Além de dificuldades visuoconstrutivas, esses indivíduos podem apresentar déficits em áreas acadêmicas, motoras, sociais e emocionais, conforme disposto na Tabela 12.1.

Como pode-se observar na Tabela 12.1, há uma heterogeneidade de sintomas e habilidades cognitivas, emocionais e comportamentais em déficits, deste modo pode ser interessante uma avaliação abrangente para identificação desses problemas e delimitação de plano de intervenção apropriado. O TANV pode ainda ser dividido em quatro subtipos, a depender de sua apresentação e déficits:

- Subtipo 1: déficits no processamento visual e problemas no comportamento social
- Subtipo 2: déficits encontrados no tipo 1 adicionado a problemas de funcionamento executivo e atenção
- Subtipo 3: crianças com problemas emocionais e comportamentais mais proeminentes a percepção visuoespacial e comprometimento social grave
- Subtipo 4: modelo de combinação entre os tipos 2 e 3, sendo uma apresentação mais grave do TANV.

Problemas sociais e emocionais

Poucos estudos são destinados a avaliação de aspectos emocionais e sociais em indivíduos com diagnóstico de TANV. Apesar de grande foco de presença de déficits significativos no funcionamento, não há até o momento pesquisas que se dedicam ao delineamento dessas dificuldades.

Tabaquim (2016) relata que crianças com TANV tendem a apresentar maior ingenuidade, dificuldades expressivas para compreender aspectos implícitos de cognição social, entendimento de metáforas, figuras de linguagem e ironias, dificuldades na compreensão de piadas e expressões faciais assim como na aprendizagem de experiências passadas. Muitos desses comportamentos podem ser facilmente confundidos com comportamentos de outros transtornos como transtorno do espectro autista (TEA) e transtorno do déficit de atenção e hiperatividade (TDAH), porém é importante considerar que, na prática clínica, esses comportamentos são secundários às dificuldades primárias do TANV, como já descritos anteriormente.

Quando comparados com outros grupos clínicos que apresentam as mesmas dificuldades, Fisher (2022) em sua metanálise descreve que há diferenças significativas destes. Apesar de encontrar dificuldades em cognição social, quando comparado com crianças com TEA, essas dificuldades são mais brandas. Os déficits em memória operacional visual podem estar relacionados à capacidade de entendimento de habilidades emocionais, tais como reconhecimento de expressões faciais, entendimento da causalidade e entendimento de situações sociais, dificultando os aspectos descritos anteriormente.

Sermud-Clikerman e Elisson (2009) descrevem que, dentre os principais prejuízos psicossociais em adaptação, confiança excessiva em terceiros, presença de comportamentos externalizantes, tais como problemas de conduta e fingimento; dificuldades na percepção social e julgamento,

Tabela 12.1 Características do transtorno de aprendizagem não verbal.

Área	Desempenho e comportamentos	Habilidades não verbais
Acadêmica	Recorte, colagem e atividade manual	Atenção seletiva, percepção tátil, destreza visuoespacial
	Cálculo aritmético com raciocínio e localização espacial (operações)	Organização visuoespacial, resolução de problemas, raciocínio intuitivo
	Compreensão leitora	Linguagem; prosódia (entonação e modulação do volume, padrão e ritmo), conteúdo verbal e pragmático
	Cópia de desenho e formalidade de escrita	Integração da informação sensorial à resposta motora coordenada
Visuoespacial	Cópia/escrita em espelho; grafia invertida de letras e números	Integração da informação sensorial à resposta motora coordenada
	Reproduzir símbolos arbitrários	Percepção e memória visual; atenção a detalhes
	Identificar detalhes ausentes em um contexto	Percepção e relações espaciais (localização)
Motora	Manutenção de gestos e posturas	Coordenação motora ideatória
	Pintura, encaixe, empilhagem	Integração visuoespacial e motora
Social	Participação de trabalhos em grupo	Julgamento, empatia e adaptação a novas situações
	Inter-relação com pares ou parceiros, esportes em grupo	Compreensão da informação não verbal
Emocional	Birras frequentes	*Feedback* emocional
	Modulação do afeto; expressões faciais	Percepção de emoções
	Tendência a transtornos de ansiedade/depressão	Comunicação emocional
	Temor a situações novas e mudanças de rotina	Tomada de decisão

Fonte: Tabaquim, 2016.

retraimento e isolamento em situações sociais. Ainda há a possibilidade de desenvolver problemas emocionais e comportamentais internalizantes, assim como quadros psiquiátricos de ansiedade e depressão.

Os autores ainda estabeleceram um Programa de Intervenção em Competência Social, a *Social Competence Intervention Program* (SCIP), para ser utilizado tanto em crianças com TANV quanto com TEA. É composto por tarefas multissensoriais que visam estimular aspectos relacionados à percepção social com estratégias de generalização dessas atividades, promovendo solução de problemas. Os exercícios, formulados por professores de teatro, têm o objetivo de promover uma percepção social através de aspectos multissensoriais (visuais, auditivos, táteis e sinestésicos), viabilizando uma interpretação de aspectos faciais, corporais e vocais para uma resposta que estimule interação social e entendimento de contextos em que a criança está inserida (Sermud-Clikerman; Elisson, 2009).

Vale ressaltar que esse programa de intervenção em específico não está disponível traduzido para a população brasileira, porém há estratégias clínicas que podem ser aplicadas para estimular tais habilidades.

Aspectos neurológicos no transtorno de aprendizagem não verbal

Em uma visão neurobiológica, podem ser encontradas alterações na substância branca, principalmente no hemisfério direito do cérebro. Sabe-se que esse hemisfério é responsável pela interpretação de informações visuoespaciais, processamento de novas informações e integração multimodal (Eysenck; Keane, 2017; Mello *et al.*, 2013). Margolis *et al.* (2019) apontam que crianças com perfil de TANV mostraram conectividade funcional de redes neurais reduzidas entre regiões da ínsula anterior para cingulado anterior e para o córtex pré-frontal rostral (CPFr), enquanto crianças com TEA, redução no giro supramarginal para o CPFr. Apesar de apresentar sintomas parecidos, principalmente relacionados ao relacionamento social, há um perfil de conectividade funcional distinta.

Em outro estudo, Semrud-Clikeman e Fine (2011) identificaram que crianças com TANV apresentavam cistos benignos ou pequenas lesões cerebrais, com cistos na região do hemisfério direito (n = 3), hemisfério esquerdo (n = 3) e cisto cerebral bilateral (n = 1). Porém, ao interpretar esses resultados e compará-los com a literatura científica vigente, os autores relataram que, por mais que boa parte de crianças com TANV apresente cistos benignos e microlesões, esta apresentação não pode ser considerada padrão, presente em todos os indivíduos, uma vez que não há consenso na literatura (Cornoldi; Mammarela; Fine, 2016).

Alterações neuropsicológicas do transtorno de aprendizagem não verbal

Por outro lado, os déficits neuropsicológicos em indivíduos com TANV estão bem-marcados ao longo da literatura. Tabaquim (2016) descreve que crianças com TANV mostram habilidades preservadas em tarefas que dependem de memória auditiva, boas capacidades de linguagem oral, como fonologia, morfologia e sintaxe. Os déficits mais encontrados são em relação à organização espacial, interpretação de habilidades não verbais. Outros autores ainda reforçam dificuldades atencionais em domínios de funções executivas e no processamento de aspectos relacionados à cognição social, além de problemas acadêmicos (Cornoldi, Mammarela; Fine, 2016; Casey, 2012).

Uma das principais características do TANV é de uma assimetria entre os hemisférios direito e esquerdo do cérebro, podendo ser marcada especificamente pela discrepância entre os resultados de índice de compreensão verbal (ICV) e índice de organização perceptual (IOP) no caso da Escala Wechsler de Inteligência para Crianças – WISC-IV (Wechsler, 2014) e nos índices de quociente intelectual (QI) Verbal e QI de Execução das Escalas Wechsler de Inteligência para Adultos – WAIS-III (Weschler, 2001) e Escala Wechsler abreviadas de Inteligência (Wechsler, 2019) com discrepâncias de até 10 pontos entre um índice e outro (Casey, 2012; Wajnsztejn; Bianco; Barbosa, 2016; Davis; Broitman, 2011). Os déficits neuropsicológicos mais comuns no TANV estão resumidos na Figura 12.1.

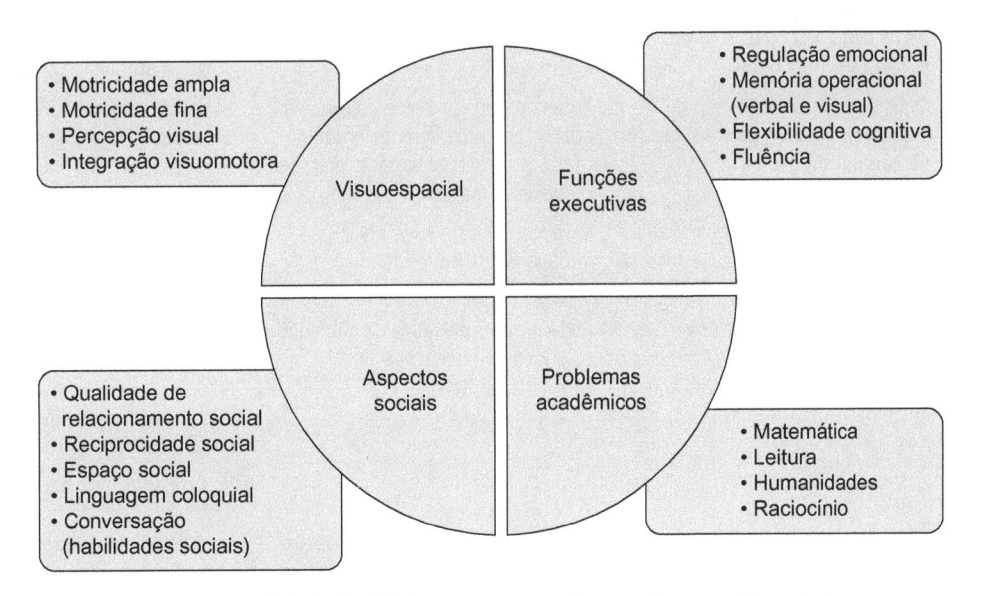

Figura 12.1 Principais déficits no transtorno de aprendizagem não verbal.

Os transtornos neuropsicológicos têm despertado um interesse crescente na área da psicologia e da saúde mental, à medida que avanços no diagnóstico e na compreensão dessas condições proporcionam *insights* valiosos sobre a diversidade e complexidade do funcionamento cerebral humano. Dentre esses transtornos, três condições têm sido objeto de estudo e análise aprofundados: o transtorno de aprendizado não verbal (TANV), o TEA e o transtorno da comunicação social pragmática (TCSP). Essas três condições, embora possuam semelhanças e sobreposições em alguns aspectos, também exibem características distintas que afetam a comunicação, a interação social e o funcionamento neuropsicológico (Tabela 12.2). Nesse contexto, esta análise busca comparar e diferenciar os três perfis ao explorar suas principais características, áreas de sobreposição e distinção, bem como suas implicações para a compreensão e intervenção terapêutica. Ao examinar esses transtornos de forma abrangente, espera-se ampliar a compreensão das complexidades neuropsicológicas subjacentes e promover uma abordagem mais informada para o diagnóstico e tratamento dessas condições.

Já sobre as diretrizes de tratamento das partes, pode-se observar que, no TANV, as intervenções podem se concentrar em desenvolver habilidades não verbais específicas, como coordenação motora. Os planos de intervenção devem ser personalizados de acordo com as necessidades e habilidades individuais do paciente. Estratégias gerais que podem ser consideradas como parte de um plano de intervenção: apoio educacional individualizado, desenvolvimento de habilidades não verbais, uso de tecnologia assistiva, implementação de estratégias de aprendizagem visual, treinamento em habilidades sociais e emocionais, apoio em ambiente escolar, técnicas de psicoeducação e terapia ocupacional.

Avaliação neuropsicológica no transtorno de aprendizagem não verbal

A avaliação neuropsicológica desempenha um papel importante na compreensão das complexas interações entre o cérebro, o comportamento e a cognição. No contexto clínico, onde existem diferentes dificuldades de aprendizagem, a avaliação neuropsicológica se destaca como uma ferramenta essencial

Tabela 12.2 Comparação entre o transtorno de aprendizagem não verbal (TANV), o transtorno do espectro autista (TEA) e o transtorno da comunicação social pragmática (TCSP).

	TANV	TEA	TCSP
Áreas afetadas	Dificuldades em habilidades não verbais, como coordenação motora, percepção espacial e compreensão de nuances sociais não verbais	Dificuldades em diversas áreas, incluindo comunicação, interação social e comportamentos restritos/repetitivos	Dificuldades de comunicação social pragmática, como a compreensão e uso adequado das regras sociais e do contexto nas interações
Comunicação	Podem apresentar dificuldades em compreender e usar linguagem não verbal, como expressões faciais e gestos	Pode envolver atrasos ou dificuldades na comunicação verbal e não verbal	Dificuldades na comunicação verbal e não verbal, especialmente nas nuances pragmáticas, como *turn-taking*, entonação e compreensão do contexto
Socialização	Embora possam ter dificuldades em compreender formas sociais, geralmente mostram interesse em interações sociais	Déficits significativos nas interações sociais e na reciprocidade social (critério A)	Dificuldades nas interações sociais, nas quais as crianças podem ter problemas em compreender o significado implícito, fazer conversas bidirecionais e ajustar seu comportamento conforme o contexto
Foco principal	Dificuldades relacionadas a habilidades não verbais, como percepção visual e espacial	Dificuldades na comunicação e interação social, interações interpessoais	Dificuldades relacionadas à comunicação social pragmática, incluindo a habilidade de iniciar, manter e concluir interações sociais
Expressão emocional	Déficits no reconhecimento de expressões faciais e outros sinais não verbais de emoção	Podem ter uma expressão emocional aparentemente diferente, enquanto outras podem apresentar expressões emocionais mais convencionais	Podem ter dificuldades em expressar emoções de forma apropriada nas interações sociais
Comportamentos repetitivos	Podem não apresentar os mesmos padrões de comportamentos restritivos/repetitivos que são típicos do TEA	Comportamentos repetitivos, interesses restritos e rituais são característicos relevantes do TEA	Comportamentos repetitivos podem se manifestar de maneiras diversas e podem influenciar a interação social e a comunicação
Desenvolvimento global	As habilidades cognitivas e verbais podem ser relativamente preservadas em comparação com as dificuldades não verbais	Afeta uma ampla gama de habilidades cognitivas, emocionais e comportamentais	Passam por fases típicas de aquisição da linguagem nos primeiros anos de vida. No entanto, podem apresentar dificuldades sutis ou atípicas desde cedo, como atrasos no início da fala, uso limitado de gestos para se comunicar ou falta de interesse em interações sociais
Diagnóstico	O diagnóstico foca nas dificuldades específicas relacionadas a habilidades não verbais	O diagnóstico abrange um espectro amplo de sintomas e pode incluir dificuldades verbais e não verbais	O diagnóstico se concentra nas dificuldades específicas de comunicação social pragmática

para identificação e diagnóstico de transtornos específicos. O TANV é uma condição que desafia a compreensão tradicional de dificuldades de aprendizado, pois envolve um perfil de habilidades particulares que contrasta com a capacidade verbal. Essa análise envolveria uma abordagem abrangente para buscar entender as dificuldades específicas da pessoa em áreas como percepção visuoespacial, habilidades motoras finas, linguagem não verbal e habilidades sociais.

A seguir, as principais etapas do processo de avaliação neuropsicológica e os testes utilizados nesse processo para identificação do perfil de crianças com TANV são descritos. Ressalta-se a importância de considerar fatores contextuais e a contribuição da avaliação para orientar estratégias terapêuticas e educacionais mais eficazes para aqueles que enfrentam esse transtorno, assim, será possível promover uma abordagem mais precisa e informada no diagnóstico e intervenção para essa condição específica de aprendizado.

Entrevista inicial (anamnese). Ocorre com a coleta de informações sobre o histórico médico, desenvolvimento, sintomas e preocupações do paciente e de seus familiares. Isso ajuda a formar uma compreensão inicial e o raciocínio clínico das dificuldades enfrentadas e, junto com a *expertise* clínica, elaborar o protocolo de avaliação neuropsicológico com foco não só nas dificuldades, bem como nas habilidades individuais daquele indivíduo.

Testes cognitivos. Utilização de testes padronizados para avaliar habilidades cognitivas, como raciocínio lógico, memória operacional, atenção e resolução de problemas. Isso ajuda a identificar padrões de funcionamento cognitivo e discrepâncias entre diferentes áreas, como já descrito anteriormente.

Avaliação da linguagem. Avaliação das habilidades de linguagem, tanto expressivas quanto receptivas. Uma vez que o TANV geralmente afeta a compreensão da linguagem não verbal, essa avaliação pode revelar desafios na interpretação de diferentes classes sociais e de comunicação.

Testes visuais e espaciais. Avaliação da percepção visuoespacial e das habilidades de organização, como resolução de quebra-cabeças visuais, cópia de figuras geométricas e orientação no espaço.

Avaliação motora. Exame das habilidades motoras finas e coordenação motora, que podem estar ligadas ao TANV.

Avaliação de problemas emocionais e comportamentais. Investigação de problemas internalizantes e externalizantes, além de habilidades sociais e compreensão de pistas não verbais, como expressões faciais e linguagem corporal. Isso pode incluir questionários, escalas e observações.

Testes de realização acadêmica. Avaliação das habilidades de leitura, escrita e matemática, focando nas dificuldades específicas do TANV.

Relatos de observação. Observações em contextos naturais, como sala de aula, podem fornecer *insights* adicionais sobre o desempenho e o comportamento do paciente.

Análise de resultados. Os resultados dos testes e observações são analisados em conjunto para formar um perfil detalhado das habilidades e dificuldades do paciente, além de ser pareados com a literatura científica mais recente na área.

Relatório e recomendações. Com base na avaliação, um relatório é elaborado com informações sobre os resultados, sugestão de diagnóstico e recomendações para intervenções educacionais, terapias e estratégias de apoio que possam auxiliar o indivíduo a lidar com as dificuldades decorrentes do TANV.

Instrumentos e testes comumente usados

Este item apresenta uma visão geral dos testes comuns utilizados no Brasil para investigação do TANV. Os testes são apenas parte do processo, e é importante que um profissional qualificado interprete os resultados e faça um diagnóstico.

Escala Wechler Verbal de Inteligência, 4ª edição – WISC-IV (Wechler, 2014). Teste de inteligência amplamente utilizado para avaliar o funcionamento cognitivo de crianças e adolescentes. Ele é composto por diversos subtestes que medem diferentes habilidades cognitivas. Existem tarefas não verbais que podem estar alteradas em indivíduos com TANV:

- **Cubos:** este subteste mede a capacidade de compreender relações espaciais e manipular imagens mentais
- **Raciocínio matricial:** avalia a capacidade de raciocinar sobre relações complexas e encontrar padrões visuais
- **Códigos:** avalia a velocidade de processamento visual e habilidades de atenção concentrada
- **Aritmética:** avalia a capacidade de memória operacional voltada a situações do dia a dia, operações matemáticas, manipulação de elementos mentalmente, dentre outros.

NEPSY-II (Korkman; Kirk; Kemp, 2019). Esta bateria de avaliação neuropsicológica inclui subtestes que avaliam habilidades visuais e espaciais, bem como aspectos não verbais das habilidades cognitivas. Em contexto nacional, ainda não contamos com uma padronização e normatização para a população brasileira, apesar do material ser comercializado. Entretanto, os estudos de validade e normatização já estão sendo conduzidos para os próximos anos. De acordo com o Sistema de Avaliação de Testes Psicológicos (SATEPSI), a NEPSY-II está com uso restrito para o contexto clínico, sendo utilizado apenas em pesquisa. Dentre as tarefas presentes na NEPSY-II que podem ser úteis para a identificação do TANV, estão:

- **Memória para desenhos e memória tardia para desenhos:** testa a memória visual e a capacidade de reconhecimento de desenhos em determinadas posições, podendo ser utilizada para reconhecimento tardio dessas informações
- **Copiando desenhos:** avalia a percepção visuoespacial, coordenação motora fina e capacidades de planejamento de desenhos e figuras geométricas simples, como traços até mais complexos, como cilindros e imagens tridimensionais
- **Construindo com blocos:** avalia a capacidade da criança de compreender e reproduzir informações visuoespaciais complexas de maneira tridimensional
- **Memória de faces e memória tardia para faces:** avalia a compreensão das expressões faciais e a capacidade de interpretar pistas sociais não verbais
- **Memória narrativa:** avalia a compreensão da narrativa e a capacidade de inferência

- **Quebra-cabeça de imagens:** envolve discriminação visual, localização espacial e varredura espacial, assim como a capacidade de descontruir uma imagem em partes que as constituem e reconhecer as relações das partes como um todo
- **Quebra-cabeça geométricos:** avalia rotação mental, análise visuoespacial, atenção aos detalhes, dentre outras habilidades não verbais que podem estar associadas ao TANV
- **Flechas:** capacidade de julgamento e orientação em linhas, processamento visual para a criança responder, desde os itens, quais se aproximam do centro do alvo
- **Relógios:** avalia a capacidade de planejamento e a organização, habilidades visuoespaciais e visuopercepção, conceito em relação ao tempo em relógios analógicos
- **Teoria da mente:** avalia a capacidade do indivíduo de inferir e compreender os estados mentais das outras pessoas, como saber o que alguém pensa, sente ou acredita. Crianças com TANV podem apresentar dificuldades na representação de estado mental de terceiros, relacionados às dificuldades na captação de pistas não verbais
- **Reconhecimento de emoções:** avalia a capacidade do indivíduo de reconhecer e interpretar as emoções faciais através de imagens, baseando-se em seis emoções básicas (feliz, triste, raiva, medo, nojo e neutra).

Teste de Desempenho Escolar (TDE II) (Stein; Giacomoni; Fonseca, 2019). Pode ser utilizado para avaliar a habilidade da criança em áreas como leitura de palavras isoladas, escrita de palavras isoladas e competências matemáticas. É esperado que crianças com TANV mostrem dificuldades maiores na última tarefa (matemática), pois envolve processamento abstrato e raciocínio não verbal.

Teste de Figuras Complexas de Rey (Rey, 2010). Avalia a percepção visual e a memória operacional, ao solicitar o paciente a copiar figuras complexas, além de coordenação motora fina, organização e planejamento no momento da cópia da figura, memória visuoespacial, dentre outros fatores. Trata-se de um dos principais instrumentos para identificação das dificuldades primárias no TANV.

Teste de Inteligência Não Verbal – Matrizes Progressivas coloridas de Raven (Raven; Raven; Court, 2018). Essa escala avalia a capacidade de resolver problemas sem depender da linguagem, o que pode ser relevante para identificar padrões de pensamento não verbal.

Cubos de Corsi (Dias; Mecca, 2019). Com o objetivo de avaliar memória operacional visual, a tarefa é semelhante à tarefa de Span de Dígitos. Apesar da memória operacional não estar relacionada às principais dificuldades de indivíduos com TANV, essa tarefa por se tratar de avaliar estímulos visuais, pode estar com maior dificuldade em relação às tarefas verbais, como descritas na WISC-IV.

Teste de Aprendizagem Auditivo-Verbal de Rey – RAVLT (Malloy-Diniz; de Paula, 2018). Avalia a memória auditiva-verbal, aprendizagem ao longo das tentativas, velocidade de esquecimento, interferência proativa, retroativa, memória de reconhecimento, dentre outras habilidades relacionadas à memória verbal.

Teste de Retenção Visual de Benton (BVRT) (Benton et al., 2015). Avalia a memória visual, que é importante, considerando que crianças com TANV podem apresentar desafios na retenção de informações visuais.

Teste Gestáltico Visomotor de Bender – Sistema de Pontuação Gradual – Versão Revisada (B-SPG) (Sisto; Noronha; Santos, 2006). Avalia a coordenação visuomotora, que é uma área frequentemente afetada em indivíduos com TANV.

Bateria Psicológica para Avaliação da Atenção – BPA-2 (Rueda, 2022). Tem por objetivo mensurar a capacidade geral de atenção, bem como realizar uma avaliação de tipos de atenção específicos, por exemplo, atenção concentrada, dividida e alternada através de estímulos visuais por meio do método clássico lápis e papel. Por trabalhar com estímulos visuais e envolver também coordenação visuomotora, crianças com TANV podem apresentar dificuldades, o que não podem estar diretamente relacionados às dificuldades primárias em atenção.

A utilização de escalas ou questionários padronizados é uma abordagem importante na investigação do TANV. Essas escalas fornecem um método estruturado e objetivo para avaliar as características específicas, permitindo uma comparação mais precisa com dados normativos ou grupos de referência. O uso das escalas e questionários podem auxiliar na identificação de quadros complementares e/ou diagnóstico diferencial, tais como escalas de rastreio de sintomas de TDAH, TEA, transtorno de comunicação social pragmática (TCSP), dentre outros. Podem ser utilizadas escalas para avaliação de habilidades sociais, responsividade social, competência acadêmica, problemas emocionais e comportamentais, problemas de relacionamento com colegas, dentre outros problemas que podem ser complementares aos sintomas de TANV.

Na internet, há disponível um questionário de identificação de sintomas de TANV para crianças, porém não foi encontrado nenhum estudo de validação para a população brasileira. No entanto, esse questionário pode servir como um instrumento auxiliar de avaliação qualitativa.

Um questionário para crianças com TANV deve ser cuidadosamente elaborado para colher informações relevantes sobre as habilidades cognitivas, sociais e emocionais da criança. Esse questionário pode ser usado como parte de uma avaliação inicial para ajudar a identificar possíveis características e orientar uma avaliação mais abrangente. A Tabela 12.3 traz um exemplo de tópicos e perguntas que podem ser incluídos no questionário.

Deve-se destacar que este é apenas um exemplo de questionário inicial e que ele deve ser adaptado às necessidades específicas da criança e à orientação do profissional de saúde ou neuropsicólogo responsável pela avaliação. Escalas e questionários não devem ser usados como único critério diagnóstico. Eles devem ser combinados com observações clínicas, entrevistas e outras avaliações para obter uma compreensão completa das características da criança. A interpretação dos resultados deve levar em consideração a idade da criança, possíveis variações culturais e outros fatores.

A avaliação diagnóstica completa para TANV envolve várias ferramentas e abordagens além do questionário, como testes neuropsicológicos, observações clínicas e entrevistas

Tabela 12.3 Questionário norteador no processo de identificação de transtorno de aprendizagem não verbal.

Informações de identificação
Nome da criança _____
Idade _____ Gênero _____
Nome do responsável _____
Informações de contato _____

Desenvolvimento inicial
Idade em que a criança começou a falar _____
Desenvolvimento motor (andar, engatinhar etc.) _____
Idade em que começou a interagir socialmente com os outros _____

Comunicação e linguagem
Descreva a capacidade da criança de usar e compreender a linguagem falada.
_____

A criança tem dificuldade em entender expressões idiomáticas (p. ex., "dar uma mãozinha" significa ajudar) ou linguagem não literal (não a palavra de fato, mas sim o que ela quer interpretar)?
_____

A criança utiliza muitos gestos para se comunicar?
_____

Como a criança reage a conversas e interações sociais?
_____

Habilidades sociais e interação
Como a criança se comporta em situações sociais? Ela busca a interação com os outros ou tende a se isolar?
_____

A criança consegue interpretar as emoções e intenções dos outros? Cite exemplos.
_____

Ela demonstra verdadeiro interesse nas atividades sociais dos colegas (escolas, onde mora)?
_____

Como a criança reage a mudanças na rotina ou a situações sociais inesperadas?
_____

Habilidades visuoespaciais
A criança tem facilidade em entender mapas, direções e orientação espacial (p. ex., perceber caminhos)?
_____

Como ela lida com quebra-cabeças, jogos visuais e tarefas que envolvem orientação espacial?
_____

Habilidades de coordenação motora
Como a criança lida com atividades que exigem coordenação motora, como cortar, desenhar ou escrever?
_____

Ela demonstra habilidades de movimentos finos ou grossos?
_____

Interesses e atividades
Quais são os principais interesses da criança?
_____

A criança tende a se concentrar excessivamente em um ou poucos interesses?
_____

Comportamentos repetitivos ou restritos
A criança apresenta comportamentos repetitivos, como balançar, rodar objetos, ou outros movimentos estereotipados?
_____

Existe uma necessidade de seguir rotinas específicas?
_____

Emoções e bem-estar emocional
Como a criança expressa suas emoções?
_____

A criança demonstra entender as emoções dos outros?
_____

Como a criança lida com situações de estresse ou mudanças?
_____

Histórico médico e escolar
Alguma condição médica ou histórico familiar relevante?
_____

A criança já recebeu algum diagnóstico anteriormente?
_____

Como a criança está se saindo na escola? Ela enfrenta dificuldades acadêmicas específicas?
_____

com os pais e professores. Os testes psicológicos representam uma ferramenta essencial na avaliação e compreensão do funcionamento mental, emocional e comportamental de indivíduos. Ao empregar uma abordagem metodológica rigorosa e abrangente, esperamos descrever o funcionamento psicológico do avaliando, contribuindo para uma compreensão mais aprofundada de seu perfil neuropsicológico único.

Caso clínico

Este estudo de caso tem como objetivo explorar e analisar as dimensões psicológicas de um indivíduo, utilizando uma variedade de testes psicológicos validados e amplamente reconhecidos. Através da análise dos resultados obtidos a partir dos testes, buscamos identificar padrões, tendências e possíveis áreas de intervenção, a fim de informar e orientar o desenvolvimento de estratégias terapêuticas e de apoio personalizadas. Por meio deste estudo de caso, pretendemos destacar a importância de um protocolo individualizado (testes psicológicos como uma ferramenta valiosa e observação clínica).

Anamnese inicial

Identificação: L., 14 anos, sexo masculino, estudante do 8º ano do ensino fundamental II, escola particular, encaminhado pela neuropediatra com o pedido que solicitava investigar o perfil cognitivo atual.

Queixa: entrevista realizada com os pais que trazem como queixa principal uma dificuldade motora, como se vestir, comer "*derruba a comida para fora do prato*" (sic), dificuldade para aprender a escrita cursiva, em amarrar o cadarço, corre de maneira desajeitada, apresenta movimentos repetitivos "*é como se estivesse tocando baquetas no ar*" (sic), além de apresentar desconforto com mudanças de rotina. Todas essas características são observadas desde pequeno. Filho caçula, mora com os pais e com uma irmã mais velha.

Dados do neurodesenvolvimento: na gestação, apresentou deslocamento de placenta, precisou fazer repouso, porém sem qualquer outra intercorrência. Nasceu a termo, com 38 semanas de gestação, pesando 3.460 g e medindo 49 cm. Seu desenvolvimento neuropsicomotor ocorreu dentro dos parâmetros da normalidade, inclusive o desenvolvimento motor. Foi amamentado até os 5 meses, mas logo que iniciou a introdução alimentar não aceitou mais o leite materno. Sempre se alimentou bem, com variedade, apenas não come verduras e legumes, apresentou dificuldades em se alimentar sozinho, derrubando a comida do prato e tendo dificuldades em aprender a cortar seus alimentos.

Sono: apresenta padrão de sono adequado, dorme em seu quarto sozinho, desde bebê. Apresenta medo do escuro, necessitando dormir com uma luz acesa do abajur.

Vida escolar: começou a frequentar escola aos 2 anos, tendo se adaptado bem à nova rotina. Trocou de escola aos 6 anos, quando foi para o 1º ano do Fundamental I e aos 11 anos quando entrou no Fundamental II, nas duas ocasiões apresentou dificuldade em se adaptar à nova escola e de fazer novos amigos, apresentava choro e muita ansiedade. Nesses dois momentos, L. realizou acompanhamento com psicopedagoga. Não apresentou dificuldades em se alfabetizar, porém sempre apresentou dificuldades em matemática e em leitura de textos, atualmente está melhor.

Aos 5 anos, L. foi submetido a uma avaliação neuropsicológica, devido a queixa de dificuldades de aprendizagem e comportamento não adaptativos em ambiente familiar e escolar. Os resultados foram inconclusivos, mas apontaram dificuldades de coordenação motora fina, coordenação motora ampla, atenção, função executiva e nas funções visuoconstrutivas e espaciais.

Temperamento e vida social: seu comportamento é mais quieto, introvertido, gosta mais de brincar sozinho, apresenta dificuldades em fazer amizades, refere que as outras crianças não o entendem. É comum estar batucando o ar, principalmente quando está distraído, porém quando é chamado atenção, para.

Saúde e histórico familiar: referem que L. sempre apresentou boa saúde e não faz uso de medicações. Quanto aos antecedentes familiares, não há relatos relevantes.

Entrevista com a escola

No contato com a escola, a coordenadora pedagógica refere que L. é um menino introvertido, não é capaz de tirar dúvidas e pedir ajuda. Acompanha pedagogicamente, porém apresenta dificuldades em matemática, redação, literatura, artes e educação física. Percebe L. mais sozinho nos intervalos e tende a sempre estar com algum objeto na mão. Não gosta de realizar trabalhos em grupos, solicitando em alguns momentos fazer sozinho, mas aceita realizar em grupo, quando o trabalho tem que ser apresentado à turma (porque geralmente não gosta de apresentar). É educado e obediente, respeita regra, apenas se zanga quando algo sai da rotina.

Procedimentos de avaliação

A avaliação neuropsicológica foi realizada em sete sessões, sendo a primeira sessão a entrevista com os pais e a sétima a devolutiva e entrega do laudo. Também foi realizada uma sessão *on-line* com a escola com objetivo de coleta de dados escolares.

Foram utilizados os seguintes testes e instrumentos para avaliação neuropsicológica de L.: Escala Weschler de Inteligência para Crianças, 4ª edição – WISC-IV (Weschler, 2014); Teste dos Cinco Dígitos – FDT (Sedó; de Paula; Malloy-Diniz, 2015); Teste de Aprendizagem Auditivo-Verbal de Rey – RAVLT (Malloy-Diniz; de Paula, 2018); Figura Complexa de Rey (Rey, 2010); Bateria Psicológica para Avaliação da Atenção – BPA 2 (Rueda, 2023); Teste de Desempenho Escolar – TDE II (Stein; Giacomoni; Fonseca, 2019); Escala de Transtornos à Ansiedade Infantil (SCARED); Questionário para Crianças – Transtorno de Aprendizagem Não Verbal (TANV); Escala de Disgrafia de Lorenzoni (Lorenzini, 1999); Escala de Responsividade Social – SRS-2 (Constantino; Gruber, 2020).

Observações do comportamento

No decorrer da avaliação, seu comportamento demonstrou satisfatório estabelecimento de vínculo terapêutico. Apresentou-se sempre com autocuidados preservados e com juízo de realidade sem alterações. Demonstrou adequada capacidade de compreensão na execução das tarefas e mostrou-se comunicativo, sempre pronto a responder o que lhe foi perguntado, porém observou-se baixo contato visual, pois sempre olhava para o lado enquanto se comunicava. Durante todo o tempo programado, manteve-se com atitude colaborativa e dedicação na realização das atividades propostas. Observou-se muita dificuldade de coordenação motora fina aos realizar tarefas que necessitavam de manuseio. Em alguns momentos, foi observado desvio do foco atencional.

O resumo dos principais resultados dos testes e inventários aplicados em L. encontram-se na Tabela 12.4.

Tabela 12.4 Principais achados na avaliação neuropsicológica de L.

Item avaliado	Testes utilizados	Percentil	Classificação
Eficiência intelectual	QI Total	63	Média
	ICV	96	Superior
	IOP	25	Média
	IMO	79	Média superior
	IVP	9	Média inferior
Funções executivas	FDT Leitura	> 75 < 95	Média superior
	FDT Contagem	> 75 < 95	Média superior
	FDT Escolha	> 25 < 50	Média
	FDT Alternância	> 25 < 50	Média
	Inibição	25	Média
	Flexibilidade	24	Média
Atenção	Atenção Total	> 05 < 10	Inferior
	Atenção Concentrada	30	Média
	Atenção Dividida	> 01 < 10	Inferior
	Atenção Alternada	> 30 < 40	Média
Visuoconstrução	Cópia Figura	> 1	Muito inferior
	Tempo Cópia	> 1	Muito inferior
	Cubos – WISC	8	Inferior
	Completar Figuras – WISC	4	Inferior
Habilidades acadêmicas	Leitura	33	Média
	Escrita	70	Média
	Matemática	06	Inferior
	Disgrafia	8,5	Deficitário
Memória	Escore Total – RAVLT	25	Média
	ALT – RAVLT	> 50 < 75	Média
	Velocidade Esquecimento	50	Média
	Memória Imediata (A6)	25	Média
	Memória Tardia (A7)	> 25 < 50	Média
	Dígitos OD	94	Superior
	Dígitos OI	54	Média
Linguagem	Vocabulário	90	Superior
	Semelhanças	95	Superior
	Informação	74	Média superior
Humor	SCARED – Pais	25	Não clínico
	SCARED – Auto	25	Clínico
	SRS-2 Total	> 60	Leve
	Sintomas TANV	> 10	Sugestivo TANV

ALT: aprendizagem ao longo das tentativas; FDT: teste dos cinco dígitos (do inglês *Five Digit Test*); ICV: índice de compreensão verbal; IMO: índice de memória operacional; IOP: índice de organização perceptual; IVP: índice de velocidade de processamento; OD: dígitos ordem direta; OI: dígitos ordem inversa; QI: quociente de inteligência; RAVLT: Teste de Aprendizagem Auditivo-Verbal de Rey (do inglês *Rey Auditory Verbal Learning Test*); SCARED: *Screen for Child Anxiety Related Emotional Disorders*; SRS-2: *Social Responsiveness Scale, Second Edition*; TANV: transtorno de aprendizagem não verbal; WISC: Escala Wechler de Inteligência para Crianças (do inglês *Wechsler Intelligence Scale for Children*).

L. apresentou uma variação grande entre os quatro diferentes índices da escala WISC-IV, impossibilitando a interpretação de forma fiel do quociente intelectual total (QIT). Também apresentou discrepância entre os índices mais "puros" de raciocínio e abstração verbal e visual (ICV e IOP), não sendo possível calcular o índice de habilidade geral (GAI). Há discrepância entre IMO e IVP, impossibilitando o cálculo do índice de proficiência cognitiva (CPI) que representa um processamento avançado através da velocidade visual rápida e bom controle mental, facilita o raciocínio fluido e a aquisição de um novo material, reduzindo as demandas cognitivas de novas tarefas.

Por esse motivo, é necessária a análise intraindividual dos índices. L. apresenta melhor desempenho nas tarefas que avaliam habilidade verbal (ICV) e menor desempenho nos índices que envolvem habilidades visuoconstrutivas e visuoespaciais. No IOP, apresentou maior dificuldades na tarefa de cubos e no IVP na tarefa códigos. No TANV, conforme descrito anteriormente, uma das características é apresentar dificuldades visuoconstrutivas e visuoespaciais, por esse motivo é comum observar melhor desempenho no ICV do que no IOP e IVP.

Nas tarefas que avaliam atenção e função executiva, L. apresentou desempenho satisfatório quanto à função de atenção concentrada, sustentada, seletiva e alternada, tendo apenas rendimento insatisfatório em tarefa de atenção dividida, o que indica apresentar dificuldades na capacidade para procurar dois ou mais estímulos simultaneamente em um tempo predeterminado, e com vários distratores ao redor, cometeu erros significativos por omissão, o que prejudicou seu desempenho. Quanto às funções executivas, apresentou desempenho satisfatório nas tarefas que exigem velocidade de processamento, controle inibitório, flexibilidade cognitiva.

Nas tarefas que avaliam memória no âmbito verbal, tais como memória semântica, memória de curto prazo, memória operacional, memória episódica verbal, memória de reconhecimento, L. apresentou desempenho satisfatório, tendo resultados entre média e média superior.

Quanto à memória visual, tanto imediata quanto tardia, apresentou rendimento excepcionalmente abaixo do esperado. Esse resultado pode ser secundário ao baixo rendimento na entrada da informação, pois, na tarefa de Figuras Complexas de Rey, apresentou dificuldade na cópia. Nas tarefas que envolvem processos cognitivos que abrangem habilidades visuoconstrutivas e visuoespaciais, L. não apresentou dificuldades nas tarefas de habilidades verbais, como vocabulário, raciocínio verbal abstrato, compreensão e fluência verbal.

Nas tarefas que avaliam habilidades e conhecimento acadêmicos, apresentou baixo rendimento apenas nas tarefas que avaliam aritmética. Nas tarefas de escrita, apresentou rendimento dentro da média, porém observa-se uma dificuldade quanto a grafia e, por esse motivo, optou-se em aplicar uma tarefa que avalia características para disgrafia. L. pontua para disgrafia.

Nas escalas que avaliam humor, L. pontua para ansiedade na escala autorrelato, mas não pontua na percepção dos pais. Na escala que avalia responsividade social (SRS-2), pontua apenas para prejuízo no domínio de padrões restritos. Em questionário para rastreio do TANV, respondido pelos pais, L. apresenta sintomas sugestivos, principalmente nas áreas relacionadas as áreas visual/espacial, social, motora e acadêmica. Sendo assim, de acordo com os resultados nos testes, tarefas, escalas e observação clínica, é possível levantar hipótese de TANV.

Diante disso, recomenda-se para L. acompanhamento médico com neurologista solicitante para conduta diagnóstica; acompanhamento com psicomotricista ou terapeuta ocupacional para intervenção direta frente às dificuldades motoras descritas; acompanhamento em terapia cognitivo-comportamental (TCC) para trabalhar aspetos relacionados à intervenção em ansiedade, habilidades sociais e orientação parental.

Diretrizes gerais para o tratamento

O acompanhamento para indivíduos com TANV envolve uma abordagem multidisciplinar com acompanhamento psicológico, terapia ocupacional, psicomotricista e com psicopedagogo, a depender do perfil individual da criança e suas dificuldades. Quanto ao acompanhamento psicológico, a indicação é voltada para o trabalho de aspectos emocionais e comportamentais, entendimento de fraquezas e habilidades, estimulação de habilidades sociais, delineamento de estratégias emocionais. Ainda, programas de estimulação de cognição social, teoria da mente e raciocínio abstrato podem ser aplicados para estimular tais dificuldades nessa população.

O trabalho com terapia ocupacional e/ou psicomotricista pode ser útil para o desenvolvimento de habilidades motoras grossas e finas de forma multissensorial a fim de trabalhar as dificuldades primárias do TANV, assim como o acompanhamento psicopedagógico pode ser implementado para o trabalho com habilidades acadêmicas em déficits, tais como dificuldades matemáticas, grafia, dentre outros. O contato com a escola é encorajado para que em conjunto possam estimular as potencialidades do indivíduo, realizando adaptações curriculares de maneira a desenvolver habilidades acadêmicas nessa população.

Cornoldi, Mammarela e Fine (2016) definem algumas *guidelines* para o acompanhamento de crianças com TANV:

1. Defina um plano a longo prazo para apoiar a criança com TANV e identifique um profissional responsável para assumir a responsabilidade da coordenação do plano de intervenção.
2. Baseie o plano de intervenção em uma avaliação precisa da criança, assim como em sua capacidade adaptativa, riscos e recursos disponíveis no contexto.
3. Estabeleça prioridades do trabalhando em uma ou duas coisas de cada vez; não "sobrecarregar" a criança com TANV.
4. Utilize uma abordagem multimodal intervindo na criança e na escola e em contextos familiares e sociais.
5. Desenvolva na criança a consciência das suas características do TANV, ilustrando os pontos fortes e fracos do perfil do transtorno para construir a capacidade de autocompreensão e autodefesa.

6. Aceite a ideia de que será impossível eliminar alguns déficits e procure modalidades a evitar, caso afetem negativamente o desenvolvimento geral da criança.
7. Trabalhe para prevenir o desenvolvimento de sintomas secundários, em particular, relacionados ao ajustamento emocional.
8. Em uma perspectiva de desenvolvimento, otimize as habilidades cognitivas desde o início e desenvolva habilidades adaptativas em crianças mais velhas.
9. Ajude a criança a interpretar sinais de comunicação não verbal.
10. Aumente as atribuições adequadas de autoeficácia e esforço próprio, a fim de motivar os esforços da criança para mudar e reduzir os riscos de aprendizagem de desamparo (desamparo aprendido) e cenários de invalidação.
11. Sugira estratégias alternativas e ajude a criança a pensar também em estratégias alternativas de enfrentamento.
12. Desenvolva consciência metacognitiva e estratégias verbais para situações em que a criança está em dificuldade.
13. Automatize conhecimentos processuais básicos nas áreas de dificuldade.
14. Evite uma sobrecarga da capacidade de memória operacional da criança, especificamente materiais visuoespaciais.
15. Divida tarefas complexas em subobjetivos e ajude a criança a usar autoinstruções.

Esses autores ainda definem intervenções para clínicos, educadores e pais utilizarem nesta população, as quais são apresentadas na Tabela 12.5. Essas estratégias estão baseadas em intervenções terapêuticas, estratégias compensatórias e estratégias de remediação baseadas nos principais déficits e dificuldades do transtorno.

Considerações finais

O TANV é uma condição ainda pouco estudada e conhecida pelos profissionais da área da saúde e da educação, e, historicamente, pouco estudada e com poucas publicações. Isto faz com que as pessoas com esse transtorno tenham menor acesso a identificação dessas características, dificultando, assim, o acesso à estimulação necessária, a fim de promover melhor condição de autonomia e funcionalidade.

Tabela 12.5 Resumo das intervenções para clínicos, educadores e pais para serem utilizadas para crianças com transtorno de aprendizagem não verbal.

Remediação	Estratégias compensatórias	Intervenções terapêuticas
Déficits motores e visuoespaciais		
• Instruções diretas no funcionamento perceptual, assim como na leitura de mapas e gráficos	• Tempo estendido para tarefas de escrita • Ajudantes na escrita (escriba) ou uso de processadores de escrita • Uso de atividades de múltipla escolha ao examinar o conhecimento • Organização de planilhas e atividades com um número limitado em um espaço claro e limpo • Uso de estratégias orais e escritas de maneira direta e clara em vez de recursos visuais como mapas e esquemas	• Treino contínuo de habilidades de digitação • Treino específico em escrita (velocidade e precisão escrita) • Treinos específicos de habilidades visuoespaciais
Dificuldades aritméticas		
• Instruções diretas no uso do computador utilizando instruções verbais para os passos de execução das atividades • Instruções e intervenções terapêuticas específicas • Rimas verbais e estratégias auxiliares ao ensinar fatos matemáticos • Instruções diretas e estratégias de verificação de atividades (checking) • Estratégias de ensaio que dependem de dispositivos mnemônicos verbais	• Papel quadriculado para auxiliar no alinhamento de colunas enquanto está resolvendo problemas matemáticos • Planilhas aritméticas codificadas por cores para indicar a direcionalidade esquerda-direita • Resumos de capítulos e guias de estudo preparados comercialmente ou por professores	• Treinos específicos em áreas que envolvam escrita e cálculos
Déficits na interação social		
• Instruções diretas em habilidades sociais pragmáticas, como contato visual, comprimentos e pedidos de ajuda • Estratégias de ensino para iniciar e manter amizades	• Orientação vocacional em direção às carreiras que minimizem requisitos de habilidades interpessoais • Escolha de atividades sociais estruturadas, dirigidas por adultos em um único colega, em vez de eventos não estruturados ou em grandes grupos	• Treino de habilidades sociais • Intervenções com regras interpessoais, histórias e scripts sociais • Treinamento de linguagem pragmática para abordar habilidades relacionadas à manutenção de tópicos, automonitoramento verbal e comunicação social apropriada

Fonte: Cornoldi; Mammarela; Fine, 2016.

O objetivo principal deste trabalho foi elucidar as principais características das pessoas com TANV, e, assim, nortear os profissionais diante do processo de avaliação e identificação.

Podemos concluir que, atualmente, por baixo conhecimento e entendimento dos profissionais, essas pessoas possam estar sendo diagnosticadas de maneira incorreta e isso pode aumentar o sofrimento do indivíduo com TANV e de sua rede de apoio.

Sendo assim, podemos concluir que são necessários mais estudos e proliferação do conhecimento, a fim de que o diagnóstico do TANV seja conhecido, bem como seus cuidados.

Referências bibliográficas

AMERICAN PSYCHIATRIC ASSOCIATION (APA). Manual diagnóstico e estatístico de transtornos mentais – DSM-5-TR. Texto revisado. 5. ed. Porto Alegre: Editora Artmed, 2023.

ARRUDA, M. A. Intervenções no ambiente escolar. *In*: DIAS, N. M.; MECCA, T. P. (org.). Contribuições da neuropsicologia e da psicologia para intervenção no contexto educacional. São Paulo: Memnon, 2015.

BENTON, S. A. *et al*. Teste de retenção visual de Benton – BVRT: livro de instruções. São Paulo: Vetor, 2015.

BIRMAHER, B. *et al*. Psychometric properties of the Screen for Child Anxiety Related Emotional Disorders (SCARED): a replication study. Journal of the American Academy of Child and Adolescent Psychiatry, United States, v. 38, p. 1230-1236, 1999.

CASEY, J. E. A model to guide the conceptualization, assessment, and diagnosis of nonverbal learning disorder. Canadian Journal of School Psychology, Canada, v. 27, n. 1, p. 35-57, 2012.

COLUMÉ, R. *et al*. Trastorno de aprendizaje no verbal: características cognitivo-conductuales y aspectos neuropsicológicos. Revista Neurologia, Span, v. 48, supl2, p. S77-S81, 2009.

CONSTANTINO, J. N., GRUBER, C. P. Escala de Responsividade Social – SRS 2. Manual. 2. ed. São Paulo: Hogrefe Editora, 2020.

CORNOLDI, C.; MAMMARELLA, I. C.; FINE, J. G. Nonverbal learning disabilities. New York: Guilford Press, 2016.

DAVIS, J. M.; BROITMAN, J. Nonverbal learning disabilities in children: bridging the gap between science and practice. New York: Springer, 2011.

DIAS, N. M.; MECCA, T. P. Avaliação neuropsicológica cognitiva, volume 4: memória de trabalho. São Paulo: Memnon, 2019.

FISHER, P. W. *et al*. Systematic review: nonverbal learning disability. Journal of the American Academy of Child & Adolescent Psychiatry, United States, v. 61, n. 2, p. 159-186, 2022.

GARCÍA-NONELL, C.; RIGAU-RATERA, E.; ARTIGAS-PALLARÉS, J. Perfil neurocognitivo del trastorno de aprendizaje no verbal. Revista de Neurologia, Span, v. 43, n. 5, p. 268-274, 2006.

ISOLAN, L. *et al*. Psychometric properties of the Screen for Child Anxiety Related Emotional Disorders (SCARED) in Brazilian children and adolescents. Journal of anxiety disorders, United States, v. 25, n. 5, p. 741-748, 2011.

KORKMAN, M.; KIRK, U.; KEMP, S. NEPSY-II: Manual Clínico e Interpretativo. 2. ed. São Paulo: Pearson, 2019.

LORENZINI, M. V. Uma escala para detectar a disgrafia baseada na escala de Ajuriaguerra. 2003. Dissertação (Mestrado em Fisioterapia) – Programa de Pós-Graduação em Fisioterapia, Universidade Federal de São Carlos, São Carlos, 2003.

MALLOY-DINIZ, L. F.; DE PAULA, J. J. Teste de aprendizagem auditivo-verbal de Rey – RAVLT. São Paulo: Vetor Editora, 2018.

MARGOLIS, A. E. *et al*. Estimated prevalence of nonverbal learning disability among north american children and adolescents. JAMA New Open, United States, v. 3, n. 4, p. e202551, 2020.

MARGOLIS, A. E. *et al*. Salience network connectivity and social processing in children with nonverbal learning disability or autism spectrum disorder. Neuropsychology, United States, v. 33, n. 1, p. 135-143, 2019.

MELLO, C. B. *et al*. Transtorno de aprendizagem não verbal. *In*: MIRANDA, M. C.; MUSKAT, M.; MELLO, C. B (org.). Neuropsicologia do desenvolvimento: transtornos do neurodesenvolvimento. Rio de Janeiro: Rubio, 2013.

RAVEN, J.; RAVEN, J. C.; COURT, J. H. Matrizes progressivas coloridas de Raven – COM-RAVEN: manual técnico. São Paulo: Pearson, 2018.

REY, A. Figuras complexas de Rey: teste de cópia e de reprodução de memória de figuras geométricas complexas. Tradução de M. S. Oliveira. São Paulo, SP: Casa do Psicólogo, 2010.

Rourke, B. P. Nonverbal learning disabilities: the syndrome and the model. New York: Guilford Press, 1989.

RUEDA, F. J. M. Bateria psicológica para avaliação da atenção – BPA. São Paulo: Vetor Editora, 2013.

SEDÓ, M., DE PAULA, J. J., MALLOY-DINIZ, L. F. Teste dos cinco dígitos – FDT: Manual. São Paulo: Hogrefe CETEPP, 2015.

SEMRUD-CLIKEMAN, M.; FINE, J. Presence of cysts on magnetic resonance images (MRIs) in children with Asperger disorder and nonverbal learning disabilities. Journal of Child Neurology, v. 26, n. 4, p. 471-475, 2011.

SERMUD-CLIKERMAN, M.; ELLISON, P. A. T. Child neuropsychology: assessment and interventions for neurodevelpmental disorders. 2. ed. New York: Springer, 2009.

SISTO, F. F.; NORONHA, A. P. P.; SANTOS, A. A. A. Teste gestáltico visomotor de Bender – sistema de pontuação gradual (B-SPG). São Paulo: Vetor, 2006.

STEIN, L. M.; GIACOMONI C. H.; FONSECA, R. P. Teste de desempenho escolar. 2. ed. rev. ampl. São Paulo: Vetor Editora, 2019.

TABAQUIM, L. M. Transtorno de aprendizado não verbal. Revista Psicopedagogia, São Paulo, v. 33, n. 102, p. 358-364, 2016.

WAJNSZTEJN, A. B. C.; BIANCO, B.; BARBOSA, C. P. Prevalência de assimetria inter-hemisférica em crianças e adolescentes com diagnóstico interdisciplinar de transtorno da aprendizagem não verbal. Einstein, São Paulo, v. 14, n. 4, p. 494-500, 2016.

WAJNSZTEJN, A. B. C.; WAJNSZTEJN, R. TDAH e o transtorno de aprendizagem não verbal. *In*: BENCZIK (org.). Transtorno de déficit de atenção/hiperatividade: desafios, possibilidades e perspectivas interdisciplinares. Belo Horizonte: Artezã, 2020.

WECHSLER, D. Escala Wechsler de Inteligência para crianças – WISC-IV. 4. ed. São Paulo: Pearson Clinical Brasil, 2014.

WECHSLER, D. Escala Wechsler Abreviada de Inteligência – WASI. Manual Técnico. São Paulo: Pearson Clinical Brasil. 2019.

WECHSLER, D. Escala Wechsler de Inteligência para Adultos – WAIS-III. 3. ed. São Paulo: Pearson Clinical Brasil, 2001.

WORLD HEALTH ORGANIZATION (WHO). ICD-11 Reference Guide. Genebra: OMS, 2019. Disponível em: https://icd.who.int/icd11refguide/en/index.html. Acesso em: 3 ago. 2023.

13 Transtorno do Espectro Autista

Tatiana Pontrelli Mecca • Priscilla Brandi Gomes Godoy

Introdução

O transtorno do espectro autista (TEA) ou autismo (como é mais amplamente conhecido) é uma condição que acarreta alterações nos processos típicos de neurodesenvolvimento, caracterizando-se pela seguinte díade: dificuldades na comunicação e interação social e existências de interesses e comportamentos restritos e repetitivos (APA, 2022). Apesar de os sintomas persistirem ao longo da vida na maioria dos indivíduos (Steinhausen; Mohr Jensen; Lauritsen, 2016), mudanças na manifestação clínica, bem como nos prejuízos adaptativos podem ocorrer em decorrência da idade, do sexo, da complexidade de demandas, do nível e tipo de suporte, e da estimulação recebida (Estes; John; Dager, 2019; Ormond et al., 2018).

As dificuldades atuais ou na história prévia na comunicação/interação social e a presença dos padrões restritos e repetitivos de comportamentos, interesses e atividades são os aspectos centrais do TEA, mas variam de acordo com os diferentes níveis de suporte atribuídos ao quadro. É possível categorizar ou classificar os indivíduos com TEA em três grandes grupos em função da necessidade de suporte: nível 1 (exigindo apoio) no qual há dificuldades para iniciar interações, respostas sociais atípicas, tentativas estranhas de fazer amigos, pouco interesse por pares, dificuldade para mudar de atividade e prejuízos na organização e planejamento; nível 2 (exigindo apoio substancial) no qual há déficits observados nos primeiros anos de vida na comunicação verbal e não verbal, mesmo com apoio, limitação em iniciar a interação, resposta social reduzida ou anormal, comportamentos restritos e repetitivos frequentes e que causam prejuízos significativos; nível 3 (exigindo apoio muito substancial) no qual os prejuízos são mais graves, a comunicação restrita, com problemas graves diante de mudanças e comportamentos restritos e repetitivos interferindo de forma significativa em todos os contextos (APA, 2022).

Além das características centrais, uma parcela significativa de indivíduos autistas também apresenta outras condições que coocorrem com o transtorno, desde outros transtornos do neurodesenvolvimento (como o transtorno do desenvolvimento intelectual (TDI), o transtorno do déficit de atenção e hiperatividade ou transtornos da coordenação), além de quadros genéticos, neurológicos (APA, 2022) e/ou psiquiátricos, como transtornos de humor e ansiedade (Simonoff et al., 2008).

Há uma vasta literatura indicando variabilidade nas manifestações clínicas, mas alguns prejuízos cognitivos podem ser mais comumente observados, como alterações nas funções executivas (Demetriou et al., 2018), na cognição social (Negrão et al., 2023; Velikonja; Fett; Velthorst, 2019) e, consequentemente, nas habilidades adaptativas (Chatham et al., 2018). Deste modo, tornam-se habilidades-alvo nos processos de avaliação e intervenção.

A intensidade e a forma como as características do autismo se manifestam variam consideravelmente entre os indivíduos (Charman et al., 2017), assim como os diferentes domínios do funcionamento adaptativo variam no mesmo indivíduo, de modo que a quantidade necessária de suporte para a comunicação, socialização e atividades de vida diária pode ser distinta, variando de mínima a substancial (Tillmann et al., 2019). Em casos mais graves, o indivíduo tem grandes prejuízos de comunicação (mesmo em seus aspectos não verbais), raramente inicia a interação, e os interesses e comportamentos restritos e repetitivos interferem acentuadamente em suas atividades de vida diária (APA, 2022). Há também uma relação entre a gravidade do TEA e a capacidade intelectual, de modo que menores escores em testes de inteligência traduzidos pelo quociente intelectual (QI) estão relacionados a sintomas mais graves em muitos casos (de Giambattista et al., 2019; Matson; Shoemaker, 2009; Tillmann et al., 2019).

A etiologia do TEA é multifatorial, de herança complexa e reflete a interação entre vulnerabilidades preexistentes do neurodesenvolvimento (genética) e o ambiente da criança (Jones et al., 2014; Karmiloff-Smith et al., 2014). Os estudos mais recentes vêm apontando para um crescimento de casos sendo diagnosticados pelo mundo, com uma prevalência de 1% (Zeidan et al., 2022). No Brasil, um único estudo epidemiológico realizado no município de Atibaia, localizado no Estado de São Paulo apontou para uma prevalência estimada de 27,2/10 mil ou 1 a cada 370 (Paula et al., 2011), considerando os critérios diagnósticos do *Manual diagnóstico e estatístico de transtornos mentais* – DSM-IV (APA, 2000).

Critérios diagnósticos, alterações cognitivas e comportamentais

De acordo com o DSM-5-TR (APA, 2022), a díade de prejuízos que caracteriza a sintomatologia central do TEA deve estar presente precocemente no desenvolvimento, mesmo que não totalmente aparente em algumas etapas, causar prejuízos significativos em mais de uma área da vida do sujeito e não ser mais bem justificada por quadros de atraso global do desenvolvimento.

As dificuldades de interação social podem ser caracterizadas por uma capacidade reduzida de iniciar interações sociais, se envolver em relacionamentos e manter a reciprocidade social (Lord *et al.*, 2020). Enquanto os problemas de comunicação incluem atraso no desenvolvimento ou padrões atípicos de fala e linguagem, dificuldades na comunicação não verbal e baixa capacidade de resposta em situações de atenção compartilhada (Lord *et al.*, 2020; Mundy; Sigman; Kasari, 1990). Os comportamentos restritos e repetitivos incluem pouca flexibilidade e perseverança em interesses e atividades, também chamados de "insistência na mesmice", estereotipias motoras e de fala (algumas descritas na Tabela 13.1), rotinas e rituais repetitivos (Lord *et al.*, 2020), bem como hiper ou hiporreatividade a entrada sensorial ou interesses incomuns em aspectos sensoriais do ambiente (APA, 2022).

Quando movimentos estereotipados estão presentes, mas não ocorrem os demais sintomas, deve-se investigar a possibilidade do diagnóstico do transtorno do movimento estereotipado que se caracteriza por uma ação motora repetitiva, aparentemente direcionada e sem propósito (não decorrente de transtorno obsessivo-compulsivo, de transtorno por uso de substância ou condição neurológica), e que pode ou não acarretar lesão (APA, 2022).

Outros diagnósticos diferenciais devem ser considerados. A síndrome de Rett, por exemplo, é uma condição prevalente em meninas, com ruptura significativa no desenvolvimento, regressão de habilidades previamente adquiridas (mesmo com atraso). Já no mutismo seletivo, o desenvolvimento inicial, a reciprocidade e aspectos não verbais da comunicação estão preservados, assim como não há comportamentos restritos e repetitivos que sejam justificados por esta condição. Na esquizofrenia, embora os prejuízos de cognição social sejam compartilhados e relativamente semelhantes ao TEA, há sintomas positivos, como delírios e alucinações, que não são característicos do autismo.

Outro quadro bastante semelhante ao TEA é o transtorno da comunicação social (TCS). Caracterizado por prejuízos persistentes no uso social da comunicação verbal e não verbal, o que implica dificuldade: no uso da comunicação com finalidade social (fazer saudações, compartilhar informações); na adaptação da comunicação ao contexto ou necessidades do ouvinte; no uso de regras e de sinais para conversar e regular a interação; na compreensão de aspectos implícitos, inferências, ambiguidades e metáforas. Tanto no TEA quanto no TCS há déficits sociais, incluindo isolamento, compreensão e adequação ao contexto, elementos que satisfazem ao critério A do TEA (prejuízos na comunicação e interação social). Mas, no TCS não estão presentes sintomas que satisfazem ao critério B, a saber, os padrões restritos e repetitivos de comportamentos, interesses e atividades (APA, 2022; Brukner-Wertman; Laor; Golan, 2016).

Sabe-se que no TEA o diagnóstico é mais comum nos 3 primeiros anos de vida, há padrões incomuns de desenvolvimento e as variáveis de desfecho são mais bem conhecidas; no TCS, no entanto, o prognóstico é mais variável e pouco conhecido. Neste, o diagnóstico costuma ocorrer após os 4 ou 5 anos de idade e, em casos mais leves, na adolescência. Apesar dessas diferenças e do TCS ter sido inserido no DSM-5 (APA, 2013) como uma categoria diagnóstica diferente do TEA, ainda há uma discussão entre pesquisadores da área devido a achados conflitantes discutíveis (Brukner-Wertman; Laor; Golan, 2016).

Alguns autores apontam que não é possível afirmar que comunicação/interação social e comportamentos restritos e repetitivos (CRR) são categorias distintas e não manifestações de um contínuo. Manifestações subclínicas de CRR não são suficientes para o diagnóstico de TEA de modo que alguns indivíduos preencheriam critérios para TCS. Mas, se o oposto ocorre (manifestações subclínicas de comunicação e interação social com presença de CRR clinicamente significativos), não há uma nosologia prevista no DSM-5. Também não está claro se aspectos cognitivos comuns, como prejuízos na flexibilidade (um componente importante do funcionamento executivo), não poderiam explicar parcialmente tanto os sintomas de comunicação/interação social quanto a presença dos CRR. Soma-se a isso os desafios da avaliação dos aspectos pragmáticos da comunicação decorrentes da natureza complexa e dinâmica do ambiente social, incluindo aspectos culturais (Brukner-Wertman *et al.*, 2016).

Por fim, a mudança de critério diagnóstico com as atualizações do DSM se configurou como outra fonte de discussão sobre ampliação/restrição de sintomas, acarretando discordâncias na área. De acordo com o DSM-IV-TR, se o indivíduo apresenta dificuldades compatíveis com o critério de comunicação/interação social e apenas um CRR clinicamente relevante ou mesmo como manifestações sutis, ele receberia o diagnóstico de transtorno global do desenvolvimento sem outra especificação (APA, 2000), uma categoria implicada no atual TEA. Por outro lado, pelo DSM-5 e DSM-5-TR, ele irá receber o diagnóstico de TCS porque não preenche a necessidade de se ter pelo menos dois sintomas de CRR (APA, 2022). Trata-se de uma discussão ainda em andamento e que os profissionais devem estar atentos para investigar ambas as hipóteses (Brukner-Wertman, 2016).

O transtorno do desenvolvimento da linguagem (TDL) e as deficiências intelectuais (DI) também devem ser compreendidos como possíveis diagnósticos diferenciais. O TDL se caracteriza por dificuldades para se comunicar e se expressar com clareza, de compreender o que é dito, mas com a preservação da comunicação não verbal e não preenchimento para CRR (critério B do TEA). Já nas DI, não são comumente observados comportamentos como adesão inflexível a rotina, interesses restritos, dificuldades significativas na comunicação social não verbal, prejuízos na reciprocidade socioemocional e preocupação com

Tabela 13.1 Exemplos de estereotipias.

- Balançar o corpo para frente e para trás
- Balançar as mãos
- Bater os pés no chão ou em algum objeto próximo
- Girar objetos ou girar em volta do próprio corpo
- Fazer sons repetitivos ou repetir sílabas sem parar
- Estalar os dedos
- Roer unhas sem parar
- Pular sem controle de tempo ou força
- Pular na frente da TV enquanto assiste
- Correr, sem um destino
- Andar nas pontas dos pés
- Movimentar os dedos na frente dos olhos

partes de objetos, sendo estes mais característicos do TEA. Vale ressaltar que é possível a comorbidade com DI, de modo que o rebaixamento intelectual com prejuízos no funcionamento adaptativo estão presentes em cerca de 1/3 das crianças com TEA (Maenner et al., 2023).

Comportamentos desafiadores também podem ocorrer, de modo que o profissional deve investigar se o comportamento insistente é por oposição, se é decorrente de um interesse restrito ou dificuldade de lidar com mudanças. Também deve-se considerar se os sintomas de desafio e oposição permanecem ao longo dos anos (mais característico de uma comorbidade do TEA) ou se tende a diminuir com a idade (mais característico do transtorno opositor desafiante – TOD). É necessário compreender se o desafio é decorrente da falta de compreensão de regras sociais ou se a criança deliberadamente as infringe (Rosen et al., 2018).

Considerando a precocidade do aparecimento dos sintomas de TEA, há sinais de risco, considerados como alerta, pois quando presentes aumentam a probabilidade de um diagnóstico futuro. Alguns sinais prodrômicos podem estar presentes durante os primeiros 12 meses de vida (Volkmar; Wiesner, 2019) ou algumas características típicas serem menos frequentes, como:

- Ausência ou baixa frequência de arrulhos e balbucios
- Diminuição na resposta a sons
- Criança aparentemente desconectada das interações, mostrando-se satisfeita em estar sozinha
- Imitação reduzida (se isto for um sinal isolado, considerar a hipótese de problemas motores ou linguísticos)
- Mostra-se mais facilmente "sobressaltado"
- Alteração de tônus ao ser pego no colo
- Resposta reduzida ou ausente quando chamado pelo nome
- Ausência ou baixa frequência de sorriso social
- Diminuição de gestos protodeclarativos (como o apontar para compartilhar/mostrar algo do seu interesse)
- Diminuição de contato visual
- Alteração na reatividade emocional (crianças muito passivas ou facilmente irritáveis/perturbáveis sendo difíceis de acalmar)
- Não se antecipar ao ser pego(a) no colo
- Não demonstrar afeição por pessoas da família
- Não se aproximar ou buscar pessoas familiares em ambientes com mais pessoas
- Pouco envolvimento com jogos interativos (p. ex., brincar de esconder o rosto)
- Reação negativa ao toque
- Explorações de objetos que são excessivamente estranhas (p. ex., só coloca objetos na boca ou cheira).

Não existem sinais patognomônicos de TEA, ou seja, nenhum sintoma isolado indica inequivocamente que o TEA está presente (ou ausente). No entanto, a investigação e a prática clínica destacam uma série de "sinais de alerta", especialmente em indivíduos mais gravemente afetados pelo diagnóstico (Jensen et al., 2011). Duvall et al. (2022) apontam que algumas características podem ser consideradas como "bandeiras vermelhas" (sintomas clássicos, claramente associados ao diagnóstico) enquanto outras são "bandeiras rosa" (características associadas mais sutis e sintomas menos definitivos) para TEA dependendo de sua intensidade, atipicidade, prevalência e especificidade. A Tabela 13.2 apresenta alguns exemplos de bandeiras vermelhas e rosas para algumas características do TEA.

Devido à sua falta de especificidade, as bandeiras rosa devem ser consideradas com cautela. Dependendo da totalidade da apresentação do indivíduo, muitos desses sintomas podem refletir a variabilidade normal do desenvolvimento e do comportamento ou mesmo serem explicados com mais precisão por outros transtornos. Alguns sinais podem ser comuns e até apropriados para o desenvolvimento de crianças mais novas (p. ex., bater as mãos, andar na ponta dos pés). No entanto, também podem ser especialmente marcantes ou incomuns em indivíduos mais velhos, de forma que reflete uma atipicidade, sendo de relevância diagnóstica (Duvall et al., 2022).

Os sinais de alerta nunca devem ser usados isoladamente para confirmar um diagnóstico de TEA. Eles são mais bem pensados como sinais que o avaliador deve examinar mais de perto na história psicossocial e na observação do paciente para determinar efetivamente se são explicados pelo TEA. Tal como acontece quando se confirma qualquer diagnóstico, os sinais de alerta devem ter um impacto significativo no funcionamento diário para atingir o limiar de diagnóstico. A alta variabilidade de comportamentos e comunicação social na população típica faz com que sinais de alerta possam estar presentes, mas sem prejudicar o funcionamento adaptativo (Duvall et al., 2022).

O prognóstico e a trajetória de desenvolvimento não podem ser previstos no momento do diagnóstico. Dados indicam que aproximadamente 9% das crianças diagnosticadas no início da infância não apresentam o diagnóstico quando adulto. A manutenção do diagnóstico é mais fidedigna quando há uma avaliação multidisciplinar a partir dos 3 anos. Crianças com QI ≥ 80 são mais difíceis de serem identificadas antes dos 3 anos (Hyman et al., 2020).

Além disso, as trajetórias de desenvolvimento podem ser distintas. Ao considerar os prejuízos nas habilidades linguísticas, por exemplo, podem-se observar diferentes padrões: início precoce dos sintomas (primeiro ano de vida); início regressivo (após um período aparentemente típico, sendo precedido da perda de habilidades); estagnação (com início típico, mas sem ganhos posteriores); e uma combinação com parte das habilidades sendo precocemente prejudicadas enquanto outras podem regredir ou estagnar (Boterberg et al., 2019). A regressão especificamente é um padrão mais característico do TEA do que de outras condições (Backes et al., 2019).

Apesar do aparecimento das características ainda na infância, é possível que o diagnóstico ocorra somente na vida adulta, principalmente em pessoas de nível 1 de suporte, com QI preservado e sem atraso significativo de fala. Um dos aspectos difíceis de ser avaliado e que acarreta atraso no diagnóstico é a camuflagem. Esta se refere ao comportamento de usar estratégias de enfrentamento em situações sociais para ocultar comportamentos associados ao TEA, por meio de técnicas explícitas para parecer socialmente proficiente e por meio de tentativas de evitar que outros vejam suas dificuldades sociais (Hull et al., 2017).

Tabela 13.2 Exemplos de bandeiras vermelhas e rosa para transtorno do espectro autista (TEA).

Característica diagnóstica	Bandeira vermelha	Bandeira rosa
Relacionamentos sociais	Procura relacionamentos principalmente por razões racionais. Fala incessantemente sobre temas preferidos, independentemente do interesse do parceiro. Não é facilmente consolado pelo cuidador e a angústia pode não ter causa óbvia	Dificuldade em compreender e expressar sentimentos ou emoções, dificuldade em compreender uma situação social, permanece em torno de adultos ou crianças muito mais novas. Pode ser difícil confortar, mas os cuidadores geralmente sabem qual é o gatilho do sofrimento. Histórico de dificuldades em manter amizades (muitas vezes sem entender por que elas terminam)
Comunicação não verbal	Usar a mão do outro como ferramenta (p. ex., para operar um brinquedo sem contato visual), não apontar para mostrar e compartilhar (p. ex., apontar e olhar para o avião, depois olhar para os pais com um sorriso, depois olhar para o avião), evita regularmente contato visual e não sorri com contato visual para compartilhar diversão, mesmo com um adulto preferido	Conduz os outros pela mão para o que deseja. Gestos limitados, contato visual variável ou mal modulado. Não respeita os limites habituais do espaço pessoal. Tem expressões faciais monótonas ou inadequadas
Hiper ou hiporreatividade sensorial	**Pouco reativo**: sem manifestação de dor ou compartilhamento com adulto (mão queimada no fogão, dedo quebrado) **Muito reativo**: evita lugares favoritos porque não suporta o barulho, angústia extrema com ruídos diários que não podem ocorrer na sua presença, repulsa pelo cheiro de pessoas, desde a infância evita ou resiste a todo contato físico (toque)	**Pouco reativo**: alta tolerância à dor para lesões leves (joelho esfolado, hematomas) **Muito reativo**: exigente com alimentos (não gosta de textura macia ou misturada, recusa alimentos quentes ou frios ou insiste na temperatura ambiente), não gosta de etiquetas nas roupas, de lavar ou cortar o cabelo, recusa-se a usar jeans, sapatos ou jaquetas, resiste a trocar de roupa com mudança de estações. Não gosta ou fica incomodado com barulhos altos (alarme de incêndio, sirenes), tapa os ouvidos. Gosta de ser apertado ou tocado, mas não tocado suavemente ou acariciado. Iniciará o contato com outras pessoas, mas não gosta que outras pessoas iniciem o contato
Movimentos repetitivos	Andar estereotipado, giro e/ou balanço de todo o corpo em conjunto com bater a cabeça quando satisfeito, entediado ou para relaxar	Ritmo inespecífico, caminhar na ponta dos pés, bater a cabeça quando chateado ou frustrado, balançar as pernas para cima e para baixo, torcer as mãos

A camuflagem pode ser observada em tentativas ativas de fazer contato visual, de imitar gestos e expressões faciais do interlocutor, usar piadas e frases sociais previamente aprendidas, na alteração do volume de fala, na busca ativa por interação social apesar do desconforto, na interrupção de uma fala sobre um tópico de interesse, na supressão de estereotipias e na busca por pares que sejam mais extrovertidos para não se expor socialmente (Lai; Baron-Cohen; Buxbaum, 2015). No entanto, o uso da camuflagem impacta de modo negativo a formação e compreensão da própria identidade, personalidade e autoconceito (Hull et al., 2017), além de estar associada a problemas de saúde mental, como ansiedade, depressão e pensamentos suicidas (Cage; Troxell-Whitman, 2019; Cassidy et al., 2018).

Um dos fatores associados ao curso, prognóstico do transtorno e funcionamento adaptativo, é a cognição. Duas funções cognitivas comumente deficitárias no TEA, mas não exclusivamente nesta condição, são as funções executivas e a cognição social. As funções executivas podem ser compreendidas como um conjunto de processos que atuam de forma sequencial, paralela e recíproca, permitindo a realização de comportamentos deliberados e direcionados a metas. A operação eficiente desses processos permite o controle *top-down* de nossas cognições, emoções e linhas de ação em uma dada situação. São habilidades de gerenciamento que permitem a análise e seleção de vias de respostas mais adequadas (Diamond, 2013; Dias; Malloy-Diniz, 2020). Isto inclui habilidades básicas de inibição, atualização das informações na memória operacional e flexibilidade, até habilidades mais complexas, como planejamento, automonitoramento, organização e tomada de decisão.

Possivelmente no TEA existem alterações na coordenação e integração de processos regidos pelas circuitarias préfrontais, associadas ao funcionamento executivo, com circuitarias responsáveis pelo processamento de informações emocionais e sociais. Além disso, diferentemente do observado em estudos pautados no desenvolvimento típico, as disfunções executivas no TEA apresentam um caráter mais geral e não pautado em componentes específicos (Demetriou et al., 2018).

Alguns dos sintomas do TEA têm sido associados às dificuldades na flexibilidade cognitiva, como os comportamentos repetitivos, os interesses restritos, a necessidade de mesmice e o uso de uma linguagem muitas vezes literal e mais concreta (Leung; Zakzanis, 2014). A flexibilidade cognitiva implica mudar de perspectiva (tanto no sentido espacial como interpessoal) e mudar entre diferentes formas de abordar uma situação-problema com finalidade de se adaptar a diferentes demandas, situações e regras, incluindo comutação entre tarefas (Dias; Malloy-Diniz, 2020).

Indivíduos com TEA podem ter dificuldades em responder aos mesmos estímulos, assim como em mudar o tipo de resposta na presença do mesmo estímulo (fazer uma nova regra). Também podem ter dificuldades em compreender que um problema pode ter várias soluções possíveis e que todo indivíduo tem uma opinião pessoal que pode refletir uma das formas possíveis de abordar a situação. Por isso, há prejuízos em contemplar diferentes perspectivas, opiniões e analisar múltiplas soluções possíveis.

As alterações na flexibilidade também podem explicar parcialmente as dificuldades do indivíduo em refletir sobre seus pontos fortes e fracos e na consciência dos comportamentos que incomodam os outros. Nas interações sociais, podem falar muito alto ou em excesso, fazer comentários inapropriados ou descontextualizados (Najdowski, 2017).

Já a cognição social se refere a um conjunto de operações dinâmicas que atuam de forma integrada, permitindo o processamento de estímulos socialmente relevantes para compreensão das interações entre indivíduos. Apesar da falta de consenso sobre seus componentes, diversos autores apontam que o processamento de emoções e a Teoria da Mente fazem parte deste guarda-chuva (Happé; Cook; Bird, 2017; Mecca, 2022) e devem ser considerados na avaliação neuropsicológica.

Avaliação neuropsicológica

A avaliação neuropsicológica aplicada a pessoas com suspeita ou diagnóstico de TEA pode ter diferentes propósitos, incluindo o auxílio no processo de diagnóstico, na identificação de comorbidades ou diagnóstico diferencial, na caracterização do perfil cognitivo para o estabelecimento de intervenções e nível de suporte, bem como na avaliação de eficácia terapêutica (Antunes; Mecca; Júlio-Costa, 2021). Para tal, se faz necessário o uso de múltiplas estratégias, que podem variar em função do ciclo vital.

A avaliação implica na coleta de informações sobre históricos do desenvolvimento neuropsicomotor e familiar via anamnese, relato dos pais/responsáveis sobre a queixa clínica, relato da escola com base na comparação de pares pelos professores, análise de vídeos para exemplos de dificuldades atuais ou na história prévia, observação de comportamento durante brincadeiras e jogos (com crianças) ou conversas informais com adolescentes e adultos, aplicação de testes de desempenho e escalas de autorrelato e relato de terceiros (Antunes; Mecca; Júlio-Costa, 2021; Cumin; Pelaez; Mottron, 2022).

O uso de escalas de rastreio de sintomas deve ser realizado apenas como um levantamento geral sobre características que poderiam ser explicadas pelo TEA, pois não é suficiente para a realização do diagnóstico em si (Backes *et al.*, 2014). Seu uso pode auxiliar a direcionar perguntas mais específicas, como em quais contextos os comportamentos aparecem, quais situações ajudam na sua manutenção e quais desafios o indivíduo e sua família enfrentam na tentativa de mudança. A Tabela 13.3 apresenta algumas escalas adaptadas culturalmente para o Brasil e com estudos de validade.

Também existem algumas iniciativas nacionais para sistematizar a observação de pacientes com suspeita de TEA, sumariadas na Tabela 13.4.

Uma descrição mais abrangente sobre esses instrumentos pode ser encontrada em Mecca (2019; 2021) e Miotto *et al.* (2023). Vale ressaltar, no entanto, que a escolha das escalas deve ser pautada em aspectos como idade do paciente, tradução baseada em *guidelines* que norteiam os passos da

Tabela 13.3 Escalas de rastreio de sintomas de transtorno do espectro autista (TEA).

Instrumento	Característica
Escala de Traços Autísticos (*Autistic Traits of Evaluation Scale* – ATA) (Assumpção Jr. *et al.*, 1999; 2008)	Escala de observação direta da criança, cuja pontuação é dada pelo profissional que observa o comportamento e registra os escores de acordo com as características apresentadas pelo paciente Faixa etária: a partir de 24 meses
Inventário de Comportamentos Autísticos (*Autism Behavior Checklist* – ABC) (Marteleto; Pedromônico, 2005)	Escala de rastreio baseada em observação do comportamento da criança e entrevista com pais e cuidadores com índices de estímulo sensorial, linguagem e comunicação, interação social, uso do corpo e objetos e postural social Faixa etária: 18 meses a 35 anos
Childhood Autism Rating Scale (CARS) (Pereira; Riesgo; Wagner, 2008; Matteo *et al.*, 2009)	Escala tipo Likert, de rastreio, baseada na observação clínica do comportamento da criança, considerando aspectos como resposta emocional, comunicação verbal e não verbal, imitação, relações interpessoais, processamento sensorial, entre outros Faixa etária: a partir de 24 meses
Questionário de comportamento e comunicação social (*Autism Screening Questionnaire* – ASQ) (Sato *et al.*, 2009)	Questionário de rastreio, de autoaplicação para pais e cuidadores baseado na tríade de prejuízos: linguagem e comunicação, socialização e comportamentos restritos/repetitivos Faixa etária: a partir de 6 anos
M-Chat (Losapio; Pondé, 2008; Castro-Souza, 2011)	Questionário breve, respondido pelos principais cuidadores sobre habilidades sociocognitivas e comunicativas consideradas como sinais de alerta para TEA Faixa etária: 18 a 24 meses

(continua)

Tabela 13.3 Escalas de rastreio de sintomas de transtorno do espectro autista (TEA). (*Continuação*)

Instrumento	Característica
M-Chat R/F (Losapio *et al.*, 2023)	Versão atualizada e revisada com M-Chat com entrevista de *follow-up*, respondida pelos principais cuidadores sobre habilidades sociocognitivas e comunicativas consideradas como sinais de alerta para TEA Faixa etária: 16 a 30 meses
Checklist for Autism in Toddlers (CHAT) (Lampreia; Lima, 2008)	Questionário desenvolvido para avaliar o risco de TEA. É composto por 14 perguntas, sendo 9 delas preenchidas pelos pais/responsáveis e 5 preenchidas pelo profissional de saúde quem avalia a criança Faixa etária: 18 a 24 meses
Early Screening of Autistic Traits Questionnaire (ESAT) (Lampreia, 2013)	Questionário com perguntas a serem respondidas pelos pais das crianças cujo objetivo é identificar precocemente crianças com risco de TEA Faixa etária: 14 a 15 meses
Escala de Responsividade Social (*Social Responsiveness Scale, Second Edition* – SRS-2) (Constantino; Gruber, 2020)	Escala de relato tipo Likert que avalia a frequência de sintomas característicos do TEA: percepção social, comunicação, motivação social e cognição social, além de padrões restritos e repetitivos Faixa etária: 2 anos e 6 meses a adultos
Autism Spectrum Quotient (AQ e AQ-10) AQ (Do Egito *et al.*, 2018) AQ-10 (Morais; Santana; Kerr, 2018)	Questões de rastreio respondidas pelo próprio indivíduo a respeito dos seus comportamentos que indicam traços autísticos. Há uma versão ampliada com 50 itens e uma reduzida com 10 itens Faixa etária: adultos
Questionário para Rastreio de Sinais Precoces do Transtorno do Espectro Autista (QR-TEA) (Seize; Borsa, 2022)	Instrumento tipo Likert de cinco pontos para ser preenchido por profissionais da saúde (presencial ou *online*) a partir de entrevista conduzida com pais ou responsáveis. Indica a frequência de comportamentos que caracterizam o TEA. É composto por 5 categorias em duas dimensões: (a) Comunicação e interação social: atenção compartilhada, desenvolvimento social, comunicação e linguagem; (b) Comportamentos restritos e repetitivos: comportamentos restritos e repetitivos e comportamentos diante de estímulos sensoriais Faixa etária: 24 a 36 meses
Escala Labirinto (Pondé *et al.*, 2021)	Escala de observação a ser preenchida por profissionais de saúde, composta por 15 itens que avaliam interação social, comunicação verbal e não verbal e presença de comportamentos rígidos, estereotipados e maneirismos. A pontuação em cada item da escala varia de 0 (ausência de prejuízo) até 5 (prejuízos muito significativos). Também avalia características cognitivas e comportamentais associadas, como: compreensão, execução de tarefas, habilidades especiais, comportamento disruptivo, impulsividade, problemas de sono e alimentares, entre outros Faixa etária: módulo disponível de 2 a 4 anos e 11 meses; os demais estão em estudo

Tabela 13.4 Instrumentos desenvolvidos no Brasil.

Instrumento	Característica
Protocolo de Avaliação Comportamental para Crianças com Suspeita de Transtorno do Espectro Autista (Protea-R) (Bosa; Salles, 2018)	Destinado principalmente a crianças não verbais. Composto por 17 itens que avaliam comprometimentos sociocomunicativos e presença de comportamentos repetitivos e estereotipados. Contempla 1 sessão de anamnese, 3 sessões de observação (45 minutos cada, 15 de brincadeira livre e 30 de manejo estruturado) e 1 sessão de devolutiva Faixa etária: 24 a 60 meses
Protocolo de Observação Estruturada para Rastreamento de Autismo (OERA) (Paula *et al.*, 2018)	Avalia interação social, linguagem e comunicação e estereotipias motoras, maneirismos, comportamentos de autoagressão e comportamentos estereotipados Faixa etária: 3 a 10 anos
Instrumento de Vigilância Precoce para o Autismo: Manual e Vídeo (Lampreia; Lima, 2008)	Observação qualitativa de habilidades sociocomunicativas, como contato visual, resposta ao ambiente e atenção compartilhada, distribuída em 3 faixas etárias (6 a 8 meses; 9 a 12 meses e 13 a 18 meses). Acompanha um vídeo em DVD que ilustra os comportamentos através de filmagens de crianças com desenvolvimento típico Faixa etária: 6 a 18 meses

adaptação cultural de instrumentos (i. e., *International Testing Comission*), bem como as suas propriedades psicométricas, considerando as características das amostras incluídas nos estudos de validade e precisão, que podem não ser representativas de todo o espectro (Mecca, 2019; 2021).

Para além dos instrumentos de rastreio há ferramentas que são mais complexas, abarcam uma amplitude maior de comportamentos e habilidades a serem investigados, incluindo uma compreensão qualitativa dos prejuízos. Estes são instrumentos necessários para o processo de diagnóstico: *Autism Diagnostic Interview Revised* (ADI-R) e *Autism Diagnostic Observation Schedule* (ADOS-2). Ambos possuem adaptação cultural para o Brasil (Becker *et al.*, 2012; Pacífico *et al.*, 2019), porém ainda sem dados normativos ou comercialização em âmbito nacional (Tabela 13.5). Em função da maior complexidade dessas ferramentas, seu uso clínico é condicionado a uma certificação internacional específica, realizada com profissionais autorizados para tal.

Sobre o desempenho cognitivo, é importante destacar que no TEA não há um padrão homogêneo de respostas aos testes de desempenho que possa refletir um perfil específico do transtorno ou um que possibilite diferenciá-lo de outras condições do neurodesenvolvimento. Portanto, a compreensão das características cognitivas será de grande valia para análise da funcionalidade do(a) paciente e para investigação dos possíveis ganhos da intervenção (Antunes; Mecca; Júlio-Costa, 2021). Além disso, o desempenho nos testes poderá variar em função: da apresentação dos estímulos, sendo verbais ou visuoespaciais; no formato tradicional ou computadorizado; e no tipo de resposta, verbal ou motora (van der Hallen *et al.*, 2015).

Outro fator que contribui para a heterogeneidade de resultados é a mudança na concepção e conceituação do TEA ao longo dos anos. Um estudo analisou dados de 1966 até 2019 e comparou o tamanho do efeito das diferenças cognitivas encontradas entre pessoas autistas e pessoas com desenvolvimento típico com o passar do tempo. Principalmente nas duas últimas décadas, o tamanho de efeito das diferenças entre pessoas autistas e não autistas foi diminuindo em algumas habilidades cognitivas, principalmente no reconhecimento de emoções e Teoria da Mente. Mas, esta mudança também ocorreu na habilidade de planejamento, um componente importante do nosso funcionamento executivo (Rødgaard *et al.*, 2020).

Por outro lado, alguns tamanhos de efeitos das diferenças permaneceram semelhantes, apesar das mudanças nos critérios diagnósticos, como no controle inibitório e na flexibilidade cognitiva, indicando que essas caraterísticas cognitivas apresentam um padrão de diferenças entre os grupos que permanece semelhante ao longo dos anos. A diminuição relativa no tamanho do efeito não foi explicada por variações na qualidade metodológica dos estudos e não foi observada na esquizofrenia. Mas, o que isso impacta na interpretação dos resultados de uma avaliação neuropsicológica?

Esses achados mostram que a significância prática das diferenças cognitivas encontradas entre os grupos vem sendo reduzida. Consequentemente, o profissional deve aumentar o cuidado com a interpretação dos dados obtidos em uma avaliação, ou seja, na determinação do que é um prejuízo, do que diferencia alguém com e sem TEA, principalmente ao analisar medidas de cognição social e planejamento (Rødgaard *et al.*, 2020).

Outro ponto a ser destacado é que o profissional não deve buscar por um perfil cognitivo específico de TEA resultante da avaliação neuropsicológica. Sabe-que no TEA há uma variabilidade em termos de diferenças individuais na expressão gênica que explicam as diferenças encontradas no funcionamento dos circuitos cerebrais. Desse modo, caminhos genéticos distintos conferem riscos para a manifestação de sintomas e características cognitivas distintas ao modular a conectividade funcional em circuitarias específicas. Por isso, pessoas autistas com diferentes características cognitivas respondem diferencialmente às intervenções terapêuticas (Buch *et al.*, 2023). Esses autores notaram variações clínicas ao observarem perfis diferentes em termos de padrão neurofuncional:

- Variabilidade na compreensão verbal e memória operacional associadas à circuitaria corticotalâmica, rede visual e conectividade estriatal. Sendo uma circuitaria importante para os processos de aprendizagem da leitura
- Variabilidade no *input* de informações, predisposição e engajamento em situações de aprendizagem, além de hiper-responsividades sensoriais associadas à conectividade entre rede de saliência, rede visual e estriato
- Variabilidade no bloqueio de estímulos socialmente relevantes, relacionada à cognição e habilidades sociais com destaque para hiperconectividade corticoestriatal
- Variabilidade de comportamentos restritos e repetitivos e disfunção executiva, sendo importante para a inibição de respostas, flexibilidade de pensamento e comportamento, planejamento e organização associada à conectividade corticoestriatal com áreas motoras primárias e a rede de controle frontoparietal.

Tabela 13.5 Instrumentos utilizados para o diagnóstico de transtorno do espectro autista (TEA).

Autism Diagnostic Interview Revised (ADI-R) (Becker *et al.*, 2012)	Entrevista semiestruturada com pais ou responsáveis para estabelecimento de diagnóstico, que avalia o histórico do desenvolvimento, prejuízos na interação social recíproca, aspectos verbais e não verbais da comunicação, presença de comportamentos restritos e repetitivos e o impacto dos sintomas no dia a dia do indivíduo e sua família Faixa etária: crianças (com idade mental a partir dos 2 anos) e adultos
Autism Diagnostic Observation Schedule (ADOS-2) (Pacífico *et al.*, 2019)	A partir da observação clínica, avalia características que são critérios para diagnóstico de TEA ao longo de diferentes idades, níveis de desenvolvimento cognitivo e linguístico Faixa etária: 12 meses a vida adulta

Considerando esses diferentes padrões de funcionamento, é possível, por exemplo, que alguns indivíduos tenham mais comprometimentos sociais do que de padrões restritos e repetitivos ou vice-versa. Também é possível que alguns tenham mais prejuízos na cognição social enquanto outros tenham mais alterações na reatividade sensorial. Quando uma avaliação neuropsicológica é realizada, o conhecimento sobre funcionamento de circuitos e sua relação com características cognitivas devem pautar as hipóteses levantadas sobre o funcionamento do indivíduo. Este conhecimento contribui para a escolha dos instrumentos, para as perguntas realizadas durante a anamnese e análise dos comportamentos obtidos através das escalas de relato.

Parte desta variabilidade também se traduz nas diferenças de padrão de desempenho em testes de inteligência. O nível de gravidade de TDI interfere significativamente na adaptação aos diferentes contextos, como escolar, familiar e social. Quando há comorbidade de TEA e DI, é necessário aumento na intensidade das intervenções, bem como necessidade de tutoria e estimulação constante. Isto inclui maior variabilidade de estímulos, acompanhamento terapêutico e pedagógico individualizado que favoreça a inclusão em diferentes ambientes, adaptação do currículo escolar, maior apoio para as atividades diárias e intensificação das estratégias de ensino por tentativas discretas com maior necessidade de ajudas e dicas (Antunes, Mecca; Júlio-Costa, 2020).

Além da comorbidade com DI, há aqueles que apresentam dupla excepcionalidade, ou seja, TEA com altas habilidades/superdotação (Mecca, 2021b) ou mesmo aqueles com perfis irregulares, sendo comum que algumas habilidades possam estar acima do esperado para a faixa etária, enquanto outras podem estar muito abaixo até mesmo aquém dos desempenhos observados em crianças com TDI, mas sem TEA (Klinger; Mussey; O'kelley, 2018).

Discrepâncias significativas podem ser encontradas entre habilidades verbais e de organização perceptual (Chiang et al., 2014). E, mesmo nas tarefas não verbais, pode haver discrepância de desempenho entre aquelas que demandam processamento visual, habilidades visuoespaciais, visuoconstrutivas e inteligência fluida (Macedo et al., 2013; Mecca et al., 2014). Também há aqueles com maiores prejuízos em velocidade de processamento e memória operacional quando comparadas às habilidades de compreensão verbal e organização perceptual (Mayes; Calhoun, 2008).

Com relação à testagem de habilidades mais específicas como cognição social e funções executivas, há dicas sobre tarefas e testes de desempenho descritas em Miotto et al. 2023. Ao analisar os estudos de propriedades psicométricas dos instrumentos, nota-se que nem todos apresentam dados com população autista. Este é mais um motivo para cautela na interpretação dos resultados e ao estabelecer uma relação direta ou mesmo causal entre os escores e as dificuldades observadas no dia a dia dos pacientes.

Por fim, enfatizamos também que prejuízos de funcionamento executivo e na cognição social são características transdiagnósticas, de modo que podem explicar parcialmente os sintomas do TEA, mas que também se encontram deficitárias em outros quadros clínicos, como TDAH, esquizofrenia, demências, entre outros. Os prejuízos cognitivos identificados devem ser considerados como alvos de intervenção e não como critérios diagnósticos.

Intervenção

Os objetivos das intervenções de crianças com TEA são minimizar déficits de comunicação e interação social e os prejuízos decorrentes dos comportamentos e interesses restritos ou repetitivos, e/ou outros prejuízos concomitantes. Soma-se a isso a necessidade de maximizar a independência funcional, facilitando a aprendizagem e a aquisição de competências adaptativas, bem como eliminar, minimizar ou prevenir comportamentos problemáticos que possam interferir nas habilidades funcionais. Os tratamentos devem ser individualizados, adequados ao desenvolvimento e intensivos, com registro de dados de desempenho que sejam relevantes para os objetivos do tratamento. Dessa forma, é possível reavaliar e ajustar a intervenção.

Smith (2013) descreve duas categorias de intervenções baseadas em evidências para o TEA: (1) o modelo de tratamento abrangente (MTA); e (2) intervenções focadas. Ambas sendo fornecidas em diferentes ambientes, por diferentes provedores, individualmente ou em grupos, usando um currículo ou guia definido. A categoria MTA utiliza uma estrutura conceitual central para abordar uma ampla gama de sintomas e é projetada para abordar habilidades ou sintomas específicos. Deve ser replicável, intensa e projetada para abordar múltiplos objetivos terapêuticos ao longo de um período. A prestação de serviços pode ocorrer em contextos de instrução individual ou de classe (especializada ou inclusiva), deve incluir os pais e pode envolver intervenção por tecnologia assistiva. Um exemplo de MTA são os tratamentos com base na Análise do Comportamento Aplicada (ABA), abordagens de desenvolvimento como o TEACCH e/ou naturalísticas como o modelo Denver.

As práticas de intervenção focada são projetadas para abordar uma gama única ou limitada de habilidades, como aumentar a comunicação social ou aprender uma tarefa específica, e podem ser realizadas durante um curto período. As intervenções focadas podem basear-se nos princípios da ABA, nos quais competências específicas são ensinadas em uma progressão gradual, utilizando-se princípios de reforço, ou na teoria do desenvolvimento, em que são promovidas as competências emergentes inerentes à maturação neurocomportamental. Essas intervenções são fornecidas em um ambiente estruturado por um adulto, em ambientes naturalistas com pares, ou como componente de uma abordagem mais abrangente (MTA). Intervenções focadas podem ser eficazes para promover o desenvolvimento de competências específicas (como leitura e escrita) e a comunicação.

Há uma gama de práticas disponíveis na literatura para promoção de habilidades e diminuição dos prejuízos para pessoas autistas em função da faixa etária, do nível de suporte necessário e de características linguísticas/comunicativas e cognitivas. A Tabela 13.6 apresenta alguns guias, materiais que estão disponíveis e sumarizam as práticas baseadas em evidências para o TEA.

De acordo com Steinbrenner et al. (2020), há 28 tipos de práticas baseadas em evidências de acordo com as duas categorias descritas por Smith (2013). O documento produzido pelos autores apresenta não apenas a lista de práticas, mas também os benefícios funcionais em diferentes áreas (socialização, comunicação, desempenho acadêmicos, atividade de vida diárias, entre outros) e para quais faixas etárias as evidências estão disponíveis. A Tabela 13.7 sintetiza cada uma das 28 práticas de acordo com o nome e a descrição.

Tabela 13.6 Materiais com exemplos de práticas baseadas em evidências para transtorno do espectro autista (TEA).

Material	Autoria	Onde encontrar?
Práticas para a sala de aula baseadas em evidências	Orsati et al. (2015)	E-book gratuito disponível em: https://memnon.com.br/produto-detalhe/pr%C3%A1ticas-para-sala-de-aula-baseadas-em-evid%C3%AAncias
Manejo comportamental de crianças com Transtornos do Espectro do Autismo em condição de inclusão escolar	Khoury; Teixeira; Carreiro (2014)	E-book gratuito disponível em: https://memnon.com.br/produto-detalhe/manejo-comportamental-de-crian%C3%A7as-com-transtornos-do-espectro-do-autismo-em-condi%C3%A7%C3%A3o-de-inclus%C3%A3o-escolar
Habilidades Sociais e Comunicação nos TEA	Duarte (2022)	E-book gratuito disponível em: https://memnon.com.br/produto-detalhe/habilidades-sociais-e-comunicacao-nos-tea
Evidence-based practices for children, youth, and young adults with Autism	Steinbrenner et al. (2020)	Download disponível (com tradução para o português) em: https://ncaep.fpg.unc.edu/research-resources

Tabela 13.7 Descrição das práticas baseadas em evidências para transtorno do espectro autista (TEA).

Prática	Descrição
Intervenção no antecedente	Inclui uma variedade de modificações que são feitas no ambiente/contexto na tentativa de mudar ou moldar o comportamento. São normalmente implementadas após a realização de uma avaliação de comportamento funcional que pode ajudar a identificar a função de um comportamento interferente, bem como as condições ambientais que podem ter sido vinculadas a um comportamento ao longo do tempo. Uma vez identificados os fatores ambientais que podem estar reforçando o comportamento interferente, as intervenções são implementadas para modificar o ambiente ou a atividade, de modo que o fator não provoque mais o comportamento interferente. Além de direcionar comportamentos desafiadores, também pode ser usada para aumentar a ocorrência de comportamentos ou habilidades desejadas. Os procedimentos comuns incluem: 1) modificar atividades educacionais, materiais ou horários, 2) incorporar a escolha do paciente nas atividades/materiais, 3) preparar com antecedência para as próximas atividades, 4) variar o formato, nível de dificuldade ou ordem de instrução durante as atividades educacionais, 5) enriquecer o ambiente para fornecer dicas adicionais ou acesso a materiais adicionais, e 6) modificar dicas e esquemas de fornecimento de estímulo e reforço. As estratégias são frequentemente utilizadas em conjunto com outras práticas baseadas em evidências, como treinamento de comunicação funcional, extinção e reforço
Reforçamento	É a aplicação de consequências após a ocorrência de uma resposta que aumenta o seu uso pelo indivíduo em situações futuras. O reforço pode ser positivo ou negativo, não contingente e economia de fichas. É uma prática fundamental baseada em evidências, pois quase sempre é usado com outras práticas, incluindo estímulo, ensino por tentativa discreta, treinamento de comunicação funcional e intervenção naturalística
Atraso de tempo	Prática usada para diminuir sistematicamente o uso de *prompts* durante as atividades instrucionais. Com esse procedimento, é fornecido um breve atraso entre a instrução inicial e quaisquer instruções ou avisos adicionais. Há basicamente dois tipos de procedimentos de atraso de tempo: progressivos e constantes. Com o atraso progressivo, o profissional aumenta gradualmente o tempo de espera entre uma instrução e quaisquer outras que possam ser usadas para obter uma resposta. À medida que o paciente se torna mais proficiente no uso da habilidade, o terapeuta aumenta gradualmente o tempo de espera entre a instrução e a solicitação. No atraso constante, um período fixo é sempre usado entre a instrução e o *prompt*, à medida que o paciente se torna mais proficiente no uso da nova habilidade. O atraso de tempo é sempre usado em conjunto com um procedimento de *prompting*
Estratégias cognitivo-comportamentais	Baseiam-se na crença de que a aprendizagem e o comportamento são mediados por processos cognitivos. Os pacientes são ensinados a examinar seus próprios pensamentos e emoções e, em seguida, usar estratégias passo a passo para mudar seu pensamento, comportamento e autoconsciência. Essas intervenções podem ser utilizadas com aqueles que apresentam comportamentos problemáticos relacionados com emoções ou sentimentos específicos, como raiva ou ansiedade (p. ex., terapia cognitivo-comportamental). Essas intervenções também podem ser utilizadas para apoiar os pacientes na aquisição de competências sociais e acadêmicas através de instruções explícitas sobre estratégias de aprendizagem. São frequentemente utilizadas em conjunto com outras práticas baseadas em evidências, incluindo modelagem, suporte visual, estímulo, reforço, histórias/narrativas sociais, instruções e intervenções baseadas em pares e intervenções implementadas pelos pais

(continua)

Tabela 13.7 Descrição das práticas baseadas em evidências para transtorno do espectro autista (TEA). (*Continuação*)

Prática	Descrição
Reforçamento diferencial	O reforço diferencial de comportamento alternativo, incompatível ou outro (DRA/I/O) é um processo sistemático que aumenta o comportamento desejável ou a ausência de um comportamento indesejável, fornecendo consequências positivas para a demonstração/não demonstração de tal comportamento. Comportamentos indesejáveis são aqueles que interferem no desenvolvimento, nos relacionamentos e na saúde do indivíduo (p. ex., desengajamento, acessos de raiva, agressão, automutilação). O indivíduo recebe o reforço diferencial como consequência quando: a) está envolvido em um comportamento específico desejado diferente do comportamento indesejável (DRA); b) está envolvido em um comportamento que é fisicamente impossível de executar enquanto exibe o comportamento indesejável (DRI); ou c) não está envolvido no comportamento indesejável (DRO). O reforço diferencial é frequentemente usado com outras práticas baseadas em evidências, como estimular o paciente a apresentar respostas que são mais desejáveis ou incompatíveis com o comportamento interferente
Ensino por tentativa discreta	É uma abordagem instrucional individual (normalmente) usada para ensinar habilidades de maneira planejada, controlada e sistemática. É caracterizada por emissões repetidas ou "induções concentradas" que têm começo e fim definidos. No ETD, a utilização de antecedentes e consequências é cuidadosamente planejada e implementada. A tentativa instrucional começa quando o praticante apresenta uma direção ou estímulo claro, que provoca um comportamento-alvo. Elogios positivos e/ou recompensas tangíveis são usados para reforçar habilidades ou comportamentos desejados. Os dados normalmente são coletados em cada tentativa. Outras práticas usadas incluem análise de tarefas, *prompts*, atraso de tempo e reforço
Extinção	É a remoção das consequências reforçadoras de um comportamento desafiador, a fim de reduzir a ocorrência futura desse comportamento. O procedimento depende da identificação precisa da função do comportamento e das consequências que podem estar reforçando a sua ocorrência. A consequência que se acredita reforçar a ocorrência do comportamento desafiador é removida ou retirada, resultando em sua diminuição. Um aumento inicial no comportamento desafiador (muitas vezes chamado de "explosão de extinção") é comum antes de eventualmente ser extinto. A extinção não deve ser usada isoladamente. Outras práticas usadas em combinação com a extinção incluem reforço diferencial e avaliação funcional do comportamento
Modelagem	Envolve a demonstração de um comportamento-alvo desejado que resulta no uso do comportamento pelo indivíduo e que leva à aquisição desse comportamento-alvo. Assim, o aprendiz está adquirindo uma habilidade específica por meio da aprendizagem observacional. É frequentemente combinado com outras estratégias, como estímulo e reforço
Intervenção naturalística	É um conjunto de práticas, incluindo arranjo ambiental e técnicas de interação, implementadas durante as rotinas e atividades diárias do paciente (escola e casa). Essas práticas são concebidas para encorajar comportamentos-alvo específicos com base nos interesses dos pacientes, através da construção de competências mais complexas que são naturalmente reforçadoras e adequadas à interação. Estão inseridas em atividades e/ou rotinas típicas das quais o indivíduo participa e emergem de abordagens comportamentais (p. ex., análise comportamental aplicada) e/ou de desenvolvimento à aprendizagem. Exemplos de intervenção naturalísticas são o JASPER (*Joint Attention Symbolic Play and Emotion Regulation*) e o PRT (*Pivotal Response Treatment*)
Intervenção implementada por pais	Quando os pais são a principal pessoa que utiliza uma prática de intervenção com seus próprios filhos. Os profissionais ensinam aos pais individualmente ou em grupo, em casa ou na comunidade. Os métodos para ensinar os pais variam, mas podem incluir instrução didática, discussões com menor direcionamento, modelagem, *coaching* ou *feedback* de desempenho. O papel dos pais é usar a prática da intervenção para modificar a forma como interagem/se comunicam com os filhos, ensinar novas habilidades ao filho, como comunicação, brincadeira ou atividades de vida diária, envolver o filho na comunicação e nas interações sociais e/ou diminuir comportamentos desafiadores. Depois que os pais são treinados, eles implementam com seus filhos toda a intervenção ou parte dela(s) no dia a dia da criança. Os pais muitas vezes implementam outras práticas, incluindo intervenções naturalistas, modelagem de vídeo ou narrativas sociais. Exemplos de intervenções implementadas por pais são: *Paediatric Autism Communication Therapy* (PACT), Project ImPACT (*Improving Parents as Communication Teachers*) e o *Stepping Stones Triple P* (SSTP)/*Primary Care SSTP*
Intervenção e instrução mediadas por pares	A interação social entre pares é a característica definidora da intervenção. Na maioria das vezes, mas nem sempre, o colega é uma criança típica da mesma idade. Nas instruções e intervenções mediadas por pares, estes recebem treinamento e talvez *coaching* de um adulto (p. ex., professor, clínico) para iniciações sociais ou instruções de uma forma que apoie o objetivo de aprendizagem do paciente. Em uma variação desta abordagem, um irmão pode desempenhar o papel de colega (p. ex., intervenção mediada por irmãos), mas os procedimentos são os mesmos. Na instrução e intervenção mediada por adultos, o professor ou outros adultos organizam o ambiente social (p. ex., aproximam as crianças) e fornecem treinamento, estímulos e/ou reforço para que o aluno e o colega se envolvam na interação social

(*continua*)

Tabela 13.7 Descrição das práticas baseadas em evidências para transtorno do espectro autista (TEA). (*Continuação*)

Prática	Descrição
Prompting	Incluem apoio dado aos indivíduos que os auxilia no uso de uma habilidade específica. Assistência verbal, gestual ou física é dada para ajudá-los a adquirir ou se engajar em um comportamento ou habilidade específica. As instruções geralmente são dadas por um adulto ou colega antes ou enquanto o paciente tenta usar uma habilidade. Esses procedimentos são frequentemente usados em conjunto com outras práticas baseadas em evidências, incluindo atraso de tempo e reforço, ou fazem parte de protocolos para o uso de outras práticas baseadas em evidências, como treinamento de habilidades sociais, ensino por tentativa discreta e modelagem por vídeo. Os procedimentos de *prompting* são considerados fundamentais para o uso de muitas outras práticas baseadas em evidências
Interrupção e redirecionamento da resposta	Envolve a introdução de um aviso, comentário ou distrator quando ocorre um comportamento interferente, projetado para desviar a atenção do indivíduo do comportamento interferente e resulta na sua redução. É usado predominantemente para abordar comportamentos repetitivos, estereotipados e/ou autolesivos. Geralmente é implementado após uma avaliação funcional do comportamento ter sido realizada para identificar a função do comportamento interferente. É particularmente útil com comportamentos interferentes persistentes que ocorrem na ausência de outras pessoas, em vários ambientes diferentes e durante uma variedade de tarefas. Esses comportamentos muitas vezes não são mantidos por atenção ou fuga, mas provavelmente mantidos por reforço sensorial, e são frequentemente resistentes a tentativas de intervenção. É eficaz com comportamentos mantidos pelos sentidos porque os pacientes são interrompidos no envolvimento em comportamentos interferentes e redirecionados para comportamentos alternativos mais apropriados
Autogerenciamento	Envolve ensinar a discriminar comportamentos inadequados, monitorar e registrar com precisão seus próprios comportamentos e reforçar a si mesmo por se comportar adequadamente. Embora possam inicialmente necessitar de apoio de adultos para registrar com precisão os comportamentos e fornecer autorreforço, esse suporte se desvanece com o tempo. A autogestão é frequentemente usada em conjunto com outras práticas baseadas em evidências, incluindo intervenções mediadas por tecnologia, modelagem, modelagem de vídeo e suportes visuais. Para crianças pré-escolares, o treino tem impacto positivo na socialização, no desenvolvimento de habilidades pré-acadêmicas e na diminuição de problemas de comportamento. Em crianças na fase escolar, os ganhos também ocorrem na comunicação e lazer. Já nos adolescentes, há ganhos nas atividades práticas com melhoras no comportamento adaptativo
Histórias/narrativas sociais	São intervenções que descrevem situações sociais a fim de destacar características relevantes de um comportamento ou habilidade-alvo e oferece exemplos de respostas apropriadas. As narrativas sociais visam ajudar os indivíduos a adaptarem-se às mudanças na rotina, a adaptarem os seus comportamentos com base nos sinais sociais e físicos de uma situação ou a ensinarem competências ou comportamentos sociais específicos. As narrativas são individualizadas de acordo com as necessidades do paciente e normalmente são curtas, muitas vezes contadas em formato de história e incluem imagens ou outros recursos visuais. Geralmente escritas em primeira pessoa a partir da perspectiva do indivíduo, incluem frases que detalham a situação, fornecem sugestões para respostas apropriadas e descrevem os pensamentos e sentimentos de outras pessoas envolvidas na situação
Treino de habilidades sociais	É uma instrução em grupo ou individual projetada para ensinar maneiras de participar de forma adequada e bem-sucedida em interações com outras pessoas. Isso pode incluir relacionamentos com colegas, familiares, colegas de trabalho, membros da comunidade e parceiros românticos. A maioria das sessões de instrução inclui instrução direta de conceitos básicos, encenação ou prática e *feedback* para ajudar a adquirir e praticar habilidades de comunicação, brincadeiras ou socialização para promover interações positivas com outras pessoas. As técnicas geralmente incluem outras práticas, como reforço, modelagem, estímulo, intervenções estratégicas cognitivas, narrativas sociais, roteiros e suportes visuais
Análise de tarefas	É o processo de dividir uma habilidade complexa ou "encadeada" (sequenciada) em componentes menores. O indivíduo pode ser ensinado a executar etapas da cadeia progressivamente até que toda a habilidade seja dominada (também chamado de "encadeamento direto"), ou pode ser ensinado a executar etapas individuais começando com a etapa final e retrocedendo progressivamente na cadeia de respostas até que toda a tarefa seja dominada desde o início (encadeamento de trás para frente). Também pode ser usada para apresentar uma tarefa completa de uma só vez, com passos claros sobre como atingir a habilidade do início ao fim. Outras práticas, como reforço, modelagem de vídeo ou atraso de tempo, devem ser utilizadas para facilitar a aprendizagem dos passos menores. À medida que os passos menores são dominados, o indivíduo se torna mais independente em sua capacidade de executar a habilidade maior

(*continua*)

Tabela 13.7 Descrição das práticas baseadas em evidências para transtorno do espectro autista (TEA). (*Continuação*)

Prática	Descrição
Videomodelação	Método de instrução que usa tecnologia de vídeo para gravar e apresentar uma demonstração do comportamento ou habilidade-alvo. A demonstração é mostrada ao paciente, que então tem a oportunidade de executar o comportamento-alvo naquele momento ou posteriormente. Os tipos de modelagem de vídeo incluem adulto ou colega como modelo, automodelagem, *prompts* e *feedback* (todos por uso de vídeo). A modelagem de vídeo é frequentemente usada com outras práticas como análise de tarefas, estímulos e estratégias de reforço
Suporte visual	São dicas concretas que fornecem informações sobre uma atividade, rotina ou expectativa e/ou demonstração de habilidades. Os apoios visuais são frequentemente combinados com outras práticas e estão incorporados em muitas intervenções mais complexas. Alguns exemplos de suportes visuais comuns são cronogramas visuais, cronogramas de atividades, sistemas de trabalho, organizadores gráficos, dicas visuais e *scripts*
Comunicação alternativa e ampliada (CAA)	Utilizam e/ou ensinam o uso de um sistema de comunicação que não é verbal/vocal, incluindo sistemas de comunicação assistidos e não assistidos. Os sistemas de comunicação sem ajuda não utilizam quaisquer materiais ou tecnologia (p. ex., linguagem gestual e gestos). Os sistemas de comunicação assistida incluem sistemas de baixa tecnologia (p. ex., troca de objetos/imagens ou apontar para cartas) e estendem-se a dispositivos geradores de fala (DGF) de alta tecnologia e aplicações que permitem que outros dispositivos (ou seja, telefones, *tablets*) sirvam como DGF. Os métodos de ensino do uso da CAA também estão incluídos nesta categoria (p. ex., Modelagem de Linguagem Auxiliada), que pode incluir outras práticas baseadas em evidências, como estímulo, reforço, suporte visual e intervenções mediadas por pares
Exercício e movimento	Incorporam o uso de esforço físico e/ou movimento consciente para atingir uma variedade de habilidades e comportamentos. O exercício pode ser usado como uma atividade antecedente para melhorar o desempenho em uma tarefa ou comportamento, ou pode ser usado para aumentar a aptidão física e as habilidades motoras. As atividades de movimento podem incluir atividades esportivas/recreativas, artes marciais, ioga ou outras práticas conscientes que se concentram em conjuntos específicos de habilidades e técnicas motoras. As intervenções podem incorporar aquecimento/desaquecimento e atividades aeróbicas, de força, alongamento e/ou atividades motoras. Podem ser realizadas individualmente ou em grupo/equipe. É frequentemente usada em conjunto com estímulos, modelagem, reforço e suporte visual
Treino de comunicação funcional	É um conjunto de práticas que substituem um comportamento desafiante, que tem uma função de comunicação por comportamentos ou competências de comunicação mais adequada e eficaz. É precedida por uma avaliação do comportamento funcional para identificar a função de um comportamento interferente, seguida pelo ensino de uma habilidade de comunicação apropriada que pode servir ao mesmo propósito para o paciente. Geralmente, inclui procedimento de reforço diferencial no qual um indivíduo aprende uma resposta alternativa que resulta na mesma classe de reforço identificada como manutenção do comportamento problemático. O comportamento problemático normalmente é colocado em extinção. O componente distinto do treino é que a resposta alternativa é uma forma reconhecível de comunicação (p. ex., uma vocalização, um gesto ou comunicação por troca de figuras)
Intervenção mediada por música	Usa a música como característica fundamental da aplicação da intervenção. Isso inclui a musicoterapia, em que a relação terapêutica deve ocorrer com um musicoterapeuta treinado, além do uso planejado de canções, entonação melódica e/ou ritmo para apoiar o aprendizado ou desempenho de comportamentos e habilidades-alvo em contextos variados
Intervenção e instrução assistida por tecnologia	São intervenções em que a tecnologia é a característica central. Dado o rápido aumento na inclusão da tecnologia nas intervenções, esta base de evidências está mais focada para incluir tecnologia que seja especificamente concebida ou utilizada para apoiar a aprendizagem ou o desempenho de um comportamento ou habilidade. As intervenções que utilizam uma forma mais geral de tecnologia para fornecer uma prática baseada em evidência alternativa (exibição de um suporte visual em um dispositivo móvel, modelagem de vídeo, alarme no telefone como parte da autogestão) não estão incluídas nesta base de evidências. Esta inclui tecnologias como robôs, *software* ou *website*, aplicativos para dispositivos e redes virtuais. As características comuns dessas intervenções são a própria tecnologia e os procedimentos instrucionais para aprender a usá-la ou apoiar a sua utilização em contextos apropriados
Momento comportamental	Estratégia na qual a apresentação da tarefa é modificada para que aquelas que exigem respostas com menos esforço (ou seja, sequências de respostas de alta probabilidade) ocorram antes daquelas que exigem respostas mais difíceis (ou seja, sequências de respostas de baixa probabilidade). Isto é feito para que os pacientes recebam reforço mais cedo e tenham maior probabilidade de permanecer envolvidos e persistir nas tarefas ou solicitações mais desafiadoras que se seguem. Pode ser usado nos domínios acadêmico, social, de comunicação e comportamental. Além do reforço, as estratégias são frequentemente usadas em conjunto com outras práticas baseadas em evidências, como intervenções e estímulos baseados em antecedentes

(*continua*)

Tabela 13.7 Descrição das práticas baseadas em evidências para transtorno do espectro autista (TEA). (*Continuação*)

Prática	Descrição
Instrução direta	Instrução direta utiliza protocolos ou roteiro e enfatiza o diálogo entre quem ensina e quem aprende meio de respostas específicas e independentes. Emprega correções de erros sistemáticas e explícitas para promover o domínio e a generalização. A instrução direta é geralmente fornecida a pequenos grupos e inclui ritmo rápido, sinais explícitos para dar dicas às respostas dos pacientes, procedimentos de correção para respostas incorretas ou não respostas e modelagem de respostas corretas. A instrução é sequenciada para que os pacientes dominem os níveis em uma ordem preestabelecida antes de passar para o próximo nível. As intervenções podem ser utilizadas para apoiar a aquisição de competências de literacia e matemática e são frequentemente utilizadas em conjunto com outras práticas baseadas em evidências, incluindo estímulos, reforço, modelação e apoios visuais
Avaliação funcional de comportamento	É uma forma sistemática de determinar a função ou o propósito subjacente de um comportamento para que um plano de intervenção eficaz possa ser desenvolvido. Consiste em descrever o comportamento interferente ou problemático, identificar eventos antecedentes e consequentes que controlam o comportamento (às vezes, testados sistematicamente através de uma análise funcional), desenvolver uma hipótese da função do comportamento e testar a hipótese. A coleta de dados é uma parte importante do processo. Normalmente é usada para identificar as causas de comportamentos interferentes, como automutilação, agressão a terceiros ou comportamentos destrutivos, e deve ser seguida pela criação e implementação de uma intervenção comportamental para abordar o comportamento interferente
Integração sensorial	Integração Sensorial de Ayres (ASI®, Ayres, 1989) é uma teoria e prática que visa a capacidade de uma pessoa de processar e integrar internamente informações sensoriais de seu corpo e ambiente, incluindo informações visuais, auditivas, táteis, proprioceptivas e vestibulares. Utiliza atividades personalizadas que desafiam o processamento sensorial e o planejamento motor, incentivam o movimento e a organização de si mesmo no tempo e no espaço, utilizam desafios "perfeitos" e incorporam equipamentos clínicos em atividades intencionais e lúdicas, a fim de melhorar o comportamento adaptativo. É implementada por terapeutas ocupacionais treinados e ocorre principalmente em ambientes clínicos

Caso clínico

Identificação: A.
Idade: 5 anos e 2 meses.
Escolaridade: último ano do Ensino Infantil (escola privada).
Diagnóstico: Transtorno do espectro autista (F.84.0; CID-10) aos 3 anos.

Procura pela avaliação neuropsicológica

Encaminhamento para avaliação: encaminhado pela terapeuta, analista do comportamento.

Motivo do encaminhamento para a avaliação: dificuldades na apresentação de comportamentos adaptativos adequados ao contexto escolar, apesar da melhora na interação social e da redução de problemas de comportamentos restritos e repetitivos após 2 anos de intervenção. A escola se queixa de dificuldades atencionais. O objetivo é que as informações obtidas na avaliação possam auxiliar a família, a escola e a equipe de terapeutas a tomarem decisões sobre os próximos passos na intervenção com o paciente.

Síntese da situação vigente no momento da avaliação

O paciente recebeu intervenções comportamentais e fonoaudiológicas desde o diagnóstico realizado aos 3 anos de idade. Os relatórios das terapeutas apontam ganhos significativos em diferentes habilidades, desde linguísticas, sociais e redução dos prejuízos nas atividades de vida diária decorrentes de interesses restritos, do apego à rotina e de estereotipias manuais. Atualmente existem queixas, como agitação, dificuldade de permanecer sentado na classe durante boa parte das tarefas, insistência para ter suas vontades atendidas imediatamente, interrupção durante tarefas que tendem a ser mais longas e exigem mais tempo de concentração quando comparado aos colegas de classe, e frequência com que se machuca em função da agitação psicomotora em brincadeira ao ar livre, em casa e no parquinho da escola. Apresenta dificuldades no desenvolvimento da coordenação motora e está em avaliação concomitante com uma terapeuta ocupacional.

A mãe procurou pela avaliação neuropsicológica em função das queixas escolares que ela e a equipe de terapeutas vêm recebendo constantemente da escola. De acordo com a professora, o paciente demonstra compreender as instruções e os objetivos das tarefas, mas não consegue se engajar no que foi solicitado, muitas vezes não termina a atividade, e levanta-se muitas vezes da cadeira e comete erros, acrescentando elementos nas atividades que não foram solicitados (p. ex., desenhos de carros e trens em uma tarefa de escrita de números).

Síntese da anamnese

A. é o segundo filho do casal, e tem uma irmã de 8 anos, a qual recebeu o diagnóstico de transtorno específico da aprendizagem da matemática e comorbidade com uma apresentação predominantemente desatenta do transtorno do déficit de atenção e hiperatividade (TDAH) por volta de 8 meses antes da avaliação neuropsicológica de A. Ambas as gestações foram planejadas pelo casal e o período gestacional de A. ocorreu sem intercorrências. O paciente nasceu a termo, de parto cesáreo. Quanto ao pós-parto, a mãe relata como um período tranquilo, pois teve uma rede de apoio familiar que auxiliou nos cuidados com o recém-nascido.

Os primeiros sinais de atrasos no desenvolvimento ficaram evidentes aos pais por volta dos 12 meses, mas demoraram para buscar ajuda, pois achavam que as diferenças no desenvolvimento observadas entre ele e a irmã mais velha eram decorrentes do sexo. Acreditaram que por ser menino, o desenvolvimento poderia ser diferente. Eles relataram excesso de choro, contato visual fugaz, preferência por objetos (principalmente por coisas vermelhas) em detrimento do contato social, permanecia muito tempo concentrado em objetos dessa cor e realizava movimentos repetitivos (balanço de mãos com frequência e de tronco quando "parecia estar entediado") que, apesar da diminuição de frequência, permanecem até hoje.

Com relação à linguagem oral, não houve atraso. As aquisições das primeiras palavras e formação de frases ocorreram dentro do esperado. De acordo com o relato dos pais, a compreensão sempre pareceu bem preservada, embora no último ano notaram que ele apresenta dificuldades com piadas, e às vezes não consegue ajustar os conteúdos do que fala com os amigos. Por exemplo, frequentemente fala de trens, carros, corridas de carro e não percebe quando as crianças querem fazer outras brincadeiras ou falar de outros assuntos. Os pais chamam de "imaturidade social".

Com relação ao histórico familiar, ambos os pais relatam dificuldades. A mãe relata ter sido uma criança bastante desatenta, com dificuldades de aprendizagem e vê muitas características dela em A. Segundo ela, muitas das queixas escolares do filho são semelhantes às queixas que ela mesma recebia quando criança. O pai relata que sempre notou que era mais inquieto do que outras crianças, mas nunca houve uma queixa formal da escola ou procura por um diagnóstico porque a agitação e inquietude não impactava nas notas escolares.

Objetivo da avaliação

Neste caso, o objetivo não era o diagnóstico específico de TEA, que já havia sido realizado, mas um processo que pudesse investigar a hipótese de uma comorbidade com TDAH devido a presença de comportamentos inadequados e incompatíveis com a situação de aprendizagem, não associados ao TEA. Tanto os terapeutas quanto a escola gostariam de orientações baseadas no perfil cognitivo. Apesar dos relatos dos pais e da escola não sinalizarem de forma consistente características compatíveis com TDI, essa hipótese também foi testada, pois as dificuldades apresentadas poderiam também ser explicadas por um rebaixamento intelectual leve.

Testagem e observação do comportamento

Avaliou-se: inteligência, atenção, memória, linguagem, cognição social, praxia visuoconstrutiva, habilidades pré-acadêmicas e cognição numérica. Foram aplicados testes psicológicos, escalas comportamentais, bem como tarefas multidisciplinares não restritas com dados normativos para a faixa etária do paciente. Os testes foram interpretados em percentil, conforme os dados normativos e escore Z, cuja média é 0 e o desvio-padrão (DP) 1. Os desempenhos que estão abaixo de 1 a 2 DP da média indicam certa dificuldade na habilidade avaliada. Foram consideradas deficitárias as habilidades cujos escores estão 2 DP abaixo da média. A interpretação do escore Z foi feita com base na tabela descrita por Miotto e Navatta (2023). A síntese dos resultados quantitativos é apresentada na Tabela 13.6.

Inteligência

A avaliação de inteligência foi realizada com o Teste não verbal de inteligência SON-R 2 ½ – 7 [a] que avalia habilidades de execução (práxicas e visuoespaciais) e de raciocínio (concreto e abstrato), bem como QI total (Laros et al., 2015). O paciente apresentou QI total de 105 pontos (IC 80% = 97 a 112; percentil 62%), indicando um funcionamento intelectual médio para crianças da mesma idade. Não foram observadas discrepâncias significativas entre as habilidades avaliadas. No QI execução, obteve 99 pontos (IC 80% = 90 a 108; percentil 47). Os testes de execução exigem habilidades motoras finas, práxicas e visuoespaciais. No QI raciocínio obteve 110 pontos (IC 80% = 99 a 118; percentil 74). Os testes de raciocínio demandam categorização, compreensão de contextos, semelhanças e diferenças. Ambos os desempenhos são considerados na média para a faixa etária.

Linguagem compreensiva e expressiva

No Teste de Vocabulário Auditivo que avalia compreensão de palavras (Capovilla; Negrão; Damázio, 2011), apresentou desempenho médio superior, correspondente ao percentil 84 (Z = 0,98), ou seja, dentro do esperado para a sua idade. No Teste de Vocabulário Expressivo (Capovilla et al., 2011), que avalia nomeação de figuras, apresentou desempenho médio, correspondente ao percentil 50 (Z = 0,01). No domínio da Linguagem avaliado pelo Teste de Habilidades e Conhecimento Pré-Acadêmico – THCP (Silva; Flores-Mendoza; Telles, 2012), apresentou desempenho esperado para a idade (Z = −0,05; percentil 48), cuja classificação foi na média.

Cognição numérica

O conhecimento numérico e de representação de magnitude foi avaliado inicialmente de modo qualitativo em função da idade do paciente. Este apresentou contagem de 1 a 20 na sequência correta. Reconheceu e nomeou os números de 1 a 20 quando apresentados em uma sequência aleatória. Demonstrou capacidade de representação não simbólica de magnitude, em itens do Coruja Pró-Mat (Weinstein, 2016) que avaliam este aspecto da cognição numérica. No domínio quantitativo do THCP (Silva et al., 2012), apresentou desempenho médio (Z = −0,5; percentil 31).

Atenção

Na tarefa de atenção por cancelamento (atenção para estímulos visuais) do THCP (Silva et al., 2012), apesar de inicialmente demonstrar compreender as instruções e realizar adequadamente os itens de treino, o paciente cometeu alguns erros por omissão. Durante a avaliação foi necessário redirecionar atenção do paciente, pois parecia se perder entre as linhas de estímulos. Por três vezes foi solicitado que retornasse o olhar para a linha correta.

Mesmo com dicas de orientação visual, seu desempenho foi considerado deficitário (Z = –2,70; percentil 0,5) e aquém do apresentado em outras tarefas.

Memória operacional e de curto prazo (visual e auditiva)

No domínio Memória do THCP (Silva et al., 2012), apresentou desempenho médio inferior (Z = –0,86; percentil 19). Acertou os itens que demandavam memória auditiva, mas cometeu alguns erros nos itens de memória visual. Foi aplicada a tarefa de Span de Dígitos (Dias; Mecca, 2019), cuja ordem direta avalia manutenção da informação na memória de curto prazo e a ordem inversa, a manipulação da informação. O paciente apresentou desempenho médio inferior (Z = –1,04; percentil 15) na memorização de curto prazo para a sequência numérica em ordem direta e inversa (Z = –1,19; percentil 12).

Para a avaliação de memória visuoespacial a curto prazo e operacional, foi realizada a Tarefa de Blocos de Corsi (Dias; Mecca, 2019). O paciente apresentou desempenho médio inferior (Z = –1,16; percentil 12) na memorização de curto prazo para a sequência em ordem direta. Na ordem inversa, apresentou desempenho inferior (Z = –1,91; percentil 3).

Habilidades percepto-motoras e visuoconstrutivas

Este domínio foi avaliado a partir de cópia de figuras simples e complexas, letras e números no THCP (Silva et al., 2012). O desempenho nas cópias foi considerado médio (Z = 0,52, percentil 70). Lembrando que no QI Execução do SON-R 2 ½ – 7 [a], que também avalia estas habilidades, A. obteve 99 pontos (IC 80% = 90 a 108; percentil 47)

Cognição social

A cognição social foi investigada de modo qualitativo a partir da observação do desempenho e tarefas que demandavam reconhecimento e nomeação de emoções básicas (alegria, tristeza, medo, nojo, raiva e surpresa), e tarefas de Teoria da Mente (atribuição de estados mentais, como perspectivas, pensamentos, desejos emoções e crenças) de primeira-ordem. O paciente demonstrou compreender, nomear e reconhecer emoções básicas em diferentes fotografias de rostos infantis. Contudo, demonstrou dificuldade quando o objetivo foi compreender os contextos em que essas emoções aparecem, por exemplo, em escolher uma figura que representasse a emoção de acordo com uma frase ("me mostre quem acabou de ganhar um doce muito gostoso").

Na tarefa de crença falsa por transferência de local, baseada no paradigma Sally-Anne (Mecca; Berberian, 2023), o paciente solicitou que repetisse a vinheta por duas vezes. Demonstrou dificuldade de manter as informações da história na memória e de prestar atenção em detalhes para compreender a ação do personagem. Mas, conseguiu realizar tarefas de compreensão de perspectiva visual e atribuição de crença verdadeira.

Habilidades pré-acadêmicas

Demonstrou reconhecimento de cores, formas, números e letras ao realizar uma atividade de pareamento. Nomeou corretamente todas as letras e números de 0 a 20. Em uma tarefa qualitativa de organização de histórias em sequências lógicas, apresentou dificuldade no estabelecimento das sequências corretas. Ao solicitar que descrevesse as sequências realizadas, descreveu cada figura (quadro) separadamente, mas sem integrar as informações em uma sequência lógica com começo, meio e fim.

Em uma atividade na qual eram apresentados alguns desenhos e o paciente deveria dizer o que era comum entre eles, por exemplo, "são animais", conseguiu realizar de modo satisfatório, demonstrando capacidade de categorização via compreensão verbal. A Tabela 13.8 apresenta uma síntese dos resultados oriundos dos instrumentos utilizados na avaliação, com a descrição dos valores em percentil e a classificação correspondente.

Escala para rastreio de desatenção/hiperatividade

Tanto os pais quanto a escola preencheram o SNAP-IV (Mattos et al., 2006), escala de rastreio para sintomas de desatenção e hiperatividade/impulsividade. Os pais sinalizaram 6 de 9 sintomas indicadores de desatenção:

- Não consegue prestar muita atenção a detalhes ou comete erros por descuido nos trabalhos da escola ou tarefas
- Apresenta dificuldade de manter a atenção em tarefas ou atividades de lazer

Tabela 13.8 Síntese dos resultados e classificação quantitativos nos instrumentos utilizados para A.

Função/teste	Percentil	Classificação
Inteligência		
QI Total – SON-R 2 ½ – 7 [a]	62	Médio
Raciocínio (ER) – SON-R 2 ½ – 7 [a]	74	Médio
Execução (EE) – SON-R 2 ½ – 7 [a]	47	Médio
Linguagem		
Linguagem do THCP	48	Médio
Vocabulário Receptivo (TVAud)	84	Médio
Vocabulário Expressivo (TVExp)	50	Médio
Cognição numérica		
Pensamento Quantitativo (THCP)	31	Médio
Atenção e memória (visual e auditiva)		
Memória de curto prazo (auditiva e visual) – THCP	19	Médio
Atenção por cancelamento – THCP	0,5	Extremamente inferior
Atenção e memória auditiva de curto prazo – Dígitos (OD)	15	Médio inferior
Memória operacional auditiva – Dígitos (OI)	12	Médio inferior
Atenção e memória visuoespacial de curto prazo – Corsi (OD)	12	Médio inferior
Memória operacional visuoespacial – Corsi (OI)	3	Inferior
Habilidades perceptomotoras e visuoconstrutivas		
THCP	70	Médio
QI Execução do SON-R 2 ½ – 7 [a]	47	Médio

- Não segue instruções até o fim e não termina deveres de escola, tarefas ou obrigações
- Tem dificuldade para organizar tarefas e atividades
- Evita, não gosta ou se envolve contra a vontade em tarefas que exigem esforço mental prolongado
- Distrai-se com estímulos externos.

Dos 9 indicadores de hiperatividade/impulsividade, 3 foram sinalizados pelos pais:

- Mexe com as mãos ou os pés ou se remexe na cadeira
- Sai do lugar na sala de aula ou em outras situações em que se espera que fique sentado;
- Tem dificuldade de esperar sua vez.

Já a escola relatou as mesmas dificuldades e ainda acrescentou:

- Dificuldades em brincar ou envolver-se em atividades de lazer de forma calma
- Responde às perguntas de forma precipitada antes delas terem sido terminadas.

Observação do comportamento

Nas tarefas de atenção, memória operacional e raciocínio lógico, o paciente demonstrou dificuldades de seleção, manutenção da atenção e manipulação das informações. Sua motivação também variou, sendo necessário redirecioná-lo para a atividade diversas vezes, embora tenha demonstrado boa capacidade de cooperar. Durante a tarefa de cancelamento, foi necessário redirecionar a sua atenção, solicitando que olhasse para os estímulos e recordasse a regra do cancelamento. Demonstrou perda de *setting*, ou seja, um desengajamento da atenção concentrada que o fez cometer erros por omissão. Durante as sessões, observou-se que facilmente se distraía com estímulos externos, alheios ao contexto da avaliação, por exemplo, barulhos de carros na rua ou de algum dispositivo eletrônico manipulado por pessoas na recepção do consultório.

Não foram observados comportamentos desafiadores como quebra de regras, recusa, desregulação emocional ou dificuldades em lidar com frustrações quando um objeto de interesse era retirado ou uma atividade divertida era interrompida.

Considerações sobre o caso clínico

De acordo com os resultados obtidos na avaliação, foi descartada a hipótese de TDI que poderia explicar dificuldades apresentadas no contexto escolar.

Considerando o perfil cognitivo, o paciente demonstrou melhor desempenho nas tarefas auditivas (na média) quando comparado às tarefas visuais (de atenção e memória operacional). Nesse caso, como estratégias de intervenção tanto no contexto clínico quanto educacional, recomenda-se o uso de recursos instrucionais auditivos em tarefas visuais.

Quanto à hipótese de TDAH, notou-se achados compatíveis tanto com o relato de dificuldades comportamentais feitos pelos pais e pela escola, quanto às observações do comportamento feitas durante a avaliação. Além disso, os sintomas estão presentes há mais de 6 meses, tanto em casa quanto na escola e acarretam prejuízos na execução de atividades de vida diária e na aprendizagem. Ademais, o desempenho na tarefa de atenção visual foi aquém do nível cognitivo geral do paciente. Nota-se ainda que os prejuízos atencionais não são explicados pelas características do TEA.

Em função das características compatíveis com um quadro de TDAH, recomendou-se a busca por um profissional psiquiatra infantil que pudesse avaliar a necessidade do uso de psicofármaco para redução das dificuldades características do quadro de TDAH. Também foi recomendada psicoterapia, com orientação para os pais e para a escola, com o objetivo de trabalhar estratégias visando o aumento da capacidade de lidar com distratores e diminuir a agitação motora ou respostas impulsivas de modo a responder de forma mais adequada às demandas.

É necessária uma adaptação das atividades escolares no que tange à quantidade e ao tempo para que o paciente possa cumprir com o currículo escolar. Por exemplo: diminuir a quantidade de atividades de um mesmo conteúdo em função das dificuldades observadas na sustentação da atenção; usar instruções mais breves em função dos limites observados no alcance da memória operacional; diminuir distratores, principalmente visuais (embora também possa apresentar queda de desempenho diante de distratores auditivos). A intervenção deverá ter como foco a melhora nos comportamentos de desengajamento, memória operacional e sustentação da atenção, uma vez que estes podem intensificar as dificuldades escolares, apesar do funcionamento cognitivo geral estar dentro do esperado para a sua idade.

Considerações finais

Avaliar indivíduos com diagnóstico ou suspeita de TEA demanda conhecimentos sobre a diversidade de manifestações clínicas que ocorrem em função da idade, do sexo, da presença de comorbidades e do nível de suporte necessário. Para além do manejo e do conhecimento sobre as ferramentas de testagem, o profissional deve compreender os aspectos do desenvolvimento e seu contexto, conhecer outros quadros clínicos e utilizar múltiplas estratégias de coleta de informações durante a avaliação.

O exame neuropsicológico pode ter diferentes objetivos a depender do caso, e estes devem guiar as hipóteses levantadas e a escolha das estratégias para verificá-las. No entanto, ressalta-se que parte das pessoas com o diagnóstico de TEA podem apresentar desafios comportamentais e prejuízos cognitivos significativos de tal modo que uma avaliação com testes padronizados pode limitar sua viabilidade. Sendo assim, o profissional deve questionar os motivos e a necessidade da avaliação, bem como discutir com os familiares ou o próprio indivíduo os benefícios consequentes.

Referências bibliográficas

AMERICAN PSYCHIATRIC ASSOCIATION. Diagnostic and Statistical Manual of Mental Disorders. 5th ed. Washington, DC: American Psychiatric Association, 2013.

AMERICAN PSYCHIATRIC ASSOCIATION. Diagnostic and Statistical Manual of Mental Disorders. 4th ed. Washington, DC: American Psychiatric Association, 2000.

AMERICAN PSYCHIATRIC ASSOCIATION (APA). Diagnostic and Statistical Manual of Mental Disorders – Text Revision. 5th ed. Washington, DC: American Psychiatric Association, 2022.

ANTUNES, A. M.; MECCA, T. P.; JÚLIO-COSTA, A. Transtorno do Espectro Autista: avaliação neuropsicológica, intervenções e considerações sobre inclusão escolar. *In*: FONSECA, R. P., SEABRA, A. G.; MIRANDA, M. C. (org.). Neuropsicologia escolar. Coleção Neuropsicologia na Prática Clínica. São Paulo: Pearson, 2021.

ASSUMPÇÃO JÚNIOR, F. B. *et al*. Escala de avaliação de traços autísticos (ATA): validade e confiabilidade de uma escala para a detecção de condutas artísticas. Arquivos de Neuro-Psiquiatria, São Paulo, v. 57, n. 1, p. 23-29, 1999.

ASSUMPÇÃO JÚNIOR, F. B. *et al*. Escala de avaliação de traços autísticos (ATA): segundo estudo de validade. *In*: Jornada Apoiar – Sáude mental e violência: contribuições no campo da Psicologia Clínica Social, 2008, São Paulo. Anais […]. São Paulo: Instituto de Psicologia. Universidade de São Paulo, 2008.

BACKES, B. *et al*. Psychometric properties of assessment instruments for autism spectrum disorder: a systematic review of Brazilian studies. Jornal Brasileiro de Psiquiatria, Rio de Janeiro, v. 63, n. 2, p. 154-164, 2014.

BECKER, M. M. *et al*. Translation and validation of Autism Diagnostic Interview-Revised (ADI-R) for autism diagnosis in Brazil. Arquivos de Neuropsiquiatria, São Paulo, v. 70, p. 185-190, 2012.

BOSA, C. A.; SALLES, J. F. Coleção PROTEA-R: Sistema de avaliação da suspeita de Transtorno do Espectro Autista. São Paulo: Editora Vetor, 2018.

BOTERBERG, S. *et al*. Regression in autism spectrum disorder: A critical overview of retrospective findings and recommendations for future research. Neuroscience & Biobehavioral Reviews, United States, v. 102, p. 24-55, 2019.

BRUKNER-WERTMAN, Y.; LAOR, N.; GOLAN, O. Social (pragmatic) communication disorder and its relation to the autism spectrum: Dilemmas arising from the DSM-5 classification. Journal of autism and developmental disorders, New York, NY: Springer, v. 46, p. 2821-2829, 2016.

BUCH, A. M. *et al*. Molecular and network-level mechanisms explaining individual differences in autism spectrum disorder. Nature Neuroscience, United States, v. 26, n. 4, p. 650-663, 2023.

CAGE, E.; TROXELL-WHITMAN, Z. Understanding the reasons, contexts and costs of camouflaging for autistic adults. Journal of autism and developmental disorders, New York, NY: Springer, v. 49, n. 5, p. 1899-1911, 2019.

CAPOVILLA, F. C.; NEGRÃO, V. B.; DAMÁZIO, M. Teste de vocabulário auditivo e teste de vocabulário expressivo. São Paulo: Editora Memnon, 2011.

CASSIDY, S. *et al*. Risk markers for suicidality in autistic adults. Molecular autism, United Kingdom, v. 9, p. 1-14, 2018.

CASTRO-SOUZA, R. M. Adaptação brasileira do M-CHAT (Modified Checklist for autism in toddlers). 2011. Dissertação de mestrado não publicada (Mestrado em Psicologia Social) – Instituto de Psicologia, Universidade de Brasília, Brasília, Distrito Federal, 2011.

CHARMAN, T. *et al*. The EU-AIMS Longitudinal European Autism Project (LEAP): clinical characterisation. Molecular Autism, United Kingdom, v. 8, n. 27, 2017.

CHATHAM, C. H. *et al*. Adaptive behavior in autism: Minimal clinically important differences on the Vineland-II. Autism Research, United States, v. 11, n. 2, p. 270-283, 2018.

CHIANG, H. M. *et al*. A meta-analysis of differences in IQ profiles between individuals with Asperger's disorder and high-functioning autism. Journal of autism and developmental disorders, New York, NY: Springer, v. 44, n. 7, p. 1577-1596, 2014.

CONSTATINO, J. N.; GRUBER, C. P. Escala de Responsividade Social, 2. ed. (SRS-2). São Paulo: Hogrefe, 2020.

CUMIN, J.; PELAEZ, S.; MOTTRON, L. Positive and differential diagnosis of autism in verbal women of typical intelligence: A Delphi study. Autism, v. 26, n. 5, p. 1153-1164, 2022.

DE GIAMBATTISTA, C. *et al*. Subtyping the autism spectrum disorder: comparison of children with high functioning autism and Asperger syndrome. Journal of autism and developmental disorders, New York, NY: Springer, v. 49, n. 1, p. 138-150, 2019.

DEMETRIOU, E. A. *et al*. Autism spectrum disorders: a meta-analysis of executive function. Molecular psychiatry, v. 23, n. 5, p. 1198-1204, 2018.

DIAMOND, A. Executive functions. Annual review of psychology, United States, v. 64, p. 135-168, 2013.

DIAS, N. M.; MALLOY-DINIZ, L. F. Funções executivas: modelos e aplicações. São Paulo: Pearson, 2020.

DIAS, N. M.; MECCA, T. P. Avaliação neuropsicológica cognitiva – volume 4: memória de trabalho. São Paulo: Editora Memnon, 2019.

DO EGITO, J. H. T. *et al*. Brief Report: Factor Analysis of the Brazilian Version of the Adult Autism Spectrum Quotient. Journal of autism and developmental disorders, New York, NY: Springer, v. 48, p. 1847-1853, 2018.

DUARTE, C. P. Habilidades sociais e comunicação nos TEA. São Paulo: Memnon Edições Científicas, 2022.

DUVALL, S. *et al*. A road map for identifying autism spectrum disorder: Recognizing and evaluating characteristics that should raise red or "pink" flags to guide accurate differential diagnosis. The Clinical Neuropsychologist, United States, v. 36, n. 5, p. 1172-1207, 2022

ESTES, A.; JOHN, T. S.; DAGER, S. R. What to Tell a Parent Who Worries a Young Child Has Autism. JAMA psychiatry, United States, v. 76, n. 10, p. 1092-1093, 2019.

HAPPÉ, F.; COOK, J. L.; BIRD, G. The structure of social cognition: In(ter) dependence of sociocognitive processes. Annual review of psychology, United States, v. 68, p. 243-267, 2017.

HULL, L. *et al*. "Putting on my best normal": Social camouflaging in adults with autism spectrum conditions. Journal of autism and developmental disorders, New York, NY: Springer, v. 47, p. 2519-2534, 2017.

HYMAN, S. L. *et al*. Identification, evaluation, and management of children with autism spectrum disorder. Pediatrics, United States, v. 145, n. 1, 2020.

JENSEN, P. S. Overlooked and underserved: "Action signs" for identifying children with unmet mental health needs. Pediatrics, United States, v. 128, n. 5, p. 970-979, 2011.

JONES, E. J. *et al*. Developmental pathways to autism: a review of prospective studies of infants at risk. Neuroscience & biobehavioral reviews. v. 39, p. 1-33, 2014.

KARMILOFF-SMITH, A. *et al*. Environmental and genetic influences on neurocognitive development: the importance of multiple methodologies and time-dependent intervention. Clinical Psychological Science, United States, v. 2, n. 5, p. 628-637, 2014.

KHOURY, L. P.; TEIXEIRA, M. C. T. V.; CARREIRO, L. R. R. Manejo comportamental de crianças com Transtornos do Espectro do Autismo em condição de inclusão escolar: guia de orientação a professores. São Paulo: Memnon, 2014.

KLINGER, L. G.; MUSSEY, J. L.; O'KELLEY, S. Assessment of intellectual functioning in autism spectrum disorder. *In*: GOLDSTEIN S.; OZONOFF, S. (ed.). Assessment of autism spectrum disorder. 2nd ed. The Guilford Press, p. 215-262, 2018.

LAI, M. C.; BARON-COHEN, S.; BUXBAUM, J. D. Understanding autism in the light of sex/gender. Molecular autism, United Kingdom, v. 6, p. 1-5, 2015.

LAMPREIA, C. Autismo: Manual ESAT e vídeo para rastreamento precoce. Editora PUC-Rio, Edições Loyola, 2013.

LAMPREIA, C.; LIMA, M. M. R. Instrumento de vigilância precoce do autismo: manual e vídeo. Rio de Janeiro: PUC-Rio, 2008.

LAROS, J. A. *et al*. Teste não-verbal de inteligência SON-R 2½ – 7 [a]. São Paulo: Hogrefe, 2015.

LEUNG, R. C.; ZAKZANIS, K. K. Brief report: cognitive flexibility in autism spectrum disorders: a quantitative review. Journal of autism and developmental disorders, New York, NY: Springer, v. 44, n. 10, p. 2628-2645, 2014.

LORD, C. *et al*. Autism spectrum disorder. Nature Reviews Disease Primers, England, v. 6, n. 5, 2020.

LOSAPIO, M. F.; PONDÉ, M. P. Tradução para o português da escala M-CHAT para rastreamento precoce de autismo. Revista de Psiquiatria do Rio Grande do Sul, Porto Alegre, v. 30, n. 3, p. 101-108, 2008.

LOSAPIO, M. F. *et al*. Translation into Brazilian Portuguese and validation of the M-CHAT-R/F scale for early screening of autism spectrum disorder. Revista Paulista de Pediatria, São Paulo, v. 41, p. e2021262, 2023.

MACEDO, E. C. *et al*. Utilizando o teste não verbal de inteligência SON-R 2 1/2-7 [a] para avaliar crianças com Transtornos do Espectro do Autismo. Revista Educação Especial, Santa Maria, v. 26, n. 47, p. 603-618, 2013.

MAENNER, M. J. *et al*. Prevalence and characteristics of autism spectrum disorder among children aged 8 years – Autism and Developmental Disabilities Monitoring Network, 11 sites, United States, 2020. MMWR Surveillance Summaries, v. 72, n. 2, p. 1, 2023.

MARTELETO, M. R. F.; PEDROMÔNICO, M. R. M. Validity of autism behavior checklist (ABC): preliminary study. Brazilian Journal of Psychiatry, São Paulo, v. 27, p. 295-301, 2005.

MATSON, J. L.; SHOEMAKER, M. Intellectual disability and its relationship to autism spectrum disorders. Research in developmental disabilities, v. 30, n. 6, p. 1107-1114, 2009.

MATTEO, J. D. *et al*. Childhood Altism Rating Scale (CARS): um estudo de validade. Medicina de reabilitação, v. 28, n. 2, p. 34-37, 2009.

MATTOS, P. *et al*. Apresentação de uma versão em português para uso no Brasil do instrumento MTA-SNAP-IV de avaliação de sintomas de transtorno do déficit de atenção/hiperatividade e sintomas de transtorno desafiador e de oposição. Revista de psiquiatria do Rio Grande do Sul, v. 28, p. 290-297, 2006.

MAYES, S. D.; CALHOUN, S. L. WISC-IV and WIAT-II profiles in children with high-functioning autism. Journal of autism and developmental disorders, New York, NY: Springer, v. 38, n. 3, p. 428-439, 2008.

MECCA, T. P. Aspectos cognitivos e avaliação neuropsicológica. *In*: DUARTE C. P., VELLOSO R. L. (org.). A importância do atendimento multidisciplinar nos transtornos do espectro do autismo. São Paulo: Memnon, 2019.

MECCA, T. P. Avaliação de transtornos do neurodesenvolvimento: Transtorno do Espectro do Autismo. *In*: BAPTISTA, M. N. *et al*. (org.). Avaliação Psicológica na Infância e Adolescência. São Paulo: IBAP e Editora Vozes, p. 476-497, 2021a.

MECCA, T. P. Dupla excepcionalidade no transtorno do espectro do autismo. *In*: ROAMA-ALVES, R. J., NAKANO, T. C. (org.). Dupla excepcionalidade: altas habilidades/superdotação nos transtornos psiquiátricos e deficiências. São Paulo: Vetor, 2021b.

MECCA, T. P. Alterações de cognição social nos TEA. *In*: DUARTE, C. P. (org). Habilidades sociais e comunicação nos TEA. São Paulo: Memnon Edições Científicas, 2022.

MECCA, T. P.; ORSATI, F. T.; DE MACEDO, E. C. Non-verbal cognitive profile of young children with autism spectrum disorders. Psychology, v. 2014, 2014.

MECCA. T. P.; BERBERIAN, A. A. Tarefas de Teoria da Mente descritas por Wellman e Liu. *In*: MIOTTO, E. C. *et al.* (org.). Manual de avaliação neuropsicológica: a prática da testagem cognitiva. São Paulo: Memnon, 2023, v. 2, p. 451-456.

MIOTTO, E. C.; NAVATTA, A. C. R. Raciocínio clínico quantitativo e qualitativo. *In*: MIOTTO, E. C. *et al.* (org.). Manual de avaliação neuropsicológica: a prática da testagem cognitiva. São Paulo: Memnon. 2023, v. 1, p. 33-40.

MIOTTO, E. C. *et al.* (org.). Manual de Avaliação Neuropsicológica: a prática da testagem cognitiva. 2. ed. São Paulo: Memnon, 2023. 2 v.

MORAIS, J. F.; SANTANA, V. L. B.; KERR, T. B. Tradução e validação, para o português do Brasil, da Escala de Quociente do Espectro Autista (AQ10). 10°Congresso AIDAP/AIDEP. Coimbra, Portugal, 2018. Disponível em: https://www.researchgate.net/profile/JoseMorais3/publication/339363977_Traducao_e_validacao_para_o_portugues_do_Brasil_da_Escala_de_Quociente_do_Espectro_Autista_AQ10/links/5e63 da2492851 c7 ce04ed793/Traducao-e-validacao-parao-portugues-do-Brasil-da-Esc.

MUNDY, P.; SIGMAN, M.; KASARI, C. A longitudinal study of joint attention and language development in autistic children. Journal of Autism and developmental disorders, New York, NY: Springer, v. 20, n. 1, p. 115-128, 1990.

NAJDOWSKI, A. C. Flexible and focused: Teaching executive function skills to individuals with autism and attention disorders. Academic Press, 2017.

NEGRÃO, J. G. *et al.* Cognição social em indivíduos saudáveis, com esquizofrenia e com transtorno do espectro do autismo. Jornal Brasileiro de Psiquiatria, Rio de Janeiro, v. 72, p. 4-11, 2023.

ORMOND, S. *et al.* Profiling autism symptomatology: An exploration of the Q-ASC parental report scale in capturing sex differences in autism. Journal of autism and developmental disorders, New York, NY: Springer, v. 48, n. 2, p. 389-403, 2018.

ORSATI, F. T. *et al.* Práticas para a sala de aula baseadas em evidências. São Paulo: Memnon, 2015.

PACÍFICO, M. C. *et al.* Preliminary evidence of the validity process of the Autism Diagnostic Observation Schedule (ADOS): translation, cross-cultural adaptation and semantic equivalence of the Brazilian Portuguese version. Trends in Psychiatry and Psychotherapy, v. 41, p. 218-226, 2019

PAULA, C. S. *et al.* Identifying autism with a brief and low-cost screening instrument–OERA: Construct validity, invariance testing, and agreement between judges. Journal of autism and developmental disorders, New York, NY: Springer, v. 48, p. 1780-1791, 2018.

PAULA, C. S. *et al.* Brief report: Prevalence of pervasive developmental disorder in Brazil: A pilot study. Journal of Autism and Developmental Disorders, New York, NY: Springer, v. 41, n. 12, p. 1738-1742, 2011.

PEREIRA, A.; RIESGO, R. S.; WAGNER, M. B. Autismo infantil: tradução e validação da Childhood Autism Rating Scale para uso no Brasil. Jornal de Pediatria, Rio de Janeiro, v. 84, n. 6, p. 487-94, 2008.

PONDÉ, M. P. *et al.* A validation study of the LABIRINTO scale for the evaluation of autism spectrum disorder in children aged 2 to 4 years. Trends in Psychiatry and Psychotherapy, v. 43, p. 320-328, 2021.

RØDGAARD, E. M. *et al.* Temporal changes in effect sizes of studies comparing individuals with and without autism: a meta-analysis. JAMA psychiatry, United States, v. 76, n. 11, p. 1124-1132, 2019.

ROSEN, T. E. *et al.* Co-occurring psychiatric conditions in autism spectrum disorder. International review of psychiatry, England, v. 30, n. 1, p. 40-61, 2018.

SATO, F. P. *et al.* Instrumento para rastreamento dos casos de transtorno invasivo do desenvolvimento: estudo preliminar de validação. Brazilian Journal of Psychiatry, São Paulo, v. 31, n. 1, p. 30-33, 2009.

SEIZE, M. DE M.; BORSA, J. C. Questionário para Rastreio de sinais Precoces do Transtorno do Espectro Autista: evidências de validade e consistência interna. Jornal Brasileiro de Psiquiatria, Rio de Janeiro, v. 71, n. 3, p. 176-185, 2022.

SILVA, R. S.; FLORES-MENDOZA, C.; TELLES, M. Teste de Habilidades e Conhecimento Pré-alfabetização (THCP). São Paulo: Vetor Editora, 2012.

SIMONOFF, E. *et al.*Psychiatric disorders in children with autism spectrum disorders: prevalence, comorbidity, and associated factors in a population-derived sample. Journal of the American Academy of Child and Adolescent Psychiatry, United States, v. 47, n. 8, p. 921-929, 2008.

SMITH, T. What is evidence-based behavior analysis? The Behavior Analyst, v. 36, n. 1, p. 7-33, 2013.

STEINBRENNER, J. R. *et al.* Evidence-based practices for children, youth, and young adults with Autism. The University of North Carolina at Chapel Hill, Frank Porter Graham Child Development Institute, National Clearinghouse on Autism Evidence and Practice Review Team, 2020.

STEINHAUSEN, H.-C.; MOHR JENSEN, C.; LAURITSEN, MB26763353. A systematic review and meta-analysis of the long-term overall outcome of autism spectrum disorders in adolescence and adulthood. Acta Psychiatrica Scandinavica, v. 133, n. 6, p. 445-452, 2016.

TILLMANN, J. *et al.* Investigating the factors underlying adaptive functioning in autism in the EU-AIMS Longitudinal European Autism Project. Autism Research, United States, v. 12, n. 4, p. 645-657, 2019.

VAN DER HALLEN, R. *et al.*Global processing takes time: A meta-analysis on local–global visual processing in ASD. Psychological bulletin, United States, v. 141, n. 3, p. 549, 2015.

VELIKONJA, T.; FETT, A. K.; VELTHORST, E. Patterns of nonsocial and social cognitive functioning in adults with autism spectrum disorder: A systematic review and meta-analysis. JAMA psychiatry, United States, v. 76, n. 2, p. 135-151, 2019

VOLKMAR, F.; WIESNER, L. A. Autismo: guia essencial para compreensão e tratamento. Porto Alegre: Artmed, 2019.

WEINSTEIN, M. Coruja Promat: roteiro de sondagem para habilidades matemáticas. São Paulo: Pearson, 2016.

ZEIDAN, J. *et al.* Global prevalence of autism: A systematic review update. Autism Research, v. 15, n. 5, p. 778-790, 2022.

14 Transtorno por Uso Excessivo de Eletrônicos

Luan Carvalho • Emanuel Querino • Laís Freitas

Introdução

Na história, nunca tivemos uma discrepância tão grande entre gerações. Ao ponto de considerarmos a existência de uma geração de pessoas que cresceram em um ambiente totalmente diferente dos pais. E qual a consequência disso? Como consequência, essas pessoas encaram o mundo de uma forma distinta e, para o bem ou para o mal, lidam com questões sociais, emocionais e profissionais de uma maneira única. Sim, estamos falando dos nativos digitais.

Nativos digitais são as pessoas que nasceram em uma época digital, ou seja, inseridas em um contexto tecnológico. Assim, são considerados nativos digitais aqueles que nasceram no período em que já existiam computadores, internet, *tablets*, *smartphones* entre outros dispositivos e utilizam essas ferramentas de forma intuitiva.

Por um lado, ter acesso a esse alto volume de informação pode ser vantajoso, pois é possível obter respostas em tempo real, imediato. Porém, tamanha exposição naturalmente traz à tona algumas preocupações que devem ser levadas bem a sério durante a prática clínica (Lissak, 2018). Por exemplo, diversos estudos conduzidos em países culturalmente distintos encontraram resultados similares: crianças que apresentam uso excessivo de *smartphones* e *tablets* estão tendo dificuldades desde a motricidade em aprender a escrever por não terem desenvolvido capacidades musculares e de coordenação motora para segurar um lápis, até questões emocionais e comportamentais (Radwan; Ibrahim; Mahmoud, 2020; Shah et al., 2019).

A variedade crescente de dispositivos proporciona um ambiente digital dinâmico, ao qual crianças e adolescentes se adaptam facilmente. No entanto, uma enorme quantidade de estudos associam o tempo excessivo de tela a impactos negativos na saúde física, psicológica, social e neurológica. Esses efeitos incluem consequências no desenvolvimento e na exposição a conteúdos como pornografia, por exemplo.

Lidar com a tecnologia é desafiador, pois ao mesmo tempo que nos expõe a impactos negativos, há outra infinidade de fatores positivos associados. Este livro, por exemplo, que foi redigido diante de uma tela, é um atestado de que não podemos nos reduzir e regredir a um mundo analógico. *Gaming disorder* é uma expressão amplamente utilizada na comunidade científica para indicar esse espectro com diferentes variações do uso problemático dos jogos, incluindo o transtorno do jogo pela internet (TJI), já presente na 5ª edição revisada do *Manual diagnóstico e estatístico de transtornos mentais* ([DSM-5-TR] APA, 2022).

A visão dos autores deste capítulo não necessariamente indica uma aversão à tecnologia, mas sim um alerta dos possíveis problemas associados ao seu uso, seja ele de forma saudável ou não, permitindo que profissionais da neuropsicologia tenham em mãos informações relevantes sobre este tema em sua prática clínica.

Este capítulo foi divido em duas partes. A primeira traz os desfechos relacionados ao uso excessivo da tecnologia (ampliando a discussão para além dos jogos, com maior enfoque em *smartphones* e videogames). Na segunda parte serão trabalhados os processos que podem ser utilizados para avaliação e intervenção desses quadros.

Exposição às telas

A exposição moderada às telas pode proporcionar benefícios notáveis para todos, especialmente neste século, em que a conectividade à internet é altamente estimulada. Em um cenário positivo, a visualização de conteúdos educativos de alta qualidade durante a pré-escola demonstra aprimorar as competências acadêmicas básicas e antecipar um desempenho acadêmico positivo. Além disso, essa exposição pode criar oportunidades para fortalecer relacionamentos existentes, estabelecer novas interações sociais, contribuir para atividades laborais e acadêmicas, bem como proporcionar acesso a informações sobre o mundo de forma imediata (Uhls et al., 2014).

Entretanto, outros estudos indicam que a relação entre o hábito de estar exposto a telas e o desenvolvimento, principalmente infantil, é intrincada. Em primeiro lugar, os efeitos das exposições podem variar conforme características individuais, ambiente familiar e social, além do tipo de conteúdo assistido (Kostyrka-Allchorne; Cooper; Simpson, 2017). Ainda que o uso moderado e saudável desse recurso não apresente riscos significativos e seja, de modo geral, benéfico para a maioria dos usuários, uma parcela da população apresenta problemas relacionados ao uso excessivo e disfuncional (Fernandes; Maia; Pontes, 2019; Griffiths et al., 2016).

Entre os prejuízos percebidos por uso excessivo de eletrônicos, a exposição à tela é um dos principais, visto que está diretamente envolvida com a apresentação de estímulos visuais rápidos e contínuos. A Sociedade Brasileira de Pediatria (2022) recomenda que crianças de até 2 anos não sejam expostas à tela; entre 2 e 5 anos, até 1 hora de exposição/dia com supervisão do conteúdo; entre 6 e 10 anos, até 2 horas de exposição/dia com supervisão de conteúdo; entre 11 e 18 anos, até 3 horas de exposição/dia, mantendo os padrões de sono regulados, indo em oposição ao que os jovens chamam de "varar a noite".

Com a covid-19, os desafios impostos pela pandemia intensificaram a viabilidade de tais recomendações, já que muitas vezes pais e responsáveis também apresentam dificuldade em regular o próprio comportamento. Devido ao isolamento social, sem uma rede de apoio presente, muitas famílias precisaram contar com o uso das telas como fonte de entretenimento e distração de crianças e adolescentes para conseguirem cumprir com as obrigações de trabalho, alimentação, cuidados com a casa, entre outros. O comportamento adquirido durante esse período intensificou alguns hábitos, como os de experimentar jogos *on-line*. O uso excessivo desses jogos está relacionado diretamente com prejuízos de grande impacto no neurodesenvolvimento de crianças e adolescentes.

Vício × uso problemático

Ainda não existe um consenso entre os pesquisadores em relação a qual termo utilizar para se descrever o uso e o abuso das novas tecnologias. Por isso, existem diversos modelos teóricos e terminologias empregadas para descrever esse comportamento excessivo associado ao uso da internet (Fernandes; Maia; Pontes, 2019). Nesse sentido, adotamos aqui o termo "uso problemático da internet".

A internet é um tema relativamente novo para a ciência, uma vez que seu uso extrapolando fins comerciais se popularizou apenas na década de 1990. A internet apresenta algumas peculiaridades que não são tão evidentes quanto são nos videogames. Por exemplo, argumentar que uma pessoa está "viciada" na internet pode ser uma armadilha conceitual para o clínico. O que é a internet? Um paciente pode estar obcecado por ver transmissões ao vivo do *youtuber* favorito por horas e horas, mas não ter interesse em pornografia, e ambos os conteúdos estão na internet. Assim, a pessoa está "viciada" na internet ou em algum aspecto específico dela?

Apesar desse argumento, Kurniasanti *et al.* (2019) defendem que o "vício" em internet pode ser uma categoria unidimensional de diagnóstico baseada em subtipos impulsivos e compulsivos – o primeiro, de menor intensidade; e o segundo, levando a maiores prejuízos. Evidências do que a pessoa faz na internet não são tão relevantes quanto os subtipos relatados, uma vez que, em ambos os casos, se há aumento dos sintomas também há aumento do consumo de diferentes mídias digitais.

A discussão da literatura que foi resumida aqui serve para ilustrar que ainda estamos, e com razão, discutindo o que de fato é a dependência de internet. Portanto, é importante se aprofundar nesses temas e entender como funcionam as definições de vício e uso problemático.

A dependência da internet foi, antes de tudo, recebida com um grande ceticismo por parte da sociedade civil (Griffiths, 2000). Com o tempo, passou a ser melhor observada, e devido ao avanço de diversos estudos e artigos na área (Young, 2004), por fim, rompeu a barreira de resistência natural apresentada por indivíduos em nossa sociedade, como também de profissionais na área. Ressaltamos que os trabalhos iniciais relacionados com a dependência de internet apresentam diversos problemas metodológicos, com diferentes críticas ao modelo proposto por Young (2015), que devem ser considerados e serão discutidos ao longo desta sessão.

A discussão proposta por Griffiths *et al.* (2016) é rica e deve ser levada em consideração. Primeiro, o conceito de vício na internet apresenta problemas em sua validade de constructo. Por exemplo: a internet atua como um fim ou como um meio para determinado comportamento problemático? Em outras palavras, um indivíduo que usa a internet em excesso o faz para satisfazer um vício em potencial em outros fatores?

Dessa forma, a visão dominante passou a ser sustentada pela Associação Americana de Psiquiatria (APA) ao categorizar o *internet gaming disorder* ou transtorno do jogo *on-line* como um fenômeno distinto, já que o jogador não é viciado na internet em si, mas no que ela proporciona, que é o jogo *on-line*. Em termos gerais, segundo Griffiths *et al.* (2016), muito do que se discutia sobre a dependência de internet no modelo proposto por Young (2015) se baseava em modelos neurobiológicos, que não levaram em consideração aspectos cognitivos e comportamentais relevantes que perpetuem o uso ou que aumentem seu risco – citar, por exemplo, cognições mal adaptativas, histórico psicopatológico e recursos ambientais.

Apesar disso, em termos gerais e didáticos, considera-se que a dependência de internet era compreendida pela apresentação de quatro componentes primários em seu diagnóstico: 1) aumentado nível de investimento de recursos em atividade *on-line*; 2) mudança negativa em estados emocionais quando *off-line*; 3) tolerância dos efeitos positivos que a internet proporciona; e 4) negação de que o uso da internet é o problema.

Apesar de sua aparente e intuitiva base para diagnóstico, os problemas dessa definição inicial devem ser levados em conta quando consideradas as especificidades do uso da internet, pois não são prioritariamente ferramentas de diversão, mas também para estudo e trabalho. Por exemplo, o primeiro critério especifica um uso aumentado da internet, porém, sabemos hoje que a internet é presente em nosso dia a dia, principalmente quando consideramos o avanço da educação a distância (EAD) e do trabalho remoto.

Portanto, tem sido cada vez mais utilizada a terminologia "uso problemático da internet" em detrimento de "vício em internet" (Tunney; Rooney, 2023). Isso porque o termo permite uma maior abrangência das dificuldades e dos prejuízos associados ao uso da internet, bem como nos ajuda a evitar a categorização de que algum comportamento seja ou não considerado algo patológico. Dessa forma, tanto a avaliação quanto o tratamento poderão focar mais em sintomas e prejuízos associados ao uso problemático da internet do que na dependência como um todo (Davis, 2001).

Considerando que os elementos na internet não são idênticos, que é um ambiente amplo e com diversas possibilidades de manifestações comportamentais distintas, é possível se ter problemas relacionados com ela associados a redes sociais, apostas, compras, pornografia, entre outros temas. Isso faz com que tratar como "dependência de internet" seja algo arriscado, uma vez que não há algo específico da internet que a faça proporcionar oportunidade para comportamentos de risco.

Pesquisas avançaram na proposta de uma abordagem fenomenológica do uso problemático da internet, valorizando uma visão mais amplamente biopsicossocial do indivíduo e a partir das diversas idiossincrasias. Um modelo proposto por Tunney e Rooney (2023) pode ser consultado na Figura 14.1. Os autores consideraram diversos fatores associados ao uso problemático da internet e quais variáveis devem ser observadas no contexto clínico. O profissional da neuropsicologia que visa utilizar esse modelo deve julgar quais processos poderão ser mais aprofundados durante uma investigação clínica.

Fatores predisponentes

Saúde mental
- Depressão
- Solidão
- Ansiedade social
- Ansiedade
- Baixa autoestima

Personalidade
- Baixa amabilidade
- Alto neuroticismo
- Baixa conscienciosidade (adolescentes)

Temperamento
- Baixa persistência
- Alta timidez
- Baixa sentimentalidade

Perfil neuropsicológico
- Baixas funções executivas
- Alta sensibilidade a recompensas

Apego/experiências de vida
- Regulação emocional demasiadamente focada no *self* ou em outros
- Má relação com os pais

Fatores precipitantes

Características da internet
- Benefícios: diversão ou escapismo
- Uso e descobrimento de plataformas

Lapsos em autorregulação
- Redução na vigilância do próprio uso da internet

Motivação de uso
- Conexão com pessoas
- Descobertas de identidade
- Senso de pertencimento
- Falha em acessar suportes sociais

Regulação do humor
- Depressão
- Modificação de estados e humores

Formação de hábito e condicionamento
- Tolerância a estímulos
- Reforçamento (condicionameto operante)

Estresse na vida
- Estresse cotidiano

Fatores mantenedores

Processos cognitivos
- Atenção alternada
- Baixo controle inibitório
- Cognições enviesadas
- Baixas funções executivas
- Sensitividade a recompensas
- Autorreflexão reduzida
- Baixa capacidade de consciência introspectiva
- Ruminação

Condicionamento
- Clássico: emocional + comportamental
- Operante: mudanças de comportamento
- Aumento de respostas motivacionais automáticas
- Reações fisiológicas ao estímulo
- Reforçamentos primários e secundários

Características da internet
- Motivação para estar *on-line*
- Busca por novos usos
- Valorização de atividades *on-line*
- Diversão, escapismo, animação e *flow*

Sociais
- Maior competência social autopercebida
- Suporte social para jogar intensamente
- Preferências a interações sociais *online*

Mecanismos de enfrentamento
- Relacionados a humor, estresses da vida
- Desinteresse por outras estratégias de enfrentamento

Regulação do humor
- Mudanças de estados de humor quando se está (ou não) usando a internet
- Alterações gerais de humor
- Antecipação de efeitos negativos

Conflito
- Internos e interpessoais
- Aumento do uso da internet leva a aumento de conflitos, e vice-versa

Uso problemático da internet

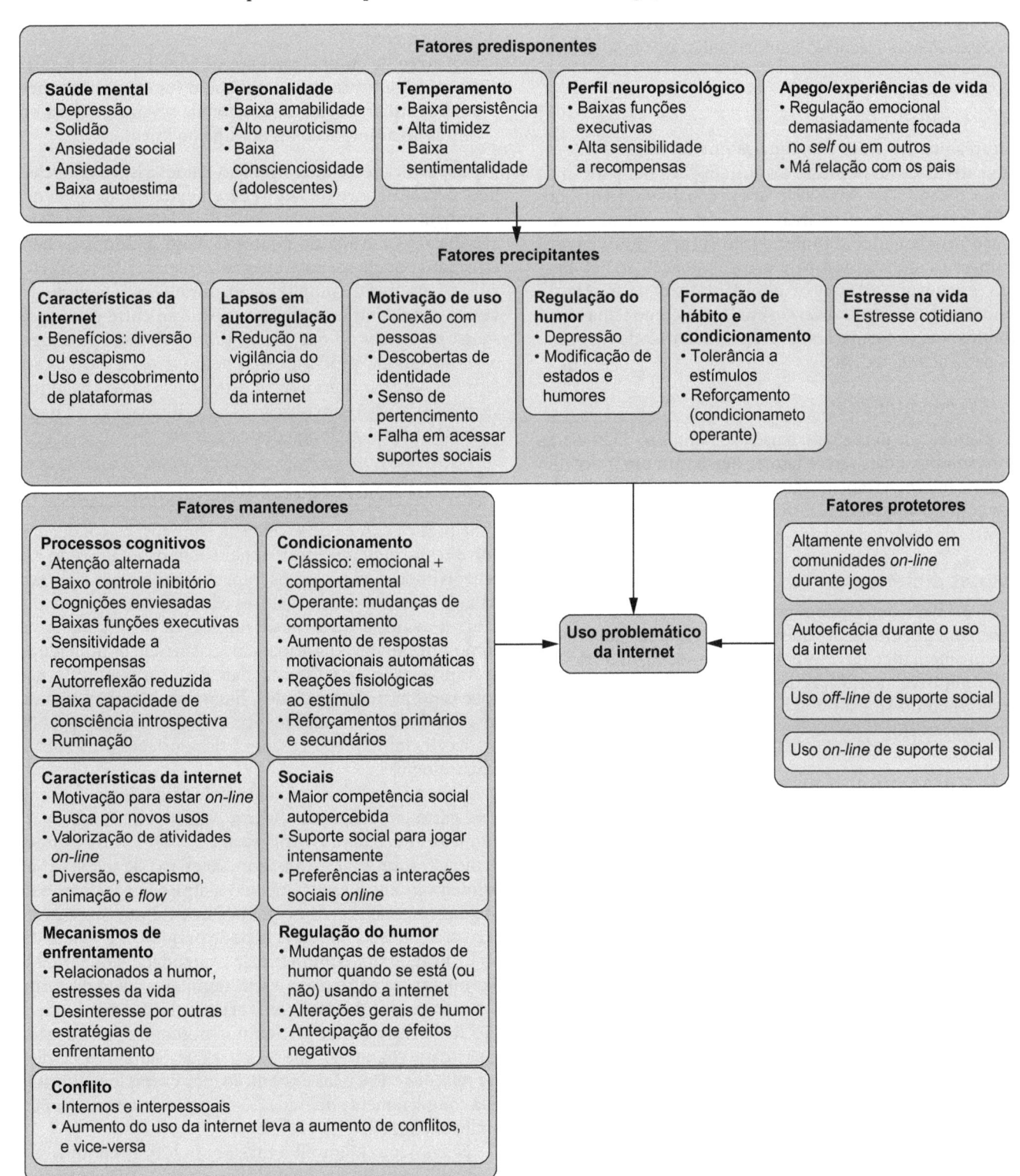

Fatores protetores
- Altamente envolvido em comunidades *on-line* durante jogos
- Autoeficácia durante o uso da internet
- Uso *off-line* de suporte social
- Uso *on-line* de suporte social

Figura 14.1 Análise temática baseada em formulação. (Adaptada de Tunney; Rooney, 2023.)

Fatores predisponentes

Definem-se como fatores que atuam como facilitadores ao engajamento nos comportamentos associados ao uso problemático da internet. Podem ser interpretados como aqueles que "preparam o terreno" para um possível surgimento de determinado quadro. Entre eles estão, por exemplo, transtornos do humor, ou seja, traços de personalidade como menores níveis de amabilidade aliados a maiores níveis de neuroticismo; dificuldades cognitivas, como baixo nível de funcionamento executivo e autorregulação; e modelos parentais não adaptativos.

Fatores precipitantes

Fatores precipitantes são aqueles que facilitam o uso de uma atividade ao ponto de evoluírem para um padrão de uso problemático. Deve-se levar em consideração que tais fatores também podem atuar como fatores que manterão o uso problemático da internet no futuro. Aqui, encontram-se os motivadores para uso da internet (sociabilização, escapismo/estratégias desadaptativas de regulação emocional, busca por diversão etc.), bem como temas mais amplos, como formação da própria identidade ou senso de pertencimento.

Fatores mantenedores

São fatores que perpetuam o uso problemático da internet. Por exemplo, quais são os fatores que levam um indivíduo a usar a internet. Cabem aqui componentes como habilidades cognitivas e comunicativas; mecanismos de enfrentamento, de humor e sociais.

Fatores protetores

São variáveis que podem ajudar a reduzir a chance do desenvolvimento ou até mesmo dos danos causados pelo uso problemático da internet. Suporte social, nível de envolvimento e autoeficácia devem ser levados em consideração quando se examina a avaliação de um indivíduo com esse perfil.

Transtorno por uso excessivo de jogos eletrônicos

A 11ª edição da *Classificação Internacional de Doenças* (CID-11) passou a incluir o transtorno por uso excessivo de jogos eletrônicos. O distúrbio de jogo é caracterizado por um padrão de comportamento de jogo persistente ou recorrente ("jogo digital" ou "jogo de vídeo"), que pode ser *on-line* ou *off-line*. Para o diagnóstico, especialmente em crianças e adolescentes, deve-se considerar os seguintes requisitos:

- Um padrão persistente de comportamento de jogo ("jogo digital" ou "vídeo"), que pode ser predominantemente *on-line* (ou seja, pela internet/redes eletrônicas) ou *off-line*, manifestado por todos os seguintes:
  - Controle prejudicado sobre o comportamento do jogo (p. ex., início, frequência, intensidade, duração, término, contexto)
  - Aumento da prioridade ao comportamento de jogar sobre outros interesses da vida e atividades diárias
  - Continuação ou escalada de jogo apesar das consequências negativas (p. ex., conflito familiar devido ao comportamento de jogo, baixo desempenho escolar, impacto negativo na saúde ou prejuízo na socialização)
- O padrão de comportamento de jogo pode ser contínuo, episódico e/ou recorrente, mas se manifesta por um longo período (p. ex., 12 meses)
- O comportamento de jogo não é bem explicado por outro transtorno mental, por efeitos de uma substância ou medicamento
- O padrão de comportamento de jogo resulta em sofrimento significativo ou prejuízo no funcionamento pessoal, familiar, social, educacional, ocupacional ou em outras áreas importantes do funcionamento.

Especificadores do transtorno, características clínicas e limiares com a normalidade são elementos importantes que o profissional da neuropsicologia deve levar em consideração durante a avaliação neuropsicológica. Todos os itens elencados podem ser lidos integralmente na CID-11 (WHO, 2022). Para fins de simplificação, durante este capítulo devemos considerar a importante distinção entre *gaming disorder* para jogos *off-line* (GD) e *gaming disorder* para jogos *on-line* (IGD). O profissional da neuropsicologia deve conferir também os critérios diagnósticos disponíveis na última versão do DSM-5 com relação às especificidades do TJI que serão abordadas ao longo deste capítulo.

Impactos no neurodesenvolvimento

Uma prática clínica de excelência em neuropsicologia envolve conhecimento profissional sobre os estágios do desenvolvimento, visto que os impactos variam em cada fase da vida, desde a infância até a velhice. Especialmente durante a avaliação neuropsicológica, deve-se considerar como as tecnologias baseadas em telas afetam os indivíduos, levando em conta fatores sociais daquela família (e não apenas do paciente avaliado). Essas considerações são essenciais devido às consequências adversas do uso problemático, incluindo repercussões físicas, psicológicas, sociais e neurológicas.

Com o aumento do uso das mídias digitais, menos tempo é gasto em atividades físicas, cognitivas, sociais e acadêmicas alternativas (Wolf et al., 2018). Vários estudos demonstraram que o consumo excessivo de televisão na primeira infância está associado a atrasos cognitivos e de linguagem, sociais, emocionais. No entanto, o consumo excessivo de telas na infância pode prejudicar a qualidade do brincar, assim como reduzir a qualidade e quantidade das interações entre pares e seus familiares, além de correlacionar-se a problemas comportamentais como desatenção, hiperatividade, atraso na linguagem e reduzida capacidade cognitiva. Vale ressaltar que a durabilidade dessas relações entre telas e cognição, por exemplo, ainda não está completamente definida (Kostyrka-Allchorne; Cooper; Simpson, 2017).

Neophytou, Manwell e Eikelboom (2021) conduziram uma revisão de escopo que avaliou as evidências teóricas e empíricas relacionadas com o tempo excessivo de tela. Os autores sugerem que a estimulação sensorial constante que resulta da exposição excessiva pode ter impactos negativos no desenvolvimento cerebral, associando-se a um aumento no risco de distúrbios cognitivos, comportamentais e emocionais, como será visto a seguir.

Neurobiologia

A aquisição da linguagem pode ser diretamente prejudicada quando crianças são expostas à tela sem a devida apresentação de estímulos relacionados à leitura (Horowitz-Kraus; Hutton, 2018). Esse prejuízo na linguagem parece estar diretamente associado à dificuldade no controle executivo (Horowitz-Kraus; Hutton, 2018), indicando que a exposição à tela é um preditivo de problemas comportamentais e de aprendizagem no futuro. Há também uma associação entre tempo de exposição às telas e menor integridade microestrutural dos tratos de substância branca que apoiam a linguagem, especialmente em crianças pré-escolares (Hutton et al., 2020) e em adolescentes e adultos jovens, podendo, por conseguinte, aumentar o potencial de desenvolvimento de demência precoce na fase tardia da idade adulta.

Sintomas de transtorno do déficit de atenção e hiperatividade

O uso excessivo de eletrônicos pode provocar dificuldades consistentes de controle dos impulsos e memória operacional, resultando em prejuízo na habilidade de sustentar a atenção por períodos mais prolongados. Crianças e adolescentes que não atendem aos critérios diagnósticos do transtorno do déficit de atenção e hiperatividade (TDAH), após 24 meses com padrão abusivo de consumo eletrônico podem apresentar características compatíveis com esse transtorno do neurodesenvolvimento (Ra et al., 2018).

Regulação emocional e habilidades sociais

A exposição excessiva à tela, especialmente em crianças menores de 2 anos, reduz a frequência de oportunidades de interações face a face, o qual é um importante componente para o pleno desenvolvimento da teoria da mente (Happé; Cook; Bird, 2017). Em consequência, o prejuízo pode ocorrer em uma das etapas mais importantes de regulação emocional: o reconhecimento de pistas sociais e expressões não verbais que identifiquem corretamente estados mentais. Com isso, a criança encontra dificuldade em adaptar o próprio comportamento no meio em que está inserida, prevendo, de modo impreciso, as consequências de suas ações. Evidências indicam que esse processo é diretamente prejudicado a partir de 4 horas diárias de exposição à tela (Uhls et al., 2014). Além disso, o uso de jogos violentos pode tornar ainda mais desafiadora essa habilidade de reconhecimento das emoções por pistas não verbais (Kirsh; Mounts, 2007; Uhls et al., 2014).

Ciclo do sono e vício

O sono é altamente importante para o neurodesenvolvimento de bebês e crianças pequenas. Evidências acumuladas indicam que o sono inadequado, tanto em duração como em qualidade, pode comprometer a saúde física e mental e o funcionamento psicossocial dos jovens. Desregulação da melatonina e alterações no ritmo circadiano prejudicam a qualidade do sono. A exposição à luz do tipo LED intensifica esse processo (da Silva Santos; de Freitas, 2021), mantendo o indivíduo em estado de alerta. Em médio e longo prazo, a diminuição nos estados de repouso inviabiliza o sono reparador, trazendo impacto em diferentes níveis, incluindo: cognitivo, funcional, fisiológico e molecular. Diante de tal desregulação, a criança fica mais propensa a manter o uso de eletrônicos excessivamente, criando, assim, um ciclo autoperpetuante.

Vida adulta

A literatura sobre comportamento viciante nos meios digitais tem focado de maneira predominante na internet e nos videogames. No entanto, o uso crescente de aplicativos e mensagens de texto, especialmente em dispositivos móveis, também pode levar a comportamentos que atendem aos critérios do uso problemático da internet (Love et al., 2015). Homens tendem a apresentar dependência de videogames, enquanto nas mulheres o comportamento viciante está mais associado às redes sociais (Andreassen et al., 2016). Outra variável que o profissional da neuropsicologia deve se atentar é a manifestação do TJI por meio de plataformas de investimentos. O diagnóstico diferencial exige que o profissional avalie o comportamento do ponto de vista funcional, elencando variáveis que se assemelham ao comportamento de aposta. Dentre as variáveis que merecem destaque estão: diminuição da sensibilidade à perda; maior reatividade a plataformas de investimento e dicas de jogo, respectivamente; comportamento de escolha impulsiva; aprendizagem baseada em recompensas e alterações na flexibilidade cognitiva.

Prevenção e intervenção do uso de telas

A qualidade das relações familiares entre os cuidadores principais e jovens com vício em jogos pode determinar o grau de benefícios, incluindo a sensação de autoeficácia e autocontrole por meio de uma gestão eficaz do tempo, além de atuar como fator de proteção fundamental contra o transtorno. É importante destacar que superproteção ou rejeição parental são potenciais fatores de risco associados à dependência, demandando cautela.

Nos EUA e no Japão, programas educacionais abordam a alta incidência de dependência de jogos eletrônicos. Utilizando técnicas cognitivas e comportamentais, esses programas oferecem psicoeducação, promovem o automonitoramento do uso de telas e incentivam mudanças comportamentais. Além disso, grupos especializados na escola buscam fortalecer a comunicação entre alunos, pais e professores para identificar precocemente problemas comportamentais em jovens, proporcionando assistência simultânea no tratamento.

Campanhas de promoção da saúde veiculadas pelos meios de comunicação tradicionais representam exemplos de técnicas de prevenção de alcance amplo. As opções de autobloqueio, seja por meio de *hardware*, seja por *software*, emergem como uma medida preventiva promissora contra o uso inadequado da internet. Se incorporado de fábrica, esse recurso pode facilitar a autoimposição de limites no tempo *on-line* ou na natureza do conteúdo acessado (p. ex., restringir o acesso durante a noite).

Aplicativos que monitoram automaticamente padrões de uso e oferecem *feedback* aos usuários (ou aos pais) também podem ser ferramentas úteis. Notificações para os pais sobre padrões de uso, alertas sobre acesso potencialmente perigoso, bloqueio de determinados aplicativos ou limitação do tempo de tela podem constituir medidas preventivas eficazes para proteger crianças contra o uso indevido da internet ou acesso a conteúdo prejudicial.

É importante que os pais estejam atentos se o aumento do uso da tela é uma consequência pós-pandemia, quando todos precisaram se adaptar, aumentando o uso para fins escolares, ou se o uso ultrapassa esse fato, tornando o jovem mais sedentário e mais predisposto a distúrbios relacionados ao uso excessivo de telas (de Mendonça *et al.*, 2021).

Uma revisão sistemática conduzida por de Mendonça *et al.* (2021) agrupou artigos científicos que abordam intervenções para o uso excessivo de telas, incluindo atividades físicas como dança, meditação, atividades ao ar livre, além de programas de intervenção escolar. No geral, essas práticas foram consideradas excelentes estratégias para reduzir o uso e a dependência de *smartphones*, além de combater o sedentarismo.

Por fim, ficou claro que a oferta de opções de lazer que distanciem o paciente das telas é essencial para que evite problemas relacionados com o uso excessivo de dispositivos eletrônicos e internet. O grande desafio está em ofertar essas opções e manter os indivíduos motivados para que a prática da intervenção proposta aconteça de maneira regular e traga benefícios também a longo prazo (Associação Brasileira para o Estudo da Obesidade e Síndrome Metabólica, 2019). Na prática clínica, o profissional da neuropsicologia deve se manter sensível a recursos e habilidades socioemocionais da família durante essa empreitada, indicando profissionais especializados, incluindo psicoterapeutas cognitivo-comportamentais e psicoterapeutas que realizem treinamento de pais.

Além da família, profissionais de saúde e professores desempenham um papel crucial na promoção de boas práticas e na motivação para atividades interativas que não envolvam dispositivos eletrônicos (Tamana *et al.*, 2019). No próximo tópico, apresentaremos algumas discussões e sugestões práticas para a abordagem clínica.

Avaliação

Além da entrevista de anamnese, o uso de um instrumento adaptado nacionalmente (Sales; Silva; Lima, 2018) pode ajudar o profissional de neuropsicologia no rastreio dessa hipótese diagnóstica. A Escala de Dependência de Smartphone (EDS), é composta de 14 itens que avaliam os comportamentos de dependência relacionados com o *smartphone* (ainda que pacientes/familiares sinalizem o uso excessivo com outro dispositivo eletrônico). A escala é respondida no formato Likert de 5 pontos, que varia de 0 a 4, sendo 0 (nunca), 1 (raramente), 2 (às vezes) 3 (frequentemente) e 4 (muito frequentemente), como demonstrado na Tabela 14.1.

Integração dos resultados da Escala de Dependência de Smartphone

Inquérito

Após o preenchimento da EDS, é importante investigar o que a criança/adolescente teve em mente durante o preenchimento. Indica-se ao profissional pedir ao paciente exemplos, além de, se for o caso, apresentar situações apontadas pela família que não coincidem com a resposta fornecida (essa confrontação deve ser realizada de modo empático).

Os pais também podem preencher o questionário em duas perspectivas: 1) apontando o padrão de uso do *smartphone*/eletrônico da criança/adolescente; 2) apontando o

Tabela 14.1 Escala de dependência de *smartphone* (EDS).

Item	Questões	0	1	2	3	4
1	Você pensa no *smartphone* mesmo quando não o está usando?					
2	Você continua a usar o *smartphone*, apesar de sua intenção de parar?					
3	Você negligencia às suas obrigações diárias (trabalho, escola ou família), porque prefere usar o *smartphone*?					
4	Quando você faz uso de *smartphone* você sente dificuldade de parar?					
5	Você se sente inquieto, frustrado ou irritado quando não pode usar o *smartphone*?					
6	Você faz uso do *smartphone* quando está se sentindo para baixo?					
7	Você perde sono por causa do *smartphone*?					
8	Você acha que deveria usar o *smartphone* com menos frequência?					
9	Você já tentou, sem sucesso, passar menos tempo no *smartphone*?					
10	Os outros (p. ex., cônjuge, filhos, pais) dizem que você deve usar o *smartphone* com menos frequência.					
11	Você apressa seus trabalhos (em casa) a fim de usar o *smartphone*?					
12	Você costuma pensar em suas futuras ações com o *smartphone*?					
13	Você usa o *smartphone* como meio de escapar de seus sofrimentos ou obter alívio de sentimentos negativos?					
14	Você prefere ficar no *smartphone* em vez de gastar tempo com as outras pessoas (p. ex., cônjuge, filhos e pais).					

Adaptada de Sales; Silva; Lima, 2018.

próprio uso, segundo os pais. É comum que, além do paciente, familiares também possam apresentar dificuldades em inibir o uso, seja por hábito, seja por necessidade de trabalho. Sabemos que presenciar o uso excessivo por parte dos pais também modela o comportamento do filho a se manter na dependência tecnológica.

Caracterização do uso excessivo

A Tabela 14.2 é especialmente útil ao profissional que irá indicar intervenção psicoterapêutica após a avaliação neuropsicológica. Um dos primeiros passos é o rastreamento detalhado do uso prejudicial, permitindo que a avaliação forneça dados suficientemente relevantes para um processo de intervenção individualizado.

Outras escalas também podem ser incorporadas na investigação, a fim de elucidar possíveis comorbidades que interfiram no uso excessivo de eletrônicos. Dentre elas, destacam-se as apresentadas na Tabela 14.3.

Caso clínico

L. tem 14 anos, reside com o pai, o qual buscou psicoterapia em 2020 com o intuito de trabalhar questões relacionadas com as dificuldades comportamentais do filho, principalmente ao que atribuiu ser devido ao uso excessivo do computador e de jogos eletrônicos. O pai entrou em contato com o psicólogo responsável através das redes sociais. Na primeira entrevista, relata diversas situações de conflito entre ele e o filho. Cita um episódio em que L. estava jogando no computador e não queria almoçar. Na ocasião, o pai desconectou o *modem* da tomada, o que levou à desconexão da internet e o filho a ter uma reação agressiva como resultado.

O pai alega que L. joga por cerca de 6 horas/dia e passa o resto do tempo diante do computador, seja usando o Discord (aplicativo de *chats* por voz e texto), seja assistindo a *animes* (desenhos japoneses). Dado o fato de que a relação entre eles era harmoniosa, com exceção ao uso de eletrônicos, o pai aborda esse assunto com o filho de forma assertiva e às vezes agressiva. Quando questionado sobre a utilidade da abordagem, o pai relata que não vê outra forma de interagir e gostaria de ajuda nesse sentido.

Durante a entrevista, o pai diz que L. fica entediado quando está longe do computador, mas reconhece que o período de pandemia de coronavírus contribuíra para isso, uma vez que ele estava impossibilitado de desempenhar outras atividades prazerosas, como sair com os amigos ou jogar futebol na vizinhança. Relata também que compreende que não há outro caminho, mas que gostaria de reduzir possíveis prejuízos.

Quando questionado sobre os principais sintomas relacionados com o uso problemático de internet, o pai informa que L. se irrita tanto quando está jogando e também quando não está. Alega que os assuntos do filho se restringem a "coisas de *nerd*", e que quando não está no computador tende a ficar ansioso e buscar logo retornar ao seu tempo digital. O pai é questionado se há alinhamento entre sua visão do hábito de uso de eletrônicos e a percepção do filho quanto a isso. Ele responde que L. "nem percebe que está viciado". Por fim, indagado sobre histórico familiar e possíveis diagnósticos de transtornos psiquiátricos, relata que L. é diagnosticado com TDAH e apresenta histórico de crises de ansiedade, porém pontuais. Faz uso de ritalina 10 mg. O pai informa que o jovem havia passado por uma avaliação neuropsicológica prévia há 1 ano.

Na mesma semana, L. foi entrevistado pelo psicólogo. O jovem percebe que de fato usa o computador por tempo excessivo, mas que "preferia estar fazendo outras coisas". Questionado, relata não saber quais coisas deveria fazer, pois está tudo "fechado". Novamente indagado sobre um cenário hipotético de um período não pandêmico, diz que gostaria de estar saindo com seus amigos. Esse ponto da entrevista inicial com L. é importante e será discutido a seguir.

Durante a exploração de quais são as atividades que realiza enquanto está no computador, L. diz que dedica boa parte do seu tempo a jogar *League of Legends* (LOL), que visa pegar o *rank* de diamante, o que o colocaria entre

Tabela 14.2 Caracterização do uso excessivo de *smartphones*/eletrônicos.

Tipo de dispositivo	Nível de acesso ao dispositivo	Propósito de uso	Duração (h/dia)
• *Smartphone* • Computador • *Tablet* • TV • Notebook	• Ininterrupto • Sob supervisão • Contínuo sem supervisão	• Jogos • Compras • Consumo de conteúdo • Produção de conteúdo • Redes sociais	• Estimativa corresponde à realidade • Períodos do dia • Constantes checagens • Realiza pausas

Tabela 14.3 Escalas de avaliação clínica.

Hipóteses diagnósticas	Instrumento	Normatização/faixa etária
TOC	Y-BOCS (Asbahr, 1998)	A partir dos 11 anos
Fobia social	SPAI-C (Picon *et al.*, 2005)	A partir dos 8 anos
Depressão	CDI (Gomes *et al.*, 2013)	7 a 17 anos
Ansiedade	Scared (Birmaher *et al.*, 1997)	7 a 17 anos
	MASC (March *et al.*, 1997)	8 a 14 anos

CDI: inventário de depressão infantil; MASC: *Multidimensional Anxiety Scale for Children*; SPAI-C: *Social Phobia and Anxiety Inventory*; TOC: transtorno obsessivo-compulsivo; Y-BOCS: *Yale-Brown Obsessive-Compulsive Scale*.

os *top* 10% de jogadores da América Latina. Por conta disso, quer treinar com seu personagem favorito. Afirma que fica com muita raiva quando jogadores de seu time não têm um bom desempenho e acaba descontando sua raiva esmurrando a mesa do computador. Relata que pensa no jogo quando almoça e quando toma banho. E quando não está jogando, está conversando com os amigos ou assistindo a animes juntos por meio da plataforma Discord. Alega que já tentou parar de jogar LOL diversas vezes, mas que sempre volta por não ter nada melhor para jogar. Segundo o jovem, há esforço para parar de jogar, pois "a vida de quem joga LOL é passar raiva em metade das partidas".

Há menos uso do *smartphone*. L. concentra suas atividades sociais em seu computador. Relata que desempenha poucas atividades domésticas porque são "chatas". Ao longo das sessões de psicoterapia, L. também admite jogar LOL no horário da aula *on-line* de sua escola. Por fim, afirma que o pai tem tentado mudar o comportamento de L., pois já passou por duas psicoterapias anteriores, e não vê necessidade disso. Relata também que não gosta da medicação para o TDAH, pois o deixa ansioso e sem apetite, o que conflita com sua vontade de ir para a academia e ganhar massa muscular. Por conta disso, cogita seriamente suspender o uso da medicação.

Avaliação neuropsicológica

A avaliação neuropsicológica conduzida pela psicóloga que trabalhou anteriormente com L. não encontrou nenhuma informação que sustente algum déficit cognitivo ou funcional. Apesar disso, cabe destaque ao quociente de inteligência (QI) encontrado de 121, bem como habilidades de fluência verbal (por meio do Teste de fluência verbal [FAS]) no percentil 95.

Comentários sobre as duas entrevistas de anamnese

É possível observar que há um conflito gerado pelo uso de eletrônicos por parte de L. São claros os prejuízos provenientes disso. Se utilizada a estrutura de critérios de diagnóstico para GD incluída na CID-11 (WHO, 2022), temos a avaliação que consta na Tabela 14.4.

Em linhas gerais, a avaliação de GD se pauta primariamente no nível de prejuízo consequente do comportamento excessivo de jogar. Porém, em primeiro lugar, é importante considerar diversas variáveis envolvidas no diagnóstico, principalmente durante o período de isolamento social em que o jovem se encontrava.

Segundo, há outro fator relevante quanto ao processo de diagnóstico de GD: há uma forte sobreposição entre os sintomas de TDAH (Andreassen *et al.*, 2016). Portanto, é importante considerar, por exemplo, se o paciente joga com tanta frequência devido a dificuldades relacionadas ao TDAH ou não – em estudo conduzido por Chen *et al.* (2015), participantes que preencheram critérios diagnósticos compatíveis com GD também apresentaram dificuldades em áreas relacionadas com o controle inibitório.

Terceiro, muitos dos instrumentos tradicionais para a avaliação de GD apresentam limitações metodológicas, incluindo dependência da memória retrospectiva para os relatos, bem como baseiam-se demais no tempo despendido no jogo.

Tabela 14.4 Avaliação dos critérios diagnósticos conforme manifestação clínica para L., 14 anos.

Padrão persistente do comportamento de jogar, que pode ser predominantemente *on-line* ou *off-line*	Manifestado por: • Controle comprometido do comportamento de jogar, como início, frequência, intensidade término e contexto • Continuação ou aumento do comportamento de jogar a despeito das consequências negativas (p. ex., conflito familiar, desempenho escolar, impacto na saúde) • Aumento da prioridade do comportamento de jogar a ponto de o jogar tomar conta de outras atividades da vida diária • Começa a jogar cedo e termina o dia interagindo com os amigos pelo Discord. Tem feito isso diariamente nos últimos 3 meses • Há diversos relatos, tanto por parte do pai quanto por parte do jovem, de que atividades escolares e domiciliares são relegadas enquanto o garoto está jogando • A despeito dos conflitos familiares e da perda significativa de desempenho escolar, o jovem ainda mantém hábitos relacionados com o jogo
Esse padrão deve ser contínuo ou episódico e recorrente, porém é manifestado ao longo de um extenso período (p. ex., 12 meses)	O pai relata que o filho sempre jogou bastante, mas que isso se intensificou ao longo do período da pandemia de covid-19
Esse comportamento não pode ser mais bem explicado por outros transtornos mentais (p. ex., episódios maníacos) ou por efeito de substâncias ou medicação	L. é diagnosticado com TDAH. Há uma interação entre esse transtorno e o uso problemático de eletrônicos, ou, especificamente para o caso discutido, GD (Dullur; Krishnan; Diaz, 2021); apesar da direção da relação não ser clara (p. ex., é o TDAH que alimenta o uso abusivo dos jogos, ou o contrário?)
O padrão resulta em perturbações nas relações pessoais, familiares, sociais, educacionais, ocupacionais ou outras áreas importantes do funcionamento	Como citado anteriormente, os prejuízos se estendem ao ambiente familiar, pessoal e escolar de L.

GD: *game disorder*; TDAH: transtorno do déficit de atenção e hiperatividade.

Por fim, há carência de estudos sobre a relação causal entre cognição e GD (Legault; Liu; Balodis, 2021). Dessa forma, é muito importante que o clínico evite cair em armadilhas lógicas ao confundir correlação com causalidade quanto aos sintomas cognitivos e GD. Futuros estudos longitudinais são necessários para que novas evidências sejam colocadas em prática clínica.

Recomendação para a prática clínica interventiva

O profissional da neuropsicologia deve considerar que, com frequência, pacientes que fazem uso excessivo de eletrônicos são descritos pelos familiares como persistentes, procrastinadores e pessoas que desperdiçam tempo, associando essas características ao isolamento social. É bastante comum que a família também sugira uma possível ligação com depressão e ansiedade. Os pacientes muitas vezes recorrem aos jogos como fuga emocional, buscando animação, poder ou alívio para tédio e frustração. Muitos indivíduos utilizam os jogos como uma forma de evitar ou atenuar sentimentos desagradáveis, encontrando validação e acreditando que só sentirão orgulho de si mesmos no ambiente virtual dos jogos. Há também crenças correspondentes ao sentimento de pertencimento ao mundo virtual, considerando-o um ambiente seguro em comparação ao mundo real.

Medidas de intervenção

Devido à falta de clareza na patogênese do transtorno do jogo, as atuais intervenções baseiam-se na experiência de tratar distúrbios mentais, como o transtorno por uso de substâncias. Métodos comuns e eficazes de tratamento incluem terapia cognitivo-comportamental (TCC), acompanhamento médico especializado, atividades físicas e abordagens abrangentes, como restrições de tempo de tela e atividades alternativas de bem-estar. Em países desenvolvidos, há programas rigorosos que combinam privação total para os usuários, TCC, envolvimento familiar, terapia de grupo, treinamento de habilidades sociais e aconselhamento. Apesar de programas de psicoeducação sobre a dependência da internet existirem há pelo menos duas décadas em escolas e hospitais, estudos indicam altos índices de recaída.

Aspectos psicológicos e comportamentais

A prática mais amplamente aceita na comunidade científica para abordar questões relacionadas ao jogo patológico é a psicoterapia, tanto em formato individual quanto grupal. No contexto de tratamentos individuais, destaca-se TCC como a principal e mais empregada técnica.

O modelo cognitivo-comportamental ressalta que comportamentos relacionados com a internet e os jogos eletrônicos são frequentemente consequências, não causas, de outros problemas psicopatológicos, como depressão e transtorno de ansiedade social. Nessa perspectiva, a abordagem primária deve ser tratar transtornos subjacentes que possam contribuir para a dependência de jogos eletrônicos e/ou internet.

A TCC reforça as habilidades cognitivas para evitar envolvimento excessivo e aborda decisões desadaptativas, priorizando metas a longo prazo sobre prazeres a curto prazo.

No entanto, é fundamental avaliar o nível de dependência do paciente antes de iniciar o tratamento. Apesar de sua eficácia, a TCC concentra-se predominantemente na vulnerabilidade intrapessoal dos fatores de riscos individuais. Assim, além do estilo cognitivo-desadaptativo em indivíduos com vício em jogos, também é crucial avaliar funções executivas (FE), humor, questões interpessoais e vulnerabilidades relacionadas com fatores ambientais. O processo terapêutico da TCC tem uma sequência bem definida, com duração média de sessões que podem variar de 8 a 28, realizadas semanalmente.

Em resumo, delinearemos um roteiro crucial a ser considerado durante a intervenção com pacientes que atendem aos critérios diagnósticos ou buscam abordagem preventiva.

Intervenção individualizada

É fundamental que o paciente comece a incorporar hábitos de vida saudáveis, a fim de encontrar alternativas para se desvincular da necessidade constante de recompensa experimentada durante o jogo. Estimular a adoção de uma rotina mais equilibrada, que inclui atividades físicas e construção de relacionamentos presenciais embasados em afeto e confiança, em geral, é uma poderosa ferramenta para prevenir recaídas no vício. Destacamos aqui seis etapas fundamentais de uma abordagem cognitivo-comportamental no uso prejudicial de telas/jogos eletrônicos (Ferreira; Sartes, 2018).

Início da terapia

É essencial estabelecer um vínculo terapêutico sólido, construindo confiança para alcançar resultados positivos. Além do *rapport*, técnicas oriundas da entrevista motivacional são valiosas para aumentar o engajamento do paciente na modificação de comportamentos, especialmente no início do tratamento.

Análise funcional e identificação de comorbidades

A consideração precoce de comorbidades é crucial, as quais são avaliadas e tratadas com problemas associados ao uso de jogos. Além disso, é fundamental verificar os critérios diagnósticos do DSM-5-TR para garantir uma abordagem precisa.

Reestruturação cognitiva e monitoramento de uso

O terapeuta atua de forma colaborativa com o paciente na identificação de distorções cognitivas relacionadas com o uso de eletrônicos, destacando pensamentos que confirmem essas distorções. Esse passo permite a avaliação de crenças centrais e esquemas subjacentes, os quais são substituídos por pensamentos adaptativos. Essa abordagem não apenas contribui para prevenir recaídas, mas também facilita o planejamento eficaz do tratamento. Nessa fase, o monitoramento do uso é implementado como técnica comportamental, incentivando o paciente a registrar diariamente o tempo dedicado aos eletrônicos/jogos. Isso amplia a conscientização sobre os problemas associados ao uso excessivo, permitindo que o indivíduo gerencie seu tempo entre tecnologia e atividades fora dela.

A reestruturação cognitiva abrange diversas dimensões, incluindo perspectivas sobre recompensas e tangibilidade do jogo; padrões desadaptativos e inflexíveis associados ao jogo; pensamentos relacionados com baixa autoestima; autoeficácia reduzida; autoavaliação negativa; participação em jogos como uma busca por aceitação social; distorção do tempo; preocupações excessivas; ruminações; e negação.

Definição de objetivos

Estabelecer os principais objetivos a serem alcançados durante o tratamento, com foco na redução do envolvimento com os jogos na dependência de jogos eletrônicos e aumento de atividades fora da tela que tenham viés significativo para o sujeito.

Desenvolvimento de habilidades de resolução de problemas

Essa etapa auxilia na criação de respostas alternativas ao estresse que conduz ao comportamento desadaptativo. Estratégias de regulação emocional e treino de assertividade são frequentemente incorporados nessa fase.

Desenvolvimento de autocontrole e prevenção de recaídas

O objetivo da TCC é capacitar o indivíduo a alcançar o autocontrole, encerrando, assim, o ciclo de dependência do jogo e desenvolvendo estratégias alternativas. Essa abordagem estruturada não apenas busca tratar os sintomas manifestos, mas também visa promover uma transformação duradoura dos padrões de pensamento e comportamento do paciente, uma vez que, em muitos casos, o comportamento compulsivo age como uma máscara para questões subjacentes.

Intervenção em grupo e treinamento de pais

Além do trabalho clínico individual, evidências indicam o sucesso no tratamento de pacientes com transtorno do jogo por meio de terapias em grupo. As vantagens desse formato residem na oportunidade de compartilhar experiências semelhantes, permitindo que os participantes se identifiquem ainda mais com as histórias dos outros, além de otimizar e aumentar o número de participantes simultaneamente. Orientação de pais ou treinamento parental pode ser compreendido como um programa orientativo que integra princípios da análise do comportamento e da psicologia cognitiva. Essa modalidade fornece orientações e estratégias aos familiares, a qual é aplicada pelos pais no manejo de comportamentos problemáticos dos filhos. A inter-relação extensivamente estudada, tanto nacional quanto internacionalmente, destaca a relevância do papel dos pais, do ambiente familiar e da escola no processo de orientação de crianças e jovens. Detalhes desse protocolo podem ser consultados em de Sá Pianovski e da Silveira (2022).

Considerações finais

Este capítulo destacou que o termo "uso problemático da internet" engloba uma série de manifestações clínicas relacionadas com o uso de telas e jogos mediados ou não pela internet. Os critérios diagnósticos podem ser visualizados na CID-11 e no DSM-5. A clareza dessa manifestação clínica é fundamental, uma vez que os impactos incluem prejuízo social, acadêmico, cognitivo e físico, e podem ser um efeito secundário de outro transtorno, como ansiedade social e depressão. Nesse sentido, o profissional da neuropsicologia deve se atentar aos padrões de uso e ao possível impacto ao longo do neurodesenvolvimento, garantindo, assim, o diagnóstico diferencial. A escala EDS é amplamente utilizada como apoio nesse processo investigativo.

É fundamental que o profissional da neuropsicologia mantenha a sensibilidade para identificar quais atitudes e comportamentos estão associados (ainda que indiretamente) ao prejuízo funcional do paciente. Somente nessa perspectiva medidas individualizadas de intervenção poderão ser dirigidas, as quais muitas vezes envolvem participação familiar.

Grande parte das intervenções para combater o uso excessivo de eletrônicos abrange facilitar o engajamento em atividades *off-line*/fora da tela, incluindo *mindfulness*, interação social com membros da mesma faixa etária, variação nas atividades de lazer e exercícios físicos. Assim, espera-se que, ao concluir esta leitura, o(a) profissional esteja mais capacitado(a) a ajudar pacientes e familiares a viverem uma vida com mais sentido e significado, o que muitas vezes só pode ser vivido fora de uma tela.

Referências bibliográficas

AMERICAN PSYCHIATRIC ASSOCIATION (APA). Diagnostic and Statistical Manual of Mental Disorders (5th-TR). American Psychiatric Association, 2022.

ANDREASSEN, C. S. *et al*. The relationship between addictive use of social media and video games and symptoms of psychiatric disorders: A large-scale cross-sectional study. Psychology of Addictive Behaviors, [s. l.], v. 30, n. 2, p. 252-262, 2016.

ASBAHR, F. R. Escalas de avaliação de transtorno obsessivo-compulsivo na infância e adolescência. Revista de Psiquiatria Clínica, São Paulo, v. 25, n. 6, p. 310-319, 1998.

ASSOCIAÇÃO BRASILEIRA PARA O ESTUDO DA OBESIDADE E SÍNDROME METABÓLICA. Telas no escuro antes de dormir prejudicam o tempo e qualidade do sono. Abeso, São Paulo, 30 jan. 2019. Disponível em: https://abeso.org.br/telas-no-escuro-antes-de-dormir-prejudicam-o-tempo-e-qualidade-do-sono/. Acesso em: 10 abr. 2024.

BIRMAHER, B. *et al*. The screen for child anxiety related emotional disorders (SCARED): Scale construction and psychometric characteristics. Journal of the American Academy of Child & Adolescent Psychiatry, [s. l.], v. 36, n. 4, p. 545-553, 1997.

CHEN, C. Y. *et al*. Brain correlates of response inhibition in Internet gaming disorder. Psychiatry and clinical neurosciences, [s. l.], v. 69, n. 4, p. 201-209, 2015.

DA SILVA SANTOS, A.; DE FREITAS, E. A. Ritmos biológicos: como o mau uso de smartphones pode influenciar negativamente o sono. Revista Neurociências, São Paulo, v. 29, p. 1-120, 2021.

DAVIS, R. A. A cognitive-behavioral model of pathological Internet use. Computers in Human Behavior, [s. l.], v. 17, n. 2, p. 187-195, 2001.

DE MENDONÇA, R. G. *et al*. Efetividade de intervenções na redução do tempo de tela: Revisão sistemática. Research, Society and Development, [s. l.], v. 10, n. 9, p. 1-12, 2021.

DE SÁ PIANOVSKI, M. F.; DA SILVEIRA, J. M. Orientação de pais on-line no tratamento do uso problemático de internet pela criança. Acta Comportamentalia: Revista Latina de Análisis de Comportamiento, Guadalajara, v. 30, n. 3, p. 443-462, 2022.

DULLUR, P.; KRISHNAN, V.; DIAZ, A. M. A systematic review on the intersection of attention-deficit hyperactivity disorder and gaming disorder. Journal of Psychiatric Research, [s. l.], v. 133, 212-222, 2021.

FERNANDES, B.; MAIA, B. R.; PONTES, H. M. Adição à internet ou uso problemático da internet? Qual dos termos usar? Psicologia USP, São Paulo, v. 30, p. 1-8, 2019.

FERREIRA, M. B. de O.; SARTES, L. M. A. Uma abordagem cognitivo-comportamental do uso prejudicial de jogos eletrônicos. Gerais: Revista Interinstitucional de Psicologia, Belo Horizonte, v. 11, n. 2, p. 306-326, 2018.

GOMES, L. P. *et al*. Inventário de depressão infantil (CDI): uma revisão de artigos científicos brasileiros. Contextos Clínicos, São Leopoldo, v. 6, n. 2, p. 95-105, 2013.

GRIFFITHS, M. D. *et al.* The evolution of Internet addiction: A global perspective. Addictive Behaviors, [s. l.], v. 53, p. 193-195, 2016.

GRIFFITHS, M. Internet addiction-time to be taken seriously? Addiction Research, [s. l.], v. 8, n. 5, p. 413-418, 2000.

HAPPÉ, F.; COOK, J. L.; BIRD, G. The structure of social cognition: In (ter) dependence of sociocognitive processes. Annual Review of Psychology, [s. l.], v. 68, p. 243-267, 2017.

HOROWITZ-KRAUS, T.; HUTTON, J. S. Brain connectivity in children is increased by the time they spend reading books and decreased by the length of exposure to screen-based media. Acta Paediatrica, [s. l.], v. 107, n. 4, p. 685-693, 2018.

HUTTON, J. S. *et al.* Associations between screen-based media use and brain white matter integrity in preschool-aged children. JAMA Pediatrics, [s. l.], v. 174, n. 1, e193869, 2020.

KIRSH, S. J.; MOUNTS, J. R. Violent video game play impacts facial emotion recognition. Aggressive Behavior: Official Journal of the International Society for Research on Aggression, [s. l.], v. 33, n. 4, p. 353-358, 2007.

KOSTYRKA-ALLCHORNE, K.; COOPER, N. R.; SIMPSON, A. The relationship between television exposure and children's cognition and behaviour: A systematic review. Developmental Review, [s. l.], v. 44, p. 19-58, 2017.

KURNIASANTI, K. S. *et al.* Internet addiction: a new addiction? Medical Journal of Indonesia, [s. l.], v. 28, n. 1, p. 82-91, 2019.

LEGAULT, M. C.; LIU, H. Z.; BALODIS, I. M. Neuropsychological constructs in gaming disorders: A systematic review. Current Behavioral Neuroscience Reports, [s. l.], v. 8, n. 3, p. 59-76, 2021.

LISSAK, G. Adverse physiological and psychological effects of screen time on children and adolescents: Literature review and case study. Environmental Research, [s. l.], v. 164, p. 149-157, 2018.

LOVE, T. *et al.* Neuroscience of internet pornography addiction: A review and update. Behavioral Sciences, [s. l.], v. 5, n. 3, p. 388-433, 2015.

MARCH, J. S. *et al.* The Multidimensional Anxiety Scale for Children (MASC): factor structure, reliability, and validity. Journal of the American Academy of Child & Adolescent Psychiatry, [s. l.], v. 36, n. 4, p. 554-565, 1997.

NEOPHYTOU, E.; MANWELL, L. A.; EIKELBOOM, R. Effects of excessive screen time on neurodevelopment, learning, memory, mental health, and neurodegeneration: A scoping review. International Journal of Mental Health and Addiction, [s. l.], v. 19, p. 724-744, 2021.

PICON, P. *et al.* Desenvolvimento da versão em português do Social Phobia and Anxiety Inventory (SPAI). Revista de Psiquiatria do Rio Grande do Sul, Porto Alegre, v. 27, p. 40-50, 2005.

RA, C. K. *et al.* Association of digital media use with subsequent symptoms of attention-deficit/hyperactivity disorder among adolescents. JAMA, [s. l.], v. 320, n. 3, p. 255-263, 2018.

RADWAN, N. L.; IBRAHIM, M. M.; MAHMOUD, W. S. E.-D. Evaluating hand performance and strength in children with high rates of smartphone usage: an observational study. Journal of Physical Therapy Science, [s. l.], v. 32, n. 1, p. 65-71, 2020.

SALES, H. F. S.; SILVA, F. M. de S. M.; LIMA, B. de J. L. Adapting the Compulsive Internet Use Scale to Assess Smartphone Dependency. Avances en Psicología Latinoamericana, Bogotá, v. 36, n. 1, p. 155-166, 2018.

SHAH, R. R. *et al.* Screen time usage among preschoolers aged 2-6 in rural Western India: A cross-sectional study. Journal of Family Medicine and Primary Care, [s. l.], v. 8, n. 6, p. 1999-2002, 2019.

SOCIEDADE BRASILEIRA DE PEDIATRIA. Crianças no celular: saiba o tempo ideal para cada idade. 2022.

TAMANA, S. K. *et al.* Screen-time is associated with inattention problems in preschoolers: Results from the CHILD birth cohort study. PloS One, [s. l.], v. 14, n. 4, p. 1-15, 2019.

TUNNEY, C.; ROONEY, B. Using theoretical models of problematic internet use to inform psychological formulation: A systematic scoping review. Clinical Child Psychology and Psychiatry, [s. l.], v. 28, n. 2, p. 810-830, 2023.

UHLS, Y. T. *et al.* Five days at outdoor education camp without screens improves preteen skills with nonverbal emotion cues. Computers in Human Behavior, [s. l.], v. 39, p. 387-392, 2014.

WOLF, C. *et al.* Children's environmental health in the digital era: understanding early screen exposure as a preventable risk factor for obesity and sleep disorders. Children, [s. l.], v. 5, n. 2, p. 31, 2018.

WORLD HEALTH ORGANIZATION (WHO). International Classification of Diseases, Eleventh Revision (ICD-11). Geneva: World Health Organization, 2022. Disponível em: https://icdcdn.who.int/icd11referenceguide/en/html/index.html. Acesso em: 22 maio 2023.

YOUNG, K. S. Internet addiction: A new clinical phenomenon and its consequences. American Behavioral Scientist, [s. l.], v. 48, n. 4, p. 402-415, 2004.

YOUNG, K. The evolution of internet addiction disorder. *In*: MONTAG, C.; REUTER, M. (ed.). Internet addiction: neuroscientific approaches and therapeutical interventions. Berlin: Springer Science + Business Media, 2015. p. 3-17.

15 Transtorno do Déficit de Atenção e Hiperatividade e Transtorno de Oposição Desafiante

Camila Teles de Souza Nunes • Mauro Muszkat • Rodrigo de Almeida Luz • Sueli Rizzutti

Introdução

Este capítulo abordará dois importantes transtornos neuropsiquiátricos que apresentam uma intersecção complexa, são altamente prevalentes, frequentemente concomitantes e têm suscitado interesse contínuo tanto na pesquisa quanto na prática clínica (Gomez et al., 2022).

O transtorno do déficit de atenção e hiperatividade (TDAH), caracterizado por dificuldades em manter a atenção, impulsividade e hiperatividade, afetando o funcionamento e o desenvolvimento do indivíduo, frequentemente ocorre com o transtorno de oposição desafiante (TOD), um padrão frequente e persistente de humor e comportamento que inclui desafio, questionamento, desobediência, irritabilidade, raiva, comportamento vingativo, geralmente direcionados a figuras de autoridade, com atitudes negativistas, que são inadequadas para o estágio de desenvolvimento. Ambos os transtornos emergem habitualmente na infância e podem coexistir de maneira intrincada, exacerbando os desafios clínicos, com muitas crianças compartilhando sintomas de ambos (Gomez et al., 2022; Frick; Brocki, 2019; *Manual diagnóstico e estatístico de transtornos mentais*, 5ª edição, texto revisado [DSM-5-TR], 2023).

Apesar de o TDAH e o TOD serem reconhecidos como entidades diagnósticas independentes, eles são frequentemente estudados em conjunto (Maia et al., 2020). A relação entre esses transtornos transcende as fronteiras diagnósticas, proporcionando um campo fértil para a investigação das interações complexas entre processos cognitivos, emocionais e comportamentais (Gomez et al., 2022; Frick; Brocki, 2019; DSM-5-TR, 2023).

A coocorrência do TDAH e do TOD não apenas impacta o indivíduo, mas também as dinâmicas familiares e os contextos escolares (Evans et al., 2020). Explorar as interconexões, características distintivas e abordagens de avaliação e intervenção é fundamental para uma compreensão holística das necessidades clínicas desses indivíduos e para o desenvolvimento de estratégias de tratamento eficazes.

Além disso, a alta comorbidade entre o TDAH e o TOD é uma característica marcante desses transtornos e é um fenômeno amplamente observado e estudado na literatura clínica e de pesquisa. Estudos têm demonstrado que muitas crianças diagnosticadas com TDAH também preenchem os critérios para o TOD, e vice-versa. A coexistência desses transtornos resulta em um quadro clínico mais complexo, com manifestações comportamentais interligadas (Mohammadi et al., 2021; Brown; Laws; Harvey, 2022; Frick; Brocki, 2019; Azeredo; Moreira; Barbosa, 2018).

Portanto, a relevância desse conjunto não se limita apenas à frequência de seus sintomas, mas também se estende aos abrangentes e substanciais efeitos adversos ligados a essas condições. Esses efeitos englobam aspectos socioculturais, bem como os âmbitos profissional, financeiro e físico, influenciando tanto a esfera individual quanto a coletiva.

Transtorno do déficit de atenção e hiperatividade

O TDAH é considerado um transtorno do neurodesenvolvimento, cujas características foram traçadas ao longo da história, tendo as primeiras descrições semelhantes ao transtorno feitas pelo médico alemão Melchior Adam Weikard, em 1775 (Barkley; Peters, 2012).

Em 1798, o médico escocês Dr. Alexander Crichton ampliou essa compreensão ao abordar observações semelhantes em seu livro *An inquiry into the nature and origin of mental derangement: comprehending a concise system of the physiology and pathology of the human mind and a history of the passions and their effects*, no capítulo *On Attention and its Diseases*. Ele detalhou aspectos relacionados à falta de atenção, definindo-a como uma "incapacidade de prestar atenção com grau necessário de constância a qualquer objeto", ao descrever indivíduos com tendência a inquietação, dificuldades de atenção, problemas na escola, nos quais o quadro poderia ter início precoce (Palmer; Finger, 2001).

Desde os primeiros relatos, o TDAH tem se tornado objeto de intensa pesquisa, estudo, controvérsias e contínuos debates científicos (Gattás, 2020).

Atualmente, observa-se uma preocupante tendência de banalização e modismo em relação ao diagnóstico do TDAH. Cada vez mais as pessoas têm se autodiagnosticado erroneamente com base em informações superficiais ou sintomas vagos encontrados na internet. Essa autodiagnose muitas vezes leva os indivíduos a se automedicarem, consumindo medicamentos estimulantes sem orientação médica adequada.

Quanto a sua definição, o TDAH é compreendido por uma tríade sintomática caracterizada por desatenção, hiperatividade e/ou impulsividade, que interfere no funcionamento ou no desenvolvimento do indivíduo, podendo levar a prejuízos no âmbito pessoal, acadêmico, social e profissional (Tamm et al., 2017; Denton et al., 2020). É considerado um dos transtornos do neurodesenvolvimento mais comuns da infância (DSM-5-TR, 2023).

Devido à sua alta prevalência no contexto infantil, o TDAH assume um papel de destaque ao provocar amplas repercussões em todos os domínios do neurodesenvolvimento, bem como nas interações psicossociais. Essas interações abrangem esferas como o núcleo familiar, a rede social, o ambiente escolar, a construção da identidade, a sensação de competência e a autoestima. O alcance desses impactos é substancialmente amplificado ao considerarmos a elevada taxa de comorbidade do TDAH com outros transtornos. Essa coexistência aumenta ainda mais a complexidade dos desafios diagnósticos e clínicos (Muszkat, 2010; Faraone et al., 2021). Consequentemente, caso não seja identificado e tratado de maneira apropriada, o TDAH pode gerar consequências significativas e prejudiciais na vida desses indivíduos.

Apesar de ser um transtorno do neurodesenvolvimento, muitos pacientes mantêm vários sintomas na vida adulta. Estudos mostraram que a persistência desse transtorno está associada com altas taxas de comorbidades psiquiátricas, prejuízos sociais, menores condições econômicas e envolvimento em acidentes, sendo inclusive um dos principais motivos de acidentes de trânsitos (Biederman et al., 2009).

O TDAH impacta significativamente a vida de crianças, adolescentes e adultos. Os prejuízos funcionais geralmente estão relacionados aos sintomas centrais do TDAH, incluindo desatenção, hiperatividade, impulsividade, desorganização, procrastinação, dificuldade em empregar estratégias de aprendizado diante de obstáculos e o prejuízo nas habilidades de gerenciamento do tempo de estudo. Esses comprometimentos podem ser observados em várias esferas ao longo da vida, como dificuldades na escola, levando à evasão escolar ou desempenho acadêmico aquém do potencial; maior probabilidade de enfrentar dificuldades no âmbito profissional, incluindo taxas mais elevadas de desemprego e insucesso nas carreiras, o que se reflete na redução da produtividade, no aumento do número de faltas ao trabalho e em um maior risco de envolvimento em acidentes ocupacionais; problemas financeiros; risco aumentado de uso indevido de substâncias, o que pode ser uma tentativa de lidar com os sintomas, como a desregulação emocional ou alterações de sono, ou ainda de buscar estimulação adicional; maior risco de se envolver em vários acidentes, com múltiplos traumas, assim como em acidentes de trânsito, devido a desatenção e distração, imprudência e alta velocidade como consequência da impulsividade ou uso de álcool e substâncias ilícitas. Além disso, a impulsividade e a falta de regulação emocional podem causar maior índice de criminalidade; as relações interpessoais, incluindo relacionamentos conjugais, podem ser afetadas pela impulsividade e desatenção, causando conflitos e dificuldades de convivência; casais em que um dos parceiros tem TDAH podem enfrentar índices mais elevados de dificuldades conjugais, incluindo maiores chances de divórcio; dificuldade na prática parental; gravidez precoce; práticas sexuais de risco; ideação, tentativas de suicídio e mortes decorrentes deste; a autorregulação, o controle de impulsos e a regulação emocional também podem ser desafios, resultando em comportamentos impulsivos e dificuldades em adiar recompensas; a autoestima pode ser prejudicada pelos desafios do TDAH, levando a sentimentos de inadequação e baixa autoconfiança (Baraniuk et al., 2021).

A persistência dos sintomas do TDAH e de suas comorbidades é bastante significativa. Estudo de acompanhamento, desenvolvido por Palma, Natale e Calil (2015), o qual teve dentre seus objetivos, avaliar a persistência dos sintomas, e a ocorrência e desenvolvimento de comorbidades, mostrou em seus resultados que 75% dos participantes com TDAH apresentaram persistência dos sintomas e comorbidades psiquiátricas que geravam aumento do comprometimento da funcionalidade no dia a dia.

O custo social do TDAH não tratado ao longo da vida é considerável, e inclui baixo aproveitamento acadêmico, repetências, expulsões e suspensões escolares, relações difíceis com familiares e colegas, baixa autoestima, problemas de conduta e delinquência, experimentação e uso precoce e abusivo de drogas, problemas de conduta, subemprego e acidentes automobilísticos (Felt et al., 2014, Koyuncu et al., 2022).

Apesar do TDAH ser o transtorno do neurodesenvolvimento mais investigado e sabermos tratar-se de um fator de risco para uma série de eventos adversos na idade adulta, existem poucos trabalhos de seguimento com esses pacientes (Biederman et al., 2009; Koyuncu et al., 2022).

Epidemiologia

A prevalência real do TDAH e a validade desse conceito têm sido temas de extensos debates ao longo do tempo. Essas discussões surgem especialmente devido às questões sobre as diferentes estimativas de prevalência e ao possível aumento nos diagnósticos com o decorrer dos anos.

As taxas de prevalência do TDAH podem apresentar variações devido a alterações nos critérios de diagnóstico, bem como devido à adoção de diversas abordagens metodológicas nas pesquisas e às diversas faixas etárias que compõem as amostras (Holbrook et al., 2017; Polanczyk et al., 2007). Dessa forma, existe um conjunto de estudos que ilustram a prevalência do TDAH em amostras provenientes de distintos países ao redor do mundo.

No ano de 2007, Polanczyk et al. conduziram uma pesquisa que consistiu em uma metanálise, revelando uma prevalência global de TDAH de 5,29% em crianças e adolescentes.

Em 2012, uma segunda revisão de metanálise abrangente sobre a prevalência do TDAH, usando critérios diagnósticos do DSM-IV, foi conduzida por Willcutt, e os resultados apontaram estimativas variando de 5,9 a 7,1% em crianças e adolescentes (Willcutt, 2012).

Em 2015, uma metanálise foi realizada com o objetivo de investigar possíveis mudanças na prevalência do TDAH ao longo do tempo, considerando as novas edições do *Manual diagnóstico e estatístico de transtornos mentais* (DSM). Os resultados revelaram uma prevalência global de 7,2% entre crianças (Thomas et al., 2015).

Em 2014, Polanczyk et al. também empreenderam uma revisão sistemática abrangendo 135 estudos conduzidos entre 1985 e 2012, com o intuito de examinar o suposto aumento da prevalência do TDAH com o decorrer dos anos. Os resultados destacaram que, nas últimas três décadas, não houve uma mudança significativa na prevalência do TDAH. Isso sugere que o aumento no número de diagnósticos está mais associado a uma crescente conscientização sobre essa condição clínica, bem como a um acesso mais amplo aos serviços médicos especializados (Polanczyk *et al.*, 2014).

Em 2018, Raman *et al.* publicaram uma outra pesquisa que teve como objetivo investigar a prevalência do uso de medicamentos para TDAH em crianças e adultos em diferentes regiões do mundo. Os resultados apontam aumento considerável no uso de estimulantes para TDAH em todo o mundo ao longo do tempo (Raman *et al.*, 2018).

No contexto brasileiro, as taxas de prevalência do TDAH em crianças e adolescentes se assemelham às cifras globais. Um ponto relevante a se destacar é a disparidade na prevalência entre os gêneros, apontada pelo DSM-5-TR, sendo mais elevada entre os indivíduos do sexo masculino. O DSM-5-TR ressalta ainda que o TDAH está presente em aproximadamente 7,2% das crianças e 2,5% dos adultos (DSM-5-TR, 2023).

Etiologia

Quanto à etiologia, apesar de já terem sido realizadas muitas pesquisas, não se sabe as causas precisas do TDAH, ele é tido como multifatorial, envolvendo fatores genéticos e ambientais interagindo de maneira altamente complexa. Atualmente, sabe-se que a base do TDAH é de natureza neurobiológica, genética e neuroquímica, mas que a expressão dos padrões herdados é também modulada pelo ambiente (Faraone *et al.*, 2021; Szobot *et al.*, 2001).

Apesar dos avanços em neurobiologia e genética, ainda não dispomos de biomarcadores ou outros critérios objetivos que possibilitariam o desenvolvimento de um algoritmo automatizado capaz de identificar o TDAH de forma confiável na prática clínica (Drechsler *et al.*, 2020).

Estudos tanto epidemiológicos quanto clínicos apontam para a influência de fatores de risco de natureza genética e ambiental que impactam a estrutura e o funcionamento das redes cerebrais associadas ao comportamento e à cognição do TDAH (Faraone *et al.*, 2015).

Os genes parecem contribuir substancialmente, não na causa direta do transtorno, mas na predisposição ao TDAH. Estudos envolvendo famílias oferecem evidências sólidas para afirmar que os genes desempenham um papel significativo na etiologia e na determinação da suscetibilidade ao TDAH, estudos em gêmeos e filhos adotivos apontam para uma significativa contribuição do fator genético, com estimativa de herdabilidade de 70 a 80% (Banaschewski, 2010; Faraone *et al.*, 2005; Faraone; Larsson, 2019; Franke, 2012; Demontis *et al.*, 2019).

Inúmeras variantes genéticas com efeitos sutis contribuem para a vulnerabilidade ao TDAH, mais especificamente quando combinadas com diversos fatores ambientais. Não existe um único "gene do TDAH" que seja responsável por esse fenótipo. Assim, as variantes de DNA em genes aumentam o risco de TDAH, mas nenhuma dessas variantes comuns de DNA é por si só uma causa necessária e suficiente do TDAH (Faraone; Larsson, 2019).

Uma metanálise de estudo de associação do genoma de TDAH, que abrangeu um grande número de indivíduos, revelou descobertas significativas. Foram identificados 27 *locus* significativos em todo o genoma associado ao TDAH, destacando 76 genes que apresentam potencial de risco, particularmente envolvidos no desenvolvimento inicial do cérebro. Além disso, o estudo apontou que o risco genético do TDAH está relacionado a subtipos específicos de neurônios e, mais especificamente, aos neurônios dopaminérgicos do mesencéfalo. Ao analisar dados de sequenciamento de exoma de um grande grupo de indivíduos, os pesquisadores também identificaram um aumento nas variantes raras de truncamento de proteínas em genes relacionados ao TDAH. Além disso, os resultados desse estudo sugerem que uma grande porcentagem das variantes genéticas que influenciam o TDAH também está relacionada a outros transtornos psiquiátricos. Por fim, o risco genético de variante comum do TDAH também foi associado a prejuízos na cognição complexa, incluindo raciocínio verbal, funções executivas e atenção (Demontis *et al.*, 2023).

A presença de genes como fatores de risco para o TDAH não descarta a influência do ambiente em sua etiologia. A evidência de que as estimativas de herdabilidade em gêmeos não atingem 100% sugere fortemente a contribuição de fatores ambientais. A herdabilidade do TDAH é significativa, abrangendo consideravelmente a interação entre genes e ambiente. Portanto, é plausível que essas interações desempenhem um papel significativo na explicação da etiologia do TDAH (Faraone; Larsson, 2019).

É importante ressaltar que a maioria dos estudos sobre possíveis agentes ambientais apenas evidenciaram uma associação desses fatores com o TDAH, não sendo possível estabelecer uma relação clara de causa e efeito entre eles. E ainda, os fatores de risco ambientais para o TDAH podem começar a exercer seus efeitos desde o início da vida, seja durante o período fetal, seja logo após o nascimento (Palladino *et al.*, 2019; Faraone *et al.*, 2021).

Dentre os fatores de risco ambientais para o TDAH, podemos destacar a exposição a substâncias tóxicas, como chumbo, consumo de álcool durante a gravidez, exposição pré-natal ao tabagismo materno, exposição infantil ao fumo passivo de tabaco, exposição intrauterina a diferentes medicamentos; deficiências nutricionais, como reduções pequenas a moderadas na ferritina sérica, níveis mais baixos de vitamina D materna; eventos durante a gravidez e o parto, como recém-nascidos prematuros ou com peso muito baixo ao nascer, quanto menor o peso, maior o risco, distúrbios hipertensivos maternos durante a gravidez, pré-eclâmpsia materna durante a gravidez, obesidade materna; e ainda, fatores relacionados a privação, estresse, infecção, pobreza e trauma (Faraone *et al.*, 2021; Wermter, 2010; DSM-5-TR, 2023).

Conceitos neurobiológicos/neuropsicológicos e alterações cognitivas e comportamentais

O TDAH é uma condição complexa que está associada a várias vias neurobiológicas subjacentes, assim como a perfis neuropsicológicos heterogêneos, ou seja, o TDAH não é causado por um único fator, mas sim por várias vias ou caminhos neurobiológicos no cérebro que contribuem para os sintomas e as características do transtorno. Isso inclui áreas do cérebro envolvidas na atenção, no controle inibitório, no processamento emocional e em outras funções cognitivas. Existem várias teorias e pesquisas que sugerem a interação de diferentes sistemas neurobiológicos no desenvolvimento do TDAH (Drechsler et al., 2020).

Quando nos referimos a perfis neuropsicológicos heterogêneos, significa que as pessoas com TDAH podem apresentar uma variedade de padrões neuropsicológicos, ou seja, diferenças em como suas funções cognitivas estão afetadas. Enquanto algumas pessoas com TDAH podem ter dificuldades predominantes com o controle da atenção, outras podem enfrentar desafios mais significativos relacionados ao controle inibitório ou à regulação emocional. Isso torna o TDAH uma condição que se manifesta de maneira diferente e, portanto, apresenta heterogeneidade nos perfis neuropsicológicos (Drechsler et al., 2020).

Ao longo dos anos vêm sendo realizadas e publicadas muitas pesquisas sobre os déficits neuropsicológicos em pessoas com TDAH (Biederman et al., 2009; Krieger; Amador-Campos, 2018; Toplak et al., 2009; Barnett; Maruff; Vance, 2005; Mayes et al., 2009; Nikolas; Nigg, 2013). Os déficits neuropsicológicos associados ao TDAH abrangem múltiplas dimensões cognitivas, incluindo um desempenho abaixo do esperado no funcionamento intelectual, controle atencional, e nas funções executivas (Berger; Cassuto, 2014; Krieger; Amador-Campos, 2018; Pievsky; McGrath, 2018; Thaler et al., 2013; Toplak et al., 2009; Frazier et al., 2004). De maneira mais específica, alguns estudos destacaram a presença de déficits na memória operacional, na velocidade de processamento e nas habilidades de atenção seletiva e sustentada em amostras de indivíduos com TDAH (Areces et al., 2018; Luo et al., 2019; Thaler; Bello; Etcoff, 2013).

Uma pesquisa de metanálise conduzida por Willcutt et al. (2005), que incorporou a análise de 83 estudos abordando a avaliação das funções executivas em indivíduos com TDAH, revelou prejuízos significativos e abrangentes em todas as tarefas associadas às funções executivas. Os efeitos observados foram mais substanciais e consistentes em áreas que envolvem a inibição de respostas, vigilância, memória operacional e planejamento, implicando que os déficits nas funções executivas desempenham um papel essencial no perfil neuropsicológico de indivíduos com TDAH.

Um outro estudo de revisão sistemática publicado em 2018, que reuniu os resultados de 34 metanálises sobre o desempenho neurocognitivo em pessoas com TDAH comparado ao desempenho de indivíduos saudáveis, apontou dados consistentes indicando que o desempenho do grupo controle foi sistematicamente superior ao desempenho do grupo de indivíduos com TDAH em todos os estudos e em todas as áreas cognitivas analisadas. Os indivíduos com TDAH apresentaram maiores déficits em várias áreas cognitivas específicas, incluindo a variabilidade do tempo de reação, inteligência/realização, vigilância, memória operacional e inibição de resposta. As diferenças entre os grupos foram mais acentuadas ou significativas em crianças e adultos em comparação com os adolescentes (Pievsky; McGrath, 2018).

Dessa forma, temos evidências de diversas pesquisas com diferentes faixas etárias que apontam prejuízos ou pontuações mais baixas em diversos domínios neurocognitivos de indivíduos com TDAH. Dentre eles, podemos citar funções executivas e atencionais em amostra, envolvendo desde a primeira infância até a idade adulta, independentemente do gênero e faixa etária (Seidman, 2006), memória operacional, planejamento e inibição em amostra com adolescentes (Krieger; Amador-Campos, 2018), funções executivas e estado de alerta em amostra de meninos entre 11 e 13 anos (Abramov et al., 2019), maior vulnerabilidade a distração (Fassbender et al., 2009), organização, categorização, ativação da informação, focalização e sustentação da atenção, capacidade de alerta e velocidade de processamento, administração da frustração e modulação do afeto, e aplicação e evocação da memória operacional (Travella, 2004), planejamento, inibição de respostas, preparação de resposta e memória operacional verbal e espacial englobando amostra com meninas e meninos entre 8 e 13 anos (O'Brien et al., 2010).

Uma extensa variedade de pesquisas tem se concentrado na identificação de endofenótipos neuropsicológicos para o TDAH. Endofenótipos são características neurobiológicas específicas no desempenho de funções neuropsicológicas que são distintivas do transtorno. Além disso, essas características também podem ser detectadas em parentes próximos que não apresentam o transtorno. Essencialmente, eles são traços intermediários que estão associados ao TDAH e podem ajudar a mediar o risco genético em relação a variantes genéticas comuns (Nigg et al., 2018).

Uma série de déficits cognitivos tem sido identificada como potenciais endofenótipos para o TDAH. Esses déficits incluem prejuízos na memória operacional, na variabilidade do tempo de reação, na inibição, na preparação da resposta, na regulação da excitação, na orientação atencional e outros. Eles são considerados candidatos promissores para mediarem o risco genético associado a variantes genéticas comuns no contexto do TDAH (Nigg et al., 2018; Albrecht et al., 2014; Kebir; Joober, 2011; Pinto et al., 2016).

De forma mais específica, as variações genéticas no gene *DAT1*, que está relacionado ao TDAH, parecem estar conectadas aos sintomas de desatenção e hiperatividade/impulsividade, por meio de uma relação indireta através da inibição de respostas (Kamradt et al., 2017).

Quadro clínico, critérios diagnósticos e níveis de gravidade

Conforme delineado pelo DSM-5-TR, a dificuldade em sustentar a atenção no contexto do TDAH se confirma através de indicadores comportamentais. Esses sinais englobam a tendência de divagar durante tarefas, a oscilação na constância, a dificuldade para manter o foco e a carência de organização. A presença de hiperatividade é evidenciada por um excesso de atividade motora em momentos inapropriados, acompanhado por gestos como remexer mãos e pés ou batucar e falar excessivamente. Em adultos, a hiperatividade pode se manifestar como agitação intensa ou comportamentos que resultam na exaustão dos demais diante de suas ações. Quanto à dificuldade de controlar impulsos, ela se revela por meio de ações precipitadas, realizadas sem uma ponderação reflexiva e com potencial para prejudicar o indivíduo. A impulsividade pode derivar da busca por gratificações imediatas ou da incapacidade de adiar a satisfação.

Esses comportamentos impulsivos podem também se manifestar como interrupções sociais ou na tomada de decisões substanciais sem a devida consideração pelas ramificações a longo prazo (DSM-5-TR, 2023).

As principais características desse transtorno são a desatenção e a hiperatividade/impulsividade, e o DSM-5-TR lista 18 sintomas, conforme apresentados na Tabela 15.1.

O DSM-5-TR classifica o TDAH em três subtipos distintos: apresentação combinada, em que tanto o critério A1 (com seis ou mais sintomas de desatenção) quanto o critério A2 (com seis ou mais sintomas de hiperatividade-impulsividade) persistem incoerentemente com o estágio do desenvolvimento, por pelo menos 6 meses; apresentação predominantemente desatenta, caracterizada pelo preenchimento do critério A1 (com seis ou mais sintomas de desatenção); e apresentação predominantemente hiperativa/impulsiva, que surge quando o critério A2 (com seis ou mais sintomas de hiperatividade-impulsividade) é preenchido (DSM-5-TR, 2023). Além disso, apresenta ainda uma categoria de remissão parcial.

No caso de adolescentes com 17 anos ou mais e adultos, é necessário que pelo menos cinco sintomas estejam presentes. Esses sintomas precisam manifestar-se antes dos 12 anos (critério B) e ocorrer em múltiplos contextos, como casa, escola e trabalho (critério C). Além disso, esses sintomas devem ter um impacto negativo direto nas atividades sociais, acadêmicas e profissionais do indivíduo ou reduzir a qualidade dessas atividades (critério D) (DSM-5-TR, 2023).

A gravidade do TDAH é classificada como leve, moderada ou grave de acordo com o comprometimento que os sintomas causam na vida do indivíduo. No grau leve, são observados poucos sintomas que resultam apenas em danos menores no funcionamento social e profissional. No grau moderado, estão presentes sintomas ou prejuízos funcionais que variam entre os graus "leve" e "grave". Por fim, no grau grave, há a presença de muitos sintomas além dos essenciais para o diagnóstico, vários sintomas graves ou sintomas que podem causar um prejuízo acentuado no funcionamento social ou profissional (DSM-5-TR, 2023).

No que concerne à questão diagnóstica, não se dispõe de um marcador biológico que seja definitivo para o TDAH, isto é, exames laboratoriais ou de imagem não oferecem um veredicto determinante (DSM-5-TR, 2023).

O diagnóstico é eminentemente clínico e comportamental, requerendo uma minuciosa avaliação do histórico clínico, além de outras evidências, como depoimentos de familiares e educadores. Nesse sentido, tanto a avaliação com o paciente quanto com sua família se torna crucial para investigar sintomas, sua severidade, impactos negativos associados, possíveis comorbidades, antecedentes familiares e elementos psicossociais estressores (Miranda; Rizzutti; Muszkat, 2013). Embora escalas possam prover auxílio ao averiguar os sintomas, descrever o perfil sintomático e monitorar as respostas ao tratamento, é imperativo compreender que essas escalas não devem ser utilizadas isoladamente nem como confirmação nem como negação de um diagnóstico.

Segundo Teixeira (2015), a avaliação pode ser dividida em cinco etapas, abrangendo um estudo clínico minucioso e uma análise comportamental abrangente. As etapas incluem avaliação com pais ou responsáveis, avaliação com

Tabela 15.1 Critérios diagnósticos do DSM-5-TR para o TDAH.

A. Padrão persistente de desatenção e/ou hiperatividade-impulsividade que interfere no funcionamento e no desenvolvimento, conforme caracterizado por (1) e/ou (2)
  1. Desatenção: seis ou mais dos seguintes sintomas persistem por pelo menos 6 meses em um grau que é inconsciente com o nível de desenvolvimento e têm impacto negativo diretamente nas atividades sociais e acadêmicas/profissionais (em pacientes com 17 anos ou mais, pelo menos cinco sintomas são necessários)
      a. Frequentemente não presta atenção em detalhes ou comete erros por descuido em tarefas escolares, no trabalho ou durante outras atividades
      b. Frequentemente tem dificuldade de manter a atenção em tarefas ou atividades lúdicas
      c. Frequentemente parece não escutar quando alguém lhe dirige a palavra diretamente
      d. Frequentemente não segue instruções até o fim nem consegue terminar trabalhos escolares, tarefas ou deveres no local de trabalho
      e. Frequentemente tem dificuldade para organizar tarefas e atividades
      f. Frequentemente evita, não gosta ou reluta em se envolver em tarefas que exijam esforço mental prolongado
      g. Frequentemente perde coisas necessárias para tarefas ou atividades
      h. Com frequência se distrai facilmente com estímulos externos
      i. Com frequência se esquece de atividades cotidianas
  2. Hiperatividade e impulsividade: seis ou mais dos seguintes sintomas persistem por pelo menos 6 meses em um grau que é inconsciente com o nível de desenvolvimento e têm impacto negativo diretamente nas atividades sociais e acadêmicas/profissionais (em pacientes com 17 anos ou mais, pelo menos cinco sintomas são necessários)
      a. Frequentemente remexe ou batuca as mãos ou os pés ou se contorce na cadeira
      b. Frequentemente se levanta da cadeira em situações em que se espera que permaneça sentado
      c. Frequentemente corre ou sobe nas coisas em situações em que isso é inapropriado; sensação de inquietude (adultos)
      d. Com frequência é incapaz de brincar ou se envolver em atividades de lazer calmamente
      e. Com frequência "não para", agindo como se estivesse "com o motor ligado"
      f. Frequentemente fala demais
      g. Frequentemente deixa escapar uma resposta antes que a pergunta tenha sido concluída
      h. Frequentemente tem dificuldade para esperar a sua vez
      i. Frequentemente interrompe ou se intromete

B. Vários sintomas de desatenção ou hiperatividade-impulsividade estavam presentes antes dos 12 anos

C. Vários sintomas de desatenção ou hiperatividade-impulsividade estão presentes em dois ou mais ambientes

D. Há evidências claras de que os sintomas interferem no funcionamento social, acadêmico ou profissional ou reduzem sua qualidade

E. Os sintomas não ocorrem exclusivamente durante o curso de outros transtornos neurológicos ou psiquiátricos

DSM-5-TR: 5ª edição revisada do *Manual diagnóstico e estatístico de transtornos mentais*; TDAH: transtorno do déficit de atenção e hiperatividade. (Fonte: DSM-5-TR, 2023.)

educadores ou coordenadores pedagógicos, avaliações complementares por outros profissionais que acompanham o paciente, aplicação de escalas padronizadas e avaliação direta com a criança ou adolescente. Nessa última etapa, investigam-se habilidades comunicativas, interações sociais, atenção, memória, processos de pensamento, inteligência, linguagem, aspectos afetivos e humor.

Vale ressaltar que indivíduos afetados pelo TDAH podem exibir prejuízos cognitivos em testes de atenção, memória ou função executiva, tornando assim avaliações psicométricas uma ferramenta adicional no processo diagnóstico (DSM-5-TR, 2023).

Uma complexidade associada ao diagnóstico reside na possibilidade de sintomas de desatenção, hiperatividade e impulsividade se manifestarem em diversos outros transtornos psiquiátricos. Frequentemente, a realização de avaliações neuropsicológicas e psicopedagógicas desempenha um papel crucial no planejamento terapêutico (Gattás, 2020).

Comorbidades

Um dos obstáculos para a precisa identificação do TDAH e para sua abordagem terapêutica está associado à elevada e frequente incidência de comorbidades e a sobreposição de sintomas com outros transtornos do neurodesenvolvimento e transtornos mentais da infância e adolescência. Indivíduos que enfrentam o TDAH frequentemente podem apresentar uma série de outros transtornos concomitantes (Faraone *et al.*, 2021; Drechsler *et al.*, 2020).

No âmbito dessas associações, o TOD surge em aproximadamente metade das crianças que vivenciam o TDAH na sua forma de apresentação combinada, enquanto cerca de um quarto daquelas que exibem a apresentação desatenta também se deparam com esse transtorno adjacente. Dependendo da faixa etária e do ambiente em que se encontram, aproximadamente um quarto das crianças e adolescentes que vivem com TDAH de apresentação combinada podem também enfrentar o transtorno da conduta (TC) (DSM-5-TR, 2023; Faraone *et al.*, 2021).

No que tange ao transtorno disruptivo da desregulação do humor (TDDH), a maioria das crianças e adolescentes acometidos por esse transtorno também manifesta sintomas característicos que preenchem os critérios para o TDAH. No entanto, uma parcela reduzida das crianças com TDAH encaixa-se nos critérios do TDDH (DSM-5-TR, 2023; Faraone *et al.*, 2021).

Transtornos como ansiedade, transtorno depressivo maior, transtorno explosivo intermitente, transtorno por abuso de substância, transtorno obsessivo-compulsivo (TOC), transtorno de personalidade antissocial e outros transtornos de personalidade, assim como transtornos do sono também podem manifestar-se em comorbidade (DSM-5-TR, 2023; Faraone *et al.*, 2021).

Além disso, o TDAH pode ser comórbido com outros transtornos do neurodesenvolvimento, como o transtorno específico de aprendizagem, transtorno do desenvolvimento intelectual, transtorno da linguagem, transtorno do desenvolvimento da coordenação, transtornos de tique e o transtorno do espectro autista (TEA) (DSM-5-TR, 2023; Faraone *et al.*, 2021).

O transtorno bipolar, apesar de ser considerado um diagnóstico diferencial do TDAH, também ocorre em comorbidade em 21 a 98% de casos (Donfrancesco *et al.*, 2017; Drechsler *et al.*, 2020).

O estudo de Sanz *et al.* (2019) mostrou que adolescentes com TDAH com apresentação predominantemente desatenta e adolescentes com TDAH com comorbidade psiquiátrica de ansiedade apresentaram maior nível de ansiedade social. Segundo Fraporti *et al.* (2019), o transtorno de ansiedade é cerca de 15 a 40% mais prevalente em pacientes com TDAH quando comparado com a prevalência da população em geral.

O TDAH está relacionado a um aumento no risco de desenvolver transtornos relacionados ao uso indevido de substâncias em 1,5 vez (2,4 vezes no caso do tabagismo). Além disso, na adolescência, há um aumento substancial no risco de problemas relacionados ao uso excessivo de tela, chegando a 9,3 vezes (Charach *et al.*, 2011; Drechsler *et al.*, 2020).

No que diz respeito à saúde, o TDAH está associado a padrões alimentares desregulados em crianças e adolescentes, aumentando o risco de crianças e adolescentes do sexo feminino desenvolverem obesidade em 1,23 vez (Aguirre Castaneda *et al.*, 2016; Drechsler *et al.*, 2020).

Dentre as comorbidades neurológicas, as mais frequentes são a enxaqueca e a epilepsia, sendo essa última de 2,3 a 3 vezes mais frequente em crianças com TDAH (Brikell *et al.*, 2018; Drechsler *et al.*, 2020).

Kutuk *et al.* (2018) avaliaram a prevalência de subtipos de cefaleia em crianças e adolescentes com TDAH e mostraram que a enxaqueca estava presente em 26% dos participantes com TDAH e em 9,9% dos participantes do grupo controle. No grupo com TDAH, 32,4% tinham cefaleia tensional, e no grupo controle 27,9%. O estudo mostrou também que havia diagnóstico de cefaleia em 90,5% das mães de crianças com TDAH e em 36,6% das mães de crianças que não tinham TDAH.

Um fator importante a se considerar é que existem várias condições médicas e psiquiátricas que apresentam sintomas semelhantes aos do TDAH primário. Durante o processo de diagnóstico, é crucial descartar essas condições para garantir um diagnóstico preciso. Algumas das condições médicas mais significativas incluem a epilepsia, em particular os subtipos de epilepsia de ausência e epilepsia rolândica, irregularidades da glândula tireoide, alterações no padrão de sono, possíveis interações medicamentosas, anemia e leucodistrofia. Dentre as condições psiquiátricas, as de maior relevância são os transtornos de aprendizagem, transtornos de ansiedade, transtornos afetivos e um ambiente doméstico adverso (Drechsler *et al.*, 2020).

Transtorno de oposição desafiante

O TOD faz parte de um espectro de transtornos disruptivos, do controle de impulsos e da conduta. É caracterizado por um padrão frequente e persistente de desafio, desobediência, hostilidade e irritabilidade em relação a figuras de autoridade, como pais, professores e outros adultos, associados a prejuízos significativos tanto para as crianças quanto para suas famílias. Embora atualmente seja reconhecido como um distúrbio psiquiátrico, a compreensão e o diagnóstico do TOD evoluíram ao longo do tempo (DSM-5-TR, 2023; Agostini; Santos, 2018; Eskander, 2020).

Os primeiros relatos de trabalhos publicados sobre o comportamento desafiador remontam a antes de 1930, a partir dessa data surgiram outros estudos e pesquisas que exploravam o comportamento desafiador e oposicional em crianças. No entanto, a sua inclusão oficial nos sistemas de classificação de transtornos mentais é relativamente recente (Tucker *et al.*, 2007; Filho *et al.*, 2022).

A primeira aparição significativa do TOD nos sistemas de diagnóstico ocorreu com a publicação da 3ª edição do *Manual diagnóstico e estatístico de transtornos mentais* (DSM-III) em 1980, pela Associação Americana de Psiquiatria (APA). O DSM-III trouxe maior rigor e critérios específicos para o diagnóstico de transtornos infantis, incluindo o TOD, o que representou um avanço na compreensão e no reconhecimento desse transtorno (DSM-III, 1980; Tucker *et al.*, 2007; Filho *et al.*, 2022).

Desde então, o conceito e a definição do TOD passaram por revisões e atualizações nas edições subsequentes do DSM. Um marco significativo ocorreu com o lançamento do DSM-5 em 2013, que trouxe refinamentos importantes nos critérios diagnósticos. Essas atualizações proporcionaram uma compreensão mais nítida das características clínicas do transtorno, permitindo uma identificação mais precisa (DSM-5, 2013).

Além disso, o DSM-5 reclassificou o TOD, incluindo-o no grupo de transtornos disruptivos do controle de impulsos e da conduta. Essa reclassificação colocou o TOD em uma categoria que engloba transtornos caracterizados por problemas de autocontrole e comportamentos que podem violar os direitos de outras pessoas ou entrar em conflito com normas sociais e figuras de autoridade. Essa mudança de classificação reflete uma compreensão mais abrangente dos desafios enfrentados por indivíduos com TOD, destacando a importância do diagnóstico precoce e da intervenção adequada para melhorar o bem-estar desses indivíduos e de suas famílias (Tucker *et al.*, 2007; Filho *et al.*, 2022).

Atualmente, o TOD é reconhecido como um distúrbio que afeta crianças e adolescentes, embora sua apresentação e tratamento possam variar bastante. Apesar de ser considerado uma entidade diagnóstica independente, é comum que seja estudado juntamente com o TDAH e considerado um precursor de outros transtornos, incluindo o TC (DSM-5-TR, 2023).

O DSM-5-TR define o TOD como um quadro caracterizado por um humor persistente de raiva ou irritabilidade, um comportamento desafiador ou questionador e uma tendência a buscar vingança (DSM-5-TR, 2023). Já a CID-10, define o TOD como um transtorno relacionado a conduta, que geralmente se manifesta em crianças mais jovens, é principalmente caracterizado por um comportamento provocador, desobediente ou perturbador, sem a presença de comportamentos criminosos graves ou condutas agressivas e antissociais (WHO, 1993).

Murray *et al.* (2013) destacam os principais fatores de risco que podem estar relacionados ao TOD, incluindo: comorbidade com outros transtornos mentais infantis, fracasso escolar com repetição de ano letivo, severos castigos físicos e abuso, pais com problemas de saúde mental, baixa religiosidade, família com um único cuidador e baixo nível socioeconômico familiar.

O TOD está relacionado a consequências adversas a longo prazo em várias áreas da vida como: maior risco de desenvolvimento de ansiedade e depressão, exclusão social, impactos negativos sobre a saúde física, dificuldades de aprendizagem, comportamento antissocial, uso/uso abusivo de substâncias e álcool, envolvimento em atividades criminosas, problemas de relacionamento, maior risco de divórcio, desemprego, instabilidade no trabalho e desafios financeiros (Vilhena; Paula, 2017).

Desta forma, crianças que apresentam esses sintomas apresentam risco elevado de desenvolverem uma desadaptação social na juventude e fase adulta (Maia *et al.*, 2020).

O TOD ocorre primordialmente durante a fase da infância e adolescência, raramente sendo observado após os 18 anos (Nock *et al.*, 2007).

Cabe ressaltar que as crianças podem apresentar fases de rebeldia, em que é comum apresentar comportamento desafiador e opositor de forma transitória, principalmente quando está com fome, cansada, estressada ou chateada. Quando uma criança mantém um comportamento rebelde ou aversão às regras por um período prolongado, ou seja, os sintomas são persistentes, pode ser indicativo de um transtorno. Nesse caso, a idade ou o tempo não conseguem por si só atenuar os sintomas desse comportamento, necessitando de investigação desses sintomas para melhor manejo (Farias *et al.*, 2018; Maia *et al.*, 2020; Fooladvand *et al.*, 2021).

Epidemiologia

Estudos como de Agostini e Santos (2018) explicam que a prevalência é variável com oscilação dependendo da idade e do gênero dos indivíduos. Vilhena e Paula (2017) apontam que a prevalência também pode variar em razão de diferenças metodológicas, incluindo o tamanho e perfil da amostra, tipo de instrumento adotado e tipo de informante. Filho *et al.* (2022) ressaltam ainda que são poucos estudos que avaliam a prevalência do TOD de forma isolada, sendo que a maioria analisa sua prevalência juntamente com o TC, por serem transtornos disruptivos e com características similares.

Em 2007, Nock *et al.* realizaram uma pesquisa apontando que a prevalência do TOD ao longo da vida é estimada em 10,2%, mais especificamente 11,2% nos homens e 9,2% nas mulheres.

Os dados de um estudo realizado por Egger e Angold (2006) envolvendo crianças pré-escolares apontam que as estimativas de prevalência variam consideravelmente, com taxa de 4 a 16,8%.

De acordo com o DSM-5-TR, a prevalência pode variar de 1 a 11%, com estimativa de prevalência média de aproximadamente 3,3%. Pontua ainda que a taxa pode variar de acordo com a idade e o gênero, sendo mais prevalente em meninos antes da adolescência (1,59:1). Não há consistência desse dado em amostras de adolescentes e adultos (DSM-5-TR, 2023).

Um estudo mais abrangente realizado no Brasil que envolveu 1.251 estudantes de 7 a 14 anos de escolas privadas, escolas públicas rurais e públicas urbanas apontou taxa de prevalência de 7% para a amostra total, 10% para meninos,

3,5% para as meninas, 7,2% para as crianças de 7 a 10 anos, 6,7% para os participantes de 11 a 14 anos, 2,1% para as escolas privadas, 4,9% para as escolas rurais e 8% para as escolas urbanas (Fleitlich-Bilyk; Goodman, 2004). A prevalência em relação ao gênero está em consonância com outras pesquisas, que apontam maior frequência do transtorno em meninos em idade anterior a adolescência.

Etiologia

Ainda não existe uma causa específica para o TOD, mas admite-se que fatores genéticos associados a desencadeadores domésticos podem estar associados. O TOD, assim como muitos outros transtornos clínicos, sofre a influência de diversos fatores que se inter-relacionam, atuando como variáveis de causa e efeito que indicam uma etiologia multifatorial associada a uma relação complexa entre fatores ambientais e biológicos. O TOD é mais comum em filhos de pais que apresentam TC, personalidade antissocial ou uso abusivo de drogas e em crianças que vivenciam situações e experiências negativas, conflituosas ou desarmônicas nos casos de separação dos pais e alienação parental. A depressão e o TDAH também podem ser fatores de risco para a emergência de um comportamento mais desafiador (Braga, 2019; Caponi et al., 2018; Burke; Johnston; Butler, 2021).

De acordo com o DSM-5-TR, alguns aspectos podem influenciar no desenvolvimento e prognóstico do TOD, incluindo fatores temperamentais, ambientais, genéticos e fisiológicos, os quais aumentam as chances do desencadeamento do transtorno comportamental e o seu desenvolvimento, este provavelmente relacionado à quantidade de situações de risco enfrentados pela criança (DSM-5-TR, 2023).

Portanto, é fundamental considerar a interação de todas as dimensões que exercem importantes contribuições, tais como fatores individuais (temperamento, contribuições genéticas, processos comportamentais e cognitivos), fatores ambientais (influências sociais e interpessoais, ambiente escolar) e fatores familiares (composição e funcionamento da família, padrões de educação, relação afetiva, forma de punição).

Em crianças com TOD, percebe-se com frequência o temperamento impulsivo, com tendência a reagir de forma brusca e inconsequente, além do temperamento irritável, com maior predisposição a perceber os estímulos ambientais como irritantes (Filho et al., 2022).

Aspectos do temperamento relacionados a dificuldades na regulação das emoções podem ser indicativos do TOD (DSM-5-TR, 2023). Por exemplo, criança com histórico de temperamento difícil, alta reatividade motora, choro frequente e dificuldade de acalmá-la quando bebê, tendência a reações emocionais extremas e baixa tolerância a frustração predizem o transtorno (Fraser; Wray, 2008).

O temperamento da criança e o ambiente em que ela cresce interagem continuamente ao longo de seu desenvolvimento. Essa interação desempenha um papel significativo na formação de comportamentos desajustados e na sua persistência, pois o ambiente pode atuar como um fator de reforço desses comportamentos (Bernardo; Silva; Santos, 2017).

Crianças com TOD exercem impacto sobre o ambiente em que vivem e, simultaneamente, são impactadas por ele. Por exemplo, os sintomas do TOD tendem a incitar as práticas parentais agressivas e inconsistentes, assim como um estilo parental que é incoerente e negligente, bem como agressivo, tende a intensificar os sintomas do TOD (DSM-5-TR, 2023).

Questões familiares podem influenciar no desenvolvimento de comportamento disruptivo infantil de diversas maneiras. Dentre essas possibilidades, incluem a composição familiar, estilo parental dos pais, períodos de cuidadores diferentes, atitudes agressivas, conflitos entre os pais, abusos físicos, sexuais e emocionais (Filho et al., 2022; Fraser; Wray, 2008).

Pais que manifestam comportamentos antissociais, que apresentam histórico de transtornos psiquiátricos, fazem uso de substâncias podem influenciar o desenvolvimento de problemas comportamentais dos filhos. Eles podem apresentar dificuldade em lidar com comportamentos desajustados dos filhos, como o comportamento desafiador, sendo mais propensos a exibirem respostas parentais inadequadas, incluindo supervisão insuficiente, punição inconsistente, punição excessiva, ou, até mesmo, a negligência. Esse estilo parental inadequado pode aumentar a frequência e a natureza das dificuldades comportamentais da criança, com a possibilidade de levar a problemas de conduta na primeira infância e comportamentos antissociais mais tarde (Christensen; Baker, 2021).

Conceitos neurobiológicos/neuropsicológicos e alterações cognitivas e comportamentais

Alguns marcadores neurobiológicos estão sendo associados ao TOD, apesar de não serem suficientes para diagnóstico, e a maioria dos estudos foram realizados com amostras de crianças com TOD em conjunto com o TC, não sendo esses específicos do TOD. Dentre eles, podemos destacar: uma frequência cardíaca mais baixa (relacionado ao comportamento antissocial e agressivo) e menor resposta da condutância da pele, redução na reatividade do cortisol basal (relacionado a regulação do estresse, comportamento mais agressivo), bem como alterações no córtex pré-frontal e na amígdala (DSM-5-TR, 2023; Filho et al., 2022; Schoorl et al., 2017).

Além disso, crianças e adolescentes que têm TOD manifestam uma variedade de problemas comportamentais que estão relacionados a limitações no funcionamento e prejuízos cognitivos (Vilhena; Paula, 2017).

No aspecto neuropsicológico, diversos modelos teóricos que buscam explicar o TOD concentram-se principalmente nos déficits neurocognitivos, os quais se acredita estarem associados a possíveis anormalidades nos processos cerebrais subjacentes. Dentre os déficits neurocognitivos, incluem um quociente de inteligência (QI) mais baixo, dificuldades na resolução de problemas, dificuldades no controle inibitório, prejuízo no processamento de emoções e cognição social, bem como desordens no processamento de recompensas e autocontrole. A maioria dos modelos teóricos ressalta a presença de déficit nas funções executivas, importantes para a regulação de comportamentos e processos cognitivos (Noordermeer; Luman; Oosterlaan, 2016; Filho et al., 2022).

As evidências de pesquisas neurocognitivas enfatizam outras alterações em indivíduos antissociais, como uma maior inclinação para recompensas imediatas em detrimento das recompensas adiadas, insensibilidade à punição e uma busca intensificada por recompensas (Byrd; Loeber; Pardini, 2014) que tem sido associada a problemas de cognição social em indivíduos com TOD que geralmente demonstram uma inclinação a respostas mais agressivas em contextos sociais, possivelmente influenciados por essas alterações (Burke, Loeber; Birmaher, 2002; Noordermeer *et al.*, 2016). Também foram observadas alterações no processamento emocional em amostras com TOD, com menores níveis de empatia e prejuízos no reconhecimento de expressões emocionais. Ambas as alterações foram associadas a anormalidades em áreas cerebrais, como a amígdala e o corpo estriado (Crowe; Blair, 2008).

Outro modelo sugere que o temperamento difícil e subcontrolado do TOD ocorra devido a um déficit nas funções executivas, como prejuízos no controle inibitório e no autocontrole (Burke, Loeber; Birmaher, 2002; Loeber; Burke; Pardini, 2009). Esses prejuízos, assim como o QI baixo e as dificuldades na resolução de problemas, foram associados a anormalidades no córtex pré-frontal dorsolateral e no cerebelo (Yang; Raine, 2009; Prencipe *et al.*, 2011).

Blair e Lee (2013) sugerem que indivíduos com TOD apresentam comprometimento em dois circuitos separados associados as funções executivas, sendo o primeiro relacionado ao processamento e à regulação das emoções, responsável por um aumento no comportamento antissocial e envolve a amígdala. Já o segundo circuito, está relacionado ao controle inibitório, é responsável pela perda de temperamento e respostas agressivas exageradas em indivíduos com TOD e envolve o córtex frontal ventrolateral.

Em estudo realizado por Noordermeer, Luman e Oosterlaan (2016), identificou-se que indivíduos com TOD exibem especialmente alterações na amígdala bilateral, na ínsula bilateral, no corpo estriado direito e no giro frontal medial/ superior esquerdo, e no giro frontal esquerdo pré-cúneo. Essas áreas cerebrais relacionadas a déficits neurocognitivos e comportamentais associados ao TOD desempenham papéis essenciais no processamento de emoções, monitoramento de erros, autocontrole e comportamento empático e social. Como resultado dessas alterações, eles podem ter prejuízos, como dificuldades em aprender comportamentos e reações socialmente aceitos, interpretar intenções de forma hostil em situações sociais e optar por soluções agressivas para resolver dilemas sociais. Deve-se ressaltar que a pesquisa foi realizada em amostra de indivíduos com TOD em conjunto com TC.

Quadro clínico, critérios diagnósticos e níveis de gravidade

Nessa condição, os pacientes tendem a se envolver em discussões excessivas com adultos, evitam assumir a responsabilidade por seus comportamentos inadequados, perturbam os outros de maneira intencional, têm dificuldade em acatar regras e perdem o controle com facilidade se as coisas não seguem o rumo esperado. Crianças com TOD frequentemente exibem irritabilidade, rancor e se aborrecem facilmente, manifestando descontrole emocional e uma teimosia persistente (Maia *et al.*, 2020; Serra-Pinheiro *et al.*, 2004).

Dentre as principais características do TOD, estão a tendência à impaciência, bem como a propensão da criança a se aborrecer facilmente, demonstrando irritação, ressentimento, agressividade e comportamento vingativo. Além disso, a criança exibe uma teimosia constante, especialmente em relação aos pais, contudo esses sintomas se estendem também às relações com outras pessoas, incluindo colegas, professores, colegas de trabalho, companheiros, mantendo um padrão de interações problemáticas (Burke; Johnston; Butler, 2021, Agostini; Santos, 2018).

As consequências são significativas para a vida dos indivíduos com o transtorno, que frequentemente apresentam baixa autoestima, baixa tolerância às frustrações, humor deprimido, comportamento impulsivo, agressividade, inclusive em relação aos colegas, o que frequentemente tem como consequência a sua rejeição por grupo ou pares (Burke; Johnston; Butler, 2021; Fooladvand *et al.*, 2021). Para os indivíduos que apresentam um quadro sintomatológico grave, os prejuízos na vida acadêmica e social são notórios.

De acordo com o DSM-5-TR, existe um critério geral (critério A), relacionado com outros oito critérios, para o diagnóstico do TOD. Eles são especificados na Tabela 15.2.

Tabela 15.2 Critérios diagnósticos do DSM-5-TR para o TOD.

A. Um padrão de humor raivoso/irritável, de comportamento questionador/desafiante ou de índole vingativa, com duração de pelo menos 6 meses, como evidenciado por pelo menos quatro sintomas de qualquer das categorias seguintes e exibido na interação com pelo menos um indivíduo que não seja um irmão

Humor raivoso/irritável
1. Com frequência perde a calma
2. Com frequência é sensível ou facilmente incomodado
3. Com frequência é raivoso e ressentido

Comportamento questionador/desafiante
4. Frequentemente questiona figuras de autoridade ou, no caso de crianças e adolescentes, adultos
5. Frequentemente desafia acintosamente ou se recusa a obedecer a regras ou pedidos de figura de autoridade
6. Frequentemente incomoda deliberadamente outras pessoas
7. Frequentemente culpa outros por seus erros ou mau comportamento

Índole vingativa
8. Foi malvado ou vingativo pelo menos duas vezes nos últimos 6 meses

B. A perturbação no comportamento está associada a sofrimento para o indivíduo ou para os outros em seu contexto social imediato, ou causa impactos negativos no funcionamento social, educacional e profissional ou em outras áreas importantes da vida do indivíduo

C. Os comportamentos não ocorrem exclusivamente durante o curso de um transtorno psicótico, por uso de substância, depressivo ou bipolar. Além disso, os critérios para transtorno disruptivo da desregulação do humor não são preenchidos

DSM-IV: 4ª edição do *Manual diagnóstico e estatístico de transtornos mentais*; TOD: transtorno de oposição desafiante. (Fonte: DSM-5-TR, 2023.)

A partir desses critérios, o DSM-5-TR (2023) classifica a gravidade na condição leve quando os sintomas se manifestam apenas em um ambiente (em casa, na escola, no trabalho, ou com os colegas). A classificação de gravidade moderada ocorre quando alguns sintomas estão presentes em pelo menos dois ambientes diferentes, enquanto a classificação grave é usada quando alguns sintomas são observados em três ou mais ambientes. A persistência e a frequência desses comportamentos desempenham um papel crucial na diferenciação entre comportamentos dentro dos limites normais e comportamentos sintomáticos.

Os sintomas do TOD podem inicialmente manifestar-se apenas em casa e em interações com membros da família. No entanto, a extensão dos sintomas é um indicativo da gravidade do transtorno. É importante observar que alguns sintomas associados ao TOD podem ser observados ocasionalmente em indivíduos que não têm o transtorno. No entanto, para um diagnóstico de TOD, é necessária a presença de quatro ou mais sintomas, com duração de pelo menos 6 meses. Além disso, a persistência e a frequência dos sintomas devem exceder os níveis considerados normais para a idade, o gênero e a cultura do indivíduo (DSM-5-TR, 2023).

Para crianças com menos de 5 anos, é necessário que os sintomas ocorram na maioria dos dias, continuamente, por um período mínimo de 6 meses, a menos que o critério 8 esteja presente. Em crianças com 5 anos ou mais, os sintomas devem estar presentes pelo menos 1 vez/semana, também por um mínimo de 6 meses, a menos que o critério 8 seja atendido (DSM-5-TR, 2023).

A alteração no comportamento deve estar associada a sofrimento, seja para o próprio indivíduo, seja para aqueles em seu ambiente social direto, como a família, colegas de grupo, colegas de trabalho. Além disso, o comportamento desafiador deve causar impactos negativos no funcionamento social, educacional, profissional ou em outras áreas importantes da vida do indivíduo (DSM-5-TR, 2023).

O diagnóstico do TOD é uma tarefa desafiadora, como apontado por Caballo e Simón (2015). Isso se deve à ampla variabilidade sintomatológica apresentada pelo transtorno, bem como à sua comorbidade. Barletta (2011) também observa a complexidade do diagnóstico de transtornos disruptivos, devido à ocorrência de comportamentos desafiadores no curso normal do desenvolvimento de crianças e adolescentes. Portanto, uma avaliação criteriosa é essencial quando se trata do TOD. Da mesma forma, Teixeira (2014) destaca que o TOD vai além de comportamentos desafiadores ou birras, que ocasionalmente fazem parte do desenvolvimento normal da personalidade da criança. Assim, é fundamental que pais, responsáveis e educadores saibam distinguir entre o comportamento de oposição típico do desenvolvimento infantil, à medida que a criança adquire autonomia, e um quadro de transtorno comportamental.

Um dos desafios para realizar uma avaliação diagnóstica precisa do TOD é à ausência de testes e inventários específicos e com respostas precisas. Nesse contexto, o manejo clínico se torna a estratégia fundamental para coletar informações. Embora vários autores tenham explorado descobertas relacionadas a aspectos neurobiológicos em transtornos disruptivos, ainda não existem exames físicos que possam confirmar o diagnóstico do TOD. Para uma avaliação mais abrangente, é crucial a utilização de diversos instrumentos, como entrevistas abertas e semiestruturadas, bem como escalas de avaliação comportamental (Barletta, 2011; Caballo; Simón, 2015).

Comorbidades

O TOD está ligado a uma ampla gama de resultados adversos, incluindo dificuldades nos relacionamentos com pares e adultos, o desenvolvimento de outros transtornos psiquiátricos, o uso/uso abusivo de substâncias, desafios na aprendizagem e, como resultado, dificuldades financeiras ao longo da vida adulta (Teixeira *et al.*, 2014).

Dados apontam ainda que ao longo da vida 92,4% dos pacientes com TOD desenvolvem critérios para pelo menos um outro transtorno mental, incluindo transtorno de humor, ansiedade, controle dos impulsos e transtorno por uso de substâncias; destes, 30% apresentam a persistência dos sintomas na idade adulta. O início em idade precoce e a comorbidade com outros transtornos predizem uma maior persistência dos sintomas (Nock *et al.*, 2007; Eskander, 2020).

No TOD, frequentemente outras condições coocorrem, sendo mais prevalente em crianças, adolescentes e adultos com TDAH, constatadamente em cerca de 50% desses indivíduos (Serra-Pinheiro *et al.*, 2004). Essa associação pode ser resultado de fatores de risco temperamentais compartilhados (DSM-5-TR, 2023). Também é frequente a comorbidade com transtornos da aprendizagem e transtornos da comunicação, contribuindo para a complexidade do quadro clínico desses indivíduos (Agostini; Santos, 2018).

Além disso, é comum que o TOD preceda o TC, especialmente em crianças com o subtipo de início na infância. Indivíduos diagnosticados com TOD também apresentam maior risco de desenvolver transtornos de ansiedade e transtorno depressivo maior, sendo essa condição muitas vezes relacionada à presença de sintomas de humor irritável e raivoso (DSM-5-TR, 2023).

Adolescentes e adultos com TOD também demonstram taxas mais elevadas de transtornos por uso de substâncias, embora não esteja claro se essa associação é independente da comorbidade com o TC (Agostini; Santos, 2018). Estudos apontam que cerca de 50% dos brasileiros menores infratores que estão cumprindo medidas socioeducativas apresentam o TOD, o que destaca a relação do transtorno com comportamentos antissociais e a criminalidade (Vilhena; Paula, 2017).

Avaliação neuropsicológica do TDAH e TOD

A ausência de um diagnóstico preciso, que considere os sintomas e as comorbidades, pode levar a uma falha na aplicação de tratamentos adequados. Isso pode se traduzir em diagnósticos inadequados, culminando em intervenções incompletas ou inapropriadas (Pritchard *et al.*, 2014; Maia *et al.*, 2020).

Por essa razão, dada a sua natureza abrangente, as avaliações neuropsicológicas desempenham um papel significativo na identificação do TDAH (Pritchard *et al.*, 2014) e podem contribuir na avaliação do TOD, visto que há diversas pesquisas apontando a associação desses transtornos com alterações neuropsicológicas. Portanto, a partir delas poderão ser fornecidas recomendações e encaminhamentos direcionados para intervenções apropriadas.

A neuropsicologia é definida como um domínio de atuação que se debruça sobre os aspectos cognitivos, emocionais, comportamentais e de personalidade dos indivíduos. Uma avaliação neuropsicológica completa abarca a avaliação de uma série de habilidades, ajustando-se a casos específicos. Isso inclui a avaliação da inteligência geral, raciocínio, abstração, desempenho escolar, funções executivas, atenção, memória, praxia, habilidades motoras finas e grossas, processamento visual, linguagem, competências adaptativas, capacidades sensoriais e perceptivas, bem como o funcionamento comportamental, emocional e social. A realização da avaliação pode envolver diversos métodos, como entrevistas clínicas, histórico do paciente, aplicação de baterias flexíveis com instrumentos padronizados, observação comportamental e avaliação de habilidades (Mahone; Slomine, 2008; CFP, 2004).

A avaliação neuropsicológica infantil entra em cena sempre que há indícios de possíveis déficits ou distúrbios cognitivos e comportamentais associados a causas neurológicas (Fuentes et al., 2014; Costa et al., 2004).

Além dos domínios funcionais, as avaliações neuropsicológicas também avaliam as condições emocionais, comportamentais, de aprendizado e motoras, levando em conta outros possíveis quadros. Assim, uma avaliação abrangente não apenas analisará o transtorno específico, como o TDAH e o TOD, mas também considerará outras explicações alternativas para os sintomas, eliminando diagnósticos diferenciais e comorbidades (Pritchard et al., 2012; Costa et al., 2004).

As avaliações neuropsicológicas também oferecem direcionamento e encaminhamentos que abrangem diversos domínios, tais como intervenções para habilidades funcionais (acadêmicas, sociais), adaptações escolares e orientações para avaliação e tratamento com outros profissionais, como terapeutas comportamentais, aconselhamento familiar, terapeutas ocupacionais, fonoaudiólogos e médicos, quando necessário (Pritchard et al., 2012).

Desta forma, no TDAH, a avaliação neuropsicológica também contribui para a diferenciação diagnóstica, fato de extrema relevância, já que, como mencionado anteriormente, muitos sintomas do TDAH são frequentemente compartilhados com outros transtornos da infância, além de o TDAH poder ocorrer em conjunto com outros quadros médicos e de saúde mental na infância e adolescência (Pritchard et al., 2014). Maia et al. (2020) ainda apontam que a alta comorbidade entre o TDAH e o TOD pode dificultar o diagnóstico.

Pritchard et al. (2014) ressaltam que, além de contribuir para a identificação e o tratamento do TDAH, a avaliação neuropsicológica pode fornecer um valor adicional, ao viabilizar a investigação de comorbidades, prover informações personalizadas sobre os pontos fortes e fracos da criança, e possibilitar encaminhamentos e recomendações mais precisas e diversificadas. Sua pesquisa apontou indícios preliminares de que jovens com TDAH que passaram pela avaliação neuropsicológica tiveram mais probabilidade de iniciar intervenções que se mostraram eficazes no tratamento do transtorno, resultando em redução dos sintomas e melhoria na qualidade de vida.

Portanto, a avaliação neuropsicológica abrange muito mais do que apenas testes psicométricos. Uma avaliação criteriosa, que inclui comparações normativas, orientações de tratamento e recomendações voltadas para a família, tem o potencial de gerar impactos positivos e aprimorar a qualidade de vida dos pacientes com TDAH, assim como de suas famílias (Pritchard et al., 2012).

No TOD, Maia et al. (2020), ressaltam que não existe um único teste neuropsicológico que abarque todos os seus aspectos, mas, sim, uma variedade de testes que avaliam diferentes componentes dessa condição. Esses testes podem abordar aspectos como atenção, habilidades verbais, funções executivas pré-frontais, entre outros.

Quanto aos pacientes com TDAH, também vale ressaltar que, embora eles possam frequentemente demonstrar dificuldades cognitivas em testes que avaliam memória operacional, troca de tarefas, variação no tempo de reação, inibição de respostas, vigilância, planejamento e organização, esses testes, por si só, não são suficientes para serem usados como a única base para o diagnóstico desse transtorno (DSM-5-TR, 2023; Faraone et al., 2021).

Ademais, o TDAH não está necessariamente associado a um déficit consistente em testes neuropsicológicos, ou seja, nem todos os indivíduos com TDAH apresentarão problemas significativos de desempenho em testes neuropsicológicos. Pode haver uma variação considerável: cerca de um terço das crianças com TDAH não demonstram qualquer comprometimento clinicamente relevante em seus testes neuropsicológicos; outro terço exibe um comprometimento clínico instável ou parcial, isso sugere que algumas áreas de seu desempenho podem ser afetadas, mas não de maneira consistente ou em todos os testes neuropsicológicos; o terço restante, demonstra desempenho inferior à média nos testes neuropsicológicos. E ainda, os déficits neuropsicológicos observados nas crianças com TDAH podem variar em termos de severidade e estabilidade ao longo do tempo (Drechsler et al., 2020).

Dentre as principais alterações neurocognitivas observadas em indivíduos com o TDAH estão os déficits ou desempenhos abaixo do esperado no processo atencional (vigilância, controle atencional, atenção seletiva, atenção sustentada e maior vulnerabilidade a distração) e nas funções executivas (controle inibitório, memória operacional, organização, planejamento e velocidade de processamento). Embora indivíduos com TDAH tendam a ter um desempenho abaixo do esperado no funcionamento intelectual, o TDAH pode ocorrer em qualquer classificação de QI, inclusive em indivíduos com altas habilidades (Berger; Cassuto, 2014; Krieger; Amador-Campos, 2018; Pievsky; McGrath, 2018; Thaler; Bello; Etcoff, 2013; Toplak et al., 2009; Frazier; Demaree; Youngstrom, 2004; Areces et al., 2018; Luo et al., 2019; Willcutt et al., 2005; Drechsler et al., 2020).

Contudo, como já mencionado, percebemos uma heterogeneidade em relação ao perfil neuropsicológico do TDAH, assim como em relação à gravidade dos déficits cognitivos (Sonuga-Barke; Coghill, 2014). Além disso, observam-se alterações em quase todos os domínios cognitivos em indivíduos com TDAH quando comparados a pessoas sem o transtorno, embora os tamanhos de efeito sejam pequenos, ou seja, esse comprometimento pode não ser extremamente acentuado (Drechsler et al., 2020).

Com relação ao TOD, dentre as principais alterações neurocognitivas encontradas na literatura estão os déficits de atenção, nas habilidades verbais e funções executivas (Maia et al., 2020).

Portanto, uma avaliação neuropsicológica do TDAH e TOD deve abarcar todas as funções cognitivas e questões emocionais, com intuito de identificar possíveis déficits específicos relacionados ao transtorno e investigar a ocorrência de outras condições médicas ou psiquiátricas que podem coocorrer, embora alguns domínios cognitivos como o processo atencional e as funções executivas devam receber atenção especial.

A Tabela 15.3 mostra os principais instrumentos empregados na avaliação neuropsicológica das funções atencionais e executivas. Adicionalmente, a Tabela 15.4 apresenta as escalas que são comumente utilizadas na avaliação de pacientes com suspeita de TDAH e TOD.

Tabela 15.3 Principais instrumentos utilizados na avaliação neuropsicológica da atenção e funções executivas.

Teste	Idade	Descrição
Conners' Continuous Performance Test (CPT)	Versão de 4 a 7 anos e 11 meses; Versão a partir dos 8 anos	O CPT é um teste de desempenho contínuo, com tarefa computadorizada visual, que tem como objetivo medir aspectos relacionados a desatenção, impulsividade, atenção sustentada e vigilância
Bateria Psicológica para Avaliação da Atenção-2 (BPA-2)	6 a 94 anos	Bateria psicológica com intuito de avaliar a atenção geral, atenção concentrada, atenção alternada e atenção dividida
Teste d-2 R	7 e 76 anos	Teste com objetivo de avaliar a atenção concentrada
TAVIS-4 – Teste de Atenção Visual	6 a 17 anos	Teste computadorizado de atenção visual, dividido em três tarefas para avaliar as funções atencionais: seletividade, alternância e sustentação. Utiliza medidas de tempo médio de reação, erros por omissão e erros por ação
Coleção TEADI-2 e TEALT-2 – Teste de Atenção Dividida e Teste de Atenção Alternada	TEADI-2: 18 a 95 anos; TEALT-2: 18 a 98 anos	Instrumento para avaliação da atenção dividida e atenção alternada
Coleção TEACO-2 – Teste de Atenção Concentrada	18 a 93 anos	Instrumento para avaliação da atenção concentrada
Coleção de Testes de Atenção (CTA)	18 a 82 anos	Instrumento com objetivo de avaliar três tipos de atenção: concentrada, dividida e alternada
Coleção TAS – Teste de Atenção Seletiva	15 a 60 anos, a partir do ensino fundamental	Instrumento com objetivo de avaliar a atenção seletiva
AOL – Atenção On-line	18 a 70 anos	Teste de atenção com aplicação on-line. Tem como objetivo avaliar a Atenção On-line Alternada (AOL-A), a Atenção On-line Concentrada (AOL-C), e a Atenção On-line Dividida (AOL-D)
AC 15 – Atenção Concentrada	Adolescentes e adultos, a partir do ensino médio	Instrumento para avaliação da atenção concentrada
Teste AC – Atenção Concentrada	Adolescentes e adultos, a partir do ensino fundamental	Instrumento para avaliação da atenção concentrada
Bateria Rotas de Atenção	18 a 65 anos	Instrumento com objetivo de investigar a capacidade de atenção concentrada, atenção dividida, e atenção alternada
Escala de Atenção Seletiva – EASV	18 a 70 anos	Instrumento para avaliar a capacidade de atenção seletiva visual
Teste de Atenção por Cancelamento	5 a 14 anos	Instrumento para avaliar a atenção seletiva
WCST – Teste Wisconsin de Classificação de Cartas	6 anos e meio a 89 anos	Teste para avaliar as funções executivas (flexibilidade de pensamento, planejamento estratégico, busca organizada, utilização do feedback do ambiente para mudar as estratégias cognitivas, direcionamento do comportamento para alcançar objetivos, impulsividade)
FDT – Five Digit Test	6 a 92 anos	Instrumento que avalia a velocidade de processamento cognitivo, a habilidade de focar e redirecionar a atenção e a capacidade de lidar com interferências
Figuras Complexas de Rey	Figura A: 5 a 88 anos; Figura B: 4 a 7 anos	Instrumento que tem por objetivo avaliar as funções neuropsicológicas de percepção visual, capacidade de organização visuoespacial, planejamento, desenvolvimento de estratégias e memória visual imediata, através da cópia de figuras complexas compostas por formas geométricas. É dividido em duas fases: a cópia da figura e a reprodução de memória

(continua)

Tabela 15.3 Principais instrumentos utilizados na avaliação neuropsicológica da atenção e funções executivas. (*Continuação*)

Teste	Idade	Descrição
Tarefa *Span* de Blocos – Corsi e Tarefa *Span* de Dígitos	4 a 10 anos ou Pré I ao 5º ano	A tarefa *Span* de Dígitos avalia a memória auditiva de curto prazo (na ordem direta) e a memória operacional auditiva (na ordem inversa). A tarefa *Span* de Blocos de Corsi avalia a memória de curto prazo visuoespacial (ordem direta) e a memória operacional visuoespacial (ordem inversa)
Teste de Trilhas: Partes A e B	6 a 14 anos	Instrumento que avalia as funções executivas
Teste de Trilhas para Pré-escolares	4 a 6 anos	Instrumento que avalia as funções executivas
Trail Making Test (TMT)	7 a 10 anos e 18 a mais de 70 anos	Instrumento que avalia atenção e funções executivas
Torre de Londres	11 a 14 anos	Instrumento que avalia as funções executivas (planejamento e solução de problemas)
Teste Neuropsicológico para Avaliação do *Binding* Visuoespacial – TNABV	18 a 95 anos	Instrumento de aplicação *on-line*, que avalia a habilidade de *binding* da memória operacional, visuoespacial, ou seja, a capacidade de conectar informações visuais e espaciais para recordá-las posteriormente
Torre de Londres – TOL-BR	10 a 59 anos	Instrumento com aplicação *on-line*, tem como objetivo avaliar as funções executivas (planejamento e solução de problemas)
Teste de Cancelamento de Sinos – TCS-1/TSC-2	19 a 75 anos	Teste que avalia a atenção visual
Teste de Trilhas Coloridas (TTC)	18 a 86 anos	Teste que avalia a atenção

Tabela 15.4 Principais escalas e inventários utilizados na avaliação do TDAH e do TOD.

Escala	Idade	Descrição
Escala de Transtorno do Déficit de Atenção e Hiperatividade – Versão para Adolescentes e Adultos (ETDAH-AD)	12 e 87 anos	Escala com objetivo de identificar os vários sintomas envolvidos no TDAH
Escala de Autoavaliação do Transtorno do Déficit de Atenção e Hiperatividade – Versão para Crianças e Adolescentes (ETDAH-Criad)	6 a 15 anos	Escala desenvolvida para a autoavaliação da criança e do adolescente a respeito dos possíveis prejuízos de atenção, hiperatividade, impulsividade, bem como a intensidade do prejuízo (moderado ou grave)
Escala de Avaliação de Comportamentos Infantojuvenis no Transtorno do Déficit de Atenção e Hiperatividade em Ambiente Familiar – Versão Pais (ETDAH-Pais)	2 a 17 anos	Escala para avaliação dos sintomas do TDAH (desatenção, hiperatividade, impulsividade, dificuldades emocionais e comportamentais), assim como sua intensidade no ambiente familiar
ETDAH-II – Escala de Déficit de Atenção e Hiperatividade em contexto escolar – Versão para Professores	6 a 18 anos	Escala com objetivo de identificar os sintomas do TDAH no contexto escolar por meio da avaliação do professor. Avalia possíveis prejuízos relacionados à atenção, hiperatividade, impulsividade, funcionamento acadêmico (desempenho escolar e dificuldades das habilidades escolares) e funcionamento social (relacionamentos interpessoais e competência social)
SNAP-IV e MTA-SNAP-IV	Crianças e adolescentes	Questionário elaborado a partir dos sintomas do DSM para investigar e auxiliar na identificação do TDAH e TOD em crianças e adolescentes. Avalia sintomas de desatenção, impulsividade, hiperatividade e comportamento de desafio e oposição
Escala de Autorrelato de Transtorno do Déficit de Atenção e Hiperatividade para Adultos (*Adult Self-Report Scale* – ASRS-18)	Adultos	Questionário para autoavaliação dos sintomas do TDAH em adultos de acordo com o DSM-IV
Escala de Avaliação da Impulsividade – Formas A-B (EsAvI-A e EsAvI-B)	Acima de 18 anos, a partir do ensino médio	Escala para avaliar a impulsividade, ou seja, a propensão a reações rápidas e não planejadas diante de estímulos internos ou externos
Escala de Avaliação de Disfunções Executivas de Barkley (BDEFS)	18 a 70 anos	Escala para avaliar déficits em funções executivas nas atividades cotidianas. Avalia os domínios: gerenciamento de tempo, autocontrole, automotivação, organização e resolução de problemas, e autorregulação das emoções

(*continua*)

Tabela 15.4 Principais escalas e inventários utilizados na avaliação do TDAH e do TOD. (*Continuação*)

Escala	Idade	Descrição
EPF-TDAH	18 a 76 anos	Escala para avaliar os prejuízos funcionais relacionados ao TDAH, envolvendo nove áreas: acadêmica, profissional, social, afetivo-sexual, doméstica, financeira, saúde, trânsito e risco legal
Behavior Rating Invetory of Executive Function – BRIEF	5 a 18 anos	Escala utilizada para a avaliar as funções executivas de crianças e adolescentes, em casa e no ambiente escolar
Inventário de Comportamentos da Infância e Adolescência – *Child Behavior Checklist* – CBCL	Versão para crianças entre 18 meses e 5 anos; versão para crianças e adolescentes entre 6 e 18 anos	Escala utilizada para avaliar problemas comportamentais, sociais e emocionais de crianças e adolescentes, preenchida pelos pais/responsáveis e com análise informatizada. Fornece subescalas para avaliar problemas de externalização e internalização
Questionário de Capacidades e Dificuldades – SDQ	4 a 6 anos	Escala utilizada para rastreio de problemas de saúde mental em crianças e adolescentes. Avalia sintomas emocionais, problemas de conduta, hiperatividade, problemas de relacionamento com pares e comportamento pró-social

TDAH: transtorno do déficit de atenção e hiperatividade; TOD: transtorno de oposição desafiante; DSM-IV: 4ª edição do *Manual diagnóstico e estatístico de transtornos mentais*.

Caso clínico

S., um menino de 8 anos e 7 meses, matriculado no 3º ano do ensino fundamental, foi encaminhado para avaliação neuropsicológica devido a preocupações significativas apresentadas por seus familiares e professores. Ele possui diagnóstico prévio de TDAH com sintomas de desatenção, hiperatividade e impulsividade, contudo não faz uso de nenhum medicamento. Além disso, os responsáveis relataram que ele tem um comportamento extremamente desafiador em casa e frequentes conflitos com colegas na escola.

Durante a entrevista de anamnese com a mãe e a avó, o neuropsicólogo obteve informações detalhadas sobre sua história familiar, antecedentes gestacionais e de parto, seu desenvolvimento, histórico escolar e histórico clínico.

O período da gestação foi conturbado, com muitas brigas e conflitos entre os pais. Não houve intercorrências no parto e seu neurodesenvolvimento ocorreu de acordo com os padrões esperados.

S. atualmente mora com sua mãe e a avó materna, os pais são divorciados há 5 anos. O pai é usuário de substâncias, frequentemente perdia a paciência, gritava e agredia sua esposa e seu filho (S.) antes da separação. Atualmente, o pai não é afetivo e mantém pouco contato com ele.

A mãe relata que tem dificuldade para controlar o comportamento de seu filho em casa, ele frequentemente a desafia e desobedece. Esse comportamento é observado desde os 3 anos, e veio se agravando progressivamente.

Quando bebê, S. era muito agitado, nervoso, apresentava frequentes crises de choro e demorava para se acalmar. Quando frustrado, ou quando tentavam tirar algo que ele desejava, ele costumava ficar extremamente irritado, com acessos de raiva e birra.

À medida que crescia, ele regularmente manifestava sua frustração chutando e resistindo às solicitações de sua mãe e da avó. Há discussões diárias entre eles, mesmo por pequenas coisas, por vezes ele se recusa a seguir regras e instruções, resiste a fazer as lições, realizar higiene pessoal, arrumar seu quarto, desligar a TV ou celular no horário estabelecido para dormir, se vestir para ir à escola, e, diante de insistência da mãe ou da avó, ele argumenta, questiona, ou até mesmo exibe comportamento agressivo verbal e físico, chegando a destruir itens da casa.

Por diversas vezes a mãe tentou estabelecer castigos, mas sempre acaba cedendo diante da desregulação comportamental apresentada por S., o que torna o manejo do comportamento desafiador.

Na escola há constantes reclamações da professora sobre seu comportamento e aprendizado. Ele se distrai facilmente com barulhos, movimento ou outros estímulos externos, tem dificuldade em manter suas tarefas escolares organizadas, frequentemente perde seus materiais, tem dificuldade em seguir orientações com mais de um comando, é muito agitado, conversa em demasia, atrapalhando os colegas, resiste em permanecer sentado, anda pela sala, por vezes até saindo da sala de aula, é desobediente e se recusa a fazer as atividades direcionadas pela professora. Além disso, ele apresenta dificuldade em manter amizades, pois sempre quer que as brincadeiras sejam do seu jeito, não coopera com o grupo, faz *bullying* e envolve-se em conflitos e brigas com os colegas.

Com base na avaliação neuropsicológica, verifica-se que S. apresenta um QI na faixa média, contudo exibe dificuldades significativas de atenção e concentração, déficits nas funções executivas em relação ao controle inibitório, flexibilidade cognitiva, memória operacional, organização, planejamento, regulação de emoções e comportamento, além de prejuízos nas habilidades sociais e cognição social, com baixos níveis de empatia e prejuízos no reconhecimento de expressões emocionais, o que pode levar a interpretações errôneas de situações sociais e contribuir para conflitos com colegas. Os testes que avaliam as habilidades acadêmicas indicam dificuldades específicas em leitura e matemática, o que pode estar relacionado às dificuldades de atenção e memória operacional.

No processo de avaliação, ainda foi possível constatar que S. apresenta agitação psicomotora, inquietação, dificuldade em prestar atenção nas tarefas (principalmente as mais longas), distraindo-se e perdendo informações importantes das instruções, levanta-se e mexe nas coisas frequentemente, age sem pensar nas consequências de suas ações, por vezes respondeu as atividades antes de ouvir a pergunta completa ou interrompeu a avaliadora. Quando solicitado a fazer as atividades, ele argumentou, questionou, e em algumas se recusou a realizá-las. Teve um episódio em que se recusou a entrar na sala de avaliação, demonstrando raiva e irritabilidade excessiva.

Foram utilizadas algumas escalas e inventários para obter informações adicionais da família e dos professores sobre o comportamento de S., constatando que ele apresenta esses comportamentos de forma frequente e em diferentes contextos.

Com base nos resultados da avaliação neuropsicológica, verifica-se que S. apresenta características consistentes com TDAH, apresentação combinada, incluindo dificuldades significativas de atenção, hiperatividade e impulsividade em vários ambientes. Além disso, os resultados sugerem um quadro de TOD, visto que ele exibe comportamentos desafiadores em casa e na escola.

Esses exemplos demonstram como S. lida com as dificuldades do TDAH no ambiente escolar, como a falta de atenção, impulsividade e hiperatividade, bem como com os desafios comportamentais do TOD, como o comportamento desafiador em casa e os conflitos com colegas. A avaliação neuropsicológica é valiosa para compreender e analisar essas questões complexas e auxiliar na formulação de um plano de intervenção eficaz.

Intervenções

Considerando os resultados da avaliação, um plano de tratamento deve ser desenvolvido, podendo incluir psicoeducação com S., os responsáveis e a escola, para explicar os diagnósticos, auxiliando-os a entender melhor os transtornos e suas características, como ele se apresenta ao longo do desenvolvimento, além de incentivar a participação no processo de tratamento. Treinamento parental para os responsáveis, visando o aprendizado de estratégias de manejo comportamental, mediação da relação entre os pais e filhos, redução de conflitos e estresse familiar, melhora nas habilidades de comunicação e estabelecimento de rotinas e consistência. Terapia cognitivo-comportamental individual para S. com objetivo de auxiliar no aprendizado de habilidades de controle emocional, desenvolvimento de estratégias de resolução de conflitos, conscientização das consequências de seus comportamentos, desenvolvimento de estratégias de autorregulação, treinamento de habilidades sociais, estabelecimento de rotinas, reforçamento de comportamentos adequados, assim como no manejo e na remissão dos sintomas. Acompanhamento com psiquiatra infantil ou neuropediatra, para avaliar a necessidade de uso de psicofármaco a fim de auxiliar no controle dos sintomas. Os principais medicamentos utilizados no tratamento do TDAH e do TOD estão expostos nas Tabelas 15.5 e 15.6.

O uso de *mindfulness* (atenção plena) como uma estratégia complementar no tratamento de pacientes com TDAH tem ganhado interesse crescente. Embora o TDAH seja frequentemente tratado com medicamentos, terapia comportamental e outras intervenções, a incorporação de práticas de *mindfulness* pode oferecer benefícios adicionais para muitos indivíduos com TDAH, como aprimoramento da autorregulação, melhora na atenção e concentração, redução do estresse, desenvolvimento de habilidades de tomada de decisão, melhora na qualidade de vida e redução do comportamento impulsivo.

Tabela 15.5 Principais medicações utilizadas no Brasil para o transtorno do déficit de atenção e hiperatividade (TDAH).

Medicações com maiores evidências no tratamento		
Classe terapêutica	Nome comercial	Principais indicações
Psicoestimulante/Metilfenidato	• Ritalina® • Ritalina LA® • Concerta®	• TDAH
Psicoestimulante/Lisdexanfetamina	• Venvanse®	• TDAH
Outras medicações		
Classe terapêutica	Princípio ativo	Principais indicações
Alfa-agonista	• Clonidina	• Hiperatividade • Tiques • Dificuldade com sono
Inibidor seletivo da recaptação de noradrenalina e dopamina	• Bupropiona	• Impulsividade alimentar • Uso indevido de substâncias
Tricíclico	• Imipramina	• Quadros resistentes • Enurese
Inibidor seletivo da recaptação de noradrenalina	• Atomoxetina	• Comorbidades com outros transtornos • Irritabilidade • Transtornos ansiosos
Antipsicóticos de segunda geração ou neurolépticos	• Risperidona • Aripiprazol	• Comportamento disruptivo, como transtorno de oposição ou de conduta • Comportamento agressivo • Síndrome de Tourette

Tabela 15.6 Principais medicações utilizadas no Brasil para o transtorno de oposição desafiante (TOD).

Medicação	Princípio ativo	Principais indicações
Antipsicóticos de segunda geração ou neurolépticos	• Risperidona • Quetiapina • Aripiprazol	• Agressividade • Impulsividade • Explosões de raiva
Estabilizadores de humor	• Carbonato de lítio • Divalproato de sódio • Carbamazepina • Oxcarbazepina • Lamotrigina • Topiramato	• Agressividade • Comportamento violento • Associação com o transtorno afetivo bipolar (TAB)
Inibidores seletivos da recaptação de serotonina	• Fluoxetina • Sertralina • Paroxetina • Citalopram • Escitalopram	• Hiperatividade • Tiques • Episódios depressivos ou quadros ansiosos associados ao TOD

Outra abordagem terapêutica que tem sido adaptada e utilizada para tratar alguns casos de TDAH é a terapia comportamental dialética (DBT, do inglês *dialectical behavior therapy*). A DBT ensina quatro conjuntos principais de habilidades: regulação emocional, *mindfulness*, tolerância ao mal-estar e efetividade interpessoal. Essas habilidades podem ajudar os pacientes com TDAH a gerenciar e regular suas respostas emocionais; a lidar de forma mais adaptativa com emoções desconfortáveis que podem surgir devido a frustração, impaciência, irritação, dificuldades de atenção e impulsividade; a melhorar a atenção e a concentração; a lidar com impulsos autodestrutivos; melhorar a comunicação e construir relacionamentos mais saudáveis. Apesar de não ser o tratamento principal, a DBT pode ser usada como um tratamento complementar para lidar com aspectos emocionais, comportamentais e de regulação emocional que frequentemente com o TDAH coexistem.

É fundamental que a intervenção seja multidisciplinar, envolvendo o trabalho conjunto de neuropsicólogos, psicólogos, educadores, psicopedagogos, psiquiatras infantis e neuropediatras para fornecer apoio adequado a S.

Este caso clínico ilustra como a avaliação neuropsicológica é uma ferramenta valiosa para compreender a complexidade de pacientes que apresentam tanto TDAH quanto TOD, permitindo um planejamento de intervenção personalizado e eficaz.

Considerações finais

Em resumo, o TDAH e o TOD são transtornos neuropsiquiátricos que afetam significativamente a vida das pessoas que deles sofrem. O TDAH, caracterizado por desatenção, hiperatividade e impulsividade, pode impactar o desempenho acadêmico, social e profissional, além de criar desafios no controle das emoções e na autorregulação. Já o TOD, marcado por comportamentos desafiadores, de oposição e desobediência, pode levar a conflitos nas relações familiares e sociais. Apesar de serem entidades diagnósticas independentes, eles são altamente prevalentes e apresentam uma alta taxa de comorbidade entre si. Ambos podem apresentar diversas alterações neurocognitivas em testes neuropsicológicos, principalmente déficits em relação a atenção e funções executivas, condições emocionais e comportamentais, apesar de não serem suficientes para diagnóstico. Portanto, as avaliações neuropsicológicas desempenham um papel significativo na identificação e diferenciação do TDAH e do TOD, na investigação de comorbidades, e poderão fornecer recomendações e encaminhamentos mais precisos, diversificados e direcionados para intervenções apropriadas.

A abordagem terapêutica multidisciplinar, muitas vezes envolvendo uma combinação de medicamentos, terapia comportamental, bem como treinamento parental e apoio educacional, pode ajudar a minimizar os sintomas e melhorar a qualidade de vida dos afetados, proporcionando estratégias para lidar com os desafios comportamentais. Apesar de não serem o tratamento principal, a DBT e o *mindfulness* podem ser usados como tratamentos complementares para lidar com aspectos emocionais, comportamentais e de regulação emocional desses transtornos.

Em ambos os casos, o diagnóstico precoce e a intervenção adequada desempenham um papel crucial na promoção do bem-estar e na minimização dos prejuízos funcionais. Além disso, o apoio da família, a educação sobre esses transtornos e a criação de estratégias de enfrentamento personalizadas são essenciais para capacitar as pessoas afetadas a superar os desafios e desenvolver habilidades de enfrentamento eficazes. Como transtornos que afetam não apenas os indivíduos, mas também suas famílias e comunidades, o TDAH e o TOD destacam a importância da sensibilização, do entendimento e do suporte contínuo para promover a saúde mental e o bem-estar de todos os envolvidos.

Referências bibliográficas

ABRAMOV, D. M. *et al*. Neurophysiological and behavioral correlates of alertness impairment and compensatory processes in ADHD evidenced by the Attention Network Test. PloS One, San Francisco, v. 14, n. 7, p. e0219472, 2019.

AGOSTINI, V. L. M. L.; SANTOS, W. D. V. Transtorno Desafiador de Oposição e suas comorbidades: um desafio da infância à adolescência. Porto, Portugal, Psicologia, p. 1-30, 2018.

ALBRECHT, B. *et al*. Genetics of preparation and response control in ADHD: the role of DRD4 and DAT1. Journal of child psychology and psychiatry, and allied disciplines, Oxford, v. 55, n. 8, p. 914-923, 2014.

AMERICAN PSYCHIATRIC ASSOCIATION (APA). Manual diagnóstico e estatístico de transtornos mentais: DSM-5-TR. Texto revisado. 5. ed. Porto Alegre: Artmed, 2023.

AMERICAN PSYCHIATRIC ASSOCIATION (APA). Manual diagnóstico e estatístico de transtornos mentais: DSM-5. 5. ed. Porto Alegre: Artmed, 2013.

AMERICAN PSYCHIATRIC ASSOCIATION (APA). Manual diagnóstico e estatístico de transtornos mentais: DSM-3. 3. ed. Porto Alegre: Artmed, 1980.

ARECES, D. et al. Analysis of cognitive and attentional profiles in children with and without ADHD using an innovative virtual reality tool. PloS One: San Francisco, v. 13, n. 8, p. e0201039, 2018.

AZEREDO, A.; MOREIRA, D.; BARBOSA, F. ADHD, CD, and ODD: Systematic review of genetic and environmental risk factors. Research in developmental disabilities, v. 82, p. 10-19, 2018.

BANASCHEWSKI, T. et al. Molecular genetics of attention-deficit/hyperactivity disorder: an overview. European child & adolescent psychiatry, v. 19, n. 3, p. 237-257, 2010.

BARANIUK, A. O. et al. Transtorno de déficit de atenção/hiperatividade em adultos. In: MIGUEL, E. C. et al. (ed.). Clínica Psiquiátrica: as grandes síndromes psiquiátricas. 2. ed. rev. e atual. Barueri: Manole, 2021. v. 2. p. 281-291.

BARKLEY, R. A.; PETERS, H. The earliest reference to ADHD in the medical literature? Melchior Adam Weikard's description in 1775 of 'attention deficit' (Mangel der Aufmerksamkeit, Attentio Volubilis). Journal of attention disorders, v. 16, n. 8, p. 623-630, 2012.

BARLETTA, J. B. Avaliação e intervenção psicoterapêutica nos transtornos disruptivos: algumas reflexões. Revista Brasileira de Terapias Cognitivas, Rio de Janeiro, v. 7, n. 2, p. 25-31, 2011. Disponível em: http://pepsic.bvsalud.org/scielo.php?script=sci_arttext&pid=S1808-56872011000200005&lng=pt&tlng=pt. Acesso em: 12 jan. 2024.

BARNETT, R.; MARUFF, P.; VANCE, A. An investigation of visuospatial memory impairment in children with attention deficit hyperactivity disorder (ADHD), combined type. Psychological medicine, v. 35, n. 10, p. 1433-1443, 2005.

BERGER, I.; CASSUTO, H. The effect of environmental distractors incorporation into a CPT on sustained attention and ADHD diagnosis among adolescents. Journal of neuroscience methods, v. 222, p. 62-68, 2014.

BERNARDO, M. O.; SILVA, R. T.; SANTOS, M. F. R. Transtorno desafiador opositor e a influência do ambiente sociofamiliar. Revista Transformar, Itaperuna, v. 11, p. 129-149, 2017.

BIEDERMAN, J. et al. Are cognitive deficits in attention deficit/hyperactivity disorder related to the course of the disorder? A prospective controlled follow-up study of grown up boys with persistent and remitting course. Psychiatry research, v. 170, n. 2-3, p. 177-182, 2009.

BLAIR, R. J.; LEE, T. M. The social cognitive neuroscience of aggression, violence, and psychopathy. Social neuroscience, v. 8, n. 2, p. 108-111, 2013.

BRAGA, J. C. F. et al. Transtorno desafiador opositor (TOD) considerando as relações família/escola. Contribuiciones a las Ciencias Sociales, Paraná, 2019. Disponível em: https://www.eumed.net/rev/cccss/2019/10/transtorno-desafiador-opositor.html. Acesso em: 12 jan. 2024.

BRIKELL, I. et al. Familial Liability to Epilepsy and Attention-Deficit/Hyperactivity Disorder: A Nationwide Cohort Study. Biological psychiatry, California, v. 83, n. 2, p. 173-180, 2018.

BROWN, H. R.; LAWS, H. B.; HARVEY, E. A. Early Development of ADHD and ODD Symptoms from the Toddler to Preschool Years. Journal of attention disorders, v. 26, n. 10, p. 1335-1346, 2022.

BURKE, J. D.; JOHNSTON, O. G.; BUTLER, E. J. The irritable and oppositional dimensions of oppositional defiant disorder: integral factors in the explanation of affective and behavioral psychopathology. Child and Adolescent Psychiatric Clinics of North America, v. 30, n. 3, p. 637-647, 2021.

BURKE, J. D.; LOEBER, R.; BIRMAHER, B. Oppositional defiant disorder and conduct disorder: a review of the past 10 years, part II. Journal of the American Academy of Child and Adolescent Psychiatry, v. 41, n. 11, p. 1275-1293, 2002.

BYRD, A. L.; LOEBER, R.; PARDINI, D. A. Antisocial behavior, psychopathic features and abnormalities in reward and punishment processing in youth. Clinical child and family psychology review, v. 17, n. 2, p. 125-156, 2014.

CABALLO, V. E.; SIMÓN, M. Á. Manual de psicologia clínica infantil e do adolescente: transtornos específicos. 1. ed. Reimpr. São Paulo: Santos, 2015, 460 p.

CAPONI, S. N. Dispositivos de segurança, psiquiatria e prevenção da criminalidade: o TOD e a noção de criança perigosa. Saúde e Sociedade, v. 27, n. 2, p. 298-310, 2018.

CASTANEDA, R. L. A. et al. Childhood attention-deficit/hyperactivity disorder, sex, and obesity: a longitudinal population-based study. In: Mayo Clinic Proceedings. Elsevier, Oxford, 2016. p. 352-361.

CHARACH, A. et al. Childhood attention-deficit/hyperactivity disorder and future substance use disorders: comparative meta-analyses. Journal of the American Academy of Child and Adolescent Psychiatry, v. 50, n. 1, p. 9-21, 2011.

CHRISTENSEN, L. L.; BAKER, B. L. The etiology of oppositional defiant disorder for children with and without intellectual disabilities: a preliminary analysis. Journal of mental health research in intellectual disabilities, v. 14, n. 1, p. 50-69, 2021.

CONSELHO FEDERAL DE PSICOLOGIA (CFP). Resolução nº 002/2004, de 03 de março de 2004. Reconhece a Neuropsicologia como especialidade em Psicologia para a finalidade de concessão e registro de título de Especialista. Brasília-DF. Disponível em: https://site.cfp.org.br/wp-content/uploads/2006/01/resolucao2004_2.pdf. Acesso em: 12 jan. 2024.

COSTA, D. et al. Avaliação neuropsicológica da criança. Jornal de Pediatria, v. 80, p. 111-116, 2004.

CROWE, S. L.; BLAIR, R. J. The development of antisocial behavior: what can we learn from functional neuroimaging studies? Development and psychopathology, v. 20, n. 4, p. 1145-1159, 2008.

DEMONTIS, D. et al. Discovery of the first genome-wide significant risk loci for attention deficit/hyperactivity disorder. Nature genetics, v. 51, n. 1, p. 63-75, 2019.

DEMONTIS, D. et al. Genome-wide analyses of ADHD identify 27 risk loci, refine the genetic architecture and implicate several cognitive domains. Nature genetics, v. 55, n. 2, p. 198-208, 2023.

DENTON, C. A. et al. The effects of ADHD treatment and reading intervention on the fluency and comprehension of children with ADHD and word reading difficulties: a randomized clinical trial. Scientific studies of reading: the official journal of the Society for the Scientific Study of Reading, v. 24, n. 1, p. 72-89, 2020.

DONFRANCESCO, R. et al. Bipolar Disorder in Children With ADHD: A Clinical Sample Study. Journal of attention disorders, v. 21, n. 9, p. 715-720, 2017.

DRECHSLER, R. et al. ADHD: Current Concepts and Treatments in Children and Adolescents. Neuropediatrics, v. 51, n. 5, p. 315-335, 2020.

EGGER, H. L.; ANGOLD, A. Common emotional and behavioral disorders in preschool children: presentation, nosology, and epidemiology. Journal of child psychology and psychiatry, and allied disciplines, v. 47, n. 3-4, p. 313-337, 2006.

ESKANDER, N. The psychosocial outcome of conduct and oppositional defiant disorder in children with attention deficit hyperactivity disorder. Cureus, v. 12, n. 8, e9521, 2020.

EVANS, S. C. et al. Examining ODD/ADHD Symptom Dimensions as Predictors of Social, Emotional, and Academic Trajectories in Middle Childhood. Journal of clinical child and adolescent psychology: the official journal for the Society of Clinical Child and Adolescent Psychology, v. 49, n. 6, p. 912-929, 2020.

FARAONE, S. V.; LARSSON, H. Genetics of attention deficit hyperactivity disorder. Molecular psychiatry, v. 24, n. 4, p. 562-575, 2019.

FARAONE, S. V. et al. Attention-deficit/hyperactivity disorder. Nature reviews. Disease primers, v. 1, p. 15020-15020, 2015.

FARAONE, S. V. et al. Molecular genetics of attention-deficit/hyperactivity disorder. Biological psychiatry, v. 57, n. 11, p. 1313-1323, 2005.

FARAONE, S. V. et al. The world federation of ADHD international consensus statement: 208 evidence-based conclusions about the disorder. Neuroscience & biobehavioral reviews, v. 128, p. 789-818, 2021.

FARIAS, A. C. F.; MELO, M. C. C.; ARAÚJO, E. A. O transtorno desafiador de oposição e sua interface com o processo educacional. Revista Educação Especial, [s.l.], v. 24, p. 503-518, 2018.

FASSBENDER, C. et al. A lack of default network suppression is linked to increased distractibility in ADHD. Brain research, v. 1273, p. 114-128, 2009.

FELT, B. T. et al. Diagnosis and management of ADHD in children. American family physician, v. 90, n. 7, p. 456-464, 2014.

FILHO, M. V. M. et al. Transtorno opositivo desafiador. In: TAVARES, H. et al. (ed.). Psiquiatria, saúde mental e a clínica da impulsividade. 2. ed. Barueri: Manole. 2022. p. 73-90.

FLEITLICH-BILYK, B.; GOODMAN, R. Prevalence of child and adolescent psychiatric disorders in southeast Brazil. Journal of the American Academy of Child and Adolescent Psychiatry, v. 43, n. 6, p. 727-734, 2004.

FOOLADVAND, M. et al. Parenting styles for children with oppositional defiant disorder: Scope review. Journal of education and health promotion, v. 10, n. 1, p. 21, 2021.

FRANKE, B. et al. The genetics of attention deficit/hyperactivity disorder in adults, a review. Molecular psychiatry, v. 17, n. 10, p. 960-987, 2012.

FRAPORTI, T. T. et al. Synergistic effects between ADORA2A and DRD2 genes on anxiety disorders in children with ADHD. Progress in neuropsychopharmacology and biological psychiatry, v. 93, p. 214-220, 2019.

FRASER, A.; WRAY, J. Oppositional defiant disorder. Australian family physician, v. 37, n. 6, p. 402-405, 2008.

FRAZIER, T. W.; DEMAREE, H. A.; YOUNGSTROM, E. A. Meta-analysis of intellectual and neuropsychological test performance in attention-deficit/hyperactivity disorder. Neuropsychology, v. 18, n. 3, p. 543-555, 2004.

FREIRE, A. C. C.; PONDÉ, M. P. Estudo piloto da prevalência do transtorno de déficit de atenção e hiperatividade entre crianças escolares na cidade do Salvador, Bahia, Brasil. Arquivos de Neuro-psiquiatria, v. 63, p. 474-478, 2005.

FRICK, M. A.; BROCKI, K. C. A multi-factorial perspective on ADHD and ODD in school-aged children: What is the role of cognitive regulation, temperament, and parental support?. Journal of clinical and experimental neuropsychology, v. 41, n. 9, p. 933-945, 2019.

FUENTES, D. et al. Neuropsicologia: teoria e prática. Porto Alegre: Artmed, 2014.

GATTÁS, I. G. Transtorno de déficit de atenção/hiperatividade. In: COÊLHO, B. M. et al. (Org.). Psiquiatria da infância e da adolescência: guia para iniciantes. 2. ed. rev. ampl. 2020, p. 236-264.

GOMEZ, R. et al. Inter-relationships between ADHD, ODD and impulsivity dimensions in emerging adults revealed by network analysis: extending the 'trait impulsivity hypothesis'. Heliyon, v. 8, n. 10, e10712, 2022.

HOLBROOK, J. R. et al. Interpreting the prevalence of mental disorders in children: tribulation and triangulation. Health promotion practice, v. 18, n. 1, p. 5-7, 2017.

KAMRADT, J. M. et al. Neuropsychological performance measures as intermediate phenotypes for attention-deficit/hyperactivity disorder: A multiple mediation analysis. Development and psychopathology, v. 29, n. 1, p. 259-272, 2017.

KEBIR, O.; JOOBER, R. Neuropsychological endophenotypes in attention-deficit/hyperactivity disorder: a review of genetic association studies. European archives of psychiatry and clinical neuroscience, v. 261, n. 8, p. 583-594, 2011.

KOYUNCU, A. et al. ADHD and anxiety disorder comorbidity in children and adults: diagnostic and therapeutic challenges. current psychiatry reports, v. 24, n. 2, p. 129-140, 2022.

KRIEGER, V.; AMADOR-CAMPOS, J. A. Assessment of executive function in ADHD adolescents: contribution of performance tests and rating scales. Child neuropsychology: a journal on normal and abnormal development in childhood and adolescence, v. 24, n. 8, p. 1063-1087, 2018.

KUTUK, M. O. et al. Migraine and associated comorbidities are three times more frequent in children with ADHD and their mothers. Brain & development, v. 40, n. 10, p. 857-864, 2018.

LOEBER, R.; BURKE, J.; PARDINI, D. A. Perspectives on oppositional defiant disorder, conduct disorder, and psychopathic features. Journal of child psychology and psychiatry, and allied disciplines, v. 50, n. 1-2, p. 133-142, 2009.

LUO, Y. et al. A review of heterogeneity in attention deficit/hyperactivity disorder (ADHD). Frontiers in human neuroscience, v. 13, n. 42, 2019.

MAHONE, E. M.; SLOMINE, B. S. Distúrbios do neurodesenvolvimento. In: Morgan J, Ricker J, editores. Manual de Neuropsicologia Clínica. Taylor & Francis, Nova York. p. 105-127. 2008.

MAIA, L.; NASCIMENTO, C.; AURÉLIO, D. Avaliação neuropsicológica na perturbação desafiante de oposição: estudo de revisão sistemática. Journal of Neuropsychology, v. 14, n. 1, p. 152-164, 2020.

MAYES, S. D. et al. ADHD subtypes and co-occurring anxiety, depression, and oppositional-defiant disorder: differences in Gordon diagnostic system and Wechsler working memory and processing speed index scores. Journal of attention disorders, v. 12, n. 6, p. 540-550, 2009.

MIRANDA, M. C. et al. Transtorno de Déficit de Atenção e Hiperatividade. In: MIRANDA, M.C. et al. Neuropsicologia do desenvolvimento: Transtornos do Neurodesenvolvimento. Rio de Janeiro: Rubio, 2013.

MOHAMMADI, M. R. et al. Prevalence of ADHD and Its Comorbidities in a Population-Based Sample. Journal of attention disorders, v. 25, n. 8, p. 1058-1067. 2021.

MURRAY, J. et al. Epidemiology of childhood conduct problems in Brazil: systematic review and meta-analysis. Social psychiatry and psychiatric epidemiology, v. 48, n. 10, p. 1527-1538, 2013.

MUSZKAT, M. Transtorno do déficit de atenção e hiperatividade. In: MUSZKAT, M.; MELLO, C. B. Neuropsicologia do desenvolvimento e suas interfaces. São Paulo: Editorama, 2010.

NOCK, M. K. et al. Lifetime prevalence, correlates, and persistence of oppositional defiant disorder: results from the National Comorbidity Survey Replication. Journal of child psychology and psychiatry, and allied disciplines, v. 48, n. 7, p. 703-713, 2007.

NOORDERMEER, S. D.; LUMAN, M.; OOSTERLAAN, J. A Systematic Review and Meta-analysis of Neuroimaging in Oppositional Defiant Disorder (ODD) and Conduct Disorder (CD) Taking Attention-Deficit Hyperactivity Disorder (ADHD) Into Account. Neuropsychology review, v. 26, n. 1, p. 44-72, 2016.

NIGG, J. T. et al. Working Memory and Vigilance as Multivariate Endophenotypes Related to Common Genetic Risk for Attention-Deficit/Hyperactivity Disorder. Journal of the American Academy of Child and Adolescent Psychiatry, v. 57, n. 3, p. 175-182, 2018.

NIKOLAS, M. A.; NIGG, J. T. Neuropsychological performance and attention-deficit hyperactivity disorder subtypes and symptom dimensions. Neuropsychology, v. 27, n. 1, p. 107-120, 2013.

O'BRIEN, J. W. et al. Neuropsychological profile of executive function in girls with attention-deficit/hyperactivity disorder. Archives of clinical neuropsychology: the official journal of the National Academy of Neuropsychologists, v. 25, n. 7, p. 656-670, 2010.

PALLADINO, V. S. et al. Genetic risk factors and gene-environment interactions in adult and childhood attention-deficit/hyperactivity disorder. Psychiatric genetics, v. 29, n. 3, p. 63-78, 2019.

PALMA, S. M.; NATALE, A. C.; CALIL, H. M. A 4-Year Follow-Up Study of Attention-Deficit Hyperactivity Symptoms, Comorbidities, and Psychostimulant Use in a Brazilian Sample of Children and Adolescents with Attention-Deficit/Hyperactivity Disorder. Frontiers in psychiatry, v. 6, p. 135, 2015.

PALMER, E. D.; FINGER, S. An early description of ADHD (inattentive subtype): Dr Alexander Crichton and 'mental rest- lessness' (1798). Child Psychology and Psychiatry Review, v. 6, p. 66-73, 2001.

PIEVSKY, M. A.; MCGRATH, R. E. The Neurocognitive Profile of Attention-Deficit/Hyperactivity Disorder: A Review of Meta-Analyses. Archives of clinical neuropsychology: the official journal of the National Academy of Neuropsychologists, v. 33, n. 2, p. 143-157, 2018.

PINTO, R. et al. Testing for the mediating role of endophenotypes using molecular genetic data in a twin study of ADHD traits. American journal of medical genetics. Part B, Neuropsychiatric genetics: the official publication of the International Society of Psychiatric Genetics, v. 171, n. 7, p. 982-992, 2016.

POLANCZYK, G. et al. The worldwide prevalence of ADHD: a systematic review and metaregression analysis. The American journal of psychiatry, v. 164, n. 6, p. 942-948, 2007.

POLANCZYK, G. V. et al. ADHD prevalence estimates across three decades: an updated systematic review and meta-regression analysis. International journal of epidemiology, v. 43, n. 2, p. 434-442, 2014.

PRENCIPE, A. et al. Development of hot and cool executive function during the transition to adolescence. Journal of experimental child psychology, v. 108, n. 3, p. 621-637, 2011.

PRITCHARD, A. E. et al. Incremental validity of neuropsychological assessment in the identification and treatment of youth with ADHD. The Clinical neuropsychologist, v. 28, n. 1, p. 26-48, 2014.

RAMAN, S. R. et al. Trends in attention-deficit hyperactivity disorder medication use: a retrospective observational study using population-based databases. The lancet. Psychiatry, v. 5, n. 10, p. 824-835, 2018.

SANZ, M. J. M. et al. Assessment of comorbidity and social anxiety in adolescents with attention deficit hyperactivity disorder: the SELFIE study. Anales de Pediatría (English Edition), v. 90, n. 6, p. 349-361, 2019.

SCHOORL, J. et al. Neurobiological stress responses predict aggression in boys with oppositional defiant disorder/conduct disorder: a 1-year follow-up intervention study. European child & adolescent psychiatry, v. 26, n. 7, p. 805-813, 2017.

SEIDMAN L. J. Neuropsychological functioning in people with ADHD across the lifespan. Clinical psychology review, v. 26, n. 4, p. 466-485, 2006.

SERRA-PINHEIRO, M. A. et al. Transtorno desafiador de oposição: uma revisão de correlatos neurobiológicos e ambientais, comorbidades, tratamento e prognóstico [Oppositional defiant disorder: a review of neurobiological and environmental correlates, comorbidities, treatment and prognosis]. Sao Paulo: Revista brasileira de psiquiatria, v. 26, n. 4, p. 273-276, 2004.

SONUGA-BARKE, E. J.; COGHILL, D. The foundations of next generation attention-deficit/hyperactivity disorder neuropsychology: building on progress during the last 30 years. Journal of child psychology and psychiatry, and allied disciplines, v. 55, n. 12, e1-e5, 2014.

SZOBOT, C. M. et al. Neuroimagem no transtorno de déficit de atenção/hiperatividade. Brazilian Journal of Psychiatry, v. 23, n. 32-35, 2001.

TAMM, L. et al. Comparando tratamentos para crianças com TDAH e dificuldades de leitura de palavras: um ensaio clínico randomizado. Jornal de Consultoria e Psicologia Clínica, v. 85, n. 5, p. 434-446, 2017.

TEIXEIRA, G. Desatentos e Hiperativos: manual para alunos, pais e professores. Rio de Janeiro: Best Seller, 2015.

TEIXEIRA, M. C. T. V. et al. Fatores de proteção associados a problemas emocionais e comportamentais em escolares. Estudos De Psicologia (campinas), v. 31, n. 4, p. 539-548, 2014.

THALER, N. S.; BELLO, D. T.; ETCOFF, L. M. WISC-IV profiles are associated with differences in symptomatology and outcome in children with ADHD. Journal of attention disorders, v. 17, n. 4, p. 291-301, 2013.

THOMAS, R. et al. Prevalence of attention-deficit/hyperactivity disorder: a systematic review and meta-analysis. Pediatrics, v. 135, n. 4, e994-e1001, 2015.

TOPLAK, M. E. et al. Executive functions: performance-based measures and the behavior rating inventory of executive function (BRIEF) in adolescents with attention deficit/hyperactivity disorder (ADHD). Child neuropsychology: a journal on normal and abnormal development in childhood and adolescence, v. 15, n. 1, p. 53-72, 2009.

TUCKER, S. G. et al. Do some children diagnosed with oppositional defiant disorder develop querulous disorder? Current psychiatry reports, v. 9, n. 2, p. 99-105, 2007.

VILHENA, K.; PAULA, C. S. de. Problemas de conduta: prevalência, fatores de risco/proteção; impacto na vida escolar e adulta. Cadernos de Pós-Graduação em Distúrbios do Desenvolvimento, v. 17, n. 1, p. 39-52, 2017.

WERMTER, A. K. et al. From nature *versus* nurture, via nature and nurture, to gene x environment interaction in mental disorders. European child & adolescent psychiatry, v. 19, n. 3, p. 199-210, 2010.

WILLCUTT, E. G. The prevalence of DSM-IV attention-deficit/hyperactivity disorder: a meta-analytic review. Neurotherapeutics: the journal of the American Society for Experimental NeuroTherapeutics, v. 9, n. 3, p. 490-499, 2012.

WILLCUTT, E. G et al. Validity of the executive function theory of attention-deficit/hyperactivity disorder: a meta-analytic review. Biological psychiatry, v. 57, n. 11, p. 1336-1346, 2005.

WORLD HEALTH ORGANIZATION (WHO). Classificação de Transtornos Mentais e de Comportamento da CID-10: Descrições Clínicas e Diretrizes Diagnósticas. Porto Alegre: Artmed, 1993.

YANG, Y.; RAINE, A. Prefrontal structural and functional brain imaging findings in antisocial, violent, and psychopathic individuals: a meta-analysis. Psychiatry research, v. 174, n. 2, p. 81-88, 2009.

16 Transtornos Depressivos, de Ansiedade e Bipolar

Luzia Flavia Coelho • Renata Vieira • Thiago da Silva Gusmão Cardoso • Juliana Gomes Pereira

Introdução

A infância e a adolescência constituem períodos vitais para o bem-estar mental. Durante essas etapas, o cérebro experimenta avanços rápidos em termos de crescimento e maturação. Os jovens aprimoram habilidades tanto cognitivas quanto emocionais, que terão um impacto significativo em sua futura saúde mental, capacitando-os para assumir responsabilidades da vida adulta na sociedade (WHO, 2022).

Contudo, transtornos mentais como depressão, ansiedade e distúrbios comportamentais são as principais causas de doença e incapacidade entre jovens (WHO, 2022), com potencial para evoluir a condições crônicas. Além disso, eles representam um desafio crescente para a saúde pública global (Tambag, 2018). É notável que mais de 50% de todas as condições mentais que surgem na vida adulta têm origens na infância ou adolescência (Kessler et al., 2007).

Não apenas indivíduos diagnosticados com transtornos mentais na juventude estão sujeitos a enfrentar essas questões no futuro (Bao; Brownlie; Beitchman, 2016): crianças e adolescentes que exibem sintomas, mas que não cumprem inteiramente os critérios para um diagnóstico formal, também apresentam um risco elevado de terem uma saúde mental comprometida quando adultos (Schlack et al., 2021).

A relevância do impacto dos transtornos mentais na adolescência não pode ser subestimada, dado que os efeitos se estendem muito além da esfera da saúde mental. Esses problemas estão ligados a desafios em várias outras áreas da vida desses jovens, incluindo desempenho acadêmico (Dalsgaard et al., 2020), qualidade de vida e comportamentos de risco (Schlack et al., 2021).

Este capítulo foca em três categorias específicas de transtornos mentais que são especialmente pertinentes na infância e na adolescência: transtornos depressivos, transtornos de ansiedade e transtornos bipolares. Serão abordados critérios diagnósticos, opções de tratamento disponíveis e aspectos neuropsicológicos dessas condições.

Transtornos depressivos

Transtornos depressivos variam em duração, tempo e etiologia, mas todos compartilham sintomas como tristeza, vazio e irritabilidade, os quais afetam significativamente a funcionalidade do indivíduo (APA, 2022). Estima-se que o transtorno depressivo maior (TDM) impacte cerca de 300 milhões de pessoas em todo o mundo, constituindo-se no transtorno mental mais prevalente (WHO, 2022). No contexto da América Latina, o Brasil detém a maior incidência dessa condição (Brasil, 2022).

A pandemia da covid-19 impactou não apenas a saúde física de milhões de pessoas, mas também provocou um aumento significativo nas taxas de depressão entre adolescentes. Esse aumento está intrinsecamente relacionado a vários fatores desencadeados pela crise sanitária, como distanciamento social obrigatório, diminuição de atividades extracurriculares e mudanças frequentes no modelo educacional, que alternou entre o ensino presencial e virtual (Ahmadieh; Sheeder; Woods, 2023). Esse fenômeno está em consonância com o estudo de Ettman et al. (2020), que aponta um aumento da depressão em situações pós-traumáticas.

De acordo com a 5ª edição do *Manual diagnóstico e estatístico de transtornos mentais* (DSM-5), é necessário que o indivíduo apresente pelo menos cinco dos seguintes sintomas durante um período de 2 semanas para preencher os critérios diagnósticos: humor deprimido, perda de interesse em atividades, alterações no peso ou apetite, padrões de sono alterados, agitação ou lentidão, fadiga, sentimentos de inutilidade ou culpa, dificuldade de concentração e pensamentos suicidas (APA, 2022).

O espectro dos transtornos depressivos é amplo e inclui várias subcategorias diagnósticas. O transtorno depressivo persistente é precedido, com frequência, pelo TDM. O transtorno disruptivo da desregulação emocional se destaca por sua característica central de irritabilidade severa, manifestada, com frequência, por explosões comportamentais, sejam elas verbais ou físicas (APA, 2022).

Há também o transtorno depressivo induzido por substância/medicação, que apresenta sintomas depressivos induzidos por substâncias, diferenciando-se dos outros tipos pelo agente causal. O transtorno depressivo devido a outra condição médica é diagnosticado quando os sintomas depressivos surgem como consequência de uma condição médica avaliada pelo clínico. Por último, as nomenclaturas "transtorno depressivo especificado" e "transtorno depressivo não especificado" são usadas quando os sintomas apresentados não se encaixam por completo nos critérios dos outros tipos de transtornos depressivos; o primeiro é aplicado quando o clínico opta por especificar a razão atípica da apresentação dos sintomas (APA, 2022).

Os principais preditores de sintomas depressivos em jovens abrangem uma variedade de fatores psicossociais e ambientais. Um estudo recente destacou que exposição a atos negativos na escola, estresse familiar e violência, baixa autoestima e reclamações de saúde psicossomática são, em particular, influentes. Esses se somam a outros preditores bem estabelecidos, como histórico familiar de doença psiquiátrica, estilo de atribuição com viés negativo e uso de substâncias (Malinauskiene; Malinauskas, 2021). A compreensão abrangente desses múltiplos preditores é importante para o desenvolvimento de intervenções eficazes direcionadas à promoção da saúde mental dos jovens.

Na abordagem da terapia cognitiva para entender transtornos mentais, é importante ir além dos critérios diagnósticos. A cognição desempenha um papel fundamental nessa compreensão, atuando em sinergia com o comportamento para influenciar o ciclo problemático dessas condições (Beck, 2021). Entre os fatores cognitivos mais relevantes estão estilos de atribuição, esquemas negativos e déficits na resolução de problemas (Newman et al., 2006; Seligman, 1995).

O trabalho de Seligman (Miller; Seligman, 1975) contribuiu significativamente para a compreensão dos estilos de atribuição, demonstrando que uma perspectiva pessimista da vida pode elevar a suscetibilidade dos indivíduos a estados depressivos. Em contraste, uma abordagem otimista pode oferecer uma resiliência notável diante das adversidades. Nesse sentido, o autor explorou estilos de atribuição, identificando três dimensões para analisar as explicações causais dos eventos: personalização, permanência e abrangência. Suas pesquisas têm fornecido conhecimentos valiosos sobre mecanismos cognitivos subjacentes ao otimismo e ao pessimismo.

A personalização refere-se ao senso de controle pessoal que um indivíduo sente sobre um resultado, avaliando se ele acredita que o controle está internamente consigo ou atribuído ao ambiente externo. A permanência, por sua vez, está relacionada à permanência ou não dos resultados, considerando se são mutáveis ao longo do tempo ou vistos como fixos. A dimensão da abrangência, por fim, examina como os fatores são percebidos influenciando um resultado, seja de maneira específica ao evento, seja aplicados de forma mais global (Tabela 16.1).

Dentro da teoria do desamparo aprendido (Burns; Seligman, 1989), os estilos explicativos embasados nas dimensões mencionadas anteriormente contribuem para a compreensão do funcionamento psicológico. O autor destaca que otimistas e pessimistas divergem quanto às atribuições causais associadas ao evento.

Essa relação é evidente em pacientes com transtorno depressivo quando confrontados com um fracasso. Eles tendem a atribuir a culpa pelos seus sentimentos de tristeza ou falta de motivação a fatores externos, como o ambiente ou pessoas ao redor, em vez de reconhecer e lidar com questões internas que possam ser fatores subjacentes a tais sentimentos (Palaniappan; Easwaran, 2021). Nessa perspectiva, eles tendem a acreditar que os eventos negativos persistem a longo prazo e que as situações desfavoráveis são duradouras.

Além disso, essa visão os leva a acreditar que os eventos negativos afetam várias áreas de suas vidas. Tal entendimento está associado a sintomas depressivos duradouros (Santos; Faro, 2020). O estilo explicativo pessimista contribui para a manutenção dos sintomas depressivos, pois leva o indivíduo a se engajar em comportamentos que reforçam o estado depressivo (Cintra; Correia; Nakao, 2019).

Além do estilo explicativo pessimista, outra variável cognitiva que merece atenção na compreensão dos transtornos mentais são os esquemas negativos. Eles são estruturas cognitivas complexas que moldam a percepção do indivíduo, influenciando a forma como ele enxerga o mundo. Essas estruturas são fundamentais na compreensão dos transtornos (Bishop et al., 2021). Crenças nucleares, que são parte dos esquemas negativos, são formadas na infância, influenciadas

Tabela 16.1 Dimensões e estilo de atribuição ou explicativo.

Dimensões	Estilos de atribuição ou explicativo			
	Evento negativo "Reprovação no exame de vestibular"		**Evento positivo** "Aprovação no exame de vestibular"	
	Pessimista	**Otimista**	**Pessimista**	**Otimista**
Permanência	Permanente "Não adianta eu tentar, nunca vai dar certo"	Temporário "Foi apenas na prova de hoje"	Temporário "Passei apenas nessa prova"	Permanente "Tenho chances de aprovação para entrar na faculdade que eu quero"
Abrangência	Global "Não vou conseguir nada na vida"	Específico "O insucesso foi apenas na prova de hoje. Ainda tenho chances de ingressar na faculdade esse ano"	Específico "Passei só nessa faculdade. Tenho certeza de que a faculdade que eu quero vai ser mais difícil"	Global "Conseguir entrar na faculdade é uma grande conquista e um sinal de que sou capaz de atingir meus objetivos"
Personalização	Interno/externo "Eu sou incompetente" "A culpa é dos meus pais que não me matricularam no cursinho"	Externo "A prova foi difícil. Eu posso me preparar melhor"	Externo "Foi apenas sorte. Estava fácil"	Interno "Isso mostra que sou competente"

Adaptada de Seligman, 1995.

pela interação com o ambiente e pela predisposição genética. Essas crenças se refletem em traços distintos de personalidade ao longo da vida (Beck, 1997).

O modelo de vulnerabilidade de Beck (1997) sugere que a suscetibilidade a transtornos mentais é influenciada tanto por traços de personalidade quanto por fatores ambientais. Pessoas com inclinação para autonomia são mais vulneráveis a transtornos quando sua independência é ameaçada, enquanto aquelas com uma tendência sociotrópica são mais afetadas por problemas em relações sociais. Essa interação entre fatores pessoais e contextuais torna cada caso de transtorno mental único, sublinhando a importância de considerar ambos os elementos no diagnóstico e no tratamento (Clark; Beck, 1992).

Conforme o modelo cognitivo de depressão, o aparecimento e a persistência dos sintomas depressivos estão intimamente ligados à ativação de esquemas cognitivos disfuncionais. Esses esquemas envolvem uma perspectiva negativa do indivíduo sobre si mesmo, sobre o mundo e sobre suas expectativas futuras, constituindo o que é conhecido como "tríade cognitiva" (Beck; Alford, 2011).

É comum que adolescentes com quadro depressivo tenham percepções negativas específicas sobre si mesmos, como "não tenho valor"; sobre o ambiente, como "ninguém se importa comigo"; e com relação às perspectivas futuras, como "nada vai melhorar" (Beck, 1997). Essas cognições distorcidas não são meras particularidades, mas funcionam como precursores de uma série de comportamentos prejudiciais. Tais comportamentos incluem desengajamento em atividades antes consideradas prazerosas, isolamento social e manifestações fisiológicas disruptivas, como distúrbios do sono, mudanças no apetite e baixo rendimento escolar (Dalsgaard *et al.*, 2020; Santos; Faro, 2020).

Uma característica central da depressão é uma ineficaz resolução de problemas. Tais indivíduos são inclinados a ter menos habilidades na resolução de problemas em comparação com aqueles que não estão deprimidos. A ruminação é uma característica do transtorno e acontece com foco nos sintomas depressivos – é vista como uma estratégia inadequada de resolução de problemas. Na ruminação, o pensamento persiste até que a meta seja alcançada, aumentando a probabilidade de permanecer sem solução. Em geral, apresentam aversão ao risco e, em consequência, menor engajamento. Dessa forma, desperdiçam oportunidades de resolução por ficarem presos em antigos modos de preservação (Noreen; Dritschel, 2022).

Transtorno bipolar com início na infância e adolescência

Para diagnosticar o transtorno bipolar com início na infância e adolescência (TB-IA), é essencial reconhecer um episódio claro de mania ou hipomania, caracterizado por manifestações predominantes de euforia e sensações de grandiosidade (Rocca; Boarati; Fu-I, 2014). São sintomas adicionais: alterações extremas no humor, que variam entre episódios de mania, marcados por energia excessiva e euforia; e episódios depressivos, caracterizados por sentimentos profundos de tristeza e desânimo. Essas oscilações podem afetar de modo significativo o funcionamento social, ocupacional (escola) e pessoal (MacPherson *et al.*, 2022).

Conforme estabelecido pelo DSM-5, o TB-IA apresenta duas categorias: tipo I e tipo II. O tipo I se destaca por episódios maníacos intensos que podem levar a comportamentos arriscados e hospitalizações. Já o tipo II é caracterizado por episódios hipomaníacos mais brandos e episódios depressivos maiores. Para o diagnóstico de um **episódio maníaco**, é necessário um período mínimo de 1 semana de humor elevado, com três ou mais sintomas adicionais, como fala acelerada ou autoestima inflada. O **episódio hipomaníaco**, por sua vez, requer um período mínimo de 4 dias com sintomas similares, mas menos intensos (APA, 2022).

Além dessas categorias, outros diagnósticos relacionados incluem o transtorno ciclotímico, o qual envolve flutuações crônicas de humor que não se enquadram em episódios maníacos ou depressivos completos. O TB-IA induzido por substâncias é diagnosticado quando as mudanças de humor são atribuídas ao uso de substâncias. Há também categorias para condições médicas que podem imitar os sintomas do TB-IA e diagnósticos específicos para casos que não se enquadram inteiramente nos critérios de outros transtornos bipolares. Esses são classificados como "TB-IA não especificado e relacionado" (APA, 2022).

Além dos critérios diagnósticos tradicionalmente utilizados para identificar o transtorno bipolar (TB), é essencial considerar problemas neurocognitivos que com frequência acompanham a condição. Tais déficits, que incluem problemas de atenção, memória operacional e funções executivas (FE), exercem impacto significativo em diversas áreas da vida, desde o desempenho acadêmico em jovens até as limitações ocupacionais em adultos. Esses aspectos neuropsicológicos serão abordados em detalhes neste capítulo. A compreensão aprofundada dessas interações pode não só aprimorar a precisão dos diagnósticos, mas também fomentar o desenvolvimento de abordagens terapêuticas mais eficazes para o tratamento, beneficiando pacientes em todas as fases da vida (MacPherson *et al.*, 2022).

Embora a previsão do surgimento do transtorno bipolar em crianças e adolescentes seja um desafio complexo, existem alguns indicadores clínicos relevantes, envolvendo histórico familiar de transtornos afetivos; presença de comorbidades psiquiátricas, como transtorno do déficit de atenção e hiperatividade (TDAH) e transtornos de personalidade limítrofe e de ansiedade, bem como transtornos de conduta. O início do uso de substâncias psicoativas também é um fator a ser considerado (Cichoń *et al.*, 2020).

Cognição e comportamento estão intrinsecamente interligados na manifestação do TB-IA na fase depressiva, conforme delineado na Tabela 16.1. No TB-IA, a personalização tende a ter um viés externo, significando que falhas ou insucessos são atribuídos com frequência a elementos fora do controle do indivíduo. Essa perspectiva pode levar o jovem a minimizar ou ignorar fatores internos capazes de ter contribuído para o desfecho negativo, evitando, assim, o reconhecimento de possíveis falhas. Além disso, a permanência é interpretada como permanente, indicando que os insucessos são vistos como eventos duradouros que afetarão o futuro. Por outro lado, a abrangência é global, o que significa que o insucesso em uma área particular afeta a autoconfiança geral do indivíduo.

Durante a fase de mania, essas atribuições nas dimensões de permanência, abrangência e personalização podem colocar o indivíduo em risco, uma vez que superconfiança e minimização do fracasso podem levar a comportamentos impulsivos e decisões imprudentes, intensificando desafios associados ao transtorno. Um estudo apontou que atribuições negativas, caracterizadas por estilos cognitivos negativos, estão relacionadas com um curso mais severo da doença (Stange et al., 2015).

Nesse cenário, é importante abordar os esquemas negativos que atuam como lentes distorcidas através das quais os indivíduos interpretam suas experiências. Nesse quadro, existe uma oscilação das crenças ativadas a partir dos esquemas negativos. Por exemplo, durante um episódio depressivo, o jovem pode se enxergar como um completo fracasso, ao passo que, em uma fase maníaca, pode se considerar extraordinariamente talentoso (Newman et al., 2006).

Ao discutir a influência de esquemas negativos no TB-IA, destacam-se os padrões de pensamento ligados ao perfeccionismo e à busca por aprovação, similares em pacientes com depressão unipolar e bipolar. No entanto, na fase maníaca, ocorre uma mudança nos padrões de pensamento. Nesse estado, jovens tendem a ter visões distorcidas sobre si mesmos, como "sou um gênio com ideias brilhantes"; sobre o mundo, como "devo aproveitar todas as oportunidades porque a vida é uma aventura"; e sobre o futuro, como "tudo é possível e as possibilidades são infinitas". Essas ideias refletem euforia e agitação típicas da fase maníaca (Sant'Anna; Zimmer; Dini, 2019).

Ao estabelecer uma conexão, é notável que indivíduos cujas crenças nucleares negativas se encontram ativadas com frequência demonstram uma predisposição à dificuldade na resolução de problemas, uma vez que esses padrões cognitivos podem influenciar a avaliação distorcida das situações, interferindo diretamente na capacidade de encontrar soluções eficazes para desafios e adversidades (Beck, 1997).

Durante a fase de mania, por exemplo, pensamentos acelerados e impulsividade podem interferir na capacidade de analisar e abordar problemas de maneira racional e assertiva. Essa alteração no pensamento e no comportamento dificulta a busca por soluções efetivas. Além disso, durante a fase depressiva, caracterizada por baixa energia, falta de motivação e pessimismo, o empenho na busca por soluções também é prejudicado. É importante destacar que esse déficit na resolução de problemas interfere na sequência normal da rotina e no cumprimento de responsabilidades (Newman et al., 2006)

Transtorno de ansiedade

A ansiedade é uma experiência multifacetada que engloba diversos elementos nas esferas psicológica, fisiológica e comportamental. Esse estado é desencadeado em animais e humanos diante de ameaças ao bem-estar ou sobrevivência, tanto em circunstâncias reais quanto potenciais (Steimer, 2002).

Diferenciar entre ansiedade e medo normais e patológicos é desafiador em crianças e adolescentes, uma vez que algumas manifestações de medo são típicas de determinadas etapas do desenvolvimento, como medo da falta de contato físico dos cuidadores, medo de estranhos, medo de separação, de trovões, de escuro, de animais, da morte, de objetos específicos, de contaminação, de desastres, de assaltos e da rejeição por colegas (Beesdo-Baum; Knappe, 2012; Beesdo; Knappe; Pine, 2009).

De acordo com a American Psychiatric Association (APA), o termo ansiedade se refere a uma resposta normal ao estresse e pode até beneficiar ações, aumentando o foco e a atenção diante de tarefas ou provas. No entanto, o transtorno de ansiedade (TA) difere desses sentimentos temporários ansiosos ou de nervosismo, levando a sentimentos mais intensos de medo e ansiedade (APA, 2022). Esse transtorno envolve disfunções na circuitaria cerebral em resposta ao perigo (Penninx et al., 2021). Entre adolescentes, um em cada quatro apresenta TA entre 13 e 18 anos, com uma prevalência ao longo da vida de cerca de 6% nessa faixa etária (Silva et al., 2018). Com frequência, o TA tem início na infância ou adolescência (TA-IA) (Beesdo et al., 2010).

O TA-IA é marcado por preocupação excessiva ou ansiedade intensa relacionada com várias situações e atividades. Essas preocupações englobam medos sociais, medos de desempenho, ocorrência de ataques de pânico inesperados e ansiedade antecipatória, em especial diante de situações específicas. Além disso, podem se manifestar comportamentos de evitação como parte dos sintomas do transtorno (Szuhany; Simon, 2022).

Segundo a 5ª edição revisada do *Manual diagnóstico e estatístico de transtornos mentais* (DSM-5-TR), para o diagnóstico é necessário que a ansiedade excessiva ou preocupação esteja presente por pelo menos 6 meses. Também é essencial que o indivíduo tenha dificuldade em controlar essa preocupação. Além disso, a ansiedade deve estar associada a três ou mais dos seguintes sintomas durante um período de, no mínimo, 6 meses: inquietação, sensação de estar à beira do esgotamento, fadiga fácil, dificuldade de concentração ou lapsos de memória, irritabilidade, tensão muscular e distúrbios do sono (APA, 2022).

A maioria das teorias e estudos sobre ansiedade reconhece atualmente a presença de vários subtipos específicos. Embora esses transtornos de ansiedade mais particulares compartilhem alguns elementos comuns, como a ativação do medo para detectar e enfrentar ameaças, existem diferenças que podem afetar a abordagem terapêutica (Clark; Beck, 2012).

Para compreender a diversidade dos transtornos de ansiedade em crianças e adolescentes, é necessário conhecer seus diversos subtipos. Alguns estão relacionados com situações específicas. Por exemplo, a ansiedade de separação se manifesta como um medo excessivo de estar longe de pais ou cuidadores e tem um forte impacto no desenvolvimento infantil (Asbahr, 2004; Masi; Mucci; Millepiedi, 2001). O mutismo seletivo, por sua vez, é marcado pela recusa da criança em falar em contextos sociais específicos, afetando negativamente o seu desempenho escolar (APA, 2022). Agorafobia apresenta-se como temor de lugares ou situações em que obter ajuda ou escapar pode ser difícil, limitando, assim, a mobilidade do indivíduo. A fobia específica envolve medo persistente e irracional de um objeto ou situação específica (APA, 2022).

O transtorno de ansiedade generalizada (TAG) é marcado por preocupações crônicas e excessivas em múltiplas áreas da vida, com frequência acompanhadas de tensão muscular e dificuldade em relaxar (Asbahr, 2004, 2010). Em contraste, a fobia social ou transtorno de ansiedade social (TAS) é caracterizada por um intenso medo de avaliação social negativa, o que pode levar ao isolamento e à evitação de situações sociais (Asbahr, 2010). O transtorno do pânico (TP) se destaca por episódios súbitos de ansiedade intensa, muitas vezes acompanhados por sintomas físicos debilitantes, como taquicardia e falta de ar (APA, 2022). Cada um desses transtornos tem características distintas, tornando fundamental o reconhecimento dessas nuances para um diagnóstico preciso e um tratamento eficaz.

Os transtornos de ansiedade induzidos ou agravados por outras doenças têm as próprias características. A ansiedade induzida por substâncias/medicamentos é caracterizada por crises ansiosas desencadeadas pelo uso de medicamentos, como estimulantes e antiasmáticos, assim como drogas como álcool e cocaína (Luft et al., 2018). Por outro lado, a ansiedade devida a outra condição médica surge quando a ansiedade é um sintoma secundário de uma condição médica existente, como diabetes ou cardiopatias (APA, 2022).

A cognição em transtornos de ansiedade com frequência se concentra na percepção de ameaça. Diante de situações desafiadoras com desfechos negativos, indivíduos afetados tendem a superestimar o perigo e subestimar seus recursos para enfrentá-lo (Clark; Beck, 2012). No contexto da Tabela 16.1, em termos de permanência, esses indivíduos veem suas dificuldades como persistentes e imutáveis. Quanto à abrangência, atribuem um significado global a situações adversas relacionadas à ameaça. Essa visão generalizada alimenta a crença de que algo ruim está prestes a acontecer e que isso afetará todas as áreas da vida, levando a um profundo sentimento de ansiedade e à convicção de que nada dará certo. Essa interação entre permanência e abrangência cria uma estrutura cognitiva que pode ser altamente debilitante, impactando de modo negativo tanto o tratamento quanto a recuperação.

De maneira semelhante aos transtornos de humor, transtornos de ansiedades também exibem peculiaridades em relação aos esquemas negativos. Nesse cenário, observa-se um viés de atenção seletiva para estímulos que são percebidos como ameaçadores ou preocupantes. Esse viés não apenas origina, mas também perpetua estados ansiosos ao gerar uma série de pensamentos e imagens mentais que antecipam de forma exagerada resultados negativos futuros. Tais distorções cognitivas atuam como fatores que contribuem para a manutenção do estado de ansiedade, conferindo-lhes um papel primordial na dinâmica do transtorno (Vieira; Pereira; Berndt, 2019).

Assim, indivíduos com transtorno de ansiedade atribuem significados negativos ameaçadores a diferentes aspectos de suas vidas. Por exemplo, eles podem ter pensamentos negativos sobre si mesmos, como "eu sou vulnerável"; sobre o mundo, como "o mundo é perigoso"; e sobre o futuro, como "algo ruim está prestes a acontecer". Esses padrões refletem uma visão distorcida que pode perpetuar o ciclo de ansiedade, levando à evitação de situações supostamente ameaçadoras e ao sofrimento.

Enquanto os esquemas negativos atuam como barreiras cognitivas que distorcem a percepção e a interpretação das experiências, a habilidade de resolução de problemas se destaca como um elemento essencial para a melhoria da saúde mental e do bem-estar psicológico. No entanto, em geral esse quadro apresenta um déficit na habilidade de resolução de problemas, o qual está intimamente relacionado à tendência de interpretar ameaças de forma exagerada. Esse último aspecto é significativo em transtornos de ansiedade, levando a respostas emocionais intensas, comportamentos de evitação e dificuldades em enfrentar desafios cotidianos. Adicionalmente, o déficit em habilidades de resolução de problemas pode ser exacerbado por uma maior sensibilidade à percepção das ameaças e por uma baixa tolerância à incerteza. Vale ressaltar que esse padrão cognitivo está ligado a prejuízos no funcionamento social, ocupacional e interpessoal (Carpenter et al., 2018).

Embora os critérios diagnósticos para transtornos mentais na infância e adolescência, aliados ao papel da cognição, ofereçam um panorama clínico fundamental, com frequência se revelam incompletos. Para enriquecer essa perspectiva e promover uma abordagem mais completa, a avaliação neuropsicológica surge como uma ferramenta indispensável, proporcionando um entendimento aprofundado das funções cognitivas, emocionais e comportamentais dos jovens.

Aspectos neuropsicológicos nos transtornos de humor

Déficits cognitivos são encontrados em transtornos do humor, incluindo transtorno bipolar e depressão unipolar (Arts et al., 2008; Bora et al., 2011). No transtorno bipolar, as FE (memória operacional, controle executivo e fluência) e a memória verbal demonstram estar mais prejudicadas, mesmo em pacientes eutímicos (Arts et al., 2008).

No estudo de metanálise de Bora et al. (2011), pacientes com TB II tiveram desempenho significativamente pior do que os controles saudáveis em cinco dos seis domínios avaliados (exceto na atenção): velocidade de processamento; atenção; memória operacional; raciocínio e resolução de problemas; aprendizagem e memória visual; e aprendizagem e memória verbal. Os domínios cognitivos, com seus respectivos testes utilizados na avaliação, estão descritos na Tabela 16.2.

Quando se analisa os diferentes tipos de bipolaridade – transtorno afetivo bipolar do tipo I (TB I) e do tipo II (TB II) –, os pacientes com TB II, em geral, tiveram melhor desempenho do que os pacientes com TB I. Todavia, na velocidade de processamento, o TB II foi melhor do que o TB I (Bora et al., 2011).

Pacientes com TB I tiveram desempenho significativamente pior do que os com TB II na fluência semântica, mas não em outros testes como fluência fonética, trilhas A e B e tarefas do tipo *stroop*. Com relação à atenção sustentada, pacientes com diferentes tipos de bipolaridade não se diferem.

Na memória visual, pacientes com TB II têm um desempenho melhor do que com TB I, quando analisada a tarefa de recordação da Figura Complexa de Rey. Na memória

Tabela 16.2 Domínios cognitivos avaliados em transtornos de humor e testes cognitivos utilizados.

Domínio cognitivo	Testes cognitivos
Velocidade de processamento	Fluência fonética, fluência semântica, teste de trilhas (*trail making test*), *stroop*, códigos (WAIS-III)
Atenção	Teste de desempenho contínuo (CPT)
Memória operacional	Extensão de dígitos (WAIS-III), sequência de números e letras (WAIS-III), extensão espacial (Lezak, 2004), PASAT
Raciocínio e resolução de problemas	Teste de Wisconsin de classificação de cartas (WCST), Torre de Londres (ToL), matrizes progressivas de Raven
Aprendizagem e memória visual	Figura Complexa de Rey, teste de formas (*doors and people test*), memória facial
Aprendizagem e memória verbal	Memória lógica (WMS), Teste de aprendizagem Verbal de California (CVLT), Teste de Aprendizagem Auditivo-Verbal de Rey (RAVLT)

WAIS: Escala de Inteligência Wechsler para Adultos (do inglês *Wechsler Adult Intelligence Scale*); PASAT: Teste auditivo compassado de adição seriada (do inglês *paced auditory serial-addition task*); CPT: *Continuous Performance Test*; WCST: *Wisconsin Card Sort Test*; WMS: Escala de Memória de Wechsler (do inglês *Wechsler Memory Scale*); CVLT: *California verbal learning test*; RAVLT: *Rey-Auditory Verbal Learning Test*. (Adaptada de Bora et al., 2011.)

episódica verbal, avaliada pelo Teste de Aprendizagem Auditivo-Verbal de Rey (RAVLT, do inglês *Rey-auditory verbal learning test*) ou pelo teste de aprendizagem verbal de California (CVLT, do inglês *California verbal learning test*), pacientes com TB II tiveram melhor desempenho do que com TB I. Na memória operacional, não foram encontradas diferenças entre os pacientes com TB I e II. No teste de planejamento e raciocínio do teste de Wisconsin de classificação de cartas (WCST, do inglês *Wisconsin Card Sort Test*), não foram encontradas diferenças entre TB I e II.

Outra metanálise analisou déficits cognitivos persistentes mesmo em pacientes com TB em fase de remissão e encontrou evidências de que aprendizagem verbal, atenção alternada e memória operacional verbal se encontram prejudicadas de forma persistente (Bourne *et al.*, 2013).

Alguns estudos exploraram se o primeiro episódio de mania também é informativo para a compreensão de possíveis déficits de quociente de inteligência (QI) nessa população. Embora alguns estudos tenham encontrado QI mais alto como um fator preditivo de primeiro episódio de mania (Koenen *et al.*, 2009; Torres *et al.*, 2010), na maioria dos estudos, os valores de QI desses pacientes se encontram dentro da faixa de normalidade (Olvet; Burdick; Cornblatt, 2013). O QI pode ser um indicador interessante para diferenciar pacientes com TB de outros quadros psicóticos, como na esquizofrenia, em que são encontrados QI mais baixos como um possível preditor (Koenen *et al.*, 2009; Olvet; Burdick; Cornblatt, 2013).

Uma metanálise recente sintetizou as evidências de disfunção cognitiva no TB pediátrico (Frias; Palma; Farriols, 2014). Um total de 124 estudos foram incluídos e, no conjunto, houve evidências de comprometimento em muitos dos mesmos domínios cognitivos examinados em adultos com transtornos de humor. Há, portanto, evidências convincentes de que a disfunção cognitiva não se restringe àqueles que têm o transtorno iniciado na vida adulta (Frias; Palma; Farriols, 2014).

Curiosamente, poucos estudos compararam o perfil cognitivo de indivíduos com TB e TDM (Hill *et al.*, 2009; Xu *et al.*, 2012). Um dos estudos mostrou que todos os três grupos de pacientes (TB I, TB II e TDM) apresentaram disfunção cognitiva na velocidade de processamento, memória, fluência verbal e FE, mas não na atenção em comparação com os controles (Xu *et al.*, 2012). Quando analisadas as particularidades do perfil de desempenho cognitivo de cada grupo, pacientes com TB I tiveram desempenho significativamente pior na fluência verbal e na FE do que os pacientes com TB II e TDM. Ademais, nenhuma diferença foi encontrada entre pacientes TB II e TDM, exceto na memória visual (Xu *et al.*, 2012).

Com relação aos transtornos de ansiedade, a maioria das pesquisas sobre déficits cognitivos tem se concentrado no transtorno obsessivo-compulsivo (TOC), enquanto muito menos atenção tem sido direcionada para os outros subtipos de transtornos de ansiedade (Castaneda *et al.*, 2008). No transtorno do estresse pós-traumático (TEPT) foram observados prejuízos na atenção, na memória verbal e visual de longo prazo e no funcionamento executivo (Castaneda *et al.*, 2008). No TP, foram encontrados prejuízos na atenção dividida, mas não na atenção seletiva, além de prejuízos na memória de curto prazo verbal e aprendizagem, mas não na memória visual (Castaneda *et al.*, 2008). Uma revisão sistemática posterior não apoiou a presença de déficits de funcionamento cognitivo no TB, embora houvesse evidências marginais de déficits de memória de curto prazo entre indivíduos com o diagnóstico (O'Sullivan; Newman, 2014).

Em uma revisão recente sobre o perfil neuropsicológico de pacientes com TAG, os autores concluíram que há evidências de um desempenho cognitivo prejudicado nas seguintes funções: atenção seletiva, memória operacional, inibição cognitiva, tomada de decisão (previsão de erros) e cognição social (Gkintoni; Ortiz, 2023).

Quando se discute os achados de disfunção cognitiva nos transtornos de humor, é importante assinalar que não existem testes neuropsicológicos com especificidade ou sensibilidade diagnóstica suficientes para discriminação de participantes com transtornos de humor, com TB, TDM ou transtornos de ansiedade, de participantes saudáveis (Bakkour *et al.*, 2014). Todavia, a avaliação neuropsicológica é fundamental como uma abordagem padronizada para a avaliação da disfunção cognitiva nesses quadros, especialmente para entender como os déficits cognitivos impactam o funcionamento psicossocial do paciente no seu dia a dia.

Caso clínico

A., 10 anos, sexo feminino, estuda no 5º ano do ensino fundamental e reside na capital de São Paulo. A família buscou uma avaliação neuropsicológica a pedido da psicóloga depois que a mãe relatou as dificuldades enfrentadas pela filha. Após uma avaliação inicial, a profissional levantou a hipótese diagnóstica de TDAH.

A. vive com os pais e a irmã mais velha, que tem 12 anos. A gravidez foi planejada e transcorreu bem até a 32ª semana. Durante esse período, foi necessário que a gestante repousasse devido às contrações, e ela também precisou de suplementação de ferro. A. nasceu de cesariana com 38 semanas, pesando 3,3 kg e medindo 48 cm. Ela teve uma nota Apgar de 9/10, apresentou circular de cordão e, conforme relatado pelos pais, tinha um tom arroxeado na pele ao nascer. A mãe a amamentou durante 10 meses, mas foi necessário complementar com fórmula nesse intervalo.

O desenvolvimento motor e linguístico de A. ocorreu conforme os padrões esperados. Os pais mencionaram que ela tem tendência a cair.

No que se refere ao histórico clínico, aos 3 anos, A. passou por uma cirurgia para remover amígdalas e adenoide. Atualmente, ela tem um quadro alérgico, que se manifesta por espirros, e já passou por tratamento homeopático. Uma médica homeopata sugeriu que essa alergia poderia ter relação com aspectos emocionais e ansiedade.

A. tem dificuldade para pegar no sono, muitas vezes precisando de rituais como a leitura de livros para adormecer. Apresenta bruxismo e é inquieta durante a noite, levantando-se ocasionalmente para conversar com os pais, embora não se recorde disso na manhã seguinte. Em geral, acorda sem muita disposição.

A. segue uma dieta restritiva e, com frequência, seus pais enfrentam desafios para incentivá-la a manter uma alimentação balanceada. Tende a levar mais tempo nas refeições e evita alimentos que exigem muita mastigação. Além disso, passa por períodos nos quais prefere certos alimentos, rejeitando outros.

Desde o início da vida escolar, A. demonstrou boa adaptação e desempenho acadêmico satisfatório. Os relatos dos profissionais da escola indicam que, às vezes, ela perde a concentração e se distrai conversando com colegas, resultando na não conclusão das lições. Em casa, quando está motivada e interessada, realiza as tarefas sozinha. Contudo, com frequência necessita do estímulo dos pais para se dedicar às atividades. A. busca um alto nível de perfeição em seus trabalhos, o que a faz demorar mais para concluí-los, pois apaga e refaz até alcançar o padrão desejado. Também tem pensamentos frequentes e obsessivos sobre situações futuras, desempenho escolar, relacionamentos, entre outros. Não raro, expressa sentimentos como "preciso fazer isso perfeito!".

As dificuldades apresentadas por A., conforme relatado pelos pais, incluem comportamento agitado, pensamento acelerado, padrões comportamentais repetitivos e rígidos, além de desconforto sensorial manifestado desde os 3 anos. Demonstra particularidades como aversão a usar duas blusas simultaneamente e insistência de que o cós da peça íntima não toque o cós da calça. Em situações nas quais se sente incomodada, tende a reclamar de modo excessivo e a demonstrar atitudes autolesivas. Apesar dessas dificuldades, os pais a descrevem como uma menina que perdoa rapidamente atitudes desagradáveis de seus colegas; é sociável, faz amizades com facilidade e em geral busca a companhia de outros para brincar. No entanto, em algumas ocasiões, opta por não brincar para evitar a tarefa de arrumar os brinquedos ao final.

Quando investigados os antecedentes familiares, o pai de A. menciona ter apresentado sintomas de TOC (como enfileirar calçados e fazer contas com placas de carro), mas nunca foi diagnosticado. Ele afirma se identificar com o que a filha relata nos momentos de incômodo. A mãe descreve sintomas de ansiedade e, em situações de elevada ansiedade, "conta tudo o que vê pela rua". Além disso, reconhece que sua maneira de lidar com algumas situações pode influenciar o comportamento da filha. A irmã mais velha de A. está em acompanhamento psicológico devido a sintomas de ansiedade.

A mãe se identifica como uma pessoa ansiosa e é extremamente preocupada com a organização da casa e da rotina. Cobra das filhas que mantenham seus pertences em ordem e que sigam a rotina de lições e atividades extras. Também expressou profundo medo relacionado com segurança, temendo assaltos tanto em casa (pois reside em uma casa térrea, e não em um apartamento) quanto na rua. Está constantemente preocupada com o bem-estar das filhas, em termos de saúde e segurança. Com frequência, aconselha as filhas a manterem os vidros do carro fechados, a usarem os cintos de segurança e explica os motivos dessas orientações, relacionando-as aos próprios medos. Também insiste que as filhas não conversem com estranhos e que não sejam acompanhadas por adultos ou estranhos ao banheiro. Nos cursos extras, permanece durante toda a aula esperando pelas filhas, não importa a duração das atividades. Atualmente, trabalha como *personal organizer*.

O pai, por outro lado, mencionou ser mais ausente devido ao trabalho, que o mantém ocupado durante todo o dia e fica localizado distante de casa, o que limita o tempo que passa com as filhas durante a semana. No passado, tinha comportamentos mais rígidos relacionados com a organização, e percebe que, atualmente, quando se sente mais ansioso, tem o impulso de organizar, mas se controla. Aos finais de semana, procura auxiliar na organização da casa e nos cuidados com as filhas. Percebeu que a esposa com frequência compartilha suas preocupações com as filhas, o que se tornou motivo de desentendimentos entre o casal, pois ele considera que o nível de preocupação dela é excessivo.

Avaliação neuropsicológica

Com base no apresentado, A. passou por uma avaliação com foco na abordagem neuropsicológica. O objetivo era obter uma definição mais precisa do seu quadro, levando em consideração as várias dimensões de cognição e emoção.

Os resultados da avaliação neuropsicológica indicaram que A. tem um nível intelectual global classificado como superior (QI total – 120) em relação à população de sua faixa etária. No entanto, seu desempenho nas provas neuropsicológicas mostrou um perfil cognitivo inferior ao esperado nas funções corticais superiores, em especial na atenção sustentada e na atenção seletiva, com erros decorrentes de ações impulsivas.

Por meio da avaliação ecológica, as respostas ao questionário sobre FE revelaram diferenças de percepção entre os respondentes. A família identificou dificuldades em A. relacionadas com inibição, automonitoramento, flexibilidade, controle emocional e memória operacional. Por outro lado, no ambiente escolar, a professora destacou dificuldades principalmente no automonitoramento.

A. enfrentou desafios acadêmicos na escrita de palavras isoladas e na compreensão leitora. A dispersão e a intrusão de comentários durante a leitura podem ter contribuído para esses erros. No âmbito da aritmética, seu desempenho ficou abaixo do esperado para sua faixa etária, e sua falta de atenção foi, de novo, uma possível causa para alguns erros.

Com relação aos aspectos emocionais e comportamentais, A. manteve bom contato com a realidade e mostrou reconhecimento das normas de civilidade. Demonstrou ser extrovertida e afetuosa, estabelecendo um excelente vínculo com as avaliadoras. Ela se vê como uma pessoa divertida, engraçada e habilidosa em desenho. Acredita que outros a enxergam como alguém bonita e reconhece que seu comportamento agitado pode ser um obstáculo.

As respostas de A. aos questionários que avaliam sintomas de transtornos apontam indicadores clínicos para TAG, sintomas somáticos associados à ansiedade e comportamento hiperativo/impulsivo. A partir de uma perspectiva projetiva, os resultados sugerem que, devido aos altos níveis de supercontrole e compulsividade, além da fragilidade em seus relacionamentos afetivos, ela pode demonstrar timidez.

As respostas dos questionários, com base nos critérios do DSM-5-TR, fornecidas pela família e pela escola, apresentaram diferenças (APA, 2022). A família identificou sintomas no nível clínico associados a problemas de pensamento, ansiedade e hiperatividade/impulsividade. Por outro lado, a professora, no contexto escolar, destacou sintomas no nível clínico ligados à ansiedade.

Nesse contexto, a avaliação neuropsicológica revelou um perfil associado ao diagnóstico de TAG e indicativos de sintomas ligados ao TOC, em especial a necessidade de organização e simetria, que se correlacionam com dificuldades no processamento sensorial. Portanto, foi recomendada uma consulta com um médico psiquiatra e a realização de intervenção psicológica.

Intervenções direcionadas

A psiquiatra propôs o tratamento medicamentoso com fluoxetina, iniciando com uma dose de 10 mg. Ao dar início à intervenção psicológica baseada na abordagem cognitivo-comportamental, foi possível elaborar uma conceituação do caso de A., focando na psicoeducação acerca de emoções, pensamentos e comportamentos, e também houve sessões que envolveram os pais.

Durante a intervenção de psicoeducação das emoções na terapia cognitiva-comportamental, A. foi incentivada a identificar e compreender a emoção de medo e preocupação que surgia em diferentes situações do dia a dia. Em situações relacionadas com lições escolares, Ana expressava pensamentos como "preciso fazer direitinho" e "precisa ser perfeito", levando-a a comportamentos de demorar para concluir ou até mesmo apagar e refazer as tarefas já completas. Ao se tratar de seus pertences, emergiam pensamentos como "vai ser difícil organizar tudo do jeito que a minha mãe quer", o que com frequência resultava na evitação de brincar para não ter que organizar depois. Além disso, demonstrou uma tendência de antecipação em relação a situações futuras, seja um passeio, uma atividade escolar diferente ou até mesmo terminar uma refeição, evidenciando uma preocupação constante e antecipatória sobre os eventos seguintes. Essa fase da terapia foi fundamental para ajudá-la a reconhecer pensamentos e comportamentos automáticos, dando o primeiro passo para a modificação destes.

A representação esquemática da conceituação cognitiva do caso é apresentada na Figura 16.1.

A partir da conceituação de caso, foi construída uma lista de metas em conjunto com A. e sua família:

1. Aprimorar o modelo parental e desenvolver estratégias mais eficazes para auxiliar A. a lidar com a ansiedade
2. Automonitoramento de pensamentos e emoções

Fatores de vulnerabilidade/experiências tardias/histórico de vida relevante
Ansiedade, modelo parental materno

Crenças centrais e pressupostos subjacentes
Não sou boa o suficiente

Precipitantes/incidente crítico
Exigências maternas
Aumento das demandas escolares

Gatilhos: lições de casa, momentos de lazer, programação de lazer
Modificadores situacionais: tempo para fazer, mãe apressar, saber sobre situações de lazer

Fatores de manutenção: cobrança da mãe e professora, proximidade do evento de lazer

Definição das dificuldades
Autorregulação comportamental, excesso de pensamentos, preocupação com situações futuras, regulação da ansiedade

Sistemas afetados
Pensamentos: "preciso fazer direitinho"; "precisa ser perfeito"; "vai ser difícil organizar tudo do jeito que a minha mãe quer": "se tenho um passeio, fico pensando como será, quem vai..."; "quando tem uma atividade diferente na escola, fico pensando nela"; "quando estou comendo quero terminar logo"
Emoções: medo/preocupação
Comportamentos: apagar lições, lentificação para lições, evitação para organizar algo em casa, agitação comportamental
Reações fisiológicas: dor de barriga, dor de cabeça, sudorese nas mãos.

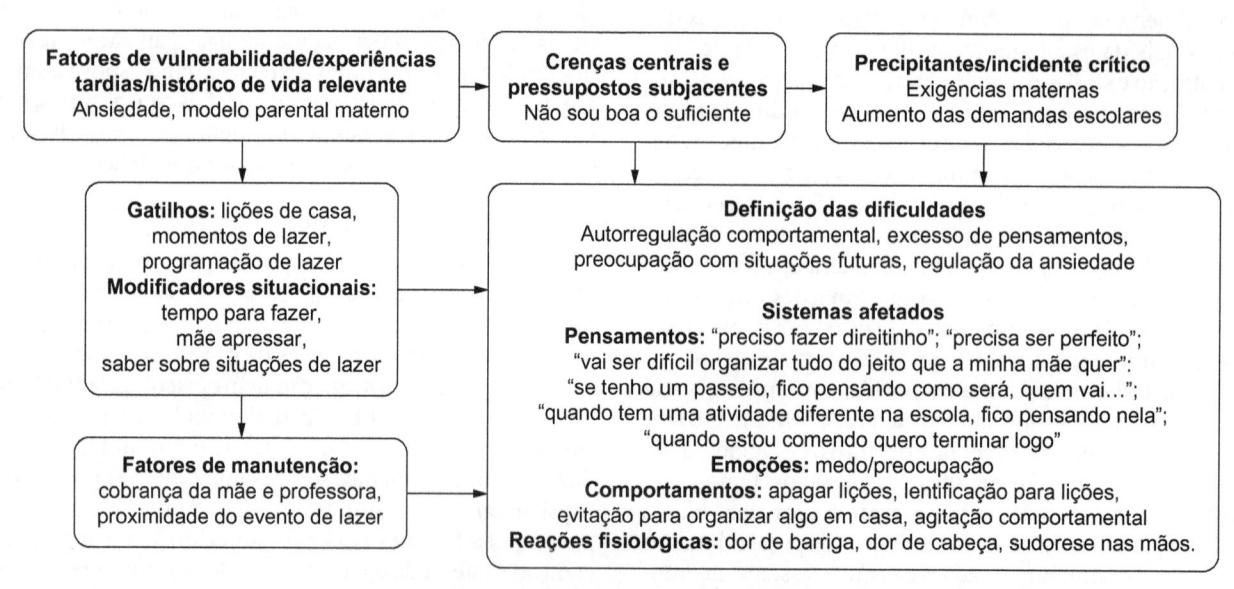

Figura 16.1 Representação esquemática da conceituação do caso de A.

3. Desenvolvimento de estratégias relacionadas com a atenção plena (*mindfulness*)
4. Automonitoramento de sintomas de desatenção (manejo da distração)
5. Redução da autoexigência e regulação da ansiedade (regulação emocional).

Reabilitação cognitiva nos transtornos de humor

A reabilitação cognitiva pode ser um complemento útil à farmacoterapia para pacientes com transtornos de humor que tenham comprometimento cognitivo. Por exemplo, em um ensaio aberto após 14 sessões de reabilitação cognitiva, pacientes com TB tiveram melhora em sintomas depressivos, funcionamento ocupacional e funcionamento executivo (Deckersbach et al., 2010).

Uma metanálise que incluiu sete estudos de remediação cognitiva em pacientes com transtornos de humor encontrou um tamanho de efeito médio (0,44) para mudança cognitiva pré/pós-treinamento (Anaya et al., 2012). Em outra metanálise, que investigou a remediação cognitiva na TDM, foram encontrados efeitos pequenos a moderados para gravidade dos sintomas (0,43) e funcionamento diário (0,72); e efeitos moderados a grandes para atenção (0,67), memória operacional (0,72) e funcionamento global (1,05) (Motter et al., 2016).

A remediação cognitiva normalmente envolve treinamento em processos e tarefas mentais, com o uso ou não de programas computadorizados. Um exemplo de remediação cognitiva com auxílio de programa computadorizado é o *Captain's log cognitive training*. Trata-se de um conjunto de jogos de computador (desenvolvidos pela BrainTrain) voltados para habilidades cognitivas. Por exemplo, um dos jogos, "Corrida espacial", exige que os participantes disparem um *laser* contra obstáculos espaciais enquanto viajam pelo espaço. De modo alternativo, o jogo *Fire dragon* exige que os participantes protejam a parede do castelo de um dragão e de um cavaleiro adversário. O *Captain's log* demonstrou reduzir os déficits cognitivos em crianças com TDM (Motter et al., 2016).

Outro programa de treinamento de habilidades cognitivas, denominado *Alcor*, foi aplicado a estudantes universitários com TDM. O programa é composto de duas séries de tarefas, denominadas *Juego de las series* (jogo das séries) e *Juego de la oca* (jogo do ganso). No primeiro, o paciente tem que aprender a deduzir o elemento que segue na série. As séries são organizadas de acordo com a dificuldade crescente; são 92 níveis de dificuldade desde séries indutoras com apenas um número ou letra, até outras com até quatro caracteres que podem ser números ou letras. No segundo jogo, o paciente deve realizar, mentalmente, operações aritméticas (adição, subtração, divisão e multiplicação); da mesma forma, as operações também são organizadas de acordo com a dificuldade crescente (são 70 níveis de dificuldade). Os pacientes melhoraram os escores de QI em 12,9 pontos, acompanhados de melhora na atenção (Motter et al., 2016).

Vários estudos sugerem que o treinamento da memória operacional pode reduzir a ansiedade e produzir melhorias nas funções cognitivas em indivíduos com transtornos de ansiedade. Um estudo interessante comparou uma intervenção de memória operacional com treinamento verbal e visuoespacial *versus* uma intervenção de terapia cognitivo-comportamental (TCC) em grupo para adolescentes de 11 a 14 anos com alta ansiedade e baixo controle de atenção. No geral, ambos os grupos mostraram melhorias nos sintomas de ansiedade, aumento do controle inibitório e redução dos vieses de atenção à ameaça no pós-tratamento, com o grupo de treinamento em memória operacional demonstrando desempenho superior ao grupo de TCC em tarefas de memória (Hadwin; Richards, 2016).

Considerações finais

Os sintomas cognitivos nos transtornos de humor são amplos devido à heterogeneidade dos quadros. Todavia, o comprometimento neurocognitivo foi identificado como um fator que contribui para o funcionamento psicossocial desfavorável nessa população. Além disso, a natureza multidimensional dos transtornos do humor (heterogêneo, episódico, recorrente) representa desafios para diagnóstico, tratamento e manejo eficazes. Tradicionalmente, o tratamento desses quadros tem se embasado na psicofarmacologia e na TCC; entretanto, a incorporação da avaliação neuropsicológica, bem como de intervenções de reabilitação cognitiva (treinamento cognitivo e exercícios destinados a melhorar o funcionamento neurocognitivo), pode auxiliar tanto na recuperação sintomática quanto no funcionamento psicossocial mais amplo desses pacientes.

Referências bibliográficas

AHMADIEH, Y.; SHEEDER, J.; WOODS, J. L. Depression among adolescents over time during the COVID-19 pandemic. Journal of Adolescent Health, [s. l.], v. 72, n. 3, p. S18-S19, 2023.

AMERICAN PSYCHIATRIC ASSOCIATION (APA). Diagnostic and statistical manual of mental disorders, fifth edition, test revision. Washington, DC: American Psychiatry Association, 2022.

ANAYA, C. et al. A systematic review of cognitive remediation for schizoaffective and affective disorders. Journal of Affective Disorders, [s. l.], n. 142, p. 13-21, 2012.

ARTS, B. et al. Meta-analyses of cognitive functioning in euthymic bipolar patients and their first-degree relatives. Psychological Medicine, v. 38, n. 6, p. 771-785, 2008.

ASBAHR, F. R. Transtornos ansiosos na infância e adolescência: aspectos clínicos e neurobiológicos. Jornal de Pediatria, [s. l.], v. 80, n. 2, s28-s34, 2004. Supl.

ASBAHR, F. R. Transtornos de ansiedade na infância e adolescência. 2. ed. São Paulo: Casa da Leitura Médica, 2010. p. 69-75, 77-83, 129-48, 261-296, 297-327.

BAKKOUR, N. et al. Systematic review of appropriate cognitive assessment instruments used in clinical trials of schizophrenia, major depressive disorder and bipolar disorder. Psychiatry Research, [s. l.], v. 216, n. 3, p. 291-302, 2014.

BAO, L.; BROWNLIE, E. B.; BEITCHMAN, J. H. Mental health trajectories from adolescence to adulthood: Language disorder and other childhood and adolescent risk factors. Development and Psychopathology, [s. l.], v. 28, n. 2, p. 489-504, 2016.

BECK, A. T. et al. Terapia cognitiva da depressão. Tradução: Sandra Costa. Porto Alegre: Artmed, 1997. Trabalho original publicado em 1979.

BECK, J. S. Terapia cognitivo-comportamental: teoria e prática. Tradução: Paulo Knapp, Sandra Maria Mallmann da Rosa. 3. ed. Porto Alegre: Artmed, 2021.

BECK, A.; ALFORD, B. Depressão: Causas e tratamento. 2. ed. Porto Alegre: Artmed, 2011.

BEESDO, K. et al. Incidence and risk patterns of anxiety and depressive disorders and categorization of generalized anxiety disorder. Archives of General Psychiatry, [s. l.], v. 67, n. 1, p. 47-57, 2010.

BEESDO, K.; KNAPPE, S.; PINE, D. S. Anxiety and anxiety disorders in children and adolescents: developmental issues and implications for DSM-V. Psychiatric Clinics of North America, [s. l.], v. 32, n. 3, p. 483-524, 2009.

BEESDO-BAUM, K.; KNAPPE, S. Developmental epidemiology of anxiety disorders. Child and Adolescent Psychiatric Clinics of North America, [s. l.], v. 21, n. 3, p. 457-78, 2012.

BISHOP, A. et al. Early maladaptive schemas and depression in adulthood: A systematic review and meta-analysis. Clinical Psychology & Psychotherapy, [s. l.], v. 29, n. 1, 2021.

BORA, E. et al. Meta-analytic review of neurocognition in bipolar II disorder. Acta Psychiatrica Scandinavica, [s. l.], n. 123, p. 165-174, 2011.

BRASIL. Ministério da Saúde. Na América Latina, Brasil é o país com maior prevalência de depressão. Brasília, DF: Ministério da Saúde, 2022. Disponível em: https://www.gov.br/saude/pt-br/assuntos/noticias/2022/setembro/na-america-latina-brasil-e-o-pais-com-maior-prevalencia-de-depressao. Acesso em: 22 abr. 2024.

BOURNE, C. et al. Neuropsychological testing of cognitive impairment in euthymic bipolar disorder: an individual patient data meta-analysis. Acta Psychiatrica Scandinavica, v. 128, p. 149-162, 2013.

BURNS, M. O.; SELIGMAN, M. E. Explanatory style across the life span: Evidence for stability over 52 years. Journal of Personality and Social Psychology, v. 56, n. 3, p. 471-477, 1989.

CARPENTER, J. K. et al. Cognitive behavioral therapy for anxiety and related disorders: A meta-analysis of randomized placebo-controlled trials. Depress Anxiety, [s. l.], v. 35, n. 6, p. 502-514, 2018.

CASTANEDA, A. E. et al. A review on cognitive impairments in depressive and anxiety disorders with a focus on young adults. Journal of Affective Disorders, [s. l.], v. 106, n. 1-2, p. 1-27, 2008.

CICHOŃ, L. et al. Clinical picture and treatment of bipolar affective disorder in children and adolescents. Psychiatria Polska, [s. l.], v. 54, n. 1, p. 35-50, 2020.

CINTRA, A. D.; CORREIA, S. B; NAKAO, F. O. Intervenções no processo de manutenção da depressão. In: NICOLETTI, E. A.; DONADON, M. F. (org.). Ciclos de manutenção em terapia cognitivo-comportamental: formulação de casos, plano de tratamento e intervenções específicas. Novo Hamburgo: Synopsys, 2019.

CLARK, D. A.; BECK, A. T. Terapia cognitiva para os transtornos de ansiedade. Porto Alegre: Artmed, 2012.

DALSGAARD, S. et al. Association of mental disorder in childhood and adolescence with subsequent educational achievement. JAMA Psychiatry, [s. l.], v. 77, n. 8, p. 797-805, 2020.

DECKERSBACH, T. et al. Research: cognitive rehabilitation for bipolar disorder: An open trial for employed patients with residual depressive symptoms. CNS neuroscience & therapeutics, v. 16, n. 5, p. 298-307, 2010.

ETTMAN, C. K. et al. Prevalence of depression symptoms in US adults before and during the COVID-19 pandemic. JAMA Network Open, [s. l.], v. 3, n. 9, 2020.

FRIAS, A.; PALMA, C.; FARRIOLS, N. Neurocognitive impairments among youth with pediatric bipolar disorder: A systematic review of neuropsychological research. Journal of Affective Disorders, [s. l.], n. 166, p. 297-306, 2014.

GKINTONI, E.; ORTIZ, P. S. Neuropsychology of generalized anxiety disorder in clinical setting: A systematic evaluation. Healthcare, Basel, Switzerland, [s. l.], v. 11, n. 17, p. 2446, 2023.

HADWIN, J. A.; RICHARDS, H. J. Working memory training and CBT reduces anxiety symptoms and attentional biases to threat: A preliminary study. Frontiers in Psychology, [s. l.], n. 7, 2016.

HILL, S. K. et al. A comparison of neuropsychological dysfunction in first-episode psychosis patients with unipolar depression, bipolar disorder, and schizophrenia. Schizophrenia Research, [s. l.], v. 113, n. 2-3, p. 167-175, 2009.

KESSLER, R. C. et al. Age of onset of mental disorders: a review of recent literature. Current Opinion in Psychiatry, [s. l.], v. 20, n. 4, p. 359-364, 2007.

KOENEN, K. C. et al. Childhood IQ and adult mental disorders: a test of the cognitive reserve hypothesis. The American Journal of Psychiatry, [s. l.], v. 166, n. 1, p. 50-57, 2009.

LEZAK, M. D.; HOWIESON, D. B.; LORING, D. W. Neuropsychological assessment. 4 ed. New York: Oxford University Press, 2004.

LUFT, M. J. et al. Antidepressant-induced activation in children and adolescents: risk, recognition and management. Current Problems in Pediatric and Adolescent Health Care, [s. l.], v. 48, n. 2, p. 50-62, 2018.

MacPHERSON, H. A. et al. Relationship between cognitive flexibility and subsequent course of mood symptoms and suicidal ideation in young adults with childhood-onset bipolar disorder. European Child & Adolescent Psychiatry, [s. l.], v. 31, n. 2, p. 299-312, 2022.

MALINAUSKIENE, V.; MALINAUSKAS, R. Predictors of adolescent depressive symptoms. International Journal of Environmental Research and Public Health, [s. l.], v. 18, n. 9, p. 4508, 2021.

MASI, G.; MUCCI, M.; MILLEPIEDI, S. Separation anxiety disorder in children and adolescents: epidemiology, diagnosis and management. CNS Drugs, [s. l.], v. 15, n. 2, p. 93-104, 2001.

MILLER, W. R.; SELIGMAN, M. E. Depression and learned helplessness in man. Journal of Abnormal Psychology, v. 84, n. 3, p. 228-238, 1975.

MOTTER, J. N. et al. Computerized cognitive training and functional recovery in major depressive disorder: A meta-analysis. Journal of Affective Disorders, [s. l.], n. 189, p. 184-191, 2016.

NEWMAN, C. F. et al. Transtorno bipolar: tratamento pela terapia cognitiva. São Paulo: Roca, 2006.

NOREEN, S.; DRITSCHEL, B. In the here and now: Future thinking and social problem-solving in depression. PLoS One, [s. l.], v. 17, n. 6, 2022.

O'SULLIVAN, K.; NEWMAN, E. F. Neuropsychological impairments in panic disorder: A systematic review. Journal of Affective Disorders, [s. l.], n. 167, p. 268-284, 2014.

OLVET, D. M.; BURDICK, K. E.; CORNBLATT, B. A. Assessing the potential to use neurocognition to predict who is at risk for developing bipolar disorder: A review of the literature. Cognitive Neuropsychiatry, [s. l.], v. 18, n. 1-2, p. 129-145, 2013.

PALANIAPPAN, P.; EASWARAN, K. Theory of mind deficits and their influence on functional impairment in remitted phase of bipolar disorder. Indian Journal of Psychological Medicine, [s. l.], v. 43, n. 3, p. 195-202, 2021.

PENNINX, B. W. et al. Anxiety disorders. Lancet, London, v. 397, n. 10277, p. 914-927, 2021.

ROCCA, C. C. A.; BOARATI, M. A.; FU-I, LEE. Neuropsicologia do transtorno bipolar de início na infância. In: MALLOY-DINIZ, L. F. et al. Neuropsicologia-Teoria e Prática. Porto Alegre: Artmed, 2014.

SANT'ANNA, B. A.; ZIMMER, L. D.; DINI, P. S. Terapia cognitivo-comportamental aplicada ao transtorno do humor bipolar. In: NICOLETTI, E. A.; DONADON, M. F. (org.). Ciclos de manutenção em terapia cognitivo-comportamental: formulação de casos, plano de tratamento e intervenções específicas. Novo Hamburgo: Synopsys, 2019.

SANTOS, L.; FARO, A. Otimismo: teoria e aplicabilidade para a psicologia. Revista Psicologia e Saúde, Campo Grande, MS, v. 12, n. 2, p. 123-139, 2020.

SCHLACK, R. et al. The effects of mental health problems in childhood and adolescence in young adults: Results of the KiGGS cohort. Journal of Health Monitoring, [s. l.], v. 6, n. 4, p. 3-19, 2021.

SELIGMAN, M. E. P. et al. Attributional style and depressive symptoms among children. Journal of Abnormal Psychology, [s. l.], v. 93, n. 2, p. 235-238, 1984.

SELIGMAN, M. E. P. The effectiveness of psychotherapy: the consumer reports study. American Psychologist, [s. l.], v. 50, n. 12, p. 965-974, 1995.

SILVA, M. T. et al. Generalized anxiety disorder and associated factors in adults in the Amazon, Brazil: A population-based study. Journal of Affective Disorders, [s. l.], n. 236, p. 180-186, 2018.

STANGE, J. P. et al. Extreme cognitions in bipolar spectrum disorders: Associations with personality disorder characteristics and risk for episode recurrence. Behavior Therapy, [s. l.], v. 46, n. 2, p. 242-256, 2015.

STEIMER, T. The biology of fear and anxiety-related behaviors. Dialogues in Clinical Neuroscience, [s. l.], v. 4, n. 3, p. 231-249, 2002.

SZUHANY, K. L.; SIMON, N. M. Anxiety disorders: A review. JAMA, [s. l.], v. 328, n. 24, p. 2431-2445, 2022.

TAMBAG, H. Effects of a psychiatric nursing course on beliefs and attitudes about mental illness. Perspectives in Psychiatric Care, [s. l.], v. 58, n. 1, p. 348-354, 2018.

TORRES, I. J. et al. Neurocognitive functioning in patients with bipolar I disorder recently recovered from a first manic episode. The Journal of clinical psychiatry, v. 71, n. 9, p. 1234-1242, 2010.

VIEIRA, R.; PEREIRA, D. S.; BERNDT, A. M. Transtorno de ansiedade generalizada. In: NICOLETTI, E. A.; DONADON, M. F. (org.). Ciclos de manutenção em terapia cognitivo-comportamental: formulação de casos, plano de tratamento e intervenções específicas. Novo Hamburgo: Synopsys, 2019.

WORLD HEALTH ORGANIZATION (WHO). Mental health and COVID-19: Early evidence of the pandemic's impact. Scientific brief. Geneva: World Health Organization, 2022. Disponível em: https://iris.who.int/bitstream/handle/10665/352189/WHO-2019-nCoV-Sci-Brief-Mental-health-2022.1-eng.pdf?sequence=1. Acesso em: 22 abr. 2024.

XU, G. et al. Neuropsychological performance in bipolar I, bipolar II and unipolar depression patients: a longitudinal, naturalistic study. Journal of Affective Disorders, [s. l.], v. 136, n. 3, p. 328-339, 2012.

17 Transtorno Obsessivo-Compulsivo

Luan Batista de Carvalho • Juliana Negreiros • Marcelo Camargo Batistuzzo

Introdução

O transtorno obsessivo-compulsivo (TOC) é um transtorno psiquiátrico relativamente comum e cuja prevalência ao longo da vida é descrita entre 1,5 e 3% da população adulta (Stein *et al.*, 2019). Tradicionalmente, o TOC é descrito pela presença de obsessões, isto é, pensamentos intrusivos, indesejados e recorrentes, e compulsões, que são comportamentos ritualísticos repetitivos excessivos ou rituais mentais (como contagem ou rezas) (APA, 2022). As compulsões podem ser causadas por diferentes motivos: classicamente, estão associadas ao alívio de sensações desconfortáveis provocadas por obsessões como lavar as mãos ou limpeza excessiva perante medos de contaminação, ou comportamentos de checagem diante de dúvidas recorrentes. Também podem ocorrer para aliviar sensações visuais, táteis ou auditórias desconfortáveis, ou mesmo percepções de que "algo não está certo ou completo". Nesses casos, denominados fenômenos sensoriais, comportamentos como tocar objetos até atingir uma determinada sensação tátil ou organizar e arranjar os objetos até que eles pareçam simétricos ou "perfeitos" podem ser as compulsões realizadas (Miguel *et al.*, 2000). De acordo com o texto revisado da 5ª edição do *Manual diagnóstico e estatístico de transtornos mentais* (APA, 2022), conhecido pela sigla DSM-5-TR, os critérios diagnósticos para o TOC são: a) presença de sintomas (obsessões e/ou compulsões) que b) ocupam tempo considerável (p. ex., tomam mais de 1 hora por dia), provocam sofrimento clinicamente significativo ou causam um prejuízo no funcionamento social, profissional ou em outras áreas importantes da vida. Como especificadores, o DSM-5-TR propõe a classificação do nível de crítica (*insight*), como: bom/razoável; pobre; ausente/crenças delirantes; e se o TOC está relacionado ou não com tiques, caso o indivíduo tenha uma história atual ou passada de tiques.

Aspectos gerais do TOC

A manifestação clínica do TOC é bastante heterogênea e dificilmente dois pacientes compartilharão exatamente todos os sintomas. Estudos indicam que as dimensões de sintomas apresentam estabilidade temporal (Fernández de la Cruz *et al.*, 2013), podendo, até mesmo, ser heredofamiliar (Iervolino *et al.*, 2011). Embora o agrupamento em dimensões de sintomas seja útil para sua classificação e essas estejam possivelmente associadas a diferentes substratos neurais (Mataix-cols *et al.*, 2004), os estudos que avaliam a fenomenologia dos sintomas por meio de análise fatorial identificam diferentes quantidades de dimensões: alguns modelos resultam em três (Cameron *et al.*, 2019), outros, em quatro (Bloch, 2008) ou até seis fatores (Rosário-Campos *et al.*, 2006), com diferentes distribuições de sintomas entre eles. A Tabela 17.1 oferece exemplos de sintomas e suas dimensões de acordo com a organização feita pela escala *Dimensional Yale-Brown Obsessive-Compulsive Scale* (DY-BOCS).

Mais recentemente, um artigo usando um grande banco de dados com 1.366 pacientes indicou a presença de 13 dimensões de sintomas de primeira ordem, que foram posteriormente reduzidas para oito (Cervin *et al.*, 2022): (1) pensamentos perturbadores; (2) incompletude; (3) contaminação; (4) acumulação; (5) transformação; (6) foco no corpo; (7) superstição; (8) perda/separação.

Tal agrupamento foi realizado por meio de análises fatoriais exploratórias e confirmatórias, além de análises de rede, mas ainda não ganharam tanta relevância ou confirmação clínica – são necessários mais estudos para verificar, de fato, se essas dimensões têm uma correspondência prática.

Independentemente do motivo pelo qual o paciente realiza as compulsões, os sintomas do TOC estão associados a significativo prejuízo para a sua vida, seja na redução da qualidade de vida (Rosa *et al.*, 2012), seja em dificuldades acadêmicas (Pérez-Vigil *et al.*, 2018) ou mesmo na realização de suas funções ocupacionais (Hollander *et al.*, 1997). Com relação ao desempenho cognitivo, há um cenário semelhante com pacientes apresentando dificuldades em inúmeras tarefas quando comparados com não portadores (Abramovitch *et al.*, 2013; Shin *et al.*, 2014; Snyder *et al.*, 2015), o que será mais bem detalhado adiante. Com tudo isso, estudos indicam um impacto econômico substancial para a sociedade por conta dos sintomas do TOC (Skapinakis *et al.*, 2016), além do risco de suicídio 10 vezes maior (Fernández de la Cruz *et al.*, 2017) e da associação a morte prematura entre os seus portadores (Meier *et al.*, 2016).

Por conta de os sintomas do TOC serem passíveis de impactar significativamente não apenas a qualidade de vida dos seus portadores, mas também a dos cuidadores e familiares (Ramos-Cerqueira *et al.*, 2008), ele é considerado um problema de saúde mental grave cuja significância tem sido subestimada (Torres *et al.*, 2006). Essa grande carga imposta pela sintomatologia relacionada do TOC

Tabela 17.1 Descrição dos sintomas de acordo com as dimensões da DY-BOCS.

Dimensão	Descrição de alguns sintomas
Agressão, violência e desastres naturais	Pensamentos agressivos de se machucar ou ferir os outros; verificar se machucou a si mesmo ou outros; obsessão de responsabilidade por algo ruim que aconteceu; imagens violentas intrusivas; pensamento de realizar algum ato vergonhoso; rituais para prevenir que ocorra algum desastre
Sexo e religião	Imagens ou pensamentos impróprios de conteúdo sexual; obsessões ou dúvidas acerca de homossexualidade; verificar se cometeu algum ato sexual violento ou impróprio; pensamento de blasfêmia ou sacrilégio; obsessões morais; rituais/compulsões de cunho religioso
Simetria, ordem, contagem e arranjo	Obsessões sobre simetria, quanto aos objetos estarem "certos" ou perfeitos; verificação de erros; atos repetitivos, refazer e reescrever; contar ou organizar objetos; tocar em objetos ou pessoas de forma específica; medo de não falar palavras da forma "correta"
Contaminação e limpeza	Obsessões por contaminação, sujeira, germes; preocupação com fluidos e secreções corporais, substâncias ou resíduos viscosos e com doenças; lavar as mãos ou tomar banho de forma excessiva ou ritualizada; limpar excessivamente objetos domésticos
Colecionismo*	Obsessões ou dúvidas sobre guardar ou não objetos sem relevância; preocupação quanto a perder objetos; compulsões por guardar ou colecionar objetos; evitar jogar objetos fora
Diversos	Essa categoria mistura diversos sintomas que não fazem parte de outras dimensões: medos e dúvidas de natureza supersticiosa; ter números de sorte ou azar; considerar que cores têm algum significado específico; sons, palavras, músicas ou imagens intrusivas não relacionadas com outras dimensões; necessidade de elaborar listas; obsessões associadas à separação de um familiar; preocupação com doenças (mas não por contaminação); obsessão por se tornar outra pessoa; rituais de piscar ou olhar fixamente; preocupação excessiva com o corpo ou alguma parte específica dele; obsessões por comida/alimentação, exercícios físicos etc.

DY-BOCS: escala *Dimensional Yale-Brown Obsessive-Compulsive Scale*. *É importante ressaltar que o transtorno de acumulação foi separado do TOC no DSM-5, entretanto os sintomas de colecionismo ainda podem existir em pacientes com TOC. Por exemplo, pacientes que evitam descartar objetos por consequência de obsessões e compulsões como medo de contaminar ou causar dano a outras pessoas.

pode, entretanto, ser minimizada por meio de tratamentos baseados em evidências: embora o TOC seja um transtorno crônico, o que significa que a maioria dos pacientes deve conviver com os sintomas durante toda a vida, os inibidores seletivos da recaptação da serotonina (ISRS) e a terapia cognitivo-comportamental (TCC) são tratamentos de primeira linha considerados efetivos para amenizar os sintomas (Hirschtritt et al., 2017; Stein et al., 2019). Por outro lado, não são raros os indivíduos que não respondem ou apresentam uma resposta apenas parcial ao primeiro tratamento convencional: estudos estimam que quase metade dos pacientes tratados adequadamente com ISRS ou TCC não atinge os critérios de resposta (Miguel et al., 2018). Nesses casos, outros procedimentos terapêuticos podem ser considerados, como associações medicamentosas (Hirschtritt et al., 2017), neuroestimulações não invasivas, como estimulação magnética transcraniana (Rapinesi et al., 2019) ou estimulação elétrica por corrente contínua (Senço et al., 2015), uso de substâncias psicodélicas (Santos; Marques, 2021) e até mesmo procedimentos cirúrgicos, como a capsulotomia anterior (Miguel et al., 2018). Para uma atualização sobre as condutas terapêuticas medicamentosas e psicoterápicas, indicamos a leitura de dois cuidadosos artigos de revisão sistemática sobre diretrizes de prática clínica, contendo recomendações para psiquiatras e psicólogos sobre o cuidado com pacientes com TOC baseadas nas melhores evidências de pesquisa e experiência prática: *Brazilian research consortium on obsessive-compulsive spectrum disorders guidelines for the treatment of adult obsessive-compulsive disorder: Part I: Pharmacological treatment* (Oliveira et al., 2023) e *Part II: Cognitive behavioral therapy treatment* (Mathis et al., 2023), ambos publicados recentemente na *Revista Brasileira de Psiquiatria* (*Brazilian Journal of Psychiatry*). Uma visão proeminente na comunidade científica é que a melhor compreensão dos mecanismos neurais e cognitivos envolvidos no TOC pode levar a novos tratamentos mais efetivos e com mais precisão (Dougherty et al., 2018).

Instrumentos de apoio diagnóstico

As escalas mais comumente utilizadas na avaliação do TOC são:

- *Yale-Brown Obsessive-Compulsive Scale* (Y-BOCS) (Goodman et al., 1989; Fatori et al., 2020): contém uma lista de sintomas e mede a sua gravidade. Essa escala conta com cinco perguntas sobre obsessões e cinco sobre compulsões, com amplitude de 0 a 20 pontos para cada parte, totalizando um máximo de 40 pontos. De modo geral, com 16 pontos os critérios para diagnóstico de TOC são atendidos
- DY-BOCS (Rosario-Campos et al., 2006; Batistuzzo et al., 2022): avalia a presença e a gravidade de diferentes sintomas agrupados em dimensões (ver Tabela 17.1)
- *Obsessive-Compulsive Inventory–Revised* (OCI-R) (Foa et al., 2002; Souza et al., 2011): avalia a presença de sintomas obsessivos-compulsivos
- *Family Accommodation Scale* (FAS): avalia sintomas de acomodação em familiares de pacientes (Calvocoressi et al., 1999; Gomes et al., 2015)
- *Obsessive Belief Questionnaire* (OBQ-44) (Obsessive-Compulsive Cognitions Working Group, 2005; Bortoncello et al., 2012): avalia as crenças disfuncionais dos pacientes.

Alterações neurobiológicas e cognitivas no TOC

O modelo neurobiológico mais considerado associa os sintomas do TOC a disfunções nos circuitos córtico-estriado-talâmico-corticais (Shephard et al., 2021). A premissa é a de que, em estado de repouso, os pacientes teriam uma hiperfuncionalidade desses circuitos em comparação com não pacientes. Depois de provocados os sintomas, essa circuitaria ficaria ainda mais ativada e, com o tratamento adequado, haveria uma redução da atividade nessas regiões frontoestriatais (Stein et al., 2019; Rasmussen; Goodman, 2021). Coerentemente com esse modelo, diferenças metabólicas (Batistuzzo et al., 2021), funcionais (Liu et al., 2022; Bruin et al., 2023) e estruturais, tanto corticais (Ahmari; Rauch, 2022) quanto subcorticais (Boedhoe et al., 2017), foram observadas em regiões e circuitos frontoestriatais ao se compararem dados de neuroimagem entre pacientes com TOC e controles. Assim, dadas essas diferenças, é razoável esperar que os pacientes com TOC tenham um desempenho neuropsicológico menos eficiente, principalmente em domínios relacionados com as funções executivas (FE) que, justamente, são mediadas por esses circuitos frontoestriatais (Rasmussen; Goodman, 2021; Robbins et al., 2019; Shephard et al., 2021). As três principais metanálises da literatura neuropsicológica comparando portadores de TOC com pessoas sem o transtorno confirmam tais hipóteses e apontam para pior desempenho em praticamente todos os domínios cognitivos avaliados (Abramovitch et al., 2013; Shin et al., 2014; Snyder et al., 2015). Em particular, as FE foram extensivamente estudadas.

A primeira metanálise avaliou 115 estudos, agrupando 3.452 pacientes adultos e indicou pior desempenho cognitivo em todos os domínios (e subdomínios) neuropsicológicos avaliados: atenção sustentada, FE (planejamento, inibição de resposta e mudança de set/flexibilidade cognitiva), memórias verbal e não verbal, velocidade de processamento, habilidades visuoespaciais e memória operacional espacial (Abramovitch et al., 2013). A segunda metanálise usou dados de 3.070 pacientes e também encontrou pior desempenho cognitivo em memórias verbal e não verbal, velocidade de processamento, FE, e fluência verbal (Shin et al., 2014). A habilidade de recordar estímulos visuais e complexos foi a mais prejudicada nos pacientes nesse estudo. Por fim, a última metanálise avaliou 110 estudos (3.162 pacientes e 3.152 controles) e incluiu apenas aqueles que tivessem desfechos relacionados com FE. Os autores encontraram pior desempenho na maior parte das medidas analisadas, em geral com tamanho de efeito médio, indicando prejuízos globais, e não específicos, em FE (Snyder et al., 2015). Cabe destacar, ainda, que os autores não encontraram evidências de que os resultados ruins em FE nos pacientes fossem mais bem explicados por lentidão motora ou devido à presença de depressão.

Embora os resultados das três metanálises indiquem pior desempenho neurocognitivo em adultos com TOC, o tamanho de efeito, que caracteriza a magnitude dessa diferença, varia de pequeno a moderado em praticamente todos os domínios avaliados (Abramovitch et al., 2013; Shin et al., 2014; Snyder et al., 2015), o que levanta possíveis reflexões acerca da significância da relevância clínica desses resultados. Além disso, os resultados destas metanálises não são específicos, dado que outros transtornos também apresentam resultados semelhantes e não indicam, portanto, achados em funções cognitivas específicas, o que faz que os achados devam ser avaliados com cautela quando interpretados clinicamente, ainda que acometam uma ampla gama de funções e domínios cognitivos.

Uma revisão guarda-chuva da literatura, por outro lado, apontou que os testes neuropsicológicos seriam os melhores marcadores para se separar pacientes de controles (Fullana et al., 2020). O estudo avaliou 24 revisões sistemáticas e metanálises da literatura de TOC em busca de marcadores biológicos (como sangue ou neuroimagem) ou cognitivos (desempenho neuropsicológico) do transtorno e identificou 27 marcadores com algum nível de evidência. Interessantemente, os melhores níveis de evidência foram associados às variáveis neuropsicológicas: habilidades visuoespaciais (nível de evidência 1) e memória não verbal, velocidade de processamento, inibição e fluência verbal (nível de evidência 2). Apesar disso, os autores concluem que ainda não há um marcador (biológico ou cognitivo) para o diagnóstico do transtorno e que um caminho alternativo seria a busca por marcadores que pudessem predizer melhor resposta ao tratamento. Embora ainda não exista uma revisão ou metanálise sobre isso, a neuropsicologia e o estudo das funções cognitivas são promissores e grandes candidatos a assumirem um papel protagonista nessa identificação de fatores associados à resposta ao tratamento.

Funções executivas

Termo amplamente definido e considerado genérico, as funções executivas (FE) descrevem uma série de processos cognitivos complexos, inter-relacionados e associados a comportamentos intencionais e direcionados a objetivos (Anderson, 2002). Com base nessa ampla definição, vários processos ou subcategorias são associados às FE, incluindo flexibilidade cognitiva, planejamento, memória operacional, controle inibitório, velocidade de processamento e fluência verbal, comportamento dirigido à meta, entre outras. Sendo assim, as FE são de grande importância para o funcionamento humano e o comportamento adaptativo.

As FE são recrutadas em situações novas ou complexas que exigem:

- Planejamento
- Controle de atenção
- Organização temporal de estratégias e comportamento
- Flexibilidade de pensamento e ação
- Monitoramento para atingir metas a longo prazo.

Maior consciencialização sobre as dificuldades neuropsicológicas no TOC, portanto, especialmente associadas a FE, pode ajudar a melhorar o tratamento e as intervenções psicológicas, que, por sua vez, atuariam aprimorando o funcionamento dos pacientes com TOC em distintos ambientes, como em casa, na escola ou no trabalho.

Flexibilidade cognitiva

A flexibilidade cognitiva pode ser compreendida como um amplo processo na habilidade de ajustar o comportamento de acordo com as demandas apresentadas no contexto em constante mudança (Armbruster, 2012). É de relevância clínica avaliar os eventuais prejuízos dessa função executiva a partir da testagem, devendo o(a) profissional estar atento aos possíveis prejuízos funcionais em pacientes com TOC.

Os resultados de maior destaque em estudos anteriores (Gruner; Pittenger, 2017) indicam tendência de prejuízo nesse domínio, com tamanhos de efeito moderados em metanálises (Snyder et al., 2015; Shin et al., 2013). Mais especificamente, essas revisões indicam: presença de erros perseverativos associados a tarefas que requisitaram memória operacional (Snyder et al., 2015), atenção alternada e inibição de respostas (Shin et al., 2013). Cabe destacar que a flexibilidade cognitiva pode ser avaliada por meio de diferentes paradigmas, incluindo os processos de atenção alternada, controle cognitivo e controle motor, tomada de decisão, viés atencional e formação de hábitos (Gruner; Pittenger, 2017). Os testes neuropsicológicos formais que avaliam a flexibilidade cognitiva disponíveis atualmente no Brasil e aprovados pelo sistema de avaliação de testes psicológicos (SATEPSI) (ver adiante) podem não ser suficientes para indicar o prejuízo como algo característico desse transtorno neuropsiquiátrico, ainda que a observação clínica possa nos levar a tal correspondência. Isso ocorre porque grande parte das pesquisas que tiveram como objetivo investigar o prejuízo da flexibilidade cognitiva no TOC utilizou testes e paradigmas que ainda não estão disponíveis em território brasileiro, incluindo *Object Alternation Task* (OAT), *Delayed Spatial Alternation Task* (DSAT), *Reversal Learning Task*, e *Intra- Extra Dimensional Set Shift* (IED) (Robbins et al., 2019).

No Brasil, alguns testes têm paradigmas similares ou até mesmo correspondentes aos utilizados em investigações e revisões metanalíticas, conforme citado anteriormente. Entre as opções, mesmo que não avaliem primariamente a flexibilidade cognitiva, destacam-se: Teste Wisconsin de Classificação de Cartas (WCST), Teste de Trilhas Coloridas, Teste de Atenção Concentrada (TEACO-2), Teste de Atenção Dividida (TEADI-2), Teste de Atenção Alternada (TEALT-2), Coleção Bateria Psicológica para Avaliação da Atenção (BPA e BPA-2) e o Teste de Atenção Visual (TAVIS-4), sendo estes aprovados atualmente pelo SATEPSI (consulta referente a junho de 2024).

Recomendações na prática clínica

Os materiais utilizados na avaliação neuropsicológica, seja na pesquisa, seja em contexto ambulatorial, podem apresentar limitações para caracterizar o prejuízo em flexibilidade cognitiva como um traço comum em pacientes com TOC. Por esse motivo, é recomendável que o clínico investigue possíveis comorbidades e conjecture que um eventual resultado aquém do esperado seja mais bem explicado por um prejuízo mais amplo em FE em vez de um marcador psiquiátrico único. A seguir, serão descritas algumas variáveis que merecem ser investigadas durante a avaliação:

- Níveis satisfatórios de exatidão estariam associados a respostas mais lentas? Qual a relação entre desempenho e tempo para concluir a tarefa?
- Apresenta dificuldade para alternar suas escolhas diante do *feedback* imediato? Há padrão perseverativo?
- Apresenta dificuldade para alternar suas escolhas diante da resposta preponderante? Há padrão impulsivo ao responder?
- O paciente sinaliza pouca confiança em sua memória visual? Isso afeta seu desempenho de tempo?
- Realiza compulsões mentais durante a execução dos testes?
- Houve a presença de obsessões ao longo da avaliação?

Sendo um dos objetivos da avaliação neuropsicológica conhecer o funcionamento global do paciente, o resultado dos testes e sua classificação podem ser utilizados para se compreender como esse possível prejuízo em flexibilidade cognitiva interage com outros processos cognitivos, levando a impactos funcionais.

Planejamento

O planejamento é um aspecto crucial do funcionamento cognitivo, pois envolve a organização de informação necessária para que indivíduos atinjam seus objetivos. Pode ser definido como a habilidade de "pensar no futuro" ou mentalmente antecipar a maneira correta para realizar tarefas ou alcançar objetivos específicos. De acordo com Anderson (2002), a memória operacional e a central executiva têm que estar funcionando corretamente para que o indivíduo consiga pensar no que precisa ser feito e priorizar ações para encontrar soluções. A habilidade de planejamento, por exemplo, é necessária para que indivíduos integrem informações com o intuito de resolver problemas, resultando em sucesso em várias áreas, como na escola, no trabalho e até mesmo em relacionamentos interpessoais.

Os testes mais populares para avaliar planejamento incluem diferentes versões da Torre de Hanói (p. ex., da bateria D-KEFS [do inglês *Delis-Kaplan Executive Functions Scale*]) e da Torre de Londres (p. ex., *Stockings of Cambridge* da *Cambridge Neuropsychological Test Automated Battery* [CANTAB]), assim como escores específicos para avaliação das macroestruturas na Figura Complexa de Rey (Savage et al., 1999). Em geral, o planejamento é avaliado mediante a quantidade mínima de movimentos que se faz para completar um problema visual em que se devem mover discos para se chegar ao modelo mostrado (como nas Torres de Hanói e de Londres). O planejamento também pode ser avaliado em relação ao tempo que se demora para atingir o objetivo e pela quantidade de erros.

O planejamento é uma das FE mais estudadas no TOC, tanto em adultos como em crianças e seus familiares (Abramovitch et al., 2015; Negreiros et al., 2020; Synder et al., 2015). Os estudos mostram que indivíduos com TOC e familiares sem TOC têm dificuldade de planejamento, sugerindo que ele poderia ser um endofenótipo (Bey et al., 2018; Negreiros et al., 2020). Em particular, em uma metanálise sobre endofenótipo no TOC (Bora, 2020), o planejamento, a inibição de respostas e a tomada de decisão foram sugeridos como possíveis endofenótipos. Além disso, duas metanálises investigaram o desempenho cognitivo (incluindo planejamento) em pacientes com TOC com sintomas de dimensões diferentes: 1) Leopold; Backensrtass (2015) concluíram que os checadores têm mais dificuldade em planejamento do que aqueles com sintomas de contaminação e limpeza, e 2) Bragdon et al. (2018) mostraram que pacientes com sintomas de simetria/ordem demonstram piores resultados nos domínios de atenção, habilidade visuoespacial (incluindo planejamento) e no subdomínio de memória operacional verbal do que os pacientes com sintomas de checagem. Esses resultados indicam um perfil cognitivo diferenciado em pacientes com distintas dimensões de sintomas.

Recomendações na prática clínica

- Qual é a habilidade do paciente ao planejar passos para a resolução de problemas?
- Há interferência das obsessões ou das compulsões impactando na capacidade do paciente para executar esses passos e chegar ao objetivo?
- O paciente demora muito mais tempo do que o esperado para atingir objetivos?
- O paciente também parece ter problemas com memória operacional?

Se o paciente tiver dificuldade de planejamento, utilizar estratégias concretas, como agenda ou um rascunho de um plano, irá ajudá-lo a planejar e executar as tarefas tanto como em terapia (p. ex., exposição e prevenção de respostas [EPR]) como em outras áreas (trabalho, ou estudo).

Memória operacional

A memória operacional corresponde a um sistema que armazena, retém e manipula temporariamente estímulos recém-percebidos enquanto se realiza uma tarefa simultaneamente, viabilizando uma conexão entre percepção e ação deliberada. O modelo mais aceito foi proposto por Baddeley e Hitch em 1974 e inclui três componentes: o executivo central e dois sistemas subsidiários, o esboço visuoespacial (que contém e manipula informações espaciais) e a alça fonológica (que desempenha uma função semelhante para informações auditivas e baseadas na fala). Há, ainda, a proposição do *buffer*/retentor episódico como um conector entre esses dois processos, além de correlação direta para o processo evocativo da memória episódica (Baddeley, 1998).

Assim como em outros domínios das FE, diferentes paradigmas foram utilizados nas pesquisas para avaliar o desempenho de pacientes com TOC na memória operacional visuoespacial, destacando-se as várias formas do teste N-back e diversos subtestes da CANTAB, como o *Spatial Recognition Memory* (SRM), o *Spatial Working Memory* (SWM), o *Delayed Matching to Sample* (DMS), o *Spatial Span* (SSP) e o *Paired Associates Learning* (PAL) (Martoni et al., 2015). Já o subteste "Dígitos" da bateria Wechsler tem sido usado para o domínio verbal (Bragdon et al., 2017). No Brasil, o domínio verbal é frequentemente avaliado pelos subtestes "Dígitos", "Sequência de Números e Letras" ou "Aritmética", enquanto há uma escassez para o domínio visuoespacial: embora ele seja habitualmente investigado pela tarefa de *span* espacial Blocos de Corsi (Dias; Mecca, 2016), esse teste não aparece na lista do SATEPSI.

Em uma metanálise com 628 pacientes com TOC, Bragdon et al. (2017) observaram que pacientes com sintomas de simetria/ordem, comparados com os que apresentam sintomas de checagem, tendem a exibir pior desempenho em memória operacional verbal. Por outro lado, aponta-se que também há um prejuízo significativo em memória operacional visual quando os pacientes são requisitados a resolver tarefas de alto esforço cognitivo, indicando, assim, associação a estratégias de resolução de problemas (Martoni et al., 2015). Recomenda-se que dados como esse sejam interpretados com cautela, considerando-se que pesquisas ainda avançam para caracterizar possíveis fenótipos associados a grupos dimensionais do TOC.

Levando-se em conta que a memória operacional está associada a processos prospectivos e retrospectivos, durante o processo de avaliação o(a) profissional deve manter a sensibilidade com os prejuízos funcionais associados à queixa.

Recomendações na prática clínica

- Qual é a habilidade do paciente em manter eventos na mente para a resolução de problemas?
- Há interferência das compulsões/obsessões, contribuindo para que o paciente se "esqueça" das informações?
- Quanto às estratégias que o paciente utiliza para recuperar informações mentais, elas seriam mais bem explicadas por um prejuízo cognitivo em memória operacional? Essas estratégias revelam padrões compulsivos?
- A dificuldade em evocar informações recém-apresentadas indica pouca confiança na memória ou prejuízo cognitivo (*buffer*/retentor episódico)?

O(a) profissional também deve ter em mente os riscos de se generalizar os resultados obtidos na testagem como marcadores funcionais. Essa transposição nem sempre é possível de ser realizada, já que o desempenho na clínica é efetuado em contexto limitado, enquanto, nas situações de rotina, o paciente enfrenta uma sobrecarga de estímulos muito superior quando em comparação com um *setting* formal de avaliação neuropsicológica.

Controle inibitório

O controle inibitório é a habilidade de inibir respostas preponderantes ou até mesmo de interromper o seu curso quando em andamento. Associado à interrupção tanto de respostas cognitivas quanto comportamentais, trata-se de comportamentos deliberados associados aos demais processos de alta ordem. Partindo da perspectiva de que o controle inibitório permite que o(a) paciente não emita respostas preponderantes, diferentes autores argumentam que um prejuízo nessa área tornaria ainda mais difícil o controle sobre as obsessões e compulsões (Fineberg et al., 2010).

Alguns autores, contudo, preferem fazer uma distinção entre controle inibitório e inibição de resposta, salientando que outros processos cerebrais estão associados quando o paciente precisa, além de inibir a resposta preponderante, planejar e executar um comportamento motor alternativo. Entre os principais testes citados nas investigações, destacam-se: o *Stop Signal Test*, o *Go/No-Go*, o *Flanker Test*, o *Simon Test* e o *Stroop Test* (Uhre et al., 2022). Já no contexto brasileiro, o(a) profissional de neuropsicologia conta com diferentes instrumentos disponíveis, incluindo o Teste dos Cinco Dígitos (FDT, do inglês *Five Digit Test*), além da Escala de Avaliação da Impulsividade (EsAvI).

Comparando pacientes com TOC divididos em dois grupos (contaminação/limpeza *vs.* dúvida/checagem) em uma metanálise com 535 participantes, Leopold e Backenstrass (2015) referem alteração em 8 de 10 domínios cognitivos nos pacientes que apresentaram sintomas de dúvida/checagem, incluindo controle inibitório. Os resultados são, entretanto, variados, reiterando a heterogeneidade de sintomas do TOC, e sugerem cautela diante da hipótese de que o prejuízo em controle inibitório poderia explicar a dificuldade dos pacientes em controlar suas respostas obsessivas/compulsivas.

Recomendações na prática clínica

- Quanto de esforço por parte do paciente é empregado para controlar suas compulsões?
- Há comorbidade com outras compulsões além do TOC? (alimentar/compras/substância)
- Quando iniciado um ritual, o paciente consegue interromper?
- Quais variáveis podem ajudar e/ou atrapalhar o paciente em controlar seu comportamento compulsivo?
- Há alguma situação/contexto que intensifique sua vulnerabilidade?

Mantendo a perspectiva de que a avaliação neuropsicológica visa estabelecer parâmetros que apoiam e/ou refutam uma hipótese diagnóstica, além de subsidiar medidas de intervenções individualizadas, caberá a(o) profissional realizar uma análise que: compreenda início dos sintomas, fatores de maior vulnerabilidade, variáveis de manutenção da doença e obstáculos que dificultam a resposta ao tratamento.

Fluência verbal e velocidade de processamento

Avaliar a fluência verbal possibilita identificar a forma, o conteúdo e o uso funcional da língua, incluindo a capacidade de armazenamento dos estímulos verbais, a habilidade de evocar informações, organizá-las sob categorias, além das estratégias para a busca de palavras (Ptok, 2014). Já a velocidade de processamento é compreendida, em termos gerais, como a habilidade de responder aos estímulos e executá-los de maneira rápida, como um tempo de reação entre o estímulo e a resposta. Prejuízos em ambos os processos podem ter repercussões clínicas amplas, incluindo dificuldades na alfabetização. Um exemplo disso pode ser visto em um estudo que avaliou 93 crianças com TOC, buscando relacionar o desempenho neuropsicológico com as diferentes dimensões, ou seja, à apresentação clínica dos sintomas (McGuire *et al.*, 2014). Como resultado, McGuire *et al.* encontraram que as crianças com sintomas de simetria, ordem e arranjo apresentavam pior desempenho cognitivo em geral e, em especial, tendiam a apresentar desempenho inferior na velocidade de processamento (McGuire *et al.*, 2014).

No contexto brasileiro, recomenda-se o Teste de Trilhas Coloridas, o FDT, o Teste de Atenção Visual (TAVIS-4), o Teste D2 Revisado (D2-R) e a Bateria Psicológica para Avaliação da Atenção (BPA) para avaliação, ainda que indireta da velocidade de processamento. De modo geral, é possível afirmar que tarefas de fluência verbal avaliam acesso lexical, flexibilidade cognitiva, inibição, memória operacional (executivo central mantendo o que foi evocado em contraste com o que ainda deve ser evocado), atenção, pensamento abstrato e organização. Embora no Brasil não haja algum teste aprovado pelo SATEPSI para a avaliação da fluência verbal, uma boa revisão do tema pode ser encontrada em Bertola e Zimmermann (2020).

A literatura neuropsicológica de crianças e adolescentes com TOC indica que os prejuízos em velocidade de processamento podem se estender a outros processos cognitivos, incluindo memória, controle inibitório e visuoconstrução e flexibilidade (Souza, 2018). Prejuízos em fluência verbal acompanhados de alterações na velocidade de processamento podem apresentar desfechos no diagnóstico de transtorno específico de aprendizagem, TDAH e transtorno do desenvolvimento intelectual. Recomenda-se que o clínico tenha a sensibilidade de identificar quais oportunidades de desenvolvimento foram condicionadas àquela criança, já que a escolaridade (pública ou privada) é um moderador estabelecido para o desenvolvimento das FE (Ardila, 2013).

Recomendações na prática clínica

- O paciente apresenta desenvolvimento da consciência fonológica conforme o esperado para a idade?
- O desempenho abaixo do esperado em testes de fluência verbal poderia ser justificado por outras alterações na linguagem?
- Dificuldade na velocidade de processamento indica padrão consistente de desatenção?
- A capacidade de resolução de problemas em testes não verbais é alcançada pelo paciente dentro do tempo médio para a idade? (Ou resultado aquém do esperado na variável tempo seria um efeito da velocidade de processamento?)

Comportamento dirigido à meta

O comportamento dirigido à meta (do inglês *goal directed behavior*) pode ser considerado uma expressão amplamente utilizada em neuropsicologia, especialmente em contexto de pesquisa internacional. Ainda que o termo não tenha uma única tradução no Brasil, pode ser entendido como a habilidade de escolher ações de acordo com os resultados pretendidos e produzidos em um contexto (Zwosta *et al.*, 2015). Para viabilizar esse comportamento "deliberado", é necessário que a pessoa estabeleça uma representação do resultado pretendido, bem como selecione a resposta mais adequada com base em um contexto.

Conforme mencionado anteriormente, pacientes com TOC podem apresentar prejuízo em flexibilidade cognitiva, controle inibitório e memória operacional, casos em que o comportamento não é completamente adaptado ao contexto, ainda que se tenha um objetivo pretendido. Trevor Robbins *et al.* (2019) indicam que muitos pacientes podem encontrar dificuldades em realizar comportamentos deliberados ao emitir ações perseverativas. Ao mesmo tempo, persistir em um comportamento deliberado também pode ser entendido como uma falha no comportamento dirigido à meta, indicando uma possível influência do sistema de formação de hábitos. Além dos aspectos neuropsicológicos, a intolerância à incerteza é frequentemente apresentada como um processo importantes e que dificulta o sucesso desse tipo de comportamento dirigido a metas. Sob o ponto de vista neurobiológico, o córtex pré-frontal medial e o núcleo caudado parecem estar relacionados aos comportamentos dirigidos à meta (Valentin et al., 2007), enquanto o putâmen e áreas motoras corticais participariam da formação de hábitos (Tricomi et al., 2009).

Esse tipo de pressuposto, contudo, demanda cautela, já que outros substratos cerebrais podem estar associados, além de aspectos psicológicos, cognitivos e metacognitivos.

Ainda que não existam tarefas e testes padronizados para a população brasileira, o clínico deve levar em consideração o quão necessária é a resposta comportamental de seu paciente em diferentes contextos.

Recomendações na prática clínica

- Ações que são mais úteis ao contexto podem ser mais desagradáveis para o paciente
- A evitação crônica do desconforto pode facilitar a habituação de se evitarem até mesmo ações que sejam mais saudáveis à vida do próprio paciente
- A formação de hábitos naturalmente pode prevalecer à compreensão. Nesse sentido, é de suma importância considerar que respostas perseverativas e inefetivas irão ocorrer durante o tratamento
- Aumentar a sensibilidade ao contexto é altamente recomendado para que o(a) paciente: note o ambiente em que está inserido(a), verifique as ações possíveis, mantenha em mente o resultado pretendido, escolha um dos caminhos disponíveis para a execução e se prepare para os obstáculos
- Devem-se considerar outros processos psicológicos como perfeccionismo e intolerância à incerteza que podem intensificar o sofrimento do paciente

Caso clínico – avaliação neuropsicológica

Avaliação neuropsicológica de uma menina de 10 anos, aqui referida como P., cursando o 4º ano da rede privada de ensino, cujo encaminhamento foi realizado pela psicoterapeuta que a acompanhava na época.

Histórico da queixa

Entre as dificuldades sinalizadas pela família, destaca-se a necessidade de repetir quatro vezes seguidas qualquer comando para que P. os acate. Duas ou três vezes não eram suficientes, e, quando a família solicitava um pedido cinco vezes, a paciente demonstrava clara insatisfação. Além disso, apresentava sinais de fadiga e cansaço em diferentes contextos da casa, ainda que seu exames clínicos e acompanhamento pediátrico estivessem dentro do esperado; utilização de peças do vestuário de maneira ordenada, com alta rigidez a não experimentar novos pares de meias; intolerância a ouvir palavras específicas no diminutivo; dificuldade para assistir TV com a família, frequentemente tampando os ouvidos com as mãos; emissão de sons com a garganta de forma repetitiva e em desacordo com o ambiente. Esses comportamentos progrediram ao longo dos anos, especialmente dentro de casa. É importante reiterar que seus desempenhos acadêmico e social seguiram evoluindo conforme o esperado para sua idade.

Sugestão de bateria

Depois de entrevista de anamnese com familiares, reunião com a coordenadora da escola e a sessão lúdica, estabeleceram-se como hipóteses diagnósticas: TOC, transtorno do espectro autista (TEA), síndrome de Tourette e/ou transtorno do processamento sensorial. Testes neuropsicológicos foram aplicados para investigação de diferentes domínios cognitivos, além de escalas e questionários qualitativos para viabilizar a investigação dos critérios diagnósticos. Os resultados podem ser visualizados na Tabela 17.2 e na Figura 17.1.

Tabela 17.2 Testes, escalas e questionários utilizados para investigação diagnóstico de P.

Eficiência intelectual: WISC-IV	Bruto	Percentil	Classificação
QI	106	66	Média
Índice de Compreensão Verbal	100	58	Média
Índice de Organização Perceptual	112	86	Média superior
Índice de Memória Operacional	109	73	Média
Índice de Velocidade de Processamento	100	50	Média
Percepção e visuoconstrução	**Bruto**	**Percentil**	**Classificação**
Completar Figuras (WISC)	27	75	Média superior
Cubos (WISC)	23	37	Média
Figura Complexa de Rey – Pontuação na cópia	18	4	Limítrofe
Figura Complexa de Rey – Tempo de execução da cópia	4 min e 25 s	23	Média inferior
Atenção	**Bruto**	**Percentil**	**Classificação**
FDT – Leitura	26 s	81	Média superior
FDT – Contagem	35 s	90	Média superior
FDT – Escolha	67 s	42	Média
FDT – Escolhas (erros)	2	48	Média

(continua)

Tabela 17.2 Testes, escalas e questionários utilizados para investigação diagnóstico de P. (*Continuação*)

Atenção	Bruto	Percentil	Classificação
FDT – Alternância	1 min e 22 s	34	Média
Códigos (WISC)	32	24	Média inferior
Teste de Atenção Dividida (BPA)	58	80	Média superior
Teste de Atenção Concentrada (BPA)	78	96	Superior à média
Teste de Atenção Alternada (BPA)	78	97	Superior à média
Trial Making Test – Parte A	13 s	99	Muito superior à média
Trial Making Test – Parte B	36 s	95	Muito superior à média
Memória	**Bruto**	**Percentil**	**Classificação**
Figura Complexa de Rey – Pontuação na evocação	11,5	17	Média inferior
Figura Complexa de Rey – Tempo de execução para evocação	2 min e 44 s	29	Média
Dígitos (WISC)	16	63	Média
Dígitos OD (WISC)	8	50	Média
Dígitos OI (WISC)	8	75	Média superior
Sequência de Números e Letras (WISC)	19	75	Média superior
Funções executivas	**Bruto**	**Percentil**	**Classificação**
FDT: inibição	44	24	Média inferior
FDT: flexibilidade	64	25	Média
Fluência Verbal Fonética – FAS (F)	7	Qualitativa, observação do comportamento	
Fluência Verbal Fonética – FAS (A)	6	Qualitativa, observação do comportamento	
Fluência Verbal Fonética – FAS (S)	4	Qualitativa, observação do comportamento	
Fluência Verbal Semântica (animais)	16	Qualitativa, observação do comportamento	
Sequência de Números e Letras (WISC-IV)	19	75	Média superior
Semelhanças (WISC-IV)	27	91	Superior
Conceitos Figurativos (WISC-IV)	18	75	Média superior
Compreensão (WISC-IV)	18	37	Média
Raciocínio Matricial (WISC-IV)	30	99	Muito superior à média
Torre de Londres	31	Qualitativa, observação do comportamento	
Escalas de humor e comportamento	**Bruto**	**Classificação**	
Escala de Traços do Espectro Autista	10	Incompatibilidade clínica	
Escala para Avaliação da Motivação Escolar – EAME-IJ	19	Motivação intrínseca baixa e extrínseca alta	
Escala Baptista de Depressão – versão Infanto-Juvenil – EBADEP-IJ	37	Compatibilidade clínica	
Screen for Child Anxiety Related Disorders – SCARED, pais	27	Compatibilidade clínica	
Screen for Child Anxiety Related Disorders – SCARED, criança	33	Compatibilidade clínica	
Yale-Brown Obsessive-Compulsive Scale – Y-BOCS, família	26	Compatibilidade clínica	
Yale-Brown Obsessive-Compulsive Scale – Y-BOCS, criança	23	Compatibilidade clínica	
Family Accommodation Scale for Obsessive-Compulsive Disorder-Interviewer-Rated – FAS-IR, completa	33	Compatibilidade clínica	

BPA: Bateria Psicológica para Avaliação da Atenção; FDT: *Five Digit Test*; QI: quociente de inteligência; WISC: *Wechsler Intelligence Scale for Children*.

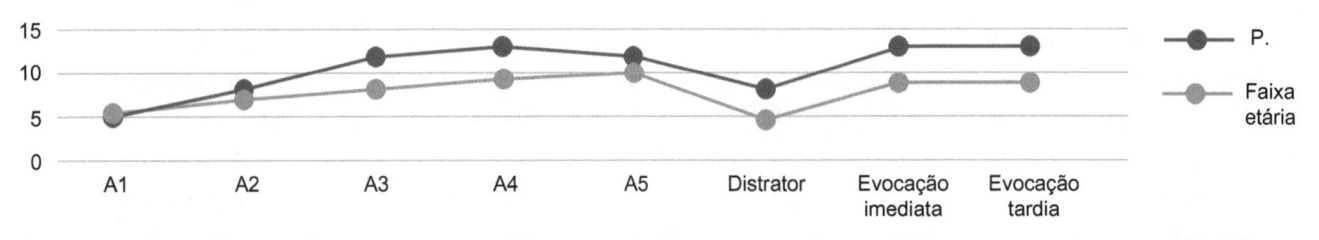

Figura 17.1 Desempenho na memória episódica avaliada pelo Teste de Aprendizagem Auditivo-Verbal de Rey (RAVLT): curva de aprendizagem (Listas A1-A5), lista de distratores e avaliação da memória episódica (evocação imediata e evocação tardia).

Durante a aplicação do teste Figura Complexa de Rey, notou-se maior dificuldade para a realização da cópia, sinalizando, inclusive, certo estranhamento quando apresentada ao estímulo. Formulou-se a hipótese de que seu desempenho pode não ter sido influenciado por uma dificuldade em visuoconstrução, mas um efeito secundário das FE (planejamento). Sobre a memória, seus resultados indicam capacidade preservada para o aprendizado, sem prejuízo nos processos de entrada, armazenamento e evocação dos estímulos, seja imediata ou tardia. Dificuldades consistentes foram observadas em tarefas com alta demanda cognitiva, especialmente na flexibilidade cognitiva, no acesso lexical e no controle dos impulsos.

Diagnóstico

Escalas que investigam humor e comportamento foram aplicadas no final da avaliação com o objetivo tanto de fortalecimento do *rapport* como de obtenção de mais informações clínicas. Os dados resultantes das escalas são consistentes com o diagnóstico de TOC. A hipótese de transtorno do processamento sensorial foi refutada, já que os comportamentos associados são mais bem explicados pelo esforço da paciente em tentar eliminar um desconforto subjetivo (obsessões), e não o estímulo em si (som). Um dado que reitera essa hipótese é que tais estímulos só provocavam desconforto dentro de casa e, muito frequentemente, na presença de um dos familiares – revelando, assim, o funcionamento compulsivo. Sob o ponto de vista clínico, apresenta comorbidade com a síndrome de Tourette, já que frequentemente seus tiques motores (piscar os olhos e virar a cabeça) são acompanhados de sons emitidos pela garganta.

Acomodação familiar e orientações

Em casos de TOC, principalmente em crianças e adolescentes, é altamente recomendada a aplicação da Escala de Acomodação Familiar (FAS), já que, na intenção de produzir bem-estar e evitar o desconforto, as pessoas mais próximas frequentemente corroboram ou até mesmo intensificam os sintomas dos pacientes. Além da psicoterapia individual, portanto, pode ser de grande valia que a família receba orientações consistentes com o tratamento – em geral, ajudando a interromper a participação ou facilitação dos sintomas. Orientação e treinamento de pais, preferencialmente sob a perspectiva cognitivo-comportamental, auxilia os membros da família a identificarem os prejuízos associados, além de treinar habilidades que podem ajudar no procedimento central na terapia de pessoas com TOC: a exposição e prevenção de respostas (EPR). Um exemplo de intervenção familiar é o Supportive Parenting for Anxious Childhood Emotions (SPACE), desenvolvida pelo professor Eli Lebowitz, da Yale University. Essa intervenção é utilizada para reduzir a acomodação familiar e tem sido amplamente adotada no Canadá e nos EUA. Para mais informações, acessar https://www.spacetreatment.net/.

Exposição e prevenção de respostas

Um número significativo de estudos evidencia que a TCC deve ser considerada um tratamento de primeira linha para o TOC, incluindo revisões sistemáticas e metanálises com um grande tamanho de efeito após tratamento (Reid *et al.*, 2021). É importante, entretanto, reiterar que o ingrediente mais potente e eficiente dessa intervenção é a *exposição e prevenção de respostas* (EPR). Observa-se aqui que esse procedimento é adotado em diferentes correntes da TCC com nomes diferentes, por exemplo, "dessensibilização sistemática".

O sucesso em obter o alívio a curto prazo por meio de evitações e compulsões induz o indivíduo a repetir esses atos sempre que experimentar os estímulos aversivos (como as obsessões ou sensações sensoriais). Esse ciclo aumenta gradativamente a probabilidade de o sujeito com TOC continuar evitando as situações temidas, perpetuando cada vez mais os sintomas patológicos. A longo prazo, observa-se uma diminuição do repertório comportamental e aumento da sensibilidade ao desconforto. O princípio da EPR consiste justamente em romper esse ciclo. O termo "exposição" consiste em ajudar o paciente a lidar com pensamentos, sensações, sentimentos, objetos ou lugares que de algum modo foram evitados por conta do TOC. Na etapa inicial da EPR, é realizada uma hierarquia de todos os possíveis alvos (sintomas), incluindo desde o mais fácil até o mais desafiador. Assim, progressivamente, o(a) paciente receberá apoio profissional para entrar em contato direto com estímulos que assumiram propriedades fóbicas e que o(a) incomodam (de Mathis *et al.*, 2023). Por "prevenção de respostas" entende-se que o(a) profissional auxiliará a realização de um treino de repertório de comportamentos que vai além das ações que visam reduzir o desconforto: durante o enfrentamento aos estímulos aversivos, técnicas de respiração, cartões de enfrentamento e estabelecimento de valores pessoais são adotados como forma de não mais evitar o desconforto, e sim aproximar o paciente a conseguir realizar tarefas e viver com sentido e significado à sua própria maneira (Cordiolli, 2008).

Alguns materiais e protocolos de EPR podem ser visualizados em contexto brasileiro para apoiar o(a) clínico(a) no planejamento da intervenção, incluindo vídeos e livros com protocolos de tratamento (Cordiolli, 2008; de Mathis *et al.*, 2023).

Recomendações na prática clínica

- Investigar todas as obsessões e compulsões do paciente (incluindo compulsões mentais, que são mais difíceis de serem identificadas)
- Estabelecer com o(a) paciente as desvantagens de tentar evitar o desconforto, já que ele só aumenta
- Deixar claros e previsíveis os próximos passos no planejamento da exposição. Ela deve ser gradual e em concordância com o(a) paciente
- Treinar repertórios alternativos às compulsões, incluindo a normalização de sensações desagradáveis
- Realizar psicoeducação e entrevista/orientação com familiares, já que frequentemente eles também ajudam na perpetuação dos sintomas (acomodação familiar)
- O(a) profissional deve manter em mente que, ao se tentar fazer o paciente se sentir bem, há grandes chances de essa situação representar um mecanismo de evitação – o que só fortalece o TOC
- O processo de exposição deve ser realizado em prol de retomar a habilidade do paciente em viver contextos desejados por ele. O objetivo não é apenas eliminar o TOC; o foco central da exposição é colocá-lo em contato com a vida.

Terapia de aceitação e compromisso como alternativa ou complemento à EPR

Apesar de aproximadamente 70% de casos atingirem um nível subclínico de sintomas pós-TCC com ou sem medicação (McGuire et al., 2015), muitos pacientes continuam sofrendo significativamente no dia a dia com TOC. Para aqueles que não respondem à tradicional TCC com EPR, a terapia de aceitação e compromisso (ACT, do inglês *acceptance and commitment therapy*) tem despertado interesse científico para tratar essa população. Essa abordagem tem se demonstrado efetiva para tratar diversos transtornos mentais (Association for Contextual Behavioral, 2023), porém, no campo do TOC, a ACT tem sido pouco estudada em comparação com a TCC. A ACT, desenvolvida pelo norte-americano Steven Hayes *et al.* na década de 1980, é considerada uma TCC de terceira geração que "vê o sofrimento humano como originário da inflexibilidade psicológica promovida pela esquiva experiencial e fusão cognitiva" (Hayes *et al.*, 2012, p. 29). Essa intervenção procura identificar a fusão do pensamento e a esquiva experiencial e ajudar os pacientes a desenvolverem novos padrões comportamentais mais amplos e efetivos em direção a valores e ações que lhes são importantes ou significativos. A ACT é caracterizada por seis conceitos que promovem a flexibilidade psicológica, incluindo:

- *Aceitação* de pensamentos ou sentimentos desagradáveis de um modo que não se luta contra, mas, ao contrário, cria-se espaço para desconfortos
- *Desfusão cognitiva*, que envolve observar os pensamentos negativos sem julgamento e notá-los somente como pensamentos não reais ou fatos
- *Contato com o momento presente*, em que a pessoa identifica o que pensa e sente no momento e entra em contato com isso por meio de exercícios de *mindfulness*
- *Eu como contexto*, em que se observa cada experiência de acordo com a situação e o momento da vida (em contexto), originando uma visão mais imparcial, semelhante à de um espectador
- *Compromisso*, o que remete ao protocolo de EPR em termos de mudar o comportamento em direção àquilo que é importante para a pessoa
- *Valores* relacionados com o que a pessoa valoriza na vida, como relacionamentos, trabalho, saúde, e guia a direção de ações no sentido de promover uma vida com significados apesar do desconforto ou sofrimento.

No TOC, a ACT tem sido estudada com uma distinta abordagem da utilizada na EPR, visto que enfatiza a abertura da pessoa aos sentimentos de ansiedade ou estresse ligados às obsessões a serviço daquilo que é importante para ela (valores). A ACT se diferencia da TCC tradicional, pois o indivíduo aprende a mudar sua relação com suas obsessões e compulsões: o objetivo central da ACT não é necessariamente reduzir sua frequência ou reestruturar pensamentos cognitivos, mas ter mais flexibilidade psicológica. Isso quer dizer que os pacientes são encorajados a identificar seus valores para viver uma vida produtiva e de significado mesmo que experimentem sintomas de TOC. O único ensaio clínico randomizado que investigou EPR usando a abordagem ACT (ACT + EPR) *vs.* EPR sozinha teve resultados significativos, com 70% e 68% de resposta positiva pós-tratamento, respectivamente (Twohig *et al.*, 2018). No seguimento de 6 meses, os resultados se mantiveram, com a EPR isolada tendo 64% de resposta *vs.* 60% em ACT + EPR. A mais recente metanálise sobre esse assunto concluiu que ACT é compatível com EPR (Soondrum *et al.*, 2022), podendo ser usada junto a ela ou ISRS. Os autores recomendaram, porém, usar a ACT sozinha quando a EPR ou a TCC tradicionais são inefetivas para pacientes resistentes ou que não cumprem as expectativas desses tratamentos.

Recomendações na prática clínica

- Investigar o que é importante na vida do paciente (valores) e como as obsessões e compulsões interferem nessas áreas
- Estabelecer com o(a) paciente como evitar o desconforto e engajar em compulsões o(a) afasta dos seus valores e objetivos de vida
- Treinar repertórios alternativos às compulsões, incluindo a normalização de sensações desagradáveis
- Realizar psicoeducação e entrevista com familiares, já que frequentemente eles também acomodam sintomas
- O(a) profissional deve manter em mente que, ao tentar fazer o paciente se sentir bem, há grandes chances de essa situação representar um mecanismo de evitação – o que só fortalece o TOC
- O processo de exposição deve ser realizado em prol de retomar a habilidade do(a) paciente em viver contextos desejados por ele(a). O objetivo não é apenas eliminar o TOC; o foco central da exposição é colocá-lo(a) em contato com a vida.

Treinamento metacognitivo

O treinamento metacognitivo do TOC (MCT-OCD, do inglês *metacognitive training for obsessive-compulsive disorder*) é uma intervenção em grupo estruturada para flexibilizar os vieses cognitivos e metacognitivos de pacientes com TOC. Os autores (Moritz; Hauschildt, 2016) destacam os processos de atenção detalhada a estímulos ameaçadores, responsabilidade excessiva, fusão cognitiva, perfeccionismo, intolerância à incerteza e tentativa de controle dos pensamentos como os principais estímulos-alvo da intervenção. Combinando estratégias de psicoeducação, EPR, neuropsicologia e elementos das TCC (incluindo ACT), o treinamento é realizado com o apoio de materiais visuais, apostilas e *slides*. Esses materiais estão disponíveis em português e podem ser baixados gratuitamente no *site*: https://clinical-neuropsychology.de/mct-ocd/.

Além da redução dos sintomas, a taxa de aceitação pelos participantes foi de 90% no primeiro estudo do MCT (Jelinek *et al.*, 2018) e 96,7% em análise posterior (Miegel *et al.*, 2020). Esse protocolo de intervenção pode ser utilizado concomitantemente com a EPR, já que sua estrutura leva em consideração experiências individuais. Os pacientes podem identificar seus vieses cognitivos e metacognições de forma pragmática utilizando exercícios humorísticos, além de desenvolver estratégias de *coping* funcional.

Recomendações na prática clínica
- Fazer o *download* da apostila e dos *slides* de apoio, lendo com antecedência todo o conteúdo
- Identificar em qual dos oito processos o seu paciente apresenta maior prejuízo
- Estabelecer indicadores de melhora clínica que não envolvam necessariamente o bem-estar/alívio dos sintomas (p. ex., adesão e leitura dos materiais, realização dos exercícios, presença nas sessões de exposição).

Considerações finais

Neste capítulo, demonstrou-se que o TOC é um transtorno caracterizado pela presença de obsessões e compulsões que podem se manifestar de maneira completamente diferente. Infelizmente, muitos profissionais, ao realizarem uma avaliação neuropsicológica, confundem os sintomas com alguns critérios do transtorno do neurodesenvolvimento e, especialmente no caso de adultos, com os transtornos de personalidade. Ao longo deste capítulo, observou-se que prejuízos cognitivos podem ser uma característica comum nesse quadro, ainda que não se caracterize como um marcador para apoio diagnóstico. O que vemos na literatura são dificuldades espalhadas por todas as funções cognitivas, com pequenos tamanhos de efeito, que podem não ser clinicamente relevantes. Portanto, na clínica, o uso de escalas e formulários é recomendado para guiar as perguntas do(a) profissional no decorrer da investigação, merecendo especial destaque às escalas Y-BOCS e FAS. Verificou-se também que a exposição e a prevenção de respostas é um procedimento de alta efetividade no tratamento, podendo ser incluídas em outras modalidades de psicoterapia além da TCC, seja no treinamento metacognitivo, seja na terapia de aceitação e compromisso.

Sabe-se que os sintomas do TOC provocam níveis elevados de sofrimento, por isso espera-se que, com esta leitura, você tenha construído uma base de conhecimento e referências suficientes para se apoiar em uma missão importante: ajudar pessoas a viverem uma vida cada vez mais significativa.

Referências bibliográficas

ABRAMOVITCH, A.; ABRAMOWITZ, J. S.; MITTELMAN, A. The neuropsychology of adult obsessive-compulsive disorder: a meta-analysis. Clinical Psychology Review, v. 33, n. 8, p. 1163-1171, 2013. Disponível em: https://www.sciencedirect.com/science/article/abs/pii/S027273581300130X?via%3Dihub. Acesso em: 6 fev. 2024.

ABRAMOVITCH, A. *et al.* Research Review: Neuropsychological test performance in pediatric obsessive-compulsive disorder-a meta-analysis. Journal of child psychology and psychiatry, and allied disciplines, v. 56, n. 8, p. 837-847, 2015.

AHMARI, S. E.; RAUCH, S. L. The prefrontal cortex and OCD. Neuropsychopharmacology, v. 47, n. 1, p. 211-224, 2022. Disponível em: https://www.nature.com/articles/s41386-021-01130-2. Acesso em: 4 fev. 2024.

AMERICAN PSYCHIATRIC ASSOCIATION (APA). Diagnostic and Statistical Manual of Mental Disorders. 5. ed. Text Revision. Washington, DC: American Psychiatric Publishing, 2022.

ANDERSON, P. Assessment and development of Executive Function (EF) during childhood. Child Neuropsychol, v. 8, p. 71-82, 2002. Disponível em: https://pubmed.ncbi.nlm.nih.gov/12638061/. Acesso em: 6 jun. 2024.

ARDILA, A. There are two different dysexecutive syndromes. Journal of Neurological Disorders, v. 1, n. 1, 2013. Disponível em: https://www.hilarispublisher.com/open-access/there-are-two-different-dysexecutive-syndromes-2329-6895.1000114.pdf. Acesso em: 17 fev. 2024.

ARMBRUSTER, D. J. *et al.* Prefrontal cortical mechanisms underlying individual differences in cognitive flexibility and stability. J Cogn Neurosci, v. 24, p. 2385-2399, 2012.

ASSOCIATION FOR CONTEXTUAL BEHAVIORAL SCIENCE. State of the ACT evidence. Akron, 2023. Disponível em: https://contextualscience.org/state_of_the_act_evidence. Acesso em: 14 fev. 2024.

BADDELEY, A. Working memory. Comptes Rendus de l'Académie des Sciences, Series III, Sciences de la Vie, v. 321, n. 2-3, p. 167-173, 1998.

BATISTUZZO, M. C. *et al.* Lower Ventromedial Prefrontal Cortex Glutamate Levels in Patients With Obsessive-Compulsive Disorder. Frontiers in psychiatry, v. 12, p. 668304, 2021.

BATISTUZZO, M. C. *et al.* Cross-national harmonization of neurocognitive assessment across five sites in a global study. Neuropsychology, v. 37, n. 3, p. 284-300, 2023. Disponível em: https://psycnet.apa.org/doiLanding?doi=10.1037%2Fneu0000838. Acesso em: 11 fev. 2024.

BATISTUZZO, M. C. *et al.* Factor structure of the Dimensional Yale-Brown Obsessive-Compulsive Scale in a large sample of adults with obsessive-compulsive disorder. Braz J Psychiatry, v. 44, n. 1, p. 57-60, 2022. Disponível em: https://pubmed.ncbi.nlm.nih.gov/34878003/. Acesso em: 13 fev. 2024.

BERTOLA, L.; ZIMMERMANN, N. Fluência Verbal. Belo Horizonte: Ampla Editora, 2020. p. 144.

BEY, K. *et al.* Impaired planning in patients with obsessive-compulsive disorder and unaffected first-degree relatives: evidence for a cognitive endophenotype. Journal of Anxiety Disorders, v. 57, p. 24-30, 2018. Disponível em: https://www.sciencedirect.com/science/article/abs/pii/S0887618518300689?via%3Dihub. Acesso em: 9 fev. 2024.

BOEDHOE, P. S. *et al.* Distinct Subcortical Volume Alterations in Pediatric and Adult OCD: a worldwide meta- and mega-analysis. Am J Psychiatry, v. 174, n. 1, p. 60-69, 2017. Disponível em: https://pubmed.ncbi.nlm.nih.gov/27609241/. Acesso em: 11 fev. 2024.

BORTONCELLO, C. F. *et al.* Translation and adaptation into Brazilian Portuguese of the Obsessional Beliefs Questionnaire (OBQ-44). Trends Psychiatry Psychother, v. 34, n. 1, p. 31-7, 2012. Disponível em: https://trends.org.br/article/doi/10.1590/S2237-60892012000100007. Acesso em: 19 fev. 2024.

BORA, E. Meta-analysis of neurocognitive deficits in unaffected relatives of obsessive-compulsive disorder (OCD): comparison with healthy controls and patients with OCD. Psychol Med, v. 50, n. 8, p. 1257-1266, 2020. Disponível em: https://pubmed.ncbi.nlm.nih.gov/32476632/. Acesso em: 3 fev. 2024.

BRAGDON, L.; GIBB, B.; COLES, M. Does neuropsychological performance in OCD relate to different symptoms? A meta-analysis comparing the symmetry and obsessing dimensions. Depress Anxiety, v. 35, n. 8, p. 761-774, 2018.

BRUIN, W. B. *et al.* The functional connectome in obsessive-compulsive disorder: resting-state mega-analysis and machine learning classification for the ENIGMA-OCD consortium. Molecular psychiatry, v. 10, p. 4307-4319, 2023.

CALVOCORESSI, L. *et al.* Family accommodation of obsessive-compulsive symptoms: instrument development and assessment of family behavior. The Journal of Nervous and Mental Disease, 1999, v. 187, n. 10, p. 636-42, 1999. Disponível em: https://pubmed.ncbi.nlm.nih.gov/10535658/. Acesso em: 7 fev. 2024.

CAMERON, D. H. *et al.* A comparison of cluster and factor analytic techniques for identifying symptom-based dimensions of obsessive-compulsive disorder. Psychiatry Res., v. 278, p. 86-96, 2019.

CERVIN, M. *et al.* Towards a definitive symptom structure of obsessive-compulsive disorder: a factor and network analysis of 87 distinct symptoms in 1366 individuals. Psychol Med, v. 52, n. 14, p. 3267-3279, 2022.

CORDIOLLI, A. Psicoterapias: abordagens atuais. Porto Alegre, Artmed, 2008.

DIAS, N. M.; MECCA, T. P. Avaliação Neuropsicológica cognitiva, memória de trabalho. Campinas: Editora Memnon, 2016.

DOUGHERTY, D. D. *et al.* Neuroscientifically informed formulation and treatment planning for patients with obsessive-compulsive disorder: a review. JAMA Psychiatry, v. 75, n. 10, p. 1081-1087, 2018.

FATORI, D. *et al.* Is it time to change the gold standard of obsessive-compulsive disorder severity assessment? Factor structure of the Yale-Brown Obsessive-Compulsive Scale. Aust N Z J Psychiatry, v. 54, n. 7, p. 732-742, 2020.

FERNÁNDEZ DE LA CRUZ, L. *et al.* Are the symptoms of obsessive-compulsive disorder temporally stable in children/adolescents? A prospective naturalistic study. Psychiatry Research, v. 209, n. 2, p. 196-201, 2013.

FERNÁNDEZ DE LA CRUZ, L. *et al.* Suicide in obsessive-compulsive disorder: a population-based study of 36 788 Swedish patients. Mol Psychiatry, v. 22, n. 11, p. 1626-1632, 2017.

FINEBERG, N. A. et al. Probing compulsive and impulsive behaviors, from animal models to endophenotypes: a narrative review. Neuropsychopharmacology, v. 35, n. 3, p. 591-604, 2010.

FOA, E. B. et al. The Obsessive-Compulsive Inventory: development and validation of a short version. Psychological Assessment, v. 14, n. 4, p. 485-496, 2002.

FONSECA, R. P. et al. Tarefas de fluência verbal livre, fonêmica e semântica para crianças. In: FONSECA, R. P.; PRANDO, M. L.; ZIMMERMANN, N. Avaliação de linguagem e funções executivas em crianças. Campinas: Memnon, 2016.

FULLANA, M. A. et al. Diagnostic biomarkers for obsessive-compulsive disorder: a reasonable quest or ignis fatuus? Neurosci Biobehav Rev., v. 118, p. 504-513, 2020.

GOMES, J. B. et al. Family Accommodation Scale for Obsessive-Compulsive Disorder-Interviewer-Rated (FAS-IR), Brazilian Portuguese version: internal consistency, reliability, and exploratory factor analysis. Comprehensive Psychiatry, v. 57, p. 155-159, 2015.

GRUNER, P.; PITTENGER, C. Cognitive inflexibility in obsessive-compulsive disorder. Neuroscience, v. 345, p. 243-255, 2017.

GOODMAN, W. K. et al. The Yale-Brown Obsessive Compulsive Scale. Archives of General Psychiatry, v. 46, n. 11, p. 1006, 1989.

HAUSCHILDT, M.; SCHRÖDER, J.; MORITZ, S. Randomized-controlled trial on a novel (meta-) cognitive self-help approach for obsessive-compulsive disorder ("myMCT"). Journal of Obsessive-Compulsive and Related Disorders, v. 10, p. 26-34, 2016.

HAYES, S. C.; BARNES-HOLMES, D.; WILSON, K. Contextual Behavioral Science: Creating a science more adequate to the challenge of the human condition. Journal of Contextual Behavioral Science, v. 1, p. 1-16, 2012.

HIRSCHTRITT, M. E.; BLOCH, M. H.; MATHEWS, C. A. Obsessive-Compulsive Disorder: advances in diagnosis and treatment. JAMA, v. 317, n. 13, p. 1358-1367, 2017.

HOLLANDER, E. et al. Psychosocial Function and Economic Costs of Obsessive-Compulsive Disorder. CNS Spectrums, v. 2, p. 16-25, 1997.

IERVOLINO, A. C. et al. A multivariate twin study of obsessive-compulsive symptom dimensions. Archives of General Psychiatry, v. 68, n. 6, p. 637-644, 2011.

JELINEK, E. et al. "Association splitting" versus cognitive remediation in obsessive-compulsive disorder: a randomized controlled trial. Journal of Anxiety Disorders, v. 56, p. 17-25, 2018.

LEOPOLD R.; BACKENSTRASS, M. Neuropsychological differences between obsessive-compulsive washers and checkers: a systematic review and meta-analysis. Journal of Anxiety Disorders. 2015 v. 30, p. 48-58, 2015.

LIU, J. et al. Abnormal resting-state functional connectivity in patients with obsessive-compulsive disorder: a systematic review and meta-analysis. Neuroscience and Biobehavioral Reviews, v. 135, 2022.

MARTONI, R. M. et al. Effects of gender and executive function on visuospatial working memory in adult obsessive-compulsive disorder. European Archives of Psychiatry and Clinical Neuroscience, v. 265, n. 8, p. 707-718, 2015.

MATAIX-COLS, D. et al. Distinct neural correlates of washing, checking, and hoarding symptom dimensions in obsessive-compulsive disorder. Archives of General Psychiatry, v. 61, n. 6, p. 564-576, 2004.

MATHIS, M. A. et al. Brazilian research consortium on obsessive-compulsive spectrum disorders guidelines for the treatment of adult obsessive-compulsive disorder. Part II: Cognitive-Behavior Therapy treatment. Brazilian Journal of Psychiatry, v. 45, n. 5, 2023.

MCGURIE, J. F. et al. Neuropsychological performance across symptom dimensions in pediatric obsessive compulsive disorder. Depress Anxiety. v. 31, n. 12, p. 988-996, 2014.

MCGUIRE, J. F. et al. A Meta-analysis of cognitive behavior therapy and medication for child obsessive–compulsive disorder: moderators of treatment efficacy, response, and remission. Depression and Anxiety, v. 32, n. 8, p. 580-593, 2015.

MEIER, S. M. et al. Mortality Among Persons With Obsessive-Compulsive Disorder in Denmark. JAMA Psychiatry, v. 73, n. 3, p. 268-274, 2016.

MIEGEL, F. et al. Metacognitive Training for Obsessive-Compulsive Disorder: a study protocol for a randomized controlled trial. BMC psychiatry, v. 20, n. 1, p. 350, 2020.

MIGUEL, E. C. et al. Sensory phenomena in obsessive-compulsive disorder and Tourette's disorder. Journal of Clinical Psychiatry, v. 61, p. 150-156, 2000.

MIGUEL, E. C. et al. Evolution of gamma knife capsulotomy for intractable obsessive-compulsive disorder. Mol Psychiatry, v. 24, n. 2, p. 218-240, 2019.

NEGREIROS, J. et al. Neurocognitive risk markers in pediatric obsessive-compulsive disorder. Journal of child psychology and psychiatry, and allied disciplines, v. 61, n. 5, p. 605-613, 2020.

OBSESSIVE COMPULSIVE COGNITIONS WORKING GROUP. Psychometric validation of the obsessive belief questionnaire and interpretation of intrusions inventory--Part 2: Factor analyses and testing of a brief version. Behaviour Research and Therapy, v. 43, n. 11,1527-1542, 2005.

OLIVEIRA, M. V. S. et al. Brazilian Research Consortium on Obsessive-Compulsive Spectrum Disorders guidelines for the treatment of adult obsessive-compulsive disorder. Part I: pharmacological treatment. Brazilian Journal of Psychiatry, v. 45, n. 2, p. 146-161, 2023.

PEREZ-VIGIL, A. et al. Association of Obsessive-Compulsive Disorder With Objective Indicators of Educational Attainment: A Nationwide Register-Based Sibling Control Study. JAMA Psychiatry, v. 75 p. 47-55, 2018.

PTOK, M.; KÜHN, D.; MILLER, S. Lexical development: the construction of different vocabulary tests used in clinical practice. HNO, v. 62, n. 4, p. 258-265, 2014.

RAMOS-CERQUEIRA, A. T. et al. Emotional burden in caregivers of patients with obsessive-compulsive disorder. Depress Anxiety. v. 25, p. 1020-1027, 2008.

RAPINESI, C. et al. Brain Stimulation in Obsessive-Compulsive Disorder (OCD): a systematic review. Curr Neuropharmacol, v. 17, n. 8, p. 787-807, 2019.

RASMUSSEN, S. A.; GOODMAN, W. K. The prefrontal cortex and neurosurgical treatment for intractable OCD. Neuropsychopharmacology, v. 47, n. 1, p. 349-360, 2022.

REID, J. E. et al. Cognitive behavioural therapy with exposure and response prevention in the treatment of obsessive-compulsive disorder: a systematic review and meta-analysis of randomised controlled trials. Comprehensive Psychiatry, v. 106, p. 152223, 2021.

ROBBINS, T. W.; VAGHI, M. M.; BANCA, P. Obsessive-Compulsive Disorder: puzzles and prospects. Neuron, v. 102, n. 1, p. 27-47, 2019.

ROSA, A. C. et al. Clinical correlates of social adjustment in patients with obsessive-compulsive disorder. Journal of Psychiatric Research, v. 46, p. 1286-1292, 2012.

ROSARIO-CAMPOS, M. C. et al. The dimensional Yale-Brown obsessive-compulsive scale (DY-BOCS): an instrument for assessing obsessive-compulsive symptom dimensions. Molecular Psychiatry, v. 11, n. 5, p. 495-504, 2006.

SANTOS, H. C.; MARQUES, J. G. What is the clinical evidence on psilocybin for the treatment of psychiatric disorders? A systematic review. Porto Biomed Journal, v. 6, n. 1, p. 128, 2021.

SAVAGE, C. R. et al. Organizational strategies mediate nonverbal memory impairment in obsessive-compulsive disorder. Biol Psychiatry. v. 45, n. 7, p. 905-916, 1999.

SENÇO, N. M. et al. Transcranial direct current stimulation in obsessive-compulsive disorder: emerging clinical evidence and considerations for optimal montage of electrodes. Expert Rev Med Devices, v. 12, n. 4, p. 381-391, 2015.

SHEPHARD, E. et al. Toward a neurocircuit-based taxonomy to guide treatment of obsessive-compulsive disorder. Molecular Psychiatry, v. 26, n. 9, p. 4583-4604, 2021.

SHIN, N. Y. et al. Cognitive functioning in obsessive-compulsive disorder: a meta-analysis. Psychological Medicine, v. 44, n. 6, p. 1121-1130, 2014.

SKAPINAKIS, P. et al. A systematic review of the clinical effectiveness and cost-effectiveness of pharmacological and psychological interventions for the management of obsessive-compulsive disorder in children/adolescents and adults. Health Technol Assess. v. 43, p. 1-392, 2016.

SNYDER, H. R. et al. Obsessive-compulsive disorder is associated with broad impairments in executive function: a meta-analysis. Clinical Psychological Science: a journal of the Association for Psychological Science, v. 3, n. 2, p. 301-330, 2015.

SOONDRUM, T. et al. The Applicability of Acceptance and Commitment Therapy for Obsessive-Compulsive Disorder: a systematic review and meta-analysis. Brain Sci., v. 12, p. 656, 2022.

SOUZA, M. M. Avaliação neuropsicológica de crianças e adolescentes com TOC: comparação com controles saudáveis e desfechos pós-tratamento.

2018. Dissertação (Mestrado em Psiquiatria) – Faculdade de Medicina, Universidade de São Paulo, São Paulo, 2018.

SOUZA, F. P. *et al*. Psychometric properties of the Brazilian Portuguese version of the Obsessive-Compulsive Inventory: revised (OCI-R). Brazilian Journal of Psychiatry, v. 33, n. 2, p. 137-143, 2011.

STEIN, D. J. *et al*. Obsessive-compulsive disorder. Nature Reviews Disease Primers, v. 5, n. 52, 2019.

TORRES, A. R. *et al*. Obsessive-compulsive disorder: prevalence, comorbidity, impact, and help-seeking in the British National Psychiatric Morbidity Survey of 2000. The American Journal of Psychiatry, v. 163, n. 11, p. 1978-1985, 2006.

TRICOMI, E.; BALLEINE, B. W.; O'DOHERTY, J. P. A specific role for posterior dorsolateral striatum in human habit learning. European Journal of Neuroscience, v. 29, n. 11, p. 2225-2232, 2009.

TWOHIG, M. P. *et al*. Adding acceptance and commitment therapy to exposure and response prevention for obsessive-compulsive disorder: a randomized controlled trial. Behaviour Research and Therapy, v. 108, p. 1-9, 2018.

UHRE, V. F. *et al*. Inhibitory control in obsessive compulsive disorder: a systematic review and activation likelihood estimation meta-analysis of functional magnetic resonance imaging studies. NeuroImage: clinical, v. 36, 2022.

VALENTIN, V. V.; DICKINSON, A.; O'DOHERTY, J. P. Determining the neural substrates of goal-directed learning in the human brain. The Journal of Neuroscience, v. 27, n. 15, p. 4019-4026, 2007.

VAN VELZEN, L. S. *et al*. Response inhibition and interference control in obsessive-compulsive spectrum disorders. Frontiers in Human Neuroscience, v. 8, 2014.

ZWOSTA, K.; RUGE, H.; WOLFENSTELLER, U. Neural mechanisms of goal-directed behavior: outcome-based response selection is associated with increased functional coupling of the angular gyrus. Frontiers in Human Neuroscience, v. 9, 2015.

18 Transtornos Disruptivos, do Controle de Impulsos e da Conduta

Danielle Rossini-Dib • Elizabeth Prado Teixeira

Introdução

Os transtornos disruptivos, do controle de impulsos e da conduta se referem a um grupo de condições psiquiátricas que envolvem comportamentos impulsivos e desafiadores, que, em geral, violam os direitos de terceiros e/ou confrontam normas sociais ou figuras de autoridade (APA, 2014).

Esses transtornos incluem (APA, 2014):

- Transtorno explosivo intermitente (TEI)
- Transtorno opositor desafiador (TOD)
- Transtorno de conduta (TC)
- Transtorno de personalidade antissocial (TPA)
- Piromania (PI)
- Cleptomania (CL)
- Outro transtorno disruptivo, do controle de impulsos e da conduta especificado
- Transtorno disruptivo, do controle de impulsos e da conduta não especificado.

A 5ª edição do *Manual diagnóstico e estatístico de transtornos mentais* (APA, 2014),[a] mais conhecido como DSM-5, propõe uma visão dimensional com base principalmente na ênfase sobre a capacidade de tipos de autocontrole, em que, em um polo do espectro, o TC seria embasado em comportamentos questionadores e desafiadores que violam direitos de terceiros e normas sociais relevantes, e, no outro polo, o TEI teria como base o descontrole de emoções (raiva e irritação) e remeteria a uma explosão de raiva desproporcional como reação a um estressor psicossocial. O TOD seria alocado no meio desse espectro, tendo uma distribuição mais equidistante quanto aos comportamentos e emoções. Os quadros de PI e CL seriam percebidos como menos frequentes, caracterizando-se por reduzido controle de impulsos sobre comportamentos específicos (provocar incêndios ou furtar) que aliviam a tensão interna. Já o de TPA é alocado no grupo de transtornos de personalidade e não será abordado neste capítulo.

Os transtornos disruptivos, do controle de impulsos e da conduta tendem a ser mais frequentes na população masculina (APA, 2014) e chamam a atenção pela sua incidência na população brasileira, especialmente entre crianças e adolescentes. Segundo estudo epidemiológico realizado em 2015 em populações pediátricas brasileiras, notou-se a incidência de 1,7% de transtorno opositor desafiador, 0,6% de transtorno de conduta, e 5,8% de transtornos disruptivos em geral (TOD, TC e TDAH) (Paula et al., 2015).

A etiologia desses transtornos ainda é desconhecida, mas sabe-se que fatores biológicos, ambientais e sociais podem estar envolvidos no seu desenvolvimento.

Dos fatores biológicos, estudos sugerem que anormalidades nos níveis de neurotransmissores, como a serotonina e a dopamina, eventualmente estão relacionadas com os comportamentos impulsivos e agressivos desses transtornos (APA, 2014).

Além disso, estudos de neuroimagem estrutural, como a tomografia computadorizada (TC) e a ressonância magnética (RM), mostraram que indivíduos com esses quadros por vezes apresentam diferenças no tamanho de várias regiões do cérebro. Por exemplo, exames de RM têm mostrado que esses indivíduos podem apresentar menores espessura e volume do córtex pré-frontal, região do cérebro envolvida na regulação emocional, na tomada de decisão e no controle inibitório (Fraizer; Young, 2017).

Pela análise de diferentes estudos de neuroimagem funcional (24 estudos de RM [RMf]) (Alegria; Radua; Rubia, 2016) suscitaram-se pontos consistentemente observados nos achados. Sujeitos com transtorno de comportamento disruptivo ou problemas de conduta foram comparados com jovens de desenvolvimento típico, identificando-se que os jovens com transtorno de comportamento disruptivo ou problemas de conduta apresentaram duas áreas e respectivas ativações como os principais focos de atenção:

- Hipoativação em regiões como os cingulados anteriores rostral e dorsal, o córtex pré-frontal medial e o caudado ventral, regiões do cérebro que estão envolvidas em uma variedade de funções, incluindo regulação emocional, controle inibitório e tomada de decisão – comumente associados às funções executivas quentes
- Hiperativação em outras regiões, como o córtex pré-frontal dorsolateral e as regiões estriatais, envolvidas em funções como atenção, memória operacional e planejamento – aqui associadas às funções executivas frias.

Quanto aos fatores socioemocionais, considera-se que suas propriedades gerais também estão frequentemente associadas a problemas nas regulações emocional e comportamental, além de terem um impacto significativo nas relações familiares e sociais. Considerando-se que essa expressão pode estar combinada a vivências e modelos

---

[a] A edição atualizada do DSM-5, o DSM-5-TR (APA, 2022), aloca TEI, PI e CL com Jogo Patológico e Tricotilomania na sessão de Transtornos do Controle do Impulso não classificados em outro local.

comportamentais menos eficientes, entre os fatores que contribuem para o desenvolvimento dos quadros encontram-se alta incidência de relações familiares disfuncionais (como estilos de disciplina inconsistentes ou comunicação deficiente), exposição a violência ou abuso na infância e problemas socioeconômicos (Jackson, 2017; National Institute of Mental Health, 2021).

Outra questão importante a se considerar é que esses quadros ocasionalmente persistem da infância para a fase adulta, sendo determinante o diagnóstico precoce para o tratamento adequado e um melhor prognóstico. Segundo o National Institute of Mental Health (2021), crianças com transtornos disruptivos, do controle de impulsos e da conduta têm mais risco de apresentar problemas de saúde mental na vida adulta, com, por exemplo, transtornos de ansiedade e depressão.

Assim, considerando-se a multifatoriedade e a complexidade desses quadros, fica bem fundamentada a justificativa da necessidade de uma avaliação ampla e do quanto ela pode auxiliar na efetividade do tratamento.

Partindo-se dessa premissa, elementos que auxiliam a promover uma avaliação neuropsicológica voltada para essa clínica serão abordados com mais profundidade.

Alterações

Para dar subsídios a uma avaliação compreensiva e consistente é necessário explorar as alterações inerentes aos transtornos disruptivos, do controle de impulsos e da conduta. Entre as alterações, pode-se compreender que esses quadros implicam dificuldades em três pilares fundamentais da cognição: o neurocognitivo, o afetivo e o social. Por essa perspectiva, entende-se que, ao longo do desenvolvimento, esses pilares se influenciam mutuamente e modulam o desenvolvimento cognitivo e comportamental do sujeito.[b]

Explicitando um pouco mais a questão, de forma combinada, essas alterações incluem a dificuldade em lidar com emoções, a impulsividade e a falta de autocontrole. As pessoas com esses transtornos têm dificuldade em regular suas emoções e comportamentos, o que resulta em reações exageradas e desproporcionais em situações estressantes ou frustrantes. Além disso, pode haver dificuldade em pensar nas consequências de seus comportamentos impulsivos e controlar seus impulsos, levando a condutas agressivas e destrutivas (APA, 2014).

A manutenção desse perfil cognitivo, afetivo e comportamental/social de forma intensa e extensiva ao longo do desenvolvimento retroalimenta a "composição neurobiológica" do sujeito, o que, por sua vez, sensibiliza os sistemas para a expressão de respostas disfuncionais, estabelecendo-se, assim, modelos preferenciais e disfuncionais no funcionamento do sujeito.

A Tabela 18.1 descreve questões comportamentais e cognitivas a fim de auxiliar a compreensão e a avaliação desses quadros

---

[b]Nessa visão, a título de exemplo e para embasar esse raciocínio, podem-se considerar duas teorias neurodesenvolvimentalistas, como a Teoria do Estresse Tóxico, fundamentada por Jack Shonckoff (Shonckoff; Garner, 2012), e a teoria sobre Interação Pessoa – Afeto – Cognição – Execução (do anagrama em inglês I-PACE), na qual o principal pesquisador é Marc Potenza (Brand et al., 2016).

Tabela 18.1 Características comportamentais e cognitivas dos transtornos disruptivos, do controle de impulsos e da conduta.

Transtorno explosivo intermitente (TEI) (Coccaro; Noblett; McCloskey, 2009; Best, Williams; Coccaro, 2002; Stanford, Houston; Mathias, 2001)	É caracterizado por episódios recorrentes de agressão impulsiva e desproporcional à situação desencadeadora, com incapacidade de resistir a impulsos agressivos, levando a comportamentos agressivos verbais ou físicos • Déficits na função executiva: podem incluir problemas com controle inibitório, planejamento, flexibilidade cognitiva e tomada de decisão • Problemas de atenção: podem se manifestar como dificuldades em sustentar ou alternar a atenção • Déficits de memória operacional: dificuldades em manter e manipular informações temporariamente • Dificuldades em reconhecimento e regulação emocional: enquanto não é estritamente uma "função cognitiva", a capacidade de reconhecer e regular emoções é essencial para o controle de impulsos e pode ser comprometida em pessoas com TEI
Transtorno opositor desafiador (TOD) (Bunford et al., 2015; Hobson; Scott; Rubia, 2011; Maughan; Cicchetti, 2002)	Caracterizado por um padrão contínuo de humor desafiador, desobediente e hostil em relação a figuras de autoridade, manifesta-se frequentemente na infância e está associado a comportamentos argumentativos, facilmente irritáveis, vingativos e desafiadores • Déficits na função executiva: especialmente em áreas de controle inibitório, planejamento e flexibilidade cognitiva • Dificuldades de atenção: a capacidade de sustentar e focar a atenção pode ser comprometida • Problemas de processamento social: dificuldades na interpretação e resposta a pistas sociais, o que pode levar a mal-entendidos e conflitos
Transtorno de conduta (TC) (Blair, 2004; Fairchild et al., 2013; Moffitt, 2003)	Caracterizado por um padrão persistente de comportamento no qual os direitos básicos dos outros ou normas sociais/morais são violados. Pode incluir agressão a pessoas e animais, destruição de propriedades, engano ou roubo e violações graves de regras. Em geral, com redução ou ausência de remorso ou culpa • Déficits na função executiva: dificuldades em controle inibitório, planejamento, flexibilidade cognitiva e tomada de decisão • Problemas de processamento social: dificuldades em interpretar pistas sociais, o que pode levar a respostas inadequadas ou agressivas em situações sociais • Dificuldades de atenção: a capacidade de sustentar e focar a atenção pode ser afetada • Impulsividade: tendência a agir sem pensar nas consequências ou sem considerar a situação completa

(continua)

Tabela 18.1 Características comportamentais e cognitivas dos transtornos disruptivos, do controle de impulsos e da conduta. (*Continuação*)

Transtorno de personalidade antissocial (TPA) (Baliousis *et al.*, 2019; Federighi *et al.*, 2020)	Caracterizado por um padrão de desrespeito e violação dos direitos dos outros acrescidos de falta de empatia, manipulação e irresponsabilidade. O diagnóstico requer a presença de pelo menos três comportamentos antissociais, entre eles mentir repetidamente e agressividade
	• Déficits na função executiva: estudos recentes contrapõem a ideia anterior de que indivíduos com TPA teriam boas estratégias de planejamento e organização e indicam piores controle inibitório e memória operacional que outros transtornos de personalidade • Déficit de memória visual de curto prazo • Problemas no processamento social: dificuldade na análise de consequências somadas a inflexibilidade e rigidez • Impulsividade: dificuldade no controle dos impulsos
Piromania (PI) (Gobbi *et al.*, 2020)	Caracterizada pela presença de episódios deliberados e intencionais de incêndios acompanhados de tensão emocional e/ou excitação prévia. Os portadores têm forte fascínio pelo fogo e seus contextos e sentem prazer ao provocar incêndios e testemunhar suas consequências, no entanto os incêndios não são motivados por ganho secundário (financeiro, sociopolítico ou vingança)
	Os achados neuropsicológicos são bem escassos e muito nublados por outras condições. Um estudo de caso recente em morador de rua revelou um perfil pré-tratamento (com uso de olanzapina e valproato de sódio) com prejuízos na atenção, memória verbal/visual e funções executivas, enquanto as habilidades visuoespaciais estavam preservadas. Houve melhora global após 5 meses de tratamento
Cleptomania (CL) (Yücel; Fontenelle; Chamberlain, 2019)	Caracterizada pela dificuldade em resistir ao impulso de roubar itens, mesmo que não sejam necessários ou valiosos. O episódio é precedido por uma crescente tensão e prazer ou alívio imediato após o ato; em geral, posteriormente há culpa ou remorso. O roubo não é planejado nem motivado por raiva, vingança, delírios ou alucinações e não pode ser explicado por outros transtornos
	Trata-se de achados também incipientes, mas que apontam para alterações no controle inibitório como indicativas de gravidade, ou seja, quanto mais grave o quadro, pior o controle inibitório

Avaliação neuropsicológica

Considerando as alterações vigentes nos quadros de transtornos disruptivos, do controle de impulsos e da conduta, observa-se que há uma grande sobreposição de funções alteradas entre os diferentes quadros descritos, o que induz à reflexão de que a avaliação neuropsicológica para estes casos:

- É um instrumento de auxílio para levantamento mais do perfil cognitivo do que da disfunção em si
- Precisa ser considerada de forma ampla, capaz de varrer os aspectos alterados tanto em suas facetas neurocognitivas, como socioemocionais.

Antes de se pontuarem as funções e sua análise, vale alinhar alguns pontos que devem nortear o raciocínio clínico durante a avaliação.

Primeiramente, cabe clarificar a ideia de que, durante a avaliação desses quadros, não necessariamente se observaram alterações/disfunções quantitativas explícitas em testagem objetiva dos pacientes.

Com isso, uma avaliação com finalidade de auxílio diagnóstico deve ser pautada em uma tessitura complexa que avança para além do olhar objetivo sobre os resultados em testagem. Entre os pontos de atenção, destacam-se os apresentados a seguir.

Necessidade de uma anamnese bastante robusta. Depende da idade do cliente, se dirige a anamnese com um enfoque mais neurodesenvolvimentista, considerando os mais novos, e/ou abrangendo a repercussão afetiva, cognitiva e social, aqui pensando nos clientes mais novos e mais velhos. Se por meio desta exploração comportamental e sintomatológica se perceber necessidade de aprofundar a investigação, isso pode ser realizado por meio de entrevistas semidirigidas, seja o uso de setores como é possível no Entrevista Clínica Estruturada para os Transtornos do DSM-5: SCID-5-CV Versão Clínica (2017), seja um rastreio mais abrangente como o caso do *Mini International Neuropsychiatric Interview* (Amorim; Marques, 1996).

Agregar a avaliação de aspectos comórbidos. A título de exemplos, podem-se considerar quadros como depressão e ansiedade que, na infância, adolescência e vida adulta, agravam a expressão dos transtornos e dificultam o controle do quadro se não acompanhados em paralelo (Carbonneau *et al.*, 2016; Milone; Sesso, 2022). Pensando nisso, instrumentos de rastreio podem colaborar. As escalas do protocolo Achenbach System of Empirically Based Assessment (ASEBA) (Bordin *et al.*, 2013), cujas versões para crianças e adolescentes são mais utilizadas no Brasil, podem ser uma boa alternativa, visto que permitem agregar visões plurais: a do avaliando (*youth self-report* [YSR]), de professores (*teacher's report form* [TRF]) e de pais (*child behavior checklist* [CBCL]). E, para os adultos, a sugestão pode ser a escala *Patient Health Questionnaire* (PHQ), aberta para uso, autoaplicável e com várias versões, sendo que, entre elas, pode-se avaliar risco para transtornos depressivos, ansiosos ou dismórficos corporais, uso de substância e transtorno alimentar.

Promover um olhar qualitativo do examinando. Tanto no *setting* de avaliação quanto na análise dos resultados. Também serve como estratégia para a avaliação desse grupo de pacientes, caso se considere uma comparação do paciente com relação a ele mesmo. Assim, a avaliação deve ir além da comparação com os dados normativos, sendo possível considerar-se quais são os pontos fortes e fracos daquele examinando. Esse modelo de análise denomina-se avaliação ipsativa e vale explorar seu uso na neuropsicologia (Welter; Garcia, 2007).

Considerar que este perfil de pacientes pode apresentar alterações sutis. O que dificultaria alterações quantitativas explícitas em avaliação. Soma-se a isso o fato de que ainda se carecem de instrumentos mais sensíveis e refinados para a avaliação desses pacientes – apesar dos avanços na área –, pois a maioria dos testes não corresponde às avaliações ecológicas e/ou sensibilizadas que poderiam auxiliar em uma visão mais refinada e facilitar a identificação dessas alterações cognitivas não tão explícitas. Como forma de prover essa análise de sutilezas para além do já descrito até agora, pode-se fazer uso de instrumentos computadorizados. O mercado brasileiro ainda explora de forma tímida essa vertente de testagem, mas, em propostas de pesquisas, podem-se amplificar as formas da avaliação. Plataformas gratuitas e com testes análogos a instrumentos neuropsicológicos podem ser exploradas, como o caso do *Psychology Experiment Building Language* (PEBL) (Piper *et al.*, 2012).

Partindo-se dessas premissas, podem-se levantar algumas sugestões de instrumentos para serem utilizados na avaliação. Materiais mais clássicos e outros menos usuais serão aqui explorados e podem servir de guia ao raciocínio. Espera-se que esses materiais forneçam a base, mas sugere-se que o leitor vá além deles.

Serão descritas a seguir as referências e algumas considerações.

Atenção

Bateria psicológica para avaliação da atenção (BPA ou BPA-2)

Trata-se de um teste psicológico que avalia a atenção e a concentração, sendo utilizado para medir o desempenho cognitivo em tarefas que demandam atenção concentrada, alternada e dividida por meio de estímulos visuais (Rueda; Monteiro, 2013; Nascimento, 2013).

Teste de atenção concentrada D2 – revisado (D2-R)

Teste psicológico que avalia a atenção seletiva e a concentração mediante estímulos visuoverbais (letras e símbolos), possibilitando uma análise que relaciona acurácia e tempo e indica, mais que acertos, a eficiência atencional do sujeito (Malloy-Diniz *et al.*, 2019).

Controle inibitório

Teste Stroop

É um teste psicológico que avalia a atenção e a concentração mediadas pelo controle inibitório, sendo utilizado para medir o desempenho cognitivo em tarefas que requerem atenção concentrada, alternada e dividida por meio de estímulos visuais competitivos (cores, palavras e palavras escritas em cores diferentes – solicita-se que o paciente nomeie a cor em que as palavras estão impressas, em vez de o seu significado). Diante dessa tarefa, que implica um conflito cognitivo, avaliam-se o tempo de reação e a precisão das respostas (Rueda; Monteiro, 2013b).

Five digit test (FDT)

Teste psicológico que avalia o foco e a capacidade de reorientar a atenção diante de inferências, tangenciando, assim, também elementos do controle inibitório. Exige atenção concentrada e controle da velocidade de resposta por meio de estímulos visuais e visuoverbais (Sedó, 2015).

Planejamento

Figura complexa de Rey

Trata-se de um teste neuropsicológico que avalia a habilidade visuoconstrutiva, a percepção visual e a memória (de curto e longo prazos). O teste consiste em duas partes: na primeira, o examinador apresenta uma figura complexa ao participante e pede que ele a copie o mais precisamente possível. Na segunda parte, o examinador solicita ao participante que a reproduza de memória após um intervalo de tempo. Há, ainda, a possibilidade de se solicitar uma recuperação a curto prazo, logo após a cópia, porém, por mais que seja o modelo de aplicação proposto em manual, na prática clínica se usam mais a cópia e a evocação tardia. A reprodução das figuras é avaliada em termos de precisão, fidelidade e organização visuoespacial (Rey, 2016). Para além dessa forma de avaliação, podem-se ainda considerar os modelos de análise de processo de execução, classificando a estratégia em mais ou menos facilitadora (Fuentes; D'Alcante; Savage, 2010).

Flexibilidade cognitiva

Wisconsin card sorting test (WCST)

É um teste neuropsicológico que avalia a função executiva, primordialmente a capacidade de flexibilidade cognitiva, e envolve elementos associados à capacidade de categorização e atenção sustentada, sendo permeado por estímulos e percepção visual (Trentini; Argimon; Rigoni, 2019).

Teste de Hayling

Medida psicológica que avalia a capacidade de processamento verbal e a flexibilidade cognitiva dos indivíduos por meio de estímulos verbais (frases e palavras). Em primeiro lugar, solicita-se ao paciente que forme uma frase coerente e, posteriormente, inibe-se uma resposta mais automática a fim de produzir respostas incoerentes (Fonseca; Prando; Zimmerman, 2015).

Outras tarefas interessantes associadas a aspectos neurocognitivos das funções executivas

Tarefa de fluência verbal (TFV)

É uma tarefa psicológica utilizada para avaliar a capacidade linguística e as funções executivas em adultos – considerando-se a associação entre ambas. Essa tarefa possibilita avaliar a capacidade de articular palavras que comecem com uma determinada letra e a fluência verbal semântica, sendo a primeira uma categoria específica que verifica aspectos de acurácia, velocidade/fluência, bem como estratégias intuitivas de planejamento e o quanto se flexibiliza para maior produtividade (Fonseca; Prando; Zimmerman, 2015).

Geração aleatória de números (GAN)

Tarefa neuropsicológica que avalia funções executivas em adultos por intermédio da geração de uma sequência de números aleatórios em um determinado intervalo, inibindo respostas para não haver padrões ou repetições. Viabiliza a avaliação da capacidade cognitiva de planejamento, organização e flexibilidade mental (Fonseca; Prando; Zimmerman, 2015).

Torre de Londres

Trata-se de tarefa de análise neuropsicológica cujo objetivo é avaliar habilidades cognitivas como planejamento, organização e resolução de problemas. Fatores como tempo, uso de estratégias mais planejadas ou impulsivas, bem como se é capaz de aprender ou não com tentativas pregressas, podem ser avaliados durante a aplicação. Existem variadas formas de avaliação e alguns sistemas de validação disponíveis, inclusive on-line[c] (Fuentes et al., 2010).

Torre de Hanói

Inicialmente desenvolvido como um jogo, hoje esse teste pode ser aplicado como tarefa e embasado em medidas parametrizadas para se avaliarem elementos como a memória operacional e a capacidade de planejamento (de Paula; Malloy-Diniz, 2018).

Tarefas que simulam situações

Iowa gambling task (IGT)

Tarefa que, por meio de simulação de jogos de azar com cartas, avalia a capacidade de tomada de decisão sob ambivalência. Esse modelo é fundamentado na teoria dos marcadores somáticos (Damásio, 1994/2003), que, de maneira bastante sucinta, sugere que dois sistemas competitivos – um mais impulsivo e subcortical, outro mais ponderado e cortical/dorsolateral – são mediadores dos processos de tomada de decisão do sujeito quando aspectos afetivos estão envolvidos.

Tarefa do hotel

Estratégia de resolução de problemas em um contexto complexo, simulando uma espécie de gerenciamento de um hotel. Avalia aspectos atencionais, de planejamento, flexibilidade e resolução de problemas de forma parametrizada e ecológica (Fonseca; Prando; Zimmerman, 2015).

Escalas para complementar avaliação de sintomas, traços e comportamentos

Barratt impulsiveness scale (BIS-11)

É um instrumento amplamente utilizado para avaliar o traço de impulsividade em indivíduos. Desenvolvida por Patton et al. em 1995, a BIS-11 é composta de 30 itens que abrangem três subescalas: impulsividade motora, impulsividade cognitiva e falta de perseverança. Entre as referências, uma revisão ampliada da versão brasileira (Malloy-Diniz et al., 2015) propôs o uso de dois subfatores para a avaliação: controle inibitório e planejamento.[d]

Escala de comportamento impulsivo (UPPS)

Utilizada para avaliar o nível de impulsividade em indivíduos (Whiteside, Lynam, 2001), essa escala conta com validação brasileira (Nogueira et al., 2013) e é composta de 45 questões divididas em quatro subescalas que avaliam diferentes aspectos do comportamento impulsivo: urgência, falta de planejamento, falta de perseverança e sensibilidade à recompensa.

Escala Melbourne de tomada de decisão (EMTD)

Utilizada para avaliar estilos de tomada de decisão, auxilia na compreensão de características comportamentais que remetem a elementos associados a vigilância, hipervigilância, procrastinação e evitação como estratégias mais ou menos funcionais de tomada de decisão (Fonseca; Prando; Zimmerman, 2015).

Escala de disfunção executiva de Barkley (BDEFS)

Instrumento de avaliação cujo objetivo é identificar possíveis déficits de funções executivas em tarefas do cotidiano por meio de autorrelato. Permite a identificação de maior ou menor significado clínico em cinco subfatores: gerenciamento de tempo, organização/resolução de problemas, autocontrole, motivação, regulação emocional. Além disso, indica que o quadro é sugestivo ou não de transtorno do déficit de atenção e hiperatividade (Godoy et al., 2015).

Inventário de funções executivas

Grupo de inventários usado para avaliar a expressão comportamental de competências associadas às funções executivas, como memória operacional, planejamento, autorregulação e controle inibitório. Existem escalas para crianças (versão pais e professores), adolescentes e adultos, contudo apenas a infantil se encontra disponível para download em português.[e]

Casos clínicos

Considerando a explanação anterior, três casos clínicos abordarão o perfil neuropsicológico dos transtornos disruptivos, do controle do impulso e da conduta, os quais serão apresentados de formas diferentes.

O primeiro, do qual apenas uma parte da avaliação será descrita, remete a uma reavaliação compreensiva infantil. Neste caso, a avaliação anterior era sugestiva de traços ansiógenos importantes, porém não foram realizadas as intervenções sugeridas na época. Isso, juntamente com a intensificação de um ambiente familiar desfavorável e a maior desorganização cognitiva e afetiva do cliente, levou a se considerar que os achados se mostravam sugestivos de TOD.

O segundo refere-se a um cliente que buscou acompanhamento em um centro terciário de tratamento especializado em transtornos do impulso (Pro-AMITI IPq HCFMUSP). Dado o enfoque em pesquisa do programa, os dados de história e avaliação são concisos, mas auxiliam na compreensão do perfil de um cliente admitido com a hipótese diagnóstica de TEI.

O terceiro também é de um cliente admitido no Pro-AMITI com a hipótese diagnóstica de primeiro tratamento, o de CL, entretanto, como será descrito, é um quadro

---

[c]Disponível em: https://www.vetoreditora.com.br/produto/tol-br-aplicacao-online-71362.

[d]Versão brasileira disponível em: https://impulsivityprd.wpengine.com/measurement/bis11-translations/bis-11-portuguese-versions/.

[e]Versão brasileira disponível em: https://chexi.se/onewebmedia/Brazilian%20CHEXI%20parent:teacher%20report.pdf.

multi-impulsivo, no qual foi possível explorar dados de história de forma mais ampla em função das discussões de caso com a equipe de psicoterapia que o seguia na época.

Caso 1

Identificação: D., 12 anos, natural de São Paulo-SP, estudante do 6º ano do ensino fundamental, destro. Pai comerciante, mãe pedagoga.

Queixa e duração: o paciente foi encaminhado para processo de reavaliação neuropsicológica a pedido do psiquiatra. Levantam-se as hipóteses diagnósticas de quadro de transtorno do déficit de atenção e hiperatividade e/ou transtorno opositor desafiador.

Dados de história complementares:

- Os dados de história foram fornecidos pelos pais em entrevistas presencial e remota, complementares aos de avaliação anterior (novembro de 2019)
- D. mantém dificuldades cognitivas que parecem ainda primordialmente atreladas a processos de leitura e escrita, mesmo que tenham melhorado
- D. não se mantém atento às atividades
- Apresenta grande irritabilidade no ambiente doméstico materno e profere agressões verbais e físicas à mãe e, também, tem rompantes nos quais destrói objetos
- No momento da avaliação, negava-se a ficar com o pai por períodos mais longos, mantendo o contato em eventos pontuais, em geral, até 5 horas
- No início desta reavaliação, ocorriam queixas pontuais de que as agressões também estavam ocorrendo na escola
- História acadêmica recente: cursou o 5º ano do ensino fundamental em grande parte de modo remoto, mas contava com a assistência de educadora no domicílio para auxílio dele e de sua irmã. Naquele ano teve dificuldades, mas conseguiu ser aprovado. No 6º ano, ainda em fase remota, foi detectado que a educadora fazia as lições para ele. Com isso, obrigaram-no a frequentar a escola presencialmente, acentuando as dificuldades e levando à sua reprovação
- Em questionário respondido pela escola, verificou-se o relato de fatores desatencionais e de comportamentos menos funcionais no ambiente escolar
- D. teve dificuldade de interação com os colegas de sala ao retomar o ensino presencial e foi transferido para outra turma, na qual percebeu-se mais ajustado
- D. apresentou medo de andar de elevador
- Dificuldades no relacionamento entre os pais; sua irmã gêmea passou a apresentar quadro de "fobia escolar" (*sic*)
- No momento da avaliação, estava sob uso de aripiprazol (0,5 comprimido/dia).

Análise parcial dos resultados

Considerações sobre o comportamento ao longo da avaliação:

- Faltas frequentes
- Dificuldade de engajamento nas tarefas
- Opção por protocolo enxuto em virtude da dificuldade de adesão ao *setting*
- Concordava em entrar na sala desde que a mãe participasse das sessões.

Tabela 18.2 Subteste WASI estimado do paciente D.

Escala	Escore T/ponto composto	Percentil (*p*)	Classificação
Vocabulário	38	11,5	Médio inferior
Raciocínio matricial	49	46	Médio
QI total 2 subtestes	89	23	Médio inferior

Nível intelectual (Tabela 18.2):

- D. apresentou perfil intelectual global médio inferior quando comparado com sujeitos de mesma idade (QI estimado 89; percentil [*p*]: 23).

Análise comparativa – avaliação 2019 e 2021

A título introdutório para a análise de perfil, buscou-se comparar o desempenho nas avaliações de rastreio cognitivo de D. de 2019 e 2021 (Figura 18.1).

Análise das funções executivas

Com o intuito de complementar aspectos da avaliação, e ao se perceber acentuação de dificuldade tanto em competências associadas à linguagem quanto naquelas associadas às funções executivas, aspectos associados às funções executivas em tarefas de fluência verbal foram analisados, observando-se o controle de componentes executivos superiores, como os de planejamento, organização, alternância e retorno de estratégias (Tabelas 18.3 a 18.5).

Nessas funções, D. apresentou um bom desempenho geral, tanto pela produtividade quanto pela flexibilidade. Alguns detalhes, no entanto, chamaram a atenção: D. precisou de um tempo estendido para maior acomodação na tarefa, pois, nos 30 segundos iniciais de todos os itens, seu desempenho foi aquém do esperado, apesar de ser capaz de ajustar depois; e ficou no limite inferior da média nos grupamentos categoriais que implicavam aspectos fonêmico-ortográficos.

Ainda diante da avaliação de aspectos associados às funções executivas, acrescentou-se a avaliação por instrumento, que auxilia, inclusive, na compreensão do desempenho em relação à capacidade de controle inibitório.

Na tarefa GAN, observou-se a execução quanto a velocidade de processamento, memória operacional, controle inibitório e automonitoramento. Em ambas as etapas da tarefa, D. apresentou dificuldades quanto à acurácia e ao controle inibitório, e isso pareceu principalmente associado à oscilação da qualidade do controle inibitório (Tabela 18.6).

Considerando-se uma leitura combinatória entre os desempenhos de D. na TFV e no GAN, percebe-se que as dificuldades, junto às funções executivas, pareceram menos mediadas pelos aspectos da linguagem, levando-se em conta, inclusive, o fato de que, na tarefa de fluência verbal, obteve-se melhor controle, mas, nas funções executivas menos mediadas pela linguagem, inclusive a GAN, houve dificuldades.

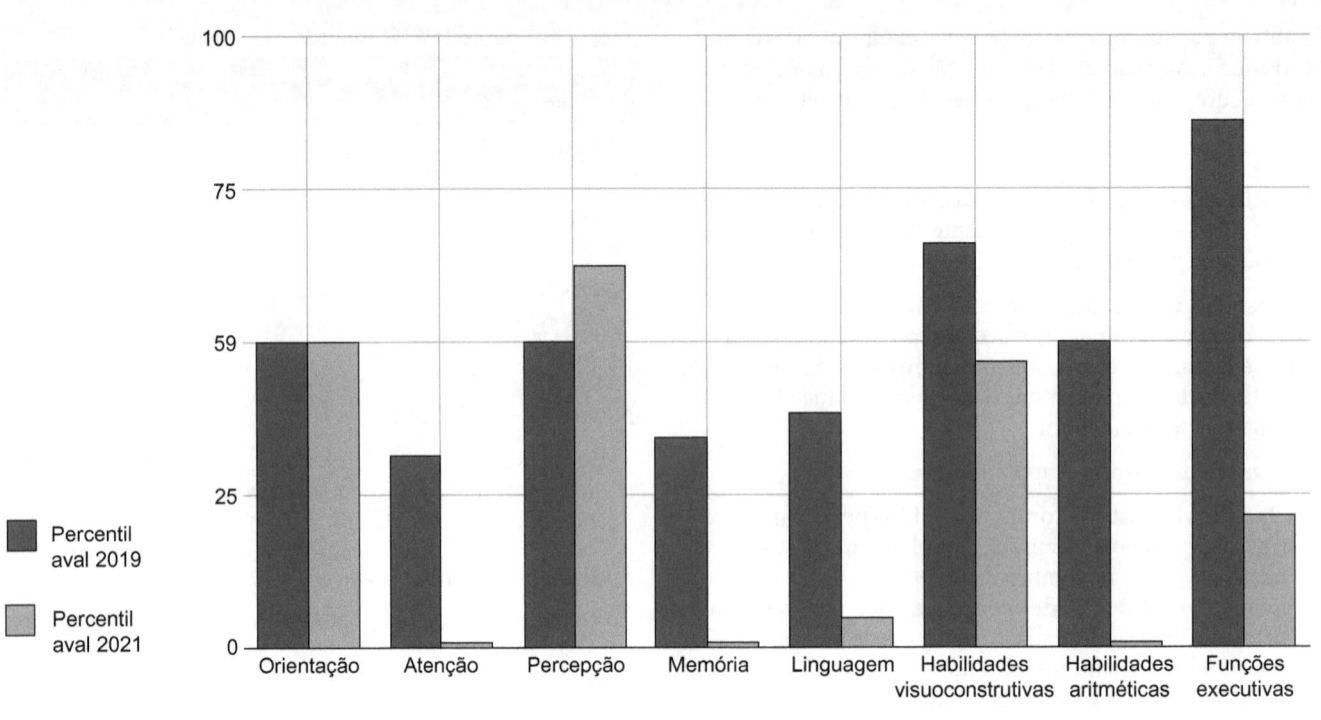

Figura 18.1 Avaliação comparativa do Neupsilin do paciente D.

Legenda: ■ Percentil aval 2019 / ▢ Percentil aval 2021

Tabela 18.3 Desempenho em tarefa de fluência verbal livre do paciente D.

Livre	Descrição	Percentil	Classificação
Switches	Capacidade de alternâncias entre categorias verbais utilizadas	> 25 < 50	Média
Total de clusters	Categorias verbais utilizadas	> 25 < 50	Médio inferior
Cluster temático		5	Limítrofe
Cluster taxonômico		> 75 < 95	Médio superior
Cluster fonêmico-ortográfico		5	Médio inferior
Intersections	Quando palavras de uma categoria são utilizadas como gatilho para uma próxima	25	Médias inferiores
Returns	Retorno a uma estratégia utilizada anteriormente	> 75 < 95	Muito superior
Total de palavras		> 25 < 50	Médio

Tabela 18.4 Desempenho em tarefa de fluência verbal fonêmica do paciente D.

Fonêmica	Descrição	Percentil	Classificação
Switches	Capacidade de alternâncias entre categorias verbais utilizadas	50	Média
Total de clusters	Categorias verbais utilizadas	50	Médio
Cluster temático		> 95	Muito superior
Cluster taxonômico		95	Muito superior
Cluster fonêmico		25	Médio inferior
Intersections	Quando palavras de uma categoria são utilizadas como gatilho para uma próxima	> 75 < 95	Médias
Returns	Retorno a uma estratégia utilizada anteriormente	50	Médio
Total de palavras		> 25 < 50	Médio

Tabela 18.5 Desempenho em tarefa de fluência verbal semântica do paciente D.

Semântica	Descrição	Percentil	Classificação
Switches	Capacidade de alternância entre categorias verbais utilizadas	75	Média
Total de clusters	Categorias verbais utilizadas	< 5	Médio inferior
Cluster taxonômico		> 75 < 95	Médio superior
Cluster fonêmico		25	Médio inferior
Intersections	Quando palavras de uma categoria são utilizadas como gatilho para uma próxima	50	Médias inferiores
Returns	Retorno a uma estratégia utilizada anteriormente	75	Médios

Tabela 18.6 Desempenho na GAN do paciente D.

Item		Descrição	Percentil	Classificação
2 segundos de intervalo	Acertos	Quanto de estímulos corretamente apresentados e se remetem ao grau de aleatoriedade alcançado pelo indivíduo	<5	Deficitários
	Intrusão	Quanto de estímulo é apresentado no momento em que não deveria fazê-lo, sugerindo dificuldades quanto ao controle inibitório/impulsividade	50	Média
	Omissões	Quanto de estímulos não apresentados, sugerindo possíveis dificuldades de iniciação, memória operacional, velocidade de processamento e capacidade de planejamento	50	Médias
	Erros por perseveração	Associados à manutenção da aleatoriedade na evocação dos números e relacionados com o controle de aspectos da memória operacional e inibição	50	Médios
	Sequência direta		<5	Deficitária
	Sequência indireta		50	Média
1 segundo de intervalo	Acertos	Quanto de estímulos corretamente apresentados e que remetem ao grau de aleatoriedade alcançado pelo indivíduo	<5	Deficitários
	Intrusão	Quanto de estímulo é apresentado no momento em que não deveria fazê-lo, sugerindo dificuldades quanto ao controle inibitório/impulsividade	50	Média
	Omissões	Quanto de estímulos não apresentados, sugerindo possíveis dificuldades de iniciação, memória operacional, velocidade de processamento e capacidade de planejamento	50	Médias
	Erros por perseveração	Associados à manutenção da aleatoriedade na evocação dos números e relacionados com o controle de aspectos da memória operacional e inibição	>95	Superiores à média
	Sequência direta		>5<25	Inferior
	Sequência indireta		50	Média

Aspectos clínicos, comportamentais, afetivos e de personalidade

Sobre aspectos de personalidade avaliados por escala de autopreenchimento (*Eysenck Personality Questionnaire for Children and Juniors* [EPQ-J]), notou-se a presença de características marcantes da personalidade de D. (Tabela 18.7), nas quais alguns pontos se destacaram:

- Busca ações que tragam maior benefício próprio, aprecia fortes sensações e não hesita em arriscar ou não parece se preocupar com problemas que possa causar em função disso (item Psicoticismo);
- Tende à hipersensibilidade emocional, bem como parece demorar para retornar a um estado de maior regulação emocional quando sai dele; inclina-se, ainda, a ser ansioso e irritável, preocupado e com frequentes mudanças de humor (item Neuroticismo);
- Tende a apresentar uma visão extremamente positiva de si, o que, no conglomerado dos demais itens, indica mais uma alta desejabilidade de aceitação social do que um fator de autenticidade.

Na avaliação de aspectos estruturais de personalidade (Pirâmide Pfister), o perfil de D. indicou a presença de importantes sinais que sugeriram dois "polos":

- um no qual se deflagram aspectos disfóricos marcados por medos e anseios ante os quais há um supercontrole, e, na busca desse controle de contenção, elementos de compulsividade e inibição podem ser expressados;
- outro em que há importante suscetibilidade às estimulações recebidas, e, diante delas, D. expressa sinais de irritabilidade, impulsividade e agressividade.

Na avaliação de sinais associados a quadro de déficit de atenção e hiperatividade por escala de rastreio (SNAP-IV) (Figura 18.2), solicitaram-se dois informantes:

- na percepção da mãe, nota-se a incidência de sintomas desatencionais, de hiperatividade e desafiadores;
- na percepção da escola, ressaltam-se os sintomas desatencionais, mas há menos expressão dos de hiperatividade e de oposição.

Tabela 18.7 Resultados de percentil da avaliação de traços de personalidade pela EPQ-J de D. em comparação à população geral.

Item	Descrição	Percentil	Classificação
Psicoticismo	Características impulsivas ou de busca de sensações	90	Alto
Extroversão	Sensibilidade às estimulações externas, o que favorece a procura de ambiente com mais pessoas e mais atividades sociais	70	Médio
Neuroticismo	Aspectos de sua emocionalidade	80	Alto
Sinceridade	Elementos associados a empatia e/ou tolerância social	99	Muito alto

Quanto à avaliação da expressão de aspectos comportamentais pela análise dos pais (CBCL), percebeu-se a tendência a percepções distintas entre si (Figuras 18.3 a 18.5).

Complementar a isso, há a percepção de D. (autoavaliação) e da escola (professor de Ciências) sobre a expressão de quadros externalizantes e internalizantes. Na percepção de D., sua maior dificuldade remete aos comportamentos agressivos, e, na percepção da escola, os quadros de maior risco para a expressão clínica se referem a ansiedade/depressão e comportamento disruptivo (Figura 18.6).

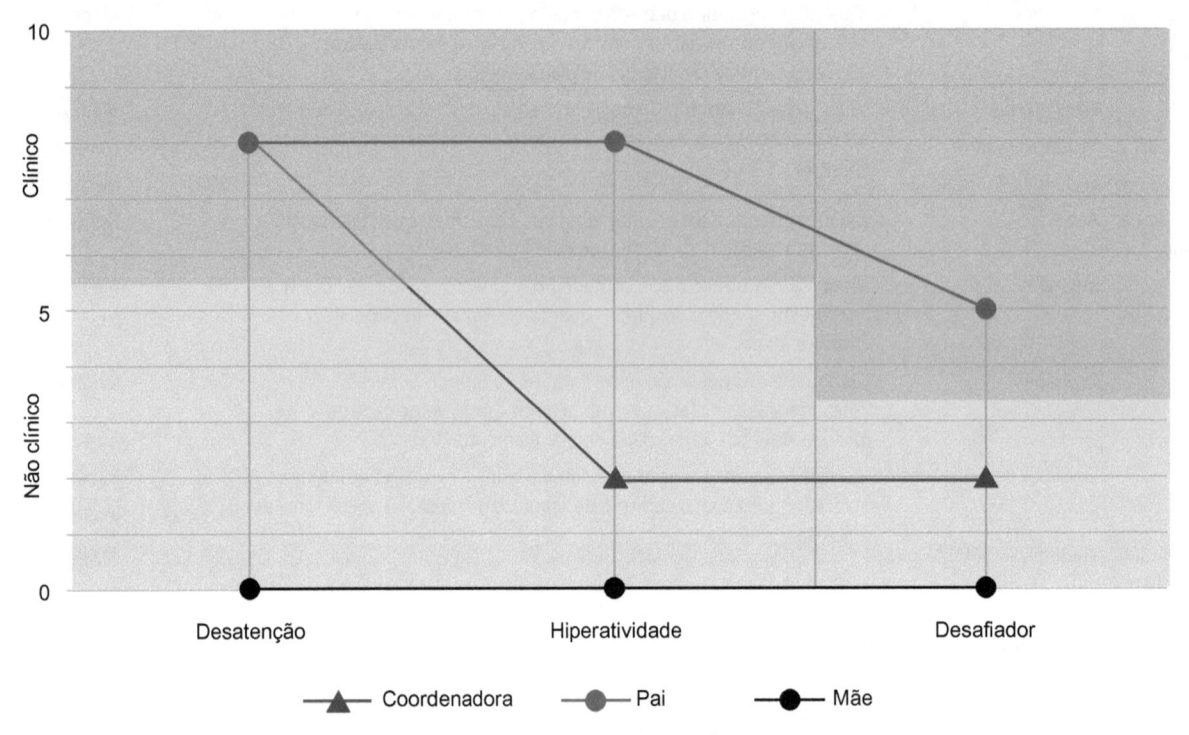

Figura 18.2 Desempenho na SNAP-IV do paciente D.

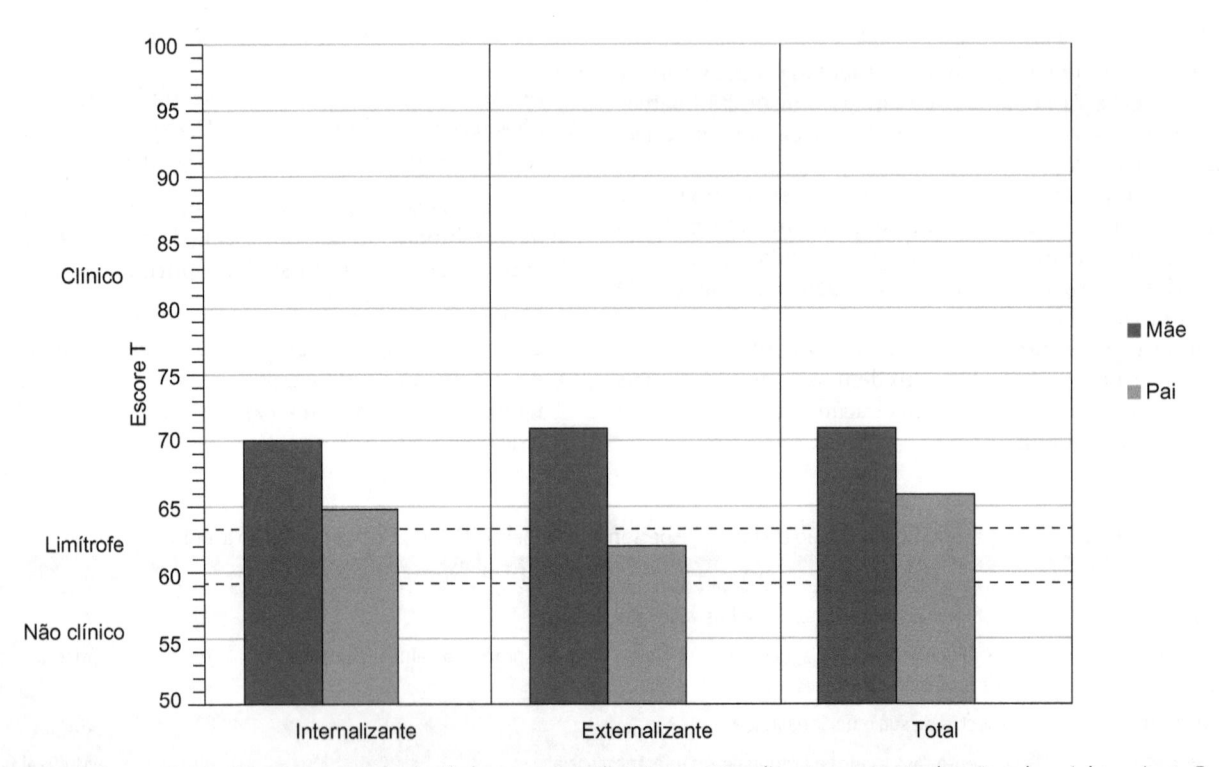

Figura 18.3 Percepção de sintomas associados às síndromes internalizantes e externalizantes por parte da mãe e do pai do paciente D.

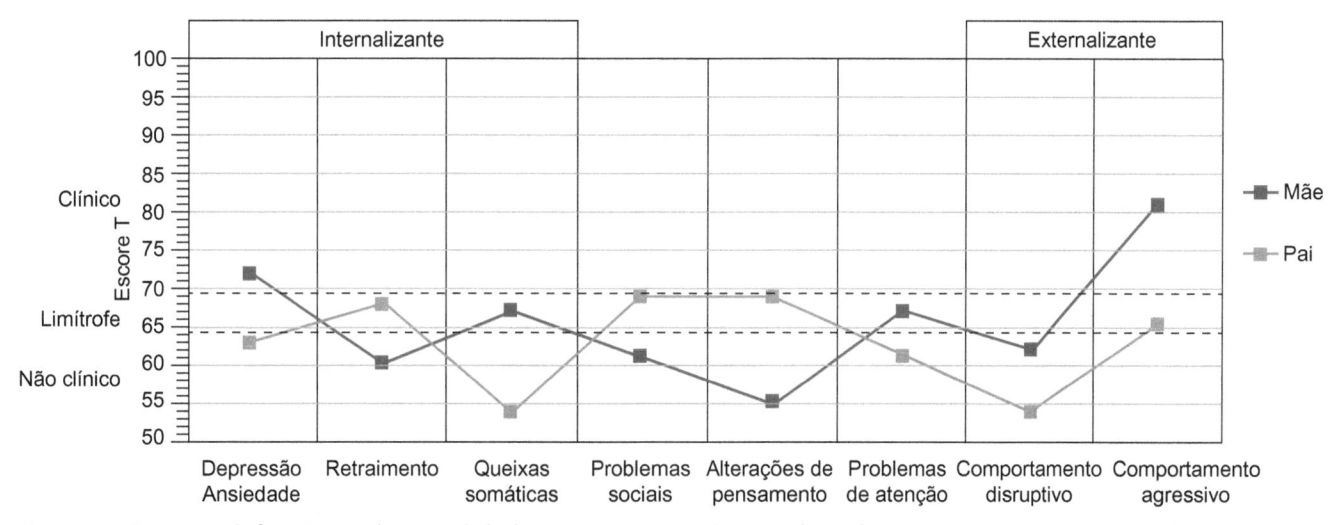

Figura 18.4 Percepção da frequência e da intensidade de sintomas por parte da mãe e do pai do paciente D. em cada uma das síndromes avaliadas.

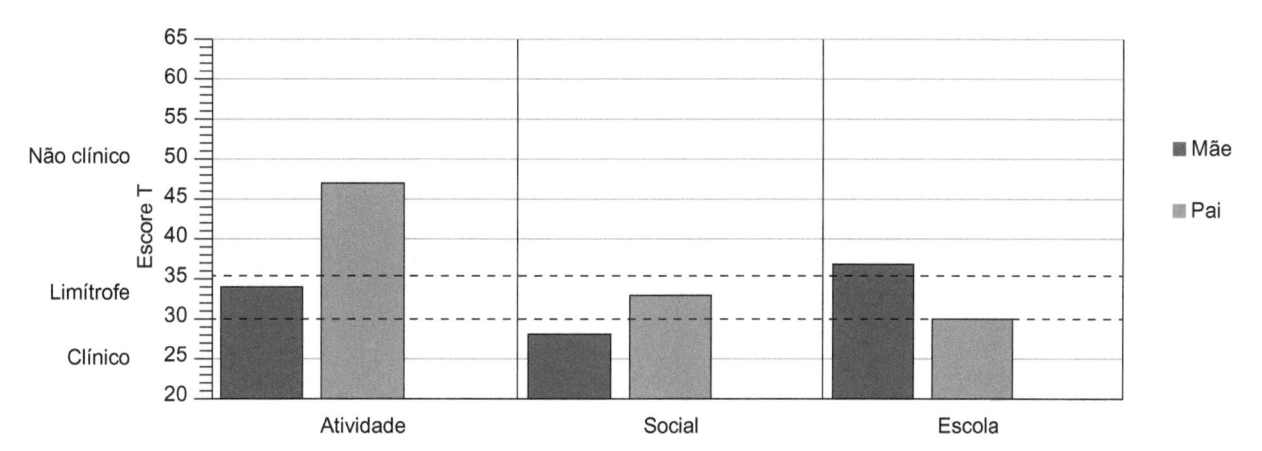

Figura 18.5 Percepção, por parte da mãe e do pai do paciente D., do impacto em áreas de competência.

Considerações

O conjunto dos dados dessa avaliação indica que D. apresenta a preservação de competências cognitivas, como o potencial intelectual (mesmo que no limite inferior da média), e de processos cognitivos mais basais e simples, como os de orientação e percepção.

Percebeu-se, no entanto, expressiva piora de seu potencial cognitivo nas demais competências avaliadas quando em comparação com a avaliação prévia (ano de 2019).

Cabe acrescentar que, no perfil atual, alguns pontos frágeis da cognição ainda se debruçam sobre elementos das funções da linguagem, atencionais e executivas. Sobre as dificuldades em memória, elas podem ser, pelo menos em parte, decorrentes das anteriores.

Além disso, notam-se perfil afetivo e personalidade ainda marcados por sintomas disfóricos, mas que parecem ter uma expressão mais intensa em associação a elementos de impulsividade e agressividade. A isso se soma a expressão comportamental de síndromes internalizantes e externalizantes, mesmo que sejam percebidas de formas distintas em função do contexto (a depender de qual dos genitores reporta ou se no ambiente doméstico ou escolar).

Diante da combinação dos aspectos de história, neurocognitivos, afetivos e sociais, percebe-se que os achados indicam uma piora na funcionalidade global de D. e, apesar da persistência de sintomas disfóricos de base, no momento, sintomas sugestivos de distúrbio desafiador e de oposição (CID-11 F91.3) se apresentam de maneira mais extensiva.

Caso 2

Identificação: L., 43 anos, sexo masculino, casado (segundo matrimônio), ensino superior completo em universidade pública; mestrado incompleto.

Queixa: histórico recorrente de agressões verbais em situações sociais de lazer e em ambiente de trabalho – o que culmina em maior dificuldade de manutenção em empregos. Episódios de agressão física em situação passional (ciúme) e em ocorrências de trânsito. Percepção de falta de controle demonstrada por arrependimento e culpa. Indica que o "gatilho" principal para o seu comportamento estaria associado a um senso de injustiça. Em avaliação clínica, identificou-se comorbidade com quadro de depressão moderada.

A Figura 18.7 apresenta a análise qualitativa dos resultados obtidos em triagem neuropsicológica de acordo com as funções avaliadas (dados de pesquisa).

Agressividade

Escore T	Mãe	Pai		Auto	Ciências			
	81	65	0	87	67	0	0	0

A

Ansiedade/Depressão

Escore T	Mãe	Pai		Auto	Ciências			
	72	63	0	57	74	0	0	0

B

Comportamento disruptivo

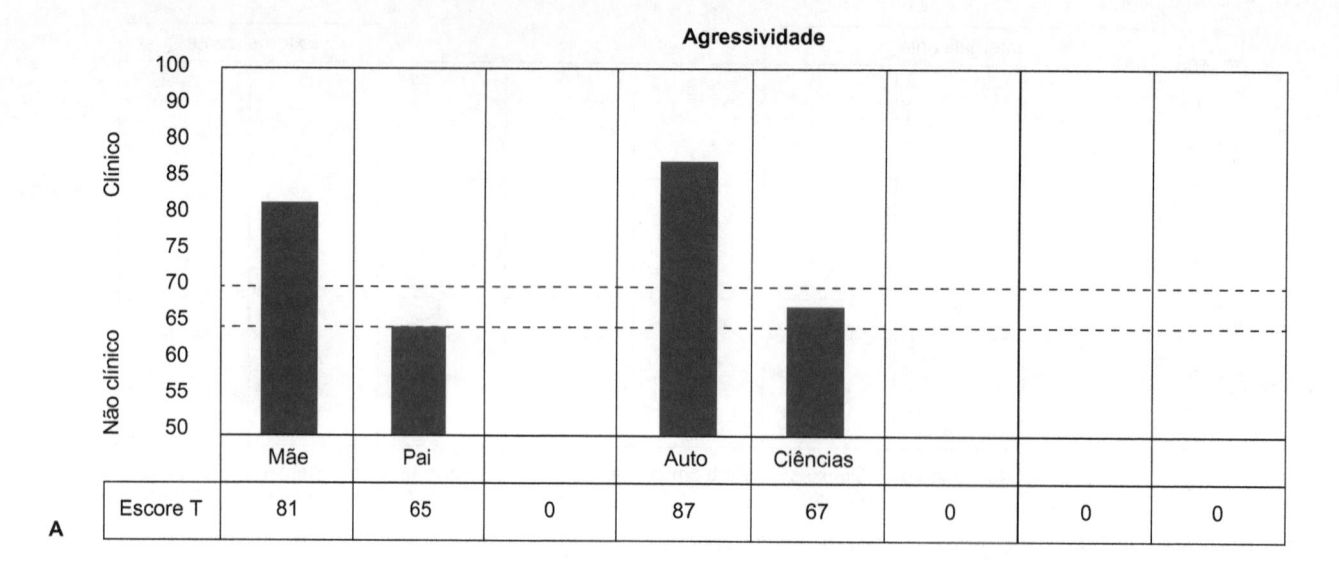

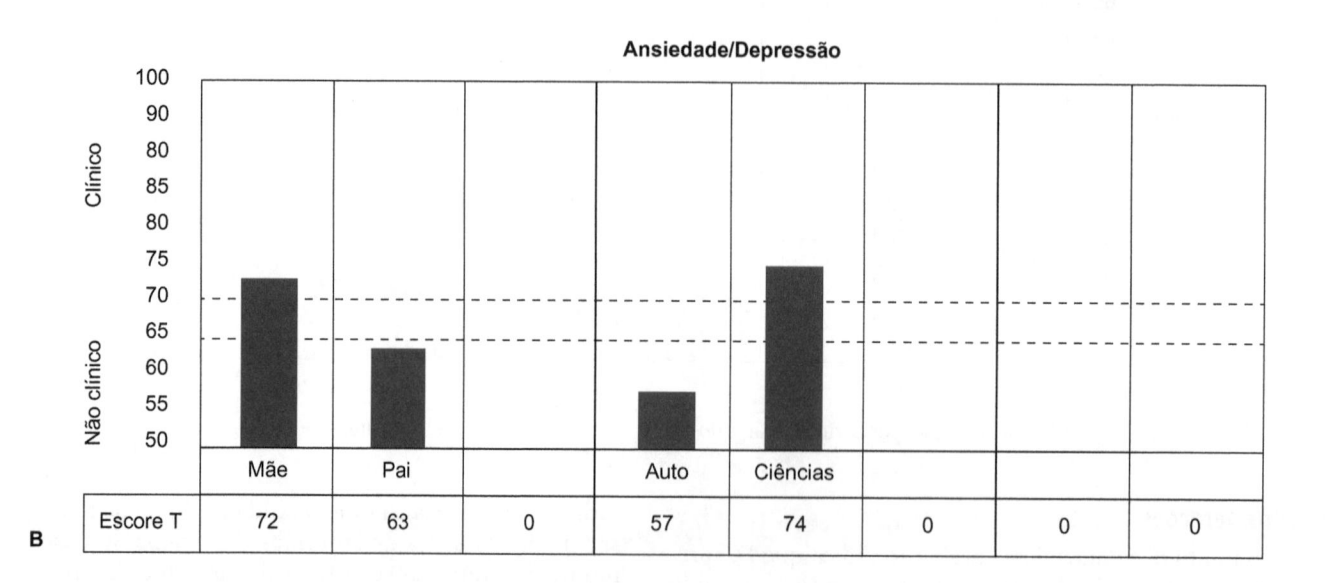

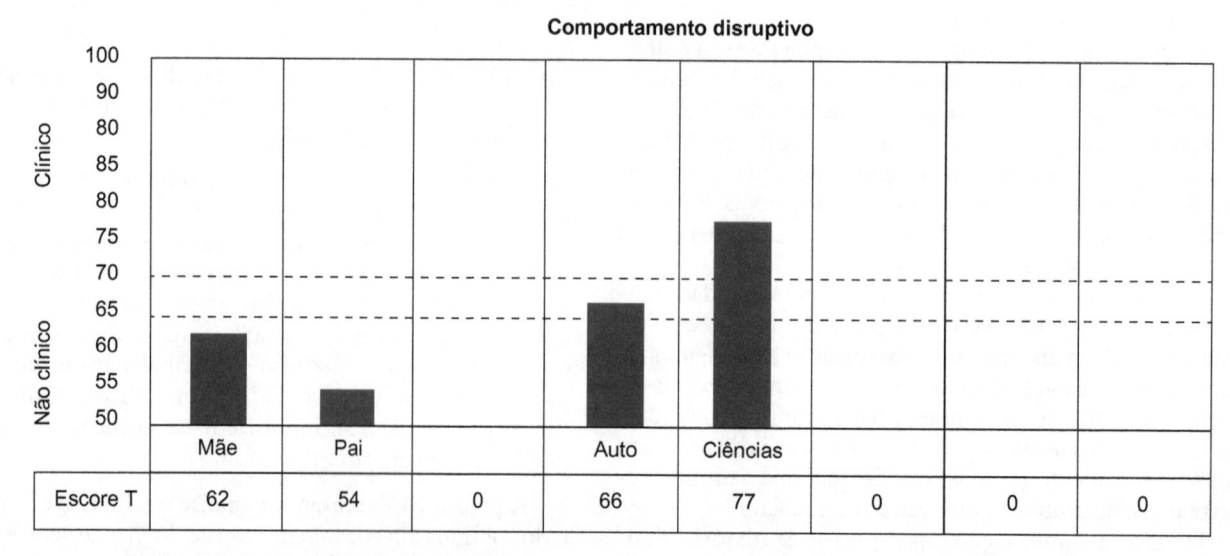

Escore T	Mãe	Pai		Auto	Ciências			
	62	54	0	66	77	0	0	0

C

Figura 18.6 Quadros com maior expressão sintomatológica nas percepções de D., dos pais e da escola.

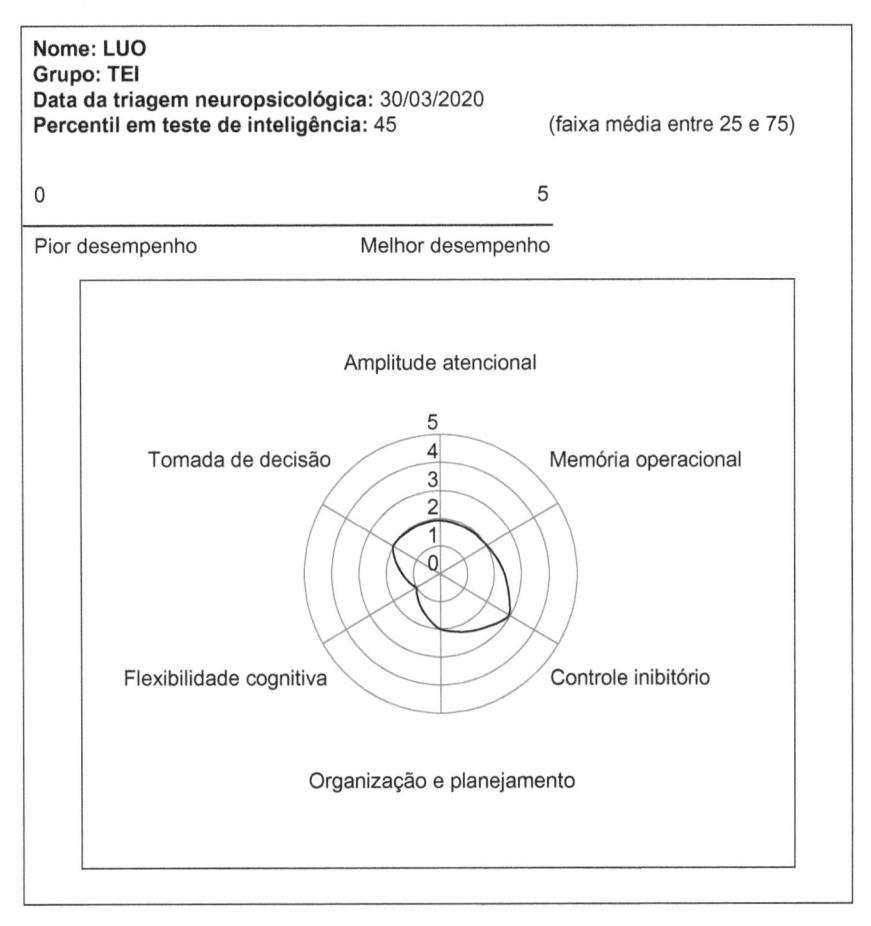

```
Nome: LUO
Grupo: TEI
Data da triagem neuropsicológica: 30/03/2020
Percentil em teste de inteligência: 45        (faixa média entre 25 e 75)

0                                    5
_____
Pior desempenho      Melhor desempenho
```

[Gráfico radar com eixos: Amplitude atencional, Memória operacional, Controle inibitório, Organização e planejamento, Flexibilidade cognitiva, Tomada de decisão]

Figura 18.7 Análise qualitativa dos resultados do paciente L.

Caso 3

Identificação: K., 41 anos, sexo masculino, em regime de união estável com parceiro de mesmo sexo, vendedor (afastado no momento).

Queixa: tricotilomania, jogo patológico, impulso sexual excessivo e cleptomania.

Antecedentes na infância: retraído, dificuldade de leitura, distraído, desistia das tarefas antes de completá-las, repetiu 3 anos letivos, inquieto.

Antecedentes na fase adulta: dificuldades de concentração, "inquietude subjetiva", desorganizado, dificuldades para se recordar de fatos recentes.

Vida laborativa: "vendedor exemplar", mas muitas vezes coercitivo com seus clientes para alcançar seus objetivos.

A Figura 18.8 apresenta a análise qualitativa dos resultados obtidos em triagem neuropsicológica de acordo com as funções avaliadas (dados de pesquisa).

Considerações finais

Os transtornos disruptivos, do controle de impulsos e da conduta são um vasto campo que apresenta a avaliação neuropsicológica como uma importante aliada na averiguação diagnóstica e na personalização do tratamento, entretanto, até mesmo se considerando a maneira como migram entre as seções ao longo das diferentes edições dos manuais diagnósticos, vemos o quanto é um grupo de transtornos que ainda está em fase de consolidação.

É importante o fato de que esses transtornos são compostos por competências cognitivas, afetivas e sociais que, quando têm uma expressão atenuada e menos frequente, são consideradas habituais para qualquer indivíduo e transitam desde a infância até a vida adulta.

Vale considerar que focos importantes da avaliação devem levar em conta:

- Processos atencionais complexos
- Medidas de funções executivas frias e quentes
- Medidas de expressões comportamentais, o que pode ser auxiliado pela utilização de escalas parametrizadas
- Uso de entrevistas semidirigidas e escalas para exploração sintomatológica
- Avaliação de comorbidades e elementos "confundidores"
- Análises qualiquantitativa e ipsativa.

Tudo isso reforça a ideia da necessidade de uma avaliação ampla e que auxilie na roteirização do tratamento, além de agregar a importância de um diagnóstico precoce, pois a cronicidade dos quadros se dá, inclusive, pela interdependência das dificuldades cognitivas, afetivas e sociais, que se retroalimentam e, com a passagem do tempo e a falta de intervenção, pioram o prognóstico.

É também importante que o processo de avaliação seja capaz de suscitar alterações sutis mediante parâmetros de

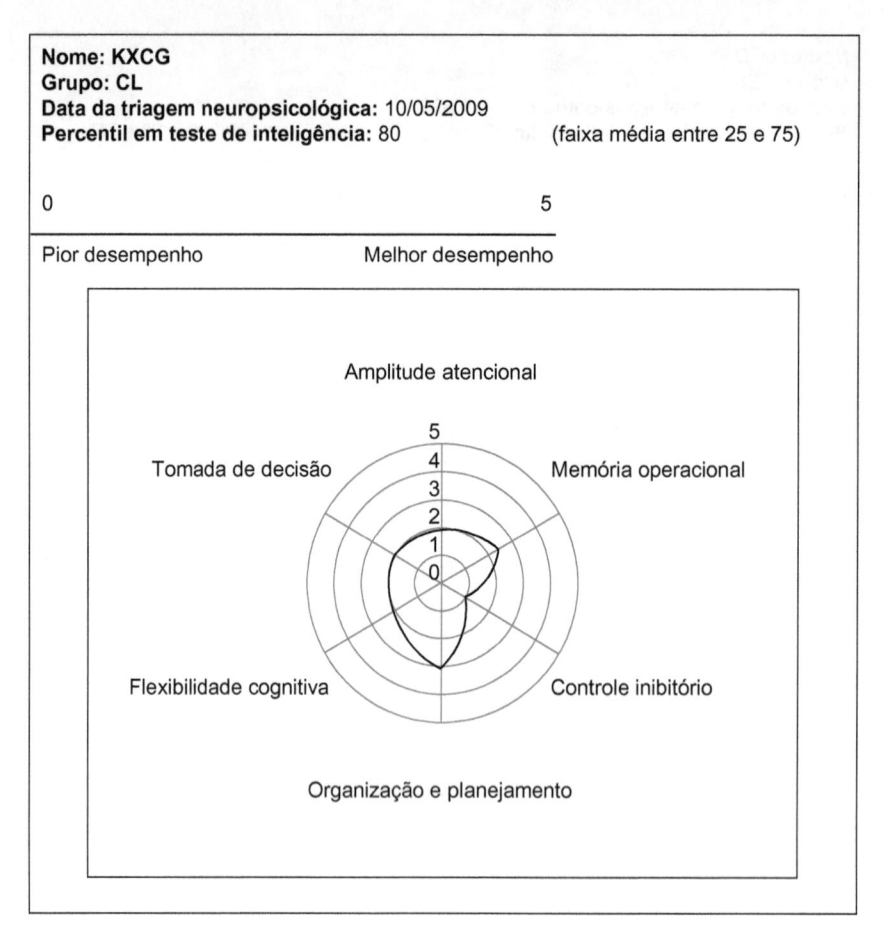

```
Nome: KXCG
Grupo: CL
Data da triagem neuropsicológica: 10/05/2009
Percentil em teste de inteligência: 80          (faixa média entre 25 e 75)

0                                     5
Pior desempenho       Melhor desempenho
```

Figura 18.8 Análise qualitativa dos resultados do paciente K.

medidas refinadas e ecológicas para auxiliar na percepção das dificuldades.

Pela riqueza dos quadros e desafios, é uma área que exige bastante do conhecimento plural necessário à formação do neuropsicólogo para que possam combinar essas visões (biopsicossociais) na interpretação dos achados decorrentes da avaliação. O profissional bem instrumentalizado está apto a receber uma demanda cada vez mais presente e se projetar positivamente no mercado.

Referências bibliográficas

ALEGRIA, A. A.; RADUA, J.; RUBIA, K. Meta-analysis of fMRI studies of disruptive behavior disorders. American Journal of Psychiatry, v. 173, n. 11, p. 1119-1130, 2016.

AMERICAN PSYCHIATRIC ASSOCIATION (APA). Manual diagnóstico e estatístico de transtornos mentais: DSM-5. 5. ed. Porto Alegre: Artmed, 2014.

AMORIM, P.; MARQUES, A. Mini International Neuropsychiatric Interview (MINI): validação de entrevista breve para diagnóstico de transtornos mentais. Revista Brasileira de Psiquiatria, v. 17, n. 3, p. 166-175, 1996.

BALIOUSIS, M. et al. Executive function, attention, and memory deficits in antisocial personality disorder and psychopathy. Psychiatry, v. 278, p. 151-161, 2019.

BEST, M.; WILLIAMS, J. M.; COCCARO, E. F. Evidence for a dysfunctional prefrontal circuit in patients with an impulsive aggressive disorder. Proceedings of the National Academy of Sciences, v. 99, n. 12, p. 8448-8453, 2002.

BIANCONI, G. et al. Neuropsychological features in patients with severe mental disorders and risk of violence: a prospective multicenter study in Italy. Psychiatry Research, v. 289, 2020.

BLAIR, R. J. R. The roles of orbital frontal cortex in the modulation of antisocial behavior. Brain and Cognition, v. 55, n. 1, p. 198-208, 2004.

BORDIN, I. A. et al. Child Behavior Checklist (CBCL), Youth Self-Report (YSR) and Teacher's Report Form (TRF): an overview of the development of the original and Brazilian versions. Cadernos de Saúde Pública, v. 29, n. 1, p. 13-28, 2013.

BRAND, M. et al. Integrating psychological and neurobiological considerations regarding the development and maintenance of specific Internet-use disorders: an interaction of person-affect-cognition-execution (I-PACE) model. Neuroscience & Biobehavioral Reviews, v. 71, p. 252-266, 2016.

CARBONNEAU, R. et al. Comorbid development of disruptive behaviors from age 1½ to 5 years in a population birth-cohort and association with school adjustment in first grade. Journal of Abnormal Child Psychology, v. 44, n. 5, p. 677-690, 2016.

COCCARO, E. F.; NOBLETT, K. L.; MCCLOSKEY, M. S. Attributional and emotional responses to socially ambiguous cues in borderline personality disorder and adult attention deficit hyperactivity disorder. Psychiatry Research, v. 169, n. 2, p. 94-102, 2009.

DAMÁSIO, A. R. O erro de Descartes: emoção, razão e o cérebro humano. São Paulo: Companhia das Letras, 1994.

DAMÁSIO, A. R. O erro de Descartes: emoção, razão e o cérebro humano. São Paulo: Companhia das Letras, 2012.

SEDÓ, M.; PAULA, J. J.; MALLOY-DINIZ, L. F. O Teste dos Cinco Dígitos. São Paulo: Hogrefe, 2015.

DE PAULA, J. J.; MALLOY-DINIZ, L. F. Torre de Londres e Torre de Hanói. In: MALLOY-DINIZ, L. F.; FUENTES, D.; MATTOS, P.; ABREU, N. (Eds.). Avaliação Neuropsicológica. 2. ed. Porto Alegre: Artmed, 2018.

FAIRCHILD, G. et al. Research Review: evaluating and reformulating the developmental taxonomic theory of antisocial behaviour. Journal of Child Psychology and Psychiatry, v. 54, n. 9, p. 924-940, 2013.

FEDERIGHI, D. K. et al. The Challenges of Living with Antisocial Personality Disorder. Human Journals, v. 15, n. 2, 2020.

FIRST, M. B. et al. Entrevista Clínica Estruturada para os Transtornos do DSM-5: SCID-5-CV Versão Clínica. Porto Alegre: Artmed, 2017.

FONSECA, R. P.; PRANDO, M. L.; ZIMMERMANN, N. (Orgs.). Tarefas para Avaliação Neuropsicológica (2): avaliação de linguagem e funções executivas em adultos. Campinas: Mennon, 2015.

FRAZIER, T. W.; YOUNG, S. E. Neuroimaging in disruptive, impulse-control, and conduct disorders. *In*: M. M. Martel, M. M. (Ed.). Developmental pathways to disruptive, impulse-control, and conduct disorders. New York: Springer Publishing Company, 2017.

FRAZIER, T. W. *et al*. Increasing the reliability of ipsative interpretations in neuropsychology: a comparison of reliable components analysis and other factor analytic methods. Journal of the International Neuropsychological Society, v. 10, n. 4, p. 578-589, 2004.

FUENTES, D.; D'ALCANTE, C.C.; SAVAGE, C. Planejamento cognitivo da ação através da Figura Complexa de Rey. *In* MALLOY-DINIZ, L.F.; FUENTES, D.; MALLOY-DINIZ, L. F. *et al*. Tower of London-Drexel University (TOL-DX): adaptação e evidências de validade no Brasil. Avaliação Psicológica, v. 9, n. 2, p. 169-177, 2010.

FUENTES, D.; MATTOS, P.; ABREU, N. (Eds.) Avaliação Neuropsicológica. Porto Alegre: Artmed, 2010.

GOBBI, E. *et al*. Attention-deficit/hyperactivity disorder symptoms mediate the association between deficits in executive functioning and social impairment in children. Journal of Abnormal Child Psychology, v. 43, n. 1, p. 133-147, 2015.

GODOY, V. P. *et al*. Brazilian Portuguese transcultural adaptation of Barkley deficits in executive functioning scale (BDEFS). Archives of Clinical Psychiatry, São Paulo, v. 42, p. 147-152, 2015.

HOBSON, C. W.; SCOTT, S.; RUBIA, K. Investigation of cool and hot executive function in ODD/CD independently of ADHD. Journal of Child Psychology and Psychiatry, v. 52, n. 10, p. 1035-1043, 2011.

JACKSON, A. H. Disruptive, impulse-control, and conduct disorders: general systemic properties. *In*: RUSSO, J. A.; COKER, J. K.; KING, J. H. (Eds.). DSM-5 and family systems. New York: Springer Publishing Company, 2017.

MALLOY-DINIZ, L. F.; DE PAULA, J. J.; VASCONCELOS, A. G. *et al*. Normative data of the Barratt Impulsiveness Scale 11(BIS-11) for Brazilian adults. Brazilian Journal of Psychiatry, v. 37, n. 3, p. 245-248, 2015.

MALLOY-DINIZ, L. F.; SCHLOTTFELDT, C. G. M.; SERPA, A. L. O. D2 – R: Teste d2 - Revisado. São Paulo: Hogrefe, 2019.

MARTEL, M. M. (ed.). Developmental pathways to disruptive, impulse-control, and conduct disorders. New York: Springer Publishing Company, 2017.

MAUGHAN, A.; CICCHETTI, D. Impact of child maltreatment and interadult violence on children's emotion regulation abilities and socioemotional adjustment. Child Development, v. 73, n. 5, p. 1525-1542, 2002.

MILONE, A.; SESSO, G. Disruptive Behavior Disorders: symptoms, evaluation and treatment. Brain Sciences, v. 12, n. 2, p. 225, 2022.

MOFFITT, T. E. Life-course-persistent and adolescence-limited antisocial behavior: a 10-year research review and a research agenda. *In*: LAHEY, B.; MOFFITT, T. E.; CASPI, A. (Eds.) Causes of conduct disorder and juvenile delinquency. New York: Guilford Press, 2013.

NASCIMENTO, E. BPA - Bateria Psicológica de Avaliação da Atenção: manual. São Paulo: Editora Vetor, 2005.

CO, S.; WOHLLEBER, M.; GALANTER, C. A. Disruptive, impulse-control, and conduct disorders: Prognosis, assessment, and treatment of youth "grown-up". *In*: CHAN, V.; DERENNE, J. (eds.). Transition-age youth mental health care: Bridging the gap between pediatric and adult psychiatric care. Switzerland: Springer Nature, 2021. p. 257-275.

NOGUEIRA, C. Y. S. *et al*. Translation and adaptation of impulsive behavior scale (UPPS) to the Brazilian population. Clinical Neuropsychiatry, v. 10, n. 2, p. 79-86, 2013.

PAULA, C. S. *et al*. Prevalence of psychiatric disorders among children and adolescents from four Brazilian regions. Revista Brasileira de Psiquiatria, v. 37, n. 2, p. 178-179, 2015.

PIPER, B. J. *et al*. Executive function on the psychology experiment building language tests. Behavior Research Methods, v. 44, n. 2, p. 110-123, 2012.

REY, A. Figuras complexas de Rey. São Paulo: Casa do Psicólogo, 2016.

RUEDA, F. J. M.; MONTEIRO, E. F. Adaptação brasileira do teste de Stroop: evidências de validade convergente e divergente. Psicologia: Teoria e Pesquisa, v. 29, n. 1, p. 63-68, 2013b.

RUEDA, F. J.; MONTEIRO, R. D. M. Bateria Psicológica para Avaliação da Atenção (BPA): desempenho de diferentes faixas etárias. Psico-USF, v. 18, p. 99-108, 2013.

SEDÓ, M. FDT: o teste dos cinco dígitos. São Paulo: Hogrefe, 2015.

SHONKOFF, J. P.; GARNER, A. S.; Committee on Psychosocial Aspects of Child and Family Health; Committee on Early Childhood, Adoption, and Dependent Care. Section on Developmental and Behavioral Pediatrics The lifelong effects of early childhood adversity and toxic stress. Pediatrics, v. 129, n. 1, p. 232-246, 2012.

STANFORD, M. S.; HOUSTON, R. J.; MATHIAS, C. W. Neurobiological correlates of impulsiveness: evidence of reduced prefrontal cortex involvement. The International journal of neuroscience, v. 110, n. 3-4, p. 147-158, 2001.

TRENTINI, C. *et al*. Teste Wisconsin de classificação de cartas. São Paulo: Hogrefe, 2019.

WELTER, G. M.; MÜLLER-ROGER, G.; CAPITÃO, C. G. Medidas ipsativas na avaliação psicológica. Avaliação Psicológica, v. 6, n. 2, p. 157-165, 2007. ISSN 1677-0471.

YÜCEL, M.; FONTENELLE, L. F.; CHAMBERLAIN, S. R. Introduction to the Special Issue on the Utility of Transdiagnostic Approaches for Developing Novel Interventions for Substance and Behavioural Addictions. Neuropsychology Review, v. 29, n. 1, p. 1-3, 2019.

19 Avaliação Neuropsicológica nos Transtornos Psicóticos na Infância e na Adolescência

Arthur A. Berberian

Introdução

Os transtornos psicóticos na infância são graves, porém raros. Sua frequência é maior durante a adolescência e, com o passar dos anos, sua sintomatologia se assemelha à dos quadros psicóticos observados em adultos. Com relação à idade de início, os transtornos do espectro da esquizofrenia, que são os mais graves entre o espectro psicótico, são subdivididos em esquizofrenia de início muito precoce, começando antes dos 13 anos, e esquizofrenia de início precoce (EIP), cujo surgimento se dá antes dos 16 ou 17 anos (Gillberg, 2000). O termo esquizofrenia infantil é utilizado para crianças com menos de 12 anos.

A compreensão e o tratamento dos transtornos do espectro da esquizofrenia (TEE) e da psiquiatria em geral foram significativamente impulsionados por marcos fundamentais na evolução científica. A revolução psicofarmacológica na década de 1950, com a introdução dos primeiros antidepressivos e antipsicóticos, determinou o início dessa transformação (Haddad et al., 2020). Posteriormente, avanços tecnológicos no estudo do cérebro e descobertas na genética psiquiátrica proporcionaram novos *insights* sobre a etiologia genética dos transtornos psiquiátricos, propiciando uma abordagem mais personalizada na avaliação de riscos e na tomada de decisões clínicas. Além disso, a revelação de que os transtornos psiquiátricos compartilham riscos genéticos comuns sugeriu uma continuidade entre os diagnósticos, desafiando a ideia de entidades patogênicas distintas (Andreassen et al., 2023; Glatt et al., 2019). Estudos longitudinais e retrospectivos mostraram que os TEE, muitas vezes manifestados na idade adulta, podem estar associados a atrasos no neurodesenvolvimento na infância, refletidos em alterações cognitivas e dificuldades interpessoais (Marenco; Weinberger, 2000). Esses marcos abriram novas perspectivas para a pesquisa sobre como o neurodesenvolvimento influencia o surgimento de doenças psiquiátricas complexas como os TEE.

Alterações neuropsicológicas são características marcantes nos TEE e, em menor grau, em outras psicoses. Há evidências de uma evolução das dificuldades neurocognitivas em indivíduos que desenvolvem esses transtornos, especialmente a esquizofrenia (Lewandowski; Cohen; Ongur, 2011). Durante o período pré-mórbido, os déficits são geralmente leves, mas aumentam durante o período prodrômico ou de alto risco clínico para psicose. Nos estágios de primeiro episódio e crônicos, os déficits cognitivos atingem seu ápice (Bora; Murray, 2014).

Em indivíduos em risco clínico alto para psicose, os déficits cognitivos situam-se entre os observados na psicose de primeiro episódio e nos indivíduos saudáveis (Lewandowski; Cohen; Ongur, 2011). Aqueles que eventualmente se convertem para a psicose plena apresentam déficits cognitivos mais pronunciados do que os que não se convertem (Seidman et al., 2016). Essa evolução é relevante porque oferece uma janela temporal para observar mudanças durante o estado "quase psicótico" antes que fatores como cronicidade e uso prolongado de medicação obscureçam os déficits principais. Esses achados destacam a importância de investigar as mudanças cognitivas durante esse período crucial, desde os sintomas atenuados até a busca por assistência profissional (Zhang et al., 2022).

Este capítulo aborda a avaliação neuropsicológica de crianças e jovens com até 18 anos que apresentam suspeita ou diagnóstico de transtornos psicóticos. Serão apresentados o conhecimento necessário para embasar a prática da avaliação neuropsicológica nessa população, incluindo o auxílio no diagnóstico clínico, a contribuição para o diagnóstico diferencial entre transtornos psicóticos e do neurodesenvolvimento e o monitoramento de casos para determinar a progressão das doenças.

Epidemiologia

A prevalência de transtornos do espectro da esquizofrenia em crianças e adolescentes ainda não está bem estabelecida, mas é considerada rara em comparação com adultos. Estudos indicam uma variação de 0,005 a 0,05% para EIP, definida como surgimento antes dos 18 anos, e uma prevalência ainda menor, de 0,001%, para esquizofrenia de início muito precoce (EI), manifestada antes dos 13 anos (Driver et al., 2020).

Com relação à sintomatologia, há uma considerável variação em função da idade. Na EI, delírios bem estruturados são bastante raros, sendo mais comuns alucinações e pensamento desorganizado. Há evidências de que, antes da manifestação dos sintomas psicóticos, essas crianças tendem a apresentar índices mais baixos de QI em testes de inteligência padronizados, bem como atraso na linguagem e no desenvolvimento motor (Gillberg, 2000).

A EI geralmente apresenta início insidioso, sendo caracterizada por aumento no isolamento social, comportamentos idiossincráticos e bizarros e declínio no funcionamento. Por outro lado, na EIP, a manifestação dos sintomas psicóticos tende a ser mais aguda e com maior frequência de casos com primeiro episódio psicótico (Gillberg; Hellgren; Gillberg, 1993).

Sintomas psicóticos em crianças e adolescentes tendem a estar fortemente associados a transtornos de humor e exercem impacto negativo na funcionalidade (Cepeda, 2007). Entre pacientes com sintomas psicóticos definidos, 41% apresentavam transtorno depressivo maior; 24%, transtorno bipolar; e 21%, transtorno depressivo não especificado. Em 14% dos casos, os pacientes foram diagnosticados com transtornos do espectro esquizofreniforme: quatro com esquizofrenia e nove com transtorno esquizoafetivo. Pacientes com ansiedade e transtornos disruptivos com sintomas psicóticos definidos sempre exibiam um transtorno de humor comórbido (Ulloa *et al.*, 2000).

Embora os transtornos do espectro da esquizofrenia sejam mais prevalentes em adultos, sua manifestação na infância e na adolescência, apesar de rara, demanda atenção devido à gravidade e ao impacto no desenvolvimento. A prevalência de EIP e EI na infância e adolescência varia entre os estudos, mas é menor do que entre os adultos. A comorbidade com transtornos de humor é comum, evidenciando a importância de uma avaliação clínica abrangente para o diagnóstico diferencial e tratamento adequados.

Conceito de psicose

A palavra "psicose" tem origem no grego antigo *psykhē*, que significa "alma". No século XIX, o termo era amplamente utilizado para descrever qualquer atividade mental, como pensamentos, ideias e percepções (Baldwin, 1901). Foi somente na segunda metade do século XIX, na Alemanha, que "psicose" começou a ser associada à insanidade (Flemming, 1859).

Com a publicação dos primeiros *Manuais diagnósticos e estatísticos de transtornos mentais* (DSM-I e DSM-II), a psicose passou a ser classificada como um "transtorno psicótico", com o termo "psicótico" indicando a gravidade da condição, em vez de um conjunto específico de sintomas (APA, 1952, 1968). Naquela época, a psicose era definida como uma perturbação profunda na vida da pessoa caracterizada pela ruptura com a realidade e manifestada por alterações no pensamento, comportamento e humor.

Durante a década de 1970, a psiquiatria passou por uma mudança paradigmática em sua abordagem nosológica de classificação dos transtornos mentais. O objetivo era substituir a psicanálise como paradigma e adotar uma metodologia com base em critérios acessíveis à observação e à mensuração empírica. A publicação do DSM-III representou, portanto, um marco de ruptura com a nosologia psicanalítica predominante nas duas primeiras edições (APA, 1980). Dessa forma, o termo "psicótico" deixou de referir-se a um nível de gravidade das doenças e de ser uma categoria geral de transtornos, passando a ser empregado quando um indivíduo apresenta um ou mais sintomas que, embora distintos, compartilham a característica central de perda de conexão com a realidade (Keshavan *et al.*, 2021). Fenomenologicamente, esses sintomas são classificados como alucinações (percepções sensoriais sem estímulo externo) e delírios (crenças falsas e irracionais) (APA, 2022).

Desde essa mudança de paradigma até os dias atuais, o diagnóstico de transtornos psicóticos na psiquiatria tem sido sistematizado. Foram desenvolvidas listas de sintomas e critérios diagnósticos que consideram apresentação, descrições do curso da doença e constelações de sintomas. Todas as listas foram submetidas a revisão por comitês, e novas formulações foram publicadas periodicamente. Essas especificações diagnósticas contribuem notavelmente para as comunicações práticas em torno dos transtornos psicóticos, para a construção de modelos de cuidados clínicos e para o ensino. Esse processo contínuo de refinamento e padronização diagnóstica não apenas facilitou a prática clínica, mas também promoveu melhora da compreensão e do tratamento dos transtornos psicóticos, beneficiando tanto profissionais da saúde quanto pacientes.

Características clínicas

A psicose de início muito precoce está relacionada com pior funcionamento pré-mórbido em comparação com as alterações pré-mórbidas das psicoses que surgem na adolescência ou na vida adulta. A identificação de indivíduos em estado mental de risco ou em estágio prodrômico não deve ter como único objetivo o diagnóstico precoce, mas também compreender esse estágio como um fator determinante na evolução e no desfecho da doença (Horton *et al.*, 2015). A Figura 19.1 ilustra um modelo hipotético sobre vulnerabilidade e desenvolvimento da esquizofrenia. O prognóstico da psicose é positivamente influenciado pela presença e gravidade das alterações pré-mórbidas (Stentebjerg-Olesen *et al.*, 2016).

Experiências psicóticas

Experiências psicóticas não se limitam à presença de transtornos mentais graves. A ocorrência isolada de alucinações ou delírios, denominadas "manifestações psicóticas não clínicas" ou "subclínicas", tem sido investigada em estudos epidemiológicos alinhados ao conceito de *continuum* de psicose (Kelleher; Cannon, 2011; Johns; van Os, 2001).

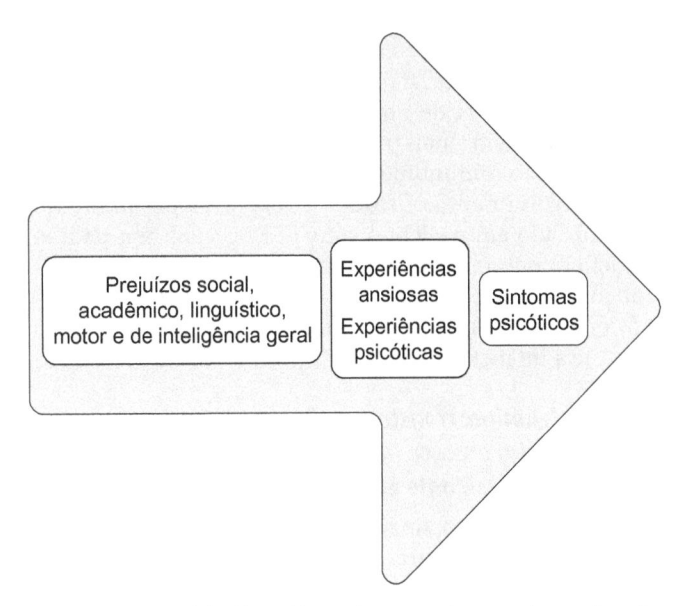

Figura 19.1 Modelo hipotético sobre o surgimento de quadros de transtorno do espectro da esquizofrenia.

Ao contrário da prevalência dos transtornos psicóticos na infância, a prevalência dessas experiências parece ser maior. Uma metanálise evidenciou, em 17% das crianças entre 9 e 12 anos e em 5 a 7% dos adolescentes entre 13 e 17 anos (Kelleher et al., 2012), que a psicose pode se manifestar em populações infantojuvenis não clínicas.

Na ausência de outros sintomas, a experiência psicótica infantojuvenil não é necessariamente preocupante, pois não costuma interferir no funcionamento adaptativo e tende a ser transitória, por isso o termo "experiências psicóticas" deve sempre ser usado em sentido estrito, ou seja, que indica a presença de alucinações e delírios, e não de outros fenômenos coexistentes que sugerem um possível quadro clínico (Linscott; van Os, 2013). O acompanhamento clínico da criança deve ocorrer quando houver:

- Algum grau de pervasividade dos sintomas psicóticos, ou seja, eles ocorrem em diferentes contextos e passam provocar mudanças comportamentais, sofrimento e diminuição do funcionamento global da criança
- Prejuízo funcional ou dificuldades adaptativas associadas, mesmo que os sintomas não ocorram em diferentes contextos e não causem muito sofrimento
- Histórico familiar de transtornos mentais, particularmente os psicóticos
- Fatores de risco psicossociais, como histórico de trauma, estresse significativo ou uso de substâncias.

Além desses quatro critérios, a coexpressão de experiências psicóticas com psicopatologia não psicótica não é irrelevante. Pelo contrário, a experiência psicótica que ocorre conjuntamente com sintomas de outros transtornos não psicóticos está associada à gravidade clínica e ao desfecho funcional (van Rossum et al., 2011; Wigman et al., 2012). As experiências psicóticas, portanto, podem ser conceituadas como indicadores de gravidade em transtornos não psicóticos (van Os; Reininghaus, 2016).

Fenótipo pré-mórbido

O funcionamento pré-mórbido constitui a primeira fase da investigação clínica, referindo-se ao desempenho motor, cognitivo e psicossocial do indivíduo antes do surgimento da sintomatologia de um transtorno mental. Em outras palavras, existem sinais precursores pré-psicose e que normalmente são confundidos com outros transtornos do neurodesenvolvimento. Estudos sobre o funcionamento pré-mórbido em pacientes com TEE revelam um padrão de déficits que antecedem a manifestação de sintomas psicóticos e se correlacionam com pior prognóstico. Dois fenótipos pré-mórbidos distintos para psicose emergem durante a infância:

Primeiro fenótipo: transtornos do espectro psicótico de início muito precoce (Addington et al., 2003; Karlsgodt, 2023; Monte et al., 2008)

- Desenvolvimento: sinais ou histórico de atraso motor ou caminhada tardia, atrasos nos marcos do desenvolvimento, transtorno de fala e linguagem
- QI pré-mórbido: apresenta um QI pré-mórbido mais baixo
- Transtornos do neurodesenvolvimento: muitas vezes já foram diagnosticados com transtorno de aprendizagem, passando pelo transtorno do espectro autista (TEA) e transtorno do déficit de atenção e hiperatividade (TDAH)
- Ajustamento funcional e psicossocial: demonstra piores ajustamentos funcional e psicossocial
- Déficits precoces: esses déficits, muitas vezes presentes desde a primeira infância, podem ser mais pronunciados em comparação com casos prodrômicos para esquizofrenia
- História familiar: a frequência de transtornos emocionais e comportamentais (TEE) em parentes de primeiro grau é significativamente maior do que em casos de esquizofrenia de início na idade adulta
- Sintomas ou transtornos psiquiátricos: ansiedade, depressão, transtorno opositor desafiador e sintomas de tique
- Problemas de comportamento: comportamentos internalizantes e externalizantes.

Segundo fenótipo: transtornos psicóticos de início na adolescência tardia e início da vida adulta (Karlsgodt, 2023; Murray et al., 2008; Salazar de Pablo et al., 2021; Yung et al., 2003)

- Desenvolvimento: sinais ou histórico de atraso motor ou caminhada tardia, atrasos nos marcos do desenvolvimento, transtorno de fala e linguagem
- Transtornos do neurodesenvolvimento: muitas vezes já foram diagnosticados com transtorno de aprendizagem, passando por TEA e TDAH
- Déficits cognitivos: comuns em áreas como memória, atenção, velocidade de processamento e cognição social, com atrasos no neurodesenvolvimento semelhantes aos observados em outros transtornos do neurodesenvolvimento
- Mudanças sutis: isolamento social, recusa escolar e diminuição do desempenho escolar podem estar presentes, no entanto essas mudanças não são específicas para psicose, sendo também observadas em outros transtornos do neurodesenvolvimento
- História familiar: a frequência de transtornos emocionais e comportamentais (TEE) em parentes de primeiro grau é significativamente maior do que em casos de esquizofrenia de início na idade adulta
- Sintomas ou transtornos psiquiátricos: ansiedade, depressão, transtorno opositor desafiador e sintomas de tique.

Em suma, o estudo do funcionamento pré-mórbido em TEE revela a importância de identificar precocemente déficits e fatores de risco, possibilitando intervenções mais eficazes e personalizadas para cada fenótipo.

Pródromo e estado mental de risco

O termo pródromo, que, em sua origem grega, significa "precursor de um evento" (Fava; Kellner, 1991), é empregado para agrupar sintomas e sinais que costumam preceder a manifestação aguda de uma doença, mas que não encerram, em si, critérios de diagnóstico, uma vez que não são características únicas e exclusivas da doença. Por exemplo, dor nos testículos em homens pode ser um sintoma que precede a cólica renal. Sintomas como febre, coriza, conjuntivite e tosse durante 3 ou 4 dias podem preceder o sarampo (Yung; McGorry, 1996). Em suma, o período prodrômico, com seus sintomas e sinais precursores, representa uma janela de oportunidade para a identificação precoce e intervenção em diversas condições, embora não seja suficiente para um diagnóstico definitivo em função de sua natureza inespecífica e variável.

O estado mental de risco (EMR) ou pródromo para psicose é composto da combinação das seguintes características (Yung et al., 2008):

- Estado ou traço de risco: presença de ao menos um parente de primeiro grau com qualquer história de transtorno psicótico, transtorno bipolar ou personalidade esquizotípica e redução mínima de 30% dos escores da Global Assessment of Functioning (GAF) (APA, 2000), escala utilizada para investigar funcionalidade
- Sintomas psicóticos atenuados (ao menos um dos seguintes sintomas): ideia de referência (sensação de que incidentes casuais estão relacionados com o próprio indivíduo), crenças fora do comum ou pensamento mágico, alterações da percepção, digressão da fala ou do pensamento, comportamento ou aparência incomum. Esses sintomas deverão ocorrer várias vezes na semana e as mudanças do estado mental precisam estar presentes por pelo menos 1 semana
- Sintomas psicóticos transitórios (ao menos um dos seguintes sintomas): alterações da percepção ou alucinações, ideias de referência, pensamento mágico ou delírios, fala digressiva ou desordem do pensamento formal, comportamento incomum ou aparência atípica.

No contexto do espectro da esquizofrenia, o período prodrômico pode incluir sintomas negativos, como problemas de concentração e memória, comportamento e ideias incomuns ou atípicos, experiências incomuns, experiências perceptivas bizarras, comunicação e afeto perturbados, isolamento social, apatia e redução do interesse em atividades diárias. Quando a criança ou o jovem apresenta todas essas alterações mencionadas anteriormente, em conjunto com alterações pré-mórbidas que surgem antes dos sintomas subclínicos, manifestações psicóticas e evolução para características prodrômicas, o risco de desenvolvimento de psicose ao longo de 3 anos é significativo, porém a taxa de transição é ainda modesta (Salazar de Pablo, 2023). De fato, as crianças e jovens que preenchem os critérios para o estado mental de risco apresentam uma mistura de outros problemas de saúde mental, por exemplo, sinais e sintomas de depressão, ansiedade, transtornos por uso de substâncias ou transtorno de personalidade emergente.

Por fim, pode-se dizer que os critérios para estados mentais de risco são bastantes sensíveis e pouco específicos. Foi relatado que 75% dos pacientes com esquizofrenia passaram pelos estágios de sintomas prodrômicos. Sintomas psicóticos subliminares foram relatados 1 ano antes do início e ansiedade inespecífica e sintomas afetivos, muito antes disso. Apenas uma proporção evolui para transtorno psicótico. Estimativas atuais sugerem que 1 em cada 4 pacientes que podem ser categorizados como de alto risco desenvolverá esquizofrenia e, portanto, justificará intervenção (Goulding et al., 2013; Häfner et al., 2003). Dado que a taxa de transição para psicose é pequena, é possível que o estado mental de risco revele, na verdade, uma dimensão ou espectro de psicopatologia, em vez de uma categoria diagnóstica para psicose. Em um extremo do espectro, haveria uma população em risco para desenvolver transtornos não psicóticos, e, no outro, uma população com risco para transtornos psicóticos. Por fim, em virtude da baixa taxa de transição para a psicose, qualquer intervenção utilizada deve beneficiar (e não prejudicar) a maioria das crianças e jovens (falso-positivos) que não desenvolvem psicose.

Diagnóstico

Os critérios diagnósticos para transtornos psicóticos em crianças e adolescentes são os mesmos utilizados para adultos. De acordo com o DSM-5-TR (APA, 2022), o primeiro critério para esquizofrenia é a presença de, no mínimo, dois dos cinco domínios a seguir e um deles deve ser (1), (2) ou (3):

1. Delírios.
2. Alucinações.
3. Pensamento desorganizado (fala).
4. Comportamento motor grosseiramente desorganizado ou anormal (incluindo catatonia).
5. Sintomas negativos.

Pelo menos um dos sintomas deve ser delírio, alucinação ou discurso desorganizado. Os demais podem incluir comportamento grosseiramente desorganizado ou catatônico e sintomas negativos.

O segundo critério envolve uma perda funcional associada a esses sintomas. O terceiro critério requer a presença de sinais contínuos da perturbação por pelo menos 6 meses, período que deve incluir pelo menos 1 mês de sintomas (ou menos, se tratados com sucesso) que satisfaçam o critério A (ou seja, sintomas de fase ativa) e, também, sintomas prodrômicos ou residuais. Durante esses períodos prodrômicos ou residuais, os sinais da perturbação podem ser manifestados apenas por sintomas negativos ou por dois ou mais sintomas listados no critério A presentes em uma forma atenuada (p. ex., crenças estranhas, experiências perceptuais incomuns).

O quarto critério envolve a exclusão do transtorno depressivo ou bipolar com características psicóticas, o que é feito por meio de uma investigação que garanta que nenhum episódio depressivo maior ou maníaco ocorreu concomitantemente com os sintomas da fase ativa. O quinto critério exige a exclusão de substâncias ou condições médicas como causas desses sintomas, como uma droga de abuso, um medicamento ou outra condição médica, como demência ou tumor no cérebro.

Apesar da hipótese de que os TEE na infância e adolescência estejam em um *continuum* com os na vida adulta, a aplicação dos critérios diagnósticos de adultos a crianças e adolescentes é complexa (Fitzgerald, 2019) em virtude da complexidade e da variabilidade dos sintomas, que muitas vezes se sobrepõem a outros transtornos do neurodesenvolvimento. A apresentação precoce de sinais ou sintomas precursores dos TEE eventualmente inclui comportamentos atípicos que não se encaixam nos critérios diagnósticos para adultos (Gillberg, 2023). Alucinações e delírios podem não ser evidentes, sendo confundidos com problemas comportamentais ou emocionais comuns na infância, levando a diagnósticos imprecisos ou tardios (Cepeda, 2007). Uma avaliação completa e sistemática, utilizando critérios diagnósticos rigorosos e procedimentos padronizados e considerando os sintomas em um contexto de desenvolvimento, é essencial para minimizar erros diagnósticos e garantir intervenções precoces (Karlsgodt, 2023). As especificidades da manifestação psicótica e o diagnóstico diferencial do TEE infantojuvenil serão descritos a partir da próxima seção.

É fundamental considerar o impacto psicossocial do diagnóstico na criança e na família. Receber um rótulo diagnóstico pode ser útil para a compreensão ou vivenciado como um ataque à identidade. Profissionais da saúde precisam estar atentos aos impactos, positivos e negativos, de discutir o diagnóstico, especialmente em se tratando de crianças e jovens. A utilidade do diagnóstico tem sido questionada, com alguns defendendo a formulação narrativa das experiências do indivíduo, portanto é fundamental abordar o diagnóstico com sensibilidade e informação, oferecendo apoio adequado aos pacientes e às suas famílias.

Psicopatologia e apresentação clínica

Normalmente, os manuais e principais estudos da área sugerem que os sintomas psicóticos em crianças e adolescentes costumam ter semelhança com os observados em adultos, no entanto, o conteúdo, a prevalência do tipo ou modalidade dos sintomas psicóticos e os comportamentos observados são diferentes (Russel, 1994). Para fins didáticos, a apresentação clínica é organizada em seis dimensões: déficits cognitivos, sintomas emocionais, alterações no funcionamento social, distúrbios da fala e da linguagem e distúrbios motores (Mattejat; Remschmidt, 2008). As conhecidas dimensões de sintomas positivos e negativos das psicoses adultas também podem ser aplicadas aos TEE infantil e adolescente.

Déficits cognitivos

Considerando os TEE de início muito precoce, é frequente o histórico de QI pré-mórbido mais baixo entre classificações limítrofes (abaixo de 80) e deficitário (abaixo de 70), bem como maiores índices de atraso no desenvolvimento motor e da linguagem. Alguns sintomas motores e de linguagem podem ser semelhantes aos observados nos transtornos do espectro autista (Fitzgerald, 2019), e o desempenho escolar tende a estar prejudicado (Cepeda, 2007).

Em casos com início a partir da adolescência e além, há histórico de dificuldades em aprendizado, memória, atenção, velocidade de processamento e cognição social, com atrasos no neurodesenvolvimento semelhantes aos observados em outros transtornos do neurodesenvolvimento (Murray et al., 2008; Seidman et al., 2016).

Delírios

Delírios são alterações do conteúdo do pensamento manifestadas por crenças falsas e irracionais que conduzem a juízos patologicamente equivocados, de conteúdo impossível. Apesar da natureza ilógica do delírio, a pessoa acometida demonstra uma convicção inabalável em relação a ele, tornando-o pervasivo e resistente à refutação. A frequência de delírios em crianças é considerada rara, e, quando ocorrem, não apresentam predominância de persecutoriedade como nos adultos. Sua complexidade varia de acordo com a idade, com crianças mais jovens apresentando ideias delirantes menos complexas e temas infantis, como monstros, animais e entidades religiosas (Cepeda, 2007; Karlsgodt, 2023). Os delírios também podem incluir crenças de perseguição, mudanças corporais, delírios de controle e de leitura mental (van Os et al., 2011). Normalmente, esses sintomas delirantes são raros e presentes apenas em transtornos psicóticos graves. Quando presentes, são mais comuns do meio para o final da adolescência e na vida adulta (Remschmidt, 2008).

Alucinações

Na infância, as alucinações são mais prevalentes do que os delírios. As alucinações auditivas são as mais frequentes e podem ocorrer sem qualquer estrutura verbal, manifestando-se como risos, zumbidos ou assobios. Quando há estrutura verbal, as alucinações manifestam-se principalmente como vozes ameaçadoras, comentários neutros ou comandos (Cepeda, 2007; Remschmidt, 2008). As alucinações visuais, quando presentes, são mais frequentemente encontradas em crianças mais novas (abaixo dos 13 anos) e levantam questões de diagnóstico diferencial, pois também podem ocorrer em casos de intoxicação. Estudos demonstram que as crianças tendem a apresentar alucinações em diversas modalidades sensoriais, incluindo visuais (38,5%), olfativas (26%) e táteis (9,9%) (Ulloa et al., 2000). Essas alucinações podem se manifestar como vultos, insetos andando pelo corpo, toques físicos ou presença de entidades sobrenaturais. É importante ressaltar que a existência de alucinações de comando demanda atenção especial, independentemente da idade, devido ao potencial risco aumentado de autoagressão ou heteroagressão.

Sintomas emocionais e mudanças no funcionamento social

Sintomas emocionais incluem afeto embotado, irritabilidade, medo, desconfiança, apatia acentuada, pobreza de discurso e incongruência de respostas emocionais. Em conjunto com esses sintomas, crianças e adolescentes geralmente apresentam retraimento social e diminuição do desempenho social (Cepeda, 2007; Karlsgodt, 2023; Remschmidt, 2008).

Distúrbios de fala e linguagem

Crianças ou adolescentes podem apresentar tanto pobreza de discurso quanto logorreia, além de perseverações ou estereotipias de fala e, algumas vezes, ecolalia e neologismos. Esses sintomas devem ser diferenciados do diagnóstico de autismo, especialmente em crianças com menos de 8 anos (Gillberg, 2023; Karlsgodt, 2023).

Distúrbios motores

As crianças por vezes apresentam movimentos bizarros e estereotipias motoras com os dedos, além de posturas estranhas, movimentos desajeitados ou inadequados, estupor e sintomas de catatonia. É possível que a criança e o adolescente apresentem atos compulsivos ou rituais, semelhantes a compulsões do transtorno obsessivo-compulsivo (TOC) ou sintomas de tique (Cepeda, 2007; Gillberg, 2023; Karlsgodt, 2023).

Comorbidades

Síndromes ou transtornos comórbidos são frequentes em crianças e adolescentes com transtornos do espectro da esquizofrenia (Gillberg, 2023; Smelror; Mørch-Johnsen; Agartz, 2023). Alguns estudos sugerem forte associação entre TEE infantojuvenil e transtornos de humor, enquanto outros destacam a relação com TDAH. Por exemplo, em uma coorte de 2.031 crianças com idades entre 5 e 21 anos, 41% das que apresentavam sintomas psicóticos bem definidos e diagnosticados por profissionais competentes também preenchiam critérios para transtorno depressivo maior, e 24% dessa mesma população também foram diagnosticados com transtorno afetivo bipolar. Em 21% dos casos, havia sintomas de depressão, mas não suficientes para preencher os critérios de transtorno depressivo maior. Pacientes com ansiedade e transtornos disruptivos que também apresentavam sintomas psicóticos sempre tinham como comorbidade um transtorno de humor unipolar ou bipolar (Ulloa et al., 2000, p. 339).

Ross et al. (2006) examinaram 82 crianças com idades entre 4 e 15 anos com diagnóstico de esquizofrenia ou de transtorno esquizoafetivo. Todas as crianças, com exceção de uma, tinham pelo menos uma doença psiquiátrica comórbida. O quadro comórbido mais frequente foi o TDAH (84%), seguido por transtorno opositor desafiador (43%), depressão (30%) e transtorno de ansiedade de separação (25%). Esses resultados convergem com os de um estudo anterior que mostrou que TDAH, transtorno opositor desafiador e/ou transtorno de conduta estavam presentes em dois terços dos jovens com transtornos do espectro da esquizofrenia e transtornos bipolar (McClellan; McCurry, 1999).

A alta prevalência de síndromes comórbidas em crianças e adolescentes com TEE destaca a complexidade do diagnóstico e do tratamento dessa população. A forte associação entre TEE e transtornos de humor, como depressão maior e transtorno afetivo bipolar, bem como a relação com TDAH e outros transtornos comportamentais, sublinha a necessidade de uma abordagem multidisciplinar e integrada. A identificação precoce e o tratamento adequado das comorbidades são essenciais para melhorar os desfechos clínicos e o desenvolvimento psicossocial desses jovens.

Diagnóstico diferencial

Um importante dilema surge quando crianças com sintomas psicóticos não se encaixam nas categorias diagnósticas convencionais do DSM e da Classificação Internacional de Doenças (CID), ou quando não há certeza sobre como diferenciar um diagnóstico primário de outro. Nesses casos, os diagnósticos deveriam ser considerados separados? Seriam esses casos variantes desenvolvimentais dos TEE? Essas são questão que ainda não estão completamente respondidas, no entanto novos modelos para estudo, diagnóstico e tratamento dos transtornos mentais estão sendo propostos. A seguir serão descritos os principais conceitos. Do ponto de vista clínico, considerando-se os modelos vigentes e oficiais do DSM e da CID, essas questões podem ser resolvidas mediante um acompanhamento longitudinal cuidadoso dessas crianças. Ainda assim, existem algumas informações úteis para diferenciar casos de TEE de outros transtornos.

Transtornos de conduta e transtornos de ansiedade ou problemas emocionais em geral

Alucinações podem ocorrer em transtornos de conduta e emocionais, especialmente em momentos de estresse (Garralda, 1984), contudo esses são habitualmente transitórios e fragmentários, e sintomas negativos como abulia e isolamento social são muito raros. A confusão diagnóstica ocorre, em geral, quando há um foco excessivo em pseudoalucinações, ideias persecutórias e de referência.

Psicoses afetivas (depressão psicótica e transtorno bipolar com ou sem psicose)

Sintomas positivos são comuns em TEE e em transtorno afetivo bipolar ou depressão unipolar. Os sintomas negativos também ocorrem na depressão, mas deve ser possível distinguir entre a apatia associada à depressão e a expressão emocional "embotada" dos TEE. A presença de desesperança, baixa autoestima e autovalor está relacionada a humor. O perfil pré-mórbido e a presença de déficits cognitivos podem ser características úteis, visto que crianças e adolescentes com TEE tendem a apresentar mais prejuízos pré-mórbidos e cognitivos. Além disso, os TEE geralmente apresentam início de sintomas e prejuízos que se manifestam de modo insidioso com funcionamento pré-mórbido pobre, enquanto os transtornos de humor com psicose costumam apresentar sintomas e prejuízos psicossociais que evoluem com rapidez e histórico de funcionamento pré-mórbido relativamente bom.

Transtornos do espectro autista

Sintomas positivos podem ocorrer nos TEA. Ter por base apenas a presença de sintomas psicóticos provavelmente não ajudará na diferenciação desse diagnóstico. Ainda que seja difícil essa diferenciação, os TEE de início na infância costumam ter histórico de deterioração social e acadêmica que surge no final da infância (entre 8 e 12 anos) ou já na adolescência. Nos casos de TEA, as dificuldades sociais, cognitivas e de comunicação são mais duradouras, com agravamento progressivo de funcionamento. Os TEA também costumam ter interesse restrito, comportamentos repetitivos e resistência a mudanças. Crianças com TEE tendem a apresentar maior ilogicidade no pensamento e um curso de doença mais flutuante, enquanto aquelas com TEA geralmente apresentam um padrão estável ou de regressão em certos períodos (Fitzgerald, 2019).

Cognição e TEE infantojuvenil

É impossível compreender qualquer psicopatologia que ocorra na infância e na adolescência sem considerar a dimensão do neurodesenvolvimento, visto que todos os transtornos mentais passaram a ser compreendidos como condições da trajetória da vida e que evoluem a partir de alterações do neurodesenvolvimento (Fusar-Poli, 2016). Qualquer avaliação neuropsicológica nessa faixa etária deve estar com base nos parâmetros e desvios dos marcos do desenvolvimento. Qual a facilidade ou dificuldade que a criança ou adolescente tem na aquisição e no uso de habilidades adaptativas? É justamente o estudo dos diferentes construtos dessa complexa interação entre fatores de vulnerabilidade, organizados em etapas, que a avaliação pode contribuir com seus procedimentos de mensuração padronizados. As etapas que guiam a avaliação são: o conhecimento sobre os estágios do desenvolvimento, com seus padrões específicos de habilidades, o conhecimento de múltiplos contextos e a noção de interações entre fatores biológicos, psicológicos e sociais.

Os déficits cognitivos em indivíduos com TEE são significativos, ocorrem a despeito do uso de medicação, são independentes de outros sintomas clínicos e estão altamente associados ao desenvolvimento psicossocial e da autonomia do indivíduo (McCutcheon; Keefe; McGuire, 2023). Avaliar a cognição de crianças com suspeita de TEE ou indivíduos em risco clínico alto para psicose é crucial para entender a extensão dos déficits e direcionar intervenções terapêuticas. A função cognitiva nesses indivíduos varia significativamente, e a análise de variabilidade aponta para uma heterogeneidade semelhante à observada em controles saudáveis (Joyce; Roiser, 2007). Estudos longitudinais mostram que a maioria dos déficits cognitivos é estabelecida antes da manifestação dos sintomas, sugerindo um componente neurodesenvolvimental (Sheffield *et al.*, 2018). Os graus de déficits entre os indivíduos considerados em risco alto para TEE estão entre os observados na psicose de primeiro episódio e nos indivíduos saudáveis (Lewandowski; Cohen; Ongur, 2011). Aqueles que eventualmente convertem transtornos do espectro das psicoses apresentam déficits cognitivos mais pronunciados do que os que não convertem (Seidman *et al.*, 2016).

A cognição é essencial, pois é a principal determinante do funcionamento diário e da qualidade de vida dos pacientes, impactando sua capacidade de viver de forma independente ao longo do tempo, por isso a avaliação neuropsicológica que faz a identificação precoce dos déficits cognitivos possibilita o planejamento de intervenções também precoces e personalizadas (Zhang *et al.*, 2022). Além de auxiliarem na gestão terapeuta eficaz do estágio do desenvolvimento que a criança ou o adolescente está, as intervenções são capazes de mitigar o impacto desses déficits no funcionamento diário dos pacientes (Kahn; Keefe, 2013). Assim, a compreensão aprofundada e a intervenção precoce em déficits cognitivos são fundamentais para melhorar a qualidade de vida e a independência funcional de crianças e adolescentes em risco de transtornos mentais, reafirmando a importância de avaliações neuropsicológicas criteriosas e com base em parâmetros de desenvolvimento.

Modelo de avaliação neuropsicológica infantojuvenil

A neuropsicologia da infância e da adolescência é definida como o estudo das relações entre o cérebro e o comportamento no contexto dinâmico do neurodesenvolvimento (Warner-Rogers, 2013). Em contraste com a neuropsicologia adulta, que investiga as relações entre cérebro e comportamento em um órgão já maduro, a neuropsicologia infantojuvenil concentra-se no estudo dessas mesmas relações em um contexto de contínuo desenvolvimento cerebral caracterizado por plasticidade neural e transformações significativas nas funções cognitivas e comportamentais (Annaz; Karmiloff-Smith; Thomas, 2008). Embora a distinção entre neuropsicologia adulta e infantojuvenil seja evidente, a prática clínica com crianças fundamentou-se, por muitos anos, nos princípios e métodos originalmente desenvolvidos para adultos (Warner-Rogers, 2013). A neuropsicologia adulta, além de conceber o cérebro como um órgão já desenvolvido, baseia-se na neuropsicologia clássica, que enfatiza a descrição de patologias cerebrais e seus impactos comportamentais em adultos (Lezak; Howieson; Loring, 2004).

Ao adentrarmos o universo da neuropsicologia infantil, constata-se, no entanto, que o desenvolvimento cerebral contínuo e dinâmico exige um modelo que acompanhe a maturação gradual das funções cognitivas e forneça parâmetros daquilo que é esperado para cada etapa do desenvolvimento. Os modelos da neuropsicologia cognitiva mostram-se mais adequados nesse contexto, pois facultam inferir os processos cognitivos normais a partir da análise de uma ou mais habilidades deficitárias de uma teoria ou modelo de funcionamento cognitivo normal (Ellis; Young, 1988; Vallar, 2004). Na avaliação neuropsicológica infantojuvenil, é fundamental a busca por parâmetros que indiquem se as habilidades estão se desenvolvendo adequadamente ao longo da infância e adolescência (Warner-Rogers, 2013).

Conclui-se, então, que a neuropsicologia infantojuvenil tem por objetivo investigar a relação entre o desenvolvimento cerebral e o seu impacto sobre as funções cognitivas, comportamentais e psicossociais em crianças e adolescentes. O neurodesenvolvimento obedece a essa complexa interação dinâmica entre fatores genéticos, biológicos psicossociais e ambientais. Alteração disfuncionais nessas estruturas cerebrais e suas interações podem originar vulnerabilidades que, se não corrigidas, culminarão no surgimento dos conhecidos transtornos da infância e adolescência, classificados como transtornos do neurodesenvolvimento, transtornos do aprendizado, mentais e psicossociais.

Psicoeducação sobre saúde mental na infância

O conceito atual de transtornos mentais (TM) envolve a noção de interações entre fatores genéticos, biológicos (como a estrutura e o funcionamento cerebrais), psicológicos, sociais (moradia, condição financeira, rede de suporte e cultura) e ambientais (influência dos pais, qualidade das relações, exposição a eventos estressores). Esses fatores se acumulam e interagem entre si, e o produto dessa complexa interação pode variar, resultando em um jovem com boa saúde mental ou em outro com vulnerabilidade para desenvolver um ou mais transtornos mentais (Caspi *et al.*, 2002, 2003).

Os fatores de vulnerabilidade e proteção dos TM infantojuvenis podem ser identificados por educadores, profissionais da saúde e pela própria família (Kessler; Chiu; Demler; Walters, 2005; Kim-Cohen *et al.*, 2006), no entanto treinamento para essa identificação e informações sobre como proceder nesses casos são necessários. A importância de um psicólogo escolar empregado pela escola e membro da equipe de ensino fundamental ciclos I e II é enorme, pois ele pode acompanhar crianças ao longo do ano letivo, monitorando seus desempenhos acadêmico e psicossocial.

Infelizmente, na realidade brasileira, as escolas, principalmente as públicas, não fornecem rotineiramente considerações psicológicas como parte de suas avaliações pela equipe de estudo infantil, portanto é imprescindível que os responsáveis pelas crianças (pais, educadores, familiares, responsáveis legais) observem se há quebra nos padrões adaptativo e funcional dos alunos. Isso significa verificar se um aluno que apresentava bom desempenho em determinadas situações conhecidas pelo professor passou, a partir de um dado momento, a apresentar dificuldades nessas mesmas situações e se essas dificuldades persistem por um tempo significativo. Além dessa quebra, é necessário sondar a presença de padrões emocionais (negativismo, tristeza, alterações no afeto), comportamentais (agressividade), sociais (isolamento e mudança no padrão das relações com amigos e familiares) e cognitivos (queda do rendimento escolar, dificuldades atencionais e de organização comportamental).

Etapas do neurodesenvolvimento normal e identificação de déficits

O desenvolvimento do sistema nervoso central (SNC) ocorre em fases ordenadas durante as evoluções embrionária e fetal e prossegue após o nascimento, influenciado por fatores genéticos, biológicos e ambientais. Compreender as etapas normais do desenvolvimento neuropsicológico e identificar desvios é essencial para a intervenção precoce e efetiva em crianças com potenciais déficits. O uso de escalas como medida sistemática de avaliação viabiliza comparar o desenvolvimento do bebê com a norma padrão. A Tabela 19.1 sumariza várias habilidades cognitivas, sociais, emocionais e de linguagem, todavia alerta para a importância de outras informações que devem ser consideradas, como a rotina e as interações familiares com o bebê, entre outras.

Fatores de risco precoces ambientais para TEE

Parece que muitos fatores de risco pré e perinatais estão, de alguma forma, envolvidos no aumento do risco de esquizofrenia na vida adulta. As melhores evidências até o momento são quanto a exposição pré-natal (provavelmente no segundo trimestre), gripe e outras infecções respiratórias, rubéola pré-natal, complicações obstétricas relacionadas com hipóxia e baixo peso ao nascer ou retardo de crescimento intrauterino. As evidências são menos seguras para estresse pré-natal ou desnutrição pré-natal, principalmente devido às dificuldades em se obterem amostras adequadas para examinar essas exposições (Cannon; Dean; Jones, 2004). Essas informações são importantes para a coleta de informações durante a anamnese.

Entrevista clínica

Uma avaliação neuropsicológica é composta de: uma entrevista clínica e observações da criança; se possível, uma entrevista com pessoas significativas para a criança; uma revisão dos registros escolares e/ou médicos relevantes; e a administração de uma série de testes que mensuram as habilidades neuropsicológicas. Atualmente, existe uma variedade de instrumentos para uso com crianças e adolescentes com suspeita de transtornos psicóticos (Tabela 19.2).

Em geral, esses instrumentos foram adaptados para uso em indivíduos mais jovens depois de terem sido desenvolvidos para uso com adultos.

A anamnese detalhada inclui histórico de desenvolvimento, informações pré e pós-natal, históricos médico e escolar, história familiar de transtornos mentais, fenótipo pré-mórbido, sintomas subclínicos (pródromo), início e curso dos sintomas psicóticos, presença de outros sinais ou sintomas de outros quadros do neurodesenvolvimento ou de humor, ansiedade. Para referência em anamnese, consulte *A Entrevista Clínica – Anamnese* (Trevisan; Campanholo; Serrao, 2023). As observações comportamentais envolvem observância direta do comportamento, da fala e da interação do indivíduo durante a entrevista. Nessa etapa, é importante utilizar instrumentos específicos para suspeita de sintomas clínicos, a exemplo dos citados na Tabela 19.2.

Caso clínico

J., 13 anos, cursando o 7º ano do ensino fundamental, proveniente de uma família de baixa renda socioeconômica, foi levado à clínica de saúde por sua mãe, a qual descreveu queixas de baixo desempenho escolar e que o filho estava muito impressionado com filmes e jogos de videogame. Aparentemente, esses comportamentos não estavam presentes até os 10 anos, quando começou a apresentar uma queda gradual no desempenho acadêmico e progressiva redução na interação social, que já era restrita, além de recusa escolar. Aos 11 anos, ele apresentou dificuldade significativa na leitura e na escrita, necessitando de reforço escolar. Nessa mesma época, J. apresentou rituais de contagem.

Durante a gestação de J., sua mãe realizou acompanhamento pré-natal sem relato de intercorrências, sem alterações nos exames ou uso de substâncias. Relata apenas quadro gripal. J. nasceu com 35 semanas, com 2.350 g (considerado baixo peso ao nascer) e recebeu alta em poucos dias após identificado ganho de peso, segundo relato da mãe. A respeito dos principais marcos do neurodesenvolvimento, J. andou com 1 ano e 2 meses, começou a falar com 1 ano e 11 meses seu desfralde diurno se deu aos 3,5 anos e o noturno, aos 4 anos.

Nos últimos 6 meses, iniciou fala confusa e comportamentos paranoicos: dizia que espiões queriam "tirar seu sangue" e escutava pessoas "informando" os lugares que ele procurava para se esconder. Recusou-se ir à escola, alegando medo de sequestro. A família acreditava que J. estava "misturando" a realidade com os jogos de videogames e filmes. O menino relatava ouvir vozes que que afirmam serem de "espiões" e que comentavam os lugares em que ele se escondia. Apresentou despertares noturnos com gritos e períodos de inquietação. A mãe relata que seu avô paterno tinha esquizofrenia ou transtorno bipolar e que fora internando algumas vezes.

A avaliação de sintomas psiquiátricos foi realizada utilizando-se os instrumentos CBCL e K-SADS-PL. J. apresenta alterações comportamentais importantes desde os 10 anos (funcionamento pré-mórbido com prejuízos acadêmico e social). Nos últimos 6 meses, tem exibido gradual quebra de funcionalidade e aumento de sintomas psicóticos com alucinações auditivas e delírios persecutórios.

Tabela 19.1 Descrição de marcos do desenvolvimento que ocorrem desde o nascimento até 12 anos.

Área do Desenvolvimento	De 1 a 6 meses	De 6 a 12 meses	De 1 a 5 anos	De 6 a 12 anos
Habilidades cognitivas	**Sorri e ri** **Olha na direção do som:** olha na direção do som **Olhos acompanham alvo:** os olhos acompanham um alvo em movimento lento por um breve período **Percebe contrastes e rostos:** olha para bordas, padrões com contraste claro/escuro e rostos **Imita movimentos da língua:** imita os movimentos da língua de um adulto quando está sendo segurado/conversando **Aprende por experiências sensoriais:** aprende por meio de experiências sensoriais **Repete ações:** repete ações, mas não tem consciência da capacidade de causar ações (4 a 6 meses) **Golpeia objetos:** golpeia objetos pendurados **Brinca com brinquedos:** balança e olha para o brinquedo colocado na mão **Fica entediado sozinho:** fica entediado se deixado sozinho por períodos mais longos **Repete ações acidentais:** repete ações causadas acidentalmente que são interessantes **Gosta de jogos:** gosta de jogos como esconde-esconde ou bate palma **Procura objetos escondidos:** procura por um objeto parcialmente escondido **Coordena sentidos:** capaz de coordenar olhar, ouvir e tocar	**Explora objetos:** explora objetos olhando-os e colocando-os na boca **Preferências alimentares:** desenvolve preferências por alimentos **Explora com a boca:** explora objetos com a boca, bate dois objetos nas mãos **Responde ao nome:** responde ao próprio nome **Faz gestos:** faz gestos para se comunicar e simbolizar objetos, como apontar para algo que deseja **Entende algumas palavras:** parece entender algumas coisas que os pais ou adultos familiares dizem **Deixa cair brinquedos:** deixa cair brinquedos para serem pegos e devolvidos, deixa-os cair novamente e olha na direção do brinquedo caído **Sorri para o espelho:** sorri para a própria imagem no espelho **Gosta de brincar com água:** gosta de brincar com água e mostra interesse por livros de imagens **Entende gestos:** entende gestos/responde a "tchau, tchau" **Ouve brinquedos:** escuta com prazer brinquedos que fazem som e música **Nota diferenças:** percebe diferenças e mostra surpresa **Remove obstáculos:** move obstáculos para alcançar o brinquedo desejado **Responde ao próprio nome:** responde ao próprio nome	**Entende opostos:** entende opostos (p. ex: grande/pequeno) e palavras posicionais (meio, fim) **Constrói:** usa objetos e materiais para construir ou montar coisas (p. ex.: torre de blocos, quebra-cabeça, argila, areia e água) **Constrói torre:** constrói torre de 8 a 10 blocos **Responde a perguntas:** responde a perguntas simples **Conta objetos:** conta de 5 a 10 coisas **Maior atenção:** tem um período de atenção mais longo **Fala consigo:** fala consigo mesmo durante brincadeiras para ajudar a guiar o que faz **Segue instruções:** segue instruções simples **Segue regras:** segue regras simples e gosta de ajudar **Escreve números e letras:** é capaz de escrever alguns números e letras **Reconhece cores:** é capaz de identificar e nomear algumas cores **Conta objetos:** toca objetos para contar, começando a entender a relação entre números e objetos **Reconta histórias:** é capaz de recontar uma história recente **Copia letras:** copia letras e pode escrever algumas sem ser solicitado	**Pensamento abstrato:** a capacidade de pensamento abstrato e planejamento começa a se desenvolver entre 6 e 12 anos **Habilidades esportivas e artísticas:** a coordenação motora fina e grossa continua a melhorar, possibilitando habilidades esportivas e artísticas mais complexas **Brincadeira dramática:** participa de brincadeiras dramáticas, assumindo papéis de personagens **Recorda eventos:** recorda eventos corretamente **Conta de memória:** conta de memória, tendo memorizado números **Melhora das funções executivas**
Habilidades sociais	**Sorri e ri** **Faz contato visual:** faz contato visual segurado com o rosto a cerca de 20 cm do rosto do adulto que o está olhando **Pode dormir a maior parte do tempo** **Alerta e concentrado em rostos** **Move a cabeça ao som de vozes:** reage com atenção ou aproximação à presença de outro bebê ou criança pequena **Responde ao próprio nome:** sorri frequentemente e mostra empolgação ao ver os preparativos sendo feitos para refeições ou banho **Reconhece pessoas familiares:** estica os braços para ser pego no colo **Mostra ansiedade ao ver estranhos** (com 12 meses) **Gosta de brincar com outras crianças:** pode ter um amigo em particular **Compartilha sorrisos e coopera com os colegas:** manipula objetos conjuntamente com um ou dois colegas, desenvolve independência e habilidades sociais que usará na pré-escola e na escola	**Acena adeus** **Imita aplausos** **Imita ações e sons** **Gosta de cantigas de ninar que incorporam movimentos da mão e dos dedos junto com a rima** **Grita para chamar atenção** **Ri especialmente em interações sociais**	**Gosta de brincar** com outras crianças **Pode ter um amigo** em particular **Compartilha, sorri e coopera** com os colegas **Manipula objetos** conjuntamente com um ou dois colegas **Vocaliza alto** usando a maioria das vogais e consoantes – parecendo uma conversa **Fala em frases** e usa muitas palavras diferentes **Responde a perguntas** simples **Faz muitas perguntas** **Conta histórias** **Fala constantemente** **Gosta de falar** e pode gostar de experimentar novas palavras **Usa formas adultas de falar** **Participa de conversas** **Gosta de piadas, rimas e histórias** **Sabe afirmar com palavras**	**Desenvolve independência e habilidades sociais** que usará para aprender e se relacionar com os outros na pré-escola e na escola

Tabela 19.1 Descrição de marcos do desenvolvimento que ocorrem desde o nascimento até 12 anos. *(Continuação)*

Área do Desenvolvimento	De 1 a 6 meses	De 6 a 12 meses	De 1 a 5 anos	De 6 a 12 anos
Habilidades emocionais	**Vinculação** **Chora:** picos por volta de 6 a 8 semanas e estabiliza por volta de 12 a 14 semanas **Chora quando com fome ou desconfortável:** geralmente para quando é segurado **Mostra empolgação quando os pais se preparam para alimentar:** acalma-se mais nos padrões de alimentação e sono **Pode se acalmar** quando cansado ou chateado chupando o dedo ou chupeta **Começa a mostrar desconfiança de estranhos** **Pode ficar inquieto quando os pais saem da sala** **Feliz ao ver rostos conhecidos** **Procura ativamente** ficar próximo dos pais ou cuidador principal **Mostra sinais de ansiedade** ou estresse se os pais se afastam	**Oferece brinquedo ao adulto:** mas não o solta **Mostra sinais de empatia** com o sofrimento de outro (mas muitas vezes se acalma) **Explora e brinca** ativamente quando os pais estão presentes, retornando de vez em quando para segurança e interação **Reage com excitação,** atenção ou aproximação à presença de outro bebê ou criança pequena **Responde ao próprio nome** **Sorri frequentemente:** mostra empolgação ao ver os preparativos sendo feitos para refeições ou banho **Reconhece pessoas familiares:** estica os braços para ser pego no colo	**Mostra ansiedade ou desconfiança** aos ver estranhos **Entende quando alguém** está machucado e o conforta **Pode mostrar surtos de agressão com colegas** **Gosta de dar** e receber afeto dos pais **Pode se elogiar:** vaidoso	
Linguagem	**Expressa necessidades** **Chora** **Quando contente,** faz pequenos ruídos de garganta **Acalmado pelo som da voz** ou por sons rítmicos baixos **Imita movimentos da língua do adulto** quando é segurado e falam com ele (4 a 6 meses) **Pode começar a copiar sons** **Faz sons guturais e grunhidos:** gosta de jogos como esconde-esconde ou bate palmas	**Balbucia e repete sons** **Responde ao próprio nome se chamado,** nomes de família e objetos familiares **Balbucia melodiosamente** **Diz palavras como "dada" ou "mama"** **Acena adeus** **Imita aplausos** **Imita ações e sons** **Gosta de músicas** que combinam a letra com mímicas ou dedos (p. ex: "Pintinho amarelinho", "Os dedinhos", "Cabeça, ombro, joelho e pés") **Grita para chamar atenção** **Vocaliza alto** usando a maioria das vogais e consoantes – parecendo uma conversa		**Usa muitas palavras diferentes** **Habilidades linguísticas avançadas** **Capacidade de entender** e utilizar metáforas e linguagem figurada

Adaptada de Community Child Care Co-operative Ltd NSW (Green *et al.*, 2024).

Tabela 19.2 Instrumentos para uso com crianças e adolescentes com suspeita de transtornos psicóticos.

Instrumento	Descrição	Autores
Schedule for Affective Disorders and Schizophrenia for School Aged-Children (K-SADS-PL) – versão brasileira (6 a 18 anos)	Entrevista diagnóstica semiestruturada projetada para avaliar episódios psiquiátricos passados e atuais. Combina abordagens dimensionais e categóricas	Caye *et al.*, 2017
Questionário de Capacidades e Dificuldades (SDQ) – versão brasileira	Instrumento de triagem comportamental que avalia problemas emocionais, comportamentais e de hiperatividade em crianças e adolescentes	Fleitlich; Goodman, 2001
Inventário de Comportamentos da Infância e Adolescência (CBCL) – versão brasileira (4 a 18 anos)	Avalia competência social e problemas de comportamento em crianças e adolescentes por meio do relato dos pais	Bordin; Mari; Caeiro, 1995
Prodromal Questionnaire – 16 (PQ-16)	Questionário de autorrelato para detectar sinais prodrômicos de psicose	Aguiar *et al.*, 2023
Triagem para Prevenção através da Identificação de Riscos, Gestão e Educação (PRIME) – *Screen*	Ferramenta de triagem para identificar indivíduos em risco de desenvolver psicose	Aguiar *et al.*, 2023
Entrevista Estruturada para Síndromes Prodrômicas (SIPS) – versão brasileira	Entrevista clínica estruturada para avaliar síndromes prodrômicas de psicose	Diniz *et al.*, 2021
Children's Interview for Psychiatric Syndromes (ChIPS) – versão brasileira	Entrevista estruturada para diagnosticar transtornos psiquiátricos em crianças e adolescentes	Souza *et al.*, 2009
Development and Well-Being Assessment (DAWBA) – versão brasileira	Ferramenta de avaliação diagnóstica que combina entrevistas estruturadas e questionários para pais, crianças e professores	Graeff-Martins; Fleitlich-Bilyk, 2016
Personal Well-Being Index (PWI) – acima de 12 anos	Instrumento que avalia o bem-estar subjetivo em adolescentes e adultos	International Wellbeing Group, 2006
Classificação Internacional de Funcionalidade, Incapacidade e Saúde – versão para Crianças e Jovens (CIF-CJ)	Classificação internacional que avalia funcionalidade e incapacidade em crianças e jovens	OMS, 2011
BAYLEY-III – Escalas de desenvolvimento do bebê e da criança pequena	Instrumento que avalia os desenvolvimentos motor, cognitivo e linguístico em bebês e crianças pequenas	Bayley, 2018
DENVER II – Teste de Triagem do Desenvolvimento	Ferramenta de triagem para avaliar o desenvolvimento infantil em crianças de 0 a 6 anos	Sabates, 2017
Ages and Stages Questionnaires (ASQ)	Questionários que avaliam o desenvolvimento de crianças em várias idades, desde bebês até os 5 anos	Figueira *et al.*, 2013

Para compreender melhor o perfil cognitivo de J. e oferecer suporte para um plano de tratamento, a avaliação abordou habilidades relacionadas com eficiência intelectual, atenção, funções executivas, memória, linguagem e habilidades acadêmicas. Também foram investigados aspectos comportamentais associados à aprendizagem, conforme descrito a seguir.

A avaliação de inteligência de J. foi realizada utilizando-se a Escala Wechsler de Inteligência para Crianças – 4ª edição (WISC-IV) (Wechsler, 2013). J. obteve Quociente de Inteligência Total (QIT) médio inferior. Os resultados detalhados indicam um desempenho variável nos índices componentes, com Índice de Velocidade de Processamento e Índice de Compreensão Verbal na classificação limítrofe e Índice de Organização Perceptual e Índice de Memória Operacional dentro da média esperada para a idade.

Os resultados obtidos no Teste de Atenção Visual – 4ª edição (TAVIS-4) (Mattos, 2019) indicam que J. apresentou, em termos de tempo, resultado abaixo do esperado para a idade em tarefa que avalia atenção seletiva, com muitos erros por omissão. Em tarefa que analisa atenção alternada, seu desempenho foi abaixo do esperado em relação ao tempo de reação aos estímulos realizados corretamente, com maior número de erros por ação e omissão do que a grande parte das pessoas de sua idade. Por fim, na avaliação de atenção sustentada, apresentou menor número de erros, mas com tempo de reação muito abaixo do esperado para sua idade. A avaliação da atenção por meio do teste D2-R (Brickenkamp *et al.*, 2018) indicou medidas de acurácia abaixo do esperado para a idade, com quantidade de erros, velocidade de execução do teste e desempenho de concentração dentro do esperado. Desse modo, J. manifesta dificuldade atencional para a maioria das demandas apresentadas, porém com poucos erros por impulsividade e aparentemente maior dificuldade no que se refere à velocidade de processamento.

A capacidade de visoconstrução foi avaliada por meio da parte de cópia do teste Figuras Complexas de Rey (Oliveira; Rigoni, 2010), na qual J. obteve desempenho médio (percentil 50), com tempo de execução dentro do esperado para sua idade. Demonstrou, contudo, pouco planejamento em relação à ordem com que realizou a cópia dos elementos da figura.

J. demonstrou, de forma geral, oscilações de desempenho no Teste de Aprendizagem Auditivo-Verbal de Rey (RAVLT) (Malloy-Diniz; Paula, 2018) e capacidade de aprendizagem, com desempenho variando entre médio e abaixo da média, no entanto foi beneficiado com uso de pistas, identificado na tarefa de reconhecimento. Na parte de reprodução de memória do teste Figuras Complexas de Rey (Oliveira; Rigoni, 2010), obteve desempenho médio inferior, entretanto demonstrou planejar muito pouco a ordem com que copiou os elementos da figura.

Em termos de funções executivas, em tarefa de fluência verbal (Oliveira *et al.*, 2016), a qual envolve habilidade de evocação lexical e automonitoramento, J. apresentou resultados abaixo da média para a idade na maior parte das tarefas semânticas e fonêmicas, o que pode indicar relativa dificuldade quanto a observar e regular seu próprio comportamento em função do objetivo da tarefa com melhoria de desempenho no decorrer da tarefa. Como apresentado anteriormente, em tarefas que exigem planejamento prévio à execução, seu desempenho foi insatisfatório, demonstrando dificuldade quanto a se organizar e estruturar a tarefa de modo a otimizar o alcance de um determinado objetivo. Essa dificuldade está presente quando J. precisa realizar tarefas e lidar com problemas novos e, principalmente, quando precisa planejar suas ações antes de iniciá-las. No Teste dos Cinco Dígitos (FDT) (Sedó; Paula; Malloy-Diniz, 2015), obteve desempenho abaixo do seu potencial cognitivo geral, com percentil 5 nos subtestes que avaliam inibição e flexibilidade cognitiva.

Quanto à avaliação do desempenho acadêmico, na habilidade de leitura, verificada por meio do TDE-II (Stein; Giacomoni; Fonseca, 2019), exibiu resultado em leitura de palavras dentro do esperado para a idade, com velocidade de leitura abaixo do esperado e indicativo para déficit no coeficiente de eficiência de aprendizagem da leitura. Dificuldades também foram observadas na avaliação qualitativa de compreensão de texto expositivo, com desempenho adequado em relação à precisão, porém com reconto restrito e desorganizado e pouca capacidade de priorização dos assuntos. Quanto à habilidade de escrita, apresentou padrão semelhante, com alguns erros relacionados com a correspondência grafo-fonêmica e dificuldade significativa no desenvolvimento textual. Fez uso de frases curtas, parágrafos pouco elaborados e estrutura desorganizada. A habilidade de aritmética, também avaliada pelo TDE-II, resultou abaixo da média, tanto em relação ao número de acertos na prova escrita quanto ao tempo de execução.

Diante da sintomatologia apresentada (sintomas psicóticos como alucinações auditivas e delírios persecutórios, prejuízos pré-mórbidos, histórico de esquizofrenia ou transtorno afetivo bipolar na família) aliada a todas as dificuldades cognitivas e de funcionalidade apresentadas, o diagnóstico de TEE de início muito precoce foi sugerido. A equipe médica psiquiátrica confirmou os dados dessa avaliação e deu início ao tratamento com risperidona. J. foi encaminhado para psicoterapia cognitivo-comportamental e a família recebeu psicoeducação para controle dos comportamentos de J. e também orientações sobre a doença.

Considerações finais

O presente capítulo abordou de forma abrangente a avaliação neuropsicológica nos transtornos psicóticos na infância e na adolescência, destacando a importância de uma abordagem multidisciplinar e integrada. Com base nas evidências apresentadas, é evidente que os transtornos do espectro da esquizofrenia, embora raros na infância, têm características clínicas e neuropsicológicas específicas que demandam atenção e intervenção precoce.

A compreensão dos fatores de risco, sintomas clínicos e comorbidades é decisiva para o diagnóstico diferencial e a formulação de planos de tratamento personalizados. A avaliação neuropsicológica desempenha importante papel na identificação de déficits cognitivos e funcionais, possibilitando intervenções terapêuticas direcionadas que podem melhorar significativamente o prognóstico e a qualidade de vida dos pacientes.

Além disso, a psicoeducação sobre saúde mental na infância e na adolescência é essencial para capacitar pais, educadores e profissionais da saúde na identificação precoce de sinais de alerta e na promoção de um ambiente de suporte e acolhimento para as crianças afetadas.

Em resumo, o conhecimento detalhado e atualizado sobre os transtornos psicóticos na infância e na adolescência, aliado a uma prática clínica com base em evidências, é indispensável para garantir um diagnóstico preciso e um tratamento efetivo. A colaboração entre diferentes áreas do conhecimento e a continuidade dos avanços científicos são essenciais para melhorar os desfechos clínicos e proporcionar um desenvolvimento saudável para crianças e adolescentes com transtornos psicóticos.

Referências bibliográficas

ADDINGTON, J.; HEINSSEN, R. Prediction and prevention of psychosis in youth at clinical high risk. Annual Review of Clinical Psychology, v. 8, p. 269-289, 2012.

ADDINGTON, J. et al. Social functioning in individuals at clinical high risk for psychosis. Schizophrenia Research, v. 63, n. 1-2, p. 119-124, 2003.

AGUIAR, A. P. et al. Translation and cross-cultural adaptation to Brazilian Portuguese of two brief screening tools for youth at risk of psychosis: the Prodromal Questionnaire (PQ-16) and the PRIME-Screen. Trends in Psychiatry and Psychotherapy, v. 45, p. e20210276, 2023.

AMERICAN PSYCHIATRIC ASSOCIATION (APA), DSM-5 TASK FORCE. Diagnostic and statistical manual of mental disorders: DSM-5. 5. ed. Washington, DC: American Psychiatric Publishing, 2013.

AMERICAN PSYCHIATRIC ASSOCIATION (APA). Diagnostic and statistical manual of mental disorders. Washington, DC: American Psychiatric Association, 1952.

AMERICAN PSYCHIATRIC ASSOCIATION (APA). Diagnostic and statistical manual of mental disorders. 2. ed. Washington, DC: American Psychiatric Association, 1968.

AMERICAN PSYCHIATRIC ASSOCIATION (APA). Diagnostic and statistical manual of mental disorders. 3. ed. Washington, DC: American Psychiatric Association, 1980.

AMERICAN PSYCHIATRIC ASSOCIATION (APA). Diagnostic and statistical manual of mental disorders. 4. ed. rev. Washington, DC: American Psychiatric Association, 2000.

AMERICAN PSYCHIATRIC ASSOCIATION (APA). Diagnostic and statistical manual of mental disorders. 5. ed. rev. Washington, DC: American Psychiatric Association, 2022.

ANDREASSEN, O. A. et al. New insights from the last decade of research in psychiatric genetics: Discoveries, challenges and clinical implications. World Psychiatry: Official Journal of the World Psychiatric Association (WPA), v. 22, n. 1, p. 4-24, 2023.

BALDWIN, J. M. Dictionary of Philosophy and Psychology. New York: Macmillan, 1901.

BAYLEY, N. Bayley III: Escalas de desenvolvimento do bebê e da criança pequena. São Paulo: Hogrefe CETEPP, 2018.

BORA E.; MURRAY, R. M. Meta-analysis of cognitive deficits in ultra-high risk to psychosis and first-episode psychosis: do the cognitive deficits progress over, or after, the onset of psychosis? Schizophrenia Bulletin, v. 40, n. 4, p. 744-755, 2014.

BORDIN, I. A.; MARI, J. D. J.; CAEIRO, M. F. Validação da versão brasileira do "Child Behavior Checklist" (CBCL) (Inventário de Comportamentos da Infância e Adolescência): dados preliminares. Revista ABP-APAL, v. 17, n. 2, p. 55-66, 1995.

CASPI, A. et al. Role of genotype in the cycle of violence in maltreated children. Science, v. 297, p. 851-854, 2002.

CASPI, A. et al. Influence of life stress on depression: moderation by a polymorphism in the 5-HTT gene. Science, v. 301, n. 5631, p. 386-389, 2003.

CAYE, A. et al. Schedule for Affective Disorders and Schizophrenia for School-Age Children – Present and Lifetime Version (K-SADS-PL) DSM-5 update: translation into Brazilian Portuguese. Brazilian Journal of Psychiatry, v. 39, n. 4, p. 384-386, 2017.

CEPEDA, C. Overview of psychotic symptoms in childhood. In: CEPEDA, C. Psychotic Symptoms in Children and Adolescents: Assessment, Differential Diagnosis, and Treatment. Oxfordshire: Routledge. 2007. p. 1-24.

COMMUNITY CHILD CARE CO-OPERATIVE LTD (NSW). (n.d.). Developmental milestones and the Early Years Learning Framework and the National Quality Standards. Australian Government Department of Education, Employment and Workplace Relations. ISBN: 978-0-9873543-3-4.

DINIZ, G. N. et al. Translation and validation of the Structured Interview for Prodromal Syndromes (SIPS) to Portuguese. Revista Brasileira de Psiquiatria, v. 43, n. 5, p. 560-562, 2021.

DRIVER, D. I. et al. Childhood-onset schizophrenia and early-onset schizophrenia spectrum disorders: An update. Child and Adolescent Psychiatric Clinics of North America, v. 29, n. 1, p. 71e90, 2020.

FAVA, G. A.; KELLNER, R. Prodromal symptoms in affective disorders. The American Journal of Psychiatry, v. 148, n. 7, p. 823-830, 1991.

FIGUEIRAS, A. et al. Psychometric properties of the Brazilian-adapted version of the Ages and Stages Questionnaire in public child daycare centers. Early Human Development, v. 89, p. 561-576, 2013.

FITZGERALD, M. The future of psychiatry and neurodevelopmental disorders: a paradigm shift. In: FITZGERALD, M. (ed.). Neurodevelopment and Neurodevelopmental Disorder. London: Intech Open, 2019. p. 1-10.

FLEITLICH, B.; GOODMAN, R. Social factors associated with child mental health problems in Brazil: cross-sectional survey. BMJ, v. 323, n. 7313, p. 599-600, 2001.

FLEMMING, C. F. Pathologie und Therapie der Psychosen. Berlin: August Hirschwald, 1859.

FUSAR-POLI, P. et al. Heterogeneity of Psychosis Risk Within Individuals at Clinical High Risk: A Meta-analytical Stratification. JAMA Psychiatry, v. 73, n. 2, p. 113-120, 2015.

GILLBERG, C. Epidemiology of early onset schizophrenia. In: REMSCHMIDT, H. (ed.). Schizophrenia in children and adolescents. Cambridge: Cambridge University Press, 2000. p. 43-59.

GILLBERG, I. C. Psicose adolescente e delimitações transdiagnósticas para outras síndromes clínicas. In: AGARTZ, I.; SMELROR, R. E. (eds.). Psicose adolescente: perspectivas clínicas e científicas. Massachusetts: Academic Press, 2023. p. 107-126.

GILLBERG, I. C.; HELLGREN, L.; GILLBERG, C. Psychotic disorders diagnosed in adolescents: Outcome at age 30 years. Journal of Child Psychology and Psychiatry, n. 34, v. 8, p. 1173-1185, 1993.

GLATT, S. J.; FARAONE, S. V.; TSUANG, M. T. Is schizophrenia a brain disorder? In: GLATT, S. J.; FARAONE, S. V.; TSUANG, M. T. Schizophrenia. 4. ed. Oxford: Oxford University Press, 2019. p. 65-81.

GOULDING, S. et al. Prodrome and clinical risk for psychotic disorders. Child and Adolescent Psychiatric Clinics of North America, v. 22, p. 557-567, 2013.

GRAEFF-MARTINS, A. S.; FLEITLICH-BILYK, B. Development and wellbeing assessment (DAWBA). In: GORENSTEIN, C.; WANG, Y-P.; HUNGERBÜHLER, I Instrumentos de avaliação em saúde mental. Porto Alegre: Artmed, 2016.

GREEN, M. J. et al. Cohort Profile Update: The New South Wales Child Development Study (NSW-CDS) – Wave 3 (child age ~18 years). International journal of epidemiology, v. 53, n. 3, p. 1464-3685, 2024.

HAAS, G. L.; SWEENEY, J. A. Premorbid and onset features of first-episode schizophrenia. Schizophrenia Bulletin, v. 18, n. 3, p. 373-386, 1992.

HADDAD, P. M.; NUTT, D. J.; GREEN, A. R. A brief history of psychopharmacology. In: HADDAD, P. M.; NUTT, D. J. (eds.). Seminars in Clinical Psychopharmacology. Cambridge: Cambridge University Press, 2020. p. 1-34.

HAIM, A. et al. Premorbid social functioning and clinical outcome in first-episode schizophrenia. The Journal of Nervous and Mental Disease, v. 194, n. 4, p. 293-296, 2006.

HORTON, L. E. et al. Trajectories of premorbid childhood and adolescent functioning in schizophrenia-spectrum psychoses: a first-episode study. Psychiatry Research, v. 227, n. 2-3, p. 339-346, 2015.

INTERNATIONAL WELLBEING GROUP. Personal wellbeing index-adult-manual. 4. ed. Melbourne: Australian Centre on Quality of Life, Deakin University, 2006.

ISOHANNI, M.; MIETTUNEN, J.; PENTTILÄ, M. Life span development of schizophrenia: Symptoms, clinical course and outcomes. In: TAMMINGA, C. A.; IVLEVA, E. I. et al. (eds.). Psychotic Disorders: Comprehensive Conceptualization and Treatments. Oxford University Press. 2023, p. 143-151.

JOHNS, L. C.; VAN OS, J. The continuity of psychotic experiences in the general population. Clinical Psychology Review, v. 21, n. 8, p. 1125-1141, 2001.

JOYCE, E. M.; ROISER, J. P. Cognitive heterogeneity in schizophrenia. Current Opinion in Psychiatry, v. 20, n. 3, p. 268-72, 2007.

KAHN, R. S.; KEEFE, R. S. Schizophrenia is a cognitive illness: time for a change in focus. JAMA Psychiatry, v. 70, n. 10, p. 1107-1112, 2013.

KARLSGODT, K. H. Early risk factors in early-onset psychosis. In: AGARTZ I.; SMELROR, R. E. (eds.). Adolescent Psychosis: Clinical and Scientific Perspectives Academic Press, 2023. p. 45-60.

KELLEHER, I.; CANNON, M. Psychotic-like experiences in the general population: Characterizing a high-risk group for psychosis. Psychological Medicine, v. 41, n. 1, p. 1-6, 2011.

KELLEHER, I. et al. Prevalence of psychotic symptoms in childhood and adolescence: a systematic review and meta-analysis of population-based studies. Psychological Medicine, v. 42, n. 9, p. 1857-1863, 2012.

KESHAVAN, M. S.; TOROUS, J.; TANDON, R. Conceptualization of psychosis in psychiatric nosology: Past, present, and the future. In: TAMMINGA, C. A.; IVLEVA, E. I. et al. (eds.). Psychotic disorders: Comprehensive conceptualization and treatments. Oxford: Oxford University Press, 2021. p. 3-11.

KESSLER, R. C. et al. Prevalence, severity, and comorbidity of 12-month DSM-IV disorders in the national comorbidity survey replication. Archives of general Psychiatry, v. 62, p. 617-627, 2005.

KIM-COHEN, J. et al. MAOA, maltreatment, and gene-environment interaction predicting children's mental health: new evidence and a meta-analysis. Molecular Psychiatry, v. 11, p. 903-913, 2006.

LARSEN, T. K.; MCGLASHAN, T. H.; MOE, L. C. First-episode schizophrenia: I. Early course parameters. Schizophrenia Bulletin, v. 22, n. 2, p. 241-256, 1996.

LEWANDOWSKI, K. E.; COHEN, B. M.; ONGUR, D. Evolution of neuropsychological dysfunction during the course of schizophrenia and bipolar disorder. Psychological Medicine, v. 41, n. 2, p. 225-241, 2011.

LINSCOTT, R. J.; VAN OS, J. An updated and conservative systematic review and meta-analysis of epidemiological evidence on psychotic experiences in children and adults: On the pathway from proneness to persistence to dimensional expression across mental disorders. Psychological Medicine, v. 43, n. 6, p. 1133-1149, 2013.

MARENCO, S.; WEINBERGER, D. R. The neurodevelopmental hypothesis of schizophrenia: Following a trail of evidence from cradle to grave. Development and Psychopathology, v. 12, n. 3, p. 501-527, 2000.

MATTEJAT, F.; REMSCHMIDT, H. The children of mentally ill parents. Deutsches Ärzteblatt International, v. 105, n. 23, p. 413-418, 2008.

MCCLELLAN, J.; MCCURRY, C. Early onset psychotic disorders: Diagnostic stability and clinical characteristics. European Child and Adolescent Psychiatry, v. 8, n. S1, p. S13eS19, 1999.

OEZTUERK, O. F. et al. The clinical relevance of formal thought disorder in the early stages of psychosis: Results from the PRONIA study. European Archives of Psychiatry and Clinical Neuroscience, v. 272, n. 3, p. 403-413, 2022.

ORGANIZAÇÃO MUNDIAL DA SAÚDE (OMS). CIF-CJ: A Classificação Internacional de Funcionalidade, Incapacidade e Saúde: versão para Crianças e Jovens. São Paulo: EDUSP, 2011.

REMBERK, B.; NAMYSŁOWSKA, I.; RYBAKOWSKI, F. Cognitive impairment and formal thought disorders in parents of early-onset schizophrenia patients. Neuropsychobiology, v. 65, n. 4, p. 206-215, 2011-2012.

REMSCHMIDT, H. Schizophrenia in children and adolescents. In: BANASCHEWSKI T.; ROHDE L. A. (eds.). Biological child psychiatry. Recent trends and developments. Advances in Biological Psychiatry, v. 24, p. 118-137, 2008.

ROSS, R. G.; HEINLEIN, S.; TREGELLAS, H. High rates of comorbidity are found in childhood-onset schizophrenia. Schizophrenia Research, v. 88, n. 1e3, p. 90e95, 2006.

RUSSELL, A. T. The clinical presentation of childhood-onset schizophrenia. Schizophrenia Bulletin, v. 20, n. 4, p. e631-e646, 1994.

SABATÉS, A. L. Denver II: teste de triagem do desenvolvimento: manual de treinamento. São Paulo: Hogrefe, 2017.

SALAZAR DE PABLO, G. et al. Probability of transition to psychosis in individuals at clinical high risk: an updated meta-analysis. JAMA Psychiatry, v. 78, n. 9, p. 970-978, 2021.

SEIDMAN, L. J.; SHAPIRO, D. I.; STONE, W. S. Association of neurocognition with transition to psychosis: Baseline functioning in the second phase of the North American Prodrome Longitudinal Study. JAMA Psychiatry, v. 73, n. 12, p. 1239-1248, 2016.

SHEFFIELD, J. M.; KARCHER, N. R.; BARCH, D. M. Cognitive deficits in psychotic disorders: a lifespan perspective. Neuropsychology Review, v. 28, n. 4, p. 509-533, 2018.

SMELROR, R. E.; MØRCH-JOHNSEN, L.; AGARTZ, I. Introduction to psychotic disorders in adolescence. *In*: AGARTZ I.; SMELROR R. (eds.) Adolescent psychosis: Clinical and scientific perspectives. Academic Press, 2023. p. 1-24.

SOUZA, I. G. *et al*. A Brazilian version of the "Children's Interview for Psychiatric Syndromes" (ChIPS). Jornal Brasileiro de Psiquiatria, v. 58, p. 115-118, 2009.

STENTEBJERG-OLESEN, M. *et al*. Clinical characteristics and predictors of outcome of schizophrenia-spectrum psychosis in children and adolescents: A systematic review. Journal of Child and Adolescent Psychopharmacology, v. 26, n. 5, p. 410-427, 2016.

STROUS, R. D. *et al*. Premorbid functioning in schizophrenia: Relation to gender and age of onset. Schizophrenia Research, v. 69, n. 1, p. 75-83, 2004.

TREVISAN, D. A. *et al*. Autism spectrum disorder and schizophrenia are better differentiated by positive symptoms .an negative symptoms. Frontiers *in* Psychiatry, v. 11, p. 548, 2020.

ULLOA, R. E. *et al*. Psychosis in a pediatric mood and anxiety disorders clinic: Phenomenology and correlates. Journal of the American Academy of Child and Adolescent Psychiatry, v. 39, n. 3, p. 337-345, 2000.

VAN OS, J.; REININGHAUS, U. Psychosis as a transdiagnostic and extended phenotype in the general population. World Psychiatry, v. 15, n. 2, p. 118-124, 2016.

VAN ROSSUM, I. *et al*. Affective dysregulation and reality distortion: a 10-year prospective study of their association and clinical relevance. Schizophrenia Bulletin, v. 37, n. 3, p. 561-571, 2011.

WIGMAN, J. T. *et al*. Evidence that psychotic symptoms are prevalent in disorders of anxiety and depression, impacting on illness onset, risk, and severity – implications for diagnosis and ultra-high risk research. Schizophrenia bulletin, v. 38, n. 2, p. 247-257, 2012.

YUNG, A. R. *et al*. Validation of "prodromal" criteria to detect individuals at ultra high risk of psychosis: 2 year follow-up. Schizophrenia Research, v. 105, n. 1-3, p. 10-17, 2008.

YUNG, A. R. *et al*. Prediction of psychosis. A step towards indicated prevention of schizophrenia. The British Journal of Psychiatry, v. 43, p. 14-20. 2003. Supplement.

YUNG, A.R.; MCGORRY, P. The prodromal phase of first-episode psychosis: past and current conceptualizations. Schizophrenia Bulletin, v. 22, n. 2, p. 353-70, 1996.

ZHANG, T. *et al*. Neurocognitive Assessments Are More Important Among Adolescents Than Adults for Predicting Psychosis in Clinical High Risk. Biological psychiatry. Cognitive Neuroscience and Neuroimaging, v. 7, n. 1, p. 56-65, 2022.

20 Devolutiva na Avaliação Neuropsicológica

Anna Carolina Rufino Navatta • Tallis Perin Soares

Introdução

Para que se possa entender a dimensão e a relevância da entrevista devolutiva, é preciso, primeiro, compreender a estrutura básica de uma avaliação psicológica/neuropsicológica. Todo o processo se inicia com uma entrevista de anamnese (estruturada ou semiestruturada), seja com o próprio avaliando, seja com algum representante familiar. Depois desse primeiro contato, o avaliador levantará uma série de hipóteses norteadoras que devem ser investigadas, compreendidas em sua totalidade e que podem ou não ser confirmadas. É importante frisar que, não necessariamente essas hipóteses estão relacionadas com quadros psicopatológicos, visto que se está avaliando toda a complexidade biopsicossocial na qual o indivíduo está inserido, sempre considerando sua natureza mutável.

Para a próxima etapa, elencam-se os materiais e as técnicas que serão utilizados na investigação: entrevista, acolhimento de demandas do paciente, observação lúdica (em crianças), técnicas qualitativas e quantitativas, testes neuropsicológicos padronizados e outros recursos que fazem parte do repertório psicológico, como a visita escolar e técnicas interventivas. Dada toda essa construção conjunta de terapeuta e paciente, o resultado final será um laudo ou relatório psicológico que contemplará uma série de informações, entre elas o resumo dos pontos centrais da história clínica do paciente, suas queixas, técnicas utilizadas, resultados claros, expositivos, conclusão e, por fim, as intervenções e indicações terapêuticas sugeridas para atender às potencialidades e fraquezas que foram descritas no processo avaliativo (Hutz et al., 2016).

A avaliação psicológica/neuropsicológica origina um arcabouço de informações que possibilita a compreensão mútua da dinâmica do paciente e viabiliza uma série de recomendações que podem ser apresentadas para auxiliar na melhora na qualidade de vida. É nesse momento que a entrevista devolutiva, atuando como o "clímax" da avaliação, mostra-se como uma etapa diferencial e tem o objetivo de construir e sintetizar as informações de forma lógica e acessível (Albornoz, 2016).

De acordo com Albornoz (2016), o momento da devolutiva tem um papel fundamental no sentido de **descobrir, organizar e esclarecer** a demanda e sua complexidade para o indivíduo que solicitou a avaliação e os demais interessados. Durante esse processo, o profissional será um facilitador na integração entre os sintomas descritos, a história pessoal, a dinâmica familiar, o meio ambiente e o contexto atual. Os envolvidos podem se beneficiar de uma recapitulação do processo e, dessa forma, o(a) psicólogo(a) pode retomar os momentos anteriores, como a entrevista inicial, conversas, materiais e técnicas utilizados, o objetivo de determinada atividade e outros.

Ao se reunirem as informações, organizá-las, apresentá-las de forma acessível e discuti-las, promovendo a reflexão sobre o que está sendo demonstrado, possibilita-se que o avaliando e sua família se apropriem do assunto em sua integralidade. Nesse momento, são construídos os caminhos que poderão ser trilhados em busca da melhora da qualidade de vida e o tratamento da demanda inicial. Cabe ao terapeuta, junto ao paciente, avaliar os impactos no dia a dia e chegar a conclusões sobre decisões a serem tomadas após a finalização da avaliação (Albornoz, 2016).

Devolutiva neuropsicológica e suas especificidades

Avaliação neuropsicológica

A avaliação neuropsicológica é definida como um processo de investigação multidisciplinar cuja principal meta é o levantamento funcional dos aspectos ligados a desenvolvimento neuropsicomotor, desempenho cognitivo, habilidades atencionais, processos da memória, funções executivas e quadros psicopatológicos diversos (Lezak et al., 2012; Ramos; Hamdan, 2016 apud Rech et al., 2020).

Existem etapas que, em geral, devem ser atendidas em uma boa avaliação. Durante a anamnese, é importante compreender o motivo do encaminhamento, esclarecer demandas, levantar dados das histórias clínica e pessoal do paciente, pesquisar distúrbios e outras condições pregressas à avaliação (Semrud-Clikeman; Swaiman, 2018 apud Rech et al., 2020). No segundo momento, é necessário definir as hipóteses e elencar as estratégias e os instrumentos que serão utilizados, além de realizar a correção quantiqualitativa dos materiais, integrá-la aos dados colhidos e relacioná-la com as hipóteses levantadas. A conclusão esclarecerá os pontos fracos e fortes do indivíduo, delineando o perfil neuropsicológico, hipóteses diagnósticas e indicações para adaptações ambientais e terapêuticas. Por fim, são realizadas a devolutiva neuropsicológica e a entrega do laudo (Rech et al., 2020).

A função primordial da avaliação neuropsicológica é construir uma descrição geral do funcionamento neuropsicológico do indivíduo. Entre as principais ferramentas, o profissional fará uso de técnicas de observação comportamental, anamnese estruturada, entrevistas semiestruturadas e livres, testes padronizados, escalas de rastreio e do desenvolvimento (Ramos; Hamdan, 2016 apud Rech et al., 2020). Após essa etapa, é realizada a interseção dos sintomas comportamentais/emocionais observados, história clínica coletada e resultados dos instrumentos utilizados, possibilitando a execução dos diagnósticos diferenciais e chegando-se às descrições do funcionamento global e/ou definições nosológicas baseadas nos principais manuais de classificação (10ª revisão da *Classificação estatística internacional de doenças e problemas relacionados à saúde* [CID-10] e texto revisado da 5ª edição do *Manual diagnóstico e estatístico de transtornos mentais* [DSM-5-TR]) (Mäder, 1996 apud Rech et al., 2020).

A construção do instrumental avaliativo e do raciocínio clínico deve estar em consonância com o público que será avaliado. Por exemplo, uma avaliação feita com crianças e adolescentes deve sempre levar em consideração os períodos do desenvolvimento humano, a maturação neurológica, o contexto escolar, as características ambientais e sociais, a dinâmica familiar e as características emocionais (Rodrigues; Gomes, 2013; Fuentes et al., 2014 apud Rech et al., 2020). Quando se trata de adultos e idosos, é importante que a avaliação contemple informações relacionadas com seu grau de escolaridade, níveis cultural e social, descrição de possíveis traumas ou lesões, alterações comportamentais, **início** das queixas, bem como sua **frequência** e **intensidade**, o impacto nas atividades de vida diária (AVD), prejuízos ocupacional/profissional, familiar e pessoal. Essas informações podem ser coletadas em conjunto com um familiar, cuidador ou informante de confiança (independente de vínculo familiar), principalmente se os pacientes apresentarem prejuízos de memória, linguagem, comportamento, funcionamento intelectual, lesões ou doenças degenerativas (Miotto, 2021).

Devolutiva neuropsicológica

A devolutiva psicológica pode ser entendida como a ação entre o psicólogo e o paciente voltada apenas para compartilhar diagnóstico depois de realizadas as avaliações psicológicas sistematizadas, porém, no âmbito da neuropsicologia, o processo de devolutiva vai muito além disso, não se restringindo ao objetivo de apenas transmitir escores de testes ou resultados de escalas e inventários, como é equivocadamente realizado por alguns profissionais. A devolutiva neuropsicológica deve se **prestar a orientar, psicoeducar e oferecer recomendações que possam melhorar a qualidade de vida do paciente, incluindo a transmissão de resultados obtidos na avaliação, sempre com linguagem que seja acessível ao paciente**. Não se pode esquecer de que as devolutivas eventualmente englobam família, cuidadores e profissionais envolvidos no caso sempre que necessário, tratando-se de esclarecer e contextualizar as forças e fraquezas do paciente em relação a suas implicações na vida diária. Outras atuações da devolutiva neuropsicológica incluem oferecer possibilidades de planos de tratamento e intervenção, propiciando apoio à família e ao próprio paciente, esclarecendo dúvidas referentes à avaliação e fornecendo dicas para que o indivíduo possa tomar decisões de tratamentos após esse processo.

Dessa forma, considerando-se as diretrizes propostas pelo Conselho Regional de Psicologia (CRP) em relação à emissão de documentos psicológicos após processos avaliativos, quando se alude à avaliação neuropsicológica e a sua devolutiva com a entrega da documentação pertinente, cabe concluir que o profissional deve seguir as indicações do laudo (que incluem as descrições diagnósticas e os resultados da testagem); entretanto, em somatório, as descrições propostas no relatório (incluindo orientações, recomendações, encaminhamentos e intervenções propostas) devem estar presentes, conforme orientam as diretrizes internacionais para devolutiva neuropsicológica (Postal; Armstrong, 2013; Gruters et al., 2021).

Documentos psicológicos e devolutiva

Existem distinções entre os dois principais documentos psicológicos/neuropsicológicos ante as delimitações legais propostas atualmente pelo Conselho Federal de Psicologia (CFP). O **relatório psicológico** não tem a finalidade de produzir diagnóstico psicológico e consiste em uma ferramenta expositiva, descritiva e com circunstâncias específicas. Seu objetivo é comunicar a atuação profissional em diferentes etapas, auxiliando na construção de orientações, recomendações, encaminhamentos e intervenções (CFP, 2019).

O **laudo psicológico** trata-se do resultado de um processo avaliativo e tem o objetivo de auxiliar na tomada de decisões acerca de determinada demanda, por exemplo, a elaboração de um diagnóstico.

Ambos os instrumentos apresentam valor técnico-científico e precisam atender a uma série de exigências de adequação, como acessibilidade da linguagem escrita, conceitualização teórica e raciocínio clínico, além de respeitar os preceitos descritos no código de ética profissional e na Resolução CFP nº 06/2019.

A Tabela 20.1 foi construída, de forma breve e didática, com base no texto presente na Resolução CFP nº 06/2019 – comentada, que, atualmente, representa as diretrizes a serem seguidas pelo psicólogo no Brasil.

O beneficiário do serviço prestado sempre terá direito ao documento final que foi emitido, sendo ele pessoa física, órgão ou instituição. De acordo com o **artigo 18** da Resolução CFP nº 06/2019, ao fazer a entrega do relatório ou laudo psicológico, é **dever** do profissional realizar ao menos uma **entrevista devolutiva com quem solicitou o serviço**. Esse processo deve funcionar como uma elucidação verbal daquilo que consta no documento. A linguagem precisa ser acessível e de fácil compreensão. Caso o profissional não possa realizar a devolutiva, os motivos que impossibilitaram essa etapa devem ser justificados. Se houver evasão do paciente ou qualquer outra condição adversa, a tentativa de contato e de devolutiva deve ser registrada no prontuário.

Tabela 20.1 Definição e estrutura do laudo e do relatório psicológicos (Resolução nº 06/2019 do Conselho Federal de Psicologia).

Estrutura	Definição	Relatório psicológico	Laudo psicológico
Identificação	Deve conter o nome da pessoa e/ou a instituição atendida, o solicitante do documento, a finalidade ou motivo do pedido, o nome do autor do documento e a respectiva inscrição no Conselho Regional de Psicologia	X	X
Descrição da demanda	Descrever as informações sobre o que motivou a busca pelo processo de trabalho prestado, indicando quem forneceu as informações e as demandas que justificam o documento	X	X
Procedimento	Apresentar o raciocínio técnico-científico e os recursos que serão utilizados no processo de avaliação, especificando o referencial teórico que será utilizado na análise, interpretação e conclusão	X	X
Análise	Fazer a exposição descritiva, objetiva, metódica e coerente de todos os dados coletados no processo. Não devem constar descrições literais de sessões, salvo quando se justificar tecnicamente. Devem ser respeitados a fundamentação teórica e técnica dos instrumentos e os princípios éticos descritos no código de ética profissional	X	X
Conclusão	As conclusões devem ser feitas de acordo com o que foi relatado na análise, sempre considerando a natureza dinâmica do indivíduo. Nesse campo serão feitos encaminhamentos, hipóteses diagnósticas **(exclusivas do laudo psicológico)**, evolução do caso, orientações e sugestões. Todas as laudas devem ser rubricadas e, na última folha, constar a assinatura e o carimbo do profissional	X	X
Referências	Devem constar as informações das fontes científicas ou referências bibliográficas – é desejável que sejam feitas como notas de rodapé		X

Estratégias em devolutivas

Feedback oral associado a informações escritas

Um estudo realizado pelos pesquisadores Fallows e Hilsabeck (2013) buscou identificar se, além da devolutiva verbal, a complementação com informações escritas poderia propiciar melhor retenção de informações e, assim, garantir melhor adesão às recomendações, visto que, de acordo com a análise do trabalho, os pacientes foram capazes de recordar menos de duas recomendações imediatamente após a devolutiva. Os resultados indicaram que receber informações complementares por escrito melhorou a recordação das recomendações, além de ser a preferência dos pacientes receber informações escritas complementar ao *feedback* oral.

A seguir, uma lista retirada do estudo de Fallows e Hilsabeck (2013) com indicações que podem facilitar o processo de devolutiva, garantindo que as informações passadas pelo neuropsicólogo sejam compreendidas e seguidas e evitando a não adesão a tratamentos ou indicações terapêuticas em função de esquecimentos das indicações.

- A informação deve ser fornecida em modalidade escrita (relatórios e laudos), além da oral, o que melhora a compreensão e a retenção das recomendações
- É importante adaptar a linguagem escrita para que seja bem compreendida e possa servir como forma de o paciente recordar o diagnóstico e as informações sobre prognóstico e recomendações
- O laudo escrito pode descrever sugestões individualizadas para quem são direcionadas, por exemplo, paciente, cuidadores, terapeutas
- A devolutiva verbal pode se concentrar em informações centrais e que sejam mais relevantes para o caso. Os pacientes podem se beneficiar de poucas informações, repetições e checagens nas sessões, facilitando a compreensão e a retenção
- Concentrar-se nas forças e fragilidades cognitivas do paciente pode ser muito importante para adequar as informações da devolutiva de maneira compreensível para o sujeito
- Utilização de linguagem concisa, clara, adequada e inserida em um contexto
- Uma segunda sessão de devolutiva pode ser conduzida logo após a primeira, em caso de necessidade.

Devolutiva neuropsicológica infanto-juvenil

Rech *et al.* (2020) buscaram sistematizar um processo de ensino para a realização de devolutivas neuropsicológicas desenvolvendo o minicurso *Estratégias para Devolutiva na*

Avaliação Neuropsicológica Infanto-juvenil (EDANP-i) e o aplicando a um grupo de alunos de um curso de graduação em psicologia. Seu objetivo é proporcionar a aprendizagem de um conjunto de habilidades referentes a esse tipo de devolutiva. Os autores definiram os seguintes comportamentos-alvo para o EDANP-i:

- **Comunicar os resultados da avaliação neuropsicológica:** utilizar linguagem adequada, identificar características linguísticas da família do paciente, comunicar-se com a família utilizando uma linguagem próxima às características identificadas, averiguar constantemente a compreensão das explicações apresentadas, esclarecer dúvidas e descrever as potencialidades do paciente
- **Organizar informações a serem discutidas:** elencar pontos cruciais a serem abordados, reunir material necessário para a devolutiva, fazer cópias dos documentos entregues, reunir outros materiais relacionados, como informativos e cartilhas sobre o quadro diagnosticado. Comunicar sem revelar dados exclusivos de uso do psicólogo, como aspectos confidenciais dos testes utilizados, e elencar/caracterizar aspectos confidenciais do processo avaliativo
- **Encaminhar para serviços especializados, se for o caso:** conhecer os serviços especializados disponíveis na região e os modos de acesso a eles
- **Ouvir/acolher as temáticas:** realizar processo de acolhimento
- **Organizar o *setting*:** estruturar a sala para a devolutiva, de modo a acomodar a família (mesa e cadeira, lenços de papel na gaveta, ajustar a temperatura do ar-condicionado)
- **Encerrar a sessão:** sumarizar informações relevantes, indagar se ainda existem dúvidas, disponibilizar contato para caso de dúvidas posteriores, usar marcadores verbais e gestuais que indiquem encerramento da sessão. Para as devolutivas realizadas com crianças que apresentam pouco engajamento, é recomendado que o profissional execute primeiro a devolutiva com os pais e, posteriormente, com o paciente. Nesse segundo momento, é fundamental que a linguagem seja adaptada e acessível, fornecendo explicações breves e esclarecedoras sobre os resultados e seu quadro. As estratégias sugeridas são: acolher a queixa de pouco engajamento, enfatizar a importância e a validade dos testes de desempenho e fazer sugestões para melhorar a adaptabilidade e a funcionalidade. (Connery *et al.*, 2016 *apud* Gruters, 2021).

Devolutiva neuropsicológica adulto-idoso

A devolutiva realizada com adultos e idosos tem finalidade semelhante à de outros públicos, porém irá se ater às principais demandas dessa população. Terá como principais objetivos a informação sobre o funcionamento geral e dinâmico do paciente, sua correlação com a queixa apresentada no início e os próximos passos que poderão ser trilhados no dia a dia, sendo priorizados a qualidade de vida e o auxílio às terapêuticas envolvidas.

Gruters *et al.* (2021), em seu estudo de revisão sobre técnicas e sugestões clínicas para devolutivas em determinados públicos, propuseram uma série de pontos relevantes para orientação profissional durante a realização da devolutiva.

Os autores apresentam uma pesquisa realizada com pacientes que demonstraram questões de personalidade e pouco engajamento. Nesse estudo, foram feitas as seguintes estratégias devolutivas:

- Estabelecer *rapport* e obter informações consentidas
- Realizar discussões preliminares sobre as demandas
- Fazer recomendações pertinentes.

É importante que o profissional se atente a evitar falas acusatórias e termos emocionalmente carregados, que peça a opinião do paciente sobre o que está sendo apresentado e explique os pontos fortes e fracos que foram apontados na avaliação (Carone *et al.*, 2010; Carone *et al.*, 2013 *apud* Gruters, 2021).

As estratégias que basearam as devolutivas para pacientes que apresentaram um alto nível de queixas cognitivas, mas com bom desempenho nos testes, foram:

- Bom estabelecimento de *rapport* e coleta de informações
- Permitir que o próprio paciente avalie os resultados dos seus testes
- Fazer recomendações em relação às queixas apresentadas.

Uma sugestão capaz de facilitar esse processo é que o terapeuta apresente ao paciente a tabela com os seus resultados e faça o comparativo com as tabelas normativas propostas pelos testes neuropsicológicos (Carone, 2017 *apud* Gruters, 2021).

Pacientes que chegaram acompanhados de sua família até o processo de avaliação neuropsicológica com um quadro de lesão encefálica adquirida (LEA) se beneficiaram de devolutivas que:

- Revisaram o propósito das atividades aplicadas
- Definiram os testes
- Explicaram os resultados de acordo com os domínios cognitivos
- Descreveram as potencialidades e fraquezas presentes no laudo
- Tiveram explicação bem detalhada do diagnóstico e do prognóstico
- Trouxeram recomendações pertinentes.

Os autores sugerem que os profissionais adéquem a sua linguagem para que sua fala seja simples e compreensível, usem exemplos comportamentais e concretos para explicar os testes, esclareçam a comparação normativa do teste e solicitem *feedback* após a explicação de cada domínio (Gass; Brown, 1992 *apud* Gruters, 2021).

Um estudo sem público definido levantou estratégias que beneficiam o processo de devolutiva:

- Estabelecer a data da devolutiva
- Desenvolver 2 a 3 questões sobre como aqueles resultados influenciam a vida do paciente
- Determinar o perfil das habilidades pessoais
- Descrever pontos fortes e fracos
- Resumir e explicar os resultados quantitativos e qualitativos obtidos e como eles se relacionam com as áreas da vida do indivíduo
- Acolher as dúvidas do paciente.

As sugestões apresentadas pelo estudo versam sobre a importância de dar a devolutiva pessoalmente, utilizar princípios de entrevista motivacional, perguntar sobre as queixas cognitivas centrais, explicar a comparação normativa, utilizar ilustrações, gráficos e fornecer uma cópia do laudo neuropsicológico (Gorske; Smith apud Gruters, 2021).

Em outra análise apresentada, as estratégias mais favoráveis foram:

- Fazer a orientação dos pacientes
- Reunir o máximo de informações relevantes
- Ser flexível na condução
- Esclarecer pontos centrais
- Descrever pontos fortes e fracos
- Apresentar recomendações pertinentes.

É importante que o profissional explique o objetivo do encontro de devolutiva e retome a demanda relatada pela família e pelo paciente, deixando claro que aquele processo é colaborativo. As metáforas concretas, sem o uso de jargões, podem facilitar a explicação dos domínios cognitivos, além de favorecer o esclarecimento da comparação normativa (Postal; Armstrong, 2013 apud Gruters, 2021).

De forma didática, a Tabela 20.2 lista a convergência das melhores estratégias observadas nos processos de devolutiva. De acordo com a análise isolada do contexto avaliativo e a adesão das técnicas pertinentes, é possível que o profissional conduza uma entrevista devolutiva mais esclarecedora, acolhedora e transformadora para seus pacientes e familiares (Gruters et al., 2021).

Devolutiva a escolas e profissionais

Quando se realiza uma devolutiva escolar, as possibilidades de intervenção estão muito além do indivíduo, pois englobam também alterações e adaptações institucionais para que se garantam a acessibilidade e a inclusão dos alunos. A avaliação e a devolutiva tornam-se um instrumento orientador que auxiliará na organização de aspectos educacionais não apenas voltados para a demanda do estudante isoladamente, mas também para a instituição, sua estrutura, dinâmica e sistema de relações. É sempre necessário cuidado para não naturalizar os fenômenos complexos, multideterminados e sociais que estão presentes nesse contexto (CRPSC, 2022-2025), sendo crucial considerar aspectos éticos e limitações nas informações que serão compartilhadas com a escola.

A autorização e os esclarecimentos ofertados à família assegurarão que esse processo cumpra o objetivo de possibilitar adaptações e oferecer recursos para as condições neuropsicológicas do aluno em questão, sem que isso comprometa a privacidade e o limite dos assuntos a serem abordados com a escola.

Devolutiva na modalidade on-line

Essa metodologia foi popularizada na década de 1960 por Wittson, Affleck e Johnson (1961), e, com base nas pesquisas recentes de satisfação para avaliações neuropsicológicas realizadas na modalidade on-line, 98% dos pacientes relataram que tiveram um processo positivo e satisfatório. De acordo com Parsons et al. (2021), em uma pesquisa realizada pelo Centro de Avaliação de Psicologia do Hospital Geral de Massachusetts, os serviços de telessaúde tiveram um aumento de 683% após o encerramento dos atendimentos presenciais em clínicas particulares e centros públicos.

Nessa pesquisa, o feedback dos pacientes indicou:

- Pontos positivos:
    - Tempo economizado do deslocamento
    - Risco reduzido de exposição à covid-19
    - Conveniência ao realizar as tarefas em casa
    - Facilidade para a participação de terceiros
    - Maior flexibilidade na agenda
- Pontos negativos:
    - Dificuldades técnicas/tecnológicas (instabilidade de conexão)
    - Limitações na testagem impostas pela modalidade virtual.

Os neuropsicólogos entrevistados declararam que as maiores dificuldades encontradas na atuação estão relacionadas com incapacidade de administrar tarefas executivas

Tabela 20.2 Recomendações clínicas no processo de devolutiva neuropsicológica.

Para melhorar a retenção	• Dar feedback pessoalmente e planejar outras sessões, se necessário • Dar feedback equilibrado (concentre-se nos pontos fortes e fracos) • Explicar a comparação normativa • Usar metáforas concretas para ilustrar domínios cognitivos • Limitar o feedback a pontos essenciais e repeti-los • Envolver membros da família • Deixar os pacientes e familiares fazerem anotações • Fornecer materiais escritos ou visuais usando a linguagem compreensível • Avaliar o nível de compreensão e o nível de aceitação emocional várias vezes
Para melhorar a adesão	• Verificar a retenção do feedback fornecido • Avaliar se o paciente está disposto a se adaptar às recomendações e explorar as barreiras que possivelmente enfrentará (p. ex., acesso aos cuidados) • Avaliar se a devolutiva e as recomendações são apropriadas • Facilitar o acesso ao profissional para o caso de o paciente e a família terem dúvidas
Para entrevista motivacional	• Os princípios da entrevista motivacional podem ser usados para melhorar a retenção e a adesão e possibilitar um relacionamento positivo • Mostrar empatia (p. ex., princípios de escuta reflexiva, ouvir em vez de falar) • Fazer que os pacientes notem a discrepância entre o seu comportamento e os seus objetivos (tomar consciência das consequências) • Evitar discussões (mudar o foco da atenção para outro tópico) • Não se opor com resistência, ajustar-se ao paciente • Estimular a autoeficácia

Adaptada de Gruters, 2021.

de atenção em alto nível, comprometimento cognitivo grave, regulação comportamental e questões técnicas e/ou problemas logísticos. A maioria dos profissionais indicou que, na maior parte das atividades, não foram necessárias modificações nos procedimentos padrão, porém endossaram a importância de fornecer instruções breves (Parsons *et al.*, 2021).

A pandemia de covid-19 trouxe uma série de desafios para a atuação profissional. No que se refere ao processo de avaliação psicológica/neuropsicológica, diversas adaptações foram necessárias para que os princípios da beneficência e não maleficência, reforçados pelo código de ética profissional, fossem atendidos, viabilizando a garantia da qualidade do serviço, desde a entrevista inicial até a devolutiva e a entrega do documento psicológico (CFP, 2020).

Quando o contexto virtual está envolvido na prestação de serviços psicológicos, devem-se ter em mente todos os pontos que foram levantados anteriormente, evitando o máximo possível de imprevistos. Da mesma forma que a qualidade do serviço e a divulgação de informações sigilosas estão regulamentadas para os atendimentos presenciais, devem-se prezar esses mesmos valores nos atendimentos *on-line*. Esses deveres fundamentais estão descritos no código de ética profissional do psicólogo (CFP, 2005) e devem ser respeitados por todos os profissionais. São eles:

Artigo 1º – São deveres fundamentais do psicólogo:
(...)
c) Prestar serviços psicológicos de qualidade, em condições de trabalho dignas e apropriadas à natureza desses serviços, utilizando princípios, conhecimentos e técnicas reconhecidamente fundamentados na ciência psicológica, na ética e na legislação profissional.
(...)
f) Fornecer, a quem de direito, na prestação de serviços psicológicos, informações concernentes ao trabalho a ser realizado e ao seu objetivo profissional.
g) Informar, a quem de direito, os resultados decorrentes da prestação de serviços psicológicos, transmitindo somente o que for necessário para a tomada de decisões que afetem o usuário ou beneficiário.
h) Orientar, a quem de direito, sobre os encaminhamentos apropriados, a partir da prestação de serviços psicológicos, e fornecer, sempre que solicitado, os documentos pertinentes ao bom termo do trabalho.

Artigo 2º – Ao psicólogo é vedado:
(...)
q) Realizar diagnósticos, divulgar procedimentos ou apresentar resultados de serviços psicológicos em meios de comunicação, de forma a expor pessoas, grupos ou organizações.

Artigo 9º – É dever do psicólogo respeitar o sigilo profissional a fim de proteger, por meio da confidencialidade, a intimidade das pessoas, grupos ou organizações a que tenha acesso no exercício profissional.

Artigo 10º – Nas situações em que se configure conflito entre as exigências decorrentes do disposto no Art. 9º e as afirmações dos princípios fundamentais deste Código, excetuando-se os casos previstos em lei, o psicólogo poderá decidir pela quebra de sigilo, baseando sua decisão na busca do menor prejuízo.

Considerações finais

A devolutiva trata-se de parte integrante e fundamental do processo de avaliação neuropsicológica, podendo ser considerada o início da intervenção. É na devolutiva que aspectos do diagnóstico, forças e fraquezas cognitivas, questões comportamentais, psicoeducação, informações, orientações e direcionamentos podem ser discutidos com paciente, família e profissionais envolvidos no caso para que todo processo avaliativo tenha aplicabilidade na definição de metas de intervenção, visando melhora na adaptação e inclusão social do indivíduo.

Neste capítulo buscou-se elucidar as definições sobre devolutiva neuropsicológica, trazer à tona a importância dos procedimentos escritos e orais integrados, além de oferecer algumas diretrizes e propostas estruturadas de como conduzir todo o procedimento. Demonstrou-se também a possibilidade do procedimentos *on-line* e todos os cuidados que ele demanda.

Referências bibliográficas

CONSELHO FEDERAL DE PSICOLOGIA (Brasil). Código de Ética Profissional do Psicólogo. Resolução n.º 10/05, 2005. Brasília, 2005.

CONSELHO FEDERAL DE PSICOLOGIA (Brasil). Resolução n.º 06/2019, de 29 de março de 2019. Institui regras para a elaboração de documentos escritos produzidos pela(o) psicóloga(o) no exercício profissional e revoga a Resolução CFP n.º 15/1996, a Resolução CFP n.º 07/2003 e a Resolução CFP n.º 04/2019. Brasília, 2019.

CONSELHO FEDERAL DE PSICOLOGIA (Brasil). Cartilha de boas práticas para avaliação psicológica em contextos de pandemia. Conselho Federal de Psicologia e Comissão Consultiva em Avaliação Psicológica. Brasília, 2020.

CONSELHO REGIONAL DE PSICOLOGIA. 12ª Região. Avaliação psicológica no contexto escolar. Santa Catarina, 2022.

FALLOWS, R. R.; HILSABECK, R. C. Comparing Two Methods of Delivering Neuropsychological Feedback. Archives of Clinical Neuropsychology, Oxford, v. 28, n. 2, p. 180-188, 2013. Disponível em: https://doi.org/10.1093/arclin/acs142. Acesso em: 20 fev. 2024.

GRUTERS, A. A. et al. A Scoping Review of Communicating Neuropsychological Test Results to Patients and Family Members. Neuropsychology Review, Berlim, v. 32, p. 294-315, 2021. Disponível em: https://doi.org/10.1007/s11065-021-09507-2. Acesso em: 20 fev. 2024.

HUTZ, C. S. et al. Psicodiagnóstico. Porto Alegre: Artmed, 2016.

MIOTTO, E. C.; LUCIA, M. C. S.; SCAFF, M. Neuropsicologia Clínica. 2. ed. Rio de Janeiro: Roca, 2021.

PARSONS, M. W. et al. Feasibility and Acceptance of Direct-to-Home Teleneuropsychology Services during the COVID-19 Pandemic. Journal of the International Neuropsychological Society, Cambridge, v. 28, n. 2, p. 210-215, 2021. Disponível em: https://doi.org/10.1017/s1355617721000436. Acesso em: 20 fev. 2024.

POSTAL, K. S.; ARMSTRONG, K. Feedback that Sticks: the art of effectively communicating neuropsychological assessment results. Oxford: Oxford University Press, 2013.

RECH, B. D. et al. Ensino de estratégias para devolutiva na avaliação neuropsicológica infanto-juvenil: Estudo exploratório em estudantes de psicologia. International Journal of Development Research, v. 10, n. 9, p. 40697-40704, 2020. Disponível em: https://doi.org/10.37118/ijdr.19710.09.2020. Acesso em: 20 fev. 2024.

Parte 3

Alterações Cognitivas e Comportamentais Associadas aos Quadros Neurológicos e Psiquiátricos em Adultos

Capítulo 21 Acidentes Vasculares Encefálicos, **259**

Capítulo 22 Epilepsias, **266**

Capítulo 23 Traumatismo Cranioencefálico, **279**

Capítulo 24 Doença de Parkinson e Outras Formas de Parkinsonismo, **288**

Capítulo 25 Esclerose Múltipla, **309**

Capítulo 26 Afasias Decorrentes de Acidente Vascular Encefálico, **324**

Capítulo 27 Avaliação Neuropsicológica no Contexto Neurocirúrgico e em Casos de Tumores Cerebrais, **341**

Capítulo 28 Encefalites Autoimunes e Virais, **356**

Capítulo 29 Transtorno do Déficit de Atenção e Hiperatividade, **366**

Capítulo 30 Transtornos Depressivos, de Ansiedade e Obsessivos-Compulsivos, **376**

Capítulo 31 Transtornos Alimentares, **392**

Capítulo 32 Transtorno Bipolar, **399**

Capítulo 33 Transtornos de Personalidade *Borderline* e Antissocial, **409**

Capítulo 34 Esquizofrenia, **415**

Capítulo 35 Transtornos Relacionados com o Uso de Substâncias, **426**

21 Acidentes Vasculares Encefálicos

Eliane Correa Miotto

Introdução

As doenças cerebrovasculares, também conhecidas como acidentes vasculares encefálicos (AVE), são alterações transitórias ou definitivas de áreas encefálicas associadas a isquemia, sangramento ou processo patológico de um ou mais vasos encefálicos. Historicamente, estudos direcionados à cognição após AVE tinham como objetivo a investigação da progressão das alterações cognitivas para quadros demenciais considerando-se a relação entre aumento de lesões, passagem de tempo e demência vascular. Recentemente, o foco das investigações tem se expandido para os quadros agudos e pós-agudos de AVE, fatores preditivos, alterações sutis associadas ao AVE e intervenções precoces (El Husseini et al., 2023).

O termo comprometimento cognitivo vascular (CCV) tem sido utilizado para as diversas manifestações das doenças cerebrovasculares associadas a comprometimentos cognitivos (Lo et al., 2019; Hoffman et al., 2009). O comprometimento cognitivo leve vascular (CCLv) abrange alterações cognitivas que não comprometem de maneira significativa a funcionalidade ou as atividades de vida diária de seus portadores, entretanto pacientes com lesões isquêmicas e CCLv apresentam risco maior de desenvolver demência vascular (DV), na qual os prejuízos cognitivos e comportamentais afetam as atividades de vida diária e a funcionalidade dos pacientes.

Classificação

Há dois tipos de AVE: o isquêmico (AVEi) e o hemorrágico (AVEh). Cerca de 80% dos AVE são do tipo isquêmico e 20%, do tipo hemorrágico. Entre os AVEi, em torno de 20% decorrem de oclusão de pequenas artérias, 31% de trombose de grandes artérias de natureza aterosclerótica, 32% de embolia arterioarterial ou cardiogênica ou, ainda, de etiologia desconhecida ou criptogênica. Em geral, há comprometimento do fluxo sanguíneo em determinada região do encéfalo e, caso esse comprometimento seja permanente, ocasiona a morte neuronal dessa região sem suprimento sanguíneo contendo nutrientes e oxigênio.

O acidente isquêmico transitório (AIT) refere-se a um distúrbio neurológico temporário, em geral com duração inferior a 24 horas, decorrente de episódio isquêmico ou alteração temporária do aporte de sangue para determinada área do cérebro (Pendlebury et al., 2019). Essa obstrução temporária costuma ser causada por microembolia plaquetária originada nas placas ateroscleróticas ou no endotélio dos vasos com aterosclerose. Cerca de 10 a 30% das pessoas acometidas por AIT apresentam AVE posteriormente.

O AVEh é muitas vezes associado a ruptura e sangramento de pequenos vasos cerebrais e ruptura de aneurismas cerebrais. O sangue pode permanecer no parênquima cerebral (hemorragia intraparenquimatosa) ou no espaço subaracnóideo (hemorragia subaracnóidea [HSA]), levando, em muitos casos, a efeitos compressivos em regiões específicas do cérebro, aumento da pressão intracraniana e prejuízos irreversíveis. O AVEh pode resultar de quadro de crise hipertensiva, alteração sanguínea (hemofilia, diminuição de plaquetas, algumas doenças reumáticas, entre outras) e doenças como angiopatia amiloide, comum em pessoas idosas. A HSA acomete, em geral, uma população de adultos mais jovens (45 a 55 anos) em comparação com o AVEi e tem alta incidência em mulheres (60%).

De maneira geral, a apresentação clínica incluindo sinais e sintomas de AVE associa-se a quadro súbito; os demais sintomas dependem de extensão, tipo, localização e lateralidade da lesão.

Pelo fato de os AVEi representarem o maior percentual de casos de AVE, maior ênfase será dada a eles.

Acidente vascular encefálico isquêmico

Etiologia

Entre as etiologias mais frequentes relacionadas com o AVEi encontram-se a oclusão das grandes artérias, a embolia para as artérias intracranianas e a doença de pequenos vasos (Hoffmann et al., 2009).

Na doença oclusiva das grandes artérias, verifica-se a presença de placas ateromatosas que podem ocasionar estenose ou oclusão da artéria. Os locais mais frequentes de aterosclerose incluem a origem da artéria carótida interna e o sifão carotídeo. Os principais fatores de risco dessa doença são hipertensão arterial, diabetes, tabagismo e dislipidemia.

A embolia cardíaca relaciona-se com diversos processos patológicos cardíacos, entre os quais arritmias cardíacas (fibrilação atrial), cardiomiopatias e tumores intracardíacos.

Nas doenças de pequenos vasos, lipo-hialinose e necrose fibrinoide afetam as pequenas artérias intracranianas. A oclusão dessas artérias provoca lesões denominadas infartos lacunares e é mais frequente em núcleos da base, tálamo, ponte, cápsula interna, substância branca periventricular e tronco cerebral. Os principais fatores de risco incluem hipertensão arterial e diabetes. A apresentação clínica desses infartos eventualmente está associada a déficits motor e somestésico contralateral, hemiparesia, ataxia, disartria e perda de destreza da mão contralateral. Outras etiologias menos comuns abrangem dissecção arterial e arterites.

Anatomia vascular encefálica

Para melhor compreensão das manifestações clínicas dos AVEi, serão abordados os principais aspectos relacionados com a anatomia vascular encefálica e o fluxo sanguíneo cerebral.

O sangue bombeado pelo coração alcança o cérebro por meio de quatro artérias principais, duas artérias carótidas internas e duas artérias vertebrais, ambas com ramificações à direita e à esquerda (Figura 21.1). As artérias carótidas internas esquerda e direita se bifurcam no cérebro em artérias cerebrais médias e cerebrais anteriores, recebendo o nome de *circulação anterior* e sendo responsáveis pela distribuição do fluxo sanguíneo para os lobos frontais, parietais e porção anterior dos lobos temporais. As artérias vertebrais direita e esquerda se unem para formar a artéria basilar, a qual se divide em artérias cerebrais posteriores, denominadas *circulação posterior*. Elas são responsáveis pela irrigação sanguínea do tronco cerebral, cerebelo, lobos occipitais, tálamo, porções inferior e posterior dos lobos temporais e porção posterior dos lobos parietais. Esses grandes vasos, à medida que se aproximam do tecido neuronal, distribuem-se em vasos cada vez menores, denominados arteríolas. A comunicação entre as circulações anterior e posterior é feita pela artéria comunicante posterior, e aquela entre as artérias cerebrais de um hemisfério para o outro é realizada pela artéria comunicante anterior. No polígono de Willis, ocorrem as conexões entre as artérias cerebrais anteriores e posteriores, as quais são fundamentais para a sustentação do fluxo sanguíneo cerebral em regiões do cérebro, especialmente durante obstruções ou oclusões significativas das artérias carótidas e vertebrais.

Apresentação clínica

Ao se levar em consideração o tipo de artéria envolvida, as manifestações clínicas dos AVEi são variadas (Tabelas 21.1 e 21.2).

Por exemplo, o AVEi da artéria cerebral média pode ocasionar afasia (no hemisfério dominante), heminegligência (hemisfério não dominante), hemiparesia contralateral, hemianopsia, desvio do olhar conjugado para o lado da lesão e síndrome de Gerstmann (hemisfério dominante), enquanto o AVEi da artéria cerebral anterior pode causar hemiparesia de predomínio crural, heminegligência (hemisfério não dominante), apatia e mutismo acinético.

Na artéria cerebral posterior, o AVEi produz hemianopsia, síndrome de Anton, hemiparesia contralateral, prosopagnosia, síndrome de Balint e alexia, e no AVEi da circulação posterior (vertebrais e basilar) pode ocasionar diplopia, vertigem, hemiparesia, tetraparesia, ataxia cerebelar e disfunção dos nervos cranianos.

As manifestações clínicas dos AVEi subcorticais abrangem alteração da memória e de funções executivas e atencionais, além de mudanças comportamentais, como redução da iniciativa, motivação e alteração do afeto em lesões no tálamo, núcleo caudado, cápsula interna e regiões límbicas ou paralímbicas (Lo *et al.*, 2019; Donavan *et al.*, 2008; Dharmasaroja *et al.*, 2021).

Alterações cognitivas associadas ao AVEi

A prevalência de alterações cognitivas após o AVEi varia entre 10 e 82%, dependendo do critério utilizado para se definir alteração cognitiva, idade do paciente, período pós-AVEi e presença de comorbidades (Donovan *et al.*, 2008; Lo *et al.*, 2019; Saa *et al.*, 2019). Essas alterações dependem, principalmente, da localização e extensão da lesão e do hemisfério cerebral comprometido (Brown *et al.*, 2009; Dharmasaroja *et al.*, 2021; El Husseini *et al.*, 2023).

A seguir serão descritas as principais alterações cognitivas relacionadas com as regiões cerebrais comprometidas pós-AVEi e suas respectivas irrigações. Além disso, serão apresentados os testes neuropsicológicos que avaliam essas alterações. Na Tabela 21.3 são descritos mais completamente os testes e instrumentos de acordo com os domínios a serem avaliados. Essa divisão por áreas cerebrais é meramente didática e as alterações cognitivas e comportamentais descritas podem ocorrer em sua totalidade, parcialmente ou em graus de comprometimento diversos, dependendo da extensão e localização da lesão cerebral, bem como das características de cada paciente (Strauss *et al.*, 2006; Miotto *et al.*, 2023).

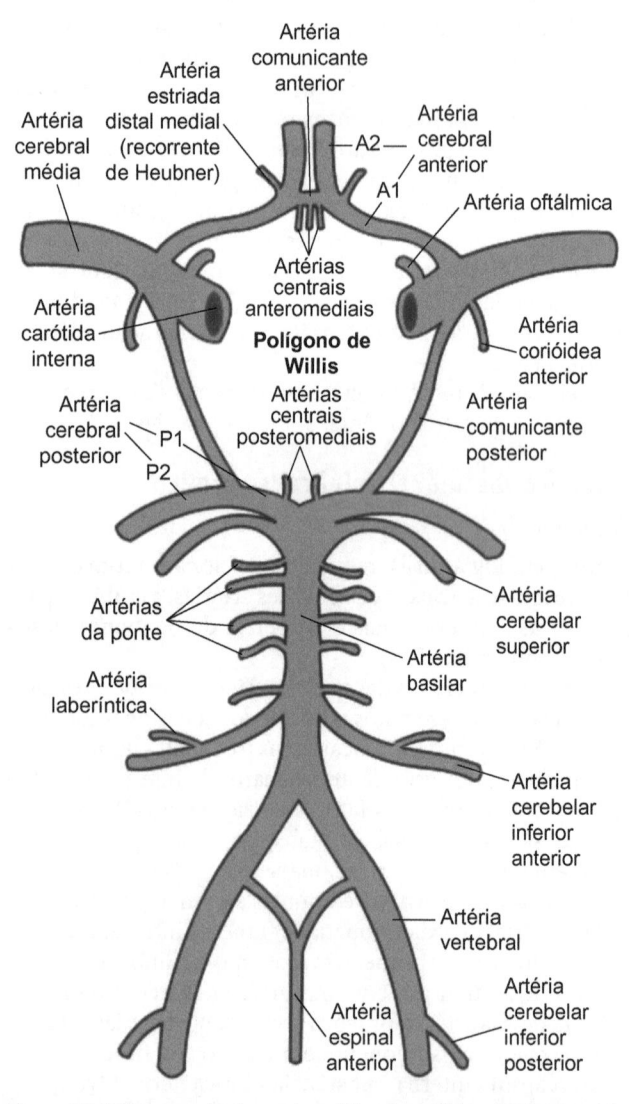

Figura 21.1 Representação esquemática das artérias do cérebro e do tronco cerebral.

Tabela 21.1 Déficits cognitivos esperados nas oclusões de artérias.

	Artéria cerebral anterior	Artéria cerebral média		Artéria cerebral posterior
		Hemisfério esquerdo	Hemisfério direito	
Déficits cognitivos e comportamentais esperados	• Planejamento • Iniciação • Monitoramento • Conceituação • Flexibilidade mental • Apatia • Mutismo acinético • Controle inibitório	• Afasia • Mutismo • Apraxia ideatória • Agrafia • Acalculia • Alexia • Confusão entre direita/esquerda – síndrome de Gerstmann • Memória episódica verbal	• Déficit visuoespacial e visuoconstrutivo • Heminegligência • Aprosódia • Linguagem pragmática • Anosognosia • Prosopagnosia • Agnosia perceptiva • Memória episódica visuoespacial • Memória topográfica	• Agnosia para cores • Prosopagnosia • Agnosia aperceptiva • Hemianopsia • Alexia sem agrafia • Síndrome de Balint • Síndrome de Anton • Memória episódica

Tabela 21.2 Déficits cognitivos esperados em infartos subcorticais.

	Infarto subcortical			
	Tálamo	Núcleo caudado	Cápsula interna	Límbica e paralímbica
Déficits cognitivos e comportamentais esperados	• Atenção • Motivação • Iniciação • Função executiva • Memória (verbal, visual, episódica, anterógrada e retrógrada)	• Resolução de problemas • Atenção • Memória	• Orientação • Memória	• Aprendizagem de novas informações • Retenção de informações • Afetividade

Tabela 21.3 Sugestão de testes e instrumentos neuropsicológicos a serem utilizados na avaliação das funções cognitivas de adultos e idosos.

Domínio cognitivo	Testes neuropsicológicos
Funções intelectuais	WAIS-III,* WASI*
Memória de curto prazo ou Memória operacional	Dígitos (WAIS-III),* Sequência Número e Letra (WAIS-III)*
Memória episódica verbal: evocação imediata, tardia e reconhecimento	RAVLT,* Memória Lógica*
Memória episódica visuoespacial: evocação imediata, tardia e reconhecimento	Figuras Complexas de Rey*
Memória semântica	Vocabulário e Informação (WAIS-III),* Fluência Categórica (Animais)*
Linguagem	Boston Naming Test (nomeação),* MAC,* Vocabulário (WAIS-III* – compreensão), discurso espontâneo, descrição de cena do *Boston Diagnostic Aphasia Examination*
Habilidades acadêmicas	Anele,* Aritmética (WAIS-III)*
Funções visuoperceptivas e visuoespaciais	VOSP, CORVIST, Completar figuras (WAIS-III)*
Praxias	Cubos (WAIS-III* – praxia construtiva), desenho do relógio e cópia da Figura Complexa de Rey* (praxia construtiva), imitação do uso de objetos (praxia ideomotora), movimentos orofaciais (praxia bucofacial)
Funções executivas e atencionais	FDT,* WCST (versões original e modificada de Nelson), Torre de Londres, Semelhanças e Arranjo de Figuras (WAIS-III),* *Hayling Test*,* FAS* e Categórica (Animais)*, Provérbios, *Stroop Test*,* *Trail Making Test*,* *Symbol Digit*, Códigos e Raciocínio Matricial (WAIS-III),* AC,* d-2R,* TEALT-2,* TEALDI-2,* BPA-2*
Investigação de demência	MEEM*, *Dementia Rating Scale* ou *Escala Mattis*,* ACE,* ADAS-Cog, CDR e testes citados anteriormente
Humor e comportamento	Escalas Beck* (ansiedade, depressão, desesperança e ideação suicida), HADS,* GAI,* GDS,* Inventário Neuropsiquiátrico, *Faux Pas*, *Faces Test*

WAIS-III: 3ª edição da Escala de Inteligência de Wechsler para Adultos; WASI: Escala de Inteligência Wechsler Abreviada; RAVLT: Teste de Aprendizagem Auditivo-Verbal de Rey; MAC: Bateria Montreal de Avaliação da Comunicação; VOSP: *Visual Object and Spatial Perception Battery*; CORVIST: *Cortical Vision Screening Test*; FDT: Teste dos Cinco; WCST: Teste Wisconsin de Classificação de Cartas; FAS: Teste de Fluência Verbal; AC: Teste de Atenção Concentrada; d-2R: Teste de Atenção Concentrada d-2R; TEALT-2: Teste de Atenção Alternada; TEALDI-2: Teste de Atenção Dividida; BPA-2: Bateria Psicológica para Avaliação da Atenção; ACE: *Addenbrooke Cognitive Examination*; ADAS-Cog: *Alzheimer's Disease Assessment Scale*; CDR: *Clinical Dementia Rating*; HADS: *Hospital Anxiety and Depression Scale*; GAI: Inventário de Ansiedade Geriátrica; GDS: Escala de Depressão Geriátrica. *Testes com padronização ou dados normativos preliminares publicados para a população brasileira.

Comprometimento dos circuitos frontais

A região dos lobos frontais é irrigada pela circulação anterior, formada pelas artérias carótidas internas esquerda e direita e seus ramos, as artérias cerebrais médias e cerebrais anteriores.

As principais alterações cognitivas em pacientes com AVEi na região do lobo frontal e conexões córtico-subcorticais incluem déficit de atenção sustentada, alternada e seletiva, de fluência verbal, afasia de expressão, inibição de respostas irrelevantes, criação de estratégias, planejamento, flexibilidade mental, memória episódica de evocação, memória operacional e velocidade de processamento de informações. Os instrumentos cognitivos que serão descritos a seguir estão referenciados no Capítulo 1 desta obra, *Neuropsicologia, Avaliação Neuropsicológica e Funções Cognitivas*, e, também, no *Manual de Avaliação Neuropsicológica* (Miotto *et al.*, 2023). Para a avaliação dos processos atencionais, podem ser utilizados os testes Stroop (atenção seletiva e inibição de respostas irrelevantes), *Trail Making* (atenção alternada), *Symbol Digit*, Códigos do WAIS-III, AC, d-2R (atenção concentrada). Os testes FAS e a categoria de animais são utilizados para avaliação das funções executivas (fluência verbal nominal e categórica, respectivamente), assim como o Teste dos Cinco Dígitos (FDT), o *Wisconsin Card Sorting Test* (flexibilidade mental, alternância e categorização), Torre de Londres (planejamento, organização e criação de estratégias), Sequência Número e Letra, Dígitos Ordem Inversa do WAIS-III (memória operacional). Para linguagem, Descrição de Cenas do Boston (linguagem de expressão), *Boston Naming* (linguagem de nomeação), vocabulário do WAIS-III (linguagem de compreensão). Com relação à memória, há o Teste de Aprendizagem Auditivo-Verbal de Rey (RAVLT), Memória Lógica (memória episódica verbal) e Figura Complexa de Rey (memória episódica visuoespacial). Para funções visuoperceptivas, visuoconstrutivas e espaciais, há a cópia da Figura Complexa de Rey, Cubos do WAIS-III ou WASI, desenho do relógio, completar figuras do WAIS-III.

No plano comportamental, o envolvimento das regiões orbitofrontais, frontais mediais e do cíngulo anterior pode produzir quadro de apatia, redução da iniciativa e autocrítica, desinibição, alteração da cognição social. Para avaliação dessas alterações comportamentais, podem ser utilizadas escalas, inventários e testes específicos (Inventário Neuropsiquiátrico, *Faux-Pas, Faces Test*). Para alteração do humor, são utilizadas as escalas Beck de Depressão-II e Ansiedade, a *Hospital Anxiety and Depression Scale*, a Escala de Depressão Geriátrica e o Inventário de Ansiedade Geriátrica.

Essas alterações cognitivas e comportamentais têm sido relacionadas com o comprometimento dos circuitos frontais-subcorticais (Cummings, 1993; Sachdev *et al.*, 2004). Um deles, o *circuito pré-frontal dorsolateral*, tem origem na convexidade do lobo frontal, áreas 9 e 10 de Brodmann, com projeções para a região dorsolateral do núcleo caudado, do globo pálido interno e da parte rostral da substância negra, pela via direta, e para o globo pálido e núcleo subtalâmico, pela via indireta; dessa via, para os núcleos ventrais e dorsolaterais do tálamo, que, por sua vez, projetam-se de volta para o córtex pré-frontal dorsolateral. O comprometimento desse circuito relaciona-se com déficits cognitivos executivos e programação motora, como déficit de planejamento, sequenciamento motor, criação de estratégias, flexibilidade mental e formação de conceitos.

O circuito *orbitofrontal lateral* tem início no córtex pré-frontal inferolateral, área 10 de Brodmann, e se projeta para a área ventromedial do núcleo caudado. Pela via direta, conecta-se com o globo pálido interno e a substância negra. Pela via indireta, projeta-se para o globo pálido externo, o núcleo subtalâmico e o globo pálido interno, que, por sua vez, projeta-se para o tálamo e, através deste, de volta para o córtex pré-frontal orbitofrontal. O comprometimento desse circuito está associado a alterações do comportamento e da personalidade, como redução da iniciativa e do interesse, irritabilidade, labilidade emocional e redução do controle inibitório.

O circuito do *cíngulo anterior* se origina no giro do cíngulo anterior, área 24 de Brodmann, e se projeta para o estriado ventral, incluindo o núcleo *accumbens* e a área ventromedial do núcleo caudado e do putâmen. O estriado também recebe projeções das regiões do sistema límbico, como hipocampo, amígdala e córtex entorrinal. As projeções do estriado continuam para o pálido ventral, a substância negra, o tálamo, o hipotálamo e a amígdala. Por intermédio do tálamo, as projeções para o córtex do giro do cíngulo anterior completam o circuito. O comprometimento desse circuito associa-se a alteração da motivação, quadros de apatia, abulia, mutismo acinético, indiferença e ausência de autocrítica.

Comprometimento dos lobos temporais

A região dos lobos temporais é irrigada tanto pela circulação anterior, em suas porções anteriores, quanto pela circulação posterior, em suas porções inferiores e posteriores.

Lesão na região dos lobos temporais em hemisfério dominante pode ocasionar déficit de aprendizagem, memória verbal episódica de evocação e reconhecimento e memória semântica, de nomeação e de compreensão. Lesões no hemisfério não dominante ocasionalmente produzem déficit de memória episódica – visual e topográfica –, agnosia aperceptiva e prosopagnosia. Os testes em geral utilizados para avaliação dessas funções no hemisfério dominante incluem *Boston Naming Test* (nomeação), *Token Test* e Vocabulário do WAIS-III (compreensão), RAVLT e Memória Lógica (aprendizagem verbal e memória episódica de evocação e reconhecimento verbal), Vocabulário e *Boston Naming Test* (memória semântica). Para avaliação do hemisfério não dominante, podem ser utilizados instrumentos como a Figura Complexa de Rey (praxia construtiva e memória episódica visuoespacial de evocação imediata e tardia), Reconhecimento de Faces Famosas (prosopagnosia), Reconhecimento de Objetos, *Boston Naming Test* e *Visual Object and Spatial Perception Battery* (VOSP) (agnosia aperceptiva).

Comprometimento dos lobos parietais

A região dos lobos parietais é irrigada pela circulação anterior e, em sua porção posterior, pela circulação posterior.

Lesões na região do lobo parietal direito podem provocar alterações cognitivas como apraxia construtiva, alterações visuoespaciais, praxia do vestir e heminegligência. Lesões no lobo parietal esquerdo estão associadas a discalculia, déficit de linguagem de compreensão, síndrome de Gerstmann (discalculia, disgrafia, dislexia, dificuldade de identificação dos dedos e de diferenciar direita de esquerda). Há, também, alteração da sensibilidade e parestesias contralaterais à lesão.

Na avaliação das alterações cognitivas descritas, podem ser utilizados os testes Cubos do WAIS-III (praxia construtiva), desenho do relógio e de figuras bi ou tridimensionais, cópia da Figura Complexa de Rey (praxia construtiva), VOSP – localização espacial e centralização de pontos (alterações visuoespaciais), cancelamento de letras e linhas e cópia de desenhos (heminegligência), aritmética do WAIS-III (discalculia), *Token Test* (linguagem de compreensão), leitura de textos (dislexia) e testes qualitativos, ou seja, sem normatização ou padronização para avaliar a praxia do vestir, alteração de direita e esquerda e identificação de dedos.

Comprometimento dos lobos occipitais

Os lobos occipitais são irrigados pela circulação posterior formada pelas artérias vertebrais, artéria basilar e suas subdivisões, as artérias cerebrais posteriores.

Comprometimentos das regiões occipitais podem ocasionar déficit de processamento visual primário (acuidade visual, discriminação de formas, cores), alexia pura (sem disgrafia) e hemianopsia.

Os testes da bateria VOSP e *Cortical Vision Screening Test* (CORVIST) são utilizados para avaliar o processamento visual primário (discriminação de formas, cores, figura e fundo, tamanho e acuidade visual). A leitura pode ser avaliada por meio de testes de leitura (avaliação da alexia pura).

Comprometimento de outras regiões encefálicas

Lesões cerebelares costumam estar associadas a distúrbios da coordenação motora, do equilíbrio, da fala (disartrias) e, em alguns casos, a alterações cognitivas, incluindo déficit de planejamento e sequenciamento de informações.

Lesões com predomínio na substância branca podem ocasionar déficit de velocidade de processamento de informações, alterações atencionais e de funções executivas. Os testes utilizados para avaliar essas alterações estão mencionados no tópico *Comprometimento dos circuitos frontais*, anteriormente.

O National Institute of Neurological Disorders and Stroke (NINDS) e o Canadian Stroke Network (Hachinski *et al.*, 2006) (Tabela 21.4) recomendaram o uso de alguns testes neuropsicológicos para avaliação das funções executivas e atencionais (fluência verbal; *Trail Making A* e *B*; códigos do WAIS-III; estratégias do HVLT-R), visuoespaciais (cópia da Figura Complexa de Rey), linguagem (*Boston Naming Test*), memória (HVLT-R, Figura de Rey), funcionamento pré-mórbido (*Informant Questionnaire for Cognitive Decline in the Elderly*) e sintomas neuropsiquiátricos e depressivos (*Neuropsychiatric Inventory*, *Center for Epidemiological Studies Depression Scale*).

Tabela 21.4 Protocolos Neuropsicológicos (NINDS) e Canadian Stroke Network.

Domínios cognitivos e testes recomendados	Duração das baterias propostas (minutos)		
	60	30	5
Função executiva			
Animal Naming (fluência verbal categórica)	R	R	S
Controlled Oral Word Association Test	R	R	
Códigos (WAIS-III)	R	R	
Trial Making Test	R	S	S
Montreal Cognitive Assessment 1 – Letter Verbal Fluency			R
Learning Strategies from Hopkins Verbal Learning Test	R		
Simple and Choice Reaction Time	FD		
Self-regulation and Metacognition	FD		
Linguagem			
Boston Naming Test	R		
Visuoespacial			
Figuras Complexas de Rey (cópia)	R		
Figuras Complexas de Rey (memória)	S		
Memória e aprendizagem			
Hopkins Verbal Learning Test – R	R	R	
California Verbal Learning Test – 2	A		
Boston Naming Test Recognition	FD		
Digit Symbol Coding Incidental Learning	S		
Montreal Congnitive Assessmet 5 – Word Test			R
Sintomas depressivos/neuropsiquiátricos			
Neuropsychiatric Inventory – Questionnaire Version	R	R	
Center for Epidemiological Studies – Depression Scale	R	R	
Estado pré-mórbido			
*Informant Questionnaire for Cognitive Decline in the Eldery**	R		
Estado mental			
Mini-Mental State Examination	S	S	S
Orientação			
Cognitive Assessment 6 – Item Orientation			R

R: recomendado; S: suplementar; FD: futuramente desenvolvido; A: alternativo.

Fatores preditivos e evolução das alterações cognitivas pós-AVEi

Estudos em pacientes idosos (média de idade de 74 anos) sem demência com AVEi demonstram que 9% desses pacientes apresentaram piora das funções cognitivas, incluindo memória, atenção e funcionamento global, 12 meses depois do quadro de AVEi (Ballard *et al.*, 2003). Nesse mesmo estudo, 50% dos pacientes apresentaram melhora tardia

(12 meses após o AVEi) do funcionamento cognitivo, com ganhos observados em orientação espaço-temporal, linguagem de expressão, memória, raciocínio, percepção e funções executivas.

Em amostras mais jovens de pacientes adultos, 30% dos casos que apresentaram comprometimento cognitivo leve entre 0 e 6 meses após o AVEi demonstraram melhora significativa das alterações cognitivas em 12 a 18 meses (Tham et al., 2002).

Os processos neurobiológicos subjacentes ao comprometimento cognitivo leve e a possibilidade de melhora tardia ou não desses comprometimentos estão associados a idade (quanto maior a idade, maior a prevalência de alterações cognitivas pós-AVEi), escolaridade (quanto mais baixa, pior o prognóstico), reserva cognitiva, extensão, localização e recorrência do AVEi, extensão de lesões na substância branca, comorbidades ou doenças prévias, como diabetes *mellitus*, infarto do miocárdio, fibrilação arterial e pneumonia (Cherubini; Senin, 2003; Dharmasaroja et al., 2021; El Husseini et al., 2023).

Intervenções não farmacológicas

As intervenções não farmacológicas comumente adotadas para pacientes com alterações cognitivas e comportamentais decorrentes de AVE incluem treino e reabilitação cognitiva, técnicas e estratégias de compensação, modificações dos ambientes domiciliar e de trabalho, terapias cognitivo-comportamentais e orientação a familiares e cuidadores (Miotto, 2015; Wilson et al., 2002; Miotto, 2007).

O treino cognitivo é mais empregado em pacientes com alterações cognitivas em grau leve a moderado. Em se tratando de alterações da memória episódica verbal, podem-se empregar técnicas apresentadas a seguir (Miotto, 2015).

Evocação expandida. Apresentação inicial de estímulo e evocação com intervalos de tempo progressivos.

PQRST. Técnica mnemônica para auxiliar a memorização e o armazenamento de informações lidas em textos, livros ou jornais utilizando-se de leitura proativa com perguntas a serem respondidas sobre o texto.

Esvanecimento de pistas. Técnica mnemônica para memorização de nomes, números e palavras por meio da apresentação repetida do estímulo e retirada gradativa de partes do estímulo.

Associação face-nome. Técnica de associação relacionada com o nome e a face de uma pessoa, associação gesto-nome (técnica que se baseia na aprendizagem de associação criada entre um nome e um gesto).

Aprendizagem sem erro. Princípio básico que norteia todas as técnicas de reabilitação, em que não se permite que o paciente produza respostas incorretas mediante incerteza ou dúvida.

As técnicas e estratégias de compensação são procedimentos que utilizam auxílios externos ou internos para melhorar a recuperação de novas informações, fatos da vida diária, datas, nomes, locais onde se guardam objetos. Essas estratégias são indicadas para casos de comprometimento cognitivo moderado e grave. Entre essas estratégias, encontram-se o treino de uso de auxílios externos para lembrança de compromissos (uso de agenda, celulares, *tablets*, sistema organizado de anotações e emissão de sinais indicando horários, como *neuropager*, relógios com alarmes múltiplos), estabelecimento de rotinas ao guardar objetos, entre outros (Miotto, 2015; Miotto et al., 2009).

As modificações no ambiente são adequadas para pacientes com alterações moderadas e graves, uma vez que permitem melhor identificação dos objetos guardados dentro de armários, gavetas, caixas e locais específicos de uma casa por meio de etiquetas em portas e sinalizadores de chão, bem como barras de segurança em banheiros e corredores.

A terapia cognitivo-comportamental é indicada para casos com alterações de comportamento e humor, como depressão, ansiedade e impulsividade. Independentemente da gravidade do quadro de AVE, é relevante promover orientação e informação aos cuidadores e familiares sobre o impacto das alterações cognitivas dos pacientes nas atividades da vida diária e como administrar essas dificuldades junto ao paciente.

Em outros capítulos desta obra serão abordadas as estratégias e intervenções cognitivas de maneira mais detalhada.

Considerações finais

As doenças cerebrovasculares estão entre as principais causas de morte no mundo ocidental, ocupando o primeiro lugar no Brasil, portanto, compreender seus mecanismos e manifestações precoces é fundamental para evitar o agravamento do quadro e a recorrência dos episódios isquêmicos ou hemorrágicos. Entre as manifestações clínicas associadas ao AVE, o CCV é um dos sintomas mais precoces, juntamente com sinais motores e sensitivos. Com o avanço das técnicas de neuroimagem e de avaliação neuropsicológica nos últimos anos, é possível diagnosticar esses quadros de maneira diligente. Pacientes com AIT apresentam alterações leves ou sutis reversíveis. Em se tratando de casos de AVEi ou AVEh, o comprometimento cognitivo costuma ser maior e permanente, podendo evoluir para demência vascular. Em geral, o padrão de alteração cognitiva está associado à extensão e à localização da lesão e a características específicas de cada paciente, como idade e comorbidades. Apesar dos grandes avanços nos últimos anos, é necessário investigar de maneira mais sistemática o processo de evolução ou declínio cognitivo associado a doenças cerebrovasculares, contemplando os casos desde a fase aguda, por meio de avaliações longitudinais, e avaliar a efetividade das intervenções não farmacológicas de forma controlada.

Referências bibliográficas

BALLARD, C. et al. Prospective follow-up study between 3 and 15 months after stroke: improvements and decline in cognitive function among dementia-free stroke survivors > 75 years of age. Stroke, v. 34, p. 2440-2444, 2003.

BROWN, G. G.; LAZAR, R. M.; DELANO-WOOD, L. Cerebrovascular disease. In: GRANT, I.; ADAMS, K. M. (eds.) Neuropsychological Assessment of Neuropsychiatric and Neuromedical Disorders. 3. ed. New York: Oxford University Press, 2009.

CHERUBINI, A.; SENIN, U. Elderly stroke patient at risk for dementia: in search of a profile. Stroke, v. 34, p. 2445, 2003.

CUMMINGS, J. L. Frontal-subcortical circuits and human behavior. Arch. Neurol., v. 50, p. 873-880, 1993.

DHARMASAROJA, P. Temporal changes in cognitive function in early recovery phase of the stroke. Journal of Stroke Cerebrovascular Diseases, v. 30, n. 10, 2021.

DONOVAN, N. J. et al. Conceptualizing functional cognition in stroke. Neurorehabilitation and Neural Repair, v. 22, p. 122-135, 2008.

FEIGIN, V. L. et al. Stroke epidemiology: a review of population-based studies of incidence, prevalence, and case-fatality in the late 20th century. Lancet Neurology, v. 2, p. 43-53, 2003.

HACHINSKI, V. et al. National Institute of Neurological Disorders and Stroke-Canadian Stroke Network vascular cognitive impairment harmonization standards. Stroke, v. 37, p. 2220-2241, 2006.

HOFFMANN, M.; SCHMITT, F.; BROMLEY, E. Vascular cognitive syndromes: relation to stroke etiology and topography. Acta Neurologica Scandinavica, v. 120, p. 161-169, 2009.

HUSSEINI, N. E. et al. Cognitive Impairment After Ischemic and Hemorrhagic Stroke: a scientific statement from the American Heart Association/American Stroke Association. Stroke, v. 54, n. 6, p. 272-291, 2023.

LO, J. W. et al. Profile of and risk factors for poststroke cognitive impairment in diverse ethnoregional groups. Neurology, v. 93, p. 2257-2271, 2019.

LOTUFO, P. A.; BENSENOR, I. M. Stroke mortality in São Paulo (1997-2003). Arquivos de Neuropsiquiatria, v. 62, n. 4, p. 1008-1011, 2004.

MIOTTO, E. C. Cognitive rehabilitation of amnesia after virus encephalitis: a case report. Neuropsychological Rehabilitation, v. 17, n. 4, 551-566, 2007.

MIOTTO, E. C. et al. Rehabilitation of executive dysfunction: a controlled trial of an attention and problem solving treatment group. Neuropsychological Rehabilitation, v. 19, n. 4, p. 517-540, 2009.

MIOTTO, E. C. Reabilitação neuropsicológica e intervenções comportamentais. Rio de Janeiro: Editora Roca, 2015.

MIOTTO, E. C.; CAMPANHOLO, K. R.; SERRAO, V. T. Manual de Avaliação Neuropsicológica – a prática da testagem cognitiva. Campinas: Editora Memnon, 2023. 1 v.

MIOTTO, E. C.; CAMPANHOLO, K. R.; SERRAO, V. T. Manual de Avaliação Neuropsicológica – a prática da testagem cognitiva. Campinas: Editora Memnon, 2023. 2 v.

PENDLEBURY, S. T.; ROTHWELL, P. M.; OXFORD VASCULAR STUDY. Incidence and prevalence of dementia associated with transient ischaemic attack and stroke: analysis of the population-based Oxford Vascular Study. Lancet Neurology, v. 18, p. 248-258, 2019.

SAA, J. P. et al. Longitudinal evaluation of cognition after stroke: a systematic scoping review. PLoS One, v. 14, 2019.

SACHDEV, P. S. et al. The neuropsychological profile of vascular cognitive impairment in stroke and TIA patients. Neurology, v. 62, p. 912-919, 2004.

STRAUSS, E.; SHERMAN, E. M. S.; SPREEN, O. A Compendium of Neuropsychological Tests. 3. ed. New York: Oxford University Press, 2006.

THAM, W. et al. Progression of cognitive impairment after stroke: one year results from a longitudinal study of Singaporean stroke patients. Journal of Neurological. Science, v. 203-204, p. 49-52, 2002.

WILSON, B. A. Towards a comprehensive model of cognitive rehabilitation. Neuropsychological Rehabilitation, v. 12, n. 2, p. 97-110, 2002.

Leitura complementar

CHABRIAT, H. et al. Cadasil. Lancet Neurology, v. 8, n. 7, p. 643-653, 2009.

VICTOR, M.; ROPPER, A. H. Adams and Victor's Principles of Neurology. 7. ed. New York: McGraw-Hill, 2001.

22 Epilepsias

Valéria Trunkl Serrao • Samuel Araujo Leite • Gean Antônio de Paula

Introdução

Este capítulo tem como objetivo apresentar a trajetória da epilepsia com informações relevantes ao entendimento, sendo demarcado por conceitos, perpassando por história, dimensões anatomofuncionais, diagnóstico, alterações cognitivas e comportamentais, tratamento e finalizando com a avaliação neuropsicológica do caso clínico de uma mulher de 54 anos com epilepsia desde a primeira infância.

A epilepsia no decorrer da história

Crises epilépticas são descritas pelos egípcios e sumérios desde aproximadamente 3.500 anos a.C. Criadores do termo epilepsia ("surpresa"), os homens da Grécia Clássica atribuíram os "ataques" epilépticos a castigos divinos e espíritos malignos. Acreditavam que somente um ser muito poderoso seria capaz de provocar um ataque, que lhes privasse dos sentidos. Dessa forma, a epilepsia passou a ser conhecida como "a doença sagrada". Já na Roma Clássica, as crises epilépticas eram consideradas sinal de pouca sorte, o que, no início da era cristã, dizia respeito à influência dos astros, particularmente da Lua, portanto seus portadores eram denominados "lunáticos". Foi Hipócrates (460-377 a.C.), em sua obra *Corpus Hippocraticun*, que contestou esse pensamento supersticioso, sendo pioneiro em relacionar a epilepsia com alterações cerebrais orgânicas (Liberasso, 2010). O conhecimento anatômico das estruturas cerebrais se tornou fundamental para o desenvolvimento de diversos conceitos em epilepsia.

Andreas Vesalius (1514-1564) publicou sua obra *De Fabrica Corporis Humani* em 1543, incluindo figuras de diversas estruturas cerebrais de maneira pioneira, representando um esforço científico inicial na compreensão anatômica do cérebro. Já os trabalhos de Luigi Galvani, em 1790, e do médico Richard Caton, em 1875, conceberam a base do entendimento dos potenciais elétricos fisiológicos do corpo humano e, por conseguinte, a compreensão de alguns conceitos sobre a gênese das crises epilépticas. O médico Charles Locock (1857), por acreditar que as crises epilépticas estivessem relacionadas com problemas de ordem sexual, utilizou o brometo de potássio como tratamento por ser um antiafrodisíaco. Hoje, sabe-se que as origens das crises epilépticas não têm qualquer relação com disfunções sexuais. Por esse feito, Locock foi considerado o marco inicial no tratamento medicamentoso da epilepsia. O fenômeno cirúrgico foi considerado realmente científico em 1886 pelo Dr. Victor Horsley no National Hospital Queen's Square (Liberasso, 2010).

A história aponta para muitas personalidades portadoras de crises convulsivas, como Sócrates (filósofo), Pitágoras (filósofo e matemático grego), Fiódor Dostoievsky (escritor russo), Isaac Newton (cientista, físico, matemático, astrônomo e teólogo inglês), Alfred Bernhard Nobel (químico e inventor do prêmio Nobel), Ludwig van Beethoven (compositor alemão), Machado de Assis (poeta, romancista, dramaturgo e teatrólogo brasileiro), entre muitos outros (Liberasso, 2010).

Este capítulo, portanto, visa esclarecer e melhor entender a epilepsia e seus desafios.

Critérios diagnósticos

A Liga Internacional Contra a Epilepsia (International League Against Epilepsy [ILAE]) desenvolveu, ao longo dos anos, critérios diagnósticos precisos e atualizados, além de classificações quanto aos tipos de epilepsias, tipos de crises convulsivas e etiologias (Scheffer et al., 2017).

Para o diagnóstico adequado, é necessário identificar o tipo de crise convulsiva manifestado pelo paciente. As crises convulsivas são classificadas em duas categorias principais: focais e generalizadas. As crises focais têm a sua origem em redes neurais limitadas a um hemisfério, enquanto as crises generalizadas envolvem redes neurais bilaterais.

A identificação das crises convulsivas é feita por meio do histórico clínico, bem como por estudos de neuroimagem (como ressonância magnética [RM], [tomografia computadorizada por emissão de pósitrons [PET] e tomografia computadorizada por emissão de fóton único [SPECT]) e exames que mensuram a atividade elétrica cerebral (eletroencefalografia [EEG]) e monitoram a progressão das crises por meio de vídeo-EEG.

De acordo com a ILAE (2001), para diagnosticar e classificar um quadro de epilepsia é necessário que o paciente manifeste:

- Pelo menos duas crises convulsivas não provocadas (ou crises reflexas) com mais de 24 horas de intervalo (múltiplas crises convulsivas em um período inferior a 24 horas serão consideradas como um único evento)
- Uma crise convulsiva não provocada (ou crise reflexa) e uma probabilidade de novas convulsões semelhante ao risco geral de recorrência (pelo menos 60%) após duas convulsões não provocadas nos próximos 10 anos
- Diagnóstico de uma síndrome epiléptica com base no histórico de crises e em resultados de exames.

Pessoas que tiveram apenas convulsões febris ou convulsões neonatais não devem ser incluídas em classificações de epilepsias.

A epilepsia será considerada resolvida em pessoas que tiveram uma síndrome epiléptica autolimitada e dependente da idade, mas que já passaram da idade aplicável para o quadro, ou naquelas que permaneceram sem crises convulsivas nos últimos 10 anos e sem quaisquer medicações para convulsões nos últimos 5 anos.

Prevalência e etiologias

Epilepsia é uma condição neurológica com diversas manifestações clínicas e sintomas predominantemente caracterizados por crises convulsivas e/ou alterações comportamentais causadas por atividade neuroelétrica atípica no sistema nervoso central. Está entre as quatro desordens neurológicas mais comuns, em conjunto com a enxaqueca, o acidente vascular encefálico e a doença de Alzheimer (Santos *et al.*, 2019). Quadros epilépticos podem afetar indivíduos de qualquer faixa etária e resultar em alterações cognitivas, psicológicas, comportamentais e sociais a médio e longo prazos, sendo a epilepsia a condição neurológica crônica mais frequente entre crianças, afetando cerca de 0,5 a 1% da população infantil mundial (Bastos; Cross, 2020).

Dados atualizados da Organização Mundial da Saúde (OMS, 2023) estimam que aproximadamente 50 milhões de pessoas pelo mundo sejam portadoras de epilepsia, com prevalência global de 4 a 10 pessoas afetadas para cada 1 mil habitantes.

A ocorrência de epilepsia diverge consideravelmente entre países desenvolvidos em comparação com países subdesenvolvidos e em desenvolvimento, com prevalência anual de aproximadamente 49 pessoas com epilepsia para cada 100 mil habitantes em países desenvolvidos e cerca de 139 pessoas com epilepsia para cada 100 mil habitantes em países subdesenvolvidos ou em desenvolvimento (Zhang *et al.*, 2022).

No Brasil, dados sobre a prevalência de epilepsia encontram-se desatualizados e estimativas em nível nacional são imprecisas. Segundo informações recentes, a prevalência de epilepsia entre os moradores da região Sudeste (São Paulo, Minas Gerais, Rio de Janeiro e Espírito Santo) é de aproximadamente 1,3 caso para cada 1.000 pessoas. Em contraste com dados mundiais, nos quais a principal causa etiológica de epilepsia é idiopática (50%), no Brasil, a maioria apresenta etiologia estrutural (41%) (Buainain *et al.*, 2022).

A epilepsia é uma condição multietiológica, visto que pode ser idiopática, genética, infecciosa, imune/autoimune ou estrutural, ou ocorrer no contexto de outras condições médicas e/ou neurológicas adquiridas ao longo da vida (Falco-Walter, 2020). A Tabela 22.1 apresenta as classificações e etiologias da epilepsia.

O objetivo de classificar as crises epilépticas é agrupar indivíduos com crises semelhantes a fim de melhor compreender suas causas e manifestações clínicas, além de proceder a melhores escolhas e conhecer as respostas aos tratamentos, sejam eles medicamentosos ou cirúrgicos, suas respectivas complicações cognitivas e psiquiátricas e, por fim, seu prognóstico (Pinto, 2019).

Tabela 22.1 Classificação etiológica das epilepsias.

Tipo	Etiologia
Estrutural	• Alterações anatômicas congênitas • Malformação encefálica • Lesão cerebral traumática • Acidente vascular encefálico • Doenças neurodegenerativas • Tumores
Genética	• Epilepsia genética generalizada • Síndromes neurocutâneas • Doença de Unverricht-Lundborg (DUL) • Síndrome de Coffin-Lowry (SCL) • Doença de Gaucher • Síndrome de MELAS (do inglês *mitochondrial myopathy, encephalopathy, lactic acidosis and stroke*)
Infecciosa	• Encefalite • Meningite • Infecções virais • Infecções bacterianas • Infecções parasíticas
Imunológica	• Encefalite por anticorpos contra o receptor de NMDA
Idiopática	• Desconhecida

Adaptada de Scheffer *et al.*, 2017; Bosak *et al.* 2019.

A classificação etiológica (Scheffer *et al.*, 2017; Bosak *et al.*, 2019) segue algumas regras propostas por Pinto (2019):

- Início: decidir se o início é focal ou generalizado, considerando nível de confiança de 80%; caso contrário, a etiologia é desconhecida
- Percepção: para crises focais, identificar o grau de alteração da percepção; em ocorrendo a qualquer momento da crise, deverá ser denominada dispersiva. Não sendo possível a identificação, este item da classificação deve ser omitido
- Sinal ou sintoma motor ou não motor mais precoce determinará crise de início focal
- Crise focal com parada comportamental: deverá ser assim considerada quando o sintoma comportamental for o sintoma proeminente durante toda a crise
- Motor/não motor: crises focais com ou sem alteração da percepção poderão ser subclassificadas de acordo com as características motoras ou não motoras
- Bilateral *versus* generalizada: utilizar "bilateral" para as crises tônico-clônicas que se propagam para ambos os hemisférios e "generalizadas" para as crises que aparentemente se originam simultaneamente em ambos os hemisférios
- Ausência atípica: apresenta início e final graduais, mudanças marcadas no tônus ou EEG com descargas de ponta-onda lenta com frequência inferior 3 Hz
- Clônica *versus* mioclônica: clônica refere-se a abalos rítmicos sustentados e mioclônica, a abalos irregulares e não sustentados
- Mioclônica palpebral: ausência com mioclonias palpebrais refere-se a abalos das pálpebras com desvio dos olhos para cima durante a crise de ausência.

Sendo assim, a classificação vai depender da descrição clínica das características da propedêutica das crises e seu correlato às normalidades dos eletroencefalogramas.

Classificação das crises epilépticas

O primeiro desafio do profissional clínico é identificar se as características do evento dizem respeito a uma crise de epilepsia, diferenciando-a de pseudoepilepsia, para, então, buscar a classificação do tipo de crise. As crises podem ser classificadas quanto à localização anatômica – temporais, frontais, parietais, occipitais, diencefálicas ou do tronco encefálico – ou a manifestações clínicas (Pinto, 2019).

Crises epilépticas focais

As crises focais (ou crises parciais) na epilepsia são caracterizadas pelo início em uma área específica do cérebro e podem se espalhar para outras partes, afetando diferentes funções e sintomas (Engel; ILAE, 2001). A seguir, as possíveis etiologias, a fisiopatologia, os sintomas e os desdobramentos cognitivos de cada tipo de crise focal epiléptica serão detalhados.

Crises epilépticas focais simples

As crises epilépticas focais simples, também conhecidas como crises parciais simples, são um tipo de episódio epiléptico que começa em uma área específica do cérebro e não se espalha para outras regiões cerebrais (Engel, 2006). Em termos de fatores etiológicos, as causas das crises epilépticas focais simples podem variar consideravelmente.

Lesões cerebrais. Traumatismos cranianos, tumores cerebrais, malformações congênitas, cicatrizes de lesões anteriores ou infecções cerebrais podem irritar o cérebro e desencadear crises.

Predisposição genética. Algumas pessoas têm predisposição genética para a epilepsia, o que pode torná-las mais suscetíveis a desenvolver crises epilépticas focais simples.

Causas desconhecidas. Em muitos casos, a causa específica das crises não pode ser identificada, tornando-as "idiopáticas" ou "criptogênicas".

A fisiopatologia das crises epilépticas focais simples envolve uma alteração temporária na atividade elétrica do cérebro (Berg; Berkovic; Brodie, 2006). Isso começa com o que é conhecido como uma "descarga ictogênica", em que um grupo de neurônios, em uma área específica do cérebro, torna-se hiperexcitável e começa a disparar sinais elétricos anormalmente. Essa hiperexcitabilidade pode ser desencadeada por vários fatores, incluindo lesões cerebrais, distúrbios genéticos, cicatrizes de lesões anteriores, infecções cerebrais, entre outros.

Essa descarga ictogênica leva a um aumento na atividade elétrica na área afetada do cérebro, onde os neurônios começam a produzir impulsos elétricos de maneira descoordenada e excessiva. Inicialmente, a atividade elétrica anormal permanece confinada à área onde a descarga começou, no entanto, à medida que essa atividade continua, ela pode se espalhar para áreas vizinhas do cérebro por intermédio das conexões neuronais devido à difusão de íons carregados, como sódio e potássio, através das membranas celulares dos neurônios (Lüders *et al.*, 1998).

As crises epilépticas focais simples apresentam ampla variedade de sintomas que dependem da área específica do cérebro onde começam (Engel, 2006). Essas crises são caracterizadas por não afetarem inicialmente a consciência da pessoa. A seguir estão os sintomas mais comuns associados a essas crises.

Sensações anormais (aura). Muitas vezes, as crises focais simples começam com uma sensação anormal, chamada de aura. Essas sensações, que podem incluir formigamento, calor, frio, vibrações, pressão ou sensações elétricas em uma parte específica do corpo, são devidas à ativação anormal de neurônios na área cerebral afetada.

Movimentos involuntários. As crises podem levar a movimentos involuntários de uma parte do corpo, incluindo tremores, espasmos musculares, contrações musculares rítmicas ou outros movimentos anormais. A área do cérebro onde a crise se origina determina o tipo de movimento observado.

Alterações sensoriais. As crises podem causar alterações sensoriais, como distorções visuais, auditivas ou táteis. Eventualmente, a pessoa experimenta alucinações sensoriais, como ver ou ouvir coisas que não estão presentes, devido à atividade neural anormal na região cerebral relacionada com os sentidos.

Alterações autonômicas. Algumas crises focais simples afetam o sistema nervoso autônomo, levando a sintomas como sudorese intensa, aumento da frequência cardíaca, sensação de aperto no peito ou mudanças na pressão arterial. Isso ocorre devido à influência da atividade anormal sobre as funções autonômicas do cérebro.

Alterações no paladar ou no olfato. Em casos menos frequentes, as crises podem afetar áreas do cérebro relacionadas com o paladar e o olfato, o que pode resultar em alterações no gosto ou no cheiro percebidos pelo indivíduo.

É importante destacar que, embora a maioria das crises focais simples não afete inicialmente a consciência do indivíduo, em alguns casos, elas podem se espalhar para outras áreas do cérebro, tornando-se crises complexas ou generalizadas (Motamedi; Meador, 2003). Além disso, a duração dos sintomas varia, em geral, de apenas alguns segundos a minutos, dependendo da atividade neural anormal.

No que diz respeito às características cognitivas das crises epilépticas focais simples, pode-se considerar, primeiramente, como essas crises afetam a função cerebral. Nas crises focais simples, a atividade anormal tem início em uma região específica do cérebro, resultando habitualmente na preservação parcial da função cognitiva. Isso significa que algumas áreas cerebrais continuam operando normalmente enquanto outras estão sob a influência da atividade neural anormal (Baker; Marson, 2016).

Essas características cognitivas variam de acordo com a região cerebral afetada. Por exemplo, se a atividade anormal ocorrer em uma área relacionada com o processamento sensorial, a pessoa experimentará alucinações sensoriais, como visuais ou auditivas, afetando a percepção de objetos ou sons. É importante ressaltar, no entanto, que, em geral, a consciência permanece preservada, permitindo que a pessoa perceba e se lembre dos sintomas durante a crise. Isso diferencia as crises focais simples das crises complexas, que envolvem uma alteração mais acentuada da consciência.

Além disso, as crises podem afetar funções cognitivas específicas, como memória e funções executivas, dependendo da área do cérebro envolvida (Hermann et al., 2006), resultando em dificuldades temporárias de memória e na capacidade de tomar decisões ou executar tarefas complexas. A resposta cognitiva às crises, contudo, varia de pessoa para pessoa, com algumas apresentando sintomas mais intensos do que outras ou, até mesmo, ausência de sintomas cognitivos.

Em suma, as características cognitivas das crises epilépticas focais simples estão intrinsecamente ligadas à região cerebral afetada, variando na extensão da influência da atividade anormal, e será mais bem detalhada em tópico sobre cognição. A preservação parcial da função cognitiva e da consciência é uma característica distintiva dessas crises, o que as diferencia das crises que envolvem uma perda mais significativa da consciência. O tratamento e o controle adequados da epilepsia envolvem uma avaliação criteriosa dessas características cognitivas para determinar as melhores estratégias de intervenção.

Crises epilépticas focais complexas

As crises focais complexas, também conhecidas como crises parciais complexas, são um tipo de evento epiléptico caracterizado por início localizado em uma área específica do cérebro e um impacto significativo na consciência e no comportamento da pessoa afetada (Engel et al., 2001).

Durante essas crises, comumente a pessoa parece confusa, desorientada ou não responsiva ao ambiente. Além da alteração da consciência, as crises focais complexas frequentemente envolvem comportamentos automáticos e repetitivos, denominados automatismos, podem incluir ações como mastigar, engolir, mexer as mãos ou realizar movimentos sem sentido. A memória da pessoa geralmente é afetada, resultando em amnésia pós-ictal.

Ambos os tipos de crises focais, simples e complexas, podem variar em intensidade e duração, mas a principal diferença está na consciência e no comportamento durante a crise. Nas crises focais simples, a consciência é preservada e os sintomas estão mais diretamente relacionados com a área cerebral afetada, enquanto nas crises focais complexas há uma alteração significativa da consciência e a presença de comportamentos automáticos (Berg; Berkovic; Brodie, 2010).

Alterações cognitivas nas principais síndromes epilépticas

Considerando-se que a epilepsia é um conjunto de achados que ocorrem associados é importante identificar não apenas os tipos específicos das síndromes, mas também a idade em que iniciam, a região cerebral envolvida, seu curso clínico e a fisiopatologia, uma vez que esses aspectos fornecem informações valiosas que possibilitarão diagnóstico etiológico e indicarão as melhores condutas a serem adotadas (Almeida; Pinto, 2019).

Na Tabela 22.2, estão descritos os sintomas e as características comuns de diversas crises epilépticas, no entanto, por sua prevalência, serão abordadas com maiores detalhes as quatro principais: epilepsia do lobo temporal, epilepsia do lobo frontal, epilepsia mioclônica juvenil e epilepsia de

Tabela 22.2 Sintomas e características comuns de diferentes tipos de epilepsia.

Tipo de epilepsia	Sintomas e características
Epilepsia\crise de ausência	Breves episódios de ausência, interrupção repentina da consciência, olhar fixo e vago, suspensão dos movimentos e atividades, retorno ao normal sem memória do evento
Epilepsia mioclônica	Movimentos musculares súbitos e involuntários, principalmente em braços e pernas, podendo ocorrer quedas
Epilepsia tônico-clônica	Convulsões generalizadas, perda da consciência, contrações musculares rígidas (tônico) seguidas de movimentos involuntários (clônico)
Epilepsia parcial complexa	Alterações da consciência, comportamentos automáticos, movimentos repetitivos, sensações anormais, confusão pós-convulsão
Epilepsia parcial simples	Sintomas focais específicos sem perda de consciência, como movimentos involuntários em uma parte do corpo, alterações sensoriais ou emocionais
Epilepsia generalizada idiopática	Convulsões generalizadas sem causa identificada, sem lesões cerebrais evidentes e que, em geral, ocorrem na infância ou adolescência
Epilepsia generalizada criptogênica	Convulsões generalizadas com causa desconhecida, podem estar associadas a lesões cerebrais sutis ou não detectadas
Epilepsia generalizada sintomática	Convulsões generalizadas causadas por lesões cerebrais conhecidas, como traumatismo cranioencefálico, malformações congênitas, tumores ou infecções
Epilepsia de ausência infantil	Episódios frequentes de ausência, olhar vago, piscar de olhos repetitivo, breves interrupções no comportamento normal
Epilepsia mioclônica juvenil	Convulsões mioclônicas durante o despertar, mioclonias noturnas, breves perdas de consciência, possíveis problemas cognitivos

ausência infantil. Os demais tipos de epilepsias estão brevemente descritos a título informativo e didático com seus sintomas e características.

Epilepsia do lobo temporal

A epilepsia do lobo temporal (ELT) mesial ou lateral é a causa mais frequente de epilepsia em adultos, no entanto sua etiologia, a idade de início, o prognóstico e a resposta aos tratamentos são diversos (Almeida; Pinto, 2019).

A ELT é considerada um distúrbio neurológico no qual as pessoas sofrem convulsões frequentes, comprometimento da consciência e déficits cognitivos diversos, com prejuízo da qualidade de vida. Vale lembrar que, apesar das crises na ELT mesial terem origem focal no hipocampo ou na amígdala, elas demonstram déficits cognitivos que se estendem para além do lobo temporal, como declínio na função executiva, velocidade de processamento e atenção, bem como diminuições difusas no metabolismo neocortical e na conectividade funcional (Englot; Morgan; Chang, 2020).

A principal causa da ELT é a esclerose do hipocampo; demais etiologias são as formas genéticas, outras lesões estruturais, como tumores (malignos ou benignos), doenças infecciosas, doença cerebrovascular, autoimune, malformação do desenvolvimento cortical, trauma etc. (Almeida; Pinto, 2019).

Como recomendação, a avaliação neuropsicológica detalhada, principalmente de memória e linguagem, pode revelar distúrbios de memória verbal e não verbal e dificuldade de nomeação. Inúmeros distúrbios psiquiátricos podem ser identificados, como depressão, ansiedade e psicose, possivelmente associados não só pelo envolvimento estrutural límbico e extralímbico, mas também como consequência do tratamento e de fatores sociais e psicológicos (Almeida; Pinto, 2019).

Epilepsia do lobo frontal

O lobo frontal representa aproximadamente 40% do córtex e é o segundo lobo cerebral mais envolvido, concebendo 20 a 30% das epilepsias focais. No estudo das crises epilépticas, é uma das regiões mais desafiadoras em decorrência de sua complexidade.

As causas mais frequentes são tumores, lesões vasculares, sequelas de traumas e malformações do desenvolvimento cortical (Almeida; Pinto, 2019).

Pacientes com epilepsia do lobo frontal têm, em geral, menos problemas relativos à memória em comparação com os que apresentam crises no lobo temporal. Os déficits mais frequentes, quando presentes, associam-se às funções executivas, como inibição e manutenção de respostas, velocidade de processamento de informações, reconhecimento de expressões faciais, além de déficit atencional e hiperatividade. Ansiedade e depressão podem se apresentar, mas em menor proporção quando em comparação com a epilepsia do lobo temporal (Almeida; Pinto, 2019).

Epilepsia mioclônica juvenil

Apesar de ter sido descrita em 1867, foi em 1957, com uma série de 47 pacientes, que Janz definiu a epilepsia mioclônica juvenil (EMJ) como uma síndrome distinta. Estima-se que represente 10% das epilepsias em geral e 8% das epilepsias generalizadas genéticas (anteriormente denominadas epilepsias generalizadas idiopáticas), com incidência estimada de 1 em cada 1.000 a 2.000 aos 20 anos de idade (Almeida; Pinto, 2019).

As crises na EMJ estão ligadas à hiperexcitabilidade cortical, acentuada no córtex motor e exacerbada no período da manhã e pela privação de sono, caracterizam-se pela presença de mioclonias, crises tônico-clônicas generalizadas e ausências associadas a um padrão de EEG típico e contexto clínico correspondente. Predomina em mulheres (60%), com pico na segunda década de vida, variando de 8 a 36 anos. Apesar de os pacientes apresentarem inteligência dentro da faixa de normalidade, admite-se a possibilidade de déficit de aprendizagem. Um dado importante é que mais da metade dos pacientes apresenta histórico familiar de epilepsia.

É necessário, portanto, que haja uma avaliação formal da cognição, considerando-se que, na literatura, a maioria dos pacientes apresenta desempenho cognitivo normal; contudo a testagem poderá evidenciar comprometimento leve a moderado em funções relacionadas com o lobo frontal – em testes de fluência verbal, raciocínio abstrato, flexibilidade mental, atenção, velocidade de processamento e planejamento. Vale ressaltar que esses achados podem estar relacionados com diversos fatores, como tratamento com fármacos antiepilépticos, frequência das crises, variabilidade genética, fatores psicossociais e nível educacional. Alterações psiquiátricas podem ser identificadas em até 49% dos pacientes, sendo as mais frequentes ansiedade, alterações de humor e transtornos de personalidade (Almeida; Pinto, 2019).

Por ser uma condição crônica, a epilepsia pode acarretar diversos comprometimentos cognitivos ao longo da vida, desde atrasos e/ou comprometimento do adequado desenvolvimento cognitivo durante a infância até seu avançar com a idade.

Diversos fatores contribuem para déficits ou declínio cognitivo em pacientes com epilepsia, os quais variam de acordo com a extensão da lesão, a idade de início, os efeitos adversos das medicações antiepilépticas, a etiologia das crises e suas localizações (Zanão; Valiengo, 2019). Para se saber a dimensão e a extensão dos prejuízos já causados, a avaliação neuropsicológica completa, envolvendo os principais domínios cognitivos, é recomendada e precisa incluir: inteligência, memória, linguagem e habilidades acadêmicas, funções visuoperceptivas, espaciais e construtivas, funções executivas, atenção e concentração e demais domínios que, durante o processo avaliativo, mostrarem-se necessários.

A seguir serão discutidos os principais déficits cognitivos presentes nos pacientes com epilepsia por função cognitiva e algumas sugestões de testes normativos reconhecidos no Sistema de Avaliação de Testes Psicológicos (SATEPSI) ou tarefas complementares por meio de estudos preliminares na população brasileira. As teorias envolvidas referentes às funções cognitivas não serão objeto de discussão por fugirem do tema central deste capítulo.

Funções cognitivas nas epilepsias

Memória (episódica)

O comprometimento cognitivo é uma comorbidade comum da epilepsia que afeta negativamente os pacientes acometidos dos lobos frontais e temporais.

Como já mencionado, muitos fatores, como a localização das lesões, contribuem para o surgimento dos déficits de memória, que podem estar relacionados com os sistemas da memória, as crises propriamente ditas e suas descargas elétricas anormais, podendo interferir e comprometer a aprendizagem e a capacidade de armazenamento. Pacientes com crises tônico-clônicas e focais do lobo frontal de etiologia genética também podem apresentar dificuldades de memória, indicando que não seria um déficit exclusivo da epilepsia do lobo temporal. Pacientes com epilepsia estrutural ou metabólica costumam apresentar piores déficits de memória em comparação com aqueles com outras etiologias. Traumas cranianos e encefalites por herpes simples costumam apresentar déficits piores de memória e maiores dificuldades em realizar novos aprendizados (Zanão; Valiengo, 2019).

Como sugestões de testes, podem-se indicar o Teste de Aprendizagem Auditivo-Verbal de Rey (RAVLT) e as Figuras Complexas de Rey para memória visual, lembrando que este poderá interferir fortemente no desempenho por conta das funções executivas. Dessa forma, recomenda-se cautela na interpretação, pois há outras possibilidades de dificuldade do paciente que podem acarretar outras alterações.

Atenção

Não é incomum a queixa de déficit de atenção por parte dos pacientes com epilepsia, no entanto, aqueles com epilepsia estrutural ou metabólica são os que, em geral, indicam maiores comprometimentos. É frequente que pacientes com problemas parciais de atenção apresentem queixas associadas a outras funções cognitivas, como linguagem, memória ou mesmo alterações na inteligência, lembrando que a ocorrência de epilepsia e o tratamento com fármacos anticonvulsivantes desde a infância podem interferir no desenvolvimento cognitivo e no rendimento escolar. Sendo assim, deve-se considerar que crianças com epilepsia apresentam mais déficits de atenção importantes do que adultos com epilepsia (Zanão; Valiengo, 2019).

Funções executivas

Os lobos frontais são responsáveis pelo que se conhece como funções executivas, entre as quais estão planejamento, controle inibitório, busca de estratégias, velocidade de processamento de informações e memória operacional, além de envolvimento e regulação dos comportamentos sociais. Como esperado, pacientes com epilepsia metabólica ou estrutural com localização nos lobos frontais e afetando regiões pré-frontais dorsolaterais mostram, comparativamente ao grupo controle (pessoas sem epilepsia), mas pareado nas características sociodemográficas, prejuízo no planejamento de seus atos, em tarefas de flexibilidade mental, aumento da impulsividade e agressividade. Pacientes com crises focais no lobo temporal podem apresentar alterações nas funções executivas, como perseveração em testes de escolha de cartas, e há evidências do agravamento desses comportamentos em pacientes com esclerose de lobo temporal mesial. É importante alertar que efeitos adversos do tratamento com fármacos antiepilépticos, como o topiramato, podem interferir sobremaneira nas funções executivas, principalmente na memória operacional, na velocidade de processamento das informações, no processo de aprendizagem e na memória, exigindo cautela na intepretação dos resultados neuropsicológicos (Zanão; Valiengo, 2019).

Como sugestão de testes neuropsicológicos, indicam-se: Teste Wisconsin de Cartas, Torre de Londres, Teste de Extensão de Dígitos (ordem direta e inversa), cálculos mentais e demais atividades que o profissional considerar relevantes para o caso em investigação.

O trabalho recente de Caciagli et al. (2023) comparando, de 2007 a 2013, 172 pacientes com epilepsias nos lobos temporais e frontais por meio de ressonância magnética funcional (RMf) aponta que o comprometimento cognitivo nos pacientes com epilepsia do lobo frontal está associado à redução da ativação em todos os sistemas atencionais e executivos e da ativação do sistema de modo padrão, o que é indicativo de uma desorganização em grande escala do recrutamento relacionado com tarefas. Pacientes com epilepsia do lobo frontal apresentaram melhores resultados em testes de nomeação, aprendizagem e recordação verbal e pior desempenho em testes de flexibilidade mental. Em tarefas de memória e fluência verbal, os pacientes exibiram igual comprometimento, seja do lobo frontal, seja do lobo temporal. Os autores mencionam que atividades de memória operacional verbal foram menos precisas nos pacientes com epilepsia do lobo frontal em comparação com o grupo controle, porém o rendimento foi semelhante, com precisão na média (> 80%) em ambos os grupos – pacientes com epilepsia dos lobos frontal e temporal. Quanto à memória operacional visual, os pacientes com epilepsia do lobo frontal apresentaram pior rendimento (Zanão; Valiengo, 2019). Esses achados reforçam o entendimento de que o funcionamento cognitivo proporciona esclarecimentos fundamentais à neuropsicologia.

Linguagem

Pacientes com epilepsia, principalmente em áreas afetadas do hemisfério dominante para a linguagem (comumente o esquerdo), comprometidos por lesões cerebrais estruturais ou por crises repetidas costumam apresentar distúrbios de linguagem. Mesmo os pacientes com crises focais no lobo temporal dominante ou no lobo frontal podem apresentar déficits de linguagem, ainda que sutis. Afasias não são comuns, no entanto, ocasionalmente ocorrem em pacientes com crises secundárias a um tumor ou trauma. Já pacientes com crises focais no lobo temporal esquerdo ou no lobo frontal podem apresentar déficits de linguagem, de nomeação e nível rebaixado em testes de fluência verbal semântica. Costumam estar preservadas a fluência, a repetição e a compreensão em pacientes com epilepsia decorrente de crises focais nas regiões frontotemporais esquerdas (Zanão; Valiengo, 2019).

Todos os instrumentos possíveis de avaliação cognitiva para verificação da linguagem, como teste de nomeação, fluência verbal nominal e categórica (p. ex., FAS e categoria animal), tarefas de repetição e compreensão ou demais que o avaliador considerar relevante ao caso são sugeridos.

Mediante as dificuldades possivelmente encontradas nas epilepsias pelas conexões neuronais e áreas com a lesão, a Tabela 22.3 apresenta as possíveis alterações cognitivas associadas

Tabela 22.3 Alterações cognitivas comuns em diferentes tipos de epilepsia.

Tipo de epilepsia	Alterações cognitivas comuns
Epilepsia\crise de ausência	Dificuldade de concentração e aprendizado
Epilepsia mioclônica	Prejuízo na memória e no processamento de informações
Epilepsia tônico-clônica	Dificuldade de atenção, concentração e funções executivas
Epilepsia parcial complexa	Problemas de memória, atenção e linguagem
Epilepsia parcial simples	Dificuldades na percepção e memória espacial
Epilepsia generalizada idiopática	Possíveis déficits de memória e aprendizado
Epilepsia generalizada criptogênica	Dificuldades cognitivas inespecíficas
Epilepsia generalizada sintomática	
Epilepsia de ausência infantil	Dificuldade com memória, atenção e habilidades visuoespaciais
Epilepsia mioclônica juvenil	Dificuldade com memória, atenção e funções executivas

aos tipos de epilepsia para melhor entendimento. Conhecer as alterações possibilitará ao avaliador identificar as tarefas cognitivas para um melhor e mais completo protocolo.

Sabe-se que múltiplos aspectos cognitivos estão associados em pacientes com epilepsia, dessa forma, todos os fatores se mostram importantes a serem considerados e avaliados, uma vez que vários podem interagir no paciente, causando-lhe riscos e declínio cognitivo. Aspectos psiquiátricos, portanto, são igualmente importantes no sentido de ajudar e contribuir para o prognóstico com orientações e condutas.

Transtornos psiquiátricos na epilepsia

Na epilepsia, é comum a associação a quadros ansiosos, de pânico e depressão, uma vez que há lesões na região das amígdalas, temporais e límbicas. Por outro lado, existe forte correlação psicopatológica entre a ansiedade e as obsessões (Caixeta, 2018). É importante estabelecer alguns critérios para o diagnóstico, como:

- Presença de crises epilépticas
- Psicoses confusionais (após ou durante a crise epiléptica)
- Psicoses paranoides (sobretudo em lesões frontotemporais à esquerda)
- Psicoses depressivas (lesões frontais à esquerda; manias – lesões frontais direita ou subcorticais [núcleos da base])
- Hiperatividade secundária (lesões mais à direita, podendo ser bilaterais ou parietais direitas)
- Alterações cognitivas (tendem a lentificação ou bradifrenia, viscosidade, perseveração, tenacidade e dificuldade de mudança de *setting*)
- Alterações de personalidade (tenacidade afetiva, irritabilidade patológica, desconfiança, alternância entre passividade dócil e agressividade)
- Ansiedade, pânico (lesão da amígdala)
- Crises do tipo "psíquica" (do tipo aguda dissociativa, ou ansiosa, ou de irritabilidade, de ausência, de apragmatismo; ou psicótica, com eletroencefalograma (ECG) francamente epileptogênico)
- Quadros psiquiátricos polifórmicos (alternância exaltação e ansiedade, ou paranoide, agressivo, confuso, com histórico de epilepsia ou ECG epiléptogênico)
- Psicoses por normalização focada (pacientes comprovadamente epilépticos, em uso ou não de anticonvulsivantes, com melhora das crises, no entanto com piora do comportamento, apresentando psicose, hiperatividade, agressividade, depressão etc.).

O caso apresentado ao final deste capítulo cursa com alterações comportamentais (psiquiátricas) em detrimento da cognição, considerando a época da avaliação neuropsicológica (agosto/2023).

Tratamento da epilepsia

Tratamento farmacológico

O tratamento farmacológico da epilepsia é realizado primariamente por meio de uma classe de medicamentos denominados anticonvulsivantes, os quais atuam sob diversas vias de neurotransmissão para reestabelecer um equilíbrio neuroquímico, adequando níveis de atividade neuroelétrica e, assim, tratando e/ou prevenindo a ocorrência de crises convulsivas. Alguns medicamentos anticonvulsivantes agem na estabilização dos canais de íon, que são responsáveis pelo seu fluxo e geram impulsos elétricos no sistema nervoso central. Esses medicamentos podem ser bloqueadores de canais de sódio (como a fenitoína), bloqueadores dos canais de cálcio (como a etossuximida) ou ativadores dos canais de potássio (como a retigabina) e são capazes de reestabelecer um fluxo controlado de íons para diminuir a propensão de hiperexcitabilidade neuronal, reequilibrando, assim, a atividade neuroelétrica cerebral. Medicamentos benzodiazepínicos (como clonazepam e diazepam) e barbitúricos (como fenobarbital e metilfenobarbital) pertencem à categoria de anticonvulsivantes que atuam na estimulação do sistema GABA (ácido gama-aminobutírico), que é uma classe de neurotransmissores de potencial pós-sináptico inibitório na qual os neurônios pós-sinápticos apresentam menor probabilidade de produzir um potencial de ação. Esses medicamentos aumentam o potencial do sistema GABA para inibir a hiperatividade neuroelétrica.

Os inibidores glutamatérgicos (como o topiramato) fazem parte de outra importante classe de medicamentos anticonvulsivantes, atuando sobre o principal neurotransmissor excitatório no sistema nervoso central e agindo como antagonistas dos receptores de glutamato para amenizar a hiperexcitabilidade neuronal (Panayitopoulos, 2005; Perling *et al.*, 1996).

Como se trata de uma condição neurológica de manifestação heterógena, existem múltiplos tipos de epilepsia, com diversas manifestações clínicas e sintomatológicas.

Por esse motivo, diferentes formas de intervenção farmacológica (Tabela 22.4) são necessárias, pois nem todos os medicamentos anticonvulsivantes atuarão adequadamente sobre todos os tipos de epilepsia, não existindo um fármaco anticonvulsivante universal para essa condição.

Apesar de serem a primeira linha de intervenção na epilepsia, os medicamentos anticonvulsivantes apresentam variados efeitos adversos que requerem atenção especial (Tabela 22.5), uma vez que esses efeitos podem resultar em alterações metabólicas, cognitivas, neuropsicológicas e comportamentais importantes a curto, médio e longo prazos.

Tabela 22.4 Medicamentos comumente utilizados em diferentes tipos de epilepsia.

Tipo de epilepsia	Medicamentos
Epilepsia\crise de ausência	Etossuximida, ácido valproico, lamotrigina
Epilepsia tônico-clônica	Ácido valproico, carbamazepina, fenitoína
Epilepsia parcial complexa	Carbamazepina, lamotrigina, gabapentina
Epilepsia parcial simples	Carbamazepina, lamotrigina, levetiracetam
Epilepsia mioclônica	Ácido valproico, lamotrigina, topiramato
Epilepsia generalizada idiopática	
Epilepsia generalizada criptogênica	
Epilepsia mioclônica juvenil	
Epilepsia generalizada sintomática	Ácido valproico, lamotrigina, topiramato, fenobarbital
Epilepsia de ausência infantil	Ácido valproico, lamotrigina, etossuximida

Tabela 22.5 Efeitos colaterais comuns dos medicamentos anticonvulsivantes.

Medicamento	Efeitos colaterais
Etossuximida	Sonolência, dor de estômago, perda de apetite
Ácido valproico	Ganho de peso, tremores, náuseas, problemas no fígado
Lamotrigina	Erupções cutâneas, vertigem, sonolência
Topiramato	Perda de peso, cansaço/fadiga, dificuldade de concentração
Carbamazepina	Sonolência, náuseas, vertigem, problemas no fígado
Oxcarbazepina	Sonolência, náuseas, visão turva, erupções cutâneas graves em casos raros
Fenitoína	Gengivite, hiperplasia gengival, sonolência
Gabapentina	Cansaço/fadiga, vertigem, inchaço, ganho de peso
Levetiracetam	Cansaço/fadiga, irritabilidade, vertigem, comportamento agressivo
Fenobarbital	Sonolência, confusão mental, vertigem, risco de dependência

Os casos cirúrgicos podem e devem ser indicados após avaliação criteriosa da equipe de saúde, entretanto levando-se em consideração sua refratariedade clínica, definida como incapacidade do controle das crises epilépticas após uso de duas ou mais medicações antiepilépticas em doses e posologias já adequadas ao caso em particular. Devido à sua importância na qualidade de vida do paciente, a seguir será descrito esse tipo de tratamento.

Tratamento cirúrgico

Apesar de o tratamento da epilepsia ser realizado primariamente por anticonvulsivantes, em muitos casos esses medicamentos não são suficientes em virtude de uma vasta gama de razões, como má adesão ao tratamento farmacológico, intolerância aos medicamentos e/ou aos seus efeitos adversos, resistência/refratariedade etc. Por conta disso, aproximadamente um terço dos pacientes com epilepsia não responde adequadamente ao tratamento farmacológico (Fauser; Zentner, 2012).

Para aqueles pacientes com epilepsia farmacologicamente intratável, a intervenção cirúrgica é a opção mais viável para tratar e/ou controlar a incidência de crises e, assim, oferecer a esses pacientes uma qualidade de vida melhor.

A cirurgia para epilepsia consiste em dois objetivos principais:

- Remoção da zona epileptogênica (ZE), que corresponde a uma região específica do cérebro responsável pelo início das crises convulsivas
- Limitar o alcance da atividade neuroelétrica atípica da ZE sobre outras regiões do cérebro (Krishnaiah; Ramaratham; Ranganathan, 2018).

O objetivo de intervenções cirúrgicas depende do tipo de epilepsia e da região da ZE, consistindo em cirurgias curativas, que visam remover a ZE (como é caso da lobectomia ou ressecção cortical etc.) (Perling, 1996), preservando o funcionamento cerebral típico, mas interrompendo completamente a atividade epiléptica. A cirurgia para epilepsia também tem um objetivo paliativo, visando diminuir a frequência e a intensidade/severidade das crises convulsivas. Exemplos de cirurgias paliativas para epilepsia incluem a calostomia (UDA et al., 2021) e a estimulação do nervo vago (Krahl, 2012; Fisher et al., 2021). Em ambos os casos, não há "cura" ou interrupção completa da atividade epiléptica, mas, sim, sua diminuição (Marchetti, 2019).

Antes da realização de qualquer intervenção cirúrgica, é necessário verificar se essa é, de fato, a melhor estratégia interventiva, uma vez que cada quadro de epilepsia e cada paciente poderão apresentar particularidades que inviabilizem esse tipo de estratégia. Devido a isso, é necessária a realização de uma abrangente avaliação pré-cirúrgica (em função de questões como saúde clínica, idade, tipo de epilepsia etc.).

A avaliação pré-cirúrgica para epilepsia envolve a coleta de todo o histórico de saúde clínica, exames neurológicos e de neuroimagem, RM, PET e SPECT, para a adequada identificação da ZE, além dos exames de neuroimagem, a EEG e o monitoramento por vídeo-EEG, que também desempenham papéis fundamentais na localização da ZE, assim como avaliação cognitiva formal (neuropsicológica completa), fornecendo dados essenciais para o planejamento cirúrgico.

Para facilitar o entendimento, a Tabela 22.6 exemplifica alguns tipos de cirurgias para epilepsia.

Impactos social e psicológico da epilepsia

Para uma pessoa com epilepsia, parece impossível falar com naturalidade sobre suas questões, medos e dúvidas. Em psicoterapia, há relatos de queixas por parte dos pacientes como sendo a epilepsia algo muito complexo e limitante. Para muitas pessoas, ignorar o problema pode ser uma solução, uma vez que estão cercadas de muitos cuidados. Outras se sentem sufocadas pelos cuidados excessivos dos pais e familiares e relatam sofrer preconceito, descrevendo dores emocionais e desejo de morte.

Dessa maneira, ressalta-se a importância dos aspectos psicológicos no acompanhamento dos pacientes, familiares e demais envolvidos, como amigos e profissionais da saúde.

Não se pode negar que as pessoas com epilepsia enfrentam desafios no convívio com a doença, seu tratamento e comorbidades. A epilepsia é crônica, mas se caracteriza por situações diferentes quanto a início, curso, incapacitação e evolução da doença, criando para os portadores desafios a serem vencidos (Caminada, 2019). Esses desafios decorrem da própria doença, como imprevisibilidade dos episódios, alentecimento cognitivo causado pelas medicações utilizadas e seus efeitos colaterais, além de dificuldades relacionadas com o estigma e a exclusão social, que, em geral, devem-se a falta de conhecimento ou preconceito social (Caminada, 2019; Favaro, 2019).

Diante desse cenário e parecendo compartilhar mecanismos fisiopatológicos, a depressão, a ansiedade e o suicídio desencadeiam grandes desafios aos profissionais da saúde. Comumente, quanto mais grave o estado e quanto mais tempo o paciente toma medicação, maior a chance de depressão e pior a qualidade de vida. O risco de suicídio entre pacientes com epilepsia é 25 vezes maior do que entre aqueles sem a patologia (WHO, 2023).

A depressão é o transtorno mental mais frequente na epilepsia: 20 a 30% em comparação com 10% da população em geral. Os pacientes são mais afetados, em sua qualidade de vida, pelo sofrimento resultante da depressão do que pela frequência das crises epilépticas (WHO, 2023).

Alguns mecanismos fisiopatológicos influenciam a existência da depressão associada à epilepsia. Podem-se observar alterações compartilhadas de hiperatividade do eixo hipotálamo-hipófise-adrenal, redução do metabolismo cerebral de glicose em áreas frontais e temporais específicas, vias monoaminérgicas alteradas, especificamente a serotonina, com diminuição do potencial de ligação do receptor 5 HT1A, potencializando os sintomas depressivos (WHO, 2023).

A ansiedade está presente em mais de 40% dos pacientes com epilepsia, em comparação com a população em geral, piorando sua qualidade de vida, bem como o controle das crises, e aumento da mortalidade. Quanto aos mecanismos fisiopatológicos, a amígdala, essencial para a experiência do medo, e o hipocampo, que permite relembrar experiências prévias de medo, estão envolvidos diretamente na ansiedade e na epilepsia. A inibição do GABA está relacionada com a produção de sintomas ansiosos e o aumento da excitabilidade neuronal. Mais especificamente, anormalidades no circuito frontal-tálamo-pálido-estriado-cíngulo anterior-frontal estão envolvidas em seu surgimento (WHO, 2023).

Tabela 22.6 Tipos de cirurgia para epilepsia.

Tipo de cirurgia	Procedimento	Descrição
Cirurgia curativa	Lobectomia temporal	Remoção do lobo temporal anterior, com a amígdala e o hipocampo. Pode resultar em alterações e comprometimentos mnêmicos e na linguagem
	Ressecção cortical	Remoção do córtex da zona epileptogênica
	Hemisferectomia	Remoção do córtex e do lobo temporal anterior em um dos hemisférios
Cirurgia paliativa	Calostomia	Ressecção parcial ou total do corpo caloso. Pode resultar em síndrome de desconexão entre os hemisférios, afasia, agnosia, apraxia, alexia pura, apatia, mutismo e dificuldade no controle motor voluntário
	Transecção subpial múltipla	Técnica utilizada quando a zona epileptogênica não pode ser removida com segurança. Nesses casos, transecções superficiais (cortes) são realizadas para interromper o caminho da atividade neuroelétrica
	Estimulação do nervo vago	Cirurgia para a implantação de dispositivo que produz sinais elétricos para prevenir convulsões. O dispositivo tem função similar à de um marca-passo cardíaco artificial
	Estimulação cerebral profunda	Cirurgia para implantação de eletrodos conectados a um gerador de pulsos em regiões específicas do cérebro. Os pulsos gerados ajudam a modular a atividade neuroelétrica e reduzir a incidência de crises convulsivas

Por fim, não se pode esquecer de que o suicídio é multifatorial, sendo necessário considerar a história prévia ou atual de transtorno psiquiátrico e tentativas anteriores de suicídio, além do suporte familiar e social. A literatura ressalta o papel da depressão e da ansiedade como fatores relevantes, portanto, mesmo em casos leves, ambas merecem todo o cuidado e os respectivos tratamentos, sejam eles medicamentosos, sejam eles psicoterapêuticos, com olhar empático e respeitoso.

Sendo assim, o principal objetivo deste capítulo foi oferecer um apanhado global referente aos pacientes portadores de epilepsia, de tal sorte que o leitor/aluno consiga perceber sua complexidade e a importância nas condutas desses casos, considerando-se sua particularidade emocional e social e almejando melhores análises no auxílio ao prognóstico clínico, orientações, aconselhamento e acolhimento aos pacientes e familiares.

Caso clínico

Identificação: D., 54 anos, estudou mais de 20 anos, graduada em jornalismo, rádio e TV, com doutorado em comunicação, solteira, sem filhos, destra. Trabalhou por 10 anos como professora universitária e atualmente atua na área de comunicação para políticos.

Apresenta histórico clínico de epilepsia, com primeiro episódio de convulsão aos 6 meses de idade e diagnosticada com epilepsia mioclônica infantil aos 7 anos; hipotireoidismo; mastectomia em 2012 e histórico de duas cirurgias bariátricas (2013 e 2021). Desconhece histórico familiar de epilepsia. Quanto à epilepsia, refere crises eventuais e bem esparsas ligadas a privação de sono e estresse acentuado. Considera-se muito ansiosa e tem períodos eventuais de depressão.

Medicamentos de uso contínuo: desvenlafaxina 100 mg, levotiroxina 88 mcg, ácido valproico 1.500 mg.

O médico neurologista que acompanha o caso mostrou interesse em conhecer seu perfil neuropsicológico, já que estava sendo avaliada pela primeira vez por ele, e solicitou a avaliação neuropsicológica, cujas hipóteses diagnósticas: eram comprometimento cognitivo leve ou transtorno do déficit de atenção e hiperatividade (TDAH).

Queixas: desatenção, desorganização e lapsos de memória, que D. acreditava ser déficit atencional e/ou hiperatividade. Refere tristeza e choro. Não compreende por que, apesar se considerar inteligente e contar excelentes currículo e formação, tem tanta dificuldade em alavancar-se profissionalmente. Relata ter tido muita dificuldade no processo de aprendizado, com fases de rebeldia, mesmo que obtendo boas notas.

Mãe e amiga próxima identificam dificuldade quanto a: manter a linha de pensamento, realizar mais de uma atividade simultaneamente e déficit de memória. Referem que a paciente esquece facilmente seus pertences e compromissos, tem dificuldade quanto a planejamento, distrai-se com facilidade e despende muito esforço para realizar suas atividades. Percebem que inicia uma atividade e, por esquecimento ou distração, inicia outra sem finalizar a anterior. Quanto ao humor, identificam certa instabilidade ou mesmo alguma inadequação com pessoas recentemente conhecidas, mostrando-se com muita espontaneidade, sem muito filtro (crítica). A amiga comenta perceber compulsão alimentar e ansiedade, que são confirmadas pela paciente.

Protocolo da avaliação neuropsicológica: escalas para avaliação de sintomas do TDAH: para adultos, ASRS18, e, para crianças, SNAP-IV; Escala de Transtorno do Déficit de Atenção e Hiperatividade (ETDAH-AD); Escala Baptista de Depressão, Versão Adulto (EBADEP-A); Escala de Resiliência e Avaliação de Disfunções Executivas de Barkley (BDEFS). Quanto às funções cognitivas, aplicou-se a Escala de Inteligência Wechsler para adultos, 3ª edição (WAIS-III – 2020); para memória, o Teste de Aprendizagem Auditivo-Verbal de Rey (RAVLT); para memória visual, a Figura Complexa de Rey. Quanto às funções executivas, utilizaram-se fluência verbal nominal (FAS) e categórica (Animais), teste de cartas Wisconsin (versão Nelson – reduzida) e alguns dos subtestes da bateria Wechsler, permitindo dados suplementares à análise dessa e de outras funções cognitivas que serão dispostas na Tabela 22.7 com os dados brutos da paciente e percentis dos respectivos instrumentos. No quesito atenção, os testes utilizados foram: Teste dos Cinco Dígitos (FDT, do inglês *Five Digit Test*), associando processamento atencional e funções executivas, alguns suplementares, como o teste de trilhas (TMT , do inglês *Trail Making Test*, partes A e B) e *stroop*, e, por fim, o teste AC-15 para avaliar atenção concentrada.

A Tabela 22.7 apresenta os resultados dos testes.

Tabela 22.7 Resultados cognitivos do protocolo de testes do estudo de caso.

Função cognitiva/atividades	Pontuação	Percentil (%)
QI		
QI total	131	98
Inteligência cristalizada (QI verbal)	133	99
Inteligência Fluida (QI execução)	130	98
IOP	127	98
ICV	131	98
IVP	132	98
IMO	133	99

(continua)

Tabela 22.7 Resultados cognitivos do protocolo de testes do estudo de caso. (*Continuação*)

Função cognitiva/atividades	Pontuação	Percentil (%)
Memória episódica – verbal		
Evocação imediata (lista A1 a A5)	7 + 11 + 12 + 14 + 12 = 56	75-95
Distratores (lista B)	6	75
Retenção (A6)	11	75
Evocação tardia (A7)	12	75
Reconhecimento lista A (48 a 35)	13	50
Interferência retroativa	0,92	50-75
Interferência proativa	0,86	50-75
Memória episódica – visual		
Figura Complexa de Rey – cópia	36	100
Tempo cópia	3 min	50
Figura Complexa de Rey – memória	11	10-20
Tempo memória	2	50
Memória de curto prazo		
Memória de curto prazo (somatória)	24	99
Memória imediata (ordem direta)	12	–
Amplitude atencional ordem direta (*span*)	8	95
Memória operacional	12	–
Amplitude atencional ordem inversa (*span*)	8	99
Sequência Números e Letras	14	98
Memória semântica		
Vocabulário	59	99
Informação	24	98
Linguagem		
Nomeação	–	–
Aritmética	16	91
Funções visuoperceptivas e construtivas		
Arranjo de figuras	15	91
Cubos	46	95
Atenção	Em segundos	
Atenção sustentada (*stroop* A)	12	75
Atenção sustentada (*stroop* B)	14	88
Atenção seletiva (*stroop* C)	19	88
Trilhas (TMT-A)	21	78
Trilhas (TMT-B)	38	94
Leitura (FDT)	23	50-75
Contagem (FDT)	21	75-95
Escolha (FDT)	32	75-95
Alternância (FDT)	46	50-75
Inibição (FDT)	9	75-95
Flexibilidade (FDT)	23	50-75

(*continua*)

Tabela 22.7 Resultados cognitivos do protocolo de testes do estudo de caso. (*Continuação*)

Função cognitiva/atividades	Pontuação	Percentil (%)
AC-15 em 5 min (0 erro)	107	90
AC-15 em 10 min (1 erro)	111	80-85
AC-15 em 15 min (2 erros)	92	45
Total	310	75-80
Função executiva		
Fluência verbal nominal (FAS)	14 + 16 + 8 = 38	32
Fluência verbal categórica (animais)	19	36
Wisconsin – flexibilidade	6	66
Procurar símbolos – atenção/velocidade	42	98
Códigos – atenção/velocidade	83	98
Semelhanças – abstração	30	91
Raciocínio lógico	24	99
Compreensão – julgamento moral e social	28	91
Função cognitiva		
Recurso complementar		
Cognição social – *Eyes Test*	29 de 36	81% de acertos
Escalas		
Escala de humor – EBADEP-A	34 de 135	–
ASRS 18	–	–
Desatenção	4/5	–
Hiperatividade/impulsividade	4/5	–
SNAP-IV	–	–
Desatenção	0/5	–
Hiperatividade/impulsividade	0/5	–
ETDAH-AD	–	–
Desatenção	32	45-50
Impulsividade	40	60-65
Aspectos emocionais	7	70
Autorregulação da emoção, motivação e ação	21	65
Hiperatividade	15	65
Escala de resiliência	–	–
Autoconfiança*	47	30-40
Autoeficácia*	60	10-20
Bom humor*	15	20
Controle emocional*	44	40
Escala BDEFS	–	–
Gerenciamento de tempo*	63	95-99
Regulação emocional*	27	85

ASRS: *Adult Self-Report Scale*; EBADEP-A: Escala Baptista de Depressão Versão Adulto; ETDAH-AD: Escala de Transtorno do Déficit de Atenção e Hiperatividade – Versão Adolescentes e Adultos; FAS: Teste de Fluência Verbal; FDT: Teste dos cinco dígitos (do inglês *Five Digit Test*); ICV: Índice de compreensão verbal; IMO: Índice de memória operacional; IOP: Índice de organização perceptual; IVP: Índice de velocidade de processamento; QI: quociente de inteligência; TMT-A: teste de trilhas (do inglês *Trail Making Test part A*); TMT-B: teste de trilhas (do inglês *Trail Making Test part B*). *Foram considerados apenas os itens alterados.

Considerações finais

Como observado, a epilepsia mioclônica infantil está ligada a acentuada hiperexcitabilidade no córtex motor, a qual é exacerbada no período da manhã e pela privação de sono. Os efeitos cognitivos estão muito associados ao lobo frontal, envolvendo fluência verbal, raciocínio abstrato, flexibilidade mental, atenção, velocidade de processamento e planejamento, além do envolvimento do humor para ansiedade e transtorno de personalidade. Essas alterações podem estar alteradas de maneira leve a moderada, dependendo dos fármacos antiepilépticos utilizados para o tratamento, da frequência das crises, da variabilidade genética, de fatores psicossociais e do nível educacional.

No caso clínico apresentado, em que a análise foi realizada considerando-se o desempenho da paciente identificaram-se alterações muito discretas. Caso fossem considerados apenas o percentil e o padrão populacional, D. se encontraria na média, porém rebaixada ante si mesma em algumas tarefas das funções executivas – lobo frontal, alterações como fluência verbal, planejamento e busca de estratégias identificados pelo teste Figuras Complexas de Rey na cópia e, depois, com impacto na memória. Mesmo assim, é importante mencionar que a alteração foi muito discreta, sendo recomendado apenas seguimento para se mostrar de maneira mais conclusiva. O que mais chama a atenção nesse caso, contudo, são as queixas verbalizadas por ela no âmbito comportamental, como não conseguir alavancar sua carreira mesmo sendo muito inteligente, apresentar humor ansioso e comportamento de alguma forma impulsivo, principalmente para alimentos, e se sentir íntima das pessoas em um relacionamento superficial ou recém-iniciado. Parece, portanto, que, no caso dessa paciente, suas alterações estariam mais associadas a questões psiquiátricas, havendo concordância com os 40% descritos na literatura para alterações comportamentais e humor no tipo de epilepsia mioclônica juvenil. Assim, fica evidente que é de fundamental importância a avaliação neuropsicológica para descartar alterações do funcionamento cognitivo e proporcionar melhores direcionamento e conduta.

Referências bibliográficas

ALMEIDA, J. P.; PINTO, L. F. Principais Síndromes Epilépticas. In: Marchetti, R. L.; Proença, I. C. G. F. Manual Prático de Neuropsiquiatria de Epilepsia. Rio de Janeiro: Elsevier, 2019.

BAKER, G. A.; MARSON, A. G. Cognitive and behavioral assessments in clinical trials: what type of measure? Epilepsy Research, v. 45, p. 163-167, 2016.

BASTOS, F.; CROSS, J. H. Epilepsy. Handbook of clinical neurology, v. 174, p. 137-158, 2020.

BERG, A. T. et al. Revised terminology, and concepts for organization of seizures and epilepsies: report of the ILAE Commission on Classification and Terminology, 2005-2009. Epilepsy, v. 51, p. 676-685, 2010.

BOSAK, M. et al. Implementation of the new ILAE classification of epilepsies into clinical practice – a cohort study. Epilepsy & Behavior, v. 96, p. 28-32, 2019.

BUAINAIN, R. P. et al. Epidemiologic Profile of Patients with Epilepsy in a Region of Southeast Brazil: data from a referral center. Frontiers in neurology, v. 13, 2022.

CACIAGLI, L. et al. Disorganization of language and working memory systems in frontal versus temporal lobe epilepsy. Brain, v. 146, n. 3, p. 935-953, 2023.

CAIXETA, M. et al. Psiquiatria neuropsicológica. São Paulo: Editora Sparta, 2018.

CAMINADA, E. Impacto Social da Epilepsia – visão do paciente. In: Marchetti, R. L.; Proença, I. C. G. F. Manual Prático de Neuropsiquiatria de Epilepsia. Rio de Janeiro: Elsevier, 2019.

ENGEL JR., J.; INTERNATIONAL LEAGUE AGAINST EPILEPSY (ILAE). A proposed diagnostic scheme for people with epileptic seizures and with epilepsy: report of the ILAE Task Force on Classification and Terminology. Epilepsia, v. 42, n. 6, p. 796-803, 2001.

ENGEL JR., J.; PEDLEY, T. A. (Eds.). Epilepsy: a comprehensive textbook. Philadelphia: Lippincott-Raven, 2007.

ENGEL JR., J. Report of the ILAE Classification Core Group. Epilepsia, v. 47, p. 1558-1568, 2006.

ENGLOT, D.J, MORGAN, V.L., CHANG, C. Impaired vigilance networks in temporal lobe epilepsy: mechanisms and clinical implications. Epilepsia, v. 61, n. 2, p. 189-202, 2020.

FALCO-WALTER, J. Epilepsy-Definition, Classification, Pathophysiology, and Epidemiology. Seminars in neurology, v. 40, n. 6, p. 617-623, 2020.

FAUSER, S.; ZENTNER, J. Critical review of palliative surgical techniques for intractable epilepsy. Advances and technical standards in neurosurgery, v. 39, p. 165-194, 2012.

FAVARO, V. F. Depressão, Ansiedade Interictal e Suicídio. In: Marchetti R. L, Proença, I. C. G. F. Manual Prático de Neuropsiquiatria de Epilepsia. Rio de Janeiro: Elsevier, 2019.

FISHER, R. et al. Electrical stimulation of the anterior nucleus of thalamus for treatment of refractory epilepsy. Epilepsia, v. 51, n. 5, p. 899-908, 2010.

HERMANN, B. P. et al. Cognitive prognosis in chronic temporal lobe epilepsy. Annals of Neurology, v. 60, p. 80-87, 2006.

KRAHL, S. E. Vagus nerve stimulation for epilepsy: a review of the peripheral mechanisms. Surgical Neurology International, v. 3, n. 1, 47–52, 2012.

KRISHNAIAH, B.; RAMARATHAM, S.; RANGANATHAN, L. N. Subpial transection surgery for epilepsy. The Cochrane database of systematic reviews, v. 11, n. 11, 2018.

LIBERASSO, P. Manual de Diagnóstico e Tratamento das Epilepsias na Infância. Curitiba: UTP, 2010.

LÜDERS, H. et al. Semiological seizure classification. Epilepsia, v. 39, p. 1006-1013, 1998.

MARCHETTI, L. B. Aspectos (Problemas) Psicológicos Associados à Epilepsia. In: Marchetti, R. L.; Proença, I. C. G. F. Manual Prático de Neuropsiquiatria de Epilepsia. Rio de Janeiro: Elsevier, 2019.

MOTAMEDI, G.; MEADOR, K. Epilepsy and cognition. Epilepsy & Behavior, v. 4, p. 25-38, 2003.

PANAYITOPOULOS, C. P. The Epilepsies: seizures, syndromes and management. Oxfordshire (UK): Bladon Medical Publishing, 2005. cap. 1. Disponível em: https://www.ncbi.nlm.nih.gov/books/NBK2609/. Acesso em: 29 set. 2023.

PERLING, M. R. et al. Temporal lobectomy for refractory epilepsy. JAMA, v. 276, n. 6, p. 470-475, 1996.

PINTO L. F. Diagnóstico e Classificação da Epilepsia. In: Marchetti, R. L.; Proença, I. C. G. F. Manual Prático de Neuropsiquiatria de Epilepsia. Rio de Janeiro: Elsevier, 2019.

SANTOS, L. S.; BENATTI, R. G.; LINS, T. V. G. Introdução Geral sobre Epilepsia. In: Marchetti, R. L.; Proença, I. C. G. F. Manual Prático de Neuropsiquiatria de Epilepsia. Rio de Janeiro: Elsevier, 2019.

SCHEFFER, I. E. et al. ILAE classification of the epilepsies: position paper of the ILAE Commission for classification and terminology. Epilepsia, v. 58, n. 4, p. 512-521, 2017.

UDA, T. et al. Surgical Aspects of Corpus Callosotomy. Brain Sciences, v. 11, n. 12, p. 1608, 2021.

WORLD HEALTH ORGANIZATION (Suíça). Epilepsy: a public health imperative. Genebra: World Health Organization, 2019.

WORLD HEALTH ORGANIZATION (Suíça). Epilepsy. In: WORLD HEALTH ORGANIZATION. Fact sheet. Genebra: World Health Organization, 2023. Disponível em: https://www.who.int/news-room/fact-sheets/detail/epilepsy. Acesso em: 30 ago. 2023.

ZANÃO, T.; VALIENGO, L. C. L. Demência e Déficit Cognitivo em Epilepsia. In: Marchetti, R. L.; Proença, I. C. G. F. Manual Prático de Neuropsiquiatria de Epilepsia. Rio de Janeiro: Elsevier, 2019.

ZHANG, J. F.; PIRYANI, R.; SWAYAMPAKULA, A. K.; FAROOQ, O. Levetiracetam-induced aggression and acute behavioral changes: a case report and literature review. Clinical case reports, v. 10, n. 3, 2022.

23 Traumatismo Cranioencefálico

Nicolle Zimmermann • Helena Alessi • Jennifer Nayara Höring

Introdução

O traumatismo cranioencefálico (TCE) pode ser definido como um dano ao tecido cerebral causado por força externa que resulta em perda da consciência clinicamente identificável, amnésia pós-traumática ou dano neurológico objetivo identificado por técnicas de neuroimagem. É um quadro considerado heterogêneo em relação a lesão e características clínicas, pois varia de acordo com a extensão da lesão cerebral, o local, a gravidade e a quantidade de dano ao tecido neural (Covington; Duff, 2021). Ao longo da história da neuropsicologia, é um dos paradigmas de lesão cerebral mais estudados desde os primeiros estudos de caso, como o de Phineas Gage (Van Horn et al., 2012).

O TCE é um dos maiores causadores de morbidade e mortalidade no mundo (Xenofonte et al., 2021), com alto índice de prevalência de síndromes psiquiátricas após o trauma, como depressão e alterações de personalidade (Vascouto, 2022). Além disso, é notável a diminuição dos níveis de qualidade de vida, com consequências como o não retorno ao trabalho ou estudo, pouco envolvimento com atividades de lazer e dependência familiar (Rafani, 2022). No Brasil, estima-se que, atualmente, mais de 1 milhão de pessoas sofram com sequelas em decorrência do TCE (Leão et al., 2023). Entre os anos de 2010 e 2019, houve 1.045.070 internações, e, dessas, 76,23% dos acometidos eram do sexo masculino, com maior taxa de incidência entre jovens de 20 a 29 anos (17,65%) (Santos, 2020).

De acordo com o Ministério da Saúde, no Brasil, os acidentes automobilísticos representam 50% das causas de TCE, seguidos por lesões por quedas (30%) e causas violentas (20%), como ferimentos por projétil de arma de fogo e arma branca (*Diretrizes de Atenção à Reabilitação da Pessoa com Traumatismo Cranioencefálico*. Ministério Da Saúde, 2015). Entre outras causas de TCE está a prática de esportes de contato, com maior número de casos nas modalidades de futebol americano, hóquei, basquete, futebol brasileiro e rúgbi. A concussão relacionada com o esporte é apontada como um problema de saúde pública devido ao alto número de ocorrências. Como exemplo, no Campeonato Brasileiro de Futebol de 2017 foram relatados 374 acidentes por TCE em 380 partidas, totalizando quase um TCE por partida (Salvarani et al., 2020).

Em vista da grande incidência, da morbidade, do evidente impacto na saúde pública e, em consequência, dos desfechos sociais e econômicos, este capítulo abordará aspectos essenciais para a atuação na avaliação neuropsicológica de pacientes com TCE. Serão abordadas questões consideradas pilares para o raciocínio clínico neuropsicológico, como mecanismos de lesão cerebral, avaliação da gravidade do TCE, trajetória de déficits neuropsicológicos, aspectos neuropsiquiátricos, desfechos funcionais, experiência subjetiva dos indivíduos e avaliação neuropsicológica.

Mecanismos e lesões cerebrais do traumatismo cranioencefálico

O TCE pode ser classificado, quanto aos mecanismos de lesão, em penetrante, não penetrante ou explosivo. A lesão penetrante ocorre quando um objeto externo, como um projétil de arma de fogo, provoca danos diretamente no tecido cerebral, atravessando o crânio, por exemplo. A lesão não penetrante é caracterizada pelo efeito de forças de aceleração e desaceleração que fazem que o crânio e o cérebro se movam em direções contrárias, resultando em traumas internos sem uma abertura evidente na estrutura óssea. Recentemente, o TCE explosivo foi adicionado à classificação dos mecanismos que levam ao TCE. Nessa classificação, as ondas de choque de pressão rápida provocadas pela explosão transferem energia do crânio para o tecido cerebral (Ng et al., 2019). A lesão axonal difusa (LAD) é o tipo de lesão mais característico do TCE, visto que ocorre independentemente da gravidade da lesão. A LAD pode acontecer em qualquer região do cérebro em que haja divisão de substâncias branca e cinzenta. A diferença de densidade entre os tecidos cerebrais (substância branca *versus* cinzenta – córtex) e o movimento de aceleração-desaceleração causam a ruptura ou laceração das fibras axonais que conectam os corpos celulares dos neurônios. Em geral, a lesão axonal difusa pode ser identificada nesses exames por meio de pequenas lesões focais na intersecção entre as substâncias branca e cinzenta. Atualmente, técnicas de neuroimagem avançadas (como a imagem por tensor de difusão) são sensíveis para identificar pequenas lesões na substância branca. Além da LAD, hemorragias, isquemias, edema e herniações também são lesões frequentes pós-TCE. Em alguns casos, a neurocirurgia é necessária para remover edemas ou controlar a pressão intracraniana (para uma revisão, consulte Grassi et al., 2017).

Estudos acerca da fisiopatologia do TCE e sua resposta imune correspondente revelaram processos distintos de lesão cerebral nas fases aguda, subaguda e crônica (Jarrahi et al., 2020; Kinnunen et al., 2011). A lesão da fase aguda é desencadeada pelo dano direto ao cérebro imediatamente após o impacto, perdurando por minutos ou horas. É caracterizada por morte neuronal e danos à barreira hematoencefálica, com intensa resposta imunológica, processo inflamatório e início de gliose. Na fase pós-aguda, mecanismos como compressão, rotação e corte axonal resultam em desmielinização e lesões na substância branca e observa-se apoptose celular, processo que dura dias a semanas. Essa fase evolui para a fase crônica, que pode estender-se de meses a anos, caracterizada por redução das respostas inflamatória e imunológica e ingresso em processo neurodegenerativo ou de encefalopatia crônica traumática (Jarrahi et al., 2020).

A lesão primária ocorre logo após o TCE, podendo resultar em hemorragias (extra e intraparenquimatosa), contusões focais, LAD ou lesão axonal focal e edema cerebral (inchaço). Já os mecanismos de lesão secundária, embora iniciados no momento do incidente traumático, continuam ocorrendo durante anos mediante processos celulares no cérebro. Alguns dos principais mecanismos de dano cerebral secundário incluem distúrbio da barreira hematoencefálica, excitotoxicidade, disfunção mitocondrial, estresse oxidativo, inflamação e morte celular (Hawryluk; Manley, 2015; Jarrahi et al., 2020).

Atualmente foi demonstrado que, depois de 3 meses do TCE moderado a grave, os pacientes apresentam diminuição da espessura cortical em regiões dos lobos frontal e temporal, bem como volume reduzido do tálamo. A pesquisa destacou, ainda, que, 3 meses após o TCE, um marcador morfológico do TCE é evidente: a atrofia desproporcional do córtex junto dos sulcos com relação aos giros (Brennan et al., 2023).

Classificação do nível da gravidade do traumatismo cranioencefálico

A escala de coma de Glasgow (ECG) (Teasdale; Jennett, 1976) é considerada padrão-ouro na classificação da gravidade do TCE. Trata-se de uma escala de avaliação clínica que pode ser aplicada desde imediatamente após a ocorrência do TCE até durante o acompanhamento clínico posterior. Destaca-se como um dos sistemas de pontuação mais difundidos na prática hospitalar, fornecendo informações que se relacionam com a probabilidade de desfechos desfavoráveis e óbito. Essa escala avalia respostas verbais, motoras e oculares, classificando o TCE em grave (3 a 8 pontos), moderado (9 a 12 pontos) ou leve (13 a 15 pontos) (Teasdale; Jennett, 1976; Teasdale et al., 2014).

Um índice estendido de gravidade clínica na ECG foi desenvolvido em 2018, chamado de escore de pupilas (ECG-P) ou de reatividade pupilar. Se ambas as pupilas não reagirem, contam-se 2 pontos; se uma reagir, a pontuação é 1; e, se ambas reagirem, pontua-se zero (Brennan et al., 2018). De forma semelhante ao aumento do risco de mortalidade previsto pela ECG original, a avaliação pupilar aumentou a predição de desfechos desfavoráveis e mortalidade de amostras clínicas (Brennan et al., 2018). A ECG pode ser acessada, em suas versões atualizadas, em https://www.glasgowcomascale.org/.

Outro indicador de gravidade do TCE proposto é o tempo de amnésia pós-traumática (APT). É descrita como uma fase transitória de desorientação, amnésia anterógrada, inabilidade de reter informações a curto prazo, confusão e com início logo após a retomada de consciência. A APT se caracteriza como um estado secundário ao TCE contuso. O tempo de duração da APT tem sido muito utilizado na quantificação da gravidade dos casos, ajudando a prever déficits nas funções cognitivas. O Galveston Orientation Amnesia Test (GOAT) (Silva; De Sousa, 2007; Levin et al., 1979), o primeiro instrumento utilizado para avaliar a APT, é composto de 10 questões e aplicado com o paciente de forma oral. O GOAT inclui perguntas simples, como se o paciente recorda seu próprio nome e qual a data em que foi admitido ao hospital. Na aplicação do teste, pontuações inferiores a 75 indicam que o paciente ainda permanece em estado de amnésia. O instrumento tem uma versão adaptada para o Brasil por Silva e De Sousa (2007).

Alterações neuropsicológicas no traumatismo cranioencefálico

Os déficits neuropsicológicos e comportamentais são os que provocam mais queixas entre pacientes e familiares após o TCE a longo prazo. Pacientes com TCE podem apresentar déficits cognitivos desde o primeiro momento do trauma até as primeiras 24 horas depois, fase considerada aguda, o que, por sua vez, costuma levar a prejuízos funcionais de médio e longo prazos e redução da qualidade de vida (de Freitas Cardoso et al., 2019). O neuropsicólogo clínico precisa ter a perspectiva de que pacientes com TCE podem apresentar diferentes perfis neuropsicológicos, a depender do local, da severidade da lesão e do tempo pós-lesão, além dos fatores individuais de reserva cognitiva. A busca por um perfil neuropsicológico único ou padronizado, portanto, não é adequada, devendo-se buscar a relação entre o dano estrutural e o funcionamento cognitivo, bem como uma investigação ampla das funções cognitivas. A decisão por essa busca deve depender do contexto, do local de avaliação (consultório, ambulatório, internação hospitalar, emergência), das queixas e das hipóteses clínicas.

Apesar disso, as funções atencionais (seletiva, concentrada, alternada e dividida, além de aspectos executivos da atenção que envolvem inibição e motivação) (Diamond, 2013), de memória episódica, prospectiva, semântica e de trabalho e as funções executivas são as que costumam ser mais frequentemente associadas a perdas funcionais, portanto, em qualquer contexto, essas funções devem ser consideradas alvo de atenção (McCullagh; Feinstein, 2011).

Em amostras com TCE leve, os déficits parecem persistir após 3 meses na memória episódica quando em comparação com controles, mas não em funções como atenção, funções executivas e velocidade de processamento atencional. A baixa reserva cognitiva (avaliada por inteligência pré-mórbida, escolaridade e ocupação) parece influenciar negativamente o relato de sintomas pós-concussão (Oldenburg et al., 2016). Outros autores apontaram a presença de déficits de memória episódica em 13,2% e de disfunção executiva em 9,4% de uma amostra de sujeitos com TCE leve (de Freitas Cardoso et al., 2019). Assim, sugere-se que, especialmente em casos leves, instrumentos sensíveis a déficits sutis e tarefas ecológicas sejam utilizados (Potvin et al., 2011).

O tempo para a resolução de alguns déficits cognitivos pode variar, com estudos sugerindo melhora em grande parte dentro de alguns dias a 1 mês, enquanto outros relatos indicam a persistência de comprometimentos cognitivos em aproximadamente 50% dos pacientes por 3 ou mais meses ou mais de 1 ano após a lesão (consulte Hallock et al., 2023 para uma revisão). Mesmo em crianças, déficits de memória de trabalho, por exemplo, foram identificados em casos de TCE leve quando avaliados em até 1 ano depois da lesão (Keenan et al., 2018), como também de controle inibitório em 2 anos pós-TCE (Resch et al., 2019).

No caso da encefalopatia traumática crônica, conhecida também como demência do pugilista, uma condição neurodegenerativa desencadeada por traumas repetidos na cabeça, estudos com ex-jogadores de futebol americano indicam que contusões recorrentes aumentam o risco de declínio cognitivo e depressão. Mesmo após décadas, ex-atletas com histórico de TCE mostram desempenho inferior em testes de memória e capacidade inibitória. Notáveis atletas pugilistas, como Éder Jofre, Maguila e Muhammad Ali, desenvolveram essa doença ao longo de suas carreiras (Hallock et al., 2023). Com base nas evidências descritas, as consequências neuropsicológicas de um TCE costumam ser persistentes e heterogêneas (Covington; Duff, 2021), o que demanda do neuropsicólogo um olhar individualizado que contemple queixas, teste de hipóteses, participação de familiares e observação clínica.

Aspectos neuropsiquiátricos pré e pós-mórbidos

Apesar da natureza acidental de grande parte dos casos de TCE, a literatura oferece evidências de que existem grupos de indivíduos com maior risco de sofrer um TCE em comparação com outros, como pessoas com pelo menos um diagnóstico de transtorno psiquiátrico prévio e transtorno de uso de substâncias. Ao mesmo tempo, sofrer um TCE aumenta as chances do desenvolvimento de transtornos psiquiátricos, inclusive nos indivíduos que nunca foram diagnosticados anteriormente (McAllister, 2022).

As alterações neuropsiquiátricas em pacientes pós-TCE resultam tanto do mecanismo direto da lesão quanto do impacto das sequelas na funcionalidade e no estilo de vida do indivíduo (Beadle et al., 2020). Lesões focais e difusas no lobo frontal, mais especificamente no córtex pré-frontal, associadas ao funcionamento da personalidade e ao controle do comportamento, podem provocar sintomas neuropsiquiátricos desafiadores para pacientes, familiares e equipe de reabilitação. Um exemplo é o caso de Phineas Gage, o operário americano que, em 1848, sofreu um acidente com explosivos em uma ferrovia em construção e teve o seu cérebro perfurado por uma barra de metal. Apesar de ter sobrevivido às lesões, as alterações comportamentais e de personalidade ocasionaram importante dificuldade de adaptação social após sua recuperação (MacMillan; Lena, 2010). Problemas comportamentais, incluindo desregulação emocional, comportamento e linguagem socialmente inadequados, egocentrismo e falha na capacidade de julgamento ocorrem frequentemente (> 50%) e muitas vezes persistem por longos períodos após a ocorrência do TCE de diferentes níveis de gravidade. Alguns dos sintomas comportamentais a que se deve estar atento incluem apatia, desinibição e impulsividade; mudança na forma de pensar (pensamento concreto, circunstancial e tangencial); maiores rigidez cognitiva, perseveração cognitiva e motora; perda da criatividade; perda de memória prospectiva, atingindo o comportamento dirigido a objetivos, a capacidade de *insight* e de planejamento futuro; baixa tolerância à frustração; e falta de autoconsciência. No que tange aos transtornos psiquiátricos, os pacientes apresentam maior incidência de depressão, ansiedade e transtorno de estresse pós-traumático. A desregulação emocional associada ao TCE pode se manifestar como instabilidade de humor, irritabilidade, alteração de personalidade, anedonia, perda da curiosidade, da empatia ou da capacidade de expressar afeto (Smith et al., 2020).

Outros fenômenos comuns, mesmo em pacientes que mantêm o julgamento preservado, são as transformações na percepção das próprias identidades e personalidade quando comparadas nos períodos pré e pós-lesão (Beadle et al., 2020). Essa mudança na autoimagem costuma ser negativa e potencialmente ansiogênica, podendo resultar em comportamentos evitativos, restrições de atividades por parte do próprio indivíduo (Beadle et al., 2020) e aumento de ideação suicida (Campbell-Sills et al., 2021).

Avaliação neuropsicológica

A avaliação neuropsicológica de pacientes com TCE pode ocorrer tanto no momento da internação, após a lesão, como em períodos em que o quadro é considerado estável ou crônico. Nesses diferentes contextos, depois de retomada a consciência, a investigação do desempenho da linguagem oral e de seus aspectos compreensivos e expressivos deve ser um dos primeiros objetivos. Em segundo, encontra-se a investigação de aspectos da percepção visual, bem como se há presença de diplopia em função do TCE. A checagem do estado dessas funções básicas serve como critério fundamental para a escolha de instrumentos de avaliação que sejam menos afetados e para que inferências válidas sobre o funcionamento das funções neuropsicológicas sejam possíveis (Sullivan; Riccio, 2010).

Outros aspectos devem ser observados para a qualidade das inferências provenientes da avaliação neuropsicológica, como os sintomas de concussão, que incluem fadiga, tempo de atenção reduzido, ansiedade/depressão, tontura, cefaleia, entre outros (Silverberg et al., 2020). Apesar de alguns sintomas serem inevitáveis em função do quadro do paciente, a avaliação em períodos do dia em que estejam menos latentes e um tempo de sessão reduzido podem ser alternativas para diminuir o impacto.

A anamnese neuropsicológica de pacientes com TCE deve incluir as histórias pregressa e atual de aspectos de saúde e psiquiátricos, bem como hábitos relacionados com reserva cognitiva e de saúde geral, uso de drogas ilícitas, álcool e tabaco, jogo patológico, comportamentos de risco e a investigação das demandas e ofertas de estimulação cognitiva (escolaridade, ocupação, profissão, interesses, papel social como cuidador ou responsável, socialização, relacionamentos familiares, de amizade e amorosos, *hobbies*). Sobre o quadro em si, uma classificação clara da gravidade do trauma, as áreas cerebrais lesionadas e sua extensão, sintomas de concussão, lesões fora do sistema nervoso central e a presença de amnésia pós-traumática devem ser aspectos bem caracterizados. Uma boa anamnese possibilitará a formulação da conclusão neuropsicológica voltada a aspectos funcionais da vida do paciente.

Ao iniciar uma avaliação neuropsicológica, espera-se do profissional um olhar sensível à experiência subjetiva do paciente. As mudanças físicas, cognitivas e sociais podem ser significativas quanto maior a gravidade do quadro, portanto se trata de um período delicado que poderá mudar definitivamente os planos e as expectativas pessoais e profissionais do paciente. As mudanças são acompanhadas, em geral, de maior necessidade de suporte para o desempenho de atividades, rupturas de vínculos ou planos profissionais, relacionamentos pessoais, mudanças físicas (andar/caminhar, equilibrar-se, musculatura ocular, entre outros), cognitivas (linguagem, comunicação e memórias, principalmente) e de comportamento/humor (maior ou menor inibição do comportamento). A elaboração de uma nova versão de si mesmo em qualquer um desses aspectos pode ser especialmente desafiadora e demandar um grau elevado de adaptação e mobilização psicológica. É comum alguns pacientes questionarem quando terão sua vida anterior novamente e tenderem a compreender o momento como passageiro, enquanto alguns déficits e perdas podem ser permanentes. O senso de esperança e realidade deve ser um equilíbrio constante na orientação do neuropsicólogo nessas situações. É desejável que a avaliação neuropsicológica inclua a compreensão do estado do paciente em termos de adaptação psicológica ao evento do TCE e suas consequências no momento em que ele está sendo avaliado (Klonoff; Dawson, 2004).

Dentro das alterações neuropsicológicas mais comuns e estudadas no TCE está o déficit de autoconsciência do próprio funcionamento pós-lesão. O modelo cognitivo de consciência (CAM, do inglês *cognitive awareness model*) (Morris; Mograbi, 2013) propõe que existem mecanismos cognitivos que comparam a memória autobiográfica com a experiência atual, bem como utilizam a memória semântica e a capacidade de tomada de perspectiva para o processamento adequado das informações de forma autoconsciente. O déficit de autoconsciência, descrito como anosognosia em sua forma mais grave, é caracterizado pela dificuldade do paciente em declarar de forma acurada suas habilidades ou em antecipar ou perceber no momento quando tem alguma dificuldade. Por esse motivo, o autorrelato do paciente com TCE deve ser interpretado com cautela e corroborado pela observação clínica e por fontes complementares, como familiares, terapeutas e outras pessoas que convivam com o paciente (Prigatano, 2014).

Para fins de avaliação da autoconsciência de déficits cognitivos no TCE, a Escala de Avaliação de Competências do Paciente (PCRS-R-BR) (Zimmermann *et al.*, 2017) é uma versão adaptada transculturalmente e reduzida da *Patient Competency Rating Scale* (PCRS), originalmente desenvolvida por Prigatano (1986) para a avaliação de pacientes com TCE. A versão brasileira conta com 17 itens, sendo que seu objetivo foi reduzir o número e a extensão da escala para avaliar a funcionalidade cognitiva e a consciência em ambientes de saúde pública. As questões presentes no questionário avaliam funções executivas, memória episódica e atenção concentrada. Cada item solicita que seja mensurada a dificuldade que o paciente tem para realizar determinadas tarefas ou desempenhar habilidades. O instrumento conta com versões do paciente, familiar e clínica, sendo a comparação das respostas entre elas um indicativo da capacidade do paciente em perceber seus déficits (Zimmermann *et al.*, 2014, 2021).

As alterações comunicativas e linguísticas são comuns, conforme já descrito. As baterias padronizadas de afasias, como a Bateria Montreal-Toulouse de Avaliação da Linguagem (Parente *et al.*, 2016), podem ser utilizadas na avaliação da linguagem em adultos com TCE, no entanto, na maioria dos casos de TCE, especialmente em estágios crônicos de recuperação, podem não ocorrer alterações sintáticas, lexicais e distúrbios afásicos clássicos. Na fase crônica, os indivíduos enfrentam desafios de conexão e transmissão de ideias e suas complexidades pragmáticas associadas a compreensão e produção linguística, necessárias para atividades diárias no trabalho, em situações de aprendizado e na interação social (Rowley *et al.*, 2017; Vas *et al.*, 2015). É frequente que o discurso de indivíduos adultos com TCE seja caracterizado como pouco coerente ou empobrecido. Pacientes com TCE podem apresentar frases encurtadas e menos elaboradas, com pior administração do tempo ao transmitir informações do que os controles. Eles cometem mais erros de coesão e coerência devido a frequentes desvios e interrupções do discurso e encontram maior dificuldade em planejar frases e contar histórias de maneira a conectar a relação causal e temporal entre eventos (Rowley *et al.*, 2017). Para a avaliação de aspectos comunicativos em pacientes com TCE, recomenda-se o uso da Bateria Montréal de Avaliação da Comunicação (Fonseca *et al.*, 2008). Em crianças, tarefas do Instrumento de Avaliação Neuropsicológica Breve NEUPSILIN Infantil (Salles *et al.*, 2016) podem ser utilizadas, bem como tarefas de fluência verbal (Dias; Seabra, 2014) e discurso narrativo (Fonseca *et al.*, 2016). Apesar da fluência de linguagem preservada, déficits de pragmática são comumente associados a resultados adversos nos funcionamentos social e laboral, da mesma forma como a dificuldade de regulação comportamental. Os déficits comunicativos geralmente cursam com déficits mnésicos, atencionais e/ou de funções executivas que os acompanham (McDonald *et al.*, 2014).

As alterações nas memórias episódica e autobiográfica são as mais comuns no TCE, enquanto a memória semântica permanece habitualmente relativamente preservada (Wammes *et al.*, 2017). A memória episódica é definida como a habilidade de aprender, armazenar e evocar informações referentes às experiências pessoais (Taing *et al.*, 2023), enquanto a memória autobiográfica engloba duas formas distintas de conhecimento do *self* – o episódico, que abarca eventos pessoalmente vivenciados ancorados no tempo e espaço subjetivos, e o semântico, que reflete um conhecimento genérico descontextualizado acerca do próprio passado (Rasmussen; Berntsen, 2014).

As estruturas temporais mediais, principalmente o hipocampo, desempenham um papel crucial na formação e recuperação da memória episódica. A amnésia pós-traumática refere-se a uma condição neurológica que pode ocorrer após o despertar do estado de perda de consciência ou do coma e durar de horas a semanas ou meses (Hicks *et al.*, 2018). Durante a APT, observa-se uma perturbação cognitiva importante que inclui desorientação, baixo nível de alerta e consciência, sendo a amnésia anterógrada (para os eventos após o TCE) a principal característica. A APT é um critério frequentemente utilizado em protocolos avaliativos de gravidade da lesão (Levin *et al.*, 1979). Após o período de APT, pacientes que sofreram TCE grave podem apresentar distúrbios de memória de intensidade variável, incluindo danos à memória de curto e longo prazos (Miotto *et al.*, 2010). Na fase crônica, a disfunção de neurotransmissores nos receptores de N-metil-D-aspartato (NMDA) no hipocampo pode resultar em déficits de memória e de aprendizagem (Hallock *et al.*, 2023). Conforme já mencionado, o *Galveston Amnesia Orientation Test* (Silva; De Sousa, 2007) é uma ferramenta recomendada para a avaliação de APT.

Uma das opções para a avaliação da memória episódica em casos de TCE avaliados em contextos ambulatoriais ou de consultório após internação é o instrumento Figuras Complexas de Rey, que avalia os construtos de percepção visual e de memória. O teste conta com duas figuras, sendo que a figura A pode ser aplicada a indivíduos de 5 a 88 anos e a figura B contempla crianças de 4 a 7 anos (Rigoni; Oliveira, 2010). O teste consiste em cópia e reprodução de figuras geométricas complexas, avaliando memória episódica e de planejamento visuoconstrutivo. O Teste de Aprendizagem Auditivo-Verbal de Rey (RAVLT, do inglês *Rey Auditory Verbal Learning Test*) é uma ferramenta neuropsicológica que procura avaliar os processos de memória declarativa episódica e trazer dados a respeito das medidas de aprendizagem auditoverbal, além dos índices de retenção de informações e memória de reconhecimento. O RAVLT contém uma lista com 15 palavras, as quais são lidas pelo examinador e o paciente é solicitado a repetir o máximo de palavras de que se recordar. O instrumento pode ser aplicado a crianças, adolescentes, adultos e idosos, sendo a idade de normatização de 6 a 92 anos, e tem como principal objetivo avaliar os processos cognitivos de memória declarativa episódica e aprendizagem auditoverbal (De Paula; Malloy-Diniz, 2018).

O Teste de Evocação Seletiva Livre e com Pistas (TESLIP) avalia os processos de memória episódica verbal, mais especificamente codificação, armazenamento e evocação. O TESLIP tem como diferencial a utilização da codificação forçada e da evocação com pistas, o que permite o diagnóstico de déficits de evocação *versus* de armazenamento. Atualmente conta com normas para adultos brasileiros (Zimmermann *et al.*, 2019).

A avaliação das funções executivas deve ser realizada com uma ampla gama de instrumentos verbais e não verbais, além de escalas e tarefas ecológicas, garantindo a avaliação sob diferentes óticas e favorecendo, assim, o planejamento da reabilitação neuropsicológica. A seguir, alguns paradigmas disponíveis no contexto brasileiro serão apresentados, no entanto, os instrumentos citados não servem como citação finita das ferramentas passíveis de serem utilizadas, uma vez que estão em constante desenvolvimento, publicação e atualização (Guerra *et al.*, 2021, 2022; Zanini *et al.*, 2021). É importante notar que, para a avaliação das funções executivas em pacientes com lesões cerebrais graves, alguns cuidados devem ser tomados, como instruções longas e ampla duração de aplicação, que podem ser aspectos que dificultam a mensuração nesses pacientes em função das reduzidas memórias de trabalho, da atenção e da presença de fadiga. Por esse motivo, ao se mensurar as funções executivas, esses cuidados são fundamentais para a manutenção da validade da mensuração desses componentes cognitivos em detrimento de outros.

O Teste Wisconsin de Classificação de Cartas (WCST, do inglês *Wisconsin Card Sort Test*) é um excelente exemplo dessa problemática. Apesar de a versão clássica poder ser aplicada, a princípio, sem dificuldades em pacientes com quadros leves, para aqueles com lesões cerebrais ou prejuízos cognitivos maiores recomenda-se a versão de 48 cartões, considerada modificada (Zimmermann *et al.*, 2015). A versão clássica adaptada para o Brasil (Heaton *et al.*, 2018) pode ser aplicada a indivíduos de 6 a 89 anos de idade. O WCST tem como objetivo avaliar componentes executivos de flexibilidade, planejamento e abstração. A tarefa conta com imagens geométricas, as quais o paciente deve combinar ou associar de acordo com determinadas regras. Outro paradigma clássico utilizado na avaliação de pacientes com TCE é o Teste de Trilhas ou *Trail Making Test* (AIT, 1944), um instrumento que visa avaliar o rastreamento da atenção concentrada e alternada e a velocidade de processamento associada, bem como inibição e flexibilidade cognitiva. Nesse teste, existem duas partes: na parte A, o paciente deve traçar uma linha ligando números em ordem ascendente; na parte B, deve ligar alternadamente números e letras em ordem crescente e alfabética. Na apuração do teste, são examinados os resultados das partes A e B, além da diferença de tempo de execução em cada uma (Zimmermann *et al.*, 2018; Zimmermann *et al.*, 2017). Outro paradigma bipartide é o Teste Hayling, o qual avalia as funções de iniciação verbal, acesso lexical, flexibilidade cognitiva e inibição. A tarefa é dividida em duas partes, sendo que, na parte A, os pacientes devem completar frases com palavras adequadas ao contexto (respostas automáticas), enquanto na parte B, completam frases com palavras não relacionadas com o contexto das frases (supressão de respostas e flexibilidade cognitiva). Nesse teste, são avaliados o tempo de resposta e o número de acertos (Burguess; Shallice, 1997; Fonseca *et al.*, 2010; Zimmermann *et al.*, 2017). O teste conta também com uma versão infantil adaptada e normatizada para o Brasil (Siqueira *et al.*, 2016).

Algumas tarefas de rápida aplicação e ótimo custo-benefício são as de fluência verbal e o Teste dos Cinco Dígitos. As tarefas de fluência verbal avaliam componentes das funções executivas, como planejamento, flexibilidade e inibição, bem como o acesso lexical e a memória semântica. Uma revisão dos paradigmas e normas disponíveis para a população brasileira foi publicada por Bertola (2020). O Teste dos Cinco Dígitos (Sedo *et al.*, 2015) tem como objetivo avaliar o efeito Stroop, que consiste no efeito de interferência atencional. Na tarefa, utilizam-se informações conflitantes de números e quantidades, em que o indivíduo precisa selecionar a informação menos intuitiva ou automática. O controle de interferência é um processo do sistema de controle inibitório, por isso é um aspecto central das funções executivas. Sendo assim, os déficits relacionados com esses processos estão associados a diminuição da qualidade de vida e, consequentemente, piores desfechos funcionais da vida diária (de Paula *et al.*, 2014).

Para a avaliação funcional das funções executivas e suas disfunções, algumas escalas disponíveis podem ser utilizadas para análise, entre elas a Escala de Avaliação de Disfunções Executivas de Barkley (BDEFS, do inglês *Barkley Deficits in Executive Functioning Scale*) (Barkley, 2018), que pode ser aplicada a indivíduos de 18 a 81 anos e abrange questões como gerenciamento de tempo, organização e resolução de problemas, autocontrole, automotivação e autorregulação de emoções. Outras escalas para a avaliação de sintomas e disfunções associadas ao transtorno do déficit de atenção e hiperatividade podem auxiliar na caracterização de sintomas sem que sejam direcionadas em termos de objetivo, primariamente, para o diagnóstico do transtorno em si.

Um paradigma recomendado para a avaliação ecológica das funções executivas disponível para o contexto brasileiro é a Tarefa do Hotel (Cardoso *et al.*, 2015; Manly *et al.*, 2002). Trata-se uma tarefa que simula o trabalho de um recepcionista de hotel que deve realizar diversas tarefas em um determinado tempo. São mensurados componentes qualitativos e quantitativos de acurácia e tempo de execução, bem como monitoramento do tempo. Apesar da necessidade do uso de funções de memória episódica e compreensão de linguagem, o teste dispõe de recursos de apoio para não sobrecarregar essas funções na avaliação. A avaliação de componentes atencionais e de memória operacional também é fundamental nos casos de TCE. Recomenda-se que a avaliação seja composta de tarefas padronizadas, ecológicas, observação clínica e relato do paciente e de familiares.

Uma ferramenta neuropsicológica ampla indicada para a avaliação de crianças e adolescentes de 3 a 16 anos que sofreram TCE é a Bateria NEPSY-II (Korkman *et al.*, 2019). Por se tratar de uma bateria extensa e que abrange múltiplos componentes neuropsicológicos, é recomendada para uso em avaliações longas e completas, bem como em subtestes pontuais para complemento da avaliação. Até o momento, a bateria não conta com normas brasileiras, apesar de comercializada traduzida para o português brasileiro. Para a consulta a um guia confiável e atualizado de instrumentos neuropsicológicos disponíveis no Brasil, recomendamos a consulta ao *Manual de Avaliação Neuropsicológica* (Miotto *et al.*, 2023).

A avaliação da inteligência em indivíduos com TCE a partir de testes formais é altamente impactada pela própria lesão do TCE, dificilmente representando, dessa forma, o potencial pré-mórbido do paciente. Por esse motivo, a análise da discrepância entre os diferentes subtestes de avaliação da bateria de inteligência deve ser feita, especialmente entre os subtestes e índices de compreensão verbal e organização perceptual das escalas Wechsler de Avaliação da Inteligência (Weiss *et al.*, 2006). Na análise das discrepâncias, os subtestes ou índices com maior desempenho devem ser valorizados como escores demonstrativos do potencial, enquanto os com menor desempenho podem ser considerados ilustrativos das consequências da lesão do TCE. Claramente, os escores dos testes de inteligência podem refletir o estado pré-mórbido, principalmente em casos leves sem lesão cerebral identificável em exames de neuroimagem tradicionais, apesar do TCE. Por esse motivo, o neuropsicólogo precisa avaliar as variáveis de maior impacto caso a caso. Ainda assim, independente dos escores de inteligência, a funcionalidade pré-TCE, que inclui escolaridade, ocupação, aquisições em diferentes âmbitos da vida e hábitos intelectuais e de saúde, deve ser considerada para uma estimativa do funcionamento intelectual pré-TCE.

Instrumentos de avaliação neuropsicológica de casos agudos e pós-agudos

A avaliação neuropsicológica de forma abreviada é aconselhada em contextos nos quais há restrição de tempo ou falta de disposição do paciente em tolerar 1 hora ou mais de avaliação. Para tais contextos, alguns instrumentos adaptados e normatizados para o Brasil podem ser utilizados.

Recentemente, a ferramenta Barrow Institute Screen for Higher Cerebral Functions (BNIS) foi adaptada e normatizada para adolescentes e adultos (15 a 85 anos) no Brasil (Prigatano *et al.*, 2017). O BNIS é composto de sete subtestes, os quais avaliam funções de fala e linguagem, orientação, atenção/concentração, resolução de problemas visuais e espaciais, memória, afeto e consciência. Trata-se de um teste de rastreio (contexto de avaliação breve), portanto seu tempo médio de aplicação é de 12 a 15 minutos em indivíduos saudáveis e de 16 minutos em pacientes com disfunções cognitivas leves. Além de estudos com TCE, o BNIS também vem sendo utilizado para avaliar outras lesões cerebrais adquiridas, como por acidente vascular encefálico (AVE) (Redfors *et al.*, 2014).

O Instrumento de Avaliação Neuropsicológica Breve (NEUPSILIN) (Fonseca *et al.*, 2009) tem o objetivo de traçar o perfil neuropsicológico do indivíduo de forma breve. O teste conta com 32 tarefas e está presente em contextos de avaliações neuropsicológicas que precisam ocorrer em curto prazo. Seu tempo de aplicação é de 30 a 40 minutos e visa avaliar as funções de orientação temporoespacial, atenção, percepção, memória, habilidades aritméticas, linguagem, praxias e funções executivas. O NEUPSILIN é constituído por tarefas curtas e de fácil resolução, portanto, em função disso, tende a ser mais sensível a déficits considerados moderados a graves. A versão adulta pode ser aplicada a indivíduos de 12 até 90 anos, sendo que também há a versão infantil (NEUPSILIN-Inf), que abrange crianças de 6 a 12 anos de escolas públicas e privadas (Salles *et al.*, 2016).

Outra opção para a avaliação cognitiva breve é o instrumento Triagem Cognitiva (TRIACOG), que permite avaliar, em aproximadamente 20 minutos, funções como: orientação, memória verbal episódico-semântica, praxias, memória visual, atenção auditiva/memória operacional, funções executivas, linguagem e processamento numérico, e conta com 22 subtestes. O instrumento é voltado para o público de 18 a 89 anos com lesões cerebrais adquiridas (Rodrigues *et al.*, 2021).

Instrumentos de avaliação do desfecho funcional

Existe uma diversidade de instrumentos para a avaliação do desfecho funcional após TCE. De forma geral, muitos deles costumam ser voltados para aspectos globais, sendo menos específicos e informativos para avaliação e planejamento da reabilitação neuropsicológica. A Escala Expandida de Desfechos de Glasgow (Wilson *et al.*, 1998; Wilson *et al.*, 2021) é um exemplo desse tipo de instrumento, com excelentes aplicabilidade e validade. Os aspectos levantados pela escala são: consciência, independência dentro e fora de casa, trabalho, atividades de lazer e sociais, família e amizades e retorno à vida normal.

Uma revisão sistemática recomendou algumas ferramentas para a avaliação funcional de atividades e ocupação, como: *Craig Handicap Assessment and Reporting Technique* (CHART), *Sydney Psychosocial Reintegration Scale* (SPRS), *Dyadic Adjustment Scale* (DAS), *Nottingham Leisure Questionnaire* (NLQ), *Canadian Occupational Performance Measure* (COPM) e *World Health Organisation Disability Assessment Schedule 2.0* (WHODAS 2.0) (Honan *et al.*, 2019). Em específico para desfechos de interesse da neuropsicologia, recomenda-se a Escala de Reintegração Psicossocial de Sydney (SPRS) (Tate, 2011; Tate *et al.*, 2011). Trata-se de um instrumento cujo objetivo é analisar os impactos que o dano cerebral adquirido causou na vida do indivíduo do ponto de vista ocupacional (trabalho e lazer) e nas relações interpessoais e habilidades de independência na vida por meio da sua participação na comunidade. Ademais, a escala apresenta dois formulários com 12 itens cada, sendo que o formulário A examina as mudanças que ocorreram desde o evento traumático e o formulário B, o atual cenário em que o indivíduo se encontra. Ainda, a escala tem três versões de aplicação: do clínico, do familiar/informante e do paciente. A escala também conta com uma versão adaptada para adolescentes e crianças de 5 a 16 anos (Soo *et al.*, 2016). Para fins de ilustrar a avaliação neuropsicológica de um caso de TCE grave, será apresentado a seguir o caso clínico de um adulto de 30 anos.

Caso clínico

J. sofreu um TCE grave aos 30 anos em um acidente de veículo automotor enquanto dirigia em alta velocidade após uma festa em que havia abusado de bebidas alcoólicas e entorpecentes. Foi internado e permaneceu em coma por aproximadamente 1 mês. Após retomar a consciência, em função das graves lesões cerebrais nas regiões frontal e temporal bilateralmente, J. permaneceu afásico, com déficits graves de expressão, compreensão, leitura, escrita e processamento numérico (não reconhecia números). Na época do acidente, ele trabalhava em um cargo administrativo há 5 anos, tinha o ensino superior completo e precisou afastar-se do trabalho em função dos graves déficits cognitivos e motores.

Submeteu-se a fisioterapia e terapia fonoaudiológica durante 2 anos de forma intensiva e conseguiu recuperar significativamente suas habilidades físicas. O desempenho linguístico tornou-se fluente, contudo déficits de acesso léxico-semântico, memória semântica verbal, leitura, escrita e aritmética permaneceram afetados de modo leve a moderado, com evidentes alterações na conversação social.

Era usuário de diversas drogas ilícitas desde a adolescência, bem como de álcool. O histórico é sugestivo de um quadro pré-mórbido com sintomas depressivos, ansiosos e com dependência de substâncias químicas. No período de 2 anos após a lesão, não eram observados sintomas psiquiátricos significativos e o paciente deixou de usar substâncias psicoativas.

Em termos funcionais, J. estava limitado à rotina das terapias, com pouco repertório social, relacional e laboral. Nem ele nem seus familiares o consideravam apto a retornar ao trabalho, e a família não se sentia segura ao retorno à rotina, visto que anteriormente era disfuncional pelos transtornos psiquiátricos citados. Por esse motivo, passado o período de déficits linguísticos e motores maiores, a família buscou uma avaliação neuropsicológica.

A avaliação neuropsicológica revelou déficits graves de memória episódica e de trabalho, visuoconstrução, bem como de atenção visual e auditiva, funções executivas, linguagem escrita e aritmética. A inteligência, diferente do estimado pelo histórico de vida pré-TCE, apresentou desempenho limítrofe nos testes de análise de desempenho na Escala Wechsler de Avaliação da Inteligência Abreviada (Wechsler, 2014).

A avaliação da funcionalidade apontou perdas significativas em todas as áreas averiguadas pela Escala de Reintegração Psicossocial de Sydney quando em comparação com o período pré-TCE. A avaliação da disfunção executiva com a BDEFS indicou prejuízos principalmente no gerenciamento de tempo e na organização e resolução de problemas. A escala PCRS-R-BR foi indicativa de que J. apresentava leve perda de autoconsciência das suas dificuldades cognitivas pós-TCE.

A maior preocupação do paciente e de sua família centrava-se ao retorno ao trabalho. A partir dos achados da avaliação neuropsicológica, foi definido um plano de reabilitação voltado para um estudo inicial do retorno ao trabalho, com reuniões entre equipe de reabilitação, time de trabalho, paciente e família. Posteriormente, foi realizado um programa de reabilitação que envolvia o treino do uso de estratégias compensatórias, treino cognitivo, psicoterapia, acompanhamento psiquiátrico, bem como acompanhamento terapêutico neuropsicológico no local de trabalho para adaptação, avaliação e ajustes necessários na função e estrutura de trabalho.

Referências bibliográficas

ARMY INDIVIDUAL TEST BATTERY. Manual of directions and scoring. Washington, DC: War Department, 1944.

BARKLEY, R. A. Escala de Avaliação das Disfunções Executivas de Barkley. São Paulo: Hogrefe, 2018.

BEADLE, E. J. *et al*. Personality characteristics and cognitive appraisals associated with self-discrepancy after severe traumatic brain injury. Neuropsychological Rehabilitation, v. 30, n. 3, p. 393-411, 2020.

BERTOLA, L. Fluência verbal. Belo Horizonte: Editora Ampla, 2020.

BRASIL. Ministério da Saúde. Diretrizes de Atenção à Reabilitação da Pessoa com Traumatismo Cranioencefálico. Brasília (DF): Ministério da Saúde, 2023. Disponível em: https://www.gov.br/saude/pt-br/assuntos/saude-de-a-a-z/s/saude-da-pessoa-com-deficiencia/publicacoes/diretrizes-de-atencao-a-reabilitacao-da-pessoa-com-traumatismo-cranioencefalico.pdf/view. Acesso em: 31 mar. 2024.

BRENNAN, D. J. *et al*. Spatiotemporal profile of atrophy in the first year following moderate-severe. Human Brain Mapping, v. 44, p. 4692-4709, 2023.

BRENNAN, P. M.; MURRAY, G. D.; TEASDALE, G. M. Simplifying the use of prognostic information in traumatic brain injury. Part 1 – The GCS-Pupils score: an extended index of clinical severity. Journal of Neurosurgery, v. 128, n. 6, p. 1612-1620, 2018.

BURGUESS, P.; SHALLICE, T. The Hayling and Brixton Tests. Bury St. Edmunds (UK): Thames Valley Test Company, 1997.

CAMPBELL-SILLS, L. et al. Risk Factors for Suicidal Ideation Following Mild Traumatic Brain Injury: a TRACK-TBI study. Journal of Head Trauma Rehabilitation, v. 36, n. 1, p. 30-39, 2021.

CARDOSO, C. C. et al. Brazilian adaptation of the Hotel Task: A tool for the ecological assessment of executive functions. Dementia & Neuropsychologia, v. 9, n. 2, p. 156-164, 2015.

CARDOSO, M. G. F. et al. Cognitive Impairment Following Acute Mild Traumatic Brain Injury. Frontiers in Neurology, v. 10, p. 1-9, 2019.

COVINGTON, N. V.; DUFF, M. C. Heterogeneity is a Hallmark of Traumatic Brain Injury, not a Limitation: a new perspective on study design in rehabilitation research. American Journal of Speech-Language Pathology, v. 30, n. 2, p. 974-985, 2021.

DE PAULA, J. J. et al. The five digits test on the assessment of psychiatric patients with heterogeneous educational backgrounds: evidences of validity on the assessment of bipolar disorder. Clinical Neuropsychiatry, v. 11, n. 3-5, p. 103-107, 2014.

DE PAULA, J. J.; MALLOY-DINIZ, L. F. RAVLT – Teste de Aprendizagem Auditivo-Verbal de Rey. São Paulo: Vetor Editora, 2018.

DIAMOND, A. Executive functions. Annual Review of Psychology, v. 64, p. 135-168, 2013.

DIAS, N. M.; SEABRA, A. G. The FAS fluency test in brazilian children and teenagers: executive demands and the effects of age and gender. Arquivos de Neuro-Psiquiatria, v. 72, n. 1, p. 55-62, 2014.

E SILVA, S. C. F.; DE SOUSA, R. M. C. Galveston Orientation and Amnesia Test: tradução e validação. Acta Paulista de Enfermagem, v. 20, n. 1, p. 24-29, 2007.

FONSECA, R. P. et al. Teste Hayling: um instrumento de avaliação de componentes das funções executivas. In: HUTZ, C. (Ed.). Avaliação psicológica e neuropsicológica de crianças e adolescentes. São Paulo: Casa do Psicólogo, 2010.

FONSECA, R. P. et al. Bateria MAC – Bateria Montreal de Avaliação da Comunicação (instrumento completo de avaliação. São Paulo: Pró-Fono, 2008.

FONSECA, R. P.; PRANDO, M. L.; ZIMMERMANN, N. Tarefas para Avaliação Neuropsicológica (1): Avaliação de linguagem e funções executivas em crianças. Campinas: Memnon Edições Científicas, 2016.

FONSECA, R. P.; SALLES, J. F.; PARENTE, M. A. M. P. Instrumento de Avaliação Neuropsicológica Breve NEUPSILIN. São Paulo: Vetor, 2009.

GRASSI, D. C. et al. Current contribution of diffusion tensor imaging in the evaluation of diffuse axonal injury. Arquivos de Neuropsiquiatria, n. 76, n. 3, p. 189-199, 2017.

GUERRA, A. et al. Cross-cultural adaptation of the childhood executive functions battery (CEF-B) to brazilian portuguese. Avaliação Psicológica, v. 20, n. 1, p. 430-440, 2021.

GUERRA, A. et al. Assessing executive functions in brazilian children: a critical review of available tools. Applied Neuropsychology: Child, v. 11, n. 2, p. 184-196, 2022.

HALLOCK, H. et al. Sport-Related Concussion: a cognitive perspective. Neurology: Clinical Practice, v. 13, n. 2, 2023.

HAWRYLUK, G. W. J.; MANLEY, G. T. Classification of traumatic brain injury: past present, and future. Handbook of Clinical Neurology, v. 127, p. 15-21, 2015.

HEATON, R. K. et al. Teste Wisconsin de Classificação de Cartas. São Paulo: Hogrefe, 2018.

HICKS, A. J. et al. Efficacy and Harms of Pharmacological Interventions for Neurobehavioral Symptoms in Post-Traumatic Amnesia after Traumatic Brain Injury: a systematic review. Journal of Neurotrauma, v. 35, n. 23, p. 2755-2775, 2018.

HONAN, C. A. et al. Outcome instruments in moderate-to-severe adult traumatic brain injury: recommendations for use in psychosocial research. Neuropsychological Rehabilitation, v. 29, n. 6, 896-916, 2019.

JARRAHI, A. et al. Revisiting Traumatic Brain Injury: from molecular mechanisms to therapeutic interventions. Biomedicines, v. 8, n. 10, p. 389, 2020.

KEENAN, H. T. et al. Psychosocial and Executive Function Recovery Trajectories One Year after Pediatric Traumatic Brain Injury: the influence of age and injury severity. Journal of Neurotrauma, v. 35, n. 2, p. 286-296, 2018.

KINNUNEN, K. M. et al. White matter damage and cognitive impairment after traumatic brain injury. Brain, v. 134, n. 2, p. 449-463, 2011.

KLONOFF, P. S.; DAWSON, L. K. Commentary – Neuropsychological evaluation of patients with traumatic brain injury: polarization versus holistic integration. Archives of Clinical Neuropsychology: the official journal of the National Academy of Neuropsychologists, v. 19, n. 8, p. 1095-1101, 2004.

KORKMAN, M.; KIRK, U.; KEMP, S. Nepsy II. São Paulo: Pearson Clinical Brasil, 2019.

LEVIN, H. S.; O'DONNELL, V. M.; GROSSMAN, R. G. The Galveston Orientation and Amnesia Test: a practical scale to assess cognition after head injury. Journal of Nervous and Mental Disease, v. 167, n. 11, p. 675-684, 1979.

LEVIN, H. S.; O'DONNELL, V. M.; GROSSMAN, R. G. The Galveston Orientation and Amnesia Test. The Journal of Nervous and Mental Disease, v. 167, n. 11, p. 675-684, 1979.

MACMILLAN, M.; LENA, M. L. Rehabilitating Phineas Gage. Neuropsychological Rehabilitation, v. 20, n. 5, p. 641-658, 2010.

MANLY, T. et al. Rehabilitation of executive function: facilitation of effective goal management on complex tasks using periodic auditory alerts. Neuropsychologia, v. 40, n. 3, p. 271-281, 2002.

MCALLISTER, T. W. Chicken or Egg? Mental Illness as a risk factor and outcome of traumatic brain injury. Biological Psychiatry, v. 91, n. 5, p. 402-404, 2022.

MCCULLAGH, S.; FEINSTEIN, A. Cognitive changes. In: SILVER, J. M.; MCALLISTER, T. W.; ARCINIEGAS, D. B. Textbook of Traumatic Brain Injury. Arlington (EUA): American Psychiatric Publishing, 2011.

MCDONALD, S. et al. Cognitive factors underpinning poor expressive communication skills after traumatic brain injury: theory of mind or executive function? Neuropsychology, v. 5, 2014.

MIOTTO, E. C. et al. T. Manual de Avaliação Neuropsicológica: a prática da testagem cognitiva. Campinas: Memnon Edições Científicas, 2023.

MIOTTO, E. C. et al. Cognitive deficits in patients with mild to moderate traumatic brain injury. Arquivos de Neuro-Psiquiatria, v. 68, n. 6, p. 862-868, 2010.

MORRIS, R. G.; MOGRABI, D. C. Anosognosia, autobiographical memory and self knowledge in Alzheimer's disease. Cortex, v. 49, n. 6, p. 1553-1565, 2013.

NG, S. Y.; YIU, A.; LEE, W. Traumatic Brain Injuries: pathophysiology and potential therapeutic targets. Frontiers in Cellular Neuroscience, v. 13, p. 1-23, 2019.

OLDENBURG, C. et al. Cognitive reserve and persistent post-concussion symptoms – A prospective mild traumatic brain injury (mTBI) cohort study. Brain Injury, v. 30 n. 2, p. 146-155, 2016.

PARENTE, M. A. M. P. et al. Bateria Montreal Toulouse de Avaliação da Linguagem. São Paulo: Vetor Editora, 2016.

POTVIN, M. J. et al. Ecological prospective memory assessment in patients with traumatic brain injury. Brain Injury, v. 25, n. 2, p. 192-205, 2011.

PRIGATANO, G. P. Anosognosia and patterns of impaired self-awareness observed in clinical practice. Cortex, v. 61, p. 81-92, 2014.

PRIGATANO, G. P. Neuropsychological rehabilitation after brain injury. Johns Hopkins University Press, v. 3, n. 1, p. 1-10, 1986.

PRIGATANO, G. P.; SOUZA, L. M. N.; BRAGA, L. W. Performance of a brazilian sample on the portuguese translation of the BNI Screen for Higher Cerebral Functions. Journal of Clinical and Experimental Neuropsychology, v. 40, n. 2, p. 173-182, 2017.

RAFANI, S. M. Avaliação do desempenho ocupacional e qualidade de vida após traumatismo cranioencefálico: um estudo coorte. 2022. Tese (Doutorado em Neurociências) – Faculdade de Medicina de Ribeirão Preto, Universidade de São Paulo, Ribeirão Preto, 2022.

RASMUSSEN, K. W.; BERNTSEN, D. Autobiographical memory and episodic future thinking after moderate to severe traumatic brain injury. Journal of Neuropsychology, v. 8, n. 1, p. 34-52, 2014.

REDFORS, P. et al. The Barrow Neurological Institute screen for higher cerebral functions in cognitive screening after stroke. Journal of Stroke and Cerebrovascular Diseases, v. 23, n. 2, p. 349-355, 2014.

RESCH, C. et al. Age-dependent differences in the impact of paediatric traumatic brain injury on executive functions: a prospective study using susceptibility-weighted imaging. Neuropsychologia, v. 124, p. 236-245, 2019.

RODRIGUES, J. C.; BANDEIRA, D. R.; SALLES, J. F. Triagem Cognitiva (TRI-ACOG). São Paulo: Vetor Editora, 2021.

ROWLEY, D. A. et al. Cognitive correlates of pragmatic language comprehension in adult traumatic brain injury: a systematic review and meta-analyses. Brain Injury, v. 31, n. 12, p. 1564-1574, 2017.

SALLES, J. et al. Instrumento de Avaliação Neuropsicológica Breve Infantil (NEUPSILIN-Inf). São Paulo: Vetor Editora, 2016.

SALVARANI, C. P. et al. Concussion among soccer players in the 2017 brazilian championship – the gap between protocol and medical practice. Concussion, v. 5, n. 4, 2020.

SANTOS, J. C. Traumatismo cranioencefálico no Brasil: análise epidemiológica. Revista Científica da Escola Estadual de Saúde Pública de Goiás "Cândido Santiago", v. 6, n. 3, 2020.

SEDO, M. A.; DE PAULA, J. J.; MALLOY-DINIZ, L. F. FDT – Teste dos cinco dígitos. São Paulo: Hogrefe, 2015.

SILVERBERG, N. D. et al. Management of Concussion and Mild Traumatic Brain Injury: a synthesis of practice guidelines. Archives of Physical Medicine and Rehabilitation, v. 101, n. 2, p. 382-393, 2020.

SIQUEIRA, L. S. et al. Teste Hayling Infantil: aplicação, registro, pontuação e dados normativos. In: FONSECA, R. P.; PRANDO, M. L.; ZIMMERMANN, N. Tarefas para avaliação neuropsicológica: avaliação de linguagem e funções executivas em crianças. Campinas: Memnon, 2016.

SMITH, E. E.; SMITH, J. A. D.; JUENGST, S. B. Cognitive process scores associated with self-reported behavioral dysfunction on the Frontal Systems Behavior Scale (FrSBe) in chronic traumatic brain injury. Journal of Clinical and Experimental Neuropsychology, v. 42, n. 1, p. 90-100, 2020.

SOO, C. *et al.* Assessing psychosocial functioning following childhood acquired brain injury: the Sydney Psychosocial Reintegration Scale for Children. Developmental Neurorehabilitation, v. 19, n. 6, p. 356-364, 2016.

SULLIVAN, J. R.; RICCIO, C. A. Language functioning and deficits following pediatric traumatic brain injury. Applied Neuropsychology, v. 17, n. 2, p. 93-98, 2010.

TAING, A. S. *et al.* Traumatic brain injury alters the relationship between brain structure and episodic memory. Brain and Behavior, v. 13, n. 6, p. 1-9, 2023.

TATE, R. L. Manual for the Sydney Psychosocial Reintegration Scale – version 2 (SPRS-2). Unpublished manuscript, Rehabilitation Studies Unit, University of Sydney, 2011.

TATE, R. L. *et al.* Participation after acquired brain injury: clinical and psychometric considerations of the Sydney Psychosocial Reintegration Scale (SPRS). Journal of Rehabilitation Medicine, v. 43, n. 7, p. 609-618, 2011.

TEASDALE, G.; JENNETT, B. Assessment and prognosis of coma after head injury. Acta Neurochirurgica, v. 34, n. 1-4, p. 45-55, 1976.

TEASDALE, G. *et al.* The Glasgow Coma Scale at 40 years: standing the test of time. The Lancet Neurology, v. 13, n. 8, p. 844-854, 2014.

VAN HORN, J. D. *et al.* Mapping connectivity damage in the case of Phineas Gage. PloS One, v. 7, n. 5, 2012.

VAS, A. K.; CHAPMAN, S. B.; COOK, L. G. Language impairments in traumatic brain injury: a window into complex cognitive performance. Handbook of Clinical Neurology, v. 128, p. 497-510, 2015.

VASCOUTO, H. D. Desempenho cognitivo e sintomas psiquiátricos após traumatismo craniano grave: um estudo prospectivo. 2022. Tese (Doutorado em Neurociências) – Centro de Ciências Biológicas, Universidade Federal de Santa Catarina, Santa Catarina, 2022. Disponível em: https://repositorio.ufsc.br/handle/123456789/238184. Acesso em: 31 mar. 2024.

WAMMES, J. D.; GOOD, T. J.; FERNANDES, M. A. Autobiographical and episodic memory deficits in mild traumatic brain injury. Brain and Cognition, v. 111, p. 112-126, 2017.

WECHSLER, D. WASI – Escala Wechsler Abreviada de Inteligência. São Paulo: Pearson Clinical Brasil, 2014.

WEISS, L. G. *et al.* WISC-IV Advanced Clinical Interpretation. Cambridge (EUA): Academic Press, 2006.

WILSON, J. T.; PETTIGREW, L. E.; TEASDALE, G. M. Structured interviews for the Glasgow Outcome Scale and the extended Glasgow Outcome Scale: guidelines for their use. Journal of Neurotrauma, v. 15, n. 8, p. 573-585, 1998.

WILSON, L. *et al.* A Manual for the Glasgow Outcome Scale-Extended Interview. Journal of Neurotrauma, v. 38, n. 17, p. 2435-2446, 2021.

ZANINI, G. A. V. *et al.* An Adaptable, Open-Access Test Battery to Study the Fractionation of Executive-Functions in Diverse Populations. Frontiers in Psychology, v. 12, 2021.

ZIMMERMANN, N. *et al.* Brazilian norms and effects of age and education on the Hayling and Trail Making Tests. Trends Psychiatry Psychother, v. 39, n. 3, p. 188-195, 2017.

ZIMMERMANN, N. *et al.* Brazilian preliminary norms and investigation of age and education effects on the Modified Wisconsin Card Sorting Test, Stroop Color and Word test and Digit Span test in adults. Dementia & Neuropsychologia, v. 9, n. 2, p. 120-127, 2015.

ZIMMERMANN, N. *et al.* Brazilian norms and effects of age and education on the Hayling and Trail Making Tests. Trends in Psychiatry and Psychotherapy, v. 39 n. 3, p. 188-195, 2017.

ZIMMERMANN, N.; FONSECA, R. P.; DELAERE, F. J. Teste de Evocação Seletiva Livre e Com Pistas. *In*: ZIMMERMANN, N.; DELAERE, F. J.; FONSECA, R. P. Tarefas para avaliação neuropsicológica. Campinas: Memnon, 2019. v. 3.

ZIMMERMANN, N. *et al.* Trail Making Test – Teste das Trilhas: aplicação, registro, pontuação e interpretações clínicas. *In*: FONSECA, R. P.; ZIMMERMANN, N. Avaliação de funções executivas e linguagem em adultos. Campinas: Memnon Edições Científicas, 2018.

ZIMMERMANN, N. *et al.* Aplicação, pontuação e interpretação clínica da Escala de Avaliação de Competências do Paciente Revisada: versão brasileira (PCRS-R-BR). *In*: FONSECA, R. P.; ZIMMERMANN, N. Avaliação de funções executivas e linguagem em adultos. Campinas: Memnon Edições Científicas, 2017.

ZIMMERMANN, N.; PEREIRA, A. P. A.; FONSECA, R. P. Brazilian Portuguese version of the Patient Competency Rating Scale (PCRS-R-BR): semantic adaptation and validity. Trends in Psychiatry and Psychotherapy, v. 36, n. 1, p. 40-51, 2014.

ZIMMERMANN, N. *et al.* Patient Competency Rating Scale-Brazilian Revised Version (PCRS-R-BR): normative and psychometric data in 154 Healthy Individuals. Brain Injury, v. 35, n. 1, p. 138-148, 2021.

24 Doença de Parkinson e Outras Formas de Parkinsonismo

Egberto Reis Barbosa • Marcos Castello Barbosa de Oliveira • Jacy Bezerra Parmera

Introdução

O termo parkinsonismo refere-se a síndromes que se caracterizam pela combinação de bradicinesia (lentificação de movimentos) com um ou mais dos seguintes sinais: tremor de repouso, rigidez e instabilidade postural. As diversas formas de parkinsonismo podem ser classificadas, quanto à sua etiologia, em três grupos: parkinsonismo primário idiopático (doença de Parkinson [DP]) ou genético, parkinsonismo secundário (geralmente induzido por fármacos) e parkinsonismo atípico, condição representada por determinadas afecções degenerativas que se manifestam com quadro parkinsoniano associado a outras alterações neurológicas, como síndrome cerebelar, disfunção oculomotora e transtornos autonômicos. As doenças que classicamente compõem o grupo do parkinsonismo atípico são: paralisia supranuclear progressiva, atrofia de múltiplos sistemas, degeneração corticobasal e demência com corpos de Lewy.

Dentro do escopo deste capítulo serão abordadas as alterações cognitivas na DP idiopática e naquelas condições que compõem o grupo do parkinsonismo atípico.

Doença de Parkinson

A DP é a segunda mais comum doença neurodegenerativa, acometendo entre 2 a 3% da população acima dos 65 anos (Poewe *et al.*, 2017). Manifesta-se com caráter predominantemente motor, é progressiva e ligeiramente mais comum no sexo masculino. Anormalidades não motoras também podem ocorrer, como distúrbios cognitivos, psiquiátricos e autonômicos, hiposmia, fadiga e dor, e algumas delas podem preceder as alterações motoras. A DP geralmente surge após os 50 anos, sendo considerada de início precoce quando se instala antes dos 40 anos (cerca de 10% dos casos) e juvenil antes dos 20 anos (extremamente rara).

Na etiologia da DP, interagem de forma complexa fatores genéticos, ambientais e o próprio envelhecimento. Em cerca de 10 a 15 % dos casos, a moléstia é de natureza genética, sendo que mais de 20 *loci* já foram identificados. As formas genéticas da doença, geralmente, são de início mais precoce.

Admite-se, atualmente, que, na etiopatogenia da DP, a participação de depósitos anormais da alfa-sinucleína, proteína de ação pré-sináptica, está centralmente envolvida. Admite-se que, sob a influência dos fatores etiológicos, ocorram alterações estruturais na molécula dessa proteína que favorecem a sua agregação e acúmulo em populações neuronais mais suscetíveis, como substância negra, *locus ceruleus*, entre outras, levando à disfunção de organelas e sistemas celulares que acarretam a morte neuronal (Wong; Krainc, 2017). Portanto, a DP é considerada uma proteinopatia da classe das sinucleinopatias, bem como a demência com corpos de Lewy e a atrofia de múltiplos sistemas. Ainda que haja controvérsias sobre a participação da alfa-sinucleína na etiopatogenia da DP, inúmeras estratégias de tratamento para modificar a evolução da doença estão em curso com o objetivo de reduzir o acúmulo dos agregados dessa proteína no sistema nervoso central (Jasutkar; Oh; Mouradian, 2022).

O estudo de Braak *et al.* (2003), corroborado por outros subsequentes (Jellinger, 2019), indica que as manifestações pré-motoras da DP estão relacionadas com o acometimento de estruturas do bulbo e da ponte no tronco cerebral, além do sistema olfatório. Portanto o processo degenerativo na DP parece ter uma progressão caudocranial, iniciando-se no tronco cerebral baixo (fase pré-motora), evoluindo de forma ascendente, passando pelo mesencéfalo (fase motora) até atingir estruturas corticais que integram funções cognitivas (fase avançada). Estudos mais recentes sugerem que, na DP, o acúmulo de alfa-sinucleína pode se iniciar no sistema nervoso entérico, com progressão ascendente pelo sistema vagal até o núcleo dorsal do nervo vago e, posteriormente, atingir estruturas mais rostrais, conforme mencionado anteriormente (Ruffmann; Parkkinen, 2016). Há, ainda, indícios de que essa proteinopatia possa propagar-se entre os neurônios por mecanismo semelhante ao das doenças priônicas (Surmeier; Obeso; Halliday, 2017).

Considerando-se esses novos conceitos referentes à história natural da DP, ao nos referirmos ao diagnóstico da DP, entendemos que ele é estabelecido com os recursos disponíveis atualmente, anos após o início do processo degenerativo, quando então instalam-se as clássicas alterações motoras da doença. As manifestações motoras da DP decorrem principalmente da perda progressiva de neurônios da parte compacta da substância negra. A degeneração nesses neurônios é irreversível e resulta na diminuição da produção de dopamina, acarretando alterações funcionais no circuito dos núcleos da base. Conforme assinalado anteriormente, manifestações não motoras da doença, como hiposmia, constipação intestinal, depressão e transtorno comportamental da fase de movimentos rápidos dos olhos (do inglês *rapid eye movement* [REM]) do sono, podem estar presentes anos antes do surgimento das alterações motoras (Berg *et al.*, 2015). Na Figura 24.1, estão representadas, em uma linha do tempo, as principais manifestações motoras e não motoras da DP ao longo da evolução da doença.

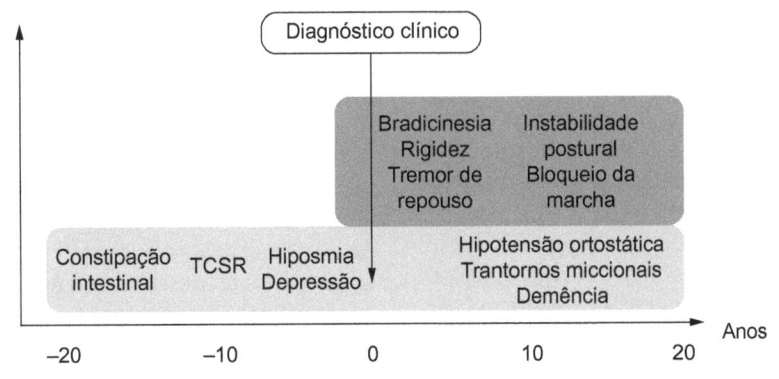

Figura 24.1 Principais manifestações motoras (em *cinza-escuro*) e não motoras (em *cinza-claro*) da doença de Parkinson ao longo de sua evolução. TCSR: transtorno comportamental do sono REM.

Quadro clínico

Manifestações motoras

Na DP, a principal manifestação clínica é a síndrome parkinsoniana, decorrente do comprometimento da via dopaminérgica nigroestriatal. Além disso, ainda que o quadro clínico seja dominado pelas manifestações motoras representadas pela síndrome parkinsoniana, alterações não motoras, algumas já mencionadas, frequentemente estão presentes e decorrem, em grande parte, do envolvimento de estruturas fora do circuito dos núcleos da base.

O parkinsonismo, ou síndrome parkinsoniana, é um dos mais frequentes tipos de distúrbio do movimento e apresenta-se com quatro componentes básicos: bradicinesia, rigidez, tremor de repouso e instabilidade postural.

A bradicinesia é caracterizada essencialmente por lentidão e redução da amplitude dos movimentos voluntários e automáticos, manifestando-se em território cranial por redução da expressividade facial (hipomimia) e associando-se a rigidez. A bradicinesia acomete as regiões oral, faríngea e laríngea e acarreta a redução da deglutição automática da saliva, levando a acúmulo desta na cavidade bucal e perda pela comissura labial (sialorreia), disfagia e disartrofonia.

Nos membros, a bradicinesia é claramente observada e pode ser testada por meio de movimentos repetitivos dos dedos (*finger tapping*) das mãos e dos pés. Em tarefas do cotidiano, compromete a destreza dos movimentos necessários para vestir-se e para os cuidados com higiene.

A repercussão da bradicinesia sobre a marcha determina a redução da amplitude dos passos e/ou o arrastar os pés e a perda dos movimentos associados dos membros superiores, caracterizando a marcha "em bloco".

A rigidez (hipertonia plástica) é uma anormalidade motora quase sempre presente na síndrome parkinsoniana. A resistência à movimentação do membro afetado pode ser contínua ou intermitente, sendo que esta configura o fenômeno da "roda denteada". Outra característica da hipertonia plástica é o acometimento preferencial da musculatura flexora, determinando alterações típicas da postura, com anteroflexão do tronco e semiflexão dos membros (postura simiesca).

O tremor parkinsoniano é clinicamente descrito como de repouso, exacerbando-se durante a marcha, no esforço mental e em situações de tensão emocional, diminuindo com a movimentação voluntária do segmento afetado e desaparecendo com o sono. A frequência varia de quatro a seis ciclos por segundo e costuma envolver, preferencialmente, as mãos, configurando a alternância entre pronação e supinação ou flexão e extensão dos dedos. Na fisiopatologia do tremor parkinsoniano, além da participação da disfunção da via dopaminérgica nigroestriatal, parece haver também o envolvimento do circuito cerebelo-tálamo-cortical (Helmich, 2018).

A instabilidade postural é decorrente da perda de reflexos de readaptação postural e se evidencia em mudanças bruscas de direção durante a marcha. Esse distúrbio, que não é comum em fases iniciais de evolução da DP, posteriormente pode agravar-se e determinar quedas frequentes. A presença de instabilidade postural em fase precoce da DP é um elemento contra o diagnóstico da doença e sugere uma das formas de parkinsonismo atípico (paralisia supranuclear progressiva). Evidências indicam que a instabilidade postural na DP esteja relacionada com alterações na circuitaria envolvendo núcleos da base e o núcleo pedúnculo-pontino na transição ponto-mesencefálica. Esse núcleo essencialmente colinérgico tem sido também implicado em transtornos da marcha nos pacientes com DP, especialmente no *freezing* da marcha (Thevathasan *et al.*, 2018)

Manifestações não motoras

As manifestações não motoras na DP podem ser agrupadas em quatro tipos: as neuropsiquiátricas, as autonômicas, os distúrbios do sono e outras. Destas serão abordadas, conforme o escopo deste capítulo, as neuropsiquiátricas, das quais as mais relevantes são a depressão e as alterações cognitivas, embora ansiedade e apatia também possam estar presentes. As alterações cognitivas serão discutidas mais detalhadamente ao fim deste tópico.

Ressalta-se que o impacto das alterações neuropsiquiátricas na qualidade de vida dos pacientes com DP pode ser equiparado ao das manifestações motoras da doença, portanto essa moléstia é conceituada, atualmente, como uma condição neuropsiquiátrica, e não apenas neurológica (Weintraub; Irwin, 2022).

A depressão é considerada o distúrbio neuropsiquiátrico mais comum na DP. Sua prevalência varia nos diferentes estudos, porém situa-se em torno de 40% em pesquisas que utilizaram escalas de avaliação mais adequadas, como as de Beck e de Hamilton (Prange *et al.*, 2022).

Os principais fatores associados à depressão na DP são: sexo feminino, maior incapacidade motora, flutuações motoras mais intensas, presença de disfunções cognitivas e autonômicas e insônia ou sonolência diurna. Esses fatores, segundo Zhu et al. (2016), estão associados de forma independente a escores mais elevados da escala de depressão de Beck (*Beck depression inventory*).

A depressão na DP manifesta-se com algumas características comuns na depressão primária não relacionada com a DP, como: tristeza, pessimismo, alterações somáticas (perda de apetite, alteração de peso, fadiga e distúrbios do sono), perda de autoestima e ansiedade; entretanto, sintomas como sentimento de culpa, autocrítica excessiva, sensação de ruína e impotência, alucinações e delírios, comuns na depressão primária, são raros na depressão em pacientes com DP. Embora a ideação suicida não seja incomum em pacientes com DP, a taxa de suicídio é muito mais baixa (suicídios são raros) do que na depressão primária.

Cerca de metade dos pacientes deprimidos com DP enquadra-se nos critérios de depressão maior, enquanto a outra metade apresenta distimia ou depressão leve a moderada (McDonald; Richard; Delong, 2003).

Existem evidências de que a depressão seja resultante de anormalidades bioquímicas presentes na DP, e não apenas um processo reativo a uma enfermidade crônica. Essas evidências incluem a eventual precedência cronológica da depressão em relação aos sintomas motores, maior prevalência de depressão na DP em comparação com outras doenças que causam incapacidade motora comparável (condições ortopédicas e reumatológicas) e, ainda, por se apresentar com as características clínicas peculiares já mencionadas.

Os principais sistemas de neurotransmissores envolvidos na depressão da DP são: o dopaminérgico (projeções mesocorticolímbicas), o serotoninérgico (núcleos da rafe do tronco cerebral) e o noradrenérgico (*locus ceruleus*), mas, recentemente, a hiperatividade glutamatérgica também tem sido implicada nos mecanismos biológicos envolvidos nesse sintoma (Mendonça et al., 2020).

A ansiedade é uma manifestação psiquiátrica comum na DP e é devida, em parte, à incapacidade física causada pela doença e, em casos avançados, à imprevisibilidade de resposta à medicação. É fato bastante conhecido que a ansiedade é um fator precipitante de piora das manifestações motoras da DP. Os tipos mais comuns de transtornos de ansiedade na DP são: crises de pânico (geralmente ocorrendo em estados *off*), transtorno de ansiedade generalizado e fobias simples e social. A ansiedade pode também ser decorrente da depressão frequentemente presente na DP, conforme anteriormente descrito.

Apatia pode ser definida como falta de motivação manifestada por redução de comportamentos dirigidos a determinado objetivo e do engajamento emocional (Bureaus et al., 2023). Está associada a comprometimentos social e funcional e redução da qualidade de vida, contudo pode ocorrer como parte de outra condição (principalmente depressão e demência) ou como síndrome isolada. Na DP, a presença de apatia é frequente e vários estudos sugerem associação entre essa condição e disfunção executiva. Aproximadamente um terço dos pacientes com DP é diagnosticado com apatia, entretanto, quando pacientes com depressão e/ou demência são excluídos, a frequência de apatia é de apenas 10% (Starkstein, 2012).

Manifestações não motoras cognitivas

A presença de alterações cognitivas na DP foi ignorada por muito tempo. Isso ocorreu possivelmente por causa do relato original dessa afecção por James Parkinson (1817), que, em que pese ter descrito com grande precisão para sua época as manifestações motoras da moléstia, assinalava a preservação do intelecto. Entretanto, posteriormente, Charcot sinalizou a presença de declínio cognitivo e, atualmente, sabe-se que a DP está associada a alterações neuropsicológicas eventualmente já presentes nas fases iniciais da doença (Janvin et al., 2006).

As alterações cognitivas na DP variam dentro de um espectro de gravidade que vai desde um transtorno cognitivo leve (TCL), que não tem repercussão relevante no desempenho cognitivo global e, portanto, não interfere nas atividades diárias do paciente, até um quadro demencial incapacitante, que aumenta a mortalidade relacionada com a doença (Bäckström et al., 2018).

O comprometimento cognitivo na DP envolve vários domínios com intensidade variável, sendo os mais frequentemente afetados a atenção, as funções executivas, a memória e as funções visuoespaciais. Esse perfil de comprometimento cognitivo leva os pacientes a apresentarem lentificação do pensamento, dificuldade de concentração e de planejamento e execução de tarefas múltiplas. Há, ainda, dificuldade em iniciar novas tarefas ou alternar tarefas, déficit de memória de curto prazo e de senso de direção. Tipicamente, a linguagem é menos comprometida (Jankovic et al., 2022). Esse padrão de comprometimento cognitivo contrasta com o da doença de Alzheimer, na qual o comprometimento de memória e linguagem é precoce e comum. Atualmente, em pacientes com DP, admite-se a ocorrência de ambos os padrões, dependendo da distribuição das áreas corticais acometidas, conforme será exposto adiante.

As alterações cognitivas na DP estão associadas a comprometimento de núcleos monoaminérgicos do tronco cerebral, como: *locus ceruleus* (núcleo noradrenérgico), núcleos serotoninérgicos da rafe mediana e núcleos dopaminérgicos mesencefálicos da área tegmental ventral que se projetam para o córtex frontal e para áreas límbicas. Há também evidências de acometimento de núcleos colinérgicos do prosencéfalo basal, especialmente do núcleo basal de Meynert (Aarsland et al., 2021). As alterações anatomopatológicas presentes nessas áreas mencionadas são representadas principalmente por perda neuronal associada a depósitos anormais de alfa-sinucleína, formando corpos de Lewy, entretanto podem estar presentes também depósitos de proteína beta-amiloide e proteína tau, que tipicamente constituem o substrato anatomopatológico da doença de Alzheimer e mesmo alterações decorrentes de patologia vascular (Halliday et al., 2014).

O TCL na DP, assim como a demência da doença de Parkinson (DDP), tem características clínicas próprias e bem definidas. Sua prevalência situa-se em torno de 27% e está relacionado com idade avançada, duração e gravidade da doença, podendo ser considerado um potencial precursor da DDP (Goldman et al., 2014).

O perfil clínico do TCL na DP é heterogêneo, dependendo do domínio cognitivo afetado. Geralmente, é por acometimento isolado de domínios não mnésticos.

Williams-Gray et al. (2009), em estudo longitudinal sobre alterações cognitivas na DP, sugerem dois padrões distintos de comprometimento cognitivo na DP: um decorrente de disfunções de circuitos frontoestriatais, essencialmente dopaminérgicos, expressadas notoriamente por déficit de atenção e de funções executivas, e outro por comprometimento de áreas corticais posteriores, que recebem principalmente projeções colinérgicas, refletindo-se em déficits de fluência semântica, memória e funções visuoespaciais. Esse segundo padrão implicaria maior chance de evolução para a DDP e pode estar associado a mutações dos genes da glucocerebrosidase (GBA) e do gene *microtubule associated protein tau* (MAPT) e ao genótipo *apolipoproteinE*4 (APOE4).

Em recente revisão sistemática sobre a frequência da DDP, analisando estudos com diversas metodologias, Severiano-Souza et al. (2022) concluíram que cerca de 25% dos pacientes com DP apresentam quadro demencial. Entretanto, estudos longitudinais mostram que, após 10 anos do diagnóstico da doença, 50% dos pacientes estão demenciados (Williams-Gray et al., 2013).

Fatores de risco para o desenvolvimento de comprometimento cognitivo associado à DP foram avaliados em vários estudos, e os resultados são, por vezes, conflitantes. Entretanto, levando-se em consideração os estudos mais recentes, é possível concluir que comprometimento motor mais grave, formas da doença com predomínio de rigidez e bradicinesia, antecedentes de alucinações induzidas por fármacos e idade avançada são os mais relevantes fatores de risco para declínio cognitivo na DP (Aarsland et al., 2021).

Critérios diagnósticos para a DP foram propostos pela Movement Disorder Society (MDS) em 2015 (Postuma et al., 2015), assim como para DP prodrômica em 2015 e revisados em 2019 (Heinzel et al., 2019), no entanto, não serão expostos por extrapolarem os objetivos deste capítulo. Apenas critérios para diagnóstico de TCL na DP e de DDP serão discutidos, pois estão dentro do foco do capítulo.

Primeiramente serão abordados os critérios para diagnóstico de TCL na DP que foram propostos por uma força tarefa da MDS em 2012 (Litvan et al., 2021):

- Critérios de inclusão:
  - Diagnóstico de DP baseado nos critérios do London Brain Bank
  - Declínio cognitivo gradual no contexto de DP estabelecida relatado pelo paciente, por informante ou pelo médico
  - Déficits cognitivos detectados em exame neuropsicológico formal ou em uma escala global de habilidades cognitivas
  - Os déficits cognitivos são insuficientes para interferir significativamente na independência funcional do paciente, embora dificuldades mínimas em tarefas funcionais complexas possam estar presentes.

- Critérios de exclusão:
  - Diagnóstico de demência da DP conforme critérios da MDS (Emre et al., 2007)
  - Presença de outras causas que justifiquem o comprometimento cognitivo (p. ex., quadro confusional, acidente vascular encefálico, depressão maior, alterações metabólicas, efeitos de medicação ou trauma de crânio)
  - Presença de outras condições mórbidas associadas à DP (p. ex., déficit motor acentuado, ansiedade intensa, depressão, sonolência excessiva diurna ou quadro psicótico) que influenciam o desempenho cognitivo.

Diretrizes para caracterização de TCL da DP em níveis I e II de certeza

A categoria nível I permite o diagnóstico de TCL-DP com menor grau de certeza com base em bateria breve de avaliação cognitiva, pois a avaliação mais completa nem sempre é prática e disponível. O requisito para o diagnóstico em nível I é o comprometimento cognitivo em uma escala global de habilidades cognitivas validada para DP ou em uma bateria limitada de testes neuropsicológicos (p. ex., teste por domínio cognitivo). Os domínios cognitivos mais relevantes a serem avaliados são: atenção, memória operacional, função executiva, linguagem, memória e funções visuoespaciais. O diagnóstico de TCL-DP está caracterizado quando há desempenho abaixo do normal em pelo menos dois testes.

Para a categoria nível II, a recomendação da MDS é de uma bateria de testes mais abrangente, incluindo pelo menos dois testes para cada um dos cinco domínios cognitivos citados, e o diagnóstico está caracterizado quando há comprometimento em dois testes. Essa avaliação mais minuciosa possibilita a identificação do subtipo de TCL.

Os critérios diagnósticos para a DDP foram propostos por uma força-tarefa da MDS em 2007 (Emre et al., 2007), portanto anteriormente aos critérios para TCL da DP, e são os descritos a seguir.

Características essenciais

- Diagnóstico de DP de acordo com o UK – PD Brain Bank (Gibb; Lees, 1988)
- Síndrome demencial com instalação insidiosa e progressão lenta, desenvolvendo-se no contexto de DP estabelecida e diagnosticada por história, exames clínico e mental e definida por:
  - Comprometimento de mais de um domínio cognitivo
  - Representar um declínio da condição pré-mórbida
  - Apresentar déficit cognitivo grave o suficiente para prejudicar as atividades profissional, ocupacional ou os cuidados pessoais, independentemente dos prejuízos atribuíveis ao déficits motores e autonômicos.

Características clínicas associadas

- Perfil de desempenho nos seguintes domínios cognitivos:
  - Atenção: prejuízo da atenção espontânea e focalizada e baixo desempenho em tarefas atencionais. Nível de atenção flutuante

- Funções executivas: prejuízo em tarefas de iniciação, planejamento, formação de conceitos, regras, manutenção ou mudança de padrões. Bradifenia (lentificação de processos cognitivos)
- Funções visuoespaciais: baixo desempenho em tarefas que requerem orientação visuoespacial, percepção ou construção
- Memória: prejuízo em evocação livre de eventos recentes ou em tarefas de aprendizado de informações novas. Melhora com pistas
- Linguagem: preservada. Eventualmente dificuldades para encontrar palavras ou compreender sentenças complexas

- Alterações comportamentais:
  - Apatia: redução de espontaneidade, motivação e interesse, comportamento forçado
  - Alterações na personalidade e no humor (depressão, ansiedade)
  - Alucinações geralmente visuais, complexas (animais ou pessoas)
  - Delírios: habitualmente paranoides (infidelidade, estranhos na casa)
  - Sonolência diurna excessiva.

Características que não excluem a DDP, mas tornam o diagnóstico incerto

- Coexistência de alguma outra anormalidade que, por si, causa déficit cognitivo, mas que, considerada no contexto, pode não ser a causa da demência. Exemplo: presença de relevante doença vascular em exames de neuroimagem
- Incerteza quanto ao intervalo entre alterações motoras e cognitivas.

Características sugerindo outras condições ou doenças como causa do quadro mental que, quando presentes, tornam impossível estabelecer o diagnóstico confiável de DDP

- Alterações cognitivas ou comportamentais somente no contexto de outras condições, como: quadro confusional agudo devido a doenças ou anormalidades sistêmicas, intoxicação medicamentosa ou depressão
- Características compatíveis com demência vascular.

O grau de certeza quanto ao diagnóstico de DDP é classificado em dois níveis:

- Provável DDP:
  - Características essenciais 1 e 2 necessariamente presentes
  - Características clínicas associadas:
    - Padrão típico de déficits cognitivos, incluindo comprometimento em pelo menos 2 de 4 domínios cognitivos essenciais (atenção que pode flutuar, funções executivas, funções visuoespaciais, memória de evocação livre que geralmente melhora com pistas)
    - A presença de ao menos um sintoma comportamental (depressão, ansiedade, alucinações, delírios, sonolência diurna excessiva) contribui para o diagnóstico de provável DDP, mas a ausência de sintomas comportamentais não exclui o diagnóstico
  - Ausência de características do grupo III
  - Ausência de características do grupo IV
- Possível DDP:
  - Características essenciais 1 e 2 necessariamente presentes
  - Características clínicas associadas: padrão atípico de comprometimento cognitivo em um ou mais domínios, como proeminente afasia fluente ou amnesia isolada de estocagem com atenção preservada, sem melhora com pistas ou tarefas de reconhecimento. Sintomas comportamentais presentes ou não
  - Uma ou mais características do grupo III presentes
  - Nenhuma das características do grupo IV presente.

Os testes neuropsicológicos indicados para diagnóstico de TCL e DDP constam adiante em tópico específico deste capítulo.

Alterações cognitivas na fase prodrômica da doença de Parkinson

Há evidências de que indivíduos que apresentam alterações consideradas manifestações prodrômicas da DP, como perda de olfato, transtorno comportamental do sono REM e redução de atividade dopaminérgica na via nigroestriatal (demonstrada por cintilografia cerebral), podem ter desempenho cognitivo pior do que os que não têm essas anormalidades ou apresentam apenas uma delas (Chahine et al., 2016). O domínio cognitivo mais afetado nos portadores de alterações prodrômicas de DP é o das funções executivas, especialmente a memória operacional. Ressalte-se ainda que déficit cognitivo global foi incluído como manifestação prodrômica da DP em recente atualização dos critérios diagnósticos para DP prodrômica (Postuma et al., 2015).

Biomarcadores preditivos de comprometimento cognitivo na DP

Estudos com imagens de ressonância magnética (RM) convencional indicam que atrofia de gânglios da base, tálamo, amígdala e substâncias branca e cinzenta frontotemporal e aumento de espaços liquóricos são preditivos de declínio cognitivo em pacientes com DP (Rahayel et al., 2021).

Dada a relevância da participação da alfa-sinucleína nos mecanismos etiopatogênicos envolvidos na DP, há, atualmente, um crescente interesse em aferi-la em fluidos biológicos (líquido cefalorraquidiano e sangue) e tecidos (pele, cólon e glândulas salivares) com propósitos de diagnóstico e prognóstico da moléstia (Chahine et al., 2020).

Nessa linha de investigação, Lin et al. (2017) demonstraram níveis elevados de alfa-sinucleína em pacientes com DP, especialmente naqueles em estágios mais avançados da doença e demenciados. Novos estudos, especialmente longitudinais a longo prazo, ainda são necessários para testar a hipótese de que a aferição da concentração de alfa-sinucleína no plasma pode ser útil como para predizer futuro declínio cognitivo na DP. Ensaios de amplificação (*seed technology*) podem detectar precocemente sinucleinopatias com altas sensibilidade e especificidade, mas ainda não foi avaliada a sua utilidade como preditores de declínio cognitivo na DP (Siderowf et al., 2023).

Técnicas de neuroimagem com ligantes para alfa-sinucleína que possibilitam avaliar in vivo a distribuição de depósitos anormais dessa proteína estão em desenvolvimento e poderão, no futuro, detectar precocemente o envolvimento de áreas cerebrais relacionadas com declínio cognitivo.

Condutas terapêuticas nas alterações cognitivas

Uma consequência importante do comprometimento cognitivo da DP é a restrição quanto ao uso de fármacos antiparkinsonianos, visto que, nessas circunstâncias, eles são muito mais propensos a provocar efeitos colaterais neuropsiquiátricos. A implicação clínica decorrente é que a redução desses medicamentos pode levar a controle precário das dificuldades motoras e menor sobrevida. Dessa forma, o tratamento das alterações cognitivas na DP envolve, em primeiro lugar, uma rigorosa seleção dos antiparkinsonianos a serem empregados, evitando-se o uso, principalmente, de fármacos com ação anticolinérgica.

Estudos sobre o efeito de medicações de ação colinérgica empregadas no tratamento da doença de Alzheimer, como as anticolinesterásicas (rivastigmina, donezepila e galantamina), têm mostrado resultados favoráveis sobre as alterações cognitivas da DP, sem piora do quadro motor, embora com possível aumento de tremor (Emre et al., 2004; Sawada et al., 2021). A memantina, antagonista do receptor de glutamato, também pode ser útil para o tratamento da demência associada à DP (Aarsland et al., 2009).

Meios não farmacológicos também são indicados para o tratamento do comprometimento cognitivo na DP. Assim, técnicas de reabilitação cognitiva e atividade física regular têm se mostrado efetivas e são recomendadas (Sanchez-Luengos et al., 2021). A hipotensão ortostática, frequente em fases mais avançadas da doença, pode acentuar o déficit cognitivo e deve ser controlada com medidas específicas (Centi et al., 2017). A apneia obstrutiva do sono é uma comorbidade que pode estar presente em pacientes com DP e eventualmente contribui para aumentar o déficit cognitivo, demandando abordagens diagnóstica e terapêutica adequadas (Kaminska et al., 2018).

Alterações neuropsiquiátricas na doença de Parkinson relacionadas com fármacos antiparkinsonianos

Alterações neuropsiquiátricas relacionadas com o tratamento da DP decorrem, em geral, de uma interação complexa entre os efeitos colaterais de fármacos antiparkinsonianos e a progressão do processo patológico da doença, estendendo-se de áreas de controle motor para áreas que regulam o comportamento.

As principais alterações neuropsiquiátricas associadas ao tratamento da DP são: alucinações, delírios, transtorno de descontrole de impulsos (para jogos, sexo, compras e mesmo para ingestão excessiva de alimentos), síndrome de desregulação dopaminérgica (uso descontrolado e compulsivo de medicações de efeito dopaminérgico) e quadro confusional.

Fármacos que aumentam a atividade dopaminérgica (levodopa e agonistas dopaminérgicos) podem levar ao aparecimento, inicialmente, de ilusões visuais e, posteriormente, alucinações visuais (e mais raramente em outras modalidades sensoriais) e delírios (geralmente paranoides), configurando um quadro psicótico.

A psicose como complicação da terapia dopaminérgica crônica afeta cerca de um terço dos pacientes e, em estudos longitudinais com seguimento de mais de 10 anos, chega a 50% (Goldman, 2016), contribuindo de modo significativo para aumentar a probabilidade de institucionalização e a mortalidade na DP (Goldman, 2016).

Eventualmente, alucinações visuais surgem em fases iniciais da DP, mesmo em pacientes que não estão recebendo fármacos antiparkinsonianos (Pagonabarraga et al., 2016).

Quadros confusionais em pacientes com DP estão mais frequentemente relacionados com fármacos de ação anticolinérgica ou mesmo na vigência de infecções intercorrentes ou desequilíbrios metabólicos.

Os principais fatores de risco para essas alterações psiquiátricas são idade avançada e declínio cognitivo, cujo tratamento envolve a redução ou retirada de fármacos antiparkinsonianos e o uso de antipsicóticos atípicos, como a quetiapina e a clozapina.

Avaliação neuropsicológica

Nos testes de desempenho neuropsicológico dos pacientes com DP, é preciso que se levem em conta as dificuldades motoras do paciente, que podem fazer que o examinador superestime o comprometimento cognitivo. Essa é uma das razões pelas quais os seguintes testes de avaliação neuropsicológica foram validados para DP (Weintraub; Irwin, 2022): *Parkinson Disease – Cognitive Rating Scale* (PD-CRS), *Parkinson Neuropsychometric Dementia Assessment* (PANDA), *Scales for Outcomes of Parkinson Disease – Cognition* (SCOPA-COG), *Mattis Dementia Rating Scale – 2* (DRS-2) e *Montreal Cognitive Assessment* (MoCA).

Além desses testes, dois questionários de avaliação de tarefas cognitivas diárias foram desenvolvidos e validados, o *Penn Parkinson's Daily Activities Questionnaire –15* (PDAQ-15) e o *Parkinson Disease – Cognitive Functional Rating Scale* (PD-CFRS). Escalas baseadas em desempenho cognitivo funcional também podem ser utilizadas: a escala *UCDS Performance-based Skills Assessment* foi recentemente validada para DP (UPSA), e a *Everyday Cognition Battery* (ECB) mostrou-se sensível para avaliar TCL (Weintraub; Irwin, 2022).

Os testes para avaliação cognitiva recomendados pela MDS para diagnóstico de TCL na DP são os seguintes (Litvan et al., 2012):

1. Testes recomendados para avaliação cognitiva global em pacientes com DP:
   - MoCA, PD-CRS, SCOPA-COG e *Mattis Dementia Rating Scale* (MDRS)
2. Testes recomendados para avaliação de domínios cognitivos específicos em pacientes com DP:
   - Atenção e memória operacional: 4ª edição da Escala de Inteligência Wechsler para Adultos (WAIS-IV) ou versão anterior, sequência letra-número; WAIS-IV

Coding (ou versão anterior) ou outra tarefa de substituição, escrita ou oral; *Trail Making Test; Digit Span; Stroop Colo-Word Test*
- Função executiva: *Wisconsin Card Sorting Test* (WCST) ou WCST modificado (versão de Nelson); *Tower of London Test* (versão Drexel) ou *Stockings of Cambridge* (CANTAB). Teste de fluência verbal fonêmica, como o COWAT, ou similares, de fluência verbal semântica (animais, produtos de supermercado ou similares) ou de fluência verbal alternante (se uma versão bem padronizada for usada). Não mais que um teste alterado de fluência verbal deve ser utilizado para preencher o critério de TCL-DP de dois testes com desempenho anormal, pois há forte relação entre esses testes. E, por fim, o teste do relógio com pontuação de 10
- Linguagem: WAIS-IV (ou versão anterior) ou similaridades, teste de nomenclatura de confrontação, como o *Boston Naming Test* (ou versão resumida validada para DP), ou *Graded Naming Test*
- Memória: testes de aprendizado de lista de palavras com evocação tardia, como: *Rey's Auditory Verbal Learning Test* (RAVLT), *California Verbal Learning Test, Hopkins Verbal Learning Test* e *Selective Reminding Test*

3. Testes de recordação de prosa com evocação tardia, como: *Wechsler Memory Scale-IV Logical Memory* subteste (ou versão anterior), *Rivermead Behavioural Memory Test*, parágrafo subteste de evocação, ou *Brief Visuospatial Memory Test* – Revised (BVMT-R)
   - Função visuoespacial: são recomendados os testes *Benton's Judgment of Line Orientation, Hooper Visual Organization* e *Clock copying* (p. ex., Royall's CLOX).

Os testes para avaliação cognitiva recomendados pela MDS para diagnóstico da DDP são os seguintes (Dubois et al., 2007):

- Avaliação em nível I: feita por clínico sem habilidades para avaliação neuropsicológica detalhada. São testes simples para avaliação pragmática e rápida: *Mini Mental State*, Entrevista com Cuidador, *Seven Backward*, Fluência Léxica, Desenho do Relógio
- Avaliação em nível II mais detalhada e adequada para definir o padrão e a gravidade do quadro demencial para monitoração clínica. As diversas funções a serem avaliadas e os testes indicados para cada uma delas são:
  - Avaliação Cognitiva Global/Mattis DRS
  - Funções executivas – memória operacional: *Digit Span, Spatial Span* (CANTAB); *Digit Ordering*; Conceitualização: *Similarities* (WAIS-III), WCST; *Set Activation*: Fluência Verbal (C,F,L); *Set Shifting*: TMT; *Set Maintenance*: *Stroop Test, Odd Man Out Test*
  - Controle comportamental: comportamento de preensão
  - Memoria: RAVLT, *Free and Cued Recall Test*
  - Funções instrumentais – linguagem: *Boston Naming Test*; Visuoconstrutiva: Cópia do Relógio; Visuoespacial: *Boston Naming Test*; Visuoperceptiva: *Cube Analysis* (VOSP)
  - Funções neuropsiquiátricas – Apatia: *Aphaty Scale*; Depressão: MADRS, Hamilton, *Beck Depression Inventory*, GDS-15; Alucinações visuais: PPQ 6; Psicose: NPI

Caso clínico

Paciente do sexo masculino, empresário, aos 74 anos começou a apresentar tremor de repouso em mão direita. Sua letra foi diminuindo de tamanho e passou a apresentar dificuldade para assinar. Concomitantemente, desenvolveu dificuldade para abotoar a roupa e cortar alimentos.

Foi avaliado por neurologista e recebeu diagnóstico de doença de Parkinson. A RM de crânio convencional não revelou anormalidades. Foi medicado com levodopa 100 mg/benserazida 25 mg 3 vezes/dia e apresentou boa resposta, com melhora de todas a dificuldades motoras. Nos 3 anos seguintes, evoluiu com acentuação discreta do quadro motor, requerendo pequenos ajustes da medicação. Nesse período, passou a apresentar também déficit de memória para fatos recentes e, eventualmente, alucinações visuais (via animais). Nessa ocasião, foi submetido a uma avaliação neuropsicológica, que mostrou alteração da capacidade de aprendizagem e retenção de novas informações, assim como da memória episódica de evocação imediata e tardia para informações verbais e visuoespaciais e da memória de curto prazo/operacional e memória prospectiva. Com relação às funções executivas e atencionais, demonstrou déficits relacionados com fluência verbal fonológica e categórica, amplitude atencional e atenção seletiva e alternada. Qualitativamente, foi observada ineficiência para controle inibitório e automonitoramento de respostas em tarefas de memória e atenção.

As demais funções cognitivas avaliadas estavam dentro da normalidade para a faixa etária do paciente, incluindo: eficiência intelectual, memória semântica, raciocínio inferencial, linguagem de nomeação, de expressão e de compreensão, leitura, escrita e funções visuoperceptivas. A avaliação do humor por meio de escala específica não mostrou alterações.

Em resumo, a avaliação neuropsicológica mostrou declínio cognitivo em domínios de memória e processos atencionais e executivos, entretanto essas deficiências cognitivas não interfeririam na funcionalidade ou nas atividades instrumentais da vida diária, configurando, portanto, um quadro de transtorno cognitivo leve de múltiplos domínios. Uma tomografia computadorizada por emissão de fóton único (SPECT-CT) mostrou hipoperfusão frontal e de giro do cíngulo, e um nova RM evidenciou sinais de redução volumétrica supratentorial, inclusive dos hipocampos.

Foi introduzido o anticolinesterásico donepezila na dose de 10 mg com boa resposta do desempenho cognitivo e desaparecimento das alucinações. Nos 2 anos seguintes, o quadro permaneceu estável, mas, a partir do quinto ano de evolução da DP, houve piora progressiva do quadro motor e, apesar dos ajustes das doses de levodopa nos anos seguintes, o paciente evoluiu para uma condição de dependência para locomoção, vestir-se e higiene. Houve também agravamento gradual do déficit cognitivo, com comprometimento de domínios até então preservados, como a linguagem de nomeação e expressão, e, embora tenha sido medicado também com memantina na dose de 20 mg/dia, o quadro evoluiu para perda da funcionalidade e das atividades instrumentais da vida diária. Voltou a apresentar alucinações e surgiram delírios paranoides, parcialmente controlados com o antipsicótico quetiapina.

Aos 85 anos, 11 anos após a instalação da doença, o paciente apresenta-se francamente demenciado e com total dependência física, necessitando de cuidadores permanentemente.

Paralisia supranuclear progressiva

A paralisia supranuclear progressiva (PSP) é uma doença degenerativa caracterizada pelo depósito de agregados anormais de proteína tau 4R e degeneração de várias estruturas subcorticais, em especial substância negra, núcleo subtalâmico, núcleo denteado do cerebelo e mesencéfalo. O achado de astrócitos em tufos (*tufted astrocytes*) é a marca da PSP que a diferencia de outras taupatias 4R como a degeneração corticobasal (DCB) ("placas astrocíticas") (Williams; Lees, 2009).

A PSP é a forma mais comum de parkinsonismo atípico, e sua prevalência varia entre 5,8 e 6,6 por 100.000, afetando igualmente homens e mulheres (Ling, 2016). É quase sempre uma doença esporádica, com poucos casos familiares descritos. Em geral, os pacientes desenvolvem os primeiros sintomas ao redor dos 65 anos, e a doença progride para óbito em uma média de 7 anos (Ling, 2016). A apresentação clássica da PSP é de uma síndrome progressiva de parkinsonismo simétrico, com quedas precoces, paralisia supranuclear da motricidade ocular e alterações cognitivas, também chamada de síndrome de Richardson (SR). Mais recentemente, outros fenótipos foram descritos, demonstrando a heterogeneidade de apresentação dessa doença: PSP-parkinsonismo (PSP-P), acinesia pura com *freezing* de marcha (APFM), afasia primariamente progressiva não fluente (APP-NF, também denominada PSP-fala e linguagem), síndrome corticobasal (PSP-SCB) e a variante comportamental da demência frontotemporal (DFTvc ou PSP-frontal) (Williams; Lees, 2009). Esses fenótipos comumente se apresentam nos primeiros anos da doença, e, conforme ela avança, sintomas da forma clássica (SR) se tornam mais evidentes.

Os critérios diagnósticos propostos em 1996 pelo National Institute of Neurological Disorders and Stroke and Society for Progressive Supranuclear Palsy (NINDS-SPSP) são bastante sensíveis e específicos para a síndrome de Richardson, porém menos para os outros fenótipos (Litvan *et al.*, 1996), por isso um novo critério diagnóstico foi proposto por Höglinger *et al.* (2017), que, embora mais complexo, permite um diagnóstico mais acurado nas apresentações atípicas (Tabela 24.1).

O diagnóstico definitivo da PSP é patológico, e não há exames complementares que sejam suficientemente sensíveis ou específicos. Exames de imagem, no entanto, podem auxiliar no diagnóstico clínico. Na RM, o achado típico é a atrofia do mesencéfalo, em que o tronco, no corte sagital, assume a forma de um beija-flor. Na tomografia por emissão de pósitrons com ^{18}F-fluordesoxiglicose (PET-FDG), pode-se encontrar hipometabolismo em córtex frontal bilateral, núcleo caudado, tálamo e mesencéfalo, padrão metabólico que auxilia na diferenciação de outras doenças neurodegenerativas e outros tipos de parkinsonismo (Ling, 2016). Estudos utilizando PET com ligantes para a proteína tau também estão em desenvolvimento e provavelmente serão métodos promissores para diagnóstico e acompanhamento desses casos.

Alterações cognitivas são frequentes na PSP e incluem disfunção executiva e déficits de memória, visuoespaciais, de linguagem e sociais. Cerca de 70% dos pacientes com PSP desenvolverão demência durante o curso da doença (Abdelnour; Poston, 2023). Disfunção executiva é o déficit cognitivo mais comum, caracterizado por dificuldade de planejamento e organização, redução da velocidade de processamento, inflexibilidade, pensamento rígido e redução da fluência verbal fonêmica e semântica (em geral, fonêmica pior que semântica). Déficits de memória, incluindo memória episódica, e déficits leves de memória autobiográfica podem estar presentes na PSP, mas de forma leve (Zarei *et al.*, 2010). Déficits mais proeminentes de memória são considerados critérios de exclusão e devem suscitar a

Tabela 24.1 Critérios clínicos para o diagnóstico da PSP (NINDS-SPSP).

Categorias diagnósticas	Critérios de inclusão	Critérios de exclusão	Critérios de suporte
Todos	• Doença gradativamente progressiva • Idade de início aos 40 anos ou mais	• História recente de encefalite • Síndrome da mão alienígena • Déficits corticais sensitivos • Atrofia focal frontal ou temporoparietal • Alucinações ou delírios não relacionados com a terapia dopaminérgica • Demência cortical do tipo Alzheimer • Sintomas cerebelares acentuados precoces • Disautonomia inexplicável ou evidência de outras doenças que poderiam explicar o quadro clínico	• Acinesia simétrica ou rigidez, proximal mais que distal • Postura cervical anormal, especialmente retrocolo • Ausência de resposta ou resposta parcial à levodopa • Disfagia e disartria precoces • Início precoce de alteração cognitiva, incluindo > 2 de: apatia, dificuldade e abstração, fluência verbal diminuída, comportamento de utilização ou imitação ou sinais de liberação frontal
Possível	• Paralisia supranuclear vertical ou • Alentecimento das sacadas verticais e instabilidade postural com quedas antes do primeiro ano do início da doença		
Provável	• Paralisia supranuclear vertical e • Instabilidade postural acentuada com quedas no primeiro ano de início da doença*		
Definitivo	Todos os critérios de PSP provável são preenchidos e há confirmação por necropsia		

Adaptada de Litvan *et al.*, 1996.

suspeita de doença de Alzheimer. Outros déficits cognitivos incluem prejuízo de nomeação, dificuldades de percepção e de construção visuoespacial e desatenção (Abdelnour; Poston, 2023).

Associadas aos déficits cognitivos, alterações comportamentais são marcantes na PSP, principalmente apatia, irritabilidade, infantilização e impulsividade. Esses sintomas são, em geral, reportados por cuidadores pela falta de *insight* ou anosognosia por parte dos pacientes. Apatia severa é comum e se manifesta como dificuldade em iniciar atividades ou conversas. Impulsividade é também frequente, caracterizada por intolerância a atrasos, alimentação impulsiva ou compulsiva e imprudência motora. Outras alterações comportamentais incluem desinibição com comportamento sexual inapropriado, agressão, irritabilidade, hipersexualidade, negligência a regras (p. ex., de trânsito), ausência de empatia, prejuízo na cognição social e na labilidade emocional com choro ou riso imotivado (Abdelnour; Poston, 2023).

Testes de triagem como o MoCA, o Mini Exame do Estado Mental (MEEM) e a MDRS são úteis para a avaliação cognitiva inicial de pacientes com PSP (Abdelnour; Poston, 2023). A escala de avaliação clínica de demência (CDR) já foi estudada na PSP e é sugerida na avaliação cognitiva (Hall *et al.*, 2015). A *PSP Rating Scale* (PSPRS) avalia os sintomas e sinais da PSP em seis categorias: atividades de vida diária, comportamento, sinais bulbares, motricidade ocular, motricidade apendicular e alterações de marcha (Surmeier; Obeso; Halliday, 2017). Embora não seja específica para alterações cognitivas, essa escala inclui sintomas e sinais cognitivo-comportamentais, como comportamento de utilização, bradifrenia e incontinência emocional, sendo útil na prática clínica. A bateria de avaliação frontal (FAB, da sigla em inglês) avalia funções do lobo frontal: conceitualização, flexibilidade mental, programação motora, sensibilidade a interferência, controle inibitório e autonomia ambiental, sendo um teste recomendado para a avaliação de pacientes com PSP (Hall *et al.*, 2015). Outras escalas úteis para a avaliação de sintomas neuropsiquiátricos incluem o Inventário Neuropsiquiátrico, a Escala de Depressão Geriátrica, o Inventário de Ansiedade Traço-Estado e o Inventário Comportamental de Cambridge (Abdelnour; Poston, 203).

Caso clínico

Homem de 71 anos procura o consultório com queixa de quadro progressivo de dificuldade de marcha há cerca de 1 ano, com quedas frequentes. Segundo a esposa, está mais impulsivo, chora sem motivo e faz coisas sem pensar. Ao exame neurológico, nota-se marcha parkinsoniana, com instabilidade postural ao *pull-test*, parkinsonismo bilateral, lentificação das sacadas com restrição ao olhar para baixo e perseveração no teste do aplauso. A RM de encéfalo mostrou atrofia do mesencéfalo, sugerindo PSP.

Atrofia de múltiplos sistemas

A atrofia de múltiplos sistemas (AMS) é uma oligodendrogliopatia caracterizada por degeneração de cerebelo, ponte, olivas, estriados, globos pálidos e substância negra, além de estruturas autonômicas centrais, como o hipotálamo, os núcleos noradrenérgicos e serotoninérgicos no tronco, os núcleos dorsal dos nervos vago e ambíguo, as colunas intermediolaterais e o núcleo de Onuf na medula (Fanciulli; Wenning, 2015).

Em adultos, a AMS tem início, em geral, na sexta década de vida, afeta homens e mulheres igualmente e sua prevalência é de 3,4 a 4,9/100.000 pessoas (Berg *et al.*, 2015). Trata-se de doença esporádica progressiva, com sobrevida de 6 a 9 anos a partir do início dos sintomas, que cursa com uma combinação variável de falência autonômica, síndrome parkinsoniana, ataxia cerebelar e sinais piramidais. Em raros casos familiares, fatores genéticos desempenham alguma função. Classifica-se como subtipo parkinsoniano (AMS-P) quando o parkinsonismo é o sintoma predominante, ou como subtipo cerebelar (AMS-C) quando a ataxia cerebelar predomina. A AMS-P é mais comum que a AMS-C, na razão de 2:1-4:1, exceto no Japão, onde o subtipo cerebelar é mais frequente.

Como na doença de Parkinson idiopática, a AMS apresenta uma fase pré-motora (ou seja, antes de os principais sintomas motores surgirem) em 20 a 75% dos casos (Fanciulli; Wenning, 2015), incluindo disfunção sexual, incontinência ou retenção urinária, hipotensão ortostática, estridor inspiratório e distúrbios comportamentais do sono REM.

Disautonomia está presente em virtualmente todos os casos e caracteriza-se por hipotensão postural, com queda da pressão arterial sistólica (PAS) > 20 mmHg e da PA diastólica (PAD) > 10 mmHg, incontinência e/ou retenção urinária (Fanciulli; Wenning, 2015). Cerca de 75% dos pacientes têm hipotensão ortostática sintomática.

Os sintomas urinários incluem urgência, aumento da frequência, urgincontinência, noctúria e esvaziamento vesical incompleto. Outros sintomas autonômicos abrangem disfunção erétil em homens e hipossensibilidade vaginal em mulheres, constipação, anormalidades pupilares e alteração da sudorese que leva a falência termorreguladora.

A apresentação motora da AMS é caracterizada, no subtipo parkinsoniano (AMS-P), por bradicinesia, rigidez e instabilidade postural, que, em geral, manifestam-se de maneira simétrica, embora a assimetria não seja incomum e, por vezes, apresente-se de forma marcante. Tremor parkinsoniano é incomum, mas tremores postural e de ação, com mioclonias grosseiras superimpostas (*jerky movements*), podem ocorrer em até 50% dos pacientes (Fanciulli; Wenning, 2015). Resposta à levodopa é pobre ou ausente, mas, em quase metade dos pacientes, pode haver resposta transitória em fases iniciais, por vezes acompanhada de discinesias atípicas, como distonia cervical e discinesias de face.

No subtipo cerebelar (AMS-C), predomina ataxia cerebelar, com marcha de base alargada e desequilíbrio, incoordenação apendicular, dismetria da motricidade ocular e nistagmo, frequentemente para baixo. Existe um espectro entre os dois extremos de apresentação motora (AMS-P e AMS-C), com muitos pacientes manifestando sintomas parkinsonianos e cerebelares concomitantemente. Sinais piramidais podem também estar presentes.

Posturas anormais, como síndrome de Pisa (lateralização do tronco), anterocolo (*dropped head*) e distonia de mãos ou pés, estão presentes em 16 a 42% dos pacientes (Fanciulli; Wenning, 2015). No decorrer da doença, sintomas como disfonia, disartria, disfagia, sialorreia e quedas frequentes se tornam mais proeminentes.

Distúrbios respiratórios são característicos da AMS e incluem estridor respiratório (mais comum em fases mais avançadas) e apneia do sono. Transtorno comportamental do sono REM ocorre em cerca de 70% dos pacientes (Fanciulli; Wenning, 2015).

O diagnóstico definitivo da AMS é patológico, e o diagnóstico clínico pode ser feito em pacientes que apresentem um quadro esporádico progressivo de início na idade adulta de parkinsonismo ou ataxia cerebelar acompanhada de manifestações autonômicas (Tabela 24.2).

Exames complementares são de grande ajuda no diagnóstico da AMS. Na RM, caracteristicamente (embora não seja específico) observa-se atrofia do tronco com hipersinal em T2 em formato de cruz na ponte, o chamado sinal da cruz ou *hot cross bun sign* (associado ao subtipo cerebelar), e hipossinal em T2 nos putâmens com um halo periférico de hipersinal (associado ao subtipo parkinsoniano). Testes autonômicos como urodinâmica e teste de inclinação (*tilt test*) são úteis para documentar o acometimento autonômico. Cintilografia miocárdica com meta-iodo-benzilguanidina (MIBG) é, em geral, preservada na AMS, em contraste com a DP e a demência com corpos de Lewy (DCL).

Demência e alucinações são infrequentes na AMS e sugerem diagnósticos alternativos, como DCL. Apesar de a presença de demência ser um critério de exclusão nos diagnósticos, diversos estudos longitudinais mostraram que alguns pacientes com AMS podem desenvolver distúrbios cognitivos. Cerca de um terço dos pacientes com AMS refere distúrbios de memória (Abdelnour; Poston, 2023), e um estudo com 59 pacientes mostrou prevalência de demência de 15% em pacientes com duração média de doença de 5,2 ± 2,3 anos (Kim *et al.*, 2013). Os déficits prejudicam principalmente as funções executivas, a atenção e a memória. Disfunção executiva e desatenção foram descritas em mais de metade dos pacientes com AMS e se caracterizam por comportamentos de perseveração, redução da fluência verbal fonêmica e semântica, inflexibilidade e dificuldades na resolução de problemas, em inibição de respostas e na memória operacional (Stankovic *et al.*, 2014). Cerca de 66% dos pacientes com AMS apresentam dificuldades de memória caracterizadas por déficits no aprendizado verbal e evocação imediata e tardia, mas com evocação por reconhecimento ou pistas menos frequentemente afetada (Stankovic *et al.*, 2014). Outros déficits cognitivos incluem apraxia, que pode estar presente em 8 a 10% dos pacientes, e dificuldade visuoespacial (Barcelos *et al.*, 2018). A linguagem está geralmente preservada. Devido à crescente evidência de que pacientes com AMS podem desenvolver alterações cognitivas e demência, os critérios diagnósticos de 2022 (Wenning *et al.*, 2022) foram revisados para incluir como critério de exclusão apenas os pacientes que desenvolvem demência precocemente, ou seja, nos primeiros 3 anos de doença.

Com relação a sintomas de humor ou comportamentais, os pacientes com AMS podem desenvolver depressão, ansiedade e apatia. Apatia é mais frequente que na doença de Parkinson, afetando cerca de 65% dos pacientes (Stankovic *et al.*, 2014). Alucinações são infrequentes, mas já foram demonstradas em alguns casos confirmados por autópsia, por isso são consideradas critérios de exclusão apenas quando não induzidas por fármacos e nos primeiros 3 anos de doença.

Diversos testes de rastreamento cognitivo podem ser usados na AMS. Os exemplos mais comuns são o MoCA, o MEEM e o MDRS (Abdelnour; Poston, 2023). O MEEM e o MoCA são exames curtos, que requerem cerca de 10 minutos para sua aplicação, enquanto o MDRS é mais longo (cerca de 20 minutos) e demanda maior treinamento do examinador. O MoCA e o MDRS são melhores que o MEEM para avaliar funções executivas, que estão mais frequentemente afetadas nesses pacientes (Abdelnour; Poston, 2023). A bateria de avaliação frontal (FAB) é um teste útil para avaliar funções do lobo frontal. A avaliação neuropsicológica desses pacientes deve focar em memória (atenção e memória operacional) e funções executivas (de linguagem, visuoespaciais e visuoperceptivas).

Tabela 24.2 Critérios diagnósticos para AMS.

Critérios essenciais	Doença esporádica, progressiva, de início na idade adulta (> 30 anos)	
	AMS clinicamente estabelecida	**AMS clinicamente provável**
Critérios cardinais	1. Disfunção autonômica definida como (pelo menos um é necessário): • Alteração urinária com resíduo ≥ 100 mℓ • Urgincontinência • Hipotensão ortostática neurogênica (queda ≥ 20/10 na pressão arterial dentro de 3 min em pé) Pelo menos um de: • Parkinsonismo pouco responsivo à levodopa • Síndrome cerebelar (pelo menos dois dos seguintes: ataxia de marcha, ataxia de membros, disartria cerebelar ou alterações oculomotoras)	Pelo menos dois entre: 1. Disfunção autonômica definida como (pelo menos um é necessário): • Alteração urinária com resíduo • Urgincontinência • Hipotensão ortostática neurogênica (queda ≥ 20/10 na pressão arterial dentro de 10 min em pé) 2. Parkinsonismo 3. Síndrome cerebelar (pelo menos dois dos seguintes: ataxia de marcha, ataxia de membros, disartria cerebelar ou alterações oculomotoras)
Sintomas clínicos de suporte (motores ou não motores)	Pelo menos dois	Pelo menos um
Alterações na ressonância magnética	Pelo menos um	Não necessário
Critérios de exclusão	Ausentes	Ausentes

(continua)

Tabela 24.2 Critérios diagnósticos para AMS. (*Continuação*)

Critérios essenciais	Doença esporádica, progressiva, de início na idade adulta (> 30 anos)
Sintomas clínicos de suporte	
Sintomas motores: • Progressão rápida em 3 anos desde o início dos sintomas motores • Instabilidade postural moderada a grave em 3 anos desde o início dos sintomas motores • Distonia craniocervical induzida ou exacerbada por levodopa sem discinesia de membros • Disfunção de fala grave em 3 anos desde o início dos sintomas motores • Disfagia grave em 3 anos desde o início dos sintomas motores • Sinal de Babinski sem outra explicação • Tremor postural ou cinético irregular • Deformidades posturais	Sintomas não motores: • Estridor • Suspiros inspiratórios • Mãos e pés frios e pálidos • Disfunção erétil (< 60 anos) • Riso e choro imotivados
Marcadores de ressonância magnética	
Para AMS-P: • Atrofia de putâmen, pedúnculo cerebelar médio, ponte ou cerebelo • "Sinal da cruz" na ponte • Aumento da difusibilidade no putâmen ou pedúnculo cerebelar médio	Para AMS-C: • Atrofia do putâmen ou estruturas infratentoriais (pedúnculo cerebelar médio e ponte) • "Sinal da cruz" na ponte • Aumento da difusibilidade no putâmen
Critérios de exclusão	
• Melhora substancial e persistente com terapia dopaminérgica • Anosmia em exame olfatório sem outra explicação • Flutuação cognitiva com variação pronunciada na vigília e atenção e declínio precoce em funções visuoperceptuais • Alucinações visuais não induzidas por fármacos nos primeiros 3 anos de doença • Demência nos primeiros 3 anos de doença • Paralisia supranuclear do olhar vertical para baixo ou redução de velocidade de sacadas verticais • Achados de ressonância sugerindo diagnósticos alternativos (PSP, esclerose múltipla etc.) • Documentação de diagnóstico alternativo (p. ex., ataxia genética) que sabidamente provoca sintomas disautonômicos, parkinsonismo e ataxia	

AMS: atrofia de múltiplos sistemas; AMS-C: subtipo cerebelar; AMS-P: subtipo parkinsoniano. (Adaptada de Wenning *et al.*, 2022.)

Caso clínico

Mulher, 57 anos, queixa-se de tontura ao se levantar há cerca de 1 ano. Mais recentemente, passou a ter episódios de síncope ao se levantar e urgincontinência. Acha que está com um pouco mais de dificuldade para executar as tarefas de casa e tem procurado usar de listas de afazeres, mas continua fazendo tudo o que fazia antes. Ao exame, tem os seguintes achados: PA sentada 120 × 80 mmHg, PA em pé 90 × 60 mmHg; postura fletida do pescoço, rigidez e bradicinesia simétricos, instabilidade postural. RM de encéfalo mostrava hipersinal ao redor do putâmen, sugerindo AMS (Tabela 24.3).

Tabela 24.3 Alterações cognitivas em DP, DCL, AMS, PSP e DCB.

	DP	DCL	AMS	PSP	DCB
Função executiva	+++	+++	++	+++	++
Atenção		+++	+	++	++
Memória	+	++	+	+	
Linguagem		+		+	+++
Função visuoespacial	++	+++		+	++
Apraxia		++			+++
Principais alterações comportamentais	Apatia Alucinações DCI	Alucinações visuais Ilusões	Apatia	Apatia Desinibição Impulsividade	Depressão Apatia Irritabilidade

AMS: atrofia de múltiplos sistemas; DCB: degeneração corticobasal; DCI: distúrbio de controle do impulso; DCL: demência com corpos de Lewy; DP: doença de Parkinson; PSP: paralisia supranuclear progressiva. (Adaptada de Abdelnour; Poston, 2023.)

Demência com corpos de Lewy

A demência com corpos de Lewy e a doença de Parkinson representam o espectro de uma mesma enfermidade: doenças neurodegenerativas caracterizadas pela presença de inclusões neuronais de alfa-sinucleína (denominadas corpos de Lewy) e que se manifestam de forma variável com síndrome demencial e parkinsonismo (Walker et al., 2015). A despeito de apresentarem o mesmo substrato anatomopatológico, a DCL e a DP são classificadas como doenças diferentes com base na relação temporal dos sintomas cognitivos e motores. Define-se como DCL quando o quadro demencial antecede ou surge em até 1 ano desde o início da síndrome parkinsoniana ("regra do 1 ano").

Epidemiologia

Embora existam poucos estudos de incidência e prevalência de DCL, sabe-se que é a segunda causa mais comum de demência neurodegenerativa de início senil (a partir dos 65 anos). Em amostras de banco de encéfalo, a prevalência de DCL/DDP varia de 3 a 10% entre todos os casos de demência de início senil (Hogan et al., 2016). Já em estudos populacionais, a prevalência de DCL entre indivíduos acima de 65 anos variou de 0 a 5% (média de 0,4%), enquanto a incidência ficou entre 0,6 e 1,4 caso/1.000 (média de 0,9 caso/1.000).

Por outro lado, entre os casos de demência na comunidade, a DCL representou, em média, 4,2% (variou de 0 a 21,9%) de todos os diagnósticos, com incidência de 3,8% (variação de 3,2 a 4,5%). Quando os estudos são em centros especializados, a prevalência sobe para 7,5% (variação de 2,2 a 24%). A incidência de DCL aumenta proporcionalmente à idade, com média de 75 anos, sendo infrequente o início pré-senil (Vann Jones; O'Brien, 2013).

Neuropatologia e neurogenética

A DCL e a DP, além da atrofia de múltiplos sistemas, formam um grupo de doenças neurodegenerativas denominadas alfassinucleinopatias. A assinatura patológica desse grupo é a presença de corpos e neuritos de Lewy (inclusões neuronais de alfa-sinucleína intracitoplasmáticas e em prolongamentos axonais, respectivamente). Do ponto de vista anatomopatológico, DCL e DDP são indistinguíveis, caracterizadas pela presença de corpos de Lewy corticais e no tronco encefálico, portanto, não é possível definir um diagnóstico *post-mortem* sem uma história clínica que esclareça a sequência temporal dos sintomas motores e cognitivos (Goedert, 2015).

Manifestações clínicas

Os atuais critérios diagnósticos de DCL foram definidos por consenso em 2017, conforme demonstrado na Tabela 24.2 (McKeith et al., 2017). O critério anterior (2005) apresentava alta especificidade (variando, nos estudos, entre 79 e 100%), mas baixa sensibilidade (com variação de 12 a 88%) (Huang; Halliday, 2013; Nelson et al., 2010), por isso, com o objetivo de melhorar a sensibilidade, o atual consenso incluiu o transtorno comportamental do sono REM entre as manifestações clínicas principais. Além disso, alguns biomarcadores, designados como indicativos (polissonografia, cintilografia miocárdica e PET/SPECT com radiotraçador para transportador de dopamina), podem ser usados para definir o diagnóstico como provável ou possível de DCL. Ainda assim, é necessária a presença de uma síndrome demencial para o diagnóstico de DCL. Nesses critérios de 2017, não havia menção a comprometimento cognitivo leve (CCL) pela DCL, mas recentemente foram propostos critérios para a pesquisa de DCL prodrômica (McKeith; Ferman; Thomas, 2020).

A síndrome demencial da DCL caracteriza-se por comprometimento mais evidente nos domínios de atenção, funções executivas e habilidades visuoespaciais. Já a memória episódica está menos acometida e, em geral, os pacientes com DCL têm mais dificuldade na evocação espontânea do que na evocação com pistas em testes de memória (como lista de palavras ou figuras). Isso os distinguiria dos pacientes com DA, cujo déficit amnéstico não se beneficia com pistas ("amnésia hipocampal"). Por sua vez, a linguagem está comumente preservada, podendo o paciente desenvolver apenas sintomas em fases mais avançadas. As apraxias de membros também não são encontradas em estágios iniciais, diferentemente de outras demências, como DCB ou DA. Por outro lado, esses pacientes apresentam apraxia de construção mais significativa e precoce.

A principal característica cognitiva na DCL é a **flutuação cognitiva**. Trata-se de uma flutuação na atenção e/ou no nível de consciência que pode variar desde episódios de desatenção e confusão mental, com pensamento e comportamento desorganizados, até letargia e sonolência diurna excessiva. Essas flutuações podem ocorrer em intervalos de dias ou até de horas dentro de um mesmo dia e comumente lembram episódios de *delirium*, sem que haja fatores sistêmicos ou causas tóxico-metabólicas que as justifiquem. As flutuações cognitivas podem ocorrer em fases avançadas de outras demências, portanto o valor diagnóstico para DCL se dá quando elas ocorrem em fases iniciais da demência.

As **alucinações visuais** são também manifestações clínicas importantes, sendo o principal sintoma neuropsiquiátrico na DCL. Tipicamente, são alucinações complexas, bem formadas e recorrentes, como pessoas e animais, e são variáveis quanto ao grau de *insight*. Assim como as flutuações cognitivas, as alucinações visuais são específicas de DCL quando se manifestam nas fases iniciais da demência, ocorrendo em mais de 80% dos pacientes. Sintomas alucinatórios são característicos de alfassinucleinopatias, mas, diferentemente de DCL, na DP as alucinações são manifestações mais tardias e mais associadas à DDP. Inicialmente, os pacientes com DP relatam ilusões visuais (p. ex., quando vê uma cobra e, na realidade, há uma corda), fenômenos de passagem e senso de presença. Essa diferença pode ser explicada pela progressão neuroanatômica de alfa-sinucleína e neurodegeneração. Enquanto as alucinações visuais complexas correlacionam-se com acometimento cortical posterior (córtex occipitotemporal ventral) e das vias colinérgicas do núcleo basal de Meynert, bem como das vias dopaminérgicas mesolímbicas, as ilusões e os fenômenos de passagem estão mais ligados ao acometimento das vias subcorticais do olhar no tronco encefálico (Ffytche et al., 2017). Deve-se salientar que os fármacos antiparkinsonianos (em especial os agonistas dopaminérgicos) também participam do desenvolvimento de sintomas psicóticos.

Assim como as alucinações visuais, o **transtorno comportamental do sono REM** (TCSREM) tem alta especificidade para alfassinucleinopatias. Trata-se de uma parassonia caracterizada por perda da atonia durante o sono REM. A suspeita clínica de TCSREM se dá pela história, em que normalmente o acompanhante descreve que o paciente apresenta vocalizações anormais, comportamento motor e sonhos vívidos, e a confirmação é feita por uma polissonografia. Esses sintomas devem ser questionados ativamente, pois o indivíduo pode vir a desenvolver um TCSREM até 15 anos antes do surgimento da demência ou do parkinsonismo. Em um estudo multicêntrico, 73,5% dos pacientes com TCSREM evoluíram para uma síndrome neurodegenerativa após 12 anos de seguimento, sendo que 56,5% apresentaram parkinsonismo e 43,5%, demência (Galbiati *et al.*, 2019).

O **parkinsonismo** na DCL é uma manifestação menos evidente que os sintomas cognitivos e comportamentais, embora cerca de 85% dos indivíduos com DCL desenvolvam algum dos sintomas parkinsonianos na evolução. Diferentemente da DP, os sintomas motores na DCL são menos incapacitantes e surgem concomitante ou após os sintomas cognitivos. Além das já citadas manifestações clínicas, que se constituem como centrais na DCL, outros sintomas podem estar presentes. Esses sintomas, designados como de suporte, estão apresentados na Tabela 24.4.

Tabela 24.4 Critérios de 2017 para diagnóstico clínico de demência com corpos de Lewy.

Essencial para o diagnóstico de DCL	
1. **Demência** definida como um declínio cognitivo progressivo que interfere nas atividades de vida diária 2. **Déficits em atenção, funções executivas e habilidades visuoespaciais** podem especialmente ser proeminentes e de início precoce 3. **Comprometimento de memória significativo e persistente** pode não ocorrer nos estágios iniciais, mas, em geral, torna-se evidente com a evolução da doença	
Caraterísticas clínicas principais	**Biomarcadores indicativos**
1. **Flutuação cognitiva** com variações significativas na atenção e no nível de consciência 2. **Alucinações visuais** complexas recorrentes que são tipicamente bem formadas e detalhadas 3. **Transtorno comportamental do sono REM**, que pode preceder o declínio cognitivo 4. **Parkinsonismo** com apresentação de um ou mais dos sinais cardinais (bradicinesia, rigidez ou tremor de repouso) **Observação:** as três primeiras manifestações tipicamente ocorrem mais precocemente e mais persistente na evolução	1. Redução na atividade dos receptores pré-sinápticos de dopamina (DAT) em núcleos da base demonstrada por SPECT ou PET 2. Cintilografia miocárdica com ^{123}I-MIBG anormal (hipocaptação) 3. Polissonografia confirmando sono REM sem atonia
Diagnóstico de DCL provável	
a. Duas ou mais manifestações clínicas principais estão presentes, com ou sem evidência de biomarcadores indicativos **ou** b. Apenas uma manifestação clínica principal está presente, mas com um ou mais biomarcadores indicativos c. DCL provável não deve ser diagnosticada com base apenas de biomarcadores	
Diagnóstico de DCL possível	
a. Apenas uma manifestação clínica nuclear está presente, sem evidência de biomarcadores indicativos **ou** b. Um ou mais biomarcadores indicativos estão presentes, mas sem apresentar uma manifestação clínica nuclear	
Caraterísticas clínicas de suporte	**Biomarcadores de suporte**
1. Hipersensibilidade a agentes antipsicóticos 2. Instabilidade postural 3. Quedas repetitivas 4. Síncopes ou outros episódios transitórios de não responsividade 5. Grave disfunção autonômica (p. ex., constipação intestinal, hipotensão ortostática, incontinência urinária) 6. Hipersonia 7. Hiposmia 8. Alucinações não visuais 9. Delírios sistematizados 10. Apatia, ansiedade e depressão	1. Relativa preservação de estruturas mediais do lobo temporal em exames de RM/TC 2. Hipometabolismo ou hipoperfusão em lobo occipital em exames de PET ou SPECT, respectivamente 3. EEG demonstrando atividade posterior com ondas lentas e períodos de flutuação na faixa pré-alfa/teta
DCL é pouco provável	
a. Na presença de qualquer outra doença clínica ou neurológica (incluindo doença cerebrovascular) suficiente para explicar, em parte ou totalmente, o quadro clínico, embora não possa ser possível excluir o diagnóstico de DCL b. Se parkinsonismo for a única manifestação nuclear e o seu surgimento preceder o estágio de demência grave	

DAT: transportador de dopamina; DCL: demência com corpos de Lewy; EEG: eletroencefalograma; PET: tomografia por emissão de pósitrons; RM: ressonância magnética; SPECT: tomografia computadorizada por emissão de fóton único; TC: tomografia computadorizada.

Biomarcadores

Conforme já referido, alguns biomarcadores passaram a ser usados para estabelecer o diagnóstico de DCL. Esses biomarcadores foram classificados como indicativos, cuja especificidade é alta o suficiente para a definição de probabilidade de DCL, e os de suporte, de menor sensibilidade, mas com boa acurácia para permitir uma suspeita clínica (ver Tabela 24.4).

Entre os biomarcadores indicativos, encontram-se polissonografia, cintilografia miocárdica e PET/SPECT com radiotraçador para receptores pré-sinápticos de dopamina. A **polissonografia** tem como objetivo confirmar a suspeita clínica de TCSREM, demonstrando a perda da atonia na fase REM do sono. De acordo com os critérios de 2017, se um paciente com síndrome demencial se apresenta apenas com sintomas de TCSREM e uma polissonografia demonstrando a parassonia, pode-se, então, definir o diagnóstico de DCL provável, com especificidade acima de 90%, mesmo na ausência das outras características clínicas principais (flutuações, alucinações visuais e parkinsonismo).

A **cintilografia miocárdica** com meta-iodo-benzila-guanidina marcada com iodo-123 (**123I-MIBG**) é outro biomarcador com boa sensibilidade (69%) e alta especificidade (87%, chegando a 94% em casos leves) para diferenciar DCL de DA. O MIBG é um radiofármaco captado pelos neurônios noradrenérgicos e, por isso, é um marcador da inervação simpática pós-ganglionar. Em pacientes com DCL, há uma denervação de fibras simpáticas no miocárdio e, por consequência, uma hipocaptação do 123I-MIBG na cintilografia.

Por fim, há a **PET ou SPECT com radiotraçador para receptores pré-sinápticos de dopamina (DAT)**. O radiotraçador mais usado é o TRODAT-1, cuja imagem resultante é feita em SPECT. Na DCL e na DP, há uma hipocaptação em núcleos da base, demonstrando a perda de neurônios dopaminérgicos das vias nigroestriatais (Figura 24.2). A especificidade e a sensibilidade para distinguir de DA são de 90% e 78%, respectivamente, o que a justificaria como biomarcador indicativo. A SPECT, todavia, não teria uma boa especificidade para distinguir outras proteinopatias (como taupatias) de parkinsonismo (p. ex., paralisia supranuclear progressiva e degeneração corticobasal), o que a torna questionável como biomarcador indicativo em paciente com apenas parkinsonismo e demência, sem outro sintoma principal (Parmera; Brucki; Nitrini, 2018).

Quanto aos biomarcadores de suporte, os critérios recomendam PET ou SPECT cerebral, eletroencefalograma (EEG) e RM de encéfalo. No exame de **PET ou SPECT cerebral**, espera-se que haja um hipometabolismo/hipofluxo temporoparietal, entretanto, diferentemente da DA, há também um característico hipometabolismo/hipofluxo occipital na DCL, com sensibilidade de 70% e especificidade de 74% (Figura 24.3). Além disso, há preservação relativa do cíngulo posterior (que classicamente está acometido na DA), denominada "sinal da ilha do cíngulo posterior" (Graff-Radford et al., 2014). Por sua vez, a **RM de encéfalo** demonstra, na DCL, uma relativa preservação dos hipocampos.

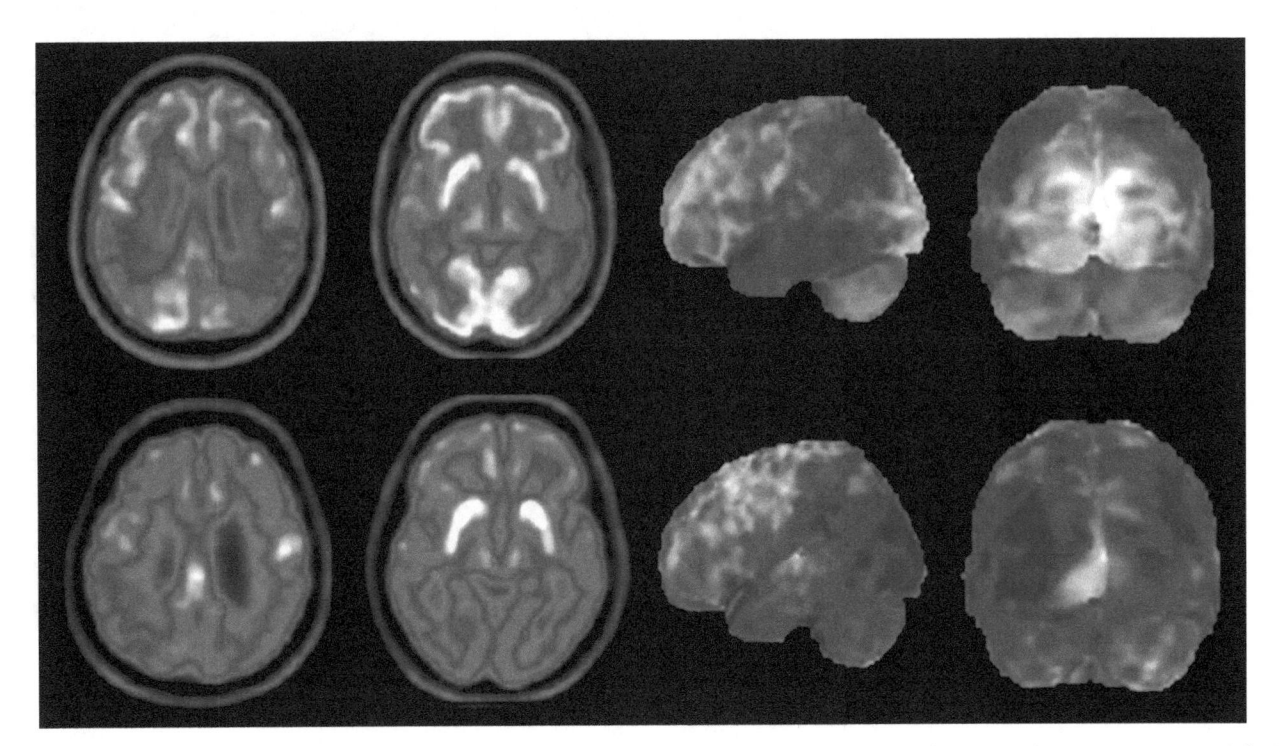

Figura 24.2 Imagens de [^{18}F]PET-FDG em paciente com doença de Alzheimer e demência com corpos de Lewy. Linha *superior*: imagens *à direita* em corte axial padrão, e, *à esquerda*, em projeção 3D-SSP (*software* Cortex ID, GE Healthcare); o metabolismo em região occipital é preservado na doença de Alzheimer, ocorrendo tipicamente em regiões temporoparietais bilaterais. Linha *inferior*: imagens *à direita* em corte axial padrão, e, *à esquerda*, em projeção 3D-SSP (*software* Cortex ID, GE Healthcare); hipometabolismo occipital observado na DCL. Ocorre também preservação relativa da região do cíngulo posterior, o denominado sinal da ilha do cíngulo. (Cortesia de Dr. Artur Martins Coutinho, Centro de Medicina Nuclear, Inrad, HC-FMUSP.)

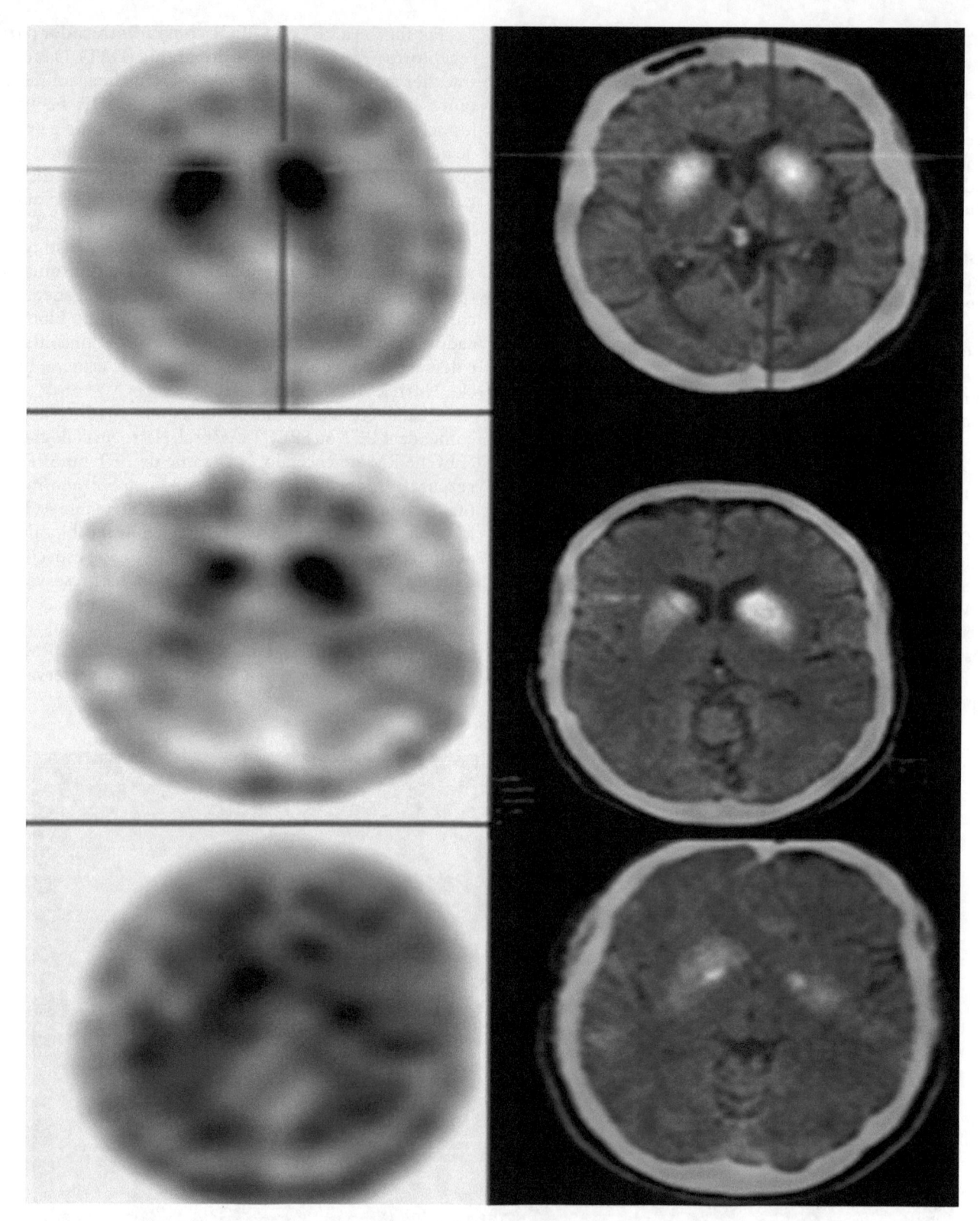

Figura 24.3 Captação do transportador pré-sináptico de dopamina por meio da SPECT com TRODAT.

Tratamento

Até o momento, não há tratamento modificador de doença, no entanto, diferentemente do que se acredita, há muito o que se fazer para esses pacientes do ponto de vista terapêutico. Assim, o tratamento da DCL/DDP baseia-se na ação farmacológica nessas vias e, por consequência, nos seus respectivos sintomas ("terapia baseada em neurotransmissores") (Velayudhan *et al.*, 2017; Taylor *et al.*, 2020), entretanto são poucos os ensaios clínicos que testaram formalmente esses fármacos em DCL/DDP, o que reduz o grau de evidência do tratamento (Taylor *et al.*, 2020; Gomperts, 2016). A Tabela 24.5 resume os princípios do tratamento sintomático.

Tabela 24.5 Resumo do tratamento sintomático na demência com corpos de Lewy.

Manifestação clínica	Tratamento

Sintomas cognitivos	1. Inibidores de acetilcolinesterase
	   a. Donepezila 5 a 10 mg 1 vez/dia (podem-se tentar doses de até 15 a 20 mg se bem toleradas)
	   b. Rivastigmina 1,5 mg 12/12 h a 6 mg 12/12 h
	   c. Rivastigmina transdérmica 4,6 mg (5 cm^2) a 13,3 mg (15 cm^2)
	   d. Galantamina de liberação prolongada 8 a 24 mg 1 vez/dia (sem estudos randomizados)
	2. Memantina: iniciar 5 mg/dia e aumentar 5 mg/semana até 10 mg 12/12 h (10 mg/dia quando *clearance* de creatinina < 30)

Alucinações e delírios	1. Inibidores de acetilcolinesterase
	2. Antipsicóticos atípicos
	   a. Quetiapina 12,5 a 200 mg/dia
	   b. Clozapina 12,5 a 50 mg/dia 8/8 h
	3. Reduzir ou suspender fármacos antiparkinsonianos
	4. Pimavanserina 17 a 34 mg 1 vez/dia (ainda não disponível no Brasil)

Depressão	1. Inibidores seletivos de receptação de serotonina
	   a. Fluoxetina 20 a 40 mg/dia
	   b. Sertralina 50 a 200 mg/dia
	   c. Citalopram 10 a 20 mg/dia
	   d. Escitalopram 5 a 20 mg/dia
	2. Inibidores seletivos de receptação de serotonina e norepinefrina
	   a. Venlafaxina 37,5 a 225 mg/dia

Parkinsonismo	1. Levodopa/benserazida: iniciar com 100/25 mg 3 vezes/dia e aumentar conforme resposta nos sintomas motores (sobretudo bradicinesia e rigidez). Dose máxima preconizada 200/50 6 vezes/dia
Transtorno comportamental do sono REM	1. Clonazepam 0,1 a 1 mg/noite 2. Melatonina 3 a 12 mg/noite
Hipotensão postural	1. Medidas não farmacológicas 2. Fludrocortisona 0,05 a 0,2 mg/dia 3. Midodrina 2,5 a 10 mg 8/8 h 4. Piridostigmina 30 mg 12/12 h a 60 mg 8/8 h

Fonte: Taylor *et al.*, 2020.

Os **inibidores da acetilcolinesterase (iAChE)** constituem a principal classe terapêutica para os **sintomas cognitivos** tanto na DCL como na DDP. Rivastigmina e donepezila foram os iAChE mais testados em ensaios clínicos, sendo dois ensaios randomizados e controlados com donepezila em DCL e quatro na DDP e um ensaio com rivastigmina para cada uma das enfermidades (Stinton *et al.*, 2015; Wang *et al.*, 2015). De modo geral, os ensaios demonstraram benefícios na impressão clínica global, em avaliações cognitivas e em sintomas neuropsiquiátricos.

Assim como para os sintomas cognitivos, os iAChE são a primeira opção no tratamento das **alucinações e dos delírios**. Ensaios clínicos com donepezila e rivastigmina mostraram melhora na pontuação de sintomas neuropsiquiátricos (Taylor *et al.*, 2020). Já os antipsicóticos, sobretudo os de primeira geração ("típicos"), apresentam um mecanismo antidopaminérgico e, por isso, podem levar à piora do parkinsonismo e dos sintomas cognitivos. Essa hipersensibilidade aos neurolépticos é uma característica marcante das alfassinucleinopatias, principalmente na DCL, no entanto, em algumas situações, mesmo em uso de iAChE, pode haver persistência dos sintomas psicóticos. Nesses casos, recomenda-se a prescrição de neurolépticos com menor atividade antidopaminérgicas, como **clozapina** ou **quetiapina** em doses baixas (até 200 mg/dia).

Outros fármacos vêm sendo testados, entre eles a **pimavanserina**, um agonista inverso seletivo de serotonina 5-HT$_{2A}$ aprovado em 2016 pela Food and Drug Administration (FDA) para tratamento de sintomas psicóticos em DP (Cummings *et al.*, 2014).

Sintomas depressivos manifestam-se em até um terço dos pacientes com DCL (Taylor *et al.*, 2020). Atualmente, recomenda-se o uso de inibidores seletivos de recaptação de serotonina (citalopram, escitalopram, sertralina) ou de inibidores seletivos de recaptação de serotonina e noradrenalina (venlafaxina).

Para o **TCSREM**, as primeiras opções são melatonina e clonazepam. De modo geral, o paciente responde a doses baixas de clonazepam (0,1 a 1 mg), mas se deve ter cuidado com piora da cognição e da sonolência diurna.

Com relação aos sintomas disautonômicos, a **hipotensão postural** é o que mais requer intervenção. É preciso lembrar que os iAChE, antipsicóticos e fármacos antiparkinsonianos podem acentuar a hipotensão ortostática.

Caso clínico

Paciente do sexo masculino, 72 anos, advogado, foi levado à consulta por familiares devido a alteração de memória há 3 anos. Segundo familiares, o paciente perdia objetos em sua casa, assim como se perdeu várias vezes ao sair de casa sozinho. Estava também com maior dificuldade para administrar suas finanças. Conversando com o paciente, ele se lembrava de alguns fatos recentes. Tinha antecedentes de hipertensão arterial e de doença coronariana tratada. A família descreve episódios de sono mais agitado, falando à noite e, por vezes, ao acordar, confundia o sono com a realidade. Algumas vezes, o paciente apresentava episódios de maior sonolência por algumas horas durante o dia, mesmo tendo dormido bem à noite, assim como manifestava conversas mais desconexas por curtos períodos. Na avaliação cognitiva, apresentava MEEM de 25 pontos, perdendo 3 pontos em cálculo, 1 em evocação tardia e 1 na cópia dos pentágonos. O paciente não conseguiu realizar cópia de cubo. Ao exame, exibia rigidez discreta em membros superiores e leve bradicinesia, com dificuldade em caminhar em tandem, e realizou *pull test* dando três passos para trás. Pressão arterial de 140 × 80 mmHg deitado e 110 × 60 mmHg em pé. Sem outras alterações no exame físico. Já trazia exames laboratoriais normais. Ressonância magnética de crânio sem atrofia de hipocampo, com discreta atrofia parietal simétrica.

Alterações sugestivas de TCSREM e flutuação cognitiva são dois critérios maiores para demência com corpos de Lewy, e sua presença já indica diagnóstico de DCL provável. As alterações no MEEM são sugestivas de acometimento em regiões parietais, que, apesar de sugestivas, não são critérios maiores para DCL. A mesma justificativa é utilizada para o tipo de declínio apresentado pelo paciente (perda de objetos em casa e desorientação espacial). A disautonomia é um achado de apoio ao diagnóstico, mas não faz parte dos critérios clínicos centrais.

Degeneração corticobasal

A degeneração corticobasal se trata de uma entidade rara, sendo sua incidência estimada entre 0,6 e 0,9 por 100.000 habitantes e a prevalência, em torno de 4,9 a 7,3 casos por 100.000 habitantes (Fabbrini; Fabbrini; Suppa, 2019). O início dos sintomas costuma ser entre a sexta e a sétima décadas de vida. É uma doença implacável e de mau prognóstico, com duração média de 6,6 anos, variando de 2 a 12,5 anos (Constantinides et al., 2019). Homens e mulheres são igualmente afetados, com idade média de início de 63 anos e tempo do início da doença ao redor de 8 anos. A DCB é quase sempre uma doença esporádica, entretanto casos familiares, devido à mutação da proteína tau associada a microtúbulos (MAPT), foram descritos (Kovacs, 2015).

Patologia

A DCB é caracterizada patologicamente pela deposição difusa de proteína tau fosforilada 4R, com predileção pela substância negra e pelo córtex frontoparietal. A marca patológica da DCB é o achado de placas astrocíticas, o que a diferencia de outras taupatias 4R, como a PSP (*tufted astrocytes*) (Kovacs, 2015).

Critérios diagnósticos

A apresentação mais comum da DCB é a síndrome corticobasal (SCB), no entanto a DCB pode apresentar-se com outros fenótipos clínicos, mais raros, como o fenótipo frontal-comportamental-espacial (semelhante à DFTvc), a síndrome de Richardson (semelhante à forma clássica da PSP), a APP-NF e a atrofia cortical posterior (ACP) (Saranza et al., 2019).

A SCB tem apresentação tipicamente assimétrica, com os seguintes achados cardinais:

- Rigidez e bradicinesia
- Distonia
- Mioclonias
- Fenômeno da mão alienígena (mais que simples levitação)
- Sinais de disfunção cortical: apraxia, alteração de sensibilidade cortical, hemineligência, afasia.

A SCB apresenta-se com uma associação entre sintomas motores, mais especificamente transtornos do movimento, como quadros de parkinsonismo rígido-acinético, distonia e movimentos mioclônicos, de instalação e evolução classicamente assimétricas, em conjunto com sintomas cognitivos, também descritos como corticais, entre eles apraxia, afasia, déficits sensoriais corticais, síndrome da hemineligência, ou seus componentes isolados, como o de extinção, e o fenômeno da mão alienígena (Saranza et al., 2019). O quadro clínico mais típico tem evolução progressiva assimétrica, acometendo inicialmente um membro, com uma mistura de rigidez, bradicinesia e distonia associada a sinais corticais como apraxia. O membro acometido é frequentemente descrito como "inútil" devido a essa conjunção de alterações.

A apraxia, normalmente ideomotora, é mais grave no membro mais afetado, no entanto, por causa da bradicinesia, da rigidez e da distonia, pode ser difícil avaliá-la; em geral, está também presente, e algumas vezes mais evidente, no membro "bom". Eventualmente, também pode ocorrer apraxia orobucolingual. Outros sinais corticais são alteração de sensibilidade cortical (perda de discriminação de dois pontos, agrafestesia, astereognosia), hemineligência e afasia (Parmera et al., 2016).

Mioclonia está presente com frequência e, em geral, tem características corticais: estímulo-sensitiva e distal. É descrito também nos casos de SCB o fenômeno da mão alienígena, caracterizado por uma movimentação involuntária do membro, mas com propósito (e frequentemente sem que o paciente a perceba ou até que reconheça o membro como seu). O membro é descrito como tendo "vontade própria", mexendo ao redor, pegando objetos e interferindo em ações da mão contralateral (conflito intermanual). A elevação isolada do braço sem outros movimentos complexos é chamada de levitação.

Alteração cognitiva, antes considerada um evento tardio, está presente na maioria dos pacientes e pode ser observada desde o início da apresentação, sendo frequente em pacientes com DCB. Os sintomas cognitivos típicos são disfunção executiva, apraxia, déficits sensitivos corticais, alterações de linguagem e comportamentais. Em alguns casos, a apresentação pode mesmo iniciar-se como uma síndrome exclusivamente cognitiva, com achados de APP, ACP ou DFTvc, ou tão somente uma síndrome disexecutiva ou com exclusiva alteração amnéstica, evoluindo posteriormente para SCB. Existe um provável viés em relação à frequência das alterações cognitivas, considerando-se que boa parte dos estudos se concentrou nos distúrbios do movimento, embora o comprometimento cognitivo global seja relatado na maioria das séries. Reconhece-se que os pacientes, desde o início, apresentam disfunção executiva e alterações de memória (Saranza et al., 2019).

A atual definição da síndrome corticobasal tem dois níveis de certeza: provável e possível (Tabela 24.6). Na provável, são necessárias a apresentação assimétrica e a presença de pelo menos dois elementos corticais (apraxia orobucolingual ou de membro, déficit sensitivo cortical e fenômeno da mão alienígena) associados a pelo menos dois elementos motores (rigidez ou acinesia de membro, distonia de membro e mioclonias). Na SCB possível, considera-se necessário apenas um elemento cortical associado a um elemento motor, e pode ser simétrica (Hollinger, 2018).

Entre os fenótipos causados pela DCB, a síndrome de Richardson é o segundo mais encontrado. Esse fenótipo apresenta parkinsonismo simétrico, instabilidade postural e oftalmoparesia vertical do olhar, semelhante ao causado

Tabela 24.6 Fenótipos clínicos associados à patologia da degeneração corticobasal.

Síndrome corticobasal provável	Apresentação assimétrica de dois elementos entre: a) rigidez ou bradicinesia, b) distonia de membros, c) mioclonias e mais dois entre: d) apraxia de membros ou orobucolingual, e) déficit sensorial cortical, f) fenômeno da mão alienígena
Síndrome corticobasal possível	Pode ser simétrica: um elemento entre: a) rigidez ou bradicinesia, b) distonia de membros, c) mioclonias e mais um entre: d) apraxia de membros ou orobucolingual, e) déficit sensorial cortical, f) fenômeno da mão alienígena
Síndrome frontal-comportamental espacial (SFC)	Dois elementos entre: a) disfunção executiva, b) mudanças de personalidade ou comportamentais, c) déficits visuoespaciais
Variante não fluente/agramática da afasia primariamente progressiva (APP-NF)	Fala agramática e com esforço mais pelo menos um elemento entre: a) compreensão gramatical/frases prejudicadas com compreensão de palavras preservada, ou b) produção da fala distorcida ou gaguejante (apraxia da fala)
Síndrome PSP (SPSP)	Três elementos entre: a) rigidez e acinesia axial ou simétrica de membros, b) instabilidade postural ou quedas, c) incontinência urinária, d) alterações comportamentais, e) paralisia supranuclear do olhar vertical ou redução de velocidade das sacadas verticais

pela PSP, sendo difícil a diferenciação *in vivo* entre as diferentes patologias. Essa semelhança decorre do espectro de deposição da proteína tau 4R, sendo atualmente considerada a possibilidade de um *continuum* de apresentações fenotípicas entre as duas patologias (Hollinger, 2018). O fenótipo frontal-comportamental-espacial (SFC) cursa com alteração comportamental, comprometimento visuoespacial e da memória episódica, semelhante a pacientes com demência frontotemporal. Em geral, pacientes com a síndrome frontal por DCB têm idade de início mais tardia e não apresentam disfunção do neurônio motor inferior, como pode ocorrer na DFTvc (Ling *et al.*, 2010).

A APP também é um dos fenótipos reconhecidos da DCB, podendo ocorrer em mais de 5% dos casos, segundo alguns estudos. Embora seja uma apresentação incomum, a APP-NF tem elevada correlação com a patologia subjacente da taupatia 4R (ou seja, DCB ou PSP). Por outro lado, o fenótipo clínico mais comum, a SCB, não se deve exclusivamente à DCB. Outras patologias podem levar ao fenótipo da síndrome, como doença de Alzheimer, PSP e outras etiologias que não são decorrentes da deposição de proteína tau (Parmera *et al.*, 2016).

Os critérios atuais de DCB foram propostos por Armstrong *et al.* (2013), e incluem os cinco fenótipos possíveis, com maior nível de certeza para o fenótipo SCB. Dessa forma, a DCB provável inclui SCB provável e síndrome frontal-comportamental-espacial ou APP-NF com características adicionais de SCB, enquanto a DCB possível inclui o fenótipo SCB possível, síndrome frontal-comportamental-espacial, APP-NF (sem a necessidade de elementos da SCB) e a síndrome PSP-RS com um sinal de SCB. A DCB provável requer idade mínima de 50 anos, visto que 98% dos pacientes com DCB iniciam o quadro depois dessa idade, além de ausência de história familiar ou de mutação no gene da MAPT. Nenhuma idade mínima é definida para DCB possível, sendo possíveis casos familiares de DCB de início precoce e casos relacionados com mutações tau (ver Tabelas 24.4 e 24.5) (Armstrong *et al.*, 2013). O diagnóstico definitivo de DCB, assim como das demais doenças neurodegenerativas, é determinado mediante exame anatomopatológico.

Perfil cognitivo

O padrão de cognição da DCB é a característica mais frequente tanto inicialmente (52%) quanto ao longo da doença (70%), sendo afetado em múltiplos domínios e incluindo linguagem, disfunção visuoespacial, comportamento e disfunção executivos, mas com a memória episódica relativamente preservada. Além disso, a presença de outros déficits corticais superiores, como apraxia, fenômeno da mão alienígena e déficit sensorial cortical, não só auxilia na diferenciação com outras doenças neurodegenerativas, como é parte dos critérios diagnósticos (Armstrong *et al.*, 2013).

A disfunção visuoespacial é um dos déficits mais marcantes da DCB, apresentada em um espectro de sintomas de processamento visual, sendo o mais grave a síndrome de Ballint (simultanoagnosia, apraxia oculomotora e ataxia óptica). Deve ser idealmente avaliada por baterias que não tenham interferências motoras, como a bateria de percepção de objeto e espaço (VOSP), pois a apraxia de membros e os déficits motores podem interferir na avaliação (Oliveira *et al.*, 2017).

As alterações comportamentais estão presentes em 87% dos pacientes, com depressão, apatia, agitação, alteração de personalidade e irritabilidade. Entre os outros déficits corticais superiores, o mais característico é a apraxia. As apraxias, encontradas em 57% dos casos iniciais nos estudos de banco de cérebros, são caracteristicamente assimétricas, predominantemente ideomotoras, em que o paciente não sabe como executar uma tarefa, e melocinéticas, caracterizadas por tarefas motoras conceitualmente corretas, mas desajeitadas por erros finos motores e erros espaciais na execução do movimento. Os pacientes também podem apresentar apraxia orobucolingual e de abertura ocular (Jankovic J *et al.*, 2022).

O fenômeno da mão alienígena, identificado em 30% dos casos iniciais, é caracterizado por movimentos complexos não intencionais de membros e sensação de que o membro não pertence ao próprio corpo ou realiza atividades por conta própria. Divide-se em variante parietal, na qual pode haver levitação e sensação de não pertencimento do membro, a variante frontal, com preensão e sem conflito intermanual, e variante calosal, caracterizada por conflito intermanual (Jankovic J et al., 2022).

As memórias semântica e episódica parecem estar relativamente preservadas na DCB. Os estudos atuais apresentam pouca consistência na avaliação de memória, mas há uma aparente tendência a melhor desempenho do que na DA, possivelmente correlacionada com a predileção por atrofia do córtex frontal, e não dos hipocampos (Oliveira et al., 2017).

Exames complementares

O achado mais marcante aos exames de imagem na SCB é o acometimento assimétrico. Na ressonância magnética, nota-se atrofia cortical assimétrica parietal e frontomedial, sem atrofia do tronco relevante. O exame de PET-CT com fluordeoxiglicose evidencia uma hipocaptação sugestiva de hipometabolismo glicolítico no córtex frontoparietotemporal, especialmente em áreas de associação e nos núcleos da base (ver Figuras 24.3 B e C). As alterações são mais proeminentes na parte contralateral ao lado do corpo mais afetado. Novas evidências sugerem que o hipometabolismo na SCB pode indicar a patologia subjacente – DCB, DA ou PSP (Figura 24.4).

Tratamento

Os meios de tratamento para a DCB são apenas sintomáticos e voltados, principalmente, para as alterações motoras: levodopa, com resposta precária, e toxina botulínica para as posturas distônicas.

Caso clínico

Paciente do sexo masculino, destro, com 70 anos, iniciou quadro de alteração na fala há 18 meses. Sua esposa descreveu que o paciente se apresentava com "gagueira", dificuldade para encontrar as palavras e seu vocabulário parecia estar "empobrecido". Associadamente, o paciente também estava mais lento e com o membro superior direito bastante desajeitado e rígido, não sendo mais capaz de realizar as tarefas que efetuava previamente com a mão direita. O paciente e sua esposa também descreveram que, eventualmente, o mesmo braço também realizava alguns movimentos estranhos, despropositais. Na consulta ambulatorial, ao exame neurológico somático, evidenciou-se, resumidamente, parkinsonismo rígido-acinético assimétrico, com rigidez e distonia em membro superior direito. Ao exame cognitivo, havia apraxia de fala e agramatismo, além de apraxia ideomotora e astereognosia assimétricas e piores à direita. Ressonância de encéfalo realizada demonstrou atrofia assimétrica de predomínio em regiões frontal e parietal à esquerda, sem outras alterações isquêmicas, neoplásicas ou inflamatórias. A PET-FDG evidenciou hipometabolismo em região dos giros frontal inferior, área motora suplementar, e parietal esquerdos. O paciente, portanto, apresenta, pelos critérios de Armstrong (2013), o diagnóstico de síndrome corticobasal provável (quadro progressivo assimétrico com dois sintomas corticais – apraxia, fenômeno da mão alienígena – mais dois sintomas extrapiramidais – parkinsonismo assimétrico e distonia). A SCB, entretanto, é um diagnóstico clínico e sindrômico, e não patológico, e pode decorrer de várias patologias subjacentes, como DCB, PSP, DA, entre outras.

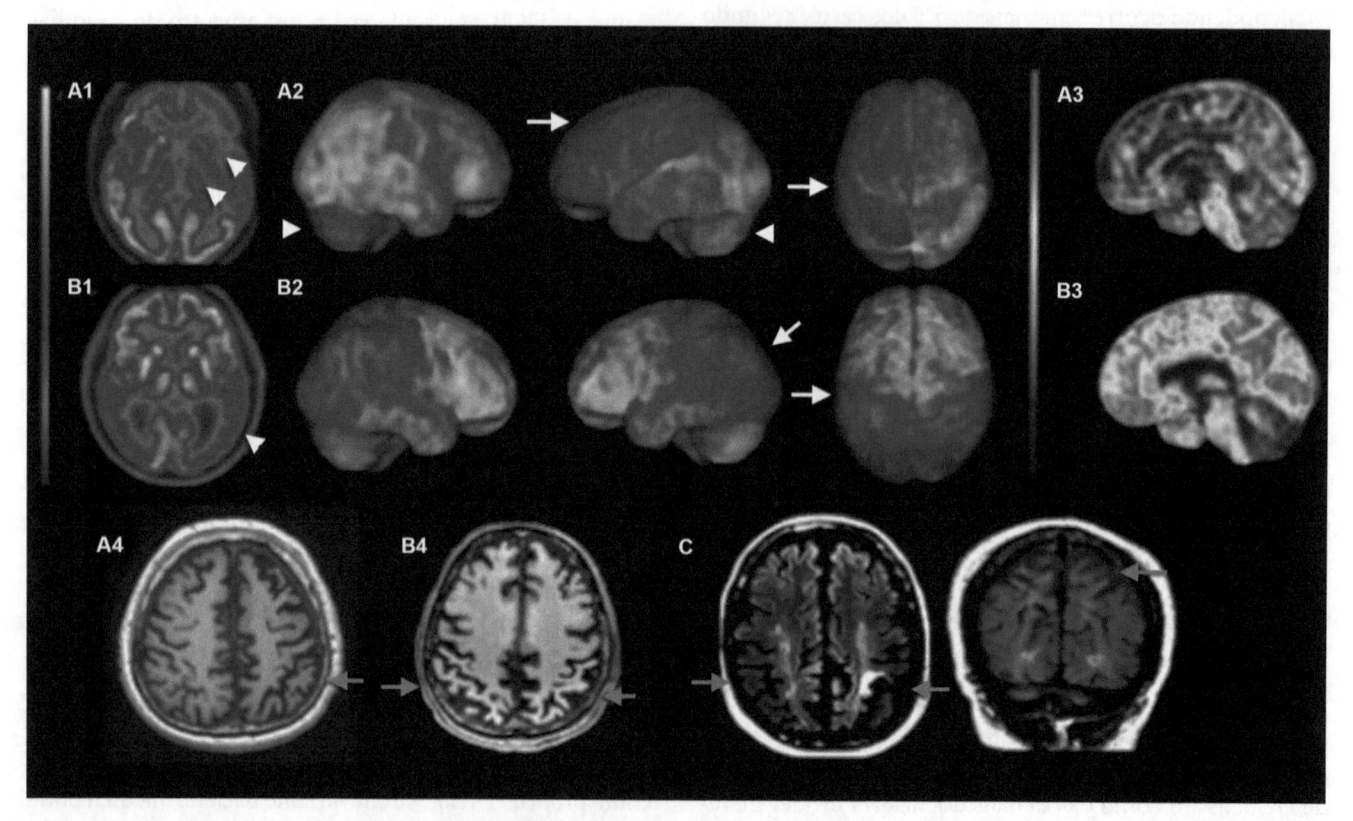

Figura 24.4 Indícios de patologia subjacente.

Referências bibliográficas

AARSLAND, D. et al. Memantine in patients with Parkinson's disease dementia or dementia with Lewy bodies: a double-blind, placebo-controlled, multicentre trial. The Lancet Neurology, v. 8, n. 7, p. 613-618, 2009.

AARSLAND, D. et al. Parkinson disease-associated cognitive impairment. Natural Reviews Disease Primers, v. 7, n. 1, p. 47, 2021.

ABDELNOUR, C.; POSTON, K. L. Cognitive Impairment in Neurodegenerative Movement Disorders. Seminars in Neurology, v. 43, n. 1, p. 81-94, 2023.

ARMSTRONG, M. J. et al. Criteria for the diagnosis of corticobasal degeneration. Neurology, v. 80, n. 5, p. 496-503, 2013.

BÄCKSTRÖM, D. et al. Early predictors of mortality in parkinsonism and Parkinson disease: a population-based study. Neurology, v. 91, n. 22, p. 2045-2056, 2018.

BARCELOS, L. B. et al. Neuropsychological and clinical heterogeneity of cognitive impairment in patients with multiple system atrophy. Clinical Neurology and Neurosurgery, v. 164, p. 121-126, 2018.

BERG, D. et al. MDS research criteria for prodromal Parkinson's disease. Movement Disorders, v. 30, n. 12, p. 1600-1611, 2015.

BRAAK, H. et al. Staging of brain pathology related to sporadic Parkinson's disease. Neurobiology of Aging, v. 24, n. 2, p. 197-211, 2003.

BUREAUS, M. et al. Apathy in Parkinson's Disease: clinical patterns and neurobiological basis. Cells, v. 12, n. 12, 1599, 2023.

CENTI, J. et al. Effects of orthostatic hypotension on cognition in Parkinson disease. Neurology, v. 88, n. 1, p. 17-24, 2017.

CHAHINE, L. M. et al. In vivo distribution of α-synuclein in multiple tissues and biofluids in Parkinson disease. Neurology, v. 95, n. 9, p. 1267-1284, 2020.

CHAHINE, L. M. et al. Cognition in individuals at risk for Parkinson's: Parkinson associated risk syndrome (PARS) study findings. Movement Disorders, v. 31, n. 1, p. 86-94, 2016.

CONSTANTINIDES, C. et al. Corticobasal degeneration and corticobasal syndrome: a review. Clinical Parkinsonism & Related Disorders, v. 1, p. 66-71, 2019.

CUMMINGS, J. et al. Pimavanserin for patients with Parkinson's disease psychosis: a randomised, placebo-controlled phase 3 trial. The Lancet, v. 383, n. 9916, p. 533-540, 2014.

DUBOIS, B. et al. Diagnostic procedures for Parkinson's disease dementia: recommendations from the Movement Disorder Society task force. Movement Disorders, v. 22, n. 16, p. 2314-2324, 2007.

EMRE, M. et al. Rivastigmine for dementia associated with Parkinson's disease. New England Journal of Medicine, v. 351, n. 24, p. 2509-2518, 2004.

EMRE, M. et al. Clinical diagnostic criteria for dementia associated with Parkinson's disease. Movement Disorders, v. 22, n. 12, p. 1689-1707, 2007.

FABBRINI, G. Progressive supranuclear palsy, multiple system atrophy and corticobasal degeneration. Handbook of Clinical Neurology, v. 165, p. 155-177, 2019.

FANCIULLI, A.; WENNING, G. K. Multiple-System Atrophy. The New England Journal of Medicine, v. 372, n. 3, p. 249-263, 2015.

FFYTCHE, D. H. et al. The psychosis spectrum in Parkinson disease. Nature Reviews Neurology, v. 13, n. 2, p. 81-95, 2017.

GALBIATI, A. et al. The risk of neurodegeneration in REM sleep behavior disorder: a systematic review and meta-analysis of longitudinal studies. Sleep Medicine Reviews, v. 43, p. 37-46, 2019.

GIBB, W. R. G.; LEES, A. J. The relevance of the Lewy body to the pathogenesis of idiophatic Parkinson's disease. Journal of Neurology Neurosurgery & Psychiatry, v. 51, n. 6, p. 745-752, 1988.

GOEDERT, M. Alzheimer's and Parkinson's diseases: the prion concept in relation to assembled Aβ, tau, and α-synuclein. Science, v. 349, n. 6248, 2015.

GOLDMAN, J. G. Neuropsychiatric issues in Parkinson disease. Continuum: Lifelong Learning in Neurology, v. 22, n. 4, p. 1086-1103, 2016.

GOLDMAN, J. G. et al. The spectrum of cognitive impairment in Lewy body diseases. Movement Disorders, v. 29, n. 5, p. 608-621, 2014.

GOMPERTS, S. N. Lewy body dementias: dementia with Lewy bodies and Parkinson disease dementia. Continuum: Lifelong Learning in Neurology, v. 22, n. 2, p. 435-463, 2016.

GRAFF-RADFORD, J. et al. Dementia with Lewy bodies: basis of cingulate island sign. Neurology, 83, n. 9, p. 801-809, 2014.

HALL, D. A. et al. Scales to Assess Clinical Features of Progressive Supranuclear Palsy: MDS Task Force Report. Movement Disorders Clinical Practice, v. 2, n. 2, p. 127-134, 2015.

HALLIDAY, G. M. et al. The neurobiological basis of cognitive impairment in Parkinson's disease. Movement Disorders, v. 29, n. 5, p. 634-650, 2014.

HEINZEL, S. et al. Update of the MDS research criteria for prodromal Parkinson's disease. Movement Disorders, v. 34, n. 10, p. 1464-1470, 2019.

HELMICH, R. C. The cerebral basis of parkinsonian tremor: a network perspective. Movement Disorders, v. 33, n. 2, p. 219-231, 2018.

HOGAN, D. B. et al. The Prevalence and Incidence of Dementia with Lewy Bodies: a Systematic Review. Canadian Journal of Neurological Sciences, v. 43, n. 1, p. 83-95.

HÖGLINGER, G. U. Is it useful to classify progressive supranuclear palsy and corticobasal degeneration as different disorders? No. Movement Disorders Clinical Practice, v. 5, n. 2, p. 141-144, 2018.

HÖGLINGER, G. U. et al. Clinical diagnosis of progressive supranuclear palsy: the movement disorder society criteria. Movement Disorders, v. 32, n. 6, p. 853-864, 2017.

HUANG, Y.; HALLIDAY, G. Can we clinically diagnose dementia with Lewy bodies yet? Translational Neurodegeneration, v. 2, n. 1, p. 4, 2013.

JANKOVIC, J. et al. Atypical Parkinsonism. In: JANKOVIC, J.; HALLETT, M.; OKUN, M. S.; COMELLA, C.; FAHN, S. Principles and Practice of Movement Disorders. London: Elservier, 2022.

JANKOVIC, J. et al. Parkinsonism: clinical features and differential diagnosis. In: JANKOVIC, J. et al. Principles and Practice of Movement Disorders. London: Elservier, 2022.

JANVIN, C. C. et al. Subtypes of mild cognitive impairment in Parkinson's disease: progression to dementia. Movement Disorders, v. 21, n. 9, p. 1343-1349, 2006.

JASUTKAR, H. G.; OH, S. E.; MOURADIAN, M. M. Therapeutics in the Pipeline Targeting a-Synuclein for PD. Pharmacological Reviews, v. 74, n. 1, p. 207-237, 2022.

JELLINGER, K. Is Braak staging valid for all types of PD? Journal of Neural Transmission, v. 126, n. 4, p. 423-431, 2019.

KAMINSKA, M. et al. Change in cognition and other non-motor symptoms with obstructive sleep apnea treatment in Parkinson disease. Journal of Clin Sleep Med, v. 14, n. 5, p. 819-828, 2018.

KIM, H. J. et al. Clinical and imaging characteristics of dementia in multiple system atrophy. Park Relat Disord, v. 19, n. 6, p. 617-21, 2013.

KOVACS, G. G. Invited review – Neuropathology of tauopathies: principles and practice. Neuropathology and Applied Neurobiology, v. 41, n. 1, p. 3-23, 2015.

LIN, C. H. et al. Plasma α-synuclein predicts cognitive decline in Parkinson's disease. Journal of Neurology, Neurosurgery & Psychiatry, v. 88, p. 818-824, 2017.

LING, H. Clinical Approach to Progressive Supranuclear Palsy. Journal of Movement Disorders, v. 9, n. 1, p. 3-13, 2016.

LING, H. et al. Does corticobasal degeneration exist? A clinicopathological re-evaluation. Brain, v. 133, n. 7, p. 2045-2057, 2010.

LITVAN, I. et al. Clinical research criteria for the diagnosis of progressive supranuclear palsy (Steele-Richardson-Olszewski syndrome): report of the NINDS-SPSP international workshop. Neurology, v. 47, n. 1, p. 1-9, 1996.

LITVAN, I. et al. Diagnostic criteria for mild cognitive impairment in Parkinson's disease: Movement Disorder Society Task Force guidelines. Movement Disorders, v. 27, n. 3, p. 349-356, 2012.

MCDONALD, W. M.; RICHARD, I. H.; DELONG, M. R. Prevalence, etiology, and treatment of depression in Parkinson's disease. Biological Psychiatry, v. 54, n. 3, p. 363-75, 2003.

MCKEITH, I. G. et al. Diagnosis and management of dementia with Lewy bodies: Fourth consensus report of the DLB Consortium. Neurology, v. 89, n. 1, p. 88-100, 2017.

MCKEITH, I. G.; FERMAN, T. J.; THOMAS, A. J. Research criteria for the diagnosis of prodromal dementia with Lewy bodies. Neurology, v. 94, n. 17, p. 743-755, 2020.

MENDONÇA, I. P. et al. Neurobiological findings underlying depressive behavior in Parkinson's disease: a review. International Immunopharmacology, v. 83, 2020.

NELSON, P. T. et al. Low sensitivity in clinical diagnoses of dementia with Lewy bodies. Journal of Neurology, 2010; 257, n. 3, p. 359-366, 2010.

OLIVEIRA, L. M. et al. Cognitive dysfunction in corticobasal degeneration. Arquivos de Neuropsiquiatria, v. 75, n. 8, p. 570-579, 2017.

PAGONABARRAGA, J. et al. Minor hallucinations occur in drug-naive Parkinson's disease patients, even from the premotor phase. Movement Disorders, v. 31, n. 1, p. 45-52, 2016.

PARMERA, J. B.; BRUCKI, S.; NITRINI, R. Reader response: diagnosis and management of dementia with Lewy bodies: fourth consensus report of the DLB Consortium. Neurology, v. 90, n. 6, p. 299-300, 2018.

PARMERA, J. B. et al. Corticobasal syndrome: a diagnostic conundrum. Dementia & Neuropsychologia, v. 10, n. 4, p. 267-275, 2016.

POEWE, W. et al. Parkinson disease. Natural Reviews Disease Primers, v. 3, n. 17013, 2017.

POSTUMA, R. B. et al. MDS clinical diagnostic criteria for Parkinson's disease. Movement Disorders, v. 30, n. 12, 1591-1601, 2015.

PRANGE, S. et al. Depression in patients with Parkinson's disease: current understanding of its neurobiology and implications for treatment. Drugs & Aging, v. 39, n. 6, p. 417- 439, 2022.

RAHAYEL, S. et al. A prodromal brain-clinical pattern of cognition in synucleinopathies. Annals of Neurology, v. 89, n. 2, p. 341-357, 2021.

RUFFMANN, C.; PARKKINEN, L. Gut Feelings About α-Synuclein in Gastrointestinal Biopsies: biomarker in the making? Movement Disorders, v. 31, n. 2, p. 193-202, 2016.

SANCHEZ-LUENGOS, I. et al. Effectiveness of cognitive rehabilitation in Parkinson's disease: a systematic review and meta-analysis. Journal of Personalized Medicine, v. 11, n. 5, p. 429, 2021.

SARANZA, G. M. et al. Corticobasal degeneration. International Review of Neurobiology, v. 149, p. 87-136, 2019.

SAWADA, H. et al. Early-start versus delayed-start donepezil against cognitive decline in Parkinson disease: a randomized clinical trial. Expert Opinion of Pharmacotherapy, v. 22, n. 3, p. 363-371, 2021.

SEVERIANO E SOUZA, C. et al. Frequency of dementia in Parkinson's disease: a systematic review and metanalysis. Journal of Neurological Science, v. 432, 2022.

SIDEROWF, A. et al. Assessment of heterogeneity among participants in the Parkinson's Progression Markers Initiative cohort using α-synuclein seed amplification: a cross-sectional study. The Lancet Neurology, v. 22, n. 5, p. 407-417, 2023.

STANKOVIC, I. et al. Cognitive impairment in multiple system atrophy: A position statement by the neuropsychology task force of the MDS multiple system atrophy (MODIMSA) study group. Movement Disorders, v. 29, n. 7, p. 857-867, 2014.

STARKSTEIN, S. E. Apathy in Parkinson's disease: diagnostic and etiological dilemmas. Movement Disorders, v. 27, n. 2, p. 174-178, 2012.

STINTON, C. et al. Pharmacological management of Lewy body dementia: a systematic review and meta-analysis. The American Journal of Psychiatry, v. 172, n. 8, p. 731-742, 2015.

SURMEIER, D. J.; OBESO, J. A.; HALLIDAY, G. M. Selective neuronal vulnerability in Parkinson disease. Nature Reviews Neuroscience, v. 18, n. 2, p. 101-13, 2017.

TAYLOR, J. P. et al. New evidence on the management of Lewy body dementia. The Lancet Neurology, v. 19, n. 2, p. 157-169, 2020.

THEVATHASAN, W. et al. Pedunculopontine nucleus deep brain stimulation in Parkinson's disease: a clinical review. Movement Disorders, v. 33, n. 1, p. 10-20, 2018.

VANN JONES, S. A.; O'BRIEN, J. T. The prevalence and incidence of dementia with Lewy bodies: a systematic review of population and clinical studies. Psychological Medicine, v. 44, n. 4, p. 673-683, 2014.

VELAYUDHAN, L. et al. New Therapeutic Strategies for Lewy Body Dementias. Current Neurology and Neuroscience Reports, v. 17, n. 68, 2017.

WALKER, Z. et al. Lewy body dementias. The Lancet, v. 386, n. 10004, p. 1683-1697, 2015.

WANG, H. F. et al. Efficacy and safety of cholinesterase inhibitors and memantine in cognitive impairment in Parkinson's disease, Parkinson's disease dementia, and dementia with Lewy bodies: systematic review with meta-analysis and trial sequential analysis. Journal of Neurology, Neurosurgery & Psychiatry, v. 86, n. 2, p. 135-143, 2015.

WEINTRAUB, D.; IRWIN, D. Diagnosis and treatment of cognitive and neuropsychiatric symptoms in Parkinson disease and dementia with Lewy bodies. Continuum: Lifelong Learning in Neurology, v. 28, n. 5, p. 1314-1332, 2022.

WENNING, G. K. et al. The Movement Disorder Society Criteria for the Diagnosis of Multiple System Atrophy. Movement Disorders, v. 37, n. 6, p. 1131-48, 2022.

WILLIAMS, D. R.; LEES, A. J. Progressive supranuclear palsy: clinicopathological concepts and diagnostic challenges. The Lancet Neurology, v. 8, n. 3, p. 270-179, 2009.

WILLIAMS-GRAY, C. H. et al. The distinct cognitive syndromes of Parkinson's disease: 5 year follow-up of the CamPaIGN cohort. Brain, v. 132, n. 11, p. 2958-2969, 2009.

WILLIAMS-GRAY, C. H. et al. The CamPaIGN study of Parkinson's disease: 10-year outlook in an incident population-based cohort. Journal of Neurology, Neurosurgery & Psychiatry, v. 84, n. 11, p. 1258-1264, 2013.

WONG, Y. C.; KRAINC, D. α-synuclein toxicity in neurodegeneration: mechanism and therapeutic strategies. Natural Medicine, v. 23, n. 2, p. 1-13, 2017.

ZAREI, M. et al. Autobiographical memory in progressive supranuclear palsy. European Journal of Neurology, v. 17, n. 2, p. 238-241, 2010.

ZHU, K.; VAN HILTEN, J. J.; MARINUS, J. Associated and predictive factors of depressive symptoms in patients with Parkinson's disease. Journal of Neurology, v. 263, n. 6, p. 1215-1225, 2016.

25 Esclerose Múltipla

Kenia Repiso Campanholo • Milena Sales Pitombeira • Daniele de Paula Faria

Introdução

Esclerose múltipla (EM) é uma doença desmielinizante, neurodegenerativa e imunomediada do sistema nervoso central (SNC) (Lassmann, 2013). Originalmente descrita por Jean Martin Charcot em 1868 (Dobson; Giovannoni, 2019; Pearce, 2005), estima-se que o primeiro caso documentado tenha sido em 1794 em um diário de Sir Augustus D'Este, neto do Rei George II (Pearce, 2005).

A doença é caracterizada por lesões inflamatórias no SNC, danificando tanto a bainha de mielina quanto os próprios axônios e levando à diminuição de oligodendrócitos a longo prazo. Desse modo, os processos patológicos predominantes na EM são a inflamação que leva à desmielinização e, eventualmente, à remielinização ou neurodegeneração (Dobson; Giovannoni, 2019; Lassmann, 2013), sendo a intensidade desses processos variável entre os pacientes (Lassmann, 2013).

Como uma doença desmielinizante, a EM afeta, portanto, diretamente a mielina que é mais abundante na substância branca (SB), onde as lesões são mais frequentes, embora lesões em substância cinzenta (SC) cortical e profunda sejam cada vez mais descritas (Magliozzi et al., 2018) e fortemente relacionadas à presença de alterações cognitivas (Lorefice et al., 2020).

A EM é a principal causa de incapacidade funcional não traumática em adultos jovens (Dobson; Giovannoni, 2019). Sua prevalência é maior em países acima da linha do Equador (Browne et al., 2014; Howard et al., 2016), mas os estudos epidemiológicos registram grande variabilidade de métodos diagnósticos e, portanto, de prevalência global (Howard et al., 2016). Evidências de aumento da quantidade de casos têm sido registradas e podem estar ligadas ao aumento da sobrevivência de portadores de EM, ao mesmo tempo, podem ser um reflexo da melhora nas tecnologias de auxílio diagnóstico (Browne et al., 2014).

Alterações cognitivas, comportamentais e critérios diagnósticos

Dos critérios diagnósticos

A EM tem apresentação heterogênea, mas dois fenótipos com evoluções clínicas distintas podem ser evidenciados; são eles, o curso remitente-recorrente ou progressivo (Miljković; Spasojević, 2013). Na maioria dos pacientes, a doença apresenta-se na forma recorrente-remitente, manifestando-se em surtos agudos ou subagudos de déficits neurológicos focais variados que tendem a regredir total ou parcialmente em semanas. A sintomatologia do surto está relacionada com a topografia acometida do SNC e pode incluir baixa de acuidade visual, visão dupla, alteração de sensibilidade, incoordenação, fraqueza muscular, entre outros (Lublin, 2014). Os sintomas neurológicos geralmente ocorrem ao longo do tempo, característica conhecida como disseminação no tempo e em locais diversos no SNC, determinando a disseminação no espaço. Esses dois conceitos são fundamentais para o entendimento e diagnóstico da doença (Thompson, 2017).

Em 2017, uma revisão dos critérios diagnósticos e da classificação fenotípica para EM foi proposta (Thompson et al., 2018), refinando a descrição dos fenótipos remitente-recorrente e progressivo, e ressaltando a importância de se avaliar a presença de atividade e progressão de doença (Lublin et al., 2014; Thompson et al., 2018).

A caracterização fenotípica da EM é descrita conforme os critérios a seguir.

Esclerose múltipla remitente-recorrente (EMRR). Caracterizada por períodos de surtos e períodos de remissão com estabilidade neurológica (Figura 25.1 A) (Dobson; Giovannoni, 2019; Lassmann, 2013; Miljković; Spasojević, 2013; Nourbakhsh; Mowry, 2019; Polman et al., 2011; Thompson et al., 2018), nota-se que a recuperação, apesar de parecer completa, pode deixar algum nível de incapacidade permanente (Dobson; Giovannoni, 2019).

Esclerose múltipla progressiva (EMP). Acúmulo progressivo de incapacidade, com ou sem a presença evidente de surtos, podendo ocorrer desde o início do quadro (Dobson; Giovannoni, 2019; Lassmann, 2013; Miljković; Spasojević, 2013; Thompson et al., 2018) como esclerose múltipla primariamente progressiva (EMPP; Figura 25.1 B) (Miller; Leary, 2007), ou após um período de curso remitente-recorrente inicial, esclerose múltipla secundariamente progressiva (EMSP; Figura 25.1 C) (Lublin et al., 2014).

Há, também, outras formas de apresentação clínica relacionadas com a EM.

Síndrome clinicamente isolada (SCI). Definida como o primeiro episódio clínico sugestivo de um quadro inflamatório desmielinizante, podendo ser a primeira manifestação clínica de EM. Surto isolado que não preenche critérios para disseminação no tempo e espaço, caracterizada pela aparição de novas lesões ou apresentações de novos surtos clínicos (Lublin *et al.*, 2014).

Síndrome radiológica isolada (SRI). Pacientes com lesões desmielinizantes, porém sem clínica sintomática (Lebrun, 2015; Xia *et al.*, 2017). Em geral, esses achados radiológicos são incidentais e os pacientes podem apresentar desmielinização inflamatória ou neurodegenerativa subclínica, compondo, assim, o que pode ser uma fase prodrômica da apresentação da doença (Xia *et al.*, 2017). Em média, em 5,5 anos após o achado da SRI, ocorre o diagnóstico de EM (Okuda *et al.*, 2014).

Esclerose Múltipla Benigna (EMB). Quadro benigno definido por pessoas que, aproximadamente, 15 anos depois da primeira manifestação clínica apresentam mínima ou nenhuma progressão da doença ou de incapacidade (Crielaard *et al.*, 2019). Estudo radiológico e cognitivo mostrou que 47% dos indivíduos com EMB apresentaram diferenças de desempenho cognitivo com relação ao controles saudáveis em testagem formal (Amato *et al.*, 2006), ao passo que a ausência de alteração cognitiva é um excelente prognóstico para manter o *status* benigno do quadro (Correale *et al.*, 2012; Crielaard *et al.*, 2019).

Os casos de EMRR correspondem a 70 a 80%, enquanto os progressivos correspondem aos 20 a 30% restantes (Thompson *et al.*, 2018) e, destes, 5 a 15% têm o curso primariamente progressivo (Dobson; Giovannoni, 2019). Entre os pacientes de EMRR, há chance de conversão para o curso progressivo de 7% em 6 anos e de 11% em 12 anos de seguimento (Dekker *et al.*, 2019). Essa conversão costuma ocorrer em torno de 10 a 15 anos de história clínica (Dekker *et al.*, 2019; Dobson; Giovannoni, 2019), e a idade de início e a frequência de surtos da doença representa risco aumentado para essa conversão (Scalfari *et al.*, 2014). Não há um marcador de conversão claro, e a neurodegeneração está presente desde o início (Dobson; Giovannoni, 2019).

O diagnóstico de EM dá-se, de modo simplificado, pela presença de surto clínico com lesão do SNC verificada por meio de ressonância magnética (RM). É preciso a demonstração da disseminação da doença no espaço, seja clínica ou radiologicamente, e no tempo, critério que pode ser preenchido pela presença de produção intratecal de autoanticorpos evidenciada pela presença de bandas oligoclonais (BOC) no líquido cefalorraquidiano (Thompson *et al.*, 2018).

A presença de neuroinflamação pode ocorrer em qualquer momento ou fenótipo da EM (Dobson; Giovannoni, 2019; Lassmann, 2013). Lesões inflamatórias sugerem doença em atividade; contudo, elas são mais robustas durante os surtos, em detrimento da forma ou do estágio progressivo. Em estágios iniciais da doença, a inflamação dá-se em regiões mais profundas e ocorre a dispersão de linfócitos e macrófagos que contêm produtos de degradação mielínica no parênquima cerebral, pelo rompimento da barreira hematoencefálica; posteriormente, as inflamações passam a predominar nas meninges e a barreira hematoencefálica mantém-se íntegra (Lassmann, 2013).

A apresentação sintomatológica da EM é variada, sendo os sintomas mais comuns déficit motor ou sensitivo em um ou mais membros, disartria, ataxia, vertigem, neurite óptica, neuralgia trigeminal, intolerância ao calor, fadiga, dor, alterações cognitivas e depressão (Miljković; Spasojević, 2013). Do ponto de vista das alterações cognitivas, que serão amplamente exploradas a seguir, ressalta-se que o perfil neuropsicológico desses pacientes também é diverso; no entanto, declínio cognitivo está presente em 65% dos casos (Amato *et al.*, 2008; Bilgi *et al.*, 2015; Ma *et al.*, 2017).

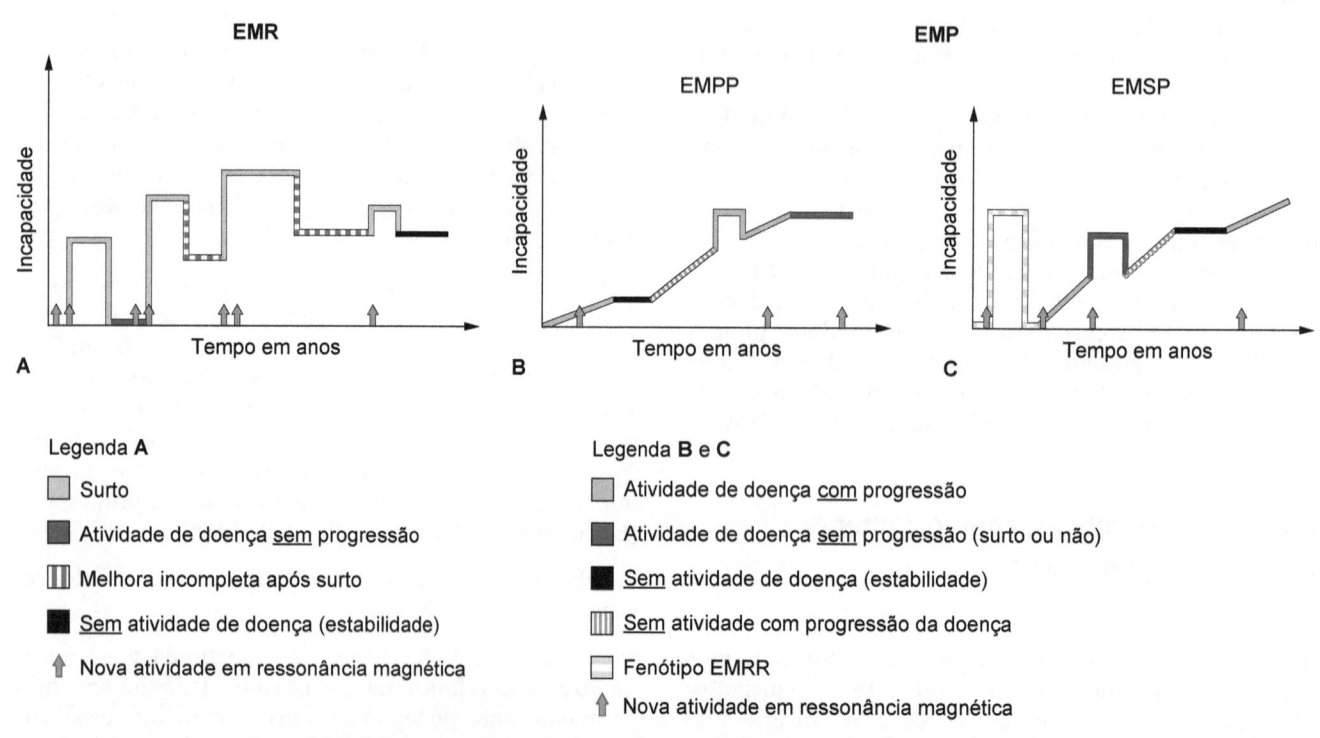

Figura 25.1 Apresentação fenotípica da esclerose múltipla. (Adaptada de Lublin *et al.*, 2014.)

Muitos fatores podem determinar a expressão de sintomas motores, sensoriais e cognitivos da EM, e isso depende dos vários processos estruturais e funcionais afetados no SNC (Dobson; Giovannoni, 2019).

Frequentemente, as alterações cognitivas relacionam-se com a carga lesional e a localização das lesões no encéfalo (Patti, 2009); no entanto, atualmente é bem aceito que processos patológicos também podem ocorrer em regiões de substância branca de aparência normal (SBAN) (Ma *et al.*, 2017) e de substância cinzenta de aparência normal (SCAN) (Xiang *et al.*, 2019) à imagem de RM, e que esses relacionam-se com a presença de déficits cognitivos, podendo, essas relações, ainda a serem esclarecidas, justificar o prognóstico da cognição nesses casos (Correale *et al.*, 2012; Crielaard *et al.*, 2019).

A sustentação de quadros benignos tem se dado paralelamente à discussão acerca dos benefícios advindos dos vários tratamentos medicamentosos com as drogas modificadoras de doença (DMD) disponíveis (Giovannoni, 2018), o que desafia o critério de melhor escolha a cada caso (Miller, 2016). A conduta médica busca, no tratamento para quadros de EM, atingir o *status* de nenhuma evidência de atividade de doença (NEDA, do inglês *no evidence of disease activity*). Esse conceito apoia-se na combinação de parâmetros, quais sejam: ausência de deterioração clínica, dada pela ausência de surtos e da progressão das incapacidades; e nenhum sinal de atividade radiológica (Hegen *et al.*, 2018; Lu *et al.*, 2018; Matta *et al.*, 2016). Mais atualmente, um quarto parâmetro foi incluído no conceito de NEDA, a ausência de atrofia cerebral, o que ficou conhecido como NEDA-4 (Rotstein *et al.*, 2022).

Nesse contexto, a progressão de incapacidade é compreendida como aumento da pontuação na Escala Expandida do Estado de Incapacidade de Kurtzke (EDSS, do inglês *Expanded Disability Status Scale*) em seguimento de 3 a 6 meses, enquanto a atividade radiológica é definida por novas lesões ou aumento de lesões prévias nas sequências de RM ponderadas em T2 ou captação de contraste em T1 (Hegen *et al.*, 2018; Lu *et al.*, 2018; Matta *et al.*, 2016). A atividade clínica é determinada pela presença de surto, sendo a sintomatologia motora, sensitiva e menos comumente cognitiva (Dobson; Giovannoni, 2019; Lassmann, 2013). Por fim, a presença de atrofia cerebral é definida pela perda de volume cerebral > 0,4% (Rotstein *et al.*, 2022).

Nas últimas décadas, a EM, principalmente o fenótipo recorrente-remitente (EMRR), passou de uma condição essencialmente intratável para uma patologia com diversas terapias cada vez mais eficazes no controle de surtos. A interferona-beta 1B foi a primeira droga modificadora de doença (DMD) especificamente testada para EM e disponibilizada nos anos 1990, seguida por interferona 1A e pelo acetato de glatirâmer, todos de aplicação subcutânea ou intramuscular com efeitos adversos locais e sistêmicos (Cross; Riley, 2022). O desenvolvimento das terapias orais por volta de 2010 ampliou o arsenal terapêutico com fármacos mais eficazes e com maior aderência, como o fingolimode, a teriflunomida e o dimetilfumarato, os quais são atualmente muito utilizados e parte do protocolo de tratamento do Ministério da Saúde (Kretzschmar *et al.*, 2016).

Adicionalmente, os anticorpos monoclonais revolucionaram o tratamento da EM, depois que a aprovação do natalizumabe em 2005 inaugurou a era das terapias de infusão de alta eficácia para pacientes com EMRR. Além do natalizumabe, podemos citar o alentuzumabe e o ocrelizumabe, primeiro tratamento com efeito comprovado no fenótipo progressivo (Cross; Riley, 2022). No entanto, esses fármacos têm maiores efeitos colaterais, como a associação de leucoencefalopatia multifocal progressiva (LEMP) por reativação do vírus JC em pacientes que utilizam o natalizumabe, que requer alta vigilância também do ponto de vista cognitivo, uma vez que a LEMP pode se manifestar com disfunção cortical *a priori* (Krajnc *et al.*, 2022).

Todos esses avanços no tratamento da EM têm elevado a qualidade e a expectativa de vida dos pacientes, trazendo dilemas relacionados com o envelhecimento, como a imunossenescência, o que aumenta o risco de complicações infecciosas e o surgimento de comorbidades inclusive neurodegenerativas que cursam com declínio cognitivo (Ostolaza *et al.*, 2021). É importante ainda ressaltar que a própria EM parece ser uma doença idade dependente, uma vez que o fenótipo de apresentação varia enormemente de acordo com a idade. Na faixa pediátrica, a doença apresenta-se de forma muito inflamatória e invariavelmente na forma recorrente-remitente, enquanto a instalação progressiva é mais observada após a 5ª década de vida (Graves *et al.*, 2023). Em ambos os extremos, observa-se comprometimento cognitivo, sendo comum a perda dos marcos escolares na EM de início na faixa pediátrica e maior carga de lesão cortical nos pacientes mais velhos com fenótipo progressivo, e consequente pior desempenho cognitivo (Eijlers *et al.*, 2019; Portaccio *et al.*, 2021).

Das alterações cognitivas e comportamentais

Apesar de Charcot em 1877 ter chamado atenção para as falhas de memória e lentidão de raciocínio nos pacientes de EM, foi somente nos últimos 25 anos que a cognição tem ganhado destaque como foco de pesquisa (Sumowski *et al.*, 2018). As alterações cognitivas estão presentes desde os estágios iniciais, mas são mais prevalentes com a progressão da doença ou presença de surtos (Oreja-Guevara *et al.*, 2019; Sumowski *et al.*, 2018). Sua apresentação sintomática traz importantes impactos para atividades sociais, ocupacionais e, portanto, de qualidade de vida dos pacientes (Baumstarck-Barrau *et al.*, 2011; Brissart *et al.*, 2013; DeLuca *et al.*, 2015; Lorefice *et al.*, 2020; Sumowski *et al.*, 2018).

Como mencionado anteriormente, mesmo na EMB, é evidente a presença de alguma ineficiência cognitiva (Amato *et al.*, 2006), o que sugere que pacientes podem não perceber, em suas atividades funcionais, o impacto desses déficits, fazendo a comunidade científica questionar-se o quanto o termo "benigna" pode ser realmente aplicado. Porém, merece destaque o contrário: a ausência de alterações cognitivas, mediante a queixa contundente dos pacientes de impacto funcional, o que se justifica pelo controle de viés durante uma testagem formal, fato que não ocorre na vida real, na qual exercemos multitarefas em ambientes disfuncionais (Lezak *et al.*, 2004; Sumowski *et al.*, 2018).

Classicamente, o perfil de alterações cognitivas em EM era chamado de "demência subcortical" (Turner *et al.*, 2002), pois sua apresentação diferia das tradicionais alterações corticais.

Contudo, dada a grande variabilidade de apresentação clínica da doença, esse rótulo foi desconsiderado (DeLuca *et al.*, 2015).

Apesar de insidiosamente progressiva (DeLuca *et al.*, 2015), a relação causal dos déficits cognitivos em EM ainda é bastante discutida (Nocentini *et al.*, 2014), pois muitas variáveis clínicas podem interferir nos resultados do exame neuropsicológico, como: a localização e/ou a extensão das lesões, o fenótipo (progressivo ou remitente-recorrente), o tempo de doença, as medicações que atuam no SNC, bem como a presença de fadiga e distúrbios psiquiátricos, frequentemente evidenciados nesses pacientes (Patti, 2009).

Prejuízos de atenção, memória episódica verbal e velocidade de processamento de informação são frequentemente verificados (Brissart *et al.*, 2013; Chiaravalloti *et al.*, 2013; Chiaravalloti; DeLuca, 2008; DeLuca *et al.*, 2015; Oreja-Guevara *et al.*, 2019; Rocca *et al.*, 2015; Ruet *et al.*, 2014), porém déficits nas funções executivas, principalmente de fluência verbal, também foram descritos (DeLuca *et al.*, 2015; Leavitt *et al.*, 2014; Rocca *et al.*, 2015) e, mais recentemente, têm ganhado foco as alterações de cognição social (Oreja-Guevara *et al.*, 2019).

No entanto, a característica cognitiva mais frequente nos pacientes com EM é a diminuição da velocidade de processamento (bradipsiquismo), pois sua integridade depende da atividade de tratos longos que interligam regiões encefálicas mais profundas às regiões corticais (Brissart *et al.*, 2013; Oreja-Guevara *et al.*, 2019; Ruet *et al.*, 2014).

A velocidade de processamento influencia a maior parte dos processos cognitivos, em especial a atenção e as funções executivas, e, por isso, há controvérsia entre teóricos quanto a ser considerada como um constructo cognitivo (Kail; Salthouse, 1994). Os prejuízos cognitivos observados nos pacientes com EM podem se dever ao comprometimento da velocidade de processamento de informações (Calabrese, 2006; Leavitt *et al.*, 2014; Lima *et al.*, 2008; Longoni *et al.*, 2015), havendo menor chance de erros quando é oferecido maior tempo para resposta (Lima *et al.*, 2008).

O processamento de informação refere-se à habilidade para manter e manipular a informação mentalmente por um curto período (memória operacional) e à velocidade com que esta é processada (velocidade de processamento) (Kail; Salthouse, 1994; Lezak *et al.*, 2004). Memória operacional, por sua vez, é definida como a capacidade de manipular informações verbais ou visuais mentalmente, podendo requisitar complementação na memória de longo prazo a fim de produzir uma resposta (Baddeley *et al.*, 2019) (Figura 25.2).

Entre os processos da memória, são mais frequentes, em EM, as alterações de memória episódica e operacional (Oreja-Guevara *et al.*, 2019). Memória é um constructo cognitivo amplamente dividido que, na mais tradicional classificação, é dividida entre explícita (declarativa) e implícita (não declarativa). Estas, por sua vez, são novamente subdivididas, com destaque para a memória explícita, dividida em episódica e semântica (Tulving; Schacter, 1990) (ver Figura 25.2).

No que tange à memória episódica, sabe-se que a evocação tardia de informações verbais tem se mostrado menos alterada que a visuoespacial (Chiaravalloti, DeLuca, 2008). Destaca-se que o reconhecimento está comprometido em apenas 5% dos casos (Brissart *et al.*, 2012), e os principais prejuízos referem-se à aquisição (Brissart *et al.*, 2012) e à evocação tardia (Lima *et al.*, 2008).

Outra área da cognição que merece destaque são as funções executivas e a atenção. As primeiras são conhecidas como função guarda-chuva, pois abrangem um conjunto de funções para criação, planejamento, gerenciamento e (re)modulação de metas (Cristofori *et al.*, 2019); a segunda pode ser considerada parte das funções executivas, na medida em que controla e gerencia a entrada de informações na consciência (Posner *et al.*, 2019).

Na EM, verifica-se comprometimento de funcionamento executivo entre 15 e 25% dos pacientes (Arnett; Strober, 2011); a maior parte dos estudos mostra alterações de fluência verbal (DeLuca *et al.*, 2015; Leavitt *et al.*, 2014; Rocca *et al.*, 2015), sendo esta uma tarefa que envolve monitoramento mental de regras (Amunts *et al.*, 2020).

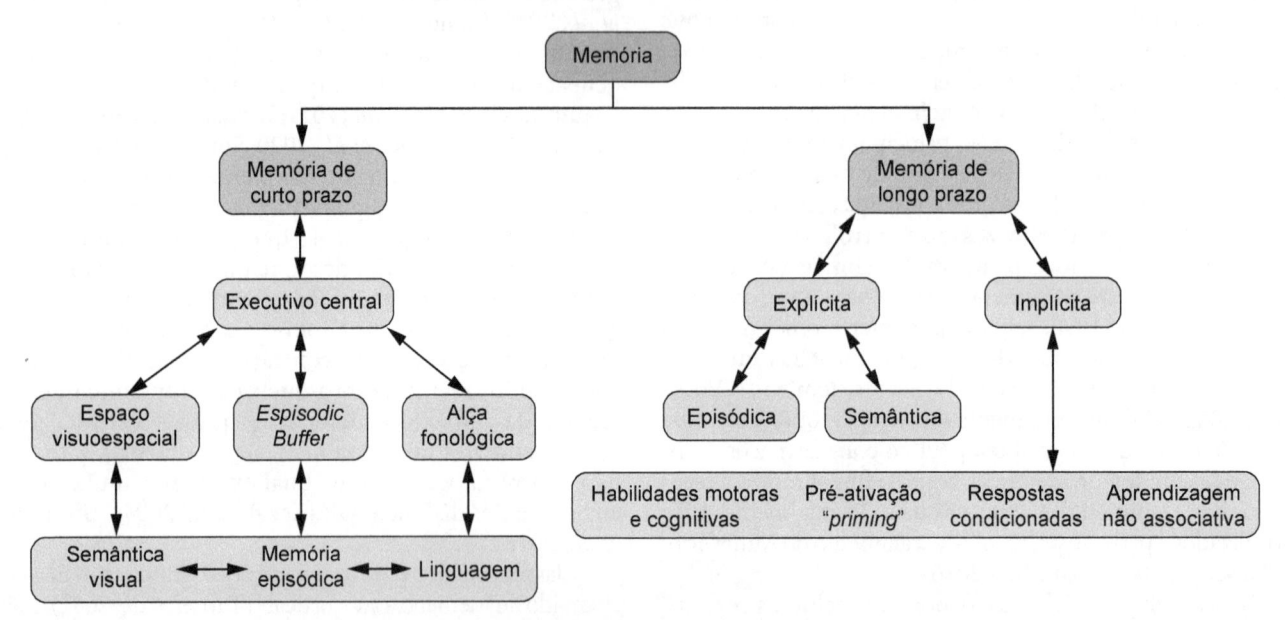

Figura 25.2 Memória e sua tradicional subdivisão. (Adaptada de Tulving; Schacter, 1990.)

Alterações de percepção (Arnett; Strober, 2011), linguagem e eficiência intelectual (Amato *et al.*, 2010) também são observadas em algumas pesquisas, no entanto, com menor destaque, seja pela baixa frequência desses déficits, seja pelo fato de as grandes baterias para EM não incluírem testes para esses domínios (Oreja-Guevara *et al.*, 2019; Sumowski *et al.*, 2018).

Avaliação neuropsicológica

Idealmente, mesmo os pacientes sem queixas deveriam ser submetidos a um teste de rastreio pelo menos anualmente, como o SDMT (do inglês *Symbol Digit Modalities Test*), a fim de se detectar e intervir precocemente, caso necessário, no declínio cognitivo subclínico (Kalb *et al.*, 2018). De modo geral, a avaliação neuropsicológica está indicada para todo paciente com EM com queixa cognitiva.

Muitos instrumentos podem ser utilizados durante uma avaliação neuropsicológica em casos de EM, entre testes, escalas e entrevistas. Além do exame da cognição, é importante investigar a presença de sintomas psiquiátricos, como depressão e ansiedade, além de investigar a presença de fadiga. Esses aspectos fazem parte do espectro de sintomas da EM e, quando presentes, podem exacerbar a expressão comportamental dos déficits cognitivos.

Para investigação de fadiga são frequentemente usadas a Escala Modificada do Impacto da Fadiga (MFIS, do inglês *Modified Fatigue Impact Scale*) (Pavan *et al.*, 2007) e a Escala de Gravidade de Fadiga (FSS, do inglês *Fatigue Severity Scale*). A primeira, MFIS, tem adaptação transcultural e validação para a população brasileira; trata-se de um questionário de 21 itens que podem ser analisados em sua totalidade, como medida geral, mas também em subdomínios: físico, cognitivo e psicossocial. Cada item tem pontuação seguindo formato Likert de 0 (nunca) a 4 (sempre). Valores acima de 38 correspondem à presença de fadiga (Pavan *et al.*, 2007). Por sua vez, a FSS é um questionário mais rápido, com apenas nove itens, cuja gradação de gravidade de fadiga ocorre em escores de 1 a 7, sendo a maior gravidade de fadiga relacionada com maiores pontuações. O escore superior a 27 é considerado indicativo da presença de fadiga; com escores de 28 a 39 considerados como fadiga leve, de 40 a 51 fadiga moderada e de 52 a 63 fadiga grave (Mendes *et al.*, 2000).

Escalas de qualidade de vida em EM também podem ser de grande valia na avaliação neuropsicológica. A Escala de Determinação Funcional da Qualidade de Vida (FAMS, do inglês *Functional Assessment of Multiple Sclerosis*) é uma escala frequentemente usada que contém validação para população brasileira e está publicada na íntegra no seu estudo de validação (Mendes *et al.*, 2004, aqui reproduzida na Tabela 25.1. É composta por seis subdomínios: mobilidade, sintomas, estado emocional, satisfação pessoal, pensamento e fadiga, e situação social e familiar. O formato das respostas permite escores de 0 a 4 para cada item.

Tabela 25.1 Determinação funcional da qualidade de vida em esclerose múltipla.

	Nunca	Um pouco	Às vezes	Muitas vezes	Sempre
Mobilidade					
1. Tenho problemas, em virtude de minha condição física, em manter minha família	0	1	2	3	4
2. Sou capaz de trabalhar mesmo em casa	0	1	2	3	4
3. Tenho problemas para andar	0	1	2	3	4
4. Tenho limitações na vida social	0	1	2	3	4
5. Minhas pernas são fortes	0	1	2	3	4
6. Tenho constrangimentos em lugares públicos	0	1	2	3	4
7. Fiz planos por causa da minha doença	0	1	2	3	4
Escore parcial					
Sintomas					
8. Tenho náuseas	0	1	2	3	4
9. Tenho dores	0	1	2	3	4
10. Sinto-me doente	0	1	2	3	4
11. Sinto-me fraco	0	1	2	3	4
12. Tenho dores nas juntas	0	1	2	3	4
13. Tenho dores de cabeça	0	1	2	3	4
14. Tenho dores musculares	0	1	2	3	4
Escore parcial					

(continua)

Tabela 25.1 Determinação funcional da qualidade de vida em esclerose múltipla. (*Continuação*)

	Nunca	Um pouco	Às vezes	Muitas vezes	Sempre
Estado emocional					
15. Estou triste	0	1	2	3	4
16. Estou perdendo a fé na luta contra minha doença	0	1	2	3	4
17. Sou capaz de curtir a vida	0	1	2	3	4
18. Sinto-me prisioneiro da minha doença	0	1	2	3	4
19. Estou deprimido por causa da minha situação	0	1	2	3	4
20. Sinto-me inútil	0	1	2	3	4
21. Sinto-me dominado pela doença	0	1	2	3	4
Escore parcial					
Satisfação pessoal					
22. Meu trabalho, mesmo em casa, me satisfaz	0	1	2	3	4
23. Aceitei minha doença	0	1	2	3	4
24. Tenho prazer no que faço quando me divirto	0	1	2	3	4
25. Estou satisfeito com a minha qualidade de vida	0	1	2	3	4
26. Estou frustrado por causa da minha condição	0	1	2	3	4
27. Sinto um propósito na vida	0	1	2	3	4
28. Sinto-me motivado em realizar coisas	0	1	2	3	4
Escore parcial					
Pensamento e fadiga					
29. Tenho perda de energia	0	1	2	3	4
30. Sinto-me cansado	0	1	2	3	4
31. Tenho dificuldade em iniciar tarefas por estar cansado	0	1	2	3	4
32. Tenho dificuldade em terminar tarefas por estar cansado	0	1	2	3	4
33. Preciso repousar durante o dia	0	1	2	3	4
34. Tenho dificuldade em lembrar-me das coisas	0	1	2	3	4
35. Tenho dificuldade em me concentrar	0	1	2	3	4
36. Meu raciocínio está lento	0	1	2	3	4
37. Tenho dificuldade em aprender novas tarefas	0	1	2	3	4
Escore parcial					
Situação social e familiar					
38. Sinto-me distante dos amigos	0	1	2	3	4
39. Tenho suporte emocional da família	0	1	2	3	4
40. Tenho suporte dos amigos e vizinhos	0	1	2	3	4
41. Minha família aceita a doença	0	1	2	3	4
42. A comunicação da família a respeito da doença é pobre	0	1	2	3	4
43. Minha Família tem dificuldades em reconhecer minha piora	0	1	2	3	4
44. Sinto-me excluído dos fatos	0	1	2	3	4
Escore parcial					
Anexo					
45. Os efeitos colaterais me incomodam	0	1	2	3	4
46. Sou forçado a passar algum tempo na cama	0	1	2	3	4
47. Sinto-me junto ao parceiro	0	1	2	3	4
48. Tive contato sexual no último ano. Não ( ) Sim ( ) Se sim, estou satisfeito com minha vida sexual	0	1	2	3	4
49. A equipe médica é acessível às minhas dúvidas	0	1	2	3	4
50. Estou orgulhoso de como enfrento a doença	0	1	2	3	4
51. Sinto-me nervoso	0	1	2	3	4
52. Estou preocupado que minha doença piore	0	1	2	3	4
53. Estou dormindo bem	0	1	2	3	4
Escore parcial					
Escore total					

Por outro lado, a incapacidade é comumente aferida pelo exame neurológico seguido da pontuação na EDSS. Essa escala contém pontuação de 0 a 10 pontos, em que 0 é sem alterações ao exame neurológico e 10 é morte relacionada com a doença. A escala EDSS é calculada a partir de pontuação específica de cada um dos sistemas funcionais: visual, tronco encefálico, piramidal, cerebelar, sensitivo, esfincteriano, funções mentais e deambulação. O valor da escala é predominantemente determinado pela independência para deambulação, sendo a cognição avaliada de forma superficial e marginal (Kurtzke, 1983) (Figura 25.3).

No que tange especificamente à avaliação neuropsicológica para EM, temos o uso consagrado de dois testes com alta sensibilidade, são eles: o SDMT e o *Paced Auditory Serial Addition Test* (PASAT) (Benedict; Zivadinov, 2006; Drake *et al.*, 2010). Porém, o PASAT sofre impacto da escolaridade e pode ser uma tarefa estressora, ao passo que o SDMT é fácil e rápido de ser aplicado, além de ser uma tarefa de uso multidisciplinar (López-Góngora *et al.*, 2015).

Embora ambas as tarefas tenham sensibilidade comprovada para EM (Benedict; Zivadinov, 2006; Drake *et al.*, 2010), o uso de baterias neuropsicológicas pode ser mais interessante, uma vez que permite a investigação de mais funções cognitivas (Oreja-Guevara *et al.*, 2019; Sumowski *et al.*, 2018). Muitas baterias são utilizadas nesse contexto, mas três são amplamente citadas na literatura e duas delas têm tradução e validação para vários países (Sumowski *et al.*, 2018); são elas: *Brief Repeatable Neuropsychological Battery* (BRNB; Tabela 25.2) (Rao *et al.*, 1991) e *Minimal Assessment on Cognitive Function in Multiple Sclerosis* (MACFIMS) (Benedict *et al.*, 2006), como baterias mais compreensivas, além

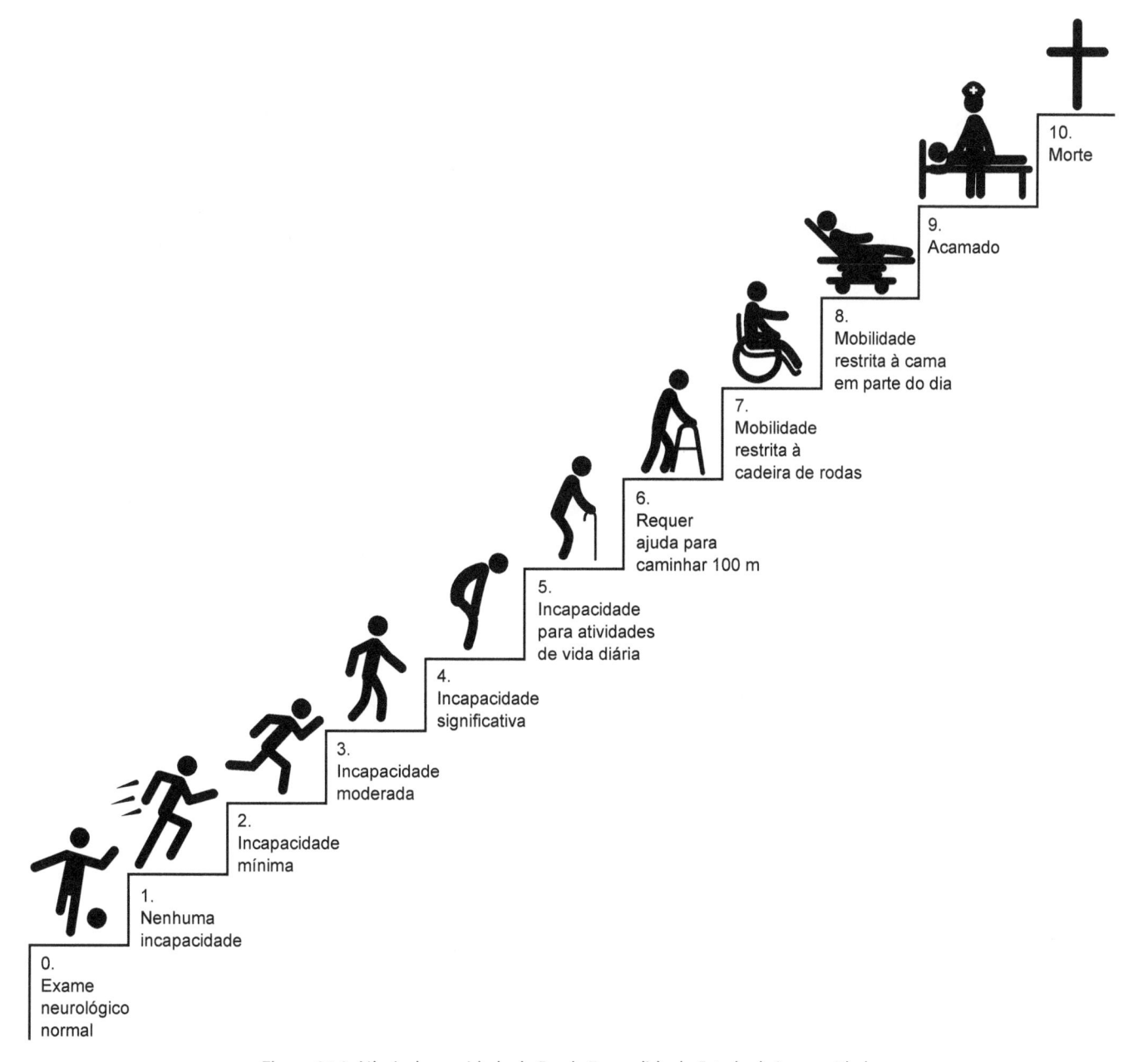

Figura 25.3 Níveis de gravidade da Escala Expandida do Estado de Incapacidade.

Tabela 25.2 *Brief Repeatable Neuropsychological Battery* (BRNB).

Teste	Função	Descrição
Selective Reminding Test (SRT)	Memória episódica verbal	Lista de 12 palavras apresentadas oralmente. O participante tem seis tentativas para repetir o máximo de palavras possível, cada uma delas é precedida da leitura, pelo examinador, apenas das palavras que o indivíduo esqueceu na tentativa anterior. Essa etapa oferece dois escores de memória episódica de evocação imediata: *long-term storage* (LTS), para capacidade de aprendizagem; e *consistent long-term retrieval* (CLTR), para consistência de informação aprendida. Após 15 min o sujeito é solicitado a dizer novamente a lista completa, sem prévia repetição
Spatial Recall Test 10/36 (SpRT)	Memória episódica visuoespacial	Em uma prancha de 6 × 6 quadrículos, em que 10 estão marcados com círculos pretos (ver exemplo a seguir), o voluntário tem três tentativas consecutivas para memorizar as posições nas quais os círculos pretos aparecem e, em outra prancha semelhante à primeira, mas com todos os quadrículos em branco, deve colocar 10 fichas nos locais em que se lembra de ter visto os círculos. Após 15 min, sem prévia apresentação da prancha estímulo, o participante deve novamente colocar as 10 fichas nos espaços correspondentes às posições dos círculos pretos **Exemplo de pranchas do SpRT** A B (A) Prancha estímulo para memorização (B) Prancha para execução da tarefa

(*continua*)

Tabela 25.2 *Brief Repeatable Neuropsychological Battery* (BRNB). *(Continuação)*

Teste	Função	Descrição
Symbol Digit Modalities Test (SDMT) – oral	Velocidade de processamento e atenção	Em uma chave há nove símbolos correspondentes aos dígitos de 1 a 9 (ver exemplo a seguir). Abaixo da chave, são apresentados de forma aleatória os mesmos nove símbolos; o participante deve dizer em 90 s o máximo de números correspondentes aos símbolos apresentados
Paced Auditory Serial Addition Test (PASAT)	Memória operacional	A partir de uma gravação são apresentados 61 números, de 1 a 9, sendo um número a cada 3 s. O participante deve somar os valores ditos em sequência, de modo que cada novo número seja somado ao número apresentado por último, nunca sendo somado com o resultado da conta anterior
Word List Generation (WLG)	Velocidade de acesso semântico	Tarefa de fluência verbal em que se deve dizer o máximo de nomes de frutas e vegetais durante 90 s

Fonte: Damasceno et al., 2018.

da *Brief International Assessment of Cognition for Multiple Sclerosis* (BICAMS; Tabela 25.3) uma derivação da MACFIMS, que vem sendo recentemente explorada pela eficiência e rápida aplicação, em torno de 15 minutos (Langdon et al., 2012), e a *Multiple Sclorosis-Cog* (MS-Cog) (R. H. Benedict et al., 2017).

A tradução e adaptação transcultural de um teste neuropsicológico é de extrema importância (Smerbeck et al., 2018), principalmente testes que requerem produção de linguagem. Dessas baterias, a BRNB e a BICAMS são as únicas traduzidas, validadas e normatizadas para o Brasil (Damasceno et al., 2018; Spedo et al., 2022).

Nota-se que em nenhuma das baterias cognitivas utilizadas para EM há testes para velocidade psicomotora; no entanto, o exame dessa capacidade é essencial no seguimento desta doença. Dois testes são frequentemente utilizados em pesquisas e têm normatização para a população brasileira (Rodrigues et al., 2008): o Teste dos Nove Pinos (9-HPT, do inglês *9 Hole Peg Test*) e o Teste dos 25 Pés (25-FWT, do inglês *25 Foot Walk Test*), que somados ao PASAT compõem outra escala de incapacidade funcional bastante utilizada no âmbito de pesquisa conhecida como MSFC (do inglês *Multiple Sclerosis Functional Composite*).

O 9-HPT é um teste de velocidade psicomotora de membro superiores. A partir de um estojo com nove orifícios (Figura 25.4) o participante deve completá-los com nove pinos de encaixe perfeito, e então retirá-los do encaixe e devolvendo-os ao estojo. É solicitada a execução desse processo por duas vezes com mão dominante e duas com mão não dominante; cronometra-se, então, o tempo de execução de cada tentativa (Rodrigues et al., 2008).

O 25-FWT é um teste de velocidade motora de membros inferiores. Sobre uma pista com 7,62 metros demarcada no chão, o participante é solicitado a caminhar essa distância o mais rápido possível por duas vezes. Cronometra-se o tempo de execução de cada caminhada (Rodrigues et al., 2008; Tilbery et al., 2005).

O uso de testes ou baterias neuropsicológicas têm como objetivo verificar flutuações de perfil cognitivo, principalmente em casos de EMRR, mas também de verificar declínio

Tabela 25.3 Protocolo *Brief International Assessment of Cognition for Multiple Sclerosis* (BICAMS).

Teste	Função	Descrição
California Verbal Learning Test – Second Edition (CVLT-2) – aprendizagem	Memória episódica verbal – aprendizagem	Leitura de lista de 16 palavras, com sucessiva tentativa de evocação do paciente. A cada tentativa, a lista é novamente lida na íntegra e são permitidas cinco tentativas de aprendizagem
Brief Visual Memory Test-revised (BVMT-R) – aprendizagem	Memória episódica visuoespacial – aprendizagem	Prancha com seis formas geométricas (ver exemplo a seguir) que são apresentadas ao participante por 10 s. Então, é solicitado que o paciente realize o desenho de memória das formas em seus respectivos locais. A cada tentativa, a prancha é novamente oferecida por 10 s e são permitidas três tentativas de aprendizagem **Exemplo de prancha de aprendizagem do BVMT-R**
Symbol Digit Modalities Test (SDMT) – oral	Velocidade de processamento e atenção	Em uma chave há nove símbolos correspondentes aos dígitos de 1 a 9 (ver exemplo de folha de apresentação do SDMT na Tabela 25.2). Abaixo da chave são apresentados de forma aleatória os mesmos nove símbolos; o participante deve dizer em 90 s o máximo de números correspondentes aos símbolos apresentados

Fonte: Spedo *et al.*, 2022.

cognitivo (Lezak *et al.*, 2004). Testes, enquanto instrumentos psicométricos, quantificam um determinado constructo cognitivo e podem, portanto, classificar o desempenho em termos de presença ou ausência de dificuldades (Harvey, 2019).

Prejuízo cognitivo é tipicamente caracterizado por pontuações com 1,5 desvio-padrão (igual a percentil ≤ 5) abaixo da média (Benedict *et al.*, 2006; Cinar *et al.*, 2019; Matías-Guiu *et al.*, 2018; Metzger *et al.*, 2018; Rao *et al.*, 1991; Ruet *et al.*, 2014), pois estas são suficientes para provocar impacto funcional (Petersen, 2016). Esse conceito advém da discussão e do diagnóstico diferencial entre um quadro demencial e um comprometimento cognitivo leve (Petersen, 2016), e tem sido amplificado e aplicado a qualquer quadro neurológico que provoque incapacidade cognitiva e funcional (APA, 2014).

Na literatura para EM, o valor do escore Z pode ter ponto de corte variado, o que provoca diferentes resultados e dados de prevalência (Cinar *et al.*, 2019; Lorefice *et al.*, 2020; Matías-Guiu *et al.*, 2018; Metzger *et al.*, 2018; Sumowski *et al.*, 2018). É importante destacar que, ao se considerar um ponto de corte de dois desvios-padrões abaixo da média, aumenta-se o rigor ao se afirmar que há prejuízo cognitivo (Sumowski *et al.*, 2018).

Outra problemática importante para o estabelecimento de déficit cognitivo é considerar a medida de um único teste ou de um conjunto deles compondo um domínio cognitivo (DeLuca *et al.*, 2015; Sumowski *et al.*, 2018). O primeiro caso permite a análise cognitiva profunda, investigando as variáveis psicométricas em separado e sua inter-relação e

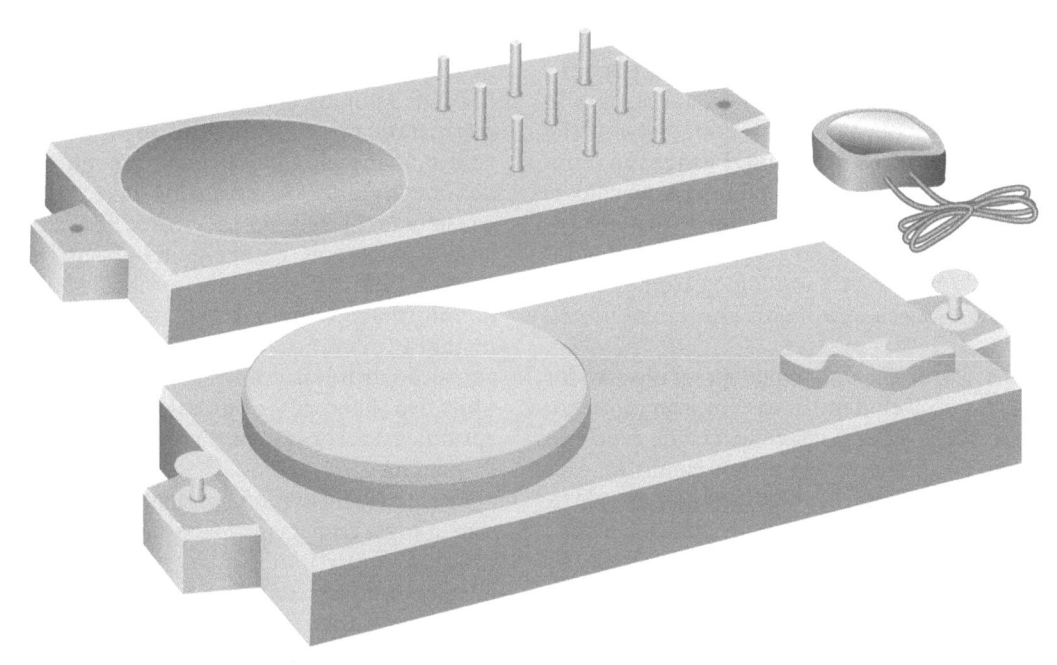

Figura 25.4 Estojo do *9 Hole-Peg Test*.

relação com a doença, mas o segundo permite medidas psicométricas mais robustas, uma vez que trabalham com medidas compostas (Oreja-Guevara *et al.*, 2019; Sumowski *et al.*, 2018).

Para maior confusão, ainda há estudos que consideram o déficit cognitivo como o prejuízo, novamente com variação do ponto de corte de 1,5 (Metzger *et al.*, 2018) ou dois desvios-padrões (Lorefice *et al.*, 2020) abaixo da média, em duas ou três tarefas. Essa conduta traz mais viés de interpretação, posto que esses estudos não deixam claro qual pontuação de testes com múltiplas medidas foram considerados como critério (Sumowski *et al.*, 2018). Por exemplo, um teste muito comum em baterias é o *Selective Reminding Test*, composto de três diferentes pontuações. Nele, podem ocorrer alterações em apenas uma delas ou em mais de uma.

Como dito, um dos objetivos da avaliação neuropsicológica em casos de EM é estabelecer se houve progressão da doença ou se há aumento da incapacidade caracterizada por piora do perfil cognitivo. Pode-se considerar progressão de incapacidade e declínio cognitivo quando observado um dos critérios a seguir em um período de observação de 6 a 12 meses, que não seja explicada por um novo surto (Ciotti; Cross, 2018; Zhang *et al.*, 2014):

- Aumento de ≥ 1 ponto na EDSS, se a pontuação anterior for < 5,5
- Aumento de ≥ 0,5 ponto na EDSS, se a pontuação anterior for ≥ 5,5
- Aumento de 20% no tempo para execução para o 25-FWT
- Aumento de 20% no tempo para execução para o 9-HPT.

Do ponto de vista de testes neuropsicológicos, o SDMT é o mais frequentemente estudado e utilizado como ponto de apoio para a observação de aumento de incapacidade e/ou progressão. Considera-se que cinco pontos a mais entre dois momentos de avaliação possa corresponder a uma mudança cognitiva significativa (Benedict *et al.*, 2017). É comum o uso do escore Z para análise de prejuízo ou declínio cognitivo; também aceita-se que uma mudança de 0,5 pode ser indicativa de mudança cognitiva significativa (Sepulcre *et al.*, 2006).

No entanto, é importante lembrar que o perfil cognitivo é influenciado por estados psicoafetivos, como depressão, ansiedade, estresse, desorganização mental por mudança de rotina, entre outros aspectos, de modo que alteração de pontuações tão tênues precisam considerar a presença desses fatores como justificativa, principalmente quando não há outros indicadores de atividade ou progressão de doença.

Caso clínico

Paciente O. de 29 anos, ensino superior completo (15 anos de escolaridade) com esclerose múltipla remitente-recorrente com 1 ano de doença (início dos primeiros sintomas), porém com diagnóstico realizado no mês dos exames. História de um surto e última atividade radiológica há 6 meses, além de ausência de bandas oligoclonais no líquido cefalorraquidiano. Paciente estava em uso de acetato de glatirâmer e pontuava na escala de incapacidade funcional EDSS 2,5, apresentando como comorbidade apenas o relato de enxaqueca.

O. foi submetida à ressonância magnética com contraste (gadolíneo) e exame de tomografia por emissão de pósitron (PET-RM, do inglês *positron emission tomography*) em equipamento híbrido de RM com marcador de neuroinflamação (^{11}C-PK11195) no contexto de pesquisa clínica. No mesmo dia, realizou exame neurológico e avaliação neuropsicológica com testes de sensibilidade reconhecida para alterações cognitivas em EM.

A RM de cérebro mostrou múltiplas lesões com hipersinal em T2/FLAIR distribuídas nos espaços periventriculares, justacorticais e infratentoriais, apresentando forma predominantemente alongada e com distribuição perivenular. Uma grande lesão frontal esquerda, com maior eixo classicamente perpendicular ao corpo caloso, apresentava intensa captação do marcador para neuroinflamação (Figura 25.5) e realce ao contraste paramagnético, determinando atividade radiológica isolada, uma vez que a paciente estava assintomática no momento do exame.

Os resultados neuropsicológicos podem ser observados na Tabela 25.4. É possível identificar comprometimento em memória episódica verbal e visuoespacial de evocação tardia, bem como de aprendizagem de novas informações visuoespaciais, além de alterações significativas de velocidade de marcha. Resultados que sugerem ineficiência que podem representar algum impacto funcional foram evidentes em codificação de novas informações verbais, que não chegam a afetar a consistência de aprendizagem da paciente (dentro da normalidade), em velocidade de processamento de informações e velocidade psicomotora em membros superiores.

Esses resultados estão em acordo com a literatura que descreve pior *performance* em memória episódica visual em detrimento da verbal, prejuízos significativos de habilidades motoras, além de dificuldades de velocidade de processamento.

Após 1 ano, O. foi novamente submetida à avaliação neuropsicológica e neurológica, apresentando, então, um EDSS de 3 pontos, apesar de não ter manifestado novo surto ou sinais de nova atividade de doença. Houve, nesse intervalo, mudança de conduta medicamentosa, passado ao uso de fingolimoide. Os resultados da reavaliação podem ser consultados na Tabela 25.5, em que fica evidente a ineficiência que pode representar algum impacto funcional em memória episódica visuoespacial e velocidade de processamento de informações mentais. Fica evidente uma tendência à melhora (diferença de 0,5 a 1 no valor do escore Z) em aquisição de novas informações verbais, mas melhora significativa (diferença ≥ 1 no valor do escore Z) em memória episódica de evocação tardia visuoespacial e em velocidade de marcha.

Esse caso ilustra uma paciente com epidemiologia, sintomatologia e imagem típicas do fenótipo EMRR. O interessante aqui é poder observar diferentes conceitos no mesmo paciente, como o conceito de PIRA (do inglês *progression independente of relapse activity*) em que há progressão da incapacidade independentemente de surtos, o que atualmente é explicado pela neurodegeneração que se estabelece desde o início da doença e para a qual os tratamentos vigentes ainda não são satisfatórios. Contudo, observou-se discreta melhora do desempenho cognitivo, o que pode ser explicado pela otimização do controle do componente inflamatório da doença ao se escalonar o tratamento para terapias mais eficazes.

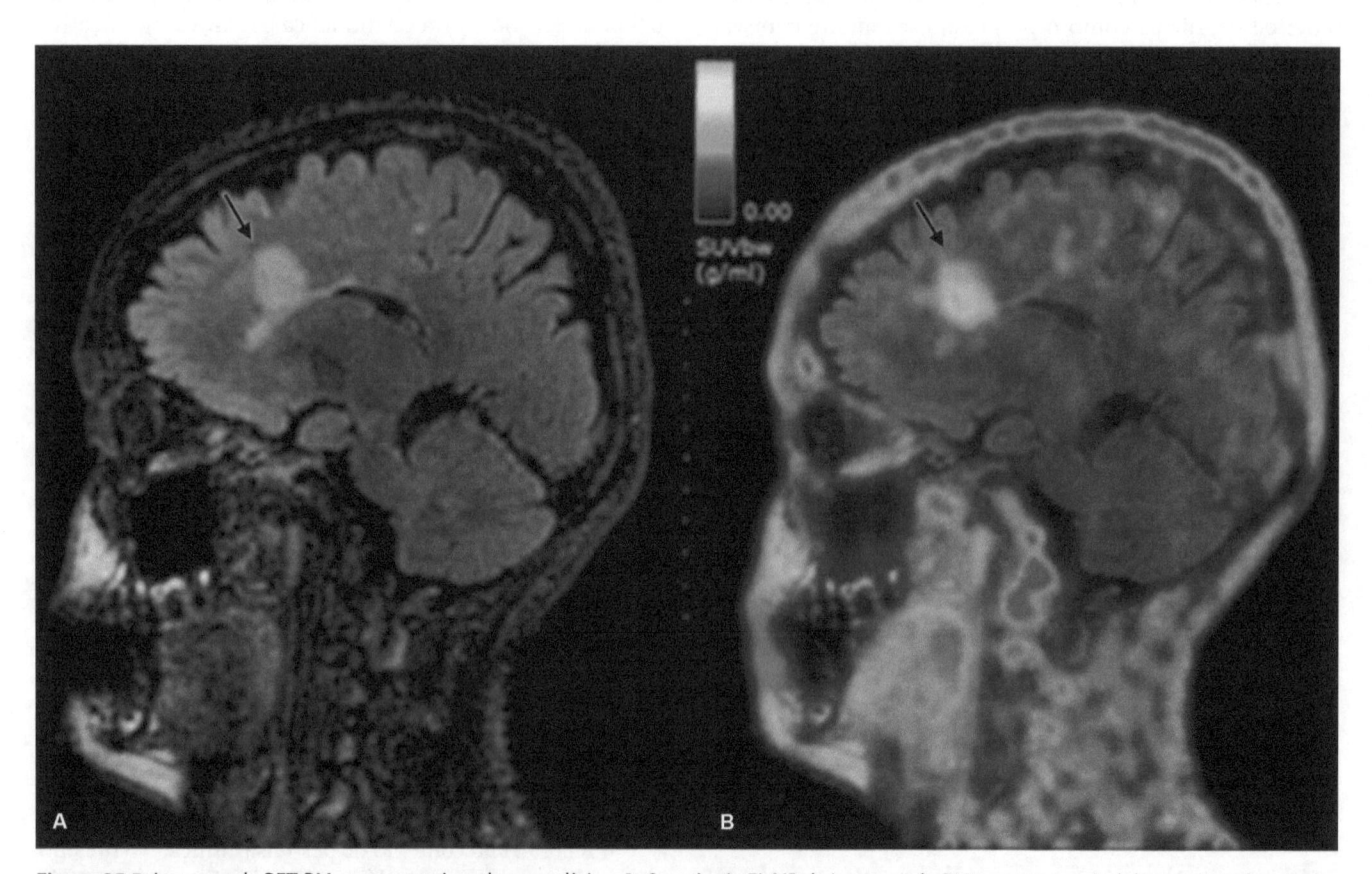

Figura 25.5 Imagens de PET-RM representativas do caso clínico. **A.** Sequência FLAIR da imagem de RM em corte sagital demonstrando uma lesão com hipersinal (*seta*). **B.** Imagem de RM fusionada com a imagem de PET com ^{11}C-PK11195, demonstrando intensa captação do marcador de neuroinflamação.

Tabela 25.4 Resultados da avaliação neuropsicológica de O.

Teste	Função	No Bruto (escore Z)
SRT-LTS	Memória episódica verbal	3 + 5 + 7 + 8 + 10 + 10 = 43 (−1,11)
SRT-CLTR		3 + 5 + 6 + 6 + 8 + 8 = 36 (−0,67)
SRT-Tardia		7 *(−2,05)*
SpRT-Aprendizagem	Memória episódica visuoespacial	A1:5 | A2:5 | A3:7 = 17 *(−1,61)*
SpRT-Tardia		5 *(−2,38)*
PASAT	Memória operacional	40 (−0,14)
SDMT	Velocidade de processamento	50 (−1,03)
WLG	Velocidade de acesso semântico	27 (0,00)
9-HPT	Velocidade psicomotora MMSS	21,5" (−1,31)
25-FWT	Velocidade de marcha	6,2" *(−2,38)*

CLTR: *consistent long-term retrieval*; LTS: *long-term storage*; MMSS: membros superiores; PASAT: *Paced Auditory Serial Addition Test*; SDMT: *Symbol Digit Modalities Test*; SpRT- *Spatial Recall Test 10/36*; SRT: *Selective Reminding Test*; WLG: *Word List Generation*; 9-HPT: *Nine Hole Peg Test*; 25-FST: 25 *Foot Walk Test*.

Tabela 25.5 Resultados da reavaliação neuropsicológica de O. (1 ano depois).

Teste	Função	No Bruto (Z-score)
SRT-LTS	Memória episódica verbal	5 + 6 + 9 + 10 + 11 + 11 = 52 (−0,26) ↑
SRT-CLTR		4 + 5 + 8 + 9 + 10 + 10 = 46 (0,02) ↑
SRT-Tardia		10 (−0,10) ↑↑
SpRT-Aprendizagem	Memória episódica visuoespacial	A1:2 | A2:3 | A3:5 = 17 *(−1,61)*
SpRT-Tardia		7 *(−1,02)* ↑↑
PASAT	Memória operacional	50 (0,74)
SDMT	Velocidade de processamento	51 (−0,96)
WLG	Velocidade de acesso semântico	24 (−0,46)
9-HPT	Velocidade psicomotora MMSS	21,3" (−1,19)
25-FWT	Velocidade de marcha	4,2" (−0,32) ↑↑

CLTR: *consistent long-term retrieval*; LTS: *long-term storage*; MMSS: membros superiores; PASAT: *Paced Auditory Serial Addition Test*; SDMT: *Symbol Digit Modalities Test*; SpRT: *Spatial Recall Test 10/36*; SRT: *Selective Reminding Test*; WLG: *Word List Generation*; 9-HPT: *Nine Hole Peg Test*; 25-FST: 25 *Foot Walk Test*; (↑): melhora de 0,5 escore Z; (↑↑): melhora > 1 escore A.

Referências bibliográficas

AMATO, M. P. et al. Relevance of cognitive deterioration in early relapsing-remitting MS: a 3-year follow-up study. Multiple Sclerosis Journal, Thousands Oaks, v. 16, n. 12, p. 1474-1482, 2010.

AMATO, M. P. et al. Cognitive assessment and quantitative magnetic resonance metrics can help to identify benign multiple sclerosis. Neurology, Alphen aan den Rijn, v. 71, n. 9, p. 632-638, 2008.

AMATO, M. P. et al. Benign multiple sclerosis. Journal of Neurology, Berlin, v. 253, n. 8, p. 1054-1059, 2006.

AMERICAN PSYCHIATRIC ASSOCIATION (APA). Manual diagnóstico e estatístico de transtornos mentais 5. Porto Alegre: Artmed, 2014.

AMUNTS, J. et al. Executive functions predict verbal fluency scores in healthy participants. Scientific Reports, London, v. 10, n. 1, p. 11141, 2020.

ARNETT, P. A.; STROBER, L. B. Cognitive and neurobehavioral features in multiple sclerosis. Expert Review of Neurotherapeutics, Abingdon, v. 11, n. 3, p. 411-424, 2011.

BADDELEY, A. D.; HITCH, G. J.; ALLEN, R. J. From short-term store to multicomponent working memory: The role of the modal model. Memory & Cognition, Austin, v. 47, n. 4, 575-588, 2019.

BAUMSTARCK-BARRAU, K. et al. Cognitive function and quality of life in multiple sclerosis patients: a cross-sectional study. BMC Neurology, Londo, v. 11, n. 1, p. 17, 2011.

BENEDICT, R. H. B. et al. Validity of the minimal assessment of cognitive function in multiple sclerosis (MACFIMS). Journal of the International Neuropsychological Society, Cambridge, v. 12, n. 4, 2006.

BENEDICT, R. H. B.; ZIVADINOV, R. Predicting neuropsychological abnormalities in multiple sclerosis. Journal of the Neurological Sciences, Amsterdam, v. 245, n. 1-2, p. 67-72, 2006.

BENEDICT, R. H. et al. Validity of the Symbol Digit Modalities Test as a cognition performance outcome measure for multiple sclerosis. Multiple Sclerosis Journal, Houndmills, v. 23, n. 5, p. 721-733, 2017.

BILGI, E. et al. Evaluation of the effects of group psychotherapy on cognitive function in patients with multiple sclerosis with cognitive dysfunction and depression. Arquivos de Neuro-Psiquiatria, São Paulo, v. 73, n. 2, p. 90-95, 2015.

BRISSART, H. et al. Verbal episodic memory in 426 multiple sclerosis patients: impairment in encoding, retrieval or both? Neurological Sciences, Milano, v. 33, n. 5, p. 1117-1123, 2021.

BRISSART, H. et al. Cognitive impairment among different clinical courses of multiple sclerosis. Neurological Research, New York, v. 35, n. 8, p. 867-872, 2013.

BROWNE, P. et al. Atlas of Multiple Sclerosis 2013: A growing global problem with widespread inequity. Neurology, Hagerstown, v. 83, n. 11, p. 1022-1024, 2014.

CALABRESE, P. Neuropsychology of multiple sclerosis. Journal of Neurology, Berlin, v. 253, n. 1, p. i10-i15.

CHARCOT, J. M. Lectures on the diseases of the nervous system. London: New Sydenham Society, 1877.

CHIARAVALLOTI, N. D.; DeLUCA, J. Cognitive impairment in multiple sclerosis. The Lancet Neurology, London, v. 7, n. 12, p. 1139-1151, 2008.

CHIARAVALLOTI, N. D.; STOJANOVIC-RADIC, J.; DeLUCA, J. The role of speed *versus* working memory in predicting learning new information in multiple sclerosis. Journal of Clinical and Experimental Neuropsychology, London, v. 35, n. 2, p. 180-191.

CINAR, B. P. et al. Domains of cognition and their assessment. Dialogues in Clinical Neuroscience, Abingdon, v. 21, n. 3, p. 227-237, 2019.

CIOTTI, J. R.; CROSS, A. H. Disease-Modifying Treatment in Progressive Multiple Sclerosis. Current Treatment Options in Neurology, Philadelphia, v. 20, n. 5, p. 12, 2018.

CORREALE, J.; YSRRAELIT, M. C.; FIOL, M. P. Benign multiple sclerosis: Does it exist? Current Neurology and Neuroscience Reports, Philadelphia, v. 12, n. 5, p. 601-609, 2012.

CRIELAARD, L. et al. Factors associated with and long-term outcome of benign multiple sclerosis: a nationwide cohort study. Journal of Neurology, Neurosurgery & Psychiatry, London, v. 90, n. 7, p. 761-767, 2019.

CRISTOFORI, I.; COHEN-ZIMERMAN, S.; GRAFMAN, J. Executive functions. *In* Handbook of Clinical Neurology. Amsterdam: Elsevier, 2019.

CROSS, A.; RILEY, C. Treatment of Multiple Sclerosis. CONTINUUM: Lifelong Learning in Neurology, Hagerstown, v. 28, n. 4, p. 1025-1051, 2022.

DAMASCENO, A. et al. Normative values of the Brief Repeatable Battery of Neuropsychological Tests in a Brazilian population sample: discrete and regression–based norms. Arquivos de Neuro-Psiquiatria, São Paulo, v. 76, n. 3, p. 163-169, 2018.

DEKKER, I. et al. Predicting clinical progression in multiple sclerosis after 6 and 12 years. European Journal of Neurology, Oxford, v. 26, n. 6, p. 893-902, 2019.

DeLUCA, G. C. et al. Cognitive impairment in multiple sclerosis: Clinical, radiologic and pathologic insights. Brain Pathology, Zurich, v. 25, n. 1, p. 79-98, 2015.

DOBSON, R.; GIOVANNONI, G. Multiple sclerosis – a review. European Journal of Neurology, Oxford, v. 26, n. 1, p. 27-40.

DRAKE, A. et al. Psychometrics and normative data for the Multiple Sclerosis Functional Composite: replacing the PASAT with the Symbol Digit Modalities Test. Multiple Sclerosis Journal, Houndmills, v. 16, n. 2, p. 228-237, 2010.

EIJLERS, A. J. C. et al. Cortical atrophy accelerates as cognitive decline worsens in multiple sclerosis. Neurology, Hagerstown, v. 93, n. 14, e1348-e1359, 2019.

GIOVANNONI, G. Disease-modifying treatments for early and advanced multiple sclerosis. Current Opinion in Neurology, Philadelphia, v. 31, n. 3, p. 233-243, 2018.

GRAVES, J. S. et al. Ageing and multiple sclerosis. The Lancet Neurology, London, v. 22, n. 1, p. 66-77, 2023.

HARVEY, P. D. Domains of cognition and their assessment. *Dialogues in* Clinical Neuroscience, Abingdon, v. 21, n. 3, p. 227-237, 2019.

HEGEN, H.; BSTEH, G.; BERGER, T. 'No evidence of disease activity' – is it an appropriate surrogate in multiple sclerosis? European Journal of Neurology, Oxford, v. 25, n. 9, p. 1107-e101, 2018.

HOWARD, J.; TREVICK, S.; YOUNGER, D. S. Epidemiology of multiple sclerosis. Neurologic Clinics, Philadelphia, v. 34, n. 4, n. 919-939, 2016.

KAIL, R.; SALTHOUSE, T. A. Processing speed as a mental capacity. Acta Psychologica, Amsterdam, v. 86, n. 2-3, p. 199-225, 1994.

KALB, R. et al. Recommendations for cognitive screening and management in multiple sclerosis care. Multiple Sclerosis Journal, Houndmills, v. 24, n. 13, p. 1665-1680, 2018.

KRAJNC, N. et al. Monoclonal Antibodies in the Treatment of Relapsing Multiple Sclerosis: an Overview with Emphasis on Pregnancy, Vaccination, and Risk Management. Neurotherapeutics, Orlando, v. 19, n. 3, p. 753-773, 2022.

KRETZSCHMAR, B.; PELLKOFER, H.; WEBER, M. S. The use of oral disease-modifying therapies in multiple sclerosis. Current Neurology and Neuroscience Reports, Philadelphia, v. 16, n. 4, p. 38, 2016.

KURTZKE, J. F. Rating neurologic impairment in multiple sclerosis: An expanded disability status scale (EDSS). Neurology, Hagerstown, v. 33, n. 11, p. 1444-1452, 1983.

LANGDON, D. et al. Cognitive Assessment for Multiple Sclerosis (BICAMS). Multiple Sclerosis Journal, 1 Houndmills, v. 8, n. 6, p. 891-898, 2012. 6

LASSMANN, H. Pathology and disease mechanisms in different stages of multiple sclerosis. Journal of the Neurological Sciences, Amsterdam, v. 333, n. 1-2, p. 1-4, 2013.

LEAVITT, V. M. et al. Does slowed processing speed account for executive deficits in multiple sclerosis? Evidence from neuropsychological performance and structural neuroimaging. Rehabilitation Psychology, Washington, v. 59, n. 4, 422-428, 2014.

LEBRUN, C. The radiologically isolated syndrome. Revue Neurologique, Paris, v. 171, n. 10, p. 698-706.

LEZAK, M. D.; HOWIESON, D. B.;LORING, D. W. Neuropsychological assessment. 4. ed. New York:Oxford University Press, 2044.

LIMA, E. DE P. et al. Heterogeneidade dos déficits cognitivo e motor na esclerose múltipla – um estudo com a MSFC. Psico, Porto Alegre, v. 39, n. 3, p. 371-381, 2008.

LONGONI, G. et al. Deficits in memory and visuospatial learning correlate with regional hippocampal atrophy in MS. Brain Structure and Function, Berlin, v. 220, n. 1, p. 435-444.

LÓPEZ-GÓNGORA, M.; QUEROL, L.; ESCARTÍN, A. A one-year follow-up study of the Symbol Digit Modalities Test (SDMT) and the Paced Auditory Serial Addition Test (PASAT) in relapsing-remitting multiple sclerosis: An appraisal of comparative longitudinal sensitivity. BMC Neurology, London, v. 15, n. 1. p. 40, 2015.

LOREFICE, L. et al. The impact of deep grey matter volume on cognition in multiple sclerosis. Multiple Sclerosis and Related Disorders, Amsterdam, n. 45, p. 102351, 2020.

LU, G. et al. The evolution of "No Evidence of Disease Activity" in multiple sclerosis. Multiple Sclerosis and Related Disorders, Amsterdam, n. 20, p. 231-238, 2018.

LUBLIN, F. D. et al.. Defining the clinical course of multiple sclerosis: The 2013 revisions. Neurology, Hagerstown, v. 83, n. 3, p. 278-286, 2014.

MA, A. Y. et al. The relationship between white matter fiber damage and gray matter perfusion in large-scale functionally defined networks in multiple sclerosis. Multiple Sclerosis Journal, Houndmills, n. 23, n. 14, 1884-92.

MAGLIOZZI, R.; REYNOLDS, R.; CALABRESE, M. MRI of cortical lesions and its use in studying their role in MS pathogenesis and disease course. Brain Pathology, Zürich, v. 28, n. 5, p. 735-742, 2018.

MATÍAS-GUIU, J. A. et al. Identification of Cortical and Subcortical Correlates of Cognitive Performance in Multiple Sclerosis Using Voxel-Based Morphometry. Frontiers in Neurology, Lausanne, n. 9, p. 920, 2018.

MATTA, A. P. DA C. et al. No evidence of disease activity in multiple sclerosis patients. Expert Review of Neurotherapeutics, London, v. 16, n. 11, p. 1279-1284, 2016.

MENDES, M. F. et al. Na Esclerose Múltipla Para a Língua Portuguesa. Arquivos de Neuro-Psiquiatria, São Paulo, v. 62, n. 1, p. 108-113, 2004.

MENDES, M. F. et al. Fadiga na forma remitente recorrente da esclerose múltipla. Arquivos de Neuro-Psiquiatria, São Paulo, v. 58, n. 2B, 471-475, 2000.

METZGER, A. et al. Is impaired cerebral vasoreactivity an early marker of cognitive decline in multiple sclerosis patients? European Radiology, Berlin, v. 28, n. 3, p. 1204-1214, 2018.

MILJKOVIĆ, D.; SPASOJEVIĆ, I. Multiple Sclerosis: Molecular Mechanisms and Therapeutic Opportunities. Antioxidants & Redox Signaling, Larchmont, v. 19, n. 18, p. 2286-2334, 2013.

MILLER, A. E. Switching or Discontinuing Disease-Modifying Therapies for Multiple Sclerosis. CONTINUUM: Lifelong Learning in Neurology, Hagerstown, v. 22, n. 3, p. 851-863, 2016.

MILLER, D. H.; LEARY, S. M. Primary-progressive multiple sclerosis. The Lancet Neurology, London, v. 6, n. 10, p. 903-912, 2007.

NOCENTINI, U. et al. Exploration of the relationships between regional grey matter atrophy and cognition in multiple sclerosis. Brain Imaging and Behavior, Secaucus, n. 8, v. 3, 378-386, 2014.

NOURBAKHSH, B.; MOWRY, E. M. Multiple Sclerosis Risk Factors and Pathogenesis. CONTINUUM: Lifelong Learning in Neurology, Hagerstown, v. 25, n. 3, p. 596-610, 2019.

OKUDA, D. T. et al. Radiologically Isolated Syndrome: 5-Year Risk for an Initial Clinical Event. PLoS ONE, San Francisco, v. 9, n. 3, p. e90509, 2014.

OREJA-GUEVARA, C. et al. Cognitive dysfunctions and assessments in multiple sclerosis. Frontiers in Neurology, Lausanne, n. 10, p. 1-9.

OSTOLAZA, A.; CORROZA, J.; AYUSO, T. Multiple sclerosis and aging: comorbidity and treatment challenges. Multiple Sclerosis and Related Disorders, Amsterdam, n. 50, p. 102815, 2021.

PATTI, F. Cognitive impairment in multiple sclerosis. Multiple Sclerosis Journal, Houndmills, v. 15, n. 1, p. 2-8, 2009.

PaVAN, K. et al. Esclerose múltipla: adaptação transcultural e validação da escala modificada de impacto de fadiga. Arquivos de Neuro-Psiquiatria, São Paulo, v. 65, n. 3, p. 669-673.

PEARCE, J. M. S. Historical descriptions of multiple sclerosis. European Neurology, Base, v. 54, n. 1, p. 49-53, 2005.

PETERSEN, R. C. Mild Cognitive Impairment. CONTINUUM: Lifelong Learning in Neurology, Hagerstown, v. 22, n. 2, 404-418, 2016.

PoLMAN, C. H. et al. Diagnostic criteria for multiple sclerosis: 2010 Revisions to the McDonald criteria. Annals of Neurology, Boston, v. 69, n. 2, p. 209-302, 2011.

PORTACCIO, E. et al. Cognitive issues in pediatric multiple sclerosis. Brain Sciences, Basel, v. 11, n. 4, p. 442, 2021.

POSNER, M. I.; ROTHBART, M. K.; GHASSEMZADEH, H. Restoring Attention Networks. The Yale Journal of Biology and Medicine, Yale, v. 92, n. 1, p. 139-143, 2019.

RAO, S. M. et al. Cognitive dysfunction in multiple sclerosis.: I. Frequency, patterns, and prediction. Neurology, Hagerstown, v. 4, n. 5, n. 685-691, 1991.

ROCCA, M. A. et al. Clinical and imaging assessment of cognitive dysfunction in multiple sclerosis. The Lancet Neurology, London, v. 14, n. 3, p. 302-317, 2015.

RODRIGUES, J. L.; FERREIRA, F. O.; HAASE, V. G. Perfil do desempenho motor e cognitivo na idade adulta e velhice. Gerais: Revista Interinstitucional de Psicologia, Belo Horizonte, v. 1, n. 1, p. 20-33, 2008.

ROTSTEIN, D. et al. Association of NEDA-4 With No Long-term Disability Progression in Multiple Sclerosis and Comparison With NEDA-3: A Systematic Review and Meta-analysis. Neurology: Neuroimmunology and NeuroInflammation, Baltimore, v. 9, n. 6, p. 1-9, 2022.

RUET, A. et al. Information processing speed impairment and cerebellar dysfunction in relapsing–remitting multiple sclerosis. Journal of the Neurological Sciences, Amsterdam, v. 347, n. 1-2, p. 246-250, 2014.

SCALFARI, A. et al. Onset of secondary progressive phase and long-term evolution of multiple sclerosis. Journal of Neurology, Neurosurgery & Psychiatry, London, v. 85, n. 1, p. 67-75, 2014.

SEPULCRE, J. et al. Cognitive impairment in patients with multiple sclerosis using the Brief Repeatable Battery-Neuropsychology test. Multiple Sclerosis, Houndmills, v. 12, n. 2, p. 187-195, 2006.

SMERBECK, A. et al. Influence of nationality on the Brief International Cognitive Assessment for Multiple Sclerosis (BICAMS). The Clinical Neuropsychologist, Lisse, v. 32, n. 1, p. 54 a 62.

SPEDO, C. T. et al. Brief International Cognitive Assessment for Multiple Sclerosis (BICAMS): Discrete and regression-based norms for the Brazilian context. *Arquivos de Neuro-Psiquiatria*, São Paulo, v. 80, n. 1, p. 62-68, 2022.

SUMOWSKI, J. F. et al. Cognition in multiple sclerosis: State of the field and priorities for the future. Neurology, Hagerstown, v. 90, n. 6, p. 278-288, 2018.

THOMPSON, A. J. et al. Diagnosis of multiple sclerosis: 2017 revisions of the McDonald criteria. The Lancet Neurology, London, v. 17, n. 2, p. 162-173, 2018.

TILBERY, C. P. et al. Padronização da Multiple Sclerosis Functional Composite Measure (MSFC) na população brasileira. Arquivos de Neuro-Psiquiatria, São Paulo, v. 63, n. 1, p. 127-132, 2005.

TULVING, E.; SCHACTER, D. Priming and human memory systems. Science, New York, v. 247, n. 4940, p. 301-306, 1990.

TURNER, M. A.; MORAN, N. F.; KOPELMAN, M. D. Subcortical dementia. British Journal of Psychiatry, London, v. 180, n. 2, p. 148-151, 2002.

XIA, Z. et al. Assessment of Early Evidence of Multiple Sclerosis in a Prospective Study of Asymptomatic High-Risk Family Members. JAMA Neurology, Chicago, v. 74, n. 3, p. 293, 2017.

XIANG, B. et al. Single scan quantitative gradient recalled echo MRI for evaluation of tissue damage in lesions and normal appearing gray and white matter in multiple sclerosis. Journal of Magnetic Resonance Imaging, Chicago, v. 49, n. 2, p. 487-498, 2019.

ZHANG, J. et al. Composite end points to assess delay of disability progression by MS treatments. Multiple Sclerosis Journal, Houndmills, v. 20, n. 11, p. 1494-1501, 2014.

26 Afasias Decorrentes de Acidente Vascular Encefálico

Maria Teresa Carthery-Goulart • Isabel Junqueira de Almeida

Introdução

Afasias são distúrbios de linguagem decorrentes de lesão encefálica adquirida, a qual é a principal causa de distúrbios da comunicação entre pessoas adultas e idosas. A maior parte dos quadros é de instalação aguda e apresenta-se como sequela após acidente vascular encefálico (AVE). Estima-se que mundialmente ocorram 15 milhões de casos de AVE por ano e que cerca de um terço das pessoas afetadas desenvolvam um quadro afásico (Bunker; Hillis, 2022; Kemmerer, 2015). Apesar da maioria dos indivíduos com afasia exibir graus variados de recuperação da linguagem, menos de um terço deles terá a remissão total dos sintomas (Davis, 2014). Na fase aguda, a maior parte dos indivíduos apresenta afasia global (comprometimento severo da compreensão e expressão da linguagem), mas os quadros vão se modificando na fase subaguda e crônica (Hallowell, 2023; Davis, 2014).

Afasias constituem um tema de grande interesse para diversas áreas do conhecimento, entre elas linguística, neurociência, neurologia, neuropsicologia e fonoaudiologia, uma vez que o estudo de suas características clínicas e correlatos neurais contribui para a compreensão do processamento da linguagem e de sua relação com outras funções cognitivas, sensoriais e motoras.

A perda da capacidade de se comunicar de forma eficaz tem um enorme impacto sobre a funcionalidade e a qualidade de vida das pessoas afetadas. Dependendo da gravidade da afasia, indivíduos acometidos podem ter limitações significativas para participar de situações do dia a dia, entre elas, exercer atividades ocupacionais, sociais e de lazer. A afasia impacta também a dinâmica familiar, já que em muitos casos ocorrem alterações dos papéis exercidos no núcleo familiar, dificuldades para estabelecer interações comunicativas, além de maiores demandas financeiras (Davis, 2014; Hallowell, 2023). Dessa forma, é de suma importância buscar estratégias efetivas para melhorar a comunicação e a qualidade de vida dos indivíduos acometidos e de suas famílias.

Este capítulo focalizará o papel da avaliação fonoaudiológica e neuropsicológica para caracterização das síndromes afásicas clássicas e das alterações cognitivas associadas, com vistas a propor um plano de reabilitação, destacando os quadros crônicos decorrentes de AVE.

O capítulo está organizado em três seções. Na primeira, apresentaremos bases neurais das afasias, considerações sobre o uso do termo "afasia", principais síndromes clínicas de acordo com a escola de Boston e alterações cognitivas e comportamentais frequentemente associadas a esses quadros. Na segunda, abordaremos a avaliação fonoaudiológica e neuropsicológica para a caracterização linguística e cognitiva das afasias. Na terceira, ilustraremos o processo de avaliação e planejamento da terapia em um caso clínico. Encerraremos o capítulo com breve síntese e considerações finais.

Alterações cognitivas, comportamentais e critérios diagnósticos das afasias clássicas

Bases neurais da linguagem

Como campo científico, o estudo das afasias se iniciou em meados do século XIX com os trabalhos do neurologista Paul Broca (1824-1880), que, entre 1861 e 1865, descreveu pessoas com graves alterações na expressão da linguagem relacionadas com quadros de lesões cerebrais adquiridas; no entanto, com relativa preservação da compreensão. Em estudos de autópsia cerebral, o pesquisador correlacionou seus achados clínicos às localizações das lesões cerebrais no hemisfério esquerdo (HE), designando a região hoje conhecida como "área de Broca" (áreas de Brodmann 44 e 45) como responsável pela linguagem articulada. Nos anos seguintes, muitos pesquisadores passaram a se dedicar ao tema das afasias, entre os quais Carl Wernicke (1848-1905), que, em 1874, documentou outro tipo de afasia, na qual a emissão oral era fluente e a compreensão estava comprometida de modo grave, em pessoas com lesões na área hoje denominada "área de Wernicke" (área de Brodmann 22). Esses achados clássicos levaram aos modelos conexionistas de processamento da linguagem, por exemplo, o modelo de Wernicke-Lichteim, e as primeiras propostas de classificação dessas síndromes (Bunker; Hillis, 2022; Kemmerer, 2015). O objetivo principal desses estudos era o mapeamento cerebral.

Após a Segunda Guerra Mundial, assumem destaque os estudos de Alexander Luria (1902-1977), que propõe uma visão funcional do processamento da linguagem e muda o foco das investigações, diante do contingente de pessoas jovens com lesões cerebrais que necessitavam intervenções com vistas a recuperar a funcionalidade. A avaliação das funções cognitivas em geral, e da linguagem em particular, passa a ser realizada com objetivo de informar as condutas clínicas para reabilitação cognitiva (Ardila, 2014; Kemmerer, 2015).

Na segunda metade do século XX, o advento e a difusão de técnicas de neuroimagem proporcionaram um avanço significativo no campo das afasias, já que permitiram uma nova interpretação das bases neurais da linguagem com modelos mais explicativos com base em pesquisas interdisciplinares, envolvendo a linguística e a psicologia. Outro avanço do mesmo período foi o desenvolvimento de baterias de avaliação de linguagem padronizadas, que permitiram uma melhor caracterização das alterações linguísticas (Bunker; Hillis, 2022; Kemmerer, 2015). No contexto brasileiro, a avaliação das afasias teve a influência desses vários campos do conhecimento, que se refletiu nas práticas de avaliação adotadas (Parente et al., 2014).

Características clínicas das síndromes clássicas de afasia e terminologia

Distúrbios da linguagem podem afetar a forma (fonética, fonologia, morfologia, sintaxe), o conteúdo (semântica) e/ou o uso (pragmática) da linguagem. Afasias podem se apresentar como uma manifestação primária devido a uma lesão focal (p. ex., AVE) ou coocorrer com quadros clínicos causados por lesões difusas (p. ex., traumatismos cranioencefálicos – TCE) em que há outras alterações cognitivas proeminentes. Além disso, não é incomum que quadros de afasia co-ocorram com distúrbios que afetam a programação e produção da fala, como quadros de apraxia de fala e disartria. Dependendo dos sintomas mais relevantes, o diagnóstico das afasias ocorre no contexto da avaliação fonoaudiológica (predomínio de sintomatologia relacionada com linguagem/fala) ou neuropsicológica (predomínio de alterações em outras funções cognitivas), e, de forma ideal, conta com essas e outras especialidades clínicas para desenvolver um programa de reabilitação multi/interdisciplinar com uma visão holística do indivíduo.

Tendo em vista os aspectos apresentados, o termo "afasia" não deve ser empregado para se referir a casos de pessoas com alterações congênitas de linguagem, sendo restrito aos casos de lesões adquiridas na idade adulta, após o desenvolvimento de níveis apropriados de linguagem. Ainda, como sugerem alguns autores (Berg et al., 2022), consideramos que o termo "afasia" seja reservado aos casos de distúrbios de linguagem decorrentes de lesões focais, como AVE, excluindo-se seu uso para se referir aos distúrbios de comunicação que ocorrem em casos de lesões difusas que afetam de forma mais importante outras habilidades cognitivas (p. ex., atenção e funções executivas, habilidades visuoespaciais e memória de longo prazo), como as manifestações clínicas que ocorrem em algumas doenças neurodegenerativas ou em pessoas que tiveram um TCE. Para esses casos é mais adequado empregar o termo "alteração linguístico-cognitiva" (Berg et al., 2022). Por fim, o termo "afasia" também não se aplica a pessoas com disfunções linguísticas decorrentes de perda auditiva congênita, quadros psiquiátricos ou déficits motores que levam a dificuldades articulatórias na fala (Berg et al., 2022; Kemmerer, 2015). Desse modo, são considerados afásicos apenas os indivíduos que tiveram o sistema linguístico diretamente afetado por uma lesão cerebral focal adquirida.

Pessoas com afasia apresentam graus variados de disfunção da compreensão e expressão da linguagem, em uma ou mais modalidades. Com relação à recepção da linguagem, pode estar afetada a compreensão oral, de sinais e/ou leitura e, na expressão, a linguagem oral, de sinais e/ou escrita (Berg et al., 2022). O grau de comprometimento de cada modalidade de linguagem é variável, mas, na maioria dos casos, todas as modalidades estão, de alguma forma, impactadas. Da mesma forma, podem predominar alterações de expressão ou de compreensão, mas são raras alterações isoladas, como veremos mais adiante.

De forma simplificada, as características do quadro de linguagem variam de acordo com o local da lesão. Lesões em regiões anteriores à fissura sylviana resultam em quadros de afasia não fluente, cuja alteração mais proeminente é a expressão de linguagem; lesões em regiões posteriores à fissura sylviana resultam em afasias fluentes, cuja dificuldade mais importante é a compreensão de linguagem. Lesões em áreas perisylvianas desencadeiam um quadro afásico cuja principal dificuldade é a repetição. Já quando as lesões preservam essas áreas, a repetição não é afetada (Kemmerer, 2015). Lesões em áreas subcorticais também podem levar a quadros afásicos, cujas manifestações são bastante variadas. Entretanto, é importante salientar o que já mencionamos anteriormente: a maior parte das pessoas com afasia apresenta recuperação parcial das funções linguísticas, o que torna a correspondência entre lesão e sintoma linguístico não muito precisa e heterogênea entre os quadros (Kemmerer, 2015).

Classificação das afasias

A classificação das afasias em síndromes clínicas simplifica a comunicação interprofissional. Ao longo da história, diferentes formas de classificar os sintomas afásicos foram propostas, algumas baseadas nos sintomas comportamentais, isto é, nas habilidades de linguagem alteradas e preservadas; outras, baseadas nas localizações das lesões. Neste capítulo, será apresentada a classificação das afasias proposta pela escola de Boston, liderada por Norman Geschwind (1926-1984), Harold Goodglass (1920-2002) e Edith Kaplan (1924-2009), nas décadas de 1960 e 1970. Essa classificação, amplamente utilizada entre clínicos e pesquisadores, baseia-se nas manifestações linguísticas e, a partir delas, pode-se inferir o local da lesão (Ardila, 2014; Bunker; Hillis, 2022; Kemmerer, 2015).

Embora a divisão em síndromes seja bastante útil, algumas ressalvas devem ser feitas. Em primeiro lugar, ela está baseada na dicotomia presente × ausente, quando na realidade pode haver diferentes graus de comprometimento de cada sintoma. Por exemplo, na afasia de Broca, o paciente pode ter dificuldade de compreensão oral quando são apresentadas sentenças sintaticamente complexas, mas não para conteúdos simples. Ou seja, a depender do tipo de tarefa utilizado na avaliação, torna-se possível identificar diferentes graus de alteração. Um segundo ponto refere-se ao fato de que nem sempre o paciente classificado com determinada síndrome afásica apesentará o conjunto completo de sinais e sintomas. Some-se a isso o fato de as síndromes afásicas não serem estáveis, já que sofrem modificações ao longo do tempo pela reorganização neural. Dessa forma, a ideia de que determinado conjunto de sintomas refletiria o local da lesão, como descrito na literatura sobre afasia, por vezes se mostra inexata (Ardila, 2014; Bunker; Hillis, 2022; Kemmerer, 2015).

A classificação da escola de Boston propõe oito síndromes afásicas: afasia de Broca, afasia de Wernicke, afasia de condução, afasia global, afasia anômica, afasia transcortical motora, afasia transcortical sensorial e afasia transcortical mista. Os parâmetros de linguagem cruciais para essa classificação são: fluência de fala, compreensão oral e repetição.

Um sintoma comum a todas as afasias é a anomia ou dificuldade de achar palavras. Assim, essa característica é essencial para o diagnóstico de afasia e pode ser observada tanto com a aplicação de testes formais quanto em situações funcionais de comunicação.

Para a classificação sindrômica, deve-se investigar se o indivíduo tem a fala fluente ou não fluente, entendendo a fluência como um fluxo de fala contínuo, suave, com velocidade, ritmo e prosódia preservados. Verifica-se, também, por meio de testes e de conversação espontânea, se a compreensão de linguagem está relativamente preservada ou não. E, por fim, avalia-se se o paciente tem a habilidade de repetir palavras e frases relativamente preservada. Esses parâmetros podem ser analisados após uma avaliação abrangente de linguagem, que inclui também outros aspectos da linguagem, como nomeação, leitura e escrita, como será detalhado mais adiante.

A Figura 26.1, adaptada de Bunker e Hillis (2022), ilustra o raciocínio que embasa a classificação das oito síndromes afásicas clássicas. Além dessas, há afasias decorrentes de lesões subcorticais, que não seguem essa classificação.

Afasias decorrentes de lesões com predomínio cortical

Afasia de Broca

Entre as síndromes afásicas, a afasia de Broca é a mais frequentemente encontrada. A produção oral espontânea é não fluente, isto é, caracteriza-se por fala lenta, hesitante e que exige esforço do paciente, com prosódia e ritmo alterados. Algumas dessas características são reflexo do que se denomina apraxia de fala – alteração no planejamento e/ou na programação dos movimentos requeridos para produzir a fala de forma voluntária, que com frequência coocorre com a afasia de Broca. É caracterizada por anomalias na produção de fonemas (desvios fonéticos), omissões e substituições de fonemas, levando à diminuição da velocidade de fala. Pode estar associada à apraxia bucofacial (dificuldades de planejamento e realização de movimentos faciais e bucais). A disartria, compatível com o quadro motor geral, é também verificada com frequência em pessoas com afasia de Broca.

O grau de alteração da fluência pode variar bastante. Há pacientes que, na fase aguda, têm a fala gravemente reduzida, podendo emitir de forma fluente apenas frases "automáticas", como dizer os dias da semana, meses do ano, seu nome etc. Emissões involuntárias e perseverativas, denominadas "estereotipias", são comuns nessa fase. Essas podem ser palavras da língua ou mesmo sílabas sem significado. Parafasias fonéticas (distorções de sons) e fonológicas (trocas ou omissões de fonemas) podem ser observadas também.

Uma característica típica da afasia de Broca é o agramatismo, que se manifesta tanto na produção oral quanto na escrita e que consiste em uma dificuldade no nível morfossintático. Caracteriza-se pela produção de frases muito curtas, de até três palavras, por vezes com organização sintática alterada e ausência de palavras funcionais (artigos, preposições, conjunções). Essas emissões são chamadas na literatura de "fala telegráfica". Há dificuldade marcada com o uso de morfemas gramaticais, tanto livres (p. ex., artigos, preposições, conjunções, verbos auxiliares) quanto presos (p. ex., afixos, como as terminações verbais "gost-**ei**").

A compreensão oral está relativamente preservada, sobretudo para palavras isoladas, frases simples e durante a conversação espontânea, quando há apoio contextual. Entretanto, quando se testa a compreensão de sentenças sintaticamente complexas (apresentadas oralmente ou por escrito), como subordinadas ou clivadas de objeto (p. ex., "foi a Maria que o João chamou"), pessoas com afasia de Broca podem falhar devido às dificuldades morfossintáticas.

Na repetição, o desempenho em geral é melhor do que na fala espontânea. Podem ser observadas parafasias fonéticas e fonológicas e omissões de elementos gramaticais. A nomeação pode estar alterada, sobretudo para verbos, na comparação com substantivos.

As lesões podem estar restritas à área de Broca, o que resulta em quadros atenuados, ou podem se estender para áreas próximas, como ínsula, giro pré-central, córtex pré-motor e área motora suplementar, no HE (Ardila, 2014; Bunker; Hillis, 2022; Kemmerer, 2015).

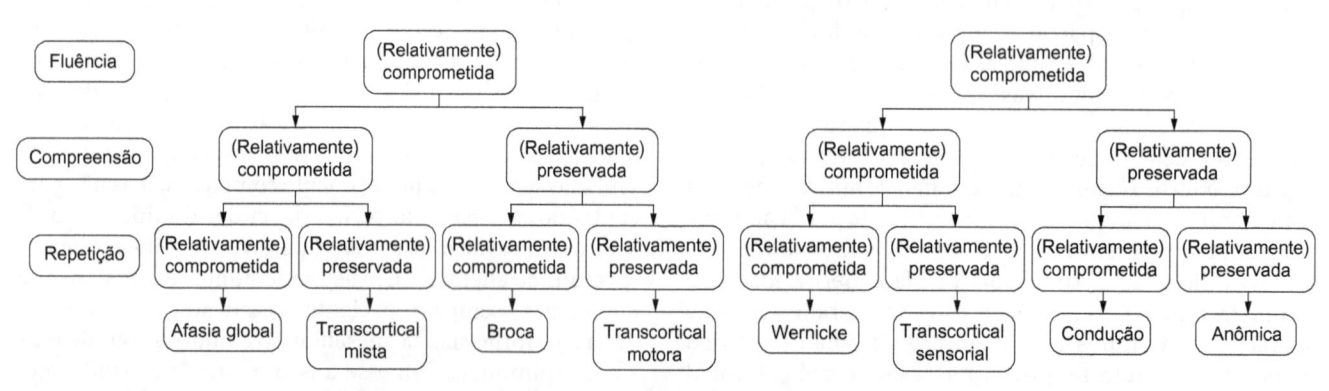

Figura 26.1 Classificação sindrômica das afasias. (Adaptada de Bunker; Hillis, 2022.)

Afasia de Wernicke

A afasia de Wernicke se caracteriza por uma fala fluente, semanticamente vazia, com articulação e prosódia preservadas, porém excessiva, chamada "fala logorreica". Em casos mais graves, em que há abundância de neologismos, utiliza-se o termo "jargonafasia". São considerados neologismos as sequências de fonemas que obedecem à fonotática da língua, mas que não formam uma palavra existente. Apesar da fluência, é muito difícil compreender o que o paciente diz, pois as construções são desprovidas de significado, com grande quantidade de parafasias fonológicas, neologismos e também por conta do que se denomina paragramatismo, ou seja, a seleção incorreta e excessiva de palavras de classe fechada e erros morfossintáticos.

A compreensão está prejudicada na afasia de Wernicke, podendo atingir todos os níveis: palavras, frases e discurso. Com frequência, os indivíduos não têm consciência de suas dificuldades de produção e compreensão de linguagem.

A repetição exibe os mesmos erros da fala espontânea, com parafasias fonológicas e neologismos.

É possível observar nas produções escritas erros similares à fala espontânea. A compreensão de leitura também está prejudicada.

Em geral, a afasia Wernicke está associada a lesão na região posterior do giro temporal superior, no HE (Bunker; Hillis, 2022; Kemmerer, 2015).

Afasia de condução

Pessoas com afasia de condução têm fala fluente, porém, com algumas pausas e com parafasias fonológicas abundantes. De modo diferente da afasia de Wernicke, pessoas com afasia de condução têm plena consciência de seus erros fonológicos, e se esforçam para corrigi-los, indicando que a representação fonológica da palavra está preservada.

A compreensão está preservada para palavras, frases simples e durante a conversação. Porém, para conteúdos complexos, que exigem mais da memória de curto prazo fonológica, pode haver dificuldade de compreensão.

A repetição é a habilidade mais comprometida nessa síndrome e caracteriza-se por hesitações e parafasias fonológicas, tanto ao repetir palavras quanto frases e sentenças, havendo piora para itens mais longos.

Em termos de correlatos neurais, lesões no giro supramarginal estão associadas a quadro de afasia de condução (Bunker; Hillis, 2022; Kemmerer, 2015).

Afasia global

A mais grave das síndromes afásicas é a afasia global. Todas as habilidades de linguagem estão comprometidas. Na emissão oral, observam-se estereotipias e automatismos, que podem ser usados com diferentes entonações. Em alguns casos, pode haver mutismo completo. A compreensão de linguagem oral e escrita está gravemente comprometida, assim como a produção escrita e a repetição.

Alguns casos de afasia global podem evoluir para afasia de Broca, sobretudo quando a região temporal do córtex perisylviano está preservada. Mas, em geral, a lesão atinge a região perisylviana à esquerda como um todo (Bunker; Hillis, 2022; Kemmerer, 2015).

Afasia anômica

Na afasia anômica, a fala é considerada fluente, porém são observadas algumas hesitações decorrentes de episódios de anomia e/ou dificuldade de encontrar as palavras. Anomias são, na realidade, uma alteração comum a todos os quadros afásicos, mas na afasia anômica, constituem a principal característica. Quando testadas, pessoas com afasia anômica demonstram conhecimento do objeto, ou seja, demonstram saber seu uso, sua função, mas falham no acesso à palavra. Observam-se parafasias semânticas (trocas por palavras semanticamente relacionadas) e paráfrases (p. ex., "aquilo que se usa para beber água") na fala espontânea. A compreensão e a repetição estão preservadas em todos os níveis (palavras, sentenças, discurso). Com frequência, pacientes com quadros afásicos mais graves evoluem e acabam preenchendo critério para afasia anômica.

Não há uma região específica cuja lesão leve à afasia anômica. Essa síndrome pode ocorrer a partir de lesões em diferentes regiões corticais. Porém, estudos mostram que indivíduos cuja dificuldade de nomeação atinge mais fortemente a categoria dos verbos, em geral, têm lesões no lobo frontal à esquerda, em especial na área de Broca. Já nos casos em que se observa mais dificuldade no acesso aos substantivos, a lesão costuma localizar-se na região do lobo temporal à esquerda (Bunker; Hillis, 2022; Kemmerer, 2015).

Afasias transcorticais

Afasias transcorticais são síndromes mais raras, que têm em comum a habilidade preservada de repetição. São descritas três síndromes: afasia transcortical motora, afasia transcortical sensorial e afasia transcortical mista.

Afasia transcortical motora

Pessoas com afasia transcortical motora têm a fala não fluente com articulação preservada. A característica principal que se observa na fala espontânea é a dificuldade em iniciar a fala. Quando conseguem iniciar, em geral emitem enunciados curtos e, por vezes, incompletos. Há presença de ecolalia, isto é, repetição de enunciados ou palavras ditas pelo interlocutor, e perseverações (repetição de uma palavra ou frase emitida pelo próprio paciente).

A compreensão de conteúdos simples está preservada, porém podem ser observadas dificuldades para compreender conteúdos longos e complexos, como narrativas. A habilidade de repetição está totalmente preservada.

Alguns autores argumentam que as manifestações da afasia transcortical motora seriam reflexo de alterações em funções executivas (FE), mais do que uma alteração em habilidades linguísticas. Seria, portanto, uma síndrome disexecutiva que afetaria a linguagem (Ardila, 2014).

A região pré-frontal dorsolateral à esquerda é, em geral, o local de lesão que se relaciona com as manifestações descritas anteriormente (Kemmerer, 2015).

Afasia transcortical sensorial

Manifesta-se de forma similar à afasia de Wernicke, porém com a capacidade de repetição de linguagem intacta. A fala é bastante fluente, mas intermeada por parafasias semânticas e neologismos. Há uso exacerbado de palavras semanticamente vazias, como "coisa", "isso", tornando o discurso esvaziado de significado. Há perseverações e ecolalias. A compreensão está bastante prejudicada em todos os níveis: palavras, frases, discurso.

A região mais frequentemente lesionada nesses casos é a junção têmporo-parieto-occipital no HE (Ardila, 2014; Kemmerer, 2015).

Afasia transcortical mista

Trata-se da junção das outras duas síndromes transcorticais. Assim, os déficits atingem a produção de fala, com uma fala não fluente e bastante reduzida, e a compreensão, mas poupam a repetição. O que diferencia um quadro de afasia transcortical mista da afasia global é a habilidade de repetir. Os correlatos neurais englobam as áreas mencionadas nas duas outras síndromes transcorticais (Ardila, 2014; Kemmerer, 2015).

Afasias subcorticais e decorrentes de lesões cerebelares

Há estudos sobre a relação entre as estruturas subcorticais e a linguagem desde o final do século XIX, porém a descrição detalhada das afasias subcorticais é recente, na comparação com as afasias corticais. O que proporcionou o aprofundamento desse conhecimento foi o surgimento de exames de neuroimagem, que ampliaram os estudos sobre a correlação entre manifestações clínicas e áreas específicas lesionadas (Ardila, 2014; Radanovic; Mansur, 2017).

Todavia, segue em discussão a questão sobre qual seria o papel das regiões subcorticais no processamento da linguagem. Alguns autores defendem que afasias subcorticais de fato resultam de lesões isoladas em estruturas subcorticais, ao passo que outros argumentam que alterações de linguagem seriam consequência da interrupção das vias de conexão entre áreas subcorticais lesionadas e áreas corticais envolvidas no processamento linguístico (Ardila, 2014; Bunker; Hillis, 2022; Radanovic; Mansur, 2017). De todo modo, manifestações linguísticas que emergem após uma lesão subcortical abrangem diversos quadros descritos nas sessões anteriores, além de outros atípicos.

Disartria é uma alteração bastante comum em lesões subcorticais e esses quadros têm como características hipofonia (diminuição da intensidade da voz), diminuição na velocidade de fala e alteração na prosódia (Ardila, 2014).

Há duas regiões subcorticais que vêm sendo mais estudadas com relação às manifestações de linguagem: região estriatocapsular e tálamo, no HE.

As características das afasias após lesão estriatocapsular são bastante inconsistentes e variáveis. Em geral, resultam em alterações articulatórias e prosódicas importantes. Não há agramatismo evidente na produção de fala e a compreensão oral é funcional. Porém, pode ocorrer dificuldade na compreensão de sentenças sintaticamente complexas. Dificuldade de nomeação e acesso ao léxico durante a fala encadeada são alterações comuns também (Ardila, 2014; Bunker; Hillis, 2022; Radanovic; Mansur, 2017).

Quadros afásicos resultantes de lesões talâmicas são descritos como fluentes, com parafasias semânticas e, em casos mais graves, parafasias fonológicas, compreensão oral prejudicada e repetição preservada. Logo após o AVE, porém, os pacientes podem estar em mutismo.

Por fim, há observações de alterações no processamento da linguagem e afasias após lesões cerebelares. Satoer et al. (2024) avaliaram um grupo homogêneo de 46 pessoas com lesão cerebelar vascular isolada, confirmada por imagem, 3 meses pós-AVE (após a fase aguda). Os autores utilizaram uma bateria especialmente elaborada para detectar afasia leve: teste de Token (De Renzi; Vignolo, 1962), teste de nomeação de Boston (Kaplan; Goodglass; Weintraub, 2001) e, como medida de atenção e velocidade de processamento, teste de trilhas (Lezak; Howieson; Loring, 2012). Os autores concluíram que lesões cerebelares podem levar a quadros de afasia leve, independentemente do lado da lesão (cerebelo direito, esquerdo ou central/bilateral). Tais alterações foram evidenciadas em apenas duas tarefas da bateria aplicada: teste de julgamento semântico/recuperação de palavras sob pressão de tempo e teste de completar sentenças. No primeiro, indivíduos com lesões cerebelares apresentaram erros na seleção semântica da resposta, além de parafasias semânticas, circunlocuções, anomias e erros fonológicos parcialmente diferentes dos relacionados com disartria atáxica, apraxia da fala ou alterações prosódicas relatadas em pacientes com lesões cerebelares. No teste de completar sentenças, os erros mais frequentes foram sintáticos (p. ex., erros na ordem das palavras, inflexões) e de lentidão para iniciar a resposta (iniciação da fala).

Alterações cognitivas e comportamentais associadas

Há alta prevalência de distúrbios cognitivos após AVE. A investigação da presença e gravidade em pessoas com afasia é bastante relevante, já que pode aumentar o comprometimento funcional e impactar as respostas à reabilitação (Eskes et al., 2015; Helm-Estabrooks, 2002; Kalbe et al., 2005; Lanctôt et al., 2020; van Mourik et al., 1992).

Não há consenso sobre a associação entre disfunção cognitiva e gravidade da afasia. Alguns estudos indicam que é possível prever o desempenho em testes cognitivos com base nos resultados da avaliação de linguagem (Kalbe et al., 2005; Marinelli et al., 2017), enquanto outros apontam para dissociações, ou seja, algumas pessoas com afasia apresentariam cognição não verbal relativamente preservada e outras teriam comprometimento cognitivo generalizado, em geral muito prejudicado em todas as funções cognitivas (Helm-Estabrooks, 2002; Nicholas; Hunsaker; Guarino, 2017; van Mourik et al., 1992). Em conjunto, esses estudos mostram que em uma parcela das pessoas com afasia, os comprometimentos cognitivos observados não são secundários ao comprometimento da linguagem. Uma concordância na literatura dessa área é que há grande heterogeneidade clínica e que o trabalho de reabilitação da linguagem envolve e se inter-relaciona com outras funções cognitivas, a saber: atenção, FE, memória (longo prazo, curto prazo e operacional) e habilidades visuoespaciais. Dessa forma, é preciso investigar esses aspectos a fim de planejar intervenções efetivas para tais indivíduos. Para isso, são recomendados instrumentos que contenham estímulos não verbais e que possibilitem respostas motoras (Bonini; Radanovic, 2015; Fonseca; Ferreira; Pavão Martins, 2017; Fontoura et al., 2011).

As habilidades atencionais podem ser entendidas como básicas para qualquer processo cognitivo de alta ordem. Para avaliar essa função, muitos trabalhos empregam testes de cancelamento de símbolos, testes de trilhas e labirintos (Lezak; Howieson; Loring, 2012). A capacidade de memória operacional é extremamente importante para o processamento linguístico, que requer manutenção temporária e manipulação de informações verbais para extrair e expressar significados. Em pessoas com afasia, pode ser avaliada a capacidade de memória operacional não verbal, com testes de extensão não verbal, em vez de se restringir a testes verbais, como o teste de extensão de dígitos em ordem direta e ordem inversa. No entanto, os testes de memoria operacional visuoespaciais relacionam-se mais fortemente com FE; assim, uma amplitude visuoespacial reduzida pode estar relacionada tanto a dificuldades de atenção e memória imediata quanto à disfunção executiva. Por fim, informações relevantes para o plano de reabilitação neuropsicológica (RN) podem ser obtidas investigando-se a capacidade de raciocínio abstrato/inteligência não verbal, que pode ser avaliada, por exemplo, pelo teste de matrizes progressivas de Raven; e a presença de distúrbios visuoperceptivos e visuoespaciais, como agnosia visual, hemianopsia, negligência, entre outros. Esses dados trarão informações fundamentais sobre quais estratégias e estímulos serão mais efetivos na intervenção dirigida a pessoas com quadros graves de afasia, indicando, por exemplo, se um trabalho de reabilitação cognitiva deve anteceder o trabalho de reabilitação da linguagem.

Investigações sobre disfunções cognitivas em pessoas com afasia em geral comparam seus escores com os de um grupo controle com características sociodemográficas semelhantes às dos pacientes. Esse grupo controle, por sua vez, pode ser composto por pessoas sem lesões cerebrais e/ou com lesões cerebrais focais no hemisfério direito (HD) ou esquerdo. Comparações entre pessoas com lesões no HE com e sem afasia esclarecem melhor as dificuldades cognitivas especificamente associadas às afasias. Já comparações entre afásicos e controles sem lesão cerebral podem evidenciar disfunções cognitivas associadas a qualquer tipo de lesão cerebral focal.

Em revisão sistemática da literatura, Fonseca, Ferreira e Pavão Martins (2017) identificaram que comprometimentos cognitivos em pessoas com afasia foram apontados em 61,3% dos estudos que compararam essa população a controles sem lesão cerebral, enquanto nas comparações com pessoas com lesões cerebrais sem afasia, piores escores para os afásicos foram mencionados em 29% dos estudos. Os autores mapearam os testes não verbais mais utilizados em estudos sobre cognição nas afasias, a saber:

- Atenção: *Test of Everyday Attention* e testes de cancelamento
- Memória operacional/de curto prazo: teste de extensão de cubos de Corsi ou similares
- Aprendizagem e memória imediata e tardia: tarefas de reprodução visual de desenhos e tarefas de reconhecimento de figuras e/ou faces
- FE: teste de Wisconsin, testes de labirintos e testes de trilhas
- Praxias construtivas: reprodução da figura complexa de Rey
- Inteligência e pensamento abstrato: teste de matrizes progressivas de Raven, teste de inteligência não verbal e teste do desenho do relógio
- Associação semântica: *Pyramids and Palm Trees* e *Camel and Cactus Test*.

Fonseca, Raposo e Pavão Martins (2019) compararam o desempenho de pessoas com lesões cerebrais devido a AVE no HE com e sem afasia em 10 testes que não exigiam respostas orais, verificando correlação significativa entre a gravidade da afasia e a capacidade de compreensão verbal e o desempenho em tarefas de atenção e velocidade de processamento mental, tarefas de associação semântica entre figuras e habilidades visuoconstrutivas. Além disso, observaram diferenças entre afásicos fluentes com boa compreensão e não fluentes. Enquanto os primeiros tiveram desempenho inferior ao dos controles somente em tarefas de memória, os últimos apresentaram pontuações mais baixas também em FE e atenção.

No cenário nacional, Bonini e Radanovic (2015), como parte do estudo da morbidade e mortalidade do acidente vascular encefálico (Estudo EMMA), estudaram o desempenho cognitivo pós-primeiro/único episódio de AVE, comparando três subgrupos: 21 pessoas com afasia pós-AVE esquerdo, 17 pessoas sem afasia pós-AVE esquerdo e 9 pessoas sem afasia pós-AVE direito. Entre as pessoas com afasia, as síndromes eram variadas: afasia global, afasia de Broca, afasia transcortical motora, afasia de Wernicke, afasia transcortical sensorial, afasia de condução, afasia anômica e afasia transcortical mista. Nas tarefas avaliando as FE, comparações entre pessoas com AVE esquerdo mostraram pior desempenho dos afásicos em tarefas de memória de curto prazo e operacional verbal (extensão dígitos), evocação tardia livre tanto de listas de palavras e figuras quanto de material não verbal, a saber os desenhos copiados na tarefa de praxias construtivas. No entanto, não houve diferença significativa entre os grupos quando a memória tardia foi avaliada por tarefas de reconhecimento. Os grupos também não diferiram significativamente quanto à atenção e velocidade de processamento avaliada pelo teste de trilhas e cancelamento de símbolos. Entretanto, afásicos tiveram desempenho inferior em praxias gestuais e no desenho do relógio, que avalia as FE com menos influência da linguagem. As autoras concluíram que, após a linguagem, a função mais afetada em pessoas com afasia são as FE.

Na próxima seção, retomaremos esse tópico e outros estudos relevantes para descrever os instrumentos multidimensionais mais utilizados no cenário nacional e internacional.

Avaliação fonoaudiológica e neuropsicológica

Nesta seção, abordaremos aspectos básicos da avaliação de pessoas com afasia, enfocando procedimentos e instrumentos que podem ser usados para identificar e diagnosticar suas principais alterações linguísticas, cognitivas e funcionais.

Embora nosso foco seja a descrição dos instrumentos mais utilizados para rastreio e caracterização dos comprometimentos (enfoque diagnóstico) é importante salientar que a avaliação com vistas a propor um plano de reabilitação deve ser holística e alinhada aos princípios da Classificação Internacional de Funcionalidade, Incapacidade e Saúde (CIF) da Organização Mundial de Saúde (WHO, 2017). Com relação à pessoa com afasia, isso vai além da avaliação dos **comprometimentos** linguísticos, passando pela identificação das **restrições** em atividades e níveis de participação e das **barreiras** devido a fatores individuais e ambientais; buscando avaliar também aspectos relacionados à **saúde** (funções linguísticas e cognitivas preservadas), **funcionalidade** (atividades que o indivíduo realiza) e **participação** (atividades cotidianas em que a pessoa está envolvida), bem como fatores contextuais e individuais que podem **facilitar** a reabilitação (Hallowell, 2023). Uma análise holística desses aspectos, integrando necessidades do cliente e evidências baseadas na prática clínica e na pesquisa são fundamentais para traçar objetivos a curto e longo prazo adequados e personalizados.

Feitas essas considerações, organizamos esta seção em quatro partes:

1. Testes breves para rastreio de afasia.
2. Avaliação da linguagem para caracterizar e quantificar sintomas afásicos.
3. Avaliação das funções cognitivas em pessoas com afasia.
4. Avaliação da funcionalidade e qualidade de vida da pessoa com afasia.

Rastreio para afasia e avaliação da linguagem para caracterizar e quantificar sintomas afásicos

Uma característica comum a todos os quadros de afasia é a dificuldade de nomeação e de encontrar palavras. Dessa forma, se o objetivo for um rastreio breve para indicar a necessidade de uma avaliação mais pormenorizada para confirmar o diagnóstico de afasia e caracterizar seus sintomas, tarefas que possibilitem a investigação desses aspectos são um bom recurso.

A suspeita de afasia pode ser proveniente de resultados em baterias de rastreio cognitivo, muitas vezes aplicadas por outros profissionais da área da saúde que estão cuidando do caso. Entre as mais comumente utilizadas no Brasil estão: miniexame do estado mental (MEEM), bateria breve de rastreio cognitivo (BBRC), exame cognitivo de Addenbrooke – versão revisada (ACE-R) e avaliação cognitiva de montreal (MoCA), que incluem subtestes para avaliar a linguagem, entre eles a nomeação de figuras e/ou objetos e tarefas de fluência verbal. Há grande influência da escolaridade em tarefas linguísticas e as versões brasileiras desses instrumentos sugerem notas de corte ajustadas a esse aspecto (Amaral-Carvalho et al., 2023; Brucki et al., 2003; Cesar et al., 2019; Nitrini et al., 2007). Apesar de serem úteis em alguns contextos de avaliação, é importante salientar que tais instrumentos têm limitações para avaliação de pessoas com afasia, podendo superestimar as dificuldades cognitivas em quadros graves de afasia de expressão ou subestimar as dificuldades de linguagem em casos de afasia leve.

Com relação à nomeação, tarefas que incluem estímulos menos frequentes, de categorias semânticas diversas e com maior complexidade fonético-fonológica, ou seja, mais difíceis de pronunciar, como os estímulos das baterias ACE-R e MoCA, podem ser mais sensíveis para detectar um comprometimento de nomeação em pessoas com afasia leve em comparação ao MEEM, que requer a nomeação de objetos comuns (caneta e relógio). No entanto, é importante lembrar que tais instrumentos foram desenvolvidos para rastreio de declínio cognitivo em função de doenças neurodegenerativas no envelhecimento e não especificamente para afasia. Assim, podem ter baixa sensibilidade, ou seja, apresentar resultados falso-negativos para afasias muito leves. Quando incluem tarefas de fluência verbal, como ACE-R e MoCA, tornam-se mais sensíveis para detectar a dificuldade de encontrar palavras, mas perdem em especificidade, ou seja, podem resultar em falso-positivos para afasia, já que falhas nesses testes podem ocorrer devido a alterações em outros aspectos, como velocidade de processamento cognitivo-motor, dificuldades de atenção, memória operacional e FE. Assim, utilizar instrumentos que combinem pelo menos esses dois subtestes (nomeação e fluência verbal) pode ser mais efetivo para identificar afasia, mesmo em pessoas com dificuldades leves.

Para o neuropsicólogo, o uso de um teste de nomeação com estímulos que variem em frequência, como o teste de nomeação de Boston (Goodglass; Kaplan; Barresi, 2000; Mansur et al., 2006; Miotto et al., 2010) pode ser uma alternativa melhor para o rastreio de afasia do que o uso de baterias de rastreio cognitivo. Para avaliadores mais experientes na área de linguagem, anomia e dificuldade de achar palavras, mesmo em pessoas com afasia leve, podem ser identificadas em situação funcional de comunicação, com base em análise de pausas, reformulações, coesão e coerência do discurso, além da análise do perfil de parafasias (substituições da palavra-alvo por outra ou por uma não palavra).

Avaliação da linguagem para caracterizar e quantificar sintomas afásicos

A escolha de instrumentos de avaliação e a decisão sobre usar baterias e testes formais dependerá do momento da avaliação (fase aguda, subaguda, crônica pós-AVE), do local da avaliação (hospital, ambulatório geral, consultório especializado) e do tempo disponível para avaliação do indivíduo (Hallowell, 2023). Um excelente profissional utilizará seu conhecimento e sua capacidade de formular e testar hipóteses clínicas para, no tempo que tiver disponível, obter os dados mais relevantes para diagnosticar e avaliar a gravidade da afasia, identificando os aspectos da linguagem que estão comprometidos e preservados para analisar o prognóstico e elaborar um plano de intervenção.

Um protocolo mínimo para a caracterização das síndromes afásicas deve avaliar: nomeação; compreensão e produção discursiva (dialógica e/ou por tarefas que eliciem diferentes gêneros discursivos); compreensão auditiva; repetição; leitura e escrita nos níveis da palavra, da sentença e do texto. O examinador pode avaliar esses aspectos por testes padronizados, avaliação dinâmica e/ou testes referenciados por critérios. Testes padronizados permitem uma comparação do desempenho do paciente com a população geral e têm uma forma precisa de aplicação. A avaliação dinâmica consiste em verificar como o participante se beneficia de pistas e modelagem ou qual estratégia utiliza em situações de comunicação. Os testes referenciados por critérios envolvem partes de testes ou critérios definidos para aquele participante e são geralmente empregados para avaliar resultados de intervenção. Por exemplo, para um cliente que tem acertos na nomeação somente quando o terapeuta dá como pista a sílaba inicial de uma palavra (pista fonêmica), pode-se estabelecer como critério de melhora que após certo número de sessões ele será capaz de nomear um grupo de palavras apenas apresentando-se a pista fonêmica. Outros critérios podem se basear no número de ocorrências de acerto; por exemplo, o cliente acerta 25% dos itens após pista silábica e o critério de melhora pode ser ter acertos 75% das vezes, em uma situação determinada (p. ex., nomeação a partir de estímulo visual).

Com relação às baterias para avaliação da linguagem e diagnóstico da afasia (perfil e gravidade), a mais utilizada na prática clínica em afasia no Brasil é o protocolo Montreal-Toulouse (MTL), em suas versões breve e ampliada, por ser um instrumento comercializado no Brasil e que passou pelas etapas de adaptação psicolinguística e cultural da linguagem e itens pictóricos; avaliação de propriedades psicométricas/validade diagnóstica; e padronização (Parente *et al.*, 2016). Esse instrumento inclui tarefas que avaliam linguagem automática, compreensão auditiva e escrita de palavras, produção discursiva oral e escrita, escrita sob ditado e cópia, repetição, leitura de palavras e pseudopalavras, compreensão de leitura, fluência verbal, nomeação, comandos para manipulação de objetos, praxias orais e habilidades aritméticas. Um exemplo de sua aplicação será apresentado na descrição da seção *Caso clínico* deste capítulo.

Nos anos 1990 a 2000, a versão em espanhol da bateria de afasia de Boston era vendida pela Pró-Fono, e alguns fonoaudiólogos usavam esse instrumento para a prática clínica. O protocolo foi traduzido para utilização em pesquisa e foi feita a adaptação transcultural de alguns de seus subtestes e sugeridos valores de referência para diferentes escolaridades (Mansur *et al.*, 2002, 2005; Radanovic; Mansur, 2002).

Outro instrumento amplamente utilizado na literatura internacional é a bateria de Western de afasia (Kertesz, 1982). A versão beira-leito do instrumento passou por fase inicial de adaptação para uso em nosso meio (parâmetros linguísticos e conceituais) (Neves *et al.*, 2014) e sua última versão foi traduzida e adaptada culturalmente e, até a escrita deste livro, está em processo de normatização e validação para utilização no Brasil, com autorização do autor e da editora (Almeida *et al.*, no prelo). Espera-se que esses trabalhos avancem e que os instrumentos sejam acessíveis não somente para pesquisa, mas principalmente para dar suporte à prática clínica.

Além das baterias descritas, cujo foco é caracterizar funções de linguagem comprometidas e preservadas e identificar síndromes, há baterias e testes desenvolvidos para avaliar aspectos adicionais. Entre esses instrumentos, temos a versão brasileira da bateria MAC e sua versão reduzida (MAC B) (Fonseca *et al.*, 2008), adaptadas do protocolo MEC44, indicadas para avaliar a comunicação, com mais detalhamento das dificuldades pragmáticas apresentadas por pessoas que tiveram AVE afetando o HD ou TCE.

O teste de nomeação de Boston consiste em 60 figuras, organizadas em subgrupos de baixa, média e alta frequência, que permitem avaliar presença e gravidade da anomia, além de aspectos qualitativos como a melhora do desempenho com a apresentação de pistas semânticas ou fonológica (primeira sílaba). Seus estímulos foram adaptados culturalmente e há normas conforme escolaridade (Leite *et al.*, 2017; Miotto *et al.*, 2010).

A bateria de memória semântica de Cambridge (Adlam *et al.*, 2010) é disponibilizada gratuitamente pelos autores e tem sido usada no Brasil em especial para avaliar quadros de afasia progressiva (Carthery-Goulart *et al.*, 2013). Um instrumento similar, comercializado no Brasil e com normas para avaliação de indivíduos de 60 a 98 anos é a bateria de memória semântica (Bertola; Malloy-Diniz, 2018), que contém um compêndio de tarefas, incluindo fluência verbal, nomeação, conceituação, categorização, questões gerais e definições de palavras com estímulos culturalmente adaptados.

Para avaliação da compreensão no nível da sentença, um teste amplamente utilizado no Brasil é o teste de Token (De Renzi; Vignolo, 1962; Moreira *et al.*, 2011), que tem normas para a população brasileira. Envolve a realização de comandos com formas geométricas e diferentes cores e tamanhos. É possível avaliar de forma separada o impacto do aumento das sentenças e de sua complexidade sintática, verificando se falhas na memória de curto prazo e operacional verbal explicam melhor os erros do que as dificuldades linguísticas. Recentemente, normas e parâmetros psicométricos para um teste que avalia mais detalhadamente aspectos gramaticais e sintáticos, o Teste de Recepção de Gramática 2, foram publicados (Carthery-Goulart *et al.*, 2022), bem como a sugestão de uma versão reduzida. Esse instrumento foi primariamente desenvolvido para avaliar a aquisição de aspectos gramaticais e sintáticos em crianças; no entanto, também é empregado para avaliação de pessoas com afasia. O caderno de estímulos e as licenças para aplicação devem ser adquiridos pelos usuários junto à editora, enquanto a tradução para o português pode ser solicitada aos pesquisadores que trabalharam na adaptação.

Por fim, avaliar a capacidade de leitura e escrita é fundamental para o trabalho de reabilitação em afasia. Em geral, leitura e escrita dão suporte às atividades orais e são habilidades trabalhadas em conjunto com a compreensão auditiva e expressão oral. Além dos subtestes que fazem parte das baterias para afasia, pode-se avaliar mais detalhadamente esses aspectos de acordo com a abordagem cognitiva. Usualmente, os instrumentos nessa abordagem permitem avaliar comprometimentos e/ou capacidade residual da leitura e escrita pela rota lexical, isto é, por acesso e recuperação de unidades maiores (palavras/morfemas) e seu significado; e fonológica, ou seja, por processamentos envolvendo unidades menores, a saber, conversão grafema-fonema e fonema-grafema. Os instrumentos contam minimamente com tarefas de leitura em voz alta e escrita sob ditado, contendo palavras irregulares e pseudopalavras. Em várias pesquisas brasileiras, utilizou-se o protocolo desenvolvido para o Human Frontier Science Program, disponibilizado pelos autores de sua versão brasileira (Parente *et al.*, 1992). Os volumes 3 e 4 da coleção Anele (Rodrigues; Miná; Salles, 2017, 2018) consistem em instrumentos para avaliação da leitura e da escrita, cujas propriedades psicométricas foram avaliadas bem como normas para a população adulta brasileira.

Avaliação cognitiva nas afasias

Alterações cognitivas são frequentes após-AVE (Eskes *et al.*, 2015) e podem também estar presentes em pessoas com afasia, levando a um maior comprometimento funcional e uma menor efetividade da reabilitação da linguagem (Eskes *et al.*, 2015; Lanctôt *et al.*, 2020). Há desafios para se realizar uma avaliação cognitiva nessa população, já que a maior parte dos instrumentos padronizados não foi desenvolvida para avaliar pessoas com afasia e/ou com comprometimentos motores.

Com relação às baterias multidimensionais mais utilizadas para avaliar a cognição em pessoas com doenças cerebrovasculares, a revisão de Rodrigues *et al.* (2019) indicou que a maior parte dos estudos emprega MoCA e MEEM, apesar das limitações que já discutimos anteriormente. Os autores analisam outros instrumentos e destacam na revisão as lacunas na avaliação das propriedades psicométricas e confiabilidade desses e de outros instrumentos para serem utilizados com essa população.

Na Tabela 26.1 descrevemos brevemente algumas baterias desenvolvidas com adaptações para avaliar a cognição de pessoas com afasia. A maioria dos instrumentos não foi empregada em estudos com a população brasileira, embora alguns dos subtestes que as compõem tenham sido estudados (p. ex., teste de trilhas, cancelamento de símbolos, teste de matrizes progressivas de Raven etc.). Essas baterias mostraram bons resultados para reduzir o impacto da disartria, apraxia de fala e hemiparesia sobre a avaliação cognitiva de pessoas com afasia. Entre os instrumentos que foram utilizados em estudos nacionais, temos as tarefas selecionadas por Bonini e Radanovic (2015), com base no *Cognitive Linguistic Quick-Test* (CLQT) (Helm-Estabrooks, 2001) e utilizando subtestes das baterias CERAD e BBRC - uma tradução do CLQT (Silagi *et al.*, 2018) - e a bateria Neupsilin-Af (Fontoura *et al.*, 2011). Além desses, há estudos iniciais envolvendo a tradução do rastreio cognitivo de Oxford (OCS; do inglês *Oxford Cognitive Screen*) (Ramos *et al.*, 2018), mas o instrumento ainda não foi aplicado em pessoas com afasia no Brasil.

Tabela 26.1 Baterias multidimensionais para avaliação cognitiva de pessoas com afasia.

Instrumento	Características	Funções avaliadas
GANBA (Hinckley; Nasch, 2007; van Mourik *et al.*, 1992)	Avaliação cognitiva – permite distinguir entre pessoas com afasia que apresentam: • Cognição mais preservada, devendo-se priorizar a reabilitação da afasia • Cognição mais comprometida nos testes de atenção e memória auditiva, devendo-se priorizar a reabilitação cognitiva • Cognição muito comprometida e incapacidade de realizar as tarefas, devendo-se priorizar trabalho de orientação de familiares e cuidadores	• Atenção • Inteligência e raciocínio abstrato • Memória (tarefas de reconhecimento visual e auditivo não verbal)
CLQT (Helm-Estabrooks, 2001)	Avaliação cognitiva breve – tempo de administração: 15 a 30 min Permite comparar o escore linguístico e não linguístico e identificar as funções cognitivas preservadas e as comprometidas	• Atenção • Memória • Linguagem • FE • Habilidades visuoespaciais
ACL (Kalbe *et al.*, 2005)	Rastreio cognitivo – tempo de aplicação: 30 min Utiliza testes linguísticos e testes não verbais Adequado para pessoas com afasia leve a grave	• Habilidades linguísticas • Memória visual • Atenção seletiva • Raciocínio lógico
NLCA (Wu *et al.*, 2017; Yan *et al.*, 2022)	Avaliação cognitiva breve – tempo de aplicação e interpretação: 30 min Desenvolvida com base nos seguintes princípios: • Todos os subtestes adotam padrões não verbais na forma de imagens ou tarefas operacionais • O avaliador mostra as regras e os requisitos do teste aos participantes, demonstrando como realizar o teste em vez de dar instruções verbais • O conteúdo da avaliação e as figuras utilizadas em cada parte seguem uma ordem de administração iniciando com tarefas mais fáceis e progredindo para as mais complexas Modificações foram feitas de acordo com as características da cultura chinesa	• Atenção • Habilidades visuoespaciais • Memória • Raciocínio lógico • FE
CASP (Benaim *et al.*, 2015; Benaim *et al.*, 2022)	Rastreio cognitivo/teste beira de leito Útil para estimar o prognóstico Apropriado para pessoas com afasia de expressão e/ou negligência	• Linguagem • Praxias • Memória de curto prazo • Orientação temporal • Habilidades visuoespaciais/negligência visual • FE

(continua)

Tabela 26.1 Baterias multidimensionais para avaliação cognitiva de pessoas com afasia. (*Continuação*)

Instrumento	Características	Funções avaliadas
OCS (Demeyere *et al.*, 2015)	Rastreio cognitivo – tempo de administração: 15 a 20 min Apropriado para pessoas com afasia e/ou negligência (escores não são prejudicados pelo uso da mão não dominante ou por dificuldades de expressão)	• Atenção • FE • Linguagem • Memória • Processamento numérico • Praxias
Neupsilin-Af (Fontoura *et al.* 2011; Segabinazi *et al.*, 2023)	Avaliação cognitiva abrangente – tempo de administração: aprox. 1 h Adequada para pessoas com afasia predominantemente expressiva Possibilidade de respostas orais, escritas ou ambas, podendo-se adaptar a aplicação de acordo com a gravidade da afasia	• Orientação têmporo-espacial • Atenção • Percepção • Memória operacional, episódica, verbal e visual, semântica e prospectiva • Habilidades aritméticas • Linguagem (oral e escrita) • Praxias (ideomotora, construtiva e reflexiva) • FE (resolução de problemas simples e fluência verbal)

ACL: *Aphasia Check List*; CASP: *Cognitive Assessment Scale for Stroke Patients*; CLQT: *Cognitive Linguistic Quick-Test*; FE: funções executivas; GANBA: *Global Aphasic Neuropsychologic Battery*; NLCA: *Non-language-based Cognitive Assessment*; OCS: *Oxford Cognitive Screen*; Neupsilin-Af: Instrumento de Avaliação Neuropsicológica Breve.

Como benefícios, em comparações diretas com MoCA e MEEM, esses instrumentos têm se mostrado mais adequados para avaliação cognitiva de pessoas com graves dificuldades de expressão oral devido à afasia associada ou não à apraxia e/ou disartria (Benaim *et al.*, 2022; Yan *et al.*, 2022). No entanto, requerem que os examinados compreendam as instruções do teste, ou seja, não resolvem a questão da avaliação cognitiva em pessoas com graves dificuldades de compreensão da linguagem. Ao mesmo tempo, podem ser pouco sensíveis para avaliação cognitiva de casos mais leves e, em geral, requerem mais tempo de avaliação. Por isso, alguns autores sugerem que a avaliação cognitiva por testes não verbais seja reservada apenas para casos de afasia não fluente, mantendo-se instrumentos como MEEM e MoCA para rastreio cognitivo de pessoas com afasias fluentes (Yan *et al.*, 2022). Em todos os casos (fluentes e não fluentes), deve haver relativa preservação da compreensão para que os resultados possam ser interpretados adequadamente.

Avaliação funcional, qualidade de vida e depressão

As baterias para avaliação das afasias em geral contêm uma situação de conversa semiestruturada e tarefas de produção de discurso. Nas duas situações, pode-se avaliar a fluência de fala, verificando-se se o paciente apresenta pausas, hesitações e esforço à emissão, bem como dificuldades de compreensão (checagens, respostas não relacionadas). Em termos de estratégias e aspectos preservados, verifica-se se o avaliado utiliza gestos e comunicação não verbal, ou estratégias verbais para compensar dificuldades e atingir seus objetivos comunicativos. Avaliam-se também as dificuldades em cada nível de processamento linguístico, por exemplo: fonológico (adição, substituição, transposição e omissão de fonemas), semântico-lexical (parafasias formais, circunlóquios, parafasias semânticas), morfossintático (presença de agramatismo, paragramatismo) e pragmático (uso da linguagem verbal e não verbal para efetividade da comunicação). Por fim, é importante observar aspectos motores da fala, já que, como mencionamos anteriormente, muitos pacientes com afasia apresentam também apraxia de fala e disartria.

Além da avaliação da linguagem em situação funcional, é importante avaliar independência para comunicação e quais aspectos da linguagem estão tendo maior impacto para realização de atividades do dia a dia. A Avaliação Funcional das Habilidades Comunicativas do Adulto (ASHA FACS; do inglês, *Functional Assessment of Communication Skills for Adults*) é um questionário que avalia o perfil funcional para a comunicação (Frattali *et al.*, 1995) e que é aplicado ao cuidador/familiar da pessoa com afasia. É composto por 43 itens que avaliam comunicação social; comunicação de necessidades básicas; leitura, escrita e conceitos numéricos; além de planejamento diário. Pergunta-se sobre diferentes atividades da vida diária, como entender televisão e rádio, usar um calendário, entre outros. No Brasil, o instrumento passou pelo processo de tradução e avaliação cultural para uso com pessoas com o perfil típico da doença de Alzheimer (Carvalho; Mansur, 2008). Os dados que podem ser obtidos aplicando-se o questionário podem auxiliar no planejamento de intervenções clinicamente relevantes, bem como ser um instrumento auxiliar para avaliar os resultados da intervenção. O instrumento foi revisado em 2017 e é comercializado na língua inglesa.

A prevalência de depressão e o risco de depressão pós-AVE é maior entre pessoas com afasia (Lincoln *et al.*, 2011). Depressão e ansiedade também afetam os familiares de pessoas com afasia (Grawburg *et al.*, 2014). Investigar e tratar esses aspectos é fundamental, pois esses quadros têm grande impacto sobre a reabilitação cognitiva e de linguagem.

A *Stroke and Aphasia Quality of Life Scale* de 39 itens (SAQOL-39) é uma escala que mede a percepção de qualidade de vida em quatro domínios – físico, psicossocial, da comunicação e da energia – e se mostrou adequada para se avaliar esses aspectos em pessoas com afasia de gravidades variadas. Os itens são respondidos em uma entrevista em que os aplicadores podem utilizar diferentes estratégias para melhorar a compreensão e a capacidade de resposta da pessoa com afasia. As respostas são indicadas em uma escala *likert* de cinco pontos. Na adaptação para a língua portuguesa feita por Rodrigues e Leal (2013), foi utilizada uma escala analógica colorida de sorrisos para facilitar e confirmar as respostas das pessoas com afasia. Sobre esses últimos aspectos, os achados de Bonini e Radanovic (2015) com amostra brasileira evidenciaram uma frequência maior de depressão e pior qualidade de vida entre pessoas com afasia comparadas às que tiveram AVE que não resultaram em afasia tanto após lesões no HE quanto no HD.

Caso clínico

Apresentamos, a seguir, um exemplo de avaliação para diagnóstico e planejamento terapêutico para reabilitação de afasia. As informações são baseadas em um caso real, com pequenas modificações para atender melhor os objetivos didáticos do capítulo e proteger dados pessoais.

M. foi encaminhada pelo seu neurologista para avaliação e intervenção para afasia decorrente de AVE ocorrido há 3 meses. Descreveremos, a seguir, a rotina básica de avaliação composta das seguintes etapas:

- Entrevista inicial, incluindo perfil funcional da comunicação
- Avaliação da comunicação, da linguagem e das bases motoras da fala
- Síntese dos dados da avaliação e considerações sobre o planejamento da reabilitação
- Avaliação cognitiva breve.

Entrevista inicial

Foram obtidos dados da história clínica e pregressa, exames de neuroimagem e intervenções terapêuticas realizadas desde o AVE. Além disso, foram investigadas questões sobre rotina e atividades realizadas antes do AVE e atualmente. Avaliou-se o perfil funcional de comunicação em entrevista com o marido e investigou-se o impacto do AVE sobre a dinâmica familiar e principais demandas de M. e de seus familiares.

Informações gerais e história clínica

M. é uma mulher de 51 anos, destra e com nível superior completo (curso de Jornalismo). Trabalhou na área de formação no início da carreira, mas logo depois passou a confeccionar molduras de quadros e a se dedicar ao ofício de artesã em escritório próprio. Mora com marido e filho de 30 anos e sempre foi uma pessoa sociável e ativa.

Há 3 meses, enquanto conversava com um cliente, sentiu tontura e ficou com "a fala enrolada". Foi socorrida e em 10 minutos chegou ao hospital onde recebeu pronto atendimento. O exame inicial indicou afasia global e hemiparesia de predomínio braquiofacial (pior no braço e na hemiface direita). Recebeu tratamento trombolítico, com melhora motora e da compreensão da linguagem. Posteriormente, foi submetida à cirurgia de colocação de *stent* em carótida direita. Logo após a cirurgia, conseguia emitir apenas alguns sons não verbais e apresentava a estereotipia verbal "atoíte", que era produzida a cada tentativa de emissão, indicando severa dificuldade de acesso lexical. Houve melhora gradual do quadro clínico e das habilidades de comunicação, desde a hospitalização. Realizou sessões de fisioterapia e fonoaudiologia durante a internação, com foco na reintrodução da dieta por via oral (VO) de forma segura, o que foi feito com sucesso e de forma rápida nas primeiras semanas pós-AVE. Continua a fisioterapia 1 vez/semana, com foco na hemiparesia, verificando-se melhora importante das habilidades motoras e independência para as atividades básicas de vida diária.

Apresenta audição e visão funcionais. Não refere ter tido atrasos no desenvolvimento neuropsicomotor e dificuldades de aprendizagem durante a escolarização. Antes do AVE, tinha hábitos de leitura frequentes (livros, notícias) e escrevia anotações, mensagens, *e-mails* e pequenas publicações em redes sociais. O marido trouxe uma amostra da escrita antes do AVE em que não se observaram erros gramaticais e/ou ortográficos. Familiares mencionam que M. sempre "escreveu bem" e que se expressava oralmente muito bem.

Com a melhora dos aspectos motores, M. tem se engajado em algumas atividades domésticas que costumava realizar, como preparar lanches e refeições simples e fazer compras na padaria, manuseando pequenas quantidades de dinheiro. Tem tido dificuldade para interagir no celular nas redes sociais que costumava usar (WhatsApp) e para se comunicar, em especial com pessoas de fora da família. Há situações em que os familiares notam M. irritada e frustrada em suas tentativas de se fazer entender e com a nova dinâmica em sua casa. A família contava com uma diarista 2 vezes/semana, que passou a ser mensalista e que tem ficado com M. enquanto o marido e o filho estão trabalhando. Eles ajustaram sua carga de trabalho para estarem com M. alternadamente cerca de 2 horas/dia, além de acompanhá-la durante as refeições. Dentro de suas possibilidades de tempo, a ajudante têm acompanhado M. em caminhadas pelo bairro. Os familiares estão preocupados com as dificuldades de comunicação de M., mas não sabem como ajudá-la. Também não se sentem seguros em deixá-la sair sozinha, mas M. não quer sair em companhia da ajudante. As atividades no escritório de M. não foram retomadas. Os familiares não sabem se ela poderá voltar a dirigir para se deslocar entre a residência e o escritório.

Exames de neuroimagem

Tomografia computadorizada de crânio, 1 mês depois do AVE mostrou redução volumétrica do parênquima encefálico, que pode ser observada na faixa etária. Área corticossubcortical de encefalomalacia/gliose de aspecto sequelar, comprometendo a região opercular frontoinsular do hemisfério cerebral esquerdo. As demais áreas hipoatenuantes nos hemisférios cerebrais têm características inespecíficas, podendo estar relacionadas à gliose/microangiopatia. Ateromatose carotídea bilateral.

Queixa atual

De acordo com o marido: "Ela pensa normalmente, mas não consegue traduzir o pensamento em palavras. Consegue se lembrar de tudo, tem a memória boa. Consegue copiar palavras, mas não consegue ler todas as palavras de uma frase, não compreende o que lê e não escreve espontaneamente".

M. demonstra por gestos e palavras que "não consegue falar". Quando questionada sobre o que a impacta mais nesse momento e, com ajuda do marido para se fazer entender, indica por palavras e gestos que tem vontade de voltar a trabalhar, dirigir e cuidar de algumas atividades domésticas que costumava fazer (p. ex., cozinhar). O marido refere que M. demonstra estar incomodada com a presença diária da ajudante em casa.

Perfil funcional de comunicação

O marido de M. respondeu ao questionário ASHA FACS. Com relação à comunicação de necessidades básicas e ao planejamento diário, os escores foram de 6/7 ou 7/7 em todas as questões, demonstrando que M. não precisa de ajuda ou precisa de ajuda mínima nesses domínios, sendo capaz, por exemplo, de expressar emoções, comunicar agrado ou desagrado em relação a uma situação, lembrar de compromissos, usar um calendário para checar a data, entre outros. Por outro lado, nos domínios de leitura, escrita e conceitos numéricos e no domínio de comunicação social, muitos itens foram pontuados como 4/7 (precisa de assistência moderada) ou 3/7 (precisa de assistência moderada-máxima). Entre as atividades elencadas como mais difíceis nesses domínios estão: anotar recados, seguir instruções escritas, preencher formulários, referir-se a familiares pelo nome, conversar ao telefone, iniciar e acrescentar mais informações a uma conversa, participar de conversas em grupo, compreender conversas em ambientes barulhentos ou com muitos interlocutores, solicitar informações e corrigir os próprios erros. Por outro lado, entre os aspectos funcionais preservados estão: lidar com dinheiro, compreender números, compreender sinais escritos simples, compreender tom de voz, expressão facial, reconhecer os próprios erros de comunicação, responder perguntas sim/não e realizar instruções verbais simples.

Avaliação da comunicação, da linguagem e das bases motoras da fala

A avaliação foi realizada em três sessões de 60 minutos. M. mostrou-se alerta e colaborativa durante a avaliação. A compreensão em situação funcional apresentou-se relativamente preservada e a emissão oral mostrou-se não fluente, com predomínio de substantivos e frases simples (fala telegráfica). M. fez também gestos afirmativos e negativos com a cabeça para confirmar as informações dadas pelo marido, acompanhados de comunicação não verbal (mínima facial, emissões de sons não verbais). Nas interações com a terapeuta, manteve contato visual, fez trocas de turnos e demonstrou intenção de se fazer entender complementando suas emissões verbais com gestos dêiticos (apontar), convencionais (fazer "positivo", "negativo" e "tchau") e icônicos (representar quantidades de 1 a 5 com os dedos). Observamos emissões não verbais, interjeições, automatismos ("é", "é sim", "não", "ai ai", "nossa senhora"). A estereotipia que ocorria na fase aguda (mencionada nos dados de prontuário) não foi observada durante a avaliação, indicando melhora clínica na produção oral. Não foram observadas as seguintes adaptações para facilitar a comunicação expressiva: uso de gestos simbólicos, uso de algum recurso de comunicação alternativa (fotos, desenhos, escrita) e intenção de escrever ou de desenhar para facilitar o acesso lexical.

Para avaliação abrangente da linguagem oral, escrita e fala foi aplicada a bateria MTL-Brasil e alguns testes complementares, descritos a seguir. O desempenho foi analisado segundo a normatização para idade e escolaridade. A Tabela 26.2 mostra os resultados de M. em cada tarefa da bateria MTL, indicando déficit moderado a grave na maioria das tarefas. É importante mencionar que controles tendem a ter efeito teto (100% de acertos) nessas tarefas. Assim, mesmo poucos erros podem indicar dificuldade importante na habilidade avaliada.

Em suma, foram observados os sintomas de comunicação, linguagem e fala descritos a seguir, por habilidade.

Compreensão oral

Preservada para palavras, porém alterada para frases mais extensas, sintaticamente complexas e textos. O desempenho é satisfatório durante a conversação, com apoio de pistas contextuais.

Expressão oral

Marcada por redução da fluência. Os acertos ocorreram em itens mais frequentes, verificando-se adequação de conteúdo e iniciativa de conversação. As emissões são marcadas por pausas para acessar palavras e anomia. Nessas situações, M. recorre ao marido para ajudá-la a se expressar. Ocorreram parafasias fonéticas e fonêmicas (p. ex., emissão de "cube" para "clube", "cato" para "gato", "panco" para "banco"), presença de agramatismo (omissão de elementos coesivos e inflexões verbais), com emissão predominante de palavras isoladas, em especial, substantivos.

Nas tarefas de produção oral a partir da prancha visual da MTL, que mostra um assalto a banco, o discurso de M. foi:

O... a... ai ai... é... a... a a ssalto...
O panco
é... a assalto...
e ele é... por... é é é
o o banco é é é
ele é... o... po po f
aí ele ele telefole... fole é é é te-le-fone e aí é... é... polícia.

Em provas formais da MTL, M. apresentou anomia na fala espontânea e nas tarefas de nomeação por confrontação visual (tanto para substantivos como para verbos). As tarefas de fluência verbal (semântica e fonêmica) também estavam prejudicadas.

Para complementar a avaliação foi realizado o Teste de Nomeação de Boston, que confirmou importante dificuldade de acesso lexical com benefício de pistas fonêmicas e fonológicas. M. teve 12/60 sem pistas e 20/60 após pistas fonológicas (primeira sílaba).

Aspectos motores da fala

Para avaliação dos aspectos motores da fala e verificação se M. apresentava disartria e/ou apraxia de fala, foi utilizada a tarefa de diadococinesia oral do protocolo de Avaliação Clínica da Apraxia de Fala (Auzou et al., 2006) (os resultados estão na Tabela 26.3). Também foi realizada uma avaliação

Tabela 26.2 Desempenho de M. nas tarefas da bateria MTL-Brasil.

Domínio	Subdomínio	Escore bruto	Média grupo normativo	Escore Z
Entrevista dirigida	–	17	25,93	–34,35
Linguagem automática	Forma	6	6,00	–*
	Conteúdo	4	5,97	–10,94
Compreensão oral	Total	8	18,35	–13,80
	Palavras	5	5	–
	Frases	3	13,35	–13,80
Discurso narrativo oral	Número total de palavras	15	64,90	–1,84
	Total de unidades de informação	3	7,55	–2,79
	Total de cenas	3	2,49	0,75
Compreensão escrita	Total	9	12,94	–15,76
	Palavras	5	5	–
	Frases	4	7,94	–15,76
Cópia	–	8	8	–
Escrita sob ditado	–	4	21,39	–14,49
Repetição	Total	8	32,93	–95,88
	Palavras	6	11	–
	Frases	2	21,94	–79,76
Leitura em voz alta	Total	6	32,81	–43,01
	Palavras	5	11,90	–23
	Frases	1	20,90	–49,75
Fluência verbal semântica	–	2	26,48	–4,07
Praxias não verbais	–	24	23,80	0,26
Nomeação oral	Total	10	29,55	–21,25
	Substantivos	8	23,55	–16,90
	Verbos	2	6	–
Manipulação de objetos	–	10	16	–
Fluência verbal fonológica	–	1	19,68	–3,24
Reconhecimento de partes do corpo/direita e esquerda	Total	8	8	–
	Partes do corpo	4	4	–
	Noções direta/esquerda	4	4	–
Nomeação escrita	Total	2	29,42	–28,56
	Substantivos	2	23,58	–28,39
	Verbos	0	5,84	–10,07
Compreensão oral do texto	–	3	8,27	–4,79
Ditado de números	–	4	6	–
Leitura de números	–	3	6	–
Discurso narrativo escrito	Número total de palavras	0	42,45	–2,11
	Total Ui	0	7,32	–4,58
	Total de cenas	0	2,55	–4,47
Compreensão escrita do texto	–	1	8,67	–11,57
Cálculo numérico	Total	5	11,23	–4,36
	Cálculo mental	1	5,55	–5,62
	Cálculo escrito	4	5,68	–

*Células preenchidas com um traço indicam que, para aquela tarefa, a ocorrência de erros na amostra normativa foi inexistente, isto é, todos os participantes acertaram todos os itens. Como o desvio-padrão é zero, o cálculo não pode ser realizado. Ui: unidades de informação.

Tabela 26.3 Desempenho de M. na prova de diadococinesia oral.

Estímulo	Sílabas por segundo	Valores de referência
/pa/	3,6 (alterado)	6,05
/ta/	3,5 (alterado)	5,87
/ka/	3,7 (alterado)	5,52
/pataka/	2,7 (alterado)	6,13

Fonte: Padovani et al., 2009.

do tônus e da mobilidade dos órgãos fonoarticulatórios, da coordenação pneumofonoarticulatória, da fonação e de qualidade vocal, ressonância e articulação.

Na avaliação do tônus e da mobilidade dos órgãos fonoarticulatórios, não foram encontradas alterações clinicamente relevantes na mobilidade, força, velocidade, alcance ou estabilidade dos órgãos fonoarticulatórios. No entanto, observou-se um discreto aumento no tônus muscular da língua do lado direito, resultando em leves distorções na articulação de grupos consonantais, com "tr", "dr" e "cr". Tais distorções não comprometeram significativamente a inteligibilidade de fala. A mobilidade de lábios e palato mole mostrou-se adequada. M. não apresentou dificuldades na coordenação pneumofonoarticulatória, nem alterações na fonação e ressonância. A intensidade e a qualidade vocal apresentaram-se adequadas.

A prosódia, isto é, a variação melódica da fala, mostrou-se comprometida. M. apresentou variação de entonação e ritmo, mas observou-se dificuldades para coordenar os movimentos dos órgãos fonoarticulatórios e produzir sons corretamente, indicando sintomas de apraxia de fala. Erros articulatórios e distorções diminuem quando se solicita sequências automáticas (dissociação entre produção voluntária e automática). M. demonstra consciência dos erros e faz tentativas de autocorreção. Tais alterações caracterizam quadro de apraxia de fala. Não há evidência de apraxia bucofacial associada (a Tabela 26.2 mostrou que a pontuação na tarefa que avalia esses aspectos no protocolo MTL foi bastante alta).

Na prova de diadococinesia oral, M. teve desempenho adequado na repetição rápida de uma mesma sílaba ("papapapa", "tatatata" e "kakakaka"), mas não conseguiu repetir a sequência "pataka", que exige mais da programação e do planejamento motor. Nas tarefas de fala espontânea, como mencionado anteriormente, demonstrou distorções, substituições distorcidas e disfluências.

Repetição

A repetição apresentou padrão semelhante ao da fala espontânea, com parafasias fonéticas e fonêmicas, mas observando-se leve facilitação a partir do modelo produzido pela examinadora. Quando tentou repetir pseudopalavras ocorreram erros de lexicalização ("porta" para "forta"). A repetição mostrou-se ainda mais prejudicada em frases curtas e longas; nesses estímulos ocorreram ausência de respostas.

Leitura e escrita

Com relação à leitura, M. apresentou alteração da decodificação, com velocidade reduzida e paralexias fonéticas, fonêmicas e erros morfossintáticos (omissão de inflexões gramaticais). Leu corretamente algumas palavras frequentes, demonstrando que a leitura pode facilitar o acesso lexical e a articulação. A conversão grafofonêmica, no entanto, mostrou-se muito prejudicada, com impossibilidade de ler pseudopalavras. A compreensão escrita apresentou-se preservada para palavras, mas não para materiais mais complexos, como frases e textos. Não foram observados erros de regularização na aplicação do teste, sugerindo maior comprometimento da rota fonológica.

Quanto à escrita, o grafismo mostrou-se bastante parecido com a produção pré-mórbida (leve impacto da hemiparesia direita), e M. usou a mão direita para escrever. Conseguiu escrever sequências automáticas (números, alfabeto, nome e endereço), mas teve dificuldades para nomear figuras/objetos por escrito, apresentando ausência de respostas na maioria dos itens, paragrafias grafêmicas (trocas e omissões de grafemas) e uma paragrafia semântica, indicando severa dificuldade para acessar o léxico ortográfico a partir do sistema semântico (significado da palavra).

Para complementar a avaliação da leitura, usou-se a tarefa de leitura de palavras e pseudopalavras (TLPP) da bateria Anele (Caderno 4). M. obteve 16 acertos em palavras (33,3%) e nenhum acerto em pseudopalavras. A Figura 26.2 mostra a distribuição dos acertos em palavras, conforme características psicolinguísticas dos estímulos.

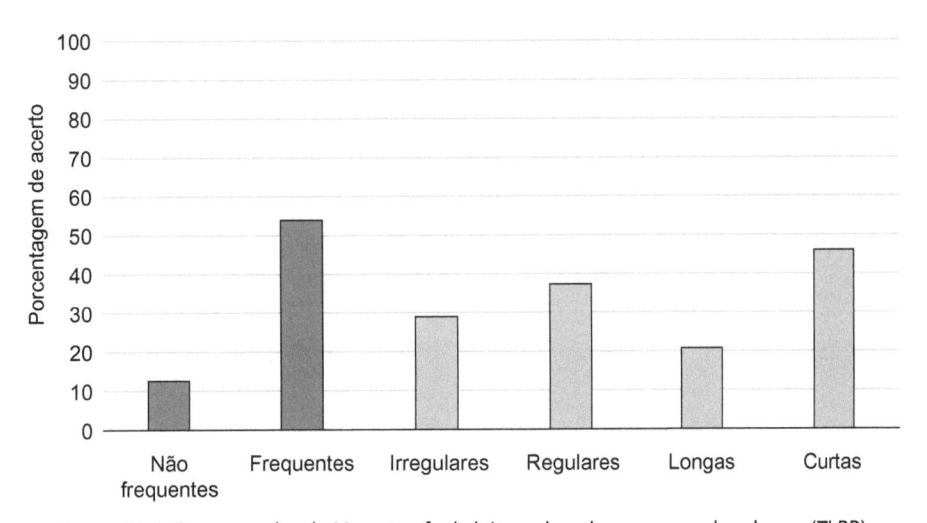

Figura 26.2 Desempenho de M. na tarefa de leitura de palavras e pseudopalavras (TLPP).

Cálculo

O cálculo mostrou-se preservado para operações de soma e subtração e também para multiplicação entre números de um dígito, quando se solicitaram respostas por escrito. M. demonstrou capacidade para ler e escrever números de um dígito.

Síntese dos dados da avaliação e considerações sobre o planejamento da reabilitação

O perfil comunicativo e de produção de fala não fluente, agramática, associado às habilidades de compreensão auditiva, expressão oral e repetição avaliados em situação funcional e/ou por meio de testes formais, sugere perfil sindrômico de afasia de Broca. Como observado, M. teve dificuldade apenas para **compreensão auditiva de conteúdos longos, sendo a compreensão auditiva o domínio mais preservado (acertos em palavras e frases simples), seguido pela compreensão de leitura (possível para palavras). A escrita é a habilidade mais gravemente afetada.** A repetição está alterada devido a dificuldades para produção motora da fala, dificuldades de retenção de informações verbais na memória operacional e dificuldades de acesso lexical.

M. apresenta alterações na fala devido a comprometimento leve de tônus e mobilidade da língua, observando-se distorções de fonemas, disfluências e desempenho alterado na tarefa de diadococinesia oral. Considerando a avaliação como um todo, observa-se dissociação automático-voluntária, isto é, há mais erros em produções voluntárias na comparação com produções automáticas (p. ex., contar, falar os dias da semana) e melhora da articulação na leitura em voz alta e com o fornecimento de modelos (tarefas de repetição). Em conjunto, esses dados são indicativos de apraxia de fala coocorrendo com a afasia.

M. apresenta também dislexia e disgrafia adquirida. O perfil de erros sugere dislexia fonológica e disgrafia profunda. Indivíduos com esses quadros apresentam importante comprometimento da rota fonológica (impossibilidade de decodificação e codificação escrita, ou seja, falhas na conversão grafema-fonema e fonema-grafema). A diferença entre leitura e escrita no caso apresentado é que na segunda habilidade verificamos um erro semântico, indicando uma dificuldade maior para acessar o léxico a partir do significado da palavra ao escrever. Já o acesso ao sistema semântico a partir da palavra escrita está preservado, ou seja, M. consegue compreender as palavras escritas reconhecidas por ela (leitura global).

Avaliação cognitiva breve

Para avaliação breve das funções cognitivas, utilizou-se a tradução do CLQT, que é empregado no estudo de Silagi *et al.* (2018). Optou-se por esse protocolo devido à duração mais breve, menor demanda sobre a produção de respostas orais e considerando-se o perfil clínico e escolaridade da participante, que é semelhante à da amostra utilizada para a padronização do instrumento. No entanto, foi feita uma análise mais qualitativa, já que a tradução do CLQT não está validada para uso em nosso meio e não há normas locais. Cabe ressaltar que a avaliação aqui descrita foi realizada no contexto de pesquisa clínica. A Tabela 26.4 apresenta os resultados que indicam uma disfunção cognitiva leve, em especial no que se refere às FE e à afasia severa.

Proposta de reabilitação com base nos dados da avaliação

Considerando-se a CIF, os dados da avaliação apontam para comprometimento da fala, da linguagem e das FE. Características de fala, linguagem e comunicação são compatíveis com o quadro de afasia de Broca grau severo, associado à apraxia de fala. Observa-se disgrafia profunda (escrita restrita a poucas palavras frequentes, realizada pela rota lexical e com paragrafias semânticas). A leitura está um pouco mais preservada que a escrita, com o perfil de dislexia fonológica. Verifica-se também disfunção executiva e de memória operacional verbal (dificuldade de repetição). Aspectos pragmáticos da linguagem estão preservados, assim como memória episódica (conforme dados da entrevista com familiares e perfil funcional de comunicação), memória de curto prazo visual (conforme desempenho na memória imediata da bateria CLQT) e habilidades visuoespaciais.

Em termos de atividades, verificam-se dificuldades para ler e escrever, com impacto sobre uso de redes sociais e realização de atividades instrumentais do dia a dia, compreensão em situações de maior demanda cognitiva (sentenças longas, muitos interlocutores, poucas pistas contextuais). Isso resulta em diminuição da participação em atividades de lazer e ocupacionais. Entre fatores contextuais positivos, M. tem apoio dos familiares e possibilidade de realizar as

Tabela 26.4 Desempenho de M. na bateria CLQT.*

Tarefas linguísticas	Máximo	Obtido	Normas (média)*	Tarefas não linguísticas	Máximo	Obtido	Normas (média)*
Fatos pessoais	8	4	7,97	Trilha de símbolos	10	7	9,36
Fluência verbal	9	2 (6,57)	6,57	Cancelamento de símbolos	12	11	11,81
Nomeação por confrontação visual	10	4 (10)	10	Memória de desenhos	6	6	5,6
Recontagem de história	10	4 (7,96)	7,96	Labirintos	8	6	8
Desenho do relógio	13	11 (12,54)	12,54	Geração de desenhos	13	5	8
Total e interpretação	37	14	**Afasia grave**	**Total e interpretação**	49	34	**Disfunção leve**

*Normas do teste para pessoas de 18 a 69 anos conforme o manual. (Fonte: Helm-Estabrooks, 2001.)

intervenções terapêuticas indicadas. Como barreiras, a família refere preocupação com as demandas financeiras no médio e longo prazo. Como fatores pessoais, M. é colaborativa e está motivada a retomar suas atividades. Observa-se que tem tido boa evolução nos meses que seguiram o AVE.

Em termos do prognóstico, características da lesão, idade, escolaridade, pequeno tempo transcorrido entre o AVE e início da terapia, bem como perfil de aspectos linguísticos e cognitivos preservados, apontam para prognóstico favorável para reabilitação. No entanto, a afasia é severa, o que está associado a um prognóstico menos favorável.

Sugere-se terapia fonoaudiológica 3 vezes/semana e práticas diárias. O perfil observado na avaliação indica que a paciente pode se beneficiar de terapia melódica, terapia para melhora da anomia e da leitura de palavras com hierarquia de pistas. O uso de pistas hierárquicas pode ter impacto positivo sobre a leitura. Sugere-se avaliar a aprendizagem de gestos simbólicos e se seu uso facilita o acesso lexical. Caso isso se mostre positivo, tal estratégia poderá ser incluída na terapia. A terapia também terá como objetivo desenvolver material de apoio para comunicação (comunicação alternativa e suplementar), que servirá tanto para a intervenção como para compensar dificuldades em situações de maior demanda.

Um terceiro objetivo da terapia é o aconselhamento familiar: os familiares e, se desejarem, também a ajudante, serão orientados quanto a como se comunicar com M. de uma forma mais efetiva. Considerando sua disponibilidade de tempo, serão orientados sobre como colaborar na reabilitação de M., promovendo situações significativas de comunicação. Estudos indicam que essa abordagem tem um impacto favorável tanto sobre a comunicação, o humor e a qualidade de vida da pessoa com afasia, quanto dos seus familiares (Cruice et al., 2018).

Sugere-se que os familiares participem de um grupo de suporte para troca de experiências e suporte emocional. Adicionalmente, dados os aspectos cognitivos e funcionais preservados de M., um dos objetivos da reabilitação será que ela retome as atividades de trabalho. Para isso, foi feito um encaminhamento para terapia ocupacional para uma avaliação mais detalhada de adaptações que podem ser necessárias para retomada das atividades em casa e no trabalho. Sugere-se que a família considere incluir um auxiliar terapêutico para ajudar na realização das atividades terapêuticas de forma mais intensiva, durante os 3 próximos meses, já que essa é a janela de tempo mais favorável para recuperação em termos dos mecanismos de neuroplasticidade e de forma a não sobrecarregar os familiares nesse momento de adaptação à mudança na dinâmica familiar.

Considerações finais

Este capítulo teve como objetivo descrever e ilustrar os principais componentes de uma avaliação neuropsicológica/fonoaudiológica dirigida a pessoas com afasia decorrente de AVE. Destacamos a necessidade de não restringir a avaliação à identificação dos comprometimentos linguísticos e cognitivos, fazendo uma avaliação holística, que considere também o impacto da afasia sobre os familiares da pessoa afetada e a colaboração multi e interdisciplinar para o sucesso da intervenção. Além disso, é crucial testar hipóteses clínicas e refletir sobre como a linguagem interage com as demais funções cognitivas e afeta tanto a interpretação dos resultados de avaliação quanto a conduta terapêutica. Por fim, no que se refere à pesquisa, é fundamental continuar investindo na validação e normatização de instrumentos de avaliação que possam ser acessados pelos profissionais envolvidos na prática clínica.

Referências bibliográficas

ADLAM, A. L. R. et al. The Cambridge semantic memory test battery: Detection of semantic deficits in semantic dementia and Alzheimer's disease. Neurocase, [s. l.], v. 16, n. 3, p. 193-207, 2010.

ALMEIDA, I. J. et al. Adaptation of the Western Aphasia Battery – revised to Brazilian Portuguese and preliminary findings in primary progressive aphasia. Dementia & Neuropsychologia, São Paulo, no prelo.

AMARAL-CARVALHO, V. et al. Predicting dementia due to Alzheimer's disease and behavioral variant frontotemporal dementia using algorithms with the Addenbrooke's cognitive examination-revised subscores combined with sociodemographic factors. Current Alzheimer Research, [s. l.], v. 20, n. 5, p. 341-349, 2023.

ARDILA, A. Aphasia handbook. Miami: Florida International University, 2014. p. 60-154.

AUZOU, P. et al. Batterie d'Evaluation Clinique de la Dysarthrie. Isbergues: Ortho Edition, 2006.

BENAIM, C. et al. Cognitive assessment scale for stroke patients (CASP): A multicentric validation study. Annals of Physical and Rehabilitation Medicine, [s. l.], v. 65, n. 3, p. 101594, 2022.

BENAIM, C. et al. The Cognitive Assessment Scale for Stroke Patients (CASP) vs. MMSE and MoCA in non-aphasic hemispheric stroke patients. Annals of Physical and Rehabilitation Medicine, [s. l.], v. 58, n. 2, p. 78-85, 2015.

BERG, K. et al. Establishing consensus on a definition of aphasia: an e-Delphi study of international aphasia researchers. Aphasiology, [s. l.], v. 36, n. 4, p. 385-400, 2022.

BERTOLA, L.; MALLOY-DINIZ, L. F. Assessing knowledge: psychometric properties of the BAMS semantic memory battery. Archives of Clinical Psychiatry, São Paulo, n. 45, p. 33-37, 2018.

BONINI, M. V.; RADANOVIC, M. Cognitive deficits in post-stroke aphasia. Arquivos de Neuropsiquiatria, São Paulo, v. 73, n. 10, p. 840-847, 2015.

BRUCKI, S. M. et al. Sugestões para o uso do mini-exame do estado mental no Brasil [Suggestions for utilization of the mini-mental state examination in Brazil]. Arquivos de Neuropsiquiatria, São Paulo, v. 61, n. 3B, p. 777-781, 2003.

BUNKER, L. D.; HILLIS, A. E. Vascular syndromes: Revisiting classification of poststroke aphasia. In: HILLIS, A. E.; Fridriksson, J. Handbook of clinical neurology. Amsterdam: Elsevier, 2022. p. 37-55, v. 185.

CARTHERY-GOULART, M. T. et al. Dissociação entre seres vivos e artefatos: investigação de efeito categoria específico no processamento de substantivos na bateria de memória semântica de Cambridge. Psicologia em Pesquisa, Juiz de Fora, v. 7, n. 1, p. 108-120, 2013.

CARTHERY-GOULART, M. T. et al. Sentence comprehension in primary progressive aphasia: a study of the application of the Brazilian version of the Test for the Reception of Grammar (TROG2-Br). Frontiers in Neurology, [s. l.], n. 13, p. 815227, 2022.

CARVALHO, I. A. M.; MANSUR, L. L. Validation of ASHA FACS-functional assessment of communication skills for Alzheimer disease population. Alzheimer Disease and Associated Disorders, [s. l.], v. 22, n. 4, p. 375-381, 2008.

CESAR, K. G. et al. MoCA test: normative and diagnostic accuracy data for seniors with heterogeneous educational levels in Brazil. Arquivos de Neuropsiquiatria, São Paulo, v. 77, n. 11, p. 775-781, 2019.

CRUICE, M. et al. Reporting interventions in communication partner training: A critical review and narrative synthesis of the literature. Aphasiology, [s. l.], v. 32, n. 10, p. 1135-1166, 2018.

DAVIS, G. A. Aphasia and related cognitive-communicative disorders. Boston: Allyn and Bacon, 2014.

DE RENZI, E.; VIGNOLO, L. A. The token test: A sensitive test to detect receptive disturbances in aphasics. Brain, [s. l.], v. 85, n. 4, p. 665-678, 1962.

DEMEYERE, N. et al. The Oxford Cognitive Screen (OCS): validation of a stroke-specific short cognitive screening tool. Psychological Assessment, [s. l.], v. 27, n. 3, p. 883-894, 2015.

ESKES, G. A. et al. Canadian stroke best practice recommendations: mood, cognition and fatigue following stroke practice guidelines, update 2015. International Journal of Stroke, [s. l.], v. 10, n. 7, p. 1130-1140, 2015.

FONSECA, J.; FERREIRA, J.; PAVÃO MARTINS, I. Cognitive performance in aphasia due to stroke: a systematic review. International Journal on Disability and Human Development, [s. l.], v. 16, n. 2, p. 127-139, 2017.

FONSECA, J.; RAPOSO, A.; PAVÃO MARTINS, I. Cognitive functioning in chronic post-stroke aphasia. Applied Neuropsychology Adult, [s. l.], v. 26, n. 4, p. 355-364, 2019.

FONSECA R. P. et al. Bateria MAC – Bateria Montreal de Avaliação da Comunicação. São Paulo: Pró-Fono, 2008.

FONTOURA, D. R. et al. Adaptação do instrumento de avaliação neuropsicológica breve Neupsilin para avaliar pacientes com afasia expressiva: Neupsilin-Af. Ciência & Cognição, Rio de Janeiro, n. 16, p. 78-94, 2011.

FRATTALI, C. M. et al. The FACS of life ASHA facs--a functional outcome measure for adults. ASHA, [s. l.], v. 37, n. 4, p. 40-46, 1995.

GOODGLASS, H.; KAPLAN, E.; BARRESI, B. Boston diagnostic aphasia examination record booklet. Philadelphia: Lippincott Williams & Wilkins, 2000.

GRAWBURG, M. et al. Describing the impact of aphasia on close family members using the ICF framework. Disability and Rehabilitation, [s. l.], v. 36, n. 14, p. 1184-1195, 2014.

HALLOWELL, B. Aphasia and other acquired neurogenic language disorders: A guide for clinical excellence. 2. ed. San Diego: Plural Publishing, 2023.

HELM-ESTABROOKS, N. Cognition and aphasia: a discussion and a study. Journal of Communication Disorders, [s. l.], v. 35, n. 2, p. 171-186, 2002.

HELM-ESTABROOKS, N. Cognitive Linguistic Quick Test. San Antonio: The Psychological Corporation, 2001.

HINCKLEY J.; NASH, C. Cognitive assessment and aphasia severity. Brain and Language, [s. l.], v. 103, n. 1, p. 8-249, 2007.

KALBE, E. et al. A new test battery to assess aphasic disturbances and associated cognitive dysfunctions – German normative data on the aphasia check list. Journal of Clinical and Experimental Neuropsychology, [s. l.], v. 27, n. 7, p. 779-794, 2005.

KAPLAN, E.; GOODGLASS, H.; WEINTRAUB, S. The Boston Naming Test. 2. ed. Austin: Pro-Ed, 2001.

KEMMERER, D. Cognitive neuroscience of language. [S. l.]: Psychology Press, 2015.

KERTESZ, A. The Western Aphasia Battery. New York: Grune & Stratton, 1982.

LANCTÔT, K. L. et al. Canadian stroke best practice recommendations: mood, cognition and fatigue following stroke, 6th edition update 2019. International Journal of Stroke, [s. l.], v. 15, n. 6, p. 668-688, 2020.

LEITE, K. S. B. et al. Boston Naming Test (BNT) original, Brazilian adapted version and short forms: Normative data for illiterate and low-educated older adults. International Psychogeriatrics, [s. l.], v. 29, n. 5, p. 825-833, 2017.

LEZAK, M. D.; HOWIESON, D. B.; LORING, D. W. Neuropsychological Assessment. New York: Oxford University Press, 2012.

LINCOLN, N. B. et al. Psychological management of stroke. Hoboken: Wiley Online Library, 2011.

MANSUR, L. L. et al. A study of the abilities in oral language comprehension of the Boston Diagnostic Aphasia Examination – Portuguese version: a reference guide for the Brazilian population. Brazilian Journal of Medical and Biological Research, Ribeirão Preto, n. 38, p. 277-292, 2005.

MANSUR, L. L. et al. Boston naming test: performance of Brazilian population from São Paulo. Pro-Fono Revista de Atualização Científica, São Paulo, v. 18, n. 1, p. 13-20, 2006.

MANSUR, L. L. et al. Descriptive study of 192 adults with speech and language disturbances. São Paulo Medical Journal, São Paulo, n. 120, p. 170-174, 2002.

MARINELLI, C. V. et al. Different cognitive profiles of patients with severe aphasia. Behavioural Neurology, [s. l.], 2017.

MIOTTO, E. C. et al. Development of an adapted version of the Boston Naming Test for Portuguese speakers. Revista Brasileira de Psiquiatria, São Paulo, v. 32, n. 3, p. 279-282, 2010.

MOREIRA, L. et al. Normative study of the Token Test (short version): preliminary data for a sample of Brazilian seniors. Estudo normativo do Token Test versão reduzida: dados preliminares para uma população de idosos brasileiros. Archives of Clinical Psychiatry, São Paulo, v. 38, n. 3, p. 97-101, 2011.

NEVES, M. B. et al. Cross-cultural adaptation of the Western Aphasia Battery – Revised screening test to Brazilian Portuguese: a preliminary study. Codas, [s. l.], v. 26, n. 1, p. 38-45, 2014.

NICHOLAS, M.; HUNSAKER, E.; GUARINO, A. J. The relation between language, non-verbal cognition and quality of life in people with aphasia. Aphasiology, [s. l.], v. 31, n. 6, p. 688-702, 2017.

NITRINI, R. et al. Brief cognitive battery in the diagnosis of mild Alzheimer's disease in subjects with medium and high levels of education. Dementia & Neuropsychologia, São Paulo, v. 1, n. 1, p. 32-36, 2007.

PADOVANI, M.; GIELOW, I.; BEHLAU, M. Phonarticulatory diadochokinesis in young and elderly individuals. Arquivos de neuro-psiquiatria, v. 67, n. 1, p. 58-61, 2009.

PARENTE, M. A. M. P. et al. Coleção MTL – Brasil – Bateria Montreal Toulouse de Avaliação da Linguagem. São Paulo: Vetor, 2016.

PARENTE, M. A. M. P. et al. Evolution of language assessment in patients with acquired neurological disorders in Brazil. Dementia & Neuropsychologia, São Paulo, v. 8, n. 3, p. 196-206, 2014.

PARENTE, M. A. M. P. et al. Protocolo de leitura para o projeto Human Frontier Science Program. São Paulo, 1992. Não publicado.

RADANOVIC, M.; MANSUR, L. L. Aphasia in vascular lesions of the basal ganglia: A comprehensive review. Brain and Language, [s. l.], v. 173, p. 20-32, 2017.

RADANOVIC, M.; MANSUR, L. L. Performance of a Brazilian population sample in the Boston Diagnostic Aphasia Examination. A pilot study. Brazilian Journal of Medical and Biological Research, Ribeirão Preto, v. 35, n. 3, p. 305-317, 2002.

RADANOVIC, M.; MANSUR, L. L.; SCAFF, M. Normative data for the Brazilian population in the Boston Diagnostic Aphasia Examination: influence of schooling. Brazilian Journal of Medical and Biological Research, Ribeirão Preto, v. 37, n. 11, p. 1731-1738, 2004.

RAMOS, C. C. F. et al. Oxford Cognitive Screen – Brazilian Portuguese version (OCS-Br): A pilot study. Dementia & Neuropsychologia, São Paulo, v. 12, n. 4, p. 427-431, 2018.

RODRIGUES, I. T.; LEAL, M. G. Tradução portuguesa e análise de aspectos psicométricos da escala "Stroke and Aphasia Quality of Life Scale-39 (SAQOL-39)". Audiology – Communication Research, [s. l.], n. 18, p. 339-344, 2013.

RODRIGUES, J. C. et al. Psychometric properties of cognitive screening for patients with cerebrovascular diseases: A systematic review. Dementia & Neuropsychologia, São Paulo, v. 13, n. 1, p. 31-43, 2019.

RODRIGUES, J. C.; MINÁ, C. S.; SALLES, J. F. Coleção Anele 3: tarefa de escrita de palavras e pseudopalavras (TEPP). São Paulo: Vetor, 2017.

RODRIGUES, J. C.; MINÁ, C. S.; SALLES, J. F. Coleção Anele 4: tarefa de leitura de palavras e pseudopalavras (TLPP). São Paulo: Vetor, 2018.

SATOER, D. et al. Cerebellar-induced aphasia after stroke: Evidence for the "linguistic cerebellum". Cerebellum, [s. l.], 2024.

SEGABINAZI, J. D. et al. Performance of adults after stroke with and without aphasia on Neupsilin-L. The Journal of Psychology: Theory and Practice, [s. l.], v. 26, n. 1, 2023.

SILAGI, M. L. et al. Inference comprehension in text reading: Performance of individuals with right- versus left-hemisphere lesions and the influence of cognitive functions. PloS One, [s. l.], v. 13, n. 5, 2018.

SILVA, D. S. et al. Effects of aging and education on the performance of healthy subjects on the naming subtest of the Cambridge Semantic Battery: A pilot study. Dementia & Neuropsychologia, São Paulo, no prelo.

VAN MOURIK, M. et al. Cognition in global aphasia: Indicators for therapy. Aphasiology, [s. l.], n. 6, p. 491-499, 1992.

WORLD HEALTH ORGANIZATION (WHO). International Classification of Functioning, Disability and Health (ICF). Geneva: WHO, 2017.

WU, J. B. et al. Development and standardization of a new cognitive assessment test battery for Chinese aphasic patients: a preliminary study. Chinese Medical Journal, [s. l.], v. 130, n. 19, p. 2283-2290, 2017.

YAN, Z. et al. Comparison of three cognitive assessment methods in post-stroke aphasia patients. Frontiers in Psychology, [s. l.], n. 13, 2022.

27 Avaliação Neuropsicológica no Contexto Neurocirúrgico e em Casos de Tumores Cerebrais

Hilda Gardênia Barros Guedes • Leonardo de Moura Sousa Júnior

Introdução

A neuropsicologia chegou ao Brasil por meio das práticas da neurologia, em ambiente hospitalar, e embora a multidisciplinaridade seja uma característica essencial, presente desde a introdução dessa área no território brasileiro, ainda há escassez de investigação do funcionamento cognitivo pré-operatório e na assistência ofertada ao paciente neurocirúrgico, principalmente pela urgência da cirurgia cerebral. Soma-se a esses fatores, o desconhecimento do papel da avaliação neuropsicológica para melhores desfechos pós-cirúrgicos, assim como questões burocráticas e institucionais que inviabilizam a inserção do neuropsicólogo nas equipes de neurocirurgia na maior parte dos hospitais localizados fora dos grandes centros de saúde do nosso país.

Outro fator que torna difícil a avaliação pré-operatória em demandas neurocirúrgicas refere-se à barreira imposta pela preparação acadêmica insuficiente dos profissionais da neuropsicologia, para a compreensão da correlação entre a sintomatologia e a área cerebral comprometida ou a doença. Há ainda a necessidade de conhecimento sobre o processo diagnóstico médico, opções disponíveis de tratamento medicamentoso, cirúrgico e de reabilitação, visando à discussão clínica efetiva multiprofissional.

Os tumores cerebrais (TC) caracterizam-se pela multiplicação celular anormal decorrente de alterações genéticas relacionadas com os processos de crescimento e diferenciação celular. Pelo fato de serem achados relativamente comuns, exigem que os prestadores de cuidados neurológicos tenham uma compreensão básica do seu diagnóstico e tratamento. Os tumores cerebrais mais prevalentes são as metástases intracranianas de neoplasias sistêmicas, meningiomas e gliomas (McFaline-Figueroa; Lee, 2018).

Existe uma ampla variedade de tumores do sistema nervoso central (SNC). A incidência desses tumores vem aumentando como consequência da melhoria na acessibilidade aos recursos neurorradiológicos disponíveis que permitem diagnóstico mais precoce. Muitos estudos tentaram identificar fatores de risco para tumores do SNC. A maioria das pesquisas permanece inconclusiva até o momento, possivelmente pela alta heterogeneidade molecular dos tumores cerebrais (Jacobs *et al.*, 2019).

Os tumores cerebrais primários são originados de estruturas intracranianas. Eles podem causar diversos sinais e sintomas que se relacionam com o tamanho e a localização das lesões. No ano de 2017, eles corresponderam a aproximadamente 1,8% da incidência e 2,3% da mortalidade por câncer nos EUA. A Organização Mundial da Saúde (OMS) reconheceu, em 2016, parâmetros moleculares, os quais são fundamentais na denominação tumoral e no manejo clínico desses pacientes (Jacobs *et al.*, 2019).

Os meningiomas englobam vários tipos histológicos diferentes, a maioria benigno. Derivam de células meningoteliais, podendo ser encontrados em qualquer área do SNC recoberta pela aracnoide. Em virtude de seu crescimento insidioso, as estruturas cerebrais podem acomodar-se ao redor do tumor, permitindo que atinjam grandes proporções com poucos sintomas. Os sintomas estão relacionados com o tamanho e a localização das lesões. Os pacientes podem apresentar alterações cognitivas e comportamentais, déficits motores, auditivos ou visuais e crises convulsivas. O diagnóstico é realizado com exames de imagem – tomografia computadorizada e ressonância magnética. Geralmente são lesões extra-axiais, homogêneas, bem delimitas e captantes de contraste. Podem apresentar edema perilesional que se estende a outras regiões cerebrais. O tratamento é cirúrgico na maioria das vezes e, geralmente, apresentam bom prognóstico. Os tumores de origem glial (gliomas) representam em torno de 80% das neoplasias primárias malignas no SNC em adultos (Louis *et al.*, 2016). São tumores provenientes das células da glia, as quais têm papel de suporte, proteção e nutrição dos neurônios. Classicamente são subdivididos em gliomas de baixo e alto grau. Geralmente, quando classificados como de baixo grau surgem no início da vida adulta, evidenciando um prognóstico mais favorável e tempo médio de sobrevida mais elevado (Bigatão; Carlotti; Carlo, 2014). A nova classificação dos gliomas baseia-se em características moleculares, bem como na histologia, para chegar a um "diagnóstico integrado" que capte melhor o prognóstico.

Os gliomas de baixo grau (GBG), envolvem um número grande de diferentes patologias, com características e história natural própria e que têm índole e comportamento menos agressivos. Eles representam 11% dos tumores primários do SNC e aproximadamente 15 a 25% dos gliomas. Geralmente, afetam adultos jovens entre 30 e 40 anos (Cabrera, 2015).

O glioblastoma (GBM) é o glioma de alto grau mais frequente, apresenta comportamento mais agressivo, neovascularização e áreas focais de necrose tecidual. Os exames de imagem demonstram lesões intra-axiais, de formato irregular, infiltrativas, com realce perilesional, área central hipodensa e, de modo geral, o edema ao redor da lesão encontra-se presente (Louis *et al.*, 2016). Em decorrência do crescimento acelerado, os gliomas costumam dar sintomas precoces relacionados com a localização da lesão – crises convulsivas, déficits motores e de linguagem – ou com o aumento da pressão intracraniana – cefaleia, náuseas e vômitos, alterações visuais, alteração do nível de consciência, podendo levar ao coma.

O tratamento neurocirúrgico nos gliomas tem por objetivos:

- Diagnóstico: podem ser realizadas biópsia estereotática, biópsia aberta por craniotomia, craniotomia minimamente invasiva ou ressecção ampla da lesão. O material coletado é enviado para estudo anatomopatológico, imuno-histoquímico e estudo genético-molecular
- Citorredução: a diminuição do volume tumoral leva à diminuição da velocidade de crescimento
- Melhora dos sintomas neurológicos pela diminuição do "efeito de massa" e do edema cerebral
- Preservação da qualidade de vida e funcionalidade do paciente: o neurocirurgião procura retirar o máximo de lesão tumoral com o mínimo ou nenhuma sequela. Em lesões em áreas eloquentes, há disponibilidade de eletrofisiologia com monitorização intraoperatória contínua e estimulação cerebral direta. Para lesões em áreas relacionadas com a linguagem, o paciente pode ser candidato a cirurgia acordado
- Aumento da sobrevida do paciente
- Potencialização da terapia complementar: quimioterapia e radioterapia.

A técnica operatória manual mudou pouco nos últimos 20 anos, no que tange a acessos e manuseio do tumor. Contudo, avanços da medicina, como neuromonitorização, neuroestimulação, neuroimagem e multidisciplinaridade em equipe de tratamento, permitiram mudanças acentuadas no planejamento pré, peri e pós-operatório (Duffau, 2005). Nesse sentido, a avaliação neuropsicológica contribui ao identificar o funcionamento cognitivo pré-operatório, indicando as funções prejudicadas pelo curso da doença e direcionando os tratamentos futuros necessários, após a avaliação pós-operatória. A investigação dos aspectos cognitivos é essencial para avaliar os efeitos do tratamento cirúrgico na funcionalidade e qualidade de vida desse público. Este tópico será apresentado a seguir.

Alterações cognitivas, comportamentais e critérios diagnósticos

Pacientes com tumores cerebrais primários apresentam vários sintomas, incluindo déficits cognitivos. A natureza e prevalência dos sintomas cognitivos encontrados variam de acordo com a histologia e localização do tumor. Eles podem ser resultantes de tumor residual, progressão da doença e/ou tratamento para o tumor, epilepsia relacionada com o tumor ou sofrimento psicológico (Day *et al.*, 2016). De forma geral, as funções cognitivas mais comumente relatadas em estudos são as funções executivas, atenção e memória.

Os déficits impactam negativamente a qualidade de vida desses pacientes e podem interferir na execução das atividades básicas e instrumentais. Dessa forma, para compreender as alterações cognitivas associadas ao tumor, muitos estudos avaliam a curto e longo prazos as alterações no funcionamento cognitivo e comportamento de pacientes que foram submetidos ao tratamento cirúrgico da neoplasia encefálica.

Uma revisão mostrou os benefícios da ressecção tumoral para os domínios da atenção, linguagem, aprendizado e memória, ao mesmo tempo que evidenciou que o procedimento cirúrgico pode afetar negativamente as funções executivas no período precoce após cirurgia e 6 meses depois, sendo os benefícios maiores no pós-operatório imediato observados nos pacientes que fizeram a cirurgia acordados. Contudo, essa mesma revisão mostrou que não havia estudos suficientes para demonstrar os benefícios da cirurgia acordada a longo prazo no desempenho das tarefas neuropsicológicas. Além disso, a maioria dos estudos não utilizaram uma bateria neuropsicológica padronizada (Ng *et al.*, 2019).

Tumores primários podem se desenvolver no lobo frontal ou envolver regiões associadas, ocasionando disfunções executivas nesses quadros (Price; Goetz; Loveli, 2006). Esses tumores podem interferir no curso das vias dopaminérgicas que se projetam até o lobo frontal. Dessa forma, déficits na velocidade de processamento de informações e memória operacional também podem ser observados, o que torna a investigação destas funções essencial (Meyers; Brown, 1998). A memória operacional verbal é uma importante função que é afetada na maioria dos pacientes com gliomas de lobo frontal, ocorrendo uma piora no pós-operatório imediato; contudo, com a possibilidade de recuperação após 3 meses (Teixidor *et al.*, 2006).

Os tumores cerebrais do lobo frontal, frequentemente, se associam aos prejuízos nas funções executivas e/ou alterações da personalidade (Madeira; Oliveira; Santos; Albuquerque, 2018). Estudo desenvolvido por Dwan, Ownsworth, Chambers, Walker e Shum (2015), realizado com pacientes com TC e grupo controle, demonstrou que os participantes com TC tiveram desempenho significativamente pior que o grupo controle, no que se refere às funções executivas ($p = 0,001$).

Outro estudo demonstrou que durante a avaliação pré-cirúrgica em 26 pacientes com TC, eles apresentaram desempenhos inferiores à média tanto para capacidade de controlar seus impulsos (38,5%), quanto para flexibilidade cognitiva (69,2%). O controle inibitório mostrou nível de significância ($p = 0,013$) ao ser correlacionado com os dados histológicos dos participantes do estudo (Lopes *et al.*, 2022).

Alexander Luria, neuropsicólogo, ofereceu reconhecida contribuição para a compreensão do funcionamento dos lobos frontais ao afirmar que estes eram a chave para compreensão dos processos cognitivos, comportamentais e emocionais mais complexos, bem como responsáveis pela adaptação do homem às exigências da vida cotidiana. Uma de suas contribuições foi a descrição da paciente ZEV, uma mulher de 43 anos, acometida com meningioma frontal. Segundo Luria *et al.* (1966), apesar da preservação de habilidades linguísticas e motoras básicas, a paciente apresentava ecolalia e diversos padrões perseverativos em suas respostas. O autor descreveu diversos pacientes com síndromes frontais, mencionando a desinibição e a dificuldade de controle inibitório nesses quadros.

Miotto et al. (1996, 1998), investigaram a presença de alterações cognitivas em pacientes com lesões nos lobos frontais após cirurgia de ressecção dessas lesões, incluindo tumores cerebrais primários intra-axiais e encontraram diferenças significativas em comparação ao grupo controle saudável em testes de funções executivas, utilizando *Trail Making Test*, WCST e fluência verbal fonológica, mas não testes de memória de curto prazo ou episódica.

Reber e Tranel (2019) sugerem que há três grandes síndromes pré-frontais associadas às lesões no lobo frontal: a motivacional, a disexecutiva e a relacionada com tomada de decisão, personalidade e comportamento social. A síndrome motivacional corresponde a lesões que envolvem regiões do giro do cíngulo anterior e o córtex pré-frontal medial, causando abulia, apatia e mutismo acinético.

A síndrome disexecutiva geralmente relaciona-se com lesões no córtex pré-frontal dorsolateral, ocasionando déficits de memória operacional, flexibilidade cognitiva, controle inibitório, planejamento e resolução de problemas, fluência verbal e comportamental, abstração e categorização. A terceira e última síndrome envolve lesões no córtex orbitofrontal/ventromedial e gera dificuldades importantes no comportamento social e na capacidade de tomar decisões a longo prazo.

Pacientes com lesão pré-frontal podem não evidenciar distúrbios nos comportamentos habituais que são realizados de forma repetitiva e automatizada, assim como não é comum apresentarem distúrbios de percepção, com permanência de discurso fluido. No entanto, observam-se prejuízos específicos nos comportamentos que são orientados a objetivos.

O paciente com lesão pré-frontal tende a demonstrar incapacidade para iniciar atividades, bem como dificuldades em realizar planejamento prévio e conduzir as sequências necessárias para executar o planejamento e alcançar o objetivo. Assim, apesar de ter a maior parte das funções cognitivas intactas, o paciente apresenta limitações no que se refere à sua capacidade de realizar atividades que exijam iniciativa ou planejamento, com impacto no seu autocuidado, na sua independência e na habilidade de manter seus relacionamentos sociais (Gazzaniga; Ivry; Mangun 2002).

Os meningiomas de goteira olfatória são tumores frontais de crescimento lento; no entanto, em virtude dessa característica, a maioria desses tumores somente é diagnosticada quando atingem grandes volumes (Turazzi; Cristofori; Gambini; Bricolo, 1999). Os principais sintomas são sinais de compressão do lobo frontal, como alteração de comportamento, apatia, impulsividade, desinibição, alteração visual, cefaleia e anosmia. Alguns pacientes podem apresentar alteração do funcionamento executivo, dependendo do tamanho do tumor e da área de edema.

As estruturas mesiais (hipocampo e amígdala) são fundamentais para a consolidação da memória de longo prazo e de informações recém-adquiridas. Comumente, os déficits nas funções de memória são encontrados em pessoas com lesões nessas estruturas, com variações observadas de acordo com o hemisfério da lesão. Os efeitos de lesões unilaterais, geralmente, são limitados a um tipo de estímulo (verbal ou visual). Uma disfunção no lobo temporal dominante prejudica o aprendizado de novas informações e a retenção de informação verbal. No entanto, não afeta a memória para material perceptual, como faces e padrões sem sentido (Portuguez, 1996).

Gliomas localizados no lobo temporal dominante podem causar déficit na capacidade de nomeação de objetos e na compreensão da linguagem, além de prejuízos em aprendizagem, memória episódica de evocação, e reconhecimento e memória semântica. Quando localizados em hemisfério não dominante, podem gerar déficit de memória episódica visual, agnosia e prosopagnosia. Segundo Madeira et al. (2018), os tumores temporais podem ainda provocar sintomas psicóticos como alucinações e delírios.

Quando a área acometida pelo tumor é o lobo parietal dominante podem ser observadas alterações como discalculia e presença de síndrome de Gerstmann caracterizada por disgrafia, discalculia, dislexia, dificuldade de identificação de dedos e de diferenciação direita e esquerda. Tumores infiltrativos, localizados nos lobos parietais e em hemisfério não dominante, podem gerar alterações cognitivas como apraxia construtiva, alterações visuoespaciais, praxia do vestir e hemineglicência. Tumores nos lobos occipitais podem ocasionar déficit de processamento visual primário, ou seja, na acuidade visual, discriminação de cores e formas, figura e fundo e percepção de tamanho.

O procedimento cirúrgico pode contribuir para o surgimento de desordens cognitivas em casos selecionados. Os meningiomas petroclivais são tumores da base de crânio que têm localização profunda e relação com estruturas neurovasculares importantes. Dessa forma, embora geralmente representem lesões benignas, o tumor pode envolver ou ainda infiltrar o osso da base de crânio, a dura-máter, o tronco encefálico e outras estruturas vitais, podendo gerar déficits neurológicos. O acesso cirúrgico subtemporal, para ressecção da porção anterior desses tumores, pode desencadear manipulação e edema do lobo temporal, levando a alterações cognitivas.

Observa-se que a localização hemisférica ocasiona déficits com particularidades. Pacientes com tumores no hemisfério esquerdo tendem a apresentar mais sintomas depressivos, problemas de memória verbal, atenção, fluência verbal e aprendizagem verbal, de acordo com Hahn et al. (2003). Dessa forma, percebe-se na prática clínica que pacientes com tumores no hemisfério dominante tendem a trazer mais queixas cognitivas espontâneas, pela relação existente entre as funções comprometidas nesses quadros e a autonomia no cotidiano.

Além das diferenças observadas referentes a localização, o tamanho e a histologia do tumor, há fatores preditores que impactam os desempenhos neurológicos após a cirurgia cerebral, como variáveis demográficas (idade, escolaridade, bagagem cultural ou uso pré-mórbido de drogas). Por outro lado, os fatores psicológicos são decisivos para sugerir o grau de compreensão do tratamento e engajamento no período pós-operatório (metacognição, transtornos psiquiátricos ou neurocognitivos prévios e o suporte social/familiar).

Em tumores de crescimento lento como os GBG, o quociente de inteligência e funcionamento adaptativo pré-mórbidos (reserva cognitiva) impactam a manifestação dos sintomas cognitivos. Um nível intelectual mais elevado contribui para a existência de habilidades adaptativas, o que permite a estes pacientes compensar e mascarar os sintomas cognitivos em declínio, os quais se tornam perceptíveis mais tardiamente (Price; Goetz; Loveli, 2006).

Avaliação neuropsicológica

A avaliação neuropsicológica oferece subsídios à equipe médica ao identificar áreas cognitivas que estejam comprometidas pela ação do tumor cerebral, aprimorando o diagnóstico funcional e oferecendo importante contribuição ao estudar não somente a expressão cognitiva, como também a expressão comportamental das disfunções cerebrais encontradas. Dessa forma, a equipe que acompanha o paciente é capaz de orientar a família sobre os cuidados no pós-operatório imediato e tardio, com base no grau de responsividade, compreensão e gravidade dos prejuízos encontrados em avaliação, assim como torna mais efetivo os direcionamentos das famílias quanto aos tratamentos complementares necessários.

As avaliações neuropsicológicas em pacientes neurocirúrgicos podem ser realizadas de maneiras diversas. As do tipo *screening* (rastreio), são utilizadas principalmente quando não há tempo hábil para realização de avaliação mais completa ou no âmbito da pesquisa, vistas com mais frequência em ambientes hospitalares, com protocolos fixos.

As do tipo compreensiva são geralmente realizadas em contexto clínico pela possibilidade do uso de testes e baterias completas para avaliação de todas as funções cognitivas, por meio de protocolos flexíveis, respeitando as peculiaridades do paciente como escolaridade e idade. Em contexto hospitalar também é possível o uso desse tipo de avaliação, principalmente quando se trata de cirurgias eletivas, com prazo de aplicação e devolutiva à equipe, aceitáveis.

As avaliações do tipo focal priorizam a investigação da função que se associa à localização do tumor, enquanto as de monitoramento, geralmente utilizadas na forma teste-reteste, são úteis para acompanhar o curso dos déficits ou ainda para avaliar os efeitos do tratamento cirúrgico realizado. Independentemente do tipo de avaliação realizada, a investigação do funcionamento cognitivo de pacientes com tumores cerebrais exige uma ampla avaliação das funções que são sustentadas pela área de localização do tumor e/ou áreas adjacentes.

Sobrepostos aos sintomas cognitivos ocasionados pela lesão tumoral, há a presença de fatores psicológicos envolvidos na descoberta do diagnóstico, o qual representa uma ruptura abrupta na história de vida do paciente, levando à elaboração de sentimentos de angústia e tristeza, assim como medo da morte. Dessa forma, as alterações de humor não devem ser negligenciadas, uma vez que podem potencializar ou confundir a expressão dos sintomas cognitivos ocasionados pelo tumor cerebral, sendo necessários o uso de escalas que investigam a possibilidade de sintomatologia depressiva ou a presença de ansiedade patológica, os quais ainda podem comprometer o grau de engajamento e responsividade em cirurgias cerebrais acordadas (Awake Surgery).

Avaliação neuropsicológica pré e pós-operatória de cirurgia sob anestesia geral

A escolha de baterias, testes e tarefas utilizadas variam de acordo com os objetivos da avaliação, o ambiente em que a testagem é realizada, o grau de urgência cirúrgica e o fluxo da equipe multiprofissional, permitindo que seja ofertado um panorama do funcionamento cognitivo do paciente. Dessa forma, entender sobre histologia dos tumores, localização e técnicas de ressecção é primordial para a discussão clínica multiprofissional.

Testes ou tarefas estrangeiras podem ser utilizados, desde que contenham estudos de normatização para a população brasileira, em virtude do impacto das diferenças transculturais na fidedignidade dos resultados, ou seja, visando reduzir a possibilidade de falso-positivos ou falso-negativos. Compreender o nível pré-mórbido do paciente e as queixas apresentadas, as quais podem ou não estar relacionadas com o tumor cerebral propriamente dito, exige do neuropsicólogo a prática de anamnese personalizada e que contemple a cronologia dos sintomas. O nível de escolaridade, o acesso cultural e os hábitos prévios são preditores importantes, tanto na intepretação dos resultados como no prognóstico e, dessa forma, devem ser incluídos na anamnese, mesmo em contextos hospitalares.

É comum que profissionais utilizem recursos do tipo *screening* para identificação inicial de possíveis alterações. Contudo, como os instrumentos de rastreio não são sensíveis a alterações mais sutis, é necessária a investigação mais aprofundada, principalmente para os pacientes que apresentaram prejuízos identificados nas tarefas de rastreio.

Em instituições hospitalares, os protocolos de avaliação do quociente de inteligência (QI) costuma optar pela estimação do QI, o qual pode ser mensurado usando-se tarefas da Escala Wechsler Adaptada de Inteligência – WASI (Nascimento, 2017), por exemplo, pela brevidade da testagem que esse contexto exige e necessidade de retorno à equipe médica para planejamento cirúrgico.

Baterias ou escalas completas de inteligência geral podem ser utilizadas em todos os contextos, em tempo hábil que não comprometa o fluxo estabelecido pela equipe para os demais exames pré-operatórios. Em pacientes com alterações graves na linguagem expressiva, podem ser utilizados testes não verbais de inteligência geral.

Para avaliação da memória operacional auditiva e espacial podem ser utilizados o subteste Dígitos e/ou Sequência de Números de Letras, ambos da Escala Wechsler de Inteligência para adultos – WAIS-III (Nascimento, 2014) e tarefa de Cubos de Corsi, com normatização brasileira (Santana *et al.*, 2021).

A memória episódica auditiva deverá ser investigada impreterivelmente para tumores mesiais temporais ou pacientes com tumores em outras áreas cerebrais, mas que apresentem queixa substancial de memória, associados ou não aos processos de envelhecimento. Para isso, pode ser utilizado o Teste de Aprendizagem Auditivo-Verbal de Rey – RAVLT (Paula; Malloy-Diniz, 2018) enquanto a investigação da memória visual, em pacientes com tumores mesiais temporais em hemisfério não dominante, pode ser realizada utilizando-se o Teste Figuras Complexas de Rey, adaptação Brasileira de Oliveira e Rigoni (2014), ou o Teste de Retenção Visual de Benton – BVRT, adaptação brasileira (Salles et al., 2015), entre outras tarefas normatizadas ou adaptadas para o público brasileiro.

A avaliação do funcionamento executivo engloba uma variedade de instrumentos e tarefas disponíveis, como o Teste de Trilhas e Teste Stroop, com adaptações brasileiras (Campanholo et al., 2014), o Teste dos Cinco Dígitos – FDT, versão brasileira de Paula e Malloy-Diniz (2015), o Teste Wisconsin de Classificação de Cartas (Oliveira et al., 2019), assim como por meio do uso de escalas de avaliação de disfunções executivas. Os processos atencionais podem ser investigados por instrumentos como o Teste d2 – Revisado de Mallloy-Diniz, Schlottfeldt e Serpa (2018), Coleção de Testes de Atenção – CTA (Rueda; Esteves, 2021), Bateria Psicológica da Atenção – BPA (Rueda, 2013), entre outros. O Boston adaptado (Miotto et al., 2010) e a Bateria Montreal-Toulouse de Avaliação da Linguagem – MTL (Parente; Fonseca; Pagliarin, 2016) são recursos geralmente utilizados para avaliação dos processos linguísticos, assim como algumas tarefas da Bateria de Avaliação da Memória Semântica – BAMS (Bertola; Malloy-Diniz, 2019)

Escalas e inventários que investigam o humor funcionam como importante recurso para compreensão de como o paciente lida com as mudanças ocasionadas pela alteração na história de vida após a descoberta do tumor, assim como indicam quais pacientes estão legíveis para cirurgia acordada. Podem ser utilizadas a Escala HAD (Marcolino et al., 2007), Inventário de Depressão Beck (Gorenstein Pang; Argimon; Werlang, 2011), Escala de Pensamentos Depressivos – EPD (Carneiro, 2015), entre outros disponíveis, assim como dados da história de vida.

A realização da avaliação pós-operatória deve respeitar o prazo necessário para os processos de recuperação neurológica natural e executada preferencialmente 3 meses após o procedimento cirúrgico, reduzindo a possibilidade de vieses na testagem ocasionados pelos processos de inchaço e pequenos sangramentos cerebrais. Caso a avaliação pós-operatória seja de acompanhamento, é importante atentar-se ao prazo mínimo de 6 meses em virtude do efeito de aprendizagem, o qual também pode produzir resultados contestáveis.

Avaliação intraoperatória em cirurgia acordada

Cirurgias de tumores cerebrais podem gerar déficits neurológicos permanentes. Dessa forma, a localização precisa de cada área funcional é fundamental na preservação de funções eloquentes como fala, memória e motricidade.

A necessidade da cirurgia acordada é respaldada pela diferença entre a organização cortical por sulcos e giros, descritas em textos, quando comparados aos achados intraoperatórios relatados em craniotomias com paciente acordado. Associados à variabilidade de localização interindividual, menor focalidade de função, há distorções de tecidos e feixes de fibras, processos infiltrativos e destrutivos quando nos referimos aos tumores cerebrais.

Muitos estudos de mapeamento da linguagem mostraram que as funções de linguagem estão em vários locais corticais do cérebro e não se restringem às áreas de Broca e Wernicke, como aceito tradicionalmente (Sanai; Mirzadeh; Berger, 2008).

A avaliação cognitiva pré-operatória é essencial para a investigação das funções associadas à localização do tumor e do funcionamento pré-mórbido, assim como para identificar o grau de metacognição e componentes do humor. Nesse momento, todos os detalhes da avaliação intraoperatória necessitam ser explicados ao paciente, o qual pode não se sentir preparado para essa modalidade cirúrgica.

Na cirurgia, o anestesiologista aplica anestesia local na região craniana na qual existem regiões sensíveis à dor. O paciente é submetido à fixação craniana para mantê-lo na posição adequada durante a craniotomia e ao longo do procedimento. Posteriormente, o paciente é retirado do estado de sedação, garantindo, assim, que ele esteja responsivo enquanto a área da linguagem e demais áreas de interesse são mapeadas para monitoramento e ressecção.

A anestesia sob sedação consciente permite o mapeamento de funções corticais e subcorticais, possibilitando monitoramento clínico constante, paralelamente ao ato cirúrgico. A combinação da estimulação elétrica direta com a realização de tarefas que avaliam áreas funcionais críticas como linguagem e área motora, permite a identificação e preservação dessas áreas durante a ressecção do tumor, resultando na manutenção da função neurológica cognitiva (De Witt Hamer et al., 2012).

Durante o mapeamento e a ressecção, o paciente não sente dor; portanto, tarefas motoras, de linguagem, praxias, de memória, funcionamento executivo, entre outras, são realizadas, enquanto as lesões são ressecadas. Dessa forma, caso ocorra desenvolvimento de déficit neurológico, o término precoce da ressecção permitirá boa recuperação funcional.

Diferentes tipos de erros de linguagem e na fala podem surgir durante o procedimento, como parafasias semânticas (troca de um vocábulo por outro, ambos relacionados semanticamente) e parafasias verbais (troca de uma palavra por outra existente na língua, com a mesma sílaba, sem que se consiga identificar qualquer relação entre elas), interrupções na fala, apraxia verbal, disartria, alteração na fala espontânea, na compreensão auditiva ou na capacidade de nomear objetos, embora o reconhecimento semântico (significado) esteja preservado, por uma falha na ativação do sistema léxico-semântico. Esses erros refletem sintomas de parada momentânea na função que é sustentada pela área que é estimulada ou ressecada, ou seja, os erros observados sugerem que a função de linguagem correspondente à área estimulada está localizada, ou parcialmente situada, naquela área específica do cérebro (Borchers et al., 2012).

O protocolo de avaliação intraoperatória é tradicionalmente composto por tarefas de nomeação de objetos quantitativas ou qualitativas. Contudo, mesmo com a nomeação de objetos intacta, pacientes podem apresentar outras modalidades linguísticas prejudicadas como a capacidade de categorização semântica, a compreensão auditiva e/ou repetição, a linguagem espontânea, o discurso narrativo, a articulação fonética e habilidades como leitura (De Witte *et al.*, 2015).

Restringir a avaliação intraoperatória (Figura 27.1) a testes linguísticos inviabiliza a possibilidade de investigação de outras funções durante a ressecção e que podem estar prejudicadas pelo comprometimento de áreas adjacentes à área da linguagem (área de edema), como a velocidade de processamento, a flexibilidade cognitiva e os processos atencionais, o que torna a avaliação pré-operatória imprescindível nessa modalidade cirúrgica.

A cirurgia acordada não é um procedimento uniforme em todos os serviços do Brasil, mas, sim, um procedimento com diferenças significativas, que vão desde o método anestésico e a viabilidade de testagem neurológica até o método de monitorização e forma de ressecção, sendo a sincronia da equipe multiprofissional essencial para a correta comunicação das alterações percebidas durante o mapeamento e o ato cirúrgico, contribuindo para o sucesso da cirurgia (Figura 27.2).

Pacientes com tumores na área da linguagem ou áreas adjacentes podem apresentar afasias transitórias, relacionadas com a localização da lesão e a manipulação da área durante o procedimento cirúrgico, o que torna a psicoeducação do paciente e familiares uma importante ferramenta na redução da angústia elaborada no pós-operatório imediato.

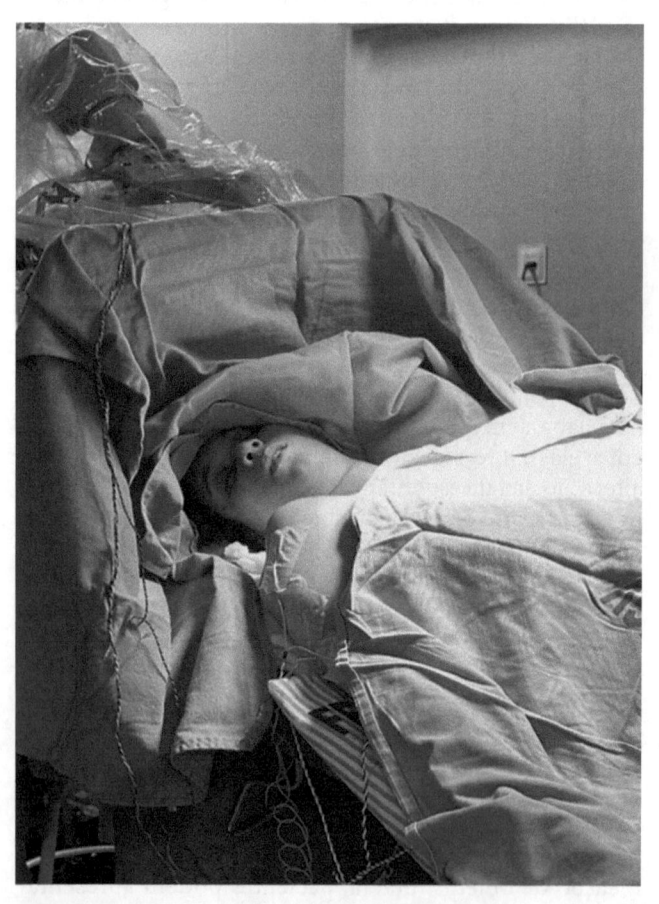

Figura 27.1 Posicionamento da paciente para avaliação intraoperatória. (Fonte: Hospital Getúlio Vargas.)

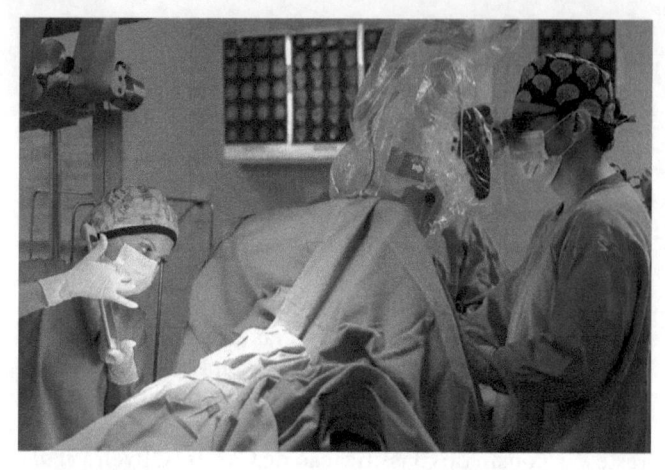

Figura 27.2 Posicionamento da equipe para comunicação de alterações percebidas. (Fonte: Hospital Getúlio Vargas.)

Casos clínicos

Avaliação em paciente com tumor extra-axial, em hemisfério esquerdo

Avaliação pré-operatória em meningioma frontal esquerdo (T1)

História clínica

Paciente J. M., 53 anos, escolaridade nível superior, residente de município do Piauí, observou redução na velocidade de processamento da informação e presença de apatia, com início dessa sintomatologia durante o isolamento social imposto pelo período pandêmico. O avaliado buscou atendimento especializado em psiquiatria, sendo diagnosticado com transtorno depressivo, submetido a tratamento medicamentoso sem melhora do quadro. J. M. relatou percepção de potencialização das queixas iniciais, associada à dificuldade para lembrar-se de eventos recentes.

Após realização de consulta com neurologista e exames de imagem, o paciente foi diagnosticado com meningioma frontal esquerdo. Durante consulta com neurocirurgião, foi observada alteração na fala espontânea, caracterizada por pausas e dificuldade de acesso ao banco semântico, sendo o paciente encaminhado para avaliação neuropsicológica pré-operatória.

Exame realizado

O exame de ressonância magnética (RM) evidenciou imagem expansiva sólida ovalada com características extra-axiais com base de implantação na paquimeninge que reveste a convexidade frontal esquerda, comprimindo o opérculo frontoparietal e giro frontal médio esquerdos, promovendo apagamento dos sulcos da convexidade do hemisfério cerebral esquerdo, colapso do ventrículo lateral esquerdo e do terceiro ventrículo, herniação transtentorial descendente à esquerda e subfalcina e desvio das estruturas da linha média para a direita, conforme mostra Figura 27.3.

Queixas principais

O avaliado relatou dificuldade de lembrar-se de eventos recentes, ineficiência para aprender habilidades novas, comparado

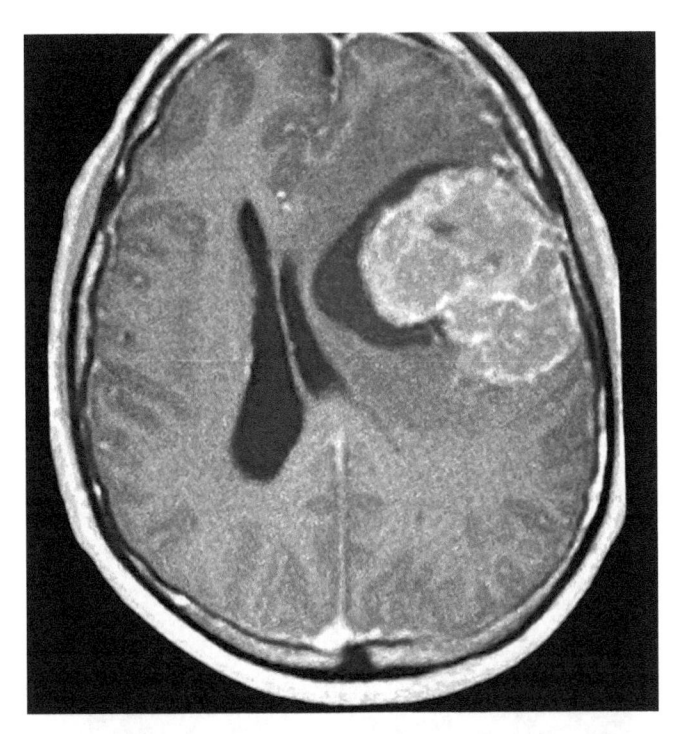

Figura 27.3 Ressonância magnética de encéfalo, pré-operatória, sequência axial T1 com contraste demonstrando lesão expansiva.

ao seu nível pré-mórbido, dificuldade para compreender o que lia e nomear objetos do cotidiano, bem como para expressar o pensamento. Acrescentou percepção de redução na capacidade de resolução de problemas, alta distração e redução na velocidade de processamento das informações.

Procedimentos

Foram realizados dois encontros divididos em anamnese e sessão de avaliação. Os encontros ocorreram no mês de agosto 2021, com duração de aproximadamente 4 horas, em ambiente clínico. A avaliação foi realizada em 2 dias em virtude da proximidade do procedimento cirúrgico e localização de residência do paciente. Os instrumentos padronizados foram utilizados para mensuração dos processamentos linguísticos, discursivos orais, mnemônico, atencional, executivo, visuoespaciais, de praxias e emocional, a fim de contribuir para o direcionamento do tratamento.

Os resultados quantitativos brutos de instrumentos normatizados no Brasil foram interpretados por meio da classificação e interpretação oferecida pelo próprio manual que cada teste oferece, enquanto os resultados das tarefas adaptadas para o contexto brasileiro foram interpretadas por meio dos cálculos dos escores Z, e a posterior conversão em percentis por meio da tabela normativa, de acordo com a adaptação de Strauss *et al.* (2006), Miotto *et al.* (2018; 2019), que permitiu classificar a pontuação do percentil em categorias.

Para ambas as circunstâncias, as análises consideraram o paciente de forma nomotética, ou seja, realizou-se uma comparação dele com os demais de sua idade e escolaridade, assim como configurou-se em avaliação idiográfica, uma vez que os resultados do paciente foram comparados com ele mesmo.

As técnicas principais utilizadas foram compostas pelos seguintes instrumentos: Figuras Complexas de Rey, Teste de Aprendizagem Auditivo-Verbal de Rey, Escala Wechsler Abreviada de Inteligência, Bateria Psicológica para Avaliação da Atenção, Bateria Montreal-Toulouse de Avaliação da Linguagem e Escala Wechsler de Inteligência para adultos – WAIS-III.

Também foram utilizadas técnicas complementares, como a observação clínica durante os atendimentos e discussão do caso clínico com o médico solicitante. As tarefas para verificação de habilidades cognitivas com estudos preliminares de padronização para a população brasileira e tarefas qualitativas utilizadas foram o Teste Stroop, Teste de Trilhas e Teste de Nomeação de Boston. Para investigação do humor, foram utilizadas as Escala Hospitalar de Ansiedade e Depressão e a Escala de Pensamentos Depressivos, para confirmação dos dados observados na escala de rastreio.

Resultados

Os resultados apontaram QIT: 84, categorizado como médio inferior (WASI). No plano verbal, observou-se desempenho categorizado duas faixas abaixo da média da amostra normativa para a idade do paciente (percentil 8), em atividade que avalia inteligência cristalizada e formação de conceitos (subteste Vocabulário). No plano de execução, o desempenho do paciente apresentou-se categorizado como médio (subteste Raciocínio Matricial = percentil 42).

Observou-se discrepância significativa entre as habilidades verbais e não verbais de inteligência, com melhor desempenho na tarefa de raciocínio fluido. Convém ressaltar que o desempenho obtido no subteste Vocabulário é considerado abaixo do esperado para a escolaridade e reserva cognitiva do paciente, uma vez que a escolaridade é uma variável preditora do desempenho cognitivo. Contudo, os déficits observados na tarefa verbal refletem o envolvimento dos processos linguísticos com o hemisfério e a localização do tumor cerebral.

J. M. apresentou desempenho ineficiente para sua idade, em atividade de *span* auditivo de números que exige a manipulação mental de informações, armazenadas a curto prazo, com desempenho situado duas faixas abaixo da média na amostra normativa de sua idade (Dígitos – WAIS-III com bruto, 6; ponderado, 5). Quanto à avaliação da memória episódica auditiva J. M. apresentou desempenho sugestivo de déficit clínico no que se refere à evocação imediata (A1), pós-lista distratora (A6) e evocação tardia (A7). O paciente não foi capaz de se beneficiar do recurso de pistas para melhorar satisfatoriamente o seu desempenho (etapa Reconhecimento = percentil 5).

No que tange à memória episódica percepto-visuoespacial gráfica, demonstrou no teste Figuras Complexas de Rey desempenho categorizado como médio inferior (pontuação bruta = 12, percentil 25) na etapa de evocação, mesmo com cópia (capacidade práxica) realizada com planejamento e organização visuoespacial (pontuação bruta = 35, percentil 75).

A avaliação da linguagem revelou alteração grave da capacidade de nomeação no instrumento Boston Adaptado (escore Z: –3, percentil < 1). Embora não fosse capaz de nomear a maior parte das imagens ofertadas, o paciente evidenciou preservação da memória semântica, da compreensão oral, escrita e capacidade expressiva, avaliados com a Bateria MTL. A atenção concentrada foi mensurada por meio da tarefa de atenção concentrada da Bateria BPA (pontuação bruta = 30, percentil < 10), com desempenho categorizado como inferior enquanto a atenção alternada foi investigada utilizando-se a tarefa B do Teste de Trilhas, com desempenho na faixa deficitária (tempo de 140 s, percentil < 1).

A tarefa A do Teste de Trilhas, assim como a etapa A do Teste Stroop, foram utilizadas para investigação da velocidade de processamento, ambos com desempenhos categorizados como deficitário (TMT A = 60 s, percentil 2; Stroop A = 28 s, percentil < 1). A flexibilidade cognitiva foi mensurada com o uso da etapa C do Teste Stroop, com desempenho categorizado como deficitário (Stroop C = 123 s, percentil 1). A aplicação de escala que investiga alterações no humor evidenciou pontuação categorizada na faixa média alta, revelando presença de baixa autoestima e desesperança.

Em discussão clínica multiprofissional foram explanadas as alterações encontradas, as quais estavam relacionadas com a localização do tumor e sua área de edema, assim como refletiam consequências da sintomatologia depressiva, presente há 1 ano, sendo o paciente psicoeducado sobre a correlação entre a alteração de linguagem e localização do tumor, bem como sobre a importância da realização da psicoterapia, associada à medicação após a realização da cirurgia e liberação médica.

Avaliação pós-operatória em meningioma frontal esquerdo (T2)

Paciente J. M. realizou cirurgia para ressecção tumoral 1 dia após avaliação cognitiva pré-operatória, com ressecção total do tumor, conforme mostra Figura 27.4, sem complicações durante e após o procedimento cirúrgico. Dessa forma, após 6 meses de intervenção cirúrgica, foi realizada avaliação pós-operatória, a pedido médico, objetivando acompanhar o curso dos déficits e a eficácia do tratamento (Figura 27.5).

Queixas principais

Paciente referiu, em consulta pós-operatória, percepção de melhora na capacidade de nomeação e nos processos atencionais. Contudo, mencionou permanência de redução na velocidade de processamento das informações.

Procedimentos

Realizaram-se quatro encontros para as sessões de reavaliação (T2). Os encontros ocorreram no mês de janeiro de 2022, com duração de aproximadamente 4 horas, na forma teste-reteste, em ambiente clínico, utilizando-se os mesmos instrumentos, respeitando-se o período de 6 meses para minimizar os efeitos de aprendizagem.

Resultados

Os resultados revelaram QIT: 108, pontuação categorizada como média (WASI). No plano verbal, apresentou desempenho categorizado como médio superior (percentil 88) em

Figura 27.4 Ressecção tumoral total.

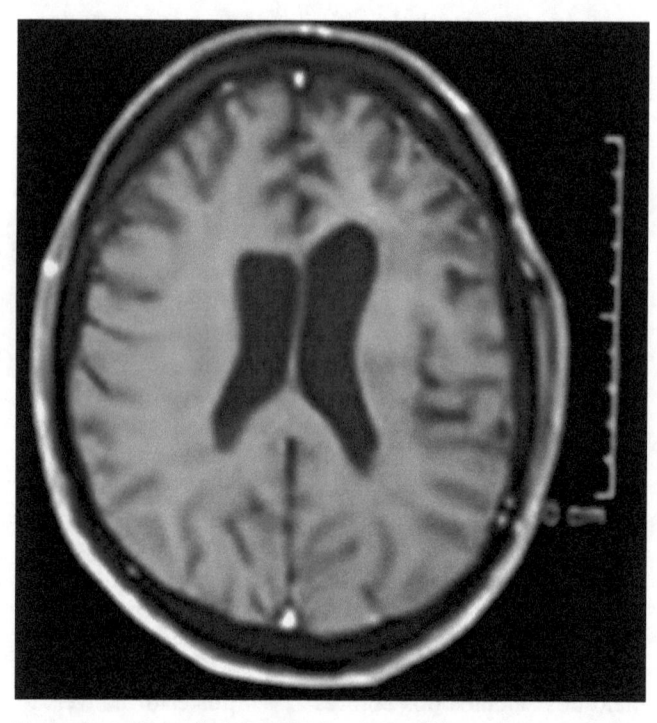

Figura 27.5 Ressonância magnética de encéfalo, pós-operatória, cortes axiais com contraste não demonstrando lesão residual.

atividade que avalia inteligência cristalizada e formação de conceitos. No plano de execução, o desempenho do paciente apresentou-se categorizado como médio (percentil 42) para raciocínio abstrato. Observou-se melhora do desempenho em atividade que avalia habilidade linguística referente à definição de palavras.

A investigação da memória operacional auditiva, que anteriormente revelou desempenho categorizado duas faixas abaixo da média da amostra normativa, resultou em desempenho categorizado como médio no subteste Dígitos (bruto 10, ponderado 8, percentil 25).

Quanto à avaliação da capacidade de retenção, consolidação e aprendizado de material verbal, em atividade de lista de palavras, o paciente apresentou desempenho preservado, classificado na faixa média da amostra normativa para sua idade, no que se refere à capacidade de evocação imediata (A1), evidenciando melhora significativa na memória episódica imediata, quando comparado à avaliação pré-operatória, anteriormente sugestiva de déficit clínico em T1.

Contudo, após presença de lista distratora (A6), percebeu-se permanência de déficit observado em T1, no que se refere à capacidade de evocar os conhecimentos verbais adquiridos, e que foram sucedidos à exposição de novo conteúdo. Embora J. M. tenha apresentado discreta melhora (uma faixa de classificação), com desempenho pós-operatório categorizado duas faixas abaixo da média da amostra normativa, seguiu apresentando declínio da capacidade de evocação pós-lista distratora.

Quanto à evocação tardia desses conteúdos (A7), J. M. apresentou desempenhos semelhantes em avaliação pré e pós-operatória, classificados como inferior, demonstrando que o paciente não foi capaz de evocar o material aprendido, após a passagem do tempo, em ambas as avaliações, e sugerindo prejuízo grave na memória episódica de longo prazo.

Ressalta-se que na avaliação pós-operatória, J. M. evocou espontaneamente um número maior de vocábulos em A7, o que nos permite inferir, qualitativamente, que houve melhora na capacidade de evocação tardia, sem, todavia, representar alteração na faixa de categorização do desempenho.

Quanto ao reconhecimento verbal, o paciente apresentou desempenho categorizado como médio. Esse resultado sugere que embora J. M. tenha permanecido com dificuldade grave no que tange à evocação tardia de material aprendido anteriormente, foi possível recordar de mais palavras da lista de repetição, usando o recurso de pistas.

No que tange à memória episódica percepto-visuoespacial gráfica, o desempenho pós-operatório foi categorizado como médio inferior no teste FCR (pontuação bruta = 12, percentil 25), sugerindo prejuízo leve da memória imediata visual, equiparando-se ao desempenho apresentado durante a avaliação pré-operatória. Em ambas as avaliações (T1 e T2), a cópia da figura complexa foi realizada com riqueza de detalhes e exatidão, sugerindo que não houve influência da qualidade de execução da cópia na evocação do estímulo.

Quanto às habilidades linguísticas, J. M. expressou-se com clareza, sem dificuldade para iniciar e manter conversação. O discurso narrativo apresentou-se mais organizado. A fala espontânea esteve fluente, contrapondo-se ao discurso lento observado durante avaliação pré-operatória e que evidenciou dificuldade de acesso ao *buffer* semântico.

A avaliação pós-operatória da linguagem revelou mudanças significativas. Em atividade de nomeação de objetos, observou-se desempenho preservado, classificado na faixa média no Teste de Boston Adaptado (percentil 50), evidenciando preservação da capacidade de ativação do sistema léxico-semântico e ausência de afasia observada em avaliação pré-operatória. O paciente permaneceu com preservação da capacidade de compreensão receptiva, corroborando o desempenho da avaliação pré-operatória.

Quanto aos processos atencionais, em atividade em que é necessária a manutenção do foco atencional (BPA – AC), observou-se resultado categorizado como médio (pontuação bruta = 78, percentil 62), evidenciando melhora na capacidade de manutenção do foco atencional, quando comparado ao desempenho em T1. Na avaliação pós-operatória, J. M. trabalhou de forma lenta, tal qual na avaliação pré-operatória, sem apresentar, contudo, erros de omissão e trocas, o que sugere maior precisão e automonitoramento efetivo.

Em atividade que avalia a velocidade do processamento, apresentou desempenho preservado, classificado na faixa média, em atividades que avaliaram processos automáticos e agilidade grafomotora, sugerindo melhora dessa função quando comparado a T1 (TMT A = 40 s, percentil 40; Stroop A = 16 s, percentil 41). A investigação da flexibilidade cognitiva, mensurada com o uso da etapa C do Teste Stroop, revelou desempenho categorizado como deficitário (percentil 1).

A aplicação de escalas que investigam alterações no humor apontou permanência de percepção negativa de si, com pontuação na faixa média alta, sinalizando baixa autoestima e desesperança, equivalentes à sintomatologia apresentada na avaliação pré-cirúrgica (mesma classificação na Escala EPD). Esses sintomas seguiam relacionados com as dificuldades vividas no momento da avaliação T2, uma vez que mesmo após a passagem de tempo, havia dificuldade para elaborar planos futuros, em face às incertezas advindas com a permanência da pandemia.

A avaliação pós-operatória realizada, associada aos dados da história de vida, atestou ausência de alterações na linguagem após ressecção tumoral, uma vez que a dificuldade anterior estava relacionada com afasia transitória, ocasionada pela lesão expansiva. Foi possível inferir que a manutenção dos prejuízos na flexibilidade cognitiva, atenção alternada e memória episódica auditiva refletiam o impacto da alteração de humor na cognição do avaliado. Após discussão clínica com o médico responsável, o paciente foi mantido em tratamento medicamentoso para modulação dos afetos e psicoeducado sobre a necessidade da manutenção da sua psicoterapia.

Avaliação em paciente com tumor intra-axial, em hemisfério esquerdo

História clínica

Paciente L. M., 61 anos, escolaridade nível superior, referiu que em dezembro de 2020 apresentou crise de ausência e desmaio, com necessidade de atendimento de urgência e internação por 3 dias. Após a alta hospitalar, buscou consulta especializada em neurologia, sendo diagnosticado com tumor cerebral do tipo glioma, após realização de exames complementares. Em consulta com neurocirurgião foi indicada cirurgia para ressecção, a qual foi realizada em abril de 2021.

Exame realizado

O exame de RM evidenciou alteração de sinal cortical e subcortical com aparente epicentro na amígdala esquerda, com hipersinal em T2/FLAIR e leve efeito expansivo local. Estendia-se anteriormente para o lobo temporal e posterior por todo o hipocampo; superiormente, à ínsula e à cápsula externa (Figura 27.6).

Queixas principais

Após a cirurgia, o paciente relatou dificuldade de lembrar-se de eventos ou informações recentes, ineficiência para lembrar-se de compromissos, dificuldade para compreender o que lia e nomear objetos e pessoas, bem como incapacidade de expressar o pensamento de forma organizada. Mencionou percepção de redução na capacidade de resolução de problemas, criação de estratégias e na realização de planejamento prévio, associados a alta distração e redução na velocidade de processamento das informações, gerando dependência de familiares.

Procedimentos

Realizaram-se sete encontros divididos em anamnese e sessões de avaliação. Os encontros ocorreram nos meses de julho de 2021, 3 meses após a cirurgia, com duração de aproximadamente 7 horas, em ambiente clínico. Os instrumentos padronizados foram utilizados para mensuração dos processamentos linguísticos, discursivos orais, compreensão textual, mnemônico, atencional, executivo, visuoespaciais, de praxias, bem como emocional, objetivando contribuir para o diagnóstico diferencial de lesão encefálica adquirida e direcionamento de tratamento de reabilitação neuropsicológica.

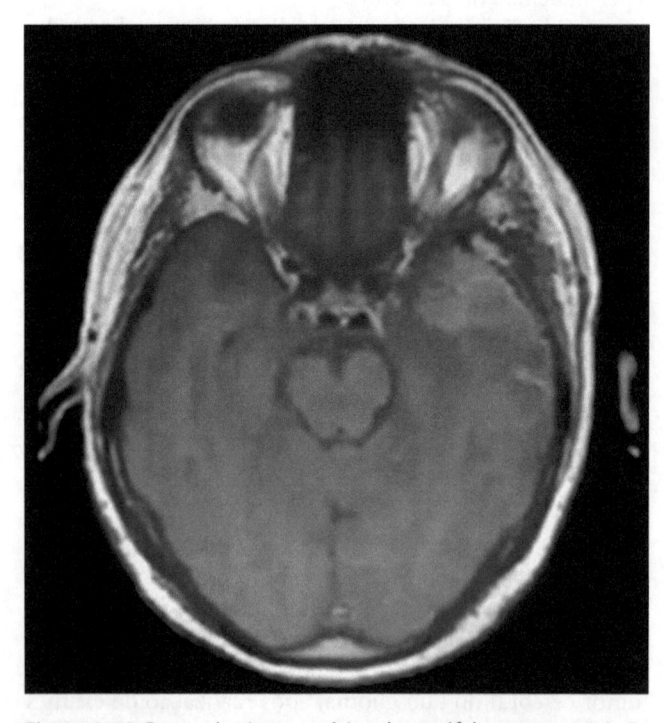

Figura 27.6 Ressonância magnética de encéfalo, cortes axiais T1 com contraste demonstrando lesão expansiva intra-axial temporal esquerda.

Os resultados quantitativos brutos obtidos foram interpretados segundo as mesmas etapas explanadas no caso clínico 1, respeitando-se as peculiaridades do paciente. As técnicas principais utilizadas foram compostas pelos seguintes instrumentos: Teste d2R – Revisado, Figuras Complexas de Rey, Teste de Aprendizagem Auditivo-Verbal de Rey, Teste dos Cinco Dígitos, Bateria de Avaliação de Memória Semântica, Escala Wechsler Abreviada de Inteligência, Bateria Psicológica para Avaliação da Atenção, Teste Wisconsin de Classificação de Cartas, Escala Wechsler de Inteligência para adultos – WAIS-III, Bateria Montreal-Toulouse de avaliação da Linguagem, Teste das Trilhas, Teste Stroop, Teste de Nomeação de Boston, Questionário de Atividades Funcionais de Pfeffer e Escala de Depressão Beck.

Resultados

Os resultados sugeriram QI total: 83, na faixa média inferior (WASI). No plano verbal, apresentou QIV 74, com resultado situado duas faixas abaixo da média da amostra normativa (percentil 4) em atividades que avaliam inteligência cristalizada e formação de conceitos. No plano de execução, o seu desempenho se situou na faixa média (percentil 45), com QIE 98. Observou-se melhor desempenho nas tarefas manuais, sendo o déficit observado nas tarefas verbais ocasionado pela associação entre os processos linguísticos e mnemônicos e o hemisfério e a localização do tumor cerebral (temporal esquerdo).

L. M. apresentou desempenho satisfatório para sua idade, em atividade de *span* auditivo de números que exige a manipulação mental de informações auditivas, bem como em atividade que avalia a manipulação de informações visuais, armazenadas a curto prazo, com desempenhos classificados na faixa média, em ambas as atividades (dígitos – WAIS, percentil 40; Cubos de Corsi, percentil 30). Contudo, quando avaliada a sua capacidade de evocação tardia de conhecimentos verbais adquiridos (memória de longa duração) e que foram sucedidos à exposição de novo conteúdo, evidenciou prejuízo grave e desempenhos categorizados como prejuízo clínico (percentis < 5 em A6 e A7 – RAVLT).

Sua curva de aprendizagem no referido teste foi descendente, evidenciando dificuldade na organização da resposta com muitas repetições e flutuação da atenção, apresentando resultado categorizado como prejuízo clínico. Quanto ao reconhecimento verbal, não se observou melhora no desempenho usando o recurso de pistas, estando a consolidação limitada às palavras evocadas durante a aprendizagem (alcance máximo de três palavras em A2 e A3).

No que tange à memória episódica percepto-visuoespacial gráfica, o desempenho de L. M. foi categorizado como médio (FCR = percentil 40), sugerindo preservação da memória visual. Esse resultado, evidenciou melhor processamento pelas vias visuais (alça visuoespacial), quando comparado ao processamento pelas vias verbais (alça fonológica).

O paciente apresentou déficit em atividade que envolve a definição oral de palavras e de conhecimentos gerais (conhecimentos conceituais), indicando prejuízo na habilidade semântica, dificuldade de armazenamento e uso de conhecimentos aprendidos culturalmente (escore conceituação), com desempenho na faixa média inferior, quando comparado ao seu grupo normativo de idade e região brasileira (BAMS = percentil 15). Com relação à habilidade de agrupar elementos ou conhecimentos pertencentes a uma mesma categoria, seja verbal, seja de imagens (escore categorização), apresentou desempenho caracterizado como muito inferior (percentil 1).

Um ponto importante na compreensão desses resultados reflete a interação do sistema semântico com outros domínios cognitivos, como a linguagem e as funções executivas, as quais representam o controle semântico e geram comportamentos ou cognições apropriadas ao contexto. No paciente em questão, foi perceptível que a entrada semântica era realizada adequadamente por meio de representações sensoriais. No entanto, o controle semântico não era efetivo para promover a saída semântica, em virtude do comprometimento grave da linguagem e da memória episódica.

Quanto aos processos linguísticos, L. M. expressava-se com clareza, sem dificuldade para iniciar conversação. O discurso narrativo por vezes tornava-se restrito, evidenciando dificuldade de acesso ao *buffer* semântico. Foram observadas parafasias semânticas e verbais. Em atividade de nomeação de objetos, o desempenho foi categorizado como deficitário (Boston adaptado = percentil 0,1), sinalizando prejuízo grave na ativação do sistema léxico-semântico.

A capacidade de repetição de palavras e frases encontrava-se intacta, o que indica preservação da consciência fonológica (consciência de sons), assim como capacidade de compreensão receptiva encontrava-se inalterada. Atividades que avaliam as funções visuoperceptivas, práxicas e a habilidade para cálculos evidenciaram desempenhos preservados, à luz de sua idade, utilizando os subtestes da WAIS-III e FCR.

Em atividade em que era necessária a manutenção do foco atencional, foi perceptível dificuldade grave, com resultado classificado como inferior (percentil 1). A velocidade de execução do teste foi categorizada na mesma faixa de classificação (percentil < 1), sugerindo que em comparação com pessoas da mesma faixa etária, a velocidade de processamento dos estímulos-alvos foi muito baixa. No entanto, a precisão foi considerada adequada, classificada na faixa média (percentil 60), o que significa que o paciente trabalhou de forma lenta, mas cometeu poucos erros de omissão e trocas.

Quanto à capacidade de flexibilizar o pensamento, o desempenho foi categorizado como déficit clínico (FDT = percentil < 5), bem como no que se refere à velocidade de processamento da informação (leitura, contagem, escolha e alternância com percentis < 5). Quanto à capacidade de controle inibitório, o paciente apresentou desempenho semelhante, sugerindo redução na capacidade de mobilizar o esforço cognitivo adicional necessário para inibir as respostas involuntárias.

A aplicação de escala que investiga alterações no humor demonstrou a presença de pensamentos depressivos, com pontuação sugerindo intensidade grave dos sintomas, evidenciando baixa autoestima e sinais sugestivos de desesperança, no entanto, sem a presença de sintomas que indicam visão negativa sobre o mundo e as relações sociais.

A sintomatologia depressiva estava intimamente relacionada com as dificuldades e frustrações vividas no período pós-operatório, assim como refletiam ausência de expectativas quanto ao futuro. A avaliação clínica qualitativa observou sinais de ansiedade elevada, como preocupação excessiva quanto ao trabalho, pensamentos automáticos disfuncionais sobre suas capacidades pessoais em virtude da redução da independência e de sua autonomia.

Diante desses resultados e dos dados de história de vida, observou-se que o paciente apresentava prejuízo substancial do funcionamento cognitivo, principalmente no que se refere às funções atencionais, de flexibilidade cognitiva, de memória e quanto à nomeação de objetos, oriundo de lesão encefálica adquirida pós-tumor cerebral, com reflexo significativo na funcionalidade e nas suas interações familiares e sociais.

Sugeriu-se a realização de reabilitação cognitiva visando à reestruturação dos planos de vida diários, bem como a minimização do impacto dos déficits cognitivos nos âmbitos funcional/ocupacional, além de realização de psicoterapia para tratamento dos sintomas disfuncionais relacionados com o humor.

L. M. permaneceu em tratamento de reabilitação por 8 meses, iniciado em julho de 2021. Foram elaboradas seis metas de intervenção para a proposta de atendimento. Desse total, cinco metas foram atingidas, com exceção da meta "Orientar e programar o retorno ao trabalho", uma vez que o posicionamento médico atestou necessidade de manutenção do afastamento, ao final do período de licença, levando em consideração a gravidade da lesão e a responsabilidade envolvida em sua função laboral, bem como o desejo do paciente, o qual ainda não se sentia seguro quanto a esse retorno.

Avaliação em paciente com tumor extra-axial, em hemisfério direito

História clínica

Paciente F. M., 79 anos, escolaridade nível médio, referiu que no início de 2021 apresentou cefaleia e hemiparesia esquerda. A paciente buscou atendimento especializado em neurologia na capital piauiense, sendo orientada a realizar exames de imagem, os quais identificaram a presença de meningioma. Após o agendamento da cirurgia, a paciente foi comunicada sobre a importância da avaliação neuropsicológica para investigação do funcionamento cognitivo e melhor direcionamento dos familiares quanto ao período pós-operatório, em virtude da sua idade e pelo fato de ela residir em estado brasileiro diferente do local no qual a cirurgia seria realizada.

Exame realizado

O exame de RM evidenciou imagem expansiva ovalada com características extra-axiais, em transição frontoparietal direita, conforme mostra Figura 27.7.

Queixas principais

Paciente referiu, em consulta pré-operatória, percepção de alteração motora contralateral à lesão (hemiparesia esquerda). Contudo, não foram relatadas queixas cognitivas, o que foi corroborado pelos familiares que a acompanhavam.

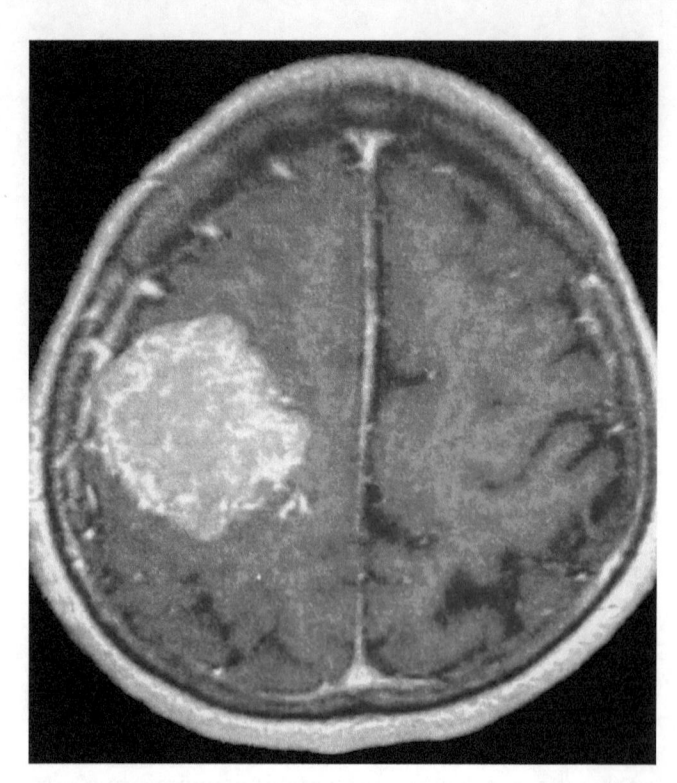

Figura 27.7 Ressonância magnética de encéfalo, corte axial T1 com contraste demonstrando lesão expansiva extra-axial, frontoparietal direita, com compressão cerebral.

Procedimentos

Realizou-se um encontro para a sessão de avaliação, em ambiente hospitalar privado, em virtude da dificuldade de locomoção apresentada pela paciente. O encontro ocorreu no mês de março de 2021, com duração de aproximadamente 2,5 horas, objetivando avaliação focal em virtude da urgência cirúrgica.

As técnicas principais utilizadas foram compostas pelos seguintes instrumentos: Figuras Complexas de Rey, Teste de Aprendizagem Auditivo-Verbal de Rey, Bateria de Avaliação de Memória Semântica, Escala Wechsler Abreviada de Inteligência, Bateria Psicológica para Avaliação da Atenção, Teste de Nomeação de Boston, Questionário de Atividades Funcionais de Pfeffer e Escala Baptista de Depressão – versão idosos.

Resultados

Os resultados revelaram QIT: 93, categorizado na faixa média (WASI). No plano verbal, a paciente apresentou desempenho categorizado como médio (percentil 30) em atividade que avalia inteligência cristalizada e formação de conceitos. No plano de execução, o seu desempenho apresentou-se categorizado na faixa média (percentil 42). Esses dados sugeriram preservação do quociente de inteligência à luz de sua idade.

Quanto à avaliação da capacidade de retenção, consolidação e aprendizado de material verbal, em atividade de lista de palavras, a paciente apresentou desempenho categorizado como possível déficit (pontuação bruta = 5, percentil > 5 e < 25) no que se refere à capacidade de evocação pós-lista distratora (A6).

Com relação à evocação tardia desses conteúdos (A7), a paciente apresentou desempenho semelhante, categorizado como possível déficit (pontuação bruta = 4, percentil 5). No que se refere ao reconhecimento verbal, seu desempenho foi categorizado como médio (pontuação bruta = 8, percentil > 50 < 75), evidenciando que a paciente foi capaz de melhorar seu desempenho de evocação usando o recurso de pistas. A segurança demonstrada durante essa etapa comprovou que houve consolidação das palavras da lista de aprendizagem, afastando a possibilidade de doença neurodegenerativa.

No que tange à memória episódica percepto-visuoespacial gráfica, o desempenho foi categorizado como médio inferior (pontuação bruta = 8, percentil 30), sugerindo prejuízo leve para memória imediata visual. A cópia da figura complexa foi realizada com planejamento e estratégia, com desempenho de capacidade práxica categorizado como médio (pontuação bruta = 30, percentil > 40).

Quanto às habilidades linguísticas, M. L. expressou-se com clareza, sem dificuldade para iniciar e manter conversação. O discurso narrativo apresentou-se fluido e com coesão. Em atividade de nomeação por imagem, utilizando a BAMS, observou-se desempenho preservado, classificado na faixa média de acordo com a tabela normativa da região Norte e Nordeste (pontuação bruta = 25, percentil 42), evidenciando adequada ativação do sistema léxico-semântico.

Quanto aos processos atencionais, em atividade em que é necessária a manutenção do foco atencional (BPA – AC), observou-se desempenho categorizado como médio inferior, de acordo com a tabela normativa do manual (Pontuação bruta = 42, percentil > 25 e < 30, sugerindo dificuldade sutil na manutenção do foco atencional, assim como no que se refere à atenção alternada e dividida, ambas com desempenhos categorizados na mesma faixa de classificação (AD = 30, percentil > 30 e < 40; AA = 42, percentil > 25 e < 30).

A investigação da flexibilidade cognitiva, mensurada com o uso da etapa C do Teste Stroop, revelou desempenho categorizado como médio inferior (escore Z = –0,77, percentil 21), enquanto a fluência verbal esteve categorizada como média na BAMS (pontuação bruta = 31, percentil 24).

A avaliação do humor revelou ausência de sintomas compatíveis com depressão (Escala Baptista de Depressão – EBADEP), com resultado categorizado como positivo 1, sugerindo a presença de comportamentos que refletiam sociabilidade e afetividade sem alterações drásticas. A escala de funcionalidade Pfeffer, preenchida por informante, sinalizou que não havia perda de autonomia no que se refere à execução de atividades instrumentais, sem hipótese diagnóstica de transtorno neurocognitivo maior.

Os dados observados em avaliação neuropsicológica, associados à história de vida, evidenciaram ausência de alterações cognitivas com relevância clínica e sem associação com a localização da lesão. Os prejuízos sutis observados demonstraram melhor correlação com as perdas naturais observadas no envelhecimento, quando comparados ao nível pré-mórbido da paciente, não apresentando impacto em sua independência cotidiana, permitindo que a equipe médica pudesse inferir bom prognóstico e engajamento necessário no pós-operatório em sua cidade de origem.

Avaliação neuropsicológica em paciente com tumor em área eloquente

Avaliação pré-operatória

História clínica

M. L., 22 anos, escolaridade nível médio, residente no estado do Maranhão, referiu que há aproximadamente 2 anos apresentava cefaleias. Em 2023, a paciente mencionou percepção de potencialização desse sintoma, associado a crises convulsivas, o que a fez buscar consulta médica no estado do Piauí, sendo orientada a realizar exames de imagem, os quais identificaram tumor cerebral, localizado em área eloquente. Após internações, a paciente foi comunicada sobre a possibilidade de realização de cirurgia acordada para ressecção tumoral, em virtude da localização da lesão.

Exame realizado

O exame de RM evidenciou imagem expansiva heterogênea com localização temporal posterior esquerda, com edema perilesional importante que se estende à região temporal anterior, conforme mostra Figura 27.8.

Queixas principais

Paciente referiu, em consulta pré-operatória realizada em ambiente hospitalar, percepção de desorganização maior que a usual, dificuldade para completar uma tarefa em tempo razoável e para executar as atividades nas etapas corretas e em tempo hábil, citando redução na velocidade de processamento da informação. Como alterações linguísticas, mencionou ineficiência para organizar e expressar seus pensamentos, para entender a linguagem e encontrar o vocábulo pretendido durante o diálogo. Relatou constante perda da linha de raciocínio e alteração de memória caracterizada por dificuldade de lembrar os nomes de pessoas próximas e o local onde guardava seus pertences. No que se refere ao humor, foi referida ansiedade de intensidade leve, relacionada com as vivências atuais.

Procedimentos

Realizou-se um encontro para a sessão de avaliação pré-operatória, em ambiente hospitalar, após internação em hospital da rede pública. O encontro ocorreu no mês de agosto de 2023, com duração de aproximadamente 3 horas, objetivando avaliação do funcionamento cognitivo para direcionamento do tratamento cirúrgico.

As técnicas principais utilizadas foram compostas pelos seguintes instrumentos: Figuras Complexas de Rey, Teste de Aprendizagem Auditivo-Verbal de Rey, Escala Wechsler Abreviada de Inteligência, Coleção de Testes de Atenção (CTA), Teste de Nomeação de Boston, Escala de Depressão Beck, Teste Stroop, Bateria Montreal-Toulouse de Avaliação da Linguagem e o Protocolo Verst-Maldaun Language Assessment (VMLA), com validação brasileira de Silvia Verst e cooperação de Marcos Maldaun.

Resultados

Os resultados revelaram QIT: 88, categorizado na faixa média inferior (WASI). No plano verbal, a paciente apresentou desempenho situado duas faixas abaixo da média da amostra normativa de sua idade (vocabulário = percentil 4) em atividade que avalia inteligência cristalizada e formação de conceitos. No plano de execução, o seu desempenho apresentou-se dentro da média da amostra normativa de sua idade (RM = percentil 61). Esses dados sugeriram impacto da alteração de linguagem na capacidade de formular suas respostas em tarefa que avaliou as habilidades verbais.

Quanto à avaliação da capacidade de retenção, consolidação e aprendizado de material verbal, em atividade de lista de palavras, apresentou desempenho categorizado como possível déficit (pontuação bruta = 8, percentil > 5 e < 25) no que se refere à capacidade de evocação pós-lista distratora (A6), sugerindo leve impacto do conteúdo novo com relação ao que havia sido aprendido.

Com relação à evocação tardia desses conteúdos (A7), apresentou desempenho classificado na faixa média (pontuação bruta = 9, percentil 25). No que se refere ao reconhecimento verbal, apresentou desempenho categorizado como médio (pontuação bruta = 15, percentil 95), evidenciando que M. L. foi capaz de melhorar seu desempenho de evocação, usando o recurso de pistas e sugerindo que não havia alteração da memória episódica auditiva.

No que tange à memória episódica percepto-visuoespacial gráfica, o desempenho foi categorizado na faixa média (pontuação bruta = 17, percentil 40), sugerindo preservação da memória imediata visual. A cópia da figura complexa de Rey foi realizada com planejamento, estratégia e adequada

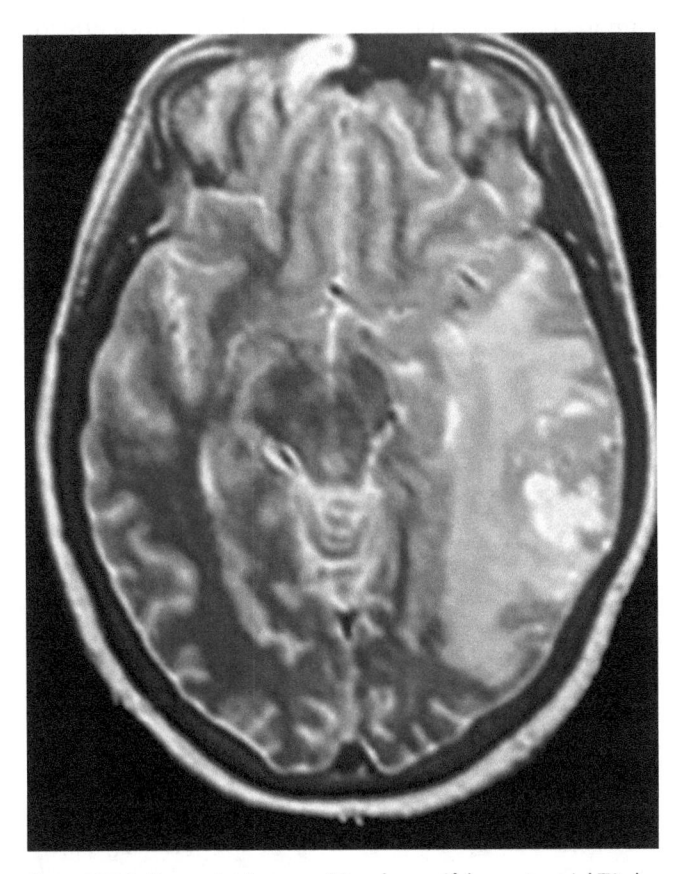

Figura 27.8 Ressonância magnética de encéfalo, corte axial T2 demonstrando lesão expansiva heterogênea temporal posterior esquerda.

organização visuoespacial, com desempenho de capacidade práxica categorizado como superior (pontuação bruta = 35, percentil 75).

Quanto às habilidades linguísticas, M. L. expressou-se com clareza, sem dificuldade para iniciar conversação, apresentando, contudo, pausas ocasionadas pela dificuldade de acesso ao *buffer* semântico. Observaram-se circunlóquios como estratégia compensatória à dificuldade de nomeação, a qual foi corroborada por atividade de nomeação por imagem (Boston). A paciente apresentou desempenho moderadamente prejudicado categorizado como limítrofe (pontuação bruta = 27, percentil 5), evidenciando ineficiência na ativação do sistema léxico-semântico.

Durante a investigação da linguagem, observaram-se parafasias semânticas e fonêmicas como a troca do vocábulo "escada rolante" por "elevador" (ambos são meios de locomoção) e do vocábulo "violino" por "piano" (ambos são instrumentos musicais). A maior parte das figuras não nomeadas espontaneamente, foram efetivamente nomeadas com pistas fonêmicas, demonstrando que havia alteração linguística e não de memória semântica, uma vez que a paciente era capaz de definir cada objeto utilizando sua função. Não se observou alteração na capacidade de compreensão escrita e oral, utilizando a MTL.

Objetivando melhor interpretação intraoperatória das possíveis alterações apresentadas durante a cirurgia acordada, figuras do VMLA foram apresentadas em avaliação pré-operatória, o qual se constitui de um protocolo de avaliação de linguagem para aplicação durante a realização de cirurgia do paciente acordado, para comparação evolutiva. O protocolo era composto de dois tipos de testes: Nomeação de Objetos (VMLA-ON) e VMLA-Semântica. As figuras não nomeadas corretamente e os tipos de erros apresentados foram devidamente registrados.

Quanto aos processos atencionais, em atividade em que é necessária a manutenção do foco atencional (CTA-AC), foi observado resultado categorizado como médio inferior, de acordo com a tabela normativa do manual (pontuação bruta = 35, percentil 10), evidenciando dificuldade sutil na manutenção do foco atencional, assim como no que se refere à atenção alternada e dividida, ambas com desempenhos categorizados na mesma faixa de classificação (AD = 26, percentil > 20 e < 30; AA = 32, percentil 30).

A investigação da flexibilidade cognitiva, mensurada com o uso da etapa C do Teste Stroop, revelou desempenho categorizado como deficitário (escore Z = -1,96, percentil 2). Contudo, foi evidente o impacto da redução da velocidade de processamento na tarefa, na qual não foram observados erros e automonitoramento efetivo. A velocidade de processamento, avaliada com a tarefa A do teste Stroop apresentou-se categorizada como deficitária (escore Z = -4,4, percentil 0). A avaliação do humor revelou ausência de sintomas compatíveis com depressão, com resultado que refletia afetividade sem alterações drásticas, reconhecimento das capacidades pessoais, confiança na equipe e no procedimento cirúrgico a ser realizado.

Os dados observados em avaliação neuropsicológica, associados à história de vida, evidenciaram presença de alterações linguísticas com relevância clínica, associadas à localização da lesão. Os prejuízos de atenção e na flexibilidade cognitiva encontravam-se potencializados pela redução da velocidade de processamento, a qual se infere estar relacionada com o grande edema e presença de crises convulsivas constantes. Dessa forma, os resultados obtidos permitiram que a equipe médica optasse com segurança pela realização da cirurgia acordada, objetivando manutenção da funcionalidade da linguagem e melhor qualidade de vida no pós-operatório, levando em consideração a idade e profissão da paciente.

Avaliação intraoperatória

A cirurgia foi realizada no mês de agosto de 2023, sem intercorrências, em hospital da rede pública. A avaliação intraoperatória foi realizada utilizando-se o VMLA, o Boston, tarefas de força motora, fluência verbal, de velocidade de processamento, de categorização verbal e de imagens, de leitura, compreensão e interpretação de texto, objetivando avaliar os processos linguísticos de discurso narrativo, compreensão e repetição, nomeação, semântica, articulação fonética e linguagem espontânea, assim como demais funções explanadas.

Os distúrbios de linguagem observados durante o mapeamento foram anomia (uma figura familiar para a paciente, a qual foi nomeada posteriormente mediante pista fonêmica) e parafasia semântica durante a nomeação da figura representada por uma jarra de suco com laranjas ao lado (a paciente nomeou como suco de goiaba), realizando autocorreção em seguida, sendo o neurocirurgião comunicado sobre as alterações durante o mapeamento, compreendendo tratar-se de áreas valiosas para a funcionalidade. O posicionamento correto do avaliador é importante para observação das alterações motoras como a apraxia da fala e de articulação como a disartria, conforme mostra a Figura 27.9.

Após a cirurgia, realizou-se consulta pós-operatória para orientações dos familiares e psicoeducação da paciente, a qual se encontrava sem alterações na linguagem e referindo percepção de melhora na velocidade de processamento, redução da ansiedade e melhor padrão de sono.

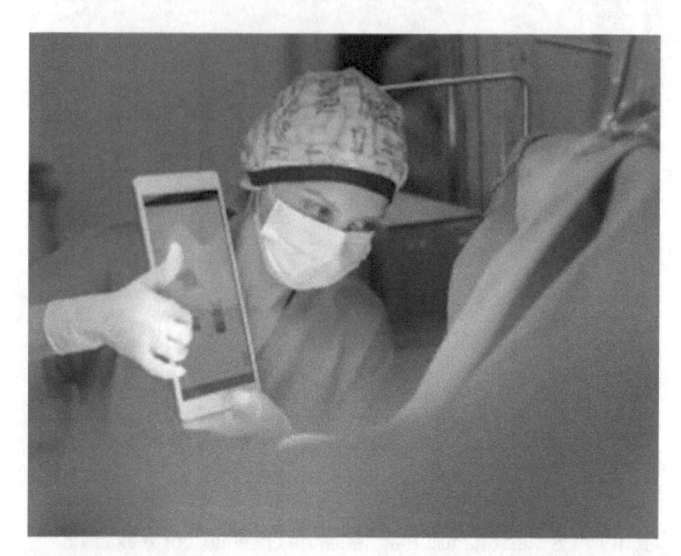

Figura 27.9 Posicionamento para avaliação intraoperatória. Realização de tarefa de categorização semântica.

Considerações finais

Conforme explanado neste capítulo, a avaliação neuropsicológica confere à equipe médica, ao paciente e à família, informações essenciais sobre o funcionamento cognitivo do paciente com tumor cerebral, sendo necessária para a efetiva orientação dos envolvidos, principalmente quanto a processos de recuperação pós-cirúrgica, tratamentos complementares e readaptações na rotina pessoal e familiar. A parceria multiprofissional dos autores deste capítulo, na atuação em pacientes neurocirúrgicos, permite afirmar que a avaliação do funcionamento cognitivo é primordial para manutenção da funcionalidade e qualidade de vida dos pacientes.

Referências bibliográficas

BAPTISTA, M. N. Escala Baptista de Depressão (versão idosos) – EBADEP-ID. São Paulo: Vetor, 2019.

BIGATÃO, M. D. R.; CARLOTTI, J. R. C. G.; CARLO, M. M. R. D. P. Qualidade de vida e sintomas de ansiedade e depressão em pacientes com tumores cerebrais primários. Jornal Brasileiro de Psiquiatria, Rio de Janeiro, v. 63, n. 1, p. 33-38, 2014.

BERTOLA, L.; MALLOY-DINIZ, L. Bateria de avaliação da memória semântica. São Paulo: Vetor, 2019.

BORCHERS, S. et al. Direct electrical stimulation of human cortex–the gold standard formapping brain functions? Nature Reviews Neuroscience, London, v. 13, n. 1, p. 63-70, 2012.

CABRERA, H. N. Gliomas de baixo grau. In: Teixeira, M. J.; Figueiredo, E. G. Manual de clínica neurocirúrgica. Rio de Janeiro: Thieme Publicações Ltda, 2015.

CAMPANHOLO, K. R. et al. Performance of an adult brazilian sample on the trail making test and stroop test. Dementia & Neuropsychologia, v. 8, n. 1, p. 26-31, mar. 2014.

CARNEIRO, A. M.; BAPTISTA, M. N. Escala de Pensamentos Depressivos. São Paulo: CETEPP, 2015.

DAMIN, A. E. Questionário de Atividades Funcionais de Pfeffer. [Adaptado da obra de] Pfeffer et al., 1982. 2011.

DAY, J. et al. Neurocognitive deficits and neurocognitive rehabilitation in adult brain tumors. Current Treatment Options in Neurology, v. 18, n. 5, p. 22, 2016.

DE WITT HAMER, P. D. W. et al. Impact of intraoperative stimulation brain mappingon glioma surgery outcome: a meta-analysis. Journal of Clinical Oncology, Alexandria, v. 30, n. 20, p. 2559-2565, 2012.

De WITTE, E. et al. Subcortical language and non-language mapping in awakebrain surgery: the use of multimodal tests. Acta Neurochirurgica, Copenhagen, v. 157, n. 4, p. 577-588, 2015.

DUFFAU H. Intraoperative cortico-subcortical stimulations in surgery of low-grade gliomas. Expert Review of Neurotherapeutics, London, v. 5, n. 4, p. 473-485, 2005.

DWAN, T. M. et al. Neuropsychological assessment of individuals with brain tumor: comparison of approaches used in the classification of impairment. Frontiers in Oncology, Lausanne, v. 11, n. 5, p. 56, 2015.

GAZZANIGA, M. S.; IVRY, R. B.; MANGUN, G. R. Cognitive neuroscience: The biology of the mind. New York: Norton & Company, 2002.

GORENSTEIN, C. et al. Inventário de depressão de Beck – BDI-II: manual. [Adaptado da obra de] BECK, T. A.; STEER, R. A.; BROWN, G. K. São Paulo: Pearson Clinical Brasil, 2011.

HAHN, C. A. et al. Prospective study of neuropsychologic testing and qualityof-life assessment of adults with primary malignant brain tumors. International Journal of Radiation Oncology, Biology, Physics, Elmsford, v. 15, n. 4, p. 992-999, 2003.

JACOBS, D. I. et al. Etiological and epidemiological aspects. In: TONN, J. C. et al. (ed.). Oncology of CNS tumors. 3. ed. Cham: Springer, 2019. P. 794-797.

LOPES, R. A. et al. Avaliação neuropsicológica pré-cirurgia de pacientes com tumor cerebral. Conjecturas, Caxias do Sul, v. 22, n. 6, 2022.

LOUIS, D. N. et al. WHO classification of tumours of the central nervous system: a summary. Acta Neuropathologica, Berlin, v. 131, n. 6, p. 803-820, jun. 2016.

LURIA, A. R. Higher cortical functions in man. New York: Basic Books, 1996.

MADEIRA, N. et al. Aspectos psiquiátricos dos tumores do sistema nervoso central. Revista Portuguesa de Psiquiatria e Saúde Mental, Lisboa, n. 3, p. 18-24, 2018.

MALLLOY-DINIZ, L. F.; SCHLOTTFELDT, C. G. F. M.; SERPA, A. L. O. d2-R: Teste d2. [Adaptado da obra de] Brickenkamp, R.; Schmidt-Atzert, L.; Liepmann, D. São Paulo: Hogrefe, 2018.

MARCOLINO, J. A. et al. Hospital Anxiety and Depression Scale: a study on the validation of the criteria and reliability on preoperative patients. Revista Brasileira de Anestesiologia, Rio de Janeiro, v. 57, n. 1, p. 52-62, 2007.

McFALINE-FIGUEROA, J. R.; LEE, E. Q. Brain tumors. The American Journal of Medicine, New York, v. 131, n. 8, p. 874-882, Aug. 2018.

MEYERS, C. A.; BROWN, P. D. Role and relevance of neurocognitive assessment in clinical trials of patients with CNS tumors. Journal of Clinical Oncology, Alexandria, v. 24, n. 8, p. 1305-1309, 2006.

MIOTTO, E. et al. The effects of frontal lobe damage on everyday problem solving. Cortex, Edinburgh, v. 32, n. 2, p. 613-630, 1996.

MIOTTO, E.; MORRIS, R. G. Virtual planning in patients with frontal lobe lesions. Cortex, Edinburgh, v. 34, n. 5, p. 639-657, 1998.

MIOTTO, E. et al. Development of an adapted version of the Boston Naming Test for Portuguese speakers. Revista Brasileira de Psiquiatria, São Paulo, v. 32, n. 3, p. 279, 2010.

NASCIMENTO, E. WASI: escala Wechsler adaptada de inteligência: David Wechsler; Adaptação e padronização de uma amostra brasileira. Tradução de M. C. V. M. Silva. São Paulo, SP: Casa do Psicólogo, 2014.

NASCIMENTO, E. WAIS-III: escala Wechsler de inteligência para adultos: Manual/David Wechsler; Adaptação e padronização de uma amostra brasileira. Tradução de M. C. V. M. Silva. São Paulo, SP: Casa do Psicólogo, 2017.

NG, J. C. H et al. Effects of surgery on neurocognitive function in patients with glioma: a meta-analysis of immediate post-operative and long-term follow-up neurocognitive outcomes. Journal of Neuro-Oncology. New York, v. 141, n. 1, p. 167-182, 2019.

OLIVEIRA, M. S.; RIGONI, M. S. Figuras Complexas de Rey: teste de cópia e de reprodução de memória de figuras geométricas complexas. [Adaptado da obra de] André Rey. São Paulo: Pearson Clinical Brasil, 2014.

OLIVEIRA, M. S et al. Teste Wisconsin de Classificação de Cartas: manual revisado e ampliado: Heaton Robert (1950). São Paulo: Hogrefe, 2019.

PARENTE, M. A. M. P.; FONSECA, R. P.; PAGLIARIN, K. C. Bateria Montreal-Toulouse de Avaliação da Linguagem. São Paulo: Vetor, 2019.

PAULA, J. C., MALLOY-DINIZ, L. O teste dos cinco dígitos (Five Digit Test): Manuel Sedó. Versão brasileira. São Paulo: Hogrefe CETEPP, 2015.

PAULA, J. C. ; MALLOY-DINIZ, L. Teste de Aprendizagem Auditivo-Verbal de Rey. São Paulo: Vetor, 2018.

PORTUGUEZ, M. W. Avaliação neuropsicológica pré-cirúrgica. In: GUERREIRO, C.; GUERREIRO, M. (ed.). Epilepsia. São Paulo: Lemos, 1996.

PRICE, T. R. P.; GOETZ, K. L.; LOVELI, M. R. Aspectos neuropsiquiátricos dos tumores cerebrais. In: Yudofsky, S. C.; Hales, R. E. Neuropsiquiatria e Neurociências na prática clínica. 4. ed. Porto Alegre: Artmed, 2006. p. 629-652.

REBER, J.; TRANEL, D. Frontal lobe syndromes. Handbook of Clinical Neurology, Amsterdam, n. 163, p. 147-164.

RUEDA, F. J. M; ESTEVES, C. Coleção de testes de atenção. São Paulo: Vetor, 2021.

RUEDA, F. J. M. Bateria psicológica para avaliação da atenção (BPA). São Paulo: Vetor, 2013.

SALLES, J. F. et al. Teste de Retenção Visual de Benton (BVRT). [Adaptado da obra de] Abigail Benton Sivan. São Paulo: Vetor, 2015.

SANAI, N.; MIRZADEH, Z.; BERGER, M. S. Functional outcome after language mapping for glioma resection. New England Journal of Medicine, Boston, v. 358, n. 1, p. 18-27, 2008.

STRAUSS, E.; SHERMAN, M. S.; SPREEN, O. A compendium of neuropsychological tests: administration, norms, and commentary. 3. ed. New York: Oxford University Press, 2006.

SANTANA, Y. E. G. et al. Normas do Cubos de Corsi para população adulta. Revista Neuropsicología Latinoamericana, Santiago de Chile, v. 13, n. 2, p. 1-10, 2021.

TEIXIDOR, P. et al. Assessment of verbal working memory before and after surgery for low-grade glioma. Journal of Neuro-Oncology, Boston, v. 81, n. 3, p. 305-313, 2007.

TURAZZI, S. et al. The pterional approach for microsurgical removal of olfactory groove meningioma. Neurossurgery, Baltimore, v. 45, n. 4, p. 821-826.

28 Encefalites Autoimunes e Virais

Guilherme Diogo Silva • Mauricio Silva Teixeira

Introdução

Encefalite é a inflamação do parênquima cerebral associada à disfunção neurológica (Tunkel et al., 2008). Anualmente, mais de 1,4 milhão de casos de encefalites são diagnosticados (Wang et al., 2022). Encefalites são potencialmente fatais e incapacitantes, com mortalidade de 5 a 10% durante a internação (Hansen et al., 2020), e até metade dos pacientes ficam com incapacidade neurológica após alguns tipos de encefalites (Rocha et al., 2023).

Para mostrar a inflamação do parênquima cerebral, o diagnóstico das encefalites envolve uma combinação da apresentação clínica, da imagem de ressonância magnética de crânio, da análise do líquido cefalorraquidiano (LCR) e do eletroencefalograma (ECG). Para padronização da pesquisa e assistência das encefalites, foi proposto um critério diagnóstico para encefalites (Venkatesan et al., 2013) (Tabela 28.1).

As duas principais causas de encefalite são processos infecciosos e autoimunes, com frequência comparável entre as duas etiologias (Dubey et al., 2018). Das causas infecciosas, o principal grupo de agentes são os vírus, com destaque para o vírus herpes simples 1. Por essa razão, o maior destaque do capítulo será sobre a encefalite viral herpética. Entretanto, encefalites também podem ser causadas por outros vírus (p. ex., varicela zóster ou herpes vírus 6), bactérias (p. ex., pneumococo), fungos (p. ex., aspergilose) e parasitas (p. ex., toxoplasmose) (Dubey et al., 2018).

Tabela 28.1 Definição de encefalite.

Critério maior
Alteração do estado mental (alteração do nível de consciência ou de personalidade) com duração de mais de 24 h sem causa alternativa identificada
Critérios menores
Febre de > 38°C antes ou em até 72 h da apresentação
Crises epilépticas focais ou generalizadas não atribuída à epilepsia
Déficit focal novo
Líquido cefalorraquidiano com mais de cinco células
Alteração do parênquima cerebral na neuroimagem sugestiva de encefalite
Alteração de eletroencefalograma consistente com encefalite e não atribuível a outra causa

Com relação às encefalites autoimunes, as mais comuns são a encefalomielite aguda disseminada (ADEM, do inglês *acute disseminated encephalomyelitis*), a encefalite antirreceptor N-metil-D-aspartato (encefalite anti-NMDAR) e a encefalite límbica (Dalmau; Graus, 2018; Dubey et al., 2018). Portanto, essas serão as encefalites autoimunes que detalharemos nesse capítulo. Em grande parte das encefalites autoimunes, há um autoanticorpo contra proteínas neuronais específicas, o que causa manifestações características cognitivas e comportamentais (Graus et al., 2016).

Encefalites virais

A encefalite viral mais comum no Ocidente é a encefalite herpética. Apesar do tratamento com antivirais, essa doença é associada à mortalidade de 15%, e menos de 20% dos pacientes retornam integralmente às suas atividades ocupacionais em decorrência de sequela cognitiva (Kiyani et al., 2020).

A apresentação clínica típica da encefalite herpética é um pródromo de cefaleia (81%) e febre (90%), seguido por uma alteração comportamental aguda (71%), podendo estar associado a crises epilépticas (67%), déficit focal (33%) – com destaque para afasia (76%) – e amnésia (24%) (Whitley et al., 1982). Não há relação temporal ou causal com lesões periféricas do vírus herpes (p. ex., herpes labial).

Em mais de 90% dos casos, o exame de ressonância magnética de crânio mostra hipersinal em lobos temporais em T2/FLAIR (Granerod et al., 2016). Tipicamente, o hipersinal é assimétrico e pode envolver outras estruturas límbicas extratemporais como a ínsula e o giro do cíngulo. Também, restrição à difusão, microssangramentos nas sequências de suscetibilidade magnética e captação de contraste podem ser observados. A predileção pelo lobo temporal é explicada pela disseminação transneuronal pelos nervos olfatório e trigêmeo, a partir da porta de entrada mucocutânea do vírus (Barnett et al., 1994).

O exame de ECG mostra descargas elétricas periódicas lateralizadas no lobo temporal (LPD, do inglês *lateral periodic discharges*) (Benetó et al., 1996). O achado do exame reforça a predileção da doença pelo temporal.

O exame do LCR mostra inflamação em mais de 90% dos casos, tipicamente com pleocitose leve a moderada (média de 100 células), com glicorraquia normal e discreto aumento da proteinorraquia (Davis, 2000). O DNA do vírus herpes pode ser identificado no LCR dos pacientes, com sensibilidade e especificidade acima de 95%, tendo substituído a biópsia cerebral no diagnóstico definitivo da encefalite herpética (Cinque *et al.*, 1996; Lakeman; Whitley, 1995). Apesar da alta sensibilidade, em casos de alta probabilidade pré-teste, o exame deve ser repetido pela gravidade da encefalite herpética, principalmente se o PCR for realizado nas primeiras 72 horas da infecção.

Aciclovir é um antiviral que inibe a enzima DNA polimerase e, assim, a replicação do vírus herpes simples. O uso de aciclovir intravenoso é associado à redução da mortalidade e à menor incapacidade funcional (Whitley *et al.*, 1986). Inclusive, o atraso de dias até o início do aciclovir intravenoso é associado ao pior prognóstico da encefalite herpética (Raschilas *et al.*, 2002).

Encefalites autoimunes

A encefalite autoimune mais comum é a encefalomielite aguda disseminada (ADEM). Nessa encefalite, há um predomínio de acometimento da substância branca, e o paciente apresenta um quadro de encefalopatia com déficits neurológicos multifocais (Pohl *et al.*, 2016).

Embora possa ocorrer em qualquer idade, a ADEM é tipicamente uma doença de crianças pré-puberais. O quadro é caracterizado por encefalopatia, associada em metade dos casos a febre e cefaleia, em um terço com casos a sinais meníngeos, e variadas frequências de sinais focais (p. ex., fraqueza e ataxia) ou alterações de pares cranianos (Dale *et al.*, 2000). Três quartos dos pacientes têm antecedente de infecção ou vacina no mês que antecede os sintomas neurológicos (Dale *et al.*, 2000).

O exame de ressonância magnética mostra o achado característico de múltiplas lesões de substância branca, as quais são predominantemente subcorticais, com mais de 90% delas com captação de contraste (Dale *et al.*, 2000). Até 30% dos casos têm lesões em substância cinzenta profunda (Dale *et al.*, 2000).

Até 40% dos pacientes com ADEM apresentam anticorpos contra a glicoproteína da mielina dos oligodendrócitos (anti-MOG) (Reindl *et al.*, 2013). Isso ajuda a explicar a distribuição predominante das lesões na substância branca, dada a função dos oligodendrócitos na produção da mielina. Os critérios de ADEM são resumidos na Tabela 28.2.

Tabela 28.2 Critérios diagnósticos de encefalomielite aguda disseminada.

Critérios clínicos (todos)
Primeiro evento inflamatório desmielinizante polifocal
Encefalopatia não explicada por febre, doença sistêmica ou pós-ictal
Ausência de novos achados clínicos ou de imagem mais de 3 meses após início da doença
Ressonância magnética de crânio anormal na fase aguda (< 3 meses)
Critério de ressonância magnética
Lesões de substância branca cerebral difusas, mal demarcadas e grandes (> 1 a 2 cm)
Lesões de substância cinzenta cerebral (p. ex., núcleos da base ou tálamo) podem estar presentes

A segunda encefalite autoimune mais comum é a encefalite anti-NMDAR. Nessa encefalite, a apresentação típica é um quadro comportamental subagudo, comumente psicótico, o qual, em mais de 90% dos casos, é sucedido nas semanas seguintes de múltiplos sintomas neurológicos como crise epiléptica, distúrbio de movimento, alteração de fala/linguagem, alteração do nível de consciência, disautonomia ou hipoventilação (Titulaer *et al.*, 2013).

Embora a neuroimagem seja tipicamente normal (em ao menos 70% dos casos), há alterações frequentes no LCR (inflamatório em mais de 70% dos casos) e no ECG (alterado em mais de 95% dos casos) (Bacchi *et al.*, 2018; van Sonderen *et al.*, 2018). Como o receptor NMDA é um importante receptor da transmissão glutamatérgica, acredita-se que os anticorpos anti-NMDAR encontrados no LCR desses pacientes leva a hiperativação dessa transmissão, cursando com as alterações comportamentais, elétricas e de distúrbio de movimento (Lee, 2021). Para padronização em pesquisa e assistência, foram propostos critérios diagnósticos para a encefalite anti-NMDAR (Tabela 28.3).

Outra encefalite autoimune importante é a encefalite límbica autoimune. Nesses pacientes, a manifestação típica é uma demência rapidamente progressiva, com semanas a meses de evolução, com predomínio de amnésia episódica, podendo ser associada a alterações comportamentais e crises epilépticas (Graus *et al.*, 2016) (Tabela 28.4).

Tabela 28.3 Encefalite anti-NMDAR.

1. Evolução rápida (< 3 meses) de quatro dos sintomas a seguir: • Alteração psiquiátrica ou disfunção cognitiva • Disfunção de fala/linguagem • Crises epilépticas • Distúrbio de movimento • Diminuição do nível de consciência • Disfunção autonômica ou hipoventilação central
2. Ao menos um dos sintomas a seguir: • Eletroencefalograma anormal • Pleocitose ou bandas oligoclonais no exame de líquido cefalorraquidiano
3. Razoável exclusão de outras causas

Obs. 1: O diagnóstico pode ser feito com somente três sintomas se acompanhado de teratoma.
Obs. 2: Diagnóstico pode ser feito com somente um sintoma se identificada a presença de anticorpos anti-NMDAR IgG, após exclusão de outras causas.

Tabela 28.4 Encefalite límbica autoimune definitiva.

1. Instalação subaguda (< 3 meses) de amnésia, crises epilépticas ou sintomas psiquiátricos sugestivos de envolvimento límbico
2. Hipersinal mesial temporal bilateral na ressonância magnética
3. Ao menos um dos sintomas a seguir: • Líquido cefalorraquidiano com pleocitose (> 5 células/mm^3) • Eletroencefalograma com atividade epileptiforme ou alentecimento temporal
4. Razoável exclusão de outras causas

Obs. 1: O diagnóstico de encefalite límbica autoimune definitiva pode ser feito sem um dos três elementos, caso seja detectado um anticorpo associado (p. ex., anti-LGI1).
Obs. 2: A tomografia de emissão de pósitrons com fluorodeoxiglicose (PET-FDG) pode substituir o achado de ressonância magnética de crânio.

Na encefalite límbica, o achado principal é o hipersinal de lobo temporal mesial bilateral, inclusive hipocampo, o que explica o quadro amnésico característico da doença. Esses pacientes apresentam anticorpos contra proteínas de superfície neuronal que têm expressão importante na região hipocampal como anti-LGI1, anti-CASPR2, anti-GABABR e anti-AMPA (Dalmau; Graus, 2018). Em alguns pacientes, a encefalite límbica é associada à presença de tumores (manifestação a distância do câncer, isto é, síndrome paraneoplásica neurológica), sendo a produção dos autoanticorpos decorrência da produção de antígenos semelhantes a essas proteínas pelo próprio tumor (Graus et al., 2021).

Nas encefalites autoimunes, o uso de imunoterapias com corticoide, imunoglobulina, plasmaférese e/ou rituximabe é associado a melhores desfechos cognitivos e comportamentais. Por exemplo, uma revisão sistemática de desfechos cognitivos em encefalite anti-NMDAR mostrou que evoluções cognitivas desfavoráveis no último *follow-up* foram associadas ao atraso da imunoterapia (McKeon et al., 2018).

Alterações cognitivas

Alterações cognitivas são frequentes não somente durante a encefalite, mas também a longo prazo (Blum et al., 2020; Rocha et al., 2023). As queixas cognitivas mais comuns incluem: ter dificuldade em lembrar-se dos nomes das pessoas, ter dificuldade em lembrar-se das palavras, estar repetitivo, perder-se em locais familiares, não conseguir fazer as coisas na mesma velocidade que antes, perder-se da linha de raciocínio ou entre as tarefas, não conseguir fazer mais de uma tarefa por vez (multitarefa) e não conseguir ler e aprender como antes. Pacientes e profissionais podem informar-se mais sobre as alterações cognitivas das encefalites autoimunes em associações como a Autoimmune Encephalitis Alliance (https://aealliance.org/) e a International Autoimmune Encephalitis Society (https://autoimmune-encephalitis.org/). A Tabela 28.5 resume as principais alterações cognitivas e comportamentais nas encefalites.

Memória

O lobo temporal, especialmente na sua porção mesial, tem grande participação do circuito de formação das memórias declarativas, também conhecido como circuito de Papez, visto que é onde se localizam estruturas importantes, como o córtex entorrinal, o hipocampo e o giro para-hipocampal.

Tendo em vista que tanto na encefalite herpética (principal encefalite viral) quanto em várias encefalites autoimunes os lobos temporais costumam ser frequentemente acometidos, a memória acaba sendo um dos domínios cognitivos mais afetados. A memória episódica, em especial, é particularmente mais acometida, com pacientes apresentando sintomas como amnésia anterógrada e retrógrada para fatos recentes ou dos últimos meses a anos.

Ao menos 60% dos pacientes com encefalite herpética apresentam amnésia no seguimento (Kapur et al., 1994). Os sintomas amnésicos tendem a ser mais pronunciados se as lesões são mais extensas e bilaterais nos lobos temporais mesiais (Kapur et al., 1994).

A maioria dos pacientes com a encefalite anti-LGI1 (a encefalite límbica autoimune mais comum) continua com comprometimento cognitivo amnésico leve a moderado mesmo após 2 anos da imunoterapia (van Sonderen et al., 2016). Esses comprometimentos podem ser detectados em testes de memória verbal, como o Teste de Aprendizagem Auditivo-Verbal de Rey (RAVLT, do inglês *Rey Auditory Verbal Learning Test*), e em testes de memória visual, como na evocação da Figura Complexa de Rey-Osterrieth. Essas alterações relacionam-se com redução do volume hipocampal na evolução da doença (Finke et al., 2017).

Pacientes com encefalite herpética podem ter comprometimento importante da memória episódica, existindo relatos na literatura de quadros amnésicos para fatos pregressos até 10 anos antes do insulto (Fujii et al., 1999). Caso o tratamento antiviral não seja estabelecido rapidamente no início do quadro infeccioso, o quadro amnésico pode tornar-se definitivo, com importante prejuízo funcional para o paciente. Uma coorte inglesa realizou avaliações neuropsicológicas em pacientes com quadro de encefalites após um período a curto, médio e longo prazo. Os pacientes com encefalite herpética foram os que apresentaram maior grau de acometimento de memória anterógrada e retrógrada, chegando a apresentar prejuízo grave na evocação verbal e visual e na memória de reconhecimento visual (Harris et al., 2020).

Com relação às encefalites autoimunes, o grupo prototípico de condições que afetam a memória episódica é o das encefalites límbicas. Pelo fato de acometer preferencialmente

Tabela 28.5 Principais alterações cognitivas e comportamentais das encefalites.

Encefalite	Alteração cognitiva	Alteração comportamental
Encefalite herpética	• Amnésia episódica anterógrada • Anomia	• Transtornos de humor/ansiedade • Irritabilidade/impulsividade
Outras encefalites virais	• Disfunção executiva	• Transtornos de humor/ansiedade
Encefalite aguda disseminada	• Disfunção executiva	• Transtornos de humor/ansiedade
Encefalite anti-NMDAR	• Disfunção executiva • Afasia • Amnésia episódica anterógrada	• Transtornos de humor/ansiedade • Irritabilidade • Impulsividade • Psicose
Encefalomielite límbica autoimune	• Amnésia episódica anterógrada • Alteração da cognição social	• Transtorno de humor/ansiedade • Ataques de pânico • Hipervigilância

o sistema límbico, têm grande predileção por estruturas do circuito de Papez, levando a um quadro amnésico precoce. O prognóstico dos sintomas amnésicos é variável, dependendo da extensão da lesão e da resposta à imunoterapia, com alguns casos podendo apresentar recuperação parcial ou completa da memória após o tratamento.

Outra condição autoimune, a despeito de não ser considerada encefalite límbica, mas que pode acometer a memória episódica, é a encefalite anti-NMDAR. Um estudo envolvendo nove pacientes com encefalite anti-NMDAR evidenciou alterações em testes direcionados para atenção, funções executivas e memória (Finke et al., 2012). Apesar de o déficit maior ter ocorrido nos testes para funções executivas, a memória episódica foi acometida em dois dos pacientes. Achado relevante foi a presença de melhor desfecho cognitivo em pacientes que realizaram imunoterapia precocemente, quando comparados àqueles que iniciaram tardiamente (após 3 meses do início dos sintomas). Uma das evidências de amnésia na encefalite anti-NMDAR é que muitos pacientes não se recordam de parte do período da internação. Além disso, em uma série com tempo médio de seguimento de 4 anos de pacientes que sobreviveram a uma encefalite anti-NMDAR, mais de 70% dos pacientes tinham queixas de memória (Blum et al., 2020). Os receptores glutamatérgicos, NMDA e AMPA, são importantes no processo de potencialização a longo prazo envolvido na memória, e isso explica a amnésia nessa população (Nakanishi, 1992).

Existem relatos na literatura com tentativas de reabilitação neuropsicológica em pacientes acometidos por quadros de encefalite, especialmente secundária ao HSV. É importante salientar que cada estratégia de reabilitação irá depender do quadro cognitivo e das necessidades de cada paciente, tendo em vista que as queixas cognitivas podem ser heterogêneas, mesmo em pacientes com encefalite de uma mesma etiologia. Em pacientes com quadros de perda de memória episódica, como naqueles acometidos por encefalite herpética, algumas técnicas de reabilitação podem ser utilizadas, incluindo técnicas compensatórias e técnicas restaurativas.

Entre as técnicas compensatórias, uma utilizada com frequência é o método de associação face-nome, que pode utilizar uma técnica de aprendizado por associação motora (procedural) ou por estímulo visual (Miotto, 2007).

Para retenção de novas informações, técnicas restaurativas que podem ser utilizadas, por exemplo, são *Preview, Question, Read, Self-recitation, Test* (PQRST) e técnica de ensaio. Ambas buscam aumentar a evocação de informações verbais extraídas de passagens pequenas, como textos de revistas ou jornais.

Outra técnica compensatória no tratamento de encefalites límbicas é o uso de mnemônicos externos como uso de calendário, agenda, alarmes, fotos de familiares, mapa da cidade, cadernos para anotações e diários (Yamamoto et al., 2000). Inclusive, há relato de caso do uso de tecnologias para otimizar os mnemônicos externos, como uso de câmera para incluir fotos no diário para melhorar a memória autobiográfica dos pacientes (Berry et al., 2007). Da mesma forma, o uso de *pagers* para funcionar como alarmes na reabilitação de pacientes com encefalite trouxe benefícios em relato de caso (Emslie et al., 2007).

Atenção e funções executivas

As funções executivas são outro domínio cognitivo frequentemente acometido em casos de encefalites, tanto autoimunes quanto virais. Em decorrência de sua ampla rede corticossubcortical frontal dorsolateral, com projeções mais proeminentes com o lobo parietal, núcleos da base e tálamos, lesões que afetem essas conexões podem resultar em déficits acentuados da função executiva.

Pelo fato de ser uma rede ampla e facilmente acometida na maioria dos quadros inflamatórios ou infecciosos difusos, a maioria das encefalites pode cursar com algum grau de disfunção executiva.

Segundo uma metanálise recente, pacientes com ADEM de início da infância apresentam uma vulnerabilidade maior para acometimento da atenção e velocidade de processamento, provavelmente pelo fato de serem altamente dependentes da integridade da substância branca, mais comumente acometida na ADEM (Burton et al., 2017). Nessa mesma direção, pacientes com ADEM podem apresentar uma redução de até 25 pontos do coeficiente de inteligência, quando comparado ao valor pré-mórbido (Pewter et al., 2007).

Além disso, pacientes com degeneração cerebelar paraneoplásica podem apresentar disfunção executiva (Collinson et al., 2006; Mendes et al., 2022). Nessas condições há uma destruição importante das células de Purkinje do cerebelo por ataque de linfócitos T associado à presença de autoanticorpos contra proteínas intracelulares tumorais, como os anticorpos anti-Yo ou anti-Tr (Graus et al., 2021). Esse achado reforça que o cerebelo apresenta funções cognitivas, com participação em particular nas funções executivas (Beuriat et al., 2022).

Também, na encefalite anti-NMDAR, a inflamação e disfunção glutamatérgica leva a um prejuízo persistente das funções executivas. Na avaliação neuropsicológica da coorte de encefalite autoimune pediátrica do grupo CHANCE, crianças que tiveram encefalite anti-NMDAR, mesmo após o período de 2 anos de recuperação, ainda apresentavam disfunção executiva e fadiga, levando a dificuldades escolares na infância e adolescência (de Bruijn et al., 2018). Em estudos de ressonância magnética funcional, a rede de controle executivo (córtex pré-frontal dorsolateral e parietal lateral) tem atividade reduzida após a fase aguda de pacientes com encefalite anti-NMDAR, quando comparado a indivíduos saudáveis (Chen et al., 2022). Em uma série com tempo médio de seguimento de 4 anos, mais da metade dos pacientes que sobreviveram à encefalite anti-NMDAR mantinham queixa de atenção ou concentração (Blum et al., 2020).

Outro padrão incomum de encefalite é a encefalite estriatal, a qual cursa com distúrbios de movimento, além de disfunção cognitiva e comportamental e hipersinal nos núcleos da base na ressonância magnética de crânio. Em uma série de casos de encefalite estriatal em crianças, todas apresentavam disfunção executiva, reforçando também o papel dessas estruturas subcorticais para esse domínio cognitivo (Pawela et al., 2017).

É importante ressaltar que a recuperação das encefalites autoimunes continua a ocorrer em ao menos 2 anos (Titulaer et al., 2013). A reabilitação deve ter como meta um retorno gradual às atividades ocupacionais e escolares.

Crianças podem precisar voltar em atividades por períodos reduzidos, com maior suporte pedagógico e educacional e, no geral, voltam com desempenho acadêmico inferior à pré-mórbida. Da mesma forma, adultos podem precisar retornar ao trabalho com modificações de carga horária ou tarefas.

Uma das técnicas para reabilitação cognitiva da disfunção executiva em pacientes que sobreviveram a encefalites é a *Goal Management Therapy* (GMT). Existem relatos de casos de pacientes com disfunção executiva significativa após encefalite viral que tiveram benefício com essa técnica, a qual consiste em definir um objetivo, dividi-lo em etapas a serem seguidas, treinar a execução de cada etapa e monitorar a realização de cada etapa ("o que estou fazendo e quais os próximos passos") (Levine et al., 2000). O uso de técnicas como *checklists*, observações e diários para monitoramento das tarefas auxiliam o ganho das funções executivas.

Outras alterações cognitivas

A encefalite herpética, além de ser causa de alteração de memória episódica, também pode ocasionar alteração no exame da linguagem, tipicamente cursando com anomia. A anomia é a perda da capacidade para nomear objetos. A perda de nomeação é frequentemente desproporcional a outros achados de afasia (Miotto, 2002), e pode ser grave (Harris et al., 2020), refletindo num prejuízo da memória semântica (Pewter et al., 2007), já que a lesão cerebral secundária à encefalite herpética pode estender-se da porção mesial dos lobos temporais para os polos temporais, sede do conhecimento semântico, sendo o polo esquerdo mais relacionado com a memória semântica verbal.

Com relação aos pacientes com encefalite, tipicamente herpética, que evoluem com anomia, duas técnicas que podem ser usadas para melhora da dificuldade de nomeação são a associação semântica verbal e a associação face-nome (Miotto, 2002). Na primeira, o paciente descreve o que sabe sobre o objeto como estratégia de recuperar o nome; na segunda, o paciente usa uma técnica de imaginário visual para lembrar-se de nomes de pessoas relevantes.

Na encefalite anti-NMDAR, o prejuízo da linguagem é um dos critérios diagnósticos, na apresentação clínica. Os pacientes evoluem com quadro de afasia, junto ao evento comportamental, tipicamente evoluindo até mutismo (Graus et al., 2016). Há relato de caso, inclusive, de afasia como apresentação isolada ou de recidiva da doença (Constantinides et al., 2018).

Outro achado característico é na cognição social. Em pacientes que sofreram encefalites límbicas autoimunes, há um prejuízo da capacidade de reconhecer faces e vozes que expressam medo, possivelmente em decorrência da lesão de amígdala na região temporal mesial (Sprengelmeyer et al., 2010). Ainda na cognição social, pacientes que tiveram encefalite anti-NMDAR têm menor capacidade em identificar violações sociais quando comparados a controles (McKeon et al., 2016).

Em encefalites com acometimento cerebral multifocal, como é o caso da ADEM ou da encefalite anti-GABAAR, a disfunção executiva é a apresentação dominante, embora diversas alterações cognitivas podem ocorrer pela heterogeneidade das lesões.

Alterações comportamentais

Alterações comportamentais são comuns nas encefalites, não somente na fase aguda, mas também como uma sequela psiquiátrica tardia após a doença, e podem também ser um determinante da redução de chance de retorno às atividades ocupacionais e acadêmicas pré-mórbidas.

Psicose

Dentre todas as encefalites, a que mais se destaca em termos de alteração comportamental e que, com frequência, é tratada como condição psiquiátrica no início da doença é a encefalite anti-NMDAR.

Em 2007, Joseph Dalmau descreveu uma série de 12 mulheres jovens com sintomas psiquiátricos proeminentes e anticorpos anti-NMDAR no LCR (Dalmau et al., 2007). Dessas pacientes, a síndrome psiquiátrica principal era a psicose, e seis casos foram inicialmente avaliados por psiquiatras e, em cinco casos, a internação psiquiátrica foi indicada.

Na psicose da encefalite anti-NMDAR, observa-se delírio, mais frequentemente paranoide. Por exemplo, os pacientes têm uma crença fixa, sem suporte da cultura do indivíduo e contrária às evidências, de que estão sendo perseguidos por familiares, vizinhos ou mesmo a equipe médica (Kayser; Dalmau, 2016). Uma segunda semiologia já descrita é o delírio de grandeza.

Outros sintomas que podem ser notados no começo da doença são agitação e/ou medo, labilidade emocional, comportamentos bizarros e mudança de personalidade, e desorganização do pensamento (Kayser; Dalmau, 2011).

Sintomas negativos de síndromes psicóticas também ocorrem na encefalite anti-NMDAR. A desorganização do pensamento ocorre e o paciente vai evoluindo de uma associação frouxa de ideias até um quadro de ecolalia ou mutismo. Entretanto, existem diferenças entre a semiologia psicótica de encefalites autoimunes e a esquizofrenia (Funayama et al., 2022). Dois sintomas chamados de primeira ordem de Schneider, a alucinação auditiva com vozes que conversam entre si e o delírio de autorreferência, são mais sugestivos de esquizofrenia.

A psicose na encefalite anti-NMDAR é uma manifestação da fase aguda da doença e, na maioria dos pacientes, não persiste após a recuperação dos sintomas. Portanto, o tratamento desse sintoma envolve imunoterapia, investigação e controle de tumor associado e, se necessário, fármacos para o controle comportamental.

Humor

Aproximadamente 60% dos pacientes com encefalite límbica autoimune apresentam sintomas depressivos antes da imunoterapia quando submetidos a avaliação neuropsicológica, usando o Inventário de Depressão de Beck – II (Mueller et al., 2022). Os sintomas depressivos geralmente precedem as manifestações cognitivas e somáticas (p. ex., crise epiléptica).

Alguns pacientes com encefalites límbicas podem apresentar episódios compatíveis com ataques de pânico, com fácies de medo, hipervigilância, o que pode refletir uma hiperativação amigdaliana.

Observa-se ansiedade importante, inclusive com fobias tarefa-específicas, em pacientes com encefalites autoimunes anti-GAD, o que pode estar associado à disfunção gabaérgica nesses pacientes (Dalakas et al., 2000). Além disso, pacientes com anticorpos anti-GAD podem ter pseudoagorafobia, um medo intenso evocado por estímulos visuais geralmente associado à dificuldade de marcha nos pacientes (Marano et al., 2020). O tratamento com benzodiazepínicos e imunoterapia para as síndromes anti-GAD são associados a melhora parcial dos sintomas neuropsiquiátricos em pacientes com anti-GAD em relatos de casos.

No estudo ENCEPH UK, os pacientes que sobrevivem a encefalites virais, tanto herpética quanto por outras causas, apresentam maior taxa de depressão e sintomas ansiosos do que a população geral (Harris et al., 2020). Isso pode resultar tanto das alterações neurobiológicas (p ex., inflamação ou desbalanço de neurotransmissores monoaminérgicos) quanto de ajuste psicológico ao quadro de encefalite e suas sequelas.

Em uma revisão sistemática sobre alterações comportamentais a longo prazo após encefalite anti-NMDAR em crianças, observou-se que os sintomas mais comuns meses a anos após o quadro incluíam instabilidade emocional, irritabilidade, ansiedade e depressão (Nguyen et al., 2022). Mesmo com uma duração média de 4 anos de seguimento, mais da metade dos pacientes tinham queixas de controle emocional ou de impulsos (Blum et al., 2020). Um terço das crianças que sobreviveram a uma encefalite autoimune apresentavam alguma alteração comportamental.

Em uma série de outro tipo de encefalite autoimune pediátrica, casos de encefalite estriatal (p. ex., associado ao anticorpo anti-D2), sintomas comportamentais de padrão ansioso foram as principais manifestações (Pawela et al., 2017).

Alterações de sono ocorrem não somente na fase aguda, mas também na fase crônica das encefalites autoimunes. Por exemplo, insônia é um sintoma comum no pródromo dos pacientes com encefalite anti-NMDAR (Titulaer et al., 2013). Ao mesmo tempo, em um tempo médio de seguimento de 4 anos, mais de 45% dos pacientes relatam problemas com o sono (Blum et al., 2020). Considerando o impacto do sono nas alterações cognitivas e comportamentais, é fundamental revisar os relatos de sono nesses pacientes e educá-los sobre a higiene do sono.

Cabe comentar que a família dos pacientes sobreviventes de encefalites também deve ser foco da reabilitação. Em um estudo de sobreviventes de encefalite anti-NMDAR, o valor médio da escala de sobrecarga do cuidador de Zarit foi de 44, o que sugere um estresse do cuidador ao menos moderado, associado aos sintomas comportamentais (Tomlinson et al., 2020). Os maiores índices de estresse do cuidador foram relacionados com a preocupação da recuperação futura do paciente, a preocupação entre alinhar o cuidado do paciente com as responsabilidades com a família ou trabalho e a preocupação de não ter tempo para si mesmo, em virtude do longo tempo gasto no cuidado do paciente.

Terapia cognitivo-comportamental é uma técnica psicoterápica amplamente utilizada para tratar sintomas depressivos e ansiosos. Entretanto, em virtude da amnésia e da disfunção executiva, essa linha de tratamento pode ser menos eficaz em pacientes que sobreviveram a encefalites.

Casos clínicos

Caso 1

Homem de 42 anos, sem antecedentes médicos significativos, é levado ao pronto atendimento por quadro de primeira crise epiléptica, do tipo tônico-clônica bilateral.

Nos 5 dias anteriores à crise, o paciente apresentou uma cefaleia nova e no dia anterior teve um episódio de febre. Na manhã do dia que teve a primeira crise epiléptica, o paciente já apresentava dificuldade para se comunicar, trocando palavras e com redução da fluência da fala. Desde a crise, o paciente está confuso.

Ao exame neurológico, o paciente estava atento, porém errou o mês do ano. Também teve dificuldade em nomear objetos como relógio e caneta e, durante a avaliação, trocava palavras. Não conseguia repetir a frase "nem aqui, nem ali, nem lá". No teste de esconder três objetos, o paciente não conseguiu lembrar-se de nenhum deles após distração de 2 minutos. Não apresentava déficits motores, sensitivos ou de coordenação.

O exame de ressonância magnética de crânio mostrou hipersinal temporal em T2/FLAIR bilateral, assimétrico, mais importante à esquerda, com edema associado e captação de contraste. Também observou-se hipersinal em ínsula bilateral e giro do cíngulo esquerdo. O ECG mostrou desorganização difusa, pior em regiões temporais, com atividade lateralizada periódica (LPD) em lobo temporal esquerdo. O exame de LCR mostrou 50 células, de predomínio linfomononuclear, com 72 mg/dℓ de proteinorraquia e 53 mg/dℓ de glicorraquia. O exame de PCR para herpes simples 1 foi positivo.

O paciente foi submetido a aciclovir 10 mg/kg intravenoso de 8/8 horas por 14 dias, com melhora clínica parcial e negativação do PCR para herpes no LCR. Na reavaliação, 1 mês após a alta, o paciente ainda apresentava queixa de dificuldade cognitiva para lembrar-se de eventos e encontrar palavras, e foi encaminhado para uma avaliação neuropsicológica, com o resultado mostrado na Tabela 28.6.

Tabela 28.6 Caso 1: avaliação neuropsicológica.

Teste	Desvio-padrão (DP)
Teste de Stroop (cartão III)	–0,8 (dificuldade leve)
Teste de extensão de dígitos – ordem direta	0,42 (preservada)
Teste de extensão de dígitos – ordem indireta	–1,65 (dificuldade moderada)
Fluência Verbal Fonêmica (FAS)	–3,43 (dificuldade grave)
Fluência verbal semântica (itens de supermercado)	–4,31 (dificuldade grave)
Figura Complexa de Rey (cópia)	1,12 (preservado)
Figura Complexa de Rey (evocação)	–3,56 (dificuldade grave)
RAVLT (evocação tardia 30 min)	–5,43 (dificuldade grave)
RAVLT (reconhecimento)	–3,73 (dificuldade grave)
Teste de nomeação de Boston	–4,65 (dificuldade grave)

RAVLT: Teste de Aprendizagem Auditivo-Verbal de Rey (do inglês *Rey Auditory Verbal Learning Test*).

Para o prejuízo de memória episódica e nomeação foram recomendadas técnicas compensatórias e restaurativas. Como técnicas compensatórias, recomendou-se a introdução do uso de mnemônicos externos como agendas, alarmes e calendários, com exemplos práticos de aplicação na rotina com uso de aplicativos.

Como técnica restaurativa, o paciente realizou treinamento de memória com técnicas mnemônicas internas, como o treino de associação para guardar nomes e melhorar o aprendizado de novas informações. Para guardar nomes de colegas de trabalho, o paciente foi instruído a associar os nomes com gestos (imaginário motor) ou com imagens (imaginário visual).

Para guardar novas informações, o paciente foi orientado sobre a técnica PQRST, no qual ele deveria ler parágrafos mais de uma vez, contar espontaneamente sobre o que leu e, em seguida, responder a perguntas, tanto imediatamente quanto após 30 minutos. O paciente também foi orientado sobre técnicas de aprendizado sem erro, com retiradas progressivas de dicas como estratégia para melhorar o aprendizado.

Para a anomia também se orientou treino com técnicas de associação verbal semântica. Aqui, o paciente deveria descrever um objeto no qual ele tivesse dificuldade de encontrar o nome, com maior número de associações, em um intervalo de tempo predeterminado (p. ex., 5 min). Por exemplo, no objeto caneta, descreveria que "serve para escrever", "tem uma tampa azul", "carrega-se no bolso" etc.

Com 1 ano de seguimento, o paciente não foi capaz de retornar ao trabalho com a *performance* pré-mórbida, e foi readaptado para outra função. Apesar disso, com o apoio da reabilitação neuropsicológica, o paciente manteve autonomia para as atividades básicas e instrumentais da vida diária.

Discussão do caso

No caso em questão, após o quadro de encefalite herpética, o paciente evoluiu predominantemente com amnésia anterógrada e anomia, desproporcionais a outros déficits cognitivos, confirmados por meio de avaliação neuropsicológica. O desempenho no teste de nomeação de Boston foi bem prejudicado, o que pode refletir-se em um déficit de memória semântica após o evento. Vale lembrar que pacientes com afasia também podem ter um mal desempenho no teste, mas não era o caso em questão. A memória episódica, tanto verbal como visual, também foi afetada, como demonstrado por meio de desempenho insatisfatório nas evocações tardias da Figura Complexa de Rey e do RAVLT. Também houve algum acometimento de funções executivas (Stroop III e teste de extensão de dígitos na ordem indireta), o que também pode acontecer no caso em questão, tendo em vista a ampla rede corticossubcortical das funções executivas e sua facilidade em ser acometida. Vale ressaltar que a fluência verbal prejudicada pode refletir tanto um déficit de recuperação semântica quanto a associação a um quadro disexecutivo, e a fluência verbal fonêmica tem mais chance de ser afetada em pacientes disexecutivos, pela maior necessidade de planejamento e categorização que esse teste exige em comparação à fluência verbal semântica, que exige mais do conhecimento semântico.

Na encefalite herpética, ocorre uma lesão de lobo temporal bilateral pelo tropismo do vírus herpes simples 1, que invade o cérebro por transmissão neurogênica pelos nervos olfatório e trigêmeo.

Apesar do tratamento precoce com antiviral (aciclovir), a maioria dos pacientes continua com sequelas cognitivas após o quadro de encefalite herpética, o que mostra a importância de avaliação e reabilitação neuropsicológica.

O vírus segue pelo sistema límbico, podendo afetar hipocampo, ínsula e giro do cíngulo, comprometendo, assim, o circuito de Papez. Isso leva ao sintoma da amnésia episódica anterógrada. Para compensar a amnésia, recomendam-se técnicas mnemônicas externas, com melhora da qualidade de vida desses pacientes, como uso de anotações, agendas e calendários/alarmes para as atividades da vida diária.

Treino cognitivo com mnemônicos internos, como técnicas de associação (p. ex., face-nome) e técnicas para otimização de aprendizado (p. ex., PQRST), também trazem ganhos para os pacientes.

Na encefalite herpética, os pacientes apresentam um quadro de anomia, podendo tanto corresponder a prejuízo de memória semântica quanto de linguagem pela lesão em lobo temporal. Nesse contexto, técnicas de associação verbal semântica (p. ex., descrever o que sabe sobre o objeto para ajudar a lembrar o nome) podem auxiliar os pacientes.

Caso 2

Uma menina de 12 anos foi levada ao pronto atendimento por quadro de confusão mental iniciada no mesmo dia. Nos 2 dias anteriores à confusão, a paciente queixou-se de cefaleia e teve na manhã do dia que foi levada ao pronto atendimento episódio de febre. Como antecedente significativo, a paciente recebeu a vacina da gripe há 3 semanas.

Ao exame neurológico, havia prejuízo da atenção básica e sustentada, com presença de sinais meníngeos (rigidez de nuca) e redução da força dos membros inferiores bilateralmente (paraparesia grau II).

A paciente foi submetida ao exame de LCR, que mostrou 72 células, com 96 mg/dℓ de proteinorraquia e 56 mg/dℓ de glicorraquia. O ECG mostrou somente desorganização difusa da atividade de base. O exame de ressonância magnética de crânio mostrou múltiplas lesões de substância branca, de predomínio subcortical, todas com realce em anel incompleto ao contraste, sugestivo de encefalomielite disseminada aguda.

Frente ao achado de neuroimagem, a paciente submeteu-se a pulsoterapia com 1 g/dia de metilprednisolona intravenosa por 5 dias, seguido de prednisona 60 mg/dia VO, com desmame após 4 semanas. A paciente apresentou excelente recuperação clínica, sem sequelas motoras, e no teste para o anticorpo anti-MOG IgG, retornou positivo.

A paciente retornou às atividades, porém começou a apresentar dificuldades escolares. Contou maior dificuldade em manter a atenção nas aulas e acompanhar as disciplinas, além de redução do desempenho nas provas, o que motivou uma avaliação neuropsicológica representada na Tabela 28.7.

Com base na avaliação neuropsicológica, a paciente foi encaminhada para avaliação pedagógica e acordou-se com a

Tabela 28.7 Caso 2: avaliação neuropsicológica.

Teste	Desvio-padrão (DP)
Teste de Stroop (cartão III)	−1,92 (dificuldade moderada)
Teste de extensão de dígitos – ordem direta	−0,81 (dificuldade leve)
Teste de extensão de dígitos – ordem indireta	−1,65 (dificuldade moderada)
Fluência Verbal Fonêmica (FAS)	−1,73 (dificuldade moderada)
Fluência verbal semântica (itens de supermercado)	−0,75 (dificuldade leve)
Figura Complexa de Rey (cópia) Figura Complexa de Rey (evocação)	1,12 (preservado) −0,75 (dificuldade leve)
RAVLT (evocação tardia 30 min) RAVLT (reconhecimento)	−0,83 (dificuldade leve) 1,42 (preservado)
Teste de nomeação de Boston	1,21 (preservado)

RAVLT: Teste de Aprendizagem Auditivo-Verbal de Rey (do inglês *Rey Auditory Verbal Learning Test*).

escola medidas para reduzir o impacto da disfunção executiva como: sentar-se à frente na sala de aula, ter aulas de reforço e dispor de tempo extra em algumas avaliações.

A paciente também foi treinada em técnicas para reabilitação de funções executivas, como *Goal Management Training*. Assim, ela foi orientada a definir com mais clareza os objetivos, as etapas necessárias para atingi-los e como monitorar se isso era realizado. A paciente também foi orientada a evitar distrações durante as atividades (p. ex., celular ou televisão) e evitar multitarefas.

Após 6 meses de acompanhamento, a paciente teve melhora significativa no desempenho escolar, assim como relato dos pais e dos professores de maior participação e desempenho na sua rotina.

Discussão do caso

A paciente em questão apresentou um quadro de ADEM com múltiplas lesões de substância branca. Apesar de ótima resposta à terapia imunossupressora, apresentou dificuldades escolares que motivaram a avaliação neuropsicológica. Foi possível observar prejuízo nos testes que buscam avaliar funções executivas, como o cartão III do teste de Stroop, o teste de extensão dos dígitos (sendo a ordem indireta com mais exigência das funções executivas) e as fluências verbais (sendo a fluência fonêmica mais prejudicada por exigir maior planejamento e categorização, como explicitado no caso anterior). Também é comum haver alguma dificuldade na evocação, tanto visual (na Figura Complexa de Rey) como verbal (RAVLT), pois o processo de evocação é altamente dependente de funções executivas. Entretanto, no reconhecimento a paciente não apresentou prejuízo, o que infere que não haja comprometimento de memória episódica.

A reabilitação cognitiva propiciou ganhos significativos no rendimento escolar da paciente, visto que as lesões de substância branca levaram a um quadro de disfunção executiva e o estímulo ao planejamento e organização mental, bem como evitar distratores, como utilizados pelas técnicas anteriores, podem ajudar a lidar melhor com os déficits.

Caso 3

Mulher de 24 anos, previamente hígida, foi levada ao pronto atendimento por quadro de primeira crise epiléptica. Familiares contam que a paciente vinha apresentando quadro de alteração comportamental no último mês, apresentando insônia importante, agitação e dizendo que estava sendo perseguida na faculdade onde estuda.

No exame neurológico, após recuperação da crise epiléptica, observou-se que a paciente apresentava algumas parafasias durante a entrevista, assim como movimentos repetidos oromastigatórios e em mãos. Aos sinais vitais, observou-se também hipertensão, PA = 160 × 100 mmHg.

A paciente fez um exame de ressonância magnética de crânio, o qual estava normal; um exame de LCR que, mostrou 15 células, com 62 mg/dℓ de hiperproteinorraquia e glicorraquia normal; um ECG, que mostrou desorganização difusa da atividade de base; e, por fim, uma tomografia de abdome, que encontrou uma massa pélvica sugestiva de teratoma ovariano.

A paciente, então, submeteu-se ao tratamento com metilprednisolona 1 g/dia por 5 dias e imunoglobulina 2 g/kg dose total, além da ressecção do teratoma, sob a hipótese de encefalite anti-NMDAR, testada pela presença do anticorpo anti-NMDAR no LCR.

Na semana seguinte à imunoterapia, a paciente começou a apresentar melhora do quadro comportamental e distúrbio do movimento, recebendo alta após 14 dias de internação. O resultado do anticorpo anti-NMDAR foi positivo.

Após a alta, a família refere que manteve a melhora do quadro, porém vinha apresentando irritabilidade, impulsividade e algum grau de desinibição (falava com desconhecidos na rua, contava piadas inapropriadas). A avaliação neuropsicológica, realizada 2 meses após a alta (detalhada na Tabela 28.8), revelou dificuldade leve a moderada em testes voltados para funções executivas.

Tabela 28.8 Caso 3: avaliação neuropsicológica.

Teste	Desvio-padrão (DP)
Teste de Stroop (cartão III)	−1,92 (dificuldade moderada)
Teste de extensão de dígitos – ordem direta	0,79 (preservado)
Teste de extensão de dígitos – ordem indireta	−1,21 (dificuldade leve)
Fluência Verbal Fonêmica (FAS)	−1,32 (dificuldade leve)
Fluência verbal semântica (itens de supermercado)	0,75 (preservada)
Figura Complexa de Rey (cópia) Figura Complexa de Rey (evocação)	1,65 (preservado) −0,83 (dificuldade leve)
RAVLT (evocação tardia 30 min) RAVLT (reconhecimento)	0,89 (preservado) 1,23 (preservado)
Teste de nomeação de Boston	1,89 (preservado)

RAVLT: Teste de Aprendizagem Auditivo-Verbal de Rey (do inglês *Rey Auditory Verbal Learning Test*).

Em decorrência do quadro de irritabilidade, paciente foi encaminhada para psicoterapia e iniciado tratamento com escitalopram, com melhora parcial do sintoma. Para o quadro de impulsividade e desinibição tentou-se inicialmente estratégia de controle ambiental, porém em virtude da baixa resposta e de algum nível de agressividade, prescreveu-se antipsicótico (quetiapina) em dose baixa em caso de agitação perigosa.

Discussão do caso

Temos uma paciente que apresentou um quadro de psicose associado à crise epiléptica. Essa combinação deve acender um alerta para a possibilidade de uma etiologia orgânica da psicose. Ademais, a paciente apresentava outros sintomas bem acentuados, como insônia e distúrbios de movimento. Essa miríade de sintomas é favorável à encefalite anti-NMDAR, que foi confirmada após pesquisa do anticorpo específico.

Essa condição costuma ter melhora após imunoterapia, como no caso em questão, porém sequelas cognitivas e, principalmente, comportamentais, podem restar. Na avaliação neuropsicológica da paciente do caso houve alterações predominantemente em testes voltados para funções executivas, sendo o prejuízo maior no cartão III do teste de Stroop, possivelmente em decorrência da impulsividade. É possível que a avaliação neuropsicológica venha com alterações muito exuberantes, a despeito de alterações neuropsiquiátricas chamativas.

Para o manejo desses casos, a psicoterapia associada ao uso de antidepressivos pode ajudar a controlar sintomas de humor mais proeminentes. Eventualmente, sintomas psicóticos ou agressividade importante podem necessitar do uso de antipsicóticos para controle dos sintomas (Chapman; Vause, 2011).

Considerações finais

As principais alterações cognitivas pós-encefalite envolvem a memória e as funções executivas. Em especial, a amnésia episódica anterógrada é ponto de atenção em pacientes após encefalite herpética e encefalites límbicas autoimunes, enquanto a disfunção executiva é um achado que pode permear os mais diversos tipos de encefalites. O prognóstico das alterações cognitivas é variável, na dependência de cada etiologia. Como conceito geral, nas causas que se beneficiam de tratamento medicamentoso (tanto antivirais, para as encefalites virais, quanto imunossupressores, para as encefalites autoimunes), o prognóstico cognitivo será melhor quanto mais precoce for introduzida a terapêutica. Mesmo assim, os pacientes podem apresentar quadros crônicos estáveis de alteração cognitiva. Nesses casos, o estímulo e a reabilitação cognitiva podem ter papel fundamental para o auxílio no retorno às atividades e melhora da qualidade de vida.

Referências bibliográficas

BACCHI, S. *et al.* Magnetic resonance imaging and positron emission tomography in anti-NMDA receptor encephalitis: A systematic review. Journal of Clinical Neuroscience: Official Journal of the Neurosurgical Society of Australasia, Melbourne, n. 52, p. 54-59, 2018.

BARNETT, E. M. *et al.* Herpes simplex encephalitis in the temporal cortex and limbic system after trigeminal nerve inoculation. The Journal of Infectious Diseases, Chicago, v. 169, n. 4, p. 782-786, 1994.

BENETÓ, A. *et al.* Periodical EEG pattern modifications in herpetic encephalitis treated with acyclovir. Revista de Neurologia, Barcelona, v. 24, n. 131, 829-832, 1996.

BERRY, E. *et al.* The use of a wearable camera, SenseCam, as a pictorial diary to improve autobiographical memory in a patient with limbic encephalitis: a preliminary report. Neuropsychological Rehabilitation, London, v. 17, n. 4-5, p. 582-601, 2007.

BEURIAT, P. A. *et al.* The shifting role of the cerebellum in executive, emotional and social processing across the lifespan. Behavioral and Brain Functions: BBF, London, v. 18, n. 1, p. 6, 2022.

BLUM, R. A. *et al.* Assessment of long-term psychosocial outcomes in anti-NMDA receptor encephalitis. Epilepsy & Behavior: E&B, San Diego, n. 108, p. 107088, 2020.

BURTON, K. L. O. *et al.* Long-term neuropsychological outcomes of childhood onset acute disseminated encephalomyelitis (ADEM): a meta-analysis. Neuropsychology Review, New York, v. 27, n. 2, p. 124-133, 2017.

CHAPMAN, M. R.; VAUSE, H. E. Anti-NMDA receptor encephalitis: diagnosis, psychiatric presentation, and treatment. The American Journal of Psychiatry, Arlington, v. 168, n. 3, p. 245-251, 2011.

CHEN, Z. *et al.* Altered executive control network connectivity in anti-NMDA receptor encephalitis. Annals of Clinical and Translational Neurology, Hoboken, v. 9, n. 1, p. 30-40, 2022.

CINQUE, P. *et al.* The role of laboratory investigation in the diagnosis and management of patients with suspected herpes simplex encephalitis: a consensus report. The EU concerted action on virus meningitis and encephalitis. Journal of Neurology, Neurosurgery, and Psychiatry, London, v. 61, n. 4, p. 339-345, 1996.

COLLINSON, S. L. *et al.* Frontal executive impairment associated with paraneoplastic cerebellar degeneration: a case study. Neurocase, London, v. 12, n. 6, p. 350-354, 2006.

CONSTANTINIDES, V. C. *et al.* Anti-NMDA receptor encephalitis presenting as isolated aphasia in an adult. Neurocase, London, v. 24, n. 4, p. 188-194, 2018.

DALAKAS, M. C.; FUJII, M.; LI, M.; McELROY, B. The clinical spectrum of anti-GAD antibody-positive patients with stiff-person syndrome. Neurology, Hagerstown, v. 55, n. 10, p. 1531-1535, 2000.

DALE, R. C. *et al.* Acute disseminated encephalomyelitis, multiphasic disseminated encephalomyelitis and multiple sclerosis in children. Brain: A Journal of Neurology, London, n. 12, p. 2407-2422, 2000.

DALMAU, J.; GRAUS, F. Antibody-mediated encephalitis. The New England Journal of Medicine, Boston, v. 378, n. 9, p. 840-851, 2018.

DALMAU, J. *et al.* Paraneoplastic anti-N-methyl-D-aspartate receptor encephalitis associated with ovarian teratoma. Annals of Neurology, New York, v. 61, n. 1, p. 25-36, 2007.

DAVIS, L. E. Diagnosis and treatment of acute encephalitis. The Neurologist, Philadelphia, v. 6, n. 3, p. 145, 2000.

De BRUIJN, M. A. A. M. *et al.* Long-term neuropsychological outcome following pediatric anti-NMDAR encephalitis. Neurology, Hagerstown, v. 90, n. 22, p. e1997-e2005, 2018.

DUBEY, D. *et al.* Autoimmune encephalitis epidemiology and a comparison to infectious encephalitis. Annals of Neurology, New York, v. 83, n. 1, p. 166-177, 2018.

EMSLIE, H. *et al.* Using a paging system in the rehabilitation of encephalitic patients. Neuropsychological Rehabilitation, Hove, v. 17, n. 4-5, p. 567-581, 2007.

FINKE, C. *et al.* Cognitive deficits following anti-NMDA receptor encephalitis. Journal of Neurology, Neurosurgery, and Psychiatry, London, v. 83, n. 2, p. 195-198, 2012.

FINKE, C. *et al.* Evaluation of cognitive deficits and structural hippocampal damage in encephalitis with leucine-rich, glioma-inactivated 1 antibodies. JAMA Neurology, Chicago, v. 74, n. 1, p. 50-59, 2017.

FUJII, T. *et al.* Disproportionate retrograde amnesia in a patient with herpes simplex encephalitis. Cortex; a Journal Devoted to the Study of the Nervous System and Behavior, Milan, v. 35, n. 5, p. 599-614, 1999.

FUNAYAMA, M. *et al.* Differentiating autoimmune encephalitis from schizophrenia spectrum disorders among patients with first-episode psychosis. Journal of Psychiatric Research, 151, Oxford, n. 151, p. 419-426, 2022.

GRANEROD, J. *et al.* Neuroimaging in encephalitis: analysis of imaging findings and interobserver agreement. Clinical Radiology, Edinburgh, v. 71, n. 10, p. 1050-1058, 2016.

GRAUS, F. *et al.* A clinical approach to diagnosis of autoimmune encephalitis. Lancet Neurology, London, v. 15, n. 4, p. 391-404, 2016.

GRAUS, F. *et al.* Updated diagnostic criteria for paraneoplastic neurologic syndromes. Neurology® Neuroimmunology & Neuroinflammation, Baltimore, v. 8, n. 4, p. e1014, 2021.

HANSEN, M. A.; SAMANNODI, M. S.; HASBUN, R. Predicting inpatient mortality among encephalitis patients: a novel admission risk score. Open Forum Infectious Diseases, Cary, v. 7, n. 11, p. ofaa471, 2020.

HARRIS, L. et al. Neuropsychological and psychiatric outcomes in encephalitis: A multi-centre case-control study. PloS One, San Francisco, v. 15, n. 3, e0230436, 2020.

KAPUR, N. et al. Herpes simplex encephalitis: long term magnetic resonance imaging and neuropsychological profile. Journal of Neurology, Neurosurgery, and Psychiatry, Londres, v. 57, n. 11, p. 1334-1342, 1994.

KAYSER, M. S.; DALMAU, J. Anti-NMDA Receptor Encephalitis in Psychiatry. Current Psychiatry Reviews, San Francisco, v. 7, n. 3, p. 189-193, 2011.

KAYSER, M. S., DALMAU, J. Anti-NMDA Receptor encephalitis, autoimmunity, and psychosis. *Focus*, Arlington, v. 14, n. 4, p. 510-515, 2016.

KIYANI, M. et al. The longitudinal health economic impact of viral encephalitis in the United States. Journal of Medical Microbiology, Edinburgh, v. 69, n. 2, p. 270-179, 2020.

LAKEMAN, F. D.; WHITLEY, R. J. Diagnosis of herpes simplex encephalitis: application of polymerase chain reaction to cerebrospinal fluid from brain-biopsied patients and correlation with disease. National Institute of Allergy and Infectious Diseases Collaborative Antiviral Study Group. The Journal of Infectious Diseases, Chicago, v. 171, n. 4, 857-863, 1995.

LEE, W.-J. Symptomatologic pathomechanism of N-methyl D-aspartate receptor encephalitis. Encephalitis, Seoul, v. 1, n. 2, p. 36-44, 2021.

LEVINE, B. et al. Rehabilitation of executive functioning: An experimental-clinical validation of Goal Management Training. Journal of the International Neuropsychological Society: JINS, New York, v. 6, n. 3, p. 299-312, 2000.

MARANO, M. et al. Pseudoagoraphobia, a diagnostic clue in stiff-limb Syndrome. movement disorders clinical practice, Hoboken, v. 7, n. 3, p. 313-317, 2020.

McKEON, G. L. et al. Cognitive outcomes following anti-N-methyl-D-aspartate receptor encephalitis: A systematic review. Journal of Clinical and Experimental Neuropsychology, London, v. 40, n. 3, p. 234-252, 2018.

McKEON, G. L. et al. Cognitive and social functioning deficits after anti-N-methyl-D-aspartate receptor encephalitis: an exploratory case series. Journal of the International Neuropsychological Society: JINS, Cambridge, v. 22, n. 8, p. 828-838, 2016.

MENDES, N. T.; RONCHI, N. R.; SILVA, G. D. A systematic review on anti-Yo/PCA-1 antibody: beyond cerebellar ataxia in Middle-Aged women with gynecologic cancer. Cerebellum. New York, v. 22, n. 6, p. 1287-1292, 2022.

MIOTTO, E. C. Cognitive rehabilitation of naming deficits following viral meningo-encephalitis. Arquivos de Neuro-Psiquiatria, São Paulo, v. 60, n. 1, p. 21-27, 2002.

MIOTTO, E. C. Cognitive rehabilitation of amnesia after virus encephalitis: a case report. Neuropsychological Rehabilitation, London, v. 17, n. 4-5, p. 551-566, 2007.

MUELLER, C. et al. Neuropsychological performance in autoimmune limbic encephalitis: evidence from an immunotherapy-naïve cohort. Archives of Clinical Neuropsychology: The Official Journal of the National Academy of Neuropsychologists, Oxford, v. 37, n. 4, p. 738-752, 2022.

NAKANISHI, S. Molecular diversity of glutamate receptors and implications for brain function. Science, New York, v. 258, n. 5082, p. 597-603, 1992.

NGUYEN, L. et al. A systematic review and quantitative synthesis of the long-term psychiatric sequelae of pediatric autoimmune encephalitis. Journal of Affective Disorders, Amsterdam, n. 308, p. 449-457, 2022.

PAWELA, C. et al. The neuropsychological profile of children with basal ganglia encephalitis: a case series. Developmental Medicine and Child Neurology, Oxford, v. 59, n. 4, p. 445-448, 2017.

PEWTER, S. M. et al. Neuropsychological and psychiatric profiles in acute encephalitis in adults. Neuropsychological Rehabilitation, London, v. 17, n. 4-5, p. 478-505, 2007.

POHL, D. et al. Acute disseminated encephalomyelitis: Updates on an inflammatory CNS syndrome. Neurology, Hargerstown, v. 87, n. 9, p. S38-S45, 2016.

RASCHILAS, F. et al. Outcome of and prognostic factors for herpes simplex encephalitis in adult patients: results of a multicenter study. Clinical Infectious Diseases: An Official Publication of the Infectious Diseases Society of America, Chicago, v. 35, n. 3, p. 254-260, 2002.

REINDL, M. et al. The spectrum of MOG autoantibody-associated demyelinating diseases. Nature Reviews. Neurology, London, v. 9, n. 8, p. 455-461, 2013.

ROCHA, N. D. et al. Neurological sequelae after encephalitis associated with herpes simplex virus in children: systematic review and meta-analysis. BMC Infectious Diseases, London, v. 23, n. 1, p. 55, 2023.

SPRENGELMEYER, R. et al. Disgust and fear recognition in paraneoplastic limbic encephalitis. Cortex; a Journal Devoted to the Study of the Nervous System and Behavior, Milan, v. 46, n. 5, p. 650-657, 2010.

TITULAER, M. J. et al. Treatment and prognostic factors for long-term outcome in patients with anti-NMDA receptor encephalitis: an observational cohort study. Lancet Neurology, London, v. 12, n. 2, p. 157-165, 2013.

TOMLINSON, A. R. et al. Assessment of care transitions and caregiver burden in anti-NMDA receptor encephalitis. Epilepsy & Behavior: E&B, San Diego, n. 108, p. 107066, 2020.

TUNKEL, A. R. et al. Infectious Diseases Society of America. The management of encephalitis: clinical practice guidelines by the Infectious Diseases Society of America. Clinical Infectious Diseases: An Official Publication of the Infectious Diseases Society of America, Chicago, v. 47, n. 3, p. 303-327, 2008.

VAN SONDEREN, A. et al. Predictive value of electroencephalography in anti-NMDA receptor encephalitis. Journal of Neurology, Neurosurgery, and Psychiatry, London, v. 89, n. 10, p. 1101-1106, 2018.

VAN SONDEREN, A. et al. Anti-LGI1 encephalitis: clinical syndrome and long-term follow-up. Neurology, Hagerstown, v. 87, n. 14, p. 1449-1456, 2016.

VENKATESAN, A. et al. International Encephalitis Consortium. Case definitions, diagnostic algorithms, and priorities in encephalitis: consensus statement of the international encephalitis consortium. Clinical Infectious Diseases: An Official Publication of the Infectious Diseases Society of America, Chicago, v. 57, n. 8, p. 1114-1128, 2013.

WANG, H. et al. Global magnitude of encephalitis burden and its evolving pattern over the past 30 years. The Journal of Infection, Kent, v. 84, n. 6, 777-787, 2022.

WHITLEY, R. J. et al. Vidarabine *versus* acyclovir therapy in herpes simplex encephalitis. The New England Journal of Medicine, Boston, v. 314, n. 3, p. 144-149, 1986.

WHITLEY, R. J. et al. Herpes simplex encephalitis. Clinical Assessment. JAMA: The Journal of the American Medical Association, Chicago, v. 247, n. 3, p. 317-320.

YAMAMOTO, E. et al. Memory rehabilitation of an amnesic patient following limbic encephalitis and a role of family members: a case report. The Tokai Journal of Experimental and Clinical Medicine, Tokyo, v. 25, n. 4-5, p. 173-181, 2000.

29 Transtorno do Déficit de Atenção e Hiperatividade

Danielle de Souza Costa • Laura Ludgero • Fabio Perin • Silvia Assis • Leandro Fernandes Malloy-Diniz

Introdução

O transtorno do déficit de atenção e hiperatividade (TDAH) é um transtorno do neurodesenvolvimento, manifestando-se predominantemente por dificuldades no controle atencional, hiperatividade e impulsividade. Por definição (APA, 2023), é um transtorno cujos sintomas devem estar presentes antes dos 12 anos. No entanto, afeta crianças, adultos e idosos, gerando prejuízos em diferentes áreas da vida do acometido.

Os estudos de prevalência indicam que o TDAH afeta entre 5 e 7,2% das crianças e 2,5 a 6,7% dos adultos (Abdelnour et al., 2022). Para fins de critérios diagnósticos, a 5ª edição revisada do *Manual diagnóstico e estatístico de transtornos mentais* ([DSM-5-TR] APA, 2023) e a 11ª edição da *Classificação internacional de doenças* ([CID-11] WHO, 2022) estão bastante alinhados. No entanto, há diferenças sutis que serão exploradas em seguida.

Em termos etiológicos, o TDAH parece estar relacionado com múltiplos genes e diversos fatores não hereditários, bem como com a interação entre eles. Não existe uma causa única e bem definida para o TDAH e, da mesma forma, a exposição a um fator de risco não significa necessariamente o desenvolvimento dessa condição clínica. A genética desempenha um papel significativo, conforme evidenciado por estudos que mostram uma herdabilidade média de 74% ao comparar gêmeos mono e dizigóticos (Faraone; Larsson, 2019). Thapar et al. (2012) destacam que fatores ambientais relacionados com a etiologia do TDAH incluem saúde materna e consumo de substâncias psicoativas ilícitas durante a gestação (p. ex., tabaco, álcool e outras drogas ilícitas), complicações na gestação (p. ex., prematuridade e outras intercorrências perinatais) e exposição a agentes externos como infecções e toxinas.

Alterações neurobiológicas comumente associadas ao TDAH incluem disfunções em áreas cerebrais como o córtex pré-frontal dorsolateral, corpo estriado ventral, córtex parietal inferior, giro do cíngulo dorsal anterior e cerebelo (Mehta et al., 2019). Essas regiões são partes de circuitos neurais essenciais para a autorregulação comportamental e cognitiva, frequentemente comprometidos em pacientes acometidos pelo TDAH. A neurotransmissão dopaminérgica, particularmente em circuitos mesocorticais, mesolímbicos e na via nigroestriatal, apresenta disfunções bem documentadas, associadas a aspectos motivacionais e de controle cognitivo (Malloy-Diniz et al., 2023).

O diagnóstico de TDAH requer que os sintomas estejam presentes antes dos 12 anos, causando impacto significativo na vida do indivíduo. Por se tratar de um transtorno do neurodesenvolvimento, muita atenção é dada ao diagnóstico e tratamento na infância, mas o TDAH deve ser considerado um transtorno que afeta o indivíduo em qualquer etapa do ciclo vital. Embora a transição para a vida adulta possa representar a remissão em alguns casos, o transtorno tende a persistir para a maioria dos casos (Sudre et al., 2018; van Lieshout et al., 2016). O TDAH na idade adulta está associado a uma série de desafios, incluindo dificuldades acadêmicas, desemprego, problemas financeiros e relacionais (Franke et al., 2018). A caracterização clínica detalhada dos casos de TDAH em adultos é um ponto fundamental para a abordagem terapêutica. A avaliação neuropsicológica pode representar, em diversos casos, um importante exame complementar, trazendo informações úteis para refinamento diagnóstico e identificação de alvos terapêuticos (Malloy-Diniz et al., 2023). O presente capítulo apresenta a abordagem neuropsicológica do TDAH, com foco na idade adulta.

Alterações cognitivas, comportamentais e critérios diagnósticos

Para padronizar a forma de diagnosticar o TDAH são usados dois importantes guias referenciais: o DSM-5-TR e a CID-11. Esses documentos são essenciais para profissionais da saúde, permitindo uma comunicação uniforme sobre condições de saúde e, particularmente, sobre transtornos mentais. Embora eles apresentem mais semelhanças que diferenças, é importante considerar que eles não são exatamente idênticos. Em um artigo recente, Gomez et al. (2023) exploram cada uma das diferenças estabelecendo um quadro comparativo.

A primeira distinção significativa acerca do TDAH diz respeito à dimensão da desatenção. A CID-11 lista 11 sintomas de desatenção, enquanto o DSM-5-TR apresenta nove. Por exemplo, o DSM-5-TR combina em um único sintoma aspectos que a CID-11 divide em dois: atenção aos detalhes e erros por descuido. Da mesma forma, o que no DSM-5-TR é descrito como esquecimento em atividades diárias, a CID-11 fraciona em esquecimento e dificuldade em lembrar-se de completar tarefas. Além disso, a CID-11 inclui um sintoma de desatenção não presente no DSM-5-TR: sonhar acordado, indicando um tempo cognitivo lento.

Quanto aos sintomas de hiperatividade/impulsividade, a CID-11 enumera 11 sintomas, contra nove do DSM-5-TR. A CID-11 detalha comportamentos hiperativos adaptados para diferentes idades e considera a inquietação física de maneira mais específica do que o DSM-5-TR.

Sobre a impulsividade, a CID-11 descreve um comportamento impulsivo não listado no DSM-5-TR, focando a tendência de agir sem considerar riscos ou consequências. Em contraste, o DSM-5-TR limita-se a descrever três comportamentos impulsivos observáveis.

Outra grande diferença envolve a integração de hiperatividade e impulsividade em uma única dimensão no diagnóstico do TDAH, alterando a abordagem para o limiar diagnóstico sem especificar critérios para diferentes fases do desenvolvimento na CID-11.

Além disso, há uma distinção na abordagem dos critérios diagnósticos. O DSM-5-TR adota um corte quantitativo de sintomas, enquanto a CID-11 opta por não especificar um número exato, permitindo maior flexibilidade clínica.

Essas diferenças entre CID-11 e DSM-5-TR podem impactar a prática clínica, especialmente a avaliação da heterogeneidade diagnóstica e a confiabilidade. A escolha do instrumento influencia a abordagem diagnóstica, e profissionais devem estar atentos às especificidades de cada um, equilibrando padronização e flexibilidade clínica. Um resumo comparativo, baseado em Gomez (2023), pode ser encontrado na Tabela 29.1.

A abordagem clínica do TDAH deve ir muito além de critérios diagnósticos, levando em conta alterações cognitivas, comportamentais e emocionais não listadas nos manuais classificatórios. As alterações cognitivas no TDAH são heterogêneas e variam entre indivíduos. Muitos pacientes apresentam prejuízos cognitivos, mas não necessariamente nos mesmos domínios (Costa *et al.*, 2013). A avaliação deve ser personalizada, considerando que as disfunções cognitivas não são constantes e são influenciadas por fatores como motivação e emoções. Há vários modelos neuropsicológicos explicativos sobre o TDAH, como o de disfunção executiva, o de processamento dual e o cognitivo-energético. Esses modelos ajudam-nos a entender a complexidade do TDAH, incluindo questões de percepção temporal e desatenção. Dificuldades sociais, motoras e em outras áreas cognitivas evidenciam a necessidade de uma abordagem abrangente no diagnóstico e tratamento.

Modelo de disfunção executiva de Barkley

Não existe um perfil neuropsicológico específico que distinga o TDAH de outras condições clínicas. Durante muito tempo, a descrição de déficits nas funções executivas preponderou como principal alternativa explicativa para os déficits cognitivos e comportamentais do TDAH. Nesse sentido, Russell Barkley (2006) apontou um modelo teórico no qual descrevia as falhas no controle inibitório como principal elemento explicativo na sintomatologia de pacientes com TDAH. Essas falhas incluiriam: dificuldades em inibir ruídos e distratores; dificuldades de inibir padrões automatizados de respostas; e dificuldade em descontinuar/interromper uma resposta em andamento.

As falhas no controle inibitório afetam diretamente a capacidade do indivíduo de suprimir respostas automáticas, impulsivas e informações irrelevantes (distratores) durante

Tabela 29.1 Diferença da descrição dos sintomas do TDAH nas perspectivas do DSM-5-TR e da CID-11.

Diferenças	DSM-5-TR	CID-11
Quantidade de sintomas	Nove sintomas da dimensão desatenção e nove sintomas da dimensão hiperatividade/impulsividade	11 sintomas da dimensão desatenção e 11 sintomas da dimensão hiperatividade/impulsividade
Critérios para crianças e adolescentes	TDAH apresentação combinada: seis sintomas de desatenção e seis sintomas de hiperatividade/impulsividade TDAH apresentação predominantemente desatenta: seis sintomas de desatenção TDAH apresentação predominantemente hiperativa/impulsiva: seis sintomas de hiperatividade/impulsividade	Vários sintomas
Critérios para jovens adultos e adultos (≥ 17 anos)	TDAH apresentação combinada: cinco sintomas de desatenção e cinco sintomas de hiperatividade/impulsividade TDAH apresentação predominantemente desatenta: cinco sintomas de desatenção TDAH apresentação predominantemente hiperativa/impulsiva: cinco sintomas de hiperatividade/impulsividade	Vários sintomas
Definições	Presente em pelo menos dois contextos	Presente em vários contextos, podendo haver variações a depender da estrutura e das exigências do ambiente
Prejuízos	Esferas social, acadêmica ou ocupacional/profissional	Esferas social, acadêmica ou ocupacional/profissional, com uma menor apresentação de sintomas tanto de desatenção e/ou hiperatividade/impulsividade envolvendo atividades estimulantes, gratificantes ou mais livres

TDAH: transtorno de déficit de atenção e hiperatividade; DSM-5-TR: *Manual diagnóstico e estatístico de transtornos mentais*, 5ª edição, texto revisado; CID-11: *Classificação internacional das doenças*, 11ª edição. (Fonte: Gomes *et al.*, 2023.)

a realização de atividades. Isso impacta negativamente a memória operacional, pois dificulta a retenção e a manipulação de informações necessárias para realizar tarefas. A autorregulação do afeto e a motivação são prejudicadas pela incapacidade de inibir reações emocionais inapropriadas, afetando a motivação e o controle emocional. A internalização da fala e a reconstituição são afetadas pela inabilidade de usar a fala interna para guiar o comportamento e de analisar e sintetizar comportamentos adaptativos.

As falhas citadas anteriormente influenciam o comportamento dirigido a objetivos, impactando diferentes aspectos da vida pessoal e social, a aprendizagem escolar, o desempenho no trabalho e o funcionamento diário do indivíduo.

A tripla via de processamento e a heterogeneidade neuropsicológica no TDAH

O modelo de Sonuga-Barke (2003) para explicar as disfunções cognitivas no TDAH destaca o papel de duas vias na compreensão dos sintomas do TDAH. A primeira é relacionada com os déficits nas funções executivas e estaria relacionada com a atividade da circuitaria frontodorsal-estriatal. A segunda, relacionada com a circuitaria frontoventral-estriatal, estaria associada a aspectos motivacionais que levariam o indivíduo a apresentar dificuldades em tolerar atrasos para gratificações, optando por recompensas imediatas em detrimento de maiores benefícios futuros. Essas vias interagem e contribuem para os sintomas observados no TDAH. Esse modelo contribui para irmos além dos déficits relativos com controle inibitório, planejamento, solução de problemas, memória operacional e flexibilidade cognitiva, geralmente observados em pacientes com TDAH. Mais do que isso, ajuda a entender as decisões imediatistas frequentemente observadas em pacientes acometidos por essa condição clínica, achado que tem sido consistentemente relatado em estudos com pacientes com TDAH (Utsumi; Miranda, 2018). Sujeitos com esse transtorno tendem a desvalorizar recompensas a longo prazo, em comparação com indivíduos com desenvolvimento típico.

Posteriormente, diversos autores como o próprio Sonuga-Barke *et al.* (2010) destacaram a importância de adicionar a via do processamento temporal à compreensão da sintomatologia do TDAH. Comprometimentos nessa via levariam o indivíduo a uma menor capacidade de discriminação/comparação de intervalos, fazendo com que eles subproduzam ou superestimem/super-reproduzam intervalos de tempo. As dificuldades na percepção e estimativa da passagem temporal são frequentemente relatadas em indivíduos com TDAH e podem estar diretamente relacionadas com o prejuízo na organização de atividades no dia a dia.

O modelo cognitivo-energético de Sergeant

O modelo cognitivo-energético de Joseph Sergeant (ver revisão em Killeen *et al.*, 2013) é outra abordagem bastante popular sobre os mecanismos neuropsicológicos do TDAH. Para a compreensão do modelo, é necessário ter em mente que a eficiência do processamento de informações é determinada pela interação entre três níveis: sistema de controle executivo; nível de estado, composto por três componentes energéticos: excitação, esforço e ativação; nível computacional, que vai da codificação, passa por uma etapa intermediária de evocação de esquemas e termina em uma etapa motora. Os três níveis interagem tanto em um fluxo *top down* quanto em *botton up*.

De acordo com esse modelo, os sintomas do TDAH poderiam acontecer relacionados com diferentes componentes associados aos níveis de processamento de informação. Por exemplo, o indivíduo poderia não conseguir manter um nível adequado de alerta, o que levaria a atenção flutuante, dificuldades em manter a atenção sustentada e sonolência diurna. Além disso, o indivíduo poderia apresentar falhas em mobilizar energia em resposta a demandas cognitivas ou comportamentais. Isso resultaria em falta de persistência em tarefas que são percebidas como desafiadoras ou monótonas. Outra dificuldade seria a de regular comportamentos impulsivos e ações, resultante da falta de inibição de resposta. Por fim, a falha no processamento executivo afetaria todo o sistema, levando a problemas com planejamento, organização e execução de tarefas complexas.

O modelo de seis vias de Coghill

O modelo de seis vias amplia as abordagens anteriores e sugere a existência de mais alguns déficits em indivíduos com TDAH. Em particular, ele propõe a existência de comprometimentos que incluem controle inibitório, memória operacional, processamento temporal, aversão ao atraso, tomada de decisão e estabilidade de resposta (Coghill *et al.*, 2014). A independência entre esses processos, na visão do próprio Coghill, não seria tão estrita, tendo em vista que déficits em um desses processos pode impactar significativamente os demais. Além disso, nem todos os indivíduos com TDAH teriam exatamente os mesmos déficits, os quais poderiam aparecer em combinações diferentes em termos de quantidade e intensidade. Isso seria uma explicação possível para a heterogeneidade neuropsicológica do transtorno.

Déficits atencionais no TDAH

O TDAH tem em seu próprio nome a sugestão de déficits pronunciados em processos atencionais. No entanto, é importante notarmos que a atenção pode se expressar em processos distintos, como proposto por Posner *et al.* (2019). De acordo com os autores, há um sistema atencional relacionado com a manutenção do estado de alerta durante o tempo (sistema de vigilância), um relacionado com a orientação exógena a partir de estímulos (sistema de orientação) e um terceiro, relacionado com o manejo da atenção (sistema executivo). Os prejuízos atencionais no TDAH estariam relacionados principalmente com a manutenção da atenção ao longo do tempo, ou seja, manutenção do estado de alerta (Posner *et al.*, 2019; Martella *et al.*, 2020), e com a capacidade de gerenciar a atenção, isto é, o sistema executivo (Martella *et al.*, 2020). Como consequência, indivíduos com TDAH tendem a apresentar dificuldades em processos que demandam a atenção prolongada, passando a ter oscilações importantes de *performance* e na capacidade de selecionar um foco, mantê-lo deliberadamente, alterná-lo ao longo do tempo e dividi-lo, se necessário.

Estudos recentes sugerem ainda que os déficits atencionais no TDAH podem potencializar outras dificuldades cognitivas como as sugeridas anteriormente, e o tratamento da atenção poderia gerar melhora em outros domínios cognitivos (Guo *et al.*, 2023).

Outra condição geralmente associada à desatenção no TDAH é a síndrome de desengajamento cognitivo (CDS, anteriormente referida como "tempo cognitivo lento"), que é uma condição clínica caracterizada por excessiva divagação mental, confusão mental e pensamento/comportamento lento e sonolência. Esses sintomas iriam além do que é esperado para indivíduos com apresentação desatenta do TDAH. Inicialmente, a síndrome do desengajamento foi considerada um subtipo neuropsicológico do TDAH. No entanto, a literatura mais recente tem mostrado uma dissociação entre as duas condições (Fredrick *et al.*, 2023).

Avaliação neuropsicológica do TDAH

Como visto anteriormente, não existe um modelo teórico universalmente aceito para explicar as dificuldades apresentadas em indivíduos com TDAH. Tampouco há um déficit que seja universal. Ao contrário, existem múltiplos déficits que podem, inclusive, aparecer em combinação, tornando os perfis de pacientes com TDAH particularmente diferentes uns dos outros.

O exame neuropsicológico, apesar de não ser determinante para o diagnóstico de TDAH, é uma ferramenta complementar valiosa na caracterização clínica dos pacientes. De acordo com Malloy-Diniz *et al.* (2023) a abordagem neuropsicológica do TDAH deve levar em conta:

- Identificação de comprometimentos cognitivos no TDAH que vão além de desatenção, hiperatividade e impulsividade, incluindo funções executivas, processamento temporal, regulação do estado, tomada de decisão, cognição social, percepção e atenção executiva
- Contribuição para a compreensão das diversas manifestações do transtorno, gravidade, prognóstico e identificação de comorbidades, especialmente transtornos de aprendizagem como dislexia, disgrafia e discalculia, além de comorbidades psiquiátricas
- Auxílio na definição de alvos terapêuticos cognitivos para intervenções farmacológicas e não farmacológicas, dada a heterogeneidade das manifestações cognitivas no TDAH
- Necessidade de cautela na interpretação dos resultados dos testes neuropsicológicos, considerando que muitos pacientes com TDAH podem apresentar desempenho normal nos testes clássicos. A avaliação deve incluir uma gama diversificada de ferramentas
- Inexistência de um protocolo de avaliação universal para TDAH, sendo essencial customizar a avaliação com base em anamnese, idade, potenciais comorbidades e nível cognitivo global estimado
- Importância do conhecimento, por parte do neuropsicólogo, de modelos neuropsicológicos validados que auxiliam na interpretação das queixas, nos prejuízos e nas informações coletadas durante a avaliação.

Não há uma bateria específica para uso, embora apresentem-se aqui alguns exemplos de instrumentos que permitem a exploração dos domínios anteriormente citados disponíveis no Brasil para avaliação de adultos.

Wisconsin Card Sorting Test. O teste de seleção de cartas de Wisconsin, com normas adaptadas para a população brasileira entre 6 e 89 anos (Heaton *et al.*, 1993), desafia os participantes a categorizar cartas seguindo critérios não explicitados de cor, forma e quantidade. O participante deve inferir a regra correta a partir do *feedback* do examinador após cada escolha. A cada conjunto de 10 classificações corretas, o critério de categorização é alterado sem aviso, exigindo do probando a adaptação a novas regras com base no *feedback* recebido.

Five Digits Test. Destinado a indivíduos de 6 a 89 anos (Sedó *et al.*, 2015), esse teste divide-se em quatro etapas, sendo as duas últimas voltadas para a avaliação do controle inibitório e da flexibilidade cognitiva. Inicialmente, o participante deve ler números em pequenos quadrados que correspondem à sua quantidade. Na sequência, a tarefa é contar asteriscos em quadrados. Posteriormente, os números apresentados não correspondem à sua quantidade real, exigindo do indivíduo que indique a quantidade de números, inibindo a leitura do número em si. Na última fase, a regra inverte-se para quadrados com borda preta, em que o participante deve identificar o número escrito, em vez da sua quantidade.

Hayling. Voltado para a avaliação do controle inibitório, esse teste requer que o participante complete frases de maneira a não fazer sentido, inibindo palavras que completariam logicamente a frase. Fonseca *et al.* (2016) apresentam normas para o teste Hayling Infantil, enquanto Miotto *et al.* (2018) expandem as normas para adolescentes, adultos e idosos, ou seja, para pessoas entre 12 e 75 anos.

Torre de Londres (TOL-BR). Nesse teste, o participante enfrenta o desafio de reproduzir configurações de bolas em pinos, mostradas em cartões, com o menor número de movimentos. Serpa *et al.* (2019) desenvolveram uma versão computadorizada do teste, aplicável a pessoas de 10 a 59 anos, para avaliar planejamento e resolução de problemas.

Cubos de Corsi. Avaliando a memória visuoespacial e operacional, esse teste pede que o participante reproduza sequências de cubos apontadas pelo examinador, primeiro na ordem apresentada e, depois, em ordem inversa. Normas brasileiras para essa tarefa foram estabelecidas para adolescentes, adultos e idosos de 18 a 75 anos (Santana *et al.*, 2021).

Teste dos dígitos. Avalia a memória verbal de curto prazo e a memória operacional por meio da repetição de sequências numéricas ditas pelo examinador, tanto na ordem direta quanto inversa. Normas para adolescentes e adultos de 16 a 89 anos são detalhadas no manual *WAIS-III: Escalas Wechsler de Inteligência para Adultos* (Nascimento, 2004).

Teste de geração de números aleatórios. Mede a memória operacional ao pedir que o participante fale números de forma aleatória, evitando padrões e repetições. Zimmerman e Fonseca (2017) fornecem normas para indivíduos de 19 a 75 anos.

Teste de sequência de números e letras. O participante deve separar e ordenar números e letras, falados pelo examinador, em ordem crescente e alfabética, respectivamente. Esse teste é descrito no manual *WAIS-III: Escalas Wechsler de Inteligência para Adultos* (Nascimento, 2004), com normas para adolescentes e adultos de 16 a 89 anos.

Teste D2-R. Avaliando a atenção concentrada e a capacidade de foco, esse teste pede que o participante marque rapidamente todas as letras "d" acompanhadas de dois pontos (acima, abaixo, ou um acima e um abaixo), ignorando as demais letras ou as letras "d" circuladas por qualquer quantidade de pontos diferentes de dois. A tarefa mede a rapidez e precisão em tarefas que demandam atenção concentrada (Malloy-Diniz; Schlottfeldt; Serpa, 2018).

Bateria de processos de atenção. Essa bateria mensura diferentes tipos de atenção, incluindo atenção sustentada, seletiva, alternada e dividida, identificando a eficácia e eficiência com que o indivíduo processa informações e mantém o foco em tarefas por períodos prolongados, além de selecionar estímulos relevantes em meio a distratores e gerenciar múltiplas tarefas simultaneamente (Rueda, 2023).

Iowa Gambling Task. Essa tarefa, desenvolvida para simular a tomada de decisão na vida real, envolve a escolha de cartas de quatro baralhos virtuais, visando maximizar os ganhos em dinheiro virtual. Cada baralho apresenta um balanceamento próprio de recompensas e penalidades. Malloy-Diniz *et al.* (2008) destacam diferenças significativas entre pacientes adultos com TDAH e controles normais por meio desse teste, que investiga a decisão sob incerteza e a influência das emoções.

Trail Making Test **(TMT).** Uma das tarefas mais usadas na neuropsicologia mundial. Nela, a pessoa deverá, em uma primeira parte, ligar números em sequência. Na segunda parte, deverá ligar, de forma alternada e em sequência, números e letras. Normas brasileiras para adultos e idosos de 19 a 75 anos estão disponíveis em Zimmermann *et al.* (2017).

Teste AC-15. O teste de atenção concentrada AC-15 (Boccalandro, 2003) é uma tarefa em que o indivíduo deve comparar pares de estímulos (p. ex., sequências de números, palavras) identificando e marcando quando forem iguais. A tarefa é composta por três folhas de estímulos e o paciente tem 5 minutos para realizar cada parte. É uma tarefa útil para avaliar os componentes de atenção sustentada e seletiva.

Esses exemplos representam testes que avaliam componentes das funções executivas, tomada de decisão e atenção. Longe de serem específicos para o TDAH e de serem necessários e/ou suficientes para o diagnóstico, podem ser ferramentas auxiliares na investigação dos domínios cognitivos frequentemente alterados no transtorno.

Uso de escalas

Conforme mencionado previamente, um dos desafios frequentemente relatados no TDAH está relacionado com as funções executivas (conjunto de processos cognitivos necessários para executar tarefas que requerem atenção ou esforço consciente). Apesar de não serem uma característica universal como se pensava anteriormente, existe um consenso de que essas dificuldades são observadas em um número significativo de crianças e que podem persistir na vida adulta em indivíduos com TDAH. Uma questão relevante nesse debate é a crítica dirigida às ferramentas de medição das funções executivas nesse grupo clínico. Barkley *et al.* (2011) destacam a limitação dos testes convencionais para avaliar as dificuldades executivas em pacientes com TDAH, argumentando que escalas de avaliação sintomática poderiam ser mais eficazes na detecção desses déficits.

De fato, as escalas de autorrelato e heterorrelato podem ser ferramentas fundamentais no auxílio da abordagem ao paciente adulto com TDAH. Aqui, temos algumas sugestões de escalas e inventários disponíveis no contexto nacional.

Adult ADHD Self-Report Scale

A *Adult ADHD Self-Report Scale* (ASRS-18), elaborada por Kessler *et al.* (2005), tem o objetivo de adaptar os sintomas listados pela 4ª edição do *Manual diagnóstico e estatístico dos transtornos mentais* (DSM-IV) para o diagnóstico do TDAH para a população adulta. A necessidade de adaptação emergiu da constatação de que os critérios diagnósticos estabelecidos pelo DSM-IV eram predominantemente baseados em estudos de campo realizados com crianças e adolescentes (Mattos *et al.*, 2006). A observação de que os sintomas do TDAH persistem na vida adulta destacou a importância de se ajustar os critérios diagnósticos para essa faixa etária. Nesse contexto, a Organização Mundial da Saúde (OMS) convocou um grupo de trabalho para revisar os instrumentos existentes e desenvolver uma nova escala voltada à investigação de sintomas do TDAH em adultos (Leite, 2011).

A escala ASRS-18, resultante desse processo, é composta por 18 itens que se referem aos sintomas listados no Critério A do DSM-IV, adaptados para o contexto da vida adulta. Trata-se de um instrumento de autorrelato que avalia a frequência de ocorrência de comportamentos relacionados ao TDAH nos últimos 6 meses, a partir de uma escala Likert de cinco pontos, que varia de "nunca" a "muito frequentemente". Além da versão completa da escala, desenvolveu-se a versão reduzida, composta por seis itens. Na versão reduzida, estabeleceu-se como ponto de corte a presença de, ao menos, quatro sintomas, ao passo que, na versão completa, o ponto de corte, em conformidade com o DSM-IV, consistiu na presença de, no mínimo, seis sintomas em um dos domínios avaliados (desatenção e/ou hiperatividade-impulsividade). A versão brasileira da ASRS-18 foi adaptada por Mattos *et al.* (2006).

É importante salientar que tanto a 5ª edição do *Manual diagnóstico e estatístico dos transtornos mentais* (DSM-5) quanto a 5ª edição revisada (DSM-5-TR), a mais recente, estabelecem que, para o diagnóstico de TDAH em adolescentes mais velhos ou adultos, pelo menos cinco sintomas são necessários em um dos critérios avaliados (desatenção e/ou hiperatividade-impulsividade). Nesse contexto, a versão reduzida da ASRS foi atualizada para os critérios do DSM-5; contudo, ainda há poucas pesquisas sobre as propriedades psicométricas desse instrumento de rastreio (Ziobrowski, 2023).

BDEFS – Escala de Avaliação de Disfunções Executivas de Barkley

A BDEFS – Escala de Avaliação de Disfunções Executivas de Barkley foi desenvolvida pelo pesquisador estadunidense Barkley (2011) e destina-se à avaliação dos déficits das funções executivas (FE) nas atividades cotidianas de adultos. A escala, inicialmente elaborada para investigar as FE em adultos com TDAH, buscava avaliar os construtos de inibição, memória operacional não verbal, memória operacional verbal, autorregulação emocional/motivacional e reconstituição.

A versão atual da BDEFS resulta de mais de uma década de pesquisas acerca dos déficits das funções executivas nas atividades cotidianas e organiza os aspectos das FE em cinco subescalas: gerenciamento do tempo, organização/resolução de problemas, autocontrole, motivação e regulação das emoções. A escala é apresentada na versão longa (*long form* – BDEFS-LF), composta por 89 itens, e na versão curta (*short form* – BDEFS-SF), que contém 20 itens. É importante salientar que os itens que compõem a escala não são focados no funcionamento normativo das FE, mas sim nos sintomas de disfunção executiva, de modo a estimar-se a probabilidade de as queixas apresentadas pelo paciente estarem acima da média da população (Barkley, 2011). Os itens avaliam a frequência de determinados comportamentos ou situações nos últimos 6 meses por meio de uma escala Likert de quatro pontos:

- 0 = raramente ou nunca
- 1 = às vezes
- 2 = frequentemente
- 3 = muito frequentemente.

A versão brasileira da BDEFS foi adaptada por Godoy, Mattos e Malloy-Diniz (2018) e destina-se a indivíduos entre 18 e 70 anos. A aplicação pode ser realizada de maneira individual ou coletiva e leva, em média, de 15 a 20 minutos para a versão longa e, aproximadamente, 5 minutos para a versão curta. Embora no manual estadunidense sejam fornecidas as versões da escala para autorrelato e heterorrelato, no manual brasileiro somente a forma de autorrelato é apresentada. A BDEFS-LF fornece, além do escore geral, as pontuações de cada uma das cinco subescalas. Para a BDEFS-SF, em contrapartida, não há resultados separados de cada domínio, em função do número reduzido de itens. A escala está disponível tanto na versão impressa quanto digital.

EPF-TDAH – Escala de Prejuízos Funcionais – TDAH

A EPF-TDAH – Escala de Prejuízos Funcionais – TDAH foi desenvolvida no Brasil por Oliveira e Nascimento (2016) e tem o objetivo de explorar prejuízos funcionais que são relacionados com TDAH em adultos. A escala permite a avaliação de nove domínios compreendidos como relevantes na vida adulta e que, frequentemente, são impactados no TDAH: acadêmico, profissional, social, afetivo-sexual, doméstico, financeiro, saúde, trânsito e risco legal. Para cada um desses domínios o instrumento explora, no mínimo, cinco prejuízos funcionais relacionados.

O DSM-5-TR estabelece que, para o diagnóstico de TDAH, os sintomas devem interferir ou reduzir a qualidade do funcionamento social, acadêmico ou profissional do indivíduo (APA *et al.*, 2023). Os três domínios mencionados no DSM-5-TR são contemplados na EPF-TDAH, o que evidencia que a escala pode ser útil no processo diagnóstico de TDAH, além de contribuir para a formulação de intervenções.

O instrumento consiste em uma escala de autorrelato composta por 66 itens, os quais são respondidos a partir de uma escala Likert de 5 pontos que varia de "nunca (0)" a "sempre (4)", contendo também a opção "não se aplica". A EPF-TDAH destina-se a adultos entre 18 e 76 anos com diferentes níveis educacionais, e o examinador pode realizar a leitura das instruções e dos itens do teste em casos de adultos com baixa escolaridade ou não alfabetizados. A aplicação pode ser feita de modo coletivo e individual e leva, em média, 10 minutos.

A apuração do resultado ocorre a partir da soma dos pontos atribuídos para cada item de uma mesma subescala. Após a soma, divide-se o escore bruto obtido pela respectiva quantidade de itens da subescala, de modo a obter-se a média. As normas da EPF-TDAH são apresentadas no manual em escore T e o prejuízo é classificado como "sem prejuízo", "leve", "moderado" ou "severo".

Escala de Transtorno do Déficit de Atenção e Hiperatividade – Versão Adolescentes e Adultos (ETDAH-AD)

A Escala de Transtorno do Déficit de Atenção e Hiperatividade – Versão Adolescentes e Adultos (ETDAH-AD) foi desenvolvida no Brasil por Benczik (2013) e tem o objetivo de avaliar características associadas ao TDAH para adolescente e adultos. A construção da escala baseou-se nos critérios diagnósticos do TDAH descritos pelo DSM-IV e DSM-IV-TR, na literatura sobre características comportamentais e neuropsicológicas apresentadas por pacientes com o transtorno, na experiência clínica da autora e em pesquisas acerca de instrumentos que apresentam a mesma finalidade (Benczik, 2013).

A escala avalia as características relacionadas com o TDAH a partir de cinco fatores: desatenção; impulsividade; aspectos emocionais; hiperatividade; e autorregulação da atenção, da motivação e da ação. O instrumento é constituído por 69 itens que avaliam a frequência de ocorrência de determinados comportamentos nos últimos 6 meses, por meio de uma escala Likert de cinco pontos que varia de "nunca (0)" a "muito frequentemente (5)". A escala é destinada a indivíduos alfabetizados, com idades entre 12 e 87 anos, e pode ser aplicada individual ou coletivamente. O tempo médio para preenchimento da escala é de 15 minutos.

A apuração do resultado ocorre a partir da soma dos pontos atribuídos para cada item, de modo a se obter uma pontuação bruta para cada um dos cinco fatores avaliados. As normas do instrumento são apresentadas em percentis para amostra total e para diferentes níveis educacionais.

Considerações sobre as comorbidades

O elevado índice de comorbidades representa um obstáculo adicional na identificação de mudanças neurobiológicas específicas associadas ao TDAH. É estimado que entre 60 e 80% das pessoas com TDAH apresentem pelo menos uma comorbidade psiquiátrica ao longo de suas vidas (Kooij et al., 2019), abrangendo condições como transtorno de oposição desafiante, transtorno de conduta, transtornos de ansiedade e transtorno depressivo maior (Bauermeister et al., 2007; Cuffe et al., 2015). A prevalência de comorbidades entre TDAH e transtornos relacionados com o uso de substâncias também se destaca, além de associações com dislexia, discalculia, transtorno do espectro autista (TEA), obesidade e distúrbios do sono (Chaulagain et al., 2023).

Com relação à comorbidade com transtornos da aprendizagem, embora frequente, ela é pouco explorada em nosso contexto no que diz respeito à população adulta. Isso ocorre pela ausência de instrumentos de avaliação de leitura, escrita e matemática destinados especificamente a essa faixa etária, bem como pela dificuldade no uso qualitativo de instrumentos disponibilizados para outros grupos de idade. Mais do que isso, a dificuldade em compreender os modelos neuropsicológicos que auxiliam na compreensão das dificuldades acadêmicas e seus transtornos dificulta a análise ideográfica desses pacientes. Os déficits em habilidades acadêmicas em adultos com TDAH tendem a persistir (Iban et al., 2021) e devem ser considerados na avaliação para melhor abordagem clínica.

Em vista da diversidade clínica e a alta frequência de comorbidades ressaltamos a necessidade de uma avaliação compreensiva e neuropsicológica minuciosa para eficácia do tratamento. Desse modo, sugerimos que o neuropsicólogo inclua em seu processo investigativo instrumentos que avaliem a possibilidade de outras comorbidades e diagnósticos diferenciais. Há roteiros de entrevista, como *Entrevista clínica estruturada para os transtornos do DSM-5 – SCID-5-CV – versão clínica* (First et al., 2017) que pode ser fundamental para rastrear potenciais transtornos comórbidos. O uso dessa entrevista requer domínio da estrutura e lógica do DSM-5, bem como conhecimento aprofundado sobre psicopatologia.

Escalas que avaliam outras condições clínicas como transtornos internalizantes e TEA podem ser particularmente úteis. Alguns exemplos são apresentados a seguir.

Inventário de Ansiedade de Beck

O Inventário de Ansiedade de Beck (BAI) foi desenvolvido por Beck et al. (1988) e tem como objetivo avaliar os sintomas de ansiedade, em adultos com 18 a 90 anos, com níveis diferentes de intensidade que variam, em uma escala de pontuação, de 0 (sintoma não experimentado) a 4 pontos (sintoma experimentado em uma intensidade severa) (Beck et. al., 1988).

Os transtornos de ansiedade apresentam altas taxas de comorbidades entre si e com outros transtornos mentais. Em virtude de sua complexidade, o inventário surgiu em resposta a uma necessidade de se obter uma compreensão clínica mais assídua dos sintomas que caracterizam o transtorno ou que a ele se assemelham. Substancialmente, o BAI atende, desde a sua versão original, aos critérios atinentes à validade de construto e qualidades psicométricas (Beck et al., 1988). A versão brasileira do instrumento foi adaptada por Valim e Carvalho (2023).

Trata-se, pois, de um instrumento de avaliação psicológica composto por 21 itens descritivos dos sintomas de ansiedade e que pode ser aplicado nos mais diversos contextos, como: clínico, hospitalar, ambulatorial e para a população em geral (Beck et al., 2011). Além disso, permite três tipos de aplicação: em lápis e papel (formulários impressos), informatizada com a presença do examinador (local) e informatizada remotamente (*on-line*) (Beck et al., 1988).

Inventário de desesperança de Beck

A escala de desesperança (BHS) foi desenvolvida por Beck et al. (1993) com o intuito de avaliar a presença ou intensidade da desesperança, do pessimismo e do risco de suicídio, em indivíduos com 18 a 90 anos. Assim como o inventário de ansiedade de Beck, o presente instrumento pode ser aplicado nos mais diversos contextos: clínico, hospitalar, ambulatorial e para a população em geral.

De modo geral, a escala surgiu mormente considerando a desesperança como um construto que permeia diversos transtornos mentais e que tem maior prevalência nos transtornos depressivos e relação com o risco de suicídio. Em uma lista composta por 20 itens que descrevem pensamentos e sentimentos associados à desesperança, o indivíduo, entre as opções disponíveis, assinala a concordância que melhor reproduz o seu estado emocional, podendo este variar pontualmente de C (certo) a E (errado) (Beck et al. 1993). A versão brasileira foi adaptada por Valim e Carvalho (2023) e pode ser aplicada de modo individual ou coletivo. A escala também está disponível na versão *on-line* e manual.

A interpretação dos escores obtidos pelo indivíduo pode transitar desde o nível mínimo (nível mínimo de desesperança) da faixa normativa, passando pelos graus leve (nível brando de desesperança) e moderado (nível moderado de desesperança) e podendo alcançar o ponto mais elevado que é o grave (nível severo de desesperança) (Beck et al. 1993).

Inventário de depressão de Beck

O inventário de depressão de Beck (BDI-II) é um instrumento que foi desenvolvido por Beck et al. (1996) para avaliar a presença e intensidade/gravidade dos sintomas depressivos em adultos e adolescentes com 13 anos ou mais. O instrumento tem como base o DSM-IV e deve ser utilizado como um norteador do raciocínio clínico do profissional da área da saúde e não como um diagnóstico propriamente dito.

Substancialmente, o inventário constitui uma revisão do BDI original, principalmente considerando as modificações atinentes à própria definição de depressão e a evolução dos critérios diagnósticos do transtorno nos guias referenciais. A versão atual do instrumento (BDI-II) conta com 21 itens que avaliam os seguintes sintomas: tristeza, pessimismo, fracasso passado, perda de prazer, sentimento de culpa, sentimento de punição, autoestima, autocrítica, pensamentos ou desejos suicidas, choro, agitação, perda de interesse, indecisão, desvalorização, falta de energia, alterações no padrão de sono, irritabilidade, alterações de apetite, dificuldade de concentração, cansaço ou fadiga, e perda de interesse por sexo (Beck et al., 1996). A versão brasileira do instrumento foi adaptada por Gorenstein et al. (2010) e pode ser aplicada de modo individual ou coletivo.

O instrumento é autoaplicável, com duração média de 5 a 10 minutos, no qual o paciente é convidado a escolher, entre as opções disponíveis a cada item, aquela que melhor representa o seu estado emocional. A pontuação para cada domínio varia de 0 a 3 pontos, e o escore total é de no máximo 63 pontos. No que tange à sua interpretação, foram sugeridos pontos de corte menores, a fim de minimizar qualquer possibilidade de falso-negativo. Assim, para pacientes diagnosticados com depressão maior, foram considerados quatro níveis de pontuações com suas respectivas intensidades clínicas (mínimo, leve, moderado e grave) (Beck et al., 1996).

SRS-2 – Escala de Responsividade Social

A SRS-2 – Escala de Responsividade Social surgiu a partir de um histórico de necessidade em se obter uma medida complementar que auxiliasse no diagnóstico clínico do TEA. Desde a sua primeira versão, o instrumento tem como objetivo central rastrear e classificar, em níveis de intensidade, os sintomas compatíveis com o transtorno do neurodesenvolvimento, principalmente no que diz respeito ao prejuízo persistente no comportamento social recíproco (Constantino; Gruber, 2020).

O instrumento leva em consideração os critérios diagnósticos do DSM-5 e pode ser aplicado para avaliação de crianças a partir de 2,5 anos, adolescentes e adultos. A segunda edição da escala de responsividade social está disponível na versão brasileira e foi adaptada por Constantino e Gruber (2020). A escala permite três tipos de administração: a lápis e papel (formulários impressos), informatizada com a presença do examinador (local) e informatizada remotamente (on-line) (Constantino; Gruber, 2020).

Tendo em vista o nível do desenvolvimento em que se encontra o paciente, bem como a perspectiva clínica do aplicador, podem ser utilizados quatro tipos de formulários: pré-escolar (para idades de 2,5 a 4,5 anos); idade escolar (para idades de 4 a 18 anos – podendo ser preenchidos por pais/tutores e professores); adulto (para idades a partir de 18 anos); e heterrorrelato (preenchidos por pais, cônjuges, outros parentes ou amigos próximos) (Constantino; Gruber, 2020).

Caso clínico

Identificação: mulher cisgênero, 34 anos, administradora de licença-maternidade, casada, com um filho de 18 meses, destra.
Medicações atuais: Pristiq® (desvenlafaxina) e Donaren® (trazodona).
Período do exame: agosto de 2022.
Demanda: avaliação solicitada pela psiquiatra para apoio diagnóstico e orientação de intervenções.

Procedimentos: anamnese com a paciente, entrevista diagnóstica e aplicação de questionários estruturados, incluindo o heterrorrelato da irmã e do esposo da paciente. Testes psicológicos e neuropsicológicos. Sessão devolutiva. Os procedimentos foram realizados ao longo de nove sessões de atendimento divididas em cinco datas. Os diagnósticos apontados são apoiados nos manuais classificatórios dos transtornos mentais CID-11 e DSM-5-TR.
Testes: Escala Wechsler Abreviada de Inteligência (inteligência e cognição geral); Figuras Complexas de Rey (processamento visuoespacial); Teste de Organização Visual Hooper (VOT, do inglês Hooper Visual Organization Test) (memória); RAVLT – Teste de Aprendizagem Auditivo-Verbal de Rey; BVRT – Teste de Retenção Visual de Benton (linguagem e flexibilidade); teste de fluência verbal semântica; Roubo de Biscoitos; vocabulário WASI, Nomeação de Boston (velocidade de processamento e atenção simples); FDT – Teste dos Cinco Dígitos (leitura e contagem); Teste de Cancelamento dos Sinos; Conners' Continuous Performance Test II (CPT II v. 5) (funções executivas e atenção complexa); "Dígitos" (WAIS-III); Teste dos Cinco Pontos; teste de fluência verbal alternada; FDT – Teste dos Cinco Dígitos (inibição e flexibilidade).
Questionários: ASRS-18 – escala de autorrelato de sintomas do TDAH; UPPS – Escala de Comportamento Impulsivo; DGI – Inventário de Postergação da Gratificação; BDI-II – Inventário de Depressão de Beck; DASS-21 – Escala de Depressão, Ansiedade e Estresse.
História clínica: a paciente, orientada por sua psiquiatra, buscou uma avaliação neuropsicológica após suspeitas de TDAH levantadas por sua irmã e por si mesma. Já tratada por depressão e ansiedade, com histórico de duas infecções por covid-19, a paciente vive com seu marido e filho em uma capital no Sudeste, após mudar-se do Norte, onde fica sua base familiar e de amigos. Formada e anteriormente administradora, ela agora é dona de casa e relata desatenção, impulsividade e dificuldades desde a infância, sem sinais de hiperatividade. Seu desempenho escolar e profissional foi misto, com dificuldades em manter a atenção, mas sucesso em ambientes dinâmicos. A gravidez e o pós-parto trouxeram instabilidade emocional e cansaço, agravando seu estado psicológico. Histórico familiar inclui alcoolismo, ansiedade, possível TDAH e distimia.
Exame do estado mental: nenhuma alteração digna de nota.
Resultado nos testes: a avaliação cognitiva não sugere nenhum déficit ou padrão de comprometimento significativo na maior parte dos domínios cognitivos avaliados, à exceção de processos atencionais e executivos. Apresenta inteligência geral na faixa média com relação à população brasileira (QI = 104, percentil 61). Não apresenta prejuízo cognitivo no processamento visuoespacial, na memória episódica, na memória semântica e em linguagem. Prejuízos comuns no TDAH foram encontrados, como atenção seletiva, controle inibitório, flexibilidade cognitiva e memória operacional.
Resultado nos questionários: na ASRS-18, a intensidade dos problemas assinalados foi sugestiva de TDAH combinado, segundo autoavaliação e avaliação do marido. Já na visão da irmã mais velha, há sintomas compatíveis com um TDAH predominantemente desatento. Sobre o perfil de impulsividade, autoavaliado por meio das escalas UPPS e DGI,

sugere-se apenas baixa capacidade de postergação de gratificação. Em autoavaliação com a BDI-II e com a DASS-21, encontramos sintomas significativos de depressão.

A paciente relata que os sintomas de TDAH estavam presentes antes dos 12 anos e causam prejuízos em atividades de aprendizado, atividades de vida diária, autoimagem e contato social.

Conclusão: o exame sugere quadro clínico compatível com TDAH em apresentação combinada (CID-11: 6A05.2), gravidade moderada, com sintomas de hiperatividade em provável remissão. Os sintomas de depressão configuram transtorno depressivo maior, em gravidade leve (CID-11: 6A71.0).

Conduta sugerida: tratamento médico e psicológico (terapia cognitivo-comportamental) combinado.

Comentários: note que o diagnóstico é dado a partir dos critérios clínicos listados nos manuais classificatórios, incluindo quantidade de sintomas, idade de início e documentação de prejuízos. A caracterização dos módulos cognitivos evidencia dificuldades que, embora não exclusivas ao TDAH, são comuns no transtorno. Essas dificuldades ajudam a compreender alguns dos prejuízos que a paciente apresenta no seu cotidiano. O uso de escalas e entrevistas facilita o raciocínio clínico e a exploração de potenciais comorbidades. Em diversos casos, as escalas podem trazer várias informações úteis, mesmo nos casos em que a maior parte dos testes está com resultados na faixa da normalidade. O exame neuropsicológico, longe de uma mera aplicação de testes, possibilita uma caracterização abrangente do caso clínico, facilitando a conduta do profissional que conduz o tratamento. Deve-se destacar o caráter complementar do exame.

Considerações finais

Na década de 1990, o exame neuropsicológico do TDAH foi popularizado e, por vezes, superestimado em sua capacidade de identificar indivíduos com TDAH. À medida que a literatura acumulou novas evidências e achados sobre essa condição clínica, compreendemos que os aspectos neuropsicológicos do transtorno são diversificados em sua apresentação e intensidade. Assim, longe de ser uma ferramenta necessária e suficiente para o diagnóstico, o exame neuropsicológico pode ser um instrumento complementar para identificar alvos terapêuticos e auxiliar a compreensão global do caso.

Na prática clínica, deve-se:

- Avaliar sempre se o exame será, de fato, importante para o caso clínico em questão. Ainda há a ideia de que o exame é necessário para fechar o diagnóstico. Como o diagnóstico é clínico e baseado em critérios bem estabelecidos, há situações de encaminhamento em que o exame não é essencialmente necessário. Discuta isso com a fonte encaminhadora
- Considerar que os testes disponíveis nem sempre serão suficientes para captar as dificuldades do paciente. Nossos testes ainda são rudimentares e pouco ecológicos sendo, muitas vezes, pouco sensíveis aos casos sutis. A ausência de déficits em testes não é sinal de que os déficits não existam. Lembre-se: a clínica é soberana
- Considerar a possibilidade de efeito teto (o teste é fácil demais para captar as dificuldades do paciente) ou o efeito chão (o teste é difícil demais para ser acessado pelo paciente) na hora de montar uma bateria para investigar suas hipóteses na avaliação de um paciente com TDAH
- Incluir escalas de sintomas, processos cognitivos e prejuízos funcionais durante a avaliação. Muitas vezes elas serão mais informativas que testes em si
- Considerar as comorbidades e a forma como elas explicarão prejuízos cognitivos, comportamentais e emocionais nos pacientes avaliados.

Referências bibliográficas

ABDELNOUR, E.; JANSEN, M. O.; GOLD, J. A. ADHD diagnostic trends: increased recognition or overdiagnosis? Missouri Medicine, Saint Louis, v. 119, n. 5, p. 467-473, 2022.

ALVES, D. C.; de PAULA SOUZA, L. A. Performance de moradores da grande São Paulo na descrição da prancha do Roubo de Biscoitos. Revista CEFAC, Rio de Janeiro, v. 7, n. 1, p. 13-20, 2005.

AMERICAN PSYCHIATRIC ASSOCIATION (APA). DSM-5-TR: manual diagnóstico e estatístico de transtornos mentais. 5. ed. Texto revisado. Porto Alegre: Artmed Editora, 2023.

AMERICAN PSYCHIATRIC ASSOCIATION (APA). DSM-5: manual diagnóstico e estatístico de transtornos mentais. 5. ed. Porto Alegre: Artmed Editora, 2014.

AMERICAN PSYCHIATRIC ASSOCIATION. DSM-5-TR: manual diagnóstico e estatístico de transtornos mentais, 5. ed. Texto revisado. Porto Alegre: Artmed Editora, 2023.

ANDRADE, L. et al. Psychometric properties of the Portuguese version of the State-Trait Anxiety Inventory applied to college students: factor analysis and relation to the Beck Depression Inventory. Brazilian Journal of Medical and Biological Research, São Paulo, v. 34, n. 3, p. 367-354, 2001.

BARKLEY R. A. Attention-deficit hyperactive disorder: a handbook for diagnosis and treatment. New York: Guilford, 2006.

BARKLEY, R. A. Barkley deficits in executive functioning scale (BDEFS). New York: Guilford Press, 2011.

BARKLEY, R. A.; MURPHY, K. R. The nature of executive function (EF) deficits in daily life activities in adults with ADHD and their relationship to performance on EF Tests. Journal of Psychopathology and Behavioral Assessment, New York, n. 33, v. 137-158.

BAUERMEISTER, J. J. et al. ADHD correlates, comorbidity, and impairment in community and treated samples of children and adolescents. Journal of Abnormal Child Psychology, New York, v. 35, n. 6, p. 883-898, 2007.

BECK, A. T. et al. An inventory for measuring clinical anxiety: Psychometric properties. Journal of Consulting and Clinical Psychology, Washington, v. 56, n. 6, p. 893-897, 1988.

BECK, A. T.; STEER, R. A. Beck Hopelessness Scale. Manual. San Antonio: Psychological Corporation, 1993.

BECK, A. T.; STEER, R. A.; BROWN, G. K. Manual for Beck Depression Inventory II. San Antonio: Psychological corporation, 1996.

BENCZIK, E. B. P. ETDAH-AD: Escala de transtorno do déficit de atenção e hiperatividade. São Paulo: Vetor, 2013.

CHAULAGAIN, A. et al. A systematic meta-review of systematic reviews on attention deficit hyperactivity disorder. Eur Psychiatry, v. 66, n. 1, p. e90, 2023.

COGHILL, D. R.; SETH, S.; MATTHEWS, K. A comprehensive assessment of memory, delay aversion, timing, inhibition, decision making and variability in attention deficit hyperactivity disorder: advancing beyond the three-pathway models. Psychological Medicine, London, v. 44, n. 9, p. 1989-2001, 2014.

CONNERS, C. K. et al. Conners' continuous performance Test II (CPT II v. 5). Multi-Health Syst Inc, n. 29, p. 175-96.

CONSTANTINO, J. N.; GRUBER, C. P. SRS-2: Escala de responsividade social. 2. ed. São Paulo: Hogrefe, 2020.

COSTA, D. S. et al. Neuropsicologia do TDAH. In: Nardi. A.E.; Quevedo, J.; Silva, A. G. Transtorno do déficit de atenção e hiperatividade. teoria e clínica. Porto Alegre: Artes Médicas, 2013.

CUFFE, S. P. et al. ADHD and Psychiatric Comorbidity: Functional Outcomes in a School-Based Sample of Children. Journal of Attention Disorders, Toronto, v. 24, n. 9, p. 1345-1354, 2015.

de PAULA, J. J. et al. Versão modificada do teste de fluência verbal alternada. In: Malloy-Diniz, L. F. et al. Avaliação neuropsicológica. 2 ed. Porto Alegre: Artmed, 2018.

de PAULA, J. J.; MALLOY-DINIZ, L. RAVLT – teste de aprendizagem auditivoverbal de Rey. São Paulo: Vetor, 2018.

de PAULA, J. J.; PORTO, A. A.; COSTA, D. S. Brazilian version of the Delaying Gratification Inventory (DGI): transcultural adaptation, evidence of validity and reliability. Revista Interdisciplinar Ciencias Medicas, v. 2, n. 2, p. 29-35, 2018.

FARAONE, S. V.; LARSSON, H. Genetics of attention deficit hyperactivity disorder. *Molecular Psychiatry*, Houndmills, v. 24, n. 4, p. 562-575, 2019.

FIRST, M. B. et al. Entrevista clínica estruturada para os transtornos do DSM-5 – SCID-5-CV – versão clínica. Porto Alegre: Artmed Editora, 2017.

FONSECA, R. P.; PRANDO, M. L.; ZIMMERMANN, N. Tarefas para avaliação neuropsicológica: avaliação de linguagem e funções executivas em crianças (v. 1). São Paulo: Memnon, 2016.

FRANKE, B. et al. Live fast, die young? A review on the developmental trajectories of ADHD across the lifespan. European Neuropsychopharmacology, Amsterdam, v. 28, n. 10, p. 1059-1088, 2010.

FREDRICK, J. W.; BECKER, S. P. Cognitive Disengagement Syndrome (Sluggish Cognitive Tempo) and Social Withdrawal: Advancing a Conceptual Model to Guide Future Research. Journal of Attention Disorders, Toronto, v. 27, n. 1, p. 38-45, 2023.

GODOY, V.; MATTOS, P.; MALLOY-DINIZ, L. Escala de avaliação de disfunções executivas de Barkley: manual. São Paulo: Hogrefe, 2018.

GOMEZ, R.; CHEN, W.; HOUGHTON, S. Differences between DSM-5-TR and ICD-11 revisions of attention deficit/hyperactivity disorder: A commentary on implications and opportunities. World Journal of Psychiatry, Hong Kong, v. 13, n. 5, p. 138-143, 2023.

GORENSTEIN, C. et al. Manual do Inventário de Depressão de Beck-BDI-II. São Paulo: Casa do Psicólogo, 2011.

GUO, N. et al. Networks of neuropsychological functions in the clinical evaluation of adult ADHD. Assessment, Odessa, v. 30, n. 6, p. 1719-1736, 2023.

HEATON, R. K. et al. Wisconsin card sorting test manual: Revised and expanded. Lutz: Psychological Assessment Resources, 1993.

HENRY, J. D.; CRAWFORD, J. R. The short-form version of the Depression Anxiety Stress Scales (DASS-21): Construct validity and normative data in a large non-clinical sample. British Journal of Clinical Psychology, Letchworth, v. 44, n. 2, p. 227-239, 2005.

KESSLER, R. C. et al. The World Health Organization Adult ADHD Self-Report Scale (ASRS): a short screening scale for use in the general population. Psychological Medicine, London, v. 35, n. 2, p. 245-256, 2005.

KESSLER, R. C. et al. The World Health Organization Adult ADHD Self-Report Scale (ASRS): a short screening scale for use in the general population. Psychological Medicine, v. 35, n. 2, p. 245-256, 2005.

KILLEEN, P. R.; RUSSELL, V. A.; SERGEANT, J. A. A behavioral neuroenergetics theory of ADHD. Neuroscience and biobehavioral reviews, v. 37, n. 4, p. 625-657, 2013.

KOOIJ, J. J. S.; BIJLENGA, D.; SALERNO, L. et al. Updated European Consensus Statement on diagnosis and treatment of adult ADHD. European Psychiatry: The Journal of the Association of European Psychiatrists, n. 56, p. 14-34, 2019.

LEITE, W. B. Avaliação das propriedades psicométricas da escala de autorrelato de sintomas do transtorno do déficit de atenção e hiperatividade ASRS-18. 2011. Dissertação (Mestrado em Neurociências) – Faculdade de Medicina, Universidade Federal de Minas Gerais, Belo Horizonte, 2011.

LEITE, W. B. Avaliação das propriedades psicométricas da escala de autorrelato de sintomas do transtorno do déficit de atenção e hiperatividade ASRS-18. 2011. Dissertação (Mestrado em Neurociências) – Faculdade de Medicina, Universidade Federal de Minas Gerais, Belo Horizonte, 2011.

MALLOY-DINIZ, L. F. et al. Brazilian Portuguese version of the Iowa Gambling Task: transcultural adaptation and discriminant validity. Brazilian Journal of Psychiatry, São Paulo, v. 30, n. 2, p. 144-148, 2008.

MALLOY-DINIZ, L. F.; SCHLOTTFELDT, C. G.; SERPA, A. O. Teste D2 revisado. São Paulo: Hogrefe, 2018.

MALLOY-DINIZ, LF. et al. Transtorno de déficit de atenção/hiperatividade: características neuropsicológicas. *In*: PONSONI et al., Neuropsicologia dos transtornos psiquiátricos. Belo Horizonte: Ampla Editora, 2023.

MARTELLA, D. et al. Arousal and Executive Alterations in Attention Deficit Hyperactivity Disorder (ADHD). Frontiers in Psychology, Pully, n. 11, p. 1991, 2020.

MATTOS, P. et al. Adaptação transcultural para o português da escala Adult Self-Report Scale para avaliação do transtorno de déficit de atenção/hiperatividade (TDAH) em adultos. Archives of Clinical Psychiatry, São Paulo, v. 33, n. 4, p. 188-194, 2006.

MEHTA, T. R.; MONEGRO, A.; NENE, Y. et al. Neurobiology of ADHD: a review. Current Developmental Disorders Reports, Cham, n. 6, p. 235-240.

MIOTTO, E. C. et al. Development of an adapted version of the Boston Naming Test for Portuguese speakers. Brazilian Journal of Psychiatry, São Paulo, v. 32, n. 3, p. 279-282, 2010.

MIOTTO, E. C. et al. Manual de avaliação neuropsicológica – volume 1: instrumentos de avaliação neuropsicológica de aplicação multidisciplinar. São Paulo: Mennon, 2018.

NASCIMENTO, E. WAIS-III: Escala de inteligência Wechsler para adultos. Manual técnico. São Paulo: Casa do Psicólogo, 2004.

OLIVEIRA, A. P. A.; NASCIMENTO, E. Escala de prejuízos funcionais – TDAH. São Paulo: Hogrefe, 2016.

ONANDIA-HINCHADO, I.; PARDO-PALENZUELA, N.; DIAZ-ORUETA, U. Cognitive characterization of adult attention deficit hyperactivity disorder by domains: a systematic review. Journal of Neural Transmission, Vienna, v. 128, n. 7, p. 893-937, 2021.

ORGANIZAÇÃO MUNDIAL DA SAÚDE (OMS). CID-11: Classificação Estatística Internacional de Doenças. Geneva, 2019.

POSNER, M. I.; ROTHBART, M. K.; GHASSEMZADEH, H. Restoring Attention Networks. The Yale Journal of Biology and Medicine, New Haven, v. 92, n. 1, p. 139-143, 2019.

REY, A.; OLIVEIRA, M. S; RIGONI, M. S. Figuras complexas de Rey. São Paulo: Casa do Psicólogo, 2014.

RUEDA, F. J. M. Bateria Psicológica para Avaliação da Atenção. 2. ed. São Paulo: Vetor, 2023.

SANTANA, Y. E. G. et al. Normas do Cubos de Corsi para população adulta. Neuropsicología Latinoamericana, Santiago de Chile, v. 13, n. 2, 2021.

SEDIYAMA, C. et al. Factor analysis of the Brazilian version of UPPS impulsive behavior scale. Frontiers in Psychology, Pully, n. 8, p. 622, 2017.

SEDÓ, M.; de PAULA, J. J.; MALLOY-DINIZ, L. F. O Teste dos Cinco Dígitos. São Paulo: Hogrefe, 2015.

SEGABINAZI, J. D. et al. Teste de Retenção Visual de Benton: apresentação do manual brasileiro. Avaliação Psicológica, Porto Alegre, v. 12, n. 3, p. 429-432, 2013.

SERPA, A. L. de O. et al. Desenvolvimento do teste de planejamento Torre de Londres – versão brasileira (TOL-BR). Debates em Psiquiatria, Rio de Janeiro, v. 9, n. 4, 2019.

SONUGA-BARKE, E. J. Psychological heterogeneity in AD/HD–a dual pathway model of behaviour and cognition. Behavioural Brain Research, Amsterdam, v. 130, n. 1-2, p. 29-36, 2002.

SONUGA-BARKE, E. J. The dual pathway model of AD/HD: An elaboration of neuro-developmental characteristics. Neuroscience and Biobehavioral Reviews, New York, v. 27, n. 7, p. 593-604, 2003.

SUDRE, G.; MANGALMURTI, A.; SHAW, P. Growing out of attention deficit hyperactivity disorder: Insights from the 'remitted' brain. Neuroscience and Biobehavioral Reviews, New York, v. 94, p. 198-209, 2018.

THAPAR, A. et al. What causes attention deficit hyperactivity disorder? Archives of Disease in Childhood, London, v. 97, n. 3, p. 260-265, 2012.

Tosello, D. D. J. T. Contribuição para o estudo normativo do Hooper Visual Organization Test (VOT). Psicologia Hospitalar, Belo Horizonte, v. 3, n. 1, p. 59-83, 2005.

TUCHA, L. et al. The Five-Point Test: Reliability, validity and normative data for children and adults. PloS One, San Francisco, v. 7, n. 9, p. e46080, 2012.

UTSUMI, D. A.; MIRANDA, M. C. Temporal discounting and attention-deficit/hyperactivity disorder in childhood: reasons for devising different tasks. Trends in Psychiatry and Psychotherapy, Porto Alegre, v. 40, n. 3, p. 248-252, 2018.

VALIM, C. C. D. A.; CARVALHO, L. F. Inventário de Ansiedade de Beck – BAI. [Adaptação brasileira]. São Paulo: Hogrefe CETEPP, 2023.

VAN LIESHOUT, M. et al. A 6-year follow-up of a large European cohort of children with attention-deficit/hyperactivity disorder-combined subtype: Outcomes in late adolescence and young adulthood. European Child & Adolescent Psychiatry, Heidelberg, v. 25, n. 9, p. 1007-1017, 2016.

WECHSLER, D. I. et al. Escala Wechsler abreviada de inteligência-WASI: manual. São Paulo: Casa do Psicólogo, 456, 2014.

WECHSLER, D. WAIS III – escala de inteligência Wechsler para adultos – manual técnico. São Paulo: Casa do Psicólogo, 2015.

WONG, C. E. I. et al. Efeito da escolaridade e da idade em duas versões do Teste de Cancelamento dos Sinos. Neuropsicología Latinoamericana, Santiago de Chile, 2018.

WORLD HEALTH ORGANIZATION (WHO). Attention deficit hyperactivity disorder. *In*: International statistical classification of diseases and related health problems. 11th. ed. Geneva, 2019.

WORLD HEALTH ORGANIZATION (WHO). International Statistical Classification of Diseases and Related Health Problems. 11th ed. Geneva, World Health Organization, 2022. Disponível em: https://icd.who.int/.

ZIMMERMANN, N. et al. Brazilian norms and effects of age and education on the Hayling and Trail Making Tests. Trends in Psychiatry and Psychotherapy, Porto Alegre, v. 39, n. 3, p. 188-195, 2017.

ZIMMERMANN, N.; FONSECA, R. P. Tarefas para avaliação neuropsicológica: avaliação de linguagem e funções executivas em adultos. v. 2. São Paulo: Memnon, 2017.

ZIOBROWSKI, H. N. et al. Adult Attention-Deficit/Hyperactivity Disorder Self-Report Scale (ASRS). *In*: KRÄGELOH, C. U.; ALYAMI, M.; MEDVEDEV, O. N. (eds.). International Handbook of Behavioral Health Assessment. Cham: Springer, 2023.

30 Transtornos Depressivos, de Ansiedade e Obsessivos-Compulsivos

Ana Jô Jennings Moraes • Amanda Rafaella Abreu Soares • Caroline Freitas da Gama

Introdução

Uma compreensão mais ampla e profunda sobre a apresentação clínica de alguns transtornos mentais configura-se como um desafio. O aspecto central desse desafio reside na necessidade de se realizar um diagnóstico diferencial adequado, o que não é uma tarefa simples, uma vez que os diagnósticos psiquiátricos estão organizados por meio de síndromes diagnósticas e, dessa forma, compartilham entre si muitas características em comum, exigindo do clínico uma habilidade refinada para coletar um conjunto de informações muito bem estruturadas que sejam capazes de auxiliar a diferenciação de nuances que muitas vezes são sutis entre um quadro e outro, mas que fazem toda diferença para a proposição das intervenções adequadas, com base nas melhores evidências disponíveis na literatura e, dessa forma, visando melhor resposta ao tratamento.

Pode ser muito difícil identificar adequadamente comorbidades ou diferenciar os diagnósticos entre os transtornos depressivos, de ansiedade e obsessivos-compulsivos pelo fato de compartilharem sintomas em comum. Nesse sentido, a avaliação neuropsicológica pode ser uma ferramenta extremamente útil e fundamental para identificação de sintomatologia complementar, como os déficits cognitivos, assim como ser de grande auxílio para o diagnóstico diferencial, pois já compõe em alguma medida os critérios diagnósticos para esses transtornos.

A avaliação neuropsicológica possibilita, assim, maior compreensão das disfunções cerebrais pela sua expressão no comportamento do indivíduo por meio de provas e testes neuropsicológicos empregados, investigando tanto a estrutura psicológica da atividade mental como o papel desempenhado por sistemas cerebrais individuais em formas complexas dessa atividade (Haase *et al.*, 2012).

Embora o *Manual diagnóstico e estatístico de transtornos mentais*, 5ª edição, texto revisado (DSM-5-TR) continue sendo uma classificação categórica de transtornos separados, há um consenso, reconhecido pelo próprio manual, de que os diferentes transtornos mentais nem sempre se encaixam completamente dentro dos limites de um único transtorno. Por exemplo, alguns domínios de sintomas, como depressão e ansiedade, que envolvem múltiplas categorias diagnósticas e apresentam diversos sintomas sobrepostos. A função do *Manual diagnóstico e estatístico de transtornos mentais* (DSM) da American Psychiatric Association (APA), nesse contexto multi e interdisciplinar, que envolve a avaliação psicológica e neuropsicológica dos transtornos mentais, é possibilitar uma classificação de transtornos mentais com critérios associados projetados para facilitar diagnósticos mais confiáveis desses transtornos, possibilitando uma interlocução e linguagem em comum entre as diferentes áreas da saúde que se debruçam sobre os transtornos mentais (APA, 2023).

A importância de uma classificação diagnóstica adequada, tanto do ponto de vista nosológico, quanto neuropsicológico, reside na possibilidade de realização de tratamentos assertivos, baseados em evidências e que tenham um impacto significativo e benéfico sobre adaptação psicossocial. Nessa direção, há um interesse crescente entre os pesquisadores em tentar definir um perfil neuropsicológico típico para cada transtorno, buscando associar os resultados encontrados à existência de alterações em circuitos neuroanatômicos específicos que auxilie nesse processo de direcionamento do tratamento de forma efetiva, bem como em tentar identificar diferenças no funcionamento cognitivo, dependendo do estado de humor, associado a alguns transtornos específicos.

Mapear prejuízos cognitivos possibilita, além de auxiliar a compreensão da fisiopatologia, oferecer ao paciente uma forma de intervenção complementar ao tratamento médico; mapear as dificuldades potenciais auxilia na proposta de intervenções que minimizem os prejuízos nas áreas social e ocupacional, de forma que os resultados da avaliação neuropsicológica possam nortear o processo de reabilitação neuropsicológica (Rocca; Lafer, 2006).

Alterações cognitivas, comportamentais e critérios diagnósticos

Transtornos depressivos

De acordo com a atualização mais recente do DSM-5-TR –, os transtornos depressivos correspondem a uma classificação que engloba diferentes transtornos cujas características comuns são humor com valência negativa, predominando sentimentos de tristeza, vazio ou, ainda, humor irritável, cursando com alterações relacionadas que impactam diretamente a funcionalidade do indivíduo, nas quais estão presentes alterações somáticas e cognitivas, como pode ser observado, principalmente, no transtorno depressivo maior e no transtorno depressivo persistente.

Os transtornos incluídos nessa categoria diagnóstica são: transtorno disruptivo de desregulação do humor, transtorno depressivo maior (incluindo episódio depressivo maior), transtorno depressivo persistente, transtorno disfórico pré-menstrual, transtorno depressivo induzido por substância/medicamento, transtorno depressivo em decorrência de outra condição médica, outro transtorno depressivo especificado e transtorno depressivo não especificado. A principal diferença entre eles são questões de duração, tempo ou etiologia presumida.

As alterações cognitivas observadas nesse grupo de transtornos têm diferentes apresentações, a depender da gravidade e duração dos sintomas, bem como da presença ou não de comorbidades. Queixas comuns entre os pacientes relacionam-se com falhas atencionais e de memória, que podem ter uma percepção de prejuízo apenas subjetivo, ou ainda impactar a funcionalidade e serem percebidas pelas medidas padronizadas de avaliação por meio de testes neuropsicológicos.

As produções que se encontram disponíveis na literatura em que a temática é abordada descrevem a presença de alterações cognitivas em pequenos e médios níveis nos quadros de depressão unipolar, considerando os domínios da velocidade de processamento, atenção seletiva visual, memória operacional, aprendizagem verbal e funcionamento executivo, corroborando, assim, em partes, com o que geralmente pode ser observado em contexto clínico, visto que em muitos casos as queixas subjetivas relacionadas com as funções previamente descritas não são justificadas por prejuízos cognitivos em termos de desvio-padrão (Semkovska *et al*., 2019).

Em contraponto, três variáveis de memória, envolvendo evocação a longo prazo, apresentam-se prejudicadas, revelando grandes déficits na capacidade de recuperação imediata, tardia e velocidade para realização de padrões de reconhecimento que puderam ser mensurados pelas tarefas de memória lógica da Escala de Memória Wechsler (WMS) e pela tarefa de reconhecimento de padrão da bateria automatizada do Teste Neuropsicológico Cambridge.

Uma característica comumente observada no curso dos transtornos depressivos está relacionada com a persistência dos déficits cognitivos percebidos e/ou mensurados por testes neuropsicológicos, mesmo depois da remissão dos sintomas que caracterizam um episódio maior. Essas características foram identificadas em indivíduos que atendem ao perfil em 55 (73%) das 75 variáveis cognitivas avaliadas, destacando-se os déficits de atenção seletiva, memória operacional e memória de longo prazo, evidenciando que estes persistem na remissão de um episódio depressivo maior e pioram com episódios repetidos (Semkovska *et al*., 2019).

A atenção auditiva, a memória autobiográfica geral, assim como a capacidade de inibição e o funcionamento intelectual não limitados pela velocidade, não demonstram seguir o mesmo padrão, visto que foram equivalentes entre os remetentes de episódios depressivos maiores e os controles correspondentes no mesmo estudo, em que as alterações de caráter persistente puderam ser mapeadas (Semkovska *et al*., 2019).

Uma breve descrição dos transtornos depressivos é apresentada na Tabela 30.1.

Tabela 30.1 Transtornos depressivos (DSM-5-TR).

Transtornos depressivos (DSM-5-TR)	Descrição
Transtorno disruptivo da desregulação do humor	Caracterizado pelo padrão persistente de irritabilidade crônica grave, considerando duas manifestações clínicas proeminentes, frequentes explosões de temperamento e manifestação de irritabilidade grave que reverbera em um humor persistentemente irritável ou raivoso, que está presente entre as explosões de temperamento graves. Esse humor irritável ou raivoso deve ser característico da criança, estando presente na maior parte do dia, quase todos os dias, e perceptível por outras pessoas no ambiente
Transtorno depressivo maior (incluindo episódio depressivo maior)	Definido pela presença de pelo menos um episódio depressivo maior, ocorrendo na ausência de história de episódios maníacos ou hipomaníacos. O episódio deve ser acompanhado por sofrimento clinicamente significativo ou prejuízo no funcionamento social, ocupacional, por um período maior que 2 semanas
Transtorno depressivo recorrente	Humor deprimido que ocorre na maior parte do dia, na maioria dos dias, por pelo menos 2 anos, ou pelo menos 1 ano para crianças e adolescentes. Esse transtorno representa uma consolidação do transtorno depressivo maior crônico definido pelo DSM-IV e do transtorno distímico
Transtorno disfórico pré-menstrual	Representado pela expressão de labilidade do humor, irritabilidade, disforia e sintomas de ansiedade que ocorrem repetidamente durante a fase pré-menstrual do ciclo e regridem no início da menstruação ou logo após
Transtorno depressivo induzido por substância/medicamento	Caracteriza-se pela presença de substância específica (p. ex., cocaína, dexametasona) que se presume estar causando os sintomas depressivos
Transtorno depressivo em decorrência de outra condição médica	Refere-se a um período proeminente e persistente de humor deprimido ou interesse ou prazer acentuadamente diminuído em todas ou quase todas as atividades que predominam no quadro clínico e que se pensa ocorrer em virtude de efeitos fisiológicos de outra condição médica
Outro transtorno depressivo especificado	Refere-se aos sintomas característicos de um transtorno depressivo que causam sofrimento clinicamente significativo ou prejuízo no funcionamento social, ocupacional ou outras áreas importantes do funcionamento, mas não atendem a todos os critérios para qualquer um dos transtornos na classe diagnóstica de transtornos depressivos e não preenchem os critérios para transtorno de ajustamento com humor deprimido ou transtorno de ajustamento com ansiedade e humor deprimido mistos
Transtorno depressivo não especificado	Essa classificação é usada em situações em que o clínico opta por não especificar o motivo pelo qual os critérios não são atendidos para um transtorno depressivo específico e inclui apresentações para as quais não há informações suficientes para se obter um diagnóstico mais específico

DSM-IV: 4ª edição do *Manual diagnóstico e estatístico de transtornos mentais*.

Transtornos de ansiedade

Os transtornos de ansiedade são os transtornos psiquiátricos mais prevalentes e estão associados a uma alta carga de doenças (Kessler et al., 2012). Com prevalência de 10,3% em 12 meses, as fobias específicas (isoladas) são os transtornos de ansiedade mais comuns, embora as pessoas que sofrem de fobias isoladas raramente procuram tratamento. O transtorno de pânico com ou sem agorafobia é o segundo tipo mais comum, com prevalência de 6%, seguido pelo transtorno de ansiedade social (também chamado de fobia social; 2,7%) e transtorno de ansiedade generalizada (TAG; 2,2%). As mulheres têm 1,5 a 2 vezes mais probabilidade do que os homens de receber um diagnóstico de transtorno de ansiedade (Bandelow; Michaelis, 2015).

Os transtornos de ansiedade são caracterizados por sintomas que incluem preocupação, medos sociais e de desempenho, ataques de pânico inesperados e/ou desencadeados, ansiedade antecipatória e comportamentos de evitação. A idade de início difere entre os transtornos, observando-se o início do quadro de ansiedade de separação e fobia específica durante a infância, com idade média de início de 7 anos, seguidos de TAS (13 anos), agorafobia sem ataques de pânico (20 anos) e transtorno de pânico (24 anos) (Kessler et al. 2005). Ou seja, os transtornos de ansiedade tendem a ter um curso crônico, com sintomas flutuando entre períodos de recaída e remissão. Somente após os 50 anos observa-se uma diminuição acentuada na prevalência de transtornos de ansiedade em estudos epidemiológicos.

A conceituação atual da etiologia dos transtornos de ansiedade inclui uma interação de fatores psicossociais, por exemplo, adversidades, estresse ou trauma na infância, e uma vulnerabilidade genética, que se manifesta em disfunções neurobiológicas e neuropsicológicas. As evidências de potenciais biomarcadores para transtornos de ansiedade nas áreas de neuroimagem, genética, neuroquímica, neurofisiologia e neurocognição foram resumidas em dois artigos de consenso recentes (Bandelow et al., 2016). Apesar da pesquisa neurobiológica abrangente e de alta qualidade no campo dos transtornos de ansiedade, essas revisões indicam que biomarcadores específicos para transtornos de ansiedade ainda não foram identificados.

Embora os critérios diagnósticos categóricos possam ser clinicamente úteis, a ansiedade é uma construção dimensional, e a distinção entre o que é normal e anormal baseia-se em julgamentos clínicos de gravidade, frequência de ocorrência, persistência ao longo do tempo e grau de sofrimento e prejuízo no funcionamento (Bandelow et al., 2017).

No DSM-5-TR, o grupo de transtornos de ansiedade foi ampliado para incluir o transtorno de ansiedade de separação, um diagnóstico que a versão anterior do DSM reservava apenas para crianças. A mudança baseou-se nos resultados de estudos epidemiológicos que revelaram a prevalência inesperadamente alta da doença em adultos (Baldwin et al., 2016). O DSM-5-TR também introduz o mutismo seletivo – a incapacidade das crianças de falar em situações sociais específicas – e um novo termo chamado transtorno de ansiedade de doença, definido pela preocupação excessiva e pelo medo de ter uma doença grave.

O TAG, que foi introduzido na 3ª edição do *Manual diagnóstico e estatístico* (DSM-III) em 1980, era apenas uma categoria residual que poderia ser diagnosticada se nenhum outro transtorno de ansiedade estivesse presente. Logo, o TAG começou a ter seus próprios critérios diagnósticos como uma entidade separada de transtorno de humor nas edições seguintes do manual até o atual DSM-5. O transtorno de ansiedade generalizada (prevalência de 6,2% ao longo da vida), o transtorno de ansiedade social (prevalência de 13% ao longo da vida) e o transtorno do pânico (prevalência de 5,2% ao longo da vida), com ou sem agorafobia, são transtornos de ansiedade comuns observados na atenção primária.

Na prática clínica, os pacientes com TAG frequentemente relatam queixas cognitivas e falta de confiança com relação ao seu desempenho cognitivo, o que muitas vezes interfere na sua funcionalidade ocupacional. Nesse sentido, um estudo realizado com uma amostra de pacientes afastados por doença (Aasvik JK et al., 2015) encontrou correlação significativa entre sintomas de ansiedade e queixas subjetivas de memória. Da mesma forma, uma metanálise recente que avalia possível disfunção na metacognição em uma grande amostra de pacientes com transtornos de ansiedade (Sun X, 2017) mostra que eles apresentam diminuição da confiança em suas funções cognitivas e maior autoconsciência com relação a elas.

No geral, os sintomas sobrepõem-se grandemente aos de outros transtornos mentais comuns, têm um curso recidivante e a intervenção resulta na resolução completa dos sintomas, mas, a curto e médio prazo, os tratamentos eficazes incluem terapias psicológicas, como terapia cognitivo-comportamental; abordagens de autoajuda baseadas nos princípios da terapia cognitivo-comportamental; e tratamentos farmacológicos, principalmente inibidores seletivos da recaptação de serotonina

Uma breve descrição dos transtornos de ansiedade é apresentada na Tabela 30.2.

Em ambientes clínicos, a maioria dos pacientes que procura ajuda sofre com os sintomas do transtorno de ansiedade. No entanto, nem todos os transtornos de ansiedade precisam ser tratados quando os sintomas são leves, transitórios e sem prejuízo associado às funções sociais e ocupacionais. O tratamento pode ser ambulatorial e é indicado quando um paciente apresenta sofrimento acentuado ou agravos resultantes do transtorno (p. ex., depressão, ideação suicida ou abuso de álcool). As indicações para hospitalização incluem suicídio, falta de resposta aos tratamentos-padrão ou comorbidades relevantes, por exemplo, depressão maior, transtornos de personalidade ou abuso de substâncias.

O diagnóstico diferencial dos transtornos de ansiedade inclui transtornos mentais comuns, como outros transtornos de ansiedade, depressão maior e transtornos de sintomas somáticos, bem como doenças físicas, como doenças coronarianas ou pulmonares, hipertireoidismo e outras. Para determinar a gravidade dos transtornos de ansiedade e monitorar o progresso do tratamento, podem ser utilizadas escalas de avaliação, incluindo a Escala de Ansiedade de Hamilton (HAM-A), para TAG, a Escala de Pânico e Agorafobia (PAS), para transtorno de pânico/agorafobia, e a Escala de Ansiedade Social de Liebowitz (LSAS), para TAS.

Tabela 30.2 Transtornos de ansiedade (DSM-5-TR).

Transtorno de ansiedade	Descrição
Transtorno de pânico	Caracteriza-se pelos ataques de ansiedade de início súbito, com manifestações físicas de ansiedade (p. ex., palpitações, sudorese, tremor, boca seca, dispneia, sensação de asfixia; dor no peito; desconforto abdominal; sensação de irrealidade, parestesia etc.). Os ataques de pânico podem surgir do nada; entretanto, muitos pacientes passam a evitar situações em que temem a ocorrência de ataques de pânico
Agorafobia	Relaciona-se com o medo de lugares onde possa ser difícil escapar caso ocorra um ataque de pânico (multidões, transportes públicos ou em espaços fechados, p. ex., elevadores). O medo de ficar sozinho também é comum
Transtorno de ansiedade generalizada	Refere-se aos sintomas de ansiedade somática (tremores, palpitações, tonturas, náuseas, tensão muscular etc.) e de sintomas psíquicos, incluindo concentração, nervosismo, insônia e preocupação constante, por exemplo, de que eles (ou um parente) possam sofrer um acidente ou ficar doentes
Transtorno de ansiedade social (fobia social)	Relaciona-se com o medo de situações em que os indivíduos que sofrem com a condição sejam o centro das atenções e possam ser criticados – por exemplo, falar em público, visitar pessoas importantes, conversar com superiores no trabalho ou com pessoas do sexo oposto Os indivíduos têm medo de parecerem desastrados, de se envergonharem ou de serem julgados negativamente
Fobia específica (isoladas)	Fobias restritas a situações singulares e circunscritas, muitas vezes, relacionadas com animais (p. ex., gatos, aranhas e insetos) ou outros fenômenos naturais (p. ex., sangue, altura, águas profundas)
Transtorno de ansiedade de separação	Medo ou ansiedade excessivos com relação à separação daqueles a quem o indivíduo está ligado
Mutismo seletivo	Falha consistente que impede indivíduos de se comunicarem socialmente
Transtorno de ansiedade induzido por substâncias ou medicamentos	Medo ou ansiedade acentuados em decorrência de intoxicação ou abstinência, ou tratamento medicamentoso
Transtornos de ansiedade associados a outra condição médica	Medo ou ansiedade acentuados que são consequências fisiológicas diretas de outra condição médica

DSM-5-TR: 5ª edição do *Manual diagnóstico e estatístico de transtornos mentais*, texto revisado.

Transtorno obsessivo-compulsivo

O transtorno obsessivo-compulsivo (TOC) costuma ser uma condição incapacitante que consiste em pensamentos intrusivos e incômodos que provocam uma sensação de desconforto. Para redução da ansiedade e da angústia associadas a esses pensamentos, o paciente pode empregar compulsões ou rituais. Esses rituais podem ser pessoais e privados, ou podem envolver a participação de outras pessoas; os rituais servem para compensar os sentimentos egodistônicos dos pensamentos obsessivos e podem causar um declínio significativo na função.

No DSM-5, publicado pela APA em 2013, o TOC enquadra-se em sua própria categoria de transtornos obsessivos-compulsivos e relacionados, em que as subcategorias a seguir foram inseridas:

- Transtorno obsessivo-compulsivo (TOC)
- Transtorno dismórfico corporal (TDC)
- Transtorno de acumulação
- Tricotilomania
- Transtorno de escoriação (escoriação da pele)
- Transtorno obsessivo-compulsivo e relacionado induzido por substâncias/medicamentos
- Transtorno obsessivo-compulsivo e relacionado com o resultado de outra condição médica
- Outro transtorno obsessivo-compulsivo e relacionado especificado
- Transtorno obsessivo-compulsivo não especificado e transtorno relacionado.

As obsessões são definidas como pensamentos ou impulsos intrusivos que causam sofrimento significativo; o paciente tenta neutralizar essa angústia desviando pensamentos ou realizando rituais. As obsessões mais comuns incluem medos de contaminação, medos de agressão/dano, medos sexuais, medos religiosos e a necessidade de fazer as coisas "certas".

Compulsões são ações que o paciente se sente pressionado a realizar em resposta às obsessões que produzem ansiedade/angústia ou para evitar a ocorrência de uma situação desconfortável. Essas compulsões podem ser ilógicas ou excessivas. As compulsões compensatórias para essas obsessões incluem lavar e limpar, verificar, buscar garantias, repetir, ordenar e organizar.

Como o TOC tem a possibilidade de prejudicar o crescimento e o desenvolvimento social, a OMS lista esse transtorno como uma das dez condições mais incapacitantes por perda financeira e diminuição da qualidade de vida. É essencial rastrear os sintomas do TOC e, para isso, a Escala Obsessivo-Compulsiva de Yale-Brown (Y-BOCS) composta por seis perguntas e uma sensibilidade de 97% é a ferramenta mais amplamente aceita para isso (Heyman; Mataix-Cols; Fineberg, 2006). A pontuação do Y-BOCS em uma escala de 0 a 40 (sendo 40 a sintomatologia mais grave) exige que o paciente classifique, com base na gravidade:

- Tempo ocupado por pensamentos obsessivos e compulsivos
- Interferência de pensamentos obsessivos
- Angústia dos pensamentos obsessivos

- Resistência contra obsessões
- Grau de controle sobre pensamentos obsessivos
- Tempo ocupado pelo comportamento compulsivo
- Interferência do comportamento compulsivo
- Angústia associada ao comportamento compulsivo
- Resistência contra comportamento compulsivo
- Grau de controle sobre comportamentos compulsivos.

A base do tratamento do TOC são os inibidores seletivos de recaptação de serotonina (ISRS) e a terapia cognitivo-comportamental (TCC) com exposição e prevenção de resposta (EPR). A EPR envolve expor o paciente aos seus medos e fazer com que ele resista ao impulso de realizar uma compulsão (Veale; Roberts, 2014). O objetivo é reestruturar a mente e alterar a habituação criada pela participação na compulsão (Krebs; Heyman, 2015). As taxas de sucesso variam. O TOC é mais comumente tratado com ISRS e em doses muito mais altas do que as usadas para tratar ansiedade ou depressão. Os ISRS aprovados pela FDA incluem fluoxetina, fluvoxamina, paroxetina e sertralina.

A TCC visa alterar pensamentos maliciosos e prejudiciais. Além da TCC e da EPR, o paciente pode empregar técnicas de *mindfulness*, como meditação e relaxamento. Em um estudo de 2012 focado na terapia cognitiva baseada na atenção plena, os investigadores descobriram que dois terços de seus pacientes experimentaram uma diminuição nos sintomas de TOC ao longo de 8 semanas (Kumar, 2016).

Uma breve descrição dos transtornos obsessivos-compulsivos é apresentada na Tabela 30.3.

Tabela 30.3 Transtornos obsessivos-compulsivos (DSM-5-TR).

Transtornos obsessivos-compulsivos	Descrição
Transtorno obsessivo-compulsivo (TOC)	Presença de obsessões, compulsões (comportamentos repetidos com base nas regras que são estabelecidas de forma rígida) ou ambos que são experienciados por pensamentos, impulsos ou imagens recorrentes/persistentes. O sujeito tenta ignorar ou suprimir esses pensamentos, impulsos ou imagens, até mesmo neutralizá-los com algum outro pensamento ou ação (*i. e.*, realizando uma compulsão), mas não consegue gerenciá-los sem necessariamente comprometer tempo significativo. Para se considerar um caso de TOC, os sintomas obsessivos-compulsivos não são atribuíveis aos efeitos fisiológicos de uma substância, assim como a nenhuma perturbação causada por outro transtorno mental
Transtorno dismórfico corporal (TDC)	Preocupação com um ou mais defeitos ou falhas percebidas que não são observáveis ou parecem leves para os outros e que provocam acentuação de comportamentos repetitivos, verificação no espelho, limpeza excessiva ou atos mentais (comparar sua aparência com a de outras pessoas) em resposta às preocupações de aparência
Transtorno de acumulação	Dificuldade persistente em descartar ou se desfazer de bens, independentemente de seu valor, assim como a percepção da necessidade de guardar os itens e o sofrimento associado ao descarte. Além disso, observa-se, necessariamente, o acúmulo de bens que congestionam e desordenam as áreas de vida ativas e comprometem substancialmente o uso pretendido
Tricotilomania	Arranque recorrente do cabelo, resultando em perdas significativas deste e as tentativas repetidas de diminuir ou parar de puxar o próprio cabelo. O comportamento causa sofrimento clinicamente significativo ou prejuízo no funcionamento social, ocupacional ou em outras áreas importantes do funcionamento e não pode ser explicado por outra condição médica
Transtorno de escoriação (escoriação da pele)	Escoriação recorrente da pele resultando em lesões cutâneas e tentativas repetidas de diminuir ou parar de cutucar a pele A escoriação da pele causa sofrimento clinicamente significativo ou prejuízo no funcionamento social, ocupacional ou em outras áreas importantes do funcionamento e não são explicadas pelo uso de qualquer substância e/ou outra condição médica
Transtorno obsessivo-compulsivo e relacionado/induzido por substâncias/medicamentos	Obsessões, compulsões, cutucar a pele, puxar o cabelo, outros comportamentos repetitivos focados no corpo ou outros sintomas característicos do transtorno obsessivo-compulsivo e transtornos relacionados predominam no quadro clínico Há evidências da história, exame físico ou achados laboratoriais de que os sintomas se desenvolveram durante ou logo após a intoxicação ou abstinência de substância ou medicamento, desde que esta seja capaz de produzir os sintomas
Transtorno obsessivo-compulsivo e relacionado como resultado de outra condição médica	Obsessões, compulsões, preocupações com a aparência, acúmulo, cutucar a pele, puxar o cabelo, outros comportamentos repetitivos focados no corpo ou outros sintomas característicos de transtorno obsessivo-compulsivo e transtorno relacionado predominam no quadro clínico Há evidências da história, exame físico ou achados laboratoriais de que o distúrbio é a consequência fisiopatológica direta de outra condição médica

(*continua*)

Tabela 30.3 Transtornos obsessivos-compulsivos (DSM-5-TR). (*Continuação*)

Transtornos obsessivos-compulsivos	Descrição
Outro transtorno obsessivo-compulsivo e relacionado especificado	Essa categoria aplica-se a apresentações nas quais os sintomas característicos de um transtorno obsessivo-compulsivo e relacionado que causam sofrimento clinicamente significativo ou prejuízo no funcionamento social, ocupacional ou em outras áreas importantes do funcionamento predominam, mas não preenchem todos os critérios para nenhum dos transtornos na classe diagnóstica obsessivo-compulsiva e transtornos relacionados
Transtorno obsessivo-compulsivo não especificado e transtorno relacionado	Essa categoria aplica-se a apresentações nas quais os sintomas característicos de um transtorno obsessivo-compulsivo e transtorno relacionado que causam sofrimento clinicamente significativo ou prejuízo no funcionamento social, ocupacional ou outras áreas importantes do funcionamento predominam, mas não atendem a todos os critérios para qualquer um dos transtornos na classe diagnóstica de transtornos obsessivos-compulsivos e afins. A categoria de transtorno obsessivo-compulsivo não especificado e transtorno relacionado é usada em situações em que o clínico opta por não especificar o motivo pelo qual os critérios não são atendidos para um transtorno obsessivo-compulsivo e relacionados, e inclui apresentações nas quais não há informações suficientes para fazer uma avaliação

DSM-5-TR: 5ª edição do *Manual diagnóstico e estatístico de transtornos mentais*, texto revisado.

Avaliação neuropsicológica

A avaliação neuropsicológica consiste em um processo que se destina à compreensão da expressão comportamental das disfunções cerebrais, investigando tanto a estrutura psicológica da atividade mental, como o papel desempenhado por sistemas cerebrais individuais em formas complexas dessa atividade (Rocca; Lafer, 2006). Esse procedimento é realizado por meio de testes específicos que permitem a mensuração do desempenho do paciente, considerando a análise quantitativa e qualitativa dos resultados, que juntos serão considerados para posteriores associações entre os prejuízos relatados no funcionamento cognitivo e nas manifestações comportamentais observadas, visto que essa dinâmica pode denunciar possíveis disfunções cerebrais (Lezak, 1995).

A neuropsicologia viabiliza a compreensão aprofundada dos estados psicopatológicos, contribuindo com a ampliação do olhar na psiquiatria, auxiliando, assim, a compreensão do funcionamento global e o acompanhamento longitudinal dos declínios cognitivos decorrentes de alguns quadros psiquiátricos (Kapczinski; Peuker; Narvaez, 2010). Uma bateria de testes neuropsicológicos, associada a coleta de dados sobre a história pregressa e dinâmica atual em anamnese, quando realizada de forma apropriada e aliada às atentas observações feitas pelo clínico que executará o processo, é uma ferramenta que contribui com o mapeamento do funcionamento global de um indivíduo e/ou de um grupo de sujeitos, abrindo-se precedentes para efetivação de correlações entre os sintomas e comportamentos com disfunções em circuitos neuroanatômicos específicos, identificando forças e fraquezas, recursos preservados e prejuízos que já podem ser mensurados.

A avaliação neuropsicológica é utilizada como recurso em contextos nos quais a prática se relaciona com conformações psicopatológicas associadas aos quadros em que se destacam a sobreposição de sintomas em síndromes psiquiátricas distintas. Por exemplo, nos casos pertencentes ao espectro dos transtornos psiquiátricos com características relacionadas com estados ansiosos, de alteração do humor e com traços obsessivos-compulsivos, este procedimento pode se revelar como uma ferramenta muito eficiente na formulação de hipóteses diagnósticas mais fidedignas, considerando inclusive a contribuição para um diagnóstico diferencial, visto que contribui em larga escala com a elucidação de sintomas e comportamentos, assim como sua possível psicogênese e relação com os circuitos neuroanatômicos específicos.

O delineamento do perfil neuropsicológico contribui com a compreensão da fisiopatologia, oferecendo, portanto, ao paciente outras formas de intervenção, complementares ao tratamento médico, como a reabilitação neuropsicológica, que é um tipo de intervenção que objetiva a superação, redução e/ou compensação de alterações cognitivas e comportamentais decorrentes de lesões cerebrais adquiridas, doenças neurodegenerativas e transtornos neurológicos e neuropsiquiátricos (Miotto, 2015).

Para realização de uma avaliação neuropsicológica sensível que possa contribuir com a distinção eficiente entre as sintomatologias observadas nos transtornos de ansiedade, depressão e com características obsessivo-compulsivas, faz-se necessário atentar-se para a importância das etapas constituintes desse processo, realizando-as de forma muito cuidadosa: desde a entrevista para coleta de dados que irá reunir as informações da história pregressa e atual do sujeito (anamnese) até a conclusão desse processo, que deve ser formalizada em um entrevista devolutiva. As etapas intermediárias podem ser resumidas conforme se observa a seguir.

Anamnese. Entrevista de investigação em ordem cronológica da história pregressa e dos dados constituintes da queixa atual.

Testagem cognitiva. Rastreio global do funcional cognitivo com auxílio de testes neuropsicológicos.

Avaliação comportamental. Rastreio dos aspectos comportamentais por meio de relato do paciente, fontes complementares de informação, escalas de mensuração de comportamentos e observações clínicas.

Avaliação funcional. Rastreio do impacto na funcionalidade do paciente (fontes complementares, relato do avaliando, escalas e observações clínicas).

Avaliação de personalidade. Rastreio de traços constituintes da personalidade por intermédio de inventários para mensuração dessas características.

Avaliação de aspectos sintomatológicos. Rastreio dos sintomas psiquiátricos presentes na história pregressa e na atualidade.

Entrevista inicial (anamnese neuropsicológica)

Nas conformações nosológicas discutidas neste capítulo, em que as síndromes compreendem características muito semelhantes, considera-se a estruturação de um roteiro para realização da anamnese como elemento principal para o alcance de resultados confiáveis, visto que os dados obtidos por essa técnica serão associados ao produto proveniente dos testes neuropsicológicos formais e às observações realizadas pelo clínico.

Uma boa anamnese precisa contemplar a investigação de fatos que viabilizem a construção de um sujeito dentro de seu tempo de desenvolvimento; portanto, considera-se muito importante obter informações, principalmente, sobre as seguintes áreas:

- Dados pessoais, em ordem cronológica, obtendo principalmente as informações sobre gestação, traumas/uso de substâncias na gestação, parto (considerando intercorrências), histórico de saúde mental na família (nuclear e estendida), desenvolvimento neuropsicomotor, início das manifestações observadas, desenvolvimento na infância, adolescência e transição para a vida adulta
- Motivo do pedido/encaminhamento com delineamento das queixas relatadas pelo paciente e quais são as dúvidas levantadas pela equipe sobre o funcionamento neuropsicológico do paciente
- História clínica (pregressa e atual)
- Histórico escolar e profissional, considerando a investigação das queixas subjetivas relacionadas com os ambientes
- Queixas subjetivas e percepção do sujeito sobre elas; se possível, consultar fontes complementares de informação (familiar próximo) e verificar qual a percepção dos familiares sobre o funcionamento do avaliando
- Histórico de lesão cerebral (p. ex., acidentes/eventos cardiovasculares)
- Informações complementares, como acompanhamentos multidisciplinares.

A entrevista inicial, na qual se realiza a anamnese, tem por objetivo primordial viabilizar o levantamento detalhado da história de desenvolvimento do paciente, principalmente na infância, constituindo-se, assim, em uma técnica de entrevista que pode ser facilmente estruturada cronologicamente (Cunha, 2007). Nos casos dos transtornos discutidos nessa oportunidade, destaca-se o valor desse recurso como uma chance para aprofundar-se na compreensão dos aspectos que sustentam as alterações cognitivas, de humor e comportamento que estão presentes, assim como uma oportunidade que também oportuniza a observação das estratégias desenvolvidas pelo paciente para organizar-se diante da necessidade de oferecer ao examinador os conteúdos sobre sua constituição.

Destaca-se a seguir o que se define como essencial para compor um roteiro de anamnese, contemplando o contexto aqui explanado, para que este esteja alinhado ao que se deve investigar nos primeiros contatos com os indivíduos cujas hipóteses diagnósticas iniciais estão correlacionadas com os transtornos de ansiedade, humor e/ou obsessivo-compulsivo. Considera-se importante verificar se há ou houve (mensurar período) a existência de padrões disfuncionais relacionados com o sono e a alimentação (p. ex., com consequências na manutenção do peso); além disso, é importante analisar se no discurso surgem temáticas sobre: perda de interesses em atividades cotidianas, diminuição de energia, sentimentos de desvalia/culpa, dificuldades relacionadas com organização dos pensamentos, preocupação excessiva sobre o rendimento e a *performance* acadêmica e/ou profissional, padrão que se destaca para realização de alguma tarefa (ritual), ocorrência de pensamentos intrusivos e perseverativos (difícil controle) e conteúdos pertencentes aos pensamentos e comportamentos de autoextermínio.

A entrevista inicial também é uma oportunidade para realização do exame psíquico (Dalgalarrondo, 2008), componente importante para realização das análises clínicas, também para as primeiras observações comportamentais, demandando atenção, principalmente, a atividade psicomotora do sujeito e a velocidade e organização de sua fala, buscando indícios entre encadeamento coerente/articulação do discurso e expressão facial/postura/apresentação, visto que, em alguns casos, nota-se divergências entre esses aspectos (APA, 2023). Em caráter complementar, destaca-se a importância de se levar em consideração a participação de informantes adicionais para avaliar a intensidade, duração e distinção dos sintomas de características maniformes diante de outras perspectivas, dissociada da percepção subjetiva do paciente. Para além, é na anamnese que também se investiga em detalhes a existência de outras condições clínicas e/ou o padrão e o relacionamento estabelecidos com o uso de alguma substância, incluindo psicofármacos (APA, 2023).

Testagem cognitiva

Na prática, as queixas comumente relatadas pelos pacientes que convivem com o conjunto de sintomas pertencentes aos transtornos aqui discutidos, referem-se principalmente às dificuldades de memória e sustentação da atenção, assim como a persistência de um humor lábil e reativo, o que é corroborado pelo que se encontra descrito em revisões recentes da literatura sobre a temática (Rozenthal *et al.*, 2004; Sampaio; Melo, 2021; Garcia; Langarita-Llorente, 2019). Dessa forma, compreende-se que esses pontos merecem destaque na estruturação do protocolo de avaliação neuropsicológica, visto que para além das demais alterações, que serão descritas a seguir, podem constituir-se como a demanda central que justifica a apresentação disfuncional observada.

Antes de iniciarmos nossa discussão sobre os detalhes pertencentes a cada perfil, elencando, assim, as alterações que geralmente se manifestam, cabe ressaltar que os testes neuropsicológicos nunca avaliam apenas uma função especificamente; portanto, têm forte correlação entre si, e discrepâncias eventuais podem indicar o comprometimento cognitivo. Assim, reforça-se a importância de associar mais de uma medida que avalie a mesma função para ampliação do espectro de análise (Kapczinski et al., 2010).

Transtornos depressivos

Queixas de memória, atenção, velocidade reduzida para processar as informações e o destaque aos sentimentos frequentes de vazio e desesperança são características comuns nesses quadros. A literatura recente corrobora o que se observa na prática e destaca que pacientes com depressão unipolar podem apresentar alterações na capacidade de sequenciamento visuoespacial, memória, atenção e funcionamento executivo, quando comparados com indivíduos que não estão deprimidos (Rozenthal, 2004). Para além dessas características, também se encontram indícios da presença de possíveis comprometimentos na capacidade de sustentação da atividade cognitiva e motora.

A maioria dos estudos, citados em recentes revisões (Onofre et al., 2022; Rozenthal, 2004) sobre a temática, apresentam evidências quanto à existência de comprometimentos em memória episódica e semântica, quando se solicita a evocação e o reconhecimento, tanto de material verbal quanto não verbal, destacando-se as dificuldades relacionadas com a evocação de informações organizadas por seus significados em categorias semânticas, sendo esta uma ponte entre a disfunção e a sintomatologia clínica, referindo-se às falsas crenças. Em complemento, a literatura aponta para a conformação de um viés de seletividade na evocação de material negativo e déficits de flexibilidade mental, com persistência de estratégias inapropriadas, o que pode explicar, em parte, as ruminações depressivas (Rozenthal, 2004).

Para além, observa-se, na prática clínica e em demais produções, a importante limitação que se delineia nesses casos, principalmente quanto à efetivação de processos necessários para a estruturação de estratégias de planejamento, para proceder com a iniciação e supervisão de atividades, a fim de seguir com tomada de decisões em decorrência da influência dos aspectos emocionais e na percepção distorcida do *feedback* ambiental. Falhas no controle inibitório, que podem gerar comportamento impulsivo, também podem ser observadas em alguns casos e são descritas na literatura como aspecto constituinte de alguns perfis (Rozenthal, 2004).

Transtornos de ansiedade

Um dos principais sintomas cognitivos relatados pelos pacientes que convivem com as apreensões pertencentes ao constante estado de alerta causado pelos transtornos de ansiedade está relacionado com a dificuldade de manter-se concentrado em algo, relatando a sensação de "mente em branco" (APA, 2023). Na prática clínica, além da queixa de dificuldades de concentração, os pacientes também trazem questões relacionadas com a percepção de dificuldades para conseguir memorizar e posteriormente evocar os conteúdos que são expostos. Isso se revela um fator que contribui com o desenvolvimento de importantes fragilidades na autoconfiança e percepção da própria capacidade para alcançar um satisfatório desempenho acadêmico/profissional, visto que o que se observa no contexto clínico, e comumente é relatado pelos pacientes, é que essas condições acabam por refletir de forma negativa na *performance* exigida nesses ambientes, ocasionando, portanto, impactos funcionais e adaptativos.

Os sintomas cognitivos e as alterações neuropsicológicas são mais esclarecidos em algumas condições psicopatológicas, como a esquizofrenia e o transtorno bipolar, do que nos quadros que estruturam o espectro dos transtornos de ansiedade, por exemplo, em que são menos definidos, pois os achados neuropsicológicos nesses casos ainda não são tão consistentes na literatura. As informações organizadas por intermédio de revisões recentes (Gracia-García; Langarita-Llorente, 2019), viabilizam a concatenação de informações a respeito dos déficits que se apresentam em maior frequência nos casos em que manifestações relacionadas com a ansiedade ganham notoriedade e servem como norteadores para o delineamento da margem de um possível perfil neuropsicológico de pacientes diagnosticados com algum transtorno de ansiedade. Os déficits predominantes, nesses casos, relacionam-se com as dificuldades atencionais, contemplando maiores prejuízos na capacidade de seletividade (em decorrência do falho gerenciamento executivo para inibição de distratores) e sustentação da atenção, revelando indícios de sugestionabilidade para a tendência de um viés de fixação dessa atenção aos conteúdos mais ameaçadores e/ou de valência emocional negativa.

Podemos destacar, também, pelos estudos revisados, que pacientes com TAG estão propensos a ter pior desempenho cognitivo nas tarefas que se propõem a avaliar as seguintes funções: memória (curto/longo prazo); diminuição da precisão em tarefas de reconhecimento, principalmente visual, em decorrência do maior tempo de reação na presença de distratores; memória operacional; inibição cognitiva; flexibilidade cognitiva (tomada de decisão); e cognição social. Pode-se atribuir destaque à influência de estímulos emocionais (principalmente ameaçadores ou indutores de ansiedade) no desempenho em tarefas de atenção, memória operacional (estimulação verbal), aprendizado (*feedback* negativo) e inibição cognitiva (Gracia-García; Langarita-Llorente, 2019).

Outras limitações puderam ser observadas em respostas associadas a tarefas que demandam habilidades de cognição social, refletindo em dificuldades para: realizar o reconhecimento de emoções por meio de expressões faciais; fazer julgamentos emocionais em estados positivos (teoria da mente), para perceber e processar de forma eficiente as próprias emoções; e generalizar atribuições desprovido do viés negativo.

Transtorno obsessivo-compulsivo

Os estudos que comparam o desempenho entre pacientes com e sem sintomas de TOC sustentam a hipótese de que há comprometimento nas funções neuropsicológicas entre aqueles sintomáticos em detrimento dos indivíduos que não apresentam essas manifestações (Kuelz et al., 2004). Entre essas alterações, as que aparecem em maior incidência estão relacionadas com os déficits em funcionamento executivo, principalmente quanto à organização necessária para o processamento dos estímulos verbais e não verbais e posterior fixação destes (Olley et al., 2007).

Esses achados são congruentes com os de outros estudos que encontraram prejuízos na memória verbal decorrentes da dificuldade de categorização e elaboração de estratégias que facilitam a evocação por categorias, ou seja, dificuldade no planejamento da tarefa, o que pode estar mais relacionado com a falta de iniciativa de implementar a estratégia, do que na dificuldade no planejamento em si. Constatou-se esse fato após a observação de que o tempo empregado pelos pacientes portadores de TOC era maior que o dos controles saudáveis em tarefas semânticas de análise de frases; a acurácia nas respostas, no entanto, estava preservada nos dois grupos (Olley et al., 2007).

Os estudos revisados evidenciam que à medida que o TOC é mais grave, o desempenho cognitivo dos pacientes apresenta maiores déficits em tarefas de memória visual e funções motoras (Moritz et al., 2002). Podemos citar, por exemplo, estudos que relatam que os pacientes "verificadores" apresentam déficits na memória geral, memória para ações e metamemória quando comparados com não verificadores (pacientes que apresentam outros sintomas do TOC) (Moritz et al., 2002).

Estudos que compararam os quatro subtipos do TOC (verificadores, lavadores, com obsessões puras e outros sintomas mistos) encontraram pouca diferença neuropsicológica entre os quatro subtipos; entretanto, os lavadores apresentaram melhor desempenho que os verificadores e os obsessivos puros nas tarefas de reconhecimento. Em outro estudo mais recente (Nedeljkovic et al., 2009) os verificadores apresentaram prejuízos em tarefas de memória operacional visuoespacial quanto a planejamento da tarefa e reconhecimento quando comparados aos lavadores.

Um estudo recente que se propôs a comparar pacientes com TOC diagnosticados daqueles sem os sintomas e ou queixas relacionadas, por intermédio dos resultados de uma avaliação neuropsicológica individualizada (testes corrigidos e pontuados por neuropsicólogos cegos), revelou déficits em flexibilidade mental, nas funções motoras, considerando o uso da mão dominante, e um déficit acentuado de habilidades sociais (D'Alcante, 2010).

Seleção de instrumentos

A partir das particularidades que se manifestam em cada um dos perfis, considerando as alterações neuropsicológicas que estão presentes nas síndromes discutidas neste capítulo, sugere-se que o protocolo de avaliação neuropsicológica seja estruturado contemplando a seleção de instrumentos e escalas que sejam sensíveis à mensuração dessas funções de acordo com o que se destaca na literatura.

Alguns recursos podem ser considerados para avaliação desses aspectos de forma precisa, sendo alguns considerados padrão-ouro no processo de avaliação neuropsicológica, como mostra a Tabela 30.4.

Tabela 30.4 Instrumentos utilizados no processo de avaliação neuropsicológica.

Função cognitiva e/ou comportamento	Instrumentos	Alterações cognitivas observadas		
		Transtorno depressivo	Transtorno de ansiedade	Transtorno obsessivo-compulsivo
Atenção	Teste de Desempenho Contínuo (Continuous Performance Test – CPT) Trail Making Test – TMT (Trilhas A e B) Teste de Stroop	**Atenção sustentada:** déficits na capacidade de sustentar a atenção e atividade motora por longos períodos	**Atenção sustentada** **Atenção seletiva:** déficit na capacidade de selecionar as informações importantes em meio aos distratores	—
Funções executivas	Five Digit Test (FDT) Teste Wisconsin de Classificação de Cartas Tarefa N-back auditiva/ Dígitos Ordem inversa (WAIS-III) Teste dos Cubos de Corsi (TCC) Stroop Test (emocional) Tarefas com paradigma Go/No-Go Teste Figuras Complexas de Rey (Cópia) Escala de Avaliação de Disfunções Executivas de Barkley (BDEFS)	**Velocidade de processamento:** déficits relacionados com a reduzida velocidade de processamento **Flexibilidade cognitiva:** perseveração em estratégias disfuncionais **Planejamento:** déficits relacionados com a tomada de decisão com aumento da incidência de erros **Iniciativa e automonitoramento:** falhas para começar tarefas e manter supervisão efetiva **Controle inibitório**	**Flexibilidade cognitiva:** tomada de decisão **Memória operacional (verbal)** **Controle inibitório cognitivo e comportamental**	**Memória operacional (verbal e não verbal)** **Planejamento e organização** **Flexibilidade cognitiva**

(continua)

Tabela 30.4 Instrumentos utilizados no processo de avaliação neuropsicológica. (*Continuação*)

Função cognitiva e/ou comportamento	Instrumentos	Alterações cognitivas observadas		
		Transtorno depressivo	Transtorno de ansiedade	Transtorno obsessivo-compulsivo
Memória	Teste de Aprendizagem Auditivo-Verbal de Rey (RAVLT) Teste Figuras Complexas de Rey (evocação) Teste de Memória de Reconhecimento-5 2 (TEM-R-2) Teste Memoria Lógica da Bateria *Wechsler Memory Scale- Revised* (WMS-R)	**Memória:** alterações observadas em memória semântica (evocação considerando categorias) e episódica, além de fragilidades na memorização de curto e longo prazo **Reconhecimento:** falhas de precisão no reconhecimento de conteúdos verbais e não verbais	**Memória visual:** déficits na evocação de conteúdos visuais	**Memória visual:** déficits na evocação de conteúdos visuais
Visuoconstrução e Visuopercepção	Teste Figuras Complexas de Rey (cópia) Subteste "Cubos" (WAIS-II) *Hooper Visual Organization Test*	**Habilidade visuoespacial:** déficit de sequenciamento visuoespacial	—	—
Cognição Social	*Faces Test – Brazilian Version* Tarefa Faux Pas (tradução Brasil)	—	**Reconhecimento de emoções** **Nos outros:** déficits para reconhecimento de emoções em expressões faciais e inferir estados mentais para além daqueles com valências negativas (teoria da mente) **Em si:** déficits no reconhecimento e processamento de emoções próprias **Estilo de atribuição:** generalização de atributos negativos	—

Escalas e instrumentos destinados à mensuração de sintomas psicopatológicos e comportamentais

Rastreio de sintomas psiquiátricos	Transtorno depressivo	Transtorno de ansiedade
Sintomas de ansiedade e depressão – **Escala Hospitalar de Ansiedade e Depressão (HADS)** Estado psicológico do respondente com relação às dimensões: somatização, obsessivo-compulsivo, sensibilidade interpessoal, depressão, ansiedade, hostilidade, ansiedade fóbica, ideação paranoide e psicoticismo – **Inventário Breve de Sintomas (BSI)**	Escala de Depressão de Hamilton (HAM-D) – **padrão-ouro** Inventário de Depressão de Beck (BDI-II) Escala Baptista de Depressão para Adultos (EBADEP-A) Escala de Depressão Pós-parto de Edimburgo (EPDS)	Escala de Ansiedade de Hamilton (HAM-A) Escala de Pânico e Agorafobia (PAS) Escala de Ansiedade Social de Liebowitz (LSAS) Inventário de Ansiedade de Beck (BAI-II) Inventário de Mobilidade para Agorafobia Escala de Gravidade do Transtorno do Pânico Inventário de Ansiedade Traço-Estado (IDATE) Escala Breve de Fobia Social Inventário de Fobia Social

Casos clínicos

Para uma compreensão prática de como todos esses aspectos teóricos discutidos anteriormente relacionam-se, serão apresentados dois casos clínicos distintos, mas que compartilham entre si características e sintomas dos três transtornos abordados neste capítulo. Visando preservar a identidade dos pacientes avaliados, serão atribuídos nomes fictícios e serão omitidos dados autobiográficos que possam facilitar sua identificação.

Ambos os pacientes foram encaminhados por médico psiquiatra, por baixa resposta ao tratamento medicamentoso, com a presença de queixas cognitivas que causavam interferência significativa em sua funcionalidade e atividades de vida diária.

O intuito desta seção é trazer casos que possam ilustrar a importância do raciocínio adequado tanto para a construção de uma bateria de avaliação neuropsicológica, quanto para se pensar e refletir sobre as possibilidades de intervenção. Nesse sentido, não há o objetivo de fornecer o modelo de uma avaliação padronizada com base nos instrumentos utilizados, mas apresentar possibilidades, inclusive pontos de melhoria no processo de avaliação realizado.

Serão apresentados, ainda, os resultados do funcionamento cognitivo dos pacientes em cada função avaliada e como esses resultados permitem pensar em diferentes aspectos do processo diagnóstico e de intervenções a serem realizadas.

Para tanto, os casos serão apresentados brevemente de forma sucinta e, na sequência, apresentados os aspectos neuropsicológicos relacionados. Por fim, será aberta uma discussão sobre como todos os aspectos apresentados podem ser correlacionados, visando à construção de um raciocínio clínico adequado.

Caso 1

M., 44 anos, sem ocupação atual, casada, foi encaminhada por médico psiquiatra para realização de avaliação neuropsicológica com a finalidade de elucidar queixas de memória e de atenção que estavam interferindo em sua funcionalidade do dia a dia, associadas a episódios depressivos recorrentes.

Tem formação superior, com bom nível intelectual, e mantinha desempenho satisfatório no trabalho, com padrões elevados com relação ao seu desempenho, bons relacionamentos interpessoais, com motivação e disponibilidade adequada para realização de suas tarefas de vida diária.

Apresentou um primeiro episódio depressivo após o rompimento de um relacionamento amoroso longo, passando a apresentar tristeza, angústia, desesperança, desmotivação, alterações em seu padrão de sono e déficits funcionais. Desde esse primeiro episódio não conseguiu retomar seu padrão de funcionamento anterior. Teve discreta melhora dos sintomas em resposta a tratamento medicamentoso, mas manteve dificuldades quanto à retomada de sua funcionalidade, em comparação ao seu funcionamento prévio. Fez uma tentativa de retornar ao trabalho, por um período de 2 meses, mas houve um agravamento do quadro, seguido de uma tentativa de suicídio, estando presentes sentimentos de menos valia, crença de que poderia prejudicar a empresa, de que não daria conta do que lhe era solicitado.

Em seu relato, apresenta dificuldade para estabelecer uma linha do tempo entre os diferentes episódios depressivos, estabelecendo um período claro em que estivesse sem sintomas, ou pelo menos com melhora significativa deles. Identifica um padrão na apresentação dos sintomas, e descreve que durante os episódios depressivos estavam presentes sentimentos de menos valia, perda de interesse, emagrecimento, com prejuízos no autocuidado e pensamentos de morte pouco estruturados.

No episódio depressivo em curso durante a avaliação, apresentou melhora dos sintomas de humor com o tratamento medicamentoso, mas manteve queixas relacionadas com sua funcionalidade e desempenho, nas quais enfatiza a percepção de déficits subjetivos de memória, atenção, dificuldades para se organizar no tempo, dificuldades para iniciar e concluir tarefas, alterações da volição e libido, interferindo em seu funcionamento diário, em atividades como realização de uma leitura, capacidade de manter a concentração em uma determinada tarefa, evocação de palavras específicas em uma sentença, perda de interesse significativo por atividades que antes lhe eram prazerosas.

Exibiu dificuldades de chegar no horário ao longo dos atendimentos e remarcava com frequência os encontros para a avaliação. Em seu relato evidenciou que esse padrão se repetia em diferentes compromissos e tarefas do dia a dia, em virtude da grande dificuldade para se engajar e manter os compromissos, sentindo-se desmotivada e sem energia.

Adicionalmente ao longo dos encontros, observaram-se lesões na pele ao redor das unhas, bem como unhas excessivamente curtas, associadas ao ato repetitivo e compulsivo de remoção da pele e da cutícula, que ela mesma faz com alicate de unha. Descreve que realiza os rituais de escoriação principalmente durante a noite e que dedica um período específico para isso; refere sensação de prazer durante a ação e grande desconforto quando não pode realizá-la. Explica que tem diversos alicates de cutícula espalhados pela casa, nas bolsas, e que saber que eles estão disponíveis traz uma sensação de conforto. Alega sentimento de vergonha por ter as mãos machucadas, com prejuízo em autoimagem e autoestima.

Quanto ao seu padrão de funcionamento, estão presentes ainda características como perfeccionismo, padrões elevados de desempenho, dificuldade de se vincular nos relacionamentos interpessoais e baixo interesse e abertura a novidades.

Avaliação neuropsicológica

Para avaliação neuropsicológica desse caso, estruturou-se uma bateria breve que possibilitasse um rastreio cognitivo global, a fim de mapear possíveis déficits associados às queixas da paciente, bem como a avaliação de componentes da personalidade que pudessem interferir nesse padrão de funcionamento.

Para avaliação de aspectos intelectuais utilizou-se a Escala Wechsler de Inteligência para Adultos, a fim de se apurar o desempenho intelectual da paciente e os desdobramentos desse desempenho em sua funcionalidade. Essa escala também fornece parâmetros com relação aos seus índices fatoriais quanto a processos atencionais e funcionamento executivo no que diz respeito à memória operacional e velocidade de processamento.

O teste de trilhas coloridas foi utilizado a fim de apurar aspectos relativos a questões atencionais e executivas, para elucidar as queixas sobre dificuldade de sustentar a atenção e de se adaptar a um novo contexto cognitivo. Os resultados do desempenho da paciente nessas tarefas não revelaram déficits na esfera normativa, mas do ponto de vista qualitativo ficaram evidentes algumas dificuldades atencionais pontuais com relação a sustentar o foco na tarefa.

O Teste Figuras Complexas de Rey foi aplicado no intuito de avaliar aspectos relacionados à capacidade de memória visual, praxia e planejamento da paciente, a qual, mais uma vez, não apresentou déficits, mas ficou evidente uma dificuldade para realização de tarefas complexas, com baixa motivação e discurso autodepreciativo, enfatizando, antes mesmo do início do teste, que achava que não iria conseguir e que a tarefa parecia difícil. Utilizou-se, ainda, o paradigma de lista de repetição de palavras, visando a sua capacidade de aprendizagem audioverbal e possíveis prejuízos quanto à retenção dessas informações. Os resultados não são sugestivos de déficits cognitivos, considerando os dados normativos dos testes aplicados. Também foi utilizada a tarefa de evocação livre de palavras, sobre restrição fonêmica e semântica, em função de melhor compreensão das queixas sobre a dificuldade de acessar palavras durante o seu discurso espontâneo; esse desempenho também se mostrou dentro do esperado.

M. não apresentou indicadores de déficits cognitivos ao longo da avaliação. Em todas as funções avaliadas apresentou desempenho satisfatório quando comparada com a população normativa, com desempenho em algumas tarefas classificado na faixa superior. Porém, com relação aos processos atencionais, observam-se algumas alterações qualitativas de perda de foco, mas essas alterações não foram suficientes para interferir nos resultados quantitativos de forma negativa. A literatura sobre quadros depressivos aponta déficits mais significativos do ponto de vista da atenção e de funções executivas. Apesar de não terem sido apurados déficits em termos de desvio-padrão, a percepção da paciente com relação ao seu desempenho atual e prévio e às alterações qualitativas são compatíveis com os dados da literatura, uma vez que os resultados da avaliação não parecem representativos do potencial cognitivo real da paciente, em função dos resultados médios obtidos na maioria das tarefas *versus* alguns parâmetros de desempenho em faixa superior e ao seu histórico de funcionamento cognitivo prévio.

Os resultados da avaliação foram fundamentais para a compreensão de que essa percepção de déficits subjetiva, por mais que não se expresse de forma impactante no desempenho da paciente durante a testagem, revela o impacto dos sintomas de humor em seu padrão de funcionamento, sendo desejável um direcionamento específico em seu tratamento para que haja uma redução do sofrimento associado a essas queixas.

Para além da compreensão das queixas cognitivas, a avaliação neuropsicológica também possibilitou uma compreensão mais global sobre os aspectos psicopatológicos do quadro como um todo, trazendo luz à questão dos sintomas obsessivos, relacionados ao transtorno de escoriação que não estava sendo tratado.

Discussão

M. preenche os critérios necessários para o diagnóstico nosológico de transtorno depressivo maior, com gravidade atual moderada, com episódios recorrentes, sem angústia ansiosa e com traços melancólicos. Também apresenta alterações cognitivas e funcionais como as encontradas na literatura associadas a esse transtorno.

Destaca-se como um dos principais critérios para efeito de diagnóstico diferencial que os episódios depressivos ocorreram na ausência de história de episódios maníacos ou hipomaníacos, que se configura como um diagnóstico diferencial de extrema importância com relação ao transtorno bipolar para ajuste da terapêutica adequada. Humor deprimido, perda de interesse e de prazer em todas ou quase todas as atividades durante a maior parte do dia, quase todos os dias, é uma característica marcante, que se mantém em seu relato mesmo ao longo de todos os episódios descritos.

A existência de sintomas adicionais reafirma a caracterização diagnóstica de TDM, como perda de peso, alterações do sono, redução da energia e prejuízos da volição, com episódio bem delimitado em que estavam presentes sentimentos de culpa e inutilidade, principalmente no período em que M. tentou retornar ao trabalho. Apresenta, ainda, dificuldades para se concentrar e momentos em que estiveram presentes ideação suicida e tentativa de suicídio.

O sofrimento associado à sintomatologia apresentada e aos déficits funcionais, como a dificuldade de voltar ao trabalho e de retomar uma rotina funcional, é mais um fator que corrobora essa classificação diagnóstica. Alguns aspectos relativos à duração dos sintomas, e o período de melhora ou remissão, ficaram nebulosos em seu discurso, de forma que é difícil estabelecer uma linha divisória clara entre esses períodos, o que dificulta a diferenciação diagnóstica entre transtorno depressivo maior e transtorno depressivo recorrente, com episódio depressivo maior vigente.

As queixas cognitivas trazidas pela paciente e verificadas durante a avaliação na esfera quantitativa dos resultados permitem enquadrar a apresentação do quadro dentro do transtorno depressivo maior, uma vez que esse diagnóstico carrega consigo, como parte dos critérios, os déficits cognitivos referenciados, como capacidade prejudicada de pensar, concentrar-se ou até mesmo tomar decisões menores, e a presença de queixas de memória (critério A8).

Ademais, apresenta sintomatologia comórbida compatível com quadro de transtorno ou distúrbio de escoriação, que é um quadro presente nos transtornos obsessivos-compulsivos, atendendo a todos os critérios diagnósticos necessários. Estão presentes comportamentos e sinais compatíveis de lesões na pele em decorrência de escoriações recorrentes, feitas pelo ato de arrancar e cortar a pele com alicates de cutícula. Essas lesões causam sofrimento clínico significativo, prejuízos no funcionamento social, constrangimento e vergonha à paciente. Esses comportamentos se mantêm, mesmo após tentativas repetidas de reduzi-lo. Não há outra condição médica que explique melhor esses comportamentos.

Essa categoria diagnóstica é apontada pelo DSM-5-TR como uma comorbidade comum em mulheres com transtorno depressivo maior, como é o caso da paciente em questão.

Observações para melhorias na estruturação dessa avaliação

Após a avaliação neuropsicológica ser concluída e sua devolutiva realizada, é possível e aconselhável que se proceda com uma análise retrospectiva das escolhas envolvidas no processo de estruturação da avaliação, buscando pontos de melhoria que poderiam ser feitos com base em uma visão mais consolidada do todo, que a conclusão do processo acaba possibilitando. Esse exercício pode ser de grande auxílio, mesmo aos clínicos mais experientes, permitindo rever sua prática e revisitar aspectos que podem ter sido em alguma medida pouco aprofundados, revisitando questões que poderiam ter sido mais bem aprofundadas durante o período da investigação, principalmente quando novos recursos de avaliação se tornam disponíveis.

Com relação ao caso de M., esse exercício revelou como maiores pontos de fragilidade os fatos associados à ausência de uma avaliação formal de aspectos da personalidade, bem como da não convocação de um familiar para trazer informações complementares sobre o padrão de funcionamento da paciente. Nesse caso, tanto a avaliação da personalidade quanto a visão externa de alguém próximo a ela poderiam ter contribuído com informações preciosas sobre fatores emocionais e de constituição da personalidade. Esses fatores são importantes e representam um impacto significativo sobre a sintomatologia e apresentação do quadro, que poderiam remeter ou não a um diagnóstico de transtorno de personalidade, visto que essa condição é uma comorbidade comum quando há a presença de episódios depressivos recorrentes.

Outro aspecto que poderia ter sido de grande utilidade para a construção de um raciocínio clínico mais integrado é o uso de escalas de avaliação de sintomas, como a BSI (Inventário Breve de Sintomas), a Escala de Depressão de Hamilton ou a Escala Baptista de Depressão para Adultos (EBADEP-A), e escalas de avaliação da funcionalidade, como a Escala de Avaliação de Disfunções Executivas de Barkley (BDEFS), que oferecem parâmetros sobre a gravidade da disfunção executiva. Em geral, a utilização dessas escalas segue o paradigma de autorrelato, em que o próprio paciente mensura a extensão dos prejuízos observados em seu cotidiano; porém, na prática clínica, observa-se uma possibilidade interessante para obtenção de dados complementares sobre a dinâmica de funcionamento, quando algum familiar e/ou alguém próximo é convidado a responder a esses questionários, considerando o funcionamento do avaliando. A comparação das respostas em nível qualitativo fornece outra perspectiva sobre as dificuldades do paciente e amplia as possibilidades de análise considerando o viés que está naturalmente previsto nas condições aqui discutidas.

Caso 2

J., 25 anos, primogênito de uma prole de dois, estudante de graduação da área da saúde, mora sozinho, não tem familiares ou rede de apoio por perto, foi encaminhado para avaliação neuropsicológica, para mapeamento de perfil cognitivo global e de traços de personalidade, com a hipótese diagnóstica de transtorno depressivo maior.

Para além dessa hipótese diagnóstica, ele próprio trouxe uma interrogação sobre um possível transtorno do déficit de atenção e hiperatividade (TDAH), em função das dificuldades cognitivas que têm enfrentado. No período da referida avaliação, o paciente estava realizando tratamento psiquiátrico para sintomatologia depressiva por mais de 3 anos, e fazia uso de psicoestimulantes prescritos com base na hipótese de possível TDAH. Ao longo desse período de tratamento exibiu alguns períodos de discreta melhora, mas manteve perda de funcionalidade ao longo do tempo, com dificuldades para retornar às aulas de graduação e realizar pequenas tarefas do dia a dia.

Durante as entrevistas não foram obtidos dados relativos ao desenvolvimento neuropsicomotor. Quanto ao desempenho escolar, considera-se que o avanço entre os níveis ocorreu de forma satisfatória durante o ensino fundamental, observando-se declínios na qualidade das notas após a 5ª série. Porém, com apenas 1 ano de cursinho, J. conseguiu ingressar em um dos cursos mais concorridos da área da saúde em uma universidade pública renomada.

J. tem relacionamentos interpessoais restritos, com dificuldades para fazer e manter novas amizades, tendo maior proximidade com familiares, de seu núcleo mais íntimo, e relacionamentos virtuais. Caracteriza-se como uma pessoa tímida, introvertida e bastante reservada, que apresenta dificuldades de habilidades sociais e esquiva importante de contextos que envolvam esses contatos, em que se sinta exposto, avaliado e/ou julgado.

As queixas que desencadearam esse processo de avaliação tiveram início com dificuldades para realizar suas tarefas do dia a dia, dificuldade para estudar e se relacionar, mantendo-se mais isolado que de costume, sentindo-se desmotivado e sem energia para a realização de tarefas cotidianas, com sentimentos de angústia excessiva e autocobrança elevada. O paciente chegou a apresentar crises "emocionais" de características ansiosas importantes, que remetem a crises de pânico, exibindo alterações fisiológicas da respiração como hiperventilação, sensação de desespero e medo excessivo. Iniciou tratamento psiquiátrico, com discreta melhora dos sintomas, principalmente volição.

A sintomatologia depressiva manteve-se persistente ao longo de todo esse período, tendo momentos de discreta melhora, mas voltando a se intensificar novamente, agravando-se após um período de luto, no qual sua funcionalidade ficou muito comprometida, causando dificuldades com relação a aspectos de autocuidado e realização de atividades de vida diária simples.

Associado aos sintomas de humor depressivo, evidenciava uma esquiva importante de situações sociais, com grande desconforto em ambientes com muitas pessoas, principalmente os ambientes relacionados com as suas atividades acadêmicas, de tal gravidade que já não conseguia frequentar as aulas presencialmente. Também evidenciou queixas cognitivas relativas à dificuldade de concentração, cansaço excessivo, falta de energia, esforço aumentado para realização de tarefas que antes lhe eram simples como a leitura de um texto, ou acompanhar o conteúdo de uma aula.

Avaliação neuropsicológica

Para avaliação neuropsicológica desse caso estruturou-se uma bateria que possibilitasse a realização da avaliação, de forma mais ampla, considerando-se os aspectos cognitivos, dinâmica funcional e de personalidade e as características comportamentais. O principal objetivo desse processo esteve alinhado ao mapeamento de possíveis déficits cognitivos e/ou sintomas psicopatológicos que pudessem ser associados às queixas descritas pelo paciente.

Para avaliação de aspectos intelectuais utilizou-se a Escala Wechsler Abreviada de Inteligência, a fim de apurar o desempenho intelectual do paciente e os desdobramentos desse desempenho em sua funcionalidade. Essa escala também fornece parâmetros com relação aos processos que estão associados às capacidades que integram o conjunto de recursos em inteligência fluida e cristalizada, viabilizando, portanto, a análise formal desses processos.

O Teste de Atenção Dividida (TEADI), o Teste de Atenção Concentrada (TEACO), a análise da capacidade de sustentação da atenção (*Continuous Performance Test* – CPT-III) e o Teste dos Cinco Dígitos (FDT) foram selecionados para viabilizar a apuração dos aspectos relativos a questões atencionais e executivas, vislumbrando, dessa forma, a elucidação das queixas sobre dificuldade de sustentar a atenção e de adaptar-se aos contextos que exigem engajamento cognitivo, visto que além da sintomatologia depressiva, no período da avaliação, J. queixava-se regularmente de dificuldades para manter o foco nos estudos e gerenciar as tarefas cotidianas.

O Teste Wisconsin de Classificação de Cartas e o Teste Figuras Complexas de Rey foram escolhidos como recursos para intermediar a avaliação dos aspectos relacionados com o funcionamento executivo e as habilidades visuoconstrutivas/visuoespaciais, como flexibilidade cognitiva, planejamento, percepção e aproveitamento dos *feedbacks* do ambiente para tomada de decisão e delineamento de estratégias adaptativas/funcionais. A razão da escolha desses testes é que J. relatou apresentar altos níveis de autocrítica, convivendo, assim, com as consequências que se relacionam aos importantes e persistentes estados de angústia diante das dificuldades no gerenciamento das tarefas simples do dia a dia.

Esses testes são considerados ótimas ferramentas para identificação de perseveração cognitiva, ou seja, quando o paciente não aproveita o *feedback* oferecido pelo meio e insiste em uma estratégia que não lhe oferece retornos positivos, desconsiderando, distorcendo ou simplesmente não percebendo as interferências desse meio em formato de *feedback*, apontamentos e/ou direcionamentos. O que se observa na situação de testagem pode representar uma amostra a respeito de como o sujeito estabelece uma relação com o ambiente que o circunda, viabilizando, assim, possíveis associações entre aspectos que sugiram rigidez cognitiva e maiores dificuldades para adaptar-se às exigências do cotidiano.

Em complemento, alinhado ao objetivo de se obter dados suficientes sobre o desempenho cognitivo do paciente, para assim, mensurar possíveis déficits que possam ser correlacionados às dificuldades percebidas, utilizou-se o Teste de Aprendizagem Auditivo-Verbal de Rey (RAVLT), que, além de oferecer ao examinador uma curva da capacidade de aprendizagem por intermédio de estímulos audioverbais, viabiliza a análise de amplitude atencional, memória imediata, tardia e reconhecimento audioverbal, assim como a influência de distratores no desempenho deste.

As escalas escolhidas para a avaliação da extensão dos sintomas percebidos por J., assim como as reverberações comportamentais e funcionais que oferecem impacto significativo em seu cotidiano, destinaram-se ao delineamento do perfil das características ansiosas, em contexto intra e interindividual, aos sintomas relacionados com o humor deprimido e suas consequências, ao funcionamento executivo, considerando as manifestações que correspondem aos critérios diagnósticos do TDAH, e às habilidade sociais necessárias para construção e manutenção de vínculos. Os instrumentos selecionados para mensuração desses aspectos, foram: Escala de Prejuízos Funcionais (EPF-TDAH) e Escala de avaliação de Disfunção Executiva de Barkley (BDEFS), para avaliação dos sintomas percebidos como parte do quadro de TDAH pelo próprio paciente; Escalas de Ansiedade e Depressão de Beck (BDI e BAI), Inventário de Ansiedade Traço-Estado (IDATE) e Escala de Ansiedade Social de Liebowitz, para mensuração de aspectos relacionados com os níveis de ansiedade e predominância de características humor. Para avaliação do repertório de habilidades sociais e dimensão dos prejuízos observados e relatados, o Inventário de Habilidades Sociais (IHS) e a Escala Fatorial de Socialização foram administrados.

Por fim, para avaliação de aspectos estruturais da personalidade, assim como a predominância de traços que determinam sua dinâmica, foram usados o Teste das Pirâmides Coloridas de Pfister e a Escala Fatorial de Neuroticismo NEO-PI.

Resultados da avaliação neuropsicológica

O conjunto de dados obtidos por intermédio dos procedimentos que constituíram essa avaliação e história pregressa, assim como as informações que correspondem ao funcionamento atual, indicaram que o paciente, com quociente de inteligência total atual na faixa média superior, quando comparado à população de mesma idade, sem discrepância significativa entre a esfera verbal e de execução, com discreta vantagem no desempenho na esfera verbal, encontra-se no limite superior da faixa que agrupa os indivíduos que estão dentro do esperado quanto à capacidade de raciocinar de maneira fluida em busca de soluções de problemas, lançando mão do conhecimento adquirido em processo de escolarização formal.

Para além dos resultados satisfatórios com relação ao desempenho intelectual geral, J. apresentou desempenho dentro do esperado em algumas das tarefas cognitivas, nas quais destacam-se as de estoque semântico, fluência verbal, abstração verbal, praxia construtiva, raciocínio lógico não verbal, flexibilidade mental, aprendizagem e memória. Entretanto, teve leves dificuldades nas funções atencionais e executivas, de controle inibitório verbal e não verbal.

Com base nos resultados obtidos em escala de autorrelato que avalia o impacto funcional em diferentes esferas da vida causados por possíveis sintomas de TDAH (EPF-TDAH), o funcionamento de J. revelou impactos, considerados prejuízos, em diferentes esferas que, somadas às leves alterações atencionais e executivas descritas anteriormente, poderiam sugerir um possível quadro de TDAH, principalmente por conta dos prejuízos funcionais severos na esfera acadêmica. Porém, nas outras escalas e medidas cognitivas realizadas, não foram identificados elementos suficientes que embasassem os critérios necessários para a realização de um diagnóstico formal desse quadro.

É possível que a etiologia dessas dificuldades funcionais esteja associada a componentes ansiosos importantes que estão presentes em seu padrão de funcionamento psicológico como um todo, tanto com relação ao traço de personalidade, quanto em estado ou manifestação comportamental de ansiedade. Outro aspecto que precisaria ser considerado na investigação de um quadro de TDAH é a presença de prejuízos e dificuldades na infância, aspectos que não se fazem presentes em seu histórico prévio, uma vez que o paciente não conseguiu prestar informações sobre sua infância. Ainda que não haja informações sobre seu padrão de funcionamento na infância, seu relato sobre o início das dificuldades acadêmicas é muito consistente com o início dos sintomas depressivos, bem como a piora dessas dificuldades também cursou com um agravamento desses sintomas. Segundo as informações prestadas por ele, houve um declínio na qualidade de suas notas após a 5ª série no período de escolarização, mas as dificuldades acadêmicas começaram de fato a aparecer no período do cursinho, momento em que também tiveram início os sintomas depressivos. Dificuldades acadêmicas não foram referidas antes desse período. Destaca-se, ainda, que apesar de o início dos sintomas serem relacionados com o período do cursinho, J. foi aprovado em um curso de extrema concorrência e alto grau de exigência.

Os resultados da avaliação como um todo indicaram um perfil de autocrítica elevado e significativa dificuldade para se estabelecer contato social, com nível importante de ansiedade, que causa sofrimento moderado e significativo prejuízo em sua funcionalidade, associado aos comportamentos de esquiva e evitação de situações sociais. Esse padrão de funcionamento é sugestivo de um transtorno de personalidade esquiva.

Diante dos resultados obtidos por meio das funções e dos aspectos examinados, compreende-se que, com esse perfil de funcionamento observado em J., é possível que os sintomas de ansiedade estejam na base da sintomatologia depressiva. Em virtude da gravidade dos sintomas e do impacto que acarretam seu funcionamento é possível que os sintomas depressivos se desdobrem desse quadro de ansiedade mais crônico e que perpassa suas características de personalidade. Dessa forma, para uma avaliação mais focada sobre sintomatologia de TDAH seria interessante que esses outros quadros estivessem mais estabilizados para que não houvesse a interferência desses sintomas.

As escalas de personalidade, com base nos cinco grandes fatores, apontam para um padrão de funcionamento sugestivo das principais dificuldades de J., porém não embasam a gravidade da sintomatologia depressiva, uma vez que seus índices de neuroticismo são baixos. Aspecto que se destaca na esfera de conscienciosidade é o excesso de ponderação, que é compatível com aspectos relacionados com a ansiedade, como ruminação e autocrítica elevada. Também estão presentes dificuldades acentuadas relacionadas com autodisciplina e baixa abertura para ações. A escala que avalia traços de ansiedade sugere a presença de traços característicos de um funcionamento com um padrão mais ansioso, ainda que haja alguma estabilidade com relação a esse padrão.

As demais escalas aplicadas, tanto a de socialização quanto a de habilidades sociais, corroboram importantes dificuldades no que concerne aos contatos sociais e ao déficit de habilidades necessárias para que o paciente consiga navegar socialmente sem maiores dificuldades. Esses fatores contribuem para aumento do isolamento social.

Discussão

No caso exposto, considera-se que a avaliação neuropsicológica foi fundamental para melhor compreensão das particularidades e complexidades relacionadas com a sobreposição de sintomas que constituem o quadro. Destaca-se que o paciente revelou dificuldade importante para falar sobre suas emoções e descrever os aspectos que mais o incomodavam. Dessa forma, acabava descrevendo tudo como sintomas depressivos e, por não se perceber como alguém ansioso, descartava de antemão a possibilidade de haver ansiedade presente. O tratamento do paciente estava todo voltado para intervenções relacionadas com os transtornos de humor, havendo pouca ênfase sobre a sintomatologia de ansiedade presente.

A realização de uma avaliação mais detalhada, focada não só nos déficits cognitivos, mas também nos sintomas destacados, por meio do uso de escalas específicas, revelou outros sintomas de grande importância, que possibilitaram identificar comorbidades que não haviam sido diagnosticadas previamente. A intervenção sobre essas comorbidades traria grandes benefícios à apresentação do quadro como um todo, como no caso da ansiedade social e do transtorno de ansiedade generalizada, com traços de um transtorno de personalidade esquiva, que se caracteriza pela presença de um padrão generalizado de inibição social, sentimentos de inadequação e hipersensibilidade.

Geralmente, essa condição tem início no começo da vida adulta, e os sintomas manifestam-se em uma variedade de contextos, como pode-se observar na história pregressa de J., visto que a disfunção provocada pela sintomatologia apresentada ganhou corpo no início do período do cursinho, causando impactos significativos em sua rotina diante da esquiva importante de situações sociais, com grande desconforto em ambientes com muitas pessoas.

O padrão de esquiva comum aos indivíduos que apresentam traços de personalidade compatíveis com o transtorno atende a algumas das conformações a seguir e podem ser observadas no funcionamento do paciente. Por exemplo, nota-se a presença de importante tendência em evitar atividades ocupacionais que envolvem contato interpessoal significativo, por medo de críticas, desaprovação ou rejeição; J. queixa-se de dificuldades para estar inserido em ambientes cujas demandas envolvem essa realidade, o que ofereceu impacto significado no aproveitamento de seu curso superior, visto que enfrentava na época grande dificuldade de comparecer às aulas e tolerar o ambiente em que essa atividade ocorria.

Outra condição diz respeito à baixa disposição para envolvimento com pessoas, a menos que tenha certeza de ser apreciado, reverberando, assim, na contenção diante da necessidade de envolver-se nos relacionamentos íntimos em decorrência do medo de ser envergonhado ou ridicularizado. J. destaca comportamentos dessa natureza, com importante frequência, relatando muita dificuldade para iniciar e manter relacionamentos/amizades, tendo preferência por trocas mais distantes com desconhecidos, mantidas geralmente em ambiente virtual. As trocas mais íntimas desenvolvem-se apenas com os familiares.

Ademais, outro fator que se apresenta de forma muito importante na conformação do perfil dos indivíduos que apresentam esse padrão de funcionamento relaciona-se com os seguintes aspectos: alta probabilidade de inibição em novas situações interpessoais, principalmente em virtude dos sentimentos de inadequação; percepção de ser inepto, pessoalmente desagradável ou inferior aos outros; e importante resistência para assumir riscos pessoais ou se envolver em novas atividades porque podem ser embaraçosas. Esses aspectos foram percebidos pelo paciente e puderam ser mensurados por meio do protocolo que norteou essa avaliação.

Observações para melhorias na estruturação dessa avaliação

Conforme discutido anteriormente, após uma avaliação neuropsicológica ser concluída e sua devolutiva realizada, é possível e aconselhável que se proceda com uma análise retrospectiva das escolhas envolvidas no processo de estruturação da avaliação, buscando-se pontos de melhoria que poderiam ser feitos.

Com relação ao caso do J., esse exercício revelou como maiores pontos de fragilidade o aspecto conflituoso entre a apresentação sintomatológica de sinais sugestivos de um possível TDAH em conjunto com as demais conformações que se assemelham às alterações observadas na capacidade atencional e de gerenciamento executivo.

O fato de a avaliação ter sido realizada durante um episódio em que se destacaram características de humor com valência negativa e níveis consideráveis de ansiedade pode dificultar a identificação precisa do TDAH, visto que as síndromes pertencentes a ambas as condições são muito semelhantes.

Outro aspecto que poderia ter sido de grande utilidade para a construção de um raciocínio clínico mais integrado seria a convocação de fontes complementares de informação que pudessem oferecer com maiores detalhes os dados relacionados com o desenvolvimento neuropsicomotor, visto que define-se o TDAH como um transtorno de neurodesenvolvimento em que a sintomatologia que oferece impacto na funcionalidade do sujeito precisa se manifestar necessariamente no período da infância.

Referências bibliográficas

AMERICAN PSYCHIATRIC ASSOCIATION (APA). Manual diagnóstico e estatístico de transtornos mentais – DSM-5-TR. 5. ed. Porto Alegre: Artmed, 2023.

AASVIK J. K. et al. Subjective memory complaints among patients on sick leave are associated with symptoms of fatigue and anxiety. Frontiers in Psychology, Pully, n. 6, p. 1338, 2015.

BANDELOW, B. et al. Biological markers for anxiety disorders, OCD and PTSD – a consensus statement. Part I: Neuroimaging and genetics. The World Journal of Biological Psychiatry: The Official Journal of the World Federation of Societies of Biological Psychiatry, Londo, v. 17, n. 5, p. 321-365, 2016.

BANDELOW, B. et al. Biological markers for anxiety disorders, OCD and PTSD: A consensus statement. Part II: Neurochemistry, neurophysiology and neurocognition. The World Journal of Biological Psychiatry: The Official Journal of the World Federation of Societies of Biological Psychiatry, London, v. 18, n. 3, n. 162-214, 2017.

BALDWIN D. S. et al. The separation of adult separation anxiety disorder. CNS Spectrums, New York, v. 21, n. 4, p. 289-294, 2016.

BANDELOW, B.; MICHAELIS, S. Epidemiology of anxiety disorders in the 21 st century. Dialogues in Clinical Neuroscience, Abingdon, v. 17, n. 3, p. 327-335, 2015.

CUNHA, J. A. Psicodiagnóstico. Porto Alegre: Artmed, 2008. p. 678.

DALGALARRONDO, P. Psicopatologia e semiologia dos transtornos mentais. 2. ed. Porto Alegre: Artmed, 2008. p. 438.

D'ALCANTE, C. C. Características neuropsicológicas no transtorno obsessivo compulsivo e seu impacto no tratamento. [Dissertação de Mestrado]. Universidade de São Paulo, 2010.

GORESTEIN, C.; WANG, Y. P.; HUNGERBÜHLER, I. Instrumentos de avaliação em saúde mental. Porto Alegre: Artmed, 2016.

HAASE, V. G. et al. Neuropsicologia como ciência interdisciplinar: consenso da comunidade brasileira de pesquisadores/clínicos em Neuropsicologia. Neuropsicologia Latinoamericana, v. 4, n. 4, p. 1-8, 2012.

HEYMAN, I.; MATAIX-COLS, D.; FINEBERG, N. A. Obsessive-compulsive disorder. BMJ (Clinical Research ed.), London, v. 333, n. 7565, p. 424-429, 2006.

KAPCZINSKI, N. S.; PEUKER, A. C. W. B.; NARVAEZ, J. C. M. Aplicações do exame neuropsicológico à psiquiatria. In: MALLOY-DINIZ, L. F.; FUENTES, D.;

KUELZ, A. K.; HOHAGEN, F.; VODERHOLZER, U. Neuropsychological performance in obsessive-compulsive disorder: a critical review. Biological psychology, v. 65, n. 3, p. 185-236.

MATTOS, P.; ABREU, N. Avaliação neuropsicológica. Porto Alegre: Artmed, 2010. p. 302.

KESSLER, R. C. et al. Lifetime prevalence and age-of-onset distributions of DSM-IV disorders in the National Comorbidity Survey Replication. Archives of General Psychiatry, Chicago, v. 62, n. 6, p. 593-602, 2005.

KESSLER, R. C. et al. Twelve-month and lifetime prevalence and lifetime morbid risk of anxiety and mood disorders in the United States. International Journal of Methods in Psychiatric Research, Hoboken, v. 21, n. 3, p. 169-184, 2012.

KREBS, G.; HEYMAN, I. Obsessive-compulsive disorder in children and adolescents. Archives of disease in childhood, London, v. 100, n. 5, p. 495-499, 2015.

KUMAR A. et al. Efficacy of mindfulness-integrated cognitive behavior therapy in patients with predominant obsessions. Indian Journal of Psychiatry, Mumbai, v. 58, n. 4, p. 366-371, 2016.

LANGARITA-LLORENTE, R.; GRACIA-GARCÍA, P. Neuropsicología del trastorno de ansiedad generalizada: revisión sistemática. Revista de Neurología, Barcelona, v. 69, n. 2, p. 69-57, 2019.

LEZAK, M. D. Neuropsychology assessment. 3. ed. New York: Oxford University Press, 1995. p. 7-44.

MIOTTO, E. C. (Org.) Reabilitação neuropsicológica e intervenções comportamentais. São Paulo: Editora Roca, 2015.

MELO, M. C. M. G.; SAMPAIO, L. R. Funcionamento executivo em adultos com Transtorno Obsessivo-Compulsivo: Uma revisão sistemática da literatura. Neuropsicologia Latinoamericana, Santiago de Chile, v. 13, n. 3, p. 63-78, 2021.

NEDELJKOVIC, M.; YRIOS, M. Confidence in memory and other cognitive processes in obsessive-compulsive disorder. Behaviour research and therapy, v. 45, n. 12, p. 2899-2914, 2009.

OLLEY, A.; MALHI, G.; SACHDEV, P. Memory and executive functioning in obsessive-compulsive disorder: a selective review. Journal of affective disorders, v. 104, n. 1-3, p. 15-23, 2007.

MORITZ, S. et al. Executive functioning in obsessive–compulsive disorder, unipolar depression, and schizophrenia. Archives of Clinical Neuropsychology, v. 17, n. 5, p. 477-483, 2002.

ONOFRE, A. D. et al. Research, Society and Development, São Paulo, v. 11, n. 2, p. e37211225566, 2022.

ROCCA, C. C. A.; LAFER, B. Alterações neuropsicológicas no transtorno bipolar. Revista Brasileira de Psiquiatria, São Paulo, v. 28, n. 3, p. 226-237, 2006.

ROZENTHAL, M.; JERSON, L.; ELIASZ, E. Aspectos neuropsicológicos da depressão. Revista de Psiquiatria do Rio Grande do Sul, Porto Alegre, v. 26, n. 2, p. 204-212, 2004.

SEMKOVSKA, M. et al. Cognitive function following a major depressive episode: a systematic review and meta-analysis. The lancet. Psychiatry, Kidlington, v. 6, n. 10, p. 851-861, 2019.

SUN X.; ZHU C.; SO S. H. W. Dysfunctional metacognition across psychopathologies: a meta-analytic review. European Psychiatry: The Journal of the Association of European Psychiatrists, Paris, n. 45, p. 139-153, 2017.

VEALE, D.; ROBERTS, A. Obsessive-compulsive disorder. BMJ (Clinical Research ed.), London, n. 348, p. g2183, 2014.

31 Transtornos Alimentares

Bruno Sini Scarpato • Elisa Gisbert Cury

Introdução

Em 2019, aproximadamente 14 milhões de pessoas foram afetadas por transtornos alimentares (TA) no mundo (WHO, 2019; GBD, 2019). A prevalência desses transtornos vem aumentando nas últimas décadas, e tendem a cronificar quando não identificados precocemente. Esses transtornos, como anorexia nervosa (AN), bulimia nervosa (BN) e transtorno de compulsão alimentar (TCA), são caracterizados por uma perturbação persistente na alimentação ou no comportamento relacionado com alimentação, que resulta no consumo ou na absorção alterada de alimentos e que compromete significativamente a saúde física ou o funcionamento psicossocial (APA, 2019; WHO, 2019).

A possibilidade de que alguma disfunção no sistema nervoso central esteja envolvida na fisiopatologia dos transtornos alimentares levou, nos últimos anos, à ênfase de estudos, buscando compreender o funcionamento cognitivo e a sintomatologia alimentar (Tchanturia; Hambrook, 2010). Avanços metodológicos e tecnológicos no campo de estudo da neuropsicologia, como o uso de ressonância magnética funcional (RMf), trouxeram novas informações a respeito da conexão entre o processamento de informações e os mecanismos de recompensas e os distúrbios alimentares (Balodis *et al.*, 2013; Morton *et al.*, 2006; Stice *et al.*, 2009).

Aspectos clínicos e diagnósticos

Os transtornos alimentares estão associados à elevada taxa de mortalidade e morbidade (Amiri; Khan, 2023; Crone *et al.*, 2023). Os principais manuais diagnósticos incluem no grupo dos transtornos alimentares os diagnósticos de pica, transtorno de ruminação-regurgitação, transtorno alimentar restritivo/evitativo, outro transtorno alimentar especificado/não especificado, anorexia nervosa (AN), bulimia nervosa (BN) e transtorno de compulsão alimentar (TCA). Os TA mais bem caracterizados são a AN, a BN e o TCA. Neste capítulo, abordaremos somente os diagnósticos de AN, BN e TCA, visto que são os três mais frequentes.

Os TA geralmente ocorrem em adolescentes e adultos jovens. A comorbidade é alta com outros quadros psiquiátricos, como depressão, ansiedade, transtorno de déficit de atenção e hiperatividade, transtorno obsessivo-compulsivo e transtornos de personalidade, o que dificulta o manejo clínico. Estudos de prevalência indicam grandes diferenças por faixa etária e sexo, muito maiores em mulheres jovens (AN, 0,1 a 2%; BN, 0,37 a 2,98%; TCA, 0,62 a 4,45%). A prevalência de TA é de 2,2% (0,2 a 13,1%) na Europa, 3,5% (0,6 a 7,8%) na Ásia e 4,6% (2 a 13,5%) na América.

A AN tem prevalência nos EUA entre 0,01 e 0,05% no período de 1 ano, sendo mais comum em mulheres, com predomínio ao longo da vida de 0,9 a 1,42% (APA, 2022). Na 11ª edição da *Classificação internacional de doenças* (CID-11) e na 5ª edição revisada do *Manual diagnóstico e estatístico de transtornos mentais* (DSM-5-TR) o diagnóstico de anorexia nervosa exige que os sintomas mantenham-se por ao menos 3 meses (Tabela 31.1) e pede a indicação do subtipo, que se refere ao comportamento emitido como forma de evitar a ingestão calórica ou ganho de peso, sendo eles o tipo restritivo, que se caracteriza pela evitação do ganho de peso por meio de dietas, jejum ou exercícios, e o subtipo purgativo, em que a restrição calórica é alcançada por meio de vômitos autoinduzidos ou uso de laxantes, diuréticos ou enemas. A CID-11 define como baixo peso um índice de massa corpórea (IMC) abaixo de 18,5 kg/m², sendo este um critério diagnóstico. Por outro lado, o DSM-5-TR considera este IMC como um índice de gravidade; acima 17 kg/m², considera-se leve.

A BN apresenta uma prevalência um pouco maior, entre 0,14 e 0,3% nos EUA, e estudos reportam 6,2% em amostras de brasileiros universitários (Moraes *et al.*, 2021). Há episódios recorrentes de compulsão alimentar, seguidos de comportamentos compensatórios inapropriados recorrentes a fim de impedir o ganho de peso, como vômitos autoinduzidos; uso indevido de laxantes, diuréticos ou outros medicamentos; jejum; ou exercício em excesso, que como critério diagnóstico, devem ocorrer ao menos 1 vez/semana durante 3 meses. Assim como na AN, a autoavaliação permeia o peso corporal e a forma corporal. Como se pode deduzir, o TCA por sua vez apresenta maior prevalência, entre 0,44 e 1,2% em amostras estadunidenses (APA, 2022). A Tabela 31.1 apresenta as principais características deste transtorno que deve ocorrer, como critério diagnóstico, ao menos 1 vez/semana por 3 meses, sendo que a gravidade do quadro é baseada no número de episódios semanais, indo de leve (1 a 3 episódios/semana) a extremo (14 ou mais episódios/semana) (APA, 2022).

Aspectos neurocognitivos

Pesquisas que envolvem a avaliação neuropsicológica de pacientes com TA vêm contribuindo para a discussão sobre a etiologia, a manutenção e o prognóstico da doença,

Tabela 31.1 Sintomas dos quadros de anorexia nervosa, bulimia nervosa e transtorno de compulsão alimentar.*

Transtorno	DSM-5-TR
Anorexia nervosa	• Restrição da ingesta calórica com relação às necessidades, levando a um peso corporal baixíssimo considerando o contexto de idade, gênero, trajetória do desenvolvimento e saúde física • Medo significativo de engordar ou ganhar peso, acompanhado de comportamento que interfere no ganho de peso, ainda que o peso seja muito baixo • Distorção no modo como percebe o próprio corpo ou peso, além de baixa crítica da doença e do baixo peso
Bulimia nervosa	• Episódios recorrentes de compulsão alimentar, nos quais ocorre a ingestão de alimentos em um período determinado, em quantidade muito superior àquela que o indivíduo costuma consumir nas mesmas condições • Sensação de falta de controle sobre a ingestão, como se o indivíduo não conseguisse parar de comer ou controlar a quantidade de alimento ingerido • Após o episódio compulsivo acontecem comportamentos compensatórios que buscam evitar o ganho de peso, como vômitos autoinduzidos, uso de medicamentos, jejum ou exercícios físicos intensos • As dimensões e o peso corporal influenciam a autoavaliação

Transtorno de compulsão alimentar	• Episódios de compulsão alimentar
	• Sentimento de falta de controle do comportamento alimentar durante os episódios
	• Associado a três ou mais dos seguintes aspectos:
	  ▪ Comer mais rápido que o normal
	  ▪ Comer em grandes quantidades sem sensação física de fome
	  ▪ Comer até sentir-se cheio, com desconforto físico
	  ▪ Comer sozinho por vergonha do comportamento alimentar
	  ▪ Sentir-se deprimido ou culpado por esse comportamento

Adaptada de DSM-5-TR (APA, 2022) e CID-11 (WHO, 2019). *No caso do paciente adulto.

assim como para a adaptação de técnicas terapêuticas que considerem as habilidades e fraquezas cognitivas e comportamentais desse grupo de indivíduos (Duchesne et al., 2004; van den Eynde et al., 2011; Mobbs et al., 2011; Wood et al., 2011).

A existência, no entanto, de inconsistências entre os estudos é notável, em grande parte em virtude de vieses metodológicos ou da dificuldade em discriminar se alguns achados estão relacionados com traços individuais ou se são secundários ao quadro de má nutrição, como acontece com a dieta restritiva da AN, ou se estão associados ao índice de massa corporal maior como no TCA. Alguns modelos entendem os padrões atípicos de funcionamento neurocognitivo mais como um fator que predispõe o indivíduo ao TA do que uma consequência do transtorno, especialmente para o TCA.

Alterações neurocognitivas na anorexia nervosa

A literatura aponta para alterações cognitivas de relevância clínica para diversos domínios na AN, mas a complexidade do quadro dificulta a compreensão dos mecanismos fisiopatológicos e comportamentais subjacentes (Stedal et al., 2021). A dieta deficitária e o comportamento purgatório geram uma série de alterações fisiológicas evidenciadas em anormalidades laboratoriais como leucopenia, anemia, hipercolesterolemia, osteopenia, além de outras alterações endocrinológicas e eletrocardiológicas (APA, 2022). Nesse contexto, torna-se difícil discriminar se essas alterações cognitivas seriam um traço da doença independentemente do estado nutricional momentâneo ou acumulativo, ou mesmo combinação de outras características psicopatológicas, como sintomas obsessivos-compulsivos (Tchanturia et al., 2004).

A AN apresenta prejuízos em maior magnitude para memória lógica verbal, atenção visual e flexibilidade cognitiva e, em menor proporção, para habilidades visuoespaciais, velocidade de processamento e memória operacional (Stedal et al., 2021).

Estudos com adultos com AN indicam uma tendência de pacientes mais velhos apresentarem pior desempenho do que aqueles mais jovens, e que os déficits cognitivos permanecem, em menor grau, mesmo após a remissão do quadro. Essas características apontam para as alterações cognitivas como um traço da doença, mais do que como uma consequência do estado de baixo peso ou déficit nutricional. Esses achados endossam a hipótese de que mais tempo de doença representa maior risco de déficits cognitivos (Tchanturia et al., 2004; Grau et al., 2019; Stedal et al., 2021). Essas características, no entanto, parecem não acontecer na adolescência, uma vez que as pessoas acometidas nessa fase tendem a manifestar melhora do desempenho cognitivo quando avaliados após a remissão dos sintomas (Tchanturia et al., 2004; Stedal et al., 2021).

As alterações cognitivas também apresentam relação com o IMC, com peso mais baixo associado a pior desempenho para memória verbal – inferido por meio de testes como o Memória Lógica da Escala Wechsler (evocação), controle inibitório e habilidades visuoespaciais, esta última mais especificamente relacionada com o planejamento e a organização para produção gráfica em testes como Figuras Complexas de Rey (Zuchova et al., 2013; Stedal et al., 2021). A idade, por sua vez, parece ter efeito positivo no controle inibitório, de modo que pacientes mais velhos tendem a apresentar melhor desempenho em testes como o *Go/No-Go* (Stedal et al., 2021). Características como rigidez e inflexibilidade na infância mostram correlação com pior desempenho em alternância cognitiva em adultos com AN (Tchanturia et al., 2004).

No que se refere ao domínio neurocognitivo da flexibilidade e alternância cognitiva (*shifting*, no inglês), os achados dos estudos variam de acordo com o paradigma adotado, com desempenho prejudicado em cerca de um desvio-padrão (DP) para tarefas de alternância cognitiva perceptuais (p. ex., *Brixton Spatial Anticipation Test* e *Trail Making Test*) e preservada para aquelas verbais (Zakzanis et al., 2010).

A tomada de decisão é outro domínio neurocognitivo bastante estudado nos TA, visto que os clínicos percebem déficits de competências emocionais no julgamento e execução de comportamentos em respostas a eventos estressores, sendo um potencial endofenótipo desses quadros. Emoções modulam o processo de tomada de decisão à medida que criam respostas fisiológicas, sendo geralmente inferido por meio de paradigmas de análise de risco em perspectiva temporal, como no *Iowa Gambling Test* (IGT), por meio de um jogo de aposta em cartas (Bechara et al., 1994; Cardoso et al., 2013).

A literatura mostra que o desempenho no IGT em pacientes acometidos pela AN é alterado para os sintomáticos (cerca de 0,72 DP abaixo dos controles) e preservado para aqueles que apresentam remissão dos sintomas, mesmo quando considerado IMC e sintomas depressivos, com pior desempenho para o subtipo restritivo em comparação com o purgativo (Guillaume et al., 2015). Estudos corroboram com as observações clínicas de uma preferência desses pacientes por manter a restrição alimentar e sensação de fome, mesmo quando apresentadas as condições adversas físicas e psicológicas a longo prazo.

A coerência central também é um domínio cognitivo afetado na AN, constructo entendido como o estilo perceptual-cognitivo que permite ao indivíduo compreender o contexto, processando e unificando informações locais de forma coerente. Uma metanálise aponta para pequenas alterações em coerência central, bem como para alternância cognitiva na AN, com maior prejuízo nos casos de BN, e preservados para TCA (Keegan et al., 2021). Estudo realizado por Harrison et al. (2011) avaliou coerência central por meio do teste de Figuras Complexas de Rey, baseado em parâmetros como o Índice de Coerência Rey, e identificou desempenho abaixo dos controles em 0,5 DP para AN (percentil 32), e em torno de 0,81 DP para BN (percentil 21) (Harrison et al., 2011).

Alterações neurocognitivas na bulimia nervosa

Os estudos referentes às alterações neurocognitivas da BN são menos frequentes se comparados à AN e ao TCA (van den Eynde et al., 2011; Cury et al., 2020; Stedal et al., 2021). As variações metodológicas, em especial o uso de instrumentos modificados, diferentes do original, dificultam a identificação de um perfil neurocognitivo preciso. Uma metanálise realizada por van den Eynde et al. (2011), por exemplo, aponta que em virtude dessas heterogeneidades metodológicas, achados a respeito de controle inibitório, alternância cognitiva e planejamento mental nos transtornos bulímicos são inconclusivos.

A tomada de decisão é um domínio que incorpora aspectos de autorregulação e elementos relativos à sensibilidade à recompensa (van den Eynde et al., 2011). Déficits nessa função estão presentes em vários transtornos psiquiátricos nos quais o autocontrole e a impulsividade desempenham um papel importante (Danner et al., 2012). Sabe-se, por exemplo, que pessoas com transtorno de uso de substâncias apresentam prejuízos significativos na tomada de decisão e na priorização de objetivos (Perry et al., 2016).

A dificuldade em adiar gratificação presente nas pessoas com BN, provavelmente deve-se a déficits no processo de tomada de decisão em situações que envolvem incerteza, punições ou recompensas, que sobrecarregam o controle executivo. Uma metanálise (Guillaume et al., 2015) identificou em casos de BN desempenho semelhante à AN sintomática em testes como IGT, e abaixo do esperado se comparado a casos saudáveis (cerca de 0,62 DP). Com o objetivo de melhor compreender as diferenças no desempenho no IGT entre casos de AN e BN, um estudo realizado por Chan et al. (2014) procurou aplicar modelos estatísticos mais avançados que consideram elementos como expectativa e aprendizagem no processo de tomada de decisão nesse teste. Segundo os autores, a dificuldade no caso da AN estaria em funções relacionadas com a memória, mais especificamente com a aprendizagem advinda nas experiências acumuladas em cada etapa do teste, enquanto os casos de BN tem uma sensibilidade maior às recompensas em oposição a perdas.

As dificuldades mostram-se evidentes em testes de coerência central verbal com paradigmas que envolvem conflito no processamento entre informação local e global, como nos testes *Sentence Completion Test* e *Homograph Reading Task* (Lopez et al., 2008). As alterações na coerência central visual também se mostraram presentes na BN, inferidas por meio do Teste Figuras Complexas de Rey, quando considerados os sistemas de correção/pontuação baseados na estratégia de organização (Savage et al., 1999) e ordem de construção durante a etapa de cópia da figura (para detalhes desse sistema de correção leia Lopez et al., 2008). O perfil de respostas apresentado nesses estudos evidencia que na BN há uma dificuldade em tarefas que requerem estratégias globais elaboradas por meio da integração de elementos contextuais (Lopez et al., 2008; Guillaume et al., 2015).

Alterações neurocognitivas no transtorno de compulsão alimentar

Evidências sugerem que a sintomatologia do TCA, como intenso desejo por comida (*food cravings*) e episódios objetivos de compulsão alimentar, têm suas bases em sistemas neurocognitivos que coordenam, por sua vez, o sistema de recompensa e o controle cognitivo (Boswell et al., 2021; Hilbert, 2019; Kessler et al., 2016; Steward; Berner, 2020; Wilfley et al., 2016). Assim, um extenso campo de pesquisa tem focado em entender a contribuição da cognição nos comportamentos alimentares desse transtorno (Iceta, 2021).

Especificamente, as funções executivas têm sido investigadas como um potencial fator para o desenvolvimento e a manutenção dos episódios de comer compulsivo.

Alguns estudos que envolvem pessoas com TCA demonstram que o desempenho cognitivo nessa população é pior em tarefas de funções executivas, como controle inibitório, flexibilidade cognitiva (Galioto, 2012), tomada de decisão, planejamento (Daves, 2010; Svaldi 2010; Colto, 2023), solução de problemas e memória operacional (Duchesne, 2010; Cury, 2020) quando comparado a controles saudáveis.

A dificuldade de inibição está diretamente relacionada com a impulsividade. Prejuízos no controle inibitório acarretam dificuldades de regulação de comportamentos impulsivos. A perda de controle é um sintoma central em pessoas com TCA, e estudos apontam aumento de impulsividade nessa população que pode levar a falhas para suprimir episódios de compulsão alimentar e consumo excessivo de comidas altamente palatáveis (Galioto, 2012; Iceta, 2021).

A relação entre impulsividade e comportamento alimentar compulsivo tem sido também estudada a partir da comorbidade entre TCA e patologias como o transtorno do déficit de atenção e hiperatividade (TDAH). Pacientes com TDAH e TA compartilham, de maneira geral, características semelhantes, como graus variados de impulsividade e padrão cognitivo que consiste em déficits atencionais e executivos (Duchesne *et al.*, 2004; Nazar *et al.*, 2008).

Alterações na tomada de decisão em indivíduos com TCA podem ter influência no comportamento relacionado com a alimentação e estar associado, por exemplo, à dificuldade de se pensar nas consequências negativas da compulsão alimentar a longo prazo (Danner *et al.*, 2012). A tomada de decisão está diretamente relacionada com o controle inibitório. Indivíduos que apresentam controle inibitório comprometido frequentemente apresentam um padrão de tomada de decisões mais baseado em recompensas imediatas do que consequências futuras. Nos momentos que antecedem a compulsão alimentar, a habilidade de inibir a escolha de ter uma recompensa imediata, como a comida palatável, e considerar os prejuízos acarretados pelo comportamento compulsivo, pode estar comprometida nesses pacientes (Svaldi *et al.*, 2010).

Por sua vez, déficits na flexibilidade cognitiva podem estar relacionados à preocupação excessiva com alimentação, peso e forma corporal, o que dificulta o engajamento em intervenções terapêuticas que busquem mudança de padrões já estabelecidos (Mobbes *et al.*, 2011). Prejuízo na habilidade de solução de problemas pode acarretar a inabilidade de realizar uma sequência de estratégias específicas para alcançar um objetivo (p. ex., inabilidade em planejar e desenvolver um plano alimentar). O comprometimento na memória operacional pode predispor à dificuldade de relembrar e atualizar objetivos (como seguir horários de alimentação, evitar alimentos que levem à compulsão – *trigger foods*) (Manasse *et al.*, 2015).

Dessa forma, observa-se que os estudos caminham na direção de tornar cada vez mais consistentes os achados que relacionam o comportamento alimentar e a cognição. Alguns autores buscaram sintetizar os achados de neurocognição no TCA.

Os achados de uma revisão sistemática e metanálise feita por Cury (2020), incluindo 26 estudos, apontaram pior desempenho de pessoas com TCA com relação a controles obesos sem TCA no domínio da memória operacional.

A análise qualitativa dos resultados referentes ao domínio de solução de problemas evidenciou desempenho pior do grupo com TCA em comparação a pessoas com obesidade do grupo de controle, desempenho similar nas habilidades de planejamento e achados mistos para déficits executivos no grupo com TCA *versus* pessoas sem TCA (pessoas com obesidade e com peso normal) para os domínios de controle inibitório, tomada de decisão e flexibilidade cognitiva.

Uma recente metanálise buscou identificar evidências de alteração em três diferentes estágios da tomada de decisão que subjazem às escolhas alimentares em pacientes com TCA e evidenciou déficits significativos em cada estágio. Nos períodos anteriores à alimentação pode haver uma expectativa de recompensa aumentada relacionada com a ingesta alimentar, podendo influenciar as preferências alimentares e eliciar o desejo intenso de comer. Durante o episódio, o aumento da sensibilidade à recompensa e a diminuição do processo inibitório e autorregulatório podem aumentar a ingesta alimentar e propiciar maior dificuldade em parar de comer. Após um episódio de compulsão alimentar, o processo alterado de aprendizagem e memória pode dificultar que as pessoas com compulsão efetivamente monitorem e mudem o comportamento, apesar da experiência estressora (Colton *et al.*, 2023).

Nesse sentido, entende-se que as pesquisas sobre aspectos neuropsicológicos de pessoas com TCA e sua relação com outras características alimentares do transtorno estão cada vez mais robustas, mas os achados ainda são inconclusivos e, assim, mais estudos se fazem necessários para esclarecer o perfil cognitivo dessa população.

Caso clínico

A., 28 anos, publicitária, diagnóstico de TCA há 2 anos, IMC 34 kg/m² (obesidade grau I). Paciente relata infância difícil com privações em decorrência do baixo orçamento familiar. Comparada com as irmãs, era acima do peso, embora dentro do perfil da maioria dos pares. Ainda assim, era vítima de chacotas com relação à aparência física dentro e fora do ambiente familiar. Sua mãe era rígida e comumente criticava a sua forma de se alimentar, considerando-a uma menina desregrada e descuidada. O pai, figura passiva, passava a maior parte de tempo fora de casa, em decorrência de seu trabalho.

No ensino médio, a paciente apresentava dificuldade de concentração e frequente procrastinação das tarefas acadêmicas, perfil que apresentou sensível melhora ao longo da faculdade. Relata que hoje é mais sociável que na adolescência, em parte em função das demandas de trabalho que envolvem contato com diferentes pessoas. Durante a faculdade teve aumento significativo no peso corporal, acompanhado de crescente insatisfação com relação à imagem. Refere esse período como estressante, pois queria ter um bom desempenho, ao mesmo tempo que se sentia insegura quanto a sua capacidade.

No trabalho tende à procrastinação, em especial dificuldade de iniciação das tarefas associada a pensamentos relacionados com a antecipação de potenciais críticas por parte dos colegas de trabalho. No âmbito dos relacionamentos amorosos, refere que nunca namorou, sentindo-se desinteressante, e apresentando baixa autoestima. Há cerca de 2 anos passou a apresentar maior preocupação com o trabalho, acompanhado de sentimento de vazio e baixa perspectiva com relação a carreira e vida amorosa, com aumento significativo de episódios de compulsão alimentar, especialmente no início da noite, logo que chegava em casa. Evidenciou-se dificuldade importante em planejar sua rotina alimentar, e falta de organização quanto às compras e aos horários das refeições. Quando estabelecia uma meta semanal, como fazer atividade física, dificilmente a cumpria, e se começava, desistia rápido. Relatou sentir falta de controle com relação aos episódios de compulsão alimentar, como se não conseguisse parar de comer, mesmo sabendo que era uma atitude prejudicial. Conseguia relacionar os episódios a conflitos emocionais, e mesmo sabendo que a comida não resolveria seus problemas, buscava um alívio imediato. Junto a isso, nos contextos sociais em que havia comida, acaba aceitando o que lhe era oferecido, mesmo não querendo ou não sentindo vontade.

Com base nas informações, foi realizada investigação de perfil neuropsicológico, por meio do desempenho nos instrumentos neuropsicológicos e observações qualitativas do comportamento (Tabela 31.2).

O padrão de desempenho cognitivo indica que a paciente apresenta QI global estimado mediano, com bom raciocínio lógico não verbal. Apresentou dificuldade leve na memória operacional para idade e escolaridade, o que pode contribuir para dificuldade em manter uma meta em mente e realizá-la. Obteve dificuldade leve no que se refere à flexibilidade cognitiva, fazendo maior uso de tentativa e erro no processo de adaptação a novas demandas, o que pode dificultar o engajamento nas ações terapêuticas de tratamento do transtorno de compulsão alimentar. Evidenciou-se dificuldade leve no processo de inibição de comportamentos automáticos ou preponderantes, para grupo etário e escolaridade, podendo contribuir para o descontrole apresentado nos episódios de compulsão alimentar. Quanto à aprendizagem verbal e à

Tabela 31.2 Resultados dos instrumentos aplicados na avaliação.

Teste/domínio	Percentil	Classificação	Interpretação
QI total (WAIS-III) 109	73	Médio	Preservado
Raciocínio Matricial (WAIS-III)	84	Médio superior	Preservado
Vocabulário (WAIS-III)	58	Médio	Preservado
Sequência de Números e Letras (WAIS-III)	23	Médio inferior	Dificuldade leve
Códigos (WAIS-III)	58	Médio	Preservado
Trilhas A	61	Médio	Preservado
Trilhas B	21	Médio inferior	Dificuldade leve
Teste dos Cinco Dígitos (escolha)	68	Médio	Preservado
Teste dos Cinco Dígitos (alternância)	23	Médio inferior	Dificuldade leve
Teste de Atenção Dividida	70	Médio	Preservado
Teste de Atenção Alternada	23	Médio inferior	Dificuldade leve
WSCT – % erros perseverativos	23	Médio inferior	Dificuldade leve
WSCT – categorias (10 categorias)	> 16	–	Preservado
Fluência Verbal Fonêmica	80	Médio superior	Preservado
Fluência Verbal Semântica	73	Médio	Preservado
RAVLT – A1	58	Médio	Preservado
RAVLT – A1-A5 (total)	23	Médio inferior	Dificuldade leve
RAVLT (A7) – tardio	23	Médio inferior	Dificuldade leve
ROCF – Cópia	73	Médio	Preservado
ROCF – Tardia	34	Médio	Preservado
Escala de Ansiedade de Beck	–	–	Leve
Escala de Hamilton para Depressão	–	–	Moderado
EDE-Q*	–	–	–
Subescala de Restrição (3)	85	–	–
Subescala de Preocupação Alimentar (4,40)	95 a 99	–	–
Subescala de Preocupação com a Forma (4,62)	95	–	–
Subescala de Preocupação com o Peso (4,4)	84 a 90	–	–
Escore Global (4,1) – ponto de corte 2,8	95	–	Alta relevância clínica

QI: quociente de inteligência; WAIS-III: Escala de Inteligência de Wechsler para Adultos, 3ª edição; WSCT: Teste Wisconsin de Classificação de Cartas; RAVLT: Teste de Aprendizagem Auditivo-Verbal de Rey; ROCF: *Rey-Osterrieth Complex Figure*; EDE-Q: *Eating Disorder Examination Questionnaire*. *Normas para adultos australianos do sexo feminino (Mond *et al.*, 2006).

memória verbal episódica, também obteve dificuldade leve; alteração que não é caraterística no TCA, no entanto, comum a quadros de humor e compatível com a frequência e intensidade de sintomas depressivos apresentados ainda que em nível subclínico.

Em suma, há indicativo de alterações leves nas funções executivas que podem, junto a aspectos emocionais, comportamentais e ambientais, contribuir para a compreensão dos sintomas alimentares apresentados.

Considerações finais

Os transtornos alimentares são quadros complexos, de fisiopatologia ainda desconhecida, com muitos fatores possivelmente envolvidos. A existência de uma disfunção do sistema nervoso central (SNC) vem sendo investigada, nas últimas décadas, com particular interesse, e a avaliação neuropsicológica é um recurso para inferir os mecanismos cognitivos subjacentes ao comportamento alimentar. O fato de algumas alterações cognitivas tenderem a desaparecer após a remissão do quadro alimentar, argumenta a favor da hipótese da ação dos sintomas no funcionamento cognitivo. Por outro lado, quando alterações cognitivas tendem a persistir mesmo após melhora de sintomas, sugere-se que podem preceder o desenvolvimento dos transtornos alimentares, de modo que os dois mecanismos parecem fazer parte dos TA. Déficits específicos de funções executivas e comorbidades podem prejudicar o engajamento no tratamento, resultando em pior prognóstico. A avaliação neuropsicológica, portanto, fornece informações importantes para a construção de um modelo de funcionamento patológico do quadro, como também permite explorar características individuais importantes para a elaboração de um plano de tratamento com maior chance de sucesso.

Referências bibliográficas

AMERICAN PSYCHIATRIC ASSOCIATION (APA). Diagnostic and statistical manual of mental disorders. 5 ed. Texto revisado. 2022.

AMIRI, S.; KHAN, M. A. Prevalence of non-suicidal self-injury, suicidal ideation, suicide attempts, suicide mortality in eating disorders: a systematic review and meta-analysis. Eating disorders, New York, v. 1, n. 5, p. 1-39, 2023.

BROOMFIELD, C.; STEDAL, K.; TOUYZ, S. The neuropsychological profile of severe and enduring anorexia nervosa: a systematic review. Frontiers in Psychology, Pully, n. 12, p. 708536, 2021.

BALLEINE B. W. Neural bases of food-seeking: affect, arousal and reward in corticostriatolimbic circuits. Physiology & Behavior, New York, v. 86, n. 5, p. 717-730, 2005.

BALODIS, I. M. et al. Monetary reward processing in obese individuals with and without binge eating disorder. Biological psychiatry, New York, v. 73, n. 9, 877-886, 2013.

CARDOSO, C. O.; COTRENA, C. Tomada de decisão examinada pelo Iowa Gambling Task: análise das variáveis de desempenho. Neuropsicologia Latinoamericana, Santiago de Chile, n. 5, v. 2, p. 24-30, 2013.

COLTON, E. et al. Dysfunctional decision-making in binge-eating disorder: A meta-analysis and systematic review. Neuroscience and Biobehavioral Reviews, Fayetteville, n. 152, p. 105250, 2023.

CRONE, C. et al. The American Psychiatric Association Practice Guideline for the Treatment of Patients With Eating Disorders. The American Journal of Psychiatry, Arlington, v. 180, n. 2, p. 167-171, 2023.

BECHARA, A. et al. Insensitivity to future consequences following damage to human prefrontal cortex. Cognition, Hague, v. 50, n. 1-3, p. 7-15, 1994.

BUSEMEYER J. R.; STOUT J. C. A contribution of cognitive decision models to clinical assessment: Decomposing performance on the Bechara gambling task. Psychological Assessment, Arlington, v. 14, n. 3, p. 253-262, 2002.

CURY, M. E. G. et al. Scrutinizing domains of executive function in binge eating disorder: a systematic review and meta-analysis. Frontiers in Psychiatry, Lausanne, v. n. 11, p. 288, 2020.

DAHLÉN, A. D. et al. Phonological working memory is adversely affected in adults with anorexia nervosa: a systematic literature review. Eating and Weight Disorders: EWD, Milano, v. 27, n. 6, p. 1931-1952, 2022.

DAMASIO A. R. Descartes' error: emotion, reason, and the human brain. Penguin Books: New York, 1994.

DAVIS, C. et al. Immediate pleasures and future consequences. A neuropsychological study of binge eating and obesity. Appetite, London, v. 54, n. 1, p. 208-213, 2010.

DI LODOVICO, L. et al. Is decision-making impairment an endophenotype of anorexia nervosa? European Psychiatry: the Journal of the Association of European Psychiatrists, Paris, v. 65, n. 1, p. e68, 2022.

DUCHESNE, M. et al. Assessment of executive functions in obese individuals with binge eating disorder. Revista Brasileira de Psiquiatria, São Paulo, v. 32, n. 4, p. 381-388, 2020.

ELY, A. V.; WIERENGA, C. E.; KAYE, W. H. Anxiety Impacts Cognitive Inhibition in Remitted Anorexia Nervosa. European Eating Disorders Review: the Journal of the Eating Disorders Association, Chichester, v. 24, n. 4, p. 347-351, 2016.

GALIOTO, R. et al. Cognitive function in morbidly obese individuals with and without binge eating disorder. Comprehensive psychiatry, Philadelphia, v. 53, n. 5, p. 490-495, 2012.

GLOBAL BURDEN OF DISEASE COLLABORATIVE NETWORK. Global Burden of Disease Study 2019 (GBD 2019) Results. Seattle: Institute for Health Metrics and Evaluation (IHME), 2020. Disponível em: https://vizhub.healthdata.org/gbd-results/

GRAU, A. et al. Cognitive impairment in eating disorder patients of short and long-term duration: a case-control study. Neuropsychiatric Disease and Treatment, Auckland, n. 15, p. 1329-1341, 2019.

GUILLAUME, S. et al. Impaired decision-making in symptomatic anorexia and bulimia nervosa patients: a meta-analysis. Psychological Medicine, London, v. 45, n. 16, p. 3377-3391, 2015.

HARRISON, A.; TCHANTURIA, K.; TREASURE, J. Measuring state trait properties of detail processing and global integration ability in eating disorders. The World Journal of Biological Psychiatry: the Official Journal of the World Federation of Societies of Biological Psychiatry, London, v. 12, n. 6, p. 462-472, 2011.

HILBERT, A. et al. Meta-Analysis of the Efficacy of Psychological and Medical Treatments for Binge-Eating Disorder. Journal of Consulting and Clinical Psychology, Washington, v. 87, n. 1, p. 91-105, 2019.

ICETA S. et al. Cognitive function in binge eating disorder and food addiction: A systematic review and three-level meta-analysis. Progress in Neuro-psychopharmacology & Biological Psychiatry, New York, n. 111, p. 110400.

KEEGAN, E.; TCHANTURIA, K.; WADE, T. D. Central coherence and set-shifting between nonunderweight eating disorders and anorexia nervosa: A systematic review and meta-analysis. The International Journal of Eating Disorders, New York, v. 54, n. 3, 229-243, 2021.

KOLAR, D. R.; MEBARAK, M. (An update on the epidemiology of eating disorders in Latin America: current findings and future challenges. Current opinion in psychiatry, Philadelphia, v. 35, n. 6, p. 385-389, 2022.

LOPEZ, C. A. et al. Central coherence in women with bulimia nervosa. The International Journal of Eating Disorders, New York, v. 41, n. 4, p. 340-347, 2008.

LUCAS, I. et al. Neuropsychological Learning Deficits as Predictors of Treatment Outcome in Patients with Eating Disorders. Nutrients, Basel, v. 13, n. 7, p. 2145, 2021.

MANASSE, S. M. et al. Do executive functioning deficits underpin binge eating disorder? A comparison of overweight women with and without binge eating pathology. International Journal of Eating Disorders, New York, v. 48, n. 6, p. 677-683, 2015.

MATSUMOTO, J. et al. Comparison in decision-making between bulimia nervosa, anorexia nervosa, and healthy women: influence of mood status and pathological eating concerns. Journal of Eating Disorders, London, n. 3, p. 14, 2015.

MOBBS, O. et al. Cognitive deficits in obese persons with and without binge eating disorder. Investigation using a mental flexibility task. Appetite, London, v. 57, n. 1, p. 263-271, 2011.

MOND, J. M. et al. Eating Disorder Examination Questionnaire (EDE-Q): norms for young adult women. Behaviour research and therapy, Oxford, v. 44, n. 1, p. 53-62, 2006.

MORAES, C. E. F. et al. Reliability of the Brazilian version of the questionnaire on eating and weight patterns-5 (QEWP-5). Eating and weight disorders: EWD, Milano, v. 26, n. 8, p. 2463-2470, 2021.

NAZAR, B. P. et al. (The risk of eating disorders comorbid with attention-deficit/hyperactivity disorder: A systematic review and meta-analysis. The International Journal of Eating Disorders, New York, v. 49, n. 12, p. 1045-1057, 2016.

ROBINSON, L. et al. et al., Association of Genetic and Phenotypic Assessments with Onset of Disordered Eating Behaviors and Comorbid Mental Health Problems Among Adolescents. JAMA Network Open, Chicago, v. 3, n. 2, p. e2026874, 2020.

ROSE, M. et al. The Ravello Profile: development of a global standard neuropsychological assessment for young people with anorexia nervosa. Clinical Child Psychology and Psychiatry, London, v. 16, n. 2, p. 195-202, 2011.

SAVAGE C. et al. Organizational strategies mediate nonverbal memory impairment in obsessive-compulsive disorder. Biological Psychiatry, New York, v. 45, n. 7, p. 905-916, 1999.

SILÉN, Y.; KESKI-RAHKONEN, A. Worldwide prevalence of DSM-5 eating disorders among young people. *Current Opinion in Psychiatry*, Philadelphia, v. 35, n. 3, p. 362-371, 2022.

STEDAL, K. et al. Neuropsychological functioning in adult anorexia nervosa: A meta-analysis. Neuroscience and Biobehavioral Reviews, New York, n. 130, p. 214-226, 2021.

STEDAL, K. et al. Research Review: Neuropsychological functioning in young anorexia nervosa: A meta-analysis. Journal of Child Psychology and Psychiatry, and Allied Disciplines, Oxford, v. 63, n. 6, p. 616-625, 2022.

SVALDI, J.; BRAND, M.; TUSCHEN-CAFFIER, B. Decision-making impairments in women with binge eating disorder. Appetite, London, v. 54, n. 1, p. 84-92, 2010.

SWANSON S. A. et al. Prevalence and correlates of eating disorders in adolescents: results from the national comorbidity survey replication adolescent supplement. Archives of General Psychiatry, Chicago, v. 68, n. 7, p. 714-723, 2011.

TCHANTURIA, K. et al. Set shifting in anorexia nervosa: an examination before and after weight gain, in full recovery and relationship to childhood and adult OCPD traits. Journal of Psychiatric Research, Oxford, v. 38, n. 5, p. 545-552, 2004.

VAN DEN EYNDE, F. et al. Neurocognition in bulimic eating disorders: a systematic review. Acta Psychiatrica Scandinavica, Copenhagen, v. 124, n. 2, p. 120-140, 2011.

WORLD HEALTH ORGANIZATION (WHO). The ICD-11 Classification of Mental and Behavioural Disorders: Clinical Descriptions and Diagnostic Guidelines. Geneva: World Health Organization, 2019.

WHITELOCK, V. et al. The role of working memory sub-components in food choice and dieting success. Appetite, London, n. 124, p. 24-32, 2018.

YU, X.; DESRIVIÈRES, S. Altered anticipatory brain responses in eating disorders: A neuroimaging meta-analysis. European Eating Disorders Review: the Journal of the Eating Disorders Association, Chichester, v. 31, n. 3, p. 363-376, 2023. https://doi.org/10.1002/erv.2967

ZAKZANIS, K.K.; CAMPBELL, Z.; POLSINELLI, A. Quantitative evidence for distinct cognitive impairment in anorexia nervosa and bulimia nervosa. Journal of Neuropsychololy. Leicester, v. 4, n. 1, p. 89-106, 2010.

ZUCHOVA, S. et al. Neuropsychological variables and clinical status in anorexia nervosa: relationship between visuospatial memory and central coherence and eating disorder symptom severity. Eating and Weight Disorders: EWD, Milano, v. 18, n. 4, p. 421-428, 2013.

32 Transtorno Bipolar

Bruno Sini Scarpato

Introdução

O transtorno bipolar (TB) é um transtorno de humor heterogêneo e persistente, caracterizado por episódios distintos e alternados de humor elevado (mania ou hipomania) – de forma isolada ou mista, humor deprimido e períodos de humor estável (eutimia). Embora as flutuações de humor, energia e motivação, sejam os principais sintomas do transtorno, pesquisas recentes têm demonstrado que as alterações neurocognitivas também desempenham um papel significativo no TB, com forte impacto funcional (Deep et al., 2012), mantendo sintomas cognitivos residuais nas fases eutímicas (Mann-Wrobel et al., 2011) e após a estabilização do quadro (van Rheenen et al., 2014; Strejilevich et al., 2015; Kapczinski et al., 2016; Platania et al., 2023).

Muitos – mas não todos – pacientes com TB encontram dificuldades nas atividades que demandam sustentar a atenção, recordar elementos importantes do dia a dia, apreender conteúdos novos, planejar tarefas complexas, definir prioridades e ajustar seus objetivos e estratégias frente às demandas de um mundo cada vez mais complexo e mercado de trabalho competitivo. A variabilidade da apresentação clínica, a resposta ao tratamento e a progressão da doença dificultam traçar um prognóstico, fazendo necessário considerar diferentes aspectos da vida pregressa e atual do paciente a fim de elaborar um plano de tratamento individualizado e eficaz (Mignogna; Goes, 2022). Nesse cenário, a investigação do perfil neuropsicológico torna-se uma ferramenta útil no diagnóstico diferencial e fornece informações importantes para o plano de tratamento e monitoramento do curso do quadro.

O presente capítulo apresenta as alterações neuropsicológicas associadas aos pacientes bipolares, especialmente aqueles em estado eutímico, considerando fases e estados da doença e a serventia da avaliação neuropsicológica no diagnóstico diferencial.

Aspectos clínicos e diagnósticos

A identificação do TB na prática implica comparar os critérios da 5ª edição revisada do *Manual diagnóstico e estatístico de transtornos mentais* (DSM-5-TR) e a *Classificação internacional de doenças* (CID-11) para bipolaridade e distúrbios relacionados. O diagnóstico com frequência é modificado ao longo do curso da doença (López et al., 2008) e, muitas vezes, confundido com a depressão unipolar. O DSM-5-TR distingue entre transtorno bipolar I (TB I), transtorno bipolar II (TB II) e transtorno ciclotímico (TC) (Tabela 32.1). A mesma divisão é feita na atualização da CID-11 que nomeia o quadro como transtorno afetivo bipolar (TAB), com parâmetros mais flexíveis de tempo mínimo de duração de sintomas.

Tabela 32.1 Categorias diagnósticas do transtorno (afetivo) bipolar.

Categoria	Descrição*
Transtorno bipolar tipo I	Diagnóstico requer ao menos um episódio maníaco ou misto, com ou sem episódios de depressão ou hipomania
Transtorno bipolar tipo II	Diagnóstico requer ao menos um episódio hipomaníaco e ao menos um episódio depressivo maior na ausência de história prévia de mania
Transtorno ciclotímico	2 anos de sintomas depressivos ou hipomaníacos que não atendem a critérios para qualquer outro quadro de humor
Transtorno bipolar e transtorno relacionado induzido por substância/medicamento	Alteração do humor que se manifesta durante ou após intoxicação por uso de substâncias ou abstinência
Transtorno bipolar e transtorno relacionado em decorrência de outra condição médica	O distúrbio do humor é consequência direta da fisiopatologia de outra condição médica
Outro transtorno bipolar e transtorno relacionado especificado	Sintomas que não atendem aos critérios para transtorno bipolar I ou II; por exemplo, episódios hipomaníacos curtos, sintomas hipomaníacos abaixo dos critérios com episódio depressivo maior, sintomas ciclotímicos ocorrendo há menos de 2 anos
Transtorno bipolar e transtorno relacionado não especificado	Diagnóstico usado até que um diagnóstico mais específico possa ser obtido

*No caso do paciente adulto. (Adaptada de APA, 2022 e WHO, 2019.)

Além dos episódios de depressão e mania, no TAB I ocorrem também os episódios mistos apresentados como especificadores das categorias. O episódio misto caracteriza-se pela presença de sintomas maníacos e depressivos simultâneos ou alternados com intervalo curto de tempo (de 1 dia para outro ou no mesmo dia), com ao menos 2 semanas de duração.

O episódio maníaco é definido como um período no qual predomina humor anormal e persistentemente elevado, expansivo ou irritável, assim como uma notável intensificação da atividade ou aumento de energia, que se estende por pelo menos 1 semana e é observado na maior parte do dia, quase todos os dias, ou por qualquer duração caso a hospitalização seja necessária (APA, 2022). O humor elevado, por sua vez, acaba modulando o comportamento do indivíduo, gerando sentimentos de grandiosidade ou aumento de autoestima, influenciando o fluxo e conteúdo dos pensamentos, e direcionando a atenção a estímulos secundários, o que contribui para o aumento da distração. Essa aceleração do pensamento pode ser evidenciada pela fuga de ideias, alguma pressão para falar e agitação psicomotora. Somadas, essas alterações comportamentais levam a impacto funcional ou social, muitas vezes com necessidade de internação para manejo do quadro (WHO, 2019; APA, 2022). A redução da necessidade de sono também é notável nesses episódios, como resultado de uma série de fatores que acabam modulando o ciclo circadiano do paciente, mesmo durante a fase eutímica. Estudos recentes apontam não somente alterações no ritmo circadiano, mas também alterações metabólicas que aumentam de modo significativo risco cardiovascular, as quais já estão presentes no momento do diagnóstico (Bøgh et al., 2022; Knedeisen et al., 2022).

No TB podem ocorrer também episódios mistos, em que o paciente apresenta tanto os sintomas maníacos/hipomaníacos como os depressivos (Tabela 32.2), mas com algumas características que o diferenciam dos demais estados. O humor tende a ser mais lábil, com ondas de tristeza, ansiedade ou desespero, e a irritabilidade pode evoluir para raiva. O paciente pode parecer ter mais energia e interesses, no entanto tende a relatar sensação desconfortável de ansiedade e inquietude, como se não soubesse ao certo aquilo que busca, e tende a se descrever como ansioso ou deprimido. Esse estado muitas vezes evidencia-se em agitação e tensão, que leva a pessoa a andar de forma errática pelo recinto, por exemplo. A autoconfiança pode se mostrar elevada, mas nem sempre acompanhada de sentimentos positivos a respeito de si mesmo. Assim como nos outros estados, o sono pode se mostrar alterado, sendo mais comum a inversão dos horários de sono, ou o dormir como uma forma de esquiva dos sentimentos negativos ou angústia, mais do que por uma sensação de cansaço ou sono. No que se refere à fala, o paciente pode apresentar o volume alto e rápido comum ao quadro de hipomania, mas tende a predominar um sentimento aparente de urgência na comunicação da mensagem a ser transmita. O pensamento é acelerado com a antecipação de eventos com viés negativo de interpretação, e o paciente mostra desconforto em virtude da dificuldade em controlar o fluxo do pensamento. Nesse estado podem ocorrer comportamentos compulsivos (p. ex., consumo de alimentos e uso de medicamentos e drogas ilícitas) e ações autodestrutivas como término prematuro de relacionamentos ou abandono de atividades importantes (p. ex., trabalho e estudos) ou quebra de objetos. Os pacientes em estados mistos apresentam maior risco de automutilação e suicídio, como resultante comportamental dessas características citadas anteriormente.

A identificação precoce do TB vem sendo foco de pesquisa na última década, com uma série de estudos longitudinais desenhados com o objetivo de identificar sinais ou sintomas da doença que aparecem antes do quadro se instaurar, os chamados sintomas prodrômicos (Álvarez-Cadenas, 2023).

Os sintomas prodrômicos, também conhecidos como sintomas prévios, referem-se a sinais que ocorrem antes de um episódio maníaco ou depressivo no TB. Esses sintomas podem variar de pessoa para pessoa, e nem todos os indivíduos com TB experimentam sintomas prodrômicos. No entanto, alguns sinais comuns relatados como potenciais indicadores prodrômicos também incluem mudanças no padrão de sono, humor e energia, motivação e interesse (Noto et al., 2013; Pan et al., 2013). A detecção precoce tem sido uma aposta não somente para o tratamento logo no início da doença, mas também para o melhor entendimento da fisiopatologia da doença, com aumento significativo na última década do número de estudos que buscam criar instrumentos, ou protocolos, para identificação de estados de risco para TB (Ezquerra et al., 2023).

Aspectos neurocognitivos e progressão do transtorno bipolar

Na década de 1990, o conceito de doença maníaco-depressiva como um ciclo de estados de humor, sem prejuízos neurocognitivos, iniciava a ser contestada. No transtorno bipolar, observa-se uma notável heterogeneidade cognitiva, com desempenho abaixo do esperado (1,6 desvio-padrão ou 5º percentil), que varia entre 5,3 e 57,7% dos casos, dependendo do estudo (Cullen et al., 2016), e significativamente associada a prejuízos funcionais (Gitlin; Miklowitz, 2017). Esses subgrupos de perfis neurocognitivos englobam pacientes com habilidades cognitivas preservadas ou mesmo acima da média, assim como aqueles com comprometimento moderado de um domínio em específico ou prejuízo global grave.

Os déficits tendem a aumentar nas fases agudas e, embora estudos longitudinais identifiquem baixa correlação direta com a idade de pacientes adultos, esses déficits são agravados ao longo do curso da doença, e tendem a se estabilizar em fases mais tardias. A presença de sintomas depressivos residuais, número de episódios maníacos e hospitalizações, bem como tempo de doença, estão diretamente relacionados com essas alterações neurocognitivas (Cardoso et al., 2015).

Somados tantos elementos que podem modular o funcionamento cognitivo, uma pergunta que surge é como discriminar entre marcadores neurocognitivos característicos da doença e fatores confundidores. O campo dos estudos do TB passou a adotar o método de avaliar o perfil neurocognitivo de parentes de 1º grau saudáveis de paciente com TB, com objetivo de identificar potenciais endofenótipos. Em epidemiologia genética, endofenótipo é um termo

Tabela 32.2 Comparativo dos episódios hipomaníaco, maníaco e depressivo.*

Critério/descrição	Hipomaníaco	Maníaco	Depressivo
⁶Tempo mínimo com o sintoma	Ao menos 4 dias	Ao menos 1 semana	Ao menos 2 semanas
†Número de sintomas para o diagnóstico	Ao menos três (ou quatro se humor apenas irritável)	Ao menos três	Ao menos cinco
Humor	‡**Exaltado ou irritável**, com duração de pelo menos 4 dias consecutivos e presente na maior parte do dia, quase todos os dias **e**		‡**Deprimido** na maior parte do dia, quase todos os dias. Pode sentir-se triste, vazio ou desesperançoso e choroso
Energia	‡**Aumento** anormal e persistente da atividade ou energia		**Fadiga ou perda** de energia quase todos os dias
Interesse ou prazer			‡**Perda de interesse ou prazer** em todas, ou quase todas, as atividades na maior parte do dia, quase todos os dias, para aquilo que antes despertava esse sentimento
Atividade e psicomotricidade	**Aumento da atividade dirigida** a objetivos (socialmente, no trabalho ou escola, sexualmente) **ou agitação psicomotora** (i. e., atividade sem propósito não dirigida a objetivos)		**Agitação ou retardo** psicomotor quase todos os dias
Autoestima	**Autoestima inflada ou grandiosidade.** Presença de sentimentos como aumento da confiança, convicção a respeito das próprias ideias e habilidades, otimismo, arrogância, subestima riscos e limitações pessoais		Sentimentos de inutilidade ou culpa excessiva ou inapropriada quase todos os dias
Sono	**Redução da necessidade de sono.** Pode, por exemplo, dormir de 3 a 6 h e manter as atividades sem dificuldade aparente		**Insônia ou sono excessivo** quase todos os dias
Fala	**Mais loquaz** que o habitual ou pressão para continuar falando		Não é critério diagnóstico
Pensamento	**Fuga de ideias** ou experiência subjetiva de que os pensamentos estão acelerados		**Pensamentos de morte** ou ideação suicida recorrentes, ou planos ou tentativas de suicídio
Atenção	**Distraído** (p. ex., atenção facilmente capturada por estímulos externos), com mudança frequente de tópicos		Capacidade **diminuída** para pensar ou se concentrar, ou indecisão quase todos os dias
Comportamento de risco	Envolvimento **excessivo** em atividades com risco ou exposição social elevada (p. ex., gasto financeiro excessivo e insensato, comportamento sexual inadequado ao contexto social ou de risco)		Não é critério diagnóstico
Prejuízo funcional	Ausente	Presente	Presente
Peso	Não é critério diagnóstico	Não é critério diagnóstico	**Ganho ou perda significativa** de peso sem estar fazendo dieta ou redução ou aumento no apetite quase todos os dias
Sintomas psicóticos	Não	Possível	Não é critério diagnóstico
Necessidade de hospitalização	Não	Possível	Não é critério diagnóstico

*Baseado nos principais critérios da 5ª edição revisada do *Manual diagnóstico e estatístico de transtornos mentais* (DSM-5-TR), para transtorno bipolar no adulto. ⁶Não incluir sintomas que sejam claramente atribuíveis a outra condição médica. †Está associado a uma mudança clara no funcionamento que não é característica do indivíduo quando assintomático. ‡Deve estar presente para o diagnóstico.

usado para separar sintomas comportamentais em conjunto de traços de um indivíduo que são observáveis e podem ser mensurados. O endofenótipo deve ser associado à doença, ser hereditário e composto por traços com conexão clara com a doença e, em algum grau, compartilhados com familiares da pessoa doente (Bora et al., 2009). Assim, alterações neurocognitivas em parentes que não desenvolveram o TB indicariam potenciais fenótipos para doença, ou seja, alterações características da doença sem a influência de outros elementos, como gravidade do quadro ou uso de medicações.

Embora haja heterogeneidade nos achados, estudos que buscam déficits neurocognitivos comuns entre pacientes e filhos saudáveis têm sido promissores na identificação de um marcador endofenotípico. As atividades do córtex frontotemporal e frontolímbico parecem estar também implicados na fisiopatologia do TB. Estudo de Bora et al. (2009), que investigou perfil cognitivo de pacientes com TB e parentes de 1º grau saudáveis, identificou controle inibitório, alternância cognitiva, memória verbal e atenção sustentada como os principais domínios alterados tanto em pacientes como também em parentes de 1º grau, em menor intensidade. No mesmo estudo, alterações na velocidade de processamento de informações, memória visual e fluência verbal foram identificadas nos pacientes, mas não nos parentes.

A maior parte dos estudos do TB estão focados na meia-idade, e apontam essa fase de vida como a de maior estabilidade dos déficits neurocognitivos. Os pacientes adultos com mais de 50 anos hoje representam mais de 25% dos casos, acompanhando o aumento na expectativa de vida (Sajatovic et al., 2005; Rej et al., 2018). Estudos apontam que nessa fase da vida, pacientes eutímicos apresentam alterações em diversos domínios, como na aprendizagem verbal e na memória verbal e visual tardia, e déficit moderado em velocidade de processamento, memória operacional, memória verbal imediata, flexibilidade cognitiva, fluência verbal, função psicomotora, funções executivas, atenção, controle inibitório e reconhecimento, mas não nos domínios de linguagem e visuoconstrução (Montejo et al., 2022).

No campo das pesquisas relacionadas com os transtornos do humor, uma dúvida que ainda se mantém é se o TB apresenta um perfil de doença neuroprogressiva. A teoria da neuroprogressão postula que a trajetória da doença bipolar engloba recorrências, agravamento da intensidade dos sintomas clínicos e o surgimento de comorbidades médicas. Experiências estressoras, não necessariamente psicológicas, levariam a uma maior atividade neural como resposta ao estresse, de modo que a exposição contínua geraria um custo, nomeada de carga alostática. Nesse modelo, a desregulação de múltiplos sistemas fisiológicos (p. ex., estresse oxidativo, redução do fator neurotrófico derivado e aumento de atividade inflamatória) em decorrência da exposição a determinados hábitos de vida (p. ex., privação de sono ou uso de drogas ilícitas), ou a vivência de episódios de humor recorrentes somados podem resultar em um declínio cognitivo progressivo (Kapczinski et al., 2009; Post et al., 2012). O curso da doença e funcionamento cognitivo seria modulado pela combinação de diversos fatores como história familiar de transtornos psiquiátricos, momento da fase de desenvolvimento em que se manifestavam os primeiros sinais da doenças, número e gravidade de episódios depressivos e maníacos, uso de substâncias, hábitos de vida e tempo de doença sem tratamento (Figura 32.1). O modelo tem sido de difícil comprovação, visto que os estudos longitudinais atuais acompanharam os pacientes por curto intervalo de tempo (1 a 5 anos), com estudos apontando recuperação de memória operacional após 17 meses do primeiro episódio, além de perfil de estabilidade cognitiva sob tratamento regular (Szmulewicz et al., 2019). Em síntese, atualmente não temos evidências conclusivas de que o TB apresenta um padrão de déficit cognitivo progressivo, sendo necessários estudos com maior tempo de acompanhamento.

Uma dificuldade comum aos neuropsicólogos é como aplicar na prática clínica o conhecimento adquirido na literatura referente às alterações cognitivas nos transtornos psiquiátricos. Com o objetivo de auxiliar o clínico, neste capítulo serão apresentados estudos indicando não somente seus achados mais significativos, mas também seu tamanho de efeito, que consiste em uma medida objetiva descritiva que fornece a magnitude desse achado. Na prática clínica, a interpretação dos dados da avaliação do cliente deve ser feita com base nas normas e informações referentes a sua população em específico. No entanto, neste capítulo, para alguns estudos serão oferecidos a média e o desvio-padrão dos controles saudáveis e dos sujeitos dos estudos acometidos pelo TB, para que o clínico consiga estimar a proximidade dessas informações com aquelas apresentadas pelo seu cliente.

Alterações neurocognitivas na eutimia

A complexidade clínica e urgência de manejo farmacológico durante as fases agudas da mania ou depressão dificultam a avaliação neuropsicológica, de modo que a fase eutímica permite melhores condições para inferir o perfil neurocognitivo do cliente. A literatura aponta que o comprometimento cognitivo em pacientes eutímicos com TB está presente mesmo após controles estatísticos para fatores com potencial de confundir os achados, como variáveis demográficas e efeitos de medicamentos; no entanto, os sintomas depressivos residuais e medicamentos ainda são os principais fatores confundidores (Robinson et al., 2006; Mann-Wrobel et al., 2011; Keramatian et al., 2022). Estudo de revisão bibliográfica sugere que os déficits neurocognitivos do TB, quando presentes, às vezes ficam entre o comprometimento cognitivo leve e um quadro demencial em termos de gravidade (Simjanoski et al., 2023).

Os déficits no TB estão presentes em diversos domínios cognitivos, com alguma homogeneidade entre os achados dos estudos no que se refere à memória verbal episódica e às funções executivas, com habilidades verbais tendendo a se mostrar mais preservadas (Mann-Wrobel et al., 2011).

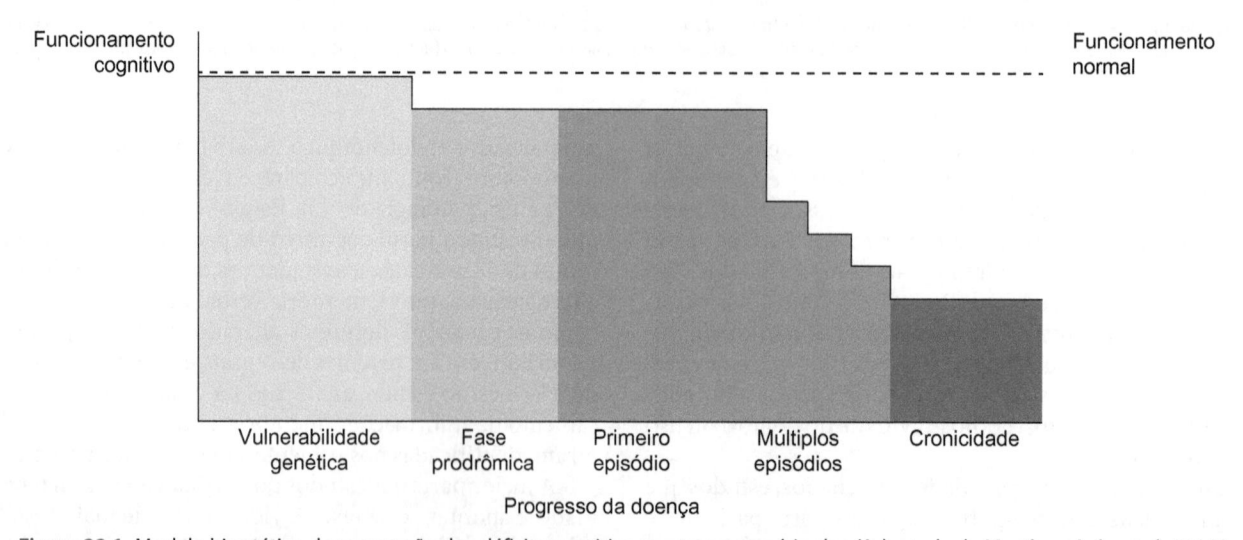

Figura 32.1 Modelo hipotético de progressão dos déficits cognitivos no transtorno bipolar. (Adaptada de Martínez-Arán et al., 2011.)

O tamanho de efeito – ou seja, a magnitude e relevância da diferença entre casos e controles saudáveis identificada – é um parâmetro estatístico adotado em estudos metanalíticos para quantificar e comparar aqueles achados estatisticamente significativos apresentados por estudos diferentes (Tabela 32.3). Um dos primeiros estudos metanalíticos conduzidos por Robinson et al. (2006) para investigar alterações neurocognitivas no TB identificou grandes discrepâncias entre pacientes e indivíduos saudáveis para aprendizagem verbal – tentativas 1 a 5 do Teste de Aprendizagem Auditivo-Verbal de Rey (RAVLT, do inglês *Rey Auditory Verbal Learning Test*) e do *California Verbal Learning Test* (CVLT) – e memória verbal imediata (evocação imediata de RAVLT/CVLT e Dígitos *Span* direto)

Tabela 32.3 Principais domínios afetados no transtorno bipolar (eutímico).

Domínio cognitivo	Instrumentos e índices	Tamanho do efeito*								
		Pequeno			Moderado			Grande		
Inteligência	QI[†,‡]	X								
Atenção e velocidade de processamento	CPT Detectabilidade[†]			X						
	CPT Latência[†]					X				
	Teste de Trilhas – A[†]				X					
	Stroop Palavra[†]			X						
	Stroop Cor[†,‡]				X					
	Teste de Haylings A				X					
	Códigos[†,‡]					X				
Memória episódica e aprendizagem verbal	Memória Visual[†]			X						
	Memória para Estórias – imediata[†]						X			
	Memória para Estórias – tardia[†]								X	
	RAVLT – tentativas[†]					X				
	RAVLT – tardia[†]					X				
	RAVLT – reconhecimento[†]		X							
Memória operacional	Dígitos *Span* – direto		X							
	Dígitos *Span* – indireto[†,‡]					X				
	Dígitos *Span* – total[‡]					X				
	Span Visuoespacial – indireto[‡]					X				
Fluência verbal	Fluência Verbal Fonêmica – letras[‡]			X						
	Fluência Verbal Semântica[‡]				X					
Visuoconstrução	Cubos[‡]				X					
	Cópia de Figura[†,‡]		X							
Funções executivas	WCST – categorias[†,‡]				X					
	WCST – erros perseverativo[s†,‡]				X					
	Teste de Trilhas – B[†,‡]							X		
	Stroop Cor-Palavra[†,‡]						X			
	Stroop – interferência[†,‡]				X					
	Teste de Haylings B[‡]				X					
Cognição social	Reconhecimento de Emoções[δ]					X				
	Teoria da Mente[δ]					X				
	Julgamento Social e Tomada de Decisão[δ]		X							

*Tamanho do efeito; nesse caso, a magnitude da diferença estatisticamente significativa entre o escore médio dos pacientes acometidos pelo transtorno bipolar e os controles saudáveis, estimados por meio de testes estatísticos como o *d* de Cohen e o *g* de Hedges: pequeno/baixa relevância clínica (0 < *d* < 0,3 ou 0,2 < *g* < 0,5); moderado (0,4 < *d* < 0,7 ou 0,5 < *g* < 0,8); grande (0,8 < *d* < 1,5 ou *g* > 0,8). CPT: *Continuous Performance Test*; QI: quociente de inteligência; RAVLT: Teste de Aprendizagem Auditivo-Verbal de Rey (do inglês *Rey Auditory Verbal Learning Test*); WCST: Teste Wisconsin de Classificação de Cartas (do inglês *Wisconsin Card Sort Test*). (Fonte: [†]Robson *et al.*, 2006; [‡]Mann-Wrobel *et al.*, 2011; [δ]Gillissie *et al.*, 2022.)

e memória operacional inferido por meio de testes como o Dígitos *Span* inverso. Esses déficits foram apresentados como moderados em estudo mais recente (Mann-Wrobel *et al.*, 2011), sendo paradigmas como o do (sub)teste Memória para Estórias – da bateria *Wechsler Memory Scale* – o instrumento/domínio com tamanho de efeito mais alto. A manifestação da doença no início da idade adulta está associada a maior prejuízo em memória verbal e velocidade de processamento/velocidade psicomotora (Bora *et al.*, 2009). Paradigmas como cópia de figura (ROFT) também se mostraram alterados em estudo mais recente, mas com baixo tamanho de efeito (Mann-Wrobel *et al.*, 2011).

Com relação às funções executivas, são comuns os déficits no controle inibitório (Teste de Stroop Cor-Palavra e medida de interferência), bem como para alternância cognitiva (TMT-B), e moderado para o Teste de Hayling. Abstração e flexibilidade mental, inferidos pelo Teste Wisconsin de Classificação de Cartas (WCST, do inglês *Wisconsin Card Sort Test*) (medida de erros perseverativos), apresenta efeitos moderados, e grande para velocidade de processamento, dependendo do estudo ou instrumento (Robinson *et al.*, 2006; Bo *et al.*, 2017). A memória operacional verbal apresenta significativa alteração na doença, com prejuízo menor para memória operacional visuoespacial. A fluência verbal no paciente com TB também apresenta alterações, com estudos apresentando tamanho de efeito de moderado a grande, além de efeitos pequenos para fluência verbal fonêmica (Teste faz).

Estudos que investigam cognição social, por sua vez, demonstraram que esse domínio é moderadamente prejudicado em indivíduos com TB, tanto em estados eutímicos quanto em estados sintomáticos (Tabela 32.4).

O tamanho de efeito para velocidade de processamento/psicomotora varia de moderado a alto, dependendo do estudo (Robinson *et al.*, 2006; Torres *et al.*, 2007), talvez pela influência do tratamento farmacológico. Medicação mostra exercer maior influência na velocidade de processamento/velocidade psicomotora e atenção sustentada (erro por omissão no *Continuous Performance Test* [CPT]), em especial o uso de antipsicóticos e, em menor magnitude, os antidepressivos (Bora *et al.*, 2009). A memória episódica verbal e a alternância cognitiva tendem a se mostrar mais prejudicadas naqueles que apresentaram início precoce da doença (Bora *et al.*, 2009). QI tende a ser menor, mas com muita variabilidade nos estudos com relação a nível educacional, idade e instrumento adotado, de modo que não é considerado um traço da doença (Bora *et al.*, 2009).

A memória verbal é um forte traço do TB e, nos estados eutímicos, encontra-se mais preservada do que nos outros estados. Entre os domínios cognitivos identificados com maior tamanho de efeito – ou seja, a magnitude da diferença entre casos e controles saudáveis – a memória episódica semântica verbal aparece como aquele mais investigado e alterado nos estudos metanalíticos (Robson *et al.*, 2006; Mann-Wrobel *et al.*, 2011; Bora *et al.*, 2013; Bo *et al.*, 2017; Rossetti *et al.*, 2023). O paradigma mais empregado para inferir essa habilidade são listas de palavras ou vinhetas de histórias, como o RAVLT, o CVLT e a Memória para Estória (*Story Memory*).

Tabela 32.4 Resultados dos instrumentos adotados na avaliação.

Teste/domínio	Percentil	Classificação
QI Total 120 (WASI)	91	Médio superior
QI Verbal 121 (WASI)	92	Superior
QI Executivo 117 (WASI)	82	Médio superior
Cubos (WASI)	81	Médio superior
Raciocínio Matricial (WASI)	82	Médio superior
Vocabulário (WASI)	92	Superior
Semelhanças (WASI)	87	Médio superior
Dígitos (WAIS-III)	25	Médio
Sequência de Números e Letras (WAIS-III)	23	Médio inferior
Códigos (WAIS-III)	23	Médio inferior
Trilhas A	50	Médio
Trilhas B	23	Médio inferior
Teste dos Cinco Dígitos – escolha	25	Médio
Teste dos Cinco Dígitos – alternância	23	Médio inferior
Teste de Atenção Dividida	40	Médio
Teste de Atenção Alternada	50	Médio
WCST – erros perseverativos	50	Médio
WCST – categorias (10 categorias)	> 16	–
Fluência Verbal Fonêmica	34	Médio
Fluência Verbal Semântica	25	Médio
RAVLT – A1	16	Médio inferior
RAVLT – A3	25	Médio
RAVLT – A5	23	Médio inferior
RAVLT A1-A5 (total)	23	Médio inferior
RAVLT – B1	25	Médio
RAVLT (A6) – imediato	25	Médio
RAVLT (A7) – tardio	23	Médio inferior
RAVLT – reconhecimento	37	Médio
ROCF – cópia	75 a 100	Acima da média
ROCF – tardia	75	Médio
Reading the Mind Eye Test	60	Médio
Escala de Ansiedade de Beck	–	Leve
Escala de Hamilton para Depressão	–	Moderado
FAST (29 pontos)	–	Moderado

FAST: *Functioning Assessment Short Test*; QI: quociente de inteligência; RAVLT: Teste de Aprendizagem Auditivo-Verbal de Rey (do inglês *Rey Auditory Verbal Learning Test*); ROCF: Figuras Complexas de Rey (do inglês *Rey-Osterrieth Complex Figure*); WAIS-III: Escala de Inteligência de Wechsler para Adultos, 3ª edição; WASI: Escala de Inteligência Wechsler Abreviada; WCST: Teste Wisconsin de Classificação de Cartas (do inglês *Wisconsin Card Sort Test*).

No que se refere à cognição social, as alterações mais relevantes dos pacientes com TB eutímicos e do tipo I e II estão no reconhecimento de emoções, sendo os instrumentos mais sensíveis o *Facial Emotion Identification Test, Mayer-Salovey-Caruso Emotional Intelligence Test* (MSCEIT) e o *Penn Emotion e Recognition Test*. O baixo desempenho nesses instrumentos corrobora com estudos que identificam em pacientes com TB e com esquizofrenia a redução de substância cinzenta na região paralímbica, envolvida no processamento de emoções. Alterações moderadas também acontecem na teoria da mente, sendo os instrumentos mais sensíveis o *Visual ToM Task, Reading the Mind in the Eyes Task* e *ToM Story Comprehension Task*; e para julgamento social e tomada de decisão, os instrumentos com maior precisão são o *Ultimatum Game* e o *The Awareness of Social Inference Task* (TASIT) (Gillissie et al., 2021).

Os neuropsicólogos brasileiros são carentes de instrumentos traduzidos e adaptados a nossa população para investigar os casos de cognição social. Ainda que sem estudos para TB, uma opção interessante são os instrumentos gratuitos e em português criados para avaliar cognição social em adultos, disponíveis no *site* do Autism Research Centre, da University of Cambridge, coordenado pelo pesquisador Simon Baron-Cohen. Aqueles disponíveis em nosso idioma são: o *Faux Pas Test*, para avaliar julgamento social; o Teste de Coerência Central, para a capacidade de uma pessoa em equilibrar o foco entre os detalhes e o contexto mais amplo de uma situação ou estímulo; e os testes *Faces Test, Eyes Test* e *Cambridge Mindreading* (CAM) *Face-Voice Battery* (Autism Research Centre, s.d.).

Diagnóstico diferencial entre transtorno bipolar I e II e outros quadros

Os subtipos I e II do TB apresentam expressões clínicas distintas e, na última década, esforços vêm sendo feitos para encontrar diferenças no perfil neurocognitivo que contribuam para um diagnóstico mais preciso. São poucos os estudos comparativos, mas a literatura sugere que TB I tende a apresentar desempenho inferior a TB II em memória verbal, velocidade de processamento, atenção concentrada, alternância cognitiva (*set-shifting*) e funções executivas (Dickinson et al., 2017). No que se refere às funções executivas, quando considerado sintomas residuais e uso de substâncias, os achados tornam-se pouco consistentes para uma diferenciação precisa (King et al., 2019), evidenciando a importância de se investigar esses sintomas e comportamentos quando se realiza a avaliação neuropsicológica.

Pacientes em estado de mania tendem a apresentar déficits em tarefas de reconhecimento, indicando maior dificuldade no processo de codificação se comparados aos pacientes eutímicos que, por sua vez, apresentam dificuldade mais proeminente no processo de evocação tardia de testes como o CVLT (Fleck et al., 2003). A possível razão para o CVLT apresentar maiores tamanhos de efeito nos estudos pode ser por uma dificuldade do paciente com TB em organizar a informação verbal (10 palavras da lista), adotando estratégias durante o processo de codificação (p. ex., agrupamento semântico), o que pode ser entendido como um componente executivo. O que diferenciaria o CVLT dos demais testes é a maior facilidade em adotar este tipo de estratégia, comparado a outros testes de memória verbal como o RAVLT e AVLT.

O estado depressivo no TB, por sua vez, apresenta maior relação com prejuízos nas tarefas de reconhecimento dos testes de memória verbal (p. ex., tarefa de reconhecimento do RAVLT), enquanto os pacientes bipolares em hipomania apresentam maior dificuldade nas tarefas de evocação tardia ou memória verbal de longo prazo (p. ex., tarefa de evocação tardia do RAVLT) (Malhi et al., 2007).

Os transtornos bipolares são uma ponte entre transtornos psicóticos e transtornos depressivos em termos de sintomatologia, história familiar e genética, e a sobreposição de sintomas torna o diagnóstico diferencial um desafio.

A história de sintomas psicóticos está ligada a déficits moderadamente mais graves para esses domínios citados anteriormente (RAVLT – aprendizagem, RAVLT – evocação tardia, Trilhas B, Teste Wisconsin de Classificação de Cartas (WCST, do inglês *Wisconsin Card Sort Test*), Dígitos indireto, Teste *Stroop*-interferência e Fluência Verbal Semântica), memória operacional, planejamento e cognição social, além de fatores como manifestação mais precoce do quadro, maior necessidade de internações hospitalares e pior funcionalidade (Bora et al., 2010; Vlad et al., 2018). Embora os transtornos psicóticos e bipolar tenham alterações neurocognitivas como um traço da doença, a memória operacional visuoespacial destaca-se como o domínio que se apresenta prejudicado somente na esquizofrenia e não no TB (Stefanopoulou et al., 2009).

Déficits neuropsicológicos estão presentes tanto na depressão maior quanto na depressão bipolar; no entanto, são poucos os estudos que comparam as duas condições, e os resultados têm se mostrado pouco consistentes (Samomé et al., 2017). Depressão maior e bipolar demonstram perfil cognitivo global mais preservado que o transtorno bipolar em episódio maníaco ou misto, tendendo a ter a memória verbal como o domínio mais comprometido (Sweeney et al., 2000).

Estudos também sugerem que as alterações neurocognitivas podem estar associadas a maior risco de recorrência de episódios maníacos e depressivos. Dificuldades cognitivas podem prejudicar a aderência ao tratamento, e aumentando a vulnerabilidade a recaídas (Deckersbach et al., 2010; Kozicky et al., 2016).

Desempenho funcional no transtorno bipolar

As dificuldades neurocognitivas podem ter um impacto profundo no desfecho funcional dos pacientes com transtorno bipolar. A recuperação das funções plenas, na vida doméstica, acadêmica ou laborativa, nem sempre acontece de forma simultânea à remissão dos sintomas depressivos ou hipo/maníacos, visto que envolve diversos fatores (Burdick; Goldberg, 2005; Torres et al., 2016). Estudo realizado por Sanchez-Moreno et al. (2018) investigou os fatores sociodemográficos, clínicos e neurocognitivos associados a desfecho funcional prejudicado e identificou como principais: gênero (masculino); estar na meia idade; baixo QI que antecede a doença (pré-mórbido); sintomas depressivos subclínicos; número elevado de episódios maníacos; e baixo desempenho em memória verbal, memória operacional, fluência verbal e velocidade de processamento.

A idade pode modificar as percepções individuais sobre a capacidade ou repertório dos pacientes para realizar atividades diárias, sendo aqueles mais velhos os mais propensos a perceberem-se como incapazes de responder às demandas cotidianas.

A reserva cognitiva é a capacidade do cérebro de resistir ou compensar os efeitos do envelhecimento, das doenças neurológicas ou das lesões, permitindo que as pessoas mantenham um nível funcional de desempenho cognitivo mesmo quando enfrentam desafios ou danos. O QI estimado é amplamente reconhecido como um componente fundamental da reserva cognitiva. Indivíduos com uma reserva cognitiva mais substancial parecem apresentar mecanismos de compensação mais eficazes quando comparados àqueles com uma reserva menor, contribuindo para melhores desempenhos em pacientes TB de primeiro episódio ou com mais de 1 ano de doença, nas esferas cognitivas, ocupacionais e sociais (Grande et al., 2017; Amoretti et al., 2022).

O número de episódios anteriores tem sido frequentemente indicado como uma variável com influência sobre o desfecho funcional para ambos os estados, sendo o episódio maníaco aquele com maior impacto (Sanchez-Moreno et al., 2018), em parte por estar relacionado com maiores alterações neurocognitivas.

Os sintomas depressivos, mesmo em níveis subclínicos, parecem impactar de forma significativa o funcionamento psicossocial. Alguns autores apontam para um possível efeito circular, no qual o sintoma depressivo pode levar à queda funcional, ou então o prejuízo funcional provocar o desenvolvimento de sintomas depressivos pela experiência de insucesso ou frustração (Sanchez-Moreno et al., 2018). Déficits em reconhecimento de emoções parecem impactar habilidade cognitivas específicas, visto que apresentam alta correlação com relato de sentimento de solidão e disfunção social. Essa relação alerta para a importância de se investigar sintomas depressivos como parte do protocolo de avaliação neuropsicológica (Lee et al., 2022).

Estudos também sugerem que as alterações neurocognitivas podem estar associadas a maior risco de recorrência de episódios maníacos e depressivos. Dificuldades cognitivas podem prejudicar a aderência ao tratamento, aumentando a vulnerabilidade a recaídas (Deckersbach et al., 2010; Kozicky et al., 2016).

Estratégias de remediação cognitiva com base em trabalhos realizados com pacientes com traumatismo cranioencefálico e pacientes com esquizofrenia têm sido adaptadas para o TB. Intervenção precoce com base em remediação funcional envolve principalmente técnicas e treinamento neurocognitivo, além de psicoeducação em questões relacionadas com cognição e resolução de problemas no cotidiano do paciente (Martínez-Arán et al., 2011).

Abordagens terapêuticas que visam melhorar as funções neurocognitivas têm sido desenvolvidas como parte integrante do tratamento do transtorno bipolar. Programas de reabilitação cognitiva e terapias cognitivas podem auxiliar a mitigação das dificuldades cognitivas e, assim, promover melhor desfecho funcional (Burkauskas et al., 2014; Burton et al., 2017).

O reconhecimento da relação entre as alterações neurocognitivas e o desfecho funcional no transtorno bipolar tem implicações importantes para a prática clínica. A identificação precoce das dificuldades cognitivas e a implementação de intervenções apropriadas podem melhorar a qualidade de vida e a capacidade dos pacientes de alcançar seus objetivos (Samame et al., 2017).

Caso clínico

M., 43 anos, destro, segundo filho de uma prole de três, casado, economista, pós-graduado, cresceu em lar de classe média-alta. Ao longo da adolescência apresentava queixas de dificuldades atencionais no contexto escolar, era um aluno com bom desempenho, sem história de reprovações, com sensível melhora de desempenho durante a faculdade. Relata padrão compulsivo de comportamento alimentar que levou o paciente à obesidade aos 25 anos. Aos 33 anos recebeu o diagnóstico de depressão maior, vinha tratando com cloridrato de fluoxetina, 60 mg, quando apresentou um episódio de mania com sintomas psicóticos. Na ocasião estava com 37 anos e recebeu o diagnóstico de transtorno bipolar I, inicialmente fazendo uso de olanzapina, 10 mg, e divalproato de sódio, 1 g, com um novo episódio de hipomania, 2 anos depois. Recentemente, passou a queixar-se mais a respeito dos déficits atencionais, com impressão subjetiva de perda de memória e dificuldade em cumprir os prazos dos projetos de trabalho, o que levou à demissão do último emprego. Atualmente faz uso de olanzapina, 5 mg, e divalproato de sódio, 1 g. Nega uso de drogas ilícitas. Apresenta como histórico familiar pai etilista, tio paterno com sintomas depressivos significativos, mas sem diagnóstico, e filho diagnosticado com transtorno de déficit de atenção e hiperatividade (TDAH). O médico psiquiatra solicitou avaliação neuropsicológica para avaliar o estado atual neurocognitivo do paciente.

O paciente apresenta prejuízo moderado da funcionalidade, segundo o *Functioning Assessment Short Test* (FAST). Mostrou escore mais baixo para funcionamento cognitivo, com maior dificuldade na aprendizagem de novos conteúdos e monitoramento de atividade; funcionamento ocupacional, como cumprir prazos, resolver problemas no tempo esperado, manter o cargo e a renda compatíveis com a formação; e para relações interpessoais e tempo de lazer.

O paciente apresenta inteligência global médio superior com melhor funcionamento das habilidades verbais, com sensível queda de desempenho quando exigido maior abstração. No que se refere à memória verbal, o paciente apresenta oscilação no desempenho ao longo do processo de aprendizagem, com desempenho um pouco abaixo do esperado para o grupo etário. A evocação tardia da informação também se mostrou abaixo do esperado para o grupo etário. O perfil do paciente parece compatível com estudo realizado em população brasileira, que adotou testes de aprendizagem verbal por meio de lista de palavras e identificou de 1 a 1,35 desvio-padrão (DP) dos pacientes TB abaixo dos controles, sendo Reconhecimento a tarefa menos prejudicada (cerca de 0,89 DP), como aconteceu com o paciente, mostrando beneficiar-se de dicas do ambiente no processo de evocação do conteúdo (Cacilhas et al., 2009).

A memória operacional (verbal) mostrou-se dentro da média para Dígitos e um pouco abaixo do esperado para Sequência de Números e Letras (SNL). Adotando como referência o estudo de Dittman et al. (2008), por exemplo, pacientes de TB I apresentam cerca de 0,45 DP abaixo (33º percentil) dos controles adultos saudáveis avaliados por esses instrumentos (Dittman et al., 2008). Portanto, o paciente não somente apresenta memória operacional um pouco abaixo dos valores de referência do instrumento (percentil 23), como também com relação a alguns pacientes com TB I. O desempenho inferior no teste SNL com relação ao teste Dígitos talvez ocorra em virtude de se exigir mais da manipulação mental de informações.

A fluência verbal mostrou-se dentro da média grupal, corroborando com o mesmo estudo citado anteriormente, que apontou para os casos com TB I desempenho cerca de 0,62 DP (27º percentil) abaixo dos controles para Fluência Verbal (Categoria), portanto sensivelmente acima do apresentado pelo paciente.

O paciente alcançou bom número de categorias no WCST, mostrando ter deduzido a dinâmica da tarefa, com flexibilidade dentro do esperado para o grupo etário. O desempenho em teste de atenção do tipo cancelamento mostrou-se dentro da média para o grupo etário, com concentração de erros e omissões na última porção da folha de resposta. O paciente também cometeu erros em itens iniciais do Raciocínio Matricial, que pode ser um indicativo de erro atencional. O desempenho abaixo do esperado da primeira tentativa da lista de palavras do RAVLT também pode ser entendido como um indicativo de alteração na atenção. A literatura aponta para alterações em velocidade de processamento em alguns estudos com TB I. Ainda considerando o estudo de Dittman (2008), pacientes com TB I desempenharam cerca de 0,77 DP abaixo dos controles (22º percentil); portanto, o desempenho do paciente mostra-se abaixo da média grupal do instrumento e dentro daquilo que se observa em pacientes com TB I. O paciente faz uso de antipsicótico atípico (olanzapina), que pode impactar a velocidade de processamento de informações e atenção sustentada.

Somados os achados da avaliação, o paciente apresenta perfil cognitivo compatível com quadros de TB e baixo funcionamento em memória verbal, memória operacional e controle cognitivo, modulados em maior parte pelo córtex dorsolateral. Alguns domínios cognitivos mostraram-se preservados (dentro da média amostral), no entanto abaixo do perfil global de funcionamento cognitivo se considerarmos o QI do paciente. Os achados parecem compatíveis com a impressão subjetiva do paciente de rebaixamento da memória, atenção e gestão das atividades laborais. Com base nas respostas dadas durante a entrevista com a FAST, o paciente apresenta queda funcional significativa nos últimos 5 anos, que pode estar associada ao seu perfil cognitivo e à presença de sintomas depressivos residuais.

Como se pode observar na análise desse caso clínico, embora a literatura aponte diferenças estatisticamente significativas entre casos com TB e controles saudáveis em estudos, não devemos entender esses achados como sinônimos de déficits no sentido preciso do termo (escore abaixo do 5º percentil).

Considerações finais

Os déficits neurocognitivos associados ao transtorno bipolar têm um impacto significativo no desempenho funcional dos indivíduos. Dificuldades na memória e atenção podem afetar a produtividade no trabalho e a capacidade de cumprimento de responsabilidades pessoais. As deficiências nas funções executivas podem resultar em problemas de organização e planejamento, afetando a autonomia e a independência. Além disso, o processamento emocional prejudicado pode contribuir para instabilidade emocional e dificuldades nas relações sociais.

Os déficits neurocognitivos no transtorno bipolar são uma faceta frequentemente negligenciada, mas significativa, dessa condição psiquiátrica. A investigação do perfil neurocognitivo no paciente com TB é crucial para o desenvolvimento de estratégias de intervenção eficazes. Abordagens terapêuticas que incluem treinamento cognitivo, remediação funcional e treino de habilidades sociais podem ajudar a mitigar esses déficits. A psicoeducação também é um recurso importante no tratamento, permitindo que os pacientes compreendam melhor seus desafios cognitivos e aprendam a utilizar estratégias de compensação.

Referências bibliográficas

ÁLVAREZ-CADENAS, L. et al. Detection of bipolar disorder in the prodromal phase: A systematic review of assessment instruments. Journal of Affective Disorders, Amsterdam, n. 325, p. 399-412, 2023.

AMERICAN PSYCHIATRIC ASSOCIATION (APA). Diagnostic and statistical manual of mental disorders. 5. ed. Texto revisado. 2022.

AMORETTI S. et al. The impact of cognitive reserve, cognition and clinical symptoms on psychosocial functioning in first-episode psychoses. Psychological Medicine, London, v. 52, n. 3, p. 526-537, 2022.

ARTS B. et al. Meta-analyses of cognitive functioning in euthymic bipolar patients and their first-degree relatives. Psychological Medicine, London, v. 38, n. 6, p. 771-785, 2008. Erratum in: Psychological Medicine, London, v. 39, n. 3, p. 525, 2009.

AUTISM RESEARCH CENTRE. Disponível em: https://www.autismresearchcentre.com/about-us/. Acesso em: 7 ago. 2023.

BALANZÁ-MARTÍNEZ V. et al. Neurocognitive endophenotypes (endophenocognitypes) from studies of relatives of bipolar disorder subjects: a systematic review. Neuroscience of Biobehavioral Review, New York, v. 32, n. 8, p. 1426-38, 2008.

BO, Q. et al. Use of the MATRICS consensus cognitive battery (MCCB) to evaluate cognitive deficits in bipolar disorder: A systematic review and meta-analysis. PloS One, San Francisco, v. 12, n. 4, p. e0176212, 2017.

BØGH, H. L. et al. Associations between levels of oxidative nucleoside damage and cardiovascular risk in patients newly diagnosed with bipolar disorder and their unaffected relatives. Translational Psychiatry, New York, v. 12, n. 8, p. 327, 2022.

BORA, E.; YUCEL, M.; PANTELIS, C. Cognitive endophenotypes of bipolar disorder: a meta-analysis of neuropsychological deficits in euthymic patients and their first-degree relatives. Journal of Affective Disorders, Amsterdam, v. 113, n. 1-2, p. 1-20, 2009.

BORA, E.; BARTHOLOMEUSZ, C.; PANTELIS, C. Meta-analysis of Theory of Mind (ToM) impairment in bipolar disorder. Psychological Medicine, London, v. 46, n. 2, p. 253-264, 2016.

BORA E. Neurocognitive features in clinical subgroups of bipolar disorder: A meta-analysis. Journal of Affective Disorders, Amsterdam, n 229, p. 125-134, 2018.

CACILHAS, A. A. et al. Validity of a short functioning test (FAST) in Brazilian outpatients with bipolar disorder. Value in Health: the Journal of the International Society for Pharmacoeconomics and Outcomes Research, Malden, v. 12, n. 4, p. 624-627, 2009.

CARDOSO, T. et al. Neuroprogression and cognitive functioning in bipolar disorder: a systematic review. Current Psychiatry Reports, Philadelphia, n. 17, n. 9, p. 75, 2015.

CRUMP, K. et al. Comorbidities and mortality in bipolar disorder: a Swedish national cohort study. JAMA Psychiatry, Chicago, v. 70, n. 9, p. 931-939, 2013.

CULLEN, B. et al. Prevalence and correlates of cognitive impairment in euthymic adults with bipolar disorder: A systematic review. Journal of Affective Disorders, Amsterdam, n. 205, p. 165-181, 2016.

DAGLAS, R. et al. Cognitive impairment in first-episode mania: a systematic review of the evidence in the acute and remission phases of the illness. International Journal of Bipolar Disorders, Heidelberg, n. 3, p. 9, 2015.

DAUVERMANN, M. R.; DONOHOE, G. The role of childhood trauma in cognitive performance in schizophrenia and bipolar disorder – A systematic review. Schizophrenia Research. Cognition, New York, 2018, v. 16, n. 1-11, 2018.

DECKERSBACH, T. et al. Research: Cognitive rehabilitation for bipolar disorder: An open trial for employed patients with residual depressive symptoms. CNS Neuroscience & Therapeutics. Oxford, v. 16, n. 5, p. 298-307, 2010.

DEPP, C. A. et al. Meta-analysis of the association between cognitive abilities and everyday functioning in bipolar disorder. Bipolar Disorders, Copenhagen, v. 14, n. 3, p. 217-226, 2012.

DICKINSON, T.; BECERRA, R.; COOMBES, J. Executive functioning deficits among adults with Bipolar Disorder (types I and II): A systematic review and meta-analysis. Journal of Affective Disorders, Amsterdam, n. 218, p. 407-427.

DITTMANN, S. et al. Cognitive functioning in euthymic bipolar I and bipolar II patients. Bipolar Disorders, Copenhagen, v. 10, n. 8, p. 877-887, 2008.

EZQUERRA, B. et al. Detection of bipolar disorder in the prodromal phase: A systematic review of assessment instruments. Journal of Affective Disorders, Amsterdam, n. 325, p. 399-412, 2023.

GEOFFROY, P. A. et al. Seasonal pattern in bipolar disorders and cardiovascular risk factors: A study from the FACE-BD cohort. Chronobiology International, London, v. 34, n. 7, p. 845-854, 2017.

GITLIN, M. J.; MIKLOWITZ, D. J. The difficult lives of individuals with bipolar disorder: A review of functional outcomes and their implications for treatment. Journal of Affective Disorders, Amsterdam, n. 209, p. 147-154, 2017. 1

GILLISSIE, E. S. et al. Deficits of social cognition in bipolar disorder: Systematic review and meta-analysis. Bipolar Disorders, Copenhagen, n. 24, n. 2, p. 137-148, 2022.

GRANDE, I. et al. High cognitive reserve in bipolar disorders as a moderator of neurocognitive impairment. Journal of Affective Disorders. n. 208, p. 621-627, 2017.

GRUBER, S. et al. Stability and course of neuropsychological deficits in manic and depressed bipolar patients compared to patients with Major Depression. Journal of Affective Disorders, Amsterdam, n. 104, n. 1-3, p. 61-71, 2007.

KAPCZINSKI, F. et al. Clinical implications of a staging model for bipolar disorders. Expert Review of Neurotherapeutics, London, v. 9, n. 6, p. 957-966, 2009.

KAPCZINSKI, N. S. et al. Cognition and functioning in bipolar depression. Revista Brasileira de Psiquiatria, São Paulo, v. 38, n. 3, p. 201-206.

KERAMATIAN, K.; TORRES, I. J.; YATHAM, L. N. Neurocognitive functioning in bipolar disorder: What we know and what we don't. Dialogues in Clinical Neuroscience, Abingdon, v. 23, n. 1, p. 29-38, 2022.

KNEDEISEN, F. et al. Cardiovascular risk in bipolar disorder – a case for the hypothalamus-pituitary-adrenal axis? Journal Affective Disorders, Amsterdam, n. 324, p. 410-417, 2023.

KING, S. et al. A systematic review on neuropsychological function in bipolar disorders type I and II and subthreshold bipolar disorders-something to think about. CNS Spectrums, New York, v. 24, n. 1, p. 127-143, 2019.

KURTZ, M. M.; GERRATY R. T. A meta-analytic investigation of neurocognitive deficits in bipolar illness: profile and effects of clinical state. Neuropsychology. Philadelphia, v. 23, n. 5, p. 551-62, 2009.

LEE, C. N. et al. Associations of emotion recognition, loneliness, and social functioning in euthymic patients with bipolar disorder. The Kaohsiung Journal of Medical Sciences, Kaohsiung City, v. 38, n. 7, p. 703-711, 2022.

LÓPEZ, J. et al. Errores de diagnóstico y estabilidad temporal en el trastorno bipolar [Diagnostic errors and temporal stability in bipolar disorder]. Actas Espanolas de Psiquiatria, Madri, v. 36, n. 4, p. 205-209, 2008.

MANN-WROBEL, M. C.; CARRENO, J. T.; DICKINSON, D. Meta-analysis of neuropsychological functioning in euthymic bipolar disorder: an update and investigation of moderator variables. Bipolar Disorders, Copenhagen, v. 13, n. 4, p. 334-342, 2011.

MALHI, G. S. et al. Neuropsychological deficits and functional impairment in bipolar depression, hypomania and euthymia. Bipolar Disorders, Copenhagen, v. 9, n. 1-2, p. 114-125, 2007

MARTINO, D. J. et al. Toward the identification of neurocognitive subtypes in euthymic patients with bipolar disorder. Journal of Affective Disorders, Amsterdam, n. 167, p. 118-124, 2014.

MARTINS, D. S. et al. A five-year follow-up of the verbal memory performance of individuals with bipolar disorder and schizophrenia: evidence of unchanging deficits under treatment. Cognitive Neuropsychiatry, London, v. 28, n. 1, p. 19-35, 2023.

MIGNOGNA, K.; GOES, F. Characterizing the longitudinal course of symptoms and functioning in bipolar disorder. Psychological Medicine, London, v. 54, n. 1, p. 79-89, 2024.

MONTEJO, L. et al. International Society for Bipolar Disorders (ISBD) Older Adults with Bipolar Disorder (OABD) Task Force Cognition in older adults with bipolar disorder: an ISBD task force systematic review and meta-analysis based on a comprehensive neuropsychological assessment. Bipolar Disorders, Copenhagen, v. 24, n. 2, p. 115-136, 2022.

NOTO, M. N. et al. Recognition of bipolar disorder type I before the first manic episode: challenges and developments. Expert Review of Neurotherapeutics, London, v. 13, n. 7, p. 795-807, 2013.

OTTO, M. et al. Managing bipolar disorder: a cognitive behavior treatment program therapist guide (treatments that work). Oxford: Oxford University Press, 2009. E-Book.

PAN, P. M. et al. Translation and adaptation of the Bipolar Prodrome Symptom Scale-Retrospective: Patient Version to Brazilian Portuguese. Trends in Psychiatry and Psychotherapy, Porto Alegre, v. 35, n. 1, p. 62-75, 2013.

PLATANIA, G. et al. Predictors of functional outcome in patients with major depression and bipolar disorder: a dynamic network approach to identify distinct patterns of interacting symptoms. PloS One, London, v. 18, n. 2, p. e0276822, 2023.

PFENNIG, A. et al. Improving early recognition and intervention in people at increased risk for the development of bipolar disorder: study protocol of a prospective-longitudinal, naturalistic cohort study (Early-BipoLife). International Journal of Bipolar Disorders, Heidelberg, v. 8, n. 1, p. 22, 2020.

REJ, S. et al. Measurement tools for assessment of older age bipolar disorder: a systematic review of the recent global literature. Bipolar Disorders. Copenhagen, v. 20, n. 4, p. 359-369, 2018.

ROBINSON, L. J. et al. A meta-analysis of cognitive deficits in euthymic patients with bipolar disorder. Journal of Affective Disorders, Amsterdam, v. 93, n. 1-3, p. 105-115, 2006.

ROSSETTI, M. G. et al. Neuropsychological instruments for bipolar disorders: A systematic review on psychometric properties. Journal of Affective Disorders, Amsterdam, n. 338, p. 358-364, 2023.

SAJATOVIC, M. New-onset bipolar disorder in later life. The American Journal of Geriatric Psychiatry: Official Journal of the American Association for Geriatric Psychiatry, Washington, v. 13, n. 4, p. 282- 289, 2005.

SANCHEZ-MORENO, J. et al. Cibersam Functional Remediation Group. Factors associated with poor functional outcome in bipolar disorder: sociodemographic, clinical, and neurocognitive variables. Acta Psychiatrica Scandinavica, Copenhagen, v. 138, n. 2, p. 145-154, 2018.

SENNER, F. et al. Medication adherence and cognitive performance in schizophrenia-spectrum and bipolar disorder: results from the PsyCourse Study. Translational Psychiatry, New York, v. 13, n. 1, p. 99, 2023.

SIMJANOSKI, M. et al. Cognitive impairment in bipolar disorder in comparison to mild cognitive impairment and dementia: a systematic review. Trends in Psychiatry and Psychotherapy, Porto Alegre, n. 44, p. e20210300.

SOLÉ, B. et al. Cognitive impairment in bipolar disorder: treatment and prevention strategies. The International Journal of Neuropsychopharmacology, Cambridge (England), v. 20, n. 8. p. 670-680, 2017.

SWEENEY, J. A. et al. Neuropsychologic impairments in bipolar and unipolar mood disorders on the CANTAB neurocognitive battery. Biological Psychiatry, New York, v. 48, n. 7, p. 674-684, 2000.

STEFANOPOULOU, E. et al. Cognitive functioning in patients with affective disorders and schizophrenia: a meta-analysis. International Review of Psychiatry, London, v. 21, n. 4, p. 336-356, 2009.

STRAWBRIDGE, R. et al. Cognitive remediation therapy for patients with bipolar disorder: a randomised proof-of-concept trial. Bipolar Disorders, Copenhagen, v. 23, n. 2, p. 196-208, 2021.

STREJILEVICH, S. A., SAMAMÉ, C., MARTINO, D. J. The trajectory of neuropsychological dysfunctions in bipolar disorders: a critical examination of a hypothesis. Journal of Affective Disorders, Amsterdam, n. 175, p. 396-402, 2015.

SZMULEWICZ, A.; VALERIO, M. P.; MARTINO, D. J. Longitudinal analysis of cognitive performances in recent-onset and late-life bipolar disorder: a systematic review and meta-analysis. Bipolar Disorders, Copenhagen, v. 22, n. 1, p. 28-37, 2020.

SWEENEY, J. A.; KMIEC, J. A.; KUPFER, D. J. Neuropsychologic impairments in bipolar and unipolar mood disorders on the CANTAB neurocognitive battery. Biological Psychiatry, New York, v. 48, n. 7, p. 674-684, 2000.

TORRES, I. J.; BOUDREAU, V. G.; YATHAM, L. N. Neuropsychological functioning in euthymic bipolar disorder: a meta-analysis. Acta Psychiatrica Scandinavica. Supplementum, Copenhagen, n. 434, p. 17-26, 2007.

TSAPEKOS, D. et al. Cognitive remediation for people with bipolar disorder: The contribution of session attendance and therapy components to cognitive and functional outcomes. Journal of Psychiatric Research, Oxford, n. 152, p. 144-151, 2022.

VAN RHEENEN, T. E.; ROSSELL, S. L. Objective and subjective psychosocial functioning in bipolar disorder: an investigation of the relative importance of neurocognition, social cognition and emotion regulation. Journal of Affective Disorders, Amsterdam, n. 162, p. 134-141, 2014.

VLAD, M. et al. Functional outcome and social cognition in bipolar disorder: Is there a connection? European Psychiatry: the Journal of the Association of European Psychiatrists, Paris, n. 52, p. 116-125.

WORLD HEALTH ORGANIZATION (WHO). The ICD-11 Classification of Mental and Behavioural Disorders: Clinical Descriptions and Diagnostic Guidelines. Geneva, World Health Organization. 2019.

33 Transtornos de Personalidade *Borderline* e Antissocial

Bruno Sini Scarpato

Introdução

Os transtornos de personalidade (TP) caracterizam-se por um padrão disfuncional de pensamentos a respeito de si mesmo e comportamentos com relação aos outros, que se diferem sistematicamente das normas e permanecem estáveis ao longo do tempo. Os principais manuais de diagnóstico oferecem proposta de classificações das categorias, embora haja uma tendência atual a explorar esses quadros em uma perspectiva dimensional, como o caso da 5ª edição do *Manual diagnóstico e estatístico de transtornos mentais* (DSM-5), que apresenta medidas e modelos dimensionais emergentes como uma alternativa para auxiliar o profissional na avaliação do paciente.

O DSM-5 divide os TP em três grandes grupos (*clusters*): *cluster* A, com características de personalidade entendidas como estranhas ou excêntricas; *cluster* B, perfil dramático, emocional ou errático; e *cluster* C, personalidades ansiosas e inseguras. O transtorno de personalidade antissocial (TPA) e o transtorno de personalidade *borderline* (TPB) são dois quadros que fazem parte do *cluster* B, além dos TP Histriônica e Narcisista (APA, 2021). A impulsividade é traço central nos TP do grupo B, especialmente para o TPA e o TPB (Turner *et al.*, 2017), com diversos estudos que apontam para o padrão atípico de ativação do córtex pré-frontal no controle inibitório para ambos os quadros (Völlm *et al.*, 2004).

O TPB é um transtorno mental que representa grande carga para os pacientes, familiares e sistemas de saúde (Wu *et al.*, 2022). O quadro geralmente apresenta os primeiros sinais na adolescência, com sintomas de transtornos internalizantes (depressão e ansiedade), transtornos externalizantes (problemas de conduta, hiperatividade e uso de substâncias) ou ambos. O TPB está ligado a diversos desfechos negativos, como: desempenho profissional e acadêmico insatisfatório, dificuldade em manter relacionamentos de longa duração, aumento de conflitos entre parceiros, comportamentos de risco no âmbito sexual, reduzidos níveis de apoio social, baixa satisfação com a vida e maior utilização de serviços de saúde (Trull *et al.*, 2010; Bohus *et al.*, 2021).

O TPA, por sua vez, tem como características: comportamentos repetidos que englobam condutas passíveis de prisão, mentiras crônicas, envolvimento em brigas ou agressões frequentes, desrespeito à segurança pessoal e alheia, dificuldade constante em manter um comportamento coerente no ambiente de trabalho e abuso de outras pessoas. Apresenta alta prevalência em amostras de populações carcerárias e elevadas taxas de comorbidade, abrangendo diversos transtornos psiquiátricos, como: psicopatia, abuso de substâncias, ansiedade, depressão, jogo patológico, transtorno bipolar e TPB (APA, 2021). Na literatura o TPA e outras nomenclaturas muitas vezes são empregados de forma errônea para se referir a comportamentos que se desviam da norma social. O termo psicopatia ganhou relevância na psiquiatria forense, entendido como um quadro em alguns aspectos mais grave que o TPA, não incluso nos manuais de psiquiatria, comumente identificado por meio da escala PCL-R (*Psychopathy Checklist Revised*), de autoria de Robert D. Hare (Hare, 2003). Na psicopatia, haveria falta de empatia, emoções superficiais e falta de controle dos impulsos, sendo comuns egos grandiosos, comportamento manipulador e propensão a explosões violentas (Abdalla-Filho *et al.*, 2020).

A literatura das duas últimas décadas aponta para alterações cognitivas para os quadros de TPA e TPB, em especial para funções executivas, mas com achados heterogêneos (De Brito *et al.*, 2013; McClure *et al.*, 2016).

Nos últimos 5 anos, estudos têm apresentado achados mais robustos quando adotados paradigmas que contrapõem o processamento de informações independentemente do envolvimento das emoções (cognição fria), com relação aos contextos em que o processamento de informação ou tomada de decisão é modulada por informações relacionadas com as emoções (cognição quente).

O conceito de tomada de decisão tem sido concebido de forma mais ampla, considerando o processo de escolha do indivíduo baseado no valor subjetivo que é dado a cada situação ou ação (valência). Alguns modelos de tomada de decisão entendem que seu início ocorre com a representação mental da situação percebida (Figura 33.1). Nessa fase, o indivíduo identifica seu estado mental interno e os estados externos para elencar mentalmente o que seriam ações viáveis (Rangel, 2008). Na etapa de representação, a qualidade da representação mental criada será influenciada por fatores como o número de informações que o indivíduo consegue armazenar e relacionar simultaneamente, a velocidade de processamento e a inibição de conteúdos irrelevantes.

A atribuição de um valor subjetivo positivo a um estímulo sensorial (valência positiva) levará a comportamentos de engajamento, enquanto a valência negativa a comportamentos defensivos ou de evitação (valência negativa).

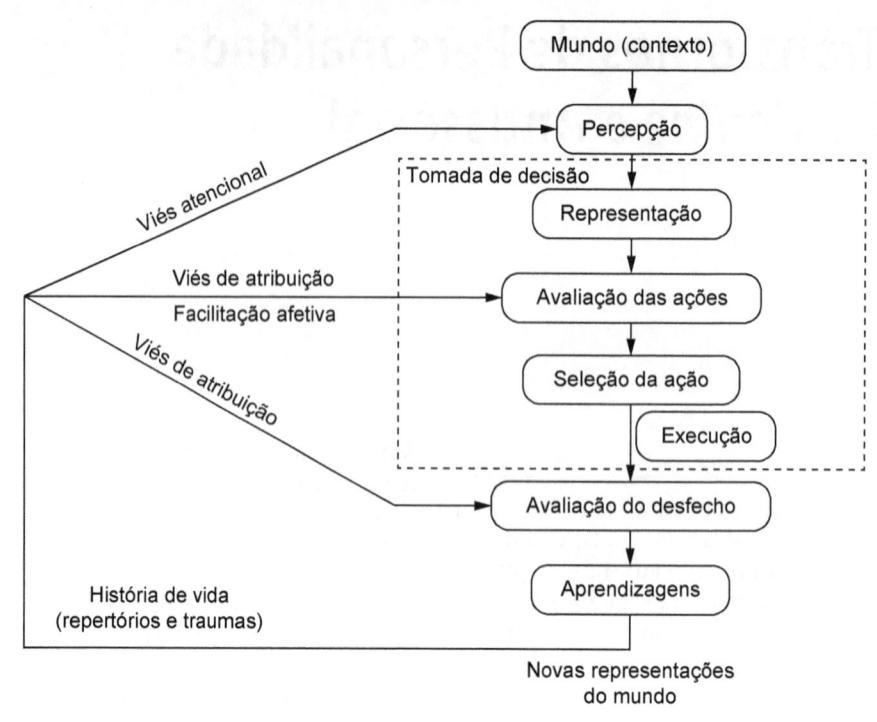

Figura 33.1 Modelo hipotético de processo de tomada de decisão. (Adaptada de Rangel et al., 2008; Gross, 2015.)

As valências podem ser uma tendência inata (incondicionada) ou um padrão adquirido na interação com o mundo ao longo do desenvolvimento do indivíduo (condicionada). Embora os mecanismos neurais subjacentes à valência emocional não sejam ainda compreendidos, sabe-se que os circuitos da amídala desempenham um papel importante nesse sistema (Pignatelli et al., 2019). A operação da avaliação de demandas e problemas pode ser orientada por três sistemas hipotéticos: pavloviano, de habituação ou direcionado à meta. O sistema pavloviano (SP) está relacionado com respostas inatas e incondicionadas. No sistema de habituação (SH) a atribuição de valor é orientada por associações estímulo-resposta estabelecidas em decorrência de história de rotina de repetição, treinamento, ou tentativa e erro. O processo de aprendizagem intrínseco ao SH permite que um estímulo neutro torne-se preditivo de um valor de desfecho, regulado por áreas específicas da amígdala e do córtex-orbitofrontal (COF) (Rangel et al., 2008; Gross et al., 2015). O sistema direcionado à meta (SDM), por sua vez, abrange as estimativas entre ação e desfecho, seguida da avaliação das recompensas associadas aos diferentes resultados. Este último não somente contribui no processo de planejamento, como também atualiza os valores atribuídos a uma ação, assim que o valor de seu resultado muda. No SDM, a flexibilidade e fluência cognitiva cumprem com função importante, sendo esse sistema controlado em maior parte pelo córtex pré-frontal dorsolateral (CPFDL) (Rangel, 2008; Gross et al., 2015).

Neuropsicologia do transtorno de personalidade *borderline*

A literatura do perfil neuropsicológico do TPB é heterogênea, com início dos estudos somente ao final da década de 1990. O quadro está relacionado com déficits com tamanho de efeito[a] de pequeno a grande dependendo do domínio cognitivo avaliado (Ruocco, 2005). Eventos estressores de vida parecem desempenhar papel importante no desenvolvimento cognitivo, visto que pacientes que relatam experiências traumáticas físicas e psicológica na infância e adolescência apresentam comprometimento neurocognitivo e sintomas mais graves do que casos de TPB sem este histórico (Bozzatello et al., 2023).

Modelos conceituais recentes para o TPB apontam para desregulação emocional, disfunção reflexiva (mentalização), hipersensibilidade interpessoal e temperamento hiperbólico (D'Agostino et al., 2018). Na prática clínica nota-se um padrão generalizado de instabilidade de relacionamentos interpessoais, autoimagem e afetos, e impulsividade acentuada, que se manifestam no início da idade adulta e estão presentes em diferentes contextos (APA, 2021).

No TPB, a instabilidade emocional pode representar uma característica central do quadro, impactando os sintomas cognitivos e comportamentais. A falha na autorregulação emocional acaba por determinar a qualidade do funcionamento de vida diária, modulando o comportamento adaptativo e direcionado a objetivos.

Considerada essas características centrais do quadro, não surpreende o fato de a maioria das alterações neurocognitivas apontadas pela literatura concentrarem-se em domínios cognitivos relacionados com as funções executivas (FE), por sua vez moduladas em maior parte pelos córtex cingulado anterior (CCA), orbitofrontal (COF) e pré-frontal dorsolateral (CPDL) (Allman et al., 2001; Alvarez et al., 2006; Fertuck et al., 2006).

---

[a]Em estatística, o tamanho do efeito mede a força da relação entre grupos diferentes ou a magnitude da diferença entre variáveis, o que possibilita calcular a significância prática de um estudo.

O sofrimento psíquico somado à elevada impulsividade contribui para comportamentos suicidas e automutilação, além de uso de substâncias (APA, 2021). A literatura apresenta diversos achados de atividade cerebral subnormal relacionadas com a manifestação e manutenção desses sintomas, estando a impulsividade associada em maior parte a áreas frontais, e história de traumas relacionadas com alterações no hipotálamo, sistema límbico e estruturas hipocampais e frontais (Davies *et al.*, 2020). A diminuição do volume de substância cinzenta no circuito límbico pode ser um importante correlato neural com sintomas do TPB em adolescentes e adultos jovens. Nesses quadros, o volume reduzido de substância cinzenta e a conectividade funcional alterada nessas regiões estão associados ao comportamento de automutilação em adolescentes (Yi *et al.*, 2023). Diferenças nas estruturas límbicas, como a amígdala e a ínsula, também contribuem com a sintomatologia do quadro, gerando desregulação emocional, sintomas depressivos e maiores ocorrências de expressão de raiva e ruminação (Mitolo *et al.*, 2023).

A dificuldade no engajamento em atividades acadêmicas e laborativas é uma queixa frequente na clínica do TPB, sendo comum o abandono prematuro de projetos pessoais quando o paciente entra em contato com as primeiras experiências de desconforto e frustração (Trull *et al.*, 2010; Bohus *et al.*, 2021). A constituição de uma identidade pessoal, por meio da atividade laborativa ou acadêmica, acaba sendo prejudicada por um padrão de busca errática, com ações que acabam sendo guiadas mais por emoções despertadas por eventos situacionais do que orientadas a metas de vida maiores, ou pautadas em um planejamento a longo prazo. A conectividade anormal em porções do córtex cingulado anterior (CCA) no TPB pode estar relacionada com esses sintomas, visto que é uma área importante nos processos neurocognitivos fundamentais, como motivação, tomada de decisão, aprendizagem, estimativa de custo-benefício, bem como monitoramento de discrepâncias e erros (Apps *et al.*, 2016; Lei *et al.*, 2019).

Os comportamentos de risco em pacientes com TPB direcionaram os estudos para a investigação do processo de tomada de decisão. O paradigma mais adotado nas pesquisas envolve tarefas que exigem que os participantes tomem uma decisão benéfica a longo prazo, por meio de um processo contínuo de decisão, envolvendo *feedback* com recompensas e perdas, sendo os instrumentos mais adotados o *Iowa Gamgling Test* (IGT) e *Game of Dice Task* (GDT). A literatura aponta que pacientes com TPB tomam decisões mais arriscadas e são menos propensos a permanecer ou mudar para a decisão segura com base no *feedback* (Haaland; Landrø *et al.*, 2007; Lawrence *et al.*, 2010; Paret *et al.*, 2017; Bajzát *et al.*, 2023; Lee *et al.*, 2023).

O reduzido volume do hipocampo e amígdala, além do mau funcionamento da rede orbitofrontal em casos de TPB (Nunes *et al.*, 2009; Carrasco *et al.*, 2012; Krause-Utz *et al.*, 2012), poderia explicar este baixo desempenho em tarefas como o IGT e GDT. O córtex orbitofrontal, em especial, está envolvido na integração sensorial, na modulação de reações viscerais, além de participar na aprendizagem, previsão e tomada de decisão para comportamentos emocionais e relacionados com a recompensa (Kringelbach, 2005).

A relação entre tomada de decisão e valência negativa foi investigada por Lawrence *et al.* (2010) por meio de um experimento que buscou induzir a um sentimento de rejeição social, antes da aplicação de teste de tomada de decisão. O instrumento principal, análogo ao IGT e GDT, envolvia a depreciação do valor de uma recompensa relacionada com o tempo que leva para ser liberada (*delay discounting*). O sujeito de pesquisa participava do *Cyberball*, jogo virtual de lançamento de bola que pode ser usado em pesquisas sobre exclusão social ou rejeição (Williams *et al.*, 2000), e, em seguida, era submetido ao teste de tomada de decisão. Embora a tarefa de indução de mudança de humor tenha, como esperado, aumentando o relato de experiência de raiva e rejeição, a inclinação a recompensas imediatas aconteceu de forma independente desses sentimentos negativos. O estudo permite considerar que a impulsividade pode ser um traço da doença, que se mantém relativamente estável mesmo em condições com baixa ocorrência de eventos estressores. O mesmo desenho de estudo foi replicado por Lee *et al.* (2023), que identificou que as decisões mais arriscadas ocorrem em reposta a *feedbacks* negativos, indicando que o comportamento impulsivo, embora pareça ser um traço do transtorno, talvez ocorra como uma resultante de experiências emocionais negativas.

No TPB, alterações na atividade do lobo parietal inferior (LPI) estão associadas à baixa *performance* em tarefas que exigem inibição de comportamento diante de estímulos relacionados com emoções negativas, portanto, com maior chance de atribuição de valências negativas (van Zutphen *et al.*, 2020). O LPI é um substrato neural subjacente a diversos processos mentais, desde a atenção básica até a linguagem e cognição social, essenciais nas interações humanas (Munssen *et al.*, 2021).

Estudo realizado por van Zutphen *et al.* (2020) investigou o controle do impulso durante o processamento emocional por meio de paradigmas, como o Teste *Go/No-go*, adaptado com conteúdos afetivos, que incluía imagens sociais. Casos de TPB apresentaram desempenho deficitário nessas tarefas, não somente com relação a controles saudáveis, como também a TP do *cluster* C (van Zutphen *et al.*, 2020). Em contrapartida, déficits de maior relevância clínica não parecem ocorrer quando casos de TPB são avaliados em estudos que adotam testes com paradigmas como o *Go/No-go*, mas sem a adoção de estímulos com potencial de evocar emoções. Esses achados indicam que a atenção sustentada e o controle de resposta talvez venham a funcionar de modo satisfatório em contextos com baixa carga emocional (Hagenhoff *et al.*, 2013; Thomsen *et al.*, 2017).

No âmbito das dificuldades interpessoais no TPB, haveria insuficiências nas habilidades de identificar os próprios estados subjetivos e processos mentais, bem como inferir estados mentais em outros indivíduos. O conceito psicanalítico de mentalização descreve processos metacognitivos referentes ao reflexo dos estados afetivos (função reflexiva) e vem sendo amplamente estudado nessa população. A mentalização aproxima-se de conceito de teoria da mente, um dos componentes da cognição social, abordado no campo da neuropsicologia.

Embora assumido prejuízos na teoria da mente como uma característica do TPB, os achados da literatura variam de modo significativo dependendo do instrumento e do paradigma adotados. Estudo realizado por Normann-Eide et al. (2020) investigou teoria da mente por meio do instrumento *Movie for the Assessment of Social Cognition* (MASC), cuja tarefa envolve assistir a vídeos curtos e responder a perguntas referentes aos estados mentais dos atores (Diziobek et al., 2006). Nesse estudo não houve diferença entre as respostas de TPB e saudáveis; no entanto, identificou-se uma tendência a fazer suposições sobre os estados mentais de outras pessoas que vão muito além dos fenômenos observáveis (hipermentalização). Esses achados indicam que o problema central do transtorno pode estar mais associado a distorções nas interpretações de intencionalidade de outrem (viés de atribuição), do que a uma incapacidade de inferir atribuições mentais.

Transtorno de personalidade antissocial

O diagnóstico do TPA é complexo e controverso, visto que a proximidade do transtorno com o comportamento criminoso ou violento exige um modelo psicobiológico que considere também o contexto social do indivíduo (North et al., 2022).

A literatura aponta para diversas alterações cognitivas no TPA, especialmente para as funções executivas, mas com resultados pouco conclusivos em função das variações nos critérios de diagnósticos e comorbidades (Morgan; Lilienfeld, 2000; Dolan; Park, 2002; Fitzgerald; Demakis, 2007).

Alterações na atividade do córtex pré-frontal dorsolateral presentes no TPA são associadas aos déficits de planejamento mental e flexibilidade cognitiva, enquanto o prejuízo da memória visual, a atenção sustentada e o controle inibitório estariam relacionados com alterações no córtex pré-frontal ventromedial (CPFVM) (Dolan; Park, 2002; Pera-Guardiola et al., 2016; Baliousis et al., 2019).

A estreita relação do quadro com criminalidade, comportamento de risco e adicto, pode ser em parte explicada por falhas no processo de tomada de decisão. O CPFVM também desempenha papel crucial nos processos de tomada de decisão afetiva, adaptação de resposta e inibição de resposta. Infratores com características de sociopatia apresentam piores desempenhos que controles saudáveis em tarefas de tomada de decisão sob risco, como o IGT, independentemente do nível de inteligência global (Yao et al., 2019). A tendência a assumir maiores riscos nessas tarefas de tomada de decisão parece ter uma relação direta com o nível de sociopatia, inferida habitualmente nos estudos por meio da escala PCL-R (Sutherland; Fishbein, 2017).

O TPA compartilha com o TPB as características de desregulações emocional e impulsividade. Assim como no TPB, os estudos das alterações cognitivas do TPA costumavam concentrar-se principalmente no comportamento observável em detrimento das características emocionais, mas também com mudanças de tendências nos últimos anos.

Quadros de TPA associados a comportamentos agressivos são propensos a atribuir intenções hostis ao comportamento dos outros, o que pode levar ao fomento de reações socialmente inadequadas (Dodge, 2006). Sinais visuais emocionalmente salientes de ameaça ou recompensa estão associados ao aumento da atividade no córtex visual, refletindo seu processamento facilitado, ganhando acesso preferencial em virtude de sua relevância motivacional intrínseca (Bekhtereva; Müller, 2015; Vuilleumier, 2015). Essa *facilitação afetiva* acontece por meio da resposta da amígdala e áreas corticais ao estímulo relevante que envia sinais de *feedback*, promovendo o ganho sensorial no processo de codificação (ver Figura 33.1) (Bekhtereva; Müller, 2015).

Em testes de viés de atribuição de hostilidade por meio de tarefa de reconhecimento de emoções para faces ambíguas (teste de ambivalência baseado no *Radboud Faces Database*), infratores com diagnóstico de TPA e histórico de comportamento violento tendem a interpretar como hostis faces ambíguas. Esse grupo também tende a superestimar a intensidade da agressividade quando comparado a casos de infratores sem TPA, havendo uma correlação com escalas que inferem frequência e intensidade dos comportamentos agressivo e impulsivo (Schönenberg; Jusyte, 2014).

Infratores com TPA também tendem a apresentar viés atencional para palavras negativas ou relacionadas com violência em tarefa com paradigma que avalia latência de emissão de resposta entre estímulos congruentes e incongruentes (efeito *stroop*). Infratores diagnosticados com TPA e histórico de maus-tratos na infância apresentam desempenho mais prejudicado nesse tipo de teste (*Emotional Stroop Task*) se comparados àqueles sem esse histórico, evidenciando a contribuição de experiências estressoras precoces no comportamento desviante (Domes et al., 2013). Casos de TPA comórbidos com transtorno do déficit de atenção e hiperatividade (TDAH) apresentam maior tempo de latência nessas tarefas se comparados aos pacientes sem esse diagnóstico (Bagcioglu et al., 2014), parecendo ser um diagnóstico cujos sintomas agravem esse tipo de processamento.

Em tarefas com paradigma no tipo *Go/No-go* (controle cognitivo e atenção sustentada) adaptados com o uso de palavras com valência afetiva (tarefa de decisão lexical), indivíduos com TPA também apresentam déficits no processamento de informações emocionais negativas quando o controle inibitório é demandado (Kosson et al., 2006; Veronal et al., 2012).

Estudo conduzido por Lavallee et al. (2022) mapeou por meio de *software* de reconhecimento facial as expressões apresentadas por homens com diagnóstico de TPA enquanto narravam episódios importantes de suas memórias autobiográficas. Os sujeitos da pesquisa tendiam a apresentar mais expressões de raiva, tanto na narrativa de eventos positivos como também negativos, e poucas ocorrências de expressões neutras, se comparados com indivíduos sem o diagnóstico. Esses resultados corroboram com outros estudos que apontam que, no TPA, ocorre não somente prejuízos no processo de reconhecimento de expressões faciais de emoções, como também na habilidade de produzir expressões faciais, havendo pouca ressonância com o conteúdo verbal expresso (Fanti et al., 2015).

Analisando esses achados sob a ótica do modelo de tomada de decisão baseada em valências, a agressividade manifestada pode ser em parte resultante de falhas no processamento de informações que acontece já na fase de codificação de características faciais dos interlocutores, e atribuição de valência negativa ao comportamento de terceiros. Assim, a tendência de interpretar mal os sinais não verbais nas interações sociais pode estar subjacente ao comportamento agressivo-impulsivo.

Considerado o recorrente histórico de comportamento transgressor e desrespeito nas relações interpessoais já na infância, supõe-se que a baixa empatia já se faça presente desde cedo na vida dos indivíduos com TPA. Elevada punição parental é outro elemento presente na autobiografia dessas pessoas, com estreita relação com maiores déficits cognitivos e sintomas mais graves na idade adulta (Marzilli et al., 2021). Embora não seja possível precisar se a punição parental acontece como resposta ao comportamento disruptivo, ou como agente de concepção e manutenção deste comportamento, sem sombra de dúvida contribui com mais experiências emocionais negativas e menos pró-socialidade.

Os déficits nas funções executivas, mesmo quando não moduladas por valências afetivas, podem impactar a funcionalidade dos indivíduos com TPA, dificultando ainda mais o ajustamento social.

Considerações finais

A avaliação neuropsicológica de domínios como funções executivas, atenção, cognição social e sistemas de memória é parte integrante de uma abordagem interdisciplinar de pesquisa em TPA e TPB. Essa abordagem é promissora na elucidação de facetas comportamentais, limites diagnósticos, prevenção e intervenções específicas para esses transtornos de impacto significativo nas relações interpessoais.

Comorbidades com TDAH, TAB, abuso de substâncias, ansiedade e depressão devem ser investigadas, visto que esses quadros estão relacionados com diversas alterações cognitivas.

A escassez no Brasil de instrumentos normatizados e comercializados que inferem o processo de tomada de decisão, considerando atribuição de valor subjetivo ou processamentos emocionais, limita a investigação diagnóstica nesses quadros, mas de forma alguma inviabiliza o trabalho do neuropsicólogo. Uma alternativa a essa dificuldade é o complemento da avaliação neuropsicológica com escalas relacionadas com a regulação emocional e a impulsividade, que facilitam a investigação e classificação das variações comportamentais que acontecem nos diferentes contextos de vida do paciente.

Referências bibliográficas

ABDALLA-FILHO, E.; VÖLLM, B. Does every psychopath have an antisocial personality disorder? Revista Brasileira de Psiquiatria, São Paulo, v. 42, n. 3, p. 241-242, 2020.

ALLMAN, J. M. et al. The anterior cingulate cortex. The evolution of an interface between emotion and cognition. Annals of the New York Academy of Sciences, New York, n. 935, p. 107,117, 2020.

ALVAREZ, J. A.; EMORY, E. Executive function and the frontal lobes: a meta-analytic review. Neuropsychology Review, New York, v. 16, n. 1, p. 17-42, 2006.

AMERICAN PSYCHIATRIC ASSOCIATION (APA). Diagnostic and Statistical Manual of Mental Disorders (DSM-5-TR). American Psychiatric Publishing. 2022

APPS, M. A.; RUSHWORTH, M. F.; CHANG, S. W. The Anterior Cingulate Gyrus and Social Cognition: Tracking the Motivation of Others. Neuron, Cambridge, v. 90, n. 4, p. 692-707, 2016.

BAGCIOGLU, E. et al. Facial emotion recognition in male antisocial personality disorders with or without adult attention deficit hyperactivity disorder. Comprehensive Psychiatry, Philadelphia, v. 55, n. 5, p. 1152-1156, 2014.

BAJZÁT, B. et al. Impaired decision-making in borderline personality disorder. Frontiers in Psychology, Pully, n. 14, p. 1109238, 2023.

BALIOUSIS, M. et al. Executive function, attention, and memory deficits in antisocial personality disorder and psychopathy. Psychiatry Research, Limerick, n. 278, p. 151-161, 2019.

BEKHTEREVA, V.; MÜLLER, M. M. Affective facilitation of early visual cortex during rapid picture presentation at 6 and 15 Hz. Social cognitive and affective neuroscience, Oxford, v. 10, n. 12, p. 1623-1633, 2015.

BOHUS, M. et al. Borderline personality disorder. Lancet, London, v. 398, n. 10310, 1528-1540, 2021.

BOZZATELLO, P. et al. The role of cognitive deficits in borderline personality disorder with early traumas: a mediation analysis. Journal of Clinical Medicine, Basel, v. 12, n. 3, p. 787, 2023.

CARRASCO, J. L. et al. Microstructural white matter damage at orbitofrontal areas in borderline personality disorder. Journal of Affective Disorders, Amsterdam, n. 139, p. 149-153, 2012.

D'AGOSTINO, A.; ROSSI MONTI, M.; STARCEVIC, V. Models of borderline personality disorder: recent advances and new perspectives. Current Opinion in pPsychiatry, Philadelphia, v. 31 n. 1, p. 57-62, 2018.

DAVIES, G. et al. A systematic review of structural MRI investigations within borderline personality disorder: Identification of key psychological variables of interest going forward. Psychiatry Research, Amsterdam, n. 286, p. 112864, 2020.

DE BRITO, S. A. et al. Cool and hot executive function impairments in violent offenders with antisocial personality disorder with and without psychopathy. PloS One, San Francisco, v. 8, n. 6, p. e65566, 2013.

DODGE K. A. Translational science in action: hostile attributional style and the development of aggressive behavior problems. Development and Psychopathology, New York, n. 18, p. 791-814, 2006.

DOLAN, M.; PARK, I. The neuropsychology of antisocial personality disorder. Psychological Medicine, London, v. 32, n. 3, p. 417-427, 2002.

DOMES, G. et al. Offenders with antisocial personality disorder show attentional bias for violence-related stimuli. Psychiatry Research, Amsterdam, v. 209, n. 1, p. 78-84, 2013.

DZIOBEK, I. et al. Introducing MASC: a movie for the assessment of social cognition. Journal of Autism and Developmental Disorders, New York, v. 36, n. 5, p. 623-636, 2006.

FANTI, K. A.; KYRANIDES, M. N.; PANAYIOTOU, G. Facial reactions to violent and comedy films: Association with callous–unemotional traits and impulsive aggression. Cognition & Emotion, Hove, v. 31, n. 2, p. 209-224, 2015.

FERTUCK, E. A. et al. Executive neurocognition, memory systems, and borderline personality disorder. Clinical Psychology Review, New York, v. 26, n. 3, p. 346-375, 2006.

FITZGERALD, K. L.; DEMAKIS, G. J. The neuropsychology of antisocial personality disorder. Disease-a-month: DM, Chicago, v. 53, n. 3, p. 177-183, 2007.

GROSS, J. J. Handbook of Emotion Regulation, Second Edition. New York: Guilford Publications, 2015.

HAALAND, V. Ø.; LANDRØ, N. I. Decision making as measured with the Iowa Gambling Task in patients with borderline personality disorder. Journal of the International Neuropsychological Society: JINS, Cambridge, v. 13, n. 4, p. 699-703, 2007.

HAGENHOFF, M. et al. Executive functions in borderline personality disorder. Psychiatry Research, Amsterdam, v. 210, n. 1, p. 224-231, 2013.

HARE, R. D. The Hare Psychopathy Checklist-Revised. Toronto: Multi-Health Systems, 2003.

KOSSON, D. S.; LORENZ, A. R.; NEWMAN, J. P. Effects of comorbid psychopathy on criminal offending and emotion processing in male offenders with antisocial personality disorder. Journal of Abnormal Psychology, Washington, v. 115, n. 4, p. 798-806, 2006.

KRAUSE-UTZ, A. et al. The latest neuroimaging findings in borderline personality disorder. Current Psychiatry Reports, Philadelphia, v. 16, n. 3, p. 438, 2014.

KRINGELBACH, M. L. The human orbitofrontal cortex: linking reward to hedonic experience. Nature Reviews. Neuroscience, London, v. 6, n. 9, p. 691-702, 2005.

LAVALLEE, A. et al. Monitoring the emotional facial reactions of individuals with antisocial personality disorder during the retrieval of self-defining memories. PloS One, San Francisco, v. 17, n. 6, p. e0268818, 2022.

LAWRENCE, K. A.; ALLEN, J. S.; CHANEN, A. M. Impulsivity in borderline personality disorder: reward-based decision-making and its relationship to emotional distress. Journal of Personality Disorders, New York, v. 24, n. 6, p. 786-799, 2010.

LEE, M. J.; KWON, Y. S.; HYUN, M. H. The effect of social situations on risky decision-making in individuals with borderline personality tendency. Psychiatry Investigation, Seoul, v. 20, n. 4, p. 350-356, 2023.

LEI, X. et al. Structural and functional connectivity of the anterior cingulate cortex in patients with borderline personality disorder. Frontiers in Neuroscience, Lausanne, n. 13, p. 971, 2019.

MCCLURE, G.; HAWES, D. J.; DADDS, M. R. Borderline personality disorder and neuropsychological measures of executive function: A systematic review. Personality and Mental Health, West Sussex, v. 10, n. 1, p. 43-57, 2016.

MARZILLI, E.; CERNIGLIA, L.; CIMINO, S. Antisocial Personality Problems in Emerging Adulthood: The role of family functioning, impulsivity, and empathy. Brain Sciences, Basel, v. 11, n. 6, p. 687, 2021.

MORGAN, A. B.; LILIENFELD, S. O. A meta-analytic review of the relation between antisocial behaviour and neuropsychological measures of executive function. Clinical Psychology Review, New York, v. 20, n. 1, p. 113-156, 2000.

NORMANN-EIDE, E. et al. Are Impairments in Theory of Mind Specific to Borderline Personality Disorder? Journal of Personality Disorders, New York, v. 34, n. 6, p. 827-841, 2020.

NORTH, C. S.; KOTAMARTI, V.; POLLIO, D. E. Deconstructing childhood conduct and adult antisocial criteria for the diagnosis of antisocial personality disorder. Annals of Clinical Psychiatry: Official Journal of the American Academy of Clinical Psychiatrists, New York, v. 34, n. 2, p. 97-105, 2022.

NUMSSEN, O.; BZDOK, D.; HARTWIGSEN, G. Functional specialization within the inferior parietal lobes across cognitive domains. Elife. Cambridge, n. 10, p. e63591, 2021.

PARET, C.; JENNEN-STEINMETZ, C.; SCHMAHL, C. Disadvantageous decision-making in borderline personality disorder: partial support from a meta-analytic review. Neuroscience and Biobehavioral Reviews, New York, n. 72, p. 301-309, 2017.

PERA-GUARDIOLA, V. et al. Modulatory effects of psychopathy on Wisconsin Card Sorting Test performance in male offenders with antisocial personality disorder. Psychiatry Research, Amsterdam, n. 235, p. 43-48, 2016.

PIGNATELLI, M.; BEYELER, A. Valence coding in amygdala circuits. Current Opinion in Behavioral Sciences, n. 26, p. 97-106, 2019.

RANGEL, A.; CAMERER, C.; MONTAGUE, P. R. A framework for studying the neurobiology of value-based decision making. Nature Reviews. Neuroscience, London, v. 9, n. 7, p. 545-556, 2008.

ROLLS, E. T. Emotion, motivation, decision-making, the orbitofrontal cortex, anterior cingulate cortex, and the amygdala. Brain Structure & Function, Berlin, v. 228, n. 5, p. 1201-1257, 2023.

RUOCCO, A. C. neuropsychology of borderline personality disorder: a meta-analysis and review. Psychiatry Research, Amsterdam, v. 137, n. 3, p. 191-202, 2005.

SCHÖNENBERG, M.; JUSYTE, A. Investigation of the hostile attribution bias toward ambiguous facial cues in antisocial violent offenders. European Archives of Psychiatry and Clinical Neuroscience, Berlin, v. 264, n. 1, p. 61-69.

SUTHERLAND, M. T.; FISHBEIN, D. H. Higher trait psychopathy is associated with increased risky decision-making and less coincident insula and striatal activity. Frontiers in Behavioral Neuroscience, Lausanne, n. 11, p. 245, 2017.

THOMSEN, M. S. et al. Neurocognitive deficits in borderline personality disorder: associations with childhood trauma and dimensions of personality psychopathology. Journal of Personality Disorders, New York, v. 31, n. 4, p. 503-521, 2017.

TRULL, T. J. et al. Revised NESARC personality disorder diagnoses: gender, prevalence, and comorbidity with substance dependence disorders. Journal of Personality Disorders, New York, v. 24, n. 4, p. 412-426, 2010.

TURNER, D.; SEBASTIAN, A.; TÜSCHER, O. Impulsivity and cluster B personality disorders. Current Psychiatry Reports, Philadelphia, v. 19, n. 3, 2017.

VAN ZUTPHEN, L. et al. Impulse control under emotion processing: an fMRI investigation in borderline personality disorder compared to non-patients and cluster-C personality disorder patients. Brain Imaging and Behavior, Amsterdam, v. 14, n. 6, p. 2107-2121, 2020.

VERONA, E.; SPRAGUE, J.; SADEH, N. Inhibitory control and negative emotional processing in psychopathy and antisocial personality disorder. Journal of Abnormal Psychology, Washington, v. 121, n. 2, p. 498-510, 2012.

VÖLLM, B. et al. Neurobiological substrates of antisocial and borderline personality disorder: preliminary results of a functional fMRI study. Criminal behaviour and mental health: CBMH, London, v. 14, n. 1, p. 39-54, 2004.

VUILLEUMIER, P. Affective and motivational control of vision. Current Opinion in Neurology, Philadelphia, v. 28, n. 1, p. 29-35.

YAO, X. et al. Psychopathy and decision-making: antisocial factor associated with risky decision-making in offenders. Frontiers in Psychology, Pully, n. 10, p. 166, 2019.

YI, X. et al. Altered gray matter volume and functional connectivity in adolescent borderline personality disorder with non-suicidal self-injury behavior. European Child & Adolescent Psychiatry, Heidelberg, v. 33, n. 1, p. 193-202.

WILLIAMS, K. D.; CHEUNG, C. K.; CHOI, W. Cyberostracism: effects of being ignored over the Internet. Journal of Personality and Social Psychology, Washington, v. 79, n. 5, p. 748-762, 2000.

WORLD HEALTH ORGANIZATION (WHO). The ICD-11 Classification of mental and behavioural disorders: clinical descriptions and diagnostic guidelines. Geneva: World Health Organization, 2019.

WU, T. et al. Demystifying borderline personality disorder in primary care. Frontiers in Medicine, n. 9, p. 1024022, 2022.

34 Esquizofrenia

Bruno Sini Scarpato

Introdução

A psicose é uma condição mental complexa caracterizada por uma desconexão da realidade, que pode manifestar-se por meio de sintomas como alucinações, delírios e desorganização do pensamento. Cerca de 0,3 a 0,7% da população global enfrenta transtornos psicóticos ao longo de suas vidas (APA, 2021). Considera-se a esquizofrenia um transtorno psicótico. A influência dos fatores genéticos na origem das psicoses tem sido consistentemente estabelecida. Isso é respaldado pela notável concordância na incidência de esquizofrenia entre gêmeos monozigóticos, que varia entre 40 e 50% (Tsuang et al., 2002), além do aumento significativo do risco de desenvolver a doença observado em parentes de primeiro grau de indivíduos esquizofrênicos, que chega a ser de nove a doze vezes maior.

Aqueles que sofrem de esquizofrenia tendem a experimentar um curso crônico e debilitante, frequentemente iniciando na juventude, com mais expressão no início da idade adulta, uma fase em que muitos atingem o auge de sua produtividade. Indivíduos que sofrem com a doença manifestam déficits em diversas áreas do seu dia a dia, abrangendo aspectos como interação social, desempenho profissional, gestão domiciliar, adesão ao tratamento medicamentoso e cuidados pessoais fundamentais. A recuperação do quadro implica melhorias em todas essas funções; não surpreende, portanto, o fato de a esquizofrenia ser a terceira maior causa de perda de anos saudáveis de vida, de acordo com a Organização Mundial da Saúde (Collins, 2011).

O termo *dementia praecox*, popularizado por Emil Kraepelin no século XIX para se referir à psicose, já anunciava os déficits neurocognitivos como característica central da doença que viria a ser estudada em profundidade no século seguinte. Os déficits neurocognitivos na psicose abrangem uma variedade de funções cognitivas, incluindo atenção, memória, função executiva e habilidades sociais, com impacto significativo na funcionalidade e no aproveitamento dos programas de reabilitação psicossocial (Green et al., 2000; 2011; 2016; Harvey et al., 2022; Tschentscher et al., 2023)

Essas alterações cognitivas e funcionais mostram-se também presentes em quadros como o transtorno esquizoafetivo, transtornos de personalidade esquizotípico, esquizoide e paranoide, sendo uma característica comum a todo o espectro da psicose, assim como compartilham semelhanças biológicas e fenomenológicas, com variações em grau e dinâmica de curso da doença (McClure et al., 2013).

A avaliação neuropsicológica mostra-se, portanto, uma ferramenta útil para a compreensão de quadros de todo o espectro da psicose, mesmo em fases que precedem a manifestação doença em sua forma plena.

Este capítulo proverá informações de estudos que abordam as funções cognitivas na esquizofrenia, auxiliando o clínico a compreender e classificar as alterações cognitivas dos pacientes no nível individual, além de apresentar os instrumentos mais adotados na avaliação de indivíduos acometidos pela doença.

Aspectos clínicos e diagnósticos

O diagnóstico é feito com base na história psiquiátrica e no estado mental na avaliação e não há, até o momento, biomarcadores específicos da doença (genética, imagem e neurofisiologia) que, de forma isolada, permitam o diagnóstico. A esquizofrenia é um transtorno psicótico, fazendo parte de uma categoria que abriga outros diagnósticos como os transtornos esquizoafetivo, esquizotípico, psicótico breve (ou psicótico agudo transitório) e delirante persistente. A esquizofrenia, por sua vez, apresenta os subtipos paranoide, hebefrênica, indiferenciada, residual, simples, além dos diagnósticos de depressão pós-esquizofrênica e esquizofrenias sem outra especificação (WHO, 2019).

A doença caracteriza-se por sintomas negativos, positivos e alterações cognitivas, que persistem por ao menos 1 mês e que não são mais bem explicados por outra condição médica, efeito de medicações, uso de substâncias ou abstinência (WHO, 2019; APA, 2021). Os principais critérios diagnósticos segundo o *Manual diagnóstico e estatístico de transtornos mentais* (DSM-5-TR) estão apresentados na Tabela 34.1.

Sintomas negativos

Os sintomas negativos referem-se a um grupo de sintomas que envolvem a redução ou perda de funções mentais, emocionais e comportamentais, que normalmente estão presentes em pessoas saudáveis. Esses sintomas podem afetar a capacidade de uma pessoa de se envolver em atividades diárias, manter relacionamentos interpessoais e realizar suas atividades de modo funcional (APA, 2021). Exemplos de sintomas negativos são fala pobre ou monótona, sem variação de entonação ou ritmo, podendo ocorrer também a redução da fala ou qualidade da comunicação (alogia), além de dificuldade em mostrar expressões faciais de forma

Tabela 34.1 Principais critérios diagnósticos da esquizofrenia.

Critério A. Dois (ou mais) dos elementos a seguir, cada um deles presentes por uma duração significativa ao longo de um período de 1 mês (ou menos, em caso de tratamento bem-sucedido). Pelo menos um dos elementos deve ser classificado como delírios (1), alucinações (2) ou discurso desorganizado (3):
1. Delírios
2. Alucinações
3. Discurso desorganizado
4. Comportamento grosseiramente desorganizado ou catatônico
5. Sintomas negativos

Critério B. Durante um intervalo substancial de tempo após o início do distúrbio, o nível de desempenho em uma ou mais áreas cruciais, como emprego, interações sociais ou autocuidado, encontra-se consideravelmente inferior ao nível previamente alcançado (ou, no caso de início durante a infância ou adolescência, a incapacidade de atingir o nível antecipado de funcionamento interpessoal, educacional ou profissional)

Critério C. Os indicadores persistentes da perturbação mantêm-se por um período mínimo de 6 meses. Esse intervalo de 6 meses deve abranger ao menos 1 mês de sintomas (ou menos, caso haja tratamento bem-sucedido) que devem satisfazer ao Critério A (ou seja, sintomas da fase ativa), e pode abranger intervalos com sintomas prodrômicos ou residuais. Nessas fases prodrômicas ou residuais, os indícios da perturbação podem ser evidenciados somente por sintomas negativos ou por dois ou mais sintomas mencionados no Critério A, manifestados de forma atenuada (p. ex., crenças singulares, experiências perceptuais peculiares)

Critério D. Transtorno esquizoafetivo, bem como transtorno depressivo ou transtorno bipolar com componentes psicóticos, são excluídos, pois: 1) não houve a ocorrência simultânea de episódios depressivos maiores ou maníacos junto aos sintomas da fase ativa; ou 2) se episódios de alteração de humor surgiram durante os sintomas da fase ativa, sua duração total foi limitada em comparação com os períodos ativo e residual da condição

Critério E. A alteração não pode ser associada aos efeitos fisiológicos de uma substância (como uma droga ilícita ou um medicamento) ou a outra condição médica

Critério F. Se há um histórico de transtorno do espectro autista ou de um distúrbio da comunicação iniciado na infância, o diagnóstico adicional de esquizofrenia é confirmado somente na presença de delírios ou alucinações proeminentes, além dos outros sintomas necessários para o diagnóstico de esquizofrenia. Esses sintomas adicionais devem persistir por, no mínimo, 1 mês (ou menos, em caso de tratamento bem-sucedido)

Adaptada de DSM-5-TR (APA, 2022) e CID-11 (WHO, 2019).

adequada em resposta a diferentes situações (falta de expressão facial). Ocorre também a diminuição na expressão emocional, de modo que a pessoa pode parecer apática ou indiferente às emoções (embotamento afetivo), bem como incapaz de sentir prazer ou interesse em atividades que normalmente seriam consideradas agradáveis (anedonia) (Correll et al., 2020).

Na esfera social, o paciente pode apresentar uma tendência a se isolar, evitando interações com os outros (retraimento social). As atividades diárias podem ser impactadas, ficando evidente a falta de motivação para realizar atividades cotidianas (avolição), como cuidar de si mesmo, trabalhar ou estudar, prejuízo do autocuidado e na atenção à higiene pessoal, bem como dificuldade em começar a realizar tarefas ou em tomar decisões (APA, 2021).

Sintomas positivos

Os sintomas positivos incluem delírios, alucinações e comportamentos desorganizados. Delírios podem ser definidos como crenças falsas e irracionais que uma pessoa mantém firmemente, mesmo quando confrontada com evidências sólidas e contrárias a essas crenças. Essas crenças não são compartilhadas pela maioria das pessoas e não são influenciadas pela lógica ou pela realidade. Essas crenças falsas podem ter como núcleo diversos temas, sendo os principais tipos de delírio: paranoide, de grandeza, de referência, somático, erotomaníaco, de ciúmes e místicos ou religiosos. Delírios podem ocorrer em diferentes contextos, como em distúrbios psicóticos, outros transtornos mentais, condições médicas, uso de substâncias, ou mesmo em situações de estresse extremo (Correll et al., 2020).

As alucinações, por sua vez, são percepções sensoriais que ocorrem na ausência de estímulos reais do ambiente. As pessoas que experimentam alucinações têm a sensação real daquilo que percebem e podem afetar qualquer um dos cinco sentidos: visão, audição, olfato, paladar e tato. As alucinações na esquizofrenia, especialmente as auditivas, são um dos sintomas mais característicos e frequentes. Elas podem variar em intensidade, conteúdo e impacto na vida da pessoa. As alucinações auditivas são as mais comuns, mais especificamente vozes fora do controle do paciente, que podem ser descritas como vindas de "dentro" ou "fora da cabeça", muitas vezes conversando entre si ou uma voz que se refere à própria pessoa, comentando comportamentos, dando comandos ou que faz críticas ao próprio sujeito, na maioria das vezes trazendo angústia.

O psiquiatra alemão Kurt Schneider, já em 1939, chamava a atenção a um conjunto de sinais clínicos que pareciam específicos da esquizofrenia, hoje chamados "sintomas schneiderianos de primeira ordem". Alguns exemplos desses sintomas incluem vozes que parecem vir de fora da mente e que comentam ou discutem entre si, sensação de que o pensamento, partes do corpo ou ideias são influenciados por força externa, ou mesmo que os pensamentos são inseridos ou retirados da mente do indivíduo por essas forças ou agentes.

Diferentes modelos de fisiopatologia têm sido propostos para explicar mecanismos subjacentes a esses sintomas observáveis no contexto clínico. Os elementos que atualmente são entendidos como de papel central na doença são os estados hiperdopaminérgicos e as disfunções na conectividade de rede neural, em especial aquelas que modulam atividades do córtex pré-frontal (Reichenberg; Harvey, 2007). A experiência acumulada nas ultimas três décadas, com estudos que acompanham pacientes e familiares em diferentes fases da vida, permitiram também refinar modelos em uma perspectiva de progressão da doença ao longo do neurodesenvolvimento.

Modelo de ultra-alto risco para psicose

Nas últimas duas décadas, intervenções precoces em esquizofrenia e outros transtornos psicóticos têm sido uma busca da psiquiatria, cujos estudos estenderam-se a fases anteriores ao primeiro episódio psicótico. O modelo de ultra-alto risco (UAR) de psicose é uma abordagem que surge nesse contexto. A premissa subjacente compreende que a intervenção precoce durante essa fase pode prevenir ou atenuar o desenvolvimento completo da doença. Esse modelo foi desenvolvido para detectar indivíduos em uma fase crítica, anteriormente ao primeiro episódio psicótico, quando sintomas iniciais e alterações comportamentais já podem ser observados.

Os critérios de inclusão no modelo UAR baseiam-se em uma combinação de fatores clínicos, comportamentais e de risco. Esses critérios podem variar ligeiramente em diferentes protocolos, mas geralmente incluem a presença de sintomas subclínicos, como ideação delirante, alterações perceptivas, isolamento social, declínio no funcionamento global e história familiar de psicose. A duração e a intensidade desses sintomas são monitoradas para determinar a elegibilidade a esse estado.

O início dos transtornos psicóticos é geralmente precedido pelo período chamado "prodrômico", caracterizado por sintomas psiquiátricos inespecíficos, declínio funcional e, mais próximo do início da psicose propriamente dita, sintomas psicóticos positivos atenuados ou episódios de franca psicose que duram menos de 1 semana e remitem espontaneamente (sintomas psicóticos breves intermitentes) (Yung *et al.*, 2008).

Estudos longitudinais têm fornecido evidências de que a identificação precoce e intervenção no modelo UAR podem reduzir significativamente a taxa de conversão para a psicose completa. Um estudo realizado por McGorry *et al.* (2017), por exemplo, demonstrou taxa de conversão de 9% entre indivíduos no grupo de UAR tratados, em comparação com 36% no grupo que não recebeu tratamento.

Os estudos longitudinais da fase prodrômica ao primeiro episódio são importantes para revelar os mecanismos patológicos da doença, bem como para fundamentar modelos de intervenções precoces e testar sua eficácia (Addington *et al.*, 2007; Nordholm *et al.*, 2023).

Aspectos cognitivos da esquizofrenia

Entre os 3% da população mundial que apresenta sintomas psicóticos, estima-se que, dependendo da população estudada, 40 a 70% apresentam alterações neurocognitivas (Meltzer, 1996; Heinrichs; Zakzanis, 1998), as quais não são mais bem explicadas pelo uso de antipsicóticos (Saykin *et al.*, 1994). Desses casos, aqueles com alterações clinicamente relevantes podem alcançar *performance* entre 0,8 e 1,5 desvio-padrão (DP) abaixo dos controles. No entanto, os estudos apresentam importantes diferenças metodológicas entre si, como diferenças significativas no tamanho das amostras, heterogeneidade das condições clínicas e pouca uniformidade dos instrumentos neuropsicológicos adotados (Mausbach *et al.*, 2009; Fioravanti *et al.*, 2012). Na tentativa de remediar essas discrepâncias metodológicas, alguns grupos uniram esforços e buscaram criar baterias de testes neuropsicológicos específicos para a avaliação das psicoses, como o caso da Pesquisa de Medição e Tratamento para Melhorar a Cognição na Esquizofrenia (MATRICS, na sigla em inglês), que elaborou uma bateria por meio do consenso entre especialistas (*MATRICS Consesus Cognitive Battery, MCCB*) (Nuechterlein *et al.*, 2008), e o *Brief Assessment of Cognition in Schizophrenia* (Keefe *et al.*, 2004), que avalia quatro dos sete domínios inclusos na MCCB, fórmulas específicas para o cálculo de QI Estimado (Blyler *et al.*, 2000) ou baterias criadas para investigar outras patologias e adaptadas para o estudo da esquizofrenia, como o *Multiple Errants Test* (MET) (Bulzacka *et al.*, 2016).

Alguns autores entendem a expressão dos sintomas positivos e negativos como um produto do perfil neurocognitivo do paciente, apresentando modelos que vão de um prejuízo cognitivo, entendido como um déficit generalizado e difuso, modelos que colocam domínios cognitivos específicos ocupando um papel central na doença e outros que apresentam propostas de subtipos de psicoses baseados no perfil neurocognitivo (Reichenberg; Harvey, 2007; Maes, 2023).

Alterações cognitivas na infância

A literatura sugere que a esquizofrenia pode ser mais bem compreendida como um distúrbio do neurodesenvolvimento (Rapoport *et al.*, 2012; Bora *et al.*, 2015). Estudos prospectivos apresentam evidências de que as alterações cognitivas da esquizofrenia têm início na infância, como atraso motor, brincar solitário, problemas relacionados com a fala (Jones *et al.*, 1994; Cannon *et al.*, 1999; 2002) e em média 0,5 DP do QI Global abaixo dos controles (percentil 32, aproximadamente). Esses achados fundamentam a elaboração de um modelo que a considera uma doença do neurodesenvolvimento (David *et al.*, 1997; Woodberry *et al.*, 2008; Rapport *et al.*, 2012). Somente com os estudos longitudinais, ou seja, que acompanham o mesmo grupo de pessoas por um determinado período, foi possível elaborar modelos mais robustos do desenvolvimento das habilidades neurocognitivas daqueles que converteram para psicose na idade adulta (Bora *et al.*, 2015; Owen; O'Donovanm, 2012; 2017). Como exemplo, temos o estudo que acompanhou 1.037 crianças por 30 anos, realizado por Reichenberg *et al.* (2010), que identificou dois processos de desenvolvimento, evidentes entre os 7 e 13 anos, inferidos por meio da Escala de Inteligência Wechsler para Crianças (WISC). Crianças que vieram a desenvolver a doença na idade adulta ingressam na escola primária já com dificuldades em raciocínio verbal, e uma discrepância de atenção, velocidade de processamento e memória operacional em relação aos seus pares, que se manifesta de forma sutil no início e tende a aumentar com o avançar da idade (Rapoport *et al.*, 2012). As alterações cognitivas parecem tender a se estabilizar ao longo da adolescência até o primeiro episódio psicótico, quando ocorre novo declínio (Menkes *et al.*, 2019).

Alterações cognitivas no ultra-alto risco

Os estudos com adolescentes e adultos jovens em risco para psicose também apontam para alterações em domínios neurocognitivos, ainda que em grupos com sintomas em níveis subclínicos, ou seja, em níveis que não preenchem critério diagnóstico em virtude do baixo número de sintomas, intensidade ou duração.

Estudo metanalítico conduzido por Bora *et al.* (2014), acompanhou jovens entre 15 e 29 anos em ultra-alto risco para psicose e identificou disfunções cognitivas moderadas, com desvios próximo a 1 DP, tendendo a ser mais significativas nos jovens com sintomas psicóticos atenuados e com parentes em primeiro grau com diagnóstico de psicose (grupo de risco genético). De modo geral, os casos apresentam prejuízo em diversos domínios, com exceção da atenção. Os domínios cognitivos mais associados aos casos de alto risco foram memória operacional visuoespacial (p. ex., testes Blocos de Corsi e *Span* Visuoespacial) e velocidade de processamento (p. ex., teste Códigos da Escala Wechsler), especialmente naqueles que vieram a converter para psicose. A velocidade de processamento também parece ser um moderador das alterações cognitivas de outros domínios cognitivos nos grupos de ultra-alto risco (Randers *et al.*, 2021).

Alterações cognitivas no primeiro episódio e esquizofrenia crônica

As alterações cognitivas na esquizofrenia afetam diversos domínios, como atenção, velocidade de processamento, memória verbal, funções executivas e linguagem. Essa população apresenta em sua maior parte um decréscimo neurocognitivo, que já é possível identificar entre o primeiro episódio e 2 anos de doença (Tschentscher *et al.*, 2023). Os déficits cognitivos no primeiro episódio são amplamente relatados na literatura, e estudo de metanálise apontou que todos os trabalhos sobre esse tema publicados entre 2009 e 2022 identificaram como os domínios mais afetados a velocidade de processamento, aprendizagem verbal, fluência verbal e memória operacional, seguidos de flexibilidade cognitiva, cognição social e controle inibitório (Sheffield *et al.*, 2018; Catalan *et al.*, 2021; Tschentscher *et al.*, 2023).

Diversos fatores influenciam a melhora dos déficits nos 2 primeiros anos de tratamento. Melhores condições socioeconômicas, manifestação tardia da doença, poucos sintomas negativos e grande reserva cognitiva no início da doença contribuem para a recuperação das funções cognitivas (Amoretti *et al.*, 2021). A reserva cognitiva é uma medida frequentemente empregada nos estudos da esquizofrenia, e costuma ser estimada com base no QI pré-mórbido, no nível educacional e na participação em atividades de *laser*, físicas ou sociais. Realiza-se essa investigação por meio de instrumentos como a Escala das Síndromes Positivas e Negativas (PANSS, no inglês), Avaliação Global de Funcionamento (GAF, no inglês) e a *Functioning Assessment Short Test* (FAST).

Habilidades cognitivas globais

Medidas globais de inteligência costumam ser adotadas na maioria desses estudos e consistem basicamente em coeficientes globais de inteligência, como o QI, e composições de testes advindos de diferentes baterias, que geram coeficientes globais de desempenho, como a MCCB.

Nas psicoses é comum uma discrepância significativa do QI em comparação com os controles, com tendência do QI de execução estar mais prejudicado que o QI verbal (Reichenberg; Harvey, 2007). O comprometimento geral da capacidade cognitiva parece ser quase tão significativo quanto os observados em funções neuropsicológicas mais específicas, sugerindo que qualquer déficit neuropsicológico particular na esquizofrenia ocorre em um cenário de comprometimento intelectual geral muito acentuado (Reichenberg; Harvey, 2007; Reichenberg, 2010). Assim, a pontuação global do QI pode servir como uma medida descritiva valiosa e abrangente da capacidade intelectual, ao mesmo tempo que oferece um ponto de referência interpretativo para os demais resultados dos testes.

Pesquisadores que atuam na psicologia muitas vezes necessitam manejar questões metodológicas referentes ao tempo de administração das baterias, que costumam levar mais de 1 hora, na maioria das vezes necessitando de mais de um encontro. Versões mais curtas de instrumentos surgem com o objetivo de sanar esse problema; no entanto, essas adaptações trazem limitações. No caso da versão curta do WAIS-III, por exemplo, o cálculo de QI estimado é realizado com base em somente dois subtestes. Um problema psicométrico dessa solução é que inclui somente medidas dos fatores verbais e de organização perceptual visuoespacial. No entanto, avalia-se um indivíduo de uma população que tem como características déficits em memória operacional e velocidade de processamento, como o caso da esquizofrenia, tende-se a sub ou superestimar o QI do paciente. A fim de remediar esses problemas, alguns autores propõem cálculos alternativos que consideram outros fatores, como o QI estimado calculado com base nos escores obtidos nos subtestes Informação, Cubos, Aritmética e Códigos (para mais detalhes técnicos, ver Blyler *et al.*, 2000).

Estudos que adotaram a MCCB tendem a identificar prejuízos globais com base em medidas mais específicas, isto porque na sua composição entram subtestes escolhidos por conveniência, elegendo aqueles domínios mais comprometidos na esquizofrenia. A medida global de MCCB, por exemplo, engloba testes como Trilhas, Códigos, *Continuous Performance Test-Identical Pairs* (CPT-IP), *Hopkins Verbal Learnin Test* – instrumento análogo ao RAVLT – fluência verbal categórica, entre outros. Em metanálise de estudos chineses com primeiro episódio psicótico, a medida global da MCCB foi de tamanho de efeito grande, com *performance* situadas na faixa limítrofe, aproximadamente percentil 5 para grupos mais comprometidos (Zhang *et al.*, 2019); portanto, uma diferença bastante significativa com relação aos controles saudáveis, maior do que aquelas observadas com medidas de QI.

Funções executivas

As funções executivas (FE) são um conjunto de habilidades cognitivas de alto nível que permitem que as pessoas planejem, organizem, monitorem, tomem decisões e alcancem objetivos. Esses domínios cognitivos desempenham papel fundamental na regulação do pensamento, do comportamento e das emoções, viabilizando a realização de tarefas complexas e controle do próprio comportamento orientado ao futuro e não habitual, de maneira eficaz. Os principais componentes das FE são inibição, memória operacional e flexibilidade cognitiva (Diamond, 2020).

A inibição pode atuar como um controle inibitório propriamente dito, suprimindo comportamentos preponderantes ou automatizados, ou por meio do controle de interferências, que age direcionando a atenção e inibindo distratores internos ou externos (controle executivo da atenção). Esse domínio costuma ser inferido por meio de instrumentos como o Teste de Stroop e Teste de Hayling (Zimmermann et al., 2017), e mostra-se alterado na esquizofrenia, com tamanho de efeito[a] grande (Reiichenberg, Harvey, 2007; Mesholam-Gately et al., 2009).

A memória operacional é um sistema cognitivo que processa e armazena temporariamente informações relevantes para a realização de tarefas mentais. Esse sistema não somente armazena a informação, mas também envolve a manutenção temporária de informações na mente (sem a presença do estímulo), bem como a modificação ou combinação dessa informação com outros elementos. Esse domínio diferencia-se pela categoria perceptiva mobilizada, havendo a memória operacional verbal e a memória operacional visuoespacial ou não verbal (Diamond, 2020).

Na esquizofrenia as alterações em memória operacional são significativas e vão de tamanho de efeito médio a grande, dependendo da modalidade avaliada. O desempenho no teste de Dígitos, por exemplo, apresenta alterações semelhantes para o Dígitos Direto (manutenção de informação verbal) e para o escore total de Dígitos; no entanto, as dificuldades ficam mais evidentes quando analisadas as *performances* em testes que avaliam a memória operacional com medidas mais autênticas para esse domínio, como o Dígitos Indireto (memória operacional verbal), Aritmética e Sequência de Números e Letras (SNL) (Dickinson et al., 2007; Reinchenberg; Harvey, 2007; Mesholam-Gately et al., 2009).

Outro subdomínio das FE, a Flexibilidade Cognitiva, envolve a mudança de perspectiva para viabilizar a resolução de problemas ajustando-se às demandas atuais e futuras do ambiente, gerando respostas alternativas, além do monitoramento e da reavaliação da eficácia das repostas emitidas. Esse domínio acaba sendo modulado por outros domínios, como controle inibitório, memória operacional e alternância cognitiva e, embora complexo, pode ser inferido de forma satisfatória pelo *Wisconsin Card Sort Test* (WCST).

Pacientes acometidos pela esquizofrenia apresentam dificuldade na realização dessa tarefa; no entanto, a literatura apresenta variações a respeito de qual parâmetro do WCST mostra-se mais prejudicado, e os Erros Perseverativos parecem ser a medida mais sensível às alterações da doença. Os estudos apontam também o Número de Categorias Completadas como um parâmetro do WCST sensível ao funcionamento cognitivo da esquizofrenia; no entanto, nas normas brasileiras as classificações dos percentis são pouco estratificadas, dificultando a interpretação dessa medida, sendo talvez mais interessante adotar o parâmetro de Porcentagem de Respostas de Nível Conceitual para avaliar a qualidade das respostas do paciente.

Outros domínios cognitivos são modulados por esses principais componentes das FE, como Alternância Cognitiva e Fluência Verbal. A Alternância Cognitiva é um processo mental de redirecionamento intencional da atenção de um elemento a outro, comumente inferido pelo Teste de Trilhas (*Trail Making Test*, em inglês).

Na esquizofrenia é evidente o prejuízo no Teste de Trilhas B (TMT-B), que infere alternância cognitiva, alteração que pode contribuir para que o paciente encontre dificuldade em monitorar atividades simultâneas que costumam ser exigidas em tarefas como cozinhar, dirigir ou ouvir um interlocutor e responder às suas perguntas enquanto assiste à TV.

O baixo desempenho no TMT-B em pacientes acometidos pela esquizofrenia também apresenta correlação com habilidades de discriminação e memória sensorial auditiva, indicando provável contribuição da alternância cognitiva no processo de codificação de informações (Lee et al., 2014).

A Fluência Verbal envolve o acesso a informações que fazem parte do repertório verbal do indivíduo, e a busca dessa informação ocorrerá pela via lexical, com base nas características fonológicas ou ortográficas, ou por meio de uma busca semântica, baseada na organização da rede semântica de acordo com suas dimensões ou outros atributos (Bokat; Goldberg, 2003).

Indivíduos saudáveis costumam encontrar maior facilidade em realizar a busca semântica como, nomes de animais ou frutas, do que a busca de informações com base em palavras de acordo com a letra inicial (p. ex., letras F, A ou S), emitindo mais resposta para a primeira modalidade. No entanto, isso não ocorre nos indivíduos acometidos pela esquizofrenia, que tendem a emitir menor número de resposta quando a busca é pela via semântica (Dickinson et al., 2007; Reinchenberg; Harvey, 2007; Mesholam-Gately et al., 2009). Uma hipótese é a de que essa atípica discrepância entre modalidades de busca de informação verbal deve-se a anormalidades no processamento semântico, acarretando falhas na construção da linguagem, as quais podem se refletir em sintomas como fala desorganizada, dificuldade em se manter no tema central da conversa (tangenciabilidade), às vezes resultando em um discurso que parece incoerente para o ouvinte, indicativo de transtorno formal do pensamento (Bokat; Goldberg, 2003). Alguns autores afirmam que esse padrão apresentado nos testes de fluência verbal semântica refletiriam, portanto, problemas na memória semântica e não das funções executivas (Henry; Crawford, 2005). Ainda nesse tema, há também autores que consideram fluência verbal semântica como um processo que depende de ambas habilidades e citam como exemplo os casos de Alzheimer, que apresentam dificuldade significativa em tarefas de fluência verbal semântica, bem como para tarefas de memória semântica, ou seja, a fluência verbal semântica exigiria uma busca de informação eficaz e também um armazenamento de memória semântica intacta (Troyer et al., 1997).

Outro elemento importante, mas pouco explorado nos estudos que investigam fluência verbal, é a formação de *clusters* ou agrupamentos (*clustering*) e a troca entre agrupamentos dentro da mesma categoria (*cluster switching*). O primeiro, dependente de processos do lobo-temporal, como memória verbal e armazenamento de palavras; o segundo, dependente de processos do lobo-frontal, como estratégia de busca, flexibilidade cognitiva e alternância cognitiva (Troyer et al., 1997).

---

[a] Em estatística, o **tamanho do efeito** mede a força da relação entre grupos diferentes ou a magnitude da diferença entre variáveis, possibilitando calcular a significância prática de um estudo.

Na prática, o que vemos é que o sujeito saudável avaliado despende um tempo mais longo para acessar um agrupamento dentro de uma categoria específica (p. ex., grupo "equinos" na categoria "animais"), emite grande quantidade de exemplos em curto intervalo de tempo, como um "jorro" (*spurts*), seguido de nova latência para acessar um novo agrupamento (p. ex., animais marinhos). Na esquizofrenia observa-se uma pequena alteração na formação de *clusters*, e alterações maiores para a troca de agrupamentos, indicativo de déficit maior no funcionamento do lobo frontal do que do lobo temporal (Zakzanis *et al.*, 2000).

O mecanismo subjacente para a fluência semântica deficiente na esquizofrenia é uma questão complexa e ainda não completamente compreendida. A reduzida emissão de exemplos em tarefa categórica (p. ex., nome de animais), também pode estar relacionada com fatores como maior tempo para conseguir acessar a informação na memória semântica, que, por sua vez, pode ser modulada pela velocidade de processamento. Outra possível explicação envolve a proximidade das informações na rede semântica, ocorrendo menor número de "nós". Esses "nós" seriam representações de conceitos ou palavras semelhantes que estão próximos no espaço semântico, e uma falha nessa organização poderia levar a maior tempo de latência para executar a tarefa. Por fim, ocorreria também uma falha na ativação das conexões associativas na memória semântica, resultando em menor eficiência na execução da tarefa (Bokat; Goldberg, 2003). Estudo com população brasileira identificou diferenças significativas com relação a pacientes e controles, com a *performance* da Fluência Verbal Fonêmica situada próximo ao percentil 34 e Fluência Verbal Semântica (Categórica) próximo ao percentil 24 (Berberian *et al.*, 2016).

Talvez, em parte por déficits na rota semântica, dados da literatura referentes a habilidades verbais variem de forma significativa entre estudos em função dos instrumentos, do momento e da gravidade da doença. Os achados para o teste de Vocabulário, por exemplo, variam de tamanho de efeito moderado a grave, bem como acontece com teste de nomeação, como o Teste de Nomeação de Boston (*Boston Naming Test*, no inglês) que nos estudos ficam entre leve e moderado. No grupo de subtestes Verbais da escala Wechsler, Semelhanças e Compreensão tendem a se mostrar mais prejudicados que os demais subtestes, talvez por exigir maior abstração verbal, capacidade de dedução de normas e regras sociais que permeiam estruturas semânticas e cognição social.

Atenção e velocidade de processamento

Na prática clínica, são evidentes as dificuldades atencionais e a maior latência de resposta dos pacientes acometidos pela esquizofrenia, e a literatura confirma essa impressão clínica.

A atenção pode ser entendida como um domínio neurocognitivo formado por três unidades fundamentais: estado de alerta, orientação e controle executivo (Petersen; Posner, 2012). Segundo o modelo proposto por Posner e Petersen, conhecido como "modelo de atenção de Posner", esses componentes trabalham juntos para nos permitir processar informações de forma eficaz em nosso ambiente.

O componente de alerta refere-se à nossa capacidade de manter um estado de vigilância ou prontidão mental. A orientação é a capacidade de direcionar nossa atenção para informações específicas em nosso ambiente. Envolve a seleção de estímulos ou informações sensoriais relevantes e a supressão de estímulos irrelevantes. O controle executivo, por sua vez, é o processo que nos permite resolver conflitos entre diferentes respostas ou direcionar nossa atenção para tarefas específicas, com base em nossos objetivos e metas.

Em geral, os estudos da atenção na esquizofrenia inferem o estado de alerta/vigilância por meio de instrumentos como *Continuous Performance Test* (CPT) – similar ao Teste de Atenção Visual (TAVIS), mais adotado no Brasil – cujo paradigma envolve tempo de reação para identificação do estímulo-alvo e reposta, com achados de prejuízo significativos com tamanho de efeito de moderado a grande (Heinrichs; Zakzanis, 1998; Fioravanti *et al.*, 2005; Dickinson *et al.*, 2007; Mesholam-Gately *et al.*, 2009; Reichenberg, 2012; Zhang *et al.*, 2019), e desempenhos classificados aproximadamente no percentil 14 nos primeiros episódios e percentil 16 para os pacientes crônicos. Há indícios de que nessa doença, os déficits na atenção sustentada tendem a ser maiores em contextos que exigem maior capacidade de memória operacional (Dutterer *et al.*, 2023).

O clínico brasileiro talvez encontre maior dificuldade para avaliar pacientes acometidos pela esquizofrenia com comprometimento atencional leve, visto que as provas de atenção (estado alerta) com paradigma de cancelamento de estímulos-alvo, com curta duração – comumente adotadas no Brasil – não costumam ser empregadas nos estudos relacionados com a esquizofrenia e, muitas vezes, não são sensíveis a alterações leves da vigilância (atenção sustentada).

A velocidade de processamento descreve a fluência com que o cérebro recebe, compreende e responde às informações, sendo em geral avaliado por testes como Códigos e Procurar Símbolos, da escala Wechsler, e outras variações com o mesmo paradigma. Na esquizofrenia, esse domínio cognitivo apresenta rebaixamento significativo quando avaliado por meio de instrumentos como o Códigos, com achados de tamanho de efeito de grande, no caso de pacientes crônicos, a muito grande, no caso dos primeiros episódios (Reichenberg; Harvey, 2007; Mesloham-Gately *et al.*, 2009). No caso de instrumentos menos específicos como o Teste de Trilhas A e Teste de Stroop – Leitura de Palavras, o tamanho de efeito é um pouco menor, entre moderado e grande.

A velocidade de processamento parece influenciar habilidades específicas, como alternância cognitiva, atualização (p. ex., *N-Back Test*), controle inibitório e acesso a informação (p. ex., teste de fluência verbal), e mostra-se vulnerável aos antipsicóticos, sendo, portanto, um domínio que não deve deixar de ser avaliado pelo neuropsicólogo clínico (Thuaire *et al.*, 2020).

Memória

A neuropsicologia da memória é um campo complexo que envolve o estudo dos processos cognitivos e dos mecanismos cerebrais subjacentes a formação, armazenamento e recuperação de memórias. Temos como principais modalidades as memórias declarativa e não declarativa. A memória não declarativa (ou implícita) envolve a aprendizagem não associativa, *priming*, memória processual e o condicionamento clássico simples. A memória declarativa (ou explícita), por sua vez, engloba memória semântica (memória para fatos) e memória episódica (memória para eventos), e é identificada na literatura recente sobre a neuropsicologia da esquizofrenia como um dos domínios neurocognitivos centrais – junto da atenção e funções executivas – decorrentes de falhas importantes no processo de codificação da informação (Reichenberg, 2010).

A memória declarativa é influenciada por três etapas cruciais: codificação, armazenamento, retenção e subsequente recuperação. Esses processos podem ser discernidos por meio da execução de tarefas de memória que seguem padrões estabelecidos. No estágio inicial, conhecido como codificação, ocorre a aquisição inicial da informação.

Nesse campo de estudos a memória episódica verbal costuma ser inferida por meio de testes de aprendizagem verbal, como o Teste de Aprendizagem Auditivo-Verbal de Rey (RAVLT, na sigla em inglês). Como já mencionado, déficits de codificação mais leves estão presentes em indivíduos de alto risco e em parentes não psicóticos de indivíduos com esquizofrenia, sugerindo que os componentes do déficit estão associados a uma vulnerabilidade genética à doença e são relativamente independentes de estados com a manifestação completa do quadro (Cirillo; Seidman, 2003; Bora *et al.*, 2014). Além disso, o comprometimento de outros domínios cognitivos, como atenção, efeitos de medicamentos ou flutuações nos sintomas não são completamente responsáveis pelas alterações na memória declarativa verbal, que segue relativamente estável após o primeiro episódio psicótico (Cirillo; Seidman, 2003; Tschentscher *et al.*, 2023).

Na esquizofrenia ocorrem dificuldades na recordação de informações após testes de aprendizagem em tarefas de memória verbal, em geral relacionadas com problemas na codificação, a menos que haja evidências de prejuízo da recuperação no desempenho do sujeito noutros instrumentos (Cirillo; Seidman, 2003; Reichenberg; Harvey, 2007). A memória não declarativa é menos estudada nesse campo e mostra-se preservada na maioria dos casos (Reichenberg; Harvey, 2007).

Cognição social

A cognição social (CS) pode ser entendida como as operações mentais subjacentes ao comportamento social, como a interpretação das intenções ou emoções de outra pessoa. Entre os domínios neurocognitivos apresentados até aqui neste capítulo, a CS talvez seja aquele que mais carece de instrumentos normatizados para a população brasileira.

A CS apresenta forte associação com o desfecho funcional na esquizofrenia, sendo alvo de tratamentos da maioria das abordagens psicoterapêuticas grupais e individuais para as psicoses. Comparada aos demais domínios neurocognitivos – já apresentados neste capítulo – a CS tende a apresentar maior discrepância entre pacientes e sujeitos saudáveis de estudos (Savla *et al.*, 2013), e os maiores déficits encontram-se nos subdomínios da percepção social, percepção de emoções e processamento de emoções.

A percepção social envolve a habilidade de compreender e avaliar o papel social e as regras dentro de um determinado contexto, por meio de interpretação de informações verbais e não verbais, por exemplo, tom de voz, expressões faciais e postura corporal. Essa habilidade acaba tornando-se fundamental nos ambientes sociais e estabelecimento de relacionamentos íntimos, pautando o julgamento da confiança que pode ser estabelecida com a pessoa (Savla *et al.*, 2013). De modo geral, essa habilidade é inferida em estudos por meio de vídeos que combinam imagem e som de pessoas interagindo ou em monólogos, como os testes *Profile of Nonverbal Sensitivity* (Rosenthal, 1979) e *Reading the Mind in Films* (Golan *et al.*, 2006; Autism Research Centre).

A percepção de emoções, por sua vez, refere-se a identificar e nomear a emoção que outra pessoa parece transparecer por meio de expressões faciais ou prosódia da voz, de forma mais específica, avaliada por instrumentos como o *Facial Emotion Recognition Test* (Cruz *et al.*, 2022). Por outro lado, o processamento de emoções implica não somente identificar a emoção aparente como também julgar qual a melhor resposta a dar frente a estas, como avaliado no *Mayer Salovey Caruso Emotional Intelligence Test* (Junior *et al.*, 2008). Estudos apontam que déficits nesses domínios estão associados ao maior tempo de duração da doença (Savla *et al.*, 2013).

A capacidade de atribuir estados mentais a partir das manifestações verbais e não verbais do interlocutor envolve as habilidades citadas anteriormente e foram amplamente exploradas na literatura da esquizofrenia (Bora; Pantelis, 2009), com déficits que apresentam forte relação com piores competências de vida independente e funcionamento social ou profissional (Fett *et al.*, 2011).

Dinâmica das alterações cognitivas entre primeiro episódio e estado crônico

Uma pergunta de interesse do meio científico nas três últimas décadas é se a esquizofrenia apresenta uma evolução com padrão neurodegenerativo ou refere-se a uma doença do neurodesenvolvimento. A esquizofrenia foi historicamente vista como uma doença na qual acontecia uma deterioração cognitiva, perspectiva reforçada pelos recentes resultados de ressonância magnética que indicam perda progressiva de tecido cerebral nos primeiros anos da doença (van Haren *et al.*, 2008; 2012). No entanto, alguns estudos apontam que 25% das pessoas com esquizofrenia têm uma evolução funcional prejudicada, e poucas são acompanhadas de um padrão de perda funcional característica de doenças neurodegenerativas. Mesmo os estudos de ressonância magnética funcional apontam para um padrão de perda significativa de volume de tecido cerebral no início da doença; no entanto, parte dessa perda em fases mais tardias pode também ser justificada por fatores secundários à doença, como o uso de antipsicótico, abuso de substância e outras alterações metabólicas desencadeadas por estresse, com impacto significativo na saúde (Zipursky *et al.*, 2013).

Como já mencionado, ocorre um declínio cognitivo moderado antes da manifestação do primeiro episódio, em torno de oito pontos no QI (Khandaker *et al.*, 2011), e déficits mais significativos entre sujeitos no primeiro episódio, em torno de 14 pontos no QI e crônicos, com 15 a 21 pontos no QI (Fioravanti *et al.*, 2005; Mesholam-Gately *et al.*, 2009; Zanneli *et al.*, 2022), sustentando um modelo de doença do neurodesenvolvimento. No entanto, a dinâmica de como esse declínio cognitivo após o primeiro episódio acontece não é algo muito claro na literatura, com achados variados que falam em declínio, outros em estabilidade ou até mesmo recuperação parcial dos déficits (Kremen *et al.*, 2010).

Essa variação de achados dos estudos em parte deve-se às diferenças entre estudos transversais (diferentes indivíduos comparados em diferentes fases da doença) e estudos longitudinais (os mesmos indivíduos comparados a eles mesmos em diferentes fases da doença). Outro ponto importante é que as alterações cognitivas evoluem com padrões diferentes, dependendo do domínio cognitivo afetado e da idade.

Estudo realizado por Zanelli *et al.* (2022) acompanhou pacientes com esquizofrenia, 10 anos a partir de seu primeiro episódio psicótico, e identificou declínios mais amplos para QI, funções executivas (alternância cognitiva e fluência verbal semântica), memória verbal e repertório verbal (teste Vocabulário da escala Wechsler). Alguns domínios já se mostram deficitários no primeiro episódio e permanecem estáveis nos anos seguintes, como é o caso da memória verbal (inferida por meio do RAVLT), memória operacional, velocidade de processamento e habilidade visuoconstrutiva (Teste de Cubos). O desempenho no teste Vocabulário (repertório verbal) e Teste de Trilhas B (alternância cognitiva) já são abaixo dos controles na adolescência e tendem a tornar-se ainda mais discrepantes ao longo da vida adulta. Em contrapartida, os prejuízos da memória visual e fluência semântica se mantêm estáveis ao longo do início da idade adulta e passam a baixar ainda mais após os 40 anos. Os déficits em aprendizagem verbal e memória verbal, compreensão verbal e velocidade de processamento, por sua vez, já são significativos e evidentes no fim da adolescência e se mantêm estáveis ao longo da idade adulta. O declínio cognitivo característico do processo de envelhecimento também parece ser mais acelerado nessa população, especialmente após os 50 anos, para domínios como abstração verbal, fluência verbal e alternância cognitiva (Fett *et al.*, 2020).

Neurocognição e esquizotipia

A relação entre transtorno de personalidade esquizotípica (TPE) e esquizofrenia é objeto de estudo e debate na psicologia e na psiquiatria. Indivíduos com personalidade esquizotípica podem estar em maior risco de desenvolver esquizofrenia em comparação com a população em geral. No entanto, a personalidade esquizotípica não é preditor definitivo de esquizofrenia, e a maioria das pessoas com essa personalidade não desenvolve a doença (APA, 2021). Há um debate sobre se a personalidade esquizotípica representa uma forma mais branda de esquizofrenia ou se são condições distintas. Algumas evidências sugerem que existe uma continuidade nos sintomas e nas características cognitivas entre as duas condições. Ambos os transtornos têm sido associados a fatores de vulnerabilidade comuns, como predisposição genética, disfunção dopaminérgica e anormalidades neurodesenvolvimentais (McClure *et al.*, 2010; Szesko *et al.*, 2022). Essas características sustentam algumas propostas de uma esquizotipia do neurodesenvolvimento, com traços estáveis e perfil neurocognitivo que predispõem à esquizofrenia, ou então outra manifestação da doença por meio de um quadro de "pseudoesquizotipia", no qual haveria sintomas menos estáveis, sem relação com a esquizofrenia (Raine, 2006; Kirchner *et al.*, 2018). Essas características dificultam o diagnóstico preciso entre TPE e outros quadros psicóticos e estados prodrômicos, sendo difícil estabelecer característica neurocognitivas que o diferenciam desses quadros de forma precisa.

Assim como acontece com as similaridades etiológicas e clínicas, o TPE também apresenta alterações leves nas FE, com prejuízo em memória semântica verbal somente nos homens, com discrepâncias próximas àquelas encontradas nos casos de esquizofrenia (Voglmaier *et al.*, 2005). Os casos de TPE apresentam desempenho piores que outros transtornos de personalidade não relacionados com a esquizofrenia, com desempenho que fica abaixo dos controles em 0,8 DP para memória operacional e memória episódica verbal e 1 DP para alternância cognitiva (Mitropoulou *et al.*, 2005). Embora apresente alterações em memória verbal, linguagem, organização visuoespacial, memória operacional verbal e visuoespacial e FE, estes são menores do que aqueles apresentados na esquizofrenia (Matsui *et al.*, 2007).

Ainda no campo de estudos da TPE, outra forma de abordar o assunto tem sido a investigação de traços de esquizotipia, entendido como um constructo multidimensional, com características que vão de sujeitos saudáveis aos quadros de saúde mental mais graves. Alguns estudos apontam que indivíduos com mais traços esquizotípicos tendem a apresentar pior desempenho em FE e velocidade de processamento do que aqueles com menos traços esquizotípicos; esse último domínio também se mostra alterado em indivíduos com traços paranoides (McClure *et al.*, 2007; 2013; Gilleen *et al.*, 2020). Esses achados corroboram com a hipótese dos déficits cognitivos como uma característica central das psicoses, que variam em um espectro que vai de estados com traços sem relevância clínica até quadros graves como a esquizofrenia.

Caso clínico

L., 25 anos, há pouco mais de 2 anos estava finalizando o curso de Ciências da Computação quando começou a sentir "angústia no peito" e um pensamento de que poderia se "energizar" e eliminar esse desconforto se mantivesse proximidade física com eletrodomésticos. O paciente juntava diversos aparelhos de médio porte em sua cama, para que captasse sua energia enquanto dormia, comportamento que motivou a família a buscar avaliação médica. O paciente relata que meses antes sentia sua pele diferente de alguma forma, e percebia que a cor e a luminosidade do ambiente pareciam diferentes e, com frequência, achava que seu nome era chamado quando estava dentro de transporte público. Nesse período fazia uso abusivo de *cannabis*. O primeiro contato com psiquiatra foi em uma unidade de pronto atendimento, acompanhado de seus pais, sem mostrar resistência; na ocasião, ministraram risperidona, 3 mg. Atualmente faz uso de aripripazol, 10 mg, com queixa de dificuldade em manter o foco atencional durante suas atividades laborativas e em conseguir acompanhar conversa durante encontros sociais. Relata que, diferentemente daquilo que acontecia na adolescência e durante a faculdade, não se distrai com eletrônicos, mas ainda assim não consegue manter o foco no trabalho, perdendo prazos com frequência na sua atividade como *webdesigner*. A família relata que o jovem parece não guardar as informações de mesma forma, tendo dificuldade em seguir instruções, parece mais lento na execução das tarefas e tem necessitado da ajuda de colegas de trabalho na resolução de algumas tarefas. O médico de referência solicitou a avaliação neuropsicológica para investigar o perfil cognitivo (os resultados estão apresentados na Tabela 34.2).

No questionário FAST (Zortéa *et al.*, 2012) apresentou piores índices para funcionamento cognitivo (concentrar-se em livros, realizar calculo mental etc.) e funcionamento ocupacional (realizar tarefas no tempo necessário e compatibilidade do salário com os valores de mercado).

O resultado da investigação do perfil neurocognitivo apontou inteligência global dentro dos parâmetros normais, no entanto com discrepância significativa entre habilidades verbais e não verbais, com melhor desempenho do primeiro. Durante a realização das tarefas relacionadas ao QI Executivo, o paciente teve pontuação reduzida por não conseguir completar alguns itens do teste Cubos dentro do tempo, e erros em itens iniciais da prova de Raciocínio Matricial, provavelmente por distração.

O repertório de vocabulário mostrou-se dentro do esperado para o grupo etário, no entanto com perda de desempenho quando exigida maior abstração verbal, com o paciente tendendo a dar respostas mais concretas. A memória episódica verbal manteve-se abaixo do esperado, e o paciente parecia encontrar dificuldade em monitorar quais palavras já haviam sido ditas. Durante prova de Informação, comentava com frequência que já tinha conhecimento daquela informação, porém não se recordava mais. Como também obteve desempenho abaixo do esperado para o grupo etário nos domínios de fluência verbal semântica, alternância cognitiva e dificuldade em manter o contexto (perdas de meta), podemos considerar que, além da falha no acesso de conteúdo semântico, ocorre também dificuldades no processo de (auto)monitoramento da atividade mental. Evidenciam-se também dificuldades atencionais tanto no estado de alerta, como também no controle executivo da atenção. Além disso, o paciente também apresenta déficits em velocidade de processamento, o que pode contribuir para a maior latência de resposta no contexto social, ainda que não haja sinais de falha na percepção de emoções e dedução de regras sociais. Esse perfil pode contribuir para que o paciente apresente falhas atencionais em rotinas em atividades laborativas com volume significativo de informações (ver Tabela 34.2).

Essas alterações parecem compatíveis com a dificuldade em planejar e conduzir trabalhos dentro do prazo, sem erros, além da impressão dos genitores de redução da compreensão de instruções e aumento do tempo necessário para execução de tarefas.

Tabela 34.2 Resultados dos instrumentos adotados na avaliação.

Teste/domínio	Percentil	Classificação
QI Total 107 (WASI)	68	Médio
QI Verbal 110 (WASI)	75	Médio
QI Executivo 103 (WASI)	58	Médio
Diferença QI Verbal e QI Execução = +9*	—	Significativo
Cubos (WASI) bruto = 42	37	Médio
Raciocínio Matricial (WASI) bruto = 31	75	Médio
Vocabulário (WASI) bruto = 63	84	Médio superior
Semelhanças (WASI) bruto = 37	63	Médio
Informação (WAIS-III)	45	Médio
Compreensão (WAIS-III)	42	Médio
Sequência de números e letras (WAIS-III)	14	Médio inferior
Códigos (WAIS-III)	13	Médio inferior
Trilhas A	37	Médio
Trilhas B	16	Médio inferior
Teste dos Cinco Dígitos – alternância	23	Médio inferior
Teste D2-R	12	Médio inferior
WCST – erros perseverativos	50	Médio
WCST – % respostas de nível conceitual	37	Médio
WCST – categorias (4)	> 16	—
WCST – falha em manter o contexto (4)	> 16	—
Fluência Verbal Fonêmica	33	Médio
Fluência Verbal Semântica	23	Médio inferior
RAVLT – A1	16	Médio inferior
RAVLT – A1-A5 (total)	13	Médio inferior
RAVLT (A7) – tardio	16	Médio inferior
Figuras Complexas de Rey – cópia	50	Médio
Figuras Complexas de Rey – tardia	25	Médio
Reading the Mind Eye Test	60	Médio
Escala de Ansiedade de Beck	—	Leve
Escala de Hamilton para Depressão	—	Leve
FAST (35)	—	Moderado

FAST: *Functioning Assessment Short Test*; QI: quociente de inteligência; RAVLT: Teste de Aprendizagem Auditivo-Verbal de Rey; WAIS-III: 3ª edição da Escala de Inteligência Wechsler para Adultos; WASI: Escala de Inteligência Wechsler Abreviada; WCST: Teste Wisconsin de Classificação de Cartas. *Valores de referência segundo o manual (Wechsler, 2014). Diferença significativa de 7,14, para nível de significância (NS) de 0,15, e de 10,17 para NS 0,05, para a faixa etária de 20 a 24 anos.

Considerações finais

O comprometimento cognitivo pode ser o aspecto mais relevante da esquizofrenia e é apenas o início para compreender o papel das funções cognitivas específicas em diferentes aspectos da doença. O compartilhamento de semelhanças neurocognitivas dentro do espectro da psicose expande a importância da avaliação neuropsicológica para além do diagnóstico de esquizofrenia, e os sinais precoces de mudanças no curso do neurodesenvolvimento conferem também a ela uma importância nos protocolos de identificação precoce.

Um dos principais incentivos para a compreensão do perfil cognitivo do paciente acometido pela esquizofrenia é sua forte relação com a funcionalidade e o aproveitamento do tratamento. Abordagens que visam melhorar a cognição, como a reabilitação cognitiva, têm se mostrado promissoras na melhoria da qualidade de vida e na funcionalidade de pessoas com psicoses. O estudo contínuo das alterações cognitivas nas psicoses é fundamental para avançar nosso conhecimento e melhorar o atendimento aos pacientes.

Referências bibliográficas

ADDINGTON, J. et al. North American Prodrome Longitudinal Study. North American Prodrome Longitudinal Study: a collaborative multisite approach to prodromal schizophrenia research. Schizophrenia Bulletin, Cary, v. 33, n. 3, p. 665-672, 2007.

AMERICAN PSYCHIATRIC ASSOCIATION (APA). Diagnostic and Statistical Manual of Mental Disorders (DSM-5-TR). Washington:American Psychiatric Publishing, 2021.

AMORETTI, S. et al. PEPs Group. Cognitive clusters in first-episode psychosis. Schizophrenia Research, Amsterdam, n. 237, p. 31-39.

AUTISM RESEARCH CENTRE. Reading the Mind in Films Test. Disponível em: https://www.autismresearchcentre.com/tests/reading-the-mind-in-films-test/. Acesso em: 30 ago. 2023.

BERBERIAN, A. A. et al. Is semantic verbal fluency impairment explained by executive function deficits in schizophrenia? Revista Brasileira de Psiquiatria, São Paulo, v. 38, n. 2, p. 121-126, 2016.

BLYLER, C. R. et al. Short form of the WAIS-III for use with patients with schizophrenia. Schizophrenia Research, Amstersam, v. 46, n. 2-3, p. 209-215, 2000.

BOKAT, C. E.; GOLDBERG, T. E. Letter and category fluency in schizophrenic patients: a meta-analysis. Schizophrenia Research, Amsterdam, v. 64, n. 1, p. 73-78, 2003.

BORA, E. et al. Cognitive deficits in youth with familial and clinical high risk to psychosis: a systematic review and meta-analysis. Acta Psychiatrica Scandinavica, Copenhagen, v. 130, n. 1, p. 1-15, 2014.

BORA, E. Neurodevelopmental origin of cognitive impairment in schizophrenia. Psychological Medicine, London, v. 45, n. 1, p. 1-9, 2015.

BORA, E.; YUCEL, M.; PANTELIS, C. Theory of mind impairment in schizophrenia: meta-analysis. Schizophrenia Research. Amsterdam, v. 109, n. 1-3, p. 1-9, 2009.

BULZACKA, E. et al. utility of the Multiple Errands Test in schizophrenia: A preliminary assessment. Psychiatry Research, Amsterdam, n. 240, p. 390-397, 2016.

CANNON, T. D. et al. A prospective cohort study of neurodevelopmental processes in the genesis and epigenesis of schizophrenia. Development and Psychopathology, New York, v. 11, n. 3, p. 467-485, 1999.

CANNON, M. et al. Evidence for early-childhood, pan-developmental impairment specific to schizophreniform disorder: results from a longitudinal birth cohort. Archives of General Psychiatry, Chicago, v. 59, n. 5, p. 449-456, 2002.

CATALAN, A. et al. Neurocognitive functioning in individuals at clinical high risk for psychosis: a systematic review and meta-analysis. JAMA Psychiatry, Chicago, v. 78, n. 8, p. 859-867, 2021.

CHARLSON, F. J. et al. Global Epidemiology and burden of schizophrenia: findings from the global burden of disease study 2016. Schizophrenia Bulletin, Cary, v. 44, n. 6, p. 1195-1203, 2018.

CIRILLO, M. A.; SEIDMAN, L. J. Verbal declarative memory dysfunction in schizophrenia: from clinical assessment to genetics and brain mechanisms. Neuropsychology Review, New York, v. 13, n. 2, p. 43-77, 2003.

COLLINS, P. Y. et al. Scientific Advisory Board and the Executive Committee of the Grand Challenges on Global Mental Health. Grand challenges in global mental health. Nature, London, 475, n. 7354, p. 27-30, 2011.

CORRELL, C. U.; SCHOOLER, N. R. Negative symptoms in schizophrenia: a review and clinical guide for recognition, assessment, and treatment. Neuropsychiatric Disease and Treatment, Albany, n. 16, p. 519-534, 2020.

DAVID, A. S. et al. IQ and risk for schizophrenia: a population-based cohort study. Psychological Medicine, London, v. 27, n. 6, p. 1311-1323, 1997.

DIAMOND, A. Executive functions. Handbook of clinical neurology, Amsterdam, n. 173, p. 225-240, 2020.

DICKINSON, D.; RAMSEY, M. E.; GOLD, J. M. Overlooking the obvious: a meta-analytic comparison of digit symbol coding tasks and other cognitive measures in schizophrenia. Archives of General Psychiatry, Chicago, v. 64, n. 5, p. 532-542, 2007.

DUTTERER, J. et al. Sustained attention deficits in schizophrenia: Effect of memory load on the Identical Pairs Continuous Performance Test. Schizophrenia Research. Cognition, New York, n. 33, p. 100288, 2023.

FETT, A. K. et al. The relationship between neurocognition and social cognition with functional outcomes in schizophrenia: a meta-analysis. Neuroscience and Biobehavioral Reviews, Fayetteville, v. 35, n. 33, p. 573-588, 2011.

FETT, A. J. et al. Long-term changes in cognitive functioning in individuals with psychotic disorders: findings from the Suffolk County Mental Health Project. JAMA Psychiatry, Chicago, v. 77, n. 4, p. 387-396, 2020.

CRUZ, B. F. et al. Validation of the Brazilian version of the Hinting Task and Facial Emotion Recognition Test (FERT-100) in patients with schizophrenia. Dementia & Neuropsychologia, São Paulo, v. 16, n. p. 300-308, 2022.

FIORAVANTI, M. et al. A meta-analysis of cognitive deficits in adults with a diagnosis of schizophrenia. Neuropsychology Review, New York, v. 15, n. 2, p. 73-95, 2005.

FIORAVANTI, M.; BIANCHI, V.; CINTI, M. E. Cognitive deficits in schizophrenia: an updated metanalysis of the scientific evidence. BMC Psychiatry, London, n. 12, p. 64, 2012.

GILLEEN, J. et al. Schizotypal traits and neuropsychological performance: The role of processing speed. Schizophrenia Research, Amsterdam, n. 223, p. 128-134, 2020.

GOLAN, O. et al. The "reading the mind in films" task: complex emotion recognition in adults with and without autism spectrum conditions. Social Neuroscience, London, n. 1, n. 2. p. 111-123, 2006.

GREEN, M. F. et al. Neurocognitive deficits and functional outcome in schizophrenia: are we measuring the "right stuff"?. Schizophrenia Bulletin, Cary, v. 26, n. 1, p. 119-136, 2000.

GREEN, M. F. et al. Evaluation of functionally meaningful measures for clinical trials of cognition enhancement in schizophrenia. The American Journal of Psychiatry, Arlington, v. 168, n. 4, p. 400-407, 2011.

GREEN M. F. Impact of cognitive and social cognitive impairment on functional outcomes in patients with schizophrenia. The Journal of Clinical Psychiatry, Memphis, v. 77, suppl. 2, p. 8-11, 2016.

HARVEY, P. D. What is the evidence for changes in cognition and functioning over the lifespan in patients with schizophrenia? The Journal of Clinical Psychiatry, Memphis, v. 75, suppl 2, p. 34-38, 2014.

HARVEY P. D. et al. Cognitive dysfunction in schizophrenia: An expert group paper on the current state of the art. Schizophrenia Research. Cognition, New York, n. 29, p. 100249, 2022.

HAUSER, M. et al. Neuropsychological test performance to enhance identification of subjects at clinical high risk for psychosis and to be most promising for predictive algorithms for conversion to psychosis: A meta-analysis. The Journal of Clinical Psychiatry, Memphis, v. 78, n. 1, p. e28-e40, 2017.

HEINRICHS, R. W.; ZAKZANIS, K. K. Neurocognitive deficit in schizophrenia: a quantitative review of the evidence. Neuropsychology, Washington, v. 12, n. 3, p. 426-445, 1998.

HENRY, J. D.; CRAWFORD, J. R. A meta-analytic review of verbal fluency deficits in schizophrenia relative to other neurocognitive deficits. Cognitive Neuropsychiatry, London, v. 10, n. 1, p. 1-33, 2005.

JESUS JUNIOR, A. G.; NORONHA, A. P. P Parâmetros psicométricos do Mayer Salovey Caruso Emotional Intelligence Test: MSCEIT. Psic: Revista da Vetor Editora, São Paulo, v. 9, n. 2, p. 145-153, 2008.

JONES, P. et al. Child development risk factors for adult schizophrenia in the British 1946 birth cohort. Lancet, London, v. 344, n. 8934, p. 1398-1402, 1994.

JONES, M. T.; HARVEY, P. D. Major Neuropsychological Impairments in Schizophrenia Patients: Clinical Implications. Current Psychiatry Reports, Philadelphia, v. 22, n. 11, p. 59, 2020.

KEEFE, R. S. et al. The brief assessment of cognition in schizophrenia: reliability, sensitivity, and comparison with a standard neurocognitive battery. Schizophrenia Research, Amsterdam, v. 68, n. 2-3, p. 283-97, 2004.

KHANDAKER, G. M. et al. A quantitative meta-analysis of population-based studies of premorbid intelligence and schizophrenia. Schizophrenia Research, Amsterdam, v. 132, n. 2-3, p. 220-227, 2011.

KIRCHNER, S. K. et al. Diagnosis and treatment of schizotypal personality disorder: evidence from a systematic review. NPJ Schizophrenia, New York, v. 4, n. 1, p. 20, 2018.

KLEINHAUS, K. et al. Catatonic schizophrenia: a cohort prospective study. Schizophrenia Bulletin, Cary, v. 38, n. 2, p. 331-337, 2012.

KREMEN, W. S. et al. Cognitive decline in schizophrenia from childhood to midlife: a 33-year longitudinal birth cohort study. Schizophrenia Research, Amsterdam, v. 118, n. 1-3, p. 1-5, 2010.

LAWS, K. R. A meta-analytic review of Wisconsin Card Sort studies in schizophrenia: general intellectual deficit in disguise?. Cognitive Neuropsychiatry, London, v. 4, n. 1, p. 1-35, 1999.

MATSUI, M. et al. Schizotypal disorder and schizophrenia: a profile analysis of neuropsychological functioning in Japanese patients. Journal of the International Neuropsychological Society: JINS, Cambridge, v. 13, n. 4, p. 672-682, 2007.

MAUSBACH, B. T. *et al.* A review of instruments for measuring functional recovery in those diagnosed with psychosis. Schizophrenia Bulletin, Cary, n. 35, n. 2, p. 307-318, 2009.

MESHOLAM-GATELY, R. I. *et al.* Neurocognition in first-episode schizophrenia: a meta-analytic review. Neuropsychology, Washington, v. 23, n. 3, p. 315-336, 2009.

MCCLURE, M. M. *et al.* Visual-spatial learning and memory in schizotypal personality disorder: continued evidence for the importance of working memory in the schizophrenia spectrum. Archives of clinical neuropsychology: the official journal of the National Academy of Neuropsychologists, Oxford, v. 22, n. 1, p. 109-116, 2007.

MCCLURE, M. M. *et al.* Pergolide treatment of cognitive deficits associated with schizotypal personality disorder: continued evidence of the importance of the dopamine system in the schizophrenia spectrum. Neuropsychopharmacology: official publication of the American College of Neuropsychopharmacology, London, v. 35, n. 6, p. 1356-1362, 2010.

MCCLURE, M. M. *et al.* Functional outcomes, functional capacity, and cognitive impairment in schizotypal personality disorder. Schizophrenia Research, Amsterdam, v. 144, n. 1-3, p. 146-150, 2013.

MCGORRY, P. D. *et al.* Intervention strategies for ultra-high risk for psychosis: Progress in delaying the onset and reducing the impact of first-episode psychosis. Schizophrenia Research, Amsterdam, n. 228, p. 344-356.

MENKES, M. W. *et al.* Neuropsychological functioning in early and chronic stages of schizophrenia and psychotic bipolar disorder. Schizophrenia Research, New York. 206, p. 413-41, 2019.

MITROPOULOU, V. *et al.* Neuropsychological performance in schizotypal personality disorder: importance of working memory. The American Journal of Psychiatry, Arlington, v. 162, n. 10, p. 1896-1903, 2005.

MIYAKE, A. *et al.* The unity and diversity of executive functions and their contributions to complex "Frontal Lobe" tasks: a latent variable analysis. Cognitive Psychology, San Diego, v. 41, n. 1, p. 49-100, 2000.

NORDHOLM, D. *et al.* A longitudinal study on physiological stress in individuals at ultra high-risk of psychosis. Schizophrenia Research, Amsterdam, n. 254, p. 218-226, 2023.

NUECHTERLEIN, K. H. *et al.* The MATRICS Consensus Cognitive Battery, part 1: test selection, reliability, and validity. The American Journal Of Psychiatry, Arlington, v. 165, n. 2, p. 203-213, 2008.

OWEN, M. J. *et al.* Neurodevelopmental hypothesis of schizophrenia. The British Journal of Psychiatry: The Journal of Mental Science, London, v. 198, n. 3, p. 173-175, 2011.

OWEN, M. J.; O'DONOVAN, M. C. Schizophrenia and the neurodevelopmental continuum: evidence from genomics. World Psychiatry: Official Journal of the World Psychiatric Association (WPA), Milan, v. 16, n. 3, p. 227-235.

PERÄLÄ, J. *et al.* Lifetime prevalence of psychotic and bipolar I disorders in a general population. Archives of General Psychiatry, Chicago, v. 64, n. 1, p. 19-28, 2007.

PETERSEN, S. E.; POSNER, M. I. The attention system of the human brain: 20 years after. Annual Review of Neuroscience, Palo Alto, N. 35, p. 73-89, 2012.

RAINE, A. Schizotypal personality: neurodevelopmental and psychosocial trajectories. Annual Review of Clinical Psychology, Palo Alto, n. 2, p. 291-326, 2006.

RANDERS, L. *et al.* Generalized neurocognitive impairment in individuals at ultra-high risk for psychosis: The possible key role of slowed processing speed. Brain and Behavior, Hoboken, v. 11, n. 3, p. e01962, 2021.

RAPOPORT, J. L.; GIEDD, J. N.; GOGTAY, N. Neurodevelopmental model of schizophrenia: update 2012. Molecular Psychiatry, Houndmills, v. 17, n. 12, p. 1228-1238, 2012.

REICHENBERG, A. The assessment of neuropsychological functioning in schizophrenia. Dialogues in Clinical Neuroscience, Neuilly-sur-Seine, v. 12, n. 3, p. 383-392, 2010.

REICHENBERG, A.; HARVEY, P. D. Neuropsychological impairments in schizophrenia: Integration of performance-based and brain imaging findings. Psychological Bulletin, Washington, v. 133, n. 5, p. 833-858, 2007.

RIECHER-RÖSSLER, A. *et al.* Efficacy of using cognitive status in predicting psychosis: A 7-year follow-up. Biological Psychiatry, New York, v. 66, n. 11, p. 1023-1030, 2009.

ROSENTHAL, R. Profile of Nonverbal Sensitivity, 1979. Disponível em: https://repository.library.northeastern.edu/files/neu:rx917b33h.

SAVLA, G. N. *et al.* Deficits in domains of social cognition in schizophrenia: a meta-analysis of the empirical evidence. Schizophrenia Bulletin, Cary, v. 39, n. 5, p. 979-992, 2013.

SAYKIN, A. J. *et al.* Neuropsychological deficits in neuroleptic naive patients with first-episode schizophrenia. Archives of General Psychiatry, Chicago, v. 51, n. 2, n. 124-131, 1994.

SHEFFIELD, J.M.; KARCHER, N.R.; BARCH, D.M. Cognitive Deficits in Psychotic Disorders: A Lifespan Perspective. Neuropsychology Review. New York, n. 28, p. 509-533, 2018.

SZESZKO, P. R. *et al.* Frontotemporal thalamic connectivity in schizophrenia and schizotypal personality disorder. Psychiatry Research. Neuroimaging, New York, n. 322, n. 111463, 2022.

TSCHENTSCHER, N. *et al.* Neurocognitive Deficits in First-Episode and Chronic Psychotic Disorders: A Systematic Review from 2009 to 2022. Brain Sciences, Basel, v. 13, n. 2, p. 299, 2023.

VAN HAREN, N. E. *et al.* Schizophrenia as a progressive brain disease. European Psychiatry: the Journal of the Association of European Psychiatrists, Amsterdam, v. 23, n. 4, p. 245-254, 2008.

THUAIRE, F. *et al.* Executive deficits in schizophrenia: mediation by processing speed and its relationships with aging. Psychological Medicine, London, v. 52, n. 6, p. 1126-1134, 2022.

TROYER, A. K.; MOSCOVITCH, M.; WINOCUR, G. Clustering and switching as two components of verbal fluency: evidence from younger and older healthy adults. Neuropsychology, Washington, v. 11, n. 1, p. 138-146, 1997.

TSUANG, M. T.; STONE, W. S.; FARAONE, S. V. Understanding predisposition to schizophrenia: toward intervention and prevention. Canadian Journal of Psychiatry. Revue Canadienne de Psychiatrie, Ottawa, v. 47, n. 6, p. 518-526, 2002.

VAN HAREN, N. E. *et al.* The course of brain abnormalities in schizophrenia: can we slow the progression? Journal of Psychopharmacology, Oxford, v. 26, n. 5, p. 8-14, 2012.

VELLIGAN, D. I.; RAO, S. The epidemiology and global burden of schizophrenia. The Journal of Clinical Psychiatry, Memphis, v. 84, n. 1, p. MS21078COM5, 2023.

VOGLMAIER, M. M. *et al.* A comparative profile analysis of neuropsychological function in men and women with schizotypal personality disorder. Schizophrenia Research, Amsterdam, v. 74, n. 1, p. 43-49, 2005.

ZAKZANIS, K. K. *et al.* Component analysis of verbal fluency in patients with schizophrenia. Neuropsychiatry, Neuropsychology, and Behavioral Neurology, Hagerstown, v. 13, n. 4, p. 239-245, 2009.

ZANELLI, J. *et al.* Dynamic and static cognitive deficits in schizophrenia and bipolar disorder after the first episode. Schizophrenia Bulletin, Cary, v. 48, n. 3, p. 590-598, 2022.

ZIMMERMANN, N. *et al.* Brazilian norms and effects of age and education on the Hayling and Trail Making Tests. Trends in psychiatry and psychotherapy, Porto Alegre, v. 39, n. 3, p. 188-195, 2017.

ZORTÉA, K. *et al.* Concurrent validity and reliability of the brazilian version of the functioning assessment short test in patients with schizophrenia. Value in Health Regional Issues, New York, v. 1, n. 2, p. 244-247, 2012.

YUNG, A. R. *et al.* Validation of "prodromal" criteria to detect individuals at ultra high risk of psychosis: 2 year follow-up. Schizophrenia Research, Amsterdam, v. 105, n. 1-3, p. 10-17, 2008.

WECHSLER, D. Escala abreviada de inteligência – WASI: manual/David Wechsler. Adaptação brasileira de Clarissa Marceli Trentini, Denise Balem Yates, Vanessa Stumpf Heck. Tradução de Ana Lucia Leitão Carraro, Flávia Wagner. São Paulo: Casa do Psicólogo, 2014.

WOODBERRY, K. A.; GIULIANO, A. J.; SEIDMAN, L. J. Premorbid IQ in schizophrenia: a meta-analytic review. The American Journal of Psychiatry, Arlington, v. 165, n. 5, p. 579-587, 2008.

WORLD HEALTH ORGANIZATION (WHO). The ICD-11 Classification of Mental and Behavioural Disorders: Clinical Descriptions and Diagnostic Guidelines. Geneva: World Health Organization, 2019.

35 Transtornos Relacionados com o Uso de Substâncias

Bruno Sini Scarpato

Introdução

Na última década houve um aumento de 23% no número de pessoas que fazem uso de alguma droga ilícita. Em 2021, havia no mundo 291 milhões de pessoas que faziam uso de drogas ilícitas, sendo a mais comum *cannabis*, seguido de opioides, anfetaminas, cocaína e *ecstasy* (WDR, 2023).

O campo da neuropsicologia dos transtornos relacionados com substâncias permeia as alterações cognitivas advindas do uso contínuo de substância, perfil cognitivo e planejamento de reabilitação, além da compreensão dos mecanismos cognitivos subjacentes ao comportamento adicto (ver principais sintomas e critérios diagnósticos na Tabela 35.1).

As alterações cognitivas, tanto nos transtornos por uso de substâncias quando nos vícios comportamentais, têm sido amplamente estudadas, particularmente nas cognições de nível superior, como as funções executivas (FE). A manutenção do comportamento adicto, mesmo quando o indivíduo identifica os danos sociais, psicológicos e físicos, por si só sugerem distúrbios nas atividades das redes corticofrontais, déficits de controle inibitório, tomada de decisão e regulação emocional (Feil *et al.*, 2010; Fernández-Serrano *et al.*, 2011).

O presente capítulo apresentara uma breve revisão crítica da literatura referente às alterações neurocognitivas relacionadas com o uso do álcool, além de *cannabis*, opioides, cocaína e anfetamina/metanfetamina, e MDMA (3,4-metilenodioximetanfetamina), visto que essas últimas são as drogas ilícitas mais consumidas no mundo.

Danos neuropsicológicos decorrentes do uso de substâncias

Os estudos voltados à compreensão dos mecanismos neurocognitivos intrínsecos ao uso de drogas ilícitas são de extrema relevância no que se refere a políticas públicas. Os pesquisadores desse nicho enfrentam algumas dificuldades metodológicas, intrínsecas ao perfil dessa população, como elevado número de morbidades, questões éticas relacionadas com desenhos de estudo que envolvem a avaliação de

Tabela 35.1 Critérios gerais diagnósticos para transtornos relacionados com substâncias.

Sintomas	Descrição
Uso problemático da substância	Padrão de consumo da substância que cause problemas significativos ou sofrimento. Isso pode incluir falha em cumprir responsabilidades, uso em situações perigosas, problemas legais ou interpessoais decorrentes do uso da substância
Prejuízo do controle	Dificuldade no controle do uso da substância, consumindo-a em quantidades maiores ou por um período mais longo do que pretendido
Desinteresse em atividades importantes	Abandono ou redução da participação em atividades sociais, ocupacionais ou recreativas importantes em favor do uso da substância
Desejo persistente	Desejo persistente ou esforços malsucedidos para reduzir ou controlar o uso da substância
Tempo gasto	O indivíduo gasta uma quantidade significativa de tempo obtendo, usando ou recuperando-se dos efeitos da substância
Desejo de parar sem sucesso	Insucesso na interrupção ou redução do uso da substância
Tolerância	Necessidade de quantidades crescentes da substância para atingir os efeitos desejados ou experimenta redução acentuada dos efeitos ao manter o mesmo nível de consumo
Sintomas de abstinência	Quando a substância é reduzida ou interrompida, o indivíduo experimenta sintomas físicos ou psicológicos característicos da abstinência
Uso contínuo apesar das consequências	Manutenção do uso da substância, mesmo sabendo que isso está causando ou exacerbará problemas sociais, ocupacionais, psicológicos ou físicos
Abandono de atividades	Abandono ou redução das atividades importantes em decorrência do uso da substância

Adaptada de DSM-5-TR (APA, 2022) e CID-11 (WHO, 2019).

indivíduos intoxicados e veracidade da informação do sujeito de pesquisa com relação ao tempo de abstinência. A falta de identificação precisa da periodicidade e intensidade intrinca achados de estudos referentes ao uso pontual e crônico. O mesmo acontece com relação à dificuldade em se determinar a "pureza" ou concentração dos agentes psicoativos da substância utilizada, a fim de estabelecer uma relação entre a intensidade de uso e repercussão na cognição.

Álcool

No etilismo, os principais déficits cognitivos apresentados nas avaliações neuropsicológicas parecem refletir falhas nas conectividades de substância branca de vias pré-frontais e frontoestriatais. Alterações volumétricas frontais comprometem o controle cognitivo e a modulação do comportamento, em uma hierarquia que inicia com funções superiores e alcança atividades cognitivas primárias (ação *Top-Down*), permitindo a transição entre o processamento automático e o controlado (Fama *et al.*, 2019; Galandra *et al.*, 2018; 2019; Crespi *et al.*, 2020).

O perfil neurocognitivo de adultos etilistas abstinentes tende a déficits significativos – em torno de 0,8 desvio-padrão (DP) – nos processos de inibição e autorregulação, com maior magnitude naqueles instrumentos que avaliam aspectos relacionados com a tomada de decisão e supressão de resposta (verbal), como o *Iowa Gambling Test* e o *Hayling Test*. Confirma-se esse perfil com o desempenho em outros instrumentos como o Teste Stroop, com achados de efeito moderado para a tarefa Palavra-Cor do Teste Stroop, e grande para a tarefa de Flexibilidade (análogo à etapa Alternância do Teste dos Cinco Dígitos). Estudo metanalítico também aponta para achados moderados para domínios cognitivos como alternância cognitiva, raciocínio lógico não verbal/abstração e resolução de problemas (Stephan *et al.*, 2017).

O tempo de abstinência é um fator relevante, com recuperações parciais e completas da memória operacional, habilidades visuoespaciais e atenção, dependendo do intervalo entre último episódio de intoxicação e a avaliação (Sullivam *et al.*, 1994; 2000), de modo que o neuropsicólogo clínico deve considerar esse fator quando for estimar os danos causados pelo uso do álcool.

Além do funcionamento neurocognitivo subnormal no etilismo, ocorrem também quadros neurológicos decorrentes do uso abusivo prolongado do álcool, como a síndrome de Wernicke-Korsakoff e a doença de Machiafaga-Bignami (Carrilho *et al.*, 2013). A demência relacionada com o uso de álcool é outra condição decorrente do uso intensivo da substância, com perdas cognitivas que nem sempre são progressivas ou que afetam em sua maior parte a memória (Oslin *et al.*, 1998; WHO, 2019). O quadro tende a apresentar déficits cognitivos nas funções visuoespaciais, memória e funções executivas, com recuperação parcial após abstinência. Os pacientes acometidos por essa condição também apresentam déficits em tarefas verbais, se comparados aos controles (p. ex., nomeação, fluência categórica e conhecimentos gerais), no entanto com melhores desempenhos do que sujeitos acometidos pela doença de Alzheimer (Sancheva *et al.*, 2016). Os déficits executivos são semelhantes àqueles apresentados em quadros de demência vascular, e diferenças nas memórias, com desempenho em evocação tardia e reconhecimento muito abaixo dos controles (3,2 e 5 DP, respectivamente), e escores piores que aqueles apresentados nos casos de demência vascular, e um pouco acima daqueles apresentados nos quadros de doença de Alzheimer (Schmidt *et al.*, 2005).

Existe também uma preocupação com o papel dos acidentes decorrentes do uso abusivo de álcool, como traumas de cabeça decorrentes de quedas de sujeitos intoxicados e que se tornam confundidores no processo de diagnóstico, além de potencializar o impacto da doença na vida do indivíduo, devendo, portanto, ser investigado na entrevista neuropsicológica (Solomon; Malloy, 1992).

Os estudos voltados a protocolos de reabilitação neuropsicológica ainda são insipientes e, em sua maior parte, voltados aos prejuízos da memória na síndrome de Korsakoff (Svanberg; Evans, 2013), mas com achados positivos na reabilitação de funções executivas (Caballeria *et al.*, 2020).

Cannabis/marijuana

A *cannabis* é a substância ilícita mais usada no mundo (UNODC, 2013). Diante das mudanças na percepção popular tocante ao consumo e evolução do cenário político regulatório, torna-se crucial compreender os possíveis impactos negativos do seu uso na saúde mental e no funcionamento cerebral. A primeira experiência com a droga inicia-se, em média, aos 15 anos (Scott *et al.*, 2018) e o uso medicinal e recreacional vem aumentando entre adultos de meia e terceira idade (Kleidon *et al.*, 2023). Como é amplamente divulgado que o desenvolvimento das funções executivas acontece até por volta dos 20 anos (Ellgreen *et al.*, 2008; Sung *et al.*, 2021), e os primeiros sintomas de quadros demenciais manifestam-se por volta dos 65 anos (APA, 2020), é crescente a preocupação a respeito do impacto do uso da *cannabis* nessas fases de vida.

A *marijuana* é produzida a partir da planta *Cannabis sativa* e tem o tetrahidrocanabidiol (THC) como principal composto, sendo o delta-9-tetrahidrocanabidiol (Δ-9-THC) a variação mais estudada. O THC é considerado um perturbador da atividade do sistema nervoso central (SNC), responsável pelos efeitos psicoativos como euforia, sensação de bem-estar psicológico e alterações nas experiências sensoriais e no apetite (DEA, 2022). O canabidiol (CBD) é outro componente da *cannabis*, cuja ação está relacionada com efeitos ansiolíticos, anti-inflamatórios e antipsicótico, no entanto, menos estudado que o THC, e ambos os componentes agem no sistema canabinoide endógeno.

A maioria dos estudos nesse campo referem-se às alterações cognitivas decorrentes do efeito agudo à exposição à *cannabis* por meio da intoxicação. Como os vieses metodológicos, como concentrações de canabinoides, frequência de uso ou comorbidades, acabam sendo confundidores que resultam em achados pouco conclusivos, grandes centros de pesquisa realizam estudos com voluntários saudáveis submetidos à administração de agonistas parciais do receptor CB1, como *cannabis*, THC ou nabilona (canabinoide sintético para uso terapêutico como antiemético ou analgésico). A literatura relacionada com esse tipo de desenho de estudo aponta para prejuízos pequenos a moderados em aprendizagem verbal e memória verbal, bem como para memória operacional, com achados menos expressivos para atenção e controle inibitório, e uma tendência a piores desempenhos em tarefas de velocidade de processamento no sexo masculino (Zhornitsky et al., 2021). Os estudos também apontam para uma relação dose/reposta, e doses mais altas THC, por via oral, por fumo ou IV, são mais prejudiciais para aprendizagem verbal e memória, tempo de reação e inibição de resposta preponderantes com relação a doses mais baixas (Bourque; Botvin, 2021).

Outra linha de pesquisa é a investigação de efeitos residuais na cognição após abstinência prolongada (Schreiner et al., 2012). Adolescentes e adultos jovens apresentam déficits moderados em aprendizagem verbal e memória verbal semântica na fase aguda de intoxicação (doses superiores a 10 mg de Δ-9-THC) que persistem após passada a intoxicação (Dellazizzo et al., 2022). Alterações leves a moderadas em casos de uso intensivo também podem ser observadas em domínios executivos, como controle inibitório, flexibilidade mental, memória operacional e tomada de decisão segundo alguns estudos metanalíticos, sugerindo que os efeitos prejudiciais da cannabis persistem para além do período de intoxicação. No entanto, as variações entre estudos a respeito da definição de abstinência e do uso agudo dificultam a caracterização do perfil neurocognitivo desse quadro. Os critérios de inclusão variam, com estudos que adotam a seleção de sujeitos com menos de 12 horas de intervalo entre uso e avaliação neuropsicológica, enquanto outros adotam 72 horas em abstinência. O refinamento das análises estatísticas dos estudos metanalíticos, considerando apenas resultados com pacientes com 72 horas ou mais de abstinência, apontam para resultados de baixa magnitude ou inconclusivos entre uso de cannabis e déficits cognitivos para casos de uso moderado ou esporádico (abaixo de dois eventos na semana) (Scott et al., 2018). Essas diferenças metodológicas poderiam levar a superestimar o impacto da cannabis na cognição, visto que, em alguns estudos, os sujeitos seriam avaliados ainda sob efeitos residuais da substância, reportando danos que talvez fossem menores, circunscritos a contexto específicos ou transitórios.

O consumo de cannabis entre adolescentes e adultos jovens também gera preocupação em virtude de sua associação ao aumento de risco para conversão para transtornos psicóticos francos ou a exacerbações de sintomas psicóticos subclínicos em indivíduos saudáveis e em pessoas com transtornos do espectro da psicose. O uso da substância é mais preocupante nos casos de jovens em risco clínico para psicose (Chester et al., 2023). Os déficits intrínsecos ao uso da substância poderiam se sobrepor a alterações cognitivas comuns ao espectro das psicoses, dificultando o diagnóstico. Estudo conduzido por Woolridge et al. (2023) buscou discriminar características clínicas que diferenciam casos de primeiro episódio psicótico induzido pelo uso de cannabis, daqueles casos em que o uso da substância acontece concomitante a quadros primários de psicose. O grupo adotou instrumentos neuropsicológicos; no entanto, não identificou diferenças entre os grupos no que se refere a funcionamento cognitivo. Nesse estudo, o grupo de casos de psicose primária (não induzido por cannabis) apresentou pior desempenho em testes de movimento sacádico ocular, sendo esta uma deficiência comum à esquizofrenia, em decorrência de uma falha no controle atencional, que deixa o indivíduo propenso à captura oculomotora por estímulos salientes, mas irrelevantes, manifestando, assim, uma capacidade diminuída de exercer controle cognitivo sobre o que é observado no ambiente visual.

Estudos transversais com adultos usuários crônicos de cannabis apontam para alterações de baixa relevância clínica no controle inibitório, com tendência a sensibilidade para recompensas imediatas pequenas a recompensas maiores a médio prazo. Nesses grupos ocorrem também pequenas alterações para flexibilidade cognitiva e atenção, com alterações de maior magnitude para memórias de curto e longo prazo (Figueiredo et al., 2020). Em adultos acima de 45 anos, após 12 meses de acompanhamento, são poucas as evidências de diferença no funcionamento cognitivo entre usuários frequentes (acima de 3 dias/semana) e não frequentes (abaixo de 2 dias/semana) (Livne et al., 2023).

Opioides

Opioides são uma classe de substâncias químicas, incluindo compostos naturais, semissintéticos e sintéticos, que interagem com receptores no sistema nervoso central e periférico do corpo humano, afetando a maneira como uma pessoa sente dor e experimenta sensações de prazer. São conhecidos por seu potente efeito analgésico, além do potencial para causar dependência e efeitos colaterais significativos. Existem diferentes tipos de opioides, que variam em termos de origem e potência, classificados em três grupos principais: naturais, semissintéticos e sintéticos. Os opioides naturais são compostos encontrados em plantas, como o ópio, extraído da papoula, além de outras substâncias como a morfina e codeína. Os opioides semissintéticos são criados a partir de opioides naturais, como a heroína. Os opioides sintéticos, por sua vez, são criados artificialmente em laboratórios, como o fentanila e o tramadol (DEA, 2022; Ciucă et al., 2023).

A literatura aponta para déficits neuropsicológicos associados ao uso de opioides, e a maioria dos estudos nessa área concentra-se nos efeitos da heroína ou diamorfina. Metanálise conduzida por Scott et al. (2019) aponta que usuários abusivos e dependentes de opioides apresentam alterações significativas em diversos domínios, com exceção da velocidade motora manual. Alterações significativas com grandes discrepâncias com relação a pessoas saudáveis (controles) foram identificadas na velocidade de processamento de informações (instrumentos como Códigos e Procurar Símbolos), havendo melhora de desempenho quanto maior o tempo em abstinência. Déficits moderados aparecem para domínios, como memória operacional (instrumentos como Dígitos e Sequência de Números e Letras), habilidades visuoespaciais/visuoconstrução (teste de Cubo) e para memória verbal, com achados mais significativos para memória visual imediata. O desempenho em tarefas de atenção simples (Dígitos Direto) aparece como um moderador de desempenho em tarefas que mobilizavam memória operacional, fluência verbal ou memória verbal, provavelmente por ser uma habilidade cognitiva primária subjacente a funções tidas como superiores. Achados pouco relevantes foram identificados para fluência verbal, com tendência a pior desempenho em tarefas de fluência fonêmica com relação aos controles. Embora o comportamento de uso de substâncias esteja relacionado com falhas nos mecanismos de regulação do comportamento compulsivo, as alterações mostraram-se pequenas em tarefas que envolviam tomada de decisão (*Iowa Gambling Test* – IGT), controle inibitório e flexibilidade cognitiva (Wollman *et al.*, 2019), podendo haver uma distinção entre os déficits neurocognitivos que contribuem para o comportamento adicto, daqueles identificados como uma consequência da intoxicação aguda ou ao uso prolongado da substância (Scott *et al.*, 2019). Domínios de atenção simples, concentração (vigilância), memórias verbal e não verbal e funções executivas tendem a apresentar melhora significativa após período de 8 semanas de abstinência (Kaur *et al.*, 2023). A memória operacional mostra-se o domínio cognitivo mais sensível à dose da substância (Scott *et al.*, 2019).

Além do uso abusivo, a overdose fatal e não fatal em decorrência do uso de opioides é um problema de saúde pública, sendo essa substância responsável por 80% das mortes associadas ao consumo de drogas ilícitas (World Drug Report, 2020). Estima-se que a proporção de casos de overdose não fatais seja de 20 a 30 episódios para cada evento de overdose que evolui para óbito (Darke *et al.*, 2003). Nesses episódios ocorrem a depressão respiratória e hipoxia cerebral prolongada que pode levar a lesões cerebrais e deficiências cognitivas tanto transitórias quanto permanentes, de modo que a avaliação neuropsicológica faz-se necessária para o monitoramento da recuperação cognitiva nesses casos (Winstanley *et al.*, 2021).

Cocaína e anfetamina/metanfetamina

A classe dos estimulantes do SNC refere-se às substâncias que aumentam a atividade do cérebro e inclui drogas ilícitas como metanfetamina, cocaína e metcatinona. Modelos de estudos com animais apontam para relação entre a ação da cocaína e metanfetamina no SNC e efeito neurotóxico nas vias nigroestriadas de transporte da dopamina, bem como desregulação nos receptores (Chapman *et al.*, 2001; Simon *et al.*, 2002).

A cocaína é uma substância estimulante poderosa, capaz de induzir sentimentos de euforia e associada a um alto risco de dependência, com taxas de mortalidade quatro a oito vezes maior que a população em geral (Degenhardt *et al.*, 2011). Os efeitos das anfetaminas e metanfetaminas são semelhantes aos da cocaína, embora seu início seja mais gradual e sua duração mais prolongada. Em contraste com a cocaína, que é rapidamente eliminada do cérebro e quase completamente metabolizada, a metanfetamina permanece no SNC por um período mais longo e uma proporção maior da substância permanece inalterada no organismo. Ambas as substâncias estão associadas a déficits neurocognitivos, com desempenho abaixo de controles saudáveis, no entanto, sem diferenças entre si em diversos domínios e instrumentos como alternância cognitiva (avaliado pelo Teste de Trilhas-B), controle inibitório (Teste Stroop), tomada de decisão (avaliado por meio do IGT) e flexibilidade cognitiva (WCST-perseveração), além de fluência verbal, atenção e velocidade de processamento. Usuários de cocaína tendem a apresentar pior desempenho em memória operacional verbal, que está relaciona com atividades frontais do cérebro, enquanto usuários de metanfetamina apresentam disfunções de lobo parietal e temporal, com pior desempenho em testes de memória verbal e na evocação tardia em tarefas de memória visual (Hall *et al.*, 2018).

Usuários recreativos de cocaína apresentam desempenho intermediário entre controles e sujeitos dependentes em diversos domínios cognitivos. Estudo comparativo identificou desempenhos abaixo dos controles em usuários recreativos não intoxicados em tarefas como a primeira repetição (A1) no Teste de Aprendizagem Auditivo-Verbal de Rey (RAVLT, do inglês *Rey Auditory Verbal Learning Test*) para avaliar atenção audioverbal simples, teste de Sequência de Números e Letras (SNL), para avaliar memória operacional verbal, memória operacional visuoespacial, aprendizagem verbal (RAVLT, soma total das cinco repetições), memória declarativa (RAVLT, evocação tardia) e alternância cognitiva. Nesse mesmo estudo, os indivíduos com diagnóstico de TDAH comórbido de ambos os grupos tenderam a apresentar pior desempenho (Vonmoos *et al.*, 2013), achado que alerta a respeito da importância de o profissional investigar sintomas para TDAH e buscar discriminar alterações cognitivas advindas desse quadro daquelas decorrentes do consumo da substância.

O uso crônico de cocaína está associado a alterações estruturais cerebrais (Mackey; Paulus, 2013) e acelerado envelhecimento cerebral (Beheshti, 2023), além de redução no volume de massa cinzenta nas áreas frontais, ínsula e tálamo. Estudos longitudinais que investigam neuroplasticidade apontam para menor espessura cortical nas regiões frontolaterais; no entanto, as anormalidades nessa área são em parte associadas ao consumo e tendem a apresentar recuperação após 6 meses de redução do uso, acompanhado também de recuperações cognitivas (Hirsiger *et al.*, 2019). Usuários moderados também apresentam sensível melhora das funções executivas com redução de 72% do consumo ao longo de 1 ano e melhora expressiva nos casos de remissão completa. A memória operacional parece ser o domínio mais sensível aos danos da substância, sendo a sua recuperação mais prejudicada quanto mais precoce for a idade de início de uso de cocaína (Vonmoos *et al.*, 2014).

MDMA/*ecstasy*

O MDMA (3,4-metilenodioximetanfetamina), também chamado *ecstasy*, é uma droga sintética derivada da metanfetamina, perturbadora do SNC, que age como estimulante e psicodélico, produzindo a sensação de energia e distorcendo a percepção temporal, além de alterações nas experiências táteis e termorregulação (DEA, 2022). O MDMA interfere na liberação de neurotransmissores, como a dopamina e norepinefrina, e causa a redução global e regional na ligação dos transportadores da serotonina.

A literatura aponta para alterações cognitivas em usuários frequentes abstinentes para domínios como aprendizagem e memória verbal, e em menor magnitude para atenção e velocidade de processamento (Kaleschstein *et al.*, 2007; Zakzanis *et al.*, 2007), com mesmo perfil para o uso recreacional, também com memória verbal como o domínio mais prejudicado (Zakzanis *et al.*, 2007). Nos usuários frequentes de *ecstasy* associado a outras drogas ilícitas há uma tendência de os déficits na fluência verbal, memória operacional e velocidade de processamento persistirem por, pelo menos, 2 anos (de Sola *et al.*, 2008).

Os déficits de memória foram explorados em estudo de Coray *et al.* (2023), que investigou a conectividade cerebral em indivíduos com uso recente de MDMA. Usuários da substância avaliados por meio do RAVLT apresentavam ganhos em aprendizagem entre tentativas (tentativas 1 a 5); no entanto, com discrepância com relação aos controles nas últimas três tentativas, resultando em soma total abaixo do esperado (soma 1 a 5). A discrepância com relação a controles não usuários de MDMA aumenta nas etapas seguintes do teste, revelando um decréscimo do desempenho memória abaixo do esperado para evocação imediata e tardia. Esse desempenho mostrou-se associado à hipoconectividade de áreas temporais, relacionadas com as áreas auditivas, e hiperconectividade de regiões parietais dorsais, relacionadas com o direcionamento da atenção a localizações específicas do campo visual e informações sensoriais relevantes (Vossel; Fink, 2014). Esses achados sugerem que o comprometimento da memória pode ser reflexo de alterações na integração de processamento auditivo, somado a uma hiperconectividade em regiões de controle cognitivo com função de compensação do processamento sensorial acometido (Coray *et al.*, 2023). Os déficits de memória tendem a ser ainda mais significativos em consumidores graves, com histórico de mais de 100 comprimidos ao longo da vida (Sola *et al.*, 2008).

Considerações finais

A atuação do neuropsicólogo na clínica dos transtornos relacionados com substâncias exige repertório de conhecimento referente às especificidades dessa população. Os desafios da avaliação iniciam já na anamnese, visto que somente a história de vida permitirá discriminar as características pré-mórbidas daquelas desenvolvidas com o uso abusivo ou crônico. A identificação precisa da idade de início do uso de substância é de suma importância para avaliar o impacto no desenvolvimento cognitivo. Os sinais comportamentais de déficits atencionais ou executivos devem ser investigados, por exemplo: impulsividade, intolerância a atividades intelectuais prolongadas, baixo planejamento e autogestão, déficits na análise de risco e tomada de decisão, baixo engajamento nas atividades acadêmicas e laborativas, baixa flexibilidade cognitiva ou cognição social.

A entrevista inicial deve incluir a psicoeducação do paciente a respeito dos efeitos residuais e agudos do uso da substância e da importância de se respeitar o tempo de abstinência mínimo necessário para a avaliação. O intervalo mínimo recomendado é de 48 horas, para os efeitos agudos, a 2 semanas, para excluir efeitos residuais da abstinência. Nos casos de pacientes crônicos em remissão, recomenda-se aguardar entre 6 meses a 1 ano após o último episódio de intoxicação para inferir perdas permanentes e recuperações cognitivas (Vonmoos *et al.*, 2014).

É importante o clínico conhecer os critérios diagnósticos para quadros que costumam ter como comorbidade o uso de substâncias, especialmente aqueles que estão relacionados com as perdas cognitivas, como TDAH, transtorno de personalidade antissocial, transtorno afetivo bipolar e do espectro das psicoses. A escolha dos instrumentos deverá levar em consideração a demanda da avaliação, por exemplo, se envolve a investigação das perdas cognitivas diretamente relacionadas com o uso da substância, ou se tem como objetivo investigar a relação entre perfil cognitivo e comportamentos desadaptados.

Referências bibliográficas

AMERICAN PSYCHIATRIC ASSOCIATION (APA). Diagnostic and statistical manual of mental disorders (5. ed., text rev.). Washington: American Psychiatric Publishing, 2022.

ANGHEL, D. M. C. *et al.* Understanding the mechanisms of action and effects of drugs of abuse. Molecules, Basel, v. 28, n. 13, p. 4969, 2023.

BOLLA, K. I. *et al.* Dose-related neurocognitive effects of marijuana use. Neurology, Hagerstown, v. 59, n. 9, p. 1337-1343, 2002.

BOURQUE, J.; POTVIN, S. Cannabis and cognitive functioning: from acute to residual effects, from randomized controlled trials to prospective designs. Front Psychiatry, Lausanne, n. 12, p. 596601, 2021.

BEHESHTI, I. Cocaine destroys gray matter brain cells and accelerates brain aging. Biology, Basel, v. 12, n. 5, p. 752, 2023.

BURNETTE, E. M. *et al.* Diminished cortical response to risk and loss during risky decision making in alcohol use disorder. Drug and Alcohol Dependence, Lausanne, n. 218, p. 108391, 2021.

CABALLERIA, E. *et al.* A systematic review of treatments for alcohol-related cognitive impairment: lessons from the past and gaps for future interventions. Psychological Medicine, London, v. 50, n. 133, p. 2113-2127, 2020.

CADET, J. L.; BISAGNO, V. Neuropsychological consequences of chronic drug use: relevance to treatment approaches. Frontiers in Psychiatry, Lausanne, n. 6, p. 189, 2016.

CARRILHO, P. E. M. *et al.* Doença de Marchiafava-Bignami: uma rara entidade com prognóstico sombrio. Revista Brasileira de Terapia Intensiva, Rio de Janeiro, v. 25, n. 1, p. 68-72, 2013.

CHAPMAN, D. E. *et al.* Long-term changes in basal ganglia function after a neurotoxic regimen of methamphetamine. The Journal of Pharmacology and Experimental Therapeutics, Baltimore, v. 296, n. 2, p. 520-527, 2001.

CHESTER, L. A. *et al.* Influence of cannabis use on incidence of psychosis in people at clinical high risk. Psychiatry and Clinical Neurosciences, Carlton, v. 77, n. 9, p. 469-477, 2023.

CHRISTENSEN, E. *et al.* Neurocognitive predictors of addiction-related outcomes: A systematic review of longitudinal studies. Neuroscience and Biobehavioral Reviews, New York, n. 152, p. 105295, 2023.

CORAY, R. C. *et al.* The functional connectome of 3,4-methyldioxymethamphetamine-related declarative memory impairments. Human Brain Mapping, New York, v. 44, n. 15, p. 5079-5094, 2023.

CORSO, B. *et al.* Place of therapeutic cannabis in France and safety data: A literature review. Annales Pharmaceutiques Francaises, Paris, v. 8, n. 4, p. 583-595, 2023.

CRESPI, C. *et al.* Microstructural damage of white-matter tracts connecting large-scale networks is related to impaired executive profile in alcohol use disorder. NeuroImage. Clinical, Amsterdam, n. 25, p. 102141, 2020.

CUPO, L. *et al.* A systematic review of neuroimaging and acute cannabis exposure in age-of-risk for psychosis. Translational Psychiatry, New York, v. 11, n. 1, p. 217, 2021.

DARKE, S.; MATTICK, R. P.; DEGENHARDT, L. The ratio of non-fatal to fatal heroin overdose. Addiction, Abingdon, v. 98, n. 8, p. 1169–1171, 2003.

DAS, S. *et al.* Cognitive impairment in 'non-user' first-degree relatives of persons with cannabis dependence syndrome: A pilot, endophenotype study. Early Intervention in Psychiatry, Carlton, 2023. Advance online publication. Disponível em: https://doi: 10.1111/eip.13470.

DEGENHARDT, L. *et al.* Mortality among cocaine users: a systematic review of cohort studies. Drug and Alcohol Dependence, Lausanne, v. 113, n. 2-3, p. 88-95, 2011.

DELLAZIZZO, L. *et al.* Evidence on the acute and residual neurocognitive effects of cannabis use in adolescents and adults: a systematic meta-review of meta-analyses. Addiction, Abingdon, v. 117, n. 7, p. 1857-1870, 2022.

DE SOLA LLOPIS, S. *et al.* Cognitive performance in recreational ecstasy polydrug users: a two-year follow-up study. Journal of Psychopharmacology, Oxford, v. 22, n. 5, p. 498-510, 2008.

DRUG ENFORCEMENT ADMINISTRATION (DEA). Drugs of abuse: a DEA resource guide. 2022 Edition. Springfield, 2022. Disponível em: https://www.dea.gov/sites/default/files/drug_of_abuse.pdf.

FAMA, R. *et al*. Relations between cognitive and motor deficits and regional brain volumes in individuals with alcoholism. Brain Structure & Function, Berlin, v. 224, n. 6, p. 2087-2101, 2019.

FEIL, J. *et al*. Addiction, compulsive drug seeking, and the role of frontostriatal mechanisms in regulating inhibitory control. Neuroscience and Biobehavioral Reviews, New York, v. 35, n. 2, p. 248-275, 2010.

FERNÁNDEZ-SERRANO, M. J.; PÉREZ-GARCÍA, M.; VERDEJO-GARCÍA, A. What are the specific vs. generalized effects of drugs of abuse on neuropsychological performance?. Neuroscience and Biobehavioral Reviews, New York, v. 35, n. 3, p. 377-406, 2011.

FIGUEIREDO, P. R. *et al*. Neurocognitive consequences of chronic cannabis use: a systematic review and meta-analysis. Neuroscience and Biobehavioral Reviews, New York, n. 108, p. 358-369, 2020.

FISCHER, B. *et al*. Recommendations for reducing the risk of cannabis use-related adverse psychosis outcomes: a public mental health-oriented evidence review. Journal of Dual Diagnosis, Binghamton, v. 19, n. 2-3. p. 71-96, 2023.

GALANDRA, C. *et al*. Salience network structural integrity predicts executive impairment in alcohol use disorders. Scientific Reports, London, v. 8, n. 1, p. 14481, 2018.

GALANDRA, C. *et al*. Abnormal fronto-striatal intrinsic connectivity reflects executive dysfunction in alcohol use disorders. Cortex; a Journal Devoted to the study of the nervous system and behavior, Milan, n. 115, p. 27-42, 2019.

HALL, M. G. *et al*. Neuropsychological comparisons of cocaine *versus* methamphetamine users: A research synthesis and meta-analysis. The American Journal of Drug and Alcohol Abuse, New York, v. 44, n. 3, 277-293, 2018.

HEIRENE, R.; JOHN, B.; RODERIQUE-DAVIES, G. Identification and evaluation of neuropsychological tools used in the assessment of alcohol-related cognitive impairment: a systematic review. Frontiers in Psychology, Pully, n. 9, p. 2618, 2018.

HIRSIGER, S. *et al*. Longitudinal changes in cocaine intake and cognition are linked to cortical thickness adaptations in cocaine users. NeuroImage. Clinical, Amsterdam, n. 21, p. 101652, 2019.

KALECHSTEIN, A. D. *et al*. MDMA use and neurocognition: a meta-analytic review. Psychopharmacology, Berlin, v. 189, n. 4, p. 531-537, 2007.

KAUR, G. *et al*. Effects of abstinence from opioid on neuropsychological performance in men with opioid use disorder: a longitudinal study. Journal of Addiction Medicine, Hagerstown, v. 17, n. 5, p. 557-562, 2023.

KEXEL, A. K. *et al*. Social and non-social cognitive enhancement in cocaine users-a closer look on enhancement motives for cocaine consumption. Frontiers in Psychiatry, Lausanne, n. 11, p. 618, 2020.

KLEIDON, A. M. *et al*. Attitudes, Beliefs, and Perceptions on Cannabis Among Older Adults Aged 65 and Older: A cross-sectional Survey. Journal of Primary Care & Community Health, Thousand Oaks, n. 14, 2023. Disponível em: https://doi.org/10.1177/21501319231177284.

LIVNE, O. *et al*. Longitudinal associations between cannabis use and cognitive impairment in a clinical sample of middle-aged adults using cannabis for medical symptoms. Cannabis and Cannabinoid Research, New Rochelle, 2023. Advance online publication. Disponível em: https://doi.org/10.1089/can.2022.0310.

MACKEY, S.; PAULUS, M. Are there volumetric brain differences associated with the use of cocaine and amphetamine-type stimulants?. Neuroscience and Biobehavioral Reviews, New York, v. 37, n. 3, p. 300-316, 2013.

MAHARJAN, S. *et al*. Executive dysfunction in patients with alcohol use disorder: a systematic review. Cureus, Palo Alto, v. 14, n. 9, p. e29207, 2022.

OSLIN, D. *et al*. Alcohol related dementia: proposed clinical criteria. International journal of geriatric psychiatry, Chichester, v. 13, n. 4, p. 203-212, 1998.

POPE, H. G. JR. *et al*. Neuropsychological performance in long-term cannabis users. Archives of General Psychiatry, Chicago, v. 58, n. 10, p. 909-915, 2001.

SCHREINER, A. M.; DUNN, M. E. Residual effects of cannabis use on neurocognitive performance after prolonged abstinence: a meta-analysis. Experimental and Clinical Psychopharmacology, Washington, v. 20, n. 5, p. 420-429, 2012.

SCOTT, J. C. *et al*. Association of cannabis with cognitive functioning in adolescents and young adults: a systematic review and meta-analysis. JAMA Psychiatry, Chicago, v. 75, n. 6, p. 585-595, 2018.

SIMON, S. L. *et al*. Cognitive performance of current methamphetamine and cocaine abusers. Journal of Addictive Diseases, Binghamton, v. 21, n. 2, p. 61-74, 2002.

STEPHAN, R. A. *et al*. Meta-analyses of clinical neuropsychological tests of executive dysfunction and impulsivity in alcohol use disorder. The American Journal of Drug and Alcohol Abuse, New York, v. 43, n. 1, p. 24-43, 2017.

SOLOMON, D. A.; MALLOY, P. F. Alcohol, head injury, and neuropsychological function. Neuropsychology Review, New York, v. 3, n. 3, p. 249-280, 1992.

SOLOWIJ, N. *et al*. Marijuana Treatment Project Research Group. Cognitive functioning of long-term heavy cannabis users seeking treatment. JAMA, Chicago, v. 287, n. 9, p. 1123-1131, 2002.

YÜCEL, M. *et al*. Understanding drug addiction: a neuropsychological perspective. The Australian and New Zealand Journal of Psychiatry, Carlton South, v. 41, n. 12, p. 957-968, 2007.

SACHDEVA, A. *et al*. Alcohol-Related Dementia and Neurocognitive Impairment: A Review Study. International Journal of High Risk Behaviors & Addiction, Limburg, v. 5, n. 3, p. e27976, 2016.

SCHMIDT, K. S. *et al*. The neuropsychological profile of alcohol-related dementia suggests cortical and subcortical pathology. Dementia and Geriatric Cognitive Disorders, Basel, v. 20, n. 5, p. 286-291, 2005.

STEPHAN, R. A. *et al*. Meta-analyses of clinical neuropsychological tests of executive dysfunction and impulsivity in alcohol use disorder. The American Journal of Drug and Alcohol Abuse, New York, v. 43, n. 1, p. 24-43, 2017.

SULLIVAN, E. V. *et al*. Longitudinal changes in cognition, gait, and balance in abstinent and relapsed alcoholic men: relationships to changes in brain structure. Neuropsychology, Philadelphia, n. 14, p. 178-188, 2000.

SULLIVAN, E. V.; ROSENBLOOM, M. J.; PFEFFERBAUM, A. Pattern of motor and cognitive deficits in detoxified alcoholic men. Alcoholism, Clinical and Experimental Research, New York, n. 24, p. 611-621, 2000.

SUNG, D. *et al*. Gray matter volume in the developing frontal lobe and its relationship with executive function in late childhood and adolescence: a community-based study. Frontiers in Psychiatry, Lausanne, n. 12, p. 686174, 2021.

SVANBERG, J.; EVANS, J. J. Neuropsychological rehabilitation in alcohol-related brain damage: a systematic review. Alcohol and Alcoholism, Oxford, v. 48, n. 6, p. 704-711, 2013.

UNODC 2013. World Drug Report, 2013. Disponível em: https://www.unodc.org/unodc/secured/wdr/wdr2013/World_Drug_Report_2013.pdf.

VONMOOS, M. *et al*. Cognitive dysfunctions in recreational and dependent cocaine users: role of attention-deficit hyperactivity disorder, craving and early age at onset. The British Journal of Psychiatry: the Journal of Mental Science, London, v. 203, n. 1, p. 35-43, 2013.

VONMOOS, M. *et al*. Cognitive impairment in cocaine users is drug-induced but partially reversible: evidence from a longitudinal study. Neuropsychopharmacology: Official Publication of the American College of Neuropsychopharmacology, New York, v. 39, n. 9, p. 2200-2210, 2014.

VOSSEL, S.; GENG, J. J.; FINK, G. R. Dorsal and ventral attention systems: distinct neural circuits but collaborative roles. The Neuroscientist: a review journal bringing neurobiology, neurology and psychiatry, Baltimore, v. 20, n. 2, p. 150-159, 2014.

ZAKZANIS, K. K.; CAMPBELL, Z.; JOVANOVSKI, D. The neuropsychology of ecstasy (MDMA) use: a quantitative review. Human Psychopharmacology, Chichester, v. 22, n. 7, p. 427-435, 2007.

ZHORNITSKY, S. *et al*. Acute effects of partial CB_1 receptor agonists on cognition – A meta-analysis of human studies. Progress in Neuro-Psychopharmacology & Biological Psychiatry, Oxford, n. 104, p. 110063, 2021.

WINSTANLEY, E. L. *et al*. Neurocognitive impairments and brain abnormalities resulting from opioid-related overdoses: A systematic review. Drug and Alcohol Dependence, Lausanne, n. 226, p. 108838, 2021.

WOLLMAN, S. C. *et al*. Neuropsychological functioning in opioid use disorder: A research synthesis and meta-analysis. The American Journal of Drug and Alcohol Abuse, New York, v. 45, n. 1, p. 11-25, 2019.

WOOLRIDGE, S. M. *et al*. A neuropsychological approach to differentiating cannabis-induced and primary psychotic disorders. Early Intervention in Psychiatry, Carlton, v. 17, n. 6, p. 564-572, 2023.

WORLD DRUG REPORT 2020. New York: United Nations, 2020. Disponível em: https://wdr.unodc.org/wdr2020/field/WDR20_Booklet_2.pdf.

WORLD DRUG REPORT 2023: special points of interest. New York: United Nations, 2023. Disponível em: https://www.unodc.org/res/WDR-2023/Special_Points_WDR2023_web_DP.pdf

WORLD HEALTH ORGANIZATION (WHO). The ICD-11 Classification of Mental and Behavioural Disorders: Clinical Descriptions and Diagnostic Guidelines. Geneva: World Health Organization, 2019.

Parte 4

Alterações Cognitivas e Comportamentais Associadas aos Quadros Neurológicos e Psiquiátricos em Idosos

Capítulo 36 Conceito de Demência, **435**

Capítulo 37 Classificação das Demências, **439**

Capítulo 38 Declínio Cognitivo Subjetivo, **444**

Capítulo 39 Comprometimento Comportamental Leve, **449**

Capítulo 40 Comprometimento Cognitivo Leve, **453**

Capítulo 41 Doença de Alzheimer, **462**

Capítulo 42 Demência Frontotemporal, **470**

Capítulo 43 Afasias Progressivas Primárias, **477**

Capítulo 44 Afasia Progressiva Primária Semântica e Demência Semântica, **488**

Capítulo 45 Demências com Acometimento dos Circuitos Frontostriatais, **495**

Capítulo 46 Demências Rapidamente Progressivas, **501**

Capítulo 47 Comprometimento Cognitivo Vascular, **510**

Capítulo 48 Demência da Doença de Parkinson e Demência com Corpos de Lewy, **516**

36 Conceito de Demência

Ricardo Nitrini

Introdução

Demência é definida pelo *Novo Dicionário da Língua Portuguesa*, de Aurélio Buarque de Holanda Ferreira (1975), como "deterioração progressiva e irreversível das funções intelectuais, resultante de lesões cerebrais" e, no *Dicionário Houaiss da Língua Portuguesa* (2001), como "perda de origem orgânica, frequentemente progressiva, sobretudo da memória, mas que também compromete o pensamento, o julgamento e/ou a capacidade de adaptação a situações sociais".

Como nos ensina o professor Wilson Sanvito (comunicação pessoal), definições são como camisas de força que pretendem conter o conceito, mas que geralmente o aprisionam de modo incompleto e impreciso. Uma definição um pouco mais adequada de demência é a de síndrome caracterizada pelo declínio da capacidade intelectual, suficientemente grave para interferir nas atividades sociais ou profissionais, que independe de distúrbio do estado de consciência (ou da vigília) e é causada por comprometimento do sistema nervoso central.

Conceito

Demência deve ser compreendida como uma síndrome e não como uma doença, pois pode ocorrer em muitas doenças ou condições patológicas. O diagnóstico sindrômico de demência baseia-se na presença de declínio cognitivo persistente que é independente da presença de alterações do nível de consciência, ou seja, não se deve a estado confusional agudo (ou *delirium*). Deve interferir nas atividades sociais ou profissionais do indivíduo, diferenciando-se, então, de um comprometimento leve. Por fim, é causada por uma doença ou processo que acomete o sistema nervoso central e, embora na maioria das vezes tenha evolução lenta e progressiva, pode instalar-se de modo agudo ou subagudo, podendo ser reversível com o tratamento específico da doença que a causa, quando este está disponível e instalado precocemente. Nesse conceito, duas características não estão incluídas: a progressividade e a irreversibilidade. Embora frequentemente seja progressiva e irreversível, a demência pode não ser progressiva, como em formas de demência vascular ou pós-traumática, e ser reversível, como veremos adiante.

Mesmo conceituada dessa forma, há muitos aspectos de difícil aplicação prática ou operacionalidade. Por exemplo, quais funções cognitivas devem ter declinado? Todas ou apenas algumas? Quais atividades profissionais ou pessoais devem estar afetadas? Um advogado em pleno exercício de suas atividades profissionais, por exemplo, pode manifestar dificuldades que talvez não fossem verificadas se estivesse aposentado. Como provar que o processo acomete o sistema nervoso central?

Por essas razões, são utilizados critérios que procuram detalhar cada item para obter maior uniformidade diagnóstica quando o mesmo examinador avalia casos distintos ou quando diferentes examinadores avaliam os mesmos casos.

Critérios diagnósticos de demência

Nos últimos anos houve revisão dos critérios diagnósticos de demência (de qualquer etiologia) e de demência da doença de Alzheimer publicados pelo National Institute on Aging (NIA) em conjunto com a Alzheimer's Association (AA), ambos dos EUA, e foram também estabelecidos os novos critérios diagnósticos para comprometimento cognitivo na 5ª edição do *Manual Diagnóstico e Estatístico de Transtornos Mentais* (DSM-5) da American Psychiatric Association (APA).

Os critérios diagnósticos de demência de qualquer etiologia propostos pela NIA e AA (McKhann *et al.*, 2011) que designaremos como critérios NIA-AA estão na Tabela 36.1, em sua versão sugerida pela Academia Brasileira de Neurologia.

Com relação a critérios previamente utilizados, esses novos critérios não exigem mais que haja declínio da memória e adicionam o comprometimento da personalidade ou comportamento, além dos domínios cognitivos. Esses novos critérios solucionam alguns problemas que os critérios anteriores não conseguiam resolver, como o diagnóstico de demência frontotemporal em um paciente com transtornos de comportamento e de funções executivas na ausência de declínio da memória. Nesse caso, a maioria dos critérios anteriores não permitia o diagnóstico de *demência* porque a memória não estava afetada.

Critérios do DSM-5

Os novos critérios do DSM-5 propõem modificações ainda maiores. Em primeiro lugar, demência está incorporada à entidade denominada "transtorno neurocognitivo maior (TNCM)", embora não esteja excluído o uso do termo demência nos subtipos etiológicos nos quais é um termo-padrão. O diagnóstico de TNCM baseia-se em itens que se encontram na Tabela 36.2.

Tabela 36.1 Critérios do NIA-AA.

1. Demência é diagnosticada quando há sintomas cognitivos ou comportamentais (neuropsiquiátricos) que
1.1. Interferem com a habilidade no trabalho ou em atividades usuais
1.2. Representam declínio em relação a níveis prévios de funcionamento e desempenho
1.3. Não são explicáveis por *delirium* (estado confusional agudo) ou doença psiquiátrica maior
2. O comprometimento cognitivo é detectado e diagnosticado mediante combinação de
2.1. Anamnese com paciente e informante que tenha conhecimento da história
2.2. Avaliação cognitiva objetiva, mediante exame breve do estado mental ou avaliação neuropsicológica. A avaliação neuropsicológica deve ser realizada quando a anamnese e o exame cognitivo breve realizado pelo médico não forem suficientes para permitir diagnóstico confiável
3. Os comprometimentos cognitivos ou comportamentais afetam no mínimo dois dos seguintes domínios
3.1. Memória, caracterizado por comprometimento da capacidade para adquirir ou evocar informações recentes, com sintomas que incluem: repetição das mesmas perguntas ou assuntos, esquecimento de eventos, compromissos ou do lugar onde guardou seus pertences
3.2. Funções executivas, caracterizado por comprometimento do raciocínio, da realização de tarefas complexas e do julgamento, com sintomas como: compreensão pobre de situações de risco, redução da capacidade para cuidar das finanças, de tomar decisões e de planejar atividades complexas ou sequenciais
3.3. Habilidades visuoespaciais, com sintomas que incluem: incapacidade de reconhecer faces ou objetos comuns, encontrar objetos no campo visual, dificuldade para manusear utensílios, para vestir-se, não explicáveis por deficiência visual ou motora
3.4. Linguagem (expressão, compreensão, leitura e escrita), com sintomas que incluem: dificuldade para encontrar e/ou compreender palavras, erros ao falar e escrever, com trocas de palavras ou fonemas, não explicáveis por déficit sensorial ou motor
3.5. Personalidade ou comportamento, com sintomas que incluem alterações do humor (labilidade, flutuações incaracterísticas), agitação, apatia, desinteresse, isolamento social, perda de empatia, desinibição, comportamentos obsessivos, compulsivos ou socialmente inaceitáveis

Fonte: Frota *et al.*, 2011.

Tabela 36.2 Critérios diagnósticos de transtorno neurocognitivo maior (DSM-5).

A. Evidências de declínio cognitivo importante a partir de nível anterior de desempenho em **um** ou mais dos domínios cognitivos a seguir: • Atenção complexa • Função executiva • Aprendizagem e memória • Linguagem • Perceptomotor • Cognição social Essas evidências baseiam-se em: 1. Preocupação do indivíduo, de um informante com conhecimento ou do clínico de que há declínio significativo da função cognitiva e 2. Prejuízo substancial no desempenho cognitivo, de preferência documentado por teste neuropsicológico padronizado ou em sua falta por outra investigação clínica quantificada
B. Os déficits cognitivos interferem na independência em atividades da vida diária (i. e., no mínimo, necessita de assistência em atividades instrumentais complexas da vida diária, como pagamento de contas ou controle medicamentoso)
C. Os déficits cognitivos não ocorrem exclusivamente no contexto de *delirium*
D. Os déficits cognitivos não são mais bem explicados por outro transtorno mental (p. ex., transtorno depressivo maior, esquizofrenia)

Fonte: APA, 2014.

Como comentário, vale a pena argumentar que a substituição do termo demência por TNCM pode ser interessante na comunicação com paciente e familiares, como voltaremos a comentar mais à frente.

A principal diferença com os demais critérios situa-se, além da inclusão de demência no grupo denominado "TNCM", na possibilidade de que o comprometimento de apenas um domínio cognitivo já seja suficiente para o diagnóstico de TNCM. Parece bom, pois um transtorno progressivo e grave, mas isolado de memória, que interfira nas atividades cotidianas ou profissionais, não é suficiente para o diagnóstico de demência de acordo com os critérios NIA-AA (mas também não pode ser diagnosticado como comprometimento cognitivo leve, pois interfere nas atividades habituais). O mesmo pode ocorrer nas afasias progressivas primárias que são incluídas como forma de demência, embora apenas a linguagem esteja comprometida durante os primeiros anos da doença, mas já podem interferir na capacidade profissional. Por outro lado, uma afasia ou uma agnosia secundária a um acidente vascular encefálico constitui um TNCM, embora sua relação com demência seja tênue. Logo, aqui há uma sobreposição que não favorece o uso do DSM-5 no diagnóstico de demência.

Os critérios do NIA-AA exigem que os **sintomas cognitivos ou comportamentais** interfiram na habilidade, no trabalho ou em atividades usuais, enquanto os do DSM-5 optam por interferir na independência. Nesse caso, os critérios do DSM-5 são mais claros e simples de se aplicar.

Enfim, ambos têm vantagens e desvantagens. A escolha do emprego de outro critério dependerá do tipo de pesquisa a ser realizada.

Outros critérios

A maior parte dos estudos recentes ou ainda em publicação utilizou a versão anterior do *Manual Diagnóstico e Estatístico de Transtornos Mentais*, da American Psychiatric Association, a 4ª edição. Embora esses critérios estejam desatualizados é importante referi-los porque ainda são bastante citados na literatura (Tabela 36.3).

Os critérios da 10ª revisão da *Classificação internacional de doenças* (CID-10) também exigem que haja declínio de memória para o diagnóstico de demência, mas incluem ainda a necessidade de que o declínio esteja presente há pelo menos 6 meses e que exista comprometimento das atividades da vida diária.

Há algum tempo, renomados autores não consideravam essencial a presença de declínio da memória. Por exemplo, Cummings e Benson (1992) consideram que há necessidade de comprometimento em pelo menos três áreas de atividade mental: memória, linguagem, habilidades visuoespaciais, personalidade ou estado emocional e cognição (abstração, habilidades matemáticas e julgamento). Por outro lado, Mesulam (2000) considera que o declínio progressivo de uma única função e/ou do comportamento é suficiente para o diagnóstico de demência.

Aspectos comuns aos diferentes critérios

Alguns aspectos comuns desses critérios merecem consideração. Em primeiro lugar, há necessidade de que os déficits cognitivos representem *declínio* com relação a um nível cognitivo/comportamental prévio e que esse declínio comprometa de modo significativo as atividades sociais ou ocupacionais do indivíduo.

As alterações das funções cognitivas manifestam-se com características peculiares de acordo com o tipo de demência ou, como é mais adequado referir-se, com a causa da síndrome demencial. As dificuldades de memória comumente interferem na memória recente, refletindo transtornos da capacidade de memorização de eventos da vida cotidiana.

Os distúrbios de linguagem mais comuns nas fases iniciais são dificuldades de evocar os nomes de pessoas ou de objetos e eventuais trocas de fonemas ou de palavras ao se expressar. Essas são denominadas *parafasias*. Dificuldades de escrita também são frequentes no início da síndrome demencial; a compreensão é comprometida nas fases mais avançadas.

No início da síndrome demencial, os distúrbios práxicos mais comuns são as dificuldades para copiar desenhos (apraxia construtiva) e para imitar posturas ou gestos manuais mais complexos demonstrados pelo examinador. Em alguns tipos de demência, predominam perseverações motoras ou incapacidade para deter com facilidade movimentos ou uma sequência de movimentos depois de iniciados. Agnosias ou dificuldades de reconhecimento são comuns nas fases iniciais de demência, merecendo destaque os distúrbios de orientação topográfica, em que o indivíduo não reconhece locais que antes conhecia bem, podendo perder-se na rua, e tem dificuldade de reconhecer faces pouco familiares.

Alterações de funções executivas caracterizam-se por dificuldades de planejamento, organização e monitoração de atividades que são realizadas de modo sequencial, como fazer uma ligação interurbana buscando o número na lista telefônica, enviar uma carta (escrever, inserir a carta no envelope, escrever endereços do destinatário e do remetente, selar), preparar um jantar ou um prato menos corriqueiro.

Também em qualquer dos critérios anteriormente mencionados, demência não pode decorrer de um transtorno psiquiátrico, como transtornos de afetividade e humor ou quadros psicóticos, por exemplo. Entretanto, idosos com depressão queixam-se de declínio da concentração, da memória e da capacidade de organizar suas atividades cotidianas, manifestando sintomas e sinais compatíveis com o diagnóstico sindrômico de demência. Essa situação já foi denominada *pseudodemência da depressão*. Tem-se dado preferência ao uso da expressão *transtorno cognitivo da depressão* no diagnóstico desses casos.

O termo "demência"

Etimologicamente, "demência" é composta do prefixo *de* (ausência), do radical *mente* (mente) e do sufixo *ia* (condição ou estado). Esse termo é bastante adequado para as fases finais, mas certamente não reflete o que ocorre e é muito forte para as fases iniciais da maioria das doenças que causam demência. Por vezes, algumas pessoas sentem-se muito incomodadas pelo uso desse termo no diagnóstico de seu caso ou de seu familiar, ainda mais porque o termo "demente" é utilizado com significados diferentes no cotidiano. Essa é uma das razões da sugestão de denominá-la transtorno neurocognitivo maior, como consta no DSM-5.

Demência é um termo médico que pode ser eventualmente substituído por "declínio cognitivo ou TNCM da doença de Alzheimer, ou da doença vascular cerebral", uma forma adequada e menos agressiva de se informar o diagnóstico ao paciente ou aos familiares.

Demência e doença de Alzheimer

No passado, demência era atribuída à "arteriosclerose" (doença vascular) e, atualmente, doença de Alzheimer é utilizada como sinônimo de demência. Esses são usos equivocados utilizados pela população e que devem ser evitados por profissionais da saúde. Demência pode ser causada por acidentes vasculares cerebrais ou por doença de pequenos vasos cerebrais, quando

---

Tabela 36.3 Critérios diagnósticos de demência do DSM-IV.

A1. Comprometimento de memória

A2. Comprometimento de pelo menos outra função cognitiva
    a. Linguagem
    b. Praxias
    c. Gnosias
    d. Funções executivas

B. Os déficits cognitivos causam significativo comprometimento social e ocupacional e representam declínio significativo de nível de funcionamento anterior
C. Os déficits cognitivos não ocorrem exclusivamente durante episódio de *delirium*
D. O quadro pode estar relacionado com uma condição médica geral, os efeitos persistentes de alguma substância (incluindo toxinas) ou uma combinação desses dois fatores

Fonte: APA, 1994.

é denominada "demência vascular". Mais frequentemente doença vascular cerebral está associada a outras doenças que afetam o cérebro, como a doença de Alzheimer, e agravam as manifestações neuropsicológicas e comportamentais.

Por outro lado, a doença de Alzheimer é responsável por cerca de 2/3 dos casos de demência, o que deixa claro que há outras doenças que podem ser responsáveis pela demência. Logo, demência e doença de Alzheimer não são sinônimos.

Mais importante ainda, é que com novos métodos diagnósticos já é possível diagnosticar a doença de Alzheimer muitos anos antes da ocorrência de demência. A doença de Alzheimer, como muitas doenças degenerativas, inicia-se muitos anos antes de que venha a causar manifestações clínicas. Portanto, nesse caso, é ainda mais importante separar bem a doença de Alzheimer de um lado, da demência da doença de Alzheimer, de outro.

Referências bibliográficas

AMERICAN PSYCHIATRIC ASSOCIATION (APA). Diagnostic and Statistical Manual of Mental Disorders. 4. ed. Washington: American Psychiatric Association, 1994.

AMERICAN PSYCHIATRIC ASSOCIATION (APA). Manual de Diagnóstico Estatístico de Transtornos Mentais – DSM-5. Porto Alegre: Artmed, 2014.

CUMMINGS, J. L.; BENSON, D. F. Dementia: a clinical approach. Boston: Butterworth-Heinemann, 1992.

FROTA, N. A. F. et al. Group Recommendations in Alzheimer's Disease and Vascular Dementia of the Brazilian Academy of Neurology. Critérios para o diagnóstico de doença de Alzheimer. Dementia & Neuropsychologia, São Paulo, v. 5, n. 3, p. 5-10, 2011.

HOLANDA FERREIRA, A. B. Novo dicionário da língua portuguesa. Rio de Janeiro: Editora Nova Fronteira, 1975.

HOUAISS, A. et al. Dicionário Houaiss da língua portuguesa. Rio de Janeiro: Objetiva, 2001.

MCKHANN, G. M. et al. The diagnosis of dementia due to Alzheimer's disease: recommendations from the National Institute on Aging-Alzheimer's Association workgroups on diagnostic guidelines for Alzheimer's disease. Alzheimers Dement, Orlando, v. 7, n. 3, p. 263-269, 2011.

MESULAM, M. M. Principles of behavioral and cognitive neurology. New York: Oxford University Press, 2000.

NITRINI, R. et al. Academia Brasileira de Neurologia. Diagnóstico de doença de Alzheimer no Brasil: critérios diagnósticos e exames complementares. Recomendações do Departamento Científico de Neurologia Cognitiva e do Envelhecimento da Academia Brasileira de Neurologia. Arquivos de Neuropsiquiatria, São Paulo, v. 63, p. 713-719, 2005.

WORLD HEALTH ORGANIZATION (WHO). The ICD-10 classification of mental and behavioral disorders: diagnostic criteria for research. Geneva: World Health Organization, 1993.

37 Classificação das Demências

Carla Guariglia • Renato Anghinah • Ricardo Nitrini

Introdução

Este capítulo tem por objetivo apresentar as principais formas utilizadas para a classificação das síndromes demenciais, destacando as mais empregadas na prática clínica. As classificações baseiam-se em diferentes critérios, como: idade de início; reversibilidade; velocidade de instalação; topografia ou região comprometida; causa (ou doença) que determina a demência, que também pode ser denominada classificação nosológica; e manifestação neurológica ou neuropsicológica predominante. Ainda, quando a doença causa demência, esta pode ser manifestação principal ou manifestação ocasional ou tardia na evolução. Parece, à primeira vista, que bastaria a classificação pela doença que causa a demência (nosologia), mas, como veremos neste capítulo, muitas vezes são as outras formas de classificação que nos ajudam a atingir o diagnóstico nosológico, e mesmo uma mesma doença pode causar síndromes demenciais com idade de início ou com manifestações neuropsicológicas bem distintas.

Classificação por idade

Denomina-se demência pré-senil a forma em que as manifestações clínicas têm início entre os 45 e 64 anos; e demência senil, quando a instalação ocorre a partir dos 65 anos. Antes dos 65 anos, a prevalência de demência é inferior a 1% em estudos populacionais, e segundo estudos realizados no Reino Unido, a prevalência estimada de demência com início entre os 30 a 64 anos foi de 54 por 100 mil indivíduos, com a prevalência dobrando a cada 5 anos, aproximadamente (Harvey *et al.*, 2003; Sampson *et al.*, 2004).

Na faixa etária pré-senil, doenças degenerativas, muitas vezes apresentando-se como formas familiares, são a causa mais comum de demência. Na faixa etária senil, também são mais comuns as doenças degenerativas, porém com predominância das formas esporádicas (Harvey *et al.*, 2003; Sampson *et al.*, 2004).

A doença de Alzheimer (DA) é a demência mais comum na faixa etária pré-senil, com aproximadamente 35 casos por 100 mil indivíduos (Harvey *et al.*, 2003).

A demência da degeneração lobar frontotemporal, em geral denominada demência frontotemporal ou variante comportamental da degeneração lobar frontotemporal, é a segunda causa de demência nessa população, sendo mais frequente na população pré-senil que na senil. História familiar está presente em até 50% dos pacientes (Harvey *et al.*, 2003).

Entre as causas de demência antes dos 40 anos, devem ser relacionadas desordens metabólicas e genéticas, uso de substâncias psicostimulantes, exposição a agentes tóxicos e abuso de bebida alcoólica (Harvey *et al.*, 2003; Sampson *et al.*, 2004). No passado recente, a infecção pelo HIV foi a principal responsável por demência em jovens.

Classificação por reversibilidade

As demências podem ser classificadas segundo a possibilidade de serem reversíveis, o que divide as síndromes demenciais em duas condições: as que são reversíveis (ou pelo menos potencialmente reversíveis); e as que apresentam quadro clínico evolutivo, independentemente do tratamento atualmente disponível. No último grupo podemos incluir as demências degenerativas como DA, degeneração frontotemporal e demência com corpos de Lewy. No outro polo, situam-se as síndromes demenciais com possibilidade de reversão, quando o tratamento adequado é prontamente iniciado. Entre as causas de demência reversível incluem-se hidrocefalia de pressão normal, doenças infecciosas como a neurossífilis, doenças imunomediadas (como as encefalites que têm sido identificadas nas últimas décadas), estados carenciais, intoxicações, doenças metabólicas ou endocrinopatias, hematomas subdurais e depressão.

Existem ainda as demências que podem ter sua evolução estabilizada com tratamento adequado, como a demência vascular, e que não se classificam perfeitamente no grupo das irreversíveis ou no grupo das potencialmente reversíveis.

A prevalência de demências reversíveis varia bastante segundo as características do estudo. Estudos de registros de casos realizados em hospitais terciários tendem a atender mais pacientes com demências reversíveis que estudos populacionais. Em estudo realizado no ambulatório do Grupo de Neurologia Cognitiva e do Comportamento do Hospital das Clínicas da Faculdade de Medicina da Universidade de São Paulo, Takada *et al.* (2003) constataram prevalência de 8% entre todos os casos de demência avaliados. Características que devem chamar a atenção para a possível reversibilidade incluem a ocorrência de demência em indivíduos mais jovens e a instalação relativamente rápida dos sintomas.

Classificação pela velocidade de instalação

As demências podem ser classificadas quanto ao tempo de instalação da síndrome demencial; aquelas de instalação mais lenta, em anos, geralmente são as demências neurodegenerativas, como a DA, embora excepcionalmente seja possível que uma doença neurodegenerativa tenha uma evolução subaguda em meses (Geschwind et al., 2008).

São chamadas de rapidamente progressivas as demências que se desenvolvem em meses ou semanas, e algumas são potencialmente reversíveis (Geschwind et al., 2008).

Classificação pela topografia lesional

Algumas síndromes demenciais ainda são classificadas de acordo com a topografia lesional, como as demências frontotemporais e as demências associadas à atrofia cortical posterior.

A classificação das demências em corticais e subcorticais ainda é utilizada. Enquanto nas primeiras predominariam distúrbios da memorização, afasias, apraxias e agnosias, nas demências subcorticais há predomínio do bradipsiquismo ou alentecimento dos processos mentais, com esquecimento e distúrbio predominante da atenção e das funções executivas.

Embora na classificação nem sempre se utilize a topografia lesional na designação da demência, a correlação clínico-topográfica é muito importante na classificação clínica das demências, determinando a síndrome principal, como veremos à frente.

Classificação nosológica

Doenças que causam demências são apresentadas na Tabela 37.1. Como é possível verificar, praticamente todas as doenças que afetam o sistema nervoso central (SNC) do adulto podem causar demência. É importante saber que doenças que não causam demência quando ocorrem em jovens, podem fazê-lo quando afetam idosos, pois estes apresentam repertório diferente em resposta a agressões do SNC, com predomínio das alterações cognitivas e comportamentais.

Uma classificação que decorre da nosológica é aquela em que as demências são divididas em primárias, ou seja, causadas por afecções degenerativas que agridem primordialmente o SNC, e em secundárias, nas quais o SNC é afetado em decorrência de processos infecciosos, imunomediados, carenciais e vasculares, por exemplo, que são sistêmicos e nos quais o SNC é comprometido associadamente a outros órgãos ou sistemas.

Tabela 37.1 Doenças que causam demência.

Doenças degenerativas primárias	Distúrbios metabólicos
Demência como síndrome principal	Doenças sistêmicas
Demência como síndrome associada	Intoxicações
Doenças vasculares cerebrais	Carências nutricionais
Doenças infecciosas	Doenças autoimunes
Hidrocefalias	Neoplasias
Doenças desmielinizantes	Traumatismo craniano
Doenças priônicas	Estado pós-anóxico
Epilepsia	Doenças psiquiátricas

Demências degenerativas ou primárias

Este constitui o grupo de maior prevalência entre as causas de demência. Para efeito de diagnóstico, pode ser dividido em demências primárias, em que demência é a síndrome principal, e naqueles em que a demência faz parte do quadro clínico, em geral como manifestação menos intensa.

Doenças degenerativas que podem apresentar demência

Nesse subgrupo incluem-se doenças extrapiramidais como doença de Parkinson, doença de Huntington, paralisia supranuclear progressiva, degeneração corticobasal, degenerações de múltiplos sistemas, calcificação idiopática dos gânglios da base e doença de Wilson, degenerações cerebelares e espinocerebelares. Poderiam ser também incluídas as leucodistrofias e polioencefalopatias que afetam o adulto. Geralmente, nesses casos, demência não é a manifestação inaugural, e em algumas delas, como na doença de Parkinson, pode não se manifestar, e o exame neurológico revela alterações evidentes, predominando distúrbios do movimento, que são essenciais para o diagnóstico.

Doenças degenerativas em que demência é a síndrome principal

As mais frequentes doenças degenerativas primárias do SNC que apresentam demência como manifestação preponderante são: DA, degenerações frontotemporais e demência com corpos de Lewy. Esclerose hipocampal, gliose subcortical progressiva e doença com corpúsculos de inclusão com neurofilamentos são formas mais raras de doenças degenerativas que podem ter demência como síndrome principal. Eventualmente, demência pode ser a manifestação inaugural em doença de Huntington, degeneração corticobasal e paralisia supranuclear progressiva.

Embora existam dificuldades em diagnosticá-las, a análise do padrão neuropsicopatológico predominante e os exames de neuroimagem, juntos, podem permitir razoável segurança diagnóstica.

Classificação pela manifestação neurológica ou neuropsicológica predominante

A investigação neuropsicológica tem revelado que existem perfis neuropsicopatológicos que se correlacionam com a neuroimagem e com o diagnóstico neuropatológico nas demências degenerativas (Tabela 37.2). Quatro desses perfis são os mais frequentes entre as demências degenerativas primárias: amnéstico, distúrbio do comportamento, distúrbio de linguagem e disfunção visuoespacial (Weintraub; Mesulam, 1993). O perfil neuropsicológico é definido a partir dos sintomas inaugurais e do predomínio de um distúrbio sobre os demais, principalmente nos primeiros anos de evolução da síndrome demencial.

Demência com predomínio de síndrome amnéstica

Déficit de memória para fatos recentes é a anormalidade mais frequente nas demências porque é bem característico das fases iniciais da maioria dos casos de DA, embora outras

Tabela 37.2 Perfis neuropsicológicos mais comuns em demências degenerativas.

Perfil neuropsicológico	Diagnósticos patológicos	TC ou RM	PET
Amnésia progressiva	DA DCL, LATE	Atrofia hipocampal; atrofia cortical difusa	Hipometabolismo temporal e/ou parietal bilateral
Distúrbio do comportamento	Degeneração lobar frontotemporal (taupatia ou TDP-43 patia) Paralisia supranuclear progressiva; degeneração corticobasal	Atrofia frontotemporal	Hipometabolismo frontotemporal
Disfunção visuoespacial	Degeneração corticobasal DA DCL	Atrofia cortical parieto-occipital	Hipometabolismo parieto-occipital
Afasia Progressiva Primária	Taupatia; TDP-43 patia DA	Atrofia perissilviana esquerda ou dos polos temporais	Hipometabolismo frontotemporal esquerda

DA: doença de Alzheimer; DCL: doença com corpúsculos de Lewy; LATE: *limbic-predominant age-related TDP-43 encephalopathy*; PET: tomografia por emissão de pósitrons; RM: ressonância magnética; TC: tomografia computadorizada.

demências degenerativas, como a demência com corpúsculos de Lewy (DCL) e a doença descrita recentemente com o acrônimo LATE (do inglês *limbic-predominant age-related TDP-43 encephalopathy*) que podem manifestar esse perfil neuropsicológico.

As manifestações clínicas da DA decorrem da redução do número de neurônios e de sinapses em regiões específicas do SNC. A DA inicia-se com comprometimento da capacidade de memorizar novas informações, dificuldade que pode ser demonstrada pelo mau desempenho em testes de memória tardia (*delayed recall*), mas em sua progressão agregam-se, de modo progressivo, dificuldades em funções executivas (como as necessárias para preparar uma refeição para alguns convidados ou fazer o balanço das receitas e dos gastos do mês), transtornos na orientação topográfica e leves distúrbios de linguagem (escrita, nomeação) (Cummings; Benson, 1993). Esta é fase denominada de demência leve, e depende principalmente do acometimento da formação hipocampal e de núcleos colinérgicos basais. O comprometimento dos núcleos colinérgicos, especialmente do núcleo basal de Meynert, acarreta redução importante dos impulsos colinérgicos que aí se iniciam e se dirigem a todo o neocórtex. Esse estado hipocolinérgico cortical contribui para o déficit de memória. Ainda na fase leve, podem ocorrer alterações do comportamento como apatia, sintomas depressivos, ideação delirante que decorre do acometimento de agrupamentos neuronais do tronco cerebral que são responsáveis pelo tônus cortical (mediante impulsos serotonérgicos e adrenérgicos enviados a partir dos núcleos da rafe e do *locus coeruleus*) e, principalmente, pelo acometimento de estruturas paralímbicas como giro do cíngulo, giro parahipocampal, polo temporal, córtex orbitofrontal e áreas corticais mais recentes como as dos neocórtices frontal dorsolateral e temporal (Braak *et al.*, 1991). À medida que a doença evolui para demência moderada acentuam-se os transtornos de funções executivas, de linguagem, de praxias, discalculias, e as dificuldades de reconhecimento, principalmente visuais (agnosias visuais), tornam-se mais evidentes, bem como alterações do humor e do comportamento, demonstrando que as alterações da fase moderada já afetam as áreas de associação multimodal situadas na encruzilhada temporoparieto-occipital, nas áreas occipitotemporais (giros lingual e fusiforme) e que as alterações paralímbicas acentuaram-se ainda mais.

Na fase de demência grave, que geralmente manifesta-se depois de mais de 5 anos de evolução, existe progressiva redução do número de palavras inteligíveis que o paciente emite ao longo de um dia, dificuldades para controlar esfíncteres e para caminhar, além de incapacidade para reconhecer pessoas que não os familiares mais próximos. Com o avançar da doença, mesmo a capacidade de manter-se sentado ou de sorrir são perdidas, como em recapitulação, no sentido oposto, do desenvolvimento normal da criança. Nessa fase, o acometimento cortical é praticamente difuso, sendo menos afetadas apenas as áreas corticais primárias, como as áreas motoras, sensitivas, visuais e auditivas primárias.

Esta é a forma mais comum, mas a DA pode iniciar-se com afasia progressiva, com sintomas de atrofia cortical posterior e alterações do comportamento.

Demência com predomínio de alterações do comportamento

Mudanças da personalidade, caracterizadas por desinibição nas atividades sociais, perda da autocrítica, irritabilidade ou apatia, e alterações das funções executivas são as manifestações mais comuns. A possibilidade de confusão com síndromes psiquiátricas, não orgânicas, é muito grande.

Degeneração lobar frontotemporal é a denominação geral para um grupo de doenças que se caracterizam por esse fenótipo (ou por comprometimento da linguagem, como veremos adiante), mas que dependem de diferentes mecanismos genéticos e bioquímicos que começam a ser desvendados (Caixeta, 1999).

Doenças degenerativas que afetam predominantemente estruturas subcorticais, como paralisia supranuclear progressiva, coreia de Huntington e síndromes denominadas "parkinsonismo-*plus*", podem apresentar quadro clínico superponível. Nesses casos, apatia e bradipsiquismo são as alterações mais frequentes que caracterizam o acometimento do sistema frontal-subcortical. Como descrito anteriormente, a DA também pode se iniciar com sintomas que se assemelham aos da demência da degeneração lobar frontotemporal.

Demência com predomínio de disfunções visuoespaciais

Distúrbio do processamento das informações visuais pode ser a primeira manifestação de síndrome demencial em que há acometimento da região parieto-occipital ou occipito-temporal bilateral. O comprometimento parieto-occipital é mais frequente, manifestando-se como distúrbio visuoespacial em que é mais comum a síndrome de Bálint parcial. Na síndrome de Bálint completa manifestam-se dificuldade para dirigir o olhar para onde é necessário ou apraxia do olhar, incapacidade para a visão simultânea de dois ou mais objetos no campo visual e dificuldade para dirigir os movimentos do corpo (p. ex., da mão), sob controle da visão ou ataxia óptica. Agnosia visual para imagens ou objetos ou pessoas e incapacidade de ler (alexia) também podem ser as manifestações iniciais, porém com menos frequência.

Geralmente, a atrofia cortical posterior manifesta-se antes dos 65 anos e tem como uma das principais causas a degeneração corticobasal, na qual, além desses sintomas, ocorrem também síndrome parkinsoniana assimétrica e movimentos involuntários no mesmo hemicorpo em que se manifestam os sinais parkinsonianos (Areza-Fegyveres et al., 2007). DA e até mesmo doença de Creutzfeldt-Jakob podem iniciar-se desse modo.

Outra doença que pode manifestar-se como atrofia cortical posterior é a DCL que também pode manifestar-se com alterações da memória semelhantes às da DA ou com alterações do comportamento. A DCL faz parte do espectro das sinucleinopatias – doenças em que há depósitos da proteína sinucleína anormalmente processada - das quais a principal representante é a doença de Parkinson. Na DCL associam-se sinais parkinsonianos e alterações psíquicas, particularmente alucinações e *delirium*, com grande oscilação de desempenho cognitivo de um dia para outro ou mesmo de uma hora para outra. Distúrbios do sono, particularmente distúrbio comportamental do sono REM, são frequentes e podem preceder à síndrome demencial. Do ponto de vista neuropatológico, são encontradas inclusões citoplasmáticas eosinofílicas que contêm alfa-sinucleína nos neurônios – os corpúsculos de Lewy – que, na doença de Parkinson, limitam-se ao tronco cerebral, principalmente na substância negra, enquanto na DCL são encontrados também no núcleo basal de Meynert, na amígdala, no giro cingulado e no neocórtex. São raros os casos de DCL que apresentam apenas os corpúsculos de Lewy, pois as alterações neuropatológicas de DA também estão presentes com mais frequência. Na neuroimagem, destaca-se a ausência de atrofia hipocampal ou a atrofia de predomínio frontotemporal características da DA ou da demência frontotemporal, ao passo que a tomografia computadorizada por emissão de pósitrons (PET) pode revelar hipometabolismo occipital ou parieto-occipital (McKeith et al., 1992). O diagnóstico de DCL é muito importante devido ao modo que esta doença reage aos medicamentos comumente utilizados no tratamento farmacológico das demências degenerativas.

Demência com predomínio de distúrbio de linguagem

Comprometimento da linguagem pode inaugurar as manifestações clínicas da degeneração lobar frontotemporal. Muitas vezes, os distúrbios de linguagem mantêm-se isolados ou como sinais predominantes por longo tempo. Quando os sinais se manifestam por, pelo menos, 2 anos, a síndrome é definida como afasia progressiva primária (Mesulam; Weintraub, 1992). Alguns pacientes mantêm afasia como sintoma praticamente isolado por mais de 10 anos. Esse conhecimento é importante porque a evolução nesses casos é muito distinta de outras formas de demência, permitindo vida relativamente independente por tempo muito mais longo (Mesulam; Weintraub, 1992).

Três tipos de distúrbios de linguagem são mais comuns: afasia progressiva não fluente, afasia progressiva semântica e afasia logopênica. No primeiro grupo predomina a atrofia de localização na região situada ao redor da fissura de Sylvius no hemisfério cerebral esquerdo, enquanto nos casos de afasia semântica a atrofia afeta principalmente o polo temporal esquerdo. Na afasia semântica, o paciente não consegue denominar objetos ou pessoas e, simultaneamente, não consegue reconhecer o nome quando este lhe é apresentado, configurando uma aparente perda da conexão entre significante e significado (Hodges, 1997). A afasia semântica tende a evoluir para demência semântica quando se associam dificuldades para reconhecer objetos naturais como animais ou vegetais e objetos produzidos pelos seres humanos, caracterizando agnosia visual. Na afasia logopênica (redução de palavras) nota-se a dificuldade no encontro de palavras durante a conversa e que pode ser evidenciada por testes. Nesses casos, em geral, há redução da memória operacional ou memória de trabalho em virtude do comprometimento da alça fonológica da memória operacional. A maior parte dos casos de afasia logopênica evolui para DA. Ressonância magnética e PET-*scan* (com glicose marcada com flúor radioativo) são bastante úteis no diagnóstico.

Embora a maioria dos casos de afasia não fluente e afasia semântica faça parte do grupo das degenerações lobares frontotemporais, a DA pode eventualmente manifestar-se com esses quadros clínicos.

Outras síndromes causadas por comprometimento cortical assimétrico

Comprometimento unilateral cortical de outras regiões, especialmente dos lobos parietais, pode causar síndromes em que predominam apraxias ou agnosias e que permitiriam definir outro padrão, o de acometimento cortical assimétrico, do qual o distúrbio de linguagem seria um tipo especial. Apraxias uni ou bilaterais, apraxias construtivas ou apraxia para vestir-se podem ocasionalmente inaugurar a síndrome demencial. Taupatias e mesmo a DA podem apresentar-se desse modo atípico.

Uma taupatia em que o padrão assimétrico é muito marcante é a degeneração corticobasal, na qual ocorrem apraxia, agnosia tátil e distúrbios do movimento, que geralmente afetam um dos membros superiores. Também pode evoluir como atrofia cortical posterior, como mencionado anteriormente. O sinal da "mão estrangeira" é um dos sinais distintivos dessa afecção e caracteriza-se pela ocorrência de movimentos involuntários do membro afetado, que pode variar desde simples elevação do membro superior até movimentos complexos que podem atrapalhar o movimento do membro contralateral não afetado (Carrilho et al., 2001).

Cada um desses perfis deve ser identificado por meio de bateria de testes neuropsicológicos apropriados. Exames de neuroimagem podem reforçar a definição ligando os perfis ao contexto anatomofuncional.

Referências bibliográficas

AREZA-FEGYVERES, R. et al. The syndrome of progressive posterior cortical dysfunction: a multiple case study and review. Dementia and Neuropsychologia, São Paulo, v. 1, n. 3, p. 311-319, 2007.

BRAAK H, BRAAK E. Neuropathological stageing of Alzheimer-related changes. Acta Neuropathologica, Berlin, v. 82, n. 4, p. 261-268, 1991.

CAIXETA, L. F. O grupo das demências frontotemporais: uma revisão crítica da literatura com apresentação de casos. 1999. Dissertação (Mestrado em Neurologia) – Universidade de São Paulo, São Paulo, 1999.

CARRILHO, P. E. et al. Involuntary hand levitation associated with parietal damage: another alien hand syndrome. Arquivos de Neuro-Psiquiatria, São Paulo, v. 59, n. (3A), p. 521-525, 2001.

CUMMINGS, J. L.; BENSON, D. F. Dementia: a clinical approach. Boston: Butterworth-Heinemann, 1992.

GESCHWIND, M. D. et al. Rapidly Progressive Dementia. Annals of Neurology, Boston, v. 64, n. 1, p. 97-108, 2008.

HARVEY, R. J.; SKELTON-ROBINSON, M.; ROSSOR, M. N. The prevalece and causes of dementia in people under the age of 65 years. Journal of Neurology, Neurosurgery, and Psychiatry, London, v. 74, n. 9, p. 1206-1209, 2003.

HODGES, J. Fronto-temporal lobar degeneration: fronto-temporal dementia, progressive aphasia, semantic dementia. Journal of Neurology, Neurosurgery, and Psychiatry, London, v. 63, n. 3, p. 415, 1997.

MCKEITH, I. et al. Neuroleptic sensitivity in patients with senile dementia of Lewy body type. BMJ, London, v. 305, n. 6855, p. 673-678, 1992.

MESULAM, M. M.; WEINTRAUB, S. Spectrum of primary progressive aphasia. In: Rossor, M. N. (ed). Unusual dementias. London: Baillière-Tindall, 1992: p. 583-609.

NELSON, P. T. et al. Limbic-predominant age-related TDP-43 encephalopathy (LATE): consensus working group report. Brain, v. 142, n. 6, p. 1503-1527, 2019.

SAMPSON, E. L.; WARREN, J. D.; ROSSOR, M. N. Young onset dementia. Postgraduate Medical Journal, London, v. 80, n. 941, p. 125-139, 2004.

TAKADA, L.T. et al. Prevalence of potentially reversible dementias in dementia outpatient clinic of a tertiary university-affiliated hospital in Brazil. Arquivos de Neuropsiquiatria, São Paulo, n. 61, n. 4, p. 925-929, 2003.

WEINTRAUB, S.; MESULAM, M. M. Four neuropsychological profiles in dementia. In: Boller, F.; Grafman, J. (eds). Handbook of neuropsychology. Amsterdam: Elsevier, 1993. p. 253-282.

38 Declínio Cognitivo Subjetivo

Adalberto Studart-Neto

Introdução

O declínio cognitivo gradual associado ao envelhecimento é frequente e não é suficiente para levar a um prejuízo funcional nas atividades de vida diária (AVD) (Anton et al., 2015). A velocidade de processamento, a memória de trabalho e a memória episódica são as funções cognitivas que mais declinam com a senescência (Anton et al., 2015; Park; Reuter-Lorenz, 2009). Denomina-se demência a condição patológica de declínio cognitivo que leva a um comprometimento na autonomia para exercer as AVD (Frota et al., 2011; McKhann et al., 2011).

O comprometimento cognitivo leve (CCL), por outro lado, representa um declínio cognitivo abaixo do esperado para idade, mas ainda sem levar a um prejuízo funcional (Albert et al., 2011; Petersen et al., 1999). Dificuldades leves para executar tarefas complexas anteriormente habituais podem ocorrer, entretanto, sem interferir na autonomia do indivíduo.

Por outro lado, é comum encontrar situações em que o paciente apresenta queixas cognitivas, porém ele demonstra um desempenho normal nos testes neuropsicológicos e não apresenta declínio funcional. O termo declínio cognitivo subjetivo (DCS) tem sido proposto nessa situação (Jessen et al., 2014). O DCS representaria um estágio anterior ao CCL em uma trajetória de declínio cognitivo.

Critérios diagnósticos de declínio cognitivo subjetivo

O DCS é definido como uma autopercepção de declínio cognitivo, sem que haja um comprometimento objetivamente mensurável nos testes neuropsicológicos (Jessen; Amariglio et al., 2020; Rabin et al., 2017). Diversas expressões têm sido usadas para descrever essa situação: "queixa subjetiva de memória", "queixa de memória autorrelatada", "transtorno cognitivo subjetivo" e "queixa cognitiva subjetiva" (Jessen; Amariglio et al., 2014; Jessen; Wolfsgruber et al., 2014; Kaup et al., 2015; Molinuevo et al., 2017; Reisberg et al., 2008; Rönnlund et al., 2015).

O grupo de trabalho Subjective Cognitive Decline Initiative (SCD-I) propôs, em 2014, critérios diagnósticos para DCS focados na padronização da terminologia para pesquisa em doença de Alzheimer (DA) pré-clínica (Tabela 38.1) (Jessen; Amariglio et al., 2014; 2020). O SCD-I sugeriu uniformização do termo como "declínio cognitivo subjetivo".

Tabela 38.1 Critérios de pesquisa para declínio cognitivo subjetivo, segundo o grupo de trabalho Subjective Cognitive Decline Initiative (SCD-I).

Critérios 1 e 2 devem estar presentes
1. Declínio subjetivo e persistente nas capacidades cognitivas em comparação com um status previamente normal e não relacionado com um evento agudo
2. Desempenho normal em testes cognitivos padronizados (ajustados para idade, sexo e escolaridade), que são usados para classificar comprometimento cognitivo leve
Critérios de exclusão
1. Diagnósticos de transtorno cognitivo leve ou demência
2. Ser explicado por transtorno psiquiátrico,* doença neurológica (exceção da doença de Alzheimer), outros transtornos médicos, uso de medicações ou de substâncias psicoativas

*Sintomas de depressão ou ansiedade, que não preencherem critérios de um transtorno psiquiátrico, não são considerados critérios de exclusão. (Adaptada de Jessen; Amariglio et al., 2014; 2020.)

"Subjetivo", pois remete à autoexperiência do indivíduo em contraposição ao prejuízo em testes neuropsicológicos. "Cognitivo", em vez de "memória", porque os primeiros sintomas podem não estar limitados apenas aos amnésticos. E "declínio", pois alude à ideia de deterioração progressiva e não apenas a uma queixa isolada e estática.

A distinção entre CCL e DCS é realizada a partir do desempenho na avaliação neuropsicológica, uma vez que nas duas condições o paciente apresenta queixa e preservação da sua funcionalidade. A evidência objetiva de um comprometimento cognitivo é a condição necessária para o diagnóstico de CCL.

Recomenda-se iniciar por testes de rastreio cognitivo de aplicação breve que permitam uma avaliação global da cognição do indivíduo. Todavia, os testes de rastreio cognitivo à beira-leito apresentam menor sensibilidade para o diagnóstico de CCL. Um desempenho normal nessas baterias breves não permite diferenciar CCL de DCS. Nesse caso, recomenda-se a realização de uma bateria de testes neuropsicológicos.

No entanto, qual seria a nota de corte para definirmos como normal e anormal o desempenho de um paciente em um teste neuropsicológico? Não há um consenso na literatura de qual seria essa nota de corte. Os primeiros estudos de CCL definiram que um desempenho de 1,5 desvio-padrão abaixo da média em pelo menos um teste cognitivo seria indicativo de CCL (Petersen et al., 1999; Portet et al., 2006; Winblad et al., 2004). Outros autores afirmam que se pode estabelecer o diagnóstico de CCL se o paciente apresentar resultados abaixo de 1,0 desvio-padrão inferior à média em dois testes de um mesmo domínio cognitivo (Jak *et al.*, 2016).

Epidemiologia

Queixas cognitivas são muito frequentes na população idosa, podendo estar presentes em até 25 a 50% nessa faixa etária (Jonker *et al.*, 2000; Reid; MacLullich, 2006). Estudos populacionais descrevem uma prevalência de DCS que varia de 12,3 a 57% entre idosos sem demência, indicando ser uma condição muito prevalente nessa faixa etária (van Harten *et al.*, 2013); essa prevalência aumenta nas faixas etárias mais senis. Em um estudo, por exemplo, a prevalência subiu de 43% nas faixas etárias de 65 a 74 anos para 88% em idosos com 85 anos ou mais (Vaskivuo *et al.*, 2018). Dados brasileiros sobre a prevalência de DCS são escassos. Em um estudo realizado na cidade de Tremembé (SP), a prevalência de DCS foi de 27,6% entre as pessoas acima de 60 anos (César-Freitas *et al.*, 2021).

Estudos epidemiológicos longitudinais têm demonstrado associação entre DCS e maior risco para progressão para CCL e demência (Jessen, Wolfsgruber *et al.*, 2014; Kaup *et al.*, 2015; Kryscio *et al.*, 2014; Molinuevo *et al.*, 2017; Reisberg *et al.*, 2010; Rönnlund *et al.*, 2015; van Harten *et al.*, 2018). Uma metanálise de 29 estudos mostrou uma taxa de conversão anual de DCS para CCL e demência de aproximadamente 6,7 e 2,3%, respectivamente, enquanto conversão em demência foi de apenas 1% entre os idosos sem DCS (Mitchell *et al.*, 2014).

Jessen *et al.* compararam a incidência de demência entre controles normais, indivíduos com DCS e com CCL em um período de seguimento de 6 anos (Jessen, Wolfsgruber *et al.*, 2014). A taxa de progressão de demência no grupo com DCS foi 1,5 vez superior aos controles. E quando os sujeitos com DCS mostravam-se preocupados com o seu declínio cognitivo, a incidência de demência era 2,44 vezes superior ao grupo controle, um valor semelhante ao encontrado no grupo de CCL precoce. Em 2020, esse mesmo grupo publicou uma continuação dessa coorte com 2.402 indivíduos cognitivamente normais que foram seguidos por 12 anos e, ao final, 82,7% dos pacientes que evoluíram para demência preenchiam critérios para DCS no início do estudo (Jessen, Amariglio *et al.*, 2020).

Em outro estudo, com seguimento por 7 anos, 54,2% dos sujeitos com DCS declinaram para CCL ou demência contra 14,9% entre os controles normais, o que levou a um risco relativo de 4,5 no grupo DCS comparando-se aos controles (Reisberg *et al.*, 2010). Além disso, os sujeitos com queixa evoluíram mais rapidamente para demência, em média 3,5 anos antes dos controles. Achados semelhantes foram encontrados por um Rönnlund *et al.*, que seguiram uma amostra de 2.043 indivíduos sem demência por um longo período (mediana de 10 anos) e, ao final, encontraram uma incidência de demência duas a três vezes maior no grupo com DCS (Rönnlund *et al.*, 2015). Kaup *et al.* acompanharam 1.107 mulheres por 18 anos e observaram que 52,8% das participantes com DCS evoluíram com CCL ou demência, enquanto no grupo sem queixa, esse número foi de 38% (Kaup *et al.*, 2015).

Apesar de vários estudos de incidência de CCL e demência em idosos com DCS, há poucos estudos de prevalência de DCS. Os estudos populacionais descrevem uma prevalência de DCS que varia de 12,3 a 57% entre idosos sem demência, indicando ser uma condição bastante prevalente nessa faixa etária (van Harten *et al.*, 2018). Dados brasileiros sobre a prevalência de DCS também são escassos. Em um estudo realizado na cidade de Tremembé (SP), a prevalência de DCS foi de 27,6% entre as pessoas acima de 60 anos (César-Freitas *et al.*, 2021).

Avaliação

Não há um instrumento padrão-ouro usado para caracterizar e mensurar o DCS (Rabin *et al.*, 2015, 2017). A variabilidade do método de avaliação é muito ampla entre os estudos, e isso torna muitas vezes difícil a comparação entre eles. Vários são os desafios, portanto, da pesquisa em DCS. Um desafio é como avaliar objetivamente uma queixa subjetiva. Outro desafio é como caracterizar um paciente com DCS que apresente um maior risco de evoluir para CCL/demência. E, por fim, outra dificuldade é como identificar quais queixas cognitivas podem indicar uma doença neurodegenerativa subjacente, especialmente a DA (Jessen; Amariglio *et al.*, 2020; Rabin *et al.*, 2017). Por ser uma condição prevalente na faixa etária senil, um instrumento de avaliação de DCS precisa encontrar um equilíbrio entre não ser muito sensível (o que levaria a um excesso de diagnósticos de queixas cognitivas sem significado clínico), mas manter uma sensibilidade suficiente para o diagnóstico precoce de um estágio pré-demencial da DA (Rabin *et al.*, 2017).

Alguns estudos usam perguntas simples, geralmente focadas na queixa de memória (p. ex., "você sente que a sua memória está piorando") (Jessen; Kleineidam *et al.*, 2020). Por outro lado, diversos questionários semiestruturados foram desenvolvidos e aplicados em estudos clínicos e epidemiológicos. Em uma revisão não sistemática, 19 estudos de DCS foram comparados e 34 instrumentos foram identificados (Rabin *et al.*, 2015). Esses instrumentos variavam quanto ao modo de administração (por autoaplicação ou entrevista), ao período referido pelos itens (enquanto alguns comparavam a cognição atual com semanas ou meses atrás, outros comparavam com vários anos atrás) e aos domínios cognitivos relatados como queixas (alguns focavam apenas queixas de memória e outros também avaliavam o declínio em outras habilidades cognitivas) (Rabin *et al.*, 2017).

Os instrumentos mais frequentes na literatura incluem: *Questionnaire AgeCoDe Study* (Luck *et al.*, 2007); *Everyday Cognition Scale* (E-cog) (Farias *et al.*, 2008); *Memory Functioning Questionnaire* (MFQ) (Gilewski *et al.*, 1990); *Subjective Memory Decline Scale* (SMDS) (Jorm, 2004); *Memory Complaint Questionnaire* (MAC-Q) (Crook *et al.*, 1992); *Memory Failures everyday – 30* (MFE – 30) (Lozoya Delgado *et al.*, 2012); *Structured Telephone Interview for Dementia Assessment* (STIDA) (Go *et al.*, 1997); *Informant Questionnaire on Cognitive Decline in the Elderly* (IQCODE) (Jorm, 2004); *Subjective Memory Complaints* (SMC) (Vogel *et al.*, 2016); e *Cognitive Function Instrument* (CFI) (Amariglio *et al.*, 2015; Walsh *et al.*, 2006) (Studart-Neto *et al.*, 2022). Esse último instrumento foi desenvolvido pelo *Alzheimer's*

Disease Cooperative Study (ADCS) para avaliação de queixas cognitivas subjetivas em um grupo de idosos sem demência (Walsh *et al.*, 2006).

Inicialmente, o *Cognitive Function Instrument* (CFI) ou Instrumento de Função Cognitiva (IFC) foi criado para ser aplicado por *e-mail* e era denominado *Mail-In Cognitive Function Screening Instrument* (MCFSI), mas também poderia ser usado autoaplicado em avaliação presencial. O IFC consiste em duas versões com 14 questões cada: uma versão do paciente (*self-report*) e uma versão do acompanhante (*partner report*). O paciente e seu acompanhante devem ler e responder ao questionário de forma independente, sem consultar ninguém. Os itens questionam sobre dificuldades cognitivas (memória, linguagem, orientação) e funcionais e os assuntos abordam queixas atuais em comparação há 1 ano. As respostas possíveis são "sim" (valendo 1 ponto), "não" (pontuação zero) ou "talvez" (pontuação 0,5). A faixa de pontuação varia de 0 a 14. Em algumas questões (como direção e desempenho no trabalho), é possível responder "não se aplica". Em um estudo longitudinal com participantes de ADCS, o IFC foi associado ao declínio cognitivo em 48 meses, indicando ser um instrumento útil na mensuração do DCS (Amariglio *et al.*, 2015). Em 2022 foi publicada a tradução e a validação do IFC para o português brasileiro (Tabela 38.2) (Studart-Neto *et al.*, 2022).

Etiologias

Demência, CCL e DCS são diagnósticos sindrômicos e que precisam ser investigados quanto a sua etiologia. A demência é sempre uma condição patológica e a probabilidade de ocorrer em virtude de uma causa neurodegenerativa é sempre alta. Por outro lado, CCL e, em especial, DCS apresentam maior heterogeneidade etiológica. Podem representar

Tabela 38.2 Versão brasileira do Instrumento de Função Cognitiva (IFC) – Versão do Paciente*.

Instruções

Por favor, preencha este formulário de forma independente, sem consultar ninguém. Responda a todas as perguntas com base **de 1 ano atrás**

Se você deixou de fazer ou nunca fez algumas das atividades desse questionário (p. ex., você não dirige mais automóvel ou não lida com dinheiro porque outra pessoa cuida disso) a resposta deve ser **não se aplica**

Procure sempre responder **Sim** ou **Não** e somente responda **Talvez**, quando não puder utilizar **Sim** ou **Não**, ou seja, **quando você tiver dúvida**

1. Comparado há 1 ano, você sente que sua memória piorou significativamente?
   ☐ Sim   ☐ Não   ☐ Talvez (pode ser)

2. As pessoas dizem que você repete a mesma pergunta várias vezes?
   ☐ Sim   ☐ Não   ☐ Talvez (pode ser)

3. Você tem perdido coisas com mais frequência?
   ☐ Sim   ☐ Não   ☐ Talvez (pode ser)

4. Você acha que ultimamente está precisando mais de anotações (p. ex., escrever listas de compras, calendários)?
   ☐ Sim   ☐ Não   ☐ Talvez (pode ser)

5. Você precisa de mais ajuda dos outros para se lembrar de compromissos, eventos familiares ou feriados?
   ☐ Sim   ☐ Não   ☐ Talvez (pode ser)

6. Você tem mais dificuldade em se lembrar de nomes ou achar a palavra certa ou completar frases?
   ☐ Sim   ☐ Não   ☐ Talvez (pode ser)

7. Você tem mais dificuldades para dirigir (p. ex., dirige mais devagar, mais dificuldade em dirigir à noite, se perde, tem acidentes)?
   ☐ Sim   ☐ Não   ☐ Não se aplica (não dirijo carro)   ☐ Talvez (pode ser)

8. Em comparação há 1 ano, você tem mais dificuldade em lidar com dinheiro (p. ex., pagar contas, calcular troco, fazer o imposto de renda)?
   ☐ Sim   ☐ Não   ☐ Não se aplica (não lido com dinheiro)   ☐ Talvez (pode ser)

9. Você está menos envolvido com atividades sociais (reuniões de família, outras reuniões, visitas, no clube, atividades religiosas, festas)?
   ☐ Sim   ☐ Não   ☐ Talvez (pode ser)

10. O seu desempenho no trabalho pago ou voluntário diminuiu significativamente, em comparação com 1 ano atrás?
    ☐ Sim   ☐ Não   ☐ Não se aplica (não faço trabalho pago ou remunerado)   ☐ Talvez (pode ser)

11. Você tem mais dificuldade para seguir as notícias ou as histórias de livros, filmes ou TV, em comparação com 1 ano atrás?
    ☐ Sim   ☐ Não   ☐ Talvez (pode ser)

12. Algumas atividades de lazer (p. ex., jogar, palavras cruzadas, costura, tricô, pintura, trabalhos manuais, pequenos consertos em casa) estão muito mais difíceis para você agora do que de 1 ano atrás?
    ☐ Sim   ☐ Não   ☐ Talvez (pode ser)

13. Você tem mais chance de se desorientar ou de se perder, por exemplo, quando viaja para outra cidade?
    ☐ Sim   ☐ Não   ☐ Talvez (pode ser)

14. Você tem mais dificuldade em usar eletrodomésticos (como a máquina de lavar ou micro-ondas) ou equipamentos eletrônicos (como um computador ou celular)?
    ☐ Sim   ☐ Não   ☐ Talvez (pode ser)

*Há uma versão do Instrumento de Função Cognitiva para aplicar aos acompanhantes que pode ser consultado no estudo de Studart-Neto *et al.*, 2022.

tanto estágios pré-demenciais de patologias neurodegenerativas (em especial doença de Alzheimer) como podem estar associados a enfermidades neurológicas não degenerativas (como doença cerebrovascular), condições clínicas sistêmicas (p. ex., hipotireoidismo, deficiência de vitamina B12, neurossífilis ou infecção pelo HIV), transtornos psiquiátricos (principalmente depressão e ansiedade), transtornos do sono (p. ex., síndrome da apneia obstrutiva do sono) e uso de psicofármacos com ação anticolinérgica (Molinuevo et al., 2017). Ademais, DCS nem sempre representa uma situação patológica, podendo apenas representar uma percepção subjetiva de declínio dentro do espectro de envelhecimento normal (Jessen; Amariglio et al., 2020; Rabin et al., 2017).

Embora o DCS represente risco maior de progressão para CCL e demência, muitos indivíduos com DCS podem permanecer estáveis ou, mesmo em alguns casos, pode ocorrer reversão desse declínio subjetivo. Portanto, diversas questões surgem: dentro desse grupo heterogêneo, como identificar quais os indivíduos com DCS que irão progredir para CCL/demência? E como podemos determinar se um indivíduo com DCS apresenta uma doença neurodegenerativa, especialmente a DA?

Para tanto, o SCD-I propôs o termo "DCS *plus*", cujas características aumentam a probabilidade de patologia neurodegenerativa, em especial a DA (Tabela 38.3) (Jessen; Amariglio et al., 2014, 2020). O paciente que apresentar as caraterísticas de "DCS *plus*" não significa que a etiologia seja a DA, mas indica maior probabilidade de ocorrer, além de um risco mais elevado de conversão em CCL e demência nos anos seguintes.

Considerações finais

Até o presente momento não existem tratamentos farmacológicos aprovados para DCS. Recomenda-se tratar as comorbidades, em especial transtornos psiquiátricos e do sono. Extrapolando estudos em pacientes com CCL, recomendam-se intervenções não farmacológicas como atividade física, treino cognitivo e controle de fatores de risco cerebrovascular. E o paciente que apresenta DCS deve manter o acompanhamento, em virtude do risco de conversão em CCL/demência.

DCS representa um estágio intermediário entre o envelhecimento normal e o CCL/demência. O DCS é um diagnóstico sindrômico com diversas causas, sendo a DA a mais relevante. Vários estudos epidemiológicos demonstram que algumas características estão associadas a maior probabilidade de conversão em CCL e demência: início do DCS nos últimos 5 anos, idade de início acima de 60 anos, declínio mais pronunciado na memória que em outros domínios, estar preocupado com o declínio cognitivo, persistência do DCS ao longo do tempo, confirmação do declínio cognitivo por um informante e procurar ajuda médica.

Referências bibliográficas

ALBERT, M. S. et al. The diagnosis of mild cognitive impairment due to Alzheimer's disease: Recommendations from the National Institute on Aging-Alzheimer's Association workgroups on diagnostic guidelines for Alzheimer's disease. Alzheimer's and Dementia: The Journal of the Alzheimer's Association, Orlando, v. 7, n. 3, p. 270-279, 2011.

AMARIGLIO, R. E. et al. Tracking early decline in cognitive function in older individuals at risk for Alzheimer disease dementia: The Alzheimer's disease cooperative study cognitive function instrument the Alzheimer's disease cooperative study cognitive function instrument. JAMA Neurology, Chicago, v. 72, n. 4, p. 446-454, 2015.

ANTON, S. D. et al. Successful aging: Advancing the science of physical independence in older adults. Ageing Research Reviews, Oxford, v. 24, p. 304-327, 2015.

BUCKLEY, R. F. et al. Subjective memory decline predicts greater rates of clinical progression in preclinical Alzheimer's disease. Alzheimer's and Dementia: The Journal of the Alzheimer's Association, Orlando, v. 12, n. 7, p. 796-804, 2016.

CASELLI, R. J. et al. Subjective cognitive decline: Self and informant comparisons. Alzheimer's and Dementia: The Journal of the Alzheimer's Association, Orlando, v. 10, n. 1, p. 93-98, 2014.

CÉSAR-FREITAS, K. G. et al. Incidence of dementia in a Brazilian population: The Tremembé Epidemiologic Study. Alzheimer's and Dementia: The Journal of the Alzheimer's Association, Orlando, v. 18, n. 4, p. 581-590, 2022.

CROOK, T. H.; FEHER, E. P.; LARRABEE, G. J. Assessment of memory complaint in age-associated memory impairment: the MAC-Q, International Psychogeriatrics, New York, v. 4, n. 2, p. 165-176, 1992.

FARIAS, S. T. et al. The measurement of everyday cognition (ECog): scale development and psychometric properties. Neuropsychology, Philadelphia, v. 22, n. 4, p. 531-544, 2008.

FROTA, N. A. F. et al. Criteria for the diagnosis of Alzheimer's disease: Recommendations of the scientific department of cognitive neurology and aging of the Brazilian academy of neurology Dementia e Neuropsychologia, São Paulo, v. 5, n. 3, p. 146-152, 2011.

GIFFORD, K. A. et al. The source of cognitive complaints predicts diagnostic conversion differentially among nondemented older adults. Alzheimer's and Dementia: The Journal of the Alzheimer's Association, Orlando, v. 10, n. 3, p. 319-327, 2014.

GILEWSKI, M. J.; ZELINSKI, E. M.; SCHAIE, K. W. The Memory Functioning Questionnaire for assessment of memory complaints in adulthood and old age. Psychology and Aging, Arlington, v. 5, n. 4, p. 482-490, 1990.

GO, R. C. P. et al. Development and validation of a structured telephone interview for dementia assessment (STIDA): The NIMH genetics initiative. Journal of Geriatric Psychiatry and Neurology, Littleton, v. 10, n. 4, p. 161-167, 1997.

JAK, A. J. et al. Neuropsychological Criteria for Mild Cognitive Impairment and Dementia Risk in the Framingham Heart Study. Journal of the International Neuropsychological Society, New York, v. 22, n. 9, p. 937-943, 2016.

JESSEN, F. et al. The characterisation of subjective cognitive decline. The Lancet Neurology, London, v. 19, n. 3, p. 271-278, 2020.

JESSEN, F. et al. A conceptual framework for research on subjective cognitive decline in preclinical Alzheimer's disease. Alzheimer's and Dementia: The Journal of the Alzheimer's Association, Orlando, v. 10, n. 3, p. 844-852, 2014.

JESSEN, F. et al. Prediction of dementia of Alzheimer type by different types of subjective cognitive decline. Alzheimer's and Dementia: The Journal of the Alzheimer's Association, Orlando, v. 16, n. 12, p. 1745-1749, 2020.

JESSEN, F. et al. AD dementia risk in late MCI, in early MCI, and in subjective memory impairment. Alzheimer's and Dementia, The Journal of the Alzheimer's Association, Orlando, v. 10, n. 1, p. 76-83, 2014.

JONKER, C.; GEERLINGS, M. I.; SCHMAND, B. Are memory complaints predictive for dementia? International Journal of Geriatric Psychiatry, Chichester, v. 15, n. 11, p. 983-991, 2000.

JORM, A. F. The informant questionnaire on cognitive decline in the elderly (IQCODE): a review. International Psychogeriatrics, New York, v. 16, n. 3, p. 275-293, 2004.

Tabela 38.3 Características do declínio cognitivo subjetivo *plus*, segundo o grupo de trabalho *Subjective Cognitive Decline Initiative* (SCD-I).

- Declínio mais pronunciado na memória que em outros domínios
- Início do declínio cognitivo subjetivo dentro dos últimos 5 anos
- Idade de início acima dos 60 anos
- Estar preocupado com o declínio cognitivo
- Persistência do DCS ao longo do tempo
- Confirmação do declínio cognitivo por um informante
- Procurar ajuda médica

Adaptada de Jessen; Amariglio et al., 2014; 2020.

KAUP, A. R. et al. Memory complaints and risk of cognitive impairment after nearly 2 decades among older women. Neurology, Hagerstown, v. 85, n. 21, p. 1852-1858, 2015.

KRYSCIO, R. J. et al. Self-reported memory complaints: Implications from a longitudinal cohort with autopsies. Neurology, Hagerstown, v. 83, n. 15, p. 1359-1365, 2014.

LOZOYA-DELGADO, P.; RUIZ-SÁNCHEZ DE LEÓN, J. M.; PEDRERO-PÉREZ, E. J. Validación de un cuestionario de quejas cognitivas para adultos jóvenes: relación entre las quejas subjetivas de memoria, la sintomatología prefrontal y el estrés percibido. Revista de Neurología, Barcelona, v. 54, n. 3, p. 137, 2012.

LUCK, T. et al. Mild cognitive impairment in general practice: Age-specific prevalence and correlate results from the German study on ageing, cognition and dementia in primary care patients (AgeCoDe). Dementia and Geriatric Cognitive Disorders, Basel, v. 24, n. 4, p. 307-316, 2007.

MCKHANN, G. M. et al. The diagnosis of dementia due to Alzheimer's disease: Recommendations from the National Institute on Aging-Alzheimer's Association workgroups on diagnostic guidelines for Alzheimer's disease. Alzheimer's and Dementia: The Journal of the Alzheimer's Association, Orlando, v. 7, n. 3, p. 263-269, 2011.

MITCHELL, A. J. et al. Risk of dementia and mild cognitive impairment in older people with subjective memory complaints: Meta-analysis. Acta Psychiatrica Scandinavica, Copenhagen, v. 130, n. 6, p. 439-451, 2014.

MOLINUEVO, J. L. et al. Implementation of subjective cognitive decline criteria in research studies. Alzheimer's and Dementia: The Journal of the Alzheimer's Association, Orlando, v. 13, n. 3, p. 296-311, 2017.

PARK, D. C.; REUTER-LORENZ, P. The adaptive brain: Aging and neurocognitive scaffolding. Annual Review of Psychology, Palo Alto, n. 60, p. 173-196, 2009.

PETERSEN, R. C. et al. Mild cognitive impairment: clinical characterization and outcome. Archives of Neurology, Chicago, v. 56, n. 3, p. 303-308, 1999.

PORTET, F. et al. Mild cognitive impairment (MCI) in medical practice: A critical review of the concept and new diagnostic procedure. Report of the MCI Working Group of the European Consortium on Alzheimer's Disease. Journal of Neurology, Neurosurgery and Psychiatry, London, v. 77, n. 6, p. 714-718, 2006.

RABIN, L. A.; SMART, C. M.; AMARIGLIO, R. E. Subjective Cognitive Decline in Preclinical Alzheimer's Disease. Annual Review of Clinical Psychology, Palo Alto, n. 13, p. 369-396, 2017.

RABIN, L. A. et al. Subjective Cognitive Decline in Older Adults: An Overview of Self-Report Measures Used Across 19 International Research Studies. Journal of Alzheimer's Disease, Amsterdam, v. 48, n. S1, p. S63-S86, 2015.

REID, L. M.; MACLULLICH, A. M. J. Subjective memory complaints and cognitive impairment in older people. Dementia and Geriatric Cognitive Disorders, Basel, v. 22, n. 5-6, p. 471-485, 2006.

REISBERG, B. et al. The pre-mild cognitive impairment, subjective cognitive impairment stage of Alzheimer's disease. Alzheimer's and Dementia: The Journal of the Alzheimer's Association, Orlando, v. 4, n. 1, p. 98-108, 2008.

REISBERG, B. et al. Outcome over seven years of healthy adults with and without subjective cognitive impairment. Alzheimer's and Dementia: The Journal of the Alzheimer's Association, Orlando, v. 6, n. 1, p. 11-24, 2010.

RÖNNLUND, M. et al. Subjective memory impairment in older adults predicts future dementia independent of baseline memory performance: Evidence from the Betula prospective cohort study. Alzheimer's and Dementia: The Journal of the Alzheimer's Association, Orlando, v. 11, n. 11, p. 1385-1392, 2015.

STUDART-NETO, A. et al. Translation, cross-cultural adaptation, and validity of the brazilian version of the cognitive function instrument. Dementia e Neuropsychologia, São Paulo, v. 16, p. 79-88, 2022.

VAN HARTEN, A. C. et al. Subjective cognitive decline and risk of MCI: The Mayo Clinic Study of Aging. Neurology, Hagerstown, v. 91, n. 4, p. e300-e312, 2018.

VAN HARTEN, A. C. et al. Preclinical AD predicts decline in memory and executive functions in subjective complaints. Neurology, Hagerstown, v. 81, n. 16, p. 1409-1416, 2013.

VASKIVUO, L. et al. Associations between prospective and retrospective subjective memory complaints and neuropsychological performance in older adults: The Finger Study. Journal of the International Neuropsychological Society, New York, v. 24, n. 10, p. 1099-1109, 2018.

VOGEL, A. et al. Differences in quantitative methods for measuring subjective cognitive decline – results from a prospective memory clinic study. International Psychogeriatrics, New York, v. 28, n. 9, p. 1513-1520, 2016.

WALSH, S. P. et al. ADCS Prevention Instrument Project: The Mail-In Cognitive Function Screening Instrument (MCFSI). Alzheimer Disease and Associated Disorders, Hagerstown, v. 20, n. 3, p. 170-178, 2006.

WINBLAD, B. et al. Mild cognitive impairment – Beyond controversies, towards a consensus: Report of the International Working Group on Mild Cognitive Impairment. Journal of Internal Medicine, Oxford, v. 256, n. 3, p. 240-246, 2004.

39 Comprometimento Comportamental Leve

Carlos Eduardo Borges Passos Neto • Adalberto Studart-Neto

Introdução

As doenças neurodegenerativas frequentemente se apresentam como declínio de funções cognitivas de evolução insidiosa e progressiva. Pacientes com cognição preservada podem evoluir ao longo de fases contínuas (Smid, 2022):

- **Declínio cognitivo subjetivo (DCS):** o indivíduo tem a percepção subjetiva de uma piora cognitiva em relação às suas condições prévias, que não é detectada em uma avaliação neuropsicológica e não há comprometimento da funcionalidade (Liew, 2020)
- **Comprometimento cognitivo leve (CCL):** o prejuízo cognitivo é detectável em avaliação neuropsicológica, mas o paciente se mantém independente e autônomo para as atividades de vida diária (Liew, 2020)
- **Demência:** há um prejuízo funcional relevante devido ao declínio cognitivo (Smid, 2022; Liew, 2020).

Entretanto, algumas dessas doenças neurodegenerativas iniciam-se com sintomas comportamentais antecedendo o declínio cognitivo. A principal doença que tem essa característica é a variante comportamental da demência frontotemporal (vcDFT). A vcDFT é uma enfermidade degenerativa que tem apresentação caraterizada por sintomas neuropsiquiátricos exuberantes, com relativa preservação das funções cognitivas em fases iniciais. Em 2000, foi proposto o termo Comprometimento Comportamental Leve, com o objetivo de identificar estágios iniciais da vcDFT. Em 2003 e 2004 foram propostos os primeiros critérios diagnósticos para o construto, que mostraram potencial na predição de conversão para DFT (Elefante, 2019; Jin, 2023).

Contudo, além da vcDFT, a presença de sinais e sintomas neuropsiquiátricos é muito frequente na população com declínio cognitivo e comprometimento funcional secundário em geral: pelo menos 80% dos pacientes com demência apresentam um ou mais desses sintomas ao longo da sua evolução. Sua presença tem grande impacto e está associada à piora da qualidade de vida, rápida progressão de doença e sobrecarga do cuidador. A forma de apresentação e a gravidade desses sintomas são bastante variáveis e, apesar de serem mais comuns nas fases mais avançadas do quadro, podem se manifestar em qualquer etapa e até mesmo preceder os sintomas cognitivos. Assim, em 2013 foi proposto um ajuste do construto e dos critérios de comprometimento comportamental leve, entendendo-o agora como uma possível manifestação inicial de diferentes tipos de demência, como se fosse um eixo neuropsiquiátrico de sinais e sintomas para as síndromes demenciais, em paralelo com o eixo cognitivo (Figura 39.1) (Elefante, 2019; Jin, 2023; Creese, 2022).

Esses critérios foram atualizados e formalizados em 2015 pela International Society to Advance Alzheimer's Research and Treatment (ISTAART) – Alzheimer's Association, conforme apresentados na Tabela 39.1 (Elefante, 2019; Creese, 2022; Jin, 2023).

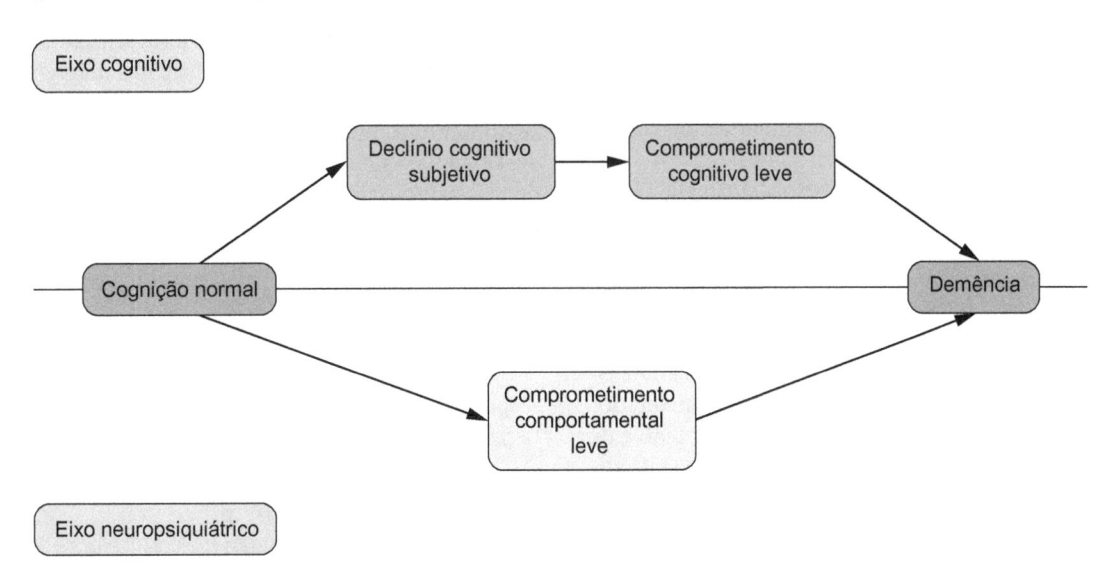

Figura 39.1 Eixos evolutivos de quadros cognitivos neurodegenerativos. (Adaptada de Creese, 2022.)

Tabela 39.1 Critérios diagnósticos do comprometimento comportamental leve.

Mudanças no comportamento ou personalidade observados pelo paciente, informante ou médico, iniciando a partir dos 50 anos e persistindo, pelo menos intermitentemente, por pelo menos 6 meses. As mudanças representam clara alteração do comportamento e personalidade habitual do paciente como evidenciado por pelo menos um dos critérios relacionados ao lado:	a) Redução na motivação (p. ex., apatia, indiferença, falta de espontaneidade) b) Desregulação afetiva (p. ex., ansiedade, disforia, euforia, irritabilidade) c) Descontrole de impulso (p. ex., agitação, desinibição, comportamento de aposta, comportamento perseverante ou obsessivo, fixação em estímulos) d) Inadequação social (p. ex., perda da empatia, perda de *insight*, perda do tato social, rigidez, exacerbação de traços de personalidade prévios) e) Percepção ou conteúdo anormal de pensamentos (p. ex., ilusões, alucinações)
Comportamentos de gravidade suficiente para produzir prejuízo mínimo em pelo menos uma das seguintes áreas relacionados ao lado:*	a) Relações interpessoais b) Outros aspectos da função social c) Habilidade de realizar sua função no trabalho
Embora condições comórbidas possam estar presentes, as mudanças comportamentais ou de personalidade não podem ser atribuídas a outro transtorno psiquiátrico em curso, a causas traumáticas ou clínicas gerais, ou a efeitos fisiológicos de substância ou medicação	—
O paciente não preenche o critério para a síndrome demencial. O comprometimento cognitivo leve pode ser diagnosticado concomitantemente com o comprometimento comportamental leve	—

*Em geral, o paciente deve manter sua independência em funções cotidianas, com mínima necessidade de auxílio. (Fonte: Elefante, 2019.)

Diagnóstico e ferramentas

Como observado, o diagnóstico depende fundamentalmente da história clínica, do exame neurológico e de exames complementares selecionados para afastar causas reversíveis ou diferenciais. Contudo, considerando se tratar de um construto recente e ainda alvo de estudos que demandam padronização e maior rigor para o diagnóstico, escalas foram utilizadas como parâmetro diagnóstico e de seguimento nos estudos (Elefante, 2019).

As principais escalas usadas na avaliação de sintomas neuropsiquiátricos em pesquisas e na prática clínica são:

- *Neuropsychiatric Inventory Questionnaire* (NPI-Q)
- *Behavioral Pathology in Alzheimer's Disease* (BEHAVE-AD)
- *Cohen Mansfield Agitation Inventory* (CMAI)
- *Neurobehavioral Rating Scale* (NBRS) (Ismail, 2017).

Contudo, são escalas desenvolvidas para a avaliação de pacientes com síndrome demencial e durante faixas de tempo curtas (2 a 4 semanas), enquanto o diagnóstico de comprometimento comportamental leve demanda pelo menos 6 meses de sintomas (Ismail, 2017).

Por isso, uma força-tarefa com 18 especialistas elaborou uma escala específica para a avaliação do comprometimento comportamental leve, com base nos critérios propostos em 2015: a *Mild Behavioral Impairment – Checklist* (MBI-C). A versão final avalia 34 questões divididas em cinco domínios comportamentais: 1) diminuição da motivação: perda de interesse, motivação e energia; 2) desregulação emocional: sintomas de humor ou ansiedade; 3) descontrole dos impulsos: perda da capacidade de adiar a gratificação e de controlar o comportamento, os impulsos, a ingestão alimentar; 4) inadequação social: não adesão às normas sociais e falta de comportamento social adequado, tato ou empatia; e 5) percepção anormal ou conteúdo de pensamento: crenças fortemente arraigadas e experiências sensoriais.

O MBI-C pode ser preenchido pelo paciente ou por acompanhante ou pelo avaliador. O escore total varia de 0 a 102 pontos, e pontuações > 6,5 indicam triagem positiva para comprometimento comportamental leve (Ismail, 2017; Elefante, 2019; Jin, 2023; Mallo, 2018). Importante ressaltar que, apesar de ter uma tradução em português, até o momento não há um estudo validando essa nota de corte. A Figura 39.2 apresenta os itens da MBI-C e as instruções de preenchimentos.

Prevalência

A metanálise realizada por Pan *et al.* em 2020 sobre comprometimento comportamental leve avaliou 11 estudos, com população total de 15.689 indivíduos, e estimou a prevalência do quadro em diferentes subpopulações, conforme a Tabela 39.2 (Pan, 2021).

Apesar do estudo apresentar uma seleção de artigos heterogêneos, com diferentes ferramentas diagnósticas e com parte delas considerada de baixa qualidade por não fazer seguimento longitudinal dos pacientes, nota-se que é uma prevalência – no mínimo – relevante, e reforça o potencial do construto como ferramenta para a identificação de um número maior de indivíduos sob risco de conversão para demência (Pan, 2021; Jin, 2023).

Tabela 39.2 Taxas de prevalência de comprometimento comportamental leve por grupo.

População geral	33,5% (22,6 a 46,6%)
Comprometimento cognitivo leve	45,5% (36,1 a 55,3%)
Declínio cognitivo subjetivo + indivíduos cognitivamente saudáveis sob risco	35,8% (21,4 a 53,2%)
Indivíduos cognitivamente saudáveis	17% (7,2 a 34,9%)

Fonte: Pan, 2021.

***Checklist* comprometimento comportamental leve**
(*Mild Behavioral Impairment Checklist* – MBI-C)

Data: _____

Avaliado por: ☐ Clínico   ☐ Informante   ☐ Sujeito

Local: ☐ Clínica   ☐ Pesquisa

Etiqueta

Circule a opção "Sim" **somente** se o comportamento estiver presente há pelo menos **6 meses** (de forma contínua ou intermitente) e se representar uma **mudança** do padrão de comportamento habitual. Caso contrário, circule "Não".

Classifique a gravidade: **1 = Leve** (perceptível, mas não uma mudança significativa); **2 = Moderada** (significativa, mas não uma mudança drástica); **3 = Grave** (muito pronunciada ou perceptível; uma mudança drástica). Se houver mais de 1 item na questão, classifique o mais grave.

	Sim	Não	Gravidade		
Este domínio descreve interesse, motivação e energia					
O indivíduo perdeu o interesse em amigos, família ou atividades do lar?	Sim	Não	1	2	3
O indivíduo perdeu a curiosidade por asssuntos que geralmente teriam atraído seu interesse?	Sim	Não	1	2	3
O indivíduo tornou-se menos espontâneo e ativo (p. ex., é menos comum que inicie uma conversa)?	Sim	Não	1	2	3
O indivíduo perdeu a motivação para realizar suas obrigações ou interesses?	Sim	Não	1	2	3
O indivíduo está menos afetuoso e/ou emotivo em comparação com seu modo habitual?	Sim	Não	1	2	3
O indivíduo já não se importa mais com nada?	Sim	Não	1	2	3
Este domínio descreve sintomas de humor e ansiedade					
O indivíduo tem demonstrado tristeza ou parece de "baixo astral"? Apresenta episódios de choro?	Sim	Não	1	2	3
O indivíduo mostra-se menos capaz de sentir prazer?	Sim	Não	1	2	3
O indivíduo está desesperançoso em relação ao seu futuro ou sente-se um fracasso?	Sim	Não	1	2	3
O indivíduo vê-se como um fardo para a família?	Sim	Não	1	2	3
O indivíduo está mais ansioso ou preocupado com coisas que fazem parte da rotina (p. ex., eventos, visitas etc.)?	Sim	Não	1	2	3
O indivíduo sente-se muito tenso, tendo desenvolvido incapacidade para relaxar, tremores ou sintomas de pânico?	Sim	Não	1	2	3
Este domínio descreve a incapacidade de adiar a gratificação e de controlar o comportamento, os impulsos ou a ingestão alimentar					
O indivíduo tornou-se agitado, agressivo, irritável ou temperamental?	Sim	Não	1	2	3
O indivíduo tornou-se irracional ou argumentativo de forma diferente do usual?	Sim	Não	1	2	3
O indivíduo tornou-se mais impulsivo, parecendo agir sem considerar os fatos?	Sim	Não	1	2	3

Figura 39.2 Versão brasileira da *Mild Behavioral Impairment – Checklist* (MBI-C).

Risco de conversão

Essa metanálise identificou ainda o comprometimento comportamental leve como estado de risco para conversão para demência nos diferentes perfis de alteração cognitiva, representando risco maior que outros transtornos neuropsiquiátricos. Além disso, foi evidenciado declínio cognitivo mais acelerado quando comparado com indivíduos sem esse diagnóstico (Pan, 2021).

Especificamente, uma coorte longitudinal com 5 anos de duração acompanhando 348 pacientes com diagnóstico de comprometimento cognitivo leve e/ou comprometimento comportamental leve, revelou que este apresentou maior taxa de conversão para demência quando isolado, conforme a Tabela 39.3 (Taragano, 2009).

Tabela 39.3 Taxas de risco de conversão para demência por estado prodrômico.

Comprometimento cognitivo leve	37,8%
Comprometimento cognitivo leve + comprometimento comportamental leve	59,6%
Comprometimento comportamental leve	71,5%

Fonte: Taragano, 2009.

A literatura científica aponta maior risco de conversão para demência de diferentes causas neurodegenerativas a depender do fenótipo de perda cognitiva. O subtipo de comprometimento cognitivo leve com maior probabilidade de conversão para demência do tipo Alzheimer é amnéstico de múltiplos domínios. Quadros não amnésticos estão mais associados à conversão para outras causas de demência, como o comprometimento cognitivo vascular, a DFT e a demência com corpos de Lewy (Taragano, 2008).

Mais informações são necessárias para identificar melhor essas proporções e talvez identificar possíveis subgrupos de maior risco de conversão para um ou outro tipo de demência. Até o momento, sugere-se que o comprometimento comportamental leve esteja mais associado à conversão para patologia do tipo degeneração lobar frontotemporal (DLFT), mas também para patologia do tipo doença de Alzheimer ou Demência com Corpos de Lewy (Taragano, 2008).

Perfil neuropsicológico

O estudo PROTECT (coorte longitudinal *on-line* no Reino Unido) avaliou o perfil neuropsicológico de indivíduos com comprometimento comportamental leve de novembro de 2015 a março de 2017, diagnosticados utilizando o MBI-C (Creese, 2019).

Foi constatado que desde o momento inicial do seguimento os pacientes apresentavam desempenho inferior aos controles nas tarefas cognitivas realizadas (índice de intensidade atencional, índice de atenção sustentada, índice de flutuação atencional e memória operacional) (Creese, 2019).

Os principais domínios cognitivos avaliados nesse estudo foram os de atenção e funções executivas. Apresentaram ainda declínio significativo ao longo do seguimento de 1 ano nessas tarefas (Creese, 2019).

Biomarcadores

Além dos marcadores clínicos, taxas mais elevadas de biomarcadores de neurodegeneração (neurofilamentos de cadeira leve) foram detectados em pacientes com comprometimento cognitivo leve associado a comprometimento comportamental leve quando comparados aos pacientes apenas com CCL em seguimento de 2 anos. Além disso, em população de pacientes cognitivamente saudáveis, mas com comprometimento comportamental leve foram encontrados biomarcadores de patologia da doença de Alzheimer (Pan, 2021; Jin, 2023).

Esses achados corroboram o construto como marcador de estágios iniciais de doenças degenerativas, ainda não tendo definido se seria fator de risco ou estado prodrômico da perda cognitiva; mas sim como marcador de progressão acelerada de neurodegeneração (Pan, 2021; Jin, 2023).

Considerações finais

O comprometimento comportamental leve é um novo construto proposto recentemente que permite uma nova perspectiva a respeito do espectro evolutivo das síndromes demenciais. Apresenta potencial na identificação de importante parcela de pacientes sob risco de conversão para demência e apresenta, com base nos estudos realizados até o momento:

- Alta prevalência na população acima de 50 anos (Pan, 2021)
- Declínio funcional acelerado (Pan, 2021)
- Risco significativo de conversão para síndrome demencial (Taragano, 2009)
- Perfil neuropsicológico com comprometimento predominante de funções executivas (Creese, 2019)
- Maior impacto na qualidade de vida dos pacientes e suas famílias
- Correlação com biomarcadores de neurodegeneração e patologia do tipo doença de Alzheimer (Creese, 2019).

Contudo, devemos atentar para a qualidade e uniformidade dos dados disponíveis na literatura. Novos estudos devem mostrar maior rigor na descrição do diagnóstico do quadro, focar em abranger um número maior de participantes e avaliar por tempo maior de seguimento. Além disso, pontos importantes que novos estudos devem esclarecer incluem:

- O papel do construto na prática clínica (Jin, 2023)
- Exploração dos mecanismos fisiopatológicos (Jin, 2023)
- Evidência da correlação do construto com patologias específicas (Jin, 2023)
- Possíveis intervenções e condutas para reduzir o risco de conversão dessa população (Jin, 2023)
- Possibilidade de recrutamento desses pacientes para estudos de terapias modificadoras de doenças neurodegenerativas (Jin, 2023).

Referências bibliográficas

CREESE, B. et al. Mild Behavioral Impairment as a Marker of Cognitive Decline in Cognitively Normal Older Adults. American Journal of Geriatric Psychiatry, v. 27, n. 8, p. 823-834, 2019.

CREESE, B.; ISMAIL, Z. Mild behavioral impairment: measurement and clinical correlates of a novel marker of preclinical Alzheimer's disease. Alzheimer's Research and Therapy, v. 14, n. 1, p. 1-5, 2022.

ELEFANTE, C. et al. Mild behavioral impairment: Presentation of the diagnostic criteria and the Italian version of the MBI-Checklist. Rivista di Psichiatria, v. 54, n. 2, p. 59-66, 2019.

HUGO, J et al. Diagnosis and Cognitive Impairment: Epidemiology, Diagnosis, and Treatment. Clinics in Geriatric Medicine, v. 30, n. 3, p. 421-442, 2014.

ISMAIL, Z. et al. The Mild Behavioral Impairment Checklist (MBI-C): A rating scale for neuropsychiatric symptoms in pre-dementia populations. Journal of Alzheimer's Disease, v. 56, n. 3, p. 929-938. 2017.

JIN, P. et al. A review of current evidence for mild behavioral impairment as an early potential novel marker of Alzheimer's disease. Frontiers in Psychiatry, v. 14, n. April, 2023.

LIEW, T. M. Trajectories of subjective cognitive decline, and the risk of mild cognitive impairment and dementia. Alzheimer's Research and Therapy, v. 12, n. 1, p. 1-12, 2020.

MALLO, S.C. et al. Assessing Mild Behavioral Impairment with the Mild Behavioral Impairment-Checklist in People with Mild Cognitive Impairment. J Alzheimers Dis., v. 66, n. 1, p. 83-95, 2018.

PAN, Y. et al. Prevalence of mild behavioural impairment: a systematic review and meta-analysis. Psychogeriatrics, v. 21, n. 1, p. 100-111, 2021.

SMID, J. et al. Declínio cognitivo subjetivo, comprometimento cognitivo leve e demência – diagnóstico sindrômico: recomendações do Departamento Científico de Neurologia Cognitiva e do Envelhecimento da Academia Brasileira de Neurologia. Dementia & Neuropsychologia, v. 16, n. 3 suppl 1, p. 1-24, 2022.

TARAGANO, F. E. et al. Mild behavioral impairment and risk of dementia: A prospective cohort study of 358 patients. Journal of Clinical Psychiatry, v. 70, n. 4, p. 584-592, 2009.

TARAGANO, F. E.; ALLEGRI, R. F.; LYKETSOS, C. Mild behavioral impairment: A prodromal stage of dementia. Dementia & Neuropsychologia, v. 2, n. 4, p. 256-260, 2008.

40 Comprometimento Cognitivo Leve

Maira Okada de Oliveira • Mônica Sanches Yassuda

Introdução

Com o aumento da expectativa de vida, a população está envelhecendo e é esperado que ocorram alterações cognitivas entre os mais velhos. O espectro do declínio cognitivo nos idosos é variado e pode ser classificado como declínio cognitivo normal com o envelhecimento, declínio cognitivo subjetivo (DCS) (mudança subjetivamente relatada no desempenho cognitivo, não detectada objetivamente por meio de testes e ausência de comprometimento das atividades de vida diária), comprometimento cognitivo leve (CCL) (alterações cognitivas detectadas por meio de testes com preservação funcional) e demências. No entanto, estabelecer a diferença entre o envelhecimento cognitivo normal e o declínio cognitivo patológico é um desafio para clínicos e pesquisadores (Figura 40.1). Este capítulo visa auxiliar a compreensão e a identificação do CCL, que pode ser entendido como uma condição clínica de maior risco para a conversão para as demências.

Epidemiologia

Os estudos epidemiológicos sobre o CCL variam muito em relação à metodologia e aos critérios adotados para o estabelecimento do diagnóstico, assim como os testes utilizados e o nível educacional da população estudada. Os estudos longitudinais mostraram que pessoas com CCL têm risco aumentado para o desenvolvimento de demência (até cinco vezes maior por ano) em comparação com a população geral (Busse *et al.*, 2006; Farias *et al.*, 2009; Manly *et al.*, 2008; Plassman *et al.*, 2008). O CCL é comum em pessoas idosas, e a prevalência aumenta com o avanço da idade e com o menor nível educacional (Petersen *et al.*, 2018). A prevalência estimada de CCL na maioria dos estudos populacionais internacionais varia de 10 a 22% em pessoas com 65 anos ou mais (Busse *et al.*, 2006; Di Carlo *et al.*, 2007; Manly *et al.*, 2008; Plassman *et al.*, 2008; Petersen *et al.*, 2010; Overton *et al.*, 2019). A taxa anual de progressão para demência é de, aproximadamente, 5 a 17%, variando entre estudos (Petersen *et al.*, 1999; Petersen 2016; Li *et al.*, 2016). Alguns biomarcadores estabelecidos associados à progressão do CCL para a doença de Alzheimer (DA) são: tomografia por emissão de pósitrons (PET) para identificação de depósito de proteína beta-amiloide, genótipo da apolipoproteína E4, níveis anormais de tau no líquido cefalorraquidiano (LCR), exame PET positivo devido à deposição de tau nas estruturas laterais do lobo temporal (Cheng *et al.*, 2017; Langa; Levine, 2014; Petersen *et al.*, 1999; Li *et al.*, 2016; Farias *et al.*, 2009).

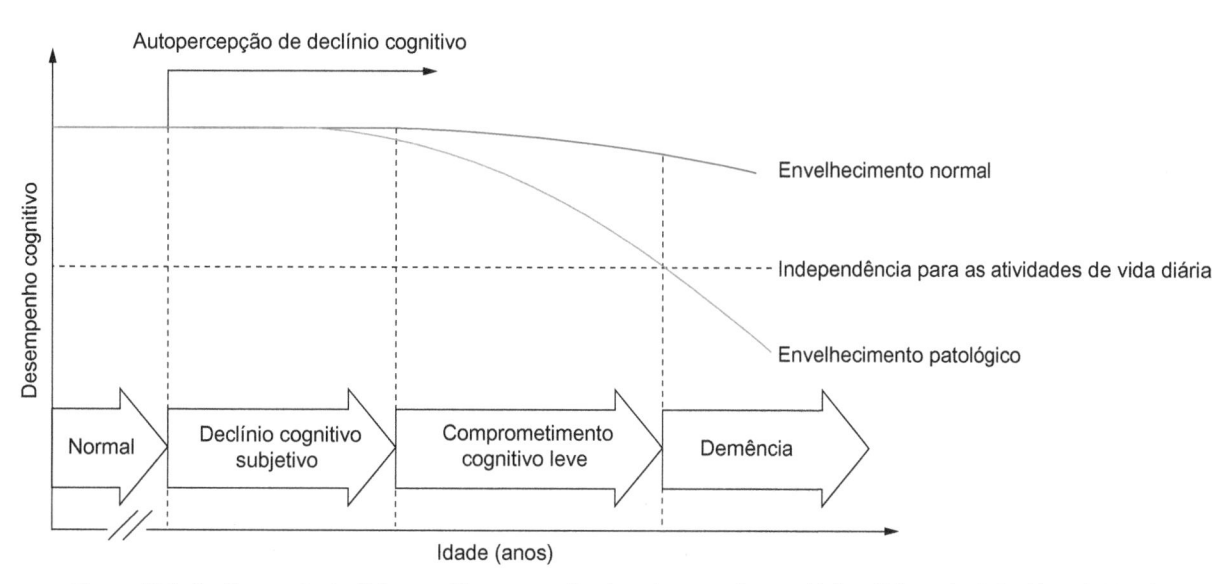

Figura 40.1 *Continuum* do declínio cognitivo no envelhecimento normal e patológico. (Adaptada de Smid *et al.*, 2022.)

Alterações cognitivas, comportamentais e critérios diagnósticos

O comprometimento cognitivo leve (CCL) – traduzido do inglês *mild cognitive impairment* (MCI) também como transtorno cognitivo leve (TCL) ou transtorno neurocognitivo leve (TNL) – é uma condição clínica com alto risco de progressão para demência (Zhuang *et al.*, 2019). Justamente por isso, essa condição deve ser considerada com cuidado, objetivando identificação e intervenção precoces. A detecção do CCL em fases iniciais pode auxiliar o paciente e seus familiares na preparação de cuidados futuros e questões financeiras.

O conceito original do CCL referia-se, primariamente, a um distúrbio amnéstico que representava um estágio intermediário entre o envelhecimento normal e a DA (Petersen *et al.*, 1999) (Tabela 40.1). Atualmente, é entendido como um conceito mais amplo que abrange outros domínios cognitivos além da memória (Tabela 40.2). Sua apresentação se

Tabela 40.1 Critérios diagnósticos para comprometimento cognitivo leve amnéstico.

- Presença de queixa de memória
- Déficit de memória em comparação com idosos normais (mensurados por meio de testes cognitivos) ou com o esperado para a idade e a escolaridade
- Sem dificuldades com atividades de vida diária
- Funcionamento cognitivo geral normal
- Não ligado a doença, mas com alto risco de desenvolver demência

Fonte: Petersen *et al.*, 1999.

Tabela 40.2 Critério geral para comprometimento cognitivo leve.

- Não normal, sem demência
- Declínio cognitivo
  - Relato próprio e/ou do informante e prejuízo em tarefas cognitivas objetivas

  e/ou
  - Evidência de declínio ao longo do tempo em tarefas cognitivas objetivas
- Atividades básicas de vida diária preservadas/mínimo prejuízo em funções instrumentais complexas

Fonte: Winblad *et al.*, 2004.

divide em subtipos clínicos que incluem as formas amnéstica e não amnéstica, e cada uma pode envolver um ou múltiplos domínios da cognição (Jak *et al.*, 1999) (Figura 40.2).

Os critérios de CCL, definidos inicialmente por Petersen (1999), enfatizaram a presença de queixa e de comprometimento da memória com desempenho nos testes em geral em 1,5 desvio-padrão (DP) abaixo da média para a idade e escolaridade, na vigência de atividades da vida diária normais, e risco anual de 10 a 12% para progressão para a DA (Petersen *et al.*, 2016). Sugeriu-se que o CCL amnéstico único domínio seria superior ao não amnéstico e que o CCL amnéstico múltiplos domínios seria superior ao CCL único domínio em predizer a progressão para a DA (Marcos *et al.*, 2016).

Em 2013, Roberts e Knopman identificaram a necessidade de critérios padronizados para o diagnóstico de CCL que fossem simples de entender e aplicar, que usassem ferramentas e princípios psicométricos sólidos e que mostrassem consistência na maioria das pesquisas. No mesmo ano, a American

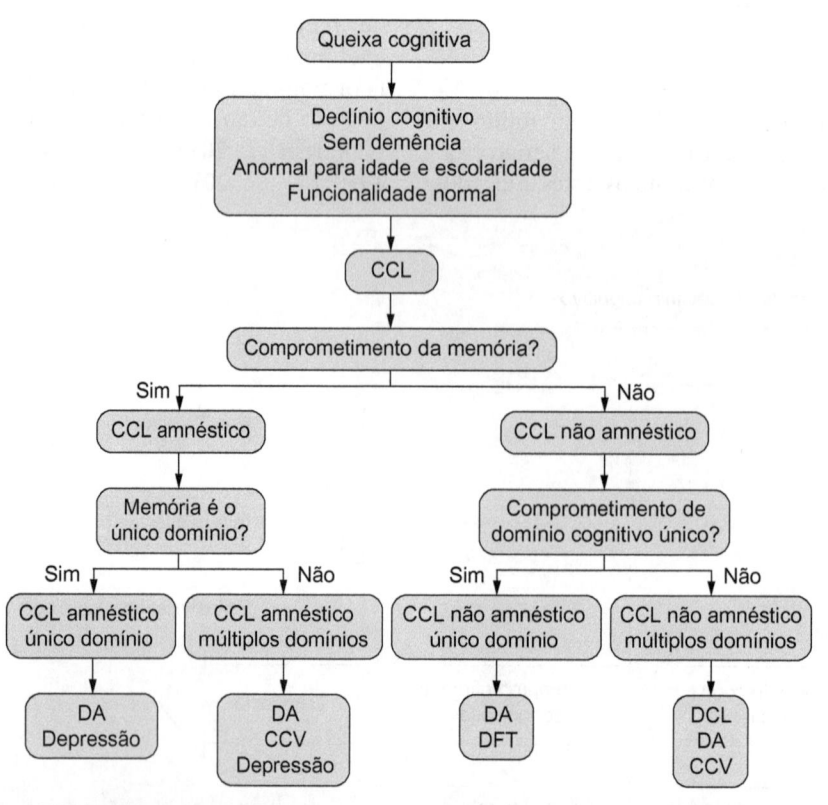

Figura 40.2 Classificação diagnóstica do CCL. CCL: comprometimento cognitivo leve; CCV: comprometimento cognitivo vascular; DA: doença de Alzheimer; DFT: demência frontotemporal; DCL: demência por corpo de Lewy. (Adaptada de Smid *et al.*, 2022.)

Psychiatric Association publicou a 5ª edição do *Manual diagnóstico e estatístico de transtornos mentais* (DSM-5) com o objetivo de oferecer diretrizes diagnósticas, renomeando a demência como "transtorno neurocognitivo maior" e reconhecendo a condição clínica de CCL como "transtorno neurocognitivo leve" (Ganguli *et al.*, 2011). De acordo com o DSM-5, os critérios para demência incluem evidências da história e da avaliação clínica que indicam comprometimento cognitivo significativo em pelo menos um dos domínios cognitivos (aprendizagem e memória, linguagem, função executiva, atenção, função perceptivo-motora e cognição social) (DSM-5; American Psychiatric Association, 2013).

Na literatura, há outros critérios comumente citados para CCL, como os de Petersen/Winblad (Winblad *et al.*, 2004) e Jak/Bondi (Jak *et al.*, 2016), que fornecem orientações técnicas para o estabelecimento do diagnóstico de CCL (Tabela 40.3).

Tabela 40.3 Critério comprometimento cognitivo leve de Petersen-Winblad e Jak-Bondi.

Critérios Petersen-Winblad (Winblad *et al.*, 2004)
Teste cognitivo único prejudicado por domínio: > 1,5 DP abaixo das expectativas
Critérios de Jak-Bondi (Jak *et al.*, 2016)
Dois testes prejudicados por domínio: > 1 DP abaixo das normas

DP: desvio-padrão.

Perfis cognitivo e comportamental iniciais

O diagnóstico clínico tem início, em geral, com a pesquisa da percepção do paciente e/ou de seus familiares sobre um possível declínio nas habilidades cognitivas. A avaliação neuropsicológica (ANP) poderá determinar se as observações do paciente ou de seus familiares são decorrentes do processo de envelhecimento normal ou se representam um prejuízo cognitivo que vai além do esperado para a idade e a escolaridade do paciente.

A ANP deve ser realizada utilizando-se instrumentos sensíveis à detecção de alterações cognitivas, adaptados e normatizados à população avaliada. Devem ser consideradas idade, escolaridade e atividades laborais e sociais do paciente na escolha dos instrumentos e durante a aferição e a interpretação dos resultados.

A ANP é muitas vezes solicitada como uma avaliação de base (*baseline*) para que avaliações anuais seguintes sejam realizadas com o intuito de rastrear a trajetória do declínio cognitivo ou a modificação do tratamento.

Encaminhamento para a ANP

Em geral, o paciente chega à ANP referido por um médico (mais comumente, neurologista, psiquiatra, geriatra). Algumas vezes, o médico já realizou testes de rastreio e pode oferecer, mediante encaminhamento, alguma informação com base nos testes já aplicados. A Tabela 40.4 sistematiza informações sobre testes de rastreio comumente aplicados no Brasil.

Tabela 40.4 Testes de rastreio comumente aplicados no Brasil.

Teste cognitivo	Domínios	Notas de corte para a população brasileira
Miniexame do Estado Mental (MEEM)	Orientação temporal e espacial Memória episódica verbal Atenção e cálculo Linguagem Habilidades construtivas	**Por escolaridade** Analfabetos: ≤ 19 1 a 4 anos: ≤ 24 5 a 8 anos: ≤ 26 9 a 11 anos: ≤ 27 ≥ 12 anos: ≤ 28
Bateria Breve de Rastreio Cognitivo (BBRC)	Memória episódica visual Funções executivas Habilidades visuoconstrutivas	**Teste de memória de figuras** Memória incidental: ≤ 4 Memória imediata: ≤ 6 Aprendizado: ≤ 6 Memória tardia: ≤ 5 Reconhecimento: ≤ 7 **Fluência Verbal Semântica (animais) por escolaridade** Analfabetos: ≤ 8 1 a 7 anos: ≤ 11 ≥ 8 anos: ≤ 12
Avaliação Cognitiva Montreal (MoCA)	Funções executivas Habilidades visuoconstrutivas Memória episódica verbal Atenção Linguagem Abstração Orientação temporal e espacial	**Para diagnóstico de comprometimento cognitivo sem demência (por escolaridade)** Analfabetos: ≤ 11 1 a 4 anos: ≤ 17 5 a 8 anos: ≤ 19 9 a 11 anos: ≤ 19 ≥ 12 anos: ≤ 21
Exame Cognitivo de Addenbrooke – Revisado	Atenção e orientação Memória episódica verbal Fluência verbal – letra Fluência verbal – semântica, linguagem, habilidade visuoespacial	**Por escolaridade (escore total)** Analfabetos: ≤ 45 1 a 3 anos: ≤ 65 4 a 7 anos: ≤ 76 8 a 11 anos: ≤ 85 ≥ 12 anos: ≤ 90

Adaptada de Smid *et al.*, 2022.

Anamnese

A ANP se inicia pela anamnese com o paciente e, preferencialmente, com um familiar ou alguém muito próximo. O relato do familiar é importante para melhor compreensão da funcionalidade do paciente e das possíveis dificuldades cognitivas observadas no cotidiano. Os domínios que podem ser investigados na anamnese por meio de perguntas direcionadas são memória, atenção, funções visuoespaciais, praxias, funções executivas e linguagem (Tabela 40.5). Algumas condições clínicas podem representar um fator de confusão ou que exacerbe os déficits cognitivos, por exemplo, alterações na visão e audição, uso de alguns medicamentos e condições psiquiátricas.

Para favorecer uma abordagem inclusiva e visando dar voz ao paciente, sugere-se o cuidado em direcionar a anamnese primeiramente ao paciente e, em seguida, solicitar informações adicionais ao familiar. O profissional poderá realizar entrevistas conjuntas e individuais com o paciente e seu cuidador.

Avaliação neuropsicológica

O neuropsicólogo, em geral, utiliza-se de diversos testes e horas de avaliação para obter uma compreensão ampla do funcionamento cognitivo. Os testes precisam ser adequados à faixa etária e à escolaridade do paciente. A bateria cognitiva deve ser composta de testes cognitivos, escalas de funcionalidade e de humor, de acordo com as considerações apontadas na Tabela 40.6.

A seguir, são descritos os domínios da cognição em geral avaliados durante a ANP, com menção a instrumentos que podem ser utilizados para a avaliação do referido domínio (Tabela 40.7).

Domínios da cognição

Atenção

Dividida em concentrada, alternada, dividida e seletiva, pode estar comprometida no CCL amnéstico de múltiplos domínios e no CCL não amnéstico de múltiplos domínios. Pode ser sensível a transtornos de humor. Por exemplo: Teste de Trilhas A, testes de atenção concentrada.

Memória episódica verbal e visual

Refere-se à habilidade de realizar novos aprendizados. A avaliação da memória deve ser feita tanto na modalidade verbal quanto visual. É importante utilizar testes que incluam as fases do resgate imediato da informação, do resgate tardio e do reconhecimento. Testes de aprendizagem, como o Teste de Aprendizagem Auditivo-Verbal de Rey (RAVLT), auxiliam na compreensão da capacidade do paciente de aprender e reter informações verbais.

Segundo Barbosa *et al.* (2015), o desempenho dos idosos no RAVLT, especialmente na evocação após intervalo, destacou-se como uma variável de alta capacidade para discriminar o perfil neuropsicológico de pacientes com CCL com cognição preservada.

Tabela 40.5 Sugestões de perguntas para anamnese direcionadas ao funcionamento cognitivo, funcional, social e comportamental.

Sintomas cognitivos	Atenção	Há momentos em que fica mais confuso ou desorientado? Facilmente se distrai? Não sabe onde deixou objetos?
	Memória	Mais dificuldade em se lembrar de fatos recentes do que dos mais antigos? Apresenta desorientação temporal? Está mais repetitivo nas conversas ou pergunta muitas vezes as mesmas coisas? Necessita anotar mais para conseguir se lembrar? Esquece compromissos?
	Linguagem	Tem dificuldade em encontrar palavras? Tem dificuldade em nomear objetos? Tem dificuldade na articulação das palavras? Tem dificuldade em compreender o que lhe é dito?
	Orientação espacial	Perde-se em caminhos previamente conhecidos e habituais? Tem dificuldade em aprender novos caminhos? Tem dificuldade em se localizar dentro de casa?
	Praxias	Dificuldade em usar ferramentas ou objetos conhecidos? Dificuldade para se vestir?
	Funções executivas	Dificuldade de planejar ou organizar o dia ou tarefas futuras? Dificuldade em realizar tarefas com muitas etapas? Dificuldade em resolver problemas do dia a dia? Dificuldade em tomar decisões?
Funcionalidade	Atividades instrumentais de vida diária (AIVD)	Dificuldade em manusear dinheiro, erra pagamentos? Dificuldades em fazer compras? O rendimento no trabalho diminuiu ou foi afastado? Erra na preparação de refeições?
	Atividades básicas de vida diária (ABVD)	É capaz de realizar, de forma independente e autônoma, as seguintes atividades? – Vestir-se/banho/higiene/alimentar-se/transferência/continência

(continua)

Tabela 40.5 Sugestões de perguntas para anamnese direcionadas ao funcionamento cognitivo, funcional, social e comportamental. *(Continuação)*

Sintomas comportamentais e neuropsiquiátricos	Humor	Parece triste ou desanimado? Chora facilmente? Não vê prazer na vida ou diz não ter mais futuro? Está mais irritado ou impaciente? Está se isolando, não convivendo com os outros?
	Ansiedade	Fica preocupado sobre eventos planejados? É incapaz de relaxar ou é excessivamente tenso? Preocupa-se excessivamente mesmo com coisas triviais?
	Apatia	Não tem interesse pelo mundo à (sua) volta? Está mais difícil engajar-se em conversas ou em afazeres? Está mais indiferente?
	Desinibição	Age impulsivamente, sem pensar? Tem dito coisas que não devem ser faladas em público? Tem agido de forma constrangedora? Mudou a personalidade? Está mais isolado socialmente?
	Agitação	O paciente é pouco cooperativo? Não permite ser ajudado? O paciente é agressivo verbal ou fisicamente? Fica mexendo em objetos à sua volta repetidamente? Tem tido comportamento ritualístico ou compulsivo?
	Delírios	Acredita em coisas que não são reais? Considera que alguém está tentando fazer-lhe mal ou roubá-lo? Afirma que seus parentes não são quem dizem ser? Afirma que a casa onde mora não é sua?
	Alucinações	Relata ouvir vozes ou age como se as ouvisse? Conversa sozinho? Vê pessoas ou animais que não são vistos pelos outros? Comporta-se como se visse algo que os outros não veem?
	Apetite	Apresentou alguma mudança no hábito alimentar? Mudou a preferência alimentar (p. ex., passou a ter preferência por doces)?
	Sono	Tem dificuldade de iniciar ou manter o sono? Fala ou se movimenta no sono como se estivesse acordado? Tem sonhos vívidos ou pesadelos frequentemente? Ronca? Acorda fatigado? Tem sonolência diurna?
Sociais/demográficos	—	Qual a idade? Qual a escolaridade? Qual a profissão? Tem atividades sociais? Tem atividades culturais?
Outros	—	Usa medicações? Usa aparelho auditivo? Usa óculos? Sintomas motores? Quedas frequentes?

Adaptada de Smid *et al.*, 2022.

Tabela 40.6 Considerações importantes para uma abordagem neuropsicológica do transtorno cognitivo leve (CCL).

1. Bateria abrangente de testes cognitivos que permite a avaliação da função cognitiva global, bem como várias áreas específicas de domínio da função cognitiva
2. Avaliação de áreas específicas de domínio da função cognitiva que são derivadas empiricamente e bem estabelecidas por meio de pesquisa clínica
3. Bateria de testes cognitivos composta de medidas clínicas como relação cérebro-comportamento conhecidas
4. Bateria de testes cognitivos composta de medidas clínicas comumente usadas para facilitar a generalização entre os ambientes
5. Bateria de testes cognitivos composta de medidas apropriadas ao ambiente clínico e à população
6. Bateria de testes cognitivos com sensibilidade empiricamente validada para disfunção neurológica e com correlatos neuropatológicos conhecidos
7. Um indicador psicométrico ou estimado do funcionamento pré-mórbido e comparar com o desempenho do teste cognitivo
8. Transformação de resultados brutos de testes cognitivos para minimizar a influência de variáveis demográficas em que tais correções estão disponíveis e/ou apropriadas
9. Transformação de pontuações de testes cognitivos em uma métrica comum para facilitar a comparação direta e a facilidade de análise de perfil (p. ex., diagnóstico diferencial)
10. Uma abordagem interpretativa que é empiricamente validada e apropriada para a população que está sendo estudada
11. Bateria de testes que permite a avaliação objetiva do esforço (ou seja, validade do desempenho)
12. Bateria de testes cognitivos com testes selecionados com base na brevidade e na utilidade clínica
13. Bateria de testes que incorpora avaliação do funcionamento emocional, atividades da vida diária e qualidade de vida
14. Uma bateria de testes composta de testes com validade ecológica empiricamente validada
15. Disponibilidade de formulários de teste alternativos para avaliação repetida a fim de monitorar curso clínico, resposta ao tratamento e/ou resultado
16. Medidas de triagem da função cognitiva que são validadas empiricamente com medidas e métricas neuropsicológicas estabelecidas

Adaptada de Alfano *et al.*, 2022.

Tabela 40.7 Domínios cognitivos e testes mais utilizados.

Domínio	Testes
Atenção	AC Teste de Trilhas A
Memória episódica	Visual: Figura Complexa de Rey BVMT-R RAVLT Memória Lógica
Memória semântica	Vocabulário (WASI)
Memória de curto prazo	Dígitos Ordem Direta
Memória operacional	Dígitos Ordem Inversa Sequência de Letras e Números
Funções executivas	Teste de Trilhas B Fluência Verbal Fonêmica (FAS) WCST Teste de Stroop Raciocínio Matricial (WASI)
Velocidade de processamento	Códigos (WAIS) Teste dos Cinco Dígitos
Linguagem	Fluência Verbal Semântica Teste de Nomeação de Boston
Percepção	VOSP
Visuoconstrução	Figura Complexa de Rey (Cópia) Cubos (WAIS/WASI)
Cognição social	MiniSea *Reading the Mind in the Eyes*
Humor	EDS-15 BAI BDI
Funcionalidade	QAF

AC: Atenção Concentrada; BAI: Inventário Beck de Ansiedade; BDI: Inventário Beck de Depressão; BVMT-R: *Brief Visuospatial Memory Test-Revised*; GDS: Escala de Depressão Geriátrica; QAF: Questionário de Atividades Funcionais; RAVLT: Teste de Aprendizagem Auditivo-Verbal de Rey; VOSP: Bateria *Visual Object and Space Perception*; WAIS: Escala de Inteligência Wechsler para Adultos; WASI: Escala Wechsler de Inteligência Abreviada; WCST: Teste Wisconsin de Classificação de Cartas.

Memória semântica

Diz respeito aos conhecimentos armazenados na memória de longa duração. Pode ser acessada, por exemplo, por meio do subteste Vocabulário da Escala Wechsler Abreviada de Inteligência (WASI), que mede a inteligência cristalizada, que, em geral, permanece preservada em fases iniciais de uma trajetória de declínio cognitivo associado à DA (Oliveira *et al.*, 2014).

Funções executivas

Abrange habilidades de controle e gestão das demais funções cognitivas relacionadas com tarefas que envolvem organização, planejamento e tomada de decisões. Os testes para esse domínio cognitivo avaliam: memória operacional, planejamento, flexibilidade cognitiva e controle inibitório. Por exemplo, o Teste de Trilhas, o Teste de Stroop e o Teste Wisconsin de Classificação de Cartas são frequentemente utilizados para a avaliação das funções executivas.

Linguagem

Neste domínio, são avaliados diversos aspectos da linguagem, como a capacidade em nomear objetos, encontrar palavras, a fluidez do discurso, a adequação do vocabulário e da gramática no nível educacional e a compreensão de instruções. Em geral, são utilizados testes de nomeação e fluência verbal com categorias semântica (p. ex., animais) e fonológica (p. ex., letras FAS).

Visuopercepção

Refere-se à habilidade de percepção e interpretação de dados visuais e habilidades de visuoconstrução. São frequentemente utilizadas tarefas como a cópia da Figura Complexa de Rey e a montagem de figuras bidimensionais a partir de modelos, como o teste de Cubos, da escala WASI. O examinador deve estar atento durante a análise de tarefas de memória episódica visual, nas quais o paciente precisa reproduzir figuras, com objetivo de diferenciar se a função comprometida é a memória ou a visuoconstrução.

Depressão e ansiedade

A avalição do humor é de grande importância para o diagnóstico de CCL, visto que o paciente pode apresentar declínio cognitivo secundário à depressão e à ansiedade. Adicionalmente, pacientes com CCL e comorbidades psiquiátricas têm maior risco de progredir para demência (Ma, 2020).

Funcionalidade

A avaliação do estado funcional do paciente com queixas cognitivas é de extrema importância, pois a alteração funcional poderá apoiar o diagnóstico de demência, e não mais de CCL. O Questionário de Atividades Funcionais (QAF) de Pfeffer (Pfeffer *et al.*, 1982; Assis *et al.*, 2015) é o mais utilizado na população brasileira.

Em geral, considera-se que a pontuação < 5 seria compatível com CCL, já que indicaria a preservação da funcionalidade (Pfeffer *et al.*, 1982). Nesse aspecto da avaliação, é essencial documentar se as alterações funcionais estão relacionadas com as alterações na cognição ou com outros aspectos da saúde, como limitações motoras, na audição ou na visão. Nesse segundo caso, as limitações funcionais não deveriam contribuir para o diagnóstico de demência.

Diagnósticos diferenciais

No envelhecimento normal, a atenção sustentada, a memória semântica e a memória implícita são preservadas, enquanto a atenção dividida, a memória episódica e as funções executivas e visuoespaciais em geral encontram-se alteradas em relação a pessoas mais jovens. Observa-se também menor velocidade de processamento no envelhecimento (Jongsiriyanyong; Limpawattana, 2018). Assim, é sempre desafiador diferenciar as alterações típicas do envelhecimento normal das observadas em pacientes com CCL. As tabelas normativas, estratificadas por idade e escolaridade, são essenciais para que essa diferenciação possa ser feita.

As comorbidades psiquiátricas também podem dificultar o diagnóstico de CCL. Em um estudo transversal que avaliou 1.724 pacientes com CCL e 1.247 com DA, com e sem depressão, diferenças significativas foram encontradas entre os dois grupos (não deprimidos *vs.* deprimidos) nos domínios visuoespacial, memória e função executiva no grupo CCL, bem como no domínio atenção no grupo AD. A associação entre sintomas depressivos e função cognitiva foi significativamente maior em pacientes com CCL do que naqueles com DA. Essas associações foram mais pronunciadas em memória e função executiva, sugerindo que a associação entre depressão e diminuição da função cognitiva é mais pronunciada em CCL do que em DA (Lee *et al.*, 2019).

Condutas

Ao relatar o diagnóstico de CCL ao paciente e, possivelmente, aos familiares, é importante que o profissional explique claramente a natureza do diagnóstico. Por exemplo, é necessário explicar que, nessa condição clínica, o comprometimento cognitivo está mais acentuado do que em pessoas de mesma idade, mas que não é suficiente para um diagnóstico de demência, visto que há preservação funcional. É importante, entretanto, destacar que o risco para uma trajetória cognitiva menos benigna é maior nessa condição e que as alterações no estilo de vida para minimizá-lo são essenciais. Nesse ponto, o profissional deve explicar claramente os fatores de risco para demência que podem ser potencialmente modificáveis (Tabela 40.8) (Suemoto *et al.*, 2022).

O profissional deve explicar ao paciente os aspectos da cognição que estão comprometidos e que podem ser usadas estratégias compensatórias para lidar com dificuldades que aparecem no dia a dia, oferecendo exemplos práticos. Será importante indicar o início de um programa de reabilitação cognitiva.

Caso clínico

L., homem, 67 anos, destro, superior completo (cursou Publicidade), diretor de empresa de pesquisa de mercado aposentado há 2 anos, mora sozinho e começou a queixar-se de dificuldade de memória para fatos recentes. Diz que, às vezes, não se lembra de detalhes de uma conversa e precisa fazer lista de compras para ir ao mercado. Também tem muita dificuldade para manter a concentração em uma leitura ou ao assistir um filme. As queixas tiveram início há 1 ano e sente piora progressiva.

Tabela 40.8 Fatores de risco potencialmente modificáveis.

Fases da vida	Fatores de risco potencialmente modificáveis
< 45 anos	Baixa escolaridade
45 a 65 anos	Hipertensão Perda auditiva Obesidade Traumatismo cranioencefálico Alcoolismo (> 21 unidades/semana) Depressão
> 65 anos	Depressão Inatividade física Diabetes Poluição do ar Fumo Isolamento social

Fonte: Suemoto *et al.*, 2022.

Com relação ao histórico familiar, L. relata que tem casos de diabetes na família por parte de mãe. O único remédio que o paciente fazia uso era o cloridrato de metformina, visto que recentemente havia sido diagnosticado com diabetes.

A partir dessas queixas, L. se interessou em fazer parte do estudo *Brazilian Aging and Memory Study* (BRAMS) do Grupo de Neurologia Cognitiva e do Comportamento (GNCC) do Hospital das Clínicas da Faculdade de Medicina da Universidade de São Paulo (HC-FMUSP). Nesse estudo, o participante é acompanhado anualmente por neurologistas e neuropsicólogos.

Instrumentos administrados

- Avaliação cognitiva:
  - WASI: Vocabulário e Raciocínio Matricial
  - Teste de Trilhas (TMT)
  - Teste de Stroop
  - Fluência Verbal Fonêmica (Letras FAS)
  - Fluência Verbal Semântica (Animais)
  - Teste de Aprendizagem Auditivo-Verbal de Rey (RALVT)
  - Figura Complexa de Rey
  - Teste de Nomeação de Boston
- Avaliação dos sintomas neuropsiquiátricos:
  - Escala Hospitalar de Ansiedade e Depressão (HADS)
- Avaliação da funcionalidade:
  - Questionário de Atividades Funcionais (QAF).

Primeira avaliação

A primeira avaliação foi realizada em março de 2018 e o paciente relatou muito incômodo com a dificuldade de memória. L. não tinha histórico de problemas neurológicos ou psiquiátricos ao longo da vida. Referiu episódios de tristeza associados à demanda do trabalho, mas que não eram duradouros ou frequentes. O paciente relatou que fazia uso de álcool socialmente e fumou por 30 anos, mas estava sem o tabaco há 15 anos. Não tinha queixa de humor, praticava exercícios físicos e dormia cerca de 6 horas por noite. Estava acompanhado pela filha, que relatou não observar grandes mudanças cognitivas e comportamentais no pai, apenas essa preocupação excessiva com a memória.

Na avaliação cognitiva, L. apresentou quociente de inteligência (QI) dentro da média superior e preservação de todas as funções cognitivas avaliadas. Não apresentou comprometimento funcional, no entanto foram observados sintomas de depressão de acordo com a escala respondida pelo próprio paciente (Tabela 40.9).

O consenso diagnóstico formado por dois neurologistas especialistas em neurologia cognitiva e do comportamento o classificou como portador de declínio cognitivo subjetivo (DCS), ou seja, uma mudança subjetivamente relatada no desempenho cognitivo, não detectada objetivamente por meio de testes e com ausência de comprometimento das atividades de vida diária. Os neurologistas optaram por medicar para os sintomas depressivos.

Segunda avaliação

A segunda avaliação foi realizada 1 ano após a primeira (março de 2019). O paciente estava com 68 anos e identificou-se mais disposto desde a avaliação anterior, embora

Tabela 40.9 Desempenhos cognitivo, comportamental e funcional do paciente L. em março de 2018 e em março de 2019.

Funções cognitivas	Testes cognitivos	Março 2018	Março 2019
QI total	WASI (QI 2 subtestes)	Médio-superior	Média-superior
Atenção	TMT	Preservada	Preservada
	Stroop III	Preservada	Preservada
Função executiva	Fluência Verbal Fonêmica	Preservada	Preservada
	Raciocínio Matricial	Preservada	Preservada
Linguagem	Vocabulário	Preservada	Preservada
	Teste de Nomeação de Boston	Preservada	Preservada
	Fluência Verbal Semântica	Preservada	Preservada
Memória	RAVLT – total	Preservada	(–1,2 DP)
	RAVLT – tardio	Preservada	(–1,6 DP)
	RAVLT – reconhecimento	Preservada	(–1,1 DP)
	Figura Complexa de Rey – Evocação	Preservada	(–1,3 DP)
Visuoconstrução	Figura Complexa de Rey – Cópia	Preservado	Preservado
Funcionalidade	QAF (0 a 30)	0	3
Humor	HADS Nota de corte: Ansiedade = 7 Depressão = 7	Ansiedade = 4 Depressão = 9	Ansiedade = 4 Depressão = 4

DP: desvio-padrão; HADS: escala hospitalar de ansiedade e depressão; QAF: Questionário de Atividades Funcionais; QI: quociente de inteligência; RAVLT: Teste de Aprendizagem Auditivo-Verbal de Rey; Stroop: Teste de Cores e Palavras; TMT: Teste de Trilhas; WASI: Escala de Inteligência Wechsler Abreviada.

considerasse que os sintomas cognitivos estavam piores: havia se perdido no bairro onde morava, estava esquecendo pagamentos e se confundindo com datas. No intuito de observar as queixas mais de perto, a filha planejou uma viagem de 1 semana e percebeu que o pai estava esquecendo objetos, não se lembrava do que tinha almoçado (muitas vezes se lembrava com dicas) e, por vezes, esqueceu-se de tomar os remédios devido à mudança de rotina. Em sua casa, ele já havia criado estratégias. Também percebeu que se desorientava em alguns caminhos. A filha achou que o humor estava mais estável, mas havia percebido piora da memória.

Na avaliação cognitiva, L. apresentou comprometimento em memória de aprendizagem auditiva verbal e em memória episódica verbal e visual, além de comprometimento funcional de acordo com relato da filha (QAF = 3). Havia melhorado dos sintomas depressivos (ver Tabela 40.9).

O consenso diagnóstico o classificou como CCL amnéstico para os dois critérios (Petersen/Winblad e Jak/Bondi) (ver Tabela 40.9):

- Critérios Petersen/Winblad: desempenho abaixo do previsto para idade e escolaridade em um único domínio cognitivo < 1,5 DP: RAVLT evocação tardia (–1,6 DP)
- Critérios de Jak/Bondi: dois testes alterados no mesmo domínio cognitivo: 1 SD abaixo das normas: RAVLT evocação tardia (–1,6 DP) e evocação tardia da Figura Complexa de Rey (–1,3 DP).

Em 1 ano, o paciente evoluiu de DCS para CCL. Essa observação é sugestiva de uma trajetória compatível com a DA (ver Figura 40.2). Na Tabela 40.6, são apresentados os resumos das pontuações observadas.

Considerações finais

O diagnóstico de CCL apresenta diversos desafios para o profissional, visto que o envelhecimento, as alterações sensoriais e as comorbidades psiquiátricas também podem originar alterações cognitivas. É preciso sempre valorizar as queixas do paciente mesmo que elas não sejam traduzidas em alterações significativas nos testes cognitivos em uma avaliação inicial. O acompanhamento longitudinal será essencial para diferenciar trajetórias cognitivas compatíveis com doenças neurodegenerativas de trajetórias esperadas para o envelhecimento normal. A psicoeducação e o aconselhamento em saúde devem incluir a questão dos fatores de risco e proteção para as demências e a importância da adesão a um estilo de vida ativo e saudável. Se indicado, o profissional deverá propor formas de intervenção como a reabilitação e a estimulação cognitiva.

Referências bibliográficas

ALFANO, D. P. et al. A Neuropsychological Approach to Mild Cognitive Impairment. Archives of Clinical Neuropsychology, v. 37, n. 5, p. 873-890, 2022.

ASSIS, L. O. et al. O questionário de atividades funcionais de Pfeffer: revisão integrativa da literatura brasileira. Estudos Interdisciplinares sobre o envelhecimento, v. 20, n. 1, p. 297-324, 2015.

BALL, H. A. et al. Functional cognitive disorder: dementia's blind spot. Brain, v. 143, n. 10, p. 2895-2903, 2020.

BARBOSA, E. N. B. et al. Perfis neuropsicológicos do Comprometimento Cognitivo Leve no envelhecimento (CCL). Neuropsicologia Latinoamericana, v. 7, n. 2, p. 15-23, 2015.

BREDESEN, D. E. et al. Reversal of cognitive decline in Alzheimer's disease. Aging, v. 8, n. 6, p. 1250-1258, 2016.

BRETON, A.; CASEY, D.; ARNAOUTOGLOU, N. A. Cognitive tests for the detection of mild cognitive impairment (MCI), the prodromal stage of dementia: meta-analysis of diagnostic accuracy studies. International Journal of Geriatric Psychiatry, v. 34, n. 2, p. 233-242, 2019.

BUSSE, A. et al. Mild cognitive impairment: Long-term course of four clinical subtypes. Neurology, v. 67, n. 12, p. 2176-2185, 2006.

CHENG, Y. W.; CHEN, T. F.; CHIU, M. J. From mild cognitive impairment to subjective cognitive decline: conceptual and methodological evolution. Neuropsychiatric Disease and Treatement, v. 13, p. 491-498, 2017.

DI CARLO, A. et al. CIND and MCI in the Italian elderly: frequency, vascular risk factors, progression to dementia. Neurology, v. 68, n. 22, p. 1909-1916, 2007.

ESTADOS UNIDOS DA AMÉRICA. American Psychiatric Association. Diagnostic and statistical manual of mental disorders. 5 ed. Arlington, Virgínia: American Psychiatriques Association, 2013.

FARIAS, S. T. et al. Progression of mild cognitive impairment to dementia in clinic- vs community-based cohorts. Archives of Neurology, v. 66, n. 9, p. 1151-1157, 2009.

GANGULI, M. et al. Classification of neurocognitive disorders in DSM-5: a work in progress. The American Journal of Geriatric Psychiatry, v. 19, n. 3, p. 205-210, 2011.

JAK, A. J. et al. Contributions of neuropsychology and neuroimaging to understanding clinical subtypes of mild cognitive impairment. International Review of Neurobiology, v. 84, p. 81-103, 2009.

JONGSIRIYANYONG, S.; LIMPAWATTANA, P. Mild Cognitive Impairment in Clinical Practice: a review article. American Journal of Alzheimer's Disease and Other Dementias, v. 33, n. 8, p. 500-507, 2018.

LANGA, K. M.; LEVINE, D. A. The diagnosis and management of mild cognitive impairment: a clinical review. JAMA, v. 312, n. 23, p. 2551-2561, 2014.

LEE, C. H.; KIM, D. H.; MOON, Y. S. Differential associations between depression and cognitive function in MCI and AD: a cross-sectional study. International Psychogeriatrics, v. 31, n. 8, p. 1151-1158, 2019.

LI, J. Q. et al. Risk factors for predicting progression from mild cognitive impairment to Alzheimer's disease: a systematic review and meta-analysis of cohort studies. Journal of Neurology, Neurosurgery & Psychiatry, v. 87, n. 5, p. 476-484, 2016.

MA, L. Depression, Anxiety, and Apathy in Mild Cognitive Impairment: current perspectives. Frontiers of Aging Neuroscience, v. 12, n. 9, 2020.

MANLY, J. J. et al. Frequency and course of mild cognitive impairment in a multiethnic community. Annals of Neurology, v. 63, n. 4, p. 494-506, 2008.

MARCOS, G. et al. Conversion to dementia in mild cognitive impairment diagnosed with DSM-5 criteria and with Petersen's criteria. Acta Psychiatrica Scandinavica, v. 133, n. 5, p. 378-385, 2016.

OLIVEIRA, M. O. et al. Vocabulary is an appropriate measure of premorbid intelligence in a sample with heterogeneous educational level in Brazil. Behavioural Neurology, v. 2014, n. 875960, 2014.

OVERTON, M.; PIHLSGARD, M.; ELMSTAHL, S. Prevalence and Incidence of Mild Cognitive Impairment across Subtypes, Age, and Sex. Dementia and Geriatric Cognitive Disorders, v. 47, n. 4-6, p. 219-232, 2019.

PEREIRA, N. et al. Development and content validity of the CENEES program – psychoeducation for health staff on neuropsychology of aging. Aging and Mental Health, v. 25, n. 2, p. 386-396, 2021.

PETERSEN, R. C. et al. Practice guideline update summary: mild cognitive impairment: report of the guideline development, dissemination, and implementation subcommittee of The American Academy Of Neurology. Neurology, v. 90, n. 3, p. 126-135, 2018.

PETERSEN, R. C. et al. Prevalence of mild cognitive impairment is higher in men: the mayo clinic study of aging. Neurology, v. 75, n. 10, p. 889-97, 2010.

PETERSEN, R. C. et al. Mild cognitive impairment: clinical characterization and outcome. Archives of Neurology, v. 56, n. 3, p. 303-308, 1999.

PETERSEN, R. C. Mild cognitive impairment. Continuum, v. 22, n. 2, p. 404-418, 2016.

PETERSEN, R. C. et al. Mild cognitive impairment: clinical characterization and outcome. Archives of Neurology, v. 56, n. 3, p. 303-308, 1999.

PETERSEN, R. C. Mild cognitive impairment. Continuum, v. 22, n. 2, p. 404-418, 2016.

PFEFFER, R. I. et al. Measurement of functional activities in older adults in the community. Journal of Gerontology, v. 37, n. 3, p. 323-329, 1982.

PLASSMAN, B. L. et al. Prevalence of cognitive impairment without dementia in the United States. Annals of Internal Medicine, v. 148, n. 6, p. 427-34, 2008.

QUENTAL, N. B.; BRUCKI, S. M.; BUENO, O. F. Visuospatial function in early Alzheimer's disease: the use of the visual object and space perception (VOSP) battery. PLoS One, v. 8, n. 7, 2013.

RICCI, M. et al. Spect-neuropsychology correlations in very mild Alzheimer's disease and amnesic mild cognitive impairment. Archives of Gerontology and Geriatrics, v. 89, 2020.

ROBERTS, R.; KNOPMAN, D. S. Classification and epidemiology of MCI. Clinics in Geriatric Medicine, v. 29, n. 4, p. 753-772, 2013.

SMID, J.; STUDART-NETO, A.; CÉSAR-FREITAS, K. G. Declínio cognitivo subjetivo, comprometimento cognitivo leve e demência – diagnóstico sindrômico: recomendações do Departamento Científico de Neurologia Cognitiva e do Envelhecimento da Academia Brasileira de Neurologia. Dementia & Neuropsychologia, v. 16, n. 3, supl. 1, p. 1-17, 2022.

SUEMOTO, C. K. et al. Risk factors for dementia in Brazil: differences by region and race. Alzheimer's & Dementia, v. 19, n. 5, 2022.

WINBLAD, B. et al. Mild cognitive impairment – beyond controversies, towards a consensus: report of the International Working Group on Mild Cognitive Impairment. Journal of Internal Medicine, v. 256, n. 3, p. 240-246, 2004.

ZACKOVÁ, L. et al. Cognitive impairment and depression: Meta-analysis of structural magnetic resonance imaging studies. Neuroimage Clinical, v. 32, 2021.

ZHUANG, L.; YANG, Y.; GAO, J. Cognitive assessment tools for mild cognitive impairment screening. Journal of Neurology, v. 268, n. 5, p. 1615-1622, 2021.

41 Doença de Alzheimer

Jerusa Smid • Raphael Ribeiro Spera • Rafael Tomio Vicentini Otani

Introdução

A doença de Alzheimer (DA) é a principal causa de demência no mundo e no Brasil, representando cerca de 60% dos casos de demência (Gauthier, 2021). Estima-se que a prevalência de demência em nosso país é de 7% em indivíduos a partir de 65 anos de idade (Nitrini, 2009), sendo a DA a forma mais frequente. Atualmente, cerca de 1,7 milhão de brasileiros vivem com demência e há expectativa de aumento desse número para os próximos anos em decorrência do envelhecimento populacional (Melo, 2020).

Apesar de ser mais prevalente após os 65 anos de idade, a DA pode acontecer em indivíduos mais jovens, forma denominada DA de início precoce.

A DA é uma proteinopatia, ou seja, sua fisiopatologia está associada ao acúmulo de proteínas processadas de forma anormal (*misfolded proteins*), característica das doenças degenerativas (Allegri, 2020). Na DA, o depósito extracelular do peptídeo beta-amiloide (placas neuríticas ou senis) e a presença dos emaranhados neurofibrilares de proteína tau são as principais alterações associadas ao processo degenerativo (Scheltens, 2021).

O principal fator de risco para a DA é a idade. Outros fatores de risco associados à DA são: sexo feminino, baixa escolaridade, depressão, diabetes, hipertensão arterial, obesidade e trauma cranioencefálico (Knopmann, 2021).

A DA ocorre de forma esporádica na maioria das vezes, mas existem formas genéticas da doença, secundárias a mutações autossômicas dominantes de alta penetrância. Essas formas genéticas são raras e responsáveis por cerca de 1% de todos os casos da doença. Três genes estão associados às formas genéticas da DA: gene da proteína precursora do amiloide (APP) localizado no cromossomo 21, gene da presenilina 1 (PSEN1) localizado no cromossomo 14 e gene da presenilina 2 (PSEN2) localizado no cromossomo 1 (Cacace, 2016).

Além das mutações patogênicas da doença, alguns polimorfismos genéticos conferem um pequeno aumento no risco de DA. O principal deles é o polimorfismo do gene da apolipoproteína E (apoE). O gene da apoE apresenta três alelos: ε2, ε3 e ε4. A presença de um alelo do ε4 aumenta o risco de DA em três vezes, e o ε4 em homozigose aumenta em 12 a 15 vezes esse risco. Diversos outros genes estão associados a maior chance de DA, dentre eles: TREM2, SORL1, ABCA7 (Knopmann, 2021).

Atualmente, entendemos os estágios da DA como um *continuum* clínico-patológico cujas alterações patológicas cerebrais antecedem as primeiras manifestações clínicas por alguns anos. Clinicamente, os primeiros sinais de declínio cognitivo podem ser percebidos pelo paciente sem que haja prejuízo à avaliação cognitiva formal. Esse estágio é denominado declínio cognitivo subjetivo (DCS). Embora possa representar o início do quadro demencial por DA em fase pré-clínica, outras etiologias estão frequentemente relacionadas ao DCS, como distúrbios do sono ou de humor, além do uso de medicações com efeito anticolinérgico. Com a evolução da doença e piora do declínio cognitivo, inicia-se a fase denominada comprometimento cognitivo leve (CCL), em que há alteração objetiva das funções cognitivas com prejuízo para atividades cotidianas mais complexas. O CCL amnéstico (em que há prejuízo de memória episódica) tem taxa anual de conversão para demência da DA de 10 a 12%. A fase de demência propriamente dita é caracterizada por declínio cognitivo capaz de interferir na autonomia do indivíduo por comprometer de modo significativo a sua capacidade de desempenhar as atividades da vida diária (Sperling, 2011; Petersen, 2016).

Apresentação clínica – alterações cognitivas e comportamentais

A doença de Alzheimer, por ser uma doença neurodegenerativa, apresenta um curso insidioso e progressivo, na maior parte das vezes com evolução lenta ao longo dos anos. Casos rapidamente progressivos são descritos em diferentes proporções na literatura, entretanto, são incomuns (Papageorgiou *et al.*, 2009). Com o passar do tempo, o indivíduo acometido pela doença passa a apresentar um declínio de sua funcionalidade, mas muitas vezes os sintomas iniciais são frustros. Com relação à idade de apresentação, definimos DA senil quando os sintomas se iniciam após os 65 anos, e DA de início precoce, quando os sintomas se iniciam antes dos 65 anos. Geralmente, as apresentações clínicas típicas são mais comuns nas formas senis, enquanto as apresentações atípicas são mais comuns nas pré-senis (van der Flier *et al.*, 2011). Os pacientes com diagnóstico de doença de Alzheimer, em sua forma clássica, apresentam como principal sintoma o distúrbio de memória episódica (Miller *et al.*, 2017). Logo no início do quadro, é comum que o paciente também apresente alteração em funções executivas e linguagem (principalmente dificuldade em encontrar palavras) de forma associada (McDade, 2022).

Entretanto, formas que predominam outros domínios de modo precoce são descritas – denominadas "formas atípicas da DA": quando a disfunção inicial é da linguagem, pode-se identificar uma afasia progressiva primária, variante logopênica. Se os sintomas visuoespaciais e visuoperceptivos são os mais importantes, define-se uma atrofia cortical posterior. O predomínio de sintomas disexecutivos e comportamentais, que podem se assemelhar a demência frontotemporal variante comportamental (DFTvc) sinaliza a possibilidade de uma "variante frontal" ou disexecutivo-comportamental da DA. Finalmente, os pacientes com síndrome corticobasal podem ter como substrato histopatológico a DA (Apostolova, 2022). A Tabela 41.1 denota algumas características de cada variante de forma mais detalhada.

É recomendado que pacientes com sintomas cognitivos leves sejam rastreados quanto à presença de ansiedade, depressão, isolamento social e apatia (Knopman et al., 2021), tendo em vista que são relatados de forma prevalente nesta população (Ferreira et al., 2023). Além disso, tais sintomas em indivíduos assintomáticos do aspecto neurológico podem ser considerados como um fator de risco para a presença de uma doença neurodegenerativa em fase inicial (McDade, 2022). Conforme a doença evolui, o paciente pode apresentar irritabilidade, agressividade, pensamento delirante, alucinações visuais e labilidade emocional (Knopman et al., 2021). Os distúrbios noturnos e de sono também são relatados nessa população, entretanto, euforia, sintomas maniformes e desinibição, a despeito de serem descritos, são incomuns nesta patologia (Ferreira et al., 2023).

Deve-se ter atenção quanto aos sintomas neuropsiquiátricos, pois muitas vezes são negligenciados e confundidos com doenças psiquiátricas primárias, podendo atrasar o diagnóstico e tratamento adequado. Quando ocorrem no início da doença, notoriamente de forma exuberante, poderá levar ao diagnóstico diferencial entre outras patologias neurodegenerativas, como a demência com corpos de Lewy (DCL). Quando o início dos sintomas ocorre em idades mais jovens e identifica-se histórico familiar relevante para DA, até as formas com herdabilidade autossômica dominante poderão ser consideradas (Soria Lopez et al., 2019).

Critérios diagnósticos

Inicialmente descrita por Alois Alzheimer em 1906 como uma entidade anatomopatológica, o termo "doença de Alzheimer" apresentou diversas modificações e significados ao longo do tempo. Desde a década de 1970, o termo "doença de Alzheimer provável" foi cunhado e amplamente utilizado para quadros clínicos amnésticos de evolução progressiva (Knopman et al., 2019). Nesse ínterim, surgiram avanços conceituais sobre a fisiopatologia da doença, como também exames complementares com avaliação de neuroimagem de alta definição ou do perfil metabólico cerebral, como a ressonância magnética de encéfalo e PET-CT FDG cerebral, respectivamente, além da análise dos biomarcadores da doença através da pesquisa no líquido cefalorraquidiano (LCR), plasma, ou por PET-CT para amiloide e tau. Para casos com perfil de herdabilidade autossômica dominante, a avaliação de painéis genéticos em casos suspeitos permitiu maior assertividade e até confirmação diagnóstica in vivo da doença.

Como rotina diagnóstica para a investigação de síndromes cognitivas em neurologia, a Academia Brasileira de Neurologia (ABN) recomenda incluir avaliação hematológica, renal, hepática, perfil lipídico e metabólico (sódio,

Tabela 41.1 Variantes da doença de Alzheimer (DA).

Variante	Principais aspectos clínicos
Logopênica	Caracteriza-se por inicialmente apresentar-se com afasia, dificuldade em encontrar palavras e repetição muito prejudicada. Anomia é comum, sem grande perda da fluência e compreensão nas fases iniciais Na investigação, ressonância magnética (RM) e PET-FDG com atrofia/hipometabolismo temporal posterior e parietal inferior esquerdo Evolução para quadro amnéstico após anos
Atrofia cortical posterior	Sintomas visuoespaciais proeminentes, como agnosia visual, prosopagnosia, síndrome de Balint e Gerstmann PET-FDG com hipotabolismo parieto-occipital bilateral Como as queixas "visuais" predominam inicialmente, os pacientes podem primeiro procurar oftalmologistas e atrasar o diagnóstico
Síndrome corticobasal	Sintomas motores assimétricos, caracterizados por apraxia de membro e parkinsonismo com síndrome rígido-acinética e distonia. Outros achados associados englobam mioclonias focais ou segmentares, fenômeno da mão alienígena e alteração da sensibilidade cortical. PET-CT com radiotraçador para Tau e/ou FDG demonstram acometimento assimétrico e predominantemente contralateral ao dimídio acometido, sendo este último também demonstrando hipometabolismo das regiões do pré-cúneo e cíngulo posterior. A RM se altera em formas mais tardias, podendo demonstrar atrofia frontoparietal assimétrica
Variante disexecutivo-comportamental	Alteração comportamental e comprometimento de funções executivas proeminente e precoce PET-FDG demonstra hipometabolismo frontal bilateral importante Dúvida diagnóstica inicial com DFTvc pode ocorrer. Início mais tardio, apatia, sintomas de desinibição menos intensos e acometimento concomitante de memória episódica, delírios e alucinações favorecem a possibilidade de DA

potássio e cálcio séricos), glicemia de jejum, vitamina B12, TSH, T4 livre, VDRL e, especialmente casos atípicos ou em situações de suspeita clínica, sorologia anti-HIV. A neuroimagem estrutural, através de exame de TC ou RM de crânio, busca excluir outros diagnósticos diferenciais estruturais, como neoplasias do SNC, AVC e hidrocefalia. Esses tipos de exames também têm a finalidade de identificar padrões de atrofia cerebral que sejam próprios de outras doenças neurodegenerativas. Outros exames mais específicos ficam reservados para casos excepcionais e com dúvida diagnóstica, sendo recomendados de forma individualizada (Schilling, 2022).

Atualmente dispomos de critérios diagnósticos clínicos e patológicos de alta acurácia para o diagnóstico da DA. O principal utilizado na prática clínica é o do National Institute of Aging (NIA) (McKhann, 2012). Em linhas gerais, envolve o diagnóstico de demência com característica de evolução gradual ao longo de meses ou anos, com acometimento tipicamente de memória mais outra função cognitiva (admite-se a possibilidade das variantes já discutidas no texto, como apresentação com déficit de linguagem, funções executivas e visuoespaciais) e exclusão de outros diagnósticos neurológicos.

Em terminologia de pesquisa e estudos científicos, o proposto "critério ATN" publicado em 2018 (Jack et al., 2018) valida e realça o uso dos biomarcadores. O significado do acrônimo: "A" refere-se à patologia amiloide, "T" à patologia tau e "N" determina neurodegeneração, cada um deles poderá ser presente (+) ou ausente (−), possibilitando diversos tipos de combinações e diagnósticos distintos. Atualmente é utilizada principalmente nos trabalhos com ênfase na terapêutica da doença, como estudos com os anticorpos monoclonais contra o beta-amiloide e tau, com intuito de maior acurácia e possibilidade do diagnóstico na fase pregressa à demência (prodrômica), como DCS e CCL.

Entretanto, tais critérios encontram-se em revisão, sendo publicada uma proposta de atualização (*draft*) em julho de 2023 (no *site* da Alzheimer's Association) durante a Conferência Internacional Anual de Doença de Alzheimer (AAIC) da Alzheimer's Association, ainda com programação de discussão e revisão nos meses seguintes. O principal aspecto descrito foi tornar fundamental o critério biológico para a doença, através da demonstração da presença da proteína beta-amiloide ou tau dentre os distintos métodos diagnósticos, com possibilidade de uso clínico, estratificação da doença através dos biomarcadores e unificação do estadiamento clínico e biológico. Ademais, foi sugerida a atualização do acrônimo para ATNIVS (Tabela 41.2), com rebaixamento do "N" para finalidade de estratificação, acréscimo do "I" para neuroinflamação e o acréscimo das copatologias "V" (vascular) e "S" (alfassinucleinopatia). Entretanto, ao final do ano, o *draft* será republicado para novas críticas e observações, para que possa sair em breve a versão final. Além disso, acrescentou-se o "estágio 0" clínico da doença, caracterizado pelo paciente assintomático, sem a presença de biomarcadores identificáveis, mas com a constatação de um gene determinístico de herança autossômica dominante e alta penetrância, como PSEN1 e PSEN2 e APP.

Em aspecto de discussão para o amplo uso prático e clínico, a obrigatoriedade do uso dos biomarcadores tornaria oneroso e dificultoso o diagnóstico da DA, principalmente em países em desenvolvimento e subdesenvolvidos, ao adotar essa estratégia diagnóstica de forma rotineiramente recomendada. O desenvolvimento de biomarcadores séricos de alta acurácia é o foco atual em relação à pesquisa em diagnóstico da DA, com detecção do beta-amiloide e proteína tau no soro e possibilidade de custos menores, ampla utilização e metodologia não invasiva nos próximos anos (Karikari et al., 2020; Schindler et al., 2019).

Tabela 41.2 Biomarcadores no diagnóstico e estadiamento da doença de Alzheimer.

	Fluido	Imagem
Diagnóstico		
A (proteinopatia beta-amiloide [Ab])	Relação Ab42/40	PET-amiloide
T (proteinopatia tau)	P-tau 181, 217	PET-tau
Estadiamento, prognóstico e indicador de efeito biológico do tratamento		
A (proteinopatia beta-amiloide [Ab])	Relação Ab42/40	PET-amiloide
T (proteinopatia tau)	P-tau 181, 217	PET-tau
N (lesão ou degeneração do neurópilo)	Neurofilamento de cadeia leve (NfL)	Ressonância magnética (RM) de encéfalo, PET-FDG cerebral
I (inflamação) ativação astrocitária	Proteína ácida fibrilar glial (GFAP)	
Idenficação de copatologia		
N (lesão ou degeneração do neurópilo)	Neurofilamento de cadeia leve (NfL)	RM encéfalo, PET-FDG cerebral
Lesão vascular cerebral		Infarto anatômico, lesão de substância branca (LSB) e espaço perivascular aumentado em abundância
Alfasinucleína	α-Synuclein Seed Amplification (αSyn-SAA) no líquido cefalorraquidiano (LCR)	

Avaliação neuropsicológica

A avaliação neuropsicológica possui papel de grande relevância na DA, seja como ferramenta sensível para detectar as alterações cognitivas esperadas nesta condição, sobretudo em seus estágios iniciais, seja como ferramenta de monitorização da progressão da doença, ao longo do *continuum* de sua evolução (Weintraub *et al.*, 2012).

O diagnóstico preciso depende da correlação desses exames com o quadro clínico apresentado pelo indivíduo, o que exige avaliação minuciosa dos domínios cognitivos envolvidos e impacto em funcionalidade. Nesse contexto, reforça-se a importância da avaliação neuropsicológica como ferramenta diagnóstica crucial para a identificação de pacientes com DA em fases precoces de CCL ou demência em estágios iniciais (Albert, 2008). Para o diagnóstico de DCS, a avaliação neuropsicológica também é fundamental porque refuta a presença de déficit cognitivo apesar da queixa do indivíduo.

Com a aprovação de possíveis tratamentos modificadores de doença, a avaliação neuropsicológica como ferramenta sensível para identificar a DA em estágios precoces ganhará importância cada vez maior.

Na DA, classicamente, há degeneração inicial de estruturas pertencentes ao circuito de Papez, responsável pela consolidação de novas memórias (Mcdade, 2022). Portanto, em seu fenótipo clínico mais comum, há o comprometimento precoce da memória episódica, com relativa preservação da memória remota e dos demais domínios cognitivos (Albert, 2008; Weintraub *et al.*, 2012). O comprometimento da memória episódica possui elevada acurácia para diferenciar pacientes com DA em seus estágios clínicos iniciais de indivíduos saudáveis. A evocação tardia da lista de palavras do Consortium to Establish a Registry for Alzheimer's Disease (CERAD) após 10 minutos de interferência revelou acurácia superior a 90% para diferenciação entre controles saudáveis e pacientes com DA em fases iniciais (Weintraub *et al.*, 2012). No Brasil, é amplamente utilizada a Bateria Breve de Rastreio Cognitivo (BBRC), em que se solicita o aprendizado e evocação tardia de lista de 10 figuras. Em nosso meio, o uso da BBRC apresenta uma vantagem importante por haver menor interferência do grau de escolaridade (Nitrini *et al.*, 1994). Estudo realizado na população brasileira demonstrou, para indivíduos analfabetos, maior acurácia do teste de recordação tardia da lista de figuras da BBRC em relação ao teste de recordação tardia da lista de palavras do CERAD, enquanto em alfabetizados a acurácia entre os dois testes foi similar (Nitrini *et al.*, 2006).

Entre indivíduos com CCL, condição caracterizada por comprometimento cognitivo com mínima ou nenhuma repercussão nas atividades instrumentais da vida diária, aqueles com comprometimento em domínio de memória estão sob maior risco de conversão para demência pela doença de Alzheimer, o que justifica a classificação desta condição em CCL amnéstico ou CCL não amnéstico, tanto para fins de pesquisa como assistência (Petersen, 2016).

Comparativamente a pacientes com demência por corpos de Lewy (DCL), segunda etiologia mais comum de demência neurodegenerativa, o desempenho inferior de pacientes com DA em testes de evocação tardia mostrou-se útil para discriminar, através do perfil neuropsicológico, as duas condições, ao passo que pacientes com DCL demonstraram prejuízo mais grave e precoce em testes com avaliação de atenção, funções executivas e funções visuoespaciais (Kawai *et al.*, 2013).

Com relação à DFT, segunda etiologia neurodegenerativa mais comum de demência na população pré-senil, o comprometimento precoce e mais grave da memória episódica em pacientes com DA também se revelou útil para diferenciar as duas condições, ao passo que na DFT os sintomas comportamentais foram mais relevantes (Porto *et al.*, 2008; Ritter *et al.*, 2017).

A memória episódica pode ser avaliada tanto através da memória verbal como não verbal. No teste de memória lógica de Wechsler, avalia-se a memória verbal: o paciente é exposto a duas histórias, cada uma com 25 itens a serem memorizados. Solicita-se para evocar as duas histórias livremente, sem pistas, em um primeiro momento, imediatamente após ser exposto ao relato, e novamente após cerca de 30 minutos de interferência. Na evocação imediata, avalia-se a memória operacional, habilidade inserida dentro das funções executivas e da rede cognitiva pré-frontal corticossubcortical, enquanto a evocação tardia envolve, principalmente, a memória episódica, pertinente à rede límbica e ao circuito de Papez (Martins *et al.*, 2015).

O Teste de Aprendizagem Auditivo-Verbal de Rey (RAVLT, do inglês *Rey Auditory Verbal Learning Test*) avalia a memória verbal através da exposição do paciente a uma lista de 15 substantivos (lista A). A lista é lida em voz alta ao paciente, por cinco vezes consecutivas. Ao final de cada leitura, realiza-se um teste de evocação espontânea. Na sequência, realiza-se uma interferência com uma segunda lista de outros 15 substantivos (lista B), com evocação imediata da lista B seguida de evocação tardia de lista A. Após uma interferência aproximada de 20 minutos com outras tarefas, solicita-se novamente para que o paciente evoque, tardiamente, sem pistas, a lista A. Por fim, solicita-se ao indivíduo reconhecer as 15 palavras da lista A entre as 15 palavras da lista B e outras 15 palavras distratoras (Fernandes Malloy-Diniz *et al.*, 2007). O *California Verbal Learning Test* (CVLT) possui estrutura semelhante ao RAVLT, utilizando listas de 16 palavras pertencentes a quatro categorias semânticas distintas, também avaliando a capacidade de evocação imediata, evocação tardia após interferência e reconhecimento (Elwood, 1995).

A memória episódica não verbal, por sua vez, pode ser avaliada pela Figura Complexa de Rey-Osterrieth. Solicita-se ao paciente para que realize a cópia da figura (formada por um retângulo grande, bissetores horizontais e verticais, duas diagonais e detalhes geométricos internamente e externamente ao retângulo grande). Após o término da cópia, solicita-se ao paciente que reproduza a figura novamente, avaliando-se a memória operacional e, por fim, após interferência de 30 minutos, nova reprodução espontânea da figura, para avaliação da memória episódica não verbal (Jamus; Mäder, 2005). Na DA, em sua manifestação amnéstica, fenótipo clínico mais comum, o prejuízo da memória episódica verbal é mais relevante em relação à memória não verbal. Entretanto, na atrofia cortical posterior, variante atípica da DA em que há declínio precoce das funções visuoespaciais, a cópia da Figura Complexa de Rey-Osterrieth revelou-se como ferramenta útil para a distinção entre esses dois fenótipos da doença (North et al., 2021).

A memória é o domínio cognitivo classicamente alterado nos indivíduos com DA, e sua avaliação é relevante para distingui-los em fases iniciais de doença de indivíduos saudáveis e de outras condições neurodegenerativas. Entretanto, em razão de seu prejuízo precoce e grave, a memória é um domínio cognitivo com papel menor na monitorização da progressão da DA, especialmente em estágio moderado e avançado de doença. O *Miniexame do estado mental grave* (MEEM-g), utilizado para avaliar pacientes com DA avançada, dispensa a avaliação da memória episódica, por essa razão (Harrell et al., 2000).

A linguagem também se revela comprometida na DA, mesmo em quadros leves, com dificuldade para nomeação e redução da fluência verbal, principalmente para categorias semânticas. Na APP logopênica, variante atípica da DA, a linguagem revela-se como principal domínio cognitivo envolvido, no início da doença. O teste de nomeação de Boston, amplamente utilizado na avaliação de linguagem em pacientes com DA, consiste na solicitação ao paciente que nomeie 60 figuras classificadas em diferentes graus de dificuldade. Há descrição do teste adaptado para a população brasileira, com menor interferência da faixa etária e do grau de escolaridade na versão adaptada para essa população, em relação ao teste original (Miotto et al., 2010).

A atenção e as funções executivas também podem estar comprometidas na DA, especialmente a atenção dividida e a memória operacional, acentuando-se ao longo da progressão da doença (Weintraub et al., 2012). Na modalidade auditiva, utiliza-se frequentemente o teste de *digit span* em ordem direta (atenção básica) e indireta (atenção complexa e memória operacional), extraído da 3ª edição da Escala de Inteligência Wechsler para Adultos (WAIS-III, do inglês *Wechsler Adult Inteligente Scale III*). Na modalidade visual, destacam-se os testes *Trail Making*, dividido em duas partes, A e B. Na parte A, o sujeito deve desenhar um trajeto entre números em ordem crescente, no menor tempo possível, avaliando-se, principalmente, a atenção básica. Na parte B, deve desenhar um trajeto alternando letras e números em ordem crescente (1-A, 2-B, 3-C etc.), com maior demanda por atenção dividida, flexibilidade mental e controle inibitório (Chaves et al., 2011; Ota Alves et al., 2010). Para fins de avaliação, anota-se o tempo e o número de erros do paciente e compara-se com a média em relação a idade e escolaridade da população estudada.

A avaliação neuropsicológica em pacientes com DA também envolve testes de habilidades visuoespaciais, que podem estar comprometidas ao longo de sua evolução. Além da Figura Complexa de Rey mencionada, também podem ser utilizados o teste do desenho do relógio (TDR) e o teste de Cubos, subteste da WAIS, ambos validados na população brasileira (Chaves et al., 2011).

Além dos mencionados testes específicos para cada domínio cognitivo, existem escores quantitativos que podem ser utilizados como ferramentas de rastreio, monitorização de progressão de doença ou de resposta a tratamento. A ferramenta quantitativa com maior reprodutibilidade na literatura é o *Miniexame do estado mental* (MEEM), com notas de corte validadas na população brasileira conforme o grau de escolaridade (Tabela 41.3) (Brucki et al., 2003). Nos pacientes com DA, em seu fenótipo mais comum, espera-se dificuldade inicial maior para orientação e evocação de palavras, com progressão para dificuldade de tarefas que demandam outros domínios cognitivos, ao longo da evolução da doença.

A BBRC também é útil para rastreio e monitorização do paciente com DA. Além de avaliar a memória episódica verbal e visual, os domínios de função executiva e habilidades visuais e construtivas são contemplados. A Tabela 41.4 mostra os dados normativos para uso da BBRC (Nitrini, 2021).

Para o rastreio de CCL, o uso do *Montreal Cognitive Assessment* (MoCA) é uma boa ferramenta e de fácil aplicação. Infelizmente, para indivíduos de baixa escolaridade, o MoCA não é adequado, por haver efeito solo. Mas em indivíduos de alta escolaridade pode ser utilizado para o rastreio e a monitorização de quadros de CCL ou demência leve.

O MMEEM-g, por sua vez, é recomendado para ser aplicado em fase moderada ou avançada de doença, quando há pontuação no MEEM abaixo de 10/30 pontos (Harrell et al., 2000).

Entre outras ferramentas quantitativas, vale ressaltar o CERAD, o exame cognitivo de Addenbrooke – versão revisada (ACE-R) e a subescala cognitiva da escala de avaliação da doença de Alzheimer (ADAS-Cog) (Chaves et al., 2011; Schilling 2022).

Tabela 41.3 Notas de corte do *Miniexame do estado mental* (MEEM) para a população brasileira.

Escolaridade	Nota de corte
Analfabeto	≤ 19
1 a 4 anos	≤ 24
5 a 8 anos	≤ 26
9 a 11 anos	≤ 27
≥ 12 anos	≤ 28

Tabela 41.4 Valores normativos para uso da *Bateria breve de rastreio cognitivo* (BBRC).

Teste de memória de figuras	Nota de corte
Memória incidental	≤ 4
Memória imediata	≤ 6
Aprendizado	≤ 6
Memória tardia	≤ 5
Reconhecimento	≤ 7
Fluência verbal semântica (por escolaridade)	Analfabetos: ≤ 8 1 a 7 anos: ≤ 11 ≥ 8 anos: ≤ 12

Fonte: Nitrini, 2021; Caramelli, 2007.

A existência de sintomas neuropsiquiátricos é comum, ao longo da evolução da DA, e sua presença pode ter impacto importante na qualidade de vida do paciente, além de estar associada à maior estresse do cuidador. A escala para a avaliação de sintomas neuropsiquiátricos mais utilizada nesta condição é o *Inventário Neuropsiquiátrico* (NPI), a ser preenchida pelo cuidador/informante, em que há a avaliação de 12 sintomas neuropsiquiátricos: delírios, alucinações, agitação ou agressividade, depressão ou disforia, ansiedade, euforia ou exaltação, desinibição, irritabilidade ou labilidade emocional, comportamento motor aberrante, comportamentos noturnos, alterações alimentares. Cada sintoma é avaliado, nos últimos 30 dias retrospectivos à aplicação da escala, quanto à frequência, intensidade e ao grau de estresse gerado sobre o cuidador. O *Questionário do inventário neuropsiquiátrico* (NPI-Q), por sua vez, avalia os mesmos 12 sintomas do NPI, entretanto, dispensa a avaliação da frequência dos sintomas, tornando a avaliação mais breve. O NPI-Q foi validado na população brasileira, e demonstrou apresentar boa correlação com o NPI (Camozzato et al., 2015). Como outras ferramentas para a avaliação de sintomas neuropsiquiátricos, vale ressaltar a *Escala para sintomas comportamentais na demência* do CERAD (CERAD-BRSD), a *Escala de avaliação de comportamentos patológicos na DA* (BEHAVE-AD), o *Exame de distúrbios mentais do idoso de Cambridge* (CAMDEX), a escala Cornell de depressão em demência (Chaves et al., 2011).

A avaliação da funcionalidade, isto é, a capacidade para desempenhar as atividades de vida diária, é indispensável nos pacientes com DA: o declínio de funcionalidade é condição necessária para o diagnóstico de demência, e, além disso, o seguimento da evolução da funcionalidade é relevante para a monitorização de progressão de doença ou para avaliar a resposta a possíveis intervenções ou tratamentos. A funcionalidade pode ser dividida entre atividades básicas e instrumentais de vida diária. Atividades básicas envolvem o autocuidado, como higiene pessoal, controle esfincteriano, transferência entre cômodos, alimentação, enquanto atividades instrumentais consistem em tarefas mais complexas, como administrar as próprias finanças, medicações, lidar com transportes, preparar refeições.

Para uma avaliação global da funcionalidade, destacam-se na literatura as escalas Bayer, *Informant questionnaire on cognitive decline in the elderly* (IQCODE), *Disability assessment for dementia* (DAD), *Activities of Daily Living Questionnaire* (ADL-Q), *Direct Assessment of Functional Status-Revised* (DAFS-R) (Chaves et al., 2011). O questionário de Pfeffer, desenvolvido para avaliação de desempenho em atividades instrumentais de vida diária, é muito utilizado em nosso meio, e apresenta estudo validando o seu uso na população brasileira (Assis et al., 2014).

Entre as escalas utilizadas para avaliação de atividades básicas de vida diária, merece destaque o índice de Katz, frequentemente aplicado em pacientes com demência, e com versão adaptada e validada para uso na população brasileira (Lino et al., 2008). O índice de Barthel, embora também válido para a população brasileira, é menos utilizado na literatura em pacientes com demência, em relação ao índice de Katz.

Por fim, baterias multifuncionais permitem avaliação cognitiva e funcional mais aprofundada e pormenorizada, contudo, costumam demandar maior tempo para aplicação. Destacam-se as baterias multifuncionais *Cambridge cognitive examination-revised* (CAMCOG-R), *Alzheimer's disease assessment scale-cognitive sub-scale* (ADAS-COG), Consortium to Establish a Registry for Alzheimer's Disease (CERAD) e *Mattis dementia rating scale* (MDRS). Todas as baterias mencionadas apresentam adaptação e validação para aplicação na população brasileira. A MDRS, em estudo na população brasileira em 41 pacientes com diagnóstico de DA provável e 60 controles, demonstrou boa acurácia (sensibilidade 91,7% e especificidade 87,8%), pela nota de corte de 122 para o escore total, na discriminação entre os dois grupos (Porto et al., 2003).

Caso clínico

Paciente do sexo feminino, 72 anos, natural e procedente de São Paulo (SP), 8 anos de escolaridade, viúva, três filhos, aposentada, trabalhava como costureira, reside com uma filha e um neto, católica, dominância manual direita. Foi ao ambulatório de neurologia acompanhada pela filha, por queixa de, há 5 anos, ter notado que se tornou mais repetitiva em conversas e em reuniões da família, além da necessidade de fazer anotações mais frequentes de recados e compromissos. Ao ser questionada ativamente, nega queixas de humor, nega queixas de sono, nega outras queixas ou sintomas neurológicos.

Apesar dos sintomas cognitivos, filha e paciente negam declínio de funcionalidade, mantendo-se independente para atividades de vida diária, gerindo as próprias finanças, medicações, realizando tarefas domésticas, compras e atividades de lazer fora de casa, sem necessidade de qualquer auxílio.

Como antecedentes pessoais, referem hipertensão arterial sistêmica e dislipidemia, em uso de losartana 50 mg 2 vezes/dia, anlopidino 5 mg 1 vez/dia, atorvastatina 20 mg 1 vez à noite. Negam antecedente de tabagismo, etilismo ou uso de outras substâncias. Negam histórico familiar em parentes de primeiro grau de casos semelhantes, outros casos de declínio cognitivo ou patologias neurológicas.

Em primeira avaliação cognitiva ambulatorial, apresentava, no MEEM, pontuação 29/30, com erro em uma das subtrações seriadas, e bateria breve de rastreio cognitivo (BBRC) com nomeação adequada das 10 figuras, memória incidental 7/10, memória imediata 8/10, aprendizado 9/10, memória tardia 8/10 e reconhecimento 10/10. O exame físico geral e exame neurológico somático também não revelaram achados relevantes.

Em investigação complementar realizada, foram coletados exames laboratoriais, com hemograma, função hepática, função renal, sorologias, dosagem de TSH e T4 livre e vitamina B12 dentro dos parâmetros da normalidade. O exame de ressonância magnética de encéfalo revelou discreta atrofia difusa cerebral, com escore de MTA 1 (Escala de atrofia mesial temporal ou escala de Scheltens).

A paciente foi submetida a avaliação neuropsicológica, com desempenho no teste de memória verbal RAVLT abaixo do esperado para faixa etária e grau de escolaridade (–1,5 desvio-padrão [DP] em escore total de evocação imediata de lista de palavras após cinco repetições, −1,32 DP em evocação após interferência de segunda lista e −1,60 DP em evocação tardia após 30 minutos de interferência). Os desempenhos obtidos nos demais testes realizados da bateria neuropsicológica (raciocínio matricial, cópia da figura de Rey, Stroop I, II e III, *Trail Making* A e B, *Digit Span* em ordem direta e indireta, Memória Lógica I e II, fluências verbais fonêmica e semântica, teste de nomeação de Boston) foram dentro dos parâmetros de normalidade.

A partir do desempenho em avaliação neuropsicológica e funcionalidade preservada, a paciente recebeu o diagnóstico de comprometimento cognitivo leve amnéstico de único domínio. Para fins de pesquisa, foi realizado PET para detecção de proteína beta-amiloide no sistema nervoso central (PET-amiloide), com resultado positivo, documentando-se a presença de patologia Alzheimer. Em fase de comprometimento cognitivo leve, a paciente foi orientada quanto a medidas comportamentais e de estilo de vida benéficas para a cognição, como alimentação e higiene do sono adequadas, atividades cognitivas, sociais e atividade física regulares, tratamento adequado das comorbidades de base, manutenção de acompanhamento multidisciplinar ambulatorial.

Durante 3 anos de seguimento, a paciente evoluiu com piora lenta e gradual dos sintomas cognitivos, e, após o período em fase de comprometimento cognitivo leve, iniciou declínio de funcionalidade, com episódios de desorientação topográfica, dificuldade para manejar as próprias finanças e medicações. Em questionários de funcionalidade respondidos pela filha, principal cuidadora, documentou-se dificuldade para atividades instrumentais de vida diária, com pontuação em questionário de Pfeffer 6/30, com necessidade de auxílio para cuidar das próprias finanças, medicações e manter-se atualizada sobre compromissos e acontecimentos familiares. A funcionalidade para atividades básicas de vida diária manteve-se preservada, com pontuação em questionário de Katz 6/6. Em reavaliação cognitiva, apresentou desempenho em MEEM 26/30, com déficit de dois pontos em orientação temporal, um ponto em cálculos seriados e um ponto em evocação, e BBRC com nomeação adequada das 10 figuras, memória incidental 7/10, memória imediata 7/10, aprendizado 7/10, memória tardia 4/10 e reconhecimento 8/10 (reconhecimento das 10 figuras e duas intrusões).

Neste contexto, diante da principal hipótese diagnóstica de demência pela doença de Alzheimer, em fase de demência leve, foi iniciado tratamento farmacológico com inibidor central de acetilcolinesterase, através da prescrição de donepezila em dose de 5 mg/dia, com aumento posterior para 10 mg/dia.

Referências bibliográficas

ALBERT, M. Neuropsychology of Alzheimer's disease. Handb Clin Neurol, n. 88, p. 511-525, 2008. PMID: 18631710.

ALLEGRI, R. F. Moving from neurodegenerative dementias, to cognitive proteinopathies, replacing "where" by "what"... Dement Neuropsychol, v. 14, n. 3, p. 237-242, 2020.

ALVES, F. O. et al. Avaliação da atenção sustentada e alternada em uma amostra de adultos saudáveis com alta escolaridade. Psicologia Hospitalar, v. 8, n. 2, p. 89-105, 2010. Disponível em: http://pepsic.bvsalud.org/scielo.php?script=sci_arttext&pid=S1677-74092010000200006&lng=pt&tlng=pt. Acesso em: nov. 2023.

ALZHEIMER'S ASSOCIATION. NIA-AA Revised Clinical Criteria for Alzheimer's Disease. DRAFT as of July 15, 2023. Disponível em: https://aaic.alz.org/nia-aa.asp Acesso em: set. 2023.

APOSTOLOVA, L. G.; POLSINELLI, A. J. Atypical Alzheimer Disease Variants. Continuum (Minneap Minn), v. 28, n. 3, p. 676-701, 1 jun. 2022.

ASSIS, L. de O. et al. Psychometric properties of the Brazilian version of Pfeffer's functional activities questionnaire. Frontiers in Aging Neuroscience, v. 6, n. SEP, 2014. Disponível em: https://doi.org/10.3389/fnagi.2014.00255

BRUCKI, S. M. et al. Sugestões para o uso do miniexame do estado mental no Brasil. Arq Neuropsiquiatr, v. 61, n. 3B, p. 777-781, set. 2003. Epub 2003 Oct 28. PMID: 14595482.

CACACE, R.; SLEEGERS, K.; VAN BROECKHOVEN, C. Molecular genetics of early-onset Alzheimer's disease revisited. Alzheimers Dement, v. 12, n. 6, p. 733-748; 2016.

CAMOZZATO, A. L. et al. Validity of the Brazilian version of the Neuropsychiatric Inventory Questionnaire (NPI-Q). Arquivos de Neuro-Psiquiatria, v. 73, n. 1, p. 41-45, 2015.

CARAMELLI, P. et al. Category fluency as a screening test for Alzheimer disease in illiterate and literate patients. Alzheimer Dis Assoc Disord, v. 21, n. 1, p. 65-67, 2007.

CHAVES, M. L. F. et al. Avaliação cognitiva, comportamental e funcional: Doença de Alzheimer. Dementia e Neuropsychologia, v. 5, n. 3, p. 153-166, 2011. Academia Brasileira de Neurologia.

SELWOOD, R. W. The California verbal learning test: psychometric characteristics and clinical application. Neuropsychology Review, v. 5, n. 3, 1995.

FERREIRA, D. A.; MACEDO, L. B. C.; FOSS, M. P. Neuropsychiatric symptoms as a prodromal factor in Alzheimer's type neurodegenerative disease: a scoping review. The Clinical Neuropsychologist, 26 out. 2023. Disponível em:10.1080/13854046.2023.2273574.

GAUTHIER, S. et al. World Alzheimer Report 2021: Journey through the diagnosis of dementia. London: Alzheimer's Disease International (UK), 2021. 313 p.

HARRELL, L. E. et al. The Severe Mini-Mental State Examination: a new neuropsychologic instrument for the bedside assessment of severely impaired patients with Alzheimer disease. Alzheimer disease and associated disorders, v. 14, n. 3, p. 168-175, 2000.

JACK, C. R. et al. NIA-AA Research framework: toward a biological definition of Alzheimer's disease. Alzheimer's Dement, v. 14, p. 535-562, 2018.

JAMUS, D. R.; MÄDER, M. J. A Figura Complexa de Rey e seu papel na avaliação neuropsicológica. Journal of Epilepsy and Clinical Neurophysiology, v. 11, n. 4, 2005.

KARIKARI, T. K. et al. Blood phosphorylated tau 181 as a biomarker for Alzheimer's disease: a diagnostic performance and prediction modelling study using data from four prospective cohorts. Lancet Neurol, v. 19, p. 422-433, 2020.

KNOPMAN, D. S.; PETERSEN, R. C.; JACK, C. R. A brief history of 'Alzheimer disease': Multiple meanings separated by a common name. Neurology, v. 92, p. 1053-1059, 2019.

KNOPMAN, D. S. et al. Alzheimer disease. Nat Rev Dis Primers, v. 7, n. 33, 2021.

KAWAI, Y. et al. Neuropsychological differentiation between Alzheimer's disease and dementia with Lewy bodies in a memory clinic. Psychogeriatrics, v. 13, n. 3, p. 157-163, 2013.

LOPEZ, J. S. et al. Chapter 13 – Alzheimer's disease. Handbook of Clinical Neurology, v. 167, 3rd series, 2018. Geriatric Neurology. S.T. DeKosky and S. Asthana, Editors. Disponível em: https://doi.org/10.1016/B978-0-12-804766-8.00013-3. Acesso em: 9 set. 2023.

MALLOY-DINIZ, L. F. et al. The Rey Auditory-Verbal Learning Test: applicability for the Brazilian elderly population. Revista brasileira de psiquiatria, São Paulo, v. 29, n. 4, p. 324-329, 2007.

MARTINS, M. R. et al. Versões alternativas do subteste memória lógica da WMS-R: Análise de desempenho de uma amostra Saudável da Cidade de São Paulo. Psicologia: Reflexao e Critica, v. 28, p. 3, p. 444-453, 2015.

MCKHANN, G. the diagnosis of dementia due to Alzheimer's disease. Alzheimers Dement, v. 7, p. 263-269, 2012.

MCDADE, E. M. Alzheimer Disease. Continuum (Minneap Minn), v. 28, n. 3, p. 648-675, 1 jun. 2022. PMID: 35678397.

MELO, S. C. et al. Dementias in Brazil: increasing burden in the 2000-2016 period. Estimates from the Global Burden of Disease Study 2016. Arq Neuropsiquiatr, v. 78, n. 12, p. 762-771, 2020.

MILLER, B. L.; BOEVE, B. F. The Behavioral Neurology of Dementia. 2. ed. Cambridge: Cambridge University Press, 2017.

MIOTTO, E. C. et al. Development of an adapted version of the Boston Naming Test for Portuguese speakers. Revista brasileira de psiquiatria, São Paulo, v. 32, n. 3, p. 279-282, 2010.

NITRINI, R.; LEFÈVRE, B. H.; MATHIAS, S. C. Testes neuropsicológicos de aplicação simples para o diagnóstico de demência. Arq. Neuro-Psiquiatr, v. 52, n. 4, 1994.

NITRINI, R. *et al*. Prevalence of dementia in Latin America: A collaborative study of population-based cohorts. International Psychogeriatrics, v. 21, n. 4, p. 622-630, 2009.

NORTH, C. *et al*. Neuropsychological deficits in Posterior Cortical Atrophy and typical Alzheimer's disease: a meta-analytic review. Cortex, v. 143, p. 223-236, 2021. Masson SpA. Disponível em: https://doi.org/10.1016/j.cortex.2021.07.011. Acesso em: 9 set. 2023.

PAPAGEORGIOU, S. G. *et al*. Rapidly progressive dementia: causes found in a Greek tertiary referral center in Athens. Alzheimer Dis Assoc Disord, v. 23, p. 337-346, 2009

PETERSEN, R. C. Mild Cognitive Impairment. Continuum (Minneap Minn). (2 Dementia), p. 404-418, 22 abr. 2016. PMID: 27042901; PMCID: PMC5390929.

PORTO, C. S. *et al*. Neuropsychological differences between frontotemporal lobar degeneration and Alzheimer's disease. Dementia & Neuropsychologia, v. 2, n. 3, p. 223-227, 2008.

PORTO, C. S. *et al*. Brazilian version of the Mattis dementia rating scale: diagnosis of mild dementia in Alzheimer's disease. Arq Neuropsiquiatr, v. 61, n. 2B, p. 339-345, jun. 2003.

RITTER, A. R. *et al*. Neuropsychological testing in pathologically verified alzheimer disease and frontotemporal dementia: how well do the uniform data set measures differentiate between diseases? Alzheimer Disease and Associated Disorders, v. 31, n. 3, p. 187-191, 2017.

SCHINDLER, S. E. *et al*. High-precision plasma β-amyloid 42/40 predicts current and future brain amyloidosis. Neurology, v. 93, p. E1647–E1659, 2019.

SCHELTENS, P. *et al*. Alzheimer's disease. Lancet, v. 397, n. 10284, p. 1577-1590, 24 abr. 2021.

SCHILLING, L. P. *et al*. Diagnóstico da doença de Alzheimer: recomendações do Departamento Científico de Neurologia Cognitiva e do Envelhecimento da Academia Brasileira de Neurologia. Consenso. Dement. Neuropsychol, v. 16, n. 3, Supl 1, 2022.

SPERLING, R. A. *et al*. Toward defining the preclinical stages of Alzheimer's disease: recommendations from the National Institute on Aging-Alzheimer's Association workgroups on diagnostic guidelines for Alzheimer's disease. Alzheimers Dement, v. 7, n. 3, p. 280-292, 2011.

LINO, V. T. S. *et al*. Adaptação transcultural da Escala de Independência em Atividades da Vida Diária (Escala de Katz). Cad. Saúde Pública, v. 24, n. 1, 2008. Disponível em: https://doi.org/10.1590/S0102-311X2008000100010

TAKADA, L. T. *et al*. Comparison between two tests of delayed recall for the diagnosis of dementia. Arq Neuropsiquiatr, v. 64, n. 1, p. 35-40, mar. 2006. Epub 2006 Apr 5. PMID: 16622550.

VAN DER FLIER, W. M. *et al*. Early-onset versus late-onset Alzheimer's disease: the case of the missing APOE ε4 allele. The Lancet Neurology, v. 10, n. 3, p. 280-288, 2011.

WEINTRAUB, S.; WICKLUND, A. H.; SALMON, D. P. The neuropsychological profile of Alzheimer disease. Cold Spring Harbor Perspectives in Medicine, v. 2, n. 4, 2012. Cold Spring Harbor Laboratory Press. Disponível em: https://doi.org/10.1101/cshperspect.a006171. Acesso em: 9 set. 2023.

42 Demência Frontotemporal

Luciana Cassimiro • Mônica Sanches Yassuda

O termo demência frontotemporal (DFT) engloba um grupo de doenças neurodegenerativas caracterizadas pelo processo de atrofia dos lobos frontais e/ou das porções anteriores dos lobos temporais. Do ponto de vista clínico, atualmente, a DFT é classificada em uma variante comportamental, na qual as alterações de comportamento são centrais e em duas variantes nas quais as disfunções de linguagem são proeminentes: a afasia progressiva primária (APP) não fluente/agramática, APP semântica e a APP logopênica. Dentre essas apresentações, a variante comportamental é a mais frequentemente encontrada (Younes; Miller, 2020; Souza et al., 2022).

O termo degeneração lobar frontotemporal (DLFT) se refere às condições histopatológicas que causam degeneração dos lobos frontais e temporais, abrangendo além da DFT outras condições neurodegenerativas, como a doença do neurônio motor (DNM), paralisia supranuclear (PSP) e a degeneração corticobasal (DCB). A DNM, também conhecida como esclerose lateral amiotrófica (ELA), consiste em degeneração progressiva da comunicação entre o cérebro e os músculos, levando à perda progressiva da função muscular e, em estágios mais avançados, pode afetar a capacidade de movimentação, fala, respiração e até mesmo a deglutição. A PSP resulta em problemas com o equilíbrio, controle da marcha, movimentos oculares anormais e dificuldades na fala e na deglutição. A degeneração corticobasal (DCB) é uma condição neurodegenerativa caracterizada por rigidez, dificuldades motoras unilaterais (geralmente em um lado do corpo), movimentos involuntários e dificuldades de coordenação. À medida que a doença progride, podem surgir dificuldades na fala, na escrita e em outras funções cognitivas. Assim como outras doenças neurodegenerativas, o tratamento visa principalmente aliviar os sintomas e melhorar a qualidade de vida do paciente e seus familiares.

A DFT é considerada a segunda causa mais comum de demência em indivíduos com idade de início inferior a 65 anos. Estudos indicam que o início dos sintomas ocorre geralmente entre 45 e 65 anos, embora já tenham sido descritos casos com início por volta dos 30 anos e após os 85 anos de idade (Bang et al., 2015).

Embora aproximadamente metade dos casos de DFT seja esporádica, cerca de 40% apresentam história familiar positiva, com padrão de herança genética associado em pelo menos 10% dos casos. Mutações nos genes *C9orf72* (cromossomo 9), *GRN* (cromossomo 17) e *MAPT* (cromossomo 17) são responsáveis pela maioria das variantes genéticas da DFT (Boeve et al., 2022; Snowden, 2023).

A prevalência de DFT é de 15 a 22 casos por 100 mil habitantes, com incidência de 2,7-4 casos por 100 mil habitantes/ano. Até o momento, não foram realizados estudos epidemiológicos para investigar exclusivamente a prevalência da DFT na população brasileira. No entanto, levantamentos epidemiológicos abordando demências em geral indicam uma prevalência estimada em torno de 0,18% em amostras de indivíduos brasileiros com idade acima de 65 anos (Souza et al., 2022). Em uma revisão sistemática de 26 estudos sobre a prevalência de DFT, identificou-se que homens e mulheres eram igualmente afetados, e que o diagnóstico da demência frontotemporal variante comportamental (vcDFT) foi 4 vezes mais prevalente do que os diagnósticos de APP, e a sobrevida dos pacientes após o início dos sintomas é de aproximadamente 6 a 9 anos (Hogan et al., 2016).

Afasia progressiva primária

A afasia progressiva primária (APP) é uma síndrome clínica caracterizada por distúrbio de linguagem de início insidioso e progressivo, que afeta o funcionamento da rede de linguagem. Na APP ocorre uma gradual dificuldade no resgate e uso das palavras, bem como na compreensão de frases e construção de textos, causando um impacto profundo sobre a capacidade de comunicação (Gorno-Tempini et al., 2011; Carthery-Goulart, 2017).

O início dos sintomas geralmente ocorre entre 65 e 70 anos, variando entre 50 e 80 anos, com sobrevida média de 8 a 12 anos. A doença resulta em um comprometimento assimétrico dos lobos frontais e temporais anteriores, com a apresentação clínica variando conforme a área mais afetada (Souza et al., 2020).

Com base no consenso de Gorno-Tempini (2011), foi proposta a padronização da terminologia e a formulação de critérios diagnósticos para APP e suas três variantes principais, em termos de manifestações clínicas e correlatos neuroanatômicos e neuropatológicos: APP não fluente/agramática (APP-NF/G), APP semântica (APP-S) e APP logopênica (APP-L). A APP-NF/G e a APP-S fazem parte da síndrome clínica da DFT, enquanto a APP-L é considerada uma apresentação atípica da doença de Alzheimer na maioria dos casos (Gorno-Tempini et al., 2011; Mesulam et al., 2013).

De acordo com o consenso de 2011, o diagnóstico de APP requer os critérios listados na Tabela 42.1. No entanto, na avaliação neuropsicológica é possível observar déficits

Tabela 42.1 Critérios de inclusão e exclusão para o diagnóstico de afasia progressiva primária.

Critérios de inclusão: os três devem estar presentes
1. O sintoma mais proeminente é a dificuldade com linguagem
2. Esses déficits são a principal causa das limitações nas atividades de vida diária
3. Afasia deve ser o déficit mais proeminente no início dos sintomas e nas fases iniciais da doença

Critérios de exclusão: os quatro devem estar ausentes
1. Os déficits são mais bem explicados por doenças não degenerativas do sistema nervoso ou por doenças clínicas
2. Os distúrbios cognitivos são mais bem explicados por diagnóstico psiquiátrico
3. Perda de memória episódica, memória visual, ou declínio nas habilidades visuoperceptivas como sintomas proeminentes iniciais
4. Distúrbio comportamental proeminente no início do quadro

Fonte: Gorno-Tempini et al., 2011.

em outras habilidades cognitivas, em especial aquelas que apresentam correlatos neuroanatômicos com a rede de linguagem, como a memória imediata verbal, praxia ideomotora, habilidades numéricas e cálculos.

A APP NF/G caracteriza-se por: alteração de expressão de palavras e da construção de sentenças. Os indivíduos podem apresentar erros sintáticos, inadequação no uso de pronomes e diminuição do uso de artigos e preposições. É referida também diminuição da fluência e grande esforço na produção da fala. O comprometimento motor caracteriza-se pela apraxia, ou seja, a inabilidade da articulação e sequenciamento dos movimentos musculares do aparelho fonoarticulatório necessários para a produção de fonemas e palavras. A APP NF/G está associada à atrofia no giro frontal inferior (Mesulam et al., 2013).

Na APP-S os pacientes apresentam importante comprometimento no conhecimento semântico e na habilidade de compreender palavras e frases. Nesse subtipo específico da APP, fluência, fonologia e sintaxe permanecem preservadas. No estágio inicial da doença, é evidente uma discrepância entre a compreensão relativamente intacta de sentenças e o significativo déficit na compreensão de substantivos concretos. O discurso conversacional é fluente, porém há dificuldade de acesso a palavras de conteúdo, sendo comum o uso de termos vagos como "este", "aquele" e "lá", sem uma referência clara (Mesulam et al., 2013; Tippet, 2020; Ulugut et al., 2022).

Estudos demonstram que, na APP-S, a memória operacional e as habilidades visuoespaciais apresentam relativa preservação. Além disso, são observadas condições como agnosia para objetos, prosopagnosia e parafasias semânticas. A progressiva deterioração do conhecimento semântico está associada a um comprometimento bilateral, geralmente assimétrico, do lobo temporal anterior (Kamath et al., 2020; Foxe et al., 2021).

Com relação à APP-L, os achados neuropatológicos indicam que a doença de Alzheimer (DA) é a causa mais comum, no entanto, aproximadamente um terço dos casos estão relacionados à degeneração frontotemporal (Mesulam et al., 2013; Foxe et al., 2021).

Apesar de o declínio da linguagem ser um sintoma inicial e predominante, estudos demonstram uma correlação entre gravidade da afasia e prejuízos na memória, habilidade visuoespacial e função executiva (Gorno-Tempini et al., 2011; Kamath et al., 2020; Foxe et al., 2021; de Souza et al., 2022).

Determinar o diagnóstico diferencial entre as diversas formas de APP é fundamental para o adequado planejamento da intervenção e o acompanhamento cognitivo, assim como para abordar outras comorbidades ao longo da evolução da patologia.

A avaliação das variantes da APP necessita da colaboração de uma equipe multidisciplinar, uma vez que inclui investigação clínica respaldada por exames de neuroimagem, bem como uma análise aprofundada da linguagem e de outros domínios cognitivos.

O raciocínio clínico utilizado para o diagnóstico diferencial entre as formas de APP é fundamentado na aplicação de baterias de avaliação abrangentes para a linguagem e testes destinados à avaliação de processamentos linguísticos específicos. Isso engloba testes relacionados à nomeação, conhecimento de objetos, compreensão oral de palavras e frases, repetição, fala espontânea, leitura, escrita e produção motora da fala. Além disso, são empregados testes e baterias destinados à avaliação de domínios cognitivos não linguísticos, junto de questionários relacionados à funcionalidade.

Variante comportamental da demência frontotemporal

A vcDFT é a síndrome clínica mais comum da DFT e se caracteriza por transtornos comportamentais e de personalidade progressivos, apresentando desinibição, apatia, perda de empatia, mudanças na dieta e comportamentos estereotipados. Além disso, a vcDFT pode apresentar déficits cognitivos com prejuízo nas funções executivas e na cognição social, com relativa preservação da memória episódica e habilidades visuoconstrutivas (Rascovsky et al., 2011).

As regiões do lobo frontal mais comumente alteradas incluem o córtex pré-frontal lateral, medial, e, principalmente, o orbitofrontal, além do córtex cingulado anterior e do córtex insular adjacente (Whitwell, 2019).

Os critérios iniciais para vcDFT foram publicados por Neary em 1998 e atualizados por Rascovski em 2011. São propostos seis eixos de análise, sendo cinco de natureza comportamental e um neuropsicológico, conforme listado na Tabela 42.2.

Os critérios propõem três níveis de fidedignidade diagnóstica:

- vcDFT *possível*, quando três ou mais sintomas estão presentes de maneira persistente ou recorrente
- vcDFT *provável*, quando além dos sintomas, há perda funcional significativa (documentada por cuidador ou escala específica), e pela presença de achados em neuroimagem estrutural compatíveis com atrofia frontal ou temporal anterior ou hipoperfusão ou hipometabolismo em neuroimagem funcional das regiões citadas

Tabela 42.2 Critérios diagnósticos da variante comportamental da demência frontotemporal.

1. Desinibição comportamental precoce
1. Comportamentos socialmente inapropriados
2. Perda de regras sociais ou decoro
3. Atos impulsivos

2. Apatia ou inércia precoce
1. Perda de empatia ou simpatia/compaixão precoce
2. Indiferença em relação às necessidades/sentimentos de outros
3. Diminuição no interesse social, em relacionamentos mútuos ou de afeto

3. Comportamentos compulsivo-ritualísticos, estereotipados ou perseverativos precoces
1. Movimentos repetitivos simples
2. Comportamentos complexos, compulsivos ou ritualísticos
3. Estereotipias da fala

4. Hiperoralidade e mudanças na dieta
1. Mudanças nas preferências alimentares
2. Compulsão alimentar, aumento no consumo de álcool ou cigarros
3. Exploração oral ou consumo de objetos não comestíveis

5. Perfil neuropsicológico
Disfunção executiva com relativa preservação da memória e habilidades visuoespaciais

Fonte: Rascovsky et al., 2011.

- vcDFT com patologia de degeneração lobar frontotemporal (DLFT) definida quando os critérios para possível ou provável estão presentes e há evidências histopatológicas (em biópsia ou análise *post-mortem*) ou presença de mutação genética.

Como sintomas neuropsiquiátricos iniciais, os pacientes com vcDFT apresentam desinibição, diminuição da empatia/simpatia e apatia. Podem também ocorrer hiperfagia ou modificações no padrão alimentar, comprometimento no julgamento e hipersexualidade. Adicionalmente, em muitos casos, são observados déficits no funcionamento executivo, como dificuldades no planejamento, organização, alternância de tarefas e comportamentos perseverativos (Rascovsky *et al.*, 2011).

A desinibição manifesta-se em comportamentos inadequados, como a invasão do espaço interpessoal ou comportamentos que denotam excessiva familiaridade com pessoas desconhecidas. A desinibição também pode incluir ações impulsivas, redução do autocuidado/preservação, com envolvimento em jogos de azar, furtos e roubos e tomada de decisões inadequadas. A perda de decoro social também é uma característica comum na vcDFT, muitas vezes evidenciada por piadas inapropriadas, gafes e uso de linguagem obscena sem constrangimento (Bertoux *et al.*, 2015; Ducharme *et al.*, 2020).

A redução ou ausência da empatia é outra característica frequentemente observada na vcDFT. A empatia refere-se à capacidade de compreender e reconhecer pensamentos, crenças e perspectivas de outras pessoas, permitindo prever os sentimentos e reações do outro em determinada situação e ajustar nosso comportamento de acordo (empatia cognitiva). Refere-se também à capacidade de compreensão de reações emocionais por meio da observação da experiência alheia (empatia emocional) (Ducharme *et al.*, 2020).

Déficits na empatia, por exemplo, podem levar o paciente a comentários ásperos e/ou agressivos com outras pessoas, incluindo seus familiares mais próximos. Podem mostrar-se indiferentes quando seus parceiros ou familiares choram durante a anamnese. Os déficits na empatia são responsáveis por importante sofrimento de familiares e cuidadores de pacientes com vcDFT (Dilcher, 2023).

A apatia na vcDFT manifesta-se por meio da indiferença, falta de interesse ou embotamento emocional e pode estar acompanhada de diminuição dos movimentos em geral. Os pacientes apresentam perda de motivação para participar de atividades com metas definidas, tendem a se retrair socialmente, bem como reduzir o interesse em atividades antes prazerosas. Durante a anamnese, os pacientes podem apresentar um padrão de fala monótono, sem modulação e prosódia. Quadros clínicos com essa apresentação são frequentes e erroneamente associados à depressão. No entanto, a alteração do humor, característica clássica da depressão, é incomum na vcDFT (Kumfor *et al.*, 2018; Johnen; Bertoux, 2019).

Outra característica importante da vcDFT é a alteração no padrão alimentar. Pacientes com vcDFT apresentam alterações alimentares mais frequentes quando comparados a pacientes com a DA. Predileção por determinados alimentos e um padrão alimentar desinibido e impulsivo, muitas vezes com a inserção de grande quantidade de alimentos de uma só vez na boca e a ingestão muito rápida também têm sido descritas como sinal precoce e específico da vcDFT, assim como a hiperoralidade, com a exploração de objetos não comestíveis com a boca ou o aumento no consumo de cigarros (Bang *et al.*, 2015; Olney *et al.*, 2017).

Comportamentos perseverativos, estereotipados ou compulsivos também podem ocorrer na vcDFT. Os pacientes podem se tornar rígidos e inflexíveis em relação às rotinas, e uma parcela substancial dos casos desenvolvem rituais e/ou comportamentos incomuns, como acumular ou colecionar objetos, rotinas inflexíveis de alimentação e higiene. Durante a anamnese as declarações podem parecer estereotipadas e repetitivas e alguns pacientes apresentam tiques motores verbais, como estalar os lábios ou bater palmas (Johnen, Bertoux, 2019).

Como muitos dos sintomas iniciais da vcDFT podem também ser identificados em transtornos psiquiátricos, o diagnóstico da vcDFT é desafiador. De fato, um estudo com 252 pacientes com demências diagnosticados em uma clínica especializada em neurologia cognitiva e comportamental, observou que cerca de metade dos pacientes com diagnóstico de vcDFT havia recebido um diagnóstico psiquiátrico prévio, sendo mais prevalente o transtorno bipolar (Younes, Miller, 2020).

Como diversos estudos apontam que as dificuldades no manejo das alterações comportamentais apresentadas pelos pacientes com vcDFT, em relação às outras demências, se mostram como um fator facilitador para uma maior sobrecarga emocional e estresse do cuidador (Lima-Silva *et al.*, 2015; Branger *et al.*, 2018; Elias *et al.*, 2021), o diagnóstico diferencial da vcDFT é fundamental no aconselhamento familiar e na orientação aos cuidadores, a fim de minimizar a sobrecarga e o estresse associados ao cuidado.

Cognição social

Embora as alterações na cognição social (CS) não figurem entre os critérios diagnósticos do consenso de 2011, elas foram incluídas nos critérios do *Manual diagnóstico e estatístico de transtornos mentais* – DSM-5 como evidência relevante para o diagnóstico dos transtornos neurocognitivos maiores. Estudos sugerem que os testes de CS sejam úteis para o diagnóstico diferencial entre vcDFT e outras demências (Bertoux *et al.*, 2016; Moura *et al.*, 2021).

Cognição social é a capacidade de processar corretamente as informações sociais e os estados mentais (emoções, conhecimentos, crenças e intenções), tanto de si como dos outros, a fim de compreender o comportamento interpessoal e agir de acordo (Lahera *et al.*, 2014). As principais regiões cerebrais associadas à cognição social são o córtex pré-frontal ventromedial, orbitofrontal, occipital inferior, lobo temporal anterior, gânglios basais e amígdala (Willis *et al.*, 2010; Elamin *et al.*, 2012). Os distúrbios que surgem associados a lesões nessas regiões são heterogêneos e podem levar a problemas interpessoais, ocupacionais e legais (Zald; Andreotti, 2010).

Um dos modelos conceituais mais aceitos na literatura (Couture *et al.*, 2006) sobre a cognição social engloba as seguintes medidas:

Percepção social (PS): caracteriza-se pela habilidade de extrair pistas (sociais e emocionais) de um contexto social. Relaciona-se à compreensão de regras e convenções sociais. Consiste em uma habilidade complexa, relacionada às funções ventromediais e dorsolaterais do córtex pré-frontal (Couture *et al.*, 2006; Evans, 2008; Shany-U; Rankin, 2011)

Percepção emocional (PE): consiste no reconhecimento de emoções básicas através de expressões faciais e vozes, envolvendo a habilidade sociocognitiva de perceber sinais emocionais, relacionando-se à amígdala (Couture *et al.*, 2006; Willis *et al.*, 2010; Shany-U; Rankin, 2011)

Estilo de atribuição (EA): pode ser descrito como a capacidade de dar significado aos acontecimentos vivenciados (Couture *et al.*, 2006)

Teoria da mente (ToM): refere-se à habilidade de realizar inferências sobre o estado mental, os pensamentos e sentimentos de outros indivíduos, a fim de compreender e prever seu comportamento (Premack; Woodruff, 1978). Essa habilidade relaciona-se, sobretudo, às regiões frontais ventromediais (Torralva *et al.*, 2009).

Avaliação da cognição social

Para a avaliação da PE, o teste *Pictures of facial affect* ou *Faces de Ekman* (Ekman; Friesen, 1976) é amplamente utilizado. São 110 fotografias de expressões faciais, exibidas por um programa de computador, representadas pelas faces de 14 atores, sendo 8 mulheres e 6 homens. Cada face expressa seis emoções básicas (raiva, medo, tristeza, nojo, surpresa e alegria) e seis neutras. Estudos demonstraram que pacientes com vcDFT apresentam pior desempenho na tarefa, quando comparados a pacientes com comprometimento cognitivo leve, DA, transtorno depressivo maior e indivíduos cognitivamente saudáveis (Diehl-Schmid *et al.*, 2007; Bertoux *et al.*, 2012; Funkiewiez *et al.*, 2012). Os testes atualmente mais utilizados para a avaliação da ToM em adultos e idosos são o Teste de Reconhecimento de faux-pas e o *Reading the mind in the eyes Test* (Stone *et al.*, 1998; Baron-Cohen *et al.*, 1997; Bora *et al.*, 2015). O Teste de reconhecimento de faux-pas consiste em 20 histórias curtas: em 10 delas ocorrem gafes sociais e em 10 histórias há conflitos mínimos, mas não gafes. Se uma gafe é identificada, perguntas adicionais são realizadas para verificar se há identificação correta das nuances da situação e verificar a empatia do indivíduo. Também são realizadas perguntas-controle para verificar a memória e a compreensão do indivíduo sobre a história. Pacientes com vcDFT apresentam pior desempenho no teste quando comparados a indivíduos cognitivamente saudáveis e com demências de outras etiologias (Bertoux *et al.*, 2015; Mariano *et al.*, 2020; Moura *et al.*, 2021). O teste *Reading the mind in the eyes test* (RMET) consiste em 36 fotografias da expressão do olhar em preto e branco. O indivíduo é exposto às imagens, uma a uma, e é convidado a escolher, entre quatro palavras, a que melhor descreveria o estado mental da pessoa da foto, ou seja, o que ela estaria sentindo ou pensando. Pacientes com vcDFT apresentam pior desempenho na tarefa, quando comparados a indivíduos cognitivamente saudáveis e com demências de outras etiologias (Bertoux *et al.*, 2016; Ducharme *et al.*, 2020).

Em 2012, Funkiewiez *et al.* propuseram a SEA (*social cognition and emotional assessment*), bateria de avaliação neuropsicológica composta por cinco subtestes, cada um avaliando uma função cognitiva específica das regiões orbitofrontais: teste de reconhecimento de emoções, teoria da mente, controle de comportamento, tarefa de aprendizagem de reversão emocional e uma escala de apatia, características essas reconhecidas como prejudicadas na vcDFT (Neary *et al.*, 2005; Piguet *et al.*, 2011). Três grupos foram avaliados com a SEA: 22 pacientes com vcDFT, 22 pacientes com DA ou comprometimento cognitivo leve amnéstico e 30 controles saudáveis, todos pareados por idade e nível educacional. A SEA obteve excelente sensibilidade e especificidade para diferenciar indivíduos controles de pacientes com vcDFT e especificidade de 88,5% para discriminar entre vcDFT, controles e pacientes com DA/comprometimento cognitivo leve. Para adequar as restrições de tempo e material em uma avaliação clínica padrão, uma versão reduzida da SEA foi proposta: a mini-SEA (Bertoux *et al.*, 2012). A mini-SEA permite uma avaliação mais rápida da cognição social e do processamento emocional por meio de dois subtestes: uma versão reduzida do teste de teoria da mente e o teste de reconhecimento de emoções faciais. Estudos demonstraram que a mini-SEA também pode ser usada para o diagnóstico diferencial entre casos de vcDFT de transtorno depressivo e outros transtornos psiquiátricos primários (Gossink *et al.*, 2018; Ducharme *et al.*, 2020).

Diante da ampla gama de sintomas na vcDFT, a avaliação do funcionamento cognitivo/comportamental é de fundamental importância para o diagnóstico diferencial da vcDFT, e depende fortemente da aplicação correta dos critérios clínicos atuais e da exclusão de outras causas para os sintomas.

Avaliação neuropsicológica

Apesar da heterogeneidade das alterações cognitivas na vcDFT, os critérios atuais para diagnóstico indicam que o perfil neuropsicológico deve incluir disfunção executiva, relativa preservação da memória episódica e relativa conservação de funções visuoespaciais. Entretanto, em fases iniciais da doença, a disfunção executiva pode não ser tão proeminente e podem ser observadas alterações na memória episódica (Souza et al., 2020).

Entretanto, há grande sobreposição de déficits quando se compara o perfil neuropsicológico na DA e vcDFT. Pacientes com vcDFT podem apresentar déficits de memória episódica semelhantes aos encontrados na DA, e déficits de funções executivas geralmente encontrados na vcDFT podem estar presentes em ambas as doenças (Bertoux et al., 2016).

Portanto, além de documentar o perfil neuropsicológico do paciente com parâmetros específicos para cada domínio da cognição, a avaliação e observação qualitativa do comportamento do paciente são especialmente relevantes. A presença de comportamentos e estratégias pouco usuais durante a testagem, como impulsividade, dificuldade de aderência às regras das tarefas apresentadas, desatenção, rigidez comportamental, comportamentos ritualizados ou obsessivos, dificuldades na mudança de contextos e respostas perseverativas podem contribuir para o diagnóstico diferencial (Gossink et al., 2018).

A Tabela 42.3 apresenta uma bateria mínima de instrumentos neuropsicológicos recomendados para o diagnóstico da DFT pelo Departamento Científico de Neurologia Cognitiva e do Comportamento da Academia Brasileira de Neurologia (de Souza et al., 2022).

Com relação ao estadiamento da doença, a *Frontotemporal dementia rating scale* (FRS), apresenta uma versão validada para uso em nosso país. Com relação à investigação e avaliação das alterações comportamentais, o Inventário Comportamental Frontal (ICF) vem apresentando grande utilidade para o diagnóstico diferencial entre a vcDFT e outras demências, contudo, ainda não temos a validação dessa escala no Brasil.

O tratamento da DFT e suas variantes é predominantemente clínico. É importante destacar que não há tratamento específico que reverta ou cure a progressão da DFT. O foco está no manejo dos sintomas e na melhoria da qualidade de vida do paciente e de seus cuidadores. Cada caso deve ser abordado individualmente, adaptando as intervenções terapêuticas de acordo com as necessidades específicas do paciente, incluindo medidas farmacológicas e não farmacológicas. As intervenções não farmacológicas incluem ações educativas para o paciente e familiares/cuidadores, terapia ocupacional, psicoterapia comportamental, modificações ambientais e suporte psicossocial.

Em conclusão, a DFT engloba diferentes síndromes clínicas associadas à deterioração progressiva do comportamento/personalidade ou transtornos de linguagem. O diagnóstico diferencial entre as variantes da DFT e outras demências, é um grande desafio para a equipe multidisciplinar e peça-chave para uma abordagem adequada no manejo dos sintomas comportamentais e na redução da sobrecarga dos cuidadores.

Tabela 42.3 Instrumentos neuropsicológicos.

Função cognitiva	Testes
Memória • Episódica verbal • Episódica visual	• Teste de aprendizagem auditivo-verbal (RAVLT) • Figura complexa de Rey
Atenção e funções executivas • Controle inibitório • Velocidade de processamento	• Teste de trilhas A e B • Dígitos diretos e inversos da escala de inteligência Wechsler para adultos (WAIS-III) • Teste Wisconsin de classificação de cartas (WCST) • Teste de Hayling • Códigos da escala de inteligência Wechsler para adultos (WAIS-III)
Funções visuoespacias	• Figura complexa de Rey • Cubos da escala de inteligência Wechsler para adultos (WAIS-III)
Funções visuoperceptivas	• *Visual object and space perception* (VOSP)
Linguagem	• Vocabulário da escala de inteligência Wechsler para adultos (WAIS-III) • Teste de nomeação de Boston

Cognição social	• Versão curta do *social and emotional assesment* (Mini-SEA):
	  ▪ Teste de reconhecimento de emoções faciais
	  ▪ Teste de *faux-pas*

Fonte: de Souza et al., 2022.

Caso clínico

J., 64 anos, casada, 2 filhos (gêmeos), destra, 15 anos de escolaridade, professora de ensino médio, fluente em espanhol. Os dados da história foram fornecidos pelo marido e cuidador da paciente.

Aos 54 anos, começou a apresentar alterações comportamentais caracterizadas por suspeita em relação à fidelidade do marido, irritabilidade persistente, indispondo-se frequentemente com colegas de trabalho e vizinhos. Apresentava também insônia, ansiedade e apatia. Nesse período, J. obteve diagnóstico de depressão por psiquiatra e iniciou tratamento com antidepressivo e ao longo de 1 ano foi tratada com diferentes fármacos (marido não soube precisar nomes e doses), à medida que o quadro comportamental não apresentava melhora. Houve apenas discreta melhora da irritabilidade nesse período.

Aproximadamente aos 56 anos, começou a apresentar discreta dificuldade de memória para nomes de pessoas conhecidas e onde guardava objetos. Começou também a apresentar um discurso estereotipado, perguntando aos filhos e marido sempre as mesmas questões: "O que eu vou fazer para o jantar? O que eu vou fazer?". A seguir repetia diversas vezes "Eu não sei fazer comida, eu não sei fazer comida". Quando questionada porque falava assim (já que sempre foi muito boa na cozinha), repetia reverberando: "Eu não sei fazer comida, eu não sei fazer". Nesse mesmo período, começou a ficar indiferente às dificuldades e sentimentos dos filhos, marido e amigos. Também deixou de se importar com as manifestações de carinho de seu cão de estimação.

De forma progressiva, as dificuldades de memória foram se agravando e a paciente foi se tornando mais apática. Ficava horas sentada no sofá da sala, com a TV desligada e olhar vazio, abolindo atividades antes prazerosas, como a leitura e o crochê. Recusava contato com familiares e amigos. Reduziu de maneira importante o cuidado com a higiene pessoal e modificou os hábitos alimentares, com a ingestão de apenas um único alimento (macarrão sem molho) em qualquer refeição, com importante perda de peso no último ano (cerca de 15 kg). Com o agravamento do quadro de memória, sobretudo para fatos recentes, foi diagnosticada com DA.

Assim, na ocasião, foi prescrito um anticolinesterásico, fármaco com o objetivo de retardar a evolução da DA. Contudo, gradativamente, a paciente foi se tornando mais dependente do marido para realizar qualquer atividade ou tarefa, solicitando sua ajuda inúmeras vezes ao longo do dia. Começou a inserir palavras em espanhol em suas conversas e deixou de se preocupar com qualquer situação relacionada aos filhos. Passava dias sem perguntar sobre eles e quando ligavam ou a visitavam, os recebia com indiferença. Após alguns meses de tratamento, a paciente começou a apresentar exacerbação das alterações comportamentais e maior irritabilidade, com alguns episódios de agressividade física e verbal, nos quais recusava alimentação.

Foi encaminhada para um serviço de neurologia cognitiva, para diagnóstico diferencial, uma vez que os sintomas apresentados não fechavam critérios para o diagnóstico de transtorno psiquiátrico primário e de DA e pela piora progressiva do quadro comportamental.

Em novo exame de neuroimagem apresentou sinais sugestivos de atrofia temporal anterior bilateral, mais acentuada à esquerda.

Avaliação neuropsicológica

Foi necessário que o marido permanecesse na sala ao longo da avaliação, pois perante a possibilidade de ficar sozinha com o avaliador, J. apresentou importante ansiedade, manifestando recusa em realizar qualquer tarefa sem a presença do marido. Durante a anamnese, inseriu diversas palavras em espanhol em seu discurso. Com a presença do marido, mostrou-se colaborativa durante toda a avaliação.

Apresentou resultados que indicavam prejuízos significativos da cognição global, avaliada pela Escala de avaliação de demência (DRS-Mattis), com escores muito inferiores em todas as subescalas da Bateria, com exceção da subescala construção. Apresentou também desorientação temporal.

Nas tarefas específicas de atenção, apresentou desempenho médio inferior no teste de Trilhas A, demonstrando lentificação na execução. Na parte B do teste, apresentou desempenho muito abaixo do esperado, com 2 erros de execução, indicando dificuldade em coordenar duas fontes de informação diferentes.

Na prova de velocidade de processamento (códigos da Escala Wechesler de Inteligência (WAIS-III)) apresentou desempenho médio inferior, conseguindo completar 33 códigos da tarefa, cometendo 21 erros.

Na tarefa de dígitos da Escala Wechesler de inteligência (WAIS-III) obteve desempenho médio inferior, sendo capaz de repetir uma sequência de até 4 dígitos no que se refere à ordem direta. Na ordem inversa da tarefa foi capaz de repetir 2 dígitos, obtendo desempenho inferior.

Nas provas de habilidades visuoconstrutivas (cópia da Figura complexa de Rey) e cubos da Escala Wechesler de Inteligência obteve desempenho muito inferior, com importante dificuldade no planejamento da construção das figuras.

Na prova de controle inibitório (Teste Stroop) observou-se desempenho muito inferior, com importante dificuldade em inibir a leitura das cores, cometendo 8 erros durante a execução do cartão III, apresentando importante dificuldade em inibir a leitura das palavras.

Na tarefa de Memória auditiva verbal de Rey (RAVLT), a paciente apresentou desempenho inferior na somatória das 5 tentativas, não se beneficiando da repetição da lista de palavras. Na evocação após a apresentação da lista distratora, apresentou desempenho muito inferior, assim como na evocação tardia. Na fase de reconhecimento, foi capaz de reconhecer corretamente todas as palavras, contudo apresentou 10 falsos reconhecimentos, obtendo assim desempenho inferior.

Nas provas de linguagem obteve desempenho inferior nas provas de fluência verbal categoria semântica e fonêmica, com erros de violação de regras (verbalizou nomes próprios, tanto de pessoas como de lugares) nas duas tarefas. Na prova de nomeação por confrontação visual (Teste de nomeação de Boston) apresentou desempenho muito inferior.

Com relação à cognição social, a paciente apresentou desempenho inferior no reconhecimento de emoções, conseguindo identificar a emoção expressa apenas em 9 das 25 faces apresentadas – reconheceu corretamente apenas as emoções alegria (5/5) e tristeza (4/5). Quanto ao Teste de faux-pas, a paciente apesar de compreender as histórias, conseguiu identificar apenas 2 (entre 10) das situações de gafe, demonstrando, portanto, importante prejuízo em detecção, entendimento, intencionalidade e empatia.

Os resultados da avaliação demonstraram perfil neuropsicológico com comprometimento em memória, funções executivas, linguagem e cognição social associados à alterações comportamentais, com apatia, perda de interesse social e mudança no padrão alimentar e importante redução de sua funcionalidade nas atividades de vida diária. Esse perfil associado à anamnese e aos exames de neuroimagem apontaram para o desenvolvimento de um quadro da vcDFT.

Assim, foi descontinuado o uso anticolinesterásico e iniciado uso de medicamentos para estabilização de humor e comportamento. Após a alteração realizada, a paciente apresentou estabilização do quadro comportamental, com agitação e irritabilidade esparsas. Com a evolução da doença, apresentou declínio cognitivo acentuado e apatia pronunciada.

Referências bibliográficas

ADOLPHS, R. The social brain: neural basis of social knowledge. Annual review of psychology, v. 60, p. 693-716, 2009.

AMERICAN PSYCHIATRIC ASSOCIATION (APA). Diagnostic and statistical manual of mental disorders (DSM-5). 2013.

BANG, J.; SPINA, S.; MILLER, B. L. Frontotemporal dementia. Lancet, v. 386, p. 1672-1682, 2015.

BARON-COHEN, S. et al. Another advanced test of theory of mind: evidence from very high functioning adults with autism or asperger syndrome. The Journal of Child Psychology and Psychiatry, v. 38, n. 7, p. 813-822, 1997.

BERTOUX, M. et al. Social cognition deficits: the key to discriminate behavioral variant frontotemporal dementia from Alzheimer's disease regardless of amnesia? Journal of Alzheimers Disease, v. 49, n. 4, p. 1065-1074, 2016.

BERTOUX, M. et al. Social cognition and emotional assessment differentiates frontotemporal dementia from depression. Neurol Neurosurg Psychiatry, v. 83, n. 4, p. 411-416, 2012.

BERTOUX, M.; HORNBERGER, M. 'Try to see it my way': which theory of mind tests best distinguish bvFTD and AD? Journal of Neurology, Neurosurgery & Psychiatry, v. 86, n. 7, p. 706, 2015.

BORA, E.; VELAKOULIS, D.; WALTERFANG, M. Meta-analysis of facial emotion recognition in behavioral variant frontotemporal dementia: comparison with alzheimer disease and healthy controls. J Geriatr Psychiatry Neurol, v. 29, n. 4, p. 205-211, 2016.

BORA, E.; WALTERFANG, M.; VELAKOULIS, D. Theory of mind in behavioural-variant frontotemporal dementia and Alzheimer's disease: a meta-analysis. Journal of Neurology, Neurosurgery & Psychiatry, v. 86, n. 7, p. 714-719, 2015.

BOEVE, B. F. et al. Advances and controversies in frontotemporal dementia: diagnosis, biomarkers, and therapeutic considerations. Lancet Neurology, v. 21, n. 3, p. 258-272, 2022.

BRANGER, C. et al. Variance in caregiver burden predicted by patient behaviors versus neuropsychological profile. Applied Neuropsychology: Adult, v. 25, n. 5, p. 441-447, 2018.

CARTHERY-GOULART, M. T. Primary progressive aphasia. In: PACHANA, N. A. (Ed.). Encyclopedia of Geropsychology. Singapore: Springer Nature, 2017.

COUTURE, S. M.; PENN, D. L.; ROBERTS, D. L. The functional significance of social cognition in schizophrenia: a review. Schizophrenia bulletin, v. 32, supl. 1, p. S44-S63, 2006.

DE SOUZA, L. C. et al. The effects of gender, age, schooling, and cultural background on the identification of facial emotions: a transcultural study. International Psychogeriatrics, v. 30, n. 12, p. 1861-1870, 2018.

DILCHER R. et al. Social cognition in behavioral variant frontotemporal dementia and pathological subtypes: a narrative review. Journal of Alzheimer's Disease, v. 94, n. 1, p. 19-38, 2023.

DUCHARME, S. et al. Recommendations to distinguish behavioural variant frontotemporal dementia from psychiatric disorders. Brain, v. 143, n. 6, p. 1632-1650, 2020.

EKMAN, P.; FRIESEN, W. V. Pictures of facial affect. Palo Alto, CA: Consulting Psychologists Press, 1976.

ELAMIN, M. et al. Social cognition in neurodegenerative disorders: a systematic review. Journal of Neurology, Neurosurgery & Psychiatry, v. 83, n. 11, p. 1071-1079, 2012.

ELIAS, A.; ROWE, C.; HOPWOOD, M. Risk of dementia in posttraumatic stress disorder. Journal of geriatric psychiatry and neurology, v. 34, n. 6, p. 555-564, 2021.

EVANS, J. S. B. Dual-processing accounts of reasoning, judgment, and social cognition. Annual Review of Psychology, v. 59, n. 1, p. 255-278, 2008.

FOXE, D. et al. Longitudinal cognitive and functional changes in primary progressive aphasia. Journal of Neurology, v. 268, p. 1951-1961, 2021.

FUNKIEWIEZ A. et al. The SEA (Social cognition and Emotional Assessment, p. a clinical neuropsychological tool for early diagnosis of frontal variant of frontotemporal lobar degeneration. Neuropsychology, v. 26, n. 1, p. 81-90, 2012.

GORNO-TEMPINI, M. L. et al. Classification of primary progressive aphasia and its variants. Neurology, v. 76, n. 11, p. 1006-1014, 2011.

GOSSINK, F.; SCHOUWS, S.; KRUDOP, W. Social cognition differentiates behavioral variant frontotemporal dementia from other neurodegenerative diseases and Psychiatric Disorders. Journal of Geriatric Psychiatry, v. 26, n. 5, p. 569-579, 2018.

HOGAN, D. B. et al. The prevalence and incidence of frontotemporal dementia: a systematic review. Can J Neurol Sci, v. 43, Suppl 1, p. S96-S109, 2016.

JOHNEN, A.; BERTOUX, M. Psychological and cognitive markers of behavioral variant frontotemporal dementia – A clinical neuropsychologist's view on diagnostic criteria and beyond. Frontiers in Neurology, v. 10, p. 594, 2019.

KAMATH, V.; SUTHERLAND, E. R.; CHANEY, G. A. A meta-analysis of neuropsychological functioning in the logopenic variant of primary progressive aphasia: Comparison with the semantic and non-fluent variants. Journal of the International Neuropsychological Society, v. 26, n. 3, p. 322-330, 2020.

KUMFOR, F. et al. Beyond the face: how context modulates emotion processing in frontotemporal dementia subtypes. Brain, v. 141, n. 4, p. 1172-1185, 2018.

LAHERA, G. et al. Movie for the assessment of social cognition (MASC): spanish validation. Journal of autism and developmental disorders, v. 44, p. 1886-1896, 2014.

LIMA-SILVA, T. B. et al. Neuropsychiatric symptoms, caregiver burden and distress in behavioral-variant frontotemporal dementia and Alzheimer's disease. Dementia and Geriatric Cognitive Disorders, v. 40, n. 5-6, p. 268-275, 2015.

MARIANO, L. I. et al. Disinhibition in frontotemporal dementia and Alzheimer's disease: a neuropsychological and behavioural investigation. Journal of the International Neuropsychological Society, v. 26, n. 2, p. 163-171, 2020.

MESULAM, M. Primary progressive aphasia: a dementia of the language network. Dementia & neuropsychologia, v. 7, n. 1, p. 2-9, 2013.

MOURA, M. V. B. et al. Social cognition tests can discriminate behavioral variant frontotemporal dementia from alzheimer's disease independently of executive functioning. Arch Clin Neuropsychol, v. 36, n. 5, p. 831-837, 2021.

NEARY, D. et al. Frontotemporal lobar degeneration: a consensus on clinical diagnostic criteria. Neurology, v. 51, p. 1546-1554, 1998.

NEARY, D.; SNOWDEN, J.; MANN, D. Frontotemporal dementia. The Lancet Neurology, v. 4, n. 11, p. 771-780, 2005.

OLNEY, N. T.; SPINA, S.; MILLER, B. L. Frontotemporal dementia. Neurol Clin. v. 35, p. 339-374, 2017.

PIGUET, O. et al. Behavioural-variant frontotemporal dementia: diagnosis, clinical staging, and management. The Lancet Neurology, v. 10, n. 2, p. 162-172, 2011.

PREMACK, D.; WOODRUFF, G. Does the chimpanzee have a theory of mind? Behavioral and Brain Sciences, v. 1, n. 4, p. 515-526, 1978.

RASCOVSKY, K. et al. Sensitivity of revised diagnostic criteria for the behavioural variant of frontotemporal dementia. Brain, v. 134, Pt 9, p. 2456-2477, 2011.

SHANY-UR, T.; RANKIN, K. P. Personality and social cognition in neurodegenerative disease. Current Opinion in Neurology, v. 24, n. 6, p. 550-555, 2011.

SNOWDEN, J. S. Changing perspectives on frontotemporal dementia: A review. Journal of Neuropsychology, v. 17, n. 2, p. 211-234, 2023.

SOUZA, L. C. D. et al. Diagnosis of frontotemporal dementia: recommendations of the Scientific Department of Cognitive Neurology and Aging of the Brazilian Academy of Neurology. Dementia & Neuropsychologia, v. 16, p. 40-52, 2022.

STONE, V. E.; BARON-COHEN, S.; KNIGHT, R. T. Frontal lobe contributions to theory of mind. Journal of Cognitive Neuroscience, v. 10, n. 5, p. 640-656, 1998.

TORRALVA, T. et al. A neuropsychological battery to detect specific executive and social cognitive impairments in early frontotemporal dementia. Brain, v. 132, n. 5, p. 1299-1309, 2009.

ULUGUT, H. et al. The natural history of primary progressive aphasia: beyond aphasia. Journal of neurology, v. 269, n. 3, p. 1375-1385, 2022.

WHITWELL, J. L. FTD spectrum: neuroimaging across the FTD spectrum. Progress in Molecular Biology and Translational Science, v. 165, p. 187-223, 2019.

WILLIS, M. L. et al. Orbitofrontal cortex lesions result in abnormal social judgements to emotional faces. Neuropsychologia, v. 48, n. 7, p. 2182-2187, 2010.

YOUNES, K.; MILLER, B. L. Neuropsychiatric aspects of frontotemporal dementia. Psychiatric Clinics of North America, v. 43, n. 2, p. 345-360, 2020.

ZALD, D. H.; ANDREOTTI, C. Neuropsychological assessment of the orbital and ventromedial prefrontal cortex. Neuropsychologia, v. 48, n. 12, p. 3377-3391, 2010.

43 Afasias Progressivas Primárias

Marcela Lima Silagi • Lenisa Brandão • Tharsila Gomes da Costa • Leticia Lessa Mansur

Introdução

As afasias progressivas primárias (APP) constituem um grupo de síndromes neurodegenerativas em que as alterações de linguagem prevalecem sobre outros comprometimentos cognitivos na fase inicial da doença, durante pelo menos 2 anos. Geralmente se iniciam em idade pré-senil e estão associadas a atrofias em regiões cerebrais relacionadas ao processamento da linguagem nos lobos frontal, temporal e parietal (Gorno-Tempini et al., 2011).

As APP podem apresentar diferentes substratos neuroanatômicos, neuropatológicos, genéticos e clínicos e, portanto, são subdivididas atualmente em três principais variantes: variante não fluente/agramática (APP-NF/G), variante semântica (APP-S) e variante logopênica (APP-L) (Gorno-Tempini et al., 2011). Portanto, a APP é uma síndrome cujo diagnóstico é complexo e baseado em probabilidade, dependendo de achados clínicos, dados de neuroimagem e biomarcadores. O caráter longitudinal com aparecimento de sintomas em forma leve retarda a identificação. A superposição sindrômica e a heterogeneidade de apresentação dos casos são fatores confundidores na identificação e no diagnóstico diferencial das diferentes variantes.

Desde a sua identificação até os dias atuais, o conhecimento sobre as APP tem evoluído e se enriquecido com a contribuição de áreas multidisciplinares. Acumularam-se conhecimentos notáveis sobre aspectos neuropatológicos, genéticos, de neuroimagem e sobre seus traços clínicos.

Neste capítulo, traçaremos um breve histórico sobre as diferentes classificações das APP, até o consenso de Gorno-Tempini et al. em 2011, que ainda vigora atualmente. Com base no consenso, abordaremos os elementos para estabelecer o diagnóstico diferencial entre as APP e outras demências, bem como os sinais que permitem levantar hipóteses de inclusão no diagnóstico e subtipos de APP.

Situaremos os achados de linguagem no contexto da interface de áreas interessadas no estudo dessa entidade nosológica, buscando correlações entre exames de imagem, exames neuropatológicos e dados da avaliação clínica.

Por fim, descreveremos os principais testes e baterias de avaliação que podem ser utilizados no nosso contexto para caracterização das manifestações neuropsicológicas, com ênfase na linguagem.

Breve histórico das classificações das APP até o consenso de 2011

O termo "afasia progressiva primária" foi utilizado pela primeira vez após uma publicação de Mesulam em 1982, que continha a descrição de uma série de casos de pacientes com alterações caracterizadas como "afasia lentamente progressiva". A descrição inicial da síndrome valorizou as seguintes características: preservação da memória para eventos recentes e leves alterações no comportamento e na capacidade de reconhecimento de objetos, nem sempre notadas. Mesulam admitiu ainda que essas mudanças, decorrentes de causas degenerativas, não comprometiam o desempenho cognitivo global e a independência nas atividades do cotidiano.

Nos anos 1990, Hodges et al. descreveram casos de pacientes com perda progressiva da memória semântica, e Grossman et al. relataram casos de pacientes com "fala hesitante e agramática", surgindo então os termos demência semântica (DS) e afasia progressiva não fluente (APP-NF), com definição dos primeiros critérios diagnósticos da APP e de seus subtipos em 1998.

Por aproximadamente duas décadas, controvérsias de classificação das APP foram frequentes na literatura. Especialmente em relação ao termo DS, surgiram conjuntamente as nomenclaturas "afasia progressiva primária fluente" e "afasia progressiva primária semântica". Os pesquisadores discutiam se essas nomenclaturas se referiam ao mesmo quadro ou a entidades diferentes.

Mais adiante, a literatura passou a documentar os casos que não se encaixavam na classificação binária de APP fluente ou semântica e APP-NF. Em 2004, Gorno-Tempini et al. descreveram um terceiro subtipo de APP que já havia sido documentado por Mesulam e Weintraub (1992), a APP logopênica (APP-L). A APP-L foi considerada um quadro não fluente mais leve, caracterizado por anomias e simplificação gramatical, com ausência de apraxia de fala. Porém, como era de se esperar pela complexidade e baixa casuística das APP, inicialmente a consideração dessa síndrome não foi unânime entre os pesquisadores da área.

No período compreendido entre os anos de 2006 e 2009, o grupo liderado por Gorno-Tempini já realizava encontros e trocava correspondências com o objetivo de identificar um sistema comum de classificação das APP. Em princípio, o grupo concordou com os critérios de Mesulam para o diagnóstico da APP.

Em 2011, o grupo se reuniu para atingir um consenso na classificação de subtipos de APP. Na ocasião, foram analisadas filmagens que continham tanto amostras da fala espontânea como das respostas a testes de linguagem padronizados de casos provenientes de diferentes centros. Após análises criteriosas, foram identificadas características linguísticas salientes de alta concordância, que serviram de base para diferenciar clinicamente três subtipos de APP detectáveis em estágios iniciais: as variantes não fluente/agramática (APP-NF/G), semântica (APP-S) e logopênica (APP-L). Casos em que somente uma ou outra característica isolada era observada foram considerados APP não classificáveis, concluindo-se que posteriormente, com a evolução da doença, o quadro se tornaria mais claramente identificável.

Apesar da heterogeneidade das causas neuropatológicas, o estudo de consenso foi bem-sucedido em demonstrar consistência na diferenciação entre quadros com características linguísticas distintas associadas claramente a padrões de comprometimento cerebral. Os autores concordaram que os subtipos de APP propostos formariam parte da síndrome de degeneração lobar frontotemporal (DLFT) com a variante frontal ou comportamental da demência frontotemporal (vcDFT).

Em 2013, Mesulam descreveu com clareza os critérios de consenso na classificação da APP, acrescentando mais dois subtipos de APP, o subtipo anômico, que é semelhante ao logopênico, porém tem repetição preservada, e o subtipo misto, que apresenta agramatismo e dificuldades de compreensão sintática desde a fase inicial da doença. Esse acréscimo valorizou o perfil evolutivo das APP. Porém, é importante destacar que, ainda assim, há uma taxa considerável de sujeitos não classificáveis (Senaha *et al.*, 2013), o que revela a necessidade de estudos adicionais sobre a síndrome.

Critérios diagnósticos da APP

De acordo com os critérios de Mesulam (2001), o diagnóstico de APP requer que seja identificado um déficit isolado e proeminente da linguagem desde a fase inicial da doença. A progressão dos declínios deve ser lenta e gradual, afetando a linguagem de forma evidente, tanto em tarefas discursivas como em testes de linguagem. Podem ocorrer déficits do planejamento motor da fala (apraxias de fala) associados aos quadros de linguagem. As atividades de vida diária devem permanecer preservadas, exceto aquelas diretamente relacionadas à linguagem, como o uso do telefone e o gerenciamento de finanças. O'Connor *et al.* (2014) descrevem comprometimentos de funcionalidade característicos dos diferentes tipos de APP. Podem aparecer déficits cognitivos não linguísticos e alterações comportamentais, porém isso ocorre mais tarde, no decurso da doença.

Os critérios de exclusão das APP são estabelecidos a partir da observação de perfis cognitivos iniciais que possam ser mais bem explicados por outras doenças, por exemplo, doença de Alzheimer (DA), doença de Parkinson, alterações psiquiátricas, danos neurológicos de origem vascular ou outros. Portanto, destaca-se a exclusão de perfis que claramente demonstrem que o quadro inicial se caracteriza por déficits da memória episódica, da memória visual

Tabela 43.1 Critérios de inclusão e exclusão para o diagnóstico da afasia progressiva primária (APP).

Critérios de inclusão: os critérios 1 a 3 devem ser respondidos positivamente
1. A característica clínica mais proeminente é a dificuldade de linguagem
2. Esses déficits são a principal causa de impacto nas atividades de vida diária
3. A afasia deve ser o déficit mais proeminente no início dos sintomas e nas fases iniciais da doença

Critérios de exclusão: os critérios 1 a 4 devem ser respondidos negativamente
1. O padrão dos déficits é mais bem explicado por outros distúrbios não degenerativos do sistema nervoso
2. O distúrbio cognitivo é mais bem explicado por um diagnóstico psiquiátrico
3. Déficits iniciais proeminentes em memória episódica, memória visual e habilidades visuoperceptivas
4. Distúrbio comportamental inicial e proeminente

Adaptada de Gorno-Tempini *et al.*, 2011.

e das habilidades visuoespaciais, perfil mais característico da DA. Também devem ser excluídos os quadros que inicialmente têm como sinais proeminentes as alterações do comportamento, já que esses são típicos da variante frontal ou comportamental da degeneração lobar frontotemporal. Alerta-se também para o fato de que o paciente com APP pode ter apraxia motora leve e dificuldades de motricidade fina, mas o quadro de desordens motoras não espelha claramente uma síndrome parkinsoniana. Além disso, os pesquisadores aconselham excluir casos em que as desordens comunicativas iniciais não têm origem linguística, mas afetam isoladamente a emissão da voz (p. ex., a disfonia espástica) ou a produção discursiva (p. ex., a presença isolada de ecolalias).

Os critérios de inclusão e exclusão das APP, descritos no consenso de 2011 por Gorno-Tempini *et al.*, baseados nos critérios de Mesulam, estão descritos na Tabela 43.1.

Alterações linguístico-cognitivas nas variantes da APP

Nos próximos parágrafos, serão descritas com mais detalhes as características clínicas encontradas em cada variante da APP e os respectivos critérios diagnósticos, segundo o consenso de 2011 (Gorno-Tempini *et al.*, 2011). Para a compreensão do caráter evolutivo, apresentamos a seguir a progressão dos sintomas nos três subtipos, baseada na revisão de Kertesz e Harciarek (2014), atualizada com estudos de Mesulam *et al.* (2014), Duffy *et al.* (2014), Graham *et al.* (2016), Utianski *et al.* (2018), Marshall *et al.* (2018), Botha e Josephs (2019), Mesulam *et al.* (2021) e Tippett *et al.* (2022).

APP variante não fluente/agramática (APP-NF/G)

O sintoma inicial da APP-NF é a anomia progressiva acompanhada de dificuldades do tipo falha de acesso lexical em fala encadeada (*word finding*). Na sequência, os pacientes começam a perder a fluência e sua produção caracteriza-se pelo esforço decorrente de um quadro de apraxia de fala. Com a progressão da doença, surgem problemas com a construção de sentenças, quando a linguagem se torna agramática, havendo redução no repertório de verbos e omissão de palavras de classe fechada, como artigos, preposições e conjunções. Os pacientes com APP-NF diferem dos portadores de DA pela preservação da memória e cognição não verbal.

A apraxia de fala é definida como uma falha no planejamento motor para a sequenciação dos movimentos necessários para a fala correta. As manifestações incluem erros articulatórios, irregularidades prosódicas e alterações na fluência, caracterizadas por substituições, adições, omissões, distorções e substituições distorcidas de fonemas, velocidade de fala lentificada e silabada, prolongamento dos segmentos fonêmicos, aumento da duração intersegmental, neutralização da sílaba tônica, curvas de entoação e intensidade restritas. Outros sinais da apraxia de fala incluem dificuldade para iniciar a fala, ensaios articulatórios (busca pelo ponto articulatório do fonema) e autocorreções repetidas.

Quando a apraxia de fala é identificada isoladamente, isto é, sem a presença de afasia, o paciente pode ser diagnosticado com "apraxia de fala progressiva primária".

Há controvérsias sobre a interpretação dos erros de produção de fala apresentados por pacientes com APP-NF/G, pois alguns tipos de erros podem decorrer de alterações de natureza fonológica, o que leva muitas vezes ao debate sobre o caráter motor ou misto das alterações de fala do quadro.

Quadros de disartria (alteração de fala relacionada à execução motora), foram descritos em coocorrência com a apraxia de fala em pacientes com APP-NF/G. O tipo mais comum nesses casos é a disartria hipocinética, caracterizada por intensidade vocal reduzida, qualidade vocal rouco-soprosa, fala imprecisa e prosódia monótona. A literatura também descreve aparecimento de disartria mista, com componentes hipocinéticos e espásticos, cujas manifestações são qualidade vocal tensa-estrangulada, velocidade de fala lentificada, irregularidades na modulação de frequência (aguda e grave), somadas às alterações da disartria hipocinética.

Quanto à caracterização do agramatismo na APP-NF/G, este pode não ser identificado de forma evidente no início do quadro. O agramatismo pode se iniciar pela simplificação das estruturas sintáticas, em vez da omissão explícita de elementos da frase. Na fala espontânea, o paciente pode emitir frases mais simples, evitando sentenças mais complexas, como subordinadas ou em voz passiva. Com a evolução do quadro, o agramatismo pode se tornar mais evidente, manifestando-se por omissão de palavras e, posteriormente, pela emissão apenas de palavras isoladas, caracterizando a fala telegráfica. Estudos ainda mostram que na APP-NF/G o agramatismo pode se manifestar de maneira mais clara na escrita em comparação à fala.

As alterações semânticas não são típicas do quadro e, mesmo nas fases finais da doença, os pacientes mantêm relativa capacidade de compreensão. Porém notam-se dificuldades na compreensão de sentenças complexas do ponto de vista sintático, tais como passivas, negativas, relativas de sujeito e objeto e ainda dificuldades com sequências de comandos. Na progressão da afasia notam-se dificuldades de leitura e escrita, de natureza fonológica e sintática.

Na evolução do quadro, pode haver o aparecimento de alterações motoras e cognitivas típicas de parkinsonismos atípicos, como a síndrome corticobasal ou a paralisia supranuclear progressiva, ou ainda alterações comportamentais semelhantes às da variante comportamental da degeneração lobar frontotemporal (DLFT).

A APP-NF/G decorre de atrofia e/ou hipometabolismo na região frontoinsular posterior à esquerda e a neuropatologia mais frequente é a DLFT.

APP variante semântica (APP-S)

O quadro é caracterizado pela perda progressiva, multimodal, do conhecimento semântico, em paralelo à preservação da fluência e da capacidade de repetição. Inicialmente o paciente apresenta anomia para itens não frequentes, que se caracteriza pela presença de circunlóquios e parafasias semânticas. Os pacientes têm dificuldade de definir os conceitos e apresentam definições genéricas. Nessa fase mais leve, o paciente se beneficia de pista fonêmica, o que indica alteração no acesso lexical com conhecimento semântico menos prejudicado.

Conforme a doença progride, a anomia se estende a itens típicos, dificuldade de compreensão de palavras isoladas com frequente questionamento sobre o significado das palavras. Os pacientes dificilmente se beneficiam de pistas fonêmicas, o que sugere comprometimento do conhecimento semântico em si. Algumas categorias gramaticais podem estar mais afetadas do que outras: substantivos mais afetados do que verbos ou vice-versa. Observam-se ainda dissociações na capacidade de compreensão de itens concretos *versus* abstratos ou de categorias de vivos *versus* não vivos. A fala mantém-se fluente, porém irrelevante em relação ao tópico em pauta e com clichês repetitivos.

Na fala espontânea, nota-se que a articulação e os aspectos fonológicos e sintáticos da linguagem estão preservados, com uso frequente e desproporcional de palavras de classe fechada, pronomes e verbos, assim como termos de alta frequência e substituições de palavras por outras de categorias superordenadas, o que reflete os déficits de recuperação lexical.

São observadas alterações pragmáticas, com frequente desinibição e dificuldade em assumir o papel de "ouvinte" no turno conversacional. Alterações comportamentais ocorrem com frequência durante o início da doença, o que pode contribuir para as alterações pragmáticas observadas. Ao contrário dos pacientes com APP-NF, os pacientes com APP-S podem apresentar anosognosia e não parecem perceber a evolução da doença.

Déficits de reconhecimento multimodal (visual, tátil, olfatório, gustatório) de objetos surgem acompanhados de dificuldade verbal, caracterizando um quadro de agnosia modulada pela familiaridade, tipo de apresentação e material com que o objeto é confeccionado. Além disso, os pacientes podem exibir grave e progressiva dificuldade no reconhecimento de faces, principalmente as menos familiares. Habilidades de cálculo costumam estar preservadas.

Os pacientes mantêm a capacidade de leitura pela rota fonológica, o que garante a leitura de palavras regulares e pseudopalavras. Porém a leitura de palavras irregulares, que dependem do conhecimento semântico, está comprometida. Nessa situação, os pacientes realizam regularizações, ou seja, as palavras irregulares são "regularizadas", o que é conhecido como dislexia de superfície. Um exemplo seria a leitura da palavra "exato", na qual a eleição do som "z" usado para a leitura do "x" depende do conhecimento prévio da palavra. Um paciente com APP-S poderia eleger "ch" em vez de "z" e leria "echato" em vez de "ezato". Na escrita ocorre o mesmo déficit, denominado "disgrafia de superfície".

O mutismo pode ocorrer nas fases finais da doença. Na evolução do quadro, pacientes com APP-S também podem desenvolver alterações comportamentais, semelhantes àquelas observadas na variante comportamental da DLFT. As habilidades motoras permanecem preservadas ao longo de todo o curso da doença.

Nos casos de APP-S, o padrão de atrofia e/ou hipometabolismo ocorre principalmente no lobo temporal anterior esquerdo. A patologia mais frequente também é a DLFT.

APP variante logopênica (APP-L)

Os indivíduos incluídos nesse subgrupo apresentam fala lentificada, pausas e hesitações, decorrentes de anomias por falhas de acesso lexical (dificuldades do tipo *word-finding*), em meio a momentos de maior fluência da fala ("ilhas de fluência"). As falhas de *word-finding* ocorrem na fala espontânea e nas tarefas de nomeação por confrontação visual. A nomeação está moderadamente comprometida, sendo melhor do que na APP-S, pois a falha ocorre mais no acesso lexical, estando o conhecimento semântico mais preservado até a fase moderada do quadro, o que corrobora o benefício de pistas fonêmicas na tarefa.

Um traço típico da APP-L é a dificuldade de repetição de sentenças e sintagmas extensos, enquanto a repetição de palavras está preservada. O mesmo efeito de extensão ocorre na compreensão, em que esse conjunto de dificuldades vem sendo atribuído a comprometimentos na memória fonológica de curta-duração.

Geralmente os pacientes com APP-L não apresentam agramatismo e déficits de planejamento motor da fala ou prosódia, porém o déficit no processamento fonológico causa parafasias fonêmicas, que ocorrem na fala espontânea e na nomeação.

Além da fala, os déficits no processamento fonológico afetam também a leitura e escrita, com maior impacto no processamento de pseudopalavras e palavras irregulares do que em palavras reais e regulares.

Na progressão da doença aparecem déficits em outras funções cognitivas, como a memória episódica, funções executivas, habilidades visuoespaciais e cálculo. Alterações de comportamento costumam acontecer nesses casos nas fases moderada e avançada.

Na APP-L, o comprometimento atinge a região parietal ou perisylviana posterior à esquerda e é mais frequentemente causada pela patologia da DA.

A Tabela 43.2 resume os critérios de classificação das diferentes variantes da APP, segundo Gorno-Tempini *et al.* (2011).

Avaliação neuropsicológica

A avaliação neuropsicológica abrangente é útil para estabelecer o perfil cognitivo do quadro, descartar outros diagnósticos possíveis (p. ex., a DA) e detectar o surgimento de déficits cognitivos concomitantes com a progressão da doença. Como já abordado, mesmo que a linguagem seja o déficit mais proeminente na APP, alterações em domínios cognitivos não linguísticos podem ser observadas de forma menos evidente, sendo possível encontrar perfis neuropsicológicos distintos entre as diferentes variantes.

Entre os testes mais frequentemente empregados para este fim estão o teste de aprendizagem auditivo-verbal, cópia e evocação da figura complexa, teste de Stroop, teste de trilhas, memória de dígitos em ordem direta e inversa, tarefas que demandam atenção visual (como o teste de cancelamento de múltiplos traços), testes de raciocínio abstrato e testes para exame da cognição social (Lezak *et al.*, 2012).

O estudo de Butts *et al.* (2015) encontrou diferenças em testes de aprendizagem e memória, funções executivas e funções visuoespaciais em pacientes com APP, sendo o grupo com APP-L o que apresentou desempenho inferior aos grupos com APP-NF/G e APP-S. Adicionalmente, o grupo APP-NF/G apresentou déficits sutis consistentes com comprometimento do lobo frontal, enquanto no grupo APP-S os déficits estavam restritos às funções relacionadas ao lobo temporal. O padrão de disfunção neurocognitiva na APP-L sugeriu envolvimento tanto das funções do lobo frontal como das funções temporoparietais.

Com relação às baterias cognitivas específicas, a Bateria Philadelphia (*Philadelphia Brief Assessment of Cognition* – PBAC) (Libon *et al.*, 2011) rastreia cinco domínios cognitivos: controle executivo da memória operacional, resgate lexical, operações visuoespaciais e construtivas, memória episódica verbal e visuospacial, comportamento social, com o propósito de estabelecer gravidades de comprometimento e diferenciar subtipos de demência. A bateria foi aplicada a portadores de DA, APP-S e APP-NF/G, assim como a portadores da variante comportamental da DLFT e de síndrome corticobasal. Suas subescalas evidenciaram perfis diferenciados nessas condições patológicas estudadas. A bateria em língua inglesa foi validada e atualmente conta com notas de corte para fins de diagnóstico. Os autores destacam sua correlação com o miniexame do estado mental e a promissora aplicação clínica do instrumento. Uma versão em português brasileiro foi validada, com notas de corte para indivíduos sadios e com DA (Pereira *et al.*, 2012).

Esses achados neurocognitivos enfatizam o valor da avaliação neuropsicológica abrangente de indivíduos que apresentam distúrbios de linguagem, pois o perfil dos déficits cognitivos pode fornecer informações adicionais para diferenciar essas síndromes clínicas.

Após a avaliação dos aspectos cognitivos não linguísticos, inicia-se o exame da linguagem, que é o pilar clínico do diagnóstico. Primeiro, deve ser aplicada uma bateria abrangente para a comprovação do diagnóstico de afasia, seguida por testes adicionais para a avaliação dos processamentos linguísticos específicos.

Tabela 43.2 Critérios de classificação das variantes da afasia progressiva primária (APP).

APP não fluente/agramática (APP-NF/G)	APP semântica (APP-S)	APP logopênica (APP-L)
I. Diagnóstico clínico		
Pelo menos 1 das seguintes características principais deve estar presente 1. Agramatismo na produção da linguagem 2. Esforço e hesitações na fala, com erros e distorções assistemáticas nos sons da fala (apraxia da fala) Pelo menos 2 de 3 das seguintes características devem estar presentes 1. Compreensão de sentenças sintaticamente complexas comprometida 2. Compreensão de palavra isolada preservada 3. Conhecimento de objetos preservado	Ambas as características principais devem estar presentes 1. Nomeação por confrontação visual comprometida 2. Compreensão de palavra isolada comprometida Pelo menos 3 das seguintes características devem estar presentes 1. Conhecimento de objetos comprometido, especialmente para itens menos frequentes ou menos familiares 2. Dislexia ou agrafia de superfície 3. Repetição preservada 4. Produção de fala preservada (sintaxe e produção motora)	Ambas as seguintes características principais devem estar presentes 1. Falhas de acesso lexical na fala espontânea e na nomeação 2. Repetição de sentenças e frases comprometida Pelo menos 3 das outras características a seguir devem estar presentes 1. Parafasias fonêmicas no discurso e na nomeação 2. Compreensão de palavra isolada e conhecimento de objetos preservados 3. Produção motora da fala preservada 4. Ausência de agramatismo evidente
II. Apoio de neuroimagem		

Ambos os critérios a seguir devem estar presentes
1. Diagnóstico clínico de APP-NF/G
2. Os exames de imagem devem mostrar um ou mais dos seguintes resultados:
  a. Atrofia predominante da região posterior frontoinsular esquerda mostrada em exame de ressonância magnética
  b. Hipoperfusão ou hipometabolismo predominante da região posterior frontoinsular esquerda mostrada no SPECT ou PET
	Ambos os critérios a seguir devem estar presentes
	1. Diagnóstico clínico de APP-S
	2. Os exames de imagem devem mostrar um ou mais dos seguintes resultados:
	  a. Atrofia predominante do lobo temporal anterior mostrada por exame de ressonância magnética
	  b. Hipoperfusão ou hipometabolismo predominante temporal anterior mostrada no SPECT ou PET
		Ambos os critérios a seguir devem estar presentes
		1. Diagnóstico clínico de APP-L
		2. Os exames de imagem devem mostrar pelo menos 1 dos seguintes resultados:
		  a. Atrofia predominante da região posterior perisylviana ou parietal esquerda mostrada por exame de ressonância magnética
		  b. Hipoperfusão/hipometabolismo predominante da região posterior perisylviana ou parietal esquerda mostrada no SPECT ou PET

III. Apoio de evidência patológica		
O diagnóstico clínico (critério 1 abaixo) e o critério 2 ou 3 devem estar presentes 1. Diagnóstico clínico de APP-NF/G 2. Evidência histopatológica de uma condição neurodegenerativa (DLFT-tau, DLFT-TDP, DA ou outra) 3. Presença de mutação patogênica conhecida	O diagnóstico clínico (critério 1 abaixo) e o critério 2 ou 3 devem estar presentes 1. Diagnóstico clínico da APP-S 2. Evidência histopatológica de uma condição neurodegenerativa (DLFT-tau, DLFT-TDP, DA ou outra) 3. Presença de uma mutação patogênica conhecida	O diagnóstico clínico (critério 1 abaixo) e o critério 2 ou 3 devem estar presentes 1. Diagnóstico clínico da APP-L 2. Evidência histopatológica de uma condição neurodegenerativa (DLFT-tau, DLFT-TDP, DA ou outra) 3. Presença de uma mutação patogênica conhecida

Adaptada de Gorno-Tempini et al., 2011.

As baterias mais conhecidas para avaliação abrangente da linguagem são o *Western Aphasia Battery* (WAB) (Kertesz, 2007), *Boston Diagnostic Aphasia Examination* (BDAE) (Goodglass et al., 2001) e a Bateria Montreal-Toulouse de Avaliação da Linguagem (MTL-Brasil) (Parente et al., 2016).

É importante destacar que, no caso das afasias vasculares clássicas, essas baterias têm como objetivo classificar os quadros afásicos. Porém tal classificação não se aplica às APP. Nesses casos, embora haja a possibilidade de aproximação dos tipos clássicos de afasias, a variedade de sintomas clínicos é maior e a manifestação é menos grave no início da doença do que os quadros clássicos de afasias.

Kertesz et al. (2003) exploraram subtestes do WAB-R para discriminar sujeitos com APP e com DA, sendo possível diferenciar esses dois grupos. No entanto, no estudo de Clark et al. (2020), a WAB-R falhou em distinguir os subtipos das APP, reforçando a importância da utilização de baterias abrangentes para uma análise global da linguagem, mas com a necessidade de testes adicionais específicos para a diferenciação das variantes.

Entre as provas sensíveis para diferenciar os subtipos de APP, Henry e Grasso (2018) e Macoir et al. (2021) citam as seguintes tarefas: nomeação e acesso lexical, conhecimento de objetos/pessoas e compreensão de palavras isoladas, compreensão de frases, repetição, linguagem espontânea, produção motora da fala e linguagem escrita (leitura e escrita de palavras regulares e irregulares).

Na nomeação por confrontação visual, os pacientes com APP-S apresentam anomia mais grave em relação às outras variantes, geralmente se beneficiando menos de pistas fonêmicas por conta da degradação da memória semântica. Na APP-NF/G, o desempenho é melhor, mas as emissões apresentam parafasias fonêmicas e distorções. Na APP-L, o desempenho é intermediário e os sujeitos podem cometer parafasias fonêmicas. Um teste amplamente conhecido para a avaliação da nomeação é o Teste de Nomeação de Boston (TNB) (Kaplan *et al.*, 2001), composto por figuras que representam palavras de alta, média e baixa frequência. Sebastian *et al.* (2018) identificaram diferentes perfis de erros nas variantes da APP em uma versão resumida do TNB.

As tarefas de fluência verbal também podem ser utilizadas para avaliar o acesso lexical. A fluência verbal semântica está mais prejudicada na APP-S, enquanto a fonêmica está mais prejudicada na APP-NF/G e na APP-L (van den Berg *et al.*, 2022).

As provas de conhecimento de objetos/pessoas e compreensão de palavras isoladas examinam o conhecimento semântico e estão mais alteradas na APP-S. Para testar o conhecimento de objetos, o paciente é solicitado a fazer uso dos mesmos e para testar o conhecimento das pessoas pode ser solicitado aos indivíduos que identifiquem fotografias de pessoas famosas e celebridades. Não é de nosso conhecimento instrumentos brasileiros validados que avaliem esses aspectos. Para a avaliação de palavras isoladas, podem ser utilizados os subtestes correspondentes das baterias de avaliação abrangente da linguagem, citadas anteriormente. Outra opção é utilizar testes de associação semântica, como o *Pyramids and Palm Trees* (Howard; Patterson, 1992) e *Kissing and Dancing* (Bak *et al.*, 2003), com referências de desempenho de população brasileira (Mansur *et al.*, 2013; Baradel *et al.*, 2014).

Além dessas provas descritas, o conhecimento semântico também pode ser avaliado por meio de baterias. A Bateria de Avaliação da Memória Semântica (BAMS) (Bertola; Malloy-Diniz, 2018) objetiva avaliar processos de memória declarativa semântica por meio de sete tarefas: fluência verbal, nomeação por definição, nomeação por confrontação visual, conhecimentos gerais, definição de palavras, categorização e semelhanças. Na mesma direção, a Bateria de Memória Semântica de Cambridge (Adlam *et al.*, 2010) inclui os subtestes de fluência verbal (critérios semântico e fonológico-literal), nomeação por confrontação e a partir de descrição, geração de definições, classificação de figuras de acordo com categorias. Os itens de nomeação, classificação e compreensão pertencem às categorias: animais domésticos, animais selvagens, pássaros, frutas, objetos domésticos grandes e pequenos, meios de transporte e ferramentas.

A habilidade de compreensão de frases pode estar alterada para sentenças com sintaxe complexa na APP-NF/G e para sentenças mais longas na APP-L devido à influência da alça fonológica da memória operacional. A Bateria *Northwestern Assessment of Verbs and Sentences* (NAVS) (Thompson, 2011) é utilizada para avaliar a compreensão e produção de verbos de ação e sentenças, podendo ser útil para avaliar falhas da compreensão e produção da sintaxe. Semelhantemente, a versão brasileira do *Test for the Reception of Grammar* (TROG2-Br) avalia a compreensão de diferentes estruturas sintáticas. Carthery-Goulart *et al.* (2022) observaram pior desempenho em sujeitos com APP-NF/G e APP-L no TROG2-Br em comparação com sujeitos com APP-S. Os subtestes de compreensão de frases do BDAE, WAB-R e MTL-Brasil podem ser utilizados com o mesmo objetivo.

Para avaliar a repetição, subtestes ou tarefas de baterias abrangentes de linguagem também podem ser úteis. As dificuldades de repetição na APP-NF/G podem ocorrer por influência da disartria, apraxia de fala ou agramatismo. Na APP-L, a falha ocorre por influência da alça fonológica da memória operacional (Beales *et al.*, 2019).

A análise da linguagem espontânea tem grande potencial para o diagnóstico diferencial das APP. Geralmente, a fala espontânea é eliciada por meio de pranchas para obtenção de discurso, como as utilizadas nas baterias abrangentes (p. ex., prancha do roubo dos biscoitos do BDAE). Diversas manifestações podem ser observadas no discurso, como anomias/falhas de acesso lexical, trocas fonológicas, alterações da sintaxe e desordens motoras da fala. Ash *et al.* (2013) encontraram diferentes padrões de comprometimento gramatical em cada variante da APP, e características adicionais, como erros de produção da fala na APP-NF/G, disfluências (falsos começos e hesitações) na APP-L e falhas de acesso lexical predominante em substantivos na APP-S.

A avaliação motora da fala inclui o exame da apraxia de fala e da disartria, que podem compor o quadro da APP-NF/G. A avaliação da apraxia de fala inclui a caracterização dos seguintes aspectos: articulação, taxa de fala, prosódia e fluência. São propostas tarefas de repetição de sons, de palavras (em forma isolada e sequenciada), de sentenças, de movimentos rápidos e alternados, emissão de sequências automáticas, conversação e fala espontânea. Essas tarefas podem ser combinadas com a aplicação de escalas que medem a gravidade de manifestação e a inteligibilidade. Além disso, praxias bucofaciais e de membros compõem a caracterização do déficit de planejamento motor. Paralelamente, a disartria é avaliada pelo exame das bases motoras da fala (respiração, fonação, ressonância, articulação e prosódia) (Duffy, 2013).

A leitura e escrita devem ser avaliadas por meio de estímulos que se diferenciam quanto à regularidade, extensão e frequência. Entre os testes atualmente utilizados estão a Tarefa de Escrita de Palavras e Pseudopalavras (TEPP) (Rodrigues *et al.*, 2017a) e a Tarefa de Leitura de Palavras e Pseudopalavras (TLPP) (Rodrigues *et al.*, 2017b). Sujeitos com APP-S apresentam dislexia/agrafia de superfície, caracterizada pela dificuldade em palavras irregulares e consequentes erros de regularização, sinalizando alteração na rota lexical. Sujeitos com APP-NF/G e APP-L apresentam dislexia/agrafia fonológica, apresentando maior dificuldade em pseudopalavras, com presença de trocas fonológicas e erros de lexicalização. A produção escrita textual pode ser eliciada por meio de pranchas discursivas, sendo possível observar também manifestações como agramatismo, presente na APP-NF/G (Liu *et al.*, 2022).

A linguagem também pode ser avaliada quanto à funcionalidade. A avaliação funcional faz parte do conjunto de investigações que contribuem para caracterizar a gravidade e o prognóstico dos quadros de APP e fornecem dados para formular um projeto de intervenção. Em geral essa avaliação é feita a partir de informações de um informante.

Uma sugestão atraente para a avaliação funcional é a entrevista (CDR) modificada, que inclui domínios de linguagem e comportamento (Knopman *et al.*, 2011), a partir da qual pode ser construída uma escala de estadiamento. Esse instrumento se mostrou mais sensível do que a CDR tradicional para detectar demência frontotemporal – variante comportamental.

Uma proposta para a avaliação da funcionalidade da linguagem foi feita por Sapolsky *et al.* (2010). Trata-se da *Progressive Aphasia Severity Scale* (PASS), instrumento que foi modelado a partir da entrevista ampliada da CDR, com o objetivo de detectar e avaliar a gravidade dos déficits específicos de linguagem. A escala contém os seguintes domínios: articulação – relacionado a habilidades de pronunciar sons e sílabas de forma acurada e sem esforço; fluência – habilidade de produzir a fala sem hesitações e pausas; sintaxe e gramática – uso de palavras funcionais, ordenação adequada de palavras e sintagmas; acesso lexical e expressão – habilidade de expressar-se verbalmente nas modalidades oral e escrita; repetição – habilidade de repetir palavras, frases, sentenças; compreensão auditiva – habilidade de entender sintagmas e sentenças; compreensão de palavras isoladas – compreensão nas modalidades oral e escrita; leitura – habilidade de decodificar material escrito; escrita – habilidade de escrever e soletrar; comunicação funcional – compensação dos déficits. Domínios suplementares incluem: iniciativa de comunicação – tendência a adotar comportamentos ativos ou passivos na comunicação; mudança de turno – habilidade de assumir o papel durante a conversação; geração de linguagem – habilidade de contribuir com elementos novos (originais) para expressar-se. A escala é pontuada segundo a gravidade admitida pelo respondente da entrevista semiestruturada: 0 = normal, até 3 = comprometimento grave. A validação da escala foi realizada a partir de estudo com 23 pacientes nos quais se constatou correlação entre o desempenho funcional da linguagem e os comprometimentos neuroanatômicos.

Mioshi *et al.* (2007; 2010) propuseram uma medida de avaliação funcional, a *Frontotemporal dementia functional rating scale* (FTDFRS), que se mostrou capaz de classificar níveis de gravidade da variante comportamental e, embora tenha revelado taxas similares de déficits funcionais entre os subtipos do espectro DLFT, diferenciou os subtipos qualitativamente. Os autores constataram o rápido declínio funcional dos portadores da variante comportamental, e, no outro extremo, a preservação funcional tanto em atividades básicas quanto instrumentais, por muitos anos, nos portadores de APP-S. Na APP-S, a tendência em aderir a rotinas rígidas e obsessivas contribuiria, segundo os autores, para a preservação. Apesar do déficit de linguagem e do reconhecimento da ocorrência de comportamentos de desinibição, que dificultam o desempenho em situações não usuais, eles são capazes de se manter ativos por muito tempo. A presença de comportamentos inadequados e recusa à higiene pessoal aparecem em estágios avançados da doença de modo similar aos demais quadros do espectro. Os portadores de APP-NF/G têm relativa preservação de atividades básicas, enquanto sofrem perdas funcionais importantes nas atividades instrumentais, chegando a disfunções graves, em curto período de 12 meses. Os pacientes com APP-L foram pouco investigados do ponto de vista funcional. No único estudo realizado (Jang *et al.*, 2012), constatou-se maior preservação de capacidades funcionais entre os portadores de APP-L, quando comparados com o subgrupo de APP-NF/G e DA.

Por fim, a linguagem também pode ser dimensionada por meio dos testes de rastreio cognitivo, como o MiniExame do Estado Mental – MEEM (Folstein, Folstein, 1975; Brucki *et al.*, 2003) e o *Montreal Cognitive Assessment* – MoCA (Nasredine *et al.*, 2005; Memória *et al.*, 2013). A avaliação multidimensional do *Addenbrooke's Cognitive Examination Revised* – ACE-R (Mioshi *et al.*, 2006; Carvalho; Caramelli, 2007) fornece a vantagem de observação mais acurada devido ao maior número de tarefas linguísticas.

A Tabela 43.3 resume os principais instrumentos de avaliação da linguagem que podem ser utilizados nas APP.

Tabela 43.3 Principais instrumentos de avaliação da linguagem utilizados nas afasias progressivas primárias (APP).

Avaliação abrangente da linguagem	*Western Aphasia Battery* (WAB) (Kertesz, 2007), *Boston Diagnostic Aphasia Examination* (BDAE) (Goodglass *et al.*, 2001), Bateria Montreal-Toulouse de Avaliação da Linguagem (MTL-Brasil) (Parente *et al.*, 2016)
Nomeação/ acesso lexical	Teste de Nomeação de Boston (TNB) (Kaplan *et al.*, 2001), tarefas de fluência verbal semântica e fonêmica, subtestes da Bateria de Avaliação da Memória Semântica (BAMS) (Bertola, Malloy-Diniz, 2018), Bateria de Memória Semântica de Cambridge (Adlam *et al.*, 2010)
Compreensão de palavras isoladas	Subtestes específicos das baterias abrangentes, *Pyramids and Palm Trees* (Howard e Patterson, 1992), *Kissing and Dancing* (Bak *et al.*, 2003), subtestes da Bateria de Avaliação da Memória Semântica (BAMS) (Bertola, Malloy-Diniz, 2018), Bateria de Memória Semântica de Cambridge (Adlam *et al.*, 2010)
Baterias de memória semântica	Bateria de Avaliação da Memória Semântica (BAMS) (Bertola, Malloy-Diniz, 2018), Bateria de Memória Semântica de Cambridge (Adlam *et al.*, 2010)
Compreensão de frases	Bateria *Northwestern Assessment of Verbs and Sentences* (NAVS) (Thompson, 2011), Test for the Reception of Grammar (TROG2-Br) (Carthery-Goulart *et al.*, 2022)
Repetição	Subtestes específicos das baterias abrangentes
Fala espontânea/ discurso	Pranchas discursivas como prancha do "roubo dos biscoitos"
Avaliação motora da fala	Protocolos de apraxia de fala e disartria (Duffy, 2013)
Leitura e escrita	Tarefa de Escrita de Palavras e Pseudopalavras (TEPP) (Rodrigues *et al.*, 2017a) e a Tarefa de Leitura de Palavras e Pseudopalavras (TLPP) (Rodrigues *et al.*, 2017b)
Avaliação funcional	Entrevista (CDR) modificada (Knopman *et al.*, 2011), *Progressive Aphasia Severity Scale* (PASS) (Sapolsky *et al.*, 2010), *Frontotemporal dementia functional rating scale* (FTDFRS) (Mioshi *et al.*, 2010)
Testes de rastreio cognitivo	Miniexame do Estado Mental – MEEM (Folstein, Folstein, 1975; Brucki *et al.*, 2003), *Montreal Cognitive Assessment* – MoCA (Nasredine *et al.*, 2005; Memória *et al.*, 2013), *Addenbrooke's Cognitive Examination Revised* – ACE-R (Mioshi *et al.*, 2006; Carvalho, Caramelli, 2007)

Casos clínicos

Caso 1: APP semântica

Mulher, 64 anos, ensino fundamental completo (8 anos de escolaridade formal), dona de casa. O esposo relatou a seguinte queixa: "Ela não entende o que a gente fala e não consegue falar o nome das coisas". Refere que a paciente não está conseguindo acompanhar as conversas, e que é necessário falar diversas vezes a mesma informação para a paciente entender. Os familiares relatam que perceberam a dificuldade há 3 anos. Os sintomas estão piorando de forma progressiva. Atualmente, além das dificuldades citadas, a paciente está apresentando dificuldade para cozinhar, errando as receitas que fazia rotineiramente, e dificuldade para organizar-se na rotina. A paciente se mantém independente para as atividades básicas de vida diária.

Avaliação fonoaudiológica

Compreensão oral de palavras e frases. Avaliada por meio dos subtestes da Bateria MTL-Brasil. Apresenta dificuldade na compreensão auditivo-verbal, não conseguindo associar a palavra dita pela avaliadora à figura correspondente (pontuação: 0/5). Também apresenta dificuldade na compreensão de frases, compreendendo apenas frases mais simples, como "o homem come" e "o gato dorme" (pontuação: 4/14).

Nomeação por confrontação visual e tarefas de fluência verbal. Nas tarefas de nomeação por confrontação visual (substantivos) por meio de uma versão reduzida do TNB, a paciente apresentou pontuação 5/20, acertando estímulos mais frequentes, apenas após pista semântica. Foram observadas respostas com circunlóquios vazios (longe da palavra alvo) e gestos inespecíficos. A nomeação de verbos teve melhor desempenho, com 90% de acertos. Com relação à fluência verbal, a paciente evocou 3 palavras para a categoria semântica de animais e 3 palavras para a categoria semântica de meios de transporte, não evocando nenhuma palavra na fluência fonêmica, respondendo com perseveração e trazendo as palavras anteriormente citadas na fluência semântica.

Tarefas de associação semântica. Foi utilizado o teste *Pyramids and Palm Trees*. Houve dificuldade no entendimento da tarefa; a paciente apresentou muitos erros e respondia de maneira antecipada, sem pensar muito sobre a escolha feita, não conseguindo completar a avaliação.

Conhecimento de objetos. Realizada avaliação informal por meio da apresentação de objetos da rotina (chave, pente, copo, caneta, óculos, colher). Não houve reconhecimento inicial de nenhum dos objetos apresentados na mesa. Não houve iniciativa para manipular os objetos e, quando incentivada, não houve manipulação funcional. Após fornecimento de pista semântica, houve acerto na nomeação e gesto de dois objetos (copo e colher).

Reconhecimento de faces. Avaliação realizada de maneira informal, por meio da apresentação de fotos de pessoas famosas. Apresentou reconhecimento apenas de uma face ("Pelé"). Para as demais fotografias, a paciente referia que não conhecia.

Repetição de palavras e frases. Repetiu de maneira adequada as palavras e frases simples da MTL-Brasil. Nas frases mais extensas, há omissão das últimas palavras.

Leitura de palavras regulares, irregulares e pseudopalavras. Lê adequadamente palavras regulares curtas e longas (como bola, gato e cabeleireiro) e pseudopalavras (como zapor e lanta), porém não entende boa parte do conteúdo lido. Apresentou três erros de leitura em palavras irregulares frequentes (como *diet*).

Escrita de palavras regulares, irregulares e pseudopalavras. Escreve corretamente palavras regulares e pseudopalavras, porém apresenta erros sistemáticos em verbos irregulares. Além disso, o discurso escrito é confuso, sem coerência e coesão.

Discurso oral. Fluente, porém com anomias e vazio em relação a conteúdo informativo. Apresenta circunlóquios pouco eficientes e inicia agitação quando percebe que não está conseguindo se expressar. Não apresenta alterações motoras nem fonológicas na fala.

Transcrição narrativa oral – prancha piquenique do teste WAB-R

> Olha não sei o que que é isso aqui (...) é isso aqui é um homem né mas não sei o que é isso aqui tá com um negócio aqui mas não sei o que que é (...) é uma moça com que que é isso esse negócio em cima um um prato eu não sei o que é isso aqui também (...) e esse negócio aqui também não sei o que que é (...) é cachorrinho um rapaz isso eu sei que é um cachorrinho (...) não sei é um não sei o que que é isso aqui tá carregando aqui mas não sei o que que é isso é em um sei como é que fala isso aqui (...) não sei sei que isso aqui é uma uma casa (...) esse eu não sei o que que é é da casa mas não sei o que que é isso daí é uma é prato não sei o que que é isso (...) isso daí é uma planta planta (...).

Laudo do exame de imagem. RM – atrofia no lobo temporal anterior esquerdo.

Conclusão. Paciente apresenta sintomas que indicam degradação do conhecimento semântico, como dificuldade para compreender palavras oralmente, anomias e circunlóquios abundantes, redução das respostas nas tarefas de fluência verbal e dificuldade de reconhecimentos de objetos e faces, além de erros na leitura e escrita de palavras irregulares (dislexia e agrafia de superfície). A repetição está preservada para palavras e frases simples e, apesar da falha leve na repetição de frases mais complexas pelo efeito de extensão (esquecimento da última palavra), é possível observar a preservação da alça fonológica da memória operacional. Não há alteração motora da fala (apraxia de fala e disartria) e nem agramatismo evidente. Diante da queixa, exames de imagem e quadro clínico, a paciente apresenta critérios diagnósticos para APP variante semântica.

Caso 2: APP não fluente/agramática

Mulher, 58 anos, ensino técnico completo com 12 anos de escolaridade formal, técnica em administração. Não trabalha há mais de 2 anos por conta da dificuldade na fala.

Refere alteração de fala iniciada há 5 anos, com troca de fonemas e dificuldade em falar com velocidade mais rápida. Relata também troca de letras na escrita. Os sintomas estão piorando de forma progressiva. Nega alterações de funcionalidade mais proeminentes. Nega dificuldade para lidar com dinheiro ou em operações matemáticas. A família cita grau leve de esquecimento esporádico e dificuldade na adesão de uso de medicações no horário correto. Referem alguns sintomas comportamentais como inadequações e impulsividade.

Avaliação fonoaudiológica

Compreensão oral de palavras, frases e texto. Avaliada por meio dos subtestes da Bateria MTL-Brasil. Apresenta compreensão preservada de palavras e frases simples, com dificuldade durante compreensão de frases complexas e de textos.

Nomeação por confrontação visual e tarefas de fluência verbal. Em tarefas de nomeação por confrontação visual de substantivos e de verbos, a paciente apresentou acerto em todos os itens, porém foram observadas distorções assistemáticas dos fonemas por conta da alteração motora da fala. Na tarefa de fluência verbal semântica evocou 15 animais, e na tarefa de fluência verbal fonêmica evocou 8 palavras com M.

Tarefas de associação semântica. Foi utilizado o teste *Pyramids and Palm Trees*. Tarefa realizada sem dificuldade, com acerto em todos os estímulos.

Conhecimento de objetos. Não houve dificuldade para reconhecer nenhum dos objetos, apresentando acerto em todos os estímulos.

Reconhecimento de faces. Não houve dificuldade para reconhecer nenhuma das faces, apresentando acerto em todos os estímulos.

Repetição de palavras e frases. Repetiu de maneira adequada palavras e frases simples. Nas frases mais extensas houve omissão das últimas palavras, referiu que não lembrava a frase completa. Apresentou distorção dos fonemas por alteração motora da fala.

Leitura de palavras regulares, irregulares e pseudopalavras. Leu adequadamente palavras regulares, irregulares e pseudopalavras sem paralexias, porém apresentou distorção dos fonemas por alteração motora da fala.

Escrita de palavras regulares, irregulares e pseudopalavras. Escreveu corretamente palavras regulares e pseudopalavras, porém apresenta erros sistemáticos em verbos irregulares. Foi observada alteração motora no traçado da letra. Além disso, o discurso escrito é agramático e simplificado.

Discurso oral. Não fluente, com agramatismo e falha na produção da sintaxe. As frases são simplificadas e com erros de conjugação verbal. Apresentou algumas omissões de artigos, advérbios, pronomes e preposições durante o discurso. Apresentou esforço para se comunicar e hesitações no discurso. Apresenta aspectos de apraxia de fala com erros articulatórios, irregularidade prosódica e dificuldade para iniciar a fala, porém é inteligível. Apresenta percepção da dificuldade de fala.

Transcrição narrativa oral – prancha piquenique do teste WAB-R

> Tinha cachorro, a minha a minha casa os a os amigos. Tinha pipa. Aqui tinha... peixe... peixe. Aqui... é... piquenique, o rádio, né, tá lendo tá lendo, tomando um suco. As árvores também, casa, carro, o barquinho. Aqui eu não sei o que é. Areia, né? Areia com a pá. Balde. Não sei o que é aqui. É uma moça, eu não sei o que é. É uma... um caminho até aqui na balsa aqui. Eu acho que sim.

Avaliação motora da fala (Tabela 43.4). Foi realizada uma triagem por meio da prova de diadococinesia oral. Há dificuldade na produção repetida de fonema com ponto articulatório posterior e na justaposição das sílabas.

Laudo do exame de imagem

- PET-RM: acentuado hipometabolismo no lobo frontal esquerdo (frontotemporal)
- RM: atrofia predominante da região posterior frontoinsular esquerda.

Dados adicionais

- Triagem cognitiva realizada pela equipe médica
- Vigil, atenta. MEEM 26/30 (era 29/30 há 1 ano)
- ACE-R total 80/100 (era 93 há 1 ano). Atenção e orientação: 17/18. Memória: 17/26. Fluência: 8/14. Linguagem 23/26. Visuoespacial 14/16.

Conclusão. Paciente apresenta sintomas que indicam alteração no planejamento motor da fala (apraxia de fala) e no processamento sintático (agramatismo e emissão de sentenças mais simples, além de dificuldade na compreensão oral de frases com sintaxe mais complexa). Há preservação do conhecimento semântico, evidenciado pela preservação da nomeação por confrontação visual, capacidade de compreensão de palavras, preservação das provas de associação e conhecimento de objetos e faces. Na fluência verbal há dissociação de desempenho, com maior dificuldade na fluência fonêmica. Na escrita apresenta erros na conjugação de verbos e agramatismo. A repetição está preservada para palavras e frases simples, com falha leve na repetição de frases mais complexas pelo efeito de extensão (esquecimento da última palavra). Diante da queixa, exames de imagem e quadro clínico, a paciente apresenta critérios diagnósticos para APP variante não fluente/agramática.

Tabela 43.4 Desempenho da paciente e valores de referência nas provas de diadococinesia.

Estímulo	Sílabas/seg.	Valores de referência (Padovani, Gelow, Behlau, 2009)	
/pa/	7,5	6,05	Adequado
/ta/	7,5	5,87	Adequado
/ka/	4,5	5,52	Alterado
/pataka/	4	6,13	Alterado

Caso 3: APP logopênica

Homem, 65 anos, ensino superior completo com 16 anos de escolaridade formal, economista. O paciente é independente para as atividades básicas de vida diária, porém tem percebido que há 3 anos está com esquecimentos e anomias. Os familiares relatam que há 2 anos houve episódios de esquecimento do fogão com o fogo ligado e, a partir disso, iniciaram o processo diagnóstico. O paciente refere que quando vai falar algo, logo esquece a palavra que queria falar. Não tem queixas relacionadas a comportamento. Mantém rotina de leitura de livros como *hobby*.

Avaliação fonoaudiológica

Compreensão oral de palavras, frases e texto. Compreensão de palavras e frases preservadas, com dificuldade observada somente durante compreensão de textos.

Nomeação por confrontação visual e tarefas de fluência verbal. Na tarefa de nomeação, conseguiu nomear 70% dos estímulos sem necessidade de pista, 15% com auxílio de pista fonêmica e errou 15% dos estímulos. Nas tarefas de fluência verbal, apresentou melhor desempenho na fluência por categoria semântica, na qual evocou 5 itens, do que na fluência verbal fonêmica, na qual evocou apenas 1 item.

Tarefas de associação semântica. Tarefa realizada sem dificuldade, com acerto em todos os estímulos.

Conhecimento de objetos. Não houve dificuldade para reconhecer nenhum dos objetos, apresentando acerto em todos os estímulos.

Reconhecimento de faces. Não houve dificuldade para reconhecer nenhuma das faces, apresentando acerto em todos os estímulos.

Repetição de palavras e frases. Repetiu de maneira adequada palavras e frases mais simples e rotineiras. Dificuldade importante observada na repetição de frases com mais de 4 palavras.

Leitura de palavras regulares, irregulares e pseudopalavras. Leu adequadamente palavras regulares. Apresenta erros na leitura de palavras irregulares e pseudopalavras. Nas pseudopalavras, o paciente comete erros de lexicalização para outra palavra próxima fonologicamente.

Escrita de palavras regulares, irregulares e pseudopalavras. Escreveu corretamente palavras regulares, irregulares e pseudopalavras. O discurso escrito contém anomias e informações vazias.

Discurso oral. Fluente, com hesitações e anomias no discurso (falhas de *word-finding*), parafasias fonêmicas ocasionais ("consigo" → "conségo"), segmentos ininteligíveis, repetição de sílaba inicial, reformulações, sintaxe simplificada e prosódia preservada.

Transcrição narrativa oral – prancha piquenique do teste WAB-R

> aqui ta uma casa e tem um eu não sei como é falar mas esse aqui ó... ai eu não consegui falar... aqui é uma bandeira e aqui um s um senhor aqui lendo... uma senhora ta com um rolo parece... não, não ela tá com assim um (...) agora pra falar o que ela ta com isso aqui tá fazendo... quase pronto tá vendo isso é uma coisa que era a gente tem de fazer quase todo de dia mas eu não sei falar... aqui tem um bichinho... eh vixi tem um tá por um moço aqui também... mais uma colher aqui... tem um copo... um chinelo... dois chinelo... e tem uma uma uma essa eu não sei o que que é isso... ela tá com uma coisa no mã no mão a a moça... eu não sei se ela tá... parece que ela tá fazendo um... é não é tudo que eeu não consigo não conségo falar... aqui... deixa eu vê se eu lembro... ela ta limpando o são mas eu não sei se esqueci como é... ai meu deus... ah tem um bi um bicho aqui um um bichinho com ó rapinhô ele... tá andando aqui... acho que é cachorro... mais um pedraedô o rapaz... acho que só isso.

Laudo do exame de imagem. Resumo do laudo de RM do crânio – Alargamento difuso de sulcos, fissuras e cisternas encefálicas, com discreta assimetria e predomínio parietal esquerdo e na fissura sylviana desse lado.

Conclusão. O paciente apresenta sintomas que indicam alteração no acesso lexical (anomias na fala espontânea, dificuldade nas provas de fluência verbal), processamento fonológico (parafasias fonêmicas, maior dificuldade na fluência verbal fonêmica em comparação com a semântica) e alça fonológica da memória operacional (dificuldade na repetição de sentenças). Apesar das falhas de acesso lexical, há preservação do conhecimento semântico, evidenciado pela preservação da capacidade de compreensão de palavras, associação e conhecimento de objetos e faces. Não apresenta apraxia de fala nem agramatismo evidente. Na leitura apresenta erros lexicais e fonológicos. Diante da queixa, exames de imagem e quadro clínico, o paciente apresenta critérios diagnósticos para APP logopênica.

Referências bibliográficas

ADLAM, A. R. *et al*. The Cambridge Semantic Memory Test Battery: detection of semantic deficits in semantic dementia and Alzheimer's disease. Neurocase. v. 16, n 3, p. 193-207, 2010.

AMARAL-CARVALHO, V.; CARAMELLI, P. Normative data for healthy middle-aged and elderly performance on the Addenbrooke Cognitive Examination-Revised. Cogn Behav Neurol, v. 25, n. 2, p. 72-76, 2012.

ASH, S. *et al*. Speech errors in progressive non-fluent aphasia. Brain and Language, v. 113, p. 13-20, 2010.

BARADEL, R. R. *et al*. Semantic memory for actions as assessed by the Kissing and Dancing Test: education and age effects in cognitively healthy individuals. Dement Neuropsychol, v. 8, p. 216-222, 2014.

BAK, T. H.; HODGES, J. R. Kissing and dancing – a test to distinguish the lexical and conceptual contributions to noun/verb and action/object dissociation. Preliminary results in patients with frontotemporal dementia. J Neuroling, v. 16, p. 169-181, 2003.

BEALES, A. *et al*. Profiling sentence repetition deficits in primary progressive aphasia and Alzheimer's disease: error patterns and association with digit span. Brain Lang, v. 194, p. 1-11, 2019.

BERTOLA, L.; MALLOY-DINIZ, L. F. Avaliação do conhecimento: propriedades psicométricas da bateria de memória semântica BAMS. Arco. Clin. Psiquiatria, São Paulo, v. 45, n. 2, p. 33-37, 2018.

BOTHA, H.; JOSEPHS, K. A. Primary progressive aphasias and apraxia of speech. Am Acad Neurol, v. 25, n. 1, p. 101-127, 2019.

BRUCKI, S. M. *et al*. Sugestions for utilization of the mini-mental state examination in Brazil. Arq Neuropsiquiatr, v. 61, n. 3B, p. 777-781, 2003.

BUTTS, A. *et al*. Neuropsychological profiles differ among the three variants of primary progressive aphasia. Journal of the International Neuropsychological Society, v. 21, n. 6, p. 429-435, 2015.

CARTHERY-GOULART, M. T. *et al*. Sentence comprehension in primary progressive aphasia: a study of the application of the Brazilian version of the test for the reception of grammar (TROG2-Br). Front Neurol, v. 16, n. 13, p. 815227, 2022.

CLARK, H. M. *et al.* Western aphasia battery-revised profiles in primary progressive aphasia and primary progressive apraxia of speech. Am J Speech Lang Pathol, v. 29, n. 1S, p. 498-510, 2020.

DUFFY, J. R.; STRAND, E. A.; JOSEPHS, K. A. Motor speech disorders associated with primary progressive aphasia. Aphasiology, v. 28, n. 8-9, p. 1004-1017, 2014.

DUFFY, J. R. Examination of motor speech disorders. *In*: DUFFY, J. R. Motor speech disorders: substrates, differential diagnosis, and management. 3. ed. St Louis: Elsevier, 2013. p. 61-94.

FOLSTEIN, M. F.; FOLSTEIN, S. E.; MCHUGH, P. R. Mini-mental state: a practical method for grading the cognitive state of patients for the clinician. J Psychiatr Res, v. 12, n. 3, p. 189-198, 1975.

GOODGLASS, H.; KAPLAN, E.; BARRESI, B. Boston diagnostic aphasia examination. 3. ed. (BDAE-3). Lippincott: Williams & Wilkins, 2001.

GORNO-TEMPINI, M. L. *et al.* The logopenic/phonological variant of primary progressive aphasia. Neurology, v. 71, n. 16, p. 1227-1234, 2008.

GORNO-TEMPINI, M. L. *et al.* Classification of primary progressive aphasia and its variants. Neurology, v. 76, n. 11, p. 1006-1014, 2011.

GRAHAM, N. L. *et al.* Lack of frank agrammatism in the nonfluent agrammatic variant of primary progressive aphasia. Dement Geriatr Cogn Dis Extra, v. 6, n. 3, p. 407-423, 2016.

HENRY, M. L.; GRASSO, S. M. Assessment of individuals with primary progressive aphasia. semin speech lang, v. 39, n. 3, p. 231-241, 2018.

HOWARD, D.; PATTERSON, K. Pyramids and palm trees: a test of semantic access from pictures and words. Bury St. Edmunds: Thames Valley Test Company, 1992.

JANG, J. *et al.* Activities of daily living in progressive non-fluent aphasia, logopenic progressive aphasia and Alzheimer's disease. Dementia and Geriatric Cognitive Disorders, v. 33, p. 354-360, 2012.

KAPLAN, E.; GOODGLASS, H.; WEINTRAUB, S. The Boston naming test. Philadelphia: Lippincott Williams & Wilkins; 2001.

KERTESZ, A. *et al.* Primary progressive aphasia: Diagnosis, varieties, evolution. Journal of the International Neuropsychology Society, v. 9, n. 5, p. 710-719, 2003.

KERTESZ, A. Western aphasia battery-revised. San Antonio: The Psychological Corporation 2007.

KERTESZ, A.; HARCIAREK, M. Primary progressive aphasia. Scandinavian Journal of Psychology, v. 55, p. 191-201, 2014.

KNOPMAN, D. *et al.* Language and behavior domains enhance the value of the clinical dementia rating scale. Alzheimer´s & Dementia, 7, 293-299, 2011.

LEZAK, M. D. *et al.* Neuropsychological Assessment. 5. ed. New York: Oxford University Press, 2012.

LIBON, D. J. *et al.* The philadelphia brief assessment of cognition (PBAC): a validated screening measure for dementia. Clin Neuropsychol, v. 25, n. 8, p. 1314-1330, 2011.

LIU, J. *et al.* Dyslexia and dysgraphia of primary progressive aphasia in Chinese: a systematic review. Front Neurol, v. 6, n. 13, p. 1025660, 2022.

MACOIR, J.; LÉGARÉ, A.; LAVOIE, M. Contribution of the cognitive approach to language assessment to the differential diagnosis of primary progressive aphasia. Brain Sci, v. 11, n. 6, p. 815, 2021.

MANSUR, L. *et al.* Semantic memory: nouns and action verbs in cognitively unimpaired individuals and frontotemporal lobar degeneration. Dement Neuropsychol, v. 7, p. 48-54, 2013.

MARSHALL, C. R. *et al.* Primary progressive aphasia: a clinical approach. J Neurol, v. 265, n. 6, p. 1474-1490, 2018.

MEMÓRIA, C. M. *et al.* Brief screening for mild cognitive impairment: validation of the Brazilian version of the Montreal cognitive assessment. Int J Geriatr Psychiatry, v. 28, n. 1, p. 34-40, 2013.

MESULAM, M-M.; WEINTRAUB, S. Spectrum of primary progressive aphasia. *In*: ROSSOR, M. N. (ed.) Unusual dementias. London: Baillière Tindall, 1992. p. 583-609.

MESULAM, M. *et al.* Primary progressive aphasia and the evolving neurology of the language network, v. 10, n. 10, p. 554-569, 2014.

MESULAM, M. *et al.* Nosology of primary progressive aphasia and the neuropathology of language. Adv Exp Med Biol, v. 1281, p. 33-49, 2021.

MESULAM, M. M. Primary progressive afasia and the language network: the 2013 H. Houston Merritt Lecture. Neurology, v. 81, n. 5, p. 456-462, 2013.

MIOSHI, E. *et al.* The Addenbrooke's Cognitive Examination Revised (ACE-R): a brief cognitive test battery for dementia screening. Int J Geriatr Psychiatry, v. 21, n. 11, p. 1078-1085, 2006.

MIOSHI, E. *et al.* Clinical staging and disease progression in frontotemporal dementia. Neurology, v. 74, n. 20, p. 1591-1597, 2010.

NASREDDINE, Z. S. *et al.* The Montreal Cognitive Assessment, MoCA: a brief screening tool for mild cognitive impairment. J Am Geriatr Soc, v. 53, n. 4, p. 695-699, 2005.

O'CONNOR, C. M.; AHMED, S.; MIOSHI, E. Functional disability in primary progressive aphasia. Aphasiology, v. 28, n. 8-9, p. 1131-1149, 2014.

PATEL, N. *et al.* A 'Mini Linguistic State Examination' to classify primary progressive aphasia. Brain Commun, v. 4, n. 2, p. 299, 2021.

PARENTE, M. A. M. P. *et al.* Bateria Montreal-Toulouse de avaliação da linguagem – Bateria MTL-Brasil. São Paulo: Vetor, 2016.

PEREIRA, D. A. *et al.* Philadelphia brief assessment of cognition in health and clinical Brazilian sample. Arq Neuropsiquiatr, v. 70, n. 3, p. 175-179, 2012.

RODRIGUES, J. C.; MINÁ, C. S.; SALLES, J. F. Coleção Anele 3 – Tarefa de escrita de palavras e pseudopalavras – TEPP. São Paulo: Vetor, 2017a.

RODRIGUES, J. C.; MINÁ, C. S.; SALLES, J. F. Coleção Anele 4 – Tarefa de leitura de palavras e pseudopalavras – TLPP. São Paulo: Vetor, 2017b.

SAPOLSKY, D. *et al.* Cortical neuroanatomic correlates of symptom severity in primary progressive aphasia. Neurology, v. 75, p. 358-366, 2010.

SEBASTIAN, R. *et al.* Patterns of decline in naming and semantic knowledge in primary progressive aphasia. Aphasiology, v. 32, n. 9, p. 1010-1030, 2018.

SENAHA, M. L. H. *et al.* Primary progressive aphasia: classification of variants in 100 consecutive Brazilian cases. Dement Psychol, v. 7, p. 104-109, 2013.

THOMPSON, C. K. Northwestern assessment of verbs and sentences. Chicago: Northwestern University Press, 2011.

TIPPETT, D. C.; KESER, Z. Clinical and neuroimaging characteristics of primary progressive aphasia. *In*: HILLIS, A. E.; FRIDRIKSSON, J. (eds.) Handbook of clinical neurology [Internet]. Elsevier B.V., 2022. p. 81-97.

UTIANSKI, R. L. Prosodic and phonetic subtypes of primary progressive apraxia of speech. Brain Lang, v. 184, p. 54-65, 2018.

VAN DEN BERG, E. *et al.* Differential linguistic features of verbal fluency in behavioral variant frontotemporal dementia and primary progressive aphasia. Appl Neuropsychol Adult, p. 1-9, 2022.

44 Afasia Progressiva Primária Semântica e Demência Semântica

Mirna Lie Hosogi • Ricardo Nitrini

A afasia progressiva primária (APP) é uma síndrome clínica neurodegenerativa caracterizada pela dissolução gradual e predominante da linguagem. Como já descrito no Capítulo 43, *Afasias Progressivas Primárias*, há três subtipos principais de APP, e uma delas é a variante semântica.

A afasia progressiva primária semântica (APP-S), também chamada de demência semântica (DS) por alguns pesquisadores, é uma das manifestações clínicas da demência frontotemporal (DFT) e está associada à atrofia e/ou hipometabolismo temporal anterior. Suas alterações mais salientes estão relacionadas às questões linguísticas, mais precisamente ao comprometimento de aspectos semânticos que leva à anomia e à dificuldade de compreensão de palavras. O conjunto das manifestações clínicas, considerando as habilidades linguísticas e cognitivas comprometidas, decorre do comprometimento seletivo e progressivo da memória semântica, memória declarativa relacionada ao conhecimento de fatos, vocabulário e conceitos adquiridos no decorrer da vida.

Histórico e definição atual

Provavelmente foi Arnold Pick, no início do século XX, quem relatou pela primeira vez um caso com características que poderiam ser atribuídas à síndrome clínica conhecida atualmente por APP-S/DS. O termo "demência semântica" foi cunhado apenas em 1989 por Snowden *et al.*, a partir da publicação de um artigo no qual foram descritos três pacientes que apresentavam alteração semântica progressiva, evidenciada pela dificuldade de nomear e compreender os significados de palavras e reconhecer objetos. Os pacientes apresentavam produção oral fluente, porém anômica, e dificuldades na compreensão do significado de palavras, apesar da preservação da compreensão sintática. Associada ao distúrbio no componente semântico da linguagem, os pacientes apresentavam agnosia visual associativa.

Em 1975, 14 anos antes da publicação de Snowden *et al.*, Warrington descreveu detalhadamente casos com comprometimento exclusivo da memória semântica. Baseando-se nos estudos de Tulving (1972) sobre a distinção de memórias de longa duração em memória semântica e memória episódica, Warrington relatou o distúrbio progressivo de três pacientes que apresentavam comprometimento da memória semântica em oposição à preservação relativa da memória episódica. Os pacientes tinham dificuldade de identificar e reconhecer objetos na ausência de uma alteração sensorial. Além dessa inabilidade, eles apresentavam dificuldades tanto para compreender o significado de palavras como para nomear objetos e figuras. Com exceção da anomia e do comprometimento de compreensão de palavras, outros aspectos da linguagem encontravam-se sem alterações significativas.

Em 1992, outros cinco casos de DS foram descritos por Hodges *et al*. Os autores detalharam as manifestações clínicas dessa síndrome, propuseram critérios para o diagnóstico e destacaram a associação consistente entre essa síndrome, também chamada "afasia progressiva fluente", e a atrofia do lobo temporal. Os critérios propostos pelo grupo de Cambridge eram:

- Prejuízo seletivo da memória semântica, ocasionando anomia, comprometimento da compreensão oral e escrita de palavras, diminuição da produção de exemplares em testes de fluência semântica e empobrecimento geral do conhecimento de objetos, pessoas e significado das palavras
- Preservação relativa de outros componentes da linguagem (como sintaxe e fonologia)
- Preservação das habilidades perceptuais e de resolução de problemas
- Preservação relativa das memórias autobiográficas e episódicas
- Dislexia de superfície.

Em 1998, foi publicado o consenso para critérios diagnósticos clínicos para a degeneração lobar frontotemporal (DLFT) por Neary *et al.*, no qual foram estabelecidas as características das três principais síndromes clínicas protótipicas da DLFT: demência frontotemporal, afasia progressiva não fluente e demência semântica. Nesse consenso, as características essenciais da demência semântica estabelecidas foram:

- Início insidioso e progressão gradual
- Produção verbal fluente, mas vazia
- Perda do significado das palavras
- Parafasias semânticas e/ou prosopagnosia e/ou agnosia associativa
- Preservação do emparelhamento perceptual e de reprodução de desenhos
- Preservação da repetição de palavras
- Preservação da leitura e escrita de palavras de ortografia regular.

Em 2022, foi publicado em nosso meio o consenso das recomendações do Departamento Científico de Neurologia Cognitiva e do Envelhecimento da Academia Brasileira de Neurologia para o diagnóstico da demência frontotemporal (Cruz de Souza *et al.*, 2022) e seguindo os critérios estabelecidos na literatura internacional atual, demência frontotemporal (DFT) é definida como uma síndrome clínica que apresenta três fenótipos clínicos distintos: a variante comportamental, a afasia progressiva primária não fluente/agramática e a afasia progressiva primária semântica (APP-S).

Alguns anos antes de Snowden *et al.* cunharem o termo *demência semântica*, Mesulam (1982) descreveu a afasia progressiva primária (APP), chamada inicialmente de afasia lentamente progressiva. Na APP, ocorre comprometimento progressivo da linguagem na ausência de uma demência generalizada por, pelo menos, 2 anos, associada ao alargamento da fissura Sylviana no hemisfério cerebral esquerdo.

Nas duas últimas décadas, vários conflitos em relação à diferenciação entre DS, APP e afasia progressiva não fluente foram publicados na literatura (Knibb; Hodges, 2005; Mesulam, 2007; Rogalski; Mesulam, 2007). Parte desses conflitos foi gerada porque, tanto na DS como na APP, as principais manifestações clínicas são alterações linguísticas. Reconhece-se a DS como uma síndrome clínica bem definida (Hodges; Patterson, 2007) com uma combinação única de achados cognitivos, linguísticos e de neuroimagem.

Dezenove casos brasileiros de demência semântica foram descritos por Hosogi-Senaha *et al.* (2007). Os achados linguísticos e cognitivos mostraram que os pacientes constituem um grupo com características bem homogêneas em decorrência da degradação da memória semântica que ocasionou anomia, baixo desempenho em tarefas de compreensão de palavras e fluência verbal e comprometimento das habilidades de leitura e escrita por processamentos léxico-semânticos e em tarefas relacionadas ao conhecimento semântico não verbal. Além de características linguísticas e cognitivas homogêneas, todos os 19 pacientes apresentavam comprometimento lobar temporal, a maioria com atrofia predominante no hemisfério cerebral esquerdo.

Em 2011 foi publicado o consenso clínico para o diagnóstico e a classificação da APP (Gorno-Tempini *et al.*, 2011). Nesse consenso foram estabelecidos os critérios de inclusão e exclusão para o diagnóstico da APP, baseados nos critérios de Mesulam (2001, 2003).

Além disso, no consenso clínico de Gorno-Tempini *et al.* (2011) foi estabelecido que as APP podem ser classificadas em três subtipos clínicos, sendo que a demência semântica (chamada no consenso de APP-variante semântica) é um dos três subtipos. Os outros dois subtipos de APP de acordo com o consenso são: APP-variante agramática/não fluente e APP-variante logopênica.

Alguns estudos publicados posteriormente ao consenso discutem a possibilidade da classificação da APP em outros subtipos, além dos três descritos no consenso (Mesulam *et al.*, 2012; Mesulam, 2013; Hosogi-Senaha *et al.*, 2013; Sajjadi *et al.*, 2012).

Alguns autores utilizam a terminologia "variante semântica da afasia progressiva primária" como sinônimo da "demência semântica"; no entanto, outros, como Mesulam (2023), diferenciam esses termos. Para Mesulam, a APP-S corresponde ao quadro no qual há dissolução da compreensão de palavras e anomia e a DS corresponde à combinação da dissolução da compreensão semântica com a dificuldade de reconhecimento de objetos. Em outras palavras, para Mesulam, a APP-S consiste em um distúrbio exclusivo da linguagem e a DS, um distúrbio predominante da linguagem com alterações não verbais. Concordamos com o posicionamento de Mesulam; na nossa experiência (Hosogi-Senaha *et al.*, 2007), observamos que alguns pacientes iniciam com um distúrbio puramente linguístico (APP-S), mas com o agravamento do quadro surgem alterações da memória semântica visual, caracterizando um quadro de DS.

De acordo com os critérios de classificação das APP do consenso publicado em 2011, os pacientes com APP-S podem apresentar comprometimento no reconhecimento de objetos.

Apresentação clínica

A principal queixa dos pacientes com APP-S/DS é a dificuldade de encontrar as palavras. O discurso é fluente com procura de palavras, utilização de palavras genéricas e vazias, presença de circunlocuções e parafasias semânticas. Erros fonológicos e sintáticos não são observados. A alteração de compreensão de palavras em situação de conversação pode ser mascarada, pois os pacientes são beneficiados pelos contextos linguísticos e paralinguísticos para superar, ao menos parcialmente, o déficit de compreensão semântica. Entretanto, em testes formais, as dificuldades de compreensão semântica ficam evidenciadas em provas de definição de palavras pouco frequentes, compreensão de palavras e emparelhamento de figuras semanticamente relacionadas. A anomia fica evidenciada em testes de nomeação por confrontação visual e em provas de fluência verbal. Ao se comparar os desempenhos dos pacientes com APP-S/DS em testes de fluência verbal por categoria semântica e por categoria formal (FAS), verifica-se que o número de itens evocados por categoria semântica tende a ser mais baixo que o número de elementos evocados por categoria formal.

A repetição de palavras está preservada na grande maioria dos casos e, em alguns pacientes, mantém-se preservada a repetição de frases. Quanto à linguagem escrita, os pacientes mostram-se capazes de ler e escrever palavras regulares, mas apresentam falhas diante de palavras irregulares. Essas dificuldades na leitura e escrita de palavras irregulares são características da dislexia e disgrafia de superfície.

As dificuldades encontradas na APP-S/DS não se limitam à esfera linguística: apesar da preservação de habilidades perceptuais, os pacientes com demência semântica têm dificuldades no reconhecimento e na identificação de estímulos visuais (figuras, objetos, faces) e auditivos não verbais.

Nas fases iniciais da doença, o reconhecimento e a identificação de objetos e animais ou a definição de determinadas palavras podem ocorrer de forma incompleta (os pacientes podem reconhecer que a figura de uma girafa se refere a um animal muito alto, mas podem não ter mais a noção a respeito do seu hábitat, hábitos etc.). Com o avanço da doença, com a intensificação do distúrbio na memória semântica, os pacientes passam a apresentar cada vez mais imprecisão no seu conhecimento semântico. Os pacientes com APP-S/DS apresentam desempenho normal ou próximo do normal em provas de *digit span*, resolução de problemas não verbais, habilidades visuoespaciais, memória autobiográfica e memória episódica.

No consenso clínico da APP (Gorno-Tempini *et al.*, 2011) foram estabelecidos os critérios para a classificação da APP-S. Determinou-se que há duas características centrais e que ambas devem estar presentes. Essas características centrais são: (a) comprometimento da nomeação; e (b) comprometimento da compreensão de palavras. Além disso, foi estabelecida a necessidade de se encontrar pelo menos três das seguintes características auxiliares: (a) comprometimento da compreensão de objetos, particularmente itens de baixa frequência e menos familiares; (b) dislexia ou disgrafia de superfície; (c) preservação da repetição; e (d) preservação da sintaxe e dos aspectos motores de fala (Tabela 44.1).

As mudanças de comportamento não são predominantes na fase inicial da APP-S/DS. No entanto, tais mudanças podem surgir no decorrer da doença, o que reforça a sobreposição de sintomas entre a APP-S/DS e a variante comportamental da DFT. Entre as alterações, podem-se constatar sintomas afetivos e comportamentais, como depressão, apatia ou irritabilidade, mudanças na dieta, gula, excentricidades alimentares, rigidez mental e inflexibilidade, indiferença afetiva.

Neuroimagem e neuropatologia

A APP-S está frequentemente associada à atrofia bilateral temporal anterior de forma assimétrica; a maioria dos casos apresenta atrofia mais acentuada à esquerda (Gorno-Tempini *et al.*, 2004; Thompson *et al.*, 2003). Pode-se constatar atrofia temporal desde as fases iniciais da doença; os cortes coronais, nos exames de ressonância magnética, facilitam a visualização da atrofia que ocorre na demência semântica. Todas as regiões do lobo temporal podem estar comprometidas, especialmente a região temporal inferior, incluindo os giros temporal inferior e fusiforme, com relativa preservação do giro temporal superior (Chan *et al.*, 2001).

Com a progressão da doença, a atrofia pode se estender para a porção posterior do lobo temporal e/ou para o lobo frontal inferior (Hodges; Patterson, 2007).

Desgranges *et al.* (2006) estudaram as alterações anatômicas e funcionais de 10 pacientes com DS utilizando morfometria baseada em voxel (VBM) e PET. Os autores encontraram alterações mais evidentes no lobo temporal esquerdo, além de comprometimento da região hipocampal. Observaram também que o hipometabolismo foi mais extenso que a atrofia nos lobos temporais.

Em outro estudo com VBM, Rosen *et al.* (2002) compararam o padrão de atrofia entre grupos com a variante comportamental da DFT e com DS. Os resultados mostraram que ambas apresentavam atrofia no córtex frontal ventromedial e região frontal orbital posterior bilateralmente, ínsula bilateralmente e cíngulo anterior à esquerda. Apenas o grupo de DS apresentou atrofia do córtex temporal anterior e da região hipocampal anterior e amígdala bilateralmente.

Bright *et al.* (2008) estudaram longitudinalmente as alterações estruturais e funcionais de pacientes com DS e os resultados mostraram variabilidade no padrão e na velocidade da atrofia com o decorrer do tempo.

Segundo o consenso da classificação das APP (2011) os achados de imagem que dão suporte ao diagnóstico da APP-S são: atrofia, hipoperfusão ou hipometabolismo predominante do lobo temporal anterior.

Estudos histopatológicos mostram que APP-S/DS parece estar mais associada a inclusões ubiquitina-positivas e tau-negativas. Contudo, como as demais síndromes clínicas da DFT, outras patologias têm sido descritas (Hodges; Patterson, 2007; Knibb; Hodges, 2005).

Caso clínico

E., 66 anos, sexo feminino, destra, aposentada desde os 58 anos, exerceu funções de diretora escolar e de professora de biologia. A paciente procurou atendimento neurológico queixando-se de dificuldades tanto para evocar substantivos comuns e próprios como para compreender o significado de palavras isoladas, como "uva" e "canhota". Segundo familiares e a paciente, as alterações iniciaram 2 anos antes e os sintomas acentuavam gradativamente. Apesar do problema, a paciente mantinha uma certa independência; na época em que foi avaliada inicialmente, havia realizado uma viagem aérea sozinha com algumas amigas. Apesar desses problemas, sua memória autobiográfica pessoal e suas atividades de vida diária não foram afetadas. Embora estivesse aposentada, trabalhava como tesoureira-voluntária em uma creche. Seu comportamento e personalidade foram relatados como inalterados.

Nove anos antes do aparecimento dos primeiros sintomas, enquanto discursava em uma cerimônia de formatura, ela manifestou perplexidade por estar ali e começou a perguntar repetidamente o que estava acontecendo. Ela conseguiu reconhecer as pessoas na sala, mas ficou claro que não conseguia reter nenhuma informação. Duas horas

Tabela 44.1 Critérios clínicos para o diagnóstico da afasia progressiva primária variante semântica (APP-S).

Critérios	Centrais	Auxiliares
APP-S	Ambas 1. Comprometimento da nomeação 2. Comprometimento da compreensão de palavras	Pelo menos três 1. Comprometimento da compreensão de objetos, particularmente, itens de baixa frequência e menos familiares 2. Dislexia ou disgrafia de superfície 3. Preservação da repetição 4. Preservação da sintaxe e dos aspectos motores de fala

Fonte: Gorno-Tempini *et al.*, 2011.

depois ela foi dormir e no dia seguinte estava em seu estado normal, sem se lembrar do que havia acontecido durante a cerimônia. Dois outros episódios semelhantes de amnésia transitória aconteceram em 1991 e em 1997.

Oito anos antes da primeira consulta neurológica, ela teve alguns episódios de tontura. Em 1994, uma tomografia computadorizada da cabeça foi normal. Em 1998 apresentou uveíte de etiologia desconhecida.

A história familiar foi negativa para demência ou problemas de linguagem. Ela estava fisicamente bem e a pressão arterial era de 120 × 80 mmHg. O exame neurológico foi normal. A pontuação miniexame do estado mental foi 26. Os exames laboratoriais de rotina e o eletroencefalograma foram normais. A tomografia computadorizada da cabeça mostrou atrofia do lobo temporal esquerdo. A ressonância magnética (RM) do cérebro revelou atrofia do lobo temporal esquerdo, mais intensa na sua região polar (Figura 44.1). A angiografia por ressonância magnética dos vasos cervicais e intracranianos foi normal. A varredura SPECT mostrou hipoperfusão no lobo temporal anterior esquerdo (Figura 44.2).

Avaliação neuropsicológica

Os testes aplicados na avaliação neuropsicológica estão na Tabela 44.2. Na Escala Mattis de Avaliação de Demência, a paciente apresentou escore abaixo da média nas subescalas Iniciação/Perseveração, Conceituação e Memória. O escore da subescala Conceituação apresentou-se prejudicado pela dificuldade de linguagem da paciente, ocorrendo o mesmo na subescala Iniciação/Perseveração. Embora o resultado da subescala Memória esteja comprometido, esta função mostrou-se relativamente preservada nessas provas. O escore total da Escala Mattis está abaixo da média esperada.

Na Escala Wechsler de Inteligência para Adultos (WAIS) houve discrepância entre o Quociente Intelectual (QI) Verbal e QI de Execução, com melhor desempenho nas tarefas de execução. Nas provas verbais a paciente apresentou dificuldade nos subtestes Informação (gravemente prejudicado), Compreensão e Vocabulário. Repetição de Dígitos, Aritmética, Semelhanças estão preservados, assim como os subtestes de Execução.

No teste Matrizes Progressivas de Raven – série colorida, seu desempenho foi dentro da média para a idade assim como no teste de Organização Visual de Hooper. Estava preservada a habilidade visuoconstrutiva, avaliada pela Cópia da Figura Complexa de Rey. No *Wisconsin Card Sorting Test* foi capaz de reconhecer duas categorias envolvidas. Na prova de atenção com interferência (*Trail Making* – B) apresentou grande dificuldade.

A avaliação de memória verbal ficou comprometida devido ao déficit de linguagem apresentado pela paciente. Embora tenha apresentado alguma lembrança, obteve escore abaixo da média na prova de memória para histórias (Memória Lógica) da Escala Wechsler de Memória. Na tarefa de aprendizagem de pares associados (WMS) seu desempenho foi levemente abaixo da média esperada para a idade. Memória visual, tanto imediata como tardia, preservada.

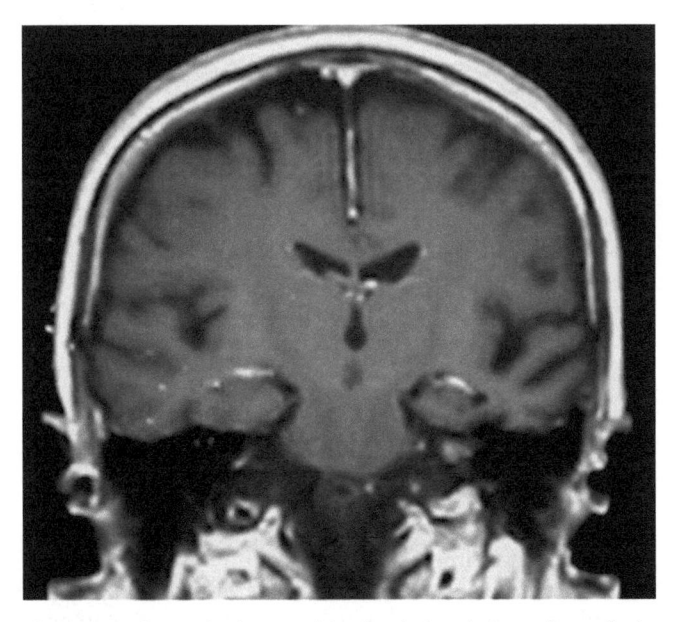

Figura 44.1 Ressonância magnética do cérebro de E. revela atrofia do lobo temporal.

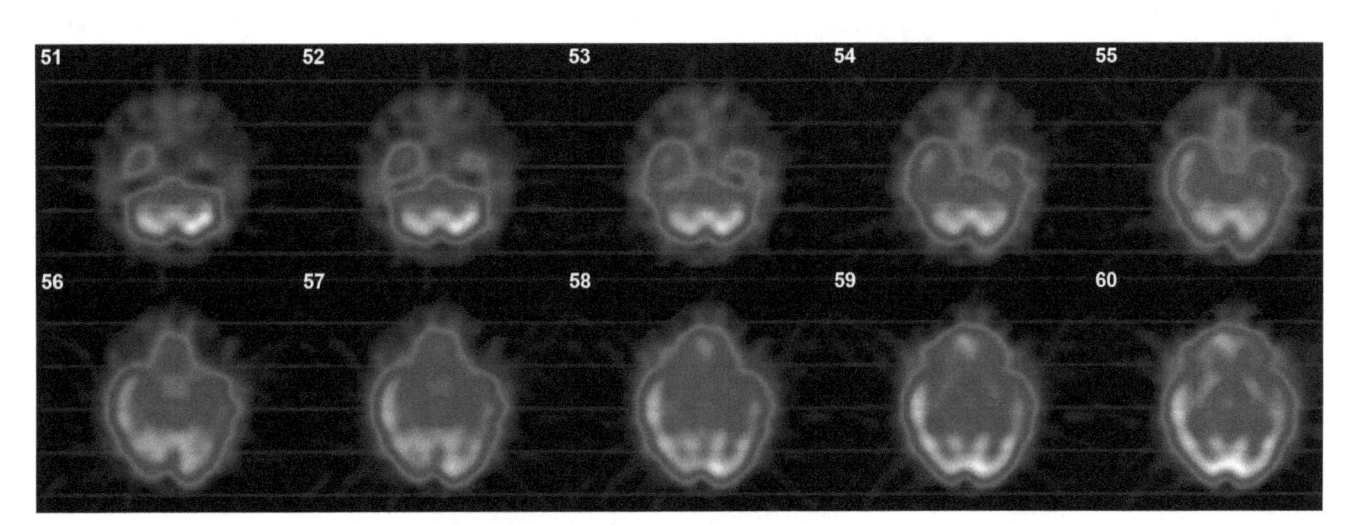

Figura 44.2 Hipoperfusão no lobo temporal anterior esquerdo revelado por SPECT.

Tabela 44.2 Desempenhos obtidos por E. na avaliação neuropsicológica.

Testes realizados	Resultados
MEEM Escala Mattis	26/30
Atenção	35/37 (0,16 DP)
Iniciação/Perseveração	29/37 (–1,12 DP)
Construção	06/06 (0,30 DP)
Conceituação	26/39 (–1,89 DP)
Memória	20/25 (0,98 DP)
Total	116/144 (–1,74 DP)
WAIS (notas ponderadas) Informação Compreensão Aritmética Semelhanças Números Vocabulário	3 (–2,01 DP) 7 (–0,83 DP) 10 (0,21 DP) 9 (0,08 DP) 9 (0,30 DP) 7 (–0,89 DP)
Código	13
Completar Figuras	10 (0,60 DP)
Cubos	13 (2,08 DP)
Armar Objetos	10 (1,09 DP)
Arranjo de Figuras	14 (2,8 DP)
QI Verbal	91 (–0,9 DP)
QI Execução	133 (3,3 DP)
QI Total	110 (1,0 DP)
Matrizes Progressivas Raven (colorido)	34
Teste de Organização Visual de Hooper	58
Trail Making Test Parte A Parte B	33" (P50) 131" (P25)
Wisconsin Card Sorting Test Número de acertos Número de erros Número de categorias	76/128 52/128 02/06
Figura Complexa de Rey Cópia Memória	29/36 (–0,42 DP) 09/36 (–0,69 DP)
Memória Lógica (WMS) Imediata Evocação Tardia (30')	1,5/23 (–2,25 DP) 1,5/23 (–1,58 DP)
Reprodução Visual (WMS) Imediata Evocação Tardia (30')	10/14 (1,09 DP) 10/14 (1,40 DP)
Pares Associados (WMS) Imediata Evocação Tardia (30')	07/21 (–2,89 DP) 04/07 (–2,66 DP)
Teste de Retenção Visual Benton	Normal

Avaliação de linguagem

Em situação conversacional, a compreensão verbal de E. mostrou-se relativamente adequada; entretanto, a sua produção oral foi marcada pela presença de anomias, caracterizadas por latências, uso de palavras vazias, generalizações, parafasias semânticas e extrações sêmicas. Em termos quantitativos, o fluxo da emissão oral mostrou-se exacerbado (logorreia). Não foi encontrada nenhuma alteração em relação aos aspectos fonológicos e sintáticos da linguagem oral. A seguir, um trecho da produção oral espontânea da paciente em situação conversacional.

> **Examinadora:** Qual é a sua dificuldade?
>
> **E.:** Olha a pior faculdade pra mim, que eu acho, é que eu não lembro se vo... se as minhas colegas falam o nome de alguma pessoa, eu não lembro quem é essa pessoa, ou então, fala o nome e eu falo: ai, meu Deus, que nome é esse? Ou então, eu tenho colega, eu esqueço o nome das colegas. Eu não sei mais os nomes das colegas. E muita coisa também. Que nem eu falo pro meu marido, esses dias eu nem leio mais nada porque eu tô lendo assim, eu não sei o que quer dizer as palavras...

Por meio de baterias de exame da linguagem, constatou-se prejuízo da compreensão da linguagem oral e escrita apenas em nível de palavras. A compreensão de frases simples e complexas mostrou-se adequada. Os resultados organizados na Tabela 44.3 mostram essa dissociação entre os desempenhos obtidos em provas de compreensão de palavras e frases: a compreensão oral e escrita de palavras mostrou-se comprometida, testada através de tarefas de emparelhamento palavra (oral ou escrita) e figuras; enquanto os desempenhos nas provas de compreensão oral e escrita de frases, examinadas a partir do protocolo Beta MT-86 (Nespoulous *et al.*, 1986), foram de 100% de acertos. No *Token Test* (Renzi, Faglioni, 1978), os desempenhos da paciente oscilaram entre 90 e 100% de acertos da primeira à quarta parte. Entretanto, na quinta parte, o desempenho de E. sofreu um declínio, porém não explicado pelo aumento da complexidade sintática, mas pela dificuldade da compreensão semântica da palavra "toque". Dos sete erros cometidos na última parte, cinco foram devidos à dificuldade na compreensão semântica desse verbo. Nos itens que continham o vocábulo "toque", a paciente imediatamente verbalizava que não conhecia o significado da palavra. Devido a essa dificuldade, a quinta parte do *Token Test* foi refeita, substituindo-se a palavra "toque" por "encoste", e nessa versão adaptada, E. acertou 19 dos 21 itens, ou seja, obteve 90,4% de acertos.

A seguir, uma transcrição da paciente em provas de definição de palavras ilustra a dificuldade de compreensão de palavras. São dois momentos diferentes, na primeira avaliação realizada 2 anos após o aparecimento dos sintomas e 14 meses após a primeira avaliação. É possível constatar a dificuldade de compreensão de palavras e a degradação semântica com a evolução do quadro.

> **E. – 1ª avaliação (2 anos após o início dos sintomas)**
> - **Cereja** – "Cereja é uma fruta."
> - **Motocicleta** – "É aquela que a turma anda, é que nem bicicleta, só que tem motor."
> - **Camelo** – "Animal, animalzinho. Tô pensando que é o negócio do mar que a gente come."

Tabela 44.3 Desempenhos obtidos por E. em provas de compreensão da linguagem.

Tarefa	n	% de acertos
Compreensão oral de palavras	34	70,6%
Compreensão escrita de palavras	10	80%
Compreensão oral-frases simples e complexas (Beta)	38	100%
Compreensão escrita – frases simples e complexas (Beta)	8	100%
Token Test – 1ª parte	10	100%
Token Test – 2ª parte	6	100%
Token Test – 3ª parte	10	90%
Token Test – 4ª parte	10	90%
Token Test – 5ª parte	21	66,7%
Token Test – 5ª parte (versão adaptada)*	21	90,4%

*Versão adaptada da 5ª parte do Token Test, a palavra "toque" foi substituída por "encoste".

- **E. – 2ª avaliação (14 meses após a primeira avaliação)**
  - **Cereja** – "Cereja? Não é verdura? Pode ser verde, amarelado, tem uns maiores, outros são estreitos. Come cru ou cozido."
  - **Motocicleta** – "Não é aquilo... não é pra gente andar? Tem que dirigir, tem janela, cabem quatro pessoas."
  - **Camelo** – "Camelo?... Ai meu Deus... não lembro o que é."

Na Tabela 44.4, pode-se também visualizar os desempenhos obtidos por E. em provas que examinam a produção oral e escrita. Sua grande dificuldade foi na nomeação de figuras, apresentou apenas 16,7% de respostas corretas no *Boston Naming Test* (Kaplan; Goodglass, 1983). As habilidades de leitura e escrita foram examinadas a partir do protocolo HFSP (Parente *et al.*, 1992), constatando-se comprometimento seletivo na leitura e na escrita de palavras irregulares, predominando erros do tipo regularização, evidenciando, portanto, quadro de dislexia e disgrafia de superfície. O desempenho nas provas de repetição de palavras e não palavras do protocolo Beta MT-86 foi de 100% e o resultado na repetição de frases no teste *Boston* (Goodglass; Kaplan, 1983) foi próximo do normal, suas falhas consistiram em omissões de um ou outro vocábulo em três das 16 frases.

A seguir, exemplos de regularizações realizadas por E. na prova de leitura e na prova de escrita, caracterizando, respectivamente, quadros de dislexia e disgrafia de superfície.

- Regularizações na leitura:
  - SAXOFONE:/saδofone/("saxofone")
  - COSMO:/kosmo/("kôsmo")
  - VESPA:/vɛspa/("véspa")
  - DIET:/diɛti/("diéti")
- Regularizações na escrita de palavras irregulares:
  - ASSIM: acim/ascim
  - CÉU: sel
  - TAL: tau
  - MEXER: mecher
  - LUXO: lucho

Tabela 44.4 Desempenhos obtidos por E. em provas de produção oral e escrita da linguagem.

Tarefa	n	% de acertos
Boston Naming Test	60	16,7%
Leitura em voz alta (HFSP)	190	91,6%
Escrita sob ditado (HFSP)	190	86,8%
Repetição de palavras e não palavras (Beta)	30	100%
Repetição de frases (*Boston*)	16	81,2%

- Regularizações na escrita de estrangeirismos:
  - DIET: daiti
  - DRIVE-IN: draivin

Para finalizar, na Tabela 44.5, estão demonstrados os desempenhos de E. em provas de fluência verbal por categoria semântica e por categoria fonêmica (FAS), na qual se constata um número maior de itens evocados por categoria fonêmica ao se comparar com a fluência semântica. Em geral, os pacientes com APP-S/DS têm esse perfil.

Em provas de emparelhamento semântico visual, E. não apresentou dificuldades na primeira avaliação.

Conclusão dos achados clínicos e da avaliação multidisciplinar

Os dados obtidos mostraram que E. apresenta um comprometimento seletivo da memória semântica que é responsável pelos sintomas encontrados. Os achados nas avaliações fonoaudiológica e neuropsicológica preenchem os critérios estabelecidos no consenso da classificação das APP para a variante semântica. A paciente E. apresenta os dois critérios centrais exigidos pelo consenso: dificuldade na compreensão de palavras e anomia. Apresenta três das características auxiliares: dislexia e disgrafia de superfície; preservação da repetição e preservação da sintaxe e dos aspectos motores de fala. Os dados clínicos e os de imagem dão suporte ao diagnóstico de um quadro de APP-S/DS.

Tabela 44.5 Itens evocados por E. em tarefas de fluência verbal.

Tarefas de fluência verbal	Itens evocados
Categoria semântica (seres vivos)	
Animais	4
Seres de mar ou água	2
Aves	1
Total – seres vivos	7
Categoria semântica (artefatos)	
Utensílios domésticos	7
Meios de transporte	4
Instrumentos musicais	1
Total – artefatos	13
Categoria formal	
F	11
A	7
S	7
Total – F, A e S	25

Referências bibliográficas

BRIGHT, P. et al. Longitudinal studies of semantic dementia: the relationship between structural and functional changes overtime. Neuropsychologia, v. 46, p. 2177-2188, 2008.

CHAN, D. et al. Patterns of temporal lobe atrophy in semantic dementia and Alzheimer's disease. Ann. Neurology, v. 49, n. 4, p. 433-442, 2001.

DESGRANGES, B. et al. Anatomical and functional alterations in semantic dementia: a voxel-based MRI and PET study. Neurobiology of Aging, p. 1-10, 2006.

CRUZ DE SOUZA, L. et al. Diagnosis of frontotemporal dementia: recommendations of the Scientific Department of Cognitive Neurology and Aging of the Brazilian Academy of Neurology. Dement Neuropsychol, v. 16, n. 3, suppl 1, p. 40-52, 2022.

GORNO-TEMPINI, M. L. et al. Cognition and anatomy of three variants of primary progressive aphasia. Ann. Neurology, v. 55, p. 335-346, 2004.

GORNO-TEMPINI, M. L. et al. Classification of primary progressive aphasia and its variants. Neurology, v. 76, n. 11, p. 1006-14, 2011.

GOODGLASS, H.; KAPLAN, E. The Assessment of Aphasia and Related Disorders. 2. ed. Philadelphia, PA, USA: Lea & Febiger, 1983.

HODGES, J. R. et al. Semantic dementia. Progressive fluent aphasia with temporal lobe atrophy. Brain, v. 5, p. 1783-1806, 1992.

HODGES, J. R.; PATTERSON, K. Semantic dementia: a unique clinicopathological syndrome. Lancet Neurology, v. 6, p. 1004-1014, 2007.

HOSOGI-SENAHA, M. L. et al. Semantic dementia: Brazilian study of 19 cases. Dementia and Neuropsychologia, v. 4, p. 366-373, 2007.

HOSOGI-SENAHA, M. L. et al. Verbal and non-verbal semantic impairment: From fluent primary progressive aphasia to semantic dementia. Dement Neuropsychol, v. 1, n. 2, p. 203-211, 2007.

HOSOGI-SENAHA, M. L. et al. Primary progressive aphasia: classification of variants in 100 consecutive Brazilian cases. Dement. Neuropsychol, v. 7, n. 1, p. 110-121, 2013.

HOSOGI-SENAHA, M. L. et al. Primary progressive aphasia: classification of variants in 100 consecutive Brazilian cases. Dement Neuropsychol, v. 7, n. 1, p. 110-121, 2013.

JOSEPHS, K. A. Frontotemporal lobar degeneration. Neurologic Clinics, v. 25, p. 683-696, 2007.

KAPLAN, E.; GOODGLASS, H.; WEINTRAUB, S. The Boston naming test. Philadelphia: Lea & Febiger, 1983.

KNIBB, J. A.; HODGES, J. R. Semantic dementia and primary progressive aphasia: a problem of categorization. Alzheimer Dis. Assoc. Disord., v. 19, suppl. 1, p. S7-S14, 2005.

MESULAM, M. M. Slowly progressive aphasia without generalized dementia. Ann. Neurol., v. 11, p. 592-598, 1982.

MESULAM, M. M. Primary progressive aphasia. Annals of neurology, v. 49, p. 425-432, 2001.

MESULAM, M. M. Primary progressive aphasia – a language-based dementia. New England Journal of Medicine, v. 349, p. 1535-1542, 2003.

MESULAM, M. M. Primary progressive aphasia: a 25-year retrospective. Alzheimer Dis. Assoc. Disord., v. 21, n. 4, p. S8-S11, 2007.

MESULAM, M. M. et al. Quantitative classification of primary progressive aphasia at early and mild impairment stages. Brain, v. 135, n. 5, p. 1537-1553, 2012.

MESULAM, M. M. Primary progressive aphasia: a dementia of the language network. Dement. Neuropsychol, v. 7, n. 1, p. 2-9, 2013.

MESULAM, M. M. Temporopolar regions of the human brain. Brain, v. 146, n. 1, p. 20-41, 5 jan. 2023.

NEARY, D. et al. Frontotemporal lobar degeneration. A consensus on clinical diagnostic criteria. Neurology, v. 51, p. 1546-1554, 1998.

ROGASLKI, E.; MESULAM, M. M. An update on primary progressive aphasia. Curr. Neurol. Neurosci. Rep., v. 7, n. 5, p. 388-392, 2007.

ROSEN, H. J. et al. Patterns of brain atrophy in frontotemporal dementia and semantic dementia. Neurology, v. 58, p. 198-208, 2002.

SAJJADI, S. A. et al. Primary progressive aphasia: a tale of two syndromes and the rest. Neurology, v. 78, n. 21, p. 1670-1677, 2012.

SNOWDEN, J. S.; GOULDING, P. J.; NEARY, D. Semantic dementia: a form of circumscribed cerebral atrophy. Behav. Neurol., v. 2, p. 167-182, 1989.

THOMPSON, S. A.; PATTERSON, K.; HODGES, J. R. Left/right asymmetry of atrophy in semantic dementia. Behavioral–cognitive implications. Neurology, v. 61, p. 1196-1203, 2003.

TULVING, E. Epsidodic and semantic memory. In: TULVING, E.; DONALDSON, W. Organization of memory. New York: Academic Press, 1972.

WARRINGTON, E. K. Selective impairment of semantic memory. Quarterly J. Experimental Psychology, v. 27, p. 635-657, 1975.

45 Demências com Acometimento dos Circuitos Frontostriatais

Márcia Radanovic

O termo "demência subcortical" foi utilizado pela primeira vez por Albert *et al.* (1974), em um artigo descrevendo cinco casos de paralisia supranuclear progressiva (PSP), caracterizados por esquecimento, lentidão de pensamento (bradifrenia), incapacidade de utilizar o conhecimento previamente adquirido (p. ex., prejuízos em abstração e cálculo) e alterações de personalidade como apatia, depressão, ocasionalmente irritabilidade e euforia ou episódios de agressividade. Em 1984, Cummings e Benson (1984) publicaram um artigo de revisão utilizando o termo "demência subcortical", que agora já se expandia para descrever os quadros de prejuízo cognitivo encontrados na doença de Parkinson, doença de Wilson, degenerações espinocerebelares, calcificação de núcleos da base, estado lacunar (lesão vascular), e na depressão.

Assim, durante as décadas seguintes, o método estudo clínico dos transtornos cognitivos pautou-se em grande parte na dicotomização entre os quadros de acometimento "subcortical" (com as características descritas acima, associadas a distúrbios da atenção, motivação, alguns aspectos da linguagem e memória e habilidades visuoespaciais) e de acometimentos corticais, caracterizados pelas afasias, agnosias, apraxias e amnésia (cujo modelo típico era a doença de Alzheimer – DA). Esse conjunto de sintomas corresponde, aproximadamente, à síndrome de disfunção comportamental/executiva descrita por Mesulam (2000).

Do ponto de vista anatômico, o transtorno cognitivo do tipo subcortical é encontrado em doenças que envolvem principalmente os núcleos da base, tálamo e núcleos relacionados do tronco encefálico, substância branca subcortical e suas projeções para o lobo frontal, poupando relativamente o córtex cerebral.

O aperfeiçoamento dos instrumentos de avaliação clínica, os avanços nos métodos de estudo por neuroimagem estrutural e funcional, a maior precisão na identificação dos achados neuropatológicos e as descobertas genéticas, entre outros fatores, produziram nas últimas décadas um desenvolvimento sem precedentes no nosso conhecimento sobre o funcionamento do cérebro. Esse desenvolvimento teve como consequência a revisão de uma série de paradigmas envolvendo as doenças neurodegenerativas e a interpretação das relações anatomoclínicas. O conceito de que o processamento cognitivo se origina de uma série de redes funcionais de larga escala que incorpora regiões corticais e subcorticais (Mesulam, 2000) encontrou respaldo empírico nos estudos de ressonância magnética funcional e de conectividade. Dessa forma, tornou-se progressivamente evidente que as doenças até então designadas sob o termo "transtorno cognitivo maior subcortical" (a partir do abandono do termo "demência" no DSM-5), em uma visão mais acurada, possuem em comum o acometimento de estruturas do circuito frontostriatal.

A Tabela 45.1 mostra as principais causas de transtorno cognitivo relacionado a disfunção dos circuitos frontostriatais.

Tabela 45.1 Principais etiologias de transtorno cognitivo por lesão frontostriatal.

Degenerativas
Doença de Parkinson com transtorno cognitivo maior (DPD)
Paralisia supranuclear progressiva (PSP)
Atrofia de múltiplos sistemas
Degeneração estriatonigral
Atrofia olivopontocerebelar
Síndrome de Shy-Drager
Doença de Huntington
Neuroacantocitose
Secundárias
Vascular
Comprometimento cognitivo vascular na doença de pequenos vasos (infartos lacunares e encefalopatia subcortical arteriosclerótica)
Infecciosas
Transtorno neurocognitivo maior devido ao HIV
Neurolues
Doença de Whipple
Desmielinizantes
Esclerose múltipla
Metabólicas
Doença de Wilson
Doença de Hallervorden-Spatz
Calcificação idiopática dos núcleos da base
Outras
Hidrocefalia de pressão normal
Declínio cognitivo na depressão

Circuitos frontostriatais

O *striatum* (grupo de estruturas subcorticais constituído pelo núcleo caudado, putame e núcleo *accumbens*) recebe aferências provenientes de todo o córtex cerebral. Particularmente, os circuitos provenientes dos lobos frontais (frontostriatais) funcionam como mecanismos efetores envolvidos na interação do ser humano com o meio ambiente, sendo subdividido em circuitos motor, associativo (cognitivo) e afetivo. De particular importância no contexto deste capítulo são os circuitos: (a) cognitivo (entre o córtex pré-frontal dorsolateral, núcleo caudado e porção anterior do putame), responsável pelo controle cognitivo, ou seja, por organizar a informação recebida a fim de aperfeiçoar a resposta comportamental; (b) afetivo (entre o córtex pré-frontal ventromedial/córtex orbitofrontal e núcleo *accumbens*), importante para controle motivacional do comportamento (Figura 45.1).

Os principais neurotransmissores envolvidos nas vias frontostriatais são: sistemas colinérgicos, abundantes no *striatum* (sobretudo em seus interneurônios); sistemas dopaminérgicos, presentes nas vias mesostriatais e mesolímbicas; sistemas gabaérgicos, densamente encontrados no *striatum*, substância negra e globo pálido, e sistemas glutamatérgicos (Augustine; Singer, 2019).

Do ponto de vista clínico, as lesões do circuito cognitivo (frontostriatal dorsolateral) levam a síndrome disexecutiva. Lesões no circuito afetivo (ventromedial) levam a depressão, apatia, comportamento altamente dependente do estímulo ambiental e distúrbios da atenção.

Déficits neuropsicológicos compartilhados nas disfunções frontostriatais

Síndrome disexecutiva

Comprometimento de um conjunto de funções (funções executivas) ativado em situações não rotineiras para exercer controle voluntário (*top-down*) sobre a cognição e o comportamento, a fim de realizar ações com um objetivo definido. As funções executivas incluem memória operacional, controle inibitório, iniciação, planejamento, organização, monitoramento mudança de cenário (*set*) mental e regulação do afeto. São também sintomas de disfunção executiva o prejuízo na execução de ações sequenciadas e de mudança entre tarefas, pensamento concreto, dificuldade na recuperação da informação e diminuição da fluência verbal. A síndrome disexecutiva é o elemento central do qual derivam as outras dificuldades dos pacientes com lesão frontostriatal.

Memória explícita

Ocorre prejuízo do aprendizado e da memória imediata, a evocação após tentativas de aprendizado repetidas é inconsistente, com taxas de retenção após intervalos normais. Nas tarefas de reconhecimento e evocação com pistas, os pacientes apresentam desempenho desproporcionalmente melhor do que na evocação livre. Tais características fazem supor a existência de uma dificuldade em iniciar os processos de recuperação da informação, além de dificuldade e/ou uso ineficiente em gerar estratégias para codificação e recuperação da informação, o que seria justificado pelas alterações disexecutivas. Por outro lado, a estocagem da informação é menos afetada e o conhecimento semântico está mais preservado, o que distingue esse grupo dos pacientes com transtorno cognitivo por lesões predominantemente corticais, como a DA.

Memória implícita

Ocorre prejuízo importante no aprendizado de habilidades (dependente anatomicamente da integridade do *striatum*); o desempenho é melhor em tarefas envolvendo pré-ativação (provas de tempo de reação seriado, leitura em espelho etc.), que são baseadas em atividade do neocórtex.

Disfunção visuoespacial

Pacientes com lesão frontostriatal apresentam inabilidade em usar a informação sensorial para planejar e iniciar um comportamento complexo. Dessa forma, costuma ter dificuldades em tarefas de busca visual, rotação mental, memória visual e espacial e de habilidade construcional.

Disfunção atencional

Presente tanto no direcionamento quanto na manutenção da atenção, bem como no aumento de tempo de reação.

Doença de Parkinson

Na DP ocorre uma degeneração dos neurônios dopaminérgicos na substância negra do mesencéfalo, o que ocasiona uma depleção dos níveis de dopamina no *striatum*, em especial no putame, levando ao quadro clínico clássico de rigidez, acinesia, tremor de repouso e anormalidades posturais. No Brasil, a prevalência de DP é estimada em 3,3% nos indivíduos acima de 60 anos (Barbosa *et al.*, 2006); transtorno neurocognitivo maior na DP ocorre em até 78% dos casos (Emre *et al.*, 2007), implicando em maior morbidade (como maior incidência de intolerância à medicação) e aumento da taxa de mortalidade. Fatores de risco para ocorrência de transtorno neurocognitivo maior na DP são: idade

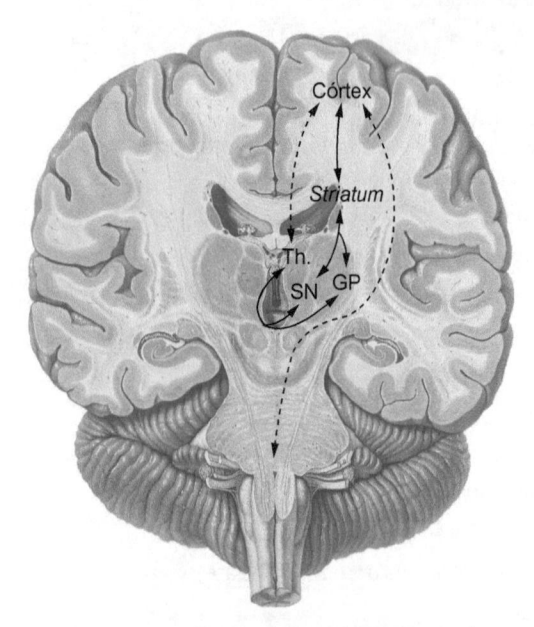

Figura 45.1 Representação esquemática de um circuito frontostriatal genérico. Th: tálamo; SN: substância negra; GP: globo pálido; Córtex: córtex frontal.

avançada, duração da doença, gravidade dos sintomas motores, ocorrência de sintomas neuropsiquiátricos, sinais parkinsonianos atípicos, sexo masculino.

Manifestações neuropsicológicas

De acordo com o Consenso para o Diagnóstico Clínicos da Demência na Doença de Parkinson publicado em 2007(Emre *et al.*, 2007), os critérios cognitivos para este diagnóstico estão descritos a seguir.

Distúrbio da atenção. Prejuízo atencional pode flutuar durante o dia e de um dia para outro, alta distratibilidade.

Funções executivas. Prejuízo frequentemente associado com diminuição da velocidade de pensamento (bradifrenia), problemas em planejamento, organização, seleção de estratégias, iniciação, monitoramento, memória operacional (especialmente visuoespacial).

Habilidades visuoespaciais. Prejuízo em tarefas que exijam orientação, percepção ou construção visuoespacial.

Memória. Prejuízo da evocação livre de eventos recentes; a evocação em geral melhora com uso de pistas e o reconhecimento é melhor do que a evocação livre.

Linguagem. Encontra-se em sua maior parte preservada, mas pode haver problemas de acesso lexical e compreensão de sentenças complexas.

Alterações comportamentais na DP incluem: apatia, perda de motivação, ansiedade, depressão, ocasionalmente alucinações visuais, delírios e sonolência diurna excessiva.

Ainda em 2007, a Movement Disorder Society Task Force (Dubois *et al.*, 2007) publicou uma recomendação para a avaliação cognitiva de pacientes com DP, que inclui:

1. **Atenção:** subtração de 7 seriada do Miniexame do estado mental; nota de corte: ao menos duas respostas incorretas
   - Recitar os meses do ano de forma reversa (começando em dezembro); falha: duas ou mais omissões, ou incapacidade de completar o teste em 90 s
   - Função executiva: fluência fonológica (número máximo de palavras evocadas pelo indivíduo que comecem por uma determinada letra em 1 minuto); nota de corte ≤ 9
   - Teste do desenho do relógio: desenhar um relógio com os ponteiros marcando "duas e dez"; falha: incapacidade de colocar os números corretamente ou de assinalar a hora correta.
2. **Habilidade visuoconstrutiva:** desenho do pentágono do Miniexame do estado mental; não é admitida falha.
3. **Memória:** recordação de 3 palavras do Miniexame do Estado Mental: nota de corte não recordação de uma palavra.

Além disso, a presença de ao menos um dos seguintes sintomas comportamentais (apatia, depressão, ansiedade, alucinações ou sonolência diurna excessiva) contribui como dado positivo para transtorno cognitivo maior na DP.

Essas recomendações, no entanto, ainda permanecem em processo de ajuste e validação em estudos em vários locais do mundo (Isella *et al.*, 2014; Rocha *et al.*, 2023).

Doença de Huntington

A DH é uma doença degenerativa em que ocorrem distúrbios do movimento, alterações psiquiátricas e declínio cognitivo, que se manifesta em geral ao redor dos 40 anos de idade. É uma doença hereditária, de herança autossômica dominante, causada por expansões repetidas da tríade de nucleotídios CAG no gene da proteína huntingtina localizada no cromossomo 4 (The Huntington's Disease Collaborative Research Group, 1993). Os sintomas psiquiátricos mais comuns são irritabilidade, apatia, agressividade, depressão. Entre os sintomas motores, o mais frequente é a coreia (90% dos casos). A fisiopatologia da DH envolve atrofia dos núcleos da base, em especial do núcleo caudado e putame. O globo pálido e a substância negra também são afetados, embora em menor intensidade.

Manifestações neuropsicológicas

Pacientes com DH apresentam déficits proeminentes em velocidade de processamento psicomotor, funções executivas, reconhecimento de emoções e cognição social.

A lentificação psicomotora é um sintoma precoce e um dos maiores preditores de evolução da doença, impactando a independência e autonomia do indivíduo logo no início do quadro, por interferir nas atividades de trabalhos, condução de veículos etc. (Goldman; Holden, 2022).

A disfunção executiva inclui prejuízo evidente em tarefas que exigem planejamento, organização, mudança de cenário, estratégias de busca, memória operacional visuoespacial e flexibilidade cognitiva. Tarefas que demandam atenção dividida são particularmente desafiadoras para esses indivíduos (Snowden, 2017).

Outros domínios cognitivos afetados na DH estão descritos a seguir.

Memória. Com relação à memória explícita, ocorre uma redução nas taxas de aprendizado e prejuízo na evocação livre tardia (havendo grande melhora do desempenho com pistas e em tarefas de reconhecimento). As taxas de retenção são normais. Esses pacientes têm dificuldade em iniciar processos de recuperação, em parte devido ao uso diminuído de estratégias organizacionais. A memória implícita encontra-se comprometida, o que foi observado em tarefas de aprendizado motor, e tempo de reação serial.

Habilidades visuoespaciais. Indivíduos com HD tem dificuldades em discriminação e integração perceptuais complexas, como rotação mental de objetos e busca visual (Snowden, 2017). Apresentam dificuldades em tarefas de construção, que também sofrem influência da disfunção executiva.

Linguagem. Na DH, ocorre diminuição de desempenho em tarefas de fluência verbal, anomia (em particular em tarefas de confrontação visual) e redução da capacidade de processamento sintático, sendo esses déficits relacionados às demais disfunções cognitivas abordadas (Azambuja, 2012). Disartria se instala e evolui progressivamente em função das alterações motoras.

Pessoas com DH podem apresentar, já em uma fase precoce da doença, dificuldades no processamento de expressões faciais (especialmente as que demonstram emoções negativas) e outros aspectos da cognição social, como Teoria da Mente (interpretação do estado mental, crenças e intenções de outros), o que prejudica as relações interpessoais, empatia e aderência a normas sociais (Snowden, 2017; Labuschagne, 2013). Entre as alterações neuropsiquiátricas na DH destacam-se apatia, irritabilidade e depressão.

A Escala unificada para avaliação da doença de Huntington (UHDRS) desenvolvida pelo Huntington Study Group (International Movement Disorder Society) propõe os seguintes três testes para rastreio de alterações cognitivas na DH: fluência verbal, teste de substituição de dígitos e teste Stroop (Huntington Study Group, 1996).

Paralisia supranuclear progressiva

A PSP é a doença-protótipo do transtorno neurocognitivo relacionado à lesão frontostriatal. Nessa doença, ocorre disfunção executiva grave e precoce. A prevalência de transtorno neurocognitivo maior é de 70% após 3 anos de evolução e, em 10% dos casos, é a queixa inicial. O quadro neurológico geral inclui: instabilidade postural, síndrome rígido-acinética predominantemente axial, paralisia do olhar vertical, disartria, disfagia e síndrome de frontalização, que pode se manifestar com apatia ou desinibição (Burrell; Hodges; Rowe, 2014). Os achados neuropatológicos demonstram emaranhados neurofibrilares e neurópilos em globo pálido, *striatum*, substância negra, ponte, complexo oculomotor, bulbo, núcleo denteado do cerebelo. Dessa forma, a PSP é classificada atualmente como uma taupatia, pertencente ao complexo da degeneração lobar frontotemporal (Goldman; Holden, 2022). Exames de neuroimagem revelam intenso hipometabolismo (PET) e hipoperfusão (SPECT) no córtex frontal, o que justifica o quadro grave de alteração frontal que os pacientes exibem.

Manifestações neuropsicológicas

Pacientes com PSP exibem disfunção executiva grave, problemas visuoespaciais, alterações de atenção visual e auditiva, além de velocidade de processamento cognitivo reduzida.

Disfunção executiva: é marcante na PSP, sendo mais grave do que na DP ou DH. Os pacientes apresentam problemas graves de abstração, flexibilidade de pensamento, organização sequencial, além de prejuízo da memória operacional (Burrell; Hodges; Rowe, 2014). A disfunção executiva primária leva a desempenhos muito prejudicados em outras áreas, como habilidades visuoespaciais e memória, como discutido.

Linguagem: a fluência verbal (semântica e fonêmica) é muito comprometida na PSP, em grau muito mais acentuado do que na DP ou DH (Rittman *et al.*, 2013), embora esse achado possa ser em grande parte atribuído à disfunção executiva e lentificação psicomotora apresentadas pelos pacientes. No entanto, uma pequena proporção de pacientes com afasia progressiva primária não fluente pode apresentar evolução do quadro para PSP (Boxer *et al.*, 2017).

A Bateria de avaliação frontal é considerada um instrumento bastante adequado para o rastreio cognitivo de indivíduos com PSP (Dubois *et al.*, 2000).

Os sintomas neuropsiquiátricos correlacionam-se com o declínio cognitivo na PSP e incluem depressão/disforia, apatia, labilidade emocional e irritabilidade; mais de 80% dos pacientes apresentam pelo menos um sintoma comportamental com impacto em sua qualidade de vida (Cuoco *et al.*, 2023).

Comprometimento cognitivo vascular

A doença cerebrovascular (DCV) também pode ser uma causa de declínio cognitivo (comprometimento cognitivo vascular – CCV) por acometimento dos circuitos frontostriatais. O CCV é considerado a segunda causa de declínio cognitivo em indivíduos acima de 65 anos, superado apenas pela DA, podendo corresponder a cerca de 15 a 20% dos casos de acordo com a região do mundo estudada (Chang Wong; Chang Chui, 2022). A doença isquêmica de pequenos vasos ou difusa é um dos subtipos clínicos do CCV cujos principais fatores de risco são: HAS, DM, idade avançada. Do ponto de vista anatomopatológico, ocorrem infartos lacunares (< 1,5 cm de diâmetro) e lesão de substância branca devido à oclusão de artérias de pequeno calibre com localização profunda no cérebro (Graff-Radford, 2019). Os locais mais frequentes de acometimento são o córtex pré-frontal, núcleo caudado, globo pálido, tálamo, cápsula interna, centro semioval anterior e coroa radiada anterior, caracterizando assim o comprometimento do circuito frontostriatal. Sinais neurológicos presentes, em geral, são instabilidade postural, alterações de marcha, urgência e incontinência urinária, disartria, disfagia, hipocinesia, rigidez, assimetria de reflexos. Do ponto de vista clínico, o início costuma ser insidioso, e a evolução, progressiva, em média mais lenta do que a encontrada na DA.

Manifestações neuropsicológicas

Os principais consensos atualizados para o diagnóstico de CCV enfatizam que não existe uma apresentação "típica" para esse quadro, já que as lesões vasculares podem ocorrer em uma multiplicidade de regiões cerebrais e em diferentes combinações. No entanto, uma quantidade considerável de evidências da literatura demonstrou que existe um padrão mais ou menos bem definido de acometimento com predomínio de prejuízo da velocidade de processamento cognitivo e disfunção executiva (especialmente de memória operacional e habilidade de mudança de cenário). A memória episódica é prejudicada, também havendo prejuízo da evocação livre com melhora do desempenho após fornecimento de pistas, reconhecimento e taxas de retenção relativamente preservadas (Hachinski *et al.*, 2006; Sachdev *et al.*, 2014).

Alterações de comportamento acontecem com frequência no CCV com acometimento subcortical e podem incluir depressão, instabilidade emocional, mudança de personalidade, apatia e embotamento afetivo.

A Tabela 45.2 mostra os critérios de Román *et al.* (2002) para o diagnóstico de CCV com acometimento frontostriatal (subcortical). Atualmente, a bateria *Montreal cognitive assessment* (MoCA) (Nasreddine *et al.*, 2005) é considerada bastante sensível para o rastreio cognitivo de indivíduos com CCV, por apresentar medidas mais robustas de função executiva (Pendlebury *et al.*, 2010).

Tabela 45.2 Critérios diagnósticos para comprometimento cognitivo vascular (CCV) com acometimento frontostriatal (subcortical).

Síndrome cognitiva

- Síndrome disexecutiva: prejuízo na formulação de objetivos, iniciação, planejamento, organização, sequenciamento, execução, mudança e manutenção de cenário, abstração
- Déficit de memória: evocação prejudicada, reconhecimento relativamente intacto, retenção moderada e benefício com pistas, pode ser leve
- Deterioração de um nível prévio melhor de funcionalidade, interferência com atividades sociais e ocupacionais complexas que não sejam atribuíveis apenas aos efeitos físicos da doença cerebrovascular

Doença cerebrovascular

- Evidência de doença cerebrovascular relevante em exame de neuroimagem*
- Presença ou história de sinais neurológicos consistentes com doença cerebrovascular acometendo regiões subcorticais: hemiparesia, paralisia facial central, sinal de Babinski, déficit sensitivo, disartria, alteração de marcha, sinais parkinsonianos

Critérios de suporte

- História precoce de alteração de equilíbrio
- Urgência ou incontinência urinária
- Disfagia
- Alterações comportamentais: depressão, alteração de personalidade, labilidade emocional, alentecimento psicomotor

*Neste subtipo clínico de CCV, tomografia computadorizada e ressonância magnética de crânio mostrarão infartos lacunares e lesão de substância branca periventricular.

Transtorno neurocognitivo associado ao HIV

Indivíduos com infecção pelo vírus da imunodeficiência humana adquirida (HIV) apresentam transtorno neurocognitivo maior em uma proporção estimada de 2 a 40%, com números menores representando a América do Norte e Europa ocidental e maiores representando a América Latina e África Subsaariana (Reilly; Thomas, 2022). As principais características clínicas dessa forma de transtorno cognitivo incluem prejuízo da memória de curto prazo já nas fases iniciais, lentidão no processamento cognitivo e psicomotor, distúrbio atencional e disfunção executiva, de início insidioso e evolução progressiva. A disfunção executiva caracteriza-se por dificuldade em tomada de decisões, pensamento abstrato e prejuízo na fluência verbal. Sintomas comportamentais incluem apatia, distúrbios do sono (incluindo insônia), embotamento afetivo e, ocasionalmente, quadros psicóticos (Kopstein; Mohlman, 2022). Nesses casos, é importante considerar comorbidades como infecções oportunísticas de SNC ou consumo de drogas. A evolução do quadro depende de fatores como idade, estado geral e aderência do paciente ao tratamento e efetiva supressão da atividade viral.

Caso clínico

Um homem de 68 anos, acompanhado de sua esposa, compareceu à clínica de neurologia para avaliação inicial de "problemas de memória" nos últimos 3 a 4 anos. Ele observou que "estava cada vez mais esquecido" ao longo desse período. Ele e a esposa relataram que o paciente tinha dificuldade para seguir instruções porque perdia a noção dos passos que deveria dar para concluir uma tarefa. O paciente passou a dirigir apenas ao redor de sua casa porque quase colidiu com um carro parado à sua frente em um semáforo, avaliando mal a distância entre seu carro e o da frente. Recentemente, sua esposa assumiu a administração das finanças do casal.

Há 6 anos o paciente recebeu o diagnóstico de doença de Parkinson. A doença começou com sintomas de tremor na mão direita; logo em seguida notou lentidão para manipular cartas de baralho e ao caminhar no parque. Seu sono é "bom", embora sua esposa tenha reclamado que "ele nunca para de se mexer e resmungar a noite toda", perturbando seu sono pelo menos nos últimos 10 a 15 anos. Não apresenta alucinações, delírios, alterações de humor ou flutuações significativas em seu estado de alerta ou atenção. Estava tomando pramipexol 3 mg/dia e levodopa 300 mg/dia. Tem antecedentes de hipertensão arterial controlada com medicamentos e não tem história familiar de demência ou parkinsonismo. No exame neurológico apresentou bradicinesia e rigidez leve nas extremidades superiores e inferiores, pior no lado direito, com diminuição da oscilação do braço direito e encurtamento dos passos à marcha; tinha também tremor de repouso em MMSS (mãos), mais evidente à direita. O teste de estado mental mostrou uma pontuação no MoCA de 22/30, com pontos perdidos nos componentes trilhas, cópia de figura, colocação do ponteiro do relógio, subtrações em série; a recordação tardia foi de 2/5, que melhorou para 4/5 com a ajuda de estímulos. O neurologista observou que os exemplos de alterações cognitivas que o paciente e a esposa mencionaram eram mais consistentes com dificuldades em habilidades organizacionais e tomada de decisões. Os testes neuropsicológicos formais revelaram prejuízo moderado nos testes de atenção, memória operacional e função executiva; déficits visuoespaciais leves e dificuldade com a recordação da lista de palavras e histórias; habilidades de nomeação e linguagem intactas; e ausência de depressão ou ansiedade significativas. A RM revelou perda moderada de volume cerebral e alterações isquêmicas leves, sem atrofia do lobo temporal medial.

Comentário

Este caso apresenta uma sobreposição de sinais motores e cognitivos. Os sinais motores foram revelados na anamnese e confirmados pelo exame neurológico. As alterações parkinsonianas podem muitas vezes ser atribuídas ao "simples envelhecimento" ou a problemas musculoesqueléticos; aqui, o paciente já apresentava diagnóstico prévio de DP, com tratamento adequado. Este caso realça a importância de aprofundar a investigação das queixas de "problemas de memória", uma vez que o domínio cognitivo afetado pode não ser esse; neste caso, os sintomas do paciente eram mais consistentes com disfunção executiva e déficit visuoespacial. O prejuízo funcional indica que ele preenche critérios para diagnóstico de transtorno neurocognitivo maior. Este caso também ilustra a importância de identificar a cronologia dos sintomas cognitivos e motores para ajudar no diagnóstico diferencial, particularmente quando se consideram as doenças com corpos de Lewy. Cabe lembrar que o diagnóstico diferencial entre a DP com demência (DPD) e a demência com corpos de Lewy (DCL) implica na existência de sintomas motores precedendo os sintomas cognitivos por pelo menos 1 ano para a DPD. O exame de neuroimagem, por sua vez, ao mostrar preservação dos lobos temporais mediais, permite a diferenciação com DA.

Considerações finais

Os transtornos neurocognitivos por lesão de estruturas frontostriatais compartilham algumas características clínicas que os aproximam entre si e os diferenciam das formas em que ocorre comprometimento corticossubcortical mais difuso, o que orienta o diagnóstico diferencial dos pacientes com esse conjunto de sintomas e sinais. Essas características são principalmente a disfunção executiva (que interfere com todas as outras funções cognitivas), a diminuição da velocidade de processamento da informação, a disfunção visuoespacial e a alteração de memória implícita. Do ponto de vista comportamental, essas doenças também compartilham um quadro sindrômico em que predomina a apatia, embotamento afetivo e depressão e dificuldades de regulação afetiva.

Referências bibliográficas

ALBERT, M. L.; FELDMAN, R. G.; WILLIS, A. L. The 'subcortical dementia' of progressive supranuclear palsy. Journal of neurology, neurosurgery, and psychiatry, v. 37, n. 2, p. 121-130, 1974.

AUGUSTINE, F.; SINGER, H. S. Merging the pathophysiology and pharmacotherapy of tics. Tremor and other hyperkinetic movements (New York, N.Y.), v. 8, p. 595, 2019.

AZAMBUJA, M. J. et al. Language impairment in Huntington's disease. Arquivos de Neuropsiquiatria, v. 70, n. 6, p. 410-415, 2012.

BARBOSA, M. T. et al. Parkinsonism and Parkinson's disease in the elderly: a community-based survey in Brazil (the Bambuí study). Movement disorders: official journal of the Movement Disorder Society, v. 21, n. 6, p. 800-808, 2006.

BOXER, A. L. et al. Advances in progressive supranuclear palsy: new diagnostic criteria, biomarkers, and therapeutic approaches. The Lancet. Neurology, v. 16, n. 7, p. 552-563, 2017.

BURRELL, J. R.; HODGES, J. R.; ROWE, J. B. Cognition in corticobasal syndrome and progressive supranuclear palsy: a review. Movement disorders: official journal of the Movement Disorder Society, v. 29, n. 5, p. 684-693, 2014.

CHANG WONG, E.; CHANG CHUI, H. vascular cognitive impairment and dementia. Continuum (Minneapolis, Minn.), v. 28, n. 3, p. 750-780, 2022.

CUMMINGS, J. L.; BENSON, D. F. Subcortical dementia. Review of an emerging concept. Archives of neurology, v. 41, n. 8, p. 874-879, 1984.

CUOCO, S. et al. Frequency and imaging correlates of neuropsychiatric symptoms in progressive supranuclear palsy. Journal of neural transmission (Vienna, Austria: 1996), v. 130, n. 10, p. 1259-1267, 2023.

DUBOIS, B. et al. Diagnostic procedures for Parkinson's disease dementia: recommendations from the movement disorder society task force. Movement disorders: official journal of the Movement Disorder Society, v. 22, n. 16, p. 2314-2324, 2007.

DUBOIS, B.; SLACHEVSKY, A.; LITVAN, I.; PILLON, B. The FAB: a frontal assessment battery at bedside. Neurology, v. 55, n. 11, p. 1621-1626, 2000.

EMRE, M. et al. Clinical diagnostic criteria for dementia associated with Parkinson's disease. Movement disorders: official journal of the Movement Disorder Society, v. 22, n. 12, p. 1689-1837, 2007.

GOLDMAN, J. G.; HOLDEN, S. K. Cognitive syndromes associated with movement disorders. Continuum (Minneapolis, Minn.), v. 28, n. 3, p. 726-749, 2022.

GRAFF-RADFORD J. Vascular cognitive impairment. Continuum (Minneap Minn)., v. 25, n. 1, p. 147-164, fev., 2019.

HACHINSKI, V. et al. National Institute of Neurological Disorders and Stroke-Canadian Stroke Network vascular cognitive impairment harmonization standards. Stroke, v. 37, n. 9, p. 2220-2241, 2006.

HUNTINGTON STUDY GROUP. Unified Huntington's disease rating scale: reliability and consistency. Movement disorders: official journal of the Movement Disorder Society, v. 11, p. 2, p. 136-142, 1996.

ISELLA, V. et al. Validation and attempts of revision of the MDS-recommended tests for the screening of Parkinson's disease dementia. Parkinsonism & related disorders, v. 20, n. 1, p. 32-36, 2014.

KOPSTEIN, M.; MOHLMAN, D. J. HIV-1 Encephalopathy and Aids dementia complex. StatPearls. StatPearls Publishing, 2022.

LABUSCHAGNE, I. et al. Emotional face recognition deficits and medication effects in pre-manifest through stage-II Huntington's disease. Psychiatry research, v. 207, n. 1-2, p. 118-126, 2013.

MESULAM, M. Behavioral neuroanatomy. In: Mesulam, M-M. Principles of behavioral and cognitive neurology. 2 ed. Nova York: Oxford University Press, 2000. p. 1-120.

NASREDDINE, Z. S. et al. The Montreal Cognitive Assessment, MoCA: a brief screening tool for mild cognitive impairment. Journal of the American Geriatrics Society, v. 53, n. 4, p. 695-699, 2005.

PENDLEBURY, S. T. et al. Underestimation of cognitive impairment by Mini-Mental State Examination versus the Montreal Cognitive Assessment in patients with transient ischemic attack and stroke: a population-based study. Stroke, v. 41, n. 6, p. 1290-1293, 2010.

REILLY, K. J.; THOMAS, F. P. HIV-associated neurocognitve disorder (HAND). Medscape eMedicine, [on-line] 2022.

RITTMAN, T. et al. The Addenbrooke's Cognitive Examination for the differential diagnosis and longitudinal assessment of patients with parkinsonian disorders. Journal of neurology, neurosurgery, and psychiatry, v. 84, n. 5, p. 544-551, 2013.

ROCHA, N. P. et al. Cognitive evaluation in Parkinson's disease: applying the Movement Disorder Society recommendations in a population with a low level of formal education. Avaliação cognitiva na doença de Parkinson: aplicando as recomendações da Movement Disorder Society em uma população de baixa escolaridade. Arquivos de Neuropsiquiatria, v. 81, n. 2, p. 119-127, 2023.

ROMÁN, G. C. et al. Subcortical ischaemic vascular dementia. The Lancet. Neurology, v. 1, n. 7, p. 426-436, 2002.

SACHDEV, P. et al. Diagnostic criteria for vascular cognitive disorders: a VASCOG statement. Alzheimer disease and associated disorders, v. 28, n. 3, p. 206-218, 2014.

SNOWDEN J. S. The Neuropsychology of Huntington's Disease. Archives of clinical neuropsychology: the official journal of the National Academy of Neuropsychologists, v. 32, n. 7, p. 876-887, 2017.

THE HUNTINGTON'S DISEASE COLLABORATIVE RESEARCH GROUP. A novel gene containing a trinucleotide repeat that is expanded and unstable on Huntington's disease chromosomes. Cell, v. 72, n. 6, p. 971-983, 1993.

46 Demências Rapidamente Progressivas

Maira Okada de Oliveira • Leonel Tadao Takada

Introdução

As demências rapidamente progressivas (DRP) são condições neurológicas que se desenvolvem de forma subaguda, conduzindo a uma síndrome demencial (Geschwind et al., 2007; Hermann; Zerr, 2022). Elas causam um rápido declínio na memória, no raciocínio, comportamento e geralmente é um desafio para os neurologistas e psiquiatras, pois muitas vezes o diagnóstico diferencial é diferente das demências mais típicas e lentamente progressivas. Embora a definição de *rapidamente* possa variar na prática clínica, é geralmente aceito que o intervalo do primeiro sintoma até o início do quadro demencial seja mensurado em semanas ou meses, sendo que a maioria dos pacientes com DRP progride da independência para a completa dependência em 1 a 2 anos (Day, 2022).

Essa definição abrange um grande grupo heterogêneo de doenças que inclui doenças imunomediadas (autoimunes), encefalopatias infecciosas e metabólicas, doenças priônicas e manifestações rápidas de outras doenças neurodegenerativas atípicas (Hermann; Zerr, 2022).

A DRP pode ser difícil de diagnosticar, por isso, é necessário consultar um médico especializado nessa condição (geralmente neurologista/neuropsiquiatra). O médico deverá perguntar sobre a progressão dos sintomas do paciente, quaisquer doenças semelhantes em parentes biológicos ou quaisquer possíveis exposições recentes (ou seja, toxinas, histórico de viagens). Em algumas situações, o paciente pode não ser capaz de passar as informações adequadamente devido à gravidade da condição clínica, sendo necessário um informante/acompanhante com conhecimento sobre a cognição prévia do paciente para fornecer dados suficientes para determinar a mudança no desempenho cognitivo e seu impacto funcional, critérios necessários para o diagnóstico de demência (McKhann et al., 2011).

Como conduta, o médico poderá solicitar exames laboratoriais, como de sangue, urina e líquido cefalorraquidiano (LCR); exames de imagens cerebrais, como ressonância magnética (RM), e/ou eletroencefalograma (EEG). Essas informações podem ajudar a determinar a causa da doença (Paterson et al., 2012). É fundamental que seja descartada a ocorrência de um estado confusional agudo (*delirium*), que pode acontecer em idosos (geralmente com algum grau de declínio cognitivo prévio). O *delirium* pode se manifestar com agitação psicomotora, alucinações, delírios, apatia, sonolência, e geralmente afeta a atenção do paciente, que se torna flutuante ao longo do tempo. Em geral, exames de sangue, urina e neuroimagem são necessários para pacientes que desenvolvem quadros confusionais agudos.

Existem muitas causas de DRP, e o mnemônico VITAMINS pode ser útil para auxiliar o diagnóstico: cada letra se refere a um grupo de causas de DRP (Tabela 46.1).

Tabela 46.1 Uso do mnemônico VITAMINS para auxiliar o diagnóstico de demências rapidamente progressivas.

Vascular/isquêmico
• Infarto isquêmico ou hemorrágico (lesão estratégica única ou multifocal)
• Hematoma subdural
• Trombose venosa cerebral
• Vasculite do sistema nervoso central (primária ou sistêmica)
• Angiopatia amiloide cerebral
▪ Com inflamação relacionada
▪ Não inflamatória
• Síndrome de encefalopatia reversível posterior (PRES)
• Vasculopatia retinococleocerebral (síndrome de Susac)
• Hereditária
▪ Arteriopatia cerebral autossômica dominante com infartos subcorticais
▪ Leucoencefalopatia (CADASIL)
▪ Encefalomiopatia mitocondrial, acidose láctica e síndrome de episódios semelhantes a acidente vascular encefálico (MELAS)

(continua)

Tabela 46.1 Uso do mnemônico VITAMINS para auxiliar o diagnóstico de demências rapidamente progressivas. (*Continuação*)

Infeccioso

- Encefalite/meningite bacteriana ou viral (incluindo herpes-vírus simples e zóster)
- Encefalite/meningite fúngica (p. ex., aspergilose do SNC, coccidioidomicose)
- Panencefalite esclerosante subaguda (PEES)
- Declínio neurológico associado ao vírus da imunodeficiência humana (HIV) (HAND)
- Leucoencefalopatia multifocal progressiva
- Infecção amebiana (p. ex., *Balamuthia mandrillaris*)
- Infecção por espiroquetas
- Doença de Lyme (raramente encefalopatia)
- Doença de Whipple (raramente rápida)

Tóxico-metabólico

- Distúrbios eletrolíticos (sódio, cálcio, magnésio, fósforo)
- Encefalopatia hepática
- Insuficiência renal
- Disfunção da tireoide/paratireoide
- Deficiências nutricionais/vitamínicas
  - Vitamina B1 (tiamina) (encefalopatia de Wernicke)
  - Vitamina B12 (cianocobalamina)
  - Vitamina B3 (niacina) (geralmente não rápida)
  - Folato (demência rara)
- Hereditário
  - Doença de Wilson
  - Porfiria
- Ambiental
  - Metais pesados (p. ex., chumbo, mercúrio, arsênico, bismuto, lítio, magnésio [parkinsonismo])
  - Outros (p. ex., tolueno)

Autoimune/inflamatório

- Encefalite autoimune
  - Com anticorpos contra antígenos de superfície celular neuronal (p. ex., receptor N-metil-D-aspartato [NMDA], proteína 1 inativada de glioma rico em leucina [LGI1]/proteína semelhante a 2 associada à contactina [CASPR2])
  - Com anticorpos contra antígenos intraneuronais/citoplasmáticos (p. ex., Hu, Ri, Yo)
  - Soronegativo
- Encefalopatia responsiva a esteroides associada à tireoidite autoimune (SREAT)
- Esclerose múltipla (incluindo variantes atípicas, p. ex., esclerose múltipla tumefativa)
- Doença associada ao anticorpo da glicoproteína de oligodendrócitos da mielina (MOGAD)
- Encefalomielite desmielinizante aguda (ADEM)
- Doença inflamatória sistêmica (lúpus do sistema nervoso central [SNC], síndrome de Sjögren, doença de Behçet)
- Doença granulomatosa (p. ex., sarcoidose)
- Angiopatia amiloide cerebral com inflamação relacionada
- Induzido por medicamentos (p. ex., inibidores de *checkpoint*)

Metástases/neoplásicas

- Metástases no SNC (geralmente pulmão, mama, rim, tireoide, melanoma)
- Tumores primários do SNC (glioma, oligodendroglioma, gliomatose cerebral)
- Linfoma (primário, sistêmico, intravascular)
- Carcinomatose leptomeníngea ou linfomatose
- Encefalite paraneoplásica

Iatrogênico

- Uso excessivo de medicamentos/polifarmácia
- Toxicidade medicamentosa
  - Medicamentos de venda livre (p. ex., bismuto, medicamentos anticolinérgicos)
  - Medicamentos prescritos (p. ex., benzodiazepínicos, narcóticos, neurolépticos, fenitoína, ácido valproico, lítio)
- Efeito indireto da medicação (p. ex., ativação imunológica com inibidores de *checkpoint*, imunocomprometimento com imunossupressores, leucoencefalopatia com metotrexato intratecal)
- Lesão cerebral traumática
- Mielinólise extrapontina
- Leucoencefalopatia induzida por radiação
- Abuso de substâncias

(*continua*)

Tabela 46.1 Uso do mnemônico VITAMINS para auxiliar o diagnóstico de demências rapidamente progressivas. (*Continuação*)

Neurodegenerativo
• Doença de príon • Doença de Alzheimer • Demência frontotemporal • Doença com corpos de Lewy
Sistêmico/convulsivo/estrutural
• Estado de mal epiléptico não convulsivo • Hipoxia/hipercapnia • Hidrocefalia (pressão normal ou alta)

Adaptada de Day, 2022.

Causas da demência rapidamente progressiva

Doenças priônicas

Embora raras na população em geral, as doenças priônicas são muito importantes no contexto da DRP. O termo "príon" é um acrônimo de *proteinaceous infectious particle*, criado por Stanley Prusiner (Prusiner *et al.*, 1981) e lhe rendeu o prêmio Nobel de medicina em 1997. Doenças priônicas são doenças neurodegenerativas raras que acometem seres humanos e outros animais, causadas por príons, que são formas modificadas de proteínas presentes normalmente no organismo (proteína príon celular). O motivo dessa modificação é, na maioria das vezes, desconhecido. A incidência dessas doenças é de cerca de 2 por 1 milhão de pessoas por ano e tem aumentado nas últimas décadas, provavelmente devido ao aprimoramento das técnicas de diagnóstico (Hermann *et al.*, 2018; Uttley *et al.*, 2020). Existem cinco tipos de doenças priônicas humanas: a doença de Creutzfeldt-Jakob (DCJ), doença de Gerstmann Sträussler-Scheinker (GSS), insônia fatal, kuru e prionopatia variavelmente sensível à protease.

Os exames subsidiários que auxiliam no diagnóstico dessas doenças são: exames de sangue, RM, EEG, pesquisa de príon no LCR (pelo método chamado "RT-Quic"). Esses exames servem tanto para confirmar um diagnóstico de DCJ quanto para excluir causas potencialmente reversíveis. A RM do encéfalo sempre deve ser feita pela técnica chamada "difusão" e pode apresentar alterações sugestivas de DCJ no córtex cerebral e nos núcleos da base. Os exames subsidiários normais não afastam definitivamente as doenças priônicas. É importante destacar que até o presente momento, não existe tratamento para as doenças priônicas e elas são de notificação compulsória no Brasil.

Doença de Creutzfeldt-Jakob (DCJ)

A DCJ pode ser de forma esporádica (sDCJ), genética ou adquirida.

A forma esporádica (sDCJ) é a forma mais comum de doença priônica humana e tem incidência de 1 caso por 1 milhão de habitantes por ano. A sDCJ é caracterizada clinicamente por uma DRP agressiva e, na maioria das vezes, rapidamente fatal, com ataxia, mioclonia ou outros sinais neurológicos e neuropatologicamente pela presença de agregados de proteína príon anormal (PrP^{Sc}), alteração espongiforme, perda neuronal e gliose. Apesar dessas características comuns, a sDCJ tem sido reconhecida há muito tempo como abrangendo um amplo espectro fenotípico no que diz respeito à idade de início, características de apresentação, taxa de progressão e surgimento de outras manifestações clínicas (Hermann; Zerr, 2022).

A DCJ forma genética ocorre na minoria dos casos (cerca de 15% dos casos de doenças priônicas). Nela existe uma mutação no gene que é responsável pela produção da proteína príon celular (*PRNP*) e pode ser identificada em exames genéticos. O quadro clínico e a idade de início dependerão da mutação encontrada.

Na DCJ forma adquirida, o príon é adquirido de fonte externa e existem casos descritos por contaminação por transplante de córnea, materiais neurocirúrgicos, entre outros. O príon também pode ser adquirido pela ingestão de carne bovina contaminada. Essa variante da DCJ, que estava associada à encefalopatia espongiforme bovina, afetou apenas cerca de 232 pacientes desde 1995, mas ainda é um problema de saúde pública e deve ser considerada em pacientes com resultados inconclusivos de biomarcadores ou apresentação clínica atípica (Watson *et al.*, 2021). Para essa variante não há casos diagnosticados no Brasil.

Doença de Gerstmann Sträussler-Scheinker (GSS)

É uma doença priônica hereditária rara causada pela mutação do gene da proteína príon (*PRNP*) no cromossomo 20. A incidência é de cerca de 1 a 10 por 100 milhões por ano, com início clínico na quinta década (Shin *et al.*, 2023). Nos estágios iniciais, as pessoas podem apresentar níveis variados de ataxia (falta de coordenação muscular), incluindo instabilidade e dificuldade para caminhar e à medida que a doença progride, a ataxia torna-se mais pronunciada e a maioria das pessoas desenvolve demência (Kovács *et al.*, 2005). Alteração da personalidade e declínio cognitivo ocorrem geralmente mais tardiamente. Outros sintomas podem incluir disartria (fala arrastada), nistagmo (movimentos involuntários dos olhos), espasticidade (aumento do tônus muscular), e/ou distúrbios visuais. A doença tem curso mais lento, que geralmente dura de 2 a 10 anos. Não há cura para a GSS, nem existem tratamentos conhecidos para retardar a progressão da doença. As terapias atuais visam aliviar os sintomas.

Insônia fatal

É uma forma rara de doença priônica e tem duas formas: familiar e esporádica.

A insônia familiar fatal é herdada e ocorre devido a uma mutação específica em *PRNP*, a D178N-129 M (com metionina no mesmo alelo da mutação). Os pacientes desenvolvem insônia grave e progressiva, associada a declínio cognitivo, alucinações, e distúrbios do movimento. Os exames de neuroimagem mostram alterações no tálamo. Na insônia familiar fatal, os sintomas podem começar quando a pessoa chega ao fim dos 20 anos até o início dos 70 anos de idade (a média é aos 40 anos). A morte geralmente ocorre entre 7 e 73 meses depois do início dos sintomas.

A forma esporádica ocorre espontaneamente, sem mutação genética, e tem início um pouco mais tardio, com expectativa de vida um pouco maior (Montagna et al.,2003; Capellari et al., 2008).

Kuru

É uma forma muito rara da doença priônica. É restrita entre pessoas da Nova Guiné que praticavam canibalismo e comiam cérebros de pessoas mortas como parte de um ritual fúnebre. Essa prática cessou em 1960, mas foram notificados casos de kuru muitos anos depois devido a um longo período de incubação, ou seja, o período que leva para o aparecimento dos sintomas após a exposição ao agente causador da doença. O principal fator de risco para kuru é a ingestão de tecido cerebral humano, que pode conter partículas infecciosas (Quinn et al., 2024). Os sintomas incluem dores nos braços e nas pernas, problemas de coordenação que se tornam graves, dificuldade para caminhar, dor de cabeça, dificuldade em engolir, tremores e espasmos musculares. A dificuldade em engolir e a incapacidade de se alimentar podem levar à desnutrição ou à fome. O período médio de incubação é de 10 a 13 anos, mas também foram relatados períodos de incubação de 50 anos ou mais. Não existe tratamento conhecido para o kuru. A morte geralmente ocorre dentro de 1 ano após o primeiro sinal de sintomas (Bosque; Tyler, 2020; Tee; Geschwind, 2022).

Prionopatia variavelmente sensível à protease

Descrita recentemente (2008), foi caracterizada e renomeada em 2010. As características clínicas distintivas incluem uma duração média de 2 anos, com a tríade de sintomas psiquiátricos, alteração da fala/linguagem e declínio cognitivo (Notari et al., 2018).

Demências neurodegenerativas e vasculares

Doença de Alzheimer rapidamente progressiva (DArap)

Estudos sobre diagnóstico de doença priônica e DRP indicaram doença Alzheimer (DA) como um importante diagnóstico diferencial (Chitravas et al., 2011; Stoeck et al., 2012; Peckeu et al., 2017). A heterogeneidade da DA é cada vez mais reconhecida e os padrões de diagnóstico ainda não foram definidos para formas atípicas, caracterizadas por rápida progressão da doença, mau prognóstico, uma síndrome clínica e neuropsicológica distinta e possivelmente um contexto genético específico (Day, 2022).

Embora a DA típica e a DA rapidamente progressiva (DArap) pareçam compartilhar características neuropatológicas, indivíduos com DArap mostram maior prevalência de angiopatia amiloide moderada a grave, o que pode contribuir para a lesão neuronal adicional e o distúrbio cognitivo (Abu-Rumeileh et al., 2018; Hecht et al., 2018).

Clinicamente, pacientes com rápida progressão da doença apresentam-se de forma atípica e já manifestam alta frequência de sinais neurológicos focais no início da doença (Day et al., 2018; Abu-Rumeileh et al., 2018; Schmidt et al., 2010). A avaliação neuropsicológica na avaliação inicial pode auxiliar na identificação de pacientes com doença que progride rapidamente, com comprometimento no funcionamento executivo e da linguagem, sendo altamente preditivo de rápida progressão da DA (Tosto et al., 2015; Seidl; Massman., 2016).

Foram propostas definições específicas de DRP em doenças neurodegenerativas, utilizando a duração total da doença (Josephs et al., 2009) ou medidas para a velocidade do declínio cognitivo, como alterações nas pontuações do Mini-exame do Estado Mental (MEEM) na DArap (Soto et al., 2008; Schmidt et al., 2011).

Tipos e subtipos rapidamente progressivos de outras demências neurodegenerativas

Casos de DPR também foram descritos entre indivíduos com α-sinucleinopatias, como a demência com corpos de Lewy (DCL) (Gaig et al., 2011). A duração média da DCL é superior a 8 anos, mas com idade de início já avançada, e a DCL do tipo difuso e alterações nos marcadores do sistema imunológico foram associadas a tempos de sobrevivência substancialmente mais curtos (Degnan; Levy, 2014; Graff-Radford et al., 2017). Outros fatores que podem dar uma impressão clínica de DPR ou levar a um tempo de sobrevida reduzido incluem as flutuações características dos sintomas, quedas recorrentes e ocorrência frequente de delirium na DCL (Hermann; Zerr, 2022).

No que diz respeito às tauopatias e ao espectro de degeneração lobar frontotemporal (DLFT), uma doença rápida com curso com sobrevida relativamente curta foi relatado na paralisia supranuclear progressiva (média de 2 a 9 anos) e DFT com doença do neurônio motor (média 2 a 3 anos) (Josephs et al., 2005; Coyle-Gilchrist et al., 2016). Nesta última condição, o envolvimento bulbar ou insuficiência respiratória, bem como tipos específicos de mutação, como a expansão C9orf72, pode estar associado à progressão acelerada da doença (Hermann; Zerr, 2022).

Progressão rápida em doenças cerebrovasculares e demência vascular

A doença cerebrovascular está associada a vários fenótipos de demência, incluindo demência por acidente vascular encefálico (AVE), demência por múltiplos infartos, e demência vascular subcortical e demência por outras lesões isquêmicas (Skrobot et al., 2018). Comprometimento cognitivo imediatamente após um AVE pode se manifestar como DRP, mas na ausência de eventos vasculares adicionais, o curso da doença geralmente não é progressivo (Hermann; Zerr, 2022).

Infecciosa

A pandemia da covid-19 afetou amplamente diversos aspectos da saúde, sendo que um deles foi o desafio para o diagnóstico e tratamento da DRP.

O próprio vírus SARS-CoV-2 tem sido associado a vários sintomas neurológicos e patologias que podem causar ou mimetizar a DRP, como *delirium*, encefalopatias tóxico-metabólicas, encefalite pós-infecciosa e parainfecciosa, hemorragia cerebral ou trombose e encefalomielite (Helms et al., 2020; Paterson et al., 2020; Frontera et al., 2021). Considerando a incidência extremamente elevada da infecção, encefalopatias associadas devem ser consideradas nos casos em que a causa da DRP não está clara. Os efeitos adicionais da pandemia incluem o agravamento dos déficits cognitivos preexistentes e outros sintomas neuropsiquiátricos como resultado de medidas de bloqueio, bem como o aumento do risco de covid-19 grave entre pacientes com demência (Arnold, 2020).

É fundamental considerar condições potencialmente reversíveis no diagnóstico diferencial da DRP, porque algumas dessas condições podem ser tratadas com sucesso se identificadas precocemente. Algumas causas de DRP, como encefalites autoimunes, infecções e distúrbios metabólicos, podem levar a um declínio cognitivo rápido, mas são tratáveis se diagnosticadas adequadamente. Ao considerar e investigar essas condições reversíveis no diagnóstico diferencial da DRP, os profissionais de saúde podem oferecer tratamento apropriado e melhorar o prognóstico e a qualidade de vida dos pacientes.

Prevalência

No Brasil, um estudo descreveu a prevalência e as causas da DRP em um serviço de neurologia, identificando causas potencialmente reversíveis. Foi realizada uma avaliação transversal de todos os pacientes internados na unidade de neurologia de um hospital terciário no Brasil entre março de 2012 e fevereiro de 2015 e incluídos pacientes que evoluíram para demência moderada ou grave dentro de alguns meses ou até 2 anos no momento da internação. Foram identificados 61 casos de DPR (3,7%) entre 1.648 pacientes internados com idade média de 48 anos, e o tempo médio de progressão foi de 6,4 meses. As doenças imunomediadas representaram o grupo de doenças mais observado nesta série (45,9% dos casos). A doença de Creutzfeldt-Jakob (11,5%) e as doenças neurodegenerativas não priônicas (8,2%) foram menos comuns (Studart Neto et al., 2017).

Dentre as doenças priônicas, causas familiares/herdadas atribuíveis a mutações no gene *PRNP* são responsáveis por 5 a 15% dos casos de doenças priônicas, enquanto causas como a variante e as formas iatrogênicas são responsáveis por uma minoria (< 5%) (Johnson, 2005). A doença DCJ chega ao topo da lista de causas comuns de DRP (em cerca de 60% dos casos de DCJ), e a maior parte dos casos são esporádicos (85 a 95%) (Day, 2022).

Alterações cognitivas, comportamentais e critérios diagnósticos

Comprometimento cognitivo em pacientes com DRP ocorre mais rápido do que o esperado em uma síndrome demencial conhecida. Embora a perda de memória seja um dos primeiros sintomas da demência, outros sintomas comuns incluem confusão, dificuldades com tarefas cotidianas, mudanças de personalidade, retraimento social entre outros (Day, 2022).

Os sintomas de DRP começam a afetar as habilidades, comportamentos e rotinas do paciente logo após o início, em vez de avançar gradualmente ao longo de vários anos. Essa, por exemplo, é a diferença mais notável entre demências de progressão mais lenta, como DA, e demências de progressão rápida.

A progressão e os sintomas da DRP variam de paciente para paciente e dependem da causa subjacente. Os pacientes normalmente desenvolvem:

- Distúrbios de humor
- Mudança de personalidade e comportamento
- Dificuldade em memória
- Dificuldade em cálculos
- Dificuldade em compreensão e na tomada de decisão
- Dificuldades em falar ou compreender a fala
- Dificuldades com equilíbrio físico, coordenação e uso de objetos familiares
- Alucinações/delírios.

Avaliação clínica

Fazer o diagnóstico correto de uma DRP muitas vezes se torna difícil, mas é o mais importante para tratamento adequado. O diagnóstico geralmente requer uma abordagem sistemática e completa que será composta por uma história médica bem detalhada, incluindo ênfase nos primeiros sintomas e de sintomas não neurológicos, a documentação de todos os medicamentos prescritos e qualquer histórico familiar relevante. O exame deve estabelecer se quaisquer outras características neurológicas estão presentes e determinar se outros sistemas orgânicos estão envolvidos, portanto o exame físico e neurológico deve ser minucioso.

A avaliação cognitiva pode ser feita com um teste breve, como Bateria Breve de Rastreio Cognitivo (Nitrini et al., 1994; 2021), Miniexame do Estado Mental (MEEM) (Brucki et al., 2003), *Montreal Cognitive Assessment* (MoCA) (Sarmento et al., 2008; César et al., 2016), *Addenbrooke's cognitive examination-revised* (ACE-R) (Carvalho; Caramelli, 2007), mas uma avaliação mais detalhada pode refinar ainda mais a localização de déficits cognitivos (particularmente para condições neurodegenerativas) e o uso do mnemônico VITAMINS (ver Tabela 47.1) é uma forma útil de revisar possíveis etiologias para as DRP (Paterson et al., 2012).

Contudo, Day (2022) cita que os critérios que incorporaram medidas de funcionalidade são preferidos aos que enfatizam o desempenho em testes cognitivos/neuropsicológicos, reconhecendo que as medidas de função cognitiva à beira do leito podem exagerar o prejuízo em pacientes com comprometimento visuoperceptivo ou de linguagem e em pacientes com encefalopatia proeminente, sugerindo o uso da Classificação Clínica de Demência, do inglês *Clinical Dementia Rating* (CDR) (Morris, 1993), que fornece uma pontuação composta que reflete o grau de comprometimento em seis domínios (memória, orientação, julgamento e resolução de problemas, assuntos comunitários, casa e *hobbies*, e cuidados pessoais). Usando o CDR, os pacientes com RPD podem ser caracterizados de forma confiável como aqueles que progridem da normalidade cognitiva (CDR 0) para comprometimento moderado (CDR 2) ou grave (CDR 3). As pontuações das caixas do CDR podem ser somadas entre os domínios, e a soma das caixas do CDR pode ser usada para rastrear a progressão longitudinal da demência.

No entanto, a escolha do instrumento pode ser feita de acordo com o contexto em que o paciente está inserido (hospital, clínica, ambulatório) e com os recursos do examinador.

Muitos casos são frequentemente tratáveis e reversíveis se diagnosticados rapidamente. Para alguns outros casos de DRP não há cura e a progressão dos sintomas é inevitável. Pode haver algum tratamento para ajudar a aliviar sintomas específicos. Pacientes com formas não curáveis de DRP podem morrer dentro de meses ou alguns anos após o início (Geschwind et al., 2007). O clínico deve estar atento ao diagnóstico diferencial (Tabela 46.2), o conhecimento da etiologia, síndromes e investigação diagnóstica complexa, ajudará o médico a estabelecer um diagnóstico precoce e prevenir a morbidade e mortalidade (Hermann; Zerr, 2022).

Avaliação neuropsicológica

Uma avaliação neuropsicológica bem detalhada poderá ajudar na localização dos déficits cognitivos e a anamnese contribuirá para a compreensão do início do quadro em relação ao tempo e à característica dos sintomas. O início súbito ou subagudo sempre chamará a atenção para essa condição. Talvez a parte mais importante da avaliação inicial seja obter a história clínica de um informante confiável e, sempre que possível, obter a informação de diferentes fontes.

Algumas vezes, alguns pacientes que suspeitamos de DRP pode, na realidade, já ter uma demência de longa data não diagnosticada. O declínio cognitivo sutil pode ter progredido insidiosamente durante alguns anos, mas os pacientes apresentam-se apenas quando a perda de memória é suficientemente significativa para chamar a atenção dos seus familiares, geralmente na ocorrência de um evento específico (como infecção urinária, desidratação, entre outros causadores de *delirium*). Isso pode ocorrer para demências não relacionadas à DA que tendem a causar disfunção executiva e alterações de personalidade, com relativa preservação da memória de curto prazo. Portanto, uma história corroborativa de múltiplas fontes é importante.

Compreender a progressão dos sintomas também é de grande importância. O início abrupto ou a progressão gradual é a marca registrada de uma etiologia vascular, enquanto a apresentação aguda ao longo de dias pode indicar causa infecciosa ou tóxico-metabólica.

Em algumas situações, o paciente e seu acompanhante chegam no consultório médico com uma queixa cognitiva muito leve e com informações ainda pobres. Como conduta, o médico solicita exames de ressonância magnética, sangue, LCR, avaliação neuropsicológica e orienta retornar quando os exames estiverem completos. No entanto, os sintomas passam a progredir e o neuropsicólogo observa piora a cada sessão. Nesses casos, recomenda-se que o profissional entre em contato com o médico mesmo não tendo finalizado a avaliação, relatando a piora observada e passando as informações coletadas até aquele momento. Isso é necessário para que o paciente receba tratamento adequado o mais rápido possível.

Tabela 46.2 Diagnóstico diferencial de demência rapidamente progressiva.

Etapa 1: histórico do paciente e exame clínico
Histórico do paciente
• Idade de início
• Velocidade do declínio cognitivo
• História médica
• Tipo de déficit cognitivo
• Outros sintomas (neurológicos/não neurológicos)
Exame físico
• Nível de consciência
• Sinais neurológicos focais
• Outros sintomas físicos
• Identificar ou descartar condições agudas, como delírio, intoxicação ou AVE
• Pesquisa de características de demências rapidamente progressivas específicas para determinar a sequência de investigações adicionais
Etapa 2: procedimentos técnicos padrão
Exames de sangue
• Marcadores inflamatórios/reumatograma, eletrólitos, funções de órgãos como fígado, rins, tireoide, vitaminas do complexo B
• Teste para HIV, sífilis ou outros patógenos ou anticorpos específicos, dependendo da apresentação clínica
Exames de imagem
• Pesquisa de inflamação, patologia vascular, tumores, atrofia, alteração na difusão e deposição de metais
• TC (crânio): excluir pressão intracraniana aguda, se necessário
• TC (tórax e abdome): pesquisa de tumores na suspeita de doença paraneoplasica
• RM: FLAIR, imagem ponderada em difusão mais coeficiente de difusão aparente, imagem ponderada em suscetibilidade ou ponderada em T2* e imagem ponderada em T1 com administração de gadolínio
LCR
• Análises básicas para identificar processos infecciosos/inflamatórios
• Autoanticorpos específicos ou outros testes de patógenos (podem ser pedidos no sangue também)
• Biomarcadores proteicos para doença de Alzheimer (tau, tau fosforilada e amiloide-β42) e doença de Creutzfeldt-Jakob (RT-QuIC)
• Pesquisa de células neoplásicas
EEG
• Pode mostrar alterações sugestivas de encefalopatia difusa, estado epiléptico não convulsivo, ou ainda complexos periódicos de ondas agudas (sugestivo de DCJ)
Etapa 3: diagnóstico avançado
Imagem
• PET – Fluorodesoxiglicose neurológico
• PET Amiloide
• PET-CT de corpo inteiro (oncológico) para detectar neoplasia não relacionada ao SNC
Terapia anti-inflamatória
• Imunoglobulina ou esteroides em altas doses em pacientes com suspeita de encefalite, mas não comprovada (advertência: tumores do SNC também podem responder aos esteroides)
Último recurso
• Biopsia cerebral ou leptomeníngea

AVE: acidente vascular encefálico; DCJ: doença de Creutzfeldt-Jakob; EEG: eletroencefalograma; LCR: Líquido cefalorraquidiano; PET: tomografia por emissão de pósitrons; RM: ressonância magnética; SNC: sistema nervoso central; TC: tomografia computadorizada. (Adaptada de Hermann; Zerr, 2022.)

Pachalska *et al.* (2001) publicaram um caso em que uma paciente de 68 anos foi de leves queixas cognitivas para demência grave em 3 meses. Os testes neuropsicológicos iniciaram quando a paciente ainda estava lúcida e capaz de cooperar. Segundo o relato, o primeiro sintoma apresentado foi agrafia, seguida de hemianopsia e outros distúrbios visuais, culminando em alucinações visuais. À medida que o progresso da doença se acelerava, ocorreu a demência rapidamente progressiva, afasia evoluindo para mutismo orgânico, mioclonia e, em última análise, perda de todo o contacto verbal ou movimento voluntário. O caso publicado estava relacionado a uma forma da DCJ, com encefalopatia espongiforme com início no lobo occipital direito, mas chamamos a atenção, pois mediante um declínio rápido, o neuropsicólogo pode ter um papel determinante em auxiliar o paciente e a família rapidamente.

Testes breves

Miniexame do Estado Mental (MEEM)
(Folstein et al., 1975; Brucki et al., 2003)

Teste de rastreio de simples e rápida aplicação. Avalia orientação temporal e espacial, memória, cálculo, linguagem e habilidades visuoconstrutivas. O escore máximo são 30 pontos, o qual representa o melhor desempenho.

Montreal Cognitive Assessment (MoCA)
(Nasreddine et al., 2005)

Esse exame é descrito como uma boa ferramenta para detectar o comprometimento cognitivo, principalmente em fases mais leves. O MoCA é constituído por um protocolo de uma página, cujo tempo de aplicação é de aproximadamente 10 minutos. Com uma pontuação máxima de 30 pontos, o MoCA avalia oito domínios cognitivos (função executiva, capacidade visuoespacial, memória, atenção/concentração/memória operacional, linguagem, orientação), contemplando diversas tarefas em cada domínio. Os dados normativos podem ser encontrados no estudo de César *et al.*, 2019.

Addenbrooke's Cognitive Examination-Revised (ACE-R)
(Mioshi et al., 2006)

Foi derivada da ACE para facilitar o uso e melhorar sua sensibilidade. Os 26 itens originais foram combinados para produzir cinco subescores, que representam um domínio específico: atenção e orientação (18 pontos), memória (26 pontos), fluência (14 pontos), linguagem (26) pontos e visuoespacial (16 pontos). A soma totaliza 100 pontos e o tempo de administração é de 12 a 20 minutos. A sensibilidade para demência leve é de 84 a 94%, dependendo da nota de corte (Mioshi *et al.*, 2006). Também foram criadas três diferentes versões (A, B e C), com diferentes estímulos para a tarefa de aprendizado e evocação tardia (nome e endereço) com o objetivo de que não ocorresse aprendizagem em múltiplas avaliações.

Em 2007, Carvalho e Caramelli publicaram a adaptação para a população brasileira da ACE-R, demonstrando ser de fácil administração e compreensão por um grupo de idosos saudáveis e de escolaridade heterogênea. No estudo epidemiológico brasileiro de prevalência de comprometimento cognitivo na cidade de Tremembé, a ACE-R revelou sensibilidade de 73% e especificidade de 65% para diagnóstico de comprometimento cognitivo sem demência (CCSD) e sensibilidade de 91% e especificidade de 76% para demência em indivíduos com baixa escolaridade. Os dados normativos podem ser encontrados no estudo de César *et al.* (2017).

> **Pontos importantes**
>
> - A definição de demência rapidamente progressiva varia de acordo com a etiologia e está relacionada à velocidade do declínio cognitivo, ou seja, o tempo desde o primeiro sintoma até a síndrome demencial (Hermann; Zerr, 2022).
> - Algumas vezes o rápido declínio pode ser observado nas sessões da avaliação neuropsicológica. Nesse caso, recomenda-se que o médico seja notificado sobre o declínio observado para intervenção, se necessária.

Caso clínico

M., 65 anos, sexo feminino, 11 anos de escolaridade (magistério), professora aposentada, ativa e independente. Nos últimos 6 meses, sua família notou mudanças significativas em seu comportamento. Ela começou a esquecer compromissos, teve dificuldade em realizar tarefas simples, como cozinhar, e se perdeu em lugares familiares. Além disso, M. tornou-se mais retraída, evitando interações sociais e expressando dificuldade de encontrar palavras durante conversas.

Avaliação neuropsicológica

Entrevista clínica e anamnese

Entrevista detalhada com M. e sua família para obter informações sobre o início e a progressão dos sintomas, histórico médico, medicamentos em uso e impacto funcional das dificuldades cognitivas que estava apresentando. No pedido médico constava Miniexame do Estado Mental (MEEM) de 17/30, indicando comprometimento cognitivo (classificação de CDR 1), indicando comprometimento cognitivo leve a moderado, no teste de fluência verbal (categoria animais) foram 5 palavras em 1 minuto.

Testes neuropsicológicos

Os testes neuropsicológicos indicaram prejuízos em atenção, memória verbal e visual, no funcionamento executivo e em linguagem. Apresenta-se preservada em atenção sustentada e concentrada e memória semântica no que diz respeito ao vocabulário (Tabela 46.3).

Avaliação funcional

O neuropsicólogo avalia as habilidades de M. no desempenho de atividades da vida diária, como gerenciar finanças, preparar refeições e se locomover pela casa, identificando áreas de dificuldade e dependência.

Avaliação comportamental e emocional

São aplicadas escalas para avaliar sintomas comportamentais e emocionais como depressão e ansiedade, que frequentemente acompanham as demências.

Tabela 46.3 Desempenho cognitivo, comportamental e funcional da paciente M., 65 anos.

Funções cognitivas	Testes cognitivos	Classificação
QI total	WASI (QI 2 subtestes)	Média-inferior
Atenção	Teste de Trilhas A	Preservado
	Teste de Atenção Concentrada	Preservado
Função executiva	Fluência Verbal Fonêmica	Comprometido
	Raciocínio Matricial	Comprometido
	Teste de Trilhas B	Comprometido
	Stroop III	Comprometido
Linguagem	Vocabulário	Preservado
	Teste de Nomeação de Boston	Comprometido
	Fluência Verbal Semântica	Comprometido
Memória	RAVLT Total	Comprometido
	RAVLT Tardio	Comprometido
	RAVLT Reconhecimento	Comprometido
	Figura Complexa de Rey – Evocação	Comprometido
Visuoconstrução	Figura Complexa de Rey – Cópia	Preservado
Funcionalidade	QAF (0 a 30)	10
Humor	HADS Nota de corte: Ansiedade = 7 Depressão = 7	Ansiedade = 3 Depressão = 10

HADS: Escala hospitalar de ansiedade e depressão (do inglês *Hospital Anxiety and Depression Scale*); QAF: Questionário de atividades funcionais; RAVLT: Teste de Aprendizagem Auditivo-Verbal de Rey (do inglês *Rey Auditory Verbal Learning Test*); WASI: Escala de Inteligência Wechsler Abreviada.

Exames complementares

A paciente é encaminhada para exames de neuroimagem (p. ex., ressonância magnética) e testes laboratoriais para descartar outras causas de DRP, como processos inflamatórios, metabólicos ou infecciosos.

Interpretação e diagnóstico

Com base nos resultados da avaliação neuropsicológica, M. foi diagnosticada com provável DRP, com comprometimento nas áreas de atenção, memória, função executiva e linguagem. A avaliação funcional revelou dificuldades significativas em tarefas do dia a dia, corroborando o impacto funcional dos déficits cognitivos.

Plano de intervenção

Em conjunto com a equipe multidisciplinar, o neuropsicólogo elaborou um plano de intervenção personalizado para M., incluindo:

- **Intervenções farmacológicas:** o neurologista indicou o tratamento farmacológico para gerenciar sintomas específicos da síndrome demencial
- **Reabilitação cognitiva:** foram realizadas sessões de treinamento cognitivo focadas nas áreas deficitárias, como estratégias de memória, linguagem e organização
- **Suporte psicológico e familiar:** terapia individual ou em grupo com orientação e suporte para a família com aspectos emocionais, como ansiedade e depressão, e estratégias de cuidados e gerenciamento de estresse.

O caso ilustra como a avaliação neuropsicológica é fundamental para o diagnóstico e manejo de demências rapidamente progressivas, permitindo uma abordagem abrangente e personalizada para cada paciente.

Referências bibliográficas

ABU-RUMEILEH, S.; CAPELLARI, S.; PARCHI, P. Rapidly progressive Alzheimer's disease: contributions to clinical- pathological definition and diagnosis. J. Alzheimers Dis., v. 63, p. 887-897, 2018.

ARNOLD, C. Could covid *delirium* bring on dementia? Nature, v. 588, p. 22-24, 2020.

BOSQUE P. J.; TYLER, K. L. Prions and prion disease of the central nervous system (transmissible neurodegenerative diseases). *In*: BENNETT, J. E.; DOLIN, R.; BLASER, M. J. (Eds.) Mandell, Douglas, and Bennett's principles and practice of infectious diseases. 9. ed. Philadelphia, PA: Elsevier; 2020. cap. 179.

BRUCKI, S. M. *et al*. Sugestões para o uso do miniexame do estado mental no Brasil. Arq Neuropsiquiatr, v. 61, n. 3B, p. 777-781, set., 2003.

CAPELLARI, S. *et al*. Sporadic fatal insomnia in a fatal familial insomnia pedigree. Neurology, v. 70, n. 11, p. 884-885, mar., 2008.

CÉSAR, K. G. *et al*. Addenbrooke's cognitive examination-revised: normative and accuracy data for seniors with heterogeneous educational level in Brazil. Int Psychogeriatr., v. 29, n. 8, p. 1345-1353, ago., 2017.

CESAR, K. G. *et al*. MoCA Test: normative and diagnostic accuracy data for seniors with heterogeneous educational levels in Brazil. Arq Neuropsiquiatr., v. 77, n. 11, p. 775-781, nov., 2019.

CHITRAVAS, N. *et al*. Treatable neurological disorders misdiagnosed as Creutzfeldt-Jakob disease. Ann Neurol., v. 70, n. 3, p. 437-444, set., 2011.

COYLE-GILCHRIST, I. T. *et al*. Prevalence, characteristics, and survival of frontotemporal lobar degeneration syndromes. Neurology, v. 86, p. 1736-1743, 2016.

DAY, G. S.; MUSIEK, E. S.; MORRIS, J. C. Rapidly progressive dementia in the outpatient clinic: more than prions. Alzheimer Dis Assoc Disord., v. 32, n. 4, p. 291-297, 2018.

DAY, G. S. Rapidly Progressive Dementia. Continuum (Minneap Minn), v. 28, n. 3, p. 901-936, jun., 2022.

DEGNAN, A. J.; LEVY, L. M. Neuroimaging of rapidly progressive dementias, part 1: neurodegenerative etiologies. Am. J. Neuroradiol., v. 35, p. 418-423, 2014.

FOLSTEIN, M. F.; FOLSTEIN, S. E.; MCHUGH, P. R. Mini-mental state. A practical method for grading the cognitive state of patients for the clinician. J Psychiatr Res., v. 12, p. 189-198, 1975.

FRONTERA, J. A. *et al*. A prospective study of neurologic disorders in hospitalized patients with COVID-19 in New York City. Neurology, v. 96, p. e575-e586, 2021.

GAIG, C. *et al*. Rapidly progressive diffuse Lewy body disease. Mov. Disord., v. 26, p. 1316-1323, 2011.

GESCHWIND, M. D.; HAMAN, A.; MILLER, B. L. Rapidly progressive dementia. Neurol Clin., v. 25, n. 3, p. 783-807, ago., 2007.

GRAFF- RADFORD, J. *et al*. Duration and pathologic correlates of Lewy body disease. JAMA Neurol., v. 74, p. 310-315, 2017.

HELMS, J. *et al*. Neurologic Features in Severe SARS-CoV-2 Infection. N Engl J Medv., 382, n. 23, p. 2268-2270, jun., 2020.

HERMANN, P. *et al*. Validation and utilization of amended diagnostic criteria in Creutzfeldt-Jakob disease surveillance. Neurology, p. 331-e338, 2018.

HERMANN, P.; ZERR, I. Rapidly progressive dementias – aetiologies, diagnosis and management. Nat Rev Neurol., v. 18, n. 6, p. 363-376, jun., 2022.

HECHT, M. *et al*. Capillary cerebral amyloid angiopathy in Alzheimer's disease: association with allocortical/hippocampal microinfarcts and cognitive decline. Acta Neuropathol., v. 135, p. 681-694, 2018.

JOHNSON, R. T. Prion diseases. Lancet Neurol; v. 4, n. 10, p. 635-642, 2005.

JOSEPHS, K. A. *et al*. Survival in two variants of tau-negative frontotemporal lobar degeneration: FTLD- U vs FTLD- MND. Neurology, v. 65, p. 645-647, 2005.

JOSEPHS, K. A. *et al*. Rapidly progressive neurodegenerative dementias. Arch Neurol., v. 66, n. 2, p. 201-207, fev., 2009.

KELLEY, B. J.; BOEVE, B. F.; JOSEPHS, K. A. Young-onset dementia: demographic and etiologic characteristics of 235 patients. Arch Neurol, v. 65, n. 11, p. 1502-1508, 2008.

KOTHEKAR, H.; CHAUDHARY, K. Kuru Disease: Bridging the Gap Between Prion Biology and Human Health. Cureus., v. 16, n. 1, p. e51708, jan., 2024.

KOVÁCS, G. G. et al. Genetic prion disease: the EUROCJD experience. Hum Genet., v. 118, p. 166-174, 2005.

MCKHANN, G. M. et al. The diagnosis of dementia due to Alzheimer's disease: recommendations from the National Institute on Aging-Alzheimer's Association workgroups on diagnostic guidelines for Alzheimer's disease. Alzheimers Dement, v. 7, n. 3, p. 263-269, 2011.

MIOSHI, E. et al. The Addenbrooke's Cognitive Examination Revised (ACE-R): a brief cognitive test battery for dementia screening. Int J Geriatr Psychiatry, v. 21, n. 11, p. 1078-1085, nov., 2006.

MONTAGNA, P. et al. Familial and sporadic fatal insomnia. Lancet Neurol., v. 2, n. 3, p. 167-176, mar., 2003.

MORRIS, J. C. The Clinical Dementia Rating (CDR): current version and scoring rules. Neurology, v. 43, n. 11, p. 2412-2414, 1993.

NASREDDINE, Z. et al. The Montreal Cognitive Assessment, MoCA: A brief screening tool for Mild Cognitive Impairment. American Geriatrics Society, v. 53, p. 695-699, 2005.

NITRINI, R. et al. Neuropsychological tests of simple application for diagnosing dementia. Arq Neuropsiquiatr., v. 52, p. 457-465, 1994.

NITRINI, R. et al. The figure memory test diagnosis of memory impairment in populations with heterogeneous educational background. Dement Neuropsychol., v. 15, p. 173-185, 2021.

NOTARI, S.; APPLEBY, B. S.; GAMBETTI, P. Variably protease-sensitive prionopathy. Handb Clin Neurol., v. 153, p. 175-190, 2018.

PACHALSKA, M. et al. Neuropsychological features of rapidly progressive dementia in a patient with an atypical presentation of Creutzfeldt-Jakob Disease. Med Sci Monit., v. 7, n. 6, p. 1307-1315, nov-dez., 2001.

PAPAGEORGIOU, S. G. et al. Rapidly progressive dementia: causes found in a Greek tertiary referral center in Athens. Alzheimer Dis Assoc Disord., v. 23, n. 4, p. 337-346, 2009.

PATERSON, R. W.; TAKADA, L. T.; GESCHWIND, M. D. Diagnosis and treatment of rapidly progressive dementias. Neurol Clin Pract., v. 2, n. 3, p. 187-200, set., 2012.

PATERSON, R. W. et al. The emerging spectrum of COVID-19 neurology: clinical, radiological and laboratory findings. Brain, v. 143, p. 3104-3120, 2020.

PECKEU, L. et al. Accuracy of diagnosis criteria in patients with suspected diagnosis of sporadic Creutzfeldt-Jakob disease and detection of 14-3-3 protein, France, 1992 to 2009. Euro Surveill., v. 22, n. 41, p. 16-00715, out., 2017.

PRUSINER, S. B. et al. Scrapie agent contains a hydrophobic protein. Proc Natl Acad Sci USA, v. 78, p. 6675-6679, 1981.

QUINN, L. et al. Population structure and migration in the Eastern Highlands of Papua New Guinea, a region impacted by the kuru epidemic. Am J Hum Genet., v. 111, n. 4, p. 668-679, abr., 2024.

SALA, I. et al. Rapidly progressive dementia: experience in a tertiary caremedical center. Alzheimer Dis Assoc Disord., v. 26, n. 3, p. 267-271, 2012.

SARMENTO, A. L. R., BERTOLUCCI, P. H. F.; WAJMAN, J. R. Brazilian portuguese version for the Montreal Cognitive Assessment (MoCA) and the preliminary results. Alzheimer's & Dementia, v. 4, p. T686, 2008.

SEIDL, J. N.; MASSMAN, P. J. Rapidly *versus* slowly progressing patients with Alzheimer's disease: differences in baseline cognition. Am. J. Alzheimers Dis. Other Dement, v. 31, p. 318-325, 2016.

SCHMIDT, C. et al. Clinical features of rapidly progressive Alzheimer's disease. Dement. Geriatr. Cogn. Disord. 29, p. 371-378, 2010.

SCHMIDT, C. et al. Rapidly progressive Alzheimer disease. Arch Neurol., v. 68, n. 9, p. 1124-1130, set., 2011

SHIN, M. et al. Gerstmann-Sträussler-Scheinker disease: a case report. J Korean Soc Radiol., v. 84, n. 3, p. 745-749, maio, 2023.

SKROBOT, O. A. et al. Progress toward standardized diagnosis of vascular cognitive impairment: guidelines from the Vascular Impairment of Cognition Classification Consensus study. Alzheimers Dement., v. 14, p. 280-292, 2018.

SOTO, M. E. et al. Rapid cognitive decline in Alzheimer's disease. Consensus paper. J Nutr Health Aging, v. 12, n. 10, p. 703-713, 2008.

STOECK, K. et al. Cerebrospinal fluid biomarker supported diagnosis of Creutzfeldt-Jakob disease and rapid dementias: a longitudinal multicentre study over 10 years. Brain, v. 135, Pt 10, p. 3051-3061, out., 2012.

STUDART-NETO, A. et al. Rapidly progressive dementia: prevalence and causes in a neurologic unit of a tertiary hospital in Brazil. Alzheimer Dis Assoc Disord., v. 31, n. 3, p. 239-243, jul-set., 2017.

TEE, B. L. et al. (eds.) Bradley and Daroff's neurology in clinical practice. 8. ed. Philadelphia, PA: Elsevier, 2022. cap 94.

TOSTO, G. et al. Neuropsychological predictors of rapidly progressive Alzheimer's disease. Acta Neurol. Scand., v. 132, p. 417-422, 2015.

UTTLEY, L. et al. Creutzfeldt-Jakob disease: a systematic review of global incidence, prevalence, infectivity, and incubation. Lancet Infect. Dis., v. 20, p. e2–e10, 2020.

WATSON, N. et al. The importance of ongoing international surveillance for Creutzfeldt-Jakob disease. Nat Rev Neurol., v. 17, n. 6, p. 362-379, jun., 2021

47 Comprometimento Cognitivo Vascular

Maria Niures Pimentel dos Santos Matioli • Paulo Caramelli

O comprometimento cognitivo vascular (CCV) refere-se a todo o espectro de patologias vasculares cerebrais que contribuem para qualquer grau de comprometimento cognitivo, constituindo um contínuo de apresentações clínico-patológicas, desde um estágio assintomático, considerado "cérebro-em-risco"; o estágio sintomático, que inclui comprometimento cognitivo leve vascular (CCLV) ou comprometimento cognitivo vascular não demência (CCV-ND), até a demência vascular (DV) (Barbosa et al., 2022; van der Flier et al., 2018). Outra nomenclatura foi dada para o CCV na 5ª edição do Manual diagnóstico e estatístico de transtornos mentais (APA, 2013). O DSM-5 dividiu o CCV em comprometimento neurocognitivo vascular menor para CCLV e comprometimento neurocognitivo vascular maior para DV. O CCV resulta de lesão cerebral vascular devido a danos ao parênquima cerebral resultantes de isquemia, infarto, hemorragia ou uma combinação deles (Wong; Chui, 2022).

Epidemiologia

A DV é considerada a segunda causa mais comum de demência na América do Norte e na Europa, compreendendo aproximadamente 15 a 20% dos casos (Gorelick et al., 2011). Na Ásia e em alguns países de baixa e de média renda acredita-se que cerca de 30% dos casos tenham a DV como causa, podendo ser a principal dentre as causas de demência nesses países (Wong; Chui, 2022). Em São Paulo, a DV foi a causa mais frequente de demência pré-senil, concorrendo com 36,9% dos casos em estudo de prevalência em ambulatório especializado. Em outros estudos com populações de pacientes de ambulatórios especializados no Brasil, sua prevalência variou de 13,4 a 36,9% (Silva; Damasceno, 2022; Takada et al., 2003; Fujihara et al., 2004).

A prevalência de CCLV é incerta, sendo um fator de risco para a progressão para demência e para mortalidade (Pendlebury; Rothwell, 2009). A prevalência de CCLV variou entre 21 e 30%, sendo de 4 a 19% naqueles em que o ictus vascular não havia sido relatado, e de 24 a 75% em casos de ictus identificável, em estudos de revisão (Hughes et al., 2021).

O estudo clínico-patológico brasileiro de Suemoto et al. (2017), realizado no Biobanco para Estudos em Envelhecimento da Universidade de São Paulo, encontrou uma prevalência de 35% para DV, considerando apenas a presença de infartos crônicos para o diagnóstico neuropatológico. Essa prevalência aumentou para 49% quando foi adicionada à presença de doença de pequenos vasos moderada a grave nos critérios diagnósticos neuropatológicos.

A probabilidade de patologia mista aumenta com a idade e contribui para risco elevado de demência (Wong; Chui, 2022). Vale ressaltar que quadros neuropatológicos mistos, como o vascular associado à presença de doença neurodegenerativa (mais frequentemente com a doença de Alzheimer – DA), também fazem parte do espectro da CCV (Barbosa et al., 2022). Em alguns estudos neuropatológicos, verificou-se que a patologia vascular mista e DA tem uma prevalência de 20 a 27% (Suemoto et al., 2017; Brayne et al., 2009; Matsui et al., 2009; Troncoso et al., 2008; Azarpazhooh et al., 2018), enquanto outros estudos mostraram prevalência de até 38% com patologia vascular pura, observada apenas em 12% (Schneider et al., 2007).

Fatores de risco

Alguns fatores de risco (FR) para o desenvolvimento de CCLV e DV se sobrepõem aos cardiovasculares e ao acidente vascular encefálico (AVE) (Barbosa et al., 2022; Iadecola et al., 2019). A idade avançada é um fator de risco não modificável para demência em geral, e consequentemente também para DV. Dentre os FR cardiovasculares, destacam-se a hipertensão arterial sistêmica (HAS), diabetes mellitus (DM), dislipidemia, fibrilação atrial, AVE prévio, síndrome metabólica, obesidade, intolerância à glicose, homocisteína elevada, estenose carotídea e hiperuricemia. O alcoolismo e o tabagismo, considerados FR tóxicos, também são descritos. Outros FR diversos associados incluem baixa escolaridade, dieta inadequada, apneia do sono, sedentarismo e depressão (Barbosa et al., 2022; Grinberg, 2012). FR genéticos são descritos e compreendem doenças que afetam os pequenos vasos cerebrais, como a arteriopatia cerebral autossômica dominante com infartos subcorticais e leucoencefalopatia (CADASIL), uma doença hereditária causada por mutações no gene NOTCH3, e a arteriopatia cerebral recessiva com infartos subcorticais e leucoencefalopatia (CARASIL), doença rara decorrente de mutações bialélicas no gene HRTA1 (Iadecola et al., 2019; Santo et al., 2019). A presença do alelo APOE ε4 predispõe ao acúmulo de β-amiloide no parênquima cerebral (placas amiloides), bem como nos vasos sanguíneos cerebrais, resultando em angiopatia amiloide cerebral (AAC) (Wong; Chui, 2022). Outros aspectos genéticos associados descritos são VLDL-R, HERNS e FABRY (Barbosa et al., 2022).

Manifestações clínicas

O CCLV corresponde ao quadro sintomático mais leve do espectro do CCV, com presença de comprometimento cognitivo cujo nível não preenche os critérios de demência, mas representa risco de progressão para a demência (Barbosa et al., 2022). As manifestações clínicas do CCV, e especialmente a DV, compreendem comprometimento cognitivo, declínio funcional, sintomas neuropsiquiátricos, manifestações neurológicas e disfunção autonômica, de forma variável e de acordo com o tipo, extensão e localização da patologia cerebrovascular (van der Flier et al., 2018; Engelhardt et al., 2011).

O quadro clínico pode ser de início súbito ou insidioso, a evolução é variável, sendo em degraus ou progressiva, flutuante ou estável, e até mesmo com melhora em relação ao quadro inicial (Sachdev et al., 2014). Pacientes com CCV geralmente apresentam lentificação psicomotora e problemas na função executiva (p. ex., planejar, organizar e monitorar comportamentos). Problemas de memória, sintomas comportamentais e psiquiátricos, incluindo apatia, ansiedade e depressão, são frequentes. Outros sinais e sintomas neurológicos incluem assimetria de reflexos osteotendíneos, disartria, parkinsonismo, hipertonia e incontinência urinária (van der Flier et al., 2018).

As principais formas de apresentação da DV estão descritas na Tabela 47.1. A Tabela 47.2 descreve as funções cognitivas comprometidas de acordo com os subtipos de CCV/DV.

Demência vascular após acidente vascular encefálico

É a forma de apresentação clínica mais facilmente reconhecida, incluindo alterações neurológicas focais, comprometimento cognitivo e alterações comportamentais, existindo nítida correlação entre o tempo de história do

Tabela 47.1 Formas de apresentação da demência vascular (DV).

Classificação	Descrição
Demência pós-AVE	Presença de déficit cognitivo novo, súbito ou subagudo ate 6º meses após AVE isquêmico ou hemorrágico. Pode ser decorrente de diversos padrões cerebrovasculares (p. ex., múltiplos infartos corticossubcorticais, lesões estratégicas, demência vascular subcortical etc.). A relação temporal entre o evento vascular e o declínio cognitivo diferencia essa forma de DV
Demências mistas	Termo amplo que engloba fenótipos de declínio cognitivo combinado entre CCV e doenças neurodegenerativas (p. ex., CCV-DA, CCV-DCL etc.). Recomenda-se especificar qual a patologia subjacente suspeita, evitando-se o termo menos específico "demência mista"
Demência vascular isquêmica subcortical	A doença cerebrovascular de pequenos vasos é a principal causa neste grupo, principalmente por infartos lacunares e lesão de substância branca. Engloba os fenótipos descritos como doença de Binswanger e o estado lacunar
Demência por múltiplos-infartos corticais	Grupo caracterizado pela presença de múltiplos infartos corticais e sua provável contribuição para a demência
Nível de certeza	Possível – termo mais adequado se neuroimagem indisponível Provável – na presença de TC ou RM compatíveis. A RM é o método de escolha

AVE: acidente vascular encefálico; CCV: comprometimento cognitivo vascular; DA: doença de Alzheimer; DLC: doença por corpos de Lewy; TC: tomografia computadorizada; RM: ressonância magnética. (Adaptada de: Barbosa et al., 2022.)

Tabela 47.2 Funções cognitivas comprometidas de acordo com os subtipos de comprometimento cognitivo vascular (CCV) e demência vascular (DV).

Subtipos de CCV/DV	Funções cognitivas comprometidas
Múltiplos infartos	Linguagem (afasia: Broca, Wernicke, global), memória (amnésia), praxia (ideatória, ideomotora, construtiva), gnosia (prosopagnosia, simultanagnosia)
Infartos estratégicos	Variável Giro angular: linguagem (anomia, alexia, agrafia, acalculia), agnosia (agnosia digital), orientação (desorientação direita-esquerda) (síndrome de Gerstmann) Hipocampo: memória (amnésia anterógrada) Tálamo (variável de acordo com os núcleos afetados), memória (amnésia), linguagem (afasia), atenção (heminegligência espacial) Caudado: função executiva (síndrome disexecutiva), memória (amnésia), linguagem (redução da fluência verbal), atenção, praxia, gnosia (anosognosia) Cápsula interna (joelho): memória (amnésia verbal), linguagem (redução da fluência verbal, anomia)
Lacunas	Variável Função executiva (síndrome disexecutiva), linguagem (redução da fluência verbal)
Binswanger	Atenção, linguagem, função executiva (síndrome disexecutiva), memória (de recuperação)
Formas mistas	Variável, comprometimentos acima relacionados

Adaptada de Engelhardt et al., 2004.

ictus vascular e a sintomatologia que a diferencia de outras formas de DV (Sachdev *et al.*, 2014; Skrobot *et al.*, 2018). O paciente apresentará declínio cognitivo imediato e/ou tardio que começa até 6 meses após um AVE e que não reverte (Skrobot *et al.*, 2018).

Demência vascular por múltiplos infartos

Os pacientes costumam apresentar alterações sensoriais e motoras, podendo evoluir "em degraus". Sinais clínicos que podem ser encontrados compreendem hemiparesia, hemi-hipoestesia, alteração de campo visual, assimetria de reflexos osteotendíneos, hiperreflexia e outros sinais da síndrome de neurônio motor superior (p. ex., sinal de Babinski), que acompanham os déficits cognitivos, sugerindo comprometimento de grandes vasos. Agnosia e apraxia também podem estar presentes (Wong; Chui, 2022; Aggarwal; Decarli, 2007).

Demência vascular isquêmica subcortical

Afeta principalmente os idosos que são suscetíveis às lesões isquêmicas de pequenos vasos, resultando em infartos lacunares, microinfartos corticais e leucoencefalopatia periventricular isquêmica (Skrobot *et al.*, 2018). Cerca de dois terços dos casos têm início insidioso, apresenta principalmente evolução progressiva com ou sem déficits agudos, e pode ser confundida com a DA. Os eventos agudos podem ocasionar súbitos déficits neurológicos (Aggarwal; Decarli, 2007).

A maioria dos infartos lacunares é silenciosa ou se manifesta como distúrbios de marcha ou alterações da cognição que não são clinicamente reconhecidos como AVE. O exame neurológico pode ser normal ou demonstrar achados neurológicos focais (p. ex., alteração de marcha especialmente mimetizando a marcha parkinsoniana em pequenos passos, reflexos osteotendíneos assimétricos) (Román, 2002). Na DV isquêmica subcortical (DVIS) a disfunção executiva é o comprometimento cognitivo mais presente, com comprometimento de memória menos intenso. A memória episódica de evocação imediata e tardia e a aprendizagem geralmente estão mais comprometidas que a memória de reconhecimento. A DVIS, por afetar a substância branca e os núcleos da base de maneira bilateral e difusa, compromete áreas específicas dos circuitos pré-frontais subcorticais (Román, 2002).

Os circuitos frontais-subcorticais compreendem circuitos anatômicos paralelos conectando o córtex frontal ao estriado (em especial o núcleo caudado), globo pálido, substância negra-tálamo, com conexões talamocorticais fechando esse circuito e se conectando à porção anterior do giro do cíngulo. Tais circuitos são responsáveis pelo controle de funções executivas e a ruptura dessa circuitaria acarreta a síndrome disexecutiva: incapacidade para planejamento e abstração, prejuízo da memória operacional, desatenção, desconcentração, dificuldade para discriminação de estímulos, da flexibilidade conceitual e do autocontrole (Román, 2002).

A interrupção da alça pré-frontal-subcortical-dorsolateral acarreta disfunção executiva, e lesões do circuito subcortical orbitofrontal impedem a inibição frontal do sistema límbico, ocasionando comportamento inadequado, impulsividade e alterações de personalidade (Román, 2002).

O córtex do cíngulo anterior media a motivação, e lesões desse circuito podem levar à apatia, abulia ou até mesmo ao mutismo acinético. Infartos talâmicos na DVIS podem produzir diferentes quadros dependentes de suas áreas afetadas (Carrera; Bogousslavsky, 2006), apatia e amnésia resultam de infartos em regiões anteriores. Alterações de personalidade, perda da motivação e amnésia em infartos talâmicos paramedianos, disfunção executiva em região inferolateral e alteração cognitiva em região posterior (Carrera; Bogousslavsky, 2006).

Demência vascular mista

A demência mista mais comum com CCV e demência é a DA, embora combinações com outras doenças neurodegenerativas (p. ex., demência associada à doença de Parkinson, demência com corpos de Lewy) sejam possíveis. O perfil cognitivo de pacientes com CCV/DV e DA pode ser muito semelhante ao de pacientes com DA pura, com síndrome primariamente amnésica; no entanto, características de neuroimagem ou biomarcadores podem distinguir os dois (Wong; Chui, 2022).

Critérios diagnósticos

Diversos critérios diagnósticos foram descritos ao longo das duas últimas décadas para CCV, neste capítulo citaremos os dois mais recentes, os critérios do *Vascular Impairment of Cognition Classification Consensus Study* (VICCCS) de 2018 (Skrobot *et al.*, 2018) e a proposta da Academia Brasileira de Neurologia (ABN) de 2022 (Barbosa *et al.*, 2022). A ABN utiliza a nomenclatura CCV-ND, em vez de CCLV, em seus critérios. A relação temporal de até 6 meses entre o evento cerebrovascular e o declínio cognitivo só é necessária para a forma demência pós-AVE (Barbosa *et al.*, 2022). A Tabela 47.3 descreve os critérios diagnósticos do VICCCS 2018 (Skrobot *et al.*) e da ABN 2022 (Barbosa *et al.*, 2022) para os subtipos de CCV.

Avaliação neuropsicológica

A avaliação neuropsicológica faz parte da rotina diagnóstica dos quadros cognitivos, mas essa é uma questão muito complexa no CCV/DV, pois suas manifestações clínicas podem ser tão diversas e dependentes do local comprometido que se torna praticamente impossível descrever um único perfil cognitivo (Engelhardt *et al.*, 2004). Apenas o subgrupo de pacientes com DV por infartos subcorticais (doença de pequenos vasos) constitui grupo mais homogêneo, apresentando alterações maiores no funcionamento executivo pelo acometimento da circuitaria frontal subcortical (Sachdev *et al.*, 2004).

Para a avaliação de quadros de CCV é necessário o uso de instrumentos que incluam a avaliação de função frontal, executiva e subcortical. O Miniexame de Estado Mental (MEEM) (Folstein; Folstein; Mchugh, 1975), amplamente utilizado para rastreio cognitivo em DA, não é uma ferramenta ideal para CCV (Barbosa *et al.*, 2022). A ABN (Engelhardt *et al.*, 2011) em 2011 propôs como testes de triagem para DV já validados em português o MEEM (Folstein; Folstein; Mchugh, 1975; Brucki *et al.*, 2003), a fluência verbal

Tabela 47.3 Critérios diagnósticos do VICCCS 2018 e da ABN 2022 para os subtipos de CCV.

Critérios	Subtipos de CCV
VICCCS Skrobot et al., 2018	**CCV leve** Comprometimento em ≥ 1 domínio cognitivo ABVD ou AIVD mantidas ou com comprometimento leve (independente de sintomas motores/sensoriais)
Proposta Consenso ABN 2022	**CCV-ND** Comprometimento cognitivo em ≥ 1 domínio cognitivo Deficiência cognitiva entre 1 e 2 DP abaixo da média (ou entre o 3º e 16º percentil) ABVD mantidas (independente de sintomas motores/sensoriais) AIVD preservadas (embora com esforço maior + estratégias de compensação)
VICCCS Skrobot et al., 2018	**CCV maior/DV** Comprometimento em ≥ 1 domínio cognitivo Prejuízo significativo de AIVD ou ABVD (independente de sintomas motores/sensoriais)
Proposta Consenso ABN 2022	**CCV-demência/DV** Comprometimento cognitivo em ≥ 1 domínio cognitivo Deficiência cognitiva > 2 DP abaixo da média (ou abaixo do 3º percentil) Prejuízo significativo de AIVD ou AVD (independente de sintomas motores/sensoriais)

ABN: Academia Brasileira de Neurologia; ABVD: atividades básicas de vida diária; AIVD: atividades instrumentais de vida diária; AVD: atividades de vida diária; CCV: comprometimento cognitivo vascular; CCV-ND: comprometimento cognitivo vascular não demência; DP: desvio-padrão; DV: demência vascular; VICCCS: *Vascular Impairment of Cognition Classification Consensus Study*. (Adaptada de Barbosa et al., 2022.)

semântica categoria animais (Lezak, 1995; Brucki *et al.*, 1997) e o Teste do desenho do relógio do CAMCOG (Roth *et al.*, 1998; Bottino *et al.*, 2001; Moreira *et al.*, 2009).

Testes modificados, que foram originalmente desenvolvidos para DA, como a Versão Vascular da Escala de Avaliação da Doença de Alzheimer-Subescala Cognitiva (VADAS-Cog), podem ser úteis (Barbosa *et al.*, 2022; Hong *et al.*, 2014). Alguns deles podem ser capazes de diferenciar DA de CCV, mas mesmo quando isso foi feito usando biomarcadores para eliminar a presença de patologia DA, ainda havia alguma sobreposição entre as mudanças cognitivas do CCV e a DA (Barbosa *et al.*, 2022; Pendlebury *et al.*, 2010). Há dados de validação a favor do MoCA (Pendlebury *et al.*, 2012; Webb *et al.*, 2014), e do Exame Cognitivo de Addenbrooke versão revisada (Pendlebury *et al.*, 2012), ambos já validados para a população brasileira (Amaral-Carvalho; Caramelli, 2007; Amaral-Carvalho, Caramelli; 2012; César *et al.*, 2019).

Neuroimagem

A neuroimagem tem papel fundamental no diagnóstico da CCLV/DV sob todas as suas formas de apresentação. A tomografia computadorizada (TC) de crânio permite uma avaliação macroscópica de lesões intracranianas, atrofia parenquimatosa e tamanho ventricular, o que é útil para descartar outras causas de comprometimento cognitivo. É mais útil para a avaliação de macro-hemorragias, pois as micro-hemorragias não são visíveis na TC. Encefalomalácia relacionada a antecedente de um AVE também costuma ser facilmente apreciada na TC. Embora a doença da substância branca possa ser visualizada como hipodensidade na TC, ela não é tão claramente diferenciada da substância branca normal (que também é relativamente hipodensa na TC) quanto na ressonância magnética (RM) (Wong; Chui, 2022). A TC é uma opção se o paciente for incapaz de tolerar a RM, seja devido a problemas comportamentais (p. ex., claustrofobia, se o paciente fica facilmente assustado/agitado) ou implantes metálicos (p. ex., marca-passo incompatível com RM), mas tem as desvantagens de ter menor resolução e expor o paciente à radiação.

A RM cerebral é superior à TC de crânio, pois permite avaliar o cérebro sob diferentes planos (axial, sagital e coronal), com melhor visualização das alterações de substância branca e de núcleos cinzentos profundos, como tálamo, caudado e núcleos da base (Farooq; Gorelick, 2013). Tanto na TC quanto na RM é possível visualizar lesões isquêmicas e hemorrágicas, mas RM fornece mais detalhes sendo considerada padrão-ouro para o diagnóstico, embora não haja critério de neuroimagem para definir a carga de lesões vasculares necessária para afirmar a presença de CCLV (Barbosa *et al.*, 2022; Wong; Chui, 2022). Algumas sequências de RM, *Gradient Recalled Echo* (GRE) e *Susceptibility-Weighted Imaging* (SWI), são ideais para avaliar a presença de microssangramentos que aparecem como artefatos florescentes (lesões com deposição de hemossiderina que aparecem maiores na RM do que são na realidade). Micro-hemorragias encontradas em estruturas subcorticais profundas são mais consistentes com etiologia hipertensiva, enquanto micro sangramento lobar na junção cinza-branco, sangue dentro do espaço subaracnóideo e siderose superficial (deposição de hemossiderina ao longo das camadas superficiais do córtex cerebral) são sugestivos de AAC (Wong; Chui, 2022). Imagem por tensor de difusão (DTI) da RM é capaz de identificar áreas de "substância branca de aparência normal", não vistas em outras sequências (Barbosa *et al.*, 2022; Wong; Chui, 2022).

Técnicas avançadas de RM com análise de conectividade cerebral estrutural e/ou funcional contribuirão para possíveis investigações sobre como a alteração de redes mais complexas cerebrais pode explicar a diversidade de apresentações clínicas nessas condições, mesmo em casos com alterações anatômicas em sequências convencionais semelhantes, e, desse modo, otimizar a correlação anatômica-clínica no futuro (Barbosa *et al.*, 2022).

Outros métodos de neuroimagem podem ser úteis, especialmente no diagnóstico diferencial. Tomografia por emissão de pósitrons com fluordeoxiglicose (PET-FDG) pode mostrar diminuição da captação de glicose, refletindo o hipometabolismo em regiões focais corticais, subcorticais, núcleos cinzentos profundos e regiões cerebelares relacionadas aos locais de AVE prévio ou regiões funcionalmente conectadas ao AVE prévio (Wong; Chui, 2022). PET-FDG é particularmente útil como um meio de mostrar a típica assinatura temporoparietal posterior da DA para auxiliar no diagnóstico de CCV misto e DA (Wong; Chui, 2022). Assim como a PET-FDG pode auxiliar no diagnóstico diferencial, novos métodos como o PET-amiloide e PET-Tau poderão auxiliar na diferenciação de CCV e DA, ou confirmar quadros mistos (Wong; Chui, 2022).

Tratamento

Prevenção primária e secundária

Segundo as recomendações da ABN (Caramelli *et al.*, 2022), o tratamento preventivo da CCLV/DV deve focar o controle dos fatores de risco para eventos cerebrovasculares conhecidos. No entanto, há poucos dados em relação à modificação de dieta, perda de peso, cessação de tabagismo, educação e treino cognitivo como fatores protetores ao desenvolvimento de CCV. São poucos e conflitantes os dados que individualmente relacionam tratamento específico de HAS, DM, AVE, dislipidemia e patologias cardiovasculares à prevenção do surgimento do CCV (Caramelli *et al.*, 2022). O controle da pressão arterial e da glicemia deve seguir as diretrizes específicas atuais, com cuidado para não fazer o controle intensivo, especialmente em pacientes idosos frágeis, pois não demonstrou diminuição na incidência de demência, mas sim maior risco de eventos adversos (Caramelli *et al.*, 2022). O uso de antiplaquetários (p. ex., ácido acetilsalicílico, clopidogrel) é recomendado para prevenção secundária de AVE não embólico, porém nos casos de CCV sem evidência de AVE a terapia deve ser individualizada (Smith *et al.*, 2017).

Tratamento sintomático

Atualmente, o tratamento sintomático de DV com inibidores da acetilcolinesterase (IAChE) (donepezila, galantamina e rivastigmina) e memantina não é aprovado pela Food and Drug Administration, pela Europa Medicines Agency ou pela Anvisa. Entretanto, muitos dos casos de demência pós-AVE e isquemia vascular subcortical apresentam copatologia de DA, e o uso de IAChE apresenta melhor resultado na demência mista (DA+DV) em comparação com DV pura (Erkinjuntti *et al.*, 2002). A galantamina é aprovada no Brasil para DA com doença cerebrovascular (Caramelli *et al.*, 2022). Possíveis benefícios dos IAChEI na DA com DV, embora limitados, são atribuídos à redução da depleção colinérgica causada pela DA concomitante (Erkinjuntti *et al.*, 2002; Caramelli *et al.*, 2014).

A abordagem dos sintomas neuropsiquiátricos e comportamentais é semelhante à dos pacientes com DA. O uso de medicamentos antidepressivos é recomendado, priorizando os inibidores seletivos de recaptação de serotonina. Os antipsicóticos devem ser usados com cuidado, preferencialmente em baixas doses, considerando que os típicos (como haloperidol) e os atípicos mais antigos (como risperidona) podem levar à síndrome metabólica e ao aumento de mortalidade. Não é recomendado o uso de benzodiazepínicos nessa população (Caramelli *et al.*, 2022).

Outros sintomas podem levar à piora clínica do paciente, como disfagia, dificuldade no equilíbrio e na marcha, parkinsonismo, convulsão, isolamento social, nutrição e baixo acesso a alimentos e água. Portanto, a abordagem multidisciplinar é fundamental, com avaliação fisioterápica, fonoaudiológica, terapeuta ocupacional, profissionais de enfermagem e nutricionista.

Referências bibliográficas

AGGARWAL, N. T.; DECARLI, C. Vascular dementia: emerging trends. Seminars in Neurology, v. 27, n. 1, p. 66-77, 2007.

AMARAL-CARVALHO, V; CARAMELLI, P. Brazilian adaptation of the Addenbrooke Cognitive Examination-Revised (ACE-R). Neuropsychol, v. 1, n. 2, p. 212-216, abr-jun., 2007.

AMARAL-CARVALHO, V.; CARAMELLI, P. Normative data for healthy middle-aged and elderly performance on the Addenbrooke Cognitive Examination-Revised. Cogn Behav Neurol., v. 25, n. 2, p. 72-76, 2012.

AMERICAN PSYCHIATRIC ASSOCIATION (APA). Diagnostic and statistical manual of mental disorders (DSM-5), 2013.

AZARPAZHOOH, M. R. *et al.* Concomitant vascular and neurodegenerative pathologies double the risk of dementia. Alzheimers Dement, v. 14, n. 2, p. 148-156, 2018.

BARBOSA, B. J. A. P. *et al.* Diagnóstico do comprometimento cognitivo vascular: recomendações do departamento científico de Neurologia Cognitiva e do Envelhecimento da Academia Brasileira de Neurologia. Dement Neuropsychol, v. 16, n. 3, Suppl. 1, p. 53-72, 2022.

BOTTINO, C. M. C. *et al.* Validade e confiabilidade da versão brasileira do CAMDEX. Arq Neuropsiquiatr, v. 59, p. 20, 2001.

BRAYNE, C. *et al.* Neuropathological correlates of dementia in over-80- year-old brain donors from the population-based Cambridge city over-75 s cohort (CC75C) study. J Alzheimers Dis, v. 18, n. 3, p. 645-658, 2009.

BRUCKI, S. M. D. Dados normativos para o teste de fluência verbal categoria animais em nosso meio. Arq Neuropsiquiatr, v. 55, p. 56-61, 1997.

BRUCKI, S. M. D. *et al.* Sugestões para o uso do Miniexame do Estado Mental no Brasil. Arq Neuropsiquiatr, v. 61, p. 777-781, 2003.

CARAMELLI, P. *et al.* Effects of galantamine and galantamine combined with nimodipine on cognitive speed and quality of life in mixed dementia: a 24-week, randomized, placebo-controlled exploratory trial (the REMIX study). Arq Neuropsiquiatr, v. 72, n. 6, p. 411-417, 2014.

CARAMELLI, P. *et al.* Tratamento da demência: recomendações do Departamento Científico de Neurologia Cognitiva e do Envelhecimento da Academia Brasileira de Neurologia. Dement Neuropsychol, v. 16, n. 3, Suppl. 1, p. 88-100, 2022.

CARRERA, E.; BOGOUSSLAVSKY, J. The thalamus and behavior: effects of anatomically distinct strokes. Neurology, v. 66, n. 12, p. 1817-1823.

CÉSAR, K. G. *et al.* MoCA Test: normative and diagnostic accuracy data for seniors with heterogeneous educational levels in Brazil. Arq Neuropsiquiatr, v. 77, n. 11, p. 775-781.

ENGELHARDT, E. *et al.* Demência vascular. Rev. Bras. Neurol., v. 40, n. 2, p. 5-26, 2004.

ENGELHARDT, E. *et al.* Vascular dementia: Cognitive, functional, and behavioral assessment. Recommendations of the Scientific Department of Cognitive Neurology and Aging of the Brazilian Academy of Neurology. Part II. Dement Neuropsychol, v. 5, n. 4, p. 264-274, 2011.

ERKINJUNTTI, T. *et al.* Efficacy of galantamine in probable vascular dementia and Alzheimer's disease combined with cerebrovascular disease: a randomised trial. Lancet, v. 359, n. 9314, p. 1283-1290, 2002.

FAROOQ, M.; GORELICK, P. B. Vascular Cognitive Impairment. Curr Atheroscler Rep, v. 15, p. 330-337, 2013.

FOLSTEIN, M. F.; FOLSTEIN, S. E.; MCHUGH, P. R. Mini-mental state: a practical method for grading the cognitive state of patients for the clinician. J Psychiatr Res, v. 12, p. 189-198, 1975.

FUJIHARA, S. *et al.* Prevalence of presenile dementia in a tertiary outpatient clinic. Arq Neuropsiquiatr, v. 62, p. 592-595, 2004.

GORELICK, P. B. et al. Vascular contributions to cognitive impairment and dementia: a statement for healthcare professionals from the American Heart Association/American Stroke Association. Stroke, v. 42, n. 9, p. 2672-2713, 2011.

GRINBERG, L. T. Vascular dementia: current concepts and nomenclature harmonization. Dement Neuropsychol, v. 6, n. 3, p. 122-126, 2012.

HONG, Y. J. et al. Do Alzheimer's disease (AD) and subcortical ischemic vascular dementia (SIVD) progress differently? Arch Gerontol Geriatr, v. 58, n. 3, p. p. 415-419, 2014.

HUGHES, T. F. et al. Exercise and the risk of mild cognitive impairment: does the effect depend on vascular factors? Alzheimer Dis Assoc Disord, v. 35, n. 1, p. 30-35, 2021.

IADECOLA, C. et al. Vascular cognitive impairment and dementia: JACC Scientific Expert Panel. J Am Coll Cardiol, v. 73, n. 25, p. 3326-3344, 2 jul 2019.

LEZAK, M. D. Neuropsychological assessment. Oxford: Oxford University Press, p. 544-550, 1995.

MATSUI, Y. et al. Incidence and survival of dementia in a general population of Japanese elderly: the Hisayama study. J Neurol Neurosurg Psychiatry, v. 80, n. 4, p. 366-370, 2009.

MOREIRA, I. F. H. et al. Cambridge Cognitive Examination: performance of healthy elderly Brazilians with low education levels. Cad Saúde Pública, v. 25, p. 1774-1780, 2009.

PENDLEBURY, S. T. et al. Underestimation of cognitive impairment by Mini-Mental State Examination versus the Montreal Cognitive Assessment in patients with transient ischemic attack and stroke: a population-based study. Stroke, v. 41, n. 6, p. 1290-1293, 2010.

PENDLEBURY, S. T. et al. MoCA, ACE-R, and MMSE versus the National Institute of Neurological Disorders and Stroke-Canadian Stroke Network Vascular Cognitive Impairment Harmonization Standards Neuropsychological Battery after TIA and stroke. Stroke, v. 43, n. 2, p. 464-469, 2012.

PENDLEBURY, S. T.; ROTHWELL, P. M. Prevalence, incidence, and factors associated with pre-stroke and post-stroke dementia: a systematic review and meta-analysis. Lancet Neurol, v. 8, p. 1006-1018, 2009.

ROMÁN, G. C. Vascular dementia revisited: diagnosis, pathogenesis, treatment, and prevention. Med. Clin. North Am., v. 86, n. 3, p. 477-499, 2002.

ROTH, M. et al. the Cambridge Examination for Mental Disorders of the Elderly – revised. Cambridge: Cambridge University Press, 1998.

SACHDEV, P. S. et al. The neuropsychological profile of vascular cognitive impairment in stroke and TIA patients. Neurology, v. 62, p. 912-919, 2004.

SACHDEV, P. et al. Diagnostic criteria for vascular cognitive disorders: a VASCOG statement. Alzheimer Dis Ass Disord, v. 28, p. 206-218, 2014.

SANTO, G. C. et al. Cerebral autosomal recessive arteriopathy with subcortical infarcts and leukoencephalopathy (CARASIL): caracterização do espectro de manifestações clínicas e do padrão de transmissão genética. Sinapse, v. 19, n. 1-2, jan-fev/mar-abr., 2019.

SCHNEIDER, J. A. et al. Mixed brain pathologies account for most dementia cases in community-dwelling older persons. Neurology, v. 69, n. 24, p. 2197-2204, 2007.

SILVA, D. W.; DAMASCENO, B. P. Dementia in patients of UNICAMP University Hospital. Arq. Neuro-Psiquiatr, [online], v. 60, n. 4, p. 966-999, 2002.

SKROBOT, O. A. et al. Progress toward standardized diagnosis of vascular cognitive impairment: guidelines from the Vascular Impairment of Cognition Classification Consensus Study. Alzheimer's Dement, v. 14 p. 280-292, 2018.

SMITH, E. E. et al. Prevention of stroke in patients with silent cerebrovascular disease: a scientific statement for healthcare professionals from the American Heart Association/American Stroke Association. Stroke, v. 48, n. 2, p. e44-71, 2017.

SUEMOTO, C. K. et al. Neuropathological diagnoses and clinical correlates in older adults in Brazil: a cross-sectional study. PLoS Med, v. 14, n. 3, p. e1002267, 2017.

TAKADA, L. T. et al. Prevalence of potentially reversible dementias in a dementia outpatient clinic of a tertiary university-affiliated hospital in Brazil. Arq. Neuro-Psiquiatr, v. 61, n. 4, 2003.

TRONCOSO, J. C. et al. Effect of infarcts on dementia in the Baltimore longitudinal study of aging. Ann Neurol, v. 64, n. 2, p. 168-176, 2008.

VAN DER FLIER, W. M. et al. Vascular cognitive impairment. Nat Rev Dis Primers, v. 4, p. 18003, 2018.

WEBB, A. J. S. et al. Validation of the Montreal cognitive assessment versus mini-mental state examination against hypertension and hypertensive arteriopathy after transient ischemic attack or minor stroke. Stroke, v. 45 n. 11, p. 3337-3342, 2014.

WONG, E. X.; CHUI, H. C. Vascular cognitive impairment and dementia. Continuum (Minneap, Minn), v. 28, n. 3, p. 750-780, 2022.

48 Demência da Doença de Parkinson e Demência com Corpos de Lewy

Nathália Galbes Breda de Lima • Ivan Hideyo Okamoto

A demência da doença de Parkinson (DDP) e a demência com corpos de Lewy (DCL) são doenças neurodegenerativas que compartilham o mesmo substrato patológico: a presença de inclusões neuronais de alfa-sinucleína (denominadas corpos de Lewy). Há uma sobreposição de aspectos não somente patológicos, mas também neuroquímicos e clínicos entre essas duas condições. Por conta disso, se acredita que elas representam manifestações distintas no espectro de uma mesma patologia, podendo ser agrupadas sob o termo genérico de doenças com corpos de Lewy.

A temporalidade do quadro cognitivo em relação aos sintomas motores, com o parkinsonismo, é a principal distinção clínica entre a DCL e a DDP. Assim, a demência surgindo de forma mais tardia no contexto da doença de Parkinson idiopática bem estabelecida (após pelo menos 1 ano do início dos sintomas motores), denota demência da doença de Parkinson. Enquanto o comprometimento cognitivo mais precoce em relação ao parkinsonismo, sintomas cognitivos precedendo o início do parkinsonismo ou ocorrendo em até 1 ano do início do mesmo, caracterizaria a demência com corpos de Lewy (Gomperts, 2016).

Epidemiologia

Existem poucos estudos de incidência e prevalência de DCL, entretanto, estudos de autópsia a consideram como a segunda causa mais comum de demência neurodegenerativa de início senil (em pacientes com mais de 65 anos) após a doença de Alzheimer (Gomperts, 2016). Em amostras de bancos de cérebro, a prevalência de DCL/DDP varia de 3 a 10% dentre todos os casos de demência de início senil (Hogan *et al.*, 2016). Em um estudo neuropatológico no Brasil, a DCL foi responsável por 15% das etiologias de demência, de forma isolada ou associada a outras patologias (Suemoto *et al.*, 2017).

Com relação à epidemiologia da DDP, é importante considerarmos a epidemiologia da doença de Parkinson. Estima-se que até 2040, 12 milhões de pessoas no mundo terão DP (Dorsey; Bloem, 2018). A prevalência de parkinsonismo em estudos no Brasil em pacientes com mais de 60 anos varia de 7,2% (Barbosa *et al.*, 2006) a 10,6% (Vale *et al.*, 2018), sendo observado um aumento progressivo da frequência de parkinsonismo com o aumento da idade, chegando a 30,4% em pacientes com mais de 95 anos (Vale *et al.*, 2018). No Brasil, a ocorrência de demência foi observada em 15% dos pacientes com parkinsonismo no estudo de Bambuí (Barbosa *et al.*, 2006) e 56,7% no estudo de Pietá (Vale *et al.*, 2018). A incidência da DDP aumenta conforme o tempo de evolução da doença, variando de 15 a 20% após 5 anos do início dos sintomas motores a 83% em 20 anos (Aarsland *et al.*, 2017). Dentre os fatores preditores de maior risco de evolução para DDP podemos citar: presença de alucinações, idade avançada, estágio de doença mais avançado, gravidade dos sintomas motores, baixa escolaridade e depressão (Baldivia *et al.*, 2011; Aarsland *et al.*, 2021).

Fisiopatologia

A assinatura patológica da doença de Parkinson e da demência com corpos de Lewy, além da atrofia de múltiplos sistemas, é caracterizada pela presença de corpos e neuritos de Lewy (inclusões neuronais de alfassinucleína), por isso são denominadas alfassinucleinopatias. A fisiopatologia da DP representa o protótipo dessas doenças e pode ser ilustrada pelos estágios de Braak, um modelo de progressão anatômica da distribuição de alfa-sinucleína no SNC (Goedert, 2013). Em estudos com modelos experimentais, a principal hipótese fisiopatológica é que haja uma transmissão sináptica de alfa-sinucleína assim como ocorre a propagação de príon nas doenças priônicas (Goedert, 2015).

As manifestações clínicas da DDP e da DCL poderiam ser justificadas por esse processo pelas redes neurais e vias de neurotransmissores acometidos. O déficit dopaminérgico inicia nas vias nigroestriatais, levando aos sintomas parkinsonianos na DP, progredindo, posteriormente, para regiões neocorticais e límbicas na DDP. Na DCL, os déficits dopaminérgicos geralmente são mais restritos (Aarsland *et al.*, 2021), acometendo as vias dopaminérgicas mesolímbicas, que poderiam estar relacionadas à apresentação de alucinações e delírios, e as vias frontoestriatais, levando à disfunção executiva.

Semelhante ao acometimento de vias dopaminérgicas, déficits noradrenérgicos ocorrem no cérebro na DP com cognição normal, mas se tornam generalizados e são progressivamente encontrados com o aumento da gravidade do comprometimento cognitivo tanto na DP quanto na DCL. O comprometimento das vias noradrenérgicas do *locus coeruleus* estaria relacionado ao transtorno comportamental do sono REM e a sintomas depressivos.

Da mesma forma, existem déficits colinérgicos generalizados na doença de Parkinson sem comprometimento cognitivo, mas déficits crescentes direcionados ao hipocampo ocorrem com o aumento da gravidade do declínio cognitivo tanto na DDP quanto na DCL. O déficit nas vias colinérgicas do núcleo basal de Meynert pode se manifestar clinicamente com flutuação cognitiva e alucinações visuais. Déficits noradrenérgicos e colinérgicos são mais graves na DCL (Aarsland *et al.*, 2021).

Déficits de serotonina também podem ocorrer na DDP e DCL, mas não estão diretamente relacionados ao declínio cognitivo. O acometimento das vias serotoninérgicas do núcleo dorsal e mediano da rafe poderia ocasionar sintomas depressivos.

Apesar da presença de alfa-sinucleína cortical ser o principal fator preditivo para a progressão para a demência, não é incomum encontrarmos uma patologia mista com a presença concomitante de placas neuríticas com beta-amiloide e emaranhados neurofibrilares com proteína tau hiperfosforilada. Estudos neuropatológicos e de imagem revelaram que até 80% dos pacientes com DCL apresentam placas extracelulares de beta-amiloide coexistentes (Mandal *et al.*, 2006). Estudos com PET indicaram a presença de depósitos de amiloide entre 10 e 30% nos estágios iniciais da DP (Fiorenzato *et al.*, 2018) e na DDP (Kalaitzakis *et al.*, 2008). A maior gravidade e características do declínio cognitivo da DCL em comparação com DDP (Kramberger *et al.*, 2017) podem estar associadas à variabilidade na carga e extensão dos depósitos de beta-amiloide e alfa-sinucleína (Hepp *et al.*, 2016).

Alterações cognitivas, comportamentais e critérios diagnósticos

Os domínios cognitivos afetados na DCL (demência com corpos de Lewy) e na DDP (demência da doença de Parkinson) se sobrepõem substancialmente, com disfunção executiva proeminente, prejuízo da atenção e anormalidades visuoespaciais. Sintomas comportamentais como transtornos de humor, alucinações e apatia também são frequentes.

Critérios diagnósticos na demência da doença de Parkinson

James Parkinson descreveu em seu estudo *An Essay on the Shaking Palsy* (Parkinson, 2002) em 1817 que os pacientes com essa enfermidade não apresentavam comprometimento cognitivo *"the intelect is uninjured"*. Apesar de sua brilhante descrição foi observado ao longo da evolução da doença que os pacientes apresentavam algum declínio cognitivo. Os pacientes com DDP apresentam um parkinsonismo bem estabelecido antes do início do quadro cognitivo, com as alterações cognitivas geralmente iniciando anos após o surgimento dos sintomas motores.

O diagnóstico da doença de Parkinson é clínico e envolve alguns passos. O primeiro passo é caracterizar uma síndrome parkinsoniana pela anamnese e exame físico. A síndrome parkinsoniana ou parkinsonismo é um dos mais frequentes tipos de distúrbio do movimento e apresenta-se com quatro componentes básicos: bradicinesia (definida como a lentificação dos movimentos associada à redução da amplitude e/ou velocidade dos movimentos); tremor de repouso de 4 a 6 Hz; rigidez (hipertonia plástica, resistência ao movimento independente da velocidade); instabilidade postural (na DP costuma estar presente apenas em fases mais avançadas da doença, sua presença em fase precoce da doença fala contra a DP e deve levantar suspeita para parkinsonismos atípicos). Para caracterizar uma síndrome parkinsoniana, pelo menos dois desses quatro componentes devem estar presentes. Na doença de Parkinson os pacientes geralmente apresentam um quadro assimétrico de bradicinesia mais tremor e/ou rigidez.

O segundo passo é a identificação da causa da síndrome parkinsoniana, sendo necessário excluir outras formas de parkinsonismo, como parkinsonismos secundários (parkinsonismo vascular, medicamentoso, intoxicações exógenas, infecções, processos expansivos do SNC, entre outros) e atípicos (paralisia supranuclear progressiva, atrofia de múltiplos sistemas, degeneração corticobasal e DCL). O terceiro passo seria a confirmação da DP com base na resposta terapêutica ao tratamento com drogas de ação dopaminérgica, especialmente levodopa e também através da evolução da doença.

É importante ressaltar que sintomas não motores são frequentes e podem estar presentes na fase prodrômica da doença de Parkinson e antecipar em 10 anos ou mais o início do parkinsonismo, são eles: a hiposmia (diminuição do olfato), constipação intestinal, depressão e transtorno comportamental do sono REM (TCSREM), parassonia caracterizada pela perda de atonia durante a fase do sono REM, a suspeita ocorre através de dados na anamnese na qual os acompanhantes costumam relatar sonhos vívidos, comportamento motor aberrante e vocalizações anormais durante o sono, a confirmação é feita através de um exame de polissonografia. Outros sintomas não motores, como demência, alucinações visuais e sintomas psicóticos são mais comuns nas fases mais avançadas da doença de Parkinson.

Para o diagnóstico de demência da doença de Parkinson devemos ter a presença de duas manifestações principais:

- Diagnóstico de DP de acordo com os critérios do banco de Cérebros de Londres
- Uma síndrome demencial de início insidioso e lenta progressão no contexto da DP bem estabelecida. É necessário o comprometimento cognitivo de mais de um domínio cognitivo, presença de um declínio funcional em comparação a um estado pré-mórbido, com comprometimento funcional de atividades de vida diária não atribuível a sintomas motores ou autonômicos.

Há presença de manifestações clínicas associadas, que se dividem em cognitivas e comportamentais:

- Características cognitivas:
  - Atenção: desempenho pobre em tarefas atencionais, podendo haver flutuação da atenção no mesmo dia ou em dias diferentes
  - Funções executivas: dificuldade em tarefas que requerem planejamento, flexibilidade mental e formação de conceitos, além de bradifrenia (diminuição da velocidade de processamento)
  - Funções visuoespaciais: dificuldade de orientação, percepção ou habilidades visuoconstrutivas
  - Memória: dificuldade em tarefas que requerem aprendizado e evocação espontânea, com melhora após uso de pista
  - Linguagem: geralmente preservada. Pode haver dificuldade em encontrar palavras ou na compreensão de frases complexas
- Características comportamentais: a presença de pelo menos uma alteração comportamental como apatia, alterações

na personalidade e no humor (como ansiedade e depressão), alucinações, delírio e sonolência diurna excessiva podem ser um critério de suporte para o diagnóstico, mas a ausência desses sintomas não exclui o diagnóstico de DDP.

É de suma importância avaliar a existência de outras condições ou doenças que causem declínio cognitivo tornando o diagnóstico de DDP improvável de ser feito, por exemplo, sintomas cognitivos e comportamentais no contexto de outras condições, como um estado confusional agudo devido a doenças sistêmicas ou a intoxicação por drogas, diagnóstico de depressão maior e o preenchimento de critérios de demência vascular provável. Outro fator importante é a caracterização do intervalo entre os sintomas cognitivos e motores (visto que os sintomas cognitivos se iniciam após pelo menos 1 ano do início do parkinsonismo), se esse intervalo for desconhecido, o diagnóstico se torna incerto.

O diagnóstico da DDP se divide em provável e possível (Tabela 48.1). DDP provável quando temos as manifestações principais e manifestações clínicas associadas com um comprometimento cognitivo típico de pelo menos dois

Tabela 48.1 Critérios para o diagnóstico de demência da doença de Parkinson (DDP) provável ou possível.

1. Manifestações principais
a. Diagnóstico de doença de Parkinson de acordo com os critérios do Banco de Cérebros de Londres (Queen Square Brain Bank criteria)
b. Síndrome demencial, de início insidioso e de lenta progressão, desenvolvida no contexto de uma DP bem estabelecida e diagnosticada por meio de anamnese e exames clínico e cognitivo, definida como • Comprometimento de mais de um domínio cognitivo • Declínio funcional em comparação a um estado pré-mórbido • Comprometimento funcional de atividades de vida diária, não atribuível a sintomas motores ou autonômicos
2. Manifestações clínicas associadas
a. Características cognitivas • Atenção: desempenho pobre em tarefas atencionais. Pode haver flutuação da atenção no mesmo dia ou em dias diferentes • Funções executivas: dificuldades em tarefas que requerem planejamento, flexibilidade mental, formação de conceitos. Diminuição da velocidade de processamento mental (bradifrenia) • Funções visuoespaciais: dificuldade de orientação, percepção ou habilidades visuoconstrutivas • Memória: dificuldade em tarefas que requerem aprendizado e na evocação espontânea, mas com melhora após uso de pista • Linguagem: comumente preservada. Pode haver dificuldade de encontrar palavras ou na compreensão de sentenças complexas b. Características comportamentais • Apatia: perda da motivação e do interesse, diminuição da espontaneidade • Alterações na personalidade e no humor, incluindo depressão e ansiedade • Alucinações: predominantemente visuais, em geral complexas, bem formadas, de pessoas, animais e objetos • Delírios: em geral paranoides (como infidelidade) • Sonolência diurna excessiva
3. Manifestações que não excluem DDP, mas tornam o diagnóstico incerto
• Coexistência de qualquer condição patológica que possa justificar os sintomas cognitivos (p. ex., doença cerebrovascular grave e evidente na neuroimagem) • Intervalo de tempo desconhecido entre os sintomas cognitivos e motores
4. Condições ou doenças que causam declínio cognitivo e que tornam o diagnóstico de DDP improvável de ser feito
Sintomas cognitivos e comportamentais que aparecem no contexto de outras condições • Estado confusional agudo devido a doenças sistêmicas ou a intoxicação por drogas • Diagnóstico de depressão maior • Preenche critérios de demência vascular provável
DDP provável
a. Manifestações nucleares devem estar presentes b. Manifestações clínicas associadas • Comprometimento cognitivo típico de pelo menos dois domínios • Presença de pelo menos um sintoma comportamental dá suporte ao diagnóstico, mas a ausência desses sintomas não exclui o diagnóstico de DDP • Não preenche os critérios do grupo 3 • Não preenche os critérios do grupo 4
DDP possível
a. Manifestações nucleares devem estar presentes b. Manifestações clínicas associadas • Comprometimento cognitivo atípico em pelo menos um domínio, como uma proeminente afasia ou amnésia que não se beneficie de pista e com atenção preservada • Sintomas comportamentais podem ou não estar presentes • Não preenche os critérios do grupo 3 • Não preenche os critérios do grupo 4

Adaptada de Parmera *et al.*, 2022.

domínios com a exclusão de causas que tornem o diagnóstico incerto ou improvável. DDP possível é quando temos as manifestações principais somadas a um comprometimento cognitivo atípico em pelo menos um domínio com proeminente afasia ou amnésia que não se beneficie de pista e com atenção preservada (McKeith et al., 2017; Parmera et al., 2022).

Critérios diagnósticos na demência com corpos de Lewy

O critério essencial para o diagnóstico de demência com corpos de Lewy é a confirmação de uma demência definida como um declínio cognitivo progressivo geralmente acometendo os domínios da atenção, funções executivas e visuoespaciais associadas a um declínio funcional. Para o diagnóstico, consideramos as características clínicas principais associadas ou não a biomarcadores indicativos (Tabela 48.2).

Dentre as características clínicas principais podemos citar:

- Flutuação cognitiva: flutuação na atenção ou nível de consciência, podendo variar desde episódios de desatenção e confusão mental com pensamento e comportamento desorganizados, até letargia e sonolência diurna excessivas
- Alucinações visuais: geralmente recorrentes e complexas (como pessoas e animais). Costumam ocorrer de forma precoce
- TCSREM: parassonia do sono REM que pode preceder o declínio cognitivo. O paciente pode apresentar interação com os sonhos e movimentação excessiva devido à perda de atonia, predomina na segunda fase da noite e os pacientes podem se recordar dos episódios
- Parkinsonismo: com a apresentação de um ou mais dos sinais cardinais (bradicinesia, rigidez ou tremor de repouso). Quando há parkinsonismo geralmente é mais simétrico que na doença de Parkinson, o tremor de repouso é menos frequente e há mais instabilidade postural e menos resposta ao tratamento com levodopa.

Temos também as características clínicas de suporte: sensibilidade intensa a agentes antipsicóticos, instabilidade postural, quedas repetidas, síncope ou outros episódios transitórios de arresponsividade, disfunção autonômica grave, hipersonia, hiposmia, alucinações em outras modalidades, delírios sistematizados, apatia, ansiedade e depressão.

No campo dos exames complementares temos os biomarcadores indicativos e os de suporte:

- Biomarcadores indicativos: polissonografia com confirmação de sono REM sem atonia; SPECT ou PET evidenciando redução na atividade dos receptores pré-sinápticos de dopamina em núcleos da base; cintilografia miocárdica com 123I-MIBG anormal (hipocaptação)
- Biomarcadores de suporte: RM/TC crânio com relativa preservação de estruturas mediais do lobo temporal; hipometabolismo ou hipoperfusão em lobo occipital em exames de PET ou SPECT, respectivamente; sinal da ilha do cíngulo no PET-CT; EEG demonstrando atividade posterior com ondas lentas com períodos de flutuação na faixa pré-alfa/teta.

O diagnóstico de DCL provável é definido por duas ou mais manifestações clínicas principais ou uma manifestação clínica principal associada à presença de um ou mais

Tabela 48.2 Critérios de 2017 para diagnóstico clínico de demência com corpos de Lewy.

Essencial para o diagnóstico de DCL
• Demência definida como um declínio cognitivo progressivo que interfere nas atividades de vida diária
• Déficits em atenção, funções executivas e habilidades visuoespaciais podem especialmente ser proeminentes e de início precoce Comprometimento de memória significativo e persistente pode não ocorrer nos estágios iniciais, mas em geral torna-se evidente com a evolução da doença
Características clínicas principais
• Flutuação cognitiva com variações significativas na atenção e no nível de consciência
• Alucinações visuais complexas recorrentes que são tipicamente bem formadas e detalhadas
• Transtorno comportamental do sono REM, que pode preceder o declínio cognitivo
• Parkinsonismo com apresentação de um ou mais dos sinais cardinais (bradicinesia, rigidez ou tremor de repouso)
Observação: As três primeiras manifestações geralmente ocorrem mais precocemente e são mais persistentes na evolução
Biomarcadores indicativos
• Redução na atividade dos receptores pré-sinápticos de dopamina (DAT) em núcleos da base demonstrado por SPECT ou PET
• Cintilografia miocárdica com 123I-MIBG anormal (hipocaptação)
• Polissonografia confirmando sono REM sem atonia
Diagnóstico de DCL provável
a. Duas ou mais manifestações clínicas principais estão presentes, com ou sem evidência de biomarcadores indicativos OU
b. Apenas uma manifestação clínica principal está presente, mas com um ou mais biomarcadores indicativos
DCL provável não deve ser diagnosticada com base apenas em biomarcadores
Diagnóstico de DCL possível
a. Apenas uma manifestação clínica principal está presente, sem evidência de biomarcadores indicativos OU
b. Um ou mais biomarcadores indicativos estão presentes, mas sem apresentar uma manifestação clínica principal
Características clínicas de suporte
• Hipersensibilidade a agentes antipsicóticos
• Instabilidade postural
• Quedas repetitivas
• Síncopes ou outros episódios transitórios de arresponsividade
• Grave disfunção autonômica (p. ex., constipação intestinal, hipotensão ortostática, incontinência urinária)
• Hipersonia
• Hiposmia
• Alucinações não visuais
• Delírios sistematizados
• Apatia, ansiedade e depressão
Biomarcadores de suporte
• Relativa preservação de estruturas mediais do lobo temporal em exames de RM/TC
• Hipometabolismo ou hipoperfusão em lobo occipital em exames de PET ou SPECT, respectivamente
• Sinal da ilha do cíngulo no PET-CT
• EEG demonstrando atividade posterior com ondas lentas com períodos de flutuação na faixa pré-alfa/teta

Adaptada de McKeith et al., 2017.

biomarcadores indicativos. O diagnóstico da DCL possível é definido pela presença de apenas uma manifestação clínica principal sem evidência de biomarcadores indicativos ou um ou mais biomarcadores indicativos, porém sem uma manifestação clínica principal (McKeith et al., 2017; Parmera et al., 2022).

Avaliação cognitiva

Os domínios cognitivos afetados na DCL e DDP têm uma sobreposição significativa, com disfunção executiva proeminente, visuoespaciais e atencionais. A memória episódica costuma ser menos afetada e geralmente os pacientes com comprometimento cognitivo leve por tais doenças apresentam mais dificuldade na recordação espontânea do que na recordação com pistas em testes de memória (como uma lista de palavras ou imagens), tal característica seria uma forma de auxiliar no diferencial com DA cujo déficit amnéstico não se beneficia com pistas.

A disfunção executiva é evidente e muitas vezes está alterada nas fases iniciais da doença. Os pacientes apresentam dificuldade com o planejamento, inibição de respostas, realização de tarefas simultâneas e na fluência verbal. Desta forma, há um pior desempenho em testes de atenção sustentada, memória operacional, ações sequenciais lógicas, mudança de ação, resolução de problemas e fluência verbal.

Também podemos observar uma evidente alteração no desempenho em testes visuoperceptivos e visuoespaciais, com uma apraxia de construção mais significativa e precoce, que pode ser avaliada por meio de testes como a cópia de pentágonos, cópia do cubo, teste do relógio e figura complexa de Rey. A linguagem costuma estar preservada nas fases iniciais, podendo ser acometida nas fases mais avançadas.

A principal característica cognitiva da DCL é a flutuação cognitiva, podendo flutuar tanto a atenção quanto o nível de consciência, portanto, a *performance* nos testes que depende da atenção mostra-se muito variável ao longo do tempo. O déficit de atenção é generalizado e aumenta na proporção da demanda de atenção seletiva que o teste exige, assim como quando há maior demanda em testes que avaliem funções executivas e visuoespaciais. Vale ressaltar que a flutuação cognitiva pode ocorrer em fases avançadas de outras demências, por este motivo o valor diagnóstico para DCL se dá quando essa flutuação, ocorre nas fases iniciais da demência.

Para a avaliação cognitiva breve podem ser utilizados testes de rastreio como o Miniexame do estado mental (MEEM), o *Montreal cognitive assessment* (MoCA) e a Escala cognitiva de Addenbrooke revisada (ACE-R). Um estudo que avaliou análises dos subitens do MoCA e do MEEM em relação ao percentual de falha mostraram um maior número de pacientes com DCL apresentando desempenho patológico no subitem *Digit span forward* do MoCA em comparação com a DDP, enquanto nenhuma diferença entre os grupos foi observada em nenhum subitem do MEEM (Martini et al., 2020).

Na avaliação neuropsicológica podem ser utilizadas a Escala de Mattis para avaliação de demência (MDRS), *Scales for outcomes of Parkinson's disease-cognition* (SCOPA-COG), Teste de Wisconsin de classificação de cartas (WCST), Testes de fluência verbal, Bateria de avaliação frontal (FAB) e o *Trail making test* (Parmera et al., 2022). Testes como *Trail making* A e B estão alterados tanto na DDP quanto na DCL e é descrito que alguns pacientes por conta do prejuízo da atenção e flutuação cognitiva não conseguem iniciar ou completar as tarefas.

Globalmente os pacientes com DCL mostram um desempenho cognitivo pior do que os pacientes com DDP. Alguns estudos mostram que pacientes com DCL tem desempenho nitidamente pior em testes como a figura complexa de Rey e na fluência semântica (Martini et al., 2020). Esses achados indicam que os pacientes com DCL podem apresentar déficits graves em tarefas que exigem geração de palavras dentro de subcategorias e funcionamento visuoconstrutivo. Alguns estudos sugerem que maior dificuldade com a fluência semântica poderia ocorrer no espectro clínico patológico da patologia de alfa-sinucleína com diferentes níveis de copatologia com a doença de Alzheimer. A presença de copatologia com DA não é infrequente em grandes estudos de autópsia: foi demonstrada em até 40% dos pacientes com DDP e 70% em pacientes com DCL (Irwin; Hurtig, 2018).

Não costuma haver diferença quanto aos sintomas neuropsiquiátricos em pacientes com DCL e DDP em termos de depressão, ansiedade e apatia. De fato, é difícil distinguir os dois distúrbios à medida que a demência progride, uma vez que os sintomas neuropsiquiátricos da DDP e DCL se sobrepõem (McKeith et al., 2017).

Caso clínico

Identificação: paciente do sexo masculino, 73 anos, casado, ensino superior completo, trabalhou como empresário até os 65 anos.

HPMA: há 4 anos relata que teve início concomitante um quadro motor com tremores em membro superior direito predominantemente em repouso, associado a quadro cognitivo com desatenção, desorientação temporoespacial, perda de memória para fatos recentes, dificuldade com nomes de ruas e pessoas. Além de alucinações visuais precoces e recorrentes com descrições de pessoas e animais. Familiares também notaram sono agitado com muita movimentação (inclusive com relato de agressão à esposa durante o sono), gritos e sonilóquios. Alteração no humor também estava presente desde o início do quadro, com maior irritabilidade e ansiedade. Com relação à funcionalidade, paciente independente para atividades básicas de vida diária e dependente para atividades instrumentais de vida diária.

AP: hipotireoidismo, dislipidemia, doença do refluxo gastresofágico.

AF: mãe com doença de Alzheimer de início senil.

MUC: levotiroxina 150 mcg; Atorvastatina 40 mg; Esomeprazol 40 mg.

Exame físico:

- PA 130×80 mmHg FC 72 bpm
- Ectoscopia: Hipomimia facial
- Vigil, atenção prejudicada, desorientado em tempo e orientado em espaço, fala e linguagem preservadas

- Força grau V global, rigidez plástica em quatro membros
- Bradicinesia em quatro membros, assimétrica, mais evidente à direita
- Reflexos tendinosos profundos normoativos e simétricos
- Tremor em membro superior direito mais evidente em repouso de média frequência e amplitude
- Exame dos nervos cranianos sem alterações
- Marcha em pequenos passos com redução do balanço associado de membros superiores.

Teste de rastreio cognitivo em consultório:

- MEEM: 26 (–2 orientação temporal/–2 evocação tardia)
- Teste do relógio: 9/15 (Freedman, 1994) (Figuras 48.1 e 48.2).

Exames complementares:

- Exames laboratoriais sem alterações relevantes
- RM crânio: Sinais de redução volumétrica encefálica. Raros diminutos focos de alteração de sinal esparsos na substância branca dos hemisférios cerebrais, inespecíficos, frequentemente relacionados a gliose/rarefação de mielina. FAZEKAS 1
- PET-FDG: Hipometabolismo temporoparietal se estendendo para occipital, com preservação relativa do cíngulo posterior.

Comentários

Paciente com início concomitante de quadro de parkinsonismo e declínio cognitivo com perda de funcionalidade, associado a alucinações visuais precoces, possível TCSREM e alterações de humor com relato de irritabilidade e ansiedade. Em testes de rastreio no consultório (MEEM de 26) perda de pontos em orientação temporal e evocação, teste do relógio evidenciando dificuldade no planejamento e na execução da tarefa. Realizada investigação com exames complementares: laboratoriais sem alterações, RNM de crânio descartando outras possíveis etiologias para o quadro e PET-FDG demonstrando hipometabolismo temporoparietal se estendendo para occipital e com preservação do cíngulo posterior (sinal da ilha do cíngulo). Após avaliação e investigação realizado diagnóstico de DCL provável. No momento, paciente em seguimento em uso de Levodopa 800 mg/dia e Rivastigmina Patch 13,3 mg/24 h, evoluindo com instabilidade postural com relato de duas quedas no último ano e piora progressiva do quadro cognitivo ao longo da evolução.

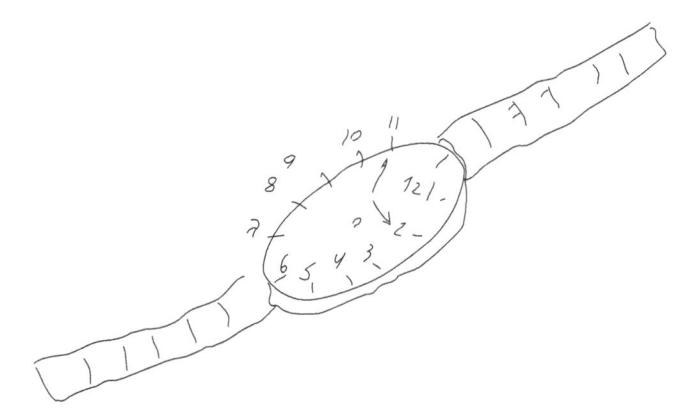

Figura 48.1 Teste do relógio na primeira consulta.

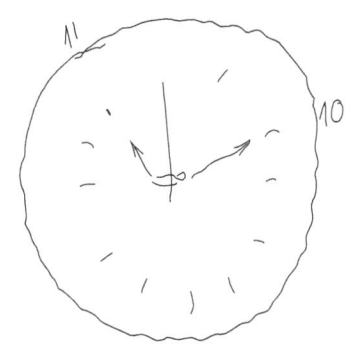

Figura 48.2 Teste do relógio 2 anos após início do quadro.

Referências bibliográficas

AARSLAND, D. et al. Parkinson disease-associated cognitive impairment. Nat Rev Dis Primers, v. 7, n. 1, p. 47, 2021.

AARSLAND, D. et al. Cognitive decline in Parkinson disease. Nat Rev Neurol, v. 13, n. 4, p. 217-231, 2017.

BALDIVIA, B. et al. Dementia in Parkinson's disease: a Brazilian sample. Arq Neuropsiquiatr, v. 69, n. 5, p. 733-738, 2011.

BARBOSA, M. T. et al. Parkinsonism and Parkinson's disease in the elderly: a community-based survey in Brazil (the Bambuí study). Mov Disord, v. 21, n. 6, p. 800-808, 2006.

DORSEY, E. R.; BLOEM, B. R. The Parkinson pandemic:a call to action. JAMA Neurol, v. 75, n. 1, p. 9-10, 2018.

FIORENZATO, E. et al. Brain amyloid contribution to cognitive dysfunction in early-stage Parkinson's disease: the PPMI dataset. J Alzheimers Dis, v. 66, n. 1, p. 229-237, 2018.

FREEDMAN, M. Clock drawing: a neuropsychological analysis. Oxford University Press, 1994. USA

GOEDERT, M. et al. 100 years of Lewy pathology. Nat Rev Neurol, v. 9, n. 1, p. 13-24, 2013.

GOEDERT, M. Neurodegeneration. Alzheimer's and Parkinson's diseases: The prion concept in relation to assembled Aβ, tau, and α-synuclein. Science, v. 349, n. 6248, p. 1255555, 2015.

GOMPERTS, S. N. Lewy body dementias: dementia with Lewy bodies and Parkinson disease dementia. Continuum (Minneap Minn), v. 22, n. 2 Dementia, p. 435-463, 2016.

HEPP, D. H. et al. Distribution and load of amyloid-β pathology in Parkinson disease and dementia with Lewy bodies. J Neuropathol Exp Neurol., v. 75, n. 10, p. 936-945, out 2016.

HOGAN, D. B. et al. The prevalence and incidence of dementia with Lewy bodies: a systematic review. Can J Neurol Sci, v. 43, Suppl 1, p. S83-95, 2016.

IRWIN, D. J.; HURTIG, H. I. The contribution of tau, amyloid-beta and alpha-synuclein pathology to dementia in Lewy body disorders. J Alzheimers Dis Parkinsonism, v. 8, n. 4, p. 444, 2018.

KALAITZAKIS, M. E. et al. Striatal beta-amyloid deposition in Parkinson disease with dementia. J Neuropathol Exp Neurol, v. 67, n. 2, p. 155-161, 2008.

KRAMBERGER, M. G. et al. Long-term cognitive decline in dementia with Lewy bodies in a large multicenter, international cohort. J Alzheimers Dis., v. 57, n. 3, p. 787-795, 2017.

MANDAL, P. K. et al. Interaction between Abeta peptide and alpha synuclein: molecular mechanisms in overlapping pathology of Alzheimer's and Parkinson's in dementia with Lewy body disease. Neurochem Res., v. 31, n. 9, p. 1153-1162, 2006.

MARTINI, A. et al. Differences in cognitive profiles between Lewy body and Parkinson's disease dementia. J Neural Transm (Vienna), v. 127, n. 3, p. 323-330, 2020.

MCKEITH, I. G. et al. Diagnosis and management of dementia with Lewy bodies: fourth consensus report of the DLB Consortium. Neurology, v. 89, n. 1, p. 88-100, 4 jul., 2017.

PARKINSON, J. An essay on the shaking palsy. 1817. J Neuropsychiatry Clin Neurosci., v. 14, n. 2, p. 223-236, discussion 222, Spring, 2002.

PARMERA, J. B. et al. Diagnóstico e manejo da demência da doença de Parkinson e demência com corpos de Lewy: recomendações do Departamento Científico de Neurologia Cognitiva e do Envelhecimento da Academia Brasileira de Neurologia. Dementia & Neuropsychologia, v. 16, n. 3, p. 73-87, 2022.

SUEMOTO, C. K. et al. Neuropathological diagnoses and clinical correlates in older adults in Brazil: a cross-sectional study. PLoS Med, v. 14, n. 3, p. e1002267, 28 mar., 2017.

VALE, T. C. et al. Parkinsonism in a population-based study of individuals aged 75+ years: The Pietà study. Parkinsonism Relat Disord., v. 56 p. 76-81, 2018.

Parte 5

Reabilitação Cognitiva e Intervenções Comportamentais

Capítulo 49 Introdução à Reabilitação Neuropsicológica, **525**

Capítulo 50 Introdução à Reabilitação/Habilitação Cognitiva Infantil, **530**

Capítulo 51 Integração da Neuropsicologia e da Terapia Cognitivo-Comportamental, **540**

49 Introdução à Reabilitação Neuropsicológica

Eliane Correa Miotto

Introdução

A reabilitação neuropsicológica (RN), em seu conceito mais amplo, pode ser definida como um conjunto de procedimentos e técnicas que visam promover o restabelecimento do mais alto nível de adaptação física, psicológica e social do indivíduo incapacitado (OMS, 1980, 2001, 2002). Barbara A. Wilson (2009), uma das principais pesquisadoras e autora de inúmeras obras nessa área, descreveu a RN como um processo no qual o paciente e seus familiares trabalham em parceria com os profissionais da saúde a fim de possibilitar o alcance do potencial máximo de recuperação, bem como lidar ou conviver melhor com as dificuldades cognitivas, emocionais, comportamentais e sociais resultantes de lesão cerebral ou quadro neurológico. Segundo essa visão, clientes e familiares relatam suas expectativas, e as metas de reabilitação são discutidas e negociadas com todas as partes envolvidas. É importante ressaltar que o objetivo do tratamento deve sempre estar associado à melhora de aspectos e atividades no contexto da vida do paciente. Essa abordagem proporciona o aumento da motivação, da aderência do paciente ao tratamento e da possibilidade de generalização, ou seja, transferência dos ganhos obtidos com as técnicas de reabilitação para a vida real. A RN engloba um conjunto de intervenções voltadas para problemas não apenas cognitivos, mas também emocionais, comportamentais, sociais e familiares.

Existem três abordagens de intervenções cognitivas investigadas de maneira mais estruturada na literatura internacional: (1) estimulação cognitiva (EC), (2) treino cognitivo (TC) e a (3) reabilitação cognitiva (RC), que abrange o termo reabilitação neuropsicológica (RN) (Clare *et al.*, 2003). Essas intervenções serão descritas de maneira mais detalhada a seguir.

Estimulação cognitiva

Abrange atividades cognitivas realizadas geralmente em grupos com o objetivo de estimular o funcionamento cognitivo global e aumentar o nível de atividades sociais. Nesta abordagem, não há metas direcionadas a déficits cognitivos específicos. A seguir estão alguns exemplos de atividades de EC.

Terapia de orientação para a realidade (TOR). Ações que melhoram a orientação temporal e espacial, que incluem uso de calendários, leitura de jornal com ênfase na data atual, uso de pistas do ambiente para identificar a estação do ano, local onde se encontra.

Terapia de reminiscência (TR). Apresentação de temas, fotos, reportagens sobre situações vividas no passado para estimular a produção de memórias remotas.

Grupos de atualidades. Discussão de temas da atualidade utilizando reportagens de jornais ou revistas.

Oficinas cognitivas, grupos de estimulação da atenção, funções executivas, linguagem e memória. Jogo dos sete-erros, cancelamento de letras ou símbolos, caça-palavras, recordar informações lidas, resumir oralmente tais informações, memorizar listas de palavras pela estratégia de categorização.

Softwares **ou aplicativos em computadores, tablets ou celulares.** *Peak, Lumosity,* caça-palavras, jogo dos sete-erros, jogos de memória etc.

Treino cognitivo

O treino cognitivo (TC) é uma intervenção estruturada e sistematizada com metas específicas voltadas para os déficits cognitivos de memória, atenção, funções executivas, linguagem de nomeação, dentre outros (Clare *et al.*, 2003; Hampstead, 2014; Miotto, 2015). É um treino com grau de complexidade crescente direcionado a atividades que promovem a melhora dessas funções cognitivas, como treino de memorização de reportagens lidas pela técnica PQRST (*Preview, Question, Read, State, Test*), nomes de pessoas e locais onde se guarda objetos utilizando a técnica de imagem visual, treino utilizando *softwares* de atenção sustentada, seletiva e alternada etc.

Estudos de TC publicados sobre pacientes com comprometimento cognitivo leve (CCL) demonstraram efeitos benéficos aplicando diversas estratégias que promovem a melhora da memória episódica, geralmente afetada nesses indivíduos. Dentre as várias estratégias, destacam-se a categorização semântica (agrupamento de itens de acordo com suas categorias), imagem visual (associação de uma imagem visual a determinada informação verbal a ser memorizada), retirada de pistas (aprendizagem de nomes próprios pela retirada gradual de letras/sílabas do nome a ser memorizado), treino cognitivo computadorizado com tarefas que visam promover a melhora de déficits cognitivos (Belleville *et al.*, 2006; Balardin *et al.*, 2014).

Reabilitação cognitiva

O termo reabilitação cognitiva (RC), que abrange o conceito de reabilitação neuropsicológica (RN), é um conjunto de intervenções direcionadas de maneira individualizada ao paciente e suas dificuldades, principalmente aquelas encontradas na vida diária (Clare et al., 2003). Visa promover integração social, melhora das dificuldades cognitivas e realização de atividades diárias com metas individualizadas (Miotto, 2015). Nesta modalidade de intervenção incluem-se o treino de estratégias cognitivas, o princípio da aprendizagem sem erros, sessões de psicoeducação com o paciente e familiares, e uso de auxílios externos (treino do uso de agenda, GPS, caixa de medicações com dias da semana, alarmes para lembrança de compromissos etc.).

Com relação aos mecanismos neurobiológicos e funcionais de atuação, os programas de RN/RC podem apresentar as seguintes abordagens e objetivos:

- Recuperar ou restaurar a função cognitiva comprometida
- Potencializar a plasticidade cerebral ou a reorganização funcional por meio das áreas cerebrais preservadas
- Compensar as dificuldades cognitivas com meios alternativos ou auxílios externos que possibilitem a melhor adaptação funcional
- Modificar o ambiente com tecnologia assistiva ou outros meios de adaptação às dificuldades individuais de cada paciente.

Em casos de pacientes com grau de comprometimento cognitivo leve, as abordagens 1 e 2 podem ser viáveis; já em casos de pacientes com comprometimento cognitivo moderado e grave associado a lesões cerebrais mais extensas e permanentes, as abordagens 3 e 4 podem ser mais apropriadas. No entanto, é importante ressaltar que muitos profissionais e centros de RN/RC procuram adotar todas as abordagens na tentativa de maximizar o potencial de recuperação e promover a melhora funcional dos pacientes.

Para contextualizar os modelos de atuação de RN, será descrito um breve histórico cronológico e evolutivo desses programas a seguir.

Breve história dos programas de reabilitação neuropsicológica

Relatos sobre intervenções em indivíduos com lesões cerebrais datam de 3500 a.C., com base em papiros obtidos por Edwin Smith em 1862. No entanto, as abordagens de reabilitação mais semelhantes aos dias atuais tiveram seu início na Primeira e na Segunda Guerra Mundial. O primeiro livro sobre reabilitação em soldados alemães com lesões cerebrais enfatizou a importância da equipe interdisciplinar no tratamento dos déficits visuais (Poppelreuter, 1990). Kurt Goldstein (1942) já havia ressaltado a importância de estratégias cognitivas, embora tivesse utilizado outra nomenclatura para descrevê-las. Ele também refletiu sobre abordagens de recuperação ou compensação das funções comprometidas nos sobreviventes da Primeira Guerra Mundial.

Posteriormente, durante a Segunda Guerra Mundial, Alexander Luria (1963), na União Soviética, e Oliver Zangwill (1947), na Inglaterra, desenvolveram o princípio de adaptação funcional, segundo o qual uma função cognitiva preservada pode ser utilizada para compensar outra função comprometida. Zangwill foi o primeiro a apresentar três abordagens em reabilitação, incluindo compensação, substituição e treino direcionado, discutidas atualmente.

Alguns anos depois, Ben-Yishay (1978, 1996) desenvolveu o conceito de *therapeutic milieu* em Israel e trabalhou na criação do primeiro programa de reabilitação cognitiva. Os trabalhos de Ben-Yishay e Diller, de George Prigatano em 1986, nos EUA, e de Barbara A. Wilson em 2000, na Inglaterra, influenciaram de maneira marcante a moderna reabilitação neuropsicológica, criando a abordagem conhecida atualmente como reabilitação holística. Essa abordagem trabalha com diversos contextos da vida do indivíduo: cognitivo, emocional, comportamental, social, familiar e vocacional. O programa visa aumentar a autocrítica e o *insight* do paciente, reduzir os déficits cognitivos, desenvolver estratégias e habilidades compensatórias, e oferecer aconselhamento vocacional para a inserção do paciente no mercado profissional ou em atividade ocupacional.

Apesar da eficácia comprovada da abordagem holística, é importante levar em consideração as dificuldades associadas à sua implementação, dentre elas, os custos de: tratamento, formação, treino adequado da equipe interdisciplinar, infraestrutura, frequência e duração prolongada do tratamento. Além disso, a abordagem tem se mostrado mais efetiva para pacientes com lesões cerebrais adquiridas em grau moderado ou grave decorrentes de traumatismo cranioencefálico (TCE), anoxia e acidente vascular encefálico (AVE).

No Brasil, alguns centros de reabilitação com equipes interdisciplinares e abordagem neuropsicológica começaram a surgir, incluindo a rede Sarah, Lucy Montoro e o Instituto de Medicina Física e Reabilitação do Hospital das Clínicas da Faculdade de Medicina da Universidade de São Paulo (USP). No entanto, esses centros não são capazes de atender à crescente demanda de pacientes com lesões adquiridas, especialmente aqueles que apresentam apenas sequelas cognitivas leves ou moderadas e ausência de comprometimento motor. A carência de centros e instituições que atendam essa população específica de pacientes tem impulsionado a criação de ambulatórios especializados em reabilitação cognitiva e atendimentos em consultórios particulares.

A crescente atuação interdisciplinar nos programas de reabilitação neuropsicológica e funcional tem se pautado também no novo modelo de classificação da saúde e dos estados relacionados com a saúde proposto pela OMS (2001, 2002) – Classificação Internacional de Funcionalidade (CIF). A CIF é, hoje, vastamente utilizada nos centros de reabilitação e enfatiza a importância de considerar o impacto das diversas condições que podem interferir na capacidade funcional do paciente. Nesse novo modelo, considera-se relevante não apenas a ocorrência de doenças, sintomas, incapacidade e desvantagem do indivíduo, mas também a sua participação em atividades do ambiente (Figura 49.1). "Atividade" pode ser conceituada como realização de tarefas diárias; "participação", como o envolvimento do indivíduo em situações sociais e atividades diárias; e "fatores ambientais" correspondem a variáveis externas do meio ambiente que podem facilitar ou dificultar o desempenho da atividade e a participação do indivíduo.

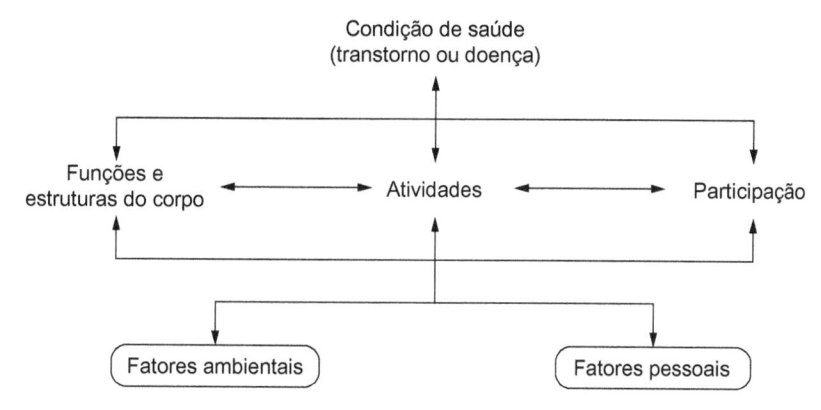

Figura 49.1 Modelo da Classificação Internacional da Funcionalidade (CIF). (Adaptada de OMS, 2001, 2002.)

Modelo teórico compreensivo de reabilitação neuropsicológica

Considerando-se as dificuldades múltiplas que os pacientes com lesões cerebrais apresentam, incluindo alteração nas esferas cognitiva, social, emocional e de comportamento, um modelo ou grupos de modelos teóricos isolados não seriam suficientes para lidar com todas essas dificuldades. Com base nas diversas teorias publicadas que são direcionadas à reabilitação, quatro áreas podem ser selecionadas como relevantes: funcionamento cognitivo, emoção, comportamento e aprendizagem. Ademais, é importante considerar as teorias sobre avaliação, recuperação e compensação.

Em 2002, Barbara A. Wilson propôs um modelo compreensivo e abrangente de reabilitação neuropsicológica amplamente aceito e utilizado em diversos países. Na primeira etapa do modelo, considera-se que o paciente com alterações cognitivas e comportamentais específicas, a família do paciente, a personalidade pré-mórbida e o estilo de vida prévio influenciam as necessidades e metas que podem ser trabalhadas na RN. Portanto, é necessário realizar, inicialmente, uma entrevista clínica ou anamnese detalhada sobre crenças, valores e estilo de vida anterior, bem como personalidade pré-mórbida. É recomendável que a entrevista clínica seja complementada com questionários, como o *Brain Injury Community Rehabilitation Outcomes* (BICRO) (Powell *et al.*, 1988), para a comparação de características pré e pós-mórbidas, e o *European Brain Injury Questionnaire* (EBIQ) (Teasdale *et al.*, 1997), para a identificação de sintomas apresentados no último mês.

Para a melhor compreensão sobre natureza, extensão e gravidade da lesão cerebral, é necessário obter informações por meio de prontuários médicos, exames neurológicos e de imagem. No contexto da RN, o paciente e os familiares devem ser avaliados por todos da equipe interdisciplinar com entrevistas, instrumentos de avaliação padronizados, ecológicos, medidas funcionais e de atividades de vida diária, testes neuropsicológicos, escalas de comportamento e de humor. O objetivo dessa etapa do modelo é obter o máximo de informação possível a respeito do paciente no que tange às esferas cognitiva, comportamental, emocional, social, vocacional, ocupacional, motora e de saúde geral.

Para entender melhor as dificuldades e potencialidades do paciente é necessário abranger modelos teóricos de áreas interligadas no processo de RN. Assim, é importante adotar como referência: (1) modelos cognitivos de memória, atenção, funções executivas, linguagem, percepção etc.; (2) modelos emocionais e psicossociais voltados para alterações do humor, estresse pós-traumático, redução da autocrítica, negação etc.; (3) modelos comportamentais como terapia cognitiva comportamental e SORKC (*stimulus* [estímulo], *organism* [organismo], *response* [resposta], *contingency* [contingência] e *consequences* [consequências]); (4) modelos sistêmicos que abrangem a compreensão das relações familiares e dos padrões de comunicação interpessoal. Uma vez identificados os reais problemas apresentados pelo paciente e os modelos utilizados para se formular hipóteses com foco na interação e na influência dos diversos fatores citados, é possível definir quais são as melhores estratégias de reabilitação.

A etapa seguinte do modelo envolve a negociação de metas realistas. Wilson (2009) argumenta que, como uma das principais metas da reabilitação neuropsicológica é capacitar o paciente a retornar ao seu meio ambiente mais apropriado, tanto ele como seus familiares e a equipe interdisciplinar devem estar envolvidos na negociação das metas. Para que o paciente alcance o seu potencial máximo de recuperação, o processo de RN deve ter como objetivo não apenas restaurar ou reduzir o prejuízo das funções cognitivas alteradas, mas também compensar esse prejuízo com o uso de habilidades preservadas de maneira mais eficiente, adaptando e modificando o meio ambiente com tecnologia assistiva, facilitando a realização das atividades diárias e aumentando a participação do indivíduo. Exemplos dessas tecnologias incluem barra de apoio, assento sanitário elevado, substituição de botões por velcro nas roupas etc.

Planejamento e gerenciamento de metas na reabilitação neuropsicológica

O planejamento de metas é uma das etapas mais desafiadoras do processo de RN, pois exige "negociação" entre as necessidades e os anseios individuais dos pacientes, de seus familiares e da equipe interdisciplinar. Houts e Scott (1975) descreveram cinco princípios básicos envolvidos no planejamento de metas: (1) o paciente deve estar motivado, (2) o estabelecimento de metas deve ser realista e realizado junto com o paciente e seus familiares, (3) o comportamento a ser alcançado deve ser bem definido, (4) deve-se definir um prazo para o cumprimento da meta, (5) a meta deve ser escrita em detalhes para que qualquer pessoa que a leia saiba como proceder. McMillan e Sparkes (1999) enfatizaram a necessidade de estabelecer metas de longo prazo e metas de curto prazo nos programas de RN. Para esses autores, as metas de longo prazo precisam ser voltadas às incapacidades e desvantagens, uma vez que o objetivo da RN é melhorar a qualidade de vida e a funcionalidade do paciente. Em contrapartida, as metas de curto prazo são as etapas a serem cumpridas para se alcançar as metas de longo prazo.

Caso clínico

Para exemplificar o processo de elaboração de metas, será utilizada a descrição de um caso clínico publicado, no qual todo o programa de reabilitação foi descrito detalhadamente (Miotto, 2007).

L., 44 anos, ensino superior completo, havia sido diagnosticado com encefalite herpética e sequelas cognitivas envolvendo a capacidade de aprendizagem de novas informações, memória retrógrada e anterógrada, linguagem de nomeação e funções executivas. As metas de longo prazo estabelecidas junto com o paciente e sua esposa são as seguintes:

1. Aprender os nomes dos profissionais que estavam trabalhando com ele no programa de RN.
2. Utilizar estratégia eficiente para auxiliá-lo a memorizar informações lidas em jornais e livros.

Essas duas metas foram selecionadas como prioritárias no período de 6 meses de RN devido à rotina diária de intervenções que o paciente estava recebendo dos profissionais envolvidos, porque a leitura era um de seus *hobbies* e pelo fato de que não conseguir armazenar as informações lidas causava ao paciente grande insatisfação.

Para a primeira meta de longo prazo, a fim de auxiliar o paciente na memorização dos nomes dos profissionais da RN, foram elaboradas e comparadas duas metas a curto prazo, utilizando a técnica de aprendizagem procedural e a técnica de imagem visual em cada uma. As estratégias foram:

- Meta de curto prazo: memorizar os nomes de seis profissionais da equipe de RN que trabalhavam mensalmente com o paciente
  - Estratégia utilizada: técnica de aprendizagem procedural, na qual foi desenvolvido com o paciente um gesto motor associado ao nome da pessoa. Por exemplo, o gesto de orar para o nome "Orestes"
- Meta de curto prazo: memorizar os nomes de seis profissionais que trabalhavam semanalmente com o paciente
  - Estratégia utilizada: técnica de imagem visual, na qual o paciente era treinado a desenhar uma figura que melhor representasse o nome do profissional. Por exemplo, para o sobrenome Ferreti ele desenhou a figura de uma ferradura.

Para a segunda meta de longo prazo, foram elaboradas e comparadas duas metas a curto prazo com o objetivo de auxiliar o paciente a se recordar da leitura de artigos de jornal. Na primeira, foi utilizada a técnica do PQRST (P = *preview*: prévia ou leitura inicial do texto; Q = *question*: questionar e formular perguntas sobre o texto; R = *read*: ler novamente o texto para responder às perguntas; S = *state*: responder às perguntas; T = *test*: testar o quanto se lembra da informação lida).

Na segunda meta de curto prazo, foi utilizada a técnica da exposição repetida ao texto, na qual o paciente foi solicitado a repetir a leitura do mesmo artigo de jornal 4 vezes na tentativa de memorizá-lo.

- Meta de curto prazo: recordar as informações lidas em uma reportagem de jornal.
  - Estratégia utilizada: PQRST
- Meta de curto prazo: recordar informações lidas em uma reportagem de jornal.
  - Estratégia utilizada: leitura repetida da reportagem (4 repetições).

Embora esse caso ilustre apenas a elaboração de metas direcionadas às alterações cognitivas, é possível observar a importância de descrever de maneira clara e objetiva qual o comportamento ou a resposta que se planeja ter a longo e a curto prazo, e qual será a estratégia ou técnica utilizada para alcançar tais metas.

Em um centro de reabilitação, geralmente o planejamento de metas demanda a seleção de um coordenador, um plano de avaliação de cada meta, reuniões semanais com a equipe interdisciplinar, registro dos resultados com a descrição das metas que foram alcançadas e, no caso daquelas que não foram alcançadas, as razões para tal resultado. Há inúmeras vantagens na utilização desse sistema, como o fato de que os objetivos da RN se tornam claros e documentados. Além disso, os pacientes, seus familiares e cuidadores são envolvidos desde o início da elaboração das metas, portanto, compreendem melhor o processo e os resultados obtidos. Há alguns métodos para eleger metas como a seguir.

Metas SMART(ER)

Wilson (2009) sugere que todas as metas negociadas com os pacientes e seus familiares devem ser SMART(ER), ou seja, S de *specific* (específica), M de *measurable* (mensurável), A de *achievable* (alcançável), R de *realist/relevant* (realista/relevante), T de *timely* (com tempo ou período definido), E de *evaluation* (avaliáveis) e R de *review* (revisáveis).

Além disso, como mencionado, as metas não podem ser apenas direcionadas às deficiências de acordo com a OMS (2001), ou seja, problemas relacionados com os prejuízos cognitivos e motores – estruturas do corpo. Elas devem envolver os níveis de atividade e participação social, como cuidados pessoais, assuntos relacionados com tarefas ocupacionais e profissionais, rotina doméstica, administração das finanças, relacionamento com familiares e amigos, dentre outros.

Considerações finais

Este capítulo introdutório teve o objetivo de apresentar ao leitor os conceitos fundamentais, uma breve história e os principais modelos teóricos atuais da reabilitação neuropsicológica. Além disso, foram introduzidas noções sobre o planejamento de metas, que é uma etapa inicial e de extrema importância. Em capítulos posteriores, o leitor poderá revisitar essas noções aplicadas a pacientes com quadros neurológicos e neuropsiquiátricos específicos.

Referências bibliográficas

BELLEVILLE, S. et al. Improvement of episodic memory in persons with mild cognitive impairment and healthy older adults: evidence from a cognitive intervention program. Dement. Geriatr. Cogn. Disord, v. 22, p. 486-499, 2006.

BALARDIN, J. B. et al. Differences in prefrontal cortex activation and deactivation during strategic episodic verbal memory encoding in mild cognitive impairment. Front. Aging Neurosci, v. 7, p. 147, 2015.

BEN-YISHAY, Y. Reflections on the evolution of the therapeutic milieu concept. Neuropsychological Rehabilitation, v. 6, p. 327-343, 1996.

BEN-YISHAY, Y. et al. Digest of a two-year comprehensive clinical rehabilitation research program for out-patient head injured Israeli veterans. In: BEN-YISHAY, Y. (ed.). Working approaches to remediation of cognitive deficits in brain damaged persons (Rehabilitation Monograph nº 59). New York: University Medical Center Institute of Rehabilitation Medicine, 1978.

CLARE, L. et al. Cognitive rehabilitation and cognitive training for early-stage Alzheimer's disease and vascular dementia. Cochrane Database Syst. Rev, n. 4, 2003. Disponível em: doi:10.1002/14651858, Art. No.: CD003260.

GOLDSTEIN, K. After effects of brain injuries in war: their evaluation and treatment; the application of psychological methods in the clinic. New York: Grune and Stratton, 1942.

HAMPSTEAD, B. M.; MOSTI, C. B.; SWIRSKY-SACCHETTI, T. Cognitively-based methods of enhancing and maintaining functioning in those at risk of Alzheimer's disease. J Alzheimers Dis, v. 42, Suppl 4, p. S483-493, 2014.

HOUTS, P. S.; SCOTT, R. A. Goal planning with developmentally disabled persons: procedures for developing an individualised client plan. Hershey: Penns, 1975.

LURIA, A. R. Restoration of function after brain injury. New York: Pergamon Press, 1963.

MCMILLAN, T.; SPARKES, C. Goal planning and neurorehabilitation: The Wolfson Neurorehabilitation Centre approach. Neuropsychological Rehabilitation, v. 9, p. 241-251, 1999.

MIOTTO, E. C. Cognitive rehabilitation of amnesia after virus encephalitis: A case report. Neuropsychological Rehabilitation, v. 17, n. 4, p. 551-566, 2007.

MIOTTO, E. C. Reabilitação Neuropsicológica e Intervenções Comportamentais. Organizadora: Eliane C Miotto. Rio de Janeiro: Roca, 2015.

ORGANIZAÇÃO MUNDIAL DA SAÚDE (OMS). International classification of impairment, disability and handicap. Geneva: World Health Organization, 1980.

ORGANIZAÇÃO MUNDIAL DA SAÚDE (OMS). International Classification of functioning, disability and health: ICF. World Health Organization, 2001.

ORGANIZAÇÃO MUNDIAL DA SAÚDE (OMS). Rumo a uma linguagem comum para funcionalidade, incapacidade e saúde (CIF). Geneva: Organização Mundial da Saúde, 2002.

POPPELREUTER, W. Disturbances of lower and higher visual capacities caused by occipital damage; with special reference to the psychological, pedagogical, industrial and social implications. New York: Oxford University Press, 1990. (originally published in 1917).

POWELL, J. H.; BECKERS, K.; GREENWOOD, R. J. Measuring progress and outcome in community rehabilitation after brain injury with a new assessment measure: the BICRO-39 scales. Arch Phys Med Rehabil, v. 79, p. 1213-1225, 1988.

TEASDALE, T. W. et al. Subjective experience in brain-injuredpatients and their close relatives: a European brain injury questionnaire study. Brain Injury, v. 11, p. 543-563, 1997.

WILSON, B. A. Towards a comprehensive model of cognitive rehabilitation. Neuropsychological rehabilitation, v. 12, n. 2, p. 97-110, 2002.

WILSON, B. A. Towards a comprehensive model of neuropsychological rehabilitation. In: Neuropsychological Rehabilitation. Theory, Models, Therapy and Outcome. Cambridge: Cambridge Medicine, 2009.

ZANGWILL, O. L. Psychological aspects of rehabilitation in cases of brain injury. British Journal of Psychology, v. 37, p. 60-69, 1947.

50 Introdução à Reabilitação/Habilitação Cognitiva Infantil

Anna Carolina Rufino Navatta

Introdução

O Conselho Federal de Psicologia, em dezembro de 2022, lançou uma cartilha específica sobre neuropsicologia, voltada a disseminar informações para garantir sua prática ética e de qualidade. Reconhecida como especialidade da psicologia na Resolução CFP nº 2, de 3 de março de 2004, e atualmente regulamentada pela Resolução CFP nº 23, de 13 de outubro de 2022, define os objetivos da avaliação neuropsicológica, a descrição das funções neuropsicológicas que devem ser avaliadas e trabalhadas dentro das áreas que podem englobar: pesquisa, avaliação e intervenção/reabilitação psicológica. A cartilha em voga descreve a **intervenção/reabilitação neuropsicológica** como: "Desenvolvimento, organização e implementação de um programa de intervenção neuropsicológica, para fins de preservação, promoção, habilitação ou reabilitação neuropsicológica". Além disso, cita como responsabilidade do neuropsicólogo, dentro dos processos de intervenção, a "promoção de inserção e reinserção de pessoas atendidas na comunidade conforme possibilidades neurológicas, capacidade adaptativa individual e familiar, e prognóstico clínico". De maneira geral, pode-se entender que intervenção neuropsicológica implica um processo que envolve a combinação de técnicas e conhecimentos voltados à estimulação de funções cognitivas e comportamentais para melhora na adaptação do indivíduo.

Os estudos em geral apresentam termos como: reabilitação neuropsicológica, habilitação, intervenção cognitiva e até mesmo estimulação cognitiva (dentre outros), carecendo ainda de critérios mais objetivos no uso e na aplicação dos termos. Podemos refletir acerca das nomenclaturas "reabilitação" ou "habilitação neuropsicológica", considerando que na criança, a maturação cerebral, diferentemente do adulto, ainda não está completa. Assim, dependendo da faixa etária, além do prejuízo adquirido após uma lesão, por exemplo, temos áreas ainda em pleno desenvolvimento, que poderiam necessitar do apoio/suporte justamente daquele domínio que foi lesionado para sua completa maturação, indicando a complexidade dos efeitos que acometimentos neurológicos podem trazer para o desenvolvimento infantil. Estudos de neuroimagem demonstram que estruturas cerebrais recrutadas em determinadas tarefas cognitivas mudam de acordo com a faixa etária (Limon et al., 2016). "Habilitação neuropsicológica" pode ser um termo mais apropriado para quadros como alterações do neurodesenvolvimento, dentre estes: Transtorno do Déficit de Atenção e Hiperatividade (TDAH), Transtorno do Espectro Autista (TEA) e Transtornos de Aprendizagem, por exemplo. Enquanto "reabilitação neuropsicológica" pode ser mais bem aplicado a quadros que envolvam lesões, com perda de habilidades antes adquiridas. Adicionando que em qualquer um desses quadros, tratando da população pediátrica, teremos o desenvolvimento ocorrendo em paralelo.

Quanto às publicações nacionais na temática da (re)habilitação neuropsicológica infantil, em pesquisa realizada em novembro de 2023, na base Scielo, com os termos "reabilitação neuropsicológica pediátrica", apenas 1 artigo é citado: Santos, F. H. *Reabilitação neuropsicológica pediátrica*, 2005. Neste, a autora descreve o cenário brasileiro da neuropsicologia, além de citar estratégias de intervenção apoiadas no automonitoramento, autocontrole e metacognição para o treino cognitivo de funções cognitivas e gerenciamento dos ambientes escolar e familiar. Também descreve alguns modelos internacionais de intervenção, ressalta a importância da equipe multiprofissional, e finaliza apontando perspectivas futuras relacionadas à aplicação de técnicas de neuroimagem funcional tanto para a compreensão dos mecanismos cerebrais como para a avaliação dos programas de reabilitação cognitiva implantados. As pesquisas na base Scielo que foram realizadas com os termos "habilitação" e "intervenção neuropsicológica pediátrica" não trouxeram nenhum artigo. Quando inseridas as palavras de busca "intervenção neuropsicológica infantil", foi levantado um artigo de 2023 que realizou uma revisão sistemática da neuropsicologia e de intervenções neuropsicológicas na modalidade *on-line* (Morais et al., 2023). A pesquisa aberta com os termos "Reabilitação Neuropsicológica" acessou 27 artigos, sendo apenas o já citado, de Santos, F. H., 2005, um estudo voltado à parte infantil da intervenção; os demais voltados ou à avaliação neuropsicológica ou a intervenções em adultos e idosos. Pode-se refletir sobre a escassez brasileira de pesquisas, de divulgação e de estudos da (re)habilitação pediátrica de maneira mais diretiva e concentrada.

Ainda assim, muitos centros de pesquisa e estudiosos têm se dedicado a produzir materiais para estimulação cognitiva (Dias; Seabra, 2013; Silveira; Silva, 2020), que é um cenário a ser explorado. Cita-se Cardoso et al. (2017), que descreveram o processo de construção e evidências de validade de conteúdo de um programa de intervenção chamado de PENCE voltado à estimulação precoce-preventiva das funções executivas em criança do ensino fundamental no ambiente escolar. O programa visa a melhora e o apoio para o desenvolvimento das funções executivas, com condução das técnicas pelo professor em ambiente escolar e assistido por um neuropsicólogo. Os autores apontam para a inovação de projetos como esse no contexto nacional e para a necessidade futura de métodos sistematizados para estimulação cognitiva na infância.

No tocante à estimulação precoce, temos um material desenvolvido por Silveira e Silva (2020), chamado de *Turma da Luria – guia prático de intervenção infantil,* que é voltado ao público pré-escolar, para crianças de 1 a 4 anos de idade. O material é voltado à estimulação do que eles denominam como repertórios comportamentais básicos, mas que podem ser entendidos como áreas que contemplam funções cognitivas: habilidades de atender tarefas (AT), habilidades de imitação (IM), habilidades de percepção visual (PV), habilidades de linguagem receptiva (LR), habilidades de linguagem expressiva (LE), habilidades acadêmicas (AC), habilidades de brincar social (BS) e habilidades adaptativas (AD). O material é estruturado e oferece um passo a passo detalhado de intervenção para o terapeuta, conta com Plano de Ensino Individualizado (PEI) e um gráfico de desempenho individual para que o profissional possa organizar as suas intervenções, e assim também compartilhar objetivos e metas terapêuticas com a família. O material é lúdico, possui bonecos, almofadas, cartinhas coloridas, o que pode tornar a intervenção mais motivadora para a criança.

Neuroplasticidade na infância

A neuroplasticidade é uma resposta do sistema nervoso central frente a estímulos externos e intrínsecos ao organismo, que faz com ele reorganize suas estruturas, funções e conexões, sendo que tal processo ocorre em nível molecular, celular, sistemas de funcionamento e comportamento. Ademais, a neuroplasticidade pode acontecer durante o desenvolvimento, como resposta ao ambiente, em apoio à aprendizagem, frente à doença ou em relação à terapia. A plasticidade pode ser:

- **Adaptativa:** associada a ganho de função (deve ser diferenciada de comportamentos compensatórios)
- **Não adaptativa:** associada a consequências ruins, tais como perda de função, aumento das lesões (Cramer et al., 2011).

As intervenções neuropsicológicas na infância devem propiciar, oferecer e organizar a oferta de estímulos externos, contando com a resposta do indivíduo em também ativar de maneira espontânea os seus mecanismos. Elas promovem a melhora da funcionalidade da criança ao seu meio reduzindo/evitando a neuroplasticidade não adaptativa. Cabe aqui ressaltar a importância das estimulações neuropsicológicas precoces, que podem propiciar ganhos significativos no desenvolvimento e na futura adaptação social da criança.

Sistematização de intervenções neuropsicológicas na infância

Limond *et al.* (2016) apresentam uma proposta de sistematização de intervenções neuropsicológicas voltadas a quadros na infância (lesões adquiridas). A sistematização foi denominada *Pediatric Neurocognitive Interventions* (PNI) e conta com intervenções que possam guiar o raciocínio clínico, mapear os mecanismos neurocognitivos nos programas de reabilitação individual e sugerir sistemas e recursos (a serem construídos ou considerados). Um dos objetivos das PNI é reabilitar processos deficitários, nivelando-os o máximo possível ao desenvolvimento típico. Algumas diretrizes para essa sistematização envolvem:

- Considerar o contexto de desenvolvimento cognitivo, entendendo a intervenção como **cíclica**, o que significa que sua hierarquia deve ser revista à medida que a criança se desenvolve (o que pode ser feito em revisões de metas terapêuticas)
- Fazer uso do conhecimento de como os domínios cognitivos se inter-relacionam e como se desenvolvem, priorizando intervenções e seu tempo/período de aplicação. O bom (re)habilitador deve ter muitas informações acerca do desenvolvimento na infância e adolescência e saber como aplicá-los na intervenção
- Realização de *follow-up* regular, para acompanhar as evoluções e considerar se as intervenções devem ser revistas, repetidas ou se novas propostas podem ser consideradas. Algumas alterações/déficits podem apenas ficar evidentes após a maturação de outras áreas cerebrais.

Seguir uma sequência de diretrizes no tratamento em reabilitação/habilitação pode auxiliar na estruturação dos objetivos e garantir melhor evolução. A proposta indica a importância de observar o desenvolvimento da criança ao longo do processo (as áreas a serem primeiro e mais intensamente estimuladas devem ser alteradas de acordo com as necessidades); também considera a relevância do (re)habilitador em ter conhecimentos neuropsicológicos, para que isso embase as intervenções; por fim, considera a realização de revisões de acordo com os ganhos e o desenvolvimento da criança (podemos chamar isso de revisões de metas).

Outro ponto importante nas intervenções neuropsicológicas na infância visa a melhora em ambientes do mundo real, que se trata da generalização das habilidades adquiridas, para que elas sejam utilizadas e mantidas na escola, em casa, e em ambientes sociais, como festas e passeios (Spevack, 2007).

Métodos e técnicas de intervenção neuropsicológica infantil

Remediação cognitiva

Um dos métodos que podem ser utilizados na reabilitação neuropsicológica infantil é a **remediação cognitiva** (RC), que pode ser definida como um tipo de tratamento comportamental voltado para indivíduos com déficits cognitivos que geram impacto em sua funcionalidade. Alguns autores descrevem a cognição como composta por:

- **Habilidades neurocognitivas:** atenção, memória, raciocínio lógico, abstrato, velocidade de processamento, entre outras
- **Habilidades cognitivas sociais:** teoria da mente, reconhecimento de expressões faciais, empatia, compreensão de contextos sociais, entre outras

A RC visa desenvolver habilidades cognitivas que podem permitir ao indivíduo ser mais capaz na execução de suas atividades da vida diária, como na escola e nas relações com seus pares, quanto à autonomia. Não se trata de ensinar a criança a ler, por exemplo, mas de desenvolver melhores condições atencionais para esse processo ser mais adaptado, promovendo mais foco nas tarefas escolares e nas aulas também (Medalia et al., 2017).

A RC pode ser considerada uma abordagem que visa a melhora da adaptação psicossocial e das funções cognitivas prejudicadas, enquanto promove a metacognição (capacidade de refletir e pensar sobre seus pensamentos). Envolve a realização de exercícios mentais de repetição visando que o indivíduo amplie as suas estratégias cognitivas e crie recursos, também inclui reforços positivos (como elogios, economia de fichas) para incentivar no paciente a sua participação no processo. Lembrando que o trabalho pode ser individual ou até mesmo em pequenos grupos (Doyen et al., 2015; Pratt et al., 2014). Grupos de estimulação cognitiva, ensino de habilidades sociais e treinos para a ampliação de repertório comportamental podem ser muito motivadores na infância.

Apesar da RC originalmente ter sido desenvolvida para uso em lesões cerebrais, depois ampliada para pacientes com esquizofrenia e adaptada para pacientes com anorexia nervosa, atualmente temos estudos demonstrando seu uso favorável em grupos de crianças e adolescentes com alterações neurodesenvolvimentais. Em um estudo de revisão, Dandil et al. (2020) citam quatro estudos clínicos randomizados sobre o uso de intervenções de RC em quadros do TEA. Os resultados apontam melhora da flexibilidade cognitiva, cognição social e heterogeneidade da função executiva. As limitações do estudo, quando pensado na sua exploração em usos clínicos, envolvem a heterogeneidade nas apresentações de sintomas nos grupos de pacientes com TEA e nos pequenos tamanhos amostrais. Os autores também citam o uso de intervenções de remediação da cognição social com protocolos computacionais voltados a trabalhar a teoria da mente, com estimulações voltadas para a melhora da capacidade de Leitura Mental (programa computadorizado sobre emoções e estados mentais que visa melhorar a sua capacidade de reconhecer emoções nos outros). As três seções principais desse programa incluem:

- Biblioteca de emoções (permite que as pessoas naveguem por diferentes grupos de emoções)
- Centro de aprendizagem (utiliza aulas e questionários para ensinar emoções de forma estruturada e diretiva)
- Zona de jogos (composta por jogos educativos enquanto estuda sobre emoções).

O terapeuta não deve perder de vista que a intervenção deve ser voltada à criança/ao adolescente e à família, mas não podendo deixar de respeitar os desejos e a motivação dessa criança ou adolescente. As intervenções neuropsicológicas devem ser um processo colaborativo, que englobe todos.

Recursos compensatórios

Quando a função não pode ser recuperada, ou mesmo diante do andamento do processo de intervenção, recursos chamados de compensatórios podem ser utilizados como potencialização de mecanismos alternativos ou de funções preservadas. A recuperação da função pode ser possível após acometimentos neurológicos, mas em muitos dos casos de déficits cognitivos, a reabilitação não alcança essa meta.

A inserção de técnicas com recursos compensatórios visa ensinar ao paciente o uso de estratégias e técnicas compensatórias como alternativa para alcançar objetivos.

A lista a seguir contempla possíveis recursos e ferramentas para essa modalidade; porém, atualmente, podemos também aceitar a possibilidade que dentro de um aparelho de celular e seus aplicativos podemos ter disponíveis todo esse instrumental, o que pode ser muito facilitador.

- Aparelhos eletrônicos
- iPads
- Computadores
- Alarmes eletrônicos
- Relógios
- Celulares (gravadores)
- Agendas
- Blocos
- Quadros de anotações
- Calendários
- Placas de avisos

Reabilitação infantil baseada em evidências

Alguns estudos vêm buscando levantar evidências que amparem processos de intervenção neuropsicológica. Rantanen et al. (2018) definiram como objetivos desenvolver em um grupo de crianças com TDAH estratégias e habilidades necessárias para lidar com as disfunções executivas (incluindo controle inibitório, planejamento, organização, teoria da mente, administração de tempo e regulação das emoções). Um aspecto relevante é que os autores definiram também como objetivos intervir no ambiente da criança para que as funções treinadas se tornassem habituais e automáticas, tudo com foco na motivação. Aos pais foram propostas sessões psicoeducativas sobre TDAH, oferecidas informações sobre como manejar comportamentos e sobre habilidades necessárias para educar e criar crianças com TDAH (p. ex., estabelecer contato de olho, oferecer instruções curtas e diretas, e focar em bons momentos), além de buscar a generalização das atividades diárias, ensinando os pais a promover e apoiar as funções executivas em atividades cotidianas.

Em tempos atuais, a internet e todo o universo *on-line* são amplamente utilizados pelas crianças, muitas vezes de maneira excessiva, intensa e disfuncional (Desmurget, 2021). Porém, existe uma riqueza de possibilidades úteis dentro desse contexto que, se bem aplicadas, podem ser parte das intervenções neuropsicológicas. A realidade virtual (RV) é uma tecnologia computacional que simula um ambiente imaginário ou real, sendo possível recriar de maneira realista, por exemplo, uma sala de aula, permitindo interações aos usuários nessas situações, demonstrando seus comportamentos como são vistos no mundo real. Como vantagens, pode-se pensar no controle e na facilidade de registrar todas as reações do paciente, permitindo *feedback* rápido, além de ser visto como um recurso mais lúdico (Bashiri, 2017). Em algumas situações de reabilitação, as tecnologias de RV podem propiciar que pessoas com déficits cognitivos e outras disfunções vivenciem o que pode não ser possível no mundo real. Em um estudo de revisão sistemática sobre o uso desse tipo de tecnologia na reabilitação cognitiva do TDAH, Bashiri et al. (2017) indicaram que as tecnologias de RV podem funcionar como técnicas de apoio à reabilitação de crianças com TDAH por:

- Oferecerem estímulos estáveis e controlados
- Propiciarem interação com foco em *feedback* e tátil
- Serem recursos flexíveis com resposta imediata de acordo com as necessidades dos pacientes
- Gerarem ambientes de aprendizagem seguros que minimizam erros, tempo e custos
- Melhorarem a motivação do paciente, em razão de ambientes agradáveis e amigáveis
- Incorporarem diferentes testes neuropsicológicos conforme exigido pelos terapeutas
- Gerenciarem diferentes estímulos
- Capacitarem os clínicos a desenvolverem estratégias de diagnóstico, avaliação e reabilitação
- Melhorarem as habilidades comportamentais e cognitivas dos pacientes.

Participação da família e equipe multidisciplinar

Kaufman et al. (2016) descrevem a importância dos apoios multiprofissional, interdisciplinar e familiar na intervenção neuropsicológica infantil. A criança com alterações no neurodesenvolvimento ou com algum acometimento neurológico demanda terapias conduzidas por profissionais das áreas da fonoaudiologia, fisioterapia, terapia ocupacional, psicopedagogia, dentre outras. Ela também necessita de pedagogos especializados, suporte e adaptações escolares conduzidas pelos professores, coordenadores e outros membros da equipe escolar, assim como a própria família, fundamental nesse processo, que deve receber apoio em psicoeducação para que possa lidar com modificações ambientais, redução de barreiras e ofertas de estimulações pertinentes.

Fases do desenvolvimento e processos de reabilitação

O reabilitador deve estar atento às fases de transição do desenvolvimento de seu paciente, considerando pontos críticos de transição biológicos e sociais. Por exemplo, além das demandas do déficit cognitivo que o paciente possa apresentar durante a sua entrada na adolescência e na vida adulta, o reabilitador desse paciente deve estar atento às expectativas de ganho de autonomia, independência e autocuidado, compatíveis com essas fases. No caso da criança com desenvolvimento típico, as demandas ambientais variam de acordo com o crescimento dela e, em geral, os apoios aos poucos vão cessando, dando lugar à autonomia. No entanto, nas crianças com alterações no desenvolvimento, os apoios e suportes devem ser reprogramados a cada fase. É possível, por exemplo, que crianças em idade pré-escolar com déficits leves não apresentem impactos significativos em contexto escolar (quanto à aprendizagem acadêmica), porém, ao alcançarem níveis superiores de escolarização, passam a apresentar prejuízos e maior desadaptação. Seria, então, considerável uma reavaliação das metas de intervenção e dos tipos de suportes necessários (que é o papel do reabilitador).

São pontos críticos do desenvolvimento infantil a serem considerados na reabilitação (Kaufman et al., 2016):

- Criança pequena: do nascimento aos 2 anos
- Pré-infância: dos 2 aos 4 anos
- Pré-escolares: dos 5 aos 7 anos
- Escolares: dos 8 aos 12 anos
- Adolescência inicial: dos 13 aos 17 anos
- Final da adolescência (jovem adulto): dos 18 aos 25 anos.

Alguns instrumentos de avaliação podem servir como guias, propiciando medidas mais estruturadas e quantitativas acerca do atual nível de desenvolvimento da criança ou do adolescente, norteando assim possíveis metas terapêuticas que englobem funcionamento mais adaptativo a ser alcançado no processo de intervenção. Podem ser citados como exemplos de testes: a **Escala Adaptativa Vineland-3**, que tem o objetivo de avaliar o comportamento adaptativo nos domínios de: comunicação, habilidades cotidianas, socialização, habilidades motoras e comportamentos mal adaptados. A Vineland-3 versão brasileira conta com três formulários de aplicação: formulário de entrevista, formulário de pais/cuidadores, formulário dos professores, o que pode ser muito útil dentro do processo de intervenção por levantar informações adaptativas do paciente em diferentes contextos nos quais ele está inserido (sendo a escola um local de longa permanência e de necessidade de inclusão da criança). Outro instrumento que pode ser aplicado à realidade brasileira trata-se do **IDADI – Inventário Dimensional de Avaliação do Desenvolvimento Infantil, instrumento multidimensional de avaliação do desenvolvimento infantil**, com foco em sete domínios: cognitivo, socioemocional, comunicação e linguagem receptiva, comunicação e linguagem expressiva, motricidade ampla, motricidade fina e comportamento adaptativo. O inventário inclui itens que descrevem comportamentos e habilidades esperadas para cada faixa etária, podendo ser utilizado para o monitoramento longitudinal do desenvolvimento infantil e o acompanhamento da efetividade ou eficácia de intervenções na primeira infância.

Plano básico de reabilitação

Como organizar a intervenção infantil

Podemos iniciar nosso raciocínio clínico refletindo acerca de que, em geral, indicam-se abordagens e métodos de reabilitação combinados, mas sem perder de vista a necessidade do estabelecimento de um planejamento terapêutico com metas bem definidas que podem e devem ser revistas. Tais métodos sempre devem ter como objetivo final a generalização, garantindo que as habilidades adquiridas ao longo da reabilitação possam ser utilizadas no mundo real. A Tabela 50.1 foi adaptada de Bennet (2001), visando a compreensão de 5 princípios a serem seguidos para garantir a generalização no processo de reabilitação.

Tabela 50.1 Cinco etapas do planejamento terapêutico da reabilitação cognitiva.

(1) Planejar ativamente e programar a generalização desde o início do processo de tratamento
(2) Identificar reforçadores que manterão a habilidade ou o processo cognitivo recém-adquirido (ou readquirido) e que ocorrem naturalmente no ambiente normal da pessoa
(3) Utilizar situações de treinamento que são comuns tanto ao ambiente de treinamento quanto ao mundo real
(4) Usar exemplos suficientes ao conduzir a terapia
(5) Selecionar métodos para medir a generalização da clínica para o mundo real para avaliar a eficácia dos procedimentos terapêuticos
Sugestão de divisão das sessões
Primeira parte – pode ser dedicada ao treinamento metacognitivo, voltada para trabalhar no paciente a consciência dos déficits, autopercepção e melhora do automonitoramento
Segunda parte – treinamento baseado em habilidades e estratégias compensatórias
Parte final – envolve reabilitação específica do processo

Adaptada de Bennet, 2001.

Caso clínico

Segue a exposição de um caso clínico visando ilustrar uma proposta de intervenção neuropsicológica infantil, com descrição do histórico, dados clínicos, queixas familiares e escolares, resultados quantitativos e qualitativos da avaliação neuropsicológica e posterior definição de metas a curto e longo prazos, com uso de técnicas. Ressaltando-se que o objetivo é sugerir propostas mais estruturadas de conduzir a (re)habilitação neuropsicológica na infância, de modo a sistematizar e organizar as necessidades do paciente e, assim, melhor mensurar resultados e ganhos alcançados.

Trata-se de paciente de 11 anos de idade, sexo masculino, cursando o 5º ano do ensino fundamental. Quanto aos dados pré-natais, a gestação transcorreu sem problemas. Nasceu de 39 semanas de parto cesariano, recebeu notas de Apgar 9 a 10. Com relação ao desenvolvimento, andou com 1 ano e 2 meses, os pais relatam dificuldades motoras finas (inabilidades para adquirir autonomia no amarrar cadarços e no manejo de talheres nas refeições). Além de algum atraso na fala, com intervenção fonoaudiológica. Com relação aos exames e tratamentos realizados:

- Audiometria: resultados normais
- EEG: normal
- Acompanhamento psicológico
- Avaliação neurológica: hipótese de TDAH e inserção da medicação Ritalina (pais ainda assim referem queixas, acham que a melhora é baixa).

Queixas familiares

- Disperso, perde o foco, sendo necessário direcioná-lo todo o tempo. Pais o acham infantilizado
- Tem comportamento mais dependente, por exemplo: espera alguém secar seu cabelo, o pai acredita que ele sempre aguarda alguém fazer as tarefas e atividades do dia a dia por ele. Quando o pai solicita que ele esquente o seu leite aos finais de semana, ele reluta, não quer tentar, mas sabe fazer sozinho. Assim como sabe usar o micro-ondas para pequenas refeições, mas não o faz
- Notam mudanças quanto à autonomia para o banho: após a introdução da medicação, ele toma banho sozinho, tem iniciativa de fazê-lo por busca espontânea e se higieniza adequadamente. Sabe escolher a roupa de acordo com a estação
- Há pouco tempo cozinhou uma torta com a supervisão e o apoio da mãe
- Está conseguindo andar de bicicleta com melhora na coordenação, mas o pai ainda precisa andar ao seu lado, acompanhando, pois ele dispersa olhando para o ambiente e cai
- Quanto à socialização, os pais acham que ele não interage muito com eles e nem com outras crianças. Prefere ficar em casa, resiste em sair, mas quando o pai insiste, logo após sair e conhecer algo novo, gosta muito e se diverte. Relaciona-se melhor com crianças menores ou com crianças que agem cuidando dele, com papel maternal
- Não tem interesse por atividades competitivas
- Como comportamentos mais atípicos, os pais referem que quando ele gosta de algo, como uma música ou desenho, fica fixado no mesmo interesse, sem trocar, é resistente para mudanças. Ainda assiste a desenhos mais infantis; o pai vem insistindo em diversificar os desenhos animados.

Queixas escolares

- Está cursando o 5º ano em colégio particular
- A família relata desgaste e cansaço para fazer a lição de casa, por perder muito tempo. Precisam mediar e direcionar a atenção dele o tempo todo
- Está fazendo a prova na sala de aula com todos, leva as lições e os materiais incompletos, não finaliza na aula
- No âmbito social, fica sozinho, relata que as crianças não gostam dele.

Avaliação neuropsicológica

Apresentou perfil comportamental mais imaturo, com busca constante por atividades lúdicas e prazerosas e baixo engajamento e desinteresse por atividades que oferecem maior adiamento de recompensa. Além de apresentar comportamentos infantilizados quando contrariado em seus desejos, tais como mostrar-se com feições de desagrado e reproduzindo choro de crianças pequenas. Demonstrou dificuldade na manutenção do contato de olho, em geral com olhar mais vago e disperso pelo ambiente, mantendo-se mais focado apenas no que lhe era interessante. Mexeu em tudo o que estivesse ao seu alcance, perdendo o foco com facilidade.

Em tarefas de execução e montagem visual construtiva concreta, se interessou e se engajou, buscou estratégias funcionais para planejamento, porém, com dificuldade em se manter sentado (realizou a tarefa ora em pé, ora sentado), indicando que mesmo nas atividades que lhe eram mais prazerosas demonstra maior inabilidade em conter e controlar impulsos. Apresentou dificuldade em manter a postura na situação de testagem, escorregou na cadeira, tirou o sapato, enrolou a meia no pé, esteve inquieto.

Notou-se maior agitação nas tarefas verbais sem recursos visuais, respondeu a testes verbais andando pela sala e mexendo em objetos. Mostrou-se muito impulsivo, com falha na regulação comportamental. Como exemplo de tais déficits, tentou arrancar objetos da mão da examinadora e virar as páginas dos testes antes de finalizar a página que era utilizada.

As Tabelas 50.2 a 50.9 apresentam os resultados quantitativos da avaliação neuropsicológica.

Tabela 50.2 Testes de funções intelectuais.

Teste	Bruto	Ponderado	Percentil	Classificação
Quociente de inteligência (QI)				
WISC-IV– QI GLOBAL	83	87	19	Médio inferior
Índices fatoriais (teste WISC-IV)				
Compreensão verbal	25	91	27	Médio
Organização perceptual	33	106	66	Médio
Memória operacional	10	71	3	Limítrofe
Velocidade de processamento	83	87	19	Médio inferior

Tabela 50.3 Testes de atenção.

Teste TAVIS – 4	Tempo (s)	Percentil	Classificação
Tarefa 1	0,539	9 a 25	Médio inferior
Tarefa 2	0,589	25 a 75	Médio
Tarefa 3	0,485	2 a 9	Inferior
Erros omissão	**Tempo (s)**	**Indivíduos com mais erros**	**Indivíduos com os mesmos erros**
Tarefa 1	1	24%	21,30%
Tarefa 2	1	19%	24,10%
Tarefa 3	0	1,40%	98,60%
Erros ação	**Tempo (s)**	**Indivíduos com mais erros**	**Indivíduos com os mesmos erros**
Tarefa 1	2	14,70%	33,30%
Tarefa 2	1	74,10%	17,20%
Tarefa 3	1	10,88%	12,20%

Tabela 50.4 Testes de atenção visual.

Busca visual – Teste Neupsilin			
Tempo (s)	114	2.400%	Médio inferior
Acertos	32	78%	Médio

Tabela 50.5 Escala de atenção e hiperatividade.

SNAP enviada à escola	Sintomas de alta intensidade	Sinais clínicos
Desatenção	7	Com alterações clínicos
Hiperatividade	1	Sem alterações clínicas
SNAP enviada aos pais	**Sintomas de alta intensidade**	**Sinais clínicos**
Desatenção	8	Com alterações clínicos
Hiperatividade	2	Sem alterações clínicas

Tabela 50.6 Testes de atenção e funções executivas.

Figura de Rey	11	–	0,1	Inferior
Go/No-Go	47	–	0,1	Inferior
Teste de trilhas – Parte A				
Tempo	62 s	–	–	Inferior
Erros	0	–	–	Médio
Teste de trilhas – Parte B (flexibilidade cognitiva)				
Tempo	Mais de 3 min	–	–	Inferior
Erros	Mais de 4 erros	–	–	Inferior
Raciocínio matricial	20	10	50	Médio
Habilidades visuoespaciais				
Teste	Bruto	Ponderado	Percentil	Classificação
Cubos	39	12	75	Médio superior

Tabela 50.7 Testes de linguagem.

Teste	Bruto	Ponderado	Percentil	Classificação
Vocabulário – WISC-IV	25	8	25	Médio inferior
Semelhanças – WISC-IV	18	10	50	Médio
Compreensão de instruções – NEPSY-II	23	9	37	Médio
Produzindo palavras – NEPSY-II				
Semântico	11	–	21	Médio inferior
Fluência verbal fonológica	4	–	4	Limítrofe
Processamento inferencial	0	–	0.1	Inferior

Tabela 50.8 Testes de memória.

Teste	Bruto	Ponderado	Percentil	Classificação
Dígitos	13	8	25	Médio inferior
Sequência número letras	3	2	0,4	Inferior
Span pseudopalavras	12	–	24	Médio inferior
Memória operacional visuoespacial – Neupsilin	23	–	38	Médio
Memória narrativa – NEPSY-II	–	–	–	–
Sem dicas	8	–	–	–
Com dicas	8	–	–	–
Total	16	–	4	Inferior
RAVLT	–	–	–	–
tent. 1	1	–	0,8	Inferior
tent.2	4	–	2	Inferior
tent.3	8	–	21	Médio inferior
tent.4	11	–	50	Médio
tent.5	13	–	66	Médio
LISTA B	4	–	24	Médio inferior
tent.6	12	–	62	Médio

Tabela 50.9 Testes de habilidades acadêmicas.

Teste	Bruto	Percentil	Classificação
Teste TDE			
Aritmética	22	–	Médio
Escrita	29	–	Médio
Leitura	59	–	Inferior
Testes WISC-IV			
Informação – WISC-IV	13	16	Médio inferior
Aritmética – WISC-IV	19	16	Médio inferior

Descrição da avaliação

Foi observado rendimento cognitivo na faixa de classificação ***médio inferior*** para sua idade (QI global: 87 pontos).

Déficit nas funções executivas de: habilidades de iniciativa, planejamento, controle inibitório, memória operacional e flexibilidade mental. Tais déficits interferem tanto em seu comportamento quanto em seu desempenho em tarefas escolares, e podem estar rebaixando seu funcionamento cognitivo como um todo. As áreas deficitárias identificadas na escala WISC-IV englobam as que demandaram funções executivas (memória operacional e velocidade de processamento).

Além disso, o seu desempenho nos testes de habilidades aritméticas (cálculo mental) mostrou-se com certo déficit não em razão de falhas no raciocínio lógico, mas em função de déficit quanto à manipulação mental das informações (memória operacional falha) e acentuada dispersão. Foi constatado prejuízo quanto às funções de atenção sustentada, alternada e seletiva, com presença de fadiga e inquietação. A memória de aprendizagem verbal e memória narrativa estão defasadas em relação ao esperado para idade, mas novamente as disfunções executivas demonstraram interferir quanto à evocação (busca e recuperação da informação armazenada). As habilidades de leitura estão comprometidas também como efeito secundário das falhas em atenção seletiva, automonitoramento e autorregulação.

Quanto ao aspecto comportamental e emocional, apresentou perfil imaturo, ocasionando dificuldade na adequação das demandas sociais esperadas para sua idade. Mostrou-se mais centrado em seus próprios interesses e necessidades, com expectativa de respostas imediatas do meio. Apresentou reações e interação com o outro ainda infantilizada e com busca constante por recompensas (dificuldade em lidar com adiamentos de recompensas); sabe-se que indivíduos com alterações atencionais e nas funções executivas demonstram tais dificuldades. Apresentou impulsividade (falha na capacidade de autorregulação dos impulsos) caracterizada por arrancar, puxar objetos da mão da examinadora, antecipar as folhas dos testes (puxando); tais reações também podem ter impacto negativo na socialização. O contato de olho ainda se mostrou não constante (também podendo impactar negativamente nas interações).

Por outro lado, apresentou desempenho médio quanto às funções de memória operacional visual, capacidade de cálculo mental preservada e habilidades de escrita adequadas. Observou-se bom funcionamento quanto à visuoconstrução com material concreto.

Em síntese, os dados da avaliação (Tabela 50.10) apontam para um perfil neuropsicológico com graves disfunções na área da atenção e funções executivas que são indicativas de TDAH (subtipo misto com desatenção e muita inquietude, falha no controle de impulsos).

Aspectos favoráveis do ambiente

Família com pais dedicados, interessados, colaborativos e presentes no dia a dia da criança. Paciente já em acompanhamento neuropediátrico e medicado. A família necessita apenas de orientações, psicoeducação para melhor condução de adaptações ambientais.

Queixas da criança:

- "Perdi minha Nerf" (arma de água)
- "Perco toda hora meus brinquedos e objetos"
- "Esqueço de tomar meu remédio".

As propostas de intervenção com base na descrição de queixas, no histórico clínico e nos resultados da avaliação neuropsicológica podem ser observadas na Tabela 50.11.

Considerações finais

Apesar da limitação de estudos nacionais, temos propostas e modelos de intervenção neuropsicológica pediátrica bem definidos internacionalmente, sendo considerada uma área que vem buscando uma prática baseada em evidências. Técnicas, modelos de intervenção, inserção da equipe interdisciplinar e o trabalho parental de psicoeducação vem sendo sistematizado. A necessidade de garantir a inserção ou reinserção social,

Tabela 50.10 Queixas/demandas ambientais *versus* resultados da avaliação.

Queixa	Dispersão, falta de iniciativa, pouca independência, dificuldades no engajamento escolar
Observado	Confirma a queixa, déficit nas funções executivas, inabilidade em lidar com adiamento de recompensas
Dificuldade na leitura	Secundária à desatenção
Imaturidade	Prejudicando a interação com seus pares
Paciente com melhor funcionamento visual (memória operacional visual e visuoconstrução)	Apoio para autoestima

Tabela 50.11 Quadro de metas.

Longo prazo: melhorar a capacidade de planejamento espaço-temporal		
Curto prazo	Técnicas e estratégias	Reavaliação
• Treino para uso do calendário	• Calendário físico e *on-line* • Ensino/mediação e modelagem para localização de datas	Após 3 meses da intervenção
• Planejar acontecimentos e eventos com apoio do calendário	• Decifrando a agenda • Encontrando compromissos em agenda	Após 3 meses da intervenção

(continua)

Tabela 50.11 Quadro de metas. (*Continuação*)

Longo prazo: melhorar a qualidade da atenção em tarefas dirigidas		
Curto prazo	Técnicas e estratégias	Reavaliação
• Permanecer 10 min em execução da lição de casa	• Utilização de timer com toque após 10 min, pausa para descanso de 3 min e retomada da tarefa • Intervenção tipo técnica Pomodoro	Após 3 meses da intervenção
Longo prazo: adequação de interesses compatíveis a sua idade		
Curto prazo	Técnicas e estratégias	Reavaliação
• Oferecer exposição a personagens compatíveis a sua idade	• Orientar aos pais a assistirem filmes e séries com super heróis ou outros modelos mais adequados para a sua faixa etária • Apresentar personagens em sessão • Incentivar a observação *in loco* dos interesses atuais de seus amigos, colegas, outras crianças (ampliação da observação social)	–
Longo prazo: desenvolver uso de recursos compensatórios para melhora da memória de curto prazo		
Curto prazo	Técnicas e estratégias	Reavaliação
• Fazer uso funcional da agenda eletrônica	• Ensinar e modelar uso da Google Agenda (treinar uso e funções diárias) • Mediação passo a passo • Uso de reforçadores	Após 3 meses da intervenção
• Lembrar de tomar sua medicação (inserir na agenda horário da medicação)	• Google Agenda – uso e funções, treino passo a passo	Após 3 meses da intervenção
• Guardar objetos após brincar ou usar	• Inserir na agenda lembretes • Google Agenda – uso e funções, treino passo a passo	Após 3 meses da intervenção
Longo prazo: melhorar a capacidade de organização de seus pertences		
Curto prazo	Técnicas e estratégias	Reavaliação
• Definir locais para guardar sua arminhas de NERFS	• Gerar ideias com a criança (onde guardar) • Resolução de problemas e treino de flexibilidade mental • Ensino de cada coisa em seu lugar (categorização) • Brincou-guardou • Utilização de reforços positivos	Após 3 meses da intervenção
Longo prazo: aumentar a autonomia nas tarefas domésticas		
Curto prazo	Técnicas e estratégias	Reavaliação
• Definir atividades domiciliares para realizar diariamente	• Planilha • Uso de técnica de economia de fichas • Definir troca de pontos	Após 3 meses da intervenção

escolar e familiar da criança com alterações neurológicas ou lesões adquiridas é um processo complexo e que requisita não só técnicas de estimulação, treinos cognitivos e comportamentais, mas modelos amplos que visem a generalização e a garantia de apoios e adaptações ambientais, que devem acompanhar as suas fases de desenvolvimento.

Referências bibliográficas

BASHIRI, A.; GHAZISAEEDI, M.; SHAHMORADI, L. The opportunities of virtual reality in the rehabilitation of children with attention deficit hyperactivity disorder: a literature review. Korean J Pediatr, v. 60, n. 11, p. 337-343, nov., 2017.

BENNETT, T. L. Neuropsychological evaluation in rehabilitation planning and evaluation of functional skills. Archives of Clinical Neuropsychology, v. 16, n. 3, p. 237-253, 2001.

CARDOSO, C. O. *et al*. Program of neuropsychological stimulation of cognition in students: Emphasis on executive functions – development and evidence of content validity. Dementia & Neuropsychologia, v. 11, n. 1, p. 88-99, 2017.

CONSELHO FEDERAL DE PSICOLOGIA. Neuropsicologia. Ciência e Profissão, 2022.

CRAMER, S. C. *et al*. Harnessing neuroplasticity for clinical applications. Brain, v. 134, Pt 6, p. 1591-1609, jun., 2011.

DANDIL, Y. *et al*. Cognitive remediation interventions in autism spectrum condition: a systematic review. frontiers in psychiatry, v. 11, 2020.

DOYEN, C. *et al*. Thérapie par remédiation cognitive chez les enfants: données de la littérature et application clinique dans un service de psychiatrie de l'enfant et de l'adolescent Arch Pediatr, v. 22, n. 4, p. 418-426, abr., 2015.

DESMURGET, Michel. A fábrica de cretinos digitais: por que pela primeira vez os filhos tem QI inferior ao dos pais. Belo Horizonte: Vestígio Editora, 2021.

DIAS, N. M.; SEABRA, A. G. Programa de Intervenção sobre a Autorregulação e Funções Executivas – PIAFEx. São Paulo: Memnon, 2013.

FONSECA, R. P.; SALLES, J. F.; PARENTE, M. A. M. P. Instrumento de avaliação neuropsicológica breve Neupsilin. Porto Alegre: Vetor, 2009.

KAUFMAN, J. N.; LAHEY, S.; SLOMINE, B. S. Pediatric rehabilitation psychology: Rehabilitating a moving target. Rehabilitation Psychology, v. 62, n. 3, p. 223-226, 2017.

KORKMAN, M.; KIRK, U.; KEMP, S. NEPSY-II: Uma avaliação neuropsicológica do desenvolvimento. San Antonio: The Psychological Corporation, 2007.

LIMOND, J.; ADLAM, A. L., CORMACK, M. A model for pediatric neurocognitive interventions: considering the role of development and maturation in rehabilitation planning. Clin Neuropsychol, v. 28, n. 2, p. 181-198, 2014.

LYNCH, M. *et al*. Harnessing neuroplasticity for clinical applications. Brain, v. 134, Pt 6, p. 1591-1609, jun., 2011.

MEDALIA, A. *et al*. Cognitive remediation for psychological disorders: therapist guide. 2. ed. New York: Treatments That WorkOxford Academic, 2017.

MORAIS, C. P. G. *et al*. Reflexões sobre o trabalho on-line da neuropsicologia infantil numa visão histórico-cultural. Psicologia: Ciência e Profissão, v. 43, p. e246224, 2023.

PRATT, C. W. *et al*. Psychiatric rehabilitation methods. 3. ed. San Diego: Academic Press, 2014. p. 143-175.

RANTANEN, K.; VIERIKKO, E.; NIEMINEN, P. Effects of the EXAT neuropsychological multilevel intervention on behavior problems in children with executive function deficits. Scand J Psychol., v. 59, n. 5, p. 483-495, out., 2018.

SANTOS, F. H. Reabilitação neuropsicológica pediátrica. Psicologia: Ciência e Profissão, v. 25, n. 3, p. 450-461, 2005.

SEABRA, A. G.; DIAS, N. M. Avaliação neuropsicológica cognitiva: atenção e funções executivas. v. 1. São Paulo: Memnon, 2012.

SILVA, M.A.; FILHO, E. J. M.; BANDEIRA, D. R. Idadi: Inventário dimensional da avaliação do desenvolvimento infantil. Coleção Completa. Ed. Vetor, 2020.

SILVEIRA, F. J.; SILVA, D. R. Turma da Luria: guia prático de intervenção infantil. 2020.

SPARROW, S. S.; CICCHETTI, D. V.; SAULNIER, C. A. Víneland-3 Escalas de Comportamento Adaptativo Víneland – Manual. Pearson Clinical Brasil. 2019.

SPEVACK, T. V. A developmental approach to pediatric neuropsychological intervention. *In*: Hunter, S. J.; Donders. J. Pediatric Neuropsychological Intervention. Cambridge: Cambridge University Press, 2007.

WECHSLER, D. Escala Wechsler de inteligência para crianças: WISC-IV: manual de instruções para aplicação e avaliação. 4v. São Paulo: Casa do Psicológo, 2018.

51 Integração da Neuropsicologia e da Terapia Cognitivo-Comportamental

Bruna Tonietti Trevisan • Larissa Botelho Gaça

Introdução

A Terapia Cognitivo-Comportamental (TCC) é uma abordagem psicoterapêutica focada que objetiva a reestruturação do pensamento distorcido e a modificação do comportamento disfuncional. Emergindo nos últimos anos do século XX com influências da terapia comportamental e terapia cognitiva, a TCC se fundamenta na premissa de que os processos mentais influenciam diretamente o comportamento (Beck, 1979). Esta modalidade terapêutica opera sob o entendimento de que a mudança de padrões cognitivos disfuncionais e a aprendizagem de habilidades comportamentais podem levar a uma melhora significativa no funcionamento psicológico e na qualidade de vida dos indivíduos (Hofmann; Asmundson; Beck, 2012).

Com o avanço da neurociência e o aprofundamento do conhecimento sobre os correlatos biológicos dos transtornos mentais, a TCC evoluiu para incorporar uma compreensão mais abrangente dos processos cognitivos e genéticos (Beck; Haigh, 2014). Essa abertura ao diálogo interdisciplinar motivou uma integração cada vez maior entre a TCC e a neuropsicologia, visando uma abordagem terapêutica mais holística e eficaz (Jokić-Begić, 2010). O presente capítulo busca explorar essa integração, destacando as contribuições mútuas destas áreas e as implicações na prática clínica.

A integração dessas disciplinas não é um fim em si, mas um meio para se alcançar uma compreensão mais profunda do paciente e de seu contexto, facilitando a identificação de objetivos terapêuticos e estratégias de intervenção mais personalizadas e efetivas. Com a neuropsicologia trazendo uma análise detalhada dos processos cognitivos e a TCC fornecendo um arsenal de técnicas para a mudança comportamental e cognitiva, sua união promete avanços significativos no tratamento e na recuperação de pacientes com uma variedade de condições neuropsicológicas (Kneebone et al., 2016; Trevisan et al., 2019).

TCC e neuropsicologia: por que integrar?

Em 2014, ao publicar um artigo mencionando os avanços até então realizados na TCC e detalhar a teoria do Modelo Cognitivo Genérico, Beck e Haigh (2014) mencionam e explicam mais claramente o quanto o terapeuta cognitivo comportamental deve considerar os aspectos genéticos e cognitivos (como atenção e memória) ao montar a hipótese de compreensão do funcionamento do paciente (formulação do caso). No entanto, até os dias atuais, pode-se dizer que a maior parte dos estudos que investigam a eficácia da TCC não consideram ou mencionam os correlatos neurobiológicos das mudanças no comportamento dos pacientes. Ainda, ao planejar intervenções terapêuticas, o paradigma cognitivo-comportamental não se baseava na base biológica dos transtornos mentais, apesar das claras implicações dos processos neuropsicológicos. Há poucos anos a pesquisa interdisciplinar em neurociência tem contribuído para o conhecimento sobre essa relação (Jokić-Begić, 2010).

A neurociência oferece *insights* valiosos para a seleção e aplicação de procedimentos de TCC, fundamentados em pesquisas sobre a circuitaria cortical-subcortical de processamento emocional. Por exemplo, a atenção dirigida ao conteúdo emocional durante a terapia de exposição facilita o posterior controle pré-frontal sobre sistemas geradores de emoção, como a amígdala (De Raedt, 2020). Essa abordagem melhora a eficácia da TCC, permitindo a incorporação de novas informações contextuais emocionalmente relevantes.

A combinação de abordagens neuropsicológicas com a TCC tem emergido como uma estratégia promissora para o tratamento de sequelas psicológicas resultantes de lesões cerebrais adquiridas, por exemplo. Lesões cerebrais não apenas resultam em deficiências físicas e cognitivas, mas frequentemente trazem consigo dificuldades comportamentais e emocionais que complicam o processo de reabilitação. Enquanto métodos neuropsicológicos tradicionalmente focam na reabilitação de déficits cognitivos, o tratamento das sequelas emocionais e comportamentais tem recebido menos atenção. No entanto, a integração da TCC no processo de reabilitação oferece um caminho para abordar esses desafios de maneira mais holística (Doering; Exner, 2011).

Neste cenário, a avaliação neuropsicológica clínica tem sido cada vez mais solicitada tanto pela contribuição no processo diagnóstico, quanto para a elaboração do plano de intervenção/tratamento. Porém, há pouca literatura específica sobre como integrar os resultados obtidos na avaliação neuropsicológica à formulação do caso em TCC, bem como ao plano de tratamento da psicoterapia.

Como a avaliação neuropsicológica pode contribuir para TCC?

Em alguns casos, a avaliação neuropsicológica apresenta-se como uma ferramenta imprescindível no arsenal do terapeuta cognitivo-comportamental, fornecendo um mapa detalhado das funções cognitivas do paciente e potenciais áreas de vulnerabilidade. Essa ponte entre avaliação e intervenção permite não somente uma compreensão mais aprofundada dos desafios enfrentados pelo paciente, mas também fundamenta a personalização das estratégias terapêuticas. Ao integrar dados neuropsicológicos, a TCC pode alcançar uma maior especificidade no tratamento, ajustando-se não só aos sintomas apresentados, mas também ao perfil cognitivo subjacente.

Trevisan *et al.* (2019) destacam, em uma análise criteriosa, a contribuição substancial da neuropsicologia para a prática da TCC. Ao examinar fatores como predisposições e vulnerabilidades, incidentes críticos que precipitam sintomas, e obstáculos cognitivos no processo terapêutico, os dados neuropsicológicos podem ser decisivos na escolha das intervenções mais adequadas e na formulação de metas terapêuticas refinadas. Aqui, acrescentamos mais aspectos de contribuição da avaliação neuropsicológica à TCC além dos anteriormente levantados:

- Compreensão da presença de fatores de predisposição[a] e vulnerabilidade: em casos de transtornos do neurodesenvolvimento com prejuízos cognitivos, como o TDAH, experiências decorrentes das dificuldades em atenção e funções executivas poderiam contribuir, por exemplo, para a formação de crenças de incapacidade ou inadequação (Newark; Stieglitz, 2010)
- Compreensão de prejuízos cognitivos enquanto incidentes críticos/precipitantes[a] para as queixas comportamentais apresentadas pelo paciente: no caso do TDAH, quando há um aumento da demanda cognitiva (p. ex., início da alfabetização ou do ensino fundamental II). Ou ainda, uma lesão encefálica adquirida ao longo da vida
- Levantamento e refinamento das metas terapêuticas quando as queixas estão relacionadas aos prejuízos cognitivos, como em dificuldades de memorização, atenção, organização, planejamento e impulsividade
- Compreensão e elaboração de formas de lidar com os obstáculos advindos das alterações cognitivas no processo terapêutico, em que a compreensão e execução das técnicas e da estrutura de sessão pelo paciente ficam consideravelmente limitadas e requerem adaptações
- Acrescentamos aqui a importância da compreensão do impacto dos prejuízos cognitivos diante dos gatilhos situacionais[a] identificados. Isso porque, por exemplo, ler em voz alta diante dos colegas, realizar trabalhos escolares ou elaborar rotinas de estudos podem ser gatilhos ambientais diante da presença de prejuízos cognitivos geralmente observados no TDAH.

Como a TCC pode contribuir com a neuropsicologia?

A TCC oferece uma valiosa contribuição para a neuropsicologia clínica devido ao seu rico repertório de técnicas e procedimentos que são particularmente alinhados às necessidades das funções neuropsicológicas. Como exemplos: a construção da agenda da sessão, que é parte da estrutura essencial da sessão em TCC, envolve diversos componentes de funções executivas como a capacidade de estabelecimento de metas (iniciação, identificação do problema, priorização) e o planejamento (organização e ordenamento de pensamentos e ações, controle de impulso, estimativa e manejo temporal, previsão de resultados). De modo semelhante, o resumo e *feedback* realizado ao final da sessão em TCC também requerem o desenvolvimento de automonitoramento, autorregulação e flexibilidade cognitiva (Bewick *et al.*, 1995), bem como grande envolvimento da memória operacional.

Além desses processos dentro da sessão, a TCC inclui formulação de caso, um componente crítico que pode auxiliar na seleção de intervenções mais apropriadas para cada paciente, como na reabilitação neuropsicológica. Essa formulação de caso não é estática; ela é uma ferramenta dinâmica que se ajusta conforme novos *insights* ocorrem durante o tratamento. Ela é composta pela compreensão e registro resumido de diversos componentes, como dados do histórico do paciente e familiar relevantes ao funcionamento atual; contexto cultural; eventos precipitantes e gatilhos situacionais; ciclos de manutenção internos e externos; crenças sobre si, os outros e o mundo; regras internas; recursos e possíveis obstáculos ao tratamento. Desse modo, as etapas-chave em um raciocínio que envolva os dados de um paciente com problemas de ordem neuropsicológica, incluem:

- Identificar pensamentos e crenças disfuncionais sobre como o paciente era antes (em casos de lesões ou doenças adquiridos ao longo da vida)
- Identificar e flexibilizar distorções a respeito de como ele está agora (sejam elas na direção da maximização de dificuldades ou na anosognosia, ou seja, falta de consciência dos próprios déficits)
- Trabalhar expectativas irrealistas a respeito do prognóstico da condição, tempo e possibilidades de alcance de resultados do tratamento
- Flexibilizar pensamentos disfuncionais no uso de estratégias terapêuticas (p. ex., "só utiliza agenda quem é incapaz")
- Flexibilizar pensamentos disfuncionais sobre habilidades interpessoais e na reintegração social (p. ex., leitura mental, do tipo "vão achar que sou estranho").

Essas etapas permitem aos terapeutas estruturar uma abordagem personalizada que não só aborda os sintomas, mas também reestrutura os pensamentos e as crenças do paciente de maneira que promova uma recuperação mais integrada e abrangente, abrindo caminho para uma melhoria significativa na qualidade de vida. Integrar a TCC com intervenções que abordam mecanismos neurocognitivos e neurobiológicos pode aprimorar o tratamento de transtornos psicológicos. Um exemplo prático é o treinamento de controle cognitivo para fortalecer atividades relacionadas ao córtex pré-frontal dorsolateral, beneficiando a diminuição da ruminação e a melhora na regulação emocional (De Raedt *et al.*, 2020).

Também é importante mencionar que, por vezes, técnicas e estratégias de intervenção da TCC e da neuropsicologia clínica se sobrepõem, como as que estimulam o uso de autoinstrução, o desenvolvimento do automonitoramento

---

[a] Para revisão dos conceitos "precipitantes ou incidente crítico", "fatores de predisposição" e "gatilhos situacionais" (os quais compõem a formulação de caso) ver Nicolleti e Becker (2019).

(por meio de observação e registros de comportamentos, pensamentos e emoções), o treino de resolução de problemas e uso de mediadores externos e estratégias (chamadas "compensatórias" na reabilitação neuropsicológica).

Recomendações essenciais para a integração entre TCC e neuropsicologia

A integração criteriosa entre a TCC e a neuropsicologia abre portas para uma compreensão mais detalhada e uma abordagem mais eficaz no tratamento de desordens psicológicas e neurológicas. As recomendações a seguir buscam orientar profissionais quanto às melhores práticas para fundir esses campos de modo que um complemente o outro, garantindo que a intervenção seja não só personalizada, mas também profundamente enraizada na compreensão das capacidades e dificuldades cognitivas do paciente. Da identificação precisa de prejuízos neuropsicológicos à seleção de técnicas de intervenção que respeitem e aproveitem a complexa interação entre cognição, comportamento e emoção, as recomendações visam aprimorar o rigor e a eficácia do processo terapêutico. Este tópico abordará como avaliar e formular casos levando em conta o espectro completo de fatores neuropsicológicos, adaptar e monitorar intervenções com base nessas avaliações, envolver cuidadores no processo terapêutico e, fundamentalmente, como manter uma abordagem flexível e responsiva às necessidades em evolução do paciente:

- Na avaliação e formulação do caso, considerar que pode haver prejuízos neuropsicológicos relacionados às queixas e dificuldades apresentadas. Uma possível falha do terapeuta nesse sentido seria, por exemplo, interpretar que uma dificuldade de aprendizagem seria somente por histórico de faltas e mudanças de escola/nível de exigência escolar/baixa oportunidade de treino e hábito de estudo/baixa motivação/presença de ansiedade ou depressão. Nessa situação, é essencial incluir nas hipóteses um transtorno de aprendizagem e encaminhar para avaliação neuropsicológica
- Formular respostas atípicas de intervenção por parte do paciente, considerando que eventualmente estratégias "clássicas" de TCC podem ser ineficazes e até mesmo prejudiciais para o tratamento e aliança terapêutica em pacientes com prejuízos neuropsicológicos específicos. Como exemplo, uma pessoa com déficit em funções executivas que incluem baixa abstração e pouca flexibilidade cognitiva pode não ter capacidade de aderir a intervenções mais socráticas e abstratas. Nesse caso, investir no pilar de resolução de problemas da TCC, ou seja, fazer intervenções comportamentais e psicoeducações mais concretas, simples e com uso de recursos visuais seria essencial. Ou seja, há que se investigar o motivo da baixa adesão às estratégias antes de realizar novas tentativas
- Na direção oposta à sugestão anterior, ainda a depender de uma boa formulação contínua do caso do paciente e clareza de seu diagnóstico, há que se pensar que certas intervenções eficazes demandam repetição e monitoramento em casos de prejuízos em funções cognitivas. Por exemplo: é esperado que um paciente com déficits em funções executivas apresente dificuldades em implementar e manter uso de agenda, cronograma e tarefas que demandam regularidade. Ou ainda, prejuízos na memória episódica requerem mais repetições para que haja consolidação de um novo conteúdo a ser aprendido. Se houver dificuldade em memória semântica, mais associações de estímulos precisarão ser feitas para que haja aprendizagem em comparação com uma pessoa sem prejuízo nessa função
- Em grande parte dos casos de transtornos neuropsicológicos, os familiares precisarão ser envolvidos no tratamento, diferente do atendimento de adultos em TCC clássica. A família pode ser incluída nas etapas de psicoeducação sobre o transtorno e o tratamento, levantamento de metas e acompanhamento da implementação/auxílio e/ou monitoramento de algumas intervenções. Ainda, orientações específicas costumam ser utilizadas, como adesão dos familiares à repetição de instruções diretas e específicas em vez de longas e com muitos elementos. Outro aspecto essencial é orientar a família sobre o prejuízo de rotulações e comentários passivo agressivos em relação às dificuldades do paciente
- Uma técnica de intervenção não pode ser escolhida somente com base na queixa apresentada. Por exemplo, diante da dificuldade no manejo de tempo de estudo e muita suscetibilidade à procrastinação, o terapeuta escolhe a técnica Pomodoro (Biwer et al., 2023), mas não identifica que a dificuldade pode ser decorrente de diversos motivos diferentes, como: sustentação da atenção, controle de interferência, outros subcomponentes das funções executivas (priorização, organização dos tópicos, planejamento), motivação, perfeccionismo ou pensamentos relacionados à incapacidade. A formulação de caso, logo após a avaliação inicial e revisada regularmente, deve responder quais são as melhores estratégias e a priorização ideal delas no plano de tratamento
- Selecionar técnicas a partir da formulação e não apenas da queixa apresentada é tão importante quanto não escolher a estratégia terapêutica a partir somente de um relato superficial do paciente. Para tornar mais clara esta questão, pode-se pensar em uma pessoa com um pensamento distorcido a respeito da própria capacidade atencional, segundo o qual acredita que tem sérias dificuldades, quando, na verdade, seu desempenho cognitivo é preservado, porém há comparações e expectativas irrealistas na definição de metas. Se o terapeuta não investiga a fundo essa queixa ou encaminha o paciente para a avaliação neuropsicológica, pode incorrer em sustentar estratégias perfeccionistas que mostram-se improdutivas na realidade e sustentam crenças disfuncionais sobre si mesmo e o próprio desempenho. Ainda nesse exemplo, estratégias clássicas de reabilitação neuropsicológica não gerariam os resultados esperados pelo paciente
- Na direção contrária à recomendação anterior, é necessário investigar e, se for o caso, fazer uma avaliação completa das funções neuropsicológicas do paciente quando ele apresenta queixa cognitiva recorrente e/ou quando esta gera impacto funcional. Caso contrário, o terapeuta pode ficar tentando normalizar e flexibilizar pensamentos que acredita serem distorcidos por parte do paciente,

como "tenho dificuldades para aprender o que eu estudo", ou "sou muito desatento/tenho dificuldades de memória", quando eventualmente estes podem ser realistas. Nesses casos, a direção do plano de intervenção precisa ser reorientada
- Sugere-se monitorar mudanças no afeto/emocional do paciente ao utilizar intervenções terapêuticas diversas. O próprio indivíduo pode não reconhecer ou ter dificuldades de relatar emoções desconfortáveis e pensamentos como "isso é perda de tempo, não vai funcionar para mim, deve haver algo muito errado comigo para estar fazendo isso, é difícil demais", entre outros. É necessário que o terapeuta ou neuropsicólogo fique atento a esses pontos e alterne as estratégias comportamentais com reestruturação cognitiva adequada ao perfil do paciente na psicoeducação e flexibilização destes pensamentos.

Possíveis adaptações na integração entre TCC e neuropsicologia

A adaptação da TCC às capacidades neurocognitivas dos pacientes, informada por avaliações neuropsicológicas, aumenta a eficácia da terapia. Compreender, por exemplo, déficits em funções executivas e processos de memória permite uma escolha mais informada das técnicas de TCC (De Raedt *et al.*, 2020).

Kneebone (2016) fez sugestões sobre como conduzir a TCC em transtornos emocionais após acidente vascular encefálico (AVE) considerando-se o nível de cognição *versus* a habilidade de comunicação do paciente. A avaliação desses dois aspectos deve orientar a escolha de mais estratégias comportamentais ou intervenções mais pertencentes ao pilar de reestruturação cognitiva na elaboração dos planos de intervenções, conforme ilustra a Figura 51.1. Apesar do estudo desse autor ser direcionado a pacientes pós-lesão, entendemos que esse raciocínio clínico pode ser também útil em outras condições de alterações neuropsicológicas.

Hronis, Roberts e Kneebone (2017) indicam ainda adaptações terapêuticas que podem ser realizadas na integração entre TCC e neuropsicologia para crianças com transtorno do desenvolvimento intelectual (TDI). As adaptações encontram-se subdivididas por dificuldades observadas em diferentes domínios cognitivos e podem também inspirar planos de tratamento em outras condições:

- Atenção
  - Sessões mais curtas e mais frequentes
  - Incluir pausas dentro da sessão
  - Substituir intervenções muito longas por divisões em unidades menores
  - Para crianças, incluir diferentes estímulos de diferentes modalidades, cores e desenhos com o objetivo de aumentar engajamento
  - Reforçar positivamente a atenção
  - Manter no mínimo possível as distrações na sala de terapia
- Memória operacional
  - Usar frases curtas, simples e compostas por sujeito-verbo-objeto
  - Apresentar material verbal e visual
  - Usar estratégias externas auxiliares para a memória, como avisos visuais
  - Apresentar uma atividade de cada vez
  - Apresentar informações repetidamente
- Aprendizagem e memória
  - Engajar em processos que envolvem aprendizagem implícita (como *role play* e atividades manuais)
  - Aprendizado baseado em realidade, ou seja, "aprender fazendo"
  - Ensinar via modelação, com o terapeuta usando o "pensar alto" enquanto modela
  - Frequentemente checar o entendimento
  - Garantir o domínio de uma habilidade antes de prosseguir para a próxima
  - Praticar e repetir habilidades

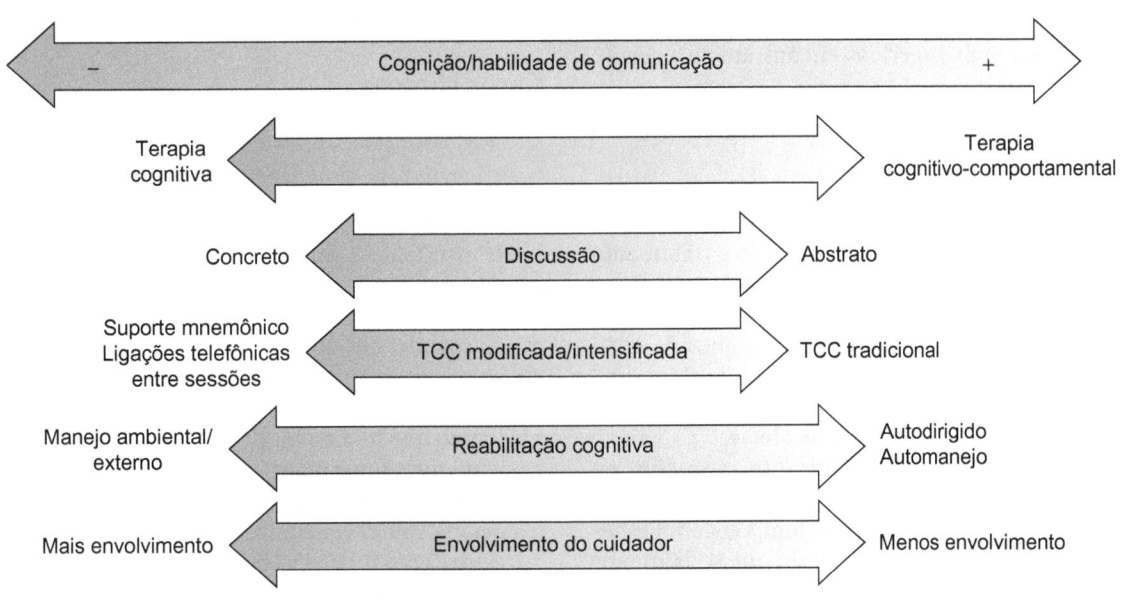

Figura 51.1 Como conduzir a terapia cognitivo-comportamental em transtornos emocionais após acidente vascular encefálico considerando-se o nível de cognição *versus* a habilidade de comunicação do paciente. (Adaptada de Kneebone, 2016.)

- Dar *feedback* imediato
- Gravar sessões ou providenciar resumos escritos para a criança e o cuidador
- Encorajar o paciente a escrever os eventos da semana para facilitar a lembrança
- Envolver familiares para facilitar o lembrar
• Funções executivas
  - Sessões planejadas e estruturadas pelo terapeuta
  - Tentar manter a estrutura da sessão
  - Usar uma agenda visual delineando a estrutura da sessão
  - Evitar ficar trocando testes/atividades/assuntos
  - Visar a flexibilidade mental na resolução de problemas e na tomada de decisões durante todo o processo
  - Redirecionar respostas de desinibição
  - Estabelecer regras para terapia/contrato terapêutico claro
• Linguagem e leitura
  - Priorizar terapia presencial
  - Dicas visuais podem ajudar na comunicação
  - Usar desenhos e fotos para facilitar entendimento, colocados lado a lado com uma clara conexão entre o texto e a imagem
  - Usar formato de leitura facilitada para textos
  - Alta frequência de conectivos são mais efetivos para TDI (p. ex., "e")
  - Dividir texto entre tópicos
  - Negrito para enfatizar pontos principais
  - Evitar jargões
  - Definir novos termos quando necessário
  - Usar as frases mais curtas possíveis (máximo 15 palavras)
  - Alto contraste entre cor do texto e página
  - Utilizar sentenças que consistam em um único conceito
  - Palavras com menos de 3 sílabas.

Gallagher, McLeod e McMillan (2019) fizeram uma revisão sistemática para resumir as principais publicações que se propuseram a mencionar adaptações terapêuticas no tratamento de indivíduos com lesões cerebrais não progressivas. As adaptações mais sugeridas encontram-se a seguir, subdivididas por temas:

• **Psicoeducação e formulação específica para lesão cerebral**
  - Incluir pontos fortes e fracos, com base na avaliação neuropsicológica e na formulação do caso
  - Psicoeducar o paciente sobre o modelo e tratamento da TCC, garantindo que as ligações entre cognições e emoções/afetos sejam compreendidas
  - Fornecer informações claras sobre os efeitos da lesão cerebral, a fim de aumentar a conscientização e normalizar reações comuns
• **Atenção, concentração e estados de alerta**
  - Fazer pausas para descanso durante as sessões de terapia
  - Reduzir a duração das sessões. O tempo não foi especificado, mas assumiu-se na revisão que seria menor do que os 50 minutos de sessão padrão
  - Aumentar a frequência das sessões (mais de 1 vez/semana)
• **Comunicação**
  - Utilizar perguntas claras e estruturadas, limitando o uso de perguntas longas, abertas ou múltiplas
  - Incorporar recursos visuais na sessão para melhorar a compreensão e chamar a atenção para pontos importantes
  - Colocar ênfase em técnicas comportamentais (como ativação comportamental)
• **Memória**
  - O paciente deve ter um caderno ou pasta de terapia, revisá-lo durante a sessão e colocar pontos importantes das sessões e planos de ação (para a semana) nele
  - Utilizar recursos de memória, como notas escritas ou áudios durante a sessão – elas podem ser revisadas entre as sessões
  - Resumir e repetir os pontos importantes em intervalos frequentes durante a sessão (para reorientar e facilitar a memória e o aprendizado)
  - Envolver um membro da família/amigo próximo/cuidador na formulação, terapia e tarefas de casa para melhorar a generalização
• **Funções executivas**
  - Apresentar informações mais lentamente durante a sessão e permitir tempo extra para resposta (devido à velocidade de processamento lenta)
  - Usar um resumo ou um sinal acordado para reconduzir o paciente ao assunto central se/quando suas respostas ou comentários começarem a desviar-se do foco da sessão
  - Concentrar-se em exemplos concretos e ajudar os pacientes a gerar soluções alternativas (devido à dificuldade de pensamento flexível)
  - O terapeuta deve adotar uma abordagem diretiva e estruturada, se necessário, devido ao funcionamento executivo/déficits de atenção
  - Modelar a conclusão de tarefas entre sessões – "dizer, mostrar, fazer" – e incentivar a conclusão de tarefas entre sessões em uma variedade de situações para melhorar a generalização.

Casos clínicos

Caso 1: integrando TCC e neuropsicologia na abordagem de complexidades acadêmicas e emocionais

Neste estudo de caso, apresentamos a conduta terapêutica com uma paciente de 35 anos que enfrenta desafios persistentes em sua vida acadêmica e emocional. Solteira e residindo sozinha em uma cidade diferente da de sua família, ela viveu um percurso prolongado e tumultuado na busca pela conclusão de sua graduação em engenharia de produção, curso que iniciou há 12 anos. Sua trajetória é marcada por tentativas intermitentes, tendo trancado e retomado o curso várias vezes, encontrando-se, atualmente, com a matrícula mais uma vez trancada.

A paciente foi encaminhada para a TCC pelo seu psiquiatra, iniciando o uso de vortioxetina havia 3 meses, com o objetivo de aliviar sintomas depressivos e melhorar seu funcionamento geral. A avaliação neuropsicológica realizada revelou dificuldades de atenção e funções executivas, comuns em indivíduos que enfrentam desafios acadêmicos prolongados. Esse perfil sugeria que, além dos aspectos emocionais, a paciente apresentava alterações cognitivas que afetavam sua capacidade de planejamento, organização, e persistência – habilidades essenciais para o sucesso acadêmico.

Utilizando a abordagem estruturada da TCC, a formulação cognitiva do caso foi minuciosamente delineada. Foram investigados os fatores de vulnerabilidade que poderiam ter raízes na infância ou ter surgido mais tardiamente, bem como experiências que funcionam como gatilhos ou modificadores dos sintomas atuais.

A formulação considerou crenças centrais e pressupostos, influenciando a autopercepção e as interações da paciente com seu mundo. Aspectos como pensamentos automáticos negativos, comportamentos de evitação e procrastinação, variações emocionais, e reações fisiológicas, como tensão e insônia, foram mapeados para uma compreensão abrangente dos sistemas afetados.

As metas terapêuticas visavam a redução dos sintomas, a diminuição do sofrimento e o incentivo à retomada do controle da vida acadêmica e pessoal da paciente. Foi dada atenção especial ao entendimento e ao tratamento do que mantinha a vulnerabilidade e os obstáculos ao progresso.

O plano de tratamento foi iniciado com a estabilização do humor e a flexibilização de pensamentos disfuncionais. Técnicas como psicoeducação, automonitoramento e identificação de erros cognitivos foram empregadas para ajudar a paciente a reconhecer e reformular pensamentos que contribuíam para o seu padrão de procrastinação e autocrítica.

A ativação comportamental focou em ajudar a paciente a engajar-se em atividades que contribuíssem para o bem-estar e o progresso acadêmico. Foi dado suporte para que ela estabelecesse uma rotina diária mais estruturada, que incluísse períodos dedicados ao estudo, cuidados pessoais e lazer. O tratamento incorporou técnicas específicas para melhorar a organização e o planejamento, essenciais para o progresso acadêmico. Estratégias como o uso de agendas, listas de tarefas e técnicas de gerenciamento de tempo foram adaptadas para adequarem-se às capacidades cognitivas da paciente, enquanto a terapia também fortaleceu essas habilidades essenciais.

A terapia adaptou-se continuamente à resposta da paciente, utilizando avaliações periódicas para garantir que as intervenções fossem pertinentes e eficazes. Esse monitoramento contínuo também permitiu ajustes conforme necessário para garantir que a paciente estivesse no caminho certo para alcançar suas metas acadêmicas e pessoais.

Ao longo da terapia, a paciente começou a mostrar melhoras no humor e na capacidade de gerenciar sua rotina diária. Ela reportou diminuição nos níveis de procrastinação e começou a adotar uma postura mais ativa em relação à sua graduação, a qual retomou. A terapia continuou a focar no desenvolvimento de habilidades e em estratégias para superar os desafios que permaneceram, promovendo a autoeficácia e a resiliência da paciente.

Este estudo de caso exemplifica a aplicação prática e integrada da neuropsicologia e da TCC na superação de obstáculos acadêmicos e emocionais, demonstrando como uma compreensão detalhada dos padrões cognitivos pode ser essencial para desbloquear o potencial de sucesso e bem-estar.

Caso 2: desafios do TDAH e da síndrome de Tourette respaldados pela TCC com suporte neuropsicológico

Os pais de B., um jovem de 15 anos com diagnóstico anterior de TDAH e de síndrome de Tourette, buscaram atendimento em orientação parental. Encontrava-se sob cuidados psiquiátricos e engajado em TCC, B. utilizando uma combinação de medicamentos, incluindo topiramato, lamotrigina, fluvoxamina, e outros, visando o manejo dos sintomas.

Sua avaliação neuropsicológica anterior revelou um panorama complexo de desafios, incluindo sono agitado, impulsividade alimentar, explosões de raiva, compras compulsivas, comportamento desafiador e dificuldades acadêmicas e sociais.

O contexto familiar de B. é marcado pelo TDAH aparentemente presente, mas não diagnosticado formalmente em ambos os pais, porém em tratamento medicamentoso e psicoterapêutico. O ambiente escolar anterior foi socialmente desafiador, com *bullying* e relações não confiáveis exacerbando os desafios de B. Próximo ao início do tratamento, a mudança de escola trouxe uma nova percepção sobre B. como um jovem educado e querido, apesar de persistirem desafios em adaptar-se e gerenciar suas necessidades e desejos sociais e as demandas acadêmicas.

A formulação do caso para B. considerou uma série de fatores, incluindo a vulnerabilidade inerente devido ao TDAH e à Tourette, a influência das características de TDAH dos pais, e os precipitantes relacionados às suas experiências sociais adversas na escola anterior. Os gatilhos atuais, como desejos e objetivos a curto prazo e as demandas escolares, bem como modificadores como a resposta parental a seus comportamentos, foram meticulosamente avaliados.

As intervenções focaram no aumento das interações positivas, evitando sarcasmo e ironia, e incentivando maior expressão de carinho. Foi enfatizado aos pais a importância de ouvir B. atentamente, mesmo em face de desconfianças sobre sua honestidade, e de priorizar instruções claras e concisas.

O plano de tratamento de B. envolveu estimular sua empatia, ajustar as sessões de psicoeducação para reconhecer e lidar melhor com sua impulsividade, e auxiliá-lo no planejamento do uso de sua mesada. Foram realizados esforços para reconhecer seus comportamentos adequados, evitando restrições excessivas às suas interações sociais, mas definindo claramente as expectativas para essas interações.

Os desafios neuropsicológicos de B., incluindo percepção temporal prejudicada, impulsividade e dificuldades na cognição social, foram abordados com estratégias adaptadas para atender suas necessidades específicas. Isso incluiu a elaboração de um plano detalhado que alinhava intervenções direcionadas para melhorar o planejamento, o controle inibitório e as habilidades sociais, considerando os pontos fortes de B., como persistência nas tarefas com demandas cognitivas e aceitação social na nova escola.

Este caso ilustra a aplicação da TCC em conjunto com dados neuropsicológicos para enfrentar os multifacetados desafios apresentados pelo TDAH e pela síndrome de Tourette. Ao adaptar o plano de tratamento às necessidades específicas de B. e ao trabalhar em estreita colaboração com a família, foi possível fazer progressos significativos no manejo de seus sintomas e na melhoria de sua qualidade de vida e bem-estar emocional.

Considerações finais

Este capítulo reflete um avanço significativo na compreensão e no tratamento de transtornos mentais e neuropsicológicos, sublinhando a importância crítica da integração entre a neuropsicologia e a TCC. Como discutido, essa integração não apenas enriquece a prática clínica pela compreensão mais profunda dos processos cognitivos e comportamentais dos pacientes, mas também abre caminhos para intervenções terapêuticas mais personalizadas e eficazes.

Os estudos em neurociência, exemplificados pelo trabalho de De Raedt (2020) e Doering e Exner (2011), destacam como o conhecimento sobre a estrutura e função cerebral pode informar a seleção e adaptação de intervenções de TCC para enfrentar desafios específicos encontrados em pacientes com lesões cerebrais adquiridas e outras condições neuropsicológicas. Além disso, a avaliação neuropsicológica surge como uma ferramenta indispensável, guiando não apenas o diagnóstico e a formulação de casos, mas também a personalização do tratamento.

Nos estudos de caso apresentados, demonstramos a aplicabilidade prática dessa abordagem integrada. Ao considerar as características neuropsicológicas individuais dos pacientes na formulação e implementação de intervenções de TCC, terapeutas podem melhorar significativamente os resultados do tratamento. Esta abordagem não apenas facilita a superação de barreiras ao progresso terapêutico, mas também promove uma recuperação mais abrangente e sustentável.

No entanto, é imperativo reconhecer as limitações atuais na literatura e na prática. Enquanto os estudos indicam o potencial dessa integração, a necessidade de pesquisas mais robustas e metodologicamente sólidas permanece. É essencial que futuros esforços de pesquisa se concentrem em examinar os mecanismos subjacentes pelos quais a TCC e as intervenções neuropsicológicas interagem, e como essas sinergias podem ser otimizadas para diferentes condições neuropsicológicas.

Enfatiza-se a promessa que a integração da neuropsicologia com a TCC detém para o futuro da prática clínica. Ao avançar, é crucial o desenvolvimento da compreensão dos processos neuropsicológicos que fundamentam os transtornos mentais e comportamentais, e como se pode melhor intervir. Com a colaboração interdisciplinar e o compromisso com a pesquisa baseada em evidências, há um bom posicionamento para melhorar a vida dos pacientes e familiares que confiam sua recuperação e bem-estar ao trabalho dos profissionais da psicologia.

Referências bibliográficas

BECK, A. T. Cognitive therapy and the emotional disorders. Penguin, 1979.

BECK, A. T.; HAIGH, E. A. Advances in cognitive theory and therapy: The generic cognitive model. Annual review of clinical psychology, v. 10, p. 1-24, 2014.

BIWER, F. et al. Understanding effort regulation: Comparing 'Pomodoro' breaks and self-regulated breaks. British Journal of Educational Psychology, v. 93, 353-367, 2023.

DE RAEDT, R. Contributions from neuroscience to the practice of Cognitive Behaviour Therapy: Translational psychological science in service of good practice. Behaviour Research and Therapy, v. 125, p. 103545, 2020.

DOERING, B.; EXNER, C. Combining neuropsychological and cognitive-behavioral approaches for treating psychological sequelae of acquired brain injury. Current Opinion in Psychiatry, v. 24, n. 2, p. 156-161, 2011.

GALLAGHER, M.; MCLEOD, H. J.; MCMILLAN, T. M. A systematic review of recommended modifications of CBT for people with cognitive impairments following brain injury. Neuropsychological rehabilitation, v. 29, n. 1, p. 1-21, 2019.

HOFMANN, S. G.; ASMUNDSON, G. J. G.; BECK, A. T. The science of cognitive therapy. Behavior Therapy, v. 43, n. 2, p. 313-329, 2012.

HRONIS, A.; ROBERTS, L.; KNEEBONE, I. I. A review of cognitive impairments in children with intellectual disabilities: Implications for cognitive behavior therapy. British Journal of Clinical Psychology, v. 56, n. 2, p. 189-207, 2017.

JOKIĆ-BEGIĆ, N. Cognitive-behavioral therapy and neuroscience: Towards closer integration. Psychological Topics, v. 19, n. 2, p. 235-254, 2010.

KNEEBONE, I. I.; ROBERTS, L.; KNEEBONE, I. I. A framework to support cognitive behavior therapy for emotional disorder after stroke. Cognitive and Behavioral Practice, v. 23, n. 1, p. 99-109, 2016.

NICOLETTI, E. A.; BECKER, P. Formulação de caso. In: NICOLETTI, E. A.; DONADON, M. F. Ciclos de manutenção em terapia cognitivo comportamental: Formulação de caso, plano de tratamento e intervenções específicas. Novo Hamburgo: Sinopsys, 2019. p. 13-65.

TREVISAN, B. T. et al. Terapia cognitivo comportamental e neuropsicologia cognitiva: integrações possíveis. Anais do XII Congresso Brasileiro de Terapias Cognitivas. Fortaleza (CE): Federação Brasileira de Terapias Cognitivas, 2019.

Parte 6

Reabilitação Cognitiva e Intervenções Comportamentais em Crianças e Adolescentes

Capítulo 52 Transtornos Específicos de Aprendizagem, **549**

Capítulo 53 Intervenções Neuropsicológicas na Escola, **560**

Capítulo 54 Transtorno do Déficit de Atenção e Hiperatividade, **566**

Capítulo 55 Transtorno do Espectro Autista, **582**

Capítulo 56 Transtorno do Desenvolvimento Intelectual, **591**

Capítulo 57 Intervenções Cognitivas e Comportamentais no Traumatismo Cranioencefálico e Lesões Adquiridas na Infância, **600**

52 Transtornos Específicos de Aprendizagem

Thiago da Silva Gusmão Cardoso • Silvia Cristina de Freitas Feldberg •
Roselaine Pontes de Almeida

Introdução

Cerca de 5% de todos os alunos da rede de ensino apresentam transtorno específico de aprendizagem (TEAp). O TEAp não é um transtorno único, mas um conjunto de transtornos que inclui déficits em qualquer uma das áreas relacionadas com a leitura, linguagem e matemática (APA, 2023). Esses tipos distintos de dificuldades de aprendizagem frequentemente podem coocorrer com o outro e com déficits em habilidades sociais e distúrbios emocionais ou comportamentais.

O conceito de TEAp centrava-se na noção de uma discrepância entre o desempenho acadêmico de uma criança e seu quociente de inteligência (QI) (APA, 2000). Entretanto, as pesquisas mais recentes na área indicam que a discrepância não é condição suficiente ou necessária para o diagnóstico, permitindo que crianças com QI mais baixo (p. ex., QI acima de 70 ± 5), recebam o diagnóstico (Snowling; Hulme, 2012). Nem mesmo o recurso a critérios psicométricos em testes de desempenho acadêmico permaneceu como a última palavra no diagnóstico, podendo ser substituído por critérios mais abrangentes (limiar entre 1 e 2,5 desvio-padrão abaixo da média populacional para a idade), desde que exista convergência de evidências de dificuldades de aprendizagem entre avaliação clínica, resultados de testes, história familiar, história acadêmica e relatórios escolares (APA, 2023). Ademais, a presença persistente dos sintomas por pelo menos 6 meses e, apesar de intervenções especificamente direcionadas a essas dificuldades (abordagem de Resposta à Intervenção – RTI), também foi adotada como critério diagnóstico a partir do *Manual diagnóstico e estatístico de transtornos mentais* (DSM-5). O que caracteriza a especificidade de um transtorno de aprendizagem são quatro razões: não são atribuíveis a transtorno do desenvolvimento intelectual (TDI), a atrasos globais do desenvolvimento, a deficiências sensoriais primárias (auditivas ou visuais), a problemas neurológicos ou motores (APA, 2023).

Dificuldades de aprendizagem, por sua vez, é um termo genérico que abarca um grupo heterogêneo de problemas capazes de alterar as possibilidades de aprendizagem de uma pessoa, influenciados por fatores relacionados à escola, à família e ao próprio aprendiz (Rotta, 2015). Dessa forma, os motivos pelos quais uma criança não aprende, ou seja, não adquire ou desenvolve certas competências (como a leitura, a escrita, o cálculo matemático) podem ser heterogêneos. As dificuldades de aprendizagem podem envolver apenas um domínio (p. ex., cálculo) ou muitos aspectos do funcionamento acadêmico (Rotta, 2015).

Dislexia do desenvolvimento

A dislexia do desenvolvimento (DL) é um transtorno específico de aprendizagem relacionado a dificuldades graves e persistentes, com o reconhecimento preciso e/ou fluente de palavras, e por déficits nas habilidades de ortografia e decodificação (Lyon; Shaywitz, 2003). As estimativas de prevalência da dislexia são de 7% da população global (Yang *et al.*, 2022).

A investigação acerca da dislexia do desenvolvimento acumulou evidências empíricas robustas em apoio à teoria do déficit fonológico da linguagem como a principal explicação causal das dificuldades de leitura e escrita nessa condição (Stein, 2018). A teoria fonológica da dislexia do desenvolvimento postula que as crianças disléxicas não conseguem aprender a ler porque não adquirem a habilidade de separar os sons de uma palavra para combinar com suas letras visuais, habilidade também referida de consciência fonêmica (Stein, 2018). No início do desenvolvimento da linguagem, a consciência fonológica (CF) começa a ser adquirida através da prática de rima, aliteração e outros jogos de linguagem. Dessa forma, vários níveis de processamento fonológico estão envolvidos sob a denominação de CF, alguns se desenvolvendo naturalmente e outros na dependência do processo de instrução formal, a exemplo da consciência silábica e da consciência fonêmica, esta última entendida como a destreza em perceber os sons das palavras como unidades abstratas e manipuláveis (Freitas; Cardoso; Siquara, 2012).

A dislexia do desenvolvimento pode ser dividida em dois subtipos (Peterson; Pennington; Olson, 2013):

- Dislexia fonológica associada a um déficit seletivo na leitura de pseudopalavras
- Dislexia superficial associada a um déficit seletivo na leitura de palavras com grafia irregular.

Esse duplo padrão de dissociação fornece evidências empíricas para o chamado modelo de dupla rota de leitura (Ellis; Young, 1988; Coltheart *et al.*, 2001). Segundo o modelo de dupla rota de leitura, leitores fluentes usam duas rotas separáveis para ler em voz alta: uma rota léxico-ortográfica e uma rota fonológica não lexical. Na rota léxico-ortográfica, a entrada ortográfica é ativada diante de uma palavra familiar selecionada de forma direta do léxico ortográfico, que, por sua vez, ativa a saída fonológica apropriada. A rota fonológica, ou não lexical, recebe dados ortográficos, analisa-os em grafemas, converte os grafemas em seus fonemas correspondentes por meio de um conjunto de regras explícitas e, em seguida, reúne esses fonemas em uma palavra para saída. Ambas as rotas são invocadas em paralelo em resposta a uma palavra-estímulo, e ambas as rotas contribuem para a leitura bem-sucedida de palavras regulares. Todavia, apenas a rota lexical pode ler palavras irregulares com êxito, já que essas palavras quebram as regras de correspondências grafema-fonema. Por outro lado, somente a rota fonológica pode ler pseudopalavras, uma vez que estas não foram encontradas antes e não estão no léxico ortográfico.

Uma outra teoria para explicar as dificuldades na dislexia, propõe que além do déficit fonológico, os indivíduos com dislexia possuiriam déficits na velocidade de nomeação, essa teoria é chamada de duplo déficit (Wolf; Bowers, 1999). A teoria do duplo déficit parte do papel central das habilidades de processamento fonológico para o desenvolvimento da leitura, mas acrescenta que a nomeação serial/automatizada rápida (NAR) é uma habilidade igualmente importante para esse desenvolvimento. Em resumo, a teoria do duplo déficit propõe que os indivíduos disléxicos apresentam um único déficit em uma dessas habilidades ou ainda um duplo déficit em ambas as habilidades (Wolf; Bowers, 1999). Com base na teoria, Wolf e Bowers (1999) propõem a existência de três subtipos de leitores com dislexia:

- O primeiro, exibindo um único déficit nas habilidades fonológicas, mas com velocidade de nomeação intacta
- O segundo, exibindo um único déficit na velocidade de nomeação, mas com habilidades fonológicas intactas
- O terceiro, exibindo um duplo déficit, com as habilidades fonológicas e de nomeação rápida prejudicadas.

Ademais, o déficit fonológico tem forte relação com a precisão da decodificação, enquanto o déficit na velocidade de nomeação está fortemente associado à fluência na leitura.

No nível neurológico, foram observadas diferenças nos cérebros de indivíduos com dislexia nos padrões de ativação na rede de leitura no hemisfério esquerdo, incluindo o córtex têmporo-parietal (TP), o córtex occipitotemporal (OT) e o córtex frontal inferior (FI). A área TP esquerda é subdividida em giro temporal superior posterior (GTSP), que está envolvido na análise fonológica fina (Richlan, 2012) e no lóbulo parietal inferior (LPI), que está associado ao controle geral da atenção (Richlan, 2014). A área OT esquerda está associada ao processamento visual ortográfico durante a leitura, enquanto o FI está envolvido na recuperação fonológica e semântica, seleção e integração lexical (Richlan, 2014).

Discalculia do desenvolvimento

A discalculia do desenvolvimento (DD) é um transtorno específico de aprendizagem, relacionado a dificuldades graves e persistentes em manipular informações numéricas e realizar operações aritméticas (Butterworth; Varma; Laurillard, 2011). Trata-se de um transtorno heterogêneo resultante de déficits individuais no funcionamento numérico ou aritmético nos níveis cognitivos neuropsicológicos, comportamentais e neuronais (Kaufmann et al., 2013).

Crianças com DD têm problemas no domínio da compreensão e produção numérica em uma ampla gama de habilidades, como contagem, processamento de magnitudes, aritmética, transcodificação entre palavras e números ou entre números e quantidades, na representação espacial do número, bem como em habilidades cognitivas gerais como memória operacional e processos atencionais (Kucian; Von Aster, 2015). Estudos convergentes sugerem que o processamento numérico e aritmético durante o desenvolvimento envolve um deslocamento anteroposterior da atividade cerebral (Kucian et al., 2014). Esse deslocamento refletiria uma diminuição da dependência de regiões frontais anteriores apoiando o processamento numérico em habilidades cognitivas gerais (memória operacional e processos atencionais) para a crescente especialização funcional e automatização do processamento numérico em regiões cerebrais frontoparietais posteriores (Kucian; Von Aster, 2015). Estudos sobre crianças com DD apontam para anormalidades funcionais e estruturais nesse percurso de desenvolvimento anteroposterior, com déficits em regiões centrais de processamento de número (regiões parietais), além de um reforço no recrutamento de áreas de apoio frontais associadas à memória operacional, automonitoramento e representação de dedos (Kucian et al., 2008, 2011, 2014). Esses achados podem refletir mecanismos compensatórios.

A discalculia do desenvolvimento pode ser dividida, com base na heterogeneidade cognitiva, em subtipos (Wilson; Dehaene, 2007):

- Discalculia do senso numérico relacionada a dificuldades em tarefas não simbólicas (estimação de magnitudes, cálculo aproximado, adição e subtração de numerosidades) e prejuízos (funcionais ou estruturais) no sulco intraparietal (SIPh)
- Discalculia verbal relacionada a dificuldades em tarefas numérico verbais (multiplicação, adição exata e resgate de fatos aritméticos) e prejuízos no giro angular esquerdo
- Discalculia atencional espacial relacionada a dificuldades em tarefas numéricas que requerem a alternância da atenção espacial, tais como aproximação, subtração e comparação de números, a região de maior prejuízo é o lobo parietal superior posterior.

Mesmo muito cedo na vida escolar de uma criança, qualquer sinal de problemas na aprendizagem da leitura e da matemática deve ser levado a sério, investigado e tratado. A suposição comum de que a criança vai crescer sem o problema não é válido, pois na maioria dos casos se trata de condições crônicas, como os transtornos de aprendizagem. Sabemos que a identificação e intervenção precoces podem evitar dificuldades mais graves nas habilidades acadêmicas, ou pelo menos reduzir a gravidade delas. Dificuldades de aprendizagem têm consequências importantes para o indivíduo e a sociedade em que vivem. As taxas de desemprego, redução de renda e baixo nível socioeconômico durante a vida adulta são muitas vezes elevados em indivíduos com dificuldades de aprendizagem (Stein; Blum; Barbaresi, 2011). Portanto, é importante garantir, para as crianças, formas adequadas de estimulação cognitiva para a remediação das suas dificuldades de aprendizagem e desenvolvimento cognitivo correspondente à sua idade e nível de escolaridade.

Avaliação neuropsicológica

A avaliação neuropsicológica é útil na investigação dos TEAp, principalmente por ajudar a responder perguntas que vão além do diagnóstico. Os aspectos neuropsicológicos são valiosas fontes de informação para a compreensão clínica mais abrangente do neurodesenvolvimento típico ou atípico do paciente. Embora a pedra angular da avaliação diagnóstica deva ser a avaliação dos sintomas definidores (com base na história clínica, observações e testes confiáveis e validados), bem como a atenção cuidadosa ao comprometimento funcional e possíveis comorbidades, é a avaliação neuropsicológica detalhada que fornece o perfil cognitivo individual fundamental para o planejamento do tratamento e para ajudar as famílias e os educadores a se adaptarem aos pontos fortes e fracos do funcionamento cognitivo único de cada paciente.

O diagnóstico de TEAp exige a exclusão de outros fatores que possam explicar melhor as dificuldades acadêmicas encontradas, de leitura, de escrita ou de cálculo, tais como déficits globais, instrução inadequada ou domínio insuficiente da língua de instrução. Por exemplo, indivíduos com baixo QI ou com TDI podem ter dificuldades de leitura, escrita e matemática, mas as suas deficiências não são consideradas inesperadas, dadas as suas capacidades cognitivas globais. Da mesma forma, indivíduos com deficiência visual ou auditiva também podem ter dificuldades de leitura, escrita e/ou matemática, mas as suas deficiências não são específicas desses domínios acadêmicos e estão, em vez disso, relacionadas com as suas deficiências sensoriais. O diagnóstico de TEAp requer a presença de dificuldades persistentes em uma ou mais áreas do desempenho acadêmico que não são mais bem explicadas por TDI, deficiências sensoriais, condições neurológicas ou médicas, falta de oportunidade de aprender ou fatores ambientais. De acordo com o DSM-5-TR (APA, 2023), a categoria de transtorno específico de aprendizagem é definida por prejuízo em habilidades acadêmicas básicas e/ou complexas (no caso da leitura, caracterizado por dificuldades no reconhecimento preciso ou fluente de palavras, baixa compreensão de leitura e/ou baixa velocidade de leitura). O DSM-5-TR exige que as dificuldades tenham persistido durante pelo menos 6 meses, apesar da intervenção e do apoio direcionados, e devem ser diagnosticadas com base em uma avaliação abrangente que inclua a utilização de testes padronizados e observações clínicas. Além disso, o desempenho na(s) área(s) de dificuldade deve estar significativamente abaixo do que é esperado para a idade, a inteligência geral e o nível educacional da criança, satisfazendo o critério de imprevisibilidade, e as dificuldades da criança devem interferir no desempenho acadêmico e/ou atividades diárias (APA, 2023).

Embora as diretrizes descritas no DSM-5-TR e na CID-11 sejam notavelmente semelhantes, existem algumas diferenças entre as duas. Especificamente, os critérios de diagnóstico da OMS recomendam fortemente, mas não exigem, a utilização de testes padronizados, reconhecendo que tais testes podem nem sempre ser viáveis (OMS, 2022). Além disso, a CID-11 não usa o termo transtornos específicos de aprendizagem (TEAp), em vez disso caracteriza essas dificuldades de aprendizagem como transtornos de desenvolvimento da aprendizagem (TDAp), que compreendem um grupo de transtornos do neurodesenvolvimento que afetam a capacidade da criança de adquirir e usar habilidades relacionadas à leitura, escrita, matemática e/ou habilidades acadêmicas relacionadas. Por exemplo, no caso da dislexia, a CID-11 a descreve como um transtorno do desenvolvimento da aprendizagem com prejuízo na leitura (TDAp-L), que se caracteriza por dificuldades no reconhecimento, decodificação, precisão e/ou fluência da leitura de palavras, satisfazendo o critério de especificidade do transtorno (OMS, 2022).

Perfil cognitivo na dislexia do desenvolvimento

Indivíduos com dislexia não costumam apresentar déficits de inteligência, ou seja, apresentam uma capacidade intelectual normal. Os QI medidos por testes de inteligência podem ser elevados, resultando no fenômeno da dupla excepcionalidade ou podem ser do tipo médio inferior. Além disso, verifica-se que os sujeitos com dislexia não apresentam diferenças entre o QI total e o QI executivo (raciocínio perceptual), mas podem ter diferenças ou discrepâncias entre o QI verbal (compreensão verbal) e o QI executivo (raciocínio perceptual), além de baixos índices de memória operacional (Weiss; Saklofske; Prifitera; Holdnack, 2016). Crianças com dislexia muitas vezes apresentam déficits na inteligência cristalizada, mas não na inteligência fluida, ou seja, podem manifestar problemas na inteligência prática.

Na avaliação neuropsicológica é importante a identificação de sinais cognitivos e linguísticos específicos: processamento fonológico deficiente, nomeação automática lenta, memória operacional verbal fraca. Além disso, deve-se incluir medidas de habilidade verbal, como vocabulário, compreensão auditiva, fluência verbal e raciocínio verbal, que são altamente preditivas do desempenho em leitura (Snowling; Hulme, 2021).

A utilização de testes de nomeação rápida (medidas de NAR) complementam a avaliação neuropsicológica, uma vez que a NAR é um importante preditor de reconhecimento automático de palavras e fluência de leitura (Araújo et al., 2015). Nesse tipo de paradigma, as crianças recebem um cartão com letras, números ou cores e são solicitadas a nomeá-los o mais rápido possível (Araújo et al., 2015).

Crianças com DL apresentam déficits na precisão e velocidade de leitura de palavras e/ou pseudopalavras, bem como na ortografia e correção ortográfica. Alguns sinais acadêmicos frequentes incluem: leitura lenta e sonora; lexicalizações (transformar pseudopalavras em palavras); erros na leitura de palavras longas, desconhecidas ou pseudopalavras; erros de derivação (mantém a raiz, mas modifica o sufixo); separações e uniões inadequadas por escrito; e erros visuais, como rotação, em que palavras ortográfica e visualmente semelhantes são trocadas. Outros sinais também são: erros na leitura de palavras curtas, frequentes e familiares; erros na compreensão de homófonos; erros na tarefa de tomada de decisão lexical com pseudo-homófonos; erros fonológicos (erros por semelhança fonética); e erros frequentes em grafias convencionais e palavras de exceção.

Testes padronizados que incluem o processamento fonológico podem fornecer aos profissionais uma medida confiável e válida das habilidades de processamento fonológico de uma criança. Ao avaliar a capacidade de uma criança identificar e manipular sons e sílabas, os profissionais podem determinar se as deficiências no processamento fonológico características da dislexia contribuem para a dificuldade de leitura da criança, aumentando a especificidade do diagnóstico e auxiliando na seleção de intervenções apropriadas. Uma vez que indivíduos com dislexia apresentam dificuldades em perceber e/ou manipular conscientemente unidades linguísticas (sílabas e/ou fonemas) em diferentes tarefas como identificação, contagem, omissão, adição e substituição de unidades.

Perfil cognitivo na discalculia do desenvolvimento

Indivíduos com discalculia têm dificuldade em adquirir habilidades básicas de aritmética que não é explicada pela baixa inteligência ou escolarização inadequada.

A discalculia é frequentemente associada com transtornos mentais (von Aster; Shalev, 2007; Vedi; Bernard, 2012). Muitos indivíduos afetados podem adquirir uma atitude negativa para contagem e aritmética, para as quais, por sua vez, desenvolve-se frequentemente uma ansiedade matemática específica ou mesmo uma fobia generalizada (Kauffman; von Aster, 2012). A menos que devidamente tratada, a discalculia persiste na idade adulta (Gerber, 2012; Butterworth; Varma; Laurillard, 2011), que pode prejudicar de forma duradoura o desenvolvimento da personalidade, escolaridade e formação profissional. Adultos com discalculia sofrem uma grande desvantagem no mercado de trabalho.

Existe uma variedade de perfis de desempenho para competências numéricas e de cálculo, o que sugere que existem diferentes subtipos de discalculia (Kaufmann; Nuerk, 2005; Wilson; Dehaene, 2007; Landerl et al., 2009. Múltiplos fatores cognitivos têm sido discutidos na literatura como potenciais causas contribuintes da discalculia (Wilson; Dehaene, 2007).

De acordo com Kauffman e von Aster (2012), quando há suspeita de discalculia, é necessária uma avaliação diagnóstica detalhada para levar em conta a complexidade desse distúrbio de aprendizagem e produzir uma imagem precisa dos pontos fortes e fracos específicos da criança afetada na área de números e cálculos. Os instrumentos de diagnóstico utilizados para esse fim são de dois tipos principais, o curricular e o neuropsicológico.

O teste curricular é orientado para o currículo de matemática do ano da criança. Seu principal objetivo é determinar se a criança atingiu os objetivos de aprendizagem para seu ano. Como as crianças afetadas muitas vezes têm um desempenho muito abaixo do nível escolar em tarefas numéricas e de cálculo, a utilização de testes curriculares por si só pode não produzir uma imagem completa do déficit de desempenho real; isso pode, por sua vez, levar a intervenções inadequadas com poucas promessas de eficácia, porque o desempenho da criança não está no nível para o qual a intervenção foi concebida (Kauffman; von Aster, 2012). Por esse motivo, esses testes devem ser complementados com a avaliação neuropsicológica, concebida para avaliar competências numéricas e aritméticas básicas e ter em conta funções não numéricas. Seu principal objetivo é gerar um perfil de desempenho para habilidades aritméticas numéricas e determinar a causa da dificuldade de cálculo (ou seja, identificar os processos e mecanismos de aprendizagem subjacentes).

A identificação precoce e o tratamento da discalculia são muito importantes devido à sua frequente associação com transtornos mentais. É necessário uma completa avaliação neuropsicológica, levando em conta a complexidade da discalculia e seus múltiplos fenótipos para fornecer a base para o planejamento de um tratamento eficaz (Kauffman; von Aster, 2012).

Nas crianças em idade pré-escolar, podem ser identificadas competências precursoras específicas que foram consideradas preditores confiáveis da capacidade de cálculo posterior (Aunio; Niemivirta; 2010; Passolunghi; Vercelloni; Schadee, 2007). A memória operacional também foi considerada um preditor (Gersten; Jordan; Flojo, 2005; Rosselli et al., 2006; Toll et al., 2011). A maioria dos testes padronizados de capacidade de cálculo, principalmente no Brasil, são concebidos para crianças do ensino fundamental I e não são padronizados para nenhum nível superior ao 6º ano (Kauffman; von Aster, 2012).

Vários aspectos das funções aritméticas numéricas e competências relevantes em cada área funcional baseiam-se principalmente em classificações neuropsicológicas e neurocientíficas de habilidades de cálculo. A literatura contém diversas definições e classificações de funções numéricas básicas e precursoras e, conforme Kaufmann e von Aster (2012), pode-se considerar esses dois aspectos em conjunto porque ambos estão relacionados com o conhecimento numérico-aritmético adquirido (principalmente de forma implícita) antes da criança atingir a idade escolar.

Ainda segundo Kaufmann e von Aster (2012), habilidades numérico-aritméticas que apresentam dificuldade particular para crianças com discalculia e dificuldade de aprendizagem matemática são:

- A aquisição, recuperação e aplicação de conhecimento aritmético numérico, incluindo conceituação numérico espacial (linha numérica mental) e conhecimento aritmético factual e processual
- Aplicação errada ou inadequada de estratégias de cálculo
- Dificuldade em generalizar o conteúdo aprendido
- Pouca ou nenhuma transferência de conhecimento, ou seja, nenhuma transferência automática do conteúdo aprendido para outras tarefas ou áreas problemáticas sem ajuda externa.

Intervenções nos transtornos específicos de aprendizagem

Intervenções na dislexia do desenvolvimento

A intervenção na dislexia é um processo que visa o desenvolvimento de estratégias eficazes com foco nas diversas habilidades que compõem a leitura e a escrita. Deve ser realizada a partir de práticas baseadas em evidências científicas (Almeida, 2023) que tenham sido testadas e apresentem eficácia comprovada, podendo ser conduzidas no ambiente escolar ou clínico.

A multidimensionalidade da dislexia traz a importância do repertório amplo e variado do profissional no que se refere às estratégias para condução da intervenção. Considerando que o DSM-5 (APA, 2013) traz a proposta de resposta à intervenção (*response to intervention* – RTI*)*, é importante iniciar esse processo antes mesmo do diagnóstico. A RTI propõe multicamadas de intervenção, a saber:

- Camada 1: intervenção de caráter instrucional e preventivo, realizada na escola, de forma coletiva
- Camada 2: intervenção suplementar, remediativa e realizada na clínica ou na escola e com pequenos grupos (de até 5 crianças)
- Camada 3: Intervenção individual, remediativa, realizada no ambiente clínico.

A Camada 2 é ofertada para a criança que não apresentou avanço significativo na intervenção da Camada 1, e a Camada 3 é ofertada para crianças que não apresentaram avanço significativo na intervenção da Camada 2 (Fletcher; Vaugh, 2009; Almeida *et al*., 2016; Brito; Seabra, 2018).

Uma das principais abordagens na intervenção da dislexia é a fonológica. Essa abordagem tem como objetivo primordial auxiliar a criança a desenvolver a consciência fonológica, que é a habilidade de identificar, segmentar e manipular os sons da fala. Através de atividades como jogos de rimas, associação de sons e letras, prática de identificação, segmentação e produção de sílabas e fonemas, a criança aprende a reconhecer os sons que compõem as palavras e a relacioná-los com as letras correspondentes (Da Silva; Godoy, 2020). Outras estratégias incluem a estimulação de habilidades preditoras de leitura e escrita (Azoni; Alcantara, 2022), como vocabulário, conhecimento alfabético e nomeação automática rápida (Silva; Macedo, 2022).

Para além da estimulação das habilidades preditoras, intervenções que visem o reconhecimento de palavras, a fluência de leitura e a compreensão leitora também têm se mostrado eficazes. Para o reconhecimento de palavras é importante que a intervenção seja direcionada à estimulação da consciência fonológica e do conhecimento alfabético, de modo a possibilitar a correspondência grafofonêmica (letra-som) e fonográfêmica (som-letra), favorecendo a automatização da leitura. Para crianças com dificuldades na fluência, é importante estimular a experiência da leitura, começando com palavras regulares, curtas e de alta frequência, e aumentar o desafio para outros tipos de palavras, frases e textos, expondo a criança a diferentes textos e incentivando-a a ler e escrever regularmente. A repetição é uma parte fundamental dessa prática, pois permite que a criança se familiarize com as palavras e com padrões ortográficos. Além disso, é importante que a criança seja incentivada a escrever de forma criativa, o que ajuda a desenvolver a expressão escrita e a confiança na sua habilidade. Com relação à compreensão leitora, é importante estimular a ampliação do vocabulário/conhecimento das palavras, trabalhar com estratégias de conhecimento gramatical e domínio sintático, além do ensino intencional de estratégias de inferência, localização da ideia principal e grifar palavras-chave (Soares; Befi-Lopes, 2023).

Independentemente do tipo de intervenção, alguns pressupostos base são importantes de serem considerados, pois têm o potencial de auxiliar no desenvolvimento e na consolidação das habilidades trabalhadas. São eles:

- Abordagem multissensorial
- Aplicação gradual
- Sistematicidade (Brites; Almeida, 2023a, 2023b).

A estimulação multissensorial tem como objetivo estimular e envolver múltiplos sentidos para promover desenvolvimento, aprendizado e bem-estar de indivíduos. Assim, utiliza uma combinação de estímulos visuais, auditivos, táteis, olfativos e gustativos para criar uma experiência sensorial completa e promover um ambiente rico e estimulante, que possibilite aprimorar habilidades. Aplicação gradual significa considerar uma hierarquia de habilidades na intervenção, começando pela mais simples e aumentando o desafio gradualmente, até chegar ao nível mais complexo. Por fim, a sistematicidade pressupõe a aplicação regular (frequente) das atividades de intervenção (Brites; Almeida, 2023).

A intervenção na dislexia não se limita apenas a atividades individuais. É fundamental que a criança seja incluída em um ambiente de suporte e compreensão, como a escola e a família. Professores e familiares devem estar cientes das dificuldades e necessidades específicas da criança disléxica, oferecendo apoio emocional, encorajando e reconhecendo os esforços e progressos obtidos ao longo do processo.

Vale ressaltar que a intervenção deve começar o mais cedo possível, possibilitando um melhor prognóstico geral e condições mais adequadas para a inclusão. Além disso, é essencial que a intervenção seja contínua e adaptada ao longo do tempo, para atender às necessidades específicas da criança em diferentes estágios de sua jornada educacional. Estimulação intencional, apoio emocional e inclusão em um ambiente de suporte se caracterizam, então, como condições fundamentais para o desenvolvimento integral desses indivíduos.

A intervenção neuropsicológica na dislexia tem-se revelado particularmente eficaz quando os programas visam déficits de leitura e/ou escrita, uma vez que são mais relevantes para as necessidades específicas dos sujeitos, em vez de se concentrarem em déficits cognitivos gerais, que são inespecíficos e difíceis de superar ou modificar, tornando-os, portanto, menos sensíveis à intervenção neuropsicológica.

Tarefas para melhorar o processamento perceptual auditivo (González-Valenzuela, 2017; Jiménez, 2019):

- Identificar o tom de um som a partir de uma série de tons que variam
- Tocar uma série de tons de sons emitidos
- Identificar fonemas emitidos que variam no ponto ou modo de articulação
- Reproduzir séries de fonemas
- Identificar a localização de uma sílaba/fonema emitida a partir de uma sequência de sílabas/fonemas
- Identificar uma sílaba/fonema entre a emissão de duas que diferem quanto ao modo de articulação
- Combinar duas sílabas/fonemas, que diferem no modo de articulação, com um modelo que os contém
- Decidir se duas sequências auditivas formadas por uma sílaba/fonema diferem ou não em ritmo
- Identificar o desenho que começa com determinada sílaba/fonema a partir de duas sílabas/fonemas faladas.

Outra área de intervenção seria o processamento fonológico, visando otimizar déficits na elaboração e interpretação da informação fonológica, como o conhecimento fonológico e a melhoria da correspondência fonema-grafema (González-Valenzuela, 2017; Jiménez, 2019). As atividades para melhorar essa área incluem:

- Contar palavras em uma frase falada
- Identificação de sílabas e/ou fonemas em palavras faladas
- Encontrar palavras que rimam com um modelo
- Contagem de sílabas e/ou fonemas
- Classificar palavras por sílabas e/ou fonemas, localizadas em posições diferentes
- Omissão de sílabas e/ou fonemas em uma palavra falada
- Combinar sequências de sílabas ou fonemas falados para formar palavras
- Adicionar sílabas e/ou fonemas a uma palavra falada
- Substituir uma sílaba ou fonema e pronunciar a palavra resultante
- Inverter a ordem das sílabas ou fonemas falados.

Por fim, também seria necessária a intervenção nos déficits de processamento ortográfico, melhorando a identificação visual das palavras (González-Valenzuela, 2017; Jiménez, 2019). As atividades incluiriam:

- Diferenciar palavras homófonas
- Escolher uma palavra de um par de palavras homófonas de acordo com o significado declarado
- Escolher a palavra escrita corretamente entre uma palavra e uma pseudo-homófona
- Completar palavras adicionando vogais ou consoantes
- Combinar uma palavra com seu desenho, fornecendo um conjunto de palavras (cartão *flash*)
- Identificar a palavra correspondente e a pseudo-homófona
- Selecionar palavras representadas em desenhos a partir de um conjunto de palavras e pseudopalavras
- Procurar palavras
- Identificar a palavra modelo a partir de uma sequência de palavras
- Formar palavras com determinadas sílabas.

Intervenções na discalculia do desenvolvimento

As intervenções neuropsicológicas para a discalculia do desenvolvimento visam os déficits de senso numérico, cálculos e diminuição da ansiedade matemática. A seguir são descritas algumas estratégias e técnicas eficazes.

Ao ensinar número e conceitos relacionados, use materiais variados disponíveis, como varetas, material dourado, numicon, ábacos, soroban etc. Através de uma abordagem multissensorial e manipulativa, o paciente com discalculia pode desenvolver conceitos numéricos, valores posicionais e raciocínio matemático. Além disso, o uso de materiais concretos na intervenção ajuda a desenvolver um conceito claro dos termos matemáticos e a compreender a relação entre números e sistemas numéricos pela manipulação dos materiais. Ademais, ajuda a desenvolver habilidades aritméticas mentais de forma eficaz.

O sujeito deve ter tempo suficiente para manipular uma variedade de materiais concretos para explorar o significado, os conceitos, os fatos matemáticos, os padrões e a compreensão do assunto. Tal atividade ajuda o paciente com discalculia a ampliar seu poder de raciocínio e a aprender sobre eles de forma permanente.

A intervenção deve ser sistemática, porém divertida, uma vez que a má compreensão da matemática produz medos e consequências desagradáveis para a autoeficácia percebida. Portanto, jogos com dados, Dominó, *Ten-frames* (Dez Quadros) etc. tornam o processo divertido e podem familiarizar o sujeito com a face dos dados, padrões de pontos de Dominó e contagem e relações numéricas em Dez Quadros.

O uso da tecnologia ajuda o paciente com discalculia a aprender matemática de forma interativa e favorece o desafio e a motivação com a matemática. O *Number Race* é um *software* que fornece treinamento cognitivo intensivo em um jogo de corrida com uma linha numérica, possibilitando comparações numéricas e ligações entre os números e o espaço (Wilson *et al.*, 2006). O programa busca ainda consolidar nas crianças com discalculia as relações entre representações simbólicas e não simbólicas. Outro *software* conhecido por ajudar pacientes com discalculia é o *Dybuster Calcularis*, trata-se de uma intervenção digital para o treino de habilidades matemáticas em crianças e adolescentes do ensino fundamental. O *software* trabalha várias habilidades como: processamento de números, adição, subtração, multiplicação e divisão, proporcionando uma experiência de aprendizagem individual e adaptativa (Rauscher *et al.*, 2016).

Casos clínicos

Caso 1: dislexia do desenvolvimento

P., 9 anos e 8 meses de idade, foi encaminhado para uma avaliação neuropsicológica e psicopedagógica visando investigação diagnóstica de dificuldades na aprendizagem escolar. Com relação ao seu histórico de desenvolvimento, apresenta bom desenvolvimento neuropsicomotor. Sobre a escolarização, iniciou o 1º ano do ensino fundamental com 5 anos, apresentando dificuldades escolares, principalmente em relação à leitura e escrita (alfabetização), com desempenho abaixo da média em relação aos pares. Foi então submetido a uma avaliação neuropsicológica e psicopedagógica. Atualmente cursa o 5º ano do ensino fundamental em escola particular da zona sul de São Paulo. Apresenta queixa de dificuldades escolares, principalmente no que diz respeito à leitura, com dificuldade em compreensão e memorização de conteúdo. Quanto às habilidades adaptativas referidas pela mãe, tem autonomia para realizar atividades de vida diária como alimentação, vestuário e higiene pessoal.

Aspectos cognitivos

Em investigação realizada por meio da escala WISC-IV, que avalia habilidades intelectuais e cognitivas, P. apresentou QI total de 94. Obteve desempenho médio para o índice de Compreensão Verbal (ICV = 90), desempenho médio para o índice de Organização Perceptual (IOP = 90), desempenho médio em Memória Operacional (IMO = 87) e desempenho médio em Velocidade de Processamento (IVP = 105). Na compreensão verbal, P. teve mais dificuldade no subteste Semelhanças, que avalia a capacidade de associação, de selecionar e verbalizar características comuns a dois objetos ou conceitos diferentes. Na organização perceptual, P. teve mais dificuldade no subteste Conceitos Figurativos, que avalia atenção a detalhes visuais, discriminação visual e conhecimento semântico para a realização de associações entre os objetos. Nos subtestes Cubos e Raciocínio Matricial, o seu desempenho foi dentro da média, indicando capacidades preservadas de raciocínio lógico, visual e espacial. Na memória operacional, o subteste de maior dificuldade foi o Sequência de Números e Letras, que avalia a capacidade da criança para desmontar e reorganizar mentalmente uma sequência de números e letras, requerendo habilidades executivas e de memória para letras e números, além de habilidades auditivas e atencionais. Na velocidade de processamento, P. não teve dificuldades; nesse domínio, seu desempenho de destaque foi no subteste de Procurar Símbolos, que avalia a capacidade da criança de processar símbolos visuais de forma eficiente, alternando sua atenção visual e mobilizando sua percepção e discriminação visuais.

P. obteve resultados nos subtestes de atenção da bateria NEPSY-II que o situaram em uma faixa média e acima da média, respectivamente nas habilidades de atenção auditiva automática (subteste Atenção Auditiva, percentil 50) e controlada (subteste Conjunto de Respostas, percentil > 75).

Com relação às habilidades visuais construtivas envolvendo montar figuras por meio de cubos, P. obteve um desempenho dentro da média para sua faixa etária no subteste Construindo com Blocos da bateria NEPSY-II. Essa tarefa exige controle e agilidade da motricidade fina, organização visual perceptiva e planejamento executivo.

Com relação às habilidades mnemônicas, P. apresentou desempenho médio em memória episódica auditiva-verbal, avaliada por meio do subteste Memória para Lista de Palavras, da bateria NEPSY-II. A sua curva de aprendizagem para recordação serial de uma lista de 15 palavras não relacionadas esteve dentro da média, e suas habilidades de resistência à interferência e recordação tardia (memória verbal de longo prazo) foram classificadas como acima da média para sua faixa etária.

Na memória operacional, no componente verbal, a avaliação de repetição de palavras e pseudopalavras (palavras formadas por uma combinação de fonemas ou grafemas que não existem no léxico de uma língua), que avalia a memória fonológica de curto prazo, seu desempenho foi acima da média. Com relação à alça fonológica, avaliada por meio dos subtestes Dígitos Ordem Inversa e Sequência de Números e Letras do WISC-IV, o desempenho de P. foi considerado abaixo da média para sua faixa etária.

Na fluência verbal livre, fonêmica e semântica, produziu um total de palavras abaixo do esperado para a sua faixa etária, denotando diminuição na produção e na capacidade de acesso ao conteúdo armazenado com dificuldade de planejamento verbal. Sua dificuldade mostrou-se especialmente frágil no acesso ao léxico mental fonológico, como demonstrando por seu desempenho limítrofe no subteste Produzindo Palavras, da bateria NEPSY-II.

Aspectos da linguagem

No teste que avalia a habilidade do indivíduo em nomear verbalmente figuras que lhe são apresentadas, P. apresentou desempenho dentro do esperado para sua faixa etária. Na avaliação de consciência fonológica por produção oral (capacidade de reconhecer, decompor, compor e manipular os sons da fala), seu desempenho foi abaixo da média. No teste de consciência sintática, importante para a aquisição da linguagem escrita, P. teve um desempenho abaixo da média em julgamento e correção gramatical, assim como na categorização de palavras.

Desempenho escolar

No Teste de Desempenho Escolar (TDE II), instrumento de avaliação da leitura, escrita e da aritmética, P. obteve classificação abaixo do esperado para o ano e a idade nos subtestes de leitura e escrita, e desempenho dentro do esperado em aritmética.

Em teste de competência de leitura de palavras e pseudopalavras (TCLPP), P. obteve desempenho médio em 5 dos 7 subtestes. Porém, apresentou dificuldade nos subtestes de pseudopalavras homófonas (ortograficamente incorretas embora parecidas com palavras corretas; por exemplo: páçaru, cinau, aumossu, jêlu, ospitau, xapel) e de pseudopalavras vizinhas visuais (ortograficamente incorretas, com trocas visuais a serem rejeitadas, por exemplo: teieuisão, esterla, cainelo). O insucesso na rejeição dessas pseudopalavras pode indicar uma maior dificuldade com o processamento lexical (ou falta dele), e uma leitura mais limitada à decodificação fonológica.

Quanto à habilidade acadêmica de leitura de palavras isoladas e de texto, apresentou leitura pouco fluente por hesitação em sílabas e vocábulos, sem respeito à pontuação. Observou-se decodificação silábica, com a rota lexical pouco consolidada, e dificuldade de compreensão. Apresentou velocidade e ritmo de leitura lentos. Seu desempenho em leitura foi considerado abaixo do esperado para sua faixa etária.

Com relação à escrita, é destro, apresentou grafia irregular, nível de escrita alfabético com predominância de letra cursiva. Na esfera da escrita de palavras isoladas regulares, irregulares e pseudopalavras, P. apresentou erros sistemáticos com predomínio em palavras irregulares (p. ex., texto\testo; ouça\ousa; pássaro\pasaro; criança\criamsa; friença\friensa) e de regras (p. ex., também\tambem; conjunto\congumto; marreca\mareca; empada\enpada), principalmente por representações múltiplas, irregularidades na língua, junção e separação e acentuação. Não respeitou parágrafos e pontuação. Com relação à produção escrita, P. não desenvolve todo o seu potencial, seus textos são curtos com uma estrutura pouco organizada e com muitos erros ortográficos. Seu desempenho em escrita foi considerado abaixo do esperado para a faixa etária em que se encontra.

Síntese

Conforme os dados relatados, P. apresenta potencial cognitivo dentro da faixa de normalidade. As funções atencionais, de memória episódica verbal, memória de curto prazo e longo prazo se encontram dentro da média. No que se refere aos aspectos psicopedagógicos, apresentou boa capacidade de abstração para a resolução de problemas matemáticos e cálculo mental. Por outro lado, os processos de leitura e escrita ainda não estão automatizados, conforme esperado para sua faixa etária. Com relação à leitura, P. lê preferencialmente pela rota fonológica, sem fazer uso da rota lexical. Apresenta uma falta de representação ao léxico ortográfico. Na escrita apresenta muitos erros ortográficos demonstrando que ainda não está familiarizado com as características da escrita. De maneira geral, os dados da avaliação neuropsicológica e psicopedagógica revelam transtorno específico da aprendizagem da leitura e escrita (dislexia) e a necessidade de maior estimulação da consciência fonológica e sintática como hipótese diagnóstica.

Intervenções neuropsicológicas

Após o diagnóstico, P. iniciou sessões semanais de 50 minutos cada para estimulação da consciência fonológica, sintática e dificuldades de escrita. Foram adotadas as seguintes intervenções:

- Identificação de sílabas e/ou fonemas em palavras faladas
- Encontrar palavras que rimam com um modelo
- Classificar palavras por sílabas e/ou fonemas, localizadas em posições diferentes
- Omissão de sílabas e/ou fonemas em uma palavra falada
- Combinar sequências de sílabas ou fonemas falados para formar palavras
- Escolher a palavra escrita corretamente entre uma palavra e um pseudo-homófona
- Completar palavras adicionando vogais ou consoantes
- Diferenciar palavras homófonas
- Assinalar características semelhantes e diferentes de pares de letras
- Buscar uma letra em um fundo de letras e uma determinada letra dentro de palavras e pseudopalavras
- Utilizar vários tipos de texto, narrativos, expositivos, periódicos entre outros
- Ajudar na utilização de apoios externos, identificando as ideias principais de orações lidas.

Caso 2: discalculia do desenvolvimento

D., 9 anos e 8 meses de idade, foi encaminhada para uma avaliação neuropsicológica e psicopedagógica visando à investigação diagnóstica de dificuldades na aprendizagem escolar. Com relação ao seu histórico de desenvolvimento, apresenta bom desenvolvimento neuropsicomotor. Sobre a escolarização, iniciou o 1º ano do ensino fundamental com 5 anos, apresentando dificuldades escolares, principalmente em relação à matemática, com desempenho abaixo da média em relação aos pares. Foi então submetida a uma avaliação neuropsicológica e psicopedagógica. Atualmente cursa o 9º ano do ensino fundamental em escolar particular da zona sul de São Paulo. Apresenta dificuldades na disciplina de matemática, com prejuízo atencional, de interpretação e na memorização dos conteúdos.

Quanto às habilidades adaptativas referidas pela mãe, tem autonomia para realizar atividades de vida diária como alimentação, vestuário e higiene pessoal.

Aspectos cognitivos

Em investigação realizada por meio da escala WISC-IV, que avalia habilidades intelectuais e cognitivas, D. apresentou QI total de 96. Obteve desempenho médio para o índice de compreensão verbal (ICV = 104), desempenho médio inferior para o índice de organização perceptual (IOP = 83), desempenho médio em memória operacional (IMO = 91) e desempenho médio superior em velocidade de processamento (IVP = 111). O escore composto do QI total foi derivado dos dez subtestes centrais do WISC-IV e sumariza as habilidades de D. em um conjunto diverso de funções cognitivas. Embora esse escore seja considerado o indicador mais representativo do funcionamento intelectual global, no caso de D. a alta variabilidade dos resultados obtidos nos índices e a discrepância entre seu resultado mais alto (IVP = 111) e seu menor resultado (IOP = 83) torna o resultado do QI Total difícil de ser interpretado. Nesse caso, a descrição dos índices, em separado, pode trazer melhor compreensão das áreas de facilidades e dificuldades de D.

O desempenho de D. em habilidades cognitivas gerais é classificado na média. Seu desempenho em tarefas verbais (ICV) foi significativamente melhor do que seu desempenho nas tarefas não verbais (IOP), sugerindo maior facilidade nas habilidades de acessar seu vocabulário, expressar-se de maneira significativa, de aplicar habilidades de raciocínio à informação apresentada oralmente, na inteligência cristalizada e no conhecimento das palavras aplicadas às habilidades de raciocínio do que no raciocínio não verbal, de atenção para detalhes, processamento espacial e da integração visual e motora.

D. obteve desempenho dentro do esperado para a sua faixa etária na tarefa de atenção auditiva da bateria NEPSY-II, uma tarefa de duas partes que avalia as modalidades de atenção seletiva, sustentada e alternada. A primeira parte da tarefa foi desenhada para avaliar atenção auditiva seletiva e sustentada e requer o registro adequado das informações na memória operacional para que D. responda corretamente. A segunda parte da tarefa, conjunto de respostas, avalia a habilidade de mudar e, posteriormente, manter um novo conjunto de regras, mais complexo, para responder, inibindo o impulso de dar a resposta automática, treinada na tarefa anterior.

Com relação a outras tarefas da bateria NEPSY-II aplicadas à paciente: **Classificando Animais** – medida das funções executivas que avalia iniciativa, flexibilidade cognitiva e automonitoramento; **Relógios** – medida de habilidades executivas como planejamento, automonitoramento, organização, raciocínio espacial, habilidades de construção visual, conhecimento dos princípios do tempo, uso do relógio e controle grafomotor; e **Inibindo Respostas** – tarefa desenvolvida para avaliar múltiplos aspectos das funções executivas, incluindo controle inibitório, flexibilidade cognitiva e automonitoramento. D. obteve nas três tarefas um desempenho abaixo da média para a sua idade.

Na avaliação do processamento visual espacial, D. teve desempenho abaixo do esperado para a idade na tarefa **Quebra-cabeça Geométrico** da NEPSY-II – que avalia a habilidade de perceber rotação mental, de realizar análise visual espacial e de demonstrar atenção a detalhes.

Com relação às habilidades mnemônicas avaliadas por meio da NEPSY-II, D. apresentou um desempenho acima do esperado para a idade na tarefa de **Memória para Desenhos** – tarefa de aprendizado visual elaborada para avaliar a memória com relação aos detalhes visuais e à localização espacial de material visual desconhecido. No que diz respeito às tarefas: **Memória para Faces** – que avalia as habilidades de codificação de características faciais, discriminação e reconhecimento facial; **Memória para Nomes** – que avalia a habilidade de aprender nomes ou associar rótulos verbais a imagens; e **Memória Narrativa** – que avalia a recordação imediata para a prosa longa (material verbal organizado e com significado) sob condições de recuperação livre, recuperação sob pista e reconhecimento. D. obteve desempenhos dentro do esperado para a idade. No entanto, na tarefa de **Interferência,** que avalia memória operacional verbal, repetição e evocação de palavras após interferência, D. apresentou desempenho abaixo do esperado para a sua faixa etária.

Aspectos da linguagem

No teste que avalia a habilidade de nomear verbalmente figuras que são apresentadas ao indivíduo, D. apresentou desempenho dentro do esperado para a sua faixa etária.

Nas avaliações de consciência fonológica (capacidade de reconhecer, decompor, compor e manipular os sons da fala), discriminação fonológica (discriminação auditiva de palavras que diferem em apenas um fonema), e de consciência sintática, D. manteve desempenho dentro da média para a sua faixa etária.

Fluência de Palavras avalia produtividade verbal a partir da habilidade de gerar palavras dentro de categorias semânticas (animais/comidas e bebidas) ou letras iniciais específicas (F/S). Nesta avaliação, D. teve resultado dentro do esperado nas tarefas de produção a partir de categoria semântica, mas teve resultados abaixo do esperado na parte de produção a partir de letra inicial.

Desempenho escolar

No Teste de Desempenho Escolar (TDE II), instrumento de avaliação de leitura, escrita e aritmética, D. obteve classificação dentro do esperado para o ano e a idade nos subtestes de leitura e escrita. Os resultados obtidos por D. no subteste de aritmética foram classificados como muito inferiores aos esperados para sua série escolar (percentil 1). D. acertou apenas 7 dos 43 itens da prova de aritmética. Demonstrou insegurança ao longo da prova.

Em teste de competência de leitura de palavras e pseudopalavras o desempenho de D. foi satisfatório. Se encontra no estágio ortográfico de leitura. Quanto à habilidade acadêmica de leitura de palavras isoladas e de texto, seu rendimento esteve dentro do esperado para a sua escolaridade, apresentando uma leitura fluente, automatizada, com boa entonação e respeito à pontuação. A compreensão, memória e a capacidade de síntese em relação ao texto lido foram adequadas.

No domínio matemático, em tarefas para a avaliação da cognição numérica englobando senso numérico, compreensão e produção de números, cálculos e resolução de problemas, D. apresentou dificuldades principalmente nas atividades envolvendo: contagem oral em ordem inversa, ditado de números, cálculo mental, linha mental numérica, comparação de dois números apresentados oralmente, comparação de números escritos, estimativa qualitativa de quantidades no contexto e problemas aritméticos apresentados oralmente.

D. apresentou fragilidades no desenvolvimento das representações numéricas (produção de números) evidenciado em tarefas de escrita de números (no número **4658** escreveu **40658** e no número **1200** escreveu **10200**).

Com relação a cálculos (cálculos montados e orais; problemas por escrito), seu desempenho foi insatisfatório. No que se refere às operações básicas de adição, subtração, multiplicação e principalmente divisão, não apresentou prontidão. Não faz uso de cálculo mental, não evoca fatos numéricos com fluência e evidenciou estratégias imaturas de contagem com dificuldade em montar contas no papel. Com relação aos erros cometidos, houve erros em operações que requerem empréstimo ou carregamento. As dificuldades encontradas são principalmente relacionadas ao conhecimento procedimental (regras e estratégias), mas também envolvem conhecimentos conceituais como recuperação de fatos e conhecimentos.

Na resolução de problemas apresentados por escrito, D. teve dificuldade de interpretação, por isso não conseguiu definir quais as operações a realizar. Ainda que não se recusasse a fazer nenhum exercício, durante a aplicação da prova D. demonstrou ansiedade ao realizar as tarefas de matemática. Apresentou déficits em cálculo sugerindo um atraso na consolidação da aquisição do pensamento aritmético.

Tais dificuldades podem estar associadas às dificuldades relatadas em sua avaliação neuropsicológica relacionadas às funções de raciocínio não verbal, memória operacional auditiva e em tarefas visuais construtivas e visuais espaciais que requeriam habilidades de raciocínio e controle executivo, o que foi corroborado pela avaliação psicopedagógica.

Síntese

Conforme os dados relatados, D. apresenta potencial cognitivo dentro da faixa de normalidade e possui repertório linguístico adequado e discurso coerente.

No que se refere aos aspectos pedagógicos, tem leitura fluente e compreensão em leitura de textos. No entanto, a área de maior fragilidade diz respeito aos aspectos matemáticos, para os quais apresentou déficits tanto em processamento numérico quanto em cálculo, sugerindo um atraso na consolidação da aquisição do pensamento aritmético. A execução bem-sucedida das competências matemáticas exige que a pessoa seja atenta, organizada, capaz de alterar conjuntos e que trabalhe com rapidez suficiente para não sobrecarregar a memória operacional que retém as informações necessárias para o acesso imediato a diferentes tipos de informações. Nesse sentido, foi evidenciado que precisa de mediação adequada e mais tempo para a execução das tarefas de cálculo e resolução de problemas. Observou-se também que a *performance* de D. se mostrou afetada pela presença de um comportamento ansioso.

A esse respeito, os resultados da avaliação com ênfase em cognição numérica demonstram que D. apresenta dificuldades em matemática sugestivas de discalculia, um Transtorno Específico da Aprendizagem com prejuízo na Matemática (F81.2), conforme o DSM-5, caracterizado por prejuízos na representação numérica tanto no que concerne ao cálculo quanto ao processamento numérico simbólico. Seu desempenho escolar em aritmética foi considerado inferior para a idade, indicando a necessidade do desenvolvimento de estratégias para melhorar sua *performance* escolar.

Diante das dificuldades presentes, D. demonstra um comportamento apático frente à tarefa, ao ritmo, aos conteúdos e à abrangência proposta no ambiente escolar no que diz respeito à disciplina de matemática, que traz muitos desafios para suas capacidades de realização com muitas demandas em termos de precisão e tempo.

Intervenções neuropsicológicas

Após o diagnóstico, D. iniciou sessões semanais, de 50 minutos cada, para a estimulação das habilidades matemáticas. Foram adotadas as seguintes intervenções:

- Inicialmente foi utilizado o material dourado para o conhecimento do sistema de numeração decimal: unidade, dezena, centena e milhar
- Trabalhar os princípios aritméticos, compreender relações de acréscimo, retirada, partilha
- Foram dadas instruções explícitas e sistemáticas, abordando as habilidades procedimentais e o conhecimento conceitual, através da mediação
- Demonstração do algoritmo no cálculo e dos passos procedimentais, processos envolvidos no aprendizado das quatro operações básicas
- Apresentação de estratégias para ajudar a integrar as etapas e aplicá-las em diferentes contextos de resolução de problemas
- Analisar os procedimentos empregados passo a passo
- Incentivo às atividades de solução de problemas, enfatizando a necessidade de leitura cuidadosa e atenta ao enunciado do problema
- Estabelecer relações entre as novas situações e outras já conhecidas
- Tentar resolver a questão: compreensão do texto; representação do problema; categorização do problema; estimativa de solução; planejamento da solução; autoavaliação do procedimento; autoavaliação do cálculo; redação da resposta (levando a uma nova leitura da proposição do problema e compreensão do texto)
- Ensinar a verbalizar as etapas que devem ser usadas para a resolução de problemas
- Monitoramento contínuo do desempenho com o estabelecimento de objetivos e *feedback* sobre a recuperação de fatos e os procedimentos matemáticos
- Utilização de jogos para o desenvolvimento da memória, representação mental, percepção, análise-síntese, buscas de solução e estratégias
- Jogos utilizados também podem ajudar a desenvolver: planejamento, organização, flexibilidade, atenção, autorregulação, monitoramento, iniciativa e tomada de decisão.

Referências bibliográficas

ALMEIDA, R. P. *et al.* Prevenção e remediação das dificuldades de aprendizagem: adaptação do modelo de Resposta à Intervenção em uma amostra brasileira. Revista Brasileira de Educação, v. 1, n. 66, p. 611-630, jul/set., 2016.

AMERICAN PSYCHIATRIC ASSOCIATION (APA). Diagnostic and Statistical Manual of Mental Disorders (DSM-5-TR). 5th Edition Revised. Arlington: American Psychiatric Publishing, 2023.

AMERICAN PSYCHIATRIC ASSOCIATION (APA). Manual diagnóstico e estatístico de transtornos mentais (DSM-IV-TR). Porto Alegre: Artes Médicas, 2000.

ARAÚJO, S. *et al.* Rapid automatized naming and reading performance: A meta-analysis. Journal of Educational Psychology, v. 107, p. 868-883, 2015.

AUNIO, P.; NIEMIVIRTA, M. Predicting children's mathematical performance in grade one by early numeracy. Learning and individual differences, v. 20, n. 5, p. 427-435, 2010.

AZONI, C. A. S.; ALCANTARA, H. F. Linguagem e dislexia: da avaliação à intervenção. *In*: PEREIRA, R. S. (Org.). Transtornos de aprendizagem – dislexia, cognição e emoção: uma visão luso-brasileira. QualConsoante, v. 2, p. 107-120, 2022.

BRITES, L.; ALMEIDA, R. P. Abordagem multissensorial. Coleção Práticas Pedagógicas Baseadas em Evidências Científicas. Londrina: NeuroSaber, 2023.

BRITES, L.; ALMEIDA, R. P. Educação baseada em evidências: conceitos gerais. Coleção Práticas Pedagógicas Baseadas em Evidências Científicas. Londrina: NeuroSaber, 2023.

BRITO, G. R.; SEABRA, A. G. Implementação do modelo de resposta à intervenção em uma classe de 5º ano do ensino fundamental da rede pública de ensino: relato de experiência. Rev. Psicopedagogia, v. 35, n. 106, p. 82-93, 2018.

BUTTERWORTH, B.; VARMA, S.; LAURILLARD, D. Dyscalculia: from brain to education. Science, v. 332, n. 6033, p. 1049-1053, 2011.

COLTHEART, M. *et al.* DRC: a dual route cascaded model of visual word recognition and reading aloud. Psychological review, v. 108, n. 1, p. 204-256, 2001.

DA SILVA, G. F.; GODOY, D. M. A. Estudos de intervenção em consciência fonológica e dislexia: revisão sistemática da literatura | Intervention studies in phonological awareness and dyslexia: Systematic literature review. Revista De Educação PUC-Campinas, v. 25, p. 1-17, 2020.

ELLIS, A. W.; YOUNG, A. Human Cognitive Neuropsychology. London: Erlbaum, 1988.

FLETCHER, J. M.; VAUGHN, S. Response to Intervention: Preventing and Remediating Academic Difficulties. Child Development Perspectives, v. 3, n. 1: 30-37, 2009.

FREITAS, P. M.; CARDOSO, T. S. G.; SIQUARA, G. M. Desenvolvimento da consciência fonológica em crianças de 4 a 8 anos de idade: avaliação de habilidades de rima. Revista Psicopedagogia, v. 29, n. 88, p. 38-45, 2012.

GERBER, P. J. The impact of learning disabilities on adulthood: a review of the evidenced-based literature for research and practice in adult education. Journal of learning disabilities, v. 45, n. 1, p. 31-46, 2012.

GERSTEN, R.; JORDAN, N. C.; FLOJO, J. R. Early identification and interventions for students with mathematics difficulties. Journal of learning disabilities, v. 38, n. 4, p. 293-304, 2005.

GONZÁLEZ-VALENZUELA, M. J. Current Perspectives on Prevention of Reading and Writing Learning Disabilities. *In*: RYAN, C. S. (Ed.). Learning Disabilities: An International Perspective. London: IntechOpen, 2017. p 63-81. doi:10.5772/65822

JIMÉNEZ, J. E. Modelo de Respuesta a la intervención. Un enfoque preventivo para el abordaje de las dificultades específicas de aprendizaje. Madrid: Pirámide, 2019.

KAUFMANN, L.; NUERK, H. Numerical development: current issues and future perspectives. Psychology Science, v. 47, n. 1, 142, 2005.

KAUFMANN, L.; VON ASTER, M. The diagnosis and management of dyscalculia. Deutsches Arzteblatt international, v. 109, n. 45, p. 767-778, 2012.

KAUFMANN, L. *et al.* Dyscalculia from a developmental and differential perspective. Frontiers in Developmental Psychology, v. 4, p. 516, 2013.

KUCIAN, K.; KAUFMANN, L.; VON ASTER, M. Brain correlates of numerical disabilities. *In*: COHEN, M. S.; DOWKER, A. (Eds.). Oxford handbook of numerical cognition. Oxford: Oxford University Press, 2014.

KUCIAN, K. *et al.* Nonsymbolic numerical distance effect in children with and without developmental dyscalculia: a parametric FMRI study. Dev Neuropsychol, v. 36, n. 6, p. 741-762, 2011.

KUCIAN, K. *et al.* Development of neural networks for exact and approximate calculation: a FMRI study. Dev Neuropsychol, v. 33, n. 4, p. 447-473, 2008.

LANDERL, K. *et al.* Dyslexia and dyscalculia: two learning disorders with different cognitive profiles. Journal of experimental child psychology, v. 103, n. 3, p. 309-324, 2009.

LYON, G. R.; SHAYWITZ, S. E.; SHAYWITZ, B. A. A definition of dyslexia. Annals of Dyslexia, v. 53, n. 1, p. 1-14, 2003.

ORGANIZAÇÃO MUNDIAL DE SAÚDE (OMS). International Statistical Classification of Diseases and Related Health Problems. 11th ed., 2022.

PASSOLUNGHI, M. C.; VERCELLONI, B.; SCHADEE, H. The precursors of mathematics learning: Working memory, phonological ability and numerical competence. Cognitive development, v. 22, n. 2, p. 165-184, 2007.

PETERSON, R. L.; PENNINGTON, B. F.; OLSON, R. K. Subtypes of developmental dyslexia: testing the predictions of the dual-route and connectionist frameworks. Cognition, v. 126, n. 1, p. 20-38, 2013.

RAUSCHER, L. et al. Evaluation of a Computer-Based Training Program for Enhancing Arithmetic Skills and Spatial Number Representation in Primary School Children. Frontiers in psychology, v. 7, p. 913, 2016.

RICHLAN, F. Developmental dyslexia: Dysfunction of a left hemisphere reading network. Frontiers in Human Neuroscience, v. 6, p. 120, 2012.

RICHLAN, F. Functional neuroanatomy of developmental dyslexia: The role of orthographic depth. Frontiers in Human Neuroscience, v. 8, p. 347, 2014.

ROSSELLI, M. et al. Memory abilities in children with subtypes of dyscalculia. Developmental neuropsychology, v. 30, n. 3, p. 801-818, 2006.

ROTTA, N. T. Dificuldades para a aprendizagem. In: ROTTA, N. T.; OHLWEILER, L.; RIESGO, R. S. Transtornos da aprendizagem: abordagem neurobiológica e multidisciplinar. Porto Alegre: Artmed, 2015.

SILVA, P. B.; MACEDO, E. C. A importância da nomeação automática rápida para identificação e intervenção na dislexia do desenvolvimento. In: PEREIRA, R. S. (Org.). Transtornos de aprendizagem – dislexia, cognição e emoção: uma visão luso-brasileira. v. 2. QualConsoante, 2022. p. 254-280.

SNOWLING, M. J.; HULME, C. Annual research review: the nature and classification of reading disorders – a commentary on proposals for DSM-5. J Child Psychol Psychiatry, v. 53, p. 593-607, 2012.

SNOWLING, M. J.; HULME, C. Annual Research Review: Reading disorders revisited – the critical importance of oral language. Journal of Child Psychology and Psychiatry, v. 62, p. 635-653, 2021.

SOARES, A.; BEFI-LOPES, D. Fluência de leitura e seus benefícios para a compreensão. In: BRITES, L.; ALMEIDA, R. (Orgs.). Alfabetização: da ciência cognitiva à prática escolar, p. 224-235, 2023.

STEIN, D. S.; BLUM, N. J.; BARBARESI, W. J. Developmental and behavioral disorders through the life span. Pediatrics, v. 128, n. 2, p. 364-373, 2011.

STEIN, J. What is Developmental Dyslexia? Brain sciences, v. 8, n. 2, p. 26, 2018.

TOLL, S. W. et al. Executive functions as predictors of math learning disabilities. Journal of learning disabilities, v. 44, n. 6, p. 521-532, 2011.

VEDI, K.; BERNARD, S. The mental health needs of children and adolescents with learning disabilities. Current opinion in psychiatry, v. 25, n. 5, p. 353-358, 2012.

VON ASTER, M. G.; SHALEV, R. S. Number development and developmental dyscalculia. Developmental medicine and child neurology, v. 49, n. 11, p. 868-873, 2007.

WEISS, L. G. et al. WISC-IV: interpretação clínica avançada. São Paulo: Pearson, 2016.

WILSON, A. J.; DEHAENE, S. Number Sense and Developmental Dyscalculia. In: COCH, D.; DAWSON, G.; FISCHER, K. (Ed.). Human Behavior, Learning, and the Developing Brain: Atypical Development. New York: Guilford Press, 2007.

WILSON, A. J. et al. D. Principles underlying the design of "The Number Race", an adaptive computer game for remediation of dyscalculia. Behavioral and Brain Functions, v. 2, p. 19-10, 2006.

WOLF, M.; BOWERS, P. G. The double-deficit hypothesis for the developmental dyslexias. J. Educ. Psychol., v. 91, p. 415-438, 1999.

YANG, L. et al. Prevalence of developmental dyslexia in primary school children: A protocol for systematic review and meta-analysis. World Journal of Pediatrics, v. 18, p. 804-809, 2022.

53 Intervenções Neuropsicológicas na Escola

Maria Fernanda Batista Coelho da Fonseca

Neuropsicologia e aprendizagem escolar

A neurociência na interface neurodesenvolvimentista, neuropsicológica, psicopedagógica e educacional é um caminho para tecer fronteiras, redes de diálogos, supervisão e expansão dos conhecimentos que permitem criar convergências de saberes e uma nova ordem que possibilite integrar os conhecimentos adquiridos pela experiência e mediados pela cultura do valor à aprendizagem humana.

Na perspectiva sócio-histórica de Vygotsky (1998), a aprendizagem ocorre pela interação, como recurso de aprendizado, enfatizando-se que a utilização desse recurso não é mecânica, mas envolve uma reconstrução ativa da capacidade da criança de aprender algo novo, através de mediadores que possibilitem alcançar a chamada zona de desenvolvimento proximal, isto é, uma interface do conhecimento que integra "o que" se sabe com "o que" se deve aprender. As interações na zona de desenvolvimento proximal possibilitam o desenvolvimento do discurso interior e o pensamento reflexivo, que fundamentam o aprendizado e a metacognição (saber que se sabe), o que se traduz na utilização de ferramentas intermediárias, como o brinquedo e a linguagem interna, no qual a criança cria um mundo metarepresentativo de faz de conta.

Esse mundo está, em todos os sentidos, carregado de significados que facilmente são apreendidos e internalizados pela criança. Nesse sentido, adultos ou mediadores proporcionam modelos de comportamento para a organização estrutural do pensamento infantil que possibilitam maior participação das crianças em atividades compartilhadas no ambiente escolar e são considerados como "incentivadores cognitivos" na "participação orientada", e simbólica (autorreferencial) da criança, com impacto positivo na autoestima ou mesmo na expressão de respostas às intervenções sociais, lúdicas e educativas.

O ambiente é fundamental para a integração desses domínios, na medida em que o processo de interação ambiental sobrepõe-se e condiciona processos naturais. Dentro dessa perspectiva, a figura do educador é fundamental, uma vez que propicia e possibilita o desenvolvimento de novas aptidões cognitivas e comportamentos básicos da criança.

Na teoria de Jean Piaget (1983), a cognição humana é reconhecida como uma forma de adaptação biológica na qual o conhecimento é construído aos poucos a partir do desenvolvimento de estruturas e funções que se organizam de acordo com determinados estágios, adaptando-se ao meio por assimilação, acomodação e equilíbrio de informações às estruturas do pensamento, respeitando-se as várias fases do desenvolvimento ontogenético.

A neurociência educacional concebe a aprendizagem a partir de condições estruturais e funcionais do SNC e de processos funcionais que subsidiam diferentes redes, circuitos e sistemas cerebrais. Alterações fisiológicas e lesões estruturais desses circuitos podem levar a sintomas neuropsicológicos variados, como dificuldades no controle inibitório, na atenção, na memória, no automonitoramento, no processamento executivo ou no armazenamento *on-line* de informações (memória operacional), comprometendo qualitativa e quantitativamente o processo de aprendizagem (Muszkat; Rizzutti, 2017).

Para o indivíduo aprender e processar as informações é necessária uma integração de diversas funções cognitivas, destacando-se as executivas, mnésicas, linguísticas e emocionais. As funções executivas (FE) podem ser definidas como processos mentais complexos pelos quais o indivíduo aperfeiçoa seu desempenho cognitivo, regulando respostas adaptativas dirigidas a metas e desempenho comportamental em situações que requerem operacionalização, coordenação de ações, supervisão e controle de processos inibitórios, básicos e superiores.

As estratégias pedagógicas devem empregar recursos multissensoriais que ativam múltiplas redes neurais que estabelecerão associação entre si. Informações/experiências precisam ser repetidas, em vários momentos e atividades; atividades mais frequentes dos neurônios relacionados a elas resultará em neuroplasticidade e produzirá sinapses mais consolidadas. Os registros transitórios – memória operacional – serão transformados em registros mais definitivos – memória de longa duração. Por exemplo, o estudo realizado na véspera da prova mantém as informações na memória operacional; ao obter a nota, o aluno esquece o conteúdo (Muszkat; Rizzutti, 2017).

A consolidação da memória ocorre, pouco a pouco, a cada período de sono, quando as condições químicas cerebrais são propícias à neuroplasticidade. Enquanto dormimos, o cérebro reorganiza sinapses: elimina as menos importantes e fortalece aquelas utilizadas no dia a dia. Sabemos que dormir pouco dificulta a memorização; precisamos estar despertos e atentos para receber a experiência sensorial, perceptual e significativa, e o sono consolida essas experiências memorizadas e consequentemente apreendidas (Guerra, 2010).

Indivíduos que apresentam dificuldades para reter informações necessitam de mais oportunidades por repetições e práticas para assimilar novas informações. A armazenagem de informações pode ser estimulada por meio de métodos multissensoriais que auxiliam o aluno a fazer associações e, assim, reter com mais precisão as novas aprendizagens.

O desenvolvimento das habilidades de memória é fundamental para o processo de aprender. A memória a curto prazo implica retenção simples de pequenas quantidades de informação em breve intervalo de tempo; enquanto a memória de trabalho ou operacional implica não só armazenamento temporário, mas também manipulação do conteúdo, para propiciar atividades complexas como raciocínio e aprendizado. Memória operacional comprometida leva a problemas para manter informações na mente e manipulá-la ou agir de acordo com ela, gerando dificuldades de antecipação de consequências na manutenção de autoinstruções verbais para orientar comportamentos dirigidos, de reflexão, autoquestionamento e solução de problemas verbais.

Neuropsicologia é a área da psicologia que se dedica ao estudo da relação entre as funções do sistema nervoso e o comportamento humano, utilizando, para tanto, conhecimentos e construtos teóricos relacionados com as neurociências, a avaliação psicológica e a psicologia do desenvolvimento. Atua em três áreas: avaliação, intervenção e reabilitação.

Recentemente, a neuropsicologia tem agregado conhecimentos do desenvolvimento e da interface entre cognição e aprendizagem, objetivando contribuir amplamente no contexto educacional e escolar. O estudo das relações entre os temas neuropsicologia e educação contribui para a compreensão dos processos de ensino e aprendizagem nas relações de ensino. De um lado, avaliação e orientação acerca do desenvolvimento biológico humano (especificamente sobre o funcionamento cerebral) e, de outro, avaliação, intervenção e reabilitação neuropsicológica escolar no apoio à formação de professores, com vistas tanto ao planejamento de práticas pedagógicas mais eficazes como à prevenção de déficits no processo de ensino-aprendizagem e, ainda, no atendimento clínico e na reabilitação de indivíduos com transtornos e dificuldades para a aprendizagem (Conselho Federal de Psicologia, 2020).

A neuropsicologia, em uma dimensão multidisciplinar, é representada em interação com especialistas das áreas da educação e saúde, como psicopedagogos, fonoaudiólogos, psicólogos, professores das primeiras séries do ensino fundamental I, médicos, entre outros, os quais contribuem para o conhecimento do desenvolvimento do cérebro, mais especificamente o sistema nervoso central (SNC). O SNC é responsável pela aprendizagem humana, é onde ocorrem modificações funcionais e condutais, dependentes do contingente genético de cada indivíduo, associado ao ambiente onde está inserido.

A avaliação neuropsicológica enriquece o conteúdo sobre desenvolvimento típico e atípico de crianças que apresentam alguma queixa escolar e familiar, na medida em que analisa seu desempenho intelectual, cognitivo, emocional e comportamental para reabilitar e orientar em casos de resultados abaixo do esperado em seu nível de desenvolvimento, considerando faixa etária e ano escolar da criança ou adolescente. Outra função da neuropsicologia deve ser indicar a necessidade de atendimento especializado com outros profissionais da saúde ou educação, além de orientar pais e professores no ambiente escolar.

Crianças e adolescentes em fase escolar apresentam dificuldades para aprender, seja por uma dificuldade específica, seja pela não adaptação à proposta pedagógica da escola, pela falta de capacitação dos professores, por aspectos emocionais e familiares ou por déficits cognitivos que podem influenciar no processo de aprendizagem típico.

Transtornos do neurodesenvolvimento, como transtornos específicos de aprendizagem, linguagem, déficit de atenção e memória, ou transtorno do espectro autista (TEA), entre outros, afetam crianças e adolescentes na aprendizagem da leitura, escrita e matemática, e suas consequências comportamentais e emocionais levam a prejuízos no ambiente escolar. Ressalta-se que a aprendizagem não está apenas condicionada à transmissão de informações técnicas dos professores aos alunos, mas a uma verdadeira troca, que envolve reconhecimento das diferentes formas pelas quais os alunos processam as informações, a maneira singular de acordo com um *modus operandi* próprio. Nesse sentido, a aprendizagem significativa envolve tanto o preparo técnico do professor para enfrentar as demandas em sala de aula como o reconhecimento de que predisposições cognitivas, comportamentais e motivacionais para assimilar os conteúdos influenciam recursivamente no processo de ensino-aprendizagem.

O ambiente escolar é um espaço privilegiado para compreendermos os processos de aprendizagem e suas relações com o desenvolvimento dos indivíduos, pois as ações diante das atividades exigem constante percepção, compreensão, retenção, assimilação e integração dentro de um contexto, para revelar a maneira como informações e atitudes contribuem para o sucesso ou insucesso do aluno. Assim, as atividades escolares, dentro de um contexto pedagógico, expressam diferentes padrões cognitivos, comportamentais e emocionais de cada aluno no enfrentamento das diferentes demandas educacionais. Portanto, compreender tais padrões pode revelar singularidades de um modo expressivo, definindo uma pré-condição para aprender.

A relação entre neuropsicologia e educação eleva o olhar sobre o indivíduo, numa dimensão multidisciplinar de análises e ações capazes de agregarem conhecimentos, buscando bases científicas mais precisas e inovadoras, para modificar positivamente modelos metodológicos e didáticos em sala de aula, mas para isso os profissionais da educação necessitam buscar conhecimento sobre o desenvolvimento neurobiológico e mental de crianças e adolescentes, com objetivo de facilitar o acesso ao conhecimento diante dos desafios atuais para aprender onde as redes sociais globalizadas tem participação efetiva no desenvolvimento da comunicação humana.

Intervenções neuropsicológicas na escola

A experiência no ambiente escolar e atualmente a prática na clínica domiciliar com crianças e adolescentes com transtornos do neurodesenvolvimento e de aprendizagem, indica falta de comunicação entre as partes, família, especialistas e escola, onde geram um ambiente de conflitos e desentendimentos, ao invés de criar um espaço de construção para avançar em ações e atitudes básicas para conhecer a singularidade dos alunos, estabelecer metas por ordem de prioridades, fundamentalmente baseadas no estímulo positivo dos alunos para que eles próprios desenvolvam resultados satisfatórios em seus processos de aprender na escola. Para que isso ocorra, intervenções podem e devem ser realizados no ambiente escolar.

Um conceito educacional significativo para escolas que pretendem atender as novas perspectivas da sociedade, estimulador para as FE, com ensino inclusivo e dinâmico, focado no desenvolvimento do estudante a partir de materiais, técnicas e estratégias diferenciadas, leva em conta habilidades e necessidades específicas de cada aluno. Esse modelo é apresentado no desenho universal da aprendizagem e está relacionado à aprendizagem e ao comportamento adaptativo. Estes estão presentes no desenvolvimento humano, trabalhando de maneira modular como unidades autônomas e interdependentes, com processamento paralelo, e podem ser sincronizados e diferentemente ativados durante o curso do desenvolvimento maturacional ou de acordo com transtornos, lesões, ou mesmo se apresentam diferentemente nos indivíduos no processamento das informações (Fonseca, 2014).

Assim, três redes funcionais básicas relacionam-se com aprendizagem.

Redes de reconhecimento. Estabelecem padrões visual, auditivo, tátil, olfatório, de movimento (cinética); sua dimensão física, espacial, temporal está intimamente ligada aos órgãos dos sentidos.

Redes de estratégias. Circuitos relacionados com a maneira que manipulamos as informações para produzir relações e comportamentos organizados. Relacionam-se com organização, planejamento de metas e expectativas e comportamento consciente e voluntário.

Redes afetivas. Circuitos cerebrais que acentuam o valor emocional da informação, o que desperta a motivação e o desejo de dar à aprendizagem um valor interno significativo e individual (Fonseca, 2014).

Na neuropsicologia da motivação se destacam, em uma perspectiva cognitivista, a motivação intrínseca e a extrínseca. A primeira está relacionada com a habilidade do indivíduo em manter-se engajado em uma tarefa por motivos internos, isto é, orientado pelos próprios interesses, desejos e metas. Já a segunda, a motivação extrínseca, está relacionada com o interesse por uma recompensa externa que, na maioria das vezes, é permeada por outra pessoa ou situação, ou seja, o indivíduo cumpre uma tarefa visando a uma gratificação exterior.

A motivação intrínseca estaria relacionada com uma tendência inerente dos indivíduos em buscar novos desafios, situações que gerem prazer pessoal, enquanto a motivação extrínseca está associada a tarefas e situações que, naturalmente, não são estimulantes, mas que são necessárias no contexto em que as pessoas estão inseridas.

Nesse contexto, a motivação extrínseca depende diretamente daqueles que conduzem a aprendizagem no ambiente escolar. Sistemas de recompensas positivas devem ser estimulados e usados em sala de aula, buscando trabalhar o conteúdo de forma que traga interesse e posterior compreensão. Para isso, é fundamental considerar as fases de desenvolvimento pela faixa etária e pelo estágio maturacional, apresentando, portanto, os conteúdos hierarquicamente, de maneira que traga significado ou sentido para a evolução e os avanços do indivíduo, à medida que supera seus anos escolares.

Atualmente é perceptível que nas escolas são oferecidos conteúdos com metodologias acima do nível maturacional dos alunos, inclusive para os do ensino fundamental, com atividades já aplicadas em vestibulares, o que dificulta a compreensão e, consequentemente, leva ao desinteresse. Uma maneira de conhecer o grau de motivação dos discentes é avaliar com frequência o perfil dos estudantes, entendendo o padrão, para assim desenvolver estratégias mais adequadas à relação do indivíduo com sua aprendizagem.

Um modelo acessível, utilizado na área educacional pedagógica nos países europeus, propõe a análise do estilo de aprendizagem, que traduz traços preferenciais definidos como expressões de como os indivíduos processam as informações, percebem, interagem e respondem de maneira singular às diferentes tarefas de aprendizagem no ambiente escolar (Fonseca, 2016). Esse conceito depende de múltiplos fatores que pressupõem um *modus operandi* no enfrentamento de situações especificas de aprendizagem. Trata-se de **fatores cognitivos** (forma como o indivíduo estrutura conceitos e conteúdo, atenção, memória, FE etc.), **afetivos** (grau de motivação e envolvimento) e **fisiológicos representados pelas funções orgânicas e de homeostasia** (vigília, saciedade) e influenciados por **contextos, demandas, ambiente e como** cada pessoa se relaciona com a realidade diante dos processos que envolvem a aprendizagem (Fonseca, 2016).

O instrumento utilizado na educação para traçar o padrão dos alunos de se apresentarem diante de suas atividades escolares foi traduzido e adaptado da língua espanhola para a língua portuguesa e a partir de sua base teórica. Um inventário para crianças foi elaborado por Portilho (2012) mantendo os quatro estilos de aprendizagem (Tabela 53.1) associados às formas predominantes com que o indivíduo lida com situações de aprendizagem. Esse instrumento valoriza o papel do professor diante do processo de aprender das crianças, quando entende que o estilo do professor pode influenciar sobre o estilo de aprendizagem do aluno, que é dependente dos professores para o desenvolvimento da regulação das atividades, e este dependente do fator maturacional.

Alguns fatores devem ser considerados na avaliação dos estilos de aprendizagem, como variáveis cognitivas, emocionais, fisiológicas e comportamentais envolvidas com diferentes formas de aprender. Isso é feito relacionando circuitos neurais específicos, como aspectos neuropsicológicos da atenção, retenção e manipulação da memória operacional, regulação emocional e FE, como a flexibilidade e a interação social e a estimulação pelos professores das áreas essenciais para o processo de aprendizagem. Assim, é definida a singularidade e, em consequência, modula-se um estilo de aprendizagem, desempenho que caracteriza um comportamento e um modo de elaborar o pensamento diante das tarefas que envolvem a aprendizagem.

Tabela 53.1 Os quatro estilos de aprendizagem.

Estilo de aprendizagem	Características
Ativo	Prefere trabalho em equipe, novas situações e oportunidades; debate e tende a ter entusiasmo
Reflexivo	Observa, pensa antes de agir, reúne informações, necessita de tempo para assimilar, concentra-se na reflexão
Teórico	Metódico, questionador; compreensão mais complexa, racional, lógica; dificuldades em lidar com situações subjetivas
Pragmático	Aprende técnicas para ser mais prático; é confiante e evita reflexão

Adaptada de Beltrami, 2008.

A escola não pode mais compreender um modelo de aluno único em seu espaço de sala de aula. Precisa transgredir a imagem dos modelos de discentes do passado, que se apresentavam de forma menos ativa, com menos questionamento, de maneira silenciosa e sem muita comunicação, atendendo às exigências dos professores. A era digital, na qual o mundo de informação chega rapidamente e sua busca é sempre imediata, remete-nos à necessidade de mudanças na prática de ensino em sala de aula, de maneira que se explore mais a comunicação, a autocrítica, o respeito, a criatividade, a organização, o planejamento e a autonomia consciente das responsabilidades na função de aluno ativo para os próprios resultados.

A emoção faz parte do desenvolvimento do ser humano. Ela pode e deve fazer parte das experiências de aprendizagens no ambiente escolar, de maneira que leve o indivíduo ao encontro de significados para a construção de vínculos afetivos no processo de aprender, buscando a comunicação para reconhecer seu potencial cognitivo e sua regulação emocional, favorecendo relações sociais, desempenho, bem-estar, entre muitos outros aspectos que façam diferença na vida da criança. A linguagem compreendida no ambiente escolar tem função importante e mesmo reguladora, na medida em que a criança pode usá-la positivamente entre seus pares e socialmente na forma de trocas de experiências vividas, consigo e com os outros, favorecendo o desenvolvimento da autoconsciência e a autorregulação (Muszkat, 2012).

Algumas ações podem trazer conforto no ambiente escolar com objetivo de regularizar as emoções no dia a dia da criança. O enfrentamento ativo é uma estratégia que envolve a capacidade de perceber o evento como controlável e, a partir disso, buscar modificar a situação que causou estresse, reestruturação cognitiva ou pensamento construtivo. Assim, a criança é levada a reavaliar uma situação, minimizar os aspectos desagradáveis ou tentar encontrar algum sentido nela, como forma de ressignificá-la e diminuir a intensidade de emoções de raiva, frustração ou tristeza, substituindo por outras atividades que tragam sentimentos mais agradáveis naquele momento, ou por estratégia de apoio social (solicitar ajuda para lidar diretamente com a situação estressante ou frustrante, pelo compartilhamento dos sentimentos negativos com um terceiro). Essas ações trazem a sensação de conforto para a criança.

Mindfulness na escola

A prática de *mindfulness* pode ser benéfica no ambiente escolar, pois busca ensinar, por meio da respiração consciente e da atenção plena, que a criança é capaz de ser mais consciente em suas escolhas e solucionar desafios de maneira mais saudável, permitindo que os pensamentos fluam sem julgamentos (Calazans, 2018). O foco pode ser mantido na respiração, nas sensações corporais e no momento presente. **A prática constante** traz benefícios para o gerenciamento das emoções, a qualidade do sono, o bem-estar e as FE (capacidade de organizar, planejar e tomar decisões).

Podem se beneficiar indivíduos com dislexia do desenvolvimento e discalculia, que, segundo Dehaene (2012), têm dificuldades em adquirir habilidades de leitura, escrita e raciocínio lógico por apresentar déficit fonológico, causado por um déficit específico do transtorno fonológico. A manifestação implica dificuldades no processo de decodificar, representar, armazenar e recuperar sons da fala, com prejuízos na relação grafema-fonema (Vellutino; Fletcher, 2005). A discalculia está relacionada às dificuldades nas habilidades numéricas. Evidências apontam para o ponto central do conhecimento dos números: o "senso numérico", termo usado para qualificar a capacidade de entender, calcular e manipular quantidades numéricas (Conselho Federal de Psicologia, 2020).

As escolas podem implementar adaptações e modificações acadêmicas para ajudar os alunos com dislexia e discalculia a obter êxito na aprendizagem: tempo extra para concluir tarefas, ter ajuda com anotações e realizar tarefas adaptadas são algumas das estratégias utilizadas. Professores podem fazer provas gravadas (p. ex., oferecer as questões e aceitar as respostas em áudio) ou permitir que os alunos com dislexia usem meios alternativos de avaliação. Os estudantes podem se beneficiar com audiolivros, programas de leitura e de processamento de texto e ainda a repetição do conteúdo em diversas atividades que explorem os aspectos sensoriais do desenvolvimento.

Ensinar alunos com diagnóstico de transtornos de aprendizagem (leitura, escrita e aritmética) é um desafio. Em diferentes contextos, devemos buscar adaptações para promover o aprendizado e a organização de uma sala de aula de forma que apresentem no ambiente uma boa estrutura, com materiais pedagógicos e psicopedagógicos variados como apoio para alcançarem seus aprendizados do conteúdo a ser assimilado. Para isso, o profissional da educação necessita conhecer o que de fato existe e aplicar quando necessário. Nesse aspecto, é importante ressaltar que, em alguns momentos, os materiais devem ser aplicados individualmente para que o foco da atenção seja mais dirigido ao aluno.

Também é importante que o aluno tenha a oportunidade, em momento separado da turma, de receber o conteúdo anterior não assimilado. Isso vai impactar no avanço da aprendizagem, considerando que o aprender é facilitado à medida que as tarefas sejam contempladas de forma hierárquica do mais simples ao mais complexo. Como exemplo dessa condição podemos pensar em uma criança durante o processo de alfabetização, em que o contato é primeiro com letras e sílabas e, posteriormente, avança para leitura ou escrita de palavras, frases e, por fim, textos. Outro transtorno do neurodesenvolvimento que tem impactado os processos de aprendizagem é o transtorno do déficit de atenção e hiperatividade (TDAH), caracterizado pela dificuldade na modulação da atenção, no controle dos impulsos e na capacidade de controlar o nível de coordenação motora, planejar, organizar e criar estratégias adequadas. Indivíduos com diagnóstico de TDAH sofrem impacto na evolução e qualidade da aprendizagem. É comum necessitar de apoio para concretizar o processo de leitura, escrita e domínio da matemática; apresenta disgrafia e falta de motivação; sente-se frustrado, pois percebe, em função da sua inteligência, que não aprende dentro do esperado pelos professores, o que pode gerar ansiedade e problemas de comportamento por não ser compreendido.

Evidências de intervenção e reabilitação na prática da atuação do psicopedagogo no domicílio de crianças e adolescentes com diagnósticos do transtorno de neurodesenvolvimento e que apresentam prejuízos escolares na leitura, escrita e matemática, remete-nos a direcionar o olhar sobre a dinâmica familiar atual, com modelos parentais de acompanhamento, organização e planejamento das atividades escolares diárias.

Na oportunidade dessa experiência, o profissional identifica o potencial cognitivo, o perfil motivacional, o perfil comportamental e ainda o estado emocional da criança ou do adolescente manifestados, a partir de uma condição baseada em experiências vividas no ambiente familiar, determinantes para o desenvolvimento positivo dos processos de aprender.

As interrelações entre amigos e profissionais da escola devem estar pautadas no respeito à individualidade e ao coletivo, de maneira que sejam proporcionados momentos em que os envolvidos possam se expressar, queixas e boas experiências, além de oportunamente conhecer regras, limites e de fato desenvolver conscientemente a função do aprender para a vida. Essa função é representada pela metacognição. Na atuação com crianças, há um processo maturacional em andamento, em que elas são dependentes dos adultos nos ambientes familiar e escolar. Quando o conteúdo oferecido na escola é abordado, o aluno precisa perceber que assimilou o processo anterior da atividade, para então seguir em frente em suas aprendizagens hierárquicas; caso contrário, desenvolve um processo de recusa e ansiedade diante das tarefas para aprender.

O diagnóstico de transtornos do neurodesenvolvimento no ambiente escolar causa impacto no processo de ensinar e aprender, como fenômenos singulares e complexos no desenvolvimento neurobiológico e que envolvem a intersecção de vários olhares nos fatores psicológicos, neuropsicológicos, cognitivos, emocionais, familiares, socioculturais, pedagógicos e neurobiológicos definidos para esclarecer as dificuldades acadêmicas. Esses fatores afetam a assimilação do conteúdo oferecido pela escola e, em consequência, impactam no processo de aprendizagem da leitura e escrita da matemática de forma leve a mais grave. O comportamento inadequado pode ser um indicativo de alerta para que profissionais se atentem a sua causa, pois, em muitos casos, as queixas surgem nessa linha de análise.

Profissionais da educação atuam normalmente em uma visão coletiva, na qual, uma vez estimulados igualmente, na teoria, todos os alunos deveriam obter os mesmos resultados, mas a singularidade humana contrapõe esse entendimento na medida em que percebemos que podemos aprender de maneira diferente uns dos outros. Nesse aspecto, os educadores ainda encontram dificuldade em lidar com os desafios para ensinar alunos com necessidades especiais, uma vez que, para que esses alunos avancem em suas aprendizagens, eles necessitam de ações paralelas praticadas na intersecção saúde e educação para que as intervenções e reabilitações sejam construídas em conjunto, buscando a curto, médio ou longo prazo melhores resultados no desempenho acadêmico.

A sala de aula é um lugar de expressão de sentimentos, emoção, descontração, afetividade, respeito, reconhecimento e valorização das diferenças individuais, portanto, heterogêneo para a construção do conhecimento na diversidade, estabelecendo vínculos positivos e parceiros na relação aluno-professor e aluno-aluno.

No ambiente escolar, considerando as diferenças nas habilidades dos estudantes, métodos diferenciados devem ser utilizados, já que quanto menor a capacidade nas habilidades em determinados conteúdos, mais necessidade de material concreto; e quanto maior a capacidade cognitiva, mais necessidade de trabalho de estratégias que levam ao entendimento conceitual do conteúdo.

A aprendizagem em um contexto coletivo na escola expõe a uma percepção individual, no sentido comparativo, que pode ser incômodo e frustrante para alguns. Devemos utilizar essa possibilidade como algo positivo na medida em que as ações ampliam sua metodologia dando apoio à singularidade do indivíduo no momento que aprende no espaço escolar.

A escola, por meio de seus profissionais, precisa proporcionar métodos e formas de incentivar o aluno em sala de aula, e ainda oferecer tarefas de casa que reforcem seu aprendizado escolar. Assim, indicamos ações escolares a serem praticadas com crianças e adolescentes atípicos, seja por um diagnóstico de transtornos do neurodesenvolvimento, seja por uma dificuldade para aprender:

- Ensinar as crianças a fazerem uso de agendas escolares para que tudo seja anotado e não caia em esquecimentos
- Definir propostas de trabalho específicas com repetição do conteúdo diante de dificuldades; adaptar junto a equipe e com ciência dos responsáveis, planejamento pedagógico para a necessidade da criança
- Não avançar no conteúdo escolar quando forem constatadas dificuldades para o processo de leitura, escrita e na matemática
- Utilizar recursos orais e visuais nas tarefas de maneira que sejam estimuladas as áreas auditiva e visual
- Permitir que a criança se sinta segura e motivada a perguntar quando não tiver certeza de algo
- Repetir o conteúdo em atividades diversas de modo que o aluno assimile e o mantenha na memória
- Buscar temas interessantes e, dependendo do assunto, devem ser informados a partir do nível de amadurecimento da turma

- Propiciar momentos lúdicos de jogos e competições
- Praticar a reflexão sobre melhores estratégias para o sucesso na aprendizagem
- Orientar os alunos a como estudar em casa o conteúdo já oferecido em sala
- Proporcionar propostas diferentes
- Criar um ambiente de novidades, criatividade e segurança para o aluno se sentir à vontade para expor ideias
- Valorizar a representação do futuro, flexibilizar as avaliações e refazer com apoio, se necessário, no momento que percebe as dificuldades do aluno para aprender, devendo imediatamente comunicar aos responsáveis para que providências sejam tomadas na área da saúde e da educação.

Há outras ações positivas, já reconhecidas na educação, pelas suas experiências diretas com o indivíduo que podem fazer a diferença. A neurociência educacional traz o efeito da multidisciplinaridade no ambiente escolar. De um lado, a neuropsicologia, que encanta nossos conhecimentos cognitivos e comportamentais sobre o SNC, em busca da aprendizagem com qualidade. De outro lado, o espaço escolar representado pelo coletivo, mas com valor expressivo à singularidade, indicada em cada indivíduo em seu desenvolvimento.

O espaço escolar deve ser um ambiente que motive os alunos em busca do conhecimento para a evolução individual e social e que seja produtor da transformação humana, com olhar mais significativo para a vida futura no planeta. Outro aspecto relevante para estímulos no ambiente escolar, são as relações interpessoais positivas, nas quais as diferenças são contempladas como algo a ser visto e amparado. Estudos científicos apontam para o diálogo nesse espaço, em que as interações sejam afetivas, "desconstruindo o lugar de alguns e reconstruindo o lugar de todos", onde todos serão igualmente respeitados para o desenvolvimento de ações que modifiquem positivamente o cérebro no processo que envolve a aprendizagem humana.

Referências bibliográficas

ANDRADE, J. J. Neuropsicologia e educação: contribuições da psicologia histórico-cultural. 2019. Programa de pós-graduação em educação FFCLRP – USP.

ANDRADE, O. V. C.; ANDRADE, P. E.; CAPELLINI, S. A. Caracterização do perfil cognitivo-linguístico de escolares com dificuldades de leitura e escrita. Psicologia: Reflexão e Crítica, Porto Alegre, v. 27, n. 2, p. 358-367, 2014.

ASSOCIAÇÃO INTERNACIONAL DE DISLEXIA. Dislexia na sala de aula: o que todo professor precisa. Baltimore: International Dyslexia Association (IDA), 2017. Traduzido e adaptado pelo Laboratório de Neuropsicologia Cognitiva e Escolar LANCE-UFSC.

BAIA, S. F.; MACHADO, L. R. de S. Relações interpessoais na escola e o desenvolvimento local. Interações, Campo Grande, MS, v. 22, n. 1, p. 177-193, jan./mar. 2021.

BELTRAMI, K. Inventario de estilo de aprendizagem para crianças Portilho/Beltrami: o estilo de aprendizagem das crianças e da professora de educação infantil. Dissertação (Mestrado em Educação) – Pontifícia Universidade Católica do Paraná, Centro de Teologia e Ciências Humanas, Curitiba, 2008. Disponível em: https://archivum.grupomarista.org.br/pergamumweb/vinculos/tede/katiabeltrami.pdf. Acesso em: 6 abr. 2024.

CALAZANS, P. Brincando de mindfulness. São Paulo: Matrix, 2018.

CARVALHO, C. F. de; ANDRADE, N. C. (org.). Promoção e desenvolvimento das habilidades de regulação emocional na infância. Salvador: Universidade Católica do Salvador, 2021.

CONSELHO FEDERAL DE PSICOLOGIA. Neuropsicologia: ciência e profissão. Brasília, DF: CFP. Disponível em: https://lance.paginas.ufsc.br/files/2020/03/cartilha_neuropsicologia_web.pdf. Acesso em: 6 abr. 2024.

DEHAENE, S. Os neurônios da leitura: como a ciência explica a nossa capacidade de ler. Porto Alegre: Penso, 2012.

FONSECA, M. F. B. C. Análise de estilos de aprendizagem de crianças e adolescentes com transtorno do déficit de atenção/hiperatividade e desenvolvimento típico. Tese (Doutorado) - Escola Paulista de Medicina, Universidade Federal de São Paulo, São Paulo, 2016. Disponível em: https://repositorio.unifesp.br/items/4604c4af-bc61-4b15-8843-a68940282ef3. Acesso em: 6 abr. 2024.

FONSECA, Vitor da. Papel das funções cognitivas, conativas e executivas na aprendizagem: uma abordagem neuropsicopedagógica. Revista Psicopedagogia, São Paulo, v. 31, n. 96, p. 236-253, 2014. Disponível em: https://pepsic.bvsalud.org/scielo.php?script=sci_arttext&pid=S0103-84862014000300002. Acesso em: 6 abr. 2024.

GUERRA, L. B. Como a neurociências contribuem para a educação escolar? FGR em Notícia, Belo Horizonte, ano 4, n. 5, p. 6-8, out. 2010. Disponível em: https://atividadeparaeducacaoespecial.com/wpcontent/uploads/2015/01/revista_5edicao.pdf. Acesso em: 6 abr. 2024.

MUSZKAT, M.; RIZZUTTI, S. Enfrentando os desafios do neurodesenvolvimento: temas em neurociência educacional. Curitiba: Appris, 2017.

MUSZKAT, M. TDAH e interdisciplinaridade, intervenção e reabilitação. São Paulo: All Print, 2012.

ORSATI, F. T. et al. Práticas para a sala de aula baseadas em evidências. São Paulo: Mennon, 2015.

PIAGET, J. Epistemologia genética: sabedoria e ilusões da filosofia, problemas de psicologia genética. 2. ed. São Paulo: Abril Cultural, 1983. (Coleção Os pensadores).

PORTILHO, E. M. L. Educacion infantil: em mirada para los estilos de rendimento & la metacognicion. Revista Estilos de Aprendizaje, [s. l.], v. 5, n. 10, p. 21-29, 2012.

RIECHI, T. I. J. de S et al. A importância da neuropsicologia. Educar, Editora da UFPR, Curitiba, n. 12. p. 141-145, 1996.

ROTTA, N. T.; OHLWEILER, L.; RIESGO, R. S. Transtornos da aprendizagem: abordagem neuerobiológica e multidisciplinar. Porto Alegre: Artmed, 2006.

SEABRA, A. Avaliação neuropsicológica cognitiva. São Paulo: Mennon, 2012.

SEABRA, A. Avaliação neuropsicológica cognitiva. São Paulo: Mennon, 2013. v. 3.

VELLUTINO, F. R.; FLETCHER, J. M. Dislexia do desenvolvimento. In: SNOWLING, M. J.; HULME, C. (ed.). A ciência da leitura: um manual. Porto Alegre: Penso, 2005. p. 362-378.

VYGOTSKY, L. S. A formação social da mente: o desenvolvimento dos processos. São Paulo: Martins Fontes, 1998.

54 Transtorno do Déficit de Atenção e Hiperatividade

Luzia Flavia Coelho • Deise Lima Fernandes • Guilherme Bueno • Bruna Tonietti Trevisan

Transtorno do déficit de atenção e hiperatividade (TDAH) é um dos principais e mais frequentes transtornos do neurodesenvolvimento e se caracteriza por um padrão persistente de sintomas de desatenção e/ou hiperatividade/impulsividade. Esses sintomas, também chamados de sintomas centrais do transtorno, interferem na funcionalidade ou no desenvolvimento do indivíduo (APA, 2022).

Ao longo dos últimos 20 anos, o TDAH tornou-se um dos transtornos do neurodesenvolvimento mais pesquisados em diferentes abordagens, desde aspectos neurobiológicos aos relacionados com o desenvolvimento cognitivo e comportamental, como o componente atencional, o funcionamento executivo e a impulsividade (Drechsler et al., 2020). Com base no crescente interesse em compreender as alterações biológicas e neuroquímicas do TDAH, investigações direcionadas ao tratamento foram, também, intensificadas. Em específico, estimulantes, reconhecidamente eficazes para o tratamento dos sintomas centrais, foram protagonistas no que se refere aos estudos sobre tratamento. Inúmeros estudos e mais de 70 anos de uso clínico dos estimulantes atestam a eficácia e a efetividade da escolha desse tratamento (Conners et al., 2001; Faraone et al., 2024; A 14-month randomized..., 1999; Sibley et al., 2023).

Entretanto, alguns indivíduos continuam a experienciar significativo prejuízo funcional e ainda há aqueles que optam por não utilizar farmacoterapia. Uma revisão dos últimos estudos publicados na literatura revela que há vantagens em tratamentos multimodais, que consistiriam em aliar medicamento a outras intervenções, como psicoterapia, psicoeducação, treinamento de habilidades para os pais, orientações à escola, treinamento cognitivo, *neurofeedback* e *mindfulness* (Faraone et al., 2024; Kaplan; Newcorn, 2011; Knight; Rooney; Chronis-Tuscano, 2008; Sibley et al., 2023).

Assim, este capítulo busca apresentar características do diagnóstico do TDAH e os tratamentos farmacológicos e não farmacológicos mais discutidos na literatura atual.

Revisão histórica

Entre as concepções estigmatizantes sobre TDAH, ainda se encontram questionamentos acerca da existência do TDAH e especulações de literatura não científica de se tratar de um "transtorno da modernidade". Curiosamente, os registros históricos são abundantes. Dificuldades atencionais foram descritas desde a antiga Grécia através de Hipócrates (460-375 a.C.): por volta de 493 a.C., o médico grego descreveu um paciente com "respostas aceleradas à experiência sensorial, mas também menor tenacidade porque a alma se move rapidamente para a próxima impressão", conforme apontado por Martinez-Badía e Martinez-Raga (2015, p. 382). Ainda no século V a.C., na Grécia, o filósofo Teofrasto descreveu em sua obra *Os caracteres*, o "homem obtuso"; o qual teria diversos paralelos com o TDAH moderno (Victor et al., 2018).

Os primeiros relatos médicos são atribuídos ao alemão Melchior Adam Weikard (1742-1803) e ao escocês Sir Alexandre Crichton (1763-1856). Weikard publicou, em 1775, *Der Philosophische Artz* e fez a primeira descrição documentada da apresentação predominante desatenta do TDAH conforme a 5ª edição do *Manual diagnóstico e estatístico de transtornos mentais* (DSM-5) (APA, 2022) ao relatar "casos de crianças e adultos que sofriam de falta de atenção, os quais se distraíam facilmente com qualquer coisa, incluindo a própria imaginação, assim como prejuízo de perseverança e persistência, hiperativos, impulsivos, incautos, descuidados, inconstantes e bacanais" (Martinez-Badía; Martinez-Raga, 2015, p. 382).

Célebre em seu tempo, Sir Alexandre Crichton publicou em 1798 sua obra *An inquiry into the nature and origin of mental derangement: Comprehending a concise system of the physiology and pathology of the human mind and a history of the passions and their effects*. No segundo volume, intitulado *On attention and its diseases*, o autor descreve "um transtorno por graus anormais de desatenção e a distração como a incapacidade em atender com o necessário grau de constância a qualquer objeto e que foi associado a níveis incomuns de impulsividade, inquietação e reatividade" (Martinez-Badía; Martinez-Raga, 2015, p. 382).

Em 1902, o pediatra inglês Sir George Frederic Still, em sua palestra goulstoniana publicada no periódico *Lancet*, descreveu de forma detalhada 13 crianças frequentemente agressivas, desafiadoras, resistentes à disciplina e com dificuldades atencionais. Nos casos observados por Still, havia uma grande heterogeneidade clínica: de acordo com definições modernas, os casos descritos se dividiriam em crianças com déficit intelectual, danos cerebrais orgânicos, transtorno de desafio e oposição e TDAH. Still observou que, em alguns casos de "defeituoso controle moral", não havia nenhum prejuízo da inteligência; e se sobressaíam a falta de atenção e uma grande dificuldade das crianças em sustentar a atenção. Reconheceu tal condição como mórbida e clamou por novas pesquisas sobre o assunto.

Foi, assim, um importante marco histórico: trata-se da primeira publicação em periódico científico descrevendo o que hoje se reconhece como TDAH (Still, 1902).

Entre 1917 e 1926, o mundo foi assolado por uma pandemia de encefalite (*Encephalitis lethargica*), quadro clínico caracterizado por letargia, febre e crises oculogiratórias. Em seguida, descobriu-se que uma infecção de influenza precedia em alguns meses o início do quadro clínico de encefalite e que até 80% dos adultos sobreviventes desenvolviam doença de Parkinson. Tal fato permitiu associar alterações comportamentais como sequelas da encefalite. Houve, assim, na década de 1920 um grande volume de publicações descrevendo alterações comportamentais em crianças sobreviventes da encefalite; mesmo bastante heterogêneas, os diferentes autores convergiam para a observação da hipercinese como principal achado (Baumeister et al., 2012).

Conforme Rothenberger (2005), Franz Kramer e Hans Pollow (1932) propuseram que haveria uma "síndrome de hipercinese da infância", na qual ocorreria um aumento de comportamento e atividades motoras sem objetivo ou meta clara a ser atingida, assim como uma dificuldade em realizar tarefas de maior dificuldade por prejuízo da atenção. Achados posteriores de Strauss e Kephart (1955) e Knobloch e Pasamanick (1959) levaram ao conceito de "lesão cerebral mínima"; tal teoria defendia que comportamentos hipercinéticos observados em crianças seriam resultado de danos e insultos cerebrais leves (Baumeister et al., 2012).

Primeiros tratamentos

Em 1937, Charles Bradley, então médico diretor no Bradley Hospital (EUA), relatou os primeiros efeitos terapêuticos de psicoestimulantes em paciente com TDAH. Bradley realizava pneumoencefalogramas rotineiramente em crianças com dificuldades de aprendizagem e "problemas emocionais" para estudar possíveis anormalidades estruturais do cérebro; tal exame, contudo, gerava dores de cabeça com frequência – imaginava-se que seria por súbita redução de líquido espinal. Visando minimizar tal efeito colateral, Bradley aplicou benzedrina (psicoestimulante) e de modo surpreendente se observou uma notável melhora no comportamento e no desempenho de algumas crianças. De forma ainda mais surpreendente, esses achados não tiveram grande impacto na comunidade científica da época; segundo Rothenberger (2005), devido à dominante influência da teoria psicanalítica à época e ao entendimento de que o comportamento não teria causas biológicas.

Somente em 1954, cerca de 27 anos após as descobertas de Bradley, seria comercializado o metilfenidato (até os dias atuais, fármaco de primeira linha para o tratamento do TDAH); sintetizado pela primeira vez pelo italiano Leandro Pannizon em 1944 (Lange et al., 2010).

Disfunção cerebral mínima e as primeiras aparições na *Classificação internacional de doenças/Manual diagnóstico e estatístico de transtornos mentais*

Nas décadas de 1960 e 1970, a teoria da "lesão cerebral mínima" foi questionada por diversos autores, como Laufer et al. (1957) e Herbert (1964), uma vez que na maior parte dos casos de crianças com comportamentos hipercinéticos não se encontrava nenhuma lesão orgânica. Laufer e outros pesquisadores propõem que haveria uma "disfunção cerebral mínima", termo oficializado em 1963 durante a conferência anual do Oxford International Study Group of Child Neurology (Lange et al., 2010).

Ainda na década de 1960, o conceito de "disfunção cerebral mínima" é abandonado por ser entendido como impreciso e com pouca validade. O TDAH apareceu pela primeira vez na 2ª edição do DSM como "reação hipercinética da infância" (APA, 1968). A partir de 1980, a desatenção foi incorporada ao diagnóstico, sendo o transtorno chamado "transtorno de déficit de atenção com ou sem hiperatividade" (DSM-III) e a partir do DSM-IV (1994), assim como no DSM-5 (2013), passa a ser reconhecido o termo "transtorno do déficit de atenção e hiperatividade" (Lange et al., 2010).

Etiologia

TDAH é um transtorno de apresentação heterogênea e de etiologia multifatorial com fatores genéticos, ambientais, neurobiológicos e psicossociais associados. Em crianças em idade escolar, a prevalência desse diagnóstico na população geral é de 5,3%, com diminuição da gravidade dos sintomas a partir da adolescência, mas dois terços dessa população mantém sintomas clínicos e prejuízos funcionais na vida adulta, que apresenta prevalência de 2,5% (Faraone et al., 2024).

Nas últimas décadas, inúmeros grupos de pesquisa têm se debruçado para compreender a base biológica do TDAH e a interação entre os fatores genéticos e neurológicos relacionados com o fenótipo clínico (Efron, 2015; Faraone et al., 2024; Stefanatos; Baron, 2007). Entretanto, ainda não se tem dados suficientes que promovam procedimentos diagnósticos, senão a avaliação clínica (Faraone et al., 2024).

O TDAH pode ser entendido como um transtorno familiar devido a sua alta herdabilidade (cerca de 76% a partir de estudos em gêmeos) e o risco relativo aumentado em 5 a 9 vezes entre parentes de primeiro grau (Thapar; Cooper, 2016). Estudos genéticos sugerem que se trata de uma condição poligênica, ou seja, diversas variantes do DNA podem contribuir para o transtorno (Rohde et al., 2019).

Em revisão sistemática analisando biomarcadores, possíveis contribuintes ambientais e fatores nutricionais, Scassellati et al. (2012) encontraram associações ao TDAH, como deficiência de ferro, índices baixos de zinco e exposição ao chumbo. Conforme demonstrado por Franz et al. (2018), crianças nascidas prematuras e/ou com muito baixo peso ao nascer se associaram a um risco aumentado em mais de 3 vezes para desenvolver TDAH.

Rohde et al. (2019) destacam fatores ambientais psicossociais bem consolidados para TDAH, como: privação institucional grave na primeira infância, baixa renda familiar, relacionamento conjugal conflituoso entre os pais e monoparentalidade. Parece não haver dúvidas de que o TDAH é causado por uma multiplicidade de fatores com um largo conjunto de aspectos neurobiológicos e ambientais operando de maneira altamente complexa.

Aspectos neuropsicológicos e comportamentais

O TDAH tem sido associado a fatores genéticos, neurológicos e ambientais e suas combinações (Akutagava-Martins; Rohde; Hutz, 2016), mas a fisiopatologia exata ainda não está clara (Thapar; Cooper, 2016). O transtorno tem sido associado a alterações na regulação de neurotransmissores, como dopamina e noradrenalina, ambos alvos do tratamento farmacológico (Rask-Andersen *et al.*, 2013). Acrescentando as alterações supracitadas, estruturas específicas do cérebro (córtex pré-frontal, núcleo caudado, gânglios da base, córtex cingulado anterior e cerebelo) foram associadas. Regulação de neurotransmissores e áreas cerebrais são consideradas reguladoras de funções cognitivas, como atenção, aprendizado, controle inibitório, pensamento, emoções e comportamento, e estão associadas aos sintomas centrais do TDAH (Arnsten, 2006; Arnsten; Pliszka, 2011; Kesner; Churchwell, 2011).

Devido aos prejuízos cognitivos observados em pacientes com TDAH, a avaliação das funções neuropsicológicas, por meio de testes que avaliam o desempenho cognitivo, tem sido sugerida como um valor agregado à avaliação clínica. A esse respeito, avaliações neuropsicológicas são realizadas para caracterizar pontos fortes e fracos cognitivos individuais, o que pode ajudar a entender por que um paciente está enfrentando problemas na vida diária. Atualmente, entende-se que o TDAH está relacionado a múltiplas vias neurobiológicas subjacentes e perfis neuropsicológicos heterogêneos (Drechsler *et al.*, 2020).

Uma metanálise incluiu 34 metanálises sobre perfis neurocognitivos no TDAH (todas as idades) publicadas até o ano de 2016, referentes a 12 domínios neurocognitivos. Os resultados revelaram que 96% de todas as diferenças médias padronizadas foram positivas a favor do grupo de controle. Com relação aos domínios neuropsicológicos, tamanhos de efeito médios ponderados acima de 0,5 foram encontrados para memória operacional (0,54), variabilidade do tempo de reação (0,53), inibição de resposta (0,52), inteligência/realização (0,51) e planejamento/organização (0,51). Os efeitos foram maiores em crianças e adolescentes do que em adultos. Outros domínios compreendiam vigilância, atenção seletiva, tempo de reação, fluência, tomada de decisão e memória (Pievsky; McGrath, 2018).

Krieger e Amador-Campos (2021) investigaram o desempenho cognitivo de crianças e adolescentes com TDAH (apresentação desatenta ou combinada) comparando os resultados com indivíduos com desenvolvimento típico, a fim de determinar a capacidade preditiva das medidas de memória operacional, velocidade de processamento e medidas de atenção. Para tanto, utilizaram testes neuropsicológicos comumente empregados no Brasil, escala de inteligência para crianças Wechsler (WISC-IV) e o teste de atenção d2.

Os autores relataram diferenças significativas entre os grupos de crianças nos escores do WISC-IV (GAI), mas não em adolescentes. Crianças e adolescentes com ambas as apresentações de TDAH tiveram desempenho inferior no índice velocidade de processamento; enquanto no índice de memória operacional, apenas as crianças apresentaram dificuldades. No teste de atenção d2, crianças com TDAH (apresentação combinada) mostraram pior desempenho nos índices de impulsividade e velocidade de processamento, concentração e precisão. Além disso, ambas as apresentações de TDAH tiveram maiores escores de desatenção. Já adolescentes com TDAH tiveram desempenho pior em velocidade de processamento, concentração e precisão. Grupos com TDAH apresentaram mais impulsividade e desatenção. O desempenho no subteste dígitos e procurar símbolos (WISC-IV) e a velocidade e precisão de processamento (d2) classificaram com sucesso o TDAH em comparação com criança típicas, mas em adolescentes, apenas o subteste códigos (WISC-IV) e a precisão (d2) classificou o TDAH em comparação com a amostra controle (Krieger; Amador-Campos, 2021).

Quadro clínico e diagnóstico atual

TDAH se caracteriza por um conjunto de sintomas que são persistentes ao longo do tempo e suficientes para gerarem prejuízo funcional e/ou do desenvolvimento; sendo os principais: desatenção, hiperatividade e impulsividade.

A descrição de um indivíduo com TDAH como alguém desatento e sem capacidade de prestar atenção pode ser imprecisa e induzir erros de avaliação. É frequente o relato de pacientes com TDAH e familiares a respeito de suas capacidades em focar a atenção em tarefas ou atividades que sejam excitantes, despertem interesse ou haja relevante ativação emocional; ao mesmo tempo que há grave negligência e evitação por atividades desinteressantes, repetitivas, monótonas e entediantes; uma importante dificuldade em se programar para encontros e compromissos e uma perda frequente de objetos, brinquedos ou itens pessoais. Talvez seja mais adequado descrever que, no domínio atencional, haja um déficit do indivíduo em voluntariamente direcionar sua atenção conforme suas necessidades em determinado momento.

Por se tratar de transtorno dimensional, os sintomas descritos são facilmente encontrados em população não clínica; contudo, persistência, pervasividade e prejuízos demonstrados auxiliam na identificação acurada do transtorno. De forma complementar, durante a investigação clínica, algumas medidas são recomendadas conforme Rohde *et al.*, (2019) e diretrizes do National Institute for Health and Care Excellence (2018) para um diagnóstico acurado.

- Critérios descritos no DSM-5-TR (APA, 2022) – seis ou mais sintomas de um ou ambos os domínios em crianças e cinco ou mais sintomas em um ou ambos os domínios em adultos – ou na CID-11 (WHO, 2022) devem ser contemplados após avaliação feita por entrevista clínica conduzia por profissional habilitado
- A avaliação deve concluir que o transtorno é pervasivo; ou seja, compromete dois ou mais contextos de vida do paciente, como social, familiar, psicológico e/ou educacional/ocupacional (recomenda-se, tanto em adultos quanto em crianças, coleta de história com informantes independentes – pais e professores no caso de crianças e adolescentes, cônjuge ou amigos e familiares no caso de adultos)
- Com relação ao prejuízo e à gravidade, deve ficar evidente comprometimento social, familiar, psicológico e/ou educacional/ocupacional moderado detectado em entrevista clínica ou observação direta

- Como parte do processo diagnóstico, recomenda-se incluir uma avaliação de necessidades; condições coexistentes; e contextos social, familiar, ocupacional e de saúde física
- TDAH deve ser considerado como possibilidade diagnóstica em todas as faixas etárias, com adaptações de critérios conforme faixa etária e período de desenvolvimento (o comportamento deve ser incompatível com o esperado)
- Com relação à idade de início, o DSM-5-TR (APA, 2022) exige que os sintomas tenham se iniciado antes dos 12 anos; mas na ausência de prejuízo, como apontado por Rohde et al. (2019), em ambientes familiares estruturados e protetivos, o comprometimento da funcionalidade pode aparecer em fases mais tardias da vida (como na transição para a vida adulta)
- Escalas de avaliação como Swanson, Nolan e Pelham Rating Scale 4ª revisão (o SNAP-IV) para crianças e Adult ADHD Self-Report Scale (o ASRS-18) no caso de adultos podem auxiliar no rastreio, na avaliação de gravidade e no monitoramento do tratamento (Rohde et al., 2019); o instrumento DIVA-5 já traduzido para o português pode ser utilizado como auxiliar na investigação diagnóstica de adultos (Ramos-Quiroga et al., 2019)
- Não há indicação para testes de rastreio na população geral
- O National Institute for Health and Care Excellence (2018) recomenda atenção especial para subgrupo de pacientes com risco aumentado de terem TDAH
  - Pacientes nascidos pré-termo
  - Crianças com diagnóstico de transtorno de conduta ou transtornos do humor
  - Pacientes com familiares com TDAH diagnosticado
  - Pacientes com epilepsia
  - Pacientes com transtorno de uso de substâncias (TUS)
  - Pacientes com lesão cerebral adquirida
  - Pacientes com conhecidos antecedentes criminais.

Tratamento

Há uma vasta disponibilidade de diretrizes sobre o tratamento do TDAH, como as diretrizes do National Institute for Health and Care Excellence (2018), do European ADHD Guidelines Group (EAGG) (2023) e da World Federation of ADHD (Rohde et al., 2019). As diversas diretrizes são convergentes em relação aos principais elementos do tratamento de um paciente com TDAH.

- O tratamento deve ser individualizado, ou seja, deve ser direcionado às necessidades do paciente, levar em conta a gravidade dos sintomas e comprometimentos, assim como as metas do paciente, seus fatores protetivos e capacidades
- Recomenda-se abordagem e envolvimento de familiares, cuidadores e/ou cônjuges como participantes do plano de tratamento
- A prescrição de psicoestimulantes deve estar inserida dentro de um contexto abrangente de intervenções multimodais
- Todas as intervenções devem se basear nas melhores evidências científicas disponíveis
- O plano de tratamento deve ser construído e instituído de forma colaborativa e respeitosa com o paciente, seus familiares e sua cultura.

Tratamento farmacológico

Psicoestimulantes metilfenidato (Ritalina®, Concerta®) e anfetaminas (Venvanse®) são os agentes de primeira linha no tratamento do TDAH. Na segunda linha se encontram a atomoxetina (Atentah®), que é um inibidor da recaptação da noradrenalina, e os agonistas α-2 adrenérgicos como a guanficina e a clonidina. Psicoestimulantes metilfenidato e anfetaminas agem no neurotransmissor dopamina, neurotransmissor central nas funções de atenção, recompensa, atividade e funções inibitórias.

Tanto metilfenidato quanto as anfetaminas respondem por um gráfico de dose-resposta em U invertido, ou seja, uma vez atingida a dose ótima de efeitos terapêuticos, caso haja incremento na dose, não há benefícios adicionais e se somam os efeitos colaterais.

Metilfenidato (Ritalina®) têm formulação de liberação imediata e de liberação prolongada, segundo a maior facilidade da posologia (tomada única diária), o perfil de melhor tolerabilidade com menores índices de efeitos colaterais e menores riscos de abuso. Recomenda-se, de preferência, a utilização de formulação prolongada.

São efeitos colaterais mais comuns relacionados com psicoestimulantes: insônia, dores de cabeça, irritabilidade, tremores, náuseas e diminuição do apetite. Tipicamente se relacionam com dose e tendem a remitir espontaneamente. Restrição do crescimento, tiques e crises de ansiedade podem ser efeitos colaterais que denotam maior atenção e cuidado.

A prescrição do psicofármaco deve estar inserida no contexto de um tratamento multimodal e integrado, assim como ser feita de forma colaborativa como decisão ativa e informada do paciente e de seus familiares.

Antes de prescrever, a equipe de cuidado deve ter estruturado qual o alvo da medicação junto com o paciente.

Tratamento não farmacológico

Por muito tempo, a escolha para o tratamento do TDAH foi a intervenção medicamentosa; no entanto, o aumento do interesse em compreender a interação entre fatores biológicos, psicológicos e ambientais ampliou a possibilidade para tratamentos não medicamentosos, contribuindo para a diminuição dos prejuízos decorrentes do transtorno (Sibley et al., 2023).

Catalá-Lopéz et al. (2017) realizaram um estudo de revisão sistemática incluindo 190 estudos, a fim de comparar eficácia e segurança de intervenções farmacológicas, psicológicas e de medicina complementar para o tratamento do TDAH em crianças e adolescentes. Os resultados encontrados apontam efeito estatístico superior para o tratamento medicamentoso, em particular, os estimulantes, e, quando associado o tratamento medicamentoso a outra intervenção, a terapia cognitivo-comportamental (TCC) se mostrou estatisticamente significativa, denotando benefícios superiores para o tratamento multimodal do que para o tratamento unimodal.

Diante desse contexto, a TCC (também citada como terapia comportamental) é a modalidade de tratamento não farmacológico mais estudada para o TDAH e com potencial efeito benéfico em diferentes domínios, melhorando os processos cognitivos (organização, planejamento, atenção, flexibilidade) e comportamentais (Catalá-Lopéz et al., 2017; Faraone et al., 2024; National Institute for Health and Care Excellence, 2018; Tourjman et al., 2022). Além disso, outras intervenções psicológicas (não farmacológicas) têm sido estudadas para o tratamento do TDAH, sobretudo para déficits cognitivos, como: treinos cognitivos (treinamento de atenção, memória operacional), treinamento de pais, psicoeducação, treinamento em contexto escolar, treinamento em habilidades sociais, *neurofeedback* e *mindfulness* (Fabiano et al., 2009; Faraone et al., 2024; Hodgson; Hutchinson; Denson, 2014; Sibley et al., 2023; Young, 2013).

Terapia cognitivo-comportamental

A TCC é descrita como uma terapia psicológica, voltada para o presente e direcionada à reestruturação dos pensamentos que mantêm emoções e comportamentos disfuncionais. Adicionalmente, incorpora técnicas da terapia comportamental, como exposição, experimentos comportamentais e manejo de contingências (Beck, 2013).

A estruturação desse tratamento é desenvolvida a partir da conceituação cognitiva do caso. Busca a compreensão do funcionamento do indivíduo com base em sua história de vida e momento atual e como esses fatores influenciam o desenvolvimento de pensamentos, comportamentos e emoções. Dessa maneira, são planejadas as metas terapêuticas (Beck, 2013).

Inicialmente, a compreensão dos pensamentos disfuncionais era relevante à medida que as comorbidades estavam associadas ao diagnóstico do TDAH (Ramsay, 2017). Entretanto, pesquisas mais recentes partindo da conceituação cognitiva identificam distorções dos pensamentos (crenças) específicas do TDAH, como pensamentos negativistas iniciados precocemente na infância (visão negativa de si e de seu futuro), vieses de atribuição diante das situações sociais, podendo interpretar e agir de forma hostil, até mesmo diante de uma situação neutra e/ou realizar atribuição ilusória positiva, superestimando suas competências (Andrade et al., 2012; Biederman et al., 2006; Ramsay, 2017).

Dessa maneira, a conceituação cognitiva aponta para a possível influência dessas crenças na manutenção dos sintomas de TDAH, dos prejuízos no funcionamento diário e do sofrimento (Dittner et al., 2014).

Para além das crenças disfuncionais, protocolos utilizando a abordagem TCC para o TDAH já foram publicados para crianças, adolescentes e adultos. Aqui, selecionamos as metas terapêuticas utilizadas nos protocolos e exemplificamos as aplicações no contexto clínico (Coelho et al., 2017; Knapp et al., 2003; Nøvik et al., 2020; Safren et al., 2005; Young; Smith, 2017).

Psicoeducação

Psicoeducação sobre o diagnóstico é fundamental para a composição do tratamento do TDAH, ainda que a terapêutica utilizada não seja a TCC. Dessa maneira, em qualquer modalidade interventiva, a psicoeducação poderá aumentar a possibilidade de adesão ao tratamento, além de oferecer manejos mais relevantes para lidar com as dificuldades.

A primeira intervenção nessa modalidade deve envolver informações acerca do tratamento farmacológico, incluindo benefícios na melhoria da sintomatologia central do TDAH, além das possíveis reações adversas e como manejá-las, por exemplo, adaptação em relação ao horário de ingestão da medicação e o que esperar do efeito dela ao longo do tempo. Algumas formas de monitoramento sobre efeitos colaterais, avaliação experiencial e frequência de comportamento podem ser úteis para aumentar a adesão. A utilização do aplicativo FOCUS pode oferecer o monitoramento desses efeitos.

Além do efeito medicamentoso, conhecer o TDAH pode ser extremamente revelador ao paciente e aos familiares e auxiliar na identificação das dificuldades, podendo até mesmo flexibilizar pensamentos disfuncionais relacionados com a incapacidade (pensamentos frequentes: "sou burro!"; "não vou conseguir mesmo!"; "não importa, os outros sempre são melhores!"). Para aquisição de informações fidedignas sobre o transtorno, recomenda-se a utilização do perfil do Instagram ou do site da Associação Brasileira do Déficit de Atenção (ABDA; @abda_tdah_brasil ou https://tdah.org.br/) e o livro *No mundo da lua: 100 Perguntas e respostas sobre o transtorno do déficit de atenção com hiperatividade (TDAH)*, do Dr. Paulo Mattos.

Para as crianças, como forma lúdica, alguns livros podem ser úteis para iniciar a psicoeducação: *Por que eu tenho dificuldade de atenção? Crianças entendendo o transtorno do déficit de atenção/hiperatividade – TDAH*, de Luciana Tisser; e *João, preste atenção!*, de Patrícia Secco.

Treinamento de pais

Em quase todos os protocolos analisados, o treinamento de pais utiliza sobretudo o condicionamento operante (Sibley et al., 2023).

A técnica de economia de fichas é bastante empregada para manejo do comportamento. Para a aplicação, seleciona-se os comportamentos que as crianças precisam melhorar e é combinado com a criança uma premiação (dar preferência para recompensas sociais: passeios, mais tempo para uma brincadeira etc.) e o número de fichas para alcançar a meta. Os pais realizam o acompanhamento diário registrando os comportamentos inadequados e premiam com uma ficha o comportamento realizado de forma adequada (a premiação pode ser diária ou semanal). A Figura 54.1 apresenta um modelo de ficha utilizado por Coelho et al. (2015).

A técnica de resolução de problemas familiares pode contribuir para que crianças, adolescentes e suas famílias possam desenvolver habilidades específicas para solução de conflitos, considerando a opinião de todos os membros da família e de forma assertiva. A Tabela 54.1 traz um passo a passo da técnica desenvolvida por Barkley e Murphy (2008).

No treinamento de pais pode-se adicionar metas terapêuticas como organização de rotina, organização por nível de prioridade, estabelecimento de metas adequadas para tarefas diárias, além de aprender a observar o próprio comportamento como mantenedor da dificuldade da criança (p. ex., excesso de permissões) ou como gatilho para algum comportamento (p. ex., excesso de gritos que geram irritabilidade na criança/adolescente).

Sistema de pontos • Terapia cognitivo-comportamental

Comportamentos

	Semana 1	Semana 2	Semana 3	Semana 4	Semana 5	Semana 6	Semana 7	Semana 8	Semana 9	Semana 10
1										
2										
3										
4										
5										
6										
7										
8										
9										
10										

Figura 54.1 Técnica de economia de fichas. (Fonte: Coelho *et al.*, 2015.)

Tabela 54.1 Técnica de resolução de problemas para família.

1. Defina o problema
- Diga aos outros o que eles fazem que incomoda você e por que
- Comece sua descrição como "eu", seja claro e não acuse
- Você conseguiu transmitir a sua ideia? Peça aos outros que parafraseiem a sua definição do problema para verificar se entenderam

2. Crie uma variedade de soluções alternativas
- Alternem-se, listando soluções
- Siga três regras para listar as ideias
  - Liste o maior número possível de ideias
  - Não avalie as ideias
  - Seja criativo, tudo vale
- Uma pessoa anota as ideias em uma planilha

3. Avalie as ideias e decida qual é a melhor
- Alternem-se, avaliando cada ideia (diga o que pensa que aconteceria se a família seguisse a ideia; vote "mais" ou "menos" para a ideia e registre o seu voto na planilha)
- Selecione a melhor ideia (procure ideias que todos tenham classificado como mais; selecione uma dessas ideias; combine várias dessas ideias)
- Se nenhuma ideia foi classificada como "mais", negocie um acordo (selecione uma ideia avaliada como "mais" por um dos pais e pelo adolescente; liste o maior número possível de acordo; avalie os acordos repetindo os passos anteriores)
- Busque uma solução mutuamente aceitável

4. Plano para implementação da solução escolhida
- Decida quem fará o quê, onde, como e quando
- Decida quem irá monitorar a implementação da solução
- Decida as consequências para seguir ou não a solução (gratificações por obediência, atividades, punições por desobediência, perda de privilégios)

Adaptada de Barkley e Murphy, 2008.

Procedimentos-padrão da TCC

Crianças/adolescentes, familiares e adultos são psicoeducados ao modelo cognitivo da TCC aprendendo sobre a primazia das cognições, ou seja, como processos de pensamentos influenciam sentimentos e comportamentos segundo a teoria de Beck (2013). O objetivo principal de inserir esse modelo é estimular a prática socrática, levando à compreensão e motivação para a mudança de problemas individuais dos pacientes.

Inicialmente, sugere-se o registro dos pensamentos diante das situações do dia a dia, bem como o registro do humor e do comportamento. Com esse material, o terapeuta poderá auxiliar o paciente a identificar pensamentos disfuncionais e a desenvolver formas mais adaptadas de pensamento que trazem menor sofrimento.

A aprendizagem do modelo cognitivo facilitará a aplicação de todas as técnicas propostas para TDAH, uma vez que para quase todas elas a forma de pensar influencia diretamente a manutenção de problemas (conceituação cognitiva). Além disso, para o desenvolvimento da autorregulação e da capacidade de enfrentamento para lidar com a procrastinação, os pensamentos precisarão tornar-se mais funcionais.

Planejamento e organização

A capacidade de planejamento e organização é uma das habilidades trabalhadas em todas as faixas etárias e considerada em diversos protocolos específicos para o tratamento do TDAH utilizando a TCC (Coelho *et al.*, 2017; Safren *et al.*, 2005; Young; Smith, 2017).

Para iniciar o trabalho da organização, recomenda-se normalmente a escolha de um ambiente da casa para concentrar todos os pontos-alvo dessa meta terapêutica. É importante que seja desenvolvido um quadro, em geral disposto na parede para adicionar todos os formulários.

A construção da rotina deve ser realizada de forma semanal, contendo os principais compromissos do paciente. Adicionalmente, um *planner* semanal para planejamento das tarefas a serem entregues/realizadas deve ser trabalhado com o paciente de maneira sistemática até que ele consiga realizá-lo de forma independente.

Também se sugere que sejam construídos *checklists* de objetos que precisam constar na mochila escolar, por exemplo. Para os adolescentes, pode-se adicionar as matérias escolares diárias e cada material necessário. Para adultos, pode-se criar *checklists* de objetos necessários para levar ao trabalho, academia ou universidade.

É importante que o paciente aprenda a fazer listas de tarefas diárias, esse manejo evita que reverbere a recordação de algo que ele deve fazer, bem como auxilia evitando o esquecimento de atividades.

Resolução de problemas

Com base no modelo sugerido por Bunge, Gomar e Mandil (2012), utiliza-se na TCC uma técnica na qual ensina-se ao paciente a identificação do problema e o pensamento de possíveis e adequadas possibilidades para resolver o problema em questão. Em seguida, busca incentivar o paciente a refletir sobre as possíveis consequências de cada possibilidade aventada e, após a análise da melhor estratégia, o paciente é orientado a aplicar a solução. Essa estratégia pode ser utilizada repetidamente com o paciente, para que ele possa adquirir a habilidade e generalizá-la no contexto em que vive. A seguir, há um exemplo de ficha para realizar a técnica no contexto clínico.

Autorregulação

A habilidade para se autorregular será desenvolvida à medida que o paciente aprende mais sobre pensamentos, emoções e comportamentos e consegue atingir a reestruturação cognitiva (Beck, 2013).

O desenvolvimento do trabalho relacionado com a identificação e o reconhecimento das emoções em si e nos outros facilita a possibilidade de flexibilizar os pensamentos e os comportamentos. Algumas técnicas são citadas com frequência na literatura para pacientes com TDAH a fim de melhorar a capacidade de se regular.

Autoinstrução

Essa técnica envolve algumas etapas até que o paciente consiga internalizar a capacidade de seguir instruções (Ervin, 1999). A maioria dos programas utiliza os seguintes passos:

1. Modelação feita pelo terapeuta, falando em voz alta a autoinstrução de uma tarefa enquanto o paciente observa.
2. O paciente realiza uma tarefa semelhante à do terapeuta, autoinstruindo um passo a passo de uma tarefa, em voz alta.
3. O terapeuta sussurra a autoinstrução.
4. O paciente repete a tarefa sussurrando a autoinstrução.
5. O terapeuta realiza uma tarefa, usando a linguagem internalizada.
6. O paciente realiza uma tarefa, usando a linguagem internalizada.

Automonitoramento

É bastante útil auxiliar o paciente no monitoramento de seus comportamentos como uma forma de construção da capacidade de autocontrole, aumentando a consciência emocional e a capacidade de expressão emocional.

Para o desenvolvimento da capacidade de automonitoramento, uma das imagens mais utilizadas é a do semáforo, em especial para as crianças (Bunge; Gomar; Mandil, 2012). O paciente poderá recorrer a ele em diversos momentos, em especial quando o sentimento de raiva estiver maior. Assim, o paciente precisará parar, pensar e decidir a melhor alternativa para resolver o impasse em que se encontra, seguindo as instruções do semáforo como exemplificado na Figura 54.2.

Habilidades sociais

O treino de habilidades sociais é mais comumente utilizado nas terapias cognitivas e comportamentais que empregam técnicas envolvendo ensaio comportamental, modelagem e modelação, fornecimento de instruções e *feedback*. Adicionalmente, procedimentos comuns à TCC são utilizados, como tarefas de casa, solução de problemas, registro de pensamentos, reestruturação cognitiva e relaxamento (Del Prette; Del Prette, 2017).

Todo o manejo das habilidades sociais, dentro do contexto clínico, visa desenvolver comportamentos sociais mais habilidosos relacionados com:

- Comunicação – iniciar e manter uma conversa; expressar e receber *feedback*; dar opiniões. A comunicação verbal é acompanhada da comunicação não verbal, que também deve ser desenvolvida, como ouvir enquanto o outro fala, compreender e emitir expressões não verbais.
- Civilidade – cumprimentar, agradecer, pedir por favor, desculpar-se, entre outras.

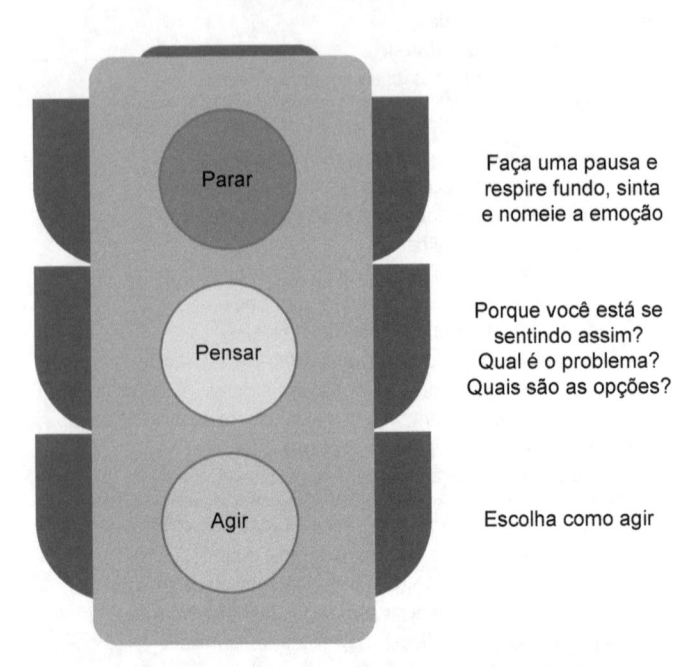

Figura 54.2 Ilustração da técnica de automonitoramento para crianças.

Parar — Faça uma pausa e respire fundo, sinta e nomeie a emoção

Pensar — Porque você está se sentindo assim? Qual é o problema? Quais são as opções?

Agir — Escolha como agir

- Fazer e manter amizades – iniciar conversação; dialogar; ouvir/emitir confidências e manter sigilo; expressar sentimentos; manter contato frequente; aceitar/fazer convites; ser solidário aos problemas dos outros etc.
- Empatia – aproximar-se do outro; manter contato visual; tomar perspectiva; expressar compreensão e disposição a ajudar; compartilhar sentimentos diante da realização do outro etc.
- Assertividade – fazer e recusar pedidos; desculpar-se e admitir falha; expressar sentimento, por exemplo, raiva, e pedir mudança de atitude do outro; manejar críticas; falar com pessoas que exercem autoridade; entre outros.
- Expressar solidariedade – identificar a necessidade do outro; oferecer ajuda e apoio; compartilhar com pessoas mais necessitadas etc.
- Manejar conflitos – manter-se calmo diante de conflitos e ser capaz de exercer o manejo dos problemas (técnica de solução de problemas).
- Expressar afeto e intimidade – demonstrar afetividade pelo outro e corresponder por meio da comunicação verbal ou não verbal.
- Coordenar grupos – organizar tarefas, incentivar a participação de outros membros, controlar o tempo, dar *feedback*, manter comunicação verbal e não verbal, expressar sentimentos etc.
- Falar em público – cumprimentar, distribuir olhar, modular tom de voz e assunto, valer-se de materiais disponíveis, utilizar humor e relato de experiência (se for o caso) e agradecer.

Alguns materiais estão disponíveis no Brasil para auxiliar a intervenção das habilidades sociais, como baralhos terapêuticos (Figura 54.3). Há também jogos terapêuticos que podem auxiliar no desenvolvimento de habilidades sociais (Figura 54.4).

Há disponível também um programa para treinamento das habilidades sociais chamado Promove – Crianças: treinamento de habilidades sociais. Esse instrumento foi elaborado tendo como fundamento a psicologia baseada em evidências e é composto de 10 sessões de intervenção que envolvem as habilidades sociais destacadas pela literatura da área como diferenciadoras dos repertórios de crianças clínicas e não clínicas do ensino fundamental, para problemas de comportamento (Falcão *et al.*, 2016).

Reabilitação neuropsicológica

Estudos internacionais sobre o tratamento do TDAH apontam no sentido de melhor eficácia na minimização dos sintomas quando intervenções medicamentosas, orientação parental, terapia psicológica e treinamentos de habilidades cognitivas específicas são utilizados dentro de um programa multimodal. Esses estudos têm apontado que há benefícios em integrar essas intervenções de maneira simultânea (Cortese *et al.*, 2015; Lam *et al.*, 2019; Martínez-Núñez; Quintero, 2019; Pelham; Altszuler, 2020; Sonuga-Barke *et al.*, 2013).

Cabe ressaltar que cada programa multimodal de reabilitação neuropsicológica (RN) deve ser planejado de maneira individualizada ao conjunto de dificuldades apresentado por cada paciente (Martínez-Núñez; Quintero, 2019). É sempre importante lembrar que a aplicação de técnicas e instrumentos de maneira não planejada pode não produzir os resultados esperados na melhora da funcionalidade do paciente, além de retardar seu melhor desenvolvimento. Para tanto, os dados interpretados da avaliação neuropsicológica são preciosos para apoiar o planejamento da intervenção multimodal, assim como para avaliar os resultados da intervenção aplicada.

De forma ampla, os programas de RN utilizam-se de mecanismos (que também podem ser entendidos como objetivos específicos ou "o que se pretende alcançar") variados e relacionados, muitas vezes coexistindo, ou seja, pode haver programas de reabilitação que combinem diferentes mecanismos. Entretanto, os conceitos de mecanismos e modalidades não são total e completamente aplicáveis aos programas de reabilitação do TDAH, assim como em outras apresentações clínicas. De acordo com Fernández-Guinea (2008), entre esses mecanismos passíveis de utilização pode-se destacar alguns.

Restauração (também conhecido como restituição). Por meio do qual se estimula e melhora as funções cognitivas, agindo diretamente sobre elas.

Figura 54.3 Baralhos terapêuticos para habilidades sociais.

Figura 54.4 Jogos terapêuticos para habilidades sociais.

Compensação. Supõe-se que a função alterada não pode ser restaurada e, portanto, tenta incrementar o uso de mecanismos alternativos ou habilidades preservadas.

Substituição. Baseia-se no fornecimento de estratégias diferentes para minimizar problemas resultantes do mau funcionamento cognitivo.

Ativação-estimulação. Usado para liberar áreas bloqueadas que se reduziram ou tiveram a ativação suprimida.

Integração. Mecanismo usado quando há interação pobre entre os módulos funcionais ou ocorre interferência em sua interação temporal.

Esses mecanismos podem ser desenvolvidos no processo de reabilitação por meio de modalidades (ferramentas ou instrumentos) diferentes, entre as quais estão (Ginarte-Arias, 2002):

- Estimulação sem direção ou prática (treinamento não específico)
- Treinamento de processos específicos ou estimulação direta
- Treinamento em estratégias: apoio interno ou externo
- Nutrição e terapia medicamentosa
- Métodos cirúrgicos
- Melhoria da saúde física e emocional e funcionamento social.

Na apresentação clínica do TDAH, componentes da atenção, habilidades sociais e funções executivas (FE) podem apresentar prejuízos funcionais, sendo essas funções alvos de estimulação direta por meio do treinamento de habilidades específicas.

Para realizar a estimulação através de treinamento, pode-se utilizar os programas de treinamento de habilidades/processos específicos, em especial como coadjuvante no tratamento medicamentoso e psicoterapêutico do TDAH. Porém, esses programas não devem ter um fim neles mesmos, mas precisam refletir um aprendizado que possa ser generalizado para as situações do dia a dia, permitindo que o paciente encontre autonomia e independência diante da demanda do ambiente (Barbosa; Miranda; Bueno, 2014; Veloso; Vicente; Filipe, 2020).

Esses processos de treinamento podem ser embasados em programas estruturados, desenvolvidos cientificamente; porém não são muitos os que estão traduzidos/adaptados para o português, inviabilizando sua aplicação. Alguns instrumentos de treinamento de habilidades específicas estão chegando ao mercado e podem ser de grande valia na intervenção por já terem sido desenvolvidos e testados para esse fim.

Treinos cognitivos

Entre os programas estruturados de treinamento de atenção e FE está o *Pay Attention!* Programa de Treinamento dos Processos Atencionais para Crianças, lançado para uso clínico (Figura 54.5). Esse programa tem como objetivo treinar e produzir melhorias nos processos atencionais de crianças. Com tarefas organizadas de maneira hierárquica, o programa parte do processo atencional mais simples (atenção sustentada) que requer níveis mais básicos de processamento, passando pelo recrutamento de recursos da atenção seletiva e alternada e chegando ao processo mais complexo (atenção dividida). A organização hierárquica também é aplicada ao nível de dificuldade das tarefas dentro de cada bloco e cada modalidade de treinamento (visual ou auditiva). É um programa bastante complexo e extenso, que provê níveis altos de exposição ao treinamento dos processos atencionais e alguns aspectos das FE. Seus materiais são simples e de fácil manuseio (Barbosa; Miranda; Bueno, 2014).

Para o treinamento de vários aspectos das FE, há também o Programa de Intervenção em Autorregulação e Funções Executivas (PIAFEX). Ele reúne um conjunto de atividades que visam estimular o desenvolvimento de habilidades em crianças pré-escolares e dos anos iniciais do ensino fundamental, incluindo habilidades como organização, planejamento, inibição de impulsos, atenção, memória operacional, metacognição e regulação emocional. Pode ser aplicado nos contextos clínico e escolar, como ferramenta de reabilitação ou de intervenção precoce (Dias; Seabra, 2017).

Foi desenvolvida mais uma ferramenta importante destinada a estimular FE e processos cognitivos para crianças em idade escolar: Programa de Estimulação Neuropsicológica da Cognição em Escolares: Ênfase nas Funções Executivas (PENcE). Foi planejado para que as estratégias cognitivas e metacognitivas sejam ensinadas e, a partir de atividades cognitivas e lúdicas, elas possam ser consolidadas e utilizadas em outras situações do cotidiano e nas disciplinas escolares. Com o PENcE, espera-se contribuir para a prática de profissionais da área de educação e/ou da saúde e beneficiar crianças em idade escolar na potencialização e no aperfeiçoamento de suas FE e funções cognitivas relacionadas.

Outro instrumento de treinamento disponível para uso clínico é o Cogmed. Trata-se de um treinamento informatizado e *on-line* cujo objetivo é desenvolver de maneira sustentável a memória operacional. É organizado a partir de uma série de exercícios específicos para a memória operacional, altamente estruturados em ordem, intensidade, variedade e com nível de dificuldade adaptativo. Com um histórico de resultados positivos, fortes e duradouros. O Cogmed tem eficácia comprovada, produzindo uma diferença sensível nos processos de memória operacional generalizáveis para as tarefas de vida diária. Foi desenvolvido há anos por uma importante equipe de neurocientistas do Instituto Karolinska, na Suécia, e baseia-se no conceito de que a memória operacional pode ser melhorada pelo treinamento intensivo, altamente estruturado e apoiado (Dunning; Holmes; Gathercole, 2013).

Além disso, treinos cognitivos utilizando a interface tecnológica (computador, *tablet* e celular) foram incrementados nos últimos anos e têm demonstrado benefícios na RN. Na Tabela 54.2 há alguns exemplos de programas para treinamento cognitivo.

Mindfulness

Intervenções baseadas em *mindfulness* fazem parte da terceira onda das terapias cognitivas e ensina técnicas de meditação para construção da atenção plena, envolvendo adoção de uma atitude de não julgamento e aceitação com atenção à experiência de alguém no momento presente. A aplicação do *mindfulness* para TDAH tem como metas aprimoramento do controle atencional, regulação emocional e autoconsciência (Bögels et al., 2021; Sibley et al., 2023; Siebelink et al., 2022). Melhorias para pais de crianças e adolescentes com TDAH estão relacionados sobretudo ao estresse parental de manejar as dificuldades de seus filhos com menor agressividade (Sibley et al., 2023).

Embora as aplicações iniciais de intervenções baseadas em *mindfulness* tenham sido desenvolvidas para adultos, elas também foram adaptadas para treinar pais e filhos. O protocolo *Mindfulness Based stress Reduction* (MBSR), desenvolvido nos EUA por Jon Kabat-Zinn, foi o primeiro protocolo do mundo e a matriz para o desenvolvimento de outros, como: *Mindfulness Based Cognitive Therapy* (MBCT), *Mindfulness Based Stress Reduction* (MBSR) e *Attachment-Based Compassion Therapy* (ABCT) (Bögels et al., 2021; Siebelink et al., 2022).

O programa *My Mind* e o programa *Mind Champ* foram desenvolvidos para a prática de *mindfulness* de crianças/adolescentes com TDAH e seus pais; ambos os programas visam ampliar o foco e a concentração e diminuir a impulsividade, a hiperatividade e a agressividade de crianças com TDAH (Bögels et al., 2021; Siebelink et al., 2022).

Neurofeedback

O *neurofeedback* integra princípios de neurociência e aprendizagem (condicionamento operante) com o objetivo de aumentar a capacidade de regular a atividade elétrica do cérebro. Eletrodos eletroencefalográficos (EEG) em locais específicos do couro cabeludo medem a atividade elétrica do cérebro, que é quantificada e mostrada em uma tela como *feedback* (Arns et al., 2020) (Figura 54.6).

Figura 54.5 Programa *Pay Attention!*

Tabela 54.2 Treinos cognitivos embasados em estudos científicos.

Nome do jogo	Objetivo terapêutico	Tecnologia	Acesso
Braingame Brian (Prins et al., 2013)	FE	Computador	https://www.gamingandtraining.nl/
CogniFit (Horowitz-Kraus, 2016)	• Atenção • Memória • Compreensão da escrita	Computador	https://www.cognifit.com/br
Lumosity (Hardy et al., 2015)	• Memória • Velocidade de processamento • Atenção • Flexibilidade • Solução de problemas • Matemática	Computador	https://www.lumosity.com/
BrainHq (Merzenich, 2017)	• Memória • Velocidade de processamento • Habilidades sociais	• Computador • Celular • *Tablet*	https://br.brainhq.com/
Captain's Log Mind Power Builder (Aivazy; Yazdanbakhsh; Moradi, 2018)	• Atenção • Memória • FE	Computador	https://www.braintrain.com/captains-log-mindpower-builder/
Activate (Wexler et al., 2021)	• Atenção • Memória • Autocontrole	• Computador • *Tablet*	https://c8sciences.com/activateproduct/

FE: funções executivas.

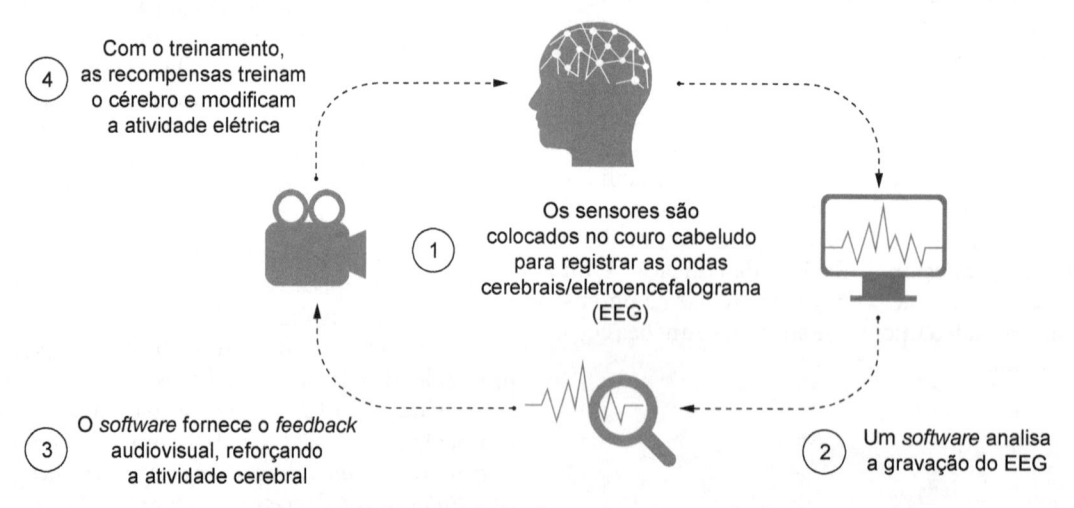

Figura 54.6 Esquema do funcionamento do *neurofeedback*.

Os protocolos de *neurofeedback* mais amplamente utilizados para o TDAH são o ritmo sensório-motor (12 a 15 Hz), o protocolo Theta/Beta e o protocolo potencial cortical lento (SCP; do inglês, *slow cortical potential*), considerados padrão-ouro no treinamento com *neurofeedback* (Arns et al., 2020). Além disso, pode-se considerar que o treinamento com *neurofeedback* é seguro e capaz de oferecer a oportunidade de redução das doses de psicoestimulantes (Sibley et al., 2023).

Jogos sérios

Outra maneira de oferecer treinamento de habilidades específicas é a utilização de jogos sérios (ou *serious games*). Jogos sérios de computador ou videogames têm como objetivos a educação, treinamento ou conscientização, em vez de entretenimento puro. Eles são direcionados para transmitir informações, ensinar habilidades específicas, simular situações da vida real ou abordar questões sérias de forma lúdica e envolvente.

Diversos estudos têm sido conduzidos com o objetivo de verificar os potenciais de eficácia dos jogos na RN. Segundo estudos de revisão, o uso de jogos sérios nas intervenções traz a vantagem de facilitar a aderência dos pacientes (em especial das crianças) ao tratamento e de os manter motivados por mais tempo. Para esses autores, os *games* conseguem proporcionar altos níveis de engajamento e motivação, principalmente nos casos mais difíceis, em que os métodos terapêuticos tradicionais não surtem um bom efeito de aderência (Alabdulkareem; Jamjoom, 2020; Parisod et al., 2014).

Tabela 54.3 Jogos sérios com estudos científicos.

Nome do jogo	Objetivo terapêutico	Tecnologia	Acesso
Plan-It Commander (Bul et al., 2018)	• Gerenciamento de tempo • Planejamento/organização • Habilidades sociais	Computador	https://www.heartbeat.ventures/plan-itcommander
Cutie Cuis (García-Redondo et al., 2019)	• Memória • Atenção • Inteligência emocional • Inteligências múltiplas	• Celular • Tablet	https://www.cuicuistudios.com/
Boogies Academy (García-Redondo et al., 2019)	• Memória • Atenção • Inteligências múltiplas	• Celular • Tablet	https://appadvice.com/app/boogies-academy/1286694624
EndeavorRx (Kollins et al., 2020)	• Atenção	• Celular • Tablet	https://www.endeavorrx.com/
Fabulamente	• FE • Consciência fonológica • Leitura e atenção	Computador	https://www.metacognitiv.com/game/fabulamente/

FE: funções executivas.

Hoje em dia, existem muitos jogos sérios voltados para melhorar os sintomas do TDAH, os quais têm efeitos diferentes devido às diferentes tecnologias. Verifica-se que os jogos sérios para TDAH são divididos basicamente em dois aspectos: diagnóstico e tratamento, e utilizam diferentes plataformas para ofertar o jogo, como: jogos de console, jogos de computador (PC), jogos para celular/*tablet* e alguns utilizando a realidade virtual (Zheng et al., 2021).

Plataformas *on-line* e *softwares* que apresentam fundamentação nas neurociências são boas opções de ferramentas para o desenvolvimento de habilidades específicas utilizando o modelo de "jogos sérios"; alguns exemplos estão na Tabela 54.3.

Adicionalmente, com base na interface cérebro-computador, jogos sérios têm sido aplicados de maneira gradual ao tratamento do TDAH, utilizando o processamento de sinal de EEG. Em geral, *neurofeedback* é implementado por alguns algoritmos, como análise de frequência e de potencial relacionada a eventos, e, em seguida, fornece *feedback* em tempo real aos pacientes por meio da tela ou do som do jogo, o que pode ajudar pacientes com TDAH, principalmente a treinar a capacidade de concentração (Ochi et al., 2017).

Caso clínico

J., 10 anos, estudante do 5º ano do ensino fundamental, foi encaminhado para avaliação pela professora e pelos pais devido a dificuldades persistentes em manter a atenção nas atividades escolares, comportamento impulsivo em sala de aula e dificuldade em aguardar sua vez em atividades grupais. Os pais também reportaram que ele tem dificuldade em organizar tarefas diárias e com frequência perde os pertences.

Uma avaliação neuropsicológica abrangente foi realizada para explorar o perfil cognitivo e comportamental de J. A avaliação incluiu entrevistas com pais e professores, observações comportamentais e uma bateria de testes neuropsicológicos que avaliaram inteligência, memória operacional, velocidade de processamento, atenção sustentada e seletiva, FE e habilidades sociais. Identificou-se déficits na atenção sustentada e seletiva, memória operacional comprometida, FE abaixo do esperado, velocidade de processamento reduzida e desafios nas habilidades sociais.

Atenção sustentada e seletiva. J. demonstrou dificuldades significativas em manter a atenção em tarefas que exigiam concentração prolongada. Além disso, teve dificuldade em filtrar distrações irrelevantes.

Memória operacional. Os resultados sugerem deficiência na capacidade de reter e manipular informações por curtos períodos de tempo, em especial em contextos que requerem multitarefa.

Funções executivas. Foi observado que J. tem dificuldade em planejar, organizar e concluir tarefas de forma eficaz. Também apresentou impulsividade significativa em tarefas que requeriam controle inibitório.

Velocidade de processamento. A velocidade com que J. processa informações é mais lenta que a média para sua faixa etária, o que contribui para sua dificuldade em concluir tarefas dentro do prazo.

Habilidades sociais. Observou-se que J. tem dificuldades em interpretar sinais sociais e em manter interações sociais apropriadas com seus pares, o que com frequência leva a mal-entendidos e conflitos.

A avaliação neuropsicológica forneceu uma compreensão abrangente das áreas de necessidade de J., permitindo o desenvolvimento de um plano de intervenção personalizado para abordar seus desafios específicos. A partir dos resultados obtidos e da história de vida, foi desenvolvida a formulação de caso, a fim de nortear o plano de intervenção. Conforme descrito na Tabela 54.4.

Com base nessa formulação de caso, o plano de intervenção para J. focou em abordar pensamentos automáticos negativos, desenvolver estratégias de enfrentamento mais adaptativas, reforçar recursos internos e utilizar o suporte

Tabela 54.4 Formulação de caso de J.

1. Definição do problema

- Pensamentos: com frequência, J. pensa: "sou incapaz de terminar qualquer coisa" e "os outros são melhores do que eu", influenciando negativamente sua autoestima e motivação
- Comportamentos: dificuldade em manter a atenção, perda de pertences, interrupções frequentes em sala de aula
- Emoções: frustração e tristeza predominam, em especial após falhas percebidas ou *feedback* negativo
- Reações fisiológicas: em momentos de estresse, J. reporta tensão muscular e sudorese

2. Fatores de vulnerabilidade

- História pessoal: dificuldades acadêmicas e comportamentais observadas desde o ensino fundamental, sem histórico familiar significativo de transtornos mentais
- Genética e biologia: avaliação neuropsicológica sugere predisposição para TDAH, sem condições médicas coexistentes significativas

3. Precipitante

- Evento ativador: transição para um novo ano escolar com demandas acadêmicas aumentadas
- Mudanças na vida: mudança recente de residência, levando a uma nova escola e perda de amizades estabelecidas

4. Crenças

- Crenças centrais: "não sou bom o suficiente"; afetando de maneira profunda a visão de si mesmo e suas capacidades
- Regras e pressupostos: "se eu não posso fazer algo de modo perfeito, então não vale a pena tentar"

5. Gatilhos

- Situações desencadeadoras: tarefas escolares desafiadoras e situações sociais
- Pensamentos automáticos: "vou falhar de novo" em resposta a novas tarefas

6. Modificadores

- Estratégias de enfrentamento: evitação de tarefas percebidas como difíceis e isolamento social
- Recursos internos e externos: fortes habilidades verbais e suporte familiar

7. Fatores de manutenção

- Comportamentos de manutenção: procrastinação e evitação de *feedback*
- Reforço social: *feedback* negativo ocasional de colegas e professores reforça suas crenças centrais negativas

8. Recursos

- Recursos pessoais: criatividade e curiosidade intelectual
- Apoio social: família compreensiva e um amigo próximo

9. Obstáculos

- Barreiras internas: resistência a estratégias de mudança devido à baixa autoestima
- Barreiras externas: acesso limitado a recursos terapêuticos especializados devido a restrições geográficas

social disponível. Foi importante trabalhar no desenvolvimento de uma imagem de si mais positiva e realista, bem como na melhoria de suas habilidades de gestão de tarefas e tempo.

Desse modo, a partir dos resultados da avaliação neuropsicológica, junto com a caracterização da queixa, a formulação de caso e a definição de metas, foi desenvolvido o plano de intervenção a seguir.

Fase inicial: estabelecimento da base terapêutica e psicoeducação

Objetivos/metas

1. Construir uma relação terapêutica sólida, avaliando o conforto de J. com o processo terapêutico
2. Educar J. e sua família sobre o TDAH, destacando natureza, sintomas e efeitos do transtorno na vida diária
3. Estabelecer um sistema de registro de comportamento e pensamentos disfuncionais
4. Desenvolver habilidades de comunicação eficaz para melhorar o diálogo e a compreensão dentro da família.

Técnicas e procedimentos

Construção de *rapport*. Uso de técnicas de escuta ativa, validação e expressões de empatia para construir confiança.

Psicoeducação. Apresentação interativa com uso de vídeos educativos, folhetos e discussões para explicar o TDAH, utilizando linguagem acessível para a idade do paciente. Reuniões individuais com os pais para explicar o TDAH, incluindo sintomas, manejo e impacto no aprendizado e no comportamento, com a entrega de materiais educativos adaptados para a família.

Diário de comportamento e pensamentos. Instrução voltada para J. a fim de registrar diariamente atividades, distrações enfrentadas, pensamentos automáticos e emoções, utilizando aplicativo ou diário físico personalizado.

Treinamento em comunicação positiva. Orientação e *role-play* durante as sessões de pais para ensinar técnicas de escuta ativa, expressão clara de expectativas e uso de *feedback* positivo.

Fase intermediária: desenvolvimento de estratégias de enfrentamento e habilidades sociais

Objetivos/metas

1. Melhorar a capacidade de J. de manter a atenção em tarefas, reduzindo a influência de distrações
2. Desenvolver estratégias de organização pessoal e planejamento de tarefas
3. Aumentar a competência social de J., melhorando a interpretação de sinais sociais e a resolução de conflitos
4. Reforçar habilidades de controle inibitório para gerenciar comportamento impulsivo
5. Implementar técnicas de manejo comportamental em casa, criando um ambiente estruturado que favoreça a concentração e a organização de J.
6. Apoiar o desenvolvimento de habilidades sociais de J. no contexto familiar, praticando e reforçando essas habilidades em situações cotidianas.

Técnicas e procedimentos

Treinamento da atenção. Exercícios personalizados de *mindfulness* e técnicas de atenção focada, usando aplicativos educativos que promovam atenção sustentada.

Organização e planejamento. Uso de ferramentas visuais, como *planners* e quadros de tarefas, com sessões semanais para planejar atividades escolares e domésticas, incrementando de modo gradual a complexidade das tarefas.

Treinamento de habilidades sociais. *Role-playing* e simulações sociais em sessões terapêuticas, com *feedback* imediato e reforço positivo, para prática de conversação, escuta ativa e interpretação de expressões faciais e linguagem corporal.

Técnicas de controle inibitório. Jogos e atividades que requerem espera e turno, com reforço positivo por comportamentos controlados.

Orientações para estruturação do ambiente doméstico. Sessões práticas para ajudar os pais a organizarem a casa de forma a reduzir distrações e criar uma rotina que suporte as necessidades de J., incluindo estabelecimento de áreas de estudo livres de interrupções.

Apoio no desenvolvimento de habilidades sociais. Orientações para os pais sobre como modelar e reforçar habilidades sociais em casa, através de jogos familiares, conversas dirigidas e atividades sociais simuladas.

Fase final: consolidação e preparação para a independência

Objetivos/metas

1. Promover autonomia no uso das estratégias de enfrentamento e habilidades sociais em diferentes contextos.
2. Estabelecer um plano de manutenção que inclua estratégias para identificar e gerenciar sinais de recaída.
3. Reforçar autoestima e imagem positiva.
4. Promover a independência de J., reconhecendo e celebrando conquistas e progressos (pais).
5. Preparar a família para identificar sinais de desafios futuros e ter estratégias prontas para abordá-los de forma proativa.

Técnicas e procedimentos

Generalização das estratégias. Acompanhamento e suporte na aplicação das habilidades aprendidas em situações fora da terapia, como na escola e em casa.

Plano de manutenção e prevenção de recaída. Criação de um guia personalizado para J. reconhecer sinais de recaída e estratégias específicas para cada sinal, incluindo quem contatar e o que fazer.

Fortalecimento da autoestima. Sessões focadas em identificar qualidades, talentos e conquistas, utilizando técnicas de afirmação positiva e visualização.

Planejamento para autonomia. Sessões para ensinar os pais a gradualmente transferir responsabilidades para J., acompanhadas de técnicas para monitorar seu progresso e oferecer suporte quando necessário.

Desenvolvimento de plano de contingência familiar. Criação de um plano de ação familiar para lidar com possíveis recaídas ou desafios, incluindo como e quando buscar ajuda adicional.

Este estudo de caso exemplifica a aplicação de um tratamento não farmacológico para TDAH, incorporando técnicas e procedimentos embasados em evidências científicas descritas neste capítulo. Ao longo do tratamento, J. demonstrou melhorias significativas em sua capacidade de atenção, organização, planejamento e interações sociais, evidenciando a eficácia de integrar intervenções comportamentais e cognitivas específicas com estratégias de psicoeducação e *mindfulness*.

Considerações finais

Os muitos avanços em pesquisas que visam atualizar os procedimentos tanto de diagnóstico como de tratamento do TDAH mostram um caminho cada vez mais eficiente no auxílio às pessoas com o transtorno. Descobertas como multifatores de causas, neurobiologia, variações na apresentação dos sintomas, assim como a comprovação da eficiência do tratamento multimodal fornecem um guia prático, aplicável e bastante promissor na melhora da funcionalidade diária e qualidade de vida desses indivíduos.

Este capítulo teve como objetivo apresentar um panorama histórico e atual sobre o transtorno, que é um dos mais comuns na população mundial, mas sobre o qual ainda há muita desinformação, inclusive nos serviços de atendimento à saúde mental. Foi oferecido ao profissional que pretende trabalhar no diagnóstico e tratamento do TDAH uma direção clara de procedimentos e técnicas para que realize essa importante tarefa.

As estratégias terapêuticas disponíveis para o TDAH incluem intervenções medicamentosas e não medicamentosas; embora o uso de medicação seja sempre recomendado, o tratamento multimodal continua representando o caminho mais eficiente na remissão dos sintomas.

A implementação da TCC, atualmente, é a modalidade de tratamento não medicamentosa mais estudada para pacientes com TDAH. Entretanto, a RN, desenvolvida a partir de técnicas que visem ao treinamento de habilidades cognitivas específicas, complementam a TCC e o tratamento medicamentoso.

Programas de reabilitação cognitiva consistem em uma cadeia de tarefas que visam à melhoria de funções cognitivas, podendo ser ordenada a partir de tarefas fáceis até as mais complexas, proporcionando desafios cognitivos contínuos para o indivíduo. Estudos têm demonstrado que o uso de treinos cognitivos em competências centrais como memória, linguagem, atenção e FE sugerem que é possível melhorar déficits nessas funções, além de também auxiliar o indivíduo a utilizar efetivamente estratégias compensatórias, generalizando o aprendizado para tarefas da vida diária.

O treinamento cognitivo assistido por computador proporciona às crianças com TDAH, a oportunidade de aprender vários tipos de habilidades cognitivas. Jogos sérios, proporcionam alta motivação do paciente, promovendo melhora dos sintomas cognitivos e podem ser adicionados ao *neurofeedback*.

Vale ressaltar que o plano de intervenção/reabilitação elaborado para o tratamento deve ser sempre individualizado, ou seja, que a escolha de instrumentos, ferramentas e técnicas deva levar em consideração o perfil cognitivo de cada paciente. A avaliação neuropsicológica e os relatos do próprio indivíduo, família e escola – além da observação atenta do terapeuta – podem fornecer todos os dados necessários para que se apure déficits cognitivos e dificuldades emocionais, assim como as potencialidades apoiadoras favoreçam a execução de um trabalho que produza mudanças positivas e sustentáveis na qualidade de vida e funcionalidade da pessoa com TDAH.

Referências bibliográficas

A 14-MONTH RANDOMIZED clinical trial of treatment strategies for attention-deficit/hyperactivity disorder. The MTA Cooperative Group. Multimodal Treatment Study of Children with ADHD. Archives of General Psychiatry, [s. l.], v. 56, n. 12, p. 1073-1086, 1999.

AIVAZY, S.; YAZDANBAKHSH, K.; MORADI, A. A eficácia da reabilitação cognitiva por computador na melhoria da função executiva de inibição de resposta em crianças com déficit de atenção e hiperatividade. Neuropsicologia, [s. l.], v. 4, n. 14, p. 9-22, 2018.

AKUTAGAVA-MARTINS, G. C.; ROHDE, L. A.; HUTZ, M. H. Genetics of attention-deficit/hyperactivity disorder: an update. Expert Review of Neurotherapeutics, [s. l.], v. 16, n. 2, p. 145-156, 2016.

ALABDULKAREEM, E.; JAMJOOM, M. Computer-assisted learning for improving ADHD individuals' executive functions through gamified interventions: A review. Entertainment Computing, [s. l.], n. 33, p. 100341, 2020.

AMERICAN PSYCHIATRIC ASSOCIATION (APA). Diagnostic and statistical manual of mental disorders, second edition. Washington, DC: APA, 1968.

AMERICAN PSYCHIATRIC ASSOCIATION (APA). Manual de Diagnóstico e Estatística de Distúrbios Mentais DSM III-R. São Paulo: Manole, 1989.

AMERICAN PSYCHIATRIC ASSOCIATION (APA). Manual de Diagnóstico e Estatística de Distúrbios Mentais DSM-IV. São Paulo: Manole, 1994.

AMERICAN PSYCHIATRIC ASSOCIATION (APA). Manual diagnóstico e estatístico de transtornos mentais: DSM-5. Porto Alegre: Artmed, 2013.

AMERICAN PSYCHIATRIC ASSOCIATION (APA). Diagnostic and statistical manual of mental disorders, fifth edition, test revision. Washington, DC: APA, 2022.

ANDRADE, B. F. et al. Social information processing of positive and negative hypothetical events in children with ADHD and conduct problems and controls. Journal of Attention Disorders, [s. l.], v. 16, n. 6, p. 491-504, 2012.

ARNS, M. et al. Neurofeedback and attention-deficit/hyperactivity-disorder (ADHD) in children: Rating the evidence and proposed guidelines. Applied Psychophysiology and Biofeedback, [s. l.], v. 45, n. 2, p. 39-48, 2020.

ARNSTEN, A. F. Fundamentals of attention-deficit/hyperactivity disorder: circuits and pathways. The Journal of Clinical Psychiatry, [s. l.], n. 67, sup. 8, p. 7-12, 2006.

ARNSTEN, A. F.; PLISZKA, S. R. Catecholamine influences on prefrontal cortical function: relevance to treatment of attention deficit/hyperactivity disorder and related disorders. Pharmacology, Biochemistry, and Behavior, [s. l.], v. 99, n. 2, p. 211-216, 2011.

BARBOSA, D. L. F; MIRANDA, M. C.; BUENO, O. F. A. Tradução e adaptação do Pay Attention! – um programa de treinamento dos processos da atenção para crianças. Psicologia: Reflexão e Crítica, Porto Alegre, v. 27, n. 4, p. 775-783, 2014.

BARKLEY, R. A.; MURPHY, K. R. Transtorno de déficit de atenção/hiperatividade: exercícios clínicos. 3. ed. Porto Alegre: Artmed, 2008.

BAUMEISTER, A. A. et al. The early history of the neuroscience of attention-deficit/hyperactivity disorder. Journal of the History of the Neurosciences, [s. l.], v. 21, n. 3, p. 263-279, 2012.

BECK, J. S. Terapia cognitivo-comportamental: teoria e prática. Porto Alegre: Artmed, 2013.

BIEDERMAN, J. et al. Impact of psychometrically defined deficits of executive functioning in adults with attention deficit hyperactivity disorder. The American Journal of Psychiatry, [s. l.], v. 163, n. 10, p. 1730-1738, 2006.

BÖGELS, S. M. et al. Family Mindfulness Training for Childhood ADHD: Short- and Long-Term Effects on Children, Fathers and Mothers. Mindfulness, [s. l.], n. 12, p. 3011-3025, 2021.

BUL, K. C. M. et al. A serious game for children with attention deficit hyperactivity disorder: Who benefits the most? PloS One, [s. l.], v. 13, n. 3, 2018.

BUNGE, E.; GOMAR, M.; MANDIL, J. Terapia cognitiva com crianças e adolescentes: aportes técnicos. São Paulo: Casa do Psicólogo, 2012.

CATALÁ-LÓPEZ, F. et al. The pharmacological and non-pharmacological treatment of attention deficit hyperactivity disorder in children and adolescents: A systematic review with network meta-analyses of randomised trials. PloS One, [s. l.], v. 12, n. 7, 2017.

COELHO, L. F. et al. Group cognitive behavioral therapy for children and adolescents with ADHD. Psicologia, Reflexão e Crítica, Porto Alegre, v. 30, n. 1, p. 11, 2017.

COELHO, L. F. et al. Use of cognitive behavioral therapy and token economy to alleviate dysfunctional behavior in children with attention-deficit hyperactivity disorder. Frontiers in Psychiatry, [s. l.], n. 6, p. 1-9, 2015.

CONNERS, C. K. et al. Multimodal treatment of ADHD in the MTA: An alternative outcome analysis. Journal of the American Academy of Child and Adolescent Psychiatry, [s. l.], v. 40, n. 2, p. 159-167, 2001.

CORTESE, S. et al. Cognitive training for attention-deficit/hyperactivity disorder: meta-analysis of clinical and neuropsychological outcomes from randomized controlled trials. Journal of the American Academy of Child and Adolescent Psychiatry, [s. l.], v. 54, n. 3, p. 164-174, 2015.

DEL PRETTE, A.; DEL PRETTE, Z. A. P. Competência social e habilidades sociais: manual teórico-prático. Petrópolis: Vozes, 2017.

DIAS, N. M.; SEABRA, A. G. Programa de intervenção sobre a autorregulação e funções executivas: PIAFEx. São Paulo: Memnon, 2017.

DITTNER, A. J. et al. Protocol for a proof of concept randomized controlled trial of cognitive-behavioural therapy for adult ADHD as a supplement to treatment as usual, compared with treatment as usual alone. BMC Psychiatry, v. 14, p. 248, 2014.

DRECHSLER, R. et al. ADHD: current concepts and treatments in children and adolescents. Neuropediatrics, [s. l.], v. 51, n. 5, p. 315-335, 2020.

DUNNING, D. L.; HOLMES, J.; GATHERCOLE, S. E. Does working memory training lead to generalized improvements in children with low working memory? A randomized controlled trial. Developmental Science, [s. l.], v. 16, n. 6, p. 915-925, 2013.

EFRON, D. Attention-deficit/hyperactivity disorder: The past 50 years. Journal of Paediatrics and Child Health, [s. l.], v. 51, n. 1, p. 69-73, 2015.

ERVIN, R. A. Tratamento do TDAH. In: REINECKER, M. A.; DATILLIO, F.; FREEMAN, A. (org.). Terapia cognitiva com crianças e adolescentes. Porto Alegre: Artmed, 1999.

FABIANO, G. A. et al. A meta-analysis of behavioral treatments for attention-deficit/hyperactivity disorder. Clinical Psychology Review, [s. l.], v. 29, n. 2, p. 129-140, 2009.

FALCÃO, A. P. et al. PROMOVE – Crianças: efeitos de um treino em habilidades sociais para crianças com problemas de comportamento. Estudos e Pesquisas em Psicologia, Rio de Janeiro, v. 16, n. 2, p. 590-612, 2016.

FARAONE, S. V. et al. Attention-deficit/hyperactivity disorder. Nature Reviews Disease Primers, [s. l.], v. 10, n. 1, p. 11, 2024.

FERNÁNDEZ-GUINEA, S. ¿Qué es la rehabilitación neuropsicológica? In: SIMPÓSIO INTERNACIONAL VIRTUAL DE NEUROPSICOLOGÍA. 2008.

FRANZ, A. P. et al. Attention-deficit/hyperactivity disorder and very preterm/very low birth weight: A meta-analysis. Pediatrics, [s. l.], v. 141, n. 1, 2018.

GARCÍA-REDONDO, P. et al. Serious games and their effect improving attention in students with learning disabilities. International Journal of Environmental Research and Public Health, [s. l.], v. 16, n. 14, p. 2480, 2019.

GINARTE-ARIAS, Y. Rehabilitación cognitiva: aspectos teóricos y metodológicos. Revista de Neurologia, [s. l.], n. 35, p. 870-876, 2002.

HARDY, J. L. et al. Enhancing cognitive abilities with comprehensive training: A large, online, randomized, active-controlled trial. PloS One, [s. l.], v. 10, n. 9, 2015.

HERBERT, M. The concept and testing of brain damage in children – a review. J Child Psychol Psychiatry, v. 5, p. 197-217, 1964.

HIPPOCRATES. Aphorisms: In the genuine works of hippocrates. London: The Sydenham Society, 1849.

HODGSON, K.; HUTCHINSON, A. D.; DENSON, L. Nonpharmacological treatments for ADHD: a meta-analytic review. Journal of Attention Disorders, [s. l.], v. 18, n. 4, p. 275-282, 2014.

HOROWITZ-KRAUS, T. Can the error-monitoring system differentiate ADHD from ADHD with reading disability? Reading and executive dysfunction as reflected in error monitoring. Journal of Attention Disorders, [s. l.], v. 20, n. 10, p. 889-902, 2016.

KAPLAN, G.; NEWCORN, J. H. Pharmacotherapy for child and adolescent attention-deficit hyperactivity disorder. Pediatric Clinics of North America, [s. l.], v. 58, n. 1, p. 99-120, 2011.

KESNER, R. P.; CHURCHWELL, J. C. An analysis of rat prefrontal cortex in mediating executive function. Neurobiology of Learning and Memory, [s. l.], v. 96, n. 3, p. 417-431, 2011.

KNAPP, P. et al. Terapia cognitivo-comportamental no transtorno de déficit de atenção/hiperatividade: manual do terapeuta. Porto Alegre: Artmed, 2003.

KNIGHT, L. A.; ROONEY, M.; CHRONIS-TUSCANO, A. Psychosocial treatments for attentiondeficit/hyperactivity disorder. Current Psychiatry Reports, [s. l.], v. 10, n. 5, p. 412-418, 2008.

KOLLINS, S. H. et al. A novel digital intervention for actively reducing severity of paediatric ADHD (STARS-ADHD): A randomised controlled trial. The Lancet Digital Health, [s. l.], v. 2, n. 4, p. e168-e178, 2020.

KRIEGER, V.; AMADOR-CAMPOS, J. A. Clinical presentations of attention-deficit/hyperactivity disorder (ADHD) in children and adolescents: comparison of neurocognitive performance. Child Neuropsychology: A Journal On Normal And Abnormal Development In Childhood And Adolescence, [s. l.], v. 27, n. 8, p. 1024-1053, 2021.

LAM, A. P. et al. Long-term effects of multimodal treatment on adult attention-deficit/hyperactivity disorder symptoms: Follow-up analysis of the COMPAS trial. JAMA Network Open, [s. l.], v. 2, n. 5, 2019.

LANGE, K. W. et al. The history of attention deficit hyperactivity disorder. Attention Deficit and Hyperactivity Disorders, [s. l.], v. 2, n. 4, p. 241-255, 2010.

LAUFER, M. W. et al. Hyperkinetic impulse disorder in children's behavior problems. Psychosomatic Medicine, v. 19, p. 38-49, 1957.

MARTINEZ-BADÍA, J.; MARTINEZ-RAGA, J. Who says this is a modern disorder? The early history of attention deficit hyperactivity disorder. World Journal of Psychiatry, [s. l.], v. 5, n. 4, p. 379-386, 2015.

MARTÍNEZ-NÚÑEZ, B.; QUINTERO, J. Update the multimodal treatment of ADHD (MTA): twenty years of lessons. Actas Españolas de Psiquiatria, [s. l.], v. 47, n. 1, p. 16-22, 2019.

MERZENICH, M. Plasticity-based training: building the ultimate learning organization. Development and Learning in Organizations, [s. l.], v. 31, n. 6, p. 4-6, 2017.

NATIONAL INSTITUTE FOR HEALTH AND CARE EXCELLENCE. Attention deficit hyperactivity disorder: diagnosis and management. United Kingdom: NICE, 2018. Disponível em: https://www.nice.org.uk/guidance/ng87. Acesso em: 25 abr. 2024.

NØVIK, T. S. et al. Cognitive-behavioural group therapy for adolescents with ADHD: study protocol for a randomised controlled trial. BMJ Open, [s. l.], v. 10, n. 3, 2020.

OCHI, Y. et al. Neurofeedback game for attention training in adults. In: BIOMEDICAL ENGINEERING INTERNATIONAL CONFERENCE, 10., 2017. Anais [...]. Hokkaido, 2017. p. 1-5.

PARISOD, H. et al. Promoting children's health with digital games: A review of reviews. Games for Health Journal, [s. l.], v. 3, n. 3, p. 145-156, 2014.

PELHAM, W. E.; ALTSZULER, A. R. Combined treatment for children with attention-deficit/hyperactivity disorder: Brief history, the multimodal treatment for attention-deficit/hyperactivity disorder study, and the past 20 years of research. Journal of Developmental and Behavioral Pediatrics, [s. l.], n. 41, sup. 2S, p. S88-S98, 2020.

PELHAM JUNIOR, W. E.; GREINER, A. R.; GNAGY, E. M. Summer treatment program manual. In: PELHAM JUNIOR, W. E.; GREINER, A. R.; GNAGY, E. M. Comprehensive treatment for attention deficit disorders. Buffalo, NY: 1997.

PIEVSKY, M. A.; MCGRATH, R. E. The neurocognitive profile of attention-deficit/hyperactivity disorder: A review of meta-analyses. Archives of Clinical Neuropsychology: The Official Journal of the National Academy of Neuropsychologists, [s. l.], v. 33, n. 2, p. 143-157, 2018.

PRINS, P. J. et al. "Braingame Brian": Toward an executive function training program with game elements for children with ADHD and cognitive control problems. Games for Health Journal, [s. l.], v. 2, n. 1, p. 44-49, 2013.

RAMOS-QUIROGA, J. A. et al. Criteria and concurrent validity of DIVA 2.0: A semi-structured diagnostic interview for adult ADHD. Journal of Attention Disorders, [s. l.], v. 23, n. 10, p. 1126-1135, 2019.

RAMSAY, J. R. The relevance of cognitive distortions in the psychosocial treatment of adult ADHD. Professional Psychology: Research and Practice, [s. l.], v. 48, n. 1, p. 62-69, 2017.

RASK-ANDERSEN, M. et al. Solute carriers as drug targets: Current use, clinical trials and prospective. Molecular Aspects of Medicine, [s. l.], v. 34, n. 2-3, p. 702-710, 2013.

ROHDE, L. A. et al. Guia para compreensão e manejo do TDAH da World Federation of ADHD. Porto Alegre: Artmed, 2019.

ROTHENBERGER, A. N. K. Steinkopff, Darmstadt: Kramer-Pollnow im Spiegel der Zeit. Wissenschaftsgeschichte der ADHS, [s. l.], 2005.

SAFREN, S. A. et al. Cognitive-behavioral therapy for ADHD in medication-treated adults with continued symptoms. Behaviour Research and Therapy, [s. l.], v. 43, n. 7, p. 831-842, p. 2005.

SCASSELLATI, C. et al. Biomarkers and attention-deficit/hyperactivity disorder: a systematic review and meta-analyses. Journal of the American Academy of Child and Adolescent Psychiatry, [s. l.], v. 51, n. 10, p. 1003-1019.e20, 2012.

SHUAI, L. et al. Executive function training for preschool children with ADHD: A randomized controlled trial. Journal of Attention Disorders, [s. l.], v. 25, n. 14, p. 2037-2047, 2021.

SIBLEY, M. H. et al. Non-pharmacological interventions for attention-deficit hyperactivity disorder in children and adolescents. The Lancet Child & Adolescent Health, [s. l.], v. 7, n. 6, p. 415-428, 2023.

SIEBELINK, N. M. et al. A randomised controlled trial (MindChamp) of a mindfulness-based intervention for children with ADHD and their parents. Journal of Child Psychology and Psychiatry, and Allied Disciplines, [s. l.], v. 63, n. 2, p. 165-177, 2022.

SONUGA-BARKE, E. J. S. et al. Nonpharmacological interventions for ADHD: systematic review and meta-analyses of randomized controlled trials of dietary and psychological treatments. The American Journal of Psychiatry, [s. l.], n. 170, p. 3, 2013.

STEFANATOS, G. A; BARON, I. S. Attention-deficit/hyperactivity disorder: A neuropsychological perspective towards DSM-V. Neuropsychology Review, [s. l.], v. 17, n. 1, p. 5-38, 2007.

STILL, G. F. Some abnormal psychical conditions in children: excerpts from three lectures. Lancet, London, p. 1008-1012, 1077-1082, 1163-1168, 1902.

THAPAR, A.; COOPER, M. Attention deficit hyperactivity disorder. Lancet, London, v. 387, n. 10024, p. 1240-1250, 2016.

TOURJMAN, V. et al. Psychosocial interventions for attention deficit/hyperactivity disorder: A systematic review and meta-analysis by the CADDRA Guidelines Work Group. Brain Sciences, [s. l.], v. 12, n. 8, p. 1023, 2022.

VELOSO, A.; VICENTE, S. G.; FILIPE, M. G. Effectiveness of cognitive training for school-aged children and adolescents with attention deficit/hyperactivity disorder: A systematic review. Frontiers in Psychology, [s. l.], n. 10, p. 2983, 2020.

VICTOR, M. M. et al. Attention-deficit hyperactivity disorder in ancient Greece: The obtuse man of Theophrastus. The Australian and New Zealand Journal of Psychiatry, [s. l.], v. 52, n. 6, p. 509-513, 2018.

WEXLER, B. E. et al. An integrated program of computer-presented and physical cognitive training exercises for children with attention-deficit/hyperactivity disorder. Psychological Medicine, [s. l.], v. 51, n. 9, p. 1524-1535, 2021.

WORLD HEALTH ORGANIZATION (WHO). ICD-11 2022 Release. 2022. Disponível em: who.int/news/item/11-02-2022-icd-11-2022-release. Acesso em: 4 set. 2024.

YOUNG, S. The "RAPID" cognitive-behavioral therapy program for inattentive children: Preliminary findings. Journal of Attention Disorders, [s. l.], v. 17, n. 6, p. 519-526, 2013.

YOUNG, S.; SMITH, J. Helping children with ADHD: A CBT guide for practitioners, parents and teachers. Hoboken: John Wiley & Sons, 2017.

ZHENG, Y. et al. Uma revisão sobre jogos sérios para TDAH. No prelo, 2021.

55 Transtorno do Espectro Autista

Sabrina Helena Bandini Ribeiro

Autismo ou transtorno do espectro autista (TEA) é caracterizado por alterações persistentes e duradouras em duas grandes áreas do desenvolvimento, interação social recíproca e de comunicação e comportamentos e interesses restritos, repetitivos e estereotipados, de início precoce, de acordo com o *Manual diagnóstico e estatístico de transtornos mentais* – DSM-5 (2013).

No TEA, observa-se um desenvolvimento atípico, neurodiverso, que muitas vezes não segue o curso esperado de aquisição de habilidades, em que algumas aquisições podem não se desenvolver no curso normal da vida. Por outro lado, notam-se outras habilidades mais desenvolvidas que a média, além das alterações comportamentais. Pode-se dizer que o TEA apresenta uma heterogeneidade de sintomas, com uma ampla variação de habilidades. Embora TEA não signifique deficiência intelectual associada, estudos apontam uma média de aproximadamente 30% com critérios para deficiência intelectual (Maenner et al., 2020).

Os critérios diagnósticos são muito bem descritos na literatura, como os apresentados a seguir, com base no DSM-5 (2013):

A. **Déficits persistentes na comunicação social e na interação social** em múltiplos contextos, manifestados por todos os seguintes, atualmente ou pela história prévia:
  1. **Déficits na reciprocidade socioemocional**, variando de abordagem social anormal e falha de conversar ao compartilhamento reduzido de interesses, emoções ou afetos; à falha em iniciar ou responder a interações sociais
  2. **Déficits em comportamentos comunicativos não verbais** usados para interação social, variando, por exemplo, de comunicação verbal e não verbal pouco integrada a anormalidades no contato visual e na linguagem corporal ou déficits na compreensão e no uso de gestos, a uma total falta de expressões faciais e comunicação não verbal
  3. **Déficits no desenvolvimento, na manutenção e na compreensão de relacionamentos**, variando, por exemplo, de dificuldades em ajustar o comportamento para se adequar a diversos contextos sociais, dificuldades em compartilhar brincadeiras imaginativas ou em fazer amigos, à falta de interesse pelos pares.
B. **Padrões restritos e repetitivos de comportamento, interesses ou atividades**, manifestados por pelo menos dois dos seguintes, atualmente ou pela história prévia:
  1. **Movimentos motores, uso de objetos ou fala estereotipados ou repetitivos** (p. ex., estereotipias motoras simples, enfileirar brinquedos ou lançar objetos, ecolalia, frases idiossincráticas)
  2. **Insistência na mesmice, adesão inflexível a rotinas ou padrões ritualizados de comportamento verbal ou não verbal** (p. ex., sofrimento extremo em relação a pequenas mudanças, dificuldades nas transições, padrões rígidos de pensamento)
  3. **Interesses fixos e altamente restritos que são anormais em intensidade ou foco** (p. ex., forte apego ou preocupação com objetos incomuns, interesses excessivamente circunscritos ou perseverantes)
  4. **Hiper ou hiporreatividade a estímulos sensoriais ou interesse incomum em aspectos sensoriais do ambiente** (p. ex., aparente indiferença à dor/temperatura, resposta adversa a sons ou texturas específicas, cheiro ou toque excessivo de objetos, fascínio visual por luzes ou movimento).
C. **Os sintomas devem estar presentes no período inicial do desenvolvimento** (mas podem não se manifestar completamente até que as demandas sociais excedam as capacidades limitadas, ou podem ser mascarados por estratégias aprendidas na vida adulta).
D. Os sintomas causam prejuízo clinicamente significativo no funcionamento social, ocupacional ou em outras áreas importantes da vida do indivíduo no presente.
E. Essas perturbações não são mais bem explicadas por transtorno do desenvolvimento intelectual (TDI), também conhecido como deficiência intelectual ou atraso global do desenvolvimento. TDI e TEA com frequência ocorrem concomitantemente; para fazer diagnósticos comórbidos de TEA e TDI, a comunicação social deve estar abaixo do esperado para o nível geral de desenvolvimento.

Além dos sintomas, é possível classificar os TEA de acordo com nível de gravidade (Tabela 55.1), variando de nível 1, em que o sujeito precisa de pouco apoio; nível 2, exigindo apoio substancial; até nível 3, exigindo apoio muito substancial.

Prevalência

O diagnóstico é clínico, preferencialmente com equipe multidisciplinar, com base em detalhada investigação da história do desenvolvimento, mediante uso de escalas padronizadas e observações de comportamento.

Tabela 55.1 Níveis de gravidade para transtorno do espectro autista (TEA).

Nível de gravidade	Comunicação social	Comportamentos restritivos e repetitivos
Nível 3 – Exige apoio muito substancial	Déficits graves nas habilidades de comunicação social verbal e não verbal causam prejuízos de funcionamento; grande limitação em dar início a interações sociais; e resposta mínima a aberturas sociais que partem de outros. Por exemplo, uma pessoa com fala inteligível de poucas palavras que raramente inicia as interações e, quando o faz, tem abordagens incomuns apenas para satisfazer às necessidades e reage somente a abordagens sociais muito diretas	Inflexibilidade de comportamento, extrema dificuldade em lidar com a mudança ou outros comportamentos restritos/repetitivos interferem de modo acentuado no funcionamento em todas as esferas. Grande sofrimento/dificuldade para mudar o foco ou as ações
Nível 2 – Exige apoio substancial	Déficits graves nas habilidades de comunicação social verbal e não verbal; prejuízos sociais aparentes mesmo à presença de apoio; limitação em dar início a interações sociais e resposta reduzida ou anormal a aberturas sociais que partem de outros. Por exemplo, uma pessoa que fala frases simples, cuja interação se limita a interesses especiais reduzidos e que apresenta comunicação não verbal acentuadamente estranha	Inflexibilidade do comportamento, dificuldade de lidar com mudança ou outros comportamentos restritos/repetitivos aparecem com frequência suficiente para serem óbvios ao observador casual e interferem no funcionamento em uma variedade de contextos. Sofrimento e/ou dificuldade de mudar o foco ou as ações
Nível 1 – Exige apoio	Na ausência de apoio, déficits na comunicação social causam prejuízos notáveis. Dificuldade para iniciar interações sociais e exemplos claros de respostas atípicas ou sem sucesso a aberturas sociais dos outros. Pode parecer apresentar interesse reduzido por interações sociais. Por exemplo, uma pessoa que consegue falar frases completas e envolver-se na comunicação, embora apresente falhas na conversação e cujas tentativas de fazer amizades são estranhas e em geral malsucedidas	Inflexibilidade de comportamento causa interferência significativa no funcionamento em um ou mais contextos. Dificuldade em trocar de atividade. Problemas para organização e planejamento são obstáculos à independência

No que tange às comorbidades, 60 a 70% de crianças e 69 a 79% de adultos com TEA têm critérios para pelo menos uma comorbidade psiquiátrica, como transtorno do déficit de atenção e hiperatividade (TDAH), ansiedade ou outros transtornos de humor (Buck *et al.*, 2014; Lever; Geurts, 2016); transtorno de conduta, transtorno obsessivo-compulsivo (TOC) e esquizofrenia (Lai M-C *et al.*, 2019).

No aspecto da prevalência, desde sua descrição inicial por Kanner (1943), observa-se que o autismo passou de uma condição rara para um problema de saúde pública, sendo atualmente a média global estimada de 1%; entretanto, as taxas são mais altas em países desenvolvidos (2,8%; CDC, 2023). Um estudo sugeriu que, no mundo, estima-se que existem 52 milhões de pessoas com TEA, o que equivaleria a uma prevalência de 1:132 indivíduos (Baxter *et al.*, 2015). Ou ainda, 2,2% da população adulta dos EUA (Dietz *et al.*, 2020).

TEA é mais comum em meninos, com taxas que variam entre 2:1 até 5:1; embora os métodos diagnósticos atuais não levem em consideração as meninas, nas quais os sintomas se manifestam de maneira diferente, com diferentes comorbidades, podendo haver um viés de gênero no diagnóstico (Howlin, 2021). Então acredita-se que essas taxas estejam pouco estimadas. TEA nas mulheres é mais difícil de ser identificado; uma das teorias é a de que estão mais próximas do desenvolvimento típico em suas habilidades sociais (Lord *et al.*, 2020).

Entre os sinais e sintomas de autismo em mulheres, particularmente naquelas de nível de suporte 1, estão: sensibilidade sensorial, dificuldade em fazer e manter amigos, problemas de comunicação social (que aumentam com a idade), timidez, passividade, problemas emocionais, sintomas de depressão, ansiedade ou outros sintomas de saúde mental, além de restringir conversas a tópicos de interesse limitados.

Características podem limitar as oportunidades de aprendizagem e desenvolvimento da criança em várias áreas, dificultando oportunidades de aprendizagem no contexto **social** ou ainda através da **comunicação**.

TEA e vida adulta

Na vida adulta, a maioria dos autistas tem necessidade de suporte psicossocial para atender às demandas sociais relacionadas com a vida independente, as relações pessoais e o emprego. Estima-se que não mais do que 20% dos adultos com TEA tenham bons resultados nessas áreas. Além disso, a literatura mostra que o número de serviços ambulatoriais diminui da infância para a vida adulta e continua decrescendo até o final da vida adulta; por outro lado, aumenta o número de medicamentos e serviços de internação (Howlin; Magiati, 2017).

O perfil de adultos com TEA pode ser, em geral, de pessoas excêntricas, com poucos amigos, apresentando êxito no que fazem; tal desempenho tem muito a ver com o tipo de estimulação e suporte que aquele indivíduo obteve ao longo da vida. Esses indivíduos podem, ainda, ter dificuldades em resolver problemas, planejar os passos de alguma atividade ou serem perfeccionistas. Tendem a ser pessoas mais ingênuas, com mais facilidade de serem manipuladas ou enganadas, e podem ter interesses restritos e sensibilidades sensoriais. As perspectivas de emprego são difíceis, embora existam leis e empresas que trabalhem ativamente para colocar pessoas com autismo no mercado de trabalho.

Nesse campo, entra a reabilitação neuropsicológica (RN), que consiste, em termos gerais, de um conjunto de técnicas e procedimentos com objetivo de promover ou reestabelecer adaptações sociais, psicológicas ou físicas para pessoas que apresentam alguma incapacidade que pode ser inata ou ter sido adquirida (Miotto, 2015). É um trabalho realizado em parceria com a família, o paciente e outros profissionais, para melhor desempenho e melhora na qualidade de vida.

Um dos objetivos da RN é o planejamento e gerenciamento de metas, etapa que exige adaptação entre as necessidades do paciente e as de seus familiares e as metas da equipe. Nessa fase, importante ter em mente alguns princípios básicos para o planejamento de metas (Houts; Scoott,1975), como: levar em consideração a motivação do paciente; ter metas realistas e elaboradas em coparticipação com a família; definir comportamento alvo; e estabelecer prazos e metas bem descritos.

Quando se trata de RN em crianças, há discussões robustas sobre qual deve ser a melhor terminologia a ser empregada: reabilitação ou habilitação infantil? Vale lembrar que apesar das dificuldades e dos prejuízos observados, as funções cognitivas nessa faixa etária se encontram em processo de desenvolvimento, ou seja, toda criança aprende!

A intervenção em crianças com TEA pode ser mais relacionada com a habilitação de funções não desenvolvidas adequadamente, por meio de treinos dessas habilidades, bem como adaptações ambientais (Navatta, 2015).

Na RN infantil, é possível empreender técnicas e práticas de exercícios programados que envolvem consistência e repetição, com técnicas comportamentais que levam em consideração a motivação do aprendiz, abrangendo instruções claras e objetivos bem estruturados. A RN traz resultados desde que seja consistente e suficientemente boa. Muitos profissionais fazem RN, tanto psicólogos como fonoaudiólogos, terapeutas ocupacionais, entre outros, cada um dentro de sua abordagem. Vale lembrar que as intervenções muitas vezes são compartilhadas dentro da equipe e essa troca de informações é riquíssima e extremamente eficaz para uma intervenção de sucesso.

Alterações cognitivas, comportamentais e critérios diagnósticos

Em se tratando de TEA, os déficits comumente presentes estão relacionados com as funções executivas (FE), em especial em áreas da flexibilidade cognitiva e no controle inibitório (McLean *et al.*, 2014). As FE abrangem uma ampla gama de habilidades compostas de: memória operacional (dicas que temos que memorizar por um tempo para conseguir executar uma tarefa); autocontrole (conseguir manter a calma diante de uma dificuldade para traçar um plano de ação a fim de resolver uma tarefa); e, finalmente, a flexibilidade mental (conseguir pensar em diferentes maneiras de resolver um problema). Essas habilidades são usadas com muita frequência no dia a dia, por exemplo, ao montar um quebra-cabeça ou ao decidir como se alimentar quando se percebe que o lanche foi esquecido em casa. Trata-se de um grupo de habilidades muito importantes para a adaptação dos indivíduos às rotinas do cotidiano e também servem de base para o desenvolvimento de novas habilidades. Pessoas com TEA podem apresentar além das alterações comportamentais e sociais, alterações em FE capazes de trazer prejuízos para a vida diária. As dificuldades de FE são expressas não só no conhecimento sobre como agir, mas muitas vezes em como colocar em prática o conhecimento que se tem. Aprender a "ler" com as ferramentas que se tem é o primeiro passo, por meio de práticas consistentes, com suporte adequado para que essas habilidades pareçam mais natural e automáticas e tragam maior sucesso na resolução de problemas do dia a dia para nossas crianças (Grand, 2021).

Na verdade, melhorias em aspectos de atenção e FE colaboram para diminuir a gravidade dos sintomas principais de TEA, reduzindo problemas de saúde mental, aumentando o efeito de outras intervenções em várias populações (Antshel *et al.*, 2011) e melhorando o dia a dia social e comportamental, bem como o funcionamento acadêmico em crianças pequenas (Rueda; Checa; Rothbart, 2010).

Outro aspecto relevante se refere às capacidades atencionais, pois muitos domínios do funcionamento neuropsicológico, incluindo as FE e a inteligência, são impactados pela atenção. Embora em manuais diagnósticos mais antigos não fosse possível ter diagnóstico de TEA e TDAH, as dificuldades atencionais são hoje reconhecidas como uma das comorbidades mais comuns, com taxas de prevalência de TDAH em TEA variando entre 40 e 70% dos casos (Antshel *et al.*, 2016).

Coocorrência desses dois diagnósticos, TEA e TDAH, leva a um prejuízo das habilidades adaptativas, fazendo com que a avaliação e o tratamento dos sintomas de TDAH nessa população seja muito importante para bons resultados e melhoria da qualidade de vida. Importante lembrar que dificuldades atencionais e hiperatividade impactam e interferem na testagem cognitiva, estando relacionados com maior severidade de sintomas.

Entre as pessoas com TEA, encontraremos algum tipo de prejuízo de ordem social, às vezes prejuízos graves, em outras vezes, mais leves, em geral mascarados por níveis altos de ansiedade. Uma grande área de observação diz respeito à cognição social, isto é, o conjunto de habilidades relacionadas com o processamento de informações sociais e emocionais e que estão prejudicadas nas pessoas com TEA (APA, 2013). São operações mentais que estão subjacentes e são necessárias às interações sociais (Brothers, 1990). Na prática, cognição social é a capacidade de julgamento e crítica de ler nas entrelinhas e inferir crenças e sentimentos no outro, denominada "teoria da mente". Ajuda no conhecimento de regras sociais, na memorização de faces humanas e no reconhecimento das expressões.

Cognição social é considerada "constructo multidimensional" com vários domínios, entre eles:

- **Percepção de emoções:** capacidade de perceber e usar as emoções de forma adequada, como um preditor da socialização, pois permite ao indivíduo compreender o outro, regular seu comportamento e apresentar uma resposta socialmente adequada e esperada ao contexto

- **Percepção social:** conhecimento social geral, integrando informações do contexto para realizar julgamentos corretos sobre outros comportamentos; exerce um papel muito importante para modulação do comportamento
- **Teoria da mente (ToM):** atribuição de estado mental e inferências sobre a intenção e a crença dos outros. Representa o conjunto de habilidades que permite aos indivíduos entender falsas crenças, interpretar dicas, intenções, ironias e discernir sobre tudo isso
- **Estilo/viés de atribuição:** capacidade de interpretação das causas dos acontecimentos, ou seja, explicação ou sentido negativo ou positivo para eventos sociais da vida diária e aqueles que impactam em nosso comportamento. Por exemplo, a interpretação de uma resposta de alguém ou um ato que vai determinar uma reação emocional e comportamental do indivíduo (Pinkhan, 2014).

Prejuízos nessas áreas, somados à dificuldade de metacognição da FE, demonstram estar associados a déficits no funcionamento social de pessoas com TEA, os quais são diminuição do envolvimento com colegas, isolamento em lugares públicos como parques e aumento de problemas sociais (Torske *et al.*, 2018).

Avaliação neuropsicológica

A avaliação neuropsicológica envolve um exame compreensivo dos aspectos intelectuais, atencionais, sociocognitivos, de linguagem e de funcionamento motor. É semelhante a tirar uma foto dos aspectos cognitivos do paciente para obter informações acuradas capazes de mostrar quais são suas fraquezas e fortalezas em termos de desempenho e em quais situações essas habilidades aparecem com mais facilidade ou dificuldade. Além disso, capacita para o diagnóstico diferencial, para a busca de novas diretrizes para um tratamento eficaz e também propicia a avaliação de mudanças ao longo do tempo. Pessoas com TEA costumam ter uma apresentação clínica variada, o que pode muitas vezes representar um grande desafio para o neuropsicólogo interpretar os dados e chegar a um resultado.

Uma avaliação clínica de qualidade inclui, além dos testes cognitivos padronizados, a escala *Autism Diagnostic Interview-Revised* (ADI-R) (Lord; Rutter; Le Couteur, 1994) e a 2ª edição da escala *Autism Diagnostic Observation Shedule*™ (ADOS®-2) (Lord *et al.*, 2012). É preciso um avaliador com treinamento prévio para aplicar ambas as escalas. Até uma década atrás, havia poucos profissionais capacitados no Brasil; entretanto, atualmente, há possibilidade de fazer essa formação sem sair do país.

Embora o diagnóstico de TEA possa ser clínico, ou seja, com base na observação de comportamento e sintomas, consideramos tanto a ADOS®-2 quanto a ADI-R escalas padrão-ouro para serem administradas nesses casos.

As escalas de inteligência Wechsler são as mais utilizadas para avaliar padrões cognitivos e de inteligência, e devem ser escolhidas de acordo com a faixa etária do avaliado (Wechsler, 2008, 2011, 2014).

Um revisão sistemática que examinou as escalas Wechsler em crianças com TEA encontrou padrões de funcionamento cognitivo comuns, incluindo ilhas de habilidades, como baixos índices de compreensão verbal e altos índices de memória visuoespacial e de trabalho, em crianças com quociente de inteligencia (QI) total menor ou igual a 85, ou ainda altos índices de compreensão verbal e visuoespacial e desempenho mais baixo em velocidade de processamento naqueles com QI total 86 (Takayanagi *et al.*, 2022). Vale ainda ressaltar que muitas vezes, um mal desempenho nos testes padronizados, não significa uma incapacidade no uso das habilidades, mas talvez que o instrumento utilizado não seja sensível para medir as habilidades de pessoas com desenvolvimento atípico. Uma forma de constatar essa variável é usar múltiplas fontes de informação e, quando possível, realizar a observação direta ou indireta (através de vídeos) da pessoa avaliada.

Já na avaliação de adultos, estudos mostram déficits na velocidade de processamento e raciocínio verbal nos subtestes do WAIS-IV e em tarefas de raciocínio perceptual (Holdnack; Goldstein; Drozdick, 2011).

Não menos importante do que os dados quantitativos obtidos pelos testes padronizados – aprovados pelo Sistema de Avaliação de Testes Psicológicos (SATEPSI), do Conselho Federal de Psicologia – são os resultados qualitativos observados ao longo da testagem. Esses dados começam a ser coletados desde o primeiro contato com o paciente até o final de todo o processo. Tão importante quanto saber quais habilidades estão presentes é saber como elas aparecem e em que contextos. Por exemplo, o avaliador pode escrever em seu relatório que o paciente faz contato visual fugaz ou explicar de forma mais detalhada que faz contato visual apenas nos momentos em que está falando sobre assuntos de seu interesse, ou seja, fornecendo dados mais acurados de seu funcionamento.

A avaliação neuropsicológica qualitativa complementa e enriquece a avaliação quantitativa (trazendo informações sobre níveis de desenvolvimento do avaliado e padrões de comportamento) e fornece pistas de áreas que se destacam e outras que estão pouco desenvolvidas (trazendo, por fim, uma ideia geral de seu funcionamento como um todo). Além disso, muitas vezes pode ser o recurso mais eficaz em casos de crianças muito pequenas, para as quais ainda não há testes, ou quando o avaliado tem grandes prejuízos comportamentais e de linguagem, não respondendo a uma testagem padrão. Em casos assim, além de uma detalhada observação do comportamento, precisamos usar outras ferramentas mais potentes, como: testes com multi-informantes; avaliação de sintomas comórbidos antes de desenvolver um tratamento apropriado; bateria de testes; uso de abordagens não padronizadas para avaliar o funcionamento intelectual. Além disso, é de suma importância a compreensão de que indivíduos com profundas ou múltiplas deficiências ou dificuldades intelectuais não são "não testáveis" devido à falta de medidas padronizadas para essa população (Soorya *et al.*, 2018). Em um serviço de avaliação neuropsicológica para diagnóstico de TEA, criamos uma lista de comportamentos/habilidades que podíamos observar usando diversos brinquedos durante uma sessão de avaliação.

Precisamos saber o que vamos observar quando estamos diante de uma pessoa com muitas dificuldades cognitivas ou comportamentais, a saber (os critérios diagnósticos dos manuais ou uso de escalas que avaliam sintomas de autismo, como ASQ, ABC, Labirinto, entre outras, também podem servir como guias para iniciantes):

- **Contato inicial:** oferece informações relevantes, como se a criança resiste em entrar na sala sem o cuidador – o que muitas vezes é um comportamento esperado, dependendo da idade da criança –, se apresenta pouca ou nenhuma inciativa para interagir, se cumprimenta a avaliadora espontaneamente, se permite proximidade física e se estabelece contato visual e em quais momentos isso ocorre
- **Contato interpessoal:** é responsivo a estímulos afetivos? Procura indícios de aprovação do outro? Estabelece vínculo? Responde ao chamado pelo nome? Apresenta um contato visual estereotipado ou indiscriminado?
    - Com relação a aspectos referentes à atenção compartilhada (AC), é importante dispor de brinquedos de corda ou que se movimentam para que se avalie se a criança inicia a AC, ou seja, olha para o objeto, para o outro e, em seguida, volta a olhar para o objeto, e, ainda, se apresenta resposta à AC, ou seja, se a criança responde com o olhar a um objeto que o outro mostra. O avaliador pode ainda apontar/fixar o olhar em algum objeto e ver se a criança é capaz de atentar para esse objeto. Ela se volta para estímulos sonoros externos de natureza social ou não social? Por exemplo, quando alguém abre a porta, ela procura olhar?
- **Comportamento social:** a criança é capaz de desenvolver brincadeira de faz de conta/imaginativa? Suas brincadeiras são criativas ou seguem sempre o mesmo padrão? Brinca com a função "adequada" do brinquedo ou se detém a partes menores? Explora objetos de maneira adequada? Deve-se observar sua reação a estímulos táteis, auditivos, visuais e a estereotipias, bem como se faz troca de turno, se durante a brincadeira solicita a participação do avaliador, se tem preferências no brincar, se tem consistência e se usa adequadamente os materiais
- **Habilidades visuoespaciais e visuoconstrutivas:** a criança entende coordenadas espaciais simples (em cima, embaixo)? Faz transposições de dados espaciais (encaixe de peças, quebra-cabeças)? Deve-se observar se a criança monta, empilha, conta, pinta ou escreve e como são seus desenhos. Tem firmeza ao segurar o lápis? Identifica partes faltantes em desenhos ou objetos?
- **Linguagem receptiva:** observa-se se o examinado demanda repetição das instruções, se identifica objetos pelo nome e se segue instruções de pequenos passos. Também examinar se atende a comandos de 1 ou 2 passos e se aponta corretamente partes do corpo, cores e formas geométricas (isolados ou em meio a distratores) sob demanda
- **Linguagem expressiva:** observa-se como o avaliado comunica com eficiência o que quer, se faz uso de gestos/mímicas, se tem intenção comunicativa e quando isso aparece. Ainda com relação à fala, se apresenta balbucios, aproximação de palavras e o uso da fala, se forma frases, qual o ritmo da fala e se apresenta falhas gramaticais ou alterações da prosódia. Notar presença de ecolalia, que pode ser imediata ou tardia.

Durante toda a avaliação, é preciso examinar se o avaliado é cooperativo e interessado, se apresenta comportamento mais agitado ou apático e desmotivado, como é sua tolerância à frustração e sua autoestima, se apresenta irritabilidade ou agressividade, entre outros pontos.

Na avaliação qualitativa dos adultos, pontos importantes se referem a como ele expressa intenções, emoções e desejos; se modula o diálogo em prol da interação; se apresenta uma linguagem formal e sofisticada; como é a aparência, o autocuidado e a adequação social dele. Além disso, observa-se componentes paralinguísticos: latência da fala, duração, volume, velocidade, ritmo, tonalidade e fluência (Del Prette, Z. A. P.; Del Prette, A., 2017).

Leung *et al.* (2015) investigaram as relações entre o funcionamento executivo e o comprometimento social em crianças e adolescentes com e sem TEA. Os resultados mostraram que os processos executivos de regulação comportamental (ou seja, inibição, mudança e controle emocional) previram a função social em todas as crianças. No entanto, os resultados para processos executivos metacognitivos (ou seja, iniciação, memória operacional, planejamento, organização e monitoramento) previram funcionamento apenas em crianças com TEA, e não em crianças com desenvolvimento típico, sugerindo uma ligação distinta entre função executiva metacognitiva e sintomas sociais no TEA.

Reabilitação neuropsicológica no TEA adulto

Como mencionado anteriormente, boas práticas em RN devem envolver e promover a autodeterminação, ou seja, a capacidade de ser responsável por aquilo que acontece na própria vida e fazer escolhas e decisões em relação à qualidade de vida livre de influências ou interferências externas indevidas. O foco no desenvolvimento de habilidades de autodeterminação pode ter resultados importantes para pessoas com deficiência, o que é aprimorado quando o processo começa antes da transição para a idade adulta. Tal desenvolvimento deve ser associado ao aumento do nível de escolaridade, ao acesso à pós-graduação, a estar empregado e a ter vida independente, gerando melhor qualidade de vida na vida adulta (Hodgetts; Park, 2017).

No mundo, estima-se que não mais de 20% dos adultos autistas tenham bons resultados em áreas como relações pessoais, sociais e emprego (Howlin; Magiati, 2017); por outro lado, haverá menos serviços disponíveis e maior será a chance de desenvolver comorbidades – as mais comuns são ansiedade, depressão, TOC (Lai M-C *et al.*, 2019; Lord *et al.*, 2020).

Esses dados mostram que os desafios mudam ao longo do tempo, mas continua sendo necessária uma intervenção, embora a oferta de serviços seja mais escassa.

Mesmo que os níveis de suporte no autismo variem de suporte leve, moderado e até suporte muito substancial, todos se beneficiam de uma intervenção. Adultos com autismo nível 1 de suporte tendem a ser pessoas excêntricas, muito focadas e boas no que se propõem a fazer; entretanto, apresentam dificuldades em "ler" o mundo social que as cercam e inferir estados mentais aos outros e podem ter pouca habilidade em resolver problemas, além de sensibilidade sensorial. Por conta disso, desenvolvem uma habilidade chamada "camuflagem", que seria a capacidade de se adequar às normas sociais, imitando alguém que consideram que seja um bom exemplo. Isso contribui para a manutenção de seus relacionamentos e suas carreiras, mas pode ter um custo alto, incluindo exaustão física e ansiedade extrema (Fombonne, 2020; Hull et al., 2017).

Já para casos que necessitam de maior suporte, a intervenção costuma ser focada em diminuir ou gerenciar sintomas centrais do autismo ou comportamentos associados com objetivo de promover maior independência, como ter um emprego apoiado, ou aumento de habilidades sociais (Lord et al., 2020).

O campo da neuropsicologia clínica examina a relação entre o funcionamento cerebral e o comportamento, uma importante ferramenta que nos auxilia a entender a natureza e a origem dos pontos fortes e fracos dos indivíduos nos vários campos da cognição, linguagem, atenção e FE. Dada a grande complexidade e heterogeneidade no diagnóstico de TEA, uma boa avaliação depende não só do uso adequado dos testes, mas também da experiência clínica para interpretar os resultados, levando em conta os sintomas de TEA e suas comorbidades mais comuns, pontos fundamentais para o planejamento de uma intervenção com qualidade, servindo também para monitorar progressos (Braconnier; Siper, 2021).

Caso clínico

J., uma adolescente de 15 anos recém-diagnosticada com TEA, filha de médicos pós-graduados, tinha acabado de sair de um quadro de depressão com tentativa de suicídio.

Inicialmente, para o planejamento de uma RN infantil, é preciso ter uma boa coleta de dados a fim de entender o ponto de partida. Essa coleta pode ser direta, por meio de avaliação atual, ou indireta, quando a criança já foi avaliada antes. Uma boa coleta envolve não apenas os dados quantitativos, mas também dados qualitativos, ou seja, como a criança se comporta em determinadas situações, quando os comportamentos interferentes aparecem e qual a sua função. Vale lembrar que muitas vezes as crianças apresentam escores adequados em testes, mas na prática essas habilidades não são usadas de maneira apropriada, demonstrando um déficit não na aquisição das habilidades, mas em seu desempenho. Em geral, as intervenções focam em dois grandes eixos: ampliação de repertórios específicos e diminuição de comportamentos inadequados ou interferentes. O ponto central da intervenção deve ser obter ganhos funcionais.

Como dados relevantes de seu histórico, consta que J. sempre teve bom desempenho escolar, mas, por causa das dificuldades de lidar com frustrações, ficava irritada, com humor volátil e, às vezes, agressiva. Apresentava problemas de socialização, tendência à autolesão e falas relacionadas à destrutividade. Além disso, com altos índices de ansiedade e depressão, J. verbalizava se incomodar com a presença das pessoas e ter dificuldade em perceber se estavam brincando ou falando sério. Não identificava sarcasmo e não entendia o que era dito nas entrelinhas. Além disso, se queixava de ser sensível a cheiros. Apesar da hipótese de TEA levantada pelos pais, nenhum profissional da saúde havia fechado o diagnóstico. No que tange ao desenvolvimento neuropsicomotor, teve facilidade e não apresentou atrasos.

Na avaliação neuropsicológica, J. se mostrava irritadiça e não disponível, não era reforçada por elogios e, diante de impasses, tendia a desistir; não sustentava o olhar. Gostava de catalogar informações e procurava manter uma rotina fixa.

Seu desempenho intelectual global se situou na faixa superior de acordo com as normas brasileiras. O índice de compreensão verbal e organização perceptual se mostraram na faixa superior e média superior, indicando boa capacidade de refletir o conhecimento verbal adquirido e fluência verbal, bem como habilidades de planejamento, conceitualização e atenção aos aspectos essenciais do ambiente.

Amplitude atencional auditiva, capacidade de retenção e manipulação das informações (índice de memória operacional) e seletividade atencional e velocidade de processamento da informação aliada com habilidades motoras (índice de velocidade de processamento) também estavam na média esperada.

Apresentava habilidade para realizar tarefas práticas, mas com dificuldade em priorizar etapas; capacidades atencionais adequadas. Na cognição social, demonstrou problemas em associar uma emoção a uma situação, reconhecer emoções em rostos e parear em rostos emoções parecidas.

O mapeamento cognitivo revelou bom potencial intelectual. O nível intelectual global ficou situado na faixa superior/limite da faixa média de desempenho, não havendo discrepâncias significativas entre as habilidades verbais e não verbais. Em termos qualitativos, havia melhor desempenho em tarefas que avaliavam capacidades gerais e estavam mais relacionadas ao fator geral de inteligência, em comparação ao rendimento obtido naquelas que se referem a como as informações são processadas, o que requer competência atencional, memória operacional e velocidade de processamento, sugerindo que sua eficiência pode oscilar na vida prática.

Em resumo, apresentou bom rendimento nas seguintes funções cognitivas:

- **Raciocínio abstrato verbal, visual e visuoverbal:** capacidade de estabelecer relações abstratas entre elementos verbais
- **Raciocínio lógico matemático:** capacidade de lidar com interpretação de problemas e cálculos
- **Nível de vocabulário:** memória semântica, relacionada com repertório verbal
- **Nível de conhecimentos gerais:** memória semântica; conteúdo relacionado com informações geralmente aprendidas por meio formal
- **Nível de informações sobre normas e regras sociais:** memória para informações relacionadas com conhecimentos sociais, a qual possibilita modular o comportamento no ambiente
- **Análise de situações sociais na prática:** capacidade para sequenciar ações e entender as relações de causa e consequência.
  - J. apresentou boa capacidade para realizar tarefas práticas se tiver um modelo que a ajude a balizar suas ações, mas ainda certa dificuldade em priorizar etapas
- **Memória operacional audioverbal:** capacidade de manipular várias informações de maneira simultânea

- **Atenção visual para estímulos ambientais:** habilidade de selecionar informações visuais significativas que ajudam na navegação no ambiente
- **Atenção concentrada:** habilidade de se concentrar em uma coisa enquanto se excluí outras que estão no entorno
- **Atenção dividida:** capacidade para lidar com informações concomitantes
- **Controle inibitório e flexibilidade mental:** habilidade para inibir respostas usuais em detrimento de respostas impulsivas e para lidar com mudanças de regras que podem ocorrer no meio de uma situação. É preciso considerar que essa capacidade de inibição de interferências tende a oscilar, mostrando-se falha quando a interferência ocorre durante o processo de aprendizagem de um conteúdo novo.

Em resumo, apresentou "fragilidades" cognitivas nas seguintes funções:

- **Habilidade motora e visuomotora:** coordenação olho/mão como base para atividades de vida diária, acadêmicas e ocupacionais, estando envolvidas na escrita e na leitura
- **Processo de aprendizagem audioverbal (memória episódica):** memorização de informações repetidas de forma sistemática
- **Memória visual tardia:** capacidade de reter informações visuais quando há necessidade de organização de dados
- **Processos atencionais de seletividade, alternância e sustentação:** quando exigida a prontidão de análise com maior necessidade de automonitorização e velocidade de resposta. O bom rendimento acadêmico e social requer a capacidade de calibrar a qualidade de atenção, a compreensão e a produção nas situações de aprendizado, fazendo ajustes de acordo com o grau de dificuldade que se apresenta
- **Teoria da mente:** capacidade de entender os estados mentais dos outros, compreendendo que eles têm crenças, desejos e intenções distintas
- **Reconhecimento de emoções:** capacidade de reconhecer emoções em rostos e, inclusive, de parear uma emoção com uma situação.

J. demonstrava muitos problemas na área da cognição social no que tange à capacidade de interpretar pistas sociais, de comunicação expressiva, de comportamentos comunicativos não verbais usados para interação social e de reciprocidade socioemocional. Somava-se ao seu perfil as dificuldades na teoria da mente e no reconhecimento de emoções, observadas em provas formais.

Com relação às características afetivo-emocionais, J. tendia a apresentar certa labilidade emocional, com incômodo para lidar com sentimentos negativos e frustrações, embora se contivesse quanto à expressão emocional. Internamente, vivenciava estados de muita irritabilidade, desconforto, raiva, mau humor, medos ou descontentamento. Apresentava-se com necessidade de superar com vigor, raiva e irritação a oposição; em geral, atacava e aborrecia os outros por meio de atitudes opositoras, censura ou mesmo ridicularização. Todavia, a expressão dos afetos não era explícita, mostrando-se passiva em situações de afeto e muito ativa quando envolvia capacidade de realização, ligada à intelectualização.

Demonstrava baixa capacidade adaptativa e o novo era ansiogênico, bem como a possibilidade de ter que lidar com imprevistos, apresentando inflexibilidade mental.

Em resumo, era uma jovem com bom potencial intelectual, mas com impedimentos atencionais e de cognição social, além de problemas na autorregulação do comportamento, com muita dificuldade de lidar com frustrações e de expressar sentimentos, o que fazia com que, por vezes, assumisse condutas opositoras e hostis como forma de demonstrar desagrados ou angústias.

Em sua história de desenvolvimento, estão presentes exemplos de dificuldades relacionadas com a pragmática da comunicação, como: não perceber prontamente o tom de seriedade ou de brincadeira em uma conversa, não identificar sarcasmo ou ironia e não compreender a comunicação nas "entrelinhas", que apontam para problemas nos relacionamentos interpessoais. Além disso, há sensibilidade a cheiros.

Um componente importante das intervenções específicas do processo são estratégias metacognitivas, que ensinam aos indivíduos a monitorar o próprio pensamento para alocar efetivamente recursos cognitivos e empregar estratégias adicionais para maximizar o desempenho (Kerns et al., 2016). Diante disso, a intervenção começou com o objetivo de estabelecer vínculo. J. se mostrava claramente contrariada em estar na sessão, dizendo se sentir "obrigada" e alegando que não "adianta nada". Ao contato, a primeira impressão foi se tratar de uma jovem que não acreditava que uma relação de confiança com alguém poderia lhe trazer algum benefício. Vale lembrar que pessoas com prejuízos na cognição social muitas vezes são mal interpretadas como "arrogantes", "egoístas" ou "mal-educadas". Durante o acompanhamento, o profissional deve reconhecer o que está por trás desse comportamento, isto é, dificuldade de se adaptar a situações novas, medo de falhar, inabilidades socioemocionais e falhas na modulação da linguagem e do comportamento.

Para formar um vínculo terapêutico, nesse caso, o profissional pode dizer que entende o quanto é difícil se sentir obrigado a fazer algo que não quer ou não acredita ser relevante e, então, reavaliar com o paciente um prazo para os encontros. No caso de J., além dessa reavaliação, foi sugerido que terapeuta e paciente, juntos, descobrissem algo para fazer durante o tempo das sessões. J. não sabia responder à maioria das perguntas de ordem pessoal; assim, foi preciso buscar autoconhecimento e identidade.

A intervenção pode ser individualizada, mas também contemplar grupos específicos para treinos específicos, por exemplo, de habilidades sociais ou treino de regulação emocional e de FE. Nesse sentido, a literatura oferece alguns manuais que ajudam a planejar intervenções em grupo, embora os objetivos sejam individualizados. Alguns manuais que podem servir de referência são: *Socially savvy* (Ellis; Almeida, 2015), *Piafex* (Dias; Seabra, 2013), *Executive functioning work book for kids* (Grand, 2021); *RePENCE* (Cardoso; Fonseca; Serra, 2020), entre outros. Embora alguns desses protocolos não sejam específicos para o público com TEA, contemplam objetivos e estratégias que podem ser muitos úteis para essa população. Entre outros manuais utilizados na reabilitação cognitiva estão os programas de treinamento de processos específicos ou estimulação direta em funções cognitivas em áreas como teoria da mente, por exemplo, *Teaching theory of mind: a curriculum for children with high functioning autism, Asperger's syndrome, and related social challenges* (Ordetx, 2012), em versões para crianças e adultos.

Pessoas com TEA apresentam dificuldades para "ler" o outro, ou seja, detectar como o outro pensa, quais são suas crenças e intenções. Alterações da teoria da mente são relacionadas com a dificuldade na capacidade de inferir e compreender os estados mentais dos outros (Premark; Woodruff, 1978).

J. participou incialmente de sessões individualizadas, mas com objetivo de estar em duplas ou um pequeno grupo de jovens com perfis parecidos com o dela. Ao longo dos encontros, os combinados eram cumpridos adequadamente: contar um acontecimento relevante da semana e muitas vezes indicar uma tarefa para fazer em casa. Na percepção do profissional, ficava evidente como era cansativo e aversivo para J. permanecer 50 minutos apenas conversando, então buscamos recursos visuais para realizar esse trabalho – figuras, vídeos, livros e jogos terapêuticos ajudaram a trabalhar temas difíceis com um pouco mais de leveza. Aos poucos, J. relatou sua dificuldade em ler o mundo social e como ficava incomodada de ser chamada de mal-educada por pessoas próximas. Assim, foram trabalhadas as regras sociais regentes em diferentes contextos e a tomada de perspectiva, colocando-se no lugar das outras pessoas diante.

Outro ponto relevante foram as orientações para a família entender o comportamento de J. e encontrar, juntos, novos caminhos de conexão e convivência, respeitando as peculiaridades de cada um. Algumas reuniões em família abriram espaço para todos os membros falarem abertamente sobre os incômodos e pensarem soluções. Por exemplo: J. é uma excelente leitora e lê com bastante frequência, assim, em uma reunião de família ficou combinado que eles fariam um clube do livro para que todos lessem o mesmo livro e, ao final, fizessem uma roda de conversa. Essa atividade conseguiu reunir a família em torno do que é prazeroso para todos e ainda treinar habilidades de comunicação e conversação, que são muito importantes de serem adquiridas.

Atualmente, J. foi introduzida em um pequeno grupo terapêutico com foco em habilidades sociais, com base no Peers (Laugenson; Frankell, 2010). J. apresenta melhora da depressão, retirando a medicação e conseguindo verbalizar incômodos que antes ficavam guardados porque não ia "adiantar nada falar".

Considerações finais

As intervenções psicossociais em crianças podem melhorar comportamentos específicos, como a atenção conjunta, a linguagem e o envolvimento social, os quais podem afetar o desenvolvimento futuro e reduzir a gravidade dos sintomas (Lord *et al.*, 2020).

A intervenção deve ser precoce, estruturada e prolongada para um melhor prognóstico, com redução de comportamentos interferentes e melhora na qualidade de vida.

Os resultados da RN devem ser medidos por meio da eficácia da intervenção realizada e da avaliação se os objetivos preestabelecidos foram atingidos. Isso pode ser avaliado por métodos quantitativos, como uma bateria de testes, mas tão importante quanto é fazer uma avaliação qualitativa do paciente, sempre levando em consideração aspectos relacionados com uma boa qualidade de vida e adaptação ao dia a dia.

Referências bibliográficas

AMERICAN PSYCHIATRIC ASSOCIATION (APA). Diagnostic and statistical manual of mental disorders. 5. ed. Washington, DC: APA, 2013.

ANDRADE, S. Fundamentos da reabilitação neuropsicológica em neuropsicologia teoria e prática. Porto Alegre: Artmed, 2014.

ANTSHEL, K. M. *et al.* An update on the comorbidity of ADHD and ASD: a focus on clinical management. Expert Review of Neurotherapeutics, [s. l.], v. 16, n. 3, p. 279-293, 2016.

ANTSHEL, K. M. *et al.* Comorbid ADHD and anxiety affect social skills group intervention treatment efficacy in children with autism spectrum disorders. Journal of Developmental & Behavioral Pediatrics, [s. l.], v. 32, n. 6, p. 439-446, 2011.

BAXTER, A. J. *et al.* The epidemiology and global burden of autism spectrum disorders. Psychological Medicine, [s. l.], v. 45, n. 3, p. 601-613, 2015.

BRACONNIER, M. L.; SIPER, P. M. Neuropsychological assessment in autism spectrum disorder. Current Psychiatry Reports, [s. l.], v. 23, n. 10, p. 63, 2021.

BROTHERS, L. The social brain: a project for integrating primate behavior and neurophysiology in a new domain. Concepts in Neuroscience, [s. l.], v. 1, p. 27-61, 1990.

BUCK T. R. *et al.* Psychiatric comorbidity and medication use in adults with autism spectrum. Journal of Autism and Developmental Disorders, [s. l.], v. 44, n. 12, p. 3063-3071, 2014.

CARDOSO, C. O.; FONSECA, R. P.; SERRA, R. G. RePENCE: regulação emocional. Ribeirão Preto: Booktoy, 2020.

DEL PRETE, Z. A. P.; DEL PRETTE, A. Habilidades sociais e competência social para uma vida melhor. São Carlos: EdUFSCar, 2017.

DIAS, N. M.; SEABRA, G. Piafex: Programa de Intervenção em Autorregulação e Funções Executivas. São Paulo: Memnon, 2013.

DIETZ, P. M. *et al.* National States Estimates of adults with autism spectrum disorder. Journal of Autism and Developmental Disorders, [s. l.], v. 50, n. 12, p. 4258-4266, 2020.

ELLIS, J. T.; ALMEIDA, C. Socially savvy: an assessment and curriculum guide for young children. New York: Different Roads to Learning, 2015.

FOMBONNE, E. Camouflage and autism. Journal of Child Psychology and Psychiatry, [s. l.], v. 61, n. 7, p. 735-738, 2020.

GRAND, S. Executive functioning workbook for kids. [S. l.]: Rockridge Press, 2021.

HODGETTS, S.; PARK, E. Preparing for the future: a review of tools and strategies to support autonomous goal setting for children and youth with autism spectrum disorders. Disability and Rehabilitation, [s. l.], v. 39, n. 6, p. 535-543, 2017.

HOLDNACK, J.; GOLDSTEIN, G.; DROZDICK, L. Social perception and WAIS-IV performance in adolescents and adults diagnosed with Asperger's syndrome and autism. Assessment, [s. l.], v. 18, n. 2, p. 192-200, 2011.

HOUTS, P. S.; SCOTT, R. A. Goal planning with developmentally disabled persons: procedures for developing an individualized client plan. Hershey: Pennsylvania State University College of Medicine, 1975.

HOWLIN, P.; MAGIATI, I. Autism spectrum disorder: outcomes in adulthood. Current Opinion in Psychiatry, [s. l.], v. 30, n. 2, p. 69-76, 2017.

HULL, L. *et al.* "Putting on my best normal": social camouflaging in adults with autism spectrum conditions. Journal of Autism and Developmental Disorders, [s. l.], v. 47, n. 8, p. 2519-2534, 2017.

KANNER, L. Autistic disturbances of affective contact. Nervous Child, [s. l.], v. 2, p. 217-250, 1943.

KERNS, K. A. *et al.* Attention and working memory training: a feasibility study in children with neurodevelopmental disorders. Applied Neuropsychology Child, v. 6, n. 2, p. 120-137, 2016.

KIMBERLY, A. Attention and working memory training: a feasibility study in children with neurodevelopmental disorders. Applied Neuropsychology Child, [s. l.], v. 6, n. 2, p. 120-137, 2016.

LAI M-C *et al.* Prevalence of co-occurring mental health diagnoses in the autism population: a systematic review and meta-analysis. Lancet Psychiatry, [s. l.], v. 6, n. 10, p. 819-829, 2019.

LAUGENSON, E. A.; FRANKELL, F. Social skills for teenagers with developmental and autism spectrum disorders: the PEERS treatment manual. New York: Routledge, 2010.

LEUNG, R. C. *et al.* The role of executive functions in social impairment in autism spectrum disorder. Child Neuropsychology, [s. l.], v. 22, n. 3, p. 336-344, 2016.

LEVER, A. G.; GEURTS, H. M. Psychiatric co-occurring symptoms and disorders in young, middle-aged, and older adults with autism spectrum disorder. Journal of Autism and Developmental Disorders, [s. l.], v. 46, n. 6, p. 1916-1930, 2016.

LORD C. et al. (ADOS®-2) Autism Diagnostic Observation Schedule™. Second Edition. Torrance: Western Psychological Corporation, 2012.

LORD, C. et al. Autism spectrum disorder. Nature Reviews Disease Primers, [s. l.], v. 6, n. 1, p. 5, 2020.

LORD, C. et al. The Lancet Commission on the future of care and clinical research in autism. Lancet, London, v. 399, n. 10321, p. 271-334, 2022.

LORD C.; RUTTER M.; LE COUTEUR, A. Autism Diagnostic Interview-Revised: a revised version of a diagnostic interview for caregivers of individuals with possible pervasive developmental disorders. Journal of Autism and Developmental Disorders, [s. l.], v. 24, n. 5, p. 659-685, 1994.

MAENNER, M. J. et al. Prevalence of autism spectrum disorder among children aged 8 years – Autism and Developmental Disabilities Monitoring Network, 11 Sites, United States, 2016. MMWR Surveillance Summaries, [s. l.], v. 69, n. 4, p. 1-12, 2020.

McLEAN, R. L. et al. Executive function in probands with autism with average IQ and their unafected first-degree relatives. Journal of the American Academy of Child & Adolescent Psychiatry, [s. l.], v. 53, n. 9, p. 1001-1009, 2014.

MIOTTO, E. C. Reabilitação neuropsicológica e intervenções comportamentais. Rio de Janeiro: Roca, 2015.

NAVATTA, A. C. R. Planejamento na reabilitação neuropsicológica. In: MIOTTO, E. (coord.). Reabilitação neuropsicológica e intervenções comportamentais. São Paulo: Roca, 2015.

ORDETX, K. Teaching theory of mind: a curriculum for children with high functioning autism, Asperger's syndrome, and related social challenges. London, England: Kingsley; 2012.

PINKHAM, A. E. Social cognition in schizophrenia. Journal of Clinical Psychiatry, [s. l.], v. 75, sup. 2, p. 14-19, 2014.

PREMARK, D.; WOODRUFF, G. Chipanzee problem-solving: a test for comprehension. Science, [s. l.], v. 202, n. 4367, p. 532-535, 1978.

RUEDA, M. R.; CHECA, P.; ROTHBART, M. K. Contributions of attentional control to socioemotional and academic development. Early Education and Development, [s. l.], v. 21, n. 5, p. 744-764, 2010.

SHAHEEN, S. How child's play impacts executive function-related behaviors. Applied Neuropsychology Child, [s. l.], v. 3, n. 3, p. 182-187, 2014.

SOORYA, L. et al. Framework for assessing individuals with rare genetic disorders associated with profound intellectual and multiple disabilities (PIMD): the example of Phelan McDermid Syndrome. Clinical Neuropsychologist, [s. l.], v. 32, n. 7, p. 1226-1255, 2018.

TAKAYANAGI, M. et al. Review of cognitive characteristics of autism spectrum disorder using performance on six subtests on four versions of the Wechsler Intelligence Scale for Children. Journal of Autism and Developmental Disorders, [s. l.], v. 52, n. 1, p. 240-253, 2022.

TORSKE, T. et al. Metacognitive aspects of executive function are highly associated with social functioning on parent-rated measures in children with autism spectrum disorder. Frontiers in Behavioral Neuroscience, [s. l.], n. 11, p. 258, 2018.

WECHSLER, D. Wechsler Abbreviated Scale of Intelligence. Second Edition (WASI-II). EUA: Pearson, 2011. v. 11.

WECHSLER, D. Wechsler Adult Intelligence Scale. Fourth Edition (WAIS-IV). EUA: Pearson, 2008. v. 10.

WECHSLER, D. Wechsler Intelligence Scale for Children. Fifth Edition (WISC-V). EUA: Pearson, 2014.

WECHSLER, D. Wechsler Preschool and Primary Scale of Intelligence. Fourth Edition (WPPSI). EUA: Pearson, 2012, v. 12.

56 Transtorno do Desenvolvimento Intelectual

Anna Carolina Rufino Navatta • Tallis Perin Soares

Habilitação/reabilitação neuropsicológica

Habilitação/reabilitação neuropsicológica é um processo que, em geral, se inicia após a avaliação neuropsicológica. Barbara Wilson (2003) escreve que essa etapa tem o objetivo de melhorar os déficits cognitivos, sociais e emocionais causados por lesões cerebrais, permitindo que as pessoas com deficiência alcancem seu melhor nível de bem-estar, reintroduzindo-as na sociedade e possibilitando a redução do impacto de sua condição no dia a dia.

Para tratar um paciente com essas demandas, é preciso construir um raciocínio que parte de princípios distintos. Em um caso de lesão encefálica adquirida (LEA), por exemplo, pressupõe-se que aquela pessoa apresentou funcionamento cognitivo preservado até determinado ponto de sua vida. Dessa forma, o objetivo é **reabilitar** as funções que foram comprometidas e/ou criar outros meios para superar as dificuldades com neuroplasticidade e adaptações práticas. O segundo cenário trata-se de uma pessoa que **não atingiu** os marcos do desenvolvimento por conta de questões neurobiológicas que já estavam instauradas desde o nascimento; nomeamos como "transtornos do neurodesenvolvimento" (Miotto, 2020). Nesses casos, a reabilitação não se trata de **reinserção** na sociedade, e sim de garantir a inclusão do indivíduo na família, no ambiente social etc.

Neste capítulo, serão expostas técnicas e sugestões de intervenções para o transtorno do desenvolvimento intelectual (TDI), além de um plano de intervenção com o objetivo de **habilitar** uma criança que atendeu os critérios diagnósticos do TDI após uma avaliação neuropsicológica que evidenciou prejuízos e queixas em suas funções cognitivas, adaptativas e práticas do dia a dia.

Definição atual do transtorno do desenvolvimento intelectual

De acordo com a nova edição do DSM-5 (American Association on Intellectual and Developmental Disabilities, 2023), o TDI está descrito como um transtorno do neurodesenvolvimento com características que incluem déficits nas capacidades mentais e intelectuais e prejuízos em funções adaptativas e atividades de vida diária. Seu diagnóstico é feito durante o período de desenvolvimento até os 18 anos, por meio de análise clínica e testagem padronizada de aspectos neuropsicológicos e do funcionamento adaptativo. Os primeiros sinais podem surgir a partir dos 2 anos, envolvendo atrasos no desenvolvimento motor e na aquisição da linguagem e prejuízo na interação social. Em casos classificados como "leves" as dificuldades podem ficar mais evidentes durante a aprendizagem formal na etapa escolar.

Como o TDI é um transtorno heterogêneo e multifatorial, cada indivíduo irá apresentar determinada sintomatologia de acordo com suas dificuldades mais particulares, as quais são avaliadas pelo nível de gravidade. Em ambientes sociais, é comum que o sujeito possa ter mais dificuldade na avaliação/julgamento de situações perigosas, resultando em uma maior taxa de lesões acidentais. Pode-se encontrar também ingenuidade exacerbada e discrepante com a idade dos pares. Há queixas relacionadas com o automonitoramento e controle comportamental, emocional e interpessoal, além de comprometimento na adaptação escolar e profissional. A credulidade e a baixa percepção sobre riscos podem resultar em exposição a situações de risco e não favoráveis ao indivíduo, como abuso físico e sexual, ser vítima de fraudes, manipulação e participação em contextos criminosos criados por terceiros. Nos casos em que as habilidades de comunicação encontram-se muito prejudicadas, podem surgir comportamentos disruptivos e agressivos.

É comum que haja tratamento medicamentoso associado ao processo de habilitação neuropsicológica, uma vez que não somente irá auxiliar nos ganhos terapêuticos, mas também pode promover melhora na qualidade de vida por meio de manutenção emocional, cognitiva, comportamental e preventiva a outros distúrbios. Deve-se considerar que quadros neuropsiquiátricos comórbidos apresentam maior incidência nessa população. De acordo com a revisão realizada por Surjus e Campos (2014), pesquisadores apontaram a prevalência entre 30 e 40% de outros quadros psiquiátricos em pessoas com TDI. Com base no modelo explicativo biopsicossocial, isso se deve por conta do possível aumento da exposição dessas pessoas aos fatores considerados "de risco" para o aparecimento dos transtornos psiquiátricos.

Para elaborar uma intervenção funcional, é necessário que o técnico tenha conhecimento sobre os domínios cognitivos que estão envolvidos no transtorno, lembrando que o cérebro funciona como um todo e, em geral, todas as funções estão integradas. Os comportamentos adaptativos, em particular, representam um conjunto de habilidades conceituais, sociais e práticas que são aprendidas e executadas pelas pessoas em seu dia a dia (Schalock; Luckasson; Tassé, 2021 *apud* Hallberg; Bandeira, 2021). Em outras palavras, representam o desempenho autossuficiente das atividades de vida diária para melhor convívio social e pessoal (Tassé *et al.*, 2018 *apud* Hallberg; Bandeira, 2021).

Eles estão diretamente atrelados à idade do indivíduo, suas vivências, seu funcionamento intelectual e o contexto em que está inserido, uma vez que as demandas sociais sofrem alterações de acordo com a cultura. Trata-se de um constructo modificável no decorrer da vida. Intervenções terapêuticas e vivências agregadoras propiciam melhores comportamentos adaptativos. Já mudanças ambientais drásticas, hospitalização, encarceramento, eventos traumáticos e condutas abusivas podem interferir de forma negativa no desenvolvimento e na preservação desses comportamentos (Tassé *et al.*, 2018 *apud* Hallberg; Bandeira, 2021).

No quadro de TDI, há atrasos de funcionamento adaptativo por definição (Saulnier; Klaiman, 2018 *apud* Hallberg; Bandeira, 2021).

Dessa forma, podemos especificar o nível da gravidade de acordo com as dificuldades presentes. Nos principais manuais de classificação utilizados (DSM-5 e CID-11), a gravidade (leve, moderada, grave e profunda) passa a ser baseada no comprometimento dos comportamentos adaptativos e na necessidade de suporte, em vez de na numeração pura do quociente de inteligência (QI) (Bandeira, 2021 *apud* APA, 2014; WHO, 2018; Schalock; Luckasson; Tassé, 2021).

A Tabela 56.1 ilustra, de modo didático, os principais itens descritos pelo DSM-5 (American Association on Intellectual and Developmental Disabilities, 2023) referentes às habilidades adaptativas. Para cada uma delas, foram sugeridos exemplos de **estimulações neuropsicológicas** que podem ser inseridas no dia a dia da família (cujo reabilitador ou habilitador é aquele que orienta e sugere estimulações cotidianas, treinando e monitorando os cuidadores). Vale destacar que existem muitas variações a serem consideradas, como níveis de atraso cognitivo, disfunções neuropsicológicas associadas e contexto familiar e ambiental. A Tabela 58.1 é apenas ilustrativa de sugestões de estímulos que, em geral, devem ser individualizados e pensados caso a caso.

Definição de suportes e apoios: da psicoeducação à importância das adaptações ambientais

As disfunções neuropsicológicas identificadas no paciente com TDI podem guiar os tipos de apoios que são necessários. Porém não se pode esquecer a necessidade de identificar aspectos culturais e ambientais nos quais o sujeito está inserido. As adaptações devem considerar recursos materiais, humanos e estruturais, além de possibilitar a instrumentalização do indivíduo e da família.

A psicoeducação familiar é uma intervenção essencial, compreendida como o processo que visa esclarecer a definição do quadro, o manejo e os possíveis prognósticos.

Tabela 56.1 Domínios adaptativos deficitários – sugestões de estimulações a serem aplicadas pela família.

Conceitual	Memória	Estimular o indivíduo, dentro do espaço domiciliar, a receber comandos duplos e triplos para serem executados (p. ex., ir à cozinha ou quarto e pegar determinados itens)
	Linguagem, leitura e escrita	Se o indivíduo tiver desenvolvido recursos de escrita e leitura, criar situações aplicáveis no dia a dia (p. ex., ler e executar receitas)
	Raciocínio matemático	• Estimular o indivíduo a calcular pequenas quantidades de dinheiro a serem guardadas/poupadas para adquirir algo de seu interesse • Em caso de grandes limitações, incentivar o reconhecimento numérico em situações como identificar o seu número de apartamento ou residência
	Aquisição de conhecimentos práticos e julgamento de contexto	Inserção em contextos/atividades sociais; cursos como jardinagem, marcenaria, culinária
	Resolução de problemas	Em atividades cotidianas, incentivar para que a pessoa busque outras formas de resolver situações
Social	Comunicação interpessoal; percepção de pensamentos e sentimentos; empatia e estabelecimento de vínculos	Inserção em grupos sociais (associações de jovens do bairro, grupos religiosos e outros)
Prático	Cuidados pessoais	Estímulos diários com estabelecimento de rotinas. Se necessário, fazer uso de apoio visual para atividades como: escovar dentes, tomar banho, escolher roupas e outros
	Responsabilidade profissional	Quando possível, dentro das funcionalidades dos indivíduos, a inserção profissional pode se dar com o apoio das leis de inclusão em trabalhos adaptados e com suporte necessário
	Recreação	Programas de lazer para o indivíduo, com adaptações, se houver necessidade, para que ele possa ir ao cinema, teatro e frequentar locais diversos
	Organização de tarefas	Garantir que a família estabeleça e ajude a manter uma rotina, possibilitando melhor organização do indivíduo

Também podem ser oferecidos direcionamentos para terapias que beneficiem o paciente, treinamentos parentais para melhora da resposta ambiental (Lee; Cascella; Marwaha, 2019) e sugestões de atividades diárias com foco na estimulação da linguagem e da atenção em situações cotidianas. Assim, entre as possibilidades de intervenção familiar, a psicoeducação é uma das práticas com comprovação científica de maior impacto e eficiência (Lukens; McFarlane, 2004 *apud* Ericson; Hesla; Stadskleiv, 2021). A preparação e o treinamento dos familiares influenciam diretamente na melhor eficácia e adesão de tratamentos, adaptação social, comunicação ativa entre pais e filhos e prevenção de comportamentos pouco adaptativos (Kaminski *et al.*, 2008 *apud* Petrenko, 2013).

Pessoas com TDI apresentam uma série de dificuldades em relação a suas habilidades adaptativas e cognitivas. Desse modo, deve-se ter em mente que muitos acabam criando uma relação importante de dependência, tanto dos filhos em relação aos pais como também o inverso. Por conta disso, há maiores riscos de isolamento social, comprometimento da autonomia e outros problemas relacionados à saúde mental (Merrells, 2019 *apud* Ericson; Hesla; Stadskleiv, 2021).

Essa etapa psicoeducativa pode ser realizada através do uso de materiais e técnicas que viabilizam tanto o atendimento individual como em grupos. Um exemplo de intervenção descrito por Picard, Morin e De Mondehare (2014 *apud* Ericson; Hesla; Stadskleiv, 2021) foi realizado ao longo de seis sessões e adaptado para grupos de familiares com parentes com TDI. Foram incluídos temas coletados com os grupos de usuários e as famílias, minipalestras, vídeos informativos, trabalhos práticos, questionários, encenações e tarefas avaliativas. Os principais temas trabalhados foram:

- Conhecendo o transtorno do desenvolvimento intelectual
- *Network*, inclusão social, atividades lúdicas e etiquetas
- Ensino superior, formação profissional e apoio econômico
- Vida familiar e parentalidade
- Bem-estar social
- Sexualidade
- Saúde mental
- Carteira de habilitação (Ericson; Hesla; Stadskleiv, 2021).

Há casos que englobam crianças de 0 a 5 anos, que são consideradas como de risco para o TDI, diagnosticadas com atraso global do desenvolvimento. Esse grupo pode se beneficiar de intervenções precoces, incluindo o treinamento parental. Os pais devem ser instruídos a atuarem de maneira ativa nesse período crucial para estimulação cerebral.

Estratégias para desenvolvimento de habilidades sociais no TDI

Os indivíduos com TDI com frequência apresentam déficits em habilidades sociais, por exemplo, falhas em interpretar sinais sociais em suas interações, o que possibilita maior risco de serem manipulados por outros; maior limitação na regulação das emoções ao interagir com seus pares, capacidade de reciprocidade social, contato visual, uso das expressões faciais no contexto social adequado, falta de comportamentos e gestos não verbais voltados à socialização. Consequentemente, tendem a ter maiores limitações no estabelecimento e na manutenção de amizades. As habilidades sociais são muito requeridas no dia a dia, incluindo meio acadêmico, família e relações profissionais (Jacob; Edozie; Pillay, 2022).

O desenvolvimento das habilidades sociais para pessoas com TDI pode influenciar de forma positiva na redução de comportamentos inadequados e desafiadores. A melhora na capacidade de interação social, com a garantia de participação nos ambientes e inclusão social, favorece a saúde mental (Bandeira, 2021).

Em um estudo de revisão, Jacob, Edozie e Pillay (2022) citam que intervenções baseadas em evidências para o desenvolvimento de habilidades sociais podem ser utilizadas com sucesso em indivíduos com TDI. No estudo, foram selecionados 10 artigos que trabalharam essa proposta. A revisão apontou que as habilidades sociais desse público puderam ser desenvolvidas através de diferentes estratégias, como:

- Intervenção em sala de aula
- Treinamento de inteligência emocional
- Uso de intervenção em rede de pares
- Jogos de computador de regulação emocional
- Ludoterapia com fantoches.

Os resultados apontam ainda que os déficits em habilidades de linguagem relacionadas com comunicação social, reconhecimento de emoções, regulação emocional e comportamento adaptativo também podem ser favorecidos e melhor desenvolvidos. O estudo indicou que as intervenções de habilidades sociais pareceram modestamente eficazes; entretanto, como ponto a ser mais bem estudado, levantam a questão da generalização para ambientes escolares e a dificuldade de autorrelato dos comportamentos sociais presente nas pessoas com TDI. O tamanho das amostras estudadas ainda é limitado, o que pode ser aprimorado com os futuros trabalhos realizados nesse sentido.

Orientações escolares

Com a conclusão da avaliação neuropsicológica, iniciam-se intervenções e orientações. Os profissionais devem realizar as orientações escolares, nas quais são feitas sugestões para professores e/ou acompanhantes terapêuticos acerca do manejo e da adaptação ambiental para o paciente com TDI. As informações podem ser fornecidas pelos pais ou profissionais, trazendo características como: interesses, preferências, habilidades e limitações em casa, na vida social e outros. Esses dados possibilitam a elaboração de um plano para desenvolvimento individual (PDI), e podem ser decisivos no sucesso das intervenções e na inclusão escolar.

Eis algumas sugestões para coleta de informações escolares:

- Do que a criança gosta de brincar?
- Qual é o seu tema de maior interesse?
- Como ela age no meio social?
- Ela gosta de estar junto com outras crianças?
- Tem noção acerca do perigo?

Dependendo das facilidades e dificuldades apresentadas, é possível que os professores possam sugerir estratégias como trabalhar em dupla, praticar atividades concretas, monitorar a hora do recreio etc.

É importante que os educadores tenham em mente as limitações presentes para que possam adaptar a metodologia pedagógica. O conteúdo deve ser apresentado na forma mais concreta possível, utilizando recursos de fácil compreensão e evitando abstrações. O uso de recursos audiovisuais, experiências práticas e a criação de elos associativos entre os novos conhecimentos e os anteriormente adquiridos podem auxiliar no aprendizado.

Os principais objetivos que devem ser considerados dizem respeito a priorizar estratégias que permitam que o estudante com TDI possa desenvolver domínios adaptativos para sua autonomia e vida diária, como: cuidados com a saúde, higiene pessoal, segurança, interação e integração adequada com seus pares. Em casos que apresentam menor comprometimento cognitivo, também são trabalhados conceitos básicos de cálculo, leitura, uso do dinheiro, habilidades sociais e profissionais.

O caso clínico a seguir servirá como base para construção de um plano de intervenção neuropsicológica, tanto para atendimento voltado ao próprio indivíduo como para orientação aos familiares e sugestões de adaptações escolares voltadas para as necessidades do paciente com TDI.

Caso clínico

O paciente L., 10 anos, conta com uma dinâmica familiar favorável. Ele tem uma irmã de 7 anos e os pais são presentes, mas trabalham em período integral. Seu histórico clínico descreve o período gestacional total de 38 semanas e a mãe relata uso de antibióticos no primeiro trimestre. O parto foi cesárea e L. nasceu com 2.990 kg, 50 cm de altura, pontuação Apgar 9 a 10. Foi amamentado até os 9 meses.

Apresentou os seguintes marcos do desenvolvimento:

- **Desenvolvimento neuropsicomotor**
  - Engatinhou aos 10 meses
  - Andou sem apoio com 1 ano e 2 meses
  - Saltou com 5 anos
  - Apresentou desequilíbrio importante e se machucava com frequência
  - A mãe o descreve como "desengonçado"
  - Demorou para abrir potes e embalagens sem ajuda
- **Desenvolvimento da linguagem**
  - Iniciou as palavras isoladas aos 2 anos e 6 meses
  - Formou frases com 3 anos
  - Conseguiu contar histórias após os 5 anos.

As queixas apresentadas pela família relatam que L. é uma criança demasiadamente agitada, que acorda cedo e tem o sono inquieto. Demonstra ansiedade, perguntando muitas vezes as mesmas coisas e se tornando repetitiva no dia a dia. Tem dificuldade para realizar contato visual, gosta de videogames e bonecos de super-heróis, mas realiza jogo simbólico compatível com crianças menores. Interage muito bem com o primo mais novo de 5 anos. Com o primo mais velho, de 9 anos, apresenta maior dificuldade na interação, pois não consegue acompanhar o conteúdo da brincadeira. Tem autonomia para alimentação, uso do toalete, banho e troca de roupa. Não adquiriu a leitura e a escrita e se esquece com muita facilidade de tudo que aprende.

Neste momento, L. está inserido no 4º ano do ensino fundamental em uma escola privada e não está conseguindo acompanhar o conteúdo pedagógico. Sua socialização é descrita como "razoável", mas não tem a maturidade dos amigos da mesma idade. Relaciona-se melhor com crianças mais novas. Cursou o 3º ano no período matutino, com o uso de materiais adaptados. Não foi alfabetizado e realizava provas orais adaptadas de português e matemática. De modo concomitante, participava, no período da tarde, como ouvinte nas aulas do 1º ano.

Investigação diagnóstica

Aos 2 anos, o neuropediatra responsável pelo caso solicitou que os seguintes exames fossem realizados: eletroencefalograma, com o qual não constou alterações, e teste de SNP (Arraygenômico), cujo resultado excluiu, como causa de seu quadro clínico, as inúmeras síndromes já conhecidas de microdeleção ou microduplicação genômica. O diagnóstico de L. foi sugerido como transtorno do déficit de atenção e hiperatividade (TDAH) e transtorno do espectro autista (TEA).

No que tange à atuação multidisciplinar, houve uma avaliação fonoaudiológica aos 2 anos, por conta do atraso de fala. L. apresentou dificuldade de interação e seguiu nos atendimentos até os 8 anos. A psicologia atuou durante 1 ano para trabalhar a baixa tolerância à frustração. O paciente tinha o comportamento de jogar os brinquedos no chão. A família não notou evoluções significativas nessa intervenção. Aos 8 anos, realizou uma avaliação psicomotora, na qual foram constatadas alterações, dando início aos atendimentos. O paciente faz as refeições com o garfo, mas não consegue cortar a comida sozinho, além de não conseguir amarrar os sapatos.

A Tabela 56.2 apresenta os resultados e classificações atingidos pelo paciente na avaliação neuropsicológica.

Durante a avaliação neuropsicológica, foram observados alguns comportamentos que são fundamentais para a consolidação qualitativa da análise. Notou-se que L. se dispersava da meta com facilidade, apresentando uma falha grave na manutenção do contato visual, por vezes mantendo um olhar "perdido" e "vago". Mostrou-se colaborativo, completou e respondeu frases, sorriu diante de algo que não compreendia (como a instrução de testes) ou quando não era capaz de responder à alguma pergunta. Não manifestou iniciativa para solicitar ajuda. Em alguns momentos, demonstrou interesse em saber sobre outras crianças que se encontravam na clínica.

L. atendeu as regras colocadas pela terapeuta. Em alguns momentos puxou objetos da mão da examinadora e se mostrou muito insistente diante dos objetos de interesse, sinalizando uma dificuldade de controle de impulsos. Teve maior preferência por brinquedos, selecionando o Bob Esponja e o Cabeça de Batata (objetos que, geralmente, são escolhidos por crianças menores). Foram observados momentos de lentificação, sem qualquer tipo de estereotipias ou interesses repetitivos.

Tabela 56.2 Resultados da avaliação neuropsicológica de L.

Funções intelectuais – WISC-IV				
Teste	Pontos brutos	Pontos ponderados	Percentil	Classificação
QI global	33	53	0,1	Inferior
Compreensão verbal	13	67	1	Inferior
Organização perceptual	11	61	0,5	Inferior
Memória operacional	2	45	< 0,1	Inferior
Velocidade de processamento	6	58	0,3	Inferior
Atenção e funções executivas				
Teste	Pontos brutos	Pontos ponderados	Percentil	Classificação
Dígitos (WISC-IV*)	2	1	0,1	Inferior
Procurar símbolos (WISC-IV)	4	3	1	Inferior
Código (WISC-IV)	17	3	1	Inferior
Raciocínio matricial (WISC-IV)	7	4	2	Inferior
Atenção concentrada (THCP§)	22	< 25	–	Inferior
Pensamento quantitativo (THCP)	5	< 25	–	Inferior
Atenção concentrada (THCP)	22	< 25	–	Inferior
Atenção por cancelamento – 1 estímulo (Avaliação Neuropsicológica Cognitiva¥)	12	–	–	Prejudicado
Atenção por cancelamento – 2 estímulos (Avaliação Neuropsicológica Cognitiva)	1	–	–	Prejudicado
Atenção por cancelamento – diversos estímulos (Avaliação Neuropsicológica Cognitiva)	5	–	–	Prejudicado
Atenção visual (Neupsilin£)	27	–	–	Inferior
Compreensão de instruções	15	–	–	Inferior
Habilidades visuoespaciais				
Teste	Pontos brutos	Pontos ponderados	Percentil	Classificação
Cubos (WISC-IV)	9	5	5	Limítrofe
Bender€	18	–	0,1	Inferior
Habilidades percepto-motoras (THCP)	7	–	< 25	Inferior
Desenho da figura humana	Qualitativo	Imaturo		
Desenhos livres	Qualitativo	Traçado característico de crianças menores		
Linguagem				
Teste	Pontos brutos	Pontos ponderados	Percentil	Classificação
Vocabulário (WISC-IV)	11	3	1	Inferior
Semelhanças (WISC-IV)	8	7	16	Médio inferior
Linguagem (THCP)	6	< 25	–	Inferior
Nomeação (Neupsilin)	9	0,2	52	Médio
Fluência verbal ortográfica (Neupsilin)	2	–	0,1	Inferior
Fluência verbal semântica (Neupsilin)	10	–	18	Médio inferior
Memória				
Teste	Pontos brutos	Pontos ponderados	Percentil	Classificação
Memória (THCP)	2	< 25	–	Inferior
Memória auditiva para listas (Neupsilin)	2	–	–	Inferior
Memória narrativa	10	–	0,2	Inferior
Memória episódico-semântica visuoverbal – recordação	5	–	24	Médio inferior
Memória operacional visuoespacial	0	–	–	Inferior
Dígitos (WISC-IV)	2	1	0,1	Inferior
Lista de palavras (Neupsilin) – evocação imediata	2	–	–	Inferior
Lista de palavras (Neupsilin) – evocação tardia	1	Com dica	–	Inferior

(continua)

Tabela 56.2 Resultados da avaliação neuropsicológica de L. (*Continuação*)

Habilidades acadêmicas				
Teste	Pontos brutos	Pontos ponderados	Percentil	Classificação
Informação (WISC-IV)	5	1	0,1	Inferior
Aritmética (WISC-IV)	3	1	0,1	Inferior
Leitura de palavras (Neupsilin)	0	–	–	Inferior
Escrita de palavras (Neupsilin)	0	–	–	Inferior
Pensamento quantitativo (THCP)	5	< 25	–	Inferior
Habilidades adaptativas				
Socialização	Compatível ao esperado para 6 anos			
Motricidade fina	Compatível ao esperado para 4 anos			
Motricidade grossa	Compatível ao esperado para 7 anos			

QI: quoeficiente de inteligência; WISC-IV: Escala Wechsler de Inteligência para Crianças IV. *Wechsler (2018); §Silva, Flores-Mendoza e Santos (2013); ¥Seabra e Dias (2012); £Fonseca, Salles e Parente (2009); €Noronha, Santos e Sisto, 2023.

Quanto ao jogo lúdico, notou-se a presença de atividade imaginativa, com criação de situações envolvendo bonecos e inserção da examinadora na brincadeira. Atribuiu falas para os personagens que a terapeuta manipulava e, quando perguntado, sinalizava a brincadeira de maior preferência.

Em tarefas que exigiam maior análise visual item a item, apresentou respostas impulsivas. Quando, mediante as exigências atencionais, demonstrou comportamentos que sinalizam fadiga, como bocejo e dispersão da atividade. Em testes de duração prolongada e atenção a detalhes, surgiram estratégias de fuga, como solicitar água ou sair para usar o toalete.

O paciente teve dificuldade na compreensão imediata de alguns comandos complexos, emitindo "O quê?" como resposta. Necessitou de repetições da instrução, além de maior direcionamento da terapeuta. Foram observadas falhas importantes na manutenção do foco, o que interferiu de forma significativa no desempenho das tarefas. Seu traçado mostrou-se imaturo e infantilizado em comparação ao que é esperado na sua idade. Demonstrou interesse em conteúdos e desenhos animados geralmente procurados por crianças mais novas.

Ademais, teve dificuldade importante para realizar sequenciamento, ficando evidente a inabilidade em ordenar dias da semana e meses do ano. A lateralidade também apresentou prejuízo, não conseguindo identificar esquerda e direita. Não seguiu os itens de acordo com o parâmetro da linha estabelecido pela tarefa. Ao realizar atividades com demanda de análise atencional, com frequência olhava em direção à terapeuta e não direcionava o olhar para a folha. Quando mediado pela examinadora, L. conseguiu identificar estímulos de grupos "iguais" e "diferentes", necessitando de referência e orientação linha a linha, além da repetição dos itens.

Ao concluir a avaliação, foram destacados prejuízos nos domínios adaptativos (conceituais, sociais e práticas), além de atingir classificação **muito inferior** ao esperado no QI total. Tal perfil neuropsicológico corresponde aos critérios diagnósticos para o TDI. O exame neuropsicológico evidenciou aspectos menos prejudicados, como fluência verbal semântica, abstração verbal, capacidade de nomeação e memória imediata e de longo prazo para material visual. Além desses, observou-se capacidade simbólica e imaginativa ao brincar, e não demonstrou estereotipias. Houve intencionalidade comunicativa, inclusive com interesse no ambiente e com outras crianças, conseguindo realizar trocas e sendo recíproco a interações que estavam ao alcance de sua compreensão. Não apresentou disfunções sensoriais e respondeu de imediato às perguntas que eram feitas.

Seus prejuízos mais graves estão presentes nas funções atencionais, envolvendo regulação, direcionamento e manejo dessas funções. Funções específicas da memória (fonológica, operacional auditiva e visual), funções executivas (FE), como planejamento, controle inibitório, organização e capacidade para resolver problemas. O desempenho escolar de L. está compatível com idade abaixo dos 4 anos, além de não apresentar habilidades de consciência fonológica, causando dificuldade importante no processo de alfabetização.

A avaliação neuropsicológica fornece os resultados quantificados e descritos, porém não é possível uma intervenção adequada sem que sejam consideradas as demandas que, na grande maioria das vezes, são as responsáveis por trazer o paciente até os profissionais. Em geral, essas questões são apresentadas pela família, pelos médicos ou também pelo serviço educacional que o acompanha. A família sempre foi engajada no processo e necessitava de orientações sobre o diagnóstico, que não foi totalmente esclarecido. Trouxeram como queixas o fato de a criança ser repetitiva para pedir coisas, ansiosa, agitada e esquecida. A mãe tem a expectativa de que o filho aprenda a ler e escrever, mesmo apresentando prejuízos em funções neuropsicológicas anteriores à aquisição da leitura e que prejudicam a alfabetização. A escola também necessitou de orientação sobre como conduzir e ajustar o ambiente, pois consideravam um possível diagnóstico de TDAH.

Para construir um plano de intervenção adequado com base no tempo disponível, nos recursos e nos objetivos, as áreas da saúde fizeram bem em se aproveitar de um conceito proposto pelo pai da administração moderna, Peter Drucker. Em seu livro, Marcia Aragão (2021) explica, de forma direta, o método para construção de objetivos SMART (acrônimo do inglês, *Specific, Measurable, Achievable, Relevant, Time-bound*). A Tabela 56.3, baseada no texto da autora, explica os pontos propostos e a forma de se pensar dentro de cada etapa.

Tabela 56.3 Método para construção de objetivos SMART.

S	**S**pecific	Específico	Ser claro e objetivo em seu propósito
M	**M**easurable	Mensurável	Empregar formas claras e objetivas de mensurar o resultado
A	**A**chievable	Alcançável	Estipular metas possíveis, evitando, assim, a desistência durante o processo
R	**R**elevant	Relevante	Garantir que o objetivo é relevante para o indivíduo
T	**T**ime-bound	Delimitado	Estipular um período aproximado para a aquisição ou reavaliação da meta estabelecida

Fonte: Aragão, 2021.

A construção das metas é apoiada em todas as informações que foram coletadas até o momento, levando em consideração a avaliação, as demandas do indivíduo e de sua família, os ambientes em que está inserido e outros. Sua aplicabilidade visa metas a curto e longo prazo e devem atender ao princípio da generalização. A Tabela 56.4 exemplifica as metas formuladas para o caso descrito, e as técnicas elaboradas para que o paciente e sua família alcancem os objetivos da melhor maneira possível.

Considerações finais

O TDI envolve uma complexidade de possíveis disfunções neuropsicológicas e seu impacto no dia a dia do sujeito pode ser muito significativo. O quadro abarca uma variabilidade muito alta quanto ao nível de comprometimento cognitivo

Tabela 56.4 Quadro de metas.

Quadro de metas		
Longo prazo: psicoeducação familiar sobre o diagnóstico		
Curto prazo	**Técnicas e estratégias**	**Reavaliação**
Conscientizar a família sobre o diagnóstico do TDI	• Relatório com tabelas e informações • Vídeos, filmes e materiais educativos • Sessões de acolhimento e informação para familiares e outros	Após 1 mês da intervenção
Longo prazo: orientação e apoio à inclusão escolar		
Curto prazo	**Técnicas e estratégias**	**Reavaliação**
Esclarecer o diagnóstico	• Relatório neuropsicológico • Reunião com a escola	–
Apoiar a adaptação ambiental e curricular	• Utilização de materiais de apoio • Orientações via internet • Orientações via material impresso	Após 3 meses da intervenção
Longo prazo: acompanhamento em intervenção psicopedagógica especializada		
Curto prazo	**Técnicas e estratégias**	**Reavaliação**
Discutir caso e propor metas com o profissional	• Relatório neuropsicológico • Reunião técnica	Após 3 meses da intervenção
Longo prazo: desenvolver as noções espaço-temporais		
Curto prazo	**Técnicas e estratégias**	**Reavaliação**
Desenvolver noção de manhã, tarde e noite	• Calendário com velcro para orientação da passagem do tempo • Orientação familiar para monitoramento e apresentação diária	Após 3 meses da intervenção
Desenvolver noção dos dias da semana (ontem, hoje e amanhã)	• Calendário com pinos ou marcação • Orientação familiar para monitoramento e apresentação diária	Após 3 meses da intervenção
Longo prazo: melhorar direcionamento da atenção		
Curto prazo	**Técnicas e estratégias**	**Reavaliação**
Manutenção do contato de olho	• Jogos de troca de turno com manutenção do contato de olho • Jogo: "Quem pisca primeiro" • Jogo: "Quem ri primeiro"	Após 3 meses da intervenção
Realizar busca visual ordenada	• Jogo: "Lince" e "Cadê"? • Livros de busca visual • Treino de técnicas de rastreio (uso do dedo para orientação)	Após 3 meses da intervenção
Longo prazo: melhorar capacidade de atenção seletiva		
Curto prazo	**Técnicas e estratégias**	**Reavaliação**
Conseguir selecionar e identificar itens faltantes em figuras de maneira autônoma	• "Jogo dos 7 erros" • Livros "1 desenho por dia" • Jogo "O que está faltando?"	Após 3 meses da intervenção

(continua)

Tabela 56.4 Quadro de metas. (*Continuação*)

Longo prazo: melhorar capacidade de sequenciação		
Curto prazo	**Técnicas e estratégias**	**Reavaliação**
Sequenciar histórias de 3 partes com apoio visual de maneira autônoma	• Jogos de sequências de histórias • Metacognição – uso de dicas direcionadas • Aplicativos – *I sequence*	Após 3 meses da intervenção
Longo prazo: melhorar capacidade de armazenamento e evocação de memória verbal		
Curto prazo	**Técnicas e estratégias**	**Reavaliação**
Ampliar aquisição de informações verbais sequenciais (até 4 itens)	• Treino: "Afinando o cérebro" (tarefa de memória verbal) • Treino: "Pedro no acampamento – nível 1" (tarefa de memória auditiva numérica) • Material: PENcE* (completando a frase – telefone sem fio) • Sequência de imagens – partes do corpo	Após 3 meses da intervenção
Melhorar a memorização de histórias curtas	• Repetir histórias (contos curtos) • Ensinar metacognição para direcionar verbos de ação centrais na história • Perguntas orientadoras – "O quê?" e "Quem?"	Após 3 meses da intervenção
Longo prazo: adequar habilidades adaptativas de autonomia		
Curto prazo	**Técnicas e estratégias**	**Reavaliação**
Organizar e guardar os brinquedos	• *Checklist* de brinquedos • Inserção de categorização para os itens • Técnica: usou/guardou	Após 3 meses da intervenção
Organizar e guardar as roupas	• Separar por itens • Etiquetar as gavetas com figuras dos itens	Após 3 meses da intervenção
Psicoeducar os pais quanto à autonomia	• Tabela com atividades possíveis (adequadas para a idade cognitiva) • Inserção de recompensas e metas semanais • Monitoramento e reforço verbal positivo	Após 3 meses da intervenção
Longo prazo: melhorar controle de impulsos (controle inibitório)		
Curto prazo	**Técnicas e estratégias**	**Reavaliação**
Conseguir inibir o comportamento de virar as páginas do livro antes de observar o conteúdo	• Técnica do farol • Técnica do livro – descrever 3 itens antes de virar a página ("pare, pense e siga")	Após 3 meses da intervenção
Conseguir seguir ordens verbais inibindo impulsos	• Cartas com cores (azul/bate e vermelho/inibe) • Vivo e morto • PENcE: "O mestre mandou" • Controlando a vontade	Após 3 meses da intervenção
Longo prazo: melhorar habilidades de planejamento e organização		
Curto prazo	**Técnicas e estratégias**	**Reavaliação**
Seguir uma rotina	• Quadro de rotina com figuras • Inserção de programa de recompensas • Monitoramento familiar	Após 3 meses da intervenção

PENcE: Programa de Estimulação Neuropsicológica da Cognição em Escolares; TDI: transtorno do desenvolvimento intelectual. *Cardoso e Fonseca (2016).

e adaptativo (podendo o indivíduo necessitar desde simples apoios, até mesmo amplo e completo suporte). A intervenção é desafiadora, mas, a partir de uma avaliação bem estruturada que quantifique e qualifique forças e fraquezas neuropsicológicas, assim como potencialidades e limitações do ambiente e da família, torna-se viável quando personalizada com o objetivo de habilitar o indivíduo dentro das suas características e demandas, reduzindo a influência dos prejuízos e possibilitando maior autonomia.

No atual contexto brasileiro, nota-se ainda limitações, na disponibilização de recursos de saúde pública, assim como nos contextos particulares, regionais e de formação e capacitação profissional adequada (Ronzani; Rodrigues, 2006). Isso pode dificultar o acesso às intervenções especializadas que realmente estejam dentro de propostas neuropsicológicas, bem como sua manutenção.

Graças aos avanços da literatura científica, é possível observar um crescimento significativo, precoce e competente de diagnósticos dos transtornos do neurodesenvolvimento, dos quais as causas são multifatoriais e ainda não completamente esclarecidas e delimitadas. Tais procedimentos possibilitam mudanças fundamentais na vida dos indivíduos e de suas famílias, uma vez que podem iniciar processos de estimulação precoce e direcionar metas mais funcionais e ecológicas para as intervenções, entre elas a reabilitação neuropsicológica (RN), sabendo-se que quanto mais prontamente iniciadas, maior a probabilidade de ganhos de autonomia, inserção social e qualidade de vida para o indivíduo.

Referências bibliográficas

AMERICAN ASSOCIATION ON INTELLECTUAL AND DEVELOPMENTAL DISABILITIES. Manual diagnóstico e estatístico de transtornos mentais – DSM-5 – texto revisado. 5. ed. Porto Alegre: Artmed, 2023.

ARAGÃO, M. Gestão do tempo na prática. São Paulo: Dialética, 2021.

CARDOSO, C. O.; FONSECA, R. P. PENcE: programa de estimulação neuropsicológica da cognição em escolares – ênfase nas funções executivas. Ribeirão Preto: Booktoy, 2016.

ERICSON, S.; HESLA, M. W.; STADSKLEIV, K. Gaining super control: psychoeducational group intervention for adolescents with mild intellectual disability and their parents. Journal of Intellectual Disabilities, [s. l.], v. 26, n. 2, p. 350-364, 2021.

FONSECA, R. P; SALLES, J. F.; PARENTE, M. A. Neupsilin: instrumento de avaliação neuropsicológica breve. São Paulo: Vetor, 2009.

HALLBERG, S. C. M.; BANDEIRA, D. R. Para além do QI: avaliação do comportamento adaptativo na deficiência intelectual. Revista Avaliação Psicológica, Campinas, v. 20, n. 3, p. 361-368, 2021.

JACOB, U. S.; EDOZIE, I. S.; PILLAY, J. Strategies for enhancing social skills of individuals with intellectual disability: a systematic review. Frontiers in Rehabilitation Sciences, [s. l.], v. 13, n. 3, 2022.

KORKMAN, M.; KIRK, U.; KEMP, S. NEPSY-II: uma avaliação neuropsicológica do desenvolvimento. [S. l.]: The Psychological Corporation, 2007.

LEE, K.; CASCELLA, M.; MARWAHA, R. Intellectual disability. Treasure Island: StatPearls Publishing, 2019.

MIOTTO, E. C. Reabilitação neuropsicológica e intervenções comportamentais. São Paulo: Roca, 2020.

NORONHA, A.; SANTOS, A.; SISTO, F. Bender (B-SPG-rev) – Teste Gestáltico Viso-Motor de Bender. Versão revisada. São Paulo: Vetor, 2023.

PETRENKO, C. L. A review of intervention programs to prevent and treat behavioral problems in young children with developmental disabilities. Journal of Developmental and Physical Disabilities, [s. l.], v. 25, n. 6, 2013.

PICARD, I.; MORIN, D.; DE MONDEHARE, L. Programa psicoeducativo para pais de adolescentes com deficiência intelectual. Journal of Policy and Practice in Intellectual Disabilities, v. 11, n. 4, p. 279-292, 2014.

RONZANI, T. M.; RODRIGUES, M. C. O psicólogo na atenção primária à saúde: contribuições, desafios e redirecionamentos. Psicologia: Ciência e Profissão, Brasília, DF, v. 26, n. 1, p. 132-143, 2006.

SAULNIER, C. A.; KLAIMAN, C. Adaptive Behavior Profiles in Intellectual Disability and Genetic Disorders. In: SAULNIER, C. A.; KLAIMAN C. (orgs.). Essentials of Adaptive Behavior Assessment of Neurodevelopmental Disorders. Nova Jersey: John Wiley & Sons, 2018. p. 57-78.

SCHALOCK, R. L.; LUCKASSON, R.; TASSÉ, M. J. Intellectual disability: Definition, diagnosis, classification, and systems of supports. 12. ed. American Association on Intellectual and Development Disabilities, 2021.

SEABRA, A. G.; DIAS, N. M. Avaliação Neuropsicológica Cognitiva: Atenção e Funções Executivas. Campinas: Memnon, 2012. v. 1.

SILVA, R. S.; FLORES-MENDOZA, C.; SANTOS, M. T. Teste de habilidades e conhecimento pré-alfabetização (THCP). São Paulo: Vetor, 2013.

SURJUS, L. T.; CAMPOS, R. T. O. Interface between intellectual disability and mental health: hermeneutic review. Revista de Saúde Pública, [s. l.], v. 48, n. 3, p. 532-540, 2014.

TASSÉ, M. J. et al. Diagnostic Adaptive Behavior Scale User's Manual. American Association on Intellectual and Development Disabilities, 2018.

WECHSLER, D. WISC-IV: Escala Wechsler de Inteligência para Crianças – Manual de instruções para aplicação e avaliação. São Paulo: Casa do Psicólogo, 2018.

WILSON, B. A. Neuropsychological rehabilitation: theory and practice. Cambridge: Cambridge University Press, 2003.

57 Intervenções Cognitivas e Comportamentais no Traumatismo Cranioencefálico e Lesões Adquiridas na Infância

Thiago da Silva Gusmão Cardoso

Introdução

Traumatismo cranioencefálico (TCE) pediátrico é extremamente comum, sendo a principal causa de morte ou incapacidade grave em crianças com mais de 1 ano (Ha, 2022). Embora a grande maioria das crianças com TCE apresente lesões leves, um pequeno número de casos será de lesões mais graves com potencial de deterioração e sequelas significativas. Ademais, aproximadamente 61% das crianças com TCE moderado a grave apresentam incapacidade (Ha, 2022). O TCE em crianças pode resultar em morte, déficit neurológico permanente e dependência de cuidadores para todas as atividades da vida diária (Ryan et al., 2016). O TCE grave aumenta o risco de comorbidades ao longo do desenvolvimento devido às características físicas e neurológicas das crianças. As crianças não possuem ainda músculos fortes no pescoço para compensar os impactos das forças traumáticas, ademais possuem maior teor de água associado à mielinização incompleta, o que torna o cérebro mais vulnerável. Crianças também consomem mais energia no desenvolvimento das ramificações sinápticas, o que as tornam mais suscetíveis a danos isquêmicos devido ao aumento da pressão intracraniana e à diminuição do fluxo sanguíneo cerebral (Araki; Yokota; Morita, 2017).

O TCE em crianças resulta em uma série de lesões traumáticas no couro cabeludo, crânio e cérebro, que são comparáveis às dos adultos, mas diferem tanto na fisiopatologia quanto no manejo (Araki; Yokota; Morita, 2017). Por exemplo, como o couro cabeludo é altamente vascularizado, em crianças uma pequena perda de volume sanguíneo pode ser letal, causando até mesmo choque hemorrágico em recém-nascidos, bebês e crianças pequenas, mesmo sem sangramento externo aparente (Araki; Yokota; Morita, 2017).

Os mecanismos mais comuns de TCE pediátrico variam de acordo com a faixa etária (Tabela 57.1). As quedas são a principal causa de TCE em indivíduos menores de 14 anos (Araki; Yokota; Morita, 2017). Crianças com menos de 4 anos de idade são feridas principalmente em quedas, mas também por lesões abusivas e em acidentes com veículos motorizados (Araki; Yokota; Morita, 2017). Crianças de 4 a 8 anos de idade também ficam feridas em quedas e acidentes com veículos motorizados, mas correm maior risco de outras lesões relacionadas ao transporte, como acidentes relacionados a bicicletas (Araki; Yokota; Morita, 2017). TCE por abuso é particularmente comum em bebês com menos de 2 anos; aproximadamente 30 em cada 100 mil crianças com menos de 1 ano são hospitalizadas todo ano por essa causa nos EUA (Smith et al., 2019).

Tabela 57.1 Características da lesão do traumatismo cranioencefálico (TCE) de acordo com idade e desenvolvimento.

Recém-nascidos	• Ferimento na cabeça no parto • Hemorragias intracranianas • Hematoma cefálico • Hematoma subgaleal	• Causada por compressão e tração da cabeça através do canal do parto (parto vaginal) com instrumentos obstétricos • Baixo peso ao nascer e hipoxemia são fatores de risco para hemorragia intracraniana
Bebês	• Lesão acidental na cabeça • TCE abusivo	• Causada por práticas inadequadas de cuidado infantil • Se o mecanismo da lesão não estiver claro, é necessária uma consideração cuidadosa para o diagnóstico de abuso infantil
Bebês e crianças em idade escolar	• Lesão acidental na cabeça	• Os acidentes aumentam à medida que as crianças desenvolvem a capacidade motora • As lesões em crianças pedestres aumentam nesta faixa etária
Adolescentes	• Acidentes relacionados a bicicletas e motocicletas • Lesões na cabeça relacionadas a esportes	• Maior risco de concussão em esportes de contato (p. ex., judô, futebol, boxe)

Adaptada de Araki, Yokota e Morita, 2017.

O TCE pode ser do tipo fechado ou aberto (penetrante). O TCE fechado é causado pelo impacto contundente ou por deslocamento encefálico devido a forças mecânicas traumáticas, ambas as condições podem gerar contusões focais ou difusas nas regiões encefálicas (Ng; Lee, 2019). O TCE aberto é causado pela penetração de um corpo estranho no parênquima cerebral, com a laceração dos tecidos, podendo causar danos focais, hemorragia, edema cerebral e isquemia (Ng; Lee, 2019).

No TCE, a presença de hematomas no parênquima cerebral é indicativa de lesão intracraniana. Os hematomas podem ser epidural e subdural. O hematoma epidural aparece no espaço potencial entre a dura-máter e o crânio, sendo uma complicação incomum, mas grave, do TCE. Os hematomas subdurais tendem a localizar-se nas convexidades do cérebro, entre a dura-máter e a aracnoide, como este espaço é facilmente dilatado, o grande acúmulo de sangue tende a cobrir todo o hemisfério cerebral.

Com relação a outras lesões encefálicas adquiridas na infância, pode-se mencionar o acidente vascular encefálico (AVE) e as neoplasias. O AVE pediátrico é incomum, além de ser mais difícil de identificar devido aos seus sinais e sintomas variados. Estima-se que a incidência de AVE em crianças varia entre 2,5 a 13 por 100 mil por ano (Hollist et al., 2021). O AVE é uma lesão neurológica causada pela oclusão ou ruptura de vasos sanguíneos cerebrais (Tsze; Valente, 2011). O AVE pode ser isquêmico, hemorrágico ou ambos. O AVE isquêmico é mais frequentemente causado por oclusão arterial, mas também pode ser causado por oclusão venosa de veias cerebrais ou seios da face (Tsze; Valente, 2011). O AVE hemorrágico é o resultado de sangramento de uma artéria cerebral rompida ou de sangramento no local de um AVE isquêmico agudo (Tsze; Valente, 2011). Uma das causas de AVE em crianças pequenas é o aumento da demanda por fluxo sanguíneo durante episódios de hipoglicemia (Hollist et al., 2021). Os principais fatores de risco para a ocorrência de AVE em crianças são vasculopatias, infecções, doenças cardíacas e coagulopatias (Hollist et al., 2021). As doenças cerebrovasculares na população pediátrica têm potencial de causar danos neurológicos e estão associadas a endocardite trombótica bacteriana e não bacteriana, cardiomiopatias, cardiopatia reumática e outras valvulopatias (Tsze; Valente, 2011; Hollist et al., 2021). Outra causa de AVE pediátrico é doença falciforme (DF), sendo que a prevalência de AVE nessa população é de aproximadamente 4% (Hollist et al., 2021). Crianças com neoplasias também correm maior risco de contrair AVE isquêmico agudo como resultado da doença, do tratamento subsequente e da suscetibilidade à infecção (Tsze; Valente, 2011).

Os tumores cerebrais pediátricos são o tipo mais comum de câncer infantil, perdendo apenas para a leucemia. São classificados em tumores supra e infratentoriais. A incidência de tumores cerebrais pediátricos varia de 1,15 a 5,14 casos por 100 mil crianças (Subramanian; Ahmad, 2023). Com relação aos tumores congênitos, os tipos mais comuns são o teratoma (26,6 a 48%), seguido por astrocitoma (7,4 a 28,8%), papiloma do plexo coroide (3,7 a 13,2%), tumor embrionário (3 a 13%), craniofaringioma (5,6 a 6,8%) e ependimoma (4,4%) (Subramanian; Ahmad, 2023).

Por sua vez, o meduloblastoma é o tumor cerebral maligno mais frequente em crianças (Kulubya et al., 2022). Os tumores supratentoriais são mais comuns do que os tumores infratentoriais em pessoas com menos de 3 anos de idade, enquanto os tumores da fossa posterior são mais comuns entre as idades de 4 a 10 anos; após a puberdade, ambos os grupos ocorrem com igual frequência (Subramanian; Ahmad, 2023). Além disso, os tumores observados em crianças mais novas (menos de 3 anos) geralmente têm origem embrionária, enquanto os tumores cerebrais em crianças mais velhas têm maior probabilidade de derivar de células gliais (Udaka; Packer, 2018).

Os avanços na cirurgia, neuro-oncologia, neurorradiologia e radioterapia oncológica melhoraram a sobrevida dos pacientes para alguns tipos de tumores, como gliomas de baixo grau e meduloblastomas (Kulubya et al., 2022). Todavia, os regimes intensivos de quimioterapia e irradiação focal ou cranioespinhal, além da cirurgia, costumam deixar efeitos sobre o desenvolvimento e o funcionamento cognitivo, ocasionando lesões cerebrais (Kulubya et al., 2022).

Reabilitação cognitiva

As pesquisas clínicas sobre diferentes abordagens terapêuticas no tratamento de crianças e adolescentes com traumatismo cranioencefálico e lesões adquiridas são importantes para esclarecer os possíveis efeitos neuroplásticos no cérebro em desenvolvimento em condições de lesão encefálica. Especificamente em crianças com lesão cerebral, o desenvolvimento de funções cognitivas como linguagem, memória, atenção, percepção visuoespacial e funções executivas têm sido negligenciadas. Estudos de revisão sistemática demonstram que a intervenção eminentemente cognitiva, voltada para o treino de funções cognitivas prejudicadas em quadros de lesão cerebral na infância, não possui evidências conclusivas de eficácia, mas há recomendações de práticas baseadas na melhor evidência disponível, descritas na Tabela 57.2 (Limond; Leek, 2005; Laatsch et al., 2007; Ciceroni et al., 2019).

Os estudos de intervenção cognitiva costumam ser limitados nos ganhos funcionais por inúmeros fatores, tais como:

- Tempo – geralmente envolvem um número grande de sessões
- Recursos humanos – necessitam de uma equipe de profissionais especializados, tais como: fonoaudiólogos, neuropsicólogos e terapeutas ocupacionais
- Características neurobiológicas associadas aos quadros de lesão cerebral na infância, como plasticidade mal adaptativa, excitabilidade cortical diminuída, extensão da lesão e capacidade de reorganização morfofuncional
- Poder de generalização dos resultados – muitas vezes uma tarefa treinada no ambiente clínico não se reflete em ganhos funcionais em atividades do dia a dia da criança, por exemplo: o aumento da atenção obtido por treino cognitivo muitas vezes não se revela em melhora na atenção requerida em sala de aula ou na execução de tarefas escolares (Limond; Leek, 2005; Laatsch et al., 2007; Ciceroni et al., 2019).

A reabilitação cognitiva refere-se aos métodos para restaurar as funções cognitivas e às técnicas para compensar as funções cognitivas e seu declínio. Os estudos dividem a reabilitação cognitiva em dois componentes: abordagem restaurativa e compensatória (Koehler; Wilhelm; Shoulson, 2012). A abordagem restaurativa visa reforçar, fortalecer ou restaurar as habilidades prejudicadas, inclui o exercício repetido de tarefas cognitivas com graus crescentes de dificuldade, visando domínios cognitivos específicos (p. ex., atenção seletiva, memória operacional, funções executivas, entre outros) (Koehler; Wilhelm; Shoulson, 2012). A abordagem compensatória ensina maneiras de contornar ou compensar a função prejudicada, inclui o uso de dispositivos e tecnologias assistivas, tais como calendários, alarmes ou lembretes, calculadoras, leitores, entre outras técnicas compensatórias (Koehler; Wilhelm; Shoulson, 2012).

É conhecido que a exposição a ambientes sensoriais enriquecidos e a inserção em programas de desenvolvimento cognitivo precoces melhoram as funções cognitivas em crianças com lesão cerebral. A seguir, serão discutidas algumas dessas estratégias de remediação cognitiva com melhor evidência para o tratamento de lesões após TCE e/ou AVE.

O acesso à avaliação e ao tratamento de crianças com lesão encefálica depende muito de modelos utilizados para conceituar doenças e funcionalidade. A Classificação Internacional de Funcionalidade, Incapacidade e Saúde (CIF) (OMS, 2003) constitui um instrumento fundamental para a integração das várias perspectivas relativas à reabilitação de crianças com lesão encefálica (Farias; Buchalla, 2005; Rentsch *et al.*, 2002).

Com relação ao aspecto psicossocial enfatizado por esse modelo, algumas características de crianças com lesão encefálica, como as restrições motoras com ausência ou diminuição da mobilidade, e o prognóstico crônico são alvos de estudos que avaliam os impactos das lesões para a criança e suas famílias (Balkrishnan *et al.*, 2002; Mobarak *et al.*, 2000). O impacto da deficiência e das incapacidades para a criança e sua família é diretamente proporcional à limitação funcional ocasionada pela lesão (Eisenhower; Baker; Blacher, 2005).

Tabela 57.2 Recomendações de práticas baseadas em evidências.

Domínio	Recomendação	Prática	Período
Atenção	O tratamento dos déficits de atenção deve incorporar o treinamento de atenção direta e o treinamento metacognitivo	Treinamento de atenção utilizando tarefas de memória operacional, incluindo o uso de intervenções computadorizadas	Após TCE ou AVE e durante os estágios de recuperação pós-aguda
Visuoespacialidade	• Treinamento em escaneamento visual para negligência visual esquerda • A estimulação da mão esquerda ou a ativação forçada dos membros podem ser combinadas com o treinamento de escaneamento visual para negligência após AVE do HD	Treinamento de atenção direta para deficiências modulares específicas na memória operacional, incluindo o uso de intervenções computadorizadas	Após AVE no hemisfério direito e durante os estágios de recuperação pós-aguda
Memória	Treinamento de estratégia de memória, especialmente voltadas para a memória prospectiva em pessoas com comprometimento leve de memória	• Estratégias internalizadas (p. ex., imagens visuais, técnicas de associação) e compensações de memória externa (p. ex., *notebooks*, tecnologias eletrônicas) • Recomenda-se o uso de compensações externas com aplicação direta a atividades funcionais para pacientes com déficits graves de memória	Após TCE e AVE com comprometimento do lobo temporal e frontal e durante os estágios de recuperação pós-aguda
Comunicação e cognição social	Terapias cognitivo-linguísticas	• Intervenções cognitivas para deficiências específicas de linguagem, como compreensão de leitura e linguagem • Treino em habilidades de conversação e reconhecimento de emoções a partir de expressões faciais • Intervenções baseadas em grupo são endossadas	Durante os estágios de recuperação aguda e pós-aguda após TCE com déficits de comunicação social e após AVE de hemisfério esquerdo

TCE: traumatismo cranioencefálico; AVE: acidente vascular encefálico; HD: hemisfério direito. (Fonte: Ciceroni *et al.*, 2019.)

Grupo de apoio a pais

Pais e cuidadores devem ser incluídos nos programas de intervenção/reabilitação para crianças e adolescentes com lesão cerebral, não apenas como mediadores do psicólogo, mas como agentes efetivos de mudanças no ambiente natural do paciente (Silva; Del Prette A.; Del Prette Z., 2000). Essa inserção deve ser pré-programada, pois muitas vezes pais e cuidadores não apresentam as habilidades e competências suficientes para lidarem com as exigências de atenção e cuidados, necessitando de treinamento específico. Compreensivelmente, os pais de crianças com lesão cerebral vivenciam altos níveis de sobrecarga relacionada ao cuidado e às lesões, bem como uma alta incidência de sintomas de transtornos mentais comuns, como ansiedade, estresse e depressão (Freitas et al., 2008).

Um grupo de apoio a pais é baseado em uma metodologia psicoeducativa que modifica o comportamento dos pais e dos filhos, bem como melhora o seu relacionamento (Freitas et al., 2008). Um estudo de revisão sistemática mostrou que intervenções que treinam os pais podem ser uma abordagem útil para aliviar problemas comportamentais e emocionais após TCE pediátrico (Brown et al., 2013). As evidências encontradas sugerem que essas intervenções podem ajudar a melhorar as competências e a adaptação parental, especialmente aquelas que incluem a gestão de contingências e apoio ao comportamento positivo (Brown et al., 2013).

Um estudo analisou um programa de intervenção chamado *Child in Context Intervention* (CICI) (Svendsen et al., 2023) voltado para a orientação em casa e o funcionamento cotidiano de crianças (6 a 16 anos) com lesão cerebral adquirida na fase crônica. As intervenções ocorreram na modalidade de teleatendimento e se direcionaram para áreas problemáticas que uma criança específica e sua família consideravam mais desafiadoras, com o objetivo de fornecer às famílias estratégias que as beneficiassem mesmo após a conclusão do programa. As famílias e as escolas receberam um manual contendo diversos temas sobre os desafios habituais das famílias de crianças com lesão cerebral. Durante as sessões, os familiares desenvolveram 3 a 5 metas SMART. Algumas metas que envolviam o contexto escolar eram apresentadas ao pessoal do corpo docente e as estratégias baseadas na escola eram negociadas, implementadas e avaliadas durante as reuniões escolares. De modo geral, os pais e os professores consideraram o CICI gratificante, útil e relevante (Svendsen et al., 2023).

Grupos de apoio e intervenção direcionados a pais e familiares de crianças e adolescentes com lesão cerebral são importantes no processo de reabilitação e adaptação psicossocial (Clark-Wilson; Holloway, 2020). O funcionamento e a dinâmica familiar podem mudar à medida que os membros da família adaptam os seus papéis e responsabilidades para se ajustarem a um ritmo de vida diferente em função de um familiar com lesão cerebral (Clark-Wilson; Holloway, 2020). O contexto de desenvolvimento de uma criança com lesão cerebral relaciona-se não apenas com o desenvolvimento infantil em si, mas com o desenvolvimento da família. As expectativas, esperanças e os planos para o futuro mudam quando uma criança sofre uma lesão cerebral.

Os pais e cuidadores podem lamentar a perda de um futuro "normal" para o seu filho e família, bem como a perda do filho imaginado (Clark-Wilson; Holloway, 2020). Essa perda pode diferir se estamos falando de uma criança com uma lesão congênita *versus* uma com uma lesão aquirida, portanto, com déficits de início repentino, imprevisto e muitas vezes traumático (Clark-Wilson; Holloway, 2020). Dessa forma, os programas de reabilitação devem envolver os pais e familiares para atender as suas necessidades de apoio, pois os resultados da reabilitação das crianças estão intimamente associados ao funcionamento familiar (Brown et al., 2013). Isso é particularmente relevante durante os períodos de transição, como a transição de casa para a escola ou da infância para a adolescência, momentos em que os impactos funcionais de uma lesão muitas vezes se tornam mais aparentes à medida que as exigências de desenvolvimento aumentam (Brown et al., 2013; Clark-Wilson; Holloway, 2020).

Caso clínico

A., 12 anos, sexo feminino, sofreu um TCE aos 7 anos devido a um atropelamento. Como decorrência do acidente, A. possuía assimetria craniofacial, com afundamento da região frontotemporoparietal direita.

A. realizou avaliação neuropsicológica no contexto de um programa de intervenção neuropsicológica pediátrica no Centro Paulista de Neuropsicologia (CPN). Algumas das queixas realizadas pelo seus pais, na entrevista inicial, incluem: oscilações de humor (agitação, alegria seguida de agressividade e mau humor); dificuldade no aprendizado de matemática e no processo de escrita; interação social disfuncional com os colegas e professores por fazer muitas perguntas descontextualizadas durante as aulas, falava aleatoriamente com meninos afirmando gostar deles, emprestava seus materiais escolares sem critério e solicitava muitas vezes acompanhamento ao banheiro para colocação de absorvente. A. também falava com estranhos no transporte público sobre o que ocorria no seu dia a dia e em relação ao seu acidente, de modo indiscriminado.

Na avaliação neuropsicológica, que ocorreu em cinco sessões, apresentou como resultados QI médio, com preservadas e adequadas capacidades de atenção, visuoespacialidade, memória operacional verbal e visuoespacial. Como dificuldades encontradas no seu funcionamento cognitivo, podem-se citar maior variabilidade no tempo de reação no *Continuous Performance Test* (CPT-II), prejuízos nas habilidades de automonitoração e inibição de respostas preponderantes e na flexibilidade cognitiva. Somado a isso, apresentava comportamentos compulsivos (roer unhas, comer a farda da escola), problemas de ansiedade e queixa somática. Na fase de elaboração de metas e planejamento da intervenção neuropsicológica, foram definidas as queixas/problemas e suas respectivas metas e estratégias de intervenção (Tabela 57.3).

Na etapa da reabilitação, foram realizados 17 encontros, 1 vez/semana, com 3 horas de duração cada, como parte de um programa de reabilitação denominado Modelo Interdisciplinar de Reabilitação Infantil e Neuroplasticidade – MIRIN. O MIRIN é um programa de reabilitação com atendimentos individuais e em grupo para adolescentes e seus pais.

Tabela 57.3 Queixas/problemas e suas respectivas metas e estratégias de intervenção.

Queixa/problema	Meta	Hipótese que explica o problema	Técnica/estratégia
Perguntas descontextualizadas frequentes durante a aula e em outros contextos (p. ex., "o que é pessoa?")	Fazer perguntas adequadas ao contexto	Desinibição comportamental decorrente da lesão e que está sendo mantido pelo ambiente	Analisar as situações/dar pistas em trabalho de grupo/ensinar novas respostas
Exclusão pelos colegas/não aceitação	Aceitação da paciente (aumento de frequência de relatos de interação positiva com os pares)	Escola não está atenta às necessidades da paciente Desinibição comportamental Abordagem da escola às diferenças	Sensibilizar escola e colegas Analisar as situações/dar pistas em trabalho de grupo/ensinar novas respostas
Dificuldades acadêmicas	Compreensão leitora Matemática	Problemas na organização, planejamento e automonitoramento das atividades	Roteiro de montagem de contas e de etapas para a leitura

A. participou de um grupo formado por cinco adolescentes, com idade entre 12 e 15 anos que, conjuntamente com seus pais, passaram pelos seguintes procedimentos de atendimento: atendimento individual para os adolescentes, atendimento individual para os pais, atendimento em grupo para os adolescentes, atendimento em grupo para os pais e treino com os pais e o adolescente. Tanto os adolescentes como os responsáveis passaram por esses momentos em um mesmo dia. Enquanto os adolescentes estavam em atendimento individual, os pais estavam em atendimento em grupo. Terminada essa etapa de aproximadamente 60 minutos, os adolescentes passaram pelo encontro em grupo enquanto os pais foram para atendimento individual. Finalizada essa segunda etapa, de aproximadamente 75 minutos, aconteceu o treino com os pais e o adolescente (Figura 57.1).

Reabilitação com os adolescentes

Nos atendimentos individuais e em grupos com os adolescentes foram realizadas sessões de orientação psicológica, psicopedagógica e terapêutica-ocupacional, treinamento em habilidades metacognitivas para funções executivas, memória, atenção, habilidades sociais, e outras que se fizeram necessárias no decorrer do atendimento, de acordo com a demanda apresentada.

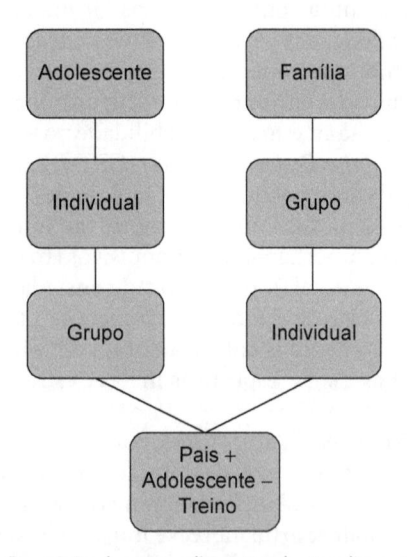

Figura 57.1 Descrição dos procedimentos de atendimento do projeto de reabilitação.

Reabilitação com os pais

Nos atendimentos individuais com os pais foram realizadas sessões de orientação com procedimentos a serem desenvolvidos no âmbito familiar e suporte terapêutico àqueles em que se diagnosticarem tal necessidade.

Os atendimentos em grupos com os pais tiveram por finalidade a psicoeducação. Foram trabalhados conceitos cognitivos avaliados e treinados com os adolescentes para melhor esclarecimento e entendimento do tema. Todas as temáticas envolveram o uso de exemplos práticos para ilustrar o conteúdo trabalhado. Os temas da psicoeducação buscaram oferecer recursos e formas de se estabelecer uma aproximação com a dificuldade dos adolescentes e entender qual é a repercussão que essa dificuldade apresenta em diferentes contextos. As 17 sessões foram definidas como:

1ª – O que é reabilitação
2ª – Funções do cérebro
3ª – Atenção e função executiva
4ª – Memória
5ª – Aprendizagem
6ª – Desenvolvimento emocional
7ª – Identidade
8ª – Comunicação e linguagem
9ª – Teoria da mente
10ª – PPP (pare, pense e planeje)
11ª – Resolvendo algumas situações
12ª – Família
13ª – Tarefa da escola
14ª – Corpo e emoção
15ª – Recompensa, estímulo e punição
16ª – Comunicação com a escola e os professores
17ª – Diferenças e pertencimento.

Intervenção na escola

O apoio aos professores se fez extremamente necessário e foram realizadas visitas escolares, cujo foco do trabalho estava na modificação e adaptação das estratégias educacionais, inserindo a adolescente no contexto educacional de forma estruturada.

Síntese dos resultados do caso

A. melhorou consideravelmente os comportamentos impulsivos nas sessões de grupo, demonstrando os efeitos da modelagem comportamental sobre a sua forma de falar e chamar a atenção para formas de interação mais assertivas com os adolescentes do grupo. Essas mudanças se generalizaram para o contexto escolar, especialmente com o apoio do corpo docente e pedagógico da sua escola. Os pais da paciente relataram redução da ansiedade da filha e das queixas somáticas. As interações mais adaptativas com colegas também criaram maior inclusão da paciente nos momentos de brincadeira nos intervalos e menos comportamentos de desinibição comportamental que afastavam os pares. Por exemplo, A. parou de inventar que determinados colegas que ela nem sequer conhecia eram "namoradinhos". Com relação às dificuldades acadêmicas, A. conseguiu consolidar o aprendizado sobre os sistemas numéricos e os procedimentos básicos de montagem de cálculos aritméticos, bem como melhorou a sua velocidade e compreensão leitora.

Considerações finais

A intervenção holística melhora as deficiências funcionais de quadros de lesão cerebral pediátrica. Lesões na infância e adolescência podem alterar as trajetórias de desenvolvimento, levando a uma cascata de dificuldades emocionais, acadêmicas e psicossociais para os pacientes e suas famílias. Dessa forma, modelos holísticos que abordem tanto os déficits cognitivos e acadêmicos como os psicossociais são os mais recomendados. Infelizmente, a população pediátrica com lesão cerebral continua em grande parte desassistida e pouco estudada no contexto da reabilitação neuropsicológica. A literatura e os estudos têm relatado que intervenções de reabilitação cognitiva iniciadas logo após o TCE melhoram o processo de recuperação e minimizam a incapacidade funcional, assim como ambientes enriquecidos de estimulação precoce melhoram a neuroplasticidade de crianças com lesões cerebrais.

Referências bibliográficas

ARAKI, T.; YOKOTA, H.; MORITA, A. Pediatric traumatic brain injury: characteristic features, diagnosis, and management. Neurologia medico-chirurgica, v. 57, n. 2, p. 82-93, 2017.

BALKRISHNAN, R. et al. Parent caregiver-related predictors of health care service utilization by children with cerebral palsy enrolled in Medicaid. J Pediatr Health Care, v. 16, n. 2, p. 73-78, 2002.

BROWN, F. L. et al. A systematic review of parenting interventions for traumatic brain injury: child and parent outcomes. journal of head trauma rehabilitation, v. 28, n. 5, p. 349-360, 2013.

CARDOSO, T. S. G.; FELDBERG, S. C.; MELLO, C. B. Intervenção neuropsicológica em lesões encefálicas na infância e adolescência. In: Dias, N. M.; CARDOSO, C. O. Intervenção neuropsicológica infantil: aplicações e interfaces. São Paulo: Pearson, 2019.

CICERONE, K. D. et al. Evidence-based cognitive rehabilitation: systematic review of the literature from 2009 through 2014. Arch Phys Med Rehabil., v. 100, n. 8, p. 1515-1533, 2019.

CLARK-WILSON, J.; HOLLOWAY, M. Family experience of brain injury: surviving, coping, adjusting. Oxon: Routledge, 2020.

EISENHOWER, A. S.; BAKER, B. L.; BLACHER, J. Preschool children with intellectual disability: syndrome specificity, behaviour problems, and maternal well-being. J Intellect Disabil Res., v. 49, n. 9, p. 657-671, 2005.

FARIAS, N.; BUCHALLA, C. S. A Classificação Internacional de Funcionalidade, Incapacidade e Saúde da Organização Mundial da Saúde: conceitos, usos e perspectivas. Revista Brasileira de Epidemiologia, v. 8, n. 2, p. 187-193, 2005.

FREITAS, P. M. et al. Efeitos de um programa de intervenção cognitivo-comportamental para mães de crianças com paralisia cerebral. Interamerican Journal of Psychology, v. 42, n. 3, p. 580-588, 2008.

HA, E. J. Pediatric severe traumatic brain injury: updated management. Journal of Korean Neurosurgical Society, v. 65, n. 3, p. 354-360, 2022.

HOLLIST, M. et al. Pediatric stroke: overview and recent updates. Aging and Disease, v. 12, n. 4, p. 1043-1055, 2021.

KOEHLER, R.; WILHELM, E. E.; SHOULSON, I. Cognitive rehabilitation therapy for traumatic brain injury: evaluating the evidence. Washington, DC: National Academies Press, 2012.

KULUBYA, E. S. et al. Advances in the treatment of pediatric brain tumors. Children, Basel, Switzerland, v. 10, n. 1, p. 62, 2022.

LAATSCH, L. et al. An evidence-based review of cognitive and behavioral rehabilitation treatment studies in children with acquired brain injury. Journal of Head Trauma Rehabilitation, v. 22, p. 248-256, 2007.

LIMOND, J.; LEEK, R. Practitioner review: Cognitive rehabilitation for children with acquired brain injury. Journal of Child Psychology and Psychiatry, v. 46, p. 339-352, 2005.

MOBARAK, R. et al. Predictors of stress in mothers of children with cerebral palsy in Bangladesh. Journal of Pediatric Psychology, v. 25, p. 427-433, 2000.

NG, S. Y.; LEE, A. Y. W. Traumatic brain injuries: pathophysiology and potential therapeutic targets. Frontiers in Cellular Neuroscience, v. 13: p. 1-23, 2019.

ORGANIZAÇÃO MUNDIAL DA SAÚDE (OMS). CIF: Classificação Internacional de Funcionalidade, Incapacidade e Saúde [Centro Colaborador da Organização Mundial da Saúde para a Família de Classificações Internacionais, org.; coordenação da tradução Cassia Maria Buchalla]. São Paulo: Editora da Universidade de São Paulo – Edusp, 2003.

RENTSCH, H. P. et al. The implementation of the 'International Classification of Functioning, Disability and Health' (ICF) in daily practice of neurorehabilitation: an interdisciplinary project at the Kantonsspital of Lucerne, Switzerland. Disability and Rehabilitation., v. 25, n. 8, p. 411-421, 2002.

RYAN, N. P. et al. Longitudinal outcome and recovery of social problems after pediatric traumatic brain injury (TBI): Contribution of brain insult and family environment. International journal of developmental neuroscience: the official journal of the International Society for Developmental Neuroscience, v. 49, p. 23-30, 2016.

SILVA, A. T. B.; DEL PRETTE, A.; DEL PRETTE, Z. A. P. Relacionamento pais-filhos: um programa de desenvolvimento interpessoal em grupo. Psicologia Escolar e Educacional, v. 3, n. 3, p. 203-215, 2000.

SMITH, E. B. et al. Pediatric traumatic brain injury and associated topics: an overview of abusive head trauma, nonaccidental trauma, and sports concussions. Anesthesiology Clinics, v. 37, n. 1, p. 119-134, 2019.

SUBRAMANIAN, S.; AHMAD, T. Childhood Brain Tumors. StatPearls. Treasure Island (FL): StatPearls Publishing, 2023.

SVENDSEN, E. J. et al. Children's, parents', and teachers' experiences of the feasibility of a telerehabilitation intervention for children with acquired brain injury in the chronic phase – a qualitative study of acceptability and participation in the Child In Context Intervention (CICI). BMC Health Serv Res, v. 23, p. 603, 2023.

TSZE, D. S.; VALENTE, J. H. Pediatric stroke: a review. Emergency medicine international, v. 2011, p. 734506, 2011.

UDAKA, Y. T.; PACKER, R. J. Pediatric brain tumors. Neurol. Clin., v. 36, p. 533-556, 2018.

Parte 7

Reabilitação Cognitiva e Intervenções Comportamentais em Adultos e Idosos

Capítulo 58 Reabilitação Neuropsicológica nas Disfunções Executivas e Déficits Atencionais, **609**

Capítulo 59 Reabilitação Neuropsicológica nas Alterações de Memória, **616**

Capítulo 60 Reabilitação Neuropsicológica de Pacientes com Lesão Encefálica Adquirida na Fase Crônica de Evolução, **622**

Capítulo 61 Reabilitação Neuropsicológica Individual e em Grupo no Transtorno Neurocognitivo Leve e no Transtorno Neurocognitivo Maior, **634**

Capítulo 62 Doença de Alzheimer: Intervenções Cognitivas Junto ao Paciente e à Família, **646**

Capítulo 63 Estimulação Cognitiva em Pessoas Idosas, **657**

Capítulo 64 Treinamento da Cognição no Envelhecimento Saudável, **673**

Capítulo 65 Novas Tecnologias em Reabilitação Neuropsicológica, **684**

Capítulo 66 Reabilitação Neuropsicológica nos Transtornos Neuropsiquiátricos em Adultos: da Teoria à Prática, **691**

Capítulo 67 Alterações do Sono, **699**

58 Reabilitação Neuropsicológica nas Disfunções Executivas e Déficits Atencionais

Eliane Correa Miotto

Introdução

O conceito de funções executivas (FE) abrange a capacidade do ser humano de planejar, organizar e elaborar objetivos, metas e estratégias eficientes para alcançar esses objetivos; bem como tomar decisões, resolver problemas, monitorar o comportamento em determinado contexto, raciocinar de maneira lógica e abstrata e sustentar, selecionar e alternar a atenção em estímulos específicos (Norman; Shallice, 1986; Miyake et al., 2000; Cicerone et al., 2006). Prejuízos associados a essas funções são conhecidos como "síndrome disexecutiva ou disfunção executiva" (Baddeley; Wilson, 1988). As FE estão diretamente associadas às regiões pré-frontais e suas principais conexões com outras áreas cerebrais. O comprometimento dessas áreas pode ocasionar uma série de alterações, tanto no plano cognitivo como no comportamental, incluindo pensamento concreto e inflexível; dificuldades quanto à tomada de decisões, ao planejamento, à resolução de problemas (RP), aos processos atencionais; e também impulsividade, desinibição e redução da autocrítica (Miotto et al., 2006, 2009; Miotto; Morris, 1998).

No que tange ao substrato neural dessas funções, o córtex pré-frontal situa-se na porção anterior do lobo frontal e representa o nível mais alto da hierarquia cortical dedicado à representação e execução de ações, planejamento estratégico, tomada de decisões e monitoramento. O córtex pré-frontal é composto de três regiões principais: orbital, medial e dorsolateral, que estão interconectadas. As principais conexões ou circuitos das regiões pré-frontais com outras regiões cerebrais (Cummings, 1993) abrangem: circuito pré-frontal dorsolateral, circuito orbitofrontal lateral, circuito do cíngulo anterior, funções executivas cognitivas; funções comportamentais autorregulatórias e funções de regulação das ativações.

Circuito pré-frontal dorsolateral. Origina-se na convexidade do lobo frontal, áreas 9 e 10 de Brodmann, com projeções para a região dorsolateral do núcleo caudado, do globo pálido interno e da parte rostral da substância negra, pela via direta. Do mesmo modo, para o globo pálido e núcleo subtalâmico, pela via indireta, e através dessa via para os núcleos ventrais e dorsolaterais do tálamo, que por sua vez se projetam de volta para o córtex pré-frontal dorsolateral. O prejuízo desse circuito está relacionado a déficits cognitivos das FE e da programação motora, tais como déficit de planejamento, sequenciamento motor, criação de estratégias, flexibilidade mental e formação de conceitos.

Circuito orbitofrontal lateral. Tem início no córtex pré-frontal inferolateral, área 10 de Brodmann, e se projeta para a área ventromedial do núcleo caudado; pela via direta, conecta-se com globo pálido interno e substância negra. Pela via indireta, projeta-se para globo pálido externo, núcleo subtalâmico e pálido interno, que por sua vez se projeta para o tálamo e, através dele, de volta para o córtex pré-frontal orbitofrontal. O prejuízo desse circuito está associado a alterações do comportamento e personalidade, tais como redução da iniciativa e do interesse, irritabilidade, labilidade emocional e redução do controle inibitório.

Circuito do cíngulo anterior. Origina-se no giro do cíngulo anterior, área 24 de Brodmann, e se projeta para o estriado ventral, incluindo núcleo *accumbens* e área ventromedial do caudado e putâmen. O estriado também recebe projeções das regiões do sistema límbico, como hipocampo, amígdala e córtex entorrinal. Projeções do estriado continuam para pálido ventral, substância negra, tálamo, hipotálamo e amígdala; através do tálamo as projeções para o córtex do giro do cíngulo anterior completa o circuito. O prejuízo desse circuito está associado à alteração da motivação e a quadros de apatia, abulia, mutismo acinético, indiferença e ausência de autocrítica.

Na neuropsicologia cognitiva, um dos modelos teóricos mais influentes sobre as FE foi proposto por Norman e Shallice (1986), o qual argumenta que os lobos frontais e suas principais conexões são responsáveis pelo sistema atencional supervisor (SAS). Nesse contexto, o controle e direcionamento das ações são executados por dois sistemas: *contention scheduling* (CS) e SAS. O CS é conhecido como "uma rede estruturada de sequências de ações ou esquemas" aprendidos ao longo dos anos. Já o SAS, como um "sistema modulador do CS" utilizado em resolução de novos problemas, nos quais é necessário inibir ou ativar "esquemas" não rotineiros. Em sequência, Shallice e Burgess (1996) dividiram o SAS em subsistemas:

- Sistema de capacidade de planejamento, criando novos esquemas temporários
- Sistema de memória operacional *on-line* para a execução do esquema novo temporário
- Sistema de monitoramento e avaliação da solução do problema.

Na prática clínica e no campo da reabilitação neuropsicológica, esse modelo possibilita identificar os componentes da FE que estão preservados ou comprometidos.

No modelo de unidade e diversidade de funções executivas, descrito por Miyake *et al.* (2000), foram propostos três domínios executivos, englobando inibição de respostas automáticas, alternância entre diferentes tarefas e atualização do conteúdo da memória de curto prazo. Cicerone *et al.* (2006) subdividiram as FE em quatro domínios.

Funções executivas cognitivas. Memória operacional e capacidade de planejamento, monitoramento, ativação e inibição relacionadas ao córtex pré-frontal dorsolateral.

Funções comportamentais autorregulatórias. Busca de recompensa e regulação do comportamento envolvendo o córtex pré-frontal ventral.

Funções de regulação das ativações. Comportamento associado à apatia ou abulia envolvendo a região medial.

Processos metacognitivos. Personalidade, cognição social e autocrítica envolvendo os polos frontais, em especial o hemisfério direito.

Esse conceito permite a integração de aspectos cognitivos e comportamentais dentro do conceito de FE, além de relacioná-los a sistemas anatômicos distintos no córtex pré-frontal.

Reabilitação neuropsicológica em disfunções executivas e déficits atencionais

As abordagens de tratamento na reabilitação neuropsicológica (RN) podem ser classificadas didaticamente (Miotto, 2015) em intervenções com o objetivo de:

- Recuperar ou restaurar a função cognitiva comprometida
- Potencializar plasticidade cerebral ou reorganização funcional por meio das áreas cerebrais preservadas
- Compensar as dificuldades cognitivas com meios alternativos ou auxílios externos que possibilitem a melhor adaptação funcional
- Modificar o ambiente com tecnologia assistiva ou outros meios de adaptação às dificuldades individuais de cada paciente.

Há evidência da eficácia da RN em disfunções executivas e déficits atencionais em diversos estudos de caso ou de grupo, metanálise ou revisão sistemática e *guidelines* ou diretrizes publicados na literatura (Evans, 2003; Jeffay *et al.*, 2023; Levine *et al.*, 2000; Miotto *et al.*, 2009; Von Cramon; Matthes-Von Cramon; Mai, 1991).

Um dos primeiros estudos de RN das FE foi publicado por Von Cramon, Matthes-Von Cramon e Mai (1991), em que foi descrito um programa de treinamento em grupo denominado "reabilitação de resolução de problemas". Esse programa trabalha tanto com as abordagens de recuperação da FE alterada como também de compensação de déficits cognitivos. Um dos principais objetivos é treinar os indivíduos a reduzirem a complexidade de problemas, dividindo todos os seus componentes em pequenas etapas. Isso possibilita uma análise mais acurada e substitui um comportamento impulsivo por outro mais eficaz. Há atividades que visam à análise de problemas, seleção de dados relevantes de problemas, produção de ideias, entre outras. No estudo publicado por Von Cramon, Matthes-Von Cramon e Mai (1991), 20 pacientes do grupo experimental que receberam esse programa foram comparados a 17 pacientes controles que receberam reabilitação de memória. Os pacientes do grupo experimental apresentaram melhora do desempenho em testes de inteligência geral e RP (Torre de Hanói) em relação ao grupo controle.

Levine *et al.* (2000) descreveram o uso de treinamento de gerenciamento de metas (GMT; do inglês, *goal management training*) em indivíduos com lesões cerebrais adquiridas por traumatismos cranioencefálicos (TCE) e encefalites. A técnica tem cinco passos treinados com diferentes contextos da vida diária dos pacientes:

- Parar e pensar no que está fazendo agora
- Definir tarefa e meta principal
- Descrever passos necessários
- Memorizar passos
- Verificar constantemente se está no caminho certo ou fazendo aquilo que se pretendia inicialmente.

Houve melhora no desempenho dos pacientes com TCE nas medidas de base utilizadas no estudo. Apesar de não ter sido generalizada para a vida real de todos os pacientes, um deles apresentou melhora na atividade de vida diária que envolvia planejamento e preparação de refeições.

Evans (2003) elaborou um programa para pacientes com disfunções executivas e déficits atencionais conhecido como "grupo de atenção e resolução de problemas" (APS; do inglês, *attention and problem solving*), uma intervenção grupal adaptada dos programas propostos por Von Cramon, Matthes-Von Cramon e Mai (1991) e Levine *et al.* (2000). Esse programa faz parte da atuação holística do centro de reabilitação Oliver Zangwill Centre for Neuropsychological Rehabilitation na Inglaterra. Tem duração de 8 a 10 semanas, frequência de 2 vezes na semana; cada sessão com 1 hora de duração. Nas sessões iniciais, os pacientes recebem informações sobre dificuldades atencionais e áreas cerebrais envolvidas; as demais sessões introduzem e treinam o uso de uma estrutura sequencial de ações de RP no formato de lista de checagem e exercícios associados. Nesse programa, os participantes são incentivados a adotar uma abordagem sistemática de identificar e solucionar problemas da vida real de forma mais eficiente.

Uma das limitações encontradas nas pesquisas de RN em centros de reabilitação holística é o fato de não poder se analisar, por motivos éticos, a eficácia individual de programas de intervenção, uma vez que todos os pacientes são inseridos simultaneamente em diversos programas. Nesse contexto, Miotto *et al.* (2009) investigaram a efetividade da intervenção APS, utilizada no centro de reabilitação Oliver Zangwill Centre for Neuropsychological Rehabilitation, em um grupo de 30 pacientes com lesões pré-frontais, fora do ambiente de reabilitação holística e provenientes do Departamento de Neurologia da Faculdade de Medicina da Universidade de São Paulo (USP). Nesse estudo randomizado cego, adotou-se um método balanceado e cruzado (*cross-over design*) com um grupo experimental e dois grupos controles. Foram incluídos 16 pacientes com lesões frontais em hemisfério esquerdo (HE) e 14 no direito (HD). Dentre esses pacientes, 23 foram submetidos à cirurgia para retirada de tumor (9 casos de meningiomas e 14 de gliomas de baixo grau) e 7 eram vítimas de TCE. O local das lesões englobou o córtex orbitofrontal (OF, N = 9), dorsolateral (DL, N = 8) e orbitofrontal combinado com dorsolateral (OF/DL, N = 13). O tempo médio transcorrido entre a lesão e inclusão no tratamento era de 2,4 anos (DP = 1,04). Dos 30 participantes, 15 eram do gênero masculino e 15 do feminino; faixa etária entre 25 e 60 anos (média = 41,7; DP = 9,72); anos de escolaridade entre 5 e 16 (média = 9,17; DP = 2,88); com ocupação variando entre "empregado tempo integral" (N = 3), "empregado meio período" (N = 8), "desempregado" (N = 19).

Os 30 pacientes foram distribuídos aleatoriamente em 3 grupos (G1, G2 e G3), cada um com 10 pacientes. Os três grupos foram avaliados inicialmente (*baseline* 1) e, em seguida, o grupo G1 foi submetido a 10 sessões semanais de intervenção grupal APS com frequência de 1 vez/semana e duração de 1 hora e 30 minutos cada sessão. Um dos grupos controles (G2) recebeu material educativo e informativo (EI) com conteúdo sobre lesão cerebral e consequências cognitivas, comportamentais e sociais e sugestões de exercícios cognitivos. A única instrução era ler com atenção o material e realizar em casa os exercícios nele contidos. O G3 não recebeu nenhum tipo de intervenção neuropsicológica ou educativa, apenas tratamento de fisioterapia, quando necessário.

Decorridas 10 semanas, todos os grupos foram reavaliados (*baseline* 2) e, em seguida, os grupos G2 e G3 foram submetidos à intervenção grupal APS por motivos éticos, para que todos os pacientes tivessem a mesma oportunidade. Após 10 semanas de tratamento desses dois grupos, todos os grupos foram reavaliados (*baseline* 3), e 6 meses após o término da última intervenção grupal APS, todos os grupos foram reavaliados (*follow-up*). Os participantes foram avaliados com testes cognitivos padronizados de FE e um teste funcional desenvolvido para esse estudo – *modified multiple errands task* (MMET) –, que investigou a generalização de estratégias aprendidas por meio do grupo APS para atividade da vida real. Nesse teste funcional, os participantes foram instruídos a realizar uma série de atividades que envolviam planejamento, estratégia, sequenciamento e monitoramento, utilizando uma quantia específica de dinheiro fornecido no início do teste.

O programa APS, descrito em mais detalhes adiante, envolveu 10 sessões com enfoque inicial na psicoeducação, por meio da apresentação de informações sobre funções cognitivas, áreas cerebrais e problemas na vida real associados aos diversos tipos de atenção (seletiva, sustentada e alternada e dividida). Nas sessões posteriores, foram introduzidas técnicas com estratégias internas e auxílios externos para as dificuldades de atenção e execução das metas estabelecidas (Levine *et al.*, 2000). Em seguida, foram treinadas técnicas de estrutura sequencial de RP e exercícios com problemas hipotéticos e reais da vida da cada paciente, utilizando-se o quadro de RP (Figuras 58.1 e 58.2).

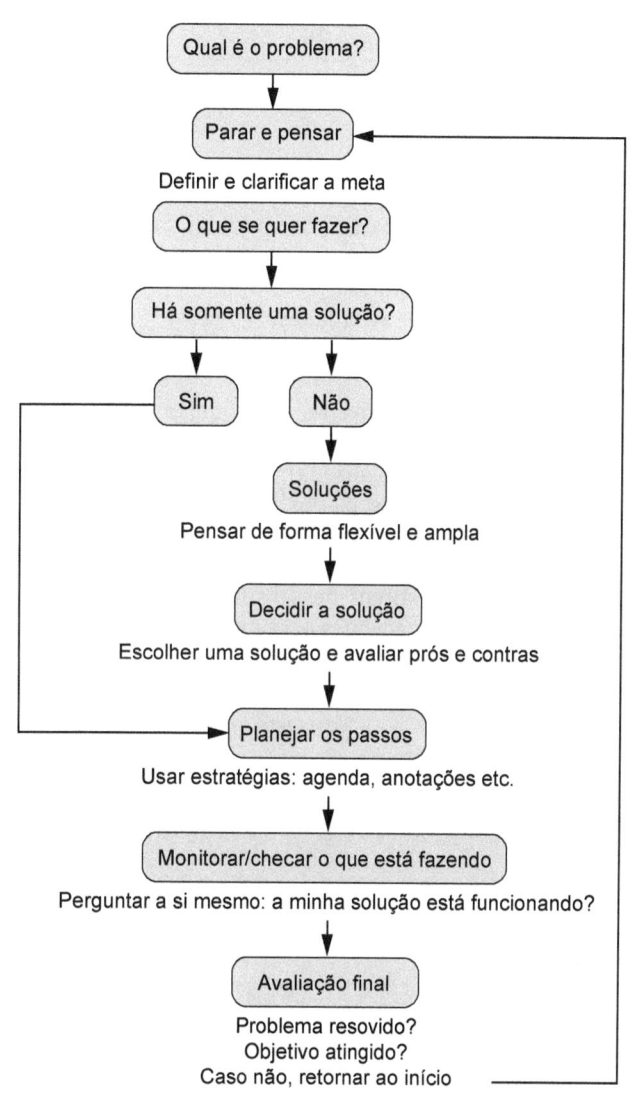

Figura 58.1 Quadro de resolução de problemas. (Adaptada de Miotto *et al.*, 2009.)

Figura 58.2 Formulário de resolução de problemas. (Adaptada de Miotto *et al.*, 2009.)

Sessões do programa APS

O conteúdo das sessões do programa será descrito com base em Miotto *et al.*, 2009.

Sessão 1

- **Meta:** apresentar os participantes e iniciar a psicoeducação sobre distúrbios atencionais como consequência de lesões cerebrais adquiridas.
- **Temas abordados e atividades:**
  - Apresentar os participantes e discutir metas de tratamento
  - Fornecer informações teóricas acerca de processos atencionais, anatomia, tipos de atenção (dividida, sustentada, seletiva, focalizada), fatores que afetam a atenção e problemas associados ao déficit de atenção
  - Discutir sobre as dificuldades dos participantes
  - Introduzir monitoramento de problemas na vida diária, exemplos e discussões (distribuir folhas de monitoramento aos pacientes para preenchimento)
- **Atividade prática:** realizar exercícios para melhorar a capacidade de concentração e monitoramento de respostas - tarefas de atenção sustentada (Figura 58.3). Em adição, podem ser utilizados treinos computadorizados, aplicativos ou manuais com exercícios atencionais[a]
- **Tarefa de casa:** completar questionários de automonitoramento, perguntas sobre processos atencionais e tarefas atencionais citadas anteriormente.

Sessão 2

- **Meta:** iniciar psicoeducação sobre alterações atencionais e treino atencional
- **Temas abordados e atividades:**
  - Discutir problemas atencionais da vida diária com base nos questionários da tarefa de casa

[a]Rehacom (disponível em: http://www.rehacom.com.br; acesso em: 22 mar. 2024), Racha Cuca (disponível em: https://rachacuca.com.br/; acesso em: 22 mar. 2024), APT (disponível em: http://www.lapublishing.com/; acesso em: 22 mar. 2024) e Coleção Papaterra, da editora Livro Pronto.

Nesta tarefa você deve fazer um círculo ao redor do símbolo indicado abaixo:

#

$ # % ¨ % ¨ % * (* & ¨ % $ # @ ! @ # # # (* (* & & ¨ & ¨ % $ % ¨ % * (* & & @ # % $ # $ % # $ & % ¨ * ¨ & $ % @ # @ # ! @) & (& * $

¨ # @ $ % @ @ ! # " # " " " " * (& ($ # @ $ # # @ # $ ¨ ¨ $ # $ # & ¨ * & & ¨ & $ # $ % $ # $ # * (& * ¨ % ¨ % ¨ # $ @ $ % & * (* (* & & ¨ %

$ (& # $ # % $ ¨ % ¨ # * & (* & ¨ * ( )) ((# # ¨ & ¨ & ¨ * ¨ * & * & * $ % $ % @ # * (* & * ¨ * & ¨ & % ¨ % ¨ $ (*) (* (* (* # $ # $ # $ # * (* (* (*

(* ( ) (* & ¨ & ¨ # $ # @ # $ % # @ @ # @ # $ % $ % * $ % + # $ % ¨ & (* ( ) ! @) # # " + * & ¨ $ # @ @ * & $ % # + * & % % # ! * *

Nesta tarefa você deve fazer um círculo ao redor das letras indicadas abaixo:

B P

B A L K E I U V L M P A L O W L K J M S D K D S D W C K D F I Y E L B F S D A N D K B L I

M Q P S O M F L S N S F L S F L J S I D F L K H L K F L J S I F K S F K S D S E D F L K N P K

J L M E S O M P Q U R T B H I D F R U I S A V B H M K I O A S S O L J Q R D X Y O L M O D

K O P Y T O G U Y S R Q W O F V O P L K L C N B F L Y N X Z R Q K G H U H B F R P J U B

Nesta tarefa você deve fazer um círculo ao redor dos números indicados abaixo:

0 3 8

1 5 8 0 4 2 3 7 6 8 9 1 3 4 7 0 8 5 3 5 3 3 2 8 9 7 5 6 8 2 9 6 8 8 2 3 0 7 4 2 5 1 6 6 6 3 6 8 9 4 5

9 7 4 3 2 5 1 6 8 7 4 6 3 3 3 8 9 9 6 2 3 0 0 2 1 3 5 7 4 8 6 9 5 3 2 7 9 9 7 6 5 5 2 1 5 5 7 8 6 8 1

5 7 9 0 3 3 3 8 9 6 0 3 1 2 6 8 7 5 3 4 8 7 6 9 8 0 1 3 2 5 8 7 9 0 6 4 3 6 8 9 0 1 2 6 5 4 0 8 6 7 2

5 7 2 5 8 2 5 6 0 7 6 3 4 1 2 6 5 4 8 0 0 0 4 5 6 2 3 1 6 3 8 6 4 5 9 6 3 2 4 5 9 6 8 3 6 8 3 6 2 7 9

Figura 58.3 Exemplos de algumas tarefas e exercícios atencionais.

- Introduzir técnica do quadro negro mental utilizado para sustentar a atenção em tarefas a serem realizadas e como treino de memória operacional
- Realizar exercícios em duplas de atenção sustentada, alternada e seletiva (ver Figura 58.3). Podem ser usados exercícios computadorizados e aplicativos
• **Tarefa de casa:** usar o quadro negro mental em pelo menos uma atividade da vida diária e tarefas atencionais.

Sessão 3
• **Meta:** treinar o uso de estratégias e auxílios externos para melhorar distúrbios de atenção e concentração
• **Temas abordados e atividades:**
  - Treinar estratégias e auxílios externos para melhorar distúrbios de atenção sustentada, alternada e seletiva – usar cronômetro para monitorar tempo em tarefas atencionais
  - Aplicar estratégias internas – prática de frases internas: "Estou no caminho certo?"
  - Administrar fadiga e sono
• **Atividade prática:** realizar exercício de múltiplas tarefas usando o alarme para monitoramento. Escrever sumário do quadro negro mental sem usar anotações prévias e com distração no plano de fundo
• **Tarefa de casa:** usar uma das estratégias em atividades diárias durante a semana.

Sessão 4
• **Meta:** treinar a aplicação de auxílios externos para aprimorar processos atencionais e revisar conteúdos aprendidos
• **Temas abordados e atividades:**
  - Apresentar temas vinculando a atenção a outros processos cognitivos
  - Lidar com cenários diferentes e outras pessoas, refletindo sobre conceitos já discutidos, associando-os a outras maneiras de compreender os problemas atencionais
• **Atividade prática:** realizar *role plays* em pares e atividades de treino atencional
• **Tarefa de casa:** resumir, por escrito, estratégias usadas durante a semana.

Sessão 5
• **Meta:** aplicar psicoeducação sobre disfunção executiva associada a lesões cerebrais adquiridas
• **Temas abordados e atividades:**
  - Introduzir as FE e como elas são afetadas pelas lesões cerebrais
  - Aplicar anatomia das FE
  - Discutir situações e experiências comuns sobre as dificuldades associadas às disfunções executivas na vida real
  - Atentar para a necessidade de se desenvolver autocrítica e monitoramento dos problemas
• **Exercícios práticos:** usar diferentes aplicações de objetos da vida diária e exercícios de pensamentos divergentes, dedutivos e de autocrítica. Também podem ser utilizados treinos computadorizados ou aplicativos de RP, raciocínio lógico e dedutivo (Rehacom e Racha Cuca)
• **Tarefa de casa:** realizar exercícios de RP.

Sessão 6
• **Meta:** treinar a técnica de RP
• **Temas abordados e atividades:**
  - Introduzir a estrutura de RP
  - Informar quando usar a estrutura de RP
• **Exercícios práticos:** aplicar quadro de RP em problemas fictícios (ver Figuras 62.2 e 62.3)
• **Tarefa de casa:** usar quadro de RP em uma atividade da vida diária.

Sessão 7
• **Meta:** treinar a técnica de RP
• **Temas abordados e atividades:**
  - Aplicar quadro de RP em atividades da vida real (ver Figuras 62.2 e 62.3)
  - Esclarecer sobre dúvidas e dificuldades na aplicação da técnica
• **Exercícios práticos:** usar quadro de RP em duplas com cenários diferentes da vida real
• **Tarefa de casa:** aplicar o quadro de RP em situações novas da vida real.

Sessão 8
• **Meta:** iniciar o planejamento da atividade externa em grupo utilizando estratégias aprendidas
• **Temas abordados e atividades:**
  - Apresentar o tema da atividade externa como forma de verificar a generalização de estratégias e técnicas de atenção e FE aprendidas durante o programa
  - Definir atividade externa com o grupo; dividir papéis e funções
• **Exercícios práticos:** definir, em grupo, a atividade externa a ser realizada, designar os papéis de cada membro do grupo e planejar as atividades
• **Tarefa de casa:** executar as atividades designadas a cada um.

Sessão 9
• **Meta:** planejar e organizar os passos da atividade externa
• **Temas abordados e atividades:**
  - Discutir passos e papéis de cada membro do grupo e planejar próximos passos
  - Monitorar o progresso das atividades já realizadas e a serem realiadas, promovendo treino e supervisão quando necessário
  - Planejar e organizar a atividade externa final e programar encontro no local designado
• **Tarefa de casa:** executar as atividades designadas a cada participante.

Sessão 10
• **Meta:** executar a atividade externa.

Toda a sessão é destinada a executar passos e atitudes necessárias para a atividade externa. Após a realização da atividade externa, o grupo se reúne para discutir resultados e dificuldades encontradas e sugerir soluções. São trazidos à tona planos futuros de cada participante e como planejam alcançá-los. Em seguida, uma sessão é realizada com cada membro do grupo e familiares para revisar as metas estabelecidas antes do programa APS.

Ao término desse estudo, os resultados foram inicialmente analisados considerando-se a melhora nos testes neuropsicológicos e nas tarefas funcionais após os três tipos de intervenções. Houve melhora significativa pós-intervenção grupal APS nos testes *Wisconsin Card Sorting Test*, Fluência Verbal e *Virtual Planning Test* (VIP) (Miotto; Morris, 1998); no questionário DEX do *Behavioural Assessment of Dysexecutive Syndrome* (BADS) e no teste funcional criado para esse estudo (MMET). Apesar da melhora em relação à avaliação antes da intervenção APS, os testes de FE ainda demonstravam presença de alterações em grau leve. A princípio, uma explicação para a melhora nos testes neuropsicológicos seria os efeitos de prática pela utilização repetida nas diversas *baselines*, uma vez que a maioria desses testes não tem formas paralelas. Entretanto, esse efeito de prática deveria ser esperado em todos os três grupos, o que não foi observado. A melhora foi identificada apenas no grupo experimental que recebeu o programa APS. É possível que tal intervenção tenha possibilitado aos pacientes a aplicação das estratégias aprendidas em alguns dos testes administrados. Essa explicação é consistente com o princípio de que, para a maioria dos pacientes com lesões cerebrais, a melhora é consequência do uso eficaz de estratégias compensatórias, e não do restabelecimento da função *per se*. É importante notar que a melhora obtida no teste funcional (MMET), utilizando-se formas paralelas, sugere generalização dos resultados para as atividades da vida real. Na avaliação *follow-up* de 6 meses, seis pacientes estavam empregados por período integral (antes da intervenção havia 3), 14 estavam empregados por meio período (antes da intervenção havia 8) e 5 permaneceram desempregados (antes da intervenção havia 19).

Recomendações atualizadas para reabilitação neuropsicológica das funções executivas

Em 2023, foram publicadas novas diretrizes ou *guidelines* pelo grupo internacional Incog com oito recomendações baseadas em evidências científicas para a RN das FE em casos de lesões adquiridas (Jeffay *et al.*, 2023). Nessa atualização, foram adotados três níveis de evidência:

- Nível A – recomendações baseadas em pelo menos uma metanálise, revisão sistemática ou estudo controlado randomizado com tamanho de amostra apropriado e grupo controle
- Nível B – estudos de coorte com pelo menos um grupo de comparação (estudo controlado randomizado com amostra pequena) e estudo de caso experimental
- Nível C – estudo de caso ou série de casos não controlado e *expert opinion*.

Dentre as oito recomendações publicadas recentemente, quatro foram mantidas das *guidelines* anteriores de 2014 e quatro são novas, que estão descritas a seguir:

- Automonitoramento e *feedback* para melhorar a autoconsciência. Nível A
    - Estratégias que encorajam automonitoramento do desempenho e que envolvam *feedback* devem ser usadas em indivíduos com lesões adquiridas que apresentam prejuízo da autoconsciência
    - Considera-se o uso de treinamento de autoconsciência com vídeos de *feedback* para melhorar a capacidade de reconhecer e corrigir erros durante a execução de tarefas
- Instruções com estratégia metacognitiva para melhorar habilidade de RP, planejamento e organização voltadas para problemas da vida diária da pessoa e usando medidas de desfecho relevantes. Nível A
- Estratégias para aprimorar a capacidade de analisar e sintetizar informações devem ser usadas para melhorar o prejuízo de raciocínio. Nível A
- Intervenções em grupo devem ser consideradas para remediação dos déficits executivos e de RP. Nível A
- Considerar programa estruturado de musicoterapia que inclua: (1) treinamento rítmico, (2) treinamento cognitivo-motor e (3) supervisão individualizada no uso de instrumento musical que seja do interesse da pessoa. Nível A
- Considerar o uso de realidade virtual (RV),[b] se disponível, além de sessões presenciais para ampliar opções de intervenções. Nível A
- Intervenções individualizadas remotas, como "gerenciamento de metas", estruturadas de acordo com diretrizes de telerreabilitação, são recomendadas se for o método mais conveniente de intervenção a depender de cada caso. Nível C
- Intervenções em grupo remotas ou telerreabilitação para as FE podem não alcançar os mesmos resultados quando comparadas às intervenções em grupo presenciais. Portanto, não são recomendadas nesse momento. Nível C.

Ressalta-se que, entre as recentes recomendações pelo Incog de 2023, o uso clínico das intervenções a seguir não foi aprovado (apenas em pesquisa), devido à ausência de estudos robustos e evidências científicas:

- *Neurofeedback*
- Estimulação por corrente direta transcraniana subaguda
- Terapia com *yoga* ou dança
- *Cerebrolysin*
- Hormônio de crescimento humano recombinante (rhGH)

Referências bibliográficas

BADDELEY, A. D. Working memory. Oxford: OUP, 1986.

BADDELEY, A.; WILSON, B. Frontal amnesia and the dysexecutive syndrome. Brain and Cognition, v. 7, n. 2, p. 212-230, 1988.

CICERONE, K. *et al*. Cognitive rehabilitation interventions for executive function: moving from bench to bedside in patients with traumatic brain injury. Journal of Cognitive Neuroscience, [*s. l.*], v. 18, n. 7, p. 1212-1222, 2006.

CUMMINGS, JL. Frontal-subcortical circuits and human behavior. Archives of Neurology, [*s. l.*], v. 50, n. 8, p. 873-880, 1993.

EVANS, J. J. Rehabilitation of executive deficits. *In*: WILSON, B. A. (ed.). Neuropsychological rehabilitation: theory and practice. Florida: CRC Press, 2003.

JEFFAY, E. *et al*. INCOG 2.0 Guidelines for cognitive rehabilitation following traumatic brain injury, part III: executive functions. The Journal of Head Trauma Rehabilitation, [*s. l.*], v. 38, n. 1, p. 52-64, 2023.

---

[b] RV é uma plataforma, e não um tipo de intervenção com diferentes opções de imersão e categorias (*games*, simulações, uso de óculos imersivos ou *joystick*, teclado ou tela sensível ao toque).

LEVINE, B. et al. Rehabilitation of executive functioning: an experimental-clinical validation of goal management training. Journal of the International Neuropsychological Society, [s. l.], v. 6, n. 3, p. 299-312, 2000.

MIOTTO, E. C. et al. Bilateral activation of the prefrontal cortex after strategic semantic cognitive training. Human Brain Mapping, [s. l.], v. 27, n. 4, p. 288-295, 2006.

MIOTTO, E. C. et al. Rehabilitation of executive dysfunction: a controlled trial of an attention and problem solving treatment group. Neuropsychological Rehabilitation, [s. l.], v. 19, n. 4, p. 517-540, 2009.

MIOTTO, E. C.; MORRIS, R. G. Virtual planning in patients with frontal lobe lesions. Cortex, v. 34, n. 5, p. 639-657, 1998.

MIOTTO, E. C. (org.). Reabilitação neuropsicológica e intervenções comportamentais. São Paulo: Roca, 2015.

MIYAKE, A. et al. The unity and diversity of executive functions and their contributions to complex "frontal lobe" tasks: a latent variable analysis. Cognitive Psychology, [s. l.], v. 41, n. 1, p. 49-100, 2000.

NORMAN, D. A.; SHALLICE, T. Attention to action: willed and automatic control of behavior. In: DAVIDSON, R.; SCHWARTZ, G.; SHAPIRO, D. (eds.). Consciousness and self-regulation: advances in research and theory. New York: Plenum Press, 1986. v. 4, p. 1-18.

SHALLICE, T.; BURGESS, P. The domain of the supervisory process and temporal organization of behaviour. Philosophical Transactions: Biological Sciences, [s. l.], v. 351, n. 1346, p. 1405-1412, 1996.

VON CRAMON, D.; MATTHES-VON CRAMON, G.; MAI, N. Problem-solving deficits in brain-injured patients: a therapeutic approach. Neuropsychological Rehabilitation, [s. l.], v. 1, n. 1, p. 45-64, 1991.

59 Reabilitação Neuropsicológica nas Alterações de Memória

Eliane Correa Miotto

Introdução

As alterações de memória estão entre os problemas cognitivos mais comuns no contexto da prática clínica, especialmente em casos de lesões cerebrais adquiridas ou doenças neurodegenerativas. No entanto, podem ser observadas também em quadros psiquiátricos, incluindo depressão, ansiedade, entre outros. São, em geral, decorrentes de lesão ou alteração cerebral *per se*, que atinge as estruturas límbicas, frontais e temporais cerebrais, ou secundárias a outros fatores, como déficit de atenção e de funções executivas, alteração do humor, transtornos psiquiátricos e uso de medicações que afetam a cognição. As queixas de memória e os episódios de esquecimento apresentados pelos pacientes com mais frequência podem ser elencados a seguir.

- Esquecimento de fatos e conversas recentes
- Informações lidas em jornal, revista ou livro
- Local onde se guardam objetos pessoais (chaves, óculos, agenda) ou onde estacionou o carro
- Trajetos a serem percorridos
- Nomes e faces de pessoas conhecidas
- Novas habilidades aprendidas
- Horário das medicações
- Pagamento de contas na data correta
- Compromissos.

Apesar de todos os exemplos citados serem queixas comuns relatadas pelos pacientes, ressalta-se que há diferenças importantes na essência e na natureza desses problemas. Por exemplo, dificuldades para se lembrar de fatos e conversas recentes ou locais em que objetos são guardados são decorrentes de provável comprometimento da memória episódica. Já dificuldades para lembrar-se de ingerir medicamentos no horário correto ou pagar contas na data apropriada são secundárias ao comprometimento da memória prospectiva. A identificação dessas diferenças no perfil das dificuldades de memória de um paciente é relevante no momento de se estabelecerem metas e técnicas com estratégias pertinentes a essas dificuldades. A seguir, a taxonomia e os principais sistemas de memória serão revisados antes de se abordar a intervenção a esses problemas.

Sistemas de memória

Desde o início da década de 1970, estudos com pacientes amnésicos – que apresentavam alteração de memória de longo prazo e preservação a curto prazo e, em quadros inversos, alteração de memória de curto prazo e preservação a longo prazo – levaram diversos autores a propor que a memória é composta de múltiplos sistemas. A taxonomia atual da memória (Figura 59.1) demonstra a complexidade e a diversidade desse sistema.

De início, foi proposta a subdivisão entre memória declarativa, ou explícita, e memória não declarativa, implícita ou procedural, dissociadas funcional e anatomicamente (Squire, 1986). A memória declarativa é um sistema responsável pela capacidade de o ser humano armazenar e recordar ou reconhecer fatos e acontecimentos, incluindo conteúdos verbais ou visuoespaciais. Esse processo é acessível à consciência e comumente comprometido em pacientes com lesões cerebrais adquiridas e quadro de amnésia. A memória implícita ou procedural abrange os sistemas relacionados com as habilidades motoras, como dirigir ou tocar um instrumento musical, e envolve a aprendizagem de habilidades motoras ou cognitivas por meio da exposição repetida e de maneira implícita, ou seja, não acessível à consciência.

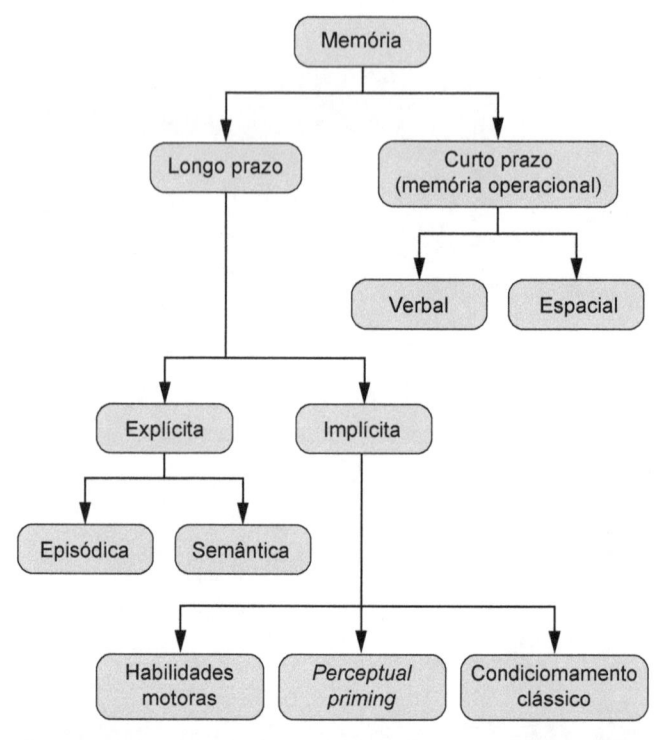

Figura 59.1 Taxonomia da memória. (Adaptada de Squire, 1986; Tulving, 1983.)

Pacientes com lesões cerebrais adquiridas e quadro de amnésia sem comprometimento dos gânglios da base em geral apresentam preservação desse sistema de memória.

Sabe-se que o processo de memorização tem três estágios: codificação, armazenamento e decodificação, termos correspondentes à aquisição, consolidação e evocação de informações verbais (auditiva ou escrita) e visuoespaciais.

A memória de curto prazo ou operacional é um sistema de memória efêmero, com capacidade de processamento e armazenamento na ordem de segundos, que decai rapidamente com o tempo (Baddeley et al., 1975). A quantidade de itens que conseguimos recordar de uma só vez é sete, com margem para mais ou menos dois, ou seja, entre cinco e nove. A extensão máxima de dígitos recordada corresponde ao *span* ou amplitude atencional.

Baddeley e Hitch (1974) elaboraram um modelo de memória operacional que vislumbrava tanto o processamento ativo quanto o armazenamento temporário de informações utilizados em atividades cotidianas como cálculo, aprendizado e raciocínio. A memória operacional, diferentemente da memória de curto prazo, é um sistema mais complexo, responsável pelo armazenamento a curto prazo e pela manipulação da informação. É composta atualmente de quatro subsistemas.

Nesse modelo, o executivo central é um sistema controlador dos processos atencionais, responsável pelo processamento de atividades cognitivas. A alça fonológica codifica informações verbais por um breve período, reverberando-as por meio da alça articulatória. O esboço visuoespacial codifica informações visuoespaciais também por breves períodos. Outro subsistema, o retentor ou registro episódico, armazena, por tempo ligeiramente maior, conteúdos com significado, formando episódios (Baddeley, 2000). O substrato da memória de curto prazo está associado ao córtex pré-frontal bilateral; e suas conexões, com as regiões do lobo parietal.

Como mostra a Figura 63.1, a memória de longo prazo pode ser classificada em explícita ou implícita. Para o propósito desta obra, serão abordados apenas os modelos associados à memória explícita com ênfase na episódica.

A memória explícita é constituída de dois sistemas distintos: memória semântica e memória episódica (Tulving, 1983). A memória semântica é responsável pelo processamento de informações associadas ao conhecimento geral sobre o mundo, ou seja, sobre fatos, conceitos e vocabulário de acordo com a cultura vigente. Esse sistema torna possível saber que uma águia é um animal e mais especificamente um pássaro, e que o Brasil é um país da América do Sul. Esses conhecimentos podem ser acessados de modo independente do contexto e do momento em que foram memorizados pela primeira vez, como um dicionário mental (Tulving, 1983). Os correlatos neurais associados a esse sistema estão associados às áreas do neocórtex temporal.

A memória episódica é um sistema que recebe e armazena informações sobre eventos ou episódios que ocorreram em determinada data, local e contexto. A memória episódica é conhecida como a memória sobre "o que", "onde" e "quando" fatos e acontecimentos pessoalmente vividos são armazenados e evocados de maneira consciente. Ela abrange a consciência do mundo (*noesis*) e de um "eu" subjetivo (*autonoesis*).

De acordo com Tulving (1983), esse sistema surgiu há pouco tempo na escala evolutiva, possivelmente com o aparecimento da espécie humana. Os substratos da memória explícita episódica estão associados a: (1) estruturas do córtex temporal medial no qual se encontra o hipocampo, com conexões recíprocas para as áreas associativas do córtex, incluindo o córtex pré-frontal, a amígdala, o giro parahipocampal e o córtex entorrinal; (2) estruturas diencefálicas talâmicas em sua porção anterior e dorsolateral, núcleo dos corpos mamilares aferentado pelo fórnix e giro do cíngulo, que enviam e recebem projeções para o tálamo; (3) estruturas dos núcleos da base, núcleo septal, núcleo da banda diagonal e núcleo *basalis* (Squire, 1986).

Outro sistema de memória é conhecido como "memória prospectiva", que possibilita a lembrança de uma intenção em determinado tempo no futuro, para que uma ação ou um pensamento sejam executados de maneira apropriada (McDaniel; Einstein, 2007). Exemplos típicos são: lembrar de pagar uma conta em uma data precisa, ingerir medicações no horário correto, atender a um compromisso etc. Para se recordar de uma atividade no futuro, é necessário, primeiramente, lembrar-se do momento certo de executar a atividade na existência, e não de pistas ou auxílios (componente prospectivo). Depois disso, é preciso recordar o que se deve fazer (componente retrospectivo). Além disso, atividades que se baseiam em memória prospectiva exigem a participação das funções executivas e atencionais, em especial a mediação do sistema atencional supervisor (SAS) proposto por Norman e Shallice (1986). Isso pode ser observado, por exemplo, quando é necessário interromper uma atividade em andamento para executar outra que havia sido planejada em determinado tempo no futuro.

No contexto da reabilitação neuropsicológica (RN), a memória episódica e a memória prospectiva são consideradas as mais suscetíveis a alterações, as quais refletem nas queixas comuns de memória discutidas no início deste capítulo.

Reabilitação neuropsicológica da memória

As abordagens comumente adotadas na RN da memória podem ter foco na recuperação ou restituição dos processos mnésticos alterados, desde que a alteração seja leve. Nos casos em que isso não é possível, ou seja, quando não é esperada a recuperação dos mecanismos neuronais, a abordagem mais eficaz de intervenção é a de compensação, que envolve processos ou mecanismos cerebrais intactos, possibilitando a aplicação de estratégias internas e auxílios externos (Miotto, 2015). Outra abordagem na RN da memória é a intervenção no ambiente com tecnologia assistiva e outros recursos que proporcionam melhora da qualidade de vida do paciente (Wilson, 2009).

A seguir, serão descritas as técnicas e estratégias mnemônicas de reabilitação da memória mais utilizadas no contexto clínico e de pesquisa.

Evocação expandida

Diversos estudos demonstraram que o processo de aprendizagem de novas informações se torna mais efetivo se períodos curtos e distribuídos de estudo, aquisição e memorização são adotados, em vez de períodos de estudo longos e não distribuídos (Baddeley, 1990). Com base nesse conceito, foi proposta a técnica de evocação expandida (*spaced retrieval*) para os déficits de memória (Landauer; Bjork, 1978), que envolve a prática de repetição da informação a ser memorizada em intervalos de tempo que aumentam de maneira gradativa. Por exemplo, ao ser memorizado um novo número de telefone, solicita-se ao paciente que repita o número imediatamente após escutá-lo e, depois, em intervalos crescentes de tempo (p. ex., após 3 minutos, 5 minutos, 10 minutos, 15 minutos etc.). Esse método foi utilizado com sucesso em pacientes com alteração grave de memória, incluindo aqueles com doença de Alzheimer durante a associação nome-face (Camp; McKitrick, 1992). Uma das hipóteses para o êxito baseia-se no recrutamento de processos de memória residual ou de outros preservados, incluindo a memória implícita (Camp; McKitrick, 1992).

Redução de pistas

A técnica de redução de pistas, diferentemente das estratégias mnemônicas que se baseiam na memória episódica, pauta-se na memória implícita para auxiliar a aprendizagem de novas informações (Glisky, 2004). Diversos estudos demonstraram que pacientes amnésicos são capazes de reproduzir informação recentemente apresentada mediante o fornecimento de pistas parciais, ou seja, pré-ativação perceptual com base na memória implícita. A técnica de redução de pistas se apoia nessa premissa e pode ser utilizada em pacientes com alterações significativas de memória. Sua aplicação tem sido eficaz na aprendizagem de nomes de pessoas, no processamento de novas palavras, entre outras informações. Um exemplo poderia ser o nome de um profissional da equipe de reabilitação a ser memorizado pelo paciente. Se o nome for "Catarina", mostra-se o nome completo na primeira apresentação acompanhado da foto da pessoa. Nas demais apresentações excluem-se gradativamente as últimas letras do nome, até que não seja mais necessário apresentá-lo por inteiro (p. ex., Catari_____, Cata_____, Ca_____, C_____, _____).

Aprendizagem sem erro

Baddeley e Wilson (1994) desenvolveram o princípio conhecido como aprendizagem sem erro (ASE), que previne a emissão de respostas erradas pelo paciente durante o processo de aprendizagem e memorização de novas informações. Essa técnica baseia-se no fato de que pacientes com comprometimento de memória, em especial de memória episódica, apresentam dificuldades para eliminar erros durante o processo de aprendizagem porque não conseguem se lembrar deles. Pessoas sem alterações relevantes de memória aprendem com seus erros. No entanto, aquelas com alterações relevantes de memória episódica, na maioria das vezes, não são capazes de se lembrar que erraram ou que emitiram alguma resposta incorreta. Assim, nas ocasiões seguintes em que é necessário recordar a informação, podem incorrer novamente em erros. Por esse motivo, aprender sem errar é um dos métodos mais eficazes na RN.

O objetivo é minimizar a possibilidade de respostas erradas, já que não é possível estabelecer aprendizagem por tentativa e erro. Essa técnica é indicada para pacientes com alterações de memória em grau moderado e grave. Por exemplo, ao treinar o paciente a se orientar na data atual, instruí-lo a dizê-la somente se tiver segurança e certeza. Em geral, é sugerido que ele olhe no calendário e confirme a data atual antes de dizê-la, prevenindo-o de cometer algum erro.

Técnicas e estratégias internas mnemônicas

É possível encontrar na literatura diversas estratégias mnemônicas ou internas. Esse último termo tem sido utilizado por usar recursos internos ou habilidades preservadas do paciente. A literatura sustenta que a maioria dessas estratégias é efetiva para pessoas com alterações de memória em grau leve ou leve-moderado e com funções residuais preservadas (Wilson, 2009; Glisky, 2004). Essas estratégias beneficiam o processo de aprendizagem e a memorização de novas informações, atuando principalmente no estágio de "codificação" da memória e organizando de maneira eficiente a informação a ser armazenada. A seguir, serão descritas as principais estratégias mnemônicas.

Associações semânticas

Baseiam-se na premissa de que, quanto maior for o significado atribuído às informações a serem memorizadas, maior será a possibilidade de recordá-las (Craik; Locakart, 1972). Tornar um conteúdo significativo quer dizer atribuir um significado relevante a ele e associá-lo a informações prévias pessoais. São exemplos do uso dessa estratégia:

- Recordar uma lista de palavras ou itens de supermercado organizando as palavras em categorias (p. ex., frutas: bananas, maçã, pera, uvas; legumes: cenoura, vagem, abóbora etc.)
- Memorizar os horários de ingerir medicações associando-os a momentos específicos do dia: desjejum, almoço, jantar etc.
- Memorizar informações lidas em jornal após organizá-las em categorias distintas de temas, como cotidiano, economia, esporte etc.

Imagens visuais

Essa estratégia utiliza a formação de imagens visuais (mentais ou desenhadas) para memorizar informações de conteúdo verbal ou visual. É essencial na reabilitação cognitiva de pessoas com dificuldades de memória verbal, embora seja utilizada em pacientes com alterações de memória verbal e visuoespacial (Evans, 2009). Exemplos de contextos em que a aplicação dessa técnica é eficiente incluem:

- Memorizar nomes de pessoas associando características do rosto com o nome – por exemplo, o nome "Amanda" associando-o à amêndoa devido aos olhos amendoados (Hampstead *et al.*, 2008)
- Memorizar nomes de locais (restaurantes, lojas etc.) e ruas – por exemplo, o nome do restaurante "Manacá" associando-o ao desenho ou à imagem mental da árvore manacá.

PQRST

Incialmente elaborada como técnica de estudo no contexto acadêmico, é eficiente quando aplicada à memorização de capítulo de livro, texto e artigos de jornal. O termo PQRST é a abreviação para:

- *Preview* (prévia), leitura inicial do material
- *Question* (questionamento), perguntas são formuladas sobre o material lido
- *Read* (leitura), nova leitura do material é realizada para responder às perguntas
- *State* (expressão em palavras), síntese do material lido e respostas às perguntas
- *Test* (teste), teste de compreensão e memorização do material posteriormente.

Miotto (2007) descreve de maneira detalhada a aplicação dessa técnica em um caso de alteração de memória decorrente de encefalopatia viral.

Agrupamento associativo

Essa estratégia se baseia no agrupamento significativo de itens ou informações que não estão relacionados. Por exemplo, o número de telefone 990791500 pode ser memorizado de maneira mais eficiente quando agrupado em pequenas unidades, 99-07-91-500, ou mesmo associando algum significado como "99 é o número do apartamento que morei", "07 de setembro (9)" e a "descoberta do Brasil em 1500".

Auxílios externos

Há um repertório vasto de recursos ou auxílios externos que atuam compensando as dificuldades de memória (Miotto, 2015). Eles podem ser utilizados por pacientes que apresentam grau leve, moderado ou grave de prejuízo da memória. Dentre os principais auxílios externos, encontram-se:

- Agendas com alarmes (agenda de celular, de *e-mails*, computador etc.)
- Calendários (planilhas, calendários de parede ou de mesa)
- Caixas de medicações semanais, com divisória para períodos do dia com ou sem alarme
- Alarmes (celular, computador etc.) e despertadores para lembrança de compromissos, telefonemas ou qualquer outra atividade a ser realizada no futuro
- *Post-it*, lista de atividades, *checklist* de tarefas a serem executadas
- Organização do ambiente com locais específicos e constantes para guardar chaves, óculos, celular etc.
- Sinalização de armários, gavetas, portas e paredes com etiquetas contendo nomes ou figuras correspondentes aos itens ou objetos encontrados nesses locais (p. ex., na cozinha, identificar as gavetas de talheres, louças, panelas etc.; nos armários dos quartos, etiquetar as gavetas para itens específicos (lenços, meias etc.)
- Uso de sistema de comunicação por figuras (PECS; do inglês *picture exchange communication system* – disponível em: http://pecsemportugues.blogspot.com; acesso em: 21 mar. 2024) para possibilitar a comunicação não verbal, planejar atividades diárias e identificar locais específicos.

Aplicativos e treino computadorizado de memória

Na última década, diversos estudos demonstraram os efeitos positivos do treino de memória por meio de aplicativos no celular, *tablets* ou *softwares* computadorizados desenvolvidos especificamente para a RN (Barnes *et al.*, 2009; Brehmer *et al.*, 2011; Fernández *et al.*, 2012; Mahncke *et al.*, 2006; Smith *et al.*, 2009). Apesar dos resultados positivos, sua eficácia é questionada, especialmente por não proporcionar a generalização dos ganhos obtidos pelo treino para as atividades de vida diária dos pacientes. Mesmo com essas ressalvas, é possível, em alguns casos, aliar o uso dessas novas tecnologias a uma atuação direcionada do profissional da área de reabilitação cognitiva, a fim de se obter a generalização dos ganhos advindos do treino computadorizado para as atividades de vida diária dos pacientes.

Entre alguns dos programas computadorizados desenvolvidos para o treino de memória encontram-se:

- Rehacom
- Cérebro Melhor
- Lumosity
- Brain fitness
- Peak
- CogniFit
- Brain Focus
- Jogos Mentais
- Memorado
- BrainHQ
- NeuroNation
- Mental
- Fit Brains Trainer
- Eidetic
- Memrise
- Racha Cuca.

Recomendações atuais para RN da memória

Em 2023, foram publicadas as novas diretrizes ou *Guidelines* Incog com oito recomendações baseadas em evidências científicas para a RN da memória em casos de lesões adquiridas (Velikonja *et al.*, 2023). Para inclusão nas recomendações atuais, os estudos selecionados apresentaram três níveis de evidência:

- Nível A – recomendações baseadas em pelo menos uma metanálise, revisão sistemática ou estudo controlado randomizado com tamanho de amostra apropriado e grupo controle
- Nível B – estudos de coorte com pelo menos um grupo de comparação (estudo controlado randomizado com amostra pequena) e estudo de caso experimental
- Nível C – estudo de caso ou série de casos não controlado e *expert opinion*.

Foram publicadas oito recomendações baseadas em evidência nível A e B, das quais seis são das *guidelines* anteriores a 2014, que foram atualizadas, e duas novas, que serão descritas a seguir.

1. O uso de estratégias internas compensatórias pode ser mais eficiente em pessoas com prejuízo de memória leve-moderado com razoável preservação das funções executivas.

Essas estratégias incluem: treino de imagem visual, prática repetitiva com intervalos de informações a serem armazenadas, PQRST (descrita anteriormente) e estratégias metacognitivas (autoconhecimento e autorregulação). Elas podem ser usadas separadas ou combinadas, individualmente ou em grupo. Para prejuízo grave de memória, as estratégias internas compensatórias podem ser usadas com estratégias externas compensatórias – muito úteis para alterações da memória episódica e também são utilizadas para memória prospectiva. Estratégias metacognitivas incluindo técnicas autoinstrucionais e de monitoramento do comportamento também podem ser benéficas para dificuldades de memória prospectiva. Nível A de evidência.

2. Auxílios externos e lembretes, como alarmes e agenda de celular, computadores, quadros de aviso e tecnologia assistiva, são recomendados especialmente para alterações graves de memória, mas também para casos leve-moderados. Importante considerar a idade do paciente, o nível de gravidade do quadro, o uso prévio de aparelhos eletrônicos, as comorbidades físicas e os custos. Nível A de evidência.

3. Treinamento cognitivo ou RN devem ser realizados por profissionais com formação nessa área para facilitar a generalização dos ganhos para as atividades da vida diária. Existe pouca evidência para o uso isolado de estratégias restaurativas ou de restituição da função comprometida, incluindo treino cognitivo computadorizado. Resultados de estudos demonstram que esse tipo de treino melhora o desempenho na tarefa treinada, porém não leva à generalização ou melhora da funcionalidade por si só. Nível B de evidência.

4. Existem diversas práticas instrucionais importantes que levam ao melhor aprendizado e memorização (nível A de evidência), incluindo:
   - Definição clara de metas
   - Seleção e treinamento de metas que são relevantes para cada pessoa na vida real
   - Tempo suficiente para a aprendizagem
   - Decomposição ou divisão de tarefas e estratégias em pequenas etapas
   - Uso de prática distribuída com intervalos de tempo
   - Treino de estratégias que tornam significativa a informação a ser memorizada com associações verbais ou visuais
   - Técnicas que reduzem a chance de erros, como aprendizado sem erro ou evocação expandida.

5. Intervenções em grupo não possuem evidência de serem mais efetivas que as intervenções individualizadas. Nas intervenções grupais, torna-se importante reduzir a heterogeneidade dos participantes, definir o número adequado de sessões e ensinar a generalização das estratégias aprendidas em sessão. Nível A de evidência.

6. Inibidores da acetilcolinesterase, como donepezila, podem ser usados nas alterações de memória em estágio crônico (após 6 meses de lesão). Os efeitos da medicação são avaliados com testes objetivos e medidas funcionais. Efeitos colaterais são monitorados, incluindo diarreia, dores estomacais e náuseas. Nível A de evidência.

7. Estimulação por corrente direta transcraniana (tDCS; do inglês *transcranial direct current stimulation*) não deve ser usada para melhorar as alterações de memória fora do contexto de pesquisa ou ensaio clínico controlado randomizado. Nível A de evidência.

8. Metilfenidato e amantadina não são recomendados para melhorar alterações de memória por ausência de resultados significativos nos estudos e metanálises. Nível A de evidência.

Considerações finais

As técnicas de reabilitação da memória descritas neste capítulo podem beneficiar pacientes com problemas de memória episódica, prospectiva, semântica e operacional. Algumas são mais apropriadas a pacientes com grau leve-moderado e outras, a pacientes com grau grave de comprometimento da memória. Essas técnicas devem ser selecionadas e utilizadas no contexto individual do paciente, buscando sempre a generalização dos ganhos obtidos para as atividades de vida diária de cada paciente.

Referências bibliográficas

BADDELEY, A. D. et al. Imagery and visual working memory. *In*: RABBITT, P. M. A.; DORNIC, S. (eds.). Attention and performance VI. London: Academic Press, 1975. p. 205-217.

BADDELEY, A. D. Human memory. Boston: Allyn & Bacon, 1990.

BADDELEY, A. D. The episodic register: a new component of working memory? Trends in Cognitive Sciences, [s. l.], v. 4, n. 11, p. 417-423, 2000.

BADDELEY, A. D.; HITCH, G. J. Working memory. *In*: BOWER, G. A. (ed.). Recent advances in learning and motivation. New York: Academic Press, 1974. p. 47-90.

BADDELEY, A. D.; WILSON, B. A. When implicit learning fails: amnesia and the problem of error elimination. Neuropsychologia, [s. l.], v. 32, n. 1, p. 53-68, 1994.

BADDELEY, A. et al. Imagery and visual working memory. *In*: RABBITT, P. M. A.; DORNIC S. (eds.). Attention and Performance V. London: Academic Press, 1973. p. 205-217.

BARNES, D. E. et al. Computer-based cognitive training for mild cognitive impairment: results from a pilot randomized, controlled trial. Alzheimer Disease & Associated Disorders, [s. l.], v. 23, n. 3, p. 205-210, 2009.

BREHMER, Y. et al. Neural correlates of training-related working-memory gains in old age. NeuroImage, [s. l.], v. 58, n. 4, p. 1110-1120, 2011.

CAMP, C. J.; McKITRICK, I. A. Memory interventions in Alzheimer's-type dementia populations: methodological and theoretical issues. *In*: WEST, R. L.; SINNOTT, J. D. (eds.). Everyday memory and aging: current research and methodology. New York: Springer, 1992.

CRAIK, F. I. M.; LOCKHART, R. S. Levels of processing: a framework for memory research. Journal of Verbal Learning and Verbal Behavior, [s. l.], v. 11, p. 671-684, 1972.

EVANS, J. J. The cognitive group part 2: memory. *In*: WILSON, B. A. et al. Neuropsychological rehabilitation: theory, models, therapy and outcome. Cambridge: Cambridge Medicine, 2009. p. 98-110.

FERNÁNDEZ, E. et al. Clinical impact of RehaCom software for cognitive rehabilitation of patients with acquired brain injury. MEDICC Review, [s. l.], v. 14, n. 4, p. 32-35, 2012.

GLISKY, E. L. Disorders of memory. *In*: PONSFORD, J. (ed.). Cognitive and behavioral rehabilitation. New York: The Guilford Press, 2004. p. 100-128.

HAMPSTEAD, B. M. et al. Explicit memory training leads to improved memory for face-name pairs in patients with mild cognitive impairment: results of a pilot investigation. Journal of the International Neuropsychological Society, [s. l.], v. 14, n. 5, p. 883-889, 2008.

LANDAUER, T. K.; BJORK, R. A. Optimum rehearsal patterns and name learning. *In*: GRUNEBERG, M. M.; MORRIS, P. E.; SYKES, R. N. (eds.). Practical aspects of memory. London: Academic Press, 1978. p. 625-632.

MAHNCKE, H. *et al.* Memory enhancement in healthy older adults using a brain plasticity-based training program: a randomized, controlled study. Proceedings of the National Academy of Sciences, [*s. l.*], v. 103, n. 33, p. 12523-12525, 2006.

McDANIEL, M. M.; EINSTEIN, G. O. Prospective memory: an overview and synthesis of an emerging field. California: Sage, 2007.

MIOTTO, E. C. Cognitive rehabilitation of amnesia after virus encephalitis: a case report. Neuropsychological Rehabilitation, [*s. l.*], v. 17, n. 4-5, p. 551-566, 2007.

MIOTTO, E. C. (org.). Reabilitação neuropsicológica e intervenções comportamentais. São Paulo: Roca, 2015.

NORMAN, D. A.; SHALLICE, T. Attention to action: willed and automatic control of behavior. *In*: DAVIDSON, R. J.; SCHWARTS, G. E.; SHAPIRO, D. (eds.). Consciousness and self-regulation: advances in research and theory. New York: Plenum, 1986. v. 4, p. 1-18.

SMITH, G. E. *et al.* A cognitive training program based on principles of brain plasticity: results from the improvement in memory with plasticity-based adaptive cognitive training (IMPACT) Study. Journal of the American Geriatrics Society, New York, v. 57, n. 4, p. 594-603, 2009.

SQUIRE, L. R. Mechanisms of memory. Science, [*s. l.*], v. 232, n. 4758, p. 1612-1619, 1986.

TULVING, E. Elements of episodic memory. Oxford: Clarendon Press, 1983.

VELIKONJA, D. *et al.* (2023). INCOG 2.0 Guidelines for cognitive rehabilitation following traumatic brain injury, Part V: memory. The Journal of Head Trauma Rehabilitation, [*s. l.*], v. 38, n. 1, p. 83-102, 2023.

WILSON, B. A. Towards a comprehensive model of neuropsychological rehabilitation. *In*: WILSON, B. A. *et al.* Neuropsychological rehabilitation. Theory, models, therapy and outcome. Cambridge: Cambridge Medicine, 2009. p. 1-21.

60 Reabilitação Neuropsicológica de Pacientes com Lesão Encefálica Adquirida na Fase Crônica de Evolução

Bruna Carraro Burkot de Alencar • Patricia Pimentel Gomes

Enquanto seres humanos, o que nos caracteriza e define a nossa identidade é o enraizamento biológico da nossa razão, pois existe uma relação indissociável entre os processos cognitivos e emocionais.

(Antônio Damásio, 2012)

Introdução

A compreensão da relação entre cérebro, emoções e comportamento ganhou especial atenção e maior interesse de estudos com a observação das repercussões em pacientes com lesões cerebrais após a Segunda Guerra Mundial. Entretanto, foi a descrição do caso do operário Phineas Gage (1823-1860) que representou o marco histórico das primeiras evidências neurocientíficas sobre o papel preponderante da região do lobo frontal, mais especificamente de áreas pré-frontais do córtex cerebral, na expressão do comportamento e da personalidade humana.

Em 13 de setembro de 1848, o caso de Phineas Gage foi publicado detalhadamente em um artigo no jornal científico *Boston Medical and Surgical Journal*, pelo médico John Martyn Harlow (1819-1907) que acompanhou o caso desde o início e por aproximadamente duas décadas, o que foi considerado o mais famoso relato de caso da história das ciências do cérebro (Figura 60.1), descrevendo:

> [...] no dia 13 de setembro de 1848, às 16h30, ocorreu um acidente na cidade, entre as linhas ferroviárias entre Rutland e Burlington, com um sujeito de 25 anos, que trabalhava na ferrovia como supervisor de construção, de estatura média, de ótimo vigor físico, de bons hábitos, com um considerável caráter [...] após uma explosão, uma barra de ferro atravessou o seu crânio pelo lado esquerdo da face [...] fraturando extensivamente o crânio em região parietal e temporal [...]. (Harlow, 1848, tradução nossa).

Após a morte de Phineas Gage, em 1860, o médico doou o crânio e a barra de ferro que o lesionou para o Warren Anatomical Museum, da Faculdade de Medicina da Universidade de Harvard, onde se encontra exposto até hoje (Figura 60.2). Constituiu-se como um marco de interesse e pesquisa não apenas para desvendar o caminho feito pela barra de ferro, mas também para ampliar o conhecimento sobre a especificidade de estruturas cerebrais na expressão comportamental humana. Muito se discutiu se a barra de ferro havia, por exemplo, perfurado apenas o hemisfério cerebral esquerdo ou o direito ao mesmo tempo.

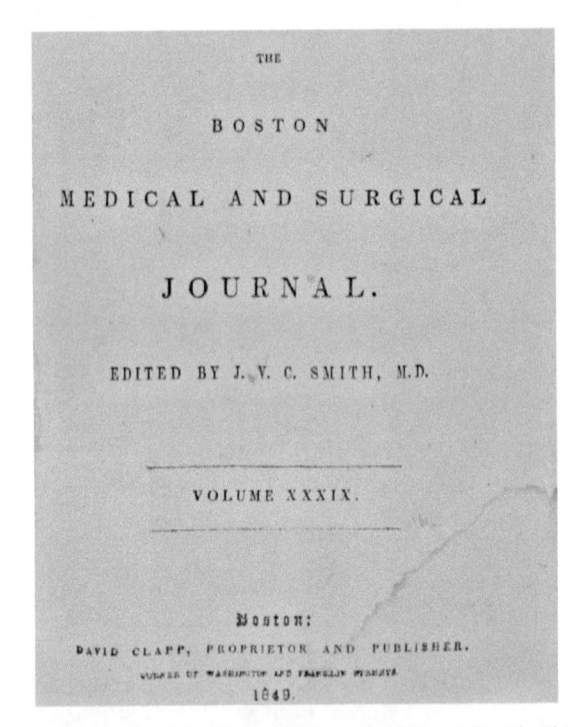

Figura 60.1 Artigo original de 1848 escrito pelo médico de Phineas Gage, Dr. John M. Harlow. (Fonte: Harlow, 1848.)

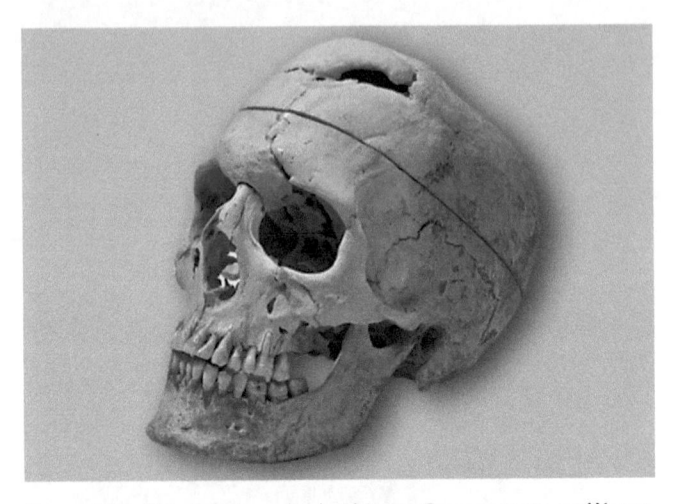

Figura 60.2 Crânio lesionado de Phineas Gage exposto no Warren Museum. (Fonte: Harvard Countway Library, 2024.)

Em 2004, um estudo dirigido por Ratiu *et al.* (2004) utilizando um aparato ultramoderno em computação gráfica neuroanatômica, projetou de maneira minuciosa imagens do cérebro de Gage em três dimensões do crânio (Figura 60.3), correlacionando-as com as anotações clínicas originais de John M. Harlow. O estudo concluiu que a lesão de Gage se limitou ao lobo frontal, tendo preservado o seio sagital, o que possibilitou a manutenção da vida de Gage após o acidente, mas repercutindo em alterações de personalidade e psicossociais.

A manutenção do interesse da comunidade científica por esse caso, mesmo após avanços dos estudos de neuroimagem e neurociências, demonstra que ainda há muito a ser desvelado sobre a inter-relação entre o funcionamento do cérebro e sua expressão no comportamento humano. Ainda se nota uma visão muito comum relacionada a entender comportamentos, emoções e cognição como única e exclusivamente associada à capacidade de escolha consciente como puramente voluntária. Sabemos, por exemplo, que o coração bate sem nosso direcionamento consciente, mas em um comportamento impulsivo e inadequado, provavelmente atrelado apenas ao desejo voluntário e consciente, pouco se leva em consideração o funcionamento *per se* de estruturas cerebrais e neuroquímicas que interferem nessa expressão comportamental do funcionamento cognitivo cerebral (e em tantas outras).

Ao longo de mais de 18 anos de nosso atendimento a pacientes com lesões encefálicas adquiridas e a seus familiares, é comum que os familiares relatem que o paciente é "preguiçoso", "desmotivado", "deprimido" ou "insensato", e que nenhum desses comportamentos estão relacionados com a lesão cerebral que ele sofreu.

Tais impressões são muito frequentes, corroborando com a ideia de que, culturalmente, há muito a ser compreendido, o que reforça a necessidade da grandiosa contribuição da neuropsicologia na reabilitação de pacientes acometidos por lesões cerebrais, seja fomentando a compreensão e tradução objetiva da expressão abstrata do cérebro "estilhaçado na identidade" do paciente, seja no auxílio à ressignificação do impacto dessa vivência na participação e funcionalidade, por meio do caminho percorrido a partir de avaliação, observação comportamental, psicoeducação, treino cognitivo, estimulação ao uso de estratégias compensatórias e suporte emocional ao paciente e ao seu familiar.

Neste capítulo vamos caracterizar brevemente o traumatismo cranioencefálico (TCE), apresentando e refletindo sobre alterações emocionais e comportamentais mais frequentes e que interferem na readaptação funcional do paciente após a lesão, bem como enfatizar o papel primordial da psicologia de reabilitação no processo de reabilitação neuropsicológica (RN) desses pacientes.

Caracterização do traumatismo cranioencefálico

A lesão encefálica adquirida (LEA) pode ser definida como qualquer agressão ao sistema nervoso central (SNC) – não congênita e degenerativa – capaz de provocar impacto negativo ao funcionamento cerebral e com consequências imediatas relacionadas com sequelas físicas, cognitivas, comportamentais e emocionais, as quais tendem a perdurar e trazer implicações negativas em aspectos de funcionalidade e psicossociais (Powell River Brain Injury Society, 2015).

Entre as principais causas dessas lesões estão: acidente vascular encefálico (AVE), TCE, anoxias, encefalites e outros distúrbios infecciosos e tumores cerebrais. Cada um desses distúrbios apresenta alterações particulares do funcionamento do SNC e, em consequência, alterações físicas, cognitivas, emocionais e comportamentais específicas.

O TCE destaca-se entre os maiores causadores de lesão cerebral adquirida, com altos índices de morbidade, mortalidade e incapacidade em escala mundial, superado apenas pelo AVE como patologia neurológica que mais acarreta implicações na qualidade de vida do indivíduo, trazendo, portanto, impactos importantes em saúde pública. No Brasil, estima-se que mais de 1 milhão de pessoas convivem com sequelas neurológicas decorrentes do TCE. Entre 2008 e 2019 ocorreram, em média, no país, 131.014,83 internações por TCE ao ano, com incidência de 65,54 por 100 mil habitantes. Observou-se elevada incidência de TCE em adultos idosos (acima de 70 anos), bem como em adultos jovens (20 a 39 anos), com maior proporção entre o sexo masculino (Carteri; da Silva, 2021; Magalhães *et al.*, 2017).

O trauma acarreta danos funcionais complexos, com ampla gama de sintomas, desabilidades e impactos no indivíduo e, em consequência, na sua família. As alterações neuropsicológicas – em detrimento das alterações físicas – são as que mais contribuem para a desadaptação psicossocial do indivíduo (Parker, 1990). De acordo com Pereira e Hamdan (2013), as lesões cerebrais em decorrência de AVC e TCE apresentam em comum sequelas neuropsicológicas permanentes, mesmo após as sequelas físicas terem sido superadas. As lesões não são progressivas, mas implicam lesões secundárias posteriores, elevando a complexidade do tratamento de reabilitação. A incidência de sobrevida em adultos jovens é elevada, repercutindo em questões de retorno laboral e na qualidade de vida.

Parker (1990) define TCE como uma agressão traumática que se estende a lesões anatômicas ou comprometimento funcional do couro cabeludo, crânio, meninges ou

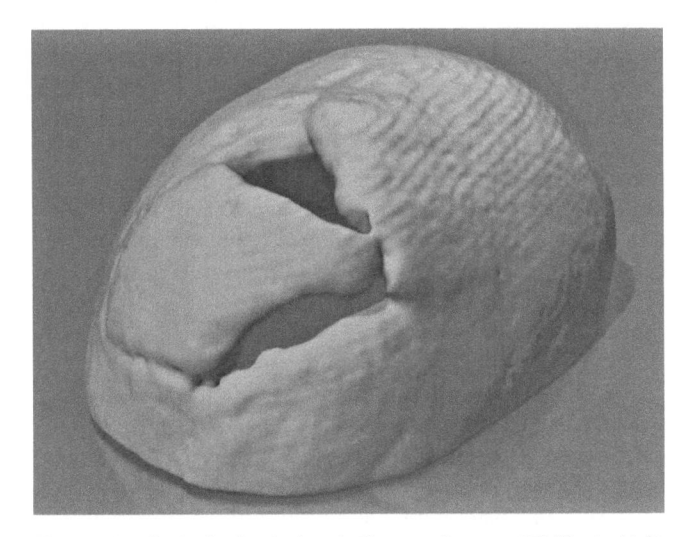

Figura 60.3 Projeção do cérebro de Gage em imagem 3D. (Fonte: Holt, 2024.)

encéfalo. Essas lesões podem ocorrer devido ao impacto de forças mecânicas após batidas focais e penetração de um objeto no crânio e encéfalo (por exemplo, um idoso cair da própria altura e bater a cabeça na superfície do chão com grande impacto, causando ruptura ou quebra do osso do crânio, laceramento com penetração do osso no encéfalo) e/ou devido a forças inerciais de aceleração-desaceleração (como em acidentes automobilísticos em que o indivíduo estava em grande velocidade e movimento e colide com outro carro, sofrendo uma parada brusca de velocidade que leva ao ricocheteamento do encéfalo dentro da caixa craniana), podendo ocorrer concussão (alteração funcional breve) ou lesão difusa generalizada (em diferentes regiões do cérebro, normalmente mais grave) e ao mesmo tempo focais (contusão), em geral lesionando regiões frontais, temporais e posteriores (contragolpe).

As lesões focais são frequentes em traumas encefálicos por meio de penetração de um objeto no cérebro ou em traumas abertos, e repercutem em prejuízos relacionados às áreas lesionadas (em geral causados por acidente de carro e quedas de altura). Já as lesões acarretadas por golpe e contragolpe causam alterações na região contralateral ao golpe e/ou por meio de dano difuso ao golpe, principalmente como consequência de efeitos inerciais (Miller, 1993; Parker, 1990). Por exemplo, o indivíduo estava em movimento e com o acidente teve uma parada brusca de velocidade, fazendo com que o encéfalo se movimente dentro da caixa craniana, o que causa lesões generalizadas difusas, isto é, em diversas áreas.

Além disso, é muito comum que as lesões focais e generalizadas ocorram de forma contígua e estima-se que a máxima recuperação espontânea das sequelas após a lesão ocorra entre 6 meses e 1 ano do evento traumático. Por outro lado, lesões generalizadas difusas, com presença de lesão axonal difusa (LAD), em geral são consideradas lesões moderadas a graves devido a estiramento ou rupturas de axônios neuronais, com consequente morte neuronal, tendo um prognóstico limitante quanto ao retorno e à adaptação psicossocial. A LAD tende a desencadear um processo potencialmente danoso ao encéfalo, principalmente em regiões centrais e médias, em um período de 24 horas após a lesão, e se perpetuar por um período maior (Miller, 1993; Parker, 1990; Sohlberg; Mateer, 2011).

Os diferentes níveis de prejuízo ocasionados pelo TCE estão associados à ocorrência de alterações neurofisiopatológicas que ocorrem nas primeiras horas, dias e semanas após a ocorrência do dano cerebral, de forma que sequelas mais duradouras estão intimamente correlacionadas com a somatória entre a extensão da lesão cerebral, da personalidade pré-mórbida e de reações de ajustamento à vivência do TCE.

A estimativa do nível de gravidade dependerá, em especial, da observação de dois fatores: **gravidade em nível leve, moderado ou grave**, levando em consideração a ocorrência e o tempo que perduram a confusão mental, a inconsciência e a amnésia pós-traumática; e o **tipo da lesão, se focal e/ou difusa**.

O nível de confusão (desorientação auto e alopsíquica), inconsciência e tempo de coma é um dos fatores preditivos ao prognóstico do paciente quanto a dificuldades de adaptação psicossocial, de forma que grande parte dos pacientes que sofreram TCE não apresenta alterações do nível de consciência ou vivenciam por um breve período um estado de menor consciência. Em seguida ao período de inconsciência, é comum a ocorrência de episódios de desorientação auto e alopsíquica; por vezes, quadro de *delirium* e agitação comportamental durante o início do recobrar da consciência (Miller, 1993). Assim, dependendo da gravidade, o nível de consciência será retomado em poucas horas, dias ou semanas.

Se o paciente tiver experienciado, em algum nível, alteração da consciência, muito provavelmente ele não se lembrará de períodos anteriores ou posteriores ao acometimento cerebral, definindo-se como **amnésia retrógrada** a perda de memória para eventos ocorridos previamente (segundos, minutos ou horas) ao trauma cerebral, e **amnésia anterógrada**, o distúrbio para a formação de novas memórias póslesão cerebral. Destaca-se que a ocorrência da amnésia não está atrelada à alteração do nível de consciência, podendo acontecer mesmo sem essa alteração (Miller, 1993).

As sequelas vivenciadas pelos pacientes pós-TCE, que em conjunto tendem a repercutir de forma negativa na readaptação psicossocial, funcional e de qualidade de vida, podem ocorrer de forma isolada ou concomitante a alterações:

- Motoras (p. ex., ataxia, desequilíbrio, hemiplegia, hemiparesia, disfagia)
- Físicas (p. ex., fadiga, insônia, dor crônica)
- Sensoriais (p. ex., visão dupla, agnosia visual)
- Fonoaudiológicas (p. ex., afasia)
- Cognitivas (p. ex., alteração atencional em funções executivas, cognição social, apraxias, memória)
- Endocrinológicas (p. ex., alterações hormonais)
- Neuropsiquiátricas (p. ex., mania, transtorno obsessivo-compulsivo, alteração de personalidade)
- Emocionais e comportamentais (p. ex., apatia, desinibição, impulsividade, agressividade, ansiedade, depressão).

Quando os pacientes chegam ao consultório após essa experiência estressante, a maioria refere não se sentir mais "a mesma pessoa", tentando entender se ainda apresenta os mesmos potenciais; outros demonstram grande ansiedade e angústia na tentativa de restaurar suas funções na totalidade, com consequente sensação de medo, insegurança e angústia. Relatam sentir seus corpos e sua identidade estilhaçados: se antes tinham uma imagem de si de forma concreta, agora veem uma forma abstrata. No processo de reabilitação, o neuropsicólogo, em avaliação inicial, traduzirá o abstrato para uma linguagem mais concreta e compreensível, sensibilizando paciente e familiares para o acompanhamento em RN e para um sentimento de esperança possível (mesmo diante da sensação de um *self* "estilhaçado") (Figura 60.4).

O TCE representa um marco na vida do paciente e de seu familiar, segmentando a vida do paciente entre o antes e depois da lesão, como um caminho na busca da ressignificação diante de uma identidade estremecida. Nesse processo, o neuropsicólogo e a equipe multiprofissional têm um papel amplo na avaliação das repercussões neuropsicológicas, bem como na implementação da RN.

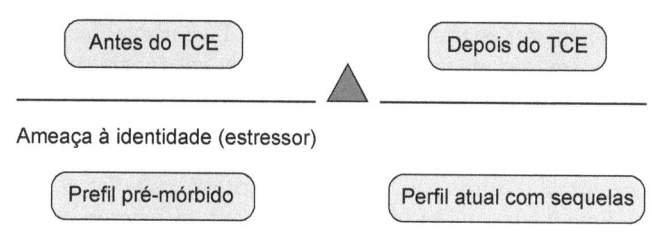

Figura 60.4 Raciocínio qualitativo do neuropsicólogo na avaliação do paciente após traumatismo cranioencefálico (TCE).

Alterações emocionais e comportamentais pós-TCE: *self* "estilhaçado"

São inúmeras as descrições contidas na literatura enfatizando a alteração da personalidade após a ocorrência de TCE, principalmente em casos moderados e severos quanto à gravidade.

Em 1848, quando John M. Harlow descreveu o caso do ferroviário Phineas Gage mencionado no início deste capítulo, o que mais chamou atenção foi como o paciente sobreviveu à extensa lesão traumática, mantendo-se vivo.

Entretanto "estar vivo" não quer dizer "estar inteiro". Gage se manteve vivo, mas as descrições de seu caso por inúmeros estudiosos ao longo dos anos descreveram-no como um corpo vivo, dentro de um *self* dilacerado. Quem antes era um homem esforçado, trabalhador, astuto, perspicaz, de comportamento equilibrado, que se destacava dentre seus colegas de trabalho, após o acidente demonstrou uma significativa mudança de comportamento e personalidade, mostrando-se impulsivo, inconsequente e de menor ressonância afetiva. Essas alterações levaram a um impacto significativo em sua adaptação psicossocial, pois nunca mais voltou a se manter estável, tanto em sua vida profissional quanto pessoal. Relatos e análises posteriores do caso registraram hipótese de lesão em região de córtex pré-frontal ventromedial.

Em *O erro de Descartes*, Antônio Damásio (2012), considerado um dos maiores neurocientistas da atualidade, descreveu um caso de um paciente que também apresentou alteração de personalidade após vivência de um tumor cerebral e subsequente retirada do tumor por uma neurocirurgia. Antes da lesão cerebral adquirida, Elliot era considerado um homem de sucesso, um empresário, que se apresentava de forma gentil e agradável. Após a lesão cerebral, passou a se mostrar impulsivo, frio, distante, com menor nível de empatia e de ressonância afetiva, de modo que, mesmo mantendo a capacidade de compreender as situações sociais, não reagia emocionalmente às situações positivas e negativas, de maneira apática. Passou a apresentar grande dificuldade em seguir planos previamente delineados e em tomar decisões. Elliot sofrera danos em região do córtex pré-frontal, do orbitofrontal e medial de ambos os hemisférios cerebrais, com extensa lesão no hemisfério direito pré-frontal (Damásio, 2012).

Em outro artigo contemporâneo, Mattos, Saboya e Araújo (2002) apresentaram o caso do adulto jovem M. C., que sofreu TCE em virtude de acidente automobilístico e, após o acometimento cerebral, passou a demonstrar sintomas de síndrome dixecutiva, com presença de apatia emocional, apragmatismo e perda da desenvoltura social (um dos seus maiores atributos antes da lesão cerebral). Antes do acidente, M. C. era considerado um homem dotado de charme, inteligência e extroversão, com ótima capacidade linguística e de desenvoltura social, principalmente com as mulheres – um verdadeiro "Don Juan". Com o advento da lesão em região do córtex pré-frontal dorsolateral, passou a ser descrito como alguém desinteressante, com uma conversa monótona e de menor percepção afetiva, regulação emocional, comportamental e motivacional. Apresentava-se de forma mais pueril e, por vezes, com rompantes de irritabilidade e explosões comportamentais.

Os casos de Gage, Elliot e M. C. ("o homem que perdeu o charme") realçam o papel de lesões no lobo frontal e de regiões específicas do córtex pré-frontal, cursando com alterações comportamentais, emocionais, motivacionais, e, principalmente, de funcionamento executivo, relacionadas a componentes de metacognição, cognição social e autoconsciência.

No ambiente clínico em geral, grande parte dos pacientes com TCE precisa aprender a conviver, superar ou compensar as sequelas advindas com as lesões; também a aumentar o nível de consciência sobre seu "novo" *self* e sua nova imagem diante do espelho, reintegrando o novo *self* ao antigo ou vice-versa, contando com o apoio do neuropsicólogo clínico.

Além das questões comportamentais como produto direto da resposta à lesão, esses pacientes podem experienciar reações emocionais e questões existenciais significativas nesse encontro com o "antigo eu", como perplexidade, humor deprimido, ansiedade, redução da autoestima, medo, culpa e luto.

Síndrome dixecutiva pós-TCE e implicações comportamentais

A importância das funções executivas (FE), de acordo com Goldberg (2002), pode ser mais bem apreciada por meio da análise de sua desintegração em seguida a uma lesão cerebral. Tal desintegração é definida na literatura científica como síndrome do lobo frontal ou síndrome disexecutiva, estando atribuída a lesões e áreas específicas do córtex pré-frontal.

Para Lezak (1995), muitos são os distúrbios relacionados ao comprometimento do córtex pré-frontal, os quais são difíceis de serem avaliados e definidos, uma vez que déficits no processamento de um ou mais aspectos da integração e expressão comportamental manifestam-se de forma mais clara nas atividades de vida diária do indivíduo e, frequentemente, apresentam-se de forma inexpressiva em uma avaliação neuropsicológica formal.

Problemas relacionados às FE estão entre os problemas cognitivos mais comuns pós-TCE. Esses prejuízos são geralmente atribuídos à disfunção dos lobos frontais, devido a lesões diretas nessas regiões ou de suas desconexões com outras regiões do cérebro. Manly *et al.* (2001) complementam que a síndrome disexecutiva representa grande desafio para a recuperação funcional e adaptação seguida do TCE, além de ser um importante alvo para a reabilitação (McDonald; Flashman; Saykin, 2002).

Distúrbios das FE podem ser acompanhados de mudanças de personalidade ou problemas de autoconsciência e automonitoramento dos comportamentos. Diversos estudos têm sugerido que essas mudanças são barreiras maiores para o sucesso da reintegração social do que propriamente as sequelas cognitivas (Pladdy, 2007).

Segundo Dubois e Levy (2004), o córtex pré-frontal pode ser dividido em três regiões cujas atividades podem estar interligadas, permitindo integração e adaptação de suas funções.

Córtex pré-frontal dorsolateral. Responsável pelos aspectos cognitivos do comportamento (planejamento, controle cognitivo).

Córtex orbital e ventromedial. Responsável por definir metas e ajustar o comportamento dependendo do contexto.

Córtex pré-frontal dorsomedial. Responsável pelo início de respostas comportamentais e pelo gerenciamento de conflitos gerados por inúmeras respostas.

A regra para cada uma dessas três sub-regiões é determinada por conexões específicas. Embora esse modelo seja simplificado, ele pode ser usado como uma proposta de trabalho para o melhor entendimento de síndromes clínicas observadas em pacientes com lesão pré-frontal (Dubois; Levy, 2004).

Pacientes com lesões na região dorsolateral do córtex pré-frontal em geral apresentam dificuldades em um complexo de tarefas cognitivas que requerem do paciente a resolução de múltiplos problemas, como: encontro de regras; manutenção e manipulação de representações mentais para uma resposta não automática; resistência a interferências ambientais; seleção e processamento de informações, entre outros (Dubois; Levy, 2004). Os aspectos cognitivos da síndrome dorsolateral envolvem déficits de atenção, memória operacional, flexibilidade mental, planejamento e linguagem (Mattos; Saboya; Araújo, 2002).

As lesões no córtex orbital e ventromedial ocasionam diminuição do senso ético e da autocrítica, falta de preocupação com o futuro, indiferença afetiva, bem como problemas relacionados com a antecipação das consequências de ações. Pacientes com lesões nessas regiões tendem à desinibição excessiva e, em alguns casos, ao comprometimento moral. Em adição, o perfil cognitivo caracteriza-se pela dificuldade em suprimir interferências de estímulos externos distratores ou irrelevantes (Fuster, 1997 *apud* Mattos; Saboya; Araújo, 2002).

Já as lesões no córtex pré-frontal e dorsomedial estão relacionadas com a inércia devido à apatia/indiferença afetiva. Os pacientes podem apresentar dificuldade global para controlar conflitos gerados internamente, como em autoavaliar e monitorar conflitos entre ações posteriores (Dubois; Levy, 2004).

Funções executivas como preditivas para o retorno ao trabalho e à adaptação psicossocial

Segundo McMordie, Barker e Paolo (1990), muitos estudos têm demonstrado que pacientes com TCE apresentam dificuldades significativas para retornar ao mercado de trabalho após o acometimento. De forma geral, 20 a 30% deles retornam para o trabalho 1 ano após o TCE. Pacientes com maior severidade têm menos chance de retornar ao trabalho do que aqueles com dano moderado. A dificuldade é certamente devido à persistência dos déficits cognitivos pós-TCE severo e, especialmente, das mudanças comportamentais. Muitos pacientes são vistos no trabalho como ineficientes, o que resulta em demissões, transferência ou mudança de função, e cerca de 2% permanecem em seus antigos empregos.

Entre os fatores que determinam o sucesso do retorno do trabalho pós-TCE estão os fatores biopsicossociais: nível de educação, cultura, suporte familiar, história psiquiátrica e tipo de trabalho (Vogenthaler; Smith Jr; Goldfader, 1989).

Para Luria (1966), entre os déficits cognitivos, a síndrome disexecutiva é certamente a que mais impede o retorno, uma vez que as FE são requeridas para a origem de muitas funções laborais, como resolução de problema, iniciativa e flexibilidade de pensamento. Quando prejudicadas, essas habilidades (que são requeridas em muitas profissões) podem comprometer diferentes dimensões da eficácia no trabalho; a autonomia pode ser severamente impactada pela perda de iniciativa, por exemplo.

Parker (1990) salienta que os prejuízos podem ser reconhecidos pelos pacientes a partir do momento que se deparam com a dificuldade em se adaptar à vida social, familiar e laboral, pois uma das maiores consequências do TCE é a redução da habilidade de adaptação. Além disso, as mudanças com frequência levam a repercussões psicossociais negativas que limitam a participação do indivíduo nas atividades de tratamento, interferem na qualidade das relações interpessoais e na manutenção da estabilidade produtiva.

Avaliação neuropsicológica das alterações emocionais e comportamentais pós-TCE

Para Sohlberg e Mateer (2011), a avaliação da origem da incapacidade funcional do paciente pós-TCE costuma ser um momento desafiador para o estabelecimento de um adequado plano de tratamento, pois as alterações psicossociais podem ser resultado direto da expressão comportamental das lesões orgânicas diretas e/ou como resposta emocional à vivência do estresse, das perdas reais e simbólicas a partir do dano cerebral, envolvendo inclusive a possibilidade de sensação de luto.

Segundo Gouveia (2006), a avaliação é uma condição *sine qua non* para início do processo de RN, tendo como ponto de partida a avaliação cuidadosa dos potenciais remanescentes e dos déficits. No entanto, se a avaliação neuropsicológica formal com o uso de testes cognitivos estruturados e objetivos dão indícios importantes do perfil cognitivo, o mesmo não vale para a compreensão dos aspectos psicossociais.

Dificilmente o uso único e exclusivo de testes que avaliam apenas os domínios cognitivos darão respostas assertivas sobre a ocorrência de alterações comportamentais. Para isso, a avaliação deverá mesclar o qualitativo com o quantitativo, a cognição em sua expressão comportamental, o orgânico com o psicodinâmico, ou seja, o olhar do indivíduo em sua expressão biopsicossocial, integrativa e holística.

Compreender de forma cuidadosa a origem das repercussões comportamentais e emocionais frequentes pós-TCE é fundamental para o psicólogo clínico auxiliar de forma assertiva o paciente em seu processo de reabilitação. Caso o profissional não faça essa diferenciação de forma cuidadosa (o que pode estar atrelado ao menor conhecimento das repercussões neurobiológicas na expressão comportamental), poderá realizar interpretações superficiais e/ou errôneas do funcionamento psicossocial atual do paciente, o que implicará manejo e orientações superficiais inadequados, tanto para o indivíduo quanto para familiares e a equipe multiprofissional.

Para auxiliar nesse processo de identificação e mensuração do impacto das lesões cerebrais na vida do paciente, Prigatano (1992) orienta que se deve levar em consideração três fatores:

- Fatores orgânicos relacionados ao local, à origem e à gravidade da lesão
- Fatores reativos emocionais à vivência do acometimento cerebral
- Fatores de características pessoais implicados ao estilo de personalidade pré-mórbida, referente à autoestima, a traços de personalidade, ao histórico motivacional e ao estilo de interação social.

Lewis (1991) também propôs um modelo semelhante de avaliação psicossocial inicial do paciente após o acometimento cerebral constituído de quatro componentes:

- Verificar as mudanças neuropsicológicas relacionadas com síndromes neurológicas decorrentes das lesões cerebrais
- Observar se alterações psicossociais estão relacionadas com o impacto emocional do significado da lesão na vida do indivíduo
- Compreender o funcionamento pré-mórbido do paciente, principalmente perfil emocional, cognitivo e de personalidade anterior à lesão cerebral
- Observar o contexto social do paciente após o acometimento cerebral; por exemplo, de que forma o grupo responde a esse indivíduo.

Como complemento, o modelo proposto por Sbordone (1990) também leva em consideração fatores do ambiente, como nível de apoio proporcionado e grau de expectativas atribuídas ao paciente.

Os modelos sugeridos enfatizam a necessidade da compreensão minuciosa do funcionamento do paciente antes e após a lesão cerebral como ponto de partida para o rastreio de alterações emocionais e comportamentais pós-TCE – e outras lesões cerebrais adquiridas.

Desse modo, a avaliação inicial do paciente costuma proporcionar um quadro objetivo por meio do qual se desvelará uma experiência subjetiva, abstrata, conforme mencionado anteriormente.

Nesse sentido, na avaliação das alterações emocionais, motivacionais e comportamentais pós-TCE e outros tipos de lesões encefálicas adquiridas poderá ser realizada por meio da avaliação qualitativa compreensiva: a) fazendo uso da observação direta do comportamento; b) com a realização de entrevistas clínicas mais diretivas com o paciente e seus familiares; c) com o uso de escalas comportamentais e emocionais, que, juntas, nortearão o clínico quanto às mudanças entre o momento anterior e o pós-lesão cerebral (perfil atual *versus* pré-mórbido); em consequência, poderá traçar estratégias mais individualizadas, motivacionais e assertivas no processo de RN.

De acordo com Klonoff (2010), a entrevista de anamnese é o ponto de partida para acessar o nível de consciência, realismo e aceitação do paciente com relação às sequelas, de modo que um menor nível de consciência, por exemplo, tende a repercutir negativamente na aderência do paciente às propostas do processo de reabilitação multiprofissional.

Assim, a entrevista de anamnese pormenorizada e a observação comportamental não só dão indícios das mudanças psicossociais, mas também costumam ser ideais para avaliar de maneira qualitativa o prognóstico do paciente (durante fase aguda ou crônica pós-lesão), o nível de consciência dos potenciais e déficits e o perfil mais qualitativo de domínios cognitivos atuais – por exemplo, aspectos de memória autobiográfica, orientação temporal e espacial, funcionamento executivo (como automonitoramento), aspectos de atenção e linguísticos (se compreende as perguntas ou precisa de direcionamento; se costuma solicitar repetição das perguntas, denotando desatenção ou falhas de memória operacional; se, ao se expressar, perde o fio da meada com frequência; se emite respostas e comportamentos perseverativos, sugerindo inflexibilidade de pensamento; se demonstrou se beneficiar do *feedback* do terapeuta; se com frequência atropelou as perguntas, respondendo com rapidez, denotando sinais de impulsividade; se demonstra comportamentos apropriados ou inapropriados ao contexto da avaliação, entre outros).

Critérios de observação comportamental e de questionamentos possíveis na avaliação qualitativa da autoconsciência

Para fins de aprendizado quanto ao uso de entrevista de anamnese mais diretiva no atendimento de pacientes com TCE, propomos critérios qualitativos para inferência do nível de autopercepção e consciência do paciente após o acometimento cerebral em fase aguda ou crônica.

De acordo com Sohlberg e Mateer (2011), o nível de autopercepção do paciente não pode ser medido, mas inferido, e, para isso, deve-se levar em consideração os atributos emocionais e comportamentais do indivíduo. Nesse sentido, orienta-se:

- Analisar a expressão verbal e não verbal do paciente sobre seu funcionamento anterior e atual
- Comparar as impressões clínicas trazidas pelo paciente de relatos complementares dos familiares ou de sua rede de apoio
- Comparar a previsão do paciente sobre seu comportamento *versus* seu real desempenho
- Analisar a habilidade do paciente em corrigir os próprios erros
- Realizar observação comportamental, principalmente quanto ao uso de estratégias compensatórias de forma espontânea ou após a aprendizagem.

Além disso, esses mesmos autores orientam que para uma avaliação qualitativa mais acurada do nível de autopercepção dos pacientes após LEA, o terapeuta poderá se aprofundar, respondendo os seguintes questionamentos (seguido da realização da entrevista de anamnese e da observação comportamental):

- Qual o conhecimento ou entendimento do paciente sobre suas reais forças e déficits?
- Se existe consciência diminuída, em qual nível ela é negação psicoemocional *versus* inconsciência de base orgânica?
- Se um indivíduo demonstra inconsciência significativa, ela é generalizada (percebe todos os seus atributos de forma geral) ou específica (p. ex., só percebe uma parte de seus déficits após a lesão cerebral)?
- O paciente demonstra comportamentos, conscientes ou inconscientes, sugerindo adaptação às alterações? (Nem sempre o paciente verbalizará suas dificuldades, mas pode demonstrar pelo comportamento a compensação de suas dificuldades)
- Quais são as consequências dos déficits na inconsciência?
- Como a diminuição da autopercepção impacta na funcionalidade no dia a dia?

Tais perguntas podem ser respondidas por meio da: 1) compreensão do terapeuta acerca do histórico médico do paciente; 2) avaliação objetiva da cognição do paciente via testes cognitivos; 3) avaliação por meio da utilização de questionários, escalas e entrevistas direcionadas; 4) observação direta do paciente; e 5) observação da resposta do paciente ao *feedback* de desempenho ao longo da avaliação.

Em adição, após a realização de uma entrevista clínica apurada com o paciente e seus familiares (ou rede de apoio próxima), a avaliação do nível de autopercepção atual do paciente pode ser complementada com uma avaliação mais objetiva da própria percepção do paciente e de seu familiar sobre o nível de dificuldade atual para aspectos físicos, de linguagem, cognitivos e emocionais com o uso da escala proposta por Klonoff (2010) mostrada na Tabela 60.1.

Exemplificação de critérios para estimativa de prognóstico clínico a partir da observação comportamental e da entrevista de anamnese

Parker (1990) apresentou critérios de observação para auxiliar o clínico na estimativa do prognóstico funcional do paciente e para avaliar se há alterações comportamentais após a ocorrência de acometimento cerebral, o que ajuda na escolha de estratégias mais diretivas no processo de reabilitação neuropsicológica. Nesse sentido, em uma adaptação dos critérios de Parker (1990), o profissional deve compreender:

- **A "linha de base" do paciente em termos de funcionamento psicossocial e intelectual anterior à lesão cerebral:** na entrevista clínica, é importante investigar a capacidade de adaptação funcional do paciente em sua história de vida, na vida escolar, laboral, familiar ou social, bem como suas características de personalidade pré-mórbida
- **As características da natureza do TCE:** como local, extensão e tipo de lesão (p. ex., "focal ou generalizada")

Tabela 60.1 Escala* para classificação de percepção de déficits.

Pontuação
0 = sem alteração
1 = alteração leve
5 = alteração moderada
10 = alteração acentuada

Domínio	Resposta do paciente	Resposta do familiar
Aspectos físicos e perceptuais		
Debilidade física		
Coordenação		
Negligência visual		
Visão dupla		
Dor de cabeça		
Aspectos cognitivos e linguísticos		
Memória		
Atenção e concentração		
Velocidade de processamento		
Raciocínio e resolução de problemas		
Organização		
Atenção dividida (multitarefa)		
Impulsividade		
Linguagem compreensiva		
Linguagem expressiva		
Leitura		
Escrita		
Ortografia		
Raciocínio aritmético		
Aspectos emocionais		
Frustração		
Depressão		
Sentimento de sobrecarga		
Irritabilidade		

*Escala traduzida e adaptada de Klonoff (2010) e não está validada para a população brasileira; orienta-se que a interpretação seja qualitativa/compreensiva.

- **Nível de inteligência pré-mórbido**
- **As características de personalidade pré-mórbida:** em geral, pessoas com presença de atitudes mais positivas diante da adversidade e com facilidade em cooperar tendem a melhor se adaptar após a vivência da lesão cerebral
- **O nível de suporte familiar e social:** após a lesão cerebral, os pacientes tendem a estar confusos, dependentes e fragilizados, com menor nível de funcionalidade e qualidade de vida. O nível de suporte social e familiar recebido pelo paciente costuma ser um facilitador no processo de reabilitação
- **Nível de motivação**
- **Habilidades de comunicação**.

O uso das estratégias anteriormente descritas irá auxiliar o neuropsicólogo não só na inferência do nível de consciência e prognóstico atual do paciente, mas também dará indícios quanto à ocorrência de alterações comportamentais e emocionais diversas após o acometimento cerebral, possibilitando um raciocínio mais acurado sobre a natureza dos déficits comportamentais (se ocorrem devido a repercussões atreladas a disfunções orgânicas e psicodinâmicas, reacionais ao contingente externo, ou se ocorrem simultaneamente). O profissional terá uma vantagem na escolha de estratégias clínicas, com metas mais apropriadas e assertivas para cada necessidade individual no processo de RN, com enfoque especial para o papel da psicologia de reabilitação.

Assim, de acordo com Alvez et al. (1992), a avaliação permite subsidiar a equipe multidisciplinar no que diz respeito ao desempenho intelecto-cognitivo do paciente, auxiliando a dinâmica afetivo-emocional e a configuração familiar. Além disso, o entrelaçamento dos dados obtidos na avaliação permite que se tenha um perfil psicológico do paciente quando ele entra para o programa de reabilitação, delimitando melhor a intervenção pertinente ao caso, no que se refere ao tipo de psicoterapia que se faz necessária (p. ex., psicoterapia individual, grupal e/ou orientação familiar).

A psicoterapia na reabilitação neuropsicológica de pacientes pós-TCE

No âmbito da RN, no que tange à literatura brasileira, contamos com um aumento expressivo da produção de textos, livros e materiais com grande ênfase no processo de treino de funções cognitivas no contexto das lesões encefálicas adquiridas. Tal acervo não era comum e de fácil acesso há pelo menos 15 anos, direcionando o profissional para publicações internacionais e dificultando, assim, o acesso às boas práticas.

Mesmo assim, são escassos os materiais de referência orientados ao atendimento do paciente com lesão encefálica adquirida em psicoterapia de reabilitação – especialidade já contida no processo de RN, mas ainda pouco reconhecida em sua importância. A reabilitação cognitiva, com suas técnicas, é um componente dentro do processo de RN, não é o todo. Se a neuropsicologia compreende o ser humano como um ser biopsicossocial, em um processo de reabilitação, existe um paciente que se emociona e tem expectativas, e essas emoções precisam ser reintegradas com as cognições e os comportamentos.

No âmbito clínico, pacientes com TCE, por exemplo, podem apresentar anosognosia, isto é, a diminuição da autoconsciência quanto a existência de alterações em decorrência da lesão cerebral, como dificuldades motoras, cognitivas e sociais.

Não perceber a existência de uma dificuldade pode proteger os pacientes, de certa forma, de uma reação emocional diante da existência da percepção de perda. Por outro lado, essa falta de percepção pode interferir na aderência aos tratamentos recomendados, pois o paciente não tem ciência da extensão de seus déficits e, por conseguinte, da necessidade de seguir com as orientações. A abertura da consciência é o que respalda a possibilidade de manejo clínico mais assertivo, embora possa trazer consequências emocionais reativas.

Nesse sentido, com relação ao uso da terminologia reabilitação neuropsicológica, ainda não há um consenso quanto à época em que foi incorporada no estudo das lesões cerebrais; todavia, nas últimas décadas, esse termo tem sido bastante citado na literatura, algumas vezes como sinônimo de reabilitação cognitiva (Abrisqueta-Gomes, 2006).

Contudo, alguns pesquisadores fazem algumas diferenciações quanto à utilização do termo. Para Wilson (2003), a reabilitação cognitiva é um processo em que as pessoas acometidas de lesão cerebral cooperam com profissionais de saúde, familiares e membros da comunidade ampla para tratar ou minimizar deficiências cognitivas resultantes de um dano neurológico. Assim, a reabilitação cognitiva tem como objetivo capacitar pacientes e familiares a conviver e lidar com as deficiências cognitivas resultantes da lesão neurológica, bem como contorná-las, reduzi-las ou superá-las.

Em síntese, a RN preocupa-se com a melhora dos déficits cognitivos, emocionais, psicossociais e comportamentais causados por algum acometimento neurológico, abarcando em seu processo a reabilitação cognitiva, a psicoterapia e a orientação para familiares e equipe multiprofissional. Portanto, diferencia-se da reabilitação cognitiva por englobar além do tratamento de deficiência cognitiva, o tratamento de deficiências emocionais, comportamentais, de personalidade e de motricidade, uma vez que considera que tais fatores são indispensáveis para adaptação funcional e integração ambiental e cognitiva do paciente. Os problemas emocionais e psicossociais decorrentes das lesões cerebrais devem ser abordados nas intervenções neuropsicológicas, uma vez que as emoções podem interferir no modo de pensar e se comportar do paciente. Com isso, os déficits cognitivos podem ser acentuados pela angústia e pelo sofrimento psíquico, levando a alterações comportamentais (Wilson, 2007).

Abordagem holística e psicoterapia de reabilitação

De acordo com Gouveia (2006), a abordagem holística no processo de RN prioriza a visão integrada dos aspectos cognitivos e emocionais, de forma que o ponto-chave dessa abordagem é estender a autopercepção do paciente sobre suas dificuldades, considerando que essa seria a melhor maneira de ele se engajar no próprio tratamento e aceitar as estratégias propostas, na tentativa de adaptar-se à sua nova condição. Trata-se de uma abordagem mais completa de reabilitação e vem sendo a referência de vários centros de reabilitação no mundo.

Para Taub e Prade (2006), os principais objetivos do programa holístico de reabilitação são a adaptação psicossocial do paciente, o desenvolvimento de estratégias de compensação dos déficits e o retorno ao trabalho.

Referente ao atendimento em psicoterapia, segundo Sohlberg e Mateer (2011), existe pouca ou nenhuma evidência empírica que sustente a ideia de que pacientes com lesões encefálicas não se beneficiam do acompanhamento em psicoterapia.

Nesse sentido, esse tratamento representa um espaço individual de reflexão sobre as mudanças e o impacto psicossocial, pois um dos principais objetivos em psicoterapia é ampliar a percepção do indivíduo sobre as alterações cognitivas e comportamentais que vem sofrendo (Prigatano, 1992).

A consciência pode ser entendida como a síntese de todas as funções psicológicas; como uma forma complexa de atividade mental que permite analisar informações, avaliar elementos essenciais, usar traços mnemônicos e avaliar as próprias atitudes. Entre as dificuldades apresentadas pela pessoa acometida de lesão cerebral, observa-se que muitas vezes ela não se apercebe de suas dificuldades e de seus potenciais (Schewinsky; Kaihami, 2001).

Para Damásio (2012), a autoconsciência está altamente relacionada com o funcionamento dos sistemas pré-frontais e sua ligação com regiões frontal e parietal direita, tornando-se uma função relacionada com a capacidade do ser humano de perceber, modificar e monitorar os próprios pensamentos, ações e sentimentos, possibilitando a percepção entrelaçada de demandas do ambiente e realizando modificações.

O psicólogo deve, por sua vez, demonstrar um papel ativo e facilitador para promover a conscientização. Pacientes com lesão cerebral têm necessidades pontuais e muitas vezes os profissionais que atuam em psicoterapia precisam agir como "advogados psicológicos", já que esses pacientes precisam de aconselhamento específico sobre seu curso de ação dentro das áreas de interesse, enquanto também tentam lidar com os efeitos da lesão cerebral. É preciso oferecer-lhes orientações práticas para se evitar problemas e facilitar a adaptação diante de uma nova realidade angustiante (Prigatano, 1999). Além disso, o suporte oferecido pelo terapeuta deve auxiliar o paciente a refletir sobre a sua nova condição, além de propiciar um momento para expor emoções como medo e questionamentos existenciais.

A seguir, apresentamos um caso clínico fazendo um paralelo metafórico com o caso descrito anteriormente sobre um jovem adulto que perdeu o charme após a ocorrência de um TCE por acidente automobilístico (Mattos; Saboya; Araújo, 2002).

No caso, o paciente também é um jovem adulto que sofrera um acidente de automóvel, com consequente TCE.

Caso clínico

O paciente V. foi encaminhado pelo seu médico neurologista para iniciar avaliação e acompanhamento em RN. A avaliação teve como objetivo traçar o perfil neuropsicológico atual do paciente, 8 anos após a ocorrência de sua lesão cerebral, visando maior compreensão das potencialidades e dificuldades atuais, com enfoque no processo interventivo em RN. No primeiro ano após o acidente, paciente realizou avaliação neuropsicológica com outro profissional, fez acompanhamento em psicoterapia (com profissional não especializado em neuropsicologia), mas sem ter realizado até então acompanhamento em RN, apesar das alterações cognitivas e comportamentais relatadas.

Histórico

Em 2005, aos 24 anos, V. cursava o último semestre em faculdade de engenharia, quando estava indo para o estágio e acabou se envolvendo em um acidente automobilístico, sofrendo TCE com lesão frontotemporal esquerda, com discreta atrofia cerebral difusa. Permaneceu internado por 1 mês em coma e em estado comatoso por volta de 21 dias. Quando recobrou a consciência, mostrou-se bastante confuso, desorientado e com dificuldades de se lembrar de eventos recentes e passados de sua vida (amnésia pós-traumática), além de impulsivo e agitado. De acordo com os familiares, a impulsividade permaneceu de forma mais acentuada no primeiro ano após o acidente. O paciente ainda se mantinha impulsivo em suas ações e palavras, sem dosar as repercussões de suas impressões nos relacionamentos interpessoais. Também apresentou alterações motoras iniciais, devido à presença de hemiparesia à direita, mas com boa progressão.

Três meses após a ocorrência da lesão cerebral, decidiu retornar à faculdade. Tendo em vista que referia não se lembrar das matérias estudadas nos anos anteriores, foi reintegrado à faculdade como aluno ouvinte, mantendo-se dessa forma por pelo menos 5 anos. Segundo os familiares, o paciente retornou por iniciativa própria, conseguindo organizar a logística de sua mudança para o *campus* da universidade.

Em 2012, foi contratado em um emprego temporário em sua área e precisou de auxílio dos professores para concluir os projetos, uma vez que teve dificuldade em recordar assuntos específicos, como as informações necessárias para realizar certos cálculos. Após a finalização dos projetos no emprego temporário, V. não conseguiu um novo emprego, tendo realizado algumas entrevistas, mas sem sucesso. O paciente acreditava que sua falta de experiência era um fator que influenciava na decisão dos gestores e estava se sentindo bastante perdido, sem saber qual rumo profissional e de vida deveria tomar.

Perfil de personalidade pré-mórbido (anterior ao acidente)

Familiares referiram que o paciente sempre foi muito inteligente, sociável, bem-humorado, embora reservado e pouco expressivo emocionalmente. Paciente demonstrou dificuldade em se descrever quando foi solicitado.

Perfil de personalidade e neuropsicológico pós-TCE

Queixas neuropsicológicas trazidas pelo paciente. Desatenção, lentidão na escrita e dificuldade de memória referente à aprendizagem de novas informações e em recordar alguns eventos da infância e adolescência. V. reconhece que está um pouco mais desinibido, mas sem grandes repercussões.

Queixas neuropsicológicas e perfil de personalidade trazidos pela família. De acordo com a mãe, o paciente tende ao esquecimento, mesmo anotando compromissos na agenda do celular. Mantém um perfil impulsivo, falante, sincero (fala o que pensa sem medir as consequências de suas percepções nas relações interpessoais), de forma que os amigos antigos estão afastados. Sua conversa se mostra mais prolixa, monótona, com pouca entonação e expressividade. A mãe relata que ele não percebe tais mudanças e sempre diz que "é normal", mostrando-se inadequado em algumas situações sociais.

Em sua aparência e cuidado pessoal, está mais desleixado, não se importa com o aspecto de suas vestimentas, sempre usando camisa regata seja para ir ao banco, resolver assuntos para o pai, seja para ir a eventos sociais. Quando questionado acerca dessa escolha, fica irritado, referindo que não vê problema.

Quanto aos aspectos emocionais, a mãe referiu um perfil mais deprimido, apático, menos afetivo, de forma que expressa ainda menos sentimentos e emoções, e está mais inadequado no âmbito social.

De forma positiva, segundo os familiares, mantém-se muito gentil, amável, respeitoso, calmo, prestativo, estudioso, tranquilo, engraçado, inteligente, determinado e com grande iniciativa, principalmente no desejo de melhora, de retomar sua vida principalmente profissional/acadêmica.

Queixas neuropsicológicas e perfil de personalidade trazidos pela namorada. Uso excessivo de gíria, não apresenta as pessoas e não as cumprimenta corretamente; não presta atenção na conversa. Quando está contando alguma história, por vezes não a conclui e demonstra dificuldade em sintetizar, tornando-se também repetitivo. Costuma digitar e enviar mensagens pelo celular sem antes lê-las, sem se monitorar quanto a erros de escrita e conteúdo, assim como os conteúdos que posta nas redes sociais. Quanto à memória, repete muitas histórias do passado. Chama a atenção não se recordar de músicas da sua época e a dificuldade com a memória recente. Referente às FE, demonstra menor iniciativa para certas situações que envolvem uma solicitação que não o motiva tanto, além de dificuldade em se adequar ao contexto social (vestimenta, comunicação e alguns comportamentos). Apresenta menor monitoramento de seus gastos (não sabe quanto gasta no mês), dificuldade na tomada de decisão (quer voltar para a engenharia em um cargo de nível mais alto; não quer trabalhar com o pai). Para a namorada, V. se mostra perdido em suas aspirações, refletindo certo entristecimento.

Rotina e funcionalidade no momento da avaliação

V. permanecia mais em casa, interessando-se por culinária, auxiliando os pais com assuntos da fazenda da família (mais operacionais), demonstrando menor participação social e alteração quanto a aspectos laborais. Não conseguiu se recolocar profissionalmente, apesar de seu esforço e de sua força de vontade.

Histórico clínico

Sempre apresentou uma boa saúde, mas em 2014 contraiu dengue, passando a sentir fortes dores de cabeça. Desde então, sente as mesmas dores com certa frequência e oscilação da intensidade, interferindo na concentração, no bem-estar e na funcionalidade do paciente.

Sono e apetite sem alterações.

Resultados emocionais e comportamentais obtidos na avaliação neuropsicológica

Perfil de comportamento observado. Na observação comportamental e na comparação das respostas do paciente com os relatos trazidos pelos familiares, nota-se menor autopercepção de déficits, principalmente relacionados com o funcionamento executivo, o que tange à impulsividade, ao abuso de bebida alcoólica após o TCE, a menor ressonância afetiva e à percepção de aspectos não verbais da comunicação (aspectos sutis).

Aspectos emocionais. Em avaliação por meio da resposta do paciente em questionário de humor, não atingiu pontuação para presença de sintomas de depressão e ansiedade.

Em questionário comportamental respondido pela mãe e pelo paciente houve divergências sobre a presença de alguns comportamentos e/ou intensidade. Por exemplo, para a mãe o paciente apresenta certa dificuldade para compreender a extensão dos próprios problemas, mostra-se letárgico ou sem entusiasmo; às vezes faz ou diz coisas constrangedoras na presença de outras pessoas; têm acentuada dificuldade para expressar emoções e sentimentos, parece não ligar para como se conduzir em determinadas situações e alguma dificuldade em planejar o futuro. Por outro lado, V. não apontou tais dificuldades ou referiu alguma alteração mais discreta e sem grandes repercussões.

Resultados cognitivos obtidos na avaliação neuropsicológica

Potencialidades. Dados da avaliação neuropsicológica apontaram ótimo desempenho para a faixa etária quanto às habilidades de raciocínio lógico, memória operacional e discriminação/integração perceptual. Além disso, V. obteve desempenho cognitivo satisfatório para as seguintes funções cognitivas: funcionamento intelectual estimado, linguagem, habilidades acadêmicas (leitura, escrita), praxia construtiva, memória (memória semântica, episódica verbal e visual) e FE (pensamento abstrato e fluência verbal semântica).

Dificuldades
- **Nível leve:** redução discreta da eficiência quanto aos aspectos atencionais (amplitude atencional, atenção concentrada e dividida), memória de curto prazo e flexibilidade cognitiva
- **Nível moderado a acentuado:** velocidade de processamento das informações (maior tempo de reação e maior espaço de tempo para concluir tarefas que demandaram agilidade) e funcionamento executivo (evocação espontânea, controle inibitório, readequação de estratégias/hipóteses em atividades de planejamento).

Em síntese, o perfil de desempenho neuropsicológico observado é condizente com as queixas relatadas na anamnese e com a área cerebral lesionada, destacando marcada lentidão no processamento das informações e alteração de aspectos de funcionamento executivo, principalmente quanto à flexibilidade de pensamento, ao automonitoramento, ao funcionamento executivo, à atenção dividida e ao controle inibitório, com tendência à perda de meta e impacto na evocação de memórias armazenadas (principalmente recente).

Delineamento de metas pós-avaliação

As metas do plano de reabilitação neuropsicológica foram elaboradas com o paciente (considerando desejos e expectativas realistas do paciente e de sua família) e sua rede de apoio próxima, que se fazia presente em seu processo (pai, mãe e namorada), levando em consideração os resultados da avaliação neuropsicológica de V.

- **Meta a longo prazo 1:** voltar a exercer atividades de cunho profissional
  - **Observação:** meta atingida. Em um primeiro momento, o paciente escolheu retomar as aulas na faculdade em que se formou, mediante autorização, como aluno

especial ouvinte em matérias para o mestrado. Realizou tal atividade por um período de 7 meses, mas decidiu abandonar o curso e seu desejo de exercer a engenharia, referindo que o caminho seria muito árduo e que refletiu sobre outras possibilidades. Passou, então, a trabalhar de forma mais efetiva em assuntos administrativos da fazenda da família
- **Meta a longo prazo 2:** aumento da consciência emocional e sua expressão
  - **Estratégia:** sensibilização do paciente para o processo mais efetivo em psicoterapia de reabilitação
  - **Observação:** meta atingida. Paciente demonstrava dificuldade considerável em trazer seus conteúdos emocionais, tendo inclusive importante reforço de contingentes ambientais de uma educação bastante rígida e punitiva, principalmente por parte do pai, que lhe cobrava escolhas para satisfazer as expectativas paternas, reforçando um estilo de personalidade anterior ao acidente mais reservado. Paciente passou a trazer seus conteúdos emocionais, beneficiando-se do espaço de psicoterapia de reabilitação, com seus limites sendo respeitados, com bom-humor e positividade. Apresentava queixas recorrentes de dores de cabeça, procurando por inúmeros tratamentos médicos. Chamou a atenção que a sensação de dor passou a diminuir diante do menor nível de exigência verbal trazido pela namorada e pelo pai quanto ao que esperavam dele. A partir dessa observação, inferiu-se que o paciente possivelmente apresentava dores crônicas em decorrência do TCE (muito comum), com intensificação após ter contraído dengue, e, como reativos, a questões psicossomáticas
- **Metas em médio prazo:** maior participação em atividades psicossociais motivadoras
  - **Observação:** meta atingida. Paciente foi estimulado a expressar desejos como forma de aumentar sua participação social, estimular o acesso a suas motivações e à sua expressão emocional. Iniciou e concluiu um curso breve de gastronomia; as dificuldades observadas por ele próprio eram trazidas para as sessões a fim de inserirmos estratégias compensatórias internas ou externas. V. vinculou positivamente a terapeuta ao processo de reabilitação, mostrando-se muito aderente, de grande iniciativa, vindo a cada 15 dias de sua cidade do interior, a mais de 400 km de distância, com motivação própria
- **Metas a curto prazo 1:** aumentar a consciência das dificuldades e potencialidades atuais, visando maior autoconhecimento e consequente abertura para o manejo comportamental e uso de estratégias compensatórias
  - **Estratégia:** realizar psicoeducação por meio de explicações verbais, textos direcionados e pesquisa a materiais orientados quanto às dificuldades cognitivas e comportamentais após o acometimento cerebral
  - **Observação:** com o tempo, paciente demonstrou aumento da ciência de suas dificuldades de nível executivo, social e mnemônico, aderindo ao treino cognitivo e ao uso de estratégias compensatórias, com consequente aumento de sua participação social
- **Metas a curto prazo 2:** fazer uso de dispositivo externo compensatório para contornar queixas de memória
  - **Estratégia:** o paciente foi orientado a iniciar uso de agenda, escrevendo diariamente situações importantes do seu dia, como modo de estimular o automonitoramento e a atenção; e anotar no calendário tarefas que não poderiam ser esquecidas, como eventos, consultas e atividades da fazenda.
  - **Observação:** o paciente aderiu de forma muito positiva ao uso da agenda.
- **Metas a curto prazo 3:** aumento da capacidade de controlar impulsos comportamentais.
  - **Estratégia:** foi ensinada a técnica "Pare (preste atenção na situação), pense (avalie a situação e reflita sobre suas consequências) e se comporte (apenas após a reflexão)", visando aumentar a capacidade de atenção consciente diante de situações diversas. Foi realizada em adição à técnica de *role play*, com a dramatização de situações hipotéticas, auxiliando na autorregulação de pensamentos e emoções e na prática de habilidades sociais para respostas mais adaptativas.

Referências bibliográficas

ABRIZQUETA-GOMES, J. Reabilitação neuropsicológica: o caminho das pedras. *In*: ABRIZQUETA-GOMES, J.; DOS SANTOS, F. H. Reabilitação neuropsicológica: da teoria à prática. São Paulo: Artes Médicas, 2006. p. 1-13.

ALVES, V. L. R. *et al.* A abordagem psicológica frente aos portadores de hemiplegia. *In*: BATTISTELLA, L. R. Hemiplegia: reabilitação. São Paulo: Atheneu, 1992.

CARTERI, R. B. K.; DA SILVA, R. A. Incidência hospitalar de traumatismo cranioencefálico no Brasil: uma análise dos últimos 10 anos. Revista Brasileira de Terapia Intensiva, São Paulo, v. 33, n. 2, p. 282-289, 2021.

DAMÁSIO, A. R. O erro de Descartes: emoção, razão e cérebro humano. 3. ed. São Paulo: Companhia das Letras, 2012.

DUBOIS, B.; LEVY, R. Cognition, behavior and the frontal lobes. International Psychogeriatrics, [s. l.], v. 16, n. 4, p. 379-387, 2004.

GOLDBERG, E. O cérebro executivo: lobos frontais e a mente civilizada. Rio de Janeiro: Imago, 2002.

GOUVEIA, P. A. R. Introdução à reabilitação neuropsicológica de adultos. *In*: ABRIZQUETA-GOMES, J.; DOS SANTOS, F. H. Reabilitação neuropsicológica: da teoria à prática. São Paulo: Artes Médicas, 2006. p. 73-82.

HARLOW, J. M. Passage of an Iron Rod through the Head. Boston Medical and Surgical Journal, [s. l.], v. XXXIX, n. 20, p. 389-393, 1848.

HARVARD COUNTWAY LIBRARY: Skull of Phineas Gage [2024]. Disponível em: https://collections.countway.harvard.edu/onview/items/show/26375/. Acesso em: 15 abr. 2024.

HOLT, G.: Phineas Gage (1823-1860) 3D STL Software Image [2024]. Disponível em: https://collections.countway.harvard.edu/onview/items/show/26404/. Acesso em: 15 abr. 2024.

KLONOFF, P. S. Psychotherapy after brain injury: principles and techniques. New York: The Guilford Press, 2010.

LEWIS, L. A framework for developing a psychotherapy treatment plan with brain injured clients. Journal of Hed Trauma Rehabilitation, [s. l.], v. 6, n. 4, p. 22-29, 1991.

LEZAK, M. Neuropsychological assessment. New York: Oxford University Press, 1995.

LURIA, A. R. Human brain and psychological process. New York: Harper and Row, 1966.

MAGALHÃES, A. L. *et al*. Epidemiologia do traumatismo cranioencefálico no Brasil. Revista Brasileira de Neurologia, Rio de Janeiro, v. 53, n. 2, p. 15-22, 2017.

MANLY, T. *et al*. Rehabilitation of executive function: facilitation of effective goal management on complex tasks using periodic auditory alerts. Neuropsychologia, [s. l.], v. 40, n. 3, p. 271-281, 2002.

MATTOS, P.; SABOYA, E.; ARAÚJO, C. Sequela comportamental pós-traumatismo craniano: o homem que perdeu o charme. Arquivos de Neuro-Psiquiatria, São Paulo, v. 60, n. 2A, p. 319-323, 2002.

McDONALD, B. C., FLASHMAN, L. A.; SAYKIN, A. J. Executive dysfunction following traumatic brain injury: neural substrates and treatment strategies. NeuroRehabilitation, [s. l.], v. 17, n. 4, p. 333-344, 2002.

McMORDIE, W. R.; BARKER, S. L.; PAOLO, T. M. Return to work after head injury. Brain Injury, [s. l.], v. 4, n. 1, p. 57-69, 1990.

MILLER, L. Psychotherapy of the brain injured patient: reclaiming the shattered self. New York: W. W. Norton & Company, 1993.

OTERO, J. L.; SCHEITLER, L. F. La rehabilitación de los trastornos cognitivos. Revista Médica del Uruguay, Montevideo, v. 17, n. 2, p. 133-139, 2001.

PARKER, R. S. Traumatic brain injury and neuropsychological impairment: sensorimotor, cognitive, emotional, and adaptive problems of children and adults. New York: Springer-Verlag, 1990.

PEREIRA, A. P.; HAMDAN, A. Neuropsicologia do traumatismo cranioencefálico e do acidente vascular cerebral. In: FUENTES, D. et al. Neuropsicologia: teoria e prática. 2. ed. São Paulo: Artmed, 2013. p. 223-230.

PLADDY, B. H. Dysexecutive syndromes in neurologic disease. Journal of Neurologic Physical Therapy, [s. l.], v. 31, n. 3, p. 119-127, 2007.

POWELL RIVER BRAIN INJURY SOCIETY. What is acquired brain injury? Powell River: Powell River Brain Injury Society, [2015]. Disponível em: https://braininjurysociety.com/information/acquired-brain-injury/what-is-abi/. Acesso em: 27 mar. 2024.

PRIGATANO, G. P. Personality disturbances associated with traumatic brain injury. Journal of Consulting and Clinical Psychology, [s. l.], v. 60, n. 3, p. 360-368, 1992.

PRIGATANO, G. P. Principles of neuropsychological rehabilitation. New York: Oxford University Press, 1999.

RATIU, P. et al. The tale of Phineas Gage, digitally remastered. Journal of Neurotrauma, [s. l.], v. 21, n. 5, p. 637-643, 2004.

SBORDONE, R. Psychotherapeutic treatment of the client with traumatic brain injury: a conceptual model. In: KREUTZER, J. S.; WEHMAN, P. H. Community integration following traumatic brain injury. Baltimore: John Hopkins University Press, 1990. p. 125-138.

SCHEWINSKY, S. R.; KAIHAMI, H. N. Avaliação das funções corticais superiores em pessoas acometidas por lesão cerebral. Acta Fisiátrica, São Paulo, v. 8, n. 1, p. 14-17, 2001.

SOHLBERG, M. M.; MATEER, C. A. Reabilitação cognitiva: uma abordagem neuropsicológica integrada. São Paulo: Santos, 2011.

TAUB, A.; PRADE, C. V. Modelo de intervenção em reabilitação neuropsicológica de lesões adquiridas. In: ABRIZQUETA-GOMES, J.; DOS SANTOS, F. H. Reabilitação neuropsicológica: da teoria à prática. São Paulo: Artes Médicas, 2006. p. 83-95.

VOGENTHALER, D. R.; SMITH Jr, K. R.; GOLDFADER, P. Head injury, an empirical study: describing long-term productivity and independent living outcome. Brain Injury, [s. l.], v. 3, n. 4, p. 355-368, 1989.

WILSON, B. A. The theory and practice of neuropsychological rehabilitation: an overview. In: WILSON, B. A. (ed.). Neuropsychological rehabilitation: theory and practice. Lisse: Swets & Zeitlinger, 2003. p. 1-10.

WILSON, B. A. Avanços recentes em reabilitação neuropsicológica. In: MIOTTO, E. C. et al. Neuropsicologia e interfaces da neurociência. São Paulo: Casa do Psicólogo, 2007. p. 203-210.

61 Reabilitação Neuropsicológica Individual e em Grupo no Transtorno Neurocognitivo Leve e no Transtorno Neurocognitivo Maior

Bruna Carraro Burkot de Alencar • Patrícia Pimentel Gomes

Aquilo que está escrito no coração não necessita de agendas porque a gente não esquece. O que a memória ama fica eterno.

(Rubem Alves)

Dados do IBGE sobre a população idosa brasileira

A Pesquisa Nacional por Amostra de Domicílios Contínua do Instituto Brasileiro de Geografia e Estatística (IBGE, 2022) revelou que a população nacional está em constante envelhecimento, o que ocasiona uma importante mudança na estrutura etária da população brasileira. Os dados indicam que, nos últimos 10 anos, o número de pessoas com idade igual ou maior do que 60 anos passou de 11,3 para 14,7%, o que, em números brutos, representa um aumento de cerca de 9 milhões de idosos no país. Entre os motivos para o envelhecimento da população brasileira está o avanço da medicina, já que as pessoas podem praticar a prevenção médica com maior facilidade. Além disso, a redução da taxa de fecundidade também colabora para esse cenário, pois as pessoas não têm tantos filhos como antes. Indivíduos com idade igual ou superior a 60 anos estão mais concentrados no Sudeste (16,6%) e no Sul (16,2%). Por outro lado, apenas 9,9% dos residentes do Norte são pessoas idosas. Entre os estados, aqueles com maior concentração dessa população são Rio de Janeiro (19,1%) e Rio Grande do Sul (18,6%). Já Roraima tem a menor participação desse grupo etário em sua população (7,7%). Assim, pode-se afirmar que na comparação com o ano de 2012, a participação dessa população cresceu em todas as grandes regiões brasileiras.

Ainda sobre dados estatísticos, ressalta-se que alguns países desenvolvidos tiveram certa preparação para o envelhecimento de sua população e, assim, criaram serviços para atender essas pessoas. No entanto, no Brasil, as práticas que visam promoção de um envelhecimento mais saudável e ativo ainda estão sendo implementadas em alguns centros de convivência e nas instituições de longa permanência para idosos (ILPI, que são locais destinados ao domicílio de pessoas com 60 anos ou mais), embora o brasileiro tenha por hábito criticar esse tipo de instituição devido à cultura extremamente familiar do país.

Transtorno neurocognitivo leve e transtorno neurocognitivo maior

De forma breve, segundo a 5ª edição do *Manual diagnóstico e estatístico de transtornos mentais* (APA, 2023), conhecido pela sigla DSM-5, pode-se considerar que a pessoa apresenta transtorno neurocognitivo leve – TNC leve (antigo comprometimento cognitivo leve) quando há evidência de pequeno declínio cognitivo, preocupação do indivíduo ou informante e desempenho cognitivo com z escore entre -1 e -2 no exame de avaliação neuropsicológica. Além disso, o declínio cognitivo não deve interferir na independência cotidiana do indivíduo e os déficits observados não ocorrem apenas no contexto de *delirium* (estado confusional agudo). Os déficits também não podem ser mais bem explicados por outro transtorno mental, por exemplo, transtorno depressivo maior.

Em contrapartida, o DSM-5 considera que a pessoa apresenta transtorno neurocognitivo maior (antiga demência) quando há evidência de declínio cognitivo importante, preocupação do indivíduo ou informante e prejuízo substancial no desempenho cognitivo com z escore <-2 no exame de avaliação neuropsicológica. Além disso, deve haver interferência na independência cotidiana do indivíduo e os déficits não ocorrem apenas no contexto de *delirium*, bem como não são mais bem explicados por outro transtorno mental, por exemplo, transtorno depressivo maior.

Cabe lembrar que durante o processo de envelhecimento fisiológico ocorrem mudanças comuns tanto no sistema nervoso periférico (SNP) quanto no sistema nervoso central (SNC), as quais podem modificar o funcionamento sensorial, motor, emocional e cognitivo. Em consequência disso, é natural que existam alterações na forma como o indivíduo sente e percebe o mundo, além de alterações no modo como ele interage com o ambiente (Ribeiro; Cosenza, 2013).

Segundo a Pesquisa Nacional de Saúde (PNS, 2019), atualizada em março de 2019, 17,3% dos idosos apresentam limitações funcionais relacionadas com as atividades instrumentais da vida diária, que são tarefas como fazer compras, administrar finanças, tomar remédios, utilizar meios de transporte e realizar trabalhos domésticos. Tal proporção aumenta para 39,2% a partir dos 75 anos. Porém, o envelhecimento pode ser patológico e apresentar fator fundamental para o surgimento de doenças neurodegenerativas, em especial a doença de Alzheimer (DA), tão comum no Brasil e no mundo. Estima-se que em 2050, 107 milhões de pessoas desenvolverão esse diagnóstico no mundo.

Embora a formação de placas amiloides não seja obrigatoriamente considerada patológica, sabe-se que, a partir da quarta década de vida, elas aumentam progressivamente e são achados característicos da DA (Souza; Teixeira, 2013).

Dados epidemiológicos revelam que o percentual de pessoas acometidas com DA dobra a cada 5 anos, a partir dos 65 anos, e que hoje a DA representa pelo menos 50% dos casos de demência no Brasil e no mundo. Ainda que a DA acometa majoritariamente idosos, também pode atingir pessoas mais jovens, caracterizada pela forma precoce (ou pré-senil) de evolução mais rápida e de maior carga lesional. No entanto, existem outros tipos de doenças neurodegenerativas, tais como as degenerações lobares frontotemporais (em suas variantes de linguagem e de comportamento) que representam a segunda causa mais frequente de demência de início precoce, além de existirem outras demências (Souza; Teixeira, 2013).

Cabe lembrar que déficits cognitivos podem ser característica importante do transtorno depressivo maior (inclusive em pessoas idosas) impactando, em especial, as esferas da atenção e da memória, além da velocidade psicomotora (Beckman, 1999 *apud* Nicolato; Alvarenga, 2013).

Embora se saiba que a diminuição na velocidade dos processos mentais esteja presente na maioria dos comportamentos nos idosos e também que nem toda pessoa idosa irá necessariamente desenvolver algum tipo de demência, elas certamente experimentarão algum grau de mudança em seu desempenho cognitivo decorrente de fatores associados ao processo de envelhecimento, e a memória é uma das funções cognitivas mais vulneráveis ao ser humano e também a mais afetada pelo avanço da idade (Abrisqueta-Gomez, 2013).

Demências constituem quadros de declínio cognitivo que interferem nas atividades de vida diária do indivíduo e no seu relacionamento com outras pessoas, podendo-se estagiar seu curso em inicial, moderado e grave. Em contrapartida, no TNC leve o indivíduo pode manifestar queixa cognitiva corroborada pelo rebaixamento em um ou mais domínios da cognição, mas precisa ser independente nas atividades cotidianas, além de não preencher critérios para TCN maior (Abrisqueta-Gomez, 2015). Diante da diferenciação entre indivíduos que vivenciam processo de envelhecimento fisiológico/normal e indivíduos com diagnóstico de TNC leve ou TNC maior, é possível estabelecer um plano de reabilitação neuropsicológica para pessoas idosas com transtornos cognitivos que seja elaborado de forma eficaz, considerando-se as metas propostas como reais/possíveis e atingíveis para a generalização na vida real.

Reabilitação neuropsicológica da pessoa idosa na abordagem individual e de grupo

Segundo Abrisqueta-Gomez (2015), a maioria das intervenções neuropsicológicas envolve sobreposição de abordagens que contribuem para o uso inadequado das terminologias. Assim, o esclarecimento desses conceitos se faz necessário para se entender os efeitos das diversas intervenções cognitivas nos contextos econômico, social e cultural.

Treino cognitivo (TC). Refere-se ao uso de técnicas estruturadas para exercitar e/ou melhorar funções cognitivas específicas, tais como: atenção, memória, linguagem, funções executivas etc. Conceito antes abordado como reabilitação cognitiva.

Reabilitação cognitiva (RC). Refere-se a programas orientados a metas com foco em treino para estimulação e uso de estratégias compensatórias diante de alguns comprometimentos cognitivos, além de envolver abordagens de manejo para alterações comportamentais, emocionais e sociais relacionadas com a realização das atividades cotidianas. Conceito antes abordado como reabilitação neuropsicológica.

Estimulação cognitiva (EC). Refere-se às atividades que estimulam o funcionamento cognitivo e social de maneira global (ou não específica) em contextos de grupo, tais como oficinas de memória, grupos de leitura, discussão de temas etc.

Reabilitação neuropsicológica na abordagem individual

Classicamente, a reabilitação neuropsicológica (RN) pautou-se no tratamento de pessoas com sequelas cognitivas decorrentes de lesões encefálicas adquiridas. Entretanto, na atualidade, as sessões de RN também estão voltadas para a população que apresenta déficits cognitivos e quadros neuropsiquiátricos como consequência de doenças neurodegenerativas, como é o caso das demências. No entanto, poucos são os estudos publicados sobre RN voltada para pessoas com TNC leve e TNC maior (Abrisqueta-Gomez, 2015).

Como nos últimos anos houve muitos avanços no entendimento das demências (em especial da DA), torna-se cada vez mais necessária a elaboração de recomendações diante do diagnóstico. E mesmo admitindo-se a existência da fase pré-clínica da DA (momento em que alterações fisiopatológicas podem constar em indivíduos assintomáticos, identificadas pelo emprego de biomarcadores), isso pouco tem contribuído para a proposta de um tratamento farmacológico eficaz que detenha a progressão da doença ou que controle significativamente as diversas alterações comportamentais vivenciadas por grande parte dos doentes. Daí a importância de se pensar sobre intervenções não farmacológicas no cuidado das pessoas com demência, mesmo que muitos profissionais ainda se questionem sobre até que ponto essas intervenções são efetivas, qual o tipo de intervenção não farmacológica mais eficaz e para que tipo de paciente ela é destinada (Abrisqueta-Gomez, 2015).

Sabe-se que tratamentos farmacológicos têm efeito discreto e estão direcionados a retardar o avanço e alguns sintomas desconfortáveis das demências. Tal situação reforça a busca por intervenções não farmacológicas para abarcar as múltiplas alterações cognitivas, comportamentais e funcionais, além de outras necessidades de pessoas com demências (Abrisqueta-Gomez, 2015).

Segundo Abrisqueta-Gomez (2015), ainda assim, muitos profissionais optam pelo uso da RN como prática clínica para pessoas com demências porque se acredita que ela tenha maior probabilidade de sucesso, já que apresenta abordagem centrada na pessoa, objetivo orientado ao cumprimento de metas (relevantes e significativas), além de foco na atividade e na participação social, como é preconizado pela Classificação Internacional de Funcionalidade, Incapacidade e Saúde (CIF) estabelecida pela Organização Mundial da Saúde (OMS), em 2001, para direcionar programas de reabilitação multiprofissional com base na execução de uma atividade por um indivíduo (funcionalidade individual) e na participação/envolvimento desse indivíduo em uma situação real (funcionalidade social).

Clare e Woods (2004 apud Abrisqueta-Gomez, 2015) definiram estimulação cognitiva como uma série de atividades de estimulação sensorial que visam estimular as competências cognitivas e sociais de modo geral. No que tange a tratamentos cognitivos para pessoas idosas com comprometimento, observa-se que esforços iniciais são concentrados em potencializar ou pelo menos manter o funcionamento da memória e da atenção, principais dificuldades encontradas em indivíduos com TNC leve e TNC maior em estágio inicial (Abrisqueta-Gomez, 2006 apud Abrisqueta-Gomez, 2015).

Segundo Fernández-Ballesteros et al. (2003) e Belleville et al. (2011) (apud Abrisqueta-Gomez, 2015), embora os efeitos do treino cognitivo no TNC leve ainda sejam uma questão em aberto, estudos sugerem determinado grau de preservação da plasticidade neuronal e do funcionamento cognitivo em pessoas com TNC leve e naquelas em fase inicial de TNC maior que se submeteram ao treino. Belleville et al. (2011 apud Abrisqueta-Gomez, 2015) afirmam que estudos revelam que pessoas com TNC leve mostraram mais plasticidade cognitiva do que aquelas com TNC maior, porém menos do que pessoas idosas saudáveis.

Fernández-Ballesteros et al. (2003 apud Abrisqueta-Gomez, 2015) relatam que, no momento, a única dedução possível é que pessoas com TNC leve, apesar das queixas cognitivas, ainda têm capacidade para aprender novas informações e adaptar seu comportamento, existindo evidências da plasticidade cognitiva em tarefas que envolvem memória visual e verbal, além de funções executivas (FE).

As intervenções em RN são voltadas para o alcance de objetivos individuais que devem ser funcionais, sociais e contextualmente relevantes (Malec, 1999 apud Abrisqueta-Gomez, 2015). A ênfase não está em melhorar o desempenho cognitivo, mas sim em maximizar a capacidade do indivíduo para processar e interpretar informações a fim de melhorar seu funcionamento diário perdido ou prejudicado pela doença (Abrisqueta-Gomez, 2015).

Pessoas idosas com TNC leve ou com TNC maior são capazes de apresentar maior engajamento nas terapias quando as tarefas propostas têm efeito direto e/ou indireto sobre suas dificuldades cotidianas. Questões relevantes para esses indivíduos em geral os levam a realizar maior esforço para alcançar as metas desejadas, comparando-se àquelas que apenas envolvem tarefas padronizadas com foco simplesmente cognitivo (Abrisqueta-Gomez, 2015).

Em razão disso, intervenções precisam ser individualizadas para as necessidades e preferências de cada paciente, considerando-se que o alvo das intervenções seja realista e que tenha significado para o indivíduo. O profissional pode propor e negociar objetivos e intervenções de acordo com as condições do paciente (Abrisqueta-Gomez, 2015).

Contudo, os efeitos da reabilitação neuropsicológica em idosos com TNC maior têm sido alvo de muitas revisões e estudos de metanálise com resultados incertos, devido à falta de estudos de alta qualidade e que demonstrem a eficácia deles (Abrisqueta-Gomez, 2015).

Reabilitação neuropsicológica na abordagem de grupo

Psicoterapia de grupo × grupo de estimulação cognitiva

Ao contrário da psicoterapia individual, cujo desenvolvimento se deu de forma clara e definida, a origem da psicoterapia de grupo é menos precisa. A literatura proveniente dos EUA atribui a Joseph H. Pratt a criação da psicoterapia de grupo. Pratt trabalhava como clínico geral no Ambulatório do Massachussetts General Hospital (Boston) e, em 1905, iniciou um programa de assistência a doentes de tuberculose que eram incapazes de arcar com os custos de internação. O reconhecimento de que não eram os únicos a sofrer aparentemente contribuía para certa sensação de melhora. Pratt começou seus grupos com o propósito educacional de ensinar aos pacientes a melhor maneira de cuidar de si mesmos e da doença. Anos depois, o modelo de Pratt foi adotado em diversas localidades dos EUA para tratamento não só de pacientes com tuberculose, mas também com doenças mentais. A oportunidade de compartilhar experiências de condições análogas era um dos fatores importantes, além do efeito benéfico que um paciente exerce sobre outro quando apresentava melhora (Bechelli; Santos, 2004).

Embora grupos de estimulação cognitiva também envolvam facilitar para o indivíduo reconhecer e aprender a conviver com as limitações, além de servir de apoio para driblar as dificuldades, nesse contexto, a prioridade é realizar tarefas para exercitar e desafiar o cérebro, somado à troca de experiências e ao acolhimento. Segundo Nóbrega et al. (2022), mesmo que o processo de envelhecimento não implique obrigatoriamente deterioração cognitiva, existem grupos de estimulação que previnem/retardam o agravamento da sintomatologia.

O objetivo dos grupos de estimulação cognitiva, quando direcionados às pessoas idosas com comprometimento cognitivo em algum grau, é manter pelo máximo de tempo possível a independência e a funcionalidade dos pacientes. Outros objetivos importantes englobam reduzir o impacto psicológico do cuidado na vida dos cuidadores, facilitar a socialização, entre outros (Nóbrega et al., 2022).

Estar em grupo envolve muitos estímulos e também exige diferentes recursos cognitivos para a resolução de problemas. Autores relatam que existem diferentes formas de estimulação e que cada uma delas pode focar em aspectos distintos. Grupos de estimulação cognitiva compostos de um conjunto de estratégias e exercícios buscam reduzir ou compensar as dificuldades sentidas no cotidiano pelo indivíduo e pela família, além de potencializar as diferentes áreas da cognição. Na abordagem em grupo incentiva-se, além de interação social, readaptação dos comportamentos e implementação de uma intervenção na cognição (Nóbrega et al., 2022).

Para que um grupo de estimulação cognitiva voltado para pessoas idosas possa alcançar seu objetivo é preciso envolver indivíduos que tenham perfil de funcionamento semelhante ou que tenham recebido o mesmo diagnóstico neurodegenerativo e estejam em estágio semelhante da doença, sem apresentar alterações neurocomportamentais e/ou de humor que possam impactar de modo negativo na dinâmica do grupo. Para Nóbrega et al. (2022) é necessário avaliar o perfil cognitivo do indivíduo a fim de identificar as áreas comprometidas. Grupos de estimulação cognitiva devem considerar ainda o nível intelectual e cultural dos pacientes que os compõem, bem como o ambiente em que vivem, as interações sociais e o apoio que recebem dos familiares, além de basear-se em um processo de cooperação entre a pessoa com déficits cognitivos e seus cuidadores.

Segundo Nóbrega et al. (2022), a capacitação de familiares e cuidadores para conduzir e manter a estimulação cognitiva diante de diferentes atividades básicas de vida em casa é fundamental para que os pacientes idosos consigam retomar conteúdos que foram abordados nas sessões anteriores e para que sejam incentivados a treinar estratégias compensatórias para as variadas situações da vida.

Cabe ressaltar a importância de o grupo de estimulação cognitiva envolver também sessões com familiares e/ou cuidadores contratados visando à psicoeducação sobre o diagnóstico e sua evolução, além de abarcar orientações para manejo comportamental, pois alterações de comportamento muitas vezes são tidas como mais disfuncionais do que os próprios déficits cognitivos (Nóbrega et al., 2022). Para uma maior eficácia do seguimento das orientações para estimulação cognitiva controlada em ambiente domiciliar e das orientações sobre manejo comportamental, preconiza-se que elas sejam entregues aos familiares e/ou cuidadores contratados na forma de informativos impressos.

Estabelecimento de metas em reabilitação neuropsicológica – técnicas e estratégias cognitivas, psicoeducação e orientação familiar

Estabelecimento de metas

O estabelecimento de metas é o ponto de partida para a intervenção e possibilita a medição da eficácia de um tratamento. Assim, deve possibilitar a identificação das reduções na incapacidade funcional resultante das intervenções. No entanto, ainda não há muitas pesquisas sobre a melhor maneira de se estabelecer as metas e identificar medidas e resultados adequados (Abrisqueta-Gomez, 2015).

Bovend'Eerdt et al. (2009 apud Abrisqueta-Gomez, 2015) sugerem um modelo específico de formulação de metas com intervenções acontecendo em três fases: especificação da meta, ponderação da meta e definição de níveis de resultado. Ressalta-se que esses autores consideram que toda formulação de meta deve abarcar os seguintes critérios: ser específica, mensurável, possível, realista e/ou relevante e acontecer dentro de um período determinado de tempo.

Ao se ponderar a meta, é preciso graduar a importância dela e o nível de dificuldade para conquistá-la (Abrisqueta-Gomez, 2015). Quanto aos resultados, eles podem ser graduados em cinco níveis, seguindo a *Goal Attainment Scaling* (GAS) publicada em 2009, que é uma medida de resultado utilizada para avaliar o progresso da intervenção e o alcance da meta (Abrisqueta-Gomez, 2015).

Como o paciente tem importância central na definição das metas em RN, Clare et al. (2011 apud Abrisqueta-Gomez, 2015) sugerem outro instrumento capaz de auxiliar nesse processo: a Medida Canadense de Desempenho Ocupacional (COPM; do inglês, *Canadian Occupational Performance Measure*), que tem formato estruturado para facilitar a identificação de metas individuais, levando em conta a satisfação e o desempenho na meta. Além disso, comparada à GAS, a COPM tem evidência científica sobre sua confiabilidade e utilidade clínica (Law et al., 2005 apud Abrisqueta-Gomez, 2015).

Segundo Abrisqueta-Gomez (2015), a especificação da meta corresponde a descrever a atividade para a qual será dirigida a intervenção; além de identificar o apoio necessário que pode estar relacionado com pessoas, auxílio físico e cognitivo, auxílios externos ou compensatórios. É preciso ainda quantificar o desempenho, envolvendo quantidade de sessões e tempo de duração, frequência e intensidade dos treinos, além do tempo para se alcançar a condição desejada.

Em programas de RN o planejamento de intervenção (com enfoque individualizado) deve, sempre que possível, considerar a escolha das metas envolvendo os pacientes (além de seus familiares próximos), o que não é tão simples porque, em muitos casos, esses indivíduos vivenciam diversas alterações cognitivas, além de outras deficiências (Abrisqueta-Gomez, 2015).

O planejamento de metas objetivas em reabilitação neuropsicológica tem evidências sobre seus potenciais benefícios e pode ser aplicado em diversos contextos de reabilitação e para diferentes tipos de pacientes. Para Clare et al. (2013 apud Abrisqueta-Gomez, 2015), o estabelecimento de metas em programas de RN para pessoas idosas com TNC leve e/ou TNC maior, embora seja recente, é plenamente possível, visto que os autores consideram essas pessoas como capazes de demonstrar certa consciência e algum grau de reconhecimento das próprias dificuldades, conseguindo selecionar objetivos significativos que desejam alcançar, além de parecer que reconhecem quando alcançam as metas.

A RN voltada a metas, além de focar nas reais necessidades e possibilidades de cada paciente, também permite a comparação de resultados em grupo (Abrisqueta-Gomez, 2015).

Técnicas e estratégias cognitivas

Tanto a atenção quanto a memória são funções cognitivas bastante sensíveis a qualquer tipo de dano cerebral e diversos são os diagnósticos que afetam essas funções, repercutindo na adaptação social e ocupacional dos indivíduos.

Entre os transtornos cognitivos, as alterações de atenção e de memória se apresentam com frequência nas disfunções do SNC observadas na população idosa, entre outras faixas etárias (Ostrosky-Solís; Gutiérrez, 2006).

A memória é considerada uma das funções cognitivas mais importantes para a vida do ser humano, pois reflete em suas experiências passadas, permite (momento a momento) que nos adaptemos às situações presentes e nos guia para o futuro (Sohlberg; Mateer, 1989 *apud* Ostrosky-Solís; Gutiérrez, 2006).

Segundo Ostrosky-Solís e Gutiérrez (2006), alguns fatores podem afetar o processo de memória em pessoas de qualquer idade. Porém, o impacto desses fatores em geral aumenta na medida em que envelhecemos, porque indivíduos de idade mais avançada podem experimentar mais do que um desses fatores ao mesmo tempo. Pessoas idosas com DA mostram traços de memória muito lábeis e esquecem rapidamente o conteúdo que aprenderam (Ostrosky-Solís *et al.*, 1998 *apud* Ostrosky-Solís; Gutiérrez, 2006).

As dificuldades de memória ocorrem em geral devido a mudanças nos seguintes processos (Ostrosky-Solís; Gutiérrez, 2006):

- Atenção dividida (porque se torna mais difícil prestar atenção em duas ou mais coisas ao mesmo tempo)
- Capacidade para aprender novas informações (porque se precisa de mais esforço mental para aprender uma informação)
- Recuperação (porque é mais difícil ter acesso à informação armazenada na memória de longo prazo)
- Evocação (porque requer mais tempo recuperar a informação da memória de longo prazo).

As técnicas utilizadas na reabilitação de dificuldades de memória podem ser classificadas em: técnicas de restauração, técnicas de reorganização e técnicas de compensação comportamental (Ostrosky-Solís; Gutiérrez, 2006). Técnicas de reorganização e de compensação comportamental acabam sendo as mais utilizadas em programas de RN para pacientes idosos com declínio cognitivo por serem de mais fácil generalização diante das necessidades da vida cotidiana.

Segundo Tate (1997 *apud* Ostrosky-Solís; Gutiérrez, 2006), técnicas de reorganização visam substituir uma habilidade alterada por outra mais intacta e, assim, melhorar e compensar os problemas de memória. Já a compensação comportamental corresponde às estratégias divididas em dicas ambientais pessoais próximas ou distantes (Wilson, 1995 *apud* Ostrosky-Solís; Gutiérrez, 2006).

Dicas ambientais pessoais são objetos ou meios que fazem o indivíduo se lembrar de alguma tarefa importante. Dicas ambientais pessoais próximas se referem às ajudas externas ou mudanças no ambiente para lembrar de alguma coisa (inclui blocos de anotações, uso eficaz de agendas, registros de acontecimentos através de fotos ou filmagens, além do uso de alarmes e sinais sonoros, entre outros). As dicas ambientais pessoais distantes se referem às mudanças na casa ou em instituições para minimizar as dificuldades da pessoa com queixa de memória (inclui rótulos em quartos, aparelhos e utensílios do lar do paciente, entre outros). Novas tecnologias também podem ser introduzidas na reabilitação de indivíduos com transtornos cognitivos como, por exemplo, "casas inteligentes" que monitoram e controlam o ambiente; sistema interativo de tarefas guiadas, que oferece dicas sequenciais para o paciente realizar tarefas domésticas; além do uso dos demais programas de computador. Essas tecnologias têm a função de facilitar a independência, a atividade e a qualidade de vida do indivíduo enquanto tudo isso é possível e desejado (Ostrosky-Solís; Gutiérrez, 2006).

Ressalta-se que há um vasto repertório de recursos externos compensatórios de memória e que podem ser utilizados por pessoas com os mais diferentes graus de comprometimento: alarmes despertadores, agendas (eletrônicas ou de papel) e calendários de mesa ou de parede; caixas de medicação (com ou sem alarme) com divisórias semanais ou diárias; *post-its* e caixas organizadoras para guardar objetos sempre no mesmo lugar; além de *planners* para o planejamento de atividades diárias (Miotto, 2015).

Eis algumas técnicas de reabilitação de memória utilizadas no contexto clínico entre pacientes idosos com declínio cognitivo mais significativo.

Evocação expandida. Utilizada com sucesso entre pacientes com alteração importante de memória. Uma das hipóteses para esse êxito é que a técnica se baseia no recrutamento de processos de memória residuais ou de outros processos preservados, por exemplo, memória implícita (Camp; McKitrick, 1992 *apud* Miotto, 2015). Envolve a prática de repetição da informação a ser memorizada em intervalos de tempo que aumentam gradativamente. Por exemplo, ao ser ensinado ao paciente um nome de pessoa, pede-se que ele o repita imediatamente após escutá-lo e, depois, em intervalos crescentes de tempo.

Redução de pistas. Também pode ser utilizada em pacientes com alteração significativa de memória, já que envolve pré-ativação perceptual com base em memória implícita. A técnica tem se mostrado eficaz na aprendizagem do nome de pessoas e no processamento de novas palavras (Miotto, 2015). Por exemplo, se o nome a ser aprendido for "Renata", mostra-se o nome na primeira apresentação junto de uma foto da pessoa. Nas demais apresentações, excluem-se gradativamente as letras do nome (do final para o começo) até que não seja mais necessário apresentá-lo por inteiro.

Aprendizagem sem erro. Previne a emissão de respostas erradas pelo indivíduo durante o processo de aprendizagem e memorização de novas informações. Essa técnica foi desenvolvida por Baddeley e Wilson (2015) e se baseia no fato de que pacientes com comprometimento de memória (especialmente de memória episódica) apresentam dificuldade para eliminar erros durante o processo de aprendizagem porque não conseguem se lembrar deles – pessoas com alterações importantes de memória episódica em geral não são capazes de se lembrar que erraram ou que emitiram algum tipo de resposta incoerente. Essa técnica é indicada para pessoas com comprometimento moderado a grave de memória (Miotto, 2015). Por exemplo, ao treinar o paciente a se orientar na data atual, deve-se instruí-lo a apenas dizer se tiver certeza da resposta. Pode-se orientá-lo a checar primeiro o calendário para que confirme a data e, assim, previne-se o erro.

Associação nome-face. Utiliza a formação de imagens visuais (mentais ou concretas) para memorizar informações de conteúdo verbal ou visual. Facilita a memorização de nomes de pessoas ou de locais (Evans, 2009 *apud* Miotto, 2015). Por exemplo, para memorizar um nome recomenda-se que o paciente associe características do rosto da pessoa ao nome dela – e se a pessoa se chama Rosa, associa-se ao nome a flor.

Terapia de orientação para a realidade. Na RN da pessoa idosa, uma boa estratégia é trabalhar com a terapia de orientação para a realidade (TOR), desenvolvida por James Folson, em 1968, visando à redução da desorientação e confusão nos idosos. Para o sucesso da TOR, as informações devem ser passadas de forma objetiva, por meio da organização do mundo externo (p. ex., uso de crachá com nome do profissional, relógios adaptados, calendários móveis, sinalização de interruptores, guia de tarefas diárias etc.). Os objetivos específicos são redução da desorientação temporal e espacial, além de se trabalhar com dados da realidade de forma contínua, organizada e sistemática (Fernandes, 2014).

Terapia de reminiscência. É uma intervenção com potencial terapêutico por meio da recuperação de acontecimentos de vida significativos. Configura-se como atividade agradável e estimulante com o propósito de promover autoestima, identidade e individualidade da pessoa idosa e tem sido relatada como uma intervenção associada ao prazer, à segurança e ao sentido de pertencimento. É uma abordagem terapêutica centrada na pessoa e que valoriza sua dimensão humana e trajetória de vida, mobilizando recursos cognitivos ainda preservados. Ao recorrer à evocação de memórias de longo prazo (que geralmente permanecem intactas), a terapia de reminiscência (TR) contribui para redução da experiência de falha sentida com frequência pelas pessoas idosas com comprometimento cognitivo (Gil *et al.*, 2019).

Embora o uso de tecnologia para treino cognitivo venha acompanhado (na última década) de estudos comprovando seu efeito positivo, ressalta-se que alguns pesquisadores questionam essa eficácia porque esse tipo de atividade não proporciona generalização automática dos ganhos obtidos pelo treino para o cotidiano. Porém, sugere-se juntar o uso da tecnologia com a atuação direcionada do profissional de RN, a fim de se obter resultados através do treino que possam ser utilizados nas tarefas do dia a dia do indivíduo (Barnes *et al.*, 2009; Brehmer *et al.*, 2001; Fernández *et al.*, 2012; Mahncke *et al.*, 2006; Smith *et al.*, 2009 *apud* Miotto, 2015), em especial para treino atencional, já que esse domínio da cognição é facilmente generalizável.

Ainda assim, pode-se sugerir o uso de plataformas de estimulação cognitiva como RehaCom (disponível em: http://www.rehacom.com.br/node/1; acesso em: 14 abr. 2024) e NeuronUp (disponível em: https://neuronup.com.br/; acesso em: 14 abr. 2024), além de aplicativos para celular, *tablet* ou computador, como Lumosity Treinamento Cerebral, Cognifit Brain Fitness, Peak, entre outros.

Psicoeducação

A psicoeducação é uma técnica que relaciona instrumentos psicológicos e pedagógicos com o objetivo de ensinar pacientes e cuidadores sobre uma patologia física e/ou psíquica, bem como sobre seu tratamento. Assim, é possível desenvolver um trabalho de prevenção e de conscientização em saúde (Lemes; Neto, 2017). Entende-se psicoeducação como um conjunto de práticas que têm como objetivo a construção de conhecimentos e a troca de experiências entre indivíduos, com base em uma didática estruturada.

Pode ser utilizada tanto para transtornos psicológicos quanto para doenças orgânicas, correspondendo a 85 e 15% dos artigos existentes, respectivamente. A aplicação serve tanto para familiares/cuidadores quanto para pacientes, correspondendo a 40 e 45% dos estudos existentes, respectivamente. É uma técnica de aplicações em diversas áreas da saúde, englobando transtornos psicológicos e doenças orgânicas (Lemes; Neto, 2017) nos seguintes contextos: cuidados paliativos, doenças crônicas, grupo-terapia e saúde pública. Diz respeito à motivação para o tratamento através da promoção do diálogo em torno de informações úteis para os pacientes e para quem convive com eles, com base em aspectos relacionados com a experiência do convívio.

Sabe-se que o conhecimento se constrói nas relações, nas quais cada indivíduo tem um saber que pode oferecer ao outro. Dessa forma, preza-se pela informação para todos aqueles que muitas vezes se encontram desnorteados diante de uma nova e angustiante realidade. Diálogo, escuta e reflexão constituem elementos importantes de elaboração psíquica e são norteadores das ações de enfrentamento. Para Authier (1977 *apud* Lemes; Neto, 2017), psicoeducação é uma intervenção psicoterapêutica que tem como objetivo enfocar mais as satisfações e ambições relacionadas com os objetivos almejados pelo paciente do que uma técnica voltada para curar determinada doença.

Psicoeducação em saúde teve seu início em 1970, surgindo como um modelo que envolve distintas disciplinas e teorias capazes de ser inter-relacionadas para compreender e aplicar suas técnicas diante do adoecimento do indivíduo (Wood *et al.*, 1999 *apud* Lemes; Neto, 2017). No entanto, a ressalva dos autores é que esse modelo não pode ser aplicado de qualquer maneira, e isso justifica o desenvolvimento de projetos e de pesquisas acerca da psicoeducação, desde seu surgimento até hoje.

Em geral, as intervenções psicoeducacionais têm como principais objetivos fornecer informações sobre a doença e técnicas de gerenciamento de estresse, emoções e humor dos cuidadores, além de abordar técnicas para gerenciar comportamentos dos pacientes (Lopes; Cachioni, 2012).

Psicoeducação visa auxiliar familiares e cuidadores, através da transmissão de informações com objetivo educativo, bem como facilitar um melhor enfrentamento dos aspectos vivenciais de diferentes diagnósticos, considerando-se particularidades e o contexto de cada paciente. Trata-se de uma oportunidade para que os envolvidos esclareçam dúvidas e recebam orientações. Authier (1977 *apud* Lemes e Neto, 2017) afirma que a maneira mais efetiva para auxiliar as pessoas é ensiná-las a se ajudarem, propiciando conscientização e autonomia.

O modelo psicoeducacional envolve diferentes teorias psicológicas e educativas, além de utilizar dados teóricos de outras áreas, como educação, filosofia e medicina, com o intuito de ampliar o fornecimento de informações aos pacientes para que obtenham um entendimento não fragmentado acerca de seus diagnósticos (Cole; Lacefield, 1982 *apud* Lemes; Neto, 2017). Com essa prática, busca-se que pacientes e cuidadores se tornem mais ativos e envolvidos no processo da RN como um todo, sendo melhores colaboradores/participantes.

Portanto, a psicoeducação é um modelo complexo com diferentes teorias e técnicas psicológicas e pedagógicas voltadas ao âmbito social, comportamental e cognitivo do indivíduo, possibilitando uma compreensão multiperspectiva sobre o adoecimento (Lemes; Neto, 2017). Estudos de Chien (2008) e Rahmani *et al.* (2015) (*apud* Lemes; Neto, 2017) comprovam a eficácia da psicoeducação em saúde.

Grupos psicoeducacionais orientam o manejo do cuidado e o aumento do bem-estar dos cuidadores à medida que transmitem conhecimentos que podem melhorar a regulação das emoções. Conforme Figueiredo *et al.* (2013 *apud* Lopes; Cachioni, 2012), a psicoeducação é caracterizada por ser limitada no tempo, estruturada, focada no presente e na resolução de problemas. É uma abordagem que pressupõe que a cognição gerencia emoções e comportamentos. Para Lopes e Cachioni (2012), educar pacientes e familiares é fundamental porque as informações sobre a patologia contribuem para a identificação de pensamentos e comportamentos distorcidos que estão na base da aflição e do sofrimento. Tal intervenção é mais importante ainda quando há carência de informações básicas ou treinamento formal para familiares e para a comunidade sobre o manejo diário adequado dos indivíduos (Lopes; Cachioni, 2012). Para Justo e Calil (2004 *apud* Lopes; Cachioni, 2012), a psicoeducação não deve apenas instruir pacientes e familiares sobre doença e seu tratamento, mas fazer dos pacientes colaboradores ativos.

Segundo Lopes e Cachioni (2012), estudos mostram efeitos positivos na redução do estresse e da sobrecarga à medida que cuidadores aprendem a usar as estratégias de enfrentamento para lidar com eventos estressores, diminuindo pensamentos disfuncionais e contribuindo para o melhor manejo do comportamento dos pacientes e das tarefas de cuidados. De acordo com o relatório sobre demência produzido pela OMS em 2012, programas psicoeducacionais devem ter duração longa, fazer referência a um quadro teórico específico e ter objetivos bem definidos (com foco principalmente na informação), apoio psicológico, gestão de problemas comportamentais e de seus efeitos na vida dos cuidadores. As intervenções psicoeducacionais devem também fornecer informações sobre a doença e como controlá-la e, por sua vez, ajudar os cuidadores a expressarem emoções e aprenderem a lidar com elas (Lopes; Cachioni, 2012).

Em resumo, a intervenção psicoeducacional pode contribuir significativamente para melhora do bem-estar, aquisição de estratégias de enfrentamento da situação de cuidado, diminuição de sentimentos e pensamentos disfuncionais, entre outros benefícios. Contudo, há necessidade de uma padronização da abordagem em termos de estrutura, duração e conteúdos para que se obtenham informações mais precisas sobre o efeito desse tipo de intervenção (Lopes; Cachioni, 2012).

Orientação familiar

Entende-se por cuidador o indivíduo responsável por prover ou coordenar os recursos requeridos pelo paciente (Coen *et al.*, 1997 *apud* Garrido; Tamai, 2006).

Pessoas idosas representam um total significativo da população brasileira, fato que acarreta importantes demandas sociais, econômicas e de saúde. Nesse contexto, verifica-se a incidência de doenças crônico-degenerativas, em especial, processos demenciais, que causam um grande impacto na estrutura familiar, trazendo sobrecarga emocional a todo o núcleo familiar. Portanto, são consideradas doenças familiares que requerem programas e medidas de apoio, tanto para o paciente com demência quanto para seus familiares/cuidadores (Lopes; Cachioni, 2012).

Demências se caracterizam por deterioração cognitiva, alterações comportamentais e uma variedade de sintomas neuropsiquiátricos que provocam mudanças no comportamento, assim requerem um cuidador para assessorar o paciente idoso nas atividades básicas e instrumentais de vida diária, além de realizar supervisão constante delas. Cuidadores informais, como são consideradas as pessoas próximas ao paciente (familiares, amigos ou vizinhos) e que na maioria das vezes lhe prestam cuidados de forma voluntária, muitas vezes o fazem motivados por sentimentos de obrigação, retribuição, dependência, amor ou por não conseguirem pagar um cuidador formal (Silva; Silva; Silveira, 2023).

Os cuidados de supervisão e de proteção estão presentes desde as fases iniciais da doença e são definidos pelas ações constantes de auxiliar nas tarefas básicas e prevenir acidentes e riscos à integridade do idoso. Os cuidadores não sentem segurança nem para deixar a pessoa idosa sozinha dentro do domicílio, em consequência dos riscos ocasionados pela doença (Silva; Silva; Silveira, 2023).

Hoenig e Hamilton (1996 *apud* Garrido; Tamai, 2006), dividiram e definiram pela primeira vez na literatura os aspectos objetivos e subjetivos do impacto do cuidado. Foram definidos como impactos objetivos: sobrecarga financeira; tensão do cuidador por ter de negligenciar as responsabilidades com outras pessoas da família; interrupção nas atividades rotineiras do lar; supervisão além da necessária e problemas com vizinhos. Já os impactos subjetivos foram: sentimento de embaraço, sobrecarga, ressentimento e exclusão.

Cabe ressaltar que a família é um recurso importante para o manejo do paciente e, assim, pode ajudar muito na eficácia do tratamento e, em consequência, vivenciar redução de gastos com ele (Lopes; Cachioni, 2012). Porém, segundo Vilela e Caramelli (2006), no Brasil, há poucos estudos sobre essas questões e, embora os estudos estrangeiros sejam de grande valia, é fundamental que haja pesquisas nacionais, porque diversos questionamentos referentes ao cuidado de pessoas idosas com demência têm estreita relação com a cultura de cada povo (Vilela; Caramelli, 2006).

O atendimento ao familiar cuidador é de suma importância para que haja êxito no cuidado prestado ao paciente com demência, devendo-se, inclusive, investir no convívio social de quem cuida, pois isso auxilia no manejo das mudanças que ocorrem na rotina do familiar envolvido no cuidado (Tristão; Santos, 2015).

Alguns estudos apontam que cuidar de pessoas idosas com demência pode ser mais estressante que cuidar de idosos fisicamente frágeis, em razão dos problemas específicos dessas pessoas, tais como mudança comportamental, desorientação ambiental e progressiva dependência na execução de tarefas do cotidiano. O nível de dependência do paciente com demência aumenta na medida em que a doença progride e se, nos estágios iniciais, o suporte é necessário apenas para atividades instrumentais da vida diária, a necessidade de cuidados tende a ser maior conforme a doença avança, até que a fiscalização na demência se torne constante (Lopes; Cachioni, 2012).

No ambiente doméstico, os cuidadores familiares são confrontados com múltiplas tarefas que evoluem durante todo o processo da doença. Cuidar de pessoas idosas com demência é uma tarefa difícil e que requer muito tempo disponível, além de energia vital e esforço físico. Em geral, a doença progride lentamente e, por isso, a família tem de prestar cuidados por muitos anos, ficando exposta a níveis elevados de estresse por longos períodos, somando-se a isso a fadiga crônica decorrente de muitas horas de tutoria do familiar, sem períodos de descanso (Lopes; Cachioni, 2012).

A situação de dependência é agravada pela vulnerabilidade social de muitas famílias brasileiras. As dificuldades de sobrevivência acabam transformando o adoecimento da pessoa idosa em uma experiência ainda mais difícil de se arcar. Algumas vezes, a sobrecarga diante do cuidado desse familiar pode ir além dos limites suportáveis da pessoa que cuida e acaba gerando conflitos e desagregações (Nascimento; Figueiredo, 2019). Por vezes, observam-se situações em que o familiar/cuidador se encontra sem saída, sem suporte de outros familiares ou da comunidade e do Estado, sem escolha, com um imperativo de dedicação exclusiva ao outro e a abdicação de si que, em muitos casos, levam a interpretações subjetivas negativas acerca do cuidado, gerando conflitos existenciais e podendo fazer com que o cuidador vivencie situações emocionais graves (Nascimento; Figueiredo, 2019).

Diferentes discursos de familiares/cuidadores demonstram que as demências provocam mudanças consideráveis em suas vidas: modificam as condições da casa, da rotina e da vida pessoal e laboral. Alguns sintomas decorrentes da progressão da doença, como agressividade, alucinações e incontinência urinária e fecal do familiar idoso enfatizam a sobrecarga e as adversidades do manejo do cuidado, fato que leva familiares/cuidadores a abdicarem de si em prol do cuidado do outro (Nascimento; Figueiredo, 2019).

A sobrecarga dos cuidadores é um dos mais importantes problemas causados pelas demências. Estudos mostram que os cuidadores apresentam importante risco de desenvolverem doenças psicológicas e físicas, além de funcionamento social prejudicado, e isso tudo compromete sua capacidade de cuidar do familiar idoso. Em decorrência da sobrecarga, os cuidadores também podem desenvolver sintomas como hipertensão arterial, desordem digestiva, doenças respiratórias e mais propensão a infecções (Lopes; Cachioni, 2012).

Manutenção de estudos sobre cuidadores, boa formação de profissionais de saúde especializados na área e implementação (na prática) de programas de orientação e apoio ao cuidador que envolvam (além da família), o Estado e a comunidade mostram-se relevantes (Garrido; Tamai, 2006).

Evidências sobre os impactos pessoais, sociais e de saúde do cuidador deram origem a estudos de intervenção que visam diminuir o estresse dessas pessoas. A literatura aponta como possibilidades de intervenções para cuidadores, por exemplo, grupos de aconselhamento, grupos de apoio, psicoterapia e intervenção psicoeducacional. A existência de serviços de apoio é essencial para reduzir as consequências advindas do ato de cuidar (Lopes; Cachioni, 2012). Cabe salientar que nem todos os cuidadores tornam-se insatisfeitos com o papel que exercem, e isso se deve às estratégias empregadas para o enfrentamento das situações de desgaste (Tristão; Santos, 2015).

O perfil e a sobrecarga dessa parcela da população brasileira ainda são desconhecidos, assim como as áreas de maior impacto e qual tipo de intervenção pode ser mais eficaz para minimizá-las, que são questões em avaliação (Garrido; Tamai, 2006).

No entanto, são considerados orientações importantes aos familiares/cuidadores de idosos com demências: pedir e aceitar ajuda de outros familiares no ato do cuidado (delegar funções); colocar limites no ato de cuidar para evitar sobrecargas desnecessárias; informar sobre a importância do familiar/cuidador estar atento à própria saúde física e mental, além de oferecer suporte a esse familiar para que consiga minimamente enfrentar sentimentos negativos como raiva, tristeza, entre outros diante da situação vivenciada com o adoecimento do idoso (Gil-Monte, 2004).

Estudos apresentam ainda, na percepção de familiares, algumas situações problema, tais como referência para serviços especializados, demora no encaminhamento e no atendimento multidisciplinar, ausência do profissional psicólogo e desconhecimento sobre o processo demencial e sobre os cuidados possíveis na atenção primária, que contribuem para a demora no estabelecimento de estratégias de cuidado da pessoa idosa e de seus familiares (Nascimento; Figueiredo, 2019).

Casos clínicos

Caso 1

Paciente X., sexo feminino, 82 anos, destra. Cursou ensino superior completo na área de Administração, mas nunca exerceu a profissão. Durante grande parte de sua vida atuou gerenciando as atividades da própria casa. Realizava pinturas em tela e esculturas feitas de cerâmica como *hobby*. Casada, tem três filhos e dois netos. Natural e procedente da cidade de São Paulo (SP), mora com o marido, um dos filhos e uma secretária da casa.

Em entrevista clínica de anamnese, a paciente e seus familiares auxiliaram com a coleta de informações e trouxeram como queixa o fato de X. não ter real noção do grau de suas dificuldades de memória, o que justificava vivenciar conflitos familiares porque, como consequência disso, não apresentava boa adesão às orientações médicas. Paciente e familiares citaram desorganização temporal, com X. sempre confundindo ou errando informações quanto ao dia da semana, ao mês e ao ano corrente. Além disso, a paciente relatou passar por desconfortos em situações sociais porque muitas vezes não se recordava dos nomes de familiares próximos para interagir em festas e jantares, entre outros. O esposo referiu que X. nunca se recordava de lhe passar os recados telefônicos e que também não delegava a função de atender ligações à funcionária da casa. X. disse que fazia uso de agenda de papel como recurso auxiliar de memória, mas que não via muito sucesso no uso dessa estratégia e acrescentou que gostaria de voltar a realizar atividades artísticas que foram gradualmente sendo abandonadas "coincidentemente" após o diagnóstico de DA.

Como antecedentes clínicos pessoais, a paciente citou fratura de fêmur e cirurgia de catarata nos dois olhos. Fazia uso regular das seguintes medicações: Ebix® e Epéz® (medicamentos indicados para o tratamento de DA); Lexapro® (medicamento que atua como antidepressivo); AAS® infantil (medicamento que tem efeito anticoagulante); e D-Pura® (vitamina D).

A avaliação neuropsicológica realizada anteriormente evidenciou alterações leves, com atuação na faixa média inferior, em processos atencionais (sustentação atencional, atenção seletiva e dividida). O desempenho mostrou-se moderadamente prejudicado (na faixa limítrofe) no que se refere à fluência verbal semântica/categórica de palavras sob condição de tempo limitado, memória episódica verbal de evocação imediata e memória de aprendizagem verbal por repetição na etapa de reconhecimento através de pistas visuais. X. alcançou atuação deficitária, na faixa inferior, diante das habilidades de memória episódica verbal e visual de evocação espontânea tardia, além de memória de aprendizagem por repetição verbal nas etapas imediata, curva de aquisição, total, após o uso de estímulos distratores e tardia.

Ressalta-se que as demais esferas cognitivas avaliadas estiveram dentro do esperado para a faixa etária, embora possivelmente um tanto aquém de seu nível acadêmico prévio, comparando-se a paciente com ela mesma (em análise qualitativa).

Iniciou sessões de RN, encaminhada por seu médico neurologista, devido à hipótese diagnóstica de TNC maior do tipo DA.

As metas do plano de reabilitação a seguir foram elaboradas com base nas demandas trazidas pela paciente e por seus familiares, de posse também dos resultados da avaliação neuropsicológica de X.

Estabelecimento de metas

- **Meta a longo prazo:** diminuir a velocidade de progressão da DA
    - **Meta a curto prazo 1:** facilitar uma melhor conscientização da paciente acerca de suas dificuldades de memória, já que a mesma sempre as minimizava
        - **Estratégia:** escolher um questionário de memória com perguntas simples e objetivas e que abarque dificuldades comuns de memória para a pessoa idosa no dia a dia e pedir para que X. o preencha inicialmente a cada semana, no começo das sessões de RN, colocando sempre seu nome para evitar uma possível justificativa de que aquele material não lhe pertencia
        - **Observação:** ao longo dos atendimentos e aos poucos, X. foi demonstrando maior aceitação e melhor percepção de suas dificuldades cotidianas de memória e, então, passou a preencher esse mesmo questionário a cada 15 dias e depois mensalmente, até que não fosse mais necessário
    - **Meta a curto prazo 2:** treinar a habilidade de atenção simples, ou seja, de sustentação atencional
        - **Estratégia:** fazer uso de tarefas específicas para treino de atenção concentrada/sustentada, existentes nas plataformas digitais RehaCom e NeuronUp, além de exercícios com material impresso de *e-books* (p. ex., Ativamente, Neuroativamente e Cognitivamente) e de livros de estimulação cognitiva (p. ex., *Exercite sua mente* e as coleções Treine seu Cérebro e Cérebro Ativo)
        - **Observação:** optou-se pelo uso mais frequente de material impresso, devido a maior facilidade de manejo por X. e também porque, assim, ela conseguia dar continuidade às atividades selecionadas pelo profissional em sua casa. De início, X. cometia muitos erros e demonstrava atuação alentecida, mas com o tempo conseguiu evolução positiva quanto aos dois aspectos – apresentava menos erros atencionais usando menor tempo para realização das tarefas
    - **Meta a curto prazo 3:** treinar a orientação temporal da paciente com uso e checagem constantes de um calendário
        - **Estratégia:** foi construído um modelo de calendário personalizado para a paciente que continha apenas informações básicas (ano, mês, dia da semana e dia do mês) para facilitar que X. encontrasse as informações de modo rápido e simples. A paciente foi orientada verbalmente (e também recebeu material informativo impresso) com as instruções para o uso correto e diário do material, que incluía olhar o calendário pelo menos 3 vezes/dia (de manhã, no horário do almoço e antes de se deitar), repetindo em voz alta todas as informações. Ao fazer a primeira leitura do dia, X. deveria marcar com um círculo (em cor vibrante) a data que estava se iniciando e na última leitura deveria fazer um **X** sobre o círculo da data que estava finalizando, sempre sob supervisão do filho que morava com ela, para evitar marcações erradas e promover aprendizagem sem erro
        - **Observação:** ao longo do treino e com a repetição, X. conseguiu se localizar melhor quanto ao mês e ano correntes, sabendo evocá-los de maneira espontânea e com baixo número de erros, além de fazer questão de acessar o calendário toda vez que não conseguia se orientar sozinha. No início, o filho que morava com a paciente orientou-a no preenchimento do calendário, mas com o tempo, a paciente passou a preenchê-lo sozinha, além de se recordar da existência do recurso para saber se localizar no tempo sempre que necessário
    - **Meta a curto prazo 4:** facilitar a evocação gradual dos nomes de suas três noras
        - **Estratégia:** foi proposto o uso da técnica associação nome-face por meio da qual a paciente focalizava características relevantes na fotografia da pessoa cujo nome ela desejava recordar e assim fazia uma associação visual (que ela mesma escolhia para facilitar o processo mnemônico e a técnica lhe fazer sentido) com o primeiro nome da nora a ser lembrado periodicamente. Ressalta-se que, em paralelo a essa

técnica, também foi utilizada a técnica de recordação expandida (espaçada), em que X. praticava a repetição da informação a ser memorizada em intervalos que aumentavam de modo gradativo. Cabe ressaltar que X. só passou a aprender o nome das demais noras depois que se recordava de fato do nome da primeira apenas ao olhar a fotografia e sem nem precisar desse recurso
- Observação: X. gradualmente obteve sucesso com uso da técnica, o que impactou de modo positivo em sua autoestima e resultou no maior investimento social
- **Meta a curto prazo 5:** orientar e treinar o uso eficiente e eficaz da agenda de papel
  - Estratégia: de início, o filho que morava com a paciente foi orientado a adquirir uma agenda de papel nova e adequada para o uso da mãe (agenda de tamanho satisfatório e com espaço para dados de identificação, além de ter descritos os dias dos meses e horários dos dias). Em seguida, o mesmo filho foi orientado sobre como fazer as anotações na agenda, de modo a tornar os conteúdos de fácil acesso para X., já que ela não conseguia recordar-se do que precisava e deveria anotar de maneira espontânea. Foram realizadas algumas sessões de treino para a confecção da agenda (com a profissional) e com o tempo, o filho foi orientado a supervisionar a elaboração e a checagem da agenda dia a dia pela paciente, em domicílio. As orientações de preenchimento foram entregues por escrito e estavam focadas nas seguintes informações: registrar compromissos com hora marcada e os que surgem de última hora; tarefas a serem realizadas diariamente; informações que X. julgasse importantes; anotação de recados para si mesma (p. ex., algo que ela precisasse perguntar para alguém) e datas de aniversários
  - Observação: com o passar dos dias, a paciente conseguia (com a ajuda constante do filho) acompanhar compromissos fixos e variáveis, fato que refletiu também na melhora da autoestima
- **Meta a curto prazo 6:** criar e treinar uma forma eficaz para que X. conseguisse anotar os recados telefônicos para direcioná-los ao esposo sempre que necessário
  - Estratégia: criar uma espécie de caderno-lembrete com informações relevantes (p. ex., nome e número de quem telefonou, para quem é o recado e qual é o recado, além da data e hora da ligação) para que a paciente (ainda durante a ligação) conseguisse anotar os conteúdos a serem direcionados a quem de interesse. Foi proposta também a colocação de um lembrete por escrito (em cor vibrante) em todas as paredes próximas de cada aparelho telefônico da residência para que ela se recordasse da existência do caderno-lembrete e de fazer as anotações necessárias
  - Observação: com o uso da técnica de *roleplaying* durante as sessões de RN, a paciente foi treinando a estratégia das anotações (ainda enquanto estava nas ligações telefônicas) e de modo gradual conseguiu dar conta da demanda de passar um mínimo de informações para o esposo sobre recados direcionados a ele, sem precisar abandonar a prática

- **Meta a curto prazo 7:** buscar uma forma motivadora de facilitar para que X. voltasse a pintar
  - Estratégia: familiares foram orientados a adquirir cadernos de pintura para adultos (com desenhos estruturados) para que X. realizasse tarefas de casa semanais envolvendo a pintura desses desenhos e, assim, pudesse voltar aos poucos a praticar a atividade de pintar de que tanto gostava
  - Observação: no início, a paciente mostrou-se um tanto resistente à proposta de pintura com cadernos para adultos, justificando que aquela forma lúdica de pintar era muito diferente do que fazia antes (quando pintava cenários de natureza "viva"). Mas conforme foi se deparando com as dificuldades cognitivas que impactavam a manutenção da prática no modelo anterior, passou a aceitar a facilidade dos desenhos estruturados e aderiu muito bem à proposta como uma de suas tarefas domiciliares semanais

X. se mantém em sessões de RN 1 vez/semana para o seguimento de outras metas estabelecidas posteriormente.

Caso 2

Y., sexo feminino, destra, 69 anos, cursou ensino superior na área de Comunicação Social e atualmente é responsável pela administração de um escritório próprio. Natural de São Paulo (SP), reside apenas com uma funcionária de sua casa. Separada, não teve filhos. Y apresenta queixas de memória e em entrevista clínica para a coleta de dados exemplificou alguns episódios de esquecimento no que se refere ao conteúdo de reuniões profissionais, à compra de itens de supermercado e, por vezes, a assuntos lidos em jornais ou artigos. Em contrapartida, não relata esquecimentos significativos frequentes e disse que se recorda bem de eventos de sua história pregressa. Faz uso de jogos para estimulação cognitiva, além de utilizar uma agenda eletrônica como recurso facilitador de memória. Não trouxe outras queixas cognitivas e relatou preservação da independência e da autonomia.

Referiu antecedentes clínicos pessoais de cardiopatia e diabetes. Faz uso regular das medicações Concor®, Jardiance® e Trulicity®.

Realizou avaliação neuropsicológica que evidenciou dificuldade moderada (situando-se na faixa limítrofe) a significativa (situando-se na faixa inferior) diante da habilidade de aprendizagem tardia e por reconhecimento por meio de pistas que não podem ser justificadas por alterações do humor e talvez possam justificar as queixas iniciais da paciente.

Ressalta-se que quase todas as esferas cognitivas avaliadas estiveram dentro e/ou acima do esperado para sua faixa etária e seu nível acadêmico prévio, denotando bons recursos cognitivos.

Iniciou sessões de RN por curto período, encaminhada por seu médico neurologista, devido à hipótese diagnóstica de TNC leve do tipo mnéstico único domínio.

As metas do plano de reabilitação a seguir foram elaboradas com base nas demandas trazidas pela paciente, de posse também dos resultados da avaliação neuropsicológica.

Estabelecimento de metas

- **Meta a longo prazo:** realizar intervenção psicoeducativa sobre TNC leve
  - **Meta a curto prazo 1:** fornecer à paciente esclarecimento e informações significativas sobre o conceito de TNC leve e suas possíveis repercussões ao longo do tempo
    - **Estratégia:** foram realizadas sessões iniciais com explanação verbal da neuropsicóloga sobre a hipótese diagnóstica. Y. também foi orientada a realizar leitura de artigos e capítulos de livros sugeridos sobre o tema para posterior discussão e esclarecimento de dúvidas durante as sessões
    - **Observação:** Y. não demonstrou qualquer tipo de resistência aos esclarecimentos e às orientações, com bom aproveitamento
- **Meta a longo prazo:** facilitar para que Y. tenha um desempenho mais funcional diante das queixas de memória
  - **Meta a curto prazo 1:** ensinar-lhe técnicas mnemônicas e estratégias internas compensatórias visando à diminuição das queixas
    - **Estratégia:** foi proposto o uso da técnica PQRST para a memorização de conteúdos lidos. Essa técnica pressupõe etapas como: ler a informação uma vez para saber do que se trata (prévia), fazer perguntas a si mesmo sobre o conteúdo que leu (questão), reler a informação tentando responder perguntas (reler), selecionar as respostas corretas (selecionar) e reler a informação para testar se as respostas estão corretas (teste). Foi proposto também o uso de associação como estratégia mental para a memorização de nomes e conteúdos lidos – a associação é um tipo de estratégia interna efetiva para pessoas com alterações leves de memória. Através da associação, Y. poderia recordar o nome de sua funcionária lembrando que ele é o mesmo nome de sua mãe; poderia ainda percorrer o alfabeto mentalmente e quando chegasse na letra do nome que precisa lembrar essa estratégia facilitaria a evocação do nome. Para conteúdos lidos, poderia categorizar as informações a serem memorizadas por meio da organização por temas (economia, esporte, política etc.). Esse tipo de associação semântica também poderia ser usado para lembrar itens de uma lista de supermercado (frutas, verduras, materiais de limpeza etc.).

É importante mencionar que, embora Y. tenha se mostrado um tanto resistente para fazer uso das técnicas e estratégias que lhe foram ensinadas, quando se dispôs a usá-las observou-se bom aproveitamento.

Como complemento dessas orientações, Y. também fez uso de tecnologia durante as sessões de RN para treino computadorizado de memória por meio da plataforma NeuronUp. Também foi orientada a fazer uso de estratégias externas facilitadoras de memória, tais como alarmes e *post-its*, além da elaboração de listas de verificação do que precisa executar e cujos itens iam sendo marcados conforme já estavam finalizados.

Y. manteve-se em sessões semanais de reabilitação durante aproximadamente 12 meses, sendo desligada por alta devido aos objetivos atingidos. No entanto, manteve-se em sessões mensais (e depois bimestrais) para acompanhamento evolutivo do quadro.

Referências bibliográficas

ABRISQUETA-GOMEZ, J. Introdução à reabilitação neuropsicológica em idosos. *In*: ABRISQUETA-GOMEZ, J.; SANTOS, F. H. (org.). Reabilitação neuropsicológica: da teoria à prática. São Paulo: Artes Médicas, 2006.

ABRISQUETA-GOMEZ, J. Memória e envelhecimento cognitivo saudável. *In*: MALLOY-DINIZ, L. F.; FUENTES, D.; COSENZA, R. M. *In*: Neuropsicologia do envelhecimento: uma abordagem multidimensional. Porto Alegre: Artmed, 2013.

ABRISQUETA-GOMEZ, J. Reabilitação cognitiva no comprometimento cognitivo leve e nas demências. *In*: MIOTTO, E. C. (org.). Reabilitação neuropsicológica e intervenções comportamentais. São Paulo: Roca, 2015.

ABRISQUETA-GOMEZ, J.; PONCE, C. S. C. Intervenção neuropsicológica nas demências: como funciona esta abordagem na prática clínica. *In*: ABRISQUETA-GOMEZ, J.; SANTOS, F. H. (org.). Reabilitação neuropsicológica: da teoria à prática. São Paulo: Artes Médicas, 2006.

AMERICAN PSYCHIATRIC ASSOCIATION (APA). Manual diagnóstico e estatístico de transtornos mentais – DSM-5 – texto revisado. 5. ed. Porto Alegre: Artmed, 2023.

BADDELEY, A. D.; WILSON, B. A. Reabilitação neuropsicológica nas alterações de memória. *In*: MIOTTO, E. C. Reabilitação neuropsicológica e intervenções comportamentais. Rio de Janeiro: Roca, 2015.

BECHELLI, L. P. C.; SANTOS, M. A. Psicoterapia de grupo: como surgiu e evoluiu. Revista Latino-Americana de Enfermagem, Ribeirão Preto, v. 12, n. 2, p. 242-249, 2004.

BLAY, S. L.; LAKS, J.; BOTTINO, C. M. C. Demência e transtornos cognitivos em idosos. Rio de Janeiro: Guanabara Koogan, 2006.

CAIXETA, L. Demências. São Paulo: Lemos Editorial, 2004.

CLARE, L.; WOODS, R. T. Cognitive rehabilitation in dementia: a special issue of Neuropsychological Rehabilitation. New York: Psychology Press Taylor & Francis Group, 2001.

FERNANDES, J. L. Terapia de orientação para a realidade. 2014. Disponível em: http//julianalfernandes.blogspot.com/2014/08/. Acesso em: 14 abr. 2024.

GARRIDO, R.; TAMAI, S. O impacto da demência nos cuidadores e familiares: relevância clínica e escalas de avaliação. *In*: BOTTINO, C. M. C.; LAKS, J.; BLAY, S. L. Demência e transtornos cognitivos em idosos. Rio de Janeiro: Editora Guanabara Koogan, 2006.

GIL, I. *et al*. Eficácia da reminiscência na cognição, sintomas depressivos e qualidade de vida em idosos institucionalizados: revisão sistemática. Revista Escola de Enfermagem da USP, São Paulo, v. 53, p. 1-9, 2019.

GIL-MONTE, P. R. Cuidando de quem cuida. Psicologia em Estudo, Maringá, v. 9, n. 1, p. 137-138, 2004.

INSTITUTO BRASILEIRO DE GEOGRAFIA E ESTATÍSTICA (IBGE). Censo Demográfico. 2022. Disponível em: https://censo2022.ibge.gov.br/pt/censo-2022-inicio.html?lang=pt-BR. Acesso em: 14 abr. 2024.

LEMES, C. B.; NETO, J. O. Aplicações da psicoeducação no contexto da saúde. Temas em Psicologia, Ribeirão Preto, v. 25, n. 1, p. 17-28, 2017.

LOPES, L. O.; CACHIONI, M. Intervenções psicoeducacionais para cuidadores de idosos com demência: uma revisão sistemática. Jornal Brasileiro de Psiquiatria, Rio de Janeiro, v. 61, p. 252-261, 2012.

MIOTTO, E. C. Reabilitação neuropsicológica nas alterações de memória. *In*: MIOTTO, E. C. (org.). Reabilitação neuropsicológica e intervenções comportamentais. São Paulo: Roca, 2015.

NASCIMENTO, H. G.; FIGUEIREDO, A. E. B. Demência, familiares cuidadores e serviço de saúde: o cuidado de si e do outro. Ciência de Saúde Coletiva, [*s. l.*], v. 24, n. 4, p. 1381-1392, 2019.

NICOLATO, R.; ALVARENGA, J. Saúde mental e envelhecimento. *In*: MALLOY-DINIZ, L. F.; FUENTES, D.; COSENZA, R.M. Neuropsicologia do envelhecimento: uma abordagem multidimensional. Porto Alegre: Artmed, 2013.

NÓBREGA, M. P. S. S. *et al*. Programas de estimulação cognitiva para idosos com ou sem síndromes demenciais supervisionados ou aplicados por enfermeiros: revisão integrativa. Cogitare Enfermagem, Curitiba, v. 7, 2022.

OSTROSKY-SOLÍS, F.; GUTIÉRREZ, A. L. Reabilitação neuropsicológica da atenção e da memória intervenção. *In*: ABRISQUETA-GOMEZ, J.; SANTOS, F. H. (org.). Reabilitação neuropsicológica: da teoria à prática. São Paulo: Artes Médicas, 2006.

PESQUISA NACIONAL DE SAÚDE (PNS). Apresentação. 2019. Disponível em: https://www.pns.icict.fiocruz.br/. Acesso em: 14 abr. 2024.

RIBEIRO, A. M.; COSENZA, R. M. Envelhecimento normal do sistema nervoso. *In*: MALLOY-DINIZ, L. F.; FUENTES, D.; COSENZA, R. M. Neuropsicologia do envelhecimento: uma abordagem multidimensional. Porto Alegre: Artmed, 2013.

SILVA, P. V. C.; SILVA, C. M. P.; SILVEIRA, E. A. A. A família e o cuidado de pessoas idosas com doença de Alzheimer: revisão de escopo. Escola Anna Nery, Rio de Janeiro, v. 27, p. 1-12, 2023.

SOHLBERG, M. M.; MATEER, C. A. Reabilitação cognitiva: uma abordagem neuropsicológica integrada. São Paulo: Santos, 2010.

SOUZA, L. C.; TEIXEIRA, A. L. Envelhecimento patológico do sistema nervoso. *In*: MALLOY-DINIZ, L. F.; FUENTES, D.; COSENZA, R. M. Neuropsicologia do envelhecimento: uma abordagem multidimensional. Porto Alegre: Artmed, 2013.

TRISTÃO, F. R.; SANTOS, S. M. A. Atenção ao familiar cuidador de idoso com doença de Alzheimer: uma atividade de extensão universitária. Florianópolis: Contexto Enfermagem, 2015.

VILELA, L. P.; CARAMELLI, P. A doença de Alzheimer na visão de familiares de pacientes. Revista Associação Médica Brasileira, [*s. l.*], v. 52, n. 3, p. 148-152, 2006.

62 Doença de Alzheimer: Intervenções Cognitivas Junto ao Paciente e à Família

Renata Ávila • Luciane Viola Ortega

Introdução

A doença de Alzheimer (DA) é uma síndrome neurodegenerativa que cursa com alterações cognitivas, comportamentais e funcionais. É a causa mais comum de demência, representando de 60 a 80% de todos os casos (Alzheimer's Association, 2024). Em 2019, atingiu 55 milhões de pessoas em todo o mundo, e há expectativas de que esse número dobre a cada 20 anos. Essas projeções indicam que o número de pessoas com demência será de 78 milhões em 2030 e de 139 milhões em 2050. Em escala global, há um aumento da prevalência da doença conforme a idade. Estimativas apontam que a prevalência da doença é de 2% na faixa de 65 a 69 anos, enquanto na população acima de 90 anos esse índice aumenta para 36%, evidenciando o papel do envelhecimento como fator de risco crucial para o desenvolvimento da DA (WHO, 2021).

Estudos epidemiológicos atuais sobre DA mostram, além da prevalência e incidência da doença no mundo, o tempo de dependência do indivíduo em virtude da doença e quão onerosos podem ser os cuidados da família durante esse período. Atualmente a DA ocupa a quarta colocação na relação de doenças nas quais as pessoas sobrevivem mais anos em estado de deficiência e dependência (GBD 2016 Disease..., 2017).

Embora ainda não haja cura para DA, há opções de tratamento, tanto farmacológico quanto não farmacológico. Dado o crescente número de pessoas vivendo com demência em todo o mundo, há uma urgência em se identificar intervenções efetivas que prolonguem a independência e a funcionalidade dessas pessoas.

Até os dias de hoje, no Brasil, os tratamentos medicamentosos aprovados para a DA envolvem anticolinesterásicos e memantina. Esses medicamentos têm eficácia moderada e não alteram a história natural da doença, apenas atrasam o declínio cognitivo. Contudo, uma nova classe de medicamentos, ainda aguardando aprovação para uso no Brasil, composta de substâncias antiamiloides, busca romper essa lógica, reduzindo o acúmulo de proteínas beta-amiloides no cérebro (van Dyck *et al.*, 2022; Eli Lilly and Company, 2023). Ainda assim, permanecem incertezas sobre a melhora do declínio cognitivo e funcional após a redução dessa proteína no cérebro de indivíduos com DA. Além disso, esses medicamentos apresentam efeitos colaterais graves, como edemas cerebrais, e precisam ser usados após rigorosa triagem e com acompanhamento de exames de imagem para garantir sua segurança e eficiência na prática clínica.

Entre os tratamentos não farmacológicos, intervenção e adaptação do paciente ao ambiente, assim como orientação e apoio aos cuidadores e familiares, são ações imprescindíveis.

A reabilitação neuropsicológica (RN) é um dos tratamentos não medicamentosos voltados para indivíduos com demência. Seu foco não está na cura ou redução dos déficits em nível neurológico, mas sim no trabalho colaborativo a fim de encontrar estratégias para lidar com os desafios resultantes das mudanças cognitivas decorrentes da progressão da doença. O objetivo principal é permitir que indivíduos com demência se envolvam e participem das atividades de sua escolha da melhor forma possível, dentro do seu contexto social e pessoal. Portanto, a reabilitação é essencialmente um esforço colaborativo que não pode ser simplesmente aplicado a alguém. Envolve a pessoa com demência e busca aproveitar ao máximo os recursos individuais disponíveis (Clare, 2008).

Na prática clínica, é comum associar tratamentos farmacológicos e não farmacológicos sempre que possível, visando alcançar melhores resultados.

Desde os primeiros estudos sobre RN com pessoas com demência, avanços significativos foram alcançados. No entanto, na prática clínica, ainda pairam dúvidas, as quais este capítulo busca esclarecer. Seu propósito não se limita a apresentar os principais dados qualitativos da literatura científica; vai além, procurando interpretar esses dados para extrair orientações valiosas. O objetivo é oferecer conhecimento que permita tornar as intervenções na prática clínica com esses pacientes cada vez mais eficientes.

Sintomas cognitivos e funcionais associados ao quadro clínico da doença de Alzheimer

Conforme o consenso da Academia Brasileira de Neurologia sobre as características da DA, uma das manifestações clínicas mais comuns é a forma tipicamente amnéstica (representando cerca de 85%), caracterizada por dificuldades na memória episódica. Outras alterações menos frequentes no início da síndrome, como de linguagem, habilidades visuoespaciais e funções executivas (FE) ou motoras, também podem se manifestar (Schilling *et al.*, 2022).

No entanto, existem formas atípicas da doença, como a variante logopênica da afasia progressiva primária (vlAPP) e a visuoespacial-apráxica da atrofia cortical posterior (ACP); além de outras menos comuns, como a síndrome corticobasal (SCB) e a variante comportamental e disexecutiva (vcdDA) (Schilling et al., 2022).

Este capítulo se concentra especificamente na forma típica amnéstica da DA, explorando suas principais alterações cognitivas, funcionais e comportamentais em cada estágio.

As queixas relatadas com mais frequência – em geral, pela própria pessoa com demência, mas na sua maioria pelos familiares – envolvem principalmente problemas de memória, como dificuldades para lembrar nomes, recados simples ou notícias recentes, e tendência a ser repetitivo ao fazer perguntas ou contar as mesmas histórias várias vezes. Com relação às FE, apresentam dificuldade no raciocínio e no julgamento crítico, bem como na realização de tarefas mais complexas, além de demonstrarem desorientação visuoespacial. Quanto à linguagem, a principal queixa refere-se ao fenômeno "ficar com a palavra na ponta da língua".

No estágio moderado da doença, indivíduos com demência demonstram um declínio significativo na memória, inclusive para nomes de familiares e eventos recentes importantes. A desorientação espacial torna-se mais evidente, e podem se perder inclusive em lugares familiares ou dentro de casa (Schilling et al., 2022). Com a progressão da doença, os déficits cognitivos se associam a déficits físicos e funcionais, como perda da função motora, contraturas musculares, rigidez articular, diminuição do equilíbrio, lentidão dos movimentos e perda da coordenação, os quais contribuem para uma maior perda da autonomia e independência (Epperly; Dunay; Boice, 2017).

Na fase avançada da doença, o indivíduo com demência consegue captar apenas fragmentos das informações, a fala é bastante reduzida e pode haver incontinência urinária e fecal. Em casos mais graves, podem ocorrer alterações na marcha e muitos se tornam acamados (Schilling et al., 2022).

As atividades instrumentais da vida diária em geral começam a declinar no estágio de comprometimento cognitivo leve (CCL) e diminuem mais rapidamente durante a transição para a demência leve. Isso inclui tarefas como preparar refeições, realizar afazeres domésticos e reparos, dirigir ou usar transporte público, fazer compras de roupas ou alimentos e lidar com as finanças. Por outro lado, atividades básicas da vida diária são prejudicadas nos estágios moderados a graves da DA, englobando alimentação e cuidados pessoais, como vestir-se, tomar banho e ir ao banheiro. Essa deterioração na funcionalidade exige adaptações constantes no ambiente físico, nas atividades propostas e na maneira de se comunicar com a pessoa com demência. Na fase mais avançada, a supervisão torna-se constante, o que pode sobrecarregar e estressar o cuidador.

A sobrevida média da DA varia entre 5 e 12 anos a partir do início dos sintomas, embora haja uma grande variabilidade entre os pacientes (Vermunt et al., 2019). A velocidade de progressão dos sintomas cognitivos e funcionais da demência, desde os estágios leves até avançados, também difere de pessoa para pessoa e é influenciada por diferentes fatores, como anos de escolaridade, saúde física e mental prévia, e estilo de vida (Alzheimer's Association, 2024). Surgimento, gravidade e intensidade dos sintomas comportamentais e psicológicos na demência (SCPD) também são individuais e influenciados por diferentes fatores.

Sintomas psicológicos e comportamentais associados ao quadro clínico da doença de Alzheimer

Apesar da DA ser comumente associada a alterações de memória, ela é uma síndrome que traz não somente alterações cognitivas e funcionais, mas também de comportamento. Alterações do comportamento, em geral, são os aspectos mais desafiadores no cotidiano. Lidar com situações nas quais a pessoa pode esquecer de tomar um medicamento é relativamente mais simples, pois alguém pode auxiliá-la nesse sentido ou um auxílio externo pode ser implementado. No entanto, questões psicológicas e comportamentais, como andar sem parar pela casa até ficar exausto, irritabilidade, agitação ou falta de motivação, são mais complexas de compreender e solucionar. Antes de abordamos quais são as melhores maneiras de intervir nessas situações, vamos compreendê-las.

Os SCPD referem-se a um conjunto de sinais e sintomas relacionados a transtornos da percepção, do conteúdo do pensamento, do humor e do comportamento. Esses sintomas são observados com mais frequência em pacientes com síndrome demencial (Finkel et al., 1996).

Os sintomas comportamentais são, em geral, identificados com base na observação do paciente, e incluem agressão física, gritos, inquietação, agitação, perambulação, comportamentos culturalmente inapropriados e desinibição sexual. Enquanto os sintomas psicológicos são avaliados principalmente com base em entrevistas individuais e com familiares e cuidadores. Esses sintomas incluem ansiedade, humor deprimido, alucinações e delírios.

Dentre os SCPD da DA, os mais comuns são: apatia, depressão, irritabilidade, agitação, ansiedade e agressividade. No entanto, diferentemente de déficits cognitivos e funcionais, que apresentam uma trajetória de declínio contínua, sintomas psicológicos e comportamentais flutuam e muitas vezes se manifestam em episódios que podem durar horas, dias ou meses (Tabela 62.1). Além disso, há sintomas que são mais prevalentes dependendo da fase da doença. Na fase inicial da DA, sintomas depressivos e ansiosos são mais comuns, enquanto a agitação é mais frequente e mais persistente à medida que a doença se agrava. A apatia pode estar presente em todos os estágios, e há momentos que se agrava; enquanto delírios e alucinações são mais episódicos e não aparecem comumente em estágios iniciais (Kales; Gitlin; Lyketsos, 2015). Essa natureza episódica contribui para a complexidade de prevenção, compreensão e manejo da doença.

Entre as pessoas com demência, estima-se que 97% apresentarão ao menos um SCPD ao longo do curso da doença (Steinberg et al., 2008). Esse conjunto de sintomas representa desafios significativos, pois além de causarem uma sobrecarga considerável, afetam negativamente a qualidade de vida tanto das pessoas com demência quanto de seus cuidadores e familiares. Os SCPD também estão associados a uma progressão mais rápida da doença, aumento de sintomas ansiosos e depressivos em cuidadores e familiares e aumento dos custos associados ao tratamento da doença, podendo levar a uma institucionalização precoce do paciente (Gerlach; Kales, 2020).

Tabela 62.1 Tipos de sintomas psicológicos e comportamentais.

Psicológico	Comportamental
Distúrbios afetivos • Ansiedade • Irritabilidade • Síndrome depressiva • Depressão maior • Labilidade emocional	Distúrbios de atividade • Agitação • Hiperatividade • Vagar sem propósito • Atividades motoras inapropriadas • Diminuição/desinteresse cognitivo
Apatia ou indiferença	Agressão verbal e/ou física
Síndromes delirantes • Delírio de roubos • Paranoia e superstição • Não mora realmente na casa onde vive há anos • Familiar ou cuidador é um impostor, infiel ou o abandonou • Familiares mortos estão vivos	Apetite e distúrbios alimentares
Alucinação visual, auditiva, olfatória ou tátil	Distúrbios do sono/vigília
	Comportamento social ou sexual inapropriado

Os SCPD são uma tentativa de comunicação de indivíduos com demência. Pode ser um pedido relacionado com suas necessidades não atendidas, como de dor, solidão, fome, tédio, excesso ou falta de estímulo. Estudo realizado por Cohen-Mansfield *et al.* (2015) identificou as principais necessidades não satisfeitas em idosos demenciados: aborrecimento por privação sensorial, solidão, falta de interação social e inexistência de atividades significativas como a necessidade mais prevalente. Além disso, há evidências sugerindo relação significativa entre comportamento verbal (p. ex., gritar) com humor depressivo, enquanto as alterações de comportamento físico (p. ex., perambular) estariam mais relacionadas a pessoas ociosas na maior parte do seu dia (Cohen-Mansfield; Werner, 1995).

Também podem ser uma resposta a situações consideradas estressantes devido à perda de certas habilidades ou a uma maior vulnerabilidade ao estresse do ambiente, como barulho, temperatura ou ambiente complicado. E não é porque em alguns momentos não conseguimos identificar o que essas pessoas estão tentando comunicar que isso deixa de ser verdadeiro. Pensar nesses comportamentos como responsivos significa compreendê-los como uma resposta a um estímulo interno ou externo, o que pode guiar os profissionais na descoberta de sua causa ou gatilho, auxiliando na busca por soluções e tratamentos.

O que causa esses comportamentos?

Somente os déficits cognitivos não são suficientes para explicar o surgimento dos SCPD, os quais têm sido relacionados a vários fatores. Esses fatores, de maneira independente ou conjunta, podem ser agrupados em três categorias: indivíduo com demência (alterações neurobiológicas, condições médicas agudas, necessidades não atendidas e doenças preexistentes), cuidadores e ambiente.

Alterações neurobiológicas. Provocam mudanças na circuitaria cerebral e na habilidade de indivíduos com demência interagirem com os outros e com o ambiente externo.

Condições médicas agudas. Incluem condições não diagnosticadas em uma parcela grande dos idosos com demência que apresentam alterações neuropsiquiátricas, efeitos colaterais e/ou interações medicamentosas. Com a progressão da doença, aumenta a porcentagem de condições médicas não diagnosticadas.

Necessidades não atendidas. Podem ser físicas, psicológicas ou sociais.

Doença psiquiátrica e de personalidade preexistente. Possivelmente alterações neurológicas da demência acentuem traços de personalidade pré-mórbida.

Fatores relacionados aos cuidadores. Incluem estresse, falta de conhecimento sobre o paciente e a doença, falta de suporte emocional e comunicação ruim com o paciente.

Gatilhos ambientais. Incluem mudanças na rotina, excesso ou ausência de estímulo, demandas excessivas e ambiente complexo.

Tudo isto aponta para a necessidade de uma abordagem individualizada para cada pessoa com demência, seu cuidador e o ambiente. Esse enfoque visa entender o tipo de comportamento e o contexto em que ele ocorre, possibilitando a criação de intervenções e a avaliação de sua efetividade.

Devido às alterações neurológicas progressivas causadas pela doença, a compreensão do mundo exterior fica comprometida, assim como a capacidade de expressar sentimentos e necessidades. Além disso, alterações sensoriais desempenham um papel significativo nesse processo. Muitas vezes, no entanto, são negligenciadas tanto na identificação das causas dos sintomas neuropsiquiátricos quanto na busca por soluções. É crucial compreender o que acontece com os cinco sentidos humanos para intervir de maneira adequada (Tabela 62.2).

Com a longevidade, a acuidade dos cinco sentidos diminui. Essas mudanças sensoriais afetam as atividades diárias, ficando mais difícil para o indivíduo se comunicar e interagir com o mundo ao redor. Pessoas idosas saudáveis, por conta dessas alterações, passam a precisar de mais estímulos do ambiente, para aquelas com demência, o ambiente adequado se torna ainda mais relevante, devendo ser seguro e interessante a fim de possibilitar o máximo de autonomia e independência e para que, dessa forma, cause menos alterações no comportamento (Backman *et al.*, 2018).

Precisam ainda que lhes sejam apresentadas atividades adequadas em um ambiente que os incentive e interesse. O nível correto de estímulo sensorial ajuda a diminuir estresse e tédio, a engajar em atividades, além de envolver uma forma de comunicação que aumenta a sensação de conforto e bem-estar.

Com quanto estímulo uma pessoa consegue lidar? Cada indivíduo tem uma tolerância diferente, o que influencia se eles buscam ativamente mais estímulos ou tentam evitar situações estimulantes. É importante adaptar atividades e

Tabela 62.2 Alterações nos cinco sentidos humanos e sugestões de estratégias para lidar com elas.

Sentido	Alteração	Estratégia
Visão	• Sensibilidade a contraste • Capacidade de diferenciar cores • Adaptação escuro/luz brilhante • Velocidade de processamento visual	• Usar luminosidade adequada, • Aumentar contraste da figura/fundo • Usar cores mais fortes • Usar fonte correta (testes se pessoa consegue ler)
Audição	• Diferenciar conversa do barulho • Lidar com sons muito altos	• Conversar em locais mais silenciosos • Remover sons inadequados • Disponibilizar local com sons agradáveis
Olfato	Diminuição	• Aumentar o controle para o ambiente ser seguro (detector de gás) • Introduzir novos aromas
Paladar	• Diminuição • Perda de interesse • Diminuição do apetite • Perda de peso	• Introduzir novos sabores • Montar pratos mais agradáveis aos olhos • Aumentar controle e segurança (comida estragada)
Tato	Diminuição da sensibilidade	Aumentar controle e segurança (banho com água muito quente/fria)

ambientes conforme as necessidades de cada pessoa, levando em consideração suas preferências por estímulos ou por ambientes mais calmos e menos estimulantes.

Os sentidos são a principal via de entrada das informações para o cérebro. Tanto a falta quanto o excesso de estímulo podem afetar a capacidade de processar informações e o estado emocional de um indivíduo.

Quando há excesso de estímulos, podemos nos sentir sobrecarregados e exaustos; enquanto a falta de estímulo pode levar à perda de interesse no ambiente ao redor, prejudicando gradualmente nossa capacidade de pensar e interagir. A ausência de estímulo adequado pode resultar na perda de interesse e até mesmo no desejo de dormir, como forma de passar o tempo.

A privação sensorial é cada vez mais reconhecida como prejudicial para a saúde e o bem-estar pessoal. Encontrar equilíbrio na exposição aos estímulos sensoriais é fundamental para promover um ambiente saudável e motivador para o desenvolvimento cognitivo e emocional das pessoas.

Na demência mais avançada, ocorre maior limitação na capacidade de acessar estímulos sensoriais adequados e atividades mais significativas, colocando essas pessoas em risco de privação sensorial e causando um grande impacto em sua saúde física e mental. Em geral, elas tendem a ser mais passivas, recebendo apenas cuidados básicos, como alimentação, medicação e higiene, com pouca ou nenhuma oportunidade de se envolver em atividades rotineiras.

Nesses casos, a abordagem multissensorial busca estimular os canais sensoriais que permanecem intactos, demandando menos dos processos cognitivos superiores, que estão consideravelmente comprometidos nos estágios avançados da doença. Alguns exemplos dessa abordagem incluem a criação de um ambiente sensorialmente rico durante o banho, realçando aromas e permitindo ao paciente escolher seu favorito, reproduzindo música suave e disponibilizando esponjas e toalhas macias.

É recomendável criar um ambiente livre de estresse na casa da pessoa com demência, estimulando os sentidos de forma controlada. Elementos naturais que são familiares e preferidos são ideais e acessíveis. Itens como conchas, pedras, bolas de diferentes materiais para estimulação sensorial e livros de estímulos podem ser posicionados em locais visíveis e acessíveis. É importante também avaliar o risco para pessoas propensas a ingerir itens não alimentícios (Jakob; Collier, 2017).

Investigação

Um painel multidisciplinar de especialistas em demência criou um algoritmo chamado "DICE" (**d**escreva, **i**nvestigue, **c**rie e **e**xamine), com a finalidade de ajudar na prevenção, na investigação e no manejo dos SCPD (Kales; Gitlin; Lyketsos, 2014).

Descreva. Contextualize e descreva o comportamento com a ajuda do cuidador – o que, onde, quando o comportamento acontece. Avalie se a segurança do paciente estiver em risco (se houver risco, considere início de tratamento medicamentoso).

Investigue. Verifique as possíveis causas do surgimento de determinado comportamento e os possíveis gatilhos (fatores do paciente, do cuidador e do ambiente). Avalie se a segurança do paciente estiver em risco (se houver risco, considere início de tratamento medicamentoso).

Crie. Com a ajuda do cuidador, eleja o comportamento mais desafiador e estressante, elabore e implemente um plano de tratamento. A intervenção irá incluir a pessoa com demência, o cuidador e o ambiente.

Examine. A intervenção escolhida está sendo eficaz? Necessita de ajustes ou modificações? Foi introduzido medicamento? Sua continuidade é necessária?

Intervenção

A recomendação das agências especializadas é que a primeira linha de tratamento seja a não farmacológica, e só depois a farmacológica, caso necessário. As únicas exceções ocorrem em três situações: transtorno depressivo maior, psicose e agressividade que coloque em risco a vida da pessoa com demência ou de pessoas próximas. Isso porque as evidências mostram modestos benefícios dos tratamentos medicamentosos para SCPD, além de efeitos colaterais e risco de aumento para acidente vascular encefálico e mortalidade (Ballard; Waite; Birks, 2006). Ao mesmo tempo, seus efeitos não são pontuais e muitas vezes seu uso é prolongado sem necessidade. Outro fator que deve ser levado em conta, é que os sintomas comportamentais tendem a mudar com a evolução da doença, exigindo constante reavaliação (Gerlach; Kales, 2020). No que diz respeito a abordagens não farmacológicas para SCPD, elas são centradas no indivíduo com demência, e suas escolhas levam em conta a causa e o que aquele comportamento significa para ele. Cuidadores familiares ou profissionais podem implementar essas práticas em casa ou em instituições de longa permanência para idosos (ILPI); a maioria das abordagens tem boa aceitação por pacientes e cuidadores, requerem baixo investimento e não apresentam efeitos colaterais – apesar de algumas abordagens demandarem um protocolo mais específico (Scales; Zimmerman; Miller, 2018).

Pessoa com demência

Antes de abordar especificamente as intervenções não farmacológicas realizadas com as pessoas com demência, é importante retroceder e discutir uma nova perspectiva sobre esses indivíduos. Segundo Camp (2010), com dados do Programa para Demência com base na Metodologia Montessori (PDBMM), essas pessoas não devem ser consideradas um paciente no sentido de alguém incapaz, passivo ou alguém que não pode mais tomar decisões no seu cotidiano ou que perdeu todas as habilidades da noite para o dia, melhor dizendo, no dia em que recebeu seu diagnóstico. Considerá-la como alguém que enfrenta dificuldades e deficiências é mais eficaz. Por quê? Porque ao falarmos em deficiências e dificuldades, imediatamente pensamos em adaptações para que esse indivíduo possa continuar a ter autonomia, participar na sociedade e realizar tarefas que lhe permitam manter e continuar a desenvolver suas habilidades (Camp, 2010).

O modelo atual, no qual a pessoa com demência é vista como alguém incapaz e sem opções, precisa ser urgentemente revisado. Isso se torna ainda mais crucial, considerando que em breve a maioria da população terá ao menos uma pessoa da família com demência, e os recursos para cuidar dessas pessoas serão escassos. Além disso, a DA é uma condição de progressão lenta, proporcionando um longo período de vida com a doença. Esse tempo deve ser vivido com plenitude, e as pessoas com demência devem maximizar suas habilidades remanescentes.

Com essa perspectiva em mente, aliada à adaptação do ambiente para promover autonomia, as intervenções têm como principal objetivo o engajamento. Mais especificamente, o engajamento em uma atividade significativa. O conceito de engajamento pode ser definido como um ato de estar ocupado ou envolvido com um estímulo externo – o contrário de ociosidade (Cohen-Mansfield; Dakhell-Ali; Marx, 2009). Tem sido documentado em diferentes locais, incluindo em ILPI, e estudos têm mostrado que pessoas com demência passam a maior parte do tempo sem se envolver em qualquer atividade significativa para elas (Burgio et al., 1994). Esse dado é preocupante, uma vez que períodos prolongados sem estímulo adequado podem exacerbar sintomas comuns em quadros demenciais, como apatia, tédio, depressão, solidão e agitação (Cacioppo et al., 2006).

Preservar a identidade da pessoa, fazê-la sentir-se necessária e valorizada por conhecimentos e habilidades adquiridas ao longo da vida, e proporcionar uma função significativa são aspectos fundamentais no tratamento. Além disso, por meio dessa abordagem, pessoas com demência podem recuperar a sensação de controle sobre suas vidas quando lhes são oferecidas opções e elas têm a oportunidade de fazer escolhas, as quais devem ser respeitadas sempre que possível.

Ocupação e atividade abrangem tudo o que alguém faz, desde o momento em que acorda até a hora de dormir. Seres humanos têm uma necessidade inata de se envolver em ocupações, e isso permanece verdadeiro para pessoas com demência. Uma vida com significado depende da capacidade individual de encontrar uma ocupação desafiadora, mas que ao mesmo tempo o sucesso possa ser alcançado. Isso permite que a pessoa se sinta capaz e tem um impacto direto no humor, no comportamento e na qualidade de vida dela.

Na Tabela 62.3 há algumas opções de atividades, em diferentes estágios da doença, que mostram como é possível incluir a pessoa com demência em atividades de seu interesse mesmo com o agravamento das dificuldades cognitivas e funcionais.

Com a progressão da doença, cada vez mais adaptações serão necessárias para que o paciente alcance êxito. Sem o suporte adequado para a realização das atividades, pessoas com demência podem ter necessidades não atendidas, levando a um possível surgimento ou à intensificação de comportamentos responsivos. A atenção, o cuidado e a escolha de atividades para essas pessoas devem levar em consideração

Tabela 62.3 Sugestões de atividades de acordo com o estágio da doença de Alzheimer.

Fase leve	Fase moderada	Fase grave
Atividades que focam na tarefa toda	Atividades que focam em etapas individuais da tarefa	Atividades que focam na parte sensorial da tarefa
Seguir uma receita para assar um bolo	• Sovar massa • Peneirar farinha • Untar forma	• Provar o bolo quando sair do forno • Sentir o aroma do bolo fresco
Plantar sementes em um vaso para fazer uma horta de temperos	• Aguar a horta • Afofar a terra • Escolher os temperos que quer plantar	• Tocar em diferentes texturas de folhas • Sentir o aroma de diferentes temperos e tentar identificá-los
Fazer um cartão de aniversário	Recortar o cartão seguindo um modelo	• Escolher um modelo • Escolher uma cor

individualidade, história de vida, personalidade, habilidades, assim como necessidades e preferências. O foco deve ser na pessoa, e não na doença (Mast; Shouse; Camp, 2015).

Estudos utilizando o PDBMM têm demonstrado mudanças importantes no comportamento de pessoas institucionalizadas, incluindo redução da apatia, aumento de engajamento e diminuição dos comportamentos responsivos, além de uma redução no uso de medicamentos antipsicóticos e melhoria na qualidade de vida (Roberts et al., 2015; Skrajner et al., 2014; van der Ploeg et al., 2013; van der Ploeg; O'Connor, 2010).

Um conjunto de estudos com mesma metodologia, mas com atividades coordenadas pelos próprios pacientes, chamado *Resident-Assisted Montessori Programing* (RAMP), também evidenciou resultados positivos, aumentando o engajamento dos participantes em atividades significativas. O RAMP trouxe de volta um papel social e proporcionou satisfação aos coordenadores dos grupos (Camp; Skrajner, 2004).

Engajamento e interação em um nível adequado para cada indivíduo é importante, pois ativa o cérebro e ajuda na interação com os outros e com o ambiente, além de manter a habilidade de aprender e de se comunicar. Fazer coisas sozinho aumenta a confiança e a autoestima, previne estímulo em excesso e diminuição da frequência e da intensidade dos SCPD.

Reabilitação neuropsicológica

As primeiras intervenções não farmacológicas visando atender a população com DA foram na verdade intervenções no ambiente e com cuidadores. Segundo De Vreese et al. (2001), uma das razões de não ouvirmos falar de reabilitação na demência, é porque cuidadores e profissionais focam somente nos déficits de memória destas pessoas, e nem observam as habilidades de aprendizagem remanescentes [ ] e a aprendizagem é a chave de qualquer programa de reabilitação.

As primeiras técnicas de memória utilizadas para tratar pessoas com demência foram a terapia da orientação para a realidade e a terapia da reminiscência. Ambas tinham como objetivo uma baixa demanda cognitiva das pessoas em tratamento e maior envolvimento com ambiente externo.

Com o tempo, técnicas utilizadas para pessoas com lesão cerebral começaram a ser testadas e utilizadas em pessoas com demência, mostrando-se eficientes, entre elas: técnica da diminuição das pistas, elaboração semântica, estratégia mnemônica visual e aprendizagem sem erro (Clare, 2008).

Nos últimos anos, métodos que utilizam a memória implícita têm sido investigados em estudos científicos com essa população e têm se mostrado eficazes para aliviar a deterioração cognitiva, melhorar o desempenho em atividades diárias e aprender informações relevantes para o cotidiano. Intervenções que se baseiam no sistema de memória implícita, que permanece relativamente intacto na DA, utiliza uma forma automática e inconsciente de lembrança expressa por meio do desempenho de habilidades e hábitos. As pessoas com demência conseguem aprender quando abordagens corretas são utilizadas, como a aprendizagem espaçada e o método Montessori para demência (Camp, 2010; Clare; Jones, 2008; Han et al., 2017).

A aprendizagem espaçada é uma intervenção direta na memória que ensina a pessoas com déficits de memória novas informações por meio de tentativas ativas de lembrança ao longo de intervalos de retenção progressivamente mais longos (Camp, 2006). Camp (2006) adaptou a aprendizagem espaçada para pessoas com demência, descobrindo que o uso de espaçamentos de tempo ajustados ao desempenho entre os ensaios de lembrança permitia que os participantes aprendessem e retivessem com sucesso determinada informação. O objetivo geral desse método é permitir que indivíduos com comprometimento de memória lembrem informações por períodos clinicamente relevantes. Essa abordagem é administrada fornecendo ao paciente uma pergunta de estímulo e uma resposta-alvo associada. Quando bem-sucedido em lembrar a resposta, o paciente é solicitado a lembrar ativamente das informações-alvo usando intervalos uniformes ou progressivamente mais longos entre os ensaios. Se, a qualquer momento, o paciente não conseguir lembrar a resposta, ele receberá as informações e será solicitado a repeti-las. Em geral, o treinamento é considerado bem-sucedido se o participante responder corretamente à pergunta de estímulo no início de três sessões consecutivas, já que a retenção a longo prazo das informações foi demonstrada.

O método Montessori para demência propõe um novo olhar para a pessoa com a doença, o qual a considere como alguém com habilidades e dificuldades que está tentando viver da melhor forma possível. É um cuidado centrado na pessoa, o qual prepara o ambiente social e físico para que a pessoa com demência continue tendo autonomia e se engajando em atividades significativas para ela (Camp, 2010).

Os princípios do PDBMM envolvem:

- Atividades significativas que capturem o interesse da pessoa com demência
- A participação do paciente
- Oferecimento de opções sempre que possível
- Falar menos e demonstrar mais por parte do profissional
- Maior foco nas habilidades físicas, no que a pessoa quer e sabe fazer
- Proporção adequada da velocidade das atividades para a pessoa com demência
- Usar pistas visuais, dicas e modelos
- Dar ao paciente algo para segurar se estiver com dificuldade de foco
- Oferecimento de atividades que vão das simples às mais complexas
- Tarefas fracionadas em etapas
- Saber a opinião do paciente sobre a atividade (se gostou e se quer repeti-la outro dia)
- Pensar em ocupação e engajamento, e não em erros e acertos.

A técnica aprendizagem sem erro é comumente associada à aprendizagem espaçada e ao método Montessori, pois baseia-se na premissa de que erros produzidos durante a aprendizagem interferem na acurácia das respostas, dificultando a memorização de novos conteúdos.

Outra abordagem para trabalhar a autonomia de pessoa com DA é ensiná-la a utilizar auxílios externos, os quais podem incluir aparelhos eletrônicos como *tablets*, computadores, alarmes eletrônicos, relógios e gravadores, ou agendas, quadros de recado, calendários, placas de sinalização, entre outros (Wilson *et al.*, 2001). Para que a pessoa com DA aprenda a utilizar o auxílio externo mais adequado às suas habilidades, que não necessariamente é o mais tecnológico, métodos como aprendizagem espaçada e aprendizagem sem erro são utilizados.

O treinamento cognitivo (TC) e a reabilitação cognitiva (RC) ou reabilitação neuropsicológica (RN) são métodos não farmacológicos que visam ajudar pessoas com demência em estágios iniciais a aproveitar ao máximo a memória e o funcionamento cognitivo, apesar das dificuldades que estão enfrentando. O TC concentra-se na prática guiada de um conjunto de tarefas que refletem funções cognitivas específicas, como atenção, memória ou linguagem. Por outro lado, RC/RN foca em identificação e abordagem de necessidades individuais e metas, as quais podem exigir estratégias para absorver novas informações ou métodos compensatórios, como o uso de auxílios de memória, adaptação do ambiente e/ou orientação e apoio do cuidador. O foco não está apenas na cognição, mas nas necessidades pessoais de forma geral (Clare; Woods, 2004).

Dessa forma, a RC para indivíduos com demência é uma terapia centrada na pessoa, orientada por metas e resolução de problemas, com o objetivo de gerenciar ou reduzir dificuldades funcionais e maximizar o engajamento e a participação social. Reconhece que cada indivíduo tem um conjunto único de experiências, valores, motivações, pontos fortes e necessidades (Clare, 2017).

Meta pode ser definida como um desejo para o futuro, algo que se queira fazer. Assim, trabalhar com metas pode ter um impacto real no tratamento, pois propicia foco. Pode fazer também com que o paciente que está iniciando a RC se sinta mais confiante e no controle da sua vida. Para manter um bom engajamento no tratamento, metas a curto e longo prazo são recomendáveis, assim como *feedbacks* frequentes à família e à pessoa com demência.

De acordo com McMillan e Sparkes (1999), existem quatro princípios para o alcance das metas no planejamento da reabilitação:

- A pessoa com demência deve definir seus objetivos sempre que possível
- As metas devem ser específicas, mensuráveis, atingíveis, realistas e ter significado para a pessoa em tratamento
- O comportamento da pessoa com demência deve ser descrito quando um objetivo for alcançado
- O método escolhido deve ser coerente.

Antes do início das sessões de RC e da definição das metas, é crucial realizar uma avaliação do paciente, a qual deve adotar uma abordagem centrada na pessoa, que não apenas se concentre nas dificuldades cognitivas, mas também leve em consideração história de vida, interesses passados e presentes, preferências, hábitos e habilidades cognitivas e sociais essenciais para desenvolver uma intervenção individualizada e apropriada. Além disso, é importante incluir na avaliação testes de leitura, identificação de cores e audição, assim como uma consulta sobre como a pessoa prefere ser chamada.

O acolhimento do familiar cuidador, a explicação detalhada sobre o tratamento e suas expectativas, além do estabelecimento de uma parceria colaborativa são igualmente fundamentais para garantir que o tratamento seja bem-sucedido.

Em revisão e metanálise realizadas por Bahar-Fuchs, Clare e Wood (2013) sobre TC e RC para DA leve e moderada e demência vascular (DV), foram incluídos 11 estudos sobre TC e apenas um sobre RC. Os autores concluíram que as evidências disponíveis sobre o tema ainda são limitadas, e a qualidade dos estudos e dos resultados precisa melhorar. "Ainda não há evidências de melhoria na cognição após o TC nessa população em estudos randomizados controlados (ECR) e com metodologia adequada. No entanto, um único ECR sobre RC mostrou resultados promissores, mas ainda preliminares", afirmaram os autores (Bahar-Fuchs; Clare; Wood, 2013, p. 28, tradução nossa).

Por outro lado, no estudo multicêntrico intitulado GREAT (*goal-oriented cognitive rehabilitation to improve everyday functioning for people with early-stage dementia and related disorder*), foi verificado efeito positivo significativo nas avaliações de participantes e seus cuidadores sobre o funcionamento no cotidiano em relação a metas individuais selecionadas, que se mantiveram no 9º mês. Nesse estudo, 445 pessoas foram randomizadas entre dois grupos: grupo 1 – tratamento padrão para demência (medicamento + atendimento psicossocial); grupo 2 – RC orientada por metas + medicamento. Os participantes do grupo 2 receberam 10 sessões de RC durante 3 meses, seguidas de 4 sessões de manutenção nos 6 meses subsequentes. Os participantes do estudo foram reavaliados após 3 e 9 meses da randomização. Ressalta-se que os efeitos positivos observados nas atividades diárias selecionadas para serem treinadas nas sessões de RC não se estenderam para melhora em testes cognitivos globais e nem para humor e qualidade de vida, que eram medidas secundárias do estudo (Clare *et al.*, 2019).

Esses dados corroboram que, na intervenção não farmacológica para a pessoa com demência, a melhora da cognição não deve ser o único e nem o principal objetivo. A manutenção da autonomia com treinos de tarefas diárias escolhidas pela própria pessoa e/ou com a ajuda do familiar traz resultados mais positivos e com impactos no dia a dia.

Cuidadores e familiares

Quando um diagnóstico de DA é comprovado, além do sofrimento da pessoa que o recebe, membros da família ou parentes acabam se tornando cuidadores informais. Esses cuidadores enfrentam desafios como aceitação do diagnóstico, gerenciamento de conflitos familiares, reorganização do futuro e envolvimento em todas as atividades relacionadas ao cuidado do paciente, desde a administração de medicamentos até garantir apoio financeiro e legal. É importante considerar que, devido à característica degenerativa da doença, os cuidados diários da pessoa com demência serão cada vez mais intensos e de longa duração, pois é uma doença de evolução lenta e sobrevida prolongada.

O papel de cuidador pode ser extremamente desafiador e muitas vezes consome tanto tempo e energia que os próprios cuidadores podem negligenciar a própria saúde mental e física. Com frequência lidam com altos níveis de estresse, ansiedade e depressão devido às demandas intensas do cuidado com o paciente.

Cuidadores e familiares são descritos como "pacientes invisíveis", pois com frequência recebem menos atenção do que deveriam. Dentre as abordagens com eles, grupos psicoeducacionais e de apoio têm se mostrado muito eficientes. Estudos também mostram que eles demoram a pedir ajuda, e que alguns dos maiores problemas dessa população é a solidão e o isolamento (Kane; Cook, 2013).

Quanto mais especialistas em demência estiverem as pessoas envolvidas no cuidado, maior será o entendimento sobre os motivos de certos comportamentos, permitindo que elas se sintam mais confiantes ao tentar solucionar problemas sem receio de errar. Além disso, o estado físico e mental do cuidador influenciará diretamente no bem-estar da pessoa com demência, afetando a frequência e a gravidade dos SCPD. Diversos estudos demonstram altos índices de depressão (23 a 85%) e ansiedade (16 a 45%) em cuidadores de pessoas com demência (Clare et al., 2002; Cooper et al., 2006). Assim, tanto o suporte emocional quanto a orientação e a educação sobre a doença são fundamentais no tratamento. Às vezes, em residências particulares ou em ILPI, os profissionais que lá trabalham não têm conhecimento sobre a DA. Desconhecem que comportamentos responsivos fazem parte da doença e que há maneiras de tratá-los. O conhecimento não deve ser restrito à equipe de saúde, deve abranger a todos!

Estudo de metanálise com intervenções não farmacológicas para SCPD de pessoas vivendo na comunidade incluíram 23 estudos randomizados e pseudorrandomizados, nos quais os cuidadores familiares eram os responsáveis pela intervenção (atividades e organização do ambiente). As intervenções realizadas eram feitas em um período de 3 a 6 meses, com uma média de 12 sessões individualmente desenvolvidas para o paciente e seu cuidador. Foram incluídos somente os estudos cujos resultados estavam relacionados com frequência ou gravidade dos SCPD, reação dos cuidadores aos sintomas e/ou estresse dos cuidadores. O resultado da metanálise indicou que esse tipo de intervenção é eficiente em reduzir sintomas neuropsiquiátricos, com *effect size* de 0,34 (95% CI = 0,20 a 0,488; Z = 4,87; $p < 0,01$), e melhora a reação dos cuidadores a esses sintomas com *effect size* de 0,15 (95% CI = 0,04 a 0,26; Z = 2,76; p = 0,006) (Brodaty; Arasaratnam, 2012). Tais resultados foram semelhantes aos obtidos com tratamentos medicamentosos, com a vantagem de não apresentarem efeitos colaterais (Schneider et al., 2006; Courtney et al., 2004).

Estudo de metanálise investigou o efeito do uso da tecnologia na informação e comunicação no tratamento de SCPD, abrangendo 15 estudos randomizados e controlados. Esses estudos foram agrupados em três categorias: engajamento usando saúde digital com musicoterapia, terapia da reminiscência e exercícios físicos; interação social com robôs; e programa de telemedicina que orientava, educava e dava suporte os cuidadores. Os resultados mostraram melhora importante dos sintomas depressivos (SMD = −1,088, 95% CI −1,983 a −0,193, p = 0,017), do efeito moderado nos SCPD (SMD = −0,664, 95% CI −0,990 a −0,338, p < 0,001), e da agitação (SMD = −0,586, 95% CI −1,130 a −0,042, p = 0,035). Já com relação à ansiedade (SMD = −0,541, 95% CI −1,270 a 0,188, p = 0,146) e apatia (SMD = −0,830, 95% CI −1,835 a 0,176, p = 0,106), os efeitos não foram tão positivos. Parte da inconclusão desses últimos dados foi justificada pelo limitado número de estudos focando nesses sintomas com esse tipo de intervenção e população. Apesar disso, os dados da pesquisa mostram resultados promissores, indicando que a abordagem pode ser uma intervenção eficaz e de baixo custo para tratar sintomas depressivos, agitação e outros sintomas comportamentais e psicológicos de pessoas com demência. O estudo também destacou que é mais eficaz para pacientes mais jovens em comparação com aqueles de idade mais avançada, o que deve ser considerado ao escolher as melhores estratégias para cada perfil de paciente (Cho et al., 2023).

Em um estudo, cuidadores participaram de grupos psicoeducacionais e de suporte psicológico 2 vezes/semana, enquanto os pacientes integravam um grupo multidisciplinar. Foi observado que, na pré-intervenção, a angústia relatada pelos cuidadores do grupo controle (GC) (NPI Angústia 13,47) era maior que do grupo experimental (GE) (NPI Angústia 11,89). Após a intervenção, a angústia no GC permaneceu inalterada (NPI Angústia 13,60) (p 0,95), enquanto no GE houve discreta melhora (NPI Angústia 10,50) (p 0,06) (Viola et al., 2011).

Na literatura, são encontrados muitos estudos de revisão sistemática que abordam a qualidade de vida, o impacto na saúde ou os benefícios das intervenções não farmacológicas nos cuidadores. No entanto, os resultados desses estudos tendem a ser discretos, possivelmente devido a metodologias pouco abrangentes ou não suficientemente comparáveis (Caparrol et al., 2021). Apesar disso, é viável considerar que todos esses estudos, em última análise, convergem para a constatação do benefício das intervenções não farmacológicas para os cuidadores de pessoas com DA, demonstrando melhorias na qualidade de vida, nos sintomas psiquiátricos e na redução da sobrecarga.

Na prática, é notável que os cuidadores que recebem apoio e orientações regulares sobre a doença, por meio de grupos de apoio como os oferecidos pela Associação Brasileira de Alzheimer, lidam melhor com seus familiares com DA. Esses grupos proporcionam um espaço de acolhimento e informação, no qual os participantes se sentem menos isolados ao enfrentar as dificuldades impostas pela doença. Além disso, conseguem se organizar de maneira mais eficaz para lidar com futuros desafios à medida que a doença progride.

Considerando os dados sobre a sobrecarga enfrentada pelos cuidadores diante das demandas do cuidado diário durante um longo período, pode-se afirmar que a participação em grupos psicoeducacionais e de apoio é fundamental no tratamento da doença. Essas ferramentas têm mostrado resultados positivos, mesmo que algumas vezes discretos, tanto para os próprios cuidadores quanto para os pacientes.

Ambiente

Assim como o tipo de atividade proposta para a pessoa com demência e a condição de quem irá introduzir essa atividade, o ambiente onde ela será realizada também desempenha um papel no engajamento na tarefa, bem como na frequência e na gravidade dos SCPD. O ambiente ideal deve apresentar as seguintes características:

- Proporcionar autonomia com segurança
- Ser adaptado conforme as necessidades da pessoa que o frequenta
- Possibilitar atividades estruturadas, relevantes e de acordo com as habilidades remanescentes da pessoa com demência
- Ter a quantidade de estímulos adequados para os frequentadores ou que eles mesmos sejam capazes de regulá-los (altura de som, quantidade de luz etc.).

Um artigo de revisão que incluiu 63 estudos apresentou síntese qualitativa dos efeitos das intervenções no ambiente físico, no bem-estar e no comportamento de pessoas com demência. A conclusão principal revelou que 90% dos artigos incluídos relataram efeitos positivos. Entretanto, enfatizou a necessidade de pesquisas futuras nesse campo com metodologias mais rigorosas. É importante ressaltar a complexidade desse tipo de estudo, pois as alterações no ambiente não raro vêm acompanhadas de outras mudanças que também podem influenciar no comportamento e no humor (Gitlin; Liebman; Winter, 2003).

Outro estudo examinou o impacto da modificação do ambiente em residências de pessoas idosas com demência e constatou uma melhora na autonomia delas, bem como diminuição da frequência de sintomas neuropsiquiátricos quando comparados ao grupo controle após 6 meses e 1 ano. Esses dados destacam a importância dos programas de treinamento para cuidadores e das intervenções ambientais. Além disso, apontam que, mesmo um número reduzido de sessões, como as seis realizadas nesse estudo, resulta em efeitos positivos e de longa duração (Gitlin et al., 2005).

O PDBMM salienta a relação ambiente-autonomia. Algumas mudanças simples que podem ser realizadas em residências particulares e em ILPI incluem deixar objetos de uso diário de preferência à vista e à mão, assim como jarras de água ou chá, e pequenas porções de alimento. Dessa forma, não será necessário oferecê-los com frequência ou o paciente ter que pedir ajuda. A utilização de objetos familiares na realização de atividades é sempre recomendável, pois dispensa nova aprendizagem, assim como pistas visuais em armários, portas e gavetas quando necessário. Com o objetivo de evitar correções, deve-se deixar sempre um modelo à vista da tarefa que o paciente deverá realizar, como arrumar a mesa, ou guardar talheres em uma gaveta. Manter juntos todos os objetos que serão necessários para completar uma tarefa, em uma bandeja ou caixa, também é muito útil e aumenta o engajamento e a autonomia. Um bom exercício é pensar se a pessoa com DA poderá se engajar em determinadas tarefas, atividades diárias ou resolver necessidades não atendidas de maneira independente e segura. Além disso, se será capaz de dosar a quantidade de estímulos que deseja.

O PDBMM propõe também a criação de estações de atividades, que são lugares dedicados a tarefas específicas capazes de serem realizadas de forma independente. Por exemplo, uma "estação de dobrar toalha", teria um cesto com toalhas, instrução sobre como dobrá-las e outro cesto para colocar as toalhas dobradas. Uma "estação de engraxar sapatos" disponibilizaria todos os materiais e instruções necessários, enquanto uma "estação de leitura" ofereceria cartões com pequenas histórias ou ditados populares para leitura.

Essas medidas incentivam as pessoas com DA a se envolverem ativamente e contribuem para que se sintam necessárias e valorizadas no ambiente em que vivem. Além disso, reduzem a sobrecarga dos cuidadores, que não precisam estar constantemente supervisionando ou oferecendo assistência às pessoas com demência.

Considerações finais

Os dados de estudos científicos somados à clínica com pessoas com DA apontam para cinco domínios nos quais os melhores resultados são observados, visando uma vida com mais qualidade tanto para as pessoas com demência quanto para seus familiares e cuidadores, a saber:

- Educação e suporte ao cuidador/familiar
- Melhora da comunicação entre cuidador e a pessoa com demência
- Oferta de atividades significativas e adequadas à pessoa com demência
- Ambiente seguro e descomplicado, que propicie autonomia, independência e engajamento
- Rotina estruturada.

Dessa forma, para uma intervenção não farmacológica ser eficaz, ela deve incluir a pessoa com demência, o cuidador e o ambiente.

Pessoa com demência. O engajamento e a interação em um nível adequado para cada indivíduo são importantes, pois servem para ativar o cérebro e ajudar a pessoa a interagir com os outros e com o ambiente.

Ambiente. Seguro e que estimule o engajamento e a autonomia. Fazer atividades sozinho aumenta a confiança e a autoestima, além de prevenir estímulo em excesso e alterações de comportamento.

Cuidador. Quando orientado, terá mais ferramentas para evitar gatilhos de SCPD e saber investigar e agir quando essas alterações ocorrerem, assim como para a escolha das atividades que irá oferecer para a pessoa com demência. Um suporte adequado diminuirá o surgimento de sintomas ansiosos e depressivos.

A DA é uma síndrome de evolução lenta. Será um longo período que a pessoa com demência deverá viver da maneira mais plena e natural possível, e o objetivo das intervenções não farmacológicas é possibilitar isso. Assim, é preciso ouvir a pessoa com demência, honrar suas escolhas sempre que possível e continuar olhando para ela como um indivíduo, alguém com dificuldades e habilidades, e que assim como nós, está tentando viver da melhor forma possível.

Referências bibliográficas

ALZHEIMER'S ASSOCIATION. 2024 Alzheimer's disease facts and figures. Alzheimer's Association, Chicago, v. 20, n. 5, 2024. Disponível em: https://www.alz.org/media/documents/alzheimers-facts-and-figures.pdf. Acesso em: 10 abr. 2024.

BACKMAN, C. et al. What is the impact of sensory practices on the quality of life of long-term care residents? A mixed-methods systematic review protocol. Systematic Reviews, [s. l.], v. 7, n. 1, p. 115, 2018.

BAHAR-FUCHS, A.; CLARE, L.; WOODS, B. Cognitive training and cognitive rehabilitation for mild to moderate Alzheimer's disease and vascular dementia. Cochrane Database of Systematic Reviews, [s. l.], v. 6, p. 1-84, 2013.

BALLARD, C. G.; WAITE, J.; BIRKS, J. The effectiveness of atypical antipsychotics for aggression and psychosis in Alzheimer's disease. Cochrane Database of Systematic Reviews, [s. l.], v. 1, 2006.

BRODATY, H.; ARASARATNAM, C. Meta-analysis of nonpharmacological interventions for neuropsychiatric symptoms of dementia. American Journal of Psychiatry, [s. l.], v. 169, n. 9, p. 946-953, 2012.

BURGIO, L. D. et al. Studying disruptive vocalization and contextual factors in the nursing home using computer-assisted real-time observation. Journal of Gerontology, [s. l.], v. 49, n. 5, p. P230- P239, 1994.

CACIOPPO, J. T. et al. Loneliness as a specific risk factor for depressive symptoms: cross-sectional and longitudinal analyses. Psychology and Aging, [s. l.], v. 21, n. 1, p. 140-151, 2006.

CAMP, C. J. Origins of Montessori Programming for Dementia. Non-Pharmacological Therapies in Dementia, [s. l.], v. 1, n. 2, p. 163-174, 2010.

CAMP, C. J. Spaced retrieval: a model for dissemination of a cognitive intervention for persons with dementia. In: ATTIX, D. K.; Welsh-Bohmer, K. A. (ed.). Geriatric neuropsychology: assessment and intervention. New York: The Guilford Press, 2006. p. 275-292.

CAMP, C. J.; SKRAJNER, M. J. Resident-Assisted Montessori Programming (RAMP): training persons with dementia to serve as group activity leaders. Gerontological Society, [s. l.], v. 44, n. 3, p. 426-431, 2004.

CAPARROL, A. J. S. et al. Intervenções psicoeducacionais para cuidadores de idosos com doença de Alzheimer: revisão sistemática. Revista Recien: Revista Científica de Enfermagem, São Paulo, v. 11, n. 35, p. 221-235, 2021.

CHO, E. et al. The effectiveness of non-pharmacological interventions using information and communication technologies for behavioral and psychological symptoms of dementia: A systematic review and meta-analysis. International Journal of Nursing Studies, [s. l.], v. 138, 2023.

CLARE, L. et al. Depression and anxiety in memory clinic attenders and their carers: implications for evaluating the effectiveness of cognitive rehabilitation interventions. International Journal of Geriatric Psychiatry, [s. l.], v. 17, n. 10, p. 962-967, 2002.

CLARE, L. et al. Individual goal-oriented cognitive rehabilitation to improve everyday functioning for people with early-stage dementia: A multicentre randomised controlled trial (the GREAT trial). International Journal of Geriatric Psychiatry, [s. l.], v. 34, n. 5, p. 709-721, 2019.

CLARE, L. Neuropsychological rehabilitation and people with dementia. London: Psychology Press, 2008.

CLARE, L. Rehabilitation for people living with dementia: A practical framework of positive support. PLoS Medicine, [s. l.], v. 14, n. 3, 2017.

CLARE, L.; JONES, R. S. Errorless learning in the rehabilitation of memory impairment: a critical review. Neuropsychology Review, [s. l.], v. 18, n. 1, p. 1-23, 2008.

CLARE, L.; WOODS, R.T. Cognitive training and cognitive rehabilitation for people with early-stage Alzheimer's disease: A review. Neuropsychological Rehabilitation: An International Journal, [s. l.], v. 14, n. 4, p. 385-401, 2004.

COHEN-MANSFIELD, J.; DAKHELL-ALI, M.; MARX, M. S. Engagemnt in person with dementia: the concept and its measurement. American Journal of Geriatric Psychiatry, [s. l.], v. 17, n. 4, p. 299-307, 2009.

COHEN-MANSFIELD, J. et al. Which unmet needs contribute to behavior problems in persons with advanced dementia? Psychiatry Research, [s. l.], v. 228, n. 1, p. 59-64, 2015.

COHEN-MANSFIELD, J.; WERNER, P. Environmental influences on agitation: An integrative summary of an observational study. American Journal of Alzheimer's Care and Related Disorders & Research, [s. l.], v. 10, n. 1, p. 32-39, 1995.

COOPER, C. et al. Coping strategies and anxiety in caregivers of people with Alzheimer's disease: the LASER-AD study. Journal of Affective Disorders, [s. l.], v. 90, n. 1, p. 15-20, 2006.

COURTNEY, C. et al. Long-term donepezil treatment in 565 patients with Alzheimer's disease (AD2000): randomised double-blind trial. Lancet, London, v. 363, n. 9427, p. 2105-2115, 2004.

DE VREESE, L. P. et al. Memory rehabilitation in Alzheimer's disease: A review of progress. International Journal of Geriatric Psychiatry, [s. l.], v. 16, n. 8, p. 794-809, 2001.

ELI LILLY AND COMPANY. Lilly's Donanemab significantly slowed cognitive and functional decline in phase 3 study of early Alzheimer's disease. Lilly Investors, [s. l.], 3 maio 2023. Disponível em: https://investor.lilly.com/news-releases/news-release-details/lillys-donanemab-significantly-slowed-cognitive-and-functional. Acesso em: 10 abr. 2024.

EPPERLY, T.; DUNAY, M. A.; BOICE, J. L. Alzheimer disease: pharmacologic and nonpharmacologic therapies for cognitive and functional symptoms. American Family Physician, [s. l.], v. 95, n. 12, p. 771-778, 2017.

FINKEL, S. I. et al. Behavioral and psychological signs and symptoms of dementia: a consensus statement on current knowledge and implications for research and treatment. International Psychogeriatrics, [s. l.], v. 8, sup. 3, p. 497-500, 1996.

GBD 2016 DISEASE AND INJURY INCIDENCE AND PREVALENCE COLLABORATORS. Global, regional, and national incidence, prevalence, and years lived with disability for 328 diseases and injuries for 195 countries, 1990-2016: a systematic analysis for the Global Burden of Disease Study 2016. Lancet, London, v. 390, n. 10100, p. 1211-1259, 2017.

GERLACH, L. B.; KALES, H. C. Managing behavioral and psychological symptoms of dementia. Clinics in Geriatric Medicine, [s. l.], v. 36, n. 2, p. 315-327, 2020.

GITLIN, L. N. et al. Maintenance of effects of the home environmental skill-building Program for Family Caregivers and Individuals with Alzheimer's Disease and Related Disorders. Journal of Gerontology, [s. l.], v. 60A, n. 3, p. 368-374, 2005.

GITLIN, L. N.; LIEBMAN, J.; WINTER, L. Are environmental interventions effective in the management of Alzheimer's disease and related disorders?: A synthesis of the evidence. Alzheimer's Care Quarterly, [s. l.], v. 4, n. 2, p. 85-107, 2003.

HAN, J. W. et al. Efficacy of the ubiquitous spaced retrieval-based Memory Advancement and Rehabilitation Training (USMART) program among patients with mild cognitive impairment: a randomized controlled crossover trial. Alzheimer's Research & Therapy, [s. l.], v. 9, n. 1, p. 39, 2017.

JAKOB, A.; COLLIER, L. Sensory enrichment for people living with dementia: increasing the benefits of multisensory environments in dementia care through design. Design for Health, [s. l.], v. 1, n. 1, p. 115-133, 2017.

KALES, H. C.; GITLIN, L. N., LYKETSOS, C. G. Assessment and management of behavioral and psychological symptoms of dementia. British Medical Journal, London, v. 2, n. 350, p. h369, 2015.

KALES, H. C.; GITLIN, L. N., LYKETSOS, C. G. Management of neuropsychiatric symptoms of dementia in clinical settings: recommendations from a multidisciplinary expert panel. Journal of the American Geriatrics Society, [s. l.], v. 62, n. 4, p. 762-769, 2014.

KANE, M.; COOK, L. Dementia 2013: The hidden of loneliness. Alzheimer Society, [London], 2013. Disponível em: https://www.alzheimers.org.uk/sites/default/files/migrate/downloads/dementia_2013_the_hidden_voice_of_loneliness.pdf. Acesso em: 10 abr. 2024.

MAST, B. T.; SHOUSE, J.; CAMP, C. J. Person-centered assessment and intervention for people with dementia. In: LICHTENBERG, P. A.; MAST, B. T.; CARPENTER, B. D.; LOEBACH WETHERELL, J. (ed.). APA handbook of clinical geropsychology, vol. 2. Assessment, treatment, and issues of later life. Massachusetts: American Psychological Association, 2015. p. 319-339.

McMILLAN, T. M.; SPARKES, C. Goal planning and neurorehabilitation: the Wolfson Neurorehabilitation Centre approach. Neuropsychological Rehabilitation, [s. l.], v. 9, n. 3-4, p. 241-251, 1999.

ROBERTS, G. et al. Caring for people with dementia in residential aged care: successes with a composite person-centered care model featuring Montessori-based activities. Geriatric Nursing, [s. l.], v. 36, n. 2, p. 106-110, 2015.

SCALES, K.; ZIMMERMAN, S.; MILLER, S. J. Evidence-Based Nonpharmacological Practices to Address Behavioral and Psychological Symptoms of Dementia. Gerontologist, [s. l.], v. 58, n. S1, p. S88-S102, 2018.

SCHILLING, L. P. et al. Diagnóstico da doença de Alzheimer: recomendações do Departamento Científico de Neurologia Cognitiva e do Envelhecimento da Academia Brasileira de Neurologia. Dementia & Neuropsychologia, São Paulo, v. 16, n. 3, sup. 1, p. 25-39, p. 2022.

SCHNEIDER, L. S. et al. Effectiveness of atypical antipsychotic drugs in patients with Alzheimer's disease. New England Journal of Medicine, [s. l.], v. 355, n. 15, p. 1525-1538, 2006.

SKRAJNER, M. J. et al. Effects of using nursing home residents to serve as group activity leaders: lessons learned from the RAP project. Dementia, London, v. 13, n. 2, p. 274-285, 2014.

STEINBERG, M. et al. Point and 5-year period prevalence of neuropsychiatric symptoms in dementia: The Cache County study. International Journal of Geriatric Psychiatry, [s. l.], v. 23, n. 2, p. 170-177, 2008.

VAN DER PLOEG, E. S. et al. A randomized crossover trial to study the effect of personalized, one-to-one interaction using Montessori-based activities on agitation, affect, and engagement in nursing home residents with Dementia. International Psychogeriatrics, [s. l.], v. 25, n. 4, p. 565-575, 2013.

VAN DER PLOEG, E. S.; O'CONNOR, D. W. Evaluation of personalised, one-to-one interaction using Montessori-type activities as a treatment of challenging behaviours in people with dementia: the study protocol of a crossover trial. BMC Geriatrics, London, v. 10, n. 3, 2010.

VAN DYCK, C. H. et al. Lecanemab in Early Alzheimer's Disease. New England Journal of Medicine, [s. l.], v. 388, n. 1, p. 9-21, 2022.

VERMUNT, L. et al. Duration of preclinical, prodromal, and dementia stages of Alzheimer's disease in relation to age, sex, and APOE genotype. Alzheimer's & Dementia, [s. l.], v. 15, n. 7, p. 888-898, 2019.

VIOLA, L. F. et al. Effects of a multidisciplinar cognitive rehabilitation program for patients with mild Alzheimer's disease. Clinics, São Paulo, v. 66, n. 8, p. 1395-1400, 2011.

WILSON, B. A. et al. Reducing everyday memory and planning problems by means of a paging system: a randomised control crossover study. Journal of Neurology, Neurosurgery & Psychiatry, [s. l.], v. 70, n. 4, p. 477-482, 2001.

WORLD HEALTH ORGANIZATION (WHO). Global status report on the public health response to dementia. Geneva: WHO, 2021. 137 p. Disponível em: https://www.who.int/publications/i/item/9789240033245. Acesso em: 10 abr. 2024.

63 Estimulação Cognitiva em Pessoas Idosas

Wellington Lourenço Oliveira • Marianna Barbosa Yamaguchi • Thais Bento Lima da Silva

Introdução

O interesse por estudos de envelhecimento cognitivo tem sido crescente por estar associado a modificações tanto na capacidade funcional dos indivíduos como na sua autonomia e independência para as atividades de vida diária (AVD). Do ponto de vista neurocognitivo, com o envelhecimento, pode haver alterações no desempenho cognitivo considerado saudável ou patológico – em geral acompanhado de mudanças comportamentais e declínio da capacidade funcional (Salthouse, 2019; Juan; Adlard, 2019).

A manutenção da capacidade funcional é o principal fator para viver de forma saudável, com qualidade e propósito, os quais são preceitos da Década do Envelhecimento Saudável 2020-2030 da Organização das Nações Unidas (WHO, 2020). A capacidade funcional é um conceito que envolve cinco fatores multidimensionais para garantir a capacidade de manter suas atividades, tomar decisões, ter mobilidade, construir relações sociais e contribuir para a sociedade ao longo da vida. A habilidade funcional é composta da somatória da capacidade intrínseca e dos ambientes.

A depender da trajetória de vida, o indivíduo é exposto a diferentes ambientes e oportunidades para se relacionar, desde a residência em que mora, comunidades e acesso a serviços que podem ser favoráveis ou não para se ter uma velhice saudável. Atrelada aos ambientes, a capacidade intrínseca refere-se às capacidades físicas e mentais, entre elas capacidades sensoriais e psicológicas, de locomoção, vitalidade e cognição, as quais se acumularam ao longo da vida (WHO, 2020).

As intervenções cognitivas têm como referenciais teóricos os estudos que versam sobre neuroplasticidade e reserva cognitiva, os quais pressupõem a capacidade de reorganização neural e a melhora do desempenho cognitivo relacionado com as oportunidades (Yassuda et al., 2006; Lima-Silva et al., 2021). Essa capacidade está presente ao longo do processo de envelhecimento em todas as fases do ciclo vital, que apesar de mudar com a idade avançada, possibilita aprendizado, uso de estratégias de memória, integração e ampliação dos conhecimentos sobre as funções cognitivas.

Consonante a isso, pesquisas sobre atividades intelectualmente estimulantes têm sido realizadas com o intuito de manter ou melhorar o desempenho das habilidades cognitivas em pessoas idosas (Bahar-Fuchs et al., 2019; Gómez-Soria et al., 2023). Com o aumento da população idosa no mundo e em decorrência do aumento do número de pessoas idosas com alterações cognitivas, estudos envolvendo intervenções não farmacológicas para a manutenção da cognição têm crescido nos últimos 20 anos. Trata-se de um tratamento de baixo custo, que não gera efeitos adversos e que muitas vezes é a opção de tratamento mais viável para cuidados preventivos com a saúde do cérebro, combinados com atividades físicas e adoção de dietas consideradas neuroprotetoras, como as dietas mediterrânea e Mediterranean-DASH Intervention for Neurodegenerative Delay (MIND) (Livingston et al., 2020).

Nesse sentido, este capítulo apresenta alterações cognitivas associadas ao envelhecimento saudável; alterações cognitivas e comportamentais relacionadas ao envelhecimento patológico; conceito de estimulação cognitiva; estruturação das sessões em estimulação cognitiva para pessoas idosas; atividades e estratégias de estimulação cognitiva individual e em grupo; e um caso clínico para a aplicação da estimulação cognitiva.

Alterações cognitivas associadas ao envelhecimento saudável

A cognição humana envolve funções mentais complexas como raciocínio, atenção, memória, linguagem, funções visuoespaciais e funções executivas (Colom, 2020). O desempenho dessas habilidades tem sido relacionado a diversos fatores, por exemplo, características sociodemográficas (como nível educacional e status socioeconômico), saúde física e mental e comportamento em saúde (Xie et al., 2022). Alterações em habilidades cognitivas no envelhecimento cerebral natural não tem sido associado a prejuízos na capacidade de uma pessoa realizar AVD (Juan; Adlard, 2019; Gómez-Soria et al., 2023).

Embora algumas habilidades e funções cognitivas sofram alterações gradativas e contínuas com o envelhecimento saudável, outras permanecem mais estáveis em pessoas idosas. A velocidade de processamento cognitivo é uma função que se refere ao tempo que se leva para realizar uma tarefa mental, como codificar, transformar e recuperar uma informação. Pode declinar a partir da terceira década de vida. Entre as habilidades cognitivas que sofrem declínio natural em memória se destaca a memória operacional (responsável pela manutenção e manipulação temporária de informações síncronas na realização de tarefas complexas, como raciocínio, aprendizagem e compreensão linguística) e a memória episódica (registra tarefas realizadas e acontecimentos da história pessoal) (Cohen; Marsiske; Smith, 2019; Harada; Love; Triebel, 2013; Park *et al.*, 2002; Park; Reuter-Lorenz, 2009; Salthouse, 2019; Ticha *et al.*, 2023).

Outras habilidades que sofrem alterações são funções executivas (relacionadas a comportamentos direcionados a metas, como solução de problemas, planejamento, tomada de decisão e autorregulação do comportamento) e atenção complexa, que envolve atenção seletiva (selecionar um estímulo em detrimento de outros), sustentada (manter a atenção focada em determinado estímulo), alternada (alternar entre estímulos) e/ou dividida (manter a atenção em dois ou mais estímulos) (Cohen; Marsiske; Smith, 2019; Harada; Love; Triebel, 2013; Park *et al.*, 2002; Park; Reuter-Lorenz, 2009; Salthouse, 2019; Ticha *et al.*, 2023).

Também em habilidades visuoespaciais se observa declínio em habilidades visuoperceptivas (acuidade visual, percepção de luz, contraste, cor e movimento), visuoconstrutivas (construção de desenhos e modelos complexos para formar uma unidade) e de navegação (planejamento de rotas e execução de movimentos em direção a metas ambientais). Essas conclusões são baseadas em estudos transversais e longitudinais (Cohen; Marsiske; Smith, 2019; Harada; Love; Triebel, 2013; Park *et al.*, 2002; Park; Reuter-Lorenz, 2009; Salthouse, 2019; Ticha *et al.*, 2023). A Figura 63.1 resume essas alterações cognitivas mais frequentes com o envelhecimento saudável e que estão em caixas mais escuras.

Harada, Love e Triebel (2013) identificam em seu estudo de revisão que, com a idade, pode haver declínio na velocidade de processamento cognitivo em habilidades visuoespaciais, em certos subtipos de memória, em alguns domínios da linguagem e em funções executivas (FE). Park *et al.* (2002) realizam um estudo transversal de desempenho de habilidades cognitivas no envelhecimento, como velocidade de processamento, memória operacional, memória de longo prazo e conhecimento de mundo (vocabulário), por meio de testes cognitivos, entre adultos e idosos (20 a 89 anos). Quase todas essas habilidades apresentaram resultado de declínio cognitivo com a idade (com início na idade adulta jovem), exceto conhecimento de mundo, que mostrou até certa melhora. Além do armazenamento de conhecimento, a memória implícita (memória de longo prazo não consciente) também é protegida e relativamente resistente ao envelhecimento cognitivo (Park; Reuter-Lorenz, 2009).

De maneira semelhante, Salthouse (2019) analisou em seu estudo a trajetória do envelhecimento cognitivo em quatro aspectos – velocidade de processamento, memória, raciocínio e vocabulário – entre adultos e idosos (20 a 85 anos). Os dados foram coletados entre 2001 e 2017, contando com 5.098 participantes com dados transversais e 1.598 com dados longitudinais. Os participantes foram avaliados por meio de testes cognitivos e retestes, e os resultados foram comparados por meio de dados transversais, longitudinais e quase longitudinais. Resultados mostraram declínios quase lineares a partir do início da vida adulta na velocidade de processamento e declínios acelerados na memória e no raciocínio. Porém, o conhecimento do vocabulário aumentou até a década de 60 anos nos três tipos de comparações de estudo. Medidas de conhecimento em vocabulário foram maiores entre idosos na faixa dos 70 e 80 anos do que entre adultos nas faixas de 20, 30 e 40 anos.

Apesar desses declínios cognitivos não serem bem compreendidos à luz da literatura científica, durante o envelhecimento cognitivo saudável, há alterações estruturais e funcionais observadas no cérebro, como redução no volume de substância cinzenta e branca. Mudanças na substância branca e declínio nos níveis de neurotransmissores podem contribuir para alterações cognitivas no envelhecimento cerebral. Já o volume de substância cinzenta

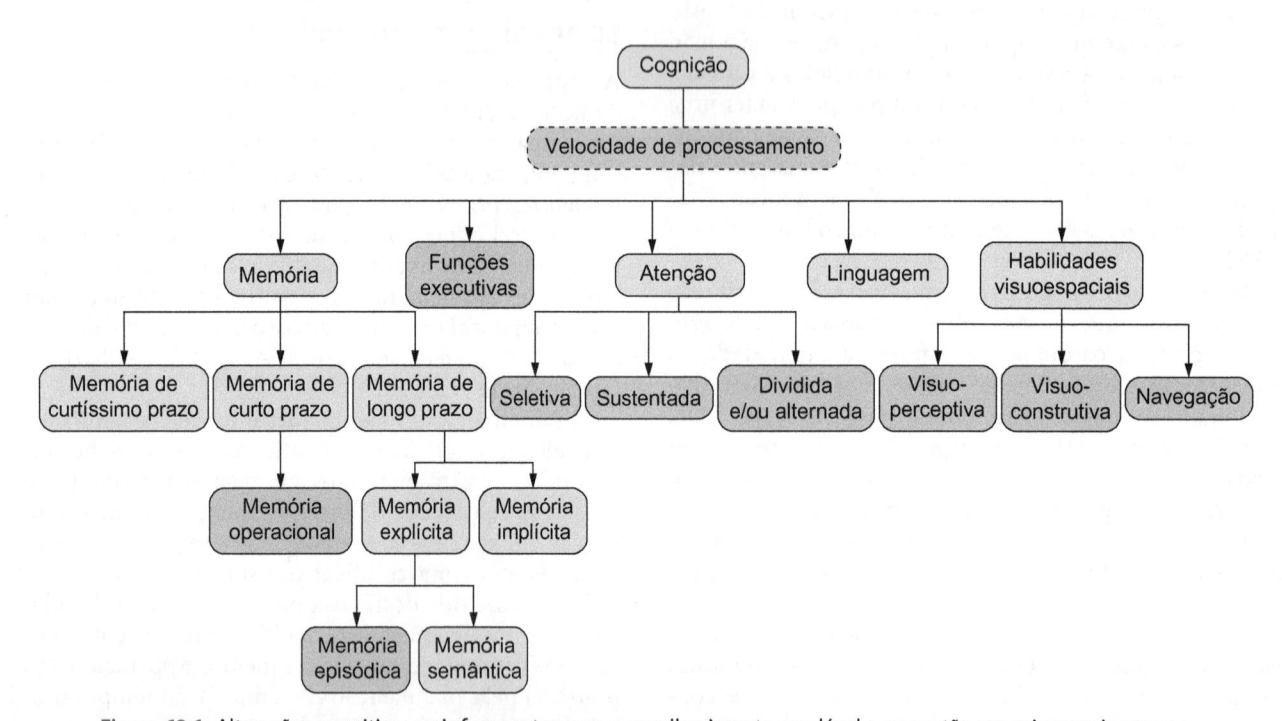

Figura 63.1 Alterações cognitivas mais frequentes com o envelhecimento saudável e que estão em caixas mais escuras.

começa a diminuir a partir dos 20 anos e a atrofia é mais acentuada na região do córtex pré-frontal. Alterações nos lobos temporais são mais moderadas e envolvem redução do volume do hipocampo. Modificações no volume de substância cinzenta possivelmente estariam associadas à morte neuronal, à diminuição do tamanho do neurônio e do número de conexões entre eles (redução da densidade sináptica) e ao acúmulo de proteína beta-amiloide. Com o envelhecimento, reduções do volume da substância branca são maiores que a cinzenta, e podem ser observadas em regiões cerebrais como corpo caloso, giro pré-central e reto e regiões anteriores (frontais) do cérebro (Harada; Love; Triebel, 2013).

A interação complexa entre estrutura e função cerebral e preditores biológicos (genéticos) e ambientais é esperada no declínio do envelhecimento cognitivo saudável. Por isso, manter-se ativo e em um ambiente intelectualmente estimulante é importante para um envelhecimento cerebral saudável. Dessa forma, especula-se que o ambiente pode manter a integridade cerebral intacta, principalmente sua espessura. Manutenção em medidas anatômicas do cérebro estão associadas a um papel importante no envelhecimento cerebral natural (Nyberg et al., 2020; Sele et al., 2021).

Além do conceito de envelhecimento cognitivo saudável, pesquisadores têm discutido sobre o envelhecimento cognitivo bem-sucedido. Trata-se de um constructo multidimensional que se refere à saúde cognitiva associada ao envelhecimento normal, combinando múltiplos domínios cognitivos até sabedoria e resiliência. Pesquisadores e órgãos da saúde pública têm se esforçado para encontrar seus determinantes. Há uma série de supostos mecanismos biológicos, comportamentais e sociais pelos quais as capacidades cognitivas podem ser mantidas ou até melhoradas em idades avançadas. Alguns dos mecanismos que têm sido estudados são influência da genética, estresse/resiliência, reserva cerebral/cognitiva, sabedoria e estilos de vida que envolvam atividade física e estimulação cognitiva (Depp; Harmell; Vahia, 2012).

A influência genética tem sido discutida com frequência a partir do fenótipo de longevidade e até da hereditariedade do desempenho cognitivo. Porém, com a idade, pesquisas apontam que o ambiente teria uma influência maior que os genes na cognição na velhice. Estudos sobre o estresse têm relatado esse fator como prejudicial para o desempenho cognitivo, ao passo que a resiliência tem sido protetora. Processos paralelos de reserva cerebral e reserva cognitiva têm se revelado importantes no desempenho cognitivo. O primeiro se refere à capacidade de resistir ao dano e ainda continuar a funcionar como se fosse, metaforicamente, o *hardware* do cérebro; o segundo, à capacidade de compensação ativa como se fosse o *software*, porém não passiva como a reserva cerebral (Depp; Harmell; Vahia, 2012).

O conceito de sabedoria se refere à habilidade cognitiva comumente associada à velhice, que promove o desenvolvimento cognitivo e emocional avançado e impulsionado pela experiência, que estaria associada ao envelhecimento cognitivo bem-sucedido. A atividade física tem uma variedade de benefícios associados à saúde, entre eles, redução da neurodegeneração, risco reduzido para demência (transtorno neurocognitivo maior), aumento em domínios cognitivos como FE e aumento do volume cerebral em regiões de substância branca e cinzenta (APA, 2022; Depp; Harmell; Vahia, 2012).

Padrões alimentares com as dietas mediterrânea e MIND têm sido observados na literatura como alimentos com nutrientes neuroprotetores. Essas intervenções dietéticas estão associadas a menor risco de comprometimento cognitivo e para desenvolver demências, como a doença de Alzheimer (DA). A dieta mediterrânea é caracterizada por um alto consumo de frutas, vegetais e azeite, e um consumo moderado de álcool. O padrão alimentar MIND combina a dieta mediterrânea e a *Dietary Approaches to Stop Hypertension* (DASH). A dieta DASH, de modo similar à dieta mediterrânea, também especifica um alto consumo de alimentos à base de plantas e, adicionalmente, limita a ingestão de ácidos graxos monoinsaturados (MUFA) e saturados (SFA), gordura total e sódio. Tem sido associada à prevenção e ao tratamento de hipertensão arterial, colesterol total e redução de fatores de risco para cardiopatias. A MIND enfatiza alimentos à base de plantas e ingestão limitada de alimentos de origem animal e alimentos ricos em gordura saturada (van den Brink et al., 2019; Devranis, 2023).

Por fim, com relação à estimulação cognitiva, há diversos estudos que relacionam a participação em atividades intelectualmente estimulantes (como jogos da memória e atividades recreativas) ao risco reduzido para demências (Lima-Silva et al., 2022; Yassuda et al., 2006), tópico que será abordado mais adiante no capítulo. Assim, atividades físicas, certos padrões alimentares e estimulação cognitiva podem partilhar de mecanismos de ação semelhantes na redução de vulnerabilidade neuronal.

Embora o declínio cognitivo relacionado com a idade seja típico, há estudos que mostram indivíduos com 80 anos e mais desafiando essa suposição. Pesquisas mais recentes destacam a existência dos *SuperAgers* (superidosos), que apresentam desempenho cognitivo excepcional. Diante de testes cognitivos objetivos, esse grupo apresenta desempenho cognitivo superior a pessoas de sua faixa etária, semelhante a pessoas entre 50 e 60 anos (Balduino et al., 2020; Rogalski et al., 2013). Uma das hipóteses estaria associada à reserva cerebral e cognitiva, como se fosse uma poupança neurocognitiva acumulada ao longo da vida, comumente relacionada à alta escolaridade, a ocupações e atividades intelectualmente estimulantes e a atividades de lazer (Barulli; Stern, 2013; Livingston et al., 2020; Suemoto et al., 2022).

Alterações cognitivas e comportamentais associadas ao envelhecimento patológico

Com o envelhecimento, é possível que ocorram alterações cognitivas e comportamentais que impactam gradualmente a capacidade funcional do indivíduo, denominado envelhecimento patológico. O estudo de Smid et al. (2022) representa o *continuum* do processo do declínio cognitivo, o qual inicia-se com uma autopercepção subjetiva negativa do desempenho cognitivo. Essas queixas são imperceptíveis durante a aplicação dos testes neuropsicológicos e não comprometem as AVD da pessoa, mas devem ser consideradas.

Tal fenômeno é denominado declínio cognitivo subjetivo (DCS), e nessa situação, a depender das condições de saúde ou histórico de vida, a cognição pode manter-se estabilizada, revertida e, em alguns casos, seguir para uma condição transitória entre o processo de envelhecimento saudável e patológico, denominada comprometimento cognitivo leve (CCL) ou transtorno neurocognitivo leve (TNC leve), de acordo com a 5ª edição do *Manual diagnóstico e estatístico de transtornos mentais* (APA, 2022), conhecido pela sigla DSM-5.

Os mesmos autores afirmam que o CCL é uma condição em que há um rebaixamento do desempenho cognitivo quando aplicados os testes neuropsicológicos e comparados com pessoas idosas saudáveis e de nível educacional equivalente. Além disso, há uma percepção de declínio cognitivo da própria pessoa ou do acompanhante no período de 1 ano e a inexistência de comprometimentos na realização das AVD. O reconhecimento do diagnóstico de CCL é relativamente recente e existem poucos estudos brasileiros que possam caracterizar essa população no país (Smid *et al.*, 2022).

Sabe-se que o CCL é um estágio que se beneficia de estimulação cognitiva (van Harten *et al.*, 2018) e ações que promovam mudança do estilo de vida podem diminuir a taxa de progressão para a demência. Mesmo assim, há evidências de o CCL progredir para diagnóstico de demência, alterando de forma significativa a qualidade do envelhecimento não só para a pessoa que apresenta o diagnóstico, mas também para a sua rede de suporte social e a sociedade (Speranza; Abdalla; Mosci, 2022).

De acordo com o relatório *Global status report on the public health response to dementia* (WHO, 2021), as demências são as mais prevalentes na população idosa. Mais de 55 milhões de pessoas acima de 65 anos estão vivendo com demência no mundo e a tendência no decorrer dos anos é esse número crescer ainda mais: estima-se que em 2050 serão 139 milhões de pessoas idosas com demência. Quanto mais tempo de vida, a prevalência aumenta de 1% em pessoas entre 60 e 64 anos para 35,9% em pessoas acima de 90 anos (WHO, 2021). A palavra demência se refere a um termo guarda-chuva para doenças cerebrais que interferem na capacidade funcional do indivíduo, as quais serão apresentadas nos próximos tópicos.

Doença de Alzheimer

A doença de Alzheimer (DA) é uma enfermidade neurodegenerativa que representa 60% do diagnóstico entre as demências (Speranza; Abdalla; Mosci, 2022) gradualmente progressivo, com sobrevida após o diagnóstico entre 3 e 20 anos e expectativa média de 8 a 10 anos (Fillit; Rockwood; Woodhouse, 2010). No Brasil, a prevalência é de 3,2% entre 60 e 64 anos para 16,5% em pessoas idosas a partir de 90 anos. Mulheres apresentam maior prevalência, 6,8%, e os homens, 4,6% (Bertola *et al.*, 2023).

Durante a fase inicial, há comprometimento na memória episódica e nas FE e comprometimento visuoespacial. Na fase tardia, pode ocorrer afasia, apraxia e distúrbios comportamentais. Há diversas variantes clínicas na manifestação da DA, por isso é necessária uma avaliação detalhada para definição do diagnóstico (Speranza; Abdalla; Mosci, 2022).

Demência com corpos de Lewy

A demência com corpos de Lewy (DCL) é considerada a segunda demência degenerativa mais frequente, está entre os 10 a 15% dos casos. Além do declínio cognitivo, demonstra alucinações visuais complexas, atenção e cognição flutuantes e parkinsonismo de início precoce no curso da doença, sintomas que são característicos para o diagnóstico da DCL.

As FE e habilidades visuoespaciais estão mais prejudicadas nas pessoas com DCL do que nas diagnosticadas com DA. Se houver dúvidas no diagnóstico, na DCL as alucinações visuais são frequentes nas fases iniciais e podem ser um diferencial durante o reconhecimento das demências (Speranza; Abdalla; Mosci, 2022).

Demência vascular

A demência vascular é uma possível consequência após um acidente vascular encefálico (AVE), podendo surgir sintomas após 3 meses do episódio ou de forma incidental, causando comprometimento cognitivo gradual. A manifestação clínica surgirá de acordo com a região afetada no cérebro. Em 50% dos casos, têm sua maioria como demência vascular isquêmica subcortical, a qual apresenta como sintoma alterações frontais, disfunção executiva, comprometimento leve de memória, prejuízo da atenção, depressão, alentecimento motor, sintomas parkinsonianos, distúrbios urinários e paralisia pseudobulbar (Speranza; Abdalla; Mosci, 2022).

Há diversos outros tipos de demências, como a demência lobar frontotemporal (DLFT) e a demência por doença e Parkinson (DPP), as quais serão apresentadas de acordo com os padrões cognitivos das principais demências para contribuir no reconhecimento de suas especificidades (Figura 63.2).

O tratamento farmacológico mostra evidências para retardar progressão e melhora funcional e sintomas comportamentais (Caramelli *et al.*, 2022); alguns medicamentos apresentam efeitos colaterais. Autores do estudo apontam a necessidade de uma administração com dosagens baixas e, posteriormente, reajustada.

Na segunda metade do estágio da DA, podem surgir sintomas neuropsiquiátricos (p. ex., depressão, disforia, apatia, agressividade, alterações de sono, delírios e alucinações), aumentando sua intensidade durante a fase moderada e cessando durante o estágio grave (Caramelli *et al.*, 2022).

Além da medicação, há evidências significativas de tratamento não medicamentoso para lidar com as demências, os quais colaboram para proporcionar suporte à pessoa idosa, à família e aos cuidadores formais e informais. A combinação entre o tratamento farmacológico e não farmacológico é capaz de estimular funções cognitivas remanescentes, melhorar funcionalidade e alterações comportamentais, de humor e autoestima da pessoa idosa. Também há evidências de estender os benefícios aos cuidadores, com diminuição de sobrecarga e estresse (Machado, 2022).

A estimulação cognitiva é uma das técnicas possíveis do tratamento não medicamentoso que mostra evidências para pessoas idosas saudáveis e também com algum grau de comprometimento cognitivo, proporcionando aprendizado de

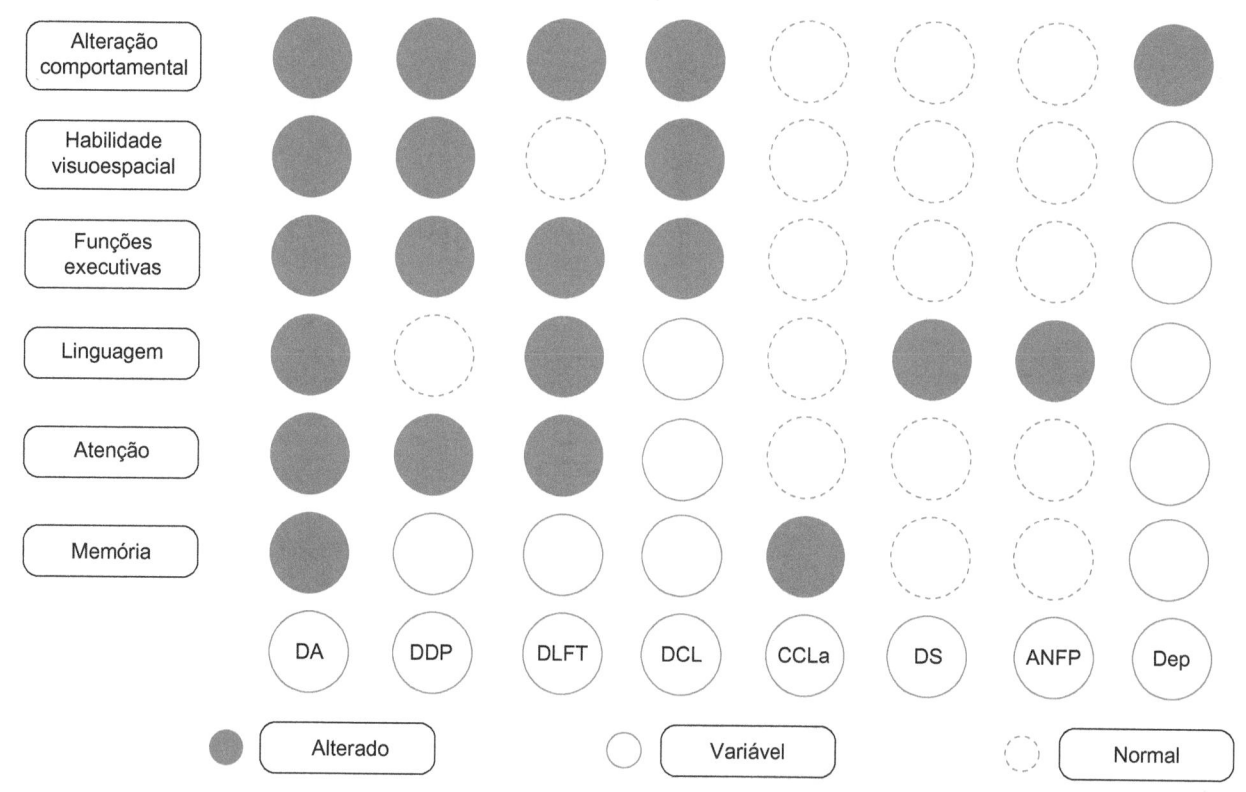

Figura 63.2 Padrões cognitivos e comportamentais da principais demências. ANFP: afasia não fluente progressiva; CCLa: comprometimento cognitivo leve amnésico; DA: doença de Alzheimer; DCL: demência com corpos de Lewy; DLFT: demência lobar frontotemporal; DDP: demência por doença de Parkinson; Dep: depressão; DS: demência semântica. (Adaptada de Fillit; Rockwood; Woodhouse, 2010).

melhora ou manutenção no desempenho cognitivo, interação social, qualidade de vida e das AVD (Naylor *et al.*, 2024). Tais aplicações serão apresentadas e detalhadas na Figura 63.2.

> **Recomendação de filme para saber mais sobre as particularidades de pessoas idosas com demência**
>
> O filme *Meu pai* (2020) mostra um pouco do enfrentamento da família e da pessoa idosa ao lidar com a demência. A resistência com relação ao apoio e auxílio da filha em suas atividades por parte de Anthony (interpretado por Anthony Hopkins, aos 83 anos) pode ser uma realidade para algumas pessoas. O longa-metragem retrata enfrentamento da doença, mostrando momentos de memórias esquecidas, lucidez, desconfiança e confusão. A construção do filme é feita a partir da perspectiva da pessoa idosa que têm o diagnóstico de demência. Pode ser um ótimo instrumento para psicoeducação de profissionais da pessoa idosa e de sua rede de apoio. O filme recebeu o Oscar em 2021 de melhor ator e melhor roteiro adaptado. Está disponível nos aplicativos de *streaming*.

Estimulação cognitiva: conceito e como iniciar e implementar as sessões

Estimulação cognitiva envolve um conjunto de técnicas e exercícios mentais que visam melhorar habilidades cognitivas como atenção, memória, raciocínio e capacidade de aprendizagem. Trata-se de uma intervenção utilizada com frequência para auxiliar indivíduos com problemas cognitivos, mas também para melhorar a cognição naqueles saudáveis (Lima-Silva *et al.*, 2022; Yassuda *et al.*, 2006). O termo "estimulação cognitiva" foi introduzido pelo neuropsicólogo canadense Donald Hebb (1904-1985) em seu livro *The organization of behavior* (1949). Hebb propôs que a estimulação cognitiva poderia ser usada para desenvolver o cérebro e melhorar a cognição.

A estimulação cognitiva segue protocolos preestabelecidos e elaborados para atender o perfil cognitivo de cada paciente de forma individualizada ou em grupo, com indivíduos de perfil clínico e cognitivo semelhantes (Lima-Silva *et al.*, 2021).

Em pessoas idosas, é uma abordagem para melhorar ou manter a função cognitiva. Pode ser realizada por meio de exercícios mentais, jogos, tarefas de aprendizado e outras atividades que desafiam o cérebro. Um dos principais autores no campo da estimulação cognitiva em pessoas idosas é o cientista do envelhecimento cognitivo Paul Verhaeghen (1992, 2004), professor de psicologia na University of Georgia. Ele tem realizado pesquisas sobre a eficácia de diferentes intervenções de estimulação cognitiva, incluindo treinamento de memória, treinamento de atenção e treinamento de processamento de velocidade. Também é conhecido por sua pesquisa sobre o declínio cognitivo relacionado com a idade e como ele pode ser mitigado.

Destaca-se também Timothy Salthouse (1996, 2019), psicólogo norte-americano conhecido por suas pesquisas sobre envelhecimento cognitivo e desempenho intelectual.

Professor de Psicologia na University of Pennsylvania, tem publicado numerosos artigos e livros sobre o tema. Argumenta que o declínio cognitivo associado à idade se deve a uma redução na capacidade de processar informações, em vez de uma perda específica de habilidades cognitivas. Assim, propõe que essa diminuição na capacidade de processamento pode ser causada por fatores biológicos, como o envelhecimento dos neurônios, ou por fatores ambientais, como a falta de estímulos mentais. O autor também tem pesquisado como a atividade física e mental, bem como a saúde cardiovascular, podem influenciar o envelhecimento cognitivo. Desenvolveu uma teoria da "compensação cognitiva", que sugere que indivíduos podem usar estratégias para compensar declínios cognitivos relacionados com a idade.

A eficácia da estimulação cognitiva vem sendo confirmada por estudos científicos. Estudos nessa área voltados para a população idosa são diversos quanto ao método empregado, ao número de participantes, às estratégias mnemônicas ensinadas, ao número de sessões e ao grau de comprometimento cognitivo dos participantes (Lima-Silva et al., 2022; Miotto et al., 2018). Diante dessas particularidades, destaca-se a dificuldade de realizar comparações entre estudos disponíveis e encontrar o método mais adequado para se trabalhar com os diversos graus de comprometimento cognitivo.

Pessoas que vivem com demência, especialmente do tipo DA e idosos com CCL recebem destaque no meio científico por serem os principais quadros clínicos que acometem a cognição dos idosos (Miotto et al., 2008). Pessoas idosas com CCL podem ser as maiores beneficiadas da estimulação cognitiva, visto que é um grupo em que a demência ainda não foi totalmente instalada, do ponto de vista comportamental e cognitivo. Desse modo, posterga-se a conversão do quadro para uma demência e, em muitos casos, estabilização do quadro sem que haja a conversão para alguma demência (Belleville et al., 2023).

Exemplos de atividades e estratégias individual e em grupo

Existem várias metodologias para a realização de intervenções com o objetivo de estimular cognitivamente as pessoas com ou sem comprometimento cognitivo. Brum e Yassuda (2022) mostram a importância das intervenções cognitivas tanto para pessoas idosas saudáveis, com DCS ou CCL, detalhando estudos com resultados positivos para todos os perfis de pessoas idosas.

Resultados de intervenções cognitivas com pessoas idosas

A Tabela 63.1 apresenta estudos de intervenções cognitivas com pessoas idosas saudáveis, com DCS ou CCL, em levantamento realizado por Brum e Yassuda (2022).

Miotto et al. (2008, 2018) mostram que os estudos que trabalhavam com programas adaptados (aqueles que atendem às particularidades de pessoas idosas com diferentes perfis cognitivos como com CCL e as estratégias de memória mais eficazes para o processo de reabilitação cognitiva desse público) tiveram um aumento em seu desempenho comparado aos programas não adaptados (aqueles que, de modo geral, visam ao treino de habilidades cognitivas de modo sistematizado). Os resultados são promissores – a intervenção pode ser aplicada sozinha ou ser atrelada após o treinamento cognitivo convencional para sua manutenção –, apresentam benefícios a longo prazo e mostram transferência para outras funções, como melhorar a execução das AVD e diminuir sintomas depressivos.

Tabela 63.1 Idosos saudáveis, com DCS ou CCL.

Follow-up	Saudáveis	DCS	CCL
Resultados imediatos após intervenção	Aumento do desempenho das habilidades treinadas sem a generalização das AVD	Melhora no desempenho nos testes cognitivos após a intervenção	Melhora pequena ou moderada após o treino
Resultados tardios (follow-up)	Habilidades aprendidas com o treino se mantêm, porém a generalização diminui com o tempo	Habilidades aprendidas com o treino se mantêm por até 6 meses	Habilidades aprendidas com o treino se mantêm
Benefícios	Melhora no desempenho cognitivo e em sua funcionalidade	• Melhora no desempenho cognitivo e em sua funcionalidade • Uma alternativa para manejar o DCS	• Melhora pequena ou moderada • Estudos também mostram a diminuição de sintomas depressivos nos participantes
Habilidades cognitivas	Memória operacional, memória episódica ou treino multifatorial que envolve diversas habilidades	Estimulação cognitiva ou forma combinada e multifatorial (dieta, exercício físico, controle de doenças crônicas e treino cognitivo)	Memória episódica ou estratégias mnemônicas
Recomendações	Replicar estudos já existentes para trazer evidências consistentes em diferentes contextos e públicos-alvo	Há poucos estudos com pessoas que apresentam DCS, condição identificada recentemente	• Resultados positivos para intervenções computadorizadas • Há necessidade de replicar estudos já existentes para trazer evidências consistentes em diferentes contextos e públicos-alvo

AVD: atividade de vida diária; CCL: comprometimento cognitivo leve; DCS: declínio cognitivo subjetivo. (Fonte: Brum; Yassuda, 2022.)

Belleville *et al.* (2022) destacam que a estimulação cognitiva está cada vez mais se fazendo presente, desde a disponibilidade de treinamentos para a comunidade por meio de programas específicos ou aplicativos em dispositivos tecnológicos. Na pesquisa, o aumento de estudos relacionados a treinos atrelados a exames de neuroimagem pode trazer evidências ainda mais robustas e detalhadas.

Estimulação cognitiva individualizada: como realizar?

Antes de iniciar este tópico, ressaltamos que os modelos propostos aqui podem ser alterados e adaptados para a realidade da pessoa idosa alvo da sessão, de acordo com o grau de comprometimento cognitivo (saudável, CCL ou com diagnóstico de demência).

De acordo com Oliveira e Lima-Silva (2017), para pessoas idosas saudáveis, recomenda-se delinear cada sessão em conjunto com o paciente por meio de conversa no primeiro encontro, na qual o terapeuta deve buscar identificar na pessoa idosa as principais queixas (em especial as de memória). Para isso, o terapeuta deve perguntar o(s) motivo(s) pelo(s) qual(ais) o paciente buscou o serviço de estimulação cognitiva, e pautá-lo(s) para montar um método sob demanda. Os autores ressaltam que, dependendo do número e dos tipos de queixas, pode ser necessária a aplicação do miniexame do estado mental (MEEM) para fins de rastreio, a fim de descobrir se as queixas devem ser mais bem estudadas e, então, indicar uma avaliação neuropsicológica mais específica.

Caso as queixas apresentadas se encaixem no padrão de normalidade, o terapeuta poderá traçar o método e o cronograma de intervenção, deixando claro ao paciente que o objetivo da estimulação cognitiva, no caso dele, é a manutenção das funções cognitivas e o ensino de técnicas compensatórias de memória. Uma lista de prioridades deve ser estruturada com paciente, a qual elenque quais queixas incomodam mais. O cronograma pode se basear nessa lista.

A estimulação cognitiva em CCL deve ser iniciada o quanto antes, para que os benefícios possam ser percebidos pelo paciente e pelos familiares. O principal objetivo da estimulação cognitiva nesse caso é manter as funções cognitivas preservadas e compensar as alterações nas que começaram a sofrer declínio. As funções nas quais forem observadas alterações devem ser estimuladas para que atinjam o desempenho esperado para a idade e escolaridade do participante (Olazarán *et al.*, 2004).

A seguir, detalhamos uma estrutura de sessão de estimulação cognitiva individualizada.

Orientação temporal e espacial. As atividades de orientação temporal e espacial têm como intuito direcionar o paciente para a realidade (ano, mês e dia correntes; datas comemorativas). Pode-se utilizar como estratégias e recursos externos o uso de calendário, agenda e outros itens presentes no próprio ambiente do paciente.

Além da orientação temporal, também é necessário trabalhar orientação espacial, pois muitas pessoas idosas com início de comprometimento cognitivo esquecem a cidade e o estado onde estão. Podem apresentar dificuldade de lembrar onde moram familiares próximos e amigos e como se localizar na comunidade em que vivem. Com estratégia de repetição e pistas externas é possível auxiliá-los no espaço.

Atividades de treino de atenção visual e auditiva. Em um atendimento individualizado ou em grupo, o trabalho com as tarefas de atenção deve ser constante, uma vez que essa é uma etapa do processo de memorização. Por meio da atenção, a informação é armazenada, processada e resgatada.

É importante que sejam realizadas intervenções tanto na atenção visual quanto na auditiva, por meio de tarefas simples que contemplam esses sentidos, mas que, ao mesmo tempo, sejam complexas o suficiente para manter o paciente focado em seu objetivo, seja o de rastrear uma folha de papel em busca de palavra, símbolo ou objeto específico, seja concentrar-se na letra de uma canção para identificar determinada palavra ou som.

Conteúdo educacional sobre memória ou outra função/envelhecimento cognitivo. O conteúdo educacional deve ser trabalhado com todos os pacientes idosos que estejam no programa de estimulação cognitiva, sejam eles saudáveis, com CCL, sejam eles demenciados. Ajudá-los a entender as alterações que estão ocorrendo ao longo do envelhecimento e na velhice pode resultar em uma melhor eficiência da estimulação cognitiva. A pessoa idosa consciente de suas dificuldades é capaz de ter uma diminuição da ansiedade e uma melhora da concentração, o que proporciona um bom aproveitamento geral das sessões. Explicar a importância da tarefa antes de pedir para que o paciente a execute é importante para que o indivíduo veja sentido em realizá-la, e não a execute mecanicamente. Além disso, mostrar-se disponível para conversar sobre qualquer dúvida que o paciente tiver em relação a uma atividade e, principalmente, quanto à memória, ao envelhecimento e às diferenças entre o que é saudável ou patológico, é importante para a compreensão, pelo paciente, das alterações que está vivenciando e do papel do próprio terapeuta dentro desse contexto.

Temas sugeridos

- Mitos do envelhecimento
- Envelhecimento saudável e patológico
- Funcionamento da memória
- O papel da atenção no processo de memorização
- Diferenças no desempenho entre jovens e idosos (posto que muitos se remetem à juventude para exemplificar a piora nas habilidades cognitivas, em especial a da memória).

Desafios de memória. É importante destacar que estratégias de memória compensatórias internas podem ser de caráter específico ou geral. O específico refere-se à estratégia que só é utilizada para memorizar determinado tipo de informação, como a estratégia de grifos utilizada apenas para informação escrita (textos). A estratégia mnemônica interna geral pode ser utilizada para memorizar mais de um tipo de informação, como as técnicas de repetição e de imagem mental utilizadas, com frequência, para gravar nomes, listas de mercado, textos, entre outras informações.

Este item pode envolver tarefas que utilizem estratégias de categorização, aprendizagem sem erro, entre outras.

Estimulação das demais funções cognitivas. É possível também trabalhar com funções cognitivas como linguagem, visuoconstrução e FE. Cada uma dessas habilidades tem diversas atividades para seu treino, o que permite maior diversidade nos exercícios com pessoas idosas.

Opcionais: atividades lúdicas e relatos de sucessos da memória. Em alguns casos é difícil manter o idoso engajado e concentrado no andamento das atividades cognitivas, desse modo, um meio interessante de envolvê-lo é realizar alguma atividade lúdica ou conversa descontraída; por exemplo, perguntar para que time ele torce em determinado esporte, se gosta de plantas, quais foram as viagens marcantes etc., ou pedir para cantar uma música que lhe traga boas lembranças de algum evento importante.

É possível também que o terapeuta realize algum jogo com o idoso ou que convide um familiar para tomar parte da atividade – cônjuge, filho ou neto. Por exemplo, atividade de STOP, que é um jogo muito comum, com itens de categorias semânticas, frutas, animais e cidades; jogar dominó, bingo de frutas ou números, entre outras.

Adicionalmente, é bom estimular a pessoa idosa a reconhecer os próprios sucessos de memória, desse modo ela valoriza o próprio desempenho e passa a reconhecer melhoras em seu dia a dia. Nesse tópico adicional da sessão de estimulação cognitiva, perguntamos ao paciente: "qual foi seu sucesso de memória mais recente?", ou, para ser mais claro "quero que me dê um exemplo recente em que percebeu que sua memória lhe ajudou em suas tarefas de vida diária ou em suas relações sociais". "Você usou alguma estratégia ensinada?" ou "Esforçou-se sem auxílio?". Mesmo que o paciente relate algo que não necessariamente descreva um sucesso de memória, é sempre recomendável e adequado que o motive, elogiando-o e parabenizando-o pelo relato. Trabalhar o ânimo e o humor do paciente está intimamente relacionado com a confiança no terapeuta e o engajamento na realização das tarefas cognitivas (Lima-Silva et al., 2021).

O planejamento das sessões, embora divirjam muito entre os pesquisadores, segue um modelo já relativamente estabelecido. Para isso, aceita-se elaborar um plano interventivo entre 8 e 16 sessões de uma 1 hora e 30 minutos cada uma (sendo 30 minutos utilizados para psicoeducação e 1 hora de atividades), entre 1-2 vezes/semana. Costumeiramente, trabalha-se com 12 sessões de 1 hora e 30 minutos cada uma, 1 vez/semana, podendo-se aumentar o número de sessões de acordo com a necessidade avaliada pelo terapeuta.

Caso a intervenção seja realizada em domicílio, o terapeuta pode pedir para que o paciente escolha um cômodo no qual se sinta mais à vontade, mas que ao mesmo tempo seja afastado de distratores como televisão e computador. Mesmo que o paciente resida sozinho, peça permissão para fechar a porta, pois assim criará um ambiente específico para a sessão.

Cada sessão costuma apresentar um roteiro preestabelecido, em que a queixa apresentada é inserida no roteiro em determinado momento. Sugere-se que toda sessão se inicie com perguntas como: "como o senhor está?", "como foi a semana?", "alguma novidade para me contar?". Com essas perguntas, o terapeuta é capaz de entender, caso haja, possíveis discrepâncias entre o que é esperado para a sessão e o que realmente aconteceu. Imaginemos uma situação em que o paciente se mostrou desatento ao longo da sessão, com muita dificuldade de concentrar-se no que era pedido e bastante inquieto. No entanto, ao realizar as perguntas supracitadas, verifica-se que ele está preocupado com alguma situação em sua vida pessoal. Desse modo, o comportamento apresentado na sessão passa de "inesperado" para algo que era "esperado", pois espera-se que alguém preocupado com outra coisa apresente dificuldades de concentração em outras tarefas. Possivelmente, o que lhe foi apresentado na sessão não será aproveitado, havendo assim a necessidade de repor esse conteúdo.

A sessão propriamente dita inicia-se com psicoeducação, abordando temas como envelhecimento, memória, situações esperadas e não esperadas e outras questões que o próprio terapeuta julgue importantes para o contexto das queixas. É importante também abrir espaço para dúvidas e comentários a fim de que o paciente faça parte dessa etapa, atuando ativamente no processo de aprendizagem e intervenção. Encerrado esse período, inicia-se a estimulação das habilidades cognitivas e o ensino de estratégias de compensação.

Sugere-se que o período pós-psicoeducação seja destinado ao ensino de alguma técnica de treino cognitivo. Vale lembrar que, embora o objetivo seja sanar ou diminuir problemas cotidianos do indivíduo, é necessário instrumentalizá-lo e auxiliá-lo a criar estratégias para enfrentar possíveis alterações futuras, mas que não estavam contempladas no plano inicial.

Algumas das técnicas que podem ser ensinadas englobam estratégias internas e externas de compensação, técnicas de memorização como associação, categorização, formação de imagens mentais, criação de histórias mentais e grifos.

Em geral, na primeira sessão ensina-se estratégias externas de compensação. Para isso, o conceito é apresentado e exemplificado. Explica-se que estratégias externas de compensação é tudo aquilo que serve como apoio à memória, como calendário para lembrar de datas, agenda para lembrar de compromissos, alarmes para lembrar de determinada tarefa em determinado horário, livro de receitas para lembrar de como cozinhar determinado prato etc. Enfim, todo recurso externo ao corpo que nos permite lembrar de algo.

A utilização de recurso externo deve ser treinada, ensinando o paciente a utilizá-la de modo a criar nele o hábito de consultá-la (p. ex., além de escrever o compromisso na agenda, ele deve criar o hábito de olhar a agenda). Ensinar a técnica, mas deixar de criar no paciente o hábito de utilizá-la acaba tornando a tarefa ineficiente, pois não adianta escrever algo na agenda mas não olhar depois – e, assim, não se recordar do que foi escrito.

É comum que pessoas idosas, após a aposentadoria, apresentem dificuldade de se localizarem no tempo, em especial nos dias do mês e da semana, pois elas têm menos obrigações cotidianas e, portanto, sem um marcador de passagem do tempo (fins de semana, segunda-feira como início da semana de trabalho e sexta-feira como fim da semana de trabalho) e sem compromissos (p. ex., reunião no dia 15, entrega de relatório no dia 6, feriado no dia 22). A falta de compromissos semanais e mensais acaba criando certa confusão quanto aos dias da semana e do mês, bastante semelhante ao que acontece quando se sai de férias. No entanto, é esperado que a pessoa idosa mantenha a informação sobre o mês corrente e o ano.

A estratégia utilizada para esses casos é simples e torna o paciente mais independente quanto a marcar seus compromissos sem necessitar de ajuda de terceiros para identificação temporal. Nesses casos, utiliza-se o calendário.

Incentive a pessoa idosa a adquirir um calendário com números grandes e pendurá-lo em um local visível e que ele obrigatoriamente tem de passar ao longo do dia. O terapeuta deve ensinar alguns comandos simples, mas que devem ser realizados com constância, a fim de criar um hábito. O paciente, ao acordar, deve posicionar-se em frente ao calendário e fazer um círculo no dia corrente (Figura 63.3), simbolizando a abertura do dia, e pronunciar em **voz alta** as palavras "hoje é (dia, mês, ano e dia da semana)"; por exemplo: "hoje é dia 8 de setembro de 2023, sexta-feira". Desenhar o círculo no calendário sobre a data e pronunciá-la em voz alta promove a entrada da informação por duas vias diferentes: por meio da visão (olhar a data) e da audição (ouvir a data). Esse ato propicia o reforço da informação da data, devendo permanecer na memória ao longo do dia.

Em seguida, o terapeuta pode recomendar que, ao final do dia, pouco antes de dormir, o paciente se posicione novamente em frente ao calendário e desenhe um X sobre o dia que está se encerrando e pronuncie em voz alta: "hoje foi (dia, mês, ano e dia da semana)" (Figura 63.4). O X sobre o dia que se passou significa que o dia foi encerrado, e essa informação é enviada para o cérebro e processada como o término do dia corrente. Desse modo, a pessoa estará preparada para começar uma nova jornada no dia seguinte, repetindo o processo.

Setembro – 2023						
Dom	Seg	Ter	Qua	Qui	Sex	Sáb
					1	2
3	4	5	6	7	8	9
10	11	12	13	14	15	16
17	18	19	20	21	22	23
14	25	26	27	28	29	30

Figura 63.3 Círculo desenhado sobre a data no calendário, no período da manhã, simbolizando a abertura do dia.

Setembro – 2023						
Dom	Seg	Ter	Qua	Qui	Sex	Sáb
					1	2
3	4	5	6	7	8	9
10	11	12	13	14	15	16
17	18	19	20	21	22	23
14	25	26	27	28	29	30

Figura 63.4 Marcação com um X sobre o dia que se encerra, simbolizando o fechamento desse dia.

Todos esses processos devem ser repetidos cotidianamente e avaliados pelo terapeuta, checando o calendário. A técnica deve ser ensinada mesmo que o paciente não apresente dificuldades em se localizar no tempo, posto que ele poderá necessitar desse conhecimento algum dia.

As demais técnicas de memorização devem ser ensinadas ao longo das demais sessões; a ordem para se ensinar é determinada pela demanda do paciente. Caso tenha dificuldades em reconhecer rostos ou em recordar o nome de um rosto conhecido e isso o esteja incomodando, recomenda-se que sejam ensinadas técnicas que possam melhorar esse problema, tais como associação de nomes e objetos.

O terapeuta deve explicar que a técnica consiste em comparar alguma característica física da pessoa com algo que o faça lembrar-se dela; ou então alguma característica da profissão que lhe remeta ao nome dela. Como o uso da técnica de associação e nomes de objetos é bastante pessoal, o paciente deverá por si só identificar essas características nas pessoas de seu convívio, o que representa um desafio treinar essa técnica se não tiver acesso a essas pessoas. No entanto, o terapeuta pode propor desafios para verificar se o paciente realmente compreendeu a tarefa.

Para isso, deve-se trazer exemplos para o treinamento da técnica e a familiarização com ela, explicando que a técnica é bastante simples de ser usada e que seus resultados são extremamente interessantes. Inicia-se a tarefa mostrando um exemplo de associação, pois assim o paciente terá maior facilidade em compreender como todo o processo ocorre. Mostra-se a imagem do senhor Alcino, um senhor loiro que tem um bigode enorme. A associação será feita junto com o paciente: "o bigode do Alcino lembra muito um sino. O bigode de sino é do Alcino". Assim, associou-se o formato do bigode com um objeto (sino), que compôs o nome dele (Alcino) (Figura 63.5).

Embora o exemplo seja bastante caricaturizado, é útil para que o paciente possa perceber que esse tipo de associação funciona muito bem.

Para verificar se o paciente compreendeu a técnica e sabe aplicá-la, pode-se elaborar uma lista com nomes e características. Desta vez, utilizando características da

Figura 63.5 "Ele tem um sino na boca".

profissão das pessoas, começando com nomes simples, de fácil associação para que o paciente possa ganhar confiança e não desistir de aprender a técnica:

- João – padeiro
- Agenor – secretário
- Priscila – nadadora
- Paula – professora.

Com esses dados, o paciente realizará associações entre nomes e profissões. Possivelmente surgirá algo semelhante a isto:

- João – padeiro = João faz pão. João pão. Logo, João é padeiro
- Agenor – secretário = Agenor agenda coisas. Agenor agendador. O agendador é o Agenor. Agenor é secretário.
- Priscila – nadadora = Priscila adora piscina. Priscila Piscina. Priscila é nadadora.
- Paula – professora = A Paula dá aula. Quem dá aula é Paula. Paula é professora.

Após alguns treinos com esses nomes, o terapeuta verifica se o paciente já é capaz de identificar os nomes por meio das profissões. A seguir, as profissões foram embaralhadas para eliminar a possibilidade de que o paciente tenha decorado os nomes na ordem em que apareciam:

- Quem é secretário?
- Quem é nadador?
- Quem é professor?
- Quem é padeiro?

O grau de dificuldade pode ser elevado aumentando-se o número de nomes e profissões.

Esses exemplos ajudam o paciente a familiarizar-se com a associação por meio da profissão, mas ele deve ser lembrado de que as características físicas das pessoas ajudam muito nesse processo, e uma associação sob ponto de vista físico do indivíduo deve ser feita também. Para isso, pode-se trabalhar com imagens de pessoas que tenham algo marcante, como um nariz grande, uma pinta evidente, orelhas pontudas, pouco cabelo, dentes separados etc. É possível nomear cada uma dessas pessoas e dar alguns detalhes, como profissão, interesses pessoais etc. Todos os detalhes devem fazer com que o paciente componha o personagem. O terapeuta deve fazer algumas perguntas sobre esses personagens e ver o grau de acerto.

Conforme vão treinando, basta mostrar a figura e pedir para que diga tudo o que lembra sobre a pessoa.

> **Importante**
>
> A associação é individual; o paciente cria aquilo que faz sentido unicamente para ele. O terapeuta não deve questionar o modo com o qual o paciente realiza suas associações, pois quem deve entender o significado é o paciente, visto que é ele quem irá se beneficiar do processo. Caso a associação criada soe estranha ao terapeuta, este deve questioná-lo do motivo pelo qual escolheu tal associação. Se houver algum sentido, não se deve interferir. Esse sentido pode tanto ser pessoal, como o nome de um cachorro da infância, ou algo relacionado ao contexto histórico da pessoa, como algum som que havia em determinada propaganda da rádio cujo produto tinha o mesmo nome da pessoa alvo da associação.

Portanto, o paciente é livre para fazer a associação que quiser, caso faça algum sentido para ele. O terapeuta pode sugerir à pessoa idosa trazer fotos de pessoas da família ou amigos que tem dificuldade em memorizar e pedir para contar um pouco sobre a história com essa pessoa, como se encontraram, e ressaltar características físicas marcantes para juntos conseguirem fazer a associação.

A "categorização" é mais uma estratégia de memorização. É extremamente útil para memorização de itens na compra em supermercados, lojas etc. O paciente deve aprender que a estratégia consiste em agrupar itens semelhantes entre si, de modo a facilitar a memorização.

O treino da categorização é bastante simples, pois solicita-se ao paciente que ele, em primeiro lugar, agrupe em categorias os itens presentes em uma lista de supermercado e nomeie essas categorias. Por exemplo:

- Leite
- Xampu
- Café
- Arroz
- Pão
- Sabonete.

A Tabela 63.2 mostra um exemplo de categorias que podem ser formadas (podem ser formadas categorias semelhantes, desde que contemplem os itens corretos).

O treino com listas de supermercado deve iniciar com poucos itens – cerca de seis itens e duas categorias. Conforme o paciente adquire experiência em categorização, aumenta-se o número de itens e de categorias de modo gradual, podendo chegar a até 15 itens.

Tabela 63.2 Exemplo de categorias.

Líquidos	Sólidos	Higiene
Café	Arroz	Xampu
Leite	Pão	Sabonete

Essa evolução na quantidade de itens e categorias deve ocorrer após o paciente aprender a categorizar cada item e, principalmente, após ser capaz de se lembrar dos itens sem olhá-los. Após essas etapas, a quantidade de itens deve ser aumentada, bem como a quantidade de categorias. Cada vez que o paciente for realizar a tarefa ou aumentar a dificuldade, os itens da lista são trocados.

Outra técnica de memorização a ser ensinada é a imagem mental, muito associada à criação de histórias mentais. A técnica consiste em memorizar algum item ou nome a partir de uma imagem mentalmente criada, envolvendo itens/nomes a serem armazenados. É importante que o paciente seja incentivado a criar imagens estranhas, bizarras e nojentas. Esse tipo de imagem tende a ser melhor armazenada na memória pelo fato de associarmos a algo surreal, a algum julgamento que fazemos. Ao julgarmos algo, acrescentamos emoção à informação, as emoções têm papel muito importante na consolidação de novas informações, especialmente se for ruim, como a sensação de "nojo", ou extremamente surreal, como algo que seguramente sabemos ser impossível de acontecer.

O paciente deve criar uma imagem mental de itens aleatórios (os itens não devem ser categorizáveis, a fim de que ele possa experimentar a imagem mental de maneira mais pura). O terapeuta pode ajudá-lo a criar algo no início, mas depois deixá-lo criar sozinho. Por exemplo, as seguintes palavras podem ser mostradas:

- Feijão
- Prato
- Rato
- Palhaço
- Colher.

Terapeuta e paciente podem criar uma imagem mental que seja estranha o suficiente para causar algum sentimento. Por exemplo, um palhaço comendo feijão e, quando ele dá uma colherada no prato, ele pega um rato junto com o feijão. A imagem do rato no meio do prato de feijão que o palhaço estava comendo pode causar sensações diferentes em cada um de nós, mas seguramente serão repugnantes. O paciente deve colocar em sua imagem mental apenas os itens que façam parte da lista, a fim de evitar intrusões.

Em outro exemplo, agora aliando imagem mental com associação, pode-se pedir para que o paciente imagine uma pessoa. Digamos que a pessoa se chame Pedro e que o paciente não consegue associar o nome à pessoa. Nesse caso, ele imagina uma situação bastante diferente em que Pedro se relacione com o nome dele. O nome "Pedro" é facilmente associável à "pedra", o que facilita a formação de uma imagem mental. No entanto, a imagem deve ser estranha, então o paciente pode imaginar Pedro carregando duas pedras enormes em cada um dos ombros, ou como um "homem-pedra". As duas situações são irreais, o que facilita a associação do nome à pessoa.

A técnica de criação de imagens mentais pode ser estimulada e treinada por meio da formação de imagens mentais com as palavras em uma lista. O paciente pode criar apenas uma imagem com todos os itens, lembrando que não deve inserir palavras que não estejam na lista.

Paralelo à técnica de criação de imagens mentais está o processo de criação de histórias mentais. O processo é bastante semelhante ao das imagens, mas, em vez de o terapeuta pedir ao paciente que imagine uma cena, ele solicita que crie uma história com os itens apresentados. Assim como na técnica de criação de imagens mentais, quanto mais estranha a história soar, melhores serão os resultados.

Vejamos uma lista de objetos para que o paciente possa aprender a utilizar a técnica. As histórias são livres, e o paciente pode relacionar todos os itens da maneira que desejar. Por exemplo:

- Galo
- Lâmpada
- Cogumelo
- Cadeira
- Telefone
- Meia
- Escova de dentes
- Espelho.

A história criada poderia ser: "Havia um <u>galo</u> que estava dormindo sentado em uma <u>cadeira</u> com suas <u>meias</u> quentes. O <u>telefone</u> tocou, o galo se assustou e lembrou-se que havia comido <u>cogumelos</u> antes de cair no sono! Dirigiu-se até o banheiro, acendeu a luz mas percebeu que a <u>lâmpada</u> estava queimada. Pegou a <u>escova de dentes</u> e fez a higiene em frente ao <u>espelho</u>".

Esse é um exemplo de história que pode ser criada. É importante que o paciente, ao final de sua história, possa ter inserido todos os itens da lista e lembrá-los depois.

Por fim, outra técnica é a chamada "grifos", muito utilizada para armazenar informações de textos e notícias impressas, pois consiste em sublinhar as principais ideias (pequenas frases de duas ou três palavras para dar sentido ao contexto) de um texto com o intuito de compreender o texto completo em poucas palavras.

Para treinar o paciente, deve-se pré-selecionar textos que não apresentem conteúdo emocional, principalmente emoções negativas. A preferência é por textos neutros, tais como notícias de esportes, tecnologia, matérias sobre locais de lazer etc., de cerca de 10 linhas ou 2 parágrafos. O texto é entregue ao paciente junto com uma folha em branco para que ele possa escrever as palavras sublinhadas e montar um novo texto.

O texto é lido com o paciente uma vez e, ao final, ele deve sublinhar as palavras mais importantes e que o ajudarão a compreender o texto depois (Figura 63.6).

> **Mulher se casa com manequim nos EUA**
>
> A norte-americana Harley Dinkinson anunciou hoje, em sua página na internet, que se casará com um manequim de roupas esportivas de um shopping nas localidades de Nova Iorque.
>
> A empresária de 34 anos já confeccionou os convites para o casamento e escolheu o vestido para a cerimônia, que contará com convidados, padrinhos e orquestra. Indagada sobre a escolha do "noivo", Harley respondeu que tinha medo de...

Figura 63.6 Técnica de estratégias de grifos de ideias principais.

O terapeuta pode selecionar as ideias importantes junto com paciente, entendendo quais serão essenciais no resgate da informação do texto todo. Por fim, o paciente deve escrever as palavras e ideias na folha fornecida (Figura 63.7).

Agora, o terapeuta irá retirar o texto do jornal das mãos do paciente e pedir para que ele conte a história utilizando apenas as palavras escritas no papel, lembrando-se dos detalhes da história. Conforme o paciente ganha prática na atividade, pode-se aumentar o número de linhas do texto e o de palavras a serem grifadas (proporcionalmente ao número de linhas que o texto tiver). O intuito de grifar as palavras é desenvolver na pessoa a capacidade de sintetizar um conteúdo grande em poucas palavras, mas que remetam ao conteúdo detalhado.

Ao final de cada uma das sessões, o terapeuta resume o encontro ao paciente, relembrando tudo o que foi realizado no dia e dando mais alguns exemplos simples e rápidos sobre cada temática abordada. Sempre que possível, o terapeuta pode receber os acertos dos pacientes com grande entusiasmo e elogio. O reforço positivo das ações aumenta a autoestima e evita o abandono do treino.

Ao estimular cognitivamente pacientes idosos saudáveis, deve-se sempre trabalhar pensando no treino das habilidades cognitivas em geral, focando o treino, mas alocando os itens descritos até o momento de acordo com a prioridade das pessoas. Dependendo da dificuldade do paciente ou, caso julgue necessário, pode-se repetir cada item durante dois ou três encontros seguidos, relembrando-o de todas as técnicas ensinadas no final do programa de estimulação em um dia especial – em geral no último dia. Além de trabalhar os itens ensinados até o momento, o terapeuta pode estimular cada habilidade cognitiva do paciente por meio de exercícios e atividades específicas para cada habilidade, a serem detalhados no próximo item, sobre CCL e DA.

Recomenda-se que se realize algumas sessões a cada 6 meses ou 1 ano, a fim de relembrar o paciente sobre as técnicas ensinadas e avaliar o impacto do treino cognitivo sobre a vida dele.

Estimulação cognitiva em grupo: como realizar?

Até o momento, atemo-nos apenas na estimulação cognitiva individualizada, focando na residência do paciente, com rápidas menções à estimulação em grupo.

Sem dúvida, a principal diferença entre o trabalho com idosos em sua residência e em grupo, tanto de indivíduos saudáveis quanto – e principalmente – de indivíduos com CCL ou DA é o foco nas individualidades de cada um (Oliveira; Lima-Silva, 2017).

Em se tratando de pessoas idosas saudáveis, o grupo deve ser formado por até 12 indivíduos, preferencialmente dispostos em círculo para que todos possam se enxergar e se ouvir, aumentando, assim, o contato social entre eles.

Na primeira sessão, é importante que todos se apresentem e firmem um contrato social de sigilo de informações. O que for revelado ao grupo deverá permanecer no grupo. No entanto, as técnicas que serão ensinadas poderão ser disseminadas entre familiares e comunidades. Ainda no primeiro encontro, todos devem externar as principais dificuldades. O terapeuta irá listá-las em uma folha de papel, destacando as mais citadas para dar ênfase no treino (Oliveira; Lima-Silva, 2017).

O número de sessões e o conteúdo são bastante semelhantes ao que é oferecido nas sessões individuais. No entanto, como há mais gente e nem todos têm o mesmo ritmo para realizar as atividades individuais, sugere-se um tempo médio de 2 horas por sessão. Vale lembrar que o ensino de técnicas deve ser feito ao coletivo, mas as atividades de compreensão devem ser individuais.

A estimulação cognitiva em grupo diminui a individualidade do serviço, mas o terapeuta deve estar atento às manifestações diretas e indiretas de dificuldade dos pacientes e buscar auxiliá-los nessas questões, passando por todos durante as atividades para acompanhar o desenvolvimento de cada um.

Ao criar grupos de estimulação cognitiva para pessoas idosas com CCL e DA, é de fundamental importância que os grupos sejam divididos com base nos perfis clínicos e cognitivos dos participantes.

Pessoas idosas que apresentam CCL comportam-se de maneira similar com idosos saudáveis. Deve-se, então, enfatizar o treino das habilidades cognitivas com base em atividades como sugerido no tópico sobre estimulação cognitiva em idosos com CCL e DA.

De acordo com Oliveira e Lima-Silva (2017), para indivíduos com DA, o terapeuta deve iniciar a primeira sessão perguntando o motivo pelo qual eles estão no grupo.

Mulher se casa com manequim nos EUA

A norte-americana Harley Dinkinson anunciou hoje, em sua página na internet, que se casará com um manequim de roupas esportivas de um shopping nas localidades de Nova Iorque.

A empresária de 34 anos já confeccionou os convites para o casamento e escolheu o vestido para a cerimônia, que contará com convidados, padrinhos e orquestra. Indagada sobre a escolha do "noivo", Harley respondeu que tinha medo de...

Norte-americana
Anunciou
Internet
Casará
Manequim
Nova Iorque
Empresária de 34 anos
Convites

Figura 63.7 Treino de orientação temporal.

Talvez não haja resposta imediata, pois podem sentir-se envergonhados ao dizer que têm problemas de memória – nem todos sabem que têm DA, logo também acham que os demais são saudáveis. Caso isso ocorra, o terapeuta deve ser categórico ao perguntar "estão aqui porque tem algum problema de memória?". Em geral, após essa pergunta do terapeuta, eles revelam sua dificuldade de memória, as quais devem ser anotadas para serem trabalhadas.

Há aqueles que dizem não ter nenhum problema, mesmo após serem questionados se têm alguma dificuldade no dia a dia. A perda de julgamento é algo que deve ser mais bem investigado. Após algumas semanas de estimulação cognitiva, a pergunta deve ser refeita àqueles que, inicialmente, disseram não ter problema nenhum de memória em sua vida cotidiana.

As sessões são compostas de, no máximo, oito pacientes. Como é um público que necessita de maior atenção, quanto menos pessoas houver na sala, melhor.

O terapeuta também pode contar com ajudantes com certo nível de conhecimento em estimulação cognitiva para as tarefas individuais, visto que os grupos com DA costumam ser bastante heterogêneos quanto à cognição e ao comportamento. Se algum paciente estiver agitado e atrapalhando o bom andamento das atividades, o ajudante poderá dar uma volta com ele, levá-lo para beber água ou ir ao banheiro, retornando em seguida. Caso algum idoso manifeste desejo de ir ao banheiro, ele deve sair sempre acompanhado para que não se perca no trajeto de ida ou volta.

As sessões sempre são iniciadas perguntando-se como foi a semana ou o dia do paciente.

Recomenda-se, já na primeira sessão, o ensino da técnica de orientação temporal por meio do calendário e a associação treinando com os nomes dos próprios idosos. A estimulação cognitiva deve ser sempre bastante dinâmica, e toda tarefa realizada com sucesso deve ser reforçada por meio de palmas, sorrisos e incentivos verbais.

> **Saiba mais sobre utilização de tecnologias digitais para estimulação cognitiva**
>
> Jogos cognitivos em plataformas digitais para intervenções cognitivas computadorizadas individualizadas: Cogmed, Cognifit, FesKits, GRADIOR, SOCIABLE, Brainer, Cogniplus, COGPACK, NeuronUP, BRAIN HQ, Plataforma Supera Online e Lumosity.

Fonte: Nguyen; Murphy; Andrews, 2022.

Terapia de estimulação cognitiva para grupo de pessoas com demências

A terapia de estimulação cognitiva (CST; do inglês, *cognitive stimulation therapy*) é uma das modalidades em grupo possíveis de aplicação para pessoas idosas diagnosticadas com demência leve a moderada. Na maioria das vezes, após o diagnóstico, o tratamento é exclusivamente medicamentoso. Há carência de investimentos em tratamentos psicossociais para pessoas com demência no Brasil, por isso a CST pode ser uma importante intervenção para esse público (Bertrand et al., 2018; Naylor et al., 2024).

A CST tem um conjunto de evidência dos benefícios, é agradável e de baixo custo, implementada internacionalmente, traduzida e adaptada para cerca de 30 países, inclusive para o Brasil (disponível em: https://cstbrasil.com.br/web/). Essa metodologia foi desenvolvida no Reino Unido como um programa embasado em 14 sessões temáticas com o objetivo de melhoria do funcionamento cognitivo, além de ser um ambiente para socialização entre os participantes, o que possibilita melhora de cognição, humor, confiança, atividades e estimulação fora do ambiente de intervenção; interação entre participantes e relação entre a pessoa idosa, a demência e o seu cuidador. A CST tem a sua versão original com 7 semanas e a versão estendida para grupos de manutenção (Naylor et al., 2024; Spector et al., 2003, 2020).

Para a condução da CST tem se sugerido que os facilitadores do grupo tenham conhecimentos em demências e se sintam confiantes na gestão do grupo, pois eles serão responsáveis em promover o cuidado centrado na pessoa, garantindo a valorização e participação de todo o grupo. Os princípios-chave da CST tem como base o bom tratamento da pessoa com demência e a promoção de um ambiente propício para socialização. Como essa metodologia está disponível em vários países, vale ressaltar que o conteúdo deve ser adequado à realidade conforme local e caracterização do grupo (Spector et al., 2020). As sessões da CST devem ser conduzidas por meio dos 18 princípios-chave resumidos na Tabela 63.3.

Todos os princípios descritos na Tabela 63.3 são fundamentais para a condução da CST, porém destacamos três dentre eles. O primeiro é a "estimulação mental", pois é importante se certificar de que as pessoas estejam sendo desafiadas cognitivamente, se é desafiador o suficiente ou muito difícil. É necessário monitorar, refletir e discutir constantemente o nível das atividades ofertadas e como cada participante está reagindo às propostas. O segundo é "opiniões em vez de fatos". Pedir opinião não é menos desafiador que uma resposta factual; ao contrário, é estimulante e também divertido. O terceiro é "novas ideias, pensamentos e associações", pois às vezes nos concentramos demasiadamente na reminiscência, o que pode levar os membros a repetirem as mesmas histórias, ideias e opiniões, em vez de inventarem algo novo, componente vital que resulta em estimulação mental (Spector et al., 2020).

As sessões de CST têm uma sequência de eventos que devem acontecer, a começar com uma música escolhida pelo grupo, um exercício de aquecimento e uma atividade principal, em um ciclo de aproximadamente 45 min. Recomenda-se um grupo composto de 5 a 8 pessoas com diagnóstico de demência leve a moderada. Sugere-se que a condução das atividades no grupo seja realizada por dois facilitadores (Marinho et al., 2020; Bertrand et al., 2018, 2023).

Os autores descrevem as 14 temáticas principais que compõem as sessões, a saber: jogos físicos, sons, infância, comidas, assuntos atuais, rostos e cenas, associação de palavras, criatividade, categorização de objetivos, orientação, uso de dinheiro, jogos com números, jogos com palavras e jogos de perguntas em equipes (Mograbi, 2023; Bertrand et al., 2018). É importante monitorar o progresso da CST por meio de realização de registros da presença, resposta e

Tabela 63.3 Princípios-chave e resumo da descrição para sessões de CST.

Princípios-chave	Descrição
1 Estimulação mental	Melhorar a cognição e a comunicação através de discussões mentalmente estimulantes
2 Novas ideias, pensamentos e associações	Incentivar novas ideias e opiniões, fazendo novas conexões semânticas e significativas, em detrimento de falar apenas do passado
3 Usar orientação, integrar de forma sensível e implícita	Integrar informações de orientação na discussão geral, evitando perguntas diretas sobre dados da realidade
4 Opiniões em vez de fatos	Usar tópicos para gerar opiniões em vez de testar fatos, sem respostas certas ou erradas
5 Usar a reminiscência como uma ajuda para o aqui e agora	Comparar o antigo e o novo para promover orientação
6 Movimento físico	Exercitar habilidades motoras por meio de movimentos e jogos
7 Fornecer gatilhos e dicas para ajudar na recuperação e na concentração	Apoiar a aprendizagem por meio de dicas multissensoriais e um quadro informativo
8 Continuidade e consistência entre sessões	Usar a consistência das sessões para ajudar na continuidade e na familiaridade
9 Aprendizagem implícita (em vez de explícita)	Deixar o aprendizado e a lembrança acontecerem naturalmente
10 Estimular a linguagem	Promover a comunicação e a conversa
11 Estimular as FE	Usar atividades para apoiar o planejamento e a organização de pensamentos
12 Respeito	Respeito e dignidade para todos os integrantes
13 Intervenção centrada na pessoa	Enxergar e valorizar a pessoa e sua singularidade, antes da doença
14 Envolvimento e inclusão	Manter todos os participantes envolvidos nas atividades
15 Escolha	As atividades são flexíveis e devem ser adaptadas aos participantes
16 Diversão	Tornar as atividades divertidas e agradáveis
17 Maximizar o potencial	Otimizar o ambiente de aprendizagem para apoiar o potencial das pessoas
18 Construir e fortalecer relações	As sessões em grupo ajudarão todos (membros e facilitadores) a se conhecerem e fortalecerem os vínculos afetivos

FE: funções executivas. (Fonte: Spector *et al.*, 2020.)

envolvimento de cada membro do grupo a cada sessão. Isso contribuirá para a adaptação e o planejamento dos futuros encontros. Além disso, é relevante obter *feedbacks* dos participantes em relação às vivências nas sessões ao final de cada sessão (Spector *et al.*, 2020).

A realização de atividades em grupo tem seu diferencial justamente com o objetivo de promover troca de experiências, auxílio das atividades entre os participantes e melhora de sintomas depressivos e ansiosos. Principalmente quando falamos de pessoas idosas com demência, na maioria das vezes há uma mudança de postura da família, dos amigos e de todo o seu entorno após o diagnóstico, o que gera desconforto para quem vive essa situação de sobrecarga do cuidador principal no decorrer da doença.

Por esse motivo, se possível, sugerimos a realização de roda de conversa ou até mesmo psicoeducação aos familiares, no mesmo período da estimulação cognitiva. A intervenção com os familiares pode trazer resultados significativos relacionados à sobrecarga e compreensão sobre as demências.

Pesquisas têm apontado benefícios diversos com a CST em grupos de pessoas com demência. Naylor *et al.* (2024) realizaram um estudo qualitativo com pessoas com demência e seus cuidadores a partir de experiências de CST no Brasil, por meio de entrevistas individuais com os membros do grupo. Emergiram dois principais temas: "benefícios pessoais de fazer parte do grupo", para pessoa com demência e seus cuidadores, e "mudanças no cotidiano", tais como memória, sociabilidade, linguagem, humor, orientação, atividades cotidianas e sintomas comportamentais e psicológicos. Os resultados sugeriram benefícios pessoais para pessoas com demência e seus cuidadores. Saragih *et al.* (2022), em uma pesquisa de revisão sistemática e metanálise de estudos randomizados e controlados, analisaram os efeitos da CST para pessoas com demência leve a moderada. Foram incluídos 26 estudos que indicaram melhora da função cognitiva e diminuição de sintomas depressivos, porém não foi encontrado efeito significativo para sintomas neuropsiquiátricos.

Ainda há poucas publicações sobre a CST no Brasil, porém os resultados são promissores e significativos tanto para a pessoa idosa com demência como também aos seus cuidadores.

Caso clínico para aplicação da estimulação cognitiva

Agora, vamos entender na prática, por meio de um exercício, como planejar uma proposta de intervenção de estimulação cognitiva de indivíduos diagnosticados com DA.

M., 91 anos, professora universitária aposentada, divorciada, não tem filhos, apenas sobrinhos e primos. Apresenta quadro de depressão e diagnóstico de DA em estágio leve há mais de 2 anos. Tem a ajuda de uma cuidadora e uma empregada doméstica que, por falta de conhecimentos e informações sobre as demências, apresentam uma rotina desorganizada, preparam alimentos industrializados e lidam incorretamente com medicamentos.

M. é independente para a realização das atividades básicas de vida diária (veste-se e alimenta-se sozinha; deambula sem dificuldades), mas apresenta prejuízos iniciais para as atividades instrumentais de vida diária (fazer ligações para amigos, ir a um restaurante preferido, pegar um táxi). Apresenta dificuldades em manusear as finanças, pagando mais de uma vez seus funcionários. É resistente para um planejamento de treinamento ou de reestruturação do quadro de profissionais e para intervenções gerais que envolvam sua rotina. Passa o dia de pijama e não realiza atividades que possam preencher seu cotidiano, cochilando muitas vezes durante o dia e permanecendo acordada durante o período da noite.

M. apresenta característica de instabilidades de humor, desânimo e resistência para a proposta de novas atividades. Principalmente as que envolvam rotina e segurança. Uma de suas preferências no cotidiano é colecionar tapetes de diferentes tamanhos e texturas, que ficam espalhados pela residência, o que lhe causou nos últimos 6 meses quatro episódios de quedas. Como hábitos de rotina, compra produtos bancários via telefone, sem saber o que está adquirindo e assina dois tipos de jornais e três revistas, sem utilizá-los, porém não aceita sugestões/orientações para diminuição de problemas relacionados a esses itens que envolvem as suas finanças.

Vamos imaginar que você seja o profissional responsável pelo acompanhamento de intervenções cognitivas e comportamentais dessa pessoa idosa. O que você faria para auxiliá-la a ter um bom plano de intervenções de estimulação cognitiva para a promoção da qualidade de vida e de uma boa velhice?

Considerações finais

Programas de estimulação cognitiva para pessoas idosas com diferentes perfis de desempenho cognitivo estão em franco crescimento, apresentando-se como potenciais estratégias de promoção de saúde (denominadas estratégias não farmacológicas), de manutenção e otimização da saúde cognitiva e do desempenho cognitivo global.

Há consenso nesse campo de estudos que as pesquisas randomizadas, com grupos controle e cegos são as melhores opções para detectar os efeitos de uma intervenção cognitiva, e os novos estudos têm adotado tais estratégias, elevando o rigor metodológico.

A estimulação cognitiva contribui para a manutenção da autonomia e da independência da pessoa idosa, apresentando-se como intervenções de baixo custo e com o objetivo de amenizar dificuldades cognitivas. Pesquisas na psicologia do desenvolvimento e no campo gerontológico têm sido crescentes, visando à implementação de políticas públicas na área de cuidados com a saúde mental, de prevenção de fatores de riscos para demências e para inovações na prática clínica da estimulação cognitiva, mostrando-se um potencial campo de formação para aprimoramento profissional.

Referências bibliográficas

AMERICAN PSYCHIATRIC ASSOCIATION (APA). Manual diagnóstico e estatístico de transtornos mentais – DSM-5 – texto revisado. 5. ed. Porto Alegre: Artmed, 2022.

BAHAR-FUCHS, A. et al. Cognitive training for people with mild to moderate dementia. The Cochrane Database of Systematic Reviews, [s. l.], v. 3, n. 3, 2019.

BALDUINO, E. et al. The "SuperAgers" construct in clinical practice: neuropsychological assessment of illiterate and educated elderly. International Psychogeriatrics, [s. l.], v. 32, n. 2, p. 191-198, 2020.

BARULLI, D.; STERN, Y. Efficiency, capacity, compensation, maintenance, plasticity: emerging concepts in cognitive reserve. Trends in Cognitive Sciences, [s. l.], v. 17, n. 10, p. 502-509, 2013.

BELLEVILLE, S. et al. Activation changes induced by cognitive training are consistent with improved cognitive reserve in older adults with subjective cognitive decline. Neurobiology of Aging, [s. l.], v. 121, p. 107-118, 2023.

BELLEVILLE, S. et al. Is more always better? Dose effect in a multidomain intervention in older adults at risk of dementia. Alzheimer's & Dementia, [s. l.], v. 18, n. 11, p. 2140-2150, 2022.

BERTOLA, L. et al. Prevalence of dementia and cognitive impairment no dementia in a large and diverse nationally representative sample: The ELSI-Brazil Study. The Journals of Gerontology: Series A, [s. l.], v. 78, n. 6, p. 1060-1068, 2023.

BERTRAND, E. et al. Cognitive stimulation therapy for Brazilian people with dementia: examination of implementation' issues and cultural adaptation. Aging & Mental Health, [s. l.], v. 23, n. 10, p. 1400-1404, 2018.

BERTRAND, E. et al. Metacognitive improvements following cognitive stimulation therapy for people with dementia: Evidence from a pilot randomized controlled trial. Clinical Gerontologist, [s. l.], v. 46, n. 2, p. 267-276, 2023.

BRUM, P. S.; YASSUDA, M. S. Intervenções cognitivas para idosos. In: FREITAS, E. V.; PY, L. Tratado de geriatria e gerontologia. 5. ed. Rio de Janeiro: Guanabara Koogan, 2022. p. 1266-1275.

CARAMELLI, P. et al. Tratamento da demência: recomendações do Departamento Científico de Neurologia Cognitiva e do Envelhecimento da Academia Brasileira de Neurologia. Dementia & Neuropsychologia, [s. l.], v. 16, n. 3, p. 88-100, 2022.

COHEN, R. A.; MARSISKE, M. M.; SMITH, G. E. Neuropsychology of aging. Handbook of Clinical Neurology, [s. l.], v. 167, p. 149-180, 2019.

COLOM, R. Intellectual abilities. Handbook of Clinical Neurology, [s. l.], v. 173, p. 109-120, 2020.

DEPP, C. A.; HARMELL, A.; VAHIA, I. V. Successful cognitive aging. Current Topics in Behavioral Neurosciences, [s. l.], v. 10, p. 35-50, 2012.

DEVRANIS, P. et al. Mediterranean Diet, Ketogenic Diet or MIND Diet for aging populations with cognitive decline: A systematic review. Life, Basel, Switzerland, v. 13, n. 1, p. 173, 2023.

FILLIT, H. M.; ROCKWOOD, K.; WOODHOUSE, K. Broklehurst's textbook of geriatric medicine and gerontology. 7. ed. EUA: Saunders, 2010.

GÓMEZ-SORIA, I. et al. Cognitive stimulation and cognitive results in older adults: A systematic review and meta-analysis. Archives of Gerontology and Geriatrics, [s. l.], v. 104, p. 104807, 2023.

HARADA, C. N.; LOVE, M. C. N.; TRIEBEL, K. L. Normal cognitive aging. Clinics in geriatric medicine, [s. l.], v. 29, n. 4, p. 737-752, 2013.

JUAN, S. M. A.; ADLARD, P. A. Ageing and cognition. Sub-cellular biochemistry, [s. l.], v. 91, p. 107-122, 2019.

LIMA-SILVA, T. B. et al. Effects of working memory training on cognition in healthy older adults: A systematic review. Dementia & Neuropsychologia, [s. l.], v. 16, p. 418-432, 2022.

LIMA-SILVA, T. B. et al. Intervenção cognitiva de longa duração com componentes multifatoriais: um estudo de descrição do Método Supera. Revista Kairós-Gerontologia, [s. l.], v. 24, p. 117-140, 2021.

LIVINGSTON, G. et al. Dementia prevention, intervention, and care: 2020 report of the Lancet Commission. Lancet, London, v. 396, n. 10248, p. 413-446, 2020.

MACHADO, J. C. B. Doença de Alzheimer. In: FREITAS, E. V.; PY, L. Tratado de geriatria e gerontologia. 5. ed. Rio de Janeiro: Guanabara Koogan, 2022. p. 149-176.

MARINHO, V. et al. Cognitive stimulation therapy for people with dementia in Brazil (CST-Brasil): Results from a single blind randomized controlled trial. International Journal of Geriatric Psychiatry, [s. l.], v. 36, n. 2, p. 286-293, 2020.

MIOTTO, E. C. et al. Cognitive rehabilitation of neuropsychological deficits and mild cognitive impairment: a review of the literature. Dementia & Neuropsychologia, [s. l.], v. 2, n. 2, p. 139-145, 2008.

MIOTTO, E. C. et al. Neurophysiologic and cognitive changes arising from cognitive training interventions in persons with mild cognitive impairment: a systematic review. Neural Plasticity, [s. l.], p. 1-14, 2018.

MOGRABI, D. C. Cognitive stimulation therapy (CST): avanços e evidências. In: SIMPÓSIO DO PROGRAMA DE ASSISTÊNCIA, PESQUISA E EXTENSÃO EM PSICOGERIATRIA, 1., 2023, São Paulo. Anais [...]. São Paulo: Centro de Estudos Paulista de Psiquiatria, 2023.

NAYLOR, R. et al. Experiences of cognitive stimulation therapy (CST) in Brazil: a qualitative study of people with dementia and their caregivers. Aging & Mental Health, [s. l.], v. 28, n. 2, p. 238-243, 2024.

NGUYEN, L.; MURPHY, K.; ANDREWS, G. A game a day keeps cognitive decline away? A systematic review and meta-analysis of commercially-available brain training programs in healthy and cognitively impaired older adults. Neuropsychology Review, [s. l.], v. 32, n. 3, p. 601-630, 2022.

NYBERG, L. et al. Biological and environmental predictors of heterogeneity in neurocognitive ageing: Evidence from Betula and other longitudinal studies. Aging Research Reviews, [s. l.], v. 64, 2020.

OLAZARÁN, J. et al. Benefits of cognitive-motor intervention in MCI and mild to moderate Alzheimer disease. Neurology, [s. l.], v. 63, n. 12, p. 2348-2353, 2004.

OLIVEIRA, E. M.; LIMA-SILVA, T. B. Estimulação cognitiva em idosos com comprometimento cognitivo leve e doença de Alzheimer: uma abordagem individualizada e em grupo. In: SANTOS, F. S. et al. Estimulação cognitiva para idosos: ênfase em memória. Rio de Janeiro: Atheneu, 2017. p. 130-140.

PARK, D. C. et al. Models of visuospatial and verbal memory across the adult life span. Psychology and Aging, [s. l.], v. 17, n. 2, p. 299-320, 2002.

PARK, D. C.; REUTER-LORENZ, P. The adaptive brain: aging and neurocognitive scaffolding. Annual Review of Psychology, [s. l.], v. 60, p. 173-196, 2009.

ROGALSKI, E. J. et al. Youthful memory capacity in old brains: anatomic and genetic clues from the Northwestern Super Aging Project. Journal of Cognitive Neuroscience, [s. l.], v. 25, n. 1, p. 29-36, 2013.

SALTHOUSE T. A. The processing-speed theory of adult age differences in cognition. Psychological Review, [s. l.], v. 103, n. 3, p. 403-428, 1996.

SALTHOUSE T. A. Trajectories of normal cognitive aging. Psychology and Aging, [s. l.], v. 34, n. 1, p. 17-24, 2019.

SARAGIH, I. D. et al. Effects of cognitive stimulation therapy for people with dementia: A systematic review and meta-analysis of randomized controlled studies. International Journal of Nursing Studies, [s. l.], v. 128, 2022.

SELE, S. et al. Age-related decline in the brain: a longitudinal study on interindividual variability of cortical thickness, area, volume, and cognition. NeuroImage, [s. l.], v. 240, 2021.

SMID, J. et al. Declínio cognitivo subjetivo, comprometimento cognitivo leve e demência – diagnóstico sindrômico: Recomendações do Departamento Científico de Neurologia Cognitiva e do Envelhecimento da Academia Brasileira de Neurologia. Dementia & Neuropsychologia, [s. l.], v. 16, n. 3, p. 1-24, 2022.

SPECTOR, A. et al. Efficacy of an evidence-based cognitive stimulation therapy programme for people with dementia. British Journal of Psychiatry, [s. l.], v. 183, n. 3, p. 248-254, 2003.

SPECTOR, A. et al. Making a difference 1: An evidence-based group programme to offer Cognitive Stimulation Therapy (CST) to people living with dementia – the manual for group facilitators. 2. ed. London: Hawker Publications, 2020.

SPERANZA, A. C; ABDALLA, I.; MOSCI, T. Diagnóstico diferencial das demências. In: FREITAS, E. V.; PY, L. Tratado de geriatria e gerontologia. 5. ed. Rio de Janeiro: Guanabara Koogan, 2022. p. 130-139.

STUDART NETO, A.; NITRINI, R. Subjective cognitive decline: The first clinical manifestation of Alzheimer's disease? Dementia & Neuropsychologia, [s. l.], v. 10, n. 3, p. 170-177, 2016.

SUEMOTO, C. K. et al. Risk factors for dementia in Brazil: Differences by region and race. Alzheimer's & dementia: the journal of the Alzheimer's Association, [s. l.], v. 19, n. 5, p. 1849-1857, 2022.

TICHA, Z. et al. Processing speed predicts SuperAging years later. BMC Psychology, [s. l.], v. 11, n. 1, p. 34, 2023.

VAN DEN BRINK, A. C. et al. The Mediterranean, Dietary Approaches to Stop Hypertension (DASH), and Mediterranean-DASH Intervention for Neurodegenerative Delay (MIND) Diets are associated with less cognitive decline and a lower risk of Alzheimer's Disease-A Review. Advances in Nutrition (Bethesda, Md.), [s. l.], v. 10, n. 6, p. 1040-1065, 2019.

VAN HARTEN, A. C. et al. Subjective cognitive decline and risk of MCI: The Mayo Clinic Study of Aging. Neurology, [s. l.], v. 91, n. 4, p. e300-e312, 2018.

VERHAEGHEN, P.; CERELLA, J.; BASAK, C. A working memory workout: how to expand the focus of serial attention from one to four items in 10 hours or less. Journal of Experimental Psychology: Learning, Memory, and Cognition, [s. l.], v. 30, n. 6, p. 1322, 2004.

VERHAEGHEN, P.; MARCOEN, A.; GOOSSENS, L. Improving memory performance in the aged through mnemonic training: a meta-analytic study. Psychology and Aging, [s. l.], v. 7, n. 2, p. 242, 1992.

WORLD HEALTH ORGANIZATION (WHO). Decade of healthy ageing: baseline report. Geneva: World Health Organization, 2020. Disponível em: https://www.who.int/publications/i/item/9789240017900. Acesso em: 17 out. 2023.

WORLD HEALTH ORGANIZATION (WHO). Global status report on the public health response to dementia. Geneva: World Health Organization, 2021. Disponível em: https://www.who.int/publications/i/item/9789240033245. Acesso em: 17 out. 2023.

XIE, X. et al. Cognitive function and associated factors in older adults: evidence from the China Health and Retirement Longitudinal Study. Psychogeriatrics: The Official Journal of the Japanese Psychogeriatric Society, [s. l.], v. 22, n. 3, p. 308-316, 2022.

YASSUDA, M. S. et al. Treino de memória no idoso saudável: benefícios e mecanismos. Psicologia: Reflexão e Crítica, Porto Alegre, v. 19, p. 470-481, 2006.

64 Treinamento da Cognição no Envelhecimento Saudável

Ana Maria Maaz Acosta Alvarez • Renata Avila • Sharon Sanz Simon

Todo ser humano pode, se assim se propuser, ser escultor do seu próprio cérebro.

(Ramon y Cajal)

Introdução

A Assembleia Geral das Nações Unidas declarou o período 2021-2030 a "Década do Envelhecimento Saudável" (OMS, 2020). Na prática, a decisão fomenta uma colaboração ao longo de 10 anos entre diversos setores da sociedade (governos, sociedade civil, agências internacionais e profissionais, cientistas, mídia e setor privado) para adotar ações que promovam vidas mais saudáveis e longevas.

Levando-se em consideração um contexto mais amplo sobre promoção de envelhecimento saudável, o leitor interessado em treino cognitivo em envelhecimento saudável é convidado a debruçar-se sobre reflexões acerca de o que é envelhecer, das mudanças cognitivas que ocorrem ao longo da vida e do que significa aprender e treinar o cérebro. Assim, o presente capítulo não tem como objetivo reunir e descrever técnicas para o uso em sessões de treinamento cognitivo, mas propiciar reflexões que embasem o raciocínio clínico para o delineamento de programas que enfoquem o treino cognitivo de forma significativa, levando em consideração um contexto mais amplo sobre a história e o estilo de vida de cada indivíduo, assim como seu processo de envelhecimento.

Longevidade

O ser humano ganhou alguns anos em sua expectativa de vida e, junto com eles, pelo menos dois grandes desafios. O primeiro é ser capaz envelhecer mantendo a saúde física e mental. O segundo, continuar a ser uma pessoa produtiva, socialmente engajada e com projetos que julgamos ser interessantes.

Talvez todos desejem viver muito sem envelhecer. Conta a lenda que Eos, a deusa do amanhecer na mitologia grega, pediu ao poderoso Zeus que desse o dom da imortalidade a seu grande amor, Titônio, esquecendo-se de pedir-lhe também que Titônio se conservasse jovem. Com o tempo, ele foi ganhando rugas profundas e perdendo os movimentos, a atenção e a memória. Eos deixou-o só em um quarto escuro e ele envelheceu tanto, que, em raros momentos de lucidez, pedia o seu fim.

Esse exemplo nos mostra que, para se viver muito, é importante haver um plano. Viver bem pode ser, em si, um grande objetivo para os anos adicionais. Os avanços da pesquisa médica e da ciência tecnológica têm mostrado que viver relacionamentos significativos (e não a solidão de Titônio), controlar o estresse, exercitar-se para preservar a força muscular, seguir uma dieta balanceada, ter horas suficientes de sono (diariamente) e evitar comportamentos de risco e adições a substâncias podem promover uma existência longeva, saudável e com qualidade.

Envelhecer reconhecendo o valor da experiência e da sabedoria que os anos trazem é ter o dom de se sentir bem sendo quem se está tornando. Ser longevo com qualidade de vida significa manter a curiosidade e o interesse, acolher a mudança e adaptar-se às diferentes circunstâncias, procurando novos significados e propósitos, cultivando a criatividade e a resiliência para superar os empecilhos e resolver os desafios.

Longevidade e epigenética

É necessário que se adote um paradigma de que o envelhecimento é um *processo* que resulta basicamente de dois outros processos: um que dura a vida toda e que tem início desde antes de nascermos e outro que começa a acontecer nas últimas décadas da vida.

O corpo humano se assemelha a uma estrutura de funcionamento complexo, que, de tanto funcionar, cria desgastes em si próprio ao mesmo tempo em que forma defesas para evitar que o acúmulo de danos o adoeça. O outro processo, que se inicia mais tarde, só ocorre se os desgastes se acumularem passivamente e se tornarem ameaçadores. Isto é, se os desgastes puderem ser minimizados e seus efeitos prevenidos antes que ocorram, eliminam-se as ameaças (ou uma parte delas). Simples? Prevenção é a palavra. Nessa linha de pensamento, verifica-se que, nos últimos anos, o interesse pelo estudo da genética tem aumentado, especialmente quanto a células-tronco, biologia sintética e epigenética (Oliveira, 2014; Gonzalez et al., 2011).

Epigenética é a ciência que estuda os mecanismos biológicos que ativam ou inibem a expressão dos genes, sem modificar a sequência de DNA, controlando-os de acordo com a demanda de diferentes circunstâncias. Epigenética influencia a forma pela qual os genes são lidos pelas células e, de forma subsequente, como elas produzem proteínas. O organismo humano é como um conjunto de células que enfrenta a existência a partir de um enredo preestabelecido, o DNA, que distribui instruções definidas sequencialmente por meio de blocos de palavras-chave e códigos seriados – os genes.

A epigenética, conceito básico para se entender como o organismo desafiará a *longevidade*, envolve a transformação do enredo mediante novas coordenação e direção trazidas do meio externo para o interno, uma vez que substâncias químicas, alimentos, força muscular, sono, frequência (e intensidade) de estresse e outros fatores são capazes de alterar genes ativados sem mudar seus códigos de forma permanente. É possível, portanto, controlar a expressão desses genes por meio de modificações externas: a epigenética está naquilo que se come, treina, dorme, interage, sente, comunica, exercita, vive, envelhece e escolhe para si.

Aprendendo a vida inteira

Encarar novos desafios com a mentalidade de um aprendiz de vida inteira é uma das opções mais generosas para a longevidade. A cada momento da vida, é-se solicitado a resolver problemas e tomar decisões rápidas. Isso implica a necessidade de aprender – e apreender – informações em tempo reduzido, delineando-se com elas um quadro geral da situação para buscar decisões eficazes.

Complicado? Parece, mas não é. Todos têm essa capacidade. O aprendizado de coisas novas – sendo fatos, conceitos, comportamentos – é uma constante na vida e assim deve ser sempre. Afinal, o cérebro humano está equipado para isso.

Aprender ao longo da vida, encarando-se como um ser em contínua formação, é um conceito essencial que enfatiza a importância de adquirir conhecimento e habilidades e incorporá-los aos seus hábitos. Vai além da formação acadêmica e da profissão e inclui aprendizagem informal, conhecimento cultural, experiências de distintos campos e aprendizado trazido pelo trabalho e pelas relações sociais. Ser um aprendiz de vida inteira é uma atitude epigenética extremamente benéfica para a agilidade mental, o engajamento social, a autoconfiança e a satisfação pessoal. Deixar que a curiosidade aflore para explorar novas oportunidades de expandir o conhecimento é um presente que cada indivíduo que envelhece dá a si próprio.

Na prática clínica, observa-se que alguns fazem cursos *on-line*, outros vão à universidade da terceira idade, muitos aprendem novos idiomas, engajam-se em trabalhos voluntários, aprendem a tocar instrumentos, fazem parte de grupos de caminhadas, juntam-se a clubes de leitura, jogam e, se possível, viajam.

Algumas informações e perspectivas

- O cérebro humano é um processador serial e em paralelo, ou seja, serial, que processa informações onde um processo é completado antes do outro; e paralelo, com processamento de várias informações ao mesmo tempo
- O processamento é feito por meio de dois processos principais que envolvem a atenção:
    - *Bottom-up*: diz respeito à entrada do estímulo quando em atenção livre
    - *Top-down*: refere-se ao processamento sob uma demanda específica. É influenciado pela manutenção do foco, pelo conhecimento geral do indivíduo e pela expectativa de aquisição de aprendizados distintos
- Por exemplo, pergunte a um indivíduo: "o que está ouvindo agora?". Ele responde: "sons musicais". Você indaga mais uma vez: "você pode contar quantas vezes o som de flauta aparece?". Muito bem, no primeiro caso, o processo é *bottom-up* – guiado pelo estímulo – e, no segundo caso, é *top-down* – guiado pela tarefa. É nesse processo que podemos observar, mais frequentemente e de forma mais acentuada, os efeitos do passar dos anos. Exatamente porque o cérebro processa informações de maneiras diferentes e com múltiplas experiências, o leitor precisa combinar e integrar muitos jeitos de compreender o que vai ler aqui
- A busca pelo propósito e significado, isto é, o sentido das nossas experiências e a consequente necessidade de agir no ambiente, é automática e acontece por padrões de percepção. Em outras palavras, a busca constante de significado é biológica: nosso cérebro é um grande contador de histórias feitas por ele mesmo a partir de organizações e classificações mentais de fatos
- Emoções são essenciais para construir padrões
- Todo e qualquer aprendizado envolve processos conscientes e inconscientes
- Cada indivíduo é único, por isso levar em consideração habilidades e talentos para definir como se prefere viver e envelhecer é o que faz cada ser humano ser único em suas expectativas e planos.

Reserva e resiliência

Cada indivíduo é único, assim como seu processo de envelhecimento. Mas, afinal, por que as pessoas envelhecem de maneira diferente? Por que algumas pessoas resistem melhor aos efeitos do envelhecimento e de doenças cerebrais? E por que certas pessoas apresentam mais *resiliência*, isto é, maior capacidade em manter a cognição e a funcionalidade diante de condições que afetam o cérebro (p. ex., envelhecimento, doenças neurológicas, lesões cerebrais)? Uma das respostas mais aceitas atualmente é que, ao longo da vida, essas pessoas desenvolveram uma melhor *reserva* para enfrentar as mudanças cerebrais associadas ao envelhecimento, insultos ou doenças cerebrais (como a doença de Alzheimer). A reserva pode ser tanto *cognitiva* quanto *cerebral*.

Reserva cognitiva se refere a adaptabilidade, flexibilidade ou eficiência dos processos cognitivos (p. ex., atenção, memória e linguagem), que são suscetíveis a doenças ou lesões cerebrais ou ao próprio envelhecimento do cérebro (Stern et al., 2020). De acordo com o recente consenso internacional *Reserve & Resilience Framework* (https://reserveandresilience.com/framework/), reserva cognitiva é definida como uma propriedade do cérebro que possibilita que o desempenho cognitivo seja melhor do que o esperado, considerando-se as mudanças cerebrais, lesões/doenças cerebrais ao longo da vida. De forma geral, pode-se dizer que a *reserva cognitiva* é uma espécie de *capital cognitivo*, resultado de como se investiu ou esculpiu o nosso cérebro (e cognição) ao longo da vida. A reserva cognitiva é um conceito *ativo* e *dinâmico* que depende da interação de fatores inatos ou genéticos, mas, sobretudo, de fatores ambientais, das oportunidades e experiências de vida do indivíduo. Do ponto de vista neural, quanto mais "caminhos" o seu cérebro conhece, mas ele é capaz se adaptar a perdas ou dificuldades. Na prática, a reserva cognitiva implica a ideia de que, quanto mais se tem, mais se pode "perder" sem que essa perda tenha um impacto tão significativo. Um bom exemplo é a capacidade de vocabulário: quanto mais se ler e mais rico for o vocabulário (ou conhecimento léxico), mais formas se terão para construir frases e substituir palavras que escaparem à mente.

Já a *reserva cerebral* poderia ser considerada um *capital neurobiológico ou cerebral*, como o número de neurônios e a massa cerebral. Esse seria um conceito mais *passivo* e menos dinâmico do que o de reserva cognitiva. Enquanto a reserva cognitiva seria como um *software*, sempre se atualizando com as experiências, a reserva cerebral seria uma espécie de *hardware*, que se recebe no nascimento, mas que também vai sendo moldado ao longo da vida. Os mecanismos de reservas cognitiva e cerebral estão extremamente conectados e refletem diferentes aspectos da reserva de modo geral. Além disto, os conceitos de reservas cognitiva e cerebral têm se mostrado válidos em diferentes contextos culturais e têm como base estudos em diversas áreas, envolvendo envelhecimento saudável e doenças e condições como doença de Alzheimer, doença de Parkinson, esclerose múltipla, traumatismo cranioencefálico, acidente vascular encefálico e infecções.

Reserva e treino cognitivo

A reserva cognitiva está conectada a funcionamento, enquanto a estrutura e o funcionamento cerebral, por sua vez, são influenciados pela idade e pela presença de patologias cerebrais – isso tudo terá influência sobre como a cognição e os comportamentos se apresentam (Figura 64.1). Os mecanismos da reserva cognitiva ainda não são claros, mas parecem influenciar a maneira como se lida ou compensa as mudanças cerebrais que ocorrem no curso do envelhecimento. Nesse sentido, os programas de treinamento ou estimulação cognitiva são uma oportunidade valiosa para a modulação da reserva cognitiva em qualquer faixa etária, podendo aumentar a proteção e a resiliência ante o envelhecimento e doenças cerebrais.

Pode-se dizer que um cérebro com mais reserva cognitiva seria usado de forma mais eficiente. Seria um cérebro mais funcional, com mais flexibilidade e com maior capacidade para se adaptar às eventuais mudanças e necessidades. Assim, com mais repertório, haveria mais alternativas para se resolver determinado problema. A reserva envolveria uma reorganização, que recrutaria outros circuitos cerebrais para resolver determinado problema, auxiliando na prevenção e resiliência de déficits ou dano cerebral. Quando a idade aumenta ou uma síndrome demencial chega, causando mudanças estruturais no cérebro, as diferenças individuais nos processos cognitivos podem influenciar quão bem um indivíduo poderá lidar ou compensar essas mudanças. Assim, há pessoas com muitas alterações cerebrais e poucos sintomas e outras com poucas alterações e muitos sintomas. Por quê? Talvez por terem maior reserva cognitiva. Um dos componentes responsáveis por aumentar a reserva cognitiva e tornar o cérebro mais resiliente seria a maneira como uma pessoa estimula, desafia ou treina seu cérebro em diferentes momentos da vida, inclusive na terceira idade.

Uma das medidas de reserva cognitiva mais relevantes é a *educação*, e não apenas a quantidade em anos, mas a sua qualidade. E por que a educação é tão relevante na construção do cérebro e da reserva cognitiva? Possivelmente porque é como o cérebro é estruturado, construído e "treinado" durante a infância, adolescência e idade adulta. É como se aprende a perceber, pensar, criar, medir, fazer relações entre conceitos. É como se desenvolvem as habilidades cognitivas e emocionais em anos chave do desenvolvimento humano, quando o cérebro é altamente moldável. Educação tem se mostrado uma relevante medida de reserva em diferentes contextos culturais e socioeconômicos. No Brasil, há evidências da associação entre educação e funcionamento cognitivo em indivíduos com poucos anos de estudos (< 5 anos), no entanto há também outras experiências de vida que têm sido consideradas medidas de reserva cognitiva, tal como ocupação ou tipo/complexidade do trabalho exercido (Habeck *et al.*, 2019), medidas de inteligência ou QI e engajamento em atividades de lazer, que podem envolver aspectos cognitivos, sociais e físicos (Sanz-Simon *et al.*, 2022; Verghese *et al.*, 2003).

Assim, ao se delinear um programa de treinamento cognitivo para cada cliente ou paciente, é fundamental levar-se em consideração a história de vida e fatores associados à reserva cognitiva, tal como histórico educacional, perfil cognitivo, histórico ocupacional, engajamento em atividades

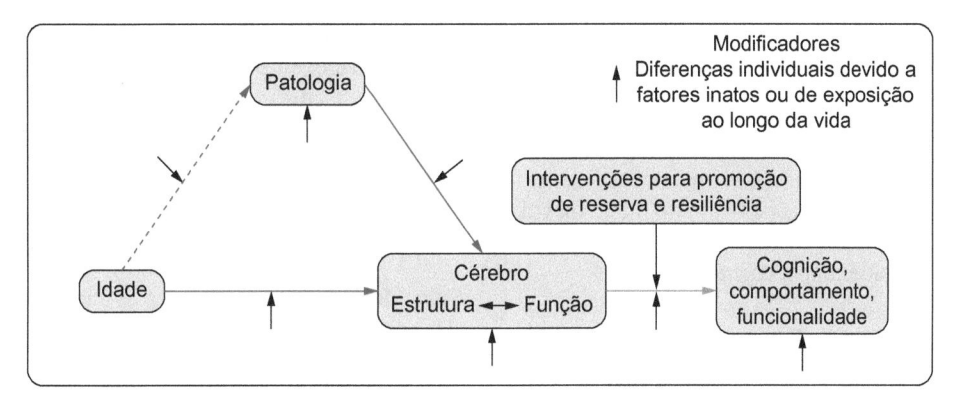

Figura 64.1 Modelo conceitual de reserva cognitiva (*setas cinza-escuro*) e manutenção cerebral (*seta cinza-claro*). (Adaptada de *Reserve & Resilience Framework*.)

de lazer. Esses fatores de reserva precisam levar em consideração os contextos cultural e socioeconômico de cada indivíduo, além de outros fatores de risco modificáveis para demência já bem descritos nas literaturas internacional e brasileira, como a falta de educação na infância, hipertensão, diabetes, obesidade, tabagismo, abuso/dependência de álcool, histórico de lesão cerebral, inatividade física, depressão, isolamento social, perda auditiva e poluição do ar (Livingston *et al.*, 2020; Suemoto *et al.*, 2022).

Como entender o envelhecimento saudável?

O aumento da expectativa de vida é certamente uma boa notícia, entretanto, ao mesmo tempo, é importante reconhecer que esses anos adicionais nem sempre chegam acompanhados de qualidade de vida. Para alcançar o chamado envelhecimento "bem-sucedido" e ativo, são necessárias *ações individuais e políticas públicas adequadas*. Por exemplo, apenas educar a população sobre a importância da prática de atividade física é insuficiente se não houver disponibilidade de locais adequados e seguros para as pessoas se exercitarem. Da mesma forma que, ao se falar sobre a importância da alimentação saudável, é relevante refletir sobre se o preço desses alimentos é acessível para muitos ou somente a uma pequena parcela da sociedade. Paralelamente a isso, é importante reconhecer que, ao se enfatizar a importância de uma vida ativa e dinâmica com educação tecnológica, muitas vezes a tecnologia oferece muitos empecilhos e poucos privilégios à população idosa que a utiliza. Logo, o que se pode fazer com o que é dado ao longo da vida, a reserva, para se viver plenamente o envelhecimento?

Durante a vida, as pessoas estão constantemente passando por perdas e aquisições de novas habilidades, conhecimentos e experiências, no entanto, à medida que envelhecem, podem se deparar com um desequilíbrio nesse processo. O envelhecimento muitas vezes é caracterizado por uma série de perdas significativas, incluindo físicas, cognitivas, sociais e emocionais. Isso pode incluir a perda de entes queridos, a diminuição das capacidades física e mental, a aposentadoria e mudanças nas relações de produtividade, trabalho e, claro, sociais. Ao mesmo tempo, as pessoas podem continuar adquirindo novas perspectivas sobre a vida até o final, com curiosidade, sabedoria, participação, novas habilidades e resiliência. Quando, entretanto, o ritmo das perdas supera significativamente o das aquisições, pode ocorrer uma sensação de ruptura e desesperança, o que se costuma chamar de *velhice*. Buscam-se anos a mais de vida produtiva e menos velhice.

Segundo a Organização Mundial da Saúde, os quatro pilares do envelhecimento saudável são: *capital financeiro, capital social, conhecimento e saúde*. Primeira providência: dever-se-ia começar a preparar-se para isso no início da vida adulta, e sempre é hora para começar, os ganhos sempre existirão. Segunda providência: a *cognição*.

Envelhecimento e cognição

O desempenho cognitivo é um componente central do envelhecimento saudável. Já está bem estabelecida na literatura científica a correlação entre redução de habilidades cognitivas, perda da funcionalidade e qualidade de vida na idade avançada (Kliegel *et al.*, 2004). Dessa forma, para se alcançar um envelhecimento ativo, a manutenção da cognição deve ser um dos objetivos centrais.

À medida que os seres humanos envelhecem, suas habilidades cognitivas passam por mudanças significativas, influenciadas tanto por fatores biológicos quanto ambientais. Uma das maneiras de compreender essas mudanças é pelo conceito de inteligência cristalizada e fluida, proposto por Raymond Cattell na década de 1960.

Inteligência cristalizada. Refere-se aos conhecimentos adquiridos ao longo da vida, incluindo vocabulário, fatos e habilidades sociais. É baseada em experiências e aprendizado acumulado ao longo dos anos. Com o envelhecimento, a inteligência cristalizada tende a permanecer relativamente estável, mas também pode aumentar até o final da vida. Isso ocorre porque as pessoas mais velhas geralmente têm mais oportunidades de acumular conhecimento e experiência ao longo da vida.

Inteligência fluida. Refere-se às habilidades humanas complexas de raciocínio e solução de problemas em situações novas e não familiares. Envolve habilidades como raciocínio abstrato, resolução de problemas e flexibilidade mental. Esse tipo de inteligência é crucial para uma variedade de tarefas cognitivas, sendo um dos fatores mais importantes da aprendizagem. Tem relação com o sucesso acadêmico e profissional e com ambientes mais complexos e ricos em estímulos e demandas (Jaeggi *et al.*, 2008). Com o envelhecimento, esse tipo de inteligência tende a diminuir gradualmente, o que se deve a vários fatores, incluindo mudanças biológicas no cérebro.

A partir dos 20 anos, ocorre um declínio contínuo e regular para tarefas de processamento envolvendo velocidade de processamento, memória operacional e memória de longo prazo, enquanto o conhecimento verbal aumenta ao longo da vida (Park *et al.*, 2002, 2013) (Figura 64.2).

As alterações mais significativas referentes a habilidades classificadas como parte da *inteligência fluida* com o avanço da idade estão apresentadas a seguir.

Atenção. O efeito da idade é visto somente em tarefas mais complexas de atenção.

Atenção seletiva. Estudo realizado por Gazzaley *et al.* (2005) investigou os mecanismos neurais subjacentes ao declínio na MT em adultos mais velhos, enfatizando a dificuldade na supressão de informações irrelevantes durante a atenção seletiva. Por exemplo, ler em um ambiente com muitas pessoas conversando.

Atenção dividida. Por exemplo, falar ao telefone enquanto cozinha.

Atenção alternada. Por exemplo, cozinhar mais de um prato ao mesmo tempo.

Velocidade de processamento. É a velocidade na qual atividades cognitivas são realizadas assim como respostas motoras. Essa habilidade começa a ficar reduzida na terceira década de vida e continua diminuindo progressivamente. Muitas das mudanças relatadas por idosos são resultado da queda na velocidade de processamento.

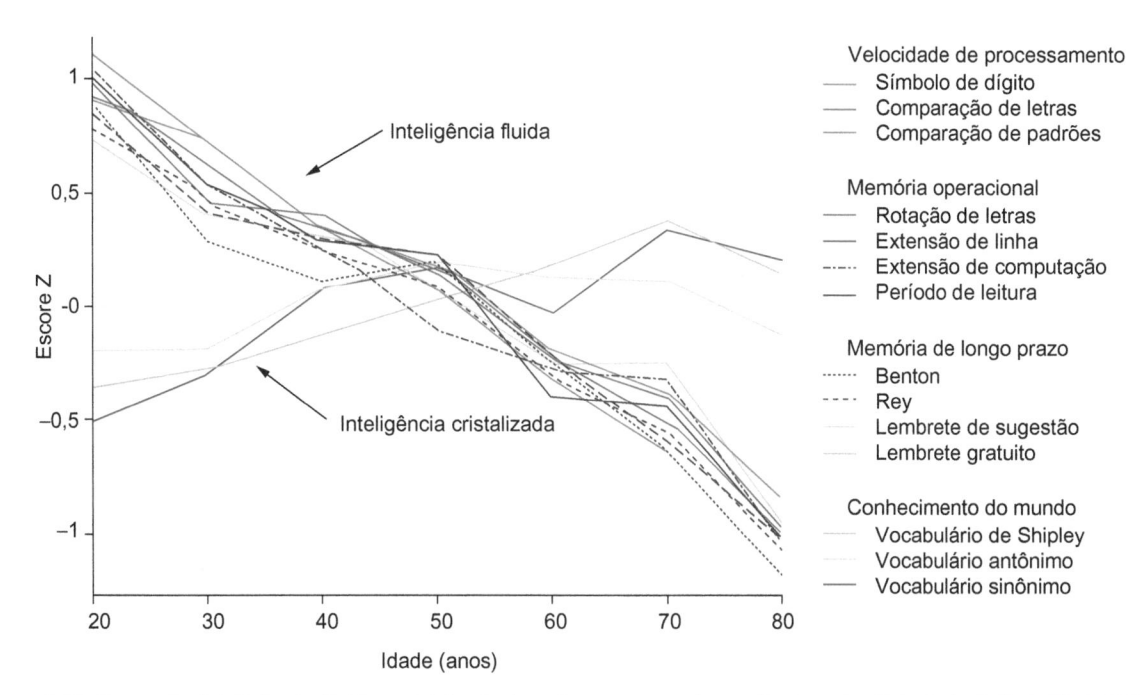

Figura 64.2 Curvas das inteligências fluida e cristalizada durante o processo de envelhecimento. (Adaptada de Park; Bischof, 2013.)

Memória operacional (MO). Trata-se de uma habilidade cognitiva que permite manter e processar uma informação por um breve período, enquanto se realizam outras atividades. Refere-se à habilidade de manter uma informação na mente por mais tempo enquanto ela é manipulada. Com o aumento da idade, o número de itens que a pessoa consegue manipular diminui, assim como as inter-relações entre os elementos em tarefa de raciocínio. Park *et al.* (2002) investigaram as distinções e inter-relações entre os processos de memória visuoespacial e verbal na memória de curto prazo, na MO e de longo prazo em 345 adultos de diferentes faixas etária. As descobertas do estudo sugerem que há relativamente pouca diferenciação entre os declínios nos processos de memória visuoespacial e memória verbal ao longo da vida. Como a MO é caracterizada por subsistemas específicos por domínio e por regiões, a MO visuoespacial e a verbal são distintas, mas estão relacionadas na mediação da memória de longo prazo. Em contraste com os dados de neuroimagem, há poucas evidências de diferenciação de função no nível comportamental em adultos idosos em comparação com adultos jovens.

Habilidades visuoespaciais e construtivas. Referem-se às habilidades de compreender espaço e integrar partes a fim de formar um todo. As habilidades construtivas declinam com a idade, enquanto as visuoespaciais tendem a se manter intactas.

Funções executivas. Dizem respeito à capacidade de se engajar voluntária e satisfatoriamente em uma atividade de forma independente, automonitorando seu desempenho. Inclui, ainda, planejamento, organização, raciocínio, flexibilidade mental e resolução de problemas. A capacidade de flexibilizar o pensamento começa a declinar após os 70 anos. Idosos tendem a pensar de maneira mais concreta que jovens. A inibição de respostas automáticas também fica mais trabalhosa com o aumento da idade.

Memória. É a habilidade que se tem para registrar, armazenar e evocar informações. A memória e a aprendizagem são fundamentais para a existência humana. A memória é a responsável pela persistência, ao longo do tempo, do que se aprende. Com as duas é que se consegue evoluir, modificar e reavaliar conceitos e verdades (Lezak, 1995). A memória episódica é o tipo de memória mais vulnerável à deterioração ligada ao aumento da idade e a responsável por guardar experiências pessoais. Alguns exemplos estão listados na Tabela 64.1.

É importante levar em consideração que as mudanças cognitivas pontuadas nas Tabelas 64.1 e 64.2 não ocorrem de forma uniforme em todas as pessoas e que há uma grande variabilidade individual. Além disso, fatores como estilo de vida, oportunidades, medidas de reserva como anos de escolaridade, saúde física e mental parecem influenciar significativamente o modo como uma pessoa envelhece cognitivamente.

Tabela 64.1 Exemplos de alterações da memória com o envelhecimento.

Declina com a idade	Não declina com a idade
Relembrar espontaneamente uma informação sem pistas Exemplo: lista de supermercado, o que leu no jornal	**Relembrar uma informação quando pistas são dadas, reconhecer** Exemplo: "Você leu sobre o acidente de avião?", "Você precisa comprar carne?"
Saber a fonte da informação aprendida Exemplo: "Aprendi isso lendo o jornal, assistindo à TV ou ouvi de um amigo?"	**Ordem temporal dos acontecimentos** Exemplo: "Sábado fui ao parque antes de ir almoçar na casa de meus pais"
Memória prospectiva – "lembrar-se de lembrar-se" Exemplo: lembrar-se de tomar remédio antes de dormir, de um compromisso	**Memória de procedimento – como fazer as coisas** Exemplo: andar de bicicleta, usar eletrônicos

Tabela 64.2 Domínios cognitivos mais alterados com idade.

Função cognitiva	O que declina com idade?
Memória	Memória episódica
Atenção	Tarefas complexas
Velocidade de processamento	Diminuição da velocidade
Linguagem	Sem alterações
Visuoespacial	Sem alterações
Visuoconstrutiva	Tarefas complexas
Funções executivas	Flexibilidade mental Inibir respostas automáticas

Fonte: Harada *et al.*, 2013.

Embora a inteligência fluida possa declinar com a idade, muitos idosos compensam essas mudanças com o uso da experiência acumulada ao longo da vida e adaptação a situações novas, ou treinamento cognitivo e envolvimento em atividades e ambientes intelectualmente estimulantes. Esses fatores podem preservar e até mesmo melhorar certos aspectos da função cognitiva em idades avançadas.

Salthouse (2019) analisou a trajetória de quatro domínios cognitivos (velocidade de processamento, memória, raciocínio e vocabulário) no envelhecimento saudável com dados transversais de 5.000 participantes adultos e idosos (20 a 85 anos) e análise longitudinal de 1.598 sujeitos em três momentos. Os resultados caracterizaram um declínio na cognição quase linear a partir do início da vida adulta na velocidade de processamento, enquanto a memória e o raciocínio exibiram declínio mais acelerado. Por outro lado, o conhecimento do vocabulário aumentou até a década de 60 anos nos três tipos de comparações do estudo. Além disso, idosos na faixa dos 70 e 80 anos revelaram um vocabulário melhor do que o de jovens adultos.

O que se pode aprender com os superidosos?

Existe um grupo de idosos cujas habilidades mentais são semelhantes às dos adultos jovens. Esse grupo recebeu a denominação de superidosos e é composto de pessoas com mais de 80 anos que mantêm características cognitivas, especialmente a memória episódica, de um adulto 20 a 30 anos mais jovem. Esse grupo de idosos traz dados valiosos para uma reflexão sobre o que fazer para se manter uma ótima memória aos 80 anos ou mais (Cook *et al.*, 2017). O que os torna tão resistentes ao declínio cognitivo que acompanha o aumento da idade?

Compreender o que essa população apresenta e/ou faz de diferente no decorrer da vida para chegar à idade avançada tão bem pode ser de grande valia para recomendações de saúde pública e delineamento de programas de treinamento cognitivo; no entanto ainda não há uma completa compreensão dos mecanismos por trás da preservação da memória episódica dos superidosos. Alguns estudos encontraram correlação com estruturas cerebrais, características clínicas e de estilo de vida dessa população. Eles tendem a nascer com cérebros maiores, o que resulta em atrofias decorrentes do aumento da idade menos evidentes do que nos idosos típicos. Talvez esses achados estejam conectados à ideia de reserva/capital cerebral, que é relevante para se pensar na reserva cognitiva e resiliência ante o envelhecimento.

O desempenho da memória, entretanto, é superior nos superidosos quando comparados com os idosos típicos antes da idade avançada, sugerindo atraso/lentidão entre o declínio das habilidades cognitivas e atrofia cerebral, ou que outros fatores, além da manutenção de estruturas cerebrais, estejam envolvidos.

A preservação do volume de substância cinzenta do tálamo motor está associada à aprendizagem mais rápida de memória episódica e vai ao encontro de maior velocidade para caminhar, equilíbrio e velocidade para bater os dedos. Existem possíveis fatores genéticos no fenótipo muscular que proporcionariam movimentos rápidos. Também estão associados a menor incidência de Comprometimento Cognitivo Leve (CCL) e doença de Alzheimer (DA), sugerindo associação entre velocidade motora e memória, assim como melhor saúde mental, menores índices de depressão e ansiedade, menos queixas sobre o sono e maior satisfação com relacionamentos sociais. Outra característica interessante dessa população é o histórico de conhecimento prévio de música (estudo formal ou informal) (Garo-Pascual *et al.*, 2023). Assim, embora ainda haja debates científicos sobre o tema, ter aulas de música no início da vida ou na meia-idade tem sido associado a aumento das memórias episódica e semântica (Gooding, 2014) e maior volume de substância cinzenta (Gaser; Sclaug, 2003).

Queda na função executiva está ligada ao sistema frontoestriatal de idosos saudáveis e tem importante impacto na memória. O funcionamento executivo em superidosos ainda necessita de novos estudos, entretanto se supõe que haja manutenção cognitiva, e o cíngulo anterior está associado a controle cognitivo e regulação da atenção, essenciais para uma boa memória!

Velocidade de processamento é um forte indicador de alterações nas habilidades de memória e associação a superidosos (Finkel *et al.*, 2007).

Algumas funções são menos vulneráveis ao declínio cognitivo com o aumento da idade, como memória semântica, vocabulário e fluência verbal, mas se acredita que essas funções não sejam centrais para a manutenção da cognição no envelhecimento.

Com o objetivo de avaliar a integridade da substância branca em superidosos e sua influência no padrão de memória e estilo de vida, o estudo incluiu 35 superidosos e 55 idosos típicos, utilizando bateria neuropsicológica, neuroimagem e dados de estilo de vida como horas de sono e atividade física. Os principais achados sugerem associação entre a integridade da substância branca do corpo caloso e as fibras de associação, com o desempenho superior da memória e alto nível de atividade física no grupo de superidosos quando comparados com os idosos típicos. Além disso, os testes neuropsicológicos evidenciaram desempenho superior não somente nos testes de memória episódica, mas também nos testes que avaliam atenção e funções executivas no grupo de superidosos. Não apresentaram, no entanto, diferença, no grupo de idosos típicos, nos testes de linguagem e funções visuoespaciais (Kim *et al.*, 2020). Esses dados corroboram estudos anteriores que mostraram desempenho superior dessa população em testes de memória, MO e velocidade de processamento, além de manutenção de funções cognitivas não memória (Gefen et al., 2014).

Com base nos estudos com os superidosos, de maneira sucinta, pode-se refletir sobre recomendações do que seria desejável, como manutenção de uma boa memória episódica para a vida:

- Atividades que promovam aumento da velocidade do caminhar
- Consciência dos benefícios de treino musical ocorrido na meia-idade ou antes
- Controle rígido de sintomas psiquiátricos
- Controle rígido da qualidade do sono.

Ambiente: peça-chave no treino cognitivo

Segundo a literatura especializada (Borelli et al., 2018), os elementos principais que fazem que um ambiente possa ser mais amigável para o idoso, isto é, que vise o envelhecimento bem-sucedido, são: moradia, transporte, participação cívica, acesso à informação, acesso a serviços médicos e sociais, engajamento na vida pública, questão de comunicação e de adaptação à vida da informática adaptada à população envelhecida. Isso mostra como o ambiente é fundamental não só para manter o que foi treinado visando a melhora ou manutenção da cognição, mas, principalmente, para a manutenção da autonomia e a participação na vida coletiva. É preciso ampliar o conceito cronológico e tratar o envelhecimento funcional, promover a capacidade funcional de participar integralmente da sociedade, ter força muscular, reserva cognitiva e capacidade de aproveitar as oportunidades que a sociedade possa oferecer.

Ambiente que engaja e estimula × treinos cognitivos repetidos

O declínio das funções mentais com a idade não parece resultar exclusivamente da morte de células nervosas, mas, sobretudo, da redução do número de conexões entre elas. Exercícios cognitivos têm o objetivo de evitar esse declínio, fazendo que as pessoas mudem seu comportamento, introduzindo coisas novas e inesperadas em seu cotidiano. A ideia é quebrar a rotina com atividades cognitivas ou sociais, e, para isso, o ambiente onde a pessoa vive e frequenta tem papel essencial.

Tudo pode começar com treinos e informações sobre o funcionamento cognitivo no decorrer da vida e o que é importante fazer para manter o cérebro em dia, porém apenas um ambiente interessante e desafiador irá manter e dar suporte aos ganhos obtidos no treino. Assim, pode-se pensar não somente na casa, mas de qual comunidade a pessoa faz parte, clube, condomínio, grupo de leitura, entre outros. A plasticidade neural só ocorrerá quando uma pessoa experimentar demandas frequentes de sua cognição. Como cada pessoa é única, um ambiente desafiador para uma pode não ser para outra, mas de uma coisa todos precisam: novidade!

Segundo Park et al. (2013), mudanças só ocorrem quando a tarefa ou o ambiente constantemente demandam dos processos básicos da cognição, atenção, memória, MO, velocidade e raciocínio. Revisões de literatura têm apontado, para a melhora da inteligência geral, treinos de MO, ao passo que treinos específicos de memória episódica não têm sido compreendidos como generalizados para outras atividades necessariamente, embora possam resultar em ganhos de aprendizagem específica de conteúdos (Gavelin et al., 2020).

O treinamento do processo cognitivo central irá fazer o indivíduo ficar mais "esperto", com melhora em diferentes atividades mentais. Estudos com treino *N-Back* têm evidenciado melhora da inteligência fluida em adultos. Tarefa *N-Back* é um jogo de treinamento cognitivo frequentemente usado para medir e desenvolver a MO. Nessa tarefa, é apresentada ao jogador uma sequência de estímulos, como letras ou números, e ele deve indicar quando o estímulo atual coincide com aquele apresentado alguns passos antes na sequência. Buschkueh et al. (2008) e Borella et al. (2013) relataram resultados positivos em treinamento de MO de idosos, e Li et al. (2008) já haviam sugerido, com seu estudo, que há transferência da habilidade ganha para outras tarefas cognitivas e funcionamento cognitivo e social diário.

Nesse estudo, foram realizados quatro treinos individuais com diferentes números de sessões (8 a 19) mais um controle usando-se o *2N-Back*. Os quatro melhoraram a tarefa treinada e obtiveram expressiva melhora em teste de inteligência fluida. Já o grupo controle exibiu leve melhora, o que foi creditado ao efeito de reteste. E o ganho na inteligência fluida não foi dependente da capacidade de MO inicial (Jaeggi, 2008).

O controle atencional é essencial para MO e inteligência fluida. O treino facilita o controle da atenção, e o novo estímulo demanda atenção dividida, logo, é impossível desenvolver uma única estratégia. Mas por que MO? Há evidências que mostram não somente a melhora dessa função, mas a transferência para outras tarefas não treinadas, com melhora da inteligência fluida. Já a transferência para a inteligência cristalizada, segundo os autores, depende da quantidade de treino (Jaeggi et al., 2008).

A hipótese de Halford et al. (2007) é que, melhorando-se a MO, melhora-se a inteligência fluida, porque compartilham capacidades, especialmente processos de controle de atenção (Kane, 2004; Gray et al., 2003). Ambas parecem depender de redes neurais semelhantes localizadas nos córtices lateral, pré-frontal e parietal (Gray et al., 2003; Kane, 2002).

Assim, parece plausível que, treinando-se certos circuitos neurais, possibilite-se a transferência da habilidade para outras tarefas que envolvam circuitos similares ou sobrepostos. Apesar de dividirem características comuns, são diferentes. Há fatores além da capacidade de MO que contribuem para exercer diferença na inteligência fluida de pessoas. Esses autores propuseram que, com treinos que foquem no processo de ligação (*binding*) e no controle atencional, talvez seja possível produzir efeitos de transferência de tarefas treinadas para tarefas de raciocínio.

Essa habilidade de manter vários objetos na MO parece servir para acelerar tarefas de inteligência fluida e preparar o indivíduo para ser eficiente ao lidar com duas tarefas simultâneas.

Dose e tecnologia

Embora haja evidências relevantes sobre o benefício de treino de MO como um processo central para a generalização de benefícios na vida diária, há bastante debate sobre quão desafiadores são os treinos cognitivos para cada indivíduo. É preciso muita cautela quando concluímos que um programa de treino cognitivo é "bom" ou "ruim", porque existe variabilidade na resposta aos treinos cognitivos. Em parte, a variabilidade na resposta do treino cognitivo, isto é, algumas pessoas mostrarem mais ou menos benefício, tem sido associada à capacidade/reserva prévia de cada indivíduo e ao quão desafiador de fato o treino é para cada pessoa. Assim, o que é desafiador para uma pessoa nem sempre o é para outra, o que é "bastante" ou "pouco" pode ser relativo. Nem sempre uma dose maior de treino cognitivo significa "dose ideal" (Belleville *et al.*, 2022), conquanto haja certa evidência de que doses maiores de treino cognitivo podem favorecer a generalização dos benefícios (Brum *et al.*, 2020). Apesar da escassez de estudos sobre dose-resposta de treino cognitivo em idosos saudáveis, há uma grande aliada a esse debate: a tecnologia.

Cada vez mais idosos estão antenados às novas tecnologias, usando-as de maneira cotidiana e construindo vidas *digitais* e *on-line* nas quais há muitas oportunidades de aprendizado, interação e treino de habilidades. A cada geração, provavelmente se verão idosos mais imersos em um estilo de vida tecnológico, que vai desde o uso a computadores, *tablets*, *smartphones*, *smartwatch*, internet, robôs, além de suporte tecnológico que auxilia em atividades na casa (p. ex., Alexa). Uma grande vantagem da tecnologia é que ela nos permite individualizar uma tarefa ou um treino para o nível de cada pessoa, o chamado *treino adaptativo*, em que versões mais difíceis do treino vão se desenvolvendo à medida que a pessoa progride. Outra vantagem da tecnologia é o acesso ao comportamento das pessoas em tempo real, o que torna possível unir dados e informações para prever e predizer respostas e entender como incorporar o treino cognitivo a determinados estilos de vida. Outra vantagem é a interface dinâmica, interativa, estímulos que podem ser divertidos e interessantes, além de culturalmente adaptáveis. Já existem algumas plataformas de treino cognitivo *on-line* que têm sido usadas em estudos científicos; portanto, há evidências sobre alguns dos seus benefícios (p. ex., *BrainHQ* e *Cogmed*). É preciso, todavia, um olhar apurado e crítico sobre a validade científica de diferentes jogos *on-line* (Simons *et al.*, 2016). Essas ferramentas podem ser usadas no contexto clínico com a mediação do profissional, mas também como complemento de "tarefa de casa" dentro de um contexto mais amplo de programa de treinamento cognitivo.

Lazer, prazer e motivação

E o prazer, onde fica? Jogar com exercícios cognitivos pode ser prazeroso para alguns e bem pouco para outros. Será que uma pessoa consegue fazer, por muito tempo, uma atividade de que não gosta, mesmo conhecendo os benefícios imediatos e a longo prazo, como adiar o início de um quadro demencial? Ouvir bem para participar de uma reunião com amigos, assim como manter a cabeça a par das notícias *on-line* para não perder o fio da meada ou, ainda, aprender a tocar violão seriam, para alguns, objetivos mais motivadores.

Como encontrar algo que estimule, tire um indivíduo da zona de conforto e traga prazer? Buscar uma nova aprendizagem, um novo desafio? Tome-se como exemplo uma pessoa que nunca fez atividade física, mas que, em um belo dia se convence da sua importância. Começa, então, a se dedicar com afinco, obtendo sucesso. Outro exemplo: muitas pessoas vão atrás da atividade mais popular ou das que prometem melhores resultados. E o que acontece? Muitos que não gostam de locais fechados se inscrevem na academia e já durante o primeiro mês deixam de ir. O que se deve fazer? Escolher, entre as muitas opções, a que mais se parece consigo, com as características que aprecia. Assim, maiores serão as chances de que um novo hábito englobe os benefícios da atividade e traga prazer.

Como promover um envelhecimento cognitivo bem-sucedido?

Há um consenso em crescimento nas grandes organizações de saúde de que certos comportamentos e estilos de vida podem minimizar o declínio cognitivo e modificar o risco de demências (Livingston *et al.*, 2024), promovendo também um envelhecimento cognitivo mais bem-sucedido. Entre as mudanças de hábitos mais conhecidas que afetam o desempenho cognitivo no decorrer da vida e que foram observadas em um estudo longitudinal de 10 anos (Krivanek *et al.*, 2021), estão:

- Controlar o risco cardiovascular
- Tratar síndromes metabólicas, transtornos do humor e efeitos colaterais de determinados medicamentos
- Realizar atividade física regularmente
- Dedicar-se a tarefas de estimulação cognitiva
- Manter uma dieta saudável.

Quando o número de neurônios saudáveis e funcionais diminui ou suas conexões caem abaixo de um nível crítico, as pessoas manifestam queixas cognitivas e, em casos extremos, demência. Por outro lado, estimular a cognição e implementar um estilo de vida que propicie o aumento da reserva cognitiva poderia minimizar ou interromper essa curva teórica para a direita, permitindo, assim, que essas pessoas não cruzem a linha que separa alterações cognitivas normais e patológicas ou venham a cruzá-la mais tarde.

Como visto, há, então, dois objetivos centrais: prevenir a perda das habilidades cognitivas e facilitar o aumento da reserva cognitiva (Figura 64.3 e Tabela 64.3).

O treino cognitivo faz parte desse contexto mais amplo de estilo de vida saudável e é um fator modificável que pode alterar o risco de declínio cognitivo e demência. Um dos principais objetivos dos treinos cognitivos de adultos jovens e idosos deve ser o aumento da inteligência fluida, já que é ela que declina com o aumento da idade e a que se mantém estável nos superidosos, influenciando o bom desempenho da memória episódica.

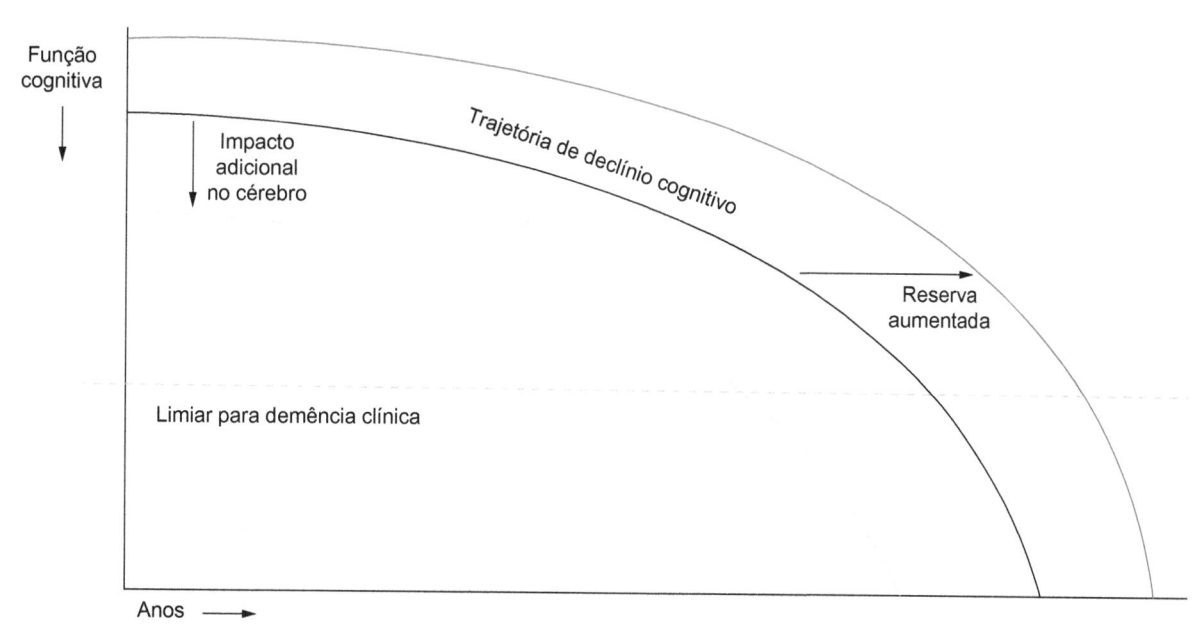

Figura 64.3 Modelo de declínio cognitivo. A *linha preta* representa a trajetória de declínio cognitivo causado por doença neurodegenerativa, e a *linha tracejada*, o limiar para a demência clínica. A *linha cinza-claro* representa um impacto adicional no cérebro, e a *linha cinza-escuro*, o efeito do aumento da reserva cerebral. (Adaptada de Krivanek *et al.*, 2021.)

Tabela 64.3 Recomendações das agências de saúde para a manutenção da saúde cerebral e diminuição do declínio cognitivo.

	Instituto de Medicina	Associação de Alzheimer	Comissões Lancet	American Heart Association	Academias nacionais	Organização Mundial da Saúde
Praticar atividade física	√	√	√	√	√	√
Estimular a cognição (educação cognitiva)	√	√	√	–	√	√
Engajar-se socialmente	√	√	√	–	–	–
Manter dieta saudável para o coração	√	√	–	√	–	√
Tratar fatores de risco cardiovascular (hipertensão)	√	√	√	√	√	√
Tratar fatores de risco cardiovascular (diabetes *mellitus*)	√	√	√	√	–	√
Tratar fatores de risco cardiovascular (hiperlipidemia)	–	–	–	√	–	√
Manter um peso saudável/ síndrome antimetabólica	–	√	√	√	–	√
Parar ou reduzir o tabagismo	√	√	√	√	–	√
Gerenciar o estresse e a depressão	√	√	√	–	–	–
Manter sono adequado	√	√	–	–	–	–
Gerenciar deficiências auditivas e visuais	–	–	√	–	–	–
Evitar medicamentos com propriedades anticolinérgicas	√	–	–	–	–	–
Limitar o uso de álcool	√	–	√	–	–	√
Proteger o cérebro de lesões físicas e tóxicas	–	√	√	–	–	–

Adaptada de Krivanek *et al.*, 2021.

Como já citado, o treino que tem se mostrado eficiente para esse propósito é feito com atividades que melhorem a MO. Ao mesmo tempo, o declínio verbal com o aumento da idade é associado com frequência a queda da MO, do mecanismo inibitório, dificuldade no acesso lexical, além de lentificação nas respostas associada a queda nas velocidades cognitiva e motora (Kempe; Mitznor, 2001; Robert; Mathez, 2007).

Considerações finais

Seria bom ter respostas definitivas sobre o que fazer para alcançar o tão almejado envelhecimento ativo, saudável e longevidade, reunindo evidências, reflexões e recomendações de mudanças.

Parece que encarar os desafios que a idade traz com a mentalidade de um *aprendiz de vida inteira* é uma das opções mais *generosas* para a *longevidade*. Embora haja um consenso crescente sobre recomendações para promover um envelhecimento cognitivo saudável, existe uma lacuna significativa entre essas recomendações e o que as pessoas realmente implementam em suas vidas. Mudar o comportamento humano é um desafio complexo que requer intervenções multidimensionais, que considerem elementos psicológicos, sociais, culturais e médicos.

Indo além, a implementação efetiva dessas recomendações muitas vezes demanda políticas públicas que facilitem e apoiem mudanças e estilo de vida saudável, por exemplo, garantir que haja locais seguros e adequados para a prática de atividade física e interação social, tornar acessível o custo de alimentos saudáveis e criar comunidades inclusivas que incentivem os idosos a permanecerem ativos. É necessário, portanto, um esforço conjunto de governos, comunidades, profissionais da saúde e indivíduos para superar as barreiras e implementar efetivamente as recomendações a fim de promover um envelhecimento cognitivo saudável. Isso pode incluir políticas de planejamento urbano, programas de educação em saúde, incentivos financeiros e outras iniciativas destinadas a apoiar e capacitar as pessoas a fazerem escolhas saudáveis em seu dia a dia.

Que nos próximos anos a Década do Envelhecimento Saudável proposta pela OMS possa ter impacto global e que as Cidades Amigas do Idoso e Universidades Amigas do Idoso ao redor do mundo se multipliquem. Dessa forma, que os recursos psicoeducacionais para a melhora e a manutenção da cognição no processo do envelhecimento, assim como os treinos cognitivos específicos, possam ser utilizados na prática em um ambiente que estimule a vida ativa e com qualidade.

Referências bibliográficas

CATTELL, R. B. Theory of fluid and crystallized intelligence: a critical experiment. Journal of Educational Psychology, v. 54, n. 1, p. 1-22, 1963.

COOK, A. H. et al. Rates of Cortical Atrophy in Adults 80 Years and Older With Superior vs Average Episodic Memory. JAMA, v. 317, n. 13, p. 1373-1375, 2017.

BELLEVILLE, S. et al. Is more always better? Dose effect in a multidomain intervention in older adults at risk of dementia. Alzheimer's & Dementia, v. 18, n. 11, p. 2140-2150, 2022.

BORELLA, E. et al. Working memory training in older adults: evidence of transfer and maintenance effects. Psychology and aging, v. 28, n. 2, p. 331-340, 2013.

BORELLI, W. V. et al. Operationalized definition of older adults with high cognitive performance. Dementia & Neuropsychologia, v. 12, n. 3, p. 221-227, 2018.

BREHMER, Y. et al. Neural correlates of training-related working-memory gains in old age. Neuroimage, v. 58, n. 4, p. 1110-1120, 2011.

BRUM, P. S.; BORELLA, E.; CARRETTI, B. Verbal working memory training in older adults: an investigation of dose response. Aging & Mental Health, v. 24, n. 1, p. 81–91, 2020.

BUSCHKUEHL, M. et al. Impact of working memory training on memory performance in old-old adults. Psychology and Aging, v. 23, n. 4, p. 743-753, 2008.

GARO-PASCUAL, M. et al. Brain structure and phenotypic profile of superagers compared with age-matched older adults: a longitudinal analysis from the Vallecas Project. The Lancet Healthy Longevity, v. 4, n. 8, p. 374-385, 2023.

GASE, C.; SCLAUG, G. Brain structures between musicians and non-musicians. The Journal of Neuroscience, v. 23, n. 27, p. 9240-9245, 2003.

GAVELIN, H. M. et al. Cognition-oriented treatments for older adults: a systematic overview of systematic reviews. Neuropsychology Review, v. 30, n. 2, p. 167-193, 2020.

GAZES, Y. et al. Effects of Brain Maintenance and Cognitive Reserve on Age-Related Decline in Three Cognitive Abilities. The Journal of Gerontology, v. 78, n. 8, p. 1284-1293, 2023.

GAZZALEY, A. et al. Top-down suppression deficit underlies working memory impairment in normal aging. Nature Neuroscience, v. 8, n. 10, p. 1298-300, 2005.

GEFEN, T. et al. Longitudinal neuropsychological performance of cognitive SuperAgers. Journal of American Geriatrics Society, v. 62, n. 8, p. 1598-1600, 2014.

GODOY, L. L. et al. Understanding brain resilience in superagers: a systematic review. Neuroradiology, v. 63, n. 5, p. 663-683, 2021.

GONZALEZ, S. J.; CRISTIANO, E.; ARGIBAY, P. Epigenetica y epigenoma: un paso más allá en la etiología y potencial tratamiento de las enfermedades neurológicas. Medicina (Buenos Aires), v. 71, p. 390-396, 2011.

GOODING, L. F. et al. Musical training and late-life cognition. American Journal of Alzheimer's Disease and Other Dementias, v. 29, n. 4, p. 333-343, 2014.

GRAY, J. R.; CHABRIS, C. F.; BRAVER, T. S. Neural mechanisms of general fluid intelligence. Nature Neuroscience, v. 6, n. 3, p. 316-322, 2003.

HABECK, C. et al. Occupational Patterns of Structural Brain Health: independent contributions beyond education, gender, intelligence, and age. Frontiers in Human Neuroscience, v. 13, 2019.

HALFORD, G. S.; COWAN, N.; ANDREWS, G. Separating cognitive capacity from knowledge: a new hypothesis. Trends in Cognitive Science, v. 11, n. 6, p. 236-242, 2007.

HARADA, C. N.; NATELSON LOVE, M. C.; TRIEBEL, K. L. Normal cognitive aging. Clinics in Geriatric Medicine, v. 29, n. 4, p. 737-752, 2013.

JAEGGI, S. M. et al. Improving fluid intelligence with training on working memory. Proceedings of the National Academy of Sciences of the United States of America, v. 105, n. 19, p. 6829-6833, 2008.

KANE, M. J.; ENGLE, R. W. The role of prefrontal cortex in working-memory capacity, executive attention, and general fluid intelligence: an individual-differences perspective. Psychonomic Bulletin & Review, v. 9, n. 4, p. 637-671, 2002.

KANE, M. J. et al. The generality of working memory capacity: a latent-variable approach to verbal and visuospatial memory span and reasoning. Journal of Experimental Psychology General, v. 133, n. 2, p. 189-217, 2004.

KIM, B. R. et al. White Matter Integrity is Associated with the Amount of Physical Activity in Older Adults with Super-aging. Frontiers in Aging Neuroscience, v. 12, 2020.

KLIEGEL, M.; MOOR, C.; ROTT, C. Cognitive status and development in the oldest old: a longitudinal analysis from the Heidelberg Centenarian Study. Archives of Gerontology and Geriatrics, v. 39, n. 2, p. 143-156, 2004.

KRIVANEK, T. J. et al. Promoting Successful Cognitive Aging: a ten-year update. Journal of Alzheimer's Disease, v. 81, n. 3, p. 871-920, 2021.

LAVIN, C. et al. The anterior cingulate cortex: an integrative hub for human socially-driven interactions. Frontiers in Neuroscience, v. 7, 2013.

LIVINGSTON, G. et al. Dementia prevention, intervention, and care: 2024 report of the Lancet commission. Lancet, v. 404, n. 10452, p. 572-628, 2024.

LI, S. C. *et al*. Working memory plasticity in old age: practice gain, transfer, and maintenance. Psychology and Aging, v. 23, n. 4, p. 731-742, 2008.

ORGANIZAÇÃO MUNDIAL DA SAÚDE (Suíça). Decade of healthy ageing: baseline report. *In*: ORGANIZAÇÃO MUNDIAL DA SAÚDE. Genebra: Organização Mundial da Saúde, 2020.

OBERLIN, L. E. *et al*. White matter microstructure mediates the relationship between cardiorespiratory fitness and spatial working memory in older adults. Neuroimage, v. 131, p. 91-101, 2016.

OLIVEIRA, J. C. Epigenética e doenças humanas. Semina: Ciências Biológicas e da Saúde, v. 33, n. 1, p. 21-34, 2012.

PARK, D. C.; BISCHOF, G. N. The aging mind: neuroplasticity in response to cognitive training. Dialogues in Clinical Neuroscience, v. 15, n. 1, p. 109-119, 2013.

PARK, D. C. *et al*. Models of visuospatial and verbal memory across the adult life span. Psychology and Aging, v. 17, n. 2, p. 299-320, 2002.

SALTHOUSE, T. A. Trajectories of normal cognitive aging. Psychology and Aging, v. 34, n. 1, p. 17–24, 2019.

SIMON, S. S. *et al*. Leisure activity engagement across adulthood predicts cognitive change after five years: do gender and age matter? Journal of the International Neuropsychological Society, v. 29, n. 6, p. 529-540, 2023.

SIMONS, D. J. *et al*. Do "Brain-Training" Programs Work? Psychological Science in the Public Interest, v. 17, n. 3, p. 103-186, 2016.

STERN, Y. *et al*. Whitepaper: defining and investigating cognitive reserve, brain reserve, and brain maintenance. Alzheimer's & Dementia, v. 16, n. 9, p. 1305-1311, 2020.

SUEMOTO, C. K. *et al*. Education, but not occupation, is associated with cognitive impairment: the role of cognitive reserve in a sample from a low-to-middle-income country. Alzheimer's & Dementian, p. 1-8, 2021.

VERGHESE, J. *et al*. Leisure activities and the risk of dementia in the elderly. The New England Journal of Medicine, v. 348, n. 25, p. 2508-2516, 2003.

WIRTH, M. *et al*. Neuroprotective pathways: lifestyle activity, brain pathology, and cognition in cognitively normal older adults. Neurobiology of Aging, v. 35, n. 8, p. 1873-1882, 2014.

65 Novas Tecnologias em Reabilitação Neuropsicológica

Daniel Donadio de Mello • Tamirys S. Rocha Donadio

Introdução

Nos últimos anos, houve um notável avanço no campo da reabilitação neuropsicológica, impulsionado pela crescente integração das novas tecnologias. É possível observar que três tecnologias se destacaram nesse cenário: *neurofeedback*, *biofeedback* e realidade virtual (RV). Essas tecnologias vêm revolucionando a forma como os profissionais de saúde lidam com a reabilitação neuropsicológica, oferecendo tratamentos inovadores e eficazes para auxiliar na recuperação e no treinamento cognitivo. O *neurofeedback* permite que os pacientes modulem suas atividades cerebrais em tempo real, o *biofeedback* possibilita o controle voluntário de funções fisiológicas, enquanto a RV cria ambientes imersivos para estimulação e reabilitação.

Nesse contexto, exploraremos como cada uma dessas tecnologias está moldando a reabilitação neuropsicológica, otimizando os resultados e proporcionando novas estratégias para aqueles que buscam recuperar ou melhorar suas capacidades cognitivas.

Neuropsicologia e tecnologias

A neuropsicologia tem experimentado um crescimento exponencial nas últimas décadas, impulsionado, em grande parte, pela crescente compreensão da complexidade e da plasticidade do cérebro humano. Dentro desse campo, a reabilitação neuropsicológica tem se destacado como uma área de interesse particular, dada a sua importância na melhoria da qualidade de vida dos indivíduos afetados por diversas condições neurológicas.

É possível identificar que a neuropsicologia está passando por uma mudança de paradigmas, indo de ferramentas de avaliação manuais, como testes de lápis e papel, para abordagens de alta dimensão que utilizam tecnologias emergentes (Parsons; Duffield, 2020).

Pensando sobre o desenvolvimento da área, atualmente, os órgãos de saúde incentivam a integração da neurociência com as ciências comportamentais e sociais, os avanços na avaliação cognitiva, as diversas plataformas de intervenção digital e os dados de grandes populações (Parsons; Duffield, 2020).

Dessa forma, a neuropsicologia está começando a adotar os avanços do aprendizado de máquina (*machine learning*) e *big data* (Parsons; Duffield, 2020). Até a inteligência artificial (IA), com suas capacidades de aprendizado de máquina e processamento de linguagem natural (NLP; do inglês *natural language processing*), tem o potencial de revolucionar a reabilitação neuropsicológica, oferecendo intervenções mais personalizadas e eficazes.

É importante lembrar que a avaliação neuropsicológica baseada em computador tem sido usada desde a década de 1980 em campos como a psicologia militar, esportiva e em trabalhos perigosos para avaliar rapidamente o funcionamento cognitivo. Essas avaliações são eficientes, bem padronizadas e facilmente acessíveis, tornando-as abordagem comum em tais campos (Lovell, 2022; Reeves et al., 2007).

Já a avaliação neuropsicológica baseada em RV é uma abordagem emergente que permite a avaliação em ambientes simulados. Esses testes podem oferecer uma avaliação mais abrangente e com mais validade ecológica (Elkind et al., 2001; Parsons et al., 2009).

Modelos probabilísticos e redes neurais podem ser usados para desenvolver uma estrutura unificada para modelar o funcionamento neuropsicológico. A adoção de tecnologias na neuropsicologia permite uma melhor compreensão dos processos neuropsicológicos e avanços significativos na avaliação e reabilitação neuropsicológica (Parsons; Duffield, 2020).

A intervenção neuropsicológica com recurso de tecnologias de informação e comunicação tem se destacado pelas evidências na estabilização do declínio cognitivo, apresentando-se como uma boa proposta coadjuvante à intervenção farmacológica em diversas patologias cognitivas e mentais.

O acesso a novas tecnologias oferece um enorme potencial para apoiar não só quem tem alguma disfunção neurológica, mas também famílias, cuidadores informais e profissionais, uma vez que visam a soluções integradas e melhorias nas redes de apoio.

Apesar de várias pesquisas mostrarem resultados favoráveis, existe ainda resistência no campo da neuropsicologia para a adoção mais abrangente da tecnologia no consultório. Isso se deve a preocupações com validade, confiabilidade e equivalência com testes tradicionais, bem como com a falta de familiaridade e o desconforto com a tecnologia entre alguns profissionais e pacientes (Noyes; Garland, 2008).

Neurofeedback e o *biofeedback*, que envolvem o uso de equipamentos eletrônicos para ajudar os pacientes a terem consciência e um maior controle sobre suas funções corporais e cerebrais, têm demonstrado potencial significativo na melhoria dos resultados da reabilitação neuropsicológica (RN). Da mesma forma, a RV, que oferece ambientes imersivos para os pacientes interagirem, tem sido cada vez mais adotada como uma ferramenta valiosa na RN.

O objetivo deste capítulo é debater o presente e o futuro das tecnologias na reabilitação neuropsicológica, com um foco particular no uso de *biofeedback* e RV, bem como na promessa futura do uso da IA nesse campo.

Biofeedback

Biofeedback é uma técnica que permite ao indivíduo aprender a alterar a atividade fisiológica para melhorar a saúde e o desempenho, tendo como objetivo fornecer informações sobre processos fisiológicos, auxiliando o indivíduo a aumentar a consciência desses processos e a ganhar controle voluntário sobre o corpo e a mente.

Os instrumentos de *biofeedback* são aparelhos tecnológicos que medem atividade muscular – eletromiografia (EMG) –, temperatura da pele, atividade eletrodérmica, atividade das glândulas sudoríparas – resposta galvânica da pele (GSR, do inglês *galvanic skin response*) –, respiração, frequência cardíaca, variabilidade da frequência cardíaca (HRV, do inglês *heart rate variability*), pressão arterial, atividade elétrica cerebral e fluxo sanguíneo através de sensores que são conectados de uma maneira não invasiva em alguma parte do corpo.

Atualmente existem pesquisas que mostram que o *biofeedback*, isolado ou em combinação com outras terapias comportamentais, é eficaz para tratar uma variedade de distúrbios médicos e psicológicos, variando de dor de cabeça e hipertensão a bruxismo e distúrbios de atenção. *Biofeedback* pode ser suporte em variáveis áreas da saúde, sendo utilizado por médicos, enfermeiros, psicólogos, fisioterapeutas, terapeutas ocupacionais e outros. Terapias associadas ao *biofeedback* ensinam o paciente a desempenhar um papel mais ativo na manutenção da saúde física e mental e da qualidade de vida.

Neurofeedback é um campo especializado dentro do *biofeedback* que se dedica a fornecer retroalimentação principalmente dos processos cerebrais, exibindo informações de eletroencefalograma (EEG) para mapear e treinar esses padrões. Muitas condições são acompanhadas por padrões anormais de atividade cortical. A avaliação de *neurofeedback* usa um EEG de linha de base, ou, por vezes, um EEG quantitativo (QEEG), para identificar padrões anormais. O treinamento clínico com *feedback* de EEG permite ao indivíduo modificar esses padrões, normalizando ou otimizando a atividade cerebral através de reforçadores.

Além do EEG, também são considerados "dispositivos de *neurofeedback*" aparelhos que trabalham com hemoencefalografia (HEG). Essa é uma técnica de *neurofeedback* não invasiva que envolve a colocação de sensores, em geral no lobo pré-frontal, para medir as mudanças no fluxo sanguíneo cortical e fornecer *feedback* ao paciente.

O *biofeedback* é uma técnica valiosa no campo da reabilitação cognitiva, pois fornece informações em tempo real sobre as funções fisiológicas do paciente, possibilitando que ele aprenda a controlar e modificar essas respostas através de reforçadores. É usado com frequência em combinação com outras terapias cognitivo-comportamentais para melhorar o desempenho cognitivo, emocional e físico.

Biofeedback *e transtorno do déficit de atenção e hiperatividade*

O transtorno do déficit de atenção e hiperatividade (TDAH) é um transtorno neurobiológico que afeta tanto crianças quanto adultos, caracterizado por problemas na atenção, concentração, hiperatividade e capacidade em controlar os impulsos. É um dos transtornos psiquiátricos mais comuns em crianças e adolescentes, mas também os sintomas podem persistir na idade adulta, em caso de não haver tratamento adequado (APA, 2014).

O tratamento do TDAH geralmente envolve abordagens multidisciplinares, que podem incluir intervenções comportamentais, terapia cognitivo-comportamental, terapia familiar e, em alguns casos, medicação. Porém, existem alguns estudos que mostram a remissão de sintomas e a melhoria de desempenho com o uso de tecnologias associadas.

Biofeedback e *neurofeedback* são duas das abordagens terapêuticas não medicamentosas que vêm sendo investigadas como possíveis tratamentos complementares para o TDAH. Ambas as técnicas utilizam o monitoramento e a autorregulação das funções fisiológicas do indivíduo para ajudá-lo a adquirir maior controle sobre suas respostas fisiológicas e mentais.

O *biofeedback* de EEG é uma intervenção que tem sido validada empiricamente para o tratamento do TDAH. Existem diversos estudos avaliando sua eficácia no tratamento de TDAH, transtornos do uso de substâncias e transtorno do espectro autista. Uma revisão recente dessa literatura concluiu que o *biofeedback* de EEG atende aos critérios da Academia Americana de Psiquiatria Infantil e Adolescente para as diretrizes clínicas para o tratamento do TDAH (Ewing, 2009). Os estudos sugerem que, como o *biofeedback* de EEG atende aos mesmos critérios que medicações para o tratamento do TDAH, a técnica pode ser considerada uma intervenção para esse transtorno pelo clínico (Ewing, 2009).

No contexto do TDAH, especificamente, tem se mostrado uma intervenção eficaz e amplamente reconhecida, apoiada por uma série de estudos que demonstram melhorias significativas nos sintomas após o tratamento (Arns *et al.*, 2009; Duric *et al.*, 2012; Gevensleben *et al.*, 2009; Monastra, V. J.; Monastra, D. M.; George, 2002). Com frequência, essas melhorias são mantidas a longo prazo, sugerindo que o *biofeedback* de EEG pode ter efeitos duradouros no tratamento do TDAH (Gani; Birbaumer; Strehl, 2008; Monastra *et al.*, 2005; Strehl *et al.*, 2017).

Em um estudo, Skalski (2022) mostra que crianças que receberam tratamento com HEG voltado para redução de sintomas de TDAH exibiram melhoras em termos de oxigenação sanguíneo-cerebral quando comparadas com crianças que participaram do grupo placebo.

Tinello, Kliegel e Zuber (2022) constataram, em uma revisão sistemática, que as intervenções com *biofeedback* de HRV foram particularmente eficazes na melhoria das funções executivas (FE) em populações de pacientes ou indivíduos com perfis específicos, como crianças e adultos com TDAH; veteranos de guerra, que normalmente desenvolvem transtorno de estresse pós-traumático (TEPT); adultos com alto nível de estresse; atletas profissionais; e idosos com e sem sintomas psiquiátricos.

Biofeedback e *traumatismo cranioencefálico*

Traumatismo cranioencefálico (TCE) é uma condição complexa que apresenta uma ampla gama de sintomas, e o *biofeedback*, como uma intervenção terapêutica, tem se mostrado promissor no tratamento de várias condições neurológicas, incluindo o TCE.

Nesse contexto, pode ser empregado para ajudar os pacientes no aprendizado de sua atividade cerebral, a fim de melhorar sintomas cognitivos e físicos associados à lesão. Por exemplo, o *neurofeedback* é eficaz para pacientes que precisam melhorar a atenção, a memória operacional e outras funções cognitivas (Thornton; Carmody, 2005; Tinius, T. P.; Tinius, K. A., 2000; Walker, 2007).

Pesquisas sobre a eficácia do *biofeedback* no tratamento do TCE ainda estão em estágios iniciais, mas os resultados preliminares são relevantes. Por exemplo, um estudo de caso publicado em 2008 pela Association for Applied Psychophysiology and Biofeedback (AAPB) relatou melhorias significativas nos sintomas de um paciente com TCE após o tratamento com *neurofeedback*. O paciente apresentou melhorias na memória, na atenção e nas FE, bem como uma redução nos sintomas de ansiedade e depressão.

Uma metanálise sobre *biofeedback* e TCE encontrou uma relação positiva entre o aumento da variabilidade da frequência cardíaca (com *biofeedback* de HRV) e melhoras no quadro do TCE, incluindo melhorias no funcionamento cognitivo e emocional e redução de sintomas físicos como dores de cabeça, tonturas e problemas de sono (Talbert *et al.*, 2023). Porém, os mesmos autores apontam que a aplicação do *biofeedback* de HRV para TCE é promissora, mas ainda está em seus estágios iniciais. Estudos futuros devem incluir ensaios clínicos randomizados com grupos controle para determinar se os benefícios observados se devem ao tratamento com *biofeedback* ou a outros fatores.

Em conclusão, o *biofeedback* é uma intervenção terapêutica promissora para o TCE que merece mais investigação, oferece uma abordagem não invasiva e centrada no paciente para o tratamento de sintomas cognitivos e físicos e tem o potencial de melhorar a qualidade de vida dos pacientes com essa condição.

Protocolo de biofeedback

Há vários protocolos possíveis para o uso do *biofeedback* na prática clínica, dependendo do contexto do paciente, da psicopatologia e dos objetivos terapêuticos. De forma geral, o processo inicial envolve uma avaliação abrangente do perfil psicofisiológico do paciente, buscando identificar padrões em sua atividade fisiológica em diversos estados. Em seguida, é realizado o treinamento propriamente dito, no qual o paciente recebe *feedback* em tempo real sobre suas funções psicofisiológicas, aprendendo gradualmente a controlar e normalizar essas respostas por meio de reforçadores. O *biofeedback* costuma ser integrado a outras abordagens, como técnicas de relaxamento e terapia cognitivo-comportamental. Ao longo das sessões, níveis de dificuldade e contextos de treinamento são aumentados de forma personalizada.

A seguir, será apresentado um exemplo de protocolo de *biofeedback* voltado para o tratamento da ansiedade, envolvendo as etapas mencionadas. Protocolos estruturados permitem uma abordagem gradual; no entanto, podem ser personalizados de acordo com a necessidade de cada paciente. Ao final do processo, espera-se que o indivíduo consiga aplicar as habilidades aprendidas em *biofeedback* para lidar com sua ansiedade de forma mais adaptativa no dia a dia.

Mapeamento do perfil psicofisiológico. Esse protocolo de tratamento começa com um mapeamento do perfil psicofisiológico do paciente. Envolve a coleta de dados de linha de base durante um período de 5 minutos. Alternativamente é possível realizar um teste de estresse mais estruturado, no qual o paciente é exposto a dois estressores distintos: um teste *Stroop*, que tem sido utilizado em pesquisas para induzir o estresse cognitivo, e um teste de matemática, que se concentra no estresse do desempenho (Thompson, M.; Thompson, L., 2003). Ambos os estressores são precedidos por um período de linha de base e seguidos por um período neutro de 2 minutos. A etapa é finalizada com 2 minutos de relaxamento por meio da respiração diafragmática, técnica bem conhecida pela eficácia na indução de um estado de relaxamento e na redução da resposta ao estresse.

Desenvolvimento da hierarquia. A segunda etapa envolve a criação de uma hierarquia de ansiedade, lista graduada de medos e ansiedades do paciente, ordenada do menos ao mais perturbador. A criação dessa hierarquia é fundamental, pois permite que a terapia seja adaptada especificamente para necessidades individuais e permite uma progressão gradual e gerenciável através das situações de ansiedade.

Treinamento por *feedback*. Na terceira etapa, o paciente começa a participar das sessões de *biofeedback*. Os princípios subjacentes ao *biofeedback* implicam que a fisiologia pode ser influenciada por meio de reforçadores, permitindo que o paciente aprenda a controlar voluntariamente suas respostas autonômicas. No contexto desse protocolo, a sessão de *biofeedback* em geral inclui jogos projetados para oferecer reforço positivo para a demonstração de controle autonômico. As sessões têm duração de até 20 minutos e são realizadas geralmente 2 vezes/semana. Além disso, o paciente é encorajado a praticar técnicas de respiração diafragmática em casa 2 vezes/dia. Pensamentos disfuncionais que podem surgir durante as situações de ansiedade listadas na hierarquia são discutidos e enfrentados durante as sessões de terapia, com técnicas da terapia cognitivo-comportamental.

Exposição na imaginação monitorada. Quando o paciente apresenta uma melhora na regulação da respiração e uma maior variabilidade da frequência cardíaca, o tratamento avança para a etapa de exposição imaginária monitorada por *biofeedback*. Essa etapa envolve a visualização de um local seguro seguido pela exposição imaginária (dessensibilização sistemática) à primeira situação da hierarquia de ansiedade. Se a ansiedade aumentar significativamente, o paciente é encorajado a retornar à visualização do local seguro e praticar a respiração diafragmática para reduzir a ansiedade antes de retomar a exposição imaginária. Tal abordagem gradual ajuda o paciente a desenvolver uma maior tolerância à ansiedade e a fortalecer suas habilidades de enfrentamento.

Após a sessão de exposição imaginária, terapeuta e paciente discutem a experiência e abordam pensamentos disfuncionais que podem ter ocorrido durante a exposição. Essa discussão ajuda a reestruturar cognitivamente as respostas do paciente à ansiedade, desafiando pensamentos negativos e crenças irracionais que podem contribuir para a ansiedade.

Exposição ao vivo. O protocolo avança para a etapa de exposição ao vivo, na qual o paciente é incentivado, caso se sinta confortável, a confrontar situações da vida real que provocam ansiedade. Isso é feito fora das sessões de terapia, mas acordado dentro delas. Esse passo fortalece ainda mais a capacidade do paciente de gerenciar sua ansiedade em situações da vida real.

Por fim, o protocolo é repetido para cada item na hierarquia de ansiedade. Ao longo desse processo, o paciente desenvolve uma maior compreensão de suas respostas à ansiedade, aprendendo a utilizar ferramentas eficazes para regular suas respostas fisiológicas e cognitivas ao estresse. Esse protocolo apresenta uma abordagem integrativa para o manejo da ansiedade, combinando elementos de *biofeedback*, terapia cognitivo-comportamental e exposição gradual para oferecer uma abordagem centrada no paciente para o tratamento da ansiedade.

Condutância da pele

A condutância da pele, também conhecida como resposta galvânica da pele, é uma medida da atividade elétrica da pele que varia com o estado de suas glândulas sudoríparas. É usada no *biofeedback* para ajudar os indivíduos a ganharem consciência de seu estado de excitação ou relaxamento. É feito medindo a resistência elétrica da pele, que diminui à medida que a transpiração aumenta.

Condutância da pele é uma medida útil no *biofeedback* porque é influenciada pelo sistema nervoso autônomo (SNA), que também controla funções como frequência cardíaca e pressão arterial. Ao aprender a controlar a condutância da pele, os indivíduos podem aprender a controlar seu estado de excitação ou relaxamento.

O protocolo de *biofeedback* para a condutância da pele, em geral, envolve o uso de eletrodos colocados nos dedos ou na palma da mão. O indivíduo é então instruído a tentar alterar o nível de condutância da pele, normalmente com o objetivo de reduzir a excitação e aumentar o relaxamento. Isso pode ser feito por meio de técnicas de relaxamento, como respiração profunda ou visualização.

Realidade virtual

A realidade virtual (RV) é uma tecnologia que cria um ambiente simulado, permitindo que os usuários interajam de maneira imersiva. Esse ambiente é comumente explorado com o uso de óculos (*VR glasses*) ou capacetes de RV (*head-mounted display*), de controladores ou mesmo rastreio das mãos. Os cenários são tridimensionais e desenvolvidos por computadores ou gerados por escaneamento ou fotos e vídeos do mundo real.

A RV que conhecemos hoje é produto de décadas de inovação em diversas áreas da ciência, desde a ciência da computação, a psicologia e até as artes visuais. Embora RV tenha ficado popularmente conhecida na última década, sua origem iniciou no meio do século passado.

A ideia de um ambiente simulado capaz de imitar ou substituir a realidade tem sido tema recorrente na ficção científica. Os primeiros dispositivos de RV, como o "Sensorama", de Morton Heilig, uma cabine de visualização que proporcionava uma experiência imersiva com vídeo 3D, vibração do assento, áudio estéreo e até mesmo aromas para simular uma variedade de ambientes, foi lançado na década de 1960.

Alto custo dos dispositivos, baixa qualidade de gráficos e *hardware* e *cybersickness* (enjoo causado pela realidade virtual) deixaram o uso bem esporádico, apenas em pesquisas durante o início dos anos 2000. O ressurgimento da RV veio a partir de 2012, com o lançamento do Oculus RIFT, impulsionado por avanços significativos na tecnologia de computação gráfica, bem como pela miniaturização de sensores e *displays*, e pela queda do custo dos componentes. Desde então, novos dispositivos têm sido fabricados com equipamentos simples e usos cada vez mais facilitados, mantendo um custo razoável. Dessa forma, a RV tem sido adotada em uma variedade de campos, desde jogos e entretenimento até medicina, psicologia e avaliação e RN.

Realidade virtual e psicologia clínica

Os ambientes de RV podem tanto apresentar um mundo fantasioso como imitar o mundo real, permitindo que os usuários realizem tarefas como se estivessem em um ambiente físico próximo à sua realidade. Por exemplo, um cenário com uma ponte possibilita que o usuário experiencie um ambiente com altura, podendo realmente olhar para todos os lados enquanto cruza um rio. Além disso, é possível desenvolver cenários contendo tarefas e mensurações impossíveis de serem realizadas no mundo real ou no consultório por causa das limitações no espaço clínico.

A RV tem uma ampla gama de aplicações. Na medicina, por exemplo, tem sido usada para treinamento cirúrgico, terapia de reabilitação e tratamento de transtornos como fobias e o TEPT, incluindo treinamento de habilidades sociais e reabilitação de pacientes que sofrem de uma variedade de distúrbios. Ambientes imersivos de RV foram investigados para a dessensibilização no tratamento de fobias, como agorafobia, fobias específicas, fobia social, entre outras (Gaston; Marc, 2023; Ivanov et al., 2023).

A RV emergiu como uma forma potencialmente eficaz de fornecer serviços de cuidados de saúde gerais e especializados e parece prestes a entrar na oferta de psicoterapia convencional. A própria técnica de dessensibilização sistemática é utilizada também na terapia de exposição em realidade virtual (VRET; do inglês *virtual reality exposure therapy*).

Com frequência, é utilizada na psicologia comportamental durante o tratamento de fobias, ansiedade e outros transtornos ligados ao medo. Joseph Wolpe (1973) introduziu essa técnica como uma abordagem gradual e contínua, com o objetivo de auxiliar pacientes a superar respostas adversas a medos irracionais.

Na psicologia clínica, a RV se destaca pela facilidade de estruturar ambientes estressores, ao ser empregada como apoio nos tratamentos, fornecendo estímulos para pacientes de forma gradual e com dessensibilização sistemática. No tratamento de TEPT, recria eventos traumáticos em um ambiente controlado. Também melhora o ambiente terapêutico para o paciente e contribui para a relação terapeuta-paciente, além de ser usada em diferentes tipos de psicoterapia, como a já mencionada terapia cognitivo-comportamental, a terapia de exposição e a terapia psicodinâmica.

Os ambientes virtuais podem ser usados em tratamentos específicos, trazendo sensações do cotidiano de forma realista ao paciente, porém com a capacidade do profissional de manter um controle estrito sobre todos os aspectos da situação, incluindo perigos potenciais. Por estar sob controle do paciente, a sensação de segurança é maior do que na exposição ao vivo, e, ao mesmo tempo, mais realista do que a dessensibilização imaginária. Assim, com a RV é possível ter vantagem ao proporcionar maior eficiência e economia com o equivalente à dessensibilização sistemática ao vivo, porém no consultório do profissional.

No tratamento do transtorno obsessivo-compulsivo (TOC), a exposição do paciente a cenários virtuais especificamente criados permite provocar e trabalhar seus comportamentos e pensamentos obsessivo-compulsivos. Por exemplo, o terapeuta pode utilizar uma cena construída especificamente para o paciente organizar repetidamente objetos em uma estante até que essa atividade se torne entediante e sem sentido (Riva, 1997). Ao vivenciar tais situações em um ambiente simulado e controlado, as emoções de vergonha, inadequação e rejeição tendem a ser menos avassaladoras do que no mundo real. Isso porque a situação virtual permite certo distanciamento emocional. Muitos pacientes com TOC sentem-se envergonhados por seu comportamento repetitivo e descontrolado, preocupando-se excessivamente com o julgamento alheio. A exposição gradual no ambiente virtual pode ajudar a reduzir tais sentimentos. Assim, a RV tem o potencial de reduzir o constrangimento do paciente e proporcionar privacidade até que ele consiga se expor no mundo real, criando a oportunidade de se concentrar no problema, reduzindo a sobrecarga de informações e liberando recursos cognitivos para buscar uma alternativa ao comportamento desadaptativo (Riva, 1997).

Embora existam alguns riscos potenciais associados à tecnologia de RV, conforme apontado por Stanney (1995), medidas definitivas devem ser tomadas no tratamento para minimizá-los. Segundo o autor, os indivíduos em risco de danos psicológicos são principalmente aqueles que sofrem de ataques de pânico, problemas médicos graves, como doenças cardíacas ou epilepsia, e aqueles que estão fazendo uso de medicamentos com efeitos fisiológicos psicológicos importantes. Dessa forma, deve-se fazer perguntas relacionadas com essas condições como parte do processo de triagem.

Realidade virtual e neuropsicologia

Ao permitir aos usuários interagir com ambientes simulados de maneira imersiva, a RV tem o potencial de transformar a prática neuropsicológica, criando ambientes controlados e personalizáveis para avaliar e tratar uma variedade de condições neuropsicológicas de maneira mais eficaz do que os métodos tradicionais.

Tais ambientes se direcionam para o atendimento de necessidades específicas dos pacientes, proporcionando estabilidade entre usuários e estímulos, possibilitando *feedback* rápido e economia de recursos (Visone *et al.*, 2020).

Na avaliação neuropsicológica, a RV pode ser utilizada para criar cenários realistas que permitam uma avaliação mais precisa das habilidades cognitivas em um contexto funcional. Por exemplo, é possível empregar ambientes de RV familiares ao paciente para avaliar a memória espacial, pedindo que navegue por ele (Molina da Costa *et al.*, 2018). Isso pode fornecer uma avaliação mais ecológica da memória espacial do que os testes tradicionais de papel e caneta.

O uso da RV propicia, também, o desenvolvimento de programas de reabilitação personalizados que são envolventes e motivadores, como jogos terapêuticos que ajudam os pacientes a melhorar suas habilidades motoras ou cognitivas. Além disso, permite que os terapeutas ajustem a dificuldade e o conteúdo dos exercícios de reabilitação para atender às necessidades específicas de cada paciente.

Recomenda-se que os pacientes, de início, façam a experiência em RV sentados em uma cadeira, em vez de ficarem em pé; usem um *head-mounted display* com pouca latência, tenham consciência de como removê-lo do rosto; e frequentem sessões breves, entre 15 e 20 minutos de duração (Riva, 1997).

Deve-se ressaltar que alguns sintomas podem ocorrer durante a experiência. A ansiedade, por exemplo, é uma resposta natural do organismo a situações percebidas como ameaçadoras ou desafiadoras. No entanto, quando essa resposta se torna excessiva ou desproporcional dentro da experiência de RV, vale lembrar que intensidades semelhantes ou maiores podem ser evocadas em situações de estresse do mundo real do paciente, incluindo falta de ar, palpitações cardíacas (batimentos cardíacos irregulares ou rápidos), tremores ou abalos, asfixia, dormência, sudorese, tontura ou perda do equilíbrio, sensação de distanciamento, estar fora de contato consigo mesmo, ondas de calor ou calafrios, desconforto abdominais e náuseas (Riva, 1997).

Para diminuir esses possíveis sintomas, é importante realizar a técnica de exposição gradual e a hierarquia de ansiedade, conforme descrito anteriormente.

Realidade virtual e TDAH

Indivíduos com transtorno do neurodesenvolvimento, como TDAH, podem se beneficiar da RV para identificar dificuldades de atenção em crianças e adultos. No entanto, não há consenso sobre as medidas de desfecho usadas nos diferentes estudos; portanto, existem poucos estudos que podem ser comparados.

Em uma metanálise, foi demonstrada que as intervenções baseadas em RV são eficazes para melhorar a atenção sustentada, aumentando o número de respostas corretas e diminuindo o número de erros de omissão, quando comparada com grupos controle (Romero-Ayuso *et al.*, 2021).

Um estudo sobre treinamento cognitivo em RV em indivíduos com comprometimento cognitivo leve e com demência demonstrou que a RV foi moderadamente eficaz na melhoria dos resultados cognitivos e psicológicos para esses indivíduos. Os domínios de atenção, FE e memória (visual e verbal) mostraram melhorias consistentes. Efeitos positivos também foram observados nos resultados psicológicos, incluindo reduções significativas nos sintomas depressivos e na ansiedade, e melhor percepção do uso da estratégia de memória. No entanto, as avaliações das atividades da vida diária não demonstraram melhorias relevantes (Coyle; Traynor; Solowij, 2015).

Considerações finais

As tecnologias envolvidas em tratamentos oferecem um novo paradigma de interação humano-computador no qual os usuários não são mais apenas observadores de imagens na tela do computador, mas sim participantes ativos dentro de um mundo virtual tridimensional gerado por computador, apoiado em tratamentos que antes eram desafiadores fora da prática clínica.

O uso das tecnologias é promissor para o campo da neuropsicologia, tanto em termos de avaliação como de reabilitação cognitiva. Os vários tipos de *biofeedback* e também a RV estão em constante estudo e implementação em ambientes clínicos com resultados bastante positivos. Além disso, com os avanços na inteligência artificial e futuras pesquisas envolvendo seu uso na avaliação e reabilitação neuropsicológica, podemos antecipar progressos significativos nessa área em um futuro próximo.

O *neurofeedback* (*biofeedback* de EEG) e o *biofeedback* oferecem maneiras não invasivas para que os pacientes monitorem e modifiquem sua atividade cerebral e fisiológica, com resultados promissores em pesquisas e também em relatos na prática clínica no tratamento de condições como TDAH e TCE. Já a RV permite a criação de ambientes imersivos altamente personalizáveis, focando nos usuários no que tange à avaliação e reabilitação neuropsicológica. Essas tecnologias estão permitindo abordagens mais ecológicas, envolventes e centradas no paciente.

Com os rápidos avanços na área, é provável que, em um futuro próximo, presenciemos a integração ainda maior dessas tecnologias emergentes com a IA na prática clínica neuropsicológica. Isso trará maior precisão em diagnóstico, tratamentos mais personalizados e melhores resultados para os pacientes. Entretanto, pesquisas rigorosas são necessárias para estabelecer padrões clínicos e diretrizes éticas para o uso responsável dessas tecnologias.

Referências bibliográficas

AMERICAN PSYCHIATRIC ASSOCIATION (APA). Manual diagnóstico e estatístico de transtornos mentais: DSM-5 ed. Porto Alegre: Artmed, 2014.

ARNS, M. et al. Efficacy of neurofeedback treatment in ADHD: The effects on inattention, impulsivity, and hyperactivity: A meta-analysis. Clinical EEG and Neuroscience, [s. l.], v. 40, n. 3, p. 180-189, 2009.

ASSOCIATION FOR APPLIED PSYCHOPHYSIOLOGY AND BIOFEEDBACK. Evidence-based practice in biofeedback and neurofeedback. [S. l.]: AAPB, 2008.

COYLE, H.; TRAYNOR, V.; SOLOWIJ, N. Computerized and virtual reality cognitive training for individuals at high risk of cognitive decline: systematic review of the literature. The American Journal of Geriatric Psychiatry, [s. l.], v. 23, n. 4, p. 335-359, 2015.

DURIC, N. S. et al. Neurofeedback for the treatment of children and adolescents with ADHD: A randomized and controlled clinical trial using parental reports. BMC Psychiatry, [s. l.], v. 12, n. 1, p. 107, 2012.

ELKIND, J. S. et al. A simulated reality scenario compared with the computerized Wisconsin Card Sorting Test: an analysis of preliminary results. Cyberpsychology & Behavior, [s. l.], v. 4, n. 4, p. 489-496, 2001.

EWING, A. K. Public comment. In: YUCHA, C.; MONTGOMERY, D. Evidence-based practice in biofeedback and neurofeedback. Wheat Ridge: Association for Applied Psychophysiology and Biofeedback, 2008.

GANI, C.; BIRBAUMER, N.; STREHL, U. Long term effects after feedback of slow cortical potentials and of theta-beta-amplitudes in children with attention-deficit/hyperactivity disorder (ADHD). International Journal of Bioelectromagnetism, [s. l.], v. 10, n. 4, p. 209-232, 2008.

GASTON, D.; MARC, A. The efficacy of virtual reality therapy for phobias: A systematic review and metaanalysis. Archives of Clinical Psychiatry, [s. l.], v. 50, n. 2, 2023.

GEVENSLEBEN, H. et al. Is neurofeedback an efficacious treatment for ADHD? A randomised controlled clinical trial. Journal of Child Psychology and Psychiatry, [s. l.], v. 50, n. 7, p. 780-789, 2009.

HOLTMANN, M. et al. Neurofeedback for ADHD: a review of current evidence. Child and Adolescent Psychiatric Clinics of North America, [s. l.], v. 23, n. 4, p. 789-806, 2014.

IVANOV, I. et al. Virtual reality application for height fear treatment. In: International Scientific Conference on Information, Communication and Energy Systems and Technologies, 58., 2023. Anais […]. Nis, Serbia: 2023. p. 51-54.

LOVELL, M. R. The management of sports-related concussion: current status and future trends. Clinics in Sports Medicine, [s. l.], v. 21, n. 1, p. 1-14, 2022.

LUPTON, D. Apps as artefacts: Towards a critical perspective on mobile health and medical apps. Societies, [s. l.], v. 4, n. 4, p. 606-622, 2014.

MATAIX-COLS, D.; BARTRÉS-FAZ, D. Neuropsicología y nuevas tecnologías: la informatización de la Torre de Hanoi. Revista de Neurología, [s. l.], v. 34, n. 3, p. 248-253, 2002.

MOLINA DA COSTA, R. Q. et al. TD-P-010: A comparison between an immersive virtual reality spatial task and its corresponding paper-and-pencil version with one's perception of spatial abilities. Alzheimer's & Dementia, [s. l.], v. 14, 7S_part_3, p. 190, 2018.

MONASTRA, V. J. et al. Electroencephalographic biofeedback in the treatment of attention-deficit/hyperactivity disorder. Applied Psychophysiology and Biofeedback, [s. l.], v. 30, n. 2, p. 95-114, 2005.

MONASTRA, V. J.; MONASTRA, D. M.; GEORGE, S. The effects of stimulant therapy, EEG biofeedback, and parenting style on the primary symptoms of attention-deficit/hyperactivity disorder. Applied Psychophysiology and Biofeedback, [s. l.], v. 27, n. 4, p. 231-249, 2002.

NOYES, J.; GARLAND, K. J. Computer vs. paper-based tasks: Are they equivalent? Ergonomics, [s. l.], v. 51, n. 9, p. 1352-1375, 2008.

PARSONS, T. D. et al. Virtual reality in pediatric rehabilitation: A review. Developmental Neurorehabilitation, [s. l.], v. 12, n. 4, p. 224-238, 2009.

PARSONS, T.; DUFFIELD, T. Paradigm shift toward digital neuropsychology and high-dimensional neuropsychological assessments: Review. Journal of Medical Internet Research, [s. l.], v. 22, n. 12, 2020.

REEVES, D. L. et al. ANAM genogram: historical perspectives, description, and current endeavors. Archives of Clinical Neuropsychology, [s. l.], v. 22, p. 15-37, 2007.

RIVA, G. (ed.). Virtual reality in neuro-psycho-physiology: Cognitive, clinical, and methodological issues in assessment and rehabilitation. Amsterdam: IOS Press, 1997.

RIVA, G. Virtual reality in psychotherapy: Review. Journal of Medical Internet Research, [s. l.], v. 22, n. 12, p. e17516, 2020.

ROMERO-AYUSO, D. et al. Effectiveness of virtual reality-based interventions for children and adolescents with ADHD: A systematic review and meta-analysis. Journal of Clinical Medicine, [s. l.], v. 10, n. 4, p. 719, 2021.

SKALSKI, S. Impact of placebo-related instruction on HEG biofeedback outcomes in children with ADHD. Applied Neuropsychology Child, [s. l.], v. 11, n. 3, p. 383-390, 2022.

STANNEY, K. Realizing the full potential of virtual reality: Human factors issues that could stand in the way. In: IEEE Proceedings of Virtual Reality Annual International Symposium, 1995. Anais […]. North Carolina: Research Triangle Park, 1995. p. 28-34.

STEINMETZ, J. P. *et al*. The role of computer-based testing in cognitive assessment. *In*: LANE, S.; RAYMOND, M. R.; HALADYNA, T. M. (ed.). Handbook of test development. London: Routledge, 2010. p. 213-235.

STREHL, U. *et al*. Neurofeedback of slow cortical potentials in children with attention-deficit/hyperactivity disorder: A multicenter randomized trial controlling for unspecific effects. Frontiers in Human Neuroscience, [s. l.], v. 11, p. 135, 2017.

TALBERT, L. D. *et al*. A systematic review of heart rate variability (HRV) biofeedback treatment following traumatic brain injury (TBI). Brain Injury, [s. l.], v. 37, n. 7, p. 635-642, 2023.

THOMPSON, M.; THOMPSON, L. The neurofeedback book: An introduction to basic concepts in applied psychophysiology. Wheat Ridge: Association for Applied Psychophysiology and Biofeedback, 2003.

THORNTON, K. E.; CARMODY, D. P. Electroencephalogram biofeedback for reading disability and traumatic brain injury. Child and Adolescent Psychiatric Clinics, [s. l.], v. 14, n. 1, p. 137-162, 2005.

TINELLO, D.; KLIEGEL, M.; ZUBER, S. Does heart rate variability biofeedback enhance executive functions across the lifespan? A systematic review. Journal of Cognitive Enhancement, [s. l.], v. 6, n. 1, p. 126-142, 2022.

TINIUS, T. P.; TINIUS, K. A. Changes after EEG biofeedback and cognitive retraining in adults with mild traumatic brain injury and attention deficit hyperactivity disorder. Journal of Neurotherapy, [s. l.], v. 4, n. 2, p. 27-44, 2000.

VISONE, I. *et al*. A review on the effects of Virtual Reality treatment in ADHD. Current Neuropharmacology, [s. l.], v. 18, n. 11, p. 1106-1116, 2020.

WALKER, J. E. A neurologist's experience with QEEG-guided neurofeedback following brain injury. Journal of Neurotherapy, [s. l.], v. 11, n. 2, p. 5-20, 2007.

WOLPE, J. The practice of behavior therapy. Oxford: Pergamon Press, 1973.

YUCHA, C.; MONTGOMERY, D. Evidence-based practice in biofeedback and neurofeedback. Wheat Ridge: Association for Applied Psychophysiology and Biofeedback, 2008.

66 Reabilitação Neuropsicológica nos Transtornos Neuropsiquiátricos em Adultos: da Teoria à Prática

Fabricia Loschiavo Alvares • Cristiana Castanho de Almeida Rocca

Alterações cognitivas e comportamentais associadas ao quadro clínico

Transtornos neuropsiquiátricos, como transtornos do humor e de ansiedade, transtorno do espectro autista (TEA), transtorno do déficit de atenção e hiperatividade (TDAH), transtorno obsessivo-compulsivo (TOC), esquizofrenia, demências entre outros são condições moderadamente hereditárias muito prevalentes e altamente debilitantes porque envolvem alterações de pensamento, percepções, cognição, humor e emoções (Tabela 66.1). Essas alterações interferem na funcionalidade, causando muitos problemas na adaptação psicossocial e na vida acadêmica e ocupacional. Não raro, o afastamento da vida social traz ainda mais problemas e pode interferir negativamente no prognóstico (Bray; O'Donovan, 2019).

A palavra "cognição" faz referência ao conceito de conhecimento, ou seja, trata-se de processos mentais que possibilitam adquirir conhecimento para orientar o comportamento. É, em essência, a capacidade de perceber e reagir, de processar e compreender, armazenar e recuperar informações, tomar decisões e produzir respostas adequadas. O funcionamento cognitivo é, portanto, fundamental para a vida cotidiana, regendo pensamentos e ações. Precisamos da cognição para nos ajudar a compreender a informação sobre o mundo que nos rodeia e a interagir de forma segura com o ambiente (Bayne et al., 2019).

A cognição está em constante mudança e adaptação a novas informações, regulando o comportamento do indivíduo ao longo da vida, e é sustentada por fatores genéticos e ambientais. Durante a primeira infância, infância e adolescência, as funções cognitivas estão em constante desenvolvimento e, à medida que se avança para a vida adulta, como parte do processo de envelhecimento, algumas dessas funções começam a diminuir conforme os neurônios morrem e os mecanismos para substituí-los tornam-se deficientes. Compreender a cognição é importante não apenas para entender o desenvolvimento cognitivo saudável, mas também para intervir em déficits específicos, considerando os distintos quadros clínicos. Muitos dos maiores desafios globais de saúde são condições associadas a problemas cognitivos fundamentais; assim, esses déficts representam alvos terapêuticos importantes para intervenção precoce.

Tabela 66.1 Principais déficits cognitivos nos transtornos neuropisquiátricos.

Transtornos neuropsiquiátricos	Fonte	Déficits cognitivos
Transtorno bipolar	Huang et al. (2023)	Atenção seletiva, memória (episódica, visuoespacial), FE (fluência verbal e velocidade de processamento)
Depressão	Lam et al. (2014)	Atenção, aprendizagem verbal e não verbal, memória de curto prazo e operacional, processamento visual e auditivo, resolução de problemas, velocidade de processamento e funcionamento motor
TDAH	Elbe et al. (2023); Guo (2023); Sonuga-Barke, Bitsakou e Thompson (2010)	Memória operacional, velocidade de processamento, controle inibitório, aversão ao atraso, tomada de decisão
TEA	Lai et al. (2017); Velikonja, Fett e Velthorst (2019)	Flexibilidade cognitiva, teoria da mente, percepção emocional, velocidade de processamento, aprendizagem verbal e memória
TOC	Suhas e Rao (2019)	FE (inibição de resposta, planejamento, tomada de decisão), codificação da memória não verbal
Transtornos de ansiedade	Warren, Heller e Miller (2021)	Inflexibilidade cognitiva, alternância, memória operacional
Esquizofrenia	McCutcheon, Keefe e McGuire (2023); Weinreb, Li e Kurtz (2022)	Atenção, memória, FE, velocidade de processamento e cognição social
Doença de Alzheimer	Chou, Ton That e Sundman (2020)	Memória e FE

FE: funções executivas; TDAH: transtorno do déficit de atenção e hiperatividade; TEA: transtorno do espectro autista; TOC: transtorno obsessivo-compulsivo.

Indivíduos com transtornos psiquiátricos apresentam, comumente, deficiências cognitivas que contribuem para restrições no funcionamento da vida cotidiana. Nesse sentido, como o funcionamento cognitivo é um preditor significativo de um prognóstico positivo no tratamento psiquiátrico (Corrigan et al., 2007), a reabilitação neuropsicológica (RN) é um dos aspectos fulcrais do manejo clínico.

Conforme Wilson (2005), RN é um processo ativo que visa capacitar pessoas com déficits cognitivos causados por lesões encefálicas adquiridas ou por transtornos do desenvolvimento, no caso, psiquiátricos, para que adquiram um nível satisfatório de funcionamento social, físico e psíquico. Consiste, portanto, na proposição de esforços para melhorar a funcionalidade e a qualidade de vida de indivíduos com doenças neurológicas e psiquiátricas, por meio do emprego de técnicas psicológicas, cognitivas e comportamentais, a fim de recuperar ou minimizar os efeitos de déficits cognitivos, de modo que encontrem meios adequados e alternativos para alcançar metas funcionais específicas (Ben-Yishay, 2008; Loschiavo Alvares, 2020a; Wilson, 2004).

Avaliação neuropsicológica na elaboração do processo de intervenção

Alterações cognitivas e problemas de ordem emocional e comportamental podem ser mapeados pela avaliação neuropsicológica, uma importante etapa para o estabelecimento de um programa de reabilitação.

A avaliação neuropsicológica permite ao terapeuta mapear quais funções estão preservadas e quais se encontram fragilizadas em seu funcionamento ou deficitárias, fornecendo dados que possibilitem compreender dificuldades comportamentais que um paciente apresenta e iniciar o planejamento de um plano de trabalho, seja na área da intervenção em neuropsicologia, seja na definição da melhor abordagem terapêutica. É bem descrito na literatura que o prejuízo das funções cognitivas se relaciona intrinsicamente com a diminuição do nível de funcionalidade. Além disso, os resultados obtidos na avaliação neuropsicológica permitem ainda auxiliar nas mudanças pertinentes em relação à colocação ou recolocação acadêmica e ocupacional do indivíduo (Camargo et al., 2008; Corrêa, 2009).

Ao final do programa de intervenção, realiza-se uma reavaliação do paciente, na qual devem constar dados objetivos (resultados dos testes) e qualitativos (observações sobre como está realizando provas e relatos subjetivos sobre "ganhos cognitivos" feito pelo próprio paciente ou por um cuidador acerca do seu desempenho nas atividades do cotidiano). Dessa forma, para reabilitar ou programar um treino cognitivo é necessário, em primeiro lugar, avaliar. Testes objetivos possibilitam a obtenção de medidas cognitivas, as quais incluem processos atencionais, mnésticos e de linguagem, FE e habilidades visuoespaciais, visuomotoras e de nível intelectual.

Avaliação funcional

Além dos aspectos concernentes ao funcionamento cognitivo apontados anteriormente, no momento do delineamento de um programa de RN, é imperativa a avaliação da funcionalidade, que pode, de uma forma mais ampla, ser compreendida como o funcionamento do indivíduo no dia a dia (Bickenbach, 2012). Para denotar esse aspecto positivo e prático da saúde, a Organização Mundial da Saúde (OMS), empregou o termo "funcionalidade", que é a base da Classificação Internacional de Funcionalidade, Incapacidade e Saúde (CIF). Funcionalidade, segundo essa classificação, é um termo "guarda-chuva", definido como capacidade de determinar e executar atividades da vida diária, considerando-se as funções de órgãos ou sistemas e estruturas do corpo, assim como as limitações das atividades e da participação social no meio em que a pessoa vive (Loschiavo Alvares et al., 2011; Loschiavo Alvares, 2020a, 2020b).

De acordo com Cerqueira et al. (2009), a avaliação funcional é delineada a fim de compreender a funcionalidade do indivíduo no uso de suas competências críticas, de forma a obter a satisfação e o sucesso no contexto em que ele se encontra inserido. Assim, mais que um procedimento diagnóstico, a avaliação da funcionalidade é a primeira etapa da intervenção e deve ser designada para identificação e quantificação de possíveis problemas e determinação de potencialidades, visando tanto ao delineamento adequado de um plano terapêutico quanto à delimitação de ferramentas para a avaliação da eficácia da intervenção (Farina et al., 2010). Tal aspecto é mais detalhadamente abordado nas seções seguintes, em que há a menção ao modelo de RN proposto por Loschiavo Alvares e Wilson (2020, 2021).

Intervenção em reabilitação neuropsicológica

Modelo de reabilitação neuropsicológica

Segundo Wilson (2004); Loschiavo Alvares, Fish e Wilson (2018); e Loschiavo-Alvares e Wilson (2020c, 2021), há um consenso de que cognição, emoção e comportamento social são aspectos que se relacionam e, portanto, devem ser alvo em um processo de RN.

RN é compreendida como um processo de utilização de uma ampla variedade de estratégias deliberadamente centradas no indivíduo que estimulam o seu desenvolvimento ou o uso de recursos de que se dispõe para obter um bom desempenho ocupacional. Logo, a intervenção deve ser compreendida de maneira mais ampla, considerando as pessoas em seus contextos, suas atividades e seus relacionamentos (Prigatano, 1999; Wilson, 2002). O foco maior é sempre a competência funcional para o desempenho de atividades cotidianas (Loschiavo Alvares, 2020a, 2020b, 2020c).

O eixo central é, portanto, o desenvolvimento de um conjunto de comportamentos mais adaptativos e funcionais, visando ganhos em qualidade de vida, independência e autonomia (Royall et al., 2007). Em concordância com Wilson (2002), a RN caracteriza-se por uma abordagem individualizada que identifica e persegue metas relevantes para pacientes, contextos e famílias, considerando o desempenho em suas ocupações. Tem como prioridade manutenção e/ou desenvolvimento de habilidades cognitivas e compensação das incapacidades, na medida em que a condição de saúde de base permitir, integra métodos multimodais conduzidos por uma equipe multiprofissional e interdisciplinar (profissionais da saúde, educação e todos aqueles relacionados direta e indiretamente com a assistência) e a interação com o ambiente do indivíduo, almejando a transferência do programa de reabilitação para sua vida diária (Kasper et al., 2015). Assim, a condição *sine qua non* é reabilitar a pessoa, e não seus processos neuropsicológicos (Loschiavo Alvares; Wilson, 2020).

Loschiavo Alvares, Fish e Wilson (2018) e Loschiavo Alvares e Wilson (2020, 2021) propuseram um modelo que abarcasse as demandas dessa população e norteasse a intervenção em RN, considerando as diferentes demandas e particularidades concernentes à ampla miríade dos transtornos psiquiátricos (Figura 66.1). Esse modelo de RN compreende quatro grandes áreas: a primeira englobando os fatores específicos do indivíduo, a segunda e a terceira abarcando considerações teóricas e do diagnóstico, e a quarta abrange indivíduo, família, sistemas e contextos nos quais estão inseridos e características individualizadas do processo de reabilitação.

A primeira grande área, destinada às considerações acerca do indivíduo abarca a história clínica, que, por sua vez, compreende idade de início do transtorno, quantidade de hospitalizações, história familiar e do desenvolvimento, uso de substâncias e risco de suicídio. Fazem parte também a história do impacto da condição de saúde e possíveis efeitos na RN, a se considerar estigma, experiências de insucesso, baixa autoestima, crenças negativas e estilos de enfrentamento, bem como personalidade e estilos de vida, *status* funcional fornecido pela CIF, perfil neuropsicológico observado na avaliação neuropsicológica e fatores psicológicos como ansiedade, humor e estilos de *coping* (Loschiavo Alvares; Wilson 2020, 2021).

As considerações do diagnóstico, de acordo com Loschiavo Alvares e Wilson (2020, 2021), envolvem influências biológicas, intervenção farmacológica e suas consequências diretas na cognição, perfil neuropsicológico esperado e prognóstico geral. No que tange às inflências, um conceito de grande valia é o de neuroprogressão, isto é, a reorganização patológica do sistema nervoso central (SNC) ao longo do curso de transtornos mentais graves. Já é corroborada na depressão a alteração da reatividade do substrato neural por episódios repetidos de alteração de humor, promovendo uma religação cerebral que leva a uma maior vulnerabilidade ao estresse da vida. Assim, é importante considerar a "carga alostática", isto é, a capacidade de alcançar estabilidade através da mudança. Em conjunto, esses estudos sugerem um declínio cognitivo, neurológico e psicossocial relacionado com o estresse em pessoas com transtornos psiquiátricos; no caso em questão, a depressão. Sabendo que os efeitos fisiológicos do estresse são neurotóxicos e levam ao declínio cognitivo ao longo do tempo, é muito importante considerar todas as variáveis clínicas para estabelecer, então, o prognóstico global em relação à RN.

Já as considerações teóricas englobam modelos de referência (neuropsicológico, comportamental, cognitivo-comportamental, sistêmico); abordagem científica da

Considerações do indivíduo

História clínica: caracterizar idade de início do transtorno, número de hospitalizações, história familiar, desenvolvimento e uso de substâncias de risco ao suicídio

Impacto da condição de saúde, fatores psicológicos e possíveis efeitos na RN: estigma, personalidade, experiências de insucesso, baixa autoestima, crenças negativas e estilos de enfrenamento, ansiedade e humor

***Status* funcional:** emprego da CIF e de outras avaliações funcionais que sejam pertinentes ao caso

Perfil cognitivo esperado e observado: considerando os perfis neuropsicológicos expectados para cada transtorno, já bem descritos na literatura, conduzir a avaliação neuropsicológica para a determinação das potencialidades e fraquezas cognitivas

Considerações teóricas

Modelos complementares: neuropsicológico, comportamental, cognitivo-comportamental, sistêmico

Abordagem científica: a reabilitação deve sempre se basear em evidências, adotando fundamentação científica na avaliação e nas proposições

Foco(s) da intervenção: considerando as especificidades de cada caso, pode ser um ou a combinação destes: restauração da função e/ou encorajamento da reorganização neuroanatômica, uso de habilidades alternativas, modificações ambientais

Considerações do diagnóstico

Intervenção farmacológica: compreender o impacto da farmacologia no humor e na cognição

Influências biológicas e prognóstico global: considerar a neuroprogressão e a carga alostática. À luz das influências biológicas, qual é o prognóstico do paciente?

Paciente

Família, contextos e sistemas (saúde, educação, labor etc.)

Processo de reabilitação: envolve a determinação de instrumentos de avaliação da eficácia da intervenção, do processo de estabelecimento de metas com paciente, da família, da implementação da RN e do constante monitoramento da evolução desta com as revisões e as atualizações periódicas, conforme evoluções e/ou novas demandas e metas funcionais

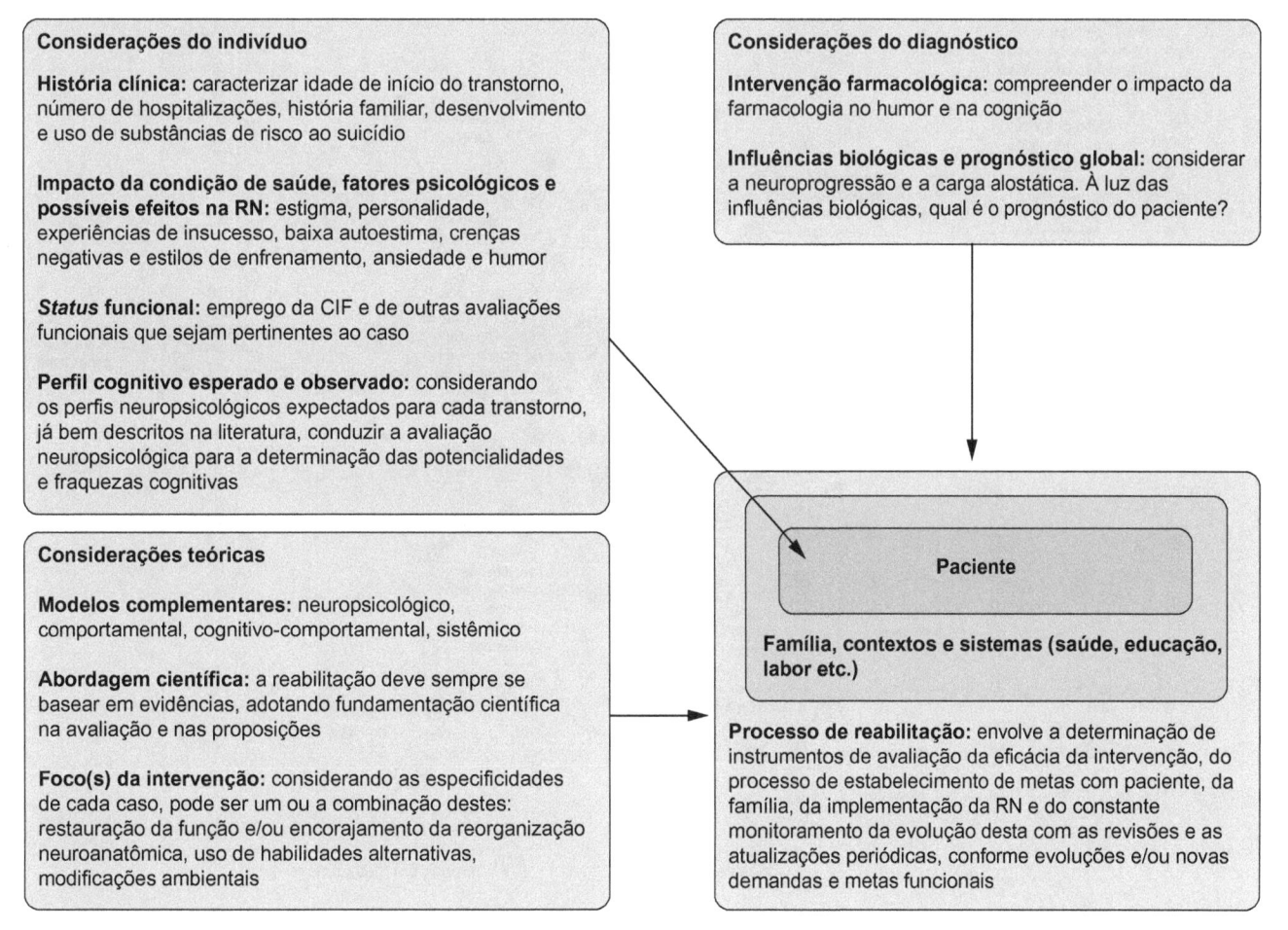

Figura 66.1 Modelo abrangente de reabilitação neuropsicológica para psiquiatria. (Adaptada de Loschiavo Alvares; Fish; Wilson, 2018; Loschiavo Alvares; Wilson, 2020, 2021.)

reabilitação, que deve ser sempre baseada em evidências; e foco da intervenção, que, conforme as especificidades de cada caso, pode ser uma ou a combinação destas: restauração da função e/ou encorajamento da reorganização neuroanatômica, uso de habilidades residuais de forma mais eficiente, busca de caminhos alternativos e modificações ambientais.

O profissional que atua em RN, em conformidade com Loschiavo Alvares e Wilson (2020, 2021), no processo de construção do seu raciocínio clínico para a intervenção, a partir dos fatores englobados nas três áreas supracitadas, passa, então, a avaliar e compreender o paciente, sua família e os contextos e sistemas nos quais estão inseridos para delinear seu plano de intervenção – que envolve determinação de instrumentos de avaliação da eficácia da intervenção, estabelecimento de metas, implementação da RN e constante monitoramento da evolução da reabilitação com as revisões e atualizações periódicas, conforme evoluções e/ou novas demandas e metas.

De acordo com o processo de formulação clínica para a intervenção em RN, detalhadamente apresentado em Loschiavo Alvares e Wilson (2021), que, à luz do suprarreferenciado modelo, embasou a proposta do ciclo de RN (Figura 66.2), Loschiavo Alvares (2020b) ressalta que, para o delineamento da intervenção, há necessidade de atendimento dos seis passos a seguir, ou seja, das coordenadas para a formulação clínica para a RN, que, por sua vez, correlacionam-se diretamente com os componentes do modelo suprarreferenciado, estabelecendo, assim, a complexa maquinaria da RN.

- **Passo 1:** identificação dos problemas e das necessidades do indivíduo, por meio de suas características-chave
- **Passo 2:** relacionar os problemas aos fatores pessoais e contextuais, identificando as metas da intervenção
- **Passo 3:** especificar resultados desejados, contextuais e ocupacionalmente significativos
- **Passo 4:** delinear, implementar e coordenar o plano de intervenção personalizado e funcionalmente orientado
- **Passo 5:** mensurar a eficácia da intervenção
- **Passo 6:** acompanhar a evolução do paciente, em relação ao alcance das metas, com atualizações periódicas, conforme novas demandas funcionais.

Planejamento de metas para intervenção

O estabelecimento de metas auxilia o processo de intervenção em neuropsicologia, para o qual é necessário um processo colaborativo com a participação de familiares, pacientes e profissionais.

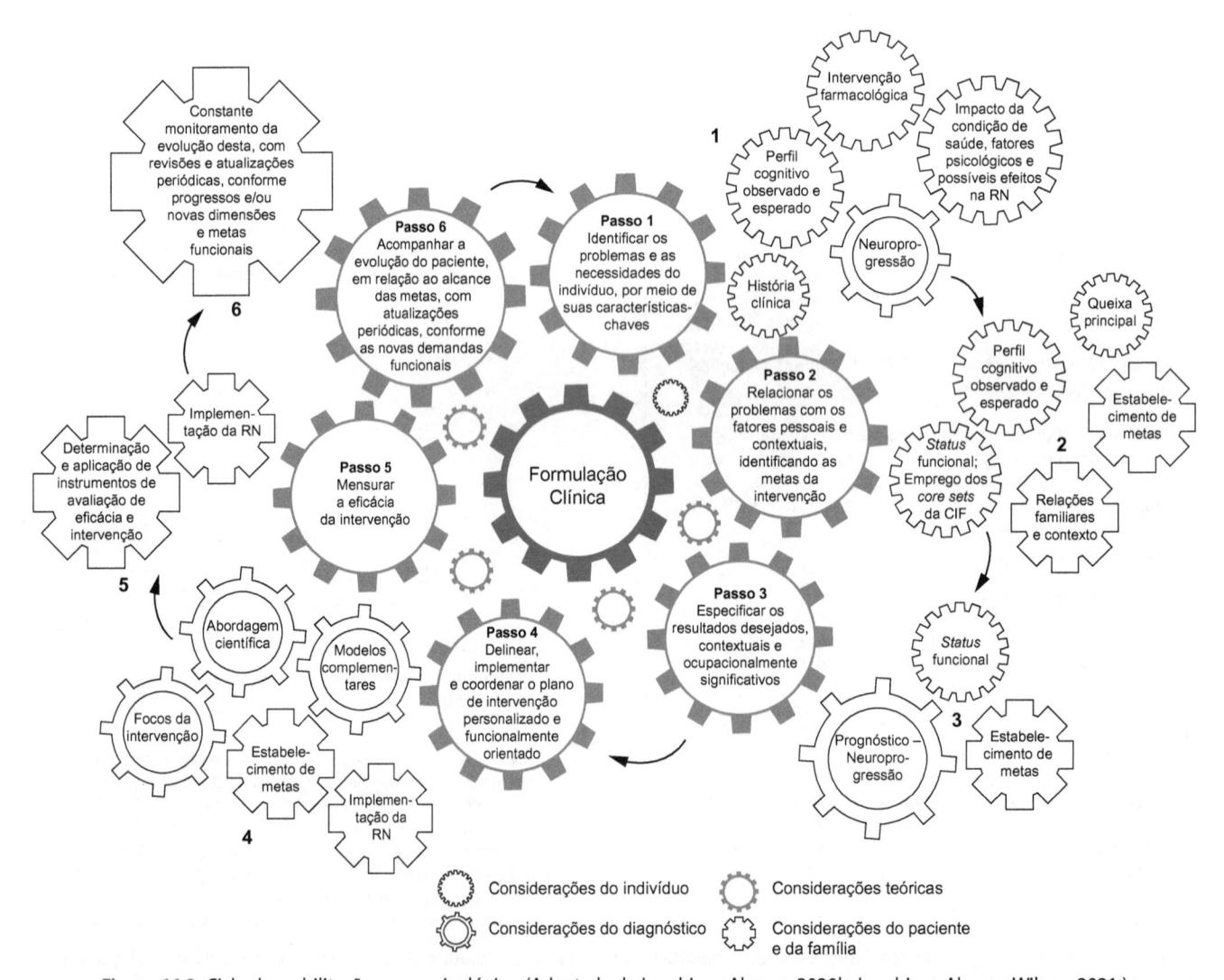

Figura 66.2 Ciclo da reabilitação neuropsicológica. (Adaptada de Loschiavo Alvares, 2020b; Loschiavo Alvares; Wilson, 2021.)

Nesse planejamento, considera-se a motivação do paciente e o estabelecimento de objetivos que lhe sejam realistas, o que inclui a definição do comportamento a ser alcançado e os prazos estimados para isso (Wilson, 2004).

Metas podem e devem ser divididas em longo prazo e curto prazo. As primeiras precisam ser voltadas para incapacidades e desvantagens, enquanto as metas a curto prazo são as etapas que levarão às de longo prazo (Wilson, 2004).

Para o devido cumprimento das metas, é importante seguir as seguintes premissas:

- **Especificidade:** determinar exatamente o que se quer alcançar
- **Mensuração:** estabelecer como avaliar se um objetivo foi alcançado
- **Atingível:** verificar se a meta estipulada é realista no contexto do paciente
- **Relevância:** determinar qual é a importância da(s) meta(s) estipulada(s)
- **Temporizável:** estipular o tempo para alcançar a(s) meta(s)
- **Avaliável:** avaliar as metas ao longo do programa de intervenção para que possam ser feitos ajustes em caso de necessidade; esse monitoramento permite uma melhor manutenção da programação da intervenção de um modo geral. Avaliar o progresso possibilita a obtenção de melhores resultados
- **Revisão:** revisar metas e objetivos permite estabelecer recompensas para cada resultado, o que estimula a continuidade do processo.

Esse plano de metas pode se tornar mais significativo para o paciente se metas específicas estiverem relacionadas com uma meta de ordem superior. A questão importante está em como identificar a meta de ordem superior que seja pessoalmente significativa. Em alguns casos, o paciente ou mesmo seus familiares pode estabelecer metas pautadas em expectativas altas e até mesmo irrealistas, as quais precisarão ser ajustadas para aquilo que é possível. Para tal, é essencial que se faça uma exploração de crenças, objetivos e atitudes do paciente para que essa identificação de metas seja, de fato, significativa, ou seja, que o paciente possa ter sua expectativa ajustada ao que lhe traz uma melhor adaptação.

Organização e implementação de estratégias para intervenção

Em seguida ao estabelecimento de metas, é importante definir as estratégias comportamentais que poderão permear as sessões de intervenção. Dois tipos de estratégias costumam ser utilizados na reabilitação: estratégias compensatórias e adaptações ambientais. As primeiras se referem à implementação de dispositivos ou apoios externos que sirvam para minimizar as dificuldades, como uso de alarmes e avisos. As segundas abarcam modificações no ambiente, seja na disposição do mobiliário, seja no local que será colocada a medicação administrada, para evitar esquecimento (Sohlberg; Mateer, 2011).

Além dessas estratégias, há outras que são aplicadas quando se faz uso de treino cognitivo. O uso de exercícios que estimulam determinado domínio cognitivo está pautado no princípio da neuroplasticidade, a qual postula que o cérebro humano tem potencial de se modificar, seja em resposta a uma demanda interna, seja por uma experiência externa (Leung et al., 2015; Mateos-Aparicio; Rodríguez-Moreno, 2019). Ao aplicar esses exercícios, outras estratégias específicas podem ser utilizadas.

Exercícios de papel e caneta, ou seja, atividades gráficas, precisam ser bem organizados, seguindo o **princípio da aprendizagem sem erro**, técnica que descreve um aglomerado de métodos de ensino que resultam em desempenhos certos ou com mínimo erro, uma vez que erros não contribuem para a aprendizagem e evitá-los ajuda a minimizar impactos emocionais (Melo; Hanna; Carmo, 2014). Além disso, deve-se considerar a possibilidade de **desdobrar atividades**, o que significa explorar ao máximo o que uma atividade pode oferecer, estimulando, assim, além do objetivo específico daquela tarefa, a capacidade de persistência do paciente na atividade, bem como a flexibilidade de perceber que uma mesma proposta pode ser modificada. Isso significa que uma atividade de linguagem, como palavras cruzadas, pode ser usada para trabalhar escrita e vocabulário, ou o uso de técnicas mnemônicas, por exemplo. Uma folha de atividade pode incluir seu enunciado principal e, em seguida, ter um anexo com consignas secundárias, que derivam daquela inicial (Rocca et al., 2020).

Tanto em tarefas gráficas ou práticas é sugerido que se aplique também o **treino auto-orientado**, o qual se baseia na técnica da autoinstrução, que tem por objetivo ajudar nos processos de solução de problemas, bem como na manutenção do foco atencional a partir da descrição em voz alta feita pelo paciente sobre o que está fazendo. Espera-se que, com esse tipo de estimulação, a autoinstrução se torne internalizada. Esse treino se vincula às concepções teóricas de internalização das funções mentais superiores e sua importância está no controle da impulsividade. O treino de autoinstrução pode ainda auxiliar na **estimulação de processos metacognitivos**. Metacognição diz respeito a uma capacidade individual de automonitoramento em tarefas intelectuais ou de aprendizagem. A habilidade de auto-observação pode ser estimulada por questionamentos para que o paciente avalie sua forma de ação, por exemplo: "Como estou indo? Como resolvi o problema?". A metacognição tem relações intrínsecas com as FE, principalmente quanto à capacidade de autopercepção (Rocca et al., 2020).

Na realização de tarefas gráficas ou práticas, até mesmo aquelas relacionadas à vida diária, é possível aplicar o treinamento em gerenciamento de metas (GMT; do inglês *goal management training*), que se refere a uma proposta de intervir nas FE a partir de exercícios estruturados, nos quais os pacientes refletem, avaliam e monitoram o próprio desempenho nas situações oferecidas. São quatro fases a serem seguidas: orientação, seleção de metas, definição de submetas para alcançar a meta principal e memorização das submetas. As estratégias incluem uma pausa nas atividades destinadas a pensar e em dividir metas em submetas, tornando-as mais gerenciáveis, usando imagens mentais e listas de afazeres. A meta principal é ajudar as pessoas a identificarem o que funciona melhor para si, de modo a promover a implementação dessas estratégias em situações cotidianas (Levine et al., 2000).

Além de evidências em quadros de pacientes neurológicos, há também estudos com indivíduos com diagnóstico de TDAH e transtorno por uso de substâncias (Stamenova; Levine, 2019).

Uma preocupação nos trabalhos de intervenção é que o paciente possa generalizar ou transferir os conteúdos aprendidos ou as habilidades desenvolvidas para a vida prática, além do ambiente de consultório. Nesse sentido, é preciso incentivá-lo a praticar as habilidades trabalhadas no consultório, além de usar as estratégias oferecidas de modo sistemático. Solicitar ajuda ou acompanhamento de algum familiar também pode ser indicado, assim como reavaliar impasses que ocorram nesse processo (Sohlberg; Mateer, 2011).

Uso da psicoeducação na reabilitação neuropsicológica

Psicoeducação é uma etapa fundamental na intervenção porque possibilita aos pacientes e familiares entenderem melhor a relação entre o transtorno mental e o funcionamento cognitivo/emocional. O entendimento sobre esse funcionamento também promove uma melhor adesão ao uso de estratégias para minimizar o impacto das dificuldades comportamentais na vida prática (Wilson *et al.*, 2009).

Em reabilitação, devido ao uso de intervenções com foco na cognição, a psicoeducação também deve ser usada para informar ao paciente sobre o que são funções cognitivas e sua relação no comportamento, assim como sua sensibilidade ao impacto emocional em termos de eficiência. Um *quiz* divertido sobre conceitos relacionados com a cognição pode motivar o paciente a aprender esses conceitos. No entanto, para isso, é necessário que o profissional tenha pleno domínio da definição de termos e especificidades, da relação entre funções e expressividade na vida prática, bem como das estratégias que auxiliam na funcionalidade – assim, psicoeducar o paciente contribui com o desenvolvimento da metacognição e da autoconsciência. Quando a psicoeducação é feita com o paciente e a família, é possível intervir nas distorções cognitivas capazes de impactar negativamente o processo de intervenção.

Casos clínicos

Caso 1

Trata-se de Y., 9 anos, um menino com diagnóstico de TDAH, em comorbidade com transtorno opositor desafiador (TOD). Será feito um recorte sobre o programa estabelecido na instituição na qual ele foi atendido pelo período de 3 meses.

Durante este período, tanto a criança como seus responsáveis participaram de grupos que abordavam diferentes funções cognitivas (incluindo a cognição social), com espaço para psicoeducação sobre a relação função cognitiva, comportamento e quadro clínico, bem como para atividades práticas que colocavam paciente e responsáveis em ação sob a mediação dos profissionais das áreas de neuropsicologia, psicopedagogia, fonoaudiologia e terapia ocupacional.

Y. foi encaminhado para o Hospital Dia Infantil do Instituto de Psiquiatria do Hospital das Clínicas, em São Paulo, devido à queixa principal de presença de comportamentos disruptivos e dificuldades no aprendizado, os quais causam problemas de conduta e de rejeição na escola, além de conflitos familiares.

Y. parece não entender o que lhe explicam, não tem fluência na leitura e comete erros ortográficos na escrita; faz comentários que parecem descontextualizados e entra em brigas físicas, além de fazer uso excessivo de hostilidade verbal.

Os pais referiram que precisavam entender como poderiam lidar com o filho e intervir no comportamento dele de modo a conseguirem melhora no comportamento reativo dele diante de dificuldades, frustrações e conflitos.

A Tabela 66.2 mostra o esquema interventivo para um dos problemas que Y. apresentava.

Caso 2

M., sexo feminino, 29 anos, advogada, diagnosticada com depressão aos 19 anos. Tentativa de suicídio prévia por ingestão abusiva de comprimidos, mas foi logo socorrida pela família e encaminhada ao pronto atendimento para lavagem estomacal, evoluindo bem clinicamente. Foi encaminhada por seu psiquiatra para a RN devido a importantes queixas funcionais relacionadas com suas atividades laborativas, acadêmicas e no manejo do seu dia a dia, embora estivesse em remissão dos sintomas depressivos. A avaliação neuropsicológica prévia apontou significativos comprometimentos atencionais, menmônicos e executivos.

Funcionalmente, M. relatou que, com frequência, esquecia as datas (prazos) de seus compromissos profissionais, o que resultou em problemas substanciais, uma vez que não estava sendo capaz de gerenciar seus clientes e seus respectivos processos (referente aos prazos e trâmites processuais).

Tabela 66.2 Esquema interventivo para o caso de Y., 9 anos.

Problema	Comportamento disruptivo, briga com colegas e figuras de autoridade porque não tolera ser contrariado
Correlato cognitivo ou comportamental	• Pobre controle inibitório • Baixa tolerância à frustração • Desregulação emocional/labilidade do humor • Dificuldade de assertividade (missão de reações agressivas)
Meta	Estabilização: • Conseguir se explicar sem brigar • Aumentar a tolerância à contrariedade (diminuir a reatividade) • Melhorar a capacidade de analisar problemas
Estratégia	• Trabalhar reconhecimento e nomeação das emoções • Estimular habilidades sociais (civilidade) • Técnicas de resolução de problemas com foco nas consequências • Aumentar ou diminuir problemas (empatia)
Resultado	• Diminuição dos relatos de briga • Diminuição das atitudes reativas • Melhora da expressão verbal sobre os sentimentos e da capacidade de entender problemas

Também ressaltou desorganização e dificuldades de planejamento cotidianas, que resultavam em constantes perdas de objetos, como chaves e documentos, por exemplo; desorganização da rotina, que lhe rendia importantes dificuldades em se engajar em uma alimentação saudável por não conseguir planejar e executar os menus conforme a orientação de seu nutricionista.

Diante do exposto, a paciente apontou como metas para a RN:

1. Melhorar o gerenciamento de seus compromissos profissionais (não perder mais prazos recursais, melhorando seus sistemas de automonitoramento).
2. Não perder mais objetos nem documentos.
3. Melhorar a organização de sua rotina, estabelecendo dia de planejamento executivo do cardápio semanal, levantamento de ingredientes e sua compra. Na Tabela 66.3, está a descrição do caso, conforme as associações propostas, desde construtos cognitivos e metas, até estratégias para intervenção (Loschiavo Alvares, 2020c).

A intervenção teve duração de 4 meses, com atendimentos semanais, alternando sessões domiciliares, no escritório da paciente e no consultório. Foram empregadas técnicas/estratégias já mencionadas, de maneira contextualizada e considerando, para proposição de atividades, o histórico, as preferências e as demandas ocupacionais da paciente. Entendendo os fatores contextuais destacados no modelo mencionado, a família de M. esteve envolvida em seu tratamento, e eles receberam informações específicas de psicoeducação que incluíam como lidar com uma pessoa com alterações de humor, a relevância da farmacoterapia e os déficits cognitivos encontrados em pessoas com depressão. Para maior aprofundamento tanto da condução da RN como do emprego de avaliações para mensuração da eficácia da intervenção, consultar Loschiavo Alvares e Wilson (2020).

Considerações finais

Transtornos psiquiátricos acarretam problemas comportamentais decorrentes de dificuldades cognitivas e de autorregulação emocional, que interferem na funcionalidade e, em consequência, na adaptação psicossocial, levando a problemas relacionais significativos, como divórcios, perda do emprego e internações.

Uma forma de intervenção com foco na melhora da funcionalidade, da qualidade de vida e na melhora da independência é a RN. Nessa proposta, é indicada uma avaliação para identificação de forças e fraquezas no uso das funções cognitivas, bem como dos aspectos concernentes à funcionalidade. Segundo Loschiavo Alvares (2020c), o grande foco de qualquer programa de RN deve ser melhorar ou permitir maior autonomia para pacientes nas situações cotidianas, permitindo-lhes resolver problemas (dentro de suas capacidades), gerir suas rotinas e realizar suas ocupações. Portanto, ao estabelecer metas de intervenção, o reabilitador deve sempre se questionar se elas têm propósito funcional, se são customizadas para o paciente e se são específicas para seu contexto para, então, estabelecer objetivos intermediários e escolher quais estratégias usar; e, por fim, pensar quando e como intervir. Atendendo a todos esses preceitos, a reabilitação transformará o ambiente da rotina em um sistema que promova o aprendizado contínuo (Worthington; Waller, 2009), favorecendo o melhor prognóstico terapêutico (Loschiavo Alvares; Wilson, 2020, 2021).

Tabela 66.3 Caracterização clínica para intervenção no caso de M., 29 anos.

Construtos cognitivos	Déficits cognitivos	Metas funcionais	Estratégias de intervenção
Atenção e memória	• Atenção: baixa resistência a estímulos distratores • Memória: dificuldades na memória episódica	• Melhorar o gerenciamento de seus compromissos profissionais (não perder mais prazos recursais, melhorando seus sistemas de monitoramento) • Não perder mais objetos nem documentos	• Estratégias de autogerenciamento (procedimentos de orientação), suportes ambientais (modificações ambientais, como blocos de notas) e dispositivos e auxílios externos (*checklists* e uso do calendário virtual, com alarmes diários) • Estratégias de aprendizado de domínios específicos do conhecimento (pareamento de estímulos, aprendizagem sem erro, recuperação espaçada)
FE	• Impulsividade • Prejuízos no planejamento • Sequenciamento • Organização • Tomada de decisão • Gerenciamento de tempo • Solução de problemas	• Melhorar o gerenciamento dos compromissos profissionais (não perder mais prazos recursais, melhorando seus sistemas de monitoramento) • Melhorar a organização da rotina, estabelecendo dia de planejamento do cardápio semanal, levantamento de ingredientes e sua compra	• Gerenciamento ambiental (organização do espaço físico e manipulação de fatores fisiológicos) • Treinamento de seleção e execução de planos cognitivos (planejamento, visando à conclusão de tarefas, gerenciamento de tempo visando à priorização de atividades, segmentação de tarefas complexas em tarefas mais simples com estimativas temporais mais realistas, considerando suas atividades e seus projetos) • Rotinas de aprendizagem de tarefas específicas (planejar, praticar e promover atitudes terapêuticas – *checklist* e análise de tarefas) • Estratégias metacognitivas • Treinamento autoinstrucional (GMT: pare, defina, liste, aprenda, faça e verifique)

FE: funções executivas; GMT: treinamento em gerenciamento de metas.

Referências bibliográficas

ASSED, M. M. et al. Treinamento de memória combinado com estímulo visuoespacial em 3D melhora o desempenho cognitivo em idosos: estudo piloto. Dementia & Neuropsychologia, [s. l.], v. 14, n. 3, p. 290-299, 2020.

BAYNE, T. et al. What is cognition? Current Biology, [s. l.], v. 29, n. 13, p. R603-R622, 2019.

BEN-YISHAY, Y. Foreword. Neuropsychological Rehabilitation, v. 18, n. 5-6, p. 513-521, 2008.

BICKENBACH, J. et al. (eds.). ICF core sets: Manual for clinical practice. São Paulo: Hogrefe Publishing, 2012.

BRAY, N. J.; O'DONOVAN, M. C. The genetics of neuropsychiatric disorders. Brain and Neuroscience Advances, [s. l.], v. 2, p. 1-6, 2019.

CAMARGO, C. H. P.; BOLOGNANI, S. A. P.; ZUCCOLO, P. F. O exame neuropsicológico e os diferentes contextos de aplicação. In: FUENTES, D. et al. Neuropsicologia: teoria e prática. Porto Alegre: Artmed, 2008.

CERQUEIRA, A. R. et al. Formação em reabilitação psicossocial de pessoas com incapacidades psiquiátricas: manual de formador. Gaia: Escola Superior de Tecnologia e Saúde do Porto, 2009.

CHOU, Y. H.; TON THAT, V.; SUNDMAN, M. A systematic review and meta-analysis of rTMS effects on cognitive enhancement in mild cognitive impairment and Alzheimer's disease. Neurobiology of Aging, [s. l.], v. 86, p. 1-10, 2020.

CORRÊA, R. C. R. Uma proposta de reabilitação neuropsicológica através do programa de enriquecimento instrumental (PEI). Ciências & Cognição, v. 14, n. 2, p. 47-58, 2009.

CORRIGAN, P. W. et al. Principles and Practice of Psychiatric Rehabilitation: An Empirical Approach. 1. ed. New York: The Guilford Press, 2007.

ELBE, P. et al. Computerized cognitive interventions for adults with ADHD: A systematic review and meta-analysis. Neuropsychology, [s. l.], v. 37, n. 5, p. 519-530, 2023.

FARINA, E. et al. Functional living skills assessment: a standardized measure of high-order activities of daily living in patients with dementia. European Journal of Physical and Rehabilitation Medicine, [s. l.], v. 46, p. 73-80, 2010.

GINDRI, G. et al. Métodos em reabilitação neuropsicológica. In: LANDEIRA-FERNANDEZ, J.; FUKUSIMA, S. S. Métodos em neurociências. São Paulo: Manole, 2012. Capítulo 22.

GUO, N. Cognitive functions of adults with ADHD: a neuropsychological examination in a clinical referral context. Thesis fully internal (DIV) – University of Groningen, Groningen, 2023.

HUANG, Y. et al. Cognitive impairment mechanism in patients with bipolar disorder. Neuropsychiatric Disease and Treatment, [s. l.], v. 19, p. 361-366, 2023.

KASPER, E. et al. Cognitive rehabilitation in Alzheimer's disease – a conceptual and methodological review. The Journal of Prevention of Alzheimer's Disease, [s. l.], v. 2, n. 2, p. 142-152, 2015.

KIM E. J. et al. Current status of cognitive remediation for psychiatric disorders: A review. Frontiers in Psychiatry, [s. l.], v. 9, p. 461, 2018.

LAI, C. et al. Meta-analysis of neuropsychological measures of executive functioning in children and adolescents with high-functioning autism spectrum disorder. Autism Research, [s. l.], v. 10, n. 5, p. 911-939, 2017.

LAM, R. W. et al. Cognitive dysfunction in major depressive disorder: effects on psychosocial functioning and implications for treatment. The Canadian Journal of Psychiatry, [s. l.], v. 59, n. 12, p. 649-654, 2014.

LEUNG, N. T. et al. Neural plastic effects of cognitive training on aging brain. Neural Plast., v. 2015, p. 535618, 2015. Disponível em: https://www.ncbi.nlm.nih.gov/pmc/articles/PMC4568366/. Acesso em: 31 ago. 2019.

LEVINE, B. et al. Rehabilitation of executive functioning: an experimental-clinical validation of goal management training. Journal of the International Neuropsychological Society, [s. l.], v. 6, n. 3, p. 299-312, 2000.

LOSCHIAVO ALVARES, F. Q. et al. Tools for efficacy's assessment of neuropsychological rehabilitation programs. Clinical Neuropsychiatry, [s. l.], v. 8, n. 3, p. 1-11, 2011.

LOSCHIAVO ALVARES, F. Q. Manual de estratégias de reabilitação neuropsicológica para atenção, memória e funções executivas. Belo Horizonte: Artesã, 2021.

LOSCHIAVO ALVARES, F. Q. Manual para a aplicação dos core sets da Classificação Internacional de Funcionalidade (CIF) na reabilitação neuropsicológica dos transtornos psiquiátricos. Belo Horizonte: Artesã, 2020a.

LOSCHIAVO ALVARES, F. Q. Manual para a formulação clínica para a intervenção em reabilitação neuropsicológica. Belo Horizonte: Artesã, 2020b.

LOSCHIAVO ALVARES, F. Q.; WILSON, B. A. Reabilitação neuropsicológica nos transtornos psiquiátricos – da teoria à prática. Belo Horizonte: Artesã, 2020c.

LOSCHIAVO ALVARES, F. Q.; FISH, J.; WILSON, B. A. Applying the comprehensive model of neuropsychological rehabilitation to people with psychiatric conditions. Clinical Neuropsychiatry, [s. l.], v. 15, n. 2, p. 83-93, 2018.

LOSCHIAVO ALVARES, F. Q.; WILSON, B. A. Reabilitação neuropsicológica nos transtornos psiquiátricos: da teoria à prática. Belo Horizonte: Artesã, 2020.

LOSCHIAVO ALVARES, F. Q.; WILSON, B. A. The clinical formulation methodology for neuropsychological rehabilitation intervention: The comprehensive model, the cycle and the flow chart for the rehabilitator's reference. Global Journal of Medical Research Neurology & Nervous System, [s. l.], v. 21, n. 2, p. 1-11, 2021.

MATEOS-APARICIO, P.; RODRÍGUEZ-MORENO, A. The impact of studying brain plasticity. Frontiers in Cellular Neuroscience, [s. l.], v. 13, p. 66, 2019.

McCUTCHEON, R. A.; KEEFE, R. S. E.; McGUIRE, P. K. Cognitive impairment in schizophrenia: aetiology, pathophysiology, and treatment. Molecular Psychiatry, [s. l.], v. 28, p. 1902-1918, 2023.

MELO, R. M. de; HANNA, E. S.; CARMO, J. dos S. Ensino sem erro e aprendizagem de discriminação. Temas em Psicologia, Ribeirão Preto, v. 22, n. 1, p. 207-222, 2014.

PRIGATANO, G. Principles of neuropsychological rehabilitation. New York: Oxford University Press, 1999.

ROCCA, C. C. A. et al. Principais técnicas para estimular funções executivas. In: SERAFIM, A. P.; ROCCA, C. C. A.; GONÇALVES, P. D. Intervenções neuropsicológicas em saúde mental. São Paulo: Manole, 2020. p. 59-74.

ROYALL, D. R. et al. The cognitive correlates of functional status: A review from the Committee on Research of the American Neuropsychiatric Association. Journal of Neuropsychiatry Clinical Neuroscience, [s. l.], v. 19, n. 3, p. 249-265, 2007.

SOHLBERG, M. M.; MATEER, C. A. Reabilitação cognitiva: uma abordagem neuropsicológica integrada. 1. ed. Santos: Santos, 2011.

SONUGA-BARKE, E.; BITSAKOU, P.; THOMPSON, M. Beyond the dual pathway model: evidence for the dissociation of timing, inhibitory, and delay-related impairments in attention-deficit/hyperactivity disorder. Journal of the American Academy of Child & Adolescent Psychiatry, [s. l.], v. 49, n. 4, p. 345-355, 2010.

STAMENOVA, V.; LEVINE, B. Effectiveness of goal management training® in improving executive functions: A meta-analysis. Neuropsychological Rehabilitation, [s. l.], v. 29, n. 10, p. 1569-1599, 2019.

SUHAS, S.; RAO, N. P. Neurocognitive deficits in obsessive-compulsive disorder: A selective review. Indian Journal of Psychiatry, [s. l.], v. 61, sup. 1, p. S30-S36, 2019.

VELIKONJA, T.; FETT, A.; VELTHORST, E. Patterns of nonsocial and social cognitive functioning in adults with autism spectrum disorder: A systematic review and meta-analysis. JAMA Psychiatry, [s. l.], v. 76, n. 2, p. 135-151, 2019.

WARREN, S. L.; HELLER, W.; MILLER, G. A. The structure of executive dysfunction in depression and anxiety. Journal of Affective Disorders, [s. l.], v. 279, p. 208-216, 2021.

WEINREB, S.; LI, F.; KURTZ, M. M. A meta-analysis of social cognitive deficits in schizophrenia: Does world region matter? Schizophrenia Research, [s. l.], v. 243, p. 206-213, 2022.

WILSON, B. A. et al. Neuropsychological rehabilitation: theories, models, therapy and outcome. Cambridge: Cambridge University Press, 2009.

WILSON, B. A. Toward a comprehensive model of cognitive rehabilitation. Neuropsychological Rehabilitation, [s. l.], v. 12, n. 2, p. 97-110, 2002.

WILSON, B. Neuropsychological rehabilitation: theory and practice. Lisse: Swits & Zeitlinger, 2005.

WILSON, B. Theoretical approaches to cognitive rehabilitation. In: GOLDSTEIN, L. H.; MCNEIL, J. E. Clinical neuropsychology: a practical guide to assessment and management for clinicians. Chichester: Wiley, 2004.

WORTHINGTON, A.; WALLER, J. Rehabilitation of everyday living skills in the context of executive disorders. In: ODDY, M.; WORTHINGTON, A. (Eds.). The rehabilitation of executive disorders: a guide to theory and practice. Oxford: Oxford University Press, 2009. p. 195-210.

WYKES, T. et al. The CIRCuiTS study (implementation of cognitive remediation in early intervention services): Protocol for a randomised controlled trial. Trials, [s. l.], v. 19, n. 1, p. 183, 2018.

67 Alterações do Sono

Camila De Masi Teixeira Ferreira • Luan Batista Carvalho

Neuropsicologia e sono

Dicas de como ser mais produtivo, fazer mais e melhor em menos tempo são, com frequência, os ideais em nosso tempo. Celebridades pregam em livros e redes sociais conselhos que prometem uma verdadeira revolução para aqueles que se esforçam. Com isso, abdicar do descanso parece ser uma alternativa cada vez mais disponível para milhares de pessoas, apesar de os resultados dessa prática não alcançarem a promessa pretendida. Essa busca por cada vez mais em menos tempo parece negligenciar um dos aspectos vitais do funcionamento saudável do ser humano: o sono.

"Será que eu sofro de transtorno do déficit de atenção e hiperatividade (TDAH)?" Essa é uma das perguntas que todo neuropsicólogo clínico no Brasil ouve quase todos os dias em sua prática clínica. A abrangência e capilaridade de informações promovidas pela internet viabiliza que um número cada vez maior de pessoas busque ajuda; por outro lado, o neuropsicólogo brasileiro está realmente investigando todas as variáveis que possam interferir na qualidade de vida do paciente? Estaria o sono recebendo a devida atenção nas investigações? Almondes (2019) sinaliza a necessidade de que os neuropsicólogos no Brasil recebam treinamento adequado desde a formação, incluindo conhecimento sobre as etapas do sono normal, prejuízos funcionais em transtornos do sono, uso de instrumentos como escalas e questionários, além da correta interpretação de tais achados que possam ser integrados ao plano de tratamento do paciente. Caso não se sinta hábil o suficiente para essa demanda, esse capítulo foi feito para você.

O que é o sono?

Os principais estudiosos de sono o definem de forma comportamental como (1) estado reversível de desligamento perceptivo e ausência de resposta ao ambiente; (2) estado complexo no qual ocorrem alterações nos processos fisiológicos e comportamentais em comparação com a vigília; (3) estado fisiológico necessário, temporário, reversível e cíclico. Em suas diferentes fases, o sono permite adaptação de nosso organismo ao meio ambiente, incluindo o fisiológico, diferentes atividades metabólicas, pleno funcionamento do sistema imunológico, regulação emocional e correlação direta com funções cognitivas (Raphael; Pedemonte, 2021).

Da vigília para o sono: o papel do ciclo circadiano

Processos neurobiológicos estão diretamente vinculados ao adormecer. A passagem dos estados de sono para a vigília pode ser compreendida por meio da metáfora do "acionamento do interruptor". De acordo com esse modelo, redes neurais geradoras de sono e vigília são mutuamente inibitórias, de forma que quando as redes de sono estão ativas, elas inibem as redes de vigília e quando as redes de vigília estão ativas, inibem as redes de sono.

Um dos elementos-chave nesse processo é o sistema circadiano, que sincroniza processos fisiológicos internos ao ambiente externo (de acordo com as fases luz-escuridão). O marca-passo circadiano está localizado no núcleo supraquiasmático (NSQ) do hipotálamo. NSQ faz a sincronização com o ciclo luz-escuridão ambiental e organiza ritmos em outros tecidos centrais e periféricos por meio de uma variedade de mecanismos que incluem sinalização neural e hormonal, ritmos da temperatura corporal diária e regulação de 24 horas de comportamentos como alimentação e atividade locomotora.

Nesse sentido, o "interruptor de sono" é modulado pelo sistema circadiano interno de marcação do tempo, os quais são considerados importantes para estabilizar a mudança e promover o sono consolidado e a vigília. Já a transição da vigília para a primeira etapa do sono segundo Pace-Schot e Horbson (2002) está associada à inibição do sistema ativador reticular (SAR) e à dissociação tálamo-cortical mediada por meio do neurotransmissor GABA.

Arquitetura do sono

As fases do sono obedecem a padrões eletrofisiológicos, comportamentais e cognitivos para seu pleno funcionamento. A partir de padrões específicos de eletroencefalograma (EEG) associados ao sono, foram identificados dois grandes estados que vão alternando entre si ao longo da noite: a fase sem movimento rápido dos olhos (NREM; do inglês, *no rapid eye moviment*) e a fase com movimento rápido dos olhos (REM; do inglês, *rapid eye moviment*).

A maior parte do sono ocorre na fase NREM, cerca de 75 a 85%, enquanto 20 a 25% ocorre em fase REM, com uma pequena fatia de aproximadamente 5% à fase de vigília (Carlson; Buskist, 1997; Nolte, 2008). Conforme a Figura 67.1, é possível notar que, de forma geral, os ciclos

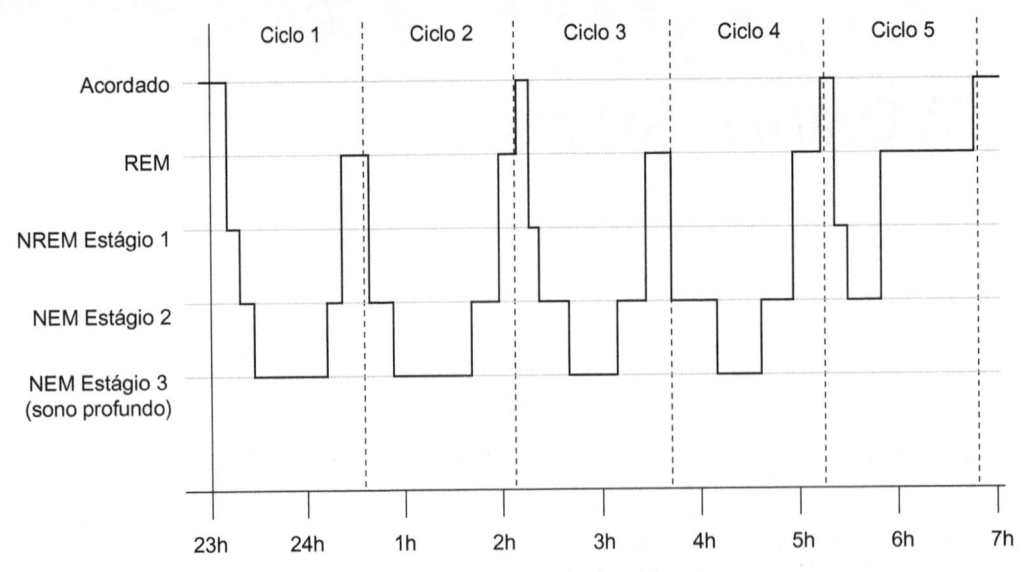

Figura 67.1 Hipnograma de sono normal.

podem ocorrer de modo alternado entre REM/NREM a cada 70 a 110 minutos, totalizando aproximadamente de 4 a 6 ciclos por noite.

O sono é iniciado na fase NREM, com o primeiro episódio ocorrendo em aproximadamente 90 minutos. O estágio N1 tem duração média entre 1 e 5 minutos, representando 5% do ciclo do sono. Nessa etapa, há maior propensão ao despertar, pois pode ser considerado um estágio transitório observado tipicamente no início do sono. Podem ser observadas também queda na temperatura do corpo e desaceleração dos batimentos cardíacos e da respiração (Paiva; Penzel, 2011).

O estágio N2 (NREM) consiste em um padrão intermediário antes de se estabelecer um sono profundo. Pode corresponder até 50% do sono total, com duração aproximada de 25 minutos no primeiro ciclo, crescendo nos demais. O relaxamento dos músculos é intensificado, com diminuição ainda maior da respiração, promovendo restauração física (Rodrigues, 2012).

O estágio N3 também é chamado de NREM profundo, apresenta duração média entre 20 e 40 minutos nos primeiros ciclos, ficando mais curto nas últimas etapas do sono. Aqui, ocorre o sono de ondas lentas (SOL), um sono profundo, podendo representar de 13 a 23% de todo o adormecer (Keenan; Hirshkowitz, 2011).

Próximo ao estágio REM, despertares breves podem ocorrer. Em seu curso, verifica-se atonia muscular quase total e movimentos oculares rápidos. A frequência cardíaca e respiratória aumenta (Nolte, 2008), com maior consumo de oxigénio, podendo essa taxa ser comparada com quando estamos acordados (Barker; Barasi; Neal, 2003). Há atividade onírica (Vincent, 2007), relacionada à atividade dos neurônios do sistema límbico e cortical (Pace-Schot; Horbson, 2002).

Cronotipo e duração do sono

O paciente pode apresentar alterações importantes de desempenho durante a avaliação neuropsicológica de acordo com o contexto de sua realização. Um dos fatores mais sensíveis é justamente quando e de que forma o cliente está respondendo à testagem. O cronotipo é a predisposição natural que cada indivíduo tem de sentir picos de energia ou cansaço, de acordo com a hora do dia. De acordo com Hörne e Ostberg (1976), há três principais manifestações:

Matutinos. Indivíduos cuja preferência é dormir e acordar cedo.

Intermediários. Tende à maioria da população, com predileção por horários nem tão cedo, nem tão tardios.

Vespertinos. Preferência por horários mais tardios para dormir, acordar e realizar suas atividades.

Imagine como ficaria a identificação do potencial máximo das habilidades de um paciente se o período em que ocorre a avaliação é justamente o horário em que ele apresenta menor disposição. Compreender o cronotipo do paciente é fundamental para ações práticas durante o exame neuropsicológico, incluindo a definição dos horários e da duração de cada atendimento. Não é recomendado que uma sessão de testagem ocorra antes das 7 horas da manhã ou após as 21 horas, checando se o paciente conseguiu dormir na noite anterior.

Já com relação à duração do sono, os indivíduos se apresentam em três grandes grupos: a) pequenos dormidores, cuja média de duração é de aproximadamente 5 horas; b) dormidores médios, cuja duração é de aproximadamente 6 a 8 horas; c) grandes dormidores, cuja média é de 9 a 10 horas de sono (Webb, 1979).

Sono e funcionamento cerebral e cognitivo em crianças e adultos

Como vimos, o sono está associado a uma variedade de alterações fisiológicas, incluindo respiração, função cardíaca, tônus muscular, temperatura, secreção hormonal e pressão sanguínea. Alterações no sono podem ocasionar prejuízos no metabolismo energético, em funções do sistema imunológico, no desempenho cognitivo e motor, no humor e na regulação do apetite. Problemas como insônia, transtornos do ritmo circadiano e pesadelos ocorrem com muita frequência em pacientes com doenças psiquiátricas. Até 63% dos pacientes diagnosticados referem perda de sono significativa em comparação a apenas 20% da população geral (Hu; Stylos-Allan; Walker, 2006). Esse é um dado alarmante que o profissional em neuropsicologia deve considerar, já que indivíduos com perturbação do sono relatam mais sintomas psiquiátricos que aqueles sem perturbações.

Sono e transtornos psiquiátricos

Crianças também apresentam prejuízos importantes em seu desenvolvimento caso sofram alterações no sono. O profissional deve verificar hábitos que incluam o uso de *smartphones* e televisão no quarto, jogos eletrônicos enquanto se está deitado na cama, além do próprio comportamento dos pais que possam influenciar a rotina de sono de seus filhos. Dados confirmam que a insônia aumentou o risco de desenvolver sintomas de transtorno de conduta, transtorno depressivo maior e fobia social, além de TDAH em crianças entre 4 e 6 anos (Steinsbekk; Wichstrom, 2015).

Em adultos, diversos estudos (McCall, C.; Shapiro; McCall, V., 2019) demonstram que a insônia não tratada aumenta a probabilidade de desenvolvimento de um novo transtorno psiquiátrico no ano seguinte, particularmente um transtorno depressivo maior (TDM) ou transtorno do pânico (TP). Em pacientes suscetíveis com transtorno afetivo bipolar, demonstrou-se que mesmo uma única noite sem sono pode precipitar sintomas hipomaníacos. Além de depressão, pânico e bipolaridade, o encurtamento da latência do estágio REM também está associado à anorexia nervosa, à esquizofrenia e ao transtorno de personalidade borderline.

Também é possível afirmar que a privação de sono pode aumentar a irritabilidade e a instabilidade afetiva. Segundo estudos coordenados por Yoo *et al.* (2007), a restrição do sono amplifica a atividade límbica, aumentando a reatividade da amígdala a estímulos negativos, associado à diminuição de conectividade com o córtex pré-frontal medial. Esse dado reforça o impacto clínico dos prejuízos associados a funções executivas (FE) em crianças, adolescentes e adultos – especialmente as funções de inibição de respostas e controle inibitório.

Nesse sentido, o conhecimento do profissional sobre as perturbações do sono específicas a cada doença psiquiátrica pode ser de extrema utilidade no processo diagnóstico e encaminhamento de intervenções específicas.

Sono no neurodesenvolvimento infantil

A sincronização rítmica condicionada pelos relógios biológicos que compõem o sistema circadiano é fundamental para o desenvolvimento normal, adquirindo especial destaque nos grupos de idade mais jovem. O sono inadequado tem um impacto negativo em diversos parâmetros biopsicossociais que interagem com o sistema nervoso central (SNC) e suas funções superiores, como cognição social, juízo crítico, consolidação de memórias, capacidade de aprendizagem e desempenho escolar.

O grande número de evidências hoje já aponta que alterações de sono na infância podem ser consideradas um marcador para o diagnóstico futuro de transtornos do neurodesenvolvimento (Cruz; Dubourg, 2021).

Sono e doenças neurodegenerativas

Vários estudos relatam uma associação entre o transtorno comportamental do sono REM com doenças neurodegenerativas, em particular as sinucleinopatias. Galbiati *et al.* (2019) conduziram uma revisão sistemática e metanalítica, encontrando como resultado que o risco de os pacientes com transtorno comportamental do sono REM desenvolverem doenças neurodegenerativas foi de 33,5% aos 5 anos de seguimento, 82,4% aos 10,5 anos e 96,6% aos 14 anos. A maioria dos pacientes com transtorno comportamental do sono REM converteu-se para a doença de Parkinson (43%), seguida pela demência com corpos de Lewy (25%).

Domínios cognitivos e sua relação com o sono

Atenção

É possível afirmar que há na ciência um amplo consenso de que o sono insuficiente leva a um abrandamento geral da velocidade de resposta e a um aumento da variabilidade no desempenho, em particular para medidas simples de estado de alerta, atenção e vigília. Os achados de Maire *et al.* (2018) reiteram a correlação de prejuízo no estado de vigília e na velocidade de processamento associados à desregulação do ritmo circadiano, além de um declínio dos recursos corticais. Outro dado relevante para a prática clínica é que tarefas monótonas podem piorar ainda mais a precisão de desempenho nos sujeitos que estão sofrendo privação de sono, em especial em relação à atenção sustentada (Banks; Dinges, 2007) e atenção dividida (Drummond; Gillin; Brown, 2001).

Na prática clínica, recomenda-se fazer as seguintes perguntas:

- As queixas do paciente sobre memória poderiam dizer mais sobre um possível prejuízo no processamento de informação?
- O paciente consegue identificar suas dificuldades atencionais? Quais estratégias foram desenvolvidas para se alcançar os resultados pretendidos?
- A dificuldade sinalizada como possível TDAH que leva muitos pacientes a uma avaliação neuropsicológica é acompanhada de níveis crônicos de privação de sono?

Memória

O acúmulo de evidências sugere que o sono não apenas protege passivamente as memórias de interferências, mas promove ativamente sua consolidação. Está bem estabelecido que o sono é fundamental na retenção de memórias declarativas e procedurais, sejam elas visuoespaciais, sejam elas verbais.

Kumral *et al.* (2023) recentemente apresentaram dados consistentes mostrando que alterações na fase 2 do sono NREM podem trazer maiores impactos na memória procedural em vez de na memória declarativa. Ao longo da vida, alterações no sono podem gerar prejuízos secundários em diferentes fases da vida. Utilizando ainda o exemplo anterior, a memória de procedimento é vital para o pleno neurodesenvolvimento de uma criança no processo de aprendizagem escolar, tal como a um idoso no manuseio de seu celular após uma breve atualização de *software*.

Na prática clínica, recomenda-se que, mesmo depois de testes, escalas e questionários, o profissional da neuropsicologia busque sinais de possíveis prejuízos que vão além do roteiro proposto pelos instrumentos utilizados na avaliação.

O inquérito pode ser complementado com as seguintes perguntas:

- Qual é o nível de satisfação com a própria memória de 0 a 10? (Assim o paciente poderá detalhar situações de dificuldade)
- Após receber instruções e comandos, é necessário repetição? (O clínico deve avaliar se o impacto está na fase de consolidação/armazenamento ou na evocação das informações)
- Há dificuldade para realizar atividades em que o paciente já estava habituado?
- Há dificuldade para aprender novas habilidades, como uma nova receita? Se sim, quais estratégias são utilizadas para se cumprir o objetivo pretendido?

Funções executivas

Considerando as FE como um grande esforço individual consciente e controlado para gerenciar diferentes processos cognitivos, emocionais e comportamentais visando a uma meta, é correto afirmar que alterações no sono podem prejudicar o desempenho nos testes e desfechos funcionais.

Autores como Olaithe e Bucks (2013) apresentam um estudo de revisão metanalítico fundamental a todos os neuropsicólogos. Os resultados indicam que pacientes com apneia obstrutiva no sono tendem a apresentar prejuízos em cinco principais domínios das FE: alternância, inibição, memória operacional, generalização e raciocínio fluido.

Na prática clínica, recomenda-se que o profissional considere que os testes disponíveis para avaliação das FE em território brasileiro podem não capturar 100% o processo cognitivo-alvo. Com frequência, pesquisas que avaliam o impacto do sono utilizam testes indisponíveis no Brasil, tais como *N-back task*, *Go/No-Go task* e *Stockings of Cambridge*. Nesse sentido, é importante considerar:

- O paciente reconhece suas dificuldades funcionais? (Especialmente para lidar com problemas complexos que podem requisitar as FE)
- Há sinais de apneia obstrutiva do sono? Já foi descartado diagnóstico médico relacionado?
- Há piora no desempenho funcional em semanas de piora na qualidade do sono?
- Quais estratégias funcionais o paciente já desenvolveu para contornar tais dificuldades?

Viés no processo avaliativo

Um dos papéis centrais da neuropsicologia clínica, especificamente a avaliação neuropsicológica, é permitir, ao final da investigação, encontrar dados que subsidiam uma análise funcional completa da vida do paciente naquele momento. Dentro desse escopo, é esperado que, além da interpretação dos testes, o profissional também possa confirmar ou refutar as hipóteses diagnósticas levantadas, além de subsidiar um plano de tratamento específico com as necessidades de cada sujeito. Entender as potencialidades da pessoa, seus pontos fortes e as maneiras possíveis de se adaptar funcionalmente ao contexto em que vive diferencia um profissional da neuropsicologia de um simples "testólogo".

Vimos até aqui como as alterações de sono influenciam diretamente o funcionamento do paciente, incluindo desde os níveis motores, cognitivos, comportamentais até a regulação emocional. Nesse sentido, o profissional deve manter-se sensível a essa variável, já que a privação de sono, pontual ou crônica, pode levar a resultados enviesados, aumentando o número de diagnósticos falso-positivos. Dessa forma, é possível afirmar que identificar o impacto do sono nas queixas que se apresentam na avaliação é uma habilidade fundamental em neuropsicologia, especificamente aos profissionais compromissados com uma avaliação que possa, ao final, indicar direções práticas que aumentam a funcionalidade e a qualidade de vida dos pacientes.

Alterações do sono em avaliação neuropsicológica

Historicamente, a relação entre sono e funcionamento cognitivo foi descrita com estudos e ensaios que envolveram amostras privadas de sono e referem importante impacto da privação do sono em desempenho cognitivo.

Sabendo que o sono insuficiente ou fragmentado promove alterações cognitivas, comportamentais e emocionais, e considerando que a neuropsicologia toma como objeto de avaliação ou intervenção essas variáveis, é fundamental que o sono dos indivíduos submetidos a esses processos seja considerado, avaliado e acompanhado, uma vez que:

1. Os procedimentos de avaliação neuropsicológica, em pacientes privados de sono, podem carregar um viés importante na interpretação de seus resultados e na atribuição de conclusões e diagnósticos, que, na grande maioria das vezes, apresentam certo grau de complexidade. Ou seja, responder à pergunta: "esse sintoma pode estar relacionado à privação de sono?", precisa ser parte fundamental da investigação.
2. Pacientes neurológicos têm com frequência distúrbios do sono comórbidos às suas doenças de base.
3. Já se conhece a necessidade da manutenção de sono saudável para pacientes com lesões adquiridas, o que aumenta o risco para o desenvolvimento de distúrbios do sono (Cai; Wang; Yang, 2021). A depender da fase do tratamento, pacientes que dormem bem apresentam prognósticos melhores na recuperação. Duss *et al.* (2018) descrevem, por exemplo, que pacientes acometidos por acidentes vasculares encefálicos (AVE) que mantiveram adequado sono de ondas lentas pós-lesão, apresentam menor risco de novos eventos vasculares, melhores desfechos em qualidade de vida e menor risco para transtornos psiquiátricos.

4. Pacientes submetidos a processos de terapia, reabilitação ou estimulação cognitiva que não dormem o suficiente ou não têm sono de boa qualidade têm impacto direto em seu funcionamento global, humor, processos motivacionais e cognitivos, o que não os beneficia nas intervenções, uma vez que são impactados de modo negativo em sua capacidade de aprendizagem motora e cognitiva, e pode torná-los menos engajados.
5. Crianças submetidas à avaliação ou intervenção neuropsicológica estão em franco neurodesenvolvimento, e já se sabe que o sono insuficiente pode eliciar ou potencializar sintomas ou dificuldades relacionadas à aprendizagem, socialização e cognição social, e inclusive aumentar padrões rígidos e repetitivos de comportamento.

Uma dessas cinco situações se encaixa à prática clínica do neuropsicólogo, e diante de tantos achados, não é mais possível em um processo potente de avaliação ou intervenção contentar-se apenas em questionar se o paciente "dorme bem" e contar que ele saiba o que isso significa para informar corretamente ao profissional.

As expressões "dormir bem" ou "dormir mal" escondem aspectos sérios relacionados à saúde, e o detalhamento em relação à investigação de sono de pacientes pode ser feito por meio do uso de ferramentas clínicas indispensáveis e disponíveis, na grande maioria das vezes, a todos os profissionais de saúde.

O que avaliar no sono

Neuropsicólogos especialistas em sono existem, mas são profissionais raros, uma vez que essa condição demanda duas especializações em áreas de atuação distintas. Por conta disso, faz-se necessário que neuropsicólogos em geral, que prestam atendimento à saúde, dominem parâmetros mínimos sobre sono para que sejam capazes de questionar, avaliar, criar hipóteses e encaminhar casos de maneira assertiva quando necessário.

Porque o sono é um dos pilares fundamentais de saúde e bem-estar, o neuropsicólogo que negligencia o sono de seus pacientes promove uma grande lacuna em sua atuação clínica e deixa de aproveitar uma grande oportunidade de prover a seus pacientes intervenção adequada.

A avaliação do sono dentro dos processos de avaliação e intervenção em neuropsicologia precisa ir além de apenas responder se há um distúrbio do sono presente no caso avaliado. Diagnósticos em doenças do sono dependem de conhecimento específico, que com frequência está restrito aos profissionais especialistas da área, e em algumas situações demandam avaliação médica e exames complementares.

Isso não exclui a necessidade de domínio sobre os manuais diagnósticos que orientam sobre doenças do sono, como a *Classificação Internacional de Distúrbios do Sono* (ICSD 3-TR) (American Academy of Sleep Medicine, 2023) e o *Manual diagnóstico e estatístico de transtornos mentais* (DSM-5-TR) (APA, 2022). Conhecer e consultar essas literaturas auxiliará o neuropsicólogo na criação de suas hipóteses e, mais do que isso, orientará sobre o que precisa ser questionado para além do "você dorme bem?".

Ir além dos diagnósticos significa investigar não só sintomas presentes, mas hábitos, comportamentos, pensamentos relacionados ao dormir, histórico em relação ao sono, mudanças de padrão e todos os fatores que podem influenciar nessas variáveis, como os exemplos a seguir.

Hábitos de sono. Horários de dormir, acordar e levantar; e duração do sono em dias úteis e finais de semana. Avaliar o tempo total de sono em relação à idade. Avaliar a latência para o início do sono e a presença de despertares.

Sonecas. tempo de cochilos durante o dia, lembrando que aos 5 anos, a maioria das crianças com sono adequado não terá mais essa necessidade. Em adultos, cochilos de no máximo 30 minutos no período da tarde demonstraram-se benéficos.

Higiene do sono. Hábitos do indivíduo e da família que envolvem o adormecer. Como se caracteriza a rotina de sono diária, como é o ambiente de sono e todos os rituais que envolvem o dormir.

Uso de eletrônicos. Quais dispositivos são utilizados, para quais fins, de que maneira, por quanto tempo e em quais ambientes.

Alimentação. Alimentação diurna e noturna; avaliar ingestão de estimulantes. Para crianças pequenas, avaliar questões relacionadas a aleitamento.

Uso de substâncias. Investigar frequência e quantidade de uso de álcool e outras substâncias.

Medicações em uso. Quais medicações, para quais fins e em quais doses estão prescritas. Importante saber que algumas medicações influenciam no sono.

Para que se tenha respostas, é fundamental que se saiba o que, como perguntar e qual o padrão esperado como saudável ou normal, para que, enfim, seja possível diferenciar prováveis distúrbios do sono (com ou sem alterações neurocognitivas) de quadros neuropsicológicos que envolvam impacto sobre o sono.

Os principais sinais e sintomas associados aos distúrbios do sono que podem estar presentes na população submetida à avaliação ou intervenção neuropsicológica (Barbusan; Santos; Motta, 2019) são apresentados na Tabela 67.1.

O raciocínio neuropsicológico envolve buscar por perfis neuropsicológicos que orientem conclusões sobre resultados encontrados nas testagens.

Como existem mais de 60 transtornos do sono catalogados na ICSD 3-TR, e no intuito de otimizar leitura e pesquisa, discorreremos sobre os mais prevalentes nas populações adulta e pediátrica.

Distúrbios do sono e a clínica neuropsicológica

Estima-se que mais de 60% da população brasileira adulta apresente algum distúrbio de sono. Considerando esse grande número e as comorbidades comumente avaliadas por neuropsicólogos, é fundamental que esses profissionais se familiarizem com as principais doenças do sono nessa população e que os impactos neurocognitivos que essas situações clínicas acarretam sejam considerados (Tabela 67.2).

Tabela 67.1 Sinais e sintomas associados aos distúrbios do sono.

Sintomas noturnos	Sintomas diurnos
Insônia	Sonolência excessiva diurna
Despertares noturnos	Obstrução nasal
Sono agitado/movimentado	Rinite alérgica
Movimento periódico de membros	Dificuldade de aprendizado
Andar durante o sono	Hiperatividade
Falar durante o sono	Falta de concentração
Alucinações hipnagógicas e hipnopômbicas	Irritabilidade, alterações de humor
Paralisia do sono	Retraimento social
Ronco	Comportamentos opositores
Respiração difícil	Enurese noturna
Apneia	Cefaleia matutina
Sudorese	
Dormir em posição estranha	
Respiração oral	
Ranger os dentes	
Estridor	

Fonte: Barbusan, Santos e Motta, 2019.

Tabela 67.2 Caracterização dos principais transtornos do sono e impactos neuropsicológicos (ICSD 3-TR, 2023).

Insônia
Dificuldade em iniciar ou manter o sono, associada a consequências diurnas. Comum ansiedade em relação ao sono. Pode ser inicial (início da noite), de manutenção (despertar ao meio da noite) ou de fim de noite (despertar precoce)
Importante diferenciar de indivíduos com má higiene do sono, com excessivo tempo de exposição ao leito de sono, ou curtos dormidores (que tem a necessidade de tempo total de sono menor que a média), além de outros distúrbios do sono
Caracterizada por altos níveis de hiperalerta, que dificultam o adormecer, e hábitos, pensamentos e emoções relacionadas ao sono que mantêm o ciclo da insônia. Pode estar presente em adultos e em crianças (nesse grupo, caracterizada por distúrbio de associação ou por falta de limites, sendo marcada pela resistência em relação ao sono)
Impactos neuropsicológicos: déficits em memória operacional, numérica, espacial e verbal. Pacientes que apresentam fenótipo de insônia de tempo de sono curto e em uso de medicamentos indutores de sono apresentam maiores déficits executivos e atencionais, principalmente os usuários de benzodiazepínicos (Bhargava, 2011; Castelnovo et al., 2023; Olaithe et al., 2021)
Distúrbios respiratórios do sono
Apneia obstrutiva do sono: caracterizada pelo estreitamento ou colabamento das vias respiratórias superiores durante o sono, com manutenção do esforço respiratório
Em adultos, pode haver queixa associada à sonolência, fadiga, insônia ou outros. O paciente com apneia relata acordar com falta de ar, ofegante ou com sensação de engasgo, e outro observador relata ronco habitual ou esporádico
Em crianças, são comuns queixas de sonolência, hiperatividade, problemas comportamentais ou de aprendizagem e outros problemas cognitivos. É possível notar ronco ou respiração difícil, paradoxal ou obstruída durante o sono da criança. Para o diagnóstico, é considerado, em polissonografia, o índice mínimo de 1 evento/hora, somado à dessaturação e à hipercapnia características. Importante diferenciar de ronco primário (apenas ronco, sem sintomas de apneia obstrutiva)
Impactos neuropsicológicos: déficits relacionados à atenção, memória, linguagem e capacidade psicomotora e perceptiva. Em crianças com apneia do sono, quadros que simulam TDAH podem ser observados (Li et al., 2022; Olaithe et al., 2018)
Distúrbios do ritmo circadiano
Há um desalinhamento entre o ritmo circadiano e o horário sono-vigília desejado ou exigido por um ambiente físico ou horários sociais/de trabalho do indivíduo
Na síndrome da fase atrasada do sono, os horários de dormir e acordar são mais tardios que o esperado, ao contrário da síndrome da fase adiantada do sono, em que os indivíduos dormem e acordam mais cedo do que a média. Esses pacientes também têm alterações nos ritmos de outras variáveis, como temperatura e melatonina. A perturbação do ritmo circadiano leva a sintomas de insônia, excesso de sonolência, ou ambos
Os distúrbios do ciclo sono-vigília causam sofrimento clinicamente significativo ou comprometimento mental, físico, social, ocupacional, educacional ou outras áreas importantes de funcionamento. Por conta de seu padrão circadiano, pacientes com atraso de fase do sono são mais atentos no final do dia, e pacientes com adiantamento de fase do sono tendem a estarem mais atentos no início do dia
Impactos neuropsicológicos: aumento na impulsividade, redução na velocidade de processamento e atenção em indivíduos privados de sono (comum no atraso de fase). Os déficits são maiores em indivíduos que apresentam ciclo sono-vigília irregular (McCarthy et al., 2023; Valdez, 2019)

(continua)

Tabela 67.2 Caracterização dos principais transtornos do sono e impactos neuropsicológicos (ICSD 3-TR, 2023). *(Continuação)*

Parassonias
São caracterizados por manifestações indesejadas que afetam o sistema motor e neurovegetativo nas transições entre fases de sono NREM, sono REM e vigília
Trata-se de uma heterogeneidade grande em sua apresentação. São divididas em distúrbios do despertar (sono NREM – sonambulismo, terror noturno, despertar confusional) e parassonias do SREM (transtorno comportamental do sono REM, pesadelos, paralisia do sono) e outras parassonias (p. ex., enurese noturna)
Apesar de grande parte das parassonias de sono NREM serem manifestações benignas, algumas mais comuns na infância, e com remissão esperada ao longo do desenvolvimento, elas podem ter um efeito fragmentador no sono. Por outro lado, privação de sono é um dos fatores precipitantes para a ocorrência dos episódios
Impactos neuropsicológicos: em pacientes com transtorno comportamental do sono REM, a gravidade do transtorno parece estar relacionada com o risco aumentado de mau desempenho cognitivo e humor depressivo (Figorilli *et al.*, 2023)
Hipersonolências de origem central
Nas narcolepsias, o indivíduo tem períodos diários de necessidade de dormir ou episódios de sono irreprimível durante o dia. Na hipersonia idiopática, há também uma necessidade de sono aumentada, com períodos de 12 a 14 horas de sono, habitualmente, mas não se contempla os critérios diagnósticos para a narcolepsia
Na narcolepsia tipo 1, há presença de cataplexia (perda súbita de tônus) ou diminuição nos níveis de hipocretina (um dos neurotransmissores reguladores da vigília e excitação). Na narcolepsia tipo 2, não há presença de cataplexia nem diminuição de hipocretina características. O diagnóstico por polissonografia, somado ao teste das múltiplas latências do sono é requerido para o diagnóstico de ambos os tipos
Nas narcolepsias, o indivíduo tem períodos diários de necessidade de dormir, ou episódios de sono irreprimível durante o dia. Na hipersonia idiopática, há também uma necessidade de sono aumentada, com períodos de 12 a 14 horas de sono, habitualmente, mas não se contempla os critérios diagnósticos para a narcolepsia. Na síndrome de Kleine-Lewin, estão presentes períodos de aumento do tempo total de sono e de sonolência que duram de 2 dias a semanas. Apenas durante os episódios podem estar presentes alterações cognitivas, perda inibitória de alguns comportamentos, desrealização e apatia
Impactos neuropsicológicos: em pacientes com narcolepsia tipo 1, foram verificados déficits atencionais, diminuição na velocidade de processamento e maior tempo de reação. Em pacientes pediátricos com narcolepsia tipo 1, comórbida a transtornos psiquiátricos, foram evidenciados déficits executivos (Hansen *et al.*, 2023; Medrano-Martinez; Peraita-Adrados, 2020)
Distúrbios do movimento relacionados ao sono
São caracterizados por sintomas simples, movimentos estereotipados que perturbam o sono ou seu início, com exceção da síndrome das pernas inquietas (SPI) em que os pacientes realizam caminhadas ou atividades para reduzir o desconforto nas pernas
SPI é caracterizada pela urgência de movimento das pernas, que surge ou piora ao anoitecer, causada por sensação desagradável, que piora no repouso, melhora no movimento e causa prejuízo de várias ordens
A doença do movimento periódico de membros (DMPM) é caracterizada por movimentos repetitivos e estereotipados durante a noite. Para caracterizar o transtorno, é necessário que em polissonografia apresente a média de 5 horas em crianças e 15 horas em adultos. Entre os transtornos de movimento estão também cãibras noturnas e bruxismo
Impactos neuropsicológicos: a associação entre SPI e TDAH é reconhecida na literatura em crianças (Cortese *et al.*, 2005; Silvestri *et al.*, 2009)

É importante salientar que todos os transtornos do sono acarretam prejuízos psicológicos, cognitivos e funcionais devido à privação de sono, que pode estar relacionada ao tempo insuficiente de sono, ao sono fragmentado ou de qualidade ruim.

Como avaliar o sono na avaliação neuropsicológica

Anamnese

O principal recurso para avaliação do sono dentro dos processos de avaliação neuropsicológica é a anamnese. Por meio dela, o neuropsicólogo vai coletar dados de identificação, história de vida, história dos sintomas e das doenças e todas as informações necessárias.

Com relação ao sono, o contato com o paciente por meio da anamnese semiestruturada permite que o profissional possa conhecer o histórico do padrão de sono e vigília ao longo da vida, os sintomas, o curso deles e as mudanças ao longo do tempo.

A anamnese tem como função permitir que o profissional, em posse do conhecimento dos manuais diagnósticos e dos dados ontológicos do paciente, possa abrir um leque das possibilidades diagnósticas e definir quais serão alvo de investigação ou intervenção, bem como avaliar se alterações no sono são sintomas ou são causa dos achados neuropsicológicos.

A anamnese do sono pode ser entendida como um capítulo à parte da anamnese convencional que o profissional costuma utilizar em neuropsicologia, e, por conta disso, os dados obtidos com ela serão "costurados" às outras informações coletadas. Recomendamos que o protocolo de investigação do sono aborde, minimamente:

Definição de queixa. Quando há uma queixa relacionada ao sono, ela deve ser caracterizada em relação à intensidade, à frequência e à duração. Questionar se é relacionada ao próprio paciente ou a alguém da família que impacta sobre seu sono.

Propomos aqui que o sono seja investigado dentro dos processos de avaliação neuropsicológica, mesmo que não haja uma queixa específica. Muitos pacientes apresentam hábitos inadequados e privam-se voluntariamente de sono, ou negligenciam sintomas importantes (como o ronco). Aqui, também devem ser avaliadas as crenças sobre o sono e as estratégias de enfrentamento.

História do sono. Histórico do padrão sono-vigília ao longo da vida, quais e como foram as mudanças e quais os prováveis desencadeantes. Avaliação de cronotipo.

Avaliação do padrão de sono atual. Questionar sobre ambiente de sono, horário em que o paciente vai para a cama, tempo para adormecer, horário de despertar e de sair da cama. Presença de despertares e a duração deles, quais atividades são desempenhadas ao longo do tempo desperto durante a noite e o grau de dificuldade para retomar o sono.

Questionar sobre cochilos diurnos e sua duração e se há diferença de padrão em períodos de férias ou finais de semana. Além disso, questionar sobre ronco, apneia, ou comportamentos anormais durante a noite.

Histórico pessoal e familiar. Questionar o histórico de saúde global, doenças e cirurgias anteriores. Atenção às comorbidades, aos transtornos de neurodesenvolvimento e aos transtornos neuropsiquiátricos. Histórico de medicações utilizadas e medicações em uso atual. Histórico de sono dos familiares (apneia, parassonias, insônia) e hábitos de sono da família.

Repercussões diurnas relacionadas com a queixa principal. Investigar quais os prejuízos sofridos em relação à queixa e como afetam o paciente. Alterações de humor, cansaço, fadiga, sonolência ao acordar ou ao longo do dia, diminuição na concentração e na atenção e queixas de memória.

Vida escolar, social e profissional. Questionar sobre o tipo de trabalho desempenhado, jornada, exposição à luminosidade e dispositivos eletrônicos e ambiente de trabalho. Avaliar questões acadêmicas e funcionais. Avaliar possíveis impactos sociais.

Escalas, questionários e diários do sono

Além da anamnese, diários do sono, escalas e questionários podem ser utilizados como métodos complementares de investigação e acompanhamento.

Há uma infinidade de instrumentos disponíveis, o que pode gerar dúvidas em relação a qual escolher e quando utilizar. Além disso, os instrumentos mensuram variáveis diferentes e muitos deles abordam aspectos do sono embasados na percepção subjetiva dos pacientes, o que pode ser muito interessante na avaliação de algumas condições, como a insônia (em que a avaliação do indivíduo sobre o próprio sono é fundamental para caracterizar a doença), e menos interessante em outras, como nos distúrbios respiratórios.

O uso desses instrumentos não se limita às opções apresentadas aqui, as mais comumente disponibilizadas na literatura do Brasil, e, portanto, mais utilizadas em nosso país.

Avaliação de qualidade do sono

O Índice de Qualidade de Sono de Pittsburgh (IQSP) (Buysse et al., 1989) consiste em um questionário em que, por meio de 19 itens, avalia sete domínios relacionados ao sono: qualidade subjetiva do sono, latência, duração, eficiência, distúrbio de sono, medicações e prejuízos diurnos, levando em conta o último mês. Há perguntas adicionais dirigidas a companheiros de quarto, que não contam pontos, mas são consideradas qualitativamente.

Com pontuação de 0 a 21 pontos, é capaz de diferenciar bons de maus dormidores (0 a 4 = bons dormidores, > 5 = qualidade de sono ruim, > 10 = distúrbio de sono) (Bertolazi et al., 2011), em população adolescente, adulta e idosa.

Avaliação de sonolência excessiva diurna

O instrumento amplamente utilizado para avaliação de sonolência excessiva diurna (SED) persistente em adultos é a Escala de Sonolência de Epworth (Bertolazi et al., 2009; Johns, 1991). Por meio da avaliação sobre a chance de cochilar em oito situações (avaliada de 0 a 3), totaliza a pontuação de 0 a 24, em que pontuação superior a 10 aponta para um grau importante de SED (Tabela 67.3).

Para a avaliação de SED em crianças, há uma versão adaptada da Escala de Sonolência de Epworth, além da Escala Pediátrica de Sonolência Diurna (PDSS; do inglês, *Pediatric Daytime Sleepiness Scale*) (Drake et al., 2003; Felden et al., 2015), que é composta de oito questões, com pontuação em escala Likert (de 0 a 4).

Avaliação cognitiva relacionada ao sono

Intervenções cognitivas e comportamentais são parte do tratamento aos distúrbios do sono. Com relação à insônia, pensamentos e crenças relacionadas ao dormir, somadas

Tabela 67.3 Escala de Sonolência de Epworth.

Nome:				
Data:				
Idade (anos):				
Qual a probabilidade de você cochilar ou dormir, e não apenas se sentir cansado, nas seguintes situações?				
Considere o modo de vida que você tem levado. Mesmo que você não tenha feito algumas destas coisas recentemente, tente imaginar como elas o afetariam. Escolha o número mais apropriado para responder cada questão. 0 = nunca cochilaria 1 = pequena probabilidade de cochilar 2 = probabilidade média de cochilar 3 = grande probabilidade de cochilar				

Situação	Probabilidade de cochilar			
Sentado e lendo	0	1	2	3
Assistindo à TV	0	1	2	3
Sentado, quieto, em um lugar público (p. ex., em um teatro, reunião ou palestra)	0	1	2	3
Locomovendo-se de carro por 1 hora sem parar, como passageiro	0	1	2	3
Sentado, quieto, após o almoço sem bebida de álcool	0	1	2	3
Em um carro parado no trânsito por alguns minutos	0	1	2	3

Fonte: Bertolazi et al., 2009.

aos comportamentos disfuncionais relacionados ao sono são objetos principais de intervenção, uma vez que são os fatores perpetuadores da doença.

Com isso, avaliar as distorções cognitivas relacionadas ao sono pode ser fundamental para o manejo desses pacientes, bem como contribui para uma formulação cognitiva eficiente.

A Escala de Crenças e Atitudes Disfuncionais sobre o Sono (ECAS) foi criada por Morin (1994). A versão original conta com 30 frases a serem classificadas em uma escala de 0 a 100 em relação às próprias crenças.

Na literatura internacional, foram validadas versões reduzidas e a ECAS-10 (com 10 itens) demonstrou ser sensível em identificar crenças sobre as consequências negativas da insônia em curto e longo prazo, além de crenças sobre a necessidade de controlar a insônia.

Há uma versão adaptada para o português, sem validação estatística, realizada pela equipe do Instituto do Sono, em São Paulo (Conway, 2019).

Avaliação de distúrbios do sono

Existem muitos instrumentos validados e em processo de tradução e validação para a população brasileira. Na população adulta, esses instrumentos geralmente são divididos em função das patologias ou dos sintomas que se deseja avaliar.

Para crianças, também há uma grande variedade de instrumentos específicos, mas ainda mais instrumentos que avaliarão de forma mais abrangente as variáveis relacionadas ao sono, como a Escala de Distúrbios do Sono para Crianças (Bruni, 1996; Ferreira et al., 2009), que compreende 27 questões, em escala Likert de 1 (nunca) a 5 (sempre) que avaliarão padrões comportamentais relacionados ao sono de crianças de 3 a 18 anos.

Avaliação de insônia

O Índice de Gravidade de Insônia (IGI) é uma escala que avalia sintomas de insônia, além das consequências e do grau de preocupação causados por ela (Tabela 67.4). Compreende sete itens, aferidos em escala Likert de 0 a 4 pontos, que somados, totalizam até 28 pontos. Apresenta ponto de corte de 7 para a presença de sintomas de insônia e de 15 para insônia com importância clínica (Castro, 2011).

Avaliação de distúrbios respiratórios

Os dois instrumentos mais utilizados na literatura para avaliação de apneia do sono em população adulta têm tradução para o português. São o Questionário de Berlim (Vaz et al., 2011) e o Questionário Stop-Bang (Fonseca et al., 2016), o segundo tendo demonstrado maior sensibilidade e consistência.

O Questionário Stop-Bang relaciona sintomas de apneia obstrutiva do sono (ronco, fadiga, apneia e hipertensão arterial) a índices considerados como fatores de risco (índice de massa corporal, gênero, idade e circunferência de pescoço).

Avaliação de cronotipos

Há alguns instrumentos disponíveis para avaliação de ritmo circadiano. O Questionário de Cronotipo de Munique (QCM) avalia em função dos horários de uma série de questões que envolvem a rotina de sono-vigília, em dias de trabalho e finais de semana (Levandovski et al., 2011).

Tabela 67.4 Índice de Gravidade de Insônia (IGI).

1. Por favor, avalie a gravidade da sua insônia nas 2 últimas semanas, em relação a: (ESTIMULADA)					
1. a) Dificuldade em pegar no sono	Nenhuma	Leve	Moderada	Grave	Muito grave
1. b) Dificuldade em manter o sono	Nenhuma	Leve	Moderada	Grave	Muito grave
1. c) Problema de despertar muito cedo	Nenhuma	Leve	Moderada	Grave	Muito grave
2. Quanto você está satisfeito ou insatisfeito com o padrão atual de seu sono? (ESTIMULADA)					
Muito satisfeito		Satisfeito	Indiferente	Insatisfeito	Muito insatisfeito
3. Em que medida você considera que seu problema de sono interfere em suas atividades diurnas, por exemplo: fadiga diária, habilidade para trabalhar/executar atividades diárias, concentração, memória, humor etc.? (ESTIMULADA)					
Não interfere		Interfere um pouco	Interfere de algum modo	Interfere muito	Interfere extremamente
4. Quanto você acha que os outros percebem que seu problema de sono atrapalha sua qualidade de vida? (ESTIMULADA)					
Não percebem		Percebem um pouco	Percebem de algum modo	Percebem muito	Percebem extremamente
5. O quanto você está preocupado/estressado com seu problema de sono? (ESTIMULADA)					
Não estou preocupado		Um pouco preocupado	De algum modo preocupado	Muito preocupado	Extremamente preocupado

Adaptada de Castro, 2011.

Diários do sono

São registros que precisam ser realizados por um período (1 semana, 15 dias ou mais) para que se possa entender graficamente a rotina de sono de um indivíduo. Existem diversos modelos disponíveis de diários para pacientes adultos e crianças (preenchidos pelos pais). O ideal é que seja preenchido o resumo da noite anterior ao acordar.

Identificar os horários em que se deita na cama, quando o sono foi iniciado, possíveis interrupções, horário do despertar e horário em que o paciente se levantou podem ser relatados pelo paciente de maneira enviesada. Sob níveis elevados de estresse, o clínico pode ouvir algo como: "eu nunca consigo dormir bem" ou "essa noite eu não dormi nada". Frases como "nunca, sempre, tenho que, toda vez que", podem sinalizar uma dificuldade de discriminação dos fatos. Nesse sentido, recomenda-se um registro consistente e detalhado dos horários.

Conforme a Figura 67.2, é oferecido ao paciente uma tabela na qual ele irá diariamente indicar o horário em que foi deitar (seta para baixo), o horário em que iniciou o sono (quadrados preenchidos), possíveis despertares (quadrados sem preenchimento) e horário em que se levantou da cama (seta para cima).

A utilização de aplicativos em dispositivos eletrônicos para o monitoramento do sono é comum na atualidade. No entanto, embora ajudem o usuário que se interessa pelo próprio sono a se automonitorar, eles não são confiáveis e validados como os métodos formais de avaliação, ao mesmo tempo que não favorecem a avaliação subjetiva do sono pelo paciente.

Inquérito com familiares

Distúrbios do sono podem afetar a vida não só do paciente, mas da família como um todo, e assim como para outras doenças, podemos observar padrões de acomodação familiar para os sintomas.

A entrevista com familiares para a investigação de sono muitas vezes não é entendida como uma estratégia adjuvante, mas como parte fundamental da investigação, uma vez que a família é quem "assiste" o paciente dormindo.

Principalmente com relação às alterações de comportamentos noturnos, como a presença de ronco, apneia ou movimentos "anormais" durante o sono (que podem estar associados a parassonias ou transtornos do movimento relacionados ao sono), o relato do familiar ou acompanhante é imprescindível. A coleta de dados com eles pode ser realizada via entrevista ou por questionários e escalas.

Muitas vezes, as famílias auxiliam a equipe médica com gravações de som e vídeo que facilitam a investigação, bem como muitas vezes são os familiares que vão aferir o grau de melhora ou piora diante das terapias, sejam elas medicamentosas, sejam elas cognitivo-comportamentais.

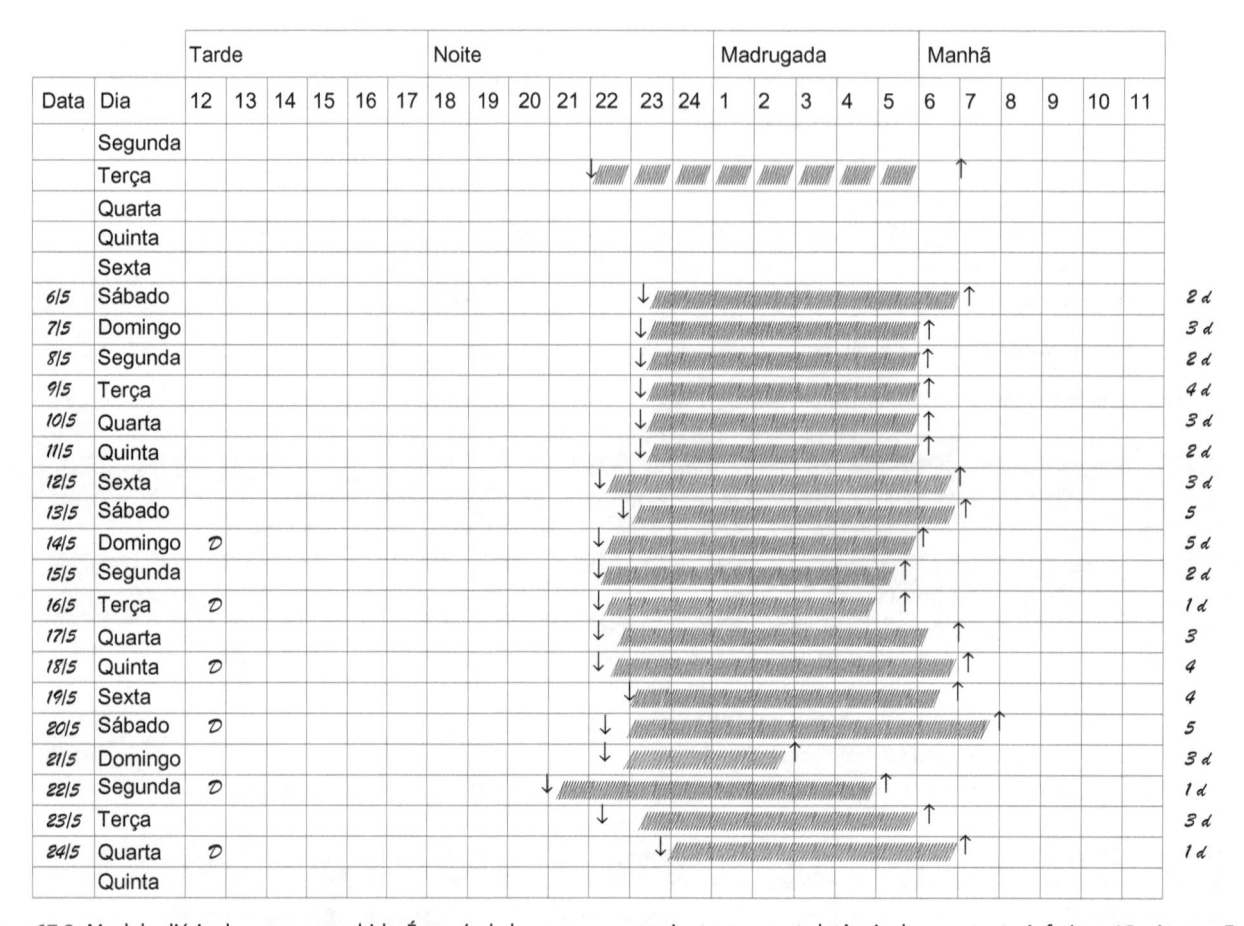

Figura 67.2 Modelo diário do sono preenchido. É possível observar que o paciente apresenta latência de sono curta, inferior a 15 minutos. Estão registrados os despertares com maior tempo para retomada do sono e, ao lado, despertares curtos, percebidos pelo paciente. Letras também são importantes para sinalizar uso de medicamentos ou eventos importantes no dia que podem influenciar no sono.

Exames

Exames específicos para avaliação do sono em geral são solicitados por médicos especialistas; portanto, os pacientes poderão ser submetidos a eles a partir do encaminhamento do neuropsicólogo. Alguns pacientes, porém, quando procuram por serviços de neuropsicologia, podem já ter realizado ao longo de sua história clínica exames específicos relacionados ao sono, os quais podem servir como pistas para um raciocínio clínico apurado.

Polissonografia

Método padrão-ouro para diagnóstico dos transtornos do sono, embora para alguns transtornos o diagnóstico seja essencialmente clínico.

O exame é realizado em laboratório específico, com técnico treinado, e compreende o monitoramento de uma noite de sono completa do paciente, em que são registrados parâmetros de EEG, eletro-oculograma, eletromiograma, eletrocardiograma (ECG), roncos, fluxo respiratório nasal e oral, esforço respiratório (tórax e abdome), oximetria, capnografia e posição do corpo, podendo acompanhar o registro em vídeo (utilizado principalmente no diagnóstico diferencial entre parassonias e crises epilépticas).

Com a combinação das informações advindas desses canais é possível avaliar aspectos de macroestrutura (sono REM e sono não REM) e microestrutura do sono.

Além desse tipo mais completo, denominado polissonografia tipo 1, atualmente dispõe-se de modelos mais simples, que podem ser realizados em domicílio.

O tipo 2 tem os mesmos canais do tipo 1, mas é realizado em domicílio e sem a supervisão de técnico. Os tipos 3 e 4 são mais simples, com menos canais, realizados em domicílio e utilizados exclusivamente para a avaliação de variáveis cardiorrespiratórias.

Teste das latências múltiplas do sono

É indicado para depois da noite em que foi realizada uma polissonografia.

Consiste em cinco oportunidades de adormecer (por 20 minutos), em que são avaliados o tempo de latência para o sono e a presença ou ausência de sono REM nesses episódios.

O teste das latências múltiplas do sono (TLMS) é utilizado na avaliação de sonolência excessiva diurna e principalmente no diagnóstico de narcolepsia, para o qual é obrigatório.

Pacientes com narcolepsia apresentam média de latência para o sono inferior a 8 minutos, e ao menos dois episódios de sono REM ao início do sono.

Actigrafia

Exame que tem como objetivo analisar o sono e o ritmo circadiano. É realizada com a colocação de um dispositivo chamado actígrafo, ou actímero, que tem formato de relógio, no braço não dominante do paciente.

Esse dispositivo vai registrar, pelo período estabelecido, a quantidade de atividade. Alguns modelos também medem variáveis fisiológicas e a exposição à luz.

Com isso, é possível visualizar graficamente o padrão de atividade e repouso do paciente, sendo uma ferramenta muito interessante no diagnóstico dos transtornos do sono, e no acompanhamento de intervenções comportamentais e cognitivas.

Integração dos resultados

Integrar os dados provenientes de todos os recursos que foram listados aqui é fundamental no manejo em neuropsicologia relacionada ao sono, uma vez que ao relacionar os dados qualitativos coletados por meio de questionários, escalas e diários com dados advindos de recursos objetivos, como exames, faz-se possível uma análise integrada e individualizada sobre os casos.

O raciocínio clínico, somado à utilização de testes que avaliam funções cognitivas, pode corroborar para a verificação dos impactos dos problemas de sono na cognição e no bem-estar psicológico geral.

Essa visão globalizada do paciente vai favorecer a intervenções personalizadas que sejam capazes de otimizar e melhorar tanto a qualidade do sono quanto a saúde neuropsicológica. Os casos descritos a seguir seguiram essas premissas.

Casos clínicos

Lesão adquirida e sono

P., 36 anos, procurou serviço de avaliação neuropsicológica 1 mês após AVE isquêmico na região talâmica esquerda ventromedial, com sequela documentada por ressonância magnética (RM), apresentando leve redução da ramificação no território da artéria cerebral posterior esquerda.

Após AVE, apresentou mudança no padrão sono-vigília, com necessidade de mais de 12 horas de sono noturno, além de sonolência excessiva diurna. As queixas, bem como os resultados da avaliação neuropsicológica, apontaram:

- Déficit em memória episódica, com dificuldade severa na modalidade verbal, em memorização e posterior evocação
- Dificuldade em fluência verbal, tanto na modalidade semântica como fonêmica
- Dificuldade em flexibilidade mental e controle inibitório
- Leves alterações em processos de cognição social, como percepção de subentendidos e gafes sociais
- Dificuldade em identificar os próprios sentimentos e estados emocionais e diminuição de volição e motivação
- Dificuldade importante no raciocínio aritmético

O paciente seguiu em processo de reabilitação neuropsicológica e a necessidade aumentada de horas de sono, bem como os efeitos da privação de sono na cognição e no desempenho dele nas sessões foram constantemente abordados.

Foi elucidada a necessidade de manutenção de boa higiene do sono, bem como ajuste da rotina familiar, para que ele pudesse cumprir de 8 a 10 horas de sono, minimamente. Mesmo assim, por conta de contingências sociais e de lazer, apresentou dificuldade na aquisição dessas rotinas de maneira sistemática.

Após 1 ano e meio, P. retomou as atividades profissionais, e foi sugerido o uso de metilfenidato, estratégia adotada muitas vezes para pacientes com quadros de hipersonolências.

O uso do psicoestimulante trouxe mais conforto, diminuiu a SED e promoveu maiores níveis de alerta e atenção.

Transtorno do espectro autista e sono

H., 27 anos, a mãe foi quem procurou inicialmente serviço de psicoterapia para o filho, com queixa de isolamento, desregulação emocional, discurso depreciativo e desesperançoso. Diante da entrevista inicial, levantou-se a necessidade de avaliação neuropsicológica.

Apresentou ao longo da vida uma série de interesses restritos ligados a desenhos, atividades de lazer, quadrinhos e *games*, além de hipersensibilidade sensorial, e que ele coleciona objetos com grande apego e tem muita rigidez na organização, na maneira de fazer as coisas e na rotina, tendo "seu tempo", demonstrando pouco ajustamento ao coletivo. Segundo a mãe, ele teve um desenvolvimento típico, tanto cognitivo como motor e físico, mas por volta dos 11 anos apresentou alteração de comportamento, retraimento e isolamento.

A mãe relata histórico de rompantes de raiva e de relacionamento de preferência com adultos na infância, sendo que em algumas situações, apresentava-se excessiva e exageradamente social, ao mesmo tempo que houve situações sociais em que ele não apresentou traquejo ou percepção sobre suas ações e o quanto elas impactavam os outros.

O desempenho escolar sempre foi muito adequado e H. sempre foi muito elogiado. O paciente afirma que sempre se sentiu diferente dos outros, que percebe que pensa sobre coisas que quase ninguém pensa, que tem dificuldade para interromper pensamentos obsessivos e memórias que insistem em se instalar mesmo que ele não tenha intenção.

Percebe dificuldade em interação com pessoas da mesma idade porque não compartilha interesses, e acha os assuntos delas sempre rasos e com os quais não adquire nada na troca social.

Apresentou padrão de ciclo sono-vigília totalmente desorganizado, persistente ao longo da história de vida e agravado por conta do isolamento, na total ausência de rotina, pela pandemia de covid-19.

Os resultados da avaliação neuropsicológica evidenciaram os diagnósticos de transtorno do espectro autista (TEA) nível 1 de suporte e superdotação (Quociente de Inteligência Total = 136; com intervalo de confiança de 95% entre 126 e 141).

Foi realizado diário do sono durante todo o processo da avaliação neuropsicológica, e após, durante o período de psicoterapia, em abordagem cognitivo-comportamental (Figura 67.3), que ainda segue.

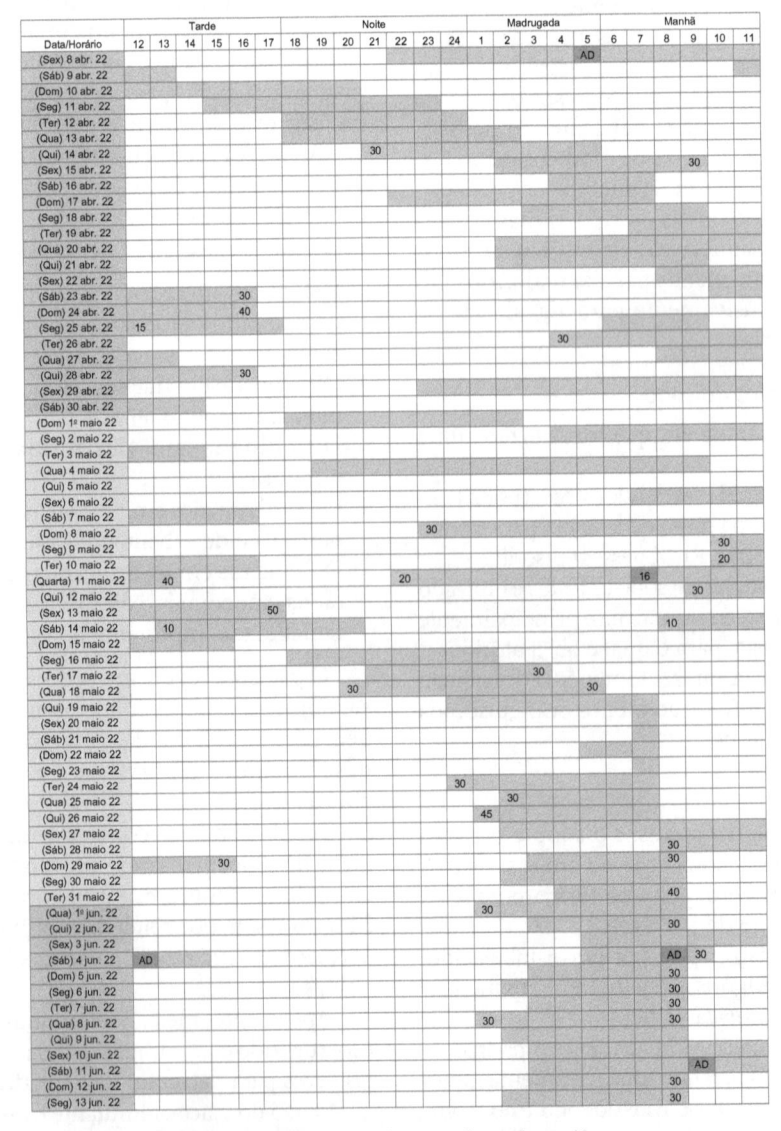

Figura 67.3 Diário do sono do paciente H.

Na primeira metade do diário do sono é possível verificar o ciclo de sono-vigília de livre curso, em que o paciente não apresenta uma organização que se repete ciclicamente ao longo dos dias. Essa condição é entendida como um transtorno do sono relacionado ao ritmo circadiano, o que, nesse caso, favorece a reflexão sobre o quanto questões que envolvem o sono estão presentes desde o início nos transtornos de neurodesenvolvimento, mesmo nos leves.

Na segunda metade do diário, é possível visualizar um padrão mais organizado de sono, uma vez que o paciente passou a trabalhar durante o período do dia, o que favoreceu a organização circadiana.

Mesmo assim, em alguns dias, o paciente ainda apresenta dificuldade para adormecer no horário esperado, e aos finais de semana, desorganiza-se facilmente, fazendo do sono ainda uma demanda no atual momento do processo de terapia.

Avaliação neuropsicológica interventiva

É importante que a anamnese contemple um inquérito (ainda que breve) sobre o sono. Mesmo que o paciente não traga nenhuma queixa ou possível correlação, o profissional deve questionar processos essenciais, como: qualidade do sono, efeito reparador, dificuldades para dormir, sintomas de insônia, apneia e até mesmo características do local onde se dorme. Caso sejam identificadas alterações no sono, seja crônica, seja aguda, não é necessário aguardar ao final da avaliação para que medidas interventivas sejam tomadas.

Nas primeiras sessões, o profissional pode (e deve) indicar medidas práticas, diminuindo as chances de uma investigação enviesada por alterações secundárias ao sono. Tais orientações ao longo das sessões buscam restabelecer o processo homeostático do sono, o que consequentemente tornará o resultado neuropsicológico mais preciso. Nessa perspectiva, o profissional familiarizado com as principais recomendações tem um importante aliado para exercer uma prática baseada em evidências.

Intervenções baseadas em evidências no sono

Competências e métodos empregados destacam a utilização de diversos recursos psicológicos, neuropsicológicos e comportamentais, além de técnicas voltadas para os aspectos fisiológicos. De forma mais precisa, os profissionais empregam uma variedade de abordagens comportamentais, psicológicas, fisiológicas e não farmacológicas, tanto abrangentes quanto específicas, para abordar problemas relacionados ao sono e transtornos associados.

A American Academy of Sleep Medicine (AASM) designou um grupo de especialistas em medicina e psicologia do sono para elaborar diretrizes e estabelecer critérios com base em uma análise abrangente da literatura e na avaliação das evidências, utilizando a metodologia *Grading of Recommendations Assessment, Development and Evaluation* (GRADE; em tradução livre, Classificação de Avaliação, Desenvolvimento e Avaliação de Recomendações). A equipe de especialistas avaliou, ao final da investigação, um grande resumo dos achados na literatura: 1) classificando a qualidade das evidências; 2) considerando cuidadosamente benefícios e riscos clinicamente relevantes; 3) levando em conta preferências e valores dos pacientes; 4) recursos necessários para seguir tais recomendações. As diretrizes finais foram aprovadas pelo conselho de administração da AASM e podem ser lidas na íntegra na publicação de Edinger *et al.* (2021).

Psicoeducação

Algumas estratégias de enfrentamento podem ser adotadas pelo paciente para melhorar o sono, mas apesar da boa intenção, o resultado dessas ações pode piorar ainda mais o quadro. Alguns mitos também podem ser fortalecidos, incluindo a ideia bastante comum que um adulto "sempre precisa de pelo menos 8 horas de sono". Afirmações categóricas como essa podem manter o paciente em um ciclo autoperpetuante e, nesse sentido, é de extrema importância fornecer informações práticas que o ajudem a compreender melhor o que pode funcionar.

A psicoeducação é um dos fatores principais para um processo de mudança cognitivo e comportamental, e, especificamente sobre o sono, é com a psicoeducação que podemos desenvolver um trabalho de prevenção e de conscientização em saúde.

A estrutura da psicoeducação deve contemplar um conjunto de informações relevantes à vida do paciente, o contexto em que está inserido, a atividade acadêmica/laboral exercida, as queixas apresentadas e os objetivos desejados. Não se trata de um informativo com um conjunto de regras que devem ser seguidas rigidamente, mas um apoio prático que aumenta a qualidade de vida de quem as recebe. Diferentes formatos podem ser adotados, incluindo cartilhas, leituras de apoio, vídeos *on-line*, orientações verbais e até mesmo orientações em grupo. De modo geral, na maioria dos casos, é abordado o que se apresenta na Tabela 67.5.

Higiene do sono

"Higiene do sono" é a expressão usada para designar um conjunto de regras e práticas que buscam preparar e treinar o organismo para o sono, objetivando que a pessoa acorde no dia seguinte com a sensação de que está descansada. Na prática, o profissional apresentará um conjunto de comportamentos, condições ambientais e fatores relacionados que podem ser ajustados. A expressão foi usada pela primeira vez por Peter Hauri (1933-2013), ao oferecer orientações para pacientes com insônia; suas orientações foram adaptadas ao longo dos últimos anos, conforme evolução das evidências científicas.

A higiene do sono pode ser entendida como um tratamento independente ou componente do tratamento multimodal. Cabe destacar que tais orientações devem ser realizadas considerando o contexto do paciente, mantendo a sensibilidade de realizar ajustes quando necessário. Tais recomendações podem ser compartilhadas de maneira individual ou coletiva, por meio de diferentes mídias (*folders*, vídeos, gravações), estimulando o paciente a "saber fazer" sobre a higiene do sono. Vejamos as principais recomendações para higiene do sono (Stepanski; Wyatt, 2003):

1. A pessoa deve dormir a quantidade de tempo para se sentir renovada no dia seguinte, mas não mais do que isso. Deve-se diminuir um pouco o tempo na cama para solidificar o sono; longos períodos na cama sem dormir devem ser evitados.

Tabela 67.5 Conteúdo de psicoeducação na intervenção em sono.

Tópico	Função da informação
Importância do sono	• Entendimento de que o sono não é negociável para alcançar níveis satisfatórios de saúde mental e qualidade de vida • Compreensão na relação direta do sono com aspectos biológicos do corpo, cognitivos e emocionais
Mitos e verdades	• Desmistifica estratégias populares sobre acordar cedo • Auxilia o paciente a discriminar seu cronotipo com ajuste de rotina • Entendimento de que dormir em qualquer lugar muito rapidamente pode ser um alerta e não algo positivo • Compreensão de que quantidade de sono não é qualidade de sono • Identifica que o ronco, apesar de parecer inofensivo, é um indicativo no quadro de apneia • Enfraquece estratégias como uso de álcool e TV para relaxar e, então, dormir
Compreensão da patologia	• Em parceria com outros profissionais da saúde, o paciente (e, em muitos casos, seus familiares) precisa compreender o quadro instaurado e os impactos na disposição física, na cognição e na regulação emocional • Aumenta as chances de o paciente aderir ao tratamento proposto com perspectivas do prognóstico • Constrói um senso de amparo: ao notar que outras pessoas também já passaram ou estão enfrentado a mesma situação (se possível, com exemplos da mídia local/nacional), desenvolve um senso de humanidade compartilhada
Rotina e fatores ambientais	• Discriminação de quais hábitos podem favorecer ou dificultar o sono • Auxilia na organização do ambiente que favorece o descanso • Informa sobre o impacto da exposição à luz na qualidade do sono • Informa sobre o impacto da alimentação no sono, auxiliando nas escolhas mais saudáveis
Higiene do sono	• Saber "fazer" é muito diferente de saber "sobre". Nesse sentido, o profissional se responsabiliza por compartilhar informações práticas com um passo a passo que o paciente pode realizar • Identifica possíveis obstáculos para a realização da higiene do sono, propondo ajustes que facilitem a adesão aos novos comportamentos

2. O horário regular de despertar pela manhã pode fortalecer o ciclo circadiano e finalmente levar a um despertar regular. Por isso, o ideal é levantar-se no mesmo horário todos os dias, incluindo fins de semana.
3. Uma quantidade diária constante de exercícios provavelmente aprofunda o sono a longo prazo, mas exercícios ocasionais não influenciam diretamente no sono durante a noite seguinte.
4. Se possível, deve-se regular a temperatura do quarto, observando como o corpo reage a um ambiente levemente mais frio. A atenuação do som no quarto pode ser aconselhável para a grande maioria das pessoas.
5. A fome pode perturbar o sono. Um lanche leve antes de dormir (em especial, leite morno ou bebida semelhante) parece ajudar. Recomenda-se evitar alimentos ricos em gordura, carboidrato e açúcar durante a noite.
6. Ocasionalmente, pode ser tomado um comprimido para dormir, o qual traz alívio imediato, mas o uso crônico de hipnóticos é ineficaz e altamente prejudicial se consumido sem acompanhamento médico.
7. Cafeína à noite perturba o sono, mesmo em pessoas saudáveis.
8. O álcool ajuda pessoas tensas a adormecer rapidamente, mas o sono que se segue é fragmentado. Por isso, deve-se evitar o álcool.
9. O tabaco pode gerar um alívio imediato, mas seu consumo (seja à noite ou durante o dia) pode prejudicar o sono.
10. Em vez de se esforçar cada vez mais para adormecer durante uma noite ruim, a pessoa deve acender a luz indireta e fazer outra atividade até que a vontade de adormecer volte.
11. Não se deve ler, assistir à TV ou trabalhar na cama.
12. Recomenda-se observar se o banho no período da noite desperta ou auxilia no relaxamento.
13. Deve-se determinar um período de aproximadamente 15 minutos por dia para pensar nas preocupações, isso pode ajudar a não se engajar na resolução de problemas quando estiver na cama.

Terapia cognitivo-comportamental

A terapia cognitivo-comportamental (TCC) é a terapia mais amplamente utilizada para transtornos do sono, pode ser realizada individualmente, em grupo, nos formatos *on-line* e presencialmente, envolvendo, nessa abordagem, dois componentes principais: cognitivo e comportamental.

O primeiro componente ensina o paciente a reconhecer e mudar pensamentos e pressupostos disfuncionais que prejudicam o sono. Para que esse processo ocorra, o criador da TCC, professor Aaron Beck (2013), postula que o profissional deve estimular a reestruturação cognitiva, já que, se o paciente mudar a maneira de pensar, poderá mudar a maneira como se sente e como se comporta.

A reestruturação cognitiva, em geral, começa com a identificação dos pensamentos e pressupostos disfuncionais, tais como "eu nunca consigo dormir" ou "eu só vou dormir de verdade se tomar um remédio". O apego excessivo a esses pressupostos pode deixar o paciente ainda mais preso em suas dificuldades no sono. Na sequência, é proposto uma busca por evidências, onde tais pensamentos e pressupostos são desafiados com base em uma avaliação objetiva, testando a realidade das previsões. Com isso, espera-se que o paciente consiga flexibilizar seus pensamentos automáticos por visões mais realistas e úteis ao seu contexto, incluindo até mesmo a habilidade de afirmações calmantes enquanto se prepara para dormir (Almondes; Pinto Júnior, 2016).

É importante destacar que essas três etapas da reestruturação cognitiva (identificar pensamentos automáticos, buscar evidências na realidade externa e flexibilizar pressupostos) são realizadas de maneira concomitante às estratégias comportamentais, alternando entre si, conforme o processo de intervenção.

Além de mudar a maneira como o paciente pensa sobre o sono, a TCC também funciona para mudar hábitos e comportamentos. Esse segundo componente da TCC, o comportamental, estimula o desenvolvimento de novas ações para que novos resultados sejam vivenciados, primordialmente hábitos relacionados ao sono.

O profissional que conduz um processo em TCC valoriza e capacita o indivíduo para assumir o controle de sua vida por meio de uma vasta gama de estratégias e técnicas específicas. É como se o terapeuta ensinasse o paciente a se tornar o próprio terapeuta, e, em relação ao sono, o objetivo é ensinar ao paciente o que precisa fazer e como precisa pensar quando as questões relacionadas ao sono estiverem presentes.

Beck (2013) afirma alguns princípios da TCC, incluindo:

- Ela se baseia em uma formulação em constante evolução
- Requer uma aliança terapêutica entre terapeuta e paciente
- É focada e orientada na solução de problemas
- Busca ser limitada no tempo de tratamento
- Apresenta métodos estruturados com exercícios e tarefas de casa
- Enfatiza o presente e, de forma educativa, ensina o paciente a não ter recaídas.

É possível afirmar que a TCC é a psicoterapia com o maior número de evidências científicas para tratar pessoas com transtornos do sono, incluindo, por exemplo, transtornos do ritmo circadiano vigília-sono, transtornos respiratórios como apneia, parassonias do sono NREM (sonambulismo e terror noturno), além de, claro, a insônia (Almondes, 2019). Cada um desses diferentes transtornos do sono tem protocolos de intervenções distintos, ainda que compartilhem processos transdiagnósticos em sua aplicabilidade clínica. Entre essas modalidades de intervenção, destaca-se o protocolo cognitivo comportamental para insônia ou TCC-I.

TCC-I

É um conjunto de técnicas cognitivas e comportamentais especialmente organizadas na estrutura de um protocolo de intervenção clínica voltado para pacientes que enfrentam dificuldades em alcançar a quantidade de sono necessária para acordar sentindo-se revitalizados. Embora a TCC-I em geral não proporcione uma solução instantânea, muitos programas relatam melhorias significativas nos padrões de sono após um ciclo de 5 a 8 sessões semanais. Em sua composição, destacam-se técnicas para controle de estímulos, relaxamento progressivo, restrição de sono, reestruturação cognitiva e intenção paradoxal.

Controle de estímulos

Fundamentado nos princípios do condicionamento clássico, em que a cama deve ser reservada exclusivamente para o sono, as orientações estabelecem a associação entre o ambiente do quarto e o início imediato do sono. Os comportamentos-alvo para os pacientes incluem:

1. Ir para a cama somente quando experimentar a sensação de sono.
2. Utilizar a cama exclusivamente para sono e atividade íntima (sendo essa a única exceção).
3. Se não adormecer após 20 minutos desde a primeira orientação, sair da cama, deixar o quarto e iniciar uma atividade monótona que promova relaxamento. Retornar à cama somente quando sentir sono novamente, repetindo o processo, conforme necessário.
4. Evitar leitura, assistir à televisão, trabalhar ou fazer refeições na cama.
5. Manter um horário de despertar e levantar-se consistente, incluindo fins de semana.
6. Abster-se de cochilos durante o dia.

Relaxamento progressivo

O foco não está em induzir o sono a curto prazo, devendo o paciente ter claro que o sucesso é reduzir o nível de excitação do corpo. Diferentes técnicas de respiração e relaxamento são utilizadas, destacando-se:

- Relaxamento muscular progressivo
- Respiração diafragmática
- *Mindfulness* com exercícios de imaginação guiada.

Ressalta-se que, especificamente nos exercícios de *mindfulness* (atenção plena), as técnicas também podem ser adotadas durante o dia para que o paciente se familiarize com a realização do objetivo central: reduzir a excitação. Aplicativos e áudios guiados podem ser úteis para que se habitue o passo a passo de cada uma delas, podendo, assim, ser realizados à noite com mais precisão.

Já o relaxamento progressivo ganha destaque e é amplamente utilizado pelos profissionais. Algumas variações podem ser realizadas, mas, de maneira geral, recomenda-se que o paciente: 1) encontre uma posição confortável e tire um minuto para respirar lenta e profundamente; 2) enquanto inspira, contraia um grupo muscular (p. ex., pés) por 5 a 10 segundos, expire e libere repentinamente a tensão nesse grupo muscular; 3) mantenha o relaxamento por 10 a 20 segundos e depois passe para o próximo grupo muscular (p. ex., panturrilha). Essa combinação de tensão muscular e relaxamento profundo intercalado pela respiração é realizada em todos os grupos musculares, com exceção dos ombros.

Restrição de sono

Diminui o período em que o paciente permanece acordado na cama, evitando sonecas, compelindo-o a permanecer acordado além do horário usual de dormir. Essa abordagem de privação de sono é altamente recomendada para criar e intensificar a sensação de fadiga na noite subsequente, o que também reforça a conexão entre a cama e o sono, em vez de associar a cama ao estado de estar acordado. Essa associação de cama e sono é de extrema relevância clínica, já que transtornos do sono podem gerar padrões cognitivos e comportamentais disfuncionais ao dormir.

Reestruturação cognitiva

Flexibilizar pensamentos automáticos disfuncionais pode ser desafiador, em especial no início do tratamento. Conforme mencionado anteriormente, o terapeuta estimula a flexibilidade cognitiva, isto é, faz com que o paciente desafie pensamentos e crenças relacionadas ao sono. O processo começa pela identificação dos pensamentos automáticos; na sequência, busca por evidências, questionando sua realidade e utilidade contextual, o que permitirá, por fim, conclusões mais realistas e saudáveis.

Por exemplo, em vez de: "eu tenho certeza de que vou demorar pelo menos 1 hora para dormir, vou ficar vendo TV porque preciso relaxar um pouco para dormir", com a reestruturação, o paciente pode chegar à seguinte conclusão: "eu não sei o que vai acontecer à noite, mas se eu usar as estratégias que aprendi, posso descansar melhor".

Intenção paradoxal

Os pacientes podem ser orientados a manterem-se acordados sem tentar adormecer. Essa estratégia pode ser empregada inclusive na cama, em especial naqueles casos em que foi identificada uma preocupação exagerada associada ao medo de não dormir (o que é frequente em pessoas com insônia crônica). O resultado esperado é, assim, reduzir a ansiedade antecipatória associada ao medo de tentar dormir e falhar mais uma vez.

Terapia de aceitação e compromisso

Além da TCC, a terapia de aceitação e compromisso (ACT; em inglês, *acceptance and commitment therapy* - pronunciada em inglês como "agir", e não como letras individuais) tem despertado cada vez mais interesse científico. Essa abordagem tem se demonstrado eficaz para tratar diversos transtornos mentais (Association for Contextual Behavioral Science, 2024) e muitos de seus princípios podem ser incorporados no tratamento de pessoas com sono, em especial na insônia (El Rafihi-Ferreira *et al.*, 2021).

A ACT é considerada a terceira geração da TCC que foi desenvolvida por Steven Hayes *et al.* na década de 1980. ACT "vê o sofrimento humano como originário da inflexibilidade psicológica promovida pela esquiva experiencial e fusão cognitiva" (Hayes *et al.*, 2010, p. 29).

Essa intervenção procura identificar a fusão do pensamento e a esquiva experiencial e, assim, ajudar os pacientes a desenvolver novos padrões comportamentais mais amplos e efetivos em direção a valores e ações que são importantes ou significativos para eles. ACT é caracterizada por seis conceitos que promovem a flexibilidade psicológica incluindo:

Aceitação. De pensamentos ou sentimentos desagradáveis de um modo contra o qual não se luta, mas, pelo contrário, cria-se espaço para desconfortos, incluindo a vontade de dormir ou o medo de não conseguir dormir.

Desfusão cognitiva. Envolve observar pensamentos sem julgamento e notá-los somente como pensamentos.

Contato com o presente. Discriminação dos estímulos privados (ideias, memórias, sensações, emoções, pensamentos), por meio de *mindfulness*.

***Self* como contexto.** Paciente observa a experiência de acordo com a situação e o momento da vida (em contexto), gerando uma visão semelhante à de um expectador.

Compromisso. Comportamento em direção àquilo que é importante para a pessoa. Pode-se considerar como um paralelo todos os hábitos, desde a higiene do sono até manter os registros do diário do sono.

Valores. Conjunto de comportamentos, atitudes e escolhas que promovem uma experiência significativa; por exemplo: considerando-se uma pessoa com insônia, que valoriza o relacionamento com sua família, tratar o sono é uma forma também de exercer o relacionamento com sua família, já que terá mais disposição para viver momentos significativos junto a ela.

Estudos e revisões metanalíticas (Salari *et al.*, 2020) indicam que a ACT tem um efeito significativo na insônia primária, na insônia comórbida a outras condições psiquiátricas, e na qualidade do sono. Portanto, pode ser utilizada como um método de tratamento adequado para controlar e melhorar a insônia, em especial aos pacientes que não alcançarem resultados satisfatórios com a TCC-I.

Encaminhamento e intervenção multidisciplinar

O profissional da neuropsicologia deve considerar que, além de encaminhar o paciente para um psicoterapeuta especializado em sono, deve também considerar um encaminhamento para avaliação médica. Existem casos em que esses conjuntos de técnicas da TCC e da ACT, mesmo que realizadas com perícia, não criam o efeito esperado.

O tratamento farmacológico pode ser essencial até mesmo para que o paciente tenha condições de realizar as técnicas da psicoterapia conforme o esperado. Essa modalidade de intervenção combinada de medicação e psicoterapia pode ser essencial para casos crônicos e/ou aqueles que envolvem comorbidades.

Nesse sentido, profissionais de neurologia e psiquiatria viabilizam um apoio diagnóstico de outras condições clínicas que afetam o sono, incluindo histórico de lesões cerebrais, AVE e condições psiquiátricas.

Padrões de alimentação inadequados e sedentarismo podem intensificar queixas associadas ao sono. Caso identificadas no processo de avaliação, elas também devem ser endereçadas para que o paciente mude seu estilo de vida, podendo contar com o suporte de educadores físicos, programações de emagrecimento, academias e nutricionistas.

Intervenções sobre o sono infantil

Diversos elementos influenciam a qualidade do sono em bebês e crianças, exigindo que os responsáveis estejam cientes da distinção entre suas expectativas e a realidade praticável e comum para a maioria das crianças. Enquanto muitos cuidadores esperam que um sono de qualidade signifique uma noite ininterrupta ou "dormir a noite toda", é crucial esclarecer que a definição de qualidade do sono é mais abrangente. Deve envolver não apenas a quantidade de tempo dedicada ao sono, mas também condições do entrono, eventos relacionados ao sono, relação da criança e da família com o ato de dormir, presença de um sono restaurador e ausência de quaisquer repercussões diurnas, como mudanças comportamentais, cognitivas, humorais, sonolência diurna e padrões de evitação relacionados ao sono.

Práticas de higiene do sono são destacadas como elementos protetores contra distúrbios do sono na infância, visando estabelecer hábitos de sono saudáveis por meio de comportamentos e informações específicas para a construção de uma rotina de sono adequada.

Embora as diretrizes de higiene do sono possam ser aplicáveis à maioria das famílias, é essencial ressaltar que a rotina de sono está vinculada a fatores socioculturais. Portanto, aspectos como horários e métodos para adormecer (p. ex., fazer isso sozinho ou acompanhado, compartilhar a cama ou não) serão influenciados por esses fatores.

Outro aspecto crucial que afeta a rotina de sono são os elementos psicológicos e emocionais dentro da dinâmica familiar. Nesse contexto, quanto mais estáveis e seguras forem as relações das crianças em seu ambiente, maior será a probabilidade de adquirirem autonomia para realizar ações, tomar decisões e agir de maneira funcional nas atividades diárias, incluindo o ato de adormecer. Profissionais envolvidos no cuidado de bebês, mães e famílias devem estar cientes dos princípios de higiene do sono e capacitados para adaptá-los à realidade, aos desejos e às necessidades de cada grupo atendido (Teixeira, 2021).

É importante lembrar que, com diferentes protocolos e técnicas já disponíveis em português para o tratamento do sono, talvez o maior desafio do profissional de neuropsicologia seja identificar nas primeiras sessões de avaliação a qualidade do sono do paciente.

Muitas vezes o desconhecimento da importância do sono passa despercebido e, com isso, uma parte vital da saúde mental deixa de ser incluída no plano de tratamento.

Considerações finais

Vimos, neste capítulo, a importância de passar por todas as fases do sono e os impactos que alterações podem acarretar no nível físico, cognitivo e comportamental e na regulação das emoções.

Foi possível conhecer algumas das principais escalas de rastreio utilizadas na clínica para incorporar uma investigação sistematizada do sono. Discutimos que mudanças no estilo de vida e hábitos do sono precisam ser realizadas imediatamente, em vez de esperar até o final da avaliação para que o paciente receba as recomendações.

Ainda que a ACT venha ganhando cada vez mais espaço, a TCC ainda é a psicoterapia com o maior número de evidências científicas para tratar pacientes com diferentes transtornos do sono.

Vimos também que, muitas vezes, a alteração do sono pode ser um resultado secundário a outras condições clínicas, e, nesse sentido, o trabalho multidisciplinar com psiquiatras, neurologistas e médicos do sono é fundamental tanto para o apoio diagnóstico como para o tratamento embasado nas necessidades individuais daquele que procura ajuda.

Referências bibliográficas

ALMONDES, K. M. Como avaliar em neuropsicologia do sono: neuropsicologia na prática clínica. São Paulo: Pearson Clinical Brasil, 2019.

ALMONDES K. M.; PINTO JÚNIOR, L. P. (org.). Terapia cognitivo-comportamental para os transtornos de sono. Curitiba: CRV, 2016.

AMERICAN ACADEMY OF SLEEP MEDICINE. International classification of sleep disorders: diagnostic and coding manual. 3. ed. rev. Darien, IL: AASM, 2023.

AMERICAN PSYCHIATRIC ASSOCIATION (APA). Manual diagnóstico e estatístico de transtornos mentais – DSM-5 – texto revisado. 5. ed. Porto Alegre: Artmed, 2022. ASSOCIATION FOR CONTEXTUAL BEHAVIORAL SCIENCE. State of the ACT evidence. Jenison: ACBS, [2024]. Disponível em: https://contextualscience.org/state_of_the_act_evidence. Acesso em: 30 abr. 2024.

BANKS, S.; DINGES, D. F. Behavioral and physiological consequences of sleep restriction. Journal of Clinical Sleep Medicine, [s. l.], v. 3, n. 5, p. 519-528, 2007.

BARBUSAN, B. N.; SANTOS, C. F.; MOTTA, E. H. G. Medicina do sono: atualizações pediátricas. Rio de Janeiro: Atheneu, 2019.

BARKER, R.; BARASI, S.; NEAL, M. O sistema autônomo, límbico e do tronco cerebral e a sua plasticidade. Lisboa: Instituto Piaget, 2003.

BECK, J. S. Terapia cognitivo-comportamental: teoria e prática. Tradução: Sandra Mallmann da Rosa. 2. ed. Porto Alegre: Artmed, 2013.

BERTOLAZI, A. N. et al. Validação da escala de sonolência de Epworth em português para uso no Brasil. Jornal Brasileiro de Pneumologia, São Paulo, v. 35, n. 9, p. 877-883, 2009.

BERTOLAZI, A. N. et al. Validation of the Brazilian Portuguese version of the Pittsburgh Sleep Quality Index. Sleep Medicine, [s. l.], v. 12, n. 1, p. 70-75, 2011.

BHARGAVA, S. Diagnosis and management of common sleep problems in children. Pediatrics in Review, [s. l.], v. 32, n. 3, p. 91-99, 2011.

BRUNI, O. et al. The sleep disturbance scale for children (SDSC). Construction and validation of an instrument to evaluate sleep disturbances in childhood and adolescence. Journal of Sleep Research, [s. l.], v. 5, n. 4, p. 251-261, 1996.

BUYSSE, D. J. et al. The Pittsburgh Sleep Quality Index: A new instrument for psychiatric practice and research. Psychiatry Research, [s. l.], v. 28, n. 2, p. 193-213, 1989.

CAI, H.; WANG, X. P.; YANG, G. Y. Sleep disorders in stroke: An update on management. Aging and Disease, [s. l.], v. 12, n. 2, p. 570-585, 2021.

CARLSON, N.; BUSKIST, W. Consciousness. In: CARLSON, N.; BUSKIST, W. The science of behavior. 5. ed. Boston: Allyn and Bacon, 1997.

CASTELNOVO, A. et al. Electrophysiological and neuropsychological indices of cognitive dysfunction in patients with chronic insomnia and severe benzodiazepine use disorder. Brain Sciences, [s. l.], v. 13, n. 3, p. 375, 2023.

CASTRO, L. S. Adaptação e validação do índice de gravidade de insônia (IGI): Caracterização populacional, valores normativos e aspectos associados. Dissertação (Mestrado) – Escola Paulista de Medicina, Universidade Federal de São Paulo, São Paulo, 2011.

CONWAY, S. G. Diários e escalas. In: PINTO JUNIOR, L. R (coord.). Manual de métodos diagnósticos em medicina do sono. São Paulo: Atheneu, 2019. p. 21-60.

CORTESE, S. et al. Restless legs syndrome and attention-deficit/hyperactivity disorder: A review of the literature. Sleep, [s. l.], v. 28, n. 8, p. 1007-1013, 2005.

CRUZ, M. M.; DUBOURG, F. Aspectos cronobiológicos e do sono associados ao neurodesenvolvimento e desempenho escolar em idade pediátrica. Revista Multidisciplinar, [s. l.], v. 3, n. 2, p. 75-81, 2021.

DRAKE, C. et al. The pediatric daytime sleepiness scale (PDSS): Sleep habits and school outcomes in middle-school children. Sleep, [s. l.], v. 26, n. 4, p. 455-458, 2003.

DRUMMOND, S. P.; GILLIN, J. C.; BROWN, G. G. Increased cerebral response during a divided attention task following sleep deprivation. Journal of Sleep Research, [s. l.], v. 10, n. 2, p. 85-92, 2001.

DUSS, S. B. et al. Sleep-wake disorders in stroke-increased stroke risk and deteriorated recovery? An evaluation on the necessity for prevention and treatment. Current Neurology and Neuroscience Reports, [s. l.], v. 18, n. 10, p. 72, 2018.

EDINGER, J. D. et al. Behavioral and psychological treatments for chronic insomnia disorder in adults: an American Academy of Sleep Medicine clinical practice guideline. Journal of Clinical Sleep Medicine, [s. l.], v. 17, n. 2, p. 255-262, 2021.

EL RAFIHI-FERREIRA, R. et al. Acceptance and commitment therapy-based behavioral intervention for insomnia: a pilot randomized controlled trial. Revista Brasileira de Psiquiatria, São Paulo, v. 43, n. 5, p. 504-509, 2021.

FELDEN, É. P. et al. Translation and validation of the Pediatric Daytime Sleepiness Scale (PDSS) into Brazilian Portuguese. Jornal de Pediatria, Porto Alegre, v. 92, n. 2, p. 168-173, 2016.

FERREIRA, V. R. et al. Sleep disturbance scale for children: translation, cultural adaptation, and validation. Sleep Medicine, [s. l.], v. 10, n. 4, p. 457-463, 2009.

FIGORILLI, M. et al. Severity of REM sleep without atonia correlates with measures of cognitive impairment and depressive symptoms in REM sleep behaviour disorder. Journal of Sleep Research, [s. l.], v. 32, n. 5, 2023.

FONSECA, L. B. et al. Stop-Bang questionnaire: translation to Portuguese and cross-cultural adaptation for use in Brazil. Jornal Brasileiro de Pneumologia, São Paulo, v. 42, n. 4, p. 266-272, 2016.

GALBIATI, A. et al. The risk of neurodegeneration in REM sleep behavior disorder: A systematic review and meta-analysis of longitudinal studies. Sleep Medicine Reviews, [s. l.], n. 43, p. 37-46, 2019.

HANSEN, B. H. et al. Associations between psychiatric comorbid disorders and executive dysfunctions in hypocretin-1 deficient pediatric narcolepsy type1. Sleep Medicine, [s. l.], n. 109, p. 149-157, 2023.

HAYES, S. C. et al. What is acceptance and commitment therapy? In: HAYES, S. C.; STROSAH, K. D. (orgs.). A practical guide to acceptance and commitment therapy. New York: Springer, 2010. p. 1-29.

HAYES, S.; BARNES-HOLMES, D.; WILSON, K. Contextual behavioral science: Creating a science more adequate to the challenge of the human condition. Journal of Contextual Behavioral Science, [s. l.], n. 1, p. 1-16, 2012.

HERTENSTEIN, E. et al. Cognitive behavioral therapy for insomnia in patients with mental disorders and comorbid insomnia: A systematic review and meta-analysis. Sleep Medicine Reviews, [s. l.], n. 62, 2022.

HORNE, J. A.; OSTBERG, O. A self-assessment questionnaire to determine morningness-eveningness in human circadian rhythms. International journal of chronobiology, v. 4, n. 2, p. 97-110, 1976.

HORNE, J. A.; BRASS, C. G.; PETITT, A. N. Circadian performance differences between morning and evening 'types'. Ergonomics, [s. l.], v. 23, n. 1, p. 29-36, 1980.

HU, P.; STYLOS-ALLAN, M.; WALKER, M. P. Sleep facilitates consolidation of emotional declarative memory. Psychological Science, [s. l.], v. 17, n. 10, p. 891-898, 2006.

JOHNS, M. W. A new method for measuring daytime sleepiness: The Epworth Sleepiness Scale. Sleep, [s. l.], v. 14, n. 6, p. 540-545, 1991.

KEENAN, S.; HIRSHKOWITZ, M. Monitoring and stagin human sleep. In: KRYGER, M. H.; ROTH, T.; DEMENT, W. D. Principles and practice of sleep medicine. 5. ed. [S. l.]: Saunders, 2011.

KRYGER, M. H.; AVIDAN, A. Y.; BERRY, R. B. Atlas clínico de medicina do sono. Rio de Janeiro: Elsevier, 2015.

KUMRAL, D. et al. Spindle-dependent memory consolidation in healthy adults: A meta-analysis. Neuropsychologia, [s. l.], n. 189, 2023.

LEVANDOVSKI, R. et al. Depression scores associate with chronotype and social jetlag in a rural population. Chronobiology international, [s. l.], v. 28, n. 9, p. 771-778, 2011.

LI, H. et al. The effects of obstructive sleep apnea-hypopnea syndrome (OSAHS) on learn and memory function of 6-12 years old children. International Journal of Pediatric Otorhinolaryngology, [s. l.], n. 159, 2022.

MAIRE, M. et al. Human brain patterns underlying vigilant attention: impact of sleep debt, circadian phase and attentional engagement. Scientific Reports, [s. l.], v. 8, n. 1, p. 970, 2018.

McCALL, C.; SHAPIRO, C. M., McCALL, V. Sono e doença psiquiátrica. In: KRYGER, M. Atlas clínico de medicina do sono. Rio de Janeiro: Guanabara Koogan, 2019.

McCARTHY, M. J. et al. The relations between chronotype, stressful life events, and impulsivity in the Adolescent Brain Cognitive Development (ABCD) study. Journal of Psychiatric Research, [s. l.], n. 167, p. 119-124, 2023.

MEDRANO-MARTINEZ, P.; PERAITA-ADRADOS, R. Neuropsychological alterations in narcolepsy with cataplexy and the expression of cognitive deficits. Journal of the International Neuropsychological Society, [s. l.], v. 26, n. 6, p. 587-595, 2020.

MORIN, C. M. Dysfunctional beliefs and attitudes about sleep. Preliminary scale development and description. The Behavior Therapist, [s. l.], p. 163-164, 1994.

NOLTE, J. Consciência e cognição. Rio de Janeiro: Elsevier, 2008.

OLAITHE, M. et al. Cognitive deficits in obstructive sleep apnea: Insights from a meta-review and comparison with deficits observed in COPD, insomnia, and sleep deprivation. Sleep Medicine Reviews, [s. l.], n. 38, p. 39-49, 2018.

OLAITHE, M. et al. Cognitive dysfunction in insomnia phenotypes: further evidence for different disorders. Frontiers in Psychiatry, [s. l.], n. 12, 2021.

OLAITHE, M.; BUCKS, R. S. Executive dysfunction in OSA before and after treatment: a meta-analysis. Sleep, [s. l.], v. 36, n. 9, p. 1297-1305, 2013.

PACE-SCHOT, E.; HORBSON, J. The neurobiology of sleep: genetics, cellular physiology and subcortical networks. Nature Reviews Neuroscience, [s. l.], n. 3, p. 591-605, 2002.

PAIVA, T.; PENZEL, T. Características básicas do sono. In: PAIVA, T.; PENZEL, T. Centro de medicina do sono: manual prático. Lisboa: Lidel, 2011. p. 5-26.

RAPHAEL, J.; PEDEMONTE, M. Neurobiology of Sleep. In: DELROSSO, L.; FERRI, R. Sleep neurology: a comprehensive guide to basic and clinical aspects. San Francisco: Springer, 2021.

RODRIGUES, M. et al. Polissonografia: aspectos técnicos e clínicos. Revista Brasileira de Neurologia, Rio de Janeiro, v. 48, n. 1, p. 7-22, 2012.

SALARI, N. et al. The effect of acceptance and commitment therapy on insomnia and sleep quality: A systematic review. BMC Neurology, [s. l.], v. 20, n. 1, p. 300, 2020.

SILVESTRI, R. et al. Sleep disorders in children with Attention-Deficit/Hyperactivity Disorder (ADHD) recorded overnight by video-polysomnography. Sleep Medicine, [s. l.], v. 10, n. 10, p. 1132-1138, 2009.

STEINSBEKK, S.; WICHSTROM, L. Stability of sleep disorders from preschool to first grade and their bidirectional relationship with psychiatric symptoms. Journal of developmental and behavioral pediatrics, v. 36, n. 4, p. 243-251, 2015.

STEPANSKI, E. J.; WYATT, J. K. Use of sleep hygiene in the treatment of insomnia. Sleep Medicine Reviews, [s. l.], v. 7, n. 3, p. 215-225, 2003.

TEIXEIRA, C. D. M. O incrível mistério do sono: da gestação aos primeiros anos de vida. In: MATEOLI, A.; DONATO, J. (org.). Bem nascer e bem viver: Caminhos e visões da preconcepção aos primeiros anos de vida. [S. l.]: Umanos, 2021.

VALDEZ, P. Circadian rhythms in attention. The Yale Journal of Biology and Medicine, [s. l.], v. 92, n. 1, p. 81-92, 2019.

VAZ, A. P. et al. Tradução do Questionário de Berlim para língua portuguesa e sua aplicação na identificação da SAOS numa consulta de patologia respiratória do sono. Revista Portuguesa de Pneumologia, [s. l.], v. 7, n. 2, p. 59-65, 2011.

VINCENT, J. Dormir. In: VERÍSSIMO, I. (ed.). Viagem extraordinária ao centro do cérebro. Mirandela: Artes Gráficas, 2007.

WEBB, W. B. Are short and long sleepers different? Psychological Reports, [s. l.], v. 44, n. 1, p. 259-264, 1979.

YOO, S. S. et al. The human emotional brain without sleep--a prefrontal amygdala disconnect. Current Biology, [s. l.], v. 17, n. 20, p. R877-R878, 2007.

Índice Alfabético

A

Abandono de atividades, 426
Abordagem holística, 629
Abrangência, 200
Acidente vascular encefálico, 40, 105
- afasias decorrentes de, 324
- classificação, 259
- isquêmico, 40
- - alterações cognitivas associadas, 260
- - apresentação clínica, 260
- - comprometimento
- - - de outras regiões encefálicas, 263
- - - dos circuitos frontais, 262
- - - dos lobos occipitais, 263
- - - dos lobos parietais, 262
- - - dos lobos temporais, 262
- - etiologia, 259
- - fatores preditivos e evolução das alterações cognitivas, 263
- - intervenções não farmacológicas, 264
- - transitório, 259
Ácido valproico, 273
Acomodação familiar e orientações, 217
Actigrafia, 709
Adaptação psicossocial, 626
Administração de testes, 8
Adult ADHD Self-Report Scale, 370
Afasia(s)
- alterações cognitivas e comportamentais associadas, 328
- anômica, 326, 327
- avaliação
- - fonoaudiológica e neuropsicológica, 329
- - funcional, 333
- classificação das, 325
- de Broca, 326
- de condução, 326, 327
- de Wernicke, 326, 327
- decorrentes
- - de acidente vascular encefálico, 324
- - de lesões com predomínio cortical, 326
- depressão, 333
- global, 326, 327
- motora, 3
- ótica, 15
- progressiva primária, 470, 477
- - alterações linguístico-cognitivas nas variantes, 478
- - avaliação neuropsicológica, 480
- - critérios diagnósticos da, 478
- - logopênica, 486
- - não fluente/agramática, 484
- - semântica, 484, 488-490
- - - apresentação clínica, 489
- - - histórico e definição atual, 488
- - - neuroimagem e neuropatologia, 490
- - variante
- - - logopênica, 480
- - - não fluente/agramática, 478
- - - semântica, 479
- qualidade de vida, 333
- subcorticais e decorrentes de lesões cerebelares, 328
- transcortical, 326
- - mista, 326, 328
- - motora, 326, 327
- - sensorial, 326, 327

Agonistas dopaminérgicos, 293
Agorafobia, 379
Agressão, 210
Agrupamento associativo, 619
Alça fonológica, 11
Álcool, 427
Alimentação, 703
Alta habilidade/superdotação, 88
Alterações
- cognitivas
- - associadas ao envelhecimento saudável, 657
- - e comportamentais
- - - associadas ao envelhecimento patológico, 659
- - - em crianças com síndromes genéticas, 114
- - - no transtorno de aprendizagem não verbal, 140
- - nas principais síndromes epilépticas, 269
- de memória, 616
- do sono, 699
- - em avaliação neuropsicológica, 702
- na fala, 81
- neurocognitivas
- - na anorexia nervosa, 393
- - na bulimia nervosa, 394
- - na eutimia, 402
Alucinações, 239
- auditivas, 240
- visuais, 519
Ambiente, 679
- que engaja e estimula, 679
Amordafinila, 54
Análise
- das funções executivas, 227
- de resultados, 143
- de tarefas, 161
- funcional do comportamento, 6
Anamnese, 4
Anatomia
- macroscópica do telencéfalo, 21
- vascular encefálica, 260
Animismo, 70
Anomia, 360
Anorexia nervosa, 393
- alterações neurocognitivas na, 393
Anosagnosia, 15
Ansiedade, 274
- induzida por substâncias/medicamentos, 203
Antidepressivos
- atípicos, 51
- duais, 51
- tricíclicos, 51
Antipsicóticos, 52, 53
- atípicos, 53
- típicos, 53
Aplicativos e treino computadorizado de memória, 619
Apraxia, 304
Aprendendo a vida inteira, 674
Aprendizagem
- e memória
- - verbal, 204
- - visual, 204
- sem erro, 264, 618, 638
Aquisição da escrita, 69
Aripiprazol, 53, 194, 195
Aritmética, 10, 137, 143
- do teste de desempenho escolar, 137

Armar objetos, 11
Arquitetura do sono, 699
Arranjo, 10, 210
- de figuras, 10
Artificialismo, 70
Associação(ões)
- face-nome, 264, 639
- semânticas, 618
Atenção, 96, 164, 204, 271, 456, 497, 544, 701
- alternada, 18, 676
- dividida, 18, 638, 676
- e funções executivas, 99, 133
- seletiva, 18, 676
- sustentada, 18
Ativação-estimulação, 574
Atividades
- da vida diária, 5
- de treino de atenção visual e auditiva, 663
- lúdicas, 664
Atomoxetina, 194
Atraso
- de tempo, 159
- no desenvolvimento, 123
Atrofia
- cortical posterior, 463
- de múltiplos sistemas, 296
Attention and problem solving (APS), 5
Audição, 649
Ausência atípica, 267
Autismo, 582
Autocontrole, 178
Autogerenciamento, 161
Autoinstrução, 572
Automonitoramento, 572
Autorregulação, 572
Auxílios externos para memória, 619
Avaliação
- abrangente da linguagem, 483
- cognitiva
- - nas afasias, 331
- - relacionada ao sono, 706
- da cognição social, 473
- da linguagem, 143
- de cronotipos, 707
- de distúrbios
- - do sono, 707
- - respiratórios, 707
- de insônia, 707
- de problemas emocionais e comportamentais, 143
- de qualidade do sono, 706
- de sonolência excessiva diurna, 706
- funcional, 163, 483, 692
- - de comportamento, 163
- intelectual, 89
- motora, 143, 483
- - da fala, 483
- neuropsicológica, 3-5
- - afasias progressivas primárias, 480
- - alterações do sono em, 702
- - comprometimento cognitivo leve, 456
- - da atenção e funções executivas, 191
- - das AH/SD, 90
- - de altas habilidades, 86
- - de tumores cerebrais, 341, 344
- - do TDAH e TOD, 189
- - do transtorno do déficit de atenção e hiperatividade, 369

- - doença de Alzheimer, 465
- - doença de Parkinson, 293
- - e terapia cognitivo-comportamental, 540
- - escalas e instrumentos utilizados na, 63
- - esclerose múltipla, 313
- - infantil, 190
- - infantojuvenil, 242
- - interventiva, 711
- - métodos e técnicas de, 6
- - na elaboração do processo
    de intervenção, 692
- - no TDI, 96
- - no(s) transtorno(s)
- - - de aprendizagem não verbal, 142
- - - depressivos, de ansiedade e obsessivos-
      compulsivos, 381
- - - disruptivos, do controle de impulsos
      e da conduta, 224
- - - do espectro autista, 155, 585
- - - específico da aprendizagem, 132, 551
- - - por uso excessivo de eletrônicos, 176
- - - psicóticos na infância e
      na adolescência, 236
- - para fins de intervenção comportamental e
    reabilitação cognitiva, 5
- - síndromes genéticas, 123
- - traumatismo cranioencefálico, 281

B

Baixo peso ao nascer, 79, 80
Balbucio, 69
Barratt Impulsiveness Scale (BIS-11), 226
Bases neurais da linguagem, 324
Bateria(s)
- de memória semântica, 483
- de processos de atenção, 370
- Psicológica para Avaliação
  da Atenção – BPA-2, 144, 225
BDEFS – Escala de Avaliação de Disfunções
  Executivas de Barkley, 371
*Behavioural Assessment of The
  Dysexecutive Syndrome* (BADS), 5
Benzodiazepínicos, 48, 50
Biofeedback, 685, 686
- e transtorno do déficit de atenção
  e hiperatividade, 685
- e traumatismo cranioencefálico, 686
Bloqueadores de canais de sódio, 49
Boston
- *Diagnostic Aphasia Examination* (BDAE), 13
- *Naming Test*, 14
Bradicinesia, 289
Brexpiprazol, 53
Brief
- *International Assessment of Cognition for
  Multiple Sclerosis* (BICAMS), 318
- *Repeatable Neuropsychological
  Battery* (BRNB), 316
- *Visual Memory Testrevised* (BVMT-R), 318
Bulimia nervosa, 393, 394
- alterações neurocognitivas na, 394
Bupropiona, 51, 194
Buschke Selective Reminding Test, 12

C

Cálculo, 338
California Verbal Learning Test – Second Edition
  (CVLT-2), 318
Calostomia, 274
Cannabis/marijuana, 427
Capacidade para aprender
  novas informações, 638
Carbamazepina, 48, 49, 195, 273
Carbonato de lítio, 195
Cardinalidade, 131
Catatonia, 239

Ciclo
- circadiano, 699
- do sono e vício, 173
CID-11, 56
Cintilografia miocárdica, 301
Circuito(s)
- do cíngulo anterior, 17, 262, 609
- frontostriatais, 496
- orbitofrontal lateral, 17, 262, 609
- pré-frontal dorsolateral, 16, 609
Cirurgia
- curativa, 274
- paliativa, 274
Citalopram, 195
Civilidade, 572
Classificação, 70
- Internacional de Doenças (CID), 56
Cleptomania, 224
Clonidina, 194
Clorpromazina, 53
Clozapina, 53, 303
Cocaína e anfetamina/metanfetamina, 429
Códigos, 10, 143
Cognição, 20
- e TEE infantojuvenil, 241
- numérica, 164
- social, 165, 421, 473, 584
Colecionismo, 210
Comparação, 131
Compensação, 574
Completar figuras, 10
Comportamento(s)
- adaptativo, 95, 124
- anormais, 81
- direcionado por objetivos, 70
- dirigido à meta, 214
- dissonantes, 81
- motor grosseiramente desorganizado
  ou anormal, 239
- social, 586
Compreensão, 10, 14, 483
- de frases, 483
- de palavras isoladas, 483
Comprometimento
- cognitivo leve, 449, 662
- - alterações cognitivas, comportamentais
    e critérios diagnósticos, 454
- - anamnese, 456
- - avaliação neuropsicológica, 456
- - epidemiologia, 453
- - perfis cognitivo e comportamental
    iniciais, 455
- - por doença de Alzheimer, 29
- cognitivo vascular, 259
- - epidemiologia, 510
- - fatores de risco, 510
- - manifestações clínicas, 511
- comportamental leve, 449
- - biomarcadores, 452
- - diagnóstico e ferramentas, 450
- - perfil neuropsicológico, 452
- - prevalência, 450
- - risco de conversão, 451
- dos circuitos frontais, 262
Compromisso, 714
Comunicação, 544, 572
- alternativa e ampliada, 162
- não verbal, 154
Conceito de permanência do objeto, 70
Concentração, 70, 544
Concerta®, 194
Condutância da pele, 687
Construindo com blocos, 143
Contagem, 210
Contaminação, 210
Contato
- inicial, 586
- interpessoal, 586

Conteúdo educacional sobre memória ou outra
  função/envelhecimento cognitivo, 663
Controle
- de estímulos, 713
- inibitório, 213, 225
Copiando desenhos, 143
Córtex
- associativo, 22
- - unimodal, 22
- cerebral, 22
- límbico, 22
- orbital e ventromedial, 626
- paralímbico, 22
- pré-frontal
- - dorsolateral, 626
- - dorsomedial, 626
- primário, 22
Crise(s)
- epilépticas
- - classificação das, 268
- - focais, 268, 269
- - - com parada comportamental, 267
- - - complexas, 269
- - - simples, 268
Cronotipo, 700
Cubos, 10, 143
- de Corsi, 144, 369

D

Danos neuropsicológicos decorrentes do
  uso de substâncias, 426
Declínio cognitivo subjetivo, 444, 662
- avaliação, 445
- critérios diagnósticos de, 444
- epidemiologia, 445
- etiologias, 446
Déficits
- atencionais, 609, 610
- cognitivos, 240, 648
- motores, 81
- na linguagem, 81
- na regulação emocional, 82
- nas habilidades sociais, 81, 82
- neuropsicológicos compartilhados nas
  disfunções frontostriatais, 496
Degeneração corticobasal, 304
Delírios, 239, 240
Demência, 30, 299, 311, 438, 449,
  488, 501, 503
- classificação, 439
- - nosológica, 440
- - pela manifestação neurológica ou
    neuropsicológica predominante, 440
- - pela topografia lesional, 440
- - pela velocidade de instalação, 439
- - por idade, 439
- - por reversibilidade, 439
- com acometimento dos circuitos
  frontostriatais, 495
- com corpos de Lewy, 299, 516, 660
- com predomínio
- - de alterações do comportamento, 441
- - de disfunções visuoespaciais, 442
- - de distúrbio de linguagem, 442
- conceito de, 435
- critérios
- - diagnósticos de, 435
- - do DSM-5, 435
- - do NIA-AA, 436
- da degeneração lobar frontotemporal, 439
- da doença de Parkinson, 28, 516, 517
- degenerativas ou primárias, 440
- e doença de Alzheimer, 437
- frontotemporal, 32, 470
- mistas, 511
- neurodegenerativas e vasculares, 504
- por múltiplos-infartos corticais, 511

- pós-AVE, 511
- pré-senil, 439
- rapidamente progressiva, 501, 503
- semântica, 488
- subcortical, 311, 495
- vascular, 30, 438, 511, 512, 660
- - após acidente vascular encefálico, 511
- - isquêmica subcortical, 511, 512
- - mista, 512
- - por múltiplos infartos, 512
Dependência da internet, 170, 171
Depressão, 241, 274, 458
- e ansiedade, 458
- psicótica, 241
Desafios de memória, 663
Desastres naturais, 210
Desejo
- de parar sem sucesso, 426
- persistente, 426
Desenvolvimento
- 0 a 3 meses, 73
- 10 a 12 meses, 75
- 13 a 18 meses, 76
- 19 a 24 meses, 76
- 2 a 3 anos, 77
- 4 a 6 meses, 73
- 7 a 9 meses, 74
- da hierarquia, 686
- gramatical e sintático, 69
- pragmático, 69
Desfusão cognitiva, 714
Desinteresse em atividades importantes, 426
Desorientação topográfica e espacial, 15
Devolutiva
- a escolas e profissionais, 254
- na modalidade *on-line*, 254
- neuropsicológica, 250-253
- - adulto-idoso, 253
- - e suas especificidades, 250
- - infanto-juvenil, 252
Diagnostic and Statistical Manual of Mental Disorders (DSM), 57
Diagnóstico de transtornos do neurodesenvolvimento em crianças, 82
Diários do sono, 708
Dificuldades de aprendizado, 81, 82
Dígitos, 10
Discalculia, 129, 130, 133
- atencional espacial relacionada a dificuldades em tarefas numéricas, 550
- do desenvolvimento, 550, 552, 554, 556
- - intervenções na, 554
- - perfil cognitivo na, 552
- do senso numérico, 550
- verbal relacionada a dificuldades em tarefas numérico verbais, 550
Disfunção(ões)
- atencional, 496
- cerebral mínima, 567
- executivas, 609, 610
- visuoespacial, 305, 496
Dislexia, 129, 130, 133
- do desenvolvimento, 549, 551, 552, 554
- - intervenções na, 552
- - perfil cognitivo na, 551
Disortografia, 133
Distúrbio(s)
- da atenção, 497
- de fala e linguagem, 240
- do movimento relacionados ao sono, 705
- do ritmo circadiano, 704
- do sono e a clínica neuropsicológica, 703
- motores, 240
- respiratórios do sono, 704
Divalproato de sódio, 195
Documentos psicológicos e devolutiva, 251
Doença(s), 79
- cerebrovasculares, 259
- de Alzheimer, 462

- - alterações cognitivas e comportamentais, 462
- - ambiente, 653
- - apresentação clínica, 462
- - atrofia cortical posterior, 463
- - avaliação neuropsicológica, 465
- - biomarcadores no diagnóstico e estadiamento da, 464
- - critérios diagnósticos, 463
- - cuidadores e familiares, 652
- - intervenções cognitivas junto ao paciente e à família, 646
- - rapidamente progressiva, 504
- - síndrome corticobasal, 463
- - sintomas
- - - cognitivos e funcionais associados ao quadro clínico, 646
- - - psicológicos e comportamentais associados ao quadro clínico, 647
- - variante
- - - disexecutivo-comportamental, 463
- - - logopênica, 463
- de Creutzfeldt-Jakob, 31, 503
- de Gerstmann Sträussler-Scheinker, 503
- de Huntington, 497
- de Parkinson, 32, 288, 496
- - alterações
- - - cognitivas na fase prodrômica, 292
- - - neuropsiquiátricas, 293
- - avaliação neuropsicológica, 293
- - condutas terapêuticas nas alterações cognitivas, 293
- - manifestações
- - - motoras, 289
- - - não motoras, 289, 290
- - - não motoras cognitivas, 290
- - quadro clínico, 289
- degenerativas
- - em que demência é a síndrome principal, 440
- - que podem apresentar demência, 440
- - genéticas, 114
- priônicas, 503
Domínios
- cognitivos e sua relação com o sono, 701
- da cognição, 456
Donepezila, 47
Dose e tecnologia, 680
DSM-5, 57
Dupla-excepcionalidade, 91
Duração do sono, 700

E

Egocentrismo, 70
- adolescente, 70
- eliminação do, 70
Encefalite(s)
- alterações
- - cognitivas, 358
- - comportamentais, 360
- atenção e funções executivas, 359
- autoimune, 43, 357
- herpética, 40, 356, 360, 362
- memória, 358
- virais, 356
Encefalomielite aguda disseminada, 357
Ensino por tentativa discreta, 160
Entrevista clínica, 4
Envelhecimento
- cognitivo, 680
- e cognição, 676
- patológico, 659
- saudável, 676
EPF-TDAH – escala de prejuízos funcionais – TDAH, 371
Epilepsia(s), 266
- crise de ausência, 269, 272
- critérios diagnósticos, 266
- de ausência infantil, 269, 272

- do lobo
- - frontal, 270
- - temporal, 270
- etiologias, 267
- funções cognitivas nas, 270
- generalizada
- - criptogênica, 269, 272
- - idiopática, 269, 272
- - sintomática, 269, 272
- impactos social e psicológico da, 274
- mioclônica, 269, 270, 272
- - juvenil, 269, 270, 272
- no decorrer da história, 266
- parcial
- - complexa, 269, 272
- - simples, 269, 272
- prevalência, 267
- tônico-clônica, 269, 272
- tratamento, 272, 273
- - cirúrgico, 273
- - farmacológico, 272
Episodic buffer, 11
Episódio(s)
- hipomaníaco, 201, 401
- maníaco, 201, 400, 401
Equipe multidisciplinar, 533
Esboço visuoespacial, 11
Escala(s)
- Bayley de desenvolvimento infantil III, 123
- de atenção e hiperatividade, 535
- de autopreenchimento, 229
- de coma de Glasgow pediátrica, 107
- de comportamento impulsivo (UPPS), 226
- de dependência de *smartphone*, 174
- de desenvolvimento de Denver, 123
- de disfunção executiva de Barkley (BDEFS), 226
- de inteligência Wechsler abreviada (WASI), 11
- de rastreio de sintomas de transtorno do espectro autista, 156
- de sonolência de Epworth, 706
- de transtorno do déficit de atenção e hiperatividade – versão adolescentes e adultos (ETDAH-AD), 371
- e instrumentos utilizados na avaliação neuropsicológica, 63
- e inventários utilizados na avaliação do TDAH e do TOD, 192
- Melbourne de tomada de decisão (EMTD), 226
- para rastreio de desatenção/hiperatividade, 165
- Vineland de comportamento adaptativo, 124
- Wechler verbal de inteligência, 4ª edição – WISC-IV, 143
Escitalopram, 195
Esclerose múltipla, 309
- alterações cognitivas, comportamentais e critérios diagnósticos, 309
- avaliação neuropsicológica, 313
- benigna, 310
Escrita, leitura e cálculo, 14, 133
Espaço coordenado, 70
Esquetamina, 52
Esquizofrenia, 415
- alterações cognitivas
- - na infância, 417
- - no primeiro episódio e esquizofrenia crônica, 418
- - no ultra-alto risco, 417
- aspectos
- - clínicos e diagnósticos, 415
- - cognitivos da, 417
- sintomas
- - negativos, 415
- - positivos, 416
Esquizotipia, 422
Estabelecimento de metas, 637, 642
Estado(s)
- comportamentais, 65
- de alerta, 544
- mental de risco, 238

Estágio(s)
- do desenvolvimento cognitivo, 69
- operacional formal, 70
- pré-operacional, 70
- sensorimotor, 70

Estilo(s)
- de aprendizagem, 563
- de atribuição, 200, 473
- /viés de atribuição, 585

Estimativa, 131

Estimulação
- cerebral profunda, 274
- cognitiva, 525, 635, 657, 661
- - em grupo, 668
- - em pessoas idosas, 657
- - individualizada, 663
- das demais funções cognitivas, 664
- de processos metacognitivos, 695
- do nervo vago, 274

Estratégias cognitivo-comportamentais, 159
Estresse, 79
Esvanecimento de pistas, 264
Etossuximida, 273
Eutimia alterações
  neurocognitivas na, 402

Evento
- traumático, 80
- vascular hemorrágico, 39

Everyday Memory Questionnaire, 5

Evocação, 12
- expandida, 264, 617, 638
- imediata, 12
- tardia, 12

Exercício e movimento, 162
Experiências psicóticas, 237, 238
Explosão vocabular, 69

Exposição
- ao vivo, 687
- às telas, 169
- do feto
- - a fumo, álcool, medicamentos ou drogas recreativas durante a gravidez, 79, 80
- e prevenção de respostas, 217
- na imaginação monitorada, 686

Extinção, 160
Extrospecção, 71

F

Fala
- espontânea/discurso, 483
- telegráfica, 13

Fármacos
- anticrise epiléptica, 48
- antiparkinsonianos, 293

Fase(s)
- de estabilização, 65
- de integração, 65
- de organização, 65
- do desenvolvimento, 533

Fator geral de inteligência, 10
Feedback oral associado a
  informações escritas, 252
Fenitoína, 48, 49, 273
Fenobarbital, 48, 49, 273

Fenômeno
- da mão alienígena, 305
- da roda denteada, 289

Fenótipo pré-mórbido, 238
Figura Complexa de Rey, 12, 225
Five digit test (FDT), 225, 369
Flechas, 144
Flexibilidade cognitiva, 212, 225, 419

Fluência
- de palavras, 557
- verbal, 214, 419

Fluoxetina, 195
Flutuação cognitiva, 519

Fobia
- específica, 379
- social, 203, 379

Funcionamento
- intelectual, 9
- pré-mórbido, 9
- simbólico, 70

Funções
- cognitivas, 3, 9, 270
- - nas epilepsias, 270
- comportamentais autorregulatórias, 610
- de regulação das ativações, 610
- executivas, 16, 211, 271, 418, 458, 544, 560, 609, 677, 702
- - cognitivas, 610
- - como preditivas para o retorno ao trabalho e à adaptação psicossocial, 626
- visuoespaciais, 15
- visuoperceptivas, 14

G

Gabapentina, 273
Galantamina, 47
Geração aleatória de números (GAN), 225
Glioblastoma, 36, 342

Grupo(s)
- de atualidades, 525
- de estimulação cognitiva, 636

H

Habilidades
- cognitivas, 244
- - globais, 418
- - sociais, 531
- de resolução de problemas, 178
- emocionais, 245
- motoras prejudicadas, 81
- neurocognitivas, 531
- percepto-motoras e visuoconstrutivas, 165
- sociais, 173, 244, 572
- visuoespaciais, 497
- - e construtivas, 677
- - e visuoconstrutivas, 586

Hábitos de sono, 703
Haloperidol, 53
Hayling, 369
Heminegligência, 15
Hemisferectomia, 274
Higiene do sono, 703, 711
Hiper ou hiporreatividade sensorial, 154
Hipersonolências de origem central, 705
Hipertonia plástica, 289
Hipotensão postural, 303
Histórias/narrativas sociais, 161
Hopkins Verbal Learning Test, 12
Humor, 4, 360

I

Identificação
- de crianças em risco de desenvolver transtornos do neurodesenvolvimento, 84
- de déficits, 243

Imagens visuais, 618
Imipramina, 194
Índice de qualidade de sono
  de Pittsburgh, 706
Infecções cerebrais, 105

Inibidores
- da acetilcolinesterase, 46, 303
- da recaptação de serotonina e noradrenalina, 51
- seletivos da recaptação de serotonina, 51

Inquérito com familiares, 708
Insônia, 503, 704
- fatal, 503

Instabilidade postural, 289

Instrução direta, 163
Instrumentos ecológicos, 5
Integração, 574
- sensorial, 163

Inteligência(s), 89, 133, 164
- corporal-cinestésica, 88
- cristalizada, 10, 86, 676
- e neuropsicologia, 89
- espacial, 88
- espiritual, 88
- existencial, 88
- fluida, 10, 86, 676
- histórico e compreensões, 86
- interpessoal, 88
- intrapessoal, 88
- linguística, 88
- lógico-matemática, 88
- múltiplas, 88
- musical, 88
- naturalista, 88
- no contexto das altas habilidades/superdotação, 88

Interferência, 557
Interrupção e redirecionamento da resposta, 161
Interruptor de sono, 699

Intervenção(ões)
- cognitivas com pessoas idosas, 662
- comportamental, 5
- e instrução
- - assistida por tecnologia, 162
- - mediadas por pares, 160
- em reabilitação neuropsicológica, 692
- implementada por pais, 160
- mediada por música, 162
- naturalística, 160
- neuropsicológicas na escola, 560, 561
- no antecedente, 159

Inventário
- de ansiedade de Beck, 372
- de comportamento adaptativo, 124
- de depressão de Beck, 372
- de desesperança de Beck, 372
- de funções executivas, 226
- dimensional de avaliação do desenvolvimento infantil (IDADI), 124

Iowa Gambling Task (IGT), 226, 370
Irreversibilidade, 70

J

Jogos sérios, 576

K

Kuru, 504

L

Lacosamida, 48, 49
Lamotrigina, 48, 49, 195, 273
Laudo psicológico, 251
Lazer, 680
Leitura, 133, 483
Leitura e escrita, 483

Lesão(ões)
- adquiridas na infância, 103, 600
- encefálica adquirida, 103, 622, 623
- não traumáticas (internas), 104
- traumáticas (abertas e fechadas), 106

Leucoencefalopatia multifocal progressiva, 42
Levetiracetam, 48, 273
Levodopa, 293
Limpeza, 210
Linguagem, 13, 96, 99, 245, 271, 458, 497
- compreensiva e expressiva, 164
- expressiva, 586
- oral, 133
- receptiva, 586

Lisdexanfetamina, 54
Lista de comportamento do desenvolvimento, 68
Lobectomia temporal, 274
Lobo
- da ínsula, 22
- frontal, 21, 262
- occipital, 22, 263
- parietal, 11, 21, 262
- - em hemisfério
- - - dominante, 11
- - - não dominante, 11
- temporal, 22, 262
Longevidade, 673
- e epigenética, 673

M

Manifestações psicóticas, 237
Manual diagnóstico e estatístico de transtorno mentais (DSM-5-TR), 56
Mapeamento do perfil psicofisiológico, 686
Marcos
- da alimentação, 73-76
- da comunicação, 73-77
- do desenvolvimento, 73-76, 244
- - motor, 73-76
- - sensorial, 73-76
- do neurodesenvolvimento de acordo com a idade, 73
- esperados, 63
Matemática, 133
MDMA/ecstasy, 429
Medicações
- em uso, 703
- utilizadas em
- - distúrbios do humor, 50
- - em doença de Alzheimer, 46
- - para o transtorno do déficit de atenção e hiperatividade, 194
Medição, 131
Memantina, 47
Memória, 99, 133, 165, 204, 213, 270, 419, 420, 497, 544, 677, 701
- de curto prazo, 11, 165, 617
- de faces, 143
- de longo prazo, 12, 617
- declarativa, 12, 421
- e aprendizagem, 96
- episódica, 12, 270, 421, 456
- - verbal, 421, 456
- - verbal e visual, 456
- explícita, 12, 496, 617
- implícita, 12, 496
- não declarativa, 12
- narrativa, 143, 557
- operacional, 11, 96, 165, 204, 213, 419, 617, 677
- para desenhos, 557
- - e memória tardia para desenhos, 143
- para faces, 557
- para nomes, 557
- procedural, 12
- semântica, 13, 458
- tardia para faces, 143
- visual, 10
Meningioma, 38
- frontal esquerdo, 346, 348
Meningite(s)
- asséptica, 105
- bacterianas, 105
Mensuração da teoria da mente em crianças, 66
Metas SMART(ER), 528
Metástase cerebral, 38
Metilfenidato, 54
Métodos
- de medicina nuclear (SPECT e PET), 27
- e técnicas de
- - avaliação neuropsicológica, 6
- - intervenção neuropsicológica infantil, 531

Mindfulness, 194, 563, 575
- na escola, 563
Miniexame do Estado Mental (MEEM), 507
Mirtazapina, 51
Modafilina, 54
Modelagem, 160
Modelo(s)
- CHC de inteligência, 87
- cognitivo-comportamental, 177
- cognitivo-energético de Sergeant, 368
- das inteligências múltiplas, 88
- de diagnóstico em saúde mental, 56
- de disfunção executiva de Barkley, 367
- de inteligência de Carroll-Horn-Cattell, 10
- de reabilitação neuropsicológica, 692
- de seis vias de Coghill, 368
- de ultra-alto risco para psicose, 416
- de vulnerabilidade de Beck, 201
- teórico compreensivo de reabilitação neuropsicológica, 527
Momento comportamental, 162
Monitoramento de uso, 177
Montreal Cognitive Assessment (MoCA), 507
Morbidades, 80
Motivação, 680
Movimentos repetitivos, 154
Mudanças no funcionamento social, 240
Mutismo seletivo, 379

N

National Adult Reading Test, 9
Negligência visual unilateral, 15
NEPSY-II, 143
Neuroanatomia da cognição e do comportamento, 20
Neurobiologia, 173
Neurocognição e esquizotipia, 422
Neurodesenvolvimento
- cognitivo, 69
- da linguagem, 68
- motor, 67
- normal, 243
- psicossocial, 71
- típico, 63
Neurofeedback, 575
Neuroimagem, 26, 513
- estrutural, funcional e molecular, 26
Neuroplasticidade na infância, 531
Neuropsicologia, 190, 540, 561
- cognitiva, 3
- contextualização histórica da, 3
- do transtorno de personalidade *borderline*, 410
- e aprendizagem escolar, 560
- e sono, 699
- e tecnologias, 684
Nomeação/acesso lexical, 14, 483

O

Oficinas cognitivas, 525
Olanzapina, 53
Olfato, 649
Opioides, 428
Ordem, 210
Organização anatômica do sistema nervoso, 20
Orientação
- familiar, 637, 640
- temporal e espacial, 663
Oxcarbazepina, 48, 49, 195, 273

P

Paced Auditory Serial Addition Test (PASAT), 315, 317
Paladar, 649
Paralisia
- cerebral, 79
- supranuclear progressiva, 295, 498

Parassonias, 705
Parkinsonismo, 288, 289, 300, 519
Paroxetina, 195
Participação da família, 533
Pensamento
- abstrato, 71
- desorganizado, 239
- hipotético, 70
- lógico, 70
Percepção
- de emoções, 584
- emocional, 473
- social, 473, 585
Perfil
- cognitivo, 305
- neuropsicológico do desenvolvimento intelectual, 95
Período pré-linguístico, 69
Permanência, 200
Personalização, 200
PET ou SPECT cerebral, 28, 301
Pimavanserina, 53, 303
Piromania, 224
Planejamento, 212, 225
Plasticidade
- adaptativa, 531
- não adaptativa, 531
Podotomia neuronal, 64
Polissonografia, 301, 709
PQRST, 264, 619
Praxia construtiva, 15
Prazer, 680
Prejuízo
- cognitivo, 318
- do controle, 426
Prematuridade, 80
Preocupação materna primária, 71
Prevenção de recaídas, 178
Primeiras palavras, 69
Princípio da aprendizagem sem erro, 695
Prionopatia variavelmente sensível à protease, 504
Problemas
- com linguagem e fala, 81
- de fala, 81
- emocionais, 241
Procedimentos-padrão da TCC, 571
Processamento de informações, 3
Processos
- associativos, 15
- atencionais, 18
- de reabilitação, 533
- metacognitivos, 610
- perceptivos, 14
- visuais primários, 14
Pródromo, 238
Produção oral, 13
Programas de reabilitação neuropsicológica, 526
Progressão rápida em doenças cerebrovasculares e demência vascular, 504
Prompting, 161
Prosopagnosia, 15
Protocolo de *biofeedback*, 686
Prova de leitura em voz alta, 134
Psicoeducação, 544, 570, 637, 639, 711
- na intervenção em sono, 712
- na reabilitação neuropsicológica, 696
- sobre saúde mental na infância, 242
Psicoestimulantes, 53
Psicofarmacologia, 46
Psicose(s), 237, 293, 360
- afetivas, 241
Psicoterapia
- de grupo, 636
- de reabilitação, 629
- na reabilitação neuropsicológica de pacientes pós-TCE, 629

Q

Quebra-cabeça
- de imagens, 144
- geométricos, 144

Questionário
- Disexecutivo (DEX) – da bateria BADS, 5
- FAST, 423

Quetamina, 52
Quetiapina, 53, 195, 303
Quociente intelectual, 9, 11

R

Raciocínio
- dedutivo, 71
- e resolução de problemas, 204
- matricial, 10, 143
- transdutivo, 70

Rastreio para afasia e avaliação
  da linguagem, 330
Reabilitação
- cognitiva, 5, 207, 526, 602, 635
- - infantil, 530
- - nos transtornos de humor, 207
- infantil baseada em evidências, 532
- neuropsicológica
- - da doença de Alzheimer, 651
- - da memória, 617
- - da pessoa idosa na abordagem individual
    e de grupo, 635
- - das funções executivas, 614
- - de pacientes com lesão encefálica adquirida
    na fase crônica de evolução, 622
- - em disfunções executivas
    e déficits atencionais, 610
- - na abordagem
- - - de grupo, 636
- - - individual, 635
- - nas alterações de memória, 616
- - nas disfunções executivas
    e déficits atencionais, 609
- - nos transtornos neuropsiquiátricos
    em adultos, 691
- - novas tecnologias em, 684
Realidade virtual, 687, 688
- e neuropsicologia, 688
- e psicologia clínica, 687
- e TDAH, 688
Reconhecimento de emoções, 144
Recuperação, 638
Recursos compensatórios, 532
Rede(s)
- afetivas, 562
- central executiva, 23
- de atenção espacial, 23
- de estratégias, 562
- de identificação de face e objetos, 23
- de linguagem, 23
- de memória e emoções, 23
- de reconhecimento, 562
- de saliência, 23
- neurais e cognição, 23
- tarefa-positiva, 23
Redução de pistas, 618, 638
Reestruturação cognitiva, 177, 714
Reforçamento, 159
- diferencial, 160
Registro episódico, 11
Regulação emocional, 81, 173
Relação de causa e efeito, 70
Relacionamentos sociais, 154
Relatório psicológico, 251
Relatos
- de observação, 143
- de sucessos da memória, 664
Relaxamento progressivo, 713
Religião, 210
Relógios, 144

Remediação cognitiva, 531
Repetição, 14, 337, 483
Representação mental, 70
Reserva
- cognitiva, 675
- e resiliência, 674
Resolução de problemas, 71, 572
Ressecção cortical, 274
Ressonância magnética, 26
Restauração, 573
Restrição de sono, 713
Retorno ao trabalho, 626
Reversibilidade, 70
Rigidez, 289
Risperidona, 194, 195
Ritalina®, 194
Rivastigmina, 47
Rivermead Behavioural Memory Test (RBMT), 5

S

Selective Reminding Test (SRT), 316
Self como contexto, 714
Semelhanças, 10
Senso
- de magnitude, 131
- numérico, 130
Sequência de número e letra, 10
Seriação, 70
Sertralina, 195
Sessões do programa APS, 612
Sexo, 210
Simetria, 210
Síndrome(s)
- causadas por comprometimento cortical
  assimétrico, 442
- clássicas de afasia, 325
- clinicamente isolada, 309
- corticobasal, 305, 463
- - possível, 305
- - provável, 305
- da deleção, 120, 123
- - 22q11.2 (SD22q11.2), 120
- de Ballint, 305
- de desengajamento cognitivo, 369
- de Down, 115, 122
- de Klinefelter, 118, 122
- de Prader-Willi, 121, 123
- de Tourette, 545
- de Turner, 116, 122
- de Williams, 120, 122
- disexecutiva, 496
- dixecutiva pós-TCE, 625
- do sítio frágil do X, 119, 122
- frontal-comportamental espacial, 305
- genéticas, 114, 123
- parkinsoniana, 289
- PSP, 305
- radiológica isolada, 310
Sintomas
- afásicos, 330
- comportamentais, 647
- comuns aos transtornos do
    neurodesenvolvimento, 81
- de abstinência, 426
- emocionais, 240
- negativos, 239, 415
- positivos, 416
Sistema(s)
- de atenção-interação, 65
- de autorregulação, 65
- de memória, 616
- motor, 65
- nervoso, 65
- neurovascular, 20
- vascular e cognição, 24
Sistematização de intervenções
  neuropsicológicas na infância, 531
Sonecas, 703

Sono, 699
- e doenças neurodegenerativas, 701
- e funcionamento cerebral e cognitivo
    em crianças e adultos, 700
- e transtornos psiquiátricos, 701
- infantil, 714
- no neurodesenvolvimento infantil, 701
Spatial Recall Test 10/36 (SpRT), 316
SPECT, 27
Spot-The-Word Test, 9
SRS-2 – Escala de responsividade social, 373
Substâncias tóxicas, 79, 80
Substituição, 574
Suporte visual, 162
Symbol Digit Modalities Test (SDMT), 317, 318

T

Tarefa(s)
- de fluência verbal (TFV), 225
- do hotel, 226
- que simulam situações, 226
Tato, 649
Taxonomia hierárquica
  de psicopatologia (HiTOP), 58
TCSREM, 519
Técnicas e estratégias
- cognitivas, 637
- mnemônicas, 618
Telas, vício × uso problemático, 170
Telencéfalo, 21
Tempo gasto, 426
Teoria(s)
- construtivista de Piaget, 69
- da mente, 65, 144, 473, 585
- do desamparo aprendido, 200
- do neurodesenvolvimento, 63
- sináptica do desenvolvimento, 64
Terapia
- cognitivo-comportamental, 194, 540, 570, 712
- - e neuropsicologia, 541-543
- comportamental dialética, 195
- de aceitação e compromisso, 218, 714
- de estimulação cognitiva para grupo de pessoas
    com demências, 669
- de orientação para a realidade, 525, 639
- de reminiscência, 525, 639
Testagem cognitiva, 382
Teste(s)
- AC-15, 370
- cognitivos, 143
- D2-R, 370
- das latências múltiplas do sono, 709
- de aprendizagem auditivo-verbal
    de Rey, 12, 144
- de atenção, 225, 389, 535, 536
- - concentrada, 225, 389
- - dividida, 389
- - e funções executivas, 536
- - visual, 535
- de desempenho escolar, 144, 555, 557
- de evocação seletiva livre e com pistas, 283
- de figuras complexas de Rey, 144
- de funções intelectuais, 535
- de geração de números aleatórios, 369
- de habilidades acadêmicas, 536
- de Hayling, 17, 225
- de Inteligência Não Verbal – Matrizes
    Progressivas Coloridas de Raven, 144
- de linguagem, 536
- de memória, 536
- de QI, 89
- de rastreio cognitivo, 483
- de realização acadêmica, 143
- de repetição de palavras e pseudopalavras, 137
- de retenção visual de Benton (BVRT), 144
- de sequência de números e letras, 370
- de trilhas, 283, 387, 419
- dos cinco dígitos, 389

- dos dígitos, 369
- figuras complexas de Rey, 387, 389
- Gestáltico Visomotor de Bender – Sistema de Pontuação Gradual – Versão Revisada (B-SPG), 144
- infantil de nomeação, 137
- neuropsicológicos, 9
- Stroop, 225
- visuais e espaciais, 143
- Wisconsin de classificação de cartas, 283, 389
Tolerância, 426
Tomografia computadorizada, 26
Topiramato, 48, 50, 195, 273
Torre
- de Hanói, 226
- de Londres, 226, 369
Toxicidade química, 106
Trail Making Test (TMT), 370
Transecção subpial múltipla, 274
Transitividade, 70
Transtorno(s)
- alimentares, 392
- bipolar
- - aspectos
- - - clínicos e diagnósticos, 399
- - - neurocognitivos e progressão do, 400
- - com início na infância e adolescência, 201
- - com ou sem psicose, 241
- - desempenho funcional no, 405
- - e transtorno relacionado
- - - em decorrência de outra condição médica, 399
- - - induzido por substância/medicamento, 399
- - - não especificado, 399
- - tipo I, 399, 405
- - tipo II, 399, 405
- - ciclotímico, 399
- cognitivo maior subcortical, 495
- comportamental do sono REM, 300
- da comunicação, 77
- - social pragmática, 142
- de acumulação, 380
- de ansiedade, 202, 383
- - associados a outra condição médica, 379
- - de separação, 379
- - generalizada, 203, 379
- - induzido por substâncias ou medicamentos, 379
- - social, 203, 379
- de aprendizagem, 78
- - não verbal, 139-143, 148
- - - alterações cognitivas e comportamentais, 140
- - - alterações neuropsicológicas do, 141
- - - aspectos neurológicos no, 141
- - - avaliação neuropsicológica no, 142
- - - características, 140
- - - diretrizes gerais para o tratamento, 148
- - - instrumentos e testes comumente usados, 143
- - - problemas sociais e emocionais, 140
- de compulsão alimentar, 393, 394
- de conduta, 79, 223, 241
- de escoriação, 380
- de humor aspectos neuropsicológicos nos, 203
- de oposição desafiante, 180, 185
- - alterações cognitivas e comportamentais, 187
- - comorbidades, 189
- - conceitos neurobiológicos/neuropsicológicos, 187
- - critérios diagnósticos, 188
- - epidemiologia, 186
- - etiologia, 187
- - níveis de gravidade, 188
- - quadro clínico, 188
- de pânico, 379

- de personalidade
- - antissocial, 224, 412
- - *borderline*, 409, 410
- - esquizotípica, 422
- depressivo, 376, 381, 383
- - em decorrência de outra condição médica, 377
- - especificado, 199
- - induzido por substância/medicamento, 377
- - maior, 377
- - não especificado, 199, 377
- - recorrente, 377
- disfórico pré-menstrual, 377
- dismórfico corporal, 380
- disruptivo da desregulação do humor, 377
- disruptivos, do controle de impulsos e da conduta, 222-224
- do déficit de atenção e hiperatividade, 78, 132, 180, 566, 573
- - alterações cognitivas e comportamentais, 182, 366
- - aspectos neuropsicológicos e comportamentais, 568
- - avaliação neuropsicológica do, 369
- - *biofeedback* e, 685
- - comorbidades, 185
- - conceitos neurobiológicos/neuropsicológicos, 182
- - critérios diagnósticos, 183, 366
- - diagnóstico atual, 568
- - epidemiologia, 181
- - etiologia, 182, 567
- - modelo de disfunção executiva de Barkley, 367
- - níveis de gravidade, 183
- - quadro clínico, 183, 568
- - reabilitação neuropsicológica, 573
- - revisão histórica, 566
- - tratamento, 569
- - - farmacológico, 569
- - - não farmacológico, 569
- do desenvolvimento intelectual, 77, 123
- - definição, 95, 591
- - - de suportes e apoios, 592
- - estratégias para desenvolvimento de habilidades sociais, 593
- - funções executivas, 95
- - habilitação/reabilitação neuropsicológica, 591
- - orientações escolares, 593
- do espectro autista, 78, 142, 154, 157, 241, 583, 586
- - alterações cognitivas e comportamentais, 151, 584
- - avaliação neuropsicológica, 155, 585
- - critérios diagnósticos, 151, 584
- - e sono, 710
- - e vida adulta, 583
- - instrumentos utilizados para o diagnóstico, 156, 157
- - intervenção, 158
- - níveis de gravidade, 583
- - práticas baseadas em evidências, 159
- - prevalência, 582
- - reabilitação neuropsicológica, 586
- do espectro psicótico de início muito precoce, 238
- do jogo *on-line*, 170
- do neurodesenvolvimento, 63, 77, 79, 561
- do pânico, 203
- específico da aprendizagem, 128
- - avaliação neuropsicológica, 132
- - com prejuízo
- - - na expressão escrita, 130
- - - na leitura, 130
- - - na matemática, 130
- - comorbidades frequentes e diagnóstico diferencial, 131
- - e transtorno do déficit de atenção e hiperatividade, 132
- - níveis de gravidade, 131, 132

- específicos de aprendizagem, 549, 551
- explosivo intermitente, 223
- motores, 78
- neurocognitivo
- - associado ao HIV, 499
- - leve, 634
- - maior, 436, 634
- neuropsiquiátricos em adultos, 691
- obsessivo-compulsivo, 209, 379, 383
- - alterações neurobiológicas e cognitivas, 211
- - aspectos gerais, 209
- - e relacionado como resultado de outra condição médica, 380
- - e relacionado/induzido por substâncias/medicamentos, 380
- - instrumentos de apoio diagnóstico, 210
- - não especificado e transtorno relacionado, 381
- opositor desafiador, 223
- por uso excessivo de eletrônicos, 169
- - avaliação, 174, 176
- - - neuropsicológica, 176
- - fatores
- - - mantenedores, 172
- - - precipitantes, 172
- - - predisponentes, 172
- - - protetores, 172
- - impactos no neurodesenvolvimento, 172
- - neurobiologia, 173
- - prevenção e intervenção do uso de telas, 173
- - recomendação para a prática clínica interventiva, 177
- - sintomas de transtorno do déficit de atenção e hiperatividade, 173
- psicóticos
- - de início na adolescência tardia e início da vida adulta, 238
- - na infância, 236, 237, 239-241, 246
- - - apresentação clínica, 240
- - - características clínicas, 237
- - - conceito de psicose, 237
- - - diagnóstico, 239, 241
- - - diagnóstico diferencial, 241
- - - epidemiologia, 236
- - - experiências psicóticas, 237
- - - instrumentos para uso com crianças e adolescentes com suspeita de, 246
- - - psicopatologia, 240
- psiquiátricos na epilepsia, 272
- relacionados com o uso de substâncias, 426
Trauma, 79
- cranioencefálico, 34
Traumatismo cranioencefálico, 106
- alterações
- - emocionais e comportamentais pós-TCE, 625
- - neuropsicológicas, 280
- aspectos neuropsiquiátricos pré e pós-mórbidos, 281
- avaliação neuropsicológica, 281
- - das alterações emocionais e comportamentais pós-TCE, 626
- caracterização do, 623
- classificação do nível da gravidade do, 280
- grupo de apoio a pais, 603
- instrumentos de avaliação
- - do desfecho funcional, 284
- - neuropsicológica de casos agudos e pós-agudos, 284
- mecanismos e lesões cerebrais, 279
- na infância, 107
- reabilitação cognitiva, 601
Trazodona, 51
Treinamento
- da cognição no envelhecimento saudável, 673
- de pais, 570
- metacognitivo, 218
- por *feedback*, 686

Treino(s)
- auto-orientado, 695
- cognitivos, 525, 574, 635, 675, 679
- - repetidos, 679
- de comunicação funcional, 162
- de habilidades sociais, 161
Tricotilomania, 380
Tumor(es)
- cerebrais, 104, 341, 342, 344, 345
- - alterações cognitivas, comportamentais e critérios diagnósticos, 342
- - avaliação
- - - intraoperatória em cirurgia acordada, 345
- - - neuropsicológica, 341, 344
- em área eloquente, 353
- extra-axial
- - em hemisfério direito, 351
- - em hemisfério esquerdo, 346
- gliais, 104
- - de baixo grau, 36
- intra-axial em hemisfério esquerdo, 349
- neuronais, 104

U

Uso
- contínuo apesar das consequências, 426
- de eletrônicos, 703
- de substâncias, 703
- problemático
- - da internet, 170
- - da substância, 426

V

Valproato, 48, 49
Variante
- comportamental da demência frontotemporal, 471
- não fluente/agramática da afasia primariamente progressiva, 305
Velocidade de processamento, 204, 214, 676
Venvanse, 194
Vício em internet, 170
Videomodelação, 162
Vigilância, 70
Violência, 210
Virtual Planning Test, 5
Visão, 649
Visuoconstrução, 15, 99
Visuopercepção, 458
Vocabulário, 10
Vortioxetina, 51, 52

W

Wechsler Test of Adult Reading (WTAR), 9
Wisconsin Card Sorting Test (WCST), 17, 225, 369
Word List Generation (WLG), 317